Peter Konesny (Hrsg.) **Gesetze über das Kreditwesen**

Peter Konesny (Hrsg.)

Gesetze über das Kreditwesen

Texte mit Begründung, Durchführungsvorschriften und Anmerkungen

Begründet von Dr. Schork

28., neu bearbeitete und erweiterte Auflage 2014

Deutscher Sparkassenverlag Stuttgart

Die 28. Auflage ist entstanden unter redaktioneller Mitarbeit von
Daniela Köhn, Dipl.-Finanzwirtin und Juristin, Pforzheim.

Bibliografische Information der Deutschen Nationalbibliothek

Die Deutsche Nationalbibliothek verzeichnet diese Publikation
in der Deutschen Nationalbibliografie;
detaillierte bibliografische Daten sind im Internet
unter http://dnb.d-nb.de abrufbar.

Alle Angaben wurden sorgfältig ermittelt, für Vollständigkeit
oder Richtigkeit kann jedoch keine Gewähr übernommen werden.

© 2014 Deutscher Sparkassen Verlag GmbH, Stuttgart
Alle Rechte vorbehalten.
Dieses Werk einschließlich aller seiner Teile ist urheberrechtlich
geschützt. Jede Verwertung außerhalb der engen Grenzen des
Urheberrechtsgesetzes ist ohne Zustimmung des Verlages
unzulässig und strafbar. Das gilt insbesondere für Vervielfältigungen,
Übersetzungen, Mikroverfilmungen und die Einspeicherung
und Verarbeitung in elektronischen Systemen.

www.sparkassenverlag.de

Lektorat: Birgit Wagner
Herstellung: Robert Großer
Umschlaggestaltung nach einer Konzeption
von Groothuis, Lohfert, Consorten, glcons.de, Hamburg
Typografie: Rainer Leippold, Leonberg
Satz: typoscript GmbH, Walddorfhäslach
Druck und Binden: Gebr. Knöller GmbH & Co. KG, Stuttgart
Printed in Germany

ISBN: 978-3-09-302050-6
28. Auflage 06/2014
302 310 050

Inhalt

Vorwort zur achtundzwanzigsten Auflage 9

Vorwort zur ersten Auflage 11

Einleitung 13

Wortlaut der EU-Verordnung über Aufsichtsanforderungen
an Kreditinstitute und Wertpapierfirmen (CRR) 41

Wortlaut des Gesetzes über das Kreditwesen
mit Begründungen und Anmerkungen 527

Anhang

1 Zuständigkeits- und Strukturfragen der Bankenaufsicht,
Sanierung und Abwicklung von Kreditinstituten 1159
1.1 Verordnung (EU) Nr. 1024/2013 des Rates zur Übertragung besonderer
Aufgaben im Zusammenhang mit der Aufsicht über Kreditinstitute auf
die Europäische Zentralbank (SSM-Verordnung) 1159
1.2 Gesetz über die Bundesanstalt für Finanzdienstleistungsaufsicht
(Finanzdienstleistungsaufsichtsgesetz – FinDAG) 1202
1.3 Richtlinie zur Durchführung und Qualitätssicherung der laufenden
Überwachung der Kredit- und Finanzdienstleistungsinstitute durch
die Deutsche Bundesbank (Aufsichtsrichtlinie) 1231
1.4 Verordnung zur Übertragung von Befugnissen zum Erlass von
Rechtsverordnungen auf die Bundesanstalt für Finanzdienstleistungsaufsicht 1241
1.5 Verordnung über die Erhebung von Gebühren und die Umlegung
von Kosten nach dem Finanzdienstleistungsaufsichtsgesetz
(FinDAGKostV) 1244
1.6 Gesetz zur Reorganisation von Kreditinstituten (Kreditinstitute-
Reorganisationsgesetz – KredReorgG) 1292
1.7 Gesetz zur Errichtung eines Restrukturierungsfonds für Kreditinstitute
(Restrukturierungsfondsgesetz – RStruktFG) 1304
1.8 Verordnung über die Erhebung der Beiträge zum Restrukturierungsfonds für Kreditinstitute (Restrukturierungsfonds-Verordnung –
RStruktFV) 1312
1.9 Mindestanforderungen an die Ausgestaltung von Sanierungsplänen –
MaSan Rundschreiben 03/2014 – 1318

2 Eigenmittel- und Solvenzvorschriften 1325
2.1 Verordnung zur angemessenen Eigenmittelausstattung von Instituten,
Institutsgruppen, Finanzholding-Gruppen und gemischten Finanzholding-Gruppen (Solvabilitätsverordnung – SolvV) 1325
2.2 Verordnung über die Angemessenheit der Eigenmittelausstattung von
Finanzkonglomeraten (Finanzkonglomerate-Solvabilitäts-Verordnung –
FkSolV) 1351

3 Liquiditäts- und Großkreditvorschriften 1385
3.1 Verordnung über die Liquidität der Institute (Liquiditätsverordnung –
LiqV) 1385

3.2 Merkblatt der Bundesanstalt für Finanzdienstleistungsaufsicht und der Deutschen Bundesbank zur Zulassung eines bankinternen Liquiditätsmess- und -steuerungsverfahrens nach § 10 Liquiditätsverordnung 1402

3.3 Verordnung zur Ergänzung der Großkreditvorschriften nach der Verordnung (EU) Nr. 575/2013 des Europäischen Parlaments und des Rates vom 26. Juni 2013 über Aufsichtsanforderungen an Kreditinstitute und Wertpapierfirmen und zur Änderung der Verordnung (EU) Nr. 646/2012 und zur Ergänzung der Millionenkreditvorschriften nach dem Kreditwesengesetz (Großkredit- und Millionenkreditverordnung – GroMiKV) 1406

3.4 Behandlung von Kreditderivaten im Grundsatz I gemäß §§ 10, 10a KWG und im Rahmen der Großkredit- und Millionenkreditvorschriften 1439

3.5 Verwaltungspraxis zu § 20 Abs. 1 Nr. 3 bis 4 KWG 1455

4 Risikomanagement- und Corporate Governance-Vorschriften 1460

4.1 Mindestanforderungen an das Risikomanagement – MaRisk 1460

4.2 Rundschreiben 11/2011 (BA) Zinsänderungsrisiken im Anlagebuch; Ermittlung der Auswirkungen einer plötzlichen und unerwarteten Zinsänderung 1490

4.3 Mitteilung Nr. 2/63 des Bundesaufsichtsamtes für das Kreditwesen betreffend Einstimmige Beschlußfassung sämtlicher Geschäftsleiter über die Gewährung von Großkrediten und Organkrediten (§ 13 Abs. 2, § 15 Abs. 1 KWG) 1495

4.4 Verordnung über die aufsichtsrechtlichen Anforderungen an Vergütungssysteme von Instituten (Institutsvergütungsverordnung – InstitutsVergV) 1496

5 Rechnungslegung, Melde- und Prüfungswesen, Offenlegungsfragen 1512

5.1 Verordnung über die Anzeigen und die Vorlage von Unterlagen nach dem Kreditwesengesetz (Anzeigenverordnung – AnzV) 1512

5.2 Verordnung zur Einreichung von Finanzinformationen nach dem Kreditwesengesetz (Finanzinformationenverordnung – FinaV) 1534

5.3 Verordnung über die Anzeigen nach § 2c des Kreditwesengesetzes und § 104 des Versicherungsaufsichtsgesetzes (Inhaberkontrollverordnung – InhKontrollV) 1563

5.4 Verordnung über Angaben zu den Krediten an ausländische Kreditnehmer nach dem Kreditwesengesetz (Länderrisikoverordnung – LrV) 1599

5.5 Verordnung über die Form des Refinanzierungsregisters nach dem Kreditwesengesetz sowie die Art und Weise der Aufzeichnung (Refinanzierungsregisterverordnung – RefiRegV) 1603

5.6 Verordnung über die Erstanzeige von Finanzdienstleistungsinstituten und Wertpapierhandelsbanken nach dem Gesetz über das Kreditwesen (Erstanzeigenverordnung – ErstAnzV) 1609

5.7 Verordnung über die Ergänzungsanzeige von Finanzdienstleistungsinstituten und Wertpapierhandelsbanken nach dem Gesetz über das Kreditwesen (Ergänzungsanzeigenverordnung – ErgAnzV) ... 1610

5.8 Erläuterungsblatt des Bundesaufsichtsamtes für das Kreditwesen zur Verordnung über die Ergänzungsanzeige von Finanzdienstleistungsinstituten und Wertpapierhandelsbanken nach § 64e Abs. 2 Satz 4 des Gesetzes über das Kreditwesen (Ergänzungsanzeigenverordnung – ErgAnzV) vom 29. Dezember 1997 (BGBl. I S. 3415) 1614

5.9	Verordnung über die Rechnungslegung der Kreditinstitute und Finanzdienstleistungsinstitute (Kreditinstituts-Rechnungslegungsverordnung – RechKredV)	1619
5.10	Zuordnung der Bestände und Geschäfte der Institute zum Handelsbuch und zum Anlagebuch (§ 1 Abs. 12 KWG, § 2 Abs. 11 KWG)	1641
5.11	Die ergänzenden Rechnungslegungs- und Prüfungsvorschriften für Kreditinstitute und Finanzdienstleistungsinstitute im Vierten Abschnitt des Dritten Buches des Handelsgesetzbuches (§§ 340 bis 340o)	1657
5.12	Verordnung über die Prüfung der Jahresabschlüsse der Kreditinstitute und Finanzdienstleistungsinstitute sowie die darüber zu erstellenden Berichte (Prüfungsberichtsverordnung – PrüfbV)	1668
5.13	Preisangabenverordnung (PAngV)	1693
6	**Zulassungs- und Erlaubnisfragen, Geldwäsche**	**1698**
6.1	Merkblatt über die Erteilung einer Erlaubnis zum Betreiben von Bankgeschäften gemäß § 32 Abs. 1 KWG	1698
6.2	Merkblatt über die Erteilung einer Erlaubnis zum Erbringen von Finanzdienstleistungen gemäß § 32 Abs. 1 KWG	1712
6.3	Merkblatt Hinweise zur Erlaubnispflicht nach § 32 Abs. 1 KWG in Verbindung mit § 1 Abs. 1 und Abs. 1a KWG von grenzüberschreitend betriebenen Bankgeschäften und/oder grenzüberschreitend erbrachten Finanzdienstleistungen	1728
6.4	Gemeinsames Informationsblatt der Bundesanstalt für Finanzdienstleistungsaufsicht und der Deutschen Bundesbank zum neuen Tatbestand der Anlageberatung	1736
6.5	Umsetzung der MiFID	1744
6.6	Gesetz über das Aufspüren von Gewinnen aus schweren Straftaten (Geldwäschegesetz – GwG)	1756
6.7	Geldwäsche-Typologienpapier des Bundesaufsichtsamtes für das Kreditwesen Stand: 1. Oktober 1998	1782
6.8	Verlautbarung des Bundesaufsichtsamtes für das Kreditwesen über Maßnahmen der Finanzdienstleistungsinstitute zur Bekämpfung und Verhinderung der Geldwäsche vom 30. Dezember 1997	1790
7	**Vorschriften über besondere Bankgeschäfte, insbesondere Zahlungsdienste**	**1807**
7.1	Gesetz über die Beaufsichtigung von Zahlungsdiensten (Zahlungsdiensteaufsichtsgesetz – ZAG)	1807
7.2	Verordnung zur Einreichung von Monatsausweisen nach dem Zahlungsdiensteaufsichtsgesetz (ZAG-Monatsausweisverordnung – ZAGMonAwV)	1845
7.3	Verordnung über die Anzeigen und die Vorlage von Unterlagen nach dem Zahlungsdiensteaufsichtsgesetz (ZAG-Anzeigenverordnung – ZAGAnzV)	1858
7.4	Verordnung über die angemessene Eigenkapitalausstattung von Zahlungsinstituten und E-Geld-Instituten nach dem Zahlungsdiensteaufsichtsgesetz (ZAG-Instituts-Eigenkapitalverordnung – ZIEV)	1899
7.5	Verordnung über die Prüfung der Jahresabschlüsse der Zahlungsinstitute sowie die darüber zu erstellenden Berichte (Zahlungsinstituts-Prüfungsberichtsverordnung – ZahlPrüfbV)	1906
7.6	Bekanntmachung über die Anforderungen an die Ordnungsmäßigkeit des Depotgeschäfts und der Erfüllung von Wertpapierlieferungsverpflichtungen	1921
7.7	Übergangsvorschrift des § 64i Abs. 5 KWG zur Erbringung des Platzierungsgeschäfts	1934

7.8 Verlautbarung des Bundesaufsichtsamtes für das Kreditwesen zum Thema Bankgeschäfte mit Minderjährigen 1935
7.9 Veräußerung von Kundenforderungen im Rahmen von *Asset-Backed Securities*-Transaktionen durch deutsche Kreditinstitute 1943

Stichwortverzeichnis 1946

Vorwort zur achtundzwanzigsten Auflage

Mit der achtundzwanzigsten Auflage dieses Werks wird eine der umfassendsten Finanzmarktreformen und Regulierungsinitiativen in der Geschichte der europäischen Finanzwirtschaft in einem Band zusammengefasst dargestellt. Gut sechs Jahre nach Ausbruch der Finanzkrise treten zum 1. Januar 2014 zahlreiche neue Vorschriften und Gesetzeswerke in Kraft. Im Mittelpunkt des neuen Regulierungsrahmens steht natürlich die Umsetzung von »Basel III« in der Europäischen Union durch die Verordnung über Aufsichtsanforderungen an Kreditinstitute und Wertpapierfirmen (»CRR«) und die Richtlinie über den Zugang zur Tätigkeit von Kreditinstituten und die Beaufsichtigung von Kreditinstituten und Wertpapierfirmen (»CRD IV«). Während die CRD IV-Richtlinie durch das CRD IV-Umsetzungsgesetz in deutsches Recht, dort insbesondere in das neu gefasste KWG umgesetzt werden musste, gilt die CRR als EU-Verordnung unmittelbar und ist sowohl für die betroffenen Institute als auch für die Aufsichtsbehörden ohne nationale Umsetzung bindend. Aus diesem Grund wurde die CRR als der zentrale Gesetzesrahmen für die Tätigkeit von Kreditinstituten und Wertpapierfirmen noch vor dem neu gefassten Kreditwesengesetz in die Textsammlung aufgenommen, die diesem Umstand in der Weise Rechnung trägt, dass sie mit dieser Auflage in »Gesetze über das Kreditwesen« umbenannt wurde.

Eine weitere wesentliche Änderung erfuhr das Kreditwesengesetz durch das neue Trennbankengesetz, das der deutsche Gesetzgeber im Vorgriff auf eine entsprechende europäische Regelung verabschiedet hat. Das Gesetz sieht vor, dass zur Erleichterung der Abwicklung von Banken sowie zum besseren Schutz der Kundeneinlagen künftig die Kundengeschäfte von den reinen Handelsaktivitäten einer Bank getrennt werden sollen. Danach müssen Institute ab einer bestimmten Größenordnung ihre als »verbotene Geschäfte« deklarierten Handelsaktivitäten entweder einstellen oder in eigenständige Finanzhandelsinstitute auslagern. Bestandteil dieser Gesetzesänderung sind zudem neue Vorschriften zur Planung der Sanierung und Abwicklung von Kreditinstituten und Finanzgruppen, die die bisherigen Regelungen aus dem Bankenrestrukturierungsgesetz zusammen mit den neuen Mindestanforderungen an die Ausgestaltung von Sanierungsplänen (MaSan) ergänzen, sowie zur Strafbarkeit von Geschäftsleitern bei Verletzung wesentlicher Risikomanagementpflichten.

Ebenfalls in die Textsammlung neu aufgenommen wurde die EU-Verordnung zur Übertragung besonderer Aufgaben im Zusammenhang mit der Aufsicht über Kreditinstitute auf die Europäische Zentralbank (EZB). Danach wird die EZB ab 4. November 2014 unmittelbar zuständige Aufsichtsbehörde für als bedeutend klassifizierte Institute. Mit dieser sog. »SSM-Verordnung« zur Schaffung eines einheitlichen Aufsichtsmechanismus (»Single Supervisory Mechanism«) treibt vor allem die EU-Kommission die Herstellung einer Europäischen Bankenunion voran, die durch weitere geplante Regelwerke, wie z.B. einen einheitlichen Abwicklungsmechanismus (»Single Resolution Mechanism«) sowie einheitliche Regeln für eine gemeinsame europäische Einlagensicherung, ergänzt werden soll. Ziel einer solchen Bankenunion soll einerseits die Durchbrechung des Zusammenhangs zwischen Bankenkrisen und Staatsschulden sein, zum anderen der direkte Zugang zu Rekapitalisierungsmitteln aus dem Europäischen Stabilitätsmechanismus ESM. Außerdem soll dadurch eine bessere Aufsicht insbesondere über grenzüberschreitend tätige Kreditinstitute und eine leichtere Abwickelbarkeit von Instituten im Krisenfalle erreicht werden, wobei Sanierungs- und Abwicklungsmaßnahmen nach dem Vorschlag der EU-Kommission über einen möglichst einheitlichen Abwicklungsfonds, der von der Finanzwirtschaft über ex-ante-Beiträge gespeist wird, finanziert werden sollen. Demgegenüber stoßen die Pläne der EU-Kommission zur Vergemeinschaftung der Einlagensicherungssysteme und -fonds insbesondere in Deutschland auf starke Kritik.

Die Neufassung der Solvabilitätsverordnung zur Berechnung der Eigenmittelanforderungen enthält u. a. die Festlegung des Anwendungsbereichs als Ergänzung zur EU-Verordnung, Ergänzungen zum Genehmigungsverfahren für die Anwendung der internen Ansätze zur Ermittlung der Solvabilitätsanforderungen, die Umsetzung der Übergangsvorschriften der CRR sowie technische Einzelheiten zur Festlegung von Kapitalpuffern. Daneben wurde die neue Finanzinformationenverordnung (FinaV) in die Sammlung aufgenommen. Diese regelt, dass die Institute künftig zusätzlich zu den bisherigen aufsichtlichen Meldungen weitere Finanzinformationen, z. B. über Gewinne und Verluste sowie über den Vermögensstatus, im Rahmen des Basismeldewesens quartalsweise einreichen müssen.

Schließlich enthält die vorliegende Auflage die bereits zum 1. Januar 2013 in Kraft getretenen überarbeiteten Mindestanforderungen an das Risikomanagement (MaRisk). Die neue Fassung enthält u. a. allgemeine Corporate Governance-Anforderungen aus der Überarbeitung der EU-Bankenrichtlinie »CRD IV« sowie spezielle Anforderungen an die Internal Governance aus den entsprechenden Leitlinien der Europäischen Bankaufsichtsbehörde EBA.

Aufgrund des zunehmenden Umfangs und der immer weiter steigenden Komplexität der zahlreichen bestehenden und neuen Regulierungstexte wurde der Anhang erstmals systematisch gegliedert, um die Übersichtlichkeit zu erhöhen. In diesem Zusammenhang mussten einige Regelungen, die bisher in dieser Sammlung enthalten waren, entfallen. Teilweise sind die Streichungen darauf zurückzuführen, dass die bisherigen Vorgaben angesichts der weitgehend vollständig neuen europäischen Verordnungsinhalte entweder obsolet sind oder allenfalls noch für einen Übergangszeitraum hätten herangezogen werden können. Um den Umfang des Werks nicht vollständig zu sprengen, wurden zusätzlich einige aus meiner Sicht für die Praxis weniger bedeutende Vorschriften und Auslegungsschreiben aus dem Anhang entnommen. Ebenso wurden zahlreiche der bisherigen amtlichen Begründungen für KWG-Vorschriften nicht mehr in die neue Auflage übernommen, insbesondere sofern sie sich auf nicht mehr gültige Fassungen der Vorschrift bezogen oder der Bezug zu neuen Regelungen nicht mehr eindeutig hergestellt werden kann.

Abschließend möchte ich noch darauf hinweisen, dass die Europäische Bankaufsichtsbehörde EBA sowohl in der CRR als auch in der Bankenrichtlinie CRD IV zahlreiche Mandate zum Erlass von technischen Durchführungsbestimmungen (Standards) erhalten hat, die vielfach nach Annahme durch die EU-Kommission ebenfalls unmittelbar bindenden Charakter haben werden. Angesichts der Vielzahl dieser Standards, von denen einige bereits veröffentlicht sind, die in ihrer Mehrzahl aber wohl erst im Laufe der kommenden Monate vorgelegt und voraussichtlich auch kontinuierlich ergänzt und weiterentwickelt werden, ist es derzeit leider nicht möglich, diese Standards in diese Textsammlung aufzunehmen. Hier sei stattdessen unmittelbar auf die Internetseite der EBA www.eba.europa.eu verwiesen.

Berlin, im April 2014   Peter Konesny

Vorwort zur ersten Auflage

Die vorliegende Ausgabe soll in erster Linie die interessierten Stellen mit dem Text des neuen Kreditwesengesetzes bekannt machen. Zur Erleichterung der Auslegung ist die Begründung mit abgedruckt, die die Bundesregierung dem Gesetzentwurf beigefügt hat (sog. Amtliche Begründung)[1]; ferner sind zu diesem Zweck die meisten Bestimmungen mit kurzen Anmerkungen versehen. Der allgemeine Teil der Begründung wurde nicht geschlossen übernommen; einzelne Teile, die sich auf bestimmte Vorschriften beziehen, sind mit der Begründung zu diesen Vorschriften abgedruckt. Soweit die Begründung durch Änderung des Gesetzestextes bei der parlamentarischen Beratung gegenstandslos oder missverständlich geworden ist, wurde sie weggelassen; solche Auslassungen innerhalb des Begründungstextes sind durch Auslassungspunkte kenntlich gemacht. In einigen wenigen Fällen wurde anstelle der gegenstandslos gewordenen Begründung oder ergänzend der entsprechende Teil aus dem Bericht des Wirtschaftsausschusses des Bundestages[2] eingefügt. Soweit der Gesetzestext geändert wurde, die Begründung aber noch zutrifft (z.B. bei § 1), wurde diese abgedruckt und die Abweichung vom Gesetzestext durch kleinere Schrift kenntlich gemacht. Da das Parlament einige Vorschriften eingefügt, andere umgestellt hat, stimmen die in der Originalbegründung zitierten Paragraphennummern – z.T. auch Absätze und Nummern innerhalb von Paragraphen – nicht mit der Nummerierung des endgültigen Gesetzestextes überein. Um umständliche und für die Praxis überflüssige Verweisungen zu vermeiden, wurden in den hier abgedruckten Teilen der Begründung die jetzt geltenden Nummern eingesetzt; diese Abweichungen vom Originaltext sind durch einen Stern (*) kenntlich gemacht. Der Zielsetzung dieser Ausgabe entsprechend beschränken sich die Erläuterungen auf einige für die Praxis bestimmte Hinweise; sie erheben keinen Anspruch darauf, die Problematik der Bestimmungen erschöpfend zu behandeln. Demgemäß wurde auch auf theoretische Erörterungen und die Behandlung wissenschaftlicher Streitfragen verzichtet.

Dr. Schork

---

1 Abgedruckt in Bundestagsdrucksache 1114, 3. Wahlperiode.
2 Zu Drucksache 2563, 3. Wahlperiode.

Einleitung

1. Entstehung der allgemeinen Bankenaufsicht in Deutschland (1931)

Die allgemeine Bankenaufsicht ist in Deutschland ein Kind der Bankenkrise von 1931. Frühere Versuche, eine Aufsicht über alle Kreditinstitute einzuführen – meist im Zusammenhang mit Bankzusammenbrüchen –, wurden nicht verwirklicht.

Die Verordnung vom 19. September 1931 unterwarf alle Kreditinstitute, die nicht bereits einer besonderen Staatsaufsicht unterlagen, einer staatlichen Aufsicht. Exekutivinstanz war der Reichskommissar für das Bankgewerbe; als Koordinierungsorgan zwischen Reichsregierung und Reichsbank wurde bei dieser das Kuratorium für das Bankgewerbe geschaffen. Diese Regelung hatte jedoch nur Übergangscharakter. Zur Untersuchung der Mängel im Kreditwesen und zur Vorbereitung eines umfassenden Bankenaufsichtsgesetzes berief die Reichsregierung den Untersuchungsausschuss für das Bankwesen. Das Ergebnis der Untersuchung (der »Bank-Enquete«) war der Entwurf eines Gesetzes über das Kreditwesen, das am 5. Dezember 1934 erlassen wurde und am 1. Januar 1935 in Kraft trat. Die materiellen Vorschriften des Gesetzes decken sich im Grundsatz weiter gehend mit denen des neuen Gesetzes. Aufsichtsinstanzen waren das bei der Reichsbank gebildete Aufsichtsamt für das Kreditwesen als oberste Stelle und Beschwerdeinstanz in allen Fragen der Bankenaufsicht und der Reichskommissar für das Kreditwesen als Exekutivinstanz. Die Verordnung zur Änderung des Reichsgesetzes über das Kreditwesen vom 15. September 1939 änderte diese Organisation. Die Aufgaben des Aufsichtsamtes wurden dem Reichswirtschaftsminister übertragen; die Funktionen des Reichskommissars gingen auf das Reichsaufsichtsamt für das Kreditwesen über. Durch Verordnung vom 18. September 1944 wurde das Reichsaufsichtsamt aufgelöst; seine Funktionen wurden zwischen dem Reichswirtschaftsminister und dem Reichsbankdirektorium aufgeteilt. Nach dem Zusammenbruch 1945 ist die Bankenaufsicht von den Ländern (zuletzt bis auf eine Ausnahme von den Wirtschaftsministerien) ausgeübt worden. Diese haben ihre Tätigkeit im »Sonderausschuss Bankenaufsicht« koordiniert. Das neue Kreditwesengesetz übertrug die Aufsicht wieder einer zentralen Stelle, dem Bundesaufsichtsamt für das Kreditwesen.

2. Weiterentwicklung (1934)

Die Gründe, die auch unter den seit 1934 veränderten wirtschaftspolitischen und verfassungsrechtlichen Grundvorstellungen ein Bankenaufsichtsgesetz erfordern, sowie die Hauptprinzipien des neuen Gesetzes hat der Berichterstatter des Wirtschaftsausschusses des Bundestages (Abg. Ruland) in seinem Bericht wie folgt dargestellt:

»Der Ausschuss hält eine Bankenaufsicht auch unter den seit 1934 veränderten wirtschaftspolitischen Grundvorstellungen für erforderlich. Da alle wesentlichen Zweige der Volkswirtschaft auf das Kreditgewerbe als Kreditgeber und Geldsammelstelle angewiesen sind, greifen Störungen in diesem Wirtschaftszweig leicht auf die gesamte Volkswirtschaft über. Müssten z.B. die Kreditinstitute wegen unvorsichtiger Liquiditätspolitik ihre Kredite in großem Umfange vorzeitig zurückrufen, so könnte dies zu erheblichen Funktionsstörungen in der kreditnehmenden Wirtschaft führen. Da die Kreditinstitute vorwiegend mit fremden Geldern arbeiten, treffen Schwierigkeiten bei ihnen auch einen viel größeren Gläubigerkreis, als wenn ein anderes Wirtschaftsunternehmen illiquide wird. Darüber hinaus bleiben solche Schwierigkeiten erfahrungsgemäß nicht auf ein Kreditinstitut beschränkt, vielmehr breitet sich eine durch ein Kreditinstitut verursachte Unruhe leicht auch auf die Einleger anderer Kreditinstitute aus. So kann in wirtschaftlich labilen Zeiten der gefürchtete allgemeine Run auf die Bankschalter entstehen, der die gesamte Kreditwirtschaft in die Gefahr des Zusammenbruchs führen kann und dessen Folgen die gesamte Volkswirtschaft treffen.

Solchen Entwicklungen muss der Staat im Interesse der Gesamtwirtschaft schon in ihrer Entstehung entgegenwirken. Er muss dazu durch eine laufende Aufsicht auf die Geschäftstätigkeit der Kreditinstitute Einfluss nehmen. Die gesamtwirtschaftliche Zielsetzung des Gesetzes erfordert jedoch nicht, die einzelnen Geschäfte der Kreditinstitute zu überwachen. Es genügt vielmehr, wenn der Staat für die innere Struktur und die Geschäftstätigkeit der Kreditinstitute – insbesondere für die Zulassung, das Eigenkapital, die Liquiditätspolitik und das Kreditgeschäft – gewisse grundsätzliche Anforderungen stellt. Freilich ist dabei nicht auszuschließen, dass ein Kreditinstitut innerhalb dieses Rahmens zweifelhafte Geschäfte betreibt. Die Tradition des deutschen Kreditgewerbes und die bisherigen Erfahrungen bei der Bankenaufsicht geben aber die Gewähr dafür, dass solche unsoliden Geschäfte Ausnahmeerscheinungen bleiben werden, die die Gesamtwirtschaft nicht tangieren, sodass es nicht gerechtfertigt wäre, deshalb die Einzelgeschäfte der Kreditinstitute mit einem dann enormen Verwaltungsaufwand unter Kontrolle zu nehmen und damit auch die wirtschaftliche Initiative der Kreditinstitute in bedenklichem Maße zu hemmen.

Das Gesetz von 1934 entspricht diesen Prinzipien weitgehend. Der Entwurf des neuen Gesetzes bringt demgemäß kaum Neuerungen in der Grundkonzeption. Die Novellierung ist erforderlich, weil wichtige Einzelvorschriften in ihrer Ausgestaltung den veränderten wirtschaftspolitischen Grundanschauungen und der durch das Grundgesetz geschaffenen verfassungsrechtlichen Lage angepasst werden müssen. Schließlich ist das geltende Recht im Laufe der Zeit recht unübersichtlich geworden, weil viele Einzelheiten in Durchführungsverordnungen und Bekanntmachungen geregelt sind.«

3. Kreditwesengesetz (1962)

Das Kreditwesengesetz ist am 1. Januar 1962 in Kraft getreten. Seitdem übte das Bundesaufsichtsamt für das Kreditwesen die Aufsicht über die Kreditinstitute und seit der Einbeziehung der Finanzdienstleistungsinstitute in die Aufsicht durch das 6. KWG-Änderungsgesetz vom 22. Oktober 1997 auch über diesen Institutskreis aus. Am 1. Mai 2002 ist das Bundesaufsichtsamt für das Kreditwesen mit den ehemaligen Bundesaufsichtsämtern für das Versicherungswesen und den Wertpapierhandel in der neu errichteten Bundesanstalt für Finanzdienstleistungsaufsicht verschmolzen, die nunmehr die Aufsicht über die Kreditinstitute und Finanzdienstleistungsinstitute wahrnimmt.

Seit seinem In-Kraft-Treten sind zu dem Gesetz verschiedene Durchführungsvorschriften ergangen. Zum Teil wurden sie inzwischen wieder aufgehoben. Das gilt insbesondere für die Zinsverordnung von 1968 und die Anordnung über die Bildung von Sammelwertberichtigungen von 1974 – beides Vorschriften, denen seinerzeit ein besonderes Gewicht beigemessen wurde. Auch die Ermächtigungsnormen (§ 23 und § 26 Abs. 4) wurden gestrichen.

Das Gesetz selbst wurde seit seinem In-Kraft-Treten vielfach geändert. Nachstehend werden die Änderungen erwähnt, die das Gesetz maßgebend umgestaltet haben oder besonders wichtige Normen des Gesetzes betrafen.

3.1 Zweites Gesetz zur Änderung des Gesetzes über das Kreditwesen (1976)

Durch das **Zweite Gesetz zur Änderung des Gesetzes über das Kreditwesen** vom 24. März 1976 wurde das Gesetz erstmals grundlegend überarbeitet. Ausgehend vom Zusammenbruch der Herstatt-Bank war es das Bestreben der zuständigen Instanzen, Vorkehrungen zu treffen, damit Bankzusammenbrüche noch mehr als vorher erschwert und bei gleichwohl unvermeidbaren Fallissements die Interessen der Einleger verstärkt gewahrt werden. Dementsprechend wurden bestimmte materielle Vorschriften verschärft und die Eingriffsbefugnisse der Bankenaufsicht erweitert. Insbesondere handelt es sich um folgende Maßnahmen:
- Einschränkungen und Streuungsgebote für Großkredite
- Einführung des Vieraugenprinzips in der Geschäftsleitung

- erweiterte Meldepflichten
- erweiterte Befugnisse des Bundesaufsichtsamtes
- Ausweitung der als Ordnungswidrigkeiten zu ahndenden Tatbestände
- Befugnisse des Bundesaufsichtsamtes im Zusammenhang mit dem Konkurs eines Kreditinstituts.

Aufgrund Artikel 4 des Änderungsgesetzes hat der Bundesfinanzminister das Gesetz in der neuen Fassung am 3. Mai 1976 (BGBl. I S. 1121) bekannt gemacht, wobei Unstimmigkeiten im Wortlaut, insbesondere bei der Zitierung anderer Gesetze, beseitigt wurden.

3.2 Drittes Gesetz zur Änderung des Gesetzes über das Kreditwesen (1984)

Durch das **Dritte Gesetz zur Änderung des Gesetzes über das Kreditwesen** vom 20. Dezember 1984 wurde das KWG erneut grundlegend überarbeitet. Neben der Einführung wichtiger neuer Vorschriften (§§ 10a, 12a, 13a, 44a) wurde etwa die Hälfte der bestehenden Vorschriften geändert oder ergänzt. Schwerpunkt der Gesetzesänderung war die Einführung eines bankenaufsichtlichen Zusammenfassungsverfahrens zur Vermeidung der mehrfachen Ausnutzung des haftenden Eigenkapitals über Tochterinstitute. Wegen Einzelheiten zu den Gesetzesänderungen wird auf die Amtliche Begründung zum Gesetzentwurf verwiesen (vgl. BT-Drucksache 10/1441 vom 14. Mai 1984).

3.3 Vereinigung Deutschlands (1990)

Durch die **Vereinigung Deutschlands** im Jahr 1990 ergab sich auch für die Bankaufsicht eine neue Lage. Das KWG gilt sofort auch für das Gebiet der früheren DDR. Da sich dort das Kreditgewerbe und das Bankaufsichtsrecht wesentlich anders entwickelt haben als in der Bundesrepublik, ergaben sich gravierende Anpassungsprobleme. Der neu eingefügte § 63a soll ihnen Rechnung tragen.

3.4 Bankbilanzrichtlinie-Gesetz (1990)

Das **Bankbilanzrichtlinie-Gesetz** vom 30. November 1990 (BGBl. I S. 2570) brachte erhebliche Änderungen im Unterabschnitt 5a des zweiten Abschnittes (§§ 25a ff.). Die meisten dieser Vorschriften wurden gestrichen, weil entsprechende Vorschriften jetzt im Handelsgesetzbuch und im Aktiengesetz enthalten sind.

3.5 4. KWG-Änderungsgesetz (1992)

Erhebliche Veränderungen erfuhr das KWG durch das **4. KWG-Änderungsgesetz** vom 21. Dezember 1992 (BGBl. I S. 2211). Das Gesetz dient insbesondere der Umsetzung von EG-Richtlinien in deutsches Aufsichtsrecht. Mit der »Zweiten Bankrechtskoordinierungsrichtlinie« wird der »Europäische Pass« für Kreditinstitute mit Sitz innerhalb der EG eingeführt: Kreditinstitute, die in einem EG-Land zugelassen sind, bedürfen in einem anderen EG-Land keiner Zulassung mehr. Im gesamten Gebiet der EG gilt der Grundsatz der gegenseitigen Anerkennung der Aufsicht über Kreditinstitute durch einzelne Mitgliedstaaten. Diese Maßnahme setzte allerdings die weit gehende Harmonisierung der Aufsichtsvorschriften voraus, da sich andernfalls erhebliche Wettbewerbsverzerrungen ergeben könnten. Die »Eigenmittelrichtlinie« dient diesem Ziel. Durch ihre Umsetzung in deutsches Recht wird u.a. die Definition des haftenden Eigenkapitals erheblich erweitert. Darüber hinaus wird die Möglichkeit vorgesehen, eine Erlaubnis zu versagen oder zu entziehen, wenn der Aufbau eines Kreditinstitutskonzerns dessen wirksame Aufsicht nicht ermöglicht. Schließlich wurden die traditionsreichen Vorschriften über den Sparverkehr ersatzlos gestrichen, die Freistellung der Bundespost aufgehoben und die neu errichtete POSTBANK der Bankenaufsicht unterstellt. Wegen Einzelheiten zu der Gesetzesänderung wird auf die Amtliche Begründung zum Gesetzentwurf verwiesen (vgl. BT-Drucksache 12/3377).

In einem Punkt brach das 4. KWG-Änderungsgesetz mit einer jahrzehntealten Tradition des deutschen Bankaufsichtsrechts. Schon das KWG von 1934 enthielt Vorschriften über den Sparverkehr. Das KWG 1962 hat sie mit den §§ 21, 22 übernommen. Sie dienten dem Ziel, den Spargedanken durch einen geregelten Sparerschutz zu fördern. Aufgrund der fortgeschrittenen Entwicklung im modernen Spar- und Einlagengeschäft wurden die Vorschriften nicht mehr für erforderlich gehalten und durch das 4. KWG-Änderungsgesetz aufgehoben. Da die Definition der Spareinlagen in § 21 weggefallen ist, solche Einlagen aber noch vorhanden sind und in der Bilanz ausgewiesen werden müssen, enthält § 21 Abs. 4 RechKredV (Anhang 5.12) eine Definition, die sich an die früher im KWG enthaltene Definition anlehnt.

3.6 5. KWG-Änderungsgesetz (1994)

Ähnlich einschneidend wie die Gesetzesänderungen durch das 4. KWG-Änderungsgesetz waren die Änderungen, die das Gesetz durch das **5. KWG-Änderungsgesetz** vom 28. September 1994 (BGBl. I S. 2735) erfuhr. Die Gesetzesänderung diente insbesondere der Umsetzung der EG-Richtlinie über die Beaufsichtigung von Kreditinstituten auf konsolidierter Basis und der EG-Richtlinie über die Überwachung und Kontrolle der Großkredite von Kreditinstituten. Bisher betraf die bankaufsichtliche Zusammenfassung nur Kreditinstitute. Durch die Konsolidierungsrichtlinie werden nunmehr auch Nichtbanken einbezogen. Die Großkreditrichtlinie harmonisiert die wichtigsten Aufsichtsregeln für Großkredite von Kreditinstituten. Mit der Umsetzung der beiden Richtlinien wird die Anpassung des deutschen Bankaufsichtsrechts an ein harmonisiertes europäisches Bankaufsichtsrecht fortgeführt. Wegen Einzelheiten zu der Gesetzesänderung wird auf die Amtliche Begründung zu dem Gesetzentwurf verwiesen (vgl. BT-Drucksache 12/6957 vom 4. März 1994).

3.7 6. KWG-Änderungsgesetz (1997)

Noch umfangreicher und weitreichender waren die Änderungen des Gesetzes durch das **6. KWG-Änderungsgesetz** vom 22. Oktober 1997 (BGBl. I S. 2518). Dieses Gesetz dient vor allem der Umsetzung verschiedener EG-Richtlinien in deutsches Recht, der »Wertpapierdienstleistungsrichtlinie« vom 10. Mai 1993, der »Kapitaladäquanzrichtlinie« vom 15. März 1993 sowie der »BCCI-Folgerichtlinie« vom 29. Juni 1995. Wegen der erheblichen Bedeutung des Änderungsgesetzes wird nachstehend der Allgemeine Teil der Amtlichen Begründung zu dem Gesetzentwurf auszugsweise abgedruckt. Wegen weiterer Einzelheiten wird auf die BT-Drucksache 13/7142 vom 6. März 1997 verwiesen.

Amtliche Begründung (Auszug)

III. Die Richtlinieninhalte

A. Die Wertpapierdienstleistungsrichtlinie

Die Wertpapierdienstleistungsrichtlinie enthält Mindestbedingungen für die Zulassung und Beaufsichtigung von Unternehmen, die gewerbsmäßig Wertpapierdienstleistungen erbringen. Sie regelt
1. *das Prinzip einer einheitlichen Erlaubnis, die der Herkunftsstaat erteilt und die eine Wertpapierfirma mit Sitz in einem Staat des Europäischen Wirtschaftsraums berechtigt, im Europäischen Wirtschaftsraum Wertpapierdienstleistungen über die Errichtung von Zweigniederlassungen oder im Wege des grenzüberschreitenden Dienstleistungsverkehrs zu erbringen (sog. Europäischer Pass) und*
2. *die Übertragung der Aufsicht über die grenzüberschreitenden Tätigkeiten auf die Herkunftsstaatsbehörde (Prinzip der gegenseitigen Anerkennung).*

Aufgrund der gegenseitigen Anerkennung können Wertpapierfirmen im Europäischen Wirtschaftsraum die unter die Richtlinie fallenden Wertpapierdienstleistungen und Neben-

dienstleistungen erbringen, für die sie durch den Herkunftsstaat die Zulassung erhalten haben. Die Wertpapierfirma ist dabei frei, sich auf den grenzüberschreitenden Dienstleistungsverkehr zu beschränken oder in dem anderen Vertragsstaat eine Zweigniederlassung zu errichten. Für die Aufsicht ist grundsätzlich der Herkunftsstaat zuständig. Die aufsichtliche Zuständigkeit des Aufnahmestaats wird im Wesentlichen auf die Liquiditätskontrolle und die Überwachung der Einhaltung der Wohlverhaltensregeln beschränkt. Weitere aufsichtsspezifische Vorschriften des Aufnahmestaats haben nur Bestand, wenn sie die hereinkommenden Wertpapierfirmen nicht diskriminieren und der Bereich EG-rechtlich noch nicht abschließend geregelt ist (Vorrang der Europäischen Gesetzgebung), adäquate Kontrollen durch den Herkunftsstaat nicht bestehen oder wenn die Vorschriften im Allgemeininteresse zwingend erforderlich sind.

Zu den Wertpapierdienstleistungen gehören:
1. die Vermittlung von Anlagen in Wertpapieren und anderen Finanzinstrumenten (Anlagevermittlung)
2. die Vermittlung von Abschlüssen über Wertpapiere und andere Finanzinstrumente (Abschlussvermittlung)
3. der kommissionsweise Handel in Wertpapieren und anderen Finanzinstrumenten (Finanzkommissionsgeschäft)
4. die Finanzportfolioverwaltung
5. der Eigenhandel mit Kunden.

Wertpapiere, Geldmarktinstrumente, Devisen und Derivate werden für die Zwecke des KWG unter dem Sammelbegriff der Finanzinstrumente zusammengefasst. Der Regelungsbereich des WpHG erstreckt sich im Wesentlichen auf dieselben Instrumente.

Wertpapierfirmen dürfen im Aufnahmestaat mit dem Europäischen Pass außer Wertpapierdienstleistungen die folgenden Nebendienstleistungen erbringen:
1. die Verwahrung und Verwaltung von Wertpapieren und anderen Finanzinstrumenten,
2. die Schließfachvermietung,
3. die Gewährung von Krediten an Anleger für die Durchführung von Geschäften mit Wertpapieren oder anderen Finanzinstrumenten,
4. die Beratung von Unternehmen hinsichtlich der Kapitalstruktur, der industriellen Strategie und damit zusammenhängender Fragen sowie Beratung und Dienstleistungen bei Unternehmensfusionen und -aufkäufen,
5. Dienstleistungen im Zusammenhang mit Übernahmetransaktionen,
6. Anlageberatung über Wertpapiere und andere Finanzinstrumente und
7. Devisengeschäfte, wenn diese Dienste im Zusammenhang mit der Erbringung von Wertpapierdienstleistungen stehen.

Das Universalbankensystem in Deutschland wird durch die Umsetzung der Wertpapierdienstleistungsrichtlinie in deutsches Recht nicht beeinträchtigt. Die bestehenden Bankgeschäftstypen werden beibehalten. Zusätzlich wird das Emissionsgeschäft, das in Deutschland ein klassisches Geschäft der Banken ist, als Bankgeschäft definiert. Wertpapierdienstleistungen, die keine Bankgeschäfte sind, werden gemäß § 1 Abs. 1a KWG-Entwurf als Finanzdienstleistungen definiert.

Der Katalog dieser Finanzdienstleistungen umfasst die folgenden Geschäftstypen:
1. die Anlagevermittlung,
2. die Abschlussvermittlung,
3. die Finanzportfolioverwaltung und
4. den Eigenhandel mit Kunden.

Unternehmen, die diese Geschäfte betreiben und nicht zugleich als Kreditinstitute im Sinne des § 1 Abs. 1 KWG-Entwurf einzustufen sind, werden als Finanzdienstleistungsinstitute bezeichnet und der Aufsicht durch das Bundesaufsichtsamt für das Kreditwesen (BAKred) und das Bundesaufsichtsamt für den Wertpapierhandel (BAWe) unterstellt.

B. Die Kapitaladäquanzrichtlinie

Die Kapitaladäquanzrichtlinie harmonisiert über die Regelungsinhalte der Wertpapierdienstleistungsrichtlinie hinausgehend wichtige weitere Vorschriften zur Beaufsichtigung von Risiken, die bei der Durchführung von Geschäften mit Finanzinstrumenten entstehen. Die Kapitaladäquanzrichtlinie stellt damit eine unverzichtbare Ergänzung der Wertpapierdienstleistungsrichtlinie dar.

Die Kapitaladäquanzrichtlinie enthält Regelungen
1. zum Anfangskapital von Wertpapierfirmen,
2. zur Berechnung der Eigenmittel,
3. zu den Kapitalanforderungen für das Positionsrisiko in Aktien und Schuldverschreibungen,
4. zum Abwicklungsrisiko und zum Risiko des Ausfalls der Gegenpartei,
5. zum Fremdwährungsrisiko,
6. zu Großrisiken,
7. zur Beaufsichtigung auf konsolidierter Basis,
8. zur internen Kontrolle von Risiken und
9. zu Meldepflichten.

Die Umsetzung der Kapitaladäquanzrichtlinie erfolgt zum Teil unmittelbar im KWG, zum Teil in Vorschriften, die an das KWG anknüpfen. Die Bestimmungen der Kapitaladäquanzrichtlinie zur Höhe des Anfangskapitals, zur Berechnung der Eigenmittel, zu organisatorischen Pflichten bei der internen Risikoüberwachung sowie zur Beaufsichtigung auf konsolidierter Basis werden unmittelbar im Gesetz umgesetzt. Diese Vorschriften werden durch umfangreiche technische Detailregelungen ergänzt, die insbesondere in einer Kreditbestimmungsverordnung und Verwaltungsvorschriften des BAKred auf Grundlage des § 10 Abs. 1, § 10a Abs. 1 KWG Entwurf erfolgen. Damit wird die bisherige Regelungspraxis fortgeführt, derzufolge grundsätzliche und allgemeine Bestimmungen im Gesetz enthalten sind, während technische Detailregelungen überwiegend in Verwaltungsvorschriften des BAKred erfolgen.

Bestimmte Vorschriften der Kapitaladäquanzrichtlinie sind von Finanzdienstleistungsinstituten und Kreditinstituten nicht einzuhalten, deren Handelsbuchpositionen unterhalb gesetzlich festgelegter Bagatellgrenzen liegen. Für Anlagevermittler und Abschlussvermittler, die weder befugt sind, sich bei der Erbringung von Finanzdienstleistungen Eigentum oder Besitz an Geldern oder Wertpapieren von Kunden zu verschaffen, noch auf eigene Rechnung mit Finanzinstrumenten handeln, sieht der KWG-Entwurf die Freistellung von einer Reihe gesetzlicher Vorschriften vor.

C. BCCI-Folgerichtlinie

Unter dem Eindruck des Zusammenbruchs der Bank of Credit and Commerce International (BCCI) wurde mit der BCCI-Folgerichtlinie eine Reihe von Richtlinien geändert, welche die Struktur und die Beaufsichtigung von Finanzunternehmen regeln, um die Aufsicht wirkungsvoller zu gestalten.

Die BCCI-Folgerichtlinie enthält Vorschriften
1. über die Zulassungsverweigerung oder -rücknahme,
2. zur Transparenz der Struktur einer Gruppe, der Finanzunternehmen angehören,
3. zum Informationsaustausch zwischen Aufsichtsbehörden und anderen Stellen und
4. zu den Informationspflichten externer Prüfer.

Zur Umsetzung der Vorschriften werden in den §§ 32 und 33 KWG-Entwurf die Kriterien für die Zulassung zum Geschäftsbetrieb verschärft, in § 9 KWG-Entwurf zusätzliche Möglichkeiten der Informationsweitergabe an andere, für die Aufsicht wichtige Stellen geschaffen und in § 24 KWG-Entwurf die Anzeigepflichten der Institute ergänzt.

IV. Ergänzende Regelungen zur Förderung des Vertrauens der Anleger in die Funktionsfähigkeit des Kapitalmarktes, Verbesserung der Geldwäschebekämpfung und Sicherstellung der Funktionsfähigkeit des Zahlungsverkehrs

Über die Vorgaben der angeführten Richtlinien hinaus werden zur Stärkung des Finanzplatzes, zur wirksamen Bekämpfung der Geldwäsche und zur Sicherstellung der Funktionsfähigkeit des Zahlungsverkehrs folgende Tätigkeiten einer speziellen Aufsicht unterstellt:
1. *Dienstleistungen im Zusammenhang mit Warentermingeschäften,*
2. *Dienstleistungen im Zusammenhang mit Devisen- und Devisentermingeschäften,*
3. *die Ausgabe vorausbezahlter Karten zu Zahlungszwecken (Geldkartengeschäft),*
4. *die Schaffung und die Verwaltung von Zahlungseinheiten in Rechnernetzen (Netzgeldgeschäft),*
5. *die Vermittlung von Einlagengeschäften mit Unternehmen mit Sitz außerhalb des Europäischen Wirtschaftsraums (Drittstaateneinlagenvermittlung),*
6. *die Besorgung von Zahlungsaufträgen für Dritte im bargeldlosen Zahlungsverkehr (Finanztransfergeschäft) sowie*
7. *der Handel mit Sorten als Haupttätigkeit (Sortengeschäft).*

Eine 1995 durchgeführte Umfrage des Bundesministeriums der Finanzen bei den Strafverfolgungsbehörden des Bundes und der Länder zeigt, dass Zehntausende von Kapitalanlegern seit 1990 auf dem Gebiet des Vertriebs von Warentermin-, Finanztermin- und Devisentermingeschäften sowie sog. Penny Stocks geschädigt wurden. Es ist davon auszugehen, dass die Anbieter solcher Geschäfte rund 6,5 bis 10 Mrd. DM in diesem Zeitraum vereinnahmt haben. Die Investitionen endeten in den von den Strafverfolgungsbehörden untersuchten Fällen oft mit einem Totalverlust für die Anleger. Den Schwerpunkt dieses Bereichs der Geldanlage stellt der Vertrieb von Warentermingeschäften dar. Eine spezielle staatliche Aufsicht über Dienstleistungen im Zusammenhang mit Warentermingeschäften ist somit aus Gründen des Anlegerschutzes geboten. Zugleich unterstützt eine Aufsicht die Bemühungen um den Aufbau einer Warenterminbörse in Deutschland.

Nach der Wertpapierdienstleistungsrichtlinie sind zwar ausdrücklich nur Dienstleistungen mit Devisenfutures, Devisenswaps sowie Optionen auf Devisen, Devisenfutures und Devisenswaps zu beaufsichtigen; diese Regelung kann sinnvoll jedoch nur in der Weise ausgelegt werden, dass alle als Festgeschäfte oder Rechte ausgestalteten Devisentermingeschäfte einer Aufsicht zu unterstellen sind.

Mit der Aufnahme des Geldkartengeschäfts in den Katalog der Bankgeschäfte wird einer neuen Entwicklung auf dem Gebiet der Zahlungsinstrumente Rechnung getragen und eine Empfehlung der EU-Zentralbankgouverneure umgesetzt, die der Sicherstellung der Funktionsfähigkeit des Zahlungsverkehrs dient.

Da die Schaffung und Verwaltung von Zahlungseinheiten in Rechnernetzen zu einer erheblichen Gefährdung der Sicherheit und Funktionsfähigkeit des Zahlungsverkehrs führen kann, ist es erforderlich, auch diese Tätigkeiten der Aufsicht zu unterstellen.

Die dem Kundenschutz dienende Unterstellung der Vermittlung von Einlagen an Adressen in Staaten außerhalb des Europäischen Wirtschaftsraums (Drittstaateneinlagenvermittlung) unter die Aufsicht ist zur aufsichtlichen Erfassung von Scheinkonstruktionen erforderlich. Dadurch soll eine bestehende Aufsichtslücke geschlossen werden. Derzeit unterliegen Treuhänder keiner Aufsicht, wenn sie formal als Boten der Einleger tätig sind und auf deren Weisung hin handeln, selbst wenn der eigentliche Betreiber der Geschäfte seinen Sitz im Inland hat und eingesammelte Gelder im Inland verwaltet werden.

Unternehmen, die gewerbsmäßig Zahlungsaufträge für Dritte im bargeldlosen Zahlungsverkehr (Finanztransfergeschäft) besorgen, werden der Bankenaufsicht unterstellt, um der unerlaubten Hereinnahme von Einlagen und insbesondere Geldwäscheaktivitäten entgegenzuwirken. Die derzeitige Freistellung der Geldtransferdienstleistungen von der Aufsicht ist nicht länger vertretbar, weil sie der unerlaubten Ausübung von Bankgeschäften und der Wäsche von Drogengeldern Vorschub leistet. Die Dienste der auch als »Money Transmitter Agencies« bezeichneten Firmen sind vielfach Teil eines auch in Deutschland beste-

henden Schattenbankensystems, das sich in letzter Zeit nicht mehr auf die unerlaubte Hereinnahme von Einlagen beschränkt, sondern im internationalen Maßstab verstärkt zu Geldwäscheaktivitäten genutzt wird.

Der Handel mit Sorten als Hauptgeschäft soll unter Aufsicht gestellt werden, weil nach Erkenntnissen der Financial Action Task Force on Money Laundering (FATF) Wechselstuben zunehmend auch in Deutschland für Geldwäschetransaktionen missbraucht werden. In anderen Staaten unterstehen Wechselstuben bereits der Bankenaufsicht.

Bei Unternehmen, die die Drittstaateneinlagenvermittlung, das Finanztransfergeschäft und das Sortengeschäft betreiben, genügt ein vereinfachtes Erlaubnis- und Überwachungsverfahren. Sie unterliegen keiner umfassenden Solvenzaufsicht.

Über die Richtlinienvorgaben hinaus werden mit der Änderung des KWG zudem die Ermittlungsbefugnisse des BAKred bei der Verfolgung unerlaubt betriebener Bankgeschäfte und Finanzdienstleistungen erweitert, der Zwangsgeldrahmen zur Durchsetzung von Anordnungen des BAKred und der Bußgeldrahmen zur Ahndung von Ordnungswidrigkeiten erhöht. Diese Änderungen sind erforderlich, um unerlaubt betriebenen Änderungen wirksam entgegentreten zu können und die Einhaltung aufsichtsrechtlicher Normen zu gewährleisten.

Die dem BAKred bislang zur Verfolgung unerlaubt betriebener Bankgeschäfte zur Verfügung stehenden Ermittlungsbefugnisse haben sich als unzureichend erwiesen. Im Hinblick auf die zu erwartende große Zahl der im Finanzdienstleistungsbereich tätigen Unternehmen und Einzelpersonen, die erstmals einer besonderen staatlichen Aufsicht unterstellt werden, müssen diese Befugnisse erweitert werden, um Schaden für den Finanzplatz zu vermeiden. Es muss davon ausgegangen werden, dass ohne eine Erweiterung der Ermittlungsbefugnisse des BAKred Wertpapierdienstleistungen künftig in größerem Umfang unerlaubt betrieben werden und die in die Aufsicht einbezogenen Bereiche des Grauen Kapitalmarkts nicht wirksam kontrolliert werden können. Um bei unseriösen Anbietern die notwendige Wirkung zu erzielen, ist eine beträchtliche Erhöhung des dem BAKred zur Verfügung stehenden Bußgeldrahmens von derzeit 100 000 DM auf bis zu einer Million DM erforderlich.

VI. Aufgabenteilung zwischen dem BAWe und dem BAKred und Zuständigkeiten der Börsenaufsichtsbehörden der Länder

Die Beaufsichtigung der Wertpapierfirmen und der Kreditinstitute, soweit sie Wertpapierdienstleistungen erbringen, fällt in die Zuständigkeit zweier Bundesoberbehörden – des BAKred und des BAWe. Der Arbeitsteilung zwischen den beiden Behörden liegt ein funktionaler Ansatz zugrunde: Das BAKred ist für die Zulassung und die Solvenzaufsicht zuständig; das BAWe führt die Marktaufsicht über die Wertpapierdienstleistungen durch. Der funktionale Ansatz wird den Regelungen dieses Gesetzes konsequent fortgeführt und weiterentwickelt.

Die Aufsicht durch das BAKred umfasst
1. die Zulassung der Institute und die Aufhebung der Zulassung;
2. die Überprüfung der persönlichen Zuverlässigkeit und fachlichen Eignung der Geschäftsleiter und ihre Abberufung;
3. die Anteilseignerkontrolle;
4. die laufende Überwachung der wirtschaftlichen Situation der Institute einschließlich der aktuellen Liquiditäts- und Ertragslage;
5. die Verfolgung unerlaubt betriebener Bankgeschäfte und Finanzdienstleistungen.

Die Marktaufsicht durch das BAWe umfasst
1. die Überwachung der Einhaltung der Verhaltensregeln;
2. die Bekämpfung von Insidergeschäften;
3. die Kontrolle der ad hoc-Publizität;
4. die Überwachung der Mitteilungs- und Veröffentlichungspflichten der Stimmrechtsanteile an börsennotierten Gesellschaften;
5. die Überwachung der Hinterlegung von Verkaufsprospekten bei öffentlichen Angeboten von nicht zum amtlichen Handel zugelassenen Wertpapieren.

Entsprechend der funktionalen Aufgabenteilung zwischen den beiden Aufsichtsbehörden werden Regelungen, die in den Zuständigkeitsbereich des BAKred fallen, im KWG und Regelungen, die in den Zuständigkeitsbereich des BAWe fallen, im WpHG umgesetzt.

Mit dem Zweiten Finanzmarktförderungsgesetz ist die Börsenaufsicht der Länder mit einer Bundesaufsicht zur Wahrnehmung zentraler Aufsichtsfunktionen verknüpft worden. Dieses Ineinandergreifen der Aufsichtsstrukturen wird im Zuge der Umsetzung der Richtlinien beibehalten. Aufgrund des Betreibens des Vermittlungs- und Eigenhandelsgeschäftes unterfallen die Börsenmakler der Wertpapierdienstleistungs- und Kapitaladäquanzrichtlinie und unterliegen künftig als Finanzdienstleistungsinstitute der Solvenzaufsicht des BAKred. Diese Modifizierung der Aufsichtsstruktur ist angesichts der sehr komplexen Eigenmittelunterlegungsvorschriften der Kapitaladäquanzrichtlinie sowie im Interesse einer einheitlichen Rechtsanwendung geboten.

Die Zuständigkeit der Börsenaufsichtsbehörden für die Überwachung der wirtschaftlichen Leistungsfähigkeit bleibt hingegen für die skontroführenden Makler bestehen. Die weiterhin bestehende Kontrolle durch die Börsenaufsichtsbehörden ist im Hinblick auf die besondere Funktion der Skontroführer, insbesondere die neutrale Kurs- oder Preisfeststellung, und die damit verbundene Vertrauensposition geboten. Die Aufsicht der Börsenaufsichtsbehörden bezieht sich somit auf die Befugnis der skontroführenden Makler, diese spezielle Funktion an der Börse auszuüben, und dient anderen Zielen als die Aufsicht des BAKred.

Für die Überwachung von Börsengeschäften, die zu einem Börsenpreis führen, sind die Börsenaufsichtsbehörden auf der Grundlage von Börsenordnung, Börsengeschäftsbedingungen und Usancen zuständig. Nur soweit es sich um Börsengeschäfte handelt, die nicht zu einem Börsenpreis führen, überwacht das BAWe auch das Marktverhalten der Börsenmakler nach § 31 ff. WpHG.

Zu der Gesetzesnovelle sind insbesondere zwei Aspekte hervorzuheben. Wie schon beim 4. und beim 5. KWG-Änderungsgesetz sind die Gesetzesänderungen im Wesentlichen nicht durch Erfahrungen und Probleme veranlasst, die sich bei der Anwendung des Gesetzes im Inland ergaben. Vielmehr wurden mit dem Änderungsgesetz in erster Linie Vorgaben der Europäischen Gemeinschaften in deutsches Recht umgesetzt. Das Recht der Bankenaufsicht wird also in steigendem Maße internationalisiert. Der zweite Aspekt: Mit dem 6. KWG-Änderungsgesetz wird die schon seit dem vierten Änderungsgesetz vorhandene Tendenz verstärkt, Unternehmen, die keine Kreditinstitute im klassischen Sinne sind, in die Bankenaufsicht einzubeziehen. Der neue § 1 a definiert die Finanzdienstleistungsinstitute, die nunmehr der Bankenaufsicht unterliegen und z.B. einer Erlaubnis nach § 32 bedürfen. Konsequenterweise wird in den meisten Vorschriften des Gesetzes die Bezeichnung »Kreditinstitut« durch die Bezeichnung »Institut« ersetzt.

3.8 Neubekanntmachung (1998)

Schon bald nach Verkündung des 6. KWG-Änderungsgesetzes wurde das Gesetz erneut in mehreren Punkten geändert, und zwar insbesondere durch das Dritte Finanzmarktförderungsgesetz vom 24. März 1998 (BGBl. I S. 529) sowie durch das Einlagensicherungs- und Anlegerentschädigungsgesetz vom 16. Juli 1998 (BGBl. I S. 1842). Danach wurde das KWG in der Fassung der Änderungsgesetze aufgrund einer entsprechenden Ermächtigung vom Bundesfinanzministerium neu bekannt gemacht und gilt jetzt in der Fassung dieser Bekanntmachung (vom 9. September 1998, BGBl. I S. 2776).

3.9 Gesetzesänderungen (2002)

Im Jahre 2002 erfuhr das KWG erneut umfangreiche Änderungen. Durch das **Gesetz über die integrierte Finanzdienstleistungsaufsicht** vom 22. April 2002 (BGBl. I S. 1310) wurde zum 1. Mai 2002 die Bundesanstalt für Finanzdienstleistungsaufsicht (BaFin) errichtet. Unter dem Dach der neuen Anstalt sind die Aufgaben der ehemaligen Bundesaufsichtsämter für das Kreditwesen, das Versicherungswesen und den Wertpapierhandel zusammengeführt worden. Ziel des Gesetzes war es, in Deutschland eine neue staatliche Aufsicht über Banken, Versicherungsunternehmen und Finanzdienstleistungsunternehmen zu schaffen, die sektorenübergreifend den gesamten Finanzmarkt umfasst (Allfinanzaufsicht). Das materielle Aufsichtsrecht der drei Sektoren wurde durch die Neuregelung nicht geändert. Allerdings mussten durch die Übertragung der bisherigen Aufgaben der drei Aufsichtsämter auf die Bundesanstalt für Finanzdienstleistungsaufsicht viele Vorschriften angepasst werden. Auch im KWG waren zahlreiche Änderungen vorzunehmen, die somit aber im Wesentlichen redaktioneller Natur waren. Darüber hinaus wurde die Zusammenarbeit mit der Deutschen Bundesbank und deren schon bisherige Einbindung in die laufende Überwachung aller Institute konkretisiert.

Mit dem **Gesetz zur weiteren Fortentwicklung des Finanzplatzes Deutschland (Viertes Finanzmarktförderungsgesetz)** vom 21. Juni 2002 (BGBl. I S. 2010) wurde das Ziel verfolgt, den Finanzplatz Deutschland und seine Position im europäischen und internationalen Wettbewerb zu stärken. Hierzu sollten die rechtlichen Rahmenbedingungen für den Finanzplatz Deutschland modernisiert und dem raschen Strukturwandel an den deutschen und internationalen Kapitalmärkten angepasst werden. Durch das Vierte Finanzmarktförderungsgesetz wurden zahlreiche Aufsichtsgesetze geändert. Die Änderungen des Kreditwesengesetzes betreffen folgende Schwerpunkte:
- Weitere Anpassung des KWG an die Baseler Aufsichtsgrundsätze:
  Hierbei handelt es sich im Wesentlichen um Präzisierungen und Erweiterungen einzelner Ermächtigungsgrundlagen des Gesetzes.
- Abschließende Umsetzung der E-Geld-Richtlinie in deutsches Recht:
  Die E-Geld-Richtlinie war bisher nicht vollständig im KWG umgesetzt worden. Die Gesetzesänderungen sollen nunmehr die vollständige Umsetzung der E-Geld-Richtlinie sicherstellen.
- Schließung bestehender Lücken im Abwehrsystem gegen die Geldwäsche:
  Mit den entsprechenden KWG-Änderungen sollen die Voraussetzungen für eine wirksamere Bekämpfung der Geldwäsche und der Finanzierung terroristischer Aktivitäten geschaffen werden.
- Angleichung des Regelwerks zur Anteilseignerkontrolle zwischen Banken- und Versicherungsaufsicht:
  Damit soll das Regelwerk zur Anteilseignerkontrolle zwischen Banken- und Versicherungsaufsicht harmonisiert und effizienter gestaltet werden.
- Ermächtigung zum Erlass von Rechtsverordnungen im Bereich der Solvenz- und Liquiditätsaufsicht:
  Die bisherigen Grundsätze über die Eigenmittel und die Liquidität der Institute gemäß §§ 10 und 11 KWG werden nunmehr als Rechtsverordnung erlassen.
- Verbesserungen beim Millionen- und Großkreditmeldeverfahren:
  Mit der Neuregelung sollte das Millionenkreditmeldewesen (§ 14 KWG) modernisiert werden. Ziel war es insbesondere, die Rechtsgrundlage für eine Zusammenarbeit der bei der Deutschen Bundesbank eingerichteten Evidenzzentrale für Millionenkredite mit entsprechenden Einrichtungen in anderen EU-Staaten zu schaffen.

Wegen Einzelheiten zu der Gesetzesänderung wird auf die Amtliche Begründung zum Gesetzentwurf verwiesen (vgl. BT-Drucksache 14/8017 vom 18. Januar 2002).

3.10 Zweites Gesetz zur Änderung des Zollverwaltungsgesetzes (2003)

Mit dem **Zweiten Gesetz zur Änderung des Zollverwaltungsgesetzes** vom 31. Oktober 2003 (BGBl. I S. 2146) wurde der neue § 6a in das KWG eingefügt. Mit dieser Vorschrift sollte eine Rechtsgrundlage für Finanzsanktionen gegen die aus der Finanzierung des Terrorismus resultierenden Gefahren geschaffen werden. Sofern Tatsachen vorliegen, die darauf schließen lassen, dass Gelder oder andere finanzielle

Vermögenswerte der Finanzierung terroristischer Handlungen dienen, kann die BaFin nunmehr der Geschäftsführung des betreffenden Instituts Anweisungen erteilen sowie dem Institut Verfügungen von einem bei ihm geführten Konto oder Depot und die Durchführung sonstiger Finanztransaktionen untersagen.

3.11 Gesetz zur Umsetzung aufsichtsrechtlicher Bestimmungen zur Sanierung und Liquidation von Versicherungsunternehmen und Kreditinstituten (2003)

Mit dem **Gesetz zur Umsetzung aufsichtsrechtlicher Bestimmungen zur Sanierung und Liquidation von Versicherungsunternehmen und Kreditinstituten** vom 10. Dezember 2003 (BGBl. I S. 2478) wurden die §§ 46d bis 46f. in das KWG eingefügt und § 46b neu gefasst. Die neuen Vorschriften dienen der Umsetzung der Richtlinie 2001/24/EG vom 4. April 2001 über die Sanierung und Liquidation von Kreditinstituten. Nach § 46d ist die BaFin verpflichtet, vor Erlass einer Sanierungsmaßnahme gegenüber einem Einlagenkreditinstitut oder einem E-Geld-Institut die zuständigen Behörden der anderen Staaten des Europäischen Wirtschaftsraums (EWR) zu unterrichten. § 46e bestimmt, dass für die Eröffnung eines Insolvenzverfahrens über das Vermögen eines Einlagenkreditinstituts oder E-Geld-Instituts im Europäischen Wirtschaftsraum allein die jeweiligen Behörden oder Gerichte des Herkunftsstaates zuständig sind. § 46e regelt das Insolvenzverfahren.

3.12 Investmentmodernisierungsgesetz (2003)

Weitere Änderungen des Kreditwesengesetzes ergaben sich im Jahre 2003 durch das **Gesetz zur Modernisierung des Investmentwesens und zur Besteuerung von Investmentvermögen (Investmentmodernisierungsgesetz)** vom 15. Dezember 2003 (BGBl. I S. 2676). Mit dem Gesetz wurden zwei Änderungsrichtlinien zur OGAW Richtlinie 85/611/EG umgesetzt sowie das Gesetz über Kapitalanlagegesellschaften (KAAG) und das Auslandsinvestment-Gesetz (AuslInvestmG) zum neuen Investmentgesetz (InvG) zusammengeführt. Bei den KWG-Änderungen handelt es sich im Wesentlichen um Folgeänderungen im Zusammenhang mit den Neuregelungen.

3.13 Gesetz zur Umsetzung der Richtlinie 2002/47/EG vom 6. Juni 2002 über Finanzsicherheiten und zur Änderung des Hypothekenbankgesetzes und anderer Gesetze (2004)

Mit dem **Gesetz zur Umsetzung der Richtlinie 2002/47/EG vom 6. Juni 2002 über Finanzsicherheiten und zur Änderung des Hypothekenbankgesetzes und anderer Gesetze** vom 5. April 2004 (BGBl. I S. 502) wurden in § 1 des Kreditwesengesetzes die Absätze 16 und 17 angefügt. Mit diesen Vorschriften wurde die Richtlinie 2002/47/EG über Finanzsicherheiten im Bereich des KWG umgesetzt. Der neue Absatz 16 enthält die Begriffsbestimmung eines Zahlungssystems, der neue Absatz 17 die Definition der Finanzsicherheiten.

3.14 Gesetz zur Umsetzung der Richtlinie 2002/87/EG des Europäischen Parlaments und des Rates vom 16. Dezember 2002 (2004)

Durch das **Gesetz zur Umsetzung der Richtlinie 2002/87/EG des Europäischen Parlaments und des Rates vom 16. Dezember 2002 (Finanzkonglomeraterichtlinie-Umsetzungsgesetz)** vom 21. Dezember 2004 (BGBl. I S. 3610) erfuhr das KWG erhebliche Veränderungen. Mit dem Gesetz wurden Kreditinstitute, Versicherungsunternehmen und Wertpapierfirmen, die Teil eines Finanzkonglomerats sind, einer zusätzlichen Beaufsichtigung unterworfen. Die zusätzliche Beaufsichtigung erfasst dabei alle Konglomerate, die in beträchtlichem Umfang branchenübergreifend tätig sind, sobald bestimmte Schwellen erreicht werden. Die BaFin soll imstande sein, auf Gruppenebene die Finanzlage der Kreditinstitute, Versicherungsunternehmen und Wertpapierfirmen eines Finanzkonglomerats, insbesondere deren Solvabilität, zu beurteilen.

3.15 Gesetz zur Neuordnung des Pfandbriefrechts (2005)

Mit dem **Gesetz zur Neuordnung des Pfandbriefrechts** vom 22. Mai 2005 (BGBl. I S. 1373) wurde das Pfandbriefgeschäft in den Kreis der Bankgeschäfte aufgenommen (§ 1 Absatz 1 Nr. 1a KWG). Damit wird die Ausgabe von Pfandbriefen all denjenigen Kreditinstituten ermöglicht, die eine entsprechende Erlaubnis nach § 32 KWG beantragen. Mit dem gleichen Gesetz wurden ferner die Schwellenwerte für die Einreichung von Kreditunterlagen nach § 18 Satz 1 KWG neu definiert.

3.16 Gesetz zur Neuorganisation der Bundesfinanzverwaltung und zur Schaffung eines Refinanzierungsregisters (2005)

Mit dem **Gesetz zur Neuorganisation der Bundesfinanzverwaltung und zur Schaffung eines Refinanzierungsregisters** vom 22. September 2005 (BGBl. I S. 2809) erfuhr das KWG aufgrund des Artikels 4a einige Änderungen.[1]

So wurde ein neuer Abschnitt 2a Refinanzierungsregister eingefügt und dem § 1 KWG die Absätze 24–26 angefügt. Große Bedeutung für die allgemeine Kreditversorgung der Wirtschaft haben die günstigen Rahmenbedingungen für die Refinanzierung der Kreditinstitute. Die Erleichterung der Refinanzierung verbessert mittelbar die Finanzierungsbedingungen derjenigen Unternehmen, die nicht über die notwendige Größe verfügen, um sich eigenständig am Kapitalmarkt zu finanzieren und zu refinanzieren, sondern von der Kreditvergabe der Kreditinstitute abhängig sind. Neben den klassischen Refinanzierungsformen wie Factoring oder Forfaitierung gewinnt seit einigen Jahren die Refinanzierung über eigens zur Refinanzierung gegründete Gesellschaften (Zweckgesellschaften, § 1 Abs. 26 KWG) zunehmend an Bedeutung. Solche Zweckgesellschaften finanzieren den Erwerb der Refinanzierungsgegenstände des sich refinanzierenden Unternehmens (Refinanzierungsunternehmen, § 1 Abs. 24 KWG) insbesondere durch die Ausgabe von Schuldscheinen und Schuldverschreibungen (sog. Asset Backed Securities). Die Durchführung solcher modernen Refinanzierungsformen ist im deutschen Recht auf erhebliche Hindernisse gestoßen. Der Gesetzgeber hat in den letzten Jahren schon einige dieser Hindernisse beseitigt. Anliegen dieses Gesetzes zur Verbesserung der Finanzierungsmöglichkeiten ist es, die noch verbliebenen insolvenz- und bankaufsichtsrechtlichen Hindernisse zu beseitigen. Diese Hindernisse werden verantwortlich gemacht für die trotz der schon erfolgten Gesetzesänderungen im internationalen Vergleich geringe Zahl echter ABS-Transaktionen in Deutschland. Auch im Schrifttum wurde jüngst auf diese nach geltendem Recht nicht zu überwindenden Hindernisse hingewiesen, die zuletzt im Urteil des Bundesgerichtshofes vom 24. Juni 2003 (BGHZ 155, 227) bestätigt wurden. Die neuen Regelungen sorgen für erhebliche Erleichterung, indem sie durch Einfügung eines neuen Abschnitts in das Kreditwesengesetz (§§ 22a ff. KWG) die Begründung einer insolvenzfesten Rechtsposition der Zweckgesellschaft ohne Übertragung der Refinanzierungsgegenstände ermöglicht. Voraussetzung ist, dass die Gegenstände in ein nach den neuen Vorschriften des Kreditwesengesetzes geführtes Refinanzierungsregister eingetragen werden. Dieses Refinanzierungsregister wird durch einen neutralen, von der Bundesanstalt für Finanzdienstleistungsaufsicht bestellten Verwalter überwacht, um die Interessen der anderen Gläubiger des Refinanzierungsunternehmens nicht zu gefährden. Damit werden die vom Bundesgerichtshof und im Schrifttum betonten Aspekte der Rechtsklarheit und des Gläubigerschutzes auch in diesen Konstellationen gewahrt. Die Regelung bezieht sich auf die besonderen Anforderungen des Pfandbriefmarktes und von True-Sale-Verbriefungen.

Es handelt sich also ausschließlich um eine Regelung der im Gesetz vorgesehenen Fälle, die keine Aussagen über die Zulässigkeit und Wirkung anderer Treuhandmodelle trifft. Die rechtliche Stellung dieser anderen Treuhandmodelle erfährt durch das

---

1 Auszug aus der allgemeinen Gesetzesbegründung.

Gesetz keine Änderung. Die Stabilität des Finanzmarktes setzt voraus, dass Kreditinstitute ihre Risiken möglichst gering halten und streuen. Echte ABS-Transaktionen sowie andere Refinanzierungsvorgänge können zur Risikoverringerung beitragen, weil sie zu einer Ersetzung risikobehafteter Gegenstände durch liquide Mittel und damit zu einer Reduzierung des Risikos in den Beständen der Refinanzierungsunternehmen führen.

3.17 Gesetz zur Umsetzung der neu gefassten Bankenrichtlinie und der neu gefassten Kapitaladäquanzrichtlinie (2006)

Mit dem **Gesetz zur Umsetzung der neu gefassten Bankenrichtlinie und der neu gefassten Kapitaladäquanzrichtlinie** vom 17. November 2006 (BGBl. I S. 2606) hat das Kreditwesengesetz umfangreiche Änderungen erfahren.

Anlass war die Neufassung der Richtlinie 2000/12/EG des Europäischen Parlaments und des Rates vom 20. März 2000 über die Aufnahme und Ausübung der Tätigkeit der Kreditinstitute (**Bankenrichtlinie**) und der Richtlinie 93/6/EWG des Rates vom 15. März 1993 über die angemessene Eigenkapitalausstattung von Wertpapierfirmen und Kreditinstituten (**Kapitaladäquanzrichtlinie**). Die entsprechenden neuen Anforderungen an die Eigenkapitalausstattung und die Risikoeinschätzungen werden mit dem neuen Gesetzentwurf in deutsches Recht umgesetzt.

Der Inhalt lässt sich wie folgt zusammenfassen:

a) Ziele der Regelungen

- Die Eigenkapitalanforderungen werden stärker als bisher vom eingegangenen Risiko abhängig sein.
- Allgemeine und besondere Entwicklungen an den Finanzmärkten sowie im Risikomanagement der Institute sind zu berücksichtigen.
- Die Grundprinzipien für die qualitative Bankenaufsicht werden vorgegeben.
- Die Offenlegungspflichten der Institute werden erweitert, um eine Stärkung der Marktdisziplin zu erreichen.

b) Regelungsansatz

Die Ziele zu Nummer 1 sollen durch einen auf »drei Säulen« beruhenden Regelungsansatz erreicht werden, flankiert durch eine verbesserte Zusammenarbeit der Aufsichtsbehörden:

b.a) Säule I Mindestkapitalanforderungen

Dabei wird die bankenaufsichtliche Risikomessung stärker an die Risikosteuerungsmethoden der Banken angenähert. Für die drei zentralen Risikobereiche der Banken,
- Kreditrisiko,
- Marktpreisrisiko,
- operationelles Risiko,

stehen wahlweise sowohl standardisierte Erfassungskonzepte als auch bankeigene Verfahren und Modelle, die eine differenzierte Risikoerfassung und -quantifizierung ermöglichen, für die Risikomessung zur Verfügung. Dabei handelt es sich im Einzelnen um folgende Ansätze:
- Standardansatz,
- Basis-IRB-Ansatz (auf internen Ratings basierender Ansatz),
- fortgeschrittener IRB-Ansatz.

b.a.a) Standardansatz

Der Standardansatz zur Messung des Kreditrisikos umfasst Risikogewichte für Forderungen an Staaten, Banken und Unternehmen. Die Risikogewichte werden aufgrund aufsichtsrechtlich anerkannter Bonitätsbeurteilungen von Ratingagenturen beurteilt. Dabei gilt für Unternehmensforderungen: Nicht beurteilte Forderungen werden mit 100 Prozent gewichtet, beurteilte mit abgestuften Anrechnungsansätzen in einer Bandbreite von 20 bis 150 Prozent.

Neu ist das »aufsichtliche Privatkundenportfolio« (retail portfolio). Danach werden Forderungen gegen natürliche Personen und Kredite an kleine und mittlere Unternehmen (KMU) bis zu einer zusammengefassten Höhe von 1 Mio. Euro gegenüber einem Kreditnehmer mit einem Risikogewicht von 75 Prozent belegt. Dies stellt eine signifikante Absenkung dar, denn vorher betrug das Risikogewicht für solche Forderungen 100 Prozent. Dem Privatkundenportfolio kann voraussichtlich ein erheblicher Teil der KMU mit ihren Krediten zugeordnet werden. Dies stellt eine nicht unerhebliche Begünstigung von Privatpersonen und KMU dar.

b.a.b) Basis-IRB-Ansatz

Dieser Ansatz führt zur Entwicklung bankinterner Rating- und Risikomodelle, mit denen die Kreditrisiken der einzelnen Schuldner erfasst werden sollen. Dazu werden zunächst fünf Forderungsklassen gebildet:
- Forderungen an Staaten,
- Forderungen an Kreditinstitute,
- Forderungen an sonstige Unternehmen,
- Forderungen an Privatkunden,
- Anteile/Beteiligungen.

Dann werden die Kreditrisiken aller Kreditnehmer (juristische und natürliche Personen) dieser Forderungsklassen mittels bankinterner Verfahren, auf Basis der einzelnen Forderungen, nach aufsichtlich vorgegebenen Risikogewichtsfunktionen ermittelt. Dabei sind die folgenden vier Risikoparameter von Bedeutung:
- Forderungshöhe bei Ausfall (EAD = Exposure at Default),
- Ausfallwahrscheinlichkeit (PD = Probability of Default),
- Verlustquote (LGD = Loss Given Default),
- Effektive Restlaufzeit der Forderung (M = Maturity).

Im Basis-IRB-Ansatz ist von der Bank lediglich die Ausfallwahrscheinlichkeit (PD) aus eigenen Berechnungen zu ermitteln. Zum Einsatz des bankinternen Modells benötigen die Kreditinstitute die Genehmigung durch die zuständige Bankaufsichtsbehörde. Auch im Basis-IRB-Ansatz fallen Kredite bis zu 1 Mio. Euro in die Forderungsklasse Privatkunden. Damit wird der größte Teil der Kredite an KMU hinsichtlich der Risikobemessung begünstigt.

b.a.c) Fortgeschrittener IRB-Ansatz

Dieser ist eine Weiterentwicklung des Basis-IRB-Ansatzes. Dabei werden die vier unter Nummer 2.1.2 genannten Risikoparameter für die Risikogewichtung weiter verfeinert. Die Banken dürfen alle vier Risikoparameter selbst schätzen. Das daraus entwickelte bankinterne Risikomesssystem muss von der Bundesanstalt für Finanzdienstleistungsaufsicht (BaFin) als Aufsichtsbehörde genehmigt werden. Kleinere Institute, denen eigene Schätzungen der Parameter zu ehrgeizig erscheinen, können dauerhaft im Basis-IRB-Ansatz verbleiben.

b.a.d) Anerkannte Sicherheiten, wie z.B. Bargeld, Gold, Schuldverschreibungen, Aktien, Investmentfonds, Realsicherheiten, Forderungen aus Lieferungen etc., werden in allen Verfahren als Kreditrisikominderung berücksichtigt, also für die Eigenkapitalberechnung der Banken entlastend angerechnet.

b.b) Säule II Qualitative Bankenaufsicht

Die neuen Vorgaben zu den Mindestanforderungen der Banken führen zu einer Ausweitung der Prüfungstätigkeit im Hinblick auf das Risikomanagement der Banken. Sie müssen einen Prozess durchführen, mit dem nach einem internen, von der Bank selbst zu entwickelnden Konzept die Kapitalausstattung bestimmt wird, die den gegenwärtigen und zukünftigen Risiken (Zinsänderungsrisiko, Liquiditätsrisiko, Klumpenrisiken) angemessen ist.

b.c) Säule III Offenlegungspflichten

Danach müssen alle Informationen offen gelegt werden, mit denen das Risikoprofil der Banken vom Markt hinreichend beurteilt werden kann, z.B. Struktur der Bank/Bankengruppe, verfolgte Strategie, Risikomanagement, Risikomessung, Überwachung der Absicherungen, Eigenkapital, Portfoliomodelle. Die von diesen Informationen ausgehende Marktdisziplin soll genutzt werden, um die Banken im Interesse der Stabilität des Bankensektors insgesamt zu verantwortungsvollem Handeln zu bewegen.

b.d) Verbesserte Zusammenarbeit der Aufsichtsbehörden

Im Bereich der grenzüberschreitenden Zusammenarbeit der Aufsichtsbehörden kommt es zu einer erheblichen Erleichterung für die grenzüberschreitend tätig werdenden Banken. Die Entscheidungsbefugnis der zuständigen Aufsichtsbehörde über die Anwendbarkeit bestimmter technischer Modelle ist von großer Bedeutung. Im Rahmen dieses Verfahrens werden die anderen betroffenen Aufsichtsbehörden angemessen beteiligt. Die enge Kooperation der Aufsichtsbehörden ist für die Weiterentwicklung des Finanzmarktes in Europa ein Meilenstein, allerdings müssen auch Entscheidungen getroffen werden können. Hier gilt grundsätzlich: Wenn nach sechs Monaten noch keine gemeinsame Entscheidung getroffen worden ist, kann die zuständige Aufsichtsbehörde (so genannter Consolidated Supervisor) abschließend und allein entscheiden.

c) Rechtliche Regelungen zur Umsetzung

Die unter den Nummern 1 bis 2 genannten Grundsätze und Regelungen der Richtlinien werden durch den Gesetzentwurf sowie die aufgrund des Kreditwesengesetzes zu erlassenden Rechtsverordnungen nach § 10 Abs. 1 Satz 9 des Kreditwesengesetzes die Solvabilitätsverordnung (SolvV) und nach § 22 Satz 1 des Kreditwesengesetzes die Großkredit- und Millionenkreditverordnung (GroMiKV) umgesetzt. Mit den Änderungen im Kreditwesengesetz werden grundsätzliche aufsichtsrechtliche Fragen der Richtlinien geregelt und die Rechtsgrundlagen für die erforderlichen Rechtsverordnungen geschaffen. Die Solvabilitätsverordnung setzt im Wesentlichen die technischen Anhänge der Richtlinien um, gibt die grundsätzliche Gestaltung der Risikomessungen vor und beschreibt die Voraussetzungen für die Anwendung von Standardansatz und IRB-Ansatz. Die Großkredit- und Millionenkreditverordnung ergänzt die Ansätze der Solvabilitätsverordnung durch besondere Regelungen für die Kreditvergabe im Bereich der Groß- und Millionenkredite.

Im Wesentlichen ergeben sich durch die Gesetzesänderung folgende Änderungen:
- Risiken eines Kredits werden differenziert erfasst und entsprechend mit Eigenkapital unterlegt,
- Differenzierung der Risiken wird zu einer Entlastung der Eigenkapitalanforderungen führen und damit die Kostenstruktur der Institute verbessern,
- Risikomanagementsysteme werden kontinuierlich weiterentwickelt und damit letztlich zu einer größeren Stabilität im Bankensektor beitragen,
- Transparenz der von den Instituten verfolgten Strategien wird zunehmen,
- Kooperation der Aufsichtsbehörden im Europäischen Wirtschaftsraum wird verstärkt.

Ein höheres Risiko des Kreditnehmers führt zu einer höheren Eigenkapitalanforderung. Da kleine und mittlere Unternehmen (KMU) im Durchschnitt eine höhere Ausfallwahrscheinlichkeit als Großunternehmen aufweisen, würden Mittelstandskredite im Durchschnitt mit höheren Mindesteigenkapitalanforderungen belastet als

Kredite an Großunternehmen. Schlechtere Konditionen für Kredite an den Mittelstand wären die wahrscheinliche Folge.

Dem steht jedoch ein Korrelationseffekt gegenüber: Ausfälle von Großunternehmen treten besonders stark in Schüben oder in Wellen auf. Die KMU sind diesem systematischen Teil des Kreditrisikos, der vor allem vom Konjunkturverlauf bestimmt wird, weniger ausgesetzt als Großunternehmen. Dieses systematische Risiko ist aber gerade jener Teil des Kreditrisikos, der mit Eigenkapital zu unterlegen ist.

Die Richtlinien erweitern den Katalog der anerkennungsfähigen Methoden zur Minderung des Kreditrisikos um mittelstandstypische Sicherheiten, wie Sicherungsübereignung und Abtretung von Forderungen aus Lieferungen und Leistungen. Allerdings müssen die Banken künftig das Kreditrisiko möglichst exakt messen und einen adäquaten Preis festlegen. Die Risikomessung wird zu einer wichtigen Preiskomponente, die die Unternehmen durch eigenes Verhalten beeinflussen können.

Die wichtigste Rolle für die Risikomessung und die dementsprechende bankinterne Einstufung, das Rating, spielt neben der Ertragslage die Eigenkapitalquote der Unternehmen. Sie ist in Deutschland seit Jahren relativ niedrig; rund ein Drittel der mittelständischen Unternehmen hat weniger als 10 Prozent Eigenkapital. Derzeit laufen erhebliche Anstrengungen, neue Finanzprodukte zu entwickeln und anzubieten. Hierzu zählen insbesondere hybride Finanzinstrumente, die zugleich die typischen Merkmale des Eigenkapitals und des Fremdkapitals aufweisen und als Mezzanine-Kapital bezeichnet werden. Solches Mezzanine-Kapital kann dazu beitragen, Eigenkapitallücken zu schließen, ohne unternehmerische Mitentscheidungen zu implizieren. Hier gibt es Programme mit vielen Möglichkeiten für kleine Mittelständler und auch für alle, die nach einer Stärkung ihrer Eigenkapitalbasis streben. Dennoch wird der Bankkredit, neben der Innenfinanzierung, die wichtigste Finanzierung bleiben.

Danach bleiben die Mindesteigenkapitalanforderungen auf den ersten Blick für das gesamte deutsche Bankensystem im Vergleich zu Basel I unverändert. Bei genauem Hinsehen ergeben sich aber erhebliche Unterschiede zwischen den Banken der Gruppe 1 (international aktive Banken mit einem Kernkapital von mindestens 3 Mrd. Euro) und denen der Gruppe 2 (alle übrigen deutschen Banken).

Für die Gruppe-1-Banken beträgt der mittlere Anstieg der Eigenkapitalanforderungen im Basis-IRB-Ansatz voraussichtlich 12,2 Prozent und im fortgeschrittenen IRB-Ansatz voraussichtlich 9,7 Prozent. Demgegenüber können die Gruppe-2-Banken im Standardansatz mit einer mittleren Entlastung von 7,5 Prozent, im Basis-IRB-Ansatz mit 6,4 Prozent und im fortgeschrittenen IRB-Ansatz voraussichtlich mit einer Entlastung von 27,5 Prozent bei den Eigenkapitalanforderungen rechnen.

Damit entstehen für die kleineren Unternehmen der Kreditwirtschaft auf der Zeitachse Kostenvorteile, die die einmaligen Aufwendungen bei der Einführung von IT-gesteuerten Ratingsystemen und deren laufende Kosten übertreffen dürften.

Im Hinblick auf die Refinanzierungskosten von Unternehmen, die bei Banken Kredite aufnehmen, ist nach vorliegenden Studien von einer Entlastung insgesamt auszugehen. Demnach können Verminderungen der bankaufsichtsrechtlichen Eigenkapitalanforderungen bei Mittelstandskrediten um durchschnittlich rund 17 Prozent erwartet werden. Im Einzelfall hängen die Auswirkungen der neuen bankaufsichtsrechtlichen Eigenkapitalanforderungen auf den Kreditzins von der jeweiligen Bonität des Kreditnehmers und den gestellten Kreditsicherheiten ab.

Durch die nunmehr eröffnete Möglichkeit, Kreditkonditionen risikoorientiert festlegen zu können, dürfte kleineren Unternehmen der Zugang zu Krediten erleichtert werden. Dieser Trend wird wohl durch die Umsetzung der neu gefassten Richtlinien 2000/12/EG und 93/6/EWG weiter gefördert werden.

Bereits seit geraumer Zeit sind die Unternehmen der Kreditwirtschaft weitgehend dazu übergegangen, Konsumentenkredite mit hoher Ausfallwahrscheinlichkeit nur gegen einen höheren Kreditzins zu vergeben. Es ist daher wenig wahrscheinlich, dass aufgrund dieses Gesetzes, das ausschließlich die bankaufsichtsrechtlichen Eigenkapitalanforderungen regelt, ein zusätzlicher Anstieg der Kreditzinsen eintritt. Dies wird auch durch den in Deutschland besonders intensiven Wettbewerb unter den Instituten vermieden. Richtig ist allerdings, dass die Kreditnehmer künftig verstärkt danach beurteilt werden, ob sie in der Lage sind, über die gesamte Laufzeit des Krediles Zinsen und Tilgung zu erbringen. Insoweit wird im Rahmen der Risikomesssysteme künftig die Ausfallwahrscheinlichkeit des Kreditnehmers eine erhebliche Rolle spielen.

3.18 Solvabilitätsverordnung, Liquiditätsverordnung, Groß- und Millionenkreditverordnung

Neben den umfangreichen Änderungen im KWG wurden zeitgleich auch die entsprechenden Verordnungen erlassen, die die Änderungen im KWG ergänzen. Namentlich handelt es sich um die **Solvabilitätsverordnung** (SolvV), die **Liquiditätsverordnung** (LiqV) und die **Groß- und Millionenkreditverordnung** (GroMiKV).

Während die GroMiKV inhaltlich und in der Systematik grundlegend überarbeitet wurde, sind die SolvV und die LiqVO neu und ersetzen die bisherigen Grundsätze.

Die SolvV hat ihre Ermächtigungsgrundlage in § 10 Abs. 1 Satz 9 KWG und ersetzt den bisherigen Grundsatz I. Die Überführung des Grundsatzes I in eine Verordnung wird schon seit längerer Zeit verfolgt. Der Inhalt des bisherigen Grundsatzes I musste aufgrund der deutlich erweiterten Vorgaben aus der neu gefassten Bankenrichtlinie und der neu gefassten Kapitaladäquanzrichtlinie grundlegend überarbeitet werden. Die SolvV umfasst drei Anlagen, die aus Kapazitätsgründen nicht abgedruckt werden.

Die LiqV basiert auf § 11 Abs. 1 Satz KWG und ersetzt den bisherigen Grundsatz II. Eine Neuerung in der LiqVO ist die Möglichkeit, bankinterne Liquiditätsmanagementsysteme zu bankaufsichtsrechtlichen Zwecken zu nutzen.

Die GroMiKV löst die bisherige GroMiKV ab. Die Änderungen der Verordnung sind so erheblich, dass auch hier von einer vollständigen Ablösung gesprochen werden kann. Geblieben ist die Gliederung. Die GroMiKV beinhaltet sieben Anlagen, die ebenfalls aus Kapazitätsgründen nicht abgedruckt werden.

3.19 Refinanzierungsregisterverordnung (2006)

Mit Datum vom 18. Dezember 2006 wurde die neue Verordnung über die Form des Refinanzierungsregisters nach dem Kreditwesengesetz sowie die Art und Weise der Aufzeichnung (**Refinanzierungsregisterverordnung – RefiRegV**) erlassen. Sie hat ihre Ermächtigungsgrundlage in § 22d Absatz 1 Satz 2 KWG, der durch das Gesetz zur Umsetzung der neugefassten Bankenrichtlinie und der neu gefassten Kapitaladäquanzrichtlinie eingefügt wurde (siehe auch unter 3.16).

3.20 Mindestanforderungen an das Risikomanagement (MaRisk)

MaRisk ist die Kurzbezeichnung für die **Mindestanforderungen an das Risikomanagement**. Sie sind die verbindliche Vorgabe der Bundesanstalt für Finanzdienstleistungsaufsicht (BaFin) für die Ausgestaltung des Risikomanagements in deutschen Kreditinstituten. In den MaRisk hat die BaFin als Aufsichtsbehörde zur Konkretisierung des § 25a Abs. 1 KWG die bestehenden Mindestanforderungen an das Betreiben von Handelsgeschäften (MAH), die Mindestanforderungen an die Ausgestaltung der internen Revision (MaIR) und die Mindestanforderungen an das Kreditgeschäft (MaK) der Kreditinstitute konsolidiert, aktualisiert und ergänzt. Sämtliche aus den MaH, MaIR und MaK in die MaRisk überführten Anforderungen galten zwar mit sofortiger Wirkung. Neu hinzugekommene Anforderungen mussten jedoch erst mit Inkrafttreten von Basel II zum 1. Januar 2007 umgesetzt werden. Instituten, die das Wahlrecht gemäß Art. 152 Abs. 7 CRD in Anspruch nahmen, erlaubten die EU-rechtlichen Vorgaben einen Anwendungsaufschub von Basel II bis zum 1. Januar 2008. Die BaFin hatte im Einführungsschreiben der MaRisk zugesichert, aus Gründen der Verhältnismäßigkeit auf Maßnahmen auf der Grundlage des § 25a KWG bis zum 1. Januar 2008 zu verzichten. Die MaRisk sind die Umsetzung der bankaufsichtlichen Überprüfungsprozesse für die in Basel II geregelten Eigenkapitalvorschriften in deutsches Recht (sog. »zweite Säule«

von Basel II). Zwei wesentliche Gedanken der MaRisk sind ein Novum in der deutschen, qualitativen Bankenaufsicht: Zum einen ist dies die prinzipienorientierte Vorgehensweise, nach der über die grundsätzlichen Regelungen der MaRisk hinaus derzeit kein Regelungsbedarf gesehen wird (ggf. notwendige Anpassungen sollen unter Einbeziehung des Fachgremiums und damit nach Diskussion mit Banken- und Verbandsvertretern erfolgen). Zum anderen ist dies der Grundsatz der Proportionalität, nach dem die MaRisk bewusst so offengehalten wurden, damit diese – ohne sich, wie dies früher üblich war, in Detailregelungen zu verlieren – von der gesamten Bandbreite unterschiedlichster Institute erfüllt werden können. Die Aufsicht fordert von den Instituten, dass die institutsspezifische Auslegung der Regelungen ihrer Größe und Geschäftstätigkeit angemessen ist. Neu sind die Regelungen zu den operationellen Risiken, Zinsänderungsrisiken auf Gesamtinstitutsebene und Liquiditätsrisiken. Die Regelungen zum operationellen Risiko werden allerdings relativ schlank gehalten, da die MaRisk insgesamt als Regelwerk zum Umgang mit operationellen Risiken verstanden werden. Insofern kommt den operationellen Risiken aus Sicht der BaFin eine übergreifende Bedeutung zu. Die MaRisk wurden von der BaFin mit Rundschreiben 18/2005 vom 20. Dezember 2005 veröffentlicht. Das MaRisk-Rundschreiben ist modular strukturiert: Im allgemeinen Teil (Modul AT) befinden sich grundsätzliche Prinzipien für die Ausgestaltung des Risikomanagements. Im besonderen Teil (Modul BT) sind spezifische Anforderungen an die Organisation bzw. die Prozesse für das Management und Controlling von Adressenausfallrisiken, Marktpreisrisiken, Liquiditätsrisiken sowie operationellen Risiken niedergelegt. Außerdem wird dort ein Rahmen für die Ausgestaltung der internen Revision vorgegeben. Die MaRisk sind kein starres Gebilde, sondern werden laufend unter Berücksichtigung faktischer oder praktischer Erfordernisse weiterentwickelt und angepasst. Zur Diskussion von Auslegungs- und Anwendungsfragen in der Praxis tagt in etwa vierteljährlichen Abständen das sog. *Fachgremium MaRisk*. Dieses setzt sich aus Vertretern der BaFin, der Bundesbank und der Kreditwirtschaft zusammen. Dort werden Vorschläge zu Anpassungen diskutiert. Bei Annahme durch die BaFin wird eine angepasste Formulierung der MaRisk vorgenommen. Die Protokolle und Änderungsentwürfe (Arbeitsversionen) werden im Internet veröffentlicht.

3.21 MiFID (Finanzmarktrichtlinie) (2004)

Die **MiFID (Markets in Financial Instruments Direktive**, auf Deutsch: **Richtlinie für Finanzinstrumente**, kurz: **Finanzmarktrichtlinie**) ist eine Richtlinie der Europäischen Union zur Harmonisierung der Finanzmärkte im europäischen Binnenmarkt.

Die 2004 in Kraft getretene Finanzmarktrichtlinie ist das Kernstück der EU-Finanzmarktharmonisierung im Wertpapierbereich. Sie tritt an die Stelle der im Jahr 1993 erlassenen Wertpapierdienstleistungsrichtlinie (WDR – Investment Services Directive [ISD] – Richtlinie 93/22/EWG des Rates vom 10. Mai 1993 über Wertpapierdienstleistungen, ABl. EG L 141 vom 11. Juni 1993, S. 0027–0046). Die wesentlichen Neuerungen der Finanzmarktrichtlinie betreffen drei Bereiche: den Anwendungsbereich, Transparenzanforderungen für Handelsplattformen und die rechtlichen Grundlagen zur Ausführung von Wertpapiergeschäften.

Die Umsetzung der Finanzmarktrichtlinie erfolgt gemäß dem Prinzip der »Eins-zu-eins-Umsetzung« durch Änderungen im Wertpapierhandels-, Börsen- und Kreditwesengesetz.

Die Finanzmarktrichtlinie ist die fünfte Richtlinie, die auf der Grundlage des sog. Lamfalussy-Verfahrens implementiert wird. Das Lamfalussy-Verfahren ist ein mehrstufiges Verfahren, bei dem auf der
- ersten Ebene eine Rahmenrichtlinie vom Europäischen Parlament und vom Europäischen Rat erlassen wird,
- zweiten Ebene von der Europäischen Kommission Durchführungsvorschriften (in Form von Richtlinien oder Verordnungen) erlassen werden,

- dritten Ebene eine einheitliche Aufsichtspraxis durch CESR (Committee of European Securities Regulators – Vertreter der Aufsichtsbehörden der Mitgliedstaaten) gewährleistet und
- vierten Ebene die einheitliche Umsetzung und Einhaltung der Rechtsvorschriften durch die Europäische Kommission überwacht wird.

Zur Konkretisierung der Vorgaben der Finanzmarktrichtlinie hat die Europäische Kommission eine Durchführungsrichtlinie und eine Durchführungsverordnung erlassen. Die Durchführungsrichtlinie muss in nationales Recht umgesetzt werden, während die Verordnung (EG) Nr. 1287/2006 der Kommission vom 10. August 2006 zur Durchführung der Richtlinie 2004/39/EG des Europäischen Parlaments und des Rates betreffend die Aufzeichnungspflichten für Wertpapierfirmen, die Meldung von Geschäften, die Markttransparenz, die Zulassung von Finanzinstrumenten zum Handel und bestimmte Begriffe im Sinne dieser Richtlinie (ABl. EU Nr. L 241 S. 1) mit ihrem Inkrafttreten unmittelbar geltendes Recht ist. In Konsequenz dieser unmittelbar geltenden Verordnung sind Vorschriften mit demselben Regelungsgegenstand im Wertpapierhandelsgesetz und im Börsengesetz aufzuheben.

Die Finanzmarktrichtlinie führt zu einer Ausdehnung des Anwendungsbereichs der Wertpapierdienstleistungsrichtlinie von 1993, sie statuiert neue Regelungen für Handelsplattformen und für die Ausführung von Wertpapiergeschäften. Der Anwendungsbereich wird erweitert um die Anlageberatung, die bislang nur als Wertpapiernebendienstleistung eingestuft war und nunmehr zur Hauptdienstleistung erhoben wird, die Vermittlung von Investmentfonds und Dienstleistungen im Zusammenhang mit Derivaten. Handelsplattformen unterliegen künftig umfangreichen Vor- und Nachhandelstransparenzanforderungen für an organisierten Märkten zugelassene Aktien.

Handelsplattformen sind Börsen, multilaterale Handelssysteme (Multilateral Trading Facilities – MTF, das sind Handelssysteme, die nicht den Regeln der Börsenmärkte unterliegen, wie z.B. ein von einem Wertpapierunternehmen betriebenes Handelssystem) sowie Internalisierungssysteme (Systeme, bei denen Banken oder Brokerhäuser hausintern Kundenaufträge auf regelmäßiger Basis ausführen). Im Rahmen der Vorhandelstransparenz müssen die systematischen Internalisierer verbindliche Kursofferten stellen. Geregelte Märkte und MTF müssen aktuelle Geld- und Briefkurse und die Handelstiefe zu den jeweiligen Kursen veröffentlichen. Im Rahmen der Nachhandelstransparenz müssen systematische Internalisierer, Wertpapierdienstleistungsunternehmen, die außerbörslichen Handel mit diesen Finanzinstrumenten betreiben, geregelte Märkte und MTF den Umfang, den Kurs und den Zeitpunkt der Geschäfte veröffentlichen.

Die neuen rechtlichen Grundlagen für die Ausführung von Wertpapiergeschäften betreffen sowohl organisatorische Anforderungen an die Wertpapierdienstleistungsunternehmen als auch Verhaltensregeln im Verhältnis des Wertpapierdienstleistungsunternehmens zum Kunden. Bei den organisatorischen Vorgaben handelt es sich insbesondere um Pflichten im Zusammenhang mit Compliance, Risikokontrolle, Innenrevision und Auslagerung von Tätigkeiten sowie erweiterte Pflichten zum Management und zur Offenlegung von Interessenkonflikten.

Die Wohlverhaltensregeln im Verhältnis zum Kunden betreffen insbesondere Informationspflichten vor Abschluss eines Wertpapiergeschäftes (Informationen über das Wertpapierdienstleistungsunternehmen selbst, das angebotene Finanzinstrument und das Entgelt), ferner Pflichten bei der Abfassung von Werbemitteilungen und bei der Finanzanalyse sowie die Prüfung der Eignung oder Angemessenheit von Geschäften in bestimmten Arten von Finanzinstrumenten unter Berücksichtigung der besonderen Verhältnisse des Kunden. Die Pflicht zur bestmöglichen Ausführung von Kundenaufträgen gibt vor, dass das Wertpapierdienstleistungsunternehmen den kundengünstigsten Weg in Bezug auf Kosten, Schnelligkeit und Abwicklungsverfahren zur Ausführung eines Auftrages sicherstellt. Gegenstand ist hierbei nicht die Sicherstellung im Einzelfall, sondern die Bereithaltung eines Systems, das auf die Erfüllung der kundengünstigsten Ausführung ausgerichtet ist.

Auch das Meldewesen, die Pflicht der Wertpapierdienstleistungsunternehmen, die zuständigen Aufsichtsbehörden mit den für die Aufsicht relevanten Daten zu versorgen, wird durch die Finanzmarktrichtlinie umfassend harmonisiert. Neue Regeln gibt es auch für den Informationsfluss zwischen den zuständigen Aufsichtsbehörden. Grundlage der Meldepflicht ist das Herkunftslandprinzip, d.h., die betroffenen Wertpapierdienstleistungsunternehmen haben grundsätzlich an die für sie in ihrem Heimatland zuständige Aufsichtsbehörde zu melden. Die Heimatlandbehörde leitet dann die relevanten Daten in bestimmten Fällen an andere europäische Aufsichtsbehörden weiter.

Die erforderliche Umsetzung in nationales Recht erfolgt in Deutschland unter anderem mit dem »Finanzmarktrichtlinie-Umsetzungsgesetz« (FRUG). Das Finanzmarktrichtlinie-Umsetzungsgesetz trat zum 1. November 2007 in Kraft. Es ergaben sich durch das Gesetz erhebliche Änderungen im Bereich des Wertpapierhandels und damit auch im Kreditwesengesetz.

3.22 Investmentänderungsgesetz (2007)

Ende Dezember 2007 trat das **Investmentänderungsgesetz** in Kraft. Es handelt sich um ein sog. Artikelgesetz, dessen Änderungen unter anderem das Kreditwesen-, Geldwäsche- und Finanzdienstleistungsaufsichtsgesetz sowie die Solvabilitäts- und Finanzkonglomerate-Solvabilitätsverordnung betreffen. Die weitaus meisten Änderungen erfolgten im Investmentgesetz. Das Investmentänderungsgetz dient der Stärkung des Investmentfondsstandortes Deutschland. Ziel des Gesetzes ist es, mit einem modernen und leistungsfähigen Regulierungs- und Aufsichtsrahmen die internationale Wettbewerbsfähigkeit der Fondsbranche zu steigern, die Innovationstätigkeit zu fördern und der Abwanderung von Fondsvermögen an andere Standorte entgegenzuwirken, ohne den wichtigen und notwendigen Anlegerschutz zu vernachlässigen.

Eine wettbewerbsfähige Fondsindustrie leistet einen wichtigen Beitrag für einen funktionsfähigen und effizienten Kapitalmarkt. Für die deutsche Volkswirtschaft spielt sie nicht zuletzt wegen der verstärkten Notwendigkeit zur privaten Altersvorsorge eine zunehmend wichtige Rolle. Das von deutschen Kapitalanlagegesellschaften verwaltete Fondsvermögen (»assets under management«) wuchs in den letzten fünf Jahren um 200 Mrd. Euro auf über 1 Bill. Euro. Gleichzeitig steht die deutsche Fondsindustrie in einem intensiven Wettbewerb mit anderen europäischen Finanzplätzen. Ziel des Gesetzes ist es daher, mit einem modernen und leistungsfähigen Regulierungs- und Aufsichtsrahmen die internationale Wettbewerbsfähigkeit der Fondsbranche zu steigern, die Innovationstätigkeit zu fördern und der Abwanderung von Fondsvermögen an andere Standorte entgegenzuwirken, ohne den wichtigen und notwendigen Anlegerschutz zu vernachlässigen.

Im Kreditwesengesetz erfolgten nur unwesentliche Änderungen, die sich zumeist in einzelne Einfügungen von Begrifflichkeiten erschöpften, so z.B. »Kapitalanlagegesellschaften« oder »Wertpapierhandelsunternehmen«.

Um das erstrebte Ziel zu erreichen, sieht der Gesetzentwurf bestimmte Maßnahmen vor, die durch das Investmentgesetz geregelt werden.

3.23 Inhaberkontrollverordnung (2009)

Am 20. März 2009 trat die Verordnung über die Anzeigen nach § 2c des Kreditwesengesetzes und § 104 des Versicherungsaufsichtsgesetzes **(Inhaberkontrollverordnung – InhKontrollV)** in Kraft. Diese Verordnung basiert auf dem Gesetz zur Umsetzung der Beteiligungsrichtlinie, das das Prüfverfahren beim Erwerb und der Erhöhung einer bedeutenden Beteiligung an einem Kredit- bzw. Finanzdienstleistungsinstitut und bei Versicherungsunternehmen vorschreibt. Sie fordert, dass die vom Anzeigepflichtigen vorzulegenden Unterlagen und Erklärungen, die der Prüfung zugrunde gelegt werden, vorher in einer Liste veröffentlicht sein müssen. Dadurch soll erreicht werden, dass sich ein Anzeigepflichtiger bereits im Vorfeld seiner Absichtsanzeige auf seine Pflichten einstellen und den zügigen Beginn des Prüfverfahrens beeinflussen kann. Hinsichtlich der von der Beteiligungsrichtlinie geforderten Liste der Unterlagen und Erklärungen, die dem Prüfverfahren zugrunde gelegt werden können, haben die im Rahmen des Lamfalussy-Verfahrens auf EU-Ebene eingerichteten Ausschüsse zur Banken-, zur Wertpapier- und zur Versicherungsaufsicht (CEBS, CESR und CEIOPS) eine gemeinsame Empfehlung im Rahmen eines Leitfadens gegeben (»Guidelines for the prudential assessment of acquisitions and increase of holdings in the financial sector required by Directive 2007/44/EC«). Die Inhaberkontrollverordnung setzt diese Empfehlung in nationales Recht um. Regelungen für die Kontrolle der Inhaber bedeutender Beteiligungen bestanden in Deutschland bereits vor Erlass der Beteiligungsrichtlinie (§ 2c KWG a.F., § 104 VAG a.F.). Einzelheiten zu Form und Inhalt der Absichtsanzeigen wurden im Bankbereich durch § 2 der Anzeigenverordnung a.F. und im Versicherungsbereich durch das Rundschreiben R 4/98 geregelt. Diese Regelungen werden durch die Inhaberkontrollverordnung abgelöst.

3.24 Gesetz zur Stärkung der Finanzmarkt- und der Versicherungsaufsicht (2009)

Zum 1. August 2009 trat das **Gesetz zur Stärkung der Finanzmarkt- und der Versicherungsaufsicht** in Kraft. Durch das Gesetz wurden eine Reihe von Gesetzesänderungen, insbesondere des Kreditwesengesetzes (KWG) und des Versicherungsaufsichtsgesetzes (VAG), herbeigeführt. Relevante Änderungen ergaben sich u.a. im Hinblick auf die Eigenmittelanforderungen (§ 10 Absatz 1 b KWG), die Meldepflichten (§ 24 KWG) – insbesondere im Zusammenhang mit der Sachkunde von Aufsichts- und Verwaltungsratsmitgliedern (§ 36 KWG) – und die zusätzlichen Befugnisse der BaFin betreffend die Auszahlung von Erträgen auf Eigenmittelinstrumente gemäß § 45 KWG. Eine wesentliche Beschränkung gilt für Mitglieder von Aufsichts- und Verwaltungsräten auf Grund der Begrenzung der Höchstanzahl von Kontrollmandaten in Unternehmen, die der Aufsicht der BaFin unterliegen (§ 36 Absatz 3 Satz 6 KWG, § 7a Absatz 4 Satz 4 VAG).

Durch Änderungen der Formulierungen in § 10 Absatz 1 b Buchstabe a sowie § 45 b KWG erhielt die BaFin verstärkte Eingriffsrechte zur Festsetzung höherer, über die Vorgaben der Solvabilitätsverordnung hinausgehender, Eigenmittelanforderungen. Danach kann die BaFin bereits dann höhere Eigenmittel verlangen, wenn ohne eine solche Maßnahme die nachhaltige Angemessenheit der Eigenmittelausstattung eines Instituts oder einer Institutsgruppe nicht gewährleistet werden kann oder die Risikotragfähigkeit des Instituts nicht mehr gegeben ist.

Daneben hat die BaFin auch das Recht erhalten, die Eigenkapitalanforderungen anzuheben, wenn ein Institut keine ordnungsgemäße Geschäftsorganisation hat und eine Besserung mit anderen Maßnahmen nicht zu erreichen ist. Das bisher geltende »ultima ratio«-Prinzip wird durch diese Regelung weitgehend ausgehöhlt. Wenn von außen kein Kapital zugeführt werden kann, muss das Institut seine Risikopositionen reduzieren, um die Eigenkapitalvorgaben einzuhalten.

Die Änderung zu § 11 Absatz 2 KWG sieht vor, dass die BaFin eine höhere – über die Kennziffer der Liquiditätsverordnung (LiqV) hinausgehende – Liquiditätsausstattung verlangen kann, wenn ohne eine solche Maßnahme die nachhaltige Angemessenheit der Liquiditätsausstattung eines Instituts oder einer Gruppe nicht gewährleistet werden kann.

Der neue § 13b Absatz 6 KWG schließt eine Regelungslücke in § 13b Absatz 1 KWG. Die Regelung soll sicherstellen, dass bei Instituten, die von § 2a KWG Gebrauch machen, der Wegfall der Beschlussfassungspflicht auf Einzelinstitutsebene durch eine Beschlussfassungspflicht über Großkredite auf Gruppenebene ausgeglichen wird.

In § 24 Absatz 1, Abs. 1a und Absatz 3a KWG wurden weitere Anzeigepflichten für Kreditinstitute und Finanzholdinggesellschaften eingeführt, u.a. muss nun eine Änderung des Verhältnisses von bilanziellem Eigenkapital zur Summe aus der Bilanzsumme und den außerbilanziellen Verpflichtungen und des Wiedereinlegungsaufwandes für Ansprüche aus außerbilanziellen Geschäften (modifizierte bilanzielle Eigenkapitalquote) um mindestens 5 Prozent auf der Grundlage eines Monatausweises oder der monatlichen Bilanzstatistik jeweils zum Ende eines Quartals im Verhältnis zum festgestellten Jahresabschluss des Instituts unverzüglich der BaFin angezeigt werden (§ 24 Absatz 1 Nr. 16 und Absatz 1 a Nr. 5 KWG). Damit wurde eine im internationalen Umfeld unter dem Stichwort »leverage ratio« diskutierte Maßnahme aufgegriffen und national umgesetzt – im Vorgriff auf eine internationale bzw. europäische Lösung.

Durch die Änderung des § 45 KWG sollte die BaFin nicht nur befugt werden, Entnahmen und Ausschüttungen von Gewinnen zu verbieten, sondern auch die Auszahlung jeder Art von Erträgen auf Eigenmittelinstrumente, wenn diese nicht vollständig durch einen erwirtschafteten Jahresüberschuss abgedeckt sind. Dies gilt allerdings nicht für Erträge auf längerfristige nachrangige Verbindlichkeiten nach § 10 Absatz 5a KWG. Dies wird damit begründet, dass diese Eigenkapitalinstrumente nach den gesetzlichen Vorgaben nicht am laufenden Verlust teilnehmen müssen, sondern nur im Falle der Insolvenz oder der Liquidation des Instituts nachrangig zurückgezahlt werden.

3.25 Zahlungsdiensterichtlinie (2007)

Ende 2007 hat der europäische Gesetzgeber die **Zahlungsdiensterichtlinie (PSD)** erlassen. Neben zivilrechtlichen Anforderungen an die Ausführung von Zahlungsvorgängen enthält die Richtlinie auch Vorschriften über die Tätigkeit und die aufsichtsrechtlichen Anforderungen an Zahlungsinstitute. Ziel dieser Vorschriften ist es, einen einheitlichen Rechtsrahmen für unbare Zahlungen im europäischen Binnenmarkt und ein einheitliches Erlaubnisverfahren mit harmonisierten Aufsichtsinhalten zu schaffen, um rechtliche Marktzutrittsschranken für alle Zahlungsinstitute zu beseitigen.

Die aufsichtsrechtlichen Vorschriften der PSD hat der deutsche Gesetzgeber mit dem Zahlungsdiensteumsetzungsgesetz (ZDUG) in nationales Recht umgesetzt. Hauptbestandteil des Artikelgesetzes ist das am 31. Oktober 2009 in Kraft getretene Zahlungsdiensteaufsichtsgesetz (ZAG). Die Umsetzung des zivilrechtlichen Teils der PSD ist mit dem »Gesetz zur Umsetzung der Verbraucherkreditrichtlinie, des zivilrechtlichen Teils der Zahlungsdiensterichtlinie sowie zur Neuordnung der Vorschriften über das Widerrufs- und Rückgaberecht« erfolgt.

Neben Einlagenkreditinstituten und E-Geld-Instituten werden durch das ZAG als neue Institutskategorie sogenannte »Zahlungsinstitute« eingeführt. Kern des ZAG ist es, die aufsichtsrechtlichen Rahmenbedingungen für diese Zahlungsinstitute bereitzustellen.

Da weite Teile des Zahlungsverkehrs zukünftig vom ZAG erfasst werden, war eine entsprechende Anpassung des KWG erforderlich. Der Anwendungsbereich des § 1 Absatz 1 Nr. 9 KWG (Girogeschäft) wurde auf die Durchführung des bargeldlosen Scheckeinzugs (Scheckeinzugsgeschäft), des Wechseleinzugs (Wechseleinzugsgeschäft) und die Ausgabe von Reiseschecks (Reisescheckgeschäft) reduziert. Darüber hinaus wurden das Finanztransfer- sowie das Kreditkartengeschäft als Geschäfte von Finanzdienstleistungsinstituten nach § 1 Absatz 1 a KWG gestrichen. Nicht erlaubt sind Zahlungsinstituten, von engen Ausnahmen abgesehen, das Einlagen- und das Kreditgeschäft. Diese sind im Wesentlichen Kreditinstituten vorbehalten. Hintergrund ist insbesondere auch die deutlich geringere Eigenkapitalausstattung von Zahlungsinstituten sowie die unterschiedlichen Schutzinstrumente zugunsten der Zahlungsdienstnutzer und Teilnehmer am Zahlungsverkehr.

Gemäß § 2 Absatz 1 ZAG dürfen Zahlungsinstitute nicht gewerbsmäßig oder in einem Umfang, der einen in kaufmännischer Weise eingerichteten Geschäftsbetrieb erfordert, Einlagen oder andere rückzahlbare Gelder des Publikums entgegennehmen. Hierfür bedarf es – wie bisher – einer Kreditinstitutserlaubnis gemäß § 32 Abs. 1 KWG i.V.m. § 1 Absatz 1 Satz 2 Nr. 1 KWG. Guthaben auf Zahlungskonten, über die ausschließlich die Abwicklung von Zahlungsvorgängen vorgenommen werden dürfen, die bei dem Zahlungsinstitut geführt werden, dürfen nicht verzinst werden. Die Gewährung von Krediten ist Zahlungsinstituten gemäß § 3 Absatz 3 ZAG ebenfalls nur in sehr engen Grenzen erlaubt. Insofern stellt die Kreditgewährung kein Kreditgeschäft i.S.v. § 1 Abs. 1 Satz 2 Nr. 2 KWG dar.

Gemäß § 12 Absatz 1 ZAG müssen Zahlungsinstitute über angemessenes Eigenkapital nach § 10 Absatz 2 Satz 2 bis 7, Absatz 2a und 2b KWG verfügen. Die Bewertungsmethoden für die Ermittlung des erforderlichen Eigenkapitals ergeben sich aus der vom BMF erlassenen Zahlungsinstituts-Eigenkapitalverordnung (ZIEV).

In Umsetzung verschiedener Verordnungsermächtigungen im ZAG hat das Bundesministerium der Finanzen (BMF) neben der ZIEV eine Reihe von weiteren Ausführungsverordnungen erlassen, insbesondere die ZAG-Monatsausweisverordnung (ZAGMonAwV), die ZAG-Anzeigenverordnung (ZAGAnzV) sowie die Zahlungsinstituts-Prüfungsberichtsverordnung (ZahlPrüfbV).

3.26 Restrukturierungsgesetz (2010)

Das **Gesetz zur Restrukturierung und geordneten Abwicklung von Kreditinstituten, zur Errichtung eines Restrukturierungsfonds für Kreditinstitute und zur Verlängerung der aktienrechtlichen Organhaftung (Restrukturierungsgesetz)** wurde im Herbst 2010 verabschiedet. Das Artikelgesetz beinhaltet insbesondere die Einführung eines Gesetzes zur Reorganisation von Kreditinstituten (KredReorgG), das die eigenverantwortliche Durchführung einer Sanierung in einem gerichtlichen Verfahren ermöglichen soll, eine Änderung der Vorschriften im KWG, durch die die Krisenprävention verbessert und ein hoheitliches Verfahren zur Restrukturierung von Kreditinstituten eingeführt werden sollen. Daneben umfasst das Gesetz die Einführung eines Gesetzes zur Errichtung eines Restrukturierungsfonds für Kreditinstitute (RestruktFG).

Mit dem Gesetz soll erstmals die geordnete Abwicklung von sog. systemrelevanten Instituten bzw. Teilen dieser Institute ermöglicht werden, ohne dass hierdurch stabilitätsgefährdende Marktverwerfungen befürchtet werden müssen. Wesentliches Instrument zur geordneten Abwicklung ist eine ggf. staatlich getragene Brückenbank, auf die Teile von Instituten bzw. ganze Institute übertragen werden können.

Die einzelnen Regelungen bzw. Regelungskomplexe treten zu verschiedenen Zeitpunkten in Kraft. Die Regelungen zum privatautonomen gerichtlichen Reorganisationsverfahren sowie zum hoheitlichen Restrukturierungsverfahren gelten ab 1. Januar 2011, die Regelungen zum Restrukturierungsfonds und zur Bankenabgabe sowie zum FMStFG erlangten bereits ab 31. Dezember 2010 Gültigkeit, während die Regelungen über die Verjährungsverlängerung der Organhaftung bei Kreditinstituten und börsennotierten Aktiengesellschaften schon am Tag nach der Verkündung (15. Dezember 2010) in Kraft getreten sind.

Die Verordnung zur Bankenabgabe (Restrukturierungsfondsverordnung) wurde am 8. Juli 2011 von Bundesregierung und Bundesrat verabschiedet. Danach werden nach Institutsgröße gestaffelt Beiträge zum Restrukturierungsfonds von den Kreditinstituten erhoben, wobei beitragsrelevante Passiva unter einem Freibetrag von 300 Mio. Euro nicht mit der Bankenabgabe belegt werden.

3.27 Gesetz zur Umsetzung der geänderten Bankrichtlinie und der geänderten Kapitaladäquanzrichtlinie (2010)

Das **Gesetz zur Umsetzung der geänderten Bankrichtlinie und der geänderten Kapitaladäquanzrichtlinie** trat am 31. Dezember 2010 in Kraft. Mit dem Gesetz wurden im Wesentlichen die im Rahmen der CRD II vorgenommenen Änderungen vor allem in das Kreditwesengesetz überführt. Dabei handelt es sich um Vorschriften zur

- Änderung der Großkreditvorschriften zur besseren Erfassung von Konzentrationsrisiken,

- Schaffung einheitlicher Prinzipien für die Anerkennung von hybriden Kapitalbestandteilen als Kernkapital,
- Stärkung der Zusammenarbeit der europäischen Aufsichtsbehörden,
- Erhöhung der Eigenkapitalanforderungen für Verbriefungen sowie Verschärfung der Offenlegungsanforderungen sowie
- Verbesserung der Liquiditätssteuerung der Institute.

Trotz der Tatsache, dass die im Rahmen der CRD II vorgenommenen Änderungen als Reaktion auf die Lehren aus der Finanzkrise erfolgt sind, werden die neuen Regelungen in weiten Teilen nur eine geringe Halbwertszeit besitzen. Bereits durch die Umsetzung von Basel III in einer EU-Verordnung werden zahlreiche Vorschriften aus der CRD II kassiert bzw. neu gefasst. Das gilt in besonderem Maße für die Vorschriften zur Anerkennung von Kernkapitalbestandteilen sowie die hierfür geltenden Bestandsschutz- und Übergangsregelungen.

3.28 Richtlinie 2010/76/EU (CRD III) (2010)

Eine weitere Änderung der Bankenrichtlinie und der Kapitaladäquanzrichtlinie erfolgte im Jahr 2010 durch die **Richtlinie 2010/76/EU (sog. CRD III)**. Einzelne Vorgaben der CRD III mussten bereits zum 31. Dezember 2010 umgesetzt werden (z.B. zu Vergütungsstrukturen). Der überwiegende Teil der durch die CRD III hervorgerufenen Änderungen ist hingegen erstmals zum 31. Dezember 2011 anzuwenden. Die Umsetzung hierzu erfolgte hauptsächlich in der Solvabilitätsverordnung (SolvV). Neben den durch die CRD III indizierten Änderungen nahm die BaFin weitere Korrekturen und Optimierungen der bisherigen CRD-Umsetzung in Deutschland vor. Die in der SolvV vorgenommenen Änderungen umfassen im Einzelnen die künftige Berücksichtigung der Abwicklungs- und Vorleistungsrisiken im Anlagebuch, eine Neuregelung der Behandlung von grundpfandrechtlich besicherten Krediten im Kreditrisiko-Standardansatz (KSA), eine Erhöhung der Eigenmittelanforderungen im Handelsbuch, die Erhöhung der Eigenkapitalanforderungen für Risikopositionen für Wiederverbriefungen sowie eine Verschärfung der Offenlegungsanforderungen.

3.29 Rundschreiben zur vierten MaRisk-Novelle (2012)

Am 14. Dezember 2012 veröffentlichte die BaFin das **Rundschreiben zur vierten MaRisk-Novelle**. Wesentliche Änderungen erfuhren die Vorgaben zum Kapitalplanungsprozess (AT 4.1 Tz. 9), zur Risikocontrolling-Funktion (AT 4.4.1) und zur Compliance-Funktion (AT 4.4.2).

Institute müssen künftig ergänzend zur Ermittlung der Risikotragfähigkeit über einen zukunftsgerichteten Kapitalplanungsprozess verfügen, um einen evtl. auftretenden Kapitalbedarf rechtzeitig erkennen zu können. Mit dem Kapitalplanungsprozess soll die zukünftige Fähigkeit überwacht werden, die eigenen Risiken tragen zu können.

Neu eingefügt wurde der Abschnitt zur Risikocontrolling-Funktion, der die Aufgabe zukommen soll, den Überblick über die Risiken im Institut sicherzustellen, sie zu kommunizieren, die Risikomanagementsysteme weiterzuentwickeln und den Vorstand in allen risikopolitischen Fragen zu beraten. Besonderes Augenmerk richten die MaRisk dabei auf die Leitung der Risikocontrolling-Funktion. Diese Leitung hat in Abhängigkeit von Größe des Instituts, Art, Umfang und Komplexität der getätigten Geschäfte exklusiv zu erfolgen. Als weitere besondere Funktion wird die Compliance-Funktion beschrieben. Sie soll das Management des Compliance-Risikos abdecken, d.h. des Risikos, das sich aus der Nichteinhaltung gesetzlicher Regelungen ergeben kann. Als wesentliche Risiken nennt die BaFin u.a. Regelungen des WpHG, Geldwäsche und Terrorismusfinanzierung, Verbraucherschutz und andere vom Institut als Compliance-relevant eingestufte Regelungen. Ebenfalls als neue Anforderung festgelegt ist ein Verrechnungssystem für Liquiditätskosten, -nutzen und -risiken (BTR 3.1, Tz. 5–7). Ein dezidiertes Liquiditätstransferpreissystem wird allerdings nur für große Institute gefordert.

Die neuen MaRisk traten zum 1. Januar 2013 in Kraft, wobei eine – sanktionsbewehrte – vollständige Umsetzung erst zum 31. Dezember 2013 erforderlich ist.

3.30 Basel III (2010)

Am 16. Dezember 2010 verabschiedete der Baseler Ausschuss für Bankenaufsicht in Fortsetzung seiner bisherigen Empfehlungen zur Konvergenz der Kapitalmessung und Eigenkapitalanforderungen einen neuen »**Globalen Regulierungsrahmen für widerstandsfähigere Banken und Bankensysteme (Basel III)**«. Dieser sieht neben höheren quantitativen und qualitativen Kapitalanforderungen erstmals auf internationaler Ebene Vorgaben zur Liquidität und zur Begrenzung der Verschuldung von Kreditinstituten und Wertpapierfirmen vor.

Basel III wurde innerhalb der EU in Form von zwei Gesetzeswerken umgesetzt: durch die Verordnung über Aufsichtsanforderungen an Kreditinstitute und Wertpapierfirmen (»**CRR**«) und die Richtlinie über den Zugang zur Tätigkeit von Kreditinstituten und die Beaufsichtigung von Kreditinstituten und Wertpapierfirmen (»**CRD IV**«). Während die CRD IV-Richtlinie durch das CRD IV-Umsetzungsgesetz in deutsches Recht, dort insbesondere in das neu gefasste KWG umgesetzt werden musste, gilt die CRR als EU-Verordnung unmittelbar und ist sowohl für die betroffenen Institute als auch für die Aufsichtsbehörden ohne nationale Umsetzung bindend. Sowohl die CRR als auch die CRD IV wurden am 27. Juni 2013 im EU-Amtsblatt verkündet und treten zum 1. Januar 2014 in Kraft. Für verschiedene Sachverhalte, insbesondere die steigenden Eigenmittelanforderungen gelten Übergangsvorschriften bis hauptsächlich 2019.

Die CRR-Verordnung ist wesentlicher Bestandteil des sog. »Single Rule Book«. Mit der unmittelbaren Gültigkeit der CRR soll sichergestellt werden, dass in den Mitgliedstaaten künftig weitgehend einheitliche Regeln gelten. Bis auf wenige zeitlich befristete Ausnahmen gibt es für die nationalen Aufsichtsbehörden keine Wahlrechte mehr.

Mit der CRR muss das bestehende nationale Recht um alle konkurrierenden oder der Verordnung entgegenstehenden Vorschriften bereinigt werden. Das betrifft in Deutschland vor allem das Kreditwesengesetz (KWG) sowie die Solvabilitätsverordnung (SolvV) und die Groß- und Millionenkreditverordnung (GroMiKV).

Die CRR enthält unter anderem die qualitativen und quantitativen Eigenkapitalanforderungen sowie die Offenlegungspflichten, die in der bisherigen europäischen Banken- und Kapitaladäquanzrichtlinie (2006/48/EG und 2006/49/EG) festgeschrieben waren. Diese Richtlinien sowie die Änderungsrichtlinien CRD II und CRD III werden durch das neue Regelungspaket ersetzt. Zusätzlich gibt die CRR erstmals ein Verfahren zur Berechnung einer Verschuldungsquote (»Leverage Ratio«) vor, bei der das Kernkapital ins Verhältnis zum Geschäftsvolumen des Instituts gesetzt wird. Auf dieser Grundlage haben die zuständigen Aufsichtsbehörden ein Institut zu überprüfen und zu beurteilen. Ab 2015 haben die Institute die Verschuldungsquote zu veröffentlichen.

Ergänzt wird die Verordnung um Regelungen zu Großkrediten und zur Liquiditätsausstattung von Instituten.

Im Zentrum der aufsichtlichen Kapitalmessung steht künftig das sog. »harte Kernkapital«. Dieses ist als Bezugsgröße für eine Reihe von Tatbeständen, insbesondere Abzugsregelungen, definiert. Die Kriterien des harten Kernkapitals lehnen sich stark an die Charakteristika von Aktien an, auch wenn für Sparkassen, Genossenschaftsbanken u. Ä. gewisse Anpassungen zulässig sind. Sie basieren auf den Prinzipien effektive Kapitaleinzahlung, Dauerhaftigkeit der Kapitalüberlassung, uneingeschränkte Verlustteilnahme sowie Flexibilität bei den Ausschüttungen.

Als Besonderheit beim Ergänzungskapital gilt, dass die stillen Vorsorgereserven nach § 340f HGB künftig grundsätzlich keine Bestandteile dieser Kapitalklasse mehr sein werden. Eine Anrechnung im Ergänzungskapital ist nur noch als Pauschalwertberichtigung möglich. Der darüber hinausgehende Betrag ist nur noch abschmelzend, im Rahmen der Übergangsvorschriften berücksichtigungsfähig.

Die CRR wird zu einer deutlichen Erhöhung der Eigenkapital-Quantität führen, insbesondere im Bereich des harten Kernkapitals. Die harte Kernkapitalquote wird bis zum Jahr 2015 schrittweise auf die dann geltende Zielgröße von 4,5 Prozent der risikogewichteten Aktiva erhöht. Unter Einbeziehung des Kapitalerhaltungspuffers steigt die harte Kernkapitalquote auf 7 Prozent. Die Mindestanforderung für das gesamte Kernkapital (ohne Puffer) steigt auf 6 Prozent an. Die Differenz zu 4,5 Prozent hartem Kernkapital kann aus sog. zusätzlichem Kernkapital gebildet werden.

Das Ergänzungskapital verliert demgegenüber an Bedeutung. Es macht künftig nur noch einen Anteil von 2 Prozentpunkten an den Gesamtkapitalanforderungen aus. Die formale Mindestanforderung in Bezug auf das gesamte Kern- und Ergänzungskapital bleibt somit zwar bei 8 Prozent der risikogewichteten Aktiva unverändert. Allerdings werden die Anforderungen durch den neuen zusätzlichen Kapitalerhaltungspuffer ergänzt, der ebenfalls aus hartem Kernkapital in Höhe von 2,5 Prozent der risikogewichteten Aktiva gebildet werden muss. Damit steigen die Anforderungen an das harte Kernkapital faktisch auf 7 Prozent, an das gesamte Kernkapital auf 8,5 Prozent sowie für das gesamte Eigenkapital auf 10,5 Prozent.

Institute, die aktuell bereits ein auf internen Ratings basierendes Verfahren (IRB-Verfahren) anwenden oder die einen Wechsel auf fortgeschrittene Risikomessansätze (z. B. IRB-Verfahren) in Erwägung ziehen, müssen die Verlängerung der sog. Basel-I-Floor Regelungen beachten. Dieser Floor ist bis Ende 2017 von IRB-Anwendern einzuhalten und beträgt 80 Prozent der Eigenkapitalanforderungen gemäß Basel I.

Gemäß den Anforderungen der kurzfristigen Liquiditätskennziffer LCR (Liquidity Coverage Ratio) sollen die Institute jederzeit einen Bestand an hochliquiden Aktiva vorhalten. Er ermöglicht es, den im Stressfall über einen Zeitraum von 30 Tagen auftretenden Nettozahlungsverpflichtungen nachzukommen.

Die langfristige stabile Refinanzierungskennziffer NSFR (Net Stable Funding Ratio) ist im Vergleich zur LCR weniger ausführlich dargestellt. Dies ist dem Umstand geschuldet, dass die NSFR derzeit vom Baseler Ausschuss gegenüber der ursprünglichen Konzeption im Basel III-Rahmenwerk vom Dezember 2010 grundlegend überarbeitet wird.

Die Vorschriften zu den Großkrediten von Instituten bzw. Institutsgruppen werden künftig ebenfalls im Wesentlichen durch die CRR sowie ergänzende EBA-Standards zum Reporting und zur Durchschau bestimmt. Die in der CRR für bestimmte Forderungen enthaltenen nationalen Wahlrechte im Hinblick auf deren Anrechenbarkeit auf die Großkreditgrenze werden durch eine neu gefasste GroMiKV umgesetzt. Im Gegensatz dazu wird das Millionenkreditmeldewesen weiterhin rein national über das KWG und die GroMiKV geregelt. Groß- und Millionenkreditmeldewesen werden künftig stärker auseinanderfallen als bisher.

3.31 CRD IV

Die CRD IV-Richtlinie umfasst in erster Linie die Regelungen, die sich an die nationalen Aufsichtsbehörden richten. In Deutschland erfolgt die Umsetzung der CRD IV durch das am 9. September 2013 verkündete **CRD IV-Umsetzungsgesetz**. Das Inkrafttreten des CRD IV-Umsetzungsgesetzes entspricht der erstmaligen Anwendung des CRD IV-Pakets zum 1. Januar 2014.

Im Zuge des CRD IV-Umsetzungsgesetzes wurden auch die KWG-Regelungen zum Millionenkreditmeldewesen überarbeitet. Wesentliche Anpassungen sind eine schrittweise Absenkung der Meldegrenze auf 1 Mio. Euro, die Ausweitung des für das Millionenkreditmeldewesen zugrunde zu legenden Kreditbegriffs (insbesondere Streichung der Ausnahme für öffentliche Adressen sowie für Kreditzusagen und Beteiligungen). Diese Änderungen kommen ab dem 1. Januar 2015 zur Anwendung. Zudem gibt es veränderte Regelungen zur Zusammenfassung von Kreditnehmereinheiten.

Neben den Regelungen zur aufsichtlichen Zusammenarbeit enthält die CRD IV insbesondere die qualitativen Vorschriften der Säule 2 zur unternehmensinternen Beurteilung der Kapitaladäquanz (Internal Capital Adequacy Assessment Process, ICAAP) und zum aufsichtlichen Überprüfungsprozess (Supervisory Review and Evaluation Process, SREP). Hinzu kommen Regelungen zur Zulassung und Niederlassung von Instituten, zur Anteilseignerkontrolle sowie zu den aufsichtlichen Maßnahmen und Sanktionen. Diese sind mit der CRD IV gegenüber der bisherigen Rechtslage harmonisiert worden. Künftig steht den nationalen Aufsichtsbehörden ein EU-weit einheitliches Mindestinstrumentarium zur Verfügung. Ferner wurde der Bußgeldkatalog vereinheitlicht.

Ein weiterer Bestandteil der CRD IV sind die neuen Corporate-Governance-Vorschriften. Hierzu zählen unter anderem die Überwachung der Risiken durch die Geschäftsleiter und die Aufsichtsorgane. Dabei geht es um strengere Anforderungen in Bezug auf die Zusammensetzung und Qualifikation der Geschäftsleitung und der Aufsichtsorgane. Außerdem werden mit der CRD IV die Vorschriften zur Vergütung verschärft. Die Richtlinie sieht eine Deckelung der variablen Vergütung von Bankmanagern vor. Diese dürfen danach die fixen Bestandteile des Gehalts nicht übersteigen, es sei denn, die Hauptversammlung stimmt dem mit qualifizierter Mehrheit zu.

3.32 Trennbankengesetz (2013)

Weitere wesentliche Änderungen des Kreditwesengesetzes ergeben sich auch aus dem am 12. August 2013 veröffentlichten **Gesetz zur Abschirmung von Risiken und zur Sanierung und Abwicklung von Instituten (»Trennbankengesetz«)**. Das Gesetz verfügt über drei Artikel, für die jeweils ein zeitlich unterschiedliches Inkrafttreten gilt. Die Regelungen zur Sanierung und Abwicklung (Sanierungs- und Abwicklungspläne, Artikel 1) treten mit dem Tag ihrer Verkündung, der Teilbereich zur Abschirmung von Risiken (Trennbankenvorschläge, Artikel 2) zum 31. Januar 2014 in Kraft, wobei das faktische Inkrafttreten in Form des Verbots bestimmter Geschäfte und des damit einhergehenden Abtrennungserfordernisses erst zum 1. Juli 2015 erfolgen muss. Die Regelungen zu den verschärften Strafvorschriften im Risikomanagement (Artikel 3) gelten bereits ab 2. Januar 2014.

Inwieweit insbesondere die Vorschriften zur Abtrennung bestimmter Geschäfte bis zu ihrem Inkrafttreten noch weitere Änderungen erfahren, hängt im Wesentlichen vom Ausgang der Debatte über eine Bankenstrukturreform auf EU-Ebene und den daraus zu erwartenden Gesetzgebungsvorhaben ab. Eine erste Richtung, wohin die Trennbankendiskussion auf EU-Ebene geht, zeigen die Ergebnisse der Arbeitsgruppe »Liikanen«. Danach sollen neben den reinen Handelsgeschäften auch kundenbezogene Handelsgeschäfte und sog. Market-Making-Aktivitäten in eine eigene Finanzhandelseinheit ausgelagert werden. Bislang gelten die neuen KWG-Vorschriften nur für Institute mit einer Bilanzsumme größer als 90 Mrd. Euro, sofern die Summe der Handelsgeschäfte mindestens 100 Mrd. Euro oder 20 Prozent der Bilanzsumme ausmacht.

3.33 EU-Verordnung zur Übertragung besonderer Aufgaben im Zusammenhang mit der Aufsicht über Kreditinstitute auf die Europäische Zentralbank (EZB) (2013)

Ende Oktober 2013 wurde die **EU-Verordnung zur Übertragung besonderer Aufgaben im Zusammenhang mit der Aufsicht über Kreditinstitute auf die Europäische Zentralbank (EZB)** im EU-Amtsblatt verkündet. Die Verordnung trat am 3. November 2013 in Kraft. Ein Jahr später will die EZB die direkte Aufsicht über als bedeutend klassifizierte Institute übernehmen. Bis dahin sollen die Bilanzen der zur Übernahme anstehenden Institute allerdings vorab im Rahmen eines Balance Sheet Assessment und eines Asset Quality Review durchleuchtet und vor Übergabe an die EZB bereinigt werden.

Mit dieser sog. »**SSM-Verordnung**« zur Schaffung eines einheitlichen Aufsichtsmechanismus (»**Single Supervisory Mechanism**«) treibt vor allem die EU-Kommission die Herstellung einer Europäischen Bankenunion voran, die durch weitere geplante Regelwerke, wie z. B. einen einheitlichen Abwicklungsmechanismus (»**Single Resolution Mechanism**«) sowie einheitliche Regeln für eine gemeinsame europäische Einlagensicherung, ergänzt werden soll. Ziel einer solchen Bankenunion soll einerseits die Durchbrechung des Zusammenhangs zwischen Bankenkrisen und Staatsschulden sein, zum anderen soll sie den direkten Zugang zu Rekapitalisierungsmitteln aus dem Europäischen Stabilitätsmechanismus ESM ermöglichen. Außerdem sollen dadurch eine bessere Aufsicht insbesondere über grenzüberschreitend tätige Kreditinstitute und eine leichtere Abwickelbarkeit von Instituten im Krisenfalle erreicht werden, wobei Sanierungs- und Abwicklungsmaßnahmen nach dem Vorschlag der EU-Kommission über einen möglichst einheitlichen Abwicklungsfonds, der von der Finanzwirtschaft über ex-ante-Beiträge gespeist wird, finanziert werden sollen.

Verordnung (EU) Nr. 575/2013 des Europäischen Parlaments und des Rates vom 26. Juni 2013 über Aufsichtsanforderungen an Kreditinstitute und Wertpapierfirmen und zur Änderung der Verordnung (EU) Nr. 648/2012

(ABl. L 321/6 vom 30.11.2013)

(Text von Bedeutung für den EWR)

Verordnung (EU) Nr. 575/2013 des
Europäischen Parlaments und des Rates
vom 26. Juni 2013 über Aufsichts-
anforderungen an Kreditinstitute und
Wertpapierfirmen und zur Änderung der
Verordnung (EU) Nr. 648/2012

Inhaltsübersicht[1]

	Art.
Teil 1: **Allgemeine Bestimmungen**	

Titel I   Gegenstand, Anwendungsbereich und Begriffsbestimmungen

Anwendungsbereich	1
Aufsichtsbefugnisse	2
Anwendung strengerer Anforderungen durch Institute	3
Begriffsbestimmungen	4
Besondere Begriffsbestimmungen für Eigenmittelanforderungen für das Kreditrisiko	5

Titel II   Anwendungsebenen

Kapitel 1   Erfüllung der Anforderungen auf Einzelbasis

Allgemeine Grundsätze	6
Ausnahmen von der Anwendung der Aufsichtsanforderungen auf Einzelbasis	7
Ausnahmen von der Anwendung der Liquiditätsanforderungen auf Einzelbasis	8
Konsolidierung auf Einzelbasis	9
Ausnahmen für Kreditinstitute, die einer Zentralorganisation ständig zugeordnet sind	10

Kapitel 2   Aufsichtliche Konsolidierung

Abschnitt 1   Anwendung der Anforderungen auf konsolidierter Basis

Allgemeine Behandlung	11
Finanzholdinggesellschaft oder gemischte Finanzholdinggesellschaft mit sowohl einem Kreditinstitut als auch einer Wertpapierfirma als Tochterunternehmen	12
Anwendung der Offenlegungspflichten auf konsolidierter Basis	13
Anwendung der Anforderungen von Teil 5 auf konsolidierter Basis	14
Ausnahme von der Anwendung der Eigenmittelanforderungen auf konsolidierter Basis für Wertpapierfirmengruppen	15
Ausnahme von der Anwendung der Anforderungen hinsichtlich der Verschuldungsquote auf konsolidierter Basis auf Wertpapierfirmengruppen . .	16
Beaufsichtigung von Wertpapierfirmen mit einer Befreiung von den Eigenmittelanforderungen auf konsolidierter Basis	17

Abschnitt 2   Methoden der aufsichtlichen Konsolidierung

Methoden der aufsichtlichen Konsolidierung	18

---

1   Red. Anm.: Die Inhaltsübersicht ist nicht amtlich.

Abschnitt 3 Aufsichtlicher Konsolidierungskreis
Aus dem aufsichtlichen Konsolidierungskreis ausgenommene
Unternehmen 19
Gemeinsame Entscheidungen über Aufsichtsanforderungen 20
Gemeinsame Entscheidungen über die Anwendungsebene von
Liquiditätsanforderungen 21
Teilkonsolidierungen von Unternehmen in Drittländern 22
Unternehmen in Drittländern..................................... 23
Bewertung von Vermögenswerten und außerbilanziellen Posten 24

Teil 2:
Eigenmittel

Titel I   Bestandteile der Eigenmittel

Kapitel 1   Kernkapital

Kernkapital 25

Kapitel 2   Hartes Kernkapital

Abschnitt 1   Posten und Instrumente des harten Kernkapitals
Posten des harten Kernkapitals 26
Zu den Posten des harten Kernkapitals zählende Kapitalinstrumente
von Gegenseitigkeitsgesellschaften, Genossenschaften, Sparkassen
und ähnlichen Instituten... 27
Instrumente des harten Kernkapitals............................... 28
Kapitalinstrumente von Gegenseitigkeitsgesellschaften, Genossenschaften,
Sparkassen und ähnlichen Instituten............................... 29
Nichterfüllung der Bedingungen für Instrumente des harten Kernkapitals ... 30
Von staatlichen Stellen im Notfall gezeichnete Kapitalinstrumente 31

Abschnitt 2   Aufsichtliche Korrekturposten
Verbriefte Aktiva 32
Sicherungsgeschäfte für Zahlungsströme und Wertänderungen
eigener Verbindlichkeiten 33
Zusätzliche Bewertungsanpassungen 34
Aus der Zeitwertbilanzierung resultierende nicht realisierte Gewinne
und Verluste 35

Abschnitt 3   Abzüge von den Posten des harten Kernkapitals,
              Ausnahmen und Alternativen

Unterabschnitt 1   Abzüge von den Posten des harten Kernkapitals

Abzüge von den Posten des harten Kernkapitals 36
Abzug immaterieller Vermögenswerte 37
Abzug von der künftigen Rentabilität abhängiger latenter Steueransprüche ... 38
Steuerüberzahlungen, Verlustrückträge und nicht von der künftigen
Rentabilität abhängige latente Steueransprüche...................... 39
Abzug negativer Beträge aus der Berechnung der erwarteten Verlustbeträge ... 40
Abzug der Vermögenswerte aus Pensionsfonds mit Leistungszusage 41
Abzug von Positionen in eigenen Instrumenten des harten Kernkapitals 42
Wesentliche Beteiligung an einem Unternehmen der Finanzbranche 43

Abzug von Positionen in Instrumenten des harten Kernkapitals von
Unternehmen der Finanzbranche und bei Überkreuzbeteiligung eines
Instituts mit dem Ziel der künstlichen Erhöhung der Eigenmittel 44
Abzug von Positionen in Instrumenten des harten Kernkapitals von
Unternehmen der Finanzbranche 45
Abzug von Positionen in Instrumenten des harten Kernkapitals von
Unternehmen der Finanzbranche, an denen ein Institut keine wesentliche
Beteiligung hält 46
Abzug von Positionen in Instrumenten des harten Kernkapitals, wenn
ein Institut eine wesentliche Beteiligung an einem Unternehmen der
Finanzbranche hält 47

Unterabschnitt 2   Abzug von Posten des harten Kernkapitals –
Ausnahmen und Alternativen
Schwellenwerte für Ausnahmen vom Abzug von Posten des harten
Kernkapitals 48
Erfordernis von Abzügen im Falle von Konsolidierung, zusätzlicher
Beaufsichtigung oder institutsbezogenen Sicherungssystemen 49

Abschnitt 4   Hartes Kernkapital
Hartes Kernkapital 50

Kapitel 3   Zusätzliches Kernkapital

Abschnitt 1   Posten und Instrumente des zusätzlichen Kernkapitals
Posten des zusätzlichen Kernkapitals 51
Instrumente des zusätzlichen Kernkapitals 52
Beschränkungen hinsichtlich des Ausfalls von Ausschüttungen aus
Instrumenten des zusätzlichen Kernkapitals und Merkmale von
Instrumenten, die eine Rekapitalisierung des Instituts behindern könnten . . . 53
Herabschreibung oder Umwandlung von Instrumenten des zusätzlichen
Kernkapitals 54
Nichterfüllung der Bedingungen für Instrumente des zusätzlichen
Kernkapitals 55

Abschnitt 2   Abzüge von Posten des zusätzlichen Kernkapitals
Abzüge von Posten des zusätzlichen Kernkapitals 56
Abzug von Positionen in eigenen Instrumenten des zusätzlichen
Kernkapitals 57
Abzug von Positionen in Instrumenten des zusätzlichen Kernkapitals von
Unternehmen der Finanzbranche und bei Überkreuzbeteiligung eines Instituts
mit dem Ziel der künstlichen Erhöhung der Eigenmittel 58
Abzug von Positionen in Instrumenten des zusätzlichen Kernkapitals von
Unternehmen der Finanzbranche 59
Abzug von Positionen in Instrumenten des zusätzlichen Kernkapitals von
Unternehmen der Finanzbranche, an denen ein Institut keine wesentliche
Beteiligung hält 60

Abschnitt 3   Zusätzliches Kernkapital
Zusätzliches Kernkapital 61

Kapitel 4   Ergänzungskapital

Abschnitt 1   Posten und Instrumente des Ergänzungskapitals
Posten des Ergänzungskapitals 62
Instrumente des Ergänzungskapitals 63
Amortisierung von Ergänzungskapitalinstrumenten 64
Nichterfüllung der Bedingungen für Ergänzungskapitalinstrumente 65

Abschnitt 2   Abzüge von Posten des Ergänzungskapitals
Abzüge von Posten des Ergänzungskapitals 66
Abzüge von Positionen in eigenen Ergänzungskapitalinstrumenten 67
Abzug von Positionen in Ergänzungskapitalinstrumenten von Unternehmen der Finanzbranche und bei Überkreuzbeteiligung eines Instituts mit dem Ziel der künstlichen Erhöhung der Eigenmittel 68
Abzug von Positionen in Ergänzungskapitalinstrumenten von Unternehmen der Finanzbranche 69
Abzug von Ergänzungskapitalinstrumenten, wenn ein Institut keine wesentliche Beteiligung an einem relevanten Unternehmen hält 70

Abschnitt 3   Ergänzungskapital
Ergänzungskapital 71

Kapitel 5   Eigenmittel

Eigenmittel 72

Kapitel 6   Allgemeine Anforderungen

Ausschüttungen auf Eigenmittelinstrumente 73
Positionen in von beaufsichtigten Unternehmen der Finanzbranche begebenen Kapitalinstrumenten, die nicht zu den aufsichtsrechtlichen Eigenmitteln zählen 74
Abzüge und Laufzeitanforderungen für Verkaufspositionen 75
Indexpositionen in Kapitalinstrumenten 76
Bedingungen für die Verringerung der Eigenmittel 77
Erlaubnis der Aufsichtsbehörden zur Verringerung der Eigenmittel 78
Befristete Ausnahme vom Abzug von den Eigenmitteln 79
Kontinuierliche Prüfung der Eigenmittelqualität 80

Titel II   Minderheitsbeteiligungen und durch Tochterunternehmen begebene Instrumente des zusätzlichen Kernkapitals und des Ergänzungskapitals

Minderheitsbeteiligungen, die zum konsolidierten harten Kernkapital zählen 81
Qualifiziertes zusätzliches Kernkapital, Kernkapital, Ergänzungskapital und qualifizierte Eigenmittel 82
Qualifiziertes zusätzliches Kernkapital und Ergänzungskapital einer Zweckgesellschaft 83
Zum konsolidierten harten Kernkapital gerechnete Minderheitsbeteiligungen 84

Zum konsolidierten Kernkapital zählende qualifizierte
Kernkapitalinstrumente 85
Zum konsolidierten zusätzlichen Kernkapital zählendes qualifiziertes
Kernkapital 86
Zu den konsolidierten Eigenmitteln zählende qualifizierte Eigenmittel. 87
Zum konsolidierten Ergänzungskapital zählende qualifizierte
Eigenmittelinstrumente. 88

Titel III   Qualifizierte Beteiligungen außerhalb des Finanzsektors

Risikogewichtung und Verbot qualifizierter Beteiligungen außerhalb
des Finanzsektors 89
Alternative zum Risikogewicht von 1250% 90
Ausnahmen 91

Teil 3:
Eigenmittelanforderungen

Titel I   Allgemeine Anforderungen, Bewertung und Meldung

Kapitel 1   Mindesthöhe der Eigenmittel

Abschnitt 1   Eigenmittelanforderungen an Institute
Eigenmittelanforderungen. 92
Anfangskapitalanforderung an bereits bestehende Unternehmen 93
Ausnahme für Handelsbuchtätigkeiten von geringem Umfang 94

Abschnitt 2   Eigenmittelanforderungen an Wertpapierfirmen mit
              beschränkter Zulassung für die Erbringung von
              Finanzdienstleistungen
Eigenmittelanforderungen an Wertpapierfirmen mit beschränkter
Zulassung für die Erbringung von Finanzdienstleistungen. 95
Eigenmittelanforderungen an Wertpapierfirmen mit einem Anfangskapital
in der in Artikel 28 Absatz 2 der Richtlinie 2013/36/EU festgelegten Höhe. ... 96
Eigenmittel auf der Grundlage der fixen Gemeinkosten. 97
Eigenmittel von Wertpapierfirmen auf konsolidierter Basis 98

Kapitel 2   Berechnung und Meldepflichten

Meldung über Eigenmittelanforderungen und Finanzinformationen 99
Zusätzliche Meldpflichten 100
Besondere Meldpflichten 101

Kapitel 3   Handelsbuch

Anforderungen für das Handelsbuch 102
Führung des Handelsbuchs 103
Einbeziehung in das Handelsbuch. 104
Anforderungen für eine vorsichtige Bewertung 105
Interne Sicherungsgeschäfte 106

Titel II Eigenmittelanforderungen für das Kreditrisiko

Kapitel 1 Allgemeine Grundsätze

Ansätze zur Ermittlung des Kreditrisikos 107
Verwendung des Verfahrens zur Kreditrisikominderung gemäß dem
Standard- und dem IRB-Ansatz 108
Behandlung verbriefter Risikopositionen gemäß dem Standard- und
dem IRB-Ansatz 109
Behandlung der Kreditrisikoanpassung 110

Kapitel 2 Standardansatz

Abschnitt 1 Allgemeine Grundsätze
Risikopositionswert 111
Risikopositionsklassen 112
Berechnung der risikogewichteten Positionsbeträge 113

Abschnitt 2 Risikogewichte
Risikopositionen gegenüber Zentralstaaten oder Zentralbanken 114
Risikopositionen gegenüber regionalen und lokalen
Gebietskörperschaften 115
Risikopositionen gegenüber öffentlichen Stellen 116
Risikopositionen gegenüber multilateralen Entwicklungsbanken 117
Risikopositionen gegenüber internationalen Organisationen 118
Risikopositionen gegenüber Instituten 119
Risikopositionen gegenüber beurteilten Instituten 120
Risikopositionen gegenüber unbeurteilten Instituten 121
Risikopositionen gegenüber Unternehmen 122
Risikopositionen aus dem Mengengeschäft 123
Durch Immobilien besicherte Risikopositionen 124
Durch Wohnimmobilien vollständig besicherte Risikopositionen 125
Durch Gewerbeimmobilien vollständig besicherte Risikopositionen .. 126
Ausgefallene Positionen 127
Mit besonders hohem Risiko verbundene Positionen 128
Risikopositionen in Form gedeckter Schuldverschreibungen 129
Verbriefungspositionen 130
Risikopositionen gegenüber Instituten und Unternehmen mit kurzfristiger
Bonitätsbeurteilung 131
Risikopositionen in Form von Anteilen an OGA 132
Beteiligungsrisikopositionen 133
Sonstige Positionen 134

Abschnitt 3 Anerkennung und Zuordnung von Bonitätsbeurteilungen

Unterabschnitt 1 Anerkennung von ECAI

Verwendung der Bonitätsbeurteilungen von ECAI 135

Unterabschnitt 2 Zuordnung der Bonitätsbeurteilungen von ECAI

Zuordnung der Bonitätsbeurteilungen von ECAI 136

*Unterabschnitt 3   Verwendung der Bonitätsbeurteilungen von
                    Exportversicherungsagenturen*
Verwendung der Bonitätsbeurteilungen von
Exportversicherungsagenturen 137

Abschnitt 4   Verwendung der Bonitätsbeurteilungen von ECAI zur
              Bestimmung des Risikogewichts
Allgemeine Anforderungen 138
Bonitätsbeurteilung von Emittenten und Emissionen 139
Lang- und kurzfristige Bonitätsbeurteilungen 140
Positionen in der Landeswährung und in ausländischer Währung 141

Kapitel 3   Auf internen Einstufungen basierender Ansatz (IRB-Ansatz)

Abschnitt 1   Erlaubnis der zuständigen Behörden zur Anwendung des
              IRB-Ansatzes
Begriffsbestimmungen 142
Erlaubnis zur Verwendung des IRB-Ansatzes 143
Prüfung eines Antrags auf Verwendung des IRB-Ansatzes durch
die zuständigen Behörden 144
Erfahrung mit der Verwendung von IRB-Ansätzen 145
Erforderliche Maßnahmen bei Nichterfüllung der Anforderungen dieses
Kapitels 146
Methode für die Zuordnung von Risikopositionen zu Risikopositionsklassen . . 147
Bedingungen für die Einführung des IRB-Ansatzes in verschiedenen
Risikopositionsklassen und Geschäftsbereichen 148
Bedingungen für die Rückkehr zu weniger anspruchsvollen Ansätzen 149
Bedingungen für eine dauerhafte teilweise Verwendung 150

Abschnitt 2   Berechnung risikogewichteter Positionsbeträge

Unterabschnitt 1   Behandlung nach Art der Risikopositionsklasse

Behandlung nach Risikopositionsklasse 151
Behandlung von Risikopositionen in Form von Anteilen an OGA 152

*Unterabschnitt 2   Berechnung der risikogewichteten Positionsbeträge
                    für das Kreditrisiko*
Risikogewichtete Positionsbeträge für Risikopositionen gegenüber
Unternehmen, Instituten, Zentralstaaten und Zentralbanken 153
Risikogewichtete Positionsbeträge von Risikopositionen aus dem
Mengengeschäft 154
Risikogewichtete Positionsbeträge von Beteiligungspositionen 155
Risikogewichtete Positionsbeträge von sonstigen Aktiva ohne
Kreditverpflichtungen 156

*Unterabschnitt 3   Berechnung der risikogewichteten Positionsbeträge
                    für das Verwässerungsrisiko gekaufter Forderungen*
Risikogewichtete Positionsbeträge für das Verwässerungsrisiko gekaufter
Forderungen 157

Abschnitt 3   Erwartete Verlustbeträge
Behandlung nach Risikopositionsart 158
Behandlung erwarteter Verlustbeträge 159

Abschnitt 4   PD, LGD und Laufzeit

Unterabschnitt 1   Risikopositionen gegenüber Unternehmen, Instituten, Zentralstaaten und Zentralbanken

Ausfallwahrscheinlichkeit (PD) 160
Verlustquote bei Ausfall (LGD) 161
Laufzeit 162

Unterabschnitt 2   Risikopositionen aus dem Mengengeschäft

Ausfallwahrscheinlichkeit (PD) 163
Verlustquote bei Ausfall (LGD) 164

Unterabschnitt 3   Beteiligungspositionen, bei denen nach der PD/LGD-Methode verfahren werden muss

Beteiligungspositionen, bei denen nach der PD/LGD-Methode verfahren werden muss 165

Abschnitt 5   Risikopositionswert

Risikopositionen gegenüber Unternehmen, Instituten, Zentralstaaten und Zentralbanken sowie Risikopositionen aus dem Mengengeschäft 166
Beteiligungspositionen 167
Sonstige Aktiva ohne Kreditverpflichtungen 168

Abschnitt 6   Anforderungen an die Anwendung des IRB-Ansatzes

Unterabschnitt 1   Ratingsysteme

Allgemeine Grundsätze 169
Struktur von Ratingsystemen 170
Zuordnung zu Ratingstufen oder Risikopools 171
Zuordnung von Risikopositionen 172
Integrität des Zuordnungsprozesses 173
Verwendung von Modellen 174
Dokumentierung von Ratingsystemen 175
Datenpflege 176
Stresstests zur Beurteilung der Angemessenheit der Eigenmittelausstattung 177

Unterabschnitt 2   Risikoquantifizierung

Schuldnerausfall 178
Allgemeine Anforderungen an Schätzungen 179
Besondere Anforderungen an PD-Schätzungen 180
Besondere Anforderungen an eigene LGD-Schätzungen 181
Besondere Anforderungen an eigene Umrechnungsfaktorschätzungen .. 182
Anforderungen an die Bewertung der Auswirkungen von Garantien und Kreditderivaten auf Risikopositionen gegenüber Unternehmen, Instituten, Zentralstaaten und Zentralbanken, wenn dabei eigene LGD-Schätzungen verwendet werden, und bei Risikopositionen aus dem Mengengeschäft 183
Anforderungen an angekaufte Forderungen 184

Unterabschnitt 3   Validierung der internen Schätzungen

Validierung interner Schätzungen 185

Unterabschnitt 4   Anforderungen an Beteiligungspositionen bei der Verwendung interner Modelle

Eigenmittelanforderung und Risikoquantifizierung 186

Risikomanagement-Prozess und -Kontrollen 187
Validierung und Dokumentierung. 188

Unterabschnitt 5   Interne Unternehmensführung und Überwachung
Unternehmensführung 189
Kreditrisikoüberwachung 190
Innenrevision 191

Kapitel 4   Kreditrisikominderung

Abschnitt 1   Begriffsbestimmungen und allgemeine Anforderungen
Begriffsbestimmungen 192
Grundsätze für die Anerkennung der Wirkung von Kreditrisikominderungs-
techniken. 193
Grundsätze für die Anerkennungsfähigkeit von
Kreditrisikominderungstechniken 194

Abschnitt 2   Zulässige Formen der Kreditrisikominderung
Unterabschnitt 1   Besicherung mit Sicherheitsleistung
Netting von Bilanzpositionen 195
Netting-Rahmenvereinbarungen, die Pensionsgeschäfte, Wertpapier-
oder Warenverleih- oder -leihgeschäfte oder andere
Kapitalmarkttransaktionen betreffen 196
Anerkennungsfähigkeit von Sicherheiten unabhängig von Ansatz
und Methode. 197
Zusätzliche Anerkennungsfähigkeit von Sicherheiten bei der
umfassenden Methode zur Berücksichtigung finanzieller Sicherheiten 198
Zusätzliche Anerkennungsfähigkeit von Sicherheiten beim IRB-Ansatz. 199
Andere Formen der Besicherung mit Sicherheitsleistung 200

Unterabschnitt 2   Absicherung ohne Sicherheitsleistung
Ansatzunabhängige Anerkennungsfähigkeit von Sicherungsgebern 201
Anerkennungsfähigkeit von Sicherungsgebern, die die Voraussetzungen
für die Behandlung nach Artikel 153 Absatz 3 erfüllen, im Rahmen des
IRB-Ansatzes 202
Anerkennungsfähigkeit von Garantien als Absicherung ohne
Sicherheitsleistung. 203

Unterabschnitt 3   Arten von Derivaten
Anerkennungsfähige Arten von Kreditderivaten 204

Abschnitt 3   Anforderungen
Unterabschnitt 1   Besicherung mit Sicherheitsleistung
Anforderungen an Vereinbarungen über bilanzielles Netting (außer
Netting-Rahmenvereinbarungen im Sinne des Artikels 206) 205
Anforderungen an Aufrechnungs(Netting)-Rahmenvereinbarungen
für Pensionsgeschäfte, Wertpapier- oder Warenverleih- oder -leihgeschäfte
oder andere Kapitalmarkttransaktionen 206
Anforderungen an Finanzsicherheiten 207
Anforderungen an Immobiliensicherheiten 208
Anforderungen an Forderungen 209
Anforderungen an sonstige Sachsicherheiten 210

Anforderungen, die erfüllt sein müssen, um Leasingrisikopositionen
als besichert ansehen zu können 211
Anforderungen an sonstige Arten der Besicherung mit
Sicherheitsleistung 212

*Unterabschnitt 2   Absicherung ohne Sicherheitsleistung und synthetische
Unternehmensanleihen (Credit Linked Notes)*
Gemeinsame Anforderungen an Garantien und Kreditderivate 213
Rückbürgschaften von Staaten und anderen öffentlichen Stellen ... 214
Zusätzliche Anforderungen an Garantien 215
Zusätzliche Anforderungen an Kreditderivate 216
Anforderungen, die für eine Behandlung von Artikel 153 Absatz 3
erfüllt sein müssen 217

Abschnitt 4   Berechnung der Auswirkungen der Kreditrisikominderung

Unterabschnitt 1   Besicherung mit Sicherheitsleistung
Synthetische Unternehmensanleihen (›Credit Linked Notes‹) 218
Netting von Bilanzpositionen 219
Verwendung der aufsichtlichen oder der auf eigenen Schätzungen
beruhenden Volatilitätsanpassungen bei Netting-Rahmenvereinbarungen ... 220
Verwendung interner Modelle für Netting-Rahmenvereinbarungen 221
Einfache Methode zur Berücksichtigung finanzieller Sicherheiten ... 222
Umfassende Methode zur Berücksichtigung finanzieller Sicherheiten ... 223
Aufsichtliche Volatilitätsanpassungen bei der umfassenden Methode
zur Berücksichtigung finanzieller Sicherheiten 224
Auf eigenen Schätzungen beruhende Volatilitätsanpassungen bei der
umfassenden Methode zur Berücksichtigung finanzieller Sicherheiten ... 225
Heraufskalierung von Volatilitätsanpassungen bei der umfassenden
Methode zur Berücksichtigung finanzieller Sicherheiten 226
Bedingungen für eine 0%ige Volatilitätsanpassung bei der umfassenden
Methode zur Berücksichtigung finanzieller Sicherheiten 227
Berechnung der risikogewichteten Positionsbeträge und erwarteten
Verlustbeträge bei der umfassenden Methode zur Berücksichtigung
finanzieller Sicherheiten 228
Bewertungsgrundsätze für sonstige anerkennungsfähige Sicherheiten
beim IRB-Ansatz 229
Berechnung der risikogewichteten Positionsbeträge und erwarteten
Verlustbeträge für andere anerkennungsfähige Sicherheiten beim
IRB-Ansatz 230
Berechnung der risikogewichteten Positionsbeträge und erwarteten
Verlustbeträge bei gemischten Sicherheitenpools 231
Andere Formen der Besicherung mit Sicherheitsleistung 232

Unterabschnitt 2   Absicherung ohne Sicherheitsleistung
Bewertung 233
Berechnung der risikogewichteten Positionsbeträge und erwarteten
Verlustbeträge im Falle einer Teilbesicherung und Unterteilung in Tranchen . 234
Berechnung der risikogewichteten Positionsbeträge beim
Standardansatz 235
Berechnung der risikogewichteten Positionsbeträge und erwarteten
Verlustbeträge beim IRB-Ansatz 236

Abschnitt 5   Laufzeitinkongruenz
Laufzeitinkongruenz 237

Laufzeit der Kreditbesicherung................................. 238
Bewertung der Besicherung..................................... 239

Abschnitt 6   Kreditrisikominderungstechniken für Forderungskörbe
Erstausfall-Kreditderivate (First-to-default credit derivates) 240
N-ter-Ausfall-Kreditderivate (Nth-to-default credit derivatives) 241

Kapitel 5   Verbriefung

Abschnitt 1   Begriffsbestimmungen
Begriffsbestimmungen 242

Abschnitt 2   Anerkennung der Übertragung eines signifikanten Risikos
Traditionelle Verbriefung 243
Synthetische Verbriefung 244

Abschnitt 3   Berechnung der risikogewichteten Positionsbeträge

Unterabschnitt 1   Grundsätze
Berechnung der risikogewichteten Positionsbeträge 245
Risikopositionswert 246
Anerkennung der Kreditrisikominderung bei Verbriefungspositionen 247
Außervertragliche Kreditunterstützung 248

*Unterabschnitt 2   Berechnung der risikogewichteten Positionsbeträge
                    für Risikopositionen, die Gegenstand einer synthetischen
                    Verbriefung sind, durch den Originator*
Allgemeine Behandlung 249
Behandlung von Laufzeitinkongruenzen bei synthetischen Verbriefungen ... 250

*Unterabschnitt 3   Berechnung der risikogewichteten Positionsbeträge
                    gemäß dem Standardansatz*
Risikogewichte 251
Originatoren und Sponsoren 252
Behandlung unbeurteilter Positionen............................. 253
Behandlung von Verbriefungspositionen in einer Zweitverlust- oder
höherrangigen Tranche im Rahmen eines ABCP-Programms 254
Behandlung unbeurteilter Liquiditätsfazilitäten...................... 255
Zusätzliche Eigenmittelanforderungen für Verbriefungen revolvierender
Risikopositionen mit Klauseln für die vorzeitige Rückzahlung 256
Kreditrisikominderung für Verbriefungspositionen, die dem
Standardansatz unterliegen 257
Verringerung der risikogewichteten Positionsbeträge 258

*Unterabschnitt 4   Berechnung der risikogewichteten Positionsbeträge
                    gemäß dem IRB-Ansatz*
Rangfolge der Ansätze 259
Maximale risikogewichtete Positionsbeträge 260
Ratingbasierter Ansatz 261
Aufsichtlicher Formelansatz.................................... 262
Liquiditätsfazilitäten 263
Kreditrisikominderung für Verbriefungspositionen, die dem IRB-Ansatz
unterliegen... 264

Zusätzliche Eigenmittelanforderungen für Verbriefungen revolvierender
Risikopositionen mit Klauseln für die vorzeitige Rückzahlung 265
Verringerung der risikogewichteten Positionsbeträge 266

Abschnitt 4   Externe Bonitätsbeurteilungen
Verwendung der Bonitätsbeurteilungen von ECAI 267
Anforderungen an Bonitätsbeurteilungen von ECAI 268
Verwendung von Bonitätsbeurteilungen. 269
Zuordnung. 270

Kapitel 6   Gegenparteiausfallrisiko

Abschnitt 1   Begriffsbestimmungen
Ermittlung des Risikopositionswerts 271
Begriffsbestimmungen 272

Abschnitt 2   Methoden zur Berechnung des Risikopositionswerts
Methoden zur Berechnung des Risikopositiionswerts 273

Abschnitt 3   Marktbewertungsmethode
Marktbewertungsmethode 274

Abschnitt 4   Ursprungsrisikomethode
Ursprungsrisikomethode 275

Abschnitt 5   Standardmethode
Standardmethode 276
Geschäfte mit linearem Risikoprofil. 277
Geschäfte mit nicht linearem Risikoprofil. 278
Behandlung von Sicherheiten. 279
Berechnung von Standardmethode-Risikopositionen. 280
Standardmethode-Zinsrisikopositionen 281
Hedging-Sätze 282

Abschnitt 6   Auf einem internen Modell beruhende Methode
Erlaubnis zur Verwendung der auf einem internen Modell beruhenden
Methode. 283
Risikopositionswert 284
Risikopositionswert bei Netting-Sätzen mit Nachschussvereinbarung 285
Management des Gegenparteiausfallrisikos (CCR) – Grundsätze,
Verfahren und Systeme 286
Organisationsstrukturen für das CCR-Management. 287
Überprüfung des CCR-Managementsystems. 288
Praxistest. 289
Stresstests 290
Korrelationsrisiko 291
Integrität des Modellierungsprozesses 292
Anforderungen an das Risikomanagementsystem 293
Validierungsanforderungen 294

Abschnitt 7   Vertragliches Netting
Anerkennung der risikomindernden Effekte von vertraglichem Netting 295
Anerkennung vertraglicher Nettingvereinbarungen 296
Pflichten der Institute. 297

Folgen der Anerkennung der risikomindernden Effekte von
vertraglichem Netting.. 298

Abschnitt 8   Positionen im Handelsbuch
Positionen im Handelsbuch.................................... 299

Abschnitt 9   Eigenmittelanforderungen für Risikopositionen
              gegenüber einer zentralen Gegenpartei
Begriffsbestimmungen... 300
Sachlicher Geltungsbereich................................... 301
Überwachung der Risikopositionen gegenüber zentralen Gegenparteien..... 302
Behandlung der Risikopositionen von Clearingmitgliedern gegenüber
zentralen Gegenparteien...................................... 303
Behandlung der Risikopositionen von Clearingmitgliedern gegenüber
Kunden... 304
Behandlung der Risikopositionen von Kunden................... 305
Eigenmittelanforderungen für Handelsrisikopositionen......... 306
Eigenmittelanforderungen für vorfinanzierte Beiträge zum Ausfallfonds
einer ZGP.. 307
Eigenmittelanforderungen für vorfinanzierte Beiträge zum Ausfallfonds
einer qualifizierten ZGP..................................... 308
Eigenmittelanforderungen für vorfinanzierte Beiträge zum Ausfallfonds
einer nicht qualifizierten ZGP und für nicht vorfinanzierte Beiträge zu
einer nicht qualifizierten ZGP............................... 309
Alternative Berechnung der Eigenmittelanforderung für Risikopositionen
gegenüber einer qualifizierten ZGP........................... 310
Eigenmittelanforderungen für Risikopositionen gegenüber ZGP, die
bestimmte Bedingungen nicht mehr erfüllen.................... 311

Titel III   Eigenmittelanforderungen für das operationelle Risiko

*Kapitel 1   Allgemeine Grundsätze für die Verwendung der
            verschiedenen Ansätze*

Genehmigung und Anzeige...................................... 312
Rückkehr zu weniger komplizierten Ansätzen................... 313
Kombination verschiedener Ansätze............................ 314

Kapitel 2   Basisindikatoransatz

Eigenmittelanforderung....................................... 315
Maßgeblicher Indikator....................................... 316

Kapitel 3   Standardansatz

Eigenmittelanforderung....................................... 317
Grundsätze für die Zuordnung zu Geschäftsfeldern............. 318
Alternativer Standardansatz.................................. 319
Bedingungen für die Verwendung des Standardansatzes.......... 320

Kapitel 4 Fortgeschrittene Messansätze

Qualitative Anforderungen 321
Quantitative Anforderungen 322
Auswirkung von Versicherungen und anderen Risikoübertragungs-
mechanismen 323
Klassifizierung der Verlustereignisse 324

Titel IV Eigenmittelanforderungen für das Marktrisiko

Kapitel 1 Allgemeine Bestimmungen

Anwendung der Anforderungen auf konsolidierter Basis 325

Kapitel 2 Eigenmittelanforderungen für das Positionsrisiko

Abschnitt 1 Allgemeine Bestimmungen und spezifische Instrumente
Eigenmittelanforderungen für das Positionsrisiko 326
Berechnung der Nettoposition 327
Zinsterminkontrakte und Terminpositionen 328
Optionen und Optionsscheine 329
Swaps 330
Zinsrisiko von Derivaten 331
Kreditderivate 332
Im Rahmen von Rückkaufsvereinbarungen übertragene oder verliehene
Wertpapiere 333

Abschnitt 2 Schuldtitel
Nettopositionen in Schuldtiteln 334

Unterabschnitt 1 Spezifisches Risiko
Obergrenze der Eigenmittelanforderung für eine Nettoposition 335
Eigenmittelanforderung für Schuldtitel, die keine Verbriefungspositionen
darstellen 336
Eigenmittelanforderung für Verbriefungspositionen 337
Eigenmittelanforderung für das Korrelationshandelsportfolio 338

Unterabschnitt 2 Allgemeines Risiko
Laufzeitbezogene Berechnung des allgemeine Risikos 339
Durationsbasierte Berechnung des allgemeinen Risikos 340

Abschnitt 3 Aktieninstrumente
Nettopositionen in Aktieninstrumenten 341
Spezifisches Risiko von Aktieninstrumenten 342
Allgemeines Risiko von Aktieninstrumenten 343
Aktienindizes 344

Abschnitt 4 Übernahmegarantien
Verringerung von Nettopositionen 345

Abschnitt 5 Eigenmittelanforderungen für das spezifische Risiko
bei über Kreditderivate abgesicherten Positionen
Anerkennung von Absicherungen über Kreditderivate 346

Anerkennung von Absicherungen über Erstausfall-Kreditderivate und
n-ter Ausfall-Kreditderivate 347

Abschnitt 6   Eigenmittelanforderungen für OGA
Eigenmittelanforderungen für OGA 348
Allgemeine Anforderungen an OGA 349
Spezifische Methoden für OGA 350

Kapitel 3   Eigenmittelanforderungen für das Fremdwährungsrisiko

Schwellenwert und Gewichtung für das Fremdwährungsrisiko 351
Berechnung der gesamten Netto-Fremdwährungsposition 352
Fremdwährungsrisiko von OGA 353
Eng verbundene Währungen 354

Kapitel 4   Eigenmittelanforderungen für das Warenpositionsrisiko

Wahl der Methode für das Warenpositionsrisiko 355
Ergänzende Warengeschäfte 356
Positionen in Waren 357
Spezifische Instrumente 358
Laufzeitbandverfahren 359
Vereinfachtes Verfahren 360
Erweitertes Laufzeitbandverfahren 361

Kapitel 5   Verwendung interner Modelle zur Berechnung der
            Eigenmittelanforderungen

Abschnitt 1   Erlaubnis und Eigenmittelanforderungen
Spezifische und allgemeine Risiken 362
Erlaubnis zur Verwendung interner Modelle 363
Eigenmittelanforderungen bei der Verwendung interner Modelle 364

Abschnitt 2   Allgemeine Anforderungen
Berechnung des Risikopotenzials und des Risikopotenzials unter
Stressbedingungen 365
Aufsichtliche Rückvergleiche und Multiplikationsfaktoren 366
Anforderungen an die Risikomessung 367
Qualitative Anforderungen 368
Interne Validierung 369

Abschnitt 3   Besondere Anforderungen an die Entwicklung von
              Modellen für spezifische Risiken
Anforderungen an die Entwicklung von Modellen für spezifische Risiken 370
Ausschlüsse aus Modellen für das spezifische Risiko 371

Abschnitt 4   Internes Modell für das zusätzliche Ausfall- und
              Migrationsrisiko
Pflicht zur Bereitstellung eines internen Modells für das zusätzliche
Ausfall- und Migrationsrisiko (IRC-Modell) 372
Anwendungsbereich des internen IRC-Modells 373
Parameter des internen IRC-Modells 374

Anerkennung von Absicherungen im internen IRC-Modell 375
Besondere Anforderungen an das interne IRC-Modell 376

Abschnitt 5   Internes Modell für Korrelationshandelsaktivitäten
Anforderungen an ein internes Modell für Korrelationshandelsaktivitäten . . . 377

Titel V   Eigenmittelanforderungen für das Abwicklungsrisiko

Abwicklungs-/Lieferrisiko 378
Vorleistungen 379
Aussetzung der Eigenmittelanforderungen 380

Titel VI   Eigenmittelanforderungen für das Risiko einer Anpassung der Kreditbewertung (CVA-Risiko)

Begriff der Anpassung der Kreditbewertung 381
Anwendungsbereich 382
Fortgeschrittene Methode 383
Standardmethode 384
Alternative zur Verwendung der CVA-Methoden für die Berechnung
der Eigenmittelanforderungen 385
Anerkennungsfähige Absicherungsgeschäfte 386

Teil 4:
Großkredite

Gegenstand 387
Ausnahmen von der Anwendung 388
Begriffsbestimmung 389
Berechnung des Risikopositionswerts 390
Begriffsbestimmung des Instituts für die Zwecke von Großkrediten 391
Begriffsbestimmung des Großkredits 392
Kapazitäten zur Ermittlung und Verwaltung von Großkrediten 393
Meldepflichten 394
Obergrenze für Großkredite 395
Einhaltung der Anforderungen für Großkredite 396
Berechnung zusätzlicher Eigenmittelanforderungen für Großkredite
im Handelsbuch 397
Verfahren zur Vermeidung einer Umgehung der zusätzlichen
Eigenmittelanforderung durch Institute 398
Anerkannte Kreditrisikominderungstechniken 399
Ausnahmen 400
Berechnung der Wirkung von Kreditrisikominderungstechniken 401
Risikopositionen, die aus Hypothekendarlehen resultieren 402
Substitutionsansatz 403

Teil 5:
Forderungen aus übertragenen Kreditrisiken

Titel I Allgemeine Bestimmungen für diesen Teil

Anwendungsbereich 404

Titel II Anforderungen an Anlegerinstitute

Selbstbehalt des Emittenten 405
Sorgfaltsprüfung 406
Zusätzliches Risikogewicht 407

Titel III Anforderungen an Sponsoren und Originatoren

Kreditvergabekriterien 408
Offenlegung gegenüber Anlegern 409
Einheitliche Bedingungen für die Anwendung 410

Teil 6:
Liquidität

Titel I Begriffsbestimmungen und Liquiditätsdeckungsanforderung

Begriffsbestimmungen 411
Liquiditätsdeckungsanforderung 412
Stabile Refinanzierung 413
Einhaltung der Liquiditätsanforderungen 414

Titel II Liquiditätsmeldungen

Meldepflicht und Meldeformat 415
Meldung liquider Aktiva 416
Operative Anforderungen an den Bestand an liquiden Aktiva 417
Bewertung liquider Aktiva 418
Währungen mit begrenzter Verfügbarkeit liquider Aktiva 419
Liquiditätsabflüsse 420
Abflüsse bei Privatkundeneinlagen 421
Abflüsse bei sonstigen Verbindlichkeiten 422
Zusätzliche Abflüsse 423
Abflüsse aus Kredit- und Liquiditätsfazilitäten 424
Zuflüsse 425
Aktualisierung künftiger Liquiditätsanforderungen 426

Titel III Meldungen betreffend die stabile Refinanzierung

Positionen, die eine stabile Refinanzierung bieten 427
Positionen, die stabile Refinanzierung erfordern 428

Teil 7:
Verschuldung

Berechnung der Verschuldungsquote 429
Meldepflicht 430

Teil 8:
Offenlegung durch Institute

Titel I Allgemeine Grundsätze

Anwendungsbereich der Offenlegungspflichten 431
Nicht wesentliche Informationen, Geschäftsgeheimnisse oder
vertrauliche Informationen 432
Häufigkeit der Offenlegung 433
Mittel der Offenlegung 434

Titel II Technische Kriterien für Transparenz und Offenlegung

Risikomanagementziele und -politik 435
Anwendungsbereich 436
Eigenmittel 437
Eigenmittelanforderungen 438
Gegenparteiausfallrisiko 439
Kapitalpuffer 440
Indikatoren der globalen Systemrelevanz 441
Kreditanpassungen 442
Unbelastete Vermögenswerte 443
Inanspruchnahme von ECAI 444
Marktrisiko 445
Operationelles Risiko 446
Risiko aus nicht im Handelsbuch enthaltenen Beteiligungspositionen 447
Zinsrisiko aus nicht im Handelsbuch enthaltenen Positionen 448
Risiko aus Verbriefungspositionen 449
Vergütungspolitik 450
Verschuldung 451

Titel III Anforderungen an die Verwendung bestimmter Instrumente oder Methoden

Anwendung des IRB-Ansatzes auf Kreditrisiken 452
Verwendung von Kreditrisikominderungstechniken 453
Verwendung fortgeschrittener Messansätze für operationelle Risiken 454
Verwendung interner Modelle für das Marktrisiko 455

Teil 9:
Delegierte Rechtsakte und Durchführungsrechtsakte

Delegierte Rechtsakte 456
Technische Anpassungen und Korrekturen 457

Auf Ebene eines Mitgliedstaats festgestelltes Makroaufsichts- oder
Systemrisiko.. 458
Aufsichtliche Anforderungen 459
Liquidität... 460
Überprüfung der schrittweisen Einführung der Liquiditätsanforderung 461
Ausübung der Befugnis.. 462
Einwände gegen technische Regulierungsstandards 463
Europäischer Bankenausschuss 464

Teil 10:
Übergangsbestimmungen, Berichte, Prüfungen und Änderungen

Titel I   Übergangsbestimmungen

Kapitel 1   Eigenmittelanforderungen, zeitwertbilanzierte nicht
realisierte Gewinne und Verluste und Abzüge

Abschnitt 1   Eigenmittelanforderungen
Eigenmittelanforderungen....................................... 465
Erstmalige Anwendung Internationaler Rechnungslegungsvorschriften 466

Abschnitt 2   Zeitwertbilanzierte nicht realisierte Gewinne und Verluste
Zeitwertbilanzierte nicht realisierte Verluste........................ 467
Zeitwertbilanzierte nicht realisierte Gewinne 468

Abschnitt 3   Abzüge

Unterabschnitt 1   Abzüge von Posten des harten Kernkapitals
Abzüge von Posten des harten Kernkapitals 469
Ausnahmen vom Abzug von Posten des harten Kernkapitals 470
Ausnahmen vom Abzug von Beteiligungen an Versicherungsunternehmen
von Posten des harten Kernkapitals................................ 471
Nicht vom harten Kernkapital in Abzug zu bringende Posten 472
Einführung von Änderungen des internationalen Rechnungslegungs-
standards IAS 19 473

Unterabschnitt 2   Abzüge von Posten des zusätzlichen Kernkapitals
Abzüge von Posten des zusätzlichen Kernkapitals 474
Nicht von Posten des zusätzlichen Kernkapitals in Abzug zu bringende
Posten 475

Unterabschnitt 3   Abzüge von Posten des Ergänzungskapitals
Abzüge von Posten des Ergänzungskapitals........................ 476
Abzüge von Ergänzungskapitalposten 477

Unterabschnitt 4   Auf Abzüge anwendbare Prozentsätze
Auf Abzüge von Posten des harten Kernkapitals, des zusätzlichen
Kernkapitals und des Ergänzungskapitels anwendbare Prozentsätze 478

Abschnitt 4   Minderheitsbeteiligungen und durch Tochterunternehmen
              begebene Instrumente des zusätzlichen Kernkapitals
              und des Ergänzungskapitals
Anerkennung von nicht als Minderheitsbeteiligungen geltenden
Instrumenten und Positionen im konsolidierten harten Kernkapital 479

Anerkennung von Minderheitsbeteiligungen und qualifiziertem
zusätzlichem Kernkapital und Ergänzungskapital in den konsolidierten
Eigenmitteln 480

Abschnitt 5 Zusätzliche Korrekturposten sowie Abzüge
Zusätzliche Korrekturposten sowie Abzüge 481
Anwendung auf Derivatgeschäfte mit Pensionsfonds 482

Kapitel 2 Bestandsschutz für Kapitalinstrumente

Abschnitt 1 Instrumente der staatlichen Beihilfe
Bestandsschutz für Instrumente der staatlichen Beihilfe 483

Abschnitt 2 Instrumente, die keine staatlichen Beihilfen darstellen

*Unterabschnitt 1 Bestandsschutzfähigkeit und Beschränkungen des
                Bestandsschutzes*

Bestandsschutzfähige Posten, die nach den nationalen Maßnahmen zur
Umsetzung der Richtlinie 2006/48/EG als Eigenmittel gelten. 484
Anerkennung von Agio, das mit Posten, die nach den nationalen
Maßnahmen zur Umsetzung der Richtlinie 2006/48/EG als Eigenmittel
gelten, verbunden ist, als hartes Kernkapital. 485
Beschränkungen des Bestandsschutzes bei Posten innerhalb von
Posten des harten Kernkapitals, des zusätzlichen Kernkapitals und
des Ergänzungskapitals. 486
Vom Bestandsschutz für Posten des harten Kernkapitals oder des
zusätzlichen Kernkapitals ausgenommene Posten in anderen
Eigenmittelbestandteilen. 487
Amortisation von Posten, die als Ergänzungskapitalposten
bestandsgeschützt sind 488

*Unterabschnitt 2 Einbeziehung von Instrumenten mit Kündigungsmöglichkeit und
                Tilgungsanreiz in Posten des zusätzlichen Kernkapitals und des
                Ergänzungskapitals*
Hybride Instrumente mit Kündigungsmöglichkeit und Tilgungsanreiz 489
Ergänzungskapitalposten mit einem Tilgungsanreiz 490
Effektiver Fälligkeitstermin 491

*Kapitel 3 Übergangsbestimmungen für die Offenlegung von
           Eigenmitteln*

Offenlegung von Eigenmitteln 492

*Kapitel 4 Großkredite, Eigenmittelanforderungen, Verschuldung
           und Basel-I-Untergrenze*

Übergangsbestimmungen für Großkredite 493
Übergangsbestimmungen für anrechenbare Eigenmittel 494
Behandlung von Beteiligungspositionen bei der Anwendung des
IRB-Ansatzes. 495
Eigenmittelanforderungen für gedeckte Schuldverschreibungen 496

Eigenmittelanforderungen für Risikopositionen gegenüber zentralen
Gegenparteien. 497
Ausnahme für Warenhändler. 498
Verschuldung 499
Übergangsbestimmungen – Basel-I-Untergrenze 500
Abzug von den Eigenmittelanforderungen für das Kreditrisiko von
Risikopositionen gegenüber KMU 501

Titel II   Berichte und Überprüfungen

Zyklische Effekte von Eigenmittelanforderungen 502
Eigenmittelanforderungen für Risikopositionen in Form gedeckter
Schuldverschreibungen. 503
Von staatlichen Stellen im Notfall gezeichnete Kapitalinstrumente 504
Prüfung langfristiger Finanzierungen 505
Kreditrisiko – Definition des Ausfalls. 506
Großkredite 507
Anwendungsstufe 508
Liquiditätsanforderungen 509
Anforderungen in Bezug auf stabile Refinanzierung 510
Verschuldung 511
Risikopositionen aus übertragenen Kreditrisiken 512
Vorschriften der Makroaufsicht 513
Gegenparteiausfallrisiko und Ursprungsrisikomethode 514
Überwachung und Evaluierung. 515
Langfristige Finanzierungen 516
Begriffsbestimmung der anrechenbaren Eigenmittel. 517
Prüfung der Kapitalinstrumente, die abgeschrieben oder umgewandelt
werden können, wenn ein Fortbestand nicht mehr gegeben ist 518
Abzug der Vermögenswerte aus Pensionsfonds mit Leistungszusage
von Posten des harten Kernkapitals. 519

Titel III   Änderungen

Änderung der Verordnung (EU) Nr. 648/2012 520

Teil 11:
Schlussbestimmungen

Inkrafttreten und Geltungsbeginn 521

Anhang I   Einstufung außerbilanzieller Geschäfte

Anhang II   Arten von Derivatgeschäften

Anhang III   Posten, die der zusätzlichen Meldung liquider Aktiva unterliegen

Anhang IV   Entsprechungstabelle

Das Europäische Parlament und der Rat der Europäischen Union –

gestützt auf den Vertrag über die Arbeitsweise der Europäischen Union, insbesondere auf Artikel 114,
auf Vorschlag der Europäischen Kommission,
nach Zuleitung des Entwurfs des Gesetzgebungsakts an die nationalen Parlamente,
nach Stellungnahme der Europäischen Zentralbank[1],
nach Stellungnahme des Europäischen Wirtschafts- und Sozialausschusses[2],
gemäß dem ordentlichen Gesetzgebungsverfahren,
in Erwägung nachstehender Gründe:

(1) In der G20-Erklärung zur Stärkung des Finanzsystems vom 2. April 2009 wurden international abgestimmte Anstrengungen gefordert, um Transparenz, Rechenschaftspflicht und Regulierung durch eine quantitative und qualitative Verbesserung der Kapitalbasis im Bankensystem zu stärken, sobald die wirtschaftliche Erholung sichergestellt ist. Zudem wurde in der Erklärung gefordert, ein ergänzendes, nicht risikobasiertes Modell einzuführen, um das Anwachsen der Verschuldung im Bankensystem einzudämmen, und einen Rahmen für solidere Liquiditätspuffer zu entwickeln. Im September 2009 beschloss die Gruppe der Notenbankpräsidenten und Leiter der Aufsichtsbehörden (Group of Governors and Heads of Supervision – GHOS) als Reaktion auf den Auftrag der G20 verschiedene Maßnahmen für eine stärkere Regulierung im Bankensektor. Diese Maßnahmen wurden auf dem G20-Gipfel von Pittsburgh vom 24./25. September 2009 bestätigt und im Dezember 2009 im Einzelnen dargelegt. Im Juli und September 2010 veröffentlichte die GHOS zwei weitere Ankündigungen bezüglich der Gestaltung und Kalibrierung dieser neuen Maßnahmen und im Dezember 2010 veröffentlichte der Baseler Ausschuss für Bankenaufsicht (Basler Ausschuss) die endgültige Fassung der Maßnahmen, die sogenannte Basel-III-Rahmenregelung.

(2) Die Hochrangige Expertengruppe für Finanzaufsicht unter dem Vorsitz von Jacques de Larosière (de Larosière-Gruppe) forderte die Union auf, die Regulierung der Finanzmärkte stärker zu harmonisieren. Auch auf der Tagung des Europäischen Rates vom 18. und 19. Juni 2009 wurde vor dem Hintergrund der künftigen europäischen Aufsichtsarchitektur auf die Notwendigkeit hingewiesen, ein gemeinsames europäisches Regelwerk für alle Kreditinstitute und Wertpapierfirmen auf dem Binnenmarkt einzuführen.

(3) Wie im Bericht der de Larosière-Gruppe vom 25. Februar 2009 (De-Larosière-Bericht) dargelegt, sollten ›die Mitgliedstaaten (...) die Möglichkeit haben, strengere Regulierungsmaßnahmen zu beschließen, wenn sie diese zum Schutz der Finanzmarktstabilität des eigenen Landes für erforderlich halten und dabei die Grundsätze des Binnenmarkts und die vereinbarten Mindeststandards einhalten‹.

(4) Die Richtlinie 2006/48/EG des Europäischen Parlaments und des Rates vom 14. Juni 2006 über die Aufnahme und Ausübung der Tätigkeit der Kreditinstitute[3] und die Richtlinie 2006/49/EG des Europäischen Parlaments und des Rates vom 14. Juni 2006 über die angemessene Eigenkapitalausstattung von Wertpapierfirmen und Kreditinstituten[4] wurden mehrfach in erheblichem Umfang geändert. Viele Bestimmungen der Richtlinien 2006/48/EG und 2006/49/EG gelten für Kreditinstitute und Wertpapierfirmen gleichermaßen. Aus Gründen der Klarheit und einer kohärenten Anwendung dieser Bestimmungen sollten sie in neuen Gesetzgebungsakten zusammengefasst werden, die sowohl für Kreditinstitute als auch für Wertpapierfirmen gelten, und zwar dieser Verordnung und der Richtlinie 2013/36/EU des Europäischen

---

1 ABl. C 105 vom 11.4.2012, S.1
2 ABl. C 68 vom 6.3.2012, S.9
3 ABl. L 177 vom 30.6.2006, S.1
4 ABl. L 177 vom 30.6.2006, S.201

Parlaments und des Rates vom 26. Juni 2013[1]. Zwecks leichterer Zugänglichkeit sollten die Bestimmungen in den Anhängen der Richtlinien 2006/48/EG und 2006/49/EU in den verfügenden Teil der Richtlinie 2013/36/EU und dieser Verordnung integriert werden.

(5) Diese Verordnung und die Richtlinie 2013/36/EU sollten zusammen den Rechtsrahmen für den Zugang zur Tätigkeit, den Aufsichtsrahmen und die Aufsichtsvorschriften für Kreditinstitute und Wertpapierfirmen (im Folgenden ›Institute‹) bilden. Daher sollte diese Verordnung zusammen mit jener Richtlinie gelesen werden.

(6) Die Richtlinie 2013/36/EU, deren Rechtsgrundlage Artikel 53 Absatz 1 des Vertrags über die Funktionsweise der Europäischen Union (AEUV) ist, sollte unter anderem die Bestimmungen über den Zugang zur Tätigkeit von Instituten, die Modalitäten der Unternehmensführung und -kontrolle und den Aufsichtsrahmen festlegen, d.h. Bestimmungen über die Zulassung der betreffenden Institute, den Erwerb qualifizierter Beteiligungen, die Ausübung der Niederlassungs- und der Dienstleistungsfreiheit, die diesbezüglichen Befugnisse der zuständigen Behörden der Herkunfts- und der Aufnahmemitgliedstaaten sowie Bestimmungen über das Anfangskapital und die aufsichtliche Überprüfung von Instituten enthalten.

(7) Mit dieser Verordnung sollten unter anderem die Aufsichtsanforderungen für Institute festgelegt werden, die sich strikt auf die Funktionsweise der Bank- und Finanzdienstleistungsmärkte beziehen und die Finanzstabilität der Wirtschaftsteilnehmer an diesen Märkten sichern sowie einen hohen Grad an Anleger- und Einlegerschutz gewährleisten sollen. Diese Verordnung soll in entscheidender Weise zum reibungslosen Funktionieren des Binnenmarkts beitragen und sollte sich deshalb auf Artikel 114 AEUV in der Auslegung der ständigen Rechtsprechung des Gerichtshofs der Europäischen Union stützen.

(8) Die Richtlinien 2006/48/EG und 2006/49/EG haben zwar zu einer gewissen Harmonisierung der Aufsichtsvorschriften der Mitgliedstaaten geführt, bieten aber den Mitgliedstaaten zahlreiche Optionen und Möglichkeiten, strengere Vorschriften als die jener Richtlinien vorzusehen. Daraus ergeben sich Divergenzen zwischen nationalen Rechtsvorschriften, die die grenzüberschreitende Erbringung von Dienstleistungen und die Niederlassungsfreiheit beeinträchtigen könnten und so das reibungslose Funktionieren des Binnenmarkts behindern.

(9) Aus Gründen der Rechtssicherheit und der Notwendigkeit gleicher Wettbewerbsbedingungen innerhalb der Union ist ein einheitliches Regelwerk für alle Marktteilnehmer ein zentrales Element für das Funktionieren des Binnenmarktes. Zur Vermeidung von Marktstörungen und Aufsichtsarbitrage sollten aufsichtliche Mindestvorschriften größtmögliche Harmonisierung gewährleisten. Folglich sind die Übergangszeiträume gemäß dieser Verordnung für ihre reibungslose Umsetzung und zur Vermeidung von Unsicherheiten auf den Märkten von zentraler Bedeutung.

(10) Unter Bezugnahme auf die Arbeit der ›Standards Implementation Group‹ des Basler Ausschusses betreffend die Kontrolle und Überprüfung der Umsetzung der Basel-III-Rahmenregelung durch die Mitgliedsländer sollte die Kommission regelmäßig – zumindest aber im Anschluss an die Veröffentlichung jedes Fortschrittsberichts des Basler Ausschusses zur Umsetzung der Basel-III-Vereinbarung – aktuelle Berichte vorlegen über die Umsetzung und innerstaatliche Annahme der Basel-III-Rahmenregelung in anderen wichtigen Rechtsordnungen, einschließlich einer Bewertung dessen, inwieweit die Rechtsvorschriften oder Regelungen anderer Länder den internationalen Mindeststandards entsprechen, damit Unterschiede aufgedeckt werden können, die Anlass zu Bedenken in Bezug auf die Gleichheit der Wettbewerbsbedingungen geben könnten.

(11) Um Handelshemmnisse und Wettbewerbsverzerrungen aufgrund divergierender nationaler Rechtsvorschriften zu beseitigen und neue Handelshemmnisse und signifikante Wettbewerbsverzerrungen zu vermeiden, ist es deshalb notwendig, eine

---

1 ABl. L 176 vom 27.6.2013, S. 338

Verordnung zu verabschieden, die einheitliche und in allen Mitgliedstaaten geltende Vorschriften festlegt.

(12) Die Festlegung von Aufsichtsanforderungen in Form einer Verordnung würde sicherstellen, dass diese Anforderungen direkt anwendbar sind. Damit würden Abweichungen bei den nationalen Anforderungen zur Umsetzung einer Richtlinie vermieden und einheitliche Bedingungen geschaffen. Mit dieser Verordnung würden alle Institute in der gesamten Union zur Einhaltung derselben Bestimmungen verpflichtet, was – insbesondere in Stressphasen – auch das Vertrauen in die Stabilität von Instituten stärken würde. Eine Verordnung würde die Komplexität der Vorschriften und die Befolgungskosten für die Firmen – insbesondere für grenzüberschreitend tätige Institute – verringern und dazu beitragen, Wettbewerbsverzerrungen zu beseitigen. Aufgrund der Besonderheiten von Immobilienmärkten, die je nach wirtschaftlicher Entwicklung und rechtlichen Besonderheiten nicht in allen Mitgliedstaaten, Regionen oder lokalen Räumen die gleichen Merkmale aufweisen, sollten die zuständigen Behörden die Möglichkeit haben, auf der Grundlage ihrer Erfahrungen mit Ausfallwerten und der erwarteten Marktentwicklungen hinsichtlich durch Immobilien besicherter Risikopositionen in bestimmten Gebieten höhere Risikogewichte festzulegen oder strengere Kriterien anzuwenden.

(13) Die zuständigen Behörden oder Mitgliedstaaten sollten die Möglichkeit haben, nationale Vorschriften in nicht unter diese Verordnung fallenden Bereichen, beispielsweise dynamische Rückstellungen, nationale Vorschriften für gedeckte Schuldverschreibungen, die keinen Bezug zur Behandlung gedeckter Schuldverschreibungen gemäß dieser Verordnung haben, oder Erwerb und Halten von Beteiligungen an Finanz- und Nichtfinanzunternehmen zu Zwecken, die keinen Bezug zu den Aufsichtsanforderungen dieser Verordnung haben, zu erlassen, sofern diese nicht im Widerspruch zu dieser Verordnung stehen.

(14) Die bedeutendsten Empfehlungen des De Larosière Berichts, die später in der Union umgesetzt wurden, bestanden in der Schaffung eines einheitlichen Regelwerks und eines europäischen Regelungsrahmens für die Finanzaufsicht auf Makroebene, die beide zusammen Finanzstabilität sicherstellen sollen. Das einheitliche Regelwerk gewährleistet einen soliden und einheitlichen Regelungsrahmen, der dem Binnenmarkt förderlich ist und Aufsichtsarbitrage verhindert. Innerhalb des Binnenmarkts für Finanzdienstleistungen können sich die Makroaufsichtsrisiken allerdings aufgrund der Bandbreite nationaler Besonderheiten in mancher Hinsicht insofern unterscheiden, als dass beispielsweise Struktur und Größe des Bankensektors im Vergleich zur Wirtschaft allgemein und der Kreditzyklus variieren.

(15) In dieser Verordnung und der Richtlinie 2013/36/EU sind eine Reihe von Instrumenten zur Abwendung und Eindämmung von Makroaufsichts- und Systemrisiken vorgesehen, um einerseits Flexibilität und andererseits eine angemessene Kontrolle der Nutzung dieser Instrumente zu gewährleisten, damit das reibungslose Funktionieren des Binnenmarkts nicht beeinträchtigt wird, und auch sicherzustellen, dass diese Instrumente in transparenter und kohärenter Weise angewendet werden.

(16) Betreffen Makroaufsichts- oder Systemrisiken lediglich einen Mitgliedstaat, sollte es den zuständigen oder benannten Behörden dieses Mitgliedstaats möglich sein, über den in der Richtlinie 2013/36/EU vorgesehenen Systemrisikopuffer hinaus bestimmte spezifische nationale Maßnahmen der Makroaufsicht zu ergreifen, wenn dies als wirksameres Mittel zur Abwendung dieser Risiken erachtet wird. Der durch die Verordnung (EU) Nr. 1092/2010 des Europäischen Parlaments und des Rates vom 24. November 2010[1] eingesetzte Europäische Ausschuss für Systemrisiken (ESRB) und die durch die Verordnung (EU) Nr. 1093/2010 des Europäischen Parlaments und des Rates vom 24. November 2010[2] errichtete Europäische Aufsichtsbehörde (Europäische Bankenaufsichtsbehörde) (EBA) sollten Gelegenheit haben, sich dazu zu äußern,

---

1 ABl. L 331 vom 15.12.2010, S. 1
2 ABl. L 331 vom 15.12.2010, S. 10

ob die Voraussetzungen für das Ergreifen solcher nationaler Makroaufsichtsmaßnahmen gegeben sind, und es sollte einen Mechanismus auf Unionsebene geben, der verhindert, dass solche Maßnahmen ergriffen werden, wenn sehr starke Anhaltspunkte dafür vorliegen, dass die betreffenden Voraussetzungen nicht gegeben sind. Während mit dieser Verordnung einheitliche Regeln für die Beaufsichtigung von Instituten auf Mikroebene festgelegt werden, verbleibt die Hauptverantwortung für die Finanzaufsicht auf Makroebene bei den Mitgliedstaaten, da sie über das entsprechende Fachwissen verfügen und bestimmte Verantwortlichkeiten in Bezug auf die Finanzstabilität haben. In diesem besonderen Fall, in dem die Entscheidung, nationale Maßnahmen der Makroaufsicht zu erlassen, bestimmte Bewertungen in Bezug auf Risiken beinhaltet, die letztendlich Auswirkungen auf die gesamtwirtschaftliche, die finanzpolitische und die Haushaltslage des betreffenden Mitgliedstaats haben können, ist es erforderlich, dass die Befugnis, die vorgeschlagenen nationalen Makroaufsichtsmaßnahmen abzulehnen, im Einklang mit Artikel 291 AEUV dem Rat übertragen wird, der auf Vorschlag der Kommission tätig wird.

(17) Hat die Kommission dem Rat einen Vorschlag zur Ablehnung nationaler Maßnahmen der Makroaufsicht vorgelegt, sollte der Rat diesen unverzüglich prüfen und entscheiden, ob die nationalen Maßnahmen abzulehnen sind oder nicht. Auf Antrag eines Mitgliedstaats oder der Kommission könnte im Einklang mit der Geschäftsordnung des Rates[1] abgestimmt werden. Im Einklang mit Artikel 296 AEUV sollte der Rat seinen Beschluss unter Bezugnahme auf die Wahrung der in dieser Verordnung festgelegten Voraussetzungen für sein Tätigwerden begründen. In Anbetracht der Bedeutung des Makroaufsichts- und des Systemrisikos für den Finanzmarkt des betroffenen Mitgliedstaats und damit der Notwendigkeit schnellen Handelns, ist es wichtig, als Frist für den Erlass eines solchen Beschlusses des Rates einen Monat festzusetzen. Gelangt der Rat nach eingehender Prüfung des Vorschlags der Kommission zur Ablehnung der vorgeschlagenen nationalen Maßnahme zu dem Schluss, dass die Voraussetzungen dieser Verordnung für eine Ablehnung nicht erfüllt sind, sollte er dies stets klar und unzweideutig begründen.

(18) Bis zur Harmonisierung der Liquiditätsanforderungen im Jahr 2015 und der Verschuldungsquote im Jahr 2018 sollten die Mitgliedstaaten solche Maßnahmen nach eigenem Ermessen ergreifen können; dies gilt auch für die Eindämmung eines Makroaufsichts- oder Systemrisikos in einem bestimmten Mitgliedstaat.

(19) Es sollte möglich sein, Systemrisikopuffer oder individuelle Maßnahmen, mit denen Mitgliedstaaten sie betreffende Systemrisiken angehen, für den gesamten Bankensektor oder für einen oder mehrere seiner Teilbereiche, d.h. für Institute mit ähnlichen Risikoprofilen in ihrer Geschäftstätigkeit, oder für Risikopositionen in einem oder mehreren einheimischen Wirtschaftszweigen oder geografischen Bereichen im gesamten Bankensektor zu ergreifen.

(20) Stellen benannte Behörden von zwei oder mehr Mitgliedstaaten dieselben Veränderungen in der Intensität des Makroaufsichts- oder des Systemrisikos fest und stellen diese Veränderungen eine Gefahr für die nationale Finanzstabilität in jedem dieser Mitgliedstaaten dar, die nach Ansicht der benannten Behörden besser mit Hilfe nationaler Maßnahmen bekämpft werden sollte, können die Mitgliedstaaten dem Rat, der Kommission, dem ESRB und der EBA eine entsprechende gemeinsame Mitteilung vorlegen. Die Mitgliedstaaten sollten dieser Mitteilung an den Rat, die Kommission, den ESRB und die EBA einschlägige Nachweise, einschließlich einer Begründung für die gemeinsame Mitteilung beifügen.

(21) Der Kommission sollte ferner die Befugnis übertragen werden, einen delegierten Rechtsakt zur vorübergehenden Erhöhung der vorzuhaltenden Eigenmittel oder mit strengeren Anforderungen an Großkredite und die Offenlegung zu erlassen. Solche Bestimmungen sollten für einen Zeitraum von einem Jahr gelten, es sei denn,

---

1 Beschluss 2009/937/EU des Rates vom 1. Dezember 2009 zur Annahme seiner Geschäftsordnung (ABl. L 325 vom 11.12.2009, S.35)

das Europäische Parlament oder der Rat haben innerhalb von drei Monaten Einwände gegen den delegierten Rechtsakt erhoben. Die Kommission sollte die Gründe für die Anwendung dieses Verfahrens angeben. Die Kommission sollte lediglich dann befugt sein, strengere Aufsichtsanforderungen für Risiken festzulegen, wenn diese sich aus Marktentwicklungen in der Union oder außerhalb der Union mit negativen Auswirkungen auf alle Mitgliedstaaten ergeben.

(22) Eine Überprüfung der Vorschriften für die Makrofinanzaufsicht ist dadurch gerechtfertigt, dass die Kommission so unter anderem bewerten kann, ob die Instrumente der Makrofinanzaufsicht dieser Verordnung oder der Richtlinie 2013/36/EU wirksam, effizient und transparent sind, ob neue Instrumente vorgeschlagen werden sollten, ob die Deckung und das Ausmaß etwaiger Überschneidungen der auf ähnliche Risiken ausgerichteten Instrumente der Makrofinanzaufsicht in dieser Verordnung oder der Richtlinie 2013/36/EU angemessen sind und wie international vereinbarte Standards für systemrelevante Institute mit den Bestimmungen dieser Verordnung oder der Richtlinie 2013/36/EU zusammenwirken.

(23) Wenn Mitgliedstaaten Leitlinien von allgemeiner Tragweite verabschieden, so dürfen diese Leitlinien – insbesondere in Bereichen, in denen Entwürfe technischer Standards der Kommission anstehen, – weder gegen das Unionsrecht verstoßen noch dessen Anwendung untergraben.

(24) Diese Verordnung steht dem nicht entgegen, dass Mitgliedstaaten an Unternehmen, die nicht unter den Anwendungsbereich der Verordnung fallen, gegebenenfalls gleichwertige Anforderungen stellen.

(25) Die allgemeinen Aufsichtsanforderungen dieser Verordnung werden durch individuelle Regelungen ergänzt, die die zuständigen Behörden infolge ihrer laufenden aufsichtlichen Überprüfung einzelner Institute beschließen. Das Spektrum derartiger Aufsichtsregelungen sollte unter anderem in der Richtlinie 2013/36/EU festgelegt werden, weil die zuständigen Behörden in der Lage sein sollten, selbst zu entscheiden, welche Regelungen anzuwenden sind.

(26) Diese Verordnung sollte dem nicht entgegenstehen, dass die zuständigen Behörden im Rahmen der aufsichtlichen Überprüfung und Bewertung gemäß der Richtlinie 2013/36/EU spezifische Anforderungen festlegen, die auf das Risikoprofil der betreffenden Kreditinstitute und Wertpapierfirmen zugeschnitten sind.

(27) Mit der Verordnung (EU) Nr. 1093/2010 wird eine Verbesserung der Qualität und Kohärenz der nationalen Beaufsichtigung und eine Stärkung der Beaufsichtigung grenzüberschreitend tätiger Gruppen angestrebt.

(28) Angesichts der Zunahme in der Zahl der Aufgaben, die der EBA mit dieser Verordnung und der Richtlinie 2013/36/EU übertragen werden, sollten das Europäische Parlament, der Rat und die Kommission sicherstellen, dass angemessene personelle und finanzielle Ressourcen umgehend bereitgestellt werden.

(29) Die EBA handelt laut der Verordnung (EU) Nr. 1093/2010 innerhalb des Anwendungsbereichs der Richtlinien 2006/48/EG und 2006/49/EG. Ferner ist die EBA im Hinblick auf die Tätigkeiten von Instituten verpflichtet, in Fragen tätig zu werden, die nicht direkt durch diese beiden Richtlinien abgedeckt sind, sofern solche Maßnahmen erforderlich sind, um eine wirksame und kohärente Anwendung jener Richtlinien zu gewährleisten. Diese Verordnung sollte der Rolle und Aufgabe der EBA Rechnung tragen und die Ausübung der in der Verordnung (EU) Nr. 1093/2010 beschriebenen Befugnisse der EBA erleichtern.

(30) Nach Ablauf des Beobachtungszeitraums und der vollständigen Einführung einer Liquiditätsdeckungsanforderung gemäß dieser Verordnung sollte die Kommission prüfen, ob es die Bildung und das Funktionieren zusammengefasster Liquiditätsuntergruppen in der Praxis und die Feststellung, ob die Kriterien für eine spezielle gruppeninterne Behandlung grenzüberschreitend tätiger Institute erfüllt sind, erleichtern würde, wenn der EBA die Befugnis übertragen würde, in Bezug auf gemeinsame Entscheidungen der zuständigen Behörden nach den Artikeln 20 und 21 dieser Verordnung von sich aus als verbindliche Vermittlerin aufzutreten. Daher sollte die

Kommission zu jenem Zeitpunkt im Rahmen eines ihrer regelmäßigen Berichte über die Tätigkeit der EBA nach Artikel 81 der Verordnung (EU) Nr. 1093/2010 besonders prüfen, ob der EBA eine derartige Befugnis übertragen werden sollte und das Ergebnis dieser Prüfung, gegebenenfalls zusammen mit entsprechenden Vorschlägen, in den Bericht aufnehmen.

(31) Laut dem De-Larosière-Bericht kann die Aufsicht auf Einzelunternehmensebene die Stabilität des Finanzsystems nur wirksam schützen, wenn sie den Entwicklungen auf gesamtwirtschaftlicher Ebene angemessen Rechnung trägt, während gesamtwirtschaftliche Aufsicht nur dann sinnvoll ist, wenn sie sich in irgendeiner Weise auf Unternehmensebene auswirkt. Eine enge Zusammenarbeit zwischen der EBA und dem ESRB ist entscheidend, damit die Funktionsweise des ESRB und die Reaktionen auf seine Warnungen und Empfehlungen ihre Wirksamkeit voll entfalten können. Insbesondere sollte die EBA in der Lage sein, dem ESRB alle wichtigen Informationen zu übermitteln, die die zuständigen Behörden gemäß den in dieser Verordnung festgelegten Anforderungen an Berichterstattung und Meldung erhoben haben.

(32) Vor dem Hintergrund der verheerenden Auswirkungen der letzten Finanzkrise bestehen die allgemeinen Ziele dieser Verordnung darin, wirtschaftlich nützliche Banktätigkeiten zu fördern, die dem allgemeinen Interesse dienen, und untragbare Finanzspekulationen, die keinen echten Mehrwert erzeugen, zurückzudrängen. Dazu bedarf es einer umfassenden Reform der Art und Weise, in der Ersparnisse in Richtung produktiver Anlagen geleitet werden. Um ein dauerhaft tragfähiges und vielfältiges Bankenumfeld in der Union zu erhalten, sollten die zuständigen Behörden ermächtigt werden, für systemrelevante Institute, die aufgrund ihrer Geschäftstätigkeit eine Gefahr für die Weltwirtschaft darstellen können, höhere Eigenmittelanforderungen vorzuschreiben.

(33) Um Sparern vergleichbare Sicherheiten zu bieten und gerechte Bedingungen für den Wettbewerb zwischen vergleichbaren Gruppen von Instituten zu gewährleisten, die Geld oder Wertpapiere ihrer Kunden halten, müssen an Institute gleichwertige finanzielle Anforderungen gestellt werden.

(34) Da Institute im Binnenmarkt in direktem Wettbewerb zueinander stehen, sollten die aufsichtsrechtlichen Vorschriften in der gesamten Union unter Berücksichtigung der unterschiedlichen Risikoprofile der Institute gleichwertig sein.

(35) Wenn es im Zuge der Aufsicht notwendig ist, den Umfang der konsolidierten Eigenmittel einer Gruppe von Instituten zu ermitteln, sollte die Berechnung gemäß dieser Verordnung erfolgen.

(36) Dieser Verordnung zufolge gelten die Eigenmittelanforderungen auf Einzelbasis und auf konsolidierter Basis, es sei denn, die zuständigen Behörden verzichten auf die Einzelaufsicht, wo sie dies für angemessen halten. Die Beaufsichtigung auf Einzelbasis, auf konsolidierter und auf grenzüberschreitender Basis stellen nützliche Instrumente zur Überwachung von Instituten dar.

(37) Um eine angemessene Solvenz von Instituten einer Gruppe zu gewährleisten, müssen die Eigenmittelanforderungen für die Institute dieser Gruppe unbedingt auf konsolidierter Basis gelten. Um sicherzustellen, dass die Eigenmittel innerhalb der Gruppe angemessen verteilt und bei Bedarf zum Schutz der Einlagen verfügbar sind, sollten die Eigenmittelanforderungen für jedes einzelne Institut einer Gruppe gelten, es sei denn, dieses Ziel kann auf anderem Wege wirksam erreicht werden.

(38) Die Minderheitsbeteiligungen aus zwischengeschalteten Finanzholdinggesellschaften, die den Vorschriften dieser Verordnung auf teilkonsolidierter Basis unterliegen, können (innerhalb der einschlägigen Grenzen) ebenfalls als Teil des harten Kernkapitals der Gruppe auf konsolidierter Basis anerkannt werden, da das harte Kernkapital einer zwischengeschalteten Finanzholdinggesellschaft, das Minderheitsbeteiligungen zuzuordnen ist, und der Teil desselben Kapitals, der dem Mutterunternehmen zuzuordnen ist, gleichrangig für die etwaigen Verluste ihrer Tochtergesellschaften einstehen.

(39) Die Bilanzierungstechnik, die für die Berechnung der Eigenmittel, ihrer Angemessenheit für das Risiko, dem ein Institut ausgesetzt ist, sowie für die Bewertung der Konzentration von Krediten im Einzelnen anzuwenden ist, sollte entweder den Bestimmungen der Richtlinie 86/635/EWG des Rates vom 8. Dezember 1986 über den Jahresabschluss und den konsolidierten Abschluss von Banken und anderen Finanzinstituten[1], die eine Reihe von Anpassungen der Bestimmungen der Siebenten Richtlinie 83/349/EWG des Rates vom 13. Juni 1983 über den konsolidierten Abschluss[2] enthält, oder der Verordnung (EG) Nr. 1606/2002 des Europäischen Parlaments und des Rates vom 19. Juli 2002 betreffend die Anwendung internationaler Rechnungslegungsstandards[3] Rechnung tragen, je nachdem, welche Bestimmungen nach nationalem Recht für die Rechnungslegung der Institute verbindlich sind.

(40) Um eine angemessene Solvenz sicherzustellen, sollte bei der Festlegung von Eigenmittelanforderungen auf eine risikogerechte Gewichtung der Aktiva und außerbilanziellen Posten geachtet werden.

(41) Am 26. Juni 2004 verabschiedete der Basler Ausschuss eine Rahmenvereinbarung über die internationale Konvergenz der Kapitalmessung und Eigenmittelanforderungen (›Basel-II-Rahmenregelung‹). Die in diese Verordnung übernommenen Bestimmungen der Richtlinien 2006/48/EG und 2006/49/EG sind den Bestimmungen der Basel-II-Rahmenregelung gleichwertig. Folglich ist diese Verordnung durch Aufnahme der ergänzenden Elemente der Basel-III-Regelung den Bestimmungen der Basel-II- und der Basel-III-Rahmenregelung gleichwertig.

(42) Da der Vielfalt der Institute in der Union unbedingt Rechnung zu tragen ist, sollten bei der Berechnung der Eigenmittelanforderungen für das Kreditrisiko verschiedene Ansätze mit unterschiedlich hohem Grad an Risikosensitivität und Differenziertheit vorgesehen werden. Durch die Verwendung externer Bonitätsbeurteilungen und der von den Instituten selbst vorgenommenen Schätzungen einzelner Kreditrisikoparameter gewinnen die Bestimmungen zum Kreditrisiko erheblich an Risikosensitivität und aufsichtsrechtlicher Solidität. Institute sollten zu einer Umstellung auf Ansätze mit höherer Risikosensitivität angehalten werden. Wenn Institute die zur Anwendung der in dieser Verordnung vorgesehenen Ansätze zur Ermittlung des Kreditrisikos benötigten Schätzungen vorlegen, sollten sie ihre Verfahren für Kreditrisikomessung und Kreditrisikomanagement verbessern, damit für die Festlegung der aufsichtsrechtlichen Eigenmittelanforderungen Methoden zur Verfügung stehen, die der Art, dem Umfang und der Komplexität der Verfahren der einzelnen Institute Rechnung tragen. In dieser Hinsicht sollte zur Datenverarbeitung im Zusammenhang mit der Vergabe und der Verwaltung von Krediten an Kunden auch die Entwicklung und Validierung von Systemen für das Kreditrisikomanagement und die Kreditrisikomessung gehören. Dies dient nicht nur den legitimen Interessen von Instituten, sondern auch dem Ziel dieser Verordnung, bessere Methoden für Risikomessung und -management anzuwenden und diese Methoden auch im Hinblick auf die vorgeschriebenen Eigenmittel zu nutzen. Ungeachtet dessen erfordern Ansätze mit höherer Risikosensitivität erhebliche Sachkenntnisse und Ressourcen sowie qualitativ hochwertige und ausreichende Daten. Institute sollten daher hohen Standards genügen, bevor sie diese Ansätze im Hinblick auf die vorgeschriebenen Eigenmittel nutzen. Angesichts der laufenden Arbeiten, die sicherstellen sollen, dass interne Modelle über angemessene Sicherheitsmechanismen verfügen, sollte die Kommission einen Bericht über die Möglichkeit, die Basel-I-Untergrenze auszudehnen, erstellen und diesem gegebenenfalls einen Gesetzgebungsvorschlag beifügen.

(43) Die Eigenmittelanforderungen sollten in einem angemessenen Verhältnis zu den jeweiligen Risiken stehen. Insbesondere sollten sie der Tatsache Rechnung tragen, dass eine große Anzahl relativ kleiner Kredite risikomindernd wirkt.

---

1 ABl. L 372 vom 31.12.1986, S. 1
2 ABl. L 193 vom 18.7.1983, S. 1
3 ABl. L 243 vom 11.9.1992, S. 1

(44) Kleine und mittlere Unternehmen (KMU) sind wegen ihrer grundlegenden Bedeutung für die Schaffung von wirtschaftlichem Wachstum und Arbeitsplätzen einer der Stützpfeiler der Wirtschaft der Union. Aufschwung und künftiges Wachstum der Wirtschaft der Union hängen in großem Maße von der Kapitalausstattung und Mittelvergabe an kleine und mittlere Unternehmen in der Union ab, damit sie die notwendigen Investitionen zur Übernahme neuer Technologien und Ausrüstungen tätigen und dadurch ihre Wettbewerbsfähigkeit verbessern können. Die beschränkte Zahl alternativer Finanzierungsquellen haben in der Union niedergelassene KMU noch anfälliger für die Auswirkungen der Bankenkrise gemacht. Es ist daher wichtig, die vorhandene Finanzierungslücke für KMU zu schließen und im derzeitigen Umfeld ein angemessenes Maß der Kreditvergabe durch Banken an KMU sicherzustellen. Die Eigenmittelunterlegung von Risikopositionen gegenüber KMU sollten durch Anwendung eines Unterstützungsfaktors von 0,7619 reduziert werden, damit Kreditinstitute ihre Darlehensvergabe an KMU erhöhen können. Im Hinblick auf dieses Ziel sollten Kreditinstitute die Lockerung der Eigenmittelanforderung infolge der Anwendung des Unterstützungsfaktors tatsächlich verwenden, um für einen angemessenen Kreditfluss an in der Union niedergelassene KMU zu sorgen. Die zuständigen Behörden sollten regelmäßig den Gesamtbetrag der Risikopositionen von Kreditinstituten gegenüber KMU und den Gesamtbetrag der Eigenmittelabzüge überwachen.

(45) Im Einklang mit dem Beschluss des Basler Ausschuss, den die GHOS am 10. Januar 2011 befürworteten, sollten alle Instrumente des zusätzlichen Kernkapitals und des Ergänzungskapitals eines Instituts, dessen Fortbestand nicht mehr gegeben ist, zur Gänze und dauerhaft abgeschrieben oder in hartes Kernkapital umgewandelt werden können. Die Rechtsvorschriften, die erforderlich sind, damit der zusätzliche Verlustauffangmechanismus für Eigenmittelinstrumente gilt, sollten als Teil der Anforderungen im Zusammenhang mit der Sanierung und Abwicklung von Kreditinstituten und Wertpapierfirmen in das Unionsrecht aufgenommen werden. Wurden bis zum 31. Dezember 2015 keine Rechtsvorschriften der Union erlassen, die vorschreiben, dass Kapitalinstrumente vollständig und dauerhaft abgeschrieben oder in Instrumente des harten Eigenkapitals umgewandelt werden können, wenn der Fortbestand eines Instituts nicht mehr gegeben ist, sollte die Kommission prüfen, ob eine solche Vorschrift in diese Verordnung aufgenommen werden sollte und darüber Bericht erstatten, wobei sie im Lichte jener Prüfung auch geeignete Gesetzgebungsvorschläge unterbreiten sollte.

(46) Die Bestimmungen dieser Verordnung wahren den Grundsatz der Verhältnismäßigkeit, da sie insbesondere im Hinblick auf Größe und Umfang der getätigten Geschäfte und des Tätigkeitsbereichs den Unterschieden zwischen Instituten Rechnung tragen. Die Wahrung des Grundsatzes der Verhältnismäßigkeit bedeutet auch, dass für Risikopositionen des Mengengeschäfts selbst im Rahmen des auf internen Beurteilungen basierenden Ansatzes (›IRB-Ansatz‹) möglichst einfache Verfahren zur Bonitätsbeurteilung anerkannt werden. Die Mitgliedstaaten sollten sicherstellen, dass die Anforderungen dieser Verordnung in angemessenem Verhältnis zu Art, Umfang und Komplexität der Risiken stehen, die mit dem Geschäftsmodell und der Tätigkeit eines Instituts einhergehen. Die Kommission sollte sicherstellen, dass delegierte Rechtsakte und Durchführungsrechtsakte, technische Regulierungsstandards und technische Durchführungsstandards dem Prinzip der Verhältnismäßigkeit genügen, um zu gewährleisten, dass diese Verordnung in angemesser Weise angewandt wird. Die EBA sollte daher sicherstellen, dass alle technischen Regulierungs- und Durchführungsstandards in einer Weise formuliert sind, die mit dem Grundsatz der Verhältnismäßigkeit vereinbar ist und diesen aufrechterhält.

(47) Die zuständigen Behörden sollten den Fällen angemessene Aufmerksamkeit schenken, in denen der Verdacht besteht, dass Angaben als Geschäftsgeheimnis oder als vertraulich eingestuft werden, um ihre Offenlegung zu vermeiden. Entscheidet sich ein Institut dafür, als Geschäftsgeheimnis oder als vertraulich eingestufte Angaben nicht offenzulegen, befreit es diese Einstufung nicht von der Haftung aufgrund der

Nichtveröffentlichung der betreffenden Angaben, wenn dieser Nichtveröffentlichung eine wesentliche Tragweite zugesprochen wird.

(48) Der ›evolutive‹ Charakter dieser Verordnung ermöglicht es Instituten, in Bezug auf das Kreditrisiko zwischen drei Ansätzen unterschiedlicher Komplexität zu wählen. Um insbesondere kleinen Instituten die Möglichkeit zu bieten, sich für den risikosensitiveren IRB-Ansatz zu entscheiden, sind die einschlägigen Bestimmungen so auszulegen, dass Risikopositionsklassen alle Risikopositionen einschließen, die ihnen in dieser Verordnung direkt oder indirekt zugeordnet werden. Die zuständigen Behörden sollten bei der Beaufsichtigung grundsätzlich nicht zwischen den drei Ansätzen unterscheiden, d. h., Institute, die den Standardansatz anwenden, sollten nicht allein aus diesem Grund einer strengeren Aufsicht unterliegen.

(49) Kreditrisikominderungstechniken sollten verstärkt anerkannt werden, wobei der rechtliche Rahmen insgesamt gewährleisten muss, dass die Solvenz nicht durch eine unzulässige Anerkennung beeinträchtigt wird. Die in den Mitgliedstaaten banküblichen Sicherheiten zur Minderung von Kreditrisiken sollten, wenn möglich, im Standardansatz, aber auch in den anderen Ansätzen, anerkannt werden.

(50) Um sicherzustellen, dass sich die Risiken und risikomindernden Effekte aus Verbriefungen und Investitionen von Instituten angemessen in deren Eigenmittelanforderungen niederschlagen, müssen Bestimmungen erlassen werden, die eine risikosensitive und aufsichtsrechtlich solide Behandlung dieser Transaktionen und Investitionen garantieren. Zu diesem Zweck wird eine klare und umfassende Bestimmung des Begriffs der Verbriefung benötigt, der alle Geschäfte und Strukturen erfasst, bei denen das mit einer Risikoposition oder einem Pool von Risikopositionen verbundene Kreditrisiko in Tranchen unterteilt wird. Eine Risikoposition, die für ein Geschäft oder eine Struktur eine direkte Zahlungsverpflichtung aus der Finanzierung oder dem Betrieb von Sachanlagen schafft, sollte nicht als Risikoposition in einer Verbriefung gelten, selbst wenn die Zahlungsverpflichtungen aufgrund des Geschäfts oder der Struktur unterschiedlichen Rang haben.

(51) Neben der Überwachung zur Sicherstellung der Finanzstabilität sind Mechanismen zur Verstärkung und Weiterentwicklung einer wirksamen Überwachung und Vermeidung möglicher Blasen vonnöten, um in Anbetracht der makroökonomischen Herausforderungen und Ziele, insbesondere hinsichtlich langfristiger Investitionen in die Realwirtschaft, eine optimale Kapitalallokation sicherzustellen.

(52) Institute tragen ein erhebliches operationelles Risiko, das durch Eigenmittel unterlegt werden muss. Da der Vielfalt der Institute in der Union unbedingt Rechnung zu tragen ist, sollten bei der Berechnung der Eigenmittelanforderungen für das operationelle Risiko verschiedene Ansätze mit unterschiedlich hohem Grad an Risikosensitivität und Differenziertheit vorgesehen werden. Den Instituten sollten angemessene Anreize zu einer Umstellung auf Ansätze mit höherer Risikosensitivität gegeben werden. Da die Techniken für Messung und Management des operationellen Risikos noch in Entwicklung befindlich sind, sollten diese Vorschriften regelmäßig überprüft und bei Bedarf aktualisiert werden, auch im Hinblick auf die Eigenmittelanforderungen für unterschiedliche Geschäftsfelder und die Anerkennung von Risikominderungstechniken. Besondere Aufmerksamkeit sollte in diesem Zusammenhang der Berücksichtigung von Versicherungen in den einfachen Ansätzen zur Berechnung der Eigenmittelanforderungen für das operationelle Risiko gelten.

(53) Die Überwachung und Kontrolle der Risikopositionen eines Instituts sollte fester Bestandteil der Beaufsichtigung sein. Eine zu starke Konzentration von Krediten auf einen einzigen Kunden oder eine Gruppe verbundener Kunden kann ein inakzeptables Verlustrisiko zur Folge haben. Eine derartige Situation kann der Solvenz eines Instituts als abträglich angesehen werden.

(54) Bei der Feststellung, ob eine Gruppe verbundener Kunden vorliegt und die Risikopositionen somit ein einziges Risiko darstellen, sind auch die Risiken zu berücksichtigen, die sich aus einer gemeinsamen Quelle signifikanter Finanzierungen des Instituts selbst, seiner Finanzgruppe oder der mit ihnen verbundenen Parteien ergeben.

(55) Auch wenn die Kalkulation des Risikopositionswerts auf die für die Bestimmung der Eigenmittelanforderungen vorgesehene Berechnung gestützt werden sollte, ist es doch sinnvoll, für die Überwachung von Großkrediten Vorschriften ohne Risikogewichte oder Risikograde festzulegen. Außerdem wurde bei der Entwicklung der Kreditrisikominderungstechniken für die Solvenzordnung von der Annahme eines weit diversifizierten Kreditrisikos ausgegangen. Bei Großkrediten mit dem Risiko einer Konzentration auf eine einzige Adresse ist das Kreditrisiko nicht weit diversifiziert. Die Auswirkungen solcher Techniken sollten daher aufsichtsrechtlichen Sicherheitsvorkehrungen unterliegen. Bei Großkrediten muss in diesem Zusammenhang eine wirksame Kreditbesicherung vorgesehen werden.

(56) Da ein Verlust aus einem Kredit an ein Institut ebenso schwer ausfallen kann wie bei jedem anderen Kredit, sollten diese Kredite wie alle anderen behandelt und gemeldet werden. Es wurde eine alternative quantitative Obergrenze eingeführt, um unverhältnismäßige Auswirkungen dieses Ansatzes auf kleinere Institute abzuschwächen. Darüber hinaus sind sehr kurzfristige Risikopositionen im Zusammenhang mit Diensten des Zahlungsverkehrs, einschließlich Zahlungs-, Clearing- und Abwicklungs- sowie Verwahrdiensten für den Kunden, ausgenommen, um ein reibungsloses Funktionieren der Finanzmärkte und der damit zusammenhängenden Infrastruktur zu erleichtern. Zu diesen Diensten zählen beispielsweise Liquiditätsausgleich und -abrechnung sowie ähnliche Tätigkeiten zur Erleichterung der Abrechnung. Die damit verbundenen Risikopositionen umfassen Positionen, die gegebenenfalls nicht vorhersehbar sind und daher nicht der vollen Kontrolle eines Kreditinstituts unterliegen, unter anderem Guthaben auf Interbankenkonten, die sich aus Kundenzahlungen, einschließlich kreditierter oder debitierter Gebühren und Zinsen, und anderen Zahlungen für Kundendienstleistungen ergeben, sowie geleistete oder gestellte Sicherheiten.

(57) Die Interessen von Unternehmen, die Kredite in handelbare Wertpapiere und andere Finanzinstrumente ›umverpacken‹ (Originatoren oder Sponsoren), und Unternehmen, die in diese Wertpapiere oder Instrumente investieren (Anleger), müssen in Einklang gebracht werden. Um dies zu gewährleisten, sollte der Originator oder Sponsor ein signifikantes Interesse an den zugrunde liegenden Aktiva behalten. Daher ist es wichtig, dass ein Teil des Risikos aus den betreffenden Krediten bei den Originatoren oder Sponsoren verbleibt. Generell sollten Verbriefungstransaktionen nicht so strukturiert sein, dass diese Pflicht zum Selbstbehalt – insbesondere durch Gebühren- und/oder Prämienstrukturen – umgangen wird. Die Selbstbehaltpflicht sollte in allen Situationen gelten, in denen es um die wirtschaftliche Substanz einer Verbriefung geht, ungeachtet der rechtlichen Strukturen oder Instrumente, die verwendet werden, um diese wirtschaftliche Substanz zu erhalten. Insbesondere wenn durch eine Verbriefung Kreditrisiken übertragen werden, sollten die Anleger ihre Entscheidungen erst nach gebührend sorgfältiger Abwägung treffen, weshalb sie hinreichend über die Verbriefungen informiert sein müssen.

(58) Diese Verordnung sieht ferner vor, dass die Vorschriften über die Haltepflicht nicht mehrfach zur Anwendung gebracht werden. Bei einer Verbriefungstransaktion genügt es, wenn nur der Originator, der Sponsor oder der ursprüngliche Kreditgeber unter die Pflicht zum Selbstbehalt fällt. Desgleichen sollte bei Verbriefungstransaktionen, denen andere Verbriefungen zugrunde liegen, die Selbstbehaltpflicht nur für die Verbriefung gelten, die Gegenstand der Investition ist. Angekaufte Forderungen sollten nicht unter die Selbstbehaltpflicht fallen, wenn sie aus einer Unternehmenstätigkeit stammen und zur Finanzierung einer solchen Tätigkeit mit einem Abschlag übertragen oder verkauft werden. Die zuständigen Behörden sollten im Falle nicht unerheblicher Verstöße gegen Grundsätze und Verfahren, die für die Analyse der zugrunde liegenden Risiken relevant sind, das Risikogewicht für die Nichterfüllung von Sorgfalts- und Risikomanagementpflichten bei Verbriefungen anwenden. Die Kommission sollte ebenfalls prüfen, ob der Grundsatz, nach dem die Vorschriften über die Selbstbehaltpflicht nicht mehrfach zur Anwendung gebracht werden, zur

Umgehung der Haltepflicht führen könnte und ob die Vorschriften für Verbriefungen von den zuständigen Behörden wirksam durchgesetzt werden.

(59) Um die Risiken, die sich aus verbrieften Krediten für Handelsbuch und Anlagebuch ergeben, korrekt bewerten zu können, sollte die gebotene Sorgfalt angewendet werden. Die Sorgfaltspflichten müssen zudem verhältnismäßig sein. Verfahren zur Wahrung der Sorgfaltspflicht sollten zu mehr Vertrauen zwischen Originatoren, Sponsoren und Anlegern führen. Deshalb wäre es wünschenswert, dass einschlägige Informationen zu diesen Verfahren ordnungsgemäß offen gelegt werden.

(60) Wenn ein Institut seinem Mutterunternehmen oder anderen Tochterunternehmen dieses Mutterunternehmens Kredite gewährt, ist besondere Vorsicht geboten. Eine solche Kreditgewährung seitens eines Instituts sollte völlig autonom, nach den Prinzipien einer soliden Geschäftsführung und ohne Berücksichtigung sonstiger Gesichtspunkt erfolgen. Dies ist insbesondere bei Großkrediten und in Fällen, die nicht nur mit der gruppeninternen Verwaltung oder üblichen gruppeninternen Geschäften im Zusammenhang stehen, von Bedeutung. Die zuständigen Behörden sollten solchen gruppeninternen Krediten besondere Aufmerksamkeit schenken. Von einer Anwendung dieser Normen kann jedoch abgesehen werden, wenn das Mutterunternehmen eine Finanzholdinggesellschaft oder ein Kreditinstitut ist oder die anderen Tochterunternehmen Kreditinstitute, Finanzinstitute oder Anbieter von Nebendienstleistungen sind und all diese Unternehmen in die Beaufsichtigung des Kreditinstituts auf konsolidierter Basis einbezogen werden.

(61) In Anbetracht der Risikosensitivität der Eigenmittelanforderungen sollte regelmäßig überprüft werden, ob diese signifikante Auswirkungen auf den Konjunkturzyklus haben. Die Kommission sollte dem Europäischen Parlament und dem Rat unter Berücksichtigung des Beitrags der Europäischen Zentralbank (EZB) darüber Bericht erstatten.

(62) Die Eigenmittelanforderungen an Warenhändler, einschließlich der Händler, die derzeit von den Anforderungen der Richtlinie 2004/39/EG des Europäischen Parlaments und des Rates vom 21. April 2004 über Märkte für Finanzinstrumente[1] ausgenommen sind, sollten überprüft werden.

(63) Die Liberalisierung der Gas- und Elektrizitätsmärkte ist sowohl in wirtschaftlicher als auch in politischer Hinsicht ein wichtiges Ziel der Union. Daher sollten die Eigenmittelanforderungen und sonstigen Aufsichtsvorschriften für Unternehmen, die in diesen Märkten tätig sind, verhältnismäßig sein und die Verwirklichung der Liberalisierung nicht ungebührlich behindern. Das Ziel der Liberalisierung sollte insbesondere auch bei Überarbeitungen dieser Verordnung berücksichtigt werden.

(64) Institute, die in Wiederverbriefungen investieren, sollten auch in Bezug auf die zugrunde liegenden Verbriefungen und die unverbrieften Basispositionen die gebotene Sorgfalt walten lassen. Institute sollten prüfen, ob Risikopositionen aus Programmen forderungsgedeckter Geldmarktpapiere Wiederverbriefungspositionen darstellen, einschließlich Risikopositionen aus Programmen, bei denen vorrangige Tranchen getrennter Darlehens-Portfolios erworben werden, bei denen keines der Darlehen eine Verbriefungs- oder Wiederverbriefungsposition darstellt und die Erstverlustbesicherung jeder Anlage vom Verkäufer des Kredits übernommen wird. Im zuletzt genannten Fall sollte eine poolspezifische Liquiditätsfazilität generell nicht als Wiederverbriefungsposition betrachtet werden, da sie eine Tranche eines einzelnen Pools von Vermögenswerten darstellt (nämlich des jeweiligen Darlehens-Portfolios), der keine Verbriefungspositionen beinhaltet. Im Gegensatz dazu würde es sich bei einer programmweiten Bonitätsverbesserung, die nur einen Teil der Verluste abdeckt, die oberhalb der vom Verkäufer abgesicherten Verluste für die verschiedenen Pools liegen, generell um eine Tranchierung des Verlustrisikos eines Pools unterschiedlicher Vermögenswerte, der mindestens eine Verbriefungsposition beinhaltet, handeln und

---

1 ABl. L 145 vom 30.4.2004, S. 1

somit eine Wiederverbriefungsposition darstellen. Finanziert sich ein solches Emissionsprogramm jedoch vollständig über eine einzige Kategorie von Geldmarktpapieren und ist entweder die programmweite Bonitätsverbesserung keine Wiederverbriefung oder wird das Geldmarktpapier von dem Sponsor-Institut vollständig unterstützt, so dass der die Geldmarktpapiere erwerbende Anleger effektiv das Ausfallrisiko des Sponsor-Kreditinstituts und nicht das des zugrunde liegenden Pools oder der zugrunde liegenden Vermögenswerte trägt, sollten derartige Geldmarktpapiere generell nicht als Wiederverbriefungsposition betrachtet werden.

(65) Die Bestimmungen zur vorsichtigen Bewertung des Handelsbuchs sollten für alle zum beizulegenden Zeitwert bewerteten Instrumente gelten, unabhängig davon, ob sie im Handels- oder im Anlagebuch von Instituten erfasst sind. Es sollte klargestellt werden, dass in Fällen, in denen die vorsichtige Bewertung einen niedrigeren als den tatsächlich angesetzten Buchwert zur Folge hätte, der absolute Wert der Differenz von den Eigenmitteln abgezogen werden sollte.

(66) Institute sollten wählen können, ob sie Verbriefungspositionen, denen nach dieser Verordnung ein Risikogewicht von 1250% zugewiesen wird, mit Eigenmitteln unterlegen oder vom harten Kernkapital abziehen, wobei es keine Rolle spielt, ob diese Positionen im Handels- oder im Anlagebuch erfasst sind.

(67) Originatoren oder Sponsoren sollten das Verbot der impliziten Kreditunterstützung nicht durch die Verwendung ihres Handelsbuches für solche Zwecke umgehen können.

(68) Unbeschadet der in dieser Verordnung ausdrücklich vorgeschriebenen Angaben sollten die Offenlegungspflichten zum Ziel haben, den Marktteilnehmern präzise und umfassende Angaben zum Risikoprofil einzelner Institute zur Verfügung zu stellen. Aus diesem Grund sollte Instituten die Offenlegung zusätzlicher, in dieser Verordnung nicht ausdrücklich genannter Angaben vorgeschrieben werden, wenn eine solche Offenlegung zur Erreichung dieses Ziels erforderlich ist. Gleichzeitig sollten die zuständigen Behörden den Fällen angemessene Aufmerksamkeit schenken, in denen der Verdacht besteht, dass ein Institut Angaben als Geschäftsgeheimnis oder als vertraulich einstuft, um ihre Offenlegung zu vermeiden.

(69) Werden bei einer externen Bonitätsbeurteilung für eine Verbriefungsposition die Auswirkungen einer Besicherung durch das investierende Institut selbst berücksichtigt, sollte das Institut nicht von dem aus dieser Besicherung resultierenden niedrigeren Risikogewicht profitieren können. Wenn es andere Wege gibt, das Risikogewicht dem tatsächlichen Risiko der Position entsprechend zu bestimmen, ohne dabei diese Besicherung zu berücksichtigen, sollte die Verbriefungsposition nicht von den Eigenmitteln abgezogen werden.

(70) Angesichts der schwachen Ergebnisse in jüngerer Zeit sollten die Standards für interne Modelle zur Berechnung der Eigenmittelanforderungen für das Marktrisiko angehoben werden. Insbesondere die Risikoerfassung sollte mit Blick auf die Kreditrisiken im Handelsbuch vervollständigt werden. Darüber hinaus sollten die Eigenmittelanforderungen eine Komponente für Stresssituationen enthalten, um die Anforderungen bei sich verschlechternden Marktbedingungen zu stärken und mögliche prozyklische Wirkungen zu verringern. Ebenso sollten Institute umgekehrte Stresstests durchführen, um zu prüfen, welche Szenarien eine Gefahr für den Fortbestand des Instituts darstellen könnten, es sei denn, sie können nachweisen, dass auf einen solchen Test verzichtet werden kann. Angesichts der jüngst festgestellten besonderen Schwierigkeiten bei der Verwendung interner Modelle für Verbriefungspositionen sollte die Anerkennung der Modelle von Institute zur Berechnung der Eigenmittelanforderung für ihre Verbriefungsrisiken im Handelsbuch begrenzt und für Verbriefungspositionen im Handelsbuch eine standardisierte Eigenmittelunterlegung vorgeschrieben werden.

(71) Mit dieser Verordnung werden begrenzte Ausnahmen für bestimmte Korrelationshandelsaktivitäten festgelegt, gemäß denen es Instituten von ihren Aufsichtsbehörden gestattet werden kann, eine Eigenmittelanforderung für das Gesamtrisiko zu

berechnen, wobei jedoch strenge Anforderungen zu erfüllen sind. In solchen Fällen sollte von den Instituten verlangt werden, für die Korrelationshandelsaktivitäten den Betrag der Eigenmittelanforderung gemäß dem internen Ansatz oder 8% der Eigenmittelanforderung für das spezifische Risiko nach dem Standard-Messverfahren, wenn dieser Betrag höher ist, zu verwenden. Von den Instituten sollte nicht verlangt werden, diese Positionen in den Ansatz für zusätzliche Risiken einzubeziehen, allerdings sollten sie in die Modelle für das Risikopotenzial (›Value-at-Risk‹) und die Modelle für das Risikopotenzial unter Stressbedingungen (›Stressed Value-at-risk‹) einbezogen werden.

(72) Angesichts der Art und des Umfangs der unerwarteten Verluste, die Institute in der Wirtschafts- und Finanzkrise erlitten haben, müssen die Qualität der von Instituten vorzuhaltenden Eigenmittel verbessert und die Harmonisierung in diesem Bereich weiter vorangebracht werden. Dies sollte auch die Einführung einer neuen Definition der Kernelemente der zum Auffangen unerwarteter Verluste verfügbaren Eigenmittel umfassen sowie Verbesserungen der Definition von Hybridkapital und die Vereinheitlichung der aufsichtlichen Anpassungen in Bezug auf die Eigenmittel. Ferner müssen die Untergrenzen für die Eigenmittelausstattung deutlich angehoben und neue Kapitalquoten festgelegt werden, wobei der Schwerpunkt auf den zum Auffangen entstehender Verluste verfügbaren Kernbestandteilen der Eigenmittel liegt. Es wird erwartet, dass Institute, deren Aktien zum Handel an einem geregelten Markt zugelassen sind, die für sie geltenden Eigenmittelanforderungen hinsichtlich der Kernbestandteile der Eigenmittel ausschließlich durch diese Aktien, die strengen Kriterien für die Kerninstrumente der Eigenmittel genügen müssen, und die offengelegten Rücklagen des Instituts decken. Um die Vielfalt der Rechtsformen, unter denen Institute in der Union betrieben werden, ausreichend zu berücksichtigen, sollten die strengen Kriterien für die Kernkapitalinstrumente gewährleisten, dass diese Instrumente für Institute, deren Aktien nicht zum Handel an einem geregelten Markt zugelassen sind, von höchster Qualität sind. Unbeschadet dessen sollten Institute für Aktien, an die ein geringeres oder kein Stimmrecht geknüpft ist, Dividenden in mehrfacher Höhe der Dividenden für Aktien mit relativ höherem Stimmrecht ausschütten dürfen, sofern die strengen Kriterien in Bezug auf Instrumente des harten Kernkapitals, einschließlich derjenigen hinsichtlich der Flexibilität bei Ausschüttungen unabhängig vom Umfang der Stimmrechte eingehalten werden und sofern im Ausschüttungsfall etwaige Dividenden für alle von dem Institut begebenen Aktien zu zahlen sind.

(73) Risikopositionen aus der Handelsfinanzierung unterscheiden sich zwar in ihrer Art, teilen jedoch bestimmte Eigenschaften wie einen geringen Positionswert und kurze Laufzeiten und haben eine feststellbare Rückzahlungsquelle. Sie stützen sich auf den Austausch von Waren und Dienstleistungen, mit dem die Realwirtschaft unterstützt wird, und helfen in den meisten Fällen kleineren Unternehmen bei ihrem Tagesgeschäft und fördern so Wachstum und Beschäftigung. Zuflüssen stehen in der Regel Abflüsse in gleicher Höhe gegenüber, wodurch das Liquiditätsrisiko begrenzt wird

(74) Es ist angebracht, dass die EBA ein laufend aktualisiertes Verzeichnis aller Arten von Kapitalinstrumenten in jedem Mitgliedstaat führt, die als Instrumente des harten Kernkapitals akzeptiert werden. Sie sollte nach dem Inkrafttreten dieser Verordnung begebene Instrumente, die keine Instrumente der staatlichen Beihilfe sind und die die Kriterien dieser Verordnung nicht erfüllen, aus diesem Verzeichnis löschen und diese Löschung bekanntmachen. Werden Instrumente, die die EBA aus dem Verzeichnis gelöscht hat, nach der Bekanntmachung der EBA weiter anerkannt, sollte die EBA uneingeschränkt Gebrauch von ihren Befugnissen machen, insbesondere denen, die ihr gemäß Artikel 17 der Verordnung (EU) Nr. 1093/2010 in Bezug auf Verstöße gegen Unionsrecht übertragen worden sind. Bekanntlich gibt es einen dreistufigen Mechanismus, der bei nicht ordnungsgemäßer oder unzureichender Befolgung des Unionsrechts eine dem jeweiligen Fall entsprechende Reaktion ermöglicht;

dabei ist die EBA in der ersten Stufe befugt, behauptete Fälle nicht ordnungsgemäßer oder unzureichender Einhaltung von Vorschriften des Unionsrechts in der Aufsichtspraxis einzelstaatlicher Behörden zu untersuchen und daraufhin eine Empfehlung auszusprechen. Kommt die zuständige nationale Behörde der Empfehlung nicht nach, ist die Kommission zweitens befugt, eine förmliche Stellungnahme abzugeben, in der sie die zuständige Behörde unter Berücksichtigung der Empfehlung der EBA auffordert, die die Befolgung des Unionsrechts durch entsprechende Maßnahmen zu gewährleisten. Um Ausnahmesituationen ein Ende zu setzen, in denen die zuständige Behörde anhaltend nicht reagiert, hat die EBA drittens als letztes Mittel die Befugnis, Beschlüsse zu erlassen, die an einzelne Finanzinstitute gerichtet sind. Ferner ist die Kommission bekanntlich nach Artikel 258 AEUV befugt, den Gerichtshof der Europäischen Union anzurufen, wenn sie der Auffassung ist, dass ein Mitgliedstaat gegen eine Verpflichtung aus den Verträgen verstoßen hat.

(75) Die zuständigen Behörden sollten unbeschadet dieser Verordnung weiterhin in der Lage sein, Voraberlaubnisverfahren in Bezug auf Verträge über Instrumente für zusätzliches Kernkapital und Ergänzungskapital durchzuführen. In diesen Fällen sollten solche Kapitalinstrumente nur dann dem zusätzlichen Kernkapital oder dem Ergänzungskapital des Instituts zugerechnet werden, wenn sie diese Verfahren erfolgreich durchlaufen haben.

(76) Um Marktdisziplin und Finanzstabilität zu stärken, müssen detailliertere Offenlegungspflichten hinsichtlich Form und Art der aufsichtsrechtlichen Eigenmittel sowie der aufsichtlichen Anpassungen eingeführt werden, die gewährleisten, dass An- und Einleger in ausreichendem Maße über die Solvenz der Kreditinstitute und Wertpapierfirmen informiert sind.

(77) Darüber hinaus müssen die zuständigen Behörden, zumindest in zusammengefasster Form, Kenntnis von der Höhe von Rückkaufsvereinbarungen, Wertpapierleihgeschäften und allen Formen der Belastung von Vermögenswerten haben. Diese Angaben sollten den zuständigen Behörden zu melden sein. Um die Marktdisziplin zu stärken, sollten ausführlichere Pflichten in Bezug auf die Offenlegung von Rückkaufsvereinbarungen und gesicherten Finanzierungen eingeführt werden.

(78) Bei der neuen Definition der Eigenmittel und der aufsichtsrechtlichen Eigenmittelanforderungen sollten die unterschiedlichen nationalen Ausgangspositionen und Gegebenheiten berücksichtigt werden, wobei sich die anfänglichen Abweichungen von den neuen Standards im Laufe des Übergangszeitraums verringern werden. Um hinsichtlich der Höhe der vorgehaltenen Eigenmittel eine angemessene Kontinuität sicherzustellen, genießen im Rahmen einer Rekapitalisierungsmaßnahme gemäß den Vorschriften für staatliche Beihilfen und vor dem Datum der Anwendung dieser Verordnung begebene Instrumente während des Übergangszeitraums Bestandsschutz. Der Rückgriff auf staatliche Beihilfen sollte in Zukunft so weit wie möglich zurückgefahren werden. Sofern staatliche Beihilfen jedoch in bestimmten Situationen notwendig sind, sollte diese Verordnung einen Rahmen für solche Fälle vorsehen. Sie sollte insbesondere präzisieren, wie im Kontext einer Rekapitalisierungsmaßnahme gemäß den Vorschriften für staatliche Beihilfen begebene Eigenmittelinstrumente behandelt werden sollten. Es sollten strikte Voraussetzungen zu erfüllen sein, wenn Institute eine solche Behandlung nutzen wollen. Darüber hinaus sollte diese Behandlung, insofern sie Abweichungen von den neuen Kriterien über die Güte von Eigenmittelinstrumenten zulässt, diese Abweichungen so weit wie möglich einschränken. Die Behandlung vorhandener im Kontext einer Rekapitalisierungsmaßnahme gemäß den Vorschriften für staatliche Beihilfen begebener Eigenmittelinstrumente sollte deutlich zwischen Instrumenten, die den Anforderungen dieser Verordnung genügen und denen, die das nicht tun, unterscheiden. Für letztere sollten daher in dieser Verordnung geeignete Übergangsmaßnahmen vorgesehen werden.

(79) Gemäß der Richtlinie 2006/48/EG mussten Kreditinstitute bis zum 31. Dezember 2011 Eigenmittel in einer vorgeschriebenen Mindesthöhe vorhalten. Da der Bankensektor die Auswirkungen der Finanzkrise noch nicht überwunden hat und die vom

Basler Ausschuss verabschiedeten Übergangsbestimmungen für die Eigenmittelanforderungen verlängert wurden, sollte für einen beschränkten Zeitraum erneut ein niedrigerer Grenzwert eingeführt werden, bis im Einklang mit den in dieser Verordnung festgelegten Übergangsbestimmungen, die ab dem Datum der Anwendung dieser Verordnung bis 2019 schrittweise eingeführt werden, Eigenmittel in ausreichender Höhe konstituiert wurden.

(80) Für Gruppen mit signifikanter Banken- oder Anlage- und Versicherungstätigkeit wurden in die Richtlinie 2002/87/EG des Europäischen Parlaments und des Rates vom 16. Dezember 2002 über die zusätzliche Beaufsichtigung von Kreditinstituten, Versicherungsunternehmen und Wertpapierfirmen in einem Finanzkonglomerat[1] eigene Vorschriften über die ›Doppelbelegung‹ von Eigenmitteln aufgenommen. Die Richtlinie 2002/87/EG stützt sich auf international anerkannte Prinzipien für den Umgang mit Risiken in unterschiedlichen Branchen. Diese Verordnung stärkt die Anwendung dieser Vorschriften für Finanzkonglomerate auf Banken- und Wertpapierfirmengruppen und gewährleistet eine konsequente und kohärente Anwendung. Weitere Änderungen, die sich gegebenenfalls als nötig erweisen, werden bei der 2015 erwarteten Überarbeitung der Richtlinie 2002/87/EG behandelt.

(81) In der Finanzkrise hat sich deutlich gezeigt, dass Institute das Gegenparteiausfallrisiko bei OTC-Derivaten erheblich unterschätzten. Deshalb wurde auf dem G20-Gipfel vom September 2009 für mehr OTC-Derivate ein Clearing über eine zentrale Gegenpartei (ZGP) gefordert. Zudem wurde verlangt, OTC-Derivate, für die ein zentrales Clearing nicht möglich ist, strengeren Eigenmittelanforderungen zu unterwerfen, um die höheren Risiken, die mit diesen Produkten verbunden sind, angemessen widerzuspiegeln.

(82) Im Anschluss an diese Forderung der G20 hat der Basler Ausschuss als Teil der Basel-III-Rahmenregelung die Regelung für das Gegenparteiausfallrisiko erheblich geändert. Die Basel-III-Rahmenregelung wird die Eigenmittelanforderungen für OTC-Derivate und Wertpapierfinanzierungsgeschäfte von Instituten voraussichtlich deutlich verschärfen und für diese starke Anreize schaffen, zentrale Gegenparteien in Anspruch zu nehmen. Die Basel-III-Rahmenregelung dürfte auch weitere Anreize bieten, das Risikomanagement von Risikopositionen gegenüber Gegenparteien zu verbessern, und die aktuelle Regelung für den Umgang mit dem Gegenparteiausfallrisiko hinsichtlich ZGP ändern.

(83) Institute sollten zusätzliche Eigenmittel vorhalten, um dem Risiko einer Anpassung der Kreditbewertung von OTC-Derivaten Rechnung zu tragen. Ferner sollten Institute bei der Berechnung der Eigenmittelanforderungen für Gegenparteiausfallrisiko-Positionen aus OTC-Derivaten und Wertpapierfinanzierungsgeschäften für bestimmte Finanzinstitute eine höhere Vermögenswert-Korrelation anwenden. Institute sollten auch verpflichtet sein, die Messung des Gegenparteiausfallrisikos und den Umgang damit deutlich zu verbessern und zu diesem Zweck Korrelationsrisiken, Gegenparteien mit hohem Fremdfinanzierungsgrad und Sicherheiten genauer prüfen und Rückvergleiche und Stresstests entsprechend verbessern.

(84) Auf Handelsrisikopositionen gegenüber ZGP wird üblicherweise der multilaterale Aufrechnungs- und Verlustübernahmemechanismus der ZGP angewandt. Diese Positionen haben deshalb ein sehr niedriges Gegenparteiausfallrisiko und sollten nur sehr niedrigen Eigenmittelanforderungen unterliegen. Die Anforderung sollte jedoch im positiven Bereich liegen, um sicherzustellen, dass Institute ihre Risikopositionen gegenüber ZGP im Rahmen eines guten Risikomanagements aufzeichnen und überwachen, und um zu zeigen, dass selbst Handelsrisikopositionen gegenüber ZGP nicht risikofrei sind.

(85) Ausfallfonds der ZGP sind Mechanismen, die eine Aufteilung (Umlage) von Verlusten zwischen den Clearingmitgliedern der ZGP ermöglichen. Sie werden genutzt,

---

1 ABl. L 35 vom 11.2.2003, S. 1

wenn die nach Ausfall eines Clearingmitglieds eintretenden Verluste der ZGP höher sind als die Einschüsse und die Beiträge des betreffenden Clearingmitglieds zum Ausfallfonds sowie jeglicher sonstige Schutzmechanismus, den die ZGP vor einem Zugriff auf die Beiträge der anderen Clearingmitglieder zum Ausfallfonds nutzen kann. Vor diesem Hintergrund ist das Verlustrisiko aufgrund von Risikopositionen aus Beiträgen zu Ausfallfonds höher als das Risiko aus Handelsrisikopositionen. Deshalb sollten für diese Art von Risikopositionen höhere Eigenmittelanforderungen gelten.

(86) Die ›hypothetische Kapitalanforderung‹ einer ZGP sollte eine Variable sein, die bei der Berechnung der Eigenmittelunterlegung der Risikopositionen eines Clearingmitglieds aus seinen Beiträgen zum Ausfallfonds einer ZGP berücksichtigt wird. Es sollte keine andere Bedeutung haben. Es sollte insbesondere nicht als das Kapital verstanden werden, das eine ZGP auf Verlangen ihrer zuständigen Behörde vorhalten muss.

(87) Die Überprüfung der Behandlung des Gegenparteiausfallrisikos und insbesondere die Festlegung höherer Eigenmittelanforderungen für bilaterale Derivatkontrakte, deren höheres Risiko für das Finanzsystem besser reflektiert werden soll, ist fester Bestandteil der Anstrengungen der Kommission zur Schaffung effizienter, sicherer und solider Derivatemärkte. Somit ergänzt diese Verordnung die Verordnung (EU) Nr. 648/2012 des Europäischen Parlaments und des Rates vom 4. Juli 2012 über OTC-Derivate, zentrale Gegenparteien und Transaktionsregister[1].

(88) Die Kommission sollte die einschlägigen Ausnahmen für Großkredite bis 31. Dezember 2015 überprüfen. Bis die Ergebnisse dieser Überprüfung vorliegen, sollten die Mitgliedstaaten während einer ausreichend langen Übergangszeit weiterhin die Möglichkeit haben, für bestimmte Großkredite eine Ausnahme von diesen Vorschriften zu gewähren. Aufbauend auf den Arbeiten im Rahmen der Ausarbeitung und Aushandlung der Richtlinie 2009/111/EG des Europäischen Parlaments und des Rates vom 16. September 2009 zur Änderung der Richtlinien 2006/48/EG, 2006/49/EG und 2007/64/EG hinsichtlich Zentralorganisationen zugeordneter Banken, bestimmter Eigenmittelbestandteile, Großkredite, Aufsichtsregelungen und Krisenmanagement[2] und unter Berücksichtigung der Entwicklungen in diesen Fragen auf internationaler und auf Unionsebene sollte die Kommission prüfen, ob diese Ausnahmen weiterhin individuell oder auf allgemeinere Weise angewandt werden sollten, und darüber, ob die mit diesen Krediten verbundenen Risiken durch andere, in dieser Verordnung festgelegte wirksame Maßnahmen erfasst werden.

(89) Um sicherzustellen, dass von den zuständigen Behörden gewährte Ausnahmen für Kredite die Kohärenz der mit dieser Verordnung festgelegten einheitlichen Vorschriften nicht dauerhaft gefährden, sollten die zuständigen Behörden nach einer Übergangszeit – und falls die Überprüfung keine Ergebnisse bringt – die EBA dazu konsultieren, ob es nach wie vor zweckmäßig ist, die Möglichkeit, Ausnahmen für bestimmte Kredite zu gewähren, zu nutzen.

(90) Die Jahre vor Ausbruch der Finanzkrise waren durch ein exzessives Wachstum der Risikopositionen von Instituten im Verhältnis zu ihren Eigenmitteln (Verschuldung) gekennzeichnet. Während der Finanzkrise sahen sich Institute aufgrund von Verlusten und Refinanzierungsengpässen gezwungen, diese Verschuldung innerhalb eines sehr kurzen Zeitraums deutlich zu verringern. Dies verstärkte den Abwärtsdruck auf Vermögenspreise und führte zu weiteren Verlusten für Kreditinstitute und Wertpapierfirmen, so dass sich deren Eigenmittel weiter verringerten. Infolge dieser Negativspirale kam es zu einer Kreditknappheit in der Realwirtschaft und es entstand eine tiefere und länger andauernde Krise.

(91) Risikobasierte Eigenmittelanforderungen sind von wesentlicher Bedeutung, um sicherzustellen, dass genügend Eigenmittel zur Deckung unerwarteter Verluste zur Verfügung stehen. Die Krise hat jedoch gezeigt, dass diese Anforderungen alleine nicht

---

1 ABl. L 201 vom 27.7.2012, S. 1
2 ABl. L 302 vom 17.11.2009, S. 97

ausreichen, um Institute davon abzuhalten, exzessive, auf Dauer nicht tragbare Verschuldungsrisiken einzugehen.

(92) Im September 2009 wurde auf dem G20-Gipfel beschlossen, international anerkannte Regeln zu erarbeiten, die einer exzessiven Verschuldung entgegenwirken. Zu diesem Zweck wurde die Einführung einer Verschuldungsquote als ergänzende Maßnahme zur Basel-II-Rahmenregelung befürwortet.

(93) Im Dezember 2010 veröffentlichte der Basler Ausschuss Leitlinien, in denen eine Methodik für die Berechnung der Verschuldungsquote beschrieben ist. In den einschlägigen Bestimmungen ist ein Beobachtungszeitraum vorgesehen, der vom 1. Januar 2013 bis zum 1. Januar 2017 läuft und dazu dient, die Verschuldungsquote, ihre Komponenten und die Wechselwirkungen mit der risikobasierten Eigenmittelunterlegung zu überwachen. Je nach den Ergebnissen dieses Beobachtungszeitraums plant der Basler Ausschuss, in der ersten Jahreshälfte 2017 etwaige letzte Anpassungen der Definition und Kalibrierung der Verschuldungsquote vorzunehmen, um am 1. Januar 2018 zu einer verpflichtenden Anforderung überzugehen, die auf einer angemessenen Definition und Kalibrierung basiert. In den Leitlinien des Basler Ausschusses ist auch die Offenlegung der Verschuldungsquote und ihrer Komponenten ab dem 1. Januar 2015 vorgesehen.

(94) Die Verschuldungsquote ist ein neues Regelungs- und Aufsichtsinstrument der Union. Es sollte im Einklang mit internationalen Vereinbarungen zunächst als ergänzendes Werkzeug eingeführt werden, das nach Ermessen der Aufsichtsbehörden auf einzelne Institute angewandt werden kann. Die Meldepflichten der Institute würden eine angemessene Überprüfung und Kalibrierung und einen Übergang zu einer verbindlichen Maßnahme im Jahr 2018 ermöglichen.

(95) Bei der Prüfung der Auswirkungen der Verschuldungsquote auf verschiedene Geschäftsmodelle sollte Geschäftsmodellen mit anscheinend niedrigem Risiko, z.B. Hypothekendarlehen und Spezialfinanzierungen für regionale oder lokale Gebietskörperschaften oder öffentliche Stellen besondere Aufmerksamkeit geschenkt werden. Ausgehend von den übermittelten Daten und den Ergebnissen der aufsichtlichen Überprüfung während eines Beobachtungszeitraums sollte die EBA in Zusammenarbeit mit den zuständigen Behörden eine Klassifikation der Geschäftsmodelle und Risiken ausarbeiten. Gestützt auf geeignete Analysen und unter Berücksichtigung von historischen Daten und Stressszenarien sollte bewertet werden, welche Stufen der Verschuldungsquote geeignet sind, um die Widerstandsfähigkeit der verschiedenen Geschäftsmodelle zu sichern und ob die Stufen als Schwellenwerte oder als Bandbreiten festgelegt werden sollten. Nach dem Beobachtungszeitraum und der Kalibrierung der jeweiligen Stufen der Verschuldungsquote kann die EBA ausgehend von der Bewertung eine geeignete statistische Überprüfung, einschließlich Mittelwerten und Standardabweichungen, der Verschuldungsquote veröffentlichen. Nach ihrer Annahme sollte die EBA eine geeignete statistische Überprüfung, einschließlich Mittelwerten und Standardabweichungen, der Verschuldungsquote in Bezug auf die festgelegten Kategorien von Instituten veröffentlichen.

(96) Institute sollten im Rahmen des Verfahrens zur Beurteilung der Angemessenheit ihres internen Kapitals (ICAAP) Höhe und Veränderungen der Verschuldungsquote und des Verschuldungsrisikos überwachen. Diese Überwachung sollte in die aufsichtliche Überprüfung eingegliedert werden. Insbesondere sollten die zuständigen Behörden nach dem Inkrafttreten der Anforderungen an die Verschuldungsquote die Entwicklungen der Geschäftsmodelle und der zugehörigen Risikoprofile beobachten, damit die Klassifikation der Institute stets aktuell und korrekt ist.

(97) Strukturen der verantwortlichen Unternehmensführung, Transparenz und Offenlegung sind für eine solide Vergütungspolitik von wesentlicher Bedeutung. Um dem Markt gegenüber eine angemessene Transparenz ihrer Vergütungsstrukturen und den damit verbundenen Risiken zu gewährleisten, sollten Institute ihre Vergütungspolitik und -praxis sowie die aus Vertraulichkeitsgründen aggregierten Vergütungssummen für alle Beschäftigten, deren berufliche Tätigkeiten sich wesentlich auf das

Risikoprofil des Instituts auswirken, detailliert offenlegen. Diese Information sollte der Öffentlichkeit zugänglich gemacht werden. Diese besonderen Anforderungen sollten branchenübergreifend geltende allgemeinere Offenlegungspflichten hinsichtlich der Vergütungspolitik nicht berühren. Darüber hinaus sollten Mitgliedstaaten Institute vorschreiben dürfen, ausführlichere Angaben zu Vergütungen zur Verfügung zu stellen.

(98) Die Anerkennung einer Ratingagentur als externe Ratingagentur (ECAI) darf nicht dazu führen, dass sich ein Markt, der bereits von drei großen Unternehmen beherrscht wird, noch weiter abschottet. Ohne das Verfahren einfacher oder weniger anspruchsvoll zu machen, sollten die EBA und die Zentralbanken des ESZB dafür sorgen, dass mehr Ratingagenturen als ECAI anerkannt werden, um den Markt für andere Unternehmen zu öffnen.

(99) Bei der Verarbeitung personenbezogener Daten für die Zwecke dieser Verordnung sollten die Richtlinie 95/46/EG des Europäischen Parlaments und des Rates vom 24. Oktober 1995 zum Schutz natürlicher Personen bei der Verarbeitung personenbezogener Daten und zum freien Datenverkehr[1] und die Verordnung (EG) Nr. 45/2001 des Europäischen Parlaments und des Rates vom 18. Dezember 2000 zum Schutz natürlicher Personen bei der Verarbeitung personenbezogener Daten durch die Organe und Einrichtungen der Gemeinschaft und zum freien Datenverkehr[2] uneingeschränkt angewandt werden.

(100) Institute sollten einen diversifizierten Puffer liquider Aktiva halten, um bei kurzfristig angespannter Liquiditätslage den Liquiditätsbedarf decken zu können. Da es nicht möglich ist, im Vorhinein mit Sicherheit zu wissen, welche Vermögenswerte innerhalb jeder Anlageklasse im Nachhinein Schocks ausgesetzt sein werden, ist es angebracht, die Schaffung eines diversifizierten und hochwertigen, aus verschiedenen Kategorien Vermögenswerten bestehenden Liquiditätspuffer zu fördern. Eine Konzentration von Vermögenswerten und ein übermäßiger Rückgriff auf Marktliquidität schaffen Systemrisiken für den Finanzsektor und sollten vermieden werden. Während eines ersten Beobachtungszeitraums, der zur Ausarbeitung einer Definition einer Liquiditätsdeckungsanforderung dienen wird, sollte daher eine große Bandbreite hochwertiger Vermögenswerte in Betracht gezogen werden. Bei der Ausarbeitung einer einheitlichen Definition von liquiden Aktiva sollte davon ausgegangen werden, dass zumindest Staatsanleihen und gedeckte Schuldverschreibungen, die mit einem laufenden Umsatz an transparenten Märkten gehandelt werden, als Aktiva mit äußerst hoher Liquidität und Kreditwürdigkeit gelten. Es wäre ferner angebracht, dass Vermögenswerte im Sinne des Artikels 416 Absatz 1 Buchstaben a bis c ohne Einschränkung in den Puffer einbezogen werden. Wenn Institute auf diesen Liquiditätsbestand zurückgreifen, sollten sie einen Plan zur Wiederauffüllung ihrer Bestände an liquiden Aktiva erstellen, dessen Angemessenheit und Umsetzung durch die zuständigen Behörden sicherzustellen ist.

(101) Der Bestand an liquiden Aktiva sollte jederzeit verfügbar sein, um auf Liquiditätsabflüsse reagieren zu können. Die Höhe des Liquiditätsbedarfs bei kurzfristig angespannter Liquiditätslage sollte nach einem Standardkonzept ermittelt werden, um einheitliche Solidität und gleiche Wettbewerbsbedingungen sicherzustellen. Dabei ist zu gewährleisten, dass eine solche standardisierte Ermittlung keine unerwünschten Auswirkungen auf Finanzmärkte, Kreditvergabe und Wirtschaftswachstum hat, wobei auch die unterschiedlichen Geschäfts- und Anlagemodelle und Refinanzierungsbedingungen von Instituten in der Union zu berücksichtigen sind. Deshalb sollte für die Liquiditätsdeckungsanforderung ein Beobachtungszeitraum angesetzt werden. Der Kommission sollte die Befugnis übertragen werden, auf der Grundlage dieser Beobachtungen und gestützt auf Berichte der EBA, einen delegierten Rechtsakt zur zeitnahen Einführung einer detaillierten und harmonisier-

---

1 ABl. L 281 vom 23.11.1995, S. 31
2 ABl. L 8 vom 12.1.2001, S. 1

ten Liquiditätsdeckungsanforderung für die Union zu erlassen. Um eine globale Harmonisierung im Bereich der Liquiditätsvorschriften zu gewährleisten, sollte jeder delegierte Rechtsakt zur Einführung der Liquiditätsdeckungsanforderung unter Berücksichtigung unionsspezifischer und nationaler Besonderheiten der Liquiditätsdeckungsquote vergleichbar sein, die die endgültige internationale Vereinbarung über Messung, Standards und Überwachung in Bezug auf das Liquiditätsrisiko des Basler Ausschusses vorsieht.

(102) Zu diesem Zweck sollte die EBA im Beobachtungszeitraum unter anderem prüfen und bewerten, ob ein Schwellenwert von 60 % für liquide Aktiva der Stufe 1, eine Begrenzung der Zuflüsse auf 75 % der Abflüsse und die schrittweise Einführung der Liquiditätsdeckungsanforderung von 60 % ab dem 1. Januar 2015 und stufenweise auf 100 % ansteigend angemessen sind. Bei der Bewertung und Berichterstattung über die einheitlichen Begriffsbestimmungen des Bestands an liquiden Aktiva sollte die EBA von der Definition der erstklassigen liquiden Aktiva des Basler Ausschusses ausgehen und dabei unionsspezifische und nationale Besonderheiten berücksichtigen. Die EBA sollte zum einen die Währungen ermitteln, bei denen der Bedarf von in der Union niedergelassenen Instituten an liquiden Aktiva deren Verfügbarkeit in der betreffenden Währung übersteigt, und zum anderen jährlich prüfen, ob Ausnahmen, einschließlich derjenigen dieser Verordnung gewährt werden sollten. Des Weiteren sollte sie jährlich bewerten, ob die Inanspruchnahme solcher Ausnahmen sowie der nach dieser Verordnung bereits gewährten Ausnahmen durch in der Union niedergelassene Institute an zusätzliche Bedingungen geknüpft werden sollte oder die bestehenden Bedingungen überprüft werden sollten. Sie sollte die Ergebnisse ihrer Analyse der Kommission in einem Jahresbericht vorlegen.

(103) Um die Effizienz zu erhöhen und Verwaltungslasten zu senken, sollte die EBA einen kohärenten Melderahmen auf der Grundlage eines harmonisierten Satzes von Standards für Liquiditätsanforderungen einrichten, der in der gesamten Union angewandt werden sollte. Zu diesem Zweck sollte sie einheitliche Meldeformate und IT-Lösungen ausarbeiten, die den Bestimmungen dieser Verordnung und der Richtlinie 2013/36/EU Rechnung tragen. Bis zum Datum der Anwendung der vollständigen Liquiditätsanforderungen sollten Institute weiterhin ihre nationalen Meldepflichten erfüllen.

(104) Die EBA sollte in Zusammenarbeit mit dem ESRB Orientierungen zu den Grundsätzen für die Verwendung des liquiden Bestands in Stresssituationen herausgeben.

(105) Es sollte nicht mit Sicherheit davon ausgegangen werden, dass Institute, die Schwierigkeiten haben, ihren Zahlungsverpflichtungen nachzukommen, Liquiditätsstützen von anderen Instituten derselben Gruppe erhalten. Die zuständigen Behörden sollten jedoch unter strengen Voraussetzungen und sofern jede der daran beteiligten zuständigen Behörden dem zustimmt, die Möglichkeit haben, von der Anwendung der Liquiditätsanforderung auf einzelne Institute abzusehen und für diese Institute konsolidierte Anforderungen festzulegen, damit sie die Möglichkeit haben, ihre Liquidität zentral, auf Gruppen- oder Untergruppenebene, zu steuern.

(106) Ebenso sollten, wenn keine Ausnahme gewährt wird und sobald die Liquiditätsanforderung verbindlich ist, für die Liquiditätsflüsse zwischen zwei Instituten derselben Gruppe, die einer Beaufsichtigung auf konsolidierter Basis unterliegen, günstigere Prozentsätze für Zu- und Abflüsse nur dann gelten, wenn sämtliche erforderlichen Schutzbestimmungen gegeben sind. Eine solche spezifische günstigere Behandlung sollte genau definiert und an die Erfüllung einer Reihe strenger und objektiver Bedingungen geknüpft werden. Die für einen bestimmten gruppeninternen Liquiditätsfluss geltende spezifische Behandlung sollte sich aus einer Methodik ergeben, bei der die spezifische Höhe der Zu- bzw. Abflüsse zwischen dem Institut und der Gegenpartei anhand objektiver Kriterien und Parameter bestimmt wird. Auf der Grundlage von Beobachtungen und gestützt auf den Bericht der EBA sollte der Kommission gegebenenfalls und im Rahmen des aufgrund dieser Verordnung erlas-

senen delegierten Rechtsakts zur Präzisierung der Liquiditätsdeckungsanforderung die Befugnis übertragen werden, delegierte Rechtsakte zur Festlegung dieser spezifischen gruppeninternen Behandlungen, der Methodik und der objektiven Kriterien, an die sie geknüpft sind, sowie der Modalitäten für gemeinsame Entscheidungen zur Bewertung dieser Kriterien zu erlassen.

(107) Von der irischen National Asset Management Agency (NAMA) begebene Anleihen sind für die Sanierung der irischen Banken von großer Bedeutung; ihre Ausgabe wurde zuvor von den Mitgliedstaaten gebilligt und von der Kommission als Beihilfe genehmigt, mit der die Auslagerung wertgeminderter Aktiva aus der Bilanz bestimmter Kreditinstitute unterstützt werden soll. Die Emission derartiger Anleihen, eine vorübergehende, von der Kommission und der EZB gestützte Maßnahme, ist Bestandteil der Umstrukturierung des irischen Bankensektors. Die Anleihen sind von der irischen Regierung garantiert und werden von den Währungsbehörden als anerkennungsfähige Sicherheit akzeptiert. Die Kommission sollte die Frage besonderer Mechanismen für den Bestandsschutz übertragbarer Vermögenswerte, die von Körperschaften mit einer Genehmigung der Union für staatliche Beihilfen begeben oder garantiert werden, im Rahmen des aufgrund dieser Verordnung erlassenen delegierten Rechtsakts zur Präzisierung der Liquiditätsdeckungsanforderung prüfen. Dabei sollte sie berücksichtigen, dass es Instituten gestattet sein sollte, bei der Berechnung der Liquiditätsdeckungsanforderungen gemäß dieser Verordnung vorrangige Anleihen der NAMA bis Dezember 2019 als Aktiva mit äußerst hoher Liquidität und Kreditqualität einzubeziehen.

(108) Ebenso sind die von der spanischen Vermögensverwaltungsgesellschaft begebenen Anleihen von besonderer Bedeutung für die Sanierung des spanischen Bankensektors und stellen eine von der Kommission und der EZB unterstützte vorübergehende Maßnahme dar, die Bestandteil der Umstrukturierung des spanischen Bankensystems ist. Da ihre Ausgabe in der von der Kommission und der spanischen Regierung am 23. Juli 2012 unterzeichneten Gemeinsamen Absichtserklärung (Memorandum of Understanding on Financial Sector Policy Conditionality) vorgesehen ist und die Übertragung der Vermögenswerte durch die Kommission als Maßnahme der staatlichen Beihilfe zur Auslagerung wertgeminderter Aktiva aus der Bilanz bestimmter Kreditinstitute genehmigt werden muss, und insofern als sie von der spanischen Regierung garantiert und von den Währungsbehörden als anerkennungsfähige Sicherheit akzeptiert werden, sollte die Kommission die Frage besonderer Mechanismen für den Bestandsschutz übertragbarer Vermögenswerte, die von Körperschaften mit einer Genehmigung der Union für staatliche Beihilfen begeben oder garantiert werden, prüfen. Dabei sollte sie berücksichtigen, dass es Instituten gestattet sein sollte, bei der Berechnung der Liquiditätsdeckungsanforderungen gemäß dieser Verordnung vorrangige Anleihen der spanischen Vermögensverwaltungsgesellschaft mindestens bis Dezember 2023 als Aktiva mit äußerst hoher Liquidität und Kreditqualität einzubeziehen.

(109) Ausgehend von den von der EBA vorzulegenden Berichten sollte die Kommission bei der Ausarbeitung ihres Vorschlags für einen delegierten Rechtsakt über die Liquiditätsanforderungen auch prüfen, ob vorrangige Anleihen, die von Körperschaften begeben werden, die der irischen NAMA und der spanischen Vermögensverwaltungsgesellschaft vergleichbar sind, zu demselben Zweck gegründet wurden und von besonderer Bedeutung für die Sanierung von Banken in einem anderen Mitgliedstaat sind, ebenso behandelt werden sollten, insofern sie von der Zentralregierung des betreffenden Mitgliedstaats garantiert und von den Währungsbehörden als anerkennungsfähige Sicherheit akzeptiert werden.

(110) Bei der Ausarbeitung der Entwürfe technischer Regulierungsstandards zur Festlegung von Methoden zur Messung des zusätzlichen Liquiditätsabflusses sollte die EBA einen standardisierten Ansatz des historischen Rückblicks als Methode für diese in Betracht ziehen.

(111) Bis zur Einführung der strukturellen Liquiditätsquote (NSFR) als verbindlichem Mindeststandard sollten Institute die allgemeine Pflicht in Bezug auf die

Refinanzierung einhalten. Diese allgemeine Pflicht sollte nicht in einer vorgeschriebenen Quote bestehen. Wird im Wege einer einzelstaatlichen Vorschrift eine stabile Refinanzierungsquote eingeführt, solange die NSFR noch nicht eingeführt wurde, sollten Institute diesen Mindeststandard entsprechend einhalten.

(112) Über die Regelung des kurzfristigen Liquiditätsbedarfs hinaus sollten Institute auch Refinanzierungsstrukturen schaffen, die auf längere Sicht Stabilität bieten. Im Dezember 2010 beschloss der Basler Ausschuss, die NSFR bis zum 1. Januar 2018 zu einem Mindeststandard zu machen und strikte Meldeverfahren zur Überwachung dieser Quote während eines Übergangszeitraums zu schaffen; die Auswirkungen dieser Standards auf Finanzmärkte, Kreditvergabe und Wirtschaftswachstum werden weiterhin beobachtet und unerwünschte Folgen erforderlichenfalls angegangen. Deshalb beschloss der Basler Ausschuss einen Beobachtungszeitraum und eine Revisionsklausel für die NSFR. Die EBA sollte in diesem Zusammenhang anhand der vorgeschriebenen Meldungen nach dieser Verordnung beurteilen, wie eine Anforderung an die stabile Refinanzierung gestaltet werden sollte. Die Kommission sollte auf der Grundlage dieser Untersuchung dem Europäischen Parlament und dem Rat Bericht erstatten und gegebenenfalls geeignete Vorschläge zur Einführung einer solchen Anforderung bis zum Jahr 2018 unterbreiten.

(113) Defizite in der Unternehmensführung bei einer Reihe von Instituten haben zu einer übermäßigen und unvorsichtigen Übernahme von Risiken im Bankensektor beigetragen, was zum Ausfall einzelner Institute und zu Systemproblemen geführt hat.

(114) Um die Überwachung der Unternehmensführung der einzelnen Institute zu vereinfachen und die Marktdisziplin zu verbessern, sollten Institute ihre Unternehmensführungsregelungen öffentlich bekanntmachen. Ihre Leitungsorgane sollten eine Erklärung verfassen und veröffentlichen, damit die Öffentlichkeit sicher sein kann, dass diese Regelungen angemessen und effizient sind.

(115) Um der Vielfalt der Geschäftsmodelle von Instituten im Binnenmarkt gerecht zu werden, sollten bestimmte langfristige strukturelle Anforderungen wie die NSFR und die Verschuldungsquote genau geprüft werden, um eine Vielzahl solider Bankenstrukturen zu fördern, die bislang Dienstleistungen für die Wirtschaft der Union erbracht haben und dies auch weiterhin tun sollten.

(116) Damit Haushalten und Unternehmen stets Finanzdienstleistungen bereitgestellt werden können, sind stabile Refinanzierungsstrukturen erforderlich. Langfristige Refinanzierungsströme in auf Banken gestützten Finanzsystemen können in vielen Mitgliedstaaten generell andere Merkmale aufweisen als die in anderen internationalen Märkten. Zusätzlich wurden in den Mitgliedstaaten spezifische Refinanzierungsstrukturen entwickelt, um eine stabile Refinanzierung langfristiger Investitionen zu gewährleisten, einschließlich dezentralisierter Bankenstrukturen zur Kanalisierung von Liquidität oder hypothekarisch gesicherter Wertpapiere, die an Märkten mit hoher Liquidität gehandelt werden oder für Anleger mit langfristigen Anlagestrategien in Betracht kommen. Diese strukturellen Faktoren sollten sorgfältig geprüft werden. Zu diesem Zweck müssen die EBA und der ESRB – sobald internationale Standards vorliegen – anhand der vorgeschriebenen Meldungen nach dieser Verordnung beurteilen, wie eine Anforderung an die stabile Refinanzierung unter Berücksichtigung der verschiedenen Refinanzierungsstrukturen des Bankenmarktes in der Union gestaltet werden sollte.

(117) Um während eines Übergangszeitraums die Höhe der Eigenmittel und die auf die unionsweite Eigenmitteldefinition einerseits und auf die Eigenmitteldefinition dieser Verordnung andererseits angewandten aufsichtlichen Anpassungen allmählich aneinander anzugleichen, sollten die Eigenmittelanforderungen dieser Verordnung stufenweise eingeführt werden. Dabei muss sichergestellt werden, dass diese stufenweise Einführung mit den jüngsten Anpassungen der Mitgliedstaaten hinsichtlich der geforderten Höhe der Eigenmittel und hinsichtlich der in den Mitgliedstaaten geltenden Eigenmitteldefinition vereinbar ist. Zu diesem Zweck sollten die zuständigen Behörden während des Übergangszeitraums innerhalb vorgegebener Unter- und Ober-

grenzen festlegen, wie schnell die geforderte Höhe der Eigenmittel erreicht und die aufsichtlichen Anpassungen eingeführt werden.

(118) Um einen reibungslosen Übergang von den derzeit divergierenden aufsichtlichen Anpassungen in den Mitgliedstaaten zu dem in dieser Verordnung festgelegten einheitlichen Satz aufsichtlicher Anpassungen zu gewährleisten, sollten die zuständigen Behörden während eines Übergangszeitraums von den Instituten weiterhin in beschränktem Umfang von dieser Verordnung abweichende aufsichtliche Anpassungen der Eigenmittel verlangen können.

(119) Um sicherzustellen, dass die Institute über ausreichend Zeit für die Erfüllung der neuen Anforderungen an Höhe und Definition der Eigenmittel verfügen, sollte die Anerkennung bestimmter Kapitalinstrumente, die die Definition von Eigenmitteln dieser Verordnung nicht erfüllen, zwischen dem 1. Januar 2013 und dem 31. Dezember 2021 schrittweise eingestellt werden. Zudem sollten bestimmte von staatlicher Seite geführte Instrumente während eines befristeten Zeitraums voll als Eigenmittel anerkannt werden. Ferner sollte das Agio, das mit Posten verbunden ist, die nach den nationalen Maßnahmen zur Umsetzung der Richtlinie 2006/48/EG als Eigenmittel anerkannt wurden, unter bestimmten Umständen als hartes Kernkapital anerkannt werden.

(120) Um eine allmähliche Konvergenz zu einheitlichen Offenlegungspflichten der Institute zu erreichen und den Marktteilnehmern genaue und umfassende Informationen über das Risikoprofil einzelner Institute zu bieten, sollten schrittweise Offenlegungspflichten eingeführt werden.

(121) Um den Marktentwicklungen und den Erfahrungen mit der Anwendung dieser Verordnung Rechnung zu tragen, sollte die Kommission verpflichtet sein, dem Europäischen Parlament und dem Rat – gegebenenfalls zusammen mit entsprechenden Gesetzgebungsvorschlägen – Berichte zu unterbreiten, in denen sie auf mögliche Auswirkungen der Eigenmittelanforderungen auf den Konjunkturzyklus eingeht sowie auf die Eigenmittelunterlegung von Risikopositionen in Form gedeckter Schuldverschreibungen, Großkredite, Liquiditätsanforderungen, Verschuldungsgrad, Risikopositionen aus übertragenem Kreditrisiko, das Gegenparteiausfallrisiko und die Ursprungsrisikomethode, Risikopositionen aus dem Mengengeschäft, die Definition anrechenbarer Eigenmittel und den Umfang der Anwendung dieser Verordnung.

(122) Der Rechtsrahmen für Kreditinstitute sollte in erster Linie das Funktionieren von für die Realwirtschaft lebensnotwendigen Dienstleistungen sicherstellen und dabei das Risiko unvorsichtigen Verhaltens begrenzen. Die strukturelle Trennung von Privatkunden- und Anlagegeschäft innerhalb einer Bankengruppe könnte im Hinblick auf dieses Ziel ein wichtiges Instrument sein. Daher sollte der derzeitige aufsichtsrechtliche Rahmen der Einführung von Maßnahmen, die einer solchen Trennung dienen, nicht entgegenstehen. Die Kommission sollte aufgefordert werden, die Frage der strukturellen Trennung zu untersuchen und dem Europäischen Parlament und dem Rat einen Bericht, gegebenenfalls mit entsprechenden Gesetzgebungsvorschlägen, vorzulegen.

(123) Ebenso sollten Mitgliedstaaten zum Schutze der Einleger und zur Wahrung der Finanzstabilität strukturelle Maßnahmen ergreifen dürfen, um von in dem betreffenden Mitgliedstaat zugelassenen Kreditinstituten zu verlangen, ihre Risikopositionen gegenüber verschiedenen Rechtsträgern je nach deren Tätigkeiten, aber unabhängig vom Ort, an dem diese ausgeübt werden, zu verringern. Da solche Maßnahmen sich jedoch wegen der Aufsplitterung des Binnenmarktes negativ auswirken, sollten sie nur unter strengen Auflagen und bis zum Inkrafttreten eines künftigen Gesetzgebungsakts zu ihrer ausdrücklichen Harmonisierung gebilligt werden.

(124) Zur Präzisierung der Anforderungen dieser Verordnung sollte der Kommission die Befugnis zur Verabschiedung von Rechtsakten nach Artikel 290 AEUV übertragen werden, um durch technische Anpassungen dieser Verordnung Begriffsbestimmungen zu klären und eine einheitliche Anwendung dieser Verordnung sicherzustellen oder den Entwicklungen an den Finanzmärkten Rechnung zu tragen; die

Terminologie und die Formulierung der Begriffsbestimmungen an spätere einschlägige Rechtsakte anzupassen; die Eigenmittelbestimmungen dieser Verordnung an Entwicklungen bei den Rechnungslegungsstandards oder im Unionsrecht oder im Hinblick auf die Konvergenz der Aufsichtspraktiken anzupassen; die Verzeichnisse der Risikopositionsklassen für die Zwecke des Standardansatzes oder des IRB-Ansatzes zu erweitern und die Entwicklungen an den Finanzmärkten zu berücksichtigen; bestimmte für diese Risikopositionsklassen relevante Beträge an die Inflation anzupassen; das Verzeichnis und die Klassifizierung der außerbilanziellen Posten anzupassen; spezielle Vorschriften und technische Kriterien für die Behandlung von Gegenparteiausfallrisiken, den Standardansatz und den IRB-Ansatz, die Kreditrisikominderung, Verbriefungen, das operationelle Risiko, das Marktrisiko, die Liquidität, die Verschuldung und die Offenlegung an Entwicklungen an den Finanzmärkten oder bei den Rechnungslegungsstandards oder im Unionsrecht oder im Hinblick auf die Konvergenz bei der Aufsichtspraxis und der Risikobewertung anzupassen und die Ergebnisse der Überprüfung verschiedener Aspekte im Zusammenhang mit dem Anwendungsbereich der Richtlinie 2004/39/EG zu berücksichtigen.

(125) Die Befugnis, Rechtsakte nach Artikel 290 AEUV zu erlassen, sollte der Kommission auch übertragen werden, um eine vorübergehende Herabsetzung der Eigenmittelanforderungen oder der gemäß dieser Verordnung festgelegten Risikogewichte zur Berücksichtigung besonderer Umstände vorzuschreiben; für bestimmte Risikopositionen gewährte Ausnahmen von der Anwendung der Bestimmungen dieser Verordnung über Großkredite zu klären; zur Berücksichtigung wirtschaftlicher und währungspolitischer Entwicklungen die für die Berechnung der Eigenmittelanforderungen für das Handelsbuch relevanten Beträge festzulegen; die Kategorien von Wertpapierfirmen anzupassen, denen zur Berücksichtigung von Entwicklungen an den Finanzmärkten bestimmte Ausnahmen von der erforderlichen Höhe der Eigenmittel gewährt werden können; im Interesse einer einheitlichen Anwendung dieser Verordnung die Anforderung, dass Wertpapierfirmen Eigenmittel in Höhe eines Viertels ihrer fixen Gemeinkosten des Vorjahres halten müssen, zu präzisieren; festzulegen, von welchen Eigenmittelbestandteilen Beteiligungen eines Instituts an Instrumenten relevanter Unternehmen abgezogen werden sollten; ergänzende Übergangsbestimmungen für die Behandlung versicherungsmathematischer Gewinne und Verluste bei der Messung der Verbindlichkeiten aufgrund Pensionsleistungszusagen von Instituten einzuführen. Es ist besonders wichtig, dass die Kommission bei ihren Vorbereitungsarbeiten – auch auf Sachverständigenebene – angemessene Konsultationen durchführt. Bei der Vorbereitung und Ausarbeitung delegierter Rechtsakte sollte die Kommission die zeitgleiche, zügige und angemessene Weiterleitung relevanter Dokumente an das Europäische Parlament und den Rat gewährleisten.

(126) Gemäß der Erklärung Nr. 39 zu Artikel 290 AEUV sollte die Kommission bei der Ausarbeitung ihrer Entwürfe für delegierte Rechtsakte im Bereich der Finanzdienstleistungen nach ihrer üblichen Vorgehensweise weiterhin von den Mitgliedstaaten benannte Experten konsultieren.

(127) Technische Standards für die Finanzdienstleistungsbranche sollten eine Harmonisierung, einheitliche Bedingungen und einen angemessenen Schutz von Einlegern, Anlegern und Verbrauchern in der gesamten Union gewährleisten. Da die EBA über spezialisierte Fachkräfte verfügt, wäre es sinnvoll und angemessen, ihr die Aufgabe zu übertragen, für technische Regulierungs- und Durchführungsstandards, die keine politischen Entscheidungen erfordern, Entwürfe auszuarbeiten und der Kommission vorzulegen. Die EBA sollte bei der Ausarbeitung technischer Standards effiziente Verwaltungs- und Meldeverfahren gewährleisten. Die Meldeformate sollten der Art, dem Umfang und der Komplexität der Geschäfte des Instituts angemessen sein.

(128) Die Entwürfe technischer Regulierungsstandards, die die EBA in Bezug auf Gegenseitigkeitsgesellschaften, Genossenschaften, Sparkassen und ähnliche Institute, bestimmte Eigenmittelinstrumente, aufsichtliche Anpassungen, Abzüge von Eigen-

mitteln, zusätzliche Eigenmittelinstrumente, Minderheitsbeteiligungen, Hilfstätigkeiten zur Banktätigkeit, Verfahren bei Kreditrisikoanpassungen, Ausfallwahrscheinlichkeit, Verlustquote bei Ausfall, Ansätze für die Risikogewichtung von Vermögenswerten, Konvergenz der Aufsichtspraxis, Liquidität und Übergangsbestimmungen für Eigenmittel ausarbeitet, sollten von der Kommission im Wege delegierter Rechtsakte gemäß Artikel 290 AEUV und gemäß den Artikeln 10 bis 14 der Verordnung (EU) Nr. 1093/2010 erlassen werden. Es ist von besonderer Bedeutung, dass die Kommission im Zuge ihrer Vorbereitungsarbeit angemessene Konsultationen, auch auf der Ebene von Sachverständigen, durchführt. Die Kommission und die EBA sollten sicherstellen, dass diese Standards und Anforderungen von allen betroffenen Instituten auf eine Weise angewandt werden können, die der Art, dem Umfang und der Komplexität dieser Institute und ihrer Tätigkeiten angemessen ist.

(129) Die Anwendung einiger der in dieser Verordnung vorgesehenen delegierten Rechtsakte, beispielsweise des delegierten Rechtsakts betreffend die Liquiditätsdeckungsanforderung, hat möglicherweise wesentliche Auswirkungen auf beaufsichtigte Institute und die Realwirtschaft. Die Kommission sollte sicherstellen, dass das Europäische Parlament und der Rat bereits vor der Veröffentlichung der delegierten Rechtsakte stets ausreichend über die einschlägigen Entwicklungen auf internationaler Ebene und aktuelle Überlegungen bei der Kommission unterrichtet sind.

(130) Der Kommission sollte außerdem die Befugnis übertragen werden, von der EBA ausgearbeitete technische Durchführungsstandards in Bezug auf Konsolidierung, gemeinsame Entscheidungen, Meldepflichten, Offenlegung, durch Immobilien besicherte Risikopositionen, Risikobewertung, Ansätze für die Risikogewichtung von Vermögenswerten, Risikogewichte und Spezifikation bestimmter Risikopositionen, Behandlung von Optionen und Optionsscheinen, Positionen in Eigenkapitalinstrumenten und Fremdwährungen, Verwendung interner Modelle, Verschuldung und außerbilanzielle Positionen mittels Durchführungsrechtsakten gemäß Artikel 291 AEUV und gemäß Artikel 15 der Verordnung (EU) Nr. 1093/2010 zu erlassen.

(131) Angesichts der Ausführlichkeit und der Zahl der technischen Regulierungsstandards, die gemäß dieser Verordnung zu erlassen sind, sollte – wenn die Kommission einen technischen Regulierungsstandard erlässt, der mit dem von der EBA vorgelegten Entwurf identisch ist – der Zeitraum, innerhalb dessen das Europäische Parlament oder der Rat Einwände gegen einen technischen Regulierungsstandard erheben können, gegebenenfalls um einen weiteren Monat verlängert werden. Ferner sollte die Kommission die technischen Regulierungsstandards möglichst so rechtzeitig erlassen, dass das Europäische Parlament und der Rat unter Berücksichtigung des Umfangs und der Komplexität technischer Regulierungsstandards sowie der Besonderheiten der Geschäftsordnungen, der Arbeitsplanung und der Zusammensetzung des Europäischen Parlaments und des Rates eine vollständige Prüfung vornehmen können.

(132) Um ein hohes Maß an Transparenz zu gewährleisten, sollte die EBA Konsultationen zu den in dieser Verordnung genannten Entwürfen technischer Standards einleiten. Die EBA und die Kommission sollten so rasch wie möglich mit der Erstellung ihrer nach dieser Verordnung vorgesehenen Berichte über Liquiditätsanforderungen und Verschuldung beginnen.

(133) Um einheitliche Bedingungen für die Durchführung dieser Verordnung zu gewährleisten, sollten der Kommission Durchführungsbefugnisse übertragen werden. Diese Befugnisse sollten gemäß der Verordnung (EU) Nr. 182/2011 des Europäischen Parlaments und des Rates vom 16. Februar 2011 zur Festlegung der allgemeinen Regeln und Grundsätze, nach denen die Mitgliedstaaten die Wahrnehmung der Durchführungsbefugnisse durch die Kommission kontrollieren[1], wahrgenommen werden.

---

1 ABl. L 55 vom 28.2.2011, S. 13

(134) Im Einklang mit Artikel 345 AEUV, wonach die Verträge die Eigentumsordnung in den verschiedenen Mitgliedstaaten unberührt lassen, werden die Eigentumsverhältnisse, die in den Anwendungsbereich dieser Verordnung fallen, durch sie weder gefördert noch benachteiligt.

(135) Der Europäische Datenschutzbeauftragte wurde im Einklang mit Artikel 28 Absatz 2 der Verordnung (EG) Nr. 45/2001 konsultiert und hat eine Stellungnahme[1] abgegeben.

(136) Die Verordnung (EU) Nr. 648/2012 sollte daher geändert werden –

haben folgende Verordnung erlassen:

Teil 1:
Allgemeine Bestimmungen

Titel I   Gegenstand, Anwendungsbereich und Begriffsbestimmungen

Artikel 1   Anwendungsbereich

Diese Verordnung legt einheitliche Regeln für allgemeine Aufsichtsanforderungen fest, die im Rahmen der Richtlinie 2013/36/EU beaufsichtigte Institute im Hinblick auf folgende Punkte erfüllen müssen:
a) Eigenmittelanforderungen im Hinblick auf vollständig quantifizierbare, einheitliche und standardisierte Komponenten von Kredit-, Markt-, operationellem und Abwicklungsrisiko,
b) Vorschriften zur Begrenzung von Großkrediten,
c) nach Inkrafttreten des in Artikel 460 genannten delegierten Rechtsakts Liquiditätsanforderungen im Hinblick auf vollständig quantifizierbare, einheitliche und standardisierte Komponenten des Liquiditätsrisikos,
d) Berichtspflichten hinsichtlich der Buchstaben a bis c und hinsichtlich der Verschuldung,
e) Offenlegungspflichten.

Diese Verordnung gilt nicht für die Bekanntmachungspflichten der zuständigen Behörden im Bereich der Aufsichtsvorschriften und der Beaufsichtigung von Instituten gemäß der Richtlinie 2013/36/EU.

Artikel 2   Aufsichtsbefugnisse

Um die Einhaltung der Bestimmungen dieser Verordnung zu gewährleisten, werden die zuständigen Behörden mit den in der Richtlinie 2013/36/EU genannten Befugnissen ausgestattet und wenden die in dieser Richtlinie beschriebenen Verfahren an.

Artikel 3   Anwendung strengerer Anforderungen durch Institute

Diese Verordnung hindert Institute nicht daran, mehr Eigenmittel und Eigenmittelkomponenten zu halten als in dieser Verordnung gefordert oder strengere als die in dieser Verordnung festgelegten Maßnahmen anzuwenden.

---

[1] ABl. C 175 vom 19.6.2012, S.1

Artikel 4 Begriffsbestimmungen

(1) Für die Zwecke dieser Verordnung bezeichnet der Ausdruck
1. ›Kreditinstitut‹ ein Unternehmen, dessen Tätigkeit darin besteht, Einlagen oder andere rückzahlbare Gelder des Publikums entgegenzunehmen und Kredite für eigene Rechnung zu gewähren;
2. ›Wertpapierfirma‹ eine Person im Sinne des Artikels 4 Absatz 1 Nummer 1 der Richtlinie 2004/39/EG, die den Vorschriften jener Richtlinie unterliegt, mit Ausnahme von
   a) Kreditinstituten,
   b) lokalen Firmen;
   c) Firmen, denen nicht erlaubt ist, die in Abschnitt B Nummer 1 der Richtlinie 2004/39/EG genannte Nebendienstleistung zu erbringen, die lediglich eine oder mehrere der in Anhang I Abschnitt A Nummern 1, 2, 4 und 5 jener Richtlinie genannten Wertpapierdienstleistungen und Anlagetätigkeiten erbringen und die weder Geld noch Wertpapiere ihrer Kunden halten dürfen, und deshalb zu keinem Zeitpunkt Schuldner dieser Kunden sein können;
3. ›Institut‹ ein Kreditinstitut oder eine Wertpapierfirma;
4. ›lokale Firma‹ eine Firma, die auf Finanztermin- oder Options- oder anderen Derivatemärkten und auf Kassamärkten für eigene Rechnung mit dem alleinigen Ziel der Absicherung von Positionen auf Derivatemärkten tätig ist oder die für Rechnung anderer Mitglieder dieser Märkte handelt und die über eine Garantie seitens der Clearingmitglieder der genannten Märkte verfügt, wobei die Verantwortung für die Erfüllung der von einer solchen Firma abgeschlossenen Geschäfte von Clearingmitgliedern der selben Märkte übernommen wird;
5. ›Versicherungsunternehmen‹ ein Versicherungsunternehmen im Sinne des Artikels 13 Nummer 1 der Richtlinie 2009/138/EG des Europäischen Parlaments und des Rates vom 25. November 2009 betreffend die Aufnahme und Ausübung der Versicherungs- und der Rückversicherungstätigkeit (Solvabilität II)[1];
6. ›Rückversicherungsunternehmen‹ ein Rückversicherungsunternehmen im Sinne des Artikels 13 Nummer 4 der Richtlinie 2009/138/EG;
7. ›Organismus für gemeinsame Anlagen‹ und ›OGA‹ einen Organismus für gemeinsame Anlagen in Wertpapieren (OGAW) im Sinne des Artikels 1 Nummer 2 der Richtlinie 2009/65/EG des Europäischen Parlaments und des Rates vom 13. Juli 2009 zur Koordinierung der Rechts- und Verwaltungsvorschriften betreffend bestimmte Organismen für gemeinsame Anlagen in Wertpapieren (OGAW)[2], einschließlich – sofern nicht anders festgelegt – Unternehmen eines Drittlandes, die ähnliche Tätigkeiten ausüben, wobei diese Tätigkeiten einer Beaufsichtigung gemäß dem Unionsrecht oder dem Recht eines Drittlandes unterliegen, das aufsichtliche und rechtliche Anforderungen vorsieht, die denen der Union zumindest gleichwertig sind, einen AIF im Sinne des Artikels 4 Absatz 1 Buchstabe a der Richtlinie 2011/61/EU des Europäischen Parlaments und des Rates vom 8. Juni 2011 über die Verwalter alternativer Investmentfonds[3] oder einen Nicht-EU-AIF im Sinne des Artikels 4 Absatz 1 Buchstabe aa jener Richtlinie;
8. ›öffentliche Stelle‹ eine Verwaltungseinrichtung ohne Erwerbszweck, die Zentralstaaten, regionalen oder lokalen Gebietskörperschaften oder Behörden, die die gleichen Aufgaben wie regionale und lokale Behörden wahrnehmen, unterstehen oder ein im Besitz von Zentralstaaten oder regionalen oder lokalen Gebietskörperschaften befindliches oder von diesen errichtetes und gefördertes Unternehmen ohne Erwerbszweck, für das eine einer ausdrücklichen Garantie gleich-

---

1 ABl. L 335 vom 17.12.2009, S. 1
2 ABl. L 302 vom 17.11.2009, S. 32
3 ABl. L 174 vom 1.7.2011, S. 1

stehende Haftung gilt, und kann selbstverwaltete Einrichtungen des öffentlichen Rechts, die einer öffentlichen Beaufsichtigung unterliegen, einschließen;
9. ›Leitungsorgan‹ ein Leitungsorgan im Sinne des Artikels 3 Absatz 1 Nummer 7 der Richtlinie 2013/36/EU;
10. ›Geschäftsleitung‹ eine Geschäftsleitung im Sinne des Artikels 3 Absatz 1 Nummer 9 der Richtlinie 2013/36/EU;
11. ›Systemrisiko‹ das Systemrisiko im Sinne des Artikels 3 Absatz 1 Nummer 10 der Richtlinie 2013/36/EU;
12. ›Modellrisiko‹ das Modellrisiko im Sinne des Artikels 3 Absatz 1 Nummer 11 der Richtlinie 2013/36/EU;
13. ›Originator‹ ein Unternehmen, das
    a) selbst oder über verbundene Unternehmen direkt oder indirekt an der ursprünglichen Vereinbarung beteiligt war, die die Verpflichtungen oder potenziellen Verpflichtungen des Schuldners bzw. potenziellen Schuldners begründet hat, durch die die Risikoposition entsteht, die nun Gegenstand der Verbriefung ist, oder
    b) Risikopositionen eines Dritten auf eigene Rechnung erwirbt und dann verbrieft;
14. ›Sponsor‹ ein Institut, das kein Originator ist und das ein Programm forderungsgedeckter Geldmarktpapiere oder ein anderes Verbriefungsprogramm, bei dem Risikopositionen Dritter angekauft werden, auflegt und verwaltet;
15. ›Mutterunternehmen‹
    a) ein Mutterunternehmen im Sinne der Artikel 1 und 2 der Richtlinie 83/349/EWG,
    b) für die Zwecke von Titel VII Kapitel 3 und 4 Abschnitt 2 und Titel VIII der Richtlinie 2013/36/EU und Teil 5 dieser Verordnung ein Mutterunternehmen im Sinne des Artikels 1 Absatz 1 der Richtlinie 83/349/EWG sowie jedes Unternehmen, das tatsächlich einen beherrschenden Einfluss auf ein anderes Unternehmen ausübt;
16. ›Tochterunternehmen‹
    a) ein Tochterunternehmen im Sinne der Artikel 1 und 2 der Richtlinie 83/349/EWG,
    b) ein Tochterunternehmen im Sinne des Artikels 1 Absatz 1 der Richtlinie 83/349/EWG sowie jedes Unternehmen, auf das ein Mutterunternehmen tatsächlich einen beherrschenden Einfluss ausübt.
    Tochterunternehmen von Tochterunternehmen gelten ebenfalls als Tochterunternehmen des ursprünglichen Mutterunternehmens;
17. ›Zweigstelle‹ eine Betriebsstelle, die einen rechtlich unselbständigen Teil eines Instituts bildet und sämtliche Geschäfte oder einen Teil der Geschäfte, die mit der Tätigkeit eines Instituts verbunden sind, unmittelbar betreibt;
18. ›Anbieter von Nebendienstleistungen‹ ein Unternehmen, dessen Haupttätigkeit im Besitz oder in der Verwaltung von Immobilien, der Verwaltung von Datenverarbeitungsdiensten oder einer ähnlichen Tätigkeit besteht, die im Verhältnis zur Haupttätigkeit eines oder mehrerer Institute den Charakter einer Nebentätigkeit hat;
19. ›Vermögensverwaltungsgesellschaft‹ eine Vermögensverwaltungsgesellschaft im Sinne des Artikels 2 Nummer 5 der Richtlinie 2002/87/EG oder einen AFIM im Sinne des Artikels 4 Nummer 1 Buchstabe b der Richtlinie 2011/61/EU einschließlich – sofern nicht anders festgelegt – Unternehmen eines Drittlandes, die ähnliche Tätigkeiten ausüben und die dem Recht eines Drittlandes unterliegen, dessen aufsichtliche und rechtliche Anforderungen denen der Union zumindest gleichwertig sind;
20. ›Finanzholdinggesellschaft‹ ein Finanzinstitut, das keine gemischte Finanzholdinggesellschaft ist und dessen Tochterunternehmen ausschließlich oder

hauptsächlich Institute oder Finanzinstitute sind, wobei mindestens eines dieser Tochterunternehmen ein Institut ist;

21. ›gemischte Finanzholdinggesellschaft‹ eine gemischte Finanzholdinggesellschaft im Sinne des Artikels 2 Nummer 15 der Richtlinie 2002/87/EG;
22. ›gemischte Holdinggesellschaft‹ ein Mutterunternehmen, das weder eine Finanzholdinggesellschaft noch ein Institut noch eine gemischte Finanzholdinggesellschaft ist und zu deren Tochterunternehmen mindestens ein Institut gehört;
23. ›Drittland-Versicherungsunternehmen‹ ein Drittland-Versicherungsunternehmen im Sinne des Artikels 13 Nummer 3 der Richtlinie 2009/138/EG;
24. ›Drittland-Rückversicherungsunternehmen‹ ein Drittland-Rückversicherungsunternehmen im Sinne des Artikels 13 Nummer 6 der Richtlinie 2009/138/EG;
25. ›anerkannte Drittland-Wertpapierfirma‹ eine Firma, die die folgenden Bedingungen erfüllt:
    a) sie würde unter die Definition der Wertpapierfirma fallen, wenn sie ihren Sitz in der Union hätte,
    b) sie ist in einem Drittland zugelassen,
    c) sie unterliegt und befolgt Aufsichtsregeln, die nach Auffassung der zuständigen Behörden mindestens genauso streng sind wie die Aufsichtsregeln gemäß dieser Verordnung oder der Richtlinie 2013/36/EU;
26. ›Finanzinstitut‹ ein Unternehmen, das kein Institut ist und dessen Haupttätigkeit darin besteht, Beteiligungen zu erwerben oder eines oder mehrere der in Anhang I Nummern 2 bis 12 und 15 der Richtlinie 2013/36/EU genannten Geschäfte zu betreiben; diese Definition schließt Finanzholdinggesellschaften, gemischte Finanzholdinggesellschaften, Zahlungsinstitute im Sinne der Richtlinie 2007/64/EG des Europäischen Parlaments und des Rates vom 13. November 2007 über Zahlungsdienste im Binnenmarkt[1] und Vermögensverwaltungsgesellschaften ein, jedoch nicht Versicherungsholdinggesellschaften oder gemischte Versicherungsholdinggesellschaften gemäß der Definition in Artikel 212 Absatz 1 Buchstabe f beziehungsweise Buchstabe g der Richtlinie 2009/138/EG;
27. ›Unternehmen der Finanzbranche‹:
    a) ein Institut,
    b) ein Finanzinstitut,
    c) einen in die konsolidierte Finanzlage eines Instituts einbezogenen Anbieter von Nebendienstleistungen,
    d) ein Versicherungsunternehmen,
    e) ein Drittland-Versicherungsunternehmen,
    f) ein Rückversicherungsunternehmen,
    g) ein Drittland-Rückversicherungsunternehmen,
    h) eine Versicherungs-Holdinggesellschaft im Sinne des Artikels 212 Absatz 1 Buchstabe f der Richtlinie 2009/138/EG,
    k) ein gemäß den Bedingungen des Artikels 4 der Richtlinie 2009/138/EG aus dem Anwendungsbereich jener Richtlinie ausgenommenes Unternehmen,
    l) ein Drittlandsunternehmen, dessen Hauptgeschäftstätigkeit der eines Unternehmens unter den Buchstaben a bis k vergleichbar ist;
28. ›Mutterinstitut in einem Mitgliedstaat‹ ein Institut in einem Mitgliedstaat, das ein Institut oder Finanzinstitut als Tochter hat oder eine Beteiligung an einem solchen Institut oder Finanzinstitut hält und nicht selbst Tochterunternehmen eines anderen im selben Mitgliedstaat zugelassenen Instituts oder einer im selben Mitgliedstaat errichteten Finanzholdinggesellschaft oder gemischten Finanzholdinggesellschaft ist;
29. ›EU-Mutterinstitut‹ ein Mutterinstitut in einem Mitgliedstaat, das nicht Tochterunternehmen eines anderen, in einem Mitgliedstaat zugelassenen Instituts oder

---

[1] ABl. L 319 vom 5.12.2007, S.1

einer in einem Mitgliedstaat errichteten Finanzholdinggesellschaft oder gemischten Finanzholdinggesellschaft ist;
30. ›Mutterfinanzholdinggesellschaft in einem Mitgliedstaat‹ eine Finanzholdinggesellschaft, die nicht Tochterunternehmen eines im selben Mitgliedstaat zugelassenen Instituts oder einer im selben Mitgliedstaat errichteten Finanzholdinggesellschaft oder gemischten Finanzholdinggesellschaft ist;
31. ›EU-Mutterfinanzholdinggesellschaft‹ eine Mutterfinanzholdinggesellschaft in einem Mitgliedstaat, die nicht Tochterunternehmen eines in einem Mitgliedstaat zugelassenen Instituts oder einer anderen, in einem Mitgliedstaat errichteten Finanzholdinggesellschaft oder gemischten Finanzholdinggesellschaft ist;
32. ›gemischte Mutterfinanzholdinggesellschaft in einem Mitgliedstaat‹ eine gemischte Finanzholdinggesellschaft, die nicht Tochterunternehmen eines im selben Mitgliedstaat zugelassenen Instituts oder einer im selben Mitgliedstaat errichteten Finanzholdinggesellschaft oder gemischten Finanzholdinggesellschaft ist;
33. ›gemischte EU-Mutterfinanzholdinggesellschaft‹ eine gemischte Mutterfinanzholdinggesellschaft in einem Mitgliedstaat, die nicht Tochterunternehmen eines in einem Mitgliedstaat zugelassenen Instituts oder einer anderen, in einem Mitgliedstaat errichteten Finanzholdinggesellschaft oder gemischten Finanzholdinggesellschaft ist;
34. ›zentrale Gegenpartei‹ oder ›ZGP‹ eine zentrale Gegenpartei im Sinne des Artikels 2 Nummer 1 der Verordnung (EU) Nr. 648/2012;
35. ›Beteiligung‹ eine Beteiligung im Sinne des Artikels 17 Satz 1 der Vierten Richtlinie 78/660/EWG des Rates vom 25. Juli 1978 über den Jahresabschluss von Gesellschaften bestimmter Rechtsformen[1] oder das direkte oder indirekte Halten von mindestens 20 % der Stimmrechte oder des Kapitals an einem anderen Unternehmen;
36. ›qualifizierte Beteiligung‹ das direkte oder indirekte Halten von mindestens 10 % des Kapitals oder der Stimmrechte eines Unternehmens oder eine andere Möglichkeit der Wahrnehmung eines maßgeblichen Einflusses auf die Geschäftsführung dieses Unternehmens;
37. ›Kontrolle‹ das Verhältnis zwischen einem Mutter- und einem Tochterunternehmen im Sinne des Artikels 1 der Richtlinie 83/349/EWG, oder der Rechnungslegungsstandards, die gemäß der Verordnung (EU) Nr. 1606/2002 für ein Institut gelten, oder ein vergleichbares Verhältnis zwischen einer natürlichen oder juristischen Person und einem Unternehmen;
38. ›enge Verbindung‹ eine Situation, in der zwei oder mehr natürliche oder juristische Personen auf eine der folgenden Weisen miteinander verbunden sind:
    a) über eine Beteiligung in Form des direkten Haltens oder durch Kontrolle von mindestens 20 % der Stimmrechte oder des Kapitals an einem Unternehmen,
    b) durch Kontrolle,
    c) über ein dauerhaftes Kontrollverhältnis beider oder aller mit ein und derselben dritten Person;
39. ›Gruppe verbundener Kunden‹ jeden der folgenden Fälle:
    a) zwei oder mehr natürliche oder juristische Personen, die – sofern nicht das Gegenteil nachgewiesen wird – im Hinblick auf das Risiko insofern eine Einheit bilden, als eine von ihnen über eine direkte oder indirekte Kontrolle über die andere oder die anderen verfügt,
    b) zwei oder mehr natürliche oder juristische Personen, zwischen denen kein Kontrollverhältnis im Sinne des Buchstabens a besteht, die aber im Hinblick auf das Risiko als Einheit anzusehen sind, da zwischen ihnen Abhängigkeiten bestehen, die es wahrscheinlich erscheinen lassen, dass bei finanziellen

---

1 ABl. L 222 vom 14.8.1978, S. 11

Schwierigkeiten, insbesondere Finanzierungs- oder Rückzahlungsschwierigkeiten, eines dieser Kunden auch andere bzw. alle anderen auf Finanzierungs- oder Rückzahlungsschwierigkeiten stoßen.

Übt ein Zentralstaat die direkte Kontrolle über mehr als eine natürliche oder juristische Person aus oder besteht zwischen einem Zentralstaat und mehr als einer natürlichen oder juristischen Person eine direkte Abhängigkeit, so kann unbeschadet der Buchstaben a und b die Gruppe aus dem Zentralstaat und allen natürlichen oder juristischen Personen, die er gemäß Buchstabe a direkt oder indirekt kontrolliert oder die gemäß Buchstabe b mit ihm verbunden sind, als Gruppe betrachtet werden, die keine Gruppe verbundener Kunden ist. Stattdessen kann die Existenz einer aus dem Zentralstaat und anderen natürlichen oder juristischen Personen bestehenden Gruppe verbundener Kunden für jede gemäß Buchstabe a direkt vom Zentralstaat kontrollierte oder gemäß Buchstabe b direkt mit dem Zentralstaat verbundene Person und alle natürlichen oder juristischen Personen, die gemäß Buchstabe a von dieser Person kontrolliert werden oder gemäß Buchstabe b mit dieser Person verbunden sind, einschließlich der Zentralregierung, gesondert beurteilt werden. Dies gilt auch im Falle von regionalen und lokalen Gebietskörperschaften, auf die Artikel 115 Absatz 2 Anwendung findet;

40. ›zuständige Behörde‹ eine nach einzelstaatlichem Recht offiziell anerkannte öffentliche Behörde oder Einrichtung, die nach diesem Recht zur Beaufsichtigung von Instituten als Teil des in dem betreffenden Mitgliedstaat geltenden Aufsichtssystems befugt ist;
41. ›konsolidierende Aufsichtsbehörde‹ eine zuständige Behörde, die für die Beaufsichtigung von EU-Mutterinstituten und von Instituten, die von EU-Mutterfinanzholdinggesellschaften oder von gemischten EU-Mutterfinanzholdinggesellschaften kontrolliert werden, auf konsolidierter Basis verantwortlich ist;
42. ›Zulassung‹ einen Hoheitsakt gleich welcher Form, mit dem die Behörden das Recht zur Ausübung der Geschäftstätigkeit erteilen;
43. ›Herkunftsmitgliedstaat‹ den Mitgliedstaat, in dem einem Institut die Zulassung erteilt wurde;
44. ›Aufnahmemitgliedstaat‹ den Mitgliedstaat, in dem ein Institut eine Zweigstelle hat oder Dienstleistungen erbringt;
45. ›Zentralbanken des ESZB‹ die nationalen Zentralbanken, die Mitglieder des Europäischen Systems der Zentralbanken (ESZB) sind, und die Europäische Zentralbank (EZB);
46. ›Zentralbanken‹ die Zentralbanken des ESZB sowie Zentralbanken dritter Länder;
47. ›konsolidierte Lage‹ die Lage, die sich ergibt, wenn die Anforderungen dieser Verordnung gemäß Teil 1 Titel II Kapitel 2 so auf ein Institut angewandt werden, als bildete dieses Institut zusammen mit einem oder mehreren anderen Unternehmen ein einziges Institut;
48. ›auf konsolidierter Basis‹ auf Basis der konsolidierten Lage;
49. ›auf teilkonsolidierter Basis‹ auf Basis der konsolidierten Lage eines Mutterinstituts, einer Finanzholdinggesellschaft oder einer gemischten Finanzholdinggesellschaft unter Ausschluss einer Teilgruppe von Unternehmen, oder auf Basis der konsolidierten Lage eines Mutterinstituts, einer Finanzholdinggesellschaft oder einer gemischten Finanzholdinggesellschaft, das/die nicht oberstes Mutterinstitut bzw. oberste Finanzholdinggesellschaft oder gemischte Finanzholdinggesellschaft ist;
50. ›Finanzinstrument‹
    a) einen Vertrag, der für eine der beteiligten Seiten einen finanziellen Vermögenswert und für die andere Seite eine finanzielle Verbindlichkeit oder ein Eigenkapitalinstrument schafft,
    b) ein in Anhang I Abschnitt C der Richtlinie 2004/39/EG genanntes Instrument,

c) ein derivatives Finanzinstrument,
d) ein Primärfinanzinstrument,
e) ein Kassainstrument.

Die unter den Buchstaben a, b und c genannten Instrumente sind nur dann als Finanzinstrumente zu betrachten, wenn ihr Wert sich aus dem Kurs eines zugrunde liegenden Finanzinstruments oder eines anderen Basiswerts, einem Satz oder einem Index errechnet;

51. ›Anfangskapital‹ die in Artikel 12 der Richtlinie 2013/36/EU für Kreditinstitute und in Titel IV jener Richtlinie für Wertpapierfirmen genannten Beträge und Arten von Eigenmitteln;
52. ›operationelles Risiko‹ das Risiko von Verlusten, die durch die Unangemessenheit oder das Versagen von internen Verfahren, Menschen und Systemen oder durch externe Ereignisse verursacht werden, einschließlich Rechtsrisiken;
53. ›Verwässerungsrisiko‹ das Risiko, dass sich der Betrag einer Forderung durch bare oder unbare Ansprüche des Schuldners vermindert;
54. ›Ausfallwahrscheinlichkeit‹ und ›PD‹ die Wahrscheinlichkeit des Ausfalls einer Gegenpartei im Laufe eines Jahres;
55. ›Verlustquote bei Ausfall‹ und ›LGD‹ die Höhe des Verlusts für eine Risikoposition bei Ausfall der Gegenpartei gemessen am Betrag der zum Zeitpunkt des Ausfalls ausstehenden Risikopositionen;
56. ›Umrechnungsfaktor‹ das Verhältnis zwischen dem gegenwärtig nicht in Anspruch genommenen Betrag einer Zusage, der in Anspruch genommen werden könnte und daher bei Ausfall ausstünde, und dem gegenwärtig nicht in Anspruch genommenen Betrag dieser Zusage, wobei sich der Umfang der Zusage nach dem mitgeteilten Limit bestimmt, es sei denn, das nicht mitgeteilte Limit ist höher;
57. ›Kreditrisikominderung‹ ein Verfahren, das ein Institut einsetzt, um das mit einer oder mehreren Risikopositionen, die es im Bestand behält, verbundene Kreditrisiko herabzusetzen;
58. ›Besicherung mit Sicherheitsleistung‹ ein Verfahren der Kreditrisikominderung, bei dem sich das mit der Risikoposition eines Instituts verbundene Kreditrisiko dadurch vermindert, dass das Institut das Recht hat, bei Ausfall der Gegenpartei oder bei bestimmten anderen, mit der Gegenpartei zusammenhängenden Kreditereignissen bestimmte Vermögenswerte oder Beträge zu verwerten, ihren Transfer oder ihre Aneignung zu erwirken oder sie einzubehalten oder aber den Risikopositionsbetrag auf die Differenz zwischen diesem und dem Betrag einer Forderung gegen das Institut herabzusetzen bzw. diesen durch diese Differenz zu ersetzen;
59. ›Absicherung ohne Sicherheitsleistung‹ ein Verfahren der Kreditrisikominderung, bei dem sich das mit der Risikoposition eines Instituts verbundene Kreditrisiko durch die Verpflichtung eines Dritten vermindert, bei Ausfall des Kreditnehmers oder bestimmten anderen Kreditereignissen eine Zahlung zu leisten;
60. ›bargeldnahes Instrument‹ ein Einlagenzertifikat, eine Schuldverschreibung, einschließlich einer gedeckten Schuldverschreibung, oder ein ähnliches nicht nachrangiges Instrument, das ein Institut ausgegeben hat, für das es bereits die vollständige Zahlung erhalten hat und das es uneingeschränkt zum Nennwert zurückzahlen muss;
61. ›Verbriefung‹ ein Geschäft oder eine Struktur, durch das bzw. die das mit einer Risikoposition oder einem Pool von Risikopositionen verbundene Kreditrisiko in Tranchen unterteilt wird, und das bzw. die beiden folgenden Merkmale aufweist:
    a) die im Rahmen des Geschäfts oder der Struktur getätigten Zahlungen hängen von der Wertentwicklung der Risikoposition oder des Pools von Risikopositionen ab;
    b) die Rangfolge der Tranchen entscheidet über die Verteilung der Verluste während der Laufzeit der Transaktion oder der Struktur;

62. ›Verbriefungsposition‹ eine Risikoposition in einer Verbriefung;
63. ›Wiederverbriefung‹ eine Verbriefung, bei der das mit einem zugrunde liegenden Pool von Risikopositionen verbundene Risiko in Tranchen unterteilt wird und mindestens eine der zugrunde liegenden Risikopositionen eine Verbriefungsposition ist;
64. ›Wiederverbriefungsposition‹ eine Risikoposition in einer Wiederverbriefung;
65. ›Bonitätsverbesserung‹ eine vertragliche Vereinbarung, durch die die Kreditqualität einer Verbriefungsposition gegenüber dem Stand ohne eine solche Vereinbarung verbessert wird; dazu zählen auch Verbesserungen, die durch nachrangigere Tranchen in der Verbriefung und andere Arten der Besicherung erzielt werden;
66. ›Verbriefungszweckgesellschaft‹ eine Treuhandgesellschaft oder ein anderes Unternehmen, die/das kein Institut ist und zur Durchführung einer oder mehrerer Verbriefungen errichtet wurde, deren/dessen Tätigkeit auf das zu diesem Zweck Notwendige beschränkt ist, deren/dessen Struktur darauf ausgelegt ist, die eigenen Verpflichtungen von denen des Originators zu trennen, und deren/dessen wirtschaftliche Eigentümer die damit verbundenen Rechte uneingeschränkt verpfänden oder veräußern können;
67. ›Tranche‹ ein vertraglich festgelegtes Segment des mit ein oder mehreren Risikopositionen verbundenen Kreditrisikos, wobei eine Position in diesem Segment – ungeachtet etwaiger Sicherheiten, die von Dritten direkt für die Inhaber von Positionen in diesem oder anderen Segmenten gestellt werden – mit einem größeren oder geringeren Verlustrisiko behaftet ist als eine Position gleicher Höhe in jedem anderen dieser Segmente;
68. ›Bewertung zu Marktpreisen‹ die Bewertung von Positionen auf der Grundlage einfach feststellbarer Glattstellungspreise, die aus neutralen Quellen bezogen werden, einschließlich Börsenkursen, über Handelsysteme angezeigten Preisen oder Quotierungen von verschiedenen unabhängigen, angesehenen Brokern;
69. ›Bewertung zu Modellpreisen‹ jede Bewertung, die aus einem oder mehreren Marktwerten abgeleitet, extrapoliert oder auf andere Weise errechnet werden muss;
70. ›unabhängige Preisüberprüfung‹ den Prozess der regelmäßigen Überprüfung von Marktpreisen und Modellparametern auf Exaktheit und Unabhängigkeit;
71. ›anrechenbare Eigenmittel‹ folgende Komponenten:
    a) für die Zwecke des Teils 2 Titel III die Summe folgender Komponenten:
        i) Kernkapital im Sinne des Artikels 25 ohne die Abzüge nach Artikel 36 Absatz 1 Buchstabe k Ziffer i,
        ii) Ergänzungskapital im Sinne des Artikels 71 in Höhe von höchstens einem Drittel des nach Ziffer i berechneten Kernkapitals;
    b) für die Zwecke des Artikels 97 und des Teils 4 die Summe folgender Komponenten:
        i) Kernkapital im Sinne des Artikels 25,
        ii) Ergänzungskapital im Sinne des Artikels 71 in Höhe von höchstens einem Drittel des Kernkapitals;
72. ›anerkannte Börse‹ eine Börse, die die folgenden Bedingungen erfüllt:
    a) sie ist ein geregelter Markt,
    b) sie verfügt über einen Clearingmechanismus, der für die in Anhang II genannten Geschäfte eine tägliche Berechnung der Einschussforderungen vorsieht und damit nach Auffassung der zuständigen Behörden einen angemessenen Schutz bietet;
73. ›freiwillige Altersversorgungsleistungen‹ eine verbesserte Altersversorgung, die einem Mitarbeiter von einem Institut nach Ermessen im Rahmen seines variablen Vergütungspakets gewährt wird; Anwartschaften eines Mitarbeiters im Rahmen des betrieblichen Altersversorgungssystems fallen nicht darunter;

74. ›Beleihungswert‹ den Wert einer Immobilie, der bei einer vorsichtigen Bewertung ihrer künftigen Marktgängigkeit unter Berücksichtigung ihrer langfristigen dauerhaften Eigenschaften, der normalen und örtlichen Marktbedingungen, der derzeitigen Nutzung sowie angemessener Alternativnutzungen bestimmt wird;
75. ›Wohnimmobilie‹ eine Wohnung oder ein Wohnhaus, die/das vom Eigentümer oder Mieter bewohnt wird, einschließlich des Wohnrechts in Wohnungsgenossenschaften in Schweden;
76. ›Marktwert‹ im Hinblick auf Immobilien den geschätzten Betrag, zu dem die Immobilie am Tag der Bewertung nach angemessener Vermarktung im Rahmen eines zu marktüblichen Konditionen getätigten Geschäfts, das die Parteien in Kenntnis der Sachlage, umsichtig und ohne Zwang abschließen, von einem veräußerungswilligen Verkäufer auf einen kaufwilligen Käufer übergehen dürfte;
77. ›geltender Rechnungslegungsrahmen‹ die Rechnungslegungsstandards, denen ein Institut gemäß der Verordnung (EG) Nr. 1606/2002 oder der Richtlinie 86/635/EWG unterliegt;
78. ›Einjahresausfallquote‹ das Verhältnis der während des Zeitraums von einem Jahr bis zum Zeitpunkt T eingetretenen Ausfälle zur Anzahl der ein Jahr vor diesem Datum dieser Klasse bzw. diesem Pool zugeordneten Schuldner;
79. ›spekulative Immobilienfinanzierung‹ Darlehen zum Zwecke des Erwerbs, der Entwicklung oder des Baus von oder im Zusammenhang mit Immobilien bzw. Flächen für solche Immobilien mit der Absicht, diese gewinnbringend zu verkaufen;
80. ›Handelsfinanzierung‹ Finanzierungstätigkeiten einschließlich Bürgschaften im Zusammenhang mit dem Austausch von Gütern und Dienstleistungen durch Finanzprodukte mit fester kurzer Laufzeit (im Allgemeinen weniger als ein Jahr) ohne automatische Verlängerung;
81. ›öffentlich unterstützte Exportkredite‹ Darlehen oder Kredite zur Finanzierung der Ausfuhr von Gütern und Dienstleistungen, für die eine offizielle Exportversicherungsagentur Bürgschaften, Versicherungen oder Direktfinanzierungen bereitstellt;
82. ›Rückkaufvereinbarung‹ und ›umgekehrte Rückkaufvereinbarung‹ eine Vereinbarung, durch die ein Institut oder seine Gegenpartei Wertpapiere oder Waren oder garantierte Rechtsansprüche auf Wertpapiere oder Waren – wenn die Garantie von einer anerkannten Börse, die die Rechte an den Wertpapieren oder Waren hält, gegeben wird, und die Vereinbarung es dem Institut nicht erlaubt, ein bestimmtes Wertpapier oder eine bestimmte Ware gleichzeitig mehr als einer Gegenpartei zu übertragen oder zu verpfänden, und die Übertragung in Verbindung mit einer Rückkaufzusage erfolgt – oder ersatzweise auf Wertpapiere oder Waren derselben Ausstattung zu einem festen Preis und zu einem vom Pensionsgeber festgesetzten oder noch festzusetzenden späteren Zeitpunkt überträgt; dabei handelt es sich für das Institut, das die Wertpapiere oder Waren veräußert, um eine Rückkaufvereinbarung und für das Institut, das sie erwirbt, um eine umgekehrte Rückkaufvereinbarung;
83. ›Pensionsgeschäft‹ jedes Geschäft, das als ›Rückkaufvereinbarung‹ oder ›umgekehrte Rückkaufvereinbarung‹ gilt;
84. ›einfache Rückkaufvereinbarung‹ ein Pensionsgeschäft mit einem einzigen Vermögenswert oder mit ähnlichen nicht-komplexen Vermögenswerten im Gegensatz zu einem Korb von Vermögenswerten;
85. ›Positionen, die mit Handelsabsicht gehalten werden‹,
    a) Eigenhandelspositionen und Positionen, die sich aus Kundenbetreuung und Marktpflege ergeben,
    b) Positionen, die zum kurzfristigen Wiederverkauf gehalten werden,

c) Positionen, bei denen die Absicht besteht, aus bestehenden oder erwarteten kurzfristigen Kursunterschieden zwischen Ankaufs- und Verkaufskurs oder aus anderen Kurs- oder Zinsschwankungen Profit zu ziehen,
86. ›Handelsbuch‹ alle Positionen in Finanzinstrumenten und Waren, die ein Institut entweder mit Handelsabsicht oder zur Absicherung anderer mit Handelsabsicht gehaltener Positionen des Handelsbuchs hält;
87. ›multilaterales Handelssystem‹ ein multilaterales Handelssystem im Sinne des Artikels 4 Nummer 15 der Richtlinie 2004/39/EG;
88. ›qualifizierte zentrale Gegenpartei‹ oder ›qualifizierte ZGP‹ eine zentrale Gegenpartei, die entweder nach Artikel 14 der Verordnung (EU) Nr. 648/2012 zugelassen oder nach Artikel 25 jener Verordnung anerkannt wurde;
89. ›Ausfallfonds‹ einen von einer zentralen Gegenpartei gemäß Artikel 42 der Verordnung (EU) Nr. 648/2012 eingerichteten und gemäß Artikel 45 jener Verordnung genutzten Fonds;
90. ›vorfinanzierter Beitrag zum Ausfallfonds einer ZGP‹ einen in den Ausfallfonds einer zentralen Gegenpartei eingezahlten Beitrag eines Instituts;
91. ›Handelsrisikoposition‹ eine aus Geschäften im Sinne des Artikels 301 Absatz 1 Buchstaben a bis e sowie aus der Einschussforderung herrührende aktuelle Risikoposition, einschließlich eines einem Clearingmitglied oder einem Kunden zustehenden und noch nicht eingegangenen Nachschusses, und jede potenzielle künftige Risikoposition eines Clearingmitglieds oder eines Kunden gegenüber einer zentralen Gegenpartei;
92. ›geregelter Markt‹ einen geregelten Markt im Sinne des Artikels 4 Nummer 14 der Richtlinie 2004/39/EG;
93. ›Verschuldung‹ die an den Eigenmitteln eines Instituts gemessene relative Höhe der Aktiva, außerbilanziellen Verpflichtungen und Eventualverpflichtungen zu Zahlung Lieferung oder dem Stellen von Sicherheiten, einschließlich Verpflichtungen aus erhaltenen Finanzierungen, gegebenen Zusagen, Derivaten oder Rückkaufsvereinbarungen, aber ausschließlich Verpflichtungen, die nur bei Liquidation des Instituts eingefordert werden können;
94. ›Risiko einer übermäßigen Verschuldung‹ das Risiko, das aus der Anfälligkeit eines Instituts aufgrund von Verschuldung oder Eventualverschuldung erwächst, die möglicherweise unvorgesehene Korrekturen seines Geschäftsplans erfordert, einschließlich der Veräußerung von Aktiva in einer Notlage, was zu Verlusten oder Bewertungsanpassungen der verbleibenden Aktiva führen könnte;
95. ›Kreditrisikoanpassung‹ den Betrag der spezifischen und allgemeinen Rückstellungen für Kreditverluste zur Unterlegung der Kreditrisiken, die gemäß dem geltenden Rechnungslegungsrahmen im Jahresabschluss des Instituts anerkannt wurden;
96. ›internes Sicherungsgeschäft‹ eine Position, die die Risikobestandteile zwischen einer Position oder Gruppe von Positionen im Handelsbuch und im Anlagebuch im Wesentlichen ausgleicht;
97. ›Referenzverbindlichkeit‹ eine Verbindlichkeit, die zur Bestimmung der Höhe des Barausgleichs für ein Kreditderivat herangezogen wird.
98. ›externe Ratingagentur‹ oder ›ECAI‹ eine gemäß der Verordnung (EG) Nr. 1060/2009 des Europäischen Parlaments und des Rates vom 16. September

2009 über Ratingagenturen[1] zugelassene oder zertifizierte Ratingagentur oder eine Zentralbank, die Bonitätsbeurteilungen abgibt, die von der Anwendung der genannten Verordnung ausgenommen sind;
99. ›benannte ECAI‹ eine von einem Institut benannte ECAI;
100. ›kumuliertes sonstiges Ergebnis‹ ein kumuliertes sonstiges Ergebnis im Sinne des nach Maßgabe der Verordnung (EG) Nr. 1606/2002 anwendbaren internationalen Rechnungslegungsstandards (IAS) 1,
101. ›Basiseigenmittel‹ Eigenmittel im Sinne des Artikels 88 der Richtlinie 2009/138/EG,
102. ›Kernkapital von Versicherungsunternehmen‹ die Bestandteile der Basiseigenmittel von Unternehmen, die den Anforderungen der Richtlinie 2009/138/EG unterliegen, wenn diese Bestandteile gemäß Artikel 94 Absatz 1 jener Richtlinie in die Klasse ›Tier 1‹ im Sinne jener Richtlinie eingestuft werden,
103. ›zusätzliches Kernkapital von Versicherungsunternehmen‹ Bestandteile der Basiseigenmittel von Unternehmen, die den Anforderungen der Richtlinie 2009/138/EG unterliegen, wenn diese Bestandteile gemäß Artikel 94 Absatz 1 jener Richtlinie in die Klasse ›Tier 1‹ im Sinne jener Richtlinie eingestuft werden und die Einbeziehung dieser Bestandteile durch gemäß Artikel 99 jener Richtlinie erlassene delegierte Rechtsakte begrenzt wird,
104. ›Ergänzungskapital von Versicherungsunternehmen‹ Bestandteile der Basiseigenmittel von Unternehmen, die den Anforderungen der Richtlinie 2009/138/EG unterliegen, wenn diese Bestandteile gemäß Artikel 94 Absatz 2 jener Richtlinie in die Klasse ›Tier 2‹ im Sinne jener Richtlinie eingestuft werden,
105. ›Drittrangmittel von Versicherungsunternehmen‹ Bestandteile der Basiseigenmittel von Unternehmen, die den Anforderungen der Richtlinie 2009/138/EG unterliegen, wenn diese Bestandteile gemäß Artikel 94 Absatz 3 jener Richtlinie in die Klasse ›Tier 3‹ im Sinne jener Richtlinie eingestuft werden,
106. ›latente Steueransprüche‹ latente Steueransprüche im Sinne des geltenden Rechnungslegungsrahmens,
107. ›von der künftigen Rentabilität abhängige latente Steueransprüche‹ latente Steueransprüche, deren künftiger Wert nur realisiert werden kann, wenn das Institut in Zukunft ein zu versteuerndes Ergebnis erzielt,
108. ›latente Steuerschulden‹ latente Steuerschulden im Sinne des geltenden Rechnungslegungsrahmens,
109. ›Vermögenswerte aus Pensionsfonds mit Leistungszusage‹ die Vermögenswerte aus einem Pensionsfonds oder einem Altersversorgungsplan mit Leistungszusage nach Abzug der Verbindlichkeiten dieses Fonds bzw. Plans,
110. ›Ausschüttung‹ jede Art der Auszahlung von Dividenden oder Zinsen,
111. ›Finanzunternehmen‹ ein Finanzunternehmen im Sinne des Artikels 13 Nummer 25 Buchstaben b und d der Richtlinie 2009/138/EG,
112. ›Fonds für allgemeine Bankrisiken‹ einen Fonds für allgemeine Bankrisiken im Sinne des Artikels 38 der Richtlinie 86/635/EWG,
113. ›Geschäfts- oder Firmenwert‹ den Geschäfts- oder Firmenwert im Sinne des geltenden Rechnungslegungsrahmens,
114. ›indirekte Position‹ eine Risikoposition gegenüber einem Intermediär, der Risikopositionen aus Kapitalinstrumenten eines Unternehmens der Finanzbranche hält, wobei im Falle einer endgültigen Abschreibung der Kapitalinstrumente des Unternehmens der Finanzbranche der dem Institut dadurch entstehende Verlust nicht wesentlich von dem Verlust abweichen würde, der ihm aus dem direkten Halten jener Kapitalinstrumente des Unternehmens der Finanzbranche erwachsen würde.

---

1 ABl. L 302 vom 17.11.2009, S. 1

115. ›immaterielle Vermögenswerte‹ immaterielle Vermögenswerte im Sinne des geltenden Rechnungslegungsrahmens, einschließlich des Geschäfts- bzw. Firmenwerts,
116. ›andere Kapitalinstrumente‹ von Unternehmen der Finanzbranche begebene Kapitalinstrumente, die nicht zu den Instrumenten des harten Kernkapitals, des zusätzlichen Kernkapitals oder des Ergänzungskapitals oder zum Kernkapital von Versicherungsunternehmen, dem zusätzlichen Kernkapital von Versicherungsunternehmen, dem Ergänzungskapital von Versicherungsunternehmen oder den Drittrangmitteln von Versicherungsunternehmen zählen,
117. ›sonstige Rücklagen‹ Rücklagen im Sinne des geltenden Rechnungslegungsrahmens, die gemäß dem geltenden Rechnungslegungsstandard offengelegt werden müssen, ausschließlich aller Beträge, die bereits im kumulierten sonstigen Ergebnis oder in den einbehaltenen Gewinnen ausgewiesen sind,
118. ›Eigenmittel‹ die Summe aus Kernkapital und Ergänzungskapital,
119. ›Eigenmittelinstrumente‹ Kapitalinstrumente des Instituts, die zu den Instrumenten des harten Kernkapitals, des zusätzlichen Kernkapitals oder des Ergänzungskapitals zählen,
120. ›Minderheitsbeteiligung‹ den Betrag des harten Kernkapitals eines Tochterunternehmens eines Instituts, der nicht in den aufsichtlichen Konsolidierungskreis des Instituts einbezogenen natürlichen oder juristischen Personen zuzurechnen ist,
121. ›Gewinn‹ Gewinn im Sinne des geltenden Rechnungslegungsrahmens,
122. ›Überkreuzbeteiligung‹ die Beteiligung eines Instituts an Eigenmittelinstrumenten oder anderen Kapitalinstrumenten von Unternehmen der Finanzbranche, die selbst Eigenmittelinstrumente des betreffenden Instituts halten,
123. ›einbehaltene Gewinne‹ die nach Zuweisung des endgültigen Ergebnisses gemäß dem geltenden Rechnungslegungsrahmen fortgeschriebenen Gewinne und Verluste,
124. ›Agio‹ das Agio im Sinne des geltenden Rechnungslegungsrahmens,
125. ›temporäre Differenzen‹ temporäre Differenzen im Sinne des geltenden Rechnungslegungsrahmen,
126. ›synthetische Position‹ die Investition eines Instituts in ein Finanzinstrument, dessen Wert direkt an den Wert der Kapitalinstrumente eines Unternehmens der Finanzbranche gekoppelt ist.
127. ›Haftungsverbund‹ ein System, das alle nachstehenden Voraussetzungen erfüllt:
    a) die Institute gehören demselben institutsbezogenen Sicherungssystem im Sinne des Artikels 113 Absatz 7 an,
    b) die Institute sind gemäß Artikel 1 Absatz 1 Buchstaben b, c und d oder Artikel 1 Absatz 2 der Richtlinie 83/349/EWG voll konsolidiert und in die Aufsicht auf konsolidierter Basis eines Instituts, das Mutterinstitut in einem Mitgliedstaat im Sinne des Teils 1 Titel II Kapitel 2 dieser Verordnung ist, einbezogen, und unterliegen Eigenmittelanforderungen,
    c) das Mutterinstitut in einem Mitgliedstaat und die Tochterunternehmen befinden sich im selben Mitgliedstaat und unterliegen den Zulassungsvoraussetzungen und Kontrollen derselben zuständigen Behörde,
    d) das Mutterinstitut in einem Mitgliedstaat und die Tochterunternehmen haben eine vertragliche oder satzungsmäßige Haftungsvereinbarung geschlossen, die diese Institute schützt und insbesondere ihre Liquidität und Solvenz gewährleistet, um einen Konkurs zu vermeiden, falls dies erforderlich wird,
    e) es wurden Vereinbarungen getroffen, die eine sofortige Bereitstellung finanzieller Mittel in Form von Kapital und Liquidität gewährleisten, sofern dies nach der vertraglichen oder satzungsmäßigen Haftungsvereinbarung gemäß Buchstabe d erforderlich ist,
    f) die Angemessenheit der Vereinbarungen gemäß den Buchstaben d und e wird von den jeweiligen zuständigen Behörden regelmäßig kontrolliert,

g) die Mindestfrist für die Bekanntgabe des freiwilligen Ausscheidens eines Tochterunternehmens aus der Haftungsvereinbarung beträgt zehn Jahre,
h) die jeweils zuständige Behörde ist befugt, das freiwillige Ausscheiden eines Tochterunternehmens aus der Haftungsvereinbarung zu untersagen;
128. ›ausschüttungsfähige Posten‹ den Gewinn am Ende des letzten Finanzjahres zuzüglich etwaiger vorgetragener Gewinne und für diesen Zweck verfügbarer Rücklagen vor der Ausschüttung an die Eigner von Eigenmittelinstrumenten abzüglich vorgetragener Verluste, recht- oder satzungsmäßig nicht ausschüttungsfähiger Gewinne und gemäß nationalen Rechtsvorschriften oder der Satzung des Instituts in die nicht ausschüttungsfähigen Rücklagen eingestellter Beträge, wobei diese Verluste und Rücklagen ausgehend vom Einzelabschluss des jeweiligen Instituts und nicht auf der Basis des konsolidierten Abschlusses im Sinne des Titels II festgestellt werden.

(2) Bezugnahmen auf Immobilien, Wohnimmobilien oder Gewerbeimmobilien oder auf Grundpfandrechte auf solche Immobilien in dieser Verordnung schließen auch Anteile an finnischen Wohnungsbaugesellschaften im Sinne des finnischen Gesetzes von 1991 über Wohnungsbaugesellschaften oder nachfolgender entsprechender Gesetze ein. Die Mitgliedstaaten oder ihre zuständigen Behörden können zulassen, dass Anteile, die eine entsprechende indirekte Beteiligung an Immobilien darstellen, wie eine direkte Beteiligung an Immobilien behandelt werden, wenn eine solche indirekte Beteiligung im nationalen Recht des betreffenden Mitgliedstaates ausdrücklich geregelt ist und wenn sie, als Sicherheit gestellt, Gläubigern einen gleichwertigen Schutz bietet.

(3) Handelsfinanzierungen im Sinne des Absatzes 1 Nummer 80 sind im Allgemeinen nicht fest zugesagt und erfordern zufriedenstellende Belege über alle Transaktionen für jeden Kreditantrag, sodass eine Ablehnung der Finanzierung möglich wird, wenn Zweifel an der Kreditwürdigkeit oder den Belegen über die Transaktionen auftreten; die Rückzahlung von Risikopositionen aus der Handelsfinanzierung ist in der Regel unabhängig vom Kreditnehmer, vielmehr stammen die Mittel aus Zahlungen von Importeuren oder den Erlösen aus dem Verkauf der zugrundeliegenden Güter.

Artikel 5   Besondere Begriffsbestimmungen für Eigenmittelanforderungen für das Kreditrisiko

Für die Zwecke des Teils 3 Titel II bezeichnet der Ausdruck
1. ›Risikoposition‹ einen Aktivposten (Vermögenswert) oder einen außerbilanziellen Posten;
2. ›Verlust‹ den wirtschaftlichen Verlust einschließlich wesentlicher Diskontierungseffekte sowie wesentlicher direkter und indirekter Kosten der Beitreibung;
3. ›erwarteter Verlust‹ und ›EL‹ das Verhältnis der Höhe des Verlusts, der bei einem etwaigen Ausfall der Gegenpartei oder bei Verwässerung über einen Einjahreszeitraum zu erwarten ist, zu dem zum Zeitpunkt des Ausfalls ausstehenden Betrag.

Titel II   Anwendungsebenen

Kapitel 1   Erfüllung der Anforderungen auf Einzelbasis

Artikel 6   Allgemeine Grundsätze

(1) Institute halten die in den Teilen 2 bis 5 und 8 festgelegten Anforderungen auf Einzelbasis ein.

(2) Kein Institut, das im Mitgliedstaat seiner Zulassung und Beaufsichtigung entweder Tochterunternehmen oder Mutterunternehmen ist, und kein Institut, das in die Konsolidierung nach Artikel 18 einbezogen ist, ist gehalten, die Anforderungen der Artikel 89, 90 und 91 auf Einzelbasis einzuhalten.

(3) Kein Institut, das entweder Mutterunternehmen oder ein Tochterunternehmen ist, und kein Institut, das in die Konsolidierung nach Artikel 18 einbezogen ist, ist gehalten, die Anforderungen des Teils 8 auf Einzelbasis einzuhalten.

(4) Kreditinstitute und Wertpapierfirmen, die für die Erbringung der in Anhang I Abschnitt A Nummern 3 und 6 der Richtlinie 2004/39/EG genannten Wertpapierdienstleistungen und Anlagetätigkeiten zugelassen sind, müssen die Anforderungen des Teils 6 auf Einzelbasis einhalten. Bis der Bericht der Kommission nach Artikel 508 Absatz 3 vorliegt, können die zuständigen Behörden Wertpapierfirmen von der Einhaltung der Anforderungen nach Teil 6 befreien, wobei sie die Art, den Umfang und die Komplexität der Geschäfte dieser Firmen berücksichtigen.

(5) Institute – mit Ausnahme von Wertpapierfirmen im Sinne der Artikel 95 Absatz 1 und 96 Absatz 1 und Instituten, für die die zuständigen Behörden die Ausnahmen gemäß Artikel 7 Absätze 1 oder 3 gewährt haben – müssen die Anforderungen des Teils 7 auf Einzelbasis einhalten.

Artikel 7 Ausnahmen von der Anwendung der Aufsichtsanforderungen auf Einzelbasis

(1) Die zuständigen Behörden können Tochterunternehmen eines Instituts von der Anwendung des Artikels 6 Absatz 1 ausnehmen, wenn sowohl das Tochterunternehmen als auch das Institut von dem betreffenden Mitgliedstaat zugelassen und beaufsichtigt werden, das Tochterunternehmen in die konsolidierte Beaufsichtigung des Mutterunternehmens einbezogen ist und alle nachstehenden Bedingungen erfüllt sind, so dass eine angemessene Verteilung der Eigenmittel zwischen dem Mutterunternehmen und den Tochterunternehmen gewährleistet ist:
a) ein wesentliches tatsächliches oder rechtliches Hindernis für die unverzügliche Übertragung von Eigenmitteln oder die Rückzahlung von Verbindlichkeiten durch das Mutterunternehmen ist weder vorhanden noch abzusehen;
b) entweder das Mutterunternehmen erfüllt in Bezug auf die umsichtige Führung des Tochterunternehmens die Anforderungen der zuständigen Behörde und hat mit deren Genehmigung erklärt, dass es für die von seinem Tochterunternehmen eingegangenen Verpflichtungen bürgt, oder die durch das Tochterunternehmen verursachten Risiken können vernachlässigt werden;
c) die Risikobewertungs-, -mess- und -kontrollverfahren des Mutterunternehmens erstrecken sich auch auf das Tochterunternehmen;
d) das Mutterunternehmen hält mehr als 50 % der mit den Anteilen oder Aktien des Tochterunternehmens verbundenen Stimmrechte oder ist zur Bestellung oder Abberufung der Mehrheit der Mitglieder des Leitungsorgans des Tochterunternehmens berechtigt.

(2) Die zuständigen Behörden können von der in Absatz 1 genannten Möglichkeit Gebrauch machen, wenn es sich bei dem Mutterunternehmen um eine Finanzholdinggesellschaft oder gemischte Finanzholdinggesellschaft handelt, die im gleichen Mitgliedstaat wie das Institut errichtet wurde, und sofern sie – insbesondere im Hinblick auf die in Artikel 11 Absatz 1 festgelegten Standards – der gleichen Aufsicht unterliegt wie Institute.

(3) Die zuständigen Behörden können ein Mutterinstitut in einem Mitgliedstaat, in dem das Institut der Zulassung und Beaufsichtigung durch den betreffenden Mitgliedstaat unterliegt und es in die Beaufsichtigung auf konsolidierter Basis eingebunden ist, von der Anwendung des Artikels 6 Absatz 1 ausnehmen, wenn alle nachstehenden Voraussetzungen erfüllt sind, so dass eine angemessene Verteilung der Eigenmittel zwischen dem Mutterunternehmen und den Tochterunternehmen gewährleistet ist:

a) ein wesentliches tatsächliches oder rechtliches Hindernis für die unverzügliche Übertragung von Eigenmitteln oder die Rückzahlung von Verbindlichkeiten an das Mutterinstitut in einem Mitgliedstaat ist weder vorhanden noch abzusehen;
b) die für eine konsolidierte Beaufsichtigung erforderlichen Risikobewertungs-, -mess- und -kontrollverfahren erstrecken sich auch auf das Mutterinstitut in einem Mitgliedstaat.

Die zuständige Behörde, die diese Bestimmung anwendet, unterrichtet die zuständigen Behörden aller anderen Mitgliedstaaten.

Artikel 8 Ausnahmen von der Anwendung der Liquiditätsanforderungen auf Einzelbasis

(1) Die zuständigen Behörden können ein Institut und alle oder einige seiner Tochterunternehmen in der Union vollständig oder teilweise von der Anwendung des Teils 6 ausnehmen und diese als zusammengefasste Liquiditätsuntergruppe überwachen, solange folgende Voraussetzungen erfüllt sind:
a) die Anforderungen des Teils 6 werden von dem Mutterinstitut auf konsolidierter Basis bzw. von einem Tochterinstitut auf teilkonsolidierter Basis eingehalten;
b) die Liquiditätspositionen aller Institute der ausgenommenen Gruppe bzw. Untergruppe werden von dem Mutterinstitut auf konsolidierter Basis oder dem Tochterinstitut auf teilkonsolidierter Basis kontinuierlich verfolgt und überwacht und es gewährleistet eine ausreichend hohes Liquiditätsniveau aller betroffenen Institute;
c) die Institute haben Verträge abgeschlossen, die nach Überzeugung der zuständigen Behörden einen freien Fluss finanzieller Mittel zwischen ihnen gewährleisten, so dass sie ihren individuellen und gemeinsamen Verpflichtungen bei Fälligkeit nachkommen können;
d) ein wesentliches tatsächliches oder rechtliches Hindernis für die Erfüllung der Verträge nach Buchstabe c ist weder vorhanden noch abzusehen.

Bis zum 1. Januar 2014 erstattet die Kommission dem Europäischen Parlament und dem Rat Bericht über rechtliche Hürden, die die Anwendung von Buchstabe c des ersten Unterabsatzes verhindern können und sollte gegebenenfalls bis zum 31. Dezember 2015 einen geeigneten Gesetzgebungsvorschlag dazu vorlegen, welche dieser Hürden beseitigt werden sollten.

(2) Die zuständigen Behörden können Institute und alle oder einige ihrer Tochterunternehmen vollständig oder teilweise von der Anwendung des Teils 6 ausnehmen, wenn alle Institute der zusammengefassten Liquiditätsuntergruppe im selben Mitgliedstaat zugelassen und die Bedingungen des Absatzes 1 erfüllt sind.

(3) Sind Institute der zusammengefassten Liquiditätsuntergruppe in verschiedenen Mitgliedstaaten zugelassen, so wird Absatz 1 erst nach Anwendung des Verfahrens nach Artikel 21 und nur auf Institute angewandt, deren zuständige Behörden hinsichtlich der folgenden Elemente derselben Auffassung sind:
a) ihre Beurteilung der Einhaltung der Anforderungen des Artikels 86 der Richtlinie 2013/36/EU hinsichtlich der Organisation und der Behandlung des Liquiditätsrisikos innerhalb der zusammengefassten Liquiditätsuntergruppe;
b) die Verteilung der Beträge, Belegenheit und des Eigentums an den erforderlichen liquiden Aktiva, die in der zusammengefassten Liquiditätsuntergruppe gehalten werden müssen;
c) die Festlegung der Mindestbeträge an liquiden Aktiva, die von der Anwendung des Teils 6 ausgenommene Institute halten müssen;
d) die Notwendigkeit strengerer Parameter als in Teil 6 vorgesehen;
e) unbeschränkter Austausch lückenloser Informationen zwischen den zuständigen Behörden;
f) das umfassende Verständnis der Auswirkungen einer solchen Befreiung.

(4) Die zuständigen Behörden können die Absätze 1, 2 und 3 auch auf Institute anwenden, die Mitglied desselben institutsbezogenen Sicherungssystems im Sinne des Artikels 113 Absatz 7 sind, sofern sie alle Voraussetzungen jenes Artikels erfüllen, sowie auf andere Institute, die in einer Beziehung im Sinne des Artikels 113 Absatz 6 zueinander stehen, sofern sie alle dort genannten Voraussetzungen erfüllen. Die zuständigen Behörden bestimmen in diesem Fall eines der unter die Ausnahme fallenden Institute, das Teil 6 auf Basis der konsolidierten Lage aller Institute der zusammengefassten Liquiditätsuntergruppe erfüllen muss.

(5) Wurde eine Ausnahmegenehmigung nach Absatz 1 oder 2 erteilt, können die zuständigen Behörden auch Artikel 86 der Richtlinie 2013/36/EU ganz oder teilweise auf Ebene der zusammengefassten Liquiditätsuntergruppe anwenden und auf Einzelbasis von der Anwendung des Artikels 86 der Richtlinie 2013/36/EU oder Teilen davon absehen.

Artikel 9   Konsolidierung auf Einzelbasis

(1) Die zuständigen Behörden können vorbehaltlich der Absätze 2 und 3 und des Artikels 144 Absatz 3 der Richtlinie 2013/36/EU Mutterinstituten auf Einzelfallbasis gestatten, in ihre Berechnung nach Artikel 6 Absatz 1 Tochterunternehmen einzubeziehen, die die Bedingungen des Artikels 7 Absatz 1 Buchstaben c und d erfüllen und deren wesentliche Risikopositionen oder Verbindlichkeiten gegenüber diesem Mutterinstitut bestehen.

(2) Die Behandlung gemäß Absatz 1 ist nur zulässig, wenn das Mutterinstitut den zuständigen Behörden die Umstände und Vorkehrungen, einschließlich rechtlicher Vereinbarungen, uneingeschränkt offenlegt, wonach ein wesentliches tatsächliches oder rechtliches Hindernis für die unverzügliche Übertragung von Eigenmitteln oder die Begleichung fälliger Verbindlichkeiten des Tochterunternehmens gegenüber dem Mutterunternehmen weder vorhanden noch abzusehen ist.

(3) Macht eine zuständige Behörde von ihrem Ermessen gemäß Absatz 1 Gebrauch, so unterrichtet sie regelmäßig, mindestens jedoch einmal jährlich die zuständigen Behörden aller übrigen Mitgliedstaaten über die Anwendung von Absatz 1 sowie über die Umstände und Vorkehrungen nach Absatz 2. Befindet sich das Tochterunternehmen in einem Drittland, so unterrichten die zuständigen Behörden die zuständigen Behörden dieses Drittlandes in gleicher Weise.

Artikel 10   Ausnahmen für Kreditinstitute, die einer Zentralorganisation ständig zugeordnet sind

(1) Die zuständigen Behörden können nach Maßgabe des nationalen Rechts ein Institut oder mehrere Institute, die im selben Mitgliedstaat niedergelassen und ständig einer Zentralorganisation im selben Mitgliedstaat, die sie beaufsichtigt, zugeordnet sind, ganz oder teilweise von den Anforderungen gemäß den Teilen 2 bis 8 ausnehmen, vorausgesetzt dass
a) die Verbindlichkeiten der Zentralorganisation und der ihr angeschlossenen Institute gemeinsame Verbindlichkeiten sind oder die Verbindlichkeiten der angeschlossenen Institute von der Zentralorganisation in vollem Umfang garantiert werden,
b) die Solvenz und Liquidität der Zentralorganisation sowie aller angeschlossenen Institute insgesamt auf der Grundlage konsolidierter Abschlüsse dieser Institute überwacht werden,
c) die Leitung der Zentralorganisation befugt ist, der Leitung der angeschlossenen Institute Weisungen zu erteilen.

Die Mitgliedstaaten dürfen nationale Rechtsvorschriften, die die Gewährung der Ausnahmen nach Unterabsatz 1 betreffen, beibehalten und anwenden, so lange diese nicht mit denen dieser Verordnung oder denen der Richtlinie 2013/36/EU kollidieren.

(2) Haben sich die zuständigen Behörden davon überzeugt, dass die Voraussetzungen nach Absatz 1 erfüllt sind und werden die Verbindlichkeiten der Zentralorganisation in vollem Umfang von den angeschlossenen Instituten garantiert, können sie die Zentralorganisation auf Einzelbasis von den Anforderungen gemäß den Teilen 2 bis 8 ausnehmen.

Kapitel 2 Aufsichtliche Konsolidierung

Abschnitt 1 Anwendung der Anforderungen auf konsolidierter Basis

Artikel 11 Allgemeine Behandlung

(1) Mutterinstitute in einem Mitgliedstaat erfüllen die in den Teilen 2 bis 4 und 7 festgelegten Pflichten in dem in Artikel 18 vorgesehenen Umfang und der dort vorgesehenen Weise auf Basis der konsolidierten Lage. Die Mutter- und ihre Tochterunternehmen, soweit sie unter diese Verordnung fallen, errichten eine angemessene Organisationsstruktur und geeignete interne Kontrollmechanismen, um sicherzustellen, dass die für die Konsolidierung erforderlichen Daten ordnungsgemäß verarbeitet und weitergeleitet werden. Sie stellen insbesondere sicher, dass die nicht unter diese Verordnung fallenden Tochterunternehmen Regelungen, Verfahren und Mechanismen schaffen, die eine ordnungsgemäße Konsolidierung gewährleisten.

(2) Institute, die von einer Mutterfinanzholdinggesellschaft oder einer gemischten Mutterfinanzholdinggesellschaft in einem Mitgliedstaat kontrolliert werden, erfüllen die in den Teilen 2 bis 4 und 7 festgelegten Pflichten in dem in Artikel 18 vorgesehenen Umfang und der dort vorgesehenen Weise auf Basis der konsolidierten Lage dieser Finanzholdinggesellschaft oder gemischten Finanzholdinggesellschaft.

Kontrolliert eine Mutterfinanzholdinggesellschaft oder eine gemischte Mutterfinanzholdinggesellschaft in einem Mitgliedstaat mehr als ein Institut, so gilt Unterabsatz 1 nur für das Institut, das gemäß Artikel 111 der Richtlinie 2013/36/EU der Beaufsichtigung auf konsolidierter Basis unterliegt.

(3) EU-Mutterinstitute und Institute, die von einer EU-Mutterfinanzholdinggesellschaft kontrolliert werden, sowie Institute, die von einer gemischten EU-Mutterfinanzholdinggesellschaft kontrolliert werden, kommen den in Teil 6 festgelegten Pflichten auf Basis der konsolidierten Lage des Mutterinstituts, der Finanzholdinggesellschaft oder gemischten Finanzholdinggesellschaft nach, sofern die Gruppe eines oder mehrere Kreditinstitute oder eine oder mehrere für die Erbringung der in Anhang I Abschnitt A Nummern 3 und 6 der Richtlinie 2004/39/EG genannten Wertpapierdienstleistungen und Anlagetätigkeiten zugelassene Wertpapierfirmen umfasst. Bis der Bericht der Kommission nach Artikel 508 Absatz 2 dieser Verordnung vorliegt und wenn der Gruppe ausschließlich Wertpapierfirmen angehören, können die zuständigen Behörden Wertpapierfirmen von der Einhaltung der Anforderungen nach Teil 6 auf konsolidierter Basis befreien, wobei sie die Art, den Umfang und die Komplexität der Geschäfte dieser Firmen berücksichtigen.

(4) Findet Artikel 10 Anwendung, so muss die dort genannte Zentralorganisation die Anforderungen nach den Teilen 2 bis 8 auf Basis der konsolidierten Gesamtlage der Zentralorganisation und der ihr angeschlossenen Institute einhalten.

(5) Zusätzlich zu den Anforderungen der Absätze 1 bis 4 und ungeachtet anderer Bestimmungen dieser Verordnung und der Richtlinie 2013/36/EU können die zuständigen Behörden verlangen, dass strukturell getrennte Institute die Anforderungen der Teile 2 bis 4 und 6 bis 8 und des Titels VII der Richtlinie 2013/36/EU auf teilkonsolidierter Basis einhalten, wenn dies zu Aufsichtszwecken aufgrund der Besonder-

heiten des Risikos oder der Kapitalstruktur eines Instituts oder wenn Mitgliedstaaten nationale Rechtsvorschriften erlassen, die die strukturelle Trennung von Tätigkeiten innerhalb einer Bankengruppe vorschreiben, gerechtfertigt ist.

Die Anwendung des Ansatzes nach Unterabsatz 1 darf die wirksame Aufsicht auf konsolidierter Basis nicht berühren und keine unverhältnismäßig nachteiligen Auswirkungen auf das Finanzsystem anderer Mitgliedstaaten insgesamt oder auf Teile davon oder das Finanzsystem in der Union insgesamt haben noch ein Hindernis für das Funktionieren des Binnenmarktes bilden oder schaffen.

Artikel 12 Finanzholdinggesellschaft oder gemischte Finanzholdinggesellschaft mit sowohl einem Kreditinstitut als auch einer Wertpapierfirma als Tochterunternehmen

Hat eine Finanzholdinggesellschaft oder gemischte Finanzholdinggesellschaft zumindest ein Kreditinstitut und eine Wertpapierfirma als Tochterunternehmen, so gelten die Anforderungen, die auf Basis der konsolidierten Lage der Finanzholdinggesellschaft oder gemischten Finanzholdinggesellschaft zu erfüllen sind, für das Kreditinstitut.

Artikel 13 Anwendung der Offenlegungspflichten auf konsolidierter Basis

(1) EU-Mutterinstitute müssen die Pflichten nach Teil 8 auf Basis der konsolidierten Lage erfüllen.

Bedeutende Tochterunternehmen von EU-Mutterinstituten und die Tochterunternehmen, die für ihren lokalen Markt von wesentlicher Bedeutung sind, legen die Informationen nach den Artikeln 437, 438, 440, 442, 450, 451 und 453 auf Einzelbasis oder auf teilkonsolidierter Basis offen.

(2) Institute, die von einer EU-Mutterfinanzholdinggesellschaft oder einer gemischten EU-Mutterfinanzholdinggesellschaft kontrolliert werden, müssen die Pflichten nach Teil 8 auf Basis der konsolidierten Lage dieser Finanzholdinggesellschaft oder gemischten Finanzholdinggesellschaft erfüllen.

Bedeutende Tochterunternehmen von EU-Mutterfinanzholdinggesellschaften oder gemischten EU-Mutterfinanzholdinggesellschaften und die Tochterunternehmen, die für ihren lokalen Markt von wesentlicher Bedeutung sind, legen die Informationen nach den Artikeln 437, 438, 440, 442, 450, 451 und 453 auf Einzelbasis oder auf teilkonsolidierter Basis offen.

(3) Die Absätze 1 und 2 gelten weder vollständig noch teilweise für EU-Mutterinstitute und Institute, die von einer EU-Mutterfinanzholdinggesellschaft oder einer gemischten EU-Mutterfinanzholdinggesellschaft kontrolliert werden, insofern von einem Mutterunternehmen mit Sitz in einem Drittland bereits gleichwertige Angaben auf konsolidierter Basis veröffentlicht werden.

(4) Findet Artikel 10 Anwendung, so muss die Zentralorganisation im Sinne jenes Artikels die Pflichten nach Teil 8 auf Basis der konsolidierten Lage der Zentralorganisation erfüllen. Auf die Zentralorganisation findet Artikel 18 Absatz 1 Anwendung, die angeschlossenen Institute werden als Tochterunternehmen der Zentralorganisation behandelt.

Artikel 14 Anwendung der Anforderungen von Teil 5 auf konsolidierter Basis

(1) Mutterunternehmen und ihre Tochterunternehmen, soweit sie unter diese Verordnung fallen, müssen die Pflichten des Teils 5 auf konsolidierter oder teilkonsolidierter Basis erfüllen, um sicherzustellen, dass die von ihnen aufgrund jener Bestimmungen eingeführten Regelungen, Verfahren und Mechanismen kohärent und gut aufeinander abgestimmt sind und alle für die Aufsicht relevanten Daten und Informationen vorgelegt werden können. Sie stellen insbesondere sicher, dass

nicht unter diese Verordnung fallende Tochterunternehmen Regelungen, Verfahren und Mechanismen schaffen, die die Einhaltung dieser Bestimmungen gewährleisten.

(2) Institute setzen bei Anwendung von Artikel 92 auf konsolidierter oder teilkonsolidierter Basis ein zusätzliches Risikogewicht gemäß Artikel 407 an, wenn auf Ebene eines in einem Drittland niedergelassenen und an der Konsolidierung gemäß Artikel 18 einbezogenen Unternehmens gegen die Anforderungen der Artikel 405 oder 406 verstoßen wird und es sich im Hinblick auf das Gesamtrisikoprofil der Gruppe dabei um einen wesentlichen Verstoß handelt.

(3) Aus Teil 5 erwachsende Pflichten in Bezug auf Tochterunternehmen, die selbst nicht dieser Verordnung unterliegen, finden keine Anwendung, wenn das EU-Mutterinstitut oder Institute, die von einer EU-Mutterfinanzholdinggesellschaft oder einer gemischten EU-Mutterfinanzholdinggesellschaft kontrolliert werden, den zuständigen Behörden gegenüber nachweisen können, dass die Anwendung von Teil 5 nach den gesetzlichen Bestimmungen des Drittlandes, in dem das Tochterunternehmen seinen Sitz hat, rechtswidrig ist.

Artikel 15 Ausnahme von der Anwendung der Eigenmittelanforderungen auf konsolidierter Basis für Wertpapierfirmengruppen

(1) Die konsolidierende Aufsichtsbehörde kann im Einzelfall von der Anwendung des Teils 3 und des Titels VII Kapitel 4 der Richtlinie 2013/36/EU auf konsolidierter Basis absehen, vorausgesetzt
a) jede EU-Wertpapierfirma der Gruppe ermittelt den Gesamtrisikobetrag anhand der in Artikel 95 Absatz 2 oder Artikel 96 Absatz 2 beschriebenen alternativen Methode;
b) alle Wertpapierfirmen der Gruppe fallen unter die in Artikel 95 Absatz 1 oder Artikel 96 Absatz 1 genannten Kategorien;
c) jede EU-Wertpapierfirma der Gruppe kommt den Anforderungen des Artikels 95 oder des Artikels 96 auf Einzelbasis nach und bringt gleichzeitig sämtliche Eventualverbindlichkeiten gegenüber Wertpapierfirmen, Finanzinstituten, Vermögensverwaltungsgesellschaften und Anbietern von Nebendienstleistungen, die ansonsten konsolidiert würden, von ihrem harten Kernkapital in Abzug;
d) eine Finanzholdinggesellschaft, die für eine Wertpapierfirma der Gruppe die Mutterfinanzholdinggesellschaft in einem Mitgliedstaat ist, hält Eigenmittel – die für diese Zwecke als Summe der Posten nach Artikel 26 Absatz 1, Artikel 51 Absatz 1 und Artikel 62 Absatz 1 definiert werden – in einer Höhe, die zumindest der Summe aus folgenden Elementen entspricht:
   i) der Summe des gesamten Buchwerts von Beteiligungen, nachrangigen Ansprüchen und Instrumenten im Sinne der Artikel 36 Absatz 1 Buchstaben h und i, Artikel 56 Buchstaben c und d sowie Artikel 66 Buchstaben c und d an, gegen bzw. in Bezug auf Wertpapierfirmen, Finanzinstituten, Vermögensverwaltungsgesellschaften und Anbietern von Nebendienstleistungen, die ansonsten konsolidiert würden, und
   ii) des Gesamtbetrags sämtlicher Eventualverbindlichkeiten gegenüber Wertpapierfirmen, Finanzinstituten, Vermögensverwaltungsgesellschaften und Anbietern von Nebendienstleistungen, die ansonsten konsolidiert würden;
e) der Gruppe gehören keine Kreditinstitute an.

Sind die Kriterien des Unterabsatzes 1 erfüllt, muss jede EU-Wertpapierfirma über Systeme zur Überwachung und Kontrolle der Herkunft des Kapitals und der Finanzausstattung aller zur Gruppe gehörenden Finanzholdinggesellschaften, Wertpapierfirmen, Finanzinstitute, Vermögensverwaltungsgesellschaften und Anbieter von Nebendienstleistungen verfügen.

(2) Die zuständigen Behörden können die Ausnahme auch dann genehmigen, wenn die Eigenmittel der Finanzholdinggesellschaften zwar unter dem nach Absatz 1 Buchstabe d ermittelten Betrag liegen, nicht aber unter der Summe der auf Einzelbasis

geltenden Eigenmittelanforderungen an Wertpapierfirmen, Finanzinstitute, Vermögensverwaltungsgesellschaften und Anbietern von Nebendienstleistungen erbringen, die ansonsten konsolidiert würden, unter der Gesamtsumme aus sämtlichen Eventualverbindlichkeiten gegenüber Wertpapierfirmen, Finanzinstituten, Vermögensverwaltungsgesellschaften und Anbietern von Nebendienstleistungen, die ansonsten konsolidiert würden. Für die Zwecke dieses Absatzes handelt es sich bei der Eigenmittelanforderung an Wertpapierfirmen aus Drittländern, Finanzinstitute, Vermögensverwaltungsgesellschaften und Anbieter von Nebendienstleistungen um eine nominelle Eigenmittelanforderung.

Artikel 16   Ausnahme von der Anwendung der Anforderungen hinsichtlich der Verschuldungsquote auf konsolidierter Basis auf Wertpapierfirmengruppen

Sind alle Unternehmen einer Wertpapierfirmengruppe, einschließlich des Mutterunternehmens, Wertpapierfirmen, die auf Einzelbasis gemäß Artikel 6 Absatz 5 von der Anwendung der Anforderungen des Teils 7 ausgenommen sind, so kann die Mutterwertpapierfirma entscheiden, die Anforderungen des Teils 7 auf konsolidierter Basis nicht anzuwenden.

Artikel 17   Beaufsichtigung von Wertpapierfirmen mit einer Befreiung von den Eigenmittelanforderungen auf konsolidierter Basis

(1) Wertpapierfirmen einer unter die Ausnahmeregelung nach Artikel 15 fallenden Gruppe unterrichten die zuständigen Behörden über Risiken, die ihre Finanzlage gefährden könnten, einschließlich der Risiken aufgrund der Zusammensetzung und der Herkunft ihrer Eigenmittel, ihres internen Kapitals und ihrer Finanzausstattung.

(2) Verzichten die für die Beaufsichtigung der Wertpapierfirma zuständigen Behörden gemäß Artikel 15 auf die Beaufsichtigung auf konsolidierter Basis, so ergreifen sie andere geeignete Maßnahmen zur Überwachung der Risiken, insbesondere der Risiken aus Großkrediten, der gesamten Gruppe, einschließlich der nicht in einem Mitgliedstaat ansässigen Unternehmen.

(3) Verzichten die für die Beaufsichtigung der Wertpapierfirma zuständigen Behörden gemäß Artikel 15 auf die Anwendung der Eigenmittelanforderungen auf konsolidierter Basis, so gelten die Anforderungen des Teils 8 auf Einzelbasis.

Abschnitt 2   Methoden der aufsichtlichen Konsolidierung

Artikel 18   Methoden der aufsichtlichen Konsolidierung

(1) Institute, die den in Abschnitt 1 genannten Anforderungen auf Basis der konsolidierten Lage unterliegen, nehmen eine Vollkonsolidierung aller Institute und Finanzinstitute vor, die ihre Tochterunternehmen oder, sofern relevant, Tochterunternehmen der gleichen Mutterfinanzholdinggesellschaft oder gemischten Mutterfinanzholdinggesellschaft sind. Die Absätze 2 bis 8 kommen nicht zur Anwendung, wenn Teil 6 auf Basis der konsolidierten Lage eines Instituts angewandt wird.

(2) Die zuständigen Behörden können im Einzelfall jedoch eine anteilmäßige Konsolidierung entsprechend dem von der Muttergesellschaft an dem Tochterunternehmen gehaltenen Kapitalanteil gestatten. Die anteilmäßige Konsolidierung darf nur gestattet werden, wenn alle nachstehend genannten Bedingungen erfüllt sind:
a) die Haftung des Mutterunternehmens ist im Hinblick auf die Haftung der anderen Anteilseigner oder Gesellschafter auf den Kapitalanteil beschränkt, den das Mutterunternehmen an dem Tochterunternehmen hält;
b) die Solvenz jener anderen Anteilseigner oder Gesellschafter ist zufriedenstellend;
c) die Haftung der anderen Anteilseigner oder Gesellschafter ist eindeutig und rechtsverbindlich festgelegt.

(3) Sind Unternehmen untereinander durch eine Beziehung im Sinne des Artikels 12 Absatz 1 der Richtlinie 83/349/EWG verbunden, so bestimmen die zuständigen Behörden, in welcher Form die Konsolidierung erfolgt.

(4) Die konsolidierende Aufsichtsbehörde verlangt eine anteilmäßige Konsolidierung entsprechend dem Kapitalanteil von Beteiligungen an Instituten und Finanzinstituten, die von einem in die Konsolidierung einbezogenen Unternehmen gemeinsam mit einem oder mehreren nicht in die Konsolidierung einbezogenen Unternehmen geleitet werden, wenn die Haftung der betreffenden Unternehmen auf ihren Kapitalanteil beschränkt ist.

(5) In anderen als den in den Absätzen 1 und 4 genannten Fällen von Beteiligungen oder sonstigen Kapitalbeziehungen entscheiden die zuständigen Behörden, ob und in welcher Form die Konsolidierung zu erfolgen hat. Sie können insbesondere die Anwendung der Äquivalenzmethode gestatten oder vorschreiben. Die Anwendung dieser Methode bedeutet jedoch nicht, dass die betreffenden Unternehmen in die Beaufsichtigung auf konsolidierter Basis einbezogen werden.

(6) Die zuständigen Behörden bestimmen, ob und in welcher Form die Konsolidierung vorzunehmen ist, wenn
a) ein Institut nach Auffassung der zuständigen Behörden einen signifikanten Einfluss auf ein oder mehrere Institute oder Finanzinstitute ausübt, ohne jedoch eine Beteiligung an diesen Instituten zu halten oder andere Kapitalbeziehungen zu diesen Instituten zu haben, und
b) zwei oder mehr Institute oder Finanzinstitute einer einheitlichen Leitung unterstehen, ohne dass diese vertraglich oder satzungsmäßig festgelegt ist.

Die zuständigen Behörden können insbesondere die Anwendung der in Artikel 12 der Richtlinie 83/349/EWG beschriebenen Methode gestatten oder vorschreiben. Die Anwendung dieser Methode bedeutet jedoch nicht, dass die betreffenden Unternehmen in die Beaufsichtigung auf konsolidierter Basis einbezogen werden.

(7) Die EBA arbeitet Entwürfe technischer Regulierungsstandards zur Festlegung der Bedingungen für eine Konsolidierung in den in den Absätzen 2 bis 6 beschriebenen Fällen aus.

Die EBA legt der Kommission diese Entwürfe technischer Regulierungsstandards bis zum 31. Dezember 2016 vor.

Der Kommission wird die Befugnis übertragen, die in Unterabsatz 1 genannten technischen Regulierungsstandards gemäß Artikel 10 bis 14 der Verordnung (EU) Nr. 1093/2010 zu erlassen.

(8) Ist nach Artikel 111 der Richtlinie 2013/36/EU die Beaufsichtigung auf konsolidierter Basis vorgeschrieben, so werden Anbieter von Nebendienstleistungen und Vermögensverwaltungsgesellschaften im Sinne der Richtlinie 2002/87/EG in den Fällen und gemäß den Methoden, die in diesem Artikel festgelegt sind, in die Konsolidierung einbezogen.

Abschnitt 3   Aufsichtlicher Konsolidierungskreis

Artikel 19   Aus dem aufsichtlichen Konsolidierungskreis ausgenommene Unternehmen

(1) Institute, Finanzinstitute oder Anbieter von Nebendienstleistungen, die Tochterunternehmen sind oder an denen eine Beteiligung gehalten wird, dürfen aus dem Konsolidierungskreis ausgenommen werden, wenn die Gesamtsumme der Vermögenswerte und außerbilanziellen Posten des betreffenden Unternehmens unter dem niedrigeren der beiden folgenden Beträge liegt:
a) 10 Millionen EUR,
b) 1% der Gesamtsumme der Vermögenswerte und außerbilanziellen Posten des Mutterunternehmens oder des Unternehmens, das die Beteiligung hält.

(2) Die gemäß Artikel 111 der Richtlinie 2013/36/EU für die Beaufsichtigung auf konsolidierter Basis zuständigen Behörden können im Einzelfall darauf verzichten, Institute, Finanzinstitute oder Anbieter von Nebendienstleistungen, die Tochterunternehmen sind oder an denen eine Beteiligung gehalten wird, in die Konsolidierung einzubeziehen, wenn
a) das betreffende Unternehmen seinen Sitz in einem Drittland hat, in dem der Übermittlung der notwendigen Informationen rechtliche Hindernisse im Wege stehen;
b) das betreffende Unternehmen im Hinblick auf die Ziele der Aufsicht über die Institute vernachlässigt werden kann;
c) nach Auffassung der zuständigen Behörden, die für die Beaufsichtigung auf konsolidierter Basis verantwortlich sind, eine Konsolidierung der Finanzlage des betreffenden Unternehmens in Bezug auf die Ziele der Bankenaufsicht ungeeignet oder irreführend wäre.

(3) Wenn in den Fällen nach Absatz 1 und Absatz 2 Buchstabe b mehrere Unternehmen die dort genannten Kriterien erfüllen, werden sie dennoch in die Konsolidierung einbezogen, wenn sie in Bezug auf die erwähnten Ziele zusammengenommen von nicht unerheblicher Bedeutung sind.

Artikel 20 Gemeinsame Entscheidungen über Aufsichtsanforderungen

(1) Die zuständigen Behörden arbeiten in umfassender Abstimmung zusammen
a) bei Anträgen eines EU-Mutterinstituts und seiner Tochterunternehmen oder Anträgen der Gesamtheit der Tochterunternehmen einer EU-Mutterfinanzholdinggesellschaft oder einer gemischten EU-Mutterfinanzholdinggesellschaft auf Genehmigung gemäß Artikel 143 Absatz 1, Artikel 151 Absätze 4 und 9, Artikel 283, Artikel 312 Absatz 2 bzw. Artikel 363, um zu entscheiden, ob dem Antrag stattgegeben wird und an welche Bedingungen die Genehmigung gegebenenfalls geknüpft werden sollte;
b) um festzustellen, ob die in Artikel 422 Absatz 9 und Artikel 425 Absatz 5 genannten, durch die in Artikel 422 Absatz 10 und Artikel 425 Absatz 6 technischen Regulierungsstandards der EBA ergänzten Kriterien für eine spezielle gruppeninterne Behandlung erfüllt sind.

Anträge werden ausschließlich bei der konsolidierenden Aufsichtsbehörde gestellt. Dem Antrag nach Artikel 312 Absatz 2 wird eine Beschreibung der Allokationsmethodik beigefügt, nach der die Eigenmittel zur Unterlegung des operationellen Risikos auf die verschiedenen Unternehmen der Gruppe verteilt werden. In dem Antrag ist zudem anzugeben, ob und wie im Risikomesssystem Diversifizierungseffekte berücksichtigt werden sollen.

(2) Die zuständigen Behörden setzen alles daran, innerhalb von sechs Monaten zu einer gemeinsamen Entscheidung zu gelangen über
a) den Antrag nach Absatz 1 Buchstabe a,
b) die Bewertung der Kriterien und die Festlegung der speziellen Behandlung gemäß Absatz 1 Buchstabe b.

Diese gemeinsame Entscheidung wird dem Antragsteller in einem Dokument, das eine vollständige Begründung enthält, durch die in Absatz 1 genannte zuständige Behörde zugeleitet.

(3) Die in Absatz 2 genannte Frist beginnt
a) mit dem Tag des Eingangs des vollständigen Antrags nach Absatz 1 Buchstabe a bei der konsolidierenden Aufsichtsbehörde. Die konsolidierende Aufsichtsbehörde leitet den vollständigen Antrag umgehend an die anderen zuständigen Behörden weiter;

b) mit dem Tag des Eingangs eines von der konsolidierenden Aufsichtsbehörde erstellten Berichts über die gruppeninternen Verpflichtungen innerhalb der Gruppe bei den zuständigen Behörden.

(4) Wenn die zuständigen Behörden nicht innerhalb von sechs Monaten zu einer gemeinsamen Entscheidung gelangen, entscheidet die konsolidierende Aufsichtsbehörde selbst über den Antrag nach Absatz 1 Buchstabe a. Die Entscheidung der konsolidierenden Aufsichtsbehörde beschneidet nicht die Befugnisse der zuständigen Behörden gemäß Artikel 105 der Richtlinie 2013/36/EU.

Die Entscheidung wird in einem Dokument dargelegt, das die vollständige Begründung enthält und die von den anderen zuständigen Behörden innerhalb des Zeitraums von sechs Monaten geäußerten Standpunkte und Vorbehalte berücksichtigt.

Die konsolidierende Aufsichtsbehörde übermittelt die Entscheidung dem EU-Mutterinstitut, der EU-Mutterfinanzholdinggesellschaft oder der gemischten EU-Mutterfinanzholdinggesellschaft und den anderen zuständigen Behörden.

Hat eine der betreffenden zuständigen Behörden bei Ende der Sechsmonatsfrist die Angelegenheit gemäß Artikel 19 der Verordnung (EU) Nr. 1093/2010 an die EBA verwiesen, so stellt die konsolidierende Aufsichtsbehörde ihre Entscheidung in Bezug auf Absatz 1 Buchstabe a zurück, bis ein Beschluss der EBA gemäß Artikel 19 Absatz 3 jener Verordnung über ihre Entscheidung ergangen ist, und entscheidet dann in Übereinstimmung mit dem Beschluss der EBA. Die Sechsmonatsfrist gilt als Frist für die Beilegung von Meinungsverschiedenheiten im Sinne jener Verordnung. Die EBA beschließt binnen eines Monats. Nach Ablauf der Sechsmonatsfrist oder sobald eine gemeinsame Entscheidung vorliegt, kann die Angelegenheit nicht mehr an die EBA verwiesen werden.

(5) Gelangen die zuständigen Behörden nicht innerhalb von sechs Monaten zu einer gemeinsamen Entscheidung, entscheidet die für die Beaufsichtigung des Tochterunternehmens auf Einzelbasis zuständige Behörde selbst über den Antrag nach Absatz 1 Buchstabe b.

Die Entscheidung wird in einem Dokument dargelegt, das die vollständige Begründung enthält und die von den anderen zuständigen Behörden innerhalb des Zeitraums von sechs Monaten geäußerten Standpunkte und Vorbehalte berücksichtigt.

Die Entscheidung wird der konsolidierenden Aufsichtsbehörde mitgeteilt, die sie dem EU-Mutterinstitut, der EU-Mutterfinanzholdinggesellschaft oder der gemischten EU-Mutterfinanzholdinggesellschaft übermittelt.

Hat die konsolidierende Aufsichtsbehörde bei Ende der Sechsmonatsfrist die Angelegenheit gemäß Artikel 19 der Verordnung (EU) Nr. 1093/2010 an die EBA verwiesen, so stellt die für die Beaufsichtigung des Tochterunternehmens auf Einzelbasis zuständige Behörde ihre Entscheidung in Bezug auf Absatz 1 Buchstabe b zurück, bis ein Beschluss der EBA gemäß Artikel 19 Absatz 3 jener Verordnung über ihre Entscheidung ergangen ist, und entscheidet dann in Übereinstimmung mit dem Beschluss der EBA. Die Sechsmonatsfrist gilt als Frist für die Beilegung von Meinungsverschiedenheiten im Sinne der genannten Verordnung. Die EBA trifft ihren Beschluss binnen eines Monats. Nach Ablauf der Sechsmonatsfrist oder sobald eine gemeinsame Entscheidung vorliegt, kann die Angelegenheit nicht mehr an die EBA verwiesen werden.

(6) Wenden ein EU-Mutterinstitut und seine Tochterunternehmen, die Tochterunternehmen einer EU-Mutterfinanzholdinggesellschaft oder gemischten EU-Mutterfinanzholdinggesellschaft einen fortgeschrittenen Messansatz nach Artikel 312 Absatz 2 oder den IRB-Ansatz nach Artikel 143 einheitlich an, so gestatten die zuständigen Behörden, dass Mutter und Töchter die Kriterien der Artikel 321 und 322 oder des Teils 3 Titel II Kapitel 3 Abschnitt 6 gemeinsam und in einer Weise erfüllen, die mit der Struktur der Gruppe und ihren Risikomanagementsystemen, -verfahren und -methoden vereinbar ist.

(7) Die Entscheidungen gemäß den Absätzen 2, 4 und 5 werden von den zuständigen Behörden in den betreffenden Mitgliedstaaten als maßgebend anerkannt und angewandt.

(8) Um gemeinsame Entscheidungen zu erleichtern, arbeitet die EBA Entwürfe technischer Durchführungsstandards zur Spezifizierung des Verfahrens für gemeinsame Entscheidungen nach Absatz 1 Buchstabe a über Anträge auf Genehmigungen nach Artikel 143 Absatz 1, Artikel 151 Absätze 4 und 9, Artikel 283, Artikel 312 Absatz 2 und Artikel 363 aus.

Die EBA legt der Kommission diese Entwürfe technischer Durchführungsstandards bis zum 31. Dezember 2014 vor.

Der Kommission wird die Befugnis übertragen, die technischen Durchführungsstandards nach Unterabsatz 1 gemäß Artikel 15 der Verordnung (EU) Nr. 1093/2010 zu erlassen.

Artikel 21 Gemeinsame Entscheidungen über die Anwendungsebene von Liquiditätsanforderungen

(1) Bei Anträgen eines EU-Mutterinstituts oder einer EU-Mutterfinanzholdinggesellschaft oder einer gemischten EU-Mutterfinanzholdinggesellschaft oder eines teilkonsolidierten Tochterunternehmens eines EU-Mutterinstituts oder einer EU-Mutterfinanzholdinggesellschaft oder einer gemischten EU-Mutterfinanzholdinggesellschaft setzen die konsolidierende Aufsichtsbehörde und die in einem Mitgliedstaat für die Beaufsichtigung von Tochterunternehmen eines EU-Mutterinstituts oder einer EU-Mutterfinanzholdinggesellschaft oder einer gemischten EU-Mutterfinanzholdinggesellschaft zuständigen Behörden alles daran, zu einer gemeinsamen Entscheidung darüber zu gelangen, ob die Voraussetzungen des Artikels 8 Absatz 1 Buchstaben a bis d erfüllt sind und um für die Anwendung des Artikels 8 eine zusammengefasste Liquiditätsuntergruppe zu bestimmen.

Die gemeinsame Entscheidung wird innerhalb von sechs Monaten nach Vorlage eines Berichts der konsolidierenden Aufsichtsbehörde getroffen, in dem diese auf der Grundlage der Kriterien des Artikels 8 eine zusammengefasste Liquiditätsuntergruppe bestimmt. Besteht vor Ablauf dieser Sechsmonatefrist Uneinigkeit, so konsultiert die konsolidierende Aufsichtsbehörde auf Verlangen einer anderen zuständigen Behörde die EBA. Die konsolidierende Aufsichtsbehörde kann die EBA auch von sich aus konsultieren.

In der gemeinsamen Entscheidung können auch Beschränkungen hinsichtlich der Belegenheit und des Eigentums an liquiden Aktiva auferlegt und den von der Anwendung des Teils 6 ausgenommenen Instituten das Halten bestimmter Mindestbeträge an liquiden Aktiva vorgeschrieben werden.

Die gemeinsame Entscheidung wird in einem Dokument mit einer vollständigen Begründung dargelegt, das die konsolidierende Aufsichtsbehörde dem Mutterinstitut der betroffenen zusammengefassten Liquiditätsuntergruppe übermittelt.

(2) Liegt innerhalb von sechs Monaten keine gemeinsame Entscheidung vor, so entscheidet jede für die Einzelaufsicht zuständige Behörde allein über den Antrag.

Während des Sechsmonatezeitraums kann sich jedoch jede zuständige Behörde mit Fragen hinsichtlich der Erfüllung der Voraussetzungen von Artikel 8 Absatz 1 Buchstaben a bis d an die EBA wenden. In diesem Fall kann die EBA ihre nicht bindende Vermittlertätigkeit gemäß Artikel 31 Buchstabe c der Verordnung (EU) Nr. 1093/2010 wahrnehmen und alle beteiligten zuständigen Behörden stellen ihre Entscheidung bis zum Abschluss der nicht bindenden Vermittlertätigkeit zurück. Erzielen die zuständigen Behörden während der Vermittlung innerhalb von drei Monaten keine Einigung, so entscheidet jede für die Einzelaufsicht zuständige Behörde allein unter Berücksichtigung der Verhältnismäßigkeit von Nutzen und Risiken sowohl auf der Ebene des Mitgliedstaats des Mutterinstituts als auch auf der Ebene des Mitgliedstaats des Tochterunternehmens. Nach Ablauf der Sechsmonatsfrist oder sobald eine gemeinsame Entscheidung vorliegt, kann die Angelegenheit nicht mehr an die EBA verwiesen werden.

Die gemeinsame Entscheidung nach Absatz 1 und die Entscheidungen gemäß Unterabsatz 2 sind verbindlich.

(3) Ferner kann jede zuständige Behörde während des Sechsmonatszeitraums die EBA konsultieren, wenn Uneinigkeit über die Voraussetzungen des Artikels 8 Absatz 3 Buchstaben a bis d besteht. In diesem Fall kann die EBA ihre nicht bindende Vermittlertätigkeit gemäß Artikel 31 Buchstabe c der Verordnung (EU) Nr. 1093/2010 wahrnehmen. Die beteiligten zuständigen Behörden stellen ihre Entscheidung bis zum Abschluss der nicht bindenden Vermittlertätigkeit zurück. Erzielen die zuständigen Behörden während der Vermittlung innerhalb von drei Monaten keine Einigung, so entscheidet jede für die Einzelaufsicht zuständige Behörde allein.

Artikel 22   Teilkonsolidierung von Unternehmen in Drittländern

Tochterunternehmen wenden die Anforderungen, der Artikel 89 bis 91, des Teils 3 und des Teils 4 auf teilkonsolidierter Basis an, wenn die betreffenden Institute oder ihr Mutterunternehmen – sofern es sich dabei um eine Finanzholdinggesellschaft oder gemischte Finanzholdinggesellschaft handelt – ein Institut oder ein Finanzinstitut als Tochterunternehmen in einem Drittland haben oder eine Beteiligung an einem solchen Unternehmen halten.

Artikel 23   Unternehmen in Drittländern

Für die Zwecke der Beaufsichtigung auf konsolidierter Basis gemäß diesem Kapitel - schließen die Begriffe ›Wertpapierfirma‹, ›Kreditinstitut‹, ›Finanzinstitut‹ und ›Institut‹ auch in Drittländern niedergelassene Unternehmen ein, die, wenn sie in der Union niedergelassen wären, unter die Bestimmung dieser Begriffe nach Artikel 4 fallen würden.

Artikel 24   Bewertung von Vermögenswerten und außerbilanziellen Posten

(1) Vermögenswerte und außerbilanzielle Posten werden nach dem geltenden Rechnungslegungsrahmen bewertet.

(2) Abweichend von Absatz 1 können die zuständigen Behörden verlangen, dass Institute die Bewertung von Vermögenswerten und außerbilanziellen Posten und die Ermittlung der Eigenmittel gemäß den Internationalen Rechnungslegungsstandards nach Maßgabe der Verordnung (EG) Nr. 1606/2002 vornehmen.

Teil 2:
Eigenmittel

Titel I   Bestandteile der Eigenmittel

Kapitel 1   Kernkapital

Artikel 25   Kernkapital

Das Kernkapital eines Instituts besteht aus der Summe des harten Kernkapitals und des zusätzlichen Kernkapitals.

Kapitel 2 Hartes Kernkapital

Abschnitt 1 Posten und Instrumente des harten Kernkapitals

Artikel 26 Posten des harten Kernkapitals

(1) Das harte Kernkapital eines Instituts umfasst folgende Posten:
a) Kapitalinstrumente, die die Voraussetzungen des Artikels 28, oder gegebenenfalls des Artikels 29 erfüllen,
b) das mit den Instrumenten nach Buchstabe a verbundene Agio,
c) einbehaltene Gewinne,
d) das kumulierte sonstige Ergebnis,
e) sonstige Rücklagen,
f) den Fonds für allgemeine Bankrisiken.

Die unter den Buchstaben c bis f genannten Posten werden nur dann als hartes Kernkapital anerkannt, wenn sie dem Institut uneingeschränkt und unmittelbar zur sofortigen Deckung von Risiken oder Verlusten zur Verfügung stehen.

(2) Institute dürfen vor dem offiziellen Beschluss zur Bestätigung ihres endgültigen Jahresergebnisses Zwischengewinne oder Gewinne zum Jahresende nur nach vorheriger Erlaubnis der zuständigen Behörde für die Zwecke von Absatz 1 Buchstabe c zum harten Kernkapital rechnen. Die zuständige Behörde gibt die Erlaubnis, vorausgesetzt
a) die Gewinne wurden durch Personen überprüft, die vom Institut unabhängig und für dessen Buchprüfung zuständig sind;
b) das Institut hat den zuständigen Behörden hinreichend nachgewiesen, dass alle vorhersehbaren Abgaben oder Dividenden von dem Gewinnbetrag abgezogen wurden.

Eine Überprüfung der Zwischengewinne oder Jahresendgewinne des Instituts muss in angemessenem Maße gewährleisten, dass diese Gewinne im Einklang mit den Grundsätzen des geltenden Rechnungslegungsrahmens ermittelt wurden.

(3) Die zuständigen Behörden bewerten, ob die Emission von Instrumenten des harten Kernkapitals den Kriterien des Artikels 28 oder gegebenenfalls des Artikels 29 genügt. Nach dem 28. Juni 2013 begebene Kapitalinstrumente werden nur dann als Instrumente des harten Kernkapitals eingestuft, wenn die zuständigen Behörden, gegebenenfalls nach Konsultation der EBA, zuvor die Erlaubnis gegeben haben.

Die zuständigen Behörden begründen ihre Entscheidung gegenüber der EBA, wenn sie Kapitalinstrumente, ausgenommen staatliche Beihilfen, als Instrumente des harten Kernkapitals akzeptieren, deren Übereinstimmung mit den Kriterien des Artikels 28 oder gegebenenfalls des Artikels 29 jedoch nach Ansicht der EBA äußerst schwierig festzustellen ist.

Auf der Grundlage der Angaben jeder zuständigen Behörde erstellt, führt und veröffentlicht die EBA ein Verzeichnis sämtlicher Arten von Kapitalinstrumenten in jedem Mitgliedstaat, die als Instrumente des harten Kernkapitals akzeptiert werden. Sie erstellt dieses Verzeichnis und veröffentlicht es erstmals bis zum 28. Juli 2013.

Die EBA kann nach der Überprüfung gemäß Artikel 80 und wenn es deutliche Belege dafür gibt, dass Kapitalinstrumente, die keine Instrumente der staatlichen Beihilfe sind, die Kriterien des Artikels 28 oder gegebenenfalls des Artikels 29 nicht erfüllen, entscheiden, nach dem 28. Juni 2013 begebene Instrumente dieser Art aus dem Verzeichnis zu streichen und eine entsprechende Bekanntmachung veröffentlichen.

(4) Die EBA arbeitet Entwürfe technischer Regulierungsstandards zur Klärung des Begriffs ›vorhersehbar‹ aus, wenn ermittelt wird, ob alle vorhersehbaren Abgaben oder Dividenden in Abzug gebracht wurden.

Die EBA legt der Kommission diese Entwürfe technischer Regulierungsstandards bis zum 28. Juli 2013 vor.

Der Kommission wird die Befugnis übertragen, die technischen Regulierungsstandards nach Unterabsatz 1 gemäß den Artikeln 10 bis 14 der Verordnung (EU) Nr. 1093/2010 zu erlassen.

Artikel 27 Zu den Posten des harten Kernkapitals zählende Kapitalinstrumente von Gegenseitigkeitsgesellschaften, Genossenschaften, Sparkassen und ähnlichen Instituten

(1) Posten des harten Kernkapitals umfassen alle von einem Institut gemäß seiner Satzung begebenen Kapitalinstrumente, vorausgesetzt
a) das Institut hat eine im maßgebenden einzelstaatlichen Recht definierte Unternehmensform und gilt nach Auffassung der zuständige Behörde für die Zwecke dieses Teils als
   i) Gegenseitigkeitsgesellschaft,
   ii) Genossenschaft,
   iii) Sparkasse,
   iv) ähnliches Institut,
   v) Kreditinstitut im vollständigen Eigentum eines unter Ziffer i bis iv genannten Instituts, das mit Genehmigung der jeweils zuständigen Behörde diesen Artikel nutzen darf, sofern und solange 100 % seiner ausgegebenen Stammaktien direkt oder indirekt von einem unter Ziffer i bis iii genannten Institut gehalten werden;
b) die Bedingungen des Artikels 28, oder gegebenenfalls des Artikels 29 sind erfüllt;

Nach geltendem einzelstaatlichen Recht vor dem 31. Dezember 2012 als solche anerkannte Gegenseitigkeitsgesellschaften, Genossenschaften oder Sparkassen gelten für die Zwecke dieses Teils weiter als solche, sofern und solange die anerkennungsbegründenden Voraussetzungen erfüllt sind.

(2) Die EBA arbeitet Entwürfe technischer Regulierungsstandards aus, in denen die Bedingungen präzisiert werden, anhand deren die zuständigen Behörden entscheiden können, ob eine im maßgebenden einzelstaatlichen Recht anerkannte Unternehmensform für die Zwecke dieses Teils als Gegenseitigkeitsgesellschaft, Genossenschaft, Sparkasse oder ähnliches Institut gilt.

Die EBA übermittelt der Kommission diesen Entwurf eines technischen Regulierungsstandards bis zum 28. Juli 2013.

Der Kommission wird die Befugnis übertragen, die technischen Regulierungsstandards nach Unterabsatz 1 gemäß den Artikeln 10 bis 14 der Verordnung (EU) Nr. 1093/2010 zu erlassen.

Artikel 28 Instrumente des harten Kernkapitals

(1) Kapitalinstrumente gelten nur dann als Instrumente des harten Kernkapitals, wenn alle folgenden Bedingungen erfüllt sind:
a) sie werden vom Institut mit vorheriger Zustimmung der Eigentümer oder – wenn dies nach einzelstaatlichen Recht zulässig ist – des Leitungsorgans des Instituts direkt begeben;
b) sie sind eingezahlt, und ihr Kauf wird weder direkt noch indirekt durch das Institut finanziert;
c) sie erfüllen hinsichtlich ihrer Einstufung alle folgenden Bedingungen:
   i) sie gelten als Kapital im Sinne des Artikels 22 der Richtlinie 86/635/EWG,
   ii) sie gelten als Eigenkapital im Sinne des geltenden Rechnungslegungsrahmens,

iii) sie gelten gegebenenfalls nach Maßgabe einzelstaatlicher Insolvenzvorschriften als Eigenkapital zum Zwecke der Feststellung der Insolvenz aufgrund buchmäßiger Überschuldung,
d) sie sind in der Bilanz des Jahresabschlusses des Instituts eindeutig und gesondert offengelegt;
e) sie sind zeitlich unbefristet;
f) ihr Kapitalbetrag darf nur in einem der beiden folgenden Fälle verringert oder zurückgezahlt werden:
   i) Liquidation des Instituts,
   ii) Rückkäufe der Instrumente nach Ermessen oder andere Ermessensmaßnahmen zur Verringerung der Eigenmittel nach vorheriger Erlaubnis der zuständigen Behörde gemäß Artikel 77,
g) die für das Instrument geltenden Bestimmungen lassen weder explizit noch implizit erkennen, dass sein Kapitalbetrag außer im Fall der Liquidation des Instituts verringert oder zurückgezahlt werden kann oder darf, und das Institut gibt vor oder während der Emission der Instrumente auch anderweitig keinen dahingehenden Hinweis, außer im Hinblick auf die in Artikel 27 genannten Instrumente, wenn eine Rückzahlungsweigerung des Instituts für solche Instrumente nach einzelstaatlichem Recht verboten ist;
h) sie erfüllen hinsichtlich Ausschüttungen die folgenden Bedingungen:
   i) es gibt keine Vorzugsbehandlung in Bezug auf die Reihenfolge der Ausschüttungen, auch nicht im Zusammenhang mit anderen Instrumenten des harten Kernkapitals, und in den für das Instrument geltenden Bestimmungen sind keine Vorzugsrechte für die Auszahlung von Ausschüttungen vorgesehen,
   ii) Ausschüttungen an die Inhaber der Instrumente dürfen nur aus ausschüttungsfähigen Posten ausgezahlt werden,
   iii) die für das Instrument geltenden Bestimmungen sehen außer im Falle der in Artikel 27 genannten Instrumente keine Obergrenze oder andere Beschränkung des Höchstbetrags der Ausschüttungen vor,
   iv) die Höhe der Ausschüttungen wird außer im Falle der in Artikel 27 genannten Instrumente nicht auf der Grundlage des Anschaffungspreises der Instrumente bestimmt,
   v) die für das Instrument geltenden Bestimmungen sehen keine Ausschüttungspflicht des Instituts vor, und das Institut unterliegt auch anderweitig keiner solchen Verpflichtung,
   vi) die Nichtzahlung von Ausschüttungen stellt keinen Ausfall des Instituts dar,
   vii) durch die Streichung von Ausschüttungen werden dem Institut keine Beschränkungen auferlegt;
i) die Instrumente tragen, gemessen an allen vom Institut begebenen Kapitalinstrumenten, bei Auftreten von Verlusten deren ersten und proportional größten Anteil, und jedes Instrument trägt Verluste im gleichen Grad wie alle anderen Instrumente des harten Kernkapitals;
j) die Instrumente sind bei Insolvenz oder Liquidation des Instituts nachrangig gegenüber allen anderen Ansprüchen;
k) die Instrumente verleihen ihren Eigentümern einen Anspruch auf die Restaktiva des Instituts, der im Falle der Liquidation und nach Zahlung aller vorrangigen Forderungen proportional zur Summe der ausgegebenen Instrumente besteht, keinen festen Wert hat und keiner Obergrenze unterliegt, außer im Falle der in Artikel 27 genannten Kapitalinstrumente;
l) die Instrumente sind nicht durch eines der folgenden Unternehmen besichert oder Gegenstand einer von ihnen gestellten Garantie, die den Ansprüchen einen höheren Rang verleiht:
   i) das Institut oder seine Tochterunternehmen,
   ii) das Mutterunternehmen des Instituts oder dessen Tochterunternehmen,
   iii) die Mutterfinanzholdinggesellschaft oder ihre Tochterunternehmen;

iv) die gemischte Holdinggesellschaft oder ihre Tochterunternehmen,
v) die gemischte Finanzholdinggesellschaft und ihre Tochterunternehmen,
vi) jedes Unternehmen mit engen Verbindungen zu den unter den Ziffern i bis v genannten Unternehmen;
m) es bestehen keine vertraglichen oder sonstigen Vereinbarungen in Bezug auf die Instrumente, die den Ansprüchen aus den Instrumenten bei Insolvenz oder Liquidation einen höheren Rang verleihen.

Sofern die Instrumente gleichrangig sind, gilt die Bedingung nach Unterabsatz 1 Buchstabe j ungeachtet dessen, dass sie dem zusätzlichen Kernkapital oder dem Ergänzungskapital zugerechnet werden, kraft Artikel 484 Absatz 3 als erfüllt.

(2) Die Bedingungen nach Absatz 1 Buchstabe i gelten unbeschadet einer dauerhaften Wertberichtigung des Kapitalbetrags von Instrumenten des zusätzlichen Kernkapitals oder des Ergänzungskapitals als erfüllt.

Die Bedingung nach Absatz 1 Buchstabe f gilt als erfüllt, selbst wenn der Kapitalbetrag des Instruments im Rahmen eines Abwicklungsverfahrens oder infolge einer von der für das Institut zuständigen Abwicklungsbehörde geforderten Wertminderung von Kapitalinstrumenten herabgesetzt wird.

Die Bedingung nach Absatz 1 Buchstabe g gilt als erfüllt, selbst wenn die für das Kapitalinstrument geltenden Bestimmungen ausdrücklich oder implizit vorsehen, dass der Kapitalbetrag des Instruments im Rahmen eines Abwicklungsverfahrens oder infolge einer von der für das Institut zuständigen Abwicklungsbehörde geforderten Wertminderung von Kapitalinstrumenten möglicherweise herabgesetzt wird oder werden kann.

(3) Die Bedingung nach Absatz 1 Buchstabe h Ziffer iii gilt als erfüllt, selbst wenn auf das Instrument eine Mehrfachdividende gezahlt wird, vorausgesetzt diese Mehrfachdividende führt nicht zu einer Ausschüttung, die einen unverhältnismäßig hohen Abfluss bei den Eigenmitteln verursacht.

(4) Für die Zwecke des Absatzes 1 Buchstabe h Ziffer i dürfen Unterschiede bei der Ausschüttung nur Ausdruck von Unterschieden bei den Stimmrechten sein. Hierbei darf eine höhere Ausschüttung nur für Instrumente des harten Kernkapitals vorgenommen werden, an die weniger oder keine Stimmrechte geknüpft sind.

(5) Die EBA arbeitet Entwürfe technischer Regulierungsstandards aus, in denen Folgendes präzisiert wird:
a) die anwendbaren Formen und Arten indirekter Finanzierung von Eigenmittelinstrumenten,
b) ob und wann Mehrfachausschüttungen einen unverhältnismäßig hohen Abfluss bei den Eigenmitteln verursachen,
c) die Bedeutung des Begriffs Vorzugsausschüttung.

Die EBA legt der Kommission diese Entwürfe technischer Regulierungsstandards bis zum 28. Juli 2013 vor.

Der Kommission wird die Befugnis übertragen, die technischen Regulierungsstandards nach Unterabsatz 1 gemäß den Artikeln 10 bis 14 der Verordnung (EU) Nr. 1093/2010 zu erlassen.

Artikel 29 Kapitalinstrumente von Gegenseitigkeitsgesellschaften, Genossenschaften, Sparkassen und ähnlichen Instituten

(1) Von Gegenseitigkeitsgesellschaften, Genossenschaften, Sparkassen und ähnlichen Instituten begebene Kapitalinstrumente gelten nur dann als Instrumente des harten Kernkapitals, wenn die Bedingungen des Artikels 28, mit den durch die Anwendung dieses Artikels bedingten Änderungen, erfüllt sind.

(2) Die Rückzahlung der Kapitalinstrumente unterliegt folgenden Voraussetzungen:
a) das Institut kann die Rückzahlung der Instrumente verweigern, es sei denn, dies ist nach einzelstaatlichem Recht verboten;
b) kann das Institut die Rückzahlung der Instrumente laut einzelstaatlichem Recht nicht verweigern, so wird ihm in den für das Instrument geltenden Bestimmungen die Möglichkeit gegeben, die Rückzahlung zu beschränken;
c) die Verweigerung oder Beschränkung der Rückzahlung der Instrumente stellt keinen Ausfall des Instituts dar.

(3) Die Kapitalinstrumente dürfen nur dann eine Obergrenze oder eine Beschränkung des Ausschüttungshöchstbetrags vorsehen, wenn diese Obergrenze oder Beschränkung im einzelstaatlichen Recht oder in der Satzung des Instituts vorgesehen ist.

(4) Haben die Inhaber der Kapitalinstrumente bei Insolvenz oder Liquidation des Instituts Ansprüche auf dessen Rücklagen und sind diese Ansprüche auf den Nennwert der Instrumente beschränkt, so gilt diese Beschränkung gleichermaßen für die Inhaber aller anderen von diesem Institut begebenen Instrumente des harten Kernkapitals.

Unbeschadet der Bedingung nach Unterabsatz 1 kann eine Gegenseitigkeitsgesellschaft, Genossenschaft, Sparkasse oder ein ähnliches Institut im Rahmen ihres (seines) harten Kernkapitals Instrumente anerkennen, die dem Inhaber kein Stimmrecht gewähren und die alle folgenden Bedingungen erfüllen:
a) die Ansprüche der Inhaber der nicht stimmberechtigten Instrumente im Falle der Insolvenz oder Liquidation des Instituts entspricht dem Anteil dieser nicht stimmberechtigten Instrumente an der Gesamtheit der Instrumente des harten Kernkapitals;
b) die Instrumente gelten in übriger Hinsicht als Instrumente des harten Kernkapitals.

(5) Haben die Inhaber der Kapitalinstrumente bei Insolvenz oder Liquidation des Instituts Ansprüche auf dessen Vermögenswerte und haben diese Ansprüche einen festen Wert oder unterliegen einer Obergrenze, so gilt diese Beschränkung gleichermaßen für alle Inhaber aller von diesem Institut aufgelegten Instrumente des harten Kernkapitals.

(6) Die EBA arbeitet Entwürfe technischer Regulierungsstandards zur Spezifizierung der Art der Rückzahlungsbeschränkungen aus, die erforderlich sind, wenn eine Weigerung des Instituts, Eigenmittelinstrumente zurückzuzahlen, nach einzelstaatlichem Recht verboten ist.

Die EBA legt der Kommission diese Entwürfe technischer Regulierungsstandards bis zum 28. Juli 2013 vor.

Der Kommission wird die Befugnis übertragen, die technischen Regulierungsstandards nach Unterabsatz 1 gemäß den Artikeln 10 bis 14 der Verordnung (EU) Nr. 1093/2010 zu erlassen.

Artikel 30   Nichterfüllung der Bedingungen für Instrumente des harten Kernkapitals

Wenn hinsichtlich eines Instruments des harten Kernkapitals die Bedingungen des Artikels 28 oder gegebenenfalls des Artikels 29 nicht länger erfüllt sind, gilt Folgendes:
a) das betreffende Instrument gilt mit unmittelbarer Wirkung nicht länger als Instrument des harten Kernkapitals,
b) das mit dem betreffenden Instrument verbundene Agio gilt mit unmittelbarer Wirkung nicht länger als Posten des harten Kernkapitals.

Artikel 31   Von staatlichen Stellen im Notfall gezeichnete Kapitalinstrumente

(1) In Notfällen können die zuständigen Behörden einem Institut gestatten, Kapitalinstrumente zum harten Kernkapital zu rechnen, die mindestens die Bedingungen

des Artikels 28 Absatz 1 Buchstaben b bis e erfüllen sofern die folgenden Bedingungen erfüllt sind:
a) Die Kapitalinstrumente werden nach dem 1. Januar 2014 begeben;
b) Sie werden von der Kommission als Instrumente der staatlichen Beihilfe eingestuft;
c) Sie werden im Rahmen von Rekapitalisierungsmaßnahmen gemäß den zu jenem Zeitpunkt geltenden Vorschriften betreffend staatliche Beihilfen begeben;
d) Sie sind voll eingezahlt und werden vom Staat oder einer einschlägigen staatlichen Stelle oder Einrichtung in staatlichem Eigentum gehalten;
e) Sie sind geeignet, Verluste aufzufangen;
f) Außer bei Kapitalinstrumenten im Sinne des Artikels 27 verleihen die Kapitalinstrumente im Liquidationsfall ihren Inhabern einen Anspruch auf die nach der Befriedigung aller vorrangigen Ansprüche verbleibenden Vermögenswerte des Instituts;
g) Es sind angemessene Mechanismen für den Ausstieg des Staates bzw. der einschlägigen staatliche Stelle oder der Einrichtung in staatlichem Eigentum vorgesehen;
h) Die zuständige Behörde hat zuvor die Erlaubnis gegeben und ihre Entscheidung zusammen mit deren Begründung veröffentlicht.

(2) Auf begründeten Antrag der jeweils zuständigen Behörde und in Zusammenarbeit mit dieser betrachtet die EBA die in Absatz 1 genannten Kapitalinstrumente für die Zwecke dieser Verordnung als Instrumenten des harten Kernkapitals gleichwertig.

Abschnitt 2   Aufsichtliche Korrekturposten

Artikel 32   Verbriefte Aktiva

(1) Institute schließen von den Bestandteilen der Eigenmittel jeglichen Anstieg des Eigenkapitals nach dem geltenden Rechnungslegungsrahmen aus, wenn dieser Anstieg sich aus verbrieften Aktiva ergibt, einschließlich:
a) eines Anstiegs im Zusammenhang mit künftigen Margenerträgen, die einen Veräußerungsgewinn für das Institut darstellen,
b) wenn das Institut Originator einer Verbriefung ist, der Nettoerträge aus der Kapitalisierung künftiger Erträge aus verbrieften Aktiva, die eine Bonitätsverbesserung für Verbriefungspositionen bieten.

(2) Die EBA arbeitet Entwürfe technischer Regulierungsstandards zur weiteren Klärung des in Absatz 1 Buchstabe a genannten Konzepts der Verkaufsgewinne aus.
Die EBA übermittelt der Kommission diese Entwürfe technischer Regulierungsstandards bis zum 28. Juli 2013.
Der Kommission wird die Befugnis übertragen, die technischen Regulierungsstandards nach Unterabsatz 1 gemäß dem Verfahren nach den Artikeln 10 bis 14 der Verordnung (EU) Nr. 1093/2010 zu erlassen.

Artikel 33   Sicherungsgeschäfte für Zahlungsströme und Wertänderungen eigener Verbindlichkeiten

(1) Institute schließen aus den Bestandteilen der Eigenmittel folgende Posten aus:
a) Rücklagen aus Gewinnen oder Verlusten aus zeitwertbilanzierten Geschäften zur Absicherung von Zahlungsströmen für nicht zeitwertbilanzierte Finanzinstrumente, einschließlich erwarteter Zahlungsströme,
b) durch Veränderungen der eigenen Bonität bedingte Gewinne oder Verluste des Instituts aus zum beizulegenden Zeitwert bewerteten eigenen Verbindlichkeiten,
c) Gewinne und Verluste aus zum Zeitwert bilanzierten Derivatverbindlichkeiten des Instituts, die aus Veränderungen seiner eigenen Bonität resultieren.

(2) Für die Zwecke des Absatzes 1 Buchstabe c dürfen Institute die aus dem eigenen Kreditrisiko resultierenden Zeitwertgewinne und -verluste nicht gegen solche aus ihrem Gegenparteiausfallrisiko aufrechnen.

(3) Unbeschadet des Absatzes 1 Buchstabe b dürfen Institute den Betrag an Gewinnen und Verlusten bei ihren Eigenmitteln berücksichtigen, wenn alle folgenden Bedingungen erfüllt sind:
a) die Verbindlichkeiten sind Schuldverschreibungen im Sinne des Artikels 52 Absatz 4 der Richtlinie 2009/65/EG,
b) die Wertänderungen der Aktiva und Passiva des Instituts sind Folge derselben Änderung der Bonität des Instituts,
c) zwischen dem Wert der Schuldverschreibungen nach Buchstabe a und dem Wert der Aktiva des Instituts besteht enge Übereinstimmung,
d) die Hypothekenkredite können durch Rückkauf der diese Kredite finanzierenden Hypothekenanleihen zum Nenn- oder Marktwert abgelöst werden.

(4) Die EBA arbeitet Entwürfe technischer Regulierungsstandards aus, um zu präzisieren, was eine enge Übereinstimmung zwischen dem Wert der Schuldverschreibungen und dem Wert der Aktiva im Sinne des Absatzes 3 Buchstabe c darstellt.

Die EBA übermittelt der Kommission diese Entwürfe technischer Regulierungsstandards bis zum 30. September 2015.

Der Kommission wird die Befugnis übertragen, die technischen Regulierungsstandards nach Unterabsatz 1 gemäß den Artikeln 10 bis 14 der Verordnung (EU) Nr. 1093/2010 zu erlassen.

Artikel 34   Zusätzliche Bewertungsanpassungen

Institute wenden bei der Berechnung ihrer Eigenmittel die Anforderungen des Artikels 105 auf all ihre zeitwertbilanzierten Vermögenswerte an und ziehen vom harten Kernkapital den Betrag der erforderlichen zusätzlichen Bewertungsanpassungen ab.

Artikel 35   Aus der Zeitwertbilanzierung resultierende nicht realisierte Gewinne und Verluste

Institute nehmen keine Bewertungsanpassungen vor, die dem Ziel dienen, von den Eigenmitteln nicht realisierte, Gewinne und Verluste aus zum Zeitwert bilanzierten Aktiva oder Passiva auszunehmen, es sei denn, dies betrifft die in Artikel 33 genannten Posten.

Abschnitt 3   Abzüge von den Posten des harten Kernkapitals, Ausnahmen und Alternativen

Unterabschnitt 1   Abzüge von den Posten des harten Kernkapitals

Artikel 36   Abzüge von den Posten des harten Kernkapitals

(1) Die Institute ziehen von den Posten ihres harten Kernkapitals folgende Positionen ab:
a) Verluste des laufenden Geschäftsjahres,
b) immaterielle Vermögenswerte,
c) von der künftigen Rentabilität abhängige latente Steueransprüche,
d) für Institute, die risikogewichtete Positionsbeträge nach dem auf internen Beurteilungen basierenden Ansatz (IRB-Ansatz) berechnen, die negativen Beträge aus der Berechnung der erwarteten Verlustbeträge nach den Artikeln 158 und 159,
e) in der Bilanz des Instituts ausgewiesene Vermögenswerte aus Pensionsfonds mit Leistungszusage,

f) direkte, indirekte und synthetische Positionen eines Instituts in eigenen Instrumenten des harten Kernkapitals, einschließlich eigener Instrumente des harten Kernkapitals, die das Institut aufgrund einer bestehenden vertraglichen Verpflichtung tatsächlich oder möglicherweise zu kaufen verpflichtet ist,
g) direkte, indirekte und synthetische Positionen in Instrumenten des harten Kernkapitals von Unternehmen der Finanzbranche, die eine Überkreuzbeteiligung mit dem Institut eingegangen sind, die nach Ansicht der zuständigen Behörden dem Ziel dient, dessen Eigenmittel künstlich zu erhöhen,
h) den maßgeblichen Betrag der direkten, indirekten und synthetischen Positionen in Instrumenten des harten Kernkapitals von Unternehmen der Finanzbranche, an denen das Institut keine wesentliche Beteiligung hält,
i) den maßgeblichen Betrag der direkten, indirekten und synthetischen Positionen in Instrumenten des harten Kernkapitals von Unternehmen der Finanzbranche, an denen das Institut eine wesentliche Beteiligung hält,
j) den Betrag der gemäß Artikel 56 von den Posten des zusätzlichen Kernkapitals in Abzug zu bringenden Posten, der das zusätzliche Kernkapital des Instituts überschreitet,
k) den Risikopositionsbetrag aus folgenden Posten, denen ein Risikogewicht von 1250% zuzuordnen ist, wenn das Institut als Alternative zur Anwendung eines Risikogewichts von 1250% jenen Risikopositionsbetrag vom Betrag der Posten des harten Kernkapitals abzieht:
  i) qualifizierte Beteiligungen außerhalb des Finanzsektors,
  ii) Verbriefungspositionen gemäß Artikel 243 Absatz 1 Buchstabe b, Artikel 244 Absatz 1 Buchstabe b und Artikel 258,
  iii) Vorleistungen gemäß Artikel 379 Absatz 3,
  iv) Positionen in einem Korb, deren Risikogewichte ein Institut gemäß Artikel 153 Absatz 8 nicht nach dem IRB-Ansatz bestimmen kann,
  v) Beteiligungspositionen im Rahmen eines auf internen Modellen basierenden Ansatzes gemäß Artikel 155 Absatz 4,
l) jede zum jeweiligen Berechnungszeitpunkt vorhersehbare steuerliche Belastung auf Posten des harten Kernkapitals, es sei denn, das Institut passt den Betrag der Posten des harten Kernkapitals in angemessener Form an, wenn eine solche steuerliche Belastung die Summe, bis zu der diese Posten zur Deckung von Risiken oder Verlusten dienen können, verringert.

(2) Die EBA arbeitet Entwürfe technischer Regulierungsstandards aus, um die Anwendung der Abzüge nach Absatz 1 Buchstaben a, c, e, f, h, i und l sowie der entsprechenden Abzüge nach Artikel 56 Buchstaben a, c, d und f und Artikel 66 Buchstaben a, c und d zu präzisieren.

Die EBA übermittelt der Kommission diese Entwürfe technischer Regulierungsstandards bis zum 28. Juli 2013.

Der Kommission wird die Befugnis übertragen, die technischen Regulierungsstandards nach Unterabsatz 1 gemäß den Artikeln 10 bis 14 der Verordnung (EU) Nr. 1093/2010 zu erlassen.

(3) Die EBA arbeitet Entwürfe technischer Regulierungsstandards aus, um zu präzisieren welche Arten von Kapitalinstrumenten von Finanzinstituten und – in Abstimmung mit der durch die Verordnung (EU) Nr. 1094/2010 des Europäischen Parlaments und des Rates vom 24. November 2010[1] errichtete Europäischen Aufsichtsbehörde (Europäische Aufsichtsbehörde für das Versicherungswesen und die betriebliche Altersversorgung) (EIOPA) – von Drittland-Versicherungsunternehmen und -Rückversicherungsunternehmen sowie Unternehmen, die gemäß Artikel 4 der Richt-

---

1 ABl. L 331 vom 15.12.2010, S. 48

linie 2009/138/EG von deren Anwendungsbereich ausgenommen sind, von den folgenden Eigenmittelelementen in Abzug gebracht werden:
a) Posten des harten Kernkapitals,
b) Posten des zusätzlichen Kernkapitals,
c) Posten des Ergänzungskapitals.

Die EBA übermittelt der Kommission diese Entwürfe technischer Regulierungsstandards bis zum 28. Juli 2013.

Der Kommission wird die Befugnis übertragen, die technischen Regulierungsstandards nach Unterabsatz 1 gemäß den Artikeln 10 bis 14 der Verordnung (EU) Nr. 1093/2010 zu erlassen.

Artikel 37 Abzug immaterieller Vermögenswerte

Die Institute ermitteln den in Abzug zu bringenden Betrag der immateriellen Vermögenswerte gemäß folgenden Grundsätzen:
a) der in Abzug zu bringende Betrag wird um den Betrag der verbundenen latenten Steuerschulden verringert, die aufgehoben würden, wenn die immateriellen Vermögenswerte wertgemindert worden wären oder nach dem geltenden Rechnungslegungsrahmen aus der Bilanz ausgebucht würden;
b) der in Abzug zu bringende Betrag umfasst den in den Wertansätzen der wesentlichen Beteiligungen des Instituts enthaltenen Geschäfts- oder Firmenwert.

Artikel 38 Abzug von der künftigen Rentabilität abhängiger latenter Steueransprüche

(1) Die Institute ermitteln den in Abzug zu bringenden Betrag der von der künftigen Rentabilität abhängigen latenten Steueransprüche gemäß diesem Artikel.

(2) Der Betrag der von der künftigen Rentabilität abhängigen latenten Steueransprüche wird nicht um den Betrag der verbundenen latenten Steuerschulden des Instituts verringert, es sei denn, die in Absatz 3 festgelegten Bedingungen sind erfüllt.

(3) Der Betrag der von der künftigen Rentabilität abhängigen latenten Steueransprüche kann um den Betrag der verbundenen latenten Steuerschulden des Instituts verringert werden, wenn folgende Bedingungen erfüllt sind:
a) das Institut hat nach dem maßgebenden einzelstaatlichen Recht ein einklagbares Recht zur Aufrechnung der tatsächlichen Steuererstattungsansprüche gegen tatsächliche Steuerschulden;
b) die latenten Steueransprüche und verbundenen latenten Steuerschulden beziehen sich auf Steuern, die von derselben Steuerbehörde für dasselbe Steuersubjekt erhoben werden.

(4) Verbundene latente Steuerschulden des Instituts, die zu Zwecken des Absatzes 3 genutzt werden, dürfen keine latenten Steuerschulden einschließen, die den in Abzug zu bringenden Betrag der immateriellen Vermögenswerte oder der Vermögenswerte von Pensionsfonds mit Leistungszusage verringern.

(5) Der in Absatz 4 genannte Betrag der verbundenen latenten Steuerschulden wird zwischen folgenden Posten aufgeteilt:
a) von der künftigen Rentabilität abhängige latente Steueransprüche, die aus temporären Differenzen resultieren und gemäß Artikel 48 Absatz 1 nicht abgezogen werden,
b) alle anderen von der künftigen Rentabilität abhängigen latenten Steueransprüche.

Die Institute weisen die verbundenen latenten Steuerschulden entsprechend dem jeweiligen Anteil, den die unter den Buchstaben a und b genannten Posten darstellen, den von der künftigen Rentabilität abhängigen latenten Steueransprüchen zu.

Artikel 39   Steuerüberzahlungen, Verlustrückträge und nicht von der künftigen Rentabilität abhängige latente Steueransprüche

(1) Folgende Posten werden nicht von den Eigenmitteln in Abzug gebracht und unterliegen dem jeweils anwendbaren Risikogewicht nach Teil 3 Titel II Kapitel 2 oder 3:
a) Steuerüberzahlungen des Instituts im laufenden Jahr,
b) im laufenden Jahr entstandene, auf frühere Jahre übertragene steuerliche Verluste des Instituts, aus denen ein Anspruch oder eine Forderung gegenüber dem Zentralstaat, einer regionalen oder lokalen Gebietskörperschaft oder einer lokalen Steuerbehörde erwächst.

(2) Nicht von der künftigen Rentabilität abhängige latente Steueransprüche beschränken sich auf latente Steueransprüche, die aus temporären Differenzen resultieren, wobei die folgenden Bedingungen sämtlich erfüllt sein müssen:
a) sie werden unverzüglich automatisch und zwingend durch eine Steuergutschrift ersetzt, falls das Institut bei der förmlichen Feststellung seines Jahresabschlusses einen Verlust ausweist oder im Falle der Liquidation oder Insolvenz des Instituts;
b) ein Institut kann im Rahmen des maßgebenden einzelstaatlichen Steuerrechts eine Steuergutschrift nach Buchstabe a mit seiner eigenen Steuerschuld oder der jedes Unternehmens, das für Steuerzwecke gemäß jenem Steuerrecht in dieselbe Konsolidierung wie es selbst einbezogen ist, oder der jedes Unternehmens, das der Beaufsichtigung auf konsolidierter Basis gemäß Teil 1 Titel II Kapitel 2 unterliegt, verrechnen;
c) übersteigt der Betrag der Steuergutschriften nach Buchstabe b die dort erwähnte Steuerschuld, so wird der entsprechende Saldo unverzüglich durch einen direkten Anspruch gegenüber der Zentralregierung des Mitgliedstaats, in dem das Institut seinen Sitz hat, ersetzt.

Institute wenden auf latente Steueransprüche ein Risikogewicht von 100 %, wenn die Bedingungen der Buchstaben a, b und c erfüllt sind.

Artikel 40   Abzug negativer Beträge aus der Berechnung der erwarteten Verlustbeträge

Der gemäß Artikel 36 Absatz 1 Buchstabe d in Abzug zu bringende Betrag wird nicht durch eine Erhöhung des Betrags der von der künftigen Rentabilität abhängigen latenten Steueransprüche oder durch andere zusätzliche Steuereffekte verringert, die eintreten könnten, wenn Wertberichtigungen auf den Betrag der in Teil 3 Titel II Kapitel 3 Abschnitt 3 genannten erwarteten Verlustbeträge ansteigen.

Artikel 41   Abzug der Vermögenswerte aus Pensionsfonds mit Leistungszusage

(1) Für die Zwecke des Artikels 36 Absatz 1 Buchstabe e wird der in Abzug zu bringende Betrag der Vermögenswerte aus Pensionsfonds mit Leistungszusage um folgende Beträge verringert:
a) den Betrag jeglicher verbundener latenter Steuerschulden, die aufgehoben werden können, wenn die Vermögenswerte wertgemindert oder nach dem geltenden Rechnungslegungsrahmen aus der Bilanz ausgebucht würden;
b) den Betrag der Vermögenswerte aus Pensionsfonds mit Leistungszusage, die das Institut – vorbehaltlich der vorherigen Erlaubnis der zuständigen Behörde – uneingeschränkt nutzen darf.

Die zur Verringerung des in Abzug zu bringenden Betrags genutzten Vermögenswerte erhalten ein Risikogewicht gemäß Teil 3 Titel II Kapitel 2 oder 3.

(2) Die EBA arbeitet Entwürfe technischer Regulierungsstandards zur Klärung der Kriterien aus, nach denen zuständige Behörden Instituten die Verringerung des Betrags der Vermögenswerte aus Pensionsfonds mit Leistungszusage gemäß Absatz 1 Buchstabe b gestatten.

Die EBA übermittelt der Kommission diese Entwürfe technischer Regulierungsstandards bis zum 28. Juli 2013.

Der Kommission wird die Befugnis übertragen, die technischen Regulierungsstandards nach Unterabsatz 1 gemäß den Artikeln 10 bis 14 der Verordnung (EU) Nr. 1093/2010 zu erlassen.

Artikel 42 Abzug von Positionen in eigenen Instrumenten des harten Kernkapitals

Für die Zwecke des Artikels 36 Absatz 1 Buchstabe f berechnen Institute Positionen in eigenen Instrumenten des harten Kernkapitals auf der Grundlage der Bruttokaufpositionen, wobei folgende Ausnahmen gelten:
a) Institute dürfen den Betrag von Positionen in eigenen Instrumenten des harten Kernkapitals auf der Grundlage der Nettokaufposition berechnen, sofern die beiden nachstehenden Bedingungen erfüllt sind:
  i) die Kauf- und Verkaufspositionen beziehen sich auf die gleiche zugrunde liegende Risikoposition und die Verkaufspositionen unterliegen keinem Gegenparteiausfallrisiko;
  ii) die Kauf- und die Verkaufsposition werden entweder beide im Handelsbuch oder beide im Anlagebuch gehalten;
b) die Institute ermitteln den für direkte, indirekte und synthetische Positionen in Indexpapieren in Abzug zu bringenden Betrag durch Berechnung der zugrunde liegenden Risikopositionen gegenüber eigenen Instrumenten des harten Kernkapitals, die in den entsprechenden Indizes enthalten sind;
c) die Institute dürfen Bruttokaufpositionen in eigenen Instrumenten des harten Kernkapitals, die aus Positionen in Indexpapieren resultieren, gegen Verkaufspositionen in eigenen Instrumenten des harten Kernkapitals, die aus Verkaufspositionen in den zugrunde liegenden Indizes resultieren, aufrechnen, auch wenn für diese Verkaufpositionen ein Gegenparteiausfallrisiko besteht, sofern die beiden nachstehenden Bedingungen erfüllt sind:
  i) die Kauf- und Verkaufspositionen beziehen sich auf dieselben zugrunde liegenden Indizes;
  ii) die Kauf- und die Verkaufsposition werden entweder beide im Handelsbuch oder beide im Anlagebuch gehalten;

Artikel 43 Wesentliche Beteiligung an einem Unternehmen der Finanzbranche

Eine Beteiligung an einem Unternehmen der Finanzbranche gilt für die Zwecke des Abzugs als wesentlich, wenn eine der folgenden Voraussetzungen erfüllt ist:
a) Mehr als 10 % der von dem betreffenden Unternehmen ausgegebenen Instrumente des harten Kernkapitals befinden sich im Eigentum des Instituts;
b) das Institut hat enge Verbindungen zu dem betreffenden Unternehmen und ist Eigentümer von von diesem ausgegebenen Instrumenten des harten Kernkapitals;
c) das Institut ist Eigentümer von von dem betreffenden Unternehmen ausgegebenen Instrumenten des harten Kernkapitals, und das Unternehmen ist nicht in eine Konsolidierung gemäß Teil 1 Titel II Kapitel 2 einbezogen, für die Zwecke der Rechnungslegung nach dem geltenden Rechnungslegungsrahmen aber im gleichen konsolidierten Abschluss berücksichtigt wie das Institut.

Artikel 44 Abzug von Positionen in Instrumenten des harten Kernkapitals von Unternehmen der Finanzbranche und bei Überkreuzbeteiligung eines Instituts mit dem Ziel der künstlichen Erhöhung der Eigenmittel

Institute nehmen die in Artikel 36 Absatz 1 Buchstaben g, h und i genannten Abzüge wie folgt vor:
a) Positionen in Instrumenten des harten Kernkapitals und anderen Kapitalinstrumenten von Unternehmen der Finanzbranche werden auf der Grundlage der Bruttokaufpositionen berechnet;
b) Kernkapital von Versicherungsunternehmen wird für die Zwecke des Abzugs wie Positionen in Instrumenten des harten Kernkapitals behandelt.

Artikel 45 Abzug von Positionen in Instrumenten des harten Kernkapitals von Unternehmen der Finanzbranche

Institute nehmen die gemäß Artikel 36 Absatz 1 Buchstaben h und i erforderlichen Abzüge wie folgt vor:
a) sie dürfen direkte, indirekte und synthetische Positionen in Unternehmen des harten Kernkapitals von Unternehmen der Finanzbranche auf der Grundlage der Nettokaufposition in der gleichen zugrunde liegenden Risikoposition berechnen, sofern die beiden nachstehenden Bedingungen erfüllt sind:
  i) die Fälligkeit der Verkaufspositionen entspricht der Fälligkeit der Kaufpositionen oder die Verkaufspositionen haben eine Restlaufzeit von mindestens einem Jahr;
  ii) die Kauf- und die Verkaufsposition werden entweder beide im Handelsbuch oder beide im Anlagebuch gehalten;
b) sie ermitteln den für direkte, indirekte und synthetische Positionen in Indexpapieren in Abzug zu bringenden Betrag durch Berechnung der zugrunde liegenden Risikopositionen gegenüber den Kapitalinstrumenten der Unternehmen der Finanzbranche in den entsprechenden Indizes.

Artikel 46 Abzug von Positionen in Instrumenten des harten Kernkapitals von Unternehmen der Finanzbranche, an denen ein Institut keine wesentliche Beteiligung hält

(1) Die Institute berechnen für die Zwecke von Artikel 36 Absatz 1 Buchstabe h den in Abzug zu bringenden Betrag durch Multiplikation des unter Buchstabe a genannten Betrags mit dem aus der Berechnung gemäß Buchstabe b abgeleiteten Faktor:
a) Gesamtbetrag, um den die direkten, indirekten und synthetischen Positionen des Instituts in den Instrumenten des harten Kernkapitals, zusätzlichen Kernkapitals und Ergänzungskapitals von Unternehmen der Finanzbranche, an denen es keine wesentliche Beteiligung hält, 10 % des Gesamtbetrags der Posten des harten Kernkapitals des Instituts überschreiten, berechnet nach Anwendung folgender Bestimmungen auf die Posten des harten Kernkapitals:
  i) Artikel 32 bis 35,
  ii) die Abzüge nach Artikel 36 Absatz 1 Buchstaben a bis g, Buchstabe k Ziffern ii bis v und Buchstabe l, mit Ausnahme des in Abzug zu bringenden Betrags für von der künftigen Rentabilität abhängige latente Steueransprüche, die aus temporären Differenzen resultieren,
  iii) Artikel 44 und 45;
b) Quotient aus dem Betrag der direkten, indirekten und synthetischen Positionen des Instituts in Instrumenten des harten Kernkapitals der Unternehmen der Finanzbranche, an denen es keine wesentliche Beteiligung hält, und dem Gesamtbetrag der direkten, indirekten und synthetischen Positionen des Instituts in den Instru-

menten des harten Kernkapitals, des zusätzlichen Kernkapitals und des Ergänzungskapitals jener Unternehmen der Finanzbranche.

(2) Institute berücksichtigen bei dem Betrag nach Absatz 1 Buchstabe a und der Berechnung des Faktors nach Absatz 1 Buchstabe b keine mit Übernahmegarantie versehenen Positionen, die sie seit höchstens fünf Arbeitstagen halten.

(3) Der gemäß Absatz 1 in Abzug zu bringende Betrag wird auf alle gehaltenen Instrumente des harten Kernkapitals aufgeteilt. Die Institute ermitteln den gemäß Absatz 1 in Abzug zu bringenden Betrag jeden Instruments des harten Kernkapitals durch Multiplikation des Betrags nach Buchstabe a mit dem Anteil nach Buchstabe b:
a) Betrag der gemäß Absatz 1 in Abzug zu bringenden Positionen,
b) auf jedes gehaltene Instrument des harten Kernkapitals entfallender Anteil am Gesamtbetrag der direkten, indirekten und synthetischen Positionen des Instituts in den Instrumenten des harten Kernkapitals von Unternehmen der Finanzbranche, an denen das Institut keine wesentliche Beteiligung hält.

(4) Der Betrag der Positionen nach Artikel 36 Absatz 1 Buchstabe h, der nach Anwendung des Absatzes 1 Buchstabe a Ziffern i bis iii höchstens 10% der Posten des harten Kernkapitals des Instituts entspricht, wird nicht in Abzug gebracht und unterliegt den anwendbaren Risikogewichten nach Teil 3 Titel II Kapitel 2 beziehungsweise Kapitel 3 und gegebenenfalls den Anforderungen des Teils 3 Titel IV.

(5) Institute ermitteln den Betrag jeden Instruments des harten Kernkapitals, das gemäß Absatz 4 ein Risikogewicht erhält, durch Multiplikation des Betrags nach Buchstabe a mit dem Betrag nach Buchstabe b:
a) Betrag der gemäß Absatz 4 mit einem Risikogewicht zu versehenden Positionen,
b) aus der Berechnung nach Absatz 3 Buchstabe b resultierender Anteil.

Artikel 47   Abzug von Positionen in Instrumenten des harten Kernkapitals, wenn ein Institut eine wesentliche Beteiligung an einem Unternehmen der Finanzbranche hält

Für die Zwecke des Artikels 36 Absatz 1 Buchstabe i werden in dem von den Posten des harten Kernkapitals in Abzug zu bringenden Betrag keine mit einer Übernahmegarantie versehenen Positionen, die seit höchstens fünf Arbeitstagen gehalten werden, berücksichtigt und wird dieser Betrag gemäß den Artikeln 44 und 45 und Unterabschnitt 2 ermittelt.

Unterabschnitt 2   Abzug von Posten des harten Kernkapitals – Ausnahmen und Alternativen

Artikel 48   Schwellenwerte für Ausnahmen vom Abzug von Posten des harten Kernkapitals

(1) Institute brauchen bei den Abzügen nach Artikel 36 Absatz 1 Buchstaben c und i die Beträge der unter den Buchstaben a und b genannten Posten nicht abzuziehen, die zusammengerechnet den Schwellenwert nach Absatz 2 nicht überschreiten:
a) von der künftigen Rentabilität abhängige latente Steueransprüche, die aus temporären Differenzen resultieren und zusammengerechnet höchstens 10% der Posten des harten Kernkapitals des Instituts ausmachen, berechnet nach Anwendung folgender Bestimmungen:
   i) Artikel 32 bis 35,
   ii) Artikel 36 Absatz 1 Buchstaben a bis h, Buchstabe k Ziffern ii bis v und Buchstabe l, ausgenommen von der künftigen Rentabilität abhängige latente Steueransprüche, die aus temporären Differenzen resultieren;
b) wenn ein Institut eine wesentliche Beteiligung an einem Unternehmen der Finanzbranche hält, seine direkten, indirekten und synthetischen Positionen in Instru-

menten des harten Kernkapitals des betreffenden Unternehmens, die zusammengerechnet höchstens 10% der Posten des harten Kernkapitals betragen, berechnet nach Anwendung folgender Bestimmungen:
 i) Artikel 32 bis 35,
 ii) Artikel 36 Absatz 1 Buchstaben a bis h, Buchstabe k Ziffern ii bis v und Buchstabe l, ausgenommen von der künftigen Rentabilität abhängige latente Steueransprüche, die aus temporären Differenzen resultieren.

(2) Für die Zwecke des Absatzes 1 entspricht der Schwellenwert dem Betrag nach Buchstabe a multipliziert mit dem Prozentsatz nach Buchstabe b:
a) verbleibender Betrag der Posten des harten Kernkapitals nach vollständiger Anwendung der Anpassungen und Abzüge gemäß den Artikeln 32 bis 36 und ohne Anwendung der Schwellenwerte für Ausnahmen gemäß diesem Artikel;
b) 17,65%.

(3) Für die Zwecke des Absatzes 1 ermittelt ein Institut den Anteil der latenten Steueransprüche am Gesamtbetrag der Posten, der nicht abgezogen werden muss, indem es den Quotienten aus dem Betrag nach Buchstabe a und der Summe nach Buchstabe b berechnet:
a) Betrag der von der künftigen Rentabilität abhängigen latenten Steueransprüche, die aus temporären Differenzen resultieren und zusammengerechnet höchstens 10% der Posten des harten Kernkapitals des Instituts ausmachen;
b) die Summe aus
 i) dem Betrag nach Buchstabe a,
 ii) dem Betrag der direkten, indirekten und synthetischen Positionen des Instituts in den Eigenmittelinstrumenten von Unternehmen der Finanzbranche, an denen es eine wesentliche Beteiligung hält, und die zusammengerechnet höchstens 10% der Posten seines harten Kernkapitals entsprechen.

Der Anteil wesentlicher Beteiligungen am Gesamtbetrag der Posten, der nicht abgezogen werden muss, entspricht dem Wert von eins abzüglich des Anteils gemäß Unterabsatz 1.

(4) Der Betrag der gemäß Absatz 1 nicht in Abzug gebrachten Posten erhält ein Risikogewicht von 250%.

Artikel 49   Erfordernis von Abzügen im Falle von Konsolidierung, zusätzlicher Beaufsichtigung oder institutsbezogenen Sicherungssystemen

(1) Wenn die zuständigen Behörden für die Zwecke der Berechnung der Eigenmittel auf Einzel-, teilkonsolidierter oder konsolidierter Basis Instituten vorschreiben oder gestatten, die in Anhang I der Richtlinie 2002/87/EG beschriebenen Methoden 1, 2 oder 3 anzuwenden, können sie ihnen auch gestatten, die Positionen in Eigenmittelinstrumenten eines Unternehmens der Finanzbranche, an dem das Mutterinstitut, die Mutterfinanzholdinggesellschaft oder gemischte Mutterfinanzholdinggesellschaft oder das Institut eine wesentliche Beteiligung hält, nicht in Abzug zu bringen, sofern die nachstehend unter den Buchstaben a bis e genannten Bedingungen erfüllt sind:
a) das Unternehmen der Finanzbranche ist ein Versicherungsunternehmen, ein Rückversicherungsunternehmen oder eine Versicherungsholdinggesellschaft;
b) das Versicherungsunternehmen, Rückversicherungsunternehmen oder die Versicherungsholdinggesellschaft ist in die gleiche zusätzliche Beaufsichtigung gemäß der Richtlinie 2002/87/EG einbezogen wie das Mutterinstitut, die Mutterfinanzholdinggesellschaft oder gemischte Mutterfinanzholdinggesellschaft oder das Institut, das bzw. die die Beteiligung hält;
c) das Institut hat vorab eine entsprechende Erlaubnis der zuständigen Behörden erhalten;

d) die zuständigen Behörden überzeugen sich vor der Erteilung der Erlaubnis nach Buchstabe c und danach kontinuierlich davon, dass das integrierte Management, das Risikomanagement und die interne Kontrolle hinsichtlich der gemäß Methode 1, 2 oder 3 in den Konsolidierungskreis einbezogenen Unternehmen in angemessenem Umfang gegeben sind;
e) die Positionen in dem betreffenden Unternehmen gehören
   i) dem Mutterkreditinstitut,
   ii) der Mutterfinanzholdinggesellschaft,
   iii) der gemischten Mutterfinanzholdinggesellschaft,
   iv) dem Institut oder
   v) einem Tochterunternehmen eines der unter den Ziffern i bis iv genannten Unternehmen, die in die Konsolidierung nach Teil 1 Titel II Kapitel 2 einbezogen ist.

Die gewählte Methode ist auf Dauer einheitlich anzuwenden.

(2) Institute, die der Beaufsichtigung auf konsolidierter Basis gemäß Teil I Titel II Kapitel 2 unterliegen, bringen bei der Berechnung der Eigenmittel auf Einzel- und auf teilkonsolidierter Basis Positionen in Eigenmittelinstrumenten von Unternehmen der Finanzbranche, die in den Konsolidierungskreis einbezogen sind, nicht in Abzug, es sei denn, die zuständigen Behörden entscheiden, dass diese Abzüge für spezifische Zwecke, insbesondere die strukturelle Trennung von Banktätigkeiten, und für die Abwicklungsplanung vorzunehmen sind.

Die Anwendung des Ansatzes nach Unterabsatz 1 darf keine unverhältnismäßigen nachteiligen Auswirkungen auf das Finanzsystem anderer Mitgliedstaaten insgesamt oder auf Teile davon oder das Finanzsystem der Union insgesamt in Form oder durch Schaffung eines Hindernisses für das Funktionieren des Binnenmarktes nach sich ziehen.

(3) Für die Zwecke der Ermittlung der Eigenmittel auf Einzel- oder teilkonsolidierter Basis können die zuständigen Behörden Instituten gestatten, Positionen in Eigenmittelinstrumenten in folgenden Fällen nicht in Abzug zu bringen:
a) ein Institut hält eine Beteiligung an einem anderen Institut und die Voraussetzungen der Ziffern i bis v sind erfüllt,
   i) die Institute fallen unter das gleiche institutsbezogene Sicherungssystem nach Artikel 113 Absatz 7,
   ii) die zuständigen Behörden haben die Erlaubnis nach Artikel 113 Absatz 7 erteilt,
   iii) die Bedingungen des Artikels 113 Absatz 7 sind erfüllt,
   iv) das institutsbezogene Sicherungssystem erstellt eine konsolidierte Bilanz nach Artikel 113 Absatz 7 Buchstabe e oder – falls es keinen konsolidierten Abschluss aufzustellen braucht – eine erweiterte Zusammenfassungsrechnung, die nach Auffassung der zuständigen Behörden den Bestimmungen der Richtlinie 86/635/EWG, die bestimmte Anpassungen der Richtlinie 83/349/EWG enthält, oder denen der Verordnung (EG) Nr. 1606/2002, die die konsolidierten Abschlüsse von Kreditinstitutegruppen regelt, gleichwertig ist. Die Gleichwertigkeit der erweiterten Zusammenfassungsrechnung wird durch einen externen Abschlussprüfer überprüft, der insbesondere bestätigt, dass die Mehrfachbelegung anerkennungsfähiger Eigenmittelbestandteile und jede etwaige unangemessene Bildung von Eigenmitteln zwischen den Mitgliedern des institutsbezogenen Sicherungssystems bei der Berechnung beseitigt wurden. Die konsolidierte Bilanz oder die erweiterte Zusammenfassungsrechnung wird den zuständigen Behörden mindestens ebenso häufig wie nach Artikel 99 vorgeschrieben vorgelegt.
   v) die in das jeweilige institutsbezogene Sicherungssystem einbezogenen Institute erfüllen zusammen auf konsolidierter Basis oder auf Basis der erweiterten Zusammenfassungsrechnung die Anforderungen nach Artikel 92 und melden die Einhaltung dieser Anforderungen nach Maßgabe des Artikels 99. Innerhalb

eines institutsbezogenen Sicherungssystems wird der Abzug von Beteiligungen, die Genossen oder nicht dem System angehörenden Rechtsträgern gehören, nicht gefordert, wenn die Mehrfachbelegung möglicher Eigenmittelbestandteile und jede etwaige unangemessene Schaffung von Eigenmitteln zwischen den Mitgliedern des institutsbezogenen Sicherungssystems und dem Minderheitsaktionär – sofern dieser ein Institut ist – beseitigt wird,
b) ein regionales Kreditinstitut hält eine Beteiligung an seinem Zentralkreditinstitut oder einem anderen regionalen Kreditinstitut, und die Voraussetzungen nach Buchstabe a Ziffern i bis v sind erfüllt.

(4) Die gemäß Absatz 1, 2 oder 3 nicht in Abzug gebrachten Beteiligungen gelten als Risikopositionen und erhalten ein Risikogewicht gemäß Teil 3 Titel II Kapitel 2 beziehungsweise Kapitel 3.

(5) Wendet ein Institut die Methode 1, 2 oder 3 des Anhangs I der Richtlinie 2002/87/EG an, legt es die zusätzliche Eigenmittelanforderung und den Eigenkapitalkoeffizienten des Finanzkonglomerats offen, die sich aus der Berechnung nach Maßgabe des Artikels 6 und des Anhangs I jener Richtlinie ergeben.

(6) Die EBA, die EIOPA und die durch die Verordnung (EU) Nr. 1095/2010 des Europäischen Parlaments und des Rates vom 24. November 2010 errichtete Europäische Aufsichtsbehörde (Europäische Wertpapier und Marktaufsichtsbehörde)[1] (ESMA) arbeiten über den Gemeinsamen Ausschuss Entwürfe technischer Regulierungsstandards aus, um für die Zwecke dieses Artikels die Bedingungen für die Anwendung der in Anhang I Teil II der Richtlinie 2002/87/EG genannten Berechnungsmethoden für die Alternativen zum Abzug gemäß Absatz 1 festzulegen.

Die EBA, die EIOPA und die ESMA übermitteln der Kommission diese Entwürfe technischer Regulierungsstandards bis zum 28. Juli 2013.

Der Kommission wird die Befugnis übertragen, die technischen Regulierungsstandards nach Unterabsatz 1 gemäß den Artikeln 10 bis 14 der Verordnung (EU) Nr. 1093/2010, der Verordnung (EU) Nr. 1094/2010 bzw. der Verordnung (EU) Nr. 1095/2010 zu erlassen.

Abschnitt 4   Hartes Kernkapital

Artikel 50   Hartes Kernkapital

Das harte Kernkapital eines Instituts besteht aus den Posten des harten Kernkapitals nach den gemäß den Artikeln 32 bis 35 erforderlichen Anpassungen, den in Artikel 36 vorgesehenen Abzügen und nach Anwendung der in den Artikeln 48, 49 und 79 beschriebenen Ausnahmen und Alternativen.

Kapitel 3   Zusätzliches Kernkapital

Abschnitt 1   Posten und Instrumente des zusätzlichen Kernkapitals

Artikel 51   Posten des zusätzlichen Kernkapitals

Die Posten des zusätzlichen Kernkapitals bestehen aus:
a) Kapitalinstrumenten, die die Voraussetzungen von Artikel 52 Absatz 1 erfüllen;
b) dem mit den Instrumenten gemäß Buchstabe a verbundenen Agio.

[1] ABl. L 331 vom 15.12.2010, S. 84

Die unter Buchstabe a genannten Instrumente gelten nicht als Posten des harten Kernkapitals oder des Ergänzungskapitals.

Artikel 52 Instrumente des zusätzlichen Kernkapitals

(1) Kapitalinstrumente zählen nur dann zu den Instrumenten des zusätzlichen Kernkapitals, wenn alle folgenden Bedingungen erfüllt sind:
a) die Instrumente sind ausgegeben und eingezahlt,
b) die Instrumente wurden nicht gekauft von
   i) dem Institut oder seinen Tochterunternehmen,
   ii) einem Unternehmen, an dem das Institut eine Beteiligung in Form des direkten Haltens oder durch Kontrolle von mindestens 20 % der Stimmrechte oder des Kapitals jenes Unternehmens hält,
c) der Kauf der Instrumente wird weder direkt noch indirekt durch das Institut finanziert,
d) die Instrumente sind bei Insolvenz des Instituts nachrangig gegenüber Instrumenten des Ergänzungskapitals,
e) die Instrumente sind nicht durch eines der folgenden Unternehmen besichert oder Gegenstand einer von ihnen gestellten Garantie, die den Ansprüchen einen höheren Rang verleiht:
   i) das Institut oder seine Tochterunternehmen,
   ii) das Mutterunternehmen des Instituts oder dessen Tochterunternehmen,
   iii) die Mutterfinanzholdinggesellschaft oder ihre Tochterunternehmen,
   iv) die gemischte Holdinggesellschaft oder ihre Tochterunternehmen,
   v) die gemischte Finanzholdinggesellschaft und ihre Tochterunternehmen,
   vi) ein Unternehmen mit engen Verbindungen zu den unter den Ziffern i bis v genannten Unternehmen,
f) es bestehen keine vertraglichen oder sonstigen Vereinbarungen in Bezug auf die Instrumente, die den Ansprüchen aus den Instrumenten bei Insolvenz oder Liquidation einen höheren Rang verleihen,
g) die Instrumente sind zeitlich unbefristet, und die für die Instrumente geltenden Bestimmungen enthalten keinen Tilgungsanreiz für das Institut,
h) enthalten die für die Instrumente geltenden Bestimmungen eines oder mehrere Kündigungsrecht, so kann ein Kündigungsrecht nur nach Ermessen des Emittenten ausgeübt werden,
i) die Instrumente können nur gekündigt, zurückgezahlt oder zurückgekauft werden, wenn die Voraussetzungen des Artikels 77 erfüllt sind und das Emissionsdatum mindestens fünf Jahre zurückliegt, es sei denn, die Voraussetzungen des Artikels 78 Absatz 4 sind erfüllt,
j) die für die Instrumente geltenden Bestimmungen lassen weder explizit noch implizit erkennen, dass sie gekündigt, zurückgezahlt oder zurückgekauft werden oder werden können, und das Institut gibt auch anderweitig keinen dahingehenden Hinweis, außer bei
   i) Liquidation des Instituts,
   ii) Rückkäufen der Instrumente nach Ermessen oder anderen Ermessensmaßnahmen zur Verringerung des Betrags des zusätzlichen Kernkapitals nach vorheriger Erlaubnis der zuständigen Behörde gemäß Artikel 77,
k) das Institut liefert weder explizite noch implizite Hinweise darauf, dass die zuständige Behörde einem Antrag auf Kündigung, Rückzahlung oder Rückkauf der Instrumente stattgeben könnte,
l) Ausschüttungen auf die Instrumente erfüllen folgende Voraussetzungen:
   i) sie werden aus ausschüttungsfähigen Posten ausgezahlt,
   ii) die Höhe der Ausschüttungen auf die Instrumente wird nicht aufgrund der Bonität des Instituts oder seines Mutterunternehmens angepasst,

iii) die für die Instrumente geltenden Bestimmungen verleihen dem Institut das Recht, die Ausschüttungen auf die Instrumente jederzeit nach eigenem Ermessen für unbefristete Zeit und auf nicht kumulierter Basis ausfallen zu lassen, und das Institut kann die Mittel aus den ausgefallenen Auszahlungen uneingeschränkt zur Erfüllung seiner eigenen Verpflichtungen bei deren Fälligkeit nutzen,
iv) der Ausfall von Ausschüttungen stellt keinen Ausfall des Instituts dar,
v) durch den Ausfall von Ausschüttungen werden dem Institut keine Beschränkungen auferlegt,
m) die Instrumente tragen nicht zur Feststellung bei, dass die Verbindlichkeiten eines Instituts seine Vermögenswerte überschreiten, wenn eine solche Feststellung gemäß dem einzelstaatlichen Recht einen Insolvenztatbestand darstellt,
n) laut den für die Instrumente geltenden Bestimmungen muss bei Eintreten eines Auslöseereignisses der Kapitalbetrag der Instrumente dauerhaft oder vorübergehend herabgeschrieben oder die Instrumente in Instrumente des harten Kernkapitals umgewandelt werden,
o) die für die Instrumente geltenden Bestimmungen enthalten kein Merkmal, das eine Rekapitalisierung des Instituts behindern könnte,
p) werden die Instrumente nicht direkt durch ein Institut begeben, müssen die beiden folgenden Voraussetzungen erfüllt sein:
  i) die Instrumente werden durch ein in die Konsolidierung nach Teil 1 Titel II Kapitel 2 einbezogenes Unternehmen begeben,
  ii) die Erträge stehen jenem Institut unmittelbar und uneingeschränkt in einer Form zur Verfügung, die den Bedingungen dieses Absatzes genügt.

Sofern die Instrumente gleichrangig sind, gilt die Bedingung nach Unterabsatz 1 Buchstabe d als erfüllt, selbst wenn sie kraft Artikel 484 Absatz 3 dem zusätzlichen Kernkapital oder dem Ergänzungskapital zugerechnet werden.
(2) Die EBA arbeitet Entwürfe technischer Regulierungsstandards aus, in denen Folgendes präzisiert wird:
a) Form und Art der Tilgungsanreize,
b) die Art einer Wiederzuschreibung des Kapitalbetrags eines Instruments des zusätzlichen Kernkapitals nach einer vorübergehenden Herabschreibung seines Kapitalbetrags,
c) Verfahren und Zeitplan für
  i) die Feststellung eines Auslöseereignisses,
  ii) die Wiederzuschreibung des Kapitalbetrags eines Instruments des zusätzlichen Kernkapitals nach einer vorübergehenden Herabschreibung seines Kapitalbetrags,
d) Merkmale von Instrumenten, die eine Rekapitalisierung des Instituts behindern könnten,
e) die Nutzung von Zweckgesellschaften für die indirekte Ausgabe von Eigenmittelinstrumenten.

Die EBA übermittelt der Kommission diese Entwürfe technischer Regulierungsstandards bis zum 28. Juli 2013.
Der Kommission wird die Befugnis übertragen, die technischen Regulierungsstandards nach Unterabsatz 1 gemäß den Artikeln 10 bis 14 der Verordnung (EU) Nr. 1093/2010 zu erlassen.

Artikel 53   Beschränkungen hinsichtlich des Ausfalls von Ausschüttungen aus Instrumenten des zusätzlichen Kernkapitals und Merkmale von Instrumenten, die eine Rekapitalisierung des Instituts behindern könnten

Für die Zwecke von Artikel 52 Absatz 1 Buchstabe l Ziffer v und Buchstabe o enthalten Bestimmungen für Instrumente des zusätzlichen Kernkapitals keine
a) Verpflichtung zur Leistung von Ausschüttungen auf die Instrumente, wenn auf ein vom Institut begebenes Instrument, das gegenüber einem Instrument des zusätzlichen Kernkapitals, einschließlich eines Instruments des harten Kernkapitals, gleich- oder nachrangig ist, eine Ausschüttung geleistet wird,
b) Verpflichtung zum Ausfall von Ausschüttungen auf Instrumente des harten Kernkapitals, des zusätzlichen Kernkapitals und des Ergänzungskapitals, wenn auf die betreffenden Instrumente des zusätzlichen Kernkapitals keine Ausschüttung geleistet wird,
c) Verpflichtung, die Auszahlung von Zinsen oder Dividenden durch eine Auszahlung in anderer Form zu ersetzen. Das Institut unterliegt auch nicht anderweitig einer solchen Verpflichtung.

Artikel 54   Herabschreibung oder Umwandlung von Instrumenten des zusätzlichen Kernkapitals

(1) Für die Zwecke von Artikel 52 Absatz 1 Buchstabe n gelten für Instrumente des zusätzlichen Kernkapitals folgende Bestimmungen:
a) ein Auslöseereignis liegt vor, wenn die in Artikel 92 Absatz 1 Buchstabe a genannte harte Kernkapitalquote des Instituts unter einen der folgenden Werte fällt:
  i) 5,125 %,
  ii) einen über 5,125 % liegenden Wert, der vom Institut festgelegt und in den für das Instrument geltenden Bestimmungen spezifiziert wurde;
b) die Institute dürfen in den für das Instrument geltenden Bestimmungen zusätzlich zu dem unter Buchstabe a genannten Auslöseereignis ein oder mehrere weitere Auslöseereignisse festlegen;
c) sehen die für die Instrumente geltenden Bestimmungen bei Eintreten eines Auslöseereignisses eine Umwandlung in Instrumente des harten Kernkapitals vor, so ist in diesen Bestimmungen Folgendes zu spezifizieren:
  i) entweder die Quote einer solchen Umwandlung und eine Obergrenze für die gestattete Umwandlungsmenge
  ii) oder eine Spanne, innerhalb dessen die Instrumente in Instrumente des harten Kernkapitals umgewandelt werden;
d) sehen die für das Instrument geltenden Bestimmungen bei Eintreten eines Auslöseereignisses eine Herabschreibung des Kapitalbetrags vor, so führt diese Herabschreibung zur Verminderung
  i) der Forderung des Inhabers des Instruments im Falle der Insolvenz oder Liquidation des Instituts,
  ii) der bei Kündigung oder Rückzahlung des Instruments auszuzahlenden Summe und
  iii) der Ausschüttungen auf das Instrument.

(2) Aus der Herabschreibung oder Umwandlung eines Instruments des zusätzlichen Kernkapitals müssen sich nach dem geltenden Rechnungslegungsrahmen Posten ergeben, die zu den Posten des harten Kernkapitals gerechnet werden können.

(3) Der Betrag der in den Posten des zusätzlichen Kernkapitals anerkannten Instrumente des zusätzlichen Kernkapitals ist beschränkt auf den Mindestbetrag der Posten des harten Kernkapitals, der sich ergeben würde, wenn der Kapitalbetrag der Instrumente des zusätzlichen Kernkapitals vollständig herabgeschrieben oder in Instrumente des harten Kernkapitals umgewandelt würde.

(4) Der Gesamtbetrag der Instrumente des zusätzlichen Kernkapitals, der bei Eintreten eines Auslöseereignisses herabzuschreiben oder umzuwandeln ist, darf den niedrigeren der beiden folgenden Werte nicht unterschreiten:
a) den Betrag, der zur vollständigen Wiederherstellung der harten Kernkapitalquote des Instituts von 5,125 % erforderlich ist,
b) den vollständigen Kapitalbetrag des Instruments.

(5) Bei Eintreten eines Auslöseereignisses verfahren die Institute wie folgt:
a) sie setzen unverzüglich die zuständige Behörde in Kenntnis,
b) sie unterrichten die Inhaber der Instrumente des zusätzlichen Kernkapitals,
c) gemäß den Anforderungen dieses Artikels nehmen sie unverzüglich, spätestens jedoch innerhalb eines Monats, eine Herabschreibung des Kapitalbetrags der Instrumente vor oder wandeln diese in Instrumente des harten Kernkapitals um.

(6) Ein Institut, das Instrumente des zusätzlichen Kernkapitals begibt, die bei Eintreten eines Auslöseereignisses in Instrumente des harten Kernkapitals umgewandelt werden, stellt sicher, dass sein genehmigtes Stammkapital jederzeit ausreicht, um sämtliche umwandelbaren Instrumente des zusätzlichen Kernkapitals bei Eintreten eines Auslöseereignisses in Aktien umzuwandeln. Zum Zeitpunkt der Ausgabe derartiger Wandelinstrumente des zusätzlichen Kernkapitals müssen alle erforderlichen Bewilligungen vorliegen. Das Institut verfügt zu jedwedem Zeitpunkt über die erforderliche Vorabbewilligung zur Ausgabe von Instrumenten des harten Kernkapitals, in die die Instrumente des zusätzlichen Kernkapitals bei Eintreten eines Auslöseereignisses umgewandelt würden.

(7) Ein Institut, das Instrumente des zusätzlichen Kernkapitals begibt, die bei Eintreten eines Auslöseereignisses in Instrumente des harten Kernkapitals umgewandelt werden, stellt sicher, dass einer solchen Umwandlung keine verfahrenstechnischen Hindernisse aufgrund seiner Satzung oder anderer satzungsmäßiger oder vertraglicher Regelungen entgegen stehen.

Artikel 55 Nichterfüllung der Bedingungen für Instrumente des zusätzlichen Kernkapitals

Wenn hinsichtlich eines Instruments des zusätzlichen Kernkapitals die in Artikel 52 Absatz 1 festgelegten Bedingungen nicht länger erfüllt sind, gilt Folgendes:
a) das betreffende Instrument gilt mit unmittelbarer Wirkung nicht länger als Instrument des zusätzlichen Kernkapitals,
b) der Teil des Agios, der mit dem betreffenden Instrument verbunden ist, gilt mit unmittelbarer Wirkung nicht länger als Posten des zusätzlichen Kernkapitals.

Abschnitt 2 Abzüge von Posten des zusätzlichen Kernkapitals

Artikel 56 Abzüge von Posten des zusätzlichen Kernkapitals

Die Institute ziehen von ihrem zusätzlichen Kernkapital folgende Posten ab:
a) direkte, indirekte und synthetische Positionen eines Instituts in eigenen Instrumenten des zusätzlichen Kernkapitals, einschließlich eigener Instrumente des zusätzlichen Kernkapitals, zu deren Kauf das Institut aufgrund bestehender vertraglicher Verpflichtungen verpflichtet sein könnte;
b) direkte, indirekte und synthetische Positionen in Instrumenten des zusätzlichen Kernkapitals von Unternehmen der Finanzbranche, mit denen das Institut Überkreuzbeteiligungen hält, die nach Ansicht der zuständigen Behörde dem Ziel dienen, die Eigenmittel des Instituts künstlich zu erhöhen;

c) den gemäß Artikel 60 ermittelten Betrag der direkten, indirekten und synthetischen Positionen in Instrumenten des zusätzlichen Kernkapitals von Unternehmen der Finanzbranche, an denen das Institut keine wesentliche Beteiligung hält;
d) direkte, indirekte und synthetische Positionen des Instituts in Instrumenten des zusätzlichen Kernkapitals von Unternehmen der Finanzbranche, an denen das Institut eine wesentliche Beteiligung hält, ausgenommen mit Übernahmegarantie versehene Positionen, die das Institut seit höchstens fünf Arbeitstagen hält;
e) den Betrag der gemäß Artikel 66 von den Posten des Ergänzungskapitals in Abzug zu bringenden Posten, der das Ergänzungskapital des Instituts überschreitet;
f) jede zum Berechnungszeitpunkt vorhersehbare steuerliche Belastung aus Posten des zusätzlichen Kernkapitals, es sei denn, das Institut passt den Betrag der Posten des zusätzlichen Kernkapitals in angemessener Form an, wenn eine solche steuerliche Belastung die Summe, bis zu der diese Posten zur Deckung von Risiken oder Verlusten dienen können, verringert.

Artikel 57   Abzug von Positionen in eigenen Instrumenten des zusätzlichen Kernkapitals

Für die Zwecke des Artikels 56 Buchstabe a berechnen Institute Positionen in eigenen Instrumenten des zusätzlichen Kernkapitals auf der Grundlage der Bruttokaufpositionen, wobei folgende Ausnahmen gelten:
a) Institute dürfen den Betrag von Positionen in eigenen Instrumenten des zusätzlichen Kernkapitals auf der Grundlage der Nettokaufposition berechnen, sofern die beiden nachstehenden Bedingungen erfüllt sind:
   i) die Kauf- und Verkaufspositionen beziehen sich auf die gleiche zugrunde liegende Risikoposition und die Verkaufspositionen unterliegen keinem Gegenparteiausfallrisiko,
   ii) die Kauf- und die Verkaufsposition werden entweder beide im Handelsbuch oder beide im Anlagebuch gehalten;
b) die Institute ermitteln den für direkte, indirekte oder synthetische Positionen in Indexpapieren in Abzug zu bringenden Betrag durch Berechnung der zugrunde liegenden Risikopositionen gegenüber eigenen Instrumenten des zusätzlichen Kernkapitals in den entsprechenden Indizes;
c) die Institute dürfen Bruttokaufpositionen in eigenen Instrumenten des zusätzlichen Kernkapitals, die aus Positionen in Indexpapieren resultieren, gegen Verkaufspositionen in eigenen Instrumenten des zusätzlichen Kernkapitals, die aus Verkaufspositionen in den zugrunde liegenden Indizes resultieren, aufrechnen, auch wenn für diese Verkaufspositionen ein Gegenparteiausfallrisiko besteht, sofern die beiden nachstehenden Bedingungen erfüllt sind:
   i) die Kauf- und Verkaufspositionen beziehen sich auf dieselben zugrunde liegenden Indizes,
   ii) die Kauf- und die Verkaufsposition werden entweder beide im Handelsbuch oder beide im Anlagebuch gehalten.

Artikel 58   Abzug von Positionen in Instrumenten des zusätzlichen Kernkapitals von Unternehmen der Finanzbranche und bei Überkreuzbeteiligung eines Instituts mit dem Ziel der künstlichen Erhöhung der Eigenmittel

Die Institute nehmen die gemäß Artikel 56 Buchstaben b, c und d erforderlichen Abzüge wie folgt vor:
a) Positionen in Instrumenten des zusätzlichen Kernkapitals werden auf der Grundlage der Bruttokaufpositionen berechnet,
b) zusätzliches Kernkapital von Versicherungsunternehmen wird für die Zwecke des Abzugs wie Positionen in Instrumenten des zusätzlichen Kernkapitals behandelt.

Artikel 59 Abzug von Positionen in Instrumenten des zusätzlichen Kernkapitals von Unternehmen der Finanzbranche

Die Institute nehmen die gemäß Artikel 56 Buchstaben c und d erforderlichen Abzüge wie folgt vor:
a) sie dürfen direkte, indirekte und synthetische Positionen in Instrumenten des zusätzlichen Kernkapitals von Unternehmen der Finanzbranche auf der Grundlage der Nettokaufposition in derselben zugrunde liegenden Risikoposition berechnen, sofern die beiden nachstehenden Bedingungen erfüllt sind:
  i) die Fälligkeit der Verkaufspositionen entspricht der Fälligkeit der Kaufpositionen oder die Verkaufspositionen haben eine Restlaufzeit von mindestens einem Jahr,
  ii) die Kauf- und die Verkaufsposition werden entweder beide im Handelsbuch oder beide im Anlagebuch gehalten;
b) sie ermitteln den für direkte, indirekte und synthetische Positionen in Indexpapieren in Abzug zu bringenden Betrag durch Berechnung der zugrunde liegenden Risikopositionen aus den Kapitalinstrumenten der Unternehmen der Finanzbranche in den entsprechenden Indizes.

Artikel 60 Abzug von Positionen in Instrumenten des zusätzlichen Kernkapitals von Unternehmen der Finanzbranche, an denen ein Institut keine wesentliche Beteiligung hält

(1) Die Institute berechnen für die Zwecke des Artikels 56 Buchstabe c den in Abzug zu bringenden Betrag durch Multiplikation des Betrags nach Buchstabe a mit dem aus der Berechnung gemäß Buchstabe b abgeleiteten Faktor:
a) Gesamtbetrag, um den die direkten, indirekten und synthetischen Positionen des Instituts in den Instrumenten des harten Kernkapitals, des zusätzlichen Kernkapitals und des Ergänzungskapitals von Unternehmen der Finanzbranche, an denen es keine wesentliche Beteiligung hält, 10% der Posten des harten Kernkapitals des Instituts überschreiten, berechnet nach Anwendung folgender Bestimmungen:
  i) Artikel 32 bis 35,
  ii) Artikel 36 Absatz 1 Buchstaben a bis g, Buchstabe k Ziffern ii bis v und Buchstabe l, ausgenommen von der künftigen Rentabilität abhängige latente Steueransprüche, die aus temporären Differenzen resultieren,
  iii) Artikel 44 und 45;
b) Quotient aus dem Betrag der direkten, indirekten und synthetischen Positionen des Instituts in Instrumenten des zusätzlichen Kernkapitals der Unternehmen der Finanzbranche, an denen es keine wesentliche Beteiligung hält, und dem Gesamtbetrag aller seiner direkten, indirekten und synthetischen Positionen in den Instrumenten des harten Kernkapitals, des zusätzlichen Kernkapitals und des Ergänzungskapitals jener Unternehmen der Finanzbranche.

(2) Institute berücksichtigen bei dem Betrag nach Absatz 1 Buchstabe a und der Berechnung des Faktors nach Absatz 1 Buchstabe b keine mit Übernahmegarantie versehenen Positionen, die sie seit höchstens fünf Arbeitstagen halten.

(3) Der gemäß Absatz 1 in Abzug zu bringende Betrag wird auf alle gehaltenen Instrumente des zusätzlichen Kernkapitals aufgeteilt. Die Institute ermitteln den gemäß Absatz 1 in Abzug zu bringenden Betrag jeden Instruments des zusätzlichen Eigenkapitals durch Multiplikation des Betrags nach Buchstabe a mit dem Anteil nach Buchstabe b:
a) Betrag der gemäß Absatz 1 in Abzug zu bringenden Positionen,
b) auf jedes gehaltene Instrument des zusätzlichen Kernkapitals entfallender Anteil am Gesamtbetrag der direkten, indirekten und synthetischen Positionen des

Instituts in den Instrumenten des zusätzlichen Kernkapitals von Unternehmen der Finanzbranche, an denen das Institut keine wesentliche Beteiligung hält.

(4) Der Betrag der Positionen nach Artikel 56 Absatz 1 Buchstabe c, der nach Anwendung des Absatzes 1 Buchstabe a Ziffern i, ii und iii höchstens 10 % der Posten des harten Kernkapitals des Instituts entspricht, wird nicht in Abzug gebracht und unterliegt den anwendbaren Risikogewichten nach Teil 3 Titel II Kapitel 2 beziehungsweise Kapitel 3 und gegebenenfalls den Anforderungen des Teils 3 Titel IV.

(5) Institute ermitteln den Betrag jeden Instruments des zusätzlichen Kernkapitals, das gemäß Absatz 4 ein Risikogewicht erhält, durch Multiplikation des Betrags nach Buchstabe a mit dem Betrag nach Buchstabe b:
a) Betrag der gemäß Absatz 4 mit einem Risikogewicht zu versehenden Positionen,
b) aus der Berechnung nach Absatz 3 Buchstabe b resultierender Anteil.

Abschnitt 3   Zusätzliches Kernkapital

Artikel 61   Zusätzliches Kernkapital

Das zusätzliche Kernkapital eines Instituts besteht aus den Posten des zusätzlichen Kernkapitals nach Abzug der in Artikel 56 genannten Posten und nach Anwendung des Artikels 79.

Kapitel 4   Ergänzungskapital

Abschnitt 1   Posten und Instrumente des Ergänzungskapitals

Artikel 62   Posten des Ergänzungskapitals

Posten des Ergänzungskapitals bestehen aus:
a) Kapitalinstrumenten und nachrangigen Darlehen, die die Voraussetzungen des Artikels 63 erfüllen,
b) dem Agio, das mit unter Buchstabe a genannten Instrumenten verbunden ist,
c) für Institute, die risikogewichtete Positionsbeträge gemäß Teil 3 Titel II Kapitel 2 berechnen, allgemeinen Kreditrisikoanpassungen – vor Abzug von Steuereffekten – bis zu 1,25 % der gemäß Teil 3 Titel II Kapitel 2 berechneten risikogewichteten Positionsbeträge
d) für Institute, die risikogewichtete Positionsbeträge gemäß Teil 3 Titel II Kapitel 3 berechnen, positiven Beträgen – vor Abzug von Steuereffekten – aus der in den Artikeln 158 und 159 beschriebenen Berechnung bis zu 0,6 % der gemäß Teil 3 Titel II Kapitel 3 berechneten risikogewichteten Positionsbeträge.

Die unter Buchstabe a genannten Posten gelten nicht als Posten des harten Kernkapitals oder des zusätzlichen Kernkapitals.

Artikel 63   Instrumente des Ergänzungskapitals

Kapitalinstrumente und nachrangige Darlehen zählen zu den Ergänzungskapitalinstrumenten, vorausgesetzt
a) die Instrumente oder nachrangigen Darlehen werden begeben bzw. aufgenommen und sind voll eingezahlt,
b) die Instrumente oder nachrangigen Darlehen wurden nicht gekauft bzw. gewährt von
   i) dem Institut oder seinen Tochterunternehmen,

ii) einem Unternehmen, an dem das Institut eine Beteiligung in Form des direkten Haltens oder durch Kontrolle von mindestens 20 % der Stimmrechte oder des Kapitals jenes Unternehmens hält,
c) der Kauf der Instrumente bzw. die Gewährung der nachrangigen Darlehen wird weder direkt noch indirekt durch das Institut finanziert,
d) Ansprüche auf den Kapitalbetrag der Instrumente oder nachrangigen Darlehen sind laut den für das Instrumente bzw. das nachrangige Darlehen geltenden Bestimmungen den Ansprüchen aller nichtnachrangigen Gläubiger vollständig nachrangig,
e) die Instrumente oder nachrangigen Darlehen sind nicht durch eines der folgenden Unternehmen besichert oder Gegenstand einer von ihnen gestellten Garantie, die den Ansprüchen einen höheren Rang verleiht:
   i) das Institut oder seine Tochterunternehmen,
   ii) das Mutterunternehmen des Instituts oder dessen Tochterunternehmen,
   iii) die Mutterfinanzholdinggesellschaft oder ihre Tochterunternehmen,
   iv) die gemischte Holdinggesellschaft oder ihre Tochterunternehmen,
   v) die gemischte Finanzholdinggesellschaft oder ihre Tochterunternehmen,
   vi) ein Unternehmen mit engen Verbindungen zu den unter den Ziffern i bis v genannten Unternehmen,
f) für die Instrumente oder nachrangigen Darlehen bestehen keine Vereinbarungen, denen zufolge die Ansprüche aufgrund des Instruments bzw. nachrangigen Darlehens einen höheren Rang erhalten,
g) die Instrumente oder nachrangigen Darlehen haben eine Ursprungslaufzeit von mindestens fünf Jahren,
h) die für die Instrumente oder nachrangigen Darlehen geltenden Bestimmungen enthalten für das Institut keinen Anreiz zur Tilgung bzw. Rückzahlung ihres Kapitalbetrags vor der Fälligkeit,
i) enthalten die Instrumente oder nachrangigen Darlehen eine oder mehrere Optionen zur Kündigung bzw. vorzeitigen Rückzahlung, so können diese nur nach Ermessen des Emittenten beziehungsweise des Schuldners ausgeübt werden,
j) die Instrumente oder nachrangigen Darlehen können nur gekündigt, vorzeitig getilgt bzw. zurückgezahlt oder zurückgekauft werden, wenn die Voraussetzungen des Artikels 77 erfüllt sind und der Zeitpunkt der Emission bzw. Darlehensaufnahme mindestens fünf Jahre zurückliegt, es sei denn, die Voraussetzungen des Artikels 78 Absatz 4 sind erfüllt,
k) die für das Instrument bzw. das nachrangige Darlehen geltenden Bestimmungen lassen weder explizit noch implizit erkennen, dass das Institut es – außer im Falle seiner Insolvenz oder Liquidation – kündigen, vorzeitig tilgen bzw. zurückzahlen oder zurückkaufen wird oder kann, und das Institut gibt auch anderweitig keinen dahingehenden Hinweis;
l) die für das Instrument bzw. das nachrangige Darlehen geltenden Bestimmungen verleihen dem Inhaber bzw. Darlehensgeber nicht das Recht, die planmäßige künftige Auszahlung von Zinsen oder Kapitalbetrag zu beschleunigen, es sei denn bei Insolvenz oder Liquidation des Instituts;
m) die Höhe der auf das Instrument oder das nachrangige Darlehen fälligen Zins- bzw. Dividendenzahlungen wird nicht aufgrund der Bonität des Instituts oder seines Mutterunternehmens angepasst;
n) die beiden folgenden Voraussetzungen sind erfüllt, wenn die Instrumente oder nachrangigen Darlehen nicht direkt durch ein Institut begeben bzw. aufgenommen werden:
   i) die Instrumente oder nachrangigen Darlehen werden durch ein in die Konsolidierung nach Teil 1 Titel II Kapitel 2 einbezogenes Unternehmen begeben bzw. aufgenommen;
   ii) die Erträge stehen dem Institut unmittelbar und uneingeschränkt in einer Form zur Verfügung, die den Bedingungen dieses Absatzes genügt.

Artikel 64   Amortisierung von Ergänzungskapitalinstrumenten

In welchem Umfang Ergänzungskapitalinstrumente während der letzten fünf Jahre ihrer Laufzeit als Posten des Ergänzungskapitals gelten können, wird durch Multiplikation des Ergebnisses aus der Berechnung nach Buchstabe a mit dem unter Buchstabe b genannten Betrag ermittelt:
a) Nennbetrag der Instrumente oder nachrangigen Darlehen am ersten Tag der letzten Fünfjahresperiode der vertraglichen Laufzeit, geteilt durch die Anzahl der Kalendertage in dieser Periode;
b) Zahl der verbleibenden Kalendertage der vertraglichen Laufzeit der Instrumente oder nachrangigen Darlehen.

Artikel 65   Nichterfüllung der Bedingungen für Ergänzungskapitalinstrumente

Sind hinsichtlich eines Ergänzungskapitalinstruments die Bedingungen des Artikels 63 nicht länger erfüllt, gilt Folgendes:
a) Das betreffende Instrument gilt mit unmittelbarer Wirkung nicht länger als Instrument des Ergänzungskapitals,
b) der Teil des Agios, der mit dem betreffenden Instrument verbunden ist, gilt mit unmittelbarer Wirkung nicht länger als Posten des Ergänzungskapitals.

Abschnitt 2   Abzüge von Posten des Ergänzungskapitals

Artikel 66   Abzüge von Posten des Ergänzungskapitals

Von den Posten des Ergänzungskapitals werden folgende Elemente abgezogen:
a) direkte, indirekte und synthetische Positionen eines Instituts in eigenen Ergänzungskapitalinstrumenten, einschließlich eigener Ergänzungskapitalinstrumente, zu deren Kauf das Institut aufgrund bestehender vertraglicher Verpflichtungen verpflichtet sein könnte,
b) direkte, indirekte und synthetische Positionen in Ergänzungskapitalinstrumenten von Unternehmen der Finanzbranche, mit denen das Institut gegenseitige Überkreuzbeteiligungen hält, die nach Ansicht der zuständigen Behörde dem Ziel dienen, die Eigenmittel des Instituts künstlich zu erhöhen,
c) den gemäß Artikel 70 ermittelten Betrag der direkten, indirekten und synthetischen Positionen in Ergänzungskapitalinstrumenten von Unternehmen der Finanzbranche, an denen das Institut keine wesentliche Beteiligung hält,
d) direkte, indirekte und synthetische Positionen des Instituts in Instrumenten des Ergänzungskapitals von Unternehmen der Finanzbranche, an denen das Institut eine wesentliche Beteiligung hält, ausgenommen mit einer Übernahmegarantie versehene Positionen, die das Institut seit weniger als fünf Arbeitstagen hält.

Artikel 67   Abzüge von Positionen in eigenen Ergänzungskapitalinstrumenten

Für die Zwecke des Artikels 66 Buchstabe a berechnen Institute Positionen auf der Grundlage der Bruttokaufpositionen, wobei folgende Ausnahmen gelten:
a) Institute dürfen den Betrag von Positionen auf der Grundlage der Nettokaufposition berechnen, sofern die beiden nachstehenden Bedingungen erfüllt sind:
   i) die Kauf- und Verkaufspositionen resultieren aus der gleichen zugrunde liegenden Risikoposition und die Verkaufspositionen unterliegen keinem Gegenparteiausfallrisiko,
   ii) die Kauf- und die Verkaufsposition werden entweder beide im Handelsbuch oder beide im Anlagebuch gehalten;
b) die Institute ermitteln den für direkte, indirekte und synthetische Positionen in Indexpapieren in Abzug zu bringenden Betrag durch Berechnung der zugrunde

liegenden Risikopositionen gegenüber eigenen Ergänzungskapitalinstrumenten in den entsprechenden Indizes;
c) die Institute dürfen Bruttokaufpositionen in eigenen Ergänzungskapitalinstrumenten, die aus Positionen in Indexpapieren resultieren, gegen Verkaufspositionen in eigenen Ergänzungskapitalinstrumenten, die aus Verkaufspositionen in den zugrunde liegenden Indizes resultieren, aufrechnen, auch wenn für diese Verkaufspositionen ein Gegenparteiausfallrisiko besteht, sofern die beiden nachstehenden Bedingungen erfüllt sind:
  i) die Kauf- und Verkaufspositionen beziehen sich auf dieselben zugrunde liegenden Indizes,
  ii) die Kauf- und die Verkaufspositionen werden entweder beide im Handelsbuch oder beide im Anlagebuch gehalten.

Artikel 68 Abzug von Positionen in Ergänzungskapitalinstrumenten von Unternehmen der Finanzbranche und bei Überkreuzbeteiligung eines Instituts mit dem Ziel der künstlichen Erhöhung der Eigenmittel

Die Institute nehmen die gemäß Artikel 66 Buchstaben b, c und d erforderlichen Abzüge wie folgt vor:
a) Positionen in Ergänzungskapitalinstrumenten werden auf der Grundlage der Bruttokaufpositionen berechnet,
b) Ergänzungskapital und Drittrangmittel von Versicherungsunternehmen werden für die Zwecke des Abzugs wie Positionen in Ergänzungskapitalinstrumenten behandelt.

Artikel 69 Abzug von Positionen in Ergänzungskapitalinstrumenten von Unternehmen der Finanzbranche

Die Institute nehmen die gemäß Artikel 66 Buchstaben c und d erforderlichen Abzüge wie folgt vor:
a) sie dürfen direkte, indirekte und synthetische Positionen in Ergänzungskapitalinstrumenten von Unternehmen der Finanzbranche auf der Grundlage der Nettokaufposition in derselben zugrunde liegenden Risikoposition berechnen, sofern die beiden nachstehenden Bedingungen erfüllt sind:
  i) die Fälligkeit der Verkaufspositionen entspricht der Fälligkeit der Kaufpositionen oder die Verkaufspositionen haben eine Restlaufzeit von mindestens einem Jahr,
  ii) die Kauf- und die Verkaufsposition werden entweder beide im Handelsbuch oder beide im Anlagebuch gehalten;
b) sie ermitteln den in Abzug zu bringenden Betrag für direkte, indirekte und synthetische Positionen in Indexpapieren durch Berechnung der zugrunde liegenden Risikopositionen aus den Kapitalinstrumenten der Unternehmen der Finanzbranche in den entsprechenden Indizes.

Artikel 70 Abzug von Ergänzungskapitalinstrumenten, wenn ein Institut keine wesentliche Beteiligung an einem relevanten Unternehmen hält

(1) Die Institute berechnen für die Zwecke des Artikels 66 Buchstabe c den in Abzug zu bringenden Betrag durch Multiplikation des Betrags nach Buchstabe a mit dem aus der Berechnung gemäß Buchstabe b abgeleiteten Faktor:
a) Gesamtbetrag, um den die direkten, indirekten und synthetischen Positionen des Instituts in den Instrumenten des harten Kernkapitals, des zusätzlichen Kernkapitals und des Ergänzungskapitals von Unternehmen der Finanzbranche, an denen es keine wesentliche Beteiligung hält, 10% der Posten des harten Kern-

kapitals des Instituts überschreiten, berechnet nach Anwendung folgender Bestimmungen:
i) Artikel 32 bis 35,
ii) Artikel 36 Absatz 1 Buchstaben a bis g, Buchstabe k Ziffern ii bis v und Buchstabe l, mit Ausnahme des in Abzug zu bringenden Betrags für von der künftigen Rentabilität abhängige latente Steueransprüche, die aus temporären Differenzen resultieren,
iii) Artikel 44 und 45;
b) Quotient aus dem Betrag der direkten, indirekten und synthetischen Positionen des Instituts an Ergänzungskapitalinstrumenten von Unternehmen der Finanzbranche, an denen es keine wesentliche Beteiligung hält, und dem Gesamtbetrag aller direkten, indirekten und synthetischen Positionen des Instituts in den Instrumenten des harten Kernkapitals, des zusätzlichen Kernkapitals und des Ergänzungskapitals jener Unternehmen der Finanzbranche.

(2) Institute berücksichtigen bei dem Betrag nach Absatz 1 Buchstabe a und der Berechnung des Faktors nach Absatz 1 Buchstabe b keine mit Übernahmegarantie versehenen Positionen, die sie seit höchstens fünf Arbeitstagen halten.

(3) Der gemäß Absatz 1 in Abzug zu bringende Betrag wird auf alle gehaltenen Instrumente des Ergänzungskapitals aufgeteilt. Die Institute ermitteln den gemäß Absatz 1 in Abzug zu bringende Betrag jeden Instruments des Ergänzungskapitals durch Multiplikation des Betrags nach Buchstabe a mit dem Anteil nach Buchstabe b:
a) Gesamtbetrag der gemäß Absatz 1 in Abzug zu bringenden Positionen,
b) auf jedes gehaltene Instrument des harten Kernkapitals entfallender Anteil am Gesamtbetrag der direkten, indirekten und synthetischen Positionen des Instituts in den Instrumenten des Ergänzungskapitals von Unternehmen der Finanzbranche, an denen das Institut keine wesentliche Beteiligung hält.

(4) Der Betrag der Positionen nach Artikel 66 Absatz 1 Buchstabe c, der nach Anwendung des Absatzes 1 Buchstabe a Ziffern i bis iii höchstens 10 % der Posten des harten Kernkapitals des Instituts entspricht, wird nicht in Abzug gebracht und unterliegt den anwendbaren Risikogewichten nach Teil 3 Titel II Kapitel 2 beziehungsweise Kapitel 3 und gegebenenfalls den Anforderungen des Teils 3 Titel IV.

(5) Institute ermitteln den Betrag jeden Instruments des Ergänzungskapitals, der gemäß Absatz 4 ein Risikogewicht erhält, durch Multiplikation des Betrags nach Buchstabe a mit dem Betrag nach Buchstabe b:
a) Betrag der gemäß Absatz 4 mit einem Risikogewicht zu versehenden Positionen;
b) aus der Berechnung nach Absatz 3 Buchstabe b resultierender Anteil.

Abschnitt 3   Ergänzungskapital

Artikel 71   Ergänzungskapital

Das Ergänzungskapital eines Instituts besteht aus den Posten des Ergänzungskapitals nach den Abzügen gemäß Artikel 66 und nach Anwendung des Artikels 79.

Kapitel 5   Eigenmittel

Artikel 72   Eigenmittel

Die Eigenmittel eines Instituts ergeben sich aus der Summe von Kernkapital und Ergänzungskapital.

Kapitel 6 Allgemeine Anforderungen

Artikel 73 Ausschüttungen auf Eigenmittelinstrumente

(1) Kapitalinstrumente, bei denen ein Institut allein entscheiden kann, ob es Ausschüttungen in einer anderen Form als Bargeld oder einem Eigenmittelinstrument vornimmt, gelten nicht als Instrumente des harten Kernkapitals, des zusätzlichen Kernkapitals oder des Ergänzungskapitals, es sei denn, das Institut hat vorab die Erlaubnis der zuständigen Behörden erhalten.

(2) Die zuständigen Behörden geben die Erlaubnis gemäß Absatz 1 nur, wenn sie der Ansicht sind, dass alle folgenden Bedingungen erfüllt sind:
a) Die Fähigkeit des Instituts, Zahlungen im Rahmen des Instruments zu streichen, wird durch die Ermessensbefugnis gemäß Absatz 1 oder durch die Form, in der die Ausschüttungen erfolgen können, nicht beeinträchtigt;
b) die Fähigkeit des Instruments, Verluste zu absorbieren, wird durch die Ermessensbefugnis gemäß Absatz 1 oder durch die Form, in der die Ausschüttungen erfolgen können, nicht beeinträchtigt;
c) die Qualität des Kapitalinstruments wird durch die Ermessensbefugnis gemäß Absatz 1 oder durch die Form, in der die Ausschüttungen erfolgen können, in keiner anderen Weise verringert.

(3) Kapitalinstrumente, bei denen eine andere juristische Person als das begebende Institut entscheiden oder fordern kann, dass Ausschüttungen auf das Instrument in einer anderen Form als Bargeld oder einem Eigenmittelinstrument zu erfolgen haben, gelten nicht als Instrumente des harten Kernkapitals, des zusätzlichen Kernkapitals oder des Ergänzungskapitals.

(4) Institute können einen breiten Marktindex als eine der Grundlagen für die Bestimmung der Höhe der Ausschüttungen aus Instrumenten des zusätzlichen Kernkapitals und des Ergänzungskapitals heranziehen.

(5) Absatz 4 gilt nicht, wenn das Institut ein Referenzunternehmen in diesem breiten Marktindex ist, es sei denn die beiden folgenden Bedingungen sind erfüllt:
a) Das Institut ist der Ansicht, dass zwischen den Bewegungen in diesem breiten Marktindex und seiner Bonität oder der seines Mutterinstituts oder seiner Mutterfinanzholdinggesellschaft oder gemischten Mutterfinanzholdinggesellschaft oder gemischten Mutterholdinggesellschaft keine wesentliche Korrelation besteht;
b) die zuständige Behörde ist in Bezug auf Buchstabe a zu keinem anderen Schluss gelangt.

(6) Die Institute melden und veröffentlichen die breiten Marktindizes, auf die sich ihre Eigenmittelinstrumente stützen.

(7) Die EBA arbeitet Entwürfe technischer Regulierungsstandards zur Präzisierung der Bedingungen aus, unter denen Indizes als breite Marktindizes für die Zwecke des Absatzes 4 angesehen werden.

Die EBA übermittelt der Kommission diese Entwürfe technischer Regulierungsstandards bis zum 28. Juli 2013.

Der Kommission wird die Befugnis übertragen, die technischen Regulierungsstandards nach Unterabsatz 1 gemäß den Artikeln 10 bis 14 der Verordnung (EU) Nr. 1093/2010 zu erlassen.

Artikel 74 Positionen in von beaufsichtigten Unternehmen der Finanzbranche begebenen Kapitalinstrumenten, die nicht zu den aufsichtsrechtlichen Eigenmitteln zählen

Institute ziehen von keinem Bestandteil der Eigenmittel direkte, indirekte oder synthetische Positionen in von einem beaufsichtigten Unternehmen der Finanzbranche begebenen Kapitalinstrumenten ab, die nicht zu den aufsichtsrechtlichen Eigenmitteln dieses Unternehmens zählen. Institute wenden auf solche Positionen Risikogewichte gemäß Teil 3 Titel II Kapitel 2 beziehungsweise Kapitel 3 an.

Artikel 75 Abzüge und Laufzeitanforderungen für Verkaufspositionen

Die Laufzeitanforderungen für Verkaufspositionen gemäß Artikel 45 Buchstabe a, Artikel 59 Buchstabe a und Artikel 69 Buchstabe a gelten in Bezug auf solche Positionen als erfüllt, wenn die folgenden Bedingungen erfüllt sind:
a) Das Institut besitzt das vertragliche Recht, die abgesicherte Kaufposition zu einem bestimmten künftigen Zeitpunkt an die sicherungsgebende Gegenpartei zu verkaufen;
b) die sicherungsgebende Gegenpartei des Instituts ist vertraglich verpflichtet, dem Institut die Kaufposition nach Buchstabe a zu diesem bestimmten künftigen Zeitpunkt abzukaufen.

Artikel 76 Indexpositionen in Kapitalinstrumenten

(1) Für die Zwecke von Artikel 42 Buchstabe a, Artikel 45 Buchstabe a, Artikel 57 Buchstabe a, Artikel 59 Buchstabe a, Artikel 67 Buchstabe a und 69 Buchstabe a dürfen Institute den Betrag einer Kaufposition in einem Kapitalinstrument um den Anteil eines Indexes verringern, der aus derselben abgesicherten zugrunde liegenden Risikoposition besteht, sofern die folgenden Bedingungen erfüllt sind:
a) Die abgesicherte Kaufposition und die zur Absicherung dieser Kaufposition verwendete Verkaufsposition in einem Index werden entweder beide im Handelsbuch oder beide im Anlagebuch gehalten;
b) die Positionen nach Buchstabe a werden in der Bilanz des Instituts mit dem beizulegenden Zeitwert ausgewiesen;
c) die Verkaufsposition nach Buchstabe a gilt nach den internen Kontrollverfahren des Instituts als wirksame Absicherung;
d) die zuständigen Behörden bewerten die Angemessenheit der unter Buchstabe c genannten Kontrollverfahren mindestens einmal jährlich und haben sich von deren andauernder Eignung überzeugt.

(2) Ein Institut darf vorbehaltlich der vorherigen Erlaubnis der zuständigen Behörde eine konservative Schätzung seiner zugrunde liegenden Risikoposition aus in Indizes enthaltenen Kapitalinstrumenten als Alternative zur Berechnung der Risikopositionen aus den unter den Buchstaben a und/oder b genannten Posten vornehmen:
a) in Indizes enthaltene eigene Instrumente des harten Kernkapitals, des zusätzlichen Kernkapitals und des Ergänzungskapitals,
b) in Indizes enthaltene Instrumente des harten Kernkapitals, des zusätzlichen Kernkapitals und des Ergänzungskapitals von Unternehmen der Finanzbranche.

(3) Die zuständigen Behörden geben diese Erlaubnis nur dann, wenn das Institut ihnen hinreichend nachgewiesen hat, dass die Überwachung seiner zugrunde liegenden Risikopositionen aus den in Absatz 2 Buchstaben a und/oder b genannten Posten mit hohem betrieblichem Aufwand verbunden wäre.

(4) Die EBA arbeitet Entwürfe technischer Regulierungsstandards aus, in denen Folgendes präzisiert wird:
a) wann eine Schätzung nach Absatz 2, die als Alternative zur Berechnung der zugrunde liegenden Risikoposition vorgenommen wird, ausreichend konservativ ist,
b) welche Bedeutung der Begriff ›hoher betrieblicher Aufwand‹ für die Zwecke von Absatz 3 hat.

Die EBA übermittelt der Kommission diese Entwürfe technischer Regulierungsstandards bis zum 28. Juli 2013.

Der Kommission wird die Befugnis übertragen, die technischen Regulierungsstandards nach Unterabsatz 1 gemäß den Artikeln 10 bis 14 der Verordnung (EU) Nr. 1093/2010 zu erlassen.

Artikel 77 Bedingungen für die Verringerung der Eigenmittel

Ein Institut sucht für folgende Handlungen zuvor um die Erlaubnis der zuständigen Behörde nach:
a) Verringerung, Rückzahlung oder Rückkauf von Instrumenten des harten Kernkapitals, die das Institut begeben hat, in einer gemäß dem einzelstaatlichen Recht zulässigen Weise;
b) Kündigung, Tilgung, Rückzahlung oder Rückkauf von Instrumenten des zusätzlichen Kernkapitals oder des Ergänzungskapitals vor ihrer vertraglichen Fälligkeit.

Artikel 78 Erlaubnis der Aufsichtsbehörden zur Verringerung der Eigenmittel

(1) Die zuständige Behörde gibt einem Institut die Erlaubnis zu Verringerung, Rückkauf, Kündigung oder Rückzahlung bzw. Tilgung von Instrumenten des harten Kernkapitals, des zusätzlichen Kernkapitals oder des Ergänzungskapitals, wenn
a) das Institut die in Artikel 77 genannten Instrumente vor oder gleichzeitig mit der in Artikel 77 genannten Handlung durch Eigenmittelinstrumente zumindest gleicher Qualität zu Bedingungen ersetzt, die im Hinblick auf die Ertragsmöglichkeiten des Instituts nachhaltig sind;
b) das Institut der zuständigen Behörde hinreichend nachgewiesen hat, dass seine Eigenmittel nach der betreffenden Handlung die Anforderungen nach Artikel 92 Absatz 1 und die kombinierte Kapitalpufferanforderung im Sinne des Artikels 128 Nr. 6 der Richtlinie 2013/36/EU um eine Spanne übertreffen, die die zuständige Behörde auf der Grundlage des Artikels 104 Absatz 3 der Richtlinie 2013/36/EU gegebenenfalls für erforderlich hält.

(2) Bei der Bewertung der Nachhaltigkeit der Ersatzinstrumente im Hinblick auf die Ertragsmöglichkeiten des Instituts gemäß Absatz 1 Buchstabe a berücksichtigen die zuständigen Behörden das Ausmaß, in dem diese Ersatz-Kapitalinstrumente kostspieliger für das Institut wären als die Instrumente, die sie ersetzen würden.

(3) Nimmt ein Institut eine in Artikel 77 Buchstabe a genannte Handlung vor und ist die Verweigerung der Rückzahlung der in Artikel 27 genannten Instrumente des harten Kernkapitals nach einzelstaatlichem Recht verboten, kann die zuständige Behörde eine Befreiung von den in Absatz 1 festgelegten Bedingungen unter der Voraussetzung gewähren, dass sie vom Institut eine angemessene Beschränkung der Rückzahlung solcher Instrumente verlangt.

(4) Die zuständigen Behörden können einem Institut die Rückzahlung von Instrumenten des zusätzlichen Kernkapitals oder des Ergänzungskapitals früher als fünf Jahre nach dem Zeitpunkt der Ausgabe nur dann gestatten, wenn die Bedingungen nach Absatz 1 und des Buchstabens a oder b erfüllt sind:
a) die aufsichtsrechtliche Einstufung der betreffenden Instrumente ändert sich, was wahrscheinlich zu ihrem Ausschluss aus den Eigenmitteln oder ihrer Neueinstufung als Eigenmittel geringerer Qualität führen würde, und die beiden folgenden Bedingungen sind erfüllt:
  i) die zuständige Behörde hält es für ausreichend sicher, dass eine solche Änderung stattfindet,
  ii) das Institut weist den zuständigen Behörden hinreichend nach, dass zum Zeitpunkt der Emission der Instrumente die aufsichtsrechtliche Neueinstufung nicht vorherzusehen war;

b) die geltende steuerliche Behandlung der betreffenden Instrumente ändert sich, und das Institut weist den zuständigen Behörden hinreichend nach, dass diese wesentlich ist und zum Zeitpunkt der Emission der Instrumente nicht vorherzusehen war.

(5) Die EBA arbeitet Entwürfe technischer Regulierungsstandards aus, in denen Folgendes präzisiert wird:
a) die Bedeutung des Ausdrucks ›im Hinblick auf die Ertragsmöglichkeiten des Instituts nachhaltig‹,
b) die angemessene Beschränkung der Rückzahlung im Sinne des Absatzes 3,
c) die Verfahrens- und Datenanforderungen für den Antrag eines Instituts auf Erlaubnis der zuständigen Behörde zur Vornahme einer in Artikel 77 genannten Handlung, einschließlich des Verfahrens, das im Falle des Rückkaufs der an Genossen ausgegebenen Anteile anzuwenden ist, und der Fristen für die Bearbeitung eines solchen Antrags.

Die EBA übermittelt der Kommission diese Entwürfe technischer Regulierungsstandards bis zum 28. Juli 2013.

Der Kommission wird die Befugnis übertragen, die technischen Regulierungsstandards nach Unterabsatz 1 gemäß den Artikeln 10 bis 14 der Verordnung (EU) Nr. 1093/2010 zu erlassen.

Artikel 79   Befristete Ausnahme vom Abzug von den Eigenmitteln

(1) Hält ein Institut befristet Kapitalinstrumente eines Unternehmens der Finanzbranche oder hat nachrangige Darlehen gewährt, die als Instrumente des harten Kernkapitals, des zusätzlichen Kernkapitals oder des Ergänzungskapitals gelten, und dienen diese Positionen nach Ansicht der zuständigen Behörde dem Zweck einer finanziellen Stützungsaktion zur Sanierung und Rettung jenes Unternehmens, so kann sie eine befristete Ausnahme von den ansonsten für jene Instrumente geltenden Abzugsbestimmungen gewähren.

(2) Die EBA arbeitet Entwürfe technischer Regulierungsstandards zur Präzisierung des Konzepts der Befristung für die Zwecke von Absatz 1 und der Bedingungen, unter denen eine zuständige Behörde davon ausgehen kann, dass diese befristet gehaltenen Positionen dem Zweck einer finanziellen Stützungsaktion zur Sanierung und Rettung eines relevanten Unternehmens dienen.Die EBA übermittelt der Kommission diese Entwürfe technischer Regulierungsstandards bis zum 28. Juli 2013.

Der Kommission wird die Befugnis übertragen, die technischen Regulierungsstandards nach Unterabsatz 1 gemäß den Artikeln 10 bis 14 der Verordnung (EU) Nr. 1093/2010 zu erlassen.

Artikel 80   Kontinuierliche Prüfung der Eigenmittelqualität

(1) Die EBA überwacht die Qualität von Eigenmittelinstrumenten, die Institute in der gesamten Union begeben, und unterrichtet die Kommission unverzüglich, wenn es deutliche Hinweise dafür gibt, dass jene Instrumente die Kriterien des Artikels 28 oder gegebenenfalls des Artikels 29 nicht erfüllen.

Die zuständigen Behörden übermitteln der EBA auf deren Ersuchen unverzüglich alle Angaben zu neu begebenen Kapitalinstrumenten, die diese für erforderlich hält, um die Qualität der von Instituten in der gesamten Union begebenen Eigenmittelinstrumente zu überwachen.

(2) Eine Mitteilung umfasst Folgendes:
a) eine detaillierte Beschreibung der Art und des Ausmaßes der festgestellten Mängel,
b) technische Hinweise zu den Maßnahmen, die die Kommission nach Ansicht der EBA ergreifen sollte,

c) wichtige Entwicklungen in der EBA-Stresstestmethodik zur Prüfung der Solvenz von Instituten.

(3) Die EBA berät die Kommission zu technischen Aspekten jeglicher bedeutsamer Veränderungen, die ihrer Ansicht nach an der Definition von Eigenmitteln in folgenden Fällen vorgenommen werden sollten:
a) bei einschlägigen Entwicklungen in Marktstandards oder -praxis,
b) bei Änderungen der einschlägigen Rechts- oder Rechnungslegungsstandards,
c) bei wichtigen Entwicklungen in der EBA-Stresstestmethodik zur Prüfung der Solvenz von Instituten.

(4) Die EBA berät die Kommission bis zum 1. Januar 2014 zu technischen Aspekten eines anderen Umgangs mit zeitwertbilanzierten nicht realisierten Gewinnen als der ohne Anpassung vorgenommenen Zurechnung zum harten Kernkapital. Bei einschlägigen Empfehlungen werden relevante Entwicklungen bei den internationalen Rechnungslegungsstandards und den internationalen Vereinbarungen über Aufsichtsstandards für Banken berücksichtigt.

Titel II Minderheitsbeteiligungen und durch Tochterunternehmen begebene Instrumente des zusätzlichen Kernkapitals und des Ergänzungskapitals

Artikel 81 Minderheitsbeteiligungen, die zum konsolidierten harten Kernkapital zählen

(1) Minderheitsbeteiligungen bestehen aus der Summe aus Instrumenten des harten Kernkapitals, des mit ihnen verbundenen Agios, einbehaltenen Gewinnen und sonstigen Rücklagen eines Tochterunternehmens, wenn folgende Bedingungen erfüllt sind:
a) Das Tochterunternehmen ist ein
   i) Institut,
   ii) Unternehmen, das gemäß den anwendbaren nationalen Rechtsvorschriften den Anforderungen dieser Verordnung und der Richtlinie 2013/36/EU unterliegt,
b) das Tochterunternehmen ist vollständig in die Konsolidierung nach Teil 1 Titel II Kapitel 2 einbezogen,
c) die im einleitenden Teil dieses Absatzes genannten Instrumente des harten Kernkapitals sind Eigentum anderer Personen als der in die Konsolidierung nach Teil 1 Titel II Kapitel 2 einbezogenen Unternehmen.

(2) Minderheitsbeteiligungen, die das Mutterunternehmen des Instituts oder seine Tochterunternehmen über eine Zweckgesellschaft oder anderweitig direkt oder indirekt finanzieren, zählen nicht zum konsolidierten harten Kernkapital.

Artikel 82 Qualifiziertes zusätzliches Kernkapital, Kernkapital, Ergänzungskapital und qualifizierte Eigenmittel

Qualifiziertes zusätzliches Kernkapital, Kernkapital, Ergänzungskapital und qualifizierte Eigenmittel umfassen die Minderheitsbeteiligungen und die Instrumente des zusätzlichen Kernkapitals bzw. des Ergänzungskapitals, zuzüglich der verbundenen einbehaltenen Gewinne, und des Agios, eines Tochterunternehmens, wenn folgende Bedingungen erfüllt sind:
a) Das Tochterunternehmen ist ein
   i) Institut,
   ii) Unternehmen, das gemäß den anwendbaren nationalen Rechtsvorschriften den Anforderungen dieser Verordnung und der Richtlinie 2013/36/EU unterliegt,

b) das Tochterunternehmen ist vollständig in die Konsolidierung nach Teil 1 Titel II Kapitel 2 einbezogen,
c) die betreffenden Instrumente sind Eigentum anderer Personen als der in die Konsolidierung nach Teil 1 Titel II Kapitel 2 einbezogenen Unternehmen.

Artikel 83 Qualifiziertes zusätzliches Kernkapital und Ergänzungskapital einer Zweckgesellschaft

(1) Von einer Zweckgesellschaft begebene Instrumente des zusätzlichen Kernkapitals und des Ergänzungskapitals und das verbundene Agio zählen nur zum qualifizierten zusätzlichen Kernkapital, Kernkapital, Ergänzungskapital bzw. den qualifizierten Eigenmitteln, wenn folgende Bedingungen erfüllt sind:
a) Die Zweckgesellschaft, die die betreffenden Instrumente begibt, ist vollständig in die Konsolidierung nach Teil 1 Titel II Kapitel 2 einbezogen,
b) die Instrumente und das verbundene Agio werden dem qualifizierten zusätzlichen Kernkapital nur zugerechnet, wenn die Bedingungen des Artikels 52 Absatz 1 erfüllt sind,
c) die Instrumente und das verbundene Agio werden dem qualifizierten Ergänzungskapital nur zugerechnet, wenn die Bedingungen des Artikels 63 erfüllt sind,
d) der einzige Vermögenswert der Zweckgesellschaft ist ihre Beteiligung an den Eigenmitteln des Mutterunternehmens oder eines vollständig in die Konsolidierung nach Teil 1 Titel II Kapitel 2 einbezogenen Tochterunternehmens dieses Mutterunternehmens, der aufgrund seiner Form den Bedingungen des Artikels 52 Absatz 1 bzw. Artikel 63 genügt.

Ist die zuständige Behörde der Ansicht, dass die Vermögenswerte einer Zweckgesellschaft, die nicht deren Anteil an den Eigenmitteln des Mutterunternehmens oder eines in die Konsolidierung nach Teil 1 Titel II Kapitel 2 einbezogenen Tochterunternehmens dieses Mutterunternehmens sind, sehr gering und für die Gesellschaft nicht wesentlich sind, so kann sie davon absehen, die Bedingung nach Unterabsatz 1 Buchstabe d anzuwenden.

(2) Die EBA arbeitet Entwürfe technischer Regulierungsstandards zur Klärung der Arten von Vermögenswerten, die dem Betrieb von Zweckgesellschaften zugeordnet werden können, und der in Absatz 1 Unterabsatz 2 genannten Konzepte des sehr geringen und nicht signifikanten Vermögenswerts aus.Die EBA übermittelt der Kommission diese Entwürfe technischer Regulierungsstandards bis zum 28. Juli 2013.

Der Kommission wird die Befugnis übertragen, die technischen Regulierungsstandards nach Unterabsatz 1 gemäß den Artikeln 10 bis 14 der Verordnung (EU) Nr. 1093/2010 zu erlassen.

Artikel 84 Zum konsolidierten harten Kernkapital gerechnete Minderheitsbeteiligungen

(1) Die Institute ermitteln den Betrag der Minderheitsbeteiligungen eines Tochterunternehmens, die dem konsolidierten harten Kernkapital zugerechnet werden, indem sie von den Minderheitsbeteiligungen des betreffenden Unternehmens das Ergebnis der Multiplikation des unter Buchstabe a genannten Betrags mit dem unter Buchstabe b genannten Prozentsatz abziehen:
a) hartes Kernkapital des Tochterunternehmens, abzüglich des niedrigeren Wertes
   i) des Betrags des harten Kernkapitals des betreffenden Tochterunternehmens, der erforderlich ist, um die Summe aus der Anforderung nach Artikel 92 Absatz 1 Buchstabe a, den Anforderungen nach Artikel 458 und 459, den speziellen Eigenmittelanforderungen nach Artikel 104 der Richtlinie 2013/36/EU, der kombinierten Kapitalpufferanforderung im Sinne des Artikels 128 Nummer 6 der Richtlinie 2013/36/EU, den Anforderungen nach Artikel 500 und

etwaigen zusätzlichen lokalen aufsichtsrechtlichen Vorschriften dritter Länder zu erreichen, soweit das harte Kernkapital diese Anforderungen erfüllen muss;
ii) des sich auf jenes Tochterunternehmen beziehenden Betrags des konsolidierten harten Kernkapitals, der auf konsolidierter Basis erforderlich ist, um die Summe aus der Anforderung nach Artikel 92 Absatz 1 Buchstabe a, den Anforderungen nach Artikel 458 und 459, den speziellen Eigenmittelanforderungen nach Artikel 104 der Richtlinie 2013/36/EU, der kombinierten Kapitalpufferanforderung im Sinne des Artikels 128 Nummer 6 der Richtlinie 2013/36/EU, den Anforderungen nach Artikel 500 und etwaigen zusätzlichen lokalen aufsichtsrechtlichen Vorschriften dritter Länder zu erreichen, soweit das harte Kernkapital diese Anforderungen erfüllen muss;
b) Minderheitsbeteiligungen des Tochterunternehmens, ausgedrückt als Prozentanteil aller Instrumente des harten Kernkapitals des betreffenden Unternehmens, zuzüglich des verbundenen Agios, einbehaltener Gewinne und sonstiger Rücklagen.

(2) Die Berechnung nach Absatz 1 wird auf teilkonsolidierter Basis für jedes Tochterunternehmen gemäß Artikel 81 Absatz 1 vorgenommen.

Ein Institut kann entscheiden, diese Berechnung für ein Tochterunternehmen im Sinne des Artikels 81 Absatz 1 nicht vorzunehmen. In diesem Fall darf die Minderheitsbeteiligung jenes Tochterunternehmens nicht dem konsolidierten harten Kernkapital zugerechnet werden.

(3) Sieht eine zuständige Behörde gemäß Artikel 7 von der Anwendung der Aufsichtsanforderungen auf Einzelbasis ab, werden Minderheitsbeteiligungen innerhalb der Tochterunternehmen, für die die Ausnahme gilt, nicht dem harten Kernkapital auf teilkonsolidierter bzw. konsolidierter Basis zugerechnet.

(4) Die EBA arbeitet Entwürfe technischer Regulierungsstandards zur Spezifizierung der Teilkonsolidierungsberechnung aus, die für Absatz 2 und für die Artikel 85 und 87 erforderlich ist.

Die EBA übermittelt der Kommission diese Entwürfe technischer Regulierungsstandards bis zum 28. Juli 2013.

Der Kommission wird die Befugnis übertragen, die technischen Regulierungsstandards nach Unterabsatz 1 gemäß den Artikeln 10 bis 14 der Verordnung (EU) Nr. 1093/2010 zu erlassen.

(5) Die zuständigen Behörden können eine Mutterfinanzholdinggesellschaft, die alle nachstehenden Voraussetzungen erfüllt, von der Anwendung dieses Artikels ausnehmen:
a) Haupttätigkeit der Gesellschaft ist der Erwerb von Beteiligungen,
b) sie unterliegt einer Aufsicht auf konsolidierter Basis,
c) zu ihrem Konsolidierungskreis gehört ein Tochterinstitut, an dem sie – gemäß der Definition eines Kontrollverhältnisses des Artikels 1 der Richtlinie 83/349/EWG – nur eine Minderheitsbeteiligung hält,
d) bei einer Berechnung auf teilkonsolidierter Basis stammt das geforderte konsolidierte harte Kernkapitals zu mehr als 90% von dem Tochterinstitut nach Buchstabe c.

Wird eine Mutterfinanzholdinggesellschaft, die alle Voraussetzungen des Unterabsatzes 1 erfüllt, nach dem 28. Juni 2013 zu einer gemischten Finanzholdinggesellschaft, können die zuständigen Behörden die Freistellung nach Unterabsatz 1 dieser gemischten Mutterfinanzholdinggesellschaft gewähren, sofern sie die Voraussetzungen des Unterabsatzes 1 erfüllt.

(6) Wenn Kreditinstitute, die in einem Verbund einer Zentralorganisation ständig zugeordnet sind, und Institute, die einem institutsbezogenen Sicherungssystem unter den Bedingungen des Artikels 113 Absatz 7 angeschlossen sind, einen Haftungsverbund eingerichtet haben, dass sicherstellt, dass einer Übertragung von Eigenmitteln von der Gegenpartei auf das Kreditinstitut über die aufsichtsrechtlichen Anforderungen hinaus keine vorhandenen oder absehbaren wesentlichen, tatsächlichen oder rechtlichen Hindernisse entgegenstehen, werden diese Institute von den Bestimmungen dieses Artikels bezüglich Abzügen befreit und dürfen Minderheitsbeteiligungen innerhalb des Haftungsverbunds vollständig anrechnen.

Artikel 85 Zum konsolidierten Kernkapital zählende qualifizierte Kernkapitalinstrumente

(1) Die Institute ermitteln den Betrag des zu den konsolidierten Eigenmitteln zählenden qualifizierten Kernkapitals eines Tochterunternehmens, indem sie von dem qualifizierten Kernkapital des betreffenden Unternehmens das Ergebnis der Multiplikation des unter Buchstabe a genannten Betrags mit dem unter Buchstabe b genannten Prozentsatz abziehen:
a) Kernkapital des Tochterunternehmens, abzüglich des niedrigeren Wertes
  i) des Betrags des Kernkapitals des betreffenden Tochterunternehmens, der erforderlich ist, um die Summe aus der Anforderung nach Artikel 92 Absatz 1 Buchstabe b, den Anforderungen nach Artikel 458 und 459, den speziellen Eigenmittelanforderungen nach Artikel 104 der Richtlinie 2013/36/EU, der kombinierten Kapitalpufferanforderung im Sinne des Artikels 128 Nummer 6 der Richtlinie 2013/36/EU, den Anforderungen nach Artikel 500 und etwaigen zusätzlichen lokalen aufsichtsrechtlichen Vorschriften dritter Länder zu erreichen, soweit das Kernkapital diese Anforderungen erfüllen muss;
  ii) des sich auf das Tochterunternehmen beziehenden Betrags des konsolidierten Kernkapitals, der auf konsolidierter Basis erforderlich ist, um die Summe aus der Anforderung Artikel 92 Absatz 1 Buchstabe b, den Anforderungen nach Artikel 458 und 459, den speziellen Eigenmittelanforderungen nach Artikel 104 der Richtlinie 2013/36/EU, der kombinierten Kapitalpufferanforderung im Sinne des Artikels 128 Nummer 6 der Richtlinie 2013/36/EU, den Anforderungen Artikel 500 und etwaigen zusätzlichen lokalen aufsichtsrechtlichen Vorschriften dritter Länder zu erreichen, soweit das Kernkapital diese Anforderungen erfüllen muss;
b) qualifiziertes Kernkapital des Tochterunternehmens, ausgedrückt als Prozentanteil aller Kernkapitalinstrumente des betreffenden Unternehmens, zuzüglich des verbundenen Agios, einbehaltener Gewinne und sonstiger Rücklagen.

(2) Die Berechnung nach Absatz 1 wird auf teilkonsolidierter Basis für jedes Tochterunternehmen gemäß Artikel 81 Absatz 1 vorgenommen.
Ein Institut kann entscheiden, diese Berechnung für ein Tochterunternehmen im Sinne des Artikels 81 Absatz 1 nicht vorzunehmen. In diesem Fall darf das qualifizierte Kernkapital dieses Tochterunternehmens nicht dem konsolidierten Kernkapital zugerechnet werden.

(3) Sieht eine zuständige Behörde gemäß Artikel 7 von der Anwendung der Aufsichtsanforderungen auf Einzelbasis ab, werden Kernkapitalinstrumente innerhalb der Tochterunternehmen, für die die Ausnahme gilt, nicht den Eigenmitteln auf teilkonsolidierter bzw. konsolidierter Basis zugerechnet.

Artikel 86 Zum konsolidierten zusätzlichen Kernkapital zählendes qualifiziertes Kernkapital

Unbeschadet des Artikels 84 Absätze 5 oder 6 ermitteln Institute den Betrag des zum konsolidierten zusätzlichen Kernkapital zählenden qualifizierten Kernkapitals eines Tochterunternehmens, indem sie vom qualifizierten Kernkapital des betreffenden Unternehmens, das zum konsolidierten Kernkapital zählt, die Minderheitsbeteiligungen des betreffenden Unternehmens, die dem konsolidierten harten Kernkapital zugerechnet werden, abziehen.

Artikel 87 Zu den konsolidierten Eigenmitteln zählende qualifizierte Eigenmittel

(1) Die Institute ermitteln den Betrag der zu den konsolidierten Eigenmitteln zählenden qualifizierten Eigenmittel eines Tochterunternehmens, indem sie von den qualifizierten Eigenmitteln des betreffenden Unternehmens das Ergebnis der Multiplikation des unter Buchstabe a genannten Betrags mit dem unter Buchstabe b genannten Prozentsatz abziehen:
a) Eigenmittel des Tochterunternehmens, abzüglich des niedrigeren Wertes
   i) des Betrags der Eigenmittel des Tochterunternehmens, der erforderlich ist, um die Summe aus der Anforderung nach Artikel 92 Absatz 1 Buchstabe c, den Anforderungen nach Artikel 458 und 459, den speziellen Eigenmittelanforderungen nach Artikel 104 der Richtlinie 2013/36/EU, der kombinierten Kapitalpufferanforderung im Sinne des Artikels 128 Nummer 6 der Richtlinie 2013/36/EU, den Anforderungen Artikel 500 und etwaigen zusätzlichen lokalen aufsichtsrechtlichen Vorschriften dritter Länder zu erreichen;
   ii) des sich auf das Tochterunternehmen beziehenden Betrags der Eigenmittel, der auf konsolidierter Basis erforderlich ist, um die Summe aus der Anforderung nach Artikel 92 Absatz 1 Buchstabe c, den Anforderungen nach Artikel 458 und 459, den speziellen Eigenmittelanforderungen nach Artikel 104 der Richtlinie 2013/36/EU, der kombinierten Kapitalpufferanforderung im Sinne des Artikels 128 Nummer 6 der Richtlinie 2013/36/EU, den Anforderungen nach Artikel 500 und etwaigen zusätzlichen lokalen aufsichtsrechtlichen Vorschriften dritter Länder zu erreichen;
b) qualifizierte Eigenmittel des Unternehmens, ausgedrückt als Prozentanteil aller als Posten des harten Kernkapitals, des zusätzlichen Kernkapitals und des Ergänzungskapitals zählenden Eigenmittelinstrumente des Tochterunternehmens, zuzüglich der verbundenen Agios, einbehaltenen Gewinne und sonstigen Rücklagen.

(2) Die Berechnung nach Absatz 1 wird auf teilkonsolidierter Basis für jedes Tochterunternehmen gemäß Artikel 81 Absatz 1 vorgenommen.
Ein Institut kann sich dafür entscheiden, diese Berechnung für ein Tochterunternehmen im Sinne des Artikels 81 Absatz 1 nicht vorzunehmen. In diesem Fall dürfen die qualifizierten Eigenmittel dieser Tochtergesellschaft nicht den konsolidierten Eigenmitteln zugerechnet werden.

(3) Sieht eine zuständige Behörde gemäß Artikel 7 von der Anwendung der Aufsichtsanforderungen auf Einzelbasis ab, werden Eigenmittelinstrumente innerhalb der Tochterunternehmen, für die die Ausnahme gilt, nicht den Eigenmitteln auf teilkonsolidierter bzw. konsolidierter Basis zugerechnet.

Artikel 88 Zum konsolidierten Ergänzungskapital zählende qualifizierte Eigenmittelinstrumente

Unbeschadet des Artikels 84 Absätze 5 und 6 ermitteln Institute den Betrag der zum konsolidierten Ergänzungskapital zählenden qualifizierten Eigenmittel eines Tochterunternehmens, indem sie von den qualifizierten Eigenmitteln des betreffenden Unternehmens, die zu den konsolidierten Eigenmitteln zählen, das qualifizierte Kernkapital des betreffenden Unternehmens, das zum konsolidierten Kernkapital zählt, abziehen.

Titel III Qualifizierte Beteiligungen außerhalb des Finanzsektors

Artikel 89 Risikogewichtung und Verbot qualifizierter Beteiligungen außerhalb des Finanzsektors

(1) Qualifizierte Beteiligungen, deren Betrag 15 % der anrechenbaren Eigenmittel des Instituts überschreitet, unterliegen den Bestimmungen von Absatz 3, wenn sie an einem anderen als den nachstehend genannten Unternehmen gehalten werden:
a) einem Unternehmen der Finanzbranche,
b) einem Unternehmen, das kein Unternehmen der Finanzbranche ist und Tätigkeiten ausübt, die nach Ansicht der zuständigen Behörde eine der folgenden Tätigkeiten ist:
   i) eine direkte Verlängerung der Banktätigkeit,
   ii) eine Hilfstätigkeit zur Banktätigkeit,
   iii) Leasing, Factoring, Verwaltung von Investmentfonds oder von Rechenzentren oder andere ähnliche Tätigkeiten.

(2) Der Gesamtbetrag der qualifizierten Beteiligungen eines Instituts an anderen als den unter Absatz 1 Buchstaben a und b genannten Unternehmen, der 60 % der anrechenbaren Eigenmittel des Instituts überschreitet, unterliegt den Bestimmungen von Absatz 3.

(3) Die zuständigen Behörden wenden auf die in den Absätzen 1 und 2 genannten qualifizierten Beteiligungen von Instituten die Bestimmungen der Buchstaben a oder b an:
a) Zur Berechnung der Mindestkapitalanforderung gemäß Teil 3 wenden die Institute auf den größeren der folgenden Beträge ein Risikogewicht von 1 250 % an:
   i) den Betrag der in Absatz 1 genannten qualifizierten Beteiligungen, der 15 % der anrechenbaren Eigenmittel des Instituts überschreitet,
   ii) den Gesamtbetrag der in Absatz 2 genannten qualifizierten Beteiligungen, der 60 % der anrechenbaren Eigenmittel des Instituts überschreitet,
b) die zuständigen Behörden untersagen Instituten das Halten der in den Absätzen 1 und 2 genannten qualifizierten Beteiligungen, deren Betrag den in diesen Absätzen festgelegten Prozentanteil an den anrechenbaren Eigenmitteln des Instituts überschreitet.

Die zuständigen Behörden machen ihre Entscheidung für den Buchstaben a oder den Buchstaben b bekannt.

(4) Für die Zwecke des Absatzes 1 Buchstabe b gibt die EBA Leitlinien zur Präzisierung folgender Begriffe heraus:
a) Tätigkeiten, die eine direkte Verlängerung zur Banktätigkeit darstellen,
b) Hilfstätigkeiten zur Banktätigkeit,
c) ähnliche Tätigkeiten.

Diese Leitlinien werden gemäß Artikel 16 der Verordnung (EU) Nr. 1093/2010 angenommen.

Artikel 90 Alternative zum Risikogewicht von 1 250 %

Alternativ zur Anwendung eines Risikogewichts von 1 250 % auf Beträge, die die Höchstgrenzen nach Artikel 89 Absätze 1 und 2 überschreiten, dürfen Institute diese Beträge gemäß Artikel 36 Absatz 1 Buchstabe k von den Posten des harten Kernkapitals abziehen.

Artikel 91   Ausnahmen

(1) Aktien oder Anteile anderer Unternehmen als der im Sinne des Artikels 89 Absatz 1 Buchstaben a und b werden bei der Berechnung der Höchstgrenzen jenes Artikels für die anrechenbaren Eigenmittel nicht berücksichtigt, wenn eine der folgenden Bedingungen zutrifft:
a) die Aktien oder Anteile werden vorübergehend für eine finanzielle Stützungsaktion im Sinne des Artikels 79 gehalten,
b) diese gehaltenen Aktien oder Anteile sind eine mit einer Übernahmegarantie versehene Position, die seit höchstens fünf Arbeitstagen gehalten wird,
c) die Aktien oder Anteile werden im Namen des Instituts und für Rechnung Dritter gehalten.

(2) Aktien oder Anteile, die keine Finanzanlagen im Sinne des Artikels 35 Absatz 2 der Richtlinie 86/635/EWG sind, werden in die Berechnung nach Artikel 89 nicht einbezogen.

Teil 3:
Eigenmittelanforderungen

Titel I   Allgemeine Anforderungen, Bewertung und Meldung

Kapitel 1   Mindesthöhe der Eigenmittel

Abschnitt 1   Eigenmittelanforderungen an Institute

Artikel 92   Eigenmittelanforderungen

(1) Unbeschadet der Artikel 93 und 94 müssen Institute zu jedem Zeitpunkt folgende Eigenmittelanforderungen erfüllen:
a) eine harte Kernkapitalquote von 4,5 %,
b) eine Kernkapitalquote von 6 %,
c) eine Gesamtkapitalquote von 8 %.

(2) Die Institute berechnen ihre Kapitalquoten wie folgt:
a) Die harte Kernkapitalquote ergibt sich aus dem harten Kernkapital des Instituts, ausgedrückt als Prozentsatz des Gesamtrisikobetrags,
b) die Kernkapitalquote ergibt sich aus dem Kernkapital des Instituts, ausgedrückt als Prozentsatz des Gesamtrisikobetrags,
c) die Gesamtkapitalquote ergibt sich aus den Eigenmitteln des Instituts, ausgedrückt als Prozentsatz des Gesamtrisikobetrags.

(3) Der Gesamtrisikobetrag berechnet sich als Summe der Elemente unter den Buchstaben a bis f dieses Absatzes unter Berücksichtigung der Anforderungen nach Absatz 4:
a) die gemäß Titel II und Artikel 379 berechneten risikogewichteten Positionsbeträge für das Kredit- und das Verwässerungsrisiko in allen Geschäftsfeldern eines Instituts, ausschließlich der risikogewichteten Positionsbeträge aus der Handelsbuchtätigkeit des Instituts,

b) die gemäß Titel IV dieses Teils oder Teil 4 ermittelten Eigenmittelanforderungen für die Handelsbuchtätigkeit des Instituts für
   i) das Positionsrisiko,
   ii) Großkredite oberhalb der Obergrenzen der Artikel 395 bis 401, soweit dem Institut eine Überschreitung jener Obergrenzen gestattet ist,
c) die gemäß Titel IV bzw. Titel V mit Ausnahme des Artikels 379 ermittelten Eigenmittelanforderungen für
   i) Fremdwährungsrisiko,
   ii) das Abwicklungsrisiko,
   iii) das Warenpositionsrisiko,
d) die gemäß Titel VI berechneten Eigenmittelanforderungen für das Risiko einer Anpassung der Kreditbewertung bei OTC-Derivaten außer anerkannten Kreditderivaten zur Verringerung der risikogewichteten Positionsbeträge für das Kreditrisiko,
e) die gemäß Titel III bestimmten Eigenmittelanforderungen für das operationelle Risiko,
f) die gemäß Titel II ermittelten risikogewichteten Positionsbeträge für das Gegenparteirisiko aus der Handelsbuchtätigkeit des Instituts für folgende Arten von Geschäften und Vereinbarungen:
   i) in Anhang II genannte Geschäfte sowie Kreditderivate,
   ii) Pensionsgeschäfte, Wertpapier- oder Warenverleih- oder -leihgeschäfte,
   iii) Lombardgeschäfte auf der Grundlage von Wertpapieren oder Waren,
   iv) Geschäfte mit langer Abwicklungsfrist.

(4) Für die Berechnung des in Absatz 3 genannten Gesamtrisikobetrags gelten folgende Bestimmungen:
a) die Eigenmittelanforderungen nach Absatz 3 Buchstaben c bis e umfassen die Anforderungen aus allen Geschäftsfeldern eines Instituts;
b) die Institute multiplizieren die Eigenmittelanforderungen nach Absatz 3 Buchstaben b bis e mit dem Faktor 12,5.

Artikel 93   Anfangskapitalanforderung an bereits bestehende Unternehmen

(1) Die Eigenmittel eines Instituts dürfen nicht unter den zum Zeitpunkt seiner Zulassung als Anfangskapital geforderten Betrag fallen.

(2) Kreditinstitute, die am 1. Januar 1993 bereits bestanden, dürfen ihre Tätigkeiten fortsetzen, auch wenn der Betrag ihrer Eigenmittel den als Anfangskapital geforderten Betrag nicht erreicht. In diesem Fall darf der Betrag der Eigenmittel dieser Institute nicht unter den seit dem 22. Dezember 1989 erreichten Höchstbetrag absinken.

(3) Zugelassene Wertpapierfirmen und Firmen, die unter Artikel 6 der Richtlinie 2006/49/EG fielen und bereits vor dem 31. Dezember 1995 bestanden, dürfen ihre Tätigkeiten fortsetzen, auch wenn der Betrag ihrer Eigenmittel den als Anfangskapital geforderten Betrag nicht erreicht. Die Eigenmittel dieser Firmen oder Wertpapierfirmen dürfen nicht unter den nach dem in der Richtlinie 93/6/EWG des Rates vom 15. März 1993 über die angemessene Eigenkapitalausstattung von Kreditinstituten und Wertpapierfirmen[1] genannten Bekanntgabedatum berechneten höchsten Bezugswert absinken. Der Bezugswert ist der durchschnittliche tägliche Betrag der Eigenmittel während eines Zeitraums von sechs Monaten vor dem Berechnungsstichtag. Er wird alle sechs Monate für den vorausgegangenen Sechsmonatszeitraum berechnet.

(4) Wenn die Kontrolle über ein Institut, das unter die in Absatz 2 oder 3 genannte Kategorie fällt, von einer anderen natürlichen oder juristischen Person als derjenigen übernommen wird, die zuvor die Kontrolle über das Institut ausgeübt hat, so muss der

---

1   ABl. L 144 vom 11.6.1993, S. 1

Betrag der Eigenmittel dieses Instituts den als Anfangskapital geforderten Betrag erreichen.

(5) Bei einem Zusammenschluss von zwei oder mehr Instituten der in Absatz 2 oder 3 genannten Kategorie darf der Betrag der Eigenmittel des aus dem Zusammenschluss hervorgehenden Instituts nicht unter die zum Zeitpunkt des Zusammenschlusses bestehende Summe der Eigenmittel der zusammengeschlossenen Institute fallen, bis der als Anfangskapital geforderte Betrag erreicht wird.

(6) Ist es nach Ansicht der zuständigen Behörden erforderlich, dass die Anforderung nach Absatz 1 erfüllt wird, um die Solvenz eines Instituts sicherzustellen, so kommen die Absätze 2 bis 5 nicht zur Anwendung.

Artikel 94   Ausnahme für Handelsbuchtätigkeiten von geringem Umfang

(1) Institute können für ihre Handelsbuchtätigkeit die Eigenmittelanforderung nach Artikel 92 Absatz 3 Buchstabe b genannte durch eine gemäß Artikel 92 Absatz 3 Buchstabe a berechnete Eigenmittelanforderung ersetzen, sofern der Umfang ihrer bilanz- und außerbilanzmäßigen Handelsbuchtätigkeit die beiden folgenden Bedingungen erfüllt:
a) Er liegt in der Regel unter 5 % der Gesamtaktiva und unter 15 Mio. EUR,
b) er übersteigt nie 6 % der Gesamtaktiva und 20 Mio. EUR.

(2) Bei der Berechnung der Gesamtsumme der bilanzmäßigen und außerbilanziellen Geschäfte gehen Institute wie folgt vor:
a) für Schuldtitel wird deren Marktpreis oder Nennwert und für Aktien der Marktpreis angesetzt; Derivate werden entsprechend dem Nennwert oder Marktpreis der ihnen zugrunde liegenden Instrumente bewertet;
b) der absolute Wert von Kaufpositionen und der absolute Wert von Verkaufspositionen werden zusammenaddiert.

(3) Erfüllt ein Institut die Bedingung von Absatz 1 Buchstabe b nicht, so zeigt es dies der zuständigen Behörde unverzüglich an. Wenn die zuständige Behörde nach ihrer Bewertung zu dem Schluss kommt und dem Institut mitteilt, dass die Anforderung nach Absatz 1 Buchstabe a nicht erfüllt ist, so wendet das Institut ab dem Datum der nächsten Meldung Absatz 1 nicht mehr an.

Abschnitt 2   Eigenmittelanforderungen an Wertpapierfirmen mit beschränkter Zulassung für die Erbringung von Finanzdienstleistungen

Artikel 95   Eigenmittelanforderungen an Wertpapierfirmen mit beschränkter Zulassung für die Erbringung von Finanzdienstleistungen

(1) Für die Zwecke des Artikels 92 Absatz 3 berechnen Wertpapierfirmen, die keine Zulassung für die Erbringung der in Anhang I Abschnitt A Nummern 3 und 6 der Richtlinie 2004/39/EG genannten Wertpapierdienstleistungen und Anlagetätigkeiten haben, den Gesamtrisikobetrag nach der in Absatz 2 beschriebenen Methode.

(2) Wertpapierfirmen im Sinne des Absatzes 1 und Firmen im Sinne des Artikels 4 Absatz 1 Nummer 2 Buchstabe c, die die in Anhang I Abschnitt A Nummern 2 und 4 der Richtlinie 2004/39/EG genannten Wertpapierdienstleistungen und Anlagetätigkeiten erbringen, berechnen den Gesamtrisikobetrag als den höheren der folgenden Beträge:
a) Summe der in Artikel 92 Absatz 3 Buchstaben a bis d und f genannten Posten nach Anwendung des Artikels 92 Absatz 4,
b) in Artikel 97 genannter Betrag, multipliziert mit dem Faktor 12,5.

Firmen im Sinne des Artikels 4 Absatz 1 Nummer 2 Buchstabe c, die die in Anhang I Abschnitt A Nummern 2 und 4 der Richtlinie 2004/39/EG genannten Wertpapierdienstleistungen und Anlagetätigkeiten erbringen, müssen die Anforderungen des Artikels 92 Absätze 1 und 2, ausgehend von dem Gesamtrisikobetrag nach Unterabsatz 1 berechnen.

Die zuständigen Behörden können als Eigenmittelanforderungen an Firmen im Sinne des Artikels 4 Absatz 1 Nummer 2 Buchstabe c, die die in Anhang I Abschnitt A Nummern 2 und 4 der Richtlinie 2004/39/EG über Märkte für Finanzdienstleistungen genannten Wertpapierdienstleistungen und Anlagetätigkeiten erbringen, die Eigenmittelanforderungen festlegen, die für diese Firmen aufgrund der einzelstaatlichen Maßnahmen zur Umsetzung der Richtlinien 2006/49/EG und 2006/48/EG am 31. Dezember 2013 gelten.

(3) Die Wertpapierfirmen nach Absatz 1 unterliegen sämtlichen anderen Bestimmungen des Titels VII Kapitel 2 Abschnitt 2 Unterabschnitt 2 der Richtlinie 2013/36/EU über das operationelle Risiko.

Artikel 96   Eigenmittelanforderungen an Wertpapierfirmen mit einem Anfangskapital in der in Artikel 28 Absatz 2 der Richtlinie 2013/36/EU festgelegten Höhe

(1) Für die Zwecke des Artikels 92 Absatz 3 berechnen folgende Kategorien von Wertpapierfirmen, die Anfangskapital gemäß den Anforderungen des Artikels 28 Absatz 2 der Richtlinie 2013/36/EU vorhalten, den Gesamtrisikobetrag nach der in Absatz 2 beschriebenen Methode:
a) Wertpapierfirmen, die für eigene Rechnung ausschließlich zum Zwecke der Erfüllung oder Ausführung eines Kundenauftrags oder des möglichen Zugangs zu einem Clearing- und Abwicklungssystem oder einer anerkannten Börse handeln, sofern sie kommissionsweise tätig sind oder einen Kundenauftrag ausführen;
b) Wertpapierfirmen, die sämtliche nachstehenden Bedingungen erfüllen:
 i) sie halten keine Kundengelder oder -wertpapiere,
 ii) sie treiben nur Handel für eigene Rechnung,
 iii) sie haben keine externen Kunden,
 iv) sie lassen ihre Geschäfte unter der Verantwortung eines Clearinginstituts ausführen und abwickeln, wobei letzteres die Garantie dafür übernimmt.

(2) Für die in Absatz 1 genannten Wertpapierfirmen wird der Gesamtrisikobetrag als Summe folgender Summanden berechnet:
a) die in Artikel 92 Absatz 3 Buchstaben a bis d und f genannten Posten nach Anwendung des Artikels 92 Absatz 4,
b) der in Artikel 97 genannte Betrag, multipliziert mit dem Faktor 12,5.

(3) Wertpapierfirmen im Sinne des Absatzes 1 unterliegen sämtlichen anderen Bestimmungen des Titels VII Kapitel 3 Abschnitt 2 Unterabschnitt 1 der Richtlinie 2013/36/EU über das operationelle Risiko.

Artikel 97   Eigenmittel auf der Grundlage der fixen Gemeinkosten

(1) Im Einklang mit den Artikeln 95 und 96 halten Wertpapierfirmen und Firmen im Sinne des Artikels 4 Absatz 1 Nummer 2 Buchstabe c, die die in Anhang I Abschnitt A Nummern 2 und 4 der Richtlinie 2004/39/EG genannten Wertpapierdienstleistungen und Anlagetätigkeiten erbringen, anrechenbare Eigenmittel von mindestens einem Viertel der im vorausgegangen Jahr angefallenen fixen Gemeinkosten vor.

(2) Ist seit dem vorausgegangenen Jahr eine nach Ansicht der zuständigen Behörde wesentliche Änderung der Geschäftstätigkeit einer Wertpapierfirma eingetreten, kann die zuständige Behörde die Anforderung nach Absatz 1 anpassen.

(3) Wertpapierfirmen, die ihre Geschäftstätigkeit seit weniger als einem Jahr (ab dem Tag der Aufnahme der Geschäftstätigkeit) ausüben, müssen anrechenbare Eigenmittel in Höhe von mindestens einem Viertel der im Geschäftsplan veranschlagten

fixen Gemeinkosten vorhalten, sofern die zuständige Behörde nicht eine Anpassung dieses Plans verlangt.

(4) Die EBA arbeitet in Abstimmung mit der ESMA Entwürfe technischer Regulierungsstandards aus, in denen Folgendes präzisiert wird:
a) die Berechnung der Anforderung, anrechenbare Eigenmittel in Höhe von mindestens einem Viertel der im vorausgegangenen Jahr angefallenen fixen Gemeinkosten vorzuhalten,
b) die Bedingungen für die Anpassung der Anforderung, anrechenbare Eigenmittel in Höhe von mindestens einem Viertel der im vorausgegangenen Jahr angefallenen fixen Gemeinkosten vorzuhalten, durch die zuständige Behörde
c) die Berechnung der veranschlagten fixen Gemeinkosten von Wertpapierfirmen, die ihre Geschäftstätigkeit seit weniger als einem Jahr ausüben.

Die EBA legt der Kommission diese Entwürfe technischer Regulierungsstandards bis zum 1. März 2014 vor.

Der Kommission wird die Befugnis übertragen, die technischen Regulierungsstandards nach Unterabsatz 1 gemäß den Artikeln 10 bis 14 der Verordnung (EU) Nr. 1093/2010 zu erlassen.

Artikel 98 Eigenmittel von Wertpapierfirmen auf konsolidierter Basis

(1) Bei Wertpapierfirmen im Sinne des Artikels 95 Absatz 1, die einer Gruppe angehören, die keine Kreditinstitute umfasst, wendet die Mutterwertpapierfirma in einem Mitgliedstaat Artikel 92 auf konsolidierter Basis wie folgt an:
a) Berechnung des Gesamtrisikobetrags gemäß Artikel 95 Absatz 2,
b) Berechnung der Eigenmittel auf der Grundlage der konsolidierten Lage der Mutterwertpapierfirma, Finanzholdinggesellschaft bzw. gemischten Finanzholdinggesellschaft.

(2) Bei Wertpapierfirmen im Sinne des Artikels 96 Absatz 1, die einer Gruppe angehören, die keine Kreditinstitute umfasst, wenden eine Mutterwertpapierfirma in einem Mitgliedstaat und eine von einer Finanzholdinggesellschaft oder einer gemischten Finanzholdinggesellschaft kontrollierte Wertpapierfirma Artikel 92 auf konsolidierter Basis wie folgt an:
a) Berechnung des Gesamtrisikobetrags gemäß Artikel 96 Absatz 2,
b) Berechnung der Eigenmittel auf der Grundlage der konsolidierten Lage der Mutterwertpapierfirma, Finanzholdinggesellschaft bzw. gemischten Finanzholdinggesellschaft und gemäß Teil 1 Titel II Kapitel 2.

Kapitel 2 Berechnung und Meldepflichten

Artikel 99 Meldung über Eigenmittelanforderungen und Finanzinformationen

(1) Institute legen den zuständigen Behörden zumindest halbjährlich Meldungen über die Verpflichtungen nach Artikel 92 vor.

(2) Institute, die unter Artikel 4 der Verordnung (EG) Nr. 1606/2002 fallen, sowie andere als die in Artikel 4 jener Verordnung bezeichneten Kreditinstitute, die ihren konsolidierten Abschluss nach den internationalen Rechnungslegungsstandards aufstellen, die nach dem Verfahren des Artikels 6 Absatz 2 jener Verordnung übernommen wurden, legen ebenfalls Finanzinformationen vor.

(3) Die zuständigen Behörden können auch von Kreditinstituten, die internationale Rechnungslegungsstandards nach Maßgabe der Verordnung (EG) Nr. 1606/2002 anwenden, um gemäß Artikel 24 Absatz 2 Eigenmittel auf konsolidierter Basis zu melden, verlangen, Finanzinformationen vorzulegen.

(4) Finanzinformationen nach den Absätzen 2 und 3 sind insoweit vorzulegen, als dies erforderlich ist, um einen umfassenden Überblick über das Risikoprofil der Tätigkeiten eines Instituts und – im Einklang mit der Verordnung (EU) Nr. 1093/2010 – über die von Instituten für den Finanzsektor oder die Realwirtschaft ausgehenden Systemrisiken zu geben.

(5) Die EBA arbeitet Entwürfe technischer Durchführungsstandards aus, um einheitliche Meldeformate, -intervalle und -termine, Begriffsbestimmungen sowie die in der Union anzuwendenden IT-Lösungen für die Meldungen gemäß den Absätzen 1 bis 4 zu spezifizieren.

Die Meldepflichten müssen der Art, dem Umfang und der Komplexität der Geschäfte des Instituts angemessen sein.

Die EBA übermittelt der Kommission diese Entwürfe technischer Durchführungsstandards bis zum 28. Juli 2013.

Der Kommission wird die Befugnis übertragen, die technischen Durchführungsstandards nach Unterabsatz 1 gemäß Artikel 15 der Verordnung (EU) Nr. 1093/2010 zu erlassen.

(6) Ist eine zuständige Behörde der Ansicht, dass die nach Absatz 2 geforderten Finanzinformationen erforderlich sind, um in Bezug auf andere als die in den Absätzen 2 und 3 bezeichneten Institute, für die ein auf die Richtlinie 86/635/EWG gestützter Rechnungslegungsrahmen gilt, einen umfassenden Überblick über das Risikoprofil ihrer Tätigkeiten und die von ihnen ausgehenden Systemrisiken für den Finanzsektor oder die Realwirtschaft zu erhalten, konsultieren die zuständige Behörde die EBA zu der Frage, ob die Pflicht zur Vorlage von Finanzinformationen auf konsolidierter Basis auf solche Institute auszuweiten ist, sofern sie die Informationen auf dieser Basis nicht bereits vorlegen.

Die EBA arbeitet Entwürfe technischer Durchführungsstandards aus, in denen die von den Instituten zu verwendenden Formate spezifiziert werden, mittels derer die zuständigen Behörden die Meldepflicht gemäß Unterabsatz 1 ausweiten können.

Die EBA übermittelt der Kommission diese Entwürfe technischer Durchführungsstandards bis zum 28. Juli 2013.

Der Kommission wird die Befugnis übertragen, die technischen Durchführungsstandards nach Unterabsatz 2 gemäß Artikel 15 der Verordnung (EU) Nr. 1093/2010 zu erlassen.

(7) Werden Informationen, die nach Ansicht einer zuständigen Behörde für die Zwecke des Absatzes 4 benötigt werden, von den technischen Durchführungsstandards nach Absatz 5 nicht erfasst, teilt sie der EBA und dem ESRB mit, welche zusätzlichen Informationen ihrer Ansicht nach in die technischen Durchführungsstandards nach Absatz 5 aufzunehmen sind.

Artikel 100 Zusätzliche Meldepflichten

Institute melden, zumindest in zusammengefasster Form, die Höhe von Rückkaufsvereinbarungen, Wertpapierleihgeschäften und alle Formen der Belastung von Vermögenswerten.

Die EBA nimmt diese Informationen in die technischen Durchführungsstandards zu den Meldepflichten nach Artikel 99 Absatz 5 auf.

Artikel 101 Besondere Meldepflichten

(1) Institute melden für jeden einzelstaatlichen Immobilienmarkt, an dem sie finanziell engagiert sind, den zuständigen Behörden halbjährlich folgende Daten:
a) Verluste aus Risikopositionen, für die ein Institut Wohnimmobilien als Sicherheit anerkannt hat, bis zur Höhe des als Sicherheit verpfändeten Betrags oder, falls dieser niedriger ist, 80 % des Marktwerts bzw. 80 % des Beleihungswerts vorbehaltlich der Bestimmungen von Artikel 124 Absatz 2,

b) Gesamtverluste aus Risikopositionen, für die ein Institut Wohnimmobilien als Sicherheit anerkannt hat, bis zu dem Teil der Risikoposition, der gemäß Artikel 124 Absatz 1 als vollständig durch Wohnimmobilien besichert gilt,
c) Risikopositionswert sämtlicher ausstehenden Risikopositionen, für die ein Institut Wohnimmobilien als Sicherheit anerkannt hat, begrenzt auf den Teil der Risikoposition, der gemäß Artikel 124 Absatz 1 als vollständig durch Wohnimmobilien besichert gilt,
d) Verluste aus Risikopositionen, für die ein Institut Gewerbeimmobilien als Sicherheit anerkannt hat, bis zum Wert des als Sicherheit hinterlegten Betrags oder 50 % des Marktwerts bzw. 60 % des Beleihungswerts, falls dieser niedriger ist, vorbehaltlich der Bestimmungen des Artikels 124 Absatz 2;
e) Gesamtverluste aus Risikopositionen, für die ein Institut Gewerbeimmobilien als Sicherheit anerkannt hat, bis zu dem Teil der Risikoposition, der gemäß Artikel 124 Absatz 1 als vollständig durch Gewerbeimmobilien besichert gilt,
f) Risikopositionswert sämtlicher ausstehenden Risikopositionen, für die ein Institut Gewerbeimmobilien als Sicherheit anerkannt hat, begrenzt auf den Teil der Risikoposition, der gemäß Artikel 124 Absatz 1 als vollständig durch Gewerbeimmobilien besichert gilt.

(2) Die Daten nach Absatz 1 werden der zuständigen Behörde des Herkunftsmitgliedstaats des jeweiligen Instituts gemeldet. Hat ein Institut eine Zweigstelle in einem anderen Mitgliedstaat, werden die Daten bezüglich dieser Zweigstelle auch der zuständigen Behörde des Aufnahmemitgliedstaats gemeldet. Die Daten werden getrennt für jeden Immobilienmarkt innerhalb der Union, an dem das jeweilige Institut finanziell engagiert ist, gemeldet.

(3) Die zuständigen Behörden veröffentlichen jährlich auf aggregierter Basis die in Absatz 1 Buchstaben a bis f genannten Daten zusammen mit historischen Daten, sofern diese verfügbar sind. Eine zuständige Behörde übermittelt der zuständigen Behörde eines Mitgliedstaats oder der EBA auf Antrag dieser zuständigen Behörde oder der EBA detailliertere Informationen über den Zustand der Märkte für Wohn- oder Gewerbeimmobilien in dem betreffenden Mitgliedstaat.

(4) Die EBA arbeitet Entwürfe technischer Durchführungsstandards aus, in denen Folgendes präzisiert wird:
a) einheitliche Formate, Begriffsbestimmungen, Meldeintervalle und -termine der Positionen sowie die IT-Lösungen für die Meldungen nach Absatz 1,
b) einheitliche Formate, Begriffsbestimmungen, Meldeintervalle und -termine der aggregierten Daten sowie die IT-Lösungen für die Meldungen nach Absatz 3.

Die EBA übermittelt der Kommission diese Entwürfe technischer Durchführungsstandards bis zum 28. Juli 2013.

Der Kommission wird die Befugnis übertragen, die technischen Durchführungsstandards nach Unterabsatz 1 gemäß Artikel 15 der Verordnung (EU) Nr. 1093/2010 zu erlassen.

Kapitel 3 Handelsbuch

Artikel 102 Anforderungen für das Handelsbuch

(1) Positionen im Handelsbuch unterliegen entweder keinen Beschränkungen in Bezug auf ihre Marktfähigkeit oder können abgesichert werden.

(2) Die Handelsabsicht wird anhand der Strategien, Regeln und Verfahren nachgewiesen, die vom Institut aufgestellt wurden, um die Position oder das Portfolio im Sinne von Artikel 103 zu führen.

(3) Institute führen Systeme und Kontrollen ein, die der Führung ihres Handelsbuchs im Sinne der Artikel 104 und 105 dienen, und erhalten diese aufrecht.

(4) Institute können bei der Berechnung der Eigenmittelanforderungen für das Positionsrisiko interne Sicherungsgeschäfte einbeziehen, sofern sie mit Handelsabsicht gehalten werden und die Anforderungen der Artikel 103 bis 106 erfüllt sind.

Artikel 103 Führung des Handelsbuchs

Das Institut erfüllt bei der Führung von Positionen bzw. Positionsgruppen im Handelsbuch alle der folgenden Anforderungen:
a) Das Institut verfolgt für die Position/das Instrument oder die Portfolios eine klar dokumentierte Handelsstrategie, die von der Geschäftsleitung genehmigt ist und die erwartete Haltedauer beinhaltet;
b) das Institut verfügt über eindeutig definierte Regeln und Verfahren für die aktive Steuerung der von einer Handelsabteilung eingegangenen Positionen. Diese enthalten Folgendes:
   i) welche Positionen von welcher Handelsabteilung eingegangen werden dürfen,
   ii) Positionslimits werden festgelegt und ihre Angemessenheit überwacht,
   iii) Händler können im Rahmen festgelegter Limits und der genehmigten Strategie eigenständig Positionen eingehen und steuern,
   iv) die Berichterstattung über die Positionen an die Geschäftsleitung ist fester Bestandteil des Risikomanagementverfahrens des Instituts,
   v) Positionen werden unter Bezug auf Informationsquellen aus dem Markt aktiv überwacht, wobei die Marktfähigkeit oder die Absicherungsmöglichkeiten der Position bzw. der Risiken ihrer Bestandteile beurteilt werden; hierzu gehören auch die Beurteilung, die Qualität und die Verfügbarkeit von Marktinformationen für das Bewertungsverfahren, die Umsatzvolumina am Markt und die Größe der am Markt gehandelten Positionen,
   vi) Verfahren und Kontrollen zur aktiven Verhinderung von Betrug;
c) das Institut verfügt über klar definierte Regeln und Verfahren zur Überwachung der Positionen auf Übereinstimmung mit der Handelsstrategie, einschließlich der Überwachung des Umsatzes und der Positionen, deren ursprünglich beabsichtigte Haltedauer überschritten wurde.

Artikel 104 Einbeziehung in das Handelsbuch

(1) Institute haben entsprechend den Anforderungen des Artikels 102 und der Definition des Handelsbuchs in Artikel 4 Absatz 1 Nummer 86 sowie unter Berücksichtigung der eigenen Risikomanagement-Fähigkeiten und -Praxis klar definierte Grundsätze und Verfahren zur Ermittlung der Positionen, die für die Berechnung ihrer Eigenmittelanforderungen dem Handelsbuch zuzurechnen sind. Die Institute dokumentieren die Einhaltung dieser Grundsätze und Verfahren vollständig und unterziehen sie einer regelmäßigen internen Überprüfung.

(2) Die Institute verfügen über eindeutig festgelegte Regeln und Verfahren für die Gesamtführung ihres Handelsbuchs. Diese Regeln und Verfahren betreffen zumindest Folgendes:
a) die Tätigkeiten, die das Institut im Hinblick auf die Eigenmittelanforderungen als Handel und als Bestandteil des Handelsbuchs betrachtet;
b) das Ausmaß, in dem eine Position täglich zum Marktwert bewertet werden kann (›marked-to-market‹), mit Bezug auf einen aktiven, aus Käufer- und Verkäufersicht hinreichend liquiden Markt;
c) im Fall von Positionen, die zu Modellpreisen bewertet werden (›marked-to-model‹), das Ausmaß, in dem ein Institut
   i) alle wesentlichen Risiken der Position ermitteln kann,

ii) alle wesentlichen Risiken der Position durch Instrumente absichern kann, für die ein aktiver, aus Käufer- und Verkäufersicht hinreichend liquider Markt besteht,
iii) verlässliche Schätzungen für die wichtigsten Annahmen und Parameter, die im Modell Verwendung finden, ableiten kann;
d) das Ausmaß, in dem das Institut in der Lage und verpflichtet ist, Bewertungen für die Position zu liefern, die extern einheitlich validiert werden können;
e) das Ausmaß, in dem rechtliche Beschränkungen oder andere operative Anforderungen die Fähigkeit des Instituts behindern würden, kurzfristig eine Veräußerung oder Absicherung der Position vorzunehmen;
f) das Ausmaß, in dem das Institut in der Lage und verpflichtet ist, die Risiken der Positionen aktiv innerhalb seiner Handelstätigkeiten zu steuern;
g) das Ausmaß, in dem das Institut Risiken oder Positionen zwischen dem Anlagebuch und dem Handelsbuch übertragen kann, und die Kriterien für solche Übertragungen.

Artikel 105 Anforderungen für eine vorsichtige Bewertung

(1) Alle Handelsbuchpositionen unterliegen den in diesem Artikel festgelegten Standards für eine vorsichtige Bewertung. Die Institute stellen insbesondere sicher, dass mit der vorsichtigen Bewertung ihrer Handelsbuchpositionen ein angemessener Grad an Sicherheit erzielt wird, der dem dynamischen Charakter der Handelsbuchpositionen, den Anforderungen der aufsichtlichen Solidität sowie der Funktionsweise und dem Zweck der Eigenmittelanforderungen im Hinblick auf die Handelsbuchpositionen Rechnung trägt.

(2) Die Institute führen angemessene Systeme und Kontrollen ein und erhalten diese aufrecht, um vorsichtige und zuverlässige Schätzwerte zu liefern. Diese Systeme und Kontrollen beinhalten zumindest die folgenden Elemente:
a) schriftlich niedergelegte Regeln und Verfahren für den Bewertungsprozess, einschließlich klar definierter Zuständigkeiten für die verschiedenen an der Bewertung beteiligten Bereiche, der Quellen für die Marktinformationen und die Überprüfung von deren Eignung, von Leitlinien für die Verwendung von nicht beobachtbaren Parametern, die die Annahmen des Instituts über die von den Marktteilnehmern für die Preisbildung verwendeten Größen widerspiegeln, der Häufigkeit der unabhängigen Bewertung, des Zeitpunkts für die Erhebung der Tagesschlusspreise, des Vorgehens bei Bewertungsanpassungen sowie Monatsend- und Ad-hoc-Verifikationsverfahren,
b) Berichtswege für die Bewertungsabteilung, die klar und unabhängig von denen der Handelsabteilung sind und in letzter Instanz beim Leitungsorgan enden.

(3) Die Institute bewerten die Handelsbuchpositionen zumindest einmal täglich neu.

(4) Die Institute bewerten ihre Positionen wenn immer möglich zu Marktpreisen, auch bei der Anwendung der Eigenmittelvorschriften für das Handelsbuch.

(5) Bei der Bewertung zu Marktpreisen verwendet das Institut die vorsichtigere Seite der Geld- und Briefkurse, es sei denn, das Institut kann zu Mittelkursen (›mid market‹) glattstellen. Machen Institute von dieser Ausnahme Gebrauch, melden sie ihren zuständigen Behörden alle sechs Monate die betroffenen Positionen und weisen nach, dass sie zu Mittelkursen glattstellen können.

(6) Wenn eine Bewertung zu Marktpreisen nicht möglich ist, nehmen die Institute eine vorsichtige Bewertung ihrer Positionen und Portfolios zu Modellpreisen vor, auch bei der Berechnung der Eigenmittelanforderungen für Positionen im Handelsbuch.

(7) Die Institute erfüllen bei der Bewertung zu Modellpreisen die folgenden Anforderungen:

a) Der Geschäftsleitung ist bekannt, welche Elemente des Handelsbuchs oder andere zum Zeitwert bewertete Positionen zu Modellpreisen bewertet werden, und ihm ist die Bedeutung des Unsicherheitsfaktors bewusst, der dadurch in die Berichterstattung über die Risiken/Erfolgsbeiträge des Geschäftsfelds einfließt;
b) die Institute beziehen die Marktdaten, soweit möglich, im Einklang mit den Marktpreisen und überprüfen häufig die Eignung der Marktdaten für die Bewertung der Position sowie die Parameter des Modells;
c) soweit verfügbar, verwenden die Institute für bestimmte Finanzinstrumente oder Waren der marktüblichen Praxis entsprechende Bewertungsmethoden;
d) wenn das Modell vom Institut selbst entwickelt wurde, basiert es auf geeigneten Annahmen, die von angemessen qualifizierten Dritten, die nicht in den Entwicklungsprozess eingebunden waren, beurteilt und kritisch geprüft worden sind;
e) die Institute verfügen über formale Verfahren für die Kontrolle von Änderungen, bewahren eine Sicherheitskopie des Modells auf und verwenden diese regelmäßig, um die Bewertungen zu prüfen,
f) das Risikomanagement kennt die Schwächen des verwendeten Modells und weiß, wie diese am besten in den Bewertungsergebnissen zu berücksichtigen sind und
g) die Modelle der Institute werden regelmäßig überprüft, um die Genauigkeit ihrer Ergebnisse festzustellen, einschließlich einer Beurteilung, ob die Annahmen weiterhin angemessen sind, einer Analyse der Gewinne und Verluste gegenüber den Risikofaktoren und einem Vergleich der tatsächlichen Glattstellungspreise mit den Modellergebnissen.

Für die Zwecke von Buchstabe d wird das Modell unabhängig vom Handelstisch entwickelt bzw. abgenommen und einer unabhängigen Prüfung unterzogen, einschließlich einer Bewertung der mathematischen Grundlagen, der Annahmen und der Softwareimplementierung.

(8) Die Institute nehmen eine unabhängige Preisüberprüfung vor, zusätzlich zur täglichen Marktbewertung oder Modellbewertung. Die Überprüfung der Marktpreise und Modellparameter wird von einer Person bzw. Einheit, die unabhängig von den Personen bzw. Einheiten ist, denen das Handelsbuch zugute kommt, mindestens einmal pro Monat durchgeführt (oder häufiger, je nach Art des Markt- oder Handelsgeschäfts). Falls keine unabhängigen Quellen für die Preisbildung verfügbar sind oder diese eher subjektiv sind, sind unter Umständen vorsichtige Schätzungen wie Bewertungsanpassungen angemessen.

(9) Die Institute führen Verfahren für die Berücksichtigung von Bewertungsanpassungen ein und erhalten diese aufrecht.

(10) Die Institute berücksichtigen ausdrücklich die folgenden Bewertungsanpassungen: noch nicht eingenommene Kreditrisikoprämien (Kreditspreads), Glattstellungskosten, operationelle Risiken, Marktpreisunsicherheit, vorzeitige Vertragsbeendigung, Geldanlage- und Finanzierungskosten sowie künftige Verwaltungskosten und gegebenenfalls Modellrisiken.

(11) Die Institute führen Verfahren für die Berechnung einer Anpassung der aktuellen Bewertung von weniger liquiden Positionen ein und erhalten diese aufrecht, wobei diese weniger liquiden Positionen insbesondere von Marktereignissen oder institutsbedingten Situationen herrühren können, wie konzentrierten Positionen und/oder Positionen, deren ursprünglich beabsichtigte Haltedauer überschritten wurde. Die Institute nehmen solche Anpassungen gegebenenfalls zusätzlich zu den für Rechnungslegungszwecke erforderlichen Wertberichtigungen der Position vor und gestalten diese so, dass sie die Illiquidität der Position widerspiegeln. Bei diesem Verfahren ziehen die Institute verschiedene Faktoren in Betracht, wenn sie darüber entscheiden, ob eine Bewertungsanpassung für weniger liquide Positionen notwendig ist. Diese Faktoren enthalten
a) die Zeit, die notwendig wäre, um die Position oder die Positionsrisiken abzusichern,
b) die Volatilität und den Durchschnitt von Geld-/Briefspannen,

c) die Verfügbarkeit von Marktnotierungen (Anzahl und Identität der Marktpfleger) und die Volatilität und den Durchschnitt der Handelsvolumina, einschließlich in Stressphasen an den Märkten,
d) Marktkonzentrationen,
e) die Alterung von Positionen,
f) das Ausmaß, in dem die Bewertung auf einer Bewertung zu Modellpreisen beruht,
g) die Auswirkungen anderer Modellrisiken.

(12) Beim Rückgriff auf die Bewertungen Dritter bzw. auf Bewertungen zu Modellpreisen prüfen die Institute die Notwendigkeit einer Bewertungsanpassung. Zudem wägen die Institute ab, ob Anpassungen für weniger liquide Positionen vorzunehmen und überprüfen regelmäßig deren Zweckmäßigkeit. Die Institute prüfen ferner ausdrücklich, ob im Zusammenhang mit der Unsicherheit der in den Modellen verwendeten Parameter Bewertungsanpassungen erforderlich sind.

(13) Die Institute prüfen bei komplexen Produkten, einschließlich Verbriefungspositionen und n-ter-Ausfall-Kreditderivaten ausdrücklich, ob Bewertungsanpassungen erforderlich sind, um dem Modellrisiko, das mit der Verwendung einer möglicherweise falschen Bewertungsmethodik verknüpft ist, und dem Modellrisiko, das mit der Verwendung von nicht beobachtbaren (und möglicherweise falschen) Kalibrierungsparametern im Bewertungsmodell verknüpft ist, Rechnung zu tragen.

(14) Die EBA arbeitet Entwürfe technischer Regulierungsstandards zur Klärung der Modalitäten für die Anwendung der Anforderungen nach Artikel 105 für die Zwecke von Absatz 1 aus.

Die EBA übermittelt der Kommission diese Entwürfe technischer Regulierungsstandards bis zum 28. Juli 2013.

Der Kommission wird die Befugnis übertragen, die technischen Regulierungsstandards nach Unterabsatz 1 gemäß den Artikeln 10 bis 14 der Verordnung (EU) Nr. 1093/2010 zu erlassen.

Artikel 106 Interne Sicherungsgeschäfte

(1) Ein internes Sicherungsgeschäft erfüllt insbesondere die folgenden Anforderungen:
a) Es wird nicht in erster Linie dazu verwendet, die Eigenmittelanforderungen zu umgehen oder zu mindern,
b) es wird angemessen dokumentiert und unterliegt speziellen internen Genehmigungs- und Auditverfahren,
c) es wird zu Marktbedingungen durchgeführt,
d) das durch interne Absicherungen hervorgerufene Marktrisiko wird im Handelsbuch innerhalb der zulässigen Grenzen dynamisch gesteuert,
e) es wird anhand angemessener Verfahren sorgfältig überwacht.

(2) Die Anforderungen nach Absatz 1 lassen die Anforderungen unberührt, die für abgesicherte Position im Anlagebuch gelten.

(3) Wenn ein Institut ein Kreditrisiko oder ein Gegenparteirisiko des Anlagebuchs absichert, indem es über ein internes Sicherungsgeschäft ein in seinem Handelsbuch verbuchtes Kreditderivat verwendet, gilt abweichend von den Absätzen 1 und 2 das Kreditrisiko oder das Gegenparteirisiko des Anlagebuchs für die Berechnung der risikogewichteten Positionsbeträge als nicht abgesichert, es sei denn, das Institut kauft von einem anerkannten dritten Sicherungsgeber ein Kreditderivat, das die Anforderungen für eine Absicherung ohne Sicherheitsleistung im Anlagebuch erfüllt. Wenn eine solche Drittabsicherung gekauft und für die Berechnung der Eigenmittelanforderungen als Absicherung für ein Anlagebuchrisiko anerkannt wird, werden unbeschadet des Artikels 299 Absatz 2 Buchstabe h weder die interne noch die externe

Absicherung durch ein Kreditderivat für die Berechnung der Eigenmittelanforderungen im Handelsbuch erfasst.

Titel II Eigenmittelanforderungen für das Kreditrisiko

Kapitel 1 Allgemeine Grundsätze

Artikel 107 Ansätze zur Ermittlung des Kreditrisikos

(1) Zur Berechnung ihrer risikogewichteten Positionsbeträge im Sinne des Artikels 92 Absatz 3 Buchstaben a und f wenden die Institute entweder den Standardansatz nach Kapitel 2 oder – wenn die zuständigen Behörden dies gemäß Artikel 143 gestattet haben – den auf internen Beurteilungen basierenden Ansatz (IRB-Ansatz) nach Kapitel 3 an.

(2) Für Handelsrisikopositionen und Beiträge zum Ausfallfonds einer zentralen Gegenpartei wenden die Institute zur Berechnung ihrer risikogewichteten Positionsbeträge im Sinne von Artikel 92 Absatz 3 Buchstaben a und f die Behandlung gemäß Kapitel 6 Abschnitt 9 an. Institute behandeln alle anderen Arten von Risikopositionen gegenüber zentralen Gegenparteien wie folgt:
a) andere Arten von Risikopositionen gegenüber einer qualifizierten zentralen Gegenpartei wie Risikopositionen gegenüber einem Institut,
b) andere Arten von Risikopositionen gegenüber einer nicht qualifizierten zentralen Gegenpartei wie Risikopositionen gegenüber einem Unternehmen.

(3) Für die Zwecke dieser Verordnung werden Risikopositionen gegenüber Drittland-Wertpapierfirmen und Risikopositionen gegenüber Drittland-Kreditinstituten sowie Risikopositionen gegenüber Drittland-Clearinghäusern und -Börsen nur dann wie Risikopositionen gegenüber einem Institut behandelt, wenn die aufsichtlichen und rechtlichen Anforderungen des Drittlandes an das betreffende Unternehmen denen der Union zumindest gleichwertig sind.

(4) Für die Zwecke des Absatzes 2 kann die Kommission im Wege von Durchführungsrechtsakten und vorbehaltlich des in Artikel 464 Absatz 2 genannten Prüfverfahrens einen Beschluss dazu erlassen, ob die aufsichtlichen und rechtlichen Anforderungen eines Drittlands denen der Union zumindest gleichwertig sind. Solange kein solcher Beschluss erlassen wurde, dürfen Institute bis zum 1. Januar 2015 Risikopositionen gegenüber in Absatz 3 genannten Unternehmen weiterhin wie Risikopositionen gegenüber Instituten behandeln, sofern die jeweiligen zuständigen Behörden vor dem 1. Januar 2014 diese Behandlung als für das betreffende Drittland zulässig anerkannt haben.

Artikel 108 Verwendung des Verfahrens zur Kreditrisikominderung gemäß dem Standard- und dem IRB-Ansatz

(1) Im Fall einer Risikoposition, für die ein Institut den Standardansatz nach Kapitel 2 oder den IRB-Ansatz nach Kapitel 3 anwendet, aber keine eigenen Schätzungen der Verlustquote bei Ausfall (LGD) und der Umrechnungsfaktoren gemäß Artikel 151 verwendet, darf es bei der Berechnung risikogewichteter Positionsbeträge im Sinne des Artikels 92 Absatz 3 Buchstaben a und f oder gegebenenfalls erwarteter Verlustbeträge für die Berechnung nach Artikel 36 Absatz 1 Buchstabe d und Artikel 62 Buchstabe c eine Kreditrisikominderung gemäß Kapitel 4 anwenden.

(2) Im Fall einer Risikoposition, für die ein Institut den IRB-Ansatz anwendet und dabei seine eigenen Schätzungen der LGD und der Umrechnungsfaktoren gemäß Artikel 151 verwendet, darf es eine Kreditrisikominderung gemäß Kapitel 3 anwenden.

Artikel 109 Behandlung verbriefter Risikopositionen gemäß dem Standard- und dem IRB-Ansatz

(1) Verwendet ein Institut für die Berechnung der risikogewichteten Positionsbeträge für die Risikopositionsklasse, der die verbrieften Risikopositionen nach Artikel 112 zuzuordnen wären, den Standardansatz nach Kapitel 2, so berechnet es den risikogewichteten Positionsbetrag für eine Verbriefungsposition gemäß den Artikeln 245, 246 und 251 bis 258. Institute, die den Standardansatz anwenden, dürfen auch den internen Bemessungsansatz verwenden, sofern dies nach Artikel 259 Absatz 3 gestattet ist.

(2) Verwendet ein Institut für die Berechnung der risikogewichteten Positionsbeträge für die Risikopositionsklasse, der die verbrieften Risikopositionen nach Artikel 147 zuzuordnen wären, den IRB-Ansatz nach Kapitel 3, so berechnet es den risikogewichteten Positionsbetrag gemäß den Artikeln 245, 246 und 259 bis 266.

Wird der IRB-Ansatz nur für einen Teil der verbrieften Risikopositionen angewandt, die einer Verbriefung zugrunde liegen, verwendet das Institut, außer im Fall des internen Bemessungsansatzes, den Ansatz entsprechend dem überwiegenden Anteil der verbrieften Risikopositionen, die dieser Verbriefung zugrunde liegen.

Artikel 110 Behandlung der Kreditrisikoanpassung

(1) Institute, die den Standardansatz anwenden, behandeln allgemeine Kreditrisikoanpassungen gemäß Artikel 62 Buchstabe c.

(2) Institute, die den IRB-Ansatz anwenden, behandeln allgemeine Kreditrisikoanpassungen gemäß Artikel 159, Artikel 62 Buchstabe d und Artikel 36 Absatz 1 Buchstabe d.

Allgemeine und spezifische Kreditrisikoanpassungen schließen für die Zwecke dieses Artikels und der Kapitel 2 und 3 den Fonds für allgemeine Bankrisiken aus.

(3) Institute, die zwar den IRB-Ansatz verwenden, aber auf konsolidierter bzw. Einzelbasis für einen Teil ihrer Risikopositionen gemäß den Artikeln 148 und 150 den Standardansatz anwenden, bestimmen den Teil der allgemeinen Kreditrisikoanpassung, der der Behandlung nach dem Standardansatz bzw. der Behandlung nach dem IRB-Ansatz zugewiesen wird, nach den folgenden Kriterien:
a) Wendet ein in die Konsolidierung einbezogenes Institut ausschließlich den IRB-Ansatz an, werden die allgemeinen Kreditrisikoanpassungen dieses Instituts gegebenenfalls der Behandlung nach Absatz 2 zugewiesen;
b) wendet ein in die Konsolidierung einbezogenes Institut ausschließlich den Standardansatz an, werden die allgemeinen Kreditrisikoanpassungen dieses Instituts gegebenenfalls der Behandlung nach Absatz 1 zugewiesen;
c) die restlichen Kreditrisikoanpassungen werden auf einer anteilsmäßigen Basis nach dem Anteil der risikogewichteten Positionsbeträge, der unter den Standardansatz bzw. den IRB-Ansatz fällt, zugewiesen.

(4) Die EBA arbeitet Entwürfe technischer Regulierungsstandards aus, um die Berechnung der spezifischen und allgemeinen Kreditrisikoanpassungen nach dem geltenden Rechnungslegungsrahmen festzulegen für:
a) den Risikopositionswert nach dem Standardansatz gemäß Artikel 111,
b) den Risikopositionswert nach dem IRB-Ansatz gemäß den Artikeln 166 bis 168,
c) die Behandlung der erwarteten Verlustbeträge gemäß Artikel 159,
d) den Risikopositionswert für die Berechnung der risikogewichteten Positionsbeträge für eine Verbriefungsposition gemäß den Artikeln 246 und 266,
e) die Feststellung eines Ausfalls im Sinne des Artikels 178.

Die EBA übermittelt der Kommission diese Entwürfe technischer Regulierungsstandards bis zum 28. Juli 2013.

Der Kommission wird die Befugnis übertragen, die technischen Regulierungsstandards nach Unterabsatz 1 gemäß den Artikeln 10 bis 14 der Verordnung (EU) Nr. 1093/2010 zu erlassen.

Kapitel 2 Standardansatz

Abschnitt 1 Allgemeine Grundsätze

Artikel 111 Risikopositionswert

(1) Der Risikopositionswert einer Aktivposition ist der nach spezifischen Kreditrisikoanpassungen, zusätzlichen Wertberichtigungen gemäß den Artikeln 34 und 110 sowie weiteren mit der Aktivposition verknüpften Verringerungen der Eigenmittel verbleibende Buchwert. Der Risikopositionswert einer in Anhang I genannten außerbilanziellen Position entspricht dem folgenden Prozentsatz des Nominalwerts nach Abzug spezifischer Kreditrisikoanpassungen:
a) 100% bei Positionen mit hohem Risiko,
b) 50% bei Positionen mit mittlerem Risiko,
c) 20% bei Posten mit mittlerem/niedrigem Risiko,
d) 0% bei Positionen mit niedrigem Risiko.

Die in Unterabsatz 1 Satz 3 genannten außerbilanziellen Positionen werden den in Anhang I genannten Risikokategorien zugeordnet.

Wendet ein Institut die umfassende Methode zur Berücksichtigung finanzieller Sicherheiten nach Artikel 223 an, so wird der Risikopositionswert von Wertpapieren oder Waren, die im Rahmen eines Pensions-, Wertpapier- oder Warenverleih- oder -leihgeschäfts veräußert, hinterlegt oder verliehen werden, und von Lombardgeschäften um die nach Maßgabe der Artikel 223 bis 225 für solche Wertpapiere oder Waren angemessene Volatilitätsanpassung heraufgesetzt.

(2) Der Risikopositionswert eines in Anhang II genannten Derivats wird nach Kapitel 6 ermittelt, wobei den Auswirkungen von Schuldumwandlungsverträgen und sonstigen Netting-Vereinbarungen für diese Methoden nach Maßgabe des Kapitels 6 Rechnung getragen wird. Der Risikopositionswert von Pensionsgeschäften, Wertpapier- oder Warenverleih- oder -leihgeschäften, Geschäften mit langer Abwicklungsfrist und Lombardgeschäften kann entweder nach Kapitel 6 oder nach Kapitel 4 bestimmt werden.

(3) Ist eine Risikoposition durch eine Sicherheitsleistung besichert, kann der Risikopositionswert für diese Position gemäß Kapitel 4 angepasst werden.

Artikel 112 Risikopositionsklassen

Jede Risikoposition wird einer der folgenden Risikopositionsklassen zugeordnet:
a) Risikopositionen gegenüber Zentralstaaten oder Zentralbanken,
b) Risikopositionen gegenüber regionalen oder lokalen Gebietskörperschaften,
c) Risikopositionen gegenüber öffentlichen Stellen,
d) Risikopositionen gegenüber multilateralen Entwicklungsbanken,
e) Risikopositionen gegenüber internationalen Organisationen,
f) Risikopositionen gegenüber Instituten,
g) Risikopositionen gegenüber Unternehmen,
h) Risikopositionen aus dem Mengengeschäft,
i) durch Immobilien besicherte Risikopositionen,
j) ausgefallene Risikopositionen,
k) mit besonders hohen Risiken verbundene Risikopositionen,
l) Risikopositionen in Form von gedeckten Schuldverschreibungen,

m) Positionen, die Verbriefungspositionen darstellen,
n) Risikopositionen gegenüber Instituten und Unternehmen mit kurzfristiger Bonitätsbeurteilung,
o) Risikopositionen in Form von Anteilen an Organismen für Gemeinsame Anlagen (OGA),
p) Beteiligungsrisikopositionen,
q) sonstige Posten.

Artikel 113 Berechnung der risikogewichteten Positionsbeträge

(1) Zur Berechnung der risikogewichteten Positionsbeträge werden allen Risikopositionen, sofern sie nicht von den Eigenmitteln abgezogen werden, Risikogewichte nach Maßgabe des Abschnitts 2 zugewiesen. Die Zuweisung der Risikogewichte richtet sich nach der Risikopositionsklasse, der die Risikoposition zugeordnet wird, und, soweit in Abschnitt 2 vorgesehen, nach deren Bonität. Zur Ermittlung der Bonität können die Bonitätsbeurteilungen von ECAI oder gemäß Abschnitt 3 die Bonitätsbeurteilungen von Exportversicherungsagenturen herangezogen werden.

(2) Für die Zuweisung eines Risikogewichts gemäß Absatz 1 wird der Risikopositionswert mit dem nach Abschnitt 2 festgelegten oder ermittelten Risikogewicht multipliziert.

(3) Besteht für eine Risikoposition eine Kreditabsicherung, kann das Risikogewicht für diese Position gemäß Kapitel 4 angepasst werden.

(4) Risikogewichtete Positionsbeträge für verbriefte Risikopositionen werden gemäß Kapitel 5 berechnet.

(5) Risikopositionen, für die in Abschnitt 2 keine Berechnungsformel vorgesehen ist, wird ein Risikogewicht von 100 % zugewiesen.

(6) Mit Ausnahme von Risikopositionen, die Posten des harten Kernkapitals, des zusätzlichen Kernkapitals oder des Ergänzungskapitals begründen, kann ein Institut, nach vorheriger Genehmigung der zuständigen Behörden, beschließen, die Anforderungen aus Absatz 1 dieses Artikels nicht auf Risikopositionen dieses Instituts gegenüber einer Gegenpartei anzuwenden, wenn diese Gegenpartei sein Mutterunternehmen, sein Tochterunternehmen, ein Tochterunternehmen seines Mutterunternehmens oder ein Unternehmen ist, mit dem es durch eine Beziehung im Sinne des Artikels 12 Absatz 1 der Richtlinie 83/349/EWG verbunden ist. Die zuständigen Behörden sind befugt, die Genehmigung zu erteilen, sofern die folgenden Bedingungen erfüllt sind:
a) Die Gegenpartei ist ein Institut, ein Finanzinstitut oder ein Anbieter von Nebendienstleistungen und unterliegt angemessenen Aufsichtsvorschriften,
b) die Gegenpartei ist in dieselbe Vollkonsolidierung einbezogen wie das Institut,
c) die Gegenpartei unterliegt den gleichen Risikobewertungs-, Risikomess- und Risikokontrollverfahren wie das Institut,
d) die Gegenpartei hat ihren Sitz in demselben Mitgliedstaat wie das Institut,
e) ein wesentliches tatsächliches oder rechtliches Hindernis für die unverzügliche Übertragung von Eigenmitteln von der Gegenpartei auf das Institut oder die Rückzahlung von Verbindlichkeiten an das Institut durch die Gegenpartei ist weder vorhanden noch abzusehen.

Ist es einem Institut im Einklang mit diesem Absatz gestattet, die Anforderungen des Absatzes 1 nicht anzuwenden, darf ein Risikogewicht von 0 % zugewiesen werden.

(7) Mit Ausnahme von Risikopositionen, die Posten des harten Kernkapitals, des zusätzlichen Kernkapitals und des Ergänzungskapitals begründen, darf ein Institut nach vorheriger Erlaubnis der zuständigen Behörden Risikopositionen gegenüber Gegenparteien, mit denen es ein institutsbezogenes Sicherungssystem gebildet hat, d.h. eine vertragliche oder satzungsmäßige Haftungsvereinbarung geschlossen hat, die Institute absichert und insbesondere bei Bedarf ihre Liquidität und Solvenz

sicherstellt, um einen Konkurs zu vermeiden, von den Anforderungen nach Absatz 1 ausnehmen. Die zuständigen Behörden sind befugt, die Erlaubnis zu geben, sofern die folgenden Voraussetzungen erfüllt sind:
a) die Anforderungen gemäß Absatz 6 Buchstaben a, d und e sind erfüllt,
b) die Haftungsvereinbarung stellt sicher, dass das institutsbezogene Sicherungssystem im Rahmen seiner Verpflichtung die notwendige Unterstützung aus sofort verfügbaren Mitteln gewähren kann,
c) das institutsbezogene Sicherungssystem verfügt über geeignete und einheitlich geregelte Systeme für die Überwachung und Einstufung der Risiken, wodurch ein vollständiger Überblick über die Risikosituationen der einzelnen Mitglieder und das institutsbezogene Sicherungssystem insgesamt geliefert wird, mit entsprechenden Möglichkeiten der Einflussnahme; diese Systeme stellen eine angemessene Überwachung von Risikopositionsausfällen gemäß Artikel 178 Absatz 1 sicher,
d) das institutsbezogene Sicherungssystem führt eine eigene Risikobewertung durch, die den einzelnen Mitgliedern mitgeteilt wird,
e) das institutsbezogene Sicherungssystem erstellt und veröffentlicht jährlich einen konsolidierten Bericht mit der Bilanz, der Gewinn- und Verlustrechnung, dem Lagebericht und dem Risikobericht über das institutsbezogene Sicherungssystem insgesamt oder einen Bericht mit der aggregierten Bilanz, der aggregierten Gewinn- und Verlustrechnung, dem Lagebericht und dem Risikobericht zum institutsbezogenen Sicherungssystem insgesamt,
f) die Mitglieder des institutsbezogenen Sicherungssystems sind verpflichtet, ihre Absicht, aus dem System auszuscheiden, mindestens 24 Monate im Voraus zu melden,
g) die mehrfache Nutzung von für die Berechnung von Eigenmitteln anerkennungsfähigen Bestandteilen (›Mehrfachbelegung‹) sowie jegliche unangemessene Bildung von Eigenmitteln zwischen den Mitgliedern des institutsbezogenen Sicherungssystems wird unterlassen,
h) das institutsbezogene Sicherungssystem stützt sich auf eine breite Mitgliedschaft von Kreditinstituten mit einem überwiegend homogenen Geschäftsprofil,
i) die Angemessenheit der Systeme nach den Buchstaben c und d wird von den jeweiligen zuständigen Behörden bestätigt und regelmäßig überwacht.

Sollte ein Institut im Einklang mit diesem Absatz beschließen, die Anforderungen von Absatz 1 nicht anzuwenden, darf ein Risikogewicht von 0 % zugewiesen werden.

Abschnitt 2   Risikogewichte

Artikel 114   Risikopositionen gegenüber Zentralstaaten oder Zentralbanken

(1) Risikopositionen gegenüber Zentralstaaten und Zentralbanken wird ein Risikogewicht von 100 % zugewiesen, es sei denn, es wird eine Behandlung nach den Absätzen 2 bis 7 angewandt.

(2) Risikopositionen gegenüber Zentralstaaten und Zentralbanken, für die eine Bonitätsbeurteilung einer benannten ECAI vorliegt, wird ein Risikogewicht nach Tabelle 1 zugewiesen, das gemäß Artikel 136 der Bonitätsbeurteilung der ECAI entspricht.

Tabelle 1

Bonitätsstufe	1	2	3	4	5	6
Risikogewicht	0 %	20 %	50 %	100 %	100 %	150 %

(3) Risikopositionen gegenüber der EZB wird ein Risikogewicht von 0 % zugewiesen.

(4) Risikopositionen gegenüber Zentralstaaten und Zentralbanken der Mitgliedstaaten, die auf die Landeswährung dieses Zentralstaats und dieser Zentralbank lauten und in dieser Währung refinanziert sind, wird ein Risikogewicht von 0 % zugewiesen.

(6) Bei den Risikopositionen nach Artikel 495 Absatz 2 werden
a) 2018 20 % des diesen Risikopositionen gemäß Absatz 2 zugewiesenen Risikogewichts als auf diese Risikopositionswerte angewandtes Risikogewicht festgesetzt,
b) 2019 50 % des diesen Risikopositionen gemäß Absatz 2 zugewiesenen Risikogewichts als auf diese Risikopositionswerte angewandtes Risikogewicht festgesetzt,
c) ab 2020 100 % des diesen Risikopositionen gemäß Absatz 2 zugewiesenen Risikogewichts als auf diese Risikopositionswerte angewandtes Risikogewicht festgesetzt.

(7) Weisen die zuständigen Behörden eines Drittlands, dessen aufsichtliche und rechtliche Vorschriften denen der Union mindestens gleichwertig sind, den Risikopositionen gegenüber ihrem Zentralstaat und ihrer Zentralbank, die auf die Landeswährung dieses Drittlands lauten und in dieser Währung refinanziert sind, ein niedrigeres Risikogewicht zu als in den Absätzen 1 und 2 vorgesehen ist, so können die Institute solche Risikopositionen in der gleichen Weise gewichten.

Für die Zwecke dieses Absatzes kann die Kommission im Wege von Durchführungsrechtsakten vorbehaltlich des in Artikel 464 Absatz 2 genannten Prüfverfahrens einen Beschluss dazu erlassen, ob die aufsichtlichen und rechtlichen Vorschriften eines Drittlands denen der Union mindestens gleichwertig sind. Solange kein solcher Beschluss erlassen wurde, dürfen Institute bis zum 1. Januar 2015 Risikopositionen gegenüber dem Zentralstaat oder der Zentralbank eines Drittlands weiterhin gemäß diesem Absatz behandeln, sofern die jeweiligen zuständigen Behörden vor dem 1. Januar 2014 diese Behandlung als für das Drittland zulässig anerkannt haben.

Artikel 115 Risikopositionen gegenüber regionalen oder lokalen Gebietskörperschaften

(1) Risikopositionen gegenüber regionalen oder lokalen Gebietskörperschaften werden mit demselben Risikogewicht belegt wie Risikopositionen gegenüber Instituten, es sei denn, sie werden wie Risikopositionen gegenüber Zentralstaaten gemäß den Absätzen 2 oder 4 behandelt oder erhalten ein Risikogewicht gemäß Absatz 5. Die günstigere Behandlung für kurzfristige Risikopositionen nach den Artikeln 119 Absatz 2 und 120 Absatz 2 findet keine Anwendung.

(2) Risikopositionen gegenüber regionalen oder lokalen Gebietskörperschaften werden behandelt wie Risikopositionen gegenüber dem Zentralstaat, in deren Hoheitsgebiet sie sich befinden, sofern kein Unterschied zwischen den Risiken solcher Positionen aufgrund der speziellen Steuererhebungsbefugnisse dieser Gebietskörperschaften und aufgrund der besonderen institutionellen Vorkehrungen besteht, die zur Verringerung ihres Ausfallrisikos getroffen wurden.

Die EBA betreibt eine öffentlich zugängliche Datenbank, in der all jene regionalen und lokalen Gebietskörperschaften in der Union erfasst werden, bei denen die zuständigen Behörden die Risikopositionen wie Risikopositionen gegenüber ihrem jeweiligen Zentralstaat behandeln.

(3) Risikopositionen gegenüber Kirchen oder Religionsgemeinschaften werden wie Risikopositionen gegenüber regionalen und lokalen Gebietskörperschaften behandelt, sofern sich diese Kirchen oder Religionsgemeinschaften als juristische Person des öffentlichen Rechts konstituiert haben und im Rahmen entsprechender gesetzlicher Befugnisse Abgaben erheben. In diesem Fall gilt Absatz 2 nicht und für die Zwecke des Artikels 150 Absatz 1 Buchstabe a wird die Genehmigung der Anwendung des Standardansatzes nicht verweigert.

(4) Behandeln die zuständigen Behörden eines Drittlands, dessen aufsichtliche und rechtliche Vorschriften denen der Union mindestens gleichwertig sind, Risikopositionen gegenüber regionalen oder lokalen Gebietskörperschaften wie Risikopositionen gegenüber ihrem Zentralstaat und besteht kein Unterschied zwischen den Risiken solcher Positionen aufgrund der speziellen Steuererhebungsbefugnisse dieser Gebietskörperschaften und aufgrund der besonderen institutionellen Vorkehrungen, die zur Verringerung ihres Ausfallrisikos getroffen wurden, dürfen die Institute Risikopositionen gegenüber solchen regionalen oder lokalen Gebietskörperschaften in derselben Weise gewichten.

Für die Zwecke dieses Absatzes kann die Kommission im Wege von Durchführungsrechtsakten vorbehaltlich des in Artikel 464 Absatz 2 genannten Prüfverfahrens einen Beschluss dazu erlassen, ob die aufsichtlichen und rechtlichen Vorschriften eines Drittlands denen der Union mindestens gleichwertig sind. Solange kein solcher Beschluss erlassen wurde, dürfen Institute bis zum 1. Januar 2015 das Drittland weiterhin gemäß diesem Absatz behandeln, sofern die jeweiligen zuständigen Behörden vor dem 1. Januar 2014 diese Behandlung als für das Drittland zulässig anerkannt haben.

(5) Risikopositionen gegenüber regionalen oder lokalen Gebietskörperschaften der Mitgliedstaaten, die nicht unter die Absätze 2 bis 4 fallen und die auf die Landeswährung dieser regionalen oder lokalen Gebietskörperschaft lauten und in dieser Währung refinanziert sind, wird ein Risikogewicht von 20% zugewiesen.

Artikel 116 Risikopositionen gegenüber öffentlichen Stellen

(1) Risikopositionen gegenüber öffentlichen Stellen, für die keine Bonitätsbeurteilung einer benannten ECAI vorliegt, wird gemäß Tabelle 2 ein Risikogewicht nach der Bonitätsstufe zugewiesen, der Risikopositionen gegenüber dem Zentralstaat zugeordnet sind, in deren Hoheitsgebiet die öffentliche Stelle ihren Sitz hat:

Tabelle 2

Bonitätsstufe des Zentralstaats	1	2	3	4	5	6
Risikogewicht	20%	50%	100%	100%	100%	150%

Risikopositionen gegenüber öffentlichen Stellen mit Sitz in einem Land, dessen Zentralstaat unbeurteilt ist, werden mit einem Risikogewicht von 100% belegt.

(2) Risikopositionen gegenüber öffentlichen Stellen, für die eine Bonitätsbeurteilung einer benannten ECAI vorliegt, werden gemäß Artikel 120 behandelt. Die günstigere Behandlung kurzfristiger Risikopositionen nach den Artikeln 119 Absatz 2 und 120 Absatz 2 findet keine Anwendung auf diese Stellen.

(3) Risikopositionen gegenüber öffentlichen Stellen mit einer ursprünglichen Laufzeit von drei Monaten oder weniger wird ein Risikogewicht von 20% zugewiesen.

(4) In Ausnahmefällen können Risikopositionen gegenüber öffentlichen Stellen behandelt werden wie Risikopositionen gegenüber dem Zentralstaat oder der regionalen oder lokalen Gebietskörperschaft, in dessen bzw. deren Hoheitsgebiet sie ansässig sind, sofern nach Ansicht der zuständigen Behörden des betreffenden Hoheitsgebiets aufgrund einer vom Zentralstaat oder der regionalen oder lokalen Gebietskörperschaft gestellten angemessenen Garantie kein Unterschied zwischen den Risiken der Positionen besteht.

(5) Behandeln die zuständigen Behörden eines Drittlands, dessen aufsichtliche und rechtliche Vorschriften jenen der Union mindestens gleichwertig sind, Risikopositionen gegenüber öffentlichen Stellen gemäß Absatz 1 oder 2, so dürfen die Institute Risikopositionen gegenüber diesen öffentlichen Stellen in derselben Weise gewichten. Andernfalls setzen die Institute ein Risikogewicht von 100% an.

Für die Zwecke dieses Absatzes kann die Kommission im Wege von Durchführungsrechtsakten vorbehaltlich des in Artikel 464 Absatz 2 genannten Prüfverfahrens einen Beschluss dazu erlassen, ob die aufsichtlichen und rechtlichen Vorschriften eines

Drittlands denen der Union mindestens gleichwertig sind. Solange kein solcher Beschluss erlassen wurde, dürfen die Institute bis zum 1. Januar 2015 das Drittland weiterhin gemäß diesem Absatz behandeln, sofern die jeweiligen zuständigen Behörden vor dem 1. Januar 2014 diese Behandlung als für das Drittland zulässig anerkannt haben.

Artikel 117 Risikopositionen gegenüber multilateralen Entwicklungsbanken

(1) Risikopositionen gegenüber multilateralen Entwicklungsbanken, die nicht unter Absatz 2 fallen, werden behandelt wie Risikopositionen gegenüber Instituten. Die günstigere Behandlung für kurzfristige Risikopositionen nach Artikel 119 Absatz 2, Artikel 120 Absatz 2 und Artikel 121 Absatz 3 findet keine Anwendung.

Die Interamerikanische Investitionsgesellschaft (IIC), die Schwarzmeer-Handels- und Entwicklungsbank, die Zentralamerikanische Bank für wirtschaftliche Integration und die lateinamerikanische Entwicklungsbank CAF gelten als multilaterale Entwicklungsbanken (MDB).

(2) Risikopositionen gegenüber den folgenden multilateralen Entwicklungsbanken wird ein Risikogewicht von 0 % zugewiesen:
a) Internationale Bank für Wiederaufbau und Entwicklung,
b) Internationale Finanz-Corporation,
c) Interamerikanische Entwicklungsbank,
d) Asiatische Entwicklungsbank,
e) Afrikanische Entwicklungsbank,
f) Entwicklungsbank des Europarates,
g) Nordische Investitionsbank,
h) Karibische Entwicklungsbank,
i) Europäische Bank für Wiederaufbau und Entwicklung,
j) Europäische Investitionsbank,
k) Europäischer Investitionsfonds,
l) Multilaterale Investitions-Garantie-Agentur,
m) Internationale Finanzierungsfazilität für Impfungen,
n) Islamische Entwicklungsbank.

(3) Dem nicht eingezahlten Teil des gezeichneten Kapitals des Europäischen Investitionsfonds wird ein Risikogewicht von 20 % zugewiesen.

Artikel 118 Risikopositionen gegenüber internationalen Organisationen

Risikopositionen gegenüber folgenden internationalen Organisationen wird ein Risikogewicht von 0 % zugewiesen:
a) Europäische Union,
b) Internationaler Währungsfonds,
c) Bank für Internationalen Zahlungsausgleich,
d) Europäische Finanzstabilitätsfazilität,
e) Europäischer Stabilitätsmechanismus;
f) ein internationales Finanzinstitut, das von zwei oder mehr Mitgliedstaaten mit dem Ziel eingerichtet wurde, für diejenigen seiner Mitglieder, die schwerwiegende Finanzierungsprobleme haben oder denen solche Probleme drohen, finanzielle Mittel zu mobilisieren und ihnen finanzielle Hilfe zu gewähren.

Artikel 119 Risikopositionen gegenüber Instituten

(1) Für Risikopositionen gegenüber Instituten, für die eine Bonitätsbeurteilung einer benannten ECAI vorliegt, wird eine Risikogewichtung gemäß Artikel 120 vorgenommen. Für Risikopositionen gegenüber Instituten, für die keine Bonitätsbeurtei-

lung einer benannten ECAI vorliegt, wird eine Risikogewichtung gemäß Artikel 121 vorgenommen.

(2) Risikopositionen gegenüber Instituten mit einer Restlaufzeit von drei Monaten oder weniger, die auf die Landeswährung des Kreditnehmers lauten und in dieser Währung refinanziert sind, werden mit einem Risikogewicht belegt, das um eine Stufe ungünstiger ist als das Vorzugs-Risikogewicht nach Artikel 114 Absätze 4 bis 7, das Risikopositionen gegenüber dem Zentralstaat, in dessen Hoheitsgebiet das Institut seinen Sitz hat, zugewiesen wird.

(3) In keinem Fall erhalten Risikopositionen mit einer Restlaufzeit von drei Monaten oder weniger, die auf die Landeswährung des Kreditnehmers lauten und in dieser Währung refinanziert sind, ein Risikogewicht von unter 20%.

(4) Risikopositionen gegenüber einem Institut in Form von Mindestreserven, die von einem Institut aufgrund von Auflagen der EZB oder der Zentralbank eines Mitgliedstaats zu halten sind, dürfen mit demselben Risikogewicht belegt werden wie Risikopositionen gegenüber der Zentralbank des betreffenden Mitgliedstaats, sofern
a) die Reserven gemäß der Verordnung (EG) Nr. 1745/2003 der Europäischen Zentralbank vom 12. September 2003 über die Auferlegung einer Mindestreservepflicht[1] oder gemäß nationalen Anforderungen, die jener Verordnung in allen sachlichen Aspekten gleichwertig sind, gehalten werden,
b) die Reserven im Falle des Konkurses oder der Insolvenz des Instituts, bei dem sie gehalten werden, rechtzeitig in vollem Umfang an das Institut zurückgezahlt und nicht zur Deckung anderer Verbindlichkeiten des Instituts zur Verfügung gestellt werden.

(5) Risikopositionen gegenüber Finanzinstituten, die von den zuständigen Behörden zugelassen wurden und beaufsichtigt werden und hinsichtlich der Robustheit vergleichbaren Aufsichtsvorschriften unterliegen wie Institute, werden wie Risikopositionen gegenüber Instituten behandelt.

Artikel 120 Risikopositionen gegenüber beurteilten Instituten

(1) Risikopositionen gegenüber Instituten mit einer Restlaufzeit von über drei Monaten, für die eine Bonitätsbeurteilung einer benannten ECAI vorliegt, wird ein Risikogewicht nach Tabelle 3 zugewiesen, das gemäß Artikel 136 der Bonitätsbeurteilung der ECAI entspricht.

Tabelle 3

Bonitätsstufe	1	2	3	4	5	6
Risikogewicht	20%	50%	50%	100%	100%	150%

(2) Risikopositionen gegenüber Instituten mit einer Restlaufzeit von bis zu drei Monaten, für die eine Bonitätsbeurteilung einer benannten ECAI vorliegt, wird ein Risikogewicht nach Tabelle 4 zugewiesen, das gemäß Artikel 136 der Bonitätsbeurteilung der ECAI entspricht.

Tabelle 4

Bonitätsstufe	1	2	3	4	5	6
Risikogewicht	20%	20%	20%	50%	50%	150%

---

1 ABl L 250 vom 2.10.2003, S. 10

(3) Die Interaktion zwischen der Behandlung kurzfristiger Bonitätsbeurteilungen nach Artikel 131 und der generellen Vorzugsbehandlung kurzfristiger Risikopositionen gemäß Absatz 2 verläuft wie folgt:
a) Liegt für eine Risikoposition keine kurzfristige Bonitätsbeurteilung vor, wird auf alle Risikopositionen gegenüber Instituten mit einer Restlaufzeit von bis zu drei Monaten die generelle Vorzugsbehandlung kurzfristiger Risikopositionen gemäß Absatz 2 angewandt;
b) liegt eine kurzfristige Bonitätsbeurteilung vor und zieht diese ein günstigeres Risikogewicht als die Anwendung der generellen Vorzugsbehandlung kurzfristiger Risikopositionen gemäß Absatz 2 oder dasselbe Risikogewicht nach sich, wird die kurzfristige Bonitätsbeurteilung nur für diese bestimmte Risikoposition verwendet. Auf andere kurzfristige Risikopositionen wird die generelle Vorzugsbehandlung kurzfristiger Risikopositionen gemäß Absatz 2 angewandt;
c) liegt eine kurzfristige Bonitätsbeurteilung vor und zieht diese ein weniger günstiges Risikogewicht nach sich als die Anwendung der generellen Vorzugsbehandlung kurzfristiger Risikopositionen gemäß Absatz 2, so wird die generellen Vorzugsbehandlung kurzfristiger Risikopositionen nicht angewandt und allen unbeurteilten kurzfristigen Risikopositionen dasselbe Risikogewicht zugewiesen, das sich aus der spezifischen kurzfristigen Bonitätsbeurteilung ergibt.

Artikel 121 Risikopositionen gegenüber unbeurteilten Instituten

(1) Risikopositionen gegenüber Instituten, für die keine Bonitätsbeurteilung einer benannten ECAI vorliegt, wird gemäß Tabelle 5 ein Risikogewicht nach der Bonitätsstufe zugewiesen, die Risikopositionen gegenüber dem Zentralstaat zugewiesen wurde, in dessen Hoheitsgebiet das Institut seinen Sitz hat.

Tabelle 5

Bonitätsstufe des Zentralstaats	1	2	3	4	5	6
Risikogewicht der Position	20%	50%	100%	100%	100%	150%

(2) Risikopositionen gegenüber unbeurteilten Instituten mit Sitz in einem Land, dessen Zentralstaat unbeurteilt ist, wird ein Risikogewicht von 100% zugewiesen.

(3) Risikopositionen gegenüber unbeurteilten Instituten mit einer ursprünglichen effektiven Laufzeit von drei Monaten oder weniger wird ein Risikogewicht von 20% zugewiesen.

(4) Unbeschadet der Absätze 2 und 3 wird Risikopositionen aus Handelsfinanzierungsgeschäften – im Sinne des Artikels 162 Absatz 3 Unterabsatz 2 Buchstabe b mit unbeurteilten Instituten ein Risikogewicht von 50% zugewiesen und ein Risikogewicht von 20%, wenn die Restlaufzeit solcher Risikopositionen noch höchstens drei Monate beträgt.

Artikel 122 Risikopositionen gegenüber Unternehmen

(1) Risikopositionen, für die eine Bonitätsbeurteilung einer benannten ECAI vorliegt, wird ein Risikogewicht nach Tabelle 6 zugewiesen, das gemäß Artikel 136 der Bonitätsbeurteilung der ECAI entspricht.

Tabelle 6

Bonitätsstufe	1	2	3	4	5	6
Risikogewicht	20%	50%	100%	100%	150%	150%

(2) Risikopositionen, für die keine solches Bonitätsbeurteilung vorliegt, wird ein Risikogewicht von 100% zugewiesen oder das Risikogewicht für Risikopositionen gegenüber dem Zentralstaat, in dessen Hoheitsgebiet das Unternehmen seinen Sitz hat, falls dieses höher ist.

Artikel 123   Risikopositionen aus dem Mengengeschäft

Einer Risikoposition, die die folgenden Kriterien erfüllt, wird ein Risikogewicht von 75% zugewiesen:
a) Sie besteht entweder gegenüber einer natürlichen Personen oder einem kleinen oder mittleren Unternehmen (KMU),
b) sie ist eine von vielen Risikopositionen mit ähnlichen Merkmalen, so dass die Risiken dieser Darlehensgeschäfte erheblich reduziert werden,
c) der dem Institut sowie dem Mutterunternehmen und dessen Tochterunternehmen von dem Kunden oder der Gruppe verbundener Kunden insgesamt geschuldete Betrag einschließlich etwaiger überfälliger Positionen, mit Ausnahme von Risikopositionen, die vollständig durch Wohnimmobilien besichert sind und die der in Artikel 112 Buchstabe i genannten Risikopositionsklasse zugewiesen wurden, ist – soweit dem Institut bekannt – nicht höher als 1 Mio. EUR. Das Institut unternimmt angemessene Schritte, um sich diese Kenntnis zu verschaffen.

Wertpapiere werden in der Risikopositionsklasse ›Mengengeschäft‹ nicht anerkannt.

Risikopositionen, die die Kriterien des Unterabsatzes 1 Buchstaben a bis c nicht erfüllen, werden in der Risikopositionsklasse ›Mengengeschäft‹ nicht anerkannt.

Der Gegenwartswert von Mindestleasingzahlungen im Mengengeschäft wird in der Risikopositionsklasse ›Mengengeschäft‹ anerkannt.

Artikel 124   Durch Immobilien besicherte Risikopositionen

(1) Risikopositionen oder Teilen einer Risikoposition, die durch Grundpfandrechte auf Immobilien vollständig besichert sind – ausgenommen Teile der Risikoposition, die einer anderen Risikopositionsklasse zugeordnet sind –, wird ein Risikogewicht von 100% zugewiesen, wenn die Bedingungen der Artikel 125 oder 126 nicht erfüllt sind. Dem über den Wert des Grundpfandrechts an der Immobilie hinausgehenden Teil der Risikoposition wird das Risikogewicht für unbesicherte Risikopositionen gegenüber der beteiligten Gegenpartei zugewiesen.

Der Teil einer Risikoposition, der als durch eine Immobilie vollständig besichert behandelt wird, übersteigt nicht den als Sicherheit hinterlegten Betrag des Marktwerts bzw. im Fall der Mitgliedstaaten, deren Rechts- und Verwaltungsvorschriften strenge Vorgaben für die Bemessung des Beleihungswerts setzen, den Beleihungswert der betreffenden Immobilie.

(2) Auf der Grundlage der nach Artikel 101 erhobenen Daten und aller anderen maßgeblichen Indikatoren bewerten die zuständigen Behörden regelmäßig, mindestens jedoch einmal jährlich, ob das Risikogewicht von 35% für durch Grundpfandrechte auf Wohnimmobilien besicherte Risikopositionen nach Artikel 125 und das Risikogewicht von 50% für durch Gewerbeimmobilien besicherte Risikopositionen nach Artikel 126 für Immobilien in ihrem Land sich in angemessener Weise auf Folgendes stützen:
a) die Verlusterfahrungswerte für durch Immobilien besicherte Risikopositionen,
b) zukunftsorientierte Immobilienmarktentwicklungen.

Die zuständigen Behörden können auf der Grundlage von Erwägungen in Bezug auf die Finanzmarktstabilität auch ein höheres Risikogewicht ansetzen oder strengere

Kriterien anwenden als in Artikel 125 Absatz 2 und Artikel 126 Absatz 2 vorgesehen sind.

Für Risikopositionen, die durch Grundpfandrechte auf Wohnimmobilien besichert sind, setzt die zuständige Behörde ein Risikogewicht zwischen 35% und 150% an.

Für Risikopositionen, die durch Gewerbeimmobilien besichert sind, setzt die zuständige Behörde ein Risikogewicht zwischen 50% und 150% an.

Innerhalb dieser Spannen wird das höhere Risikogewicht auf der Grundlage von Verlusterfahrungswerten und unter Berücksichtigung zukunftsorientierter Marktentwicklungen und von Erwägungen in Bezug auf die Finanzmarktstabilität angesetzt. Ergibt sich aus der Bewertung, dass die Risikogewichte nach Artikel 125 Absatz 2 und Artikel 126 Absatz 2 nicht die tatsächlichen Risiken widerspiegeln, die mit einem oder mehreren Immobiliensegmenten dieser Risikopositionen verbunden sind, die durch Grundpfandrechte auf Wohnimmobilien oder auf in einem Teil oder Teilen ihres Hoheitsgebiets belegene Gewerbeimmobilien vollständig besichert sind, so setzen die zuständigen Behörden für diese Immobiliensegmente der Risikopositionen ein den tatsächlichen Risiken entsprechendes höheres Risikogewicht an.

Die zuständigen Behörden konsultieren die EBA im Hinblick auf die Anpassung der Risikogewichte und die angewandten Kriterien, die im Einklang mit den Kriterien dieses Absatzes gemäß den in Absatz 4 genannten technischen Regulierungsstandards berechnet werden. Die EBA veröffentlicht die von den zuständigen Behörden angesetzten Risikogewichte und Kriterien für Risikopositionen nach den Artikeln 125, 126 und 199 Absatz 1 Buchstabe a.

(3) Setzen die zuständigen Behörden ein höheres Risikogewicht an oder wenden sie strengere Kriterien an, verfügen die Institute über einen sechsmonatigen Übergangszeitraum, um das neue Risikogewicht anzuwenden.

(4) Die EBA arbeitet Entwürfe technischer Regulierungsstandards aus, in denen Folgendes präzisiert wird:
a) die strengen Kriterien für die Bemessung des Beleihungswerts gemäß Absatz 1,
b) die in Absatz 2 genannten Bedingungen, die die zuständigen Behörden bei der Festsetzung höherer Risikogewichte zu berücksichtigen haben, insbesondere der Ausdruck ›Erwägungen in Bezug auf die Finanzmarktstabilität‹.

Die EBA legt der Kommission diese Entwürfe technischer Regulierungsstandards bis 31. Dezember 2014 vor.

Der Kommission wird die Befugnis übertragen, die technischen Regulierungsstandards nach Unterabsatz 1 gemäß den Artikeln 10 bis 14 der Verordnung (EU) Nr. 1093/2010 zu erlassen.

(5) Die Institute eines Mitgliedstaats wenden die Risikogewichte und Kriterien an, die von den zuständigen Behörden eines anderen Mitgliedstaats für die Risikopositionen festgelegt wurden, die durch Grundpfandrechte auf in diesem anderen Mitgliedstaat belegene Gewerbeimmobilien und Wohnimmobilien besichert sind.

Artikel 125   Durch Wohnimmobilien vollständig besicherte Risikopositionen

(1) Soweit die zuständigen Behörden nicht gemäß Artikel 124 Absatz 2 anders entschieden haben, werden durch Grundpfandrechte auf Wohnimmobilien vollständig besicherte Risikopositionen wie folgt behandelt:
a) Risikopositionen oder Teile einer Risikoposition, die durch Grundpfandrechte auf Wohnimmobilien vollständig besichert sind, welche vom Eigentümer bzw. im Falle einer privaten Beteiligungsgesellschaft vom begünstigten Eigentümer gegenwärtig oder künftig selbst genutzt oder vermietet werden, wird ein Risikogewicht von 35% zugewiesen;
b) Risikopositionen gegenüber einem Leasingnehmer in Immobilien-Leasing-Geschäften mit Wohnimmobilien, bei denen ein Institut der Leasinggeber ist und der Leasingnehmer eine Kaufoption hat, wird ein Risikogewicht von 35% zugewie-

sen, sofern die Risikoposition des Instituts durch sein Eigentum an der Immobilie vollständig besichert ist.

(2) Die Institute betrachten eine Risikoposition oder einen Teil einer Risikoposition nur dann als vollständig besichert im Sinne von Absatz 1, wenn die folgenden Bedingungen erfüllt sind:
a) Der Wert der Immobilie hängt nicht wesentlich von der Bonität des Schuldners ab. Bei der Bestimmung der Wesentlichkeit einer solchen Abhängigkeit können die Institute Fälle ausklammern, in denen rein makroökonomische Faktoren sowohl den Wert der Immobilie als auch die Leistungsfähigkeit des Schuldners beeinträchtigen;
b) das Risiko des Schuldners hängt nicht wesentlich von der Wertentwicklung der zugrunde liegenden Immobilie oder des Projekts ab, sondern von der Fähigkeit des Schuldners, seine Schulden aus anderen Quellen zurückzuzahlen, so dass auch die Rückzahlung der Fazilität nicht wesentlich von Zahlungsströmen abhängt, die durch die als Sicherheit gestellte Immobilie generiert werden. Für diese anderen Quellen legen die Institute im Rahmen ihrer Kreditpolitik Höchstwerte für das Verhältnis zwischen Darlehenshöhe und Einkommen fest und verlangen bei der Kreditvergabe einen geeigneten Einkommensnachweis;
c) die Anforderungen des Artikels 208 und die Bewertungsgrundsätze nach Artikel 229 Absatz 1 werden eingehalten;
d) sofern nach Artikel 124 Absatz 2 nichts anderes bestimmt ist, übersteigt der Teil des Darlehens, dem ein Risikogewicht von 35 % zugewiesen wird, in den Mitgliedstaaten, die in ihren Rechts- und Verwaltungsvorschriften strenge Vorgaben für die Bemessung des Beleihungswerts festgelegt haben, nicht 80 % – des Marktwerts der betreffenden Immobilie bzw. 80 % des Beleihungswerts der betreffenden Immobilie.

(3) Bei Risikopositionen, die durch Grundpfandrechte auf in einem Mitgliedstaat belegene Wohnimmobilien vollständig besichert sind, dürfen Institute von Absatz 2 Buchstabe b abweichen, wenn die zuständige Behörde dieses Mitgliedstaats Nachweise dafür veröffentlicht hat, dass es im Gebiet dieses Mitgliedstaats einen gut entwickelten, seit langem etablierten Wohnimmobilienmarkt gibt, dessen Verlustraten folgende Obergrenzen nicht überschreiten:
a) Die Verluste aus Darlehensgeschäften, die – sofern in Artikel 124 Absatz 2 nichts anderes bestimmt ist – bis zu 80 % des Marktwerts oder 80 % des Beleihungswerts durch Wohnimmobilien besichert sind, gehen in keinem Jahr über 0,3 % der ausstehenden, durch Wohnimmobilien besicherten Darlehen hinaus;
b) die Gesamtverluste aus Darlehensgeschäften, die durch Wohnimmobilien besichert sind, gehen in keinem Jahr über 0,5 % der ausstehenden, durch Wohnimmobilien besicherten Darlehen hinaus.

(4) Wird eine der beiden Voraussetzungen unter Absatz 3 in einem Jahr nicht erfüllt, so kann Absatz 3 nicht mehr angewandt werden und gilt die Voraussetzung unter Absatz 2 Buchstabe b, bis die Voraussetzungen unter Absatz 3 in einem der Folgejahre erfüllt sind.

Artikel 126 Durch Gewerbeimmobilien vollständig besicherte Risikopositionen

(1) Soweit die zuständigen Behörden nicht gemäß Artikel 124 Absatz 2 anders entschieden haben, werden durch Grundpfandrechte auf Gewerbeimmobilien vollständig besicherte Risikopositionen wie folgt behandelt:
a) Risikopositionen oder Teilen einer Risikoposition, die durch Grundpfandrechte auf Büro- oder sonstige Gewerbeimmobilien vollständig besichert sind, kann ein Risikogewicht von 50 % zugewiesen werden;

b) Risikopositionen in Verbindung mit Immobilien-Leasing-Geschäften, die Büro- oder sonstige Gewerbeimmobilien betreffen, bei denen ein Institut der Leasinggeber ist und der Leasingnehmer eine Kaufoption hat, kann ein Risikogewicht von 50 % zugewiesen werden, sofern die Risikoposition des Instituts durch sein Eigentum an der Immobilie vollständig besichert ist.

(2) Die Institute betrachten eine Risikoposition oder einen Teil einer Risikoposition nur dann als vollständig besichert im Sinne von Absatz 1, wenn die folgenden Bedingungen erfüllt sind:
a) Der Wert der Immobilie hängt nicht wesentlich von der Bonität des Schuldners ab. Bei der Bestimmung der Wesentlichkeit einer solchen Abhängigkeit können die Institute Fälle ausklammern, in denen rein makroökonomische Faktoren sowohl den Wert der Immobilie als auch die Leistungsfähigkeit des Schuldners beeinträchtigen;
b) das Risiko des Schuldners hängt nicht wesentlich von der Wertentwicklung der zugrunde liegenden Immobilie oder des Projekts ab, sondern von der Fähigkeit des Schuldners, seine Schulden aus anderen Quellen zurückzuzahlen, so dass auch die Rückzahlung der Fazilität nicht wesentlich von Zahlungsströmen abhängt, die durch die als Sicherheit gestellte Immobilie generiert werden;
c) die Anforderungen des Artikels 208 und die Bewertungsgrundsätze nach Artikel 229 Absatz 1 werden eingehalten;
d) sofern nach Artikel 124 Absatz 2 nichts anderes bestimmt ist, wird das Risikogewicht von 50 % dem Teil des Darlehens zugewiesen, der in den Mitgliedstaaten, die in ihren Rechts- und Verwaltungsvorschriften strenge Vorgaben für die Bemessung des Beleihungswerts festgelegt haben, 50 % des Marktwerts der Immobilie bzw. 60 % des Beleihungswerts der betreffenden Immobilie – sofern nach Artikel 124 Absatz 2 nichts anderes bestimmt ist – nicht übersteigt.

(3) Bei Risikopositionen, die durch Grundpfandrechte auf in einem Mitgliedstaat gelegene Gewerbeimmobilien vollständig besichert sind, dürfen Institute von Absatz 2 Buchstabe b abweichen, wenn die zuständige Behörde dieses Mitgliedstaats Nachweise dafür veröffentlicht hat, dass es im Gebiet dieses Mitgliedstaats einen gut entwickelten, seit langem etablierten Markt für Gewerbeimmobilien gibt, dessen Verlustraten folgende Obergrenzen nicht überschreiten:
a) die Verluste aus Darlehensgeschäften, die – sofern Artikel 124 Absatz 2 nichts anderes vorsieht – bis zu 50 % des Marktwerts oder 60 % des Beleihungswerts durch Gewerbeimmobilien besichert sind, gehen nicht über 0,3 % der ausstehenden, durch Gewerbeimmobilien besicherten Darlehen hinaus;
b) die Gesamtverluste aus Darlehensgeschäften, die durch Gewerbeimmobilien besichert sind, gehen nicht über 0,5 % der ausstehenden, durch Gewerbeimmobilien besicherten Darlehen hinaus.

(4) Wird eine der beiden Voraussetzungen unter Absatz 3 in einem Jahr nicht erfüllt, so kann Absatz 3 nicht mehr angewandt werden und gilt die Voraussetzung unter Absatz 2 Buchstabe b, bis die Voraussetzungen unter Absatz 3 in einem der Folgejahre erfüllt sind.

Artikel 127 Ausgefallene Positionen

(1) Dem unbesicherten Teil einer Risikoposition, bei dem ein Ausfall des Schuldners gemäß Artikel 178 eingetreten ist, oder – im Fall von Risikopositionen aus dem Mengengeschäft – dem unbesicherten Teil einer Kreditfazilität, bei der ein Ausfall nach Artikel 178 eingetreten ist, wird folgendes Risikogewicht zugewiesen:

a) 150 %, wenn die spezifischen Kreditrisikoanpassungen weniger als 20 % des Werts des unbesicherten Teils der Risikoposition betragen, wenn diese spezifischen Kreditrisikoanpassungen nicht vorgenommen würden,
b) 100 %, wenn die spezifischen Kreditrisikoanpassungen nicht weniger als 20 % des Werts des unbesicherten Teils der Risikoposition betragen, wenn diese spezifischen Kreditrisikoanpassungen nicht vorgenommen würden.

(2) Für die Zwecke der Bestimmung des besicherten Teils der überfälligen Position gelten dieselben Sicherheiten und Garantien als anerkennungsfähig wie für die Kreditrisikominderung nach Kapitel 4.

(3) Dem nach den spezifischen Kreditrisikoanpassungen verbleibenden Positionswert von Risikopositionen, die nach Maßgabe des Artikels 125 durch Grundpfandrechte auf Wohnimmobilien vollständig besichert sind, wird ein Risikogewicht von 100 % zugewiesen, wenn ein Ausfall gemäß Artikel 178 eingetreten ist.

(4) Dem nach den spezifischen Kreditrisikoanpassungen verbleibenden Positionswert von Risikopositionen, die nach Maßgabe von Artikel 126 durch Grundpfandrechte auf Gewerbeimmobilien vollständig besichert sind, wird ein Risikogewicht von 100 % zugewiesen, wenn ein Ausfall gemäß Artikel 178 eingetreten ist.

Artikel 128   Mit besonders hohem Risiko verbundene Positionen

(1) Die Institute weisen Positionen, einschließlich Positionen in Form von Anteilen an einem OGA, die mit besonders hohen Risiken verbunden sind, gegebenenfalls ein Risikogewicht von 150 % zu.

(2) Als Positionen mit besonders hohen Risiken gelten
a) Beteiligungen an Risikokapitalgesellschaften,
b) Beteiligungen an AIF im Sinne des Artikels 4 Absatz 1 Buchstabe a der Richtlinie 2011/61/EU, außer in den Fällen, in denen das Mandat des Fonds keine höhere Fremdfinanzierung erlaubt als die gemäß den Anforderungen des Artikels 51 Absatz 3 der Richtlinie 2009/65/EU,
c) Positionen aus privatem Beteiligungskapital,
d) spekulative Immobilienfinanzierung.

(3) Bei der Beurteilung, ob eine Position, die nicht in Absatz 2 genannt ist, mit besonders hohen Risiken verbunden ist, tragen die Institute den folgenden Risikomerkmalen Rechnung:
a) Es besteht ein hohes Verlustrisiko infolge eines Ausfalls des Schuldners,
b) es kann nicht eindeutig ermittelt werden, ob die Position unter Buchstabe a fällt.

Die EBA gibt Leitlinien heraus, in denen geklärt wird, welche Arten von Positionen unter welchen Umständen mit besonders hohem Risiko verbunden sind.

Diese Leitlinien werden gemäß Artikel 16 der Verordnung (EU) Nr. 1093/2010 angenommen.

Artikel 129   Risikopositionen in Form gedeckter Schuldverschreibungen

(1) Damit Schuldverschreibungen im Sinne des Artikels 52 Absatz 4 der Richtlinie 2009/65/EG (gedeckte Schuldverschreibungen) für die günstigere Behandlung nach den Absätzen 3 und 4 in Betracht kommen können, müssen sie den Anforderungen des Absatzes 7 genügen und durch einen der folgenden anerkennungsfähigen Vermögenswerte besichert sein:
a) Risikopositionen, die gegenüber Zentralstaaten, Zentralbanken des ESZB, öffentlichen Stellen oder regionalen oder lokalen Gebietskörperschaften in der Union bestehen oder von diesen garantiert werden;

b) Risikopositionen, die gegenüber dem Zentralstaat dritter Länder, Zentralbanken dritter Länder, multilateralen Entwicklungsbanken, internationalen Organisationen der Bonitätsstufe 1 gemäß diesem Kapitel bestehen oder von diesen garantiert werden, sowie Risikopositionen, die gegenüber öffentlichen Stellen oder regionalen oder lokalen Gebietskörperschaften dritter Länder bestehen oder von diesen garantiert werden, und denen dasselbe Risikogewicht zugewiesen wurde wie Risikopositionen nach Artikel 115 Absätze 1 und 2 oder Artikel 116 Absätze 1, 2 bzw. 4 gegenüber Instituten bzw. Zentralstaaten und Zentralbanken der Bonitätsstufe 1 gemäß diesem Kapitel, sowie Risikopositionen im Sinne dieses Buchstabens, die gemäß diesem Kapitel mindestens der Bonitätsstufe 2 zugeordnet werden, sofern sie 20 % des Nominalbetrags der ausstehenden gedeckten Schuldverschreibungen der Emissionsinstitute nicht übersteigen;

c) Risikopositionen gegenüber Instituten, die gemäß diesem Kapitel der Bonitätsstufe 1 zuzuordnen sind. Die Gesamtrisikoposition dieser Art übersteigt nicht 15 % des Nominalbetrags der ausstehenden gedeckten Schuldverschreibungen des Emissionsinstituts. Risikopositionen gegenüber Instituten in der Union mit einer Fälligkeit von bis zu 100 Tagen fallen nicht unter die Anforderungen der Bonitätsstufe 1, sind allerdings gemäß diesem Kapitel mindestens der Bonitätsstufe 2 zuzuordnen.

d) Darlehen, die besichert sind durch
 i) Wohnimmobilien bis zur Höhe des Werts der Grundpfandrechte einschließlich aller vorrangigen Grundpfandrechte oder 80 % des Werts der als Sicherheit gestellten Immobilien, falls dieser niedriger ist, oder
 ii) vorrangige Anteile, die von französischen Fonds Communs de Titrisation oder durch gleichwertige unter das Recht eines Mitgliedstaats fallende Verbriefungsorganismen, die Risikopositionen im Zusammenhang mit Wohnimmobilien verbriefen, ausgegeben wurden. Werden solche vorrangigen Anteile als Sicherheiten verwendet, so stellt die jeweilige öffentliche Aufsicht zum Schutz der Inhaber von Schuldverschreibungen gemäß Artikel 52 Absatz 4 der Richtlinie 2009/65/EG sicher, dass die diesen Anteilen zugrunde liegenden Vermögenswerte für die gesamte Dauer ihrer Einbeziehung in den Deckungspool mindestens zu 90 % aus Grundpfandrechte auf Wohnimmobilien einschließlich aller vorrangigen Grundpfandrechte bis zur Höhe des Werts der nach diesen Anteilen fälligen Darlehensbeträge, des Werts der Grundpfandrechte oder 80 % des Werts der als Sicherheit gestellten Immobilien – je nach dem, welcher Wert niedriger ist – bestehen, dass die Anteile gemäß diesem Kapitel der Bonitätsstufe 1 zuzuordnen sind und dass diese Anteile 10 % des Nominalwerts der ausstehenden Emission nicht übersteigen;

e) durch einen anerkennungsfähigen Sicherungsgeber im Sinne des Artikels 201 garantierte Darlehen für Wohnimmobilien, die gemäß diesem Kapitel mindestens der Bonitätsstufe 2 zuzuordnen sind, sofern der Anteil jedes Darlehens, der dazu verwendet wird, die Anforderungen dieses Absatzes in Bezug auf die Besicherung der gedeckten Schuldverschreibung zu erfüllen, höchstens 80 % des Werts der entsprechenden in Frankreich belegenen Wohnimmobilie beträgt und sofern das Verhältnis von Kredithöhe zu Einkommen nach Gewährung des Darlehens 33 % nicht überschreitet. Die Wohnimmobilie darf bei Gewährung des Darlehens nicht mit einem Grundpfandrecht belastet sein und bei ab dem 1. Januar 2014 gewährten Darlehen darf der Darlehensnehmer kein solches Pfandrecht ohne Zustimmung des das Darlehen vergebenden Kreditinstituts bestellen. Das Verhältnis von Kredithöhe zu Einkommen misst den Anteil des Bruttoeinkommens des Darlehensnehmers, der für die Rückzahlung des Darlehens einschließlich Zinsen verwendet wird. Der Sicherungsgeber ist entweder ein durch die zuständigen Behörden zugelassenes und beaufsichtigtes Finanzinstitut, das Aufsichtsanforderungen unterliegt, die ebenso solide sind wie die für Institute geltenden, oder ein Institut oder Versicherungsunternehmen. Er richtet einen Kreditgarantiefonds oder einen ver-

gleichbaren Schutz für Versicherungsunternehmen ein, um Kreditverluste aufzufangen, dessen Kalibrierung von den zuständigen Behörden regelmäßig überprüft wird. Sowohl das Kreditinstitut als auch der Sicherungsgeber führen eine Prüfung der Kreditwürdigkeit des Schuldners durch;
f) Darlehen, die besichert sind durch
   i) Gewerbeimmobilien bis zur Höhe des Werts der Grundpfandrechte einschließlich aller vorrangigen Grundpfandrechte oder 60% des Werts der als Sicherheit gestellten Immobilien, falls dieser niedriger ist oder
   ii) vorrangige Anteile, die von französischen Fonds Communs de Titrisation oder durch gleichwertige unter das Recht eines Mitgliedstaats fallende Verbriefungsorganismen, die Risikopositionen im Zusammenhang mit Gewerbeimmobilien verbriefen, ausgegeben wurden. Werden solche vorrangigen Anteile als Sicherheiten verwendet, so stellt die jeweilige öffentliche Aufsicht zum Schutz der Inhaber von Schuldverschreibungen gemäß Artikel 52 Absatz 4 der Richtlinie 2009/65/EG sicher, dass die diesen Anteilen zugrunde liegenden Vermögenswerte für die gesamte Dauer ihrer Einbeziehung in den Deckungspool mindestens zu 90% aus Grundpfandrechte auf Gewerbeimmobilien einschließlich aller vorrangigen Grundpfandrechte bis zur Höhe des Werts der nach diesen Anteilen fälligen Darlehensbeträge, des Werts der Grundpfandrechte oder 60% des Werts der als Sicherheit gestellten Immobilien – je nachdem, welcher Wert niedriger ist – bestehen, dass die Anteile gemäß diesem Kapitel der Bonitätsstufe 1 zuzuordnen sind und dass diese Anteile 10% des Nominalwerts der ausstehenden Emission nicht übersteigen.

Durch Gewerbeimmobilien besicherte Darlehen sind anerkennungsfähig, wenn der Beleihungsauslauf von 60% bis zu einer Obergrenze von maximal 70% überschritten wird, der Wert der gesamten Vermögenswerte, die für die gedeckten Schuldverschreibungen als Sicherheiten gestellt werden, den ausstehenden Nominalbetrag der gedeckten Schuldverschreibung um mindestens 10% übersteigt und die Forderung des Schuldverschreibungsinhabers die in Kapitel 4 festgelegten Anforderungen hinsichtlich der Rechtssicherheit erfüllt. Die Forderung des Schuldverschreibungsinhabers hat Vorrang vor allen anderen Ansprüchen auf die Sicherheit;

g) durch Schiffspfandrechte besicherte Darlehen, deren Betrag höchstens der Differenz zwischen 60% des Werts des als Sicherheit gestellten Schiffs und aller vorrangigen Schiffspfandrechte ausmacht.

Für die Zwecke des Unterabsatzes 1 Buchstabe c, Buchstabe d Ziffer ii und Buchstabe f Ziffer ii werden Risikopositionen, die durch die Übertragung und Verwaltung von Zahlungen der Schuldner bzw. des Liquidationserlöses von durch Immobilien besicherten Krediten an die Inhaber gedeckter Schuldverschreibungen entstehen, bei der Berechnung der in den jeweiligen Bestimmungen genannten Grenzen nicht berücksichtigt.

Die zuständigen Behörden können nach Konsultation der EBA die Anwendung des Unterabsatzes 1 Buchstabe c teilweise aussetzen und für bis zu 10% der Gesamtrisikoposition des Nominalbetrags der ausstehenden gedeckten Schuldverschreibungen des Emissionsinstituts die Bonitätsstufe 2 genehmigen, wenn in den betroffenen Mitgliedstaaten erhebliche potenzielle Konzentrationsprobleme infolge der Anwendung der Bonitätsstufe 1 gemäß jenem Buchstaben belegt werden können.

(2) Die Fälle nach Absatz 1 Buchstaben a bis f beziehen sich auch auf Sicherheiten, die nach den geltenden Rechtsvorschriften ausschließlich für den Schutz der Schuldverschreibungsinhaber vor Verlusten bestimmt sind.

(3) Die Institute erfüllen bei der Besicherung gedeckter Schuldverschreibungen mit Immobilien die Anforderungen von Artikel 208 sowie die Bewertungsgrundsätze von Artikel 229 Absatz 1.

(4) Gedeckten Schuldverschreibungen, für die eine Bonitätsbeurteilung einer benannten ECAI vorliegt, wird ein Risikogewicht nach Tabelle 6a zugewiesen, das gemäß Artikel 136 der Bonitätsbeurteilung der ECAI entspricht.

Tabelle 6a

Bonitätsstufe	1	2	3	4	5	6
Risikogewicht	10%	20%	20%	50%	50%	100%

(5) Gedeckten Schuldverschreibungen, für die keine Bonitätsbeurteilung einer benannten ECAI vorliegt, wird ein Risikogewicht zugewiesen, das sich auf das Risikogewicht vorrangiger unbesicherter Risikopositionen gegenüber dem emittierenden Institut stützt. Für die Risikogewichte gelten folgende Entsprechungen:
a) gilt für die Risikoposition gegenüber dem Institut ein Risikogewicht von 20%, wird der gedeckten Schuldverschreibung ein Risikogewicht von 10% zugewiesen;
b) gilt für die Risikoposition gegenüber dem Institut ein Risikogewicht von 50%, wird der gedeckten Schuldverschreibung ein Risikogewicht von 20% zugewiesen;
c) gilt für die Risikoposition gegenüber dem Institut ein Risikogewicht von 100%, wird der gedeckten Schuldverschreibung ein Risikogewicht von 50% zugewiesen;
d) gilt für die Risikoposition gegenüber dem Institut ein Risikogewicht von 150%, wird der gedeckten Schuldverschreibung ein Risikogewicht von 100% zugewiesen.

(6) Vor dem 31. Dezember 2007 ausgegebene gedeckte Schuldverschreibungen fallen nicht unter die Anforderungen der Absätze 1 und 3. Auf sie darf bis zu ihrer Fälligkeit die günstigere Behandlung nach den Absätzen 4 und 5 angewandt werden.

(7) Auf Risikopositionen in Form gedeckter Schuldverschreibungen darf eine günstigere Behandlung angewandt werden, wenn das Institut, das in sie investiert, den zuständigen Behörden nachweisen kann, dass
a) es Portfolio-Informationen zumindest in Bezug auf Folgendes erhält:
  i) den Wert des Deckungspools und der noch nicht getilgten gedeckten Schuldverschreibungen,
  ii) geographische Verteilung und Art der Deckungsaktiva, Darlehenshöhe, Zinssatz- und Währungsrisiken,
  iii) Fälligkeitsstruktur der Deckungsaktiva und der gedeckten Schuldverschreibungen,
  iv) Prozentsatz der seit mehr als neunzig Tagen überfälligen Darlehen,
b) der Emittent die Angaben nach Buchstabe a dem Institut mindestens halbjährlich zur Verfügung stellt.

Artikel 130 Verbriefungspositionen

Risikogewichtete Positionsbeträge für Verbriefungspositionen werden gemäß Kapitel 5 ermittelt.

Artikel 131 Risikopositionen gegenüber Instituten und Unternehmen mit kurzfristiger Bonitätsbeurteilung

Risikopositionen gegenüber Instituten und Unternehmen, für die eine kurzfristige Bonitätsbeurteilung einer benannten ECAI vorliegt, wird ein Risikogewicht nach Tabelle 7 zugewiesen, das gemäß Artikel 136 der Bonitätsbeurteilung der ECAI entspricht.

Tabelle 7

Bonitätsstufe	1	2	3	4	5	6
Risikogewicht	20%	50%	100%	150%	150%	150%

Artikel 132   Risikopositionen in Form von Anteilen an OGA

(1) Risikopositionen in Form von Anteilen an OGA wird ein Risikogewicht von 100 % zugewiesen, sofern das Institut nicht die Kreditrisikoeinschätzungsmethode gemäß Absatz 2, den Transparenzansatz gemäß Absatz 4 oder den Ansatz des durchschnittlichen Risikogewichts gemäß Absatz 5 anwendet und die Bedingungen des Absatzes 3 erfüllt sind.

(2) Risikopositionen in Form von Anteilen an OGA, für die eine Bonitätsbeurteilung einer benannten ECAI vorliegt, wird ein Risikogewicht nach Tabelle 8 zugewiesen, das gemäß Artikel 136 der Bonitätsbeurteilung der ECAI entspricht.

Tabelle 8

Bonitätsstufe	1	2	3	4	5	6
Risikogewicht	20 %	50 %	100 %	100 %	150 %	150 %

(3) Die Institute dürfen das Risikogewicht für OGA nach den Absätzen 4 und 5 ermitteln, wenn die folgenden Kriterien für die Anerkennungsfähigkeit erfüllt sind:
a) Der OGA wird von einer Gesellschaft verwaltet, die der Aufsicht in einem Mitgliedstaat unterliegt, oder im Fall von Drittland-OGA, wenn die folgenden Bedingungen erfüllt sind:
   i) der OGA wird von einer Gesellschaft verwaltet, die einer Aufsicht unterliegt, die der im Unionsrecht vorgesehenen Aufsicht gleichwertig ist;
   ii) die Zusammenarbeit zwischen den zuständigen Behörden ist in ausreichendem Maße sichergestellt;
b) der Prospekt oder die gleichwertigen Unterlagen des OGA enthalten folgende Angaben:
   i) die Kategorien von Vermögenswerten, in die der OGA investieren darf;
   ii) falls Anlagehöchstgrenzen gelten, die entsprechenden Grenzen und die Methoden zu ihrer Berechnung;
c) der OGA erstattet mindestens einmal jährlich Bericht über seine Geschäftstätigkeit, damit seine Forderungen und Verbindlichkeiten sowie seine Einkünfte und Geschäfte im Berichtszeitraum beurteilt werden können.

Für die Zwecke von Buchstabe a kann die Kommission im Wege von Durchführungsrechtsakten vorbehaltlich des in Artikel 464 Absatz 2 genannten Prüfverfahrens einen Beschluss dazu erlassen, ob die aufsichtlichen und rechtlichen Vorschriften eines Drittlands denen der Union mindestens gleichwertig sind. Solange kein solcher Beschluss erlassen wurde, dürfen Institute bis zum 1. Januar 2015 Risikopositionen in Form von Anteilen an OGA dritter Länder weiterhin gemäß diesem Absatz behandeln, sofern die jeweiligen zuständigen Behörden vor dem 1. Januar 2014 diese Behandlung als für das Drittland zulässig anerkannt haben.

(4) Sind dem Institut die zugrunde liegenden Risikopositionen eines OGA bekannt, darf es diese direkt heranziehen (Transparenzansatz), um ein durchschnittliches Risikogewicht für seine Risikopositionen in Form von Anteilen an OGA gemäß den in diesem Kapitel festgelegten Methoden zu berechnen. Wenn eine zugrunde liegende Risikoposition des OGA selbst eine Risikoposition in Form von Anteilen an einem anderen OGA ist, der die Kriterien des Absatzes 3 erfüllt, darf das Institut die zugrunde liegenden Risikopositionen dieses anderen OGA direkt heranziehen.

(5) Sind dem Institut die zugrunde liegenden Risikopositionen eines OGA nicht bekannt, darf es ein durchschnittliches Risikogewicht für seine Risikopositionen in Form von Anteilen an dem OGA gemäß den in diesem Kapitel festgelegten Methoden berechnen; dabei wird davon ausgegangen, dass der OGA zunächst bis zur laut seinem Mandat zulässigen Höchstgrenze in Risikopositionsklassen mit der höchsten Eigen-

mittelanforderung investiert und in der Folge Anlagen in absteigender Reihenfolge tätigt, bis die maximale Gesamtanlagengrenze erreicht ist.

Die Institute können folgende Dritte damit beauftragen, ein Risikogewicht für den OGA gemäß den in den Absätzen 4 und 5 festgelegten Methoden zu berechnen und darüber Bericht zu erstatten:
a) die Verwahrstelle bzw. das verwahrende Finanzinstitut des OGA, sofern der OGA ausschließlich in Wertpapiere investiert und sämtliche Wertpapiere bei dieser Verwahrstelle bzw. diesem Finanzinstitut hinterlegt,
b) im Fall von OGA, die nicht unter Buchstabe a fallen, die OGA-Verwaltungsgesellschaft, sofern diese die in Absatz 3 Buchstabe a festgelegten Kriterien erfüllt.

Die Richtigkeit der in Unterabsatz 1 genannten Berechnung wird von einem externen Prüfer bestätigt.

Artikel 133 Beteiligungsrisikopositionen

(1) Die folgenden Risikopositionen werden als Beteiligungsrisikopositionen betrachtet:
a) nicht durch Schuldtitel gebildete Risikopositionen, die einen nachrangigen Residualanspruch auf die Vermögenswerte oder die Einkünfte des Emittenten darstellen,
b) durch Schuldtitel gebildete Risikopositionen und andere Wertpapiere, Partnerschaften, Derivate oder sonstige Instrumente mit ähnlicher wirtschaftlicher Substanz wie die unter Buchstabe a genannten Risikopositionen.

(2) Beteiligungspositionen wird ein Risikogewicht von 100% zugewiesen, sofern sie nicht gemäß Teil 2 abgezogen werden müssen, ein Risikogewicht von 250% gemäß Artikel 48 Absatz 4 bzw. ein Risikogewicht von 1250% gemäß Artikel 89 Absatz 3 erhalten oder gemäß Artikel 128 als Positionen mit besonders hohem Risiko behandelt werden.

(3) Anlagen in von Instituten begebene Eigenkapitalinstrumente oder Instrumente der aufsichtsrechtlichen Eigenmittel werden als Beteiligungspositionen eingestuft, sofern sie nicht von den Eigenmitteln abgezogen werden oder ein Risikogewicht von 250% gemäß Artikel 48 Absatz 4 erhalten oder gemäß Artikel 128 als Positionen mit besonders hohem Risiko behandelt werden.

Artikel 134 Sonstige Positionen

(1) Sachanlagen im Sinne von Artikel 4 Überschrift ›Aktiva‹ Posten 10 der Richtlinie 86/635/EWG wird ein Risikogewicht von 100% zugewiesen.

(2) Rechnungsabgrenzungsposten, bei denen ein Institut die Gegenpartei nicht nach Maßgabe der Richtlinie 86/635/EWG bestimmen kann, wird ein Risikogewicht von 100% zugewiesen.

(3) Im Einzug befindliche Kassenpositionen werden mit einem Risikogewicht von 20% belegt. Dem Kassenbestand und gleichwertigen Positionen wird ein Risikogewicht von 0% zugewiesen.

(4) Goldbarren, die in eigenen Tresoren oder in Gemeinschaftsverwaltung gehalten werden, wird ein Risikogewicht von 0% zugewiesen, soweit sie durch entsprechende Goldverbindlichkeiten gedeckt sind.

(5) Bei Anlagenverkäufen und Rückkaufsvereinbarungen sowie Terminkäufen mit vereinbartem Erfüllungstag (outright forward) wird das Risikogewicht den betreffenden Vermögenswerten, nicht den beteiligten Gegenparteien zugewiesen.

(6) Stellt ein Institut eine Kreditabsicherung für mehrere Risikopositionen in der Weise, dass der n-te bei diesen Risikopositionen eintretende Ausfall die Zahlung auslöst und dieses Kreditereignis auch den Kontrakt beendet, werden die in Kapitel 5

vorgeschriebenen Risikogewichte zugewiesen, wenn für das Produkt eine externe Bonitätsbeurteilung einer ECAI vorliegt. Liegt für das Produkt keine Bonitätsbeurteilung einer ECAI vor, werden die Risikogewichte der im Korb enthaltenen Risikopositionen, ohne n-1 Risikopositionen, bis maximal 1250% aggregiert und mit dem durch das Kreditderivat abgesicherten Nominalbetrag multipliziert, um den risikogewichteten Vermögensbetrag zu ermitteln. Die aus der Aggregation auszunehmenden n-1 Risikopositionen werden so bestimmt, dass zu ihnen jede Risikoposition gehört, die einen risikogewichteten Positionsbetrag ergibt, der niedriger ist als der risikogewichtete Positionsbetrag jeder in die Aggregation eingehenden Risikoposition.

(7) Bei einem Leasing entspricht der Risikopositionswert den abgezinsten Mindestleasingzahlungen. Mindestleasingzahlungen sind Zahlungen, zu denen der Leasingnehmer über den Leasingzeitraum verpflichtet ist oder verpflichtet werden kann und jede günstige Kaufoption, deren Ausübung nach vernünftigen Maßstäben als sicher erscheint. Eine andere Partei als der Leasingnehmer kann zu einer Zahlung für den Restwert eines geleasten Vermögenswerts verpflichtet werden; diese Zahlungsverpflichtung erfüllt die in Artikel 201 für die Anerkennungsfähigkeit von Sicherungsgebern festgelegten Bedingungen sowie die in den Artikeln 213 bis 215 für die Anerkennung anderer Garantiearten vorgesehenen Anforderungen und kann gemäß Kapitel 4 als Absicherung ohne Sicherheitsleistung berücksichtigt werden. Diese werden in Einklang mit Artikel 112 der entsprechenden Risikopositionsklasse zugewiesen. Handelt es sich bei der Risikoposition um den Restwert von geleasten Vermögenswerten, wird der risikogewichtete Positionsbetrag wie folgt berechnet: $1/t * 100\% * \text{Restwert}$, wobei t entweder 1 ist oder der nächstliegenden Anzahl voller Jahre der verbleibenden Leasingdauer entspricht, je nachdem welcher Wert höher ist.

Abschnitt 3   Anerkennung und Zuordnung von Bonitätsbeurteilungen

Unterabschnitt 1   Anerkennung von ECAI

Artikel 135   Verwendung der Bonitätsbeurteilungen von ECAI

(1) Eine externe Bonitätsbeurteilung darf nur dann für die Bestimmung des Risikogewichts einer Risikoposition nach diesem Kapitel herangezogen werden, wenn sie von einer ECAI stammt oder von einer ECAI in Einklang mit der Verordnung (EG) Nr. 1060/2009 bestätigt wurde.

(2) Die EBA veröffentlicht das Verzeichnis der ECAI im Einklang mit Artikel 2 Absatz 4 und Artikel 18 Absatz 3 der Verordnung (EG) Nr. 1060/2009 auf ihrer Website.

Unterabschnitt 2   Zuordnung der Bonitätsbeurteilungen von ECAI

Artikel 136   Zuordnung der Bonitätsbeurteilungen von ECAI

(1) EBA, EIOPA und ESMA arbeiten über den Gemeinsamen Ausschuss Entwürfe technischer Durchführungsstandards aus, um für alle ECAI festzulegen, welcher Bonitätsstufe nach Abschnitt 2 die jeweilige Bonitätsbeurteilung der ECAI entspricht (›Zuordnung‹). Bei dieser Zuordnung wird objektiv und einheitlich verfahren.

EBA, EIOPA und ESMA legen der Kommission diese Entwürfe technischer Durchführungsstandards bis 1. Juli 2014 vor und legen gegebenenfalls überarbeitete Entwürfe technischer Durchführungsstandards vor.

Der Kommission wird die Befugnis übertragen, die technischen Durchführungsstandards nach Unterabsatz 1 gemäß Artikel 15 der Verordnung (EU) Nr. 1093/2010, der Verordnung (EU) Nr. 1094/2010 bzw. der Verordnung (EU) Nr. 1095/2010 zu erlassen.

(2) EBA, EIOPA und ESMA legen die Zuordnung von Bonitätsbeurteilungen in Einklang mit den folgenden Anforderungen fest:
a) Um zwischen den relativen Risikograden, die mit jeder Bonitätsbeurteilung zum Ausdruck gebracht werden, zu differenzieren, berücksichtige EBA, EIOPA und ESMA quantitative Faktoren wie die langfristige Ausfallrate aller Posten mit derselben

Bonitätsbeurteilung. Von neuen ECAI oder Ratingagenturen, die erst eine kurze Aufzeichnung von Ausfalldaten erstellt haben, verlangen EBA, EIOPA und ESMA von den ECAI eine Schätzung der langfristigen Ausfallrate sämtlicher Posten mit derselben Bonitätsbeurteilung;
b) um zwischen den relativen Risikograden, die mit jeder Bonitätsbeurteilung zum Ausdruck gebracht werden, zu differenzieren, berücksichtigen EBA, EIOPA und ESMA qualitative Faktoren wie den von der ECAI beurteilten Emittentenkreis, die Bandbreite ihrer Bonitätsbeurteilungen, die Bedeutung jeder Bonitätsbeurteilung und die von der ECAI verwendete Ausfalldefinition;
c) EBA, EIOPA und ESMA vergleichen die für jede Bonitätsbeurteilung einer bestimmten ECAI verzeichneten Ausfallraten und stellt sie einem Referenzwert gegenüber, der anhand der von anderen ECAI verzeichneten Ausfallraten für einen mit gleichwertigem Kreditrisiko behafteten Emittentenkreis ermittelt wurde;
d) sind die für die Bonitätsbeurteilungen einer bestimmten ECAI verzeichneten Ausfallraten wesentlich und systematisch höher als der Referenzwert, weisen EBA, EIOPA und ESMA die Bonitätsbeurteilung dieser ECAI einer höheren Bonitätsstufe zu;
e) wenn EBA, EIOPA und ESMA das Risikogewicht für eine bestimmte Bonitätsbeurteilung einer bestimmten ECAI angehoben haben, können sie es in der Skala der ECAI-Bonitätsbeurteilungen auf die ursprüngliche Bonitätsstufe zurücksetzen, wenn die für die Bonitätsbeurteilungen dieser ECAI verzeichneten Ausfallraten nicht mehr wesentlich und systematisch über dem Referenzwert liegen.

(3) EBA, EIOPA und ESMA arbeiten Entwürfe technischer Durchführungsstandards aus, um die quantitativen Faktoren nach Absatz 2 Buchstabe a, die qualitativen Faktoren nach Buchstabe b und den Referenzwert nach Buchstabe c festzulegen.

EBA, EIOPA und ESMA legen der Kommission diese Entwürfe technischer Durchführungsstandards bis 1. Juli 2014 vor.

Der Kommission wird die Befugnis übertragen, die technischen Durchführungsstandards nach Unterabsatz 1 gemäß Artikel 15 der Verordnung (EU) Nr. 1093/2010 zu erlassen.

Unterabschnitt 3   Verwendung der Bonitätsbeurteilungen von Exportversicherungsagenturen

Artikel 137   Verwendung der Bonitätsbeurteilungen von Exportversicherungsagenturen

(1) Für die Zwecke von Artikel 114 dürfen Institute die Bonitätsbeurteilungen einer von ihnen benannten Exportversicherungsagentur verwenden, wenn eine der folgenden Voraussetzungen erfüllt ist:
a) Es handelt sich um die Konsensländerklassifizierung von Exportversicherungsagenturen, die die OECD-Vereinbarung über die Leitlinien für öffentlich unterstützte Exportkredite anerkannt haben;
b) die Exportversicherungsagentur veröffentlicht ihre Bonitätsbeurteilungen und wendet die OECD-Methode an, und der Bonitätsbeurteilung ist eine der acht bei der OECD-Methode vorgesehenen Mindestprämien für Exportversicherungen (MEIP) zugeordnet. Ein Institut darf die Benennung einer Exportversicherungsagentur widerrufen. Ein Institut begründet den Widerruf, wenn es konkrete Hinweise darauf gibt, dass dem Widerruf die Absicht zugrunde liegt, die Eigenmittelanforderungen zu verringern.

(2) Risikopositionen, für die die Bonitätsbeurteilung einer Exportversicherungsagentur für die Risikogewichtung anerkannt wird, erhalten ein Risikogewicht nach Tabelle 9.

Tabelle 9

MEIP	0	1	2	3	4	5	6	7
Risikogewicht	0%	0%	20%	50%	100%	100%	100%	150%

Abschnitt 4 Verwendung der Bonitätsbeurteilungen von ECAI zur Bestimmung des Risikogewichts

Artikel 138 Allgemeine Anforderungen

Ein Institut kann eine oder mehrere ECAI benennen, die für die Ermittlung der den Aktiva und außerbilanziellen Posten zuzuweisenden Risikogewichten herangezogen werden. Ein Institut darf die Benennung einer ECAI widerrufen. Ein Institut begründet den Widerruf, wenn es konkrete Hinweise darauf gibt, dass dem Widerruf die Absicht zugrunde liegt, die Eigenmittelanforderungen zu verringern. Eine selektive Nutzung einzelner Bonitätsbeurteilungen ist nicht zulässig. Ein Institut verwendet in Auftrag gegebene Bonitätsbeurteilungen. Es darf jedoch auch ohne Auftrag abgegebene Bonitätsbeurteilungen verwenden, wenn die EBA bestätigt hat, dass zwischen ohne Auftrag abgegebenen Bonitätsbeurteilungen einer ECAI und in Auftrag gegebenen Bonitätsbeurteilungen dieser ECAI keine Qualitätsunterschiede bestehen. Die EBA verweigert oder widerruft diese Bestätigung insbesondere dann, wenn die ECAI eine ohne Auftrag abgegebene Bonitätsbeurteilung dazu verwendet hat, das beurteilte Unternehmen unter Druck zu setzen, damit dieses eine Bonitätsbeurteilung oder andere Dienstleistungen in Auftrag gibt. Bei der Verwendung von Bonitätsbeurteilungen halten Institute die folgenden Anforderungen ein:
a) Ein Institut, das die von einer ECAI für eine bestimmte Klasse von Posten abgegebenen Bonitätsbeurteilungen heranzieht, verwendet diese Bonitätsbeurteilungen durchgängig für sämtliche zu dieser Klasse gehörenden Risikopositionen;
b) ein Institut, das die von einer ECAI abgegebenen Bonitätsbeurteilungen heranzieht, verwendet diese fortlaufend und im Zeitablauf einheitlich;
c) ein Institut verwendet nur die Bonitätsbeurteilungen von ECAI, die alle Beträge sowohl von Kapital- als auch von Zinsforderungen berücksichtigen;
d) liegt für eine beurteilte Position nur eine einzige Bonitätsbeurteilung einer benannten ECAI vor, wird diese zur Bestimmung des auf diese Position anzuwendenden Risikogewichts herangezogen;
e) liegen für eine beurteilte Position zwei Bonitätsbeurteilungen von benannten ECAI vor, die unterschiedlichen Risikogewichten entsprechen, wird das jeweils höhere Risikogewicht angewandt;
f) liegen für eine beurteilte Position mehr als zwei Bonitätsbeurteilungen von benannten ECAI vor, werden die beiden Bonitätsbeurteilungen zugrunde gelegt, die zu den beiden niedrigsten Risikogewichten führen. Sind die beiden niedrigsten Risikogewichte unterschiedlich, wird das höhere Risikogewicht zugewiesen. Sind die beiden niedrigsten Risikogewichte identisch, wird dieses Risikogewicht zugewiesen.

Artikel 139 Bonitätsbeurteilung von Emittenten und Emissionen

(1) Gehört der Posten, der eine Risikoposition begründet, zu einem bestimmten Emissionsprogramm oder einer bestimmten Fazilität und liegt für dieses Programm bzw. diese Fazilität eine Bonitätsbeurteilung vor, wird diese für die Bestimmung des diesem Posten zuzuweisenden Risikogewichts verwendet.

(2) Liegt für einen bestimmten Posten keine direkt anwendbare Bonitätsbeurteilung vor, hingegen eine Bonitätsbeurteilung eines bestimmten Emissionsprogramms oder einer bestimmten Fazilität, zu dem/der der Posten, der die Risikoposition begründet, nicht gehört, oder liegt eine allgemeine Bonitätsbeurteilung des Emittenten vor, wird diese in einem der folgenden Fälle verwendet:

a) wenn sie zu einem höheren Risikogewicht führt als es sonst der Fall wäre und die fragliche Risikoposition in jeder Hinsicht den gleichen oder einen niedrigeren Rang hat als das betreffende Emissionsprogramm, die betreffende Fazilität bzw. vorrangigen unbesicherten Risikopositionen des Emittenten;
b) wenn sie zu einem niedrigeren Risikogewicht führt und die fragliche Risikoposition in jeder Hinsicht den gleichen oder einen höheren Rang hat als das betreffende Emissionsprogramm, die betreffende Fazilität bzw. die vorrangigen unbesicherten Risikopositionen des Emittenten.

In allen anderen Fällen wird die Risikoposition wie eine unbeurteilte Risikoposition behandelt.

(3) Die Absätze 1 und 2 stehen der Anwendung des Artikels 129 nicht entgegen.

(4) Bonitätsbeurteilungen von Emittenten aus einer Unternehmensgruppe dürfen nicht als Bonitätsbeurteilung anderer Emittenten in derselben Unternehmensgruppe verwendet werden.

Artikel 140 Lang- und kurzfristige Bonitätsbeurteilungen

(1) Kurzfristige Bonitätsbeurteilungen dürfen nur für Umlaufvermögen und außerbilanzielle Positionen in Form von Risikopositionen gegenüber Instituten und Unternehmen verwendet werden.

(2) Kurzfristige Bonitätsbeurteilungen werden nur für die Position, auf die sie sich beziehen, verwendet, nicht jedoch dazu, Risikogewichte für andere Positionen abzuleiten, mit Ausnahme der folgenden Fälle:
a) Wenn einer Fazilität mit einer kurzfristigen Bonitätsbeurteilung ein Risikogewicht von 150% zugewiesen wird, wird auch allen unbeurteilten unbesicherten lang- oder kurzfristigen Risikopositionen dieses Schuldners ein Risikogewicht von 150% zugewiesen;
b) wenn einer Fazilität mit einer kurzfristigen Bonitätsbeurteilung ein Risikogewicht von 50% zugewiesen wird, wird keiner unbeurteilten kurzfristigen Risikoposition ein Risikogewicht unter 100% zugewiesen.

Artikel 141 Positionen in der Landeswährung und in ausländischer Währung

Eine Bonitätsbeurteilung einer auf die Landeswährung des Schuldners lautenden Position darf nicht verwendet werden, um ein Risikogewicht für eine andere auf eine ausländische Währung lautende Risikoposition desselben Schuldners abzuleiten.

Entsteht eine Risikoposition durch die Beteiligung eines Instituts an einem von einer multilateralen Entwicklungsbank vergebenen Kredit, deren Status als bevorrechtigter Gläubiger am Markt anerkannt ist, darf die Bonitätsbeurteilung für die auf die Landeswährung des Schuldners lautende Position für Risikogewichtungen herangezogen werden.

Kapitel 3 Auf internen Einstufungen basierender Ansatz (IRB-Ansatz)

Abschnitt 1 Erlaubnis der zuständigen Behörden zur Anwendung des IRB-Ansatzes

Artikel 142 Begriffsbestimmungen

(1) Für die Zwecke dieses Kapitels bezeichnet der Ausdruck
1. ›Ratingsystem‹ alle Methoden, Prozesse, Kontrollen, Datenerhebungs- und IT-Systeme, die zur Beurteilung von Kreditrisiken, zur Zuordnung von Risikopositionen

zu Bonitätsstufen oder -pools sowie zur Quantifizierung von Ausfall- und Verlustschätzungen für eine bestimmte Risikopositionsart dienen,
2. ›Risikopositionsart‹ eine Gruppe einheitlich gesteuerter Risikopositionen, die von einer bestimmten Art von Fazilitäten gebildet werden und auf ein einziges Unternehmen oder eine einzige Untergruppe von Unternehmen in einer Gruppe beschränkt werden können, sofern dieselbe Risikopositionsart in anderen Unternehmen der Gruppe unterschiedlich gesteuert wird,
3. ›Geschäftsbereich‹ getrennte organisatorische oder rechtliche Einheiten, Geschäftsfelder oder geografische Standorte,
4. ›großes Unternehmen der Finanzbranche‹ ein Unternehmen der Finanzbranche, das folgenden Kriterien genügt:
    a) seine auf Einzel- oder konsolidierter Basis berechnete Bilanzsumme erreicht mindestens den Schwellenwert von 70 Mrd. EUR, wobei zur Ermittlung der Bilanzsumme der jüngste geprüfte Jahresabschluss bzw. konsolidierte Jahresabschluss herangezogen wird, und
    b) das Unternehmen selbst oder eines seiner Tochterunternehmen unterliegt Aufsichtsvorschriften in der Union oder dem Recht eines Drittlandes, das aufsichtliche und rechtliche Anforderungen anwendet, die denen der Union zumindest gleichwertig sind,
5. ›nicht beaufsichtigtes Unternehmen der Finanzbranche‹ jedes andere Unternehmen, das kein beaufsichtigtes Unternehmen der Finanzbranche ist, aber als Haupttätigkeit eine oder mehrere der in Anhang I der Richtlinie 2013/36/EU bzw. in Anhang I der Richtlinie 2004/39/EG genannten Tätigkeiten ausübt,
6. ›Schuldnerklasse‹ eine Risikokategorie innerhalb der Schuldner-Ratingskala eines Ratingsystems, der Schuldner auf der Grundlage von festgelegten und eindeutigen Ratingkriterien zugeordnet werden und von der Schätzungen in Bezug auf die Ausfallwahrscheinlichkeit (PD) abgeleitet werden;
7. ›Fazilitätsklasse‹ eine Risikokategorie innerhalb der Fazilitäts-Ratingskala eines Ratingsystems, der Risikopositionen auf der Grundlage von festgelegten und eindeutigen Ratingkriterien zugeordnet werden und von der eigene Schätzungen der LGD abgeleitet werden;
8. ›Forderungsverwalter‹ ein Unternehmen, das einen Pool von angekauften Forderungen oder die zugrunde liegenden Kreditrisikopositionen auf täglicher Basis verwaltet.

(2) Für die Zwecke von Absatz 1 Nummer 4 Buchstabe b kann die Kommission im Wege von Durchführungsrechtsakten vorbehaltlich des in Artikel 464 Absatz 2 genannten Prüfverfahrens einen Beschluss dazu erlassen, ob die aufsichtlichen und rechtlichen Vorschriften eines Drittlandes denen der Europäischen Union mindestens gleichwertig sind. Solange kein solcher Beschluss erlassen wurde, dürfen Institute bis zum 1. Januar 2015 ein Drittland weiterhin gemäß diesem Absatz behandeln, sofern die jeweiligen zuständigen Behörden vor dem 1. Januar 2014 diese Behandlung als das für das betreffende Drittland zulässig anerkannt haben.

Artikel 143   Erlaubnis zur Verwendung des IRB-Ansatzes

(1) Wenn die Bedingungen dieses Abschnitts erfüllt sind, gestattet die zuständige Behörde den Instituten, ihre risikogewichteten Positionsbeträge anhand des auf internen Einstufungen basierenden Ansatzes (im Folgenden ›IRB-Ansatz‹) zu berechnen.

(2) Die Verwendung des IRB-Ansatzes, einschließlich eigener Schätzungen der LGD und der Umrechnungsfaktoren, muss für jede Risikopositionsklasse und jedes Ratingsystem, für jeden auf internen Modellen basierenden Ansatz für Beteiligungspositionen und für jeden Ansatz für Schätzungen der LGD und Umrechnungsfaktoren zuvor erlaubt werden.

(3) Institute müssen für folgende Änderungen zuvor die Erlaubnis der zuständigen Behörden einholen:
a) wesentliche Änderungen des Anwendungsbereichs eines Ratingsystems oder eines auf internen Modellen basierenden Ansatzes für Beteiligungspositionen, dessen Verwendung dem Institut erlaubt worden ist,
b) wesentliche Änderungen eines Ratingsystems oder eines auf internen Modellen basierenden Ansatzes für Beteiligungspositionen, dessen Verwendung dem Institut erlaubt worden ist.

Der Anwendungsbereich eines Ratingsystems erstreckt sich auf alle Positionen der jeweiligen Risikopositionsart, für die dieses Ratingsystem entwickelt wurde.
(4) Die Institute zeigen den zuständigen Behörden alle Änderungen der Ratingsysteme und der auf internen Modellen basierenden Ansätze für Beteiligungspositionen an.
(5) Die EBA arbeitet Entwürfe technischer Regulierungsstandards aus, um die Bedingungen festzulegen, nach denen beurteilt wird, ob die Verwendung eines bestehenden Ratingsystems für weitere Risikopositionen, die nicht bereits durch dieses Ratingsystem erfasst sind, und Änderungen der Ratingsysteme und der auf internen Modellen basierenden Ansätze für Beteiligungspositionen gemäß dem IRB-Ansatz wesentlich sind.

Die EBA legt der Kommission diese Entwürfe technischer Regulierungsstandards bis zum 31. Dezember 2013 vor.

Der Kommission wird die Befugnis übertragen, die technischen Regulierungsstandards nach Unterabsatz 1 gemäß den Artikeln 10 bis 14 der Verordnung (EU) Nr. 1093/2010 zu erlassen.

Artikel 144 Prüfung eines Antrags auf Verwendung des IRB-Ansatzes durch die zuständigen Behörden

(1) Die zuständige Behörde erteilt einem Institut die Erlaubnis gemäß Artikel 143 zur Anwendung des IRB-Ansatzes, einschließlich der Verwendung eigener Schätzungen der LGD und der Umrechnungsfaktoren, nur, wenn sie davon überzeugt ist, dass die Anforderungen dieses Kapitels, insbesondere des Abschnitts 6, erfüllt sind und die Systeme des Instituts für die Steuerung und die Einstufung von Kreditrisikopositionen solide sind und unter Sicherstellung ihrer Integrität angewandt werden, wobei insbesondere das Institut gegenüber der zuständigen Behörde glaubhaft nachgewiesen haben muss, dass die folgenden Standards eingehalten werden:
a) Die Ratingsysteme des Instituts liefern eine aussagekräftige Beurteilung der Merkmale von Schuldner und Geschäft, eine aussagekräftige Risikodifferenzierung sowie genaue und einheitliche quantitative Risikoschätzungen;
b) die bei der Berechnung der Eigenmittelanforderungen verwendeten internen Einstufungen, Ausfall- und Verlustschätzungen sowie die damit zusammenhängenden Systeme und Verfahren spielen eine wesentliche Rolle beim Risikomanagement und im Entscheidungsprozess sowie bei der Kreditbewilligung, der Allokation des internen Kapitals und der Unternehmensführung des Instituts;
c) das Institut hat eine Stelle für die Kreditrisikoüberwachung, die für seine Ratingsysteme zuständig ist, über das notwendige Maß an Unabhängigkeit verfügt und vor ungebührlicher Einflussnahme geschützt ist;
d) das Institut erfasst und speichert alle relevanten Daten, um die Kreditrisikomessung und das Kreditrisikomanagement wirksam zu unterstützen;
e) das Institut dokumentiert seine Ratingsysteme sowie die Begründung für ihre Gestaltung und validiert diese Systeme;
f) das Institut hat jedes Ratingsystem und jeden auf internen Modellen basierenden Ansatz für Beteiligungspositionen innerhalb eines angemessenen Zeitraums vor der Erlaubnis, dieses Ratingsystem oder den auf internen Modellen basierenden

Ansatz für Beteiligungspositionen zu verwenden, validiert, innerhalb dieses Zeitraums geprüft, ob das Ratingsystem oder der auf internen Modellen basierende Ansatz für Beteiligungspositionen für den Anwendungsbereich des Ratingsystems oder des auf internen Modellen basierenden Ansatzes für Beteiligungspositionen geeignet ist und die aufgrund dieser Prüfung erforderlichen Änderungen an diesen Ratingsystemen oder auf internen Modellen basierenden Ansätzen für Beteiligungspositionen vorgenommen;

g) das Institut hat die sich aus seinen Risikoparameterschätzungen ergebenden Eigenmittelanforderungen nach dem IRB-Ansatz berechnet und ist in der Lage, die Meldung gemäß Artikel 99 einzureichen;

h) das Institut hat jede Risikoposition im Anwendungsbereich eines Ratingsystems einer Ratingklasse oder einem Pool dieses Ratingsystems zugeordnet und führt diese Zuordnungen weiter durch; das Institut hat jede Risikoposition im Anwendungsbereich eines Ansatzes für Beteiligungspositionen diesem auf internen Modellen basierenden Ansatz zugeordnet und führt diese Zuordnungen weiter durch.

Die Anforderungen für die Anwendung des IRB-Ansatzes, einschließlich der Verwendung eigener Schätzungen der LGD und der Umrechnungsfaktoren, finden auch Anwendung, wenn ein Institut ein Ratingsystem bzw. ein in einem Ratingsystem verwendetes Modellanwendet, das es von einem Dritten erworben hat.

(2) Die EBA arbeitet Entwürfe technischer Regulierungsstandards aus, um die Bewertungsmethode festzulegen, anhand derer die zuständigen Behörden beurteilen, ob ein Institut die Anforderungen für die Anwendung des IRB-Ansatzes einhält.

Die EBA legt der Kommission diese Entwürfe technischer Regulierungsstandards bis zum 31. Dezember 2014 vor.

Der Kommission wird die Befugnis übertragen, die technischen Regulierungsstandards nach Unterabsatz 1 gemäß den Artikeln 10 bis 14 der Verordnung (EU) Nr. 1093/2010 zu erlassen.

Artikel 145 Erfahrung mit der Verwendung von IRB-Ansätzen

(1) Ein Institut, das die Anwendung des IRB-Ansatzes beantragt, muss für die betreffenden IRB-Risikopositionsklassen mindestens drei Jahre lang Ratingsysteme verwendet haben, die den Anforderungen des Abschnitts 6 an die interne Risikomessung und das interne Risikomanagement im Wesentlichen entsprechen, bevor es berechtigt ist, den IRB-Ansatz zu verwenden.

(2) Ein Institut, das die Anwendung seiner eigenen Schätzungen der LGD und der Umrechnungsfaktoren beantragt, weist den zuständigen Behörden glaubhaft nach, dass es seine eigenen Schätzungen der LGD und der Umrechnungsfaktoren mindestens drei Jahre lang in einer Weise ermittelt und verwendet hat, die den Anforderungen des Abschnitts 6 an die Nutzung eigener Schätzungen für diese Parameter im Wesentlichen entspricht, bevor es berechtigt ist, den IRB-Ansatz zu verwenden.

(3) Wenn ein Institut die Verwendung des IRB-Ansatzes nach der ursprünglichen Erlaubnis ausweitet, muss seine Erfahrung ausreichend groß sein, um die Anforderungen der Absätze 1 und 2 in Bezug auf die zusätzlichen Risikopositionen zu erfüllen. Wird die Verwendung von Ratingsystemen auf Risikopositionen ausgeweitet, die sich wesentlich von dem bestehenden Anwendungsbereich unterscheiden, so dass die Erfahrung nicht eindeutig als ausreichend betrachtet werden kann, um die Anforderungen dieser Bestimmungen in Bezug auf die zusätzlichen Risikopositionen zu erfüllen, finden die Anforderungen der Absätze 1 und 2 für diese zusätzlichen Risikopositionen getrennt Anwendung.

Artikel 146 Erforderliche Maßnahmen bei Nichterfüllung der Anforderungen dieses Kapitels

Erfüllt ein Institut die Anforderungen dieses Kapitels nicht mehr, setzt es die zuständige Behörde davon in Kenntnis und ergreift eine der folgenden Maßnahmen:
a) Es legt der zuständigen Behörde einen Plan zur zeitnahen Wiedereinhaltung der Anforderungen vor und setzt diesen Plan innerhalb eines mit der zuständigen Behörde vereinbarten Zeitraums um;
b) es weist gegenüber den zuständigen Behörden glaubhaft nach, dass die Nichterfüllung keine wesentlichen Auswirkungen hat.

Artikel 147 Methode für die Zuordnung von Risikopositionen zu Risikopositionsklassen

(1) Das Institut verwendet bei der Zuordnung von Risikopositionen zu verschiedenen Risikopositionsklassen eine geeignete und dauerhaft kohärente Methode.

(2) Jede Risikoposition wird einer der folgenden Risikopositionsklassen zugeordnet:
a) Risikopositionen gegenüber Zentralstaaten und Zentralbanken,
b) Risikopositionen gegenüber Instituten,
c) Risikopositionen gegenüber Unternehmen,
d) Risikopositionen aus dem Mengengeschäft,
e) Beteiligungsrisikopositionen,
f) Positionen, die Verbriefungspositionen darstellen,
g) sonstige Aktiva ohne Kreditverpflichtungen.

(3) Die folgenden Risikopositionen werden der Risikopositionsklasse nach Absatz 2 Buchstabe a zugeordnet:
a) Risikopositionen gegenüber regionalen oder lokalen Gebietskörperschaften oder öffentlichen Stellen, die gemäß den Artikeln 115 und 116 wie Risikopositionen gegenüber Zentralstaaten behandelt werden,
b) Risikopositionen gegenüber multilateralen Entwicklungsbanken im Sinne des Artikels 117 Absatz 2;
c) Risikopositionen gegenüber internationalen Organisationen, denen gemäß Artikel 118 ein Risikogewicht von 0 % zugewiesen wird.

(4) Die folgenden Risikopositionen werden der Risikopositionsklasse nach Absatz 2 Buchstabe b zugeordnet:
a) Risikopositionen gegenüber regionalen oder lokalen Gebietskörperschaften, die nicht gemäß Artikel 115 Absätze 2 und 4 wie Risikopositionen gegenüber Zentralstaaten behandelt werden,
b) Risikopositionen gegenüber öffentlichen Stellen, die nicht gemäß Artikel 116 Absatz 4 wie Risikopositionen gegenüber Zentralstaaten behandelt werden,
c) Risikopositionen gegenüber multilateralen Entwicklungsbanken, denen nicht gemäß Artikel 117 ein Risikogewicht von 0 % zugewiesen wurde, und
d) Risikopositionen gegenüber Finanzinstituten, die gemäß Artikel 119 Absatz 5 wie Risikopositionen gegenüber Instituten behandelt werden.

(5) Um der Risikopositionsklasse ›Mengengeschäft‹ nach Absatz 2 Buchstabe d zugeordnet werden zu können, müssen Risikopositionen die folgenden Kriterien erfüllen:
a) Es sind
  i) Risikopositionen gegenüber einer oder mehreren natürlichen Person (Personen),

ii) Risikopositionen gegenüber einem KMU, wenn in diesem Fall der dem Institut und den Mutterunternehmen und dessen Tochterunternehmen von dem Kunden oder der Gruppe verbundener Kunden insgesamt geschuldete Betrag, einschließlich etwaiger überfälliger Risikopositionen, jedoch mit Ausnahme von Risikopositionen, die durch Wohneigentum besichert sind, soweit dem Institut bekannt nicht über 1 Mio. EUR hinausgeht; das Institut muss angemessene Schritte unternommen haben, um sich von der Richtigkeit seines Kenntnisstands zu überzeugen;
b) sie werden vom Institut im Risikomanagement im Zeitverlauf konsistent und in vergleichbarer Weise behandelt;
c) sie werden nicht genau so individuell wie Risikopositionen der Risikopositionsklasse ›Risikopositionen gegenüber Unternehmen‹ gesteuert;
d) sie sind jeweils Teil einer größeren Zahl ähnlich gesteuerter Risikopositionen.

Zusätzlich zu den in Unterabsatz 1 genannten Risikopositionen umfasst die Risikopositionsklasse ›Mengengeschäft‹ den Gegenwartswert von Mindestleasingzahlungen im Mengengeschäft.

(6) Die folgenden Risikopositionen werden der Risikopositionsklasse ›Beteiligungsrisikopositionen‹ nach Absatz 2 Buchstabe e zugeordnet:
a) nicht durch Schuldtitel gebildete Risikopositionen, die einen nachrangigen Residualanspruch auf die Vermögenswerte oder die Einkünfte des Emittenten darstellen,
b) durch Schuldtitel gebildete Risikopositionen und andere Wertpapiere, Partnerschaften, Derivate oder sonstige Instrumente mit ähnlicher wirtschaftlicher Substanz wie die unter Buchstabe a genannten Risikopositionen.

(7) Kreditverpflichtungen, die nicht den in Absatz 2 Buchstaben a, b, d, e und f genannten Risikopositionsklassen zugeordnet sind, werden der Risikopositionsklasse ›Risikopositionen gegenüber Unternehmen‹ nach Absatz 2 Buchstabe c zugeordnet.
(8) Innerhalb der Risikopositionsklasse ›Risikopositionen gegenüber Unternehmen‹ nach Absatz 2 Buchstabe c werden Risikopositionen mit folgenden Merkmalen von den Instituten getrennt als Spezialfinanzierungspositionen bezeichnet:
a) die Risikoposition besteht gegenüber einem speziell zur Finanzierung oder zum Betrieb von Sachanlagen errichteten Rechtsträger oder ist eine wirtschaftlich vergleichbare Risikoposition;
b) die vertraglichen Vereinbarungen verschaffen dem Kreditgeber einen erheblichen Einfluss auf die betreffenden Vermögenswerte und die durch diese generierten Einkünfte;
c) die Rückzahlung der Verpflichtung speist sich in erster Linie aus den durch die finanzierten Vermögenswerte generierten Einkünfte und nicht aus der unabhängigen Zahlungsfähigkeit eines größeren Wirtschaftsunternehmens.

(9) Der Restwert von Leasingobjekten wird der in Absatz 2 Buchstabe g genannten Risikopositionsklasse zugeordnet, sofern er nicht bereits Bestandteil der Risikoposition aus Leasinggeschäften gemäß Artikel 166 Absatz 4 ist.
(10) Die Risikoposition, die sich aus der Sicherungsstellung im Rahmen eines Risikopositionskorb-Kreditderivats des Typs n-ter-Ausfall-Kreditderivat ergibt, wird derselben Klasse gemäß Absatz 2 zugeordnet, der die Risikopositionen des Korbs zugeordnet würden, außer wenn die einzelnen Risikopositionen im Korb unterschiedlichen Risikopositionsklassen zugeordnet würden – in diesem Fall wird die Risikoposition der Risikopositionsklasse ›Risikopositionen gegenüber Unternehmen‹ nach Absatz 2 Buchstabe c zugeordnet.

Artikel 148   Bedingungen für die Einführung des IRB-Ansatzes in verschiedenen Risikopositionsklassen und Geschäftsbereichen

(1) Institute und jedes Mutterunternehmen und seine Tochterunternehmen wenden den IRB-Ansatz auf alle Risikopositionen an, es sei denn, sie haben die Erlaubnis der zuständigen Behörden erhalten, im Einklang mit Artikel 150 dauerhaft den Standardansatz zu verwenden.

Soweit von den zuständigen Behörden zuvor erlaubt, kann die Einführung schrittweise über die verschiedenen Risikopositionsklassen nach Artikel 147 innerhalb desselben Geschäftsbereichs, über die verschiedenen Geschäftsbereiche innerhalb derselben Gruppe oder für die Verwendung eigener Schätzungen der LGD und der Umrechnungsfaktoren zur Berechnung der Risikogewichte von Risikopositionen gegenüber Unternehmen, Instituten, Zentralstaaten und Zentralbanken erfolgen.

Im Fall der Risikopositionsklasse ›Mengengeschäft‹ nach Artikel 147 Absatz 5 kann die Einführung schrittweise über die Risikopositionskategorien, denen die verschiedenen in Artikel 154 genannten Korrelationen entsprechen, erfolgen.

(2) Die zuständigen Behörden legen die Frist fest, bis zu der ein Institut und jedes Mutterunternehmen und seine Tochterunternehmen den IRB-Ansatz für alle Risikopositionen einführen müssen. Diese Frist ist diejenige, die die zuständigen Behörden angesichts der Art und des Umfangs der Tätigkeiten der Institute oder des Mutterunternehmens und seiner Tochterunternehmen sowie der Anzahl und Art der einzuführenden Ratingsysteme als angemessen betrachten.

(3) Die Institute führen den IRB-Ansatz nach den von den zuständigen Behörden festgelegten Bedingungen ein. Die zuständige Behörde gestaltet diese Bedingungen so, dass sie sicherstellen, dass der in Absatz 1 eingeräumte Spielraum nicht selektiv mit dem Ziel genutzt wird, niedrigere Eigenmittelanforderungen für die noch in den IRB-Ansatz oder die Verwendung eigener Schätzungen der LGD und der Umrechnungsfaktoren einzubeziehenden Risikopositionsklassen oder Geschäftsbereiche zu erreichen.

(4) Institute, die den IRB-Ansatz erst nach dem 1. Januar 2013 erstmals angewandt haben oder bis zu diesem Datum entsprechend den Anforderungen der zuständigen Behörden in der Lage sein mussten, bei der Berechnung ihrer Eigenmittelanforderungen den Standardansatz anzuwenden, müssen während der Übergangsfrist weiterhin in der Lage sein, bei der Berechnung der Eigenmittelanforderungen für alle ihre Risikopositionen den Standardansatz anzuwenden, bis sie von den zuständigen Behörden darüber in Kenntnis gesetzt werden, dass diese die Gewissheit haben, dass die Umsetzung des IRB-Ansatzes mit hinreichender Sicherheit durchgeführt wird.

(5) Ein Institut, dem erlaubt worden ist, den IRB-Ansatz auf irgendeine Risikopositionsklasse anzuwenden, wendet den IRB-Ansatz auch auf die Risikopositionsklasse Beteiligungsrisikopositionen nach Artikel 147 Absatz 2 Buchstabe e – es sei denn, ihm wurde gemäß Artikel 150 erlaubt, auf Beteiligungsrisikopositionen den Standardansatz anzuwenden – und auf die Risikopositionsklasse ›Sonstige Aktiva ohne Kreditverpflichtungen‹ nach Artikel 147 Absatz 2 Buchstabe g an.

(6) Die EBA arbeitet Entwürfe technischer Regulierungsstandards aus, um die Kriterien zu präzisieren, nach denen die zuständigen Behörden die geeignete Vorgehensweise und den Zeitplan bei der schrittweisen Ausweitung des IRB-Ansatzes auf die in Absatz 3 genannten Risikopositionsklassen festlegen.

Die EBA legt der Kommission diese Entwürfe technischer Regulierungsstandards bis zum 31. Dezember 2014 vor.

Der Kommission wird die Befugnis übertragen, die technischen Regulierungsstandards nach Unterabsatz 1 gemäß den Artikeln 10 bis 14 der Verordnung (EU) Nr. 1093/2010 zu erlassen.

Artikel 149 Bedingungen für die Rückkehr zu weniger anspruchsvollen Ansätzen

(1) Ein Institut, das auf eine bestimmte Risikopositionsklasse oder Risikopositionsart den IRB-Ansatz anwendet, behält diese Anwendung bei und gibt sie für die Berechnung der risikogewichteten Positionsbeträge nicht zugunsten des Standardansatzes auf, es sei denn, die folgenden Bedingungen sind erfüllt:
a) Das Institut hat den zuständigen Behörden glaubhaft nachgewiesen, dass es die Anwendung des Standardansatzes nicht vorschlägt, um seine Eigenmittelanforderungen zu verringern, und die Anwendung dieses Ansatzes angesichts der Art und der Komplexität des Gesamtbestands seiner Risikopositionen dieser Art notwendig ist und weder seine Solvenz noch seine Fähigkeit, Risiken wirksam zu steuern, wesentlich beeinträchtigen würde;
b) Es hat vorab eine entsprechende Erlaubnis der zuständigen Behörde erhalten.

(2) Institute, denen nach Artikel 151 Absatz 9 die Verwendung ihrer eigenen Schätzungen der LGD und der Umrechnungsfaktoren gestattet wurde, kehren nicht zur Verwendung der LGD-Werte und Umrechnungsfaktoren nach Artikel 151 Absatz 8 zurück, es sei denn, die folgenden Bedingungen sind erfüllt:
a) Das Institut hat den zuständigen Behörden glaubhaft nachgewiesen, dass es die Verwendung der LGD-Werte und Umrechnungsfaktoren nach Artikel 151 Absatz 8 für eine bestimmte Risikopositionsklasse oder Risikopositionsart nicht vorschlägt, um seine Eigenmittelanforderungen zu verringern, und diese Verwendung angesichts der Art und der Komplexität des Gesamtbestands seiner Risikopositionen dieser Art notwendig ist und weder seine Solvenz noch seine Fähigkeit, Risiken wirksam zu steuern, wesentlich beeinträchtigen würde;
b) Es hat vorab eine entsprechende Erlaubnis der zuständigen Behörde erhalten.

(3) Die Anwendung der Absätze 1 und 2 unterliegt den von den zuständigen Behörden in Einklang mit Artikel 148 festgelegten Bedingungen für eine Ausweitung des IRB-Ansatzes und der Erlaubnis zur dauerhaften teilweisen Verwendung gemäß Artikel 150.

Artikel 150 Bedingungen für eine dauerhafte teilweise Verwendung

(1) Soweit sie zuvor die Erlaubnis der zuständigen Behörden erhalten haben, dürfen Institute, denen für die Berechnung der risikogewichteten Positionsbeträge und der erwarteten Verlustbeträge für eine oder mehrere Risikopositionsklassen die Verwendung des IRB-Ansatzes erlaubt worden ist, auf folgende Risikopositionen den Standardansatz anwenden:
a) die Risikopositionsklasse nach Artikel 147 Absatz 2 Buchstabe a, wenn die Zahl der bedeutenden Gegenparteien begrenzt ist und die Einrichtung eines Ratingsystems für diese Gegenparteien für das Institut mit einem unverhältnismäßig großen Aufwand verbunden wäre;
b) die Risikopositionsklasse nach Artikel 147 Absatz 2 Buchstabe b, wenn die Zahl der bedeutenden Gegenparteien begrenzt ist und die Einrichtung eines Ratingsystems für diese Gegenparteien für das Institut mit einem unverhältnismäßig großen Aufwand verbunden wäre;
c) Risikopositionen in unbedeutenden Geschäftsbereichen sowie Risikopositionsklassen oder Risikopositionsarten, die hinsichtlich Volumen und wahrgenommenem Risikoprofil unwesentlich sind;
d) Risikopositionen gegenüber den Zentralstaaten und Zentralbanken der Mitgliedstaaten und deren regionalen und lokalen Gebietskörperschaften, Verwaltungseinrichtungen und öffentlichen Stellen, wenn

i) es zwischen Risikopositionen gegenüber diesem Zentralstaat und dieser Zentralbank und den genannten anderen Risikopositionen infolge besonderer öffentlicher Vorkehrungen keine Risikounterschiede gibt, und

ii) den Risikopositionen gegenüber dem Zentralstaat und der Zentralbank gemäß Artikel 114 Absatz 2 oder 4 oder Artikel 495 Absatz 2 ein Risikogewicht von 0 % zugewiesen wird;

e) Risikopositionen eines Instituts gegenüber einer Gegenpartei, die sein Mutterunternehmen, ein Tochterunternehmen oder eine Tochter seines Mutterunternehmens ist, wenn diese Gegenpartei ein Institut oder eine Finanzholdinggesellschaft, eine gemischte Finanzholdinggesellschaft, ein Finanzinstitut, eine Vermögensverwaltungsgesellschaft oder ein Anbieter von Nebendienstleistungen ist und angemessenen Aufsichtsvorschriften unterliegt, oder ein verbundenes Unternehmen im Sinne des Artikels 12 Absatz 1 der Richtlinie 83/349/EWG ist;

f) Risikopositionen zwischen Instituten, die die Anforderungen des Artikels 113 Absatz 7 erfüllen;

g) Beteiligungsrisikopositionen gegenüber Unternehmen, deren Kreditverpflichtungen gemäß Kapitel 2 ein Risikogewicht von 0 % zugewiesen wird, einschließlich Beteiligungspositionen an öffentlich geförderten Unternehmen, denen ein Risikogewicht von 0 % zugewiesen werden kann;

h) Beteiligungsrisikopositionen im Rahmen staatlicher Programme zur Förderung bestimmter Wirtschaftszweige, die dem Institut für die Investition erhebliche Zuschüsse zur Verfügung stellen und mit einer gewissen staatlichen Aufsicht und gewissen Beschränkungen für die Investition in die Beteiligungen verbunden sind, wobei solche Risikopositionen insgesamt nur bis zu einem Höchstwert von 10 % der Eigenmittel vom IRB-Ansatz ausgenommen werden können;

i) Risikopositionen im Sinne des Artikels 119 Absatz 4, sofern sie die Bedingungen dieses Artikels erfüllen;

j) die in Artikel 215 Absatz 2 genannten staatlichen und staatlich rückverbürgten Garantien.

Die zuständigen Behörden erlauben die Anwendung des Standardansatzes auf Beteiligungspositionen nach Unterabsatz 1 Buchstaben g und h, für die eine solche Behandlung in anderen Mitgliedstaaten erlaubt wurde. Die EBA veröffentlicht auf ihrer Website ein Verzeichnis der Risikopositionen im Sinne jener Buchstaben, die gemäß dem Standardansatz zu behandeln sind, und aktualisiert dieses regelmäßig.

(2) Für die Zwecke von Absatz 1 wird die Risikopositionsklasse ›Beteiligungsrisikopositionen‹ eines Instituts als wesentlich angesehen, wenn ihr Gesamtwert, ohne die in Absatz 1 Buchstabe h genannten Beteiligungsrisikopositionen im Rahmen staatlicher Programme, im Durchschnitt des Vorjahres mehr als 10 % der Eigenmittel des Instituts beträgt. Liegt die Zahl dieser Beteiligungsrisikopositionen unter 10 einzelnen Beteiligungen, ist diese Schwelle bei 5 % der Eigenmittel des Instituts festgesetzt.

(3) Die EBA arbeitet Entwürfe technischer Regulierungsstandards aus, um die Kriterien für die Anwendung von Absatz 1 Buchstaben a, b und c festzulegen.

Die EBA legt der Kommission diese Entwürfe technischer Regulierungsstandards bis zum 31. Dezember 2014 vor.

Der Kommission wird die Befugnis übertragen, die technischen Regulierungsstandards nach Unterabsatz 1 gemäß den Artikeln 10 bis 14 der Verordnung (EU) Nr. 1093/2010 zu erlassen.

(4) Die EBA gibt 2018 Leitlinien zur Anwendung des Absatzes 1 Unterabsatz 1 Buchstabe d heraus, in denen sie Grenzwerte, ausgedrückt als Prozentsatz der Bilanzsumme oder der risikogewichteten Vermögenswerte, empfiehlt, bis zu denen die Berechnung nach dem Standardansatz erfolgen sollte.

Diese Leitlinien werden gemäß Artikel 16 der Verordnung (EU) Nr. 1093/2010 erlassen.

Abschnitt 2 Berechnung risikogewichteter Positionsbeträge

Unterabschnitt 1 Behandlung nach Art der Risikopositionsklasse
Artikel 151 Behandlung nach Risikopositionsklasse

(1) Die risikogewichteten Positionsbeträge für das Kreditrisiko von Positionen, die unter eine der in Artikel 147 Absatz 2 Buchstaben a bis e und g genannten Risikopositionsklassen fallen, werden – sofern sie nicht von den Eigenmitteln abgezogen werden – in Einklang mit Unterabschnitt 2 berechnet, es sei denn diese Positionen werden von den Posten des harten Kernkapitals, des zusätzlichen Kernkapitals oder des Ergänzungskapitals abgezogen.

(2) Die risikogewichteten Positionsbeträge für das Verwässerungsrisiko bei gekauften Forderungen werden nach Artikel 157 berechnet. Hat ein Institut für das Ausfall- und für das Verwässerungsrisiko volles Rückgriffsrecht auf den Verkäufer der gekauften Forderungen, finden die Bestimmungen dieses Artikels und des Artikels 152 sowie Artikel 158 Absätze 1 bis 4 in Bezug auf gekaufte Forderungen keine Anwendung und die Position wird als besicherte Risikoposition behandelt.

(3) Die risikogewichteten Positionsbeträge für das Kredit- und das Verwässerungsrisiko werden anhand der mit der jeweiligen Risikoposition verbundenen Parameter berechnet. Dazu zählen die PD, die LGD, die effektive Restlaufzeit (im Folgenden ›M‹) und der Risikopositionswert. PD und LGD können nach Maßgabe von Abschnitt 4 gesondert oder gemeinsam berücksichtigt werden.

(4) Institute berechnen die risikogewichteten Positionsbeträge für das Kreditrisiko für alle Risikopositionen der Risikopositionsklasse ›Beteiligungsrisikopositionen‹ nach Artikel 147 Absatz 2 Buchstabe e gemäß Artikel 155. Sie dürfen die Ansätze nach Artikel 155 Absätze 3 und 4 verwenden, sofern sie die vorherige Erlaubnis der zuständigen Behörden erhalten haben. Die zuständigen Behörden erlauben einem Institut die Verwendung des auf internen Modellen basierenden Ansatzes nach Artikel 155 Absatz 4, sofern das Institut die Anforderungen des Abschnitts 6 Unterabschnitt 4 erfüllt.

(5) Die risikogewichteten Positionsbeträge für das mit Spezialfinanzierungsrisikopositionen verbundene Kreditrisiko werden gemäß Artikel 153 Absatz 5 berechnet.

(6) Für Risikopositionen der Risikopositionsklassen nach Artikel 147 Absatz 2 Buchstaben a bis d nehmen die Institute nach Maßgabe von Artikel 143 und Abschnitt 6 ihre eigenen PD-Schätzungen vor.

(7) Für Risikopositionen der Risikopositionsklasse nach Artikel 147 Absatz 2 Buchstabe d nehmen die Institute nach Maßgabe des Artikels 143 und des Abschnitts 6 ihre eigenen Schätzungen der LGD und der Umrechnungsfaktoren vor.

(8) Für Risikopositionen der Risikopositionsklassen nach Artikel 147 Absatz 2 Buchstaben a bis c verwenden die Institute die in Artikel 161 Absatz 1 festgelegten LGD-Werte und die in Artikel 166 Absatz 8 Buchstaben a bis d festgelegten Umrechnungsfaktoren, es sei denn, ihnen wurde gemäß Absatz 9 die Verwendung eigener Schätzungen der LGD und der Umrechnungsfaktoren für diese Risikopositionsklassen gestattet.

(9) Für Risikopositionen der Risikopositionsklassen nach Artikel 147 Absatz 2 Buchstaben a bis c erlauben die zuständigen Behörden den Instituten die Verwendung ihrer eigenen Schätzungen der LGD und der Umrechnungsfaktoren nach Maßgabe des Artikels 143 und des Abschnitts 6.

(10) Die risikogewichteten Positionsbeträge für verbriefte Risikopositionen und Risikopositionen der Risikopositionsklasse nach Artikel 147 Absatz 2 Buchstabe f werden nach Kapitel 5 berechnet.

Artikel 152 Behandlung von Risikopositionen in Form von Anteilen an OGA

(1) Erfüllen Risikopositionen in Form von Anteilen an OGA die Kriterien des Artikels 132 Absatz 3 und sind dem Institut alle oder ein Teil der zugrunde liegenden

Risikopositionen des OGA bekannt, berechnet das Institut die risikogewichteten Positionsbeträge und die erwarteten Verlustbeträge gemäß den in diesem Kapitel beschriebenen Methoden mittels Durchschau auf diese zugrunde liegenden Risikopositionen.

Wenn eine zugrunde liegende Risikoposition des OGA selbst eine Risikoposition in Form von Anteilen an einem anderen OGA ist, wendet das erstgenannte Institut die Durchschau ebenfalls auf die zugrunde liegenden Risikopositionen dieses anderen OGA an.

(2) Werden die Voraussetzungen für die Anwendung der in diesem Kapitel beschriebenen Methoden für alle oder einen Teil der zugrunde liegenden Risikopositionen des OGA von dem Institut nicht erfüllt, werden die risikogewichteten Positionsbeträge und erwarteten Verlustbeträge nach den folgenden Ansätzen berechnet:

a) im Fall von Risikopositionen der Risikopositionsklasse ›Beteiligungsrisikopositionen‹ nach Artikel 147 Absatz 2 Buchstabe e wenden die Institute den einfachen Risikogewichtungsansatz nach Artikel 155 Absatz 2 an;

b) im Fall aller anderen in Absatz 1 genannten zugrunde liegenden Risikopositionen wenden die Institute den Standardansatz nach Kapitel 2 wie folgt an:

    i) bei Positionen, für die ein bestimmtes Risikogewicht für unbeurteilte Risikopositionen oder die Bonitätsstufe mit dem höchsten Risikogewicht für eine bestimmte Risikopositionsklasse gilt, wird das Risikogewicht mit dem Faktor 2 multipliziert, darf jedoch nicht mehr als 1 250 % betragen,

    ii) bei allen anderen Risikopositionen wird das Risikogewicht mit dem Faktor 1,1 multipliziert, darf jedoch nicht weniger als 5 % betragen.

Ist das Institut nicht in der Lage, für die Zwecke von Buchstabe a zwischen Positionen aus privatem Beteiligungskapital und börsengehandelten sowie sonstigen Beteiligungspositionen zu unterscheiden, behandelt es die betreffenden Risikopositionen als sonstige Beteiligungspositionen. Sind diese Risikopositionen zusammen mit den direkten Risikopositionen des Instituts in dieser Risikopositionsklasse nicht wesentlich im Sinne des Artikels 150 Absatz 2, darf mit Erlaubnis der zuständigen Behörden Artikel 150 Absatz 1 angewandt werden.

(3) Erfüllen Risikopositionen in Form von Anteilen an einem OGA die in Artikel 132 Absatz 3 genannten Kriterien nicht oder sind dem Institut nicht alle der zugrunde liegenden Risikopositionen des OGA oder der zugrunde liegenden Risikopositionen eines OGA-Anteils, der selbst eine Risikoposition des OGA darstellt, bekannt, berechnet das Institut die risikogewichteten Positionsbeträge und die erwarteten Verlustbeträge nach dem einfachen Risikogewichtungsansatz nach Artikel 155 Absatz 2 mittels Durchschau auf diese zugrunde liegenden Risikopositionen.

Ist das Institut nicht in der Lage, zwischen Positionen aus privatem Beteiligungskapital und börsengehandelten sowie sonstigen Beteiligungspositionen zu unterscheiden, behandelt es die betreffenden Risikopositionen als sonstige Beteiligungspositionen. Es ordnet Risikopositionen, die keine Beteiligungsrisikopositionen sind, der Risikopositionsklasse sonstige Beteiligungspositionen zu.

(4) Alternativ zu der in Absatz 3 beschriebenen Methode dürfen Institute im Einklang mit den Ansätzen nach Absatz 2 Buchstaben a und b die durchschnittlichen risikogewichteten Positionsbeträge auf der Grundlage der zugrunde liegenden Risikopositionen des OGA selbst berechnen oder sich für deren Berechnung und Meldung auf folgende Dritte stützen:

a) die Verwahrstelle oder das Finanzinstitut des OGA, sofern der OGA ausschließlich in Wertpapiere investiert und sämtliche Wertpapiere bei dieser Verwahrstelle bzw. diesem Finanzinstitut hinterlegt;

b) die Verwaltungsgesellschaft des OGA im Fall anderer OGA, sofern diese die in Artikel 132 Absatz 3 Buchstabe a festgelegten Kriterien erfüllt.

Die Richtigkeit der Berechnung wird von einem externen Prüfer bestätigt.

(5) Die EBA arbeitet Entwürfe technischer Regulierungsstandards aus, um die Kriterien festzulegen, nach denen die zuständigen Behörden Instituten gemäß Absatz 2 Buchstabe b die Verwendung des Standardansatzes nach Artikel 150 Absatz 1 erlauben können.
Die EBA legt der Kommission diese Entwürfe technischer Regulierungsstandards bis zum 30. Juni 2014 vor.
Der Kommission wird die Befugnis übertragen, die technischen Regulierungsstandards nach Unterabsatz 1 gemäß den Artikeln 10 bis 14 der Verordnung (EU) Nr. 1093/2010 zu erlassen.

Unterabschnitt 2 Berechnung der risikogewichteten Positionsbeträge für das Kreditrisiko

Artikel 153 Risikogewichtete Positionsbeträge für Risikopositionen gegenüber Unternehmen, Instituten, Zentralstaaten und Zentralbanken

(1) Vorbehaltlich der Anwendung der spezifischen Behandlungen gemäß den Absätzen 2, 3 bzw. 4 werden die risikogewichteten Positionsbeträge für Risikopositionen gegenüber Unternehmen, Instituten, Zentralstaaten und Zentralbanken gemäß den nachstehenden Formeln berechnet:

risikogewichteter Positionsbetrag = RW × *Risikopositionsbetrag*

wobei das Risikogewicht (RW) wie folgt festgelegt ist:
i) wenn PD = 0, ist RW = 0;
ii) wenn PD = 1, d.h. bei ausgefallenen Risikopositionen:
– wenn ein Institut die LGD-Werte nach Artikel 161 Absatz 1 verwendet, ist RW = 0;
– wenn ein Institut eigene LGD-Schätzungen verwendet, ist RW = max {0,12.5 · (LGD – EL_{BE})};

wobei die genaueste Schätzung des zu erwartenden Verlusts (im Folgenden »EL_{BE}«, expected loss best estimate) die bestmögliche Schätzung des Instituts für den aufgrund des Ausfalls der Risikoposition zu erwartenden Verlust gemäß Artikel 181 Absatz 1 Buchstabe h ist;
iii) wenn 0 < PD < 1, ist

$$RW = \left(LGD \cdot N\left(\frac{1}{\sqrt{1-R}} \cdot G(PD) + \sqrt{\frac{R}{1-R}} \cdot G(0.999) \right) - LGD \cdot PD \right) \cdot \frac{1 + (M - 2{,}5) \cdot b}{1 - 1{,}5 \cdot b} \cdot 12{,}5 \cdot 1{,}06$$

dabei entspricht
N(x) = der kumulativen Verteilungsfunktion einer standardnormalverteilten Zufallsvariablen (d.h. der Wahrscheinlichkeit, dass eine normalverteilte Zufallsvariable mit einem Erwartungswert von null und einer Standardabweichung von eins kleiner oder gleich x ist),
G(Z) = der inversen kumulativen Verteilungsfunktion einer standardnormalverteilten Zufallsvariablen (d.h. dem Wert von x, so dass N(x) = z),
R = dem Korrelationskoeffizienten, festgelegt als

$$R = 0.12 \cdot \frac{1 - e^{-50 \cdot PD}}{1 - e^{-50}} + 0.24 \cdot \left(1 - \frac{1 - e^{-50 \cdot PD}}{1 - e^{-50}} \right)$$

b = dem Laufzeitanpassungsfaktor, festgelegt als

$$b = (0.11852 - 0.05478 \cdot \ln(PD))^2.$$

(2) Bei allen Risikopositionen gegenüber großen Unternehmen der Finanzbranche wird der Korrelationskoeffizient nach Absatz 1 Ziffer iii mit 1,25 multipliziert. Bei allen

Risikopositionen gegenüber nicht beaufsichtigten Finanzunternehmen werden die Korrelationskoeffizienten nach Absatz 1 Ziffer iii bzw. Absatz 4 mit 1,25 multipliziert.

(3) Der risikogewichtete Positionsbetrag darf für jede Risikoposition, die die Anforderungen der Artikel 202 und 217, nach folgender Formel angepasst werden:

risikogewichteter Positionsbetrag = RW × *Risikopositionswert* × (0.15 + 160 × PD_{pp})

dabei entspricht
PD_{pp} = der PD des Sicherungsgebers.

Das RW wird anhand der entsprechenden Formel gemäß Absatz 1 für die Risikoposition, die Ausfallwahrscheinlichkeit des Schuldners und die LGD einer vergleichbaren direkten Risikoposition gegenüber dem Sicherungsgeber berechnet. Der Laufzeitfaktor b) wird anhand der PD des Sicherungsgebers oder der PD des Schuldners berechnet, je nachdem, welche niedriger ist.

(4) Für Risikopositionen gegenüber Unternehmen, die einer Gruppe angehören, deren konsolidierter Gesamtjahresumsatz weniger als 50 Mio. EUR beträgt, darf ein Institut zur Berechnung der Risikogewichte für Risikopositionen gegenüber Unternehmen nach Absatz 1 Ziffer iii folgende Korrelationsformel verwenden. In dieser Formel wird S als Gesamtjahresumsatz in Millionen Euro angegeben, wobei gilt: 5 Mio. EUR = S = 50 Mio. EUR. Gemeldete Umsätze von unter 5 Mio. EUR werden wie Umsätze von 5 Mio. EUR behandelt. Bei gekauften Forderungen errechnet sich der Gesamtjahresumsatz aus dem gewichteten Durchschnitt der einzelnen Risikopositionen des Pools.

$$R = 0.12 \frac{1 - e^{-50 \cdot PD}}{1 - e^{-50}} + 0.24 \left(1 - \frac{1 - e^{-50 \cdot PD}}{1 - e^{-50}}\right) - 0.04 \cdot \left(1 - \frac{min\{max\{5, S\}, 50\} - 5}{45}\right)$$

Die Institute ersetzen den Gesamtjahresumsatz durch die Bilanzsumme der konsolidierten Gruppe, wenn der Gesamtjahresumsatz kein sinnvoller Indikator für die Unternehmensgröße ist und die Bilanzsumme als Indikator sinnvoller ist.

(5) Bei Spezialfinanzierungsrisikopositionen, deren Ausfallwahrscheinlichkeit ein Institut nicht schätzen kann oder bei denen die PD-Schätzungen des Instituts die Anforderungen des Abschnitts 6 nicht erfüllen, weist das Institut diesen Risikopositionen Risikogewichte gemäß Tabelle 1 zu:

Tabelle 1

Restlaufzeit	Kategorie 1	Kategorie 2	Kategorie 3	Kategorie 4	Kategorie 5
Unter 2,5 Jahren	50%	70%	115%	250%	0%
2,5 Jahre oder länger	70%	90%	115%	250%	0%

Bei der Zuteilung von Risikogewichten für Spezialfinanzierungsrisikopositionen berücksichtigen die Institute folgende Faktoren: Finanzkraft, politische und rechtliche Rahmenbedingungen, Transaktions- und/oder Vermögenswertmerkmale, Stärke des Geldgebers und des Trägers unter Berücksichtigung etwaiger Einkünfte aus öffentlich-privaten Partnerschaften sowie Absicherungspaket.

(6) Die Institute halten hinsichtlich ihrer gekauften Unternehmensforderungen die Anforderungen des Artikels 184 ein. Bei gekauften Unternehmensforderungen, die außerdem die Bedingungen des Artikels 154 Absatz 5 erfüllen, dürfen die Standards für die Risikoquantifizierung von Risikopositionen aus dem Mengengeschaft gemäß Abschnitt 6 angewandt werden, wenn die Anwendung der Standards für die Risikoquantifizierung von Risikopositionen gegenüber Unternehmen ein Institut unverhältnismäßig belasten wurde.

(7) Bei gekauften Unternehmensforderungen können erstattungsfähige Kaufpreisnachlässe, Sicherheiten oder Teilgarantien, die eine Erstverlustabsicherung gegen Ausfallverluste, Verwässerungsverluste oder beide bieten, als Erstverlustpositionen im Rahmen der IRB-Verbriefungsregeln behandelt werden.

(8) Stellt ein Institut eine Kreditabsicherung für einen Risikopositionskorb in der Weise, dass der n-te bei diesen Risikopositionen eintretende Ausfall die Zahlung auslöst und dieses Kreditereignis auch den Kontrakt beendet, werden die in Artikel 5 vorgeschriebenen Risikogewichte angewandt, wenn für das Produkt eine externe Bonitätsbeurteilung einer ECAI vorliegt. Liegt für das Produkt keine Bonitätsbeurteilung einer ECAI vor, werden die Risikogewichte der im Korb enthaltenen Risikopositionen, mit Ausnahme von n-1 Risikopositionen, aggregiert, wobei die Summe des 12,5-fachen erwarteten Verlustbetrags und des risikogewichteten Positionsbetrags den 12,5-fachen, durch das Kreditderivat abgesicherten Nominalbetrag nicht übersteigen darf. Die aus der Aggregation auszunehmenden n-1 Risikopositionen werden so bestimmt, dass zu ihnen jede Position gehört, die einen risikogewichteten Positionsbetrag ergibt, der niedriger ist als der risikogewichtete Positionsbetrag jeder in die Aggregation eingehenden Position. Im Fall von Positionen in einem Korb, für die ein Institut das Risikogewicht nicht nach dem IRB-Ansatz bestimmen kann, wird ein Risikogewicht von 1 250 % angewandt.

(9) Die EBA arbeitet Entwürfe technischer Regulierungsstandards aus, um zu präzisieren, wie Institute die Faktoren nach in Absatz 5 Unterabsatz 2 bei der Zuweisung von Risikogewichten für Spezialfinanzierungen berücksichtigen müssen.

Die EBA legt der Kommission diese Entwürfe technischer Regulierungsstandards bis zum 31. Dezember 2014 vor.

Der Kommission wird die Befugnis übertragen, die technischen Regulierungsstandards nach Unterabsatz 1 gemäß den Artikeln 10 bis 14 der Verordnung (EU) Nr. 1093/2010 zu erlassen.

Artikel 154 Risikogewichtete Positionsbeträge von Risikopositionen aus dem Mengengeschäft

(1) Die risikogewichteten Positionsbeträge von Risikopositionen aus dem Mengengeschäft werden nach den folgenden Formeln berechnet:

risikogewichteter Positionsbetrag = RW × Risikopositionswert

wobei das Risikogewicht (RW) wie folgt definiert ist:

i) wenn PD = 1, d.h. bei ausgefallenen Risikopositionen, beträgt;

$$RW = max\{0, 12.5 \cdot (LGD - EL_{BE})\};$$

wobei EL_{BE} die bestmögliche Schätzung des Instituts für den aufgrund des Ausfalls der Risikoposition zu erwarteten Verlust gemäß Artikel 181 Absatz 1 Buchstabe h ist;

ii) wenn 0 < PD < 1, d.h. für jeden anderen möglichen Wert von PD außerdem unter Ziffer ii genannten Wert:

$$RW = \left(LGD \cdot N\left(\frac{1}{\sqrt{1-R}} \cdot G(PD) + \sqrt{\frac{R}{1-R}} \cdot G(0.999)\right) - LGD \cdot PD\right) \cdot 12.5 \cdot 1,06$$

dabei entspricht

N(x) = der kumulativen Verteilungsfunktion einer standardnormalverteilten Zufallsvariablen (d.h. der Wahrscheinlichkeit, dass eine normalverteilte Zufallsvariable mit einem Erwartungswert von null und einer Standardabweichung von eins kleiner oder gleich x ist),

G (Z) = der inversen kumulativen Verteilungsfunktion einer standardnormalverteilten Zufallsvariablen (d.h. der Wert von x, so dass N(x) = z),

R = dem Korrelationskoeffizienten, festgelegt als

$$R = 0.03 \cdot \frac{1 - e^{-35 \cdot PD}}{1 - e^{-35}} + 0.16 \cdot \left(1 - \frac{1 - e^{-35 \cdot PD}}{1 - e^{-35}}\right)$$

(2) Der risikogewichtete Positionsbetrag für jede Risikoposition gegenüber einem KMU im Sinne des Artikels 147 Absatz 5, die die Anforderungen der Artikel 202 und 217 erfüllt, darf gemäß Artikel 153 Absatz 3 berechnet werden.

(3) Bei Risikopositionen aus dem Mengengeschäft, die durch Immobilien besichert sind, wird die sich aus der Korrelationsformel gemäß Absatz 1 ergebende Zahl durch einen Korrelationskoeffizienten (R) von 0,15 ersetzt.

(4) Bei qualifizierten revolvierenden Risikopositionen aus dem Mengengeschäft im Sinne der Buchstaben a bis e wird die sich aus der Korrelationsformel gemäß Absatz 1 ergebende Zahl durch einen Korrelationskoeffizienten (R) von 0,04 ersetzt.

Risikopositionen gelten als qualifizierte revolvierende Risikopositionen aus dem Mengengeschäft, wenn folgende Voraussetzungen erfüllt sind:
a) Die Risikopositionen bestehen gegenüber natürlichen Personen;
b) die Risikopositionen sind revolvierend, unbesichert und, soweit sie nicht in Anspruch genommen werden, vom Institut jederzeit und unbedingt kündbar. In diesem Zusammenhang sind revolvierende Risikopositionen definiert als Risikopositionen, bei denen die Kreditinanspruchnahme bis zu einem vom Institut gesetzten Limit durch Inanspruchnahmen und Rückzahlungen nach dem freien Ermessen des Kunden schwanken darf. Nicht in Anspruch genommene Zusagen können als unbedingt kündbar betrachtet werden, wenn die Vertragsbedingungen es dem Institut erlauben, die nach dem Verbraucherschutzrecht und den damit verbundenen Rechtsvorschriften bestehenden Kündigungsmöglichkeiten voll auszuschöpfen;
c) die maximale Risikoposition gegenüber einer einzigen natürlichen Person in dem Unterportfolio beträgt höchstens 100 000 EUR;
d) die in diesem Absatz angegebene Korrelation wird nur auf Portfolios angewandt, die im Vergleich zu ihren durchschnittlichen Verlustraten eine geringe Volatilität der Verlustraten aufweisen, insbesondere in den niedrigen PD-Bereichen;
e) die Behandlung als qualifizierte revolvierende Risikoposition aus dem Mengengeschäft entspricht den zugrunde liegenden Risikomerkmalen des Unterportfolios.

Abweichend von Buchstabe b findet die Anforderung, dass eine Risikoposition unbesichert zu sein hat, im Fall von besicherten Kreditfazilitäten in Verbindung mit einem Gehaltskonto keine Anwendung. In diesem Falle werden die eingezogenen Beträge aus dieser Sicherheit bei der LGD-Schätzung nicht berücksichtigt.

Die zuständigen Behörden überprüfen die relative Volatilität der Verlustraten in den verschiedenen Unterportfolios und dem aggregierten Portfolio der qualifizierten revolvierenden Risikopositionen aus dem Mengengeschäft und tauschen Informationen über die typischen Merkmale der Verlustraten bei qualifizierten revolvierenden Risikopositionen aus dem Mengengeschäft in den verschiedenen Mitgliedstaaten aus.

(5) Um für die Behandlung als Risikoposition aus dem Mengengeschäft in Frage zu kommen, müssen gekaufte Forderungen die Anforderungen des Artikels 184 sowie die folgenden Voraussetzungen erfüllen:
a) Das Institut hat die Forderungen von einem nicht mit ihm verbundenen Dritten gekauft, und seine Risikoposition gegenüber dem Schuldner beinhaltet keine Risikopositionen, die von ihm direkt oder indirekt begründet wurden;
b) die gekauften Forderungen sind im Rahmen eines zu marktüblichen Konditionen geschlossenen Geschäfts zwischen Forderungsverkäufer und Schuldner entstanden. Als solches sind unternehmensinterne Kontoforderungen und Forderungen im Zusammenhang mit Gegenkonten zwischen Unternehmen, die in wechselseitigen Kauf- und Verkaufsbeziehungen stehen, nicht zulässig;

c) das kaufende Institut hat einen Anspruch auf alle Erträge aus den gekauften Forderungen oder ist anteilig an diesen Erträgen beteiligt; und
d) das Portfolio der gekauften Forderungen ist ausreichend diversifiziert.

(6) Bei gekauften Forderungen dürfen erstattungsfähige Kaufpreisnachlässe, Sicherheiten oder Teilgarantien, die eine Erstverlustabsicherung gegen Ausfallverluste, Verwässerungsverluste oder beide bieten, als Erstverlustpositionen im Rahmen der IRB-Verbriefungsregeln behandelt werden.

(7) Bei hybriden Pools gekaufter Forderungen aus dem Mengengeschäft, bei denen das kaufende Institut durch Immobilien besicherte Risikopositionen und qualifizierte revolvierende Risikopositionen aus dem Mengengeschäft nicht von anderen Risikopositionen aus dem Mengengeschäft trennen kann, wird die Risikogewichtsfunktion angewandt, die die höchste Eigenmittelanforderung für diese Risikopositionen nach sich zieht.

Artikel 155 Risikogewichtete Positionsbeträge von Beteiligungspositionen

(1) Institute ermitteln die risikogewichteten Positionsbeträge ihrer Beteiligungspositionen, mit Ausnahme derer, die nach Maßgabe des Teils 2 abgezogen werden oder für die gemäß Artikel 48 ein Risikogewicht von 250 % gilt, gemäß den Ansätzen nach den Absätzen 2, 3 und 4. Ein Institut darf auf die verschiedenen Beteiligungsportfolios unterschiedliche Ansätze anwenden, wenn es selbst unterschiedliche Ansätze für das interne Risikomanagement verwendet. Wendet ein Institut unterschiedliche Ansätze an, wird die Entscheidung für den PD-/LGD-Ansatz oder die Verwendung interner Modelle einheitlich – auch im Zeitverlauf – sowie in Übereinstimmung mit dem für das interne Risikomanagement der jeweiligen Beteiligungsposition verwendeten Ansatz getroffen und nicht durch Aufsichtsarbitrageerwägungen bestimmt.

Institute dürfen Beteiligungspositionen gegenüber Anbietern von Nebendienstleistungen auf dieselbe Weise behandeln wie sonstige Aktiva ohne Kreditverpflichtungen.

(2) Bei dem einfachen Risikogewichtungsansatz werden die risikogewichteten Positionsbeträge nach der Formel ›risikogewichteter Positionsbetrag = RW * Positionswert‹ für jede der nachstehenden Risikopositionen berechnet, wobei
Risikogewicht (RW) = 190 % für Positionen aus privatem Beteiligungskapital in ausreichend diversifizierten Portfolios,
Risikogewicht (RW) = 290 % für börsengehandelte Beteiligungspositionen,
Risikogewicht (RW) = 370 % für alle sonstigen Beteiligungspositionen.

Kassa-Verkaufspositionen und derivative Instrumente, die im Anlagebuch gehalten werden, dürfen mit Kaufpositionen in der gleichen Aktie verrechnet werden, vorausgesetzt, dass diese Instrumente ausdrücklich zur Absicherung bestimmter Beteiligungspositionen benutzt werden und eine Absicherung für mindestens ein weiteres Jahr bieten. Andere Verkaufspositionen sind wie Kaufpositionen zu behandeln, wobei das entsprechende Risikogewicht dem absoluten Wert einer jeden Position zuzuweisen ist. Bei laufzeitinkongruenten Positionen wird dieselbe Methode angewandt wie die Methode nach Artikel 162 Absatz 5 für Risikopositionen gegenüber Unternehmen.

Institute dürfen eine Absicherung von Beteiligungspositionen ohne Sicherheitsleistung gemäß den Methoden nach Kapitel 4 anerkennen.

(3) Im Rahmen des PD-/LGD-Ansatzes werden die risikogewichteten Positionsbeträge nach den Formeln des Artikels 153 Absatz 1 berechnet. Verfügen die Institute nicht über ausreichende Informationen, um die Ausfalldefinition des Artikels 178 anzuwenden, wird den Risikogewichten ein Skalierungsfaktor von 1,5 zugewiesen.

Auf Ebene der einzelnen Risikoposition darf die Summe des 12,5-fachen erwarteten Verlustbetrags und des risikogewichteten Positionsbetrags den 12,5-fachen Risikopositionswert nicht übersteigen.

Institute dürfen eine Absicherung von Beteiligungspositionen ohne Sicherheitsleistung gemäß den Methoden nach Kapitel 4 anerkennen. Dabei ist für die Risikoposition gegenüber dem Sicherungsgeber eine LGD von 90 % vorgegeben. Bei Positionen aus privatem Beteiligungskapital in ausreichend diversifizierten Portfolios darf eine LGD von 65 % angewandt werden. Für diese Zwecke beträgt M fünf Jahre.

(4) Im Rahmen des auf internen Modellen basierenden Ansatzes entspricht der risikogewichtete Positionsbetrag dem potenziellen Verlust aus den Beteiligungspositionen des Instituts, der mittels interner Risikopotenzial-Modelle ermittelt wird, die dem 99. Perzentil eines einseitigen Konfidenzintervalls der über einen langen Zeitraum hinweg berechneten Differenz zwischen dem vierteljährlichen Ertrag und einem angemessenen risikolosen Zinssatz multipliziert mit dem Faktor 12,5 unterliegen. Die risikogewichteten Positionsbeträge auf der Ebene des Beteiligungsportfolios dürfen nicht geringer sein als die Gesamtsummen der
a) nach dem PD-/LGD-Ansatz vorgeschriebenen risikogewichteten Positionsbeträge und
b) der entsprechenden erwarteten Verlustbeträge, multipliziert mit dem Faktor 12,5.

Die Beträge nach den Buchstaben a und b werden auf der Grundlage der PD-Werte nach Artikel 165 Absatz 1 und der entsprechenden LGD-Werte nach Artikel 165 Absatz 2 berechnet.

Institute dürfen eine Absicherung von Beteiligungspositionen ohne Sicherheitsleistung anerkennen.

Artikel 156 Risikogewichtete Positionsbeträge von sonstigen Aktiva ohne Kreditverpflichtungen

Die risikogewichteten Positionsbeträge sonstiger Aktiva ohne Kreditverpflichtungen werden nach der folgenden Formel berechnet

$$\text{risikogewichteter Positionsbetrag} = 100\,\% \times \textit{Risikopositionswert};$$

davon ausgenommen sind
a) der Kassenbestand und gleichwertige Positionen sowie Goldbarren, die in eigenen Tresoren oder in Gemeinschaftsverwaltung gehalten werden, denen ein Risikogewicht von 0 % zugewiesen wird, soweit sie durch Goldverbindlichkeiten gedeckt sind,
b) Risikopositionen, bei denen es sich um den Restwert von Leasingobjekten handelt; in diesem Fall werden die risikogewichteten Positionsbeträge wie folgt berechnet:

$$\frac{1}{t} \cdot 100\,\% \cdot \textit{Forderungswert}$$

wobei t entweder 1 ist oder der nächstliegenden Anzahl voller Jahre der verbleibenden Leasingdauer entspricht, je nachdem welcher Wert höher ist.

Unterabschnitt 3 Berechnung der risikogewichteten Positionsbeträge für das Verwässerungsrisiko gekaufter Forderungen

Artikel 157 Risikogewichtete Positionsbeträge für das Verwässerungsrisiko gekaufter Forderungen

(1) Die Institute berechnen die risikogewichteten Positionsbeträge für das Verwässerungsrisiko gekaufter Unternehmens- und Mengengeschäftsforderungen nach der Formel des Artikels 153 Absatz 1.
(2) Die Institute bestimmen die PD- und LGD-Parameter gemäß Abschnitt 4.
(3) Die Institute bestimmen den Risikopositionswert gemäß Abschnitt 5.
(4) Für die Zwecke dieses Artikels beträgt der Wert von M ein Jahr.

(5) Die zuständigen Behörden befreien ein Institut von der Berechnung und Anerkennung risikogewichteter Positionsbeträge für das Verwässerungsrisiko einer Art von Risikopositionen, das von gekauften Unternehmens- oder Mengengeschäftsforderungen verursacht wird, wenn das Institut gegenüber der zuständigen Behörde glaubhaft nachgewiesen hat, dass für dieses Institut das Verwässerungsrisiko für diese Art von Risikopositionen unerheblich ist.

Abschnitt 3   Erwartete Verlustbeträge

Artikel 158   Behandlung nach Risikopositionsart

(1) Bei der Berechnung der erwarteten Verlustbeträge werden für jede Risikoposition dieselben PD-, LGD- und Risikopositionswerte zugrunde gelegt wie bei der Berechnung der risikogewichteten Positionsbeträge gemäß Artikel 151.

(2) Bei Verbriefungspositionen werden die erwarteten Verlustbeträge nach Kapitel 5 ermittelt.

(3) Bei Risikopositionen der Risikopositionsklasse ›Sonstige Aktiva ohne Kreditverpflichtungen‹ nach Artikel 147 Absatz 2 Buchstabe g ist der erwartete Verlustbetrag Null.

(4) Bei Risikopositionen in Form von Anteilen an einem OGA im Sinne des Artikels 152 werden die erwarteten Verlustbeträge nach den Methoden dieses Artikels - Methoden ermittelt.

(5) Bei Risikopositionen gegenüber Unternehmen, Instituten, Zentralstaaten und Zentralbanken sowie bei Risikopositionen aus dem Mengengeschäft werden der erwartete Verlust (EL) und die erwarteten Verlustbeträge nach folgenden Formeln ermittelt:

$$\text{Erwarteter Verlust (EL)} = PD * LGD$$
$$\text{Erwarteter Verlustbetrag} = EL \times \text{Risikopositionswert}$$

Bei ausgefallenen Risikopositionen (PD = 100%), für die Institute eigene LGD-Schätzungen zugrunde legen, ist EL = ELBE, d.h. die bestmögliche Schätzung des Instituts für den aufgrund des Ausfall der Risikoposition zu erwarteten Verlust gemäß Artikel 181 Absatz 1 Buchstabe h.

Bei Risikopositionen, bei denen nach Artikel 153 Absatz 3 verfahren wird, ist EL gleich 0%.

(6) Bei Spezialfinanzierungen, die von den Instituten nach den Methoden nach Artikel 153 Absatz 5 risikogewichtet werden, werden die EL-Werte nach Tabelle 2 zugewiesen.

Tabelle 2

Restlaufzeit	Kategorie 1	Kategorie 2	Kategorie 3	Kategorie 4	Kategorie 5
Unter 2,5 Jahren	0%	0,4%	2,8%	8%	50%
2,5 Jahre oder mehr	0,4%	0,8%	2,8%	8%	50%

(7) Bei Beteiligungspositionen, bei denen die risikogewichteten Positionsbeträge nach dem einfachen Risikogewichtungsansatz berechnet werden, werden die erwarteten Verlustbeträge nach folgender Formel ermittelt:

$$\textit{Erwarteter Verlustbetrag} = EL \times \textit{Risikopositionswert}$$

Die EL-Werte werden wie folgt angesetzt:
Erwarteter Verlust (EL) = 0,8% für Positionen aus privatem Beteiligungskapital in hinreichend diversifizierten Portfolios,

Erwarteter Verlust (EL) = 0,8 % für börsengehandelte Beteiligungspositionen,
Erwarteter Verlust (EL) = 2,4 % für alle übrigen Beteiligungspositionen.

(8) Bei Beteiligungspositionen, bei denen die risikogewichteten Positionsbeträge nach dem PD-/LGD-Ansatz berechnet werden, werden der erwartete Verlust und die erwarteten Verlustbeträge nach folgenden Formeln ermittelt:

$$\text{Erwarteter Verlust (EL)} = PD \times LGD$$

$$\text{Erwarteter Verlustbetrag} = EL \times \text{Risikopositionswert.}$$

(9) Bei Beteiligungspositionen, bei denen die risikogewichteten Positionsbeträge nach einem internen Modell berechnet werden, werden die erwarteten Verlustbeträge mit Null angesetzt.

(10) Die erwarteten Verlustbeträge für das Verwässerungsrisiko bei angekauften Forderungen werden nach folgender Formel berechnet:

$$\text{Erwarteter Verlust (EL)} = PD \times LGD$$

$$\text{Erwarteter Verlustbetrag} = EL \times \text{Risikopositionswert.}$$

Artikel 159   Behandlung erwarteter Verlustbeträge

Institute ziehen die nach Artikel 158 Absätze 5, 6 und 10 ermittelten erwarteten Verlustbeträge von den für die entsprechenden Risikopositionen vorgenommenen allgemeinen und spezifischen Kreditrisikoanpassungen und zusätzlichen Wertberichtigungen gemäß den Artikeln 34 und 110 sowie weiteren Verringerungen der Eigenmittel ab. Abschläge auf zum Zeitpunkt des Ankaufs bereits ausgefallene bilanzielle Risikopositionen im Sinne des Artikels 166 Absatz 1 werden behandelt wie Kreditrisikoanpassungen. Spezifische Kreditrisikoanpassungen für ausgefallene Risikopositionen werden nicht zur Deckung der bei anderen Risikopositionen erwarteten Verlustbeträge verwendet. Die bei verbrieften Risikopositionen erwarteten Verlustbeträge sowie die für diese Risikopositionen vorgenommenen allgemeinen und spezifischen Kreditrisikoanpassungen werden nicht in diese Berechnung einbezogen.

Abschnitt 4   PD, LGD und Laufzeit

Unterabschnitt 1   Risikopositionen gegenüber Unternehmen, Instituten, Zentralstaaten und Zentralbanken

Artikel 160   Ausfallwahrscheinlichkeit (PD)

(1) Die PD einer Risikoposition gegenüber einem Unternehmen oder Institut beträgt mindestens 0,03 %.

(2) Bei angekauften Unternehmensforderungen, deren Ausfallwahrscheinlichkeit ein Institut nicht schätzen kann oder bei denen die PD-Schätzungen des Instituts die Anforderungen des Abschnitts 6 nicht erfüllen, wird die Ausfallwahrscheinlichkeit nach folgenden Methoden bestimmt:
a) Bei vorrangigen Ansprüchen auf angekaufte Unternehmensforderungen ist die PD der vom Institut geschätzte erwartete Verlust (EL), geteilt durch die Verlustquote bei Ausfall (LGD) dieser Forderungen;
b) Bei nachrangigen Ansprüchen auf angekaufte Unternehmensforderungen ist die PD der vom Kreditinstitut geschätzte EL;
c) Ein Institut, das gemäß Artikel 143 die Genehmigung über Unternehmen eigene LGD-Schätzungen zu verwenden, und in der Lage ist, seine EL-Schätzungen für angekaufte Unternehmensforderungen in einer Weise in PD und LGD aufzulösen, die die zuständige Behörde für zuverlässig hält, darf die aus dieser Auflösung resultierende PD-Schätzung verwenden.

(3) Die PD ausgefallener Schuldner beträgt 100 %.

(4) Gemäß Kapitel 4 dürfen Institute bei der PD eine Absicherung ohne Sicherheitsleistung berücksichtigen. Zur Absicherung des Verwässerungsrisikos kann neben den in Artikel 201 Absatz 1 Buchstabe g genannten Sicherungsgebern auch der Verkäufer der angekauften Forderungen als Sicherungsgeber anerkannt werden, sofern folgende Bedingungen erfüllt sind:
a) Für das Unternehmen liegt eine Bonitätsbeurteilung einer ECAI vor, die von der EBA nach den Vorschriften des Kapitels 2 über die Risikogewichtung von Risikopositionen gegenüber Unternehmen mit einer Bonitätsstufe von mindestens 3 gleichgesetzt wird.
b) Für das Unternehmen liegt im Fall von Instituten, die die risikogewichteten Positionsbeträge und erwarteten Verlustbeträge nach dem IRB-Ansatz berechnen, keine Bonitätsbeurteilung einer benannten ECAI vor und es wird nach der internen Beurteilung eine PD angesetzt, die der Bonitätsbeurteilung einer benannten ECAI gleichwertig ist, welche von der EBA nach den Vorschriften des Kapitels 2 über die Risikogewichtung von Risikopositionen gegenüber Unternehmen mit einer Bonitätsstufe von mindestens 3 gleichgesetzt wird.

(5) Institute, die eigene LGD-Schätzungen verwenden, können eine Absicherung ohne Sicherheitsleistung vorbehaltlich des Artikels 161 Absatz 3 durch Anpassung der PD anerkennen.

(6) Für das Verwässerungsrisiko bei angekauften Unternehmensforderungen wird die PD mit der EL-Schätzung des Instituts für das Verwässerungsrisiko gleichgesetzt. Ein Institut, dem die zuständige Behörde gemäß Artikel 143 erlaubt hat, für Risikopositionen gegenüber Unternehmen eigene LGD-Schätzungen zu verwenden, und das in der Lage ist, seine EL-Schätzungen für das Verwässerungsrisiko bei angekauften Unternehmensforderungen in einer Weise in PD und LGD aufzulösen, die die zuständige Behörde für zuverlässig hält, darf die aus dieser Auflösung resultierende PD-Schätzung verwenden. Bei der Ermittlung der PD dürfen Institute gemäß Kapitel 4 eine Absicherung ohne Sicherheitsleistung anerkennen. Zur Absicherung des Verwässerungsrisikos kann neben den in Artikel 201 Absatz 1 Buchstabe g genannten Sicherungsgebern auch der Verkäufer der angekauften Forderungen als Sicherungsgeber anerkannt werden, sofern die Bedingungen des Absatzes 4 erfüllt sind.

(7) Abweichend von Artikel 201 Absatz 1 Buchstabe g können Unternehmen, die die Bedingungen des Absatzes 4 erfüllen, als Sicherungsgeber anerkannt werden.

Ein Institut, das die Erlaubnis der zuständigen Behörde gemäß Artikel 143 erhalten hat, für das Verwässerungsrisiko bei angekauften Unternehmensforderungen eigene LGD-Schätzungen zu verwenden, darf eine Absicherung ohne Sicherheitsleistung vorbehaltlich des Artikels 161 Absatz 3 durch Anpassung der PD anerkennen.

Artikel 161   Verlustquote bei Ausfall (LGD)

(1) Die Institute verwenden die folgenden LGD-Werte:
a) vorrangige Risikopositionen ohne anerkannte Sicherheit: 45 %,
b) nachrangige Risikopositionen ohne anerkannte Sicherheit: 75 %,
c) bei der Ermittlung der LGD dürfen die Institute gemäß Kapitel 4 eine Besicherung mit und eine Absicherung ohne Sicherheitsleistung anerkennen,
d) gedeckten Schuldverschreibungen, die für eine Behandlung nach Artikel 129 Absätze 4 oder 5 in Frage kommen, darf ein LGD-Wert von 11,25 % zugewiesen werden,
e) angekaufte vorrangige Unternehmensforderungen, wenn ein Institut nicht in der Lage ist, die PD zu schätzen oder die PD-Schätzungen des Instituts die Anforderungen des Abschnitts 6 nicht erfüllen: 45 %,

f) angekaufte nachrangige Unternehmensforderungen, wenn ein Institut nicht in der Lage ist, die PD zu schätzen oder die PD-Schätzungen des Instituts die Anforderungen des Abschnitts 6 nicht erfüllen: 100 %,
g) Verwässerungsrisiko bei angekauften Unternehmensforderungen: 75 %.

(2) Hat ein Institut die Erlaubnis der zuständigen Behörde gemäß Artikel 143 erhalten, für Risikopositionen gegenüber Unternehmen eigene LGD-Schätzungen zu verwenden, und kann es seine EL-Schätzungen für angekaufte Unternehmensforderungen in einer Weise in PD und LGD auflösen, die die zuständige Behörde für zuverlässig hält, darf es in Bezug auf das Verwässerungs- und das Ausfallrisiko die LGD-Schätzung für angekaufte Unternehmensforderungen verwenden.

(3) Hat ein Institut die Erlaubnis der zuständigen Behörde gemäß Artikel 143 erhalten, für Risikopositionen gegenüber Unternehmen, Instituten, Zentralstaaten und Zentralbanken eigene LGD-Schätzungen zu verwenden, kann eine Absicherung ohne Sicherheitsleistung vorbehaltlich der Anforderungen in Abschnitt 6 und der Genehmigung der zuständigen Behörden durch Anpassung von PD oder LGD anerkannt werden. Ein Institut darf garantierten Risikopositionen keine angepasste PD oder LGD zuweisen, wenn dies dazu führen würde, dass das angepasste Risikogewicht niedriger wäre als das einer vergleichbaren direkten Risikopositionen gegenüber dem Garantiegeber.

(4) Für die Zwecke der in Artikel 153 Absatz 3 genannten Unternehmen ist die LGD einer vergleichbaren direkten Risikoposition gegenüber dem Sicherungsgeber die LGD, die entweder für eine nicht abgesicherte Fazilität für den Garantiegeber oder für die nicht abgesicherte Fazilität des Schuldners angesetzt ist, je nachdem, ob für den Fall, dass sowohl Garantiegeber als auch Schuldner während der Laufzeit des abgesicherten Geschäfts ausfallen, die zur Verfügung stehenden Informationen und die Struktur der Garantie darauf hindeuten, dass die Höhe des wiedererlangten Betrags von der Finanzlage des Garantiegebers bzw. des Schuldners abhängt.

Artikel 162   Laufzeit

(1) Institute, die keine Erlaubnis erhalten haben, für Risikopositionen gegenüber Unternehmen, Instituten, Zentralstaaten oder Zentralbanken eigene LGD und eigene Umrechnungsfaktoren zu verwenden, weisen den aus Pensionsgeschäften oder Wertpapier- oder Warenleih- oder -verleihgeschäften resultierenden Risikopositionen eine effektive Restlaufzeit (M) von 0,5 Jahren und allen anderen Risikopositionen eine M von 2,5 Jahren zu.

Alternativ dazu entscheiden die zuständigen Behörden, wenn sie die Erlaubnis nach Artikel 143 geben, ob das Institut für jede Risikoposition gemäß Absatz 2 die effektive Restlaufzeit (M) berechnen muss.

(2) Institute, die die Erlaubnis der zuständigen Behörde erhalten haben, für Risikopositionen gegenüber Unternehmen, Instituten, Zentralstaaten oder Zentralbanken eigene LGD und eigene Umrechnungsfaktoren zu verwenden, berechnen M für jede dieser Risikopositionen gemäß den Buchstaben a bis e und vorbehaltlich der Absätze 3 bis 5. M darf nicht mehr als fünf Jahre betragen, außer in den Fällen nach Artikel 384 Absatz 1, in denen der dort für M festgelegte Wert verwendet wird.

a) Bei einem Instrument mit festgelegtem Zins- und Tilgungsplan wird M nach folgender Formel berechnet:

$$M = max\left\{1, min\left\{\frac{\sum_t t \cdot CF_t}{\sum_t CF_t}, 5\right\}\right\}$$

wobei CF_t die vertraglichen Zahlungsströme (Nominalbetrag, Zinsen und Gebühren) bezeichnet, die der Schuldner in Periode t zu leisten hat.

b) Bei Derivaten, die einer Netting-Rahmenvereinbarung unterliegen, ist M die gewichtete durchschnittliche Restlaufzeit der Risikoposition, wobei M mindestens ein Jahr beträgt und für die Gewichtung der Laufzeit der Nominalbetrag der einzelnen Risikopositionen herangezogen wird.
c) Bei Risikopositionen aus vollständig oder nahezu vollständig besicherten Derivatgeschäften der Liste in Anhang II und vollständig oder nahezu vollständig besicherten Lombardgeschäften, die einer Netting-Rahmenvereinbarung unterliegen, ist M die gewichtete durchschnittliche Restlaufzeit, wobei M mindestens 10 Tage beträgt.
d) Bei Pensionsgeschäften oder Wertpapier- oder Warenleih- oder -verleihgeschäften, die einer Netting-Rahmenvereinbarung unterliegen, ist M die gewichtete durchschnittliche Restlaufzeit, wobei M mindestens 5 Tage beträgt. Für die Gewichtung der Laufzeit wird der Nominalbetrag des einzelnen Geschäfts herangezogen.
e) Bei einem Institut, das die Erlaubnis der zuständigen Behörde gemäß Artikel 138 erhalten hat, für angekaufte Unternehmensforderungen eigene PD-Schätzungen zu verwenden, ist M bei in Anspruch genommenen Beträgen gleich der gewichteten durchschnittlichen Laufzeit der angekauften Forderungen, wobei M mindestens 90 Tage beträgt. Der gleiche M-Wert wird auch für nicht in Anspruch genommene Beträge im Rahmen einer Ankaufszusage verwendet, sofern die Fazilität wirksame Vertragsbestandteile, Auslöser für eine vorzeitige Tilgung oder andere Merkmale enthält, die das ankaufende Institut über die gesamte Fazilitätslaufzeit gegen wesentliche Qualitätsverschlechterungen bei künftigen Forderungen absichern. Fehlen solche wirksamen Absicherungen, so ist M für die nicht in Anspruch genommenen Beträge die Summe aus der Forderung mit der im Rahmen der Ankaufvereinbarung potenziell längsten Laufzeit und der Restlaufzeit der Fazilität, wobei M mindestens 90 Tage beträgt.
f) Bei allen anderen in diesem Absatz genannten nicht Instrumenten oder wenn ein Institut M nicht gemäß Buchstabe a berechnen kann, ist M gleich der maximalen Zeitspanne (in Jahren), die dem Schuldner zur vollständigen Erfüllung seiner vertraglichen Pflichten zur Verfügung steht, beträgt aber mindestens ein Jahr.
g) Institute, die zur Berechnung der Risikopositionswerte die auf einem internen Modell beruhende Methode gemäß Kapitel 6 Abschnitt 6 verwenden, ermitteln für Risikopositionen, bei denen sie nach dieser Methode verfahren und bei denen die Laufzeit des Vertrags mit der längsten Laufzeit im Netting-Satz mehr als ein Jahr beträgt, M nach folgender Formel:

$$M = min\left\{\frac{\sum_k EffectiveEE_{t_k} \cdot \Delta t_k \cdot df_{t_k} \cdot s_{t_k} + \sum_k EE_{t_k} \cdot \Delta t_k \cdot df_{t_k} \cdot (1 - s_{t_k})}{\sum_k EffectiveEE_{t_k} \cdot \Delta t_k \cdot df_{t_k} \cdot s_{t_k}}, 5\right\}$$

dabei entspricht

s_{t_k} = einer Scheinvariablen, deren Wert im künftigen Zeitraum t_k gleich 0 ist, wenn $t_k > 1$ Jahr und gleich 1, wenn $t_k < 1$,

EE_{t_k} = dem zum künftigen Zeitraum t_k erwarteten Wiederbeschaffungswert,

$EffectiveEE_{t_k}$ = dem zum künftigen Zeitraum t_k erwarteten effektiven Wiederbeschaffungswert,

df_{t_k} = dem risikolosen Abzinsungsfaktor für den künftigen Zeitraum t_k.

$$\Delta t_k = t_k - t_{k-1}.$$

h) Ein Institut, das zur Berechnung einer einseitigen kreditrisikobezogenen Bewertungsanpassung ein internes Modell verwendet, darf bei entsprechender Genehmigung der zuständigen Behörden die anhand eines internen Modells geschätzte effektive Kreditlaufzeit als M einsetzen.

Vorbehaltlich des Absatzes 2 gilt für Netting-Sätze, bei denen alle Verträge eine Ursprungslaufzeit von weniger als einem Jahr haben, die Formel nach Buchstabe a;
i) Bei Instituten, die zur Berechnung der Risikopositionswerte die auf einem internen Modell beruhende Methode nach Kapitel 6 Abschnitt 6 verwenden, und denen gemäß Teil 3 Titel IV Kapitel 5 erlaubt wurde, für das spezifische Risiko gehandelter Schuldinstrumente ein internes Modell zu verwenden, wird M in der in Formel nach Artikel 153 Absatz 1 gleich 1 gesetzt, sofern das Institut den zuständigen Behörden gegenüber nachweisen kann, dass sein gemäß Artikel 383 angewandtes internes Modell für das spezifische Risiko gehandelter Schuldinstrumente den Auswirkungen von Ratingmigrationen Rechnung trägt.
j) Für die Zwecke des Artikels 153 Absatz 3 ist M gleich der effektiven Laufzeit der Kreditabsicherung, beträgt aber mindestens ein Jahr.

(3) Sofern die Dokumentation tägliche Nachschusszahlungen und eine tägliche Neubewertung vorschreibt und Bestimmungen enthält, die bei Ausfall oder ausbleibenden Nachschusszahlungen die umgehende Verwertung oder Verrechnung der Sicherheiten ermöglichen, beträgt M in nachstehend genannten Fällen mindestens einen Tag:
a) bei vollständig oder nahezu vollständig abgesicherten Derivatgeschäften der Liste in Anhang II,
b) bei vollständig oder nahezu vollständig abgesicherten Lombardgeschäften,
c) bei Pensionsgeschäften und Wertpapier- oder Warenleih- oder -verleihgeschäften.

Auch bei anerkennungsfähigen kurzfristigen Risikopositionen, die nicht Teil einer fortlaufenden Finanzierung des Schuldners durch das Institut sind, beträgt M mindestens einen Tag. Anerkennungsfähige kurzfristige Risikopositionen sind unter anderem:
a) Risikopositionen gegenüber Instituten, die sich aus der Abwicklung von Fremdwährungsverbindlichkeiten ergeben,
b) sich selbst liquidierende kurzfristige Handelsfinanzierungsgeschäfte im Zusammenhang mit dem Austausch von Waren oder Dienstleistungen mit maximal einjähriger Restlaufzeit im Sinne des Artikels 4 Absatz 1 Nummer 80,
c) Risikopositionen, die sich aus der Abrechnung von Wertpapieran- und -verkäufen innerhalb der üblichen Lieferfrist oder innerhalb von zwei Geschäftstagen ergeben,
d) Risikopositionen, die sich aus dem elektronischen Barausgleich, der Abrechnung elektronischer Zahlungsvorgänge und im Voraus beglichener Kosten ergeben, einschließlich Überziehungen, die durch fehlgeschlagene Geschäfte bedingt sind und nicht über eine vereinbarte geringe Anzahl von Geschäftstagen hinausgehen.

(4) Bei Risikopositionen gegenüber Unternehmen mit Sitz in der Union sowie einem konsolidierten Jahresumsatz und einer konsolidierten Bilanzsumme von weniger als 500 Mio. EUR können Institute sich dafür entscheiden, M durchgängig nach Absatz 1 anstatt nach Absatz 2 festzulegen. Bei Unternehmen, deren Geschäft im Wesentlichen im Besitz und in der Vermietung nicht spekulativer Wohnobjekte besteht, dürfen die Institute den Betrag von 500 Mio. EUR für die Bilanzsumme durch 1 000 Mio. EUR ersetzen.

(5) Laufzeitinkongruenzen werden gemäß Kapitel 4 behandelt.

Unterabschnitt 2   Risikopositionen aus dem Mengengeschäft

Artikel 163   Ausfallwahrscheinlichkeit (PD)

(1) Die PD einer Risikoposition beträgt mindestens 0,03 %.
(2) Die PD von Schuldnern oder für den Fall, dass von der Fazilität ausgegangen wird, von ausgefallenen Risikopositionen beträgt 100 %.

(3) Für das Verwässerungsrisiko bei angekauften Forderungen wird die PD mit den EL-Schätzungen für das Verwässerungsrisiko gleichgesetzt. Kann ein Institut seine EL-Schätzungen für das Verwässerungsrisiko bei angekauften Forderungen in einer Weise in PD und LGD auflösen, die die zuständigen Behörden für zuverlässig halten, darf die PD-Schätzung verwendet werden.

(4) Einer Absicherung ohne Sicherheitsleistung kann vorbehaltlich des Artikels 164 Absatz 2 durch Anpassung der PD Rechnung getragen werden. Zur Absicherung des Verwässerungsrisikos kann neben den in Artikel 201 Absatz 1 Buchstabe g genannten Sicherungsgebern auch der Verkäufer der angekauften Forderungen als Sicherungsgeber anerkannt werden, wenn die Bedingungen des Artikels 160 Absatz 4 erfüllt sind.

Artikel 164 Verlustquote bei Ausfall (LGD)

(1) Vorbehaltlich der Anforderungen des Abschnitts 6 und der Erlaubnis der zuständigen Behörden nach Artikel 143 legen die Institute eigene LGD-Schätzungen vor. Für das Verwässerungsrisiko bei angekauften Forderungen wird ein LGD-Wert von 75% angesetzt. Kann ein Institut seine EL-Schätzungen für das Verwässerungsrisiko bei angekauften Forderungen verlässlich in PD und LGD auflösen, darf es seine eigene LGD-Schätzung verwenden.

(2) Eine Absicherung ohne Sicherheitsleistung kann vorbehaltlich der Anforderungen des Artikels 183 Absätze 1, 2 und 3 und einer entsprechenden Erlaubnis der zuständigen Behörden zur Unterlegung einer einzelnen Risikoposition oder eines Risikopositionen-Pools durch Anpassung der PD- oder LGD-Schätzungen als anerkennungsfähig anerkannt werden. Ein Institut darf garantierten Risikopositionen keine angepasste PD oder LGD zuweisen, wenn dies dazu führen würde, dass das angepasste Risikogewicht niedriger wäre als das einer vergleichbaren direkten Risikoposition gegenüber dem Garantiegeber.

(3) Für die Zwecke des Artikels 154 Absatz 2 ist die in Artikel 153 Absatz 3 genannte LGD einer vergleichbaren direkten Risikoposition gegenüber dem Sicherungsgeber die LGD, die entweder für eine nicht abgesicherte Fazilität für den Garantiegeber oder für die nicht abgesicherte Fazilität des Schuldners angesetzt ist, je nachdem, ob für den Fall, dass sowohl Garantiegeber als auch Schuldner während der Laufzeit des abgesicherten Geschäfts ausfallen, die zur Verfügung stehenden Informationen und die Struktur der Garantie darauf hindeuten, dass die Höhe des wiedererlangten Betrags von der Finanzlage des Garantiegebers bzw. des Schuldners abhängt.

(4) Bei allen durch Wohnimmobilien besicherten Risikopositionen aus dem Mengengeschäft, für die keine Garantie eines Zentralstaats besteht, beträgt die risikopositionsgewichtete durchschnittliche LGD mindestens 10%.

Bei allen durch Gewerbeimmobilien besicherten Risikopositionen aus dem Mengengeschäft, für die keine Garantie eines Zentralstaats besteht, beträgt die risikopositionsgewichtete durchschnittliche LGD mindestens 15%.

(5) Auf der Grundlage der nach Artikel 101 erhobenen Daten und unter Berücksichtigung zukunftsorientierter Immobilienmarktentwicklungen und aller anderen maßgeblichen Indikatoren bewerten die zuständigen Behörden regelmäßig, mindestens jedoch jährlich, ob die LGD-Mindestwerte des Absatzes 4 für Risikopositionen angemessen sind, die durch im Hoheitsgebiet ihres Landes belegene Wohn- oder Gewerbeimmobilien besichert sind. Die zuständigen Behörden können gegebenenfalls auf der Grundlage von Erwägungen in Bezug auf die Finanzmarktstabilität höhere Mindestwerte bei der risikopositionsgewichteten durchschnittlichen LGD für durch Immobilien im Hoheitsgebiet ihres Landes besicherte Risikopositionen ansetzen.

Die zuständigen Behörden zeigen jede Änderung der LGD-Mindestwerte, die sie gemäß Unterabsatz 1 vornehmen, der EBA an, die diese LGD-Werte daraufhin veröffentlicht.

(6) Die EBA arbeitet technische Regulierungsstandards zur Festlegung der Bedingungen aus, denen die zuständigen Behörden bei der Festlegung höherer LGD-Mindestwerte Rechnung tragen müssen.

Die EBA legt der Kommission diese Entwürfe technischer Regulierungsstandards bis 31. Dezember 2014 vor.

Der Kommission wird die Befugnis übertragen, die technischen Regulierungsstandards nach Unterabsatz 1 gemäß den Artikeln 10 bis 14 der Verordnung (EU) Nr. 1093/2010 zu erlassen.

(7) Die Institute eines Mitgliedstaats wenden die höheren LGD-Mindestwerte an, die von den zuständigen Behörden eines anderen Mitgliedstaats für die Risikopositionen festgelegt wurden, die durch in diesem Mitgliedstaat belegene Immobilien besichert sind.

Unterabschnitt 3   Beteiligungspositionen, bei denen nach der PD/LGD-Methode verfahren werden muss

Artikel 165   Beteiligungspositionen, bei denen nach der PD/LGD-Methode verfahren werden muss

(1) PD werden nach den für Risikopositionen gegenüber Unternehmen geltenden Methoden ermittelt.

Es gelten folgende Mindestwerte für PD:
a) 0,09 % für börsengehandelte Beteiligungspositionen, wenn die Beteiligung im Rahmen einer langjährigen Kundenbeziehung eingegangen wird,
b) 0,09 % für nicht börsengehandelte Beteiligungspositionen, bei denen die Renditen auf regelmäßig wiederkehrenden Zahlungen und nicht auf Kursgewinnen basieren,
c) 0,40 % für börsengehandelte Beteiligungspositionen einschließlich sonstiger Verkaufspositionen gemäß Artikel 155 Absatz 2,
d) 1,25 % für alle übrigen Beteiligungspositionen einschließlich sonstiger Verkaufspositionen gemäß Artikel 155 Absatz 2.

(2) Bei Positionen aus privatem Beteiligungskapital in hinreichend diversifizierten Portfolios darf die LGD mit 65 % angesetzt werden. Bei allen anderen derartigen Positionen wird die LGD mit 90 % angesetzt.

(3) M wird bei allen Positionen mit fünf Jahren angesetzt.

Abschnitt 5   Risikopositionswert

Artikel 166   Risikopositionen gegenüber Unternehmen, Instituten, Zentralstaaten und Zentralbanken sowie Risikopositionen aus dem Mengengeschäft

(1) Sofern nicht anders angegeben, ist der Wert bilanzieller Risikopositionen der Buchwert, der ohne Berücksichtigung etwaiger Kreditrisikoanpassungen bemessen wird.

Dies gilt auch für Vermögenswerte, die zu einem anderen Preis als dem geschuldeten Betrag angekauft wurden.

Bei angekauften Vermögenswerten wird die beim Ankauf in der Bilanz des Instituts erfasste Differenz zwischen dem geschuldeten Betrag und dem nach spezifischen Kreditrisikoanpassungen verbleibenden Buchwert als Abschlag bezeichnet, wenn der geschuldete Betrag größer ist, und als Prämie, wenn er kleiner ist.

(2) Macht ein Institut bei Pensionsgeschäften oder Wertpapier- oder Warenverleih oder -leihgeschäften von Netting-Rahmenvereinbarungen Gebrauch, so wird der Risikopositionswert gemäß Kapitel 4 oder 6 berechnet.

(3) Für das Netting bilanzierter Kredite und Einlagen berechnen die Institute den Risikopositionswert nach den in Kapitel 4 beschriebenen Methoden.

(4) Bei einem Leasinggeschäft entspricht der Risikopositionswert den abgezinsten Mindestleasingzahlungen. Mindestleasingzahlungen umfassen Zahlungen, zu denen der Leasingnehmer über den Leasingzeitraum verpflichtet ist oder verpflichtet werden kann und jede günstige Kaufoption (d. h. eine Option, deren Ausübung nach vernünftigen Maßstäben als sicher erscheint). Kann eine andere Partei als der Leasingnehmer zur Zahlung des Restwerts eines geleasten Vermögenswerts verpflichtet werden und genügt diese Zahlungsverpflichtung den Bedingungen des Artikels 201 für die Anerkennungsfähigkeit von Sicherungsgebern sowie den Anforderungen des Artikels 213 für die Anerkennung anderer Garantiearten, kann die Zahlungsverpflichtung gemäß Kapitel 4 als Absicherung ohne Sicherheitsleistung anerkannt werden.

(5) Bei den in Anhang II genannten Geschäften wird der Risikopositionswert nach den in Kapitel 6 beschriebenen Methoden ermittelt, wobei etwaige Kreditrisikoanpassungen unberücksichtigt bleiben.

(6) Der Risikopositionswert zur Berechnung der risikogewichteten Positionsbeträge angekaufter Risikopositionen ist der nach Absatz 1 ermittelte Wert abzüglich der Eigenmittelanforderungen für das Verwässerungsrisiko vor Anwendung von Risikominderungstechniken.

(7) Bei Risikopositionen in Form von Wertpapieren oder Waren, die im Rahmen von Pensions-, Wertpapier- oder Warenleihgeschäften, Geschäften mit langer Abwicklungsfrist und Lombardgeschäften veräußert, hinterlegt oder verliehen werden, ist der Risikopositionswert der nach Artikel 24 ermittelte Wert der Wertpapiere oder Waren. Wird die umfassende Methode zur Berücksichtigung finanzieller Sicherheiten nach Artikel 223 angewandt, wird auf den Risikopositionswert die nach Maßgabe dieser Methode für solche Wertpapiere oder Waren als angemessen anzusehende Volatilitätsanpassung aufgeschlagen. Der Risikopositionswert von Pensionsgeschäften, Wertpapier- oder Warenleihgeschäften, Geschäften mit langer Abwicklungsfrist und Lombardgeschäften kann entweder nach Kapitel 6 oder nach Artikel 220 Absatz 2 bestimmt werden.

(8) In nachstehend genannten Fällen errechnet sich der Risikopositionswert aus dem zugesagten, aber nicht in Anspruch genommenen Betrag, multipliziert mit einem Umrechnungsfaktor. Zu diesem Zweck verwenden die Institute gemäß Artikel 151 Absatz 8 die folgenden Umrechnungsfaktoren für Risikopositionen gegenüber Unternehmen, Instituten, Zentralstaaten und Zentralbanken:
a) Für Kreditlinien, die ein Institut jederzeit unangekündigt und bedingungslos kündigen kann, oder die bei einer Verschlechterung der Bonität des Kreditnehmers automatisch eine Kündigung nach sich ziehen, gilt ein Umrechnungsfaktor von 0 %. Um einen Umrechnungsfaktor von 0 % anwenden zu können, überwachen die Institute die Finanzlage des Schuldners aktiv und verfügen über interne Kontrollsysteme, die es ihnen ermöglichen, eine Bonitätsverschlechterung beim Schuldner sofort festzustellen. Nicht in Anspruch genommene Kreditlinien können als uneingeschränkt kündbar angesehen werden, wenn die Vertragsbedingungen es dem Institut erlauben, die nach dem Verbraucherschutzrecht und den damit verbundenen Rechtsvorschriften zulässigen Kündigungsmöglichkeiten voll auszuschöpfen;
b) für kurzfristige Dokumentenakkreditive, die anlässlich eines Warentransfers ausgestellt werden, gilt sowohl für das emittierende als auch für das bestätigende Institut ein Umrechnungsfaktor von 20 %;
c) für nicht in Anspruch genommene Ankaufszusagen für revolvierende angekaufte Risikopositionen, die uneingeschränkt kündbar sind oder deren Vertragsbedingungen die Möglichkeit einer jederzeitigen unangekündigten automatischen Kündigung durch das Institut vorsehen, gilt ein Umrechnungsfaktor von 0 %. Um einen Umrechnungsfaktor von 0 % anwenden zu können, überwachen die Institute die Finanzlage des Schuldners aktiv und verfügen über interne Kontrollsysteme, die es ihnen ermöglichen, eine Bonitätsverschlechterung beim Schuldner sofort festzustellen;

d) für sonstige Kreditlinien, Absicherungsfazilitäten (›note issuance facilities‹, NIF) und Fazilitäten zur revolvierenden Platzierung von Geldmarktpapieren (›revolving underwriting facilities‹, RUF) gilt ein Umrechnungsfaktor von 75%.

Institute, die die Anforderungen des Abschnitts 6 für die Verwendung eigener Umrechnungsfaktor-Schätzungen erfüllen, können mit Genehmigung der zuständigen Behörden bei den unter den Buchstaben a bis d genannten verschiedenen Produktarten ihre eigenen Umrechnungsfaktor-Schätzungen verwenden.

(9) Hat eine Zusage die Verlängerung einer anderen Zusage zum Gegenstand, so wird von den für die einzelnen Zusagen geltenden Umrechnungsfaktoren der niedrigere verwendet.

(10) Bei allen anderen, nicht in den Absätzen 1 bis 8 genannten außerbilanziellen Positionen ist der Risikopositionswert der folgende Prozentsatz seines Werts:
a) 100% bei Positionen mit hohem Risiko,
b) 50% bei Positionen mit mittlerem Risiko,
c) 20% bei Positionen mit mittlerem/niedrigem Risiko,
d) 0% bei Positionen mit niedrigem Risiko.

Für die Zwecke dieses Absatzes werden die außerbilanziellen Positionen gemäß Anhang I Risikokategorien zugeordnet.

Artikel 167 Beteiligungspositionen

(1) Der Risikopositionswert von Beteiligungspositionen ist der nach spezifischen Kreditrisikoanpassungen verbleibende Buchwert.

(2) Der Risikopositionswert außerbilanzieller Beteiligungspositionen ist der Nominalwert abzüglich spezifischer Kreditrisikoanpassungen für die betreffende Risikoposition.

Artikel 168 Sonstige Aktiva ohne Kreditverpflichtungen

Der Risikopositionswert sonstiger Aktiva ohne Kreditverpflichtungen ist der nach spezifischen Kreditrisikoanpassungen verbleibende Buchwert.

Abschnitt 6 Anforderungen an die Anwendung des IRB-Ansatzes

Unterabschnitt 1 Ratingsysteme

Artikel 169 Allgemeine Grundsätze

(1) Verwendet ein Institut mehrere unterschiedliche Ratingsysteme, so werden die Kriterien für die Zuordnung eines Schuldners oder eines Geschäfts zu einem Ratingsystem dokumentiert und so angewandt, dass dem jeweiligen Risiko angemessen Rechnung getragen wird.

(2) Die Zuordnungskriterien und -verfahren werden in regelmäßigen Abständen im Hinblick darauf überprüft, ob sie für das aktuelle Portfolio und die externen Bedingungen weiterhin angemessen sind.

(3) Verwendet ein Institut für einzelne Schuldner oder Risikopositionen direkte Risikoparameter-Schätzungen, so können diese als den Ratingstufen einer fortlaufenden Risikoeinstufungsskala zugeordnete Schätzungen betrachtet werden.

Artikel 170 Struktur von Ratingsystemen

(1) Ratingsysteme für Risikopositionen gegenüber Unternehmen, Instituten, Zentralstaaten und Zentralbanken sind so strukturiert, dass sie folgende Anforderungen erfüllen:

a) Ein Ratingsystem trägt den Risikomerkmalen von Schuldner und Geschäft Rechnung;
b) ein Ratingsystem beinhaltet eine Risikoeinstufungsskala für Schuldner, die ausschließlich die Höhe des Schuldnerausfallrisikos erfasst. Diese Skala umfasst mindestens 7 Ratingstufen für nicht ausgefallene Schuldner und eine Stufe für ausgefallene Schuldner;
c) die Institute dokumentieren, in welchem Verhältnis die Schuldner-Ratingstufen, gemessen an der Höhe des jeweiligen Ausfallrisikos der einzelnen Stufen, zueinander stehen, und anhand welcher Kriterien diese Ausfallrisikohöhe bestimmt wird;
d) Institute, deren Portfolios sich auf ein bestimmtes Marktsegment und eine bestimmte Ausfallrisikospanne konzentrieren, verfügen innerhalb dieser Spanne über eine ausreichende Anzahl von Schuldner-Ratingstufen, um eine übermäßige Konzentration von Schuldnern innerhalb einer Ratingstufe zu vermeiden. Bei erheblichen Konzentrationen in einer Schuldner-Ratingstufe wird durch überzeugende empirische Nachweise belegt, dass diese Ratingstufe eine hinreichend enge PD-Spanne abdeckt und das Ausfallrisiko aller Schuldner dieser Ratingstufe innerhalb dieser Spanne liegt;
e) um von der zuständigen Behörde für die Verwendung eigener LGD-Schätzungen zur Berechnung der Eigenmittelanforderung anerkannt zu werden, beinhaltet ein Ratingsystem eine gesonderte Risikoeinstufungsskala für Fazilitäten, die ausschließlich LGD-bezogene Merkmale von Geschäften erfasst. Die Definition der Fazilitäts-Ratingstufe umfasst sowohl eine Beschreibung, wie Risikopositionen der jeweiligen Ratingstufe zugeordnet werden, als auch eine Beschreibung der Kriterien, anhand deren die Höhe des Risikos von Stufe zu Stufe abgegrenzt wird;
f) bei erheblichen Konzentrationen in einer Fazilitäts-Ratingstufe wird durch überzeugende empirische Nachweise belegt, dass diese Ratingstufe eine hinreichend enge LGD-Spanne abdeckt und das mit allen Risikopositionen dieser Stufe verbundene Risiko innerhalb dieser Spanne liegt.

(2) Institute, die die Risikogewichtung bei Spezialfinanzierungen nach den Methoden des Artikels 153 Absatz 5 vornehmen, müssen nicht über eine Risikoeinstufungsskala für Schuldner verfügen, die ausschließlich die Höhe des Schuldnerausfallrisikos erfasst. Diese Institute sehen für diese Risikopositionen mindestens 4 Ratingstufen für nicht ausgefallene Schuldner und mindestens eine Stufe für ausgefallene Schuldner vor.

(3) Ratingsysteme für Risikopositionen aus dem Mengengeschäft sind so strukturiert, dass sie folgende Anforderungen erfüllen:
a) Die Ratingsysteme bringen sowohl das Schuldner- als auch das Transaktionsrisiko zum Ausdruck und erfassen alle relevanten Schuldner- und Transaktionsmerkmale;
b) der Grad der Risikodifferenzierung gewährleistet, dass die Zahl der Risikopositionen in einer bestimmten Ratingstufe oder einem bestimmten Risikopool ausreicht, um eine aussagekräftige Quantifizierung und Validierung der Verlusteigenschaften auf Ebene der Stufe bzw. des Pools zu ermöglichen. Die Risikopositionen und Schuldner verteilen sich so auf die verschiedenen Stufen oder Pools, dass übermäßige Konzentrationen vermieden werden;
c) das Verfahren für die Zuordnung von Risikopositionen zu Ratingstufen oder Risikopools gewährleistet eine aussagekräftige Differenzierung der Risiken und eine Zusammenfassung hinreichend gleichartiger Risikopositionen und ermöglicht eine genaue und konsistente Schätzung der Verlusteigenschaften auf Ebene der Stufe bzw. des Pools. Bei gekauften Forderungen spiegelt die Zusammenfassung die Kreditvergabepraxis des Verkäufers und die Heterogenität seiner Kundenstruktur wider.

(4) Bei der Zuordnung von Risikopositionen zu Ratingstufen oder Risikopools tragen die Institute folgenden Risikofaktoren Rechnung:
a) Risikomerkmale des Schuldners,
b) Risikomerkmale der des Geschäfts, einschließlich der Art des Produkts und/oder der Sicherheiten. Die Institute berücksichtigen insbesondere Fälle, in denen ein und dieselbe Sicherheit für mehrere einzelne Risikopositionen gestellt wird,
c) Verzugsstatus, außer ein Institut weist seiner zuständigen Behörde nach, dass der Verzugsstatus für die betreffende Risikoposition keinen wesentlichen Risikofaktor darstellt.

Artikel 171 Zuordnung zu Ratingstufen oder Risikopools

(1) Ein Institut verfügt über genau festgelegte Definitionen, Prozesse und Kriterien für die Zuordnung von Risikopositionen zu den Ratingstufen oder Risikopools eines Ratingsystems; diese erfüllen die folgenden Anforderungen:
a) Die Definitionen der Ratingstufen und Risikopools sind detailliert genug, um die für die Zuordnung von Bonitätsbeurteilungen zuständigen Personen in die Lage zu versetzen, Schuldner oder Fazilitäten, die vergleichbare Risiken darstellen, in konsistenter Weise derselben Stufe bzw. demselben Pool zuzuordnen. Diese Konsistenz wird über Geschäftsfelder, Abteilungen und geographische Standorte hinweg gewahrt;
b) die Dokumentation des Ratingprozesses gibt Dritten die Möglichkeit, die Zuordnung von Risikopositionen zu Ratingstufen oder Risikopools nachzuvollziehen, zu reproduzieren und ihre Angemessenheit zu beurteilen;
c) die Zuordnungskriterien stimmen außerdem mit den internen Kreditvergaberichtlinien und den internen Vorschriften des Instituts für den Umgang mit problembehafteten Kreditnehmern und Fazilitäten überein.

(2) Bei der Zuordnung von Schuldnern und Fazilitäten zu einer Ratingstufe oder einem Risikopool trägt ein Institut allen relevanten Informationen Rechnung. Die Informationen sind aktuell und ermöglichen dem Institut eine Prognose der künftigen Entwicklung der Risikoposition. Je weniger Informationen einem Institut zur Verfügung stehen, desto konservativer verfährt es bei der Zuordnung von Risikopositionen zu Schuldner- bzw. Fazilitäts-Ratingstufen oder Risikopools. Stützt sich ein Institut bei der Festlegung einer internen Beurteilung hauptsächlich auf eine externe Bonitätsbeurteilung, so stellt es sicher, dass auch andere relevante Informationen berücksichtigt werden.

Artikel 172 Zuordnung von Risikopositionen

(1) Bei Risikopositionen gegenüber Unternehmen, Instituten, Zentralstaaten und Zentralbanken sowie bei Beteiligungspositionen, auf die ein Institut den PD-/LGD-Ansatz nach Artikel 155 Absatz 3 anwendet, erfolgt die Zuordnung nach folgenden Kriterien:
a) Im Zuge des Kreditgenehmigungsverfahrens wird jeder Schuldner einer Schuldner-Ratingstufe zugeordnet;
b) bei Risikopositionen, für die ein Institut gemäß Artikel 143 die Erlaubnis der zuständigen Behörde erhalten hat, eigene LGD- und Umrechnungsfaktorschätzungen zu verwenden, wird im Zuge des Kreditgenehmigungsverfahrens außerdem jede Risikoposition einer Fazilitäts-Ratingstufe zugeordnet;
c) Institute, die die Risikogewichtung bei Spezialfinanzierungen nach den Methoden des Artikels 153 Absatz 5 vornehmen, ordnen jede dieser Risikopositionen einer der Ratingstufen nach Artikel 1170 Absatz 2 zu;
d) jeder einzelne Rechtsträger, gegenüber dem ein Institut eine Risikoposition hat, wird gesondert beurteilt. Ein Institut verfügt über angemessene Vorschriften für die

Behandlung von einzelnen Schuldnern/Kunden und von Gruppen verbundener Kunden;
e) getrennte Risikopositionen gegenüber demselben Schuldner werden ungeachtet etwaiger Unterschiede in der Art des einzelnen Geschäfts derselben Schuldner-Ratingstufe zugeordnet. Getrennte Risikopositionen gegenüber demselben Schuldner können jedoch verschiedenen Ratingstufen zugeordnet werden, wenn
   i) ein Transferrisiko vorliegt, was davon abhängt, ob die Risikopositionen auf Landeswährung oder eine ausländische Währung lauten,
   ii) die mit einer Risikoposition verbundenen Garantien durch angepasste Zuordnung zu einer Schuldner-Ratingstufe berücksichtigt werden dürfen,
   iii) Verbraucherschutzbestimmungen, Rechtsvorschriften über das Bankgeheimnis oder andere Rechtsvorschriften den Austausch von Kundendaten untersagen.

(2) Bei Risikopositionen aus dem Mengengeschäft wird im Zuge des Kreditgenehmigungsverfahrens jede Position einer Ratingstufe oder einem Risikopool zugeordnet.

(3) Im Hinblick auf die Zuordnung zu Ratingstufen und Risikopools dokumentieren die Institute, in welchen Fällen die Eingaben und Ergebnisse des Zuordnungsprozesses durch individuelle Beurteilung verändert werden dürfen und von wem derartige Abänderungen zu genehmigen sind. Die Institute dokumentieren die Abänderungen und die dafür verantwortlichen Mitarbeiter. Die Institute analysieren die Wertentwicklung der Risikopositionen, deren Zuordnung abgeändert wurde. Diese Analyse umfasst eine Bewertung der Wertentwicklung von Risikopositionen, deren Bonitätsbeurteilung durch eine bestimmte Person abgeändert wurde, wobei über alle verantwortlichen Mitarbeiter Buch geführt wird.

Artikel 173 Integrität des Zuordnungsprozesses

(1) Bei Risikopositionen gegenüber Unternehmen, Instituten, Zentralstaaten und Zentralbanken sowie bei Beteiligungspositionen, für die ein Institut den PD-/LGD-Ansatz nach Artikel 155 Absatz 3 anwendet, erfüllt das Zuordnungsverfahren die folgenden Integritätsanforderungen:
a) Die Zuordnungen und deren regelmäßige Überprüfung werden von einer unabhängigen Partei vorgenommen oder genehmigt, die keinen unmittelbaren Nutzen aus Entscheidungen über die Kreditvergabe zieht;
b) die Institute überprüfen die Zuordnungen mindestens einmal jährlich und passen eine Zuordnung an, wenn das Ergebnis der Überprüfung die Aufrechterhaltung der bisherigen Zuordnung nicht rechtfertigt. Schuldner mit hohem Risiko und problembehaftete Risikopositionen werden in kürzeren Intervallen überprüft. Die Institute nehmen eine neue Zuordnung vor, wenn wesentliche Informationen über den Schuldner oder die Risikoposition bekannt werden;
c) ein Institut verfügt über ein wirksames Verfahren, um maßgebliche Informationen über Schuldnermerkmale mit Auswirkungen auf die PD und über Geschäftsmerkmale mit Auswirkungen auf die LGD oder die Umrechnungsfaktoren zu beschaffen und auf dem neuesten Stand zu halten.

(2) Bei Risikopositionen aus dem Mengengeschäft überprüft ein Institut mindestens einmal jährlich die Schuldner- und Fazilitätszuordnungen und passt eine Zuordnung an, wenn das Ergebnis der Überprüfung die Aufrechterhaltung der bisherigen Zuordnung nicht rechtfertigt, bzw. überprüft mindestens einmal jährlich die Verlusteigenschaften und den Verzugsstatus der einzelnen Risikopools. Ein Institut überprüft außerdem mindestens einmal jährlich anhand einer repräsentativen Stichprobe den Status der einzelnen Risikopositionen innerhalb jedes Pools, um sicherzustellen, dass die Positionen nach wie vor dem richtigen Pool zugeordnet sind, und passt die

Zuordnung an, wenn das Ergebnis der Überprüfung die Aufrechterhaltung der bisherigen Zuordnung nicht rechtfertigt.

(3) Die EBA arbeitet Entwürfe technischer Regulierungsstandards für die Methoden aus, anhand deren die zuständigen Behörden die Integrität des Zuordnungsprozesses und eine regelmäßige und unabhängige Risikobewertung beurteilen.

Die EBA legt der Kommission diese Entwürfe technischer Regulierungsstandards bis zum 31. Dezember 2014 vor.

Der Kommission wird die Befugnis übertragen, die technischen Regulierungsstandards nach Unterabsatz 1 gemäß den Artikeln 10 bis 14 der Verordnung (EU) Nr. 1093/2010 zu erlassen.

Artikel 174 Verwendung von Modellen

Verwendet ein Institut für die Zuordnung von Risikopositionen zu Schuldner- bzw. Fazilitäts-Ratingstufen oder Risikopools statistische Modelle und andere algorithmisch Verfahren, erfüllt es dabei die folgenden Anforderungen:
a) Die Prognosefähigkeit des Modells ist gut, und die Eigenmittelanforderungen werden durch seine Verwendung nicht verzerrt. Die Input-Variablen bilden eine vernünftige und effektive Grundlage für die daraus resultierenden Prognosen. Das Modell darf keine wesentlichen systematischen Fehler enthalten;
b) das Institut verfügt über ein Verfahren zur Überprüfung der in das Modell einfließenden Daten, das eine Bewertung der Genauigkeit, Vollständigkeit und Angemessenheit der Daten umfasst;
c) die für die Entwicklung des Modells herangezogenen Daten sind repräsentativ für die aktuelle Schuldner- und Risikopositionsstruktur des Instituts;
d) das Institut führt regelmäßig Modellvalidierungen durch, die die Überwachung der Leistung und Stabilität des Modells, die Überprüfung der Modellspezifikation und die Gegenüberstellung der Modellergebnisse mit den tatsächlichen Ergebnissen umfassen;
e) um die modellgestützten Zuordnungen zu überprüfen und zu gewährleisten, dass die Modelle ordnungsgemäß verwendet werden, ergänzt das Institut das statistische Modell durch individuelle Beurteilung und Kontrolle. Die Überprüfungsverfahren zielen darauf ab, durch Modellschwächen bedingte Fehler zu finden und zu begrenzen. Im Rahmen der individuellen Beurteilung tragen die zuständigen Mitarbeiter allen einschlägigen Informationen Rechnung, die durch das Modell nicht erfasst werden. Das Institut legt schriftlich nieder, wie die individuelle Beurteilung durch Mitarbeiter und die Modellergebnisse miteinander zu kombinieren sind.

Artikel 175 Dokumentierung von Ratingsystemen

(1) Die Institute dokumentieren die Gestaltung und die operationellen Einzelheiten ihrer Ratingsysteme. Die Dokumentation belegt, dass die Anforderungen dieses Abschnitts eingehalten werden, und gibt unter anderem Aufschluss über die Portfoliodifferenzierung, die Kriterien für die Bonitätsbeurteilung (Ratingkriterien), die Verantwortlichkeiten der für die Bonitätsbeurteilung von Schuldnern und Risikopositionen zuständigen Stellen, die Intervalle für die Überprüfung der Zuordnungen und die Überwachung des Verfahrens der Bonitätsbeurteilung durch das Management.

(2) Das Institut dokumentiert die Gründe für die Wahl seiner Ratingkriterien und belegt sie durch Analysen. Das Institut dokumentiert alle größeren Änderungen des Risikorating-Verfahrens; aus dieser Dokumentation müssen die Änderungen des Risikorating-Verfahrens seit der letzten Überprüfung durch die zuständigen Behörden eindeutig hervorgehen. Auch die Organisation der Zuordnung von Beurteilungen einschließlich des Zuordnungsverfahrens und der internen Kontrollstrukturen wird dokumentiert.

(3) Die Institute dokumentieren die intern verwendeten Ausfall- und Verlustdefinitionen und weisen nach, dass sie mit den Begriffsbestimmungen dieser Verordnung übereinstimmen.

(4) Setzt ein Institut im Rahmen des Verfahrens der Bonitätsbeurteilung statistische Modelle ein, so dokumentiert es deren Methodik. Diese Dokumentation umfasst
a) eine detaillierte Beschreibung der Theorie, der Annahmen und der mathematischen und empirischen Basis für die Zuordnung von Schätzwerten zu Ratingstufen, einzelnen Schuldnern, Risikopositionen oder Risikopools sowie der Datenquelle(n), die für die Schätzung des Modells herangezogen werden,
b) einen strengen statistischen Prozess einschließlich Leistungsfähigkeitstests außerhalb des Beobachtungszeitraums (out-of-time) und außerhalb der Stichprobe (out-of-sample) zur Validierung des Modells,
c) Hinweise auf sämtliche Umstände, unter denen das Modell nicht effizient arbeitet.

(5) Hat ein Institut ein Ratingsystem oder ein innerhalb eines Ratingsystems verwendetes Modell von einem Dritten erworben und verweigert oder beschränkt dieser Verkäufer unter Verweis auf den Schutz des Geschäftsgeheimnisses den Zugang des Instituts zu Informationen über die Methodik des betreffenden Systems oder Modells oder zu Basisdaten, die zur Entwicklung dieser Methodik oder dieses Modells verwendet wurden, so weist das Institut seiner zuständigen Behörde nach, dass die Anforderungen dieses Artikels erfüllt sind.

Artikel 176 Datenpflege

(1) Die Institute erfassen und speichern Daten zu bestimmten Aspekten ihrer internen Beurteilungen nach Maßgabe des Teils 8.

(2) In Bezug auf Risikopositionen gegenüber Unternehmen, Instituten, Zentralstaaten und Zentralbanken sowie in Bezug auf Beteiligungspositionen, für die ein Institut den PD-/LGD-Ansatz nach Artikel 155 Absatz 3 anwendet, erfassen und speichern die Institute Folgendes:
a) die lückenlose Beurteilungshistorie der Schuldner und anerkannten Garantiegeber,
b) die Vergabedaten der Beurteilungen,
c) die zur Ableitung der Beurteilungen herangezogenen wichtigsten Daten und Methodik,
d) den Namen der für die Zuordnung der Beurteilungen verantwortlichen Person,
e) die ausgefallenen Schuldner und Risikopositionen,
f) den Zeitpunkt und die Umstände dieser Ausfälle,
g) Daten zu den Ausfallwahrscheinlichkeiten (PD) und den tatsächlichen Ausfallraten, die mit den Ratingstufen und der Ratingmigration verbunden sind.

(3) Institute, die keine eigenen LGD- und Umrechnungsfaktorschätzungen verwenden, erfassen und speichern die Daten, die zu den Vergleichen zwischen den tatsächlichen LGD und den in Artikel 161 Absatz 1 genannten Werten und zwischen den tatsächlichen Umrechnungsfaktoren und den in Artikel 166 Absatz 8 genannten Werten vorliegen.

(4) Institute, die eigene LGD- und Umrechnungsfaktorschätzungen verwenden, erfassen und speichern Folgendes:
a) die lückenlosen Datenhistorien der Fazilitätsratings sowie die zu jeder einzelnen Risikoeinstufungsskala gehörenden LGD- und Umrechnungsfaktorschätzungen,
b) das Datum, an dem die Beurteilungen zugeordnet und die Schätzungen vorgenommen wurden,
c) die zur Ableitung der Fazilitätsratings sowie der LGD- und Umrechnungsfaktorschätzungen herangezogenen wichtigsten Daten und Methodik,

d) den Namen der Person, von der das Fazilitätsrating vergeben wurde, und den Namen der Person, von der die LGD- und Umrechnungsfaktorschätzungen geliefert wurden,
e) Daten über die geschätzten und tatsächlichen LGD und Umrechnungsfaktoren für jede einzelne ausgefallene Risikoposition,
f) bei Instituten, die die kreditrisikomindernde Wirkung von Garantien oder Kreditderivaten bei der LGD berücksichtigen, Daten über die LGD der Risikoposition vor und nach Bewertung der Auswirkungen einer Garantie oder eines Kreditderivats,
g) Daten über die Verlustkomponenten bei jeder einzelnen ausgefallenen Risikoposition.

(5) In Bezug auf Risikopositionen aus dem Mengengeschäft erfassen und speichern die Institute Folgendes:
a) die bei der Zuordnung von Risikopositionen zu Ratingstufen oder Risikopools verwendeten Daten,
b) Daten über die geschätzten PD, LGD und Umrechnungsfaktoren für Ratingstufen oder Pools von Risikopositionen,
c) die ausgefallenen Schuldner und Risikopositionen,
d) bei ausgefallenen Risikopositionen Daten über die Ratingstufen oder Risikopools, denen die Risikopositionen während des Jahres vor dem Ausfall zugeordnet waren, sowie die tatsächlichen LGD- und Umrechnungsfaktorwerte,
e) Daten über die Verlustquoten bei qualifizierten revolvierenden Risikopositionen aus dem Mengengeschäft.

Artikel 177 Stresstests zur Beurteilung der Angemessenheit der Eigenmittelausstattung

(1) Ein Institut verfügt zur Bewertung der Angemessenheit seiner Eigenmittelausstattung über solide Stresstest-Verfahren. Bei den Stresstests sind auch mögliche Ereignisse oder künftige Veränderungen der ökonomischen Rahmenbedingungen zu ermitteln, die sich nachteilig auf die Kreditrisikopositionen eines Instituts auswirken könnten, wobei auch die Fähigkeit des Instituts zu bewerten ist, derartigen Veränderungen standzuhalten.

(2) Ein Institut führt regelmäßig Kreditrisiko-Stresstests durch, um den Einfluss bestimmter Bedingungen auf seine gesamten Eigenmittelanforderungen für das Kreditrisiko abzuschätzen. Der Test wird vom Institut vorbehaltlich der aufsichtlichen Überprüfung ausgewählt. Der zu verwendende Test ist aussagekräftig und berücksichtigt die Auswirkungen schwerer, aber plausibler Rezessionsszenarios. Ein Institut beurteilt die Ratingmigration unter den Bedingungen der Stresstest-Szenarien. Die im Rahmen der Stresstests untersuchten Portfolios umfassen die überwiegende Mehrheit aller Risikopositionen des Instituts.

(3) Institute, die nach Artikel 153 Absatz 3 verfahren, berücksichtigen im Rahmen ihrer Stresstests die Auswirkungen einer Bonitätsverschlechterung von Sicherungsgebern, insbesondere die Auswirkungen der Tatsache, dass Sicherungsgeber die Anerkennungskriterien nicht mehr erfüllen.

Unterabschnitt 2 Risikoquantifizierung

Artikel 178 Schuldnerausfall

(1) Der Ausfall eines bestimmten Schuldners gilt als gegeben, wenn einer oder beide der folgenden Fälle eingetreten sind:
a) Das Institut sieht es als unwahrscheinlich an, dass der Schuldner seine Verbindlichkeiten gegenüber dem Institut, seinem Mutterunternehmen oder einem seiner Tochterunternehmen in voller Höhe begleichen wird, ohne dass das Institut auf Maßnahmen wie die Verwertung von Sicherheiten zurückgreift.

b) eine wesentliche Verbindlichkeit des Schuldners gegenüber dem Institut, seinem Mutterunternehmen oder einem seiner Tochterunternehmen ist mehr als 90 Tage überfällig. Die zuständigen Behörden dürfen für durch Wohnimmobilien oder für durch Gewerbeimmobilien von KMU besicherte Risikopositionen der Risikopositionsklasse ›Mengengeschäft‹ und für Risikopositionen gegenüber öffentlichen Stellen den Zeitraum von 90 Tagen durch 180 Tage ersetzen. Der Zeitraum von 180 Tagen gilt nicht für die Zwecke des Artikels 127.

Bei Risikopositionen aus dem Mengengeschäft dürfen die Institute so verfahren, dass sie die Ausfalldefinition gemäß Unterabsatz 1 Buchstaben a und b auf einzelne Kreditfazilitäten anwenden und nicht auf die gesamten Verbindlichkeiten eines Kreditnehmers.

(2) Für die Zwecke von Absatz 1 Buchstabe b gilt Folgendes:
a) bei Überziehungen beginnt die Überfälligkeit mit dem Tag, an dem der Kreditnehmer ein mitgeteiltes Limit überschritten hat, ihm ein geringeres Limit als die aktuelle Inanspruchnahme mitgeteilt wurde oder er einen nicht genehmigten Kredit in Anspruch genommen hat und der zugrunde liegende Betrag erheblich ist;
b) für die Zwecke von Buchstabe a ist ein mitgeteiltes Limit jedes vom Institut festgelegte Kreditlimit, das dem Schuldner von dem Institut mitgeteilt worden ist;
c) bei Kreditkarten beginnt die Überfälligkeit mit dem frühesten Fälligkeitstag;
d) die Erheblichkeit einer überfälligen Verbindlichkeit wird durch Vergleich mit einer von den zuständigen Behörden festgelegten Schwelle beurteilt. Diese Schwelle spiegelt die von der zuständigen Behörde als vertretbar angesehene Risikohöhe wider;
e) die Institute verfügen über schriftlich niedergelegte Grundsätze für die Zählung von Verzugstagen, insbesondere für das Zurücksetzen (›Re-ageing‹) der Kreditfazilitäten und die Gewährung von Verlängerungen, Änderungen oder Zahlungsaufschüben, Erneuerungen und die Verrechnung bestehender Konten. Diese Grundsätze werden im Zeitverlauf konsistent angewandt und stehen mit dem internen Risikomanagement und dem internen Entscheidungsprozess des Instituts in Einklang.

(3) Für die Zwecke von Absatz 1 Buchstabe a sind die nachstehenden Elemente als Hinweis darauf anzusehen, dass eine Verbindlichkeit wahrscheinlich nicht beglichen wird:
a) das Institut verzichtet auf die laufende Belastung von Zinsen,
b) das Institut erfasst eine erhebliche Kreditrisikoanpassung, weil sich die Bonität nach der Vergabe des Kredits durch das Institut deutlich verschlechtert hat,
c) das Institut veräußert die Verbindlichkeit mit einem bedeutenden bonitätsbedingten wirtschaftlichen Verlust,
d) das Institut stimmt einer krisenbedingten Restrukturierung der Verbindlichkeit zu, wenn dies voraussichtlich dazu führt, dass sich die finanzielle Verpflichtung durch einen bedeutenden Erlass oder durch Stundung des Nominalbetrags, der Zinsen oder gegebenenfalls der Gebühren verringert. Bei Beteiligungen, die nach dem PD/LGD-Ansatz beurteilt werden, schließt dies die krisenbedingte Restrukturierung der Beteiligung selbst ein,
e) das Institut hat Antrag auf Insolvenz des Schuldners gestellt oder eine vergleichbare Maßnahme in Bezug auf die Verbindlichkeiten des Schuldners gegenüber dem Institut, seinem Mutterunternehmen oder einem seiner Tochterunternehmen ergriffen,
f) der Schuldner hat Insolvenz beantragt, wurde für insolvent erklärt oder unter einen vergleichbaren Schutz gestellt, so dass die Rückzahlung einer Verbindlichkeit gegenüber dem Institut, dem Mutterunternehmen oder einem seiner Tochterunternehmen verhindert oder verzögert würde.

(4) Institute, die externe Daten verwenden, die nicht mit der Ausfalldefinition des Absatzes 1 übereinstimmen, nehmen angemessene Anpassungen vor, um eine weitgehende Übereinstimmung mit dieser Definition zu erreichen.

(5) Ist das Institut der Auffassung, dass auf eine zuvor als ausgefallen eingestufte Risikoposition keiner der für diese Einstufung maßgeblichen Faktoren mehr zutrifft, so weist es dem Schuldner oder der Fazilität eine Einstufung wie für eine nicht ausgefallene Risikoposition zu. Wird die Ausfalldefinition später wieder ausgelöst, so gilt ein weiterer Ausfall als eingetreten.

(6) Die EBA arbeitet Entwürfe technischer Regulierungsstandards aus, in denen festgelegt wird, nach welchen Kriterien eine zuständige Behörde die in Absatz 2 Buchstabe d genannte Schwelle festzulegen hat.

Die EBA legt der Kommission diese Entwürfe technischer Regulierungsstandards bis zum 31. Dezember 2014 vor.

Der Kommission wird die Befugnis übertragen, die technischen Regulierungsstandards nach Unterabsatz 1 gemäß den Artikeln 10 bis 14 der Verordnung (EU) Nr. 1093/2010 zu erlassen.

(7) Die EBA gibt für die Anwendung dieses Artikels Leitlinien heraus. Diese Leitlinien werden gemäß Artikel 16 der Verordnung (EU) Nr. 1093/2010 erlassen.

Artikel 179   Allgemeine Anforderungen an Schätzungen

(1) Bei der Quantifizierung der Risikoparameter für bestimmte Bonitätsstufen oder -pools halten die Institute folgende Vorgaben ein:
a) In die institutseigenen Risikoparameter-, PD-, LGD-, Umrechnungsfaktor- und EL-Schätzungen fließen alle einschlägigen Daten, Informationen und Methoden ein. Die Schätzungen werden aus historischen Werten und empirischen Nachweisen abgeleitet und dürfen nicht allein auf wertenden Erwägungen beruhen. Die Schätzungen sind plausibel und einleuchtend und beruhen auf den wesentlichen Bestimmungsfaktoren für die jeweiligen Risikoparameter. Je weniger Daten einem Institut zur Verfügung stehen, desto konservativer ist seine Schätzung;
b) das Institut kann seine Verlust-Erfahrungswerte, d.h. Ausfallhäufigkeit, LGD, Umrechnungsfaktor bzw. Verlust bei Verwendung von EL-Schätzungen nach den Faktoren aufschlüsseln, die es als Hauptbestimmungsfaktoren für die jeweiligen Risikoparameter ansieht. Die Schätzungen des Instituts geben die langfristigen Erfahrungen repräsentativ wieder;
c) jede Änderung in der Kreditvergabepraxis oder beim Prozess der Sicherheitenverwertung, die in den Beobachtungszeiträumen nach Artikel 180 Absatz 1 Buchstabe h und Absatz 2 Buchstabe e, Artikel 181 Absatz 1 Buchstabe j und Absatz 2 und Artikel 182 Absätze 2 und 3 eintritt, wird berücksichtigt. Die Auswirkungen technischer Fortschritte, neuer Daten und sonstiger Informationen werden in den Schätzungen eines Instituts berücksichtigt, sobald sie verfügbar sind. Die Institute überprüfen ihre Schätzungen, sobald neue Informationen vorliegen, mindestens aber einmal jährlich;
d) die Grundgesamtheit der Risikopositionen, die den für die Schätzungen herangezogenen Daten zugrunde liegen, sowie die zum Zeitpunkt der Datenerhebung geltenden Kreditvergaberichtlinien und sonstigen relevanten Merkmale sind mit der aktuellen Kreditstruktur und den aktuellen Risikopositionen und Standards des Instituts vergleichbar. Die wirtschaftlichen Rahmenbedingungen und das Marktumfeld aus der Zeit, auf die sich die Daten beziehen, treffen auf die gegenwärtigen und absehbaren Verhältnisse ebenso zu. Die Zahl der in der Stichprobe enthaltenen Risikopositionen und der für die Quantifizierung genutzte Erhebungszeitraum sind so bemessen, dass das Institut von einer genauen und soliden Schätzung ausgehen kann;
e) bei angekauften Forderungen berücksichtigen die Schätzungen alle maßgeblichen Informationen, die dem ankaufenden Institut in Bezug auf die Qualität der zu-

grunde liegenden Forderungen zur Verfügung stehen, einschließlich der vom Verkäufer, vom ankaufenden Institut oder aus externen Quellen stammenden Daten für vergleichbare Pools. Das ankaufende Institut unterzieht alle vom Verkäufer gelieferten verwendeten Daten einer Bewertung;
f) ein Institut sieht bei seinen Schätzungen eine Sicherheitsspanne vor, die in Relation zum erwarteten Schätzfehlerbereich steht. Werden die Methoden und Daten als weniger zufriedenstellend angesehen, ist der erwartete Fehlerbereich größer und die Sicherheitsspanne entsprechend höher anzusetzen.

Verwendet ein Institut für die Berechnung der Risikogewichte und für interne Zwecke unterschiedliche Schätzungen, wird dies dokumentiert und muss vertretbar sein. Kann ein Institut seinen zuständigen Behörden nachweisen, dass für die vor dem 1. Januar 2007 erhobenen Daten angemessene Anpassungen vorgenommen wurden, um weitgehende Übereinstimmung mit der Ausfalldefinition des Artikels 178 oder der Verlustdefinition herzustellen, so können die zuständigen Behörden ihm eine gewisse Flexibilität bei der Anwendung der geforderten Datenstandards einräumen.

(2) Greift ein Institut auf institutsübergreifend in einem Pool zusammengefasste Daten zurück, erfüllt es dabei die folgenden Anforderungen:
a) Die Ratingsysteme und -kriterien der anderen Institute im Pool sind mit seinen eigenen vergleichbar,
b) der Pool ist für das Portfolio, für das die zusammengefassten Daten verwendet werden, repräsentativ,
c) das Institut nutzt die zusammengefassten Daten über längere Zeit kohärent für seine Schätzungen,
d) das Institut bleibt für die Integrität seiner Ratingsysteme verantwortlich,
e) das Institut verfügt auch weiterhin über ausreichende interne Kenntnisse über sein Ratingsystem, wozu auch die Fähigkeit einer wirksamen Überwachung und Prüfung des Ratingprozesses zählt.

Artikel 180   Besondere Anforderungen an PD-Schätzungen

(1) Bei der Quantifizierung der Risikoparameter für bestimmte Bonitätsstufen oder -pools wenden die Institute bei PD-Schätzungen für Risikopositionen gegenüber Unternehmen, Instituten, Zentralstaaten und Zentralbanken sowie für Beteiligungspositionen, für die sie den PD-/LGD-Ansatz nach Artikel 155 Absatz 3 anwenden, die folgenden besonderen Anforderungen an:
a) Die Institute schätzen die PD für die einzelnen Schuldner-Bonitätsstufen ausgehend von den langfristigen Durchschnitten der jährlichen Ausfallraten. Bei PD-Schätzungen für Schuldner mit hoher Fremdkapitalquote oder Schuldner, deren Aktiva vorwiegend gehandelte Vermögenswerte sind, wird der Wertentwicklung der zugrunde liegenden Aktiva in Zeiten hoher Volatilität Rechnung getragen;
b) bei angekauften Forderungen an Unternehmen dürfen Institute den Wert für EL für die einzelnen Schuldnerstufen ausgehend von den langfristigen Durchschnitten der jährlich realisierten Ausfallraten schätzen;
c) leitet ein Institut langfristige PD- und LGD-Durchschnittsschätzungen für angekaufte Unternehmensforderungen von einer EL-Schätzung und einer angemessenen PD- oder LGD- Schätzung ab, so erfolgt die Schätzung der Gesamtverluste nach den in diesem Teil für die PD- und LGD-Schätzung festgelegten allgemeinen Standards und das Ergebnis ist mit dem LGD-Konzept nach Artikel 181 Absatz 1 Buchstabe a vereinbar;
d) die Institute wenden PD-Schätzverfahren nur in Kombination mit ergänzenden Analysen an. Bei Zusammenführung der Ergebnisse der verschiedenen Verfahren und bei Anpassungen, die aufgrund technischer oder informationsbedingter Beschränkungen vorgenommen werden, berücksichtigen die Institute die Bedeutung wertender Erwägungen;

e) nutzt ein Institut für seine PD-Schätzungen eigene Ausfallerfahrungswerte, so tragen diese Schätzungen den Kreditvergaberichtlinien sowie allen etwaigen Unterschieden zwischen dem die Daten liefernden Ratingsystem und dem aktuell verwendeten Ratingsystem Rechnung. Haben sich die Kreditvergaberichtlinien oder Ratingsysteme geändert, sieht das Institut in seiner PD-Schätzung eine höhere Sicherheitsspanne vor;

f) soweit ein Institut seine internen Bonitätsstufen mit der Bonitätsskala einer ECAI oder vergleichbarer Einrichtungen zuordnet oder auf einer solchen Skala abbildet und anschließend die für die Stufen der externen Organisation beobachteten Ausfallraten seinen internen Stufen zuordnet, erfolgt diese Zuordnung anhand eines Vergleichs zwischen den internen Einstufungskriterien und den Kriterien der externen Organisation und eines Vergleichs zwischen internen und externen Einstufungen etwaiger gemeinsamer Schuldner. Verzerrungen oder Inkonsistenzen im Zuordnungsverfahren oder bei den zugrunde liegenden Daten werden dabei vermieden. Die Kriterien der externen Organisation, die den für die Quantifizierung herangezogenen Daten zugrunde liegen, sind ausschließlich auf das Ausfallrisiko ausgerichtet und spiegeln keine Transaktionsmerkmale wider. Die vom Institut durchgeführte Analyse umfasst vorbehaltlich der Anforderungen des Artikels 178 auch einen Vergleich der verwendeten Ausfalldefinitionen. Das Institut dokumentiert die Grundlagen einer derartigen Zuordnung;

g) verwendet ein Institut zur Ausfallvorhersage statistische Modelle, so darf es den einfachen Durchschnitt der Ausfallwahrscheinlichkeitsschätzungen für einzelne Schuldner einer bestimmten Stufe als PD verwenden. Verwendet ein Institut zu diesem Zweck Modelle zur Schätzung der Ausfallwahrscheinlichkeit, so hält es dabei die Standards des Artikels 174 ein;

h) unabhängig davon, ob ein Institut für seine PD-Schätzung externe, interne oder zusammengefasste Datenquellen oder eine Kombination daraus verwendet, muss der zugrunde liegende historische Beobachtungszeitraum für zumindest eine Datenquelle mindestens fünf Jahre betragen. Wurde eine Datenquelle über einen längeren Zeitraum beobachtet und sind die entsprechenden Daten relevant, so wird dieser längere Beobachtungszeitraum herangezogen. Dies gilt auch für den PD/LGD-Ansatz bei Beteiligungen. Bei entsprechender Genehmigung der zuständigen Behörden können Institute, die keine Genehmigung der zuständigen Behörde gemäß Artikel 143 erhalten haben, eigene LGD- oder Umrechnungsfaktorschätzungen zu verwenden, bei der Anwendung des IRB-Ansatzes relevante Daten aus einem Zweijahreszeitraum verwenden. Dieser Zeitraum verlängert sich jährlich um ein Jahr, bis relevante Daten für einen Zeitraum von fünf Jahren vorliegen.

(2) Für Risikopositionen aus dem Mengengeschäft gelten die folgenden Anforderungen:

a) Die Institute schätzen die PD für die einzelnen Schuldnerstufen oder -pools anhand der langfristigen Durchschnitte der jährlichen Ausfallraten;

b) die PD-Schätzungen dürfen auch von einer Gesamtverlustschätzung und von geeigneten LGD-Schätzungen abgeleitet werden;

c) die Institute betrachten die internen Daten für die Zuordnung von Risikopositionen zu Stufen oder Pools als primäre Informationsquelle für die Schätzung der Verlustmerkmale. Für die Quantifizierung können die Institute externe (einschließlich zusammengefasster) Daten oder statistische Modelle heranziehen, wenn die beiden folgenden engen Verbindungen bestehen:

   i) zwischen dem Verfahren, das das Institut für die Zuordnung von Risikopositionen zu Stufen oder Pools verwendet, und dem von der externen Datenquelle eingesetzten Verfahren und

   ii) zwischen dem internen Risikoprofil des Instituts und der Zusammensetzung der externen Daten.

d) leitet ein Institut langfristige PD- und LGD-Durchschnittsschätzungen für Risikopositionen aus dem Mengengeschäft von einer Gesamtverlustschätzung und einer angemessenen PD- oder LGD-Schätzung ab, so erfolgt die Schätzung der Gesamtverluste nach den in diesem Teil für die PD- und LGD-Schätzung festgelegten allgemeinen Standards und das Ergebnis ist mit dem LGD-Konzept nach Artikel 181 Absatz 1 Buchstabe a vereinbar;
e) unabhängig davon, ob ein Institut für seine Schätzung der Verlustmerkmale externe, interne oder zusammengefasste Datenquellen oder eine Kombination daraus verwendet, muss der zugrunde liegende historische Beobachtungszeitraum für zumindest eine Datenquelle mindestens fünf Jahre betragen. Wurde eine Datenquelle über einen längeren Zeitraum beobachtet und sind die entsprechenden Daten relevant, so wird dieser längere Beobachtungszeitraum herangezogen. Wenn sich neuere Daten besser zur Vorhersage der Verlustquoten eignen, muss ein Institut historischen Daten nicht die gleiche Bedeutung beimessen. Bei entsprechender Genehmigung der zuständigen Behörden können Institute bei der Anwendung des IRB-Ansatzes relevante Daten aus einem Zweijahreszeitraum verwenden. Dieser Zeitraum verlängert sich jährlich um ein Jahr, bis relevante Daten für einen Zeitraum von fünf Jahren vorliegen;
f) die Institute ermitteln und analysieren die erwarteten Veränderungen der Risikoparameter während der Laufzeit einer Risikoposition (Saisoneffekte).

Bei angekauften Risikopositionen aus dem Mengengeschäft können die Institute externe und interne Referenzdaten verwenden. Die Institute ziehen alle einschlägigen Datenquellen für Vergleichszwecke heran.

(3) Die EBA arbeitet Entwürfe technischer Regulierungsstandards aus, in denen Folgendes präzisiert wird:
a) die Bedingungen, unter denen zuständige Behörden die in Absatz 1 Buchstabe h und Absatz 2 Buchstabe e genannte Genehmigung erteilen dürfen,
b) die Methoden, nach denen zuständige Behörden gemäß Artikel 143 die von einem Institut zur PD-Schätzung verwendete Methode bewerten.

Die EBA legt der Kommission diese Entwürfe technischer Regulierungsstandards bis zum 31. Dezember 2014 vor.

Der Kommission wird die Befugnis übertragen, die technischen Regulierungsstandards nach Unterabsatz 1 gemäß den Artikeln 10 bis 14 der Verordnung (EU) Nr. 1093/2010 zu erlassen.

Artikel 181 Besondere Anforderungen an eigene LGD-Schätzungen

(1) Bei der Quantifizierung der Risikoparameter für bestimmte Bonitätsstufen oder -pools halten die Institute die folgenden besonderen Anforderungen an eigene LGD-Schätzungen ein:
a) Die Institute schätzen die LGD für die einzelnen Stufen oder Pools von Kreditfazilitäten anhand der in den einzelnen Fazilitätsstufen bzw. -pools im Durchschnitt realisierten LGD, wobei alle innerhalb der Datenquellen verzeichneten Ausfälle einbezogen werden (ausfallgewichteter Durchschnitt);
b) die Institute verwenden einem Konjunkturabschwung angemessene LGD-Schätzungen, falls diese konservativer sind als der langfristige Durchschnitt. Ist ein Ratingsystem so ausgelegt, dass es die realisierten LGD im Zeitverlauf konstant nach Stufen bzw. Pools liefert, so passen die Institute ihre Risikoparameterschätzungen für die einzelnen Stufen bzw. Pools an, um die Auswirkungen eines Konjunkturabschwungs auf die Eigenmittel zu begrenzen;
c) ein Institut berücksichtigt den Umfang etwaiger Abhängigkeiten zwischen dem Risiko des Schuldners und dem Risiko der Sicherheit bzw. des Sicherheitengebers. Signifikante Abhängigkeiten sind in vorsichtiger Weise zu berücksichtigen;

d) Währungsinkongruenzen zwischen der zugrunde liegenden Verbindlichkeit und der Sicherheit werden bei der LGD- Bewertung des Instituts in vorsichtiger Weise berücksichtigt;
e) werden bei den LGD-Schätzungen Sicherheiten berücksichtigt, so wird dabei nicht nur der geschätzte Marktwert der Sicherheit zugrunde gelegt. Die LGD-Schätzungen tragen der Tatsache Rechnung, dass die Institute möglicherweise nicht in der Lage sein werden, rasch auf die Sicherheiten zuzugreifen und sie zu verwerten;
f) werden bei den LGD-Schätzungen Sicherheiten berücksichtigt, legen die Institute interne Anforderungen an Sicherheitenmanagement, Rechtssicherheit und Risikomanagement fest, die im Großen und Ganzen mit den in Kapitel 4 Abschnitt 3 festgelegten Anforderungen in Einklang stehen;
g) erkennt ein Institut zur Bestimmung des Risikopositionswerts für das Gegenparteiausfallrisiko gemäß Kapitel 6 Abschnitt 5 oder 6 Sicherheiten an, werden Beträge, die aus den Sicherheiten erwartet werden, bei den LGD-Schätzungen nicht berücksichtigt;
h) im Sonderfall bereits ausgefallener Risikopositionen legt das Institut die Gesamtsumme der besten eigenen Schätzung der erwarteten Verluste aus jeder einzelnen Risikoposition unter Berücksichtigung der aktuellen wirtschaftlichen Situation und des Status der Risikoposition und der eigenen Schätzung des Anstiegs der Verlustquote infolge der Möglichkeit zusätzlicher unerwarteter Verluste während des Verwertungszeitraums, d.h. zwischen dem Ausfallzeitpunkt und der endgültigen Abwicklung der Risikoposition, zugrunde;
i) noch nicht entrichtete Verzugsgebühren werden der Risikoposition bzw. dem Verlust in dem Umfang hinzugerechnet, wie sie von dem Institut bereits erfolgswirksam verbucht wurden;
j) bei Risikopositionen gegenüber Unternehmen, Instituten, Zentralstaaten und Zentralbanken stützen sich die LGD-Schätzungen zumindest für eine Datenquelle auf einen mindestens fünfjährigen Zeitraum, der jährlich nach der Umsetzung um ein Jahr verlängert wird, bis ein Minimum von sieben Jahren erreicht ist. Wurde eine Datenquelle über einen längeren Zeitraum beobachtet und sind die entsprechenden Daten relevant, so wird dieser längere Beobachtungszeitraum herangezogen.

(2) Bei Risikopositionen aus dem Mengengeschäft dürfen die Institute
a) LGD-Schätzungen von tatsächlichen Verlusten und geeigneten PD-Schätzungen ableiten,
b) künftige Inanspruchnahmen entweder in ihren Umrechnungsfaktoren oder in ihren LGD-Schätzungen berücksichtigen,
c) zur Schätzung der LGD externe und interne Referenzdaten verwenden, wenn es sich um angekaufte Risikopositionen aus dem Mengengeschäft handelt.

Bei Risikopositionen aus dem Mengengeschäft stützen sich die LGD-Schätzungen auf Daten eines mindestens fünfjährigen Zeitraums. Wenn sich neuere Daten besser zur Vorhersage der Verlustquoten eignen, muss ein Institut historischen Daten nicht die gleiche Bedeutung beimessen. Bei entsprechender Erlaubnis der zuständigen Behörden können Institute bei der Anwendung des IRB-Ansatzes relevante Daten aus einem Zweijahreszeitraum verwenden. Dieser Zeitraum verlängert sich jährlich um ein Jahr, bis relevante Daten für einen Zeitraum von fünf Jahren vorliegen.

(3) Die EBA arbeitet Entwürfe technischer Regulierungsstandards aus, in denen Folgendes präzisiert wird:
a) die Art, Schwere und Dauer eines Konjunkturabschwungs im Sinne des Absatzes 1,
b) die Bedingungen, unter denen eine zuständige Behörde einem Institut, wenn es den IRB-Ansatz anwendet, nach Absatz 2 gestatten kann, relevante Daten aus einem Zweijahreszeitraum zu verwenden.

Die EBA legt der Kommission diese Entwürfe technischer Regulierungsstandards bis zum 31. Dezember 2014 vor.

Der Kommission wird die Befugnis übertragen, die technischen Regulierungsstandards nach Unterabsatz 1 gemäß den Artikeln 10 bis 14 der Verordnung (EU) Nr. 1093/2010 zu erlassen.

Artikel 182 Besondere Anforderungen an eigene Umrechnungsfaktorschätzungen

(1) Bei der Quantifizierung der Risikoparameter für bestimmte Bonitätsstufen oder -pools halten die Institute die folgenden besonderen Anforderungen an eigene Umrechnungsfaktorschätzungen ein:
a) Die Institute schätzen die Umrechnungsfaktoren für die einzelnen Stufen oder Pools von Kreditfazilitäten anhand der in den einzelnen Fazilitätsstufen bzw. -pools im Durchschnitt realisierten Umrechnungsfaktoren, wobei sie den ausfallgewichteten Durchschnitt aus allen innerhalb der Datenquelle verzeichneten Ausfällen heranziehen;
b) die Institute verwenden die einem Konjunkturabschwung angemessenen Umrechnungsfaktorschätzungen, falls diese konservativer sind als der langfristige Durchschnitt. Ist ein Ratingsystem so ausgelegt, dass es die realisierten Umrechnungsfaktoren im Zeitverlauf konstant nach Stufen bzw. Pools liefert, so passen die Institute ihre Risikoparameterschätzungen für die einzelnen Stufen bzw. Pools an, um die Auswirkungen eines Konjunkturabschwungs auf die Eigenmittel zu begrenzen.
c) bei der Schätzung der Umrechnungsfaktoren berücksichtigen die Institute die Möglichkeit zusätzlicher Inanspruchnahmen durch den Schuldner bis zum Zeitpunkt und nach Eintritt des Ausfalls. Auf die Umrechnungsfaktorschätzung wird eine höhere Sicherheitsspanne vorgesehen, wenn von einer starken positiven Korrelation zwischen der Ausfallhäufigkeit und der Größe des Umrechnungsfaktors auszugehen ist;
d) bei der Schätzung der Umrechnungsfaktoren berücksichtigen die Institute ihre spezifischen Grundsätze und Strategien, die sie für Kontoüberwachung und Zahlungsabwicklung festgelegt haben. Die Institute berücksichtigen auch, inwieweit sie imstande und bereit sind, in anderen Situationen als einem Zahlungsausfall, wie Vertragsverletzungen oder anderen technisch bedingten Ausfällen, weitere Inanspruchnahmen zu verhindern;
e) die Institute verfügen über angemessene Systeme und Verfahren, um die Höhe von Kreditfazilitäten, die aktuelle Inanspruchnahme zugesagter Kreditlinien und Veränderungen bei der Inanspruchnahme nach Schuldnern und Klassen zu überwachen. Das Institut ist in der Lage, offene Salden auf täglicher Basis zu überwachen;
f) verwendet ein Institut für die Berechnung der risikogewichteten Positionsbeträge und für interne Zwecke unterschiedliche Umrechnungsfaktorschätzungen, wird dies dokumentiert und muss vertretbar sein.

(2) Bei Risikopositionen gegenüber Unternehmen, Instituten, Zentralstaaten und Zentralbanken stützen sich die Umrechnungsfaktorschätzungen zumindest bei einer Datenquelle auf einen mindestens fünfjährigen Zeitraum, der jährlich nach der Umsetzung um ein Jahr verlängert wird, bis ein Minimum von sieben Jahren erreicht ist. Wurde eine Datenquelle über einen längeren Zeitraum beobachtet und sind die entsprechenden Daten relevant, so wird dieser längere Beobachtungszeitraum herangezogen.

(3) Bei Risikopositionen aus dem Mengengeschäft dürfen die Institute künftige Inanspruchnahmen entweder in ihren Umrechnungsfaktoren oder in ihren LGD-Schätzungen berücksichtigen.

Bei Risikopositionen aus dem Mengengeschäft stützen sich die Umrechnungsfaktorschätzungen auf Daten eines mindestens fünfjährigen Zeitraums. Abweichend von Absatz 1 Buchstabe a braucht ein Institut historischen Daten nicht die gleiche Bedeutung beizumessen, wenn sich neuere Daten besser zur Vorhersage zusätzlicher Inanspruchnahmen eignen. Bei entsprechender Erlaubnis der zuständigen Behörden dürfen Institute bei der Anwendung des IRB-Ansatzes relevante Daten aus einem Zweijahreszeitraum verwenden. Dieser Zeitraum verlängert sich jährlich um ein Jahr, bis relevante Daten für einen Zeitraum von fünf Jahren vorliegen.

(4) Die EBA arbeitet Entwürfe technischer Regulierungsstandards aus, in denen Folgendes präzisiert wird:
a) die Art, Schwere und Dauer eines Konjunkturabschwungs im Sinne des Absatzes 1,
b) die Bedingungen, unter denen eine zuständige Behörde einem Institut bei erstmaliger Anwendung des IRB-Ansatzes gestatten kann, relevante Daten aus einem Zweijahreszeitraum zu verwenden.

Die EBA legt der Kommission diese Entwürfe technischer Regulierungsstandards bis zum 31. Dezember 2014 vor.

Der Kommission wird die Befugnis übertragen, die technischen Regulierungsstandards nach Unterabsatz 1 gemäß den Artikeln 10 bis 14 der Verordnung (EU) Nr. 1093/2010 zu erlassen.

Artikel 183 Anforderungen an die Bewertung der Auswirkungen von Garantien und Kreditderivaten auf Risikopositionen gegenüber Unternehmen, Instituten, Zentralstaaten und Zentralbanken, wenn dabei eigene LGD-Schätzungen verwendet werden, und bei Risikopositionen aus dem Mengengeschäft

(1) In Bezug auf anerkennungsfähige Garantiegeber und Garantien gelten die folgenden Anforderungen:
a) Institute haben klar festgelegte Kriterien dafür, welche Arten von Garantiegebern sie für die Berechnung der risikogewichteten Positionsbeträge anerkennen,
b) für anerkannte Garantiegeber gelten dieselben Regeln wie für Schuldner (Artikel 171, 172 und 173),
c) die Garantie liegt in Schriftform vor, kann vom Garantiegeber nicht widerrufen werden, gilt (nach Maßgabe der Höhe und Laufzeit der Garantieerklärung) bis zur vollständigen Erfüllung der Zahlungsverpflichtung und kann in dem Rechtsraum, in dem der Garantiegeber über Vermögenswerte verfügt, die durch ein vollstreckbares Urteil gepfändet werden können, gegenüber dem Garantiegeber rechtlich durchgesetzt werden. Bedingte Garantien, bei denen festgelegt ist, unter welchen Bedingungen der Garantiegeber unter Umständen von seiner Pflicht zur Garantieerfüllung befreit ist, können bei entsprechender Erlaubnis der zuständigen Behörden anerkannt werden. Die Zuordnungskriterien zu Klassen oder Pools tragen möglichen Verschlechterungen der Kreditsicherungseigenschaften angemessen Rechnung.

(2) Institute haben klar festgelegte Kriterien, nach denen sie Klassen, Pools oder LGD-Schätzungen und im Falle von Risikopositionen aus dem Mengengeschäft und anerkennungsfähigen angekauften Forderungen auch den Prozess der Zuordnung von Risikopositionen zu Klassen oder Pools anpassen, um bei der Berechnung der risikogewichteten Positionsbeträge der Auswirkung von Garantien Rechnung zu tragen. Diese Kriterien entsprechen den Anforderungen der Artikel 171, 172 und 173.

Die Kriterien sind plausibel und einleuchtend. Sie berücksichtigen die Fähigkeit und die Bereitschaft des Garantiegebers, seinen Verpflichtungen aus der Garantie nachzukommen, den wahrscheinlichen Zeitpunkt der Zahlungen, den Grad der Korrelation zwischen der Fähigkeit des Garantiegebers, seinen Verpflichtungen aus der

Garantie nachzukommen, und der Rückzahlungsfähigkeit des Schuldners sowie das möglicherweise für den Schuldner verbleibende Restrisiko.

(3) Die Anforderungen dieses Artikels an Garantien gelten auch für Einzeladressen-Kreditderivate. Bei Inkongruenz zwischen der zugrunde liegenden Verbindlichkeit und der Referenzverbindlichkeit des Kreditderivats oder der Verbindlichkeit, die zur Bestimmung des Eintritts eines Kreditereignisses herangezogen wird, gelten die Anforderungen des Artikels 216 Absatz 2. Bei Risikopositionen aus dem Mengengeschäft und anerkennungsfähigen angekauften Forderungen gilt dieser Absatz für die Zuordnung von Risikopositionen zu Klassen oder Pools.

Die Kriterien berücksichtigen die Auszahlungsstruktur des Kreditderivats und tragen deren Einfluss auf Höhe und Zeitpunkt der Rückflüsse in konservativer Weise Rechnung. Das Institut berücksichtigt, in welchem Umfang andere Arten von Restrisiken verbleiben.

(4) Die Anforderungen der Absätze 1 bis 3 gelten nicht für Garantien von Instituten, Zentralstaaten und Zentralbanken sowie Unternehmen, die die Anforderungen des Artikels 201 Absatz 1 Buchstabe g erfüllen, wenn das Institut die Erlaubnis erhalten hat, bei Risikopositionen gegenüber solchen Adressen gemäß den Artikeln 148 und 150 nach dem Standardansatz zu verfahren. In diesem Fall gelten die Anforderungen des Kapitels 4.

(5) Bei Garantien an Privatkunden gelten die Anforderungen der Absätze 1, 2 und 3 auch für die Zuordnung von Risikopositionen zu Klassen oder Pools und die PD-Schätzung.

(6) Die EBA arbeitet Entwürfe technischer Regulierungsstandards zur Festlegung der Bedingungen aus, unter denen zuständige Behörden die Anerkennung bedingter Garantien gestatten können.

Die EBA legt der Kommission diese Entwürfe technischer Regulierungsstandards nach Unterabsatz 1 bis zum 31. Dezember 2014 vor.

Der Kommission wird die Befugnis übertragen, die technischen Regulierungsstandards nach Unterabsatz 1 gemäß den Artikeln 10 bis 14 der Verordnung (EU) Nr. 1093/2010 zu erlassen.

Artikel 184 Anforderungen an angekaufte Forderungen

(1) Bei der Quantifizierung der Risikoparameter für die Bonitätsstufen oder -pools für angekaufte Forderungen stellen die Institute sicher, dass die Bedingungen der Absätze 2 bis 6 erfüllt sind.

(2) Die Struktur der Fazilität gewährleistet, dass das Institut unter allen vorhersehbaren Umständen der tatsächliche Eigentümer der Geldeingänge aus den Forderungen ist und diese kontrolliert. Leistet der Schuldner Zahlungen direkt an einen Verkäufer oder Forderungsverwalter, überzeugt sich das Institut regelmäßig davon, dass die Zahlungen in voller Höhe und gemäß der vertraglichen Vereinbarung weitergeleitet werden. Die Institute stellen durch geeignete Verfahren sicher, dass das Eigentum an den Forderungen und Geldeingängen vor Forderungen aus Konkursverfahren und sonstigen Rechtsansprüchen geschützt ist, die die Möglichkeiten des Kreditgebers zum Einzug oder zur Übertragung der Forderungen oder zur fortgeführten Ausübung der Kontrolle über die Geldeingänge erheblich verzögern könnten.

(3) Das Institut überwacht sowohl die Qualität der angekauften Forderungen als auch die Finanzlage des Verkäufers und des Forderungsverwalters. Es gilt Folgendes:
a) Das Institut bewertet die Korrelation zwischen der Qualität der angekauften Forderungen und der Finanzlage des Verkäufers und des Forderungsverwalters und verfügt über interne Grundsätze und Verfahren, die eine angemessene Absicherung gegen alle Eventualitäten bieten, unter anderem indem jedem Verkäufer und Forderungsverwalter eine interne Beurteilung zugeordnet wird;
b) zur Feststellung der Anerkennungsfähigkeit von Verkäufer und Forderungsverwalter verfügt das Institut über klare und wirksame Grundsätze und Verfahren. Das

Institut oder dessen Beauftragter unterzieht Verkäufer und Forderungsverwalter in regelmäßigen Abständen einer Überprüfung, um sich von der Richtigkeit ihrer Berichte zu überzeugen, Betrugsfälle und betriebliche Schwachstellen aufzudecken und die Qualität der Kreditvergabepraktiken des Verkäufers bzw. der Auswahlvorschriften und -verfahren des Forderungsverwalters zu überprüfen. Die Ergebnisse dieser Überprüfungen werden dokumentiert;

c) das Institut bewertet die Merkmale des Pools angekaufter Forderungen, einschließlich etwaiger Überziehungen (over-advances), der bisherigen Zahlungsrückstände, uneinbringlichen Forderungen und Wertberichtigungen auf uneinbringliche Forderungen des Verkäufers, sowie der Zahlungsbedingungen und etwaiger Gegenkonten;

d) das Institut hat wirksame Grundsätze und Verfahren, um sowohl innerhalb eines Pools aus angekauften Forderungen als auch über verschiedene solcher Pools hinweg Konzentrationen auf einzelne Schuldner auf aggregierter Basis überwachen zu können;

e) das Institut stellt sicher, dass es vom Forderungsverwalter zeitnahe und ausreichend detaillierte Berichte über die Laufzeitenstruktur (Alterung) und Verwässerung der Forderungen erhält, um die Einhaltung der Anerkennungsfähigkeitskriterien und der Vorauszahlungsleitlinien des Instituts für angekaufte Forderungen sicherzustellen und die Verkaufskonditionen des Verkäufers und die Verwässerung wirksam überwachen und beurteilen zu können.

(4) Das Institut hat Systeme und Verfahren, um eine Verschlechterung der Finanzlage des Verkäufers und der Qualität der angekauften Forderungen frühzeitig feststellen und aufkommenden Problemen proaktiv begegnen zu können. Es hat insbesondere klare und wirksame Grundsätze, Verfahren und IT-Systeme zur Überwachung von Vertragsverletzungen sowie klare und wirksame Grundsätze und Verfahren für die Einleitung rechtlicher Schritte und den Umgang mit problembehafteten Forderungsankäufen.

(5) Das Institut hat klare und wirksame Grundsätze und Verfahren für die Überwachung der angekauften Forderungen, der Kreditgewährung und der Zahlungen. Insbesondere werden in schriftlich niedergelegten internen Grundsätzen alle wesentlichen Elemente des Forderungsankaufsprogramms spezifiziert, einschließlich Vorauszahlungen, anerkennungsfähiger Sicherheiten, erforderlicher Dokumentationen, Konzentrationslimits und der Behandlung von Geldeingängen. Diese Elemente berücksichtigen in angemessener Weise alle relevanten und wesentlichen Faktoren, einschließlich der Finanzlage des Verkäufers und des Forderungsverwalters, Risikokonzentrationen und Trends bei der Entwicklung der Qualität der angekauften Forderungen sowie des Kundenstammes des Verkäufers; die internen Systeme stellen außerdem sicher, dass Vorauszahlungen nur gegen genau bezeichnete Sicherheiten und eine genau bezeichnete Dokumentation erfolgen.

(6) Das Institut hat wirksame interne Verfahren, um die Einhaltung sämtlicher interner Grundsätze und Verfahren beurteilen zu können. Diese Verfahren umfassen unter anderem regelmäßige Überprüfungen aller kritischen Phasen des Forderungsankaufsprogramms des Instituts, eine Überprüfung der Aufgabentrennung erstens zwischen der Beurteilung des Verkäufers und des Forderungsverwalters auf der einen und der Beurteilung des Schuldners auf der anderen Seite sowie zweitens zwischen der Beurteilung des Verkäufers und des Forderungsverwalters auf der einen und der externen Revision des Verkäufers und des Forderungsverwalters auf der anderen Seite sowie eine Bewertung der Abwicklung, mit besonderem Augenmerk auf Qualifikation, Erfahrung und Anzahl der eingesetzten Mitarbeiter, sowie der unterstützenden maschinellen Systeme.

Unterabschnitt 3   Validierung der internen Schätzungen

Artikel 185   Validierung interner Schätzungen

Institute validieren ihre internen Schätzungen unter Einhaltung der folgenden Anforderungen:
a) Die Institute verfügen über robuste Systeme für die Validierung der Genauigkeit und Konsistenz von Ratingsystemen, Verfahren und der Schätzung aller relevanten Risikoparameter. Der interne Validierungsprozess muss dem Institut die Möglichkeit geben, die Leistungsfähigkeit der Systeme der internen Beurteilung und der Risikoschätzung konsistent und aussagekräftig zu beurteilen;
b) die Institute vergleichen die tatsächlichen Ausfallraten in den einzelnen Stufen regelmäßig mit den entsprechenden PD-Schätzungen; liegen die tatsächlichen Ausfallraten außerhalb der für die betreffende Stufe erwarteten Bandbreite, so analysieren die Institute insbesondere die Gründe für die Abweichung. Institute, die eigene LGD- und Umrechnungsfaktorschätzungen verwenden, führen auch für diese Schätzungen eine entsprechende Analyse durch. Für solche Vergleiche werden historische Daten herangezogen, die einen möglichst langen Zeitraum abdecken. Die Institute dokumentieren die für solche Vergleiche verwendeten Methoden und Daten. Diese Analyse und Dokumentation wird mindestens einmal jährlich aktualisiert;
c) die Institute ziehen auch andere quantitative Validierungsinstrumente und Vergleiche mit relevanten externen Datenquellen heran. Die Analyse stützt sich auf Daten, die dem entsprechenden Portfolio angemessen sind, regelmäßig aktualisiert werden und einen aussagekräftigen Beobachtungszeitraum abdecken. Zur internen Bewertung der Leistungsfähigkeit ihrer Ratingsysteme ziehen die Institute einen möglichst langen Zeitraum heran;
d) für die quantitative Validierung werden durchgängig die gleichen Methoden und Daten verwendet. Veränderungen bei Schätz- und Validierungsmethoden und -daten (sowohl der Datenquellen als auch der herangezogenen Zeiträume) werden dokumentiert;
e) die Institute verfügen über solide interne Standards für den Fall, dass die tatsächlichen PD, LGD, Umrechnungsfaktoren und die Gesamtverluste – bei Verwendung von EL – so signifikant von den Erwartungen abweichen, dass die Validität der Schätzungen in Frage gestellt wird. Diese Standards tragen Konjunkturzyklen und ähnlichen systematischen Schwankungen der Ausfallwerte Rechnung. Liegen die tatsächlichen Werte kontinuierlich über den Erwartungen, setzen die Institute ihre Schätzungen herauf, um ihren Ausfall- und Verlusterfahrungswerten Rechnung zu tragen.

Unterabschnitt 4   Anforderungen an Beteiligungspositionen bei der Verwendung interner Modelle

Artikel 186   Eigenmittelanforderung und Risikoquantifizierung

Bei der Berechnung der Eigenmittelanforderungen halten Institute die folgenden Standards ein:
a) Die Schätzung des Verlustpotenzials hält ungünstigen Marktbewegungen, die für das langfristige Risikoprofil der Beteiligungen des Instituts an bestimmten Unternehmen relevant sind, stand. Die zur Herleitung der Ertragsausschüttung verwendeten Daten reichen soweit wie möglich in die Vergangenheit zurück und spiegeln das Risikoprofil der Beteiligungen des Instituts an bestimmten Unternehmen aussagekräftig wider. Die verwendeten Daten reichen aus, um konservative, statistisch verlässliche und robuste Verlustschätzungen zu liefern, die nicht auf rein subjektiven oder wertenden Überlegungen basieren. Der unterstellte Schock führt zu einer konservativen Schätzung der potenziellen Verluste innerhalb eines

relevanten langfristigen Markt- oder Konjunkturzyklus. Um realistische und konservative Modellergebnisse zu erzielen, kombiniert das Institut die empirische Analyse der verfügbaren Daten mit Anpassungen, die sich auf unterschiedliche Faktoren stützen. Beim Aufbau von Value-at-Risk-(VaR-) Modellen zur Schätzung potentieller Quartalsverluste können die Institute Quartalsdaten verwenden oder Daten mit kürzerem Zeithorizont mit einer analytisch angemessenen, durch empirische Daten gestützten Methode auf der Basis wohl durchdachter und dokumentierter Überlegungen und Analysen in Quartalsdaten umwandeln. Dabei ist konservativ und im Zeitverlauf konsistent zu verfahren. Sind relevante Daten nur eingeschränkt verfügbar, sieht das Institut angemessene Sicherheitsspannen vor;

b) die verwendeten Modelle bilden alle wesentlichen, mit den Eigenkapitalrenditen verbundenen Risiken adäquat ab, einschließlich des allgemeinen Marktrisikos und der speziellen Risiken des Beteiligungsportfolios des Instituts. Die internen Modelle erklären die historischen Preisschwankungen in angemessener Weise, stellen sowohl die Größenordnung als auch Veränderungen bei der Zusammensetzung potentieller Konzentrationen dar und halten widrigen Rahmenbedingungen am Markt stand. Die Risiken, die in den für die Schätzung verwendeten Daten enthalten sind, entsprechen in hohem Maße den mit den Beteiligungspositionen des Instituts verbundenen Risiken oder sind zumindest mit diesen vergleichbar;

c) das interne Modell ist dem Risikoprofil und der Komplexität des Beteiligungsportfolios des Instituts angemessen. Hält ein Institut wesentliche Beteiligungen, deren Wertentwicklung naturgemäß alles andere als linear verläuft, sind die internen Modelle so ausgelegt, dass sie die mit solchen Instrumenten verbundenen Risiken angemessen erfassen;

d) die Zuordnung einzelner Positionen zu Näherungswerten, Marktindizes und Risikofaktoren ist plausibel, einleuchtend und konzeptionell solide;

e) die Institute weisen durch empirische Analysen nach, dass die Risikofaktoren angemessen sind und insbesondere das allgemeine wie das besondere Risiko abdecken können;

f) für die Schätzungen der Renditevolatilität von Beteiligungspositionen werden relevante und verfügbare Daten, Informationen und Methoden herangezogen. Verwendet werden interne Daten, die von unabhängiger Seite geprüft wurden, oder Daten aus externen Quellen (einschließlich zusammengefasster Daten);

g) es ist ein rigoroses und umfassendes Stresstest-Programm vorhanden.

Artikel 187 Risikomanagement-Prozess und -Kontrollen

Die Institute legen für die Entwicklung und den Einsatz interner Modelle zur Berechnung der Eigenmittelanforderungen Grundsätze, Verfahren und Kontrollen fest, um die Integrität des Modells und des Modellierungsprozesses sicherzustellen. Diese Grundsätze, Verfahren und Kontrollen beinhalten unter anderem Folgendes:

a) Die vollständige Integration des internen Modells in die allgemeinen Management-Informationssysteme des Instituts und in die Verwaltung des im Anlagebuch geführten Beteiligungsportfolios. Werden interne Modelle insbesondere bei der Messung und Bewertung der Wertentwicklung eines Beteiligungsportfolios (einschließlich der risikobereinigten Wertentwicklung), der Allokation des internen Kapitals auf die verschiedenen Beteiligungspositionen und der Bewertung der Gesamtkapitaladäquanz und des Anlagemanagements eingesetzt, werden sie vollständig in die Risikomanagement-Infrastruktur des Instituts integriert;

b) etablierte Managementsysteme, -verfahren und -kontrollfunktionen zur Gewährleistung einer regelmäßigen und unabhängigen Überprüfung aller Bestandteile des internen Modellierungsprozesses, einschließlich der Genehmigung von Modelländerungen, der sachkundigen Beurteilung der Modelleingaben und der Überprüfung der Modellergebnisse, wie die direkte Nachprüfung von Risikoberechnungen. Im Rahmen dieser Überprüfungen wird die Genauigkeit, Vollständigkeit

und Angemessenheit der Modelleingaben und -ergebnisse eingeschätzt und der Schwerpunkt darauf gelegt, potenzielle Fehler, die durch bekannte Modellschwächen bedingt sind, zu erkennen und zu begrenzen sowie bis dato unbekannte Schwächen des Modells aufzudecken. Derartige Überprüfungen können von einer unabhängigen internen Abteilung oder von einer unabhängigen externen Partei durchgeführt werden;
c) angemessene Systeme und Verfahren zur Überwachung von Anlagelimits und Risiken bei Beteiligungspositionen;
d) funktionelle Unabhängigkeit der für die Entwicklung und Anwendung des Modells verantwortlichen Abteilungen von den für die Verwaltung der einzelnen Anlagen verantwortlichen Abteilungen;
e) angemessene Qualifikation all derjenigen, die in irgendeiner Weise an der Modellentwicklung beteiligt sind. Das Management weist der Modellentwicklung ausreichende personelle Ressourcen mit der erforderlichen Qualifikation und Kompetenz zu.

Artikel 188   Validierung und Dokumentierung

Die Institute verfügen über robuste Systeme zur Validierung der Genauigkeit und Schlüssigkeit ihrer internen Modelle und Modellierungsverfahren. Alle wesentlichen Komponenten der internen Modelle sowie die Modellentwicklung und -validierung werden dokumentiert.

Für Validierung und Dokumentierung der internen Modelle und der Modellentwicklung der Institute gelten folgende Anforderungen:
a) Die Institute nutzen den internen Validierungsprozess, um die Leistungsfähigkeit ihrer internen Modelle und Prozesse kohärent und aussagekräftig zu bewerten;
b) für die quantitative Validierung werden durchgängig die gleichen Methoden und Daten verwendet. Veränderungen bei Schätz- und Validierungsmethoden und -daten (sowohl bei Datenquellen als auch bei zugrunde gelegten Zeiträumen) werden dokumentiert;
c) die Institute vergleichen die tatsächlichen Eigenkapitalrenditen, die anhand der realisierten und nicht realisierten Gewinne und Verluste ermittelt werden, regelmäßig mit den Modellschätzungen. Für solche Vergleiche werden historische Daten herangezogen, die einen möglichst langen Zeitraum abdecken. Die Institute dokumentieren die für solche Vergleiche herangezogenen Methoden und Daten. Diese Analyse und Dokumentation wird mindestens einmal jährlich aktualisiert
d) die Institute nutzen andere quantitative Validierungsinstrumente und Vergleiche mit externen Datenquellen. Die Analyse stützt sich auf Daten, die dem entsprechenden Portfolio angemessen sind, regelmäßig aktualisiert werden und einen aussagekräftigen Beobachtungszeitraum abdecken. Zur internen Bewertung der Leistungsfähigkeit ihrer Modelle stützen sich die Institute auf einen möglichst langen Zeitraum;
e) die Institute verfügen über solide interne Standards für den Fall, dass ein Vergleich der tatsächlichen Eigenkapitalrenditen mit den Modellschätzungen die Validität der Schätzungen oder der Modelle selbst in Frage stellt. Diese Standards tragen Konjunkturzyklen und ähnlichen systematischen Schwankungen der Eigenkapitalrenditen Rechnung. Alle Anpassungen, die als Reaktion auf eine Modellüberprüfung an den internen Modellen vorgenommen werden, werden dokumentiert und stehen mit den Modellüberprüfungsstandards des Instituts in Einklang;
f) internes Modell und Modellentwicklung werden dokumentiert, was auch für die Pflichten der an der Modellentwicklung, der Modellabnahme sowie der Modellüberprüfung Beteiligten gilt.

Unterabschnitt 5   Interne Unternehmensführung und Überwachung

Artikel 189   Unternehmensführung

(1) Alle wesentlichen Aspekte der Rating- und Schätzverfahren werden vom Leitungsorgan des Instituts bzw. von einem seiner zu diesem Zweck benannten Ausschüsse und der Geschäftsleitung gebilligt. Die Mitglieder dieser Gremien verfügen über allgemeine Kenntnisse der Ratingsysteme des Instituts und genaue Kenntnisse der damit zusammenhängenden Managementberichte.

(2) Die Geschäftsleitung erfüllt folgende Anforderungen:
a) Es setzt das Leitungsorgan oder einen seiner zu diesem Zweck benannten Ausschüsse über wesentliche Änderungen an oder Abweichungen von etablierten Grundsätzen in Kenntnis, die erhebliche Auswirkungen auf die Funktionsweise der Ratingsysteme des Instituts haben werden;
b) es verfügt über gute Kenntnisse des Aufbaus und der Funktionsweise der Ratingsysteme;
c) es stellt fortlaufend sicher, dass die Ratingsysteme ordnungsgemäß funktionieren.

Die Geschäftsleitung wird von den für die Kreditrisikoüberwachung zuständigen Stellen regelmäßig über die Leistungsfähigkeit des Beurteilungsprozesses, die verbesserungsbedürftigen Bereiche und den Stand der Arbeiten an der Behebung festgestellter Schwächen unterrichtet.

(3) Die auf internen Einstufungen basierende Analyse des Kreditrisikoprofils des Instituts ist wesentlicher Bestandteil der Berichterstattung an die Geschäftsleitung. Die Berichterstattung betrifft zumindest die Risikoprofile je Stufe, die Ratingmigration zwischen Stufen, die Schätzung der einschlägigen Parameter je Klasse und den Vergleich der tatsächlichen Ausfallraten und, soweit eigene Schätzungen verwendet werden, der realisierten LGD und realisierten Umrechnungsfaktoren mit den Erwartungen und Stresstest-Ergebnissen. Die Berichtsintervalle richten sich nach der Signifikanz und Art der Informationen sowie der Hierarchiestufe des Empfängers.

Artikel 190   Kreditrisikoüberwachung

(1) Die für die Kreditrisikoüberwachung zuständige Stelle ist von den Personal- und Managementfunktionen, die für die Eröffnung und Verlängerung von Positionen verantwortlich sind, unabhängig und unmittelbar der Geschäftsleitung unterstellt. Sie ist für die Gestaltung bzw. Wahl, Umsetzung, Überwachung und Leistungsfähigkeit der Ratingsysteme verantwortlich. Sie erstellt und analysiert regelmäßig Berichte über die Ergebnisse dieser Systeme.

(2) Die Aufgaben der für die Kreditrisikoüberwachung zuständige(n) Stelle(n) umfassen unter anderem:
a) Das Testen und Überwachen von Bonitätsstufen und -pools,
b) die Erstellung und Auswertung von zusammenfassenden Berichten der Ratingsysteme des Instituts,
c) die Umsetzung von Verfahren zur Überprüfung, ob die Stufen- und Pooldefinitionen in allen Abteilungen und geographischen Gebieten durchgängig angewandt werden,
d) Überprüfung und Dokumentierung aller etwaigen Änderungen am Beurteilungsprozess unter Angabe der Gründe für die Änderungen,
e) Überprüfung der Ratingkriterien im Hinblick darauf, ob sie für die Risikoeinschätzung weiterhin aussagekräftig sind. Änderungen am Beurteilungsprozess, an den Kriterien oder den einzelnen Beurteilungsparametern werden dokumentiert und archiviert,
f) aktive Beteiligung an der Gestaltung bzw. Wahl, Umsetzung und Validierung der im Beurteilungsprozess eingesetzten Modelle,

g) Beaufsichtigung und Überwachung der im Beurteilungsprozess eingesetzten Modelle,
h) fortlaufende Überprüfung und Änderung der im Beurteilungsprozess eingesetzten Modelle.

(3) Institute, die gemäß Artikel 179 Absatz 2 zusammengefasste Daten verwenden, können folgende Aufgaben auslagern:
a) Zusammenstellung von Informationen, die für das Testen und Überwachen von Bonitätsstufen und -pools relevant sind,
b) Erstellung zusammenfassender Berichte der Ratingsysteme des Instituts,
c) Zusammenstellung von Informationen, die für die Überprüfung der Ratingkriterien im Hinblick darauf, ob diese für die Risikoeinschätzung weiterhin aussagekräftig sind, relevant sind,
d) Dokumentierung der Änderungen am Beurteilungsprozess, an den Kriterien oder den einzelnen Beurteilungsparametern,
e) Zusammenstellung von Informationen, die für die aktuelle Überprüfung und Änderung der im Beurteilungsprozess eingesetzten Modelle relevant sind.

(4) Institute, die von Absatz 3 Gebrauch machen, stellen sicher, dass die zuständigen Behörden auf alle einschlägigen Informationen dieses Dritten, die zur Überprüfung der Einhaltung der Anforderungen notwendig sind, zugreifen können, und dass die zuständigen Behörden Vor-Ort-Prüfungen im gleichen Umfang durchführen können wie bei dem Institut selbst.

Artikel 191   Innenrevision

Die Innenrevision oder eine andere vergleichbare unabhängige Revisionsstelle prüft mindestens einmal jährlich die Ratingsysteme des Instituts und deren Funktionsweise, einschließlich der Tätigkeit der Kreditabteilung sowie der PD-, LGD-, EL- und Umrechnungsfaktor-Schätzungen. Überprüft wird die Einhaltung aller geltenden Anforderungen.

Kapitel 4   Kreditrisikominderung

Abschnitt 1   Begriffsbestimmungen und allgemeine Anforderungen

Artikel 192   Begriffsbestimmungen

Für die Zwecke dieses Kapitels bezeichnet der Ausdruck
1. ›kreditgebendes Institut‹ das Institut, das die betreffende Risikoposition hält;
2. ›besicherte Kreditvergabe‹ jedes Geschäft, das eine sicherheitsunterlegte Risikoposition begründet und keine Klausel enthält, die dem Institut das Recht auf mindestens tägliche Nachschusszahlungen einräumt;
3. ›Kapitalmarkttransaktion‹ jedes Geschäft, das eine sicherheitsunterlegte Risikoposition begründet und eine Klausel enthält, die dem Institut das Recht auf mindestens tägliche Nachschusszahlungen einräumt;
4. ›Basis-OGA‹ einen OGA, dessen Anteile von einem anderen OGA erworben wurden.

Artikel 193   Grundsätze für die Anerkennung der Wirkung von Kreditrisikominderungstechniken

(1) Keine Risikoposition, für die ein Institut eine Kreditrisikominderung erreicht hat, darf einen höheren risikogewichteten Positionsbetrag oder höheren erwarteten

Verlustbetrag ergeben als eine Risikoposition, für die keine Kreditrisikominderung vorliegt, die ansonsten aber identisch ist.

(2) Wird eine Kreditabsicherung bereits gemäß Kapitel 2 oder Kapitel 3 beim risikogewichteten Positionsbetrag berücksichtigt, beziehen die Institute diese Kreditabsicherung nicht in die im vorliegenden Kapitel vorgesehenen Berechnungen ein.

(3) Sind die Bestimmungen der Abschnitte 2 und 3 erfüllt, können die Institute die Berechnung der risikogewichteten Positionsbeträge nach dem Standardansatz und die Berechnung der risikogewichteten Positionsbeträge und erwarteten Verlustbeträge nach dem IRB-Ansatz gemäß den Bestimmungen der Abschnitte 4, 5 und 6 anpassen.

(4) Barmittel, Wertpapiere oder Waren, die im Rahmen eines Pensions- oder Wertpapier- bzw. Warenleihgeschäfts erworben, geliehen oder eingeliefert werden, werden von den Instituten wie Sicherheiten behandelt.

(5) Hat ein Institut, das die risikogewichteten Positionsbeträge nach dem Standardansatz berechnet, für eine Risikoposition mehr als eine Form der Kreditrisikominderung, so verfährt es wie folgt:
a) Es unterteilt die Risikoposition in die durch die jeweiligen Kreditrisikominderungsinstrumente abgedeckten Einzelteile und
b) berechnet den risikogewichteten Positionsbetrag für jeden gemäß Buchstabe a erhaltenen Einzelteil gesondert nach den Bestimmungen des Kapitels 2 und des vorliegenden Kapitels.

(6) Unterlegt ein Institut, das die risikogewichteten Positionsbeträge nach dem Standardansatz berechnet, eine einzelne Risikoposition mit der Besicherung eines einzigen Sicherungsgebers und hat diese Besicherung unterschiedliche Laufzeiten, so verfährt es wie folgt:
a) Es unterteilt die Risikoposition in die durch die jeweiligen Kreditrisikominderungsinstrumente abgedeckten Einzelteile und
b) berechnet den risikogewichteten Positionsbetrag für jeden gemäß Buchstabe a erhaltenen Einzelteil gesondert nach den Bestimmungen des Kapitels 2 und des vorliegenden Kapitels.

Artikel 194   Grundsätze für die Anerkennungsfähigkeit von Kreditrisikominderungstechniken

(1) Das zur Besicherung eingesetzte Verfahren gewährleistet zusammen mit den Maßnahmen, Schritten, Verfahren und Grundsätzen des kreditgebenden Instituts eine Besicherung, die in allen relevanten Rechtsräumen rechtswirksam und durchsetzbar ist.

Das kreditgebende Institut stellt auf Anforderung der zuständigen Behörde die jüngste Fassung des/der unabhängigen, schriftlichen und mit einer Begründung versehenen Rechtsgutachten(s) bereit, das/die es verwendet hat, um zu ermitteln, ob seine Sicherungsvereinbarung(en) die in Unterabsatz 1 festgelegte Voraussetzung erfüllt/erfüllen.

(2) Das kreditgebende Institut ergreift alle Maßnahmen, die erforderlich sind, um die Wirksamkeit der Besicherung zu gewährleisten und die damit verbundenen Risiken anzugehen.

(3) Institute dürfen eine Besicherung mit Sicherheitsleistung bei der Berechnung der Wirkung einer Kreditrisikominderung nur anerkennen, wenn die zur Besicherung dienenden Vermögenswerte die beiden folgenden Bedingungen erfüllen:
a) Sie sind in der jeweiligen Aufstellung der anerkennungsfähigen Vermögenswerte in den Artikeln 197 bis 200 genannt;
b) sie sind ausreichend liquide und ihr Wert ist im Zeitverlauf ausreichend stabil, so dass sie unter Berücksichtigung des zur Berechnung der risikogewichteten Positionsbeträge verwendeten Ansatzes und des zulässigen Maßes an Anerkennung als angemessene Besicherung angesehen werden können.

(4) Institute dürfen eine Besicherung mit Sicherheitsleistung bei der Berechnung der Wirkung einer Kreditrisikominderung nur anerkennen, wenn das kreditgebende Institut das Recht hat, bei Ausfall, Insolvenz oder Konkurs – oder einem anderen in der entsprechenden Vereinbarung genannten Kreditereignis – des Schuldners bzw. gegebenenfalls des Sicherheitenverwahrers die als Sicherheit zur Verfügung gestellten Vermögenswerte zeitnah zu liquidieren oder einzubehalten. Der Grad an Korrelation zwischen den zur Besicherung dienenden Vermögenswerten und der Bonität des Schuldners darf nicht zu hoch sein.

(5) Bei einer Absicherung ohne Sicherheitsleistung kann ein Sicherungsgeber nur anerkannt werden, wenn er in der Aufstellung anerkennungsfähiger Sicherungsgeber in den Artikeln 201 bzw. 202 genannt ist.

(6) Bei einer Absicherung ohne Sicherheitsleistung kann eine Sicherungsvereinbarung nur anerkannt werden, wenn sie die beiden folgenden Bedingungen erfüllt:
a) Sie ist in der jeweiligen Aufstellung der anerkennungsfähigen Sicherungsvereinbarungen in den Artikeln 203 und 204 Absatz 1 genannt;
b) sie ist in den relevanten Rechtsräumen rechtswirksam und durchsetzbar, so dass sie angemessene Gewissheit hinsichtlich der gebotenen Absicherung – unter Berücksichtigung des zur Berechnung der risikogewichteten Positionsbeträge verwendeten Ansatzes und des zulässigen Maßes an Anerkennung – bietet;
c) der Sicherungsgeber erfüllt die Kriterien des Absatzes 5.

(7) Eine Kreditabsicherung erfüllt gegebenenfalls die Anforderungen des Abschnitts 3.

(8) Ein Institut muss den zuständigen Behörden nachweisen können, dass es ein angemessenes Risikomanagement hat, um die Risiken, die ihm aus dem Einsatz von Kreditrisikominderungstechniken erwachsen können, kontrollieren zu können.

(9) Ungeachtet der Berücksichtigung kreditrisikomindernder Maßnahmen bei der Berechnung der risikogewichteten Positionsbeträge und gegebenenfalls der erwarteten Verlustbeträge berücksichtigt werden, bewerten die Institute das Kreditrisiko der zugrunde liegenden Risikoposition fortlaufend umfassend und können den zuständigen Behörden gegenüber die Einhaltung dieser Auflage nachweisen. Bei Pensionsgeschäften und Wertpapierleih- oder Warenleih- oder -verleihgeschäften gilt nur für die Zwecke dieses Absatzes der Nettobetrag der Risikoposition als zugrunde liegende Risikoposition.

(10) Die EBA arbeitet Entwürfe technischer Regulierungsstandards aus, in denen präzisiert wird, was für die Zwecke des Absatzes 3 als ausreichend liquide Vermögenswerte gilt und wann für die Zwecke des Absatzes 3 der Wert von Vermögenswerten als ausreichend stabil angesehen werden kann.

Die EBA arbeitet diese Entwürfe technischer Regulierungsstandards aus und legt sie bis zum 30. Juni 2014 der Kommission vor.

Der Kommission wird die Befugnis übertragen, die technischen Regulierungsstandards nach Unterabsatz 1 gemäß den Artikeln 10 bis 14 der Verordnung (EU) Nr. 1093/2010 zu erlassen.

Abschnitt 2 Zulässige Formen der Kreditrisikominderung

Unterabschnitt 1 *Besicherung mit Sicherheitsleistung*

Artikel 195 Netting von Bilanzpositionen

Bilanzielles Netting gegenseitiger Forderungen des Instituts und der Gegenpartei ist für ein Institut eine zulässige Form der Kreditrisikominderung.

Unbeschadet des Artikels 196 ist die Zulässigkeit auf gegenseitige Barguthaben beschränkt. Institute dürfen die risikogewichteten Positionsbeträge und gegebenenfalls die erwarteten Verlustbeträge nur für Darlehen und Einlagen anpassen, die bei ihnen selbst eingeliefert wurden und die einer Vereinbarung über das Netting von Bilanzpositionen unterliegen.

Artikel 196   Netting-Rahmenvereinbarungen, die Pensionsgeschäfte, Wertpapier- oder Warenverleih- oder -leihgeschäfte oder andere Kapitalmarkttransaktionen betreffen

Institute, die die umfassende Methode zur Berücksichtigung finanzieller Sicherheiten nach Artikel 223 anwenden, dürfen die Auswirkungen bilateraler Nettingvereinbarungen für Pensionsgeschäfte, Wertpapier- oder Warenverleih- oder -leihgeschäfte oder andere Kapitalmarkttransaktionen mit einer Gegenpartei berücksichtigen. Unbeschadet des Artikels 299 müssen die im Rahmen solcher Vereinbarungen entgegengenommenen Sicherheiten und ausgeliehenen Wertpapiere oder Waren die Voraussetzungen der Artikel 197 und 198 für die Anerkennungsfähigkeit von Sicherheiten erfüllen.

Artikel 197   Anerkennungsfähigkeit von Sicherheiten unabhängig von Ansatz und Methode

(1) Institute dürfen die folgenden Positionen bei allen Ansätzen und Methoden als Sicherheit verwenden:
a) Bareinlagen beim kreditgebenden Institut oder von diesem verwahrte bargeldähnliche Instrumente,
b) Schuldverschreibungen von Zentralstaaten oder Zentralbanken, deren Wertpapiere eine Bonitätsbeurteilung einer für die Zwecke des Kapitels 2 anerkannten ECAI oder Exportversicherungsagentur haben, die von der EBA gemäß den Bestimmungen des Kapitels 2 über die Risikogewichtung von Risikopositionen gegenüber Zentralstaaten und Zentralbanken mit einer Bonitätsstufe von mindestens 4 gleichgesetzt wird,
c) Schuldverschreibungen von Instituten, deren Wertpapiere eine Bonitätsbeurteilung einer ECAI haben, die von der EBA gemäß den Bestimmungen des Kapitels 2 über die Risikogewichtung von Risikopositionen gegenüber Instituten mit einer Bonitätsstufe von mindestens 3 gleichgesetzt wird,
d) Schuldverschreibungen anderer Emittenten, deren Wertpapiere eine Bonitätsbeurteilung einer ECAI haben, die von der EBA gemäß den Bestimmungen des Kapitels 2 über die Risikogewichtung von Risikopositionen gegenüber Unternehmen mit einer Bonitätsstufe von mindestens 3 gleichgesetzt wird,
e) Schuldverschreibungen, die eine kurzfristige Bonitätsbeurteilung einer ECAI haben, die von der EBA gemäß den Bestimmungen des Kapitels 2 über die Risikogewichtung kurzfristiger Risikopositionen mit einer Bonitätsstufe von mindestens 3 gleichgesetzt wird,
f) in einem Hauptindex vertretene Aktien oder Wandelschuldverschreibungen,
g) Gold,
h) Verbriefungspositionen, außer Wiederverbriefungspositionen, die eine Bonitätsbeurteilung einer ECAI haben, die von der EBA gemäß den Bestimmungen des Kapitels 5 Abschnitt 3 Unterabschnitt 3 über die Risikogewichtung von Verbriefungspositionen mit einer Bonitätsstufe von mindestens 3 gleichgesetzt wird.

(2) Die in Absatz 1 Buchstabe b genannten ›Schuldverschreibungen von Zentralstaaten oder Zentralbanken‹ umfassen
a) Schuldverschreibungen von regionalen oder lokalen Gebietskörperschaften, deren Schuldtitel im Rahmen von Artikel 115 Absatz 2 wie Risikopositionen gegenüber dem Zentralstaat, dem sie zuzuordnen sind, behandelt werden,
b) Schuldverschreibungen öffentlicher Stellen, die gemäß Artikel 116 Absatz 4 wie Risikopositionen gegenüber Zentralstaaten behandelt werden,

c) Schuldverschreibungen multilateraler Entwicklungsbanken, denen nach Artikel 117 Absatz 2 ein Risikogewicht von 0% zugewiesen wird,
d) Schuldverschreibungen internationaler Organisationen, denen nach Artikel 118 ein Risikogewicht von 0% zugewiesen wird.

(3) Die in Absatz 1 Buchstabe c genannten ›Schuldverschreibungen von Instituten‹ umfassen
a) Schuldverschreibungen von regionalen oder lokalen Gebietskörperschaften mit Ausnahme der in Absatz 2 Buchstabe a genannten Schuldverschreibungen,
b) Schuldverschreibungen öffentlicher Stellen, deren Schuldtitel gemäß Artikel 116 Absätze 1 und 2 behandelt werden,
c) Schuldverschreibungen multilateraler Entwicklungsbanken, die kein Risikogewicht von 0% gemäß Artikel 117 Absatz 2 erhalten.

(4) Ein Institut darf Schuldverschreibungen anderer Institute, die keine Bonitätsbeurteilung einer ECAI haben, als Sicherheit verwenden, wenn folgende Kriterien erfüllt sind:
a) Sie werden an einer anerkannten Börse notiert;
b) sie sind vorrangig zu bedienen;
c) alle gleichrangigen, beurteilten Wertpapiere des Instituts haben eine Bonitätsbeurteilung einer ECAI, die von der EBA gemäß den Bestimmungen des Kapitels 2 über die Risikogewichtung von Risikopositionen gegenüber Instituten oder kurzfristigen Risikopositionen mit einer Bonitätsstufe von mindestens 3 gleichgesetzt wird;
d) dem kreditgebenden Institut liegen keine Hinweise dafür vor, dass für das Wertpapier eine schlechtere Bonitätsbeurteilung als das unter c genannte gerechtfertigt wäre;
e) die Marktliquidität des Instruments ist für diese Zwecke ausreichend.

(5) Institute dürfen Anteile an OGA als Sicherheiten verwenden, wenn alle folgenden Bedingungen erfüllt sind:
a) Der Kurs der Anteile wird täglich festgestellt,
b) die OGA dürfen nur in Instrumente investieren, die gemäß den Absätzen 1 und 4 anerkennungsfähig sind,
c) die OGA erfüllen die Bedingungen des Artikels 132 Absatz 3.

Erwirbt ein OGA Anteile eines anderen OGA, so gelten die in Unterabsatz 1 Buchstaben a bis c festgelegten Bedingungen für den Basis-OGA gleichermaßen.
Sichert ein OGA zulässige Anlagen durch Derivate ab, so steht dies der Anerkennungsfähigkeit seiner Anteile als Sicherheiten nicht im Wege.

(6) Für die Zwecke des Absatzes 5 können Institute für den Fall, dass ein OGA (der ›ursprüngliche OGA‹) oder einer seiner Basis-OGA in seinen Anlagen nicht auf die nach den Absätzen 1 und 4 anerkennungsfähigen Instrumente beschränkt ist, Anteile an diesem OGA bis zu einem Betrag als Sicherheit nutzen, der dem Wert der anerkennungsfähigen Vermögenswerte entspricht, die dieser OGA hält, wobei unterstellt wird, dass er selbst oder einer seiner Basis-OGA in dem nach seinem Mandat maximal zulässigen Maß in nicht anerkennungsfähige Vermögenswerte investiert hat.
Hat ein Basis-OGA seinerseits Basis-OGA, so können die Institute Anteile am ursprünglichen OGA als anerkennungsfähige Sicherheit nutzen, sofern sie die in Unterabsatz 1 beschriebene Methode anwenden.
Können nicht anerkennungsfähige Vermögenswerte aufgrund von Verbindlichkeiten oder Eventualverbindlichkeiten, die mit ihrem Eigentum verbunden sind, einen negativen Wert annehmen, verfahren die Institute wie folgt:
a) Sie berechnen den Gesamtwert der nicht anerkennungsfähigen Vermögenswerte und

b) ziehen für den Fall, dass der nach Buchstabe a ermittelte Wert negativ ist, den absoluten Wert des betreffenden Betrags vom Gesamtwert der anerkennungsfähigen Vermögenswerte ab.

(7) Liegen für ein Wertpapier zwei Bonitätsbeurteilungen von ECAI vor, so gilt in Bezug auf Absatz 1 Buchstaben b bis e die ungünstigere von beiden. Liegen für ein Wertpapier mehr als zwei Bonitätsbeurteilungen von ECAI vor, so legen die Institute die beiden besten zugrunde. Weichen die beiden besten voneinander ab, legen die Institute die ungünstigere von beiden zugrunde.

(8) Die ESMA arbeitet Entwürfe technischer Durchführungsstandards aus, in denen Folgendes präzisiert wird:
a) die in Absatz 1 Buchstabe f, Artikel 198 Absatz 1 Buchstabe a, Artikel 224 Absätze 1 und 4 und Artikel 299 Absatz 2 Buchstabe e genannten Hauptindizes,
b) die in Absatz 4 Buchstabe a, Artikel 198 Absatz 1, Artikel 224 Absätze 1 und 4, Artikel 299 Absatz 2 Buchstabe e, Artikel 400 Absatz 2 Buchstabe k, Artikel 416 Absatz 3 Buchstabe d, Artikel 428 Absatz 1 Buchstabe c und Anhang III Teil 3 Nummer 12 genannten anerkannten Börsen gemäß den Bedingungen des Artikels 4 Absatz 1 Nummer 72.

Die ESMA legt der Kommission diese Entwürfe technischer Durchführungsstandards bis zum 31. Dezember 2014 vor.

Der Kommission wird die Befugnis übertragen, die technischen Durchführungsstandards nach Unterabsatz 1 gemäß Artikel 15 der Verordnung (EU) Nr. 1095/2010 zu erlassen.

Artikel 198 Zusätzliche Anerkennungsfähigkeit von Sicherheiten bei der umfassenden Methode zur Berücksichtigung finanzieller Sicherheiten

(1) Institute, die die umfassende Methode zur Berücksichtigung finanzieller Sicherheiten nach Artikel 223 anwenden, dürfen zusätzlich zu den in Artikel 197 genannten Sicherheiten Folgendes als Sicherheit verwenden:
a) Aktien oder Wandelschuldverschreibungen, die nicht in einem Hauptindex vertreten sind, aber an einer anerkannten Börse gehandelt werden,
b) Anteile an OGA, wenn die beiden folgenden Bedingungen erfüllt sind:
i) Der Kurs der Anteile wird täglich festgestellt,
ii) der OGA darf nur in Instrumente, die nach Artikel 197 Absätze 1 und 4 anerkannt werden können, sowie in die unter Buchstabe a genannten Werte investieren.

Erwirbt ein OGA Anteile eines anderen OGA, gelten die Buchstaben a und b für den Basis-OGA gleichermaßen.

Sichert ein OGA zulässige Anlagen durch Derivate ab, so steht dies der Anerkennungsfähigkeit seiner Anteile als Sicherheiten nicht im Wege.

(2) Ist der OGA oder einer seiner Basis-OGA in seinen Anlagen nicht auf die nach Artikel 197 Absätze 1 und 4 anerkennungsfähigen Instrumente und die in Absatz 1 Buchstabe a genannten Werte beschränkt, können die Institute Anteile an diesem OGA bis zu einem Betrag als Sicherheit nutzen, der dem Wert der anerkennungsfähigen Vermögenswerte entspricht, die dieser OGA hält, wobei unterstellt wird, dass er selbst oder einer seiner Basis-OGA in dem nach seinem Mandat maximal zulässigen Maß in nicht anerkennungsfähige Vermögenswerte investiert hat.

Können nicht anerkennungsfähige Vermögenswerte aufgrund von Verbindlichkeiten oder Eventualverbindlichkeiten, die mit ihrem Eigentum verbunden sind, einen negativen Wert annehmen, verfahren die Institute wie folgt:
a) Sie berechnen den Gesamtwert der nicht anerkennungsfähigen Vermögenswerte und

b) ziehen für den Fall, dass der nach Buchstabe a ermittelte Wert negativ ist, den absoluten Wert des betreffenden Betrags vom Gesamtwert der anerkennungsfähigen Vermögenswerte ab.

Artikel 199 Zusätzliche Anerkennungsfähigkeit von Sicherheiten beim IRB-Ansatz

(1) Institute, die die risikogewichteten Positionsbeträge und erwarteten Verlustbeträge nach dem IRB-Ansatz berechnen, dürfen zusätzlich zu den in den Artikeln 197 und 198 genannten Sicherheiten folgende Arten von Sicherheiten verwenden:
a) Immobiliensicherheiten gemäß den Absätzen 2, 3 und 4,
b) Forderungen gemäß Absatz 5,
c) sonstige Sachsicherheiten gemäß den Absätzen 6 und 8,
d) Leasing gemäß Absatz 7.

(2) Sofern in Artikel 124 Absatz 2 nicht anders festgelegt, können die Institute Wohnimmobilien, die vom Eigentümer selbst oder, im Falle von persönlichen Investitionsunternehmen, vom Nutznießer genutzt oder vermietet werden bzw. werden sollen, sowie Gewerbeimmobilien einschließlich Büro- und sonstige Gewerberäume als Sicherheit einsetzen, wenn die beiden folgenden Bedingungen erfüllt sind:
a) Der Wert der Immobilie hängt nicht wesentlich von der Bonität des Schuldners ab. Bei der Bestimmung der Wesentlichkeit einer solchen Abhängigkeit können die Institute Fälle ausklammern, in denen rein makroökonomische Faktoren sowohl den Wert der Immobilie als auch die Leistungsfähigkeit des Schuldners beeinträchtigen;
b) das Risiko des Kreditnehmers hängt nicht wesentlich von der Wertentwicklung der Immobilie/des Vorhabens ab, sondern von seiner Fähigkeit, seine Schulden aus anderen Quellen zurückzuzahlen, so dass auch die Rückzahlung des Kredits nicht wesentlich von Zahlungsströmen abhängt, die durch die als Sicherheit gestellte Immobilie generiert werden.

(3) Bei Risikopositionen, die durch in einem Mitgliedstaat belegene Wohnimmobilien besichert sind, können die Institute von Absatz 2 Buchstabe b abweichen, wenn die zuständige Behörde dieses Mitgliedstaats Nachweise dafür veröffentlicht hat, dass es im Gebiet dieses Mitgliedstaats einen gut entwickelten, seit langem etablierten Wohnimmobilienmarkt gibt, dessen Verlustraten folgende Obergrenzen nicht überschreiten:
a) Die Verluste aus Darlehen, die – sofern in Artikel 124 Absatz 2 nicht anders bestimmt – bis zu 80 % des Marktwerts oder 80 % des Beleihungswerts durch Wohnimmobilien besichert sind, gehen in keinem Jahr über 0,3 % der ausstehenden, durch Wohnimmobilien besicherten Darlehen hinaus;
b) die Gesamtverluste aus Darlehen, die durch Wohnimmobilien besichert sind, gehen in keinem Jahr über 0,5 % der ausstehenden, durch Wohnimmobilien besicherten Darlehen hinaus.

Ist eine der Bedingungen nach Unterabsatz 1 Buchstaben a und b in einem bestimmten Jahr nicht erfüllt, verfahren die Institute so lange nicht nach diesem Unterabsatz, bis in einem Folgejahr beide Bedingungen erfüllt sind.

(4) Bei Risikopositionen, die durch in einem Mitgliedstaat belegene Gewerbeimmobilien besichert sind, können die Institute von Absatz 2 Buchstabe b abweichen, wenn die zuständige Behörde dieses Mitgliedstaats Nachweise dafür veröffentlicht hat, dass es im Gebiet dieses Mitgliedstaats einen gut entwickelten, seit langem etablierten Gewerbeimmobilienmarkt gibt, dessen Verlustraten folgende Obergrenzen nicht überschreiten:

a) Die Verluste aus Darlehen, die bis zu 50% des Marktwerts oder 60% des Beleihungswerts durch Gewerbeimmobilien besichert sind, gehen in keinem Jahr über 0,3% der ausstehenden, durch Gewerbeimmobilien besicherten Darlehen hinaus;
b) die Gesamtverluste aus Darlehen, die durch Gewerbeimmobilien besichert sind, gehen in keinem Jahr über 0,5% der ausstehenden, durch Gewerbeimmobilien besicherten Darlehen hinaus.

Ist eine der Bedingungen nach Unterabsatz 1 Buchstaben a und b in einem bestimmten Jahr nicht erfüllt, verfahren die Institute so lange nicht nach diesem Unterabsatz, bis in einem Folgejahr beide Bedingungen erfüllt sind.

(5) Die Institute dürfen Forderungen, die mit einer kommerziellen Transaktion oder mit Transaktionen mit einer ursprünglichen Laufzeit von maximal einem Jahr zusammenhängen, als Sicherheit verwenden. Nicht anerkennungsfähig sind Forderungen, die mit Verbriefungen, Unterbeteiligungen oder Kreditderivaten zusammenhängen, oder Beträge, die von verbundenen Unternehmen geschuldet werden.

(6) Die zuständigen Behörden gestatten einem Institut, Sachsicherheiten mit Ausnahme der in den Absätzen 2, 3 und 4 genannten als Sicherheit zu verwenden, wenn alle folgenden Bedingungen erfüllt sind:
a) Für die rasche und wirtschaftliche Verwertung der Sicherheit bestehen liquide Märkte, deren Existenz durch häufige Transaktionen entsprechend der Art der Aktiva erwiesen ist. Ob diese Voraussetzung erfüllt ist, bewerten die Institute regelmäßig sowie immer dann, wenn Hinweise auf wesentliche Marktveränderungen vorliegen;
b) für die Sicherheit existieren allgemein anerkannte, öffentlich verfügbare Marktpreise. Die Institute können Marktpreise als allgemein anerkannt betrachten, wenn sie aus verlässlichen Quellen, wie einem öffentlichen Index, stammen und den Preis der Transaktionen unter normalen Bedingungen widerspiegeln. Die Institute können Marktpreise als öffentlich verfügbar betrachten, wenn sie veröffentlicht werden, leicht zugänglich und regelmäßig sowie ohne ungebührlichen administrativen oder finanziellen Aufwand erhältlich sind;
c) das Institut analysiert die Marktpreise, den zur Verwertung der Sicherheit erforderlichen Zeit- und Kostenaufwand und die mit der Sicherheit erzielten Erlöse;
d) das Institut weist nach, dass bei mehr als 10% aller Liquidierungen bei einer bestimmten Art von Sicherheit die erzielten Erlöse nicht unter 70% des Werts der Sicherheit liegen. Ist bei den Marktpreisen eine erhebliche Volatilität zu verzeichnen, weist das Institut den zuständigen Behörden gegenüber hinreichend nach, dass es die Sicherheit ausreichend konservativ bewertet hat.

Die Institute dokumentieren, dass sie die die in Unterabsatz 1 Buchstaben a bis d und in Artikel 210 genannten Bedingungen erfüllen.

(7) Risikopositionen aus Leasinggeschäften, bei denen ein Institut der Leasinggeber und ein Dritter der Leasingnehmer ist, können – sofern die Anforderungen des Artikels 211 erfüllt sind – vorbehaltlich der Bestimmungen des Artikels 230 Absatz 2 wie Darlehen behandelt werden, die durch die gleiche Art von Gegenstand wie das Leasingobjekt besichert sind.

(8) Die EBA veröffentlicht ein Verzeichnis der Arten von Sachsicherheiten, bei denen Institute voraussetzen können, dass die Bedingungen des Absatzes 6 Buchstaben a und b erfüllt sind.

Artikel 200 Andere Formen der Besicherung mit Sicherheitsleistung

Die Institute dürfen die nachstehend genannten anderen Formen der Besicherung mit Sicherheitsleistung als Sicherheit verwenden:

a) Bareinlagen bei einem Drittinstitut oder von diesem verwahrte bargeldähnliche Instrumente, die nicht im Rahmen eines Depotvertrags verwahrt werden und an das kreditgebende Institut verpfändet wurden,
b) an das kreditgebende Institut verpfändete Lebensversicherungen,
c) von Drittinstituten emittierte Instrumente, die von diesem Institut auf Verlangen zurückgekauft werden.

Unterabschnitt 2   Absicherung ohne Sicherheitsleistung

Artikel 201   Ansatzunabhängige Anerkennungsfähigkeit von Sicherungsgebern

(1) Die Institute dürfen folgende Parteien als Steller einer Absicherung ohne Sicherheitsleistung nutzen:
a) Zentralstaaten und Zentralbanken,
b) regionale und lokale Gebietskörperschaften,
c) multilaterale Entwicklungsbanken,
d) internationale Organisationen, wenn Risikopositionen ihnen gegenüber nach Artikel 117 ein Risikogewicht von 0% zugewiesen wird,
e) öffentliche Stellen, wenn Ansprüche an sie gemäß Artikel 116 behandelt werden,
f) Institute und Finanzinstitute, bei denen Risikopositionen gegenüber dem Finanzinstitut wie Risikopositionen gegenüber Instituten gemäß Artikel 119 Absatz 5 behandelt werden,
g) andere Unternehmen, einschließlich Mutterunternehmen, Tochter unternehmen und verbundene Unternehmen des Instituts, wenn eine der folgenden Bedingungen erfüllt ist:
  i) für diese anderen Unternehmen liegt eine Bonitätsbeurteilung einer ECAI vor,
  ii) im Fall von Instituten, die die risikogewichteten Positionsbeträge und erwarteten Verlustbeträge nach dem IRB-Ansatz ermitteln, liegt für diese anderen Unternehmen keine Bonitätsbeurteilung einer anerkannten ECAI vor und sie werden von dem jeweiligen Institut intern beurteilt,
h) zentrale Gegenparteien.

(2) Bei Instituten, die die risikogewichteten Positionsbeträge und erwarteten Verlustbeträge nach dem IRB-Ansatz berechnen, kann ein Garantiegeber nur dann als Steller einer Absicherung ohne Sicherheitsleistung anerkannt werden, wenn seine Bonität von dem Institut gemäß den Bestimmungen des Kapitels 3 Abschnitt 6 intern bewertet wird.

Die zuständigen Behörden führen und veröffentlichen ein Verzeichnis der Finanzinstitute, die anerkennungsfähige Steller von Absicherungen ohne Sicherheitsleistung im Sinne des Absatzes 1 Buchstabe f sind, oder die Kriterien zur Ermittlung solcher anerkennungsfähigen Steller von Absicherungen ohne Sicherheitsleistung samt einer Beschreibung der maßgebenden Aufsichtsanforderungen und stellen dieses Verzeichnis gemäß Artikel 117 der Richtlinie 2013/36/EU den anderen zuständigen Behörden zur Verfügung.

Artikel 202   Anerkennungsfähigkeit von Sicherungsgebern, die die Voraussetzungen für die Behandlung nach Artikel 153 Absatz 3 erfüllen, im Rahmen des IRB-Ansatzes

Ein Institut darf Institute, Versicherungs- und Rückversicherungsgesellschaften sowie Exportversicherungsagenturen als Steller von Absicherungen ohne Sicherheitsleistung, die die Voraussetzungen für die Behandlung nach Artikel 153 Absatz 3 erfüllen, nutzen, wenn diese alle folgenden Bedingungen erfüllen:
a) Sie verfügen über ausreichende Sachkenntnis im Stellen von Absicherungen ohne Sicherheitsleistung;

b) sie unterliegen einem den Bestimmungen dieser Verordnung gleichwertigen Regelwerk oder haben zum Zeitpunkt der Absicherung eine Bonitätsbeurteilung einer anerkannten ECAI, das von der EBA gemäß den Bestimmungen des Kapitels 2 über die Risikogewichtung von Risikopositionen gegenüber Unternehmen mit einer Bonitätsstufe von mindestens 3 gleichgesetzt wird;
c) für sie liegt zum Zeitpunkt der Absicherung oder für jeden darauffolgenden Zeitraum eine interne Beurteilung mit einer PD vor, die gemäß den Bestimmungen des Kapitels 2 über die Risikogewichtung von Risikopositionen gegenüber Unternehmen mit einer Bonitätsstufe von mindestens 2 gleichgesetzt wird;
d) für sie liegt eine interne Beurteilung mit einer PD vor, die gemäß den Bestimmungen des Kapitels 2 über die Risikogewichtung von Risikopositionen gegenüber Unternehmen mit einer Bonitätsstufe von mindestens 3 gleichgesetzt wird.

Für die Zwecke dieses Artikels darf eine von Exportversicherungsagenturen gestellte Absicherung nicht durch eine ausdrückliche Rückbürgschaft eines Zentralstaats abgesichert sein.

Artikel 203   Anerkennungsfähigkeit von Garantien als Absicherung ohne Sicherheitsleistung

Institute dürfen Garantien als anerkennungsfähige Absicherung ohne Sicherheitsleistung verwenden.

Unterabschnitt 3   Arten von Derivaten

Artikel 204   Anerkennungsfähige Arten von Kreditderivaten

(1) Die Institute dürfen die folgenden Arten von Kreditderivaten sowie Instrumente, die sich aus solchen Kreditderivaten zusammensetzen oder wirtschaftlich die gleiche Wirkung haben, als Kreditbesicherung verwenden:
a) Kreditausfallswaps,
b) Gesamtrendite-Swaps,
c) synthetische Unternehmensanleihen (›Credit Linked Notes‹), soweit diese mit Barmitteln unterlegt sind.

Erwirbt ein Institut eine Kreditbesicherung in Form eines Gesamtrendite-Swaps und erfasst die Nettozahlungen aus dem Swap als Nettoertrag, trägt jedoch dem den Zahlungen gegenüberstehenden Wertverlust der abgesicherten Forderung nicht durch Herabsetzung des beizulegenden Zeitwerts oder durch Erhöhung der Risikovorsorge Rechnung, so ist diese Kreditbesicherung nicht anerkennungsfähig.

(2) Tätigt ein Institut mit Hilfe eines Kreditderivats ein internes Sicherungsgeschäft, kann die Kreditbesicherung für die Zwecke dieses Kapitels nur dann anerkannt werden, wenn das auf das Handelsbuch übertragene Kreditrisiko auf einen oder mehrere Dritte übertragen wird.

Wurde ein internes Sicherungsgeschäft gemäß Unterabsatz 1 getätigt und sind die Anforderungen dieses Kapitels erfüllt, so berechnen die Institute bei Erwerb einer Absicherung ohne Sicherheitsleistung die risikogewichteten Positionsbeträge und erwarteten Verlustbeträge nach den Vorschriften der Abschnitte 4 bis 6.

Abschnitt 3 Anforderungen

Unterabschnitt 1 Besicherung mit Sicherheitsleistung

Artikel 205 Anforderungen an Vereinbarungen über bilanzielles Netting (außer Netting-Rahmenvereinbarungen im Sinne des Artikels 206)

Vereinbarungen über die Aufrechnung (Netting) von Bilanzpositionen mit Ausnahme von Aufrechnungs(Netting)-Rahmenvereinbarungen im Sinne des Artikels 206 können als Form der Kreditrisikominderung anerkannt werden, wenn alle folgenden Bedingungen erfüllt sind:
a) Die Vereinbarungen sind selbst bei Insolvenz oder Konkurs der Gegenpartei in allen relevanten Rechtsräumen rechtswirksam und rechtlich durchsetzbar;
b) die Institute sind jederzeit in der Lage, die unter die Vereinbarungen fallenden Forderungen und Verbindlichkeiten zu bestimmen;
c) die Institute überwachen und steuern die mit der Beendigung der Besicherung verbundenen Risiken kontinuierlich;
d) die Institute überwachen und steuern die betreffenden Risikopositionen auf Nettobasis kontinuierlich.

Artikel 206 Anforderungen an Aufrechnungs(Netting)-Rahmenvereinbarungen für Pensionsgeschäfte, Wertpapier- oder Warenverleih- oder -leihgeschäfte oder andere Kapitalmarkttransaktionen

Aufrechnungs(Netting)-Rahmenvereinbarungen, die Pensionsgeschäfte, Wertpapier- oder Warenleih- oder -leihgeschäfte oder andere Kapitalmarkttransaktionen betreffen, können als Form der Kreditrisikominderung anerkannt werden, wenn die im Rahmen solcher Vereinbarungen gestellte Sicherheit allen Anforderungen des Artikels 207 Absätze 2 bis 4 genügt und alle nachstehenden Bedingungen erfüllt sind:
a) Die Vereinbarungen sind selbst bei Konkurs oder Insolvenz der Gegenpartei in allen relevanten Rechtsräumen rechtswirksam und rechtlich durchsetzbar;
b) sie geben der nicht ausfallenden Partei das Recht, bei einem Ausfall, einschließlich Konkurs oder Insolvenz der Gegenpartei, alle unter die Vereinbarung fallenden Geschäfte zeitnah zu beenden und glattzustellen;
c) sie sehen die Aufrechnung (Netting) der Gewinne und Verluste aus den im Rahmen einer Vereinbarung verrechneten Transaktionen vor, so dass die eine Partei der anderen einen einzigen Nettobetrag schuldet.

Artikel 207 Anforderungen an Finanzsicherheiten

(1) Finanzsicherheiten und Gold können unabhängig von Ansatz und Methode als Sicherheit anerkannt werden, wenn alle Anforderungen der Absätze 2 bis 4 erfüllt sind.

(2) Zwischen der Bonität des Schuldners und dem Wert der Sicherheit darf keine wesentliche positive Korrelation bestehen. Eine erhebliche Verringerung des Werts der Sicherheit bedeutet für sich allein genommen keine erhebliche Verschlechterung der Bonität des Schuldners. Ein Absinken der Bonität des Schuldners auf ein kritisches Niveau bedeutet für sich allein genommen keine erhebliche Verringerung des Werts der Sicherheit.

Vom Schuldner oder einem verbundenen Unternehmen emittierte Wertpapiere können nicht als Sicherheit anerkannt werden. Vom Schuldner selbst emittierte gedeckte Schuldverschreibungen, die unter Artikel 129 fallen, können jedoch als Sicherheit anerkannt werden, wenn sie als Sicherheit für ein Pensionsgeschäft hinterlegt werden und die Bedingung nach Unterabsatz 1 erfüllen.

(3) Die Institute erfüllen alle vertraglichen und gesetzlichen Anforderungen an die Durchsetzbarkeit ihres Sicherungsrechts in ihrem Rechtssystem und leiten alle zu diesem Zweck notwendigen Schritte ein.

Die Institute haben sich durch ausreichende rechtliche Prüfungen von der Durchsetzbarkeit der Sicherungsvereinbarung in allen relevanten Rechtsräumen überzeugt. Um eine kontinuierliche Durchsetzbarkeit zu gewährleisten, wiederholen sie diese Prüfungen bei Bedarf.

(4) Die Institute erfüllen alle folgenden operationellen Anforderungen:
a) Sie dokumentieren die Sicherungsvereinbarungen angemessen und verfügen über ein klares und solides Verfahren für die zeitnahe Verwertung der Sicherheiten;
b) zur Steuerung der Risiken, die aus dem Einsatz von Sicherheiten resultieren, setzen sie solide Verfahren und Prozesse ein – zu diesen Risiken zählen eine ausbleibende oder unzureichende Besicherung, Bewertungsrisiken, das Risiko einer möglichen Aufkündigung der Besicherung; das mit dem Einsatz von Sicherheiten verbundene Konzentrationsrisiko und Wechselwirkungen mit dem Gesamtrisikoprofil des Instituts;
c) sie verfügen in der Frage, welche Arten von Sicherheiten akzeptiert werden und bis zu welchem Betrag diese gehen können, über dokumentierte Vorschriften und Verfahren;
d) sie berechnen den Marktwert der Sicherheiten und bewerten ihn mindestens alle sechs Monate sowie immer dann neu, wenn sie Grund zu der Annahme haben, dass der Marktwert erheblich gesunken ist;
e) wird die Sicherheit von einem Dritten verwahrt, so ergreifen sie angemessene Maßnahmen, um zu gewährleisten, dass dieser Dritte die Sicherheit von seinem eigenen Vermögen trennt;
f) sie stellen sicher, dass sie für die ordnungsgemäße Funktionsweise von Nachschussvereinbarungen mit den Gegenparteien bei OTC-Derivatgeschäften und Wertpapierfinanzierungen ausreichend Ressourcen bereitstellen, was sich an Rechtzeitigkeit und Genauigkeit ihrer ausgehenden Nachschussforderungen und den Antwortzeiten auf eingehende Nachschussforderungen ablesen lässt;
g) sie verfügen über Vorschriften zur Sicherheitenverwaltung, anhand deren Folgendes kontrolliert, überwacht und gemeldet werden kann:
  i) die Risiken, denen sie aufgrund von Nachschussvereinbarungen ausgesetzt sind,
  ii) das Konzentrationsrisiko bei bestimmten Arten von als Sicherheit dienenden Vermögenswerten,
  iii) die Wiederverwendung von Sicherheiten einschließlich potenzieller Liquiditätsdefizite, die durch die Wiederverwendung der von Gegenparteien erhaltenen Sicherheiten bedingt sind,
  iv) der Verzicht auf Rechte an bei Gegenparteien hinterlegten Sicherheiten.

(5) Damit eine Finanzsicherheit im Rahmen der einfachen Methode als Sicherheit anerkannt werden kann, muss zusätzlich zur Erfüllung aller in den Absätzen 2 bis 4 genannten Anforderungen die Restlaufzeit der Besicherung zumindest so lang sein wie die Restlaufzeit der Risikoposition.

Artikel 208 Anforderungen an Immobiliensicherheiten

(1) Immobilien können nur dann als Sicherheit anerkannt werden, wenn alle Anforderungen der Absätze 2 bis 5 erfüllt sind.

(2) Anforderungen an die Rechtssicherheit:
a) Eine Hypothek oder ein Sicherungspfandrecht ist in allen zum Zeitpunkt des Kreditvertragsschlusses relevanten Rechtsräumen durchsetzbar und ist ordnungsgemäß und fristgerecht eingetragen;
b) alle rechtlichen Anforderungen zum Nachweis des Pfands sind erfüllt;
c) die Sicherungsvereinbarung und das ihr zugrunde liegende rechtliche Verfahren versetzen das Institut in die Lage, die Sicherheit innerhalb eines angemessenen Zeitraums zu verwerten.

(3) Anforderungen an die Überwachung des Immobilienwerts und die Immobilienbewertung:
a) Die Institute überwachen den Wert der Immobilie häufig, mindestens jedoch einmal jährlich bei Gewerbeimmobilien und alle drei Jahre bei Wohnimmobilien. Ist der Markt starken Schwankungen ausgesetzt, findet diese Überprüfung häufiger statt;
b) liegen den Instituten Hinweise darauf vor, dass die Immobilie im Verhältnis zu den allgemeinen Marktpreisen erheblich an Wert verloren haben könnte, so wird die Bewertung von einem Sachverständigen überprüft, der über die zur Durchführung einer solchen Bewertung erforderlichen Qualifikationen, Fähigkeiten und Erfahrungen verfügt und von der Kreditvergabeentscheidung unabhängig ist. Bei Krediten, die über 3 Mio. EUR oder 5 % der Eigenmittel des Instituts hinausgehen, wird die Bewertung mindestens alle drei Jahre von einem solchen Sachverständigen überprüft.

Die Institute können zur Überprüfung des Immobilienwerts und zur Ermittlung derjenigen Immobilien, die einer Neubewertung bedürfen, statistische Verfahren heranziehen.
(4) Welche Arten von Wohnimmobilien und Gewerbeimmobilien die Institute als Sicherheiten akzeptieren, wird samt der diesbezüglichen Grundsätze für die Kreditvergabe von den Instituten klar dokumentiert.
(5) Die Institute verfügen über Verfahren, mit denen sie überwachen, dass die als Sicherheit akzeptierte Immobilie angemessen gegen Schäden versichert ist.

Artikel 209   Anforderungen an Forderungen

(1) Forderungen können nur dann als Sicherheit anerkannt werden, wenn alle Anforderungen der Absätze 2 und 3 erfüllt sind.
(2) Anforderungen an die Rechtssicherheit:
a) Der rechtliche Mechanismus, über den die Sicherheit dem kreditgebenden Institut gestellt wird, ist robust und wirksam und sichert die eindeutigen Rechte des Instituts an der Sicherheit einschließlich des Rechts am Erlös ihres Verkaufs;
b) die Institute leiten alle notwendigen Schritte ein, um die ortsüblichen Anforderungen an die Durchsetzbarkeit der Sicherungsrechte zu erfüllen. Kreditgebende Institute haben einen erstrangigen Anspruch auf die Sicherheit, wenngleich derartige Forderungen immer noch den in Rechtsbestimmungen festgelegten Forderungen bevorrechtigter Gläubiger nachgeordnet sein können;
c) die Institute haben sich durch ausreichende rechtliche Prüfungen von der Durchsetzbarkeit der Sicherungsvereinbarung in allen relevanten Rechtsräumen überzeugt;
d) die Institute dokumentieren ihre Sicherungsvereinbarungen angemessen und verfügen über klare und solide Verfahren für die zeitnahe Verwertung der Sicherheiten;
e) die Institute verfügen über Verfahren, die gewährleisten, dass alle zur Feststellung der Zahlungsunfähigkeit eines Kreditnehmers und zur zeitnahen Verwertung der Sicherheit notwendigen rechtlichen Voraussetzungen erfüllt sind;
f) bei Zahlungsschwierigkeiten oder Ausfall eines Kreditnehmers haben die Institute das Recht, die Forderungen ohne Zustimmung des Forderungsschuldners zu verkaufen oder auf andere Parteien zu übertragen.

(3) Anforderungen an das Risikomanagement:
a) Ein Institut verfügt über ein zuverlässiges Verfahren zur Bestimmung des mit den Forderungen verbundenen Kreditrisikos. Bei einem solchen Verfahren werden unter anderem das Unternehmen und die Branche sowie die Arten von Kunden des Kreditnehmers analysiert. Verlässt sich das Institut bei der Ermittlung des

Kreditrisikos dieser Kunden auf die Angaben seiner Kreditnehmer, so überprüft es deren Kreditvergabepraxis auf ihre Solidität und Glaubwürdigkeit hin;
b) die Differenz zwischen der Höhe der eigenen Risikoposition und dem Wert der verpfändeten Forderungen trägt allen wesentlichen Faktoren Rechnung, einschließlich der Inkassokosten, der Konzentration innerhalb der einzelnen verpfändeten Forderungspools und möglicher Konzentrationsrisiken im Gesamtkreditbestand des Instituts, die nicht vom generellen Risikomanagement des Instituts erfasst werden. Die Institute stellen eine den Forderungen angemessene fortlaufende Überwachung sicher. Darüber hinaus überprüfen sie regelmäßig, ob Kreditauflagen, Umweltauflagen und andere rechtliche Anforderungen erfüllt sind;
c) die von einem Kreditnehmer verpfändeten Forderungen sind diversifiziert und nicht übermäßig mit diesem Kreditnehmer korreliert. Wenn eine wesentliche positive Korrelation besteht, tragen die Institute den damit verbundenen Risiken bei der Festlegung von Sicherheitsabschlägen für den Forderungspool als Ganzen Rechnung,
d) Forderungen von mit dem Kreditnehmer verbundenen Adressen, einschließlich Tochterunternehmen und Beschäftigen, werden von den Instituten nicht als anerkennungsfähige Kreditbesicherung eingesetzt;
e) die Institute verfügen über ein dokumentiertes Verfahren für das Forderungsinkasso bei Zahlungsschwierigkeiten. Die Institute verfügen über die hierfür erforderlichen Einrichtungen, auch wenn normalerweise ihre Kreditnehmer für das Inkasso zuständig sind.

Artikel 210 Anforderungen an sonstige Sachsicherheiten

Sachsicherheiten außer Immobiliensicherheiten können im Rahmen des IRB-Ansatzes als Sicherheiten anerkannt werden, wenn alle folgenden Bedingungen erfüllt sind:
a) Die Sicherungsvereinbarung, in deren Rahmen einem Institut eine Sachsicherheit gestellt wird, ist in allen relevanten Rechtsräumen rechtswirksam und durchsetzbar und versetzt das betreffende Institut in die Lage, die Sicherheit innerhalb eines angemessenen Zeitraums zu verwerten;
b) abgesehen von der einzigen Ausnahme der in Artikel 209 Absatz 2 Buchstabe b genannten erstrangigen Ansprüche können nur erstrangige Pfandrechte oder Ansprüche auf Sicherheiten als Sicherheiten anerkannt werden, und ein Institut hat bei den realisierten Erlösen aus der Sicherheit Vorrang vor allen anderen Gläubigern;
c) die Institute überprüfen den Wert der Sicherheit häufig, mindestens jedoch einmal jährlich. Ist der Markt starken Schwankungen ausgesetzt, findet diese Überprüfung häufiger statt;
d) der Kreditvertrag enthält eine detaillierte Beschreibung der Sicherheiten sowie umfassende Angaben zu Art und Häufigkeit der Neubewertung;
e) aus den internen Kreditvergabevorschriften und -verfahren der Institute, die für eine Überprüfung zur Verfügung stehen, geht eindeutig hervor, welche Arten von Sachsicherheiten die Institute akzeptieren und welche Grundsätze und Verfahrensweisen sie bei der Bestimmung der für den Kreditbetrag angemessenen Höhe der verschiedenen Sicherheitsarten anwenden;
f) in Bezug auf die Transaktionsstruktur müssen die Kreditvergabegrundsätze von Instituten Folgendes betreffen:
   i) der Höhe des Kredits angemessene Anforderungen an die Sicherheiten,
   ii) die Möglichkeit einer raschen Verwertung der Sicherheit,
   iii) die Fähigkeit der objektiven Feststellung eines Preises oder Marktwerts,
   iv) die Häufigkeit, mit der dieser Preis problemlos erzielt werden kann (einschließlich einer Schätzung oder Bewertung durch einen Spezialisten),

v) die Volatilität oder eine repräsentative Variable der Volatilität des Sicherheitenwerts;
g) wenn Institute Bewertungen und Neubewertungen vornehmen, tragen sie jeder Wertminderung oder Veralterung der Sicherheiten in vollem Umfang Rechnung und richten bei mode- oder terminabhängigen Sicherheiten ihr Augenmerk insbesondere auf den Faktor Zeit;
h) die Institute haben das Recht, den Sicherungsgegenstand materiell zu prüfen. Sie verfügen ferner über Vorschriften und Verfahren, die die Wahrnehmung ihres Rechts auf materielle Prüfung zum Gegenstand haben;
i) die akzeptierte Kreditsicherheit ist angemessen gegen Schäden versichert und die Institute verfügen über Verfahren, um dies zu überwachen.

Artikel 211 Anforderungen, die erfüllt sein müssen, um Leasingrisikopositionen als besichert ansehen zu können

Risikopositionen aus Leasinggeschäften werden von den Instituten als durch das Leasingobjekt besichert angesehen, wenn alle folgenden Bedingungen erfüllt sind:
a) Die Bedingungen nach Artikel 208 bzw. 210 für die Anerkennung der betreffenden Art von Leasingobjekt als Sicherheit sind erfüllt;
b) der Leasinggeber verfügt im Hinblick auf den Verwendungszweck des geleasten Vermögenswertes, dessen Standort, Alter und geplante Nutzungsdauer über ein solides Risikomanagement, das auch eine angemessene Überwachung des Wertes der Sicherheit einschließt;
c) der Leasinggeber ist rechtlicher Eigentümer des Leasingobjekts und zur zeitnahen Wahrnehmung seiner Eigentumsrechte in der Lage;
d) soweit nicht bereits bei der Berechnung der LGD-Höhe festgestellt, geht die Differenz zwischen dem noch nicht getilgten Betrag und dem Marktwert der Sicherheit nicht über den kreditrisikomindernden Effekt des Leasingobjekts hinaus.

Artikel 212 Anforderungen an sonstige Arten der Besicherung mit Sicherheitsleistung

(1) Bareinlagen bei einem Drittinstitut oder von diesem verwahrte bargeldähnliche Instrumente können gemäß Artikel 232 Absatz 1 behandelt werden, wenn alle folgenden Bedingungen erfüllt sind:
a) Die Forderung des Kreditnehmers gegenüber dem Drittinstitut wurde offen an das kreditgebende Institut verpfändet oder abgetreten und diese Verpfändung oder Abtretung ist in allen relevanten Rechtsräumen rechtswirksam und rechtlich durchsetzbar und zugleich uneingeschränkt und unwiderruflich;
b) dem Drittinstitut wurde die Verpfändung bzw. Abtretung mitgeteilt;
c) aufgrund dieser Mitteilung darf das Drittinstitut Zahlungen nur an das kreditgebende Institut oder Zahlungen an andere Parteien nur mit vorheriger Zustimmung des kreditgebenden Instituts vornehmen.

(2) An das kreditgebende Institut verpfändete Lebensversicherungen können als Sicherheit anerkannt werden, wenn alle folgenden Bedingungen erfüllt sind:
a) Die Lebensversicherung wurde offen an das kreditgebende Institut verpfändet oder abgetreten;
b) der betreffende Lebensversicherer wurde über die Verpfändung bzw. Abtretung in Kenntnis gesetzt und darf aufgrund dieser Mitteilung die im Rahmen des Vertrags fälligen Beträge nur mit vorheriger Zustimmung des kreditgebenden Instituts auszahlen;
c) das kreditgebende Institut hat bei Ausfall des Kreditnehmers das Recht auf Kündigung des Vertrags und Auszahlung des Rückkaufswerts;
d) das kreditgebende Institut wird über jeden Zahlungsrückstand des Versicherungsnehmers informiert;

e) die Sicherheit wird für die Laufzeit des Darlehens gestellt. Ist dies nicht möglich, weil das Versicherungsverhältnis bereits vor Ablauf der Kreditbeziehung endet, so stellt das Institut sicher, dass der aus dem Versicherungsvertrag fließende Betrag ihm bis zum Ende der Laufzeit des Darlehensvertrages als Sicherheit dient;
f) das Pfand oder die Abtretung ist in allen zum Zeitpunkt der Darlehensvereinbarung relevanten Rechtsräumen rechtswirksam und durchsetzbar;
g) der Rückkaufswert wird vom Lebensversicherer deklariert und kann nicht herabgesetzt werden;
h) der Rückkaufswert ist vom Lebensversicherer auf einen entsprechenden Antrag hin zeitnah auszuzahlen;
i) die Auszahlung des Rückkaufswerts wird nicht ohne vorherige Zustimmung des Instituts beantragt;
j) das Versicherungsunternehmen unterliegt der Richtlinie 2009/138/EG des Europäischen Parlaments und des Rates oder der Aufsicht der zuständigen Behörde eines Drittlandes, dessen Aufsichts- und Regulierungsvorschriften mindestens den in der Europäischen Union geltenden Vorschriften entsprechen.

Unterabschnitt 2 Absicherung ohne Sicherheitsleistung und synthetische Unternehmensanleihen (Credit Linked Notes)

Artikel 213 Gemeinsame Anforderungen an Garantien und Kreditderivate

(1) Vorbehaltlich des Artikels 214 Absatz 1 kann eine Absicherung, die sich aus einer Garantie oder einem Kreditderivat herleitet, als Absicherung ohne Sicherheitsleistung anerkannt werden, wenn alle folgenden Bedingungen erfüllt sind:
a) Die Absicherung ist unmittelbar;
b) der Umfang der Absicherung ist eindeutig festgelegt und unstrittig;
c) der Sicherungsvertrag enthält keine Klausel, deren Einhaltung sich dem direkten Einfluss des Kreditgebers entzieht, und die
　 i) dem Sicherungsgeber die einseitige Kündigung der Kreditabsicherung ermöglichen würde,
　 ii) bei einer Verschlechterung der Kreditqualität der abgesicherten Risikoposition die tatsächlichen Kosten der Absicherung in die Höhe treiben würde,
　 iii) den Sicherungsgeber für den Fall, dass der der ursprüngliche Schuldner seinen Zahlungsverpflichtungen nicht nachkommt oder bei Ablauf des Leasingvertrags für die Zwecke der Anerkennung des garantierten Restwerts gemäß Artikel 134 Absatz 7 und Artikel 166 Absatz 4, von seiner Pflicht befreien könnte, zeitnah zu zahlen,
　 iv) es dem Sicherungsgeber ermöglichen könnte, die Laufzeit der Absicherung zu verkürzen;
d) der Sicherungsvertrag ist in allen zum Zeitpunkt der Darlehensvereinbarung relevanten Rechtsräumen rechtswirksam und durchsetzbar.

(2) Das Institut weist den zuständigen Behörden gegenüber nach, dass es über Systeme verfügt, mit denen etwaige, durch den Einsatz von Garantien und Kreditderivaten bedingte Risikokonzentrationen gesteuert werden können. Das Institut kann den zuständigen Behörden gegenüber hinreichend darlegen, wie die von ihm beim Einsatz von Kreditderivaten und Garantien verfolgte Strategie und sein Management des Gesamtrisikoprofils zusammenwirken.

(3) Ein Institut erfüllt alle vertraglichen und gesetzlichen Anforderungen, die nach dem für seinen Anteil an der Absicherung maßgeblichen Recht für die Durchsetzbarkeit seiner Absicherung ohne Sicherheitsleistung gelten, und leitet alle zu diesem Zweck notwendigen Schritte ein.

Das Institut hat sich durch ausreichende rechtliche Prüfungen von der Durchsetzbarkeit der Absicherung ohne Sicherheitsleistung in allen relevanten Rechtsräumen überzeugt. Um eine kontinuierliche Durchsetzbarkeit zu gewährleisten, wiederholt es diese Prüfungen bei Bedarf.

Artikel 214 Rückbürgschaften von Staaten und anderen öffentlichen Stellen

(1) Institute dürfen die in Absatz 2 genannten Risikopositionen wie Risikopositionen behandeln, die durch eine von den dort genannten Stellen geleistete Garantie abgesichert sind, wenn alle folgenden Bedingungen erfüllt sind:
a) Die Rückbürgschaft deckt sämtliche Kreditrisiken der Forderung ab;
b) sowohl die Erstgarantie als auch die Rückbürgschaft erfüllen die Anforderungen nach Artikel 213 und Artikel 215 Absatz 1 an Garantien, mit der Ausnahme, dass die Rückbürgschaft nicht direkt sein muss;
c) die Absicherung ist solide und in Anbetracht der bisherigen Erfahrungen deutet nichts darauf hin, dass die Rückbürgschaft weniger werthaltig ist als eine direkte Garantie der betreffenden Stelle.

(2) Die Behandlung nach Absatz 1 wird auf Risikopositionen angewandt, die durch eine Garantie abgesichert sind, für die eine der folgenden Stellen eine Rückbürgschaft gestellt hat:
a) ein Zentralstaat oder eine Zentralbank,
b) eine regionale oder lokale Gebietskörperschaft,
c) eine öffentliche Einrichtung, deren Schuldtitel gemäß Artikel 116 Absatz 4 wie Risikopositionen gegenüber dem Zentralstaat behandelt werden,
d) eine multilaterale Entwicklungsbank oder internationale Organisation, der nach Artikel 117 Absatz 2 bzw. Artikel 118 ein Risikogewicht von 0% zugewiesen wird,
e) eine öffentliche Stelle, deren Schuldtitel gemäß Artikel 116 Absätze 1 und 2 behandelt werden.

(3) Die Institute wenden die Behandlung nach Absatz 1 auch auf Risikopositionen an, für die keine Rückbürgschaft einer der in Absatz 2 genannten Stellen besteht, die Rückbürgschaften für diese Risikopositionen aber direkt von einer dieser Stellen garantiert werden und die in Absatz 1 genannten Bedingungen erfüllt sind.

Artikel 215 Zusätzliche Anforderungen an Garantien

(1) Garantien können als Absicherung ohne Sicherheitsleistung anerkannt werden, wenn alle in Artikel 213 sowie alle nachstehend genannten Bedingungen erfüllt sind:
a) Bei dem die Garantie auslösenden Ausfall oder bei Zahlungsversäumnis der Gegenpartei hat das kreditgebende Institut das Recht, den Garantiegeber zeitnah für alle Zahlungen in Anspruch zu nehmen, die im Rahmen der von ihm abgesicherten Forderung ausstehen, und die Zahlung des Garantiegebers darf nicht unter dem Vorbehalt stehen, dass das kreditgebende Institut den geschuldeten Betrag zunächst beim Schuldner einfordern muss.
Deckt eine Absicherung ohne Sicherheitsleistung Hypothekendarlehen auf Wohnimmobilien ab, so sind die Anforderungen nach Artikel 213 Absatz 1 Buchstabe c Ziffer iii und Unterabsatz 1 dieses Absatzes lediglich innerhalb von 24 Monaten zu erfüllen;
b) die Garantie ist eine ausdrücklich dokumentierte, vom Garantiegeber eingegangene Verpflichtung.
c) Eine der folgenden Bedingungen ist erfüllt:
  i) Die Garantie erstreckt sich auf alle Arten von Zahlungen, die der Schuldner im Rahmen der Forderung zu leisten hat;
  ii) sind bestimmte Zahlungsarten von der Garantie ausgenommen, hat das kreditgebende Institut den anerkannten Garantiebetrag entsprechend herabgesetzt.

(2) Bei Garantien, die im Rahmen von Bürgschaftsprogrammen oder von den in Artikel 214 Absatz 2 genannten Stellen gestellt werden, oder für die eine Rückbürgschaft Letzterer vorliegt, gelten die in Absatz 1 Buchstabe a genannten Anforderungen als erfüllt, wenn eine der folgenden Bedingungen erfüllt ist:
a) Das kreditgebende Institut hat das Recht, vom Garantiegeber zeitnah eine vorläufige Zahlung zu erwirken, die die beiden folgenden Bedingungen erfüllt:
   i) ihre Höhe wird durch eine robuste Schätzung der Verluste ermittelt, die dem kreditgebenden Institut entstehen dürften, wozu auch Verluste zählen, die durch die Einstellung von Zins- und sonstigen Zahlungen, zu denen der Kreditnehmer verpflichtet ist, verursacht werden,
   ii) sie ist proportional zur Garantiedeckung;
b) das kreditgebende Institut kann den zuständigen Behörden nachweisen, dass die Auswirkungen der Garantie, die sich auch auf Verluste erstreckt, die durch die Einstellung von Zins- und sonstigen Zahlungen, zu denen der Kreditnehmer verpflichtet ist, verursacht werden, eine solche Behandlung rechtfertigen.

Artikel 216 Zusätzliche Anforderungen an Kreditderivate

(1) Kreditderivate können als Absicherung ohne Sicherheitsleistung anerkannt werden, wenn alle in Artikel 213 sowie alle nachstehend genannten Bedingungen erfüllt sind:
a) Die im Vertrag vereinbarten Kreditereignisse umfassen
   i) das Versäumnis, die fälligen Zahlungen nach den zum Zeitpunkt des Versäumnisses geltenden Konditionen der zugrunde liegenden Verbindlichkeit zu erbringen, wobei die Nachfrist der der zugrunde liegenden Verbindlichkeit entspricht oder darunter liegt,
   ii) den Konkurs, die Insolvenz oder die Unfähigkeit des Schuldners zur Bedienung seiner Schulden oder sein schriftliches Eingeständnis, generell nicht mehr zur Begleichung fällig werdender Schulden in der Lage zu sein, sowie ähnliche Ereignisse,
   iii) die Neustrukturierung der zugrunde liegenden Verbindlichkeit, verbunden mit einem Erlass oder einer Stundung der Darlehenssumme, der Zinsen oder der Gebühren, die zu einem Verlust auf Seiten des Kreditgebers führt;
b) für Kreditderivate, die einen Barausgleich ermöglichen, gilt:
   i) die Institute verfügen über ein solides Bewertungsverfahren, das eine zuverlässige Verlustschätzung ermöglicht,
   ii) für die Bewertung der zugrunde liegenden Verbindlichkeit nach dem Kreditereignis besteht eine genaue zeitliche Vorgabe;
c) setzt die Erfüllung das Recht und die Fähigkeit des Sicherungsnehmers zur Übertragung der zugrunde liegenden Verbindlichkeit an den Sicherungsgeber voraus, so muss aus den Konditionen der zugrunde liegenden Verbindlichkeit hervorgehen, dass eine gegebenenfalls erforderliche Einwilligung zu einer solchen Übertragung nicht ohne angemessenen Grund versagt werden darf;
d) es ist eindeutig festgelegt, wer darüber entscheidet, ob ein Kreditereignis vorliegt;
e) diese Entscheidung obliegt nicht allein dem Sicherungsgeber;
f) der Käufer der Absicherung hat das Recht oder die Möglichkeit, den Sicherungsgeber über den Eintritt eines Kreditereignisses zu informieren.

Sollten die Kreditereignisse keine Neustrukturierung der zugrunde liegenden Verbindlichkeit im Sinne von Buchstabe a Ziffer iii umfassen, kann die Absicherung vorbehaltlich einer Herabsetzung des Werts gemäß Artikel 233 Absatz 2 dennoch anerkannt werden.

(2) Eine Inkongruenz zwischen der zugrunde liegenden Verbindlichkeit und der Referenzverbindlichkeit des Kreditderivats oder zwischen der zugrunde liegenden Verbindlichkeit und der Verbindlichkeit, anhand deren bestimmt wird, ob ein Kredit-

ereignis eingetreten ist, ist nur zulässig, wenn die beiden folgenden Bedingungen erfüllt sind:
a) Die Referenzverbindlichkeit bzw. die Verbindlichkeit, anhand deren bestimmt wird, ob ein Kreditereignis eingetreten ist, ist der zugrunde liegenden Verbindlichkeit im Rang gleich- oder nachgestellt:
b) die zugrunde liegende Verbindlichkeit und die Referenzverbindlichkeit bzw. die Verbindlichkeit, anhand deren bestimmt wird, ob ein Kreditereignis eingetreten ist, haben denselben Schuldner und beinhalten rechtlich durchsetzbare wechselseitige Ausfall- oder Vorfälligkeitsklauseln.

Artikel 217 Anforderungen, die für eine Behandlung nach Artikel 153 Absatz 3 erfüllt sein müssen

(1) Um für die Behandlung nach Artikel 153 Absatz 3 in Frage zu kommen, muss eine Absicherung, die sich aus einer Garantie oder einem Kreditderivat herleitet, die folgenden Bedingungen erfüllen:
a) Die zugrunde liegende Verbindlichkeit bezieht sich auf eine der folgenden Risikopositionen:
   i) eine Risikoposition gegenüber einem Unternehmen im Sinne des Artikels 147, mit Ausnahme von Versicherungs- und Rückversicherungsgesellschaften,
   ii) eine Risikoposition gegenüber einer regionale oder lokale Gebietskörperschaft oder eine öffentliche Stelle, die nicht gemäß Artikel 147 als Risikoposition gegenüber einem Zentralstaat oder einer Zentralbank behandelt wird,
   iii) einer Risikoposition gegenüber einem KMU, die gemäß Artikel 147 Absatz 5 als Risikoposition aus dem Mengengeschäft eingestuft ist;
b) die abgesicherten Kreditnehmer gehören nicht der gleichen Gruppe an wie der Sicherungsgeber;
c) Die Risikoposition wird durch eines der folgenden Instrumente abgesichert:
   i) auf einzelne Adressen bezogene Kreditderivate ohne Sicherheitsleistung oder auf einzelne Adressen bezogene Garantien,
   ii) Forderungskorbprodukte, bei denen der erste Ausfall der im Korb enthaltenen Forderungen die Zahlung auslöst (›First-to-Default Basket Products‹),
   iii) Forderungskorbprodukte, bei denen der n-te Ausfall der im Korb enthaltenen Forderungen die Zahlung auslöst (›Nth-to-Default Basket Products‹);
d) die Absicherung erfüllt die Anforderungen des Artikels 213, 215 bzw. 216;
e) das Risikogewicht, das der Risikoposition vor Anwendung der Behandlung nach Artikel 153 Absatz 3 zugewiesen wurde, trägt noch keinem Aspekt der Absicherung Rechnung;
f) das Institut hat das Recht und die Erwartung, dass der Sicherungsgeber zahlt, ohne dass es rechtliche Schritte zur Beitreibung der Zahlung bei der Gegenpartei einleiten muss. Das Institut überzeugt sich so weit wie möglich selbst davon, dass der Sicherungsgeber im Falle eines Kreditereignisses zur umgehenden Zahlung bereit ist;
g) die erworbene Absicherung deckt alle beim abgesicherten Teil der Risikoposition erlittenen Verluste, die durch Eintritt der im Kontrakt bestimmten Kreditereignisse bedingt sind, ab;
h) ist im Rahmen einer Absicherung die effektive Lieferung vorgesehen, so besteht hinsichtlich der Lieferbarkeit eines Darlehens, einer Anleihe oder einer Eventualverpflichtung Rechtssicherheit;
i) hat ein Institut die Absicht, anstelle der zugrunde liegenden Risikoposition eine andere Verbindlichkeit zu liefern, so stellt es sicher, dass die lieferbare Verbindlichkeit so liquide ist, dass es sie zur vertragsgemäßen Lieferung ankaufen könnte;
j) die Konditionen von Sicherungsvereinbarungen sind sowohl vom Sicherungsgeber als auch vom Institut rechtsgültig schriftlich bestätigt;

k) das Institut verfügt über Verfahren zur Ermittlung eines übermäßigen Korrelationsrisikos zwischen der Bonität eines Sicherungsgebers und dem abgesicherten Kreditnehmer, das darauf beruht, dass ihr Geschäftsergebnis von gemeinsamen Faktoren, die über den systematischen Risikofaktor hinausgehen, abhängig ist;
l) bei einer Absicherung des Verwässerungsrisikos gehört der Verkäufer der angekauften Forderungen nicht derselben Gruppe an wie der Sicherungsgeber.

(2) Für die Zwecke des Absatzes 1 Buchstabe c Ziffer ii wenden die Institute die Behandlung nach Artikel 153 Absatz 3 auf die Forderung des Korbes mit dem niedrigsten risikogewichteten Positionsbetrag an.

(3) Für die Zwecke des Absatzes 1 Buchstabe c Ziffer iii kann die erlangte Absicherung nur dann innerhalb dieses Rahmens berücksichtigt werden, wenn ebenfalls eine anerkennungsfähige Absicherung für den (n-1)ten Ausfall vorliegt oder (n-1) der im Korb enthaltenen Forderungen bereits ausgefallen sind. Ist dies der Fall, wenden die Institute die Behandlung nach Artikel 153 Absatz 3 auf diejenige Forderung des Korbes mit dem niedrigsten risikogewichteten Positionsbetrag an.

Abschnitt 4   Berechnung der Auswirkungen der Kreditrisikominderung

Unterabschnitt 1   Besicherung mit Sicherheitsleistung

Artikel 218   Synthetische Unternehmensanleihen (›Credit Linked Notes‹)

Anlagen in synthetische Unternehmensanleihen (›Credit Linked Notes‹), die von dem kreditgebenden Institut ausgegeben werden, können zwecks Berechnung der Auswirkungen der Kreditrisikominderung gemäß diesem Unterabschnitt wie Barsicherheiten behandelt werden, wenn der in die synthetische Unternehmensanleihe eingebettete Kreditausfallswap als Absicherung ohne Sicherheitsleistung anerkannt werden kann. Um festzustellen, ob der in die synthetische Unternehmensanleihe eingebettete Kreditausfallswap als Absicherung ohne Sicherheitsleistung anerkannt werden kann, darf das Institut die Voraussetzung des Artikels 194 Absatz 6 Buchstabe c als erfüllt betrachten.

Artikel 219   Netting von Bilanzpositionen

Zur Berechnung der Auswirkung einer Besicherung mit Sicherheitsleistung derjenigen Darlehen und Einlagen des kreditgebenden Instituts, bei denen ein bilanzielles Netting vorgenommen wird, die auf dieselbe Währung lauten, sind Darlehen an das kreditgebende Institut und Einlagen bei diesem, bei denen ein bilanzielles Netting vorgenommen wird, von diesem Institut wie Barsicherheiten zu behandeln.

Artikel 220   Verwendung der aufsichtlichen oder der auf eigenen Schätzungen beruhenden Volatilitätsanpassungen bei Netting-Rahmenvereinbarungen

(1) Bei der Berechnung des ›vollständig angepassten Risikopositionswerts‹ (E*) von Risikopositionen, die einer anerkennungsfähigen Netting-Rahmenvereinbarung für Pensionsgeschäfte, Wertpapier- oder Warenverleih- oder -leihgeschäfte oder andere Kapitalmarkttransaktionen unterliegen, legen die Institute für die erforderlichen Volatilitätsanpassungen entweder die aufsichtlichen oder die auf eigenen Schätzungen beruhenden Volatilitätsanpassungen zugrunde; beide Verfahren sind in den Artikeln 223 bis 226 für die umfassende Methode zur Berücksichtigung finanzieller Sicherheiten dargelegt.

Für die auf eigenen Schätzungen beruhende Methode gelten dieselben Bedingungen und Anforderungen wie für die umfassende Methode zur Berücksichtigung finanzieller Sicherheiten.

(2) Bei der Berechnung von E* verfahren die Institute wie folgt:

a) Sie berechnen die Nettoposition für jede Wertpapiergruppe oder Warenart, indem sie den Betrag aus Ziffer ii von dem Betrag aus Ziffer i abziehen:
   i) Gesamtwert einer aufgrund der Netting-Rahmenvereinbarung verliehenen, verkauften oder gelieferten Gruppe von Wertpapieren oder Waren derselben Art,
   ii) Gesamtwert einer aufgrund der Netting-Rahmenvereinbarung geliehenen, angekauften oder entgegengenommenen Gruppe von Wertpapieren oder Waren derselben Art;
b) sie berechnen die Nettoposition für jede Währung außer der Verrechnungswährung der Netting-Rahmenvereinbarung, indem sie den Betrag aus Ziffer ii von dem Betrag aus Ziffer i abziehen:
   i) Gesamtwert der aufgrund der Netting-Rahmenvereinbarung verliehenen, verkauften oder gelieferten und auf die betreffende Währung lautenden Wertpapiere plus Betrag an Bargeld, der im Rahmen dieser Vereinbarung in dieser Währung ausgeliehen oder übertragen wurde,
   ii) Gesamtwert der aufgrund der Netting-Rahmenvereinbarung geliehenen, angekauften oder entgegengenommenen und auf die betreffende Währung lautenden Wertpapiere plus Betrag an Bargeld, der im Rahmen dieser Vereinbarung in dieser Währung geliehen oder entgegengenommen wurde;
c) sie nehmen die für eine bestimmte Wertpapiergruppe oder Barmittelposition angemessene Volatilitätsanpassung am absoluten Wert der positiven oder negativen Nettoposition der Wertpapiere in dieser Gruppe vor;
d) sie nehmen die Volatilitätsanpassung für das Wechselkursrisiko (fx) an der positiven oder negativen Nettoposition jeder Währung außer der Verrechnungswährung der Netting-Rahmenvereinbarung vor.

(3) Institute berechnen E* nach folgender Formel:

$$E^* = max\left\{0, \left(\sum_i E_i - \sum_i C_i\right) + \sum_j \left|E_j^{sec}\right| \cdot H_j^{sec} + \sum_k \left|E_k^{fx}\right| \cdot H_k^{fx}\right\}$$

dabei entspricht

E_i = dem Risikopositionswert jeder einzelnen im Rahmen der Vereinbarung bestehenden Risikoposition i, der bei fehlender Besicherung zur Anwendung käme, wenn die Institute die risikogewichteten Positionsbeträge nach dem Standardansatz berechnen oder sie die risikogewichteten Positionsbeträge und erwarteten Verlustbeträge nach dem IRB-Ansatz berechnen,

C_i = dem Wert der Wertpapiere in jeder Gruppe oder Waren derselben Art, die in Bezug auf jede Risikoposition i geliehen, angekauft oder eingeliefert werden, oder der Barmittel, die in Bezug auf jede Risikoposition i geliehen oder eingeliefert werden,

E_j^{sec} = der (positiven oder negativen) Nettoposition in einer bestimmten Wertpapiergruppe j,

E_k^{fx} = die (positiven oder negativen) Nettoposition in einer anderen Währung (Währung k) als der Verrechnungswährung der Vereinbarung, die nach Absatz 2 Buchstabe b errechnet wird,

H_j^{sec} = der für eine bestimmte Wertpapiergruppe j angemessenen Volatilitätsanpassung,

H_k^{fx} = der Volatilitätsanpassung für das Wechselkursrisiko bei Währung k.

(4) Zur Berechnung der risikogewichteten Positionsbeträge und erwarteten Verlustbeträge bei Pensionsgeschäften, Wertpapier- oder Warenverleih- oder -leihgeschäften oder anderen Kapitalmarkttransaktionen, für die Netting-Rahmenvereinbarungen gelten, setzen die Institute für die Zwecke des Artikels 113 im Rahmen des Standard-

ansatzes und des Kapitels 3 im Rahmen des IRB-Ansatzes den nach Absatz 3 berechneten Wert E* als Wert der Risikoposition gegenüber der Gegenpartei ein, die aus den von der Netting-Rahmenvereinbarung erfassten Geschäften resultiert.

(5) Für die Zwecke der Absätze 2 und 3 bezeichnet ›Wertpapiergruppe‹ Wertpapiere, die von ein und demselben Emittenten am selben Tag ausgegeben wurden, die gleiche Laufzeit haben, den gleichen Bedingungen und Konditionen unterliegen und für die die gleichen, in Artikel 224 beziehungsweise 225 genannten Verwertungszeiträume gelten.

Artikel 221   Verwendung interner Modelle für Netting-Rahmenvereinbarungen

(1) Mit Erlaubnis der zuständigen Behörden können die Institute alternativ zu den von der Aufsicht vorgegebenen oder auf eigenen Schätzungen beruhenden Volatilitätsanpassungen für die Berechnung des vollständig angepassten Risikopositionswerts (E*), der sich aus der Anwendung einer anerkennungsfähigen Netting-Rahmenvereinbarung für Pensionsgeschäfte, Wertpapier- oder Warenverleih- oder -leihgeschäfte oder andere Kapitalmarkttransaktionen, bei denen es sich nicht um Derivatgeschäfte handelt, ergibt, interne Modelle verwenden, sofern diese Modelle Korrelationseffekten zwischen Wertpapierpositionen, die von der Netting-Rahmenvereinbarung erfasst werden, sowie der Liquidität der betreffenden Instrumente Rechnung tragen.

(2) Mit Erlaubnis der zuständigen Behörden dürfen Institute ihre internen Modelle auch für Lombardgeschäfte verwenden, wenn für diese eine bilaterale Netting-Rahmenvereinbarung gilt, die die Anforderungen des Kapitels 6 Abschnitt 7 erfüllt.

(3) Ein Institut kann unabhängig davon, ob es zur Berechnung der risikogewichteten Positionsbeträge nach dem Standardansatz oder dem IRB-Ansatz verfährt, beschließen, auf ein internes Modell zurückzugreifen. Hat sich ein Institut jedoch für die Verwendung eines internen Modells entschieden, so wendet es dieses auf alle Gegenparteien und Wertpapiere an, außer auf unwesentliche Portfolios, bei denen es gemäß Artikel 220 die aufsichtlichen oder die auf eigenen Schätzungen beruhenden Volatilitätsanpassungen zugrunde legen kann.

Institute, die im Rahmen von Titel IV Kapitel 5 die Genehmigung für ein internes Risikomessmodell erhalten haben, können auf interne Modelle zurückgreifen. Hat ein Institut eine solche Genehmigung nicht erhalten, kann es bei den zuständigen Behörden dennoch beantragen, für die Zwecke dieses Artikels interne Modelle verwenden zu dürfen.

(4) Die zuständigen Behörden gestatten einem Institut die Nutzung interner Modelle nur dann, wenn sie sich davon überzeugt haben, dass das System, mit dem das Institut die Risiken aus den unter die Netting-Rahmenvereinbarung fallenden Geschäften steuert, konzeptionell solide ist, unter Sicherstellung seiner Integrität angewandt wird und den folgenden Qualitätsstandards genügt:

a) Das interne Risikomessmodell, das zur Ermittlung der potenziellen Preisvolatilität verwendet wird, ist in das tägliche Risikomanagement eingebettet und dient als Grundlage für die Meldung von Risiken an die Geschäftsleitung des Instituts;

b) das Institut hat eine Abteilung ›Risikoüberwachung‹, die alle folgenden Anforderungen erfüllt:
   i) Sie ist vom Handelsbereich unabhängig und erstattet der Geschäftsleitung unmittelbar Bericht,
   ii) sie ist für die Gestaltung und Umsetzung des Risikomanagementsystems des Instituts verantwortlich;
   iii) sie erstellt und analysiert täglich Berichte über die Ergebnisse des Risikomessmodells und über die Maßnahmen, die im Hinblick auf Positionslimitierungen getroffen werden sollten;

c) die von dieser Abteilung erstellten Tagesberichte werden von einer Managementebene geprüft, die über ausreichende Befugnisse verfügt, um die Herabsetzung übernommener Positionen und des Gesamtrisikos durchzusetzen;

d) das Institut beschäftigt in dieser Abteilung eine ausreichende Zahl in der Verwendung komplexer Modelle geschulter Mitarbeiter;
e) das Institut hat Verfahren eingerichtet, um die Einhaltung der schriftlich niedergelegten internen Grundsätze für das Risikomesssystem und die dazugehörigen Kontrollen zu gewährleisten;
f) die Modelle des Instituts haben in der Vergangenheit eine ausreichend präzise Risikomessung gewährleistet, was durch Rückvergleiche der Ergebnisse mit den Daten von mindestens einem Jahr nachgewiesen werden kann;
g) das Institut führt im Rahmen eines strengen Stresstest-Programms häufig Tests durch, deren Ergebnisse von der Geschäftsleitung geprüft und in den von ihm festgelegten Grundsätzen und Obergrenzen berücksichtigt werden;
h) das Institut unterzieht sein Risikomesssystem im Rahmen der Innenrevision einer unabhängigen Prüfung. Diese umfasst sowohl die Tätigkeiten der Handelsabteilungen als auch der unabhängigen Abteilung ›Risikoüberwachung‹;
i) das Institut unterzieht sein Risikomanagement mindestens einmal jährlich einer Prüfung;
j) das interne Modell erfüllt die Anforderungen der Artikel 292 Absätze 8 und 9 und Artikel 294.

(5) Das interne Risikomessmodell eines Instituts trägt einer ausreichenden Zahl von Risikofaktoren Rechnung, damit alle wesentlichen Kursrisiken erfasst werden.

Ein Institut kann innerhalb der einzelnen Risikokategorien und kategorienübergreifend empirische Korrelationen verwenden, wenn sein System zur Messung der Korrelationen solide ist und unter Sicherstellung seiner Integrität angewandt wird.

(6) Institute, die interne Modelle verwenden, berechnen E* nach folgender Formel:

$$E^* = max\left\{0, \left(\sum_i E_i - \sum_i C_i\right) + \text{potenzielle Wertänderung}\right\}$$

dabei entspricht

E_i = dem Risikopositionswert jeder einzelnen im Rahmen der Vereinbarung bestehenden Risikoposition i, der bei fehlender Besicherung zur Anwendung käme, wenn die Institute die risikogewichteten Positionsbeträge nach dem Standardansatz berechnen oder sie die risikogewichteten Positionsbeträge und erwarteten Verlustbeträge nach dem IRB-Ansatz berechnen,

C_i = dem Wert der Wertpapiere, die in Bezug auf jede Risikoposition i geliehen, angekauft oder geliefert werden, oder der Barmittel, die in Bezug auf jede Risikoposition i geliehen oder geliefert werden.

Institute, die die risikogewichteten Positionsbeträge mit Hilfe interner Modelle berechnen, verwenden zu diesem Zweck die Modellergebnisse des vorangegangenen Handelstags.

(7) Für die Berechnung der in Absatz 6 genannten potenziellen Wertänderung gelten alle folgenden Standards:
a) Die Berechnung erfolgt mindestens einmal pro Tag;
b) sie stützt sich auf ein einseitiges Konfidenzniveau von 99 %,
c) sie legt einen Verwertungszeitraum von fünf Tagen zugrunde, außer bei Geschäften, bei denen es sich nicht um Wertpapierpensionsgeschäfte oder Wertpapierleihgeschäfte handelt, für die ein Verwertungszeitraum von zehn Tagen zugrunde gelegt wird;
d) sie stützt sich auf einen effektiven historischen Beobachtungszeitraum von mindestens einem Jahr, es sei denn, aufgrund einer erheblichen Zunahme der Preisvolatilität ist ein kürzerer Beobachtungszeitraum gerechtfertigt;
e) die bei der Berechnung verwendeten Daten werden alle drei Monate aktualisiert.

Hat ein Institut ein Pensionsgeschäft, ein Wertpapier- oder Warenverleih- oder -leihgeschäft und ein Lombard- oder ähnliches Geschäft oder einen Netting-Satz in seinem Bestand, das/der die Kriterien des Artikels 285 Absätze 2, 3 und 4 erfüllt, so wird die Mindesthaltedauer der Nachschuss-Risikoperiode angeglichen, die gemäß diesen Absätzen in Verbindung mit Artikel 285 Absatz 5 gelten würde.

(8) Zur Berechnung der risikogewichteten Positionsbeträge und erwarteten Verlustbeträge bei Pensionsgeschäften, Wertpapier- oder Warenleihgeschäften oder Wertpapier- oder Warenverleihgeschäften oder anderen Kapitalmarkttransaktionen, für die Netting-Rahmenvereinbarungen gelten, setzen die Institute für die Zwecke des Artikels 113 im Rahmen des Standardansatzes und des Kapitels 3 im Rahmen des IRB-Ansatzes den nach Absatz 6 berechneten Wert E* als Wert der Risikoposition gegenüber der Gegenpartei ein, die aus den von der Netting-Rahmenvereinbarung erfassten Geschäfte resultiert.

(9) Die EBA arbeitet Entwürfe technischer Regulierungsstandards aus, in denen Folgendes präzisiert wird:
a) was für die Zwecke von Absatz 3 ein unwesentliches Portfolio darstellt,
b) die Kriterien, anhand deren für den Zweck der Absätze 4 und 5 und von Netting-Rahmenvereinbarungen entschieden wird, ob ein internes Modell solide ist und unter Sicherstellung seiner Integrität angewandt wird.

Die EBA legt der Kommission diese Entwürfe technischer Regulierungsstandards bis zum 31. Dezember 2015 vor.

Der Kommission wird die Befugnis übertragen, die technischen Regulierungsstandards nach Unterabsatz 1 gemäß den Artikeln 10 bis 14 der Verordnung (EU) Nr. 1093/2010 zu erlassen.

Artikel 222 Einfache Methode zur Berücksichtigung finanzieller Sicherheiten

(1) Institute dürfen die einfache Methode zur Berücksichtigung finanzieller Sicherheiten nur anwenden, wenn sie die risikogewichteten Positionsbeträge nach dem Standardansatz berechnen. Außer für die Zwecke des Artikels 148 Absatz 1 und des Artikels 150 Absatz 1 wenden die Institute nicht gleichzeitig die einfache und die umfassende Methode zur Berücksichtigung finanzieller Sicherheiten an. Die Institute nutzen diese Ausnahme nicht selektiv dazu, niedrigere Eigenmittelanforderungen zu erreichen oder um Aufsichtsarbitrage zu betreiben.

(2) Bei der einfachen Methode zur Berücksichtigung finanzieller Sicherheiten setzen die Institute anerkennungsfähige Finanzsicherheiten zu ihrem nach Artikel 207 Absatz 4 Buchstabe d bestimmten Marktwert an.

(3) Den durch den Marktwert der anerkennungsfähigen Sicherheit gedeckten Teilen der Risikopositionswerte weisen die Institute das Risikogewicht zu, das sie nach Kapitel 2 ansetzen würden, wenn das kreditgebende Institut eine direkte Risikoposition aus dem Sicherungsinstrument hätte. Der Risikopositionswert eines in Anhang I genannten außerbilanziellen Postens wird zu diesem Zweck nicht mit dem in Artikel 111 Absatz 1 genannten Risikopositionswert, sondern mit 100 % seines Werts angesetzt.

Das Risikogewicht des besicherten Teils beträgt (mit Ausnahme der in den Absätzen 4 bis 6 genannten Fälle) mindestens 20 %. Dem übrigen Teil der Risikoposition weisen die Institute das Risikogewicht zu, das sie nach Kapitel 2 für eine unbesicherte Risikoposition an die Gegenpartei ansetzen würden.

(4) Dem besicherten Teil einer Risikoposition aus Pensions- und Wertpapierverleih- oder -leihgeschäften, die die Kriterien des Artikels 227 erfüllen, weisen die Institute das Risikogewicht 0 % zu. Ist die Gegenpartei eines solchen Geschäfts kein wesentlicher Marktteilnehmer, weisen die Institute ein Risikogewicht von 10 % zu.

(5) Den Risikopositionswerten, die nach Kapitel 6 für die in Anhang II genannten, durch Bargeld oder bargeldähnliche Instrumente abgesicherten Derivatgeschäfte mit

täglicher Marktbewertung bestimmt werden, weisen die Institute – wenn keine Währungsinkongruenz vorliegt – in der Höhe der Besicherung das Risikogewicht 0% zu.

Sind die genannten Geschäfte durch Schuldverschreibungen von Zentralstaaten oder Zentralbanken abgesichert, die nach Kapitel 2 ein Risikogewicht von 0% erhalten, weisen die Institute den Risikopositionswerten in der Höhe der Besicherung das Risikogewicht 10% zu.

(6) Nicht in den Absätzen 4 und 5 genannten Geschäften können Institute ein Risikogewicht von 0% zuweisen, wenn Risikoposition und Sicherheit auf dieselbe Währung lauten und eine der folgenden Bedingungen erfüllt ist:
a) Die Sicherheit besteht aus einer Bareinlage oder einem bargeldähnlichen Instrument;
b) die Sicherheit besteht aus Schuldverschreibungen von Zentralstaaten oder Zentralbanken, die nach Artikel 114 das Risikogewicht 0% erhalten können und auf deren Marktwert ein 20%iger Abschlag vorgenommen wurde.

(7) Für die Zwecke der Absätze 5 und 6 umfassen Schuldverschreibungen von Zentralstaaten oder Zentralbanken:
a) Schuldverschreibungen von regionalen oder lokalen Gebietskörperschaften, deren Schuldtitel im Rahmen von Artikel 115 wie Risikopositionen gegenüber dem Zentralstaat, dem sie zuzuordnen sind, behandelt werden,
b) Schuldverschreibungen multilateraler Entwicklungsbanken, denen nach Artikel 117 Absatz 2 ein Risikogewicht von 0% zugewiesen wird,
c) Schuldverschreibungen internationaler Organisationen, denen nach Artikel 118 ein Risikogewicht von 0% zugewiesen wird.
d) Schuldverschreibungen öffentlicher Stellen, die gemäß Artikel 116 Absatz 4 wie Risikopositionen gegenüber Zentralstaaten behandelt werden.

Artikel 223 Umfassende Methode zur Berücksichtigung finanzieller Sicherheiten

(1) Um der Kursvolatilität Rechnung zu tragen, nehmen Institute bei der Bewertung einer finanziellen Sicherheit im Rahmen der umfassenden Methode zur Berücksichtigung finanzieller Sicherheiten am Marktwert der Sicherheit gemäß den Artikeln 224 bis 227 Volatilitätsanpassungen vor.

Lauten Sicherheit und zugrunde liegende Risikoposition auf unterschiedliche Währungen, nehmen Institute zusätzlich zu der nach den Artikeln 224 bis 227 für die Sicherheit angemessenen Volatilitätsanpassung eine weitere Anpassung für die Wechselkursvolatilität vor.

Bei OTC-Derivaten, für die eine von den zuständigen Behörden gemäß Kapitel 6 anerkannte Netting-Vereinbarung gilt, nehmen die Institute eine Anpassung für die Wechselkursvolatilität immer dann vor, wenn sich die Währung der Sicherheit und die Verrechnungswährung nicht decken. Auch wenn die von der Netting-Vereinbarung erfassten Geschäfte in mehreren Währungen abgewickelt werden, nehmen die Institute nur eine Volatilitätsanpassung vor.

(2) Institute berechnen den zu berücksichtigenden volatilitätsangepassten Wert der Sicherheit (CVA) wie folgt:

$$C_{VA} = C \cdot (1 - H_C - H_{fx})$$

dabei entspricht
C = dem Wert der Sicherheit,
H_C = der nach den Artikeln 224 und 227 berechneten, der Sicherheit angemessenen Volatilitätsanpassung,
H_{fx} = der nach den Artikeln 224 und 227 berechneten, der Währungsinkongruenz angemessenen Volatilitätsanpassung.

Diese Formel verwenden die Institute bei allen Geschäften mit Ausnahme solcher, die von anerkannten Netting-Rahmenvereinbarungen erfasst werden und für die die Bestimmungen der Artikel 220 und 221 gelten.

(3) Institute berechnen den zu berücksichtigenden volatilitätsangepassten Wert der Risikoposition (E_{VA}) wie folgt:

$$E_{VA} = E \cdot (1 + H_E)$$

dabei entspricht

E = dem Risikopositionswert, der nach Kapitel 2 oder 3 als angemessen festgesetzt würde, wäre die Risikoposition unbesichert,

H_E = der nach den Artikeln 224 und 227 berechneten, der Risikoposition angemessenen Volatilitätsanpassung.

Bei OTC-Derivaten berechnen die Institute E_{VA} wie folgt:

$$E_{VA} = E.$$

(4) Für die Berechnung von E in Absatz 3 gilt Folgendes:
a) Institute, die die risikogewichteten Positionsbeträge nach dem Standardansatz berechnen, setzen den Risikopositionswert eines in Anhang I genannten außerbilanziellen Postens nicht mit dem in Artikel 111 Absatz 1 genannten Risikopositionswert, sondern mit 100% seines Werts an;
b) Institute, die die risikogewichteten Positionsbeträge nach dem IRB-Ansatz berechnen, ermitteln den Risikopositionswert der in Artikel 166 Absätze 8 bis 10 aufgeführten Posten, indem sie anstelle der dort genannten Umrechnungsfaktoren oder Prozentsätze einen Umrechnungsfaktor von 100% zugrunde legen.

(5) Institute berechnen den vollständig angepassten Risikopositionswert (E*), der sowohl der Volatilität als auch den risikomindernden Auswirkungen der Sicherheit Rechnung trägt, wie folgt:

$$E^* = \max\{0, E_{VA} - C_{VAM}\}$$

dabei entspricht

E_{VA} = dem nach Absatz 3 berechneten volatilitätsangepassten Wert der Risikoposition,

C_{VAM} = C_{VA} mit weiteren Anpassungen für etwaige Laufzeitinkongruenzen gemäß Abschnitt 5.

(6) Institute dürfen Volatilitätsanpassungen entweder anhand der aufsichtlichen Volatilitätsanpassungen nach Artikel 224 oder anhand eigener Schätzungen gemäß Artikel 225 berechnen.

Ein Institut kann sich unabhängig davon, ob es zur Berechnung der risikogewichteten Positionsbeträge nach dem Standardansatz oder dem IRB-Ansatz verfährt, für die Verwendung der aufsichtlichen Volatilitätsanpassungen oder die Verwendung der auf eigenen Schätzungen beruhenden Methode entscheiden.

Wendet ein Institut allerdings die auf eigenen Schätzungen beruhende Methode an, so wendet es diese auf alle Arten von Instrumenten an, außer auf unwesentliche Portfolios, bei denen es nach der auf aufsichtlichen Vorgaben beruhenden Methode verfahren kann.

(7) Wenn eine Sicherheit sich aus mehreren anerkennungsfähigen Werten zusammensetzt, berechnen die Institute die Volatilitätsanpassung (H) wie folgt:

$$H = \sum_i a_i H_i$$

dabei entspricht

a_i = dem Anteil eines anerkennungsfähigen Werts i an der Sicherheit insgesamt,
H_i = der für den anerkennungsfähigen Wert i geltenden Volatilitätsanpassung.

Artikel 224 Aufsichtliche Volatilitätsanpassungen bei der umfassenden Methode zur Berücksichtigung finanzieller Sicherheiten

(1) Bei der auf aufsichtlichen Vorgaben beruhenden Methode nehmen die Institute (unter der Voraussetzung einer täglichen Neubewertung) die in den Tabellen 1 bis 4 genannten Volatilitätsanpassungen vor.

Volatilitätsanpassungen

Tabelle 1

der Bonitätsbeurteilung der Schuldverschreibung zugeordnete Bonitätsstufe	Restlaufzeit	Volatilitätsanpassungen für Schuldverschreibungen der in Artikel 197 Absatz 1 Buchstabe b bezeichneten Emittenten			Volatilitätsanpassungen für Schuldverschreibungen der in Artikel 197 Absatz 1 Buchstaben c und d bezeichneten Emittenten			Volatilitätsanpassungen für Verbriefungspositionen, die die Kriterien des Artikels 197 Absatz 1 Buchstabe h erfüllen		
		20-täg. Verwertungszeitraum	10-täg. Verwertungszeitraum	5-täg. Verwertungszeitraum	20-täg. Verwertungszeitraum	10-täg. Verwertungszeitraum	5-täg. Verwertungszeitraum	20-täg. Verwertungszeitraum	10-täg. Verwertungszeitraum	5-täg. Verwertungszeitraum
1	≤ 1 Jahr	0,707	0,5	0,354	1,414	1	0,707	2,829	2	1,414
	1 ≤ 5 Jahre	2,828	2	1,414	5,657	4	2,828	11,314	8	5,657
	> 5 Jahre	5,657	4	2,828	11,314	8	5,657	22,628	16	11,313
2-3	≤ 1 Jahr	1,414	1	0,707	2,828	2	1,14	5,657	4	2,828
	1 ≤ 5 Jahre	4,243	3	2,121	8,485	6	4,243	16,971	12	8,485
	> 5 Jahre	8,485	6	4,243	16,971	12	8,485	33,942	24	16,970
4	≤ 1 Jahr	21,213	15	10,607	Entfällt	Entfällt	Entfällt	Entfällt	Entfällt	Entfällt
	1 ≤ 5 Jahre	21,213	15	10,607	Entfällt	Entfällt	Entfällt	Entfällt	Entfällt	Entfällt
	> 5 Jahre	21,213	15	10,607	Entfällt	Entfällt	Entfällt	Entfällt	Entfällt	Entfällt

Tabelle 2

der Bonitätsbeurteilung einer kurzfristigen Schuldverschreibung zugeordnete Bonitätsstufe	Volatilitätsanpassungen für Schuldverschreibungen von Emittenten mit kurzfristiger Bonitätsbeurteilung nach Artikel 197 Absatz 1 Buchstabe b			Volatilitätsanpassungen für Schuldverschreibungen von Emittenten mit kurzfristiger Bonitätsbeurteilung nach Artikel 197 Absatz 1 Buchstaben c und d			Volatilitätsanpassungen für Verbriefungspositionen, die die Kriterien des Artikels 197 Absatz 1 Buchstabe h erfüllen		
	20-täg. Verwertungszeitraum	10-täg. Verwertungszeitraum	5-täg. Verwertungszeitraum	20-täg. Verwertungszeitraum	10-täg. Verwertungszeitraum	5-täg. Verwertungszeitraum	20-täg. Verwertungszeitraum	10-täg. Verwertungszeitraum	5-täg. Verwertungszeitraum
1	0,707	0,5	0,354	1,414	1	0,707	2,829	2	1,414
2-3	1,414	1	0,707	2,828	2	1,414	5,657	4	2,828

Tabelle 3   Sonstige Arten von Sicherheiten oder Risikopositionen

	20-täg. Verwertungszeitraum	10-täg. Verwertungszeitraum	5-täg. Verwertungszeitraum
Hauptindex-Aktien, Hauptindex-Wandelschuldverschreibungen	21,213	15	10,607
Andere an einer anerkannten Börse gehandelte Aktien oder Wandelschuldverschreibungen	35,355	25	17,678
Bargeld	0	0	0
Gold	21,213	15	10,607

Tabelle 4   Volatilitätsanpassungen für Währungsinkongruenzen

20-täg. Verwertungszeitraum	10-täg. Verwertungszeitraum	5-täg. Verwertungszeitraum
11,314	8	5,657

(2) Für die Berechnung der Volatilitätsanpassungen gemäß Absatz 1 gelten folgende Bedingungen:
a) Bei besicherten Kreditvergaben beträgt der Verwertungszeitraum 20 Handelstage.
b) Bei Pensionsgeschäften – sofern diese nicht mit der Übertragung von Waren oder garantierten Eigentumsrechten an diesen Waren verbunden sind – und Wertpapierverleih- oder -leihgeschäften beträgt der Verwertungszeitraum 5 Handelstage.
c) Bei anderen Kapitalmarkttransaktionen beträgt der Verwertungszeitraum 10 Handelstage.

Hat ein Institut ein Geschäft oder einen Netting-Satz im Bestand, das/der die Kriterien des Artikels 285 Absätze 2, 3 und 4 erfüllt, so wird die Mindesthaltedauer der Nachschuss-Risikoperiode angeglichen, die gemäß diesen Absätzen gelten würde.

(3) Bei den in Absatz 1 Tabellen 1 bis 4 und in den Absätzen 4 bis 6 genannten, mit einer Bonitätsbeurteilung von Schuldverschreibungen verknüpften Bonitätsstufen handelt es sich um die Stufen, die von der EBA gemäß Kapitel 2 einer bestimmten Bonitätsbeurteilung zugeordnet wurden.

Für die Zwecke der Festlegung der Bonitätsstufe nach Unterabsatz 1, die einer Bonitätsbeurteilung von Schuldverschreibungen zugeordnet ist, findet auch Artikel 197 Absatz 7 Anwendung.

(4) Bei nicht anerkennungsfähigen Wertpapieren oder bei Waren, die im Rahmen von Pensions- oder Wertpapier- oder Warenleihgeschäften oder Wertpapier- oder Warenverleihgeschäften verliehen oder veräußert werden, wird die gleiche Volatilitätsanpassung vorgenommen wie bei Aktien, die nicht in einem Hauptindex vertreten sind, aber an einer anerkannten Börse notiert sind.

(5) Bei anerkennungsfähigen Anteilen an OGA entspricht die Volatilitätsanpassung dem gewichteten Durchschnitt der Volatilitätsanpassungen, der unter Berücksichtigung des in Absatz 2 genannten Verwertungszeitraums für die Vermögenswerte, in die der Fonds investiert hat, gelten würde.

Sind die Vermögenswerte, in die der Fonds investiert hat, dem Institut unbekannt, so entspricht die Volatilitätsanpassung dem Höchstwert, der für jeden Titel, in den der Fonds investieren darf, gelten würde.

(6) Bei unbeurteilten Schuldverschreibungen von Instituten, die nach Artikel 197 Absatz 4 anerkannt werden können, wird die gleiche Volatilitätsanpassung vorgenommen wie bei Titeln von Instituten oder Unternehmen, deren Bonitätsbeurteilung mit den Bonitätsstufen 2 oder 3 gleichgesetzt wird.

Artikel 225 Auf eigenen Schätzungen beruhende Volatilitätsanpassungen bei der umfassenden Methode zur Berücksichtigung finanzieller Sicherheiten

(1) Die zuständigen Behörden gestatten den Instituten, bei der Berechnung der Volatilitätsanpassungen für Sicherheiten und Risikopositionen ihre eigenen Volatilitätsschätzungen zu verwenden, wenn die Institute die Anforderungen der Absätze 2 und 3 erfüllen. Institute, denen die Verwendung eigener Volatilitätsschätzungen gestattet wurde, kehren nicht zu anderen Methoden zurück, es sei denn, es bestehen dafür nachweislich triftige Gründe und die zuständigen Behörden haben dies genehmigt.

Bei Schuldverschreibungen, die von einer ECAI als ›Investment Grade‹ oder besser eingestuft wurden, können die Institute für jede Wertpapierkategorie eine Volatilitätsschätzung ermitteln.

Für Schuldverschreibungen, die von einer ECAI schlechter als ›Investment Grade‹ eingestuft wurden, und für sonstige anerkennungsfähige Sicherheiten ermitteln die Institute die Volatilitätsanpassungen für jedes Papier einzeln.

Institute, die nach der auf eigenen Schätzungen basierenden Methode verfahren, lassen bei der Schätzung der Volatilität der Sicherheit oder der Währungsinkongruenz etwaige Korrelationen zwischen der unbesicherten Risikoposition, der Sicherheit und/oder Wechselkursen außer Acht.

Bei der Abgrenzung der Wertpapierkategorien tragen die Institute der Art des Emittenten, der Bonitätsbeurteilung der Wertpapiere, ihrer Restlaufzeit und ihrer modifizierten Laufzeit Rechnung. Volatilitätsschätzungen sind für die Wertpapiere, die das Institut in die Kategorie aufgenommen hat, repräsentativ.

(2) Die Berechnung der Volatilitätsanpassungen erfüllt alle folgenden Kriterien:
a) Die Institute legen bei der Berechnung ein einseitiges Konfidenzniveau von 99% zugrunde;
b) die Institute legen bei der Berechnung die folgenden Verwertungszeiträume zugrunde:
   i) 20 Handelstage für besicherte Kreditvergaben,
   ii) 5 Handelstage für Pensionsgeschäfte, sofern diese nicht mit der Übertragung von Waren oder garantierten Eigentumsrechten an diesen Waren verbunden sind, und für Wertpapierverleih- oder -leihgeschäfte,
   iii) 10 Handelstage für andere Kapitalmarkttransaktionen;
c) die Institute können für die Volatilitätsanpassung Werte verwenden, die unter Zugrundelegung kürzerer oder längerer Verwertungszeiträume berechnet und für das betreffende Geschäft mit Hilfe nachstehender Wurzel-Zeit-Formel auf den unter Buchstabe b angegebenen Verwertungszeitraum herauf- oder herabskaliert werden:

$$H_M = H_N \cdot \sqrt{\frac{T_M}{T_N}}$$

dabei entspricht
T_M = dem jeweiligen Verwertungszeitraum,
H_M = der auf dem Verwertungszeitraum T_M basierenden Volatilitätsanpassung,
H_N = der auf dem Verwertungszeitraum T_N basierenden Volatilitätsanpassung;
d) die Institute tragen der Illiquidität von Aktiva geringerer Qualität Rechnung. Bestehen Zweifel an der Liquidität einer Sicherheit, verlängern sie den Verwertungszeitraum. Sie stellen ferner fest, wo historische Daten möglicherweise eine

Unterschätzung der potenziellen Volatilität bewirken. In solchen Fällen werden die Daten einem Stresstest unterzogen;
e) der historische Beobachtungszeitraum, den die Institute für die Berechnung der Volatilitätsanpassungen heranziehen, beträgt mindestens ein Jahr. Bei Instituten, die ein Gewichtungsschema oder andere Methoden verwenden, beträgt der effektive Beobachtungszeitraum mindestens ein Jahr. Die zuständigen Behörden können einem Institut ferner vorschreiben, seine Volatilitätsanpassungen anhand eines kürzeren Beobachtungszeitraums zu berechnen, wenn sie dies aufgrund eines signifikanten Anstiegs der Kursvolatilität für gerechtfertigt halten;
f) die Institute aktualisieren ihre Daten und berechnen ihre Volatilitätsanpassungen mindestens alle drei Monate. Darüber hinaus bewerten sie ihre Daten bei jeder wesentlichen Änderung der Marktpreise neu;

(3) Die Schätzung der Volatilitätsanpassungen erfüllt alle folgenden qualitativen Kriterien:
a) Das Institut nutzt die Volatilitätsschätzungen in seinem täglichen Risikomanagement – auch in Bezug auf seine internen Risikolimits;
b) ist der Verwertungszeitraum, den das Institut bei seinem täglichen Risikomanagement zugrunde legt, länger als der, der in diesem Abschnitt für den betreffenden Transaktionstyp festgelegt ist, so skaliert es die Volatilitätsanpassungen nach der in Absatz 2 Buchstabe c angegebenen Wurzel-Zeit-Formel nach oben;
c) das Institut hat Verfahren, um die Einhaltung der schriftlich niedergelegten Grundsätze für die Schätzung der Volatilitätsanpassungen und die Integration dieser Schätzungen in sein Risikomanagement sowie die dazugehörigen Kontrollen zu gewährleisten;
d) das System, das das Institut zur Schätzung der Volatilitätsanpassungen anwendet, wird im Rahmen der Innenrevision regelmäßig einer unabhängigen Prüfung unterzogen. Das gesamte System für die Schätzung der Volatilitätsanpassungen und deren Einbettung in das Risikomanagement des Instituts wird mindestens einmal jährlich überprüft. Diese Überprüfung umfasst zumindest
  i) die Einbeziehung der geschätzten Volatilitätsanpassungen in das tägliche Risikomanagement,
  ii) die Validierung jeder wesentlichen Änderung des Schätzverfahrens,
  iii) die Konsistenz, Zeitnähe und Zuverlässigkeit der Datenquellen, auf die sich das Institut bei der Schätzung der Volatilitätsanpassungen stützt, einschließlich der Unabhängigkeit dieser Quellen,
  iv) die Genauigkeit und Angemessenheit der Volatilitätsannahmen.

Artikel 226   Heraufskalierung von Volatilitätsanpassungen bei der umfassenden Methode zur Berücksichtigung finanzieller Sicherheiten

Die Volatilitätsanpassungen nach Artikel 224 gelten für den Fall einer täglichen Neubewertung. Ebenso stellt ein Institut, das gemäß Artikel 225 seine eigenen Schätzungen verwendet, seine Berechnungen zunächst auf der Grundlage einer täglichen Neubewertung an. Erfolgt die Neubewertung seltener als einmal täglich, so nehmen die Institute größere Volatilitätsanpassungen vor. Diese werden von den Instituten anhand nachstehender Wurzel-Zeit-Formel durch Heraufskalierung der auf einer täglichen Neubewertung basierenden Volatilitätsanpassungen ermittelt:

$$H = H_M \cdot \sqrt{\frac{N_R + (T_M - 1)}{T_M}}$$

dabei entspricht
H   = der vorzunehmenden Volatilitätsanpassung,
H_M = der Volatilitätsanpassung bei täglicher Neubewertung,

N_R = der tatsächlichen Zahl der Handelstage zwischen Neubewertungen,
T_M = dem Verwertungszeitraum für das betreffende Geschäft.

Artikel 227   Bedingungen für eine 0%ige Volatilitätsanpassung bei der umfassenden Methode zur Berücksichtigung finanzieller Sicherheiten

(1) Wenn die Bedingungen des Absatzes 2 Buchstaben a bis h erfüllt sind, dürfen Institute, die nach der auf aufsichtlichen Vorgaben beruhenden Methode nach Artikel 224 oder der auf eigenen Schätzungen basierenden Methode nach Artikel 225 verfahren, bei Pensionsgeschäften und Wertpapierverleih- oder Leihgeschäften anstelle der nach den Artikeln 224 bis 226 berechneten Volatilitätsanpassungen eine Anpassung von 0 % vornehmen. Institute, die interne Modelle nach Artikel 221 verwenden, machen keinen Gebrauch von der in diesem Artikel festgelegten Behandlung.

(2) Die Institute können eine Volatilitätsanpassung von 0 % vornehmen, wenn alle folgenden Bedingungen erfüllt sind:
a) Sowohl die Risikoposition als auch die Sicherheit sind Barmittel oder Schuldverschreibungen von Zentralstaaten oder Zentralbanken im Sinne von Artikel 197 Absatz 1 Buchstabe b, die nach Kapitel 2 mit einem Risiko von 0 % gewichtet werden können;
b) Risikoposition und Sicherheit lauten auf dieselbe Währung;
c) entweder die Laufzeit des Geschäfts beträgt nicht mehr als einen Tag oder sowohl die Risikoposition als auch die Sicherheit werden täglich zu Marktpreisen bewertet und unterliegen täglichen Nachschussverpflichtungen;
d) zwischen der letzten Neubewertung vor dem Versäumnis der Gegenpartei, Sicherheiten nachzuliefern, und der Veräußerung der Sicherheit liegen nicht mehr als vier Handelstage;
e) das Geschäft wird in einem für diese Art von Geschäft bewährten Abrechnungssystem abgewickelt;
f) die für die Vereinbarung oder das Geschäft maßgeblichen Dokumente sind die für Pensionsgeschäfte oder Leih- oder Verleihgeschäfte mit den betreffenden Wertpapieren üblichen Standarddokumente;
g) aus den für das Geschäft maßgeblichen Dokumenten geht hervor, dass das Geschäft fristlos kündbar ist, wenn die Gegenpartei ihrer Verpflichtung zur Einlieferung von Barmitteln oder Wertpapieren oder zur Leistung von Nachschusszahlungen nicht nachkommt oder in anderer Weise ausfällt;
h) die Gegenpartei wird von den zuständigen Behörden als wesentlicher Marktteilnehmer angesehen.

(3) Die in Absatz 2 Buchstabe h genannten wesentlichen Marktteilnehmer umfassen
a) die in Artikel 197 Absatz 1 Buchstabe b bezeichneten Emittenten, deren Titel nach Kapitel 2 ein Risikogewicht von 0 % erhalten,
b) Institute,
c) sonstige Finanzunternehmen im Sinne des Artikels 13 Nummer 25 Buchstaben b und d der Richtlinie 2009/138/EG, deren Schuldtiteln nach dem Standardansatz ein Risikogewicht von 20 % zugewiesen wird, oder die – sollte es sich um Institute handeln, die die risikogewichteten Positionsbeträge und erwarteten Verlustbeträge nach dem IRB-Ansatz ermitteln – keine Bonitätsbeurteilung einer anerkannten ECAI haben und von dem Institut intern beurteilt werden,
d) beaufsichtigte OGA, die Eigenmittelanforderungen oder Verschuldungslimits unterliegen,
e) beaufsichtigte Pensionsfonds,
f) anerkannte Clearing-Organisationen.

Artikel 228 Berechnung der risikogewichteten Positionsbeträge und erwarteten Verlustbeträge bei der umfassenden Methode zur Berücksichtigung finanzieller Sicherheiten

(1) Im Rahmen des Standardansatzes verwenden Institute für die Zwecke des Artikels 113 als Risikopositionswert den nach Artikel 223 Absatz 5 berechneten Wert E*. Bei den in Anhang I genannten außerbilanziellen Posten legen die Institute E* als den Wert zugrunde, auf den die in Artikel 111 Absatz 1 genannten Prozentsätze angewandt werden, um den Risikopositionswert zu ermitteln.

(2) Im Rahmen des IRB-Ansatzes setzen die Institute für die Zwecke des Kapitels 3 den tatsächlichen Wert der LGD (LGD*) als LGD-Wert an. Die Institute berechnen LGD* wie folgt:

$$LGD^* = LGD \cdot \frac{E^*}{E}$$

dabei entspricht

LGD = der LGD, die nach Kapitel 3 für die Risikoposition gelten würde, wäre sie unbesichert,
E = dem Risikopositionswert gemäß Artikel 223 Absatz 3,
E* = dem vollständig angepassten Risikopositionswert gemäß Artikel 223 Absatz 5.

Artikel 229 Bewertungsgrundsätze für sonstige anerkennungsfähige Sicherheiten beim IRB-Ansatz

(1) Bei Immobiliensicherheiten wird die Sicherheit von einem unabhängigen Sachverständigen zum oder unter Marktwert bewertet. Das Institut verpflichtet den Sachverständigen, den Marktwert transparent und klar zu dokumentieren.
In Mitgliedstaaten, deren Rechts- und Verwaltungsvorschriften strenge Vorgaben für die Bemessung des Beleihungswerts setzen, kann die Immobilie stattdessen von einem unabhängigen Sachverständigen zum oder unter Beleihungswert bewertet werden. Institute verlangen, dass der unabhängige Sachverständige bei der Bestimmung des Beleihungswerts spekulative Elemente außer Acht lässt und diesen Wert auf transparente und klare Weise dokumentiert.
Der Wert der Sicherheit ist der Markt- oder Beleihungswert, der gegebenenfalls aufgrund der Ergebnisse der in Artikel 208 Absatz 3 vorgesehenen Überprüfung und eventueller vorrangiger Forderungen auf die Immobilie herabgesetzt wird.

(2) Bei Forderungen ist der Wert der Forderungsbetrag.

(3) Sachsicherheiten, bei denen es sich nicht um Immobiliensicherheiten handelt, werden von den Instituten zum Marktwert bewertet. Für die Zwecke dieses Artikels ist der Marktwert der geschätzte Betrag, zu dem die Sicherheit am Tag der Bewertung im Rahmen eines zu marktüblichen Konditionen geschlossenen Geschäfts vom Besitz eines veräußerungswilligen Verkäufers in den Besitz eines kaufwilligen Käufers übergehen dürfte.

Artikel 230 Berechnung der risikogewichteten Positionsbeträge und erwarteten Verlustbeträge für andere anerkennungsfähige Sicherheiten beim IRB-Ansatz

(1) Institute verwenden für die Zwecke des Kapitels 3 als LGD die nach diesem Absatz und nach Absatz 2 berechnete LGD*.
Fällt das Verhältnis des Werts der Sicherheit (C) zum Risikopositionswert (E) unter den in Tabelle 5 für die Risikoposition vorgeschriebenen Mindestbesicherungsgrad (C*), so ist LGD* gleich der in Kapitel 3 für unbesicherte Risikopositionen an die Gegenpartei festgelegten LGD. Zu diesem Zweck legen die Institute bei der Berechnung des Risikopositionswerts der in Artikel 166 Absätze 8 bis 10 aufgeführten Posten

anstelle der dort genannten Umrechnungsfaktoren oder Prozentsätze einen Umrechnungsfaktor oder Prozentsatz von 100 % zugrunde.

Übersteigt das Verhältnis des Werts der Sicherheit zum Risikopositionswert die in Tabelle 5 festgelegte zweite, höhere Schwelle C**, so ist LGD* gleich dem in Tabelle 5 vorgeschriebenen Wert.

Wird der erforderliche Grad an Besicherung C** für die Risikoposition insgesamt nicht erreicht, so behandeln die Institute die Risikoposition wie zwei Risikopositionen – eine, bei der der erforderliche Grad an Besicherung C** gegeben ist und eine (der verbleibende Teil), bei der dies nicht der Fall ist.

(2) Welcher Wert für LGD* anzusetzen ist und welcher Grad an Besicherung für die besicherten Risikopositionsteile erforderlich ist, ist Tabelle 5 zu entnehmen:

Tabelle 5 Mindest-LGD für besicherte Risikopositionsteile

	LGD* bei vorrangigen Risikopositionen	LGD* bei nachrangigen Risikopositionen	Erforderlicher Grad an Mindestbesicherung der Risikopositionen (C*)	Erforderlicher Grad an Mindestbesicherung der Risikopositionen (C**)
Forderungen	35 %	65 %	0 %	125 %
Wohnimmobilien/ Gewerbeimmobilien	35 %	65 %	30 %	140 %
Sonstige Sicherheiten	40 %	70 %	30 %	140 %

(3) Alternativ zu der Behandlung nach den Absätzen 1 und 2 und vorbehaltlich des Artikels 124 Absatz 2 dürfen Institute dem Teil der Risikoposition, der innerhalb der in Artikel 125 Absatz 2 Buchstabe d bzw. Artikel 126 Absatz 2 Buchstabe d festgelegten Grenzen in voller Höhe durch Wohnimmobilien oder Gewerbeimmobilien im Hoheitsgebiet eines Mitgliedstaats besichert ist, ein Risikogewicht von 50 % zuweisen, wenn alle in Artikel 199 Absatz 3 oder 4 genannten Bedingungen erfüllt sind.

Artikel 231 Berechnung der risikogewichteten Positionsbeträge und erwarteten Verlustbeträge bei gemischten Sicherheitenpools

(1) Der Wert der zugrunde zu legenden LGD* wird von einem Institut als LGD für die Zwecke von Kapitel 3 nach den Absätzen 2 und 3 berechnet, wenn die beiden folgenden Bedingungen erfüllt sind:
a) Das Institut berechnet die risikogewichteten Positionsbeträge und erwarteten Verlustbeträge nach dem IRB-Ansatz;
b) die Risikoposition ist sowohl durch Finanzsicherheiten als auch durch andere anerkennungsfähige Sicherheiten besichert.

(2) Die Institute sind dazu verpflichtet, den volatilitätsangepassten Wert der Risikoposition, den sie erhalten, indem sie am Risikopositionswert die in Artikel 223 Absatz 5 genannte Volatilitätsanpassung vornehmen, in verschiedene Teile aufzuteilen, so dass sich ein durch anerkennungsfähige finanzielle Sicherheiten unterlegter Anteil, ein durch Forderungsabtretungen besicherter Anteil, ein durch Gewerbe- oder Wohnimmobilien besicherter Anteil, ein durch sonstige anerkennungsfähige Sicherheiten unterlegter Anteil sowie gegebenenfalls der unbesicherte Anteil ergibt.

(3) Die Institute ermitteln die LGD* nach den einschlägigen Bestimmungen dieses Kapitels für jeden der nach Absatz 2 ermittelten Anteile gesondert.

Artikel 232   Andere Formen der Besicherung mit Sicherheitsleistung

(1) Sind die Bedingungen des Artikels 212 Absatz 1 erfüllt, können Einlagen bei Drittinstituten wie eine Garantie dieses Drittinstituts behandelt werden.

(2) Sind die Bedingungen des Artikels 212 Absatz 2 erfüllt, verfahren die Institute mit dem Teil der Risikoposition, der durch den gegenwärtigen Rückkaufswert der an das kreditgebende Institut verpfändeten Lebensversicherungen besichert ist, wie folgt:
a) Wenn für die Risikoposition der Standardansatz verwendet wird, wird ihr eines der in Absatz 3 festgelegten Risikogewichte zugewiesen;
b) wenn für die Risikoposition der IRB-Ansatz, nicht aber die institutseigenen LGD-Schätzungen verwendet werden, wird ihr eine LGD von 40 % zugewiesen.

Im Falle einer Währungsinkongruenz setzen die Institute den gegenwärtigen Rückkaufswert gemäß Artikel 233 Absatz 3 herab, wobei der Wert der Besicherung dem gegenwärtigen Rückkaufswert der Lebensversicherung entspricht.

(3) Für die Zwecke des Absatzes 2 Buchstabe a weisen die Institute die folgenden Risikogewichte zu, wobei das Risikogewicht einer vorrangigen unbesicherten Risikoposition gegenüber dem Lebensversicherer als Grundlage dient:
a) ein Risikogewicht von 20 %, wenn der vorrangigen unbesicherten Risikoposition gegenüber dem Lebensversicherer ein Risikogewicht von 20 % zugeordnet wird,
b) ein Risikogewicht von 35 %, wenn der vorrangigen unbesicherten Risikoposition gegenüber dem Lebensversicherer ein Risikogewicht von 50 % zugeordnet wird,
c) ein Risikogewicht von 70 %, wenn der vorrangigen unbesicherten Risikoposition gegenüber dem Lebensversicherer ein Risikogewicht von 100 % zugeordnet wird,
d) ein Risikogewicht von 150 %, wenn der vorrangigen unbesicherten Risikoposition gegenüber dem Lebensversicherer ein Risikogewicht von 150 % zugeordnet wird.

(4) Institute dürfen auf Anforderung zurückgekaufte Instrumente, die nach Artikel 200 Buchstabe c anerkennungsfähig sind, wie eine Garantie des emittierenden Instituts behandeln. Der Wert der anerkennungsfähigen Besicherung ist Folgender:
a) Wird der Titel zu seinem Nennwert zurückgekauft, so gilt als Besicherungswert dieser Betrag;
b) wird das Instrument zum Marktpreis zurückgekauft, so wird der Besicherungswert nach dem gleichen Verfahren ermittelt wie bei den Schuldverschreibungen, die die Bedingungen des Artikels 197 Absatz 4 erfüllen.

Unterabschnitt 2   Absicherung ohne Sicherheitsleistung

Artikel 233   Bewertung

(1) Für die Berechnung der Auswirkungen einer Absicherung ohne Sicherheitsleistung gemäß diesem Unterabschnitt wird als Wert der Absicherung ohne Sicherheitsleistung (G) der Betrag angesetzt, zu dessen Zahlung sich der Sicherungsgeber für den Fall verpflichtet hat, dass der Kreditnehmer ausfällt, seinen Zahlungsverpflichtungen nicht nachkommt oder ein bestimmtes anderes Kreditereignis eintritt.

(2) Für Kreditderivate, bei denen eine Neustrukturierung der zugrunde liegenden Verbindlichkeit, verbunden mit einem Erlass oder einer Stundung der Darlehenssumme, der Zinsen oder der Gebühren, die zu einem Verlust auf Seiten des Kreditgebers führt, nicht als Kreditereignis angesehen wird, gilt Folgendes:
a) Wenn der Betrag, zu dessen Zahlung sich der Sicherungsgeber verpflichtet hat, den Risikopositionswert nicht übersteigt, setzen die Institute den nach Absatz 1 ermittelten Wert der Absicherung um 40 % herab;
b) wenn der Betrag, zu dessen Zahlung sich der Sicherungsgeber verpflichtet hat, den Risikopositionswert übersteigt, darf der Wert der Absicherung höchstens 60 % des Risikopositionswerts betragen.

(3) Lautet eine Absicherung ohne Sicherheitsleistung auf eine andere Währung als die Risikoposition, so setzen die Institute den Wert der Absicherung mit Hilfe einer Volatilitätsanpassung wie folgt herab:

$$G^* = G \cdot (1 - H_{fx})$$

dabei entspricht

G^* = dem an das Fremdwährungsrisiko angepassten Betrag der Absicherung,
G = dem Nominalbetrag der Absicherung,
H_{fx} = der nach Absatz 4 ermittelten Volatilitätsanpassung für etwaige Währungsinkongruenzen zwischen der Absicherung und der zugrunde liegenden Verbindlichkeit.

Liegt keine Währungsinkongruenz vor, ist H_{fx} gleich Null.

(4) Bei Volatilitätsanpassungen für Währungsinkongruenzen legen die Institute unter der Annahme einer täglichen Neubewertung einen Verwertungszeitraum von zehn Handelstagen zugrunde und können bei der Berechnung dieser Anpassungen nach der auf aufsichtlichen Vorgaben oder der auf eigenen Schätzungen beruhenden Methode (Artikel 224 bzw. 225) verfahren. Die Institute skalieren die Volatilitätsanpassungen gemäß Artikel 226 herauf.

Artikel 234 Berechnung der risikogewichteten Positionsbeträge und erwarteten Verlustbeträge im Falle einer Teilbesicherung und Unterteilung in Tranchen

Überträgt das Institut einen Teil des Kreditrisikos auf eine oder mehrere Tranchen, so gelten die Regeln des Kapitels 5. Die Institute können Erheblichkeitsschwellen für Zahlungen, unterhalb derer im Falle eines Verlusts keine Zahlungen geleistet werden, mit zurückbehaltenen Erstverlust-Positionen gleichsetzen und als Risikotransfer in Tranchen betrachten.

Artikel 235 Berechnung der risikogewichteten Positionsbeträge beim Standardansatz

(1) Die Institute berechnen die risikogewichteten Positionsbeträge für die Zwecke des Artikels 113 Absatz 3 nach folgender Formel:

$$\max\{0, E - G_A\} \cdot r + G_A \cdot g$$

dabei entspricht

E = dem Risikopositionswert gemäß Artikel 111; der Risikopositionswert eines in Anhang I genannten außerbilanziellen Postens wird zu diesem Zweck nicht mit dem in Artikel 111 Absatz 1 genannten Risikopositionswert, sondern mit 100 % seines Werts angesetzt,
G_A = der nach Artikel 233 Absatz 3 errechneten Höhe der Absicherung (G^*), die nach Maßgabe des Abschnitts 5 an etwaige Laufzeitinkongruenzen angepasst wird,
r = dem in Kapitel 2 genannten Risikogewicht von Risikopositionen gegenüber dem Schuldner,
g = dem Risikogewicht von Risikopositionen gegenüber dem Sicherungsgeber gemäß in Kapitel 2.

(2) Ist der abgesicherte Betrag (GA) geringer als die Risikoposition (E), dürfen die Institute die Formel in Absatz 1 nur anwenden, wenn die abgesicherten und nicht abgesicherten Teile der Risikoposition gleichrangig sind.

(3) Institute dürfen die Behandlung nach Artikel 114 Absätze 4 und 7 auf Risikopositionen oder Teile von Risikopositionen ausdehnen, für die eine Garantie des Zentralstaats oder der Zentralbank besteht, wenn diese Garantie auf die Landeswährung des Kreditnehmers lautet und auch in dieser Währung abgesichert ist.

Artikel 236   Berechnung der risikogewichteten Positionsbeträge und erwarteten Verlustbeträge beim IRB-Ansatz

(1) Für den auf dem angepassten Wert der Kreditabsicherung GA basierenden abgesicherten Teil des Risikopositionswerts (E) darf für den Fall, dass eine vollständige Substitution nicht gerechtfertigt erscheint, für die Zwecke des Kapitels 3 Abschnitt 4 als PD die PD des Sicherungsgebers oder eine PD zwischen der des Kreditnehmers und der des Garanten angesetzt werden. Bei nachrangigen Risikopositionen und einer nicht nachrangigen Absicherung ohne Sicherheitsleistung können die Institute für die Zwecke von Kapitel 3 Abschnitt 4 als LGD die LGD vorrangiger Risikopositionen heranziehen.

(2) Für jeden unbesicherten Teil des Risikopositionswerts (E) wird als PD die PD des Kreditnehmers und als LGD die LGD der zugrunde liegenden Risikoposition verwendet.

(3) Für die Zwecke dieses Artikels ist GA der nach Artikel 233 Absatz 3 ermittelte Wert G*, der nach Maßgabe des Abschnitts 5 an etwaige Laufzeitinkongruenzen angepasst wird. E ist der gemäß Kapitel 3 Abschnitt 5 ermittelte Risikopositionswert. Zu diesem Zweck legen die Institute bei der Berechnung des Risikopositionswerts der in Artikel 166 Absätze 8 bis 10 genannten Posten anstelle der dort genannten Umrechnungsfaktoren oder Prozentsätze einen Umrechnungsfaktor oder Prozentsatz von 100 % zugrunde.

Abschnitt 5   Laufzeitinkongruenz

Artikel 237   Laufzeitinkongruenz

(1) Bei der Berechnung der risikogewichteten Positionsbeträge liegt eine Laufzeitinkongruenz dann vor, wenn die Restlaufzeit der Kreditbesicherung kürzer ist als die der besicherten Risikoposition. Eine Besicherung, deren Restlaufzeit weniger als drei Monate beträgt und deren Laufzeit kürzer ist als die der zugrunde liegenden Risikoposition, stellt keine anerkennungsfähige Besicherung dar.

(2) Liegt eine Laufzeitinkongruenz vor, kann eine Besicherung nicht anerkannt werden, wenn eine der folgenden Bedingungen erfüllt ist:
a) Die Ursprungslaufzeit der Besicherung beträgt weniger als ein Jahr.
b) Bei der Risikoposition handelt es sich um eine kurzfristige Risikoposition, bei der nach den Vorgaben der zuständigen Behörden für die effektive Restlaufzeit (M) gemäß Artikel 162 Absatz 3 anstelle der Untergrenze von einem Jahr eine Untergrenze von einem Tag gilt.

Artikel 238   Laufzeit der Kreditbesicherung

(1) Vorbehaltlich einer Höchstgrenze von 5 Jahren entspricht die effektive Laufzeit der zugrunde liegenden Verbindlichkeiten dem Zeitraum, nach dessen Ablauf der Schuldner seine Verpflichtungen spätestens erfüllt haben muss. Vorbehaltlich des Absatzes 2 entspricht die Laufzeit der Kreditbesicherung dem Zeitraum bis zum frühestmöglichen Termin des Ablaufs bzw. der Kündigung der Besicherung.

(2) Hat der Sicherungsgeber die Möglichkeit, die Besicherung zu kündigen, so setzen die Institute den Zeitraum bis zur frühestmöglichen Kündigung als Laufzeit der Besicherung an. Hat der Sicherungsnehmer die Möglichkeit, die Besicherung zu kündigen, und bieten die vertraglichen Konditionen bei Abschluss des Sicherungsgeschäfts dem Institut einen Anreiz, die Transaktion vor Ablauf der vertraglichen Laufzeit zu kündigen, so setzt das Institut den Zeitraum bis zur frühestmöglichen Kündigung als Laufzeit der Besicherung an; in allen anderen Fällen kann das Institut annehmen, dass sich die Kündigungsmöglichkeit nicht auf die Laufzeit der Besicherung auswirkt.

(3) Darf ein Kreditderivat vor Ablauf der Toleranzzeiträume enden, die zur Feststellung eines Ausfalls wegen Zahlungsversäumnis bei der zugrunde liegenden Verbindlichkeit erforderlich sind, so setzen die Institute die Laufzeit der Besicherung um die Dauer des Toleranzzeitraums herab.

Artikel 239 Bewertung der Besicherung

(1) Liegt bei durch finanzielle Sicherheiten besicherten Geschäften, eine Inkongruenz zwischen der Laufzeit der Risikoposition und der Laufzeit der Besicherung vor, werden diese Sicherheiten bei Anwendung der einfachen Methode zur Berücksichtigung finanzieller Sicherheiten nicht anerkannt.

(2) Bei Geschäften, die durch finanzielle Sicherheiten besichert sind, tragen Institute bei Anwendung der umfassenden Methode zur Berücksichtigung finanzieller Sicherheiten den Laufzeiten der Besicherung und der Risikoposition beim angepassten Wert der Sicherheit nach folgender Formel Rechnung:

$$C_{VAM} = C_{VA} \cdot \frac{t - t^*}{T - t^*}$$

dabei entspricht

C_{VA} = dem volatilitätsangepassten Wert der Sicherheit gemäß Artikel 223 Absatz 2 oder dem Risikopositionsbetrag, wenn dieser niedriger ist,

t = der verbleibenden Zahl von Jahren bis zu dem nach Artikel 238 errechneten Fälligkeitstermin der Kreditbesicherung oder T, wenn dieser Wert niedriger ist,

T = der verbleibenden Anzahl von Jahren bis zu dem nach Artikel 238 bestimmten Fälligkeitstermin der Risikoposition oder fünf Jahren, wenn dieser Wert niedriger ist,

t^* = 0,25.

Institute verwenden in der Formel nach Artikel 223 Absatz 5 für die Berechnung des vollständig angepassten Risikopositionswerts (E*) C_{VAM} als den weiter um Laufzeitinkongruenz angepassten C_{VA}.

(3) Bei Geschäften mit Absicherung ohne Sicherheitsleistung tragen Institute den Laufzeiten der Absicherung und der Risikoposition beim angepassten Wert der Sicherheit nach folgender Formel Rechnung:

$$G_A = G^* \cdot \frac{t - t^*}{T - t^*}$$

dabei entspricht

G_A = dem um etwaige Laufzeitinkongruenzen angepassten Wert G*,

G^* = dem um etwaige Währungsinkongruenzen angepassten Betrag der Absicherung,

t = der verbleibenden Zahl von Jahren bis zu dem nach Artikel 238 errechneten Fälligkeitstermin der Kreditbesicherung oder T, wenn dieser Wert niedriger ist,

T = der verbleibenden Zahl von Jahren bis zu dem nach Artikel 238 errechneten Fälligkeitstermin der Risikoposition oder fünf Jahren, wenn dieser Wert niedriger ist,

t^* = 0,25.

Für die Zwecke der Artikel 233 bis 236 verwenden Institute GA als Wert der Absicherung.

Abschnitt 6   Kreditrisikominderungstechniken für Forderungskörbe

Artikel 240   Erstausfall-Kreditderivate (First-to-default credit derivatives)

Erwirbt ein Institut für einen Forderungskorb eine Besicherung, bei der der erste Ausfall in diesem Korb die Zahlung auslöst und dieses Kreditereignis den Kontrakt beendet, so darf das Institut die Berechnung des risikogewichteten Positionsbetrags und gegebenenfalls des erwarteten Verlustbetrags, die ohne die Kreditbesicherung den niedrigsten risikogewichteten Positionsbetrag ergäbe, gemäß diesem Kapitel anpassen;
a) Bei Instituten, die den Standardansatz verwenden, entspricht der risikogewichtete Positionsbetrag dem nach diesem Standardansatz berechneten risikogewichteten Positionsbetrag;
b) bei Instituten, die den IRB-Ansatz verwenden, entspricht der risikogewichtete Positionsbetrag der Summe aus dem nach dem IRB-Ansatz berechneten risikogewichteten Positionsbetrag und dem 12,5fachen des erwarteten Verlustbetrags.

Das Verfahren nach diesem Artikel wird nur angewandt, wenn der Risikopositionswert den Wert der Kreditbesicherung nicht übersteigt.

Artikel 241   N-ter-Ausfall-Kreditderivate (Nth-to-default credit derivatives)

Löst der n-te Ausfall im Korb laut Besicherungskonditionen die Zahlung aus, so darf das die Besicherung erwerbende Institut diese bei der Berechnung der risikogewichteten Positionsbeträge und gegebenenfalls der erwarteten Verlustbeträge nur dann berücksichtigen, wenn die Besicherung auch für die Ausfälle 1 bis n-1 erworben wurde oder wenn bereits n-1 Ausfälle eingetreten sind. In solchen Fällen darf das Institut die Berechnung des risikogewichteten Positionsbetrags und gegebenenfalls des erwarteten Verlustbetrags anpassen, die ohne die Kreditbesicherung den n-ten niedrigsten risikogewichteten Positionsbetrag gemäß diesem Kapitel ergäbe. Institute berechnen den n-ten niedrigsten Betrag wie in Artikel 240 Buchstaben a und b angegeben.

Das Verfahren nach diesem Artikel wird nur angewandt, wenn der Risikopositionswert den Wert der Kreditbesicherung nicht übersteigt.

Alle Risikopositionen im Korb erfüllen die Anforderungen nach Artikel 204 Absatz 2 und Artikel 216 Absatz 1 Buchstabe d.

Kapitel 5   Verbriefung

Abschnitt 1   Begriffsbestimmungen

Artikel 242   Begriffsbestimmungen

Für die Zwecke dieses Kapitels bezeichnet der Ausdruck
1. ›Zinsüberschuss‹ (Excess Spread) die Zins- sowie anderen Provisionseinnahmen, die in Bezug auf die verbrieften Risikopositionen vereinnahmt werden, abzüglich der Kosten und sonstigen Ausgaben;
2. ›Rückführungsoption‹ (Clean-up call option) eine vertragliche Option des Originators, die Verbriefungspositionen vor der vollständigen Rückzahlung aller zugrunde liegenden Risikopositionen zurückzukaufen oder aufzuheben, wenn der Restbetrag der noch ausstehenden Risikopositionen unter einen bestimmten Grenzwert fällt;
3. ›Liquiditätsfazilität‹ die Verbriefungsposition, die sich aus einer vertraglichen Vereinbarung ergibt, finanzielle Mittel bereitzustellen, um die termingerechte Weiterleitung von Zahlungen an Anleger zu gewährleisten;

4. ›KIRB‹ 8 % der risikogewichteten Positionsbeträge, die gemäß Kapitel 3 in Bezug auf die verbrieften Risikopositionen berechnet würden, wären diese nicht verbrieft worden, zuzüglich der bei diesen Risikopositionen erwarteten und gemäß jenem Kapitel berechneten Verluste;
5. ›ratingbasierter Ansatz‹ die Methode zur Berechnung der risikogewichteten Positionsbeträge für Verbriefungspositionen gemäß Artikel 261;
6. ›aufsichtlicher Formelansatz‹ die Methode zur Berechnung der risikogewichteten Positionsbeträge für Verbriefungspositionen gemäß Artikel 262;
7. ›unbeurteilte Position‹ eine Verbriefungsposition, für die keine anerkennungsfähige Bonitätsbeurteilung einer ECAI gemäß Abschnitt 4 vorliegt;
8. ›beurteilte Position‹ eine Verbriefungsposition, für die eine anerkennungsfähige Bonitätsbeurteilung einer ECAI gemäß Abschnitt 4 vorliegt;
9. ›Programm forderungsgedeckter Geldmarktpapiere‹ oder ›ABCP-Programm‹ ein Verbriefungsprogramm, bei dem die emittierten Wertpapiere in erster Linie die Form eines Geldmarktpapiers (Commercial Paper) mit einer ursprünglichen Laufzeit von maximal einem Jahr haben;
10. ›traditionelle Verbriefung‹ eine Verbriefung, die mit der wirtschaftlichen Übertragung der verbrieften Risikopositionen einhergeht. Dabei überträgt der Originator das Eigentum an den verbrieften Risikopositionen an eine Verbriefungszweckgesellschaft oder gibt Unterbeteiligungen an eine Verbriefungszweckgesellschaft ab. Die ausgegebenen Wertpapiere stellen für das originierende Institut keine Zahlungsverpflichtung dar;
11. ›synthetische Verbriefung‹ eine Verbriefung, bei der der Risikotransfer durch Kreditderivate oder Garantien erreicht wird und die verbrieften Risikopositionen des originierenden Instituts bleiben;
12. ›revolvierende Risikoposition‹ eine Risikoposition, bei der die Kreditinanspruchnahme bis zu einem von dem Institut gesetzten Limit durch Inanspruchnahmen und Rückzahlungen nach dem freien Ermessen des Kunden schwanken darf;
13. ›revolvierende Verbriefung‹ eine Verbriefung, bei der die Verbriefungsstruktur selbst dadurch revolviert, dass Risikopositionen dem Pool von Risikopositionen hinzugefügt oder diesem entnommen werden, unabhängig davon, ob die zugrunde liegenden Risikopositionen ebenfalls revolvieren oder nicht;
14. ›Klausel der vorzeitigen Rückzahlung‹ eine Vertragsklausel bei der Verbriefung revolvierender Risikopositionen oder bei einer revolvierenden Verbriefung, wonach die Positionen der Anleger bei Eintritt bestimmter Ereignisse vor der eigentlichen Fälligkeit der emittierten Wertpapiere getilgt werden müssen;
15. ›Erstverlust-Tranche‹ die nachrangigste Tranche bei einer Verbriefung, die für die verbrieften Risikopositionen eintretende Verluste als Erste trägt und dadurch für die Zweitverlust-Tranche und gegebenenfalls noch höherrangige Tranchen eine Sicherheit darstellt.

Abschnitt 2 Anerkennung der Übertragung eines signifikanten Risikos

Artikel 243 Traditionelle Verbriefung

(1) Der Originator einer traditionellen Verbriefung kann verbriefte Risikopositionen von der Berechnung der risikogewichteten Positionsbeträge und erwarteten Verlustbeträge ausnehmen, wenn eine der folgenden Bedingungen erfüllt ist:
a) Ein mit den verbrieften Risikopositionen verbundenes signifikantes Kreditrisiko gilt als auf Dritte übertragen;
b) der Originator setzt für alle Verbriefungspositionen, die er an dieser Verbriefung hält, ein Risikogewicht von 1250 % an oder zieht diese Verbriefungspositionen gemäß Artikel 36 Absatz 1 Buchstabe k von seinem harten Kernkapital ab.

(2) Ein signifikantes Kreditrisiko ist in folgenden Fällen als übertragen zu betrachten:
a) Die risikogewichteten Positionsbeträge der von dem Originator an dieser Verbriefung gehaltenen mezzaninen Verbriefungspositionen gehen nicht über 50 % der risikogewichteten Positionsbeträge aller mezzaninen Verbriefungspositionen bei dieser Verbriefung hinaus;
b) kann der Originator bei einer Verbriefung ohne mezzanine Verbriefungspositionen nachweisen, dass der Risikopositionswert der Verbriefungspositionen, die von dem harten Kernkapital abzuziehen wären oder denen ein Risikogewicht von 1 250 % zugewiesen würde, erheblich über eine begründete Schätzung des für die verbrieften Risikopositionen erwarteten Verlusts hinausgeht, so hält er höchstens 20 % der Risikopositionswerte der Verbriefungspositionen, die von seinem harten Kernkapital abzuziehen wären oder denen ein Risikogewicht von 1 250 % zugewiesen würde.

Ist die mögliche Verringerung der risikogewichteten Positionsbeträge, die der Originator durch diese Verbriefung erreichen würde, nicht durch eine entsprechende Übertragung von Kreditrisiko auf Dritte gerechtfertigt, können die zuständigen Behörden im Einzelfall entscheiden, dass keine Übertragung eines signifikanten Kreditrisikos vorliegt.

(3) Für die Zwecke des Absatzes 2 bezeichnet mezzanine Verbriefungsposition eine Verbriefungsposition, für die ein Risikogewicht von weniger als 1 250 % anzusetzen ist und die nachrangiger ist als die höchstrangige Position bei dieser Verbriefung und nachrangiger als jede Verbriefungsposition bei dieser Verbriefung, der gemäß Abschnitt 4 eine der folgenden Bonitätsstufen zugewiesen wird:
a) bei Verbriefungspositionen, die Abschnitt 3 Unterabschnitt 3 unterliegen, die Bonitätsstufe 1,
b) bei Verbriefungspositionen, die Abschnitt 3 Unterabschnitt 4 unterliegen, die Bonitätsstufe 1 oder 2.

(4) Alternativ zu den Absätzen 2 und 3 gestatten die zuständigen Behörden einem Originator, ein signifikantes Kreditrisiko als übertragen zu betrachten, wenn der Originator für jede Verbriefung nachweisen kann, dass die Verringerung der Eigenmittelanforderungen, die er durch die Verbriefung erreicht, durch eine entsprechende Übertragung von Kreditrisiko auf Dritte gerechtfertigt ist.

Diese Erlaubnis wird nur gegeben, wenn das Institut alle folgenden Bedingungen erfüllt:
a) Es verfügt über ausreichend risikoempfindliche Grundsätze und Methoden zur Bewertung der Risikoübertragung;
b) es hat in jedem einzelnen Fall die Risikoübertragung auf Dritte auch bei seinem internen Risikomanagement und der Allokation seines internen Kapitals berücksichtigt.

(5) Zusätzlich zu den jeweils geltenden Anforderungen der Absätze 1 bis 4 sind alle folgenden Bedingungen erfüllt:
a) Aus den Verbriefungsunterlagen geht die wirtschaftliche Substanz der Transaktion hervor;
b) auf die verbrieften Risikopositionen kann von Seiten des Originators und seiner Gläubiger selbst im Insolvenzfall oder bei ähnlichen Verfahren nicht zurückgegriffen werden. Dies muss durch das Gutachten eines qualifizierten Rechtsberaters gestützt werden;
c) die ausgegebenen Wertpapiere stellen für den Originator keine Zahlungsverpflichtung dar;
d) der Originator behält nicht die effektive oder indirekte Kontrolle über die übertragenen Risikopositionen. Es wird davon ausgegangen, dass ein Originator die

effektive Kontrolle über die übertragenen Risikopositionen behalten hat, wenn er das Recht hat, vom Käufer der Risikopositionen die zuvor übertragenen Risikopositionen zurückzukaufen, um deren Gewinne zu realisieren, oder wenn er verpflichtet ist, die übertragenen Risiken erneut zu übernehmen. Der Verbleib der Verwaltung von Rechten und Pflichten in Bezug auf die Risikopositionen beim Originator stellt als solche keine indirekte Kontrolle über die Risikopositionen dar;
e) die Verbriefungsunterlagen erfüllen alle folgenden Bedingungen:
   i) Sie beinhalten keine Klauseln, die den Originator anders als bei Klauseln über die vorzeitige Rückzahlung dazu verpflichten, Positionen in der Verbriefung zu verbessern, was auch eine Veränderung der zugrunde liegenden Kreditrisikopositionen oder eine Aufstockung der an die Anleger zu zahlenden Rendite beinhalten würde (aber nicht darauf beschränkt ist), wenn es zu einer Verschlechterung der Kreditqualität der verbrieften Risikopositionen kommt,
   ii) sie beinhalten keine Klauseln, wonach die an die Inhaber von Verbriefungspositionen zu zahlende Rendite aufzustocken wäre, wenn es zu einer Verschlechterung der Kreditqualität des zugrunde liegenden Pools käme,
   iii) aus ihnen geht – soweit relevant – unmissverständlich hervor, dass jeder über die vertraglichen Verpflichtungen hinausgehende Kauf oder Rückkauf von Verbriefungspositionen durch den Originator oder den Sponsor eine Ausnahme darstellt und nur zu marktüblichen Konditionen erfolgen darf;
f) Rückführungsoptionen erfüllen darüber hinaus alle folgenden Bedingungen:
   i) Ihre Ausübung liegt im Ermessen des Originators,
   ii) sie können nur ausgeübt werden, wenn 10% oder weniger des ursprünglichen Werts der verbrieften Risikopositionen ungetilgt sind,
   iii) sie sind nicht im Hinblick darauf strukturiert, die Zuweisung von Verlusten zu Bonitätsverbesserungspositionen oder anderen von den Anlegern gehaltenen Positionen zu vermeiden, und sind auch nicht anderweitig im Hinblick auf eine Bonitätsverbesserung strukturiert.

(6) Die zuständigen Behörden halten die EBA über die speziellen Fälle nach Absatz 2, bei denen die mögliche Verringerung der risikogewichteten Positionsbeträge nicht durch eine entsprechende Übertragung von Kreditrisiko auf Dritte gerechtfertigt ist, sowie darüber, inwieweit die Institute von Absatz 4 Gebrauch machen, auf dem Laufenden. Die EBA überwacht die Bandbreite der Praxis in diesem Bereich und gibt im Einklang mit Artikel 16 der Verordnung (EU) Nr. 1093/2010 Leitlinien heraus. Die EBA überprüft die Anwendung dieser Leitlinien durch die Mitgliedstaaten und gibt der Kommission bis zum 31. Dezember 2017 Beratung zu der Frage, ob ein verbindlicher technischer Standard erforderlich ist.

Artikel 244 Synthetische Verbriefung

(1) Der Originator einer synthetischen Verbriefung kann die risikogewichteten Positionsbeträge und gegebenenfalls die erwarteten Verlustbeträge für die verbrieften Risikopositionen gemäß Artikel 249 berechnen, wenn eine der folgenden Bedingungen erfüllt ist:
a) Ein signifikantes Kreditrisiko gilt durch Besicherung mit oder Absicherung ohne Sicherheitsleistung als auf Dritte übertragen;
b) der Originator setzt für alle Verbriefungspositionen, die er an dieser Verbriefung hält, ein Risikogewicht von 1250% an oder zieht diese Verbriefungspositionen gemäß Artikel 33 Absatz 1 Buchstabe k von seinem harten Kernkapital ab.

(2) Ein signifikantes Kreditrisiko gilt als übertragen, wenn eine der folgenden Bedingungen erfüllt ist:
a) Die risikogewichteten Positionsbeträge der von dem Originator bei dieser Verbriefung gehaltenen mezzaninen Verbriefungspositionen gehen nicht über 50%

der risikogewichteten Positionsbeträge aller mezzaninen Verbriefungspositionen bei dieser Verbriefung hinaus;
b) kann der Originator bei einer Verbriefung ohne mezzanine Verbriefungspositionen nachweisen, dass der Risikopositionswert der Verbriefungspositionen, die von dem harten Kernkapital abzuziehen wären oder denen ein Risikogewicht von 1250% zugewiesen würde, erheblich über eine begründete Schätzung des für die verbrieften Risikopositionen erwarteten Verlusts hinausgeht, so hält er höchstens 20% der Risikopositionswerte der Verbriefungspositionen, die von seinem harten Kernkapital abzuziehen wären oder denen ein Risikogewicht von 1250% zugewiesen würde.

Ist die mögliche Verringerung der risikogewichteten Positionsbeträge, die der Originator durch diese Verbriefung erreichen würde, nicht durch eine entsprechende Übertragung des Kreditrisikos auf Dritte gerechtfertigt, kann die zuständige Behörde im Einzelfall entscheiden, dass keine Übertragung eines signifikanten Kreditrisikos vorliegt.

(3) Für die Zwecke des Absatzes 2 bezeichnet mezzanine Verbriefungsposition eine Verbriefungsposition, für die ein Risikogewicht von weniger als 1250% anzusetzen ist und die nachrangiger ist als die höchstrangige Position bei dieser Verbriefung und nachrangiger als jede Verbriefungsposition bei dieser Verbriefung, der gemäß Abschnitt 4 eine der folgenden Bonitätsstufen zugewiesen wird:
a) bei Verbriefungspositionen, die Abschnitt 3 Unterabschnitt 3 unterliegen, die Bonitätsstufe 1,
b) bei Verbriefungspositionen, die Abschnitt 3 Unterabschnitt 4 unterliegen, die Bonitätsstufe 1 oder 2,

(4) Alternativ zu den Absätzen 2 und 3 gestatten die zuständigen Behörden einem Originator, ein signifikantes Kreditrisiko als übertragen zu betrachten, wenn der Originator für jede Verbriefung nachweisen kann, dass die Verringerung der Eigenmittelanforderungen, die er durch die Verbriefung erreicht, durch eine entsprechende Übertragung von Kreditrisiko auf Dritte gerechtfertigt ist.

Diese Erlaubnis wird nur erteilt, wenn das Institut alle folgenden Bedingungen erfüllt:
a) Es verfügt über ausreichend risikoempfindliche Grundsätze und Methoden zur Bewertung der Risikoübertragung;
b) es in jedem einzelnen Fall die Risikoübertragung auf Dritte auch bei seinem internen Risikomanagement und der Allokation seines internen Kapitals berücksichtigt.

(5) Zusätzlich zu den jeweils geltenden Anforderungen der Absätze 1 bis 4 erfüllt die Übertragung alle folgenden Bedingungen:
a) Aus den Verbriefungsunterlagen geht die wirtschaftliche Substanz der Transaktion hervor;
b) die Besicherung, durch die das Kreditrisiko übertragen wird, entspricht Artikel 247 Absatz 2;
c) die für die Übertragung des Kreditrisikos genutzten Instrumente enthalten keine Bestimmungen oder Bedingungen, die
    i) wesentliche Erheblichkeitsschwellen festlegen, unterhalb deren eine Kreditbesicherung nicht als ausgelöst gilt, wenn ein Kreditereignis eintritt,
    ii) die Kündigung der Besicherung ermöglichen, wenn sich die Kreditqualität der zugrunde liegenden Risikopositionen verschlechtert,
    iii) den Originator anders als bei Klauseln über die vorzeitige Rückzahlung zur Verbesserung von Positionen in einer Verbriefung verpflichten,

iv) die Kosten des Instituts für die Besicherung erhöhen bzw. die an die Inhaber von Verbriefungspositionen zu zahlende Rendite aufstocken, wenn sich die Kreditqualität des zugrunde liegenden Pools von Risikopositionen verschlechtert hat;
d) von einem qualifizierten Rechtsberater wurde ein Gutachten eingeholt, das die Durchsetzbarkeit der Besicherung in allen relevanten Rechtsräumen bestätigt;
e) aus den Verbriefungsunterlagen geht – soweit relevant – unmissverständlich hervor, dass jeder über die vertraglichen Verpflichtungen hinausgehende Kauf oder Rückkauf von Verbriefungspositionen durch den Originator oder den Sponsor nur zu marktüblichen Konditionen erfolgen darf;
f) Rückführungsoptionen erfüllen alle folgenden Bedingungen:
  i) Ihre Ausübung liegt im Ermessen des Originators,
  ii) sie können nur ausgeübt werden, wenn 10 % oder weniger des ursprünglichen Werts der verbrieften Risikopositionen ungetilgt sind,
  iii) sie sind nicht im Hinblick darauf strukturiert, die Zuweisung von Verlusten zu Bonitätsverbesserungspositionen oder anderen von den Anlegern gehaltenen Positionen zu vermeiden, und sind auch nicht anderweitig im Hinblick auf eine Bonitätsverbesserung strukturiert.

(6) Die zuständigen Behörden halten die EBA über die speziellen Fälle nach Absatz 2, bei denen die mögliche Verringerung der risikogewichteten Positionsbeträge nicht durch eine entsprechende Übertragung von Kreditrisiko auf Dritte gerechtfertigt ist, sowie darüber, inwieweit die Institute von Absatz 4 Gebrauch machen, auf dem Laufenden. Die EBA überwacht die verschiedenen Vorgehensweisen in diesem Bereich und gibt im Einklang mit Artikel 16 der Verordnung (EU) Nr. 1093/2010 Leitlinien heraus. Die EBA überprüft die Anwendung dieser Leitlinien durch die Mitgliedstaaten und gibt der Kommission bis zum 31. Dezember 2017 Beratung zu der Frage, ob ein verbindlicher technischer Standard erforderlich ist.

Abschnitt 3   Berechnung der risikogewichteten Positionsbeträge

Unterabschnitt 1   Grundsätze

Artikel 245   Berechnung der risikogewichteten Positionsbeträge

(1) Hat ein Originator ein aus verbrieften Risikopositionen resultierendes signifikantes Kreditrisiko gemäß Abschnitt 2 übertragen, so kann er
a) bei einer traditionellen Verbriefung die von ihm verbrieften Risikopositionen von seiner Berechnung der risikogewichteten Positionsbeträge und gegebenenfalls der Berechnung der erwarteten Verlustbeträge ausnehmen,
b) bei einer synthetischen Verbriefung die risikogewichteten Positionsbeträge und gegebenenfalls die erwarteten Verlustbeträge in Bezug auf die verbrieften Risikopositionen gemäß den Artikeln 249 und 250 berechnen.

(2) Hat der Originator sich für die Anwendung des Absatzes 1 entschieden, so berechnet er die in diesem Kapitel vorgeschriebenen risikogewichteten Positionsbeträge für die Positionen, die er gegebenenfalls in der Verbriefung hält.
Hat der Originator ein signifikantes Kreditrisiko nicht übertragen oder sich gegen eine Anwendung des Absatzes 1 entschieden, so braucht er für Positionen, die er gegebenenfalls in der betreffenden Verbriefung hält, keine risikogewichteten Positionsbeträge errechnen, sondern bezieht die verbrieften Risikopositionen auch weiterhin so in seine Berechnung der risikogewichteten Positionsbeträge ein, als hätte keine Verbriefung stattgefunden.
(3) Besteht eine Risikoposition gegenüber verschiedenen Tranchen einer Verbriefung, so werden die zu jeweils einer Tranche gehörigen Teile dieser Risikoposition als gesonderte Verbriefungspositionen betrachtet. Die Sicherungssteller bei Verbriefungspositionen werden als Anleger in diese Verbriefungspositionen betrachtet. Verbrie-

fungspositionen schließen auch Risikopositionen aus einer Verbriefung ein, die aus Zins- oder Währungsderivategeschäften resultieren.

(4) Sofern eine Verbriefungsposition nicht gemäß Artikel 36 Absatz 1 Buchstabe k vom harten Kernkapital abgezogen wird, wird der risikogewichtete Positionsbetrag für die Zwecke des Artikels 92 Absatz 3 in die Gesamtsumme der risikogewichteten Positionsbeträge des Instituts aufgenommen.

(5) Der risikogewichtete Positionsbetrag einer Verbriefungsposition wird ermittelt, indem auf den gemäß Artikel 246 berechneten Risikopositionswert der Position das relevante Gesamtrisikogewicht angewandt wird.

(6) Das Gesamtrisikogewicht ist die Summe der in diesem Kapitel festgelegten Risikogewichte plus aller etwaigen zusätzlichen Risikogewichte gemäß Artikel 407.

Artikel 246 Risikopositionswert

(1) Der Risikopositionswert wird wie folgt berechnet:
a) Berechnet ein Institut die risikogewichteten Positionsbeträge gemäß Unterabschnitt 3, ist der Risikopositionswert einer in der Bilanz ausgewiesenen Verbriefungsposition ihr Buchwert, der nach der Anwendung gemäß Artikel 110 behandelter spezieller Kreditrisikoanpassungen verbleibt;
b) berechnet ein Institut die risikogewichteten Positionsbeträge gemäß Unterabschnitt 4, ist der Risikopositionswert einer in der Bilanz ausgewiesenen Verbriefungsposition ihr Buchwert ohne Berücksichtigung etwaiger gemäß Artikel 110 behandelter Kreditrisikoanpassungen;
c) berechnet ein Institut die risikogewichteten Positionsbeträge gemäß Unterabschnitt 3, ist der Risikopositionswert einer nicht in der Bilanz ausgewiesenen Verbriefungsposition ihr Nominalwert abzüglich aller etwaigen bei dieser Verbriefungsposition vorgenommenen spezifischen Kreditrisikoanpassungen, multipliziert mit dem in diesem Kapitel vorgeschriebenen Umrechnungsfaktor. Sofern nicht anders angegeben, beträgt dieser Umrechnungsfaktor 100 %;
d) berechnet ein Institut die risikogewichteten Positionsbeträge gemäß Unterabschnitt 4, ist der Risikopositionswert einer nicht in der Bilanz ausgewiesenen Verbriefungsposition ihr Nominalwert, multipliziert mit dem in diesem Kapitel vorgeschriebenen Umrechnungsfaktor. Sofern nicht anders angegeben, beträgt dieser Umrechnungsfaktor 100 %;
e) der Risikopositionswert für das Gegenparteiausfallrisiko bei einem der in Anhang II genannten Derivatgeschäfte wird nach Kapitel 6 festgelegt.

(2) Hat ein Institut zwei oder mehr sich überschneidende Verbriefungspositionen, so bezieht es in seine Berechnung der risikogewichteten Positionsbeträge für die Überschneidung nur die Position oder den Teil einer Position ein, für die bzw. den die höheren risikogewichteten Positionsbeträge anzusetzen sind. Das Institut darf eine solche Überschneidung auch bei den Eigenmittelanforderungen für das spezifische Risiko von Positionen im Handelsbuch einerseits und den Eigenmittelanforderungen für Positionen im Anlagebuch andererseits berücksichtigen, wenn es in der Lage ist, die Eigenmittelanforderungen für die betreffenden Positionen zu berechnen und zu vergleichen. Für die Zwecke dieses Absatzes ist eine Überschneidung dann gegeben, wenn die Positionen ganz oder teilweise demselben Risiko ausgesetzt sind, so dass im Umfang der Überschneidung nur eine einzige Risikoposition besteht.

(3) Ist Artikel 268 Buchstabe c auf Positionen in einem forderungsgedeckten Geldmarktpapier anzuwenden, so darf das Institut zur Berechnung des risikogewichteten Positionsbetrags für das Geldmarktpapier das einer Liquiditätsfazilität zugewiesene Risikogewicht verwenden, sofern die im Rahmen des Programms emittierten Geldmarktpapiere zu 100 % von dieser oder einer anderen Liquiditätsfazilität gedeckt sind und all diese Liquiditätsfazilitäten mit dem Geldmarktpapier gleichrangig sind, so dass sie sich überschneidende Positionen bilden.

Das Institut teilt den zuständigen Behörden mit, inwieweit es von dieser Behandlung Gebrauch macht.

Artikel 247 Anerkennung der Kreditrisikominderung bei Verbriefungspositionen

(1) Besteht für eine Verbriefungsposition eine Besicherung mit oder eine Absicherung ohne Sicherheitsleistung, so darf ein Institut diese vorbehaltlich der Anforderungen dieses Kapitels und des Kapitels 4 gemäß Kapitel 4 anerkennen.

Als Besicherung mit Sicherheitsleistung anerkannt werden können nur Finanzsicherheiten, die gemäß Kapitel 4 für die Berechnung der risikogewichteten Positionsbeträge nach Kapitel 2 anerkennungsfähig sind, wobei für diese Anerkennung die in Kapitel 4 festgelegten einschlägigen Anforderungen erfüllt sein müssen.

(2) Als Absicherung ohne Sicherheitsleistung und Steller einer Absicherung ohne Sicherheitsleistung anerkannt werden können nur solche, die gemäß Kapitel 4 anerkennungsfähig sind, wobei für diese Anerkennung die in Kapitel 4 festgelegten einschlägigen Anforderungen erfüllt sein müssen.

(3) Abweichend von Absatz 2 müssen die in Artikel 201 Absatz 1 Buchstaben a bis h genannten anerkennungsfähigen Steller einer Absicherung ohne Sicherheitsleistung – ausgenommen qualifizierte zentrale Gegenparteien – eine Bonitätsbeurteilung einer anerkannten ECAI haben, die gemäß Artikel 136 einer Bonitätsstufe von mindestens 3 zugeordnet wird und zum Zeitpunkt der erstmaligen Anerkennung der Absicherung einer Bonitätsstufe von mindestens 2 zugeordnet wurde. Institute, die auf eine direkte Risikoposition gegenüber dem Sicherungsgeber den IRB-Ansatz anwenden dürfen, können die Anerkennungsfähigkeit anhand des ersten Satzes und ausgehend von der Äquivalenz zwischen der PD des Sicherungsgebers und der PD, die mit der in Artikel 136 angegebenen Bonitätsstufe verknüpft ist, bewerten.

(4) Abweichend von Absatz 2 können Verbriefungszweckgesellschaften als Sicherungsgeber anerkannt werden, wenn sie Vermögenswerte besitzen, die als Finanzsicherheiten anerkannt werden können und auf die keine Rechte oder Anwartschaften bestehen, die den Anwartschaften des Instituts, das die Absicherung ohne Sicherheitsleistung erhält, im Rang vorausgehen oder gleichstehen, und wenn alle in Kapitel 4 genannten Anforderungen an die Anerkennung von Finanzsicherheiten erfüllt sind. In solchen Fällen ist GA (der gemäß Kapitel 4 um etwaige Währungs- oder Laufzeitinkongruenzen bereinigte Absicherungsbetrag) auf den volatilitätsangepassten Marktwert dieser Vermögenswerte beschränkt und wird g (das Risikogewicht von Risikopositionen gegenüber dem Sicherungsgeber gemäß dem Standardansatz) als gewichtetes Durchschnittsrisikogewicht berechnet, das im Rahmen des Standardansatzes für solche Vermögenswerte als Finanzsicherheit angesetzt würde.

Artikel 248 Außervertragliche Kreditunterstützung

(1) Ein Sponsor oder ein Originator, der bei der Berechnung der risikogewichteten Positionsbeträge in Bezug auf eine Verbriefung von Artikel 245 Absätze 1 und 2 Gebrauch gemacht oder Instrumente aus seinem Handelsbuch veräußert hat, so dass er für die mit diesen Instrumenten verbundenen Risiken keine Eigenmittel mehr vorhalten muss, darf die Verbriefung nicht über seine vertraglichen Verpflichtungen hinaus unterstützen, um dadurch die potenziellen oder tatsächlichen Verluste der Anleger zu verringern. Ein Geschäft gilt nicht als Kreditunterstützung, wenn es zu marktüblichen Konditionen ausgeführt und bei der Beurteilung der Übertragung eines signifikanten Risikos berücksichtigt wird. Jedes Geschäft dieser Art wird unabhängig davon, ob es eine Kreditunterstützung darstellt oder nicht, den zuständigen Behörden gemeldet und muss das Kreditprüfungs- und -genehmigungsverfahren des Instituts durchlaufen. Wenn sich das Institut vergewissert, dass das Geschäft nicht so strukturiert ist, dass es eine Kreditunterstützung darstellt, trägt es zumindest Folgendem angemessen Rechnung:

a) dem Rückkaufspreis,
b) der Kapital- und Liquiditätslage des Instituts vor und nach dem Rückkauf,
c) der Wertentwicklung der verbrieften Risikopositionen,
d) der Wertentwicklung der Verbriefungspositionen,
e) den Auswirkungen der Kreditunterstützung auf die erwarteten Verluste des Originators im Verhältnis zu denen der Anleger.

(2) Die EBA gibt gemäß Artikel 16 der Verordnung (EU) Nr. 1093/2010 Leitlinien im Hinblick darauf heraus, was unter marktüblichen Konditionen zu verstehen ist und wann ein Geschäft so strukturiert ist, dass es keine Kreditunterstützung darstellt.

(3) Hält ein Originator oder Sponsor bei einer Verbriefung Absatz 1 nicht ein, so muss er für alle verbrieften Risikopositionen mindestens so viel Eigenmittel vorhalten, wie er ohne Verbriefung hätte vorsehen müssen.

Unterabschnitt 2 Berechnung der risikogewichteten Positionsbeträge für Risikopositionen, die Gegenstand einer synthetischen Verbriefung sind, durch den Originator

Artikel 249 Allgemeine Behandlung

Wenn die Bedingungen des Artikels 244 erfüllt sind, wendet der Originator einer synthetischen Verbriefung vorbehaltlich des Artikels 250 bei der Berechnung der risikogewichteten Positionsbeträge für die verbrieften Risikopositionen nicht die in Kapitel 2, sondern die in diesem Abschnitt festgelegten maßgeblichen Berechnungsmethoden an. Bei Instituten, die die risikogewichteten Positionsbeträge und erwarteten Verlustbeträge gemäß Kapitel 3 berechnen, beträgt der bei solchen Risikopositionen erwartete Verlustbetrag Null.

Die in Unterabsatz 1 genannten Anforderungen gelten für den gesamten Risikopositionspool, der Gegenstand der Verbriefung ist. Vorbehaltlich des Artikels 250 berechnet der Originator die risikogewichteten Positionsbeträge für alle Tranchen in der Verbriefung gemäß den Bestimmungen dieses Abschnitts; darunter fallen auch solche, bei denen das Institut eine Kreditrisikominderung gemäß Artikel 247 anerkennt, wobei das für diese Position anzusetzende Risikogewicht vorbehaltlich der in diesem Kapitel festgelegten Anforderungen gemäß Kapitel 4 angepasst werden darf.

Artikel 250 Behandlung von Laufzeitinkongruenzen bei synthetischen Verbriefungen

Für die Zwecke der Berechnung der risikogewichteten Positionsbeträge gemäß Artikel 249 wird jeder Laufzeitinkongruenz zwischen der eine Tranche erzeugenden Kreditbesicherung, durch die die Übertragung des Risikos erreicht wird, und den verbrieften Risikopositionen wie folgt Rechnung getragen:
a) Als Laufzeit der verbrieften Risikopositionen wird vorbehaltlich einer Höchstdauer von fünf Jahren die längste in der Verbriefung vertretene Laufzeit angesetzt. Die Laufzeit der Besicherung wird gemäß Kapitel 4 ermittelt;
b) bei der Berechnung der risikogewichteten Positionsbeträge für Tranchen, die gemäß diesem Abschnitt mit einem Risikogewicht von 1 250 % belegt werden, lässt der Originator etwaige Laufzeitinkongruenzen außer Acht. Bei allen anderen Tranchen wird der in Kapitel 4 dargelegte Umgang mit Laufzeitinkongruenzen nach folgender Formel erfasst:

$$RW^* = RW_{SP} \cdot \frac{t - t^*}{T - t^*} + RW_{Ass} \cdot \frac{T - t}{T - t^*}$$

dabei entspricht

RW* = den risikogewichteten Positionsbeträgen für die Zwecke des Artikels 92 Absatz 3 Buchstabe a,

RW_{Ass} = den risikogewichteten Positionsbeträgen, die anteilmäßig wie für unverbriefte Risikopositionen berechnet werden,

RW_{SP} = den risikogewichteten Positionsbeträgen, die nach Artikel 249 berechnet werden, als gäbe es keine Laufzeitinkongruenz,

T = der Laufzeit der zugrunde liegenden Risikopositionen in Jahren,

t = der Laufzeit der Kreditbesicherung in Jahren,

t* = 0,25.

Unterabschnitt 3 Berechnung der risikogewichteten Positionsbeträge gemäß dem Standardansatz

Artikel 251 Risikogewichte

Den risikogewichteten Positionsbetrag einer beurteilten Verbriefungs- oder Wiederverbriefungsposition berechnet das Institut vorbehaltlich des Artikels 252, indem es auf den Risikopositionswert das maßgebliche Risikogewicht anwendet.

Das maßgebliche Risikogewicht ist das in Tabelle 1 genannte Risikogewicht, mit dem die Bonitätsbeurteilung der Position gemäß Abschnitt 4 gleichgesetzt wird.

Tabelle 1

Bonitätsstufe	1	2	3	4 (nicht für kurzfristige Bonitätsbeurteilungen)	alle anderen Bonitätsstufen
Verbriefungspositionen	20 %	50 %	100 %	350 %	1 250 %
Wiederverbriefungspositionen	40 %	100 %	225 %	650 %	1 250 %

Der risikogewichtete Positionsbetrag einer unbeurteilten Verbriefungsposition wird vorbehaltlich der Artikel 252 bis 255 durch Anwendung eines Risikogewichts von 1 250 % berechnet.

Artikel 252 Originatoren und Sponsoren

Ein Originator oder Sponsor kann die für seine Verbriefungspositionen in einer Verbriefung berechneten risikogewichteten Positionsbeträge auf solche beschränken, die zum aktuellen Zeitpunkt unter der Annahme, dass auf nachstehend genannte Posten ein Risikogewicht von 150 % angewandt würde, für die verbrieften Risikopositionen berechnet würden, wenn keine Verbriefung stattgefunden hätte:
a) alle Positionen, für die zu dem gegebenen Zeitpunkt ein Zahlungsverzug zu verzeichnen ist,
b) alle Positionen in den verbrieften Risikopositionen, die mit einem besonders hohen Risiko im Sinne des Artikels 128 verbunden sind.

Artikel 253 Behandlung unbeurteilter Positionen

(1) Für die Berechnung des risikogewichteten Positionsbetrags einer unbeurteilten Verbriefungsposition darf ein Institut das gewichtete durchschnittliche Risikogewicht verwenden, das es gemäß Kapitel 2 auf die verbrieften Risikopositionen anwenden würde, wenn es sie selbst hielte, multipliziert mit dem in Absatz 2 genannten Kon-

zentrationskoeffizienten. Zu diesem Zweck ist dem Institut die Zusammensetzung des Pools an verbrieften Risikopositionen jederzeit bekannt.

(2) Der Konzentrationskoeffizient ist gleich der Summe der Nominalwerte aller Tranchen, geteilt durch die Summe der Nominalwerte der Tranchen, die der Tranche, in der sich die Position befindet, einschließlich dieser Tranche selbst, im Rang nachgeordnet oder gleichwertig sind. Das daraus resultierende Risikogewicht darf weder höher als 1250% noch niedriger als jedes auf eine beurteilte höherrangige Tranche anwendbare Risikogewicht sein. Ist das Institut nicht zur Bestimmung der Risikogewichte in der Lage, die gemäß Kapitel 2 auf die verbrieften Risikopositionen angewandt würden, setzt es für die Position ein Risikogewicht von 1250% an.

Artikel 254 Behandlung von Verbriefungspositionen in einer Zweitverlust- oder höherrangigen Tranche im Rahmen eines ABCP-Programms

Sofern Artikel 255 nicht die Möglichkeit einer günstigeren Behandlung für unbeurteilte Liquiditätsfazilitäten bietet, darf ein Institut auf Verbriefungspositionen, die die nachstehend genannten Bedingungen erfüllen, ein Risikogewicht von 100% oder das höchste Risikogewicht anwenden, das ein Institut gemäß Kapitel 2 für jede verbriefte Risikoposition ansetzen würde, wenn es sie selbst hielte, je nachdem, welcher der beiden Werte der höhere ist:

a) Die Verbriefungsposition befindet sich in einer Tranche, die wirtschaftlich gesehen eine Zweitverlust- oder eine bessere Position einnimmt, wobei die Erstverlust-Tranche für die Zweitverlust-Tranche eine bedeutende Bonitätsverbesserung darstellt;
b) die Qualität der Verbriefungsposition nach dem Standardansatz entspricht mindestens der Bonitätsstufe 3;
c) die Verbriefungsposition wird von einem Institut gehalten, das keine Positionen in der Erstverlust-Tranche hält.

Artikel 255 Behandlung unbeurteilter Liquiditätsfazilitäten

(1) Zur Bestimmung des Risikopositionswerts einer unbeurteilten Liquiditätsfazilität dürfen Institute auf deren Nominalwert einen Umrechnungsfaktor von 50% anwenden, wenn die folgenden Bedingungen erfüllt sind:

a) Aus der Dokumentation der Liquiditätsfazilität geht unmissverständlich hervor, unter welchen Umständen und innerhalb welcher Grenzen die Fazilität in Anspruch genommen werden kann;
b) die Fazilität kann nicht dafür in Anspruch genommen werden, im Rahmen einer Kreditunterstützung Verluste zu decken, die zum Zeitpunkt der Inanspruchnahme bereits eingetreten sind, und insbesondere nicht, um Liquidität in Bezug auf Risikopositionen bereitzustellen, die zum Zeitpunkt der Inanspruchnahme bereits ausgefallen sind, oder um Vermögenswerte zu einem Preis über dem beizulegenden Zeitwert zu erwerben;
c) die Fazilität wird nicht dazu verwendet, eine permanente oder regelmäßige Finanzierung für die Verbriefung bereitzustellen;
d) die Rückzahlung von Inanspruchnahmen der Fazilität darf weder den Forderungen von Anlegern nachgeordnet sein, außer solchen, die aus Zins- oder Währungsderivaten, Gebühren oder ähnlichen Zahlungen resultieren, noch einem Verzicht oder Zahlungsaufschub unterliegen;
e) die Fazilität kann nach Ausschöpfung aller möglichen Bonitätsverbesserungen, die der Liquiditätsfazilität zugute kämen, nicht mehr in Anspruch genommen werden;
f) die Fazilität enthält eine Klausel, nach der sich der ziehungsfähige Betrag automatisch um die Höhe der bereits ausgefallenen Risikopositionen verringert, wobei ›Ausfall‹ im Sinne des Kapitels 3 zu verstehen ist, oder der Pool der verbrieften

Risikopositionen aus beurteilten Instrumenten besteht und die Fazilität gekündigt wird, wenn die Durchschnittsqualität des Pools unter ›Investment Grade‹ fällt.

Als Risikogewicht anzusetzen ist das höchste Risikogewicht, das ein Institut gemäß Kapitel 2 auf verbriefte Risikopositionen anwenden würde, wenn es sie selbst hielte.

(2) Zur Bestimmung des Risikopositionswerts von Barkreditfazilitäten kann auf den Nominalwert einer uneingeschränkt kündbaren Liquiditätsfazilität ein Umrechnungsfaktor von 0 % angewandt werden, wenn die in Absatz 1 genannten Bedingungen erfüllt sind und die Rückzahlung von Ziehungen aus der Fazilität vor allen anderen Ansprüchen auf Zahlungsströme aus den verbrieften Risikopositionen Vorrang hat.

Artikel 256 Zusätzliche Eigenmittelanforderungen für Verbriefungen revolvierender Risikopositionen mit Klauseln für die vorzeitige Rückzahlung

(1) Bei einer Verbriefung revolvierender Risikopositionen mit einer Klausel der vorzeitigen Rückzahlung errechnet der Originator nach Maßgabe dieses Artikels einen zusätzlichen risikogewichteten Positionsbetrag für das Risiko, dass sich sein Kreditrisiko infolge der Inanspruchnahme der Klausel für die vorzeitige Rückzahlung erhöht.

(2) Das Institut berechnet den risikogewichteten Positionsbetrag in Bezug auf die Summe der Risikopositionswerte aus dem Anteil des Originators und dem des Anlegers.

Bei Verbriefungsstrukturen, bei denen die verbrieften Risikopositionen sowohl revolvierende als auch nicht-revolvierende Risikopositionen enthalten, wendet der Originator die Behandlung nach den Absätzen 3 bis 6 auf den Teil des zugrunde liegenden Pools an, der die revolvierenden Risikopositionen enthält.

Der Risikopositionswert des Originator-Anteils ist der Risikopositionswert jenes fiktiven Teils eines Pools gezogener, in die Verbriefung veräußerter Beträge, dessen Verhältnis zum Betrag des gesamten, in die Struktur veräußerten Pools den Anteil der Zahlungsströme bestimmt, die durch Einziehung des Kapitalbetrags und der Zinsen sowie anderer verbundener Beträge entstehen, der nicht für Zahlungen an diejenigen zur Verfügung steht, die Verbriefungspositionen in der Verbriefung halten. Der Originator-Anteil ist dem Anleger-Anteil nicht nachgeordnet. Der Risikopositionswert des Anleger-Anteils ist der Risikopositionswert des verbleibenden fiktiven Teils des Pools gezogener Beträge.

Der risikogewichtete Positionsbetrag für den Risikopositionswert des Originator-Anteils wird berechnet wie für eine anteilige Risikoposition gegenüber den verbrieften Risikopositionen, so als ob keine Verbriefung stattgefunden hätte.

(3) Von der Berechnung des in Absatz 1 genannten zusätzlichen risikogewichteten Risikopositionsbetrags befreit sind die Originatoren folgender Verbriefungstypen:
a) Verbriefungen revolvierender Risikopositionen, bei denen die Anleger allen künftigen Ziehungen durch Kreditnehmer auch weiterhin in vollem Umfang ausgesetzt sind, so dass das Risiko für die zugrunde liegenden Fazilitäten selbst nach einer vorzeitigen Rückzahlung nicht erneut auf den Originator übergeht,
b) Verbriefungen, bei denen eine Klausel der vorzeitigen Rückzahlung nur durch Ereignisse ausgelöst wird, die nicht mit der Ertragsstärke der verbrieften Aktiva oder des Originators in Beziehung stehen, wie wesentliche Änderungen bei Steuergesetzen oder -vorschriften.

(4) Für einen Originator, der gemäß Absatz 1 einen zusätzlichen risikogewichteten Risikopositionsbetrag berechnen muss, entspricht die Summe der risikogewichteten Positionsbeträge für seine Positionen im Anleger-Anteil und der nach Absatz 1 berechneten risikogewichteten Positionsbeträge höchstens dem höchsten der folgenden Beträge:
a) die für seine Positionen im Anleger-Anteil errechneten risikogewichteten Positionsbeträge,

b) die risikogewichteten Positionsbeträge, die für die verbrieften Risikopositionen von dem Institut, das diese Risikopositionen hält, errechnet würden als hätte keine Verbriefung in einer dem Anleger-Anteil entsprechenden Höhe stattgefunden.

Der in Artikel 32 Absatz 1 geforderte Abzug von Nettogewinnen, die sich gegebenenfalls aus der Kapitalisierung künftiger Erträge ergeben, bleibt bei dem im vorangegangenen Unterabsatz genannten Höchstbetrag unberücksichtigt.

(5) Der nach Absatz 1 zu berechnende risikogewichtete Positionsbetrag wird ermittelt, indem der Risikopositionswert des Anleger-Anteils mit dem Produkt aus dem in den Absätzen 6 bis 9 angegebenen angemessenen Umrechnungsfaktor und dem gewichteten Durchschnittsrisikogewicht, das ohne Verbriefung auf die verbrieften Risikopositionen angewandt würde, multipliziert wird.

Eine Klausel der vorzeitigen Rückzahlung gilt als kontrolliert, wenn alle folgenden Bedingungen erfüllt sind:
a) Der Originator hat einen angemessenen Eigenmittel-/Liquiditätsplan, um zu gewährleisten, dass er im Falle einer vorzeitigen Rückzahlung über ausreichend Eigenmittel und Liquidität verfügt;
b) während der gesamten Laufzeit des Geschäfts werden die Zins- und Tilgungszahlungen und die Ausgaben, Verluste und Rückflüsse ausgehend von den in jedem Monat zu einem oder mehreren Referenzzeitpunkten ausstehenden Risikopositionen anteilsmäßig zwischen dem Originator und dem Anleger aufgeteilt;
c) der Tilgungszeitraum wird dann als lang genug angesehen, wenn 90 % der zu Beginn des Zeitraums für die vorzeitige Rückzahlung ausstehenden Gesamtforderungen (Anteil des Originators und der Anleger) zurückgezahlt werden können oder als ausgefallen anzusehen sind;
d) die Rückzahlung erfolgt nicht schneller als bei einer linearen Rückzahlung über den unter c vorgesehenen Zeitraum.

(6) Bei Verbriefungen mit einer Klausel der vorzeitigen Rückzahlung von Risikopositionen aus dem Mengengeschäft, die nicht zweckgebunden und uneingeschränkt fristlos kündbar sind und bei denen die vorzeitige Rückzahlung ausgelöst wird, wenn der Zinsüberschuss auf ein bestimmtes Niveau absinkt, vergleichen die Institute den Dreimonatsdurchschnitt des Zinsüberschusses mit dem Niveau, ab dem ein Zinsüberschuss in der Verbriefung verbleiben muss.

Erfordert die Verbriefung keine Einbehaltung des Zinsüberschusses, so gilt als Rückbehaltungspunkt ein Wert von 4,5 Prozentpunkten über dem Niveau, bei dem die vorzeitige Rückzahlung ausgelöst wird.

Der anzuwendende Umrechnungsfaktor richtet sich nach dem Niveau des aktuellen Dreimonatsdurchschnitts des Zinsüberschusses (siehe Tabelle 2).

Tabelle 2

Dreimonatsdurchnitt des Zinsüberschusses	Verbriefungen mit einer Klausel der kontrollierten vorzeitigen Rückzahlung Umrechnungsfaktor	Verbriefungen mit einer Klausel der unkontrollierten vorzeitigen Rückzahlung Umrechnungsfaktor
über Niveau A	0 %	0 %
Niveau A	1 %	5 %
Niveau B	2 %	15 %
Niveau C	10 %	50 %
Niveau D	20 %	100 %
Niveau E	40 %	100 %

Dabei entspricht
a) ›Niveau A‹ einem Zinsüberschuss von weniger als 133,33 %, aber nicht weniger als 100 % des Rückbehaltungspunkts,
b) ›Niveau B‹ einem Zinsüberschuss von weniger als 100 %, aber nicht weniger als 75 % des Rückbehaltungspunkts,
c) ›Niveau C‹ einem Zinsüberschuss von weniger als 75 %, aber nicht weniger als 50 % des Rückbehaltungspunkts,
d) ›Niveau D‹ einem Zinsüberschuss von weniger als 50 %, aber nicht weniger als 25 % des Rückbehaltungspunkts,
e) ›Niveau E‹ einem Zinsüberschuss von weniger als 25 % des Rückbehaltungspunkts.

(7) Bei Verbriefungen mit einer Klausel der vorzeitigen Rückzahlung von Risikopositionen aus dem Mengengeschäft, die nicht zweckgebunden und uneingeschränkt fristlos kündbar sind und bei denen die vorzeitige Rückzahlung durch einen quantitativen Wert ausgelöst wird, der sich nicht aus dem Dreimonatsdurchschnitt des Zinsüberschusses herleitet, dürfen Institute mit Erlaubnis der zuständigen Behörden sehr ähnlich verfahren wie in Absatz 6 für die Bestimmung des Umrechnungsfaktors beschrieben. Die zuständige Behörde gibt die Erlaubnis, wenn die folgenden Bedingungen erfüllt sind:
a) Diese Behandlung ist angemessener, weil das Unternehmen ein quantitatives Maß festlegen kann, das im Verhältnis zum quantitativen Wert, der die vorzeitige Rückzahlung auslöst, dem Rückbehaltungspunkt beim Zinsüberschuss gleichwertig ist;
b) bei dieser Behandlung wird das Risiko, dass sich das Kreditrisiko des Instituts infolge der Auslösung der Klausel für die vorzeitige Rückzahlung erhöhen könnte, ebenso vorsichtig gemessen wie bei einer Berechnung nach Absatz 6.

(8) Auf alle anderen Verbriefungen mit einer Klausel der kontrollierten vorzeitigen Rückzahlung revolvierender Risikopositionen wird ein Umrechnungsfaktor von 90 % angewandt.

(9) Auf alle anderen Verbriefungen mit einer Klausel der unkontrollierten vorzeitigen Rückzahlung revolvierender Risikopositionen wird ein Umrechnungsfaktor von 100 % angewandt.

Artikel 257 Kreditrisikominderung für Verbriefungspositionen, die dem Standardansatz unterliegen

Wird für eine Verbriefungsposition eine Kreditbesicherung erreicht, darf die Berechnung der risikogewichteten Positionsbeträge gemäß Kapitel 4 angepasst werden.

Artikel 258 Verringerung der risikogewichteten Positionsbeträge

Wird für eine Verbriefungsposition ein Risikogewicht von 1 250 % angesetzt, dürfen Institute gemäß Artikel 36 Absatz 1 Buchstabe k den Risikopositionswert der Position vom harten Kernkapital abziehen, anstatt die Position in die Berechnung der risikogewichteten Positionsbeträge einzubeziehen. Zu diesem Zweck kann eine anerkennungsfähige Besicherung mit Sicherheitsleistung bei der Berechnung des Risikopositionswerts in einer dem Artikel 257 entsprechenden Weise berücksichtigt werden.
Macht ein Originator von dieser Alternative Gebrauch, kann er den gemäß Artikel 36 Absatz 1 Buchstabe k in Abzug gebrachten Betrag 12,5 mal von dem Betrag abziehen, der in Artikel 252 als der risikogewichtete Positionsbetrag genannt wird, der zum aktuellen Zeitpunkt für die verbrieften Risikopositionen ermittelt würde, hätte keine Verbriefung stattgefunden.

Unterabschnitt 4 Berechnung der risikogewichteten Positionsbeträge gemäß dem IRB-Ansatz

Artikel 259   Rangfolge der Ansätze

(1) Für die Anwendung der Ansätze gilt folgende Rangfolge:
a) Für eine beurteilte Position oder eine Position, für die eine abgeleitete Bonitätsbeurteilung verwendet werden darf, wird der risikogewichtete Positionsbetrag nach dem in Artikel 261 beschriebenen ratingbasierten Ansatz errechnet;
b) für eine unbeurteilte Position darf ein Institut, wenn es als Eingaben für den aufsichtlichen Formelansatz PD-Schätzungen und gegebenenfalls Risikopositionswert- und LGD-Schätzungen erstellen kann, die den Anforderungen an die Schätzung dieser Parameter gemäß dem IRB-Ansatz nach Abschnitt 3 genügen, den in Artikel 262 beschriebenen aufsichtlichen Formelansatz verwenden. Ein Institut, das nicht der Originator ist, darf den aufsichtlichen Formelansatz nur nach vorheriger Erlaubnis der zuständigen Behörden verwenden, die nur erteilt wird, wenn das Institut die im ersten Satz genannte Bedingung erfüllt;
c) alternativ zu Buchstabe b darf das Institut nur für unbeurteilte Positionen eines ABCP-Programms den internen Bemessungsansatz nach Absatz 4 verwenden, wenn die zuständigen Behörden dies gestattet haben,
d) in allen anderen Fällen erhalten unbeurteilte Verbriefungspositionen ein Risikogewicht von 1 250 %;
e) unbeschadet des Buchstabens d und vorbehaltlich der Genehmigung durch die zuständigen Behörden darf ein Institut das Risikogewicht einer unbeurteilten Position in einem ABCP-Programm gemäß den Artikeln 253 oder 254 berechnen, wenn die unbeurteilte Position kein Geldmarktpapier ist und sie in den Anwendungsbereich eines internen Bemessungsansatzes fällt, dessen Genehmigung beantragt wurde. Die aggregierten Risikopositionswerte, die nach dieser Ausnahmeregelung behandelt werden, dürfen nicht wesentlich sein und müssen in jedem Fall weniger als 10 % der aggregierten Risikopositionswerte ausmachen, die das Institut nach dem internen Bemessungsansatz behandelt. Das Institut macht von dieser Ausnahme keinen Gebrauch mehr, wenn der betreffende interne Bemessungsansatz nicht genehmigt wurde.

(2) Für die Zwecke der Verwendung abgeleiteter Bonitätsbeurteilungen weist ein Institut einer unbeurteilten Position eine abgeleitete Bonitätsbeurteilung zu, die der einer beurteilten Referenzposition entspricht, die von den der betreffenden Verbriefungsposition in jeder Hinsicht nachgeordneten Verbriefungspositionen den höchsten Rang hat, und alle folgenden Bedingungen erfüllt:
a) Die Referenzpositionen sind der unbeurteilten Verbriefungsposition in jeder Hinsicht nachgeordnet;
b) die Referenzpositionen haben die gleiche oder eine längere Laufzeit als die betreffenden unbeurteilten Positionen;
c) jede abgeleitete Bonitätsbeurteilung wird laufend aktualisiert, um etwaigen Änderungen in der Bonitätsbeurteilung der Referenzpositionen Rechnung zu tragen.

(3) Die zuständigen Behörden gestatten Instituten, den internen Bemessungsansatz nach Absatz 4 zu verwenden, wenn alle folgenden Bedingungen erfüllt sind:
a) Für die Positionen des im Rahmen des ABCP-Programms emittierten Geldmarktpapiers liegt eine Bonitätsbeurteilung vor;
b) die interne Beurteilung der Kreditqualität der Position vollzieht die öffentlich zugängliche Methode einer oder mehrerer ECAI zur Bonitätsbeurteilung von Wertpapieren, die durch die Risikopositionen des verbrieften Typs unterlegt sind, nach;
c) die ECAI, deren Methode nach Buchstabe b nachvollzogen wird, schließen solche ein, die für das im Rahmen des ABCP-Programms emittierte Geldmarktpapier eine

externe Beurteilung abgegeben haben. Quantitative Elemente, wie Stressfaktoren, die herangezogen werden, um der Position eine bestimmte Bonität zuzuweisen, sind mindestens so konservativ wie die, die die betreffende ECAI bei ihrer jeweiligen Beurteilungsmethode heranzieht;

d) bei der Entwicklung seiner internen Bemessungsmethode berücksichtigt das Institut relevante veröffentlichte Beurteilungsmethoden der ECAI, die das Geldmarktpapier des ABCP-Programms beurteilen. Dies wird von dem Institut gemäß Buchstabe g dokumentiert und regelmäßig aktualisiert;

e) die interne Bemessungsmethode des Instituts schließt Bonitätsstufen ein. Diese Bonitätsstufen entsprechen den Bonitätsbeurteilungen von ECAI. Diese Entsprechung wird ausdrücklich dokumentiert;

f) die interne Bemessungsmethode wird im internen Risikomanagement des Instituts, einschließlich der Beschlussfassung, Unterrichtung der Geschäftsleitung und Allokation des internen Kapitals, verwendet;

g) der interne Bemessungsprozess und die Qualität der internen Bewertung der Kreditqualität der Risikopositionen, die ein Institut in einem ABCP-Programm hält, werden von internen oder externen Prüfern, einer ECAI oder der institutsinternen Kreditprüfungsstelle oder Risikomanagementfunktion regelmäßig überprüft. Wird die Überprüfung von der internen Revision, der Kreditprüfungsstelle oder den Risikomanagementfunktionen des Instituts durchgeführt, dann sind diese Funktionen von dem für das ABCP-Programm zuständigen Geschäftszweig sowie von den Kundenbeziehungen unabhängig;

h) um die Leistungsfähigkeit seiner internen Bemessungsmethode zu bewerten, verfolgt das Institut die Zuverlässigkeit seiner internen Beurteilungen im Zeitverlauf und nimmt an seiner Methode die notwendigen Korrekturen vor, wenn die Wertentwicklung der Risikopositionen regelmäßig von den internen Beurteilungen abweicht;

i) das ABCP-Programm enthält Standards für die Emissionsübernahme in Form von Kredit- und Anlageleitlinien. Bei der Entscheidung über den Ankauf eines Vermögenswerts trägt der Verwalter des ABCP-Programms der Art des betreffenden Vermögenswerts, der Art und dem monetären Wert der aus der Bereitstellung von Liquiditätsfazilitäten und Bonitätsverbesserungen resultierenden Risikopositionen, der Verlustverteilung sowie der rechtlichen und wirtschaftlichen Trennung der übertragenen Vermögenswerte von der sie veräußernden Einrichtung Rechnung. Das Risikoprofil des Verkäufers des Vermögenswerts wird einer Kreditanalyse unterzogen, bei der auch die vergangene und erwartete künftige finanzielle Wertentwicklung, die derzeitige Marktposition, die erwartete künftige Wettbewerbsfähigkeit, der Verschuldungsgrad, die Zahlungsströme, die Zinsdeckung und die Bewertung der Verschuldung analysiert werden. Darüber hinaus werden die Emissionsübernahmestandards, die Kundenbetreuungsfähigkeiten und das Inkassoverfahren des Verkäufers überprüft;

j) die Emissionsübernahmestandards des ABCP-Programms enthalten Mindestkriterien für die Anerkennungsfähigkeit von Vermögenswerten, die insbesondere
  i) den Ankauf von Vermögenswerten, die in hohem Maße überfällig oder ausgefallen sind, ausschließen,
  ii) eine übermäßige Konzentration auf einen einzelnen Schuldner oder ein einzelnes geografisches Gebiet begrenzen,
  iii) die Laufzeit der anzukaufenden Vermögenswerte begrenzen;

k) das ABCP-Programm verfügt über Inkassogrundsätze und -verfahren, die der betrieblichen Kapazität und der Bonität des Schuldendienstverwalters Rechnung tragen. Das ABCP-Programm schwächt das mit der Leistungsstärke des Verkäufers und des Schuldendienstverwalters verbundene Risiko durch verschiedene Verfahren ab, wie beispielsweise durch Auslöser, die ausgehend von der aktuellen Kreditqualität die Vermengung von Geldern ausschließen;

l) bei der aggregierten Verlustschätzung für einen Pool von Vermögenswerten, der im Rahmen des ABCP-Programms angekauft werden soll, wird allen potenziellen Risiken, wie dem Kredit- und dem Verwässerungsrisiko, Rechnung getragen. Wenn sich die vom Verkäufer bereitgestellte Bonitätsverbesserung in ihrer Höhe lediglich auf kreditbezogene Verluste stützt, wird für den Fall, dass für den speziellen Pool von Risikopositionen das Verwässerungsrisiko erheblich ist, eine gesonderte Rücklage für das Verwässerungsrisiko gebildet. Darüber hinaus werden bei der Bemessung der erforderlichen Bonitätsverbesserung im Rahmen des Programms die historischen Informationen mehrerer Jahre überprüft, was Verluste, Überfälligkeiten, Verwässerungen und die Umschlagshäufigkeit der Risikopositionen einschließt;

m) das ABCP-Programm integriert strukturelle Merkmale, wie ›Abwicklungs‹-Auslöser, in den Erwerb von Risikopositionen, um eine potenzielle Bonitätsverschlechterung des zugrunde liegenden Portfolios zu mindern.

(4) Beim internen Bemessungsansatz ordnet das Institut einer unbeurteilten Position eine der Bonitätsstufen nach Absatz 3 Buchstabe e zu. Der Position wird eine abgeleitete Bonitätsbeurteilung zugewiesen, die den Bonitätsbeurteilungen entspricht, die den Bonitätsstufen nach Absatz 3 Buchstabe e zugeordnet werden. Entspricht diese zugeordnete Bonitätsbeurteilung zum Zeitpunkt der Verbriefung dem Niveau ›Investment Grade‹ oder besser, wird sie im Hinblick auf die Berechnung der risikogewichteten Positionsbeträge einer anerkennungsfähigen Bonitätsbeurteilung einer ECAI gleichgesetzt.

(5) Ein Institut, dem die Verwendung des internen Bemessungsansatzes gestattet wurde, kehrt nur zu anderen Methoden zurück, wenn alle folgenden Bedingungen erfüllt sind:
a) Das Institut hat den zuständigen Behörden glaubhaft nachgewiesen, dass es gute Gründe für diesen Schritt hat;
b) es hat vorab eine entsprechende Genehmigung der zuständigen Behörde erhalten.

Artikel 260 Maximale risikogewichtete Positionsbeträge

Ein Originator, ein Sponsor oder ein anderes Institut, das KIRB berechnen kann, darf die für seine Verbriefungspositionen errechneten risikogewichteten Positionsbeträge auf diejenigen beschränken, die nach Artikel 92 Absatz 3 zu einer Eigenmittelanforderung führen würden, die der Summe aus Folgendem entspricht: 8% der risikogewichteten Positionsbeträge, die sich ergäben, wenn die Risikopositionen nicht verbrieft worden wären und in der Bilanz des Instituts ausgewiesen würden, zuzüglich der erwarteten Verlustbeträge dieser Risikopositionen.

Artikel 261 Ratingbasierter Ansatz

(1) Beim ratingbasierten Ansatz berechnet das Institut den risikogewichteten Positionsbetrag einer beurteilten Verbriefungs- oder Wiederverbriefungsposition, indem es auf den Risikopositionswert das maßgebliche Risikogewicht anwendet und das Ergebnis mit 1,06 multipliziert.

Das maßgebliche Risikogewicht ist das in Tabelle 4 genannte Risikogewicht, mit dem die Bonitätsbeurteilung der Position gemäß Abschnitt 4 gleichgesetzt wird.

Tabelle 4

Bonitätsstufe	Verbriefungspositionen	Wiederverbriefungspositionen				
Bonitätsbeurteilung außer kurzfristigen Bonitätsbeurteilungen	kurzfristige Bonitätsbeurteilungen	A	B	C	D	E
1	1	7%	12%	20%	20%	30%
2		8%	15%	25%	25%	40%
3		10%	18%	35%	35%	50%
4	2	12%	20%		40%	65%
5		20%	35%		60%	100%
6		35%	50%		100%	150%
7	3	60%	75%		150%	225%
8			100%		200%	350%
9			250%		300%	500%
10			425%		500%	650%
11			650%		750%	850%
alle sonstigen Positionen und unbeurteile Positionen			1250%			

Die Gewichtungen in Tabelle 4 Spalte C werden angewandt, wenn die Verbriefungsposition keine Wiederverbriefungsposition ist und die effektive Anzahl der verbrieften Risikopositionen unter sechs liegt.

Auf die verbleibenden Verbriefungspositionen, die keine Wiederverbriefungspositionen sind, werden die Gewichtungen in Spalte B angewandt; handelt es sich allerdings um eine Position in der höchstrangigen Tranche der Verbriefung, so werden die Gewichtungen in Spalte A angewandt.

Auf Wiederverbriefungspositionen werden die Gewichtungen in Spalte E angewandt; handelt es sich allerdings um eine Position in der höchstrangigen Tranche der Wiederverbriefung und ist keine der zugrunde liegenden Risikopositionen selbst eine Wiederverbriefung, findet Spalte D Anwendung.

Bei der Feststellung, ob es sich bei einer Tranche um die höchstrangige handelt, müssen keine Beträge berücksichtigt werden, die sich aus Zins- oder Währungsderivategeschäften, fälligen Gebühren oder anderen ähnlichen Zahlungen ergeben.

Bei der Berechnung der effektiven Anzahl der verbrieften Risikopositionen werden mehrere auf einen Schuldner bezogene Risikopositionen als eine einzige behandelt. Die effektive Anzahl der Risikopositionen wird wie folgt berechnet:

$$N = \frac{\left(\sum_i EAD_i\right)^2}{\sum_i EAD_i^2}$$

wobei EAD_i die Summe der Risikopositionswerte sämtlicher auf den i-ten Schuldner bezogener Risikopositionen darstellt. Ist der Anteil am Portfolio im Zusammenhang mit der größten Risikoposition C_1 verfügbar, darf das Institut N als $1/C_1$ berechnen.

(2) Eine Kreditrisikominderung bei Verbriefungspositionen kann gemäß Artikel 264 Absätze 1 und 4 unter den Bedingungen des Artikels 247 anerkannt werden.

Artikel 262   Aufsichtlicher Formelansatz

(1) Beim aufsichtlichen Formelansatz wird das Risikogewicht für eine Verbriefungsposition wie folgt berechnet, wobei für Wiederverbriefungspositionen eine Unter-

grenze von 20 % und für alle anderen Verbriefungspositionen eine Untergrenze von 7 % gilt:

$$12.5 \cdot \frac{S[L+T] - S[L]}{T}$$

dabei entspricht

$$S[x] = \begin{cases} x, & \text{when } x \leq K_{IBRB} \\ K_{IRBR} + K[x] - K[K_{IRBR}] + \left(1 - \exp\left(\frac{\omega \cdot (K_{IRBR} - x)}{K_{IRBR}}\right)\right) \cdot \frac{d \cdot K_{IRBR}}{\omega}, & \text{when } x > K_{IBRB} \end{cases}$$

dabei entspricht

$$h = \left(1 - \frac{K_{IRBR}}{ELGD}\right)^N$$

$$c = \frac{K_{IRBR}}{1 - h}$$

$$v = \frac{(ELGD - K_{IRBR}) \cdot K_{IRBR} + 0,25 \cdot (1 - ELGD) \cdot K_{IRBR}}{N}$$

$$f = \left(\frac{v + K_{IRBR}^2}{1 - h} - c^2\right) + \frac{(1 - K_{IRBR}) \cdot K_{IRBR} - v}{(1 - h) \cdot \tau}$$

$$g = \frac{(1 - c) \cdot c}{f} - 1$$

$$a = g \cdot c$$

$$b = g \cdot (1 - c)$$

$$d = 1 - (1 - h) \cdot (1 - Beta[K_{IRBR}; a, b])$$

$$K[x] = (1 - h) \cdot ((1 - Beta[x; a, b]) \cdot x + Beta[x; a+1, b] \cdot c)$$

$$\tau = 1000;$$

$$\omega = 20,$$

Beta [x; a, b]	= der kumulativen Beta-Verteilung mit einer Bewertung der Parameter a und b zum Wert x,
T	= der Dicke der Tranche, in der die Position gehalten wird, gemessen als das Verhältnis von a) dem Nominalwert der Tranche zu b) der Summe der Nominalbeträge der verbrieften Risikopositionen. Bei den in Anhang II genannten Derivatgeschäften wird anstelle des Nominalbetrags die Summe des nach Kapitel 6 berechneten aktuellen Wiedereindeckungsaufwands und des potenziellen künftigen Wiederbeschaffungswerts verwendet,
K_{IRBR}	= dem Verhältnis von a) K_{IRB} zu b) der Summe der Risikopositionswerte der verbrieften Risikopositionen, ausgedrückt in Dezimalform,
L	= der Höhe der Bonitätsverbesserung, gemessen als das Verhältnis des Nominalbetrags aller Tranchen, die der Tranche, in der die Position gehalten wird, nachgeordnet sind, zur Summe der Nomi-

nalbeträge der verbrieften Risikopositionen. Kapitalisierte künftige Erträge werden nicht in die Bewertung von L einbezogen. Von Gegenparteien im Zusammenhang mit den in Anhang II genannten Derivatgeschäften geschuldete Beträge, die im Verhältnis zu der betreffenden Tranche nachrangigere Tranchen repräsentieren, können bei der Berechnung der Bonitätsverbesserung zu ihrem aktuellen Wiedereindeckungsaufwand ohne potenzielle künftige Wiederbeschaffungswerte bewertet werden,

N = der gemäß Artikel 261 berechneten effektiven Anzahl an Risikopositionen. Bei Wiederverbriefungen stellt das Institut auf die Anzahl der Verbriefungspositionen im Pool und nicht auf die Anzahl der zugrunde liegenden Risikopositionen in den ursprünglichen Pools ab, aus denen die zugrunde liegenden Verbriefungspositionen stammen,

ELGD = der risikopositionsgewichteten durchschnittlichen Verlustquote bei Ausfall, die wie folgt berechnet wird:

$$ELGD = \frac{\sum_i LGD_i \cdot EAD_i}{\sum_i EAD_i}$$

dabei entspricht

LGD_i = der durchschnittlichen LGD bei allen Risikopositionen gegen den i-ten Schuldner, wobei LGD gemäß Kapitel 3 bestimmt wird. Bei einer Wiederverbriefung wird für die verbrieften Positionen eine LGD von 100 % angesetzt. Werden das Ausfall- und das Verwässerungsrisiko bei angekauften Risikopositionen bei einer Verbriefung aggregiert behandelt, wird der LGD_i-Input als gewichteter Durchschnitt der Kreditrisiko-LGD und der 75 %igen LGD für das Verwässerungsrisiko ausgelegt. Die Gewichte sind die unabhängigen Eigenmittelanforderungen für das Kredit- bzw. das Verwässerungsrisiko.

(2) Macht der Nominalbetrag der größten verbrieften Risikoposition, C_1, nicht mehr als 3 % der Summe der Nominalbeträge der verbrieften Risikopositionen aus, kann das Institut für die Zwecke des aufsichtlichen Formelansatzes bei Verbriefungen, die keine Wiederverbriefungen sind, eine LGD von 50 % und für N einen der beiden folgenden Werte ansetzen:

$$N = \left(C_1 \cdot C_m + \left(\frac{C_m - C_1}{m - 1} \right) \cdot max\{1 - m \cdot C_1, 0\} \right)^{-1}$$

$$N = \frac{1}{C_1}$$

dabei entspricht

C_m = dem Verhältnis der Summe der Nominalbeträge der größten ›m‹-Risikopositionen zur Summe der Nominalbeträge der verbrieften Risikopositionen. Die Höhe von ›m‹ kann vom Institut festgelegt werden.

Bei Verbriefungen, bei denen so gut wie alle Positionen Risikopositionen aus dem Mengengeschäft sind, können die Institute bei entsprechender Erlaubnis der zuständigen Behörden den aufsichtlichen Formelansatz verwenden und dabei vereinfachend h=0 und v=0 zugrunde legen, wenn die effektive Anzahl der Risikopositionen nicht niedrig ist und die Risikopositionen keinen hohen Konzentrationsgrad aufweisen.

(3) Die zuständigen Behörden halten die EBA auf dem Laufenden, inwieweit die Institute von Absatz 2 Gebrauch machen. Die EBA überwacht die Bandbreite der Praxis in diesem Bereich und gibt im Einklang mit Artikel 16 der Verordnung (EU) Nr. 1093/2010 Leitlinien heraus.

(4) Eine Kreditrisikominderung bei Verbriefungspositionen kann gemäß Artikel 264 Absätze 2 bis 4 unter den in Artikel 247 genannten Bedingungen anerkannt werden.

Artikel 263 Liquiditätsfazilitäten

(1) Zur Bestimmung des Risikopositionswerts einer unbeurteilten Verbriefungsposition in Form von Barkreditfazilitäten kann auf den Nominalwert einer Liquiditätsfazilität – wenn diese die in Artikel 255 Absatz 2 genannten Bedingungen erfüllt – ein Umrechnungsfaktor von 0 % angewandt werden.

(2) Ist es dem Institut nicht möglich, die risikogewichteten Positionsbeträge für die verbrieften Risikopositionen so zu berechnen, als hätte keine Verbriefung stattgefunden, so kann es die risikogewichteten Positionsbeträge für eine unbeurteilte Verbriefungsposition in Form einer Liquiditätsfazilität, die die Bedingungen des Artikels 255 Absatz 1 erfüllt, ausnahmsweise und vorbehaltlich der Erlaubnis der zuständigen Behörden vorübergehend nach der Methode gemäß Absatz 3 berechnen. Institute teilen den zuständigen Behörden unter Angabe von Gründen mit, inwieweit sie vom ersten Satz Gebrauch machen und wie lange sie nach dieser Methode verfahren wollen.

Die Berechnung risikogewichteter Positionsbeträge gilt generell als nicht möglich, wenn das Institut nicht auf eine abgeleitete Bonitätsbeurteilung, den internen Bemessungsansatz oder den aufsichtlichen Formelansatz zurückgreifen kann.

(3) Für eine Verbriefungsposition, die durch eine Liquiditätsfazilität, die die Bedingungen des Artikels 255 Absatz 1 erfüllt, repräsentiert wird, kann das höchste Risikogewicht angesetzt werden, das nach Kapitel 2 auf eine der verbrieften Risikopositionen angewandt würde, wären diese nicht verbrieft worden. Zur Bestimmung des Risikopositionswerts der Position wird ein Umrechnungsfaktor von 100 % angewandt.

Artikel 264 Kreditrisikominderung für Verbriefungspositionen, die dem IRB-Ansatz unterliegen

(1) Werden die risikogewichteten Positionsbeträge nach dem ratingbasierten Ansatz berechnet, dürfen der Risikopositionswert oder das Risikogewicht einer Verbriefungsposition, für die eine Kreditbesicherung erwirkt wurde, gemäß den Bestimmungen des Kapitels 4 geändert und der Berechnung der risikogewichteten Positionsbeträge gemäß Kapitel 2 angepasst werden.

(2) Bei einer vollständigen Besicherung gelten für den Fall, dass die risikogewichteten Positionsbeträge nach dem aufsichtlichen Formelansatz berechnet werden, die folgenden Anforderungen:
a) Das Institut ermittelt das ›effektive Risikogewicht‹ der Position. Zu diesem Zweck teilt es den risikogewichteten Positionsbetrag der Position durch deren Risikopositionswert und multipliziert das Ergebnis mit 100;
b) bei einer Besicherung mit Sicherheitsleistung wird der risikogewichtete Positionsbetrag der Verbriefungsposition ermittelt, indem der um die Besicherung mit Sicherheitsleistung bereinigte Risikopositionswert der Position (E*) – berechnet gemäß Kapitel 4 wie für die Berechnung der risikogewichteten Positionsbeträge gemäß Kapitel 2, bei der der Betrag der Verbriefungsposition als E angesetzt wird – mit dem effektiven Risikogewicht multipliziert wird;
c) bei einer Absicherung ohne Sicherheitsleistung wird der risikogewichtete Positionsbetrag der Verbriefungsposition ermittelt, indem der nach den Bestimmungen des Kapitels 4 um etwaige Währungs- und Laufzeitinkongruenzen bereinigte Besicherungsbetrag (GA) mit dem Risikogewicht des Sicherungsgebers multipliziert wird; dieser Betrag wird zu dem Betrag addiert, der sich aus Multiplikation des

Betrags der Verbriefungsposition minus GA mit dem effektiven Risikogewicht ergibt.

(3) Bei einer teilweisen Besicherung gelten für den Fall, dass die risikogewichteten Positionsbeträge nach dem aufsichtlichen Formelansatz berechnet werden, die folgenden Anforderungen:
a) Deckt die Kreditrisikominderung den/die Erstverlust/e in der Verbriefungsposition auf anteiliger Basis ab, darf das Institut Absatz 2 anwenden;
b) in allen anderen Fällen behandelt das Institut die Verbriefungsposition als zwei oder mehr Positionen, wobei der unbesicherte Teil als die Position mit der geringeren Kreditqualität angesehen wird. Für die Berechnung des risikogewichteten Positionsbetrages dieser Position finden die Bestimmungen des Artikels 262 vorbehaltlich der Anpassung von ›T‹ an e* im Falle einer Besicherung mit Sicherheitsleistung und an T-g im Falle einer Absicherung ohne Sicherheitsleistung Anwendung; dabei bezeichnet e* das Verhältnis von E* zum Gesamtnominalbetrag des zugrunde liegenden Pools, E* den bereinigten Risikopositionswert, berechnet gemäß Kapitel 4 wie für die Berechnung der risikogewichteten Positionsbeträge gemäß Kapitel 2, bei der der Betrag der Verbriefungsposition als E angesetzt wird, und g das Verhältnis des gemäß Kapitel 4 um etwaige Währungs- und Laufzeitinkongruenzen bereinigten Nominalbetrags der Besicherung zur Summe der Risikopositionswerte der besicherten Risikopositionen. Bei einer Absicherung ohne Sicherheitsleistung wird das Risikogewicht des Sicherungsgebers auf den Teil der Position angewandt, der nicht unter den bereinigten Wert T fällt.

(4) Haben die zuständigen Behörden dem Institut gestattet, bei einer Absicherung ohne Sicherheitsleistung die risikogewichteten Positionsbeträge für vergleichbare direkte Risikopositionen gegenüber dem Sicherungsgeber gemäß Kapitel 3 zu berechnen, so wird das in Artikel 235 genannte Risikogewicht g von Risikopositionen gegenüber dem Sicherungsgeber nach Maßgabe des Kapitels 3 bestimmt.

Artikel 265 Zusätzliche Eigenmittelanforderungen für Verbriefungen revolvierender Risikopositionen mit Klauseln für die vorzeitige Rückzahlung

(1) Verkauft ein Originator revolvierende Risikopositionen in eine Verbriefung, die eine Klausel der vorzeitigen Rückzahlung enthält, ermittelt er zusätzlich zu den risikogewichteten Positionsbeträgen für seine Verbriefungspositionen einen risikogewichteten Positionsbetrag nach der Methode des Artikels 256.

(2) Abweichend von Artikel 256 entspricht der Risikopositionswert des Originator-Anteils der Summe aus
a) dem Risikopositionswert desjenigen fiktiven Teils eines Pools gezogener, in die Verbriefung veräußerter Beträge, dessen Verhältnis zum Betrag des gesamten, in die Struktur veräußerten Pools den Anteil der Zahlungsströme bestimmt, die durch Einziehung des Kapitalbetrags und der Zinsen sowie anderer verbundener Beträge entstehen, der nicht für Zahlungen an diejenigen zur Verfügung steht, die Verbriefungspositionen in der Verbriefung halten,
b) dem Risikopositionswert desjenigen Teils des Pools nicht gezogener Beträge der Kreditlinien, deren gezogene Beträge in die Verbriefung veräußert wurden, dessen Verhältnis zum Gesamtbetrag der nicht gezogenen Beträge dem Verhältnis des in Buchstabe a beschriebenen Risikopositionswerts zum Risikopositionswert des Pools gezogener Beträge, die in die Verbriefung veräußert wurden, entspricht.

Der Originator-Anteil ist dem Anleger-Anteil nicht nachgeordnet.
Der Risikopositionswert des Anleger-Anteils ist der Risikopositionswert des nicht unter Buchstabe a fallenden fiktiven Teils des Pools gezogener Beträge zuzüglich des Risikopositionswerts des nicht unter Buchstabe b fallenden Teils des Pools nicht

gezogener Beträge der Kreditlinien, deren gezogene Beträge in die Verbriefung veräußert wurden.

(3) Der risikogewichtete Positionsbetrag für den Risikopositionswert des Originator-Anteils gemäß Absatz 2 Buchstabe a wird berechnet wie für eine anteilige Risikoposition gegenüber den verbrieften Risikopositionen, so als wären die gezogenen Beträge nicht verbrieft worden, und eine anteilige Risikoposition gegenüber den nicht gezogenen Beträgen der Kreditlinien, deren gezogene Beträge in die Verbriefung veräußert wurden.

Artikel 266 Verringerung der risikogewichteten Positionsbeträge

(1) Der risikogewichtete Positionsbetrag einer Verbriefungsposition mit einem Risikogewicht von 1250 % darf um das 12,5-fache des Betrags etwaiger besonderer gemäß Artikel 110 behandelter Kreditrisikoanpassungen herabgesetzt werden, die das Institut in Bezug auf die verbrieften Risikopositionen vorgenommen hat. In dem Maße, in dem diesen Kreditrisikoanpassungen zu diesem Zweck Rechnung getragen wird, werden sie für die Zwecke der Berechnung gemäß Artikel 159 außer Acht gelassen.

(2) Der risikogewichtete Positionsbetrag einer Verbriefungsposition darf um das 12,5-fache des Betrags etwaiger besonderer gemäß Artikel 110 behandelter Kreditrisikoanpassungen, die das Institut in Bezug auf die Position vorgenommen hat, herabgesetzt werden.

(3) Wie in Artikel 36 Absatz 1 Buchstabe k für eine Verbriefungsposition, für die ein Risikogewicht von 1250 % angesetzt wird, vorgesehen, dürfen Institute den Risikopositionswert der Position unter nachstehenden Voraussetzungen von den Eigenmitteln abziehen, anstatt die Position in die Berechnung der risikogewichteten Positionsbeträge einzubeziehen:
a) Der Risikopositionswert der Position darf von den risikogewichteten Positionsbeträgen abgeleitet werden, wobei etwaigen Herabsetzungen gemäß den Absätzen 1 und 2 Rechnung getragen wird;
b) bei der Berechnung des Risikopositionswerts darf eine anerkennungsfähige Besicherung mit Sicherheitsleistung in einer Weise berücksichtigt werden, die mit der in den Artikeln 247 und 264 vorgeschriebenen Methode zu vereinbaren ist;
c) werden die risikogewichteten Positionsbeträge nach dem aufsichtlichen Formelansatz berechnet und sofern L < KIRBR und [L+T] > KIRBR, darf die Position wie zwei Positionen behandelt werden, wobei für die vorrangigere der beiden Positionen L gleich KIRBR ist.

(4) Macht ein Institut von der in Absatz 3 beschriebenen Option Gebrauch, darf es das 12,5-fache des gemäß Absatz 3 in Abzug gebrachten Betrags von dem Betrag abziehen, auf den der risikogewichtete Positionsbetrag für seine Positionen in einer Verbriefung Artikel 260 zufolge beschränkt werden darf.

Abschnitt 4 Externe Bonitätsbeurteilungen

Artikel 267 Verwendung der Bonitätsbeurteilungen von ECAI

Institute dürfen Bonitätsbeurteilungen nur dann zur Bestimmung des Risikogewichts einer Verbriefungsposition heranziehen, wenn die Bonitätsbeurteilung von einer ECAI gemäß der Verordnung (EG) Nr. 1060/2009 abgegeben oder übernommen wurde.

Artikel 268   Anforderungen an Bonitätsbeurteilungen von ECAI

Institute greifen für die Berechnung der risikogewichteten Positionsbeträge gemäß Abschnitt 3 nur dann auf die Bonitätsbeurteilung einer ECAI zurück, wenn folgende Bedingungen erfüllt sind:
a) Es besteht keine Inkongruenz zwischen der Art der Zahlungen, die in die Bonitätsbeurteilung eingeflossen sind, und der Art der Zahlungen, auf die das Institut im Rahmen des Vertrags, der zu der betreffenden Verbriefungsposition geführt hat, Anspruch hat;
b) die ECAI veröffentlicht sowohl Verlust- und Zahlungsstrom-Analysen sowie Angaben zur Empfindlichkeit der Bonitätsbeurteilungen gegenüber Veränderungen bei den den Beurteilungen zugrunde liegenden Annahmen, einschließlich der Wertentwicklung der Vermögenswerte eines Pools, als auch die Bonitätsbeurteilungen, Verfahren, Methoden, Annahmen sowie die für die Bonitätsbeurteilungen wesentlichen Elemente gemäß der Verordnung (EG) Nr. 1060/2009. Informationen, die nur einem eingeschränkten Kreis von Unternehmen zur Verfügung gestellt werden, gelten nicht als veröffentlicht. Die Bonitätsbeurteilungen fließen in die Übergangsmatrix der ECAI ein;
c) die Bonitätsbeurteilung darf sich weder ganz noch teilweise auf eine vom Institut selbst bereitgestellte Unterstützung ohne Sicherheitsleistung stützen. In einem solchen Fall behandelt das Institut die betreffende Position bei der Berechnung ihrer risikogewichteten Positionsbeträge gemäß Abschnitt 3 wie eine unbeurteilte Position.

Die ECAI ist verpflichtet, Erläuterungen im Hinblick darauf zu veröffentlichen, wie die Wertentwicklung der im Pool vertretenen Vermögenswerte ihre Bonitätsbeurteilung beeinflusst.

Artikel 269   Verwendung von Bonitätsbeurteilungen

(1) Ein Institut darf eine oder mehrere ECAI benennen, deren Bonitätsbeurteilungen es bei der Berechnung seiner risikogewichteten Positionsbeträge gemäß diesem Kapitel verwendet (›benannte ECAI‹).

(2) Ein Institut wendet Bonitätsbeurteilungen durchgängig und nicht selektiv nach den folgenden Grundsätzen auf seine Verbriefungspositionen an:
a) Ein Institut darf nicht für seine Positionen in einigen Tranchen die Bonitätsbeurteilung einer ECAI und für seine Positionen in anderen Tranchen derselben Verbriefung die Bonitätsbeurteilung einer anderen ECAI verwenden, unabhängig davon, ob für Letztere eine Bonitätsbeurteilung der ersten ECAI vorliegt oder nicht;
b) liegen für eine Position zwei Bonitätsbeurteilungen von benannten ECAI vor, verwendet das Institut die ungünstigere von beiden;
c) liegen für eine Position mehr als zwei Bonitätsbeurteilungen von benannten ECAI vor, werden die beiden günstigsten verwendet. Weichen die beiden günstigsten voneinander ab, wird die ungünstigere von beiden verwendet;
d) ein Institut darf nicht aktiv um die Zurücknahme ungünstigerer Bonitätsbeurteilungen nachsuchen.

(3) Wird eine nach Kapitel 4 anerkennungsfähige Kreditbesicherung direkt für eine Verbriefungszweckgesellschaft gestellt, und wird diese Besicherung bei der Bonitätsbeurteilung einer Position durch eine benannte ECAI berücksichtigt, so darf das dieser Bonitätsbeurteilung zugeordnete Risikogewicht verwendet werden. Ist die Besicherung nach Kapitel 4 nicht anerkennungsfähig, wird die Bonitätsbeurteilung nicht anerkannt. Wird die Besicherung nicht für die Zweckgesellschaft, sondern direkt für eine Verbriefungsposition gestellt, wird die Bonitätsbeurteilung nicht anerkannt.

Artikel 270   Zuordnung

Die EBA arbeitet Entwürfe technischer Durchführungsstandards aus, um für alle ECAI festzulegen, welche der in diesem Kapitel genannten Bonitätsstufen den relevanten Bonitätsbeurteilungen einer ECAI zugeordnet werden. Dabei verfährt sie objektiv, konsistent und nach folgenden Grundsätzen:
a) Die EBA unterscheidet zwischen den relativen Risikograden, die in den einzelnen Bonitätsbeurteilungen zum Ausdruck kommen;
b) die EBA berücksichtigt quantitative Faktoren, wie Ausfall- und/oder Verlustquoten sowie das Abschneiden der Bonitätsbeurteilungen jeder ECAI im Zeitverlauf bei den verschiedenen Anlageklassen;
c) die EBA berücksichtigt qualitative Faktoren, wie das Spektrum der von der ECAI bewerteten Geschäfte, ihre Methodik und die Bedeutung ihrer Bonitätsbeurteilungen, insbesondere, ob sie sich auf den erwarteten Verlust oder die Ausfallwahrscheinlichkeit (›Verlust des ersten Euro‹) stützen, sowie die fristgerechte Zinszahlung oder die letzte Zinszahlung;
d) die EBA versucht zu gewährleisten, dass Verbriefungspositionen, die aufgrund der Bonitätsbeurteilungen von ECAI mit dem gleichen Risikogewicht belegt sind, einem gleich hohen Kreditrisiko unterliegen. Bei Bedarf zieht die EBA in Betracht, ihre Entscheidung, mit der einer Bonitätsstufe einer bestimmten Bonitätsbeurteilung zugeordnet wird, anzupassen.

Die EBA legt der Kommission diese Entwürfe technischer Durchführungsstandards bis 1. Juli 2014 vor.

Der Kommission wird die Befugnis übertragen, die technischen Durchführungsstandards nach Unterabsatz 1 gemäß Artikel 15 der Verordnung (EU) Nr. 1093/2010 zu erlassen.

Kapitel 6   Gegenparteiausfallrisiko

Abschnitt 1   Begriffsbestimmungen

Artikel 271   Ermittlung des Risikopositionswerts

1. Den Risikopositionswert der in Anhang II genannten Derivatgeschäfte ermittelt ein Institut nach diesem Kapitel.
2. Bei der Ermittlung des Risikopositionswerts von Pensionsgeschäften, Wertpapier- oder Warenleihgeschäften oder Wertpapier- oder Warenverleihgeschäften, Geschäften mit langer Abwicklungsfrist und Lombardgeschäften kann ein Institut anstatt nach Kapitel 4 nach diesem Kapitel verfahren.

Artikel 272   Begriffsbestimmungen

Für die Zwecke dieses Kapitels und des Titels VI dieses Teils bezeichnet der Ausdruck
Allgemeine Begriffe
1. ›Gegenparteiausfallrisiko‹ und ›CCR‹ das Risiko des Ausfalls der Gegenpartei eines Geschäfts vor der abschließenden Abwicklung der mit diesem Geschäft verbundenen Zahlungen;

Geschäftstypen
2. ›Geschäfte mit langer Abwicklungsfrist‹ Geschäfte, bei denen eine Gegenpartei sich dazu verpflichtet, zu einem Termin, der laut Vertrag nach der für diesen Geschäftstyp marktüblichen Frist oder – wenn diese Zeitspanne kürzer ist – fünf Geschäfts-

tage nach dem Geschäftsabschluss liegt, ein Wertpapier, eine Ware oder einen Betrag in Fremdwährung gegen Bargeld, andere Finanzinstrumente oder Waren, oder umgekehrt, zu liefern;

3. ›Lombardgeschäfte‹ Geschäfte, bei denen ein Kreditinstitut im Zusammenhang mit dem Kauf, Verkauf, Halten oder Handel von Wertpapieren einen Kredit ausreicht. Andere Darlehen, die durch Sicherheiten in Form von Wertpapieren besichert sind, fallen nicht unter Lombardgeschäfte;

Netting-Sätze, Hedging-Sätze und damit zusammenhängende Begriffe

4. ›Netting-Satz‹ eine Gruppe von Geschäften zwischen einem Institut und einer einzigen Gegenpartei, die einer rechtlich durchsetzbaren bilateralen Nettingvereinbarung unterliegt, die nach Abschnitt 7 und Kapitel 4 anerkannt ist.
Jedes Geschäft, das keiner nach Abschnitt 7 anerkannten, rechtlich durchsetzbaren bilateralen Nettingvereinbarung unterliegt, wird für die Zwecke dieses Kapitels als eigenständiger Netting-Satz behandelt.
Bei der in Abschnitt 6 beschriebenen auf einem internen Modell beruhenden Methode können alle Netting-Sätze mit einer einzigen Gegenpartei als ein einziger Netting-Satz behandelt werden, wenn die simulierten negativen Marktwerte der einzelnen Netting-Sätze bei der Schätzung des erwarteten Wiederbeschaffungswerts (nachstehend ›EE‹) gleich null gesetzt werden;

5. ›Standardmethode-Risikoposition‹ eine Risikomaßzahl, die einem Geschäft nach der in Abschnitt 5 beschriebenen Standardmethode nach einem im Voraus festgelegten Algorithmus zugeordnet wird;

6. ›Hedging-Satz‹ eine Gruppe von Standardmethode-Risikopositionen, die aus den Geschäften eines einzigen Netting-Satzes resultieren und bei denen für die Bestimmung des Risikopositionswerts nach der Standardmethode in Abschnitt 5 nur der Saldo herangezogen wird;

7. ›Nachschussvereinbarung‹ eine Vereinbarung oder Bestimmungen einer Vereinbarung, wonach eine Gegenpartei einer anderen Sicherheiten liefern muss, wenn eine Risikoposition Letzterer gegenüber Ersterer eine bestimmte Höhe überschreitet;

8. ›Nachschuss-Schwelle‹ die Höhe, die eine ausstehende Risikoposition maximal erreichen darf, bevor eine Partei das Recht auf Anforderung von Sicherheiten hat;

9. ›Nachschuss-Risikoperiode‹ den Zeitraum zwischen dem letzten Austausch von Sicherheiten, die den mit einer ausfallenden Gegenpartei bestehenden Netting-Satz besichern, und dem Zeitpunkt, zu dem die Geschäfte glattgestellt sind und das resultierende Marktrisiko erneut abgesichert ist;

10. ›effektive Restlaufzeit‹ für einen Netting-Satz mit mehr als einjähriger Restlaufzeit bei der auf einem internen Modell beruhenden Methode das Verhältnis zwischen der Summe der über die Laufzeit der Geschäfte eines Netting-Satzes mit einem risikolosen Zinssatz abdiskontierten erwarteten Wiederbeschaffungswerte und der Summe der im Laufe eines Jahres bei diesem Netting-Satz mit einem risikolosen Zinssatz abdiskontierten erwarteten Wiederbeschaffungswerte.
Diese effektive Restlaufzeit kann zur Berücksichtigung des Anschlussrisikos angepasst werden, indem der erwartete Wiederbeschaffungswert bei Prognosezeiträumen unter einem Jahr durch den effektiven erwarteten Wiederbeschaffungswert ersetzt wird;

11. ›produktübergreifendes Netting‹ die Zusammenfassung von Geschäften unterschiedlicher Produktkategorien in einem Netting-Satz nach den in diesem Kapitel für das produktübergreifende Netting festgelegten Regeln;

12. ›aktueller Marktwert‹ und ›CMV‹ für die Zwecke des Abschnitts 5 den Nettomarktwert des in einem Netting-Satz enthaltenen Portfolios, wobei für die Berechnung des CMV sowohl positive als auch negative Marktwerte herangezogen werden;

Wahrscheinlichkeitsverteilungen

13. ›Verteilung der Marktwerte‹ die prognostizierte Wahrscheinlichkeitsverteilung der Nettomarktwerte der in einem Netting-Satz zusammengefassten Geschäfte zu einem künftigen Zeitpunkt (dem Prognosehorizont) unter Zugrundelegung des zum Zeitpunkt der Prognose realisierten Marktwerts dieser Geschäfte;
14. ›Verteilung der Wiederbeschaffungswerte‹ die prognostizierte Wahrscheinlichkeitsverteilung der Marktwerte, wobei die prognostizierten negativen Nettomarktwerte auf Null gesetzt werden;
15. ›risikoneutrale Wahrscheinlichkeitsverteilung‹ eine Verteilung von Marktwerten oder Wiederbeschaffungswerten über einen künftigen Zeitraum, die auf der Grundlage von durch Marktpreise implizierten Bewertungsparametern, wie impliziten Volatilitäten, ermittelt wird;
16. ›tatsächliche Wahrscheinlichkeitsverteilung‹ eine Verteilung von Marktwerten oder Wiederbeschaffungswerten zu einem künftigen Zeitpunkt, die auf Grundlage in der Vergangenheit beobachteter Werte ermittelt wird, etwa über anhand vergangener Preis- oder Kursänderungen errechnete Volatilitäten;

Messgrößen für den Wiederbeschaffungswert und Anpassungen

17. ›aktueller Wiederbeschaffungswert‹ je nachdem, welcher Wert der höhere ist, Null oder den Marktwert eines Geschäfts bzw. eines in einem Netting-Satz enthaltenen Portfolios von Geschäften, der bei Ausfall der Gegenpartei für den Fall, dass von dem Wert dieser Geschäfte bei Insolvenz oder Liquidation nichts zurückerlangt werden kann, verloren wäre;
18. ›Spitzenwiederbeschaffungswert‹ ein hohes Perzentil der Verteilung der Wiederbeschaffungswerte zu einem bestimmten künftigen Zeitpunkt vor Fälligkeit des Geschäfts, das von den im Netting-Satz enthaltenen die längste Laufzeit hat;
19. ›erwarteter Wiederbeschaffungswert‹ und ›EE‹ den Durchschnitt der Verteilung der Wiederbeschaffungswerte zu einem bestimmten künftigen Zeitpunkt vor Fälligkeit des Geschäfts, das von den im Netting-Satz enthaltenen die längste Laufzeit hat;
20. ›effektiver erwarteter Wiederbeschaffungswert zu einem bestimmten Zeitpunkt‹ und ›effektiver EE‹ den höchsten erwarteten Wiederbeschaffungswert zu dem betreffenden oder einem früheren Zeitpunkt. Er kann alternativ für einen bestimmten Zeitpunkt auch definiert werden als der erwartete Wiederbeschaffungswert zu dem betreffenden Zeitpunkt oder – wenn dieser höher ist – der effektive erwartete Wiederbeschaffungswert zu jedwedem früheren Zeitpunkt;
21. ›erwarteter positiver Wiederbeschaffungswert‹ und ›EPE‹ einen im Zeitverlauf ermittelten gewichteten Durchschnitt der erwarteten Wiederbeschaffungswerte, wobei die Gewichte den proportionalen Anteil eines einzelnen erwarteten Wiederbeschaffungswerts am gesamten Zeitintervall widerspiegeln.
Bei der Berechnung der Eigenmittelanforderung legt ein Institut den Durchschnitt für das erste Jahr oder, sofern die Restlaufzeit sämtlicher Kontrakte des Netting-Satzes weniger als ein Jahr beträgt, für den Zeitraum bis zur Fälligkeit des Kontrakts mit der längsten Laufzeit im Netting-Satz zugrunde;
22. ›effektiver erwarteter positiver Wiederbeschaffungswert‹ und ›effektiver EPE‹ den gewichteten Durchschnitt der erwarteten effektiven Wiederbeschaffungswerte während des ersten Jahres nach Einrichtung eines Netting-Satzes oder, sofern die Restlaufzeit sämtlicher Kontrakte des Netting-Satzes weniger als ein Jahr beträgt, während der Laufzeit des Kontrakts, der von den im Netting-Satz enthaltenen die längste Laufzeit hat, wobei die Gewichte den proportionalen Anteil eines einzelnen erwarteten Wiederbeschaffungswerts am gesamten Zeitintervall widerspiegeln;

CCR-bezogene Risiken

23. ›Anschlussfinanzierungsrisiko‹ den Betrag, um den EPE zu niedrig angesetzt wird, wenn zu erwarten ist, dass mit einer Gegenpartei auch in Zukunft laufend neue

Geschäfte getätigt werden.
Der durch diese künftigen Geschäfte entstehende zusätzliche Wiederbeschaffungswert bleibt bei der Berechnung von EPE unberücksichtigt;

24. ›Gegenpartei‹ für die Zwecke des Abschnitts 7 jede natürliche oder juristische Person, die eine Nettingvereinbarung schließt und vertraglich dazu berechtigt ist;

25. ›vertragliche produktübergreifende Nettingvereinbarung‹ eine bilaterale vertragliche Vereinbarung zwischen einem Institut und einer Gegenpartei, die eine (auf der Aufrechnung der abgedeckten Geschäfte beruhende) einzige rechtliche Verpflichtung begründet, die für alle unter die Vereinbarung fallenden bilateralen Mastervereinbarungen und Geschäfte in unterschiedlichen Produktkategorien gilt. Für die Zwecke dieser Begriffsbestimmung bezeichnet ›unterschiedliche Produktkategorien‹
    a) Pensionsgeschäfte, Wertpapier- und Warenverleih- und -leihgeschäfte,
    b) Lombardgeschäfte,
    c) die in Anhang II genannten Geschäfte;

26. ›Zahlungskomponente‹ die Zahlung, die bei einem OTC-Derivatgeschäft mit linearem Risikoprofil, das den Austausch eines Finanzinstruments gegen Zahlung vorsieht, vereinbart wurde.
Bei Geschäften, die eine Zahlung gegen Zahlung vorsehen, bestehen diese beiden Zahlungskomponenten aus den vertraglich vereinbarten Bruttozahlungen einschließlich des nominellen Betrags des Geschäfts.

Abschnitt 2 Methoden zur Berechnung des Risikopositionswerts

Artikel 273 Methoden zur Berechnung des Risikopositionswerts

(1) Die Institute bestimmen den Risikopositionswert der in Anhang II genannten Geschäfte nach einer der in den Abschnitten 3 bis 6 dargelegten Methoden im Einklang mit diesem Artikel.
Ein Institut, das nicht für die Behandlung nach Artikel 94 in Frage kommt, darf nicht nach der in Abschnitt 4 beschriebenen Methode verfahren. Es darf auch zur Bestimmung des Risikopositionswerts der in Anhang II Nummer 3 genannten Geschäfte nicht auf die in Abschnitt 4 beschriebene Methode zurückgreifen. Institute dürfen eine Kombination der Methoden nach den Abschnitten 3 bis 6 innerhalb einer Gruppe dauerhaft anwenden. Ein einzelnes Institut darf eine Kombination der Methoden nach den Abschnitten 3 bis 6 nicht dauerhaft anwenden, es darf jedoch die Methoden nach den Abschnitten 3 und 5 kombinieren, wenn eine dieser Methoden in den Fällen nach Artikel 282 Absatz 6 angewandt wird.

(2) Bei entsprechender Genehmigung der zuständigen Behörden gemäß Artikel 283 Absätze 1 und 2 darf ein Institut den Risikopositionswert für nachstehend genannte Geschäfte nach der in Abschnitt 6 beschriebenen auf einem internen Modell beruhenden Methode ermitteln:
a) die in Anhang II genannten Geschäfte,
b) Pensionsgeschäfte,
c) Wertpapier- oder Warenverleih- oder -leihgeschäfte,
d) Lombardgeschäfte,
e) Geschäfte mit langer Abwicklungsfrist.

(3) Sichert ein Institut eine Anlagebuchposition oder eine mit Gegenparteiausfallrisiko behaftete Position durch Erwerb eines Kreditderivats ab, so kann es seine Eigenmittelanforderung für die abgesicherte Position auf eine der folgenden Weisen berechnen:
a) nach den Artikeln 233 bis 236,
b) gemäß Artikel 153 Absatz 3 oder Artikel 183, falls eine Genehmigung gemäß Artikel 143 erteilt wurde.

Der Risikopositionswert für das Gegenparteiausfallrisiko bei diesen Kreditderivaten ist Null, es sei denn, ein Institut verfährt nach Artikel 299 Absatz 2 Buchstabe h Ziffer ii.

(4) Unbeschadet des Absatzes 3 ist es einem Institut freigestellt, bei der Berechnung der Eigenmittelanforderungen für das Gegenparteiausfallrisiko alle nicht zum Handelsbuch gehörenden Derivate, die zur Absicherung einer nicht im Handelsbuch gehaltenen Risikoposition oder zur Absicherung des Gegenparteiausfallrisikos erworben wurden, durchgängig einzubeziehen, wenn die Kreditabsicherung gemäß dieser Verordnung anerkannt wird.

(5) Werden die von einem Institut verkauften Kreditausfallswaps von einem Institut als eine von Ersterem gestellte Kreditbesicherung behandelt und unterliegen einer Kreditrisiko-Eigenmittelanforderung für den vollen Nominalbetrag, so beträgt die Risikoposition im Hinblick auf das Gegenparteiausfallrisiko im Anlagebuch Null.

(6) Nach allen in den Abschnitten 3 bis 6 beschriebenen Methoden ist der Risikopositionswert für eine bestimmte Gegenpartei gleich der Summe der Risikopositionswerte, die für jeden mit dieser Gegenpartei bestehenden Netting-Satz berechnet werden.

Für eine bestimmte Gegenpartei ist der nach diesem Kapitel berechnete Risikopositionswert für einen aus den in Anhang II genannten OTC-Derivaten bestehenden Netting-Satz gleich Null oder gleich der Differenz zwischen der Summe der Risikopositionswerte aller mit dieser Gegenpartei bestehenden Netting-Sätze und der Summe der CVA für diese Gegenpartei, die von dem Institut bereits als Abschreibung erfasst wurden, wenn dieser Wert höher ist. Bei der Berechnung der kreditrisikobezogenen Bewertungsanpassungen werden etwaige ausgleichende bereits gemäß Artikel 33 Absatz 1 Buchstabe c von den Eigenmitteln ausgeschlossene Anpassungen der Wertstellung von Belastungen, die dem eigenen Kreditrisiko der Firma zugerechnet werden, nicht berücksichtigt.

(7) Bei Risikopositionen, die sich aus Geschäften mit langer Abwicklungsfrist ergeben, berechnen die Institute den Risikopositionswert nach einer der in den Abschnitten 3 bis 6 beschriebenen Methoden, unabhängig davon, nach welcher Methode sie bei OTC-Derivatgeschäften und Pensionsgeschäften, Wertpapier- oder Warenverleih- oder -leihgeschäften und Lombardgeschäften verfahren. Institute, die nach dem in Kapitel 3 beschriebenen Ansatz verfahren, können bei der Berechnung der Eigenmittelanforderungen für Geschäfte mit langer Abwicklungsfrist unabhängig von der Wesentlichkeit dieser Positionen dauerhaft die Risikogewichte des in Kapitel 2 beschriebenen Ansatzes ansetzen.

(8) Bei den Methoden nach den Abschnitten 3 und 4 bestimmen die Institute den Nominalbetrag für verschiedene Produktarten nach einer konsistenten Methodik und stellen sicher, dass der zu berücksichtigende Nominalwert einen angemessenen Maßstab für das mit dem Kontrakt verbundene Risiko darstellt. Sieht der Kontrakt eine Multiplikation der Zahlungsströme vor, wird der Nominalbetrag von dem Institut angepasst, um den Auswirkungen der Multiplikation auf die Risikostruktur dieses Kontrakts Rechnung zu tragen.

Bei den Methoden nach den Abschnitten 3 bis 6 verfahren Institute bei Geschäften, bei denen ein spezielles Korrelationsrisiko festgestellt wurde, nach Artikel 291 Absätze 2, 4, 5 bzw. 6.

Abschnitt 3   Marktbewertungsmethode

Artikel 274   Marktbewertungsmethode

(1) Um für alle Kontrakte mit positivem Wert den aktuellen Wiedereindeckungsaufwand zu ermitteln, weisen die Institute den Kontrakten den aktuellen Marktwert zu.

(2) Zur Bestimmung des potenziellen künftigen Wiederbeschaffungswerts multiplizieren die Institute die Nominalbeträge oder gegebenenfalls die zugrunde liegenden

Werte mit den in Tabelle 1 genannten Prozentsätzen und verfahren dabei nach folgenden Grundsätzen:
a) Kontrakte, die nicht unter eine der fünf in Tabelle 1 angegebenen Kategorien fallen, werden als Kontrakte behandelt, die Waren (außer Edelmetalle) betreffen;
b) bei Kontrakten mit mehrmaligem Austausch des Kapitalbetrags werden die Prozentsätze mit der Anzahl der laut Kontrakt noch zu leistenden Zahlungen multipliziert;
c) bei Kontrakten, die so strukturiert sind, dass die ausstehende Risikoposition zu festgelegten Zahlungsterminen zu begleichen ist, und die Vertragsbedingungen neu festgesetzt werden, so dass der Marktwert des Kontrakts zu diesen Terminen gleich Null ist, entspricht die Restlaufzeit der Zeit bis zur nächsten Neufestsetzung. Bei Zinskontrakten, die diese Kriterien erfüllen und deren Restlaufzeit mehr als ein Jahr beträgt, darf der Prozentsatz nicht unter 0,5 % liegen.

Tabelle 1

Restlaufzeit	Zinskontrakte	Wechselkurs- und Goldkontrakte	Aktienkontrakte	Edelmetallkontrakte (außer Goldkontrakte)	Warenkontrakte (außer Edelmetallkontrakte)
Höchstens ein Jahr	0 %	1 %	6 %	7 %	10 %
Mehr als ein Jahr, höchstens fünf Jahre	0,5 %	5 %	8 %	7 %	12 %
Mehr als fünf Jahre	1,5 %	7,5 %	10 %	8 %	15 %

(3) Bei den in Anhang II Nummer 3 genannten Geschäften, die Waren außer Gold zum Gegenstand haben, kann ein Institut alternativ zu den in Tabelle 1 genannten Prozentsätzen Sätze der Tabelle 2 anwenden, sofern es bei diesen Kontrakten nach dem in Artikel 361 dargelegten erweiterten Laufzeitbandverfahren verfährt.

Tabelle 2

Restlaufzeit	Edelmetalle (ausgenommen Gold)	Andere Metalle	Agrarerzeugnisse	Sonstige Erzeugnisse, einschließlich Energieprodukte
Höchstens ein Jahr	2 %	2,5 %	3 %	4 %
Mehr als ein Jahr, höchstens fünf Jahre	5 %	4 %	5 %	6 %
Mehr als fünf Jahre	7,5 %	8 %	9 %	10 %

(4) Die Summe aus aktuellem Wiedereindeckungsaufwand und potenziellem künftigem Wiederbeschaffungswert ergibt den Risikopositionswert.

Abschnitt 4 Ursprungsrisikomethode

Artikel 275 Ursprungsrisikomethode

(1) Der Risikopositionswert ist der Nominalwert jedes Instruments multipliziert mit den in Tabelle 3 genannten Prozentsätzen.

Tabelle 3

Ursprungslaufzeit	Zinskontrakte	Wechselkurs- und Goldkontrakte
Höchstens ein Jahr	0,5 %	2 %
Mehr als ein Jahr, höchstens zwei Jahre	1 %	5 %
Zusätzliche Berücksichtigung jedes weiteren Jahres	1 %	3 %

(2) Zur Berechnung des Risikopositionswerts von Zinskontrakten darf ein Institut entweder die Ursprungs- oder die Restlaufzeit verwenden.

Abschnitt 5 Standardmethode

Artikel 276 Standardmethode

(1) Institute dürfen die Standardmethode (nachstehend ›SM‹) nur bei OTC-Derivaten und Geschäften mit langer Abwicklungsfrist zur Berechnung des Risikopositionswerts verwenden.

(2) Bei der SM ermitteln die Institute den Risikopositionswert gesondert für jeden Netting-Satz nach Berücksichtigung der hinterlegten Sicherheiten nach folgender Formel:

$$Risikopositionswert = \beta \cdot max\left\{ CMV - CMC, \sum_{j} \left| \sum_{i} RPT_{ij} - \sum_{l} RPC_{lj} \right| \cdot CCRM_{j} \right\}$$

dabei entspricht
CMV = dem aktuellen Marktwert des in einem Netting-Satz enthaltenen Portfolios von Geschäften vor Berücksichtigung der hinterlegten Sicherheiten, wobei

$$CMV = \sum_{i} CMV_{i}$$

dabei entspricht
CMV_i = dem aktuellen Marktwert des Geschäfts i,
CMC = dem aktuellen Marktwert der Sicherheiten, die dem Netting-Satz zugeordnet sind, wobei

$$CMC = \sum_{l} CMC_{l}$$

dabei entspricht
CMC_l = dem aktuellen Marktwert der Sicherheit l,
i = dem Index zur Bezeichnung eines Geschäfts,
l = dem Index zur Bezeichnung einer Sicherheit,
j = dem Index zur Bezeichnung einer Hedging-Satz-Kategorie.

Zu diesem Zweck entsprechen den Hedging-Sätzen Risikofaktoren, für die Standardmethode-Risikopositionen mit entgegengesetztem Vorzeichen ausgeglichen werden können, um eine Nettorisikoposition zu erhalten, auf die sich die Messung der Risikoposition anschließend stützt,

RPT_{ij} = der Standardmethode-Risikoposition aus Geschäft i für Hedging-Satz j,
RPC_{lj} = der Standardmethode-Risikoposition aus Sicherheit l für Hedging-Satz j,
$CCRM_j$ = dem CCR-Multiplikator für Hedging-Satz j nach Tabelle 5,
β = 1,4.

(3) Für die Zwecke der Berechnung nach Absatz 2
a) hat eine von einer Gegenpartei gestellte anerkennungsfähige Sicherheit ein positives und eine für die Gegenpartei gestellte Sicherheit ein negatives Vorzeichen,
b) werden bei der SM nur Sicherheiten verwendet, die nach den Artikeln 197, 198 und 299 Absatz 2 Buchstabe d anerkennungsfähig sind,
c) darf ein Institut das Zinsrisiko aus Zahlungskomponenten mit einer Restlaufzeit von weniger als einem Jahr außer Acht lassen,
d) darf ein Institut Geschäfte, die aus zwei auf dieselbe Währung lautenden Zahlungskomponenten bestehen, als ein einziges aggregiertes Geschäft behandeln. Das aggregierte Geschäft wird behandelt wie Zahlungskomponenten.

Artikel 277 Geschäfte mit linearem Risikoprofil

(1) Institute ordnen Geschäfte mit linearem Risikoprofil Standardmethode-Risikopositionen zu und verfahren dabei wie folgt:
a) Geschäfte mit linearem Risikoprofil, denen Aktien (einschließlich Aktienindizes), Gold, andere Edelmetalle oder andere Waren zugrunde liegen, werden einer Standardmethode-Risikoposition für die betreffende Aktie (den betreffenden Aktienindex) oder die betreffende Ware und in Bezug auf die Zahlungskomponente einer Standardmethode-Zinsrisikoposition zugeordnet;
b) Geschäfte mit linearem Risikoprofil, denen ein Schuldtitel zugrunde liegt, werden in Bezug auf den Schuldtitel einer Standardmethode-Zinsrisikoposition und in Bezug auf die Zahlungskomponente einer anderen Standardmethode-Zinsrisikoposition zugeordnet;
c) Geschäfte mit linearem Risikoprofil, bei denen eine Zahlung gegen Zahlung vorgesehen ist, worunter auch Devisentermingeschäfte fallen, werden in Bezug auf jede der damit verbundenen Zahlungskomponenten einer Standardmethode-Zinsrisikoposition zugeordnet.

Lautet bei einem der unter a, b oder c genannten Geschäfte eine Zahlungskomponente oder der zugrunde liegende Schuldtitel auf eine Fremdwährung, wird diese Zahlungskomponente bzw. der zugrunde liegende Schuldtitel auch einer Standardmethode-Risikoposition in dieser Währung zugeordnet.

(2) Für die Zwecke des Absatzes 1 ergibt sich die Höhe einer Standardmethode-Risikoposition aus einem Geschäft mit linearem Risikoprofil aus dem effektiven Nominalwert (Marktpreis x Menge) der zugrunde liegenden Finanzinstrumente oder Waren, der – außer bei Schuldtiteln – durch Multiplikation mit dem betreffenden Wechselkurs in die Landeswährung des Instituts umgerechnet wird.

(3) Bei Schuldtiteln und Zahlungskomponenten ergibt sich die Höhe der Standardmethode-Risikoposition aus dem mit der modifizierten Laufzeit des Schuldtitels bzw. der Zahlungskomponente multiplizierten, in die Landeswährung des Herkunftsmitgliedstaats umgerechneten effektiven Nominalwert der ausstehenden Bruttozahlungen (einschließlich des Nominalbetrags).

(4) Bei einem Kreditausfallswap ergibt sich die Höhe der Standardmethode-Risikoposition aus dem mit der Restlaufzeit dieses Swaps multiplizierten Nominalwert des Referenzschuldtitels.

Artikel 278   Geschäfte mit nicht linearem Risikoprofil

(1) Bei Geschäften mit nicht linearem Risikoprofil ermitteln die Institute die Höhe der Standardmethode-Risikopositionen nach den folgenden Absätzen.

(2) Bei einem OTC-Derivatgeschäft mit nicht linearem Risikoprofil, einschließlich Optionen und Swaptions, das nicht auf einem Schuldtitel oder einer Zahlungskomponente basiert, ist die Höhe der Standardmethode-Risikoposition gemäß Artikel 280 Absatz 1 gleich dem Delta entsprechenden effektiven Nominalwert des Basisfinanzinstruments.

(3) Bei einem OTC-Derivatgeschäft mit nicht linearem Risikoprofil, einschließlich Optionen und Swaptions, das auf einem Schuldtitel oder einer Zahlungskomponente basiert, ist die Höhe der Standardmethode-Risikoposition gleich dem Delta entsprechenden, mit der modifizierten Laufzeit des Schuldtitels bzw. der Zahlungskomponente multiplizierten effektiven Nominalwert des Finanzinstruments oder der Zahlungskomponente.

Artikel 279   Behandlung von Sicherheiten

Zur Ermittlung der Standardmethode-Risikopositionen behandeln die Institute Sicherheiten wie folgt:
a) Eine von einer Gegenpartei gestellte Sicherheit wird behandelt wie eine Verbindlichkeit, die im Rahmen eines Derivatgeschäfts (Verkaufsposition) gegenüber der Gegenpartei besteht und am Tag der Ermittlung der Risikoposition fällig ist;
b) eine für die Gegenpartei gestellte Sicherheit wird behandelt wie eine Forderung gegen die Gegenpartei (Kaufposition), die am Tag der Ermittlung der Risikoposition fällig wird.

Artikel 280   Berechnung von Standardmethode-Risikopositionen

(1) Höhe und Vorzeichen einer Standardmethode-Risikoposition bestimmt ein Institut wie folgt:
a) für alle Instrumente außer Schuldtiteln
  i) bei einem Geschäft mit linearem Risikoprofil als den effektiven Nominalwert,
  ii) bei einem Geschäft mit nicht linearem Risikoprofil als den Delta entsprechenden Nominalwert $p_{ref} \cdot \frac{\partial V}{\partial p}$,
  dabei entspricht
  P_{ref} = dem Preis des Basisinstruments in der Referenzwährung,
  V   = dem Wert des Finanzinstruments (im Fall einer Option: Preis der Option),
  p   = dem Preis des Basisinstruments in derselben Währung wie V,
b) für Schuldtitel und die Zahlungskomponenten aller Geschäfte:
  i) bei einem Geschäft mit linearem Risikoprofil als den mit der modifizierten Laufzeit multiplizierten effektiven Nominalwert,
  ii) bei einem Geschäft mit nicht linearem Risikoprofil als den mit der modifizierten Laufzeit multiplizierten, Delta entsprechenden Nominalwert $\frac{\partial V}{\partial r}$,
  dabei entspricht
  V   = dem Wert des Finanzinstruments (im Fall einer Option: Preis der Option),
  r   = dem Zinsniveau.

Lautet V nicht auf die Referenzwährung, wird das Derivat durch Multiplikation mit dem jeweiligen Wechselkurs in die Referenzwährung umgerechnet.

(2) Die Institute ordnen die Standardmethode-Risikopositionen Hedging-Sätzen zu. Für jeden Hedging-Satz wird der Absolutbetrag der Summe der resultierenden Standardmethode-Risikopositionen errechnet. Aus dieser Berechnung ergibt sich die Netto-

risikoposition, die für die Zwecke des Artikels 276 Absatz 2 nach folgender Formel ermittelt wird:

$$\left| \sum_i RPT_{ij} - \sum_l RPC_{lj} \right|$$

Artikel 281 Standardmethode-Zinsrisikopositionen

(1) Zur Berechnung von Standardmethode-Zinsrisikopositionen wenden die Institute nachstehende Bestimmungen an.

(2) Standardmethode-Zinsrisikopositionen aus
a) Geldeinlagen, die die Gegenpartei als Sicherheit gestellt hat,
b) Zahlungskomponenten,
c) zugrunde liegenden Schuldtiteln,

die nach Artikel 336 Tabelle 1 einer Eigenmittelanforderung von jeweils 1,60 % oder weniger unterliegen, ordnen die Institute für jede Währung einem der sechs Hedging-Sätze der Tabelle 4 zu.

Tabelle 4

Laufzeit	Referenzzinssätze (Referenz Staatstitel)	Referenzzinssätze (Referenz andere als Staatstitel)
	< 1 Jahr	1 < 1 Jahr
	1 ≤ 5 Jahre	1 ≤ 5 Jahre
	> 5 Jahre	> 5 Jahre

(3) Bei Standardmethode-Zinsrisikopositionen aus Basisschuldtiteln oder Zahlungskomponenten, bei denen der Zinssatz an einen Referenzzinssatz gekoppelt ist, der das allgemeine Marktzinsniveau widerspiegelt, ist die Restlaufzeit der Zeitraum bis zur nächsten Zinsanpassung. In allen anderen Fällen ist sie die verbleibende Laufzeit des Basisschuldtitels bzw. bei einer Zahlungskomponente die verbleibende Laufzeit des Geschäfts.

Artikel 282 Hedging-Sätze

(1) Bei der Bildung von Hedging-Sätzen verfahren die Institute nach den Absätzen 2 bis 5.
(2) Für jeden Emittenten eines Referenzschuldtitels, der einem Kreditausfallswap zugrunde liegt, wird ein Hedging-Satz gebildet.
N-ter-Ausfall-Swaps werden wie folgt behandelt:
a) Die Höhe der Standardmethode-Risikoposition aus einem Referenzschuldtitel in einem Korb, der einem n-ter-Ausfall-Swap zugrunde liegt, ergibt sich aus dem effektiven Nominalwert des Referenzschuldtitels, multipliziert mit der geänderten Laufzeit des n-ter-Ausfall-Derivats bezogen auf die Veränderung der Kreditrisikoprämie (Kreditspread) des Referenzschuldtitels;
b) für jeden Referenzschuldtitel in einem Korb, der einem gegebenen n-ter-Ausfall-Swap zugrunde liegt, wird ein Hedging-Satz gebildet. Standardmethode-Risikopositionen aus verschiedenen n-ter-Ausfall-Swaps werden nicht in demselben Hedging-Satz zusammengefasst;
c) für jeden Hedging-Satz, der für einen Referenzschuldtitel eines n-ter-Ausfall-Derivats gebildet wird, gilt folgender CCR-Multiplikator:

i) 0,3 % bei Referenzschuldtiteln, für die eine Bonitätsbeurteilung einer anerkannten ECAI vorliegt, das der Bonitätsstufe 1 bis 3 entspricht,
ii) 0,6 % bei anderen Schuldtiteln.

(3) Bei Standardmethode-Zinsrisikopositionen aus
a) Geldeinlagen, die einer Gegenpartei als Sicherheit gestellt werden, wenn diese keine Verbindlichkeiten mit geringem spezifischen Risiko ausstehen hat,
b) Basisschuldtiteln, die nach Artikel 336 Tabelle 1 einer Eigenmittelanforderung von mehr als 1,60 % unterliegen,

wird für jeden Emittenten ein Hedging-Satz gebildet.

Bildet eine Zahlungskomponente einen solchen Schuldtitel nach, so wird auch für jeden Emittenten des Referenzschuldtitels ein Hedging-Satz gebildet.

Ein Institut darf Standardmethode-Risikopositionen aus Schuldtiteln eines bestimmten Emittenten oder aus Referenzschuldtiteln desselben Emittenten, die von Zahlungskomponenten nachgebildet werden oder einem Kreditausfallswap zugrunde liegen, demselben Hedging-Satz zuordnen.

(4) Basisfinanzinstrumente, die keine Schuldtitel sind, werden nur dann demselben Hedging-Satz zugeordnet, wenn sie identisch oder ähnlich sind. In allen anderen Fällen werden sie unterschiedlichen Hedging-Sätzen zugeordnet.

Für die Zwecke dieses Absatzes bestimmen die Institute nach nachstehend genannten Grundsätzen, ob Basisinstrumente als ähnlich anzusehen sind:
a) Bei Aktien ist ein Basisinstrument als ähnlich anzusehen, wenn es von demselben Emittenten ausgegeben wurde. Ein Aktienindex wird wie ein eigenständiger Emittent behandelt;
b) bei Edelmetallen ist ein Basisinstrument als ähnlich anzusehen, wenn es dasselbe Metall betrifft. Ein Edelmetallindex wird wie ein eigenständiges Edelmetall behandelt;
c) bei Elektroenergie ist ein Basisinstrument als ähnlich anzusehen, wenn die Lieferrechte und -pflichten sich auf dasselbe Zeitintervall einer Spitzenlast oder Schwachlast innerhalb eines 24-Stunden-Zeitraums beziehen;
d) bei Waren ist ein Basisinstrument als ähnlich anzusehen, wenn es dieselbe Ware betrifft. Ein Warenindex wird wie eine eigenständige Ware behandelt.

(5) Auf die verschiedenen Hedging-Satz-Kategorien werden die CCR-Multiplikatoren (nachstehend ›CCRM‹) gemäß nachstehender Tabelle angewandt:

Tabelle 5

Hedging-Satz-Kategorien	CCRM
1. Zinssätze	0,2 %
2. Zinssätze für Standardmethode-Risikopositionen aus einem Referenzschuldtitel, der einem Kreditausfallswap zugrunde liegt und für den nach Titel IV Kapitel 2 Tabelle 1 eine Eigenmittelanforderung von 1,60 % oder weniger gilt.	0,3 %
3. Zinssätze für Standardmethode-Risikopositionen aus einem Schuldtitel oder Referenzschuldtitel, für den nach Titel IV Kapitel 2 Tabelle 1 eine Eigenmittelanforderung von mehr als 1,60 % gilt.	0,6 %
4. Wechselkurse	2,5 %
5. Elektroenergie	4 %
6. Gold	5 %
7. Aktien	7 %

Hedging-Satz-Kategorien	CCRM
8. Edelmetalle (außer Gold)	8,5 %
9. Andere Waren (außer Edelmetalle und Elektroenergie)	10 %
10. Basisinstrumente von OTC-Derivaten, die unter keine der oben genannten Kategorien fallen.	10 %

Bei den unter Nummer 10 der Tabelle 5 genannten Basisinstrumenten von OTC-Derivaten wird jede Kategorie von Basisinstrumenten einem separaten Hedging-Satz zugeordnet.

(6) Für Geschäfte mit nicht linearem Risikoprofil oder für Zahlungskomponenten und Geschäfte mit Basisschuldtiteln, für die das Institut Delta oder gegebenenfalls die modifizierte Laufzeit nicht anhand eines von der zuständigen Behörde zur Bestimmung der Eigenmittelanforderung für das Marktrisiko genehmigten Modells ermitteln kann, legt die zuständige Behörde entweder die Höhe der Standardmethode-Risikopositionen und die anzuwendenden $CCRM_j$ konservativ fest oder schreibt dem Institut die Verwendung der Methode nach Abschnitt 3 vor. Netting wird nicht anerkannt, d.h. der Wiederbeschaffungswert wird bestimmt, als gäbe es einen Netting-Satz, der nur ein einzelnes Geschäft umfasst.

(7) Ein Institut verfügt über interne Verfahren, mit deren Hilfe es sich vor Aufnahme eines Geschäfts in einen Hedging-Satz vergewissern kann, dass dieses Geschäft einer rechtlich durchsetzbaren Netting-Vereinbarung unterliegt, die die in Abschnitt 7 festgelegten Anforderungen erfüllt.

(8) Ein Institut, das zur Verringerung seines Gegenparteiausfallrisikos auf Sicherheiten zurückgreift, verfügt über interne Verfahren, mit deren Hilfe es vor Berücksichtigung der Sicherheiten in seinen Berechnungen überprüfen kann, ob diese das erforderliche Maß an Rechtssicherheit gemäß Kapitel 4 bieten.

Abschnitt 6 Auf einem internen Modell beruhende Methode

Artikel 283 Erlaubnis zur Verwendung der auf einem internen Modell beruhenden Methode

(1) Sofern die zuständigen Behörden sich davon überzeugt haben, dass ein Institut die in Absatz 2 festgelegten Anforderungen erfüllt, gestatten sie diesem Institut, zur Berechnung des Risikopositionswerts der nachstehend genannten Geschäfte die auf einem internen Modell beruhende Methode (IMM) zu verwenden:
a) Geschäfte gemäß Artikel 273 Absatz 2 Buchstabe a,
b) Geschäfte gemäß Artikel 273 Absatz 2 Buchstaben b, c und d,
c) Geschäfte gemäß Artikel 273 Absatz 2 Buchstaben a bis d.

Darf ein Institut den Risikopositionswert eines der in Unterabsatz 1 Buchstaben a bis c genannten Geschäfte nach der IMM ermitteln, so darf es die IMM auch auf die in Artikel 273 Absatz 2 Buchstabe e genannten Geschäfte anwenden.

Unbeschadet des Artikels 273 Absatz 1 Unterabsatz 3 darf ein Institut Risikopositionen mit unerheblichem Umfang und Risiko von dieser Methode ausnehmen. In einem solchen Fall wendet ein Institut auf diese Risikopositionen eine der Methoden der Abschnitte 3 bis 5 an, wenn die jeweiligen Anforderungen dafür erfüllt sind.

(2) Die zuständigen Behörden gestatten die Anwendung der IMM für eine der in Absatz 1 genannten Berechnungen nur dann, wenn das betreffende Institut nachgewiesen hat, dass es die in diesem Abschnitt festgelegen Anforderungen erfüllt und die zuständigen Behörden sich davon überzeugt haben, dass die Systeme des Instituts für das CCR-Management solide sind und ordnungsgemäß angewandt werden.

(3) Die zuständigen Behörden können einem Institut für begrenzte Zeit gestatten, die IMM nacheinander auf verschiedene Geschäftstypen anzuwenden. Während dieser Zeit können die Institute bei den Geschäftstypen, bei denen die IMM nicht zur Anwendung kommt, auf die Methoden nach Abschnitt 3 oder Abschnitt 5 zurückgreifen.

(4) Bei allen OTC-Derivatgeschäften und Geschäften mit langer Abwicklungsfrist, für die einem Institut die Anwendung der IMM gemäß Absatz 1 nicht gestattet wurde, wendet das Institut die Methoden nach Abschnitt 3 oder Abschnitt 5 an.

Innerhalb einer Gruppe kann dauerhaft auf eine Kombination aus diesen Methoden zurückgegriffen werden. Innerhalb eines Instituts können diese Methoden nur dann in Kombination angewandt werden, wenn eine dieser Methoden für die in Artikel 282 Absatz 6 genannten Fälle verwendet wird.

(5) Ein Institut, dem nach Absatz 1 die Verwendung der IMM gestattet wurde, kehrt nicht zu den Methoden nach Abschnitt 3 oder Abschnitt 5 zurück, es sei denn, dies würde von der zuständigen Behörde genehmigt. Eine solche Genehmigung erteilen die zuständigen Behörden nur, wenn das Institut nachweist, dass es hierfür triftige Gründe hat.

(6) Wenn ein Institut die in diesem Abschnitt festgelegten Anforderungen nicht mehr erfüllt, teilt es dies der zuständigen Behörde mit und trifft eine der folgenden Maßnahmen:
a) Es legt der zuständigen Behörde einen Plan vor, aus dem hervorgeht, wie es die Anforderungen rasch wieder erfüllen will;
b) es weist den zuständigen Behörden glaubhaft nach, dass die Nichterfüllung keine wesentlichen Auswirkungen hat.

Artikel 284   Risikopositionswert

(1) Darf ein Institut gemäß Artikel 283 Absatz 1 den Risikopositionswert einiger oder aller dort genannten Geschäfte nach der IMM berechnen, so ermittelt es den Risikopositionswert dieser Geschäfte für den Netting-Satz insgesamt.
Bei dem von dem Institut zu diesem Zweck verwendeten Modell
a) wird die Verteilung zukünftiger Änderungen des Marktwerts des Netting-Satzes, die auf gemeinsame Veränderungen von maßgeblichen Marktvariablen, wie Zinssätze und Wechselkurse, zurückzuführen sind, berechnet;
b) wird ausgehend von den gemeinsamen Veränderungen von Marktvariablen der Wiederbeschaffungswert des Netting-Satzes zu jedem der künftigen Zeitpunkte berechnet.

(2) Damit das Modell die Auswirkungen von Nachschüssen erfassen kann, muss das Modell des Sicherheitswerts die qualitativen, quantitativen und datenbezogenen Anforderungen an das IMM gemäß diesem Abschnitt erfüllen, und das Institut darf in seine Schätzung der Verteilung zukünftiger Änderungen des Marktwerts des Netting-Satzes nur anerkennungsfähige Finanzsicherheiten im Sinne der Artikel 197, 198 und 299 Absatz 2 Buchstaben c und d einbeziehen.

(3) Die Eigenmittelanforderung für das Gegenparteiausfallrisiko von Risikopositionen gegenüber Gegenparteien, auf die ein Institut die IMM anwendet, entspricht dem höheren der beiden folgenden Werte:
a) der Eigenmittelanforderung für diese Risikopositionen, die auf Basis des effektiven EPE unter Verwendung aktueller Marktdaten berechnet wird,
b) der Eigenmittelanforderung für diese Risikopositionen, die auf Basis des effektiven EPE unter Verwendung einer einzigen kohärenten Kalibrierung unter Stressbedingungen für alle Risikopositionen gegenüber Gegenparteien, auf die das Institut die IMM anwendet, berechnet wird.

(4) Außer für die unter Artikel 291 Absätze 4 und 5 fallenden Gegenparteien, für die ein spezielles Korrelationsrisiko ermittelt wurde, berechnen die Institute den Risikopositionswert als Produkt aus Alpha (α) und dem effektiven EPE:

Risikopositionswert = α × *Effektiver EPE*

dabei entspricht

α = 1,4, es sei denn, die zuständigen Behörden schreiben für α einen höheren Wert vor oder gestatten den Instituten nach Absatz 9, ihre eigenen Schätzungen zu verwenden.

Der effektive EPE wird ermittelt, indem der erwartete Wiederbeschaffungswert (EE_t) als durchschnittlicher Wiederbeschaffungswert zu einem künftigen Zeitpunkt t errechnet wird, wobei der Durchschnitt über mögliche künftige Werten für relevante Marktrisikofaktoren gebildet wird.

Im Rahmen des Modells wird EE für eine Reihe künftiger Zeitpunkte t1, t2, t3 usw. geschätzt.

(5) Der effektive EE wird rekursiv errechnet als

$$\text{Effective } EE_{tk} = \max \{\text{Effective } EE_{tk-1}, EE_{tk}\}$$

dabei wird das aktuelle Datum als t_0 bezeichnet,
ist der effektive EE_{t0} gleich dem aktuellen Wiederbeschaffungswert.

(6) Der effektive EPE ist der durchschnittliche effektive EE im ersten Jahr der Laufzeit der Kontrakte des Netting-Satzes. Werden sämtliche Kontrakte des Netting-Satzes vor Ablauf eines Jahres fällig, so ist EPE der Durchschnitt der erwarteten Wiederbeschaffungswerte bis zur Fälligkeit aller Kontrakte im Netting-Satz. Der effektive EPE wird als gewichteter Durchschnitt des effektiven EE berechnet:

$$\textit{Effektiver EPE} = \sum_{k=1}^{\min\{1\,year,\,maturity\}} \textit{Effective } EE_{tk} \cdot \Delta t_k$$

wobei die Gewichte $\Delta t_k = t_k - t_{k-1}$ es ermöglichen, den künftigen Wiederbeschaffungswert für zeitlich ungleichmäßig verteilte Zeitpunkte zu errechnen.

(7) Die Institute berechnen die erwarteten Wiederbeschaffungswerte oder die Spitzenwiederbeschaffungswerte ausgehend von einer Verteilung der Wiederbeschaffungswerte, in der Abweichungen von der Normalverteilungseigenschaft berücksichtigt sind.

(8) Ein Institut darf eine konservativere Messgröße der nach der IMM berechneten Verteilung verwenden als das nach der Gleichung in Absatz 4 für jede Gegenpartei berechnete Produkt aus α und dem effektiven EPE.

(9) Unbeschadet des Absatzes 4 können die zuständigen Behörden den Instituten gestatten, ihre eigenen Schätzungen für α zu verwenden, wobei
a) α gleich dem Verhältnis zwischen dem internen Kapital, das sich aus einer vollständigen Simulierung der Risikopositionen gegenüber allen Gegenparteien ergibt (Zähler), und dem auf der Grundlage des EPE bestimmten internen Kapital (Nenner) ist,
b) im Nenner EPE wie ein feststehender Forderungsbetrag verwendet wird.

Wenn α nach diesem Absatz geschätzt wird, darf sein Wert nicht unter 1,2 liegen.

(10) Für eine α-Schätzung gemäß Absatz 9 stellt ein Institut sicher, dass Zähler und Nenner hinsichtlich der Modellierungsmethode, den Parameterspezifikationen und der Portfoliozusammensetzung in konsistenter Weise berechnet werden. Der zur Schätzung von α verwendete Ansatz muss sich auf den Ansatz des Instituts für das interne Kapital stützen, gut dokumentiert sein und von unabhängiger Seite validiert werden. Zusätzlich dazu überprüft ein Institut seine α-Schätzungen mindestens einmal

im Quartal und bei im Zeitverlauf variierender Portfoliozusammensetzung noch häufiger. Ein Institut bewertet auch das Modellrisiko.

(11) Ein Institut weist den zuständigen Behörden gegenüber hinreichend nach, dass seine internen α-Schätzungen im Zähler wesentliche Ursachen für eine Abhängigkeit der Verteilung vom Marktwert von Geschäften oder Portfolios von Geschäften mit den verschiedenen Gegenparteien erfassen. Interne α-Schätzungen tragen der Granularität von Portfolios Rechnung.

(12) Wenn die zuständigen Behörden die Verwendung von Schätzungen gemäß Absatz 9 beaufsichtigen, tragen sie der erheblichen Abweichung in den α-Schätzungen Rechnung, die aus dem Potenzial für Fehlspezifikationen bei den für den Zähler verwendeten Modellen resultiert, vor allem, wenn Konvexität vorliegt.

(13) Wenn angebracht, berücksichtigen die bei der gemeinsamen Modellierung von Markt- und Kreditrisiken angesetzten Volatilitäten und Korrelationen bei Marktrisikofaktoren den Kreditrisikofaktor, um einem potenziellen Anstieg der Volatilität oder Korrelation bei einem wirtschaftlichen Abschwung Rechnung zu tragen.

Artikel 285 Risikopositionswert bei Netting-Sätzen mit Nachschussvereinbarung

(1) Besteht für den Netting-Satz eine Nachschussvereinbarung und wird er täglich zu Marktpreisen bewertet, berechnet das Institut den effektiven EPE gemäß diesem Absatz. erfasst das interne Modell bei der Schätzung von EE die Auswirkungen von Nachschüssen, so kann das Institut die EE-Messgröße des Modells bei entsprechender Erlaubnis der zuständigen Behörde unmittelbar in die Gleichung in Artikel 284 Absatz 5 einsetzen. Eine solche Erlaubnis geben die zuständigen Behörden nur, wenn sie sich davon überzeugt haben, dass das Modell bei der Schätzung von EE den Auswirkungen von Nachschüssen angemessen Rechnung trägt. Hat ein Institut keine entsprechende Erlaubnis der zuständigen Behörden erhalten, verwendet es eine der folgenden effektiven EPE-Messgrößen:
a) Den effektiven EPE, berechnet ohne Berücksichtigung etwaiger Sicherheiten, die als Nachschuss gehalten oder gestellt werden, zuzüglich etwaiger Sicherheiten, die der Gegenpartei unabhängig von der täglichen Bewertung und Nachschussberechnung oder dem aktuellen Wiederbeschaffungswert gestellt wurden;
b) den effektiven EPE, berechnet als die potenzielle Erhöhung der Risikoposition während der Nachschuss-Risikoperiode, zuzüglich des größeren der beiden folgenden Beträge:
  i) aktueller Wiederbeschaffungswert einschließlich aller aktuell gehaltenen oder gestellten Sicherheiten außer abgerufenen oder strittigen Sicherheiten,
  ii) der höchste Netto-Wiederbeschaffungswert, einschließlich der im Rahmen der Nachschussvereinbarung bereits vorhandenen Sicherheiten, der gerade noch keinen Abruf weiterer Sicherheiten auslöst. In diesem Betrag sind alle in der Nachschussvereinbarung festgelegten Schwellen, Mindesttransferbeträge, Zusatzbeträge (independent amounts) und Einschüsse berücksichtigt.

Für die Zwecke des Buchstabens b berechnen die Institute den Aufschlag als die erwartete positive Veränderung des Marktwerts zu Marktpreisen der Geschäfte während der Nachschuss-Risikoperiode. Veränderungen beim Wert der Sicherheiten wird durch Rückgriff auf die von der Aufsicht vorgegebenen Volatilitätsanpassungen gemäß Kapitel 4 Abschnitt 4 oder die im Rahmen der umfassenden Methode zur Berücksichtigung finanzieller Sicherheiten durchgeführten eigenen Schätzungen der Volatilitätsanpassungen Rechnung getragen, wobei allerdings während der Nachschuss-Risikoperiode keine Sicherheitszahlungen angenommen werden dürfen. Für die Nachschuss-Risikoperiode gelten die in den Absätzen 2 bis 5 festgelegten Mindestfristen.

(2) Bei Geschäften mit täglichen Nachschüssen und täglicher Bewertung zu Marktpreisen darf die bei der Modellierung des Risikopositionswerts bei Nachschussvereinbarungen zugrunde gelegte Nachschuss-Risikoperiode nicht kürzer sein als

a) 5 Handelstage bei Netting-Sätzen, die ausschließlich aus Pensionsgeschäften, Wertpapier- oder Warenverleih- oder -leihgeschäften und Lombardgeschäften bestehen,
b) 10 Handelstage bei allen anderen Netting-Sätzen.

(3) Von Absatz 2 Buchstaben a und b gelten folgende Ausnahmen:
a) Bei allen Netting-Sätzen, bei denen die Anzahl der Geschäfte zu jedem beliebigen Zeitpunkt eines Quartals über 5 000 hinausgeht, darf die Nachschuss-Risikoperiode für das darauffolgende Quartal nicht weniger als 20 Handelstage betragen. Handelsrisikopositionen von Instituten sind von dieser Ausnahme ausgenommen;
b) bei Netting-Sätzen mit einem oder mehreren Geschäften, bei denen entweder die Sicherheit illiquide ist oder ein OTC-Derivat sich nicht ohne Weiteres ersetzen lässt, darf die Nachschuss-Risikoperiode nicht weniger als 20 Handelstage betragen.

Ein Institut ermittelt, ob eine Sicherheit illiquide ist oder OTC-Derivate bei angespannten Marktbedingungen nicht ohne Weiteres ersetzbar sind, wobei angespannte Marktbedingungen durch das Fehlen ununterbrochen aktiver Märkte gekennzeichnet sind, an denen eine Gegenpartei innerhalb von maximal zwei Tagen mehrere Preisangebote erhalten würde, die den Markt nicht in Bewegung versetzen oder keinen Preis darstellen würden, der (im Falle einer Sicherheit) mit einem Abschlag oder (bei einem OTC-Derivat) einem Aufschlag einherginge.

Ein Institut berücksichtigt, ob die von ihm als Sicherheit gehaltenen Geschäfte oder Wertpapiere auf eine bestimmte Gegenpartei konzentriert sind und es für den Fall, dass diese Gegenpartei den Markt überstürzt verlässt, zur Ersetzung dieser Geschäfte und Wertpapiere in der Lage wäre.

(4) War ein Institut in den unmittelbar vorangegangenen zwei Quartalen bei einem bestimmten Netting-Satz an mehr als zwei Streitigkeiten über die Nachschusshöhe beteiligt, die länger andauerten als die nach den Absätzen 2 und 3 geltende Nachschuss-Risikoperiode, so legt das Institut in den anschließenden zwei Quartalen für diesen Netting-Satz eine Nachschuss-Risikoperiode zugrunde, die mindestens doppelt so lang ist wie der in den Absätzen 2 und 3 für diesen Netting-Satz genannte Zeitraum.

(5) Bei Nachschussprozessen mit einer Frequenz von N Tagen ist die Dauer der Nachschuss-Risikoperiode zumindest gleich dem in den Absätzen 2 und 3 festgelegten Zeitraum (= F) plus N Tagen minus einem Tag, d.h.:

$$\text{Nachschuss} - \text{Risikoperiode} = F + N - 1$$

(6) Berücksichtigt das interne Modell die Auswirkungen von Nachschüssen auf Veränderungen des Marktwerts des Netting-Satzes, so modelliert das Institut bei seinen Berechnungen des Wiederbeschaffungswerts für OTC-Derivate und Wertpapierfinanzierungsgeschäften Sicherheiten (außer Barsicherheiten, die auf die gleiche Währung lauten wie die Risikoposition selbst) zusammen mit der Risikoposition.

(7) Ist ein Institut nicht zur gemeinsamen Modellierung von Sicherheiten und Risikopositionen in der Lage, so setzt es bei seinen Berechnungen der Wiederbeschaffungswerte für OTC-Derivate und Wertpapierfinanzierungsgeschäfte die Auswirkungen keiner anderen Sicherheiten als Barsicherheiten, die auf dieselbe Währung lauten wie die Risikoposition selbst, an, es sei denn, es nimmt auf eigenen Schätzungen beruhende Volatilitätsanpassungen vor, die den Standards der umfassenden Methode zur Berücksichtigung finanzieller Sicherheiten entsprechen, oder es nimmt gemäß Kapitel 4 die von der Aufsicht vorgegebenen Volatilitätsanpassungen vor.

(8) Ein Institut, das die IMM verwendet, lässt in seinen Modellen die Auswirkungen einer Herabsetzung des Wiederbeschaffungswerts außer Acht, die auf eine Klausel in einer Sicherungsvereinbarung zurückgeht, wonach eine Bonitätsverschlechterung bei der Gegenpartei die Einlieferung von Sicherheiten erfordert.

Artikel 286   Management des Gegenparteiausfallrisikos (CCR) – Grundsätze, Verfahren und Systeme

(1) Ein Institut schafft und erhält ein Rahmenkonzept für das CCR-Management, das folgende Komponenten beinhaltet:
a) Grundsätze, Prozesse und Systeme, die die Ermittlung, Messung, Steuerung und Genehmigung des Gegenparteiausfallrisikos und die interne Berichterstattung darüber sicherstellen,
b) Verfahren, die die Einhaltung dieser Grundsätze, Prozesse und Systeme gewährleisten.

Diese Grundsätze, Prozesse und Systeme sind konzeptionell solide und werden unter Sicherstellung ihrer Integrität angewandt sowie dokumentiert. In dieser Dokumentation wird dargelegt, mit welchen empirischen Techniken das Gegenparteiausfallrisiko gemessen wird.

(2) Das nach Absatz 1 vorgeschriebene CCR-Management-Rahmenkonzept trägt den mit dem Gegenparteiausfallrisiko einhergehenden Markt-, Liquiditäts- sowie rechtlichen und operationellen Risiken Rechnung. Es stellt insbesondere sicher, dass das Institut die folgenden Grundsätze einhält:
a) Es geht keine Geschäftsbeziehung mit einer Gegenpartei ein, ohne deren Kreditwürdigkeit beurteilt zu haben;
b) es trägt dem bei und vor Abwicklung bestehenden Kreditrisiko gebührend Rechnung;
c) es steuert diese Risiken auf Ebene der Gegenpartei (durch Aggregation der Risikopositionswerte für Gegenparteiausfallrisiken mit anderen Kreditrisikopositionen) und auf Unternehmensebene so umfassend wie möglich.

(3) Ein Institut, das die IMM verwendet, gewährleistet und weist der zuständigen Behörde glaubhaft nach, dass sein CCR-Management-Rahmenkonzept den Liquiditätsrisiken aller nachstehend genannten Faktoren Rechnung trägt:
a) möglicherweise eingehende Nachschussforderungen im Zusammenhang mit dem Austausch von Nachschüssen oder anderer Sicherheitenarten, wie Einschüssen oder unabhängigen Einschussbeträgen, bei ungünstigen Marktschocks,
b) möglicherweise eingehende Rückgabeforderungen für überschüssige, von Gegenparteien gestellte Sicherheiten,
c) Nachschussforderungen infolge einer möglichen Herabstufung der eigenen externen Bonitätsbeurteilung.

Ein Institut stellt sicher, dass Art und zeitlicher Umfang einer Weiterverwendung von Sicherheiten mit seinem Liquiditätsbedarf in Einklang stehen und seine Fähigkeit zur rechtzeitigen Stellung oder Rückgabe von Sicherheiten nicht beeinträchtigen.

(4) Leitungsorgan und Geschäftsleitung eines Instituts sind aktiv am CCR-Management beteiligt und gewährleisten, dass es mit ausreichenden Ressourcen ausgestattet ist. Ein förmliches Verfahren sorgt dafür, dass die Geschäftsleitung die Grenzen des Modells und die diesem zugrunde liegenden Annahmen kennt und über die möglichen Auswirkungen dieser Grenzen und Annahmen auf die Verlässlichkeit der Ergebnisse auf dem Laufenden ist. Die Geschäftsleitung kennt auch die Unwägbarkeiten der Marktrahmenbedingungen und die betrieblichen Aspekte und weiß, wie diese sich im Modell niederschlagen.

(5) Die Tagesberichte, die gemäß Artikel 287 Absatz 2 Buchstabe b über die CCR-behafteten Risikopositionen eines Instituts erstellt werden, werden von einer Managementebene überprüft, die über ausreichende Befugnisse und Autorität verfügt, um sowohl eine Reduzierung der von einzelnen Kreditmanagern oder Händlern übernommenen Positionen als auch eine Reduzierung des gesamten Gegenparteiausfallrisikos des Instituts durchzusetzen.

(6) Das gemäß Absatz 1 geschaffene CCR-Management-Rahmenkonzept eines Instituts wird in Kombination mit den internen Kredit- und Handelsvolumenobergrenzen eingesetzt. Zu diesem Zweck sind Kredit- und Handelsvolumenobergrenzen mit dem Risikomessmodell des Instituts in einer Weise verknüpft, die im Zeitablauf konsistent ist und für Kreditmanager, Händler und Geschäftsleitung gut nachvollziehbar ist. Ein Institut verfügt über ein förmliches Verfahren, um Verstöße gegen Risikolimits bei der angemessenen Managementebene zu melden.

(7) Bei der Messung des Gegenparteiausfallrisikos eines Instituts wird auch die tägliche und die Innertages-Inanspruchnahme von Kreditlinien ermittelt. Die aktuellen Wiederbeschaffungswerte werden unter Einbeziehung und unter Ausschluss der hinterlegten Sicherheiten gemessen. Das Institut berechnet und überwacht für einzelne Portfolios und Gegenparteien den Spitzen- oder den potenziellen künftigen Wiederbeschaffungswert (PFE) zu dem von ihm gewählten Konfidenzniveau. Das Institut trägt dabei großen oder konzentrierten Positionen, auch in Bezug auf Gruppen verbundener Gegenparteien, Branchen und Märkte, Rechnung.

(8) Ein Institut schafft und erhält ein routinemäßiges, rigoroses Stresstest-Programm. Die Ergebnisse dieser Stresstests werden regelmäßig, mindestens aber vierteljährlich von der Geschäftsleitung überprüft und in den vom Leitungsorgan oder der Geschäftsleitung festgelegten CCR-Grundsätzen und -obergrenzen berücksichtigt. Ergeben Stresstests eine besondere Anfälligkeit für eine bestimmte Fallkonstellation, so leitet das Institut unverzüglich Schritte zur Steuerung dieser Risiken ein.

Artikel 287 Organisationsstrukturen für das CCR-Management

(1) Ein Institut, das die IMM verwendet, schafft und erhält Folgendes:
a) eine Abteilung ›Risikoüberwachung‹, die den Vorgaben des Absatzes 2 entspricht,
b) eine Abteilung für die Sicherheitenverwaltung, die den Vorgaben des Absatzes 3 entspricht.

(2) Die Abteilung ›Risikoüberwachung‹ ist für die Gestaltung und Umsetzung des CCR-Managements zuständig, wozu auch die erstmalige und die laufende Validierung des internen Modells zählen, nimmt die nachstehend genannten Aufgaben wahr und erfüllt die nachstehend genannten Anforderungen:
a) Sie ist für Gestaltung und Umsetzung des institutseigenen CCR-Managementsystems zuständig;
b) sie erstellt täglich Berichte über die Ergebnisse des institutseigenen Risikomessmodells und analysiert diese Ergebnisse. Im Rahmen dieser Analyse wird auch die Beziehung zwischen Messgrößen des Gegenparteiausfallrisikos und Handelsvolumenobergrenzen bewertet;
c) sie kontrolliert die in das Modell einfließenden Daten auf ihre Integrität und erstellt und analysiert Berichte über die Ergebnisse des institutseigenen Risikomessmodells, wozu auch eine Bewertung der Beziehung zwischen Risikomessgrößen und Kredit- und Handelsvolumenobergrenzen gehört;
d) sie ist von den Abteilungen, die für die Schaffung oder die Verlängerung von Risikopositionen oder den Handel mit diesen zuständig sind, unabhängig und frei von jeder ungebührlichen Einflussnahme;
e) sie verfügt über eine angemessene Personalausstattung;
f) sie untersteht unmittelbar der Geschäftsleitung des Instituts;
g) ihre Arbeiten sind eng mit dem täglichen Kreditrisikomanagement des Instituts verzahnt;
h) ihre Ergebnisse sind integraler Bestandteil der Planung, Überwachung und Kontrolle des Kredit- und Gesamtrisikoprofils des Instituts.

(3) Die Abteilung für die Sicherheitenverwaltung hat folgende Aufgaben und Funktionen:
a) Berechnung und Anforderung von Nachschüssen, Bearbeitung von Streitigkeiten über die Höhe von Nachschüssen und die genaue tägliche Berichterstattung zu Zusatzbeträgen, Einschüssen und Nachschüssen,
b) Kontrolle der Integrität der zur Anforderung von Nachschüssen verwendeten Daten und Sicherstellung, dass die Daten konsistent sind und regelmäßig mit allen relevanten Datenquellen innerhalb des Instituts abgeglichen werden,
c) Rückverfolgung des Umfangs, in dem Sicherheiten weiterverwendet werden, und etwaiger Änderungen der Rechte des Instituts auf die oder im Zusammenhang mit den von ihm gestellten Sicherheiten,
d) Unterrichtung der geeigneten Managementebene darüber, welche Kategorien von Sicherheiten weiterverwendet werden und welchen Bedingungen eine solche Weiterverwendung unterliegt, einschließlich Instrument, Bonität und Laufzeit,
e) Rückverfolgung, ob bei den von dem Institut akzeptierten Sicherheiten eine Konzentration auf einzelne Vermögenswertkategorien zu verzeichnen ist,
f) regelmäßige, mindestens aber vierteljährliche Unterrichtung der Geschäftsleitung über die Sicherheitenverwaltung, wozu auch Informationen über die Arten von erhaltenen und gestellten Sicherheiten sowie Umfang, Altersstruktur und Ursachen von Streitigkeiten über die Nachschusshöhe zählen. Diese interne Berichterstattung muss auch Trendentwicklungen in diesen Daten aufzeigen.

(4) Die Geschäftsleitung stattet die nach Absatz 1 Buchstabe b vorgeschriebene Abteilung für die Sicherheitenverwaltung mit ausreichenden Ressourcen aus, damit deren Systeme ein angemessenes Maß an betrieblicher Leistungsfähigkeit erreichen, das sich an der Rechtzeitigkeit und Korrektheit der ausgehenden Nachschussforderungen und der Reaktionszeit bei eingehenden Nachschussforderungen ablesen lässt. Die Geschäftsleitung stellt eine ausreichende Personalausstattung dieser Abteilung sicher, damit diese Nachschussforderungen und Streitfälle selbst bei schweren Marktkrisen rechtzeitig bearbeiten und das Institut so in die Lage versetzen kann, die Zahl der durch hohe Geschäftsvolumina bedingten großen Streitfälle zu begrenzen.

Artikel 288 Überprüfung des CCR-Managementsystems

Ein Institut unterzieht sein CCR-Managementsystem im Rahmen seiner Innenrevision regelmäßig einer unabhängigen Überprüfung. Diese schließt die Tätigkeiten der nach Artikel 287 vorgeschriebenen Abteilungen für die Risikoüberwachung und die Sicherheitenverwaltung ein und umfasst mindestens Folgendes:
a) die Angemessenheit der in Artikel 286 vorgeschriebenen Dokumentation von CCR-Managementsystem und -verfahren,
b) die Organisation der nach Artikel 287 Absatz 1 Buchstabe a vorgeschriebenen Abteilung für die Überwachung des Gegenparteiausfallrisikos,
c) die Organisation der nach Artikel 287 Absatz 1 Buchstabe b vorgeschriebenen Abteilung für die Sicherheitenverwaltung,
d) die Einbettung der CCR-Messung in das tägliche Risikomanagement,
e) das Genehmigungsverfahren für die von den Mitarbeitern des Handels- und des Abwicklungsbereichs verwendeten Risikobepreisungsmodelle und Bewertungssysteme,
f) die Validierung aller wesentlichen Änderungen beim CCR-Messverfahren,
g) den Umfang der vom Risikomessmodell erfassten Gegenparteiausfallrisiken,
h) die Integrität des Managementinformationssystems,
i) die Genauigkeit und Vollständigkeit der CCR-Daten,
j) die genaue Abbildung der rechtlichen Bedingungen von Sicherheiten- und Nettingvereinbarungen in der Messung der Wiederbeschaffungswerte,

k) die Verifizierung der Schlüssigkeit, Zeitnähe und Verlässlichkeit der für interne Modelle verwendeten Datenquellen, wozu auch deren Unabhängigkeit zählt,
l) die Genauigkeit und Angemessenheit der Annahmen in Bezug auf Volatilitäten und Korrelationen,
m) die Genauigkeit der Bewertungs- und Risikotransformationsberechnungen,
n) die Verifizierung der Modellgenauigkeit durch häufige Rückvergleiche im Sinne von Artikel 293 Absatz 1 Buchstaben b bis e,
o) die Einhaltung der einschlägigen rechtlichen Anforderungen durch die Abteilungen für die Überwachung des Gegenparteiausfallrisikos und die Sicherheitenverwaltung.

Artikel 289 Praxistest

(1) Die Institute stellen sicher, dass die Verteilung der Wiederbeschaffungswerte, die sich aus dem zur Berechnung des effektiven EPE verwendeten Modell ergibt, eng in das tägliche CCR-Management des Instituts einbezogen wird und das Ergebnis des Modells bei der Kreditvergabe, dem CCR-Management, der Allokation des internen Kapitals und der Unternehmensführung berücksichtigt wird.

(2) Das Institut weist den zuständigen Behörden gegenüber hinreichend nach, dass es zur Berechnung der Verteilungen der Wiederbeschaffungswerte, auf die sich die EPE-Berechnung stützt, seit mindestens einem Jahr vor der Erlaubnis der zuständigen Behörden zur Verwendung der IMM gemäß Artikel 283 ein den Anforderungen dieses Abschnitts weitgehend entsprechendes internes Modell verwendet.

(3) Das zur Ermittlung der Verteilung der Wiederbeschaffungswerte verwendete interne Modell ist Teil des nach Artikel 286 vorgeschriebenen CCR-Management-Rahmenkonzepts. Dieses Rahmenkonzept umfasst auch die Messung der Inanspruchnahme von Kreditlinien durch Aggregation von Risikopositionswerten für Gegenparteiausfallrisiken mit anderen Kreditrisikopositionen und die Allokation des internen Kapitals.

(4) Zusätzlich zum EPE misst und steuert ein Kreditinstitut auch seine aktuellen Wiederbeschaffungswerte. Diese werden gegebenenfalls unter Einbeziehung und unter Ausschluss der hinterlegten Sicherheiten gemessen. Der Praxistest gilt als bestanden, wenn ein Institut für das Gegenparteiausfallrisiko andere Maßeinheiten, wie den Spitzenwiederbeschaffungswert, verwendet, die auf einer anhand desselben Modells zur Berechnung des EPE ermittelten Verteilung der Wiederbeschaffungswerte beruhen.

(5) Ein Institut muss zu einer täglichen EE-Schätzung in der Lage sein, es sei denn, es weist den zuständigen Behörden gegenüber glaubhaft nach, dass sein Gegenparteiausfallrisiko eine seltenere Berechnung rechtfertigt. Das Institut schätzt ein EE-Zeitprofil auf Basis von Zeitpunkten, die die zeitliche Struktur künftiger Zahlungsströme und die Fälligkeit der Geschäfte angemessen widerspiegeln und das in einer Weise, die der Bedeutung und der Zusammensetzung der Risikopositionen gerecht wird.

(6) Der Wiederbeschaffungswert wird für die Laufzeit sämtlicher Kontrakte des Netting-Satzes und nicht nur bis zum Einjahreshorizont gemessen, überwacht und kontrolliert. Das Institut verfügt über Verfahren zur Ermittlung und Kontrolle der Risiken für Gegenparteien für den Fall, dass der Wiederbeschaffungswert über den Einjahreshorizont hinausgeht. Die prognostizierte Erhöhung des Wiederbeschaffungswerts fließt in das institutsinterne Modell zur Bestimmung des internen Kapitals ein.

Artikel 290 Stresstests

(1) Ein Institut verfügt über ein umfassendes Stresstest-Programm für das Gegenparteiausfallrisiko, das auch bei der Beurteilung der Eigenmittelanforderungen für das Gegenparteiausfallrisiko zum Einsatz kommt und die Anforderungen der Absätze 2 bis 10 erfüllt.

(2) Dabei werden mögliche Ereignisse oder künftige Veränderungen bei den ökonomischen Rahmenbedingungen ermittelt, die sich nachteilig auf die Wiederbeschaffungswerte von Positionen eines Instituts auswirken könnten, und die Fähigkeit des Instituts bewertet, derartigen Veränderungen standzuhalten.

(3) Die im Rahmen des Programms durchgeführten Stress-Messungen werden mit den Risikolimits abgeglichen und vom Institut im Rahmen des Verfahrens nach Artikel 81 der Richtlinie 2013/36/EU geprüft.

(4) Das Programm erfasst alle Geschäfte und aggregierten Risikopositionen auf Ebene einzelner Gegenparteien für alle Arten von Gegenparteiausfallrisiken in einem für regelmäßige Stresstests ausreichenden zeitlichen Rahmen.

(5) Es sieht für alle Gegenparteien zumindest monatliche Stresstests für Wiederbeschaffungswerte im Hinblick auf die wichtigsten Marktrisikofaktoren, wie Zinsen, Wechselkurse, Aktien, Kreditrisikospreads und Rohstoffpreise vor, um übermäßige Konzentrationen bei bestimmten direktionalen Risiken zu ermitteln und dem Institut erforderlichenfalls deren Verringerung zu ermöglichen. Die Stresstests für Wiederbeschaffungswerte – einschließlich der Tests für einzelne und mehrere Risikofaktoren sowie für wesentliche nicht direktionale Risiken – sowie gemeinsame Stresstests für Wiederbeschaffungswerte und Bonität werden auf Ebene einzelner Gegenparteien, auf Ebene von Gegenparteigruppen sowie für das institutsweite Gegenparteiausfallrisiko durchgeführt.

(6) Das Programm legt mindestens vierteljährliche Stresstests auf Basis von Multifaktor-Szenarien zugrunde und bewertet wesentliche nicht direktionale Risiken, einschließlich Zinskurvenrisiko und Basisrisiken. Multifaktor-Stresstests beinhalten zumindest die folgenden Szenarien:
a) Eintritt schwerwiegender konjunktureller Ereignisse oder Marktstörungen,
b) erheblicher Rückgang der allgemeinen Marktliquidität,
c) Glattstellung der Positionen eines großen Finanzintermediärs.

(7) Die Schwere der für die zugrunde gelegten Risikofaktoren simulierten Schocks sollte mit dem Zweck des Stresstests in Einklang stehen. Bei der Analyse der Solvenz unter Stressbedingungen müssen die für die zugrunde gelegten Risikofaktoren simulierten Schocks schwer genug sein, um extreme historische Marktrahmenbedingungen und extreme, aber plausible angespannte Marktbedingungen zu erfassen. Die Stresstests ermöglichen es, die Auswirkungen dieser Schocks auf die Eigenmittel, die Eigenmittelanforderungen und die Erträge zu bewerten. Für die tägliche Portfolioüberwachung, Absicherung und Steuerung von Risikokonzentrationen werden im Rahmen des Programms außerdem weniger schwerwiegende Szenarien mit höherer Wahrscheinlichkeit betrachtet.

(8) Um extreme, aber plausible Szenarien zu ermitteln, die zu erheblich schlechteren Ergebnissen führen könnten, sieht das Programm gegebenenfalls auch umgekehrte Stresstests vor. Bei umgekehrten Stresstests werden die Auswirkungen wesentlicher Nichtlinearitäten im Portfolio berücksichtigt.

(9) Die Ergebnisse der im Rahmen des Programms durchgeführten Stresstests werden der Geschäftsleitung regelmäßig, mindestens aber vierteljährlich, mitgeteilt. Die Berichte und Ergebnisanalysen geben Aufschluss über die größten Auswirkungen auf die einzelnen Gegenparteien im gesamten Portfolio, über wesentliche Risikokonzentrationen in einzelnen Portfoliosegmenten (innerhalb der gleichen Branche oder Region) sowie über relevante Trends auf Portfolio- und Gegenparteiebene.

(10) Die Geschäftsleitung übernimmt bei der Integration der Stresstests in das Risikomanagement-Rahmenkonzept und die Risikokultur des Instituts eine führende Rolle und stellt sicher, dass die Ergebnisse aussagekräftig sind und zur Steuerung des Gegenparteiausfallrisikos eingesetzt werden. Die Ergebnisse, die die Stresstests für wesentliche Wiederbeschaffungswerte ergeben, werden anhand der Richtlinien für die Risikobereitschaft des Instituts bewertet und für den Fall, dass die Tests unangemessen hohe Risiken oder Risikokonzentrationen ergeben, zur Diskussion und gegebenenfalls Veranlassung von Maßnahmen an die Geschäftsleitung weitergeleitet.

Artikel 291 Korrelationsrisiko

(1) Für die Zwecke dieses Artikels bezeichnet der Ausdruck
a) ›allgemeines Korrelationsrisiko‹ das Risiko, das entsteht, wenn eine positive Korrelation zwischen der Ausfallwahrscheinlichkeit von Gegenparteien und allgemeinen Marktrisikofaktoren besteht;
b) ›spezielles Korrelationsrisiko‹ das Risiko, das entsteht, wenn aufgrund der Art der Geschäfte mit einer Gegenpartei die Ausfallwahrscheinlichkeit der Gegenpartei positiv mit dem künftigen Wiederbeschaffungswert aus den Geschäften mit dieser bestehenden Gegenpartei korreliert. Ein Institut ist einem speziellen Korrelationsrisiko ausgesetzt, wenn zu erwarten ist, dass der künftige Wiederbeschaffungswert aus den Geschäften mit einer bestimmten Gegenpartei dann hoch ist, wenn auch die Ausfallwahrscheinlichkeit der Gegenpartei hoch ist.

(2) Ein Institut schenkt Risikopositionen, die mit einem erheblichen allgemeinen und speziellen Korrelationsrisiko verbunden sind, gebührende Beachtung.

(3) Zur Ermittlung allgemeiner Korrelationsrisiken entwickelt ein Institut Stresstests und Szenarioanalysen, mit denen es Risikofaktoren, die zur Bonität der Gegenpartei in einem ungünstigen Verhältnis stehen, Stressbedingungen aussetzt. Solche Tests tragen der Möglichkeit Rechnung, dass es nach einer Veränderung in den Beziehungen zwischen Risikofaktoren zu schweren Schocks kommt. Ein Institut überwacht das allgemeine Korrelationsrisiko nach Produkten, Regionen, Branchen oder anderen für seine Geschäftstätigkeit relevanten Kategorien.

(4) Ein Institut wendet kontinuierlich Verfahren an, mit denen für jedes einzelne Unternehmen spezielle Korrelationsrisiken vom Geschäftsabschluss an über die gesamte Laufzeit des Geschäfts hinweg ermittelt, verfolgt und kontrolliert werden können.

(5) Für Geschäfte, bei denen ein spezielles Korrelationsrisiko festgestellt wurde und bei denen eine rechtliche Verbindung zwischen der Gegenpartei und dem Emittenten des Basiswerts des OTC-Derivats oder des Basiswerts der in Artikel 273 Absatz 2 Buchstaben b, c und d bezeichneten Geschäfte besteht, berechnen Institute die Eigenmittelanforderungen für das Gegenparteiausfallrisiko nach folgenden Grundsätzen:
a) Die Instrumente, bei denen ein spezielles Korrelationsrisiko besteht, werden nicht in den gleichen Netting-Satz aufgenommen wie die anderen Geschäfte mit der Gegenpartei, sondern jeweils als separater Netting-Satz behandelt;
b) innerhalb jedes solchen separaten Netting-Satzes ist der Risikopositionswert von Einzeladressen-Kreditausfallswaps gleich dem gesamten erwarteten Verlust des verbleibenden Zeitwerts der Basisinstrumente unter der Annahme der Liquidation des zugrunde liegenden Emittenten;
c) Institute, die den Ansatz nach Kapitel 3 verwenden, setzen die LGD für solche Swap-Geschäfte mit 100 % an;
d) Institute, die den Ansatz nach Kapitel 2 verwenden, setzen das Risikogewicht eines unbesicherten Geschäfts an;
e) Bei allen anderen auf eine Einzeladresse bezogenen Geschäften in einem solchen separaten Netting-Satz erfolgt die Berechnung des Risikopositionswerts unter der Annahme eines Kreditausfallereignisses bei den zugrunde liegenden Verbindlichkeiten, bei denen eine rechtliche Verbindung zwischen dem Emittenten und der Gegenpartei besteht. Bei auf einen Adressenkorb oder einen Index bezogenen Geschäften wird gegebenenfalls das Kreditausfallereignis bei denjenigen zugrunde liegenden Verbindlichkeiten, bei denen eine rechtliche Verbindung zwischen dem Emittenten und der Gegenpartei besteht, angenommen, sofern es wesentlich ist;

f) sofern hierbei vorhandene Marktrisikoberechnungen verwendet werden, die gemäß Titel IV Kapitel 5 Abschnitt 4 zur Ermittlung der Eigenmittelanforderungen für das zusätzliche Ausfall- und Migrationsrisiko durchgeführt wurden, und die sich bereits auf eine LGD-Annahme stützen, wird in der Formel für LGD 100% angesetzt.

(6) Die Institute legen der Geschäftsleitung und dem zuständigen Ausschuss des Leitungsorgans regelmäßig Berichte sowohl über spezielle als auch über allgemeine Korrelationsrisiken vor und nennen darin die zur Steuerung dieser Risiken eingeleiteten Schritte.

Artikel 292 Integrität des Modellierungsprozesses

(1) Ein Institut gewährleistet die Integrität des Modellierungsprozesses gemäß Artikel 284 zumindest durch Folgendes:
a) Das Modell trägt den Konditionen und Spezifikationen eines Geschäfts zeitnah, umfassend und konservativ Rechnung;
b) diese Konditionen umfassen zumindest Nominalbeträge, Laufzeit, Referenzaktiva, Nachschussvereinbarungen und Nettingvereinbarungen;
c) diese Konditionen und Spezifikationen sind in einer Datenbank gespeichert, die in regelmäßigen Abständen einer förmlichen Überprüfung unterzogen wird;
d) es besteht ein Verfahren zur Anerkennung von Nettingvereinbarungen, bei dem die Mitarbeiter der Rechtsabteilung sich versichern müssen, dass das Netting im Rahmen dieser Vereinbarungen rechtlich durchsetzbar ist;
e) die nach Buchstabe d vorgeschriebene Überprüfung wird von einer unabhängigen Abteilung in der unter Buchstabe c genannten Datenbank festgehalten;
f) die Übertragung der Konditionen und Spezifikationsdaten auf das EPE-Modell wird im Rahmen der Innenrevision überprüft;
g) es bestehen Verfahren für den förmlichen Abgleich der Datensysteme des internen Modells mit den Ausgangsdatensystemen, damit laufend sichergestellt werden kann, dass die Geschäftskonditionen und Spezifikationen im EPE korrekt oder zumindest konservativ abgebildet sind.

(2) Zur Bestimmung der aktuellen Wiederbeschaffungswerte werden aktuelle Marktdaten verwendet. Ein Institut darf bei der Kalibrierung seines EPE-Modells zur Festlegung der Parameter der zugrunde liegenden stochastischen Prozesse wie Drift, Volatilität und Korrelation entweder historische Marktdaten oder vom Markt implizierte Daten heranziehen. Zieht ein Institut historische Daten heran, so umfassen diese einen Zeitraum von mindestens drei Jahren. Die Daten werden quartalsweise oder – sollten die Marktverhältnisse dies erfordern – häufiger aktualisiert.

Zur Berechnung des effektiven EPE mit einer auf Stressbedingungen ausgerichteten Kalibrierung kalibriert ein Institut den effektiven EPE entweder anhand einer Datenhistorie von drei Jahren, die eine Stressphase für die Kreditrisikoprämien (Kreditspreads) seiner Gegenparteien beinhaltet, oder anhand impliziter Marktdaten aus einer solchen Stressphase.

Zu diesem Zweck erfüllt das Institut die in den Absätzen 3, 4 und 5 genannten Anforderungen.

(3) Ein Institut weist der zuständigen Behörde gegenüber mindestens einmal im Quartal hinreichend nach, dass die für die Berechnung nach diesem Absatz zugrunde gelegte Stressphase für eine repräsentative Auswahl ihrer Gegenparteien, deren Risikoprämien gehandelt werden, mit einem Zeitraum zusammenfällt, in dem die Risikoprämien für Kreditausfallswaps oder andere Schuldtitel (wie Darlehen oder Unternehmensanleihen) steigen. Verfügt ein Institut nicht über angemessene Daten zu den Risikoprämien für eine Gegenpartei, so ordnet es dieser ausgehend von der Region, der internen Beurteilung und den Geschäftsarten spezifische Prämiendaten zu.

(4) Das EPE-Modell für alle Gegenparteien stützt sich auf historische oder implizite Daten, die auch Daten aus der Stressphase einschließen, und setzt diese Daten in einer mit der Methode für die Kalibrierung des EPE-Modells auf Basis aktueller Daten übereinstimmenden Weise ein.

(5) Um die Wirksamkeit seiner Stresstest-Kalibrierung für den EEPE zu beurteilen, schafft das Institut mehrere Referenzportfolios, die für die gleichen Hauptrisikofaktoren anfällig sind wie das Institut selbst. Das Risiko aus diesen Referenzportfolios wird
a) anhand einer Stresstest-Methodik berechnet, bei der aktuelle Marktwerte und Modellparameter zu angespannten Marktbedingungen kalibriert werden, und b) anhand des in dieser Stressphase erzeugten Risikos ermittelt, allerdings unter Anwendung der in diesem Abschnitt dargelegten Methode (Marktpreis am Ende der Stressphase, Volatilitäten und Korrelationen aus der dreijährigen Stressphase).

Weichen die Risiken aus diesen Referenzportfolios erheblich voneinander ab, schreiben die zuständigen Behörden dem Institut eine Korrektur der Stresstest-Kalibrierung vor.

(6) Das Institut unterzieht das Modell einem Validierungsverfahren, das in den Vorschriften und Verfahren des Instituts genau festgelegt ist. Dabei wird
a) bestimmt, welche Tests erforderlich sind, um die Integrität des Modells zu gewährleisten, und unter welchen Bedingungen die dem Modell zugrunde liegenden Annahmen unangemessen sind und deshalb einen zu niedrigen Ansatz des EPE bewirken können,
b) die Vollständigkeit des Modells überprüft.

(7) Ein Institut überwacht die maßgeblichen Risiken und verfügt über Verfahren, mit denen es seine EEPE-Schätzung anpassen kann, sollten diese Risiken ein erhebliches Ausmaß erreichen. Um diesen Absatz zu erfüllen, muss ein Institut
a) seine speziellen Korrelationsrisiken im Sinne des Artikels 291 Absatz 1 Buchstabe b und seine allgemeinen Korrelationsrisiken im Sinne des Artikels 291 Absatz 1 Buchstabe a ermitteln und steuern,
b) bei Risikopositionen, deren Risikoprofil sich nach einem Jahr erhöht, regelmäßig die für den Zeitraum von einem Jahr geschätzte relevante Risikomessgröße mit derselben Risikomessgröße über die gesamte Laufzeit der Risikoposition vergleichen,
c) bei Risikopositionen mit einer Restlaufzeit von weniger als einem Jahr regelmäßig den Wiedereindeckungsaufwand (aktueller Wiederbeschaffungswert) mit dem tatsächlichen Risikoprofil vergleichen und Daten, die einen solchen Vergleich ermöglichen würden, speichern.

(8) Ein Institut verfügt über interne Verfahren, mit deren Hilfe es sich vor Aufnahme eines Geschäfts in einen Netting-Satz vergewissern kann, dass dieses Geschäft einer rechtlich durchsetzbaren Netting-Vereinbarung unterliegt, die die Anforderungen des Abschnitts 7 erfüllt.

(9) Ein Institut, das zur Minderung seines Gegenparteiausfallrisikos auf Sicherheiten zurückgreift, verfügt über interne Verfahren, mit deren Hilfe es sich vor Berücksichtigung der Sicherheiten in seinen Berechnungen vergewissern kann, dass diese das nach Kapitel 4 vorgeschriebene Maß an Rechtssicherheit erfüllen.

(10) Die EBA überwacht die Bandbreite der Praxis in diesem Bereich und gibt gemäß Artikel 16 der Verordnung (EU) Nr. 1093/2010 Leitlinien für die Anwendung dieses Artikels heraus.

Artikel 293 Anforderungen an das Risikomanagementsystem

(1) Ein Institut erfüllt die folgenden Anforderungen:
a) Es erfüllt die qualitativen Anforderungen des Teils 3 Titel IV Kapitel 5;
b) es führt regelmäßig Rückvergleiche durch, bei denen die im Rahmen des Modells ermittelten Risikomessgrößen mit den realisierten Risikomessgrößen und auf gleichbleibenden Positionen basierende hypothetische Veränderungen mit den realisierten Messgrößen verglichen werden;
c) es unterzieht sein CCR-Wiederbeschaffungswert-Modell sowie die im Rahmen dieses Modells ermittelten Risikomessgrößen einer ersten Validierung sowie einer regelmäßigen Überprüfung. Validierung und Überprüfung müssen von der Modellentwicklung unabhängig sein;
d) Leitungsorgan und Geschäftsleitung sind an der Risikoüberwachung beteiligt und sorgen dafür, dass für die Überwachung von Kreditrisiko und Gegenparteiausfallrisiko ausreichende Ressourcen bereitgestellt werden. Zu diesem Zweck werden die Tagesberichte, die von der nach Artikel 287 Absatz 1 Buchstabe a eingerichteten unabhängigen Abteilung ›Risikoüberwachung‹ erstellt werden, von einer Managementebene überprüft, die über ausreichende Befugnisse und Autorität verfügt, um sowohl eine Reduzierung der von einzelnen Händlern übernommenen Positionen als auch eine Reduzierung des eingegangenen Gesamtrisikos des Instituts durchzusetzen;
e) das interne Risikomessmodell ist in das tägliche Risikomanagement des Instituts eingebunden;
f) das Risikomesssystem wird in Kombination mit den internen Handelsvolumen und Risikopositionsobergrenzen eingesetzt. Zu diesem Zweck sind Risikopositionsobergrenzen in einer Weise mit dem Risikomessmodell des Instituts verknüpft, die im Zeitablauf konsistent ist und für Händler, Kreditabteilung und die Geschäftsleitung gut nachvollziehbar ist;
g) ein Institut stellt sicher, dass sein Risikomanagement-System gut dokumentiert ist. Es verfügt insbesondere über schriftlich festgelegte interne Vorschriften, Kontrollen und Verfahren für das Risikomesssystem sowie über Regelungen, die die Einhaltung dieser Vorschriften gewährleisten;
h) im Rahmen der Innenrevision wird das Risikomesssystem regelmäßig einer unabhängigen Prüfung unterzogen. Diese Prüfung umfasst sowohl die Tätigkeiten der Handelsabteilungen als auch der unabhängigen Abteilung ›Risikoüberwachung‹. Das allgemeine Risikomanagement wird regelmäßig (mindestens jedoch jährlich) einer Prüfung unterzogen, wobei zumindest alle in Artikel 288 genannten Punkte zu behandeln sind;
i) die laufende Validierung der CCR-Modelle wird einschließlich der Rückvergleiche regelmäßig von einer Managementebene überprüft, die über ausreichende Autorität verfügt, um über die zur Beseitigung von Schwächen in den Modellen einzuleitenden Schritte zu entscheiden.

(2) Wenn die zuständigen Behörden gemäß Artikel 284 Absatz 4 die Höhe von α festlegen, berücksichtigen sie dabei, in welchem Umfang ein Institut die in Absatz 1 festgelegten Anforderungen erfüllt. Für die Anwendung des Mindestmultiplikationsfaktors kommen nur Institute in Frage, die diese Anforderungen in vollem Umfang erfüllen.

(3) Ein Institut dokumentiert seine Vorgehensweise bei der erstmaligen und der laufenden Validierung seines CCR-Wiederbeschaffungswert-Modells und bei der Berechnung der im Rahmen der Modelle ermittelten Risikomessgrößen so detailliert, dass ein Dritter die Analyse bzw. Risikomessgrößen nachvollziehen könnte. In dieser Dokumentation werden die Häufigkeit der Rückvergleichsanalyse und sonstiger laufender Validierungen, die Art und Weise, in der die Validierungen im Hinblick auf

Datenströme und Portfolios durchgeführt werden, sowie die verwendeten Analysen festgehalten.

(4) Ein Institut legt Kriterien für die Bewertung seiner CCR-Wiederbeschaffungswert-Modelle und der Modelle, die die Eingangsparameter für die Berechnung der Risikopositionswerte liefern, fest und verfügt über schriftliche Grundsätze, in denen dargelegt wird, wie eine unannehmbare Leistung des Modells festgestellt und behoben wird.

(5) Ein Institut legt fest, wie repräsentative Gegenpartei-Portfolios für die Validierung eines CCR-Wiederbeschaffungswert-Modells und seiner Risikomessgrößen zusammengestellt werden.

(6) Bei der Validierung von CCR-Wiederbeschaffungswert-Modellen und ihren Risikomessgrößen, mit denen Verteilungen prognostiziert werden, wird mehr als nur ein statistisches Maß der Prognoseverteilung berücksichtigt.

Artikel 294 Validierungsanforderungen

(1) Ein Institut sorgt bei der erstmaligen und der laufenden Validierung seines CCR-Wiederbeschaffungswert-Modells und dessen Risikomessgrößen für die Einhaltung folgender Anforderungen:
a) Das Institut nimmt vor der Erlaubnis der zuständigen Behörden nach Artikel 283 Absatz 1 anhand historischer Daten über Veränderungen bei den Marktrisikofaktoren Rückvergleiche vor. Diese Rückvergleiche legen eine Reihe unterschiedlicher Prognosehorizonte (mindestens bis zu einem Jahr) mit unterschiedlichen Anfangsdaten zugrunde und decken dabei ein breites Spektrum von Marktbedingungen ab;
b) ein Institut, das nach Artikel 285 Absatz 1 Buchstabe b verfährt, validiert sein Modell regelmäßig, um zu testen, ob die tatsächlichen Wiederbeschaffungswerte mit den Prognosen für alle Nachschuss-Risikoperioden eines Jahres übereinstimmen. Haben einige der im Netting-Satz enthaltenen Geschäfte eine Laufzeit von weniger als einem Jahr, und ist die Sensitivität gegenüber Änderungen der Risikofaktoren des Netting-Satzes ohne diese Geschäfte höher, so wird dies bei der Validierung berücksichtigt;
c) es testet die Leistung seines CCR-Wiederbeschaffungswert-Modells und dessen relevanter Risikomessgrößen sowie die Prognosen für Marktrisikofaktoren im Rückvergleich. Bei der Auswahl der Prognosehorizonte für besicherte Geschäfte werden auch die bei besicherten oder durch Einschüsse bzw. Nachschüsse unterlegten Geschäften üblichen Nachschuss-Risikoperioden einbezogen;
d) deutet die Modellvalidierung darauf hin, dass der effektive EPE zu niedrig angesetzt wird, leitet das Institut die zur Beseitigung der Modellungenauigkeit notwendigen Schritte ein;
e) es testet die Preisfindungsmodelle, mit denen die CCR-Wiederbeschaffungswerte für ein bestimmtes Szenario künftiger Schocks bei den Marktrisikofaktoren berechnet werden, im Rahmen der erstmaligen und der laufenden Modellvalidierung. Preisfindungsmodelle für Optionen tragen der Nichtlinearität des Optionswerts in Bezug auf Marktrisikofaktoren Rechnung;
f) das CCR-Wiederbeschaffungswert-Modell erfasst die geschäftsspezifischen Informationen, die zur Zusammenfassung der Wiederbeschaffungswerte auf Ebene des Netting-Satzes erforderlich sind. Ein Institut vergewissert sich, dass im Rahmen des Modells Geschäfte dem richtigen Netting-Satz zugeordnet werden;
g) das CCR-Wiederbeschaffungswert-Modell bezieht geschäftsspezifische Informationen mit ein, die die Auswirkungen von Nachschüssen erfassen. Berücksichtigt werden dabei neben dem aktuellen Betrag des Ein- bzw. Nachschusses auch künftige zwischen den Gegenparteien zu übertragende Nachschüsse. Ein solches Modell trägt der Art der Nachschussvereinbarungen (ein- oder zweiseitig), der Häufigkeit von Nachschussforderungen, der Nachschuss-Risikoperiode, der Schwelle, bis zu der das Institut bereit ist, eine nicht durch Nachschüsse begrenzte Risikoposition zu

akzeptieren, und dem Mindesttransferbetrag Rechnung. Bei einem solchen Modell werden entweder die Änderungen des Marktwerts der hinterlegten Sicherheiten geschätzt oder die in Kapitel 4 festgelegten Regeln angewandt;

h) bei der Modellvalidierung werden repräsentative Gegenpartei-Portfolios statischen historischen Rückvergleichen unterzogen. Solche Rückvergleiche nimmt ein Institut in regelmäßigen Abständen bei einer Reihe repräsentativer (tatsächlicher oder hypothetischer) Gegenpartei-Portfolios vor. Kriterien für die Repräsentativität der Portfolios sind deren Sensitivität gegenüber den wesentlichen Risikofaktoren und Kombinationen aus Risikofaktoren, denen das Institut ausgesetzt ist;

i) ein Institut führt auch Rückvergleiche durch, die auf eine Überprüfung der grundlegenden Annahmen des CCR-Wiederbeschaffungswert-Modells und dessen relevanter Risikomessgrößen abstellen, einschließlich der im Modell abgebildeten Beziehung zwischen unterschiedlichen Laufzeiten desselben Risikofaktors und der im Modell abgebildeten Beziehungen zwischen Risikofaktoren;

j) die Leistungsfähigkeit von CRR-Wiederbeschaffungswert-Modellen und ihrer Risikomessgrößen wird durch sachgerechte Rückvergleiche überprüft. Diese Rückvergleiche müssen es ermöglichen, Schwachstellen bei der Leistung der Risikomessgrößen eines EPE-Modells aufzudecken;

k) ein Institut validiert seine CCR-Wiederbeschaffungswert-Modelle samt aller Risikomessgrößen für Zeithorizonte, die der Laufzeit der Geschäfte entsprechen, deren Risikopositionswert nach Artikel 283 unter Verwendung der IMM berechnet wird;

l) ein Institut testet die Preisfindungsmodelle, mit denen die Wiederbeschaffungswerte berechnet werden, im Rahmen des laufenden Modellvalidierungsverfahrens regelmäßig im Vergleich mit angemessenen unabhängigen Referenzwerten;

m) bei der laufenden Validierung des CCR-Wiederbeschaffungswert-Modells des Instituts und der relevanten Risikomessgrößen wird ebenfalls bewertet, ob die Leistung in jüngster Zeit als angemessen zu betrachten ist;

n) die Abstände, in denen die Parameter eines CCR-Wiederbeschaffungswert-Modells aktualisiert werden, beurteilt das Institut im Rahmen der erstmaligen und der laufenden Validierung;

o) bei der erstmaligen und der laufenden Validierung von CCR-Wiederbeschaffungswert-Modellen wird bewertet, ob die Berechnungen des Wiederbeschaffungswerts auf Ebene der Gegenpartei und des Nettingsatzes angemessen sind.

(2) Mit vorheriger Erlaubnis der zuständigen Behörden darf anstelle des Produkts aus α und dem effektiven EPE eine konservativere Messgröße verwendet werden als für die Berechnung der aufsichtlichen Risikopositionswerte für jede einzelne Gegenpartei. Wie konservativ diese Messgröße im Verhältnis ist, wird bei der Erlaubnis durch die zuständigen Behörden und bei den regelmäßigen aufsichtsbehördlichen Überprüfungen der EPE-Modelle bewertet. Der Konservativitätsgrad der Messgröße wird von dem Institut regelmäßig validiert. In die laufende Bewertung der Leistungsfähigkeit des Modells werden alle Gegenparteien einbezogen, für die die Modelle verwendet werden.

(3) Lassen Rückvergleiche darauf schließen, dass ein Modell nicht genau genug ist, so widerrufen die zuständigen Behörden dem Modell die Genehmigung oder verhängen angemessene Maßnahmen, um zu gewährleisten, dass das Modell umgehend verbessert wird.

Abschnitt 7   Vertragliches Netting

Artikel 295   Anerkennung der risikomindernden Effekte von vertraglichem Netting

Ein Institut kann nur die nachstehend genannten Arten vertraglicher Nettingvereinbarungen gemäß Artikel 298 als risikomindernd behandeln und dies auch nur, wenn die Vereinbarung gemäß Artikel 296 von den zuständigen Behörden anerkannt wurde und das Institut die Anforderungen des Artikels 297 erfüllt:

a) bilaterale Schuldumwandlungsverträge zwischen einem Institut und seinem Vertragspartner, durch die gegenseitige Forderungen und Verbindlichkeiten automatisch so zusammengefasst werden, dass sich bei jeder Schuldumwandlung ein einziger Nettobetrag ergibt und so ein einziger neuer Vertrag entsteht, der alle früheren Verträge und alle aus diesen Verträgen erwachsenden Pflichten der Vertragsparteien ersetzt und für alle Seiten rechtsverbindlich ist;
b) sonstige bilaterale Aufrechnungsvereinbarungen zwischen einem Institut und seinem Vertragspartner;
c) produktübergreifende vertragliche Nettingvereinbarungen von Instituten, die die Genehmigung erhalten haben, die Methode nach Abschnitt 6 auf von dieser Methode erfasste Geschäfte anzuwenden. Die zuständigen Behörden übermitteln der EBA ein Verzeichnis der genehmigten produktübergreifenden vertraglichen Nettingvereinbarungen.

Das übergreifende Netting von Geschäften, die von verschiedenen Unternehmen einer Gruppe geschlossen wurden, wird nicht für die Berechnung der Eigenmittelanforderungen anerkannt.

Artikel 296   Anerkennung vertraglicher Nettingvereinbarungen

(1) Eine vertragliche Nettingvereinbarung wird von den zuständigen Behörden nur anerkannt, wenn die in Absatz 2 und – falls relevant – Absatz 3 genannten Bedingungen erfüllt sind.

(2) Alle vertraglichen Nettingvereinbarungen, die von einem Institut gemäß diesem Teil zur Ermittlung des Risikopositionswerts verwendet werden, erfüllen die folgenden Voraussetzungen:
a) Das Institut hat mit seinem Vertragspartner eine vertragliche Nettingvereinbarung geschlossen, die für alle erfassten Geschäfte eine einzige rechtliche Verpflichtung begründet, so dass das Institut bei Ausfall des Vertragspartners nur auf den Saldo der positiven und negativen Marktwerte der erfassten Einzelgeschäfte einen Anspruch hat oder zu dessen Zahlung verpflichtet ist;
b) das Institut hat den zuständigen Behörden schriftliche, mit einer Begründung versehene Rechtsgutachten vorgelegt, aus denen hervorgeht, dass die Ansprüche und Zahlungsverpflichtungen des Instituts bei einer rechtlichen Anfechtung der Nettingvereinbarung nicht über die unter Buchstabe a genannten Ansprüche und Verpflichtungen hinausgehen würden. Das Rechtsgutachten stützt sich auf das anwendbare Recht, d.h.:
   i) das Recht des Landes, in dem der Vertragspartner seinen Sitz hat,
   ii) ist eine Zweigniederlassung eines Unternehmens beteiligt, die sich in einem anderen Land befindet als dem, in dem das Unternehmen seinen Sitz hat, das Recht des Landes, in dem sich die Zweigniederlassung befindet,
   iii) das Recht des Landes, das für die unter die Nettingvereinbarung fallenden einzelnen Geschäfte maßgeblich ist,
   iv) das Recht des Landes, das für die zur Erbringung des vertraglichen Nettings notwendigen Verträge oder Vereinbarungen maßgeblich ist;
c) das Kreditrisiko in Bezug auf jeden einzelnen Vertragspartner wird zusammengefasst, um für alle Geschäfte mit jedem einzelnen Vertragspartner eine einzelne rechtliche Risikoposition zu erhalten. Dieser Zusammenfassung wird bei den Kreditvolumenobergrenzen und im internen Kapital Rechnung getragen;
d) der Vertrag enthält keine Klausel, die bei Ausfall einer Vertragspartei einer vertragserfüllenden Partei die Möglichkeit gibt, nur begrenzte oder gar keine Zahlungen in die Konkursmasse zu leisten, auch wenn die ausfallende Partei ein Nettogläubiger ist (sogenannte Ausstiegsklausel).

Wurde einer der zuständigen Behörden nicht ausreichend nachgewiesen, dass das vertragliche Netting nach dem Recht aller unter Buchstabe b genannten Länder rechtsgültig und durchsetzbar ist, wird die Nettingvereinbarung für keine der Vertragsparteien als risikomindernd anerkannt. Die zuständigen Behörden setzen einander hiervon in Kenntnis.

(3) Die unter Buchstabe b genannten Rechtsgutachten können für Arten von vertraglichem Netting erstellt sein. Produktübergreifende vertragliche Nettingvereinbarungen erfüllen darüber hinaus die folgenden Voraussetzungen:
a) Der Saldo nach Absatz 2 Buchstabe a ist die Nettosumme der positiven und negativen Schlusswerte aller eingeschlossenen individuellen bilateralen Mastervereinbarungen und der positiven und negativen Marktwerte der einzelnen Geschäfte (›produktübergreifender Nettobetrag‹);
b) in den Rechtsgutachten nach Absatz 2 Buchstabe b werden die Gültigkeit und Durchsetzbarkeit der gesamten produktübergreifenden vertraglichen Nettingvereinbarung anhand ihrer Konditionen bewertet und die Auswirkung der Nettingvereinbarung auf die wesentlichen Bestimmungen aller eingeschlossenen individuellen bilateralen Mastervereinbarungen beurteilt.

Artikel 297 Pflichten der Institute

(1) Ein Institut schafft und erhält Verfahren, die gewährleisten, dass die Rechtsgültigkeit und Durchsetzbarkeit seines vertraglichen Nettings überprüft wird, um Änderungen der Rechtsvorschriften der Länder nach Artikel 296 Absatz 2 Buchstabe b Rechnung zu tragen.

(2) Das Institut bewahrt alle vorgeschriebenen Unterlagen im Zusammenhang mit seinem vertraglichen Netting in seinen Akten auf.

(3) Das Institut bezieht die Auswirkungen von Netting in die Messung der Gesamtrisikoposition gegenüber jeder einzelnen Gegenpartei ein und steuert sein Gegenparteiausfallrisiko dementsprechend.

(4) Bei produktübergreifenden vertraglichen Nettingvereinbarungen nach Artikel 295 behält das Institut die in Artikel 296 Absatz 2 Buchstabe c genannten Verfahren bei, um sich davon zu überzeugen, dass alle Geschäfte, die in einen Netting-Satz aufgenommen werden sollen, durch ein Rechtsgutachten gemäß Artikel 296 Absatz 2 Buchstabe b erfasst werden.

Unter Berücksichtigung der produktübergreifenden vertraglichen Nettingvereinbarung erfüllt das Institut weiterhin in Bezug auf alle einbezogenen individuellen bilateralen Mastervereinbarungen und Geschäfte die Voraussetzungen für die Anerkennung von bilateralem Netting und gegebenenfalls die Anforderungen des Kapitels 4 zur Anerkennung der Kreditrisikominderung.

Artikel 298 Folgen der Anerkennung der risikomindernden Effekte von vertraglichem Netting

(1) Vertragliche Nettingvereinbarungen werden wie folgt behandelt:
a) Für die Zwecke der Abschnitte 5 und 6 wird Netting nach Maßgabe der dortigen Bestimmungen anerkannt;
b) bei Schuldumwandlungsverträgen können die dort festgelegten einzelnen Nettobeträge anstelle der jeweiligen Bruttobeträge gewichtet werden.

Bei Anwendung des Abschnitts 3 können Institute den Schuldumwandlungsvertrag berücksichtigen, wenn sie Folgendes ermitteln:
  i) die aktuellen Wiederbeschaffungskosten im Sinne des Artikels 274 Absatz 1,
  ii) die Nominalbeträge oder zugrunde liegenden Werte im Sinne des Artikels 274 Absatz 2.

Bei Anwendung des Abschnitts 4 können die Institute den Schuldumwandlungsvertrag bei der Ermittlung des Nominalbetrags im Sinne des Artikels 275

Absatz 1 berücksichtigen. In diesen Fällen wenden die Institute die in Tabelle 3 angegebenen Prozentsätze an;
c) bei anderen Nettingvereinbarungen wenden die Institute den Abschnitt 3 wie folgt an:
   i) Die aktuellen Wiederbeschaffungskosten nach Artikel 274 Absatz 1 für die in eine Nettingvereinbarung einbezogenen Kontrakte werden unter Berücksichtigung der tatsächlichen hypothetischen Netto-Wiederbeschaffungskosten berechnet, die sich aus der Vereinbarung ergeben; falls sich aus der Aufrechnung eine Nettoverbindlichkeit für das die Netto-Wiederbeschaffungskosten berechnende Institut ergibt, werden die aktuellen Wiederbeschaffungskosten mit ›0‹ angesetzt,
   ii) der potenzielle künftige Wiederbeschaffungswert bei allen in eine Nettingvereinbarung einbezogenen Kontrakte nach Artikel 274 Absatz 2 werden nach folgender Formel herabgesetzt:

$$PCE_{red} = 0.4 \cdot PCE_{gross} + 0.6 \cdot NGR \cdot PCE_{gross}$$

dabei entspricht

PCE_{red} = dem reduzierten potenziellen künftigen Wiederbeschaffungswert für alle Kontrakte mit einer bestimmten Gegenpartei im Rahmen einer rechtsgültigen bilateralen Nettingvereinbarung,

PCE_{gross} = der Summe der potenziellen künftigen Wiederbeschaffungswerte bei allen Kontrakten mit einer bestimmten Gegenpartei, die in eine rechtsgültige bilaterale Nettingvereinbarung einbezogen sind und berechnet werden, indem ihre Nominalbeträge mit den in Tabelle 1 angegebenen Prozentsätzen multipliziert werden,

NGR = dem Quotienten aus den Netto-Wiederbeschaffungskosten aller Kontrakte mit einer bestimmten Gegenpartei im Rahmen einer rechtsgültigen bilateralen Nettingvereinbarung (Zähler) und den Brutto-Wiederbeschaffungskosten aller Kontrakte mit der gleichen Gegenpartei im Rahmen einer rechtsgültigen bilateralen Nettingvereinbarung (Nenner).

(2) Bei der Berechnung des potenziellen künftigen Wiederbeschaffungswerts nach der Formel des Absatzes 1 dürfen die Institute völlig kongruente Kontrakte, die in die Nettingvereinbarung einbezogen sind, behandeln wie einen einzigen Kontrakt, dessen Nominalwert den Nettoerträgen entspricht.
Bei der Anwendung von Artikel 275 Absatz 1 dürfen die Institute völlig kongruente Kontrakte, die in die Nettingvereinbarung einbezogen sind, behandeln wie einen einzigen Kontrakt, dessen Nominalwert den Nettoerträgen entspricht, und multiplizieren die Nominalbeträge mit den in Tabelle 3 angegebenen Prozentsätzen.
Für die Zwecke dieses Absatzes sind völlig kongruente Kontrakte Devisentermingeschäfte oder vergleichbare Kontrakte, bei denen der Nominalwert den tatsächlichen Zahlungsströmen entspricht, wenn die Zahlungsströme am selben Wertstellungstag und zur Gänze in derselben Währung fällig werden.
(3) Bei allen anderen in eine Nettingvereinbarung einbezogenen Kontrakten können die geltenden Prozentsätze gemäß Tabelle 6 herabgesetzt werden:

Tabelle 6

Ursprungslaufzeit	Zinskontrakte	Devisenkontrakte
Höchstens ein Jahr	0,35 %	1,50 %
Länger als ein Jahr, aber nicht länger als 2 Jahre	0,75 %	3,75 %
Zusätzliche Berücksichtigung jedes weiteren Jahres	0,75 %	2,25 %

(4) Bei Zinskontrakten können die Institute mit Zustimmung der für sie zuständigen Behörden entweder die Ursprungs- oder die Restlaufzeit wählen.

Abschnitt 8   Positionen im Handelsbuch

Artikel 299   Positionen im Handelsbuch

(1) Für die Anwendung dieses Artikels enthält Anhang II einen Verweis auf die in Anhang I Abschnitt C Nummer 8 der Richtlinie 2004/39/EG genannten derivativen Instrumente für die Übertragung von Kreditrisiken.

(2) Bei der Berechnung der risikogewichteten Positionsbeträge für das Gegenparteiausfallrisiko bei Handelsbuchpositionen halten die Institute die folgenden Grundsätze ein:

a) Um bei Gesamtrenditeswap- und Kreditausfallswap-Kreditderivativen nach der in Abschnitt 3 beschriebenen Methode einen potenziellen künftigen Wiederbeschaffungswert zu ermitteln, wird der Nominalwert des Instruments mit den folgenden Prozentsätzen multipliziert:
   i) 5 %, wenn die Referenzverbindlichkeit – würde sie eine direkte Risikoposition des Instituts begründen – für die Zwecke von Teil 3 Titel IV Kapitel 2 anerkannt werden könnte,
   ii) 10 %, wenn die Referenzverbindlichkeit – würde sie eine direkte Risikoposition des Instituts begründen – nicht für die Zwecke von Teil 3 Titel IV Kapitel 2 anerkannt werden könnte.
   Für ein Institut, dessen aus einem Kreditausfallswap resultierende Risikoposition eine Kaufposition im Basiswert darstellt, darf als Prozentsatz für den potenziellen künftigen Wiederbeschaffungswert 0 % angesetzt werden, es sei denn, der Kreditausfallswap muss bei Insolvenz des Unternehmens, dessen aus einem Kreditausfallswap resultierende Risikoposition eine Verkaufsposition im Basiswert darstellt, auch dann glattgestellt werden, wenn der Basiswert nicht ausgefallen ist.
   Besichert das Kreditderivat den ›n-ten Ausfall‹ in einem Korb zugrunde liegender Verbindlichkeiten, so bestimmt das Institut, welcher der Prozentsätze nach Unterabsatz 1 für die Verbindlichkeit mit der n-t-niedrigsten Kreditqualität gilt, die – würde sie von dem Institut eingegangen – für die Zwecke von Teil 3 Titel IV Kapitel 2 anerkannt werden könnte;
b) zur Anerkennung der Auswirkungen finanzieller Sicherheiten greifen Institute nicht auf die einfache Methode zur Berücksichtigung finanzieller Sicherheiten nach Artikel 222 zurück;
c) bei Pensionsgeschäften und Wertpapier- oder Warenverleih- oder -leihgeschäften, die im Handelsbuch verbucht werden, dürfen Institute als Sicherheit alle Finanzinstrumente und Waren anerkennen, die für eine Aufnahme ins Handelsbuch in Frage kommen;
d) bei Risikopositionen aus OTC-Derivaten, die im Handelsbuch verbucht werden, dürfen Institute Waren, die für eine Aufnahme ins Handelsbuch in Frage kommen, als Sicherheit anerkennen;

e) zur Berechnung der Volatilitätsanpassung in den Fällen, in denen Finanzinstrumente oder Waren, die nach Kapitel 4 nicht anerkennungsfähig sind, mittels einer Sicherheit oder anderweitig verliehen, veräußert oder bereitgestellt bzw. ausgeliehen, angekauft oder entgegengenommen werden und ein Institut die aufsichtlichen Volatilitätsanpassungen nach Kapitel 4 Abschnitt 3 anwendet, so behandeln Institute solche Instrumente und Waren wie Aktien eines Nebenindexes, die an einer anerkannten Börse notiert sind;

f) verwendet ein Institut für Finanzinstrumente oder Waren, die nach Kapitel 4 nicht anerkennungsfähig sind, die auf eigenen Schätzungen beruhenden Volatilitätsanpassungen nach Kapitel 4 Abschnitt 3, so berechnet es die Volatilitätsanpassungen für jeden einzelnen Posten. Hat ein Institut die Erlaubnis zur Verwendung der auf internen Modellen beruhenden Methode nach Kapitel 4 erhalten, darf es diese Methode auch für das Handelsbuch verwenden;

g) bei Netting-Rahmenvereinbarungen für Pensionsgeschäfte, Wertpapier- oder Warenverleih- oder -leihgeschäfte oder andere Kapitalmarkttransaktionen erkennen Institute die Aufrechnung von Positionen im Handels- und im Anlagebuch nur an, wenn die aufgerechneten Geschäfte die folgenden Bedingungen erfüllen:
   i) Alle Geschäfte werden täglich zu Marktkursen neubewertet,
   ii) alle im Rahmen der Geschäfte ausgeliehenen, angekauften oder entgegengenommenen Posten können ohne Anwendung der Buchstaben c bis f als finanzielle Sicherheit gemäß Kapitel 4 anerkannt werden;

h) ist ein im Handelsbuch geführtes Kreditderivat Teil eines internen Absicherungsgeschäfts und ist diese Absicherung gemäß Artikel 204 im Rahmen dieser Verordnung anerkannt, wenden Institute eine der folgenden Methoden an:
   i) Sie verfahren so, als bestünde bei der Position in diesem Kreditderivat kein Gegenparteiausfallrisiko;
   ii) wenn die Kreditbesicherung nach Kapitel 4 anerkennungsfähig ist, beziehen sie alle im Handelsbuch geführten Kreditderivate, die Bestandteil der internen Absicherungsgeschäfte sind oder zur Absicherung einer CCR-Risikoposition erworben wurden, durchgängig in die Berechnung der Eigenmittelanforderungen für das Gegenparteiausfallrisiko ein.

Abschnitt 9   Eigenmittelanforderungen für Risikopositionen gegenüber einer zentralen Gegenpartei

Artikel 300   Begriffsbestimmungen

Für die Zwecke dieses Abschnitts bezeichnet der Ausdruck
1. ›insolvenzgeschützt‹ in Bezug auf Kundenvermögenswerte den Umstand, dass wirksame Vereinbarungen bestehen, die verhindern, dass bei Insolvenz einer zentralen Gegenpartei (ZGP) oder eines Clearingmitglieds die Gläubiger dieser zentralen Gegenpartei bzw. dieses Clearingmitglieds auf jene Vermögenswerte zugreifen können, oder dass das Clearingmitglied auf die Vermögenswerte zugreifen kann, um Verluste abzudecken, die es aufgrund des Ausfalls eines oder mehrerer anderer Kunden als jener, die diese Vermögenswerte eingebracht haben, erlitten hat;
2. ›ZGP-bezogenes Geschäft‹ einen Kontrakt oder ein Geschäft nach Artikel 301 Absatz 1 zwischen einem Kunden und einem Clearingmitglied, der/das unmittelbar mit einem Kontrakt oder einem Geschäft nach jenem Absatz zwischen diesem Clearingmitglied und einer ZGP in Beziehung steht;
3. ›Clearingmitglied‹ ein Clearingmitglied im Sinne des Artikels 2 Nummer 14 der Verordnung (EU) Nr. 648/2012;
4. ›Kunde‹ einen Kunden im Sinne des Artikels 2 Nummer 15 der Verordnung (EU) Nr. 648/2012 oder ein Unternehmen, das gemäß Artikel 4 Absatz 3 der Verordnung (EU) Nr. 648/2012 eine indirekte Clearingvereinbarung mit einem Clearingmitglied getroffen hat.

Artikel 301 Sachlicher Geltungsbereich

(1) Dieser Abschnitt gilt für die nachstehend genannten Kontrakte und Geschäfte, solange sie bei einer ZGP ausstehend sind:
a) die in Anhang II genannten Geschäfte sowie Kreditderivate,
b) Pensionsgeschäfte,
c) Wertpapier- oder Warenverleih- oder -leihgeschäfte,
d) Geschäfte mit langer Abwicklungsfrist,
e) Lombardgeschäfte.

(2) Institute können für die in Absatz 1 bezeichneten bei einer qualifizierten ZGP ausstehenden Kontrakte und Geschäfte eine der beiden nachstehenden Behandlungen wählen:
a) die Behandlung von Handelsrisikopositionen und Risikopositionen aus Beiträgen zu Ausfallfonds nach Artikel 306 – ausgenommen die Behandlung nach Absatz 1 Buchstabe b jenes Artikels – bzw. Artikel 307,
b) die Behandlung nach Artikel 310.

(3) Institute wenden auf die in Absatz 1 genannten bei einer nicht qualifizierten ZGP ausstehenden Kontrakte und Geschäfte die Behandlung nach Artikel 306 – ausgenommen die Behandlung nach Absatz 1 Buchstabe a jenes Artikels – bzw. Artikel 309 an.

Artikel 302 Überwachung der Risikopositionen gegenüber zentralen Gegenparteien

(1) Institute überwachen alle ihre Risikopositionen gegenüber zentralen Gegenparteien und richten Verfahren zur regelmäßigen Information der Geschäftsleitung sowie des/der zuständigen Ausschusses/Ausschüsse des Leitungsorgans über diese Risikopositionen ein.

(2) Institute bewerten anhand geeigneter Szenarioanalysen und Stresstests, ob die Höhe der Eigenmittel zur Unterlegung der Risikopositionen gegenüber einer zentralen Gegenpartei, einschließlich der potenziellen künftigen Wiederbeschaffungswerte, Risikopositionen aus Beiträgen zu Ausfallfonds und – wenn das Institut als Clearingmitglied auftritt – Risikopositionen aus vertraglichen Vereinbarungen gemäß Artikel 304 die diesen Geschäften innewohnenden Risiken angemessen widerspiegelt.

Artikel 303 Behandlung der Risikopositionen von Clearingmitgliedern gegenüber zentralen Gegenparteien

Tritt ein Institut entweder für eigene Zwecke oder als Finanzintermediär zwischen einem Kunden und einer ZGP als Clearingmitglied auf, so berechnet es die Eigenmittelanforderungen für seine Risikopositionen gegenüber der ZGP nach Artikel 301 Absätze 2 und 3.

Artikel 304 Behandlung der Risikopositionen von Clearingmitgliedern gegenüber Kunden

(1) Tritt ein Institut als Clearingmitglied und in dieser Funktion als Finanzintermediär zwischen einem Kunden und einer ZGP auf, berechnet es die Eigenmittelanforderungen für seine ZGP-bezogenen Geschäfte mit dem Kunden gemäß den Abschnitten 1 bis 8 dieses Kapitels bzw. nach Teil III Titel VI.

(2) Schließt ein Institut, das als Clearingmitglied auftritt, mit dem Kunden eines anderen Clearingmitglieds eine vertragliche Vereinbarung, die für diesen Kunden im Einklang mit Artikel 48 Absätze 5 und 6 der Verordnung (EU) Nr. 648/2012 die Über-

tragung von Positionen und Sicherheiten nach Artikel 305 Absatz 2 Buchstabe b erleichtert, und ergibt sich aus dieser vertraglichen Vereinbarung eine Eventualverbindlichkeit für das Institut, so darf es dieser Eventualverbindlichkeit einen Risikopositionswert von Null zuweisen.

(3) Ein Institut, das als Clearingmitglied auftritt, darf eine kürzere Nachschuss-Risikoperiode zugrundelegen, wenn es die Eigenmittelanforderungen für seine Risikopositionen gegenüber einem Kunden nach der auf einem internen Modell beruhenden Methode berechnet. Die von dem Institut zugrundegelegte Nachschuss-Risikoperiode beträgt mindestens fünf Tage.

(4) Ein Institut, das als Clearingmitglied auftritt, darf seine Forderungshöhe bei Ausfall (EAD) mit einem Skalar multiplizieren, wenn es die Eigenmittelanforderungen für seine Risikopositionen gegenüber einem Kunden nach der Marktbewertungs-, der Standard- oder der Ursprungsrisikomethode berechnet. Die Institute dürfen folgende Skalare anwenden:
a) 0,71 bei einer Nachschuss-Risikoperiode von fünf Tagen,
b) 0,77 bei einer Nachschuss-Risikoperiode von sechs Tagen,
c) 0,84 bei einer Nachschuss-Risikoperiode von sieben Tagen,
d) 0,89 bei einer Nachschuss-Risikoperiode von acht Tagen,
e) 0,95 bei einer Nachschuss-Risikoperiode von neun Tagen,
f) 1 bei einer Nachschuss-Risikoperiode von zehn Tagen oder länger.

(5) Die EBA arbeitet Entwürfe technischer Regulierungsstandards aus, um die Nachschuss-Risikoperioden zu präzisieren, die Institute für die Zwecke der Absätze 3 und 4 zugrundelegen dürfen.

Bei der Ausarbeitung dieser Entwürfe technischer Regulierungsstandards wendet die EBA folgende Grundsätze an:
a) sie legt für jede Art von Kontrakten und Geschäften nach Artikel 301 Absatz 1 die Nachschuss-Risikoperiode fest;
b) die gemäß Buchstabe a festzulegenden Nachschuss-Risikoperioden spiegeln die Glattstellungsperiode der in jenem Buchstaben bezeichneten Kontrakte und Geschäfte wider.

Die EBA legt der Kommission diese Entwürfe technischer Regulierungsstandards bis zum 30. Juni 2014 vor.

Der Kommission wird die Befugnis übertragen, die technischen Regulierungsstandards nach Unterabsatz 1 gemäß den Artikeln 10 bis 14 der Verordnung (EU) Nr. 1093/2010 zu erlassen.

Artikel 305 Behandlung der Risikopositionen von Kunden

(1) Ist ein Institut Kunde eines Clearingmitglieds, so berechnet es die Eigenmittelanforderungen für seine ZGP-bezogenen Geschäfte mit seinem Clearingmitglied nach den Abschnitten 1 bis 8 dieses Kapitels und gegebenenfalls nach Teil III Titel VI.

(2) Unbeschadet der Vorgehensweise gemäß Absatz 1 darf ein Institut, das Kunde ist, die Eigenmittelanforderungen für seine Handelsrisikopositionen aus ZGP-bezogenen Geschäften mit seinem Clearingmitglied nach Artikel 306 berechnen, sofern alle nachstehenden Bedingungen erfüllt sind:
a) Die mit diesen Geschäften zusammenhängenden Positionen und Vermögenswerte des Instituts sind sowohl auf Ebene des Clearingmitglieds als auch auf Ebene der ZGP von den Positionen und Vermögenswerten des Clearingmitglieds und seiner anderen Kunden abgegrenzt und getrennt, so dass sie aufgrund dieser Abgrenzung und Trennung bei Ausfall oder Insolvenz des Clearingmitglieds oder eines oder mehrerer seiner Kunden insolvenzgeschützt sind;
b) die für dieses Institut oder die ZGP jeweils geltenden Gesetze, Vorschriften und Regeln sowie bindenden vertraglichen Vereinbarungen erleichtern die Übertra-

gung der Positionen, die der Kunde in diesen Kontrakten und Geschäften hält, samt der zugehörigen Sicherheiten auf ein anderes Clearingmitglied innerhalb der maßgeblichen Nachschuss-Risikoperiode, wenn das ursprüngliche Clearingmitglied ausfällt oder Insolvenz anmeldet. In einem solchen Fall werden die Positionen des Kunden und die Sicherheiten zum Marktwert übertragen, sofern der Kunde nicht die Glattstellung der Position zum Marktwert verlangt;
c) das Institut verfügt über ein unabhängiges schriftliches und mit einer Begründung versehenes Rechtsgutachten, aus dem hervorgeht, dass die einschlägigen Gerichte und Verwaltungsbehörden im Falle einer rechtlichen Anfechtung entscheiden würden, dass dem Kunden aufgrund der Insolvenz seines Clearingmitglieds oder eines von dessen Kunden nach dem Recht des Staates, in dem das Institut, sein Clearingmitglied und die ZGP ihren Sitz haben, dem für die von dem Institut über die ZGP abgerechneten Geschäfte und Kontrakte geltenden Recht, dem für die Sicherheiten geltenden Recht und dem Recht, das für Verträge oder Vereinbarungen gilt, die zur Einhaltung der Bedingung nach Buchstabe b geschlossen werden müssen, keine Verluste entstehen;
d) die ZGP ist eine qualifizierte ZGP.

(3) Unbeschadet der Bedingungen nach Absatz 2 gilt Folgendes: Ist ein Institut, das Kunde ist, nicht gegen Verlust geschützt, falls das Clearingmitglied und einer von dessen anderen Kunden gemeinsam ausfallen, alle anderen Bedingungen des Absatzes 2 jedoch erfüllt sind, darf der Kunde die Eigenmittelanforderungen für seine Handelsrisikopositionen aus ZGP-bezogenen Geschäften mit seinem Clearingmitglied nach Artikel 306 berechnen, wenn er dabei anstelle des Risikogewichts von 2 % gemäß Absatz 1 Buchstabe a jenes Artikels eines von 4 % ansetzt.

(4) Nimmt ein Institut, das Kunde ist, die Dienste einer ZGP durch indirekte Clearingvereinbarungen im Sinne des Artikels 4 Absatz 3 der Verordnung (EU) Nr. 648/2012 in Anspruch, darf es die Behandlung nach Absatz 2 oder nach Absatz 3 nur anwenden, wenn die Bedingungen des jeweiligen Absatzes auf jeder Stufe der Kette zwischengeschalteter Stellen eingehalten werden.

Artikel 306   Eigenmittelanforderungen für Handelsrisikopositionen

(1) Ein Institut behandelt seine Handelsrisikopositionen gegenüber ZGP wie folgt:
a) Es wendet auf die Risikopositionswerte aller seiner Handelsrisikopositionen gegenüber qualifizierten ZGP ein Risikogewicht von 2 % an;
b) es setzt für alle seine Handelsrisikopositionen gegenüber nicht qualifizierten ZGP das Risikogewicht gemäß dem Standardansatz für das Kreditrisiko nach Artikel 107 Absatz 2 Buchstabe b an;
c) tritt ein Institut als Finanzintermediär zwischen einem Kunden und einer ZGP auf und sehen die Bedingungen des ZGP-bezogenen Geschäfts keine Verpflichtung des Instituts vor, dem Kunden bei einem Ausfall der ZGP Verluste aufgrund von Wertänderungen des betreffenden Geschäfts zu erstatten, ist der Risikopositionswert des Geschäfts mit der ZGP, das dem ZGP-bezogenen Geschäft entspricht, gleich Null.

(2) Ungeachtet des Absatzes 1 darf ein Institut für den Fall, dass die für eine ZGP oder ein Clearingmitglied als Sicherheit gestellten Vermögenswerte bei Insolvenz der ZGP, des Clearingmitglieds oder eines oder mehrerer Kunden des Clearingmitglieds geschützt sind, für diese Vermögenswerte einen CCR-Risikopositionswert von Null ansetzen.

(3) Ein Institut berechnet die Risikopositionswerte seiner Handelsrisikopositionen gegenüber einer ZGP nach den Abschnitten 1 bis 8 dieses Kapitels, wie jeweils maßgebend.

(4) Für die Zwecke des Artikels 92 Absatz 3 berechnet ein Institut die risikogewichteten Positionsbeträge für seine Handelsrisikopositionen gegenüber ZGP, indem es die Summe der nach den Absätzen 2 und 3 berechneten Risikopositionswerte seiner Handelsrisikopositionen gegenüber ZGP mit dem nach Absatz 1 bestimmten Risikogewicht multipliziert.

Artikel 307 Eigenmittelanforderungen für vorfinanzierte Beiträge zum Ausfallfonds einer ZGP

Ein Institut, das als Clearingmitglied auftritt, behandelt die aus seinen Beiträgen zum Ausfallfonds einer ZGP resultierenden Risikopositionen wie folgt:
a) Es berechnet die Eigenmittelanforderung zur Unterlegung seiner vorfinanzierten Beiträge zum Ausfallfonds einer qualifizierten ZGP gemäß dem Ansatz nach Artikel 308;
b) Es berechnet die Eigenmittelanforderung zur Unterlegung seiner vorfinanzierten Beiträge zum Ausfallfonds einer nicht qualifizierten ZGP gemäß dem Ansatz nach Artikel 309.

Artikel 308 Eigenmittelanforderungen für vorfinanzierte Beiträge zum Ausfallfonds einer qualifizierten ZGP

(1) Der Risikopositionswert des vorfinanzierten Beitrags eines Instituts zum Ausfallfonds einer qualifizierten ZGP (DF_i) ist der eingezahlte Betrag oder der Marktwert der von dem betreffenden Institut gelieferten Vermögenswerte, abzüglich des Teils des Beitrags, den die qualifizierte ZGP bereits verwendet hat, um ihre Verluste infolge des Ausfalls eines oder mehrerer ihrer Clearingmitglieder aufzufangen.

(2) Ein Institut berechnet die Eigenmittelanforderung (K_i) zur Unterlegung der aus seinem vorfinanzierten Beitrag (DF_i) resultierenden Risikopositionen nach folgender Formel:

$$K_i = \left(1 + \beta \cdot \frac{N}{N-2}\right) \cdot \frac{DF_i}{DF_{CM}} \cdot K_{CM}$$

dabei entspricht

β = dem Konzentrationsfaktor, der dem Institut von der ZGP mitgeteilt wurde,

N = der Anzahl an Clearingmitgliedern, die dem Institut von der ZGP mitgeteilt wurde,

DF_{CM} = der Summe der vorfinanzierten Beiträge aller Clearingmitglieder der ZGP ($\sum DF_i$), die dem Institut von der ZGP mitgeteilt wurde,

K_{CM} = der Summe der Eigenmittelanforderungen aller Clearing-Mitglieder der ZGP, die nach der jeweils anzuwendenden Formel in Absatz 3 ($\sum_i K_i$) ermittelt wurde.

(3) Ein Institut berechnet K_{CM} wie folgt:
a) wenn $K_{CCP} \leq DF_{CCP}$, verwende das Institut folgende Formel:

$$K_{cm} = c_1 \cdot DF^*_{CM};$$

b) wenn $DF_{CCP} < K_{CCP} \leq DF^*$, verwendet das Institut folgende Formel:

$$K_{CM} = c_2 \cdot (K_{CCP} - DF_{CCP}) + c_1 \cdot (DF^* - K_{CCP});$$

c) wenn $DF^* < K_{CCP}$, verwendet das Institut folgende Formel:

$$K_{CM} = c_2 \cdot \mu \cdot (K_{CCP} - DF^*) + c_2 \cdot DF^*_{CM}$$

dabei entspricht

DF_{CCP} = den aus den vorfinanzierten Beiträgen gebildeten finanziellen Ressourcen der ZGP, die dem Institut von der ZGP mitgeteilt wurden,

K_{CCP} = der hypothetischen Kapitalanforderung der ZGP, die dem Institut von der ZGP mitgeteilt wurde,

DF^* = $DF_{CCP} + DF^*_{CM}$,

DF^*_{CM} = $DF_{CM} - 2 \cdot \overline{DF_i}$,

$\overline{DF_i}$ = dem durchschnittlichen vorfinanzierten Beitrag $\frac{1}{N} \cdot DF_{CM}$, der dem Institut von der ZGP mitgeteilt wurde,

c_1 = einem Kapitalfaktor von

$$\max\left\{\frac{1{,}6\%}{\left(\frac{DF^*}{K_{CCP}}\right)^{0.3}}, 0{,}16\%\right\}$$

c_2 = einem Kapitalfaktor von 100%.

μ = 1,2.

(4) Für die Zwecke des Artikels 92 Absatz 3 berechnet ein Institut die risikogewichteten Positionsbeträge für die aus seinen vorfinanzierten Beiträgen resultierenden Risikopositionen, indem es die nach Absatz 2 ermittelte Eigenmittelanforderung (K_i) mit 12,5 multipliziert.

(5) Wenn K_{CCP} gleich Null ist, setzen die Institute bei der Berechnung nach Absatz 3 für c_1 den Wert 0,16% ein.

Artikel 309 Eigenmittelanforderungen für vorfinanzierte Beiträge zum Ausfallfonds einer nicht qualifizierten ZGP und für nicht vorfinanzierte Beiträge zu einer nicht qualifizierten ZGP

(1) Ein Institut berechnet die Eigenmittelanforderung (K_i) für die Risikopositionen aus seinen vorfinanzierten Beiträgen zum Ausfallfonds einer nicht qualifizierten ZGP (DF_i) und aus nicht vorfinanzierten Beiträgen zu einer solchen ZGP (UC_i) nach folgender Formel:

$$K_i = c2 \cdot \mu \cdot (DF_i + UC_i)$$

wobei für c_2 und μ die jeweilige Definition des Artikels 308 Absatz 3 gilt.

(2) Für die Zwecke des Absatzes 1 bezeichnet ›nicht vorfinanzierte Beiträge‹ Beiträge, deren Zahlung ein als Clearingmitglied auftretendes Institut einer ZGP vertraglich zugesagt hat, wenn diese die Mittel ihres Ausfallfonds verbraucht hat, um nach dem Ausfall eines oder mehrerer ihrer Clearingmitglieder die dadurch bedingten Verluste abzudecken.

(3) Für die Zwecke des Artikels 92 Absatz 3 berechnet ein Institut die risikogewichteten Positionsbeträge für die aus seinen vorfinanzierten Beiträgen resultierenden Risikopositionen, indem es die nach Absatz 1 ermittelte Eigenmittelanforderung (K_i) mit 12,5 multipliziert.

Artikel 310 Alternative Berechnung der Eigenmittelanforderung für Risikopositionen gegenüber einer qualifizierten ZGP

Ein Institut berechnet die Eigenmittelanforderung (K_i) zur Unterlegung des aus eigenen Handelsrisikopositionen und Handelsrisikopostionen seiner Kunden (TE_i) sowie vorfinanzierten Beiträgen (DF_i) zum Ausfallfonds einer qualifizierten ZGP resultierenden Risikos nach folgender Formel:

$$K_i = 8\% \cdot min[2\% \cdot TE_i + 1250\% \cdot DF_i; 20\% \cdot TE_i]$$

Artikel 311 Eigenmittelanforderungen für Risikopositionen gegenüber ZGP, die bestimmte Bedingungen nicht mehr erfüllen

(1) Ein Institut wendet die Behandlung gemäß diesem Artikel an, wenn mindestens eine der beiden folgenden Bedingungen erfüllt ist:
a) Die ZGP hat ihm wie nach Artikel 50 b Buchstabe j Ziffer ii der Verordnung (EU) Nr. 648/2012 vorgeschrieben mitgeteilt, dass sie K_{CCP} nicht länger berechnet;
b) das Institut hat – nach einer öffentlichen Bekanntmachung oder durch eine Mitteilung der für eine ZGP zuständigen Behörde oder der betreffenden ZGP selbst – davon Kenntnis erhalten, dass die ZGP die Bedingungen für ihre Zulassung bzw. Anerkennung nicht länger erfüllen wird.

(2) Trifft nur der Sachverhalt nach Absatz 1 Buchstabe a zu, überprüft die zuständige Behörde, warum die ZGP K_{CCP} nicht länger berechnet.
Ist die zuständige Behörde der Ansicht, dass die Gründe für den Sachverhalt nach Unterabsatz 1 triftig sind, kann sie Instituten in ihrem Mitgliedstaat gestatten, ihre Handelsrisikopositionen und Beiträge zum Ausfallfonds der ZGP gemäß Artikel 310 zu behandeln. Gibt sie diese Erlaubnis, begründet sie ihre Entscheidung.
Ist die zuständige Behörde der Ansicht, dass die Gründe für den Sachverhalt nach Unterabsatz 1 nicht triftig sind, müssen alle Institute in ihrem Mitgliedstaat unabhängig davon, welche Behandlung sie nach Artikel 301 Absatz 2 gewählt haben, die Behandlung nach Absatz 3 Buchstaben a bis d anwenden.

(3) Ist der Umstand nach Absatz 1 Buchstabe b eingetreten, muss ein Institut – unabhängig davon, ob der Sachverhalt nach Absatz 1 Buchstabe a zutrifft oder nicht – innerhalb von drei Monaten nach Eintreten des Umstands nach Absatz 1 Buchstabe b oder früher, wenn die zuständige Behörde des Instituts dies verlangt, hinsichtlich seiner Risikopositionen gegenüber der betreffenden ZGP Folgendes tun:
a) die nach Artikel 301 Absatz 2 gewählte Behandlung nicht länger anwenden,
b) seine Handelsrisikopositionen gegenüber der ZGP gemäß Artikel 306 Absatz 1 Buchstabe b behandeln,
c) seine vorfinanzierten Beiträge zum Ausfallfonds der ZGP und seine nicht vorfinanzierten Beiträge zu der ZGP gemäß Artikel 309 behandeln,
d) andere als die unter den Buchstaben b und c bezeichneten Risikopositionen gegenüber der ZGP wie Risikopositionen gegenüber einem Unternehmen nach dem Standardansatz für das Kreditrisiko gemäß Kapitel 2 behandeln.

Titel III Eigenmittelanforderungen für das operationelle Risiko

Kapitel 1 Allgemeine Grundsätze für die Verwendung der verschiedenen Ansätze

Artikel 312 Genehmigung und Anzeige

(1) Den Standardansatz dürfen nur Institute verwenden, die die Bedingungen des Artikels 320 und außerdem die allgemeinen Risikomanagement-Standards nach den Artikeln 74 und 85 der Richtlinie 2013/36/EU erfüllen. Die Institute setzen die zuständigen Behörden vor einer Verwendung des Standardansatzes in Kenntnis.
Die zuständigen Behörden gestatten den Instituten, für die Geschäftsfelder ›Privatkundengeschäft‹ und ›Firmenkundengeschäft‹ einen alternativen maßgeblichen Indikator zu verwenden, sofern die Bedingungen des Artikels 319 Absatz 2 und des Artikels 320 erfüllt sind.

(2) Die zuständigen Behörden gestatten den Instituten, fortgeschrittene Messansätze zu verwenden, die auf ihrem eigenen System für die Messung des operationellen Risikos basieren, sofern sämtliche qualitativen und quantitativen Anforderun-

gen der Artikel 321 bzw. 322 erfüllt sind und die Institute die allgemeinen Risikomanagement-Standards der Artikeln 74 und 85 der Richtlinie 2013/36/EU und des Titels VII Kapitel 3 Abschnitt 2 jener Richtlinie einhalten.

Beabsichtigen Institute, diese fortgeschrittenen Messansätze wesentlich zu erweitern oder zu ändern, so beantragen sie bei ihren zuständigen Behörden ebenfalls eine Erlaubnis. Die zuständigen Behörden geben die Erlaubnis nur, wenn die Institute die in Unterabsatz 1 genannten Anforderungen und Standards nach diesen wesentlichen Erweiterungen und Änderungen weiterhin erfüllen.

(3) Institute zeigen den zuständigen Behörden jede Änderung ihrer Modelle fortgeschrittener Messansätze an.

(4) Die EBA arbeitet Entwürfe technischer Regulierungsstandards aus, in denen Folgendes präzisiert wird:
a) die Beurteilungsmethode, nach der die zuständigen Behörden den Instituten die Verwendung von AMA gestatten,
b) die Kriterien für die Beurteilung, ob die Erweiterungen und Änderungen der fortgeschrittenen Messansätze wesentlich sind,
c) die Einzelheiten der Anzeige nach Absatz 3.

Die EBA legt der Kommission diese Entwürfe technischer Regulierungsstandards bis zum 31. Dezember 2014 vor.

Der Kommission wird die Befugnis übertragen, die technischen Regulierungsstandards nach Unterabsatz 1 gemäß den Artikeln 10 bis 14 der Verordnung (EU) Nr. 1093/2010 zu erlassen.

Artikel 313   Rückkehr zu weniger komplizierten Ansätzen

(1) Institute, die den Standardansatz verwenden, kehren nicht zur Anwendung des Basisindikatoransatzes zurück, es sei denn, die Voraussetzungen nach Absatz 3 sind erfüllt.

(2) Institute, die fortgeschrittene Messansätze verwenden, kehren nicht zur Anwendung des Standardansatzes oder des Basisindikatoransatzes zurück, es sei denn, die Voraussetzungen nach Absatz 3 sind erfüllt.

(3) Ein Institut darf nur dann zu einem weniger komplizierten Ansatz für das operationelle Risiko zurückkehren, wenn die beiden folgenden Voraussetzungen erfüllt sind:
a) Das Institut hat den zuständigen Behörden nachgewiesen, dass es die Anwendung eines weniger komplizierten Ansatzes nicht vorschlägt, um die Eigenmittelanforderungen für das operationelle Risiko des Instituts zu verringern, und dass die Anwendung eines solchen Ansatzes angesichts der Art und der Komplexität des Instituts notwendig ist und weder die Solvenz des Instituts noch dessen Fähigkeit, operationelle Risiken wirksam zu steuern, wesentlich beeinträchtigen würde;
b) es hat vorab eine entsprechende Genehmigung der zuständigen Behörde erhalten.

Artikel 314   Kombination verschiedener Ansätze

(1) Institute dürfen verschiedene Ansätze kombinieren, sofern die zuständigen Behörden dies gestatten. Die zuständigen Behörden geben eine solche Erlaubnis, sofern die einschlägigen Voraussetzungen der Absätze 2 bis 4 erfüllt sind.

(2) Ein Institut darf einen fortgeschrittenen Messansatz mit dem Basisindikatoransatz oder dem Standardansatz kombinieren, sofern die beiden folgenden Voraussetzungen erfüllt sind:
a) Die Kombination der Ansätze erfasst sämtliche operationellen Risiken des Instituts, und die zuständigen Behörden halten die von dem Institut verwendete Methodik zur Erfassung der verschiedenen Tätigkeiten, geografischen Standorte, Rechts-

strukturen oder sonstigen wesentlichen intern vorgenommenen Aufteilungen für überzeugend.
b) Die Bedingungen des Artikels 320 und die Standards nach Maßgabe der Artikel 321 und 322 sind hinsichtlich der Tätigkeiten, auf die der Standardansatz bzw. die fortgeschrittenen Messansätze angewandt werden, erfüllt.

(3) Die zuständigen Behörden verlangen von Instituten, die einen fortgeschrittenen Messansatz mit dem Basisindikatoransatz oder mit dem Standardansatz kombinieren wollen, dass für die Erteilung einer Genehmigung zusätzlich folgende Voraussetzungen erfüllt sind:
a) Zum Zeitpunkt seiner erstmaligen Anwendung erfasst ein fortgeschrittener Messansatz einen erheblichen Teil der operationellen Risiken des Instituts;
b) das Institut verpflichtet sich, den fortgeschrittenen Messansatz nach einem den zuständigen Behörden vorgelegten und durch diese genehmigten Zeitplan auf einen wesentlichen Teil seiner Tätigkeiten anzuwenden.

(4) Ein Institut darf nur im Ausnahmefall bei einer zuständigen Behörde eine Genehmigung für die Verwendung einer Kombination aus dem Basisindikatoransatz und dem Standardansatz beantragen, beispielsweise bei der Übernahme eines neuen Geschäfts, auf das der Standardansatz möglicherweise erst nach einer Übergangszeit angewandt werden kann.
Eine zuständige Behörde erteilt eine solche Genehmigung nur, wenn das Institut sich verpflichtet hat, den Standardansatz nach dem den zuständigen Behörden vorgelegten und durch diese genehmigten Zeitplan anzuwenden.
(5) Die EBA arbeitet Entwürfe technischer Regulierungsstandards aus, in denen Folgendes präzisiert wird:
a) die von den zuständigen Behörden bei der Beurteilung der Methodik im Sinne von Absatz 2 Buchstabe a zu berücksichtigenden Voraussetzungen,
b) die von den zuständigen Behörden bei der Entscheidung, ob die Erfüllung zusätzlicher Voraussetzungen nach Absatz 3 zu verlangen ist, zu berücksichtigenden Kriterien.

Die EBA legt der Kommission diese Entwürfe technischer Regulierungsstandards bis zum 31. Dezember 2016 vor.
Der Kommission wird die Befugnis übertragen, die technischen Regulierungsstandards nach Unterabsatz 1 gemäß den Artikeln 10 bis 14 der Verordnung (EU) Nr. 1093/2010 zu erlassen.

Kapitel 2   Basisindikatoransatz

Artikel 315   Eigenmittelanforderung

(1) Beim Basisindikatoransatz beträgt die Eigenmittelanforderung für das operationelle Risiko 15 % des Dreijahresdurchschnitts des maßgeblichen Indikators gemäß Artikel 316.
Die Institute berechnen den Dreijahresdurchschnitt des maßgeblichen Indikators aus den letzten drei Zwölfmonatsbeobachtungen zum Abschluss des Geschäftsjahres. Liegen keine geprüften Zahlen vor, so können die Institute Schätzungen heranziehen.
(2) Ist ein Institut seit weniger als drei Jahren tätig, kann es bei der Berechnung des maßgeblichen Indikators zukunftsgerichtete Schätzungen verwenden, sofern es zur Verwendung historischer Daten übergeht, sobald diese verfügbar sind.
(3) Kann ein Institut seiner zuständigen Behörde nachweisen, dass die Verwendung eines Dreijahresdurchschnitts zur Berechnung des maßgeblichen Indikators wegen einer Verschmelzung, einem Erwerb oder einer Veräußerung von Unternehmen

oder Geschäftsbereichen die Schätzung der Eigenmittelanforderung für das operationelle Risiko verzerren würde, kann die zuständige Behörde dem Institut gestatten, die Berechnung dahin gehend anzupassen, dass solche Ereignisse berücksichtigt werden; sie zeigt dies der EBA ordnungsgemäß an. Unter solchen Umständen kann die zuständige Behörde auch von sich aus von einem Institut verlangen, die Berechnung anzupassen.

(4) Ist der maßgebliche Indikator in einem der Beobachtungszeiträume negativ oder gleich Null, so beziehen die Institute diesen Wert nicht in die Berechnung des Dreijahresdurchschnitts ein. Die Institute berechnen den Dreijahresdurchschnitt als die Summe der positiven Werte, geteilt durch die Anzahl der positiven Werte.

Artikel 316 Maßgeblicher Indikator

(1) Für Institute, die die Rechnungslegungsvorschriften der Richtlinie 86/635/EWG unter Zugrundelegung der Gliederung der Gewinn- und Verlustrechnung von Instituten nach Artikel 27 jener Richtlinie anwenden, ist der maßgebliche Indikator die Summe der in Tabelle 1 genannten Posten. Die Institute berücksichtigen in der Summe jeden Wert mit seinem positiven oder negativen Vorzeichen.

Tabelle 1

1	Zinserträge und ähnliche Erträge
2	Zinsaufwendungen und ähnliche Aufwendungen
3	Erträge aus Aktien, anderen Anteilsrechten und nicht festverzinslich/festverzinslichen Wertpapieren
4	Erträge aus Provisionen und Gebühren
5	Aufwendungen für Provisionen und Gebühren
6	Ertrag/Aufwand aus Finanzgeschäften
7	Sonstige betriebliche Erträge

Die Institute passen diese Posten an, um den folgenden Bestimmungen gerecht zu werden:
a) Die Institute berechnen den maßgeblichen Indikator vor Abzug der Rückstellungen, Risikovorsorge und Betriebsausgaben. Die Institute berücksichtigen in den Betriebsausgaben Gebühren für die Auslagerung von Dienstleistungen, die von Dritten erbracht werden, die weder ein Mutter- noch ein Tochterunternehmen des Instituts sind noch ein Tochterunternehmen eines Mutterunternehmens, das auch das Mutterunternehmen des Instituts ist. Die Institute dürfen Aufwendungen für Auslagerungen von Dienstleistungen, die durch Dritte erbracht werden, verwenden, um den maßgeblichen Indikator zu mindern, wenn die Aufwendungen von einem Unternehmen erhoben werden, auf das diese Verordnung oder gleichwertige Vorschriften Anwendung finden;
b) folgende Posten dürfen von den Instituten nicht in die Berechnung des maßgeblichen Indikators einbezogen werden:
   i) realisierte Gewinne/Verluste aus der Veräußerung von Positionen, die nicht dem Handelsbuch zuzurechnen sind,
   ii) außerordentliche oder unregelmäßige Erträge,
   iii) Erträge aus Versicherungstätigkeiten;
c) werden Neubewertungen von Handelsbuchpositionen in der Gewinn- und Verlustrechnung verbucht, so dürfen die Institute diese in die Berechnung einbeziehen. Bei einer Anwendung von Artikel 36 Absatz 2 der Richtlinie 86/635/EWG sind die in der Gewinn- und Verlustrechnung verbuchten Neubewertungen einzubeziehen.

(2) Wenden die Institute andere Rechnungslegungsvorschriften als die der Richtlinie 86/635/EWG an, so berechnen sie den maßgeblichen Indikator anhand von Daten, die der Definition dieses Artikels am nächsten kommen.

(3) Die EBA arbeitet Entwürfe technischer Regulierungsstandards aus, um die Methodik zur Berechnung des maßgeblichen Indikators gemäß Absatz 2 zu präzisieren.

Die EBA legt der Kommission diese Entwürfe technischer Regulierungsstandards bis zum 31. Dezember 2017 vor.

Der Kommission wird die Befugnis übertragen, die technischen Regulierungsstandards nach Unterabsatz 1 gemäß den Artikeln 10 bis 14 der Verordnung (EU) Nr. 1093/2010 zu erlassen.

Kapitel 3 Standardansatz

Artikel 317 Eigenmittelanforderung

(1) Beim Standardansatz ordnen die Institute ihre Tätigkeiten den in der Tabelle 2 in Absatz 4 genannten Geschäftsfeldern und gemäß den Grundsätzen nach Artikel 318 zu.

(2) Die Institute berechnen die Eigenmittelanforderung für das operationelle Risiko als Dreijahresdurchschnitt der Summe der jährlichen Eigenmittelanforderungen in sämtlichen Geschäftsfeldern der Tabelle 2 in Absatz 4. Die jährliche Eigenmittelanforderung jedes Geschäftsfelds entspricht dem Produkt des einschlägigen in der Tabelle enthaltenen Beta-Faktors und dem Anteil des maßgeblichen Indikators, der dem betreffenden Geschäftsfeld zugeordnet wird.

(3) In jedem Jahr können die Institute eine aus einem negativen Anteil des maßgeblichen Indikators resultierende negative Eigenmittelanforderung in einem Geschäftsfeld unbegrenzt mit den positiven Eigenmittelanforderungen in anderen Geschäftsfeldern verrechnen. Ist jedoch die gesamte Eigenmittelanforderung für alle Geschäftsfelder in einem bestimmten Jahr negativ, so setzen die Institute den Beitrag zum Zähler für dieses Jahr mit Null an.

(4) Die Institute berechnen den Dreijahresdurchschnitt der Summe im Sinne von Absatz 2 aus den letzten drei Zwölfmonatsbeobachtungen zum Abschluss des Geschäftsjahres. Liegen keine geprüften Zahlen vor, so können die Institute Schätzungen heranziehen.

Kann ein Institut seiner zuständigen Behörde nachweisen, dass die Verwendung eines Dreijahresdurchschnitts zur Berechnung des maßgeblichen Indikators wegen einer Verschmelzung, eines Erwerbs oder einer Veräußerung von Unternehmen oder Geschäftsbereichen die Schätzung der Eigenmittelanforderung für das operationelle Risiko verzerren würde, kann die zuständige Behörde dem Institut gestatten, die Berechnung dahin gehend anzupassen, dass solche Ereignisse berücksichtigt werden; sie zeigt dies der EBA ordnungsgemäß an. Unter solchen Umständen kann die zuständige Behörde auch von sich aus von einem Institut verlangen, die Berechnung anzupassen.

Ist ein Institut seit weniger als drei Jahren tätig, kann es bei der Berechnung des maßgeblichen Indikators zukunftsgerichtete Schätzungen verwenden, sofern es zur Verwendung historischer Daten übergeht, sobald diese verfügbar sind.

Tabelle 2

Geschäftsfeld	Liste der Tätigkeiten	Prozentsatz (Beta-Faktor)
Unternehmensfinanzierung/-beratung (Corporate Finance)	Emission oder Platzierung von Finanzinstrumenten mit fester Übernahmeverpflichtung Dienstleistungen im Zusammenhang mit dem Emissionsgeschäft Anlageberatung Beratung von Unternehmen bezüglich Kapitalstruktur, Geschäftsstrategie und damit verbundenen Fragen sowie Beratungs- und sonstige Serviceleistungen im Zusammenhang mit Verschmelzungen und Übernahmen Investment Research und Finanzanalyse sowie andere Arten von allgemeinen Empfehlungen zu Transaktionen mit Finanzinstrumenten	18 %
Handel (Trading and Sales)	Eigenhandel Geldmaklergeschäfte Entgegennahme und Weiterleitung von Aufträgen im Zusammenhang mit einem oder mehreren Finanzinstrumenten Auftragsausführung für Kunden Platzierung von Finanzinstrumenten ohne feste Übernahmeverpflichtung Betrieb multilateraler Handelssysteme	18 %
Wertpapierprovisionsgeschäft (Retail Brokerage) (Geschäfte mit natürlichen Personen oder KMU, die nach Artikel 123 als Mengengeschäft einzustufen sind)	Entgegennahme und Weiterleitung von Aufträgen im Zusammenhang mit einem oder mehreren Finanzinstrumenten Auftragsausführung für Kunden Platzierung von Finanzinstrumenten ohne feste Übernahmeverpflichtung	12 %
Firmenkundengeschäft (Commercial Banking)	Annahme von Einlagen und sonstigen rückzahlbaren Geldern Kreditvergabe Finanzierungsleasing Bürgschaften und Verpflichtungen	15 %

Geschäftsfeld	Liste der Tätigkeiten	Prozentsatz (Beta-Faktor)
Privatkundengeschäft (Retail Banking) (Geschäfte mit natürlichen Personen oder KMU, die nach Artikel 123 als Mengengeschäft einzustufen sind)	Annahme von Einlagen und sonstigen rückzahlbaren Geldern Kreditvergabe, Finanzierungsleasing Bürgschaften und Verpflichtungen	12%
Zahlungsverkehr und Verrechnung (Payment and Settlement)	Geldtransferdienstleistungen Ausgabe und Verwaltung von Zahlungsmitteln	18%
Depot- und Treuhandgeschäfte (Agency Services)	Verwahrung und Verwaltung von Finanzinstrumenten für Rechnung von Kunden, einschließlich Depotverwahrung und verbundene Dienstleistungen wie Liquiditätsmanagement und Sicherheitenverwaltung	15%
Vermögensverwaltung (Asset Management)	Portfoliomanagement OGAW-Verwaltung Sonstige Arten der Vermögensverwaltung	12%

Artikel 318   Grundsätze für die Zuordnung zu Geschäftsfeldern

(1) Die Institute erarbeiten und dokumentieren spezifische Vorschriften und Kriterien für die Zuordnung des maßgeblichen Indikators aus den eigenen aktuellen Geschäftsfeldern und Tätigkeiten in das Grundgerüst des Standardansatzes gemäß Artikel 317. Sie überprüfen diese Vorschriften und Kriterien und passen sie gegebenenfalls an neue oder sich verändernde Geschäftstätigkeiten und -risiken an.

(2) Die Institute wenden für die Zuordnung zu Geschäftsfeldern folgende Grundsätze an:
a) Die Institute ordnen alle Tätigkeiten in einer zugleich überschneidungsfreien und erschöpfenden Art und Weise einem Geschäftsfeld zu;
b) die Institute ordnen jede Tätigkeit, die nicht ohne Weiteres innerhalb dieses Grundgerüsts einem Geschäftsfeld zugeordnet werden kann, die aber eine ergänzende Tätigkeit zu einer im Grundgerüst enthaltenen Tätigkeit ist, dem Geschäftsfeld zu, das sie unterstützt. Wenn mehr als ein Geschäftsfeld durch diese ergänzende Tätigkeit unterstützt wird, wenden die Institute ein objektives Zuordnungskriterium an;
c) kann eine Tätigkeit keinem bestimmten Geschäftsfeld zugeordnet werden, so legen die Institute das Geschäftsfeld mit dem höchsten Prozentsatz zugrunde. Dieses Geschäftsfeld gilt dann auch für die der betreffenden Tätigkeit zugeordneten unterstützenden Tätigkeiten;
d) die Institute können interne Verrechnungsmethoden anwenden, um den maßgeblichen Indikator auf die Geschäftsfelder aufzuteilen. Können in einem Geschäftsfeld generierte Kosten einem anderen Geschäftsfeld zugerechnet werden, so dürfen sie auf dieses andere Geschäftsfeld übertragen werden;
e) die zur Berechnung der Eigenmittelanforderung für das operationelle Risiko vorgenommene Zuordnung der Tätigkeiten zu Geschäftsfeldern steht mit den von den Instituten für das Kredit- und Marktrisiko verwendeten Kategorien im Einklang;

f) die Geschäftsleitung ist unter Aufsicht des Leitungsorgans des Instituts für die Zuordnungsgrundsätze verantwortlich;
g) Die Institute unterziehen den Zuordnungsprozess einer unabhängigen Überprüfung.

(2) Die EBA arbeitet Entwürfe technischer Durchführungsstandards aus, um die Kriterien für die Anwendung der in diesem Artikel vorgesehenen Grundsätze für die Zuordnung nach Geschäftsfeldern zu bestimmen.

Die EBA legt der Kommission diese Entwürfe technischer Durchführungsstandards bis 31. Dezember 2017 vor.

Der Kommission wird die Befugnis übertragen, die technischen Durchführungsstandards nach Unterabsatz 1 gemäß Artikel 15 der Verordnung (EU) Nr. 1093/2010 zu erlassen.

Artikel 319 Alternativer Standardansatz

(1) Beim alternativen Standardansatz berücksichtigen die Institute für die Geschäftsfelder ›Privatkundengeschäft‹ und ›Firmenkundengeschäft‹ Folgendes:
a) Der maßgebliche Indikator, der ein normierter Ertragsindikator ist, entspricht dem 0,035-fachen des nominalen Betrags der Darlehen und Kredite;
b) die Darlehen und Kredite bestehen aus der Gesamtsumme der in den entsprechenden Kreditportfolios in Anspruch genommenen Beträge. Beim Geschäftsfeld ›Firmenkundengeschäft‹ rechnen die Institute in den nominalen Betrag der Darlehen und Kredite auch die im Anlagebuch gehaltenen Wertpapiere ein;

(2) Für die Anwendung des alternativen Standardansatzes muss ein Institut sämtliche der folgenden Voraussetzungen erfüllen:
a) Mindestens 90 % seiner Erträge entfallen auf sein Privatkunden- und/oder Firmenkundengeschäft;
b) ein erheblicher Teil seines Privatkunden- und/oder Firmenkundengeschäfts umfasst Darlehen mit hoher Ausfallwahrscheinlichkeit (PD);
c) der alternative Standardansatz bietet eine angemessene Grundlage für die Berechnung der Eigenmittelanforderung für das operationelle Risiko.

Artikel 320 Bedingungen für die Verwendung des Standardansatzes

Bei den Bedingungen nach Artikel 312 Absatz 1 Unterabsatz 1 handelt es sich um Folgende:
a) Ein Institut verfügt über ein gut dokumentiertes System für die Bewertung und Steuerung des operationellen Risikos und weist die Zuständigkeiten und Verantwortung für dieses System klar zu. Es ermittelt seine Gefährdung durch operationelle Risiken und sammelt die relevanten Daten zum operationellen Risiko, einschließlich der Daten zu wesentlichen Verlusten. Das System unterliegt einer regelmäßigen unabhängigen Überprüfung durch eine interne oder externe Stelle, die die dafür erforderlichen Kenntnisse besitzt;
b) das System zur Bewertung des operationellen Risikos des Instituts ist eng in die Risikomanagementprozesse des Instituts eingebunden. Seine Ergebnisse sind fester Bestandteil der Prozesse für die Überwachung und Kontrolle des operationellen Risikoprofils des Instituts;
c) ein Institut führt ein System zur Berichterstattung an die Geschäftsleitung ein, damit den maßgeblichen Funktionen innerhalb des Instituts über das operationelle Risiko berichtet wird. Ein Institut verfügt über Verfahren, um entsprechend den in den Berichten an das Management enthaltenen Informationen geeignete Maßnahmen ergreifen zu können.

Kapitel 4 Fortgeschrittene Messansätze

Artikel 321 Qualitative Anforderungen

Die qualitativen Anforderungen nach Artikel 312 Absatz 2 sind Folgende:
a) Das interne System eines Instituts für die Messung des operationellen Risikos ist eng in seine laufenden Risikomanagementprozesse eingebunden;
b) ein Institut verfügt über eine unabhängige Risikomanagement-Funktion für das operationelle Risiko;
c) ein Institut verfügt sowohl über eine regelmäßige Berichterstattung über die Gefährdung durch operationelle Risiken und die erlittenen Verluste als auch über Verfahren, um angemessene Korrekturmaßnahmen ergreifen zu können;
d) das Risikomanagement-System eines Instituts ist gut dokumentiert. Ein Institut verfügt über Verfahren, die die Rechtsbefolgung (Compliance) gewährleisten, und über Grundsätze für die Behandlung von Verstößen;
e) ein Institut unterzieht seine Verfahren für die Steuerung des operationellen Risikos und die Risikomesssysteme einer regelmäßigen Überprüfung durch die interne Revision oder externe Prüfer;
f) die institutsinternen Validierungsprozesse sind solide und wirksam;
g) die Datenflüsse und Prozese im Zusammenhang mit dem Risikomesssystem eines Instituts sind transparent und zugänglich.

Artikel 322 Quantitative Anforderungen

(1) Die quantitativen Anforderungen nach Artikel 312 Absatz 2 umfassen die Anforderungen der Absätze 2 bis 6 hinsichtlich Verfahren, internen Daten, externen Daten, Szenarioanalysen und Faktoren, die das Geschäftsumfeld und die internen Kontrollsysteme betreffen.

(2) Die Anforderungen hinsichtlich Verfahren sind Folgende:
a) Ein Institut berechnet seine Eigenmittelanforderung unter Einbeziehung sowohl der erwarteten als auch der unerwarteten Verluste, es sei denn, der erwartete Verlust wird durch seine interne Geschäftspraxis bereits in angemessener Weise erfasst. Die Messung des operationellen Risikos erfasst potenziell schwerwiegende Ereignisse am Rande der Verteilung und erreicht einen Solidtätsstandard, der mit einem Konfidenzniveau von 99,9 % über eine Halteperiode von einem Jahr vergleichbar ist;
b) das System eines Instituts für die Messung des operationellen Risikos umfasst die Heranziehung der in den Absätzen 3 bis 6 genannten internen Daten, externen Daten, Szenarioanalysen und Faktoren, die das Geschäftsumfeld und die internen Kontrollsysteme betreffen. Ein Institut verfügt über einen gut dokumentierten Ansatz für die Gewichtung dieser vier Elemente in seinem System für die Messung des operationellen Risikos;
c) das Risikomesssystem eines Instituts erfasst die wichtigsten Risikotreiber, die die Form der Ränder der geschätzten Verlustverteilungen beeinflussen;
d) ein Institut berücksichtigt Korrelationen bei Verlusten aufgrund von operationellen Risiken zwischen einzelnen Schätzungen der operationellen Risiken nur dann, wenn seine Systeme zur Messung der Korrelationen solide sind, unter Sicherstellung ihrer Integrität angewandt werden und der Unsicherheit bei der Schätzung von Korrelationen, insbesondere in Stressphasen, Rechnung tragen. Ein Institut überprüft seine Korrelationsannahmen anhand geeigneter quantitativer und qualitativer Verfahren;
e) das Risikomesssystem eines Instituts ist intern kohärent und schließt eine Mehrfachzählung von qualitativen Bewertungen oder Risikominderungstechniken, die in anderen Teilen dieser Verordnung anerkannt werden, aus.

(3) Die Anforderungen hinsichtlich interner Daten sind Folgende:
a) Ein Institut baut seine internen Messungen des operationellen Risikos auf einem mindestens fünf Jahre umfassenden Beobachtungszeitraum auf. Wenn ein Institut erstmals einen fortschrittlichen Messansatz verwendet, kann ein dreijähriger Beobachtungszeitraum verwendet werden;
b) ein Institut muss seine historischen internen Verlustdaten den Geschäftsfeldern nach Artikel 317 und den Ereigniskategorien nach Artikel 324 zuordnen und diese Daten auf Verlangen den zuständigen Behörden zur Verfügung stellen können. In Ausnahmefällen darf ein Institut Verlustereignisse, die das gesamte Institut betreffen, einem zusätzlichen Geschäftsfeld ›Gesamtunternehmen‹ (Corporate Items) zuordnen. Ein Institut muss über dokumentierte und objektive Kriterien verfügen, nach denen die Verluste den entsprechenden Geschäftsfeldern und Ereigniskategorien zugeordnet werden. Ein Institut erfasst Verluste aufgrund des operationellen Risikos, die im Zusammenhang mit Kreditrisiken stehen und in der Vergangenheit in eine interne Kreditrisiko-Datenbank eingeflossen sind, in der Datenbank für das operationelle Risiko und nennt diese separat. Derartige Verluste unterliegen keiner Eigenmittelanforderung für das operationelle Risiko, sofern das Institut sie für die Berechnung der Eigenmittelanforderung weiterhin als Kreditrisiko behandeln muss. Verluste aufgrund von operationellen Risiken, die im Zusammenhang mit Marktrisiken stehen, werden von einem Institut in der Berechnung der Eigenmittelanforderung für operationelle Risiken berücksichtigt;
c) die internen Verlustdaten eines Instituts sind so umfassend, dass sie sämtliche wesentlichen Tätigkeiten und Gefährdungen aller einschlägigen Subsysteme und geografischen Standorte erfassen. Ein Institut ist in der Lage, nachzuweisen, dass nicht erfasste Tätigkeiten und Gefährdungen, sowohl einzeln als auch kombiniert betrachtet, keinen wesentlichen Einfluss auf die Gesamtrisikoschätzungen hätten. Ein Institut legt angemessene Bagatellgrenzen für die interne Verlustdatensammlung fest;
d) neben den Informationen über die Bruttoverlustbeträge sammelt ein Institut auch Informationen zum Datum des Verlustereignisses und etwaigen Rückflüssen der Bruttoverlustbeträge sowie Beschreibungen von Treibern und Ursachen des Verlustereignisses;
e) ein Institut verfügt über spezifische Kriterien zur Erfassung von Verlustdaten für Verlustereignisse in zentralen Funktionen oder aus Tätigkeiten, die mehr als ein Geschäftsfeld betreffen, sowie für Verlustereignisse, die zwar zeitlich aufeinander folgen, aber miteinander verbunden sind;
f) ein Institut verfügt über dokumentierte Verfahren, um die fortlaufende Relevanz historischer Verlustdaten zu beurteilen; zu berücksichtigen ist dabei auch, in welchen Situationen, bis zu welchem Grad und durch wen Ermessensentscheidungen, Skalierungen oder sonstige Anpassungen erfolgen können.

(4) Die Anforderungen hinsichtlich externer Daten sind Folgende:
a) In dem Messsystem eines Instituts für das operationelle Risiko werden relevante externe Daten eingesetzt, insbesondere wenn Grund zu der Annahme besteht, dass das Institut seltenen, aber potenziell schwerwiegenden Verlusten ausgesetzt ist. Ein Institut bestimmt in einem systematischen Prozess die Situationen, in denen externe Daten genutzt werden, und die Methodik für die Verarbeitung der Daten in seinem Messsystem;
b) ein Institut überprüft regelmäßig die Bedingungen und Verfahren für die Nutzung externer Daten und dokumentiert und unterzieht sie periodisch einer Prüfung durch eine unabhängige Stelle.

(5) Ein Institut setzt auf der Grundlage von Expertenmeinungen in Verbindung mit externen Daten Szenarioanalysen ein, um seine Gefährdung durch sehr schwerwiegende Risikoereignisse zu bewerten. Diese Bewertungen werden von dem Institut im

Laufe der Zeit überprüft und durch Vergleich mit den tatsächlichen Verlusterfahrungen angepasst, um ihre Aussagekraft sicherzustellen.

(6) Die Anforderungen hinsichtlich Faktoren, die das Geschäftsumfeld und die internen Kontrollsysteme betreffen, sind Folgende:
a) Die firmenweite Risikobewertungsmethodik eines Instituts erfasst die entscheidenden Faktoren des Geschäftsumfelds und des internen Kontrollsystems, die sein operationelles Risikoprofil beeinflussen können;
b) ein Institut begründet jeden als bedeutenden Risikotreiber ausgewählten Faktor auf der Grundlage der Erfahrungen und unter Einbeziehung des Expertenurteils der betroffenen Geschäftsbereiche;
c) ein Institut muss in der Lage sein, den zuständigen Behörden gegenüber die Sensitivität der Risikoschätzungen bezüglich Veränderungen dieser Faktoren und deren relative Gewichtung zu begründen. Zusätzlich zur Erfassung von Risikoveränderungen aufgrund verbesserter Risikokontrollen deckt das Grundgerüst zur Risikomessung eines Instituts auch einen möglichen Risikoanstieg aufgrund gestiegener Komplexität in den Tätigkeiten oder aufgrund eines vergrößerten Geschäftsvolumens ab;
d) ein Institut dokumentiert sein Grundgerüst zur Risikomessung und unterzieht es einer unabhängigen institutsinternen Überprüfung sowie einer Überprüfung durch die zuständigen Behörden. Das Verfahren und die Ergebnisse werden von einem Institut im Laufe der Zeit durch Vergleich mit den tatsächlichen internen Verlusterfahrungen sowie den relevanten externen Daten überprüft und neu bewertet.

Artikel 323   Auswirkung von Versicherungen und anderen Risikoübertragungsmechanismen

(1) Die zuständigen Behörden gestatten Instituten, die Auswirkungen von Versicherungen, sofern die Bedingungen der Absätze 2 bis 5 erfüllt sind, sowie anderer Risikoübertragungsmechanismen, zu berücksichtigen, sofern sie nachweisen können, dass ein nennenswerter Risikominderungseffekt erzielt wird.

(2) Der Versicherungsgeber verfügt über die Zulassung zum Versicherungs- oder Rückversicherungsgeschäft und besitzt eine von einer ECAI abgegebene Mindest-Bonitätsbeurteilung der Zahlungsfähigkeit, die von der EBA gemäß den Bestimmungen für die Risikogewichtung bei Risikopositionen gegenüber Instituten nach Titel II Kapitel 2 der Bonitätsstufe 3 oder höher zugeordnet wurde.

(3) Die Versicherung und der Versicherungsrahmen der Institute müssen sämtliche der folgenden Voraussetzungen erfüllen:
a) Die Versicherungspolice hat eine Ursprungslaufzeit von mindestens einem Jahr. Bei Versicherungspolicen mit einer Restlaufzeit von weniger als einem Jahr nimmt das Institut angemessene Sicherheitsabschläge vor, um die abnehmende Restlaufzeit der Police zu berücksichtigen, und zwar bis hin zu einem 100%igen Abschlag für Policen mit einer Restlaufzeit von 90 Tagen oder weniger;
b) die Versicherungspolice hat eine Mindestkündigungsfrist von 90 Tagen;
c) die Versicherungspolice beinhaltet keine Ausschlussklauseln oder Begrenzungen für den Fall eines aufsichtlichen Eingreifens, oder Klauseln, die beim Ausfall eines Instituts verhindern, dass der Konkursverwalter des Instituts oder Personen mit ähnlichen Aufgaben für Schäden oder Aufwand, die dem Institut entstanden sind, Entschädigungen einholen, mit Ausnahme von Ereignissen, die nach der Eröffnung des Konkursverfahrens oder ähnlicher Verfahren eingetreten sind. Durch den Versicherungsvertrag können jedoch Geldbußen, Strafen oder Zuschläge mit Strafcharakter aufgrund eines aufsichtlichen Eingreifens ausgeschlossen werden;
d) die Risikominderungskalkulationen spiegeln die Deckungssumme der Versicherung so wider, dass sie in einem transparenten und konsistenten Verhältnis zu den Größen tatsächliche Verlustwahrscheinlichkeit und Verlustauswirkung steht, die

bei der Ermittlung der Eigenmittelanforderung für das operationelle Risiko insgesamt verwendet werden;
e) die Versicherung wird durch eine dritte Partei gewährt. Für den Fall, dass die Versicherung durch firmeneigene Versicherungsunternehmen oder verbundene Gesellschaften gewährt wird, wird das versicherte Risiko auf eine unabhängige dritte Partei übertragen, die ihrerseits die in Absatz 2 aufgeführten Zulassungskriterien erfüllt;
f) der Rahmen für die Anerkennung von Versicherungen ist wohl begründet und dokumentiert.

(4) Bei der Methodik für die Anerkennung von Versicherungen werden mittels Abzügen oder Abschlägen sämtliche der folgenden Faktoren berücksichtigt:
a) die Restlaufzeit der Versicherungspolice, wenn sie weniger als ein Jahr beträgt,
b) die für die Versicherungspolice geltenden Kündigungsfristen, wenn sie weniger als ein Jahr betragen,
c) die Zahlungsunsicherheit sowie Inkongruenzen bei den von den Versicherungspolicen abgedeckten Risiken.

(5) Die aus der Anerkennung von Versicherungsschutz und sonstigen Risikoübertragungsmechanismen resultierende Verringerung der Eigenmittelanforderung darf 20% der gesamten Eigenmittelanforderung für das operationelle Risiko vor Anerkennung von Risikominderungstechniken nicht übersteigen.

Artikel 324   Klassifizierung der Verlustereignisse

Die Verlustereignisse nach Artikel 322 Absatz 3 Buchstabe h sind Folgende.

Tabelle 3

Ereigniskategorie	Begriffsbestimmung
Interner Betrug	Verluste aufgrund von Handlungen mit betrügerischer Absicht, Veruntreuung von Eigentum, Umgehung von Verwaltungs-, Rechts- oder internen Vorschriften, mit Ausnahme von Verlusten aufgrund von Diskriminierung oder sozialer und kultureller Verschiedenheit, wenn mindestens eine interne Partei beteiligt ist.
Externer Betrug	Verluste aufgrund von Handlungen mit betrügerischer Absicht, Veruntreuung von Eigentum oder Umgehung von Rechtsvorschriften durch einen Dritten.
Beschäftigungspraxis und Arbeitsplatzsicherheit	Verluste aufgrund von Handlungen, die gegen Beschäftigungs-, Gesundheitsschutz- oder Sicherheitsvorschriften bzw. -vereinbarungen verstoßen, Verluste aufgrund von Schadenersatzzahlungen wegen Körperverletzung, Verluste aufgrund von Diskriminierung auch aufgrund sozialer und kultureller Verschiedenheit.
Kunden, Produkte und Geschäftsgepflogenheiten	Verluste aufgrund einer unbeabsichtigten oder fahrlässigen Nichterfüllung geschäftlicher Verpflichtungen gegenüber bestimmten Kunden (einschließlich Anforderungen an Treuhänder und in Bezug auf Angemessenheit der Dienstleistung), Verluste aufgrund der Art oder Struktur eines Produkts.
Sachschäden	Verluste aufgrund von Beschädigungen oder des Verlustes von Sachvermögen durch Naturkatastrophen oder andere Ereignisse.

Ereigniskategorie	Begriffsbestimmung
Geschäftsunterbrechungen und Systemausfälle	Verluste aufgrund von Geschäftsunterbrechungen oder Systemstörungen.
Ausführung, Lieferung und Prozessmanagement	Verluste aufgrund von Fehlern bei der Geschäftsabwicklung oder im Prozessmanagement, Verluste aus Beziehungen zu Geschäftspartnern und Lieferanten/Anbietern.

Titel IV Eigenmittelanforderungen für das Marktrisiko

Kapitel 1 Allgemeine Bestimmungen

Artikel 325 Anwendung der Anforderungen auf konsolidierter Basis

(1) Vorbehaltlich des Absatzes 2 und nur für die Zwecke der Berechnung der Nettopositionen und Eigenmittelanforderungen auf konsolidierter Basis gemäß diesem Titel dürfen Institute Positionen in einem Institut oder Unternehmen verwenden, um sie gegen Positionen in einem anderen Institut oder Unternehmen aufzurechnen.

(2) Die Institute dürfen Absatz 1 nur vorbehaltlich der Genehmigung der zuständigen Behörden anwenden, die gewährt wird, sofern sämtliche der folgenden Voraussetzungen erfüllt sind:
a) Die Eigenmittel innerhalb der Gruppe sind angemessen aufgeteilt;
b) der aufsichtliche, rechtliche oder vertragliche Rahmen für die Tätigkeit der Institute ist so beschaffen, dass der gegenseitige finanzielle Beistand innerhalb der Gruppe gesichert ist.

(3) Handelt es sich um in Drittländern niedergelassene Unternehmen, sind zusätzlich zu den in Absatz 2 genannten Voraussetzungen sämtliche der folgenden Voraussetzungen zu erfüllen:
a) Die Unternehmen wurden in einem Drittland zugelassen und entsprechen entweder der Definition für Kreditinstitute oder sind anerkannte Wertpapierfirmen eines Drittlands;
b) die Unternehmen erfüllen auf Einzelbasis Eigenmittelanforderungen, die den in dieser Verordnung vorgeschriebenen Eigenmittelanforderungen gleichwertig sind;
c) in den betreffenden Drittländern bestehen keine Vorschriften, durch die der Kapitaltransfer innerhalb der Gruppe erheblich beeinträchtigt werden könnte.

Kapitel 2 Eigenmittelanforderungen für das Positionsrisiko

Abschnitt 1 Allgemeine Bestimmungen und spezifische Instrumente

Artikel 326 Eigenmittelanforderungen für das Positionsrisiko

Die Eigenmittelanforderungen des Instituts für das Positionsrisiko entsprechen der Summe der Eigenmittelanforderungen für das allgemeine und das spezifische Risiko seiner Positionen in Schuldtiteln und Aktieninstrumenten. Verbriefungspositionen im Handelsbuch werden wie Schuldtitel behandelt.

Artikel 327 Berechnung der Nettoposition

(1) Der absolute Wert des Überschusses der Kauf-(Verkaufs-)positionen des Instituts über seine Verkaufs-(Kauf-)positionen in den gleichen Aktien, Schuldtiteln und Wandelanleihen sowie in identischen Finanzterminkontrakten, Optionen, Optionsscheinen und Fremdoptionsscheinen ist seine Nettoposition in Bezug auf jedes dieser Instrumente. Bei der Berechnung der Nettoposition werden Positionen in Derivaten wie in den Artikeln 328 bis 330 dargelegt behandelt. Der von den Instituten gehaltene Bestand an eigenen Schuldtiteln wird bei der Berechnung der Eigenmittelanforderungen für das spezifische Risiko gemäß Artikel 336 nicht berücksichtigt.

(2) Eine Aufrechnung der Positionen in Wandelanleihen gegen Positionen in den zugrunde liegenden Instrumenten ist nicht zulässig, es sei denn, die zuständigen Behörden wählen ein Verfahren, das die Wahrscheinlichkeit, dass eine bestimmte Wandelanleihe umgewandelt wird, berücksichtigt, oder sie legen eine Eigenmittelanforderung zur Deckung möglicher Verluste, die bei der Umwandlung entstehen könnten, fest. Derartige Ansätze oder Eigenmittelanforderungen sind der EBA mitzuteilen. Die EBA überwacht die Bandbreite der Praxis in diesem Bereich und gibt im Einklang mit Artikel 16 der Verordnung (EU) Nr. 1093/2010 Leitlinien heraus.

(3) Alle Nettopositionen werden unabhängig von ihrem Vorzeichen vor der Summierung auf Tagesbasis zum jeweiligen Devisenkassakurs in die Währung der Rechnungslegung des Instituts umgerechnet.

Artikel 328 Zinsterminkontrakte und Terminpositionen

(1) Zinsterminkontrakte, Zinsausgleichsvereinbarungen (›Forward Rate Agreements‹, FRA) und Terminpositionen bezüglich des Kaufs oder Verkaufs von Schuldtiteln werden als Kombination von Kauf- und Verkaufspositionen behandelt. Eine Kaufposition in Zinsterminkontrakten wird demnach als Kombination einer Kreditaufnahme, die zum Liefertag des Terminkontrakts fällig wird, und dem Halten eines Vermögenswerts mit einem Fälligkeitstermin, der dem des Basisinstruments oder der dem betreffenden Terminkontrakt zugrunde liegenden fiktiven Position entspricht, behandelt. Ebenso wird eine verkaufte Zinsausgleichsvereinbarung als eine Kaufposition mit einem Fälligkeitstermin behandelt, der dem Abwicklungstermin zuzüglich des Vertragszeitraums entspricht, und als eine Verkaufsposition mit einem Fälligkeitstermin, der dem Abwicklungstermin entspricht. Sowohl die Kreditaufnahme als auch der Besitz von Vermögenswerten wird bei der Berechnung der Eigenmittelanforderung für das spezifische Risiko der Zinsterminkontrakte und der Zinsausgleichsvereinbarungen in die erste Kategorie der Tabelle 1 in Artikel 336 eingeordnet. Eine Terminposition für den Kauf eines Schuldtitels wird als Kombination einer Kreditaufnahme, die zum Liefertag fällig wird, und einer (Kassa-) Kaufposition in dem Schuldtitel selbst behandelt. Die Kreditaufnahme wird in die erste Kategorie der Tabelle 1 in Artikel 336 für das spezifische Risiko und der Schuldtitel in die entsprechende Spalte derselben Tabelle eingeordnet.

(2) Für die Zwecke dieses Artikels ist eine ›Kaufposition‹ eine Position, für die ein Institut den Zinssatz festgesetzt hat, den es zu einem bestimmten Zeitpunkt in der Zukunft erhalten wird, und eine ›Verkaufsposition‹ eine Position, für die es den Zinssatz festgesetzt hat, den es zu einem bestimmten Zeitpunkt in der Zukunft zahlen wird.

Artikel 329 Optionen und Optionsscheine

(1) Zinsoptionen und -optionsscheine sowie Optionen und Optionsscheine auf Schuldtitel, Aktien, Aktienindizes, Finanzterminkontrakte, Swaps und Fremdwährungen werden wie Positionen behandelt, deren Wert dem Wert des zugrunde liegenden Instruments entspricht, nachdem dieser für die Zwecke dieses Kapitels mit dessen

Delta-Faktor multipliziert wurde. Die letztgenannten Positionen können gegen jede entgegengesetzte Position in dem gleichen zugrunde liegenden Wertpapier oder Derivat aufgerechnet werden. Als Delta-Faktor ist derjenige der betreffenden Börse zu verwenden. Bei nicht börsengehandelten Optionen oder wenn der Delta-Faktor von der betreffenden Börse nicht erhältlich ist, darf das Institut den Delta-Faktor vorbehaltlich der Genehmigung durch die zuständigen Behörden unter Verwendung eines geeigneten Modells selbst berechnen. Die Genehmigung wird erteilt, sofern mit dem Modell eine angemessene Schätzung der Änderungsrate für den Wert der Option oder des Optionsscheins bei geringfügigen Änderungen des Marktpreises des Basiswerts vorgenommen wurde.

(2) Die Institute spiegeln – abgesehen vom Delta-Faktor-Risiko – andere Risiken, die mit Optionen im Bereich der Eigenmittelanforderungen verbunden sind, adäquat wider.

(3) Die EBA arbeitet Entwürfe technischer Regulierungsstandards aus, um in einer dem Umfang und der Komplexität der Tätigkeiten der Institute im Bereich Optionen und Optionsscheine angemessenen Weise die verschiedenen Methoden zur Berücksichtigung anderer Risiken nach Absatz 2 – abgesehen vom Delta-Faktor-Risiko – im Bereich der Eigenmittelanforderungen zu präzisieren.

Die EBA legt der Kommission diese Entwürfe technischer Regulierungsstandards bis zum 31. Dezember 2013 vor.

Der Kommission wird die Befugnis übertragen, die technischen Regulierungsstandards nach Unterabsatz 1 gemäß den Artikeln 10 bis 14 der Verordnung (EU) Nr. 1093/2010 zu erlassen.

(4) Vor dem Inkrafttreten der technischen Standards nach Absatz 3 dürfen die zuständigen Behörden weiterhin bestehende nationale Behandlungen anwenden, wenn sie diese vor dem 31. Dezember 2013 angewandt haben.

Artikel 330 Swaps

Swaps werden hinsichtlich des Zinsrisikos ebenso behandelt wie bilanzwirksame Instrumente. Ein Zinsswap, bei dem ein Institut variable Zinsen erhält und feste Zinsen zahlt, wird daher behandelt wie eine Kaufposition in einem zinsvariablen Instrument mit der gleichen Laufzeit wie die Frist bis zur nächsten Zinsfestsetzung und eine Verkaufsposition in einem festverzinslichen Instrument mit der gleichen Laufzeit wie der Swap selbst.

Artikel 331 Zinsrisiko von Derivaten

(1) Institute, die ihre Positionen täglich zum Marktpreis neu bewerten und das Zinsrisiko von Derivaten gemäß Artikel 328 bis 330 nach einer Diskontierungsmethode steuern, dürfen vorbehaltlich der Genehmigung der zuständigen Behörden zur Berechnung der in jenen Artikeln genannten Positionen Sensitivitätsmodelle anwenden; sie dürfen derartige Modelle auf Schuldverschreibungen anwenden, die über die Restlaufzeit und nicht durch eine einzige Rückzahlung am Ende der Laufzeit getilgt werden. Die Genehmigung wird erteilt, wenn die Modelle zu Positionen führen, die mit derselben Sensitivität auf Zinsänderungen reagieren wie die zugrunde liegenden Zahlungsströme. Bei der Bewertung dieser Sensitivität ist die unabhängige Entwicklung ausgewählter Zinssätze entlang der Zinsertragskurve zugrunde zu legen, wobei in jedes der Laufzeitbänder der Tabelle 2 in Artikel 339 zumindest ein Sensitivitätspunkt fallen muss. Die Positionen gehen in die Berechnung der Eigenmittelanforderungen für das allgemeine Risiko von Schuldtiteln ein.

(2) Institute, die keine Modelle gemäß Absatz 1 verwenden, können stattdessen alle Positionen in abgeleiteten Instrumenten gemäß Artikel 328 bis 330 vollständig gegeneinander aufrechnen, wenn sie zumindest folgende Bedingungen erfüllen:

a) Die Positionen haben denselben Wert und lauten auf dieselbe Währung.

b) Die Referenzzinssätze (bei Positionen in zinsvariablen Instrumenten) oder Coupons (bei Positionen in festverzinslichen Instrumenten) decken sich weitgehend.
c) Die nächsten Zinsfestsetzungstermine oder – bei Positionen mit festem Coupon – die Restlaufzeiten entsprechen einander innerhalb folgender Grenzen:
   i) bei Fristen von weniger als einem Monat: gleicher Tag;
   ii) bei Fristen zwischen einem Monat und einem Jahr: sieben Tage;
   iii) bei mehr als einem Jahr: 30 Tage.

Artikel 332 Kreditderivate

(1) Bei der Berechnung der Eigenmittelanforderung für das allgemeine und das spezifische Risiko derjenigen Partei, die das Kreditrisiko übernimmt (›Sicherungsgeber‹), ist, soweit nicht anders bestimmt, der Nominalwert des Kreditderivatekontrakts zugrunde zu legen. Unbeschadet des Satzes 1 darf das Institut beschließen, den Nominalwert durch den Nominalwert zuzüglich der Nettomarktwertveränderung des Kreditderivats seit Geschäftsabschluss zu ersetzen, wobei eine Nettowertverringerung aus der Sicht des Sicherungsgebers ein negatives Vorzeichen trägt. Bei der Berechnung der Eigenmittelanforderung für das spezifische Risiko wird, außer für Gesamtrenditeswaps, die Laufzeit des Kreditderivatekontrakts und nicht die Laufzeit der Verbindlichkeit zugrunde gelegt. Die Positionen werden wie folgt bestimmt:
a) Ein Gesamtrenditeswap schafft eine Kaufposition in Bezug auf das allgemeine Risiko der Referenzverbindlichkeit und eine Verkaufsposition in Bezug auf das allgemeine Risiko einer Staatsanleihe, deren Laufzeit dem Zeitraum bis zur nächsten Zinsfestsetzung entspricht und die nach Titel II Kapitel 2 mit einem Risikogewicht von 0% zu bewerten ist. Zudem wird eine Kaufposition in Bezug auf das spezifische Risiko der Referenzverbindlichkeit geschaffen;
b) ein Kreditausfallswap schafft keine Position in Bezug auf das allgemeine Risiko. Im Hinblick auf das spezifische Risiko weist das Institut eine synthetische Kaufposition in einer Verbindlichkeit der Referenzeinheit aus, es sei denn, für das Derivat liegt eine externe Bonitätsbeurteilung vor und es erfüllt die Bedingungen für einen qualifizierten Schuldtitel; in diesem Fall wird eine Kaufposition in dem Derivat ausgewiesen. Fallen im Rahmen des Produkts Prämien- oder Zinszahlungen an, sind diese Zahlungsströme als fiktive Positionen in Staatsanleihen darzustellen;
c) eine auf eine einzelne Referenzeinheit bezogene synthetische Unternehmensanleihe (Einzeladressen-Credit Linked Note) schafft eine Kaufposition in Bezug auf das allgemeine Risiko der Anleihe selbst, und zwar in Form eines Zinsprodukts. Im Hinblick auf das spezifische Risiko wird eine synthetische Kaufposition in einer Verbindlichkeit der Referenzeinheit geschaffen. Eine zusätzliche Kaufposition wird in Bezug auf den Emittenten der Anleihe geschaffen. Liegt für eine synthetische Unternehmensanleihe eine externe Bonitätsbeurteilung vor und erfüllt sie die Bedingungen für einen qualifizierten Schuldtitel, muss nur eine einzige Kaufposition mit dem spezifischen Risiko der Anleihe ausgewiesen werden;
d) bei einer auf einen Korb von Referenzeinheiten bezogene synthetische Unternehmensanleihe (Multiple Name Credit Linked Note), die eine anteilige Besicherung bietet, wird zusätzlich zu der Kaufposition in Bezug auf das spezifische Risiko des Emittenten der Anleihe eine Position in jeder Referenzeinheit geschaffen, wobei der Nominalwert des Kontraktes den einzelnen Positionen gemäß ihrem Anteil am Nominalwert des Korbes zugewiesen wird, den jedes Risiko in Bezug auf eine Referenzeinheit repräsentiert. Kann mehr als eine Verbindlichkeit einer Referenzeinheit ausgewählt werden, bestimmt die Verbindlichkeit mit der höchsten Risikogewichtung das spezifische Risiko;
e) bei einem Erstausfall-Kreditderivat (›first-asset-to-default credit derivative‹) wird eine Position in einer Verbindlichkeit gegenüber einer jeden Referenzeinheit in Höhe des Nominalwertes geschaffen. Ist das Volumen der maximalen Kreditereigniszahlung niedriger als die Eigenmittelanforderung aufgrund der im ersten Satz

genannten Methode, kann der maximale Zahlungsbetrag als Eigenmittelanforderung für das spezifische Risiko angesehen werden;

bei einem n-ter-Ausfall-Kreditderivat (›n-th-asset-to-default credit derivative‹) wird eine Position in einer Verbindlichkeit gegenüber einer jeden Referenzeinheit in Höhe des Nominalwertes, ausgenommen die n-1 Referenzeinheit mit der niedrigsten Eigenmittelanforderung für das spezifische Risiko, geschaffen. Ist das Volumen der maximalen Kreditereigniszahlung niedriger als die Eigenmittelanforderung aufgrund der im ersten Satz genannten Methode, kann dieser Zahlungsbetrag als Eigenmittelanforderung für das spezifische Risiko angesehen werden.

Liegt für ein n-ter-Ausfall-Kreditderivat eine externe Bonitätsbeurteilung vor, muss der Sicherungsgeber die Eigenmittelanforderung für das spezifische Risiko unter Berücksichtigung der Bonitätsbeurteilung des Derivats berechnen und die jeweils geltenden Risikogewichte für Verbriefungen anwenden.

(2) Für die Partei, die das Kreditrisiko überträgt (›Sicherungsnehmer‹), werden die Positionen genau spiegelbildlich (›mirror principle‹) zu denen des Sicherungsgebers bestimmt, ausgenommen bei einer synthetischen Unternehmensanleihe (die in Bezug auf den Emittenten keine Verkaufsposition schafft). Bei der Berechnung der Eigenmittelanforderung für den Sicherungsnehmer ist der Nominalwert des Kreditderivatekontrakts zugrunde zu legen. Unbeschadet des Satzes 1 kann das Institut beschließen, den Nominalwert durch den Nominalwert zuzüglich der Nettomarktwertänderung des Kreditderivats seit Geschäftsabschluss zu ersetzen, wobei eine Nettowertverringerung aus der Sicht des Sicherungsgebers ein negatives Vorzeichen trägt. Existiert zu einem bestimmten Zeitpunkt ein Kündigungsrecht (Kaufoption) in Verbindung mit einer Kostenanstiegsklausel, so wird dieser Zeitpunkt als die Fälligkeit der Sicherung angesehen.

(3) Kreditderivate gemäß Artikel 338 Absatz 1 oder 3 werden nur in die Bestimmung der Eigenmittelanforderung für das spezifische Risiko gemäß Artikel 338 Absatz 4 einbezogen.

Artikel 333 Im Rahmen von Rückkaufsvereinbarungen übertragene oder verliehene Wertpapiere

Die Wertpapiere oder garantierte Rechtsansprüche auf Wertpapiere übertragende Partei im Rahmen einer Rückkaufsvereinbarung und die verleihende Partei in einem Wertpapierverleihgeschäft beziehen die betreffenden Wertpapiere in die Berechnung ihrer Eigenmittelanforderungen gemäß diesem Kapitel ein, sofern diese Wertpapiere Handelsbuchpositionen sind.

Abschnitt 2 Schuldtitel

Artikel 334 Nettopositionen in Schuldtiteln

Nettopositionen werden jeweils in der Währung bewertet, auf die sie lauten, und die Eigenmittelanforderungen werden für das allgemeine und das spezifische Risiko für jede Währung getrennt berechnet.

Unterabschnitt 1 Spezifisches Risiko

Artikel 335 Obergrenze der Eigenmittelanforderung für eine Nettoposition

Das Institut kann die Eigenmittelanforderung für das spezifische Risiko einer Nettoposition in einem Schuldtitel auf den höchstmöglichen Verlust aus dem Ausfallrisiko beschränken. Für eine Verkaufsposition kann diese Obergrenze als die Wertänderung berechnet werden, die sich ergeben würde, wenn der Schuldtitel bzw. die zugrunde liegenden Referenzwerte sofort ausfallrisikofrei würden.

Artikel 336 Eigenmittelanforderung für Schuldtitel, die keine Verbriefungspositionen darstellen

(1) Das Institut ordnet seine gemäß Artikel 327 berechneten Nettopositionen im Handelsbuch, die aus Instrumenten resultieren, die keine Verbriefungspositionen sind, in die entsprechenden Kategorien der Tabelle 1 ein, und zwar auf der Grundlage des Emittenten oder Schuldners, der externen oder internen Bonitätsbeurteilung und der Restlaufzeit, und multipliziert sie anschließend mit den in dieser Tabelle angegebenen Gewichtungen. Die gewichteten Positionen, die sich aus der Anwendung dieses Artikels ergeben, werden – unabhängig davon, ob es sich um eine Kauf- oder um eine Verkaufsposition handelt – addiert, um die Eigenmittelanforderung für das spezifische Risiko zu berechnen.

Tabelle 1

Kategorien	Eigenmittelanforderung für das spezifische Risiko
Schuldverschreibungen, bei denen gemäß dem Standardansatz für Kreditrisiken ein Risikogewicht von 0 % anzusetzen ist	0 %
Schuldverschreibungen, bei denen gemäß dem Standardansatz für Kreditrisiken ein Risikogewicht von 20 % oder 50 % anzusetzen ist, und andere qualifizierte Positionen gemäß Absatz 4	0,25 % (Restlaufzeit von höchstens 6 Monaten) 1,00 % (Restlaufzeit zwischen 6 und 24 Monaten) 1,60 % (Restlaufzeit von mehr als 24 Monaten)
Schuldverschreibungen, bei denen gemäß dem Standardansatz für Kreditrisiken ein Risikogewicht von 100 % anzusetzen ist	8,00 %
Schuldverschreibungen, bei denen gemäß dem Standardansatz für Kreditrisiken ein Risikogewicht von 150 % anzusetzen ist	12,00 %

(2) Damit Institute, die auf die Risikopositionsklasse, zu der der Emittent des Schuldtitels gehört, den IRB-Ansatz anwenden, gemäß dem Standardansatz für Kreditrisiken ein Risikogewicht im Einklang mit Absatz 1 zuordnen können, muss der Emittent der Risikoposition bei der internen Beurteilung entweder die gleiche PD erhalten haben, wie sie nach dem Standardansatz für die entsprechende Bonitätsstufe vorgesehen ist, oder einer darunter liegenden PD zugeordnet worden sein.

(3) Institute dürfen die Eigenmittelanforderungen für das spezifische Risiko für Schuldverschreibungen, bei denen entsprechend der Behandlung nach Artikel 129 Absätze 4, 5 und 6 ein Risikogewicht von 10 % angesetzt werden kann, als die Hälfte der anzuwendenden Eigenmittelanforderungen für das spezifische Risiko für die zweite Kategorie in Tabelle 1 berechnen.

(4) Andere qualifizierte Positionen sind

a) Kauf- und Verkaufspositionen in Vermögenswerten, für die eine Bonitätsbeurteilung durch eine benannte ECAI nicht verfügbar ist und die sämtliche der folgenden Bedingungen erfüllen:
   i) Sie werden von dem betreffenden Institut als ausreichend liquide angesehen;
   ii) ihre Anlagequalität ist nach institutseigener Einschätzung zumindest der Anlagequalität der in Tabelle 1 Zeile 2 genannten Vermögenswerte gleichwertig;

iii) sie werden zumindest an einem geregelten Markt in einem Mitgliedstaat oder an der Börse eines Drittlandes gehandelt, vorausgesetzt, diese Börse wird von den zuständigen Behörden des entsprechenden Mitgliedstaats anerkannt;
b) Kauf- und Verkaufspositionen in Vermögenswerten, die von den Instituten vorbehaltlich der Eigenmittelanforderungen im Sinne dieser Verordnung begeben wurden und die von den betreffenden Instituten als ausreichend liquide angesehen werden und deren Anlagequalität nach institutseigener Einschätzung zumindest der Anlagequalität der in Tabelle 1 Zeile 2 genannten Vermögenswerte gleichwertig ist;
c) von Instituten begebene Wertpapiere, deren Kreditqualität als gleichwertig oder höher als diejenige angesehen wird, der nach dem Standardansatz für Kreditrisiken für Risikopositionen eines Instituts eine Bonitätsstufe von 2 zugeordnet wird, und die aufsichtlichen und rechtlichen Vorschriften unterliegen, die denen dieser Verordnung und der Richtlinie 2013/36/EU vergleichbar sind.

Institute, die von der Möglichkeit nach Buchstabe a oder b Gebrauch machen, verfügen über eine dokumentierte Methodik zur Bewertung, ob Vermögenswerte die unter diesen Buchstaben erläuterten Anforderungen erfüllen, und geben diese Methodik den zuständigen Behörden an.

Artikel 337 Eigenmittelanforderung für Verbriefungspositionen

(1) Für Instrumente im Handelsbuch, die Verbriefungspositionen sind, gewichtet das Institut seine gemäß Artikel 327 Absatz 1 berechneten Nettopositionen wie folgt:
a) bei Verbriefungspositionen, auf die im Anlagebuch desselben Instituts der Standardansatz angewandt würde, mit 8 % des Risikogewichts nach dem Standardansatz gemäß Titel II Kapitel 5 Abschnitt 3;
b) bei Verbriefungspositionen, auf die im Anlagebuch desselben Instituts der IRB-Ansatz angewandt würde, mit 8 % des Risikogewichts nach dem IRB-Ansatz gemäß Titel II Kapitel 5 Abschnitt 3.

(2) Der aufsichtliche Formelansatz nach Artikel 262 darf verwendet werden, wenn das Institut Schätzungen der PD und gegebenenfalls des Risikopositionswerts und der LGD vorlegen kann, die im Einklang mit den Anforderungen des IRB-Ansatzes nach Titel II Kapitel 3 für die Schätzung dieser Parameter in den aufsichtlichen Formelansatz einfließen.

Ein Institut, das kein Originator ist und den Ansatz für dieselbe Verbriefungsposition in seinem Anlagebuch anwenden kann, darf diese Methode nur nach Genehmigung durch die zuständigen Behörden verwenden, die erteilt wird, sofern das Institut die Bedingung des Unterabsatzes 1 erfüllt.

PD- und LGD-Schätzungen, die in den aufsichtlichen Formelansatz einfließen, dürfen alternativ dazu auch auf der Grundlage der Schätzungen festgelegt werden, die sich auf einen IRC-Ansatz eines Instituts stützen, dem die Genehmigung erteilt wurde, ein internes Modell für das spezifische Risiko für Schuldtitel zu verwenden. Diese Alternative darf nur nach der Genehmigung durch die zuständigen Behörden angewandt werden, die erteilt wird, sofern die Schätzungen die quantitativen Anforderungen an den IRB-Ansatz nach Titel II Kapitel 3 erfüllen.

Die EBA gibt im Einklang mit Artikel 16 der Verordnung (EU) Nr. 1093/2010 Leitlinien zur Verwendung von einfließenden PD- und LGD-Schätzungen heraus, wenn diese auf der Grundlage eines IRC-Ansatzes ermittelt wurden.

(3) Für Verbriefungspositionen, für die ein zusätzliches Risikogewicht gemäß Artikel 407 vorgegeben ist, wird ein Wert von 8 % des gesamten Risikogewichts angewandt.

Mit Ausnahme der gemäß Artikel 338 Absatz 4 behandelten Verbriefungspositionen addiert das Institut die gewichteten Positionen, die sich aus der Anwendung dieses

Artikels ergeben (unabhängig davon, ob es sich um eine Kauf- oder um eine Verkaufsposition handelt), um die Eigenmittelanforderung für das spezifische Risiko zu berechnen.

(4) Abweichend von Absatz 3 Unterabsatz 2 addiert das Institut während eines Übergangszeitraums bis zum 31. Dezember 2014 seine gewichteten Nettokaufpositionen und seine gewichteten Nettoverkaufspositionen gesondert. Die höhere der beiden Summen gilt als die Eigenmittelanforderung für das spezifische Risiko. Das Institut meldet jedoch der zuständigen Behörde des Herkunftsmitgliedstaats vierteljährlich die Gesamtsumme seiner gewichteten Nettokaufpositionen und seiner gewichteten Nettoverkaufspositionen, gegliedert nach Arten der zugrunde liegenden Vermögenswerte.

(5) Erfüllt der Originator einer traditionellen Verbriefung die Voraussetzungen des Artikels 243 für die Übertragung eines signifikanten Risikos nicht, bezieht er anstelle seiner Verbriefungspositionen aus dieser Verbriefung die verbrieften Risikopositionen in die Eigenmittelanforderung gemäß diesem Artikel ein.

Wenn der Originator einer synthetischen Verbriefung die Voraussetzungen des Artikels 244 für die Übertragung eines signifikanten Risikos nicht erfüllt, bezieht er die verbrieften Risikopositionen aus dieser Verbriefung, nicht jedoch eine etwaige Absicherung des verbrieften Portfolios in die Eigenmittelanforderung gemäß diesem Artikel ein.

Artikel 338 Eigenmittelanforderung für das Korrelationshandelsportfolio

(1) Das Korrelationshandelsportfolio umfasst Verbriefungspositionen und n-ter-Ausfall-Kreditderivate, die sämtliche nachstehende Kriterien erfüllen:
a) Bei den Positionen handelt es sich weder um Wiederverbriefungspositionen, Optionen auf Verbriefungstranchen noch um sonstige Derivate auf Verbriefungspositionen, bei denen keine anteiligen Ansprüche auf die Erträge aus einer Verbriefungstranche bestehen.
b) Sämtliche Referenztitel sind entweder
   i) auf einen einzelnen Referenzschuldner oder Vermögenswert bezogene Instrumente, einschließlich Einzeladressen-Kreditderivate, für die ein aus Käufer- und Verkäufersicht hinreichend liquider Markt besteht, oder
   ii) herkömmlich gehandelte Indizes auf diese Referenzeinheiten.

Ein aus Käufer- und Verkäufersicht hinreichend liquider Markt wird als vorhanden angenommen, wenn unabhängige ernsthafte Kauf- und Verkaufsangebote existieren, sodass ein mit den letzten Verkaufspreisen oder gegenwärtigen konkurrenzfähigen ernsthaften Kauf- und Verkaufsquotierungen angemessen in Verbindung stehender Preis innerhalb eines Tages bestimmt werden kann und zu einem solchen Preis innerhalb relativ kurzer Zeit ein Geschäft im Einklang mit den Handelsusancen abgewickelt werden kann.

(2) Eine Position kann nicht Bestandteil des Korrelationshandelsportfolios sein, wenn ihre Referenz
a) eine zugrunde liegende Risikoposition ist, die im Anlagebuch eines Instituts nach dem Standardansatz für Kreditrisiken den Risikopositionsklassen ›Mengengeschäft‹ oder ›durch Immobilien besicherte Risikopositionen‹ zugeordnet werden könnte, oder
b) eine Risikoposition gegenüber einer Zweckgesellschaft ist, die direkt oder indirekt durch eine Position besichert ist, die selbst nicht für die Aufnahme in das Korrelationshandelsportfolio gemäß Absatz 1 und diesem Absatz in Betracht käme.

(3) Ein Institut darf in sein Korrelationshandelsportfolio Positionen aufnehmen, die weder Verbriefungspositionen noch n-ter-Ausfall-Kreditderivate sind, jedoch andere Positionen dieses Portfolios absichern, sofern für das Instrument oder die ihm

zugrunde liegenden Risikopositionen ein aus Käufer- und Verkäufersicht hinreichend liquider Markt im Sinne von Absatz 1 letzter Unterabsatz besteht.

(4) Ein Institut ermittelt den größeren der folgenden Beträge als Eigenmittelanforderung für das spezifische Risiko des Korrelationshandelsportfolios:
a) die Eigenmittelanforderung für das spezifische Risiko insgesamt, die lediglich für die Nettokaufpositionen des Korrelationshandelsportfolios gelten würde;
b) die Eigenmittelanforderung für das spezifische Risiko insgesamt, die lediglich für die Nettoverkaufspositionen des Korrelationshandelsportfolios gelten würde.

Unterabschnitt 2 Allgemeines Risiko

Artikel 339 Laufzeitbezogene Berechnung des allgemeinen Risikos

(1) Zur Berechnung der Eigenmittelanforderungen für das allgemeine Risiko sind alle Positionen wie in Absatz 2 erläutert gemäß ihrer Laufzeit zu gewichten, um den Betrag der erforderlichen Eigenmittel zu ermitteln. Diese Eigenmittelanforderung wird verringert, wenn sich innerhalb des gleichen Laufzeitbands gewichtete Positionen mit entgegengesetzten Vorzeichen gegenüberstehen. Die Eigenmittelanforderung darf auch gesenkt werden, wenn die gewichteten Positionen mit entgegengesetzten Vorzeichen in unterschiedliche Laufzeitbänder fallen, wobei der Umfang dieser Senkung einerseits davon abhängt, ob die beiden Positionen in die gleiche Zone fallen, und andererseits von den jeweiligen Zonen abhängig ist, in die sie fallen.

(2) Das Institut ordnet seine Nettopositionen in die entsprechenden Laufzeitbänder in der zweiten bzw. dritten Spalte von Tabelle 2 in Absatz 4 ein. Dabei legt es im Fall festverzinslicher Wertpapiere die Restlaufzeit zugrunde und im Fall von Wertpapieren, deren Zinssatz bis zur Tilgung variabel ist, den Zeitraum bis zur nächsten Zinsfestsetzung. Außerdem unterscheidet es zwischen Schuldtiteln mit einem Coupon von 3 % oder mehr und solchen mit einem Coupon von weniger als 3 % und ordnet diese entsprechend in die zweite oder dritte Spalte von Tabelle 2 ein. Dann multipliziert es jedes Wertpapier mit der in der vierten Spalte von Tabelle 2 für das betreffende Laufzeitband angegebenen Gewichtung.

(3) Anschließend ermittelt das Institut für jedes Laufzeitband die Summe der gewichteten Kaufpositionen sowie die Summe der gewichteten Verkaufspositionen. Der Betrag der erstgenannten Positionen, die innerhalb jedes Laufzeitbands gegen die letztgenannten aufgerechnet werden, entspricht der ausgeglichenen gewichteten Position für das betreffende Laufzeitband, während die verbleibende Kauf- oder Verkaufsposition die nicht ausgeglichene gewichtete Position für das Laufzeitband darstellt. Anschließend wird die Gesamtsumme der ausgeglichenen gewichteten Positionen sämtlicher Laufzeitbänder errechnet.

(4) Das Institut errechnet die Gesamtbeträge der nicht ausgeglichenen gewichteten Kaufpositionen für die in den einzelnen Zonen von Tabelle 2 enthaltenen Bänder, um für jede Zone die nicht ausgeglichene gewichtete Kaufposition zu ermitteln. Entsprechend wird die Summe der nicht ausgeglichenen gewichteten Verkaufspositionen für jedes Laufzeitband in einer bestimmten Zone ermittelt, um die nicht ausgeglichene gewichtete Verkaufsposition für diese Zone zu erhalten. Der Teil der nicht ausgeglichenen gewichteten Kaufpositionen für eine bestimmte Zone, der durch die nicht ausgeglichene gewichtete Verkaufsposition für dieselbe Zone ausgeglichen wird, ist die ausgeglichene Position für die betreffende Zone. Der Teil der nicht ausgeglichenen gewichteten Kaufposition bzw. nicht ausgeglichenen gewichteten Verkaufsposition für eine Zone, der nicht in dieser Weise ausgeglichen werden kann, stellt die nicht ausgeglichene gewichtete Position für die betreffende Zone dar.

Tabelle 2

Zone	Laufzeitband		Gewicht (in %)	Angenommene Zinssatzänderung (in %)
	Coupon von 3 % oder mehr	Coupon von weniger als 3 %		
Eins	0 ≤ 1 Monat	0 ≤ 1 Monat	0,00	–
	> 1 ≤ 3 Monate	> 1 ≤ 3 Monate	0,20	1,00
	> 3 ≤ 6 Monate	> 3 ≤ 6 Monate	0,40	1,00
	> 6 ≤ 12 Monate	> 6 ≤ 12 Monate	0,70	1,00
Zwei	1 ≤ 2 Jahre	1,0 ≤ 1,9 Jahre	1,25	0,90
	2 ≤ 3 Jahre	1,9 ≤ 2,8 Jahre	1,75	0,80
	3 ≤ 4 Jahre	2,8 ≤ 3,6 Jahre	2,25	0,75
Drei	4 ≤ 5 Jahre	3,6 ≤ 4,3 Jahre	2,75	0,75
	5 ≤ 7 Jahre	4,3 ≤ 5,7 Jahre	3,25	0,70
	7 ≤ 10 Jahre	5,7 ≤ 7,3 Jahre	3,75	0,65
	10 ≤ 15 Jahre	7,3 ≤ 9,3 Jahre	4,50	0,60
	15 ≤ 20 Jahre	9,3 ≤ 10,6 Jahre	5,25	0,60
	> 20 Jahre	10,6 ≤ 12,0 Jahre	6,00	0,60
		12,0 ≤ 20,0 Jahre	8,00	0,60
		> 20 Jahre	12,50	0,60

(5) Der Betrag der nicht ausgeglichenen gewichteten Kauf- oder Verkaufsposition in Zone eins, der durch die nicht ausgeglichene gewichtete Verkaufs- oder Kaufposition in Zone zwei ausgeglichen wird, entspricht dann der ausgeglichenen gewichteten Position zwischen Zone eins und zwei. Dann wird die gleiche Rechenoperation für jenen Teil der nicht ausgeglichenen gewichteten Position in Zone zwei, der übrig geblieben ist, und die nicht ausgeglichene gewichtete Position in Zone drei durchgeführt, um die ausgeglichene gewichtete Position zwischen den Zonen zwei und drei zu erhalten.

(6) Das Institut kann die Reihenfolge nach Absatz 5 umkehren und zunächst die ausgeglichene gewichtete Position zwischen Zone zwei und drei berechnen, bevor es die entsprechende Position zwischen Zone eins und zwei berechnet.

(7) Der Restbetrag der nicht ausgeglichenen gewichteten Position in Zone eins wird dann mit dem Restbetrag für Zone drei ausgeglichen, nachdem letztere Zone mit Zone zwei ausgeglichen wurde, um die ausgeglichene gewichtete Position zwischen den Zonen eins und drei zu ermitteln.

(8) Die Restpositionen aus den drei gesonderten Ausgleichsrechnungen gemäß den Absätzen 5, 6 und 7 werden addiert.

(9) Die Eigenmittelanforderung des Instituts errechnet sich als die Summe aus
a) 10 % der Summe der ausgeglichenen gewichteten Positionen in sämtlichen Laufzeitbändern;
b) 40 % der ausgeglichenen gewichteten Position in Zone eins;
c) 30 % der ausgeglichenen gewichteten Position in Zone zwei;
d) 30 % der ausgeglichenen gewichteten Position in Zone drei;
e) 40 % der ausgeglichenen gewichteten Positionen zwischen Zone eins und Zone zwei sowie zwischen Zone zwei und Zone drei;
f) 150 % der ausgeglichenen gewichteten Position zwischen Zone eins und drei;
g) 100 % des Restbetrags der nicht ausgeglichenen gewichteten Positionen.

Artikel 340 Durationsbasierte Berechnung des allgemeinen Risikos

(1) Die Institute dürfen zur Berechnung der Eigenmittelanforderung für das allgemeine Risiko von Schuldtiteln anstelle des Ansatzes nach Artikel 339 einen auf der Duration aufbauenden Ansatz verwenden, sofern das Institut durchgängig so verfährt.

(2) Wenn ein durationsbasierter Ansatz nach Maßgabe des Absatzes 1 verwendet wird, berechnet das Institut unter Zugrundelegung des Marktwerts der einzelnen festverzinslichen Schuldtitel deren Endfälligkeitsrendite, die zugleich dem internen Zinsfuß des Schuldtitels entspricht. Bei Wertpapieren mit variabler Verzinsung berechnet das Institut unter Zugrundelegung des Marktwerts jedes Wertpapiers dessen Rendite unter der Annahme, dass das Kapital fällig wird, sobald der Zinssatz (für den darauf folgenden Zeitraum) geändert werden darf.

(3) Im Anschluss daran berechnet das Institut für jeden Schuldtitel die modifizierte Duration nach folgender Formel:

$$\text{modifizierte Duration} = \frac{D}{1+R}$$

dabei entspricht

D = der nach folgender Formel berechneten Duration:

$$D = \frac{\sum_{t=1}^{M} \frac{t \cdot C_t}{(1+R)^t}}{\sum_{t=1}^{M} \frac{C_t}{(1+R)^t}}$$

dabei entspricht

R = der Endfälligkeitsrendite,
C_t = den Barzahlungen im Zeitraum t,
M = der Gesamtlaufzeit.

Für Schuldtitel, die einem Vorauszahlungsrisiko unterliegen, wird die Berechnung der modifizierten Duration berichtigt. Die EBA gibt im Einklang mit Artikel 16 der Verordnung (EU) Nr. 1093/2010 Leitlinien über die Anwendung derartiger Berichtigungen heraus.

(4) Das Institut ordnet dann jeden Schuldtitel der entsprechenden Zone der Tabelle 3 zu. Dabei legt es die modifizierte Duration der Schuldtitel zugrunde.

Tabelle 3

Zone	Modifizierte Duration (in Jahren)	Angenommene Zinssatzänderung (in %)
Eins	> 0 ≤ 1,0	1,0
Zwei	> 1,0 ≤ 3,6	0,85
Drei	> 3,6	0,7

(5) Anschließend ermittelt das Institut die durationsgewichtete Position jedes Wertpapiers durch Multiplikation seines Marktwertes mit der modifizierten Duration sowie mit der angenommenen Zinssatzänderung bei einem Instrument mit der betreffenden modifizierten Duration (siehe Spalte 3 der Tabelle 3).

(6) Das Institut berechnet seine durationsgewichteten Kaufpositionen und seine durationsgewichteten Verkaufspositionen innerhalb jeder Zone. Der Betrag der erstgenannten Positionen, die gegen die letztgenannten innerhalb jeder Zone aufgerech-

net werden, entspricht der ausgeglichenen durationsgewichteten Position für diese Zone.

Das Institut berechnet sodann die nicht ausgeglichenen durationsgewichteten Positionen für jede Zone. Anschließend wird das Verfahren für nicht ausgeglichene gewichtete Positionen nach Artikel 339 Absätze 5 bis 8 angewandt.

(7) Die Eigenmittelanforderung des Instituts errechnet sich dann als die Summe aus
a) 2 % der ausgeglichenen durationsgewichteten Position für jede Zone;
b) 40 % der ausgeglichenen durationsgewichteten Positionen zwischen Zone eins und Zone zwei sowie zwischen Zone zwei und Zone drei;
c) 150 % der ausgeglichenen durationsgewichteten Position zwischen Zone eins und drei;
d) 100 % des Restbetrags der nicht ausgeglichenen durationsgewichteten Positionen.

Abschnitt 3 Aktieninstrumente

Artikel 341 Nettopositionen in Aktieninstrumenten

(1) Das Institut addiert all seine gemäß Artikel 327 ermittelten Nettokaufpositionen und Nettoverkaufspositionen getrennt voneinander. Die Summe der absoluten Werte dieser beiden Zahlen ergibt seine Bruttogesamtposition.

(2) Das Institut berechnet die Differenz zwischen der Summe des Nettogesamtbetrags der Kaufpositionen und des Nettogesamtbetrags der Verkaufspositionen für jeden Markt getrennt. Die Summe der absoluten Werte dieser Differenzbeträge ergibt seine Nettogesamtposition.

(3) Die EBA arbeitet Entwürfe technischer Regulierungsstandards aus, um den in Absatz 2 aufgeführten Terminus ›Markt‹ zu definieren.

Die EBA legt der Kommission diese Entwürfe technischer Regulierungsstandards bis zum 31. Januar 2014 vor.

Der Kommission wird die Befugnis übertragen, die technischen Regulierungsstandards nach dem vorstehenden Unterabsatz gemäß den Artikeln 10 bis 14 der Verordnung (EU) Nr. 1093/2010 zu erlassen.

Artikel 342 Spezifisches Risiko von Aktieninstrumenten

Zur Errechnung seiner Eigenmittelanforderung für das spezifische Risiko multipliziert das Institut seine Bruttogesamtposition mit 8 %.

Artikel 343 Allgemeines Risiko von Aktieninstrumenten

Die Eigenmittelanforderung für das allgemeine Risiko ist die mit 8 % multiplizierte Nettogesamtposition eines Instituts.

Artikel 344 Aktienindizes

(1) Die EBA arbeitet Entwürfe technischer Durchführungsstandards mit einem Verzeichnis der Aktienindizes aus, für die nach Absatz 4 Satz 2 verfahren werden kann.

Die EBA legt der Kommission diese Entwürfe technischer Durchführungsstandards bis 1. Januar 2014 vor.

Der Kommission wird die Befugnis übertragen, die technischen Durchführungsstandards nach Unterabsatz 1 gemäß Artikel 15 der Verordnung (EU) Nr. 1093/2010 zu erlassen.

(2) Vor dem Inkrafttreten der technischen Durchführungsstandards nach Absatz 1 dürfen Institute die Behandlung nach Absatz 4 Satz 2 weiter anwenden, sofern die zuständigen Behörden diese Behandlung vor dem 1. Januar 2014 angewandt haben.

(3) Aktienindex-Terminkontrakte und der deltagewichtete Gegenwert von Aktienindex-Terminkontraktoptionen und Aktienindex-Optionen, die sämtlich im Folgenden als ›Aktienindex-Terminkontrakte‹ bezeichnet werden, können nach den Positionen in den einzelnen Aktien aufgeschlüsselt werden. Diese Positionen können als zugrunde liegende Positionen in den betreffenden Aktien behandelt werden und gegen die entgegengesetzten Positionen in den zugrunde liegenden Aktien selbst aufgerechnet werden. Die Institute unterrichten die zuständigen Behörden, inwieweit sie von dieser Behandlung Gebrauch machen.

(4) Wird ein Aktienindex-Terminkontrakt nicht in seine zugrunde liegenden Positionen aufgeschlüsselt, so wird er wie eine einzelne Aktie behandelt. Das spezifische Risiko für diese einzelne Aktie kann jedoch außer Betracht bleiben, wenn der betreffende Aktienindex-Terminkontrakt an der Börse gehandelt wird und einen relevanten angemessen breit gestreuten Index darstellt.

Abschnitt 4   Übernahmegarantien

Artikel 345   Verringerung von Nettopositionen

(1) Bei Übernahmegarantien für Schuldtitel und Aktieninstrumente darf ein Institut das folgende Verfahren für die Berechnung seiner Eigenmittelanforderungen anwenden. Es berechnet zunächst die Nettopositionen, indem die mit einer Übernahmegarantie versehenen Positionen, die von Dritten auf der Grundlage einer förmlichen Vereinbarung gezeichnet oder mitgarantiert werden, in Abzug gebracht werden. Anschließend verringert das Institut die Nettopositionen durch Anwendung der Faktoren in Tabelle 4 und berechnet seine Eigenmittelanforderungen anhand der durch Anwendung der genannten Faktoren verringerten Übernahmepositionen.

Tabelle 4

Arbeitstag Null:	100 %
erster Arbeitstag:	90 %
zweiter und dritter Arbeitstag:	75 %
vierter Arbeitstag:	50 %
fünfter Arbeitstag:	25 %
nach dem fünften Arbeitstag:	0 %.

Der ›Arbeitstag Null‹ ist der Arbeitstag, an dem das Institut die uneingeschränkte Verpflichtung eingegangen ist, eine bestimmte Menge von Wertpapieren zu einem vereinbarten Preis zu übernehmen.

(2) Die Institute teilen den zuständigen Behörden mit, inwieweit sie von der Möglichkeit nach Absatz 1 Gebrauch machen.

Abschnitt 5   Eigenmittelanforderungen für das spezifische Risiko bei über Kreditderivate abgesicherten Positionen

Artikel 346   Anerkennung von Absicherungen über Kreditderivate

(1) Absicherungen über Kreditderivate werden entsprechend den Grundsätzen der Absätze 2 bis 6 anerkannt.

(2) Institute behandeln die Position im Kreditderivat als eine Positionsseite und die abgesicherte Position, die denselben Nominalbetrag oder gegebenenfalls fiktiven Nominalbetrag hat, als die andere Positionsseite.

(3) Die Absicherung wird vollständig anerkannt, wenn sich die Werte der beiden Positionsseiten stets in entgegengesetzter Richtung und in der Regel im gleichen Umfang entwickeln. Dies ist in den nachstehenden Situationen der Fall:
a) Die beiden Seiten bestehen aus völlig identischen Instrumenten.
b) Eine Kassa-Kaufposition wird durch einen Gesamtrenditeswap abgesichert (oder umgekehrt), und es besteht eine exakte Übereinstimmung zwischen der Referenzverbindlichkeit und der zugrunde liegenden Risikoposition (d.h. der Kassaposition). Die Fälligkeit des Swaps selbst kann eine andere sein als die der zugrunde liegenden Risikoposition.

In diesen Situationen wird auf keine der beiden Positionsseiten eine Eigenmittelanforderung für das spezifische Risiko angewandt.

(4) Eine 80%ige Reduzierung wird dann angewandt, wenn sich die Werte der beiden Positionsseiten stets in entgegengesetzte Richtungen entwickeln und eine exakte Übereinstimmung hinsichtlich der Referenzverbindlichkeit, der Fälligkeit der Referenzverbindlichkeit und des Kreditderivats sowie der Währung der zugrunde liegenden Risikoposition besteht. Darüber hinaus bewirken Hauptmerkmale des Kreditderivatekontrakts nicht, dass die Kursbewegung des Kreditderivats wesentlich von den Kursbewegungen der Kassaposition abweicht. In dem Maße, wie mit dem Geschäft Risiko übertragen wird, wird eine 80%ige Reduzierung der Eigenmittelanforderungen für das spezifische Risiko auf die Seite des Geschäfts angewandt, die mit der höheren Eigenmittelanforderung behaftet ist, wohingegen die Eigenmittelanforderungen für das spezifische Risiko auf der Gegenseite mit Null angesetzt werden.

(5) Abgesehen von den Fällen nach den Absätzen 3 und 4 wird eine Absicherung unter folgenden Umständen teilweise anerkannt:
a) Die Position fällt unter Absatz 3 Buchstabe b, allerdings besteht eine Inkongruenz zwischen der Referenzverbindlichkeit und der zugrunde liegenden Risikoposition. Die Positionen erfüllen jedoch die folgenden Anforderungen:
   i) Die Referenzverbindlichkeit hat den gleichen Rang wie die zugrunde liegende Verbindlichkeit oder ist dieser nachgeordnet.
   ii) Die zugrunde liegende Verbindlichkeit und die Referenzverbindlichkeit haben ein und denselben Schuldner sowie rechtlich durchsetzbare wechselseitige Ausfallklauseln bzw. wechselseitige Vorfälligkeitsklauseln.
b) Die Position fällt unter Absatz 3 Buchstabe a oder unter Absatz 4, allerdings besteht eine Währungs- oder Laufzeitinkongruenz zwischen der Kreditabsicherung und dem zugrunde liegenden Vermögenswert. Derartige Währungsinkongruenzen werden unter der Eigenmittelanforderung für das Fremdwährungsrisiko erfasst.
c) Die Position fällt unter Absatz 4, allerdings besteht eine Inkongruenz zwischen der Kassaposition und dem Kreditderivat. Der zugrunde liegende Vermögenswert ist jedoch Bestandteil der (lieferbaren) Verpflichtungen in der Kreditderivate-Dokumentation.

Für eine teilweise Anerkennung wird anstelle der Addierung der Eigenmittelanforderungen für das spezifische Risiko für jede Seite der Transaktion lediglich die jeweils höhere der beiden Eigenmittelanforderungen angewandt.

(6) In allen Situationen, die nicht unter die Absätze 3 bis 5 fallen, werden die Eigenmittelanforderungen für das spezifische Risiko für beide Positionsseiten getrennt berechnet.

Artikel 347 Anerkennung von Absicherungen über Erstausfall-Kreditderivate und n-ter-Ausfall-Kreditderivate

Bei Erstausfall-Kreditderivaten und n-ter-Ausfall-Kreditderivaten wird für die Anerkennung nach Artikel 346 wie folgt verfahren:

a) Erlangt ein Institut eine Kreditabsicherung für mehrere einem Kreditderivat zugrunde liegende Referenzeinheiten in der Weise, dass der erste bei den betreffenden Werten auftretende Ausfall die Zahlung auslöst und dieses Kreditereignis auch den Kontrakt beendet, so ist es dem Institut gestattet, das spezifische Risiko für diejenige Referenzeinheit, für die von allen zugrundeliegenden Referenzeinheiten nach Tabelle 1 des Artikels 336 die geringste Eigenmittelanforderung für das spezifische Risiko gilt, zu verrechnen.

b) Löst der n-te Ausfall unter den Forderungen die Zahlung im Rahmen der Kreditabsicherung aus, ist es dem Sicherungsnehmer nur dann gestattet, das spezifische Risiko zu verrechnen, wenn auch für die Ausfälle 1 bis n-1 eine Kreditabsicherung erlangt wurde oder wenn n-1 Ausfälle bereits eingetreten sind. In diesen Fällen ist das Verfahren nach Buchstabe a für Erstausfall-Kreditderivate unter entsprechender Anpassung an n-ter-Ausfall-Produkte anzuwenden.

Abschnitt 6 Eigenmittelanforderungen für OGA

Artikel 348 Eigenmittelanforderungen für OGA

(1) Unbeschadet anderer Bestimmungen dieses Abschnitts wird auf OGA-Positionen eine Eigenmittelanforderung für das Positionsrisiko, das das spezifische und das allgemeine Risiko umfasst, von 32 % angewandt. Unbeschadet des Artikels 353 in Verbindung mit der modifizierten Behandlung von Gold nach Artikel 352 Absatz 4 und Artikel 367 Absatz 2 Buchstabe b unterliegen OGA-Positionen einer Eigenmittelanforderung für das Positionsrisiko, das das spezifische und das allgemeine Risiko umfasst, und für das Fremdwährungsrisiko von 40 %.

(2) Sofern Artikel 350 nichts anderes vorsieht, ist keine Aufrechnung zwischen den zugrunde liegenden Anlagen eines OGA und anderen vom Institut gehaltenen Positionen erlaubt.

Artikel 349 Allgemeine Anforderungen an OGA

Der Ansatz nach Artikel 350 darf auf OGA angewandt werden, sofern sämtliche der folgenden Bedingungen erfüllt sind:
a) Der Prospekt des OGA oder ein gleichwertiges Dokument enthält sämtliche nachstehenden Angaben:
   i) die Kategorien der Vermögenswerte, in die der OGA investieren darf;
   ii) die relativen Grenzen und die Methodik zur Berechnung etwaiger Anlagehöchstgrenzen;
   iii) im Falle der Zulässigkeit der Fremdkapitalaufnahme die Höchstgrenze dieser Verschuldung;
   iv) im Falle der Zulässigkeit von Geschäften mit OTC-Finanzderivaten oder Pensionsgeschäften oder Wertpapier- oder Warenverleih- oder -leihgeschäften eine Strategie zur Begrenzung des Gegenparteiausfallrisikos, das sich aus diesen Geschäften ergibt.
b) Die Geschäftstätigkeit des OGA ist Gegenstand eines Halbjahresberichts und eines Jahresberichts, um eine Bewertung des Vermögens und der Verbindlichkeiten, der Erträge und der Transaktionen während des Berichtszeitraums zu ermöglichen.
c) Die Anteile des OGA sind in bar rückzahlbar, und zwar aus den Vermögenswerten des OGA auf täglicher Basis und auf Anfrage des Anteilsinhabers.
d) Die Anlagen der OGA sind von den Vermögenswerten der OGA-Verwaltungsgesellschaft zu trennen.
e) Das investierende Institut stellt eine angemessene Risikobewertung des OGA sicher.
f) OGA werden von Personen verwaltet, die gemäß der Richtlinie 2009/65/EG oder gleichwertigen Rechtsvorschriften überwacht werden.

Artikel 350 Spezifische Methoden für OGA

(1) Sofern dem Institut die zugrunde liegenden Anlagen des OGA auf Tagesbasis bekannt sind, kann das Institut die zugrunde liegenden Anlagen unmittelbar berücksichtigen, um die Eigenmittelanforderungen für das Positionsrisiko, das das allgemeine und das spezifische Risiko umfasst, zu berechnen. Nach diesem Ansatz werden Positionen in OGA wie Positionen in den zugrunde liegenden Anlagen des OGA behandelt. Eine Aufrechnung ist zwischen Positionen in den zugrunde liegenden Anlagen des OGA und anderen vom Institut gehaltenen Positionen gestattet, sofern das Institut eine ausreichende Zahl von Anteilen hält, um eine Einlösung/Kreierung im Austausch für die zugrunde liegenden Anlagen zu ermöglichen.

(2) Die Institute können die Eigenmittelanforderungen für das Positionsrisiko, das das allgemeine und das spezifische Risiko umfasst, für Positionen in OGA berechnen, indem Positionen angenommen werden, die jene repräsentieren, die erforderlich wären, um die Zusammensetzung und die Wertentwicklung eines extern geschaffenen Indexes oder eines festen Korbs von Aktien oder Schuldtiteln gemäß Buchstabe a nachzubilden, sofern die folgenden Bedingungen erfüllt sind:
a) Ziel des Anlagemandats des OGA ist es, die Zusammensetzung und die Wertentwicklung eines extern geschaffenen Indexes oder eines festen Korbs von Aktien oder Schuldtiteln nachzubilden.
b) Ein Korrelationskoeffizient zwischen den Tagesrenditen des OGA und dem Index bzw. Korb von Aktien oder Schuldtiteln, den er nachbildet, von mindestens 0,9 kann über einen Zeitraum von mindestens sechs Monaten eindeutig nachgewiesen werden.

(3) Sind dem Institut die zugrunde liegenden Anlagen des OGA auf Tagesbasis nicht bekannt, kann das Institut die Eigenmittelanforderungen für das Positionsrisiko, das das allgemeine und das spezifische Risiko umfasst, berechnen, wobei folgende Bedingungen zu erfüllen sind:
a) Es wird davon ausgegangen, dass der OGA zunächst bis zur unter seinem Mandat zulässigen Höchstgrenze in die Kategorien von Vermögenswerten investiert, die die höchste Eigenmittelanforderung getrennt für das allgemeine und das spezifische Risiko erhalten, und sodann Anlagen in absteigender Reihenfolge tätigt, bis dass die maximale Gesamtanlagengrenze erreicht ist. Die Position im OGA wird als direkte Anlage in der angenommenen Position behandelt.
b) Die Institute berücksichtigen bei der getrennten Berechnung ihrer Eigenmittelanforderung für das allgemeine und das spezifische Risiko das maximale indirekte Risiko, das sie eingehen könnten, wenn sie über den OGA Fremdkapitalpositionen aufnehmen, indem die Position im OGA proportional bis zum maximalen Risiko in Bezug auf die zugrunde liegenden Anlagebestandteile, das sich gemäß dem Mandat ergeben könnte, angehoben wird.
c) Übersteigt die Eigenmittelanforderung für das allgemeine und das spezifische Risiko nach diesem Absatz zusammen genommen die Eigenmittelanforderung nach Artikel 348 Absatz 1, wird die Eigenmittelanforderung auf diese Höhe begrenzt.

(4) Die Institute können folgende Dritte damit beauftragen, die Eigenmittelanforderungen für das Positionsrisiko für OGA-Positionen, die unter die Absätze 1 bis 4 fallen, gemäß den in diesem Kapitel beschriebenen Methoden zu berechnen und zu melden:
a) die Verwahrstelle des OGA, sofern der OGA ausschließlich in Wertpapiere investiert und sämtliche Wertpapiere bei dieser Verwahrstelle hinterlegt sind;
b) für andere OGA die Verwaltungsgesellschaft des OGA, sofern diese die Kriterien des Artikels 132 Absatz 3 Buchstabe a erfüllt.

Die Richtigkeit der Berechnung wird von einem externen Prüfer bestätigt.

Kapitel 3 Eigenmittelanforderungen für das Fremdwährungsrisiko

Artikel 351   Schwellenwert und Gewichtung für das Fremdwährungsrisiko

Übersteigt die nach dem Verfahren des Artikels 352 berechnete Summe der gesamten Nettofremdwährungsposition und der Nettogoldposition eines Instituts, einschließlich Fremdwährungs- und Goldpositionen, für die Eigenmittelanforderungen mit Hilfe eines internen Modells berechnet werden, 2 % des Gesamtbetrags seiner Eigenmittel, so berechnet das Institut eine Eigenmittelanforderung für das Fremdwährungsrisiko. Die Eigenmittelanforderung für das Fremdwährungsrisiko ist die Summe der gesamten Netto-Fremdwährungsposition und der Nettogoldposition in der Währung der Rechnungslegung mit 8 % multipliziert.

Artikel 352   Berechnung der gesamten Netto-Fremdwährungsposition

(1) Die offene Nettoposition des Instituts wird in den einzelnen Währungen (einschließlich der Währung der Rechnungslegung) und in Gold als Summe der folgenden Elemente (positiv oder negativ) berechnet:
a) Netto-Kassaposition (d. h. alle Aktiva abzüglich aller Passiva, einschließlich der aufgelaufenen und noch nicht fälligen Zinsen in der betreffenden Währung oder im Fall von Gold die Netto-Kassaposition in Gold);
b) Netto-Terminposition (d. h. alle ausstehenden Beträge abzüglich aller zu zahlenden Beträge im Rahmen von Währungs- und Goldtermingeschäften, einschließlich der Währungs- und Gold-Terminkontrakte und des Kapitalbetrags der Währungsswaps, die nicht in der Kassaposition enthalten sind);
c) unwiderrufliche Garantien und vergleichbare Instrumente, die mit Sicherheit in Anspruch genommen werden und aller Voraussicht nach uneinbringlich sind;
d) mit Hilfe des Delta-Faktors oder auf Basis des Delta-Faktors ermittelter Netto-Gegenwert des gesamten Bestands an Fremdwährungs- und Gold-Optionen;
e) Marktwert anderer Optionen.

Der Delta-Faktor für die Zwecke des Buchstabens d ist derjenige der betreffenden Börse. Bei nicht börsengehandelten Optionen oder wenn der Delta-Faktor von der betreffenden Börse nicht erhältlich ist, darf das Institut den Delta-Faktor vorbehaltlich der Erlaubnis der zuständigen Behörden unter Verwendung eines geeigneten Modells selbst berechnen. Die Erlaubnis wird erteilt, sofern mit dem Modell eine angemessene Schätzung der Änderungsrate für den Wert der Option oder des Optionsscheins bei geringfügigen Änderungen des Marktpreises des Basiswerts vorgenommen wurde.

Das Institut darf dabei den Nettobetrag der künftigen, noch nicht angefallenen, aber bereits voll abgesicherten Einnahmen und Ausgaben berücksichtigen, sofern es durchgängig so vorgeht.

Das Institut darf Nettopositionen in Korbwährungen gemäß den geltenden Quoten in die verschiedenen Währungen, aus denen sich diese zusammensetzen, zerlegen.

(2) Alle Positionen, die ein Institut bewusst eingegangen ist, um sich gegen die nachteilige Auswirkung einer Wechselkursänderung auf seine Eigenmittelquoten gemäß Artikel 92 Absatz 1 abzusichern, können vorbehaltlich der Genehmigung der zuständigen Behörden bei der Errechnung der offenen Netto-Fremdwährungspositionen ausgeschlossen werden. Solche Positionen sind keine Handelspositionen oder sind struktureller Art, und jegliche Änderung der Bedingungen für ihren Ausschluss erfordert eine gesonderte Erlaubnis der zuständigen Behörden. Positionen eines Instituts im Zusammenhang mit Posten, die bereits bei der Berechnung der Eigenmittel in Abzug gebracht wurden, können unter denselben Bedingungen genauso behandelt werden.

(3) Ein Institut darf bei der Berechnung der offenen Nettoposition in den einzelnen Währungen und in Gold den jeweiligen Nettogegenwartswert heranziehen, sofern das Institut diesen Ansatz durchgängig einsetzt.

(4) Die Netto-Kauf- und Verkaufspositionen in den einzelnen Währungen, mit Ausnahme der Währung der Rechnungslegung, und die Netto-Kauf- oder Verkaufsposition in Gold werden zum Kassakurs in die Währung der Rechnungslegung umgerechnet. Anschließend werden diese getrennt addiert, um die gesamte Netto-Kaufposition und die gesamte Netto-Verkaufsposition zu ermitteln. Der höhere dieser beiden Gesamtbeträge entspricht der gesamten Netto-Fremdwährungsposition des Instituts.

(5) Die Institute spiegeln andere Risiken, die mit Optionen verbunden sind – abgesehen vom Delta-Faktor-Risiko – in den Eigenmittelanforderungen adäquat wider.

(6) Die EBA arbeitet Entwürfe technischer Regulierungsstandards aus, in denen verschiedene Methoden festgelegt werden, um andere Risiken – abgesehen vom Delta-Faktor-Risiko – in den Eigenmittelanforderungen in einer dem Umfang und der Komplexität der Tätigkeiten der Institute im Bereich Optionen angemessenen Weise zu berücksichtigen.

Die EBA legt der Kommission diese Entwürfe technischer Regulierungsstandards bis zum 31. Dezember 2013 vor.

Der Kommission wird die Befugnis übertragen, die technischen Regulierungsstandards nach dem Unterabsatz 1 gemäß den Artikeln 10 bis 14 der Verordnung (EU) Nr. 1093/2010 zu erlassen.

Vor dem Inkrafttreten der technischen Standards nach Unterabsatz 1 dürfen die zuständigen Behörden weiterhin bestehende nationale Behandlungen anwenden, wenn sie diese vor dem 31. Dezember 2013 angewandt haben.

Artikel 353   Fremdwährungsrisiko von OGA

(1) Für die Zwecke des Artikels 352 werden in Bezug auf OGA die tatsächlichen Fremdwährungspositionen des OGA berücksichtigt.

(2) Die Institute können den Ausweis von Fremdwährungspositionen in OGA heranziehen, der vonseiten folgender Dritter vorgenommen wird:
a) die Verwahrstelle des OGA, sofern der OGA ausschließlich in Wertpapiere investiert und sämtliche Wertpapiere bei dieser Verwahrstelle hinterlegt;
b) für andere OGA von der Verwaltungsgesellschaft des OGA, sofern diese die Kriterien des Artikels 132 Absatz 3 Buchstabe a erfüllt.

Die Richtigkeit der Berechnung wird von einem externen Prüfer bestätigt.

(3) Kennt ein Institut die Fremdwährungspositionen in einem OGA nicht, wird davon ausgegangen, dass dieser bis zur im Rahmen seines Mandats möglichen Höchstgrenze in Fremdwährungspositionen investiert hat; die Institute tragen hierbei bei der Berechnung ihrer Eigenmittelanforderung für Fremdwährungsrisiken im Hinblick auf ihre Handelsbuchpositionen dem maximalen indirekten Risiko Rechnung, das sie erreichen könnten, wenn sie mittels des OGA Fremdkapitalpositionen aufnehmen würden. Dies erfolgt, indem die Position im OGA proportional bis zum Höchstrisiko angehoben wird, das in Bezug auf die zugrunde liegenden Positionen eingegangen werden kann, die sich aus dem Anlagemandat ergeben. Die angenommene Position des OGA in Fremdwährungen wird wie eine gesonderte Währung behandelt, d.h. wie Anlagen in Gold, wobei allerdings die Gesamtkaufposition zur offenen Gesamtfremdwährungskaufposition und die Gesamtverkaufsposition zur offenen Gesamtfremdwährungsverkaufsposition hinzuaddiert werden kann, sofern die Ausrichtung der Anlagen des OGA bekannt ist. Eine Aufrechnung derartiger Positionen vor der Berechnung ist nicht zulässig.

Artikel 354   Eng verbundene Währungen

(1) Die Institute dürfen für Positionen in relevanten eng verbundenen Währungen niedrigere Eigenmittelanforderungen erfüllen. Eine enge Verbindung zwischen zwei Währungen darf nur unterstellt werden, wenn bei Zugrundelegung der täglichen Wechselkurse für die vorangegangenen drei Jahre eine Wahrscheinlichkeit von mindestens 99 % – und für die vorangegangenen fünf Jahre eine solche von 95 % – besteht, dass aus gleich hohen und entgegengesetzten Positionen in diesen Währungen über die folgenden zehn Arbeitstage ein Verlust entsteht, der höchstens 4 % des Werts der betreffenden ausgeglichenen Position (in der Währung der Rechnungslegung) beträgt. Für die ausgeglichene Position in zwei eng verbundenen Währungen beträgt die Eigenmittelanforderung 4 % des Werts der ausgeglichenen Position.

(2) Bei der Berechnung der Anforderungen gemäß diesem Kapitel dürfen Institute Positionen in Währungen vernachlässigen, für die eine rechtlich bindende zwischenstaatliche Vereinbarung besteht, die deren Schwankung gegenüber anderen in dieser Vereinbarung erfassten Währungen begrenzt. Die Institute haben ihre ausgeglichenen Positionen in diesen Währungen zu berechnen und dafür eine Eigenmittelanforderung zu erfüllen, die mindestens der Hälfte der in der zwischenstaatlichen Vereinbarung für die betreffenden Währungen festgelegten höchstzulässigen Schwankung entspricht.

(3) Die EBA arbeitet Entwürfe technischer Durchführungsstandards mit einem Verzeichnis der Währungen aus, für die nach Absatz 1 verfahren werden darf.

Die EBA legt der Kommission diese Entwürfe technischer Durchführungsstandards bis 1. Januar 2014 vor.

Der Kommission wird die Befugnis übertragen, die technischen Durchführungsstandards nach Unterabsatz 1 gemäß Artikel 15 der Verordnung (EU) Nr. 1093/2010 zu erlassen.

(4) Die Eigenmittelanforderung für die ausgeglichenen Positionen in Währungen der Mitgliedstaaten, die an der zweiten Stufe der Wirtschafts- und Währungsunion teilnehmen, darf als 1,6 % des Werts dieser ausgeglichenen Positionen berechnet werden.

(5) Nur die nicht ausgeglichenen Positionen in Währungen gemäß diesem Artikel werden in die gesamte offene Nettoposition nach Artikel 352 Absatz 4 einbezogen.

(6) Geht aus den täglichen Wechselkursen der vorangegangenen drei oder fünf Jahre bei gleich hohen und entgegengesetzten Positionen in zwei Währungen über die jeweils folgenden zehn Arbeitstage hervor, dass die beiden Währungen perfekt positiv korrelieren und das Institut jederzeit eine Geld-Brief-Spanne von Null für die jeweiligen Abschlüsse erwarten kann, darf es mit ausdrücklicher Genehmigung seiner zuständigen Behörde bis Ende 2017 eine Eigenmittelanforderung von 0 % ansetzen.

Kapitel 4   Eigenmittelanforderungen für das Warenpositionsrisiko

Artikel 355   Wahl der Methode für das Warenpositionsrisiko

Vorbehaltlich der Artikel 356 bis 358 berechnen die Institute die Eigenmittelanforderung für das Warenpositionsrisiko anhand einer der in den Artikeln 359, 360 oder 361 festgelegten Methoden.

Artikel 356   Ergänzende Warengeschäfte

(1) Institute, die ergänzende Geschäfte mit Agrarerzeugnissen betreiben, dürfen zum Jahresende die Eigenmittelanforderungen für ihren physischen Warenbestand für das Folgejahr bestimmen, sofern sämtliche der folgenden Voraussetzungen erfüllt sind:

a) Das Institut hält jederzeit während des Jahres Eigenmittel für dieses Risiko vor, dessen Höhe nicht unter der durchschnittlichen Eigenmittelanforderung für das konservativ geschätzte Risiko für das Folgejahr liegt;
b) Das Institut nimmt eine vorsichtige Schätzung der erwarteten Volatilität des gemäß Buchstabe a berechneten Werts vor;
c) Die durchschnittliche Eigenmittelanforderung für dieses Risiko übersteigt nicht 5 % der Eigenmittel des Instituts oder 1 Mio. EUR; unter Berücksichtigung der im Einklang mit Buchstabe b geschätzten Volatilität übersteigt der erwartete Höchstwert der Eigenmittelanforderungen nicht 6,5 % seiner Eigenmittel;
d) Das Institut überwacht kontinuierlich, ob die gemäß den Buchstaben a und b durchgeführten Schätzungen nach wie vor die Realität widerspiegeln.

(2) Institute teilen den zuständigen Behörden mit, inwieweit sie von der Möglichkeit nach Absatz 1 Gebrauch machen.

Artikel 357 Positionen in Waren

(1) Jede Position in Waren oder warenunterlegten Derivaten wird in Standardmaßeinheiten ausgedrückt. Der Kassakurs der einzelnen Waren wird in der Währung der Rechnungslegung angegeben.

(2) Positionen in Gold oder goldunterlegten Derivaten gelten als dem Fremdwährungsrisiko unterliegend und werden für die Zwecke der Berechnung des Warenpositionsrisikos gegebenenfalls gemäß Kapitel 3 oder 5 behandelt.

(3) Der Überschuss der Kauf-(Verkaufs-)positionen eines Instituts über seine Verkaufs-(Kauf-)positionen in derselben Ware und in identischen Warenterminkontrakten, Optionen und Optionsscheinen ist seine Nettoposition für die Zwecke des Artikels 360 Absatz 1 in Bezug auf diese Ware. Positionen in Derivaten werden – wie in Artikel 358 erläutert – als Positionen in der zugrunde liegenden Ware behandelt.

(4) Für die Zwecke der Berechnung einer Position in Waren werden folgende Positionen als Positionen in derselben Ware behandelt:
a) Positionen in verschiedenen Unterkategorien derselben Ware, wenn diese Unterkategorien bei der Lieferung untereinander austauschbar sind;
b) Positionen in ähnlichen Waren, wenn sie nahe Substitute sind und ihre Preisentwicklung für einen Zeitraum von mindestens einem Jahr eine eindeutige Mindestkorrelation von 0,9 aufweist.

Artikel 358 Spezifische Instrumente

(1) Warenterminkontrakte und Terminpositionen bezüglich des Kaufs oder Verkaufs bestimmter Waren sind als fiktive, in einer Standardmaßeinheit ausgedrückte Nominalbeträge in das Risikomesssystem aufzunehmen und gemäß ihrem Fälligkeitstermin in das entsprechende Laufzeitband einzustellen.

(2) Warenswaps, bei denen eine Seite der Transaktion ein fester Preis und die andere der jeweilige Marktpreis ist, sind als eine Reihe von dem Nominalwert des Geschäfts entsprechenden Positionen zu behandeln, wobei gegebenenfalls eine Position jeweils einer Zahlung aus dem Swap entspricht und in das entsprechende Laufzeitband nach Artikel 359 Absatz 1 eingestellt wird. Dabei handelt es sich um Kaufpositionen, wenn das Institut einen festen Preis zahlt und einen variablen Preis erhält, und um Verkaufspositionen, wenn das Institut einen festen Preis erhält und einen variablen Preis zahlt. Warenswaps, bei denen die beiden Seiten der Transaktion verschiedene Waren betreffen, sind beim Laufzeitbandverfahren für beide Waren getrennt in den jeweiligen Laufzeitbandfächer einzustellen.

(3) Optionen und Optionsscheine auf Waren oder auf warenunterlegte Derivate sind für die Zwecke dieses Kapitels wie Positionen zu behandeln, deren Wert dem mit dem Delta-Faktor multiplizierten Basiswert entspricht. Die letztgenannten Positionen

können gegen entgegengesetzte Positionen in identischen zugrunde liegenden Waren oder warenunterlegten Derivaten aufgerechnet werden. Als Delta-Faktor ist derjenige der betreffenden Börse zu verwenden. Bei nicht börsengehandelten Optionen oder wenn der Delta-Faktor von der betreffenden Börse nicht erhältlich ist, darf das Institut den Delta-Faktor vorbehaltlich der Genehmigung durch die zuständigen Behörden unter Verwendung eines geeigneten Modells selbst berechnen. Die Genehmigung wird erteilt, sofern mit dem Modell eine angemessene Schätzung der Änderungsrate für den Wert der Option oder des Optionsscheins bei geringfügigen Änderungen des Marktpreises des Basiswerts vorgenommen wurde.

Die Institute spiegeln andere Risiken, die mit Optionen verbunden sind – abgesehen vom Delta-Faktor-Risiko – in den Eigenmittelanforderungen adäquat wider.

(4) Die EBA arbeitet Entwürfe technischer Regulierungsstandards aus, in denen verschiedene Methoden festgelegt werden, um andere Risiken – abgesehen vom Delta-Faktor-Risiko – in den Eigenmittelanforderungen in einer dem Umfang und der Komplexität der Tätigkeiten der Institute im Bereich Optionen angemessenen Weise zu berücksichtigen.

Die EBA legt der Kommission diese Entwürfe technischer Regulierungsstandards bis zum 31. Dezember 2013 vor.

Der Kommission wird die Befugnis übertragen, die technischen Regulierungsstandards nach Unterabsatz 1 gemäß den Artikeln 10 bis 14 der Verordnung (EU) Nr. 1093/2010 zu erlassen.

Vor dem Inkrafttreten der technischen Standards nach Unterabsatz 1 dürfen die zuständigen Behörden weiterhin bestehende nationale Behandlungen anwenden, wenn sie diese vor dem 31. Dezember 2013 angewandt haben.

(5) Das Institut bezieht die betreffenden Warenpositionen in die Berechnung seiner Eigenmittelanforderungen für Warenpositionsrisiken ein, wenn es sich bei dem Institut um Folgendes handelt:
a) eine Partei, die Waren oder garantierte Rechtsansprüche auf Waren im Rahmen einer Rückkaufsvereinbarung überträgt;
b) eine verleihende Partei bei einem Warenverleihgeschäft.

Artikel 359   Laufzeitbandverfahren

(1) Das Institut legt für jede Ware einen gesonderten Laufzeitbandfächer entsprechend der Tabelle 1 zugrunde. Alle Positionen in der betreffenden Ware werden in die entsprechenden Laufzeitbänder eingestellt. Warenbestände sind in das erste Laufzeitband zwischen 0 bis zu einschließlich einem Monat einzuordnen.

Tabelle 1

Laufzeitband (1)	Spread-Satz (in %) (2)
0 ≤ 1 Monat	1,50
> 1 ≤ 3 Monate	1,50
> 3 ≤ 6 Monate	1,50
> 6 ≤ 12 Monate	1,50
1 ≤ 2 Jahre	1,50
2 ≤ 3 Jahre	1,50
> 3 Jahre	1,50

(2) Positionen in derselben Ware dürfen gegeneinander aufgerechnet und als Nettoposition in das entsprechende Laufzeitband eingestellt werden, wenn
a) die entsprechenden Geschäfte denselben Fälligkeitstermin haben;
b) die entsprechenden Geschäfte innerhalb desselben Zehn-Tages-Zeitraums fällig werden und auf Märkten mit täglichen Lieferterminen gehandelt werden.

(3) Anschließend errechnet das Institut für jedes Laufzeitband die Summe der Kaufpositionen sowie die Summe der Verkaufspositionen. Der Betrag der ersteren Summe, der innerhalb eines gegebenen Laufzeitbands durch den der letzteren Summe ausgeglichen wird, ist in jenem Band die ausgeglichene Position, während die verbleibende Kauf- oder Verkaufsposition die nicht ausgeglichene Position für dasselbe Laufzeitband darstellt.

(4) Der Teil der nicht ausgeglichenen Kauf-(Verkaufs-)position für ein gegebenes Laufzeitband, der durch die nicht ausgeglichene Verkaufs-(Kauf-)position für ein Laufzeitband mit längerer Fristigkeit ausgeglichen wird, stellt die ausgeglichene Position zwischen zwei Laufzeitbändern dar. Der Teil der nicht ausgeglichenen Kaufposition oder der nicht ausgeglichenen Verkaufsposition, der nicht auf diese Weise ausgeglichen werden kann, stellt die nicht ausgeglichene Position dar.

(5) Die Eigenmittelanforderung eines Instituts für jede Ware errechnet sich auf der Grundlage des entsprechenden Laufzeitbandfächers als die Summe aus
a) der Summe der ausgeglichenen Kauf- und Verkaufspositionen, die mit dem jeweiligen Spread-Satz für jedes Laufzeitband (siehe Spalte 2 der Tabelle 1) und dem Kassakurs der Ware multipliziert wird;
b) der ausgeglichenen Position zwischen zwei Laufzeitbändern für jedes Laufzeitband, in das eine nicht ausgeglichene Position vorgetragen wird, multipliziert mit 0,6 %, d. h. dem Gewichtungssatz für vorgetragene Positionen (›carry rate‹), und mit dem Kassakurs der Ware;
c) den restlichen, nicht ausgeglichenen Positionen, multipliziert mit 15 %, d. h. dem einfachen Gewichtungssatz (›outright rate‹), und mit dem Kassakurs der Ware.

(6) Die Gesamteigenmittelanforderung eines Instituts zur Unterlegung des Warenpositionsrisikos errechnet sich als die Summe der gemäß Absatz 5 berechneten Eigenmittelanforderungen für jede Ware.

Artikel 360 Vereinfachtes Verfahren

(1) Die Eigenmittelanforderung des Instituts für jede Ware errechnet sich hier als die Summe aus
a) 15 % der Nettoposition, unabhängig davon, ob es sich um eine Kauf- oder Verkaufsposition handelt, multipliziert mit dem Kassakurs der Ware;
b) 3 % der Bruttoposition (Kaufposition plus Verkaufsposition), multipliziert mit dem Kassakurs der Ware.

(2) Die Gesamteigenmittelanforderung eines Instituts zur Unterlegung des Warenpositionsrisikos errechnet sich als die Summe der gemäß Absatz 1 berechneten Eigenmittelanforderungen für jede Ware.

Artikel 361 Erweitertes Laufzeitbandverfahren

Institute dürfen anstelle der in Artikel 359 genannten Sätze die Mindestsätze für den Spread-, den Vortrags- und den einfachen Gewichtungssatz der nachstehenden Tabelle 2 verwenden, sofern sie
a) Warengeschäfte in erheblichem Umfang tätigen;
b) ein angemessen diversifiziertes Portfolio von Warenpositionen halten;

c) noch nicht in der Lage sind, interne Modelle für die Berechnung der Eigenmittelunterlegung des Warenpositionsrisikos einzusetzen.

Tabelle 2

	Edelmetalle (ausgenommen Gold)	Andere Metalle	Agrarerzeugnisse (Agrarrohstoffe)	Sonstige einschließlich Energieprodukte
›Spread‹-Satz (in %)	1,0	1,2	1,5	1,5
Gewichtungssatz für vorgetragene Positionen (in %)	0,3	0,5	0,6	0,6
einfacher Gewichtungssatz (in %)	8	10	12	15

Die Institute zeigen den zuständigen Behörden an, inwieweit sie von dem Verfahren nach diesem Artikel Gebrauch machen und legen dabei Nachweise für ihre Bemühungen vor, ein internes Modell für die Berechnung der Eigenmittelanforderung für das Warenpositionsrisiko einzuführen.

Kapitel 5 Verwendung interner Modelle zur Berechnung der Eigenmittelanforderungen

Abschnitt 1 Erlaubnis und Eigenmittelanforderungen

Artikel 362 Spezifische und allgemeine Risiken

Das Positionsrisiko gehandelter Schuldtitel oder Aktieninstrumente oder davon abgeleiteter Derivate darf für die Zwecke dieses Kapitels in zwei Komponenten aufgeteilt werden. Die erste Komponente ist die spezifische Risikokomponente, sie erfasst das Risiko einer Preisänderung bei dem betreffenden Instrument aufgrund von Faktoren, die auf seinen Emittenten oder im Fall eines Derivats auf den Emittenten des zugrunde liegenden Instruments zurückzuführen sind. Die zweite Komponente betrifft das allgemeine Risiko und erfasst das Risiko einer Preisänderung bei dem betreffenden Wertpapier, die im Fall gehandelter Schuldtitel oder davon abgeleiteter Instrumente einer Änderung des Zinsniveaus oder im Fall von Aktien oder davon abgeleiteter Instrumente einer allgemeinen Bewegung am Aktienmarkt zuzuschreiben ist, die in keinem Zusammenhang mit den spezifischen Merkmalen einzelner Wertpapiere steht.

Artikel 363 Erlaubnis zur Verwendung interner Modelle

(1) Nachdem sie überprüft haben, dass ein Institut die einschlägigen Anforderungen der Abschnitte 2, 3 und 4 erfüllt, geben die zuständigen Behörden dem Institut die Erlaubnis, die Eigenmittelanforderungen für eine oder mehrere der folgenden Risikokategorien mit Hilfe seiner internen Modelle anstelle oder in Verbindung mit den Verfahren nach den Kapiteln 2 bis 4 zu berechnen:
a)   allgemeines Risiko von Aktieninstrumenten;
b)   spezifisches Risiko von Aktieninstrumenten;
c)   allgemeines Risiko von Schuldtiteln;
d)   spezifisches Risiko von Schuldtiteln;

e) Fremdwährungsrisiko;
f) Warenpositionsrisiko.

(2) Für Risikokategorien, für die dem Institut keine Erlaubnis nach Absatz 1 zur Verwendung interner Modelle erteilt wurde, berechnet das Institut die Eigenmittelanforderungen weiterhin erforderlichenfalls gemäß den Kapiteln 2, 3 und 4. Für die Verwendung interner Modelle ist für jede Risikokategorie eine Erlaubnis der zuständigen Behörden erforderlich, die nur gegeben wird, wenn das interne Modell einen signifikanten Anteil der Positionen einer bestimmten Risikokategorie erfasst.

(3) Wesentliche Änderungen in der Verwendung der internen Modelle, deren Verwendung dem Institut gestattet wurde, und die Ausdehnung der Verwendung dieser gestatteten Modelle, insbesondere auf zusätzliche Risikokategorien, sowie die erste Berechnung des Risikopotenzials unter Stressbedingungen (›Stressed Value-at-Risk‹) nach Artikel 365 Absatz 2 erfordern eine gesonderte Erlaubnis der zuständigen Behörden.

Institute zeigen den zuständigen Behörden alle sonstigen Ausweitungen und Änderungen der Verwendung der internen Modelle, deren Verwendung ihnen gestattet wurde, an.

(4) Die EBA arbeitet Entwürfe technischer Regulierungsstandards aus, in denen Folgendes präzisiert wird:
a) die Bedingungen für die Beurteilung der Erweiterungen und Änderungen bei der Verwendung der internen Modelle;
b) die Beurteilungsmethodik, nach der die zuständigen Behörden den Instituten die Verwendung interner Modelle erlauben;
c) die Bedingungen, unter denen der Anteil der erfassten Positionen einer bestimmten Risikokategorie als ›signifikant‹ im Sinne des Absatzes 2 gilt.

Die EBA legt der Kommission diese Entwürfe technischer Regulierungsstandards bis zum 31. Dezember 2014 vor.

Der Kommission wird die Befugnis übertragen, die technischen Regulierungsstandards nach Unterabsatz 1 gemäß den Artikeln 10 bis 14 der Verordnung (EU) Nr. 1093/2010 zu erlassen.

Artikel 364   Eigenmittelanforderungen bei der Verwendung interner Modelle

(1) Jedes Institut, das ein internes Modell verwendet, erfüllt – zusätzlich zu den nach den Kapiteln 2, 3 und 4 berechneten Eigenmittelanforderungen für Risikokategorien, für die die zuständigen Behörden keine Erlaubnis zur Verwendung eines internen Modells gegeben haben – eine Eigenmittelanforderung, die der Summe der Werte nach den Buchstaben a und b entspricht:
a) dem höheren der folgenden Werte:
   i) Vortageswert des gemäß Artikel 365 Absatz 1 errechneten Risikopotenzials (VaR_{t-1});
   ii) Durchschnitt der in den vorausgegangenen 60 Geschäftstagen ermittelten Tageswerte des Risikopotenzials im Sinne von Artikel 365 Absatz 1 (VaR_{avg}), multipliziert mit dem Multiplikationsfaktor (m_c) gemäß Artikel 366;
b) dem höheren der folgenden Werte:
   i) seine letzte verfügbare gemäß Artikel 365 Absatz 2 errechnete Maßzahl des Risikopotenzials unter Stressbedingungen ($sVaR_{t-1}$); und
   ii) Durchschnitt der auf die in Artikel 365 Absatz 2 genannte Weise und mit der dort genannten Häufigkeit berechneten Maßzahlen des Risikopotenzials unter Stressbedingungen für die vorausgegangenen 60 Geschäftstage ($sVaR_{avg}$), multipliziert mit dem Multiplikationsfaktor (m_s) gemäß Artikel 366.

(2) Institute, die zur Berechnung ihrer Eigenmittelanforderung für das spezifische Risiko von Schuldtiteln interne Modelle verwenden, erfüllen eine zusätzliche Eigenmittelanforderung, die der Summe der Werte nach den Buchstaben a und b entspricht:
a) die gemäß den Artikeln 337 und 338 berechnete Eigenmittelanforderung für das spezifische Risiko von Verbriefungspositionen und n-ter-Ausfall-Kreditderivaten im Handelsbuch, mit Ausnahme derjenigen, die in eine Eigenmittelanforderung für das spezifische Risiko des Korrelationshandelsportfolios gemäß Abschnitt 5 einbezogen sind, und gegebenenfalls die Eigenmittelanforderung für das spezifische Risiko im Einklang mit Kapitel 2 Abschnitt 6 für diejenigen OGA-Positionen, für die weder die Anforderungen nach Artikel 350 Absatz 1 noch die Anforderungen nach Artikel 350 Absatz 2 erfüllt sind;
b) der höhere der folgenden Werte:
   i) letzte verfügbare gemäß Abschnitt 3 errechnete Maßzahl des zusätzlichen Ausfall- und Migrationsrisikos,
   ii) Durchschnittswert dieser Maßzahl in den vorausgegangenen zwölf Wochen.

(3) Institute, die ein den Anforderungen des Artikels 338 Absätze 1 bis 3 entsprechendes Korrelationshandelsportfolio besitzen, dürfen eine auf Artikel 377 anstatt Artikel 338 Absatz 4 gestützte Eigenmittelanforderung erfüllen, die dem höheren der nachstehenden Werte entspricht:
a) letzte verfügbare gemäß Abschnitt 5 errechnete Risikomaßzahl des Korrelationshandelsportfolios,
b) Durchschnittswert dieser Maßzahl in den vorausgegangenen zwölf Wochen;
c) 8 % der Eigenmittelanforderung, die – zum Zeitpunkt der Berechnung der letzten verfügbaren Risikomaßzahl nach Buchstabe a – nach Artikel 338 Absatz 4 für alle in das interne Modell für das Korrelationshandelsportfolio einbezogenen Positionen berechnet würde.

Abschnitt 2   Allgemeine Anforderungen

Artikel 365   Berechnung des Risikopotenzials und des Risikopotenzials unter Stressbedingungen

(1) Für die Berechnung der Maßzahl des Risikopotenzials im Sinne des Artikels 364 gelten folgende Anforderungen:
a) tägliche Berechnung der Maßzahl des Risikopotenzials,
b) einseitiges Konfidenzniveau von 99 %,
c) Haltedauer von zehn Tagen,
d) tatsächlicher historischer Beobachtungszeitraum von mindestens einem Jahr, ausgenommen in den Fällen, in denen ein kürzerer Beobachtungszeitraum aufgrund einer erheblichen Zunahme der Preisvolatilität gerechtfertigt ist,
e) mindestens monatliche Aktualisierung der Datenreihen.

Das Institut darf Risikopotenzial-Maßzahlen verwenden, die ausgehend von einer Haltedauer von weniger als zehn Tagen errechnet und auf zehn Tage hochgerechnet werden, sofern dazu eine angemessene und regelmäßig überprüfte Methode verwendet wird.

(2) Zusätzlich berechnet das Institut im Einklang mit den in Absatz 1 aufgeführten Anforderungen mindestens wöchentlich das Risikopotenzial unter Stressbedingungen des aktuellen Portfolios, wobei die Modellparameter für das Risikopotenzial unter Stressbedingungen aus historischen Daten eines ununterbrochenen Zwölfmonatszeitraums mit signifikantem und für das Portfolio des Instituts maßgeblichem Finanzstress ermittelt werden. Die Auswahl dieser historischen Daten unterliegt der mindestens jährlichen Überprüfung durch das Institut, das den zuständigen Behörden das Ergebnis mitteilt. Die EBA überwacht die Bandbreite der Praxis für die Berechnung des

Risikopotenzials unter Stressbedingungen und gibt im Einklang mit Artikel 16 der Verordnung (EU) Nr. 1093/2010 Leitlinien dazu heraus.

Artikel 366 Aufsichtliche Rückvergleiche und Multiplikationsfaktoren

(1) Die Ergebnisse der Berechnungen nach Artikel 365 werden durch die Multiplikationsfaktoren (m_c) und (m_s) heraufskaliert.

(2) Jeder der Multiplikationsfaktoren (m_c) und (m_s) entspricht der Summe aus mindestens 3 und einem Zuschlagfaktor zwischen 0 und 1 gemäß Tabelle 1. Dieser Zuschlagsfaktor richtet sich nach der Zahl der Überschreitungen, die sich bei den Rückvergleichen der gemäß Artikel 365 Absatz 1 berechneten Maßzahl des Risikopotenzials des Instituts während der unmittelbar vorausgegangenen 250 Geschäftstage ergeben haben.

Tabelle 1

Anzahl der Überschreitungen	Zuschlagsfaktor
Weniger als 5	0,00
5	0,40
6	0,50
7	0,65
8	0,75
9	0,85
10 oder mehr	1,00

(3) Die Institute zählen die Überschreitungen bei täglichen Rückvergleichen der hypothetischen und tatsächlichen Änderungen des Portfoliowerts. Eine Überschreitung liegt vor, wenn eine Eintagesänderung des Portfoliowerts die mit Hilfe des internen Modells des Instituts errechnete Maßzahl des Risikopotenzials für denselben Eintageszeitraum überschreitet. Zur Ermittlung des Zuschlagsfaktors wird die Zahl der Überschreitungen zumindest einmal pro Quartal berechnet und entspricht der Höchstzahl der Überschreitungen bei den hypothetischen und den tatsächlichen Änderungen des Portfoliowerts.

Ein Rückvergleich der hypothetischen Änderungen des Portfoliowerts beruht auf dem Vergleich zwischen dem Tagesendwert des Portfolios und seinem Wert am Ende des darauf folgenden Tages unter der Annahme unveränderter Tagesendpositionen.

Ein Rückvergleich der tatsächlichen Änderungen des Portfoliowerts beruht auf dem Vergleich zwischen dem Tagesendwert des Portfolios und seinem tatsächlichen Wert am Ende des darauf folgenden Tages, ohne Gebühren, Provisionen und Nettozinserträge.

(4) Die zuständigen Behörden können in Einzelfällen den Zuschlagsfaktor auf einen Wert beschränken, der sich aus den Überschreitungen bei hypothetischen Änderungen ergibt, sofern die Anzahl der Überschreitungen bei den tatsächlichen Änderungen nicht auf Schwächen des internen Modells zurückzuführen ist.

(5) Damit die zuständigen Behörden die Angemessenheit der Multiplikationsfaktoren laufend überwachen können, melden die Institute unverzüglich und in jedem Fall binnen fünf Arbeitstagen, wenn aufgrund ihrer Rückvergleiche Überschreitungen ausgewiesen werden.

Artikel 367   Anforderungen an die Risikomessung

(1) Jedes interne Modell zur Berechnung der Eigenmittelanforderung für das Positionsrisiko, das Fremdwährungsrisiko oder das Warenpositionsrisiko und jedes interne Modell für Korrelationshandelsaktivitäten erfüllt sämtliche der folgenden Bedingungen:
a) Das Modell erfasst alle wesentlichen Preisrisiken genau.
b) Das Modell erfasst je nach dem Umfang der Tätigkeit des Instituts auf dem jeweiligen Markt eine ausreichende Zahl von Risikofaktoren. Geht ein Risikofaktor in das Bewertungsmodell des Instituts, nicht aber in sein Risikomessmodell ein, so muss das Institut den zuständigen Behörden gegenüber nachweisen können, dass dies gerechtfertigt ist. Das Risiko-Messmodell erfasst die Nichtlinearitäten von Optionen und anderen Produkten sowie das Korrelationsrisiko und das Basisrisiko. Werden für Risikofaktoren Näherungswerte verwendet, so müssen diese die tatsächliche Wertveränderung der Position in der Vergangenheit gut abgebildet haben.

(2) Jedes interne Modell zur Berechnung der Eigenmittelanforderung für das Positionsrisiko, das Fremdwährungsrisiko oder das Warenpositionsrisiko erfüllt sämtliche der folgenden Bedingungen:
a) Das Modell enthält Risikofaktoren für die Zinssätze in jeder Währung, in der das Institut zinsreagible bilanzwirksame und außerbilanzielle Positionen hält. Das Institut hat die Zinsstrukturkurven nach einem allgemein anerkannten Verfahren zu berechnen. Bei wesentlichen, mit einem Zinsänderungsrisiko behafteten Risikopositionen in den wichtigsten Währungen und Märkten ist die Zinsstrukturkurve in mindestens sechs Laufzeitsegmente zu unterteilen, um der unterschiedlichen Volatilität der Zinssätze für die verschiedenen Laufzeiten Rechnung zu tragen. Das Modell erfasst ferner das Risiko nicht vollkommen korrelierter Entwicklungen der verschiedenen Zinsstrukturkurven.
b) Das Modell enthält Risikofaktoren für Gold und für die einzelnen Fremdwährungen, auf die die Positionen des Instituts lauten. Für OGA werden die tatsächlichen Fremdwährungspositionen der OGA berücksichtigt. Die Institute können den Ausweis von Fremdwährungspositionen in OGA heranziehen, der vonseiten Dritter vorgenommen wurde, sofern die Korrektheit dieses Ausweises ausreichend sichergestellt ist. Kennt ein Institut die Fremdwährungspositionen in einem OGA nicht, wird diese Position isoliert und gemäß Artikel 353 Absatz 3 behandelt.
c) Das Modell muss mindestens für jeden Aktienmarkt, in dem das Institut Positionen in erheblichem Umfang hält, einen gesonderten Risikofaktor enthalten.
d) Das Modell muss mindestens für jede Ware, in der das Institut Positionen in erheblichem Umfang hält, einen gesonderten Risikofaktor enthalten. Das Modell muss daneben auch das Risiko unvollständig korrelierter Entwicklungen ähnlicher, aber nicht identischer Waren und das Risiko einer Änderung der Terminkurse aufgrund von Fristeninkongruenzen erfassen. Überdies ist den Markteigenheiten, insbesondere den Lieferterminen und den Möglichkeiten der Händler zum Glattstellen von Positionen, Rechnung zu tragen.
e) Bei dem institutsinternen Modell wird das aus weniger liquiden Positionen und Positionen mit begrenzter Preistransparenz erwachsende Risiko unter Zugrundelegung realistischer Marktszenarien konservativ bewertet. Darüber hinaus erfüllt das interne Modell die Mindestanforderungen an Daten. Näherungswerte werden mit der notwendigen Vorsicht bestimmt und dürfen nur verwendet werden, wenn die verfügbaren Daten nicht ausreichen oder die Volatilität einer Position oder eines Portfolios nicht realistisch widerspiegeln.

(3) Die Institute dürfen in jedem für die Zwecke dieses Kapitels verwendeten internen Modell empirische Korrelationen innerhalb und zwischen den einzelnen

Risikokategorien nur dann anwenden, wenn der Ansatz des Instituts für die Korrelationsmessung solide ist und unter Sicherstellung seiner Integrität angewandt wird.

Artikel 368 Qualitative Anforderungen

(1) Jedes für die Zwecke dieses Kapitels verwendete interne Modell beruht auf einem soliden Konzept und wird unter Sicherstellung seiner Integrität angewandt; insbesondere werden sämtliche der folgenden qualitativen Anforderungen erfüllt:

a) Jedes zur Berechnung der Eigenmittelanforderungen für das Positionsrisiko, das Fremdwährungsrisiko oder das Warenpositionsrisiko verwendete interne Modell ist eng in das tägliche Risikomanagement des Instituts eingebunden und dient als Grundlage für die Meldung von Risikopositionen an die Geschäftsleitung.

b) Das Institut verfügt über eine vom Handelsbereich unabhängige Abteilung zur Risikosteuerung und -überwachung, die direkt der Geschäftsleitung unterstellt ist. Die Abteilung ist für die Gestaltung und Umsetzung der für die Zwecke dieses Kapitels verwendeten internen Modelle zuständig. Die Abteilung führt die erste und die laufende Validierung der für die Zwecke dieses Kapitels verwendeten internen Modelle durch, wobei sie für das gesamte Risikomanagement-System verantwortlich ist. Die Abteilung erstellt und analysiert täglich Berichte über die Ergebnisse der zur Berechnung der Eigenmittelanforderungen für das Positionsrisiko, das Fremdwährungsrisiko oder das Warenpositionsrisiko verwendeten internen Modelle und über die angemessenen Maßnahmen, die im Hinblick auf die Begrenzung der Handelsgeschäfte zu treffen sind.

c) Leitungsorgan und Geschäftsleitung des Instituts sind aktiv an der Risikosteuerung und -überwachung beteiligt, und die die täglichen Berichte der Abteilung zur Risikosteuerung und -überwachung werden von einer Leitungsebene geprüft, die über hinreichende Befugnisse verfügt, um sowohl die Reduzierung von Positionen einzelner Händler als auch die Reduzierung des eingegangenen Gesamtrisikos des Instituts durchzusetzen.

d) Das Institut beschäftigt in den Abteilungen Handel, Risikosteuerung und -überwachung, Revision und Abwicklung eine ausreichende Zahl von Mitarbeitern, die in der Verwendung komplexer interner Modelle, einschließlich der für die Zwecke dieses Kapitels verwendeten, geschult sind.

e) Das Institut hat Verfahren eingerichtet, um die Einhaltung schriftlich festgelegter interner Strategien und Kontrollen hinsichtlich der Funktionsweise seiner internen Modelle insgesamt, einschließlich der für die Zwecke dieses Kapitels verwendeten Modelle, zu überwachen und zu gewährleisten.

f) Jedes für die Zwecke dieses Kapitels verwendete interne Modell hat in der Vergangenheit nachweislich eine ausreichend präzise Risikomessung gewährleistet.

g) Das Institut führt regelmäßig ein gründliches Stresstestprogramm einschließlich umgekehrter Stresstests durch, das jedes für die Zwecke dieses Kapitels verwendete interne Modell erfasst und dessen Ergebnisse von der Geschäftsleitung geprüft werden und in die von ihm festgelegten Strategien und Begrenzungen einfließen. Dieses Programm erfasst insbesondere die Illiquidität von Märkten unter angespannten Marktbedingungen, das Konzentrationsrisiko, ein Vorhandensein von aus Käufer- oder Verkäufersicht wenig liquiden Märkten (›one-way market‹), Kreditereignisrisiko und Risiko eines plötzlichen Kreditausfalls (›jump-to-default‹), Nichtlinearität von Produkten, weit aus dem Geld notierte Positionen, Positionen mit hohen Preisschwankungen und andere Risiken, die vom internen Modell unter Umständen nicht ausreichend abgedeckt werden. Bei der Simulation von Schocks wird der Art der Portfolios und der Zeit, die unter schwierigen Marktbedingungen zur Absicherung oder Steuerung von Risiken erforderlich sein könnte, Rechnung getragen.

h) Das Institut unterzieht seine internen Modelle, einschließlich der für die Zwecke dieses Kapitels verwendeten Modelle, im Rahmen der Innenrevision einer unabhängigen Prüfung.

(2) In die unter Absatz 1 Buchstabe h genannte Prüfung sind sowohl die Tätigkeiten der Handelsabteilungen als auch die der unabhängigen Abteilung zur Risikosteuerung und -überwachung einzubeziehen. Das Institut prüft mindestens einmal im Jahr sein gesamtes Risikomanagementsystem. In diese Prüfung ist Folgendes einzubeziehen:
a) die Angemessenheit der Dokumentation von Risikomanagementsystem und -verfahren und die Organisation der Abteilung zur Risikosteuerung und -überwachung;
b) die Einbeziehung der Risikomessungen in das tägliche Risikomanagement und die Integrität des Management-Informationssystems;
c) die Genehmigungsverfahren des Instituts für die von den Mitarbeitern der Handels- und der Abwicklungsabteilungen verwendeten Preismodelle für Risiken und Bewertungssysteme;
d) die Bandbreite der von dem Risikomessmodell erfassten Risiken und die Validierung etwaiger signifikanter Änderungen des Risikomessverfahrens;
e) die Richtigkeit und Vollständigkeit der Positionsdaten, die Richtigkeit und Angemessenheit der Volatilitäts- und Korrelationsannahmen und die Richtigkeit der Bewertungs- und Risikosensitivitätsberechnungen;
f) die Verifizierungsverfahren des Instituts zur Bewertung der Einheitlichkeit, Aktualität und Zuverlässigkeit sowie der Unabhängigkeit der in den internen Modellen verwendeten Datenquellen;
g) die Verifizierungsverfahren des Instituts zur Bewertung der Rückvergleiche, mit denen die Genauigkeit des Modells getestet wird.

(3) Sollten neue Techniken und vorbildliche Verfahren entwickelt werden, so wenden die Institute diese neuen Techniken und Verfahren auf jedes für die Zwecke dieses Kapitels verwendete Modell an.

Artikel 369   Interne Validierung

(1) Institute verfügen über Verfahren, die gewährleisten, dass alle ihre für die Zwecke dieses Kapitels verwendeten internen Modelle angemessen von entsprechend qualifizierten Dritten, die von der Entwicklung unabhängig sind, validiert wurden, damit sichergestellt ist, dass sie konzeptionell solide sind und alle wesentlichen Risiken erfassen. Die Validierung erfolgt sowohl bei der Einführung als auch bei jeder wesentlichen Änderung des internen Modells. Darüber hinaus werden regelmäßig Validierungen durchgeführt, insbesondere jedoch nach jedem wesentlichen Strukturwandel am Markt oder jeder Änderung der Portfoliozusammensetzung, wenn die Gefahr besteht, dass das interne Modell infolgedessen nicht länger angemessen ist. Sollten neue Techniken und vorbildliche Praktiken für die interne Validierung entwickelt werden, so wenden die Institute diese an. Die Modellvalidierung ist nicht auf Rückvergleiche beschränkt, umfasst zumindest aber Folgendes:
a) Tests, anhand derer nachgewiesen wird, dass alle dem internen Modell zugrunde liegenden Annahmen angemessen sind und keine Unterschätzung oder Überschätzung des Risikos zur Folge haben;
b) zusätzlich zu den vorgeschriebenen Rückvergleichen eigene Tests und Rückvergleiche der Institute in Bezug auf die Risiken und die Struktur ihrer Portfolios zur Validierung des internen Modells;
c) den Einsatz hypothetischer Portfolios, wodurch sichergestellt werden soll, dass das interne Modell eventuell auftretende, besondere strukturelle Merkmale, wie erhebliche Basisrisiken und das Konzentrationsrisiko, erfassen kann.

(2) Das Institut führt sowohl für tatsächliche als auch für hypothetische Änderungen des Portfoliowerts Rückvergleiche durch.

Abschnitt 3 Besondere Anforderungen an die Entwicklung von Modellen für spezifische Risiken

Artikel 370 Anforderungen an die Entwicklung von Modellen für spezifische Risiken

Interne Modelle zur Berechnung der Eigenmittelanforderungen für das spezifische Risiko und interne Modelle für Korrelationshandelsaktivitäten müssen folgenden zusätzlichen Anforderungen genügen:
a) Sie erklären die Preisänderungen der Portfoliopositionen im Zeitablauf.
b) Sie erfassen Konzentrationen im Portfolio hinsichtlich der Größenordnung und der Änderungen der Portfoliozusammensetzung.
c) Sie funktionieren auch unter ungünstigen Bedingungen korrekt.
d) Sie werden durch Rückvergleiche überprüft, anhand derer beurteilt wird, ob das spezifische Risiko korrekt erfasst wird. Wenn das Institut derartige Rückvergleiche auf der Grundlage aussagekräftiger Teilportfolios durchführt, so müssen diese Teilportfolios durchgängig in der gleichen Weise ausgewählt werden.
e) Sie erfassen das adressenbezogene Basisrisiko und reagieren differenziert auf wesentliche spezifische Unterschiede zwischen ähnlichen, aber nicht identischen Positionen.
f) Sie erfassen das Ereignisrisiko.

Artikel 371 Ausschlüsse aus Modellen für das spezifische Risiko

(1) Ein Institut darf sich dafür entscheiden, bei der Berechnung der Eigenmittelanforderung für das spezifische Risiko anhand eines internen Modells die Positionen auszuschließen, für die es die Eigenmittelanforderung für das spezifische Risiko nach Artikel 332 Absatz 1 Buchstabe e oder Artikel 337, mit Ausnahme der Positionen, auf die der Ansatz gemäß Artikel 377 angewandt wird, erfüllt,

(2) Ein Institut darf sich dafür entscheiden, keine Ausfall- und Migrationsrisiken für gehandelte Schuldtitel in seinem internen Modell zu erfassen, wenn es diese Risiken durch die Anforderungen gemäß Abschnitt 4 erfasst.

Abschnitt 4 Internes Modell für das zusätzliche Ausfall- und Migrationsrisiko

Artikel 372 Pflicht zur Bereitstellung eines internen Modells für das zusätzliche Ausfall- und Migrationsrisiko (IRC-Modell)

Ein Institut, das zur Berechnung der Eigenmittelanforderungen für das spezifische Risiko gehandelter Schuldtitel ein internes Modell verwendet, verfügt auch über ein internes Modell für das zusätzliche Ausfall- und Migrationsrisiko (IRC), um die Ausfall- und Migrationsrisiken seiner Handelsbuchpositionen zu erfassen, die über die Risiken hinausgehen, die im Wert des Risikopotenzials gemäß Artikel 365 Absatz 1 enthalten sind. Das Institut muss nachweisen, dass sein internes Modell – unter der Annahme eines unveränderten Risikoniveaus – die folgenden Standards erfüllt und erforderlichenfalls angepasst wurde, um den Auswirkungen der Liquidität, sowie von Konzentrationen, Absicherungsgeschäften und Optionalität Rechnung zu tragen:
a) das interne Modell liefert eine aussagekräftige Risikodifferenzierung und präzise und konsistente Schätzungen für das zusätzliche Ausfall- und Migrationsrisiko;
b) die Schätzungen der potenziellen Verluste des internen Modells spielen eine maßgebliche Rolle für das Risikomanagement des Instituts;
c) die für das interne Modell verwendeten Marktdaten und Positionsdaten sind aktuell und unterliegen einer angemessenen Qualitätsbewertung;

d) die Anforderungen der Artikel 367 Absatz 3, 368, 369 Absatz 1 und 370 Buchstaben b, c, e und f werden eingehalten.

Die EBA gibt Leitlinien zu den Anforderungen der Artikel 373, 374, 375 und 376 heraus.

Artikel 373 Anwendungsbereich des internen IRC-Modells

Das interne IRC-Modell erfasst alle Positionen, die einer Eigenmittelanforderung für das spezielle Zinsänderungsrisiko unterliegen, einschließlich der Positionen, die gemäß Artikel 336 einer Eigenmittelanforderung für das spezifische Risiko von 0 % unterliegen, darf aber keine Verbriefungspositionen und n-ter- Ausfall-Kreditderivate erfassen.

Das Institut darf sich vorbehaltlich der Genehmigung der zuständigen Behörden dafür entscheiden, sämtliche Positionen in börsennotierten Aktien und sämtliche auf börsennotierten Aktien basierenden Derivatepositionen konsequent in den Anwendungsbereich einzubeziehen. Eine Genehmigung wird erteilt, sofern eine solche Einbeziehung im Einklang mit der institutsinternen Risikomessung und dem institutsinternen Risikomanagement steht.

Artikel 374 Parameter des internen IRC-Modells

(1) Institute verwenden ein internes Modell zur Berechnung einer Zahl, die die Verluste aufgrund von Ausfällen und der Migration interner oder externer Bonitätsbeurteilungen mit einem Konfidenzniveau von 99,9 % über einen Zeithorizont von einem Jahr misst. Die Institute berechnen diese Zahl mindestens wöchentlich.

(2) Die Korrelationsannahmen werden durch die Analyse objektiver Daten in einem konzeptionell soliden Rahmen gestützt. Das interne Modell spiegelt Emittentenkonzentrationen angemessen wider. Dabei werden auch Konzentrationen abgebildet, die innerhalb von Produktklassen und über Produktklassen hinweg unter Stressbedingungen entstehen können.

(3) Das interne IRC-Modell muss die Auswirkung von Korrelationen zwischen Ausfall- und Migrationsereignissen darstellen. Die Auswirkung einer Diversifizierung zwischen Ausfall- und Migrationsereignissen einerseits und anderen Risikofaktoren andererseits wird nicht berücksichtigt.

(4) Das interne Modell basiert auf der Annahme, dass das Risiko über den einjährigen Zeithorizont hinweg konstant bleibt, d. h. dass Einzelpositionen oder Positionsgruppen im Handelsbuch, bei denen über den Liquiditätshorizont Ausfälle oder Migration aufgetreten sind, am Ende ihres Liquiditätshorizonts wieder ausgeglichen werden, sodass das Risiko wieder sein ursprüngliches Niveau erreicht. Alternativ dazu können die Institute auch durchgängig über ein Jahr hinweg konstante Positionen annehmen.

(5) Die Liquiditätshorizonte werden danach festgelegt, wie viel Zeit erforderlich ist, um die Position unter Stressbedingungen am Markt zu verkaufen oder alle damit verbundenen wesentlichen Preisrisiken abzusichern, wobei insbesondere die Höhe der Position zu berücksichtigen ist. Die Liquiditätshorizonte spiegeln die tatsächliche Praxis und die während Phasen mit systematischem und spezifischem Stress gesammelten Erfahrungen wider. Der Liquiditätshorizont wird unter konservativen Annahmen bestimmt und ist so lang, dass der Akt des Verkaufs oder der Absicherung selbst den Preis, zu dem der Verkauf oder die Absicherung erfolgen würde, nicht wesentlich beeinflussen würde.

(6) Bei der Bestimmung des angemessenen Liquiditätshorizonts für eine Position oder eine Positionsgruppe gilt eine Untergrenze von drei Monaten.

(7) Bei der Bestimmung des angemessenen Liquiditätshorizonts für eine Position oder eine Positionsgruppe werden die internen Vorschriften des Instituts für Bewertungsanpassungen und das Management von Altbeständen berücksichtigt. Bestimmt ein Institut die Liquiditätshorizonte nicht für Einzelpositionen, sondern für Positionsgruppen, so werden die Kriterien für die Definition von Positionsgruppen so festgelegt, dass sie Liquiditätsunterschiede realistisch widerspiegeln. Die Liquiditätshorizonte für konzentrierte Positionen sind länger, da zur Auflösung solcher Positionen ein längerer Zeitraum erforderlich ist. Bei der Zwischenfinanzierung des Ankaufs von Forderungen im Hinblick auf ihre Verbriefung (Warehousing) spiegelt der Liquiditätshorizont den Zeitraum wider, der benötigt wird, um die Vermögenswerte aufzubauen, zu verkaufen und zu verbriefen oder die damit verbundenen wesentlichen Risikofaktoren unter Stressbedingungen am Markt abzusichern.

Artikel 375 Anerkennung von Absicherungen im internen IRC-Modell

(1) Absicherungsgeschäfte dürfen in das interne Modell eines Instituts zur Erfassung der zusätzlichen Ausfall- und Migrationsrisiken einbezogen werden. Kauf- und Verkaufspositionen in Bezug auf dasselbe Finanzinstrument dürfen gegeneinander aufgerechnet werden. Absicherungs- oder Diversifizierungseffekte bei Kauf- und Verkaufspositionen in Bezug auf verschiedene Instrumente oder verschiedene Wertpapiere desselben Schuldners sowie Kauf- und Verkaufspositionen gegenüber verschiedenen Emittenten dürfen nur berücksichtigt werden, indem die Bruttokauf- und -verkaufspositionen über die verschiedenen Instrumente explizit modelliert werden. Institute bilden die Auswirkungen wesentlicher Risiken, die im Zeitraum zwischen dem Ablauf des Absicherungsgeschäfts und dem Liquiditätshorizont eintreten könnten, sowie das Potenzial für signifikante Basisrisiken in den Absicherungsstrategien aufgrund von Unterschieden zwischen den Instrumenten hinsichtlich unter anderem Produkt, Rang in der Kapitalstruktur, interner oder externer Bonitätsbeurteilung, Laufzeit, Jahrgang der originären Kreditgewährung (Vintage) ab. Ein Institut bildet ein Absicherungsgeschäft nur ab, soweit es auch dann haltbar ist, wenn sich der Schuldner einem Kredit- oder sonstigen Ereignis nähert.

(2) Bei Positionen, die über dynamische Absicherungsstrategien abgesichert werden, kann eine Anpassung des Absicherungsgeschäfts innerhalb des Liquiditätshorizonts der abgesicherten Position berücksichtigt werden, wenn das Institut
a) dafür optiert, die Anpassung des Absicherungsgeschäfts über die betreffende Gruppe von Handelsbuchpositionen hinweg konsistent zu modellieren;
b) nachweist, dass die Berücksichtigung der Anpassung zu einer besseren Risikomessung führt;
c) nachweist, dass die Märkte für die Instrumente, die zur Absicherung dienen, so liquide sind, dass eine solche Anpassung auch in Stressphasen möglich ist. Etwaige Restrisiken aus dynamischen Absicherungsstrategien müssen in der Eigenmittelanforderung zum Ausdruck kommen.

Artikel 376 Besondere Anforderungen an das interne IRC-Modell

(1) Das interne Modell zur Erfassung der zusätzlichen Ausfall- und Migrationsrisiken muss den nichtlinearen Auswirkungen von Optionen, strukturierten Kreditderivaten und anderen Positionen mit wesentlichem nichtlinearem Verhalten in Bezug auf Preisveränderungen Rechnung tragen. Das inhärente Modellierungsrisiko der Bewertung und Schätzung der mit diesen Produkten verbundenen Preisrisiken wird von den Instituten ebenfalls gebührend berücksichtigt.

(2) Das interne Modell basiert auf objektiven und aktuellen Daten.

(3) Im Rahmen der unabhängigen Prüfung und der Validierung seiner internen Modelle, die für die Zwecke dieses Kapitels, einschließlich für die Zwecke des Risikomesssystems, verwendet werden, nimmt ein Institut insbesondere Folgendes vor:

a) eine Überprüfung, ob der Modellierungsansatz für Korrelationen und Preisveränderungen für sein Portfolio geeignet ist, auch in Bezug auf die Auswahl und Gewichtung der systematischen Risikofaktoren;
b) verschiedene Stresstests, einschließlich Sensitivitätsanalyse und Szenarioanalyse, um die qualitative und quantitative Angemessenheit des internen Modells, insbesondere in Bezug auf die Behandlung von Konzentrationen, zu bewerten. Diese Tests werden nicht auf historische Erfahrungen beschränkt;
c) eine angemessene quantitative Validierung einschließlich der einschlägigen internen Referenzwerte für die Modellierung.

(4) Das interne Modell muss mit den internen Risikomanagement-Methoden des Instituts für die Ermittlung, Messung und Steuerung von Handelsrisiken in Einklang stehen.

(5) Die Institute dokumentieren ihre internen Modelle, sodass die Korrelations- und anderen Modellannahmen für die zuständigen Behörden transparent sind.

(6) Bei dem internen Modell wird das aus weniger liquiden Positionen und Positionen mit begrenzter Preistransparenz erwachsende Risiko unter Zugrundelegung realistischer Marktszenarien konservativ bewertet. Darüber hinaus erfüllt das interne Modell die Mindestanforderungen an Daten. Näherungswerte werden mit der notwendigen Vorsicht bestimmt und dürfen nur verwendet werden, wenn die verfügbaren Daten nicht ausreichen oder die Volatilität einer Position oder eines Portfolios nicht realistisch widerspiegeln.

Abschnitt 5   Internes Modell für Korrelationshandelsaktivitäten

Artikel 377   Anforderungen an ein internes Modell für Korrelationshandelsaktivitäten

(1) Die zuständigen Behörden erteilen Instituten, die ein internes Modell für das spezifische Risiko von Schuldtiteln verwenden dürfen und die Anforderungen der Absätze 2 bis 6 dieses Artikels sowie der Artikel 367 Absätze 1 und 3, Artikel 368, 369 Absatz 1 und 370 Buchstaben a, b, c, e und f erfüllen, die Erlaubnis, anstelle der Eigenmittelanforderung gemäß Artikel 338 ein internes Modell für die Eigenmittelanforderung für das Korrelationshandelsportfolio zu verwenden.

(2) Die Institute verwenden dieses interne Modell zur Berechnung einer Zahl, die alle Preisrisiken mit einem Konfidenzniveau von 99,9 % über einen Zeithorizont von einem Jahr adäquat erfasst, wobei von einem unveränderten Risikoniveau ausgegangen und erforderlichenfalls eine Anpassung vorgenommen wird, um die Auswirkungen der Liquidität, sowie von Konzentrationen, Absicherungsgeschäften und Optionalität widerzuspiegeln. Die Institute berechnen diese Zahl mindestens wöchentlich.

(3) Das Modell gemäß Absatz 1 muss folgende Risiken angemessen erfassen:
a) das kumulierte Risiko aufgrund des Eintritts mehrerer Ausfallereignisse, auch unter Berücksichtigung ihrer Reihenfolge, in tranchierten Produkten;
b) das Kreditspreadrisiko, einschließlich der Gamma- und der Cross-Gamma-Effekte;
c) die Volatilität der impliziten Korrelationen, einschließlich der Abhängigkeiten zwischen Spreads und Korrelationen;
d) das Basisrisiko, das sowohl
 i) die Basis zwischen dem Spread eines Index und den Spreads der Einzeladressen aus denen er besteht, als auch
 ii) die Basis zwischen der impliziten Korrelation eines Index und der impliziten Korrelation maßgeschneiderter Portfolios umfasst;
e) die Volatilität der Erlösquote, insofern dies die Tendenz von Erlösquoten betrifft, Tranchenpreise zu beeinflussen;
f) soweit die Messung des Gesamtrisikos die Vorteile aus dynamischen Absicherungsgeschäften berücksichtigt, das Risiko von unvollständigen Absicherungsgeschäften und die eventuellen Kosten der Anpassung solcher Absicherungsgeschäfte;

g) sämtliche anderen wesentlichen Preisrisiken von Positionen im Korrelationshandelsportfolio.

(4) Das Institut muss im Rahmen des Modells gemäß Absatz 1 ausreichende Marktdaten verwenden, die gewährleisten, dass es die Hauptrisiken dieser Risikopositionen in seinem internen Ansatz gemäß den in diesem Artikel beschriebenen Anforderungen vollständig erfasst. Es muss gegenüber den zuständigen Behörden durch Rückvergleiche oder andere geeignete Methoden nachweisen, dass das Modell die historischen Preisschwankungen dieser Produkte in angemessener Weise erklären kann.

Das Institut verfügt über angemessene Vorschriften und Verfahren, um die Positionen, für die es die Erlaubnis zur Einbeziehung in die Eigenmittelanforderung gemäß diesem Artikel hat, von denen zu trennen, für die es keine solche Erlaubnis hat.

(5) Hinsichtlich des Portfolios aller in das Modell gemäß Absatz 1 einbezogenen Positionen wendet das Institut regelmäßig eine Reihe spezifischer, vorgegebener Stressszenarien an. Derartige Stressszenarien analysieren die Auswirkungen angespannter Situationen auf Ausfallraten, Erlösquoten, Risikoprämien (Kreditspreads), Basisrisiken, Korrelationen und andere einschlägige Risikofaktoren auf das Korrelationshandelsportfolio. Das Institut wendet diese Stressszenarien mindestens einmal wöchentlich an und meldet den zuständigen Behörden mindestens einmal vierteljährlich die Ergebnisse, einschließlich Vergleichen mit der Eigenmittelanforderung des Instituts gemäß diesem Artikel. Jeder Fall, in dem die Stresstests eine wesentliche Unzulänglichkeit der Eigenmittelanforderung für das Korrelationshandelsportfolio anzeigen, muss den zuständigen Behörden zeitnah gemeldet werden. Die EBA gibt Leitlinien zur Anwendung von Stressszenarien für das Korrelationshandelsportfolio heraus.

(6) Bei dem internen Modell wird das aus weniger liquiden Positionen und Positionen mit begrenzter Preistransparenz erwachsende Risiko unter Zugrundelegung realistischer Marktszenarien konservativ bewertet. Darüber hinaus erfüllt das interne Modell die Mindestanforderungen an Daten. Näherungswerte werden mit der notwendigen Vorsicht bestimmt und dürfen nur verwendet werden, wenn die verfügbaren Daten nicht ausreichen oder die Volatilität einer Position oder eines Portfolios nicht realistisch widerspiegeln.

Titel V Eigenmittelanforderungen für das Abwicklungsrisiko

Artikel 378 Abwicklungs-/Lieferrisiko

Im Fall von Geschäften, bei denen Schuldtitel, Aktieninstrumente, Fremdwährungen und Waren, mit Ausnahme von Pensionsgeschäften und Wertpapier- oder Warenverleih- und Wertpapier- oder Warenleihgeschäften, nach dem festgesetzten Liefertag noch nicht abgewickelt wurden, muss das Institut die Preisdifferenz berechnen, die sich daraus ergibt.

Die Preisdifferenz wird berechnet als die Differenz zwischen dem vereinbarten Abrechnungspreis für die betreffenden Schuldtitel, Aktieninstrumente, Fremdwährungen oder Waren und ihrem aktuellen Marktwert, wenn die Differenz mit einem Verlust für das Institut verbunden sein könnte.

Zur Berechnung seiner Eigenmittelanforderung für das Abwicklungsrisiko multipliziert das Institut diesen Differenzbetrag mit dem entsprechenden Faktor in der rechten Spalte der nachstehenden Tabelle 1.

Tabelle 1

Anzahl der Arbeitstage nach dem festgesetzten Abwicklungstermin	%
5–15	8
16–30	50
31–45	75
46 oder mehr	100

Artikel 379 Vorleistungen

(1) Ein Institut muss über Eigenmittel nach Maßgabe von Tabelle 2 verfügen, falls Folgendes eintritt:
a) wenn es Wertpapiere, Fremdwährungen oder Waren bezahlt hat, bevor es diese erhalten hat, oder Wertpapiere, Fremdwährungen oder Waren geliefert hat, bevor es deren Bezahlung erhalten hat;
b) bei grenzüberschreitenden Geschäften, wenn seit der Zahlung bzw. Lieferung mindestens ein Tag vergangen ist.

Tabelle 2

Spalte 1	Spalte 2	Spalte 3	Spalte 4
Art des Geschäfts	Bis zur ersten vertraglich vereinbarten Zahlung oder zum ersten vertraglich vereinbarten Lieferabschnitt	Von der ersten vertraglich vereinbarten Zahlung/vom ersten vertraglich vereinbarten Lieferabschnitt bis zu vier Tagen nach der zweiten vertraglich vereinbarten Zahlung oder dem zweiten vertraglich vereinbarten Lieferabschnitt	Vom fünften Geschäftstag nach der zweiten vertraglich vereinbarten Zahlung oder dem zweiten vertraglich vereinbarten Lieferabschnitt bis zur Abwicklung des Geschäfts
Vorleistung	Keine Eigenmittelunterlegung	Behandlung als Risikoposition	Behandlung als Risikoposition mit einem Risikogewicht von 1 250 %

(2) Institute, die den in Teil 3 Titel II Kapitel 3 beschriebenen IRB-Ansatz anwenden, dürfen bei der Ansetzung eines Risikogewichts für Positionen aus nicht abgewickelten Geschäften gemäß der dritten Spalte der Tabelle 2 bei Gegenparteien, gegenüber denen sie keine andere Risikoposition im Anlagebuch haben, die Zuordnung der PD anhand einer externen Bonitätsbeurteilung der Gegenpartei vornehmen. Institute, die eigene LGD-Schätzungen verwenden, dürfen die LGD nach Artikel 161 Absatz 1 für alle Risikopositionen aus nicht abgewickelten Geschäften, die nach Maßgabe der dritten Spalte der Tabelle 2 behandelt werden, anwenden, sofern sie die LGD auf alle derartigen Risikopositionen anwenden. Alternativ dazu dürfen Institute, die den IRB-Ansatz nach Teil 3 Titel II Kapitel 3 anwenden, das Risikogewicht gemäß dem Standardansatz nach Teil 3 Titel II Kapitel 2 ansetzen, sofern sie es auf alle derartigen Risikopositionen anwenden, oder ein Risikogewicht von 100 % auf alle derartigen Risikopositionen anwenden.

Resultiert aus nicht abgewickelten Geschäften kein nennenswerter positiver Risikopositionsbetrag, so dürfen die Institute für diese Risikopositionen ein Risikogewicht von 100 % ansetzen, sofern nicht gemäß der vierten Spalte von Tabelle 2 in Absatz 1 eine Risikogewichtung von 1 250 % erforderlich ist.

(3) Alternativ zu einer Risikogewichtung von 1 250 % von Positionen aus nicht abgewickelten Geschäften gemäß Absatz 1 Tabelle 2 Spalte 4 können die Institute den übertragenen Wert zuzüglich des aktuellen positiven Risikopositionsbetrags von Posten des harten Kernkapitals im Einklang mit Artikel 36 Absatz 1 Buchstabe k in Abzug bringen.

Artikel 380 Aussetzung der Eigenmittelanforderungen

Bei einem systemweiten Ausfall eines Abwicklungssystems, eines Clearingsystems oder einer zentralen Gegenpartei können die zuständigen Behörden die gemäß den Artikeln 378 und 379 berechneten Eigenmittelanforderungen bis zur Behebung des Schadens aussetzen. In diesem Falle wird das Versäumnis einer Gegenpartei, ein Geschäft abzuwickeln, nicht als kreditrisikorelevanter Ausfall angesehen.

Titel VI Eigenmittelanforderungen für das Risiko einer Anpassung der Kreditbewertung (CVA-Risiko)

Artikel 381 Begriff der Anpassung der Kreditbewertung

Für die Zwecke dieses Titels und des Titels II Kapitel 6 ist die ›Anpassung der Kreditbewertung‹ oder ›CVA‹ ein Betrag zur Anpassung der Bewertung eines Portfolios von Geschäften mit einer Gegenpartei an die Bewertung zum mittleren Marktwert. Dieser Anpassungsbetrag spiegelt den Marktwert des Kreditrisikos der Gegenpartei gegenüber dem Institut wider, jedoch nicht den Marktwert des Kreditrisikos des Instituts gegenüber der Gegenpartei.

Artikel 382 Anwendungsbereich

(1) Ein Institut berechnet in Bezug auf all seine Geschäftstätigkeiten für alle OTC-Derivate ausgenommen Kreditderivate, die anerkanntermaßen die risikogewichteten Positionsbeträge für das Kreditrisiko verringern, die Eigenmittelanforderungen für das CVA-Risiko gemäß diesem Titel.

(2) Ein Institut bezieht in die Berechnung der Eigenmittelanforderungen nach Absatz 1 Wertpapierfinanzierungsgeschäfte mit ein, sofern die zuständige Behörde feststellt, dass die aus diesen Geschäften erwachsenden CVA-Risikopositionen des Instituts wesentlich sind.

(3) Geschäfte mit einer qualifizierten zentralen Gegenpartei und Geschäfte eines Kunden mit einem Clearingmitglied, bei denen das Clearingmitglied als Vermittler zwischen dem Kunden und einer qualifizierten zentralen Gegenpartei auftritt und das Geschäft eine Handelsrisikoposition des Clearingmitglieds gegenüber der qualifizierten zentralen Gegenpartei begründet, fließen nicht in die Eigenmittelanforderung für das CVA-Risiko ein.

(4) Die folgenden Geschäfte fließen nicht in die Eigenmittelanforderung für das CVA-Risiko ein:
a) Geschäfte mit nichtfinanziellen Gegenparteien im Sinne des Artikels 2 Nummer 9 der Verordnung (EU) Nr. 648/2012 oder mit in einem Drittland niedergelassenen nichtfinanziellen Gegenparteien, wenn diese Geschäfte die Clearingschwellen gemäß Artikel 10 Absätze 3 und 4 jener Verordnung nicht überschreiten;
b) gruppeninterne Geschäfte gemäß Artikel 3 der Verordnung (EU) Nr. 648/2012, sofern nicht die Mitgliedstaaten nationale Rechtsvorschriften erlassen, die eine

strukturelle Trennung innerhalb einer Gruppe gebieten, in welchem Fall die zuständigen Behörden vorschreiben können, dass solche gruppeninternen Geschäfte zwischen strukturell getrennten Instituten in die Eigenmittelanforderungen einfließen;
c) den Übergangsbestimmungen des Artikels 89 Absatz 1 der Verordnung (EU) Nr. 648/2012 unterfallende Geschäfte mit Gegenparteien im Sinne des Artikels 2 Nummer 10 jener Verordnung für die Geltungsdauer der betreffenden Bestimmungen;
d) Geschäfte mit Gegenparteien im Sinne des Artikels 1 Absätze 4 und 5 der Verordnung (EU) Nr. 648/2012 und Geschäfte mit Gegenparteien, für die nach Artikel 114 Absatz 4 und Artikel 115 Absatz 2 dieser Verordnung ein Risikogewicht von 0 % für Risikopositionen gegenüber dieser Gegenpartei vorgesehen ist.

Die Ausnahme von der Eigenmittelunterlegung des CVA-Risikos für diejenigen Geschäfte im Sinne des Buchstabens c, die während des Übergangszeitraums nach Artikel 89 Absatz 1 der Verordnung (EU) Nr. 648/2012 getätigt werden, gilt für die Vertragsdauer des betreffenden Geschäfts.

Entfällt die Ausnahme nach Buchstabe a, weil ein Institut die Clearingschwelle überschreitet oder weil sich diese ändert, gilt die Ausnahme für noch laufende Geschäfte bis zum Ende ihrer Laufzeit weiter.

(5) Die EBA führt bis 1. Januar 2015 und danach alle zwei Jahre im Lichte der internationalen Entwicklungen bei der Beaufsichtigung eine Überprüfung durch, in die sie auch mögliche Techniken der Kalibrierung und Schwellenwerte für die Eigenmittelunterlegung des CVA-Risikos nichtfinanzieller Gegenparteien in Drittländern einbezieht.

Die EBA arbeitet in Zusammenarbeit mit der ESMA Entwürfe technischer Regulierungsstandards aus, in denen das Verfahren festgelegt wird, um Geschäfte mit nichtfinanziellen Gegenparteien in Drittländern von der Eigenmittelanforderung für das CVA-Risiko auszunehmen.

Die EBA legt der Kommission diese Entwürfe technischer Regulierungsstandards innerhalb von sechs Monaten nach dem Datum der Überprüfung nach Unterabsatz 1 vor.

Der Kommission wird die Befugnis übertragen, die technischen Regulierungsstandards nach Unterabsatz 2 gemäß dem den Artikeln 10 bis 14 der Verordnung (EU) Nr. 1093/2010 zu erlassen.

Artikel 383 Fortgeschrittene Methode

(1) Ein Institut, dem gemäß Artikel 363 Absatz 1 Buchstabe d gestattet wurde, ein internes Modell für das spezifische Risiko von Schuldtiteln zu verwenden, ermittelt für sämtliche Geschäfte, für die es die IMM zur Bestimmung des Risikopositionswerts des Gegenparteiausfallrisikos gemäß Artikel 283 verwenden darf, die Eigenmittelanforderung für das CVA-Risiko fest, indem es die Auswirkungen von Veränderungen der Kreditspreads der Gegenparteien auf die CVA-Werte sämtlicher Gegenparteien dieser Geschäfte – unter Berücksichtigung der nach Maßgabe von Artikel 386 anerkannten CVA-Absicherungsgeschäfte – modelliert.

Ein Institut verwendet sein internes Modell zur Ermittlung der Eigenmittelanforderungen für das mit gehandelten Schuldinstrumenten verbundene spezifische Risiko und wendet ein 99 %iges Konfidenzniveau und eine zehn Tagen entsprechende Haltedauer an. Das interne Modell wird so verwendet, dass es Veränderungen der Kreditspreads von Gegenparteien simuliert, nicht jedoch die Sensitivität der CVA gegenüber Veränderungen anderer Marktfaktoren, einschließlich Änderungen des Werts von Referenzaktivum, -ware, -währung oder -zinssatz eines Derivats, abbildet.

Die Eigenmittelanforderung für das CVA-Risiko für jede Gegenpartei wird unter Zugrundelegung der nachstehenden Formel berechnet:

$$CVA = LGD_{MKT} \cdot \sum_{i=1}^{T} max\left\{0, exp\left(-\frac{s_{i-1} \cdot t_{i-1}}{LGD_{MKT}}\right) - exp\left(-\frac{s_i \cdot t_i}{LGD_{MKT}}\right)\right\} \cdot \frac{EE_{i-1} \cdot D_{i-1} + EE_i \cdot D_i}{2}$$

dabei entspricht

t_i = der Zeit des i-ten Neubewertungszeitraums ab t_0=0;

t_T = der längsten vertraglichen Laufzeit bei allen Netting-Sätzen mit der Gegenpartei;

s_i = dem zur Berechnung der CVA der Gegenpartei herangezogenen Kreditspread der Gegenpartei für die Laufzeit t_i. Liegt der CDS-Spread der Gegenpartei vor, so verwendet das Institut diesen. Ist kein CDS-Spread der Gegenpartei verfügbar, so verwendet das Institut einen unter Berücksichtigung von Bonitätsbeurteilung, Branche und Region der Gegenpartei angemessenen Näherungswert;

LGD_{MKT} = der LGD der Gegenpartei, die auf der Risikoprämie (Spread) eines am Markt gehandelten Instruments der Gegenpartei basiert, falls ein solches verfügbar ist. Ist kein entsprechendes Instrument der Gegenpartei verfügbar, basiert der Wert auf einem unter Berücksichtigung von Bonitätsbeurteilung, Branche und Region der Gegenpartei angemessenen Näherungswert. Der erste Faktor in der Summe ist ein Näherungswert für die vom Markt implizierte Grenzwahrscheinlichkeit für den Eintritt des Ausfalls zwischen den Zeitpunkten t_i-1 und t_i;

EE_i = dem erwarteten Wiederbeschaffungswert gegenüber der Gegenpartei zum Neubewertungszeitpunkt t_i, bei dem die Risikopositionen der unterschiedlichen Netting-Sätze für die betreffende Gegenpartei addiert werden und die längste Fälligkeit jedes Netting-Satzes durch die längste darin enthaltene vertragliche Restlaufzeit definiert wird. Ein Institut wendet das Verfahren nach Absatz 3 auf Geschäfte mit Nachschussvereinbarung an, sofern es die EPE-Messgröße gemäß Artikel 285 Absatz 1 Buchstabe a oder b für Geschäfte mit Nachschussvereinbarung verwendet;

D_i = dem Diskontierungsfaktor für Ausfallrisikofreiheit zum Zeitpunkt t_i, wobei D0 =1.

(2) Bei der Berechnung der Eigenmittelanforderungen für das CVA-Risiko für eine Gegenpartei stützt ein Institut sämtliche Eingangsparameter seines internen Modells für das spezifische Risiko von Schuldtiteln (je nach Fall) auf folgende Formeln:
a) Basiert das Modell auf vollständiger Neubewertung (›full repricing‹), so ist die Formel in Absatz 1 direkt anzuwenden;
b) Basiert das Modell auf Kreditspread-Sensitivitäten für spezifische Laufzeiten, so verwendet das Institut für sämtliche Kreditspread-Sensitivitäten (›Regulatory CS01‹) folgende Formel:

$$Regulatory\ CS01_i = 0.0001 \cdot t_i \cdot exp\left(-\frac{s_i \cdot t_i}{LGD_{MKT}}\right) \cdot \frac{EE_{i-1} \cdot D_{i-1} - EE_{i+1} \cdot D_{i+1}}{2}$$

Für das letzte Laufzeitband i=T lautet die entsprechende Formel:

$$Regulatory\ CS01_T = 0.0001 \cdot t_T \cdot exp\left(-\frac{s_T \cdot t_T}{LGD_{MKT}}\right) \cdot \frac{EE_{T-1} \cdot D_{T-1} + EE_T \cdot D_T}{2}$$

c) Verwendet das Modell Kreditspread-Sensitivitäten gegenüber parallelen Kreditspread-Veränderungen, so verwendet das Institut folgende Formel:

$$\text{Regulatory CS01} = 0.0001 \cdot \sum_{i=1}^{T} \left(t_i \cdot exp\left(-\frac{s_i \cdot t_i}{LGD_{MKT}}\right) - t_{i-1} \cdot exp\left(-\frac{s_{i-1} \cdot t_{i-1}}{LGD_{MKT}}\right) \right)$$

$$\cdot \frac{EE_{i-1} \cdot D_{i-1} + EE_i \cdot D_i}{2}$$

d) Verwendet das Modell Sensitivitäten zweiten Grades gegenüber Kreditspread-Veränderungen (›Spread-Gamma‹), so werden die Gamma-Werte nach der Formel in Absatz 1 berechnet.

(3) Ein Institut, das die EPE-Messgröße für besicherte OTC-Derivate gemäß Artikel 285 Absatz 1 Buchstabe a oder b verwendet, geht bei der Ermittlung der Eigenmittelanforderungen für das CVA-Risiko gemäß Absatz 1 wie folgt vor:
a) Es geht von einem konstanten EE-Profil aus und
b) es setzt den EE dem nach Artikel 285 Absatz 1 Buchstabe b berechneten erwarteten effektiven Wiederbeschaffungswert für eine Laufzeit gleich, die dem höheren Wert der beiden folgenden Werte entspricht:
   i) der Hälfte der längsten Laufzeit im Netting-Satz;
   ii) der nominalgewichteten Durchschnittslaufzeit aller Geschäfte des Netting-Satzes.

(4) Ein Institut, das mit Erlaubnis der zuständigen Behörden gemäß Artikel 283 die IMM zur Berechnung der Risikopositionswerte für den Großteil seiner Geschäfte verwenden darf, aber die in Titel II Kapitel 6 Abschnitt 3, 4 oder 5 genannten Methoden für kleinere Portfolios verwendet und dem gemäß Artikel 363 Absatz 1 Buchstabe d gestattet wurde, für das spezifische Risiko von Schuldtiteln ein internes Modell für das Marktrisiko zu verwenden, darf vorbehaltlich der Erlaubnis der zuständigen Behörden die Eigenmittelanforderung für das CVA-Risiko gemäß Absatz 1 für die Nicht-IMM-Netting-Sätze berechnen. Die zuständigen Behörden geben diese Erlaubnis nur, wenn das Institut die in Titel II Kapitel 6 Abschnitt 3, 4 oder 5 beschriebenen Methoden für eine begrenzte Anzahl kleinerer Portfolios verwendet.

Für die Zwecke der Berechnung gemäß vorstehendem Unterabsatz und in Fällen, in denen die IMM kein Profil eines erwarteten Wiederbeschaffungswerts generiert, geht ein Institut wie folgt vor:
a) Es geht von einem konstanten EE-Profil aus und
b) es setzt den EE dem anhand der Methoden gemäß Titel II Kapitel 6 Abschnitt 3, 4 oder 5 oder anhand der IMM berechneten Risikopositionswert für eine Laufzeit gleich, die dem höheren Wert der beiden Folgenden entspricht:
   i) der Hälfte der längsten Laufzeit im Netting-Satz;
   ii) der nominalgewichteten Durchschnittslaufzeit aller Geschäfte des Netting-Satzes.

(5) Ein Institut bestimmt die Eigenmittelanforderung für das CVA-Risiko gemäß Artikel 364 Absatz 1 und den Artikeln 365 und 367 als Summe des Risikopotenzials (›Value-at-Risk‹, VaR) und des Risikopotenzials unter Stressbedingungen (›Stressed Value-at-Risk‹, stressed VaR), die wie folgt berechnet werden:
a) Für das Risikopotenzial werden die aktuellen Parameter-Kalibrierungen für den erwarteten Wiederbeschaffungswert gemäß Artikel 292 Absatz 2 Unterabsatz 1 verwendet.
b) Für das Risikopotenzial unter Stressbedingungen werden künftige EE-Profile der Gegenparteien unter Zugrundelegung einer Kalibrierung unter Stressbedingungen gemäß Artikel 292 Absatz 2 Unterabsatz 2 verwendet. Als Stressphase für die Kredit-

spread-Parameter wird der schwerwiegendste einjährige Stresszeitraum verwendet, der innerhalb des dreijährigen Stresszeitraums für die Positionswertparameter aufgetreten ist.

c) Der Multiplikationsfaktor 3, der in die Berechnung der Eigenmittelanforderungen auf der Grundlage des Risikopotenzials und des Risikopotenzials unter Stressbedingungen nach Artikel 364 Absatz 1 einfließt, findet auf diese Berechnungen Anwendung. Die EBA überwacht die Einheitlichkeit von Ermessensentscheidungen der Aufsichtsbehörden, durch die auf die Komponenten Risikopotenzial und Risikopotenzial unter Stressbedingungen der Eigenmittelanforderung für das CVA-Risiko ein höherer Multiplikationsfaktor als 3 angewandt wird. Die zuständigen Behörden, die einen höheren Multiplikationsfaktor als 3 anwenden, begründen dies der EBA gegenüber schriftlich.

d) die Berechnung wird zumindest einmal im Monat vorgenommen und der verwendete EE-Wert wird ebenso häufig berechnet. Wird die Berechnung nicht täglich vorgenommen, legen Institute für die Zwecke der in Artikel 364 Absatz 1 Buchstabe a Ziffer ii und Buchstabe b Ziffer ii genannten Berechnung einen Dreimonatsdurchschnitt zugrunde.

(6) Für Risikopositionen gegenüber einer Gegenpartei, für die das gestattete institutsinterne Modell für das spezifische Risiko von Schuldtiteln keinen Näherungswert für die Risikoprämie (Spread) generiert, der hinsichtlich der Kriterien Bonitätsbeurteilung, Branche und Region der Gegenpartei angemessen ist, geht das Institut nach Artikel 384 vor, um die Eigenmittelanforderung für das CVA-Risiko zu berechnen.

(7) Die EBA arbeitet Entwürfe technischer Regulierungsstandards aus, in denen Folgendes präzisiert wird:
a) wie ein Näherungswert für die Risikoprämie (Spread) anhand des gestatteten institutsinternen Modells für das spezifische Risiko von Schuldtiteln zu ermitteln ist, um s_i und LGD_{MKT} nach Absatz 1 zu bestimmen;
b) Zahl und Größe der Portfolios, die das Kriterium der begrenzten Anzahl kleinerer Portfolios nach Absatz 4 erfüllen.

Die EBA legt der Kommission diese Entwürfe technischer Regulierungsstandards bis zum 1. Januar 2014 vor.

Der Kommission wird die Befugnis übertragen, die technischen Regulierungsstandards nach Unterabsatz 1 gemäß den Artikeln 10 bis 14 der Verordnung (EU) Nr. 1093/2010 zu erlassen.

Artikel 384 Standardmethode

(1) Nimmt ein Institut keine Berechnung der Eigenmittelanforderung für das CVA-Risiko für seine Gegenparteien nach Artikel 383 vor, so berechnet es eine Portfolio-Eigenmittelanforderung für das CVA-Risiko für jede Gegenpartei anhand der folgenden Formel und berücksichtigt dabei die gemäß Artikel 386 anerkennungsfähigen CVA-Sicherungsgeschäfte:

$$K = 2.33 \cdot \sqrt{h} \cdot$$

$$\sqrt{\left(\sum_i 0.5 \cdot w_i \left(M_i \cdot EAD_i^{total} - M_i^{hedge} B_i\right) - \sum_{ind} w_{ind} \cdot M_{ind} \cdot B_{ind}\right)^2 + \sum_i 0.75 \cdot w_i^2 \cdot \left(M_i \cdot EAD_i^{total} - M_i^{hedge} B_i\right)^2}$$

dabei entspricht

h = dem einjährigen Risikohorizont (in Jahren); h = 1,
w_i = der Gewichtung von Gegenpartei i.

Die Gegenpartei ›i‹ wird auf der Basis einer externen Bonitätsbeurteilung durch eine benannte ECAI einer der sechs Gewichtungen w_i gemäß Ta-

belle 1 zugeordnet. Liegt für eine Gegenpartei keine Bonitätsbeurteilung einer benannten ECAI vor,
a) ordnet ein Institut, das den Ansatz nach Titel II Kapitel 3 verwendet, die interne Beurteilung der Gegenpartei einer externen Bonitätsbeurteilung zu,
b) weist ein Institut, das den Ansatz nach Titel II Kapitel 2 verwendet, dieser Gegenpartei $w_i=1{,}0\,\%$ zu. Ermittelt ein Institut jedoch das Risikogewicht von mit Gegenparteiausfallrisiko behafteten Positionen gegenüber dieser Gegenpartei gemäß Artikel 128, so wird $w_i=3{,}0\,\%$ zugewiesen,

EAD_i^{total} = dem Gesamtwert der (über alle Netting-Sätze hinweg addierten) mit Gegenparteiausfallrisiko behafteten Positionen gegenüber der Gegenpartei i unter Berücksichtigung der Auswirkung gestellter Sicherheiten im Einklang mit den für die Berechnung der Eigenmittelanforderungen für das Gegenparteiausfallrisiko dieser Gegenpartei jeweils maßgebenden Methode nach Titel II Kapitel 6 Abschnitte 3 bis 6. Ein Institut, das eine der Methoden nach Titel II Kapitel 6 Abschnitte 3 und 4 verwendet, darf für EAD^{total} den vollständig angepassten Risikopositionswert gemäß Artikel 223 Absatz 5 einsetzen.
Verwendet ein Institut nicht die Methode nach Titel II Kapitel 6 Abschnitt 6, so wird der Risikopositionswert anhand des folgenden Faktors abgezinst:

$$\frac{1 - e^{-0.05 \cdot M_i}}{0.05 \cdot M_i}$$

B_i = dem Nominalwert (bei mehreren Positionen der Gesamt-Nominalwert) gekaufter und zur Absicherung des CVA-Risikos verwendeter Einzeladressen-Kreditausfallswaps auf Gegenpartei i.
Dieser Nominalwert wird anhand des folgenden Faktors abgezinst:

$$\frac{1 - e^{-0.05 \cdot M_i^{hedge}}}{0.05 \cdot M_i^{hedge}}$$

B_{ind} = dem vollen Nominalwert eines oder mehrerer gekaufter und zur Absicherung des CVA-Risikos verwendeter Index-Kreditausfallswaps.
Dieser Nominalwert wird anhand des folgenden Faktors abgezinst:

$$\frac{1 - e^{-0.05 \cdot M_{ind}}}{0.05 \cdot M_{ind}}$$

w_{ind} = der Gewichtung von Index-Absicherungsgeschäften.
Ein Institut ermittelt Wind durch Berechnung des gewichteten Durchschnitts der w_i, die für die einzelnen Bestandteile des Index gelten;

M_i = der effektiven Laufzeit der Geschäfte mit Gegenpartei i.
Verwendet ein Institut die Methode nach Titel II Kapitel 6 Abschnitt 6, wird M_i gemäß Artikel 162 Absatz 2 Buchstabe g berechnet. Jedoch wird für diesen Zweck Mi nicht auf höchstens fünf Jahre, sondern auf die längste vertragliche Restlaufzeit im Netting-Satz beschränkt.
Verwendet ein Institut nicht die Methode nach Titel II Kapitel 6 Abschnitt 6, ist M_i die nominalgewichtete durchschnittliche Laufzeit gemäß Artikel 162 Absatz 2 Buchstabe b. Jedoch wird für diesen Zweck M_i nicht auf höchstens fünf Jahre, sondern auf die längste vertragliche Restlaufzeit im Netting-Satz beschränkt.

M_i^{hedge} = der Laufzeit des Absicherungsinstruments mit Nominalwert B_i (handelt es sich um mehrere Positionen, sind die Werte $M_i^{hedge} B_i$ zu addieren),

M_{ind} = der Laufzeit des Index-Absicherungsgeschäfts.
Besteht mehr als eine Index-Absicherungsposition, ist M_{ind} die nominalgewichtete Laufzeit.

(2) Ist eine Gegenpartei Bestandteil eines Indexes, auf dem ein zur Absicherung des Gegenparteiausfallrisikos verwendeter Kreditausfallswap basiert, darf das Institut den dieser Gegenpartei gemäß der Gewichtung ihrer Referenzeinheit zuzurechnenden Nominalwert vom Nominalwert des Index-Kreditausfallswap abziehen und als Einzeladressen-Absicherung (B_i) dieser Gegenpartei mit einer der Laufzeit des Indexes entsprechenden Laufzeit behandeln.

Tabelle 1

Bonitätsstufe	Gewichtung w_i
1	0,7 %
2	0,8 %
3	1,0 %
4	2,0 %
5	3,0 %
6	10,0 %

Artikel 385   Alternative zur Verwendung der CVA-Methoden für die Berechnung der Eigenmittelanforderungen

Alternativ zu Artikel 384 dürfen Institute, die die Ursprungsrisikomethode nach Artikel 275 verwenden, nach vorheriger Genehmigung durch die zuständige Behörde für die in Artikel 382 genannten Instrumente einen Multiplikationsfaktor von 10 auf die sich ergebenden risikogewichteten Positionsbeträge für das Gegenparteiausfallrisiko dieser Positionen anwenden, anstatt die Eigenmittelanforderung für das CVA-Risiko zu berechnen.

Artikel 386   Anerkennungsfähige Absicherungsgeschäfte

(1) Absicherungsgeschäfte sind nur dann für die Zwecke der Berechnung der Eigenmittelanforderungen für das CVA-Risiko nach den Artikeln 383 und 384 anerkennungsfähig, wenn sie zur Minderung des CVA-Risikos verwendet werden, als solche behandelt werden und in eine der folgenden Kategorien fallen:
a) Einzeladressen-Kreditausfallswaps oder andere äquivalente Sicherungsinstrumente mit direkter Referenz auf die Gegenpartei,
b) Index-Kreditausfallswaps, vorausgesetzt, die Basis zwischen dem Spread für eine einzelne Gegenpartei und den Spreads der Absicherung über Index-Kreditausfallswaps wird im Risikopotenzial und im Risikopotenzial unter Stressbedingungen nach Auffassung der zuständigen Behörde hinreichend abgebildet.

Die Anforderung nach Buchstabe b, dass die Basis zwischen dem Spread einer einzelnen Gegenpartei und den Spreads von Absicherungen über Index-Kreditausfallswaps im Risikopotenzial und im Risikopotenzial unter Stressbedingungen abzubilden ist, gilt auch für Fälle, in denen ein Näherungswert für den Spread einer Gegenpartei verwendet wird.

Bei allen Gegenparteien, für die ein Näherungswert eingesetzt wird, verwendet das Institut eine angemessene Basiszeitreihe aus einer repräsentativen Gruppe ähnlicher Adressen, für die ein Spread verfügbar ist.

Wird die Basis zwischen dem Spread für eine einzelne Gegenpartei und den Spreads der als Absicherung verwendeten Index-Kreditausfallswaps nach Auffassung der zuständigen Behörde nicht hinreichend abgebildet, darf das Institut lediglich 50% des Nominalwerts der indexbasierten Absicherungen im Risikopotenzial und im Risikopotenzial unter Stressbedingungen berücksichtigen.

Eine Übersicherung der Risikopositionen aus Einzeladressen-Kreditausfallswaps nach der Methode gemäß Artikel 383 ist nicht gestattet.

(2) Ein Institut berücksichtigt in der Berechnung der Eigenmittelanforderungen für das CVA-Risiko keine anderen Arten von Gegenparteirisiko-Sicherungsgeschäften. Insbesondere sind tranchierte Kreditausfallswaps oder n-ter-Ausfall-Swaps und synthetische Unternehmensanleihen (Credit Linked Notes) für die Zwecke der Berechnung der Eigenmittelanforderungen für das CVA-Risiko keine anerkennungsfähigen Sicherungsgeschäfte.

(3) Anerkennungsfähige Sicherungsgeschäfte, die in der Berechnung der Eigenmittelanforderungen für das CVA-Risiko berücksichtigt werden, dürfen nicht in der Berechnung der Eigenmittelanforderungen für das spezifische Risiko nach Titel IV berücksichtigt werden oder als Kreditrisikominderung behandelt werden, außer im Zusammenhang mit dem Gegenparteiausfallrisiko für dasselbe Transaktionsportfolio.

Teil 4:
Großkredite

Artikel 387   Gegenstand

Großkredite werden von den Instituten gemäß diesem Teil überwacht und kontrolliert.

Artikel 388   Ausnahmen von der Anwendung

Dieser Teil findet keine Anwendung auf Wertpapierfirmen, die die Kriterien des Artikels 95 Absatz 1 oder des Artikels 96 Absatz 1 erfüllen.

Dieser Teil findet keine Anwendung auf eine Gruppe auf der Grundlage ihrer konsolidierten Lage, wenn der Gruppe nur in Artikel 95 Absatz 1 oder Artikel 96 Absatz 1 genannte Wertpapierfirmen sowie Anbieter von Nebendienstleistungen, nicht aber Kreditinstitute angehören.

Artikel 389   Begriffsbestimmung

Im Sinne dieses Teils sind ›Risikopositionen‹ alle Aktiva und außerbilanziellen Posten im Sinne von Teil 3 Titel II Kapitel 2 ohne Anwendung der Risikogewichte und -grade.

Artikel 390   Berechnung des Risikopositionswerts

(1) Risikopositionen, die aus den in Anhang II genannten Geschäften resultieren, werden nach einer der in Teil 3 Titel II Kapitel 6 vorgesehenen Methoden berechnet.

(2) Institute mit der Erlaubnis zur Verwendung der IMM im Einklang mit Artikel 283 dürfen diese Methode zur Berechnung des Risikopositionswerts für Pensions- und Wertpapier- oder Warenleihgeschäfte, Lombardgeschäfte und Geschäfte mit langer Abwicklungsfrist verwenden.

(3) Die Institute, die die Eigenmittelanforderungen für ihr Handelsbuch gemäß Teil 3 Titel IV Kapitel 2 Artikel 299 und Teil 3 Titel V sowie gegebenenfalls Teil 3 Titel IV Kapitel 5 berechnen, berechnen die aus dem Handelsbuch herrührenden Risikopositionen gegenüber Einzelkunden, indem folgende Werte addiert werden:
a) der positive Überschuss der Kaufpositionen des Instituts über seine Verkaufspositionen in allen von dem betreffenden Kunden begebenen Finanzinstrumenten, wobei die Nettoposition in jedem dieser Instrumente nach den Verfahren gemäß Teil 3 Titel IV Kapitel 2 ermittelt wird;
b) die Nettorisikoposition im Fall der Übernahmegarantie für Schuldtitel oder Eigenkapitalinstrumente;
c) die Risikopositionen, die aus den in den Artikeln 299 und 378 bis 380 genannten Geschäften, Vereinbarungen und Verträgen mit den betreffenden Kunden herrühren, wobei diese Risikopositionen nach dem in diesen Artikeln festgelegten Verfahren für die Berechnung der Risikopositionswerte berechnet werden.

Für die Zwecke von Buchstabe b wird die Nettorisikoposition berechnet, indem die mit einer Übernahmegarantie versehenen, von Dritten gezeichneten oder von Dritten auf der Grundlage einer förmlichen Vereinbarung mitgarantierten Positionen abgezogen werden, vermindert um die in Artikel 345 genannten Faktoren.

Für die Zwecke von Buchstabe b richten die Institute Systeme zur Überwachung und Kontrolle ihrer Übernahmegarantierisiken von dem Zeitpunkt, zu dem die Verpflichtung übernommen wird, bis zum nächsten Geschäftstag ein, wobei der Art der auf den betreffenden Märkten eingegangenen Risiken Rechnung zu tragen ist.

Für die Zwecke von Buchstabe c ist Teil 3 Titel II Kapitel 3 von dem Verweis in Artikel 299 ausgenommen.

(4) Die Gesamtrisikopositionen gegenüber Einzelkunden oder Gruppen verbundener Kunden werden berechnet, indem die Risikopositionen aus dem Handelsbuch und aus dem Anlagebuch addiert werden.

(5) Die Risikopositionen gegenüber Gruppen verbundener Kunden werden durch Addition der Risikopositionen gegenüber den Einzelkunden einer Gruppe ermittelt.

(6) Folgendes ist nicht in Risikopositionen enthalten:
a) im Fall von Wechselkursgeschäften die Risikopositionen, die im Rahmen des üblichen Abrechnungsverfahrens im Zeitraum von zwei Arbeitstagen nach Leistung der Zahlung entstehen;
b) im Fall von Wertpapiergeschäften die Risikopositionen, die im Rahmen des üblichen Abrechnungsverfahrens im Zeitraum von fünf Arbeitstagen nach Leistung der Zahlung oder nach Lieferung der Wertpapiere – je nachdem, welches der frühere Termin ist – entstehen;
c) im Fall der Durchführung des Zahlungsverkehrs, einschließlich der Ausführung von Zahlungsdiensten, des Clearings und der Abrechnung in jedweder Währung und des Korrespondenzbankgeschäfts oder der Erbringung von Dienstleistungen für Kunden zum Clearing, zur Abwicklung und zur Verwahrung von Finanzinstrumenten, verspätete Zahlungseingänge bei Finanzierungen sowie andere Risikopositionen im Kundengeschäft, die längstens bis zum folgenden Geschäftstag bestehen;
d) im Fall der Durchführung des Zahlungsverkehrs, einschließlich der Ausführung von Zahlungsdiensten, des Clearings oder der Abrechnung in jedweder Währung und des Korrespondenzbankgeschäfts, Intratageskredite an Institute, die diese Dienste erbringen;
e) gemäß den Artikeln 36, 56 und 66 von den Eigenmitteln abgezogene Risikopositionen.

(7) Um in Bezug auf Kunden, gegenüber denen ein Institut Risikopositionen aus Geschäften im Sinne des Artikels 112 Buchstaben m und o oder aus anderen Geschäften hat, bei denen Risikopositionen aus zugrunde liegenden Vermögenswerten resul-

tieren, die Gesamtrisikoposition gegenüber einem Kunden oder einer Gruppe verbundener Kunden zu ermitteln, bewertet das Institut seine zugrunde liegenden Risikopositionen und berücksichtigt dabei die wirtschaftliche Substanz der Struktur des Geschäfts und die dieser selbst innewohnenden Risiken, um zu entscheiden, ob die Struktur eine zusätzliche Risikoposition darstellt.

(8) Die EBA arbeitet Entwürfe technischer Regulierungsstandards aus, in denen Folgendes präzisiert wird:
a) die Kriterien und Methoden zur Ermittlung der Gesamtrisikoposition gegenüber einem Kunden oder einer Gruppe verbundener Kunden hinsichtlich der in Absatz 7 genannten Arten von Risikopositionen,
b) die Voraussetzungen, unter denen die Struktur des Geschäfts nach Absatz 7 keine zusätzliche Risikoposition darstellt.

Die EBA legt der Kommission diese Entwürfe technischer Regulierungsstandards bis zum 1. Januar 2014 vor.

Der Kommission wird die Befugnis übertragen, die technischen Regulierungsstandards nach Unterabsatz 1 gemäß den Artikeln 10 bis 14 der Verordnung (EU) Nr. 1093/2010 zu erlassen.

Artikel 391 Begriffsbestimmung des Instituts für die Zwecke von Großkrediten

Für die Zwecke der Berechnung des Risikopositionswerts gemäß diesem Teil bezeichnet ›Institut‹ auch private oder öffentliche Unternehmen, einschließlich ihrer Zweigstellen, die, wenn sie in der Union niedergelassen wären, unter die Definition des Begriffs ›Institut‹ fallen würden und die in einem Drittland zugelassen wurden, dessen aufsichtliche und rechtliche Anforderungen denen der Union mindestens gleichwertig sind.

Artikel 392 Begriffsbestimmung des Großkredits

Eine Risikoposition eines Instituts an einen Kunden oder eine Gruppe verbundener Kunden ist ein Großkredit, wenn sein Wert 10% der anrechenbaren Eigenmittel des Instituts erreicht oder überschreitet.

Artikel 393 Kapazitäten zur Ermittlung und Verwaltung von Großkrediten

Ein Institut verfügt über ordnungsgemäße Verwaltungs- und Rechnungslegungsverfahren sowie angemessene interne Kontrollmechanismen zur Ermittlung, Verwaltung, Überwachung, Erfassung und Meldung aller Großkredite und ihrer späteren Änderungen im Einklang mit dieser Verordnung.

Artikel 394 Meldepflichten

(1) Ein Institut meldet den zuständigen Behörden sämtliche Großkredite, auch wenn diese von der Anwendung des Artikels 395 Absatz 1 ausgenommen sind, und gibt dabei Folgendes an:
a) Name des Kunden oder der Gruppe verbundener Kunden, an den bzw. an die das Institut den Großkredit vergeben hat;
b) Risikopositionswert, gegebenenfalls vor der Berücksichtigung der Wirkung der Kreditrisikominderung;
c) gegebenenfalls Art der verwendeten Besicherung/Absicherung mit bzw. ohne Sicherheitsleistung;
d) Risikopositionswert nach Berücksichtigung der Wirkung der für die Zwecke des Artikels 395 Absatz 1 berechneten Kreditrisikominderung.

Institute, die Teil 3 Titel II Kapitel 3 unterliegen, melden den zuständigen Behörden ihre 20 größten Kredite auf konsolidierter Basis, ohne Berücksichtigung derjenigen, die von der Anwendung des Artikels 395 Absatz 1 ausgenommen sind.

(2) Zusätzlich zu den Angaben nach Absatz 1 meldet ein Institut den zuständigen Behörden in Bezug auf seine zehn größten Kredite auf konsolidierter Basis gegenüber Instituten und seine zehn größten Kredite auf konsolidierter Basis gegenüber nicht beaufsichtigten Unternehmen der Finanzbranche, einschließlich von der Anwendung des Artikels 395 Absatz 1 ausgenommene Großkredite Folgendes:
a) Name des Kunden oder der Gruppe verbundener Kunden, an den bzw. an die das Institut den Großkredit vergeben hat;
b) Risikopositionswert, gegebenenfalls vor der Berücksichtigung der Wirkung der Kreditrisikominderung;
c) gegebenenfalls Art der verwendeten Besicherung/Absicherung mit bzw. ohne Sicherheitsleistung;
d) Risikopositionswert nach Berücksichtigung der Wirkung der für die Zwecke des Artikels 395 Absatz 1 berechneten Kreditrisikominderung.
e) den erwarteten Auslauf (›run-off‹) des Kredits, ausgedrückt als der Betrag, der in monatlichen Restlaufzeiten bis zu einem Jahr, in vierteljährlichen Restlaufzeiten bis zu drei Jahren und anschließend jährlich fällig wird.

(3) Die Meldung erfolgt mindestens zweimal jährlich.

(4) Die EBA arbeitet Entwürfe technischer Durchführungsstandards aus, in denen Folgendes präzisiert wird:
a) einheitliche Formate für die Meldungen nach Absatz 3, die der Art, dem Umfang und der Komplexität der Geschäfte des Instituts angemessen sind, und Anweisungen zur Verwendung dieser Formate;
b) Intervalle und Termine der Meldungen nach Absatz 3;
c) anzuwendende IT-Lösungen für die Meldungen nach Absatz 2.

Die EBA legt der Kommission diese Entwürfe technischer Durchführungsstandards bis 1. Januar 2014 vor.

Der Kommission wird die Befugnis übertragen, die technischen Durchführungsstandards nach Unterabsatz 1 gemäß Artikel 15 der Verordnung (EU) Nr. 1093/2010 zu erlassen.

Artikel 395 Obergrenze für Großkredite

(1) Ein Institut hält gegenüber einem Kunden oder einer Gruppe verbundener Kunden nach Berücksichtigung der Wirkung der Kreditrisikominderung gemäß den Artikeln 399 bis 403 keine Risikoposition, deren Wert 25 % seiner anrechenbaren Eigenmittel übersteigt. Ist der Kunde ein Institut oder gehört zu einer Gruppe verbundener Kunden ein oder mehr als ein Institut, so darf der Risikopositionswert den jeweils höheren Wert von entweder 25 % der anrechenbaren Eigenmittel oder 150 Mio. EUR nicht übersteigen, sofern nach Berücksichtigung der Wirkung der Kreditrisikominderung gemäß den Artikeln 399 bis 403 die Summe der Risikopositionswerte gegenüber sämtlichen verbundenen Kunden, die keine Institute sind, 25 % der anrechenbaren Eigenmittel des Instituts nicht übersteigt.

Ist der Betrag von 150 Mio. EUR höher als 25 % der anrechenbaren Eigenmittel des Instituts, so darf der Risikopositionswert nach Berücksichtigung der Wirkung der Kreditrisikominderung gemäß den Artikeln 399 bis 403 nicht über eine angemessene Obergrenze in Bezug auf die anrechenbaren Eigenmittel des Instituts hinausgehen. Diese Obergrenze wird von den Instituten im Einklang mit den Grundsätzen und Verfahren gemäß Artikel 81 der Richtlinie 2013/36/EU zur Steuerung und Begrenzung des Konzentrationsrisikos festgelegt. Die Obergrenze darf 100 % der anrechenbaren Eigenmittel des Instituts nicht überschreiten.

Die zuständigen Behörden können eine niedrigere Obergrenze als 150 Mio. EUR festlegen und setzen die EBA und die Kommission davon in Kenntnis.

(2) Die EBA arbeitet gemäß Artikel 16 der Verordnung (EU) Nr. 1093/2010 unter Berücksichtigung der Auswirkung von Kreditrisikominderungen nach den Artikeln 399 bis 403 sowie der Ergebnisse der Entwicklungen im Bereich Schattenbanken und Großkredite auf Unionsebene und auf internationaler Ebene bis zum 31. Dezember 2014 Leitlinien aus, um geeignete Gesamtobergrenzen für Großkredite oder niedrigere Obergrenzen für Einzelkredite an Schattenbankunternehmen festzusetzen, die außerhalb eines Regelungsrahmens Banktätigkeiten ausüben.

Bei der Ausarbeitung dieser Leitlinien prüft die EBA, ob die Einführung zusätzlicher Obergrenzen eine wesentliche nachteilige Auswirkung auf das Risikoprofil europäischer Institute, die Kreditvergabe an die Realwirtschaft oder die Stabilität und das reibungslose Funktionieren der Finanzmärkte hätte.

Die Kommission prüft bis zum 31. Dezember 2015 die Angemessenheit und Auswirkung von Obergrenzen für Kredite an Schattenbankunternehmen, die außerhalb eines Regelungsrahmens Banktätigkeiten ausüben, unter Berücksichtigung der Entwicklungen im Bereich Schattenbanken und Großkredite auf Unionsebene und internationaler Ebene sowie der Auswirkung von Kreditrisikominderungen nach den Artikeln 399 bis 403. Sie unterbreitet ihren Bericht dem Europäischen Parlament und dem Rat, gegebenenfalls zusammen mit einem Gesetzgebungsvorschlag zu Obergrenzen für Kredite an Schattenbankunternehmen, die außerhalb eines Regelungsrahmens Banktätigkeiten ausüben.

(3) Vorbehaltlich des Artikels 396 halten die Institute die einschlägige nach Absatz 1 festgelegte Obergrenze jederzeit ein.

(4) Auf Vermögenswerte, die Forderungen und sonstige Risikopositionen gegenüber anerkannten Drittland-Wertpapierfirmen darstellen, darf dieselbe Behandlung wie die nach Absatz 1 angewandt werden.

(5) Die Obergrenzen gemäß diesem Artikel dürfen für Risikopositionen im Handelsbuch des Instituts überschritten werden, sofern die folgenden Bedingungen erfüllt sind:
a) die auf das Anlagebuch entfallenden Risikopositionen gegenüber dem Einzelkunden oder der Gruppe verbundener Kunden überschreiten nicht die Obergrenze nach Absatz 1, die unter Berücksichtigung der anrechenbaren Eigenmittel berechnet wird, sodass sich die Überschreitung allein aus dem Handelsbuch ergibt;
b) das Institut erfüllt in Bezug auf die Überschreitung der Obergrenze nach Absatz 1 eine zusätzliche Eigenmittelanforderung, die gemäß den Artikeln 397 und 398 berechnet wird;
c) dauert die Überschreitung höchstens zehn Tage an, so darf die Risikoposition im Handelsbuch gegenüber dem Kunden oder der Gruppe verbundener Kunden 500 % der anrechenbaren Eigenmittel des Instituts nicht überschreiten;
d) alle Überschreitungen, die länger als zehn Tage andauern, dürfen zusammen 600 % der anrechenbaren Eigenmittel des Instituts nicht überschreiten.

In jedem Fall, in dem die Obergrenze überschritten worden ist, meldet das Institut den zuständigen Behörden unverzüglich die Höhe der Überschreitung und den Namen des betreffenden Kunden sowie gegebenenfalls den Namen der betreffenden Gruppe verbundener Kunden.

(6) Lediglich für die Zwecke dieses Absatzes sind ›strukturelle Maßnahmen‹ von einem Mitgliedstaat erlassene und von seinen einschlägigen zuständigen Behörden durchgeführte Maßnahmen, mit denen von in dem betreffenden Mitgliedstaat zugelassenen Kreditinstituten verlangt wird, ihre Risikopositionen gegenüber verschiedenen Rechtsträgern je nach deren Tätigkeiten, aber unabhängig vom Ort, an dem diese ausgeübt werden, zu verringern, um Einleger zu schützen und die Finanzstabilität zu wahren, und zwar bis zum Inkrafttreten eines Gesetzgebungsvorschlags zur ausdrücklichen Harmonisierung solcher Maßnahmen.

Erlässt ein Mitgliedstaat einzelstaatliche Rechtsvorschriften, mit denen einer Bankengruppe vorgeschrieben wird, strukturelle Maßnahmen zu ergreifen, so können die zuständigen Behörden unbeschadet des Absatzes 1 dieses Artikels und des Artikels 400 Absatz 1 Buchstabe f den Instituten der Bankengruppe, die Einlagen halten, die durch ein Einlagensicherungssystem im Sinne der Richtlinie 94/19/EG des Europäischen Parlaments und des Rates vom 30. Mai 1994 über Einlagensicherungssysteme[1] oder ein vergleichbares Einlagensicherungssystem eines Drittlandes geschützt sind, auf teilkonsolidierter Basis gemäß Artikel 10 Absatz 5 für gruppeninterne Kredite eine Obergrenze für Großkredite von höchstens 25 %, aber mindestens 15 % zwischen dem 28. Juni 2013 und dem 30. Juni 2015 und von mindestens 10 % ab dem 1. Juli auferlegen, wenn diese Risikopositionen gegenüber einem Unternehmen bestehen, das in Bezug auf die strukturellen Maßnahmen nicht derselben Teilgruppe angehört.

Für die Zwecke dieses Absatzes sind die folgenden Bedingungen zu erfüllen:
a) alle Unternehmen, die in Bezug auf die strukturellen Maßnahmen derselben Teilgruppe angehören, gelten als ein Kunde oder als Gruppe verbundener Kunden;
b) die zuständigen Behörden wenden auf die Kredite im Sinne des Unterabsatzes 1 eine einheitliche Obergrenze an.

Die Anwendung dieses Ansatzes darf die wirksame Aufsicht auf konsolidierter Basis nicht berühren und keine unverhältnismäßig nachteiligen Auswirkungen auf das Finanzsystem anderer Mitgliedstaaten insgesamt oder auf Teile davon oder das Finanzsystem der Union insgesamt nach sich ziehen oder ein Hindernis für das Funktionieren des Binnenmarktes bilden oder schaffen.

(7) Bevor die zuständigen Behörden in Bezug auf Großkredite die spezifischen strukturellen Maßnahmen im Sinne des Absatzes 6 erlassen, zeigen sie dies dem Rat, der Kommission,, den betroffenen zuständigen Behörden und der EBA mindestens zwei Monate vor der Veröffentlichung der Entscheidung über den Erlass der strukturellen Maßnahmen an und legen einschlägige quantitative und qualitative Nachweise für alle nachstehenden Punkte vor:
a) das Ausmaß der Tätigkeiten, die von den strukturellen Maßnahmen betroffen sind,
b) eine Erläuterung, warum die geplanten Maßnahmen in Bezug auf den Einlegerschutz als angemessen, wirksam und verhältnismäßig angesehen werden,
c) eine Bewertung der voraussichtlichen positiven oder negativen Auswirkungen der Maßnahmen auf den Binnenmarkt, die sich auf die dem Mitgliedstaat zur Verfügung stehenden Informationen stützt.

(8) Der Kommission wird die Befugnis übertragen, im Einklang mit dem in Artikel 464 Absatz 2 genannten Verfahren einen Durchführungsrechtsakt zu erlassen, um die nach Absatz 7 vorgeschlagenen nationalen Maßnahmen billigen oder zurückzuweisen.

Binnen eines Monats nach Erhalt der Anzeige nach Absatz 7 leitet die EBA dem Rat, der Kommission und dem betroffenen Mitgliedstaat ihre Stellungnahme zu den in jenem Absatz genannten Punkten zu. Betroffene zuständige Behörden können dem Rat, der Kommission und dem betroffenen Mitgliedstaat gleichfalls ihre Stellungnahmen zu den in jenem Absatz genannten Punkten zuleiten.

Unter weitestgehender Berücksichtigung der Stellungnahmen nach Unterabsatz 2 und wenn belastbare und unabweisbare Nachweise dafür vorliegen, dass die Maßnahmen nachteilige Auswirkungen auf den Binnenmarkt haben wird, die den Nutzen für die Finanzstabilität überwiegen, weist die Kommission innerhalb von zwei Monaten nach Eingang der Anzeige die vorgeschlagenen nationalen Maßnahmen zurück.

---

1 ABl. L 135 vom 31.5.1994, S. 5

Andernfalls billigt sie die vorgeschlagenen nationalen Maßnahmen, gegebenenfalls mit Änderungen, für einen ersten Zeitraum von zwei Jahren.

Die Kommission weist die vorgeschlagenen nationalen Maßnahmen nur zurück, wenn diese Maßnahmen ihrer Ansicht nach unverhältnismäßig nachteilige Auswirkungen auf das Finanzsystem anderer Mitgliedsstaaten insgesamt oder auf Teile davon oder das Finanzsystem in der Union insgesamt nach sich ziehen und so ein Hindernis für das Funktionieren des Binnenmarkts oder den freien Kapitalverkehr gemäß dem AUEV bilden oder schaffen.

Bei ihrer Prüfung berücksichtigt die Kommission die Stellungnahme der EBA sowie die gemäß Absatz 7 vorgelegten Nachweise.

Die zuständigen Behörden können vor dem Auslaufen der Maßnahmen neue Maßnahmen vorschlagen, um die Geltungsdauer um jeweils zwei weitere Jahre zu verlängern. In diesem Fall zeigen sie dies der Kommission, dem Rat, den betroffenen zuständigen Behörden und der EBA an. Neue Maßnahmen werden nach dem Verfahren dieses Artikels gebilligt. Dieser Artikel berührt nicht Artikel 458.

Artikel 396 Einhaltung der Anforderungen für Großkredite

(1) Wird bei Krediten die Obergrenze nach Artikel 395 Absatz 1 ausnahmsweise überschritten, so meldet das Institut den Risikopositionswert unverzüglich den zuständigen Behörden, die, sofern es die Umstände rechtfertigen, dem Institut eine begrenzte Frist einräumen können, bis zu deren Ablauf die Obergrenze wieder eingehalten werden muss.

Kommt der in Artikel 395 Absatz 1 genannte Betrag von 150 Mio. EUR zur Anwendung, so können die zuständigen Behörden auf Einzelfallbasis gestatten, dass die Obergrenze von 100 % in Bezug auf die anrechenbaren Eigenmittel des Instituts überschritten werden darf.

(2) Ist ein Institut nach Artikel 7 Absatz 1 auf Einzelbasis oder teilkonsolidierter Basis von den Pflichten gemäß diesem Teil freigestellt, oder werden die Bestimmungen des Artikels 9 auf ein Mutterinstitut in einem Mitgliedstaat angewandt, so sind Maßnahmen zu ergreifen, die eine angemessene Risikoverteilung innerhalb der Gruppe ermöglichen.

Artikel 397 Berechnung zusätzlicher Eigenmittelanforderungen für Großkredite im Handelsbuch

(1) Die Berechnung der in Artikel 395 Absatz 5 Buchstabe b genannten Überschreitung erfolgt anhand der Elemente des gesamten Handelsbuchrisikos gegenüber dem Kunden oder der Gruppe verbundener Kunden, auf welche die höchsten spezifischen Risikoanforderungen gemäß Teil 3 Titel IV Kapitel 2 und/oder die Anforderungen gemäß Artikel 299 und Teil 3 Titel V zutreffen und deren Summe dem Betrag der Überschreitung gemäß Artikel 395 Absatz 5 Buchstabe a entspricht.

(2) Ist die Obergrenze nicht länger als zehn Tage überschritten worden, entspricht die zusätzliche Eigenmittelanforderung 200 % der in Absatz 1 genannten Anforderungen für diese Elemente.

(3) Nach Ablauf von zehn Tagen nach Eintreten der Überschreitung werden die nach Absatz 1 bestimmten Elemente der Überschreitung der entsprechenden Zeile in Spalte 1 der Tabelle 1 in aufsteigender Reihenfolge der spezifischen Risikoanforderungen gemäß Teil 3 Titel IV Kapitel 2 und/oder der Anforderungen gemäß Artikel 299 und Teil 3 Titel V zugeordnet. Die zusätzliche Eigenmittelanforderung entspricht der Summe der spezifischen Risikoanforderungen gemäß Teil 3 Titel IV Kapitel 2 und/oder der Anforderungen gemäß Artikel 299 und Teil 3 Titel V für diese Elemente, multipliziert mit dem entsprechenden Faktor in Spalte 2 der Tabelle 1.

Tabelle 1

Spalte 1: Überschreitung der Obergrenzen (in % der anrechenbaren Eigenmittel)	Spalte 2: Faktor
bis 40 %	200 %
zwischen 40 % und 60 %	300 %
zwischen 60 % und 80 %	400 %
zwischen 80 % und 100 %	500 %
zwischen 100 % und 250 %	600 %
über 250 %	900 %

Artikel 398 Verfahren zur Vermeidung einer Umgehung der zusätzlichen Eigenmittelanforderung durch Institute

Institute dürfen die zusätzlichen Eigenmittelanforderungen gemäß Artikel 397, die sie normalerweise für Risiken jenseits der Obergrenze nach Artikel 395 Absatz 1 bei einer Risikodauer von mehr als zehn Tagen erfüllen müssten, nicht vorsätzlich umgehen, indem sie die betreffenden Risiken vorübergehend auf eine andere Gesellschaft innerhalb oder außerhalb der gleichen Gruppe übertragen und/oder Scheingeschäfte tätigen, um das Risiko innerhalb der zehntägigen Frist abzulösen und ein neues Risiko einzugehen.

Die Institute unterhalten Systeme, die sicherstellen, dass alle Übertragungen, die die in Unterabsatz 1 genannte Wirkung haben, unverzüglich den zuständigen Behörden gemeldet werden.

Artikel 399 Anerkannte Kreditrisikominderungstechniken

(1) Für die Zwecke der Artikel 400 bis 403 umfasst der Begriff ›Garantie‹ die nach Teil 3 Titel II Kapitel 4 anerkannten Kreditderivate, ausgenommen synthetische Unternehmensanleihen (Credit Linked Notes).

(2) Darf vorbehaltlich des Absatzes 3 eine Besicherung mit oder eine Absicherung ohne Sicherheitsleistung nach den Artikeln 400 bis 403 angerechnet werden, so müssen dabei die Anerkennungsvoraussetzungen und sonstigen Anforderungen des Teils 3 Titel II Kapitel 4 erfüllt sein.

(3) Verfährt ein Institut nach Artikel 401 Absatz 2, so kann die Besicherung mit Sicherheitsleistung nur anerkannt werden, wenn die entsprechenden Anforderungen des Teils 3 Titel II Kapitel 3 erfüllt sind. Für die Zwecke dieses Teils berücksichtigt ein Institut die in Artikel 199 Absätze 5 bis 7 genannten Sicherheiten nur dann, wenn dies nach Artikel 402 zulässig ist.

(4) Institute prüfen ihre Risikopositionen gegenüber Sicherheitsemittenten und Stellern von Absicherungen ohne Sicherheitsleistung sowie die zugrunde liegenden Vermögenswerte gemäß Artikel 390 Absatz 7 soweit wie möglich auf mögliche Konzentrationen, wobei sie gegebenenfalls geeignete Maßnahmen ergreifen und ihrer zuständigen Behörde etwaige wesentliche Feststellungen melden.

Artikel 400 Ausnahmen

(1) Folgende Risikopositionen sind von der Anwendung des Artikels 395 Absatz 1 ausgenommen:
a) Aktiva in Form von Forderungen an Zentralstaaten, Zentralbanken oder öffentliche Stellen, denen nach Teil 3 Titel II Kapitel 2 unbesichert ein Risikogewicht von 0 % zugewiesen würde;

b) Aktiva in Form von Forderungen an internationale Organisationen oder multilaterale Entwicklungsbanken, denen nach Teil 3 Titel II Kapitel 2 unbesichert ein Risikogewicht von 0 % zugewiesen würde;
c) Aktiva in Form von Forderungen, die ausdrücklich durch Zentralstaaten, Zentralbanken, internationale Organisationen, multilaterale Entwicklungsbanken oder öffentliche Stellen garantiert sind, und bei denen unbesicherten Forderungen an den Garantiesteller nach Teil 3 Titel II Kapitel 2 ein Risikogewicht von 0 % zugewiesen würde;
d) sonstige Risikopositionen, die gegenüber Zentralstaaten, Zentralbanken, internationalen Organisationen, multilateralen Entwicklungsbanken oder öffentlichen Stellen bestehen oder von diesen abgesichert sind, bei denen unbesicherten Forderungen an den Kreditnehmer oder den Garantiesteller nach Teil 3 Titel II Kapitel 2 ein Risikogewicht von 0 % zugewiesen würde;
e) Aktiva in Form von Forderungen an regionale oder lokale Gebietskörperschaften der Mitgliedstaaten, denen nach Teil 3 Titel II Kapitel 2 ein Risikogewicht von 0 % zugewiesen würde, sowie andere gegenüber diesen Gebietskörperschaften bestehende oder von ihnen abgesicherte Risikopositionen, denen nach Teil 3 Titel II Kapitel 2 ein Risikogewicht von 0 % zugewiesen würde;
f) Risikopositionen gegenüber den in Artikel 113 Absatz 6 oder 7 genannten Gegenparteien, sofern ihnen nach Teil 3 Titel II Kapitel 2 ein Risikogewicht von 0 % zugewiesen würde; Risikopositionen, die diese Kriterien nicht erfüllen, werden ungeachtet der Tatsache, ob sie von Artikel 395 Absatz 1 ausgenommen sind oder nicht, als Risikopositionen gegenüber Dritten behandelt;
g) Aktiva und sonstige Risikopositionen, die durch Sicherheiten in Form einer Bareinlage bei dem kreditgebenden Institut oder bei einem Institut, das Mutterunternehmen oder Tochterunternehmen des kreditgebenden Instituts ist, besichert sind;
h) Aktiva und sonstige Risikopositionen, die durch Sicherheiten in Form von Einlagenzertifikaten besichert sind, die vom kreditgebenden Institut oder einem Institut, das Mutterunternehmen oder Tochterunternehmen des kreditgebenden Instituts ist, ausgestellt und bei einem derselben hinterlegt sind;
i) Risikopositionen aus nicht in Anspruch genommenen Kreditfazilitäten, die in Anhang I als außerbilanzielle Geschäfte mit niedrigem Risiko eingestuft werden, sofern mit dem betreffenden Kunden bzw. der betreffenden Gruppe verbundener Kunden eine Vereinbarung getroffen wurde, wonach die Fazilität nur in Anspruch genommen werden darf, wenn festgestellt wurde, dass die Obergrenze nach Artikel 395 Absatz 1 dadurch nicht überschritten wird;
j) Handelsrisikopositionen gegenüber zentralen Gegenparteien und Beiträge zum Ausfallfonds einer zentralen Gegenpartei;
k) Risikopositionen in Einlagensicherungssystemen im Sinne der Richtlinie 94/19/EG, die aus Einlagen in solchen Systemen herrühren, falls die dem System angeschlossenen Institute rechtlich oder vertraglich gebunden sind, das System zu finanzieren.

Unter Buchstabe g fallen außerdem Barmittel, die im Rahmen einer von dem Institut begebenen synthetischen Unternehmensanleihe (Credit Linked Note) entgegengenommen werden, sowie Darlehen und Einlagen einer Gegenpartei an das bzw. bei dem Institut, die einer nach Teil 3 Titel II Kapitel 4 anerkannten Vereinbarung über das Netting von Bilanzpositionen unterliegen.

(2) Die zuständigen Behörden können folgende Risikopositionen ganz oder teilweise ausnehmen:
a) gedeckte Schuldverschreibungen im Sinne des Artikels 129 Absätze 1, 3 und 6;
b) Aktiva in Form von Forderungen an regionale oder lokale Gebietskörperschaften der Mitgliedstaaten, denen nach Teil 3 Titel II Kapitel 2 ein Risikogewicht von 20 % zugewiesen würde, sowie andere gegenüber diesen Gebietskörperschaften beste-

hende oder von ihnen abgesicherte Risikopositionen, denen nach Teil 3 Titel II Kapitel 2 ein Risikogewicht von 20% zugewiesen würde;
c) Risikopositionen eines Instituts, einschließlich Beteiligungen oder sonstiger Anteile, gegenüber seinem Mutterunternehmen, anderen Tochterunternehmen desselben und eigenen Tochterunternehmen, sofern diese in die Beaufsichtigung auf konsolidierter Basis einbezogen sind, welcher das Institut gemäß dieser Verordnung, der Richtlinie 2002/87/EG oder nach gleichwertigen Normen eines Drittlandes auch selbst unterliegt; Risikopositionen, die diese Kriterien nicht erfüllen, werden unabhängig davon, ob sie von Artikel 395 Absatz 1 ausgenommen sind oder nicht, als Risikopositionen gegenüber Dritten behandelt;
d) Aktiva in Form von Forderungen und sonstigen Risikopositionen, einschließlich Beteiligungen oder sonstigen Anteilen, gegenüber regionalen Kreditinstituten oder Zentralkreditinstituten, denen das Kreditinstitut aufgrund von Rechts- oder Satzungsvorschriften im Rahmen eines Verbunds angeschlossen ist und die nach diesen Vorschriften beauftragt sind, den Liquiditätsausgleich innerhalb dieses Verbunds vorzunehmen;
e) Aktiva in Form von Forderungen und sonstigen Risikopositionen von Kreditinstituten gegenüber Kreditinstituten, wobei eines der beteiligten Institute bei seiner Tätigkeit nicht dem Wettbewerb ausgesetzt ist und im Rahmen von Legislativprogrammen oder seiner Satzung Darlehen vergibt oder garantiert, um unter staatlicher Aufsicht gleich welcher Art und mit eingeschränktem Verwendungszweck für die vergebenen Darlehen bestimmte Wirtschaftssektoren zu fördern, sofern die betreffenden Risikopositionen aus derartigen über Kreditinstitute an die Begünstigten weitergereichten Darlehen oder aus Garantien für diese Darlehen herrühren;
f) Aktiva in Form von Forderungen und sonstigen Risikopositionen gegenüber Instituten, sofern diese Risikopositionen keine Eigenmittel dieser Institute darstellen, höchstens bis zum folgenden Geschäftstag bestehen und nicht auf eine wichtige Handelswährung lauten;
g) Aktiva in Form von Forderungen an Zentralbanken aufgrund des bei ihnen zu haltenden Mindestreservesolls, die auf deren jeweilige Landeswährung lauten;
h) Aktiva in Form von Forderungen an Zentralstaaten aufgrund von zur Erfüllung der gesetzlichen Liquiditätsanforderungen gehaltenen Staatsschuldtiteln, die auf deren jeweilige Landeswährung lauten und in diesen refinanziert sind, sofern – nach dem Ermessen der zuständigen Behörde – diese Zentralstaaten von einer benannten ECAI mit der Bonitätsbeurteilung ›Investment Grade‹ bewertet wurden;
i) 50% der als außerbilanzielle Geschäfte mit mittlerem/niedrigem Risiko eingestuften Dokumentenakkreditive und der als außerbilanzielle Geschäfte mit mittlerem/niedrigem Risiko eingestuften nicht in Anspruch genommenen Kreditfazilitäten, die in Anhang I genannt sind, sowie mit Zustimmung der zuständigen Behörden 80% der Garantien, die keine Kreditgarantien sind und die auf Rechts- oder Verwaltungsvorschriften beruhen und von Kreditgarantiegemeinschaften, die den Status eines Kreditinstituts besitzen, den ihnen angeschlossenen Kunden geboten werden;
j) rechtlich vorgeschriebene Garantien, die zur Anwendung kommen, wenn ein über die Emission von Hypothekenanleihen refinanziertes Hypothekendarlehen vor Eintragung der Hypothek im Grundbuch an den Darlehensnehmer ausgezahlt wird, sofern die Garantie nicht dazu verwendet wird, bei der Berechnung der risikogewichteten Positionsbeträge das Risiko zu verringern;
k) Aktiva in Form von Forderungen und sonstige Risikopositionen gegenüber anerkannten Börsen.

(3) Die zuständigen Behörden dürfen die Ausnahme gemäß Absatz 2 nur zulassen, wenn folgende Voraussetzungen erfüllt sind:

a) Das Risiko der Position wird durch die besondere Art der Risikoposition, der Gegenpartei oder der Beziehung zwischen dem Institut und der Gegenpartei beseitigt oder verringert und
b) das gegebenenfalls verbleibende Konzentrationsrisiko kann durch andere, gleichermaßen wirksame Mittel wie die Regelungen, Verfahren und Mechanismen nach Artikel 81 der Richtlinie 2013/36/EU aufgefangen werden.

Die zuständigen Behörden teilen der EBA mit, ob sie beabsichtigen, eine der Ausnahmen nach Absatz 2 gemäß den Buchstaben a und b dieses Absatzes anzuwenden, und konsultieren die EBA zu dieser Entscheidung.

Artikel 401 Berechnung der Wirkung von Kreditrisikominderungstechniken

(1) Zur Berechnung des Risikopositionswerts für die Zwecke des Artikels 395 Absatz 1 darf ein Institut den nach Teil 3 Titel II Kapitel 4 unter Berücksichtigung der Kreditrisikominderung, Volatilitätsanpassungen und etwaiger Laufzeitinkongruenzen berechneten ›vollständig angepassten Risikopositionswert‹ (E*) zugrunde legen.

(2) Ein Institut, das eigene LGD- und Umrechnungsfaktorschätzungen für eine Risikopositionsklasse nach Teil 3 Titel II Kapitel 3 verwenden darf, darf vorbehaltlich der Erlaubnis der zuständigen Behörden die Wirkungen von Finanzsicherheiten auf die Berechnung des Risikopositionswerts für die Zwecke von Artikel 395 Absatz 1 zu berücksichtigen.

Die zuständigen Behörden geben die Erlaubnis gemäß dem vorstehenden Unterabsatz nur, wenn das Institut die Wirkung der Finanzsicherheiten auf seine Risikopositionen getrennt von anderen LGD-relevanten Aspekten schätzen kann.

Die Schätzungen des Instituts müssen hinreichend geeignet sein, um den Risikopositionswert für die Zwecke der Einhaltung des Artikels 395 herabzusetzen.

Darf ein Institut in Bezug auf die Wirkung von Finanzsicherheiten seine eigenen Schätzungen verwenden, so verfährt es dabei in einer Weise, die mit dem gemäß dieser Verordnung für die Berechnung der Eigenmittelanforderungen gewählten Ansatz in Einklang steht.

Institute, die eigene LGD- und Umrechnungsfaktorschätzungen für eine Risikopositionsklasse nach Teil 3 Titel II Kapitel 3 verwenden dürfen und den Wert ihrer Risikopositionen nicht nach der Methode gemäß Unterabsatz 1 berechnen, dürfen den Risikopositionswert nach der umfassenden Methode zur Berücksichtigung finanzieller Sicherheiten oder nach der in Artikel 403 Absatz 1 Buchstabe b beschriebenen Methode ermitteln.

(3) Ein Institut, das bei der Berechnung des Risikopositionswerts für die Zwecke des Artikels 395 Absatz 1 nach der umfassenden Methode zur Berücksichtigung finanzieller Sicherheiten verfährt oder nach der in Absatz 2 beschriebenen Methode verfahren darf, führt in Bezug auf seine Kreditrisikokonzentrationen regelmäßig Stresstests durch, die auch den Veräußerungswert etwaiger Sicherheiten einschließen.

Getestet wird bei den Stresstests nach Unterabsatz 1 auf Risiken, die aus möglichen Veränderungen der Marktbedingungen resultieren, welche die Angemessenheit der Eigenmittelausstattung des Instituts in Frage stellen könnten, sowie auf Risiken, die mit der Veräußerung von Sicherheiten in Krisensituationen verbunden sind.

Die durchgeführten Stresstests müssen angemessen und geeignet für die Abschätzung der genannten Risiken sein.

Sollte bei einem regelmäßig durchgeführten Stresstest festgestellt werden, dass eine Sicherheit einen geringeren Veräußerungswert hat als nach der umfassenden Methode bzw. der Methode nach Absatz 2 eigentlich berücksichtigt werden dürfte, so wird der bei der Berechnung des Risikopositionswerts für die Zwecke des Artikels 395 Absatz 1 anrechnungsfähige Wert der Sicherheit entsprechend herabgesetzt.

Die in Unterabsatz 1 bezeichneten Institute, sehen in ihren Strategien zur Steuerung des Konzentrationsrisikos Folgendes vor:

a) Vorschriften und Verfahren zur Steuerung der Risiken, die sich aus Laufzeitinkongruenzen der Risikopositionen und etwaigen Kreditbesicherungen für diese Risikopositionen ergeben;
b) Vorschriften und Verfahren für den Fall, dass ein Stresstest aufzeigt, dass eine Sicherheit einen geringeren Veräußerungswert hat, als nach der umfassenden Methode oder der Methode nach Absatz 2 angerechnet wurde;
c) Vorschriften und Verfahren für das Konzentrationsrisiko, das sich aus der Anwendung von Kreditrisikominderungstechniken, insbesondere aus großen indirekten Kreditrisiken ergibt, beispielsweise wenn als Sicherheit nur die Wertpapiere eines einzigen Emittenten hereingenommen wurden.

Artikel 402   Risikopositionen, die aus Hypothekendarlehen resultieren

(1) Zur Berechnung von Risikopositionswerten für die Zwecke des Artikels 395 darf ein Institut den Risikopositionswert oder Teile von Risikopositionen, die im Einklang mit Artikel 125 Absatz 1 vollständig durch eine Immobilie besichert sind, um den als Sicherheit hinterlegten Betrag des Marktwerts oder des Beleihungswerts der betreffenden Immobilie herabsetzen – allerdings um höchstens 50 % des Marktwerts oder 60 % des Beleihungswerts in Mitgliedstaaten, deren Rechts- und Verwaltungsvorschriften strenge Vorgaben für die Bemessung des Beleihungswerts setzen –, sofern alle nachstehenden Bedingungen erfüllt sind:
a) Die zuständigen Behörden des Mitgliedstaats haben für Risikopositionen oder Teile von Risikopositionen, die im Einklang mit Artikel 124 Absatz 2 durch Wohnimmobilien besichert sind, ein Risikogewicht von höchstens 35 % angesetzt;
b) die Risikoposition oder der Teil der Risikoposition ist vollständig besichert durch
   i) Grundpfandrechte auf Wohnimmobilien oder
   ii) eine Wohnimmobilie, die im Rahmen eines Leasinggeschäfts vollständig im Eigentum des Leasinggebers bleibt und für die der Mieter seine Kaufoption noch nicht ausgeübt hat;
c) die Anforderungen der Artikel 208 und 229 Absatz 1 sind erfüllt.

(2) Zur Berechnung von Risikopositionswerten für die Zwecke des Artikels 395 darf ein Institut den Wert einer Risikoposition oder von Teilen einer Risikoposition, die im Einklang mit Artikel 126 Absatz 1 vollständig durch eine Immobilie besichert sind, um den als Sicherheit hinterlegten Betrag des Marktwerts oder des Beleihungswerts der betreffenden Immobilie herabsetzen – allerdings um höchstens 50 % des Marktwerts oder 60 % des Beleihungswerts in Mitgliedstaaten, deren Rechts- und Verwaltungsvorschriften strenge Vorgaben für die Bemessung des Beleihungswerts setzen –, sofern alle nachstehenden Bedingungen erfüllt sind:
a) Die zuständigen Behörden des Mitgliedstaats haben für Risikopositionen oder Teile von Risikopositionen, die im Einklang mit Artikel 124 Absatz 2 durch Gewerbeimmobilien abgesichert werden, ein Risikogewicht von höchstens 50 % angesetzt;
b) die Risikoposition ist vollständig besichert durch
   i) Grundpfandrechte auf Büro- oder sonstige Gewerbeimmobilien oder
   ii) Büro- oder sonstige Gewerbeimmobilien und die Risikopositionen in Verbindung mit Immobilien-Leasing-Geschäften;
c) die Anforderungen nach Artikel 126 Absatz 2 Buchstabe a, Artikel 208 und Artikel 229 Absatz 1 sind erfüllt;
d) die Gewerbeimmobilien sind baulich fertiggestellt.

(3) Ein Institut darf eine Risikoposition gegenüber einer Gegenpartei, die aus einer umgekehrten Rückkaufvereinbarung herrührt, bei dem das Institut von der Gegenpartei ein nicht akzessorisches unabhängiges Grundpfandrecht an Immobilien Dritter erworben hat, als eine Reihe einzelner Risikopositionen gegenüber jedem dieser Dritten behandeln, sofern die nachstehenden Voraussetzungen sämtlich erfüllt sind:

a) Die Gegenpartei ist ein Institut;
b) die Risikoposition ist vollständig besichert durch Grundpfandrechte an Immobilien jener Dritten, die von dem Institut erworben wurden und die es ausüben kann;
c) das Institut hat sichergestellt, dass die Anforderungen der Artikel 208 und 229 Absatz 1 erfüllt sind;
d) im Falle von Zahlungsverzug, Insolvenz oder Liquidation der Gegenpartei tritt das Institut in deren Ansprüche gegenüber den Dritten ein;
e) das Institut meldet gemäß Artikel 394 Absatz 2 den zuständigen Behörden den Gesamtbetrag der Risikopositionen gegenüber jedem anderen Institut, die gemäß diesem Absatz behandelt werden.

Für diese Zwecke wird unterstellt, dass das Institut anstelle der Risikoposition gegenüber der Gegenpartei gegenüber jedem dieser Dritten eine entsprechende Risikoposition in Höhe des Anspruchs der Gegenpartei gegen den Dritten hat. Eine eventuell verbleibende Restrisikoposition gegenüber der Gegenpartei wird weiterhin als solche behandelt.

Artikel 403   Substitutionsansatz

(1) Wird ein Kredit an einen Kunden durch einen Dritten abgesichert oder durch eine von einem Dritten gestellten Sicherheit besichert, so kann ein Institut
a) den abgesicherten Teil des Kredits als Risikoposition gegenüber dem Garantiegeber und nicht gegenüber dem Kunden ansehen, sofern der ungesicherten Risikoposition gegenüber dem Garantiegeber nach Teil 3 Titel II Kapitel 2 dasselbe oder ein geringeres Risikogewicht zugewiesen würde als dem ungesicherten Kredit an den Kunden;
b) den durch den Marktwert der anerkannten Sicherheit besicherten Teil des Kredits als Risikoposition gegenüber dem Dritten und nicht gegenüber dem Kunden ansehen, sofern der Kredit durch eine Sicherheit besichert ist und dem besicherten Teil der Risikoposition nach den Teil 3 Titel II Kapitel 2 dasselbe oder ein geringeres Risikogewicht zugewiesen würde als dem ungesicherten Kredit an den Kunden.

Ein Institut verfährt nicht nach dem Ansatz gemäß Unterabsatz 1 Buchstabe b, wenn zwischen der Risikoposition und der Sicherheit eine Laufzeitinkongruenz besteht.

Für die Zwecke dieses Teils darf ein Institut nur dann sowohl die umfassende Methode zur Berücksichtigung finanzieller Sicherheiten als auch die Behandlung nach Unterabsatz 1 Buchstabe b anwenden, wenn es für die Zwecke des Artikels 92 sowohl die umfassende Methode als auch die einfache Methode zur Berücksichtigung finanzieller Sicherheiten anwenden darf.

(2) Verfährt ein Institut nach Absatz 1 Buchstabe a, so gilt:
a) Lautet die Garantie auf eine andere Währung als der Kredit, wird der Betrag des Kredits, der durch diese Garantie als abgesichert gilt, nach den Bestimmungen des Teils 3 Titel II Kapitel 4 über die Behandlung von Währungsinkongruenzen bei einer Absicherung einer Risikoposition ohne Sicherheitsleistung ermittelt;
b) bei einer Differenz zwischen der Laufzeit des Kredits und der Laufzeit der Sicherheit wird nach den Bestimmungen über die Behandlung von Laufzeitinkongruenzen des Teils 3 Titel II Kapitel 4 verfahren;
c) eine partielle Absicherung kann bei einer Behandlung gemäß Teil 3 Titel II Kapitel 4 anerkannt werden.

Teil 5:
Risikopositionen aus übertragenen Kreditrisiken

Titel I Allgemeine Bestimmungen für diesen Teil

Artikel 404 Anwendungsbereich

Titel II und III gelten für neue Verbriefungen, die am oder nach dem 1. Januar 2011 begeben wurden. Nach dem 31. Dezember 2014 gelten Titel II und III für bestehende Verbriefungen, bei denen zugrunde liegende Risikopositionen nach diesem Datum neu hinzukommen oder ersetzt werden.

Titel II Anforderungen an Anlegerinstitute

Artikel 405 Selbstbehalt des Emittenten

(1) Handelt ein Institut nicht als Originator, Sponsor oder ursprünglicher Kreditgeber, darf es das Kreditrisiko einer Verbriefungsposition in seinem Handelsbuch oder Anlagebuch nur dann eingehen, wenn der Originator, Sponsor oder ursprüngliche Kreditgeber gegenüber dem Institut ausdrücklich erklärt hat, dass er kontinuierlich einen materiellen Nettoanteil (›net economic interest‹) von mindestens 5 % halten wird.

Lediglich folgende Fälle gelten als Halten eines materiellen Nettoanteils von mindestens 5 %:
a) das Halten eines Anteils von mindestens 5 % des Nominalwerts einer jeden an die Anleger verkauften oder übertragenen Tranche;
b) bei Verbriefungen von revolvierenden Risikopositionen das Halten eines Originator-Anteils von mindestens 5 % des Nominalwerts der verbrieften Risikopositionen;
c) das Halten eines Anteils von nach dem Zufallsprinzip ausgewählten Forderungen, der mindestens 5 % des Nominalwerts der verbrieften Risikopositionen entspricht, wenn diese Risikopositionen ansonsten im Rahmen der Verbriefung verbrieft worden wären, sofern die Zahl der potenziell verbrieften Risikopositionen bei der Origination mindestens 100 beträgt;
d) das Halten der Erstverlusttranche und erforderlichenfalls weiterer Tranchen, die das gleiche oder ein höheres Risikoprofil aufweisen und nicht früher fällig werden als die an die Anleger übertragenen oder verkauften Tranchen, so dass der insgesamt gehaltene Anteil mindestens 5 % des Nominalwerts der verbrieften Risikopositionen entspricht;
e) das Halten einer Erstverlust-Position von mindestens 5 % einer jeden verbrieften Risikoposition bei der Verbriefung.

Der materielle Nettoanteil wird bei der Origination berechnet und ist kontinuierlich aufrechtzuerhalten. Der materielle Nettoanteil, einschließlich einbehaltener Positionen, Zinsen oder Risikopositionen, ist nicht Gegenstand von Kreditrisikominderung, Verkaufspositionen oder sonstiger Absicherungen und wird nicht veräußert. Für außerbilanzielle Posten wird der materielle Nettoanteil durch den Nominalwert bestimmt.

Die Vorschriften über die Pflicht zum Selbstbehalt werden bei einer Verbriefung nicht mehrfach zur Anwendung gebracht.

(2) Verbrieft ein EU-Mutterkreditinstitut, eine EU-Finanzholdinggesellschaft, eine gemischte EU-Finanzholdinggesellschaft oder eines ihrer Tochterunternehmen als Originator oder Sponsor Risikopositionen von mehreren Kreditinstituten, Wertpapierfirmen oder anderen Finanzinstituten, die in die Beaufsichtigung auf konsolidierter

Basis einbezogen sind, so kann die Anforderung nach Absatz 1 auf der Grundlage der konsolidierten Lage des betreffenden EU-Mutterkreditinstituts, der betreffenden EU-Finanzholdinggesellschaft bzw. der gemischten EU-Finanzholdinggesellschaft erfüllt werden.

Unterabsatz 1 findet nur dann Anwendung, wenn die Kreditinstitute, Wertpapierfirmen oder Finanzinstitute, die die verbrieften Risikopositionen begründet haben, selbst die Verpflichtung eingegangen sind, die Anforderungen nach Artikel 408 zu erfüllen und dem Originator oder Sponsor und dem EU-Mutterkreditinstitut, der EU-Mutterfinanzholdinggesellschaft oder der gemischten EU-Finanzholdinggesellschaft rechtzeitig die zur Erfüllung der Anforderungen nach Artikel 409 erforderlichen Informationen zu übermitteln.

(3) Absatz 1 findet keine Anwendung, wenn es sich bei den verbrieften Risikopositionen um Risikopositionen handelt, die gegenüber folgenden Einrichtungen bestehen oder von diesen vollständig, bedingungslos und unwiderruflich garantiert werden:
a) Zentralstaaten oder Zentralbanken,
b) regionale und lokale Gebietskörperschaften und öffentliche Stellen der Mitgliedstaaten,
c) Institute, denen nach Teil 3 Titel II Kapitel 2 ein Risikogewicht von höchstens 50 % zugewiesen wird,
d) multilaterale Entwicklungsbanken.

(4) Absatz 1 gilt nicht für Geschäfte, die auf einem klaren, transparenten und zugänglichen Index basieren, wobei die zugrunde liegenden Referenzeinheiten mit denen identisch sind, die einen stark gehandelten Index von Einheiten bilden, oder andere handelbare Wertpapiere darstellen, bei denen es sich nicht um Verbriefungspositionen handelt;

Artikel 406 Sorgfaltsprüfung

(1) Bevor ein Institut Risiken einer Verbriefung eingeht und gegebenenfalls danach muss es den zuständigen Behörden nachweisen können, dass es hinsichtlich jeder einzelnen Verbriefungsposition über umfassende und gründliche Kenntnis verfügt und bezüglich seines Handelsbuchs und seines Anlagebuchs geeignete sowie bezüglich des Risikoprofils seiner Anlagen in verbriefte Positionen angemessene förmliche Regeln und Verfahren eingeführt hat, um Folgendes analysieren und erfassen zu können:
a) Informationen von Originatoren, Sponsoren oder ursprünglichen Kreditgebern nach Artikel 405 Absatz 1 zur Angabe des materiellen Nettoanteils, den sie kontinuierlich an der Verbriefung halten,
b) Risikomerkmale der einzelnen Verbriefungspositionen,
c) Risikomerkmale der Risikopositionen, die der Verbriefungsposition zugrunde liegen,
d) Reputation und Verlusterfahrung der Originatoren oder Sponsoren bei früheren Verbriefungen in den betreffenden Risikopositionsklassen, die der Verbriefungsposition zugrunde liegen,
e) Erklärungen und Angaben der Originatoren oder Sponsoren oder ihrer Beauftragten oder Berater zur gebotenen Sorgfalt, die sie im Hinblick auf die verbrieften Risikopositionen und gegebenenfalls im Hinblick auf die Qualität der Besicherung der verbrieften Risikopositionen walten lassen,
f) gegebenenfalls Methoden und Konzepte, nach denen die Besicherung der verbrieften Risikopositionen bewertet wird, sowie die Maßnahmen, mit denen der Originator oder Sponsor die Unabhängigkeit des Bewerters gewährleisten will,
g) alle strukturellen Merkmale der Verbriefung, die wesentlichen Einfluss auf die Wertentwicklung der Verbriefungsposition des Instituts haben können, wie etwa

vertragliche Wasserfall-Strukturen und damit verbundene Auslöser (›Trigger‹), Bonitätsverbesserungen, Liquiditätsverbesserungen, Marktwert-Trigger und geschäftsspezifische Definitionen des Ausfalls.

Institute führen in Bezug auf ihre Verbriefungspositionen regelmäßig selbst geeignete Stresstests durch. Dabei dürfen sie sich auf die von einer ECAI entwickelten finanziellen Modelle stützen, sofern sie auf Anfrage nachweisen können, dass sie vor der Investition die Strukturierung der Modelle und die diesen zugrunde liegenden relevanten Annahmen mit der gebotenen Sorgfalt validiert haben und die Methodik, Annahmen und Ergebnisse verstanden haben.

(2) Handeln Institute nicht als Originatoren, Sponsoren oder ursprüngliche Kreditgeber, richten sie für ihr Handelsbuch und ihr Anlagebuch geeignete sowie dem Risikoprofil ihrer Anlagen in verbriefte Positionen angemessene förmliche Verfahren ein, um Informationen über die Entwicklung der Risikopositionen, die ihren Verbriefungspositionen zugrunde liegen, laufend und zeitnah zu beobachten. Gegebenenfalls umfasst dies Folgendes: Art der Risikoposition, Prozentsatz der Kredite, die mehr als 30, 60 und 90 Tage überfällig sind, Ausfallraten, Raten der vorzeitigen Rückzahlungen, unter Zwangsvollstreckung stehende Kredite, Art der Sicherheit und Belegung, Häufigkeitsverteilung von Kreditpunktebewertungen und anderen Bonitätsbewertungen für die zugrunde liegenden Risikopositionen, branchenweise und geografische Streuung, Häufigkeitsverteilung der Beleihungsquoten mit Bandbreiten, die eine angemessene Sensitivitätsanalyse erleichtern. Sind die zugrunde liegenden Risikopositionen selbst Verbriefungspositionen, so verfügen die Institute nicht nur hinsichtlich der zugrunde liegenden Verbriefungstranchen über die in diesem Unterabsatz genannten Informationen, z. B. den Namen des Emittenten und dessen Bonität, sondern auch hinsichtlich der Merkmale und der Wertentwicklung der den Verbriefungstranchen zugrunde liegenden Pools.

Die Institute wenden dieselben Analysestandards auch auf Beteiligungen oder Übernahmen von Verbriefungsemissionen an, die von Dritten erworben werden, und zwar unabhängig davon, ob diese Beteiligungen oder Übernahmen in ihrem Handelsbuch oder ihrem Anlagebuch gehalten werden sollen.

Artikel 407 Zusätzliches Risikogewicht

Sind die Anforderungen der Artikel 405, 406 oder 409 in einem wesentlichen Punkt aufgrund von Fahrlässigkeit oder Unterlassung seitens des Instituts nicht erfüllt, so verhängen die zuständigen Behörden ein angemessenes zusätzliches Risikogewicht von mindestens 250 % des Risikogewichts (mit einer Obergrenze von 1 250 %), das für die betreffenden Verbriefungspositionen in der in den Artikeln 245 Absatz 6 bzw. 337 Absatz 3 spezifizierten Weise gilt. Das zusätzliche Risikogewicht wird mit jedem weiteren Verstoß gegen die Sorgfaltsbestimmungen schrittweise angehoben.

Die zuständigen Behörden berücksichtigen die für bestimmte Verbriefungen gemäß Artikel 405 Absatz 3 geltenden Ausnahmen durch Herabsetzung des Risikogewichts, das sie andernfalls gemäß diesem Artikel bei einer Verbriefung verhängen würden, auf die Artikel 405 Absatz 3 Anwendung findet.

Titel III Anforderungen an Sponsoren und Originatoren

Artikel 408 Kreditvergabekriterien

Sponsoren und Originatoren wenden bei Risikopositionen, die verbrieft werden sollen, dieselben soliden, klar definierten Kreditvergabekriterien nach Maßgabe der Anforderungen von Artikel 79 der Richtlinie 2013/36/EU an wie bei Risikopositionen, die in ihrem eigenen Anlagebuch gehalten werden sollen. Zu diesem Zweck wenden die

Originatoren und die Sponsoren dieselben Verfahren für die Genehmigung und gegebenenfalls für die Änderung, Verlängerung und Refinanzierung von Krediten an. Sind die Anforderungen nach Unterabsatz 1 nicht erfüllt, so darf ein Originator Artikel 245 Absatz 1 nicht anwenden und die verbrieften Risikopositionen bei der Berechnung seiner Eigenmittelanforderungen gemäß dieser Verordnung nicht unberücksichtigt lassen.

Artikel 409 Offenlegung gegenüber Anlegern

Als Originator, Sponsor oder ursprünglicher Kreditgeber handelnde Institute legen den Anlegern gegenüber offen, in welcher Höhe sie sich nach Artikel 405 verpflichtet haben, einen materiellen Nettoanteil an der Verbriefung zu behalten. Sponsoren und Originatoren stellen sicher, dass künftige Anleger problemlos Zugang zu allen wesentlichen relevanten Daten über die Bonität und Wertentwicklung der einzelnen zugrunde liegenden Risikopositionen, Zahlungsströme und Sicherheiten einer Verbriefungsposition sowie zu Informationen haben, die notwendig sind, um umfassende und fundierte Stresstests in Bezug auf die Zahlungsströme und Sicherheitenwerte, die hinter den zugrunde liegenden Risikopositionen stehen, durchführen zu können. Zu diesem Zweck werden die wesentlichen relevanten Daten zum Zeitpunkt der Verbriefung und, wenn die Art der Verbriefung dies erfordert, zu einem späteren Zeitpunkt bestimmt.

Artikel 410 Einheitliche Bedingungen für die Anwendung

(1) Die EBA erstattet der Kommission jährlich über die Maßnahmen Bericht, die von den zuständigen Behörden zur Gewährleistung der Einhaltung der in den Titeln II und III festgelegten Anforderungen durch die Institute ergriffen worden sind.

(2) Die EBA arbeitet Entwürfe technischer Regulierungsstandards aus, in denen Folgendes präzisiert wird:
a) die Anforderungen der Artikel 405 und 406 an Institute, die das Risiko einer Verbriefung eingehen,
b) die Pflicht zum Selbstbehalt einschließlich der Kriterien für das Halten eines materiellen Nettoanteils im Sinne des Artikels 405 und die Höhe des Selbstbehalts,
c) die Sorgfaltspflichten nach Artikel 406 von Instituten, die eine Verbriefungsposition eingehen, und
d) die Anforderungen der Artikel 408 und 409 an Sponsoren und Originatoren.

Die EBA legt der Kommission diese Entwürfe technischer Regulierungsstandards bis zum 1. Januar 2014 vor.

Der Kommission wird die Befugnis übertragen, die technischen Regulierungsstandards nach Unterabsatz 1 gemäß den Artikeln 10 bis 14 der Verordnung (EU) Nr. 1093/2010 zu erlassen.

(3) Die EBA arbeitet Entwürfe technischer Durchführungsstandards aus, um die Konvergenz der Aufsichtspraxis bezüglich der Anwendung des Artikels 407, einschließlich der der bei einem Verstoß gegen die Sorgfalts- und Risikomanagementpflichten zu ergreifenden Maßnahmen zu erleichtern.

Die EBA legt der Kommission diese Entwürfe technischer Durchführungsstandards bis 1. Januar 2014 vor.

Der Kommission wird die Befugnis übertragen, die technischen Durchführungsstandards nach Unterabsatz 1 gemäß Artikel 15 der Verordnung (EU) Nr. 1093/2010 zu erlassen.

Teil 6:
Liquidität

Titel I Begriffsbestimmungen und Liquiditätsdeckungsanforderung

Artikel 411 Begriffsbestimmungen

Für die Zwecke dieses Teils bezeichnet der Ausdruck
1. ›Finanzkunde‹ einen Kunden, der eine oder mehrere der in Anhang I der Richtlinie 2013/36/EU genannten Tätigkeiten als Haupttätigkeit ausübt oder bei dem es sich um Folgendes handelt:
   a) ein Kreditinstitut,
   b) eine Wertpapierfirma,
   c) eine Zweckgesellschaft,
   d) einen OGA,
   e) eine nicht-offene Anlagegesellschaft,
   f) ein Versicherungsunternehmen,
   g) eine Finanzholdinggesellschaft oder eine gemischte Finanzholdinggesellschaft.
2. ›Privatkundeneinlage‹ eine Verbindlichkeit gegenüber einer natürlichen Person oder einem KMU, wenn die natürliche Person oder das KMU zur Risikopositionsklasse ›Mengengeschäft‹ nach dem Standard- oder IRB-Ansatz für Kreditrisiko gehören würde, oder eine Verbindlichkeit gegenüber einer Gesellschaft, auf die die Behandlung nach Artikel 153 Absatz 4 angewandt werden darf, und die Gesamteinlage solcher KMU auf Gruppenbasis 1 Mio. EUR nicht übersteigt.

Artikel 412 Liquiditätsdeckungsanforderung

(1) Institute müssen über liquide Aktiva verfügen, deren Gesamtwert die Liquiditätsabflüsse abzüglich der Liquiditätszuflüsse unter Stressbedingungen abdeckt, damit gewährleistet wird, dass sie über angemessene Liquiditätspuffer verfügen, um sich einem möglichen Ungleichgewicht zwischen Liquiditätszuflüssen und -abflüssen unter erheblichen Stressbedingungen während 30 Tagen stellen zu können. In Stressperioden dürfen Institute ihre liquiden Aktiva zur Deckung ihrer Netto-Liquiditätsabflüsse verwenden.

(2) Die Institute weisen Positionen nicht doppelt als Liquiditätszuflüsse und liquide Aktiva aus.

(3) Institute dürfen die liquiden Aktiva im Sinne des Absatzes 1 verwenden, um ihren Verpflichtungen unter Stressbedingungen gemäß Artikel 414 nachzukommen.

(4) Titel II gilt ausschließlich für die Zwecke der Präzisierung der Meldepflichten nach Artikel 415.

(5) Die Mitgliedstaaten dürfen nationale Bestimmungen im Bereich der Liquiditätsanforderungen beibehalten oder einführen, solange nicht gemäß Artikel 460 verbindliche Mindestlöhne für Liquiditätsdeckungsanforderungen in der Union festgelegt und vollständig eingeführt sind. Mitgliedstaaten oder zuständige Behörden dürfen von im Inland zugelassenen Instituten oder einer Teilgruppe dieser Institute verlangen, eine höhere Liquiditätsdeckungsanforderung von bis zu 100% solange zu erfüllen, bis die verbindliche Mindestquote gemäß Artikel 460 vollständig bis zur Deckungsquote von 100% eingeführt ist.

Artikel 413   Stabile Refinanzierung

(1) Institute stellen sicher, dass ihre langfristigen Verbindlichkeiten sowohl unter normalen als auch unter angespannten Umständen angemessen durch eine breite Vielfalt von Instrumenten der stabilen Refinanzierung unterlegt sind.

(2) Titel III gilt ausschließlich für die Zwecke der Präzisierung der Meldepflichten nach Artikel 415.

(3) Die Mitgliedstaaten dürfen nationale Bestimmungen im Bereich der Anforderungen an die stabile Refinanzierung beibehalten oder einführen, solange nicht im Einklang mit Artikel 510 verbindliche Mindeststandards für Anforderungen an die stabile Refinanzierung in der Union festgelegt und eingeführt sind.

Artikel 414   Einhaltung der Liquiditätsanforderungen

Erfüllt ein Institut die Anforderung nach Artikel 412 oder die allgemeine Anforderung nach Artikel 413 Absatz 1 nicht oder geht es davon aus, dass diese Anforderungen nicht erfüllt wird – dies auch unter angespannten Umständen –, zeigt es dies den zuständigen Behörden unverzüglich an und legt den zuständigen Behörden umgehend einen Plan für die rasche Wiedereinhaltung der Anforderungen der Artikel 412 oder 413 Absatz 1 vor. Bis das Institut die einschlägigen Bestimmungen wieder einhält, meldet es täglich zum Ende des Geschäftstags die unter Titel II bzw. Titel III genannten Positionen, es sei denn, die zuständige Behörde erlauben weniger häufige Meldungen und eine längere Meldefrist. Die zuständigen Behörden geben eine solche Erlaubnis nur auf der Grundlage der individuellen Situation eines Instituts und unter Berücksichtigung des Umfangs und der Komplexität seiner Tätigkeiten. Die zuständigen Behörden überwachen die Durchführung des Plans zur Wiedereinhaltung der Anforderungen und schreiben gegebenenfalls eine schnellere Wiedereinhaltung vor.

Titel II   Liquiditätsmeldungen

Artikel 415   Meldepflicht und Meldeformat

(1) Die Institute melden den zuständigen Behörden in einer einzigen Währung – unabhängig von der tatsächlichen Denomination – die in den Titeln II und III genannten Positionen und deren Bestandteile, einschließlich der Zusammensetzung ihrer liquiden Aktiva gemäß Artikel 416. Bis die Anforderung an die Liquiditätsdeckung nach Teil 6 genau festgelegt ist und gemäß Artikel 460 als Mindeststandard angewandt wird, melden die Institute zumindest die in Titel II und Anhang III genannten Positionen. Institute melden die in Titel III genannten Positionen. Die in Titel II und Anhang III genannten Positionen werden mindestens monatlich, die in Titel III genannten Positionen mindestens quartalsweise gemeldet.

Die Meldeformate müssen alle erforderlichen Angaben enthalten und der EBA erlauben, zu beurteilen, ob besicherte Kreditvergaben und Sicherheitentauschgeschäfte, bei denen liquide Aktiva im Sinne des Artikels 416 Absatz 1 Buchstaben a, b und c gegen Sicherheiten getauscht wurden, die keine liquiden Aktiva im Sinne des Artikels 416 Absatz 1 Buchstaben a, b und c sind, korrekt rückgerechnet wurden.

(2) Ein Institut meldet den zuständigen Behörden des Herkunftsmitgliedstaats gesondert die Positionen nach Absatz 1 in den nachstehenden Währungen, wenn es
a) in einer anderen Währung als der Währung, in der die Meldung gemäß Absatz 1 erfolgt, aggregierte Verbindlichkeiten hat, die sich auf mindestens 5 % der Gesamtverbindlichkeiten des Instituts oder der zusammengefassten Liquiditätsuntergruppe belaufen, oder

b) eine bedeutende Zweigstelle im Sinne des Artikels 51 der Richtlinie 2013/36/EU in einem Aufnahmemitgliedstaat unterhält, dessen Währung sich von der Meldewährung nach Absatz 1 unterscheidet.

(3) Die EBA arbeitet Entwürfe technischer Durchführungsstandards aus, in denen Folgendes präzisiert wird:
a) einheitliche Meldeformate und IT-Lösungen mit zugehörigen Anweisungen für die Häufigkeit und die Stichtags- und Einreichungstermine. Die Meldeformate und die Häufigkeit müssen der Art, dem Umfang und der Komplexität der verschiedenen Geschäfte des Instituts angemessen sein und die nach den Absätzen 1 und 2 geforderten Meldungen umfassen;
b) zusätzlich erforderliche Parameter für die Liquiditätsüberwachung, die den zuständigen Behörden einen umfassenden Überblick über das Liquiditätsrisikoprofil ermöglichen und der Art, dem Umfang und der Komplexität der Geschäfte des Instituts angemessen sind;

Die EBA legt der Kommission diese Entwürfe technischer Durchführungsstandards für die unter Buchstabe a genannten Punkte bis 28. Juli 2013 und für die unter Buchstabe b genannten Punkte bis zum 1. Januar 2014 vor.

Bis zur vollständigen Einführung verbindlicher Liquiditätsanforderungen können die zuständigen Behörden weiterhin über Beobachtungsinstrumente Daten zum Zwecke der Überwachung der Einhaltung der geltenden nationalen Liquiditätsstandards erheben.

Der Kommission wird die Befugnis übertragen, die Entwürfe technischer Durchführungsstandards nach Unterabsatz 1 gemäß Artikel 15 der Verordnung (EU) Nr. 1093/2010 zu erlassen.

(4) Die zuständigen Behörden des Herkunftmitgliedstaats stellen den zuständigen Behörden und der Zentralbank der Aufnahmemitgliedstaaten sowie der EBA auf Anfrage die Einzelmeldungen gemäß diesem Artikel zeitnah auf elektronischem Wege zur Verfügung.

(5) Die zuständigen Behörden, die die Beaufsichtigung auf konsolidierter Basis gemäß Artikel 111 der Richtlinie 2013/36/EU ausüben, stellen den folgenden Behörden auf Ersuchen zeitnah sämtliche Meldungen des Instituts gemäß den einheitlichen Meldeformaten nach Absatz 3 elektronisch zur Verfügung:
a) den zuständigen Behörden und der Zentralbank der Aufnahmemitgliedstaaten, in denen sich bedeutende Zweigstellen der Muttergesellschaft im Sinne des Artikels 52 der Richtlinie 2013/36/EU oder Institute befinden, die von derselben Mutterfinanzholdinggesellschaft kontrolliert werden,
b) den zuständigen Behörden, die Tochterunternehmen des Mutterunternehmens oder Institute zugelassen haben, die von derselben Mutterfinanzholdinggesellschaft kontrolliert werden, sowie der Zentralbank des betreffenden Mitgliedstaats,
c) der EBA,
d) der EZB.

(6) Die zuständigen Behörden, die ein Institut, das ein Tochterunternehmen eines Mutterunternehmens oder einer Mutterfinanzholdinggesellschaft ist, zugelassen haben, stellen den zuständigen Behörden, die die Beaufsichtigung auf konsolidierter Basis gemäß Artikel 111 der Richtlinie 2013/36/EU ausüben, der Zentralbank des Mitgliedstaats, in dem das Institut zugelassen ist, und der EBA auf Ersuchen sämtliche Meldungen des Instituts gemäß den einheitlichen Meldeformaten nach Absatz 3 zeitnah auf elektronischem Wege zur Verfügung.

Artikel 416 Meldung liquider Aktiva

(1) Institute melden folgende Positionen als liquide Aktiva, sofern nicht nach Absatz 2 ausgeschlossen, und nur, wenn die liquiden Aktiva die Bedingungen nach Absatz 3 erfüllen:
a) Barmittel und Risikopositionen gegenüber Zentralbanken, soweit diese Risikopositionen in angespannten Situationen jederzeit aufgelöst werden können; Was Einlagen bei Zentralbanken betrifft, so bemühen sich die zuständige Behörde und die Zentralbank darum, sich darüber zu verständigen, in welchem Ausmaß Mindestreserven in Stressperioden abgezogen werden können,
b) sonstige übertragbare Aktiva von äußerst hoher Liquidität und Kreditqualität,
c) übertragbare Aktiva in Form von Forderungen, die gegenüber nachstehenden Körperschaften bestehen oder von diesen garantiert werden:
  i) der Zentralregierung eines Mitgliedstaats, einer Region mit Haushaltsautonomie und dem Recht, Steuern zu erheben oder einem Drittland – in der Landeswährung des Zentralstaats oder der regionalen Gebietskörperschaft –, wenn das Institut in dem betreffenden Mitgliedstaat oder Drittland ein Liquiditätsrisiko eingegangen ist, das es durch Halten dieser liquiden Aktiva deckt,
  ii) Zentralbanken und nicht zentralstaatlichen öffentlichen Stellen in der Landeswährung der Zentralbank bzw. der jeweiligen öffentlichen Stelle,
  iii) der Bank für Internationalen Zahlungsausgleich, dem Internationalen Währungsfonds, der Kommission und multilateralen Entwicklungsbanken,
  iv) der Europäischen Finanzstabilisierungsfazilität und dem Europäischen Stabilitätsmechanismus,
d) übertragbare Aktiva von hoher Liquidität und Kreditqualität
e) von Zentralbanken im Rahmen der Geldpolitik eingeräumte Standby-Kreditfazilitäten, insoweit als solche Fazilitäten nicht durch liquide Aktiva besichert sind, ausgenommen Liquiditätshilfe in Notfällen,
f) wenn das Institut aufgrund von Rechts- oder Satzungsvorschriften zu einem Verbund gehört, die gesetzlichen oder satzungsmäßigen Mindesteinlagen bei dem Zentralkreditinstitut und sonstige satzungs- oder vertragsgemäß verfügbare liquide Finanzierungsmittel vom Zentralkreditinstituts oder von Instituten, die Mitglieder des Systems nach Artikel 113 Absatz 7 sind oder für die nach Artikel 10 eine Ausnahme gelten kann, insoweit als diese Finanzierungsmittel nicht durch liquide Aktiva besichert ist.

Bis eine einheitliche Definition der hohen und äußerst hohen Liquidität und Kreditqualität im Einklang mit Artikel 460 festgelegt ist, ermitteln die Institute selbst in einer entsprechenden Währung die übertragbaren Aktiva, die eine hohe oder äußerst hohe Liquidität und Kreditqualität aufweisen. Bis eine einheitliche Definition festgelegt ist, dürfen die zuständigen Behörden unter Berücksichtigung der Kriterien nach Artikel 509 Absätze 3, 4 und 5 allgemeine Orientierungen vorgeben, die von den Instituten bei der Ermittlung der Aktiva mit hoher oder äußerst hoher Liquidität und Kreditqualität befolgt werden. Liegen keine derartigen Orientierungen vor, verwenden die Institute zu diesem Zweck transparente und objektive Kriterien, einschließlich einiger oder aller in Artikel 509 Absätze 3, 4 und 5 genannten Kriterien.

(2) Folgende Positionen gelten nicht als liquide Aktiva:
a) von einem Kreditinstitut begebene Vermögenswerte, es sei denn, sie erfüllen eine der folgenden Voraussetzungen:
  i) es handelt sich um Schuldverschreibungen, die für eine Behandlung nach Artikel 129 Absatz 4 oder 5 in Betracht kommen, oder um durch Vermögenswerte besicherte Instrumente, wenn diese nachweislich von höchster Bonität, wie von der EBA anhand den Kriterien des Artikels 509 Absätze 3, 4 und 5 festgelegt, sind;

ii) es handelt sich um Schuldverschreibungen gemäß Artikel 52 Absatz 4 der Richtlinie 2009/65/EG, die nicht unter Ziffer i fallen;
iii) das Kreditinstitut wurde von der Zentral- oder Regionalregierung eines Mitgliedstaats eingerichtet, wobei diese Regierung verpflichtet ist, die wirtschaftliche Grundlage des Instituts zeit seines Bestehens zu schützen und seine Lebensfähigkeit zu sichern, oder der Vermögenswert wird von der betreffenden Regierung ausdrücklich garantiert oder mindestens 90 % der von dem Institut ausgereichten Darlehen werden direkt oder indirekt von der betreffenden Regierung garantiert und der Vermögenswert dient hauptsächlich zur Finanzierung von auf nicht-wettbewerblicher, nicht-gewinnorientierter Basis vergebenen Förderdarlehen, um die politischen Zielsetzungen der betreffenden Regierung zu unterstützen;
b) neue Vermögenswerte, die dem Institut als Sicherheit bei umgekehrten Pensions- und Wertpapierfinanzierungsgeschäften gestellt werden, von diesem nur zur Kreditrisikominderung gehalten werden und über die es weder gesetz- noch vertragsmäßig zur Verwendung verfügen kann;
c) Vermögenswerte der folgenden Emittenten:
  i) Wertpapierfirmen,
  ii) Versicherungsunternehmen,
  iii) Finanzholdinggesellschaften,
  iv) gemischte Finanzholdinggesellschaften,
  v) andere Einrichtungen, die eine oder mehrere der in Anhang I der Richtlinie 2013/36/EU genannten Tätigkeiten als Haupttätigkeit ausüben.

(3) Gemäß Absatz 1 melden Institute als liquide Aktiva Vermögenswerte, die folgende Bedingungen erfüllen:
a) sie sind nicht belastet oder sind innerhalb eines Sicherheitenpools abrufbar, um zusätzliche Mittel im Rahmen zugesagter, aber noch nicht finanzierter Kreditlinien, die dem Institut zur Verfügung stehen zu erlangen;
b) sie wurden nicht von dem Institut selbst oder seinem Mutterinstitut oder Tochterinstituten oder einem anderen Tochterunternehmen des Mutterunternehmens oder der Mutterfinanzholdinggesellschaft begeben;
c) ihr Preis wird im Allgemeinen von den Marktteilnehmern festgelegt und ist am Markt leicht zu ermitteln oder kann durch eine leicht zu berechnende Formel auf der Grundlage öffentlich verfügbarer Informationen festgestellt werden und beruht – anders als typischerweise bei strukturierten oder exotischen Produkten – nicht auf starken Annahmen;
d) Sie sind anerkannte Sicherheiten für die gewöhnlichen geldpolitischen Operationen einer Zentralbank in einem Mitgliedstaat oder – falls die liquiden Aktiva zur Deckung von Liquiditätsabflüssen in der Währung eines Drittstaates gehalten werden – der Zentralbank dieses Drittstaates;
e) sie sind an einer anerkannten Börse notiert oder im direkten Verkauf (outright sale) oder durch eine einfache Rückkaufsvereinbarung an anerkannten Märkten für Pensionsgeschäfte verwertbar. Diese Kriterien werden für jeden Markt einzeln geprüft.

Die Bedingungen gemäß Unterabsatz 1 Buchstaben c, d und e gelten nicht für Aktiva nach Absatz 1 Buchstaben a, e und f.
Die Bedingung gemäß Unterabsatz 1 Buchstabe d gilt nicht für liquide Aktiva, die zur Deckung von Liquiditätsabflüssen in einer Währung gehalten werden, deren Zentralbankfähigkeit äußerst eng definiert ist. Im Fall von liquiden Aktiva, die auf Währungen von Drittstaaten lauten, gilt diese Ausnahme nur dann, wenn die zuständigen Behörden des Drittstaats dieselbe oder eine gleichwertige Ausnahme anwenden.

(4) Ungeachtet der Absätze 1, 2 und 3 melden Institute bis zur Festlegung einer verbindlichen Liquiditätsanforderung gemäß Artikel 460 im Einklang mit Absatz 1 Unterabsatz 2 dieses Artikels
a) ausgehend von transparenten und objektiven Kriterien, einschließlich einiger oder aller Kriterien des Artikels 509 Absätze 3, 4 und 5 andere nicht zentralbankfähige aber fungible Aktiva wie Aktien und Gold,
b) andere zentralbankfähige und fungible Aktiva wie forderungsbesicherte Instrumente von höchster Kreditqualität wie von der EBA anhand den Kriterien des Artikels 509 Absätze 3, 4 und 5 festgelegt,
c) andere – wie von der EBA anhand den Kriterien des Artikels 509 Absätze 3, 4 und 5 festgelegt – zentralbankfähige aber nicht fungible Aktiva wie Kreditforderungen.

(5) Die EBA arbeitet Entwürfe technischer Durchführungsstandards mit einem Verzeichnis der Währungen aus, die die Anforderungen nach Absatz 3 Unterabsatz 3 erfüllen.

Die EBA legt der Kommission diese Entwürfe technischer Durchführungsstandards bis 31. März 2014 vor.

Der Kommission wird die Befugnis übertragen, die technischen Durchführungsstandards nach Unterabsatz 1 gemäß Artikel 15 der Verordnung (EU) Nr. 1093/2010 zu erlassen.

Vor dem Inkrafttreten der im vorstehenden Unterabsatz genannten technischen Standards dürfen Institute weiterhin nach Absatz 3 Unterabsatz 2 verfahren, sofern die zuständigen Behörden diese Behandlung vor dem 1. Januar 2014 angewandt haben.

(6) OGA-Positionen dürfen im Portofolio liquider Aktiva eines jeden Instituts bis zu einem Absolutbetrag von 500 Mio. EUR als liquide Aktiva behandelt werden, sofern die Anforderungen nach Artikel 132 Absatz 3 erfüllt sind und der OGA, mit Ausnahme von Derivaten zur Minderung des Zins-, Kredit- oder Währungsrisikos, ausschließlich in liquide Aktiva im Sinne des Absatzes 1 investiert.

Sichert ein OGA zulässige Anlagen tatsächlich oder potenziell durch Derivate ab, so steht dies der Anerkennungsfähigkeit des OGA nicht im Wege. Wenn der Wert der Anteile an dem OGA nicht regelmäßig von den in Artikel 418 Absatz 4 Buchstabe a und b genannten Dritten zu Marktpreisen bewertet wird und die zuständige Behörde nicht davon überzeugt ist, dass ein Institut belastbare interne Methoden und Verfahren für eine solche Bewertung im Sinne des Artikels 418 Absatz 4 Satz 1 entwickelt hat, werden die Anteile an dem betreffenden OGA nicht als liquide Aktiva behandelt.

(7) Können liquide Aktiva nicht mehr für den Bestand liquider Aktiva anerkannt werden, darf ein Institut sie dennoch für einen zusätzlichen Zeitraum von 30 Kalendertagen weiterhin als liquide Aktiva betrachten. Kommen liquide Aktiva eines OGA nicht mehr für eine Behandlung nach Absatz 6 in Frage, dürfen die Anteile an dem OGA dennoch für weitere 30 Tage als liquide Aktiva betrachtet werden, sofern sie nicht mehr als 10 % des Werts der gesamten Aktiva des OGA ausmachen.

Artikel 417 Operative Anforderungen an den Bestand an liquiden Aktiva

Die Institute melden Positionen nur dann als liquide Aktiva, wenn diese die folgenden Bedingungen erfüllen:
a) Sie sind angemessen diversifiziert. Eine Diversifizierung ist nicht erforderlich bei Aktiva im Sinne des Artikels 416 Absatz 1 Buchstaben a, b und c;
b) sie sind rechtlich und tatsächlich zu jedem Zeitpunkt innerhalb der nächsten 30 Tage verfügbar, um durch einen direkten Verkauf oder eine einfache Rückkaufsvereinbarung an anerkannten Märkten für Pensionsgeschäfte verwertet zu werden, sodass fällige Verpflichtungen erfüllt werden können. Liquide Aktiva gemäß Artikel 416 Absatz 1 Buchstabe c, die in Drittstaaten gehalten werden, in denen Transferbeschränkungen bestehen, oder die auf nichtkonvertierbare Währungen lauten, gelten nur soweit als verfügbar, als dass sie den Abflüssen in dem

Drittstaat oder in der betreffenden Währung entsprechen, es sei denn, dass Institut kann den zuständigen Behörden nachweisen, dass es das resultierende Währungsrisiko entsprechend abgesichert hat;
c) die liquiden Aktiva werden durch eine Liquiditätsmanagementstelle kontrolliert;
d) ein Teil der liquiden Aktiva, ausgenommen jene gemäß Artikel 416 Absatz 1 Buchstaben a, c, e und f wird regelmäßig und mindestens jährlich durch direkte Verkäufe oder einfache Rückkaufsvereinbarungen an einem anerkannten Markt für Pensionsgeschäfte verwertet, um
   i) den Zugang dieser Aktiva zum Markt zu prüfen,
   ii) die Wirksamkeit der Verfahren für die Verwertung der Aktiva zu prüfen,
   iii) die Nutzbarkeit der Aktiva zu prüfen,
   iv) das Risiko negativer Signalwirkungen in Stressphasen zu minimieren;
e) mit den Aktiva verbundene Preisrisiken dürfen abgesichert werden, doch wird durch geeignete interne Verfahren sichergestellt, dass die liquiden Aktiva im Bedarfsfall der für die Liquiditätssteuerung zuständigen Funktionseinheit (Treasury) ohne weiteres zur Verfügung stehen und dass sie insbesondere nicht in anderen laufenden Vorgängen verwendet werden, einschließlich
   i) Absicherungs- oder anderen Handelsstrategien,
   ii) Bonitätsverbesserungen bei strukturierten Geschäften,
   iii) Deckung von Betriebskosten;
f) die Denomination der liquiden Aktiva entspricht der Währungsverteilung der Liquiditätsabflüsse nach Abzug der Zuflüsse.

Artikel 418   Bewertung liquider Aktiva

(1) Liquide Aktiva werden mit ihrem Marktwert gemeldet, vorbehaltlich angemessener Abschläge, die mindestens die Duration, das Kredit- und Liquiditätsrisiko und typische Abschläge auf Pensionsgeschäfte in allgemeinen Stressphasen des Marktes widerspiegeln. Die Abschläge betragen für die unter Artikel 416 Absatz 1 Buchstabe d genannten Aktiva mindestens 15%. Sichert das Institut das mit einem Vermögenswert verbundene Preisrisiko ab, berücksichtigt es den aus der potenziellen Glattstellung der Absicherung resultierenden Zahlungsstrom.

(2) Anteile an OGA gemäß Artikel 416 Absatz 6 unterliegen Abschlägen, die auf die zugrunde liegenden Aktiva wie folgt unmittelbar angewandt werden (Transparenzansatz):
a) 0% für Aktiva nach Artikel 416 Absatz 1 Buchstabe a,
b) 5% für Aktiva nach Artikel 416 Absatz 1 Buchstaben b und c,
c) 20% für Aktiva nach Artikel 416 Absatz 1 Buchstabe d.

(3) Der Transparenzansatz gemäß Absatz 2 wird wie folgt angewandt:
a) Sind dem Institut die zugrunde liegenden Risikopositionen des OGA bekannt, darf es diese direkt berücksichtigen, um sie gemäß Artikel 416 Absatz 1 Buchstaben a bis d zuzuordnen.
b) Sind dem Institut die zugrunde liegenden Risikopositionen des OGA nicht bekannt, wird davon ausgegangen, dass der OGA bis zur unter seinem Mandat zulässigen Höchstgrenze in absteigender Folge in die Kategorien von Aktiva nach Artikel 416 Absatz 1 Buchstaben a bis d investiert, bis die Höchstgrenze für die Gesamtinvestitionen erreicht ist.

(4) Die Institute entwickeln belastbare Methoden und Verfahren zur Berechnung und Meldung des Marktwerts und der Abschläge für Anteile an OGA. Nur wenn sie der zuständigen Behörde nachweisen können, dass die Bedeutung der Risikoposition die Entwicklung einer eigenen Methodik nicht rechtfertigt, dürfen sie folgende Dritte damit beauftragen, die Abschläge für OGA-Positionen im Einklang mit den in Absatz 3

Buchstaben a und b aufgeführten Methoden zu berechnen und in der Berichterstattung zu erfassen:
a) die Verwahrstelle des OGA, sofern der OGA ausschließlich in Wertpapiere investiert und sämtliche Wertpapiere bei dieser Verwahrstelle hinterlegt;
b) die Verwaltungsgesellschaft des OGA im Fall anderer OGA, sofern diese die in Artikel 132 Absatz 3 Buchstabe a festgelegten Kriterien erfüllt.

Die Richtigkeit der Berechnungen der Verwahrstelle oder der OGA-Verwaltungsgesellschaft wird von einem externen Prüfer bestätigt.

Artikel 419 Währungen mit begrenzter Verfügbarkeit liquider Aktiva

(1) Die EBA bewertet die Verfügbarkeit von liquiden Aktiva nach Artikel 416 Absatz 1 Buchstabe b für Institute unter Berücksichtigung der für die in der Union ansässigen Institute relevanten Währungen.

(2) Überschreitet der berechtigte Bedarf an liquiden Aktiva vor dem Hintergrund von Artikel 412 die Verfügbarkeit dieser liquiden Aktiva in einer Währung, finden eine oder mehrere der folgenden Ausnahmen Anwendung:
a) Abweichend von Artikel 417 Buchstabe f darf die Währung der liquiden Aktiva von der Währungsverteilung der Liquiditätsabflüsse nach Abzug der Zuflüsse abweichen;
b) für Währungen eines Mitgliedstaats oder dritter Länder dürfen die erforderlichen liquiden Aktiva durch Kreditlinien der Zentralbank des betreffenden Mitgliedstaats oder Drittlands ersetzt werden, die vertraglich unwiderruflich für die nächsten 30 Tage verbindlich sind und deren Preis angemessen ist, unabhängig von dem bereits in Anspruch genommenen Betrag, sofern die zuständigen Behörden des betreffenden Mitgliedstaats oder Drittlands ebenso verfahren und in dem Mitgliedstaat oder Drittland vergleichbare Meldepflichten gelten.

(3) Die gemäß Absatz 2 eingeräumten Ausnahmen sind umgekehrt proportional zur Verfügbarkeit der einschlägigen Aktiva. Der berechtigte Bedarf der Institute wird unter Berücksichtigung ihrer Fähigkeit zur Senkung des Bedarfs an diesen liquiden Aktiva durch solides Liquiditätsmanagement und anhand der Anlagen in solchen Aktiva seitens anderer Marktteilnehmer bewertet.

(4) Die EBA arbeitet Entwürfe technischer Durchführungsstandards mit einem Verzeichnis der Währungen aus, die die in diesem Artikel festgelegten Anforderungen erfüllen.
Die EBA legt der Kommission diese Entwürfe technischer Durchführungsstandards bis 31. März 2014 vor.
Der Kommission wird die Befugnis übertragen, die technischen Durchführungsstandards nach Unterabsatz 1 gemäß Artikel 15 der Verordnung (EU) Nr. 1093/2010 zu erlassen.

(5) Die EBA arbeitet Entwürfe technischer Regulierungsstandards aus, um die Ausnahmen nach Absatz 2, einschließlich der Voraussetzungen ihrer Anwendung zu präzisieren.
Die EBA legt der Kommission diese Entwürfe technischer Regulierungsstandards bis zum 31. März 2014 vor.
Der Kommission wird die Befugnis übertragen, die technischen Regulierungsstandards nach Unterabsatz 1 gemäß den Artikeln 10 bis 14 der Verordnung (EU) Nr. 1093/2010 zu erlassen.

Artikel 420   Liquiditätsabflüsse

(1) Bis zur Festlegung einer Liquiditätsanforderung gemäß Artikel 460 sind als Liquiditätsabflüsse zu melden:
a) aktuell ausstehender Betrag für Privatkundeneinlagen gemäß Artikel 421;
b) aktuell ausstehende Beträge für andere Verbindlichkeiten, die fällig werden, möglicherweise an die Gläubigerinstitute oder an den Finanzierungsgeber ausgezahlt werden müssen oder an eine implizite Erwartung des Finanzierungsgebers geknüpft sind, nach der das Institut die Verbindlichkeit innerhalb der nächsten 30 Tage gemäß Artikel 422 zurückzahlt;
c) weitere Abflüsse gemäß Artikel 423;
d) Höchstbetrag, der gemäß Artikel 424 innerhalb der nächsten 30 Tage aus nicht in Anspruch genommenen zugesagten Kredit- und Liquiditätsfazilitäten in Anspruch genommen werden kann;
e) weitere in der Bewertung nach Absatz 2 ermittelte Abflüsse.

(2) Institute bewerten regelmäßig die Wahrscheinlichkeit und den potenziellen Umfang von Liquiditätsabflüssen innerhalb der nächsten 30 Tage im Hinblick auf Produkte oder Dienstleistungen, die nicht unter die Artikel 422, 423 und 424 fallen und die sie anbieten oder deren Sponsor sie sind oder die potenzielle Käufer als mit ihnen in Verbindung stehend betrachten würden, einschließlich, aber nicht beschränkt auf Liquiditätsabflüsse infolge vertraglicher Vereinbarungen, wie z.B. sonstige außerbilanzielle und Eventualfinanzierungsverpflichtungen, beispielsweise zugesagte Finanzierungsfazilitäten, nicht in Anspruch genommene Darlehen und Buchkredite an Großkunden, vereinbarte aber noch nicht in Anspruch genommene Hypotheken, Kreditkarten, Überziehungskredite, geplante Abflüsse in Zusammenhang mit der Verlängerung oder der Vergabe neuer Privat- oder Großkundenkredite, geplante Derivateverbindlichkeiten sowie außerbilanzielle Posten für die Handelsfinanzierung im Sinne des Artikels 429 und des Anhangs I. Diese Abflüsse werden unter der Annahme eines kombinierten spezifischen und marktweiten Stressszenarios bewertet.

Bei dieser Bewertung berücksichtigen die Institute insbesondere wesentliche Rufschädigungen, die sich ergeben könnten, wenn sie keine Liquiditätsunterstützung für derartige Produkte oder Dienstleistungen bereitstellen. Die Institute melden den zuständigen Behörden mindestens jährlich die Produkte und Dienstleistungen, für die die Wahrscheinlichkeit und der potenziellen Umfang von Liquiditätsabflüssen wesentlich sind, und die zuständigen Behörden legen die zuzuordnenden Abflüsse fest. Die zuständigen Behörden können für außerbilanzielle Posten für die Handelsfinanzierung im Sinne des Artikels 429 und des Anhangs I eine Abflussrate von bis zu 5% festlegen.

Die zuständigen Behörden melden der EBA mindestens jährlich die Art der Produkte und Dienstleistungen, für die sie auf der Grundlage der Meldungen der Institute Abflüsse festgestellt haben. Sie erläutern in dieser Meldung auch die zur Feststellung der Abflüsse verwendeten Methoden.

Artikel 421   Abflüsse bei Privatkundeneinlagen

(1) Institute melden gesondert den Betrag der durch ein Einlagensicherungssystem gemäß der Richtlinie 94/19/EG oder ein vergleichbares Einlagensicherungssystem in einem Drittland gedeckten Privatkundeneinlagen und multiplizieren diesen mit mindestens 5%, sofern die betreffende Einlage entweder
a) Bestandteil einer etablierten Geschäftsbeziehung ist, so dass eine Entnahme äußerst unwahrscheinlich ist, oder
b) auf einem Zahlungsverkehrskonto (hierunter fallen auch Gehaltskonten) gehalten wird.

(2) Die Institute multiplizieren andere Privatkundeneinlagen, die nicht unter Absatz 1 fallen, mit mindestens 10%.

(3) Die EBA gibt bis zum 1. Januar 2014 unter Berücksichtigung des Verhaltens lokaler Einleger entsprechend den Auskünften der zuständigen Behörden Leitlinien für die Kriterien heraus, nach denen die Bedingungen für die Anwendung der Absätze 1 und 2 in Zusammenhang mit der Ermittlung von Privatkundeneinlagen, die anderen Abflüssen unterliegen, festgelegt werden sowie die Begriffsbestimmungen dieser Produkte für die Zwecke dieses Titels. In diesen Leitlinien wird die Wahrscheinlichkeit von Liquiditätsabflüssen bei diesen Einlagen innerhalb der nächsten 30 Tage berücksichtigt. Diese Abflüsse werden unter der Annahme eines kombinierten spezifischen und marktweiten Stressszenarios bewertet.

(4) Ungeachtet der Absätze 1 und 2 multiplizieren Institute ihre Privatkundeneinlagen in Drittstaaten mit einem höheren Prozentsatz als dem nach jenen Absätzen, falls ein solcher Prozentsatz in den vergleichbaren Meldepflichten des Drittstaats vorgesehen ist.

(5) Die Institute dürfen bei der Berechnung bestimmte klar beschriebene Kategorien von Privatkundeneinlagen ausschließen, sofern sie in jedem einzelnen Fall die folgenden Bedingungen strikt auf die gesamte Kategorie dieser Einlagen anwenden, es sei denn, es liegt ein durch individuelle Umstände gerechtfertigter Härtefall beim Einleger vor:
a) Der Einleger darf seine Einlage nicht innerhalb von 30 Tagen abheben, oder
b) bei vorzeitigen Abhebungen innerhalb von 30 Tagen muss der Einleger eine Vorfälligkeitsentschädigung zahlen, die den Zinsverlust im Zeitraum zwischen der Abhebung und dem vertraglichen Laufzeitende zuzüglich einer wesentlichen Vertragsstrafe umfasst, die nicht über dem Betrag der Zinsen liegen muss, die vom Zeitpunkt der Einlage bis zum Abhebungszeitpunkt aufgelaufen sind.

Artikel 422 Abflüsse bei sonstigen Verbindlichkeiten

(1) Institute multiplizieren die aus den eigenen Betriebskosten erwachsenden Verbindlichkeiten mit 0%.

(2) Institute multiplizieren die aus besicherten Kreditvergaben und Kapitalmarkttransaktionen im Sinne des Artikels 192 Nummer 3 resultierenden Verbindlichkeiten mit
a) 0% bis zum Wert der liquiden Aktiva gemäß Artikel 418, sofern sie durch Vermögenswerte besichert sind, die gemäß Artikel 416 als liquide Aktiva anerkannt würden,
b) 100% oberhalb des Werts der liquiden Aktiva gemäß Artikel 418, sofern sie durch Vermögenswerte besichert sind, die gemäß Artikel 416 als liquide Aktiva anerkannt würden,
c) 100%, wenn sie durch Vermögenswerte besichert sind, die nicht gemäß Artikel 416 als liquide Aktiva anerkannt würden, ausgenommen Geschäfte nach den Buchstaben d und e,
d) 25%, wenn sie durch Vermögenswerte besichert sind, die nicht gemäß Artikel 416 als liquide Aktiva anerkannt würden und Kreditgeber der Zentralstaat, eine öffentliche Stelle des Mitgliedstaats, in dem das Institut zugelassen wurde oder eine Zweigstelle errichtet hat, oder eine multilaterale Entwicklungsbank ist. Um für diese Behandlung in Frage zu kommen, dürfen öffentliche Stellen ein Risikogewicht von höchstens 20% gemäß Teil 3 Titel II Kapitel II haben,
e) 0%, wenn der Kreditgeber eine Zentralbank ist.

(3) Die Institute multiplizieren Verbindlichkeiten, die aus Einlagen resultieren, die
a) vom Einleger zu halten sind, um Clearing-, Verwahr- oder Gelddispositions- oder andere vergleichbare Dienstleistungen des Instituts zu erhalten,

b) im Kontext der gemeinsamen Aufgabenteilung innerhalb eines institutsbezogenen Sicherungssystems gemäß den Anforderungen des Artikels 113 Absatz 7 oder als eine den gesetzliche oder satzungsmäßige Mindesteinlage einer anderen Stelle, die dem institutsbezogenen Sicherungssystem angeschlossen ist, zu halten sind,
c) vom Einleger im Rahmen einer sonstigen nicht unter Buchstabe a genannten etablierten Geschäftsbeziehung zu halten sind,
d) vom Einleger für die Zahlungsverkehrsabrechnung (cash clearing) und für Dienstleistungen eines Zentralekreditinstituts sowie für den Fall zu halten sind, dass das Kreditinstitut aufgrund von Rechts- oder Satzungsvorschriften zu einem Verbund gehört,

mit 5% in Fällen gemäß Buchstabe a, soweit diese durch ein Einlagensicherungssystem gemäß der Richtlinie 94/19/EG oder ein vergleichbares Einlagensicherungssystem in einem Drittland gedeckt sind, und mit 25% in allen anderen Fällen.

Einlagen von Kreditinstituten bei zentralen Kreditinstituten, die nach Artikel 416 Absatz 1 Buchstabe f als liquide Aktiva gelten, werden mit einer Abflussrate von 100% multipliziert.

(4) Clearing-, Verwahr- oder Gelddispositions- oder andere vergleichbare Dienstleistungen im Sinne des Absatzes 3 Buchstaben a und d decken solche Dienste lediglich insoweit ab, als sie im Rahmen einer etablierten Geschäftsbeziehung erbracht werden, von der der Einleger in wesentlichem Maße abhängig ist. Sie dürfen nicht nur aus Korrespondenzbankgeschäften oder Primebroker-Dienstleistungen bestehen, und das Institut muss über Nachweise verfügen, dass der Kunde keine Möglichkeit hat, rechtlich fällige Beträge innerhalb eines Zeithorizonts von 30 Tagen ohne Beeinträchtigung des Geschäftsbetriebs abzuheben.

Solange es keine einheitliche Definition einer etablierten Geschäftsbeziehung gemäß Absatz 3 Buchstabe c gibt, legen die Institute selbst die Kriterien fest, anhand deren sie feststellen, dass eine etablierte Geschäftsbeziehung vorliegt, für die sie über Nachweise verfügen, dass der Kunde keine Möglichkeit hat, rechtlich fällige Beträge innerhalb eines Zeithorizonts von 30 Tagen ohne Beeinträchtigung ihres Geschäftsbetriebs abzuheben; die genannten Kriterien sind den zuständigen Behörden anzuzeigen. In Ermangelung einer einheitlichen Definition können die zuständigen Behörden den Instituten allgemeine Orientierungen an die Hand geben, nach denen diese sich richten, um von einem Einleger im Rahmen einer etablierten Geschäftsbeziehung gehaltene Einlagen zu ermitteln.

(5) Institute multiplizieren aus Einlagen von Kunden, die keine Finanzkunden sind, resultierende Verbindlichkeiten – insofern sie nicht unter die Absätze 3 und 4 fallen – mit 40% und den Betrag dieser Verbindlichkeiten, die durch ein Einlagensicherungssystem gemäß der Richtlinie 94/19/EG oder ein vergleichbares Einlagensicherungssystem in einem Drittland gedeckt sind, mit 20%.

(6) Die Institute berücksichtigen innerhalb des Zeithorizonts von 30 Tagen erwartete Zu- und Abflüsse aus den in Anhang II genannten Geschäften auf Nettobasis aller Gegenparteien und multiplizieren diese im Falle eines Nettoabflusses mit 100%. Auf Nettobasis bedeutet hier, dass auch die zu empfangenden Sicherheiten, die nach Artikel 416 als liquide Aktiva anerkannt würden, berücksichtigt werden.

(7) Die Institute melden andere Verbindlichkeiten, die nicht unter die Absätze 1 bis 5 fallen, gesondert.

(8) Die zuständigen Behörden können die Erlaubnis geben, auf die Verbindlichkeiten nach Absatz 7 im Einzelfall einen niedrigeren Abfluss-Prozentsatz anzuwenden, wenn alle folgenden Voraussetzungen erfüllt sind:
a) der Einleger ist
  i) ein Mutter- oder ein Tochterunternehmen des Instituts oder ein anderes Tochterunternehmen desselben Mutterinstituts,
  ii) durch eine Beziehung im Sinne des Artikels 12 Absatz 1 der Richtlinie 83/349/EWG mit dem Institut verbunden,

iii) ein Institut, das unter dasselbe die Anforderungen des Artikels 113 Absatz 7 erfüllenden institutsbezogene Sicherungssystem fällt,
iv) das Zentralinstitut oder ein Mitglied eines Verbunds gemäß Artikel 400 Absatz 2 Buchstabe d;
b) es besteht Grund zu der Annahme, dass die Abflüsse innerhalb der nächsten 30 Tage selbst bei einem kombinierten spezifischen und marktweiten Stressszenario geringer ausfallen;
c) abweichend von Artikel 425 wendet die Gegenpartei einen entsprechenden symmetrischen oder konservativeren Zufluss an;
d) Institut und Einleger sind im selben Mitgliedstaat niedergelassen.

(9) Die zuständigen Behörden können von der Bedingung nach Absatz 8 Buchstabe d absehen, wenn Artikel 20 Absatz 1 Buchstabe b Anwendung findet. In diesem Fall müssen zusätzliche objektive Kriterien, die in dem in Artikel 460 genannten delegierten Rechtsakt festgelegt sind, erfüllt sein. Wird die Anwendung eines solchen geringeren Abflusses genehmigt, unterrichten die zuständigen Behörden die EBA über die Ergebnisse der Abstimmung nach Artikel 20 Absatz 1 Buchstabe b. Die Einhaltung der Voraussetzungen für derartige geringere Abflüsse wird von den zuständigen Behörden regelmäßig überprüft.

(10) Die EBA arbeitet Entwürfe technischer Regulierungsstandards aus, um die objektiven Kriterien nach Absatz 9 weiter zu spezifizieren.

Sie legt der Kommission diese Entwürfe technischer Regulierungsstandards bis zum 1. Januar 2015 vor.

Der Kommission wird die Befugnis übertragen, die technischen Regulierungsstandards nach Unterabsatz 1 gemäß den Artikeln 10 bis 14 der Verordnung (EU) Nr. 1093/2010 zu erlassen.

Artikel 423   Zusätzliche Abflüsse

(1) Andere Sicherheiten als Aktiva nach Artikel 416 Absatz 1 Buchstaben a, b und c, die das Institut für in Anhang II genannte Geschäfte und Kreditderivate hinterlegt, unterliegen einem zusätzlichen Abfluss von 20 %.

(2) Institute melden den zuständigen Behörden alle von ihnen eingegangenen Kontrakte, die bei einer wesentlichen Verschlechterung der Kreditqualität des Instituts vertragsbedingt innerhalb von 30 Tagen Liquiditätsabflüsse oder Bedarf an zusätzlichen Sicherheiten vorsehen. Halten die zuständigen Behörden solche Geschäfte im Verhältnis zu den potenziellen Liquiditätsabflüssen des Instituts für wesentlich, so verlangen sie, dass das Institut einen zusätzlichen Liquiditätsabfluss für diese Geschäfte vorsieht, der dem Bedarf an zusätzlichen Sicherheiten infolge einer wesentlichen Verschlechterung seiner Bonität, etwa einer Herabstufung der externen Bonitätsbeurteilung um drei Stufen, entspricht. Das Institut überprüft den Umfang dieser wesentlichen Verschlechterung regelmäßig im Lichte vertragsbedingt relevanter Aspekte und teilt den zuständigen Behörden die Ergebnisse seiner Überprüfungen mit.

(3) Das Institut sieht einen zusätzlichen Liquiditätsabfluss für die Sicherheiten vor, die aufgrund der Auswirkungen ungünstiger Marktbedingungen auf seine Derivatgeschäfte, Finanzierungsgeschäfte und anderen Kontrakte, falls diese wesentlich sind, benötigt werden.

Die EBA arbeitet Entwürfe technischer Regulierungsstandards aus, um die Kriterien für die Bewertung der Wesentlichkeit und Methoden zur Messung des zusätzlichen Liquiditätsabflusses festzulegen.

Die EBA legt der Kommission diese Entwürfe technischer Regulierungsstandards bis zum 31. März 2014 vor.

Der Kommission wird die Befugnis übertragen, die technischen Regulierungsstandards nach Unterabsatz 2 gemäß den Artikeln 10 bis 14 der Verordnung (EU) Nr. 1093/2010 zu erlassen.

(4) Das Institut sieht einen zusätzlichen Liquiditätsabfluss vor, der dem Marktwert von Wertpapieren oder anderen Vermögenswerten entspricht, die leer verkauft und innerhalb eines Zeithorizonts von 30 Tagen zu liefern sind, es sei denn, das Institut besitzt die zu liefernden Wertpapiere oder hat diese zu Bedingungen geliehen, die ihre Rückgabe erst nach einem Zeithorizont von 30 Tagen erfordern, und die Wertpapiere sind nicht Teil der liquiden Aktiva des Instituts.

(5) Das Institut sieht einen zusätzlichen Liquiditätsabfluss vor
a) für von dem Institut gehaltene überschüssige Sicherheiten, die jederzeit von der Gegenpartei eingefordert werden können;
b) für Sicherheiten, die einer Gegenpartei zurückgegeben werden müssen;
c) für Sicherheiten, die Vermögenswerten entsprechen, die für die Zwecke des Artikels 416 als liquide Aktiva anerkannt würden, die ohne Zustimmung des Instituts durch Vermögenswerte ersetzt werden können, die nicht als liquide Aktiva für die Zwecke des Artikels 416 anerkannt würden.

(6) Als Sicherheit entgegengenommene Einlagen gelten nicht als Verbindlichkeiten für die Zwecke des Artikels 422, für sie gilt aber gegebenenfalls dieser Artikel.

Artikel 424 Abflüsse aus Kredit- und Liquiditätsfazilitäten

(1) Institute melden Abflüsse aus zugesagten Kredit- und Liquiditätsfazilitäten, die in Form eines Prozentsatzes des Höchstbetrags, der innerhalb der folgenden 30 Tage in Anspruch genommen werden kann, festgelegt werden. Dieser Höchstbetrag darf bewertet werden abzüglich etwaiger Liquiditätsanforderungen nach Artikel 420 Absatz 2 für die außerbilanziellen Posten für die Handelsfinanzierung und abzüglich des Werts der nach Artikel 418 zu stellenden Sicherheit, wenn das Institut diese wieder verwenden kann und sie in Form liquider Aktiva gemäß Artikel 416 gehalten wird. Die zu leistende Sicherheit darf nicht aus von der Gegenpartei der Fazilität oder aus von einem ihr verbundenen Unternehmen begebenen Vermögenswerten bestehen. Liegen dem Institut die erforderlichen Informationen vor, so wird als Höchstbetrag, der für Kredit- und Liquiditätsfazilitäten in Anspruch genommen werden kann, der Höchstbetrag festgelegt, der angesichts der eigenen Verpflichtungen der Gegenpartei oder des vertraglich festgelegten Ziehungsplans in den jeweils folgenden 30 Tagen in Anspruch genommen werden könnte.

(2) Der Höchstbetrag, der in den jeweils folgenden 30 Tagen aus nicht in Anspruch genommenen zugesagten Kredit- und Liquiditätsfazilitäten gezogen werden kann, wird mit 5 % multipliziert, wenn die Fazilitäten in die Risikopositionsklasse ›Mengengeschäft‹ nach dem Standard- oder IRB-Ansatz für Kreditrisiko fallen.

(3) Der Höchstbetrag, der in den jeweils folgenden 30 Tagen aus nicht gezogenen zugesagten Kredit- und Liquiditätsfazilitäten in Anspruch genommen werden kann, wird mit 10 % multipliziert, vorausgesetzt die Fazilitäten
a) fallen nicht in die Risikopositionsklasse ›Mengengeschäft‹ nach dem Standard- oder IRB-Ansatz für Kreditrisiko;
b) wurden Kunden, die keine Finanzkunden sind, zur Verfügung gestellt;
c) wurden nicht zu dem Zweck bereitgestellt, die Finanzierung des Kunden in Situationen zu ersetzen, in denen dieser seinen Finanzierungsbedarf nicht an den Finanzmärkten decken kann.

(4) Der zugesagte Betrag einer Liquiditätsfazilität, die einer Verbriefungszweckgesellschaft zur Verfügung gestellt wurde, damit sie andere Vermögenswerte als Wertpapiere von Kunden erwerben kann, die keine Finanzkunden sind, wird mit 10 % multipliziert, insoweit er den Betrag der aktuell von Kunden erworbenen Vermögenswerte übersteigt, und sofern der Höchstbetrag, der in Anspruch genommen werden kann, vertraglich auf den Betrag der aktuell erworbenen Vermögenswerte begrenzt ist.

(5) Die Institute melden den Höchstbetrag, der aus sonstigen nicht gezogenen zugesagten Kredit- und Liquiditätsfazilitäten innerhalb der jeweils folgenden 30 Tage in Anspruch genommen werden kann. Dies gilt insbesondere für
a) andere als unter Absatz 3 Buchstabe b genannte Liquiditätsfazilitäten, die das Institut Verbriefungszweckgesellschaften gewährt hat,
b) Vereinbarungen, bei denen das Institut Vermögenswerte einer Verbriefungszweckgesellschaft kaufen oder tauschen muss,
c) Kreditinstituten eingeräumte Kreditlinien,
d) Finanzinstituten und Wertpapierfirmen eingeräumte Kreditlinien.

(6) Abweichend von Absatz 5 dürfen Institute, die von der Zentral- oder Regionalregierung mindestens eines Mitgliedstaats eingerichtet wurden und durch diese gefördert werden, die Behandlung gemäß den Absätzen 2 und 3 auch auf Kredit- und Liquiditätsfazilitäten anwenden, die Instituten zum alleinigen Zweck der direkten oder indirekten Finanzierung von Förderdarlehen dienen, die den in jenen Absätzen genannten Risikopositionsklassen zuzuordnen sind. Werden diese Förderdarlehen über ein anderes Institut als Vermittler bereitgestellt (Durchlaufdarlehen), so dürfen Institute abweichend von Artikel 425 Absatz 2 Buchstabe g einen symmetrischen Zu- und Abfluss anwenden. Diese Förderdarlehen werden ausschließlich Personen, die keine Finanzkunden sind, gewährt, sind nicht-wettbewerblicher, nicht-gewinnorientierter Natur und dienen der Förderung der Gemeinwohlziele der Union und/oder der Zentral- oder Regionalregierung des betreffenden Mitgliedstaats. Eine Inanspruchnahme solcher Fazilitäten ist nur nach einem vorherzusehenden Antrag auf ein Förderdarlehen und bis zu dem beantragten Betrag möglich und ist an eine nachfolgende Berichterstattung über die Verwendung der ausgereichten Gelder geknüpft.

Artikel 425 Zuflüsse

(1) Die Institute melden ihre Liquiditätszuflüsse. Begrenzte Liquiditätszuflüssen sind Liquiditätszuflüsse, die auf 75 % der Liquiditätsabflüsse begrenzt sind. Institute dürfen Liquiditätszuflüsse von Einlagen bei anderen Instituten, die für eine Behandlung nach Artikel 113 Absatz 6 oder 7 in Betracht kommen, von dieser Obergrenze ausnehmen. Sie dürfen Liquiditätszuflüsse aus fälligen Zahlungen von Darlehensnehmern und Anleiheanlegern im Rahmen von Hypothekendarlehen, die durch Schuldverschreibungen, auf die die Behandlung nach Artikel 129 Absatz 4, 5 oder 6 angewandt werden kann, oder durch Schuldverschreibungen im Sinne des Artikels 52 Absatz 4 der Richtlinie 2009/65/EG finanziert sind, von dieser Obergrenze ausnehmen. Sie dürfen Zuflüsse aus Förderdarlehen, die sie als Durchlaufdarlehen weitergereicht haben, ausnehmen. Vorbehaltlich der vorherigen Zustimmung der für die Aufsicht auf Einzelbasis zuständigen Behörde darf ein Institut Zuflüsse ganz oder teilweise ausnehmen, wenn sie von seinem Mutterinstitut oder einem seiner Tochterinstitute oder einem anderen Tochterunternehmen desselben Mutterinstituts oder einem Unternehmen stammen, das mit ihm durch eine Beziehung im Sinne des Artikels 12 Absatz 1 der Richtlinie 83/349/EWG verbunden ist.

(2) Die Liquiditätszuflüsse werden über die jeweils folgenden 30 Tage gemessen. Sie umfassen nur vertragliche Zuflüsse aus Risikopositionen, die nicht überfällig sind und hinsichtlich derer das Institut keinen Grund zu der Annahme hat, dass sie innerhalb des Zeithorizonts von 30 Tagen nicht erfüllt werden. Liquiditätszuflüsse werden in voller Höhe gemeldet, wobei die folgenden Zuflüsse gesondert gemeldet werden:
a) Fällige Zahlungen zu Tilgungszwecken von Kunden, die keine Finanzkunden sind, werden entweder um 50 % ihres Werts oder um die vertraglichen Verpflichtungen gegenüber diesen Kunden zur Ausreichung von Finanzierungsmitteln reduziert, je nachdem, welcher der Beträge höher ist. Dies gilt nicht für fällige Zahlungen aus besicherten Kreditvergaben und Kapitalmarkttransaktionen im Sinne des Arti-

kels 192 Nummer 3, die gemäß Buchstabe d durch liquide Aktiva im Sinne des Artikels 416 besichert sind.

Abweichend von Unterabsatz 1 dürfen Institute, die eine Zusage nach Artikel 424 Absatz 6 erhalten haben, um Förderdarlehen an Endbegünstigte auszuzahlen, Zuflüsse bis zur Höhe des Wertes der Abflüsse berücksichtigen, die sie für die entsprechende Zusage zur Ausreichung jener Förderdarlehen ansetzen.

b) Fällige Zahlungen aus Handelsfinanzierungen im Sinne des Artikels 162 Absatz 3 Unterabsatz 2 Buchstabe b mit einer Restlaufzeit von bis zu 30 Tagen werden in voller Höhe als Zuflüsse berücksichtigt.

c) Vermögenswerte mit unbestimmtem vertraglichem Endtermin werden in Höhe von 20 % als Zuflüsse berücksichtigt, sofern es der Bank vertragsgemäß möglich ist, zurückzutreten und eine Zahlung innerhalb von 30 Tagen zu verlangen.

d) Fällige Zahlungen aus besicherten Kreditvergaben und Kapitalmarkttransaktionen im Sinne des Artikels 192 Nummer 3 werden, sofern sie durch liquide Aktiva im Sinne des Artikels 416 Absatz 1 besichert sind, bis zu dem Wert der liquiden Aktiva ohne Abschläge nicht berücksichtigt und in voller Höhe der verbleibenden fälligen Zahlungen berücksichtigt.

e) Fällige Zahlungen, die das schuldende Institut gemäß Artikel 422 Absätze 3 und 4 behandelt, werden mit einem entsprechenden symmetrischen Zufluss multipliziert;

f) Fällige Zahlungen aus Positionen in Eigenkapitalinstrumenten eines wichtigen Index, sofern sie nicht gleichzeitig als liquide Aktiva erfasst werden.

g) Nicht in Anspruch genommene Kredit- oder Liquiditätsfazilitäten und jegliche anderen erhaltenen Zusagen werden nicht berücksichtigt.

(3) Innerhalb eines Zeithorizonts von 30 Tagen erwartete Ab- und Zuflüsse aus in Anhang II genannten Geschäften werden auf Nettobasis aller Gegenparteien berücksichtigt und im Falle eines Nettozuflusses mit 100 % multipliziert. Auf Nettobasis bedeutet hier, dass auch die zu empfangenden Sicherheiten, die nach Artikel 416 als liquide Aktiva anerkannt würden, berücksichtigt werden.

(4) Abweichend von Absatz 2 Buchstabe g können die zuständigen Behörden gestatten, im Einzelfall höhere Zuflüsse für Kredit- und Liquiditätsfazilitäten anzuwenden, sofern sämtliche der folgenden Voraussetzungen erfüllt sind:

a) es besteht Grund zu der Annahme, dass die Zuflüsse selbst bei einem kombinierten marktweiten und spezifischen Stressszenario der Gegenpartei höher ausfallen werden;

b) die Gegenpartei ist ein Mutter- oder Tochterinstitut des Instituts oder ein anderes Tochterunternehmen desselben Mutterinstituts oder mit dem Institut durch eine Beziehung im Sinne des Artikels 12 Absatz 1 der Richtlinie 83/349/EWG verbunden oder Mitglied desselben institutsbezogenen Sicherungssystems gemäß Artikel 113 Absatz 7 oder das Zentralinstitut oder ein Mitglied eines Verbunds, für den die Ausnahme nach Artikel 10 gilt;

c) abweichend von den Artikeln 422, 423 und 424 wendet die Gegenpartei einen entsprechenden symmetrischen oder konservativeren Abfluss an;

d) Institut und Gegenpartei sind im selben Mitgliedstaat niedergelassen.

(5) Die zuständigen Behörden können von der Voraussetzung nach Absatz 4 Buchstabe d absehen, wenn Artikel 20 Absatz 1 Buchstabe b Anwendung findet. In diesem Fall müssen zusätzliche objektive Kriterien, die in dem in Artikel 460 genannten delegierten Rechtsakt festgelegt sind, erfüllt sein. Wird die Anwendung eines solchen höheren Zuflusses genehmigt, unterrichten die zuständigen Behörden die EBA über die Ergebnisse der Abstimmung nach Artikel 20 Absatz 1 Buchstabe b. Die Einhaltung der Voraussetzungen für derartige höhere Zuflüsse wird regelmäßig von den zuständigen Behörden überprüft.

(6) Die EBA arbeitet bis zum 1. Januar 2015 Entwürfe technischer Regulierungsstandards aus, um die objektiven Kriterien nach Absatz 5 weiter zu spezifizieren.

Die EBA übermittelt der Kommission diese Entwürfe technischer Regulierungsstandards bis zum 1. Januar 2015.

Der Kommission wird die Befugnis übertragen, die technischen Regulierungsstandards nach Unterabsatz 1 gemäß den Artikeln 10 bis 14 der Verordnung (EU) Nr. 1093/2010 zu erlassen.

(7) Zuflüsse aus den im Einklang mit Artikel 416 gemeldeten liquiden Aktiva werden von den Instituten nicht gemeldet, ausgenommen fällige Zahlungen auf Aktiva, die nicht im Marktwert des Vermögenswerts berücksichtigt sind.

(8) Die Institute melden keine Zuflüsse aus neu eingegangenen Verpflichtungen.

(9) Die Institute berücksichtigen Liquiditätszuflüsse, die in Drittstaaten eingehen sollen, in denen Transferbeschränkungen bestehen, oder die auf nichtkonvertierbare Währungen lauten, nur in dem Umfang, in dem sie den Abflüssen in dem Drittstaat bzw. in der betreffenden Währung entsprechen.

Artikel 426 Aktualisierung künftiger Liquiditätsanforderungen

Sobald die Kommission gemäß Artikel 460 einen delegierten Rechtsakt zur Präzisierung der Liquiditätsanforderung erlassen hat, kann die EBA Entwürfe technischer Durchführungsstandards zur Präzisierung der Bedingungen der Artikel 421 Absatz 1, Artikel 422, mit Ausnahme der Absätze 8, 9 und 10, sowie Artikel 424 ausarbeiten, um international vereinbarten Standards Rechnung zu tragen.

Der Kommission wird die Befugnis übertragen, die technischen Durchführungsstandards nach Unterabsatz 1 gemäß Artikel 15 der Verordnung (EU) Nr. 1093/2010 zu erlassen.

Titel III Meldungen betreffend die stabile Refinanzierung

Artikel 427 Positionen, die eine stabile Refinanzierung bieten

(1) Die Institute melden den zuständigen Behörden gemäß der Meldepflicht nach Artikel 415 Absatz 1 unter Verwendung der einheitlichen Meldeformate nach Artikel 415 Absatz 3 folgende Positionen und deren Bestandteile, damit die Verfügbarkeit einer stabilen Finanzierung beurteilt werden kann:
a) die folgenden Eigenmittel, gegebenenfalls nach Anwendung von Abzügen:
   i) Kernkapitalinstrumente,
   ii) Ergänzungskapitalinstrumente,
   iii) andere über den zulässigen Betrag des Ergänzungskapitals hinausgehende Vorzugsaktien oder Kapitalinstrumente mit einer effektiven Laufzeit von mindestens einem Jahr;
b) die folgenden Verbindlichkeiten, die nicht unter Buchstabe a fallen:
   i) Privatkundeneinlagen, die gemäß Artikel 421 Absatz 1 behandelt werden dürfen,
   ii) Privatkundeneinlagen, die gemäß Artikel 421 Absatz 2 behandelt werden dürfen,
   iii) Einlagen, die gemäß Artikel 422 Absätze 3 und 4 behandelt werden dürfen,
   iv) diejenigen der unter Ziffer iii genannten Einlagen, die durch ein Einlagensicherungssystem gemäß der Richtlinie 94/19/EG oder ein gleichwertiges Einlagensicherungssystem in einem Drittland nach Maßgabe von Artikel 421 Absatz 1 gedeckt werden,
   v) diejenigen der unter Ziffer iii genannten Einlagen, die unter Artikel 422 Absatz 3 Buchstabe b fallen,

vi) diejenigen der unter Ziffer iii genannten Einlagen, die unter Artikel 422 Absatz 3 Buchstabe d fallen,
vii) nicht unter Ziffer i, ii oder iii fallende Einlagenbeträge, wenn die Einlage nicht von Finanzkunden vorgenommen wird,
viii) sämtliche von Finanzkunden erhaltene Finanzierungsmittel;
ix) gesondert für unter Ziffer vii bzw. viii fallende Beträge Finanzierungsmittel aus besicherten Kreditvergaben und Kapitalmarkttransaktionen im Sinne des Artikels 192 Nummer 3, die
   – durch Vermögenswerte besichert sind, die gemäß Artikel 416 als liquide Aktiva anerkannt würden,
   – durch andere Vermögenswerte besichert sind;
x) aus begebenen Wertpapieren resultierende Verbindlichkeiten, die für eine Behandlung nach Artikel 129 Absatz 4 oder 5 in Betracht kommen, oder solche im Sinne des Artikels 52 Absatz 4 der Richtlinie 2009/65/EG,
xi) andere aus begebenen Wertpapieren resultierende Verbindlichkeiten, die nicht unter Buchstabe a fallen:
   – aus begebenen Wertpapieren resultierende Verbindlichkeiten mit mindestens einjähriger Restlaufzeit,
   – aus begebenen Wertpapieren resultierende Verbindlichkeiten mit einer Restlaufzeit von weniger als einem Jahr,
xii) sonstige Verbindlichkeiten.

(2) Gegebenenfalls werden alle Positionen nach dem frühesten Laufzeitende und dem frühestmöglichen Zeitpunkt einer vertraglichen Kündigung folgenden fünf Zeitfenstern zugeordnet:
a) innerhalb von drei Monaten,
b) zwischen drei und sechs Monaten,
c) zwischen sechs und neun Monaten,
d) zwischen neun und zwölf Monaten,
e) nach zwölf Monaten.

Artikel 428 Positionen, die stabile Refinanzierung erfordern

(1) Sofern nicht von den Eigenmitteln abgezogen, sind folgende Positionen den zuständigen Behörden gesondert zu melden, um eine Bewertung des Bedarfs an stabiler Refinanzierung zu ermöglichen:
a) Vermögenswerte, die als liquide Aktiva gemäß Artikel 416 anerkannt würden, aufgeschlüsselt nach der Art des Vermögenswerts;
b) die folgenden Wertpapiere und Geldmarktinstrumente, die nicht unter Buchstabe a fallen:
   i) Vermögenswerte, die nach Artikel 122 der Bonitätsstufe 1 zugeordnet werden können,
   ii) Vermögenswerte, die nach Artikel 122 der Bonitätsstufe 2 zugeordnet werden können,
   iii) sonstige Vermögenswerte;
c) Aktien von Nichtfinanzunternehmen, die in einem wichtigen Index einer anerkannten Börse enthalten sind;
d) sonstige Dividendenpapiere;
e) Gold;
f) andere Edelmetalle;
g) nicht verlängerbare Darlehen und Forderungen, und gesondert nicht verlängerbare Darlehen und Forderungen an bzw. gegenüber folgende(n) Schuldner(n):
   i) natürliche Personen, die keine Einzelkaufleute oder Personengesellschaften sind,

ii) KMU, die nach dem Standard- oder IRB-Ansatz für Kreditrisiko zur Risikopositionsklasse ›Mengengeschäft‹ zugeordnet werden können, oder eine Gesellschaft, auf die die Behandlung nach Artikel 153 Absatz 4 angewandt werden darf, wenn die aggregierte Einlage des Kunden oder der Gruppe verbundener Kunden weniger als 1 Mio. EUR beträgt,
iii) Staaten, Zentralbanken und sonstige öffentliche Stellen,
iv) Kunden, die nicht unter die Ziffern i und ii fallen und keine Finanzkunden sind,
v) Kunden, die nicht unter die Ziffern i, ii und ii fallen und Finanzkunden sind, sowie gesondert diejenigen, die Kreditinstitute und andere Finanzkunden sind;
h) nicht verlängerbare Darlehen und Forderungen im Sinne des Buchstabens g, sowie gesondert Forderungen, die
  i) durch Gewerbeimmobilien besichert sind,
  ii) durch Wohnimmobilien besichert sind,
  iii) in gleicher Höhe durch Schuldverschreibungen, auf die die Behandlung nach Artikel 129 Absätze 4 oder 5 angewandt werden kann, oder durch Schuldverschreibungen im Sinne des Artikels 52 Absatz 4 der Richtlinie 2009/65/EG finanziert sind (Durchlauffinanzierung);
i) Derivatforderungen;
j) sonstige Vermögenswerte;
k) nicht in Anspruch genommene zugesagte Kreditfazilitäten, die gemäß Anhang I mit einem mittleren oder mittleren bis niedrigen Risiko behaftet sind.

(2) Gegebenenfalls werden alle Positionen den in Artikel 427 Absatz 2 beschriebenen fünf Zeitfenstern zugeordnet.

Teil 7:
Verschuldung

Artikel 429 Berechnung der Verschuldungsquote

(1) Die Institute berechnen ihre Verschuldungsquote gemäß der in den Absätzen 2 bis 11 erläuterten Methodik.

(2) Die Verschuldungsquote ist der Quotient aus der Kapitalmessgröße eines Instituts und seiner Gesamtrisikopositionsmessgröße und wird als Prozentsatz angegeben.

Die Institute berechnen die Verschuldungsquote als einfaches arithmetisches Mittel der monatlichen Verschuldungsquoten über ein Quartal.

(3) Für die Zwecke von Absatz 2 ist die Kapitalmessgröße das Kernkapital.

(4) Die Gesamtrisikopositionmessgröße ist die Summe der Risikopositionswerte aller Aktiva und außerbilanziellen Posten, die bei der Festlegung der zu berücksichtigenden Kapitalmessgröße gemäß Absatz 3 nicht abgezogen werden.

Berücksichtigen Institute Unternehmen der Finanzbranche, an denen sie eine wesentliche Beteiligung im Sinne des Artikels 43 halten, gemäß dem geltenden Rechnungslegungsrahmen in ihrer Konsolidierung, nicht jedoch in ihrer aufsichtlichen Konsolidierung gemäß Teil 1 Titel II Kapitel 2, ermitteln sie den Risikopositionswert für die wesentliche Beteiligung nicht gemäß Absatz 5 Buchstabe a, sondern als den Betrag, der sich aus der Multiplikation des Betrags nach Buchstabe a mit dem Faktor nach Buchstabe b ergibt:
a) Summe der Risikopositionswerte aller Risikopositionen des Unternehmens der Finanzbranche, an dem die wesentliche Beteiligung gehalten wird,
b) Quotient aus dem Gesamtbetrag aller direkten, indirekten und synthetischen Positionen des Instituts in Instrumenten des harten Kernkapitals des Unterneh-

mens der Finanzbranche, die nicht gemäß Artikel 47 und Artikel 48 Absatz 1 Buchstabe b abgezogen wurden, und dem Gesamtbetrag dieser Posten.

(5) Institute ermitteln den Risikopositionswert von Aktiva nach folgenden Grundsätzen:
a) Die Risikopositionswerte der Aktiva, ausgenommen in Anhang II genannte Geschäfte und Kreditderivate, sind die Risikopositionswerte im Sinne des Artikels 111 Absatz 1 Satz 1.
b) Physische oder finanzielle Sicherheiten, Garantien oder Kreditrisikominderungen, die erworben wurden, werden nicht zur Verringerung des Risikopositionswerts von Aktiva verwendet.
c) Darlehen dürfen nicht gegen Einlagen aufgerechnet werden.

(6) Institute ermitteln den Risikopositionswert der in Anhang II genannten Geschäfte und der Kreditderivate, einschließlich solcher, die nicht in der Bilanz ausgewiesen sind,, gemäß der Methode nach Artikel 274.
Bei der Ermittlung des Risikopositionswerts der in Anhang II genannten Geschäfte und der Kreditderivate berücksichtigen Institute Schuldumwandlungsverträge und sonstige Netting-Vereinbarungen, mit Ausnahme vertraglicher produktübergreifender Netting-Vereinbarungen, im Einklang mit Artikel 295.

(7) Abweichend von Absatz 6 dürfen Institute die Ursprungsrisikomethode nach Artikel 275 zur Ermittlung des Risikopositionswerts der in Anhang II Nummern 1 und 2 genannten Geschäfte nur verwenden, wenn sie diese Methode auch zur Ermittlung des Risikopositionswerts dieser Kontrakte für die Zwecke der Erfüllung der Eigenmittelanforderungen nach Artikel 92 verwenden.

(8) Bei der Ermittlung des potenziellen künftigen Wiederbeschaffungswerts von Kreditderivaten wenden Institute die Grundsätze des Artikels 299 Absatz 2, nicht nur auf die im Handelsbuch gehaltenen, sondern auf alle ihre Kreditderivate an.

(9) Die Institute ermitteln den Risikopositionswert von Pensionsgeschäften, Wertpapier- oder Warenverleih- oder -leihgeschäften, Geschäften mit langer Abwicklungsfrist und Lombardgeschäften, einschließlich derjenigen, die nicht in der Bilanz ausgewiesen sind, gemäß Artikel 220 Absätze 1 bis 3 und Artikel 222, wobei sie gemäß Artikel 206 die Auswirkungen von Netting-Rahmenvereinbarungen mit Ausnahme von produktübergreifenden vertraglichen Netting-Vereinbarungen berücksichtigen.

(10) Die Institute ermitteln den Risikopositionswert von außerbilanziellen Geschäften, ausgenommen die in den Absätzen 6 und 9 genannten Posten, gemäß Artikel 111 Absatz 1, wobei die Umrechnungsfaktoren jenes Artikels wie folgt angepasst werden:
a) auf den Nominalwert nicht in Anspruch genommener Kreditfazilitäten im Sinne des Anhangs I Nummer 4 Buchstaben a und b, die jederzeit uneingeschränkt und fristlos widerrufen werden können, ist ein Umrechnungsfaktor von 10 % anzuwenden;
b) auf in Anhang I Nummer 3 Buchstabe a genannte außerbilanzielle Posten für die Handelsfinanzierung mit mittlerem/niedrigem Kreditrisiko und in Anhang I Nummer 3 Buchstabe b Ziffer i genannte außerbilanzielle Posten im Zusammenhang mit öffentlich unterstützten Exportkrediten ist ein Umrechnungsfaktor von 20 % anzuwenden;
c) auf in Anhang I Nummer 2 Buchstabe a und Buchstabe b Ziffer i genannte außerbilanzielle Posten für die Handelsfinanzierung mit mittlerem Kreditrisiko und in Anhang I Nummer 2 Buchstabe b Ziffer ii genannte außerbilanzielle Posten im Zusammenhang mit öffentlich unterstützten Exportkrediten ist ein Umrechnungsfaktor von 50 % anzuwenden;
d) auf alle anderen außerbilanziellen Posten gemäß Anhang I ist ein Umrechnungsfaktor von 100 % anzuwenden.

(11) Wird Treuhandvermögen gemäß Artikel 10 der Richtlinie 86/635/EWG, gemäß den nationalen Grundsätzen ordnungsmäßiger Rechnungslegung bilanziell erfasst, darf es bei der Gesamtrisikopositionsmessgröße der Verschuldungsquote unberücksichtigt bleiben, sofern die Vermögenswerte die Ausbuchungskriterien des internationalen Rechnungslegungsstandards IAS 39 nach Maßgabe der Verordnung (EG) Nr. 1606/2002 und gegebenenfalls die Entkonsolidierungskriterien des internationalen Rechnungslegungsstandards IFRS 10 nach Maßgabe der Verordnung (EG) Nr. 1606/2002 erfüllen.

Artikel 430   Meldepflicht

(1) Die Institute übermitteln den zuständigen Behörden sämtliche erforderlichen Angaben zur Verschuldungsquote und ihren Bestandteilen nach Maßgabe des Artikels 429. Die zuständigen Behörden berücksichtigen diese Angaben bei der Überprüfung nach Artikel 97 der Richtlinie 2013/36/EU.

Institute übermitteln den zuständigen Behörden ferner die für die Erstellung des Berichts nach Artikel 511 benötigten Angaben.

Die zuständigen Behörden übermitteln der EBA auf Anfrage die Angaben der Institute, um die Überprüfung gemäß Artikel 511 zu erleichtern.

(2) Die EBA arbeitet Entwürfe technischer Durchführungsstandards zur Festlegung des einheitlichen Meldeformats, der Anweisungen zur Verwendung dieses Formats, der Meldehäufigkeit und der zu meldenden Daten sowie der IT-Lösungen für die Meldepflicht nach Absatz 1 aus.

Die EBA übermittelt der Kommission diese Entwürfe technischer Durchführungsstandards bis 28. Juli 2013.

Der Kommission wird die Befugnis übertragen, die technischen Durchführungsstandards nach Unterabsatz 1 gemäß Artikel 15 der Verordnung (EU) Nr. 1093/2010 zu erlassen.

Teil 8:
Offenlegung durch Institute

Titel I   Allgemeine Grundsätze

Artikel 431   Anwendungsbereich der Offenlegungspflichten

(1) Die Institute legen die in Titel II genannten Informationen vorbehaltlich der Bestimmungen des Artikels 432 offen.

(2) Die Genehmigung durch die zuständigen Behörden nach Teil 3 zur Verwendung der in Titel III genannten Instrumente und Methoden wird nur bei Offenlegung der darin enthaltenen Informationen durch die Institute erteilt.

(3) Die Institute legen in einem formellen Verfahren fest, wie sie ihren in diesem Teil festgelegten Offenlegungspflichten nachkommen wollen, und verfügen über Verfahren, anhand deren sie die Angemessenheit ihrer Angaben beurteilen können, wozu auch die Überprüfung der Angaben selbst und der Häufigkeit ihrer Veröffentlichung zählt. Die Institute verfügen ferner über Verfahren, mit deren Hilfe sie bewerten können, ob ihre Angaben den Marktteilnehmern ein umfassendes Bild ihres Risikoprofils vermitteln.

Vermitteln diese Angaben den Marktteilnehmern kein umfassendes Bild des Risikoprofils, so veröffentlichen die Institute alle Informationen, die über die in Absatz 1 vorgeschriebenen Angaben hinaus dazu erforderlich sind. Sie sind jedoch nur verpflichtet, Informationen offenzulegen, die gemäß Artikel 432 wesentlich und weder Geschäftsgeheimnis noch vertraulich sind.

(4) Institute erläutern auf Aufforderung kleinen und mittleren Unternehmen und anderen Unternehmen, die Darlehen beantragt haben, ihre Entscheidungen bezüglich der Kreditwürdigkeit und begründen diese auf Wunsch schriftlich. Die diesbezüglichen Verwaltungskosten müssen in einem angemessenen Verhältnis zur Höhe des Darlehens stehen.

Artikel 432 Nicht wesentliche Informationen, Geschäftsgeheimnisse oder vertrauliche Informationen

(1) Die Institute dürfen von der Offenlegung einer oder mehrerer der in Titel II genannten Informationen absehen, wenn diese nicht als wesentlich anzusehen sind, es sei denn, es handelt sich um eine Offenlegung nach den Artikeln 435 Absatz 2 Buchstabe c, 437, und 450.

Bei der Offenlegung gelten Informationen als wesentlich, wenn ihre Auslassung oder fehlerhafte Angabe die Einschätzung oder Entscheidung eines Benutzers, der sich bei wirtschaftlichen Entscheidungen auf diese Informationen stützt, ändern oder beeinflussen könnte.

Die EBA gibt im Einklang mit Artikel 16 der Verordnung (EU) Nr. 1093/2010 bis zum 31. Dezember 2014 Leitlinien dazu heraus, wie Institute das Kriterium der Wesentlichkeit in Bezug auf die Offenlegungspflichten des Titels II anzuwenden haben.

(2) Die Institute dürfen außerdem von der Offenlegung einer oder mehrerer der in den Titeln II und III genannten Informationen absehen, wenn diese im Einklang mit den Unterabsätzen 2 und 3 als Geschäftsgeheimnis oder als vertraulich einzustufen sind, es sei denn, es handelt sich um Offenlegungen nach den Artikeln 437 und 450.

Informationen gelten als Geschäftsgeheimnis, wenn ihre Offenlegung die Wettbewerbsposition des Instituts schwächen würde. Dazu können Informationen über Produkte oder Systeme zählen, die – wenn sie Konkurrenten bekanntgemacht würden – den Wert der einschlägigen Investitionen des Instituts mindern würden.

Informationen gelten als vertraulich, wenn das Institut gegenüber Kunden oder anderen Vertragspartnern bezüglich dieser Informationen zur Vertraulichkeit verpflichtet ist.

Die EBA gibt im Einklang mit Artikel 16 der Verordnung (EU) Nr. 1093/2010 bis zum 31. Dezember 2014 Leitlinien dazu heraus, wie Institute die Kriterien des Geschäftsgeheimnisses bzw. der Vertraulichkeit in Bezug auf die Offenlegungspflichten der Titel II und III anzuwenden haben.

(3) In den Ausnahmefällen nach Absatz 2 weist das betreffende Institut bei der Offenlegung darauf hin, dass bestimmte Informationsbestandteile nicht veröffentlicht wurden, begründet dies und veröffentlicht allgemeinere Angaben zum Gegenstand der verlangten Offenlegung, sofern diese nicht als Geschäftsgeheimnis oder vertraulich einzustufen sind.

(4) Die Absätze 1, 2 und 3 berühren nicht den Geltungsbereich der Haftung aufgrund der Nichtveröffentlichung wesentlicher Informationen.

Artikel 433 Häufigkeit der Offenlegung

Die Institute veröffentlichen die nach diesem Teil erforderlichen Angaben mindestens einmal jährlich.

Die jährlichen Offenlegungen werden unter Berücksichtigung des Datums der Veröffentlichung der Abschlüsse veröffentlicht.

Die Institute prüfen anhand der einschlägigen Merkmale ihrer Geschäfte, z.B. Umfang ihrer Tätigkeit, Spektrum von Tätigkeiten, Präsenz in verschiedenen Ländern, Engagement in verschiedenen Finanzbranchen, Tätigkeit auf internationalen Finanzmärkten und Beteiligung an Zahlungs-, Abrechnungs- und Clearingsystemen, ob es nötig ist, die erforderlichen Angaben häufiger als einmal jährlich ganz oder teilweise offenzulegen. Dabei ist der möglichen Notwendigkeit einer häufigeren Offenlegung der Angaben nach Artikel 437 und Artikel 438 Buchstaben c bis f und der Informationen über das Risiko und andere Elemente, die sich rasch ändern können, besondere Aufmerksamkeit zu widmen.

Die EBA gibt im Einklang mit Artikel 16 der Verordnung (EU) Nr. 1093/2010 bis zum 31. Dezember 2014 Leitlinien zur Prüfung häufigerer Offenlegungen nach den Titeln II und III durch die Institute heraus.

Artikel 434   Mittel der Offenlegung

(1) Institute dürfen selbst entscheiden, in welchem Medium, an welcher Stelle und mittels welcher Überprüfungen sie den in diesem Teil festgelegten Offenlegungspflichten nachkommen wollen. Alle Angaben sollten soweit wie möglich in einem Medium oder an einer Stelle veröffentlicht werden. Wird in zwei oder mehr Medien eine vergleichbare Information veröffentlicht, so ist in jedem Medium auf die gleichlautende Information in den anderen Medien zu verweisen.

(2) Werden die gleichen Angaben von den Instituten bereits im Rahmen von Rechnungslegungs-, Börsen- oder sonstigen Vorschriften veröffentlicht, so können die Anforderungen dieses Teils als erfüllt angesehen werden. Sollten die offengelegten Angaben nicht im Jahresabschluss enthalten sein, geben die Institute im Jahresabschluss eindeutig an, wo diese zu finden sind.

Titel II   Technische Kriterien für Transparenz und Offenlegung

Artikel 435   Risikomanagementziele und -politik

(1) Die Institute legen ihre Risikomanagementziele und -politik für jede einzelne Risikokategorie, einschließlich der in diesem Titel erläuterten Risiken, offen. Dabei ist Folgendes offenzulegen:
a) die Strategien und Verfahren für die Steuerung der Risiken;
b) die Struktur und Organisation der einschlägigen Risikomanagement-Funktion, einschließlich Informationen über ihre Befugnisse und ihren Status, oder andere geeignete Regelungen;
c) Umfang und Art der Risikoberichts- und -messsysteme;
d) die Leitlinien für die Risikoabsicherung und -minderung und die Strategien und Verfahren zur Überwachung der laufenden Wirksamkeit der zur Risikoabsicherung und -minderung getroffenen Maßnahmen;
e) eine vom Leitungsorgan genehmigte Erklärung zur Angemessenheit der Risikomanagementverfahren des Instituts, mit der sichergestellt wird, dass die eingerichteten Risikomanagementsysteme dem Profil und der Strategie des Instituts angemessen sind;
f) eine vom Leitungsorgan genehmigte konzise Risikoerklärung, in der das mit der Geschäftsstrategie verbundene allgemeine Risikoprofil des Instituts knapp beschrieben wird. Diese Erklärung enthält wichtige Kennzahlen und Angaben, die externen Interessenträgern einen umfassenden Überblick über das Risikomanagement des Instituts geben, einschließlich Angaben dazu, wie das Risikoprofil des Instituts und die vom Leitungsorgan festgelegte Risikotoleranz zusammenwirken.

(2) Die Institute legen hinsichtlich der Unternehmensführungsregelungen folgende Informationen offen, die regelmäßig – mindestens jährlich – aktualisiert werden:
a) Anzahl der von Mitgliedern des Leitungsorgans bekleideten Leitungs- oder Aufsichtsfunktionen;

b) Strategie für die Auswahl der Mitglieder des Leitungsorgans und deren tatsächliche Kenntnisse, Fähigkeiten und Erfahrung;
c) Diversitätsstrategie für die Auswahl der Mitglieder des Leitungsorgans, Ziele und einschlägige Zielvorgaben der Strategie, Zielerreichungsgrad;
d) Angaben, ob das Institut einen separaten Risikoausschuss gebildet hat und die Anzahl der bisher stattgefundenen Ausschusssitzungen;
e) Beschreibung des Informationsflusses an das Leitungsorgan bei Fragen des Risikos.

Artikel 436 Anwendungsbereich

Hinsichtlich des Anwendungsbereichs der Anforderungen dieser Verordnung legen die Institute im Einklang mit der Richtlinie 2013/36/EU folgende Informationen offen:
a) Firma des Instituts, für das die in dieser Verordnung enthaltenen Anforderungen gelten,
b) Erläuterung der Unterschiede der Konsolidierungsbasis für Rechnungslegungs- und Aufsichtszwecke, mit einer kurzen Beschreibung der berücksichtigten Teilunternehmen und der Angabe, ob sie
   i) vollkonsolidiert,
   ii) quotenkonsolidiert,
   iii) von den Eigenmitteln abgezogen,
   iv) weder konsolidiert noch abgezogen sind,
c) alle vorhandenen oder abzusehenden wesentlichen tatsächlichen oder rechtlichen Hindernisse für die unverzügliche Übertragung von Eigenmitteln oder die Rückzahlung von Verbindlichkeiten zwischen dem Mutterunternehmen und seinen Tochterunternehmen,
d) Gesamtbetrag, um den die tatsächlichen Eigenmittel in allen nicht in die Konsolidierung einbezogenen Tochterunternehmen geringer als der vorgeschriebene Betrag ist, und Name oder Namen dieser Tochterunternehmen,
e) gegebenenfalls die Umstände der Inanspruchnahme der Artikel 7 und 9.

Artikel 437 Eigenmittel

(1) Hinsichtlich ihrer Eigenmittel legen die Institute folgende Informationen offen:
a) eine vollständige Abstimmung der Posten des harten Kernkapitals, des zusätzlichen Kernkapitals, des Ergänzungskapitals, der Korrekturposten sowie der Abzüge von den Eigenmitteln des Instituts gemäß den Artikeln 32 bis 35, 36, 56, 66 und 79 mit der in den geprüften Abschlüssen des Instituts enthaltenen Bilanz,
b) eine Beschreibung der Hauptmerkmale der von dem Institut begebenen Instrumente des harten Kernkapitals, des zusätzlichen Kernkapitals und des Ergänzungskapitals,
c) die vollständigen Bedingungen im Zusammenhang mit allen Instrumenten des harten Kernkapitals, des zusätzlichen Kernkapitals und des Ergänzungskapitals,
d) als gesonderte Offenlegung der Art und Beträge folgender Elemente:
   i) alle nach den Artikeln 32 bis 35 angewandten Korrekturposten,
   ii) alle nach den Artikeln 36, 56 und 66 vorgenommenen Abzüge,
   iii) nicht im Einklang mit den Artikeln 47, 48, 56, 66 und 79 abgezogene Posten,
e) eine Beschreibung sämtlicher auf die Berechnung der Eigenmittel im Einklang mit dieser Verordnung angewandten Beschränkungen und der Instrumente, Korrekturposten und Abzüge, auf die diese Beschränkungen Anwendung finden,
f) eine umfassende Erläuterung der Berechnungsgrundlage der Kapitalquoten, falls die Institute Kapitalquoten offenlegen, die mit Hilfe von Eigenmittelbestandteilen berechnet wurden, die auf einer anderen als der in dieser Verordnung festgelegten Grundlage ermittelt wurden.

(2) Die EBA erarbeitet Entwürfe technischer Durchführungsstandards, um einheitliche Muster für die Offenlegung gemäß Absatz 1 Buchstaben a, b, d und e festzulegen.

Die EBA übermittelt der Kommission diese Entwürfe technischer Durchführungsstandards bis zum 28. Juli 2013.

Der Kommission wird die Befugnis übertragen, die technischen Durchführungsstandards nach Unterabsatz 1 gemäß Artikel 15 der Verordnung (EU) Nr. 1093/2010 zu erlassen.

Artikel 438 Eigenmittelanforderungen

Die Institute legen hinsichtlich der Einhaltung der Anforderungen des Artikels 92 dieser Verordnung und des Artikels 73 der Richtlinie 2013/36/EU folgende Informationen offen:
a) eine Zusammenfassung des Ansatzes, nach dem das Institut die Angemessenheit seines internen Kapitals zur Unterlegung der aktuellen und zukünftigen Aktivitäten beurteilt,
b) wenn von der relevanten zuständigen Behörde gefordert, das Ergebnis des institutseigenen Verfahrens zur Beurteilung der Angemessenheit seines internen Kapitals einschließlich der Zusammensetzung der gemäß Artikel 104 Absatz 1 Buchstabe a der Richtlinie 2013/36/EU geforderten zusätzlichen Eigenmittel aufgrund der aufsichtlichen Überprüfung,
c) für Institute, die die risikogewichteten Positionsbeträge nach Teil 3 Titel II Kapitel 2 berechnen, 8 % der risikogewichteten Positionsbeträge für jede der in Artikel 112 genannten Risikopositionsklassen,
d) für Institute, die die risikogewichteten Positionsbeträge nach Teil 3 Titel II Kapitel 3 berechnen, 8 % der risikogewichteten Positionsbeträge für jede der in Artikel 147 genannten Risikopositionsklassen. Bei der Klasse ›Mengengeschäft‹ gilt diese Anforderung für alle Kategorien, denen die verschiedenen, in Artikel 154 Absätze 1 bis 4 genannten Korrelationen entsprechen. Bei der Klasse der Beteiligungsrisikopositionen gilt diese Anforderung für
 i) jeden der Ansätze nach Artikel 155,
 ii) börsengehandelte Beteiligungspositionen, Positionen aus privatem Beteiligungskapital in hinreichend diversifizierten Portfolios und sonstige Beteiligungspositionen,
 iii) Risikopositionen, für die bezüglich der Eigenmittelanforderungen eine aufsichtliche Übergangsregelung gilt,
 iv) Risikopositionen, für die bezüglich der Eigenmittelanforderungen Besitzstandswahrungsbestimmungen gelten,
e) gemäß Artikel 92 Absatz 3 Buchstaben b und c berechnete Eigenmittelanforderungen,
f) gemäß Teil 3 Titel III Kapitel 2, 3 und 4 berechnete Eigenmittelanforderungen, die separat offengelegt werden.

Institute, die die risikogewichteten Positionsbeträge gemäß Artikel 153 Absatz 5 oder Artikel 155 Absatz 2 berechnen, legen die Risikopositionen für jede Kategorie gemäß Artikel 153 Absatz 5 Tabelle 1 oder für jedes Risikogewicht gemäß Artikel 155 Absatz 2 offen.

Artikel 439 Gegenparteiausfallrisiko

In Bezug auf das Gegenparteiausfallrisiko des Instituts im Sinne des Teils 3 Titel II Kapitel 6 legen die Institute folgende Informationen offen:
a) eine Beschreibung der Methodik, nach der internes Kapital und Obergrenzen für Gegenparteiausfallrisikopositionen zugewiesen werden,

b) eine Beschreibung der Vorschriften für Besicherungen und zur Bildung von Kreditreserven,
c) eine Beschreibung der Vorschriften in Bezug auf Positionen mit Korrelationsrisiken,
d) eine Beschreibung der Höhe des Sicherheitsbetrags, den das Institut bei einer Herabstufung seiner Bonität nachschießen müsste,
e) den positiven Brutto-Zeitwert von Verträgen, positive Auswirkungen von Netting, die saldierte aktuelle Ausfallrisikoposition, gehaltene Sicherheiten und die Nettoausfallrisikoposition bei Derivaten. Die Nettoausfallrisikoposition bei Derivaten entspricht der Ausfallrisikoposition im Zusammenhang mit Derivatgeschäften nach Berücksichtigung rechtlich durchsetzbarer Netting-Vereinbarungen und Sicherheitenvereinbarungen,
f) die Messgrößen für den Risikopositionswert nach der gemäß Teil 3 Titel II Kapitel 6 Abschnitte 3 bis 6 jeweils anzuwendenden Methode,
g) den Nominalwert von Absicherungen über Kreditderivate und die Verteilung aktueller Ausfallrisikopositionen, aufgeschlüsselt nach Arten von Ausfallrisikopositionen;
h) die Nominalbeträge von Kreditderivatgeschäften, unterteilt nach Verwendung für den Risikopositionsbestand des Instituts und Verwendung im Rahmen der Vermittlertätigkeiten des Instituts, sowie die Verteilung der verwendeten Kreditderivate, wobei diese nach den innerhalb der einzelnen Produktgruppen erworbenen und veräußerten Absicherungen noch weiter aufzuschlüsseln ist,
i) für den Fall, dass dem Institut von den zuständigen Behörden die Genehmigung zur Schätzung von α erteilt worden ist, auch die α-Schätzung.

Artikel 440 Kapitalpuffer

(1) In Bezug auf die Einhaltung des nach Titel VII Kapitel 4 der Richtlinie 2013/36/EU vorgeschriebenen antizyklischen Kapitalpuffers legen die Institute folgende Informationen offen:
a) die geografische Verteilung der für die Berechnung des antizyklischen Kapitalpuffers wesentlichen Kreditrisikopositionen,
b) die Höhe des institutsspezifischen antizyklischen Kapitalpuffers.

(2) Die EBA arbeitet Entwürfe technischer Regulierungsstandards aus, um die in Absatz 1 aufgeführten Offenlegungspflichten zu präzisieren.
Die EBA legt der Kommission diese Entwürfe technischer Regulierungsstandards bis zum 31. Dezember 2014 vor.
Der Kommission wird die Befugnis übertragen, die technischen Regulierungsstandards nach Unterabsatz 1 gemäß den Artikeln 10 bis 14 der Verordnung (EU) Nr. 1093/2010 zu erlassen.

Artikel 441 Indikatoren der globalen Systemrelevanz

(1) Institute, die gemäß Artikel 131 der Richtlinie 2013/36/EU als global systemrelevante Institute (G-SRI) eingestuft werden, legen jährlich die Werte der Indikatoren offen, aus denen sich das Bewertungsergebnis der Institute gemäß der in jenem Artikel genannten Ermittlungsmethode ergibt.

(2) Die EBA arbeitet Entwürfe technischer Durchführungsstandards aus, in denen die einheitlichen Formate und Daten für die Zwecke der Offenlegung nach Absatz 1 präzisiert werden. Sie trägt dabei internationalen Standards Rechnung.
Die EBA legt der Kommission diese Entwürfe technischer Durchführungsstandards bis zum 1. Juli 2014 vor.

Der Kommission wird die Befugnis übertragen, die technischen Durchführungsstandards nach Unterabsatz 1 gemäß Artikel 15 der Verordnung (EU) Nr. 1093/2010 zu erlassen.

Artikel 442 Kreditrisikoanpassungen

Bezüglich des Kredit- und des Verwässerungsrisikos legen die Institute folgende Informationen offen:
a) für Rechnungslegungszwecke die Definitionen von ›überfällig‹ und ›notleidend‹,
b) eine Beschreibung der bei der Bestimmung von spezifischen und allgemeinen Kreditrisikoanpassungen angewandten Ansätze und Methoden,
c) den Gesamtbetrag der Risikopositionen nach Rechnungslegungsaufrechnungen und ohne Berücksichtigung der Wirkung der Kreditrisikominderung, sowie den nach Risikopositionsklassen aufgeschlüsselten Durchschnittsbetrag der Risikopositionen während des Berichtszeitraums,
d) die geografische Verteilung der Risikopositionen, aufgeschlüsselt nach wichtigen Gebieten und wesentlichen Risikopositionsklassen, gegebenenfalls mit näheren Angaben,
e) die Verteilung der Risikopositionen auf Wirtschaftszweige oder Arten von Gegenparteien, aufgeschlüsselt nach Risikopositionsklassen sowie Angaben der Risikopositionen gegenüber KMU, gegebenenfalls mit näheren Angaben,
f) die Aufschlüsselung aller Risikopositionen nach Restlaufzeit und Risikopositionsklassen, gegebenenfalls mit näheren Angaben,
g) aufgeschlüsselt nach wesentlichen Wirtschaftszweigen oder Arten von Gegenparteien die Beträge der
   i) notleidenden und überfälligen Risikopositionen, getrennt aufgeführt,
   ii) spezifischen und allgemeinen Kreditrisikoanpassungen,
   iii) Aufwendungen für spezifische und allgemeine Kreditrisikoanpassungen während des Berichtszeitraums,
h) die Höhe der notleidenden und überfälligen Risikopositionen, getrennt aufgeführt und aufgeschlüsselt nach wesentlichen geografischen Gebieten, wenn praktikabel einschließlich der Beträge der spezifischen und allgemeinen Kreditrisikoanpassungen für jedes geografische Gebiet,
i) die getrennt dargestellte Abstimmung von Änderungen der spezifischen und der allgemeinen Kreditrisikoanpassungen für wertgeminderte Risikopositionen. Die Informationen müssen Folgendes umfassen:
   i) eine Beschreibung der Art der spezifischen und allgemeinen Kreditrisikoanpassungen,
   ii) die Eröffnungsbestände,
   iii) die während des Berichtszeitraums aus den Kreditrisikoanpassungen entnommenen Beträge,
   iv) die während des Berichtszeitraums eingestellten oder rückgebuchten Beträge für geschätzte wahrscheinliche Verluste aus Risikopositionen, etwaige andere Berichtigungen, einschließlich derjenigen durch Wechselkursunterschiede, Zusammenfassung von Geschäftstätigkeiten, Erwerb und Veräußerung von Tochterunternehmen und Übertragungen zwischen Risikovorsorgebeträgen,
   v) die Abschlussbestände.

Direkt in die Gewinn- und Verlustrechnung übernommene spezifische Kreditrisikoanpassungen werden gesondert offengelegt.

Artikel 443 Unbelastete Vermögenswerte

Die EBA gibt bis zum 30. Juni 2014 Leitlinien zur Offenlegung unbelasteter Vermögenswerte heraus, in denen sie die Empfehlung ESRB 2012/2 des Europäischen

Ausschusses für Systemrisiken vom 20. Dezember 2012 über die Refinanzierung von Kreditinstituten[1], insbesondere die Empfehlung D – Markttransparenz bezüglich der Belastung von Vermögenswerten – berücksichtigt. Diese Leitlinien werden gemäß Artikel 16 der Verordnung (EU) Nr. 1093/2010 angenommen.

Die EBA arbeitet Entwürfe technischer Regulierungsstandards zur Präzisierung der Offenlegung des Bilanzwerts jeder Risikopositionsklasse, aufgeschlüsselt nach der Bonität der Vermögenswerte, und des gesamten unbelasteten Bilanzwerts unter Berücksichtigung der Empfehlung ESRB 2012/2 und sofern sie in ihrem Bericht die Auffassung vertritt, dass eine derartige zusätzliche Offenlegung verlässliche und aussagekräftige Informationen liefert.

Die EBA legt der Kommission diese Entwürfe technischer Regulierungsstandards bis zum 1. Januar 2016 vor.

Der Kommission wird die Befugnis übertragen, die technischen Regulierungsstandards nach Unterabsatz 1 gemäß den Artikeln 10 bis 14 der Verordnung (EU) Nr. 1093/2010 zu erlassen.

Artikel 444 Inanspruchnahme von ECAI

Institute, die die risikogewichteten Positionsbeträge nach Teil 3 Titel II Kapitel 2 berechnen, legen für jede der in Artikel 112 genannten Risikopositionsklassen folgende Informationen offen:

a) die Namen der benannten ECAI und Exportversicherungsagenturen (ECA) und die Gründe für etwaige Änderungen,

b) die Risikopositionsklassen, für die eine ECAI oder ECA jeweils in Anspruch genommen wird,

c) eine Beschreibung des Verfahrens zur Übertragung der Bonitätsbeurteilungen von Emittenten und Emissionen auf Posten, die nicht Teil des Handelsbuchs sind,

d) die Zuordnung der externen Bonitätsbeurteilungen aller benannten ECAI oder ECA zu den in Bonitätsstufen des Teils 3 Titel II Kapitel 2, wobei zu berücksichtigen ist, dass diese Informationen nicht offengelegt werden müssen, wenn das Institut sich an die von der EBA veröffentlichte Standardzuordnung hält,

e) die Risikopositionswerte und die Risikopositionswerte nach Kreditrisikominderung, die den einzelnen Bonitätsstufen des Teils 3 Titel II Kapitel 2 zugeordnet werden, sowie die von den Eigenmitteln abgezogenen Werte.

Artikel 445 Marktrisiko

Institute, die ihre Eigenmittelanforderungen gemäß Artikel 92 Absatz 3 Buchstaben b und c berechnen, legen die Anforderungen für jedes in diesen Bestimmungen genannte Risiko getrennt offen. Darüber hinaus ist die Eigenmittelanforderung für das spezifische Zinsrisiko bei Verbriefungspositionen gesondert offenzulegen.

Artikel 446 Operationelles Risiko

Die Institute legen die Ansätze für die Bewertung der Eigenmittelanforderungen für operationelle Risiken, die sie anwenden dürfen, offen; sie legen außerdem eine Beschreibung der Methode nach Maßgabe von Artikel 312 Absatz 2 vor, falls sie diese anwenden, einschließlich einer Erläuterung relevanter interner und externer Faktoren, die beim Messansatz des Instituts berücksichtigt werden, sowie – bei teilweiser Anwendung – den Anwendungsbereich und -umfang der verschiedenen Methoden.

---

1 ABl. C 119, 25.4.2013, S. 1

Artikel 447   Risiko aus nicht im Handelsbuch enthaltenen Beteiligungspositionen

Die Institute legen zu nicht im Handelsbuch enthaltenen Beteiligungspositionen folgende Informationen offen:
a) die Differenzierung der Risikopositionen nach ihren Zielen, einschließlich nach Gewinnerzielungsabsichten und strategischen Zielen, und einen Überblick über die angewandten Rechnungslegungstechniken und Bewertungsmethoden, einschließlich der wichtigsten Annahmen und Verfahren für die Bewertung und etwaige wesentliche Änderungen dieser Verfahren,
b) den Bilanzwert, den beizulegenden Zeitwert und bei börsengehandelten Titeln einen Vergleich zum Marktwert, falls dieser wesentlich vom beizulegenden Zeitwert abweicht,
c) Art und Beträge börsengehandelter Beteiligungspositionen, von Positionen aus privatem Beteiligungskapital in hinreichend diversifizierten Portfolios und sonstiger Beteiligungspositionen,
d) die kumulierten realisierten Gewinne oder Verluste aus Verkäufen und Liquidationen während des Berichtszeitraums und
e) die Summe der nicht realisierten Gewinne oder Verluste, die Summe der latenten Neubewertungsgewinne oder -verluste und alle in das harte Kernkapital einbezogenen Beträge dieser Art.

Artikel 448   Zinsrisiko aus nicht im Handelsbuch enthaltenen Positionen

Die Institute legen zum Zinsrisiko ihrer nicht im Handelsbuch enthaltenen Positionen folgende Informationen offen:
a) die Art des Zinsrisikos und die wichtigsten Annahmen (einschließlich der Annahmen bezüglich der Rückzahlung von Krediten vor Fälligkeit und des Verhaltens unbefristeter Einlagen) sowie die Häufigkeit der Messung des Zinsrisikos,
b) Schwankungen bei Gewinnen, wirtschaftlichem Wert oder anderen relevanten Messgrößen, die vom Management bei Auf- und Abwärtsschocks entsprechend seiner Methode zur Messung des Zinsrisikos verwendet werden, aufgeschlüsselt nach Währungen.

Artikel 449   Risiko aus Verbriefungspositionen

Institute, die die risikogewichteten Positionsbeträge nach Teil 3 Titel II Kapitel 5 oder die Eigenmittelanforderungen nach Artikel 337 oder 338 berechnen, legen – gegebenenfalls nach Handels- und Anlagebuch getrennt – folgende Informationen offen:
a) eine Beschreibung der Ziele des Instituts hinsichtlich seiner Verbriefungsaktivitäten,
b) die Art der sonstigen Risiken, einschließlich des Liquiditätsrisikos, bei verbrieften Forderungen,
c) die Arten von Risiken, die sich aus dem Rang der zugrunde liegenden Verbriefungspositionen und aus den diesen Positionen zugrunde liegenden Forderungen, die im Zuge der Wiederverbriefung übernommen und gehalten werden, ergeben,
d) die verschiedenen Rollen, die das Institut beim Verbriefungsprozess wahrnimmt,
e) Angaben zum Umfang des Engagements des Instituts in den in Buchstabe d genannten Rollen,
f) eine Beschreibung der Verfahren, mit denen Veränderungen beim Kredit- und Marktrisiko von Verbriefungspositionen beobachtet werden und außerdem verfolgt wird, wie sich das Verhalten der zugrunde liegenden Forderungen auf die Verbriefungsposition auswirkt, sowie eine Beschreibung, in welchen Punkten sich diese Verfahren bei Wiederverbriefungspositionen unterscheiden,

g) eine Beschreibung der Vorschriften, die das Institut in Bezug auf Besicherung mit und Absicherung ohne Sicherheitsleistung erlassen hat, um die Risiken zurückgehaltener Verbriefungs- und Wiederverbriefungspositionen zu verringern, einschließlich einer nach Art der Risikoposition aufgeschlüsselten Auflistung aller Gegenparteien bei wesentlichen Sicherungsgeschäften,
h) die Ansätze zur Berechnung der risikogewichteten Positionsbeträge, die das Institut bei seinen Verbriefungstätigkeiten anwendet, einschließlich der Arten von Verbriefungspositionen, auf die die einzelnen Ansätze angewandt werden,
i) die Arten von Verbriefungszweckgesellschaften, die das Institut als Sponsor zur Verbriefung von Forderungen Dritter nutzt, einschließlich der Angabe, ob und in welcher Form und welchem Umfang das Institut an Risikoposition gegenüber diesen Zweckgesellschaften hat, und zwar gesondert für bilanzwirksame und für außerbilanzielle Risikopositionen, sowie eine Liste der Unternehmen, die von dem Institut verwaltet oder beraten werden und die entweder in die von dem Institut verbrieften Verbriefungspositionen oder in die von dem Institut unterstützten Verbriefungszweckgesellschaften investieren,
j) eine Zusammenfassung der Rechnungslegungsmethoden des Instituts bei Verbriefungstätigkeiten, einschließlich
  i) der Angabe, ob die Transaktionen als Verkäufe oder Finanzierungen behandelt werden,
  ii) der Erfassung von Gewinnen aus Verkäufen,
  iii) der Methoden, wichtigsten Annahmen, Parameter und Änderungen im Vergleich zum vorangegangenen Zeitraum für die Bewertung von Verbriefungspositionen,
  iv) der Behandlung synthetischer Verbriefungen, sofern dies nicht unter andere Rechnungslegungsmethoden fällt,
  v) der Angabe, wie Forderungen, die verbrieft werden sollen, bewertet werden, und ob sie im Anlage- oder Handelsbuch des Instituts erfasst werden,
  vi) der Methoden für den Ansatz von Verbindlichkeiten in der Bilanz bei Vereinbarungen, die das Institut dazu verpflichten könnten, für verbriefte Forderungen finanzielle Unterstützung bereitzustellen,
k) die Namen der ECAI, die bei Verbriefungen in Anspruch genommen werden, und die Arten von Forderungen, für die jede einzelne Agentur in Anspruch genommen wird,
l) gegebenenfalls eine Beschreibung des internen Bemessungsansatzes nach Teil 3 Titel II Kapitel 5 Abschnitt 3 einschließlich der Struktur des internen Bemessungsverfahrens und dem Verhältnis zwischen interner Bemessung und externen Bonitätsbeurteilungen, der Verwendung der internen Bemessung für andere Zwecke als zur Berechnung der Eigenmittel nach dem internen Bemessungsansatz, der Kontrollmechanismen für den internen Bemessungsprozess einschließlich einer Erörterung von Unabhängigkeit, Rechenschaftspflicht und Überprüfung des internen Bemessungsprozesses; die Arten von Risikopositionen, bei denen der interne Bemessungsprozess zur Anwendung kommt, und aufgeschlüsselt nach Risikopositionsarten die Stressfaktoren, die zur Bestimmung des jeweiligen Bonitätsverbesserungsniveaus zugrunde gelegt werden,
m) eine Erläuterung jeder erheblichen Veränderung, die seit dem letzten Berichtszeitraum bei einer der quantitativen Angaben nach den Buchstaben n bis q eingetreten ist,
n) für Handels- und Anlagebuch getrennt die folgenden Angaben, nach Risikopositionsarten aufgeschlüsselt:
  i) die Gesamthöhe der ausstehenden, vom Institut verbrieften Forderungen, getrennt nach traditionellen und synthetischen Verbriefungen und Verbriefungen, bei denen das Institut lediglich als Sponsor auftritt,

ii) die Summe der einbehaltenen oder erworbenen in der Bilanz ausgewiesenen Verbriefungspositionen und der nicht in der Bilanz ausgewiesenen Verbriefungspositionen,
iii) die Summe der Forderungen, die verbrieft werden sollen,
iv) bei verbrieften Fazilitäten mit Klausel für vorzeitige Tilgung die Summe der gezogenen Forderungen, die den Anteilen des Originators bzw. Anlegers zugeordnet werden, die Summe der Eigenmittelanforderungen, die dem Institut aus den Anteilen des Originators entstehen, und die Summe der Eigenmittelanforderungen, die dem Institut aus den Anteilen des Anlegers an gezogenen Beträgen und nicht gezogenen Linien entstehen,
v) die Höhe der Verbriefungspositionen, die von den Eigenmitteln abgezogen oder mit 1250 % risikogewichtet werden,
vi) eine Zusammenfassung der Verbriefungstätigkeit im laufenden Zeitraum, einschließlich der Höhe der verbrieften Forderungen und erfassten Gewinne oder Verluste beim Verkauf,
o) für Handels- und Anlagebuch getrennt die folgenden Angaben:
i) für jeden Ansatz zur Eigenmittelunterlegung die Summe der einbehaltenen oder erworbenen Verbriefungspositionen samt der dazugehörigen Eigenmittelanforderungen, aufgeschlüsselt in Verbriefungs- und Wiederverbriefungsforderungen und weiter aufgeschlüsselt in eine aussagekräftige Zahl von Risikogewichtungs- oder Eigenmittelbändern,
ii) die Summe der einbehaltenen oder erworbenen Wiederverbriefungsforderungen, aufgeschlüsselt nach Forderung vor und nach Absicherung/Versicherung und nach Forderung an Finanzgarantiegeber, aufgeschlüsselt nach Bonitätskategorien oder Namen der Garantiegeber,
p) für das Anlagebuch und in Bezug auf die vom Institut verbrieften Forderungen die Höhe der verbrieften wertgeminderten/überfälligen Risikopositionen und die vom Institut im laufenden Zeitraum erfassten Verluste, beides aufgeschlüsselt nach Risikopositionsarten,
q) für das Handelsbuch die Summe der ausstehenden Forderungen, die vom Institut verbrieft wurden und einer Eigenmittelanforderung für das Marktrisiko unterliegen, aufgeschlüsselt nach traditionellen/synthetischen Verbriefungen und Risikopositionsarten,
r) gegebenenfalls, ob das Institut im Rahmen von Artikel 248 Absatz 1 Unterstützung geleistet hat, und die Auswirkung auf die Eigenmittel.

Artikel 450 Vergütungspolitik

(1) In Bezug auf die Vergütungspolitik und -praxis für Mitarbeiterkategorien, deren Tätigkeit sich wesentlich auf das Risikoprofil auswirkt, legen die Institute mindestens Folgendes offen:
a) Angaben zum Entscheidungsprozess, der zur Festlegung der Vergütungspolitik führt, sowie zur Zahl der Sitzungen des für die Vergütungsaufsicht verantwortlichen Hauptgremiums während des Geschäftsjahrs, gegebenenfalls mit Angaben zur Zusammensetzung und zum Mandat eines Vergütungsausschusses, zu dem externen Berater, dessen Dienste bei der Festlegung der Vergütungspolitik in Anspruch genommen wurden, und zur Rolle der maßgeblichen Interessenträger,
b) Angaben zur Verknüpfung von Vergütung und Erfolg,
c) die wichtigsten Gestaltungsmerkmale des Vergütungssystems, einschließlich Informationen über die Kriterien für die Erfolgsmessung und Risikoausrichtung, die Strategie zur Rückstellung der Vergütungszahlung und die Erdienungskriterien,
d) die gemäß Artikel 94 Absatz 1 Buchstabe g der Richtlinie 2013/36/EU festgelegten Werte für das Verhältnis zwischen dem festen und dem variablen Vergütungsbestandteil,

e) Angaben zu den Erfolgskriterien, anhand deren über den Anspruch auf Aktien, Optionen oder variable Vergütungskomponenten entschieden wird,
f) die wichtigsten Parameter und Begründungen für Systeme mit variablen Komponenten und sonstige Sachleistungen,
g) zusammengefasste quantitative Angaben zu den Vergütungen, aufgeschlüsselt nach Geschäftsbereichen,
h) zusammengefasste quantitative Angaben zu den Vergütungen, aufgeschlüsselt nach Geschäftsleitung und Mitarbeitern, deren Tätigkeit einen wesentlichen Einfluss auf das Risikoprofil des Instituts hat, aus denen Folgendes hervorgeht:
   i) die Vergütungsbeträge für das Geschäftsjahr, aufgeteilt in feste und variable Vergütung, sowie die Zahl der Begünstigten,
   ii) die Beträge und Formen der variablen Vergütung, aufgeteilt in Bargeld, Aktien, mit Aktien verknüpfte Instrumente und andere Arten,
   iii) die Beträge der ausstehenden zurückbehaltenen Vergütung, aufgeteilt in erdiente und noch nicht erdiente Teile,
   iv) die Beträge der zurückbehaltenen Vergütung, die während des Geschäftsjahres gewährt, ausgezahlt oder infolge von Leistungsanpassungen gekürzt wurden,
   v) während des Geschäftsjahres gezahlte Neueinstellungsprämien und Abfindungen sowie die Zahl der Begünstigten dieser Zahlungen,
   vi) die Beträge der während des Geschäftsjahres gewährten Abfindungen, die Zahl der Begünstigten sowie der höchste derartige Betrag, der einer Einzelperson zugesprochen wurde,
i) die Zahl der Personen, deren Vergütung sich im Geschäftsjahr auf 1 Mio. EUR oder mehr beläuft, aufgeschlüsselt nach Vergütungsstufen von 500000 EUR bei Vergütungen zwischen 1 Mio. EUR und 5 Mio. EUR sowie aufgeschlüsselt nach Vergütungsstufen von 1 Mio. EUR bei Vergütungen von 5 Mio. EUR und mehr,
j) wenn von dem Mitgliedstaat oder der zuständigen Behörde angefordert, die Gesamtvergütung jedes Mitglieds des Leitungsorgans oder der Geschäftsleitung.

(2) Für Institute, die aufgrund ihrer Größe, ihrer internen Organisation und der Art, des Umfangs und der Komplexität ihrer Geschäfte von erheblicher Bedeutung sind, werden die in diesem Artikel genannten quantitativen Angaben für die Ebene der Mitglieder des Leitungsorgans des Instituts auch öffentlich zugänglich gemacht.

Die Institute halten die Anforderungen dieses Artikels in einer ihrer Größe, internen Organisation und der Art, dem Umfang und der Komplexität ihrer Tätigkeiten entsprechenden Weise sowie unbeschadet der Richtlinie 95/46/EG ein.

Artikel 451   Verschuldung

(1) Institute legen hinsichtlich ihrer gemäß Artikel 429 berechneten Verschuldungsquote und der Überwachung des Risikos einer übermäßigen Verschuldung folgende Informationen offen:
a) die Verschuldungsquote sowie die Art und Weise, wie das Institut Artikel 499 Absätze 2 und 3 anwendet,
b) eine Aufschlüsselung der Gesamtrisikopositionsmessgröße sowie eine Abstimmung dieser Größe mit den einschlägigen in veröffentlichten Abschlüssen offengelegten Angaben,
c) gegebenenfalls den Betrag gemäß Artikel 429 Absatz 11 ausgebuchter Treuhandpositionen,
d) eine Beschreibung der Verfahren zur Überwachung des Risikos einer übermäßigen Verschuldung,
e) eine Beschreibung der Faktoren, die während des Berichtszeitraums Auswirkungen auf die jeweilige offengelegte Verschuldungsquote hatten.

(2) Die EBA arbeitet Entwürfe technischer Durchführungsstandards aus, um das einheitliche Format für die Offenlegung nach Absatz 1 und Anweisungen zur Verwendung des Formats festzulegen.

Die EBA legt der Kommission diese Entwürfe technischer Durchführungsstandards bis 30. Juni 2014 vor.

Der Kommission wird die Befugnis übertragen, die technischen Durchführungsstandards nach Unterabsatz 1 gemäß Artikel 15 der Verordnung (EU) Nr. 1093/2010 zu erlassen.

Titel III Anforderungen an die Verwendung bestimmter Instrumente oder Methoden

Artikel 452 Anwendung des IRB-Ansatzes auf Kreditrisiken

Institute, die die risikogewichteten Positionsbeträge nach dem IRB-Ansatz berechnen, legen folgende Informationen offen:

a) die Erlaubnis der zuständigen Behörden zur Verwendung des Ansatzes oder die akzeptierten Übergangsregelungen,

b) eine Erläuterung und einen Überblick über
  i) die Struktur der internen Beurteilungssysteme und den Zusammenhang zwischen internen und externen Bonitätsbeurteilungen,
  ii) die Verwendung interner Schätzungen für andere Zwecke als zur Berechnung der risikogewichteten Positionsbeträge nach Teil 3 Titel II Kapitel 3,
  iii) das Verfahren zur Steuerung und Anerkennung von Kreditrisikominderungen,
  iv) die Kontrollmechanismen für Ratingsysteme, einschließlich einer Beschreibung der Unabhängigkeit und Verantwortlichkeiten, und die Überprüfung dieser Systeme,

c) eine Beschreibung des internen Bewertungsverfahrens, aufgeschlüsselt nach den folgenden Risikopositionsklassen:
  i) Risikopositionen gegenüber Zentralstaaten und Zentralbanken,
  ii) Risikopositionen gegenüber Instituten,
  iii) Risikopositionen gegenüber Unternehmen, einschließlich KMU, Spezialfinanzierungen und angekaufte Unternehmensforderungen,
  iv) Risikopositionen aus dem Mengengeschäft, für jede der Kategorien, denen die verschiedenen in den Artikeln 154 Absätze 1 bis 4 genannten Korrelationen entsprechen,
  v) Beteiligungsrisikopositionen

d) die Risikopositionsbeträge für jede der in Artikel 147 genannten Risikopositionsklassen. Verwenden die Institute bei Risikopositionen gegenüber Zentralstaaten, Zentralbanken, Instituten und Unternehmen für die Berechnung der risikogewichteten Positionsbeträge eigene Schätzungen der LGD oder der Umrechnungsfaktoren, so werden die betreffenden Risikopositionen getrennt von den Risikopositionen offengelegt, für die die Institute solche Schätzungen nicht verwenden,

e) für die Risikopositionsklassen Zentralstaaten und Zentralbanken, Institute, Unternehmen und Beteiligungsrisikopositionen und für eine ausreichende Zahl von Schuldnerklassen (einschließlich der Klasse ›Ausfall‹), die eine sinnvolle Differenzierung des Kreditrisikos zulassen, legen die Institute gesondert Folgendes offen:
  i) den Gesamtkreditbestand, einschließlich für die Risikopositionsklassen Zentralstaaten und Zentralbanken, Institute und Unternehmen, und die Summe der ausstehenden Kredite und Risikopositionswerte für nicht in Anspruch genommene Zusagen; und für Beteiligungsrisikopositionen den ausstehenden Betrag,
  ii) das positionsgewichtete durchschnittliche Risikogewicht,
  iii) für Institute, die eigene Schätzungen der Umrechnungsfaktoren für die Berechnung der risikogewichteten Positionsbeträge verwenden, den Betrag der nicht

in Anspruch genommenen Zusagen und die positionsgewichteten durchschnittlichen Risikopositionswerte für jede Risikopositionsklasse,

f) für die Risikopositionsklasse ›Mengengeschäft‹ und für jede der unter Buchstabe c Ziffer iv genannten Kategorien entweder die unter Buchstabe e beschriebenen Offenlegungen (gegebenenfalls auf der Basis von Pools) oder eine Analyse der Risikopositionen (ausstehende Kredite und Risikopositionswerte für nicht in Anspruch genommene Zusagen), bezogen auf eine ausreichende Anzahl an Klassen für erwartete Verluste (EL), die eine sinnvolle Differenzierung des Kreditrisikos ermöglichen (gegebenenfalls auf der Basis von Pools),

g) die tatsächlichen spezifischen Kreditrisikoanpassungen im vorhergehenden Zeitraum für jede Risikopositionsklasse (für die Klasse ›Mengengeschäft‹ für jede der unter Buchstabe c Ziffer iv genannten Kategorien) und wie diese von den Erfahrungswerten der Vergangenheit abweichen,

h) eine Beschreibung der Faktoren, die Einfluss auf die erlittenen Verluste in der Vorperiode hatten (hatte das Institut z.B. überdurchschnittliche Ausfallraten oder überdurchschnittliche LGD und Umrechnungsfaktoren zu verzeichnen),

i) eine Gegenüberstellung der Schätzungen des Instituts und der tatsächlichen Ergebnisse über einen längeren Zeitraum. Diese Gegenüberstellung umfasst mindestens Angaben über Verlustschätzungen im Vergleich zu den tatsächlichen Verlusten für jede Risikopositionsklasse (für die Klasse ›Mengengeschäft‹ für jede der unter Buchstabe c Ziffer iv genannten Kategorien) über einen ausreichenden Zeitraum, um eine sinnvolle Bewertung der Leistungsfähigkeit der internen Beurteilungsverfahren für jede Risikopositionsklasse zu ermöglichen (für die Klasse ›Mengengeschäft‹ für jede der unter Buchstabe c Ziffer iv genannten Kategorien). Gegebenenfalls schlüsseln die Institute diese Angaben weiter auf, um die PD sowie, im Falle von Instituten, die eigene Schätzungen der LGD und/oder der Umrechnungsfaktoren verwenden, die tatsächlichen LGD und Umrechnungsfaktoren im Vergleich zu den Schätzungen in den quantitativen Offenlegungen zur Risikobewertung gemäß diesem Artikel zu analysieren,

j) für alle Risikopositionsklassen nach Artikel 147 und für alle betreffenden Kategorien, denen die verschiedenen in Artikel 154 Absätze 1 bis 4 genannten Korrelationen entsprechen:

   i) für Institute, die bei der Berechnung der risikogewichteten Positionsbeträge eigene Schätzungen der LGD verwenden, die positionsgewichteten durchschnittlichen LGD und PD in Prozent für jede geografische Belegenheit der Kreditrisikopositionen,

   ii) für Institute, die keine eigenen Schätzungen der LGD verwenden, die positionsgewichtete durchschnittliche PD in Prozent für jede geografische Belegenheit der Kreditrisikopositionen.

Für die Zwecke von Buchstabe c umfasst die Beschreibung die Arten von Risikopositionen, die in der jeweiligen Risikopositionsklasse enthalten sind, die Definitionen, Methoden und Daten für die Schätzung und Validierung der PD und gegebenenfalls der LGD und Umrechnungsfaktoren, einschließlich der bei der Ableitung dieser Variablen getroffenen Annahmen, und die Beschreibungen wesentlicher Abweichungen von der in Artikel 178 enthaltenen Definition des Ausfalls, einschließlich der von diesen Abweichungen betroffenen breiten Segmente.

Für die Zwecke von Buchstabe j bedeutet ›geografische Belegenheit der Kreditrisikopositionen‹ Risikopositionen in den Mitgliedstaaten, in denen das Institut zugelassen wurde, sowie in Mitgliedstaaten oder Drittstaaten, in denen die Institute ihre Geschäfte durch eine Zweigstelle oder ein Tochterunternehmen ausüben.

Artikel 453   Verwendung von Kreditrisikominderungstechniken

Institute, die Kreditrisikominderungstechniken verwenden, legen folgende Informationen offen:
a) die Vorschriften und Verfahren für das bilanzielle und außerbilanzielle Netting und eine Angabe des Umfangs, in dem das Institut davon Gebrauch macht,
b) die Vorschriften und Verfahren für die Bewertung und Verwaltung von Sicherheiten,
c) eine Beschreibung der wichtigsten Arten von Sicherheiten, die vom Institut angenommen werden,
d) die wichtigsten Arten von Garantiegebern und Kreditderivatgegenparteien und deren Kreditwürdigkeit,
e) Informationen über Markt- oder Kreditrisikokonzentrationen innerhalb der Kreditrisikominderung,
f) für Institute, die die risikogewichteten Positionsbeträge nach dem Standardansatz oder dem IRB-Ansatz berechnen, aber keine eigenen Schätzungen der LGD oder Umrechnungsfaktoren in Bezug auf die jeweilige Risikopositionsklasse vorlegen, getrennt für jede einzelne Risikopositionsklasse den gesamten Risikopositionswert (gegebenenfalls nach dem bilanziellen oder außerbilanziellen Netting), der durch geeignete finanzielle und andere geeignete Sicherheiten besichert ist – nach der Anwendung von Volatilitätsanpassungen,
g) für Institute, die die risikogewichteten Positionsbeträge nach dem Standardansatz oder dem IRB-Ansatz berechnen, getrennt für jede Risikopositionsklasse den gesamten Risikopositionswert (gegebenenfalls nach dem bilanziellen oder außerbilanziellen Netting), der durch Garantien, Bürgschaften oder Kreditderivate abgesichert ist. Für die Risikopositionsklasse der Beteiligungsrisikopositionen gilt diese Anforderung für jeden der in Artikel 155 vorgesehenen Ansätze.

Artikel 454   Verwendung fortgeschrittener Messansätze für operationelle Risiken

Institute, die die fortgeschrittenen Messansätze gemäß den Artikeln 321 bis 324 zur Berechnung ihrer Eigenmittelanforderungen für das operationelle Risiko verwenden, legen eine Beschreibung der Nutzung von Versicherungen und anderer Risikoübertragungsmechanismen zur Minderung des Risikos offen.

Artikel 455   Verwendung interner Modelle für das Marktrisiko

Institute, die ihre Eigenmittelanforderungen nach Artikel 363 berechnen, legen folgende Informationen offen:
a) für jedes Teilportfolio:
   i) die Charakteristika der verwendeten Modelle,
   ii) gegebenenfalls in Bezug auf die internen Modelle für das zusätzliche Ausfall- und Migrationsrisiko und für Korrelationshandelsaktivitäten die verwendeten Methoden und die anhand eines internen Modells ermittelten Risiken, einschließlich einer Beschreibung der Vorgehensweise des Instituts bei der Bestimmung von Liquiditätshorizonten, sowie die Methoden, die verwendet wurden, um zu einer dem geforderten Soliditätsstandard entsprechenden Bewertung der Eigenmittel zu gelangen, und die Vorgehensweisen bei der Validierung des Modells,
   iii) eine Beschreibung der auf das Teilportfolio angewandten Stresstests,
   iv) eine Beschreibung der beim Rückvergleich und der Validierung der Genauigkeit und Konsistenz der internen Modelle und Modellierungsverfahren angewandten Ansätze,
b) den Umfang der Genehmigung der zuständigen Behörde,

c) eine Beschreibung des Ausmaßes, in dem die Anforderungen der Artikel 104 und 105 eingehalten werden und der dazu verwendeten Methoden,
d) den höchsten, den niedrigsten und den Mittelwert aus:
   i) den täglichen Werten des Risikopotenzials über den gesamten Berichtszeitraum und an dessen Ende,
   ii) den Werten des Risikopotenzials unter Stressbedingungen über den gesamten Berichtszeitraum und an dessen Ende,
   iii) den Risikomaßzahlen für das zusätzliche Ausfall- und Migrationsrisiko und für das spezifische Risiko des Korrelationshandelsportfolios über den Berichtszeitraum sowie an dessen Ende,
e) die Bestandteile der Eigenmittelanforderung nach Artikel 364,
f) den gewichteten durchschnittlichen Liquiditätshorizont für jedes von den internen Modellen für das zusätzliche Ausfall- und Migrationsrisiko und für Korrelationshandelsaktivitäten abgedeckte Teilportfolio,
g) einen Vergleich zwischen den täglichen Werten des Risikopotenzials auf Basis einer eintägigen Haltedauer und den eintägigen Änderungen des Portfoliowerts am Ende des nachfolgenden Geschäftstages, einschließlich einer Analyse aller wesentlichen Überschreitungen im Laufe des Berichtszeitraums.

Teil 9:
Delegierte Rechtsakte und Durchführungsrechtsakte

Artikel 456 Delegierte Rechtsakte

(1) Der Kommission wird die Befugnis übertragen, delegierte Rechtsakte gemäß Artikel 462 in Bezug auf folgende Aspekte zu erlassen:
a) Präzisierung der Begriffsbestimmungen in den Artikeln 4, 5, 142, 153, 192, 242, 272, 300, 381 und 411, um eine einheitliche Anwendung dieser Verordnung sicherzustellen,
b) Präzisierung der Begriffsbestimmungen in den Artikeln 4, 5, 142, 153, 192, 242, 272, 300, 381 und 411, um bei der Anwendung dieser Verordnung die Entwicklungen auf den Finanzmärkten zu berücksichtigen,
c) Anpassung der Liste der Risikopositionsklassen in den Artikeln 112 und 147, um die Entwicklungen auf den Finanzmärkten zu berücksichtigen,
d) Betrag zur Berücksichtigung inflationsbedingter Auswirkungen, der in den Artikeln 123 Buchstabe c, 147 Absatz 5 Buchstabe a, 153 Absatz 4 und 162 Absatz 4 spezifiziert wird,
e) Liste und Klassifizierung der außerbilanziellen Geschäfte in den Anhängen I und II, um den Entwicklungen auf den Finanzmärkten Rechnung zu tragen,
f) Anpassung der Kategorien von Wertpapierfirmen in Artikel 95 Absatz 1 und Artikel 96 Absatz 1, um den Entwicklungen auf den Finanzmärkten Rechnung zu tragen,
g) Klärung der Anforderung in Artikel 97 zwecks einheitlicher Anwendung dieser Verordnung,
h) Änderung der Eigenmittelanforderungen nach den Artikeln 301 bis 311 sowie den Artikeln 50a bis 50d der Verordnung (EU) Nr. 648/2012 zur Berücksichtigung von Entwicklungen oder Änderungen der internationalen Standards für Risikopositionen gegenüber einer zentraler Gegenpartei,
i) Klärung der in den Ausnahmeregelungen nach Artikel 400 verwendeten Begriffe,
j) Änderung der Kapitalmessgröße und der Gesamtrisikopositionsmessgröße der Verschuldungsquote nach Artikel 429 Absatz 2, um etwaige aufgrund der Meldun-

gen nach Artikel 430 Absatz 1 festgestellten Mängel vor der gemäß Artikel 451 Absatz 1 Buchstabe a vorgeschriebenen Veröffentlichung der Verschuldungsquote durch die Institute zu korrigieren.

(2) Die EBA überwacht die Eigenmittelanforderungen für das Risiko einer Anpassung der Kreditbewertung und legt der Kommission bis 1. Januar 2015 einen Bericht vor. Darin wird insbesondere Folgendes bewertet:
a) die Behandlung des CVA-Risikos als eigenständige Anforderung im Vergleich zu einer Behandlung als integraler Bestandteil des Marktrisikos,
b) der Anwendungsbereich der Eigenmittelanforderungen für das CVA-Risiko einschließlich der Ausnahme nach Artikel 482,
c) anerkennungsfähige Absicherungen,
d) die Berechnung der Eigenmittelanforderungen für das CVA-Risiko.

Ausgehend von diesem Bericht und sofern dessen Ergebnis lautet, dass eine derartige Maßnahme notwendig ist, wird der Kommission ferner die Befugnis übertragen, einen delegierten Rechtsakt nach Artikel 462 zu erlassen, um Artikel 381, Artikel 382 Absätze 1, 2 und 3 und die Artikel 383 bis 386 betreffend diese Punkte zu ändern.

Artikel 457 Technische Anpassungen und Korrekturen

Der Kommission wird die Befugnis übertragen, delegierte Rechtsakte nach Artikel 462 zu erlassen, um technische Anpassungen und Korrekturen nicht wesentlicher Elemente der folgenden Vorschriften vorzunehmen, damit Entwicklungen hinsichtlich neuer Finanzprodukte oder -tätigkeiten Rechnung getragen wird, um infolge von Entwicklungen nach dem Erlass dieser Verordnung Anpassungen anderer Rechtsakte der Union über Finanzdienstleistungen und Rechnungslegung, einschließlich Rechnungslegungsstandards nach der Verordnung (EG) Nr. 1606/2002, vorzunehmen:
a) Eigenmittelanforderungen für Kreditrisiken nach den Artikeln 111 bis 134 sowie 143 bis 191,
b) Wirkung der Kreditrisikominderung nach den Artikeln 193 bis 241,
c) Eigenmittelanforderungen für die Verbriefung nach den Artikeln 243 bis 266,
d) Eigenmittelanforderungen für Gegenparteiausfallrisiken nach den Artikeln 272 bis 311,
e) Eigenmittelanforderungen für das operationelle Risiko nach den Artikeln 315 bis 324,
f) Eigenmittelanforderungen für das Marktrisiko nach den Artikeln 325 bis 377,
g) Eigenmittelanforderungen für das Abwicklungsrisiko nach den Artikeln 378 und 379,
h) Eigenmittelanforderungen für das CVA-Risiko nach den Artikeln 383, 384 und 386,
i) Teil 2 und Artikel 99 ausschließlich infolge von Entwicklungen bei Rechnungslegungsstandards oder -anforderungen, die unionsrechtlichen Vorschriften Rechnung tragen.

Artikel 458 Auf Ebene eines Mitgliedstaats festgestelltes Makroaufsichts- oder Systemrisiko

(1) Ein Mitgliedstaat benennt die mit der Anwendung dieses Artikels betraute Behörde. Diese Behörde ist die zuständige Behörde oder die benannte Behörde.

(2) Erkennt die nach Absatz 1 benannte Behörde Veränderungen der Intensität des Makroaufsichts- oder Systemrisikos mit möglicherweise schweren negativen Auswirkungen auf das Finanzsystem und die Realwirtschaft in einem bestimmten Mitgliedstaat, auf die nach ihrer Ansicht besser mit strengeren nationalen Maßnahmen reagiert werden sollte, so zeigt sie dies dem Europäischen Parlament, dem Rat, der Kommission,

dem ESRB und der EBA an und legt einschlägige quantitative und qualitative Nachweise für alle nachstehenden Punkte vor:
a) die Veränderungen der Intensität des Makroaufsichts- oder Systemrisikos,
b) die Gründe, weshalb solche Veränderungen die Finanzstabilität auf nationaler Ebene gefährden könnten,
c) eine Begründung, weshalb die Artikel 124 und 164 dieser Verordnung sowie die Artikel 101, 103, 104, 105, 133 und 136 der Richtlinie 2013/36/EU angesichts der relativen Wirksamkeit dieser Maßnahmen nicht ausreichen, um das festgestellte Makroaufsichts- oder Systemrisiko zu beheben,
d) Entwürfe nationaler Maßnahmen für im Inland zugelassene Institute oder einen Teil davon, mit denen die Veränderungen der Intensität des Risikos vermindert werden soll; diese betreffen:
　i) die Höhe der Eigenmittel gemäß Artikel 92,
　ii) die Eigenmittelanforderungen für Großkredite nach Artikel 392 und den Artikeln 395 bis 403,
　iii) die Offenlegungspflichten nach den Artikeln 431 bis 455,
　iv) die Höhe des Kapitalerhaltungspuffers nach Artikel 129 der Richtlinie 2013/36/EU,
　v) die Liquiditätsanforderungen nach Teil 6,
　vi) Risikogewichte zur Bekämpfung von Spekulationsblasen in der Wohnimmobilien- und Gewerbeimmobilienbranche oder
　vii) Risikopositionen innerhalb der Finanzbranche,
e) eine Erläuterung, weshalb die nach Absatz 1 benannte Behörde diese Entwürfe von Maßnahmen für geeignet, wirksam und verhältnismäßig hält, um die Situation zu beheben und
f) eine Bewertung der voraussichtlichen positiven oder negativen Auswirkungen der vorgeschlagenen Maßnahmen auf den Binnenmarkt, die sich auf die dem betroffenen Mitgliedstaat zur Verfügung stehenden Informationen stützt.

(3) Wird es den nach Absatz 1 benannten Behörden gestattet, im Einklang mit diesem Artikel nationale Maßnahmen zu ergreifen, so stellen sie den einschlägigen zuständigen oder benannten Behörden in anderen Mitgliedstaaten alle relevanten Informationen zur Verfügung.

(4) Dem Rat wird die Befugnis übertragen, auf Vorschlag der Kommission mit qualifizierter Mehrheit einen Durchführungsrechtsakt zu erlassen, um die vorgeschlagenen nationalen Maßnahmen im Sinne des Absatzes 2 Buchstabe d abzulehnen.

Binnen eines Monats nach Erhalt der Anzeige nach Absatz 2 leiten der ESRB und die EBA dem Rat, der Kommission, und dem betroffenen Mitgliedstaat ihre Stellungnahmen zu den in jenem Absatz genannten Punkten zu.

Wenn belastbare, solide und detaillierte Nachweise vorliegen, dass die Maßnahme nachteilige Auswirkungen auf den Binnenmarkt haben wird, die den Nutzen für die Finanzstabilität infolge der Verminderung des festgestellten Makroaufsichts- oder Systemrisikos überwiegen, kann die Kommission innerhalb eines Monats unter weitestgehender Berücksichtigung der Stellungnahmen nach Unterabsatz 2 dem Rat einen Durchführungsrechtsakt vorschlagen, um die vorgeschlagenen nationalen Maßnahmen abzulehnen.

Legt die Kommission innerhalb dieser Monatsfrist keinen Vorschlag vor, darf der betroffene Mitgliedstaat die vorgeschlagenen nationalen Maßnahmen unmittelbar für die Dauer von bis zu zwei Jahren erlassen oder bis das Makroaufsichts- oder Systemrisiko nicht mehr besteht, falls dies früher eintritt.

Der Rat entscheidet innerhalb eines Monats nach Eingang des Vorschlags der Kommission über diesen und legt dar, warum er die vorgeschlagenen nationalen Maßnahmen ablehnt oder nicht.

Der Rat lehnt die vorgeschlagenen nationalen Maßnahmen nur ab, wenn seiner Ansicht nach die folgenden Voraussetzungen nicht erfüllt sind:
a) Die Veränderungen der Intensität des Makroaufsichts- oder des Systemrisikos sind so geartet, dass sie eine Gefahr für die nationale Finanzstabilität darstellen;
b) die Artikel 124 und 164 sowie die Artikel 101, 103, 104, 105, 133 und 136 der Richtlinie 2013/36/EU reichen angesichts der relativen Wirksamkeit dieser Maßnahmen nicht aus, um das festgestellte Makroaufsichts- oder Systemrisiko zu beheben;
c) die vorgeschlagenen nationalen Maßnahmen sind besser geeignet, um auf das festgestellte Makroaufsichts- oder Systemrisiko zu reagieren, ohne unverhältnismäßig nachteilige Auswirkungen auf das Finanzsystem anderer Mitgliedstaaten oder auf Teile davon oder auf das Finanzsystem in der Union insgesamt nach sich zu ziehen und so ein Hindernis für das Funktionieren des Binnenmarkts zu bilden oder zu schaffen;
d) das Problem betrifft nur einen Mitgliedstaat und
e) zur Bewältigung der Risiken wurden nicht bereits andere Maßnahmen gemäß dieser Verordnung oder der Richtlinie 2013/36/EU ergriffen.

Bei seiner Bewertung berücksichtigt der Rat die Stellungnahmen des ESRB und der EBA und stützt sich auf die von der nach Absatz 1 benannten Behörde gemäß Absatz 2 vorgelegten Nachweise.

Erlässt der Rat innerhalb eines Monats nach Eingang des Kommissionsvorschlags keinen Durchführungsrechtsakt zur Ablehnung der vorgeschlagenen nationalen Maßnahmen, darf der Mitgliedstaat die Maßnahmen erlassen und bis zu zwei Jahre lang oder solange, bis das Makroaufsichts- oder Systemrisiko nicht mehr besteht, falls dies früher eintritt, anwenden.

(5) Andere Mitgliedstaaten können die gemäß diesem Artikel ergriffenen Maßnahmen anerkennen und sie auf im Inland zugelassene Zweigstellen anwenden, die sich in dem Mitgliedstaat befinden, dem die Anwendung der Maßnahmen gestattet wurde.

(6) Mitgliedstaaten, die die gemäß diesem Artikel ergriffenen Maßnahmen anerkennen, zeigen dies dem Rat, der Kommission, der EBA, dem ESRB und dem Mitgliedstaat, dem die Anwendung der Maßnahmen gestattet wurde, an.

(7) Bei der Entscheidung darüber, ob sie die gemäß diesem Artikel ergriffenen Maßnahmen anerkennen, tragen die Mitgliedstaaten den Kriterien des Absatzes 4 Rechnung.

(8) Der Mitgliedstaat, dem die Anwendung der Maßnahmen gestattet wurde, kann den ESRB bitten, an einen Mitgliedstaat oder Mitgliedstaaten, der (die) die Maßnahmen nicht anerkennt (anerkennen), eine Empfehlung gemäß Artikel 16 der Verordnung (EU) Nr. 1092/2010 zu richten.

(9) Vor Ablauf der gemäß Absatz 4 erteilten Erlaubnis überprüft der Mitgliedstaat in Abstimmung mit dem ESRB und der EBA die Lage und kann daraufhin gemäß dem Verfahren nach Absatz 4 einen neuen Beschluss erlassen, mit dem die Anwendung der nationalen Maßnahmen jeweils um ein Jahr verlängert wird. Nach der ersten Verlängerung überprüft die Kommission in Abstimmung mit dem ESRB und der EBA die Lage mindestens jährlich.

(10) Unbeschadet des Verfahrens nach den Absätzen 3 bis 9 dürfen die Mitgliedstaaten für bis zu zwei Jahre oder bis das Makroaufsichts- oder Systemrisiko nicht mehr besteht, falls dies früher eintritt, und sofern die Bedingungen und Anzeigepflichten des Absatzes 2 eingehalten werden, die Risikogewichte für die in Absatz 2 Buchstabe d Ziffern vi und vii genannten Risikopositionen über die in dieser Verordnung vorgesehenen Werte hinaus um bis zu 25 % zu erhöhen und die Obergrenze für Großkredite nach Artikel 395 um bis zu 15 % senken.

Artikel 459   Aufsichtliche Anforderungen

Der Kommission wird die Befugnis übertragen, insbesondere auf Empfehlung oder nach Stellungnahme des ESRB oder der EBA in Bezug auf nachstehende Aspekte delegierte Rechtsakte nach Artikel 462 zu erlassen, um für die Dauer von einem Jahr strengere aufsichtliche Anforderungen für Risikopositionen festzulegen, sofern dies notwendig ist, um auf aus Marktentwicklungen resultierende Veränderungen der Intensität der Risiken auf Ebene der Mikro- und der Makroaufsicht in der Union oder außerhalb der Union, wenn davon alle Mitgliedstaaten betroffen sind, zu reagieren, und die Instrumente dieser Verordnung und der Richtlinie 2013/36/EU nicht ausreichen, um auf diese Risiken zu reagieren:
a) die Höhe der Eigenmittel gemäß Artikel 92,
b) die Eigenmittelanforderungen für Großkredite nach Artikel 392 und den Artikeln 395 bis 403,
c) die Offenlegungspflichten nach den Artikel 431 bis 455.

Die Kommission übermittelt dem Europäischen Parlament und dem Rat mindestens einmal jährlich mit Unterstützung des ESRB einen Bericht über Marktentwicklungen, die eine Inanspruchnahme dieses Artikels erforderlich machen könnten.

Artikel 460   Liquidität

(1) Der Kommission wird die Befugnis übertragen, zur Präzisierung der allgemeinen Anforderung nach Artikel 412 Absatz 1 einen delegierten Rechtsakt gemäß Artikel 462 zu erlassen. Der gemäß diesem Absatz erlassene delegierte Rechtsakt stützt sich auf die gemäß Teil 6 Titel II und Anhang III zu meldenden Posten, präzisiert die Umstände, unter denen die zuständigen Behörden Kreditinstituten spezifische Zu- und Abflusshöhen auferlegen müssen, um deren spezifische Risiken zu erfassen und überschreitet nicht die Schwellenwerte nach Absatz 2.
(2) Die Liquiditätsdeckunganforderung gemäß Artikel 412 wird in folgenden Stufen schrittweise eingeführt:
a) 60 % der Liquiditätsdeckunganforderung 2015,
b) 70 % ab dem 1. Januar 2016,
c) 80 % ab dem 1. Januar 2017,
d) 100 % ab dem 1. Januar 2018.

Die Kommission berücksichtigt hierbei die Meldungen und Berichte nach Artikel 509 Absätze 1, 2 und 3 sowie durch internationale Gremien ausgearbeitete internationale Standards und unionsspezifische Besonderheiten.
Die Kommission erlässt den delegierten Rechtsakt nach Absatz 1 bis zum 30. Juni 2014. Er tritt spätestens am 31. Dezember 2014 in Kraft, findet jedoch nicht vor dem 1. Januar 2015 Anwendung.

Artikel 461   Überprüfung der schrittweisen Einführung der
             Liquiditätsdeckungsanforderung

(1) Die EBA erstattet der Kommission nach Konsultation des ESRB bis zum 30. Juni 2016 Bericht darüber, ob die schrittweise Einführung der Liquiditätsdeckungsanforderung nach Artikel 460 Absatz 2 angepasst werden sollte. Diese Prüfung sollte Entwicklungen der Märkte und der internationalen Aufsichtsregeln sowie unionsspezifischen Besonderheiten gebührend Rechnung tragen.
Die EBA prüft in ihrem Bericht insbesondere eine Verschiebung der Einführung der verbindlichen Mindestquote von 100 % auf den 1. Januar 2019. In dem Bericht werden

die Jahresmeldungen nach Artikel 509 Absatz 1, einschlägige Marktdaten und die Empfehlungen der zuständigen Behörden aller Mitgliedstaaten berücksichtigt.

(2) Der Kommission wird die Befugnis übertragen, einen delegierten Rechtsakt nach Artikel 462 zu erlassen, wenn Markt- und anderen Entwicklungen dies erforderlich machen, um die schrittweise Einführung gemäß Artikel 460 zu ändern und die Einführung einer verbindlichen Mindestquote von 100 % für die Liquiditätsdeckungsanforderung nach Artikel 412 Absatz 1 bis 2019 zu verschieben und für 2018 eine verbindliche Mindestquote von 90 % für die Liquiditätsdeckungsanforderung vorzuschreiben.

Zur Prüfung der Notwendigkeit einer Verschiebung zieht die Kommission den Bericht und die Prüfung nach Absatz 1 heran.

Ein gemäß diesem Artikel erlassener delegierter Rechtsakt wird nicht vor dem 1. Januar 2018 angewandt und tritt spätestens am 30. Juni 2017 in Kraft.

Artikel 462 Ausübung der Befugnis

(1) Die der Kommission übertragene Befugnis zum Erlass delegierter Rechtakte unterliegt den Bedingungen dieses Artikels.

(2) Die Übertragung von Befugnissen an die Kommission gemäß den Artikeln 456 bis 460 wird ab dem 28. Juni 2013 unbefristet gewährt.

(3) Die Befugnisübertragung nach den Artikeln 456 bis 460 kann jederzeit vom Europäischen Parlament oder dem Rat widerrufen werden. Die Befugnisübertragung wird durch einen Beschluss aufgehoben, in dem die Befugnis näher bezeichnet wird. Der Beschluss tritt am Tag nach der Veröffentlichung des Beschlusses im Amtsblatt der Europäischen Union oder zu einem späteren, in dem Beschluss festgelegten Zeitpunkt in Kraft. Er berührt nicht die Gültigkeit der bereits in Kraft getretenen delegierten Rechtsakte.

(4) Sobald die Kommission einen delegierten Rechtsakt erlässt, unterrichtet sie zeitgleich das Europäische Parlament und den Rat.

(5) Ein gemäß den Artikeln 456 bis 460 erlassener delegierter Rechtsakt tritt nur dann in Kraft, wenn weder das Europäische Parlament noch der Rat innerhalb von drei Monaten, nachdem das Europäische Parlament und der Rat hiervon unterricht wurden, Einwände erheben oder wenn das Europäische Parlament und der Rat vor Ablauf dieser Frist beide der Kommission mitgeteilt haben, dass sie keine Einwände erheben. Auf Veranlassung des Europäischen Parlaments oder des Rates wird diese Frist um drei Monate verlängert.

Artikel 463 Einwände gegen technische Regulierungsstandards

Erlässt die Kommission gemäß dieser Verordnung einen technischen Regulierungsstandard, der mit dem von der EBA übermittelten Entwurf des technischen Regulierungsstandards identisch ist, so beträgt der Zeitraum, innerhalb dessen das Europäische Parlament und der Rat Einwände gegen diesen technischen Regulierungsstandard erheben können, einen Monat ab dem Datum der Übermittlung. Auf Veranlassung des Europäischen Parlaments oder des Rates wird dieser Zeitraum um einen Monat verlängert. Abweichend von Artikel 13 Absatz 1 Unterabsatz 2 der Verordnung (EU) Nr. 1093/2002 kann der Zeitraum innerhalb dessen das Europäische Parlament oder der Rat Einwände gegen den technischen Regulierungsstandard erheben können, erforderlichenfalls um einen weiteren Monat verlängert werden.

Artikel 464 Europäischer Bankenausschuss

(1) Die Kommission wird von dem durch den Beschluss 2004/10/EG der Kommission[1] eingesetzten Europäischen Bankenausschuss unterstützt. Bei diesem Ausschuss handelt es sich um einen Ausschuss im Sinne der Verordnung (EU) Nr. 182/2011.

(2) Wird auf diesen Absatz Bezug genommen, so gilt Artikel 5 der Verordnung (EU) Nr. 182/2011.

Teil 10:
Übergangsbestimmungen, Berichte, Prüfungen und Änderungen

Titel I Übergangsbestimmungen

Kapitel 1 Eigenmittelanforderungen, zeitwertbilanzierte nicht realisierte Gewinne und Verluste und Abzüge

Abschnitt 1 Eigenmittelanforderungen

Artikel 465 Eigenmittelanforderungen

(1) Abweichend von Artikel 92 Absatz 1 Buchstaben a und b gelten die folgenden Eigenmittelanforderungen ab dem 1. Januar 2014 bis zum 31. Dezember 2014:
a) eine harte Kernkapitalquote zwischen 4% und 4,5%,
b) eine Kernkapitalquote zwischen 5,5% und 6%.

(2) Die zuständigen Behörden legen die von Instituten einzuhaltende oder zu überschreitende Höhe der harten Kernkapitalquote und der Kernkapitalquote innerhalb der Bandbreiten nach Absatz 1 Buchstabe a fest und veröffentlichen diese Werte.

Artikel 466 Erstmalige Anwendung Internationaler Rechnungslegungsvorschriften

Abweichend von Artikel 24 Absatz 2 räumen die zuständigen Behörden Instituten, die die Bewertung von Aktiva und außerbilanziellen Posten und die Bestimmung der Eigenmittel nach internationalen Rechnungslegungsstandards nach Maßgabe der Verordnung (EG) Nr. 1606/2002 vornehmen müssen, eine 24-monatige Vorlaufzeit zur Einrichtung der erforderlichen internen Verfahren und technischen Anforderungen ein.

Abschnitt 2 Zeitwertbilanzierte nicht realisierte Gewinne und Verluste

Artikel 467 Zeitwertbilanzierte nicht realisierte Verluste

(1) Abweichend von Artikel 35 berücksichtigen Institute ab dem 1. Januar 2014 bis zum 31. Dezember 2017 in der Berechnung ihrer Posten des harten Kernkapitals nicht realisierte Verluste aus Vermögenswerten oder Verbindlichkeiten, die mit dem beizulegenden Zeitwert angesetzt und in der Bilanz ausgewiesen sind, ausschließlich in

---

[1] ABl. L 3 vom 7.1.2004, S. 36

Höhe des anwendbaren Prozentsatzes der wobei die in Artikel 33 genannten Posten und alle anderen nicht realisierten Verluste, die in der Gewinn- und Verlustrechnung ausgewiesen sind, ausgeschlossen sind.
(2) Für die Zwecke von Absatz 1 beträgt der anwendbare Prozentsatz
a) 20% bis 100% ab dem 1. Januar 2014 bis zum 31. Dezember 2014,
b) 40% bis 100% zwischen dem 1. Januar 2015 und dem 31. Dezember 2015,
c) 60% bis 100% zwischen dem 1. Januar 2016 und dem 31. Dezember 2016, und
d) 80% bis 100% zwischen dem 1. Januar 2017 und dem 31. Dezember 2017.

Abweichend von Absatz 1 können die zuständigen Behörden in Fällen, in denen vor dem 1. Januar 2014 so verfahren wurde, Instituten erlauben, nicht realisierte Gewinne oder Verluste aus Risikopositionen gegenüber Zentralstaaten der Kategorie ›zur Veräußerung verfügbar‹ des von der Union übernommenen internationalen Rechnungslegungsstandard IAS 39 in keinem Bestandteil ihrer Eigenmittel zu berücksichtigen.
Die Behandlung nach Unterabsatz 2 wird angewandt, bis die Kommission eine Verordnung auf der Grundlage der Verordnung (EG) Nr. 1606/2002 erlassen hat, mit der die den IAS 39 ersetzende internationale Rechnungslegungsvorschrift übernommen wird.
(3) Die zuständigen Behörden legen den anwendbaren Prozentsatz innerhalb der Bandbreiten nach Absatz 2 Buchstaben b bis e fest und veröffentlichen diesen Wert.

Artikel 468 Zeitwertbilanzierte nicht realisierte Gewinne

(1) Abweichend von Artikel 35 berücksichtigen Institute ab dem 1. Januar 2014 bis zum 31. Dezember 2017 in ihren Posten des harten Kernkapitals nicht realisierte Gewinne aus Vermögenswerten oder Verbindlichkeiten, die mit dem beizulegenden Zeitwert angesetzt und in der Bilanz ausgewiesen sind, bis zur Höhe des anwendbaren Prozentsatzes nicht, wobei die in Artikel 33 genannten Posten und alle anderen nicht realisierten Gewinne mit Ausnahme jener aus Anlagevermögen, die in der Gewinn- und Verlustrechnung ausgewiesen sind, ausgeschlossen sind. Der daraus resultierende Restbetrag wird in den Posten des harten Kernkapitals berücksichtigt.
(2) Für die Zwecke von Absatz 1 beträgt der anwendbare Prozentsatz ab dem 1. Januar 2014 bis zum 31. Dezember 2014 100% und liegt danach innerhalb folgender Bandbreiten:
a) 60% bis 100% zwischen dem 1. Januar 2015 und dem 31. Dezember 2015,
b) 40% bis 100% zwischen dem 1. Januar 2016 und dem 31. Dezember 2016,
c) 20% bis 100% zwischen dem 1. Januar 2017 und dem 31. Dezember 2017.

Ab dem 1. Januar 2015 darf eine zuständige Behörde, die aufgrund von Artikel 467 verlangt, dass Institute in die Berechnung des harten Kernkapitals 100% ihrer zeitwertbilanzierten nicht realisierten Verluste einbeziehen, gestatten, dass die Institute in diese Berechnung auch 100% ihrer zeitwertbilanzierten nicht realisierten Gewinne einbeziehen,
Ab dem 1. Januar 2015 darf eine zuständige Behörde, die aufgrund von Artikel 467 verlangt, dass Institute in die Berechnung des harten Kernkapitals einen Prozentsatz der zeitwertbilanzierten nicht realisierten Verluste einbeziehen, den anwendbaren Prozentsatz der nicht realisierten Gewinne gemäß diesem Absatz nicht so festlegen, dass der in die Berechnung des harten Kernkapitals einbezogene Prozentsatz der nicht realisierten Gewinne höher ist, als der gemäß Artikel 467 festgelegte anwendbare Prozentsatz der nicht realisierten Verluste.
(3) Die zuständigen Behörden legen den Prozentsatz, bis zum dem nicht realisierte Gewinne nicht im harten Kernkapital berücksichtigt werden, innerhalb der Bandbreiten nach Absatz 2 Buchstaben a bis c fest und veröffentlichen diesen Wert.
(4) Abweichend von Artikel 33 Absatz 1 Buchstabe c berücksichtigen Institute zwischen dem 1. Januar 2013 und dem 31. Dezember 2017 bei der Berechnung ihrer

Eigenmittel nicht den nach Artikel 478 anwendbaren Prozentsatz der zeitwertbilanzierten Gewinne und Verluste aus derivativen Verbindlichkeiten, die aus Änderungen der eigenen Bonität des Instituts resultieren. Der anwendbare Prozentsatz für zeitwertbilanzierte Verluste, die aus Änderungen der eigenen Bonität des Instituts resultieren, darf nicht höher sein als der anwendbare Prozentsatz für zeitwertbilanzierte Verluste, die aus Änderungen der eigenen Bonität des Instituts resultieren.

Abschnitt 3 Abzüge

Unterabschnitt 1 Abzüge von Posten des harten Kernkapitals

Artikel 469 Abzüge von Posten des harten Kernkapitals

(1) Abweichend von Artikel 36 Absatz 1 gilt ab dem 1. Januar 2014 bis zum 31. Dezember 2017 Folgendes:
a) Die Institute ziehen von den Posten des harten Kernkapitals den in Artikel 478 spezifizierten anwendbaren Prozentsatz der nach Artikel 36 Absatz 1 Buchstaben a bis h in Abzug zu bringenden Beträge ab, ausgenommen latente Steueransprüche, die von der künftigen Rentabilität abhängig sind und aus temporären Differenzen resultieren.
b) Die Institute wenden die einschlägigen Bestimmungen des Artikels 472 auf die Restbeträge von Posten an, die nach Artikel 36 Absatz 1 Buchstaben a bis h in Abzug zu bringen sind, ausgenommen latente Steueransprüche, die von der künftigen Rentabilität abhängig sind und aus temporären Differenzen resultieren.
c) Die Institute ziehen von den Posten des harten Kernkapitals den in Artikel 478 spezifizierten anwendbaren Prozentsatz des nach Artikel 36 Absatz 1 Buchstaben c und i in Abzug zu bringenden Gesamtbetrags nach der Anwendung von Artikel 470 ab.
d) Die Institute wenden Artikel 472 Absatz 5 bzw. Absatz 11 auf den gesamten Restbetrag der Posten an, die nach Artikel 36 Absatz 1 Buchstaben c und i und nach der Anwendung von Artikel 470 in Abzug zu bringen sind.

(2) Die Institute legen den Anteil an dem in Absatz 1 Buchstabe d genannten gesamten Restbetrag fest, der Artikel 472 Absatz 5 unterliegt, indem sie den Quotienten aus dem in Buchstabe a spezifizierten Betrag und der in Buchstabe b spezifizierten Summe berechnen:
a) Betrag latenter Steueransprüche gemäß Artikel 470 Absatz 2 Buchstabe a, die von der künftigen Rentabilität abhängig sind und aus temporären Differenzen resultieren,
b) Summe der in Artikel 470 Absatz 2 Buchstaben a und b genannten Beträge.

(3) Die Institute legen den Anteil an dem in Absatz 1 Buchstabe d genannten gesamten Restbetrag fest, der Artikel 472 Absatz 11 unterliegt, indem sie den Quotienten aus dem in Buchstabe a spezifizierten Betrag und der in Buchstabe b spezifizierten Summe berechnen:
a) Betrag der direkten und indirekten Positionen in den Instrumenten des harten Kernkapitals nach Artikel 470 Absatz 2 Buchstabe b,
b) Summe der in Artikel 472 Absatz 2 Buchstaben a und b genannten Beträge.

Artikel 470 Ausnahmen vom Abzug von Posten des harten Kernkapitals

(1) Für die Zwecke dieses Artikels umfassen die einschlägigen Posten des harten Kernkapitals die gemäß Artikel 32 bis 35 berechneten Posten des harten Kernkapitals des Instituts nach den Abzügen gemäß Artikel 36 Absatz 1 Buchstaben a bis h sowie Buchstabe k Ziffern ii bis v und Buchstabe l, ausgenommen latente Steueransprüche, die von der künftigen Rentabilität abhängig sind und aus temporären Differenzen resultieren.

(2) Abweichend von Artikel 48 Absatz 1 dürfen Institute ab dem 1. Januar 2014 bis zum 31. Dezember 2017 die unter den Buchstaben a und b genannten Positionen, die aggregiert höchstens 15% der einschlägigen Posten des harten Kernkapitals des Instituts entsprechen, nicht in Abzug bringen:
a) latente Steueransprüche, die von der künftigen Rentabilität abhängig sind und aus temporären Differenzen resultieren und aggregiert höchstens 10% der einschlägigen Posten des harten Kernkapitals entsprechen,
b) wenn ein Institut eine wesentliche Beteiligung an einem Unternehmen der Finanzbranche hält, seine direkten, indirekten und synthetischen Positionen in den Instrumenten des harten Kernkapitals jenes Unternehmens, die zusammengerechnet höchstens 10% der einschlägigen Posten des harten Kernkapitals entsprechen.

(3) Abweichend von Artikel 48 Absatz 2 werden Posten, die gemäß Absatz 2 nicht abzuziehen sind, zu 250% risikogewichtet. Für die in Absatz 2 Buchstabe b genannten Posten gelten gegebenenfalls die Anforderungen des Teils 3 Titel IV.

Artikel 471 Ausnahmen vom Abzug von Beteiligungen an Versicherungsunternehmen von Posten des harten Kernkapitals

(1) Abweichend von Artikel 49 Absatz 1 können zuständige Behörden Instituten erlauben, ab dem 1. Januar 2014 bis zum 31. Dezember 2022 Beteiligungen an Versicherungsunternehmen, Rückversicherungsunternehmen und Versicherungsholdinggesellschaften nicht in Abzug bringen, wenn die folgenden Bedingungen erfüllt sind:
a) die Bedingungen nach Artikel 49 Absatz 1 Buchstaben a, c und e,
b) die zuständigen Behörden sind vom Niveau der Risikokontrollen und Finanzanalyseverfahren, die von dem Institut speziell zur Überwachung der Beteiligung an dem Unternehmen oder der Holdinggesellschaft eingeführt wurden, überzeugt,
c) die Beteiligung des Instituts an dem Versicherungsunternehmen, Rückversicherungsunternehmen oder der Versicherungsholdinggesellschaft beträgt nicht mehr als 15% der von dem betreffenden Unternehmen der Versicherungsbranche zum 31. Dezember 2012 und zwischen dem 1. Januar 2013 und dem 31. Dezember 2022 begebenen Instrumente ihres harten Kernkapitals;
d) der Betrag der Beteiligung, der nicht in Abzug gebracht wird, ist nicht höher als der Betrag der am 31. Dezember 2012 gehaltenen Instrumente des harten Kernkapitals des Versicherungsunternehmens, Rückversicherungsunternehmens oder der Versicherungsholdinggesellschaft.

(2) Die gemäß Absatz 2 nicht in Abzug gebrachten Beteiligungen gelten als Risikopositionen und werden mit 370% risikogewichtet.

Artikel 472 Nicht vom harten Kernkapital in Abzug zu bringende Posten

(1) Abweichend von Artikel 33 Absatz 1 Buchstabe c und Artikel 36 Absatz 1 Buchstaben a bis i wenden die Institute ab dem 1. Januar 2014 bis zum 31. Dezember 2017 diesen Artikel auf die Restbeträge der in Artikel 468 Absatz 4 bzw. Artikel 469 Absatz 1 Buchstaben b und d genannten Posten an.
(2) Der Restbetrag der Bewertungsanpassungen von Derivatverbindlichkeiten, die aus dem eigenen Kreditrisiko des Instituts resultieren, wird nicht in Abzug gebracht.
(3) Die Institute gehen hinsichtlich des Restbetrags der Verluste des laufenden Geschäftsjahrs nach Artikel 36 Absatz 1 Buchstabe a wie folgt vor:
a) Wesentliche Verluste werden von den Kernkapitalposten abgezogen,
b) Verluste, die nicht wesentlich sind, werden nicht abgezogen.

(4) Die Institute ziehen den Restbetrag der immateriellen Vermögenswerte nach Artikel 36 Absatz 1 Buchstabe b von den Kernkapitalposten ab.

(5) Der Restbetrag der latenten Steueransprüche nach Artikel 36 Absatz 1 Buchstabe c wird nicht abgezogen und unterliegt einer Risikogewichtung von 0 %.

(6) Der Restbetrag der Posten nach Artikel 36 Absatz 1 Buchstabe d wird zur Hälfte von Kernkapitalposten und zur Hälfte von Ergänzungskapitalposten abgezogen.

(7) Der Restbetrag der Vermögenswerte eines Pensionsfonds mit Leistungszusage gemäß Artikel 36 Absatz 1 Buchstabe e wird nicht von den Eigenmittelbestandteilen abgezogen und ist in den Posten des harten Kernkapitals insoweit enthalten, als der Betrag als Teil der ursprünglichen Eigenmittel gemäß den nationalen Umsetzungsmaßnahmen für Artikel 57 Buchstaben a bis ca der Richtlinie 2006/48/EG anerkannt worden wäre.

(8) Die Institute gehen hinsichtlich des Restbetrags der in eigenen Instrumenten des harten Kernkapitals gehaltenen Positionen nach Artikel 36 Absatz 1 Buchstabe f wie folgt vor:
a) Der Betrag der direkt gehaltenen Positionen wird von den Kernkapitalposten abgezogen;
b) der Betrag der indirekt und synthetischen Positionen, einschließlich eigener Instrumente des harten Kernkapitals, die ein Institut möglicherweise aufgrund bestehender oder eventueller vertraglicher Verpflichtungen zu kaufen gehalten ist, wird nicht abgezogen und unterliegt einem Risikogewicht gemäß Teil 3 Titel II Kapitel 2 oder 3 sowie gegebenenfalls den Anforderungen des Teils 3 Titel IV.

(9) Die Institute gehen hinsichtlich des Restbetrags der in Instrumenten des harten Kernkapitals eines Unternehmens der Finanzbranche gehaltenen Positionen, mit dem gegenseitige Überkreuzbeteiligungen nach Artikel 36 Absatz 1 Buchstabe g bestehen, wie folgt vor:
a) Hält ein Institut keine wesentliche Beteiligung an dem Unternehmen der Finanzbranche, so wird der Betrag seiner in den Instrumenten des harten Kernkapitals des Unternehmens gehaltenen Positionen gemäß Artikel 36 Absatz 1 Buchstabe h behandelt;
b) hält ein Institut eine wesentliche Beteiligung an dem Unternehmen der Finanzbranche, so wird der Betrag seiner in den Instrumenten des harten Kernkapitals des Unternehmens gehaltenen Positionen gemäß Artikel 36 Absatz 1 Buchstabe i behandelt.

(10) Die Institute gehen hinsichtlich der Restbeträge der Posten nach Artikel 36 Absatz 1 Buchstabe h wie folgt vor:
a) Die in Abzug zu bringenden Beträge in Verbindung mit direkt gehaltenen Positionen werden zur Hälfte von Kernkapitalposten und zur Hälfte von Ergänzungskapitalposten abgezogen;
b) die Beträge in Verbindung mit indirekten und synthetischen Positionen werden nicht abgezogen und unterliegen einem Risikogewicht gemäß Teil 3 Titel II Kapitel 2 oder 3 und gegebenenfalls den Anforderungen des Teils 3 Titel IV.

(11) Die Institute gehen hinsichtlich der Restbeträge der Posten nach Artikel 36 Absatz 1 Buchstabe i wie folgt vor:
a) Die in Abzug zu bringenden Beträge in Verbindung mit direkt gehaltenen Positionen werden zur Hälfte von Kernkapitalposten und zur Hälfte von Ergänzungskapitalposten abgezogen;
b) die Beträge in Verbindung mit indirekten und synthetischen Positionen werden nicht abgezogen und unterliegen einem Risikogewicht gemäß Teil 3 Titel II Kapitel 2 oder 3 und gegebenenfalls den Anforderungen des Teils 3 Titel IV.

Artikel 473   Einführung von Änderungen des internationalen
              Rechnungslegungsstandards IAS 19

(1) Abweichend von Artikel 481 können zuständige Behörden Instituten, die ihre Abschlüsse im Einklang mit den internationalen Rechnungslegungsstandards aufstellen, die gemäß dem Verfahren nach Artikel 6 Absatz 2 der Verordnung (EG) Nr. 1606/2002 erlassen wurden, ab dem 1. Januar 2014 bis zum 31. Dezember 2018 gestatten, zu ihrem harten Kernkapital den maßgebenden Betrag nach Absatz 2 bzw. 3, multipliziert mit dem Faktor nach Absatz 4 hinzuzurechnen.

(2) Der maßgebende Betrag wird als Summe nach Buchstabe a abzüglich der Summe nach Buchstabe b berechnet:
a) Die Institute bestimmen den Wert der Vermögenswerte aus ihren Pensionsfonds bzw. Altersversorgungsplänen im Einklang mit der Verordnung (EG) Nr. 1126/2008 der Kommission[1] in der durch die Verordnung (EG) Nr. 1205/2011 der Kommission[2] geänderten Fassung. Sie ziehen sodann von den Werten dieser Aktiva die Werte der nach denselben Rechnungslegungsvorschriften ermittelten Verbindlichkeiten der betreffenden Fonds oder Pläne ab;
b) die Institute bestimmen den Wert der Vermögenswerte aus ihren Pensionsfonds bzw. Altersversorgungsplänen im Einklang mit der Verordnung (EG) Nr. 1126/2008 der Kommission. Sie ziehen sodann von den Werten dieser Vermögenswerte die Werte der nach denselben Rechnungslegungsvorschriften ermittelten Verbindlichkeiten der betreffenden Fonds oder Pläne ab.

(3) Der gemäß Absatz 2 ermittelte Betrag ist begrenzt auf den Betrag, der vor dem 1. Januar 2014 gemäß den nationalen Maßnahmen zur Umsetzung der Richtlinie 2006/48/EG nicht von den Eigenmitteln in Abzug zu bringen ist, insoweit als in Bezug auf diese nationalen Maßnahmen in dem betreffenden Mitgliedstaat nach Artikel 481 verfahren werden könnte.

(4) Es werden folgende Faktoren angewandt:
a) 1 ab dem 1. Januar 2014 bis zum 31. Dezember 2014,
b) 0,8 ab dem 1. Januar 2015 bis zum 31. Dezember 2015,
c) 0,6 ab dem 1. Januar 2016 bis zum 31. Dezember 2016,
d) 0,4 ab dem 1. Januar 2017 bis zum 31. Dezember 2017,
e) 0,2 ab dem 01. Januar 2018 bis zum 31. Dezember 2018.

(5) Die Institute legen die Werte der Vermögenswerte und Verbindlichkeiten nach Absatz 2 in ihren veröffentlichten Abschlüssen offen.

Unterabschnitt 2   Abzüge von Posten des zusätzlichen Kernkapitals

Artikel 474   Abzüge von Posten des zusätzlichen Kernkapitals

Abweichend von Artikel 56 gilt ab dem 1. Januar 2014 bis zum 31. Dezember 2017 Folgendes:
a) Die Institute ziehen von den Posten des zusätzlichen Kernkapitals den in Artikel 478 spezifizierten anwendbaren Prozentsatz der nach Artikel 56 in Abzug zu bringenden Beträge ab.

---

1   Verordnung (EG) Nr. 1126/2008 der Kommission vom 3. November 2008 zur Übernahme bestimmter internationaler Rechnungslegungsstandards gemäß der Verordnung (EG) Nr. 1606/2002 des Europäischen Parlaments und des Rates (ABl. L 320 vom 29. 11. 2008, S. 1)
2   Verordnung (EU) Nr. 1205/2011 der Kommission vom 22. November 2011 zur Änderung der Verordnung (EG) Nr. 1126/2008 zur Übernahme bestimmter internationaler Rechnungslegungsstandards gemäß der Verordnung (EG) Nr. 1606/2002 des Europäischen Parlaments und des Rates im Hinblick auf den International Accounting Standard (IAS) 1 und den International Accounting Standard (IAS) 19 (ABl. L 146 vom 6. 6. 2012, S. 1)

b) Die Institute wenden Artikel 475 auf die Restbeträge der Posten an, die nach Artikel 56 in Abzug zu bringen sind.

Artikel 475 Nicht von Posten des zusätzlichen Kernkapitals in Abzug zu bringende Posten

(1) Abweichend von Artikel 56 finden die Anforderungen dieses Artikels ab dem 1. Januar 2014 bis zum 31. Dezember 2017 auf Restbeträge gemäß Artikel 474 Buchstabe b Anwendung.

(2) Die Institute gehen hinsichtlich des Restbetrags der Posten nach Artikel 56 Buchstabe a wie folgt vor:
a) Direkt gehaltene Positionen in eigenen Instrumenten des zusätzlichen Kernkapitals werden zum Buchwert von den Kernkapitalposten abgezogen;
b) indirekte und synthetische Positionen in eigenen Instrumenten des zusätzlichen Kernkapitals, einschließlich in eigenen Instrumenten des zusätzlichen Kernkapitals, die ein Institut möglicherweise aufgrund bestehender oder eventueller vertraglicher Verpflichtungen zu kaufen gehalten ist, werden nicht abgezogen und unterliegen einem Risikogewicht gemäß Teil 3 Titel II Kapitel 2 oder 3 sowie gegebenenfalls den Anforderungen des Teils 3 Titel IV.

(3) Die Institute gehen hinsichtlich des Restbetrags der Posten nach Artikel 56 Buchstabe b wie folgt vor:
a) Hält ein Institut keine wesentliche Beteiligung an einem Unternehmen der Finanzbranche, mit dem gegenseitige Überkreuzbeteiligungen bestehen, so wird der Betrag seiner direkten, indirekten und synthetischen Positionen in den Instrumenten des zusätzlichen Kernkapitals jenes Unternehmens gemäß Artikel 56 Buchstabe c behandelt;
b) hält ein Institut eine wesentliche Beteiligung an einem Unternehmen der Finanzbranche, mit dem gegenseitige Überkreuzbeteiligungen bestehen, so wird der Betrag seiner direkten, indirekten und synthetischen Positionen in den Instrumenten des zusätzlichen Kernkapitals des Unternehmens gemäß Artikel 56 Buchstabe d behandelt.

(4) Die Institute gehen hinsichtlich des Restbetrags der Posten nach Artikel 56 Buchstaben c und d wie folgt vor:
a) Der Betrag in Verbindung mit den direkt gehaltenen Positionen, der gemäß Artikel 56 Buchstaben c und d in Abzug zu bringen ist, wird zur Hälfte von Kernkapitalposten und zur Hälfte von Ergänzungskapitalposten abgezogen;
b) der Betrag in Verbindung mit den indirekten und synthetischen Positionen, der gemäß Artikel 56 Buchstaben c und d in Abzug zu bringen ist, wird nicht abgezogen und unterliegt einem Risikogewicht gemäß Teil 3 Titel II Kapitel 2 oder 3 sowie gegebenenfalls den Anforderungen des Teils 3 Titel IV.

Unterabschnitt 3 Abzüge von Posten des Ergänzungskapitals

Artikel 476 Abzüge von Posten des Ergänzungskapitals

Abweichend von Artikel 66 gilt ab dem 1. Januar 2014 bis zum 31. Dezember 2017 Folgendes:
a) Die Institute ziehen von den Ergänzungskapitalposten den in Artikel 478 spezifizierten anwendbaren Prozentsatz der nach Artikel 66 in Abzug zu bringenden Beträge ab;
b) die Institute wenden Artikel 477 auf die Restbeträge an, die nach Artikel 66 in Abzug zu bringen sind.

Artikel 477 Abzüge von Ergänzungskapitalposten

(1) Abweichend von Artikel 66 finden die Anforderungen dieses Artikels ab dem 1. Januar 2014 bis zum 31. Dezember 2017 auf Restbeträge gemäß Artikel 476 Buchstabe b Anwendung.

(2) Die Institute gehen hinsichtlich des Restbetrags der Posten nach Artikel 66 Buchstabe a wie folgt vor:
a) Direkt gehaltene Positionen in eigenen Instrumenten des Ergänzungskapitals werden zum Buchwert von den Ergänzungskapitalposten abgezogen;
b) indirekte und synthetische Positionen in eigenen Ergänzungskapitalinstrumenten, einschließlich in eigenen Ergänzungskapitalinstrumenten, die ein Institut möglicherweise aufgrund bestehender oder eventueller vertraglicher Verpflichtungen zu kaufen gehalten ist, werden nicht abgezogen und unterliegen einem Risikogewicht gemäß Teil 3 Titel II Kapitel 2 oder 3 sowie gegebenenfalls den Anforderungen des Teils 3 Titel IV.

(3) Die Institute gehen hinsichtlich des Restbetrags der Posten nach Artikel 66 Buchstabe b wie folgt vor:
a) Hält ein Institut keine wesentliche Beteiligung an einem Unternehmen der Finanzbranche, mit dem gegenseitige Überkreuzbeteiligungen bestehen, so wird der Betrag seiner direkten, indirekten und synthetischen Positionen in den Ergänzungskapitalinstrumenten des Unternehmens gemäß Artikel 66 Buchstabe c behandelt;
b) hält ein Institut eine wesentliche Beteiligung an einem Unternehmen der Finanzbranche, mit dem gegenseitige Überkreuzbeteiligungen bestehen, so wird der Betrag seiner direkten, indirekten und synthetischen Positionen in den Ergänzungskapitalinstrumenten dieses Unternehmens gemäß Artikel 66 Buchstabe d behandelt.

(4) Die Institute gehen hinsichtlich des Restbetrags der Posten nach Artikel 66 Buchstaben c und d wie folgt vor:
a) Der Betrag in Verbindung mit den direkt gehaltenen Positionen, der gemäß Artikel 66 Buchstaben c und d in Abzug zu bringen ist, wird zur Hälfte von Kernkapitalposten und zur Hälfte von Ergänzungskapitalposten abgezogen;
b) der Betrag in Verbindung mit den indirekten und synthetischen Positionen, der gemäß Artikel 66 Buchstaben c und d in Abzug zu bringen ist, wird nicht abgezogen und unterliegt einem Risikogewicht gemäß Teil 3 Titel II Kapitel 2 oder 3 sowie gegebenenfalls den Anforderungen des Teils 3 Titel IV.

Unterabschnitt 4 Auf Abzüge anwendbare Prozentsätze

Artikel 478 Auf Abzüge von Posten des harten Kernkapitals, des zusätzlichen Kernkapitals und des Ergänzungskapitals anwendbare Prozentsätze

(1) Der anwendbare Prozentsatz für die Zwecke der Artikel 468 Absatz 4, 469 Absatz 1 Buchstaben a und c, 474 Buchstabe a und 476 Buchstabe a liegt innerhalb folgender Bandbreiten:
a) 20% bis 100% ab dem 1. Januar 2014 bis zum 31. Dezember 2014,
b) 40% bis 100% ab dem 1. Januar 2015 bis zum 31. Dezember 2015,
c) 60% bis 100% ab dem 1. Januar 2016 bis zum 31. Dezember 2016,
d) 80% bis 100% ab dem 1. Januar 2017 bis zum 31. Dezember 2017.

(2) Abweichend von Absatz 1 liegt für die in Artikel 36 Absatz 1 Buchstabe c genannten Posten, die vor dem 1. Januar 2014 bestanden, der anwendbare Prozentsatz für die Zwecke des Artikels 469 Absatz 1 Buchstabe c innerhalb folgender Bandbreiten:
a) 0% bis 100% ab dem 1. Januar 2014 bis zum 31. Dezember 2014,

b) 10% bis 100% ab dem 1. Januar 2015 bis zum 31. Dezember 2015,
c) 20% bis 100% ab dem 1. Januar 2016 bis zum 31. Dezember 2016,
d) 30% bis 100% ab dem 1. Januar 2017 bis zum 31. Dezember 2017,
e) 40% bis 100% ab dem 1. Januar 2018 bis zum 31. Dezember 2018,
f) 50% bis 100% ab dem 1. Januar 2019 bis zum 31. Dezember 2019,
g) 60% bis 100% ab dem 1. Januar 2020 bis zum 31. Dezember 2020,
h) 70% bis 100% ab dem 1. Januar 2021 bis zum 31. Dezember 2021,
i) 80% bis 100% ab dem 1. Januar 2022 bis zum 31. Dezember 2022,
j) 90% bis 100% ab dem 1. Januar 2023 bis zum 31. Dezember 2023.

(3) Die zuständigen Behörden legen einen anwendbaren Prozentsatz innerhalb der in den Absätzen 1 und 2 genannten Bandbreiten für jeden der folgenden Abzüge fest und veröffentlichen diese Werte:
a) die einzelnen Abzüge gemäß Artikel 36 Absatz 1 Buchstaben a bis h, ausgenommen latente Steueransprüche, die von der künftigen Rentabilität abhängig sind und aus temporären Differenzen resultieren,
b) die Gesamtsumme latenter Steueransprüche, die von der künftigen Rentabilität abhängig sind und aus temporären Differenzen resultieren, sowie Posten gemäß Artikel 36 Absatz 1 Buchstabe i, die nach Artikel 48 in Abzug zu bringen sind,
c) jeden Abzug gemäß Artikel 56 Buchstaben b bis d,
d) jeden Abzug gemäß Artikel 66 Buchstaben b bis d.

Abschnitt 4 Minderheitsbeteiligungen und durch Tochterunternehmen begebene Instrumente des zusätzlichen Kernkapitals und des Ergänzungskapitals

Artikel 479 Anerkennung von nicht als Minderheitsbeteiligungen geltenden Instrumenten und Positionen im konsolidierten harten Kernkapital

(1) Abweichend von Teil 2 Titel III entscheiden die zuständigen Behörden ab dem 1. Januar 2014 bis zum 31. Dezember 2017 gemäß den Absätzen 2 und 3 über die Anerkennung von Positionen im konsolidierten harten Kernkapital, die im Einklang mit den nationalen Maßnahmen zur Umsetzung des Artikels 65 der Richtlinie 2006/48/EG zu den konsolidierten Rücklagen gerechnet würden und aus einem der folgenden Gründe nicht als konsolidiertes hartes Kernkapital gelten:
a) das Instrument gilt nicht als Instrument des harten Kernkapitals, so dass die verbundenen einbehaltenen Gewinne und Agios nicht zu den Posten des konsolidierten harten Kernkapitals gerechnet werden können;
b) die Positionen sind aufgrund von Artikel 81 Absatz 2 nicht anerkennungsfähig;
c) die Positionen sind nicht anerkennungsfähig, weil das Tochterunternehmen kein Institut oder Unternehmen ist, das aufgrund des anwendbaren nationalen Rechts den Anforderungen dieser Verordnung und der Richtlinie 2013/36/EU unterliegt;
d) die Positionen sind nicht anerkennungsfähig, weil das Tochterunternehmen nicht vollständig in die Konsolidierung nach Teil 1 Titel II Kapitel 2 einbezogen ist.

(2) Der anwendbare Prozentsatz der in Absatz 1 genannten Positionen, die im Einklang mit den nationalen Umsetzungsmaßnahmen für Artikel 65 der Richtlinie 2006/48/EG als konsolidierte Rücklagen gelten würden, gilt als konsolidiertes hartes Kernkapital.

(3) Für die Zwecke des Absatzes 2 liegt der anwendbare Prozentsatz innerhalb folgender Bandbreiten:
a) 0% bis 80% ab dem 1. Januar 2014 bis zum 31. Dezember 2014,
b) 0% bis 60% ab dem 1. Januar 2015 bis zum 31. Dezember 2015,
c) 0% bis 40% ab dem 1. Januar 2016 bis zum 31. Dezember 2016,
d) 0% bis 20% ab dem 1. Januar 2017 bis zum 31. Dezember 2017.

(4) Die zuständigen Behörden legen den anwendbaren Prozentsatz innerhalb der in Absatz 3 genannten Bandbreiten fest und veröffentlichen diesen Wert.

Artikel 480 Anerkennung von Minderheitsbeteiligungen und qualifiziertem zusätzlichem Kernkapital und Ergänzungskapital in den konsolidierten Eigenmitteln

(1) Abweichend von Artikel 84 Buchstabe b, Artikel 85 Buchstabe b und Artikel 87 Buchstabe b werden die in diesen Artikeln genannten Prozentsätze ab dem 1. Januar 2014 bis zum 31. Dezember 2017 mit dem jeweiligen anwendbaren Faktor multipliziert.

(2) Für die Zwecke von Absatz 1 liegt der anwendbare Faktor innerhalb folgender Bandbreiten:
a) 0,2 bis 1 ab dem 1. Januar 2014 bis zum 31. Dezember 2014,
b) 0,4 bis 1 ab dem 1. Januar 2015 bis zum 31. Dezember 2015,
c) 0,6 bis 1 ab dem 1. Januar 2016 bis zum 31. Dezember 2016 und
d) 0,8 bis 1 ab dem 1. Januar 2017 bis zum 31. Dezember 2017.

(3) Die zuständigen Behörden legen den anwendbaren Faktor innerhalb der in Absatz 2 genannten Bandbreiten fest und veröffentlichen diesen Wert.

Abschnitt 5 Zusätzliche Korrekturposten sowie Abzüge

Artikel 481 Zusätzliche Korrekturposten sowie Abzüge

(1) Abweichend von den Artikeln 32 bis 36, 56 und 66 nehmen die Institute ab dem 1. Januar 2014 bis zum 31. Dezember 2017 Anpassungen vor, um den nach den nationalen Umsetzungsmaßnahmen für die Artikel 57, 61, 63, 63a, 64 und 66 der Richtlinie 2006/48/EG und die Artikel 13 und 16 der Richtlinie 2006/49/EG vorgeschriebenen, nach Teil 2 aber nicht geforderten anwendbaren Prozentsatz der Korrekturposten oder Abzüge in Posten des harten Kernkapitals, des Kernkapitals, des Ergänzungskapitals oder der Eigenmittel zu berücksichtigen oder von diesen abzuziehen.

(2) Abweichend von Artikel 36 Absatz 1 Ziffer i und Artikel 49 Absatz 1 können die zuständigen Behörden ab dem 1. Januar 2014 bis zum 31. Dezember 2014 Instituten vorschreiben oder gestatten, anstelle des Abzugs nach Artikel 36 Absatz 1 die Methoden nach Artikel 49 Absatz 1 anzuwenden, wenn die Voraussetzungen nach Artikel 49 Absatz 1 Buchstabe b nicht erfüllt sind. In diesen Fällen wird der Anteil der Positionen in den Eigenmittelinstrumenten eines Unternehmens der Finanzbranche, an dem das Mutterunternehmen eine wesentliche Beteiligung hält, der nicht nach Artikel 49 Absatz 1 in Abzug zu bringen ist, durch den anwendbaren Prozentsatz nach Absatz 4 bestimmt. Für den nicht abzugsfähigen Betrag gelten gegebenenfalls die Anforderungen des Artikels 49 Absatz 4.

(3) Für die Zwecke von Absatz 1 liegt der anwendbare Prozentsatz innerhalb folgender Bandbreiten:
a) 0% bis 80% ab dem 1. Januar 2014 bis zum 31. Dezember 2014,
b) 0% bis 60% ab dem 1. Januar 2015 bis zum 31. Dezember 2015,
c) 0% bis 40% ab dem 1. Januar 2016 bis zum 31. Dezember 2016,
d) 0% bis 20% ab dem 1. Januar 2017 bis zum 31. Dezember 2017.

(4) Für die Zwecke von Absatz 2 liegt der anwendbare Prozentsatz ab dem 1. Januar 2014 bis zum 31. Dezember 2014 zwischen 0% und 50%.

(5) Für jeden Korrekturposten oder Abzug nach den Absätzen 1 oder 2 legen die zuständigen Behörden den anwendbaren Prozentsatz innerhalb der in den Absätzen 3 bzw. 4 genannten Bandbreiten fest und veröffentlichen diese Werte.

(6) Die EBA arbeitet Entwürfe technischer Regulierungsstandards aus, um die Kriterien zu präzisieren, nach denen die zuständigen Behörden festlegen, ob im

Einklang mit den nationalen Maßnahmen zur Umsetzung der Richtlinie 2006/48/EG oder der Richtlinie 2006/49/EG vorgenommene Anpassungen der Eigenmittel oder der Eigenmittelbestandteile, die nicht in Teil 2 vorgesehen sind, für die Zwecke dieses Artikels bezüglich der Posten des harten Kernkapitals, zusätzlichen Kernkapitals, Kernkapitals, Ergänzungskapitals oder der Eigenmittel vorzunehmen sind.

Die EBA übermittelt der Kommission diese Entwürfe technischer Regulierungsstandards bis zum 28. Juli 2013.

Der Kommission wird die Befugnis übertragen, die technischen Regulierungsstandards nach Unterabsatz 1 gemäß den Artikeln 10 bis 14 der Verordnung (EU) Nr. 1093/2010 zu erlassen.

Artikel 482   Anwendung auf Derivatgeschäfte mit Pensionsfonds

Hinsichtlich der in Artikel 89 der Verordnung (EU) Nr. 648/2012 genannten Geschäfte, die mit einem Altersversorgungssystem im Sinne des Artikels 2 jener Verordnung eingegangen werden, berechnen Institute gemäß Artikel 382 Absatz 4 Buchstabe c keine Eigenmittelanforderung für das CVA-Risiko.

Kapitel 2   Bestandsschutz für Kapitalinstrumente

Abschnitt 1   Instrumente der staatlichen Beihilfe

Artikel 483   Bestandsschutz für Instrumente der staatlichen Beihilfe

(1) Abweichend von den Artikeln 26 bis 29, 51, 52, 62 und 63 findet dieser Artikel ab dem 1. Januar 2014 bis zum 31. Dezember 2017 auf Kapitalinstrumente und -posten Anwendung, die folgende Voraussetzungen erfüllen:
a) Die Instrumente wurden vor dem 1. Januar 2014 begeben;
b) die Instrumente wurden im Zusammenhang mit einer Rekapitalisierung gemäß den Regeln für staatliche Beihilfen begeben. Sofern ein Teil der Instrumente von privaten Anlegern gezeichnet wurde, muss dieser vor dem 30. Juni 2012 und zusammen mit den von dem Mitgliedstaat gezeichneten Teilen begeben worden sein;
c) die Instrumente wurden von der Kommission gemäß Artikel 107 AEUV als mit dem Binnenmarkt vereinbar angesehen.

Wurden die Instrumente sowohl von dem Mitgliedstaat als auch von privaten Anlegern gezeichnet, so gilt im Falle einer teilweisen Rückzahlung der von dem Mitgliedstaat gezeichneten Instrumente für den entsprechenden Anteil des von Privatanlegern gezeichneten Teils der Instrumente Bestandsschutz gemäß Artikel 484. Wurden alle vom Staat gezeichneten Instrumente zurückgezahlt, so gilt für die verbleibenden von Privatanlegern gezeichneten Instrumente Bestandsschutz gemäß Artikel 484.

(2) Instrumente, die die Voraussetzungen der nationalen Maßnahmen zur Umsetzung des Artikels 57 Buchstabe a der Richtlinie 2006/48/EG erfüllt haben, gelten als Instrumente des harten Kernkapitals, ungeachtet eines der folgenden Umstände:
a) Die Bedingungen des Artikels 28 sind nicht erfüllt,
b) die Instrumente wurden von einem Unternehmen nach Artikel 27 begeben, und die Bedingungen des Artikels 28, oder gegebenenfalls des Artikels 29 sind nicht erfüllt.

(3) Instrumente im Sinne des Absatzes 1 Buchstabe c, die die Voraussetzungen der nationalen Maßnahmen zur Umsetzung des Artikels 57 Buchstabe a der Richtlinie 2006/48/EG nicht erfüllen, gelten als Instrumente des harten Kernkapitals, selbst wenn die Anforderungen des Absatzes 2 Buchstaben a oder b nicht erfüllt sind, solange die Anforderungen des Absatzes 8 erfüllt sind.

Instrumente, die gemäß Unterabsatz 1 als Instrumente des harten Kernkapitals gelten, gelten nicht als Instrumente des zusätzlichen Kernkapitals oder Ergänzungskapitalinstrumente im Sinne der Absätze 5 bzw. 7.

(4) Instrumente, die die Voraussetzungen der nationalen Maßnahmen zur Umsetzung des Artikels 57 Buchstabe ca und des Artikels 66 Absatz 1 der Richtlinie 2006/48/EG erfüllt haben, gelten als Instrumente des zusätzlichen Kernkapitals, selbst wenn die Bedingungen des Artikels 52 Absatz 1 nicht erfüllt sind.

(5) Instrumente im Sinne von Absatz 1 Buchstabe c, die die Voraussetzungen der nationalen Maßnahmen zur Umsetzung des Artikels 57 Buchstabe ca der Richtlinie 2006/48/EG nicht erfüllen, gelten als Instrumente des zusätzlichen Kernkapitals, selbst wenn die Bedingungen des Artikels 52 Absatz 1 nicht erfüllt sind, solange die Anforderungen des Absatzes 8 erfüllt sind.

Instrumente, die gemäß Unterabsatz 1 als Instrumente des zusätzlichen Kernkapitals gelten, können nicht als Instrumente des harten Kernkapitals oder Ergänzungskapitalinstrumente im Sinne der Absätze 3 bzw. 7 gelten.

(6) Instrumente, die die Voraussetzungen der nationalen Maßnahmen zur Umsetzung des Artikels 57 Buchstaben f, g oder h und des Artikels 66 Absatz 1 der Richtlinie 2006/48/EG erfüllt haben, gelten als Ergänzungskapitalinstrumente, auch wenn sie nicht in Artikel 62 genannt oder die Bedingungen des Artikels 63 nicht erfüllt sind.

(7) Instrumente im Sinne des Absatzes 1 Buchstabe c, die die Voraussetzungen der nationalen Maßnahmen zur Umsetzung des Artikels 57 Buchstabe f, g und h und des Artikels 66 Absatz 1 der Richtlinie 2006/48/EG nicht erfüllen, gelten als Ergänzungskapitalinstrumente, auch wenn sie nicht in Artikel 62 genannt oder die Bedingungen des Artikels 63 nicht erfüllt sind, solange die Anforderungen des Absatzes 8 erfüllt sind.

Instrumente, die gemäß Unterabsatz 1 als Ergänzungskapitalinstrumente gelten, können nicht als Instrumente des harten Kernkapitals oder des zusätzlichen Kernkapitals im Sinne der Absätze 3 bzw. 5 gelten.

(8) Instrumente im Sinne der Absätze 3, 5 bzw. 7 können nur dann als Eigenmittelinstrumente im Sinne dieser Absätze gelten, wenn die Voraussetzung nach Absatz 1 Buchstabe a erfüllt ist und wenn sie durch Institute begeben werden, die ihren Sitz in einem Mitgliedstaat haben, der ein wirtschaftliches Anpassungsprogramm durchführen muss und die Emission der betreffenden Instrumente im Rahmen dieses Programms vereinbart oder möglich ist.

Abschnitt 2 Instrumente, die keine staatlichen Beihilfen darstellen

Unterabschnitt 1 Bestandsschutzfähigkeit und Beschränkungen des Bestandsschutzes

Artikel 484 Bestandsschutzfähige Posten, die nach den nationalen Maßnahmen zur Umsetzung der Richtlinie 2006/48/EG als Eigenmittel gelten

(1) Dieser Artikel gilt ausschließlich für Instrumente und Positionen, die am 31. Dezember 2011 oder davor begeben wurden und die am 31. Dezember 2011 als Eigenmittel galten, und die keine Instrumente im Sinne des Artikels 483 Absatz 1 sind.

(2) Abweichend von den Artikeln 26 bis 29, 51, 52, 62 und 63 findet dieser Artikel ab dem 1. Januar 2014 bis zum 31. Dezember 2021 Anwendung.

(3) Vorbehaltlich Artikel 485 und der Beschränkung gemäß Artikel 486 Absatz 2 gelten Kapital im Sinne des Artikels 22 der Richtlinie 86/635/EWG und das damit verbundene Agio, die gemäß den nationalen Maßnahmen zur Umsetzung des Artikels 57 Buchstabe a der Richtlinie 2006/48/EG zu den ursprünglichen Eigenmitteln zählen, als Posten des harten Kernkapitals, auch wenn dieses Kapital die Bedingungen des Artikels 28, oder gegebenenfalls des Artikels 29 nicht erfüllt.

(4) Vorbehaltlich der Beschränkung gemäß Artikel 486 Absatz 3 gelten Instrumente und das damit verbundene Agio, die nach den nationalen Umsetzungsmaßnahmen für Artikel 57 Buchstabe ca und Artikel 154 Absätze 8 und 9 der Richtlinie 2006/48/EG

zu den ursprünglichen Eigenmitteln zählen, als Instrumente des zusätzlichen Kernkapitals, auch wenn die Bedingungen des Artikels 52 nicht erfüllt sind.

(5) Vorbehaltlich der Beschränkungen gemäß Artikel 486 Absatz 4 gelten Posten und das damit verbundene Agio, die die Voraussetzungen nach den nationalen Umsetzungsmaßnahmen für Artikel 57 Buchstaben e, f, g oder h der Richtlinie 2006/48/EG erfüllen, als Ergänzungskapitalposten, auch wenn sie nicht in Artikel 62 genannt sind oder die Bedingungen des Artikels 63 nicht erfüllt sind.

Artikel 485   Anerkennung von Agio, das mit Posten, die nach den nationalen Maßnahmen zur Umsetzung der Richtlinie 2006/48/EG als Eigenmittel gelten, verbunden ist, als hartes Kernkapital

(1) Dieser Artikel findet ausschließlich auf Instrumente Anwendung, die vor dem 31. Dezember 2010 begeben wurden und die keine Instrumente im Sinne des Artikels 483 Absatz 1 sind.

(2) Agio, das mit Kapital im Sinne des Artikels 22 der Richtlinie 86/635/EWG, das gemäß den nationalen Maßnahmen zur Umsetzung des Artikels 57 Buchstabe a der Richtlinie 2006/48/EG zu den ursprünglichen Eigenmitteln zählte, verbunden ist, wird als Posten des harten Kernkapitals anerkannt, sofern die Bedingungen des Artikels 28 Buchstaben i und j erfüllt sind.

Artikel 486   Beschränkungen des Bestandsschutzes bei Posten innerhalb von Posten des harten Kernkapitals, des zusätzlichen Kernkapitals und des Ergänzungskapitals

(1) Ab dem 1. Januar 2014 bis zum 31. Dezember 2021 ist das Ausmaß, in dem Instrumente und Posten nach Artikel 484 als Eigenmittel gelten, im Einklang mit diesem Artikel beschränkt.

(2) Der Betrag der Posten nach Artikel 484 Absatz 3, die als Posten des harten Kernkapitals gelten, ist auf den anwendbaren Prozentsatz der Summe der unter den Buchstaben a und b spezifizierten Beträge beschränkt:
a) Nominalbetrag des Kapitals im Sinne des Artikels 484 Absatz 3, das am 31. Dezember 2012 im Umlauf war,
b) mit Posten nach Buchstabe a verbundenes Agio.

(3) Der Betrag der Posten nach Artikel 484 Absatz 4, die als Posten des zusätzlichen Kernkapitals gelten, ist auf den anwendbaren Prozentsatz beschränkt, multipliziert mit dem Ergebnis der Subtraktion der Beträge unter den Buchstaben c bis f von der Summe der Beträge unter den Buchstaben a und b:
a) Nominalbetrag der Instrumente nach Artikel 484 Absatz 4, die sich am 31. Dezember 2012 nach wie vor im Umlauf befanden,
b) mit Instrumenten nach Buchstabe a verbundenes Agio,
c) Betrag der Instrumente nach Artikel 484 Absatz 4, die am 31. Dezember 2012 die in den nationalen Umsetzungsmaßnahmen für Artikel 66 Absatz 1 Buchstabe a und Artikel 66 Absatz 1a der Richtlinie 2006/48/EG festgelegten Beschränkungen überschritten haben,
d) mit Instrumenten nach Buchstabe c verbundenes Agio,
e) Nominalbetrag der Instrumente nach Artikel 484 Absatz 4, die sich am 31. Dezember 2012 im Umlauf befanden, aber nicht als Instrumente des zusätzlichen Kernkapitals im Sinne des Artikels 489 Absatz 4 gelten,
f) mit Instrumenten nach Buchstabe e verbundenes Agio.

(4) Der Betrag der Posten nach Artikel 484 Absatz 5, die als Ergänzungskapitalposten gelten, ist auf den anwendbaren Prozentsatz des Ergebnisses der Subtraktion

der Summe der Beträge unter den Buchstaben e bis h von der Summe der Beträge unter den Buchstaben a bis d beschränkt:
a) Nominalbetrag der Instrumente nach Artikel 484 Absatz 5, die sich am 31. Dezember 2012 nach wie vor im Umlauf befanden,
b) mit Instrumenten nach Buchstabe a verbundenes Agio,
c) Nominalbetrag des nachrangigen Darlehenskapitals, das am 31. Dezember 2012 nach wie vor im Umlauf war, verringert um den erforderlichen Betrag nach Maßgabe der nationalen Maßnahmen zur Umsetzung des Artikels 64 Absatz 3 Buchstabe c der Richtlinie 2006/48/EG,
d) Nominalbetrag der Posten nach Artikel 484 Absatz 5, die nicht zu den Instrumenten und dem nachrangigen Darlehenskapital gemäß den Buchstaben a und c gehören und am 31. Dezember 2012 im Umlauf waren,
e) Nominalbetrag der Instrumente und Posten nach Artikel 484 Absatz 5, die am 31. Dezember 2012 im Umlauf waren und die in den nationalen Maßnahmen zur Umsetzung des Artikel 66 Absatz 1 Buchstabe a der Richtlinie 2006/48/EG festgelegten Beschränkungen überschritten haben,
f) mit Instrumenten nach Buchstabe e verbundenes Agio,
g) Nominalbetrag der Instrumente nach Artikel 484 Absatz 5, die am 31. Dezember 2012 im Umlauf waren und nicht als Ergänzungskapitalinstrumente nach Artikel 490 Absatz 4 gelten;
h) mit Instrumenten nach Buchstabe g verbundenes Agio.

(5) Für die Zwecke dieses Artikels liegen die anwendbaren Prozentsätze nach den Absätzen 2 bis 4 innerhalb folgender Bandbreiten:
a) 60% bis 80% ab dem 1. Januar 2014 bis zum 31. Dezember 2014,
b) 40% bis 70% ab dem 1. Januar 2015 bis zum 31. Dezember 2015,
c) 20% bis 60% ab dem 1. Januar 2016 bis zum 31. Dezember 2016,
d) 0% bis 50% ab dem 1. Januar 2017 bis zum 31. Dezember 2017,
e) 0% bis 40% ab dem 1. Januar 2018 bis zum 31. Dezember 2018,
f) 0% bis 30% ab dem 1. Januar 2019 bis zum 31. Dezember 2019,
g) 0% bis 20% ab dem 1. Januar 2020 bis zum 31. Dezember 2020,
h) 0% bis 10% ab dem 1. Januar 2021 bis zum 31. Dezember 2021.

(6) Die zuständigen Behörden legen die anwendbaren Prozentsätze innerhalb der in Absatz 5 genannten Bandbreiten fest und veröffentlichen diese Werte.

Artikel 487 Vom Bestandsschutz für Posten des harten Kernkapitals oder des zusätzlichen Kernkapitals ausgenommene Posten in anderen Eigenmittelbestandteilen

(1) Abweichend von den Artikeln 51, 52, 62 und 63 dürfen Institute ab dem 1. Januar 2014 bis zum 31. Dezember 2021 Kapital und damit verbundenes Agio im Sinne des Artikels 484 Absatz 3, die von den Posten des harten Kernkapitals ausgeschlossen sind, weil sie den anwendbaren Prozentsatz nach Artikel 486 Absatz 2 überschreiten, als Posten nach Artikel 484 Absatz 4 behandeln, soweit ihre Einbeziehung den nach Maßgabe des Artikels 486 Absatz 3 beschränkten anwendbaren Prozentsatz nicht überschreitet.

(2) Abweichend von den Artikeln 51, 52, 62 und 63 dürfen Institute ab dem 1. Januar 2014 bis zum 31. Dezember 2021 die nachstehenden Posten als Posten nach Artikel 484 Absatz 5 behandeln, soweit ihre Einbeziehung den nach Maßgabe des Artikels 486 Absatz 4 beschränkten anwendbaren Prozentsatz nicht überschreitet:
a) Kapital und damit verbundenes Agio im Sinne des Artikels 484 Absatz 3, die von den Posten des harten Kernkapitals ausgeschlossen sind, weil sie den anwendbaren Prozentsatz nach Artikel 486 Absatz 2 überschreiten,

b) Abweichend von den Artikeln 51, 52, 62 und 63 dürfen Institute ab dem 1. Januar 2014 bis zum 31. Dezember 2021 Kapital und damit verbundenes Agio im Sinne des Artikels 484 Absatz 3, die von den Posten des harten Kernkapitals ausgeschlossen sind, weil sie den anwendbaren Prozentsatz nach Artikel 486 Absatz 2 überschreiten, als Posten nach Artikel 484 Absatz 4 behandeln, soweit ihre Einbeziehung den nach Maßgabe des Artikels 486 Absatz 3 beschränkten anwendbaren Prozentsatz nicht überschreitet.

(2) Abweichend von den Artikeln 51, 52, 62 und 63 dürfen Institute ab dem 1. Januar 2014 bis zum 31. Dezember 2021 die nachstehenden Posten als Posten nach Artikel 484 Absatz 5 behandeln, soweit ihre Einbeziehung den nach Maßgabe des Artikels 486 Absatz 4 beschränkten anwendbaren Prozentsatz nicht überschreitet:
a) Kapital und damit verbundenes Agio im Sinne des Artikels 484 Absatz 3, die von den Posten des harten Kernkapitals ausgeschlossen sind, weil sie den anwendbaren Prozentsatz nach Artikel 486 Absatz 2 überschreiten,
b) Instrumente und damit verbundenes Agio im Sinne des Artikels 484 Absatz 4, die den anwendbaren Prozentsatz nach Artikel 486 Absatz 3 überschreiten.

(3) Die EBA arbeitet Entwürfe technischer Regulierungsstandards aus, um die Kriterien für die Behandlung der Eigenmittelinstrumente gemäß den Absätzen 1 und 2 ab dem 1. Januar 2014 bis zum 31. Dezember 2021 nach Maßgabe des Artikels 486 Absatz 4 oder 5 festzulegen.

Die EBA übermittelt der Kommission diese Entwürfe technischer Regulierungsstandards bis zum 28. Juli 2013.

Der Kommission wird die Befugnis übertragen, die technischen Regulierungsstandards nach Unterabsatz 1 gemäß den Artikeln 10 bis 14 der Verordnung (EU) Nr. 1093/2010 zu erlassen.

Artikel 488 Amortisation von Posten, die als Ergänzungskapitalposten bestandsgeschützt sind

Die Posten nach Artikel 484 Absatz 5, die als Ergänzungskapitalposten nach Artikel 484 Absatz 5 oder Artikel 486 Absatz 4 gelten, unterliegen den Anforderungen des Artikels 64.

Unterabschnitt 2 Einbeziehung von Instrumenten mit Kündigungsmöglichkeit und Tilgungsanreiz in Posten des zusätzlichen Kernkapitals und des Ergänzungskapitals

Artikel 489 Hybride Instrumente mit Kündigungsmöglichkeit und Tilgungsanreiz

(1) Abweichend von den Artikeln 51 und 52 gilt ab dem 1. Januar 2014 bis zum 31. Dezember 2021 für Instrumente nach Artikel 484 Absatz 4, in deren Bedingungen und Konditionen eine Kündigungsmöglichkeit mit einem Tilgungsanreiz für das Institut vorgesehen ist, der vorliegende Artikel.

(2) Die Instrumente gelten als Instrumente des zusätzlichen Kernkapitals, vorausgesetzt
a) das Institut konnte lediglich vor dem 1. Januar 2013 eine Kündigungsmöglichkeit mit einem Tilgungsanreiz ausüben,
b) das Institut hat die Kündigungsmöglichkeit nicht ausgeübt,
c) die Bedingungen des Artikels 52 sind ab dem 1. Januar 2013 erfüllt.

(3) Die Instrumente gelten bis zum effektiven Fälligkeitstermin bei verminderter Anrechenbarkeit als Instrumente des zusätzlichen Kernkapitals nach Artikel 484 Absatz 4 und gelten danach uneingeschränkt als Posten des zusätzlichen Kernkapitals, vorausgesetzt

a) das Institut konnte lediglich am oder nach dem 1. Januar 2013 eine Kündigungsmöglichkeit mit einem Tilgungsanreiz ausüben,
b) das Institut hat die Kündigungsmöglichkeit am effektiven Fälligkeitstermin der Instrumente nicht ausgeübt,
c) die Bedingungen nach Artikel 52 sind ab dem effektiven Fälligkeitstermin der Instrumente erfüllt.

(4) Die Instrumente gelten ab dem 1. Januar 2014 nicht als Instrumente des zusätzlichen Kernkapitals und unterliegen nicht Artikel 484 Absatz 4, wenn
a) das Institut zwischen dem 31. Dezember 2011 und dem 1. Januar 2013 eine Kündigungsmöglichkeit mit einem Tilgungsanreiz ausüben konnte,
b) das Institut die Kündigungsmöglichkeit am effektiven Fälligkeitstermin der Instrumente nicht ausgeübt hat,
c) die Bedingungen des Artikels 52 ab dem effektiven Fälligkeitstermin der Instrumente nicht erfüllt sind.

(5) Die Instrumente gelten bis zum effektiven Fälligkeitstermin bei verminderter Anrechenbarkeit als Instrumente des zusätzlichen Kernkapitals nach Artikel 484 Absatz 4 und gelten danach nicht als Instrumente des zusätzlichen Kernkapitals, wenn
a) das Institut am oder nach dem 1. Januar 2013 eine Kündigungsmöglichkeit mit einem Tilgungsanreiz ausüben konnte,
b) das Institut die Kündigungsmöglichkeit am effektiven Fälligkeitstermin der Instrumente nicht ausgeübt hat,
c) die Bedingungen des Artikels 52 ab dem effektiven Fälligkeitstermin der Instrumente nicht erfüllt sind.

(6) Die Instrumente gelten als Instrumente des zusätzlichen Kernkapitals nach Artikel 484 Absatz 4, vorausgesetzt
a) das Institut konnte lediglich vor oder am 31. Dezember 2011 eine Kündigungsmöglichkeit mit einem Tilgungsanreiz ausüben,
b) das Institut hat die Kündigungsmöglichkeit am effektiven Fälligkeitstermin der Instrumente nicht ausgeübt,
c) die Bedingungen nach Artikel 52 waren ab dem effektiven Fälligkeitstermin der Instrumente nicht erfüllt.

Artikel 490   Ergänzungskapitalposten mit einem Tilgungsanreiz

(1) Abweichend von den Artikeln 62 und 63 gilt ab dem 1. Januar 2014 bis zum 31. Dezember 2021 für Posten nach Artikel 484 Absatz 5, die gemäß den nationalen Umsetzungsmaßnahmen für Artikel 57 Buchstaben f oder h der Richtlinie 2006/48/EG anerkennungsfähig waren und in deren Bedingungen und Konditionen eine Kündigungsmöglichkeit mit einem Tilgungsanreiz für das Institut vorgesehen ist, der vorliegende Artikel.

(2) Die Instrumente gelten als Ergänzungskapitalinstrumente, vorausgesetzt
a) das Institut konnte lediglich vor dem 1. Januar 2013 eine Kündigungsmöglichkeit mit einem Tilgungsanreiz ausüben,
b) das Institut hat die Kündigungsmöglichkeit nicht ausgeübt,
c) die Bedingungen des Artikels 63 sind ab 1. Januar 2013 erfüllt.

(3) Die Posten gelten bis zum effektiven Fälligkeitstermin als Ergänzungskapitalposten nach Artikel 484 Absatz 5 und gelten danach uneingeschränkt als Ergänzungskapitalposten, vorausgesetzt
a) das Institut konnte lediglich am oder nach dem 1. Januar 2013 eine Kündigungsmöglichkeit mit einem Tilgungsanreiz ausüben,

b) das Institut hat die Kündigungsmöglichkeit am effektiven Fälligkeitstermin der Posten nicht ausgeübt,
c) die Bedingungen nach Artikel 63 sind ab dem effektiven Fälligkeitstermin der Posten erfüllt.

(4) Die Posten gelten ab dem 1. Januar 2014 nicht als Ergänzungskapitalposten, wenn
a) das Institut lediglich zwischen dem 31. Dezember 2011 und dem 1. Januar 2013 eine Kündigungsmöglichkeit mit einem Tilgungsanreiz ausüben konnte,
b) das Institut die Kündigungsmöglichkeit am effektiven Fälligkeitstermin der Posten nicht ausgeübt hat,
c) die Bedingungen nach Artikel 63 ab dem effektiven Fälligkeitstermin der Posten nicht erfüllt sind.

(5) Die Posten gelten bis zum effektiven Fälligkeitstermin bei verminderter Anrechenbarkeit als Ergänzungskapitalposten nach Artikel 484 Absatz 5 und gelten danach nicht als Ergänzungskapitalposten, wenn
a) das Institut am oder nach dem 1. Januar 2013 eine Kündigungsmöglichkeit mit einem Tilgungsanreiz ausüben konnte,
b) das Institut die Kündigungsmöglichkeit am effektiven Fälligkeitstermin nicht ausgeübt hat,
c) die Bedingungen des Artikels 63 ab dem effektiven Fälligkeitstermin der Posten nicht erfüllt sind.

(6) Die Posten gelten als Ergänzungskapitalposten nach Artikel 484 Absatz 5, vorausgesetzt
a) das Institut konnte lediglich vor oder am 31. Dezember 2011 eine Kündigungsmöglichkeit mit einem Tilgungsanreiz ausüben,
b) das Institut hat die Kündigungsmöglichkeit am effektiven Fälligkeitstermin der Posten nicht ausgeübt,
c) die Bedingungen nach Artikel 63 sind ab dem effektiven Fälligkeitstermin der Posten nicht erfüllt.

Artikel 491 Effektiver Fälligkeitstermin

Für die Zwecke der Artikel 489 und 490 wird der effektive Fälligkeitstermin wie folgt bestimmt:
a) Für die Posten nach den Absätzen 3 und 5 jener Artikel ist dies der Tag der ersten Kündigungsmöglichkeit mit einem Tilgungsanreiz am oder nach dem 1. Januar 2013;
b) für die Posten nach Absatz 4 jener Artikel ist dies der Tag der ersten Kündigungsmöglichkeit mit einem Tilgungsanreiz zwischen dem 31. Dezember 2011 und dem 1. Januar 2013;
c) für die Posten nach Absatz 6 jener Artikel ist dies der Tag der ersten Kündigungsmöglichkeit mit einem Tilgungsanreiz vor dem 31. Dezember 2011.

Kapitel 3 Übergangsbestimmungen für die Offenlegung von Eigenmitteln

Artikel 492 Offenlegung von Eigenmitteln

(1) Institute wenden diesen Artikel ab dem 1. Januar 2014 bis zum 31. Dezember 2021 an.

(2) Die Institute legen ab dem 1. Januar 2014 bis zum 31. Dezember 2015 offen, in welchem Ausmaß die Höhe des harten Kernkapitals und des Kernkapitals die in Anforderungen des Artikels 465 übersteigt.

(3) Die Institute legen ab dem 1. Januar 2014 bis zum 31. Dezember 2017 folgende zusätzliche Informationen über ihre Eigenmittel offen:
a) Art und Wirkung der im Einklang mit den Artikeln 467 bis 470, 474, 476 und 479 angewandten individuellen Korrekturposten sowie Abzüge auf das harte Kernkapital, das zusätzliche Kernkapital, Ergänzungskapital und die Eigenmittel,
b) Beträge der Minderheitsbeteiligungen und Instrumente des zusätzlichen Kernkapitals und Ergänzungskapitals sowie die verbundenen einbehaltenen Gewinne und Agios, die durch Tochterunternehmen begeben wurden und im Einklang mit Kapitel 1 Abschnitt 4 in das konsolidierte harte Kernkapital, zusätzliche Kernkapital, Ergänzungskapital und die Eigenmittel einbezogen werden,
c) Wirkung der im Einklang mit Artikel 481 angewandten individuellen Korrekturposten sowie Abzüge auf das harte Kernkapital, zusätzliche Kernkapital, Ergänzungskapital und die Eigenmittel,
d) Art und Betrag der Posten, die durch die Anwendung der in Kapitel 2 Abschnitt 2 erläuterten Abweichungen zu den Posten des harten Kernkapitals, des Kernkapitals und des Ergänzungskapitals gerechnet werden können.

(4) Die Institute legen ab dem 1. Januar 2014 bis zum 31. Dezember 2021 den Umfang der Instrumente offen, die in Anwendung des Artikels 484 zu den Instrumenten des harten Kernkapitals, des zusätzlichen Kernkapitals und des Ergänzungskapitals gerechnet werden können.

(5) Die EBA arbeitet Entwürfe technischer Durchführungsstandards zur Festlegung einheitlicher Formate für die Offenlegungen gemäß diesem Artikel aus. Die Formate enthalten auch die in Artikel 437 Absatz 1 Buchstaben a, b, d und e genannten Posten nach den Änderungen gemäß den Kapiteln 1 und 2.

Die EBA übermittelt der Kommission diese Entwürfe technischer Durchführungsstandards bis zum 28. Juli 2013.

Der Kommission wird die Befugnis übertragen, die technischen Durchführungsstandards nach Unterabsatz 1 gemäß Artikel 15 der Verordnung (EU) Nr. 1093/2010 zu erlassen.

Kapitel 4 Großkredite, Eigenmittelanforderungen, Verschuldung und Basel-I-Untergrenze

Artikel 493 Übergangsbestimmungen für Großkredite

(1) Die Vorschriften in Bezug auf Großkredite der Artikel 387 bis 403 gelten nicht für Wertpapierfirmen, deren Haupttätigkeit ausschließlich in der Erbringung von Investitionsdienstleistungen oder Tätigkeiten im Zusammenhang mit den Finanzinstrumenten gemäß Anhang I Abschnitt C Nummern 5, 6, 7, 9 und 10 der Richtlinie 2004/39/EG besteht und auf die die Richtlinie 93/22/EWG des Rates vom 10. Mai 1993 über Wertpapierdienstleistungen[1] am 31. Dezember 2006 keine Anwendung fand. Diese Ausnahme gilt bis zum 31. Dezember 2017 oder bis zum Inkrafttreten von Änderungen gemäß Absatz 2, je nachdem, welches der frühere Zeitpunkt ist.

(2) Die Kommission erstattet dem Europäischen Parlament und dem Rat bis zum 31. Dezember 2015 auf der Grundlage öffentlicher Konsultationen und Beratungen mit den zuständigen Behörden Bericht über

---

[1] ABl. L 141 vom 11.6.1993, S. 27

a) eine angemessene Regelung für die aufsichtliche Überwachung von Wertpapierfirmen, deren Haupttätigkeit ausschließlich in der Erbringung von Investitionsdienstleistungen oder Tätigkeiten im Zusammenhang mit den warenunterlegten Derivaten oder Derivatkontrakten gemäß Anhang I Abschnitt C Nummern 5, 6, 7, 9 und 10 der Richtlinie 2004/39/EG besteht,;
b) die Zweckmäßigkeit einer Änderung der Richtlinie 2004/39/EG im Hinblick auf die Schaffung einer weiteren Kategorie von Wertpapierfirmen, deren Haupttätigkeit ausschließlich in der Erbringung von Investitionsdienstleistungen oder Tätigkeiten im Zusammenhang mit den Finanzinstrumenten gemäß Anhang I Abschnitt C Nummern 5, 6, 7, 9 und 10 der Richtlinie 2004/39/EG besteht, die die Versorgung mit Energie betreffen.

Auf der Grundlage dieses Berichts kann die Kommission Vorschläge zur Änderung dieser Verordnung vorlegen.

(3) Abweichend von Artikel 400 Absätze 2 und 3 können die Mitgliedstaaten während einer Übergangszeit bis zum Inkrafttreten eines etwaigen Rechtsakts im Anschluss an die Überprüfung gemäß Artikel 507, höchstens aber bis zum 31. Dezember 2028 folgende Risikopositionen vollständig oder teilweise von der Anwendung des Artikels 395 Absatz 1 ausnehmen:
a) gedeckte Schuldverschreibungen im Sinne des Artikels 129 Absätze 1, 3 und 6,
b) Aktiva in Form von Forderungen an regionale oder lokale Gebietskörperschaften der Mitgliedstaaten, denen nach Teil 3 Titel II Kapitel 2 ein Risikogewicht von 20 % zugewiesen würde, sowie andere gegenüber diesen Gebietskörperschaften bestehende bzw. von ihnen abgesicherte Risikopositionen, denen nach Teil 3 Titel II Kapitel 2 ein Risikogewicht von 20 % zugewiesen würde,
c) Risikopositionen eines Instituts, einschließlich Beteiligungen oder sonstiger Anteile, gegenüber seinem Mutterunternehmen, anderen Tochterunternehmen desselben und eigenen Tochterunternehmen, sofern diese in die Beaufsichtigung auf konsolidierter Basis einbezogen sind, welcher das Institut gemäß dieser Verordnung, der Richtlinie 2002/87/EG oder nach gleichwertigen Normen eines Drittlandes auch selbst unterliegt; Risikopositionen, die diese Kriterien nicht erfüllen, werden unabhängig davon, ob sie von Artikel 395 Absatz 1 ausgenommen sind oder nicht, als Risikopositionen gegenüber Dritten behandelt,
d) Aktiva in Form von Forderungen und sonstigen Krediten, einschließlich Beteiligungen oder sonstigen Anteilen, an regionale Kreditinstitute oder Zentralkreditinstitute, denen das Kreditinstitut aufgrund von Rechts- oder Satzungsvorschriften im Rahmen eines Verbunds angehört und die nach diesen Vorschriften beauftragt sind, den Liquiditätsausgleich innerhalb dieses Verbunds vorzunehmen,
e) Aktiva in Form von Forderungen und sonstigen Risikopositionen von Kreditinstituten gegenüber Kreditinstituten, wobei eines der beteiligten Institute bei seiner Tätigkeit nicht dem Wettbewerb ausgesetzt ist und im Rahmen von Legislativprogrammen oder seiner Satzung Darlehen vergibt oder garantiert, um unter staatlicher Aufsicht gleich welcher Art und mit eingeschränktem Verwendungszweck für die vergebenen Darlehen bestimmte Wirtschaftssektoren zu fördern, sofern die betreffenden Risikopositionen aus derartigen über Kreditinstitute an die Begünstigten weitergereichten Darlehen oder aus Garantien für diese Darlehen herrühren,
f) Aktiva in Form von Forderungen und sonstigen Krediten an Institute, sofern diese Kredite keine Eigenmittel dieser Institute darstellen, höchstens bis zum folgenden Geschäftstag bestehen und nicht auf eine wichtige Handelswährung lauten,
g) Aktiva in Form von Forderungen an Zentralbanken aufgrund des bei ihnen zu haltenden Mindestreservesolls, die auf deren jeweilige Landeswährung lauten,
h) Aktiva in Form von Forderungen an Zentralstaaten aufgrund von zur Erfüllung der gesetzlichen Liquiditätsanforderungen gehaltenen Staatsschuldtiteln, die auf deren jeweilige Landeswährung lauten und in dieser refinanziert sind, sofern – nach

dem Ermessen der zuständigen Behörde – diese Zentralstaaten von einer ECAI mit ›Investment Grade‹ bewertet wurden,
i) 50% der als außerbilanzielle Geschäfte mit mittlerem/niedrigem Risiko eingestuften Dokumentenakkreditive und der als außerbilanzielle Geschäfte mit mittlerem/niedrigem Risiko eingestuften nicht in Anspruch genommenen Kreditfazilitäten, die in Anhang I genannt sind, sowie mit Zustimmung der zuständigen Behörden 80% der Garantien, die keine Kreditgarantien sind und die auf Rechts- oder Verwaltungsvorschriften beruhen und von Kreditgarantiegemeinschaften, die den Status eines Kreditinstituts besitzen, den ihnen angeschlossenen Kunden geboten werden,
j) rechtlich vorgeschriebene Garantien, die zur Anwendung kommen, wenn ein über die Emission von Hypothekenanleihen refinanziertes Hypothekendarlehen vor Eintragung der Hypothek im Grundbuch an den Darlehensnehmer ausgezahlt wird, sofern die Garantie nicht dazu verwendet wird, bei der Berechnung der risikogewichteten Aktiva das Risiko zu verringern,
k) Aktiva in Form von Forderungen und sonstige Risikopositionen gegenüber anerkannten Börsen.

Artikel 494   Übergangsbestimmungen für anrechenbare Eigenmittel

Abweichend von Artikel 4 Absatz 1 Nummer 71 Buchstabe a Ziffer ii und Buchstabe b Ziffer ii dürfen anrechenbare Eigenmittel Ergänzungskapital bis zu folgender Höhe umfassen:
a) 100% des Kernkapitals zwischen dem 1. Januar 2014 und dem 31. Dezember 2014,
b) 75% des Kernkapitals zwischen dem 1. Januar 2015 und dem 31. Dezember 2015,
c) 50% des Kernkapitals zwischen dem 1. Januar 2016 und dem 31. Dezember 2016,

Artikel 495   Behandlung von Beteiligungspositionen bei der Anwendung des IRB-Ansatzes

(1) Abweichend von Teil 3 Kapitel 3 darf die zuständige Behörde bestimmte Kategorien von Beteiligungspositionen, die von Instituten und EU-Tochterunternehmen von Instituten in dem betreffenden Mitgliedstaat am 31. Dezember 2007 gehalten werden, bis zum 31. Dezember 2017 von der Behandlung im IRB-Ansatz ausnehmen. Die zuständige Behörde veröffentlicht im Einklang mit Artikel 143 der Richtlinie 2013/36/EU die Kategorien von Beteiligungspositionen, auf die diese Behandlung angewandt wird.

Die ausgenommene Position bemisst sich nach der Anzahl der Anteile zum 31. Dezember 2007 und jeder weiteren unmittelbar aus diesem Besitz resultierenden Zunahme der Anteile, sofern diese nicht die Beteiligungsquote an diesem Unternehmen erhöht.

Erhöht sich durch einen Anteilserwerb die Beteiligungsquote an einem bestimmten Unternehmen, so wird der über die bisherige Beteiligungsquote hinausgehende Anteil nicht von der Ausnahmeregelung abgedeckt. Ebenso wenig gilt die Ausnahmeregelung für Beteiligungen, die zwar ursprünglich unter die Regelung fielen, zwischenzeitlich jedoch verkauft und anschließend wieder zurückgekauft wurden.

Die unter diese Bestimmung fallenden Beteiligungspositionen unterliegen den im Einklang mit dem Standardansatz nach Teil 3 Titel II Kapitel 2 berechneten Eigenmittelanforderungen und gegebenenfalls den Anforderungen gemäß Teil 3 Titel IV.

Die zuständigen Behörden informieren die Kommission und die EBA über die Umsetzung dieses Absatzes.

(2) Bei der Berechnung der risikogewichteten Positionsbeträge für die Zwecke des Artikels 114 Absatz 4 wird bis 31. Dezember 2017 Risikopositionen gegenüber den Zentralstaaten oder Zentralbanken der Mitgliedstaaten, die auf die Landeswährung eines Mitgliedstaats lauten und in dieser Währung refinanziert sind, die gleiche

Risikogewichtung zugewiesen wie Risikopositionen, die auf die eigene Landeswährung lauten und in dieser Währung refinanziert sind.

(3) Die EBA arbeitet Entwürfe technischer Regulierungsstandards aus, um die Kriterien zu präzisieren, nach denen die zuständigen Behörden eine Ausnahme gemäß Absatz 1 gewähren.

Die EBA legt der Kommission diese Entwürfe technischer Regulierungsstandards bis zum 30. Juni 2014 vor.

Der Kommission wird die Befugnis übertragen, die technischen Regulierungsstandards nach Unterabsatz 1 gemäß den Artikeln 10 bis 14 der Verordnung (EU) Nr. 1093/2010 zu erlassen.

Artikel 496 Eigenmittelanforderungen für gedeckte Schuldverschreibungen

(1) Bis zum 31. Dezember 2017 können die zuständigen Behörden von der Obergrenze von 10 % gemäß Artikel 129 Absatz 1 Buchstaben d und f für vorrangige Anteile, die von französischen Fonds Communs de Créances oder von Verbriefungsorganismen, die französischen Fonds Communs de Créances gleichwertig sind, begeben wurden, ganz oder teilweise absehen, sofern

a) die verbrieften Forderungen im Zusammenhang mit Wohnimmobilien oder Gewerbeimmobilien von einem Mitglied derselben konsolidierten Gruppe begründet wurden, zu deren Mitgliedern auch der Emittent der gedeckten Schuldverschreibungen gehört, oder von einer Gesellschaft, die derselben Zentralorganisation angeschlossen ist wie der Emittent der gedeckten Schuldverschreibungen; die gemeinsame Gruppen-mitgliedschaft oder Zugehörigkeit ist zu dem Zeitpunkt festzustellen, da die vorrangigen Anteile als Sicherheit für gedeckte Schuldverschreibungen gestellt werden, und

b) ein Mitglied derselben konsolidierten Gruppe, zu deren Mitgliedern auch der Emittent der gedeckten Schuldverschreibungen gehört, oder eine Gesellschaft, die derselben Zentralorganisation angeschlossen ist wie der Emittent der gedeckten Schuldverschreibungen, die gesamte Erstverlusttranche, mit der diese vorrangigen Anteile gestützt werden, zurückbehält.

(2) Bis zum 31. Dezember 2014 werden für die Zwecke des Artikels 129 Absatz 1 Buchstabe c die vorrangigen unbesicherten Risikopositionen der Institute, für die vor dem 28. Juni 2013 nach nationalem Recht eine Risikogewichtung von 20 % galt, als der Bonitätsstufe 1 entsprechend angesehen.

(3) Bis zum 31. Dezember 2014 werden für die Zwecke des Artikels 129 Absatz 5 die vorrangigen unbesicherten Risikopositionen der Institute, für die vor dem 28. Juni 2013 nach nationalem Recht eine Risikogewichtung von 20 % galt, als für eine Risikogewichtung von 20 % in Betracht kommend angesehen.

Artikel 497 Eigenmittelanforderungen für Risikopositionen gegenüber zentralen Gegenparteien

(1) Bis 15 Monate nach dem Tag des Inkrafttretens des letzten der technischen Regulierungsstandards nach den Artikeln 16, 25, 26, 29, 34, 41, 42, 44, 45, 47 und 49 der Verordnung (EU) Nr. 648/2012 oder bis gemäß Artikel 14 jener Verordnung über die Zulassung der ZGP entschieden wurde, wenn dieser Zeitpunkt der frühere ist, darf ein Institut die betreffende ZGP als qualifizierte ZGP ansehen, sofern sie in dem Mitgliedstaat, in dem sie niedergelassen ist, vor dem Erlass aller technischen Regulierungsstandards nach den Artikeln 5, 8 bis 11, 16, 18, 25, 26, 29, 34, 41, 42, 44, 45, 46, 47, 49, 56 und 81 jener Verordnung die Zulassung für das Erbringen von Clearingdienstleistungen nach dem nationalen Recht dieses Mitgliedstaats besaß.

(2) Bis 15 Monate nach dem Tag des Inkrafttretens des letzten der technischen Regulierungsstandards nach den Artikeln 16, 26, 29, 34, 41, 42, 44, 45, 47 und 49 der

Verordnung (EU) Nr. 648/2012 oder bis gemäß Artikel 25 jener Verordnung über die Anerkennung der in einem Drittstaat ansässigen ZGP entschieden wurde, wenn dieser Zeitpunkt der frühere ist, darf ein Institut die betreffende ZGP als qualifizierte ZGP ansehen.

(3) Die Kommission kann einen Durchführungsrechtsakt gemäß Artikel 5 der Verordnung (EU) Nr. 182/2011 erlassen, um im Falle außergewöhnlicher Umstände die Übergangsbestimmungen der Absätze 1 und 2 um weitere sechs Monate zu verlängern, wenn dies notwendig und angemessen ist, um Störungen and den internationalen Finanzmärkten zu vermeiden.

(4) Hat eine ZGP weder einen Ausfallfonds noch bindende Vereinbarungen mit ihren Clearingmitgliedern, die ihr erlauben, deren Einschüsse ganz oder teilweise wie vorfinanzierte Beiträge zu verwenden, berechnet ein Institut bis zum Ende des Zeitraums nach Absatz 1 bzw. Absatz 2 und der Verlängerung nach Absatz 3 die Eigenmittelanforderung (K_i) nicht nach der rechten Formel in Artikel 308 Absatz 2, sondern nach folgender Formel:

$$K_i = \left(1 + \text{ß} \cdot \frac{N}{N-2}\right) \cdot \frac{IM_i}{IM} \cdot K_{CM}$$

dabei entspricht
IM_i = dem Einschuss von Clearingmitglied i bei der ZGP,
IM = der dem Institut von der ZGP mitgeteilten Gesamteinschusssumme.

Artikel 498 Ausnahme für Warenhändler

(1) Die Bestimmungen dieser Verordnung in Bezug auf Eigenmittelanforderungen gelten nicht für Wertpapierfirmen, deren Haupttätigkeit ausschließlich in der Erbringung von Investitionsdienstleistungen oder Tätigkeiten im Zusammenhang mit den Finanzinstrumenten gemäß Anhang I Abschnitt C Nummern 5, 6, 7, 9 und 10 der Richtlinie 2004/39/EG besteht und für die die Richtlinie 93/22/EWG am 31. Dezember 2006 nicht galt.

Diese Ausnahme gilt bis zum 31. Dezember 2017 oder bis zum Inkrafttreten von Änderungen gemäß den Absätzen 2 oder 3, je nachdem, welches der frühere Zeitpunkt ist.

(2) Die Kommission erstattet dem Europäischen Parlament und dem Rat bis zum 31. Dezember 2015 auf der Grundlage öffentlicher Konsultationen und Beratungen mit den zuständigen Behörden Bericht über
a) eine angemessene Regelung für die aufsichtliche Überwachung von Wertpapierfirmen, deren Haupttätigkeit ausschließlich in der Erbringung von Investitionsdienstleistungen oder Tätigkeiten im Zusammenhang mit den warenunterlegten Derivaten oder Derivatkontrakten gemäß Anhang I Abschnitt C Nummern 5, 6, 7, 9 und 10 der Richtlinie 2004/39/EG besteht,
b) die Zweckmäßigkeit einer Änderung der Richtlinie 2004/39/EG im Hinblick auf die Schaffung einer weiteren Kategorie von Wertpapierfirmen, deren Haupttätigkeit ausschließlich in der Erbringung von Investitionsdienstleistungen oder Tätigkeiten im Zusammenhang mit den Finanzinstrumenten gemäß Anhang I Abschnitt C Nummern 5, 6, 7, 9 und 10 der Richtlinie 2004/39/EG besteht, die die Versorgung mit Energie, einschließlich Strom, Kohle, Gas und Öl, betreffen.

(3) Auf der Grundlage des Berichts nach Absatz 2 kann die Kommission Änderungen dieser Verordnung vorschlagen.

Artikel 499 Verschuldung

(1) Abweichend von den Artikeln 429 und 430 berechnen die Institute ab dem 1. Januar 2014 bis zum 31. Dezember 2021 die Verschuldungsquote und melden diese, wobei sie Folgendes als Kapitalmessgröße verwenden:
a) Kernkapital,
b) Kernkapital, für das die abweichenden Bestimmungen der Kapitel 1 und 2 gelten.

(2) Abweichend von Artikel 451 Absatz 1 dürfen die Institute wählen, ob sie die Informationen über die Verschuldungsquote auf der Grundlage einer oder beider Definitionen der Kapitalmessgröße nach Absatz 1 Buchstaben a und b offenlegen. Ändert ein Institut seine Entscheidung, welche Verschuldungsquote es offenlegt, so enthält die erste Offenlegung nach einer solchen Änderung einen Abgleich der Informationen über sämtliche Verschuldungsquoten, die bis zum Zeitpunkt der Änderung offengelegt wurden.

(3) Abweichend von Artikel 429 Absatz 2 dürfen die zuständigen Behörden Instituten ab dem ... bis zum 31. Dezember 2017 erlauben, die Verschuldungsquote zum Quartalsende zu berechnen, wenn sie der Auffassung sind, dass die Institute möglicherweise nicht über Daten von ausreichender Qualität für die Berechnung einer Verschuldungsquote verfügen, die dem arithmetischen Mittel der monatlichen Verschuldungsquoten innerhalb eines Quartals entspricht.

Artikel 500 Übergangsbestimmungen – Basel-I-Untergrenze

(1) Bis zum 31. Dezember 2017 erfüllen Institute, die risikogewichtete Positionsbeträge gemäß Teil 3 Titel II Kapitel 3 berechnen, und Institute, die die in Teil 3 Titel III Kapitel 4 erläuterten fortgeschrittenen Messansätze für die Berechnung ihrer Eigenmittelanforderungen für das operationelle Risiko verwenden, die beiden folgenden Anforderungen:
a) Sie halten Eigenmittel gemäß Artikel 92 vor;
b) sie halten jederzeit Eigenmittel in Höhe von mindestens 80 % des Betrags vor, den das Institut nach Artikel 4 der Richtlinie 93/6/EWG des Rates vom 15. März 1993 über die angemessene Eigenkapitalausstattung von Wertpapierfirmen und Kreditinstituten[1] in der für sie und die Richtlinie 2000/12/EG vor dem 1. Januar 2007 geltenden Fassung insgesamt als Mindesteigenmittel vorhalten müsste.

(2) Vorbehaltlich der Genehmigung der zuständigen Behörde kann der Betrag nach Absatz 1 Buchstabe b durch die Verpflichtung ersetzt werden, jederzeit Eigenmittel in Höhe von mindestens 80 % der Eigenmittel vorzuhalten, die das Institut nach Artikel 92 vorhalten müsste, wenn es risikogewichtete Positionsbeträge nach Teil 3 Titel II Kapitel 2 und gegebenenfalls Teil 3 Titel III Kapitel 2 oder Kapitel 3 anstatt nach Teil 3 Titel II Kapitel 3 oder gegebenenfalls Teil 3 Titel III Kapitel 4 berechnen würde.

(3) Ein Kreditinstitut darf Absatz 2 nur dann anwenden, wenn es den IRB-Ansatz oder die fortgeschrittenen Messansätze für die Berechnung seiner Eigenmittelanforderungen seit dem 1. Januar 2010 oder danach anwendet.

(4) Für die Erfüllung der Anforderungen nach Absatz 1 Buchstabe b werden Eigenmittelbeträge zugrundegelegt, die vollständig angepasst wurden, um die Unterschiede zu berücksichtigen, die sich bei der Berechnung der Eigenmittel nach den Richtlinien 93/6/EWG und 2000/12/EG in der bis zum 1. Januar 2007 geltenden Fassung und derjenigen nach dieser Verordnung aufgrund der gesonderten Behandlung der erwarteten und unerwarteten Verluste gemäß Teil 3 Titel II Kapitel 3 ergeben.

---

[1] ABl. L 126, 26.5.2000, S. 1

(5) Die zuständigen Behörden dürfen nach Konsultation der EBA Institute von der Anwendung des Absatzes 1 Buchstabe b freistellen, sofern sämtliche in Teil 3 Titel II Kapitel 3 Abschnitt 6 festgelegten Anforderungen für die Anwendung des IRB-Ansatzes oder gegebenenfalls die Bedingungen des Teils 3 Titel III Kapitel 4 für die Verwendung des fortgeschrittenen Messansatzes erfüllt sind.

(6) Die Kommission legt dem Europäischen Parlament und dem Rat bis zum 1. Januar 2017 einen Bericht darüber vor, ob es unter Berücksichtigung internationaler Entwicklungen und vereinbarter internationaler Standards angebracht ist, die Basel-I-Untergrenze über den 31. Dezember 2017 hinaus anzuwenden, um sicherzustellen, dass es einen Sicherheitsmechanismus für interne Modelle gibt. Gegebenenfalls fügt sie dem Bericht einen Gesetzgebungsvorschlag bei.

Artikel 501 Abzug von den Eigenmittelanforderungen für das Kreditrisiko von Risikopositionen gegenüber KMU

(1) Eigenmittelanforderungen für das Kreditrisiko von Risikopositionen gegenüber KMU werden mit dem Faktor 0,7619 multipliziert.

(2) Für die Zwecke dieses Artikels
a) wird die Risikoposition entweder der Risikopositionsklasse ›Mengengeschäft‹ oder der Risikopositionsklasse ›Risikopositionen gegenüber Unternehmen‹ oder der Risikopositionsklasse ›durch Immobilien besicherte Risikopositionen‹ zugeordnet. Ausgefallene Risikopositionen sind ausgeschlossen,
b) wird ein KMU als solches entsprechend der Empfehlung 2003/361/EG der Kommission vom 6. Mai 2003 betreffend die Definition der Kleinstunternehmen sowie der kleinen und mittleren Unternehmen[1] definiert. Von den Kriterien nach Artikel 2 des Anhangs jener Empfehlung wird lediglich der Jahresumsatz berücksichtigt,
c) geht der dem Institut sowie dem Mutterunternehmen und dessen Tochterunternehmen von dem Kunden oder der Gruppe verbundener Kunden insgesamt geschuldete Betrag einschließlich etwaiger ausgefallener Risikopositionen, mit Ausnahme von Forderungen oder Eventualforderungen, die durch Wohnimmobilien besichert sind, soweit dem Institut bekannt, nicht über 1,5 Mio. EUR hinaus. Das Institut unternimmt angemessene Schritte, um sich diese Kenntnis zu verschaffen.

(3) Institute melden den zuständigen Behörden jedes Quartal den gemäß Absatz 2 berechneten Gesamtbetrag ihrer Risikopositionen gegenüber KMU.

(4) Die Kommission erstellt bis zum 28. Juni 2016 einen Bericht über die Auswirkung der Eigenmittelanforderungen dieser Verordnung auf die Kreditvergabe an KMU und natürliche Personen und legt diesen, gegebenenfalls zusammen mit einem Gesetzgebungsvorschlag, dem Europäischen Parlament und dem Rat vor.

(5) Für die Zwecke des Absatzes 4 erstattet die EBA der Kommission Bericht über
a) die Analyse der Entwicklung der Tendenzen und Konditionen bei der Kreditvergabe an KMU während des Zeitraums nach Absatz 4,
b) die Analyse der tatsächlichen Risikobehaftung von KMU- der Union im Verlauf eines gesamten Konjunkturzyklus,
c) die Angemessenheit der Eigenmittelanforderungen dieser Verordnung für das Ausfallrisiko von Risikopositionen gegenüber KMU angesichts der Ergebnisse der Analysen nach den Buchstaben a und b.

---

[1] ABl. L 124 vom 20.5.2003, S.36

Titel II Berichte und Überprüfungen

Artikel 502 Zyklische Effekte von Eigenmittelanforderungen

Die Kommission überprüft in Zusammenarbeit mit der EBA, dem ESRB und den Mitgliedstaaten und unter Berücksichtigung der Stellungnahme der EZB in regelmäßigen Abständen, ob sich diese Verordnung insgesamt gesehen zusammen mit der Richtlinie 2013/36/EU signifikant auf den Konjunkturzyklus auswirkt und prüft anhand dessen, ob Abhilfemaßnahmen gerechtfertigt sind. Die EBA erstattet der Kommission bis zum 31. Dezember 2013 Bericht darüber, ob und wie die Methoden der Institute, die den IRB-Ansatz anwenden, einander angenähert werden sollten, um besser vergleichbare Eigenmittelanforderungen und eine Minderung der Prozyklizität zu erreichen.

Auf der Grundlage dieser Analyse und unter Berücksichtigung der Stellungnahme der EZB erstellt die Kommission alle zwei Jahre einen Bericht und leitet ihn – gegebenenfalls zusammen mit angemessenen Vorschlägen – an das Europäische Parlament und den Rat weiter. Beiträge seitens der kreditnehmenden und kreditgebenden Wirtschaft sind bei der Erstellung des Berichts ausreichend zu würdigen.

Die Kommission überprüft bis zum 31. Dezember 2014 die Anwendung des Artikels 30, erstellt einen Bericht über dessen Anwendung und legt diesen, gegebenenfalls zusammen mit einem Gesetzgebungsvorschlag, dem Europäischen Parlament und dem Rat vor.

Hinsichtlich der etwaigen Streichung des Artikels 33 Absatz 1 Buchstabe c und seiner möglichen Anwendung auf Unionsebene ist bei der Überprüfung insbesondere sicherzustellen, dass ausreichende Vorkehrungen getroffen wurden, um die Finanzstabilität in allen Mitgliedstaaten zu gewährleisten.

Artikel 503 Eigenmittelanforderungen für Risikopositionen in Form gedeckter Schuldverschreibungen

(1) Die Kommission erstattet bis zum 31. Dezember 2014 nach Konsultation der EBA dem Europäischen Parlament und dem Rat Bericht, ob die Risikogewichtungen nach Artikel 129 und die Eigenmittelanforderungen für das spezifische Risiko nach Artikel 336 Absatz 3 für alle Instrumente angemessen sind, die für diese Behandlungen in Betracht kommen, und ob die in Artikel 129 genannten Kriterien zweckmäßig sind, und legt entsprechende Vorschläge vor.

(2) In dem Bericht und den Vorschlägen gemäß Absatz 1 wird folgenden Umständen Rechnung getragen:
a) der Frage, inwieweit bei den derzeitigen Eigenmittelanforderungen für gedeckte Schuldverschreibungen angemessen differenziert wird zwischen Schwankungen der Bonitätsstufe von gedeckten Schuldverschreibungen und den Sicherheiten, mit denen diese besichert sind, einschließlich des Umfangs der Abweichungen zwischen den Mitgliedstaaten,
b) der Transparenz des Markts für gedeckte Schuldverschreibungen und der Frage, inwieweit diese es Anlegern ermöglicht, das Kreditrisiko bei gedeckten Schuldverschreibungen und den Sicherheiten, mit denen diese besichert sind, umfassend zu analysieren, sowie der Trennung der Vermögenswerte im Falle der Insolvenz des Emittenten, wobei die abfedernde Wirkung des zugrundeliegenden strikten nationalen Rechtsrahmens gemäß Artikel 129 und Artikel 52 Absatz 4 der Richtlinie 2009/65/EG auf die Gesamtbonität einer gedeckten Schuldverschreibung und seine Auswirkungen auf das für Anleger notwendige Maß an Transparenz berücksichtigt wird, und
c) dem Ausmaß, in dem sich die Emission gedeckter Schuldverschreibungen durch ein Kreditinstitut auf das Kreditrisiko auswirkt, dem andere Gläubiger des Emittenten ausgesetzt sind.

(3) Die Kommission erstattet bis zum 31. Dezember 2014 nach Konsultation der EBA dem Europäischen Parlament und dem Rat Bericht, ob unter bestimmten Voraussetzungen durch Luftfahrzeuge besicherte Kredite (Pfandrechte an Luftfahrzeugen) und Kredite für Wohnimmobilien, die durch Garantien, nicht aber durch eingetragene Grundpfandrechte besichert sind, als anerkennungsfähige Vermögenswerte im Sinne des Artikels 129 betrachtet werden sollten.

(4) Die Kommission prüft bis zum 31. Dezember 2016, ob die Ausnahmeregelung nach Artikel 496 angemessen ist und ob es gegebenenfalls angemessen ist, eine ähnliche Behandlung für alle anderen Formen von gedeckten Schuldverschreibungen vorzusehen. Im Lichte dieser Prüfung kann die Kommission gegebenenfalls delegierte Rechtsakte gemäß Artikel 462 erlassen, um die Ausnahmeregelung dauerhaft einzuführen oder Gesetzgebungsvorschläge vorlegen, um sie auf andere Formen gedeckter Schuldverschreibungen auszuweiten.

Artikel 504   Von staatlichen Stellen im Notfall gezeichnete Kapitalinstrumente

Die Kommission erstattet bis zum 31. Dezember 2016 nach Konsultation der EBA dem Europäischen Parlament und dem Rat Bericht, ob die Behandlung nach Artikel 31 geändert werden oder wegfallen muss, und legt entsprechende Vorschläge vor.

Artikel 505   Prüfung langfristiger Finanzierungen

Die Kommission erstattet dem Europäischen Parlament und dem Rat bis zum 31. Dezember 2014 Bericht darüber, ob die Anforderungen dieser Verordnung angemessen sind angesichts dessen, dass ein angemessenes Finanzierungsniveau der Wirtschaft für alle Formen langfristiger Finanzierungen, einschließlich für kritische Infrastrukturvorhaben der Europäischen Union in den Bereichen Verkehr, Energie und Kommunikation, sichergestellt werden muss, und legt gegebenenfalls geeignete Vorschläge vor.

Artikel 506   Kreditrisiko – Definition des Ausfalls

Die EBA erstattet der Kommission bis zum 31. Dezember 2017 Bericht darüber, wie die Ersetzung der Überfälligkeit seit 90 Tagen durch 180 Tage, wie in Artikel 178 Absatz 1 Buchstabe b vorgesehen, sich auf risikogewichtete Positionsbeträge auswirkt, und ob es angemessen ist, diese Bestimmung über den 31. Dezember 2019 hinaus weiter anzuwenden.

Auf der Grundlage dieses Berichts kann die Kommission einen Gesetzgebungsvorschlag zur Änderung dieser Verordnung vorlegen.

Artikel 507   Großkredite

Die Kommission überprüft bis zum 31. Dezember 2015 die Anwendung des Artikels 400 Absatz 1 Buchstabe j und Absatz 2, unter anderem im Hinblick darauf, ob die Ausnahmen nach Artikel 400 Absatz 2 individuell zu gewähren sind, erstellt einen Bericht und legt diesen, gegebenenfalls zusammen mit einem Gesetzgebungsvorschlag, dem Europäischen Parlament und dem Rat vor.

Was die mögliche Abschaffung des nationalen Ermessensspielraums nach Artikel 400 Absatz 2 Buchstabe c und dessen eventuelle Anwendung auf Ebene der Europäischen Union betrifft, so hat die Überprüfung insbesondere der Wirksamkeit des Risikomanagements von Gruppen Rechnung zu tragen und sicherzustellen, dass ausreichende Vorkehrungen getroffen worden sind, um in allen Mitgliedstaaten, in denen gruppenangehörige Unternehmen ansässig sind, die Finanzstabilität zu gewährleisten.

Artikel 508   Anwendungsstufe

(1) Bis zum 31. Dezember 2014 überprüft die Kommission die Anwendung von Teil 1 Titel II und Artikel 113 Absätze 6 und 7, erstellt einen Bericht über deren Anwendung und legt diesen, gegebenenfalls zusammen mit einem Gesetzgebungsvorschlag, dem Europäischen Parlament und dem Rat vor.

(2) Bis zum 31. Dezember 2015 erstellt die Kommission einen Bericht darüber, ob und wie die Anforderung an die Liquiditätsdeckung nach Teil 6 Anwendung auf Wertpapierfirmen findet, und legt diesen nach Konsultation der EBA, gegebenenfalls zusammen mit einem Gesetzgebungsvorschlag, dem Europäischen Parlament und dem Rat vor.

(3) Bis zum 31. Dezember 2015 erstellt die Kommission nach Konsultation der EBA und der ESMA und im Lichte von Beratungen mit den zuständigen Behörden einen Bericht an das Europäische Parlament und den Rat über eine angemessene Regelung für die Beaufsichtigung von Wertpapierfirmen und Firmen im Sinne des Artikels 4 Absatz 1 Nummer 2 Buchstaben b und c. Gegebenenfalls wird im Anschluss an den Bericht ein Gesetzgebungsvorschlag unterbreitet.

Artikel 509   Liquiditätsanforderungen

(1) Die EBA überwacht und bewertet die Meldungen gemäß Artikel 415 Absatz 1 unter Berücksichtigung unterschiedlicher Währungen und Geschäftsmodelle. Sie erstattet der Kommission nach Konsultation des ESRB, von Endnutzern, die keine Finanzkunden sind, des Bankengewerbes, der zuständigen Behörden und der Zentralbanken des ESZB jährlich und erstmals ab dem 31. Dezember 2013 Bericht darüber, ob eine Spezifizierung der allgemeinen Anforderung an die Liquiditätsdeckung gemäß Teil 6 auf der Grundlage der gemäß Teil 6 Titel II und Anhang III zu meldenden Positionen einzeln oder kumulativ betrachtet möglicherweise die Geschäfte und das Risikoprofil von in der Union niedergelassenen Instituten oder die Stabilität und das ordnungsgemäße Funktionieren der Finanzmärkte oder die Wirtschaft und die Stabilität der Kreditversorgung durch Banken mit besonderem Augenmerk auf die Kreditvergabe an KMU und die Handelsfinanzierung, einschließlich der Kreditvergabe im Rahmen offizieller Exportkreditversicherungssysteme, wesentlich beeinträchtigen würde.

In dem Bericht nach Unterabsatz 1 werden Marktentwicklungen und internationale aufsichtsrechtliche Entwicklungen sowie die Wechselwirkung zwischen der Liquiditätsdeckungsanforderung und anderen Aufsichtsanforderungen dieser Verordnung, wie beispielsweise den risikobasierten Kapitalquoten gemäß Artikel 92 und den Verschuldungsquoten, berücksichtigt werden.

Dem Europäischen Parlament und dem Rat wird Gelegenheit gegeben, zu dem Bericht nach Unterabsatz 1 Stellung zu nehmen.

(2) In dem Bericht nach Unterabsatz 1 beurteilt die EBA insbesondere,
a) die Schaffung von Mechanismen, die den Wert der Liquiditätszuflüsse beschränken, um insbesondere eine angemessene Zuflussobergrenze und die Voraussetzungen für ihre Anwendung festzulegen, wobei verschiedene Geschäftsmodelle, einschließlich Durchlauffinanzierung, Factoring, Leasing, gedeckte Schuldverschreibungen, Hypotheken, Begebung gedeckter Schuldverschreibungen und die Frage, inwieweit diese Obergrenze angepasst werden oder wegfallen sollte, um den Besonderheiten von Spezialfinanzierungen Rechnung zu tragen,
b) die Kalibrierung der in Teil 6 Titel II, insbesondere den Artikeln 422 Absatz 7 und 425 Absatz 2 genannten Zu- und Abflüsse,
c) die Schaffung von Mechanismen zur Beschränkung der Deckung der Liquiditätsanforderungen durch bestimmte Kategorien liquider Aktiva, insbesondere die Prüfung der geeigneten Mindestquote liquider Aktiva gemäß Artikel 416 Absatz 1 Buchstaben a, b und c an Gesamtbestand der liquiden Aktiva, das Testen eines

Schwellenwerts von 60% und die Berücksichtigung internationaler aufsichtsrechtlicher Entwicklungen. Aktiva, die geschuldet und fällig oder innerhalb von 30 Kalendertagen abrufbar sind, sollten nicht auf die Mindestquote angerechnet werden, es sei denn, für sie wurde eine Sicherheit gestellt, die ebenfalls nach Artikel 416 Absatz 1 Buchstaben a bis c anerkannt würde,

d) die Festlegung spezifischer niedrigerer Abfluss- und/oder höherer Zuflussprozentsätze für gruppeninterne Liquiditätsflüsse, wobei erläutert wird, unter welchen Bedingungen solche spezifischen Prozentsätze für Zu- oder Abflüsse von einem aufsichtlichen Standpunkt her gerechtfertigt wären, und eine Methodik skizziert wird, bei der objektive Kriterien und Parameter verwendet werden, um die spezifische Höhe der Zu- und Abflüsse zwischen dem Institut und der Gegenpartei festzulegen, wenn diese nicht im selben Mitgliedstaat niedergelassen sind,

e) die Kalibrierung der Ziehungsraten für nicht in Anspruch genommenen Kredit- und Liquiditätsfazilitäten nach Artikel 424 Absätze 3 und 5; insbesondere wird die EBA eine Ziehungsrate von 100% testen,

f) die Definition der Privatkundeneinlage des Artikels 411 Nummer 2, insbesondere die Frage, ob es sinnvoll ist, einen Schwellenwert für die Einlagen natürlicher Personen einzuführen,

g) die Notwendigkeit, eine neue Kategorie ›Privatkundeneinlagen‹ mit niedrigeren Abflüssen einzuführen, da eine niedrigere Abflussrate angesichts der besonderen Merkmale dieser Einlagen gerechtfertigt sein könnte; dabei wäre internationalen Entwicklungen Rechnung zu tragen,

h) Ausnahmen von den Anforderungen an die Zusammenstellung der liquiden Aktiva, die Institute vorhalten müssen, wenn ihr gemeinsamer berechtigter Bedarf an liquiden Aktiva deren Verfügbarkeit in einer bestimmten Währung übersteigt, und die Bedingungen, die für solche Ausnahmen gelten sollten,

i) die Definition von schariakonformen Finanzprodukten, die von schariakonformen Banken als Alternative zu Vermögenswerten, die für die Zwecke des Artikels 416 als liquide Aktiva anerkannt würden, verwendet werden können,

j) die Definition von Stresssituationen – einschließlich Grundsätzen für die mögliche Verwendung des Bestands an liquiden Aktiva und die erforderlichen aufsichtlichen Reaktionen – in denen Institute ihre liquiden Bestände zur Deckung von Liquiditätsabflüssen verwenden dürfen, und wie Verstöße zu behandeln wäre,

k) die Definition der etablierten Geschäftsbeziehung gemäß Artikel 422 Absatz 3 Buchstabe c in Bezug auf Nichtfinanzkunden,

l) die Kalibrierung der auf Korrespondenzbankgeschäfte und Primebroker-Dienstleistungen nach Artikel 422 Absatz 4 Unterabsatz 1 anzuwendenden Abflussrate,

m) Mechanismen, mit denen staatlich garantierte Anleihen, die mit einer Genehmigung der Union für staatliche Beihilfen als Teil staatlicher Stützungsmaßnahmen an Kreditinstitute ausgegeben wurden, um deren Bilanzen von problematischen Vermögenswerten zu entlasten, wie beispielsweise Anleihen der National Asset Management Agency (NAMA) in Irland und der spanischen Vermögensverwaltungsgesellschaft in Spanien, mindestens bis Dezember 2023 als Aktiva von äußerst hoher Liquidität und Kreditqualität bestandsgeschützt werden sollen.

(3) Die EBA erstattet der Kommission nach Konsultation der ESMA und der EZB bis zum 31. Dezember 2013 Bericht über geeignete einheitliche Definitionen der hohen und äußerst hohen Liquidität und Kreditqualität übertragbarer Aktiva für die Zwecke des Artikels 416 und angemessene Abschläge für Vermögenswerte – ausgenommen Aktiva im Sinne des Artikels 416 Absatz 1 Buchstaben a, b und c, die für die Zwecke des Artikels 416 als liquide Aktiva anerkannt würden.

Dem Europäischen Parlament und dem Rat wird Gelegenheit gegeben, zu diesem Bericht Stellung zu nehmen.

In dem Bericht nach Unterabsatz 1 wird außerdem Folgendes geprüft:

a) andere Kategorien von Vermögenswerten, insbesondere durch private Wohnimmobilien besicherte Wertpapiere von hoher Liquidität und Kreditqualität,
b) andere Kategorien zentralbankfähiger Wertpapiere oder Darlehensforderungen, wie z. B. von regionalen oder lokalen Gebietskörperschaften begebene Schuldverschreibungen und Geldmarktpapiere sowie
c) andere nicht zentralbankfähige aber fungible Vermögenswerte, wie z. B. an einer anerkannten Börse notierte Aktien, Gold, Eigenkapitalinstrumente eines wichtigen Index, garantierte Schuldverschreibungen, gedeckte Schuldverschreibungen, Unternehmensanleihen und auf diesen Vermögenswerten beruhende Fonds.

(4) In dem Bericht nach Absatz 3 wird geprüft, ob und inwieweit Standby-Kreditfazilitäten im Sinne des Artikels 416 Absatz 1 Buchstabe e im Lichte der internationalen Entwicklung und unter Berücksichtigung europäischer Besonderheiten, einschließlich der Art und Weise, in der die Geldpolitik in der Union durchgeführt wird, als liquide Aktiva betrachtet werden sollten.

Die EBA prüft insbesondere die Angemessenheit der folgenden Kriterien und die geeigneten Höhen für die entsprechenden Definitionen:
a) Mindesthandelsvolumen der Vermögenswerte,
b) Mindestvolumen ausstehender Vermögenswerte,
c) transparente Preis- und Nachhandelsinformation,
d) Bonitätsstufen gemäß Teil 3 Titel II Kapitel 2,
e) nachweisbare Preisstabilität,
f) durchschnittliches Handelsvolumen und durchschnittlicher Transaktionsumfang,
g) maximale Geld-Brief-Spanne,
h) Restlaufzeit,
i) Mindestumschlagshäufigkeit.

(5) Bis zum 31. Januar 2014 erstattet die EBA ferner Bericht über
a) einheitliche Begriffsbestimmungen für hohe und äußerst hohe Liquidität und Kreditqualität,
b) die etwaigen unbeabsichtigten Folgen der Begriffsbestimmung für liquide Aktiva auf die Durchführung von geldpolitischen Operationen und das Ausmaß, in dem
   i) ein Verzeichnis liquider Aktiva, das nicht an die Liste zentralbankfähiger Vermögenswerte gekoppelt ist, einen Anreiz dafür schaffen könnte, dass Institute anerkennungsfähige Vermögenswerte, die der Begriffsbestimmung für liquide Aktiva nicht entsprechen, bei Refinanzierungsgeschäften einreichen,
   ii) Liquiditätsvorschriften Institute davon abhalten könnten, auf dem unbesicherten Geldmarkt Anleihe- und Darlehensgeschäfte durchzuführen, und ob dies zu einer Infragestellung der Ausrichtung des EONIA im Rahmen der Durchführung der Geldpolitik führen könnte,
   iii) die Einführung der Liquiditätsdeckungsanforderung den nationalen Zentralbanken die Gewährleistung der Preisstabilität mithilfe des bestehenden geldpolitischen Rahmens und der verfügbaren geldpolitischen Instrumente erschweren würde,
c) die operationellen Anforderungen an den Bestand an liquiden Aktiva im Sinne des Artikels 417 Buchstaben b bis f im Einklang mit internationalen aufsichtsrechtlichen Entwicklungen.

Artikel 510 Anforderungen in Bezug auf stabile Refinanzierung

(1) Die EBA erstattet der Kommission ausgehend von den gemäß Teil 6 Titel III zu meldenden Positionen bis zum 31. Dezember 2015 Bericht, ob und inwieweit es angemessen wäre, sicherzustellen, dass Institute stabile Refinanzierungsquellen nutzen, und schließt darin auch eine Bewertung der Auswirkung auf das Geschäft und Risikoprofil von in der Union niedergelassenen Instituten oder auf die Finanzmärkte,

die Wirtschaft oder die Kreditvergabe durch Banken ein, wobei sie besonderes Augenmerk auf die Kreditvergabe an KMU und die Handelsfinanzierung, einschließlich der Kreditvergabe im Rahmen öffentlicher Exportkreditversicherungssysteme und über Modelle der Durchlauffinanzierung, einschließlich kongruent refinanzierter Hypothekendarlehen, richtet. Sie analysiert insbesondere die Auswirkung stabiler Refinanzierungsquellen auf die Refinanzierungsstrukturen unterschiedlicher Bankenmodelle in der Union.

(2) Die EBA erstattet der Kommission ausgehend von den gemäß Teil 6 Titel III zu meldenden Positionen und entsprechend den einheitlichen Meldeformaten gemäß Artikel 415 Absatz 3 Buchstabe a und nach Konsultation des ESRB ferner bis zum 31. Dezember 2015 Bericht über Methoden zur Festlegung des Betrags an stabiler Refinanzierung, über den Institute verfügen und der von ihnen benötigt wird, und über geeignete einheitliche Definitionen zur Berechnung einer solchen Anforderungen in Bezug auf stabile Refinanzierung, wobei sie insbesondere Folgendes prüft:
a) Kategorien und Gewichtung der in Artikel 427 Absatz 1 genannten stabilen Refinanzierungsquellen,
b) die zur Ermittlung des in Artikel 428 Absatz 1 genannten Bedarfs an stabiler Refinanzierung angewandten Kategorien und Gewichte,
c) Methoden, die positive bzw. gegebenenfalls negative Anreize schaffen, mit denen eine stabilere, langfristigere Refinanzierung von Vermögenswerten, Geschäftstätigkeiten, Investitionen und Kapitalausstattung von Instituten gefördert wird,
d) die Notwendigkeit, für unterschiedliche Arten von Instituten unterschiedliche Methoden zu entwickeln.

(3) Die Kommission legt dem Europäischen Parlament und dem Rat gegebenenfalls bis zum 31. Dezember 2016 einen Gesetzgebungsvorschlag dazu vor, wie Institute dazu angehalten werden können, stabile Refinanzierungsquellen zu verwenden, wobei sie die Berichte gemäß den Absätzen 1 und 2 berücksichtigt und der Vielfalt des Bankengewerbes in der Union Rechnung trägt.

Artikel 511 Verschuldung

(1) Ausgehend von den Ergebnissen des Berichts nach Absatz 3 legt die Kommission dem Europäischen Parlament und dem Rat bis zum 31. Dezember 2016 einen Bericht über die Auswirkungen und die Wirksamkeit der Verschuldungsquote vor.

(2) Gegebenenfalls wird zusammen mit dem Bericht ein Gesetzgebungsvorschlag über die Einführung einer geeigneten Zahl von Stufen für die Verschuldungsquote, die Institute je nach ihren unterschiedlichen Geschäftsmodellen einhalten müssen, vorgelegt, in dem eine geeignete Kalibrierung dieser Stufen und entsprechende Anpassungen der Kapitalmessgröße und der Gesamtrisikopositionsmessgröße im Sinne des Artikels 429 sowie nötigenfalls etwaige damit verbundene Flexibilitätsmaßnahmen – einschließlich geeigneter Änderungen des Artikels 458 zur Aufnahme der Verschuldungsquote in den Anwendungsbereich der Maßnahmen jenes Artikels – vorgeschlagen werden.

(3) Für die Zwecke des Absatzes 1 erstattet die EBA der Kommission bis zum 31. Oktober 2016 zumindest Bericht über folgende Aspekte:
a) ob der durch diese Verordnung und die Artikel 87 und 98 der Richtlinie 2013/36/EU geschaffene Rahmen für die Verschuldungsquote das geeignete Instrument ist, um das Risiko einer übermäßigen Verschuldung seitens der Institute in hinreichender Weise und ausreichendem Maß zu beseitigen,
b) Ermittlung von Geschäftsmodellen, die das Gesamtrisikoprofil der Institute abbilden und Einführung verschiedener Stufen für die Verschuldungsquote dieser Geschäftsmodelle,
c) ob die Anforderungen der Artikel 76 und 87 der Richtlinie 2013/36/EU im Einklang mit den Artikeln 73 und 97 der Richtlinie 2013/36/EU ausreichen, um hinsichtlich

des Risikos einer übermäßigen Verschuldung eine solide Steuerung dieses Risikos durch die Institute zu gewährleisten und, falls nicht, welche Verbesserungen notwendig sind, um diese Ziele zu erreichen,

d) ob – und falls ja, welche – Änderungen der Berechnungsmethode nach Artikel 429 notwendig wären, um zu gewährleisten, dass die Verschuldungsquote als angemessener Indikator für das Risiko der übermäßigen Verschuldung eines Instituts verwendet werden kann,

e) ob vor dem Hintergrund der Berechnung der Gesamtrisikopositionsmessgröße der Verschuldungsquote der anhand der Ursprungsrisikomethode ermittelte Risikopositionswert der in Anhang II genannten Geschäfte sich wesentlich von dem anhand der Marktbewertungsmethode ermittelten Risikopositionswert unterscheidet,

f) ob es für den vorgesehenen Zweck der Beobachtung des Risikos einer übermäßigen Verschuldung angemessener ist, Eigenmittel oder das harte Kernkapital als Kapitalmessgröße für die Verschuldungsquote zu verwenden, und falls ja, welche Kalibrierung der Verschuldungsquote angemessen wäre,

g) ob der Umrechnungsfaktor nach Artikel 429 Absatz 10 Buchstabe a für nicht in Anspruch genommene Kreditfazilitäten, die jederzeit uneingeschränkt und fristlos widerrufen werden können, auf der Grundlage der während des Beobachtungszeitraums gesammelten Nachweise angemessen konservativ ist,

h) ob die Häufigkeit und das Format der Offenlegung der in Artikel 451 genannten Elemente angemessen sind,

i) welche Höhe der Verschuldungsquote für jedes gemäß Buchstabe b ermittelte Geschäftsmodell angemessen wäre,

j) ob für jede Stufe der Verschuldungsquote eine Bandbreite festgelegt werden sollte,;

k) ob die Einführung der Verschuldungsquote als Anforderung an Institute Änderungen des Rahmens für die Verschuldungsquote gemäß dieser Verordnung erfordern würde, und falls ja, welche,

l) ob die Einführung der Verschuldungsquote als Anforderung an Institute das Risiko einer übermäßigen Verschuldung der Institute wirksam begrenzen würde, und falls ja, ob die Höhe der Verschuldungsquote für alle Institute gleich sein sollte oder sich nach dem Risikoprofil und dem Geschäftsmodell sowie der Größe des Instituts richten sollte, und welche zusätzlichen Kalibrierungen oder Übergangszeiträume hierfür erforderlich wären.

(4) In dem Bericht nach Absatz 3 wird mindestens der Zeitraum ab dem 1. Januar 2014 bis zum 30. Juni 2016 abgedeckt und zumindest Folgendes berücksichtigt:

a) die Auswirkung der Einführung einer im Einklang mit Artikel 429 festgelegten Verschuldungsquote als von den Instituten zu erfüllende Anforderung auf
   i) die Finanzmärkte im Allgemeinen und Märkte für Pensionsgeschäfte, Derivate und gedeckte Schuldverschreibungen im Besonderen,
   ii) die Solidität der Institute,
   iii) Geschäftsmodelle und Bilanzstrukturen der Institute, insbesondere in Bezug auf Geschäftsfelder mit einem niedrigen Risiko, etwa Förderdarlehen durch staatliche Entwicklungsbanken, kommunale Darlehen, Finanzierung von Wohneigentum und andere Niedrigrisikobereiche, für die nationale Rechtsvorschriften gelten,
   iv) die Migration von Risikopositionen zu Unternehmen, die keiner Beaufsichtigung unterliegen,
   v) Finanzinnovationen, insbesondere die Entwicklung von Instrumenten mit verdeckter Verschuldung (›Embedded Leverage‹),
   vi) das Risikoverhalten von Instituten,
   vii) Clearing-, Abrechnungs- und Verwahrtätigkeiten sowie die Tätigkeit einer zentralen Gegenpartei,

viii) die zyklischen Effekte der Kapitalmessgröße und der Gesamtrisikomessgröße der Verschuldungsquote,

ix) die Kreditvergabe durch Banken, mit besonderem Augenmerk auf der Kreditvergabe an KMU, regionale und lokale Gebietskörperschaften und öffentliche Stellen und auf der Handelsfinanzierung, einschließlich der Kreditvergabe im Rahmen offizieller Exportkreditversicherungssysteme,

b) die Wechselwirkung zwischen der Verschuldungsquote einerseits und den risikobasierten Eigenmittelanforderungen und den Liquiditätsanforderungen gemäß dieser Verordnung andererseits,

c) die Auswirkung der Unterschiede in der Rechnungslegung nach den gemäß der Verordnung (EG) Nr. 1606/2002 anwendbaren Rechnungslegungsstandards, den gemäß der Richtlinie 86/635/EWG anwendbaren Rechnungslegungsstandards und anderen geltenden Rechnungslegungsrahmen und einschlägigen Rechnungslegungsrahmen auf die Vergleichbarkeit der Verschuldungsquote.

Artikel 512 Risikopositionen aus übertragenen Kreditrisiken

Die Kommission legt dem Europäischen Parlament und dem Rat bis zum 31. Dezember 2014 einen Bericht über die Anwendung und Wirksamkeit der Bestimmungen des Teils 5 vor dem Hintergrund der Entwicklungen der internationalen Märkte vor.

Artikel 513 Vorschriften der Makroaufsicht

(1) Die Europäische Kommission überprüft nach Konsultation des ESRB und der EBA bis zum 30. Juni 2014, ob die in Vorschriften dieser Verordnung und der Richtlinie 2013/36/EU zur Makroaufsicht ausreichen, um Systemrisiken in Wirtschaftszweigen, Regionen und Mitgliedstaaten der Europäischen Union einzudämmen; dabei bewertet sie unter anderem,

a) ob die geltenden Instrumente der Makroaufsicht dieser Verordnung und der Richtlinie 2013/36/EU wirksam, effizient und transparent sind,

b) ob die Abdeckung und der eventuelle Grad der Überschneidung der verschiedenen Instrumente der Makroaufsicht zur Bewältigung ähnlicher Risiken in dieser Verordnung und der Richtlinie 2013/36/EU angemessen sind; sie wird gegebenenfalls neue Vorschriften der Systemaufsicht vorschlagen,

c) welche Wechselwirkungen es zwischen international vereinbarten Standards für systemrelevante Institute und dieser Verordnung und der Richtlinie [vom Amt für Veröffentlichungen einzufügen] gibt; sie wird gegebenenfalls neue Vorschriften vorschlagen, in denen diese international vereinbarten Standards berücksichtigt werden.

(2) Die Kommission erstattet dem Europäischen Parlament und dem Rat auf der Grundlage von Konsultationen mit dem ESRB und der EBA bis zum 31. Dezember 2014 über die Bewertung nach Absatz 1 Bericht und legt ihnen gegebenenfalls einen Gesetzgebungsvorschlag vor.

Artikel 514 Gegenparteiausfallrisiko und Ursprungsrisikomethode

Die Kommission überprüft bis zum 31. Dezember 2016 die Anwendung des Artikels 275, erstellt einen Bericht über dessen Anwendung und legt diesen, gegebenenfalls zusammen mit einem Gesetzgebungsvorschlag, dem Europäischen Parlament und dem Rat vor.

Artikel 515   Überwachung und Evaluierung

(1) Die EBA erstattet gemeinsam mit der ESMA bis zum 28. Juni 2014 Bericht über das Zusammenwirken dieser Verordnung mit den damit zusammenhängenden Verpflichtungen gemäß der Verordnung (EU) Nr. 648/2012, insbesondere hinsichtlich Instituten, die als zentrale Gegenpartei fungieren, um eine Doppelung der Anforderungen an Derivatgeschäfte und damit eine Zunahme des aufsichtsrechtlichen Risikos und einen Anstieg der Aufsichtskosten für die zuständigen Behörden zu vermeiden.

(2) Die EBA überwacht und bewertet die Funktionsweise der Bestimmungen für Eigenmittelanforderungen für Risikopositionen gegenüber einer zentralen Gegenpartei gemäß Teil 3 Titel II Kapitel 6 Abschnitt 9. Sie legt der Kommission bis zum 1. Januar 2015 einen Bericht über die Auswirkungen und die Wirksamkeit dieser Bestimmungen vor.

(3) Die Kommission überprüft bis zum 31. Dezember 2016 die Abstimmung dieser Verordnung mit den damit zusammenhängenden Verpflichtungen gemäß der Verordnung (EU) Nr. 648/2012, den Eigenmittelanforderungen nach Teil 3 Titel II Kapitel 6 Abschnitt 9, erstattet darüber Bericht und legt diesen Bericht, gegebenenfalls zusammen mit einem Gesetzgebungsvorschlag, dem Europäischen Parlament und dem Rat vor.

Artikel 516   Langfristige Finanzierungen

Die Kommission erstattet bis zum 31. Dezember 2015 Bericht über die Auswirkungen dieser Verordnung auf die Förderung langfristiger Investitionen in wachstumsfördernde Infrastrukturen.

Artikel 517   Begriffsbestimmung der anrechenbaren Eigenmittel

Die Kommission überprüft bis zum 31. Dezember 2014 die Angemessenheit der Begriffsbestimmung der anrechenbaren Eigenmittel, die für die Zwecke von Teil 2 Titel III und Teil 4 angewandt wird, erstellt darüber einen Bericht und legt diesen, gegebenenfalls zusammen mit einem Gesetzgebungsvorschlag, dem Europäischen Parlament und dem Rat vor.

Artikel 518   Prüfung der Kapitalinstrumente, die abgeschrieben oder umgewandelt werden können, wenn ein Fortbestand nicht mehr gegeben ist

Bis zum 31. Dezember 2015 prüft die Kommission, ob in dieser Verordnung vorgesehen werden sollte, dass Instrumente des zusätzlichen Kernkapitals oder des Ergänzungskapitals abzuschreiben sind, wenn festgestellt wird, dass der Fortbestand des Institut nicht mehr gegeben ist, und erstattet darüber Bericht. Die Kommission unterbreitet ihren Bericht, gegebenenfalls zusammen mit einem Gesetzgebungsvorschlag, dem Europäischen Parlament und dem Rat.

Artikel 519   Abzug der Vermögenswerte aus Pensionsfonds mit Leistungszusage von Posten des harten Kernkapitals

Die EBA erstellt bis zum 30. Juni 2014 einen Bericht darüber, ob der überarbeitete Rechnungslegungsstandard IAS 19 in Verbindung mit dem Abzug von Nettovermögenswerten aus Pensionsfonds nach Artikel 36 Absatz 1 Buchstabe e und Änderungen der Nettoverbindlichkeiten von Pensionsfonds eine übermäßige Volatilität der Eigenmittel eines Instituts zur Folge hat.

Unter Berücksichtigung des Berichts der EBA erstellt die Kommission zu der Frage in Unterabsatz 1 bis zum 31. Dezember 2014 einen Bericht an das Europäische Parlament und den Rat, dem sie gegebenenfalls einen Gesetzgebungsvorschlag zur

Einführung eines Verfahrens zur Anpassung der Nettovermögenswerte und -verbindlichkeiten aus Pensionsfonds bei der Berechnung der Eigenmittel beifügt.

Titel III   Änderungen

Artikel 520   Änderung der Verordnung (EU) Nr. 648/2012

Die Verordnung (EU) Nr. 648/2012 wird wie folgt geändert:
(1) In Titel IV wird folgendes Kapitel eingefügt:
»KAPITEL 4
Berechnungen und Meldungen für die Zwecke der Verordnung (EU) Nr. 575/2013

Artikel 50a   Berechnung der hypothetischen Kapitalanforderung (K_{CCP})
(1) Für die Zwecke des Artikels 308 der Verordnung (EU) Nr. 575/2013 des Europäischen Parlaments und des Rates über Aufsichtsanforderungen an Kreditinstitute und Wertpapierfirmen vom 26. Juni 2013 berechnet eine ZGP[1] für alle Kontrakte und Transaktionen, die sie für alle ihre Clearingmitglieder im Deckungskreis des jeweiligen Ausfallfonds cleart, K_{CCP} wie in Absatz 2 erläutert.
(2) Eine ZGP berechnet die hypothetische Kapitalanforderung (K_{CCP}) wie folgt:

$$K_{CCP} = \sum_i \max\{EBRM_i - IM_i - DF_i; 0\} \cdot RW \cdot capital\,ratio$$

dabei entspricht

$EBRM_i$ = dem Risikopositionswert vor Risikominderung, der gleich dem Wert der Risikoposition der ZGP gegenüber Clearingmitglied i aus den Kontrakten und Transaktionen mit dem betreffenden Clearingmitglied ist, und der ohne Anrechnung der von diesem Clearingmitglied gestellten Sicherheit ermittelt wird,
IM_i = dem Einschuss von Clearingmitglied i bei der ZGP,
DF_i = dem vorfinanzierten Beitrag von Clearingmitglied i,
RW = einem Risikogewicht von 20%,
capital ratio (Eigenkapitalquote) = 8%.

Alle Werte der Formel nach Unterabsatz 1 beziehen sich auf die Bewertung am Tagesende vor dem Austausch der in der letzten Nachschussforderung des betreffenden Tages geforderten Nachschüsse.
(3) Eine ZGP führt die nach Absatz 2 vorgeschriebene Berechnung zumindest quartalsweise durch oder häufiger, wenn die für die Institute unter ihren Clearingmitgliedern zuständigen Behörden dies verlangen.
(4) Die EBA arbeitet Entwürfe technischer Durchführungsstandards aus, um für die Zwecke des Absatzes 3 folgendes zu präzisieren:
a) Häufigkeit und Termine der Berechnungen nach Absatz 2,
b) die Fälle, in denen die zuständige Behörde eines als Clearingmitglied auftretenden Instituts häufigere Berechnungen und Meldungen verlangen kann als unter Buchstabe a festgelegt.

Die EBA legt der Kommission diese Entwürfe technischer Durchführungsstandards bis 1. Januar 2014 vor.

---

[1] ABl. L 176 vom 27.6.2013, S. 1

Der Kommission wird die Befugnis übertragen, die technischen Durchführungsstandards nach Unterabsatz 1 gemäß Artikel 15 der Verordnung (EU) Nr. 1093/2010 zu erlassen.

Artikel 50b Allgemeine Regeln für die Berechnung von K_{CCP}
Für die Zwecke der Berechnung nach Artikel 50a Absatz 2 gilt:
a) Eine ZGP berechnet den Wert der Risikopositionen gegenüber ihren Clearingmitgliedern wie folgt:
   i) für Risikopositionen aus Kontrakten und Geschäften nach Artikel 301 Absatz 1 Buchstaben a und d der Verordnung (EU) Nr. 575/2013 berechnet sie den Wert nach der Marktbewertungsmethode gemäß Artikel 274 jener Verordnung,
   ii) für Risikopositionen aus Kontrakten und Geschäften nach Artikel 301 Absatz 1 Buchstaben b, c und e der Verordnung (EU) Nr. .../2013 berechnet sie den Wert gemäß der umfassenden Methode zur Berücksichtigung finanzieller Sicherheiten nach Artikel 223 jener Verordnung mit den aufsichtlichen Volatilitätsanpassungen gemäß den Artikeln 223 und 224; die Ausnahmeregelung nach Artikel 285 Absatz 2 Satz 2 Ziffer i jener Verordnung findet keine Anwendung,
   iii) für Risikopositionen aus in Artikel 301 Absatz 1 der Verordnung (EU) Nr. 575/2013 nicht genannten Geschäften berechnet sie den Wert gemäß Teil 3 Titel V jener Verordnung;
b) für Institute im Geltungsbereich der Verordnung (EU) Nr. 575/2013 sind die Netting-Sätze dieselben wie die in Teil 3 Titel II jener Verordnung festgelegten Nettingsätze;
c) bei der Berechnung der Werte nach Buchstabe a zieht die ZGP die von ihren Clearingmitgliedern gestellten Sicherheiten von ihren Risikopositionen ab und nimmt dabei angemessene aufsichtliche Volatilitätsanpassungen gemäß der umfassenden Methode zur Berücksichtigung finanzieller Sicherheiten nach Artikel 2 der Verordnung (EU) Nr. 575/2013 vor;
e) hat eine ZGP Risikopostionen gegenüber einer oder mehreren ZGP, so behandelt sie diese wie eine Risikopositionen gegenüber einem Clearingmitglied und bezieht Nachschüsse oder vorfinanzierte Beiträge dieser ZGP in die Berechnung von K_{CCP} ein;
f) hat eine ZGP mit ihren Clearing-Mitgliedern eine verbindliche vertragliche Vereinbarung geschlossen, nach der sie die deren Einschüsse ganz oder teilweise wie vorfinanzierte Beiträge verwenden kann, behandelt sie diese Einschüsse für die Berechnung gemäß diesem Absatz wie vorfinanzierte Beiträge und nicht als Einschüsse;
h) bei Anwendung der Marktbewertungsmethode nach Artikel 274 der Verordnung (EU) Nr. 575/2013 ersetzt die ZGP die Formel nach Artikel 298 Absatz 1 Buchstabe c Ziffer ii jener Verordnung durch die folgende:

$$PCE_{red} = 0{,}15 \cdot PCE_{gross} + 0{.}85 \cdot NGR \cdot PCE_{gross},$$

wobei der Zähler von NGR gemäß Artikel 274 Absatz 1 jener Verordnung berechnet wird, unmittelbar bevor Nachschüsse am Ende des Abwicklungszeitraums tatsächlich getauscht werden, in der Zähler gleich den Brutto-Wiederbeschaffungskosten ist;

i) kann eine ZGP NGR nicht gemäß Artikel 298 Absatz 1 Buchstabe c Ziffer ii der Verordnung (EU) Nr. 575/2013 berechnen, so
   i) teilt sie den Instituten unter ihren Clearingmitgliedern und deren zuständigen Behörden mit, dass sie NGR nicht berechnen kann und legt die Gründe dafür dar,
   ii) darf sie bei der Berechnung von PCE_{red} nach Buchstabe h drei Monate lang für NGR einen Wert von 0,3 ansetzen,
j) ist die ZGP am Ende des unter Buchstabe i Ziffer ii genannten Zeitraums noch immer nicht zur Berechnung des NGR-Werts in der Lage, so

i) berechnet K_{CCP} nicht mehr und
ii) teilt dies den Instituten unter ihren Clearingmitgliedern und deren zuständigen Behörden mit;
k) zur Berechnung des potenziellen künftigen Wiederbeschaffungswerts bei Optionen und Swaptionen gemäß der Marktbewertungsmethode nach Artikel 274 der Verordnung (EU) Nr. 575/2013 multipliziert eine ZGP den Nominalbetrag des Kontrakts mit dem absoluten Delta-Wert der Option (δV/δp) nach Artikel 280 Absatz 1 Buchstabe a jener Verordnung;
l) hat eine ZGP mehr als einen Ausfallfonds, nimmt sie die Berechnung nach Artikel 50a Absatz 2 für jeden Fonds getrennt vor.

Artikel 50c Information
(1) Für die Zwecke des Artikels 308 der Verordnung (EU) Nr. 575/2013 macht eine ZGP den Instituten unter ihren Clearingmitgliedern und deren zuständige Behörden folgende Angaben:
a) hypothetische Kapitalanforderung (K_{CCP}),
b) Summe der vorfinanzierten Beiträge (D_{FCM}),
c) Betrag ihrer vorfinanzierten finanziellen Mittel, die sie nach geltendem Recht oder aufgrund einer vertraglichen Vereinbarung mit ihren Clearingmitgliedern zur Deckung der durch den Ausfall eines oder mehrerer Clearingmitglieder bedingten Verluste einsetzen muss, bevor sie die Ausfallfondsbeiträge der übrigen Clearingmitglieder (DF_{CCP}) verwenden darf,
d) die Gesamtzahl ihrer Clearingmitglieder (N),
e) den Konzentrationsfaktor (â) nach Artikel 50d.

Hat eine ZGP mehr als einen Ausfallfonds, macht sie die Angaben nach Unterabsatz 1 für jeden Fonds getrennt.

(2) Die ZGP informiert die Institute unter ihren Clearingmitgliedern mindestens quartalsweise oder häufiger, wenn deren zuständige Behörden dies verlangen.

(3) Die EBA arbeitet Entwürfe technischer Durchführungsstandards aus, in denen Folgendes präzisiert wird:
a) das einheitliche Formblatt für die Angaben nach Absatz 1;
b) Häufigkeit und Termine der Information nach Absatz 2;
c) die Fälle, in denen die zuständige Behörde eines als Clearingmitglied auftretenden Instituts die Angaben häufiger verlangen kann als unter Buchstabe b festgelegt.

Die EBA legt der Kommission diese Entwürfe technischer Durchführungsstandards bis 1. Januar 2014 vor.

Der Kommission wird die Befugnis übertragen, die technischen Durchführungsstandards nach Unterabsatz 1 gemäß Artikel 15 der Verordnung (EU) Nr. 1093/2010 zu erlassen.

Artikel 50d Berechnung der von der ZGP zu meldenden besonderen Positionen
Für die Zwecke des Artikels 50c gilt Folgendes:
a) Sieht die Satzung einer ZGP vor, dass sie ihre finanziellen Mittel ganz oder teilweise parallel zu den vorfinanzierten Beiträgen der Clearingmitglieder derart verwenden muss, dass diese Mittel den vorfinanzierten Beiträgen eines Clearingmitglieds in Bezug auf das Auffangen von Verlusten der ZGP bei Ausfall oder Insolvenz eines oder mehrerer ihrer Clearingmitglieder der Höhe nach entsprechen, schlägt sie den entsprechenden Betrag dieser Mittel auf DFCM auf;
b) sieht die Satzung einer ZGP vor, dass diese nach Verbrauch der Mittel des Ausfallfonds, aber vor Abruf der vertraglich zugesagten Beiträge ihrer Clearingmitglieder ihre finanziellen Mittel ganz oder teilweise zur Deckung der durch den Ausfall eines oder mehrerer Clearingmitglieder bedingten Verluste einsetzen muss, so schlägt

die ZGP den entsprechenden Betrag dieser zusätzlichen finanziellen Mittel ((DF^a_{CCP})) auf die Gesamtsumme der vorfinanzierten Beiträge (DF) wie folgt auf:

$$DF = DF_{CCP} + DF_{CM} + DF^a_{CCP}.$$

c) Eine ZGP berechnet den Konzentrationsfaktor (β) nach folgender Formel:

$$\beta = \frac{PCE_{red,1} + PCE_{red,2}}{\sum_i PCE_{red,i}}$$

dabei entspricht

$PCE_{red,i}$ = dem reduzierten potenziellen künftigen Wiederbeschaffungswert für alle Kontrakten und Transaktionen einer ZGP mit Clearingmitglied i,

$PCE_{red,1}$ = dem reduzierten potenziellen künftigen Wiederbeschaffungswert alle Kontrakten und Transaktionen einer ZGP mit dem Clearingmitglied, das den höchsten PCE_{red}-Wert aufweist,

$PCE_{red,2}$ = dem reduzierten potenziellen künftigen Wiederbeschaffungswert für alle Kontrakten und Transaktionen einer ZGP mit dem Clearingmitglied, das den zweithöchsten PCE_{red}-Wert aufweist.«

(2) In Artikel 11 Absatz 15 wird Buchstabe b gestrichen.

(3) In Artikel 89 wird folgender Absatz eingefügt:

›5a. Bis 15 Monate nach dem Tag des Inkrafttretens des letzten der technischen Regulierungsstandards nach den Artikeln 16, 25, 26, 29, 34, 41, 42, 44, 45, 47 und 49 oder bis gemäß Artikel 14 jener Verordnung über die Zulassung der ZGP entschieden wurde, verfährt die ZGP wie in Unterabsatz 3 erläutert.

Bis 15 Monate nach dem Tag des Inkrafttretens des letzten der technischen Regulierungsstandards nach den Artikeln 16, 26, 29, 34, 41, 42, 44, 45, 47 und 49 oder bis gemäß Artikel 25 jener Verordnung über die Anerkennung der ZGP entschieden wurde, wenn dieser Zeitpunkt der frühere ist, verfährt die ZGP wie in Unterabsatz 3 erläutert.

Bis zum Ablauf der Fristen nach den Unerabsatzen 1 und 2 und vorbehaltlich des Unterabsatzes 4 hat eine ZGP, die weder einen Ausfallfonds noch bindende Vereinbarungen mit ihren Clearingmitgliedern, die ihr erlauben, deren Einschusse ganz oder teilweise wie vorfinanzierte Beitrage zu verwenden, hat, gemäß Artikel 50c Absatz 1 außerdem die Gesamtsumme der Einschussbetrage, die sie von ihren Clearingmitgliedern erhalten hat, zu melden.

Die Fristen nach den Unterabsätzen 1 und 2 können im Einklang mit einem nach Artikel 497 Absatz 3 der Verordnung (EU) Nr. 575/2013 erlassenen Durchführungsrechtsakt der Kommission um sechs Monate verlängert werden.‹

Teil 11:
Schlussbestimmungen

Artikel 521 Inkrafttreten und Geltungsbeginn

(1) Diese Verordnung tritt am Tag nach ihrer Veröffentlichung im Amtsblatt der Europäischen Union in Kraft.

(2) Diese Verordnung gilt ab dem 1. Januar 2014 mit Ausnahme
a) der Artikel 8 Absatz 3, 21 und 451 Absatz 1, die ab dem 1. Januar 2015 gelten,
b) des Artikels 413 Absatz 1, der ab dem 1. Januar 2016 gilt,
c) der Bestimmungen, denen zufolge die Europäischen Aufsichtsbehörden der Kommission Entwürfe technischer Standards vorlegen müssen, sowie der Bestimmun-

gen, die der Kommission die Befugnis übertragen, delegierte Rechtsakte oder Durchführungsrechtsakte zu erlassen, die ab dem 28. Juni 2013 gelten.

Diese Verordnung ist in allen ihren Teilen verbindlich und gilt unmittelbar in jedem Mitgliedstaat.

Anhang I:
Einstufung außerbilanzieller Geschäfte

(1) Hohes Kreditrisiko:
a) Garantien, die den Charakter eines Kreditsubstituts haben (z.B. Garantien der rechtzeitigen Auszahlung von Kreditlinien),
b) Kreditderivate,
c) Akzepte,
d) Indossamente auf Wechsel, die nicht die Unterschrift eines anderen Instituts tragen,
e) Geschäfte mit Rückgriff (z. B. Factoring, Fazilitäten zur Bevorschussung von Rechnungen),
f) unwiderrufliche Kreditsicherungsgarantien (›standby letters of credit‹), die den Charakter eines Kreditsubstituts haben;
g) Termingeschäfte mit Aktivpositionen;
h) Einlagentermingeschäft (›Forward Deposits‹);
i) unbezahlter Anteil von teileingezahlten Aktien und Wertpapieren;
j) Pensionsgeschäfte gemäß Artikel 12 Absätze 3 und 5 der Richtlinie 86/635/EWG;
k) andere Positionen mit hohem Risiko.

(2) Mittleres Kreditrisiko:
a) außerbilanzielle Posten für die Handelsfinanzierung, d.h. ausgestellte und bestätigte Dokumentenkredite (siehe auch ›mittleres/niedriges Kreditrisiko‹),
b) andere außerbilanzielle Posten:
   i) Versandgarantien, Zoll- und Steuerbürgschaften,
   ii) nicht in Anspruch genommene Kreditfazilitäten (Verpflichtungen, Darlehen zu geben, Wertpapiere zu kaufen, Garantien oder Akzepte bereitzustellen) mit einer Ursprungslaufzeit von mehr als einem Jahr,
   iii) Absicherungsfazilitäten (›note issuance facilities‹, NIF) und Fazilitäten zur revolvierenden Platzierung von Geldmarkttiteln (›revolving underwriting facilities‹, RUF),
   iv) andere Positionen mit mittlerem Risiko, die der EBA angezeigt wurden.

(3) Mittleres/niedriges Kreditrisiko:
a) außerbilanzielle Posten für die Handelsfinanzierung:
   i) Dokumentenakkreditive, bei denen die Frachtpapiere als Sicherheit dienen, oder andere leicht liquidierbare Transaktionen,
   ii) Erfüllungsgarantien (einschließlich Bietungs- und Erfüllungsbürgschaften und damit verbundene Anzahlungs- und Einbehaltungsgarantien) und Garantien, die nicht den Charakter von Kreditsubstituten haben,
   iii) unwiderrufliche Kreditsicherungsgarantien (›standby letters of credit‹), die nicht den Charakter eines Kreditsubstituts haben,
b) andere außerbilanzielle Posten:
   i) nicht in Anspruch genommene Kreditfazilitäten, zu denen Verpflichtungen, Darlehen zu geben, Wertpapiere zu kaufen, Garantien oder Akzepte bereitzustellen, mit einer Ursprungslaufzeit von höchstens einem Jahr, die nicht

jederzeit uneingeschränkt und fristlos widerrufen werden können, oder bei denen eine Bonitätsverschlechterung beim Kreditnehmer nicht automatisch zum Widerruf führt, zählen,
ii) andere Positionen mit mittlerem/niedrigem Risiko, die der EBA angezeigt wurden,

(4) Niedriges Kreditrisiko:
a) nicht in Anspruch genommene Kreditfazilitäten, zu denen Verpflichtungen, Darlehen zu geben, Wertpapiere zu kaufen, Garantien oder Akzepte bereitzustellen, die jederzeit uneingeschränkt und fristlos widerrufen werden können, oder bei denen eine Bonitätsverschlechterung beim Kreditnehmer automatisch zum Widerruf führt, zählen, Kundenkreditlinien können als uneingeschränkt widerrufbar angesehen werden, wenn deren Konditionen dem Institut die Möglichkeit geben, sie im Rahmen des nach den Verbraucherschutz- und ähnlichen Vorschriften Zulässigen zu widerrufen,
b) nicht in Anspruch genommene Kreditfazilitäten für Bietungs- und Erfüllungsbürgschaften, die jederzeit uneingeschränkt und fristlos widerrufen werden können, oder bei denen eine Bonitätsverschlechterung beim Kreditnehmer automatisch zum Widerruf führt und
c) andere Positionen mit niedrigem Risiko, die der EBA angezeigt wurden.

Anhang II:
Arten von Derivatgeschäften

(1) Zinsbezogene Geschäfte:
a) Zinsswaps in einer einzigen Währung,
b) Basis-Swaps,
c) Zinsausgleichsvereinbarungen (›forward rate agreements‹),
d) Zinsterminkontrakte,
e) gekaufte Zinsoptionen,
f) andere vergleichbare Geschäfte.

(2) Fremdwährungsbezogene Geschäfte und Geschäfte auf Goldbasis:
a) Zinsswaps in mehreren Währungen,
b) Devisentermingeschäfte,
c) Devisenterminkontrakte,
d) gekaufte Devisenoptionen,
e) andere vergleichbare Geschäfte,
f) auf Goldbasis getätigte Geschäfte ähnlicher Art wie unter den Buchstaben a bis e.

(3) Geschäfte ähnlicher Art wie unter Nummer 1 Buchstaben a bis e und Nummer 2 Buchstaben a bis d mit anderen Basiswerten oder Indizes. Dies schließt zumindest alle unter den Nummern 4 bis 7, 9 und 10 in Abschnitt C in Anhang I der Richtlinie 2004/39/EG genannten Instrumente ein, die nicht in anderer Weise in Nummer 1 oder 2 enthalten sind.

Anhang III:
Posten, die der zusätzlichen Meldung liquider Aktiva unterliegen

(1) Bargeld,
(2) Risikopositionen gegenüber Zentralbanken, soweit diese in Stressphasen verfügbar sind,
(3) übertragbare Wertpapiere in Form von Forderungen, die gegenüber Staaten, Zentralbanken, nicht zentralstaatlichen öffentlichen Stellen, Regionen mit Haushaltsautonomie und dem Recht, Steuern zu erheben, und lokalen Gebietskörperschaften, der Bank für Internationalen Zahlungsausgleich, dem Internationalen Währungsfonds, der Europäischen Union, der Europäischen Finanzstabilisierungsfazilität, dem Eruopäischen Stabilitätsmechanismus oder multilateralen Entwicklungsbanken bestehen oder von diesen garantiert werden und sämtliche der folgenden Bedingungen erfüllen:
  a) ihnen wird gemäß Teil 3 Titel II Kapitel 2 ein Risikogewicht von 0% zugewiesen,
  b) sie stellen keine Verbindlichkeit eines Instituts oder seiner verbundenen Unternehmen dar,
(4) nicht unter Nummer 3 fallende übertragbare Wertpapiere in Form von Forderungen, die gegenüber Staaten oder Zentralbanken bestehen oder von ihnen garantiert werden und in der Währung und dem Land, in dem das Liquiditätsrisiko besteht, oder in Fremdwährung begeben werden, soweit der Bestand an derartigen Schuldtiteln dem Liquiditätsbedarf für den Bankbetrieb in dem jeweiligen Drittstaat entspricht;
(5) übertragbare Wertpapiere in Form von Forderungen, die gegenüber Staaten, Zentralbanken, nicht zentralstaatlichen öffentlichen Stellen, Regionen mit Haushaltsautonomie und dem Recht, Steuern zu erheben, und lokalen Gebietskörperschaften oder multilateralen Entwicklungsbanken bestehen oder von diesen garantiert werden und sämtliche der folgenden Anforderungen erfüllen:
  a) ihnen wird gemäß Teil 3 Titel II Kapitel 2 ein Risikogewicht von 20% zugewiesen,
  b) sie stellen keine Verbindlichkeit eines Instituts oder seiner verbundenen Unternehmen dar,
(6) nicht unter die Nummern 3, 4 oder 5 fallende übertragbare Wertpapiere, denen gemäß Teil 3 Titel II Kapitel 2 ein Risikogewicht von 20% oder besser zugewiesen werden kann oder deren Kreditqualität intern als gleichwertig beurteilt wird und die eine der folgenden Anforderungen erfüllen:
  a) sie stellen keine Forderung an eine Verbriefungszweckgesellschaft, ein Institut oder eines seiner verbundenen Unternehmen dar,
  b) es handelt sich um Schuldverschreibungen, auf die die Behandlung nach Artikel 129 Absatz 4 oder 5 angewandt werden kann;
  c) es handelt sich um Schuldverschreibungen im Sinne des Artikels 52 Absatz 4 der Richtlinie 2009/65/EG, die nicht unter Buchstabe b genannt sind,
(7) nicht unter die Nummern 3 bis 6 fallende übertragbare Wertpapiere, denen gemäß Teil 3 Titel II Kapitel 2 ein Risikogewicht von 50% oder besser zugewiesen werden kann oder deren Kreditqualität intern als gleichwertig beurteilt wird und die keine Forderung an eine Verbriefungszweckgesellschaft, ein Institut oder eines seiner verbundenen Unternehmen darstellen,
(8) nicht unter die Nummern 3 bis 7 fallende übertragbare Wertpapiere, die durch Vermögenswerte besichert sind, denen gemäß Teil 3 Titel II Kapitel 2 ein Risikogewicht von 35% oder besser zugewiesen werden kann, oder deren Kreditqualität

intern als gleichwertig beurteilt wird und die gemäß Artikel 125 durch Wohnimmobilien vollständig besichert sind,
(9) von Zentralbanken im Rahmen der Geldpolitik eingeräumte Standby-Kreditfazilitäten, insoweit als diese Fazilitäten nicht durch liquide Aktiva besichert sind, ausgenommen Liquiditätshilfe in Notfällen,
(10) gesetzliche oder satzungsmäßige Mindesteinlagen bei dem Zentralkreditinstitut und sonstige satzungs- oder vertragsgemäß verfügbare liquide Mittel des Zentralkreditinstituts oder von Instituten, die Mitglieder des Systems nach Artikel 113 Absatz 7 sind oder für die nach Artikel 10 eine Ausnahme gelten kann, insoweit als diese Finanzierung nicht durch liquide Aktiva besichert ist, wenn das Institut aufgrund von Rechts- oder Satzungsvorschriften einem Verbund angehört,
(11) börsengehandelte, zentral abgerechnete Stammaktien, die Bestandteil eines wichtigen Aktienindexes sind, auf die Landeswährung des Mitgliedstaats lauten und nicht von einem Institut oder einem seiner verbundenen Unternehmen begeben wurden,
(12) an einer anerkannten Börse gehandeltes Gold, das als reservierter Bestand gehalten wird.

Alle Posten, ausgenommen die unter den Nummern 1, 2 und 9 genannten, müssen folgende Bedingungen erfüllen:
a) Sie werden im Rahmen einfacher Rückkaufsvereinbarungen oder an Kassamärkten gehandelt, die sich durch eine geringe Konzentration auszeichnen,
b) sie sind nachweislich eine verlässliche Liquiditätsquelle, entweder durch Rückkaufsvereinbarungen oder Veräußerung, selbst unter angespannten Marktbedingungen,
c) sie sind unbelastet.

Anhang IV:
Entsprechungstabelle

Diese Verordnung	Richtlinie 2006/48/EG	Richtlinie 2006/49/EG
Artikel 1		
Artikel 2		
Artikel 3		
Artikel 4 Absatz 1 Nummer 1	Artikel 4 Absatz 1	
Artikel 4 Absatz 1 Nummer 2		Artikel 3 Absatz 1 Buchstabe b
Artikel 4 Absatz 1 Nummer 3		Artikel 3 Absatz 1 Buchstabe c
Artikel 4 Absatz 1 Nummer 4		Artikel 3 Absatz 1 Buchstabe p
Artikel 4 Absatz 1 Nummern 5–7		
Artikel 4 Absatz 1 Nummer 8	Artikel 4 Nummer 18	
Artikel 4 Absatz 1 Nummern 9–12		
Artikel 4 Absatz 1 Nummer 13	Artikel 4 Nummer 41	
Artikel 4 Absatz 1 Nummer 14	Artikel 4 Nummer 42	
Artikel 4 Absatz 1 Nummer 15	Artikel 4 Nummer 12	

→

Diese Verordnung	Richtlinie 2006/48/EG	Richtlinie 2006/49/EG
Artikel 4 Absatz 1 Nummer 16	Artikel 4 Nummer 13	
Artikel 4 Absatz 1 Nummer 17	Artikel 4 Nummer 3	
Artikel 4 Absatz 1 Nummer 18	Artikel 4 Nummer 21	
Artikel 4 Absatz 1 Nummer 19		
Artikel 4 Absatz 1 Nummer 20	Artikel 4 Nummer 19	
Artikel 4 Absatz 1 Nummer 21		
Artikel 4 Absatz 1 Nummer 22	Artikel 4 Nummer 20	
Artikel 4 Absatz 1 Nummer 23		
Artikel 4 Absatz 1 Nummer 24		
Artikel 4 Absatz 1 Nummer 25		Artikel 3 Absatz 1 Buchstabe c
Artikel 4 Absatz 1 Nummer 26	Artikel 4 Nummer 5	
Artikel 4 Absatz 1 Nummer 27		
Artikel 4 Absatz 1 Nummer 28	Artikel 4 Nummer 14	
Artikel 4 Absatz 1 Nummer 29	Artikel 4 Nummer 16	
Artikel 4 Absatz 1 Nummer 30	Artikel 4 Nummer 15	
Artikel 4 Absatz 1 Nummer 31	Artikel 4 Nummer 17	
Artikel 4 Absatz 1 Nummer 32–34		
Artikel 4 Absatz 1 Nummer 35	Artikel 4 Nummer 10	
Artikel 4 Absatz 1 Nummer 36		
Artikel 4 Absatz 1 Nummer 37	Artikel 4 Nummer 9	
Artikel 4 Absatz 1 Nummer 38	Artikel 4 Nummer 46	
Artikel 4 Absatz 1 Nummer 39	Artikel 4 Nummer 45	
Artikel 4 Absatz 1 Nummer 40	Artikel 4 Nummer 4	
Artikel 4 Absatz 1 Nummer 41	Artikel 4 Nummer 48	
Artikel 4 Absatz 1 Nummer 42	Artikel 4 Nummer 2	
Artikel 4 Absatz 1 Nummer 43	Artikel 4 Nummer 7	
Artikel 4 Absatz 1 Nummer 44	Artikel 4 Nummer 8	
Artikel 4 Absatz 1 Nummer 45		
Artikel 4 Absatz 1 Nummer 46	Artikel 4 Nummer 23	
Artikel 4 Absatz 1 Nummern 47–49		
Artikel 4 Absatz 1 Nummer 50		Artikel 3 Absatz 1 Buchstabe e
Artikel 4 Absatz 1 Nummer 51		
Artikel 4 Absatz 1 Nummer 52	Artikel 4 Nummer 22	
Artikel 4 Absatz 1 Nummer 53	Artikel 4 Nummer 24	
Artikel 4 Absatz 1 Nummer 54	Artikel 4 Nummer 25	
Artikel 4 Absatz 1 Nummer 55	Artikel 4 Nummer 27	
Artikel 4 Absatz 1 Nummer 56	Artikel 4 Nummer 28	
Artikel 4 Absatz 1 Nummer 57	Artikel 4 Nummer 30	

Diese Verordnung	Richtlinie 2006/48/EG	Richtlinie 2006/49/EG
Artikel 4 Absatz 1 Nummer 58	Artikel 4 Nummer 31	
Artikel 4 Absatz 1 Nummer 59	Artikel 4 Nummer 32	
Artikel 4 Absatz 1 Nummer 60	Artikel 4 Nummer 35	
Artikel 4 Absatz 1 Nummer 61	Artikel 4 Nummer 36	
Artikel 4 Absatz 1 Nummer 62	Artikel 4 Nummer 40	
Artikel 4 Absatz 1 Nummer 63	Artikel 4 Nummer 40a	
Artikel 4 Absatz 1 Nummer 64	Artikel 4 Nummer 40b	
Artikel 4 Absatz 1 Nummer 65	Artikel 4 Nummer 43	
Artikel 4 Absatz 1 Nummer 66	Artikel 4 Nummer 44	
Artikel 4 Absatz 1 Nummer 67	Artikel 4 Nummer 39	
Artikel 4 Absatz 1 Nummern 68–71		
Artikel 4 Absatz 1 Nummer 72	Artikel 4 Nummer 47	
Artikel 4 Absatz 1 Nummer 73	Artikel 4 Nummer 49	
Artikel 4 Absatz 1 Nummern 74–81		
Artikel 4 Absatz 1 Nummer 82		Artikel 3 Absatz 1 Buchstabe m
Artikel 4 Absatz 1 Nummer 83	Artikel 4 Nummer 23	
Artikel 4 Absatz 1 Nummern 84–91		
Artikel 4 Absatz 1 Nummer 92		Artikel 3 Absatz 1 Buchstabe i
Artikel 4 Absatz 1 Nummern 93–117		
Artikel 4 Absatz 1 Nummer 118		Artikel 3 Absatz 1 Buchstabe r
Artikel 4 Absatz 1 Nummern 119–128		
Artikel 4 Absatz 2		
Artikel 4 Absatz 3		
Artikel 6 Absatz 1	Artikel 68 Absatz 1	
Artikel 6 Absatz 2	Artikel 68 Absatz 2	
Artikel 6 Absatz 3	Artikel 68 Absatz 3	
Artikel 6 Absatz 4		
Artikel 6 Absatz 5		
Artikel 7 Absatz 1	Artikel 69 Absatz 1	
Artikel 7 Absatz 2	Artikel 69 Absatz 2	
Artikel 7 Absatz 3	Artikel 69 Absatz 3	
Artikel 8 Absatz 1		
Artikel 8 Absatz 2		
Artikel 8 Absatz 3		
Artikel 9 Absatz 1	Artikel 70 Absatz 1	
Artikel 9 Absatz 2	Artikel 70 Absatz 2	
Artikel 9 Absatz 3	Artikel 70 Absatz 3	

→

Diese Verordnung	Richtlinie 2006/48/EG	Richtlinie 2006/49/EG
Artikel 10 Absatz 1	Artikel 3 Absatz 1	
Artikel 10 Absatz 2		
Artikel 11 Absatz 1	Artikel 71 Absatz 1	
Artikel 11 Absatz 2	Artikel 71 Absatz 2	
Artikel 11 Absatz 3		
Artikel 11 Absatz 4	Artikel 3 Absatz 2	
Artikel 11 Absatz 5		
Artikel 12		
Artikel 13 Absatz 1	Artikel 72 Absatz 1	
Artikel 13 Absatz 2	Artikel 72 Absatz 2	
Artikel 13 Absatz 3	Artikel 72 Absatz 3	
Artikel 13 Absatz 4		
Artikel 14 Absatz 1	Artikel 73 Absatz 3	
Artikel 14 Absatz 2		
Artikel 14 Absatz 3		
Artikel 15		Artikel 22
Artikel 16		
Artikel 17 Absatz 1		Artikel 23
Artikel 17 Absatz 2		
Artikel 17 Absatz 3		
Artikel 18 Absatz 1	Artikel 133 Absatz 1 Unterabsatz 1	
Artikel 18 Absatz 2	Artikel 133 Absatz 1 Unterabsatz 2	
Artikel 18 Absatz 3	Artikel 113 Absatz 1 Unterabsatz 3	
Artikel 18 Absatz 4	Artikel 133 Absatz 2	
Artikel 18 Absatz 5	Artikel 133 Absatz 3	
Artikel 18 Absatz 6	Artikel 134 Absatz 1	
Artikel 18 Absatz 7		
Artikel 18 Absatz 8	Artikel 134 Absatz 2	
Artikel 19 Absatz 1	Artikel 73 Absatz 1 Buchstabe b	
Artikel 19 Absatz 2	Artikel 73 Absatz 1	
Artikel 19 Absatz 3	Artikel 73 Absatz 1 Unterabsatz 2	
Artikel 20 Absatz 1	Artikel 105 Absatz 3, Artikel 129 Absatz 2 und Anhang X, Teil 3, Nummern 30 und 31	
Artikel 20 Absatz 2	Artikel 129 Absatz 2 Unterabsatz 3	

→

Diese Verordnung	Richtlinie 2006/48/EG	Richtlinie 2006/49/EG
Artikel 20 Absatz 3	Artikel 129 Absatz 2 Unterabsatz 4	
Artikel 20 Absatz 4	Artikel 129 Absatz 2 Unterabsatz 5	
Artikel 20 Absatz 5		
Artikel 20 Absatz 6	Artikel 84 Absatz 2	
Artikel 20 Absatz 7	Artikel 129 Absatz 2 Unterabsatz 6	
Artikel 20 Absatz 8	Artikel 129 Absatz 2 Unterabsätze 7 und 8	
Artikel 21 Absatz 1		
Artikel 21 Absatz 2		
Artikel 21 Absatz 3		
Artikel 21 Absatz 4		
Artikel 22	Artikel 73 Absatz 2	
Artikel 23		Artikel 3 Absatz 1 Unterabsatz 2
Artikel 24	Artikel 74 Absatz 1	
Artikel 25		
Artikel 26 Absatz 1	Artikel 57 Absatz a	
Artikel 26 Absatz 1 Buchstabe a	Artikel 57 Absatz a	
Artikel 26 Absatz 1 Buchstabe b	Artikel 57 Absatz a	
Artikel 26 Absatz 1 Buchstabe c	Artikel 57 Absatz b	
Artikel 26 Absatz 1 Buchstabe d		
Artikel 26 Absatz 1 Buchstabe e	Artikel 57 Absatz b	
Artikel 26 Absatz 1 Buchstabe f	Artikel 57 Buchstabe c	
Artikel 26 Absatz 1 Unterabsatz 1	Artikel 61 Absatz 2	
Artikel 26 Absatz 2 Buchstabe a	Artikel 57 Absätze 2, 3 und 4	
Artikel 26 Absatz 2 Buchstabe b	Artikel 57 Absätze 2, 3 und 4	
Artikel 26 Absatz 3		
Artikel 26 Absatz 4		
Artikel 27		
Artikel 28 Absatz 1 Buchstabe a		
Artikel 28 Absatz 1 Buchstabe b	Artikel 57 Buchstabe a	
Artikel 28 Absatz 1 Buchstabe c	Artikel 57 Buchstabe a	
Artikel 28 Absatz 1 Buchstabe d		
Artikel 28 Absatz 1 Buchstabe e		
Artikel 28 Absatz 1 Buchstabe f		
Artikel 28 Absatz 1 Buchstabe g		

→

Diese Verordnung	Richtlinie 2006/48/EG	Richtlinie 2006/49/EG
Artikel 28 Absatz 1 Buchstabe h		
Artikel 28 Absatz 1 Buchstabe i	Artikel 57 Buchstabe a	
Artikel 28 Absatz 1 Buchstabe j	Artikel 57 Buchstabe a	
Artikel 28 Absatz 1 Buchstabe k		
Artikel 28 Absatz 1 Buchstabe l		
Artikel 28 Absatz 1 Buchstabe m		
Artikel 28 Absatz 2		
Artikel 28 Absatz 3		
Artikel 28 Absatz 4		
Artikel 28 Absatz 5		
Artikel 29		
Artikel 30		
Artikel 31		
Artikel 32 Absatz 1 Buchstabe a		
Artikel 32 Absatz 1 Buchstabe b	Artikel 57 Absatz 4	
Artikel 32 Absatz 2		
Artikel 33 Absatz 1 Buchstabe a	Artikel 64 Absatz 4	
Artikel 33 Absatz 1 Buchstabe b	Artikel 64 Absatz 4	
Artikel 33 Absatz 1 Buchstabe c		
Artikel 33 Absatz 2		
Artikel 33 Absatz 3 Buchstabe a		
Artikel 33 Absatz 3 Buchstabe b		
Artikel 33 Absatz 3 Buchstabe c		
Artikel 33 Absatz 3 Buchstabe d		
Artikel 33 Absatz 4		
Artikel 34	Artikel 64 Absatz 5	
Artikel 35		
Artikel 36 Absatz 1 Buchstabe a	Artikel 57 Buchstabe k	
Artikel 36 Absatz 1 Buchstabe b	Artikel 57 Buchstabe j	
Artikel 36 Absatz 1 Buchstabe c		
Artikel 36 Absatz 1 Buchstabe d	Artikel 57 Buchstabe q	
Artikel 36 Absatz 1 Buchstabe e		
Artikel 36 Absatz 1 Buchstabe f	Artikel 57 Buchstabe i	
Artikel 36 Absatz 1 Buchstabe g		
Artikel 36 Absatz 1 Buchstabe h	Artikel 57 Buchstabe n	
Artikel 36 Absatz 1 Buchstabe i	Artikel 57 Buchstabe m	
Artikel 36 Absatz 1 Buchstabe j	Artikel 66 Absatz 2	
Artikel 36 Absatz 1 Buchstabe k Ziffer i		

→

Diese Verordnung	Richtlinie 2006/48/EG	Richtlinie 2006/49/EG
Artikel 36 Absatz 1 Buchstabe k Ziffer ii	Artikel 57 Buchstabe r	
Artikel 36 Absatz 1 Buchstabe k Ziffer iii		
Artikel 36 Absatz 1 Buchstabe k Ziffer iv		
Artikel 36 Absatz 1 Buchstabe k Ziffer v		
Artikel 36 Absatz 1 Buchstabe l	Artikel 61 Absatz 2	
Artikel 36 Absatz 2		
Artikel 36 Absatz 3		
Artikel 37		
Artikel 38		
Artikel 39		
Artikel 40		
Artikel 41		
Artikel 42		
Artikel 43		
Artikel 44		
Artikel 45		
Artikel 46		
Artikel 47		
Artikel 48		
Artikel 49 Absatz 1	Artikel 59	
Artikel 49 Absatz 2	Artikel 60	
Artikel 49 Absatz 3		
Artikel 49 Absatz 4		
Artikel 49 Absatz 5		
Artikel 49 Absatz 6		
Artikel 50	Artikel 66, Artikel 57 Buchstabe ca, Artikel 63 a	
Artikel 51	Artikel 66, Artikel 57 Buchstabe ca, Artikel 63 a	
Artikel 52	Artikel 63 a	
Artikel 53		
Artikel 54		
Artikel 55		
Artikel 56		
Artikel 57		
Artikel 58		

→

Diese Verordnung	Richtlinie 2006/48/EG	Richtlinie 2006/49/EG
Artikel 59		
Artikel 60		
Artikel 61	Artikel 66, Artikel 57 Buchstabe ca, Artikel 63 a	
Artikel 62 Absatz a	Artikel 64 Absatz 3	
Artikel 62 Absatz b		
Artikel 62 Absatz c		
Artikel 62 Absatz d	Artikel 63 Absatz 3	
Artikel 63	Artikel 63 Absatz 1, Artikel 63 Absatz 2, Artikel 64 Absatz 3	
Artikel 64	Artikel 64 Absatz 3 Buchstabe c	
Artikel 65		
Artikel 66	Artikel 57, Artikel 66 Absatz 2	
Artikel 67	Artikel 57, Artikel 66 Absatz 2	
Artikel 68		
Artikel 69	Artikel 57, Artikel 66 Absatz 2	
Artikel 70	Artikel 57, Artikel 66 Absatz 2	
Artikel 71	Artikel 66, Artikel 57 Buchstabe ca, Artikel 63 a	
Artikel 72	Artikel 57, Artikel 66	
Artikel 73		
Artikel 74		
Artikel 75		
Artikel 76		
Artikel 77	Artikel 63 a Absatz 2	
Artikel 78 Absatz 1	Artikel 63 a Absatz 2	
Artikel 78 Absatz 2		
Artikel 78 Absatz 3		
Artikel 78 Absatz 4	Artikel 63 a Absatz 2 Unterabsatz 4	
Artikel 78 Absatz 5		
Artikel 79	Artikel 58	
Artikel 80		
Artikel 81	Artikel 65	
Artikel 82	Artikel 65	

→

Diese Verordnung	Richtlinie 2006/48/EG	Richtlinie 2006/49/EG
Artikel 83		
Artikel 84	Artikel 65	
Artikel 85	Artikel 65	
Artikel 86	Artikel 65	
Artikel 87	Artikel 65	
Artikel 88	Artikel 65	
Artikel 89	Artikel 120	
Artikel 90	Artikel 122	
Artikel 91	Artikel 121	
Artikel 92	Artikel 66, Artikel 75	
Artikel 93 Absatz 1–4	Artikel 10 Absatz 1–4	
Artikel 93 Absatz 5		
Artikel 94		Artikel 18 Absätze 2–4
Artikel 95		
Artikel 96		
Artikel 97		
Artikel 98		Artikel 24
Artikel 99 Absatz 1	Artikel 74 Absatz 2	
Artikel 99 Absatz 2		
Artikel 100		
Artikel 101 Absatz 1		
Artikel 101 Absatz 2		
Artikel 101 Absatz 3		
Artikel 102 Absatz 1		Artikel 11 Absatz 1
Artikel 102 Absatz 2		Artikel 11 Absatz 3
Artikel 102 Absatz 3		Artikel 11 Absatz 4
Artikel 102 Absatz 4		Anhang VII, Teil C, Nummer 1
Artikel 103		Anhang VII, Teil A, Nummer 1
Artikel 104 Absatz 1		Anhang VII, Teil D, Nummer 1
Artikel 104 Absatz 2		Anhang VII, Teil D, Nummer 2
Artikel 105 Absatz 1		Artikel 33 Absatz 1
Artikel 105 Absätze 2–10		Anhang VII, Teil B, Nummern 1–9
Artikel 105 Absätze 11–13		Anhang VII, Teil B, Nummern 11–13
Artikel 106		Anhang VII, Teil C, Nummern 1–3

→

Diese Verordnung	Richtlinie 2006/48/EG	Richtlinie 2006/49/EG
Artikel 107	Artikel 76, Artikel 78 Absatz 4 und Anhang III, Teil 2, Nummer 6	
Artikel 108 Absatz 1	Artikel 91	
Artikel 108 Absatz 2		
Artikel 109	Artikel 94	
Artikel 110		
Artikel 111	Artikel 78 Absatz 1–3	
Artikel 112	Artikel 79 Absatz 1	
Artikel 113 Absatz 1	Artikel 80 Absatz 1	
Artikel 113 Absatz 2	Artikel 80 Absatz 2	
Artikel 113 Absatz 3	Artikel 80 Absatz 4	
Artikel 113 Absatz 4	Artikel 80 Absatz 5	
Artikel 113 Absatz 5	Artikel 80 Absatz 6	
Artikel 113 Absatz 6	Artikel 80 Absatz 7	
Artikel 113 Absatz 7	Artikel 80 Absatz 8	
Artikel 114	Anhang VI, Erster Teil, Nummern 1–5	
Artikel 115 Absatz 1 und 4	Anhang VI, Erster Teil, Nummern 8–11	
Artikel 115 Absatz 5		
Artikel 116 Absatz 1	Anhang VI, Erster Teil, Nummer 14	
Artikel 116 Absatz 2	Anhang VI, Erster Teil, Nummer 14	
Artikel 116 Absatz 3		
Artikel 116 Absatz 4	Anhang VI, Erster Teil, Nummer 15	
Artikel 116 Absatz 5	Anhang VI, Erster Teil, Nummer 17	
Artikel 116 Absatz 6	Anhang VI, Erster Teil, Nummer 17	
Artikel 117 Absatz 1	Anhang VI, Erster Teil, Nummer 18 und 19	
Artikel 117 Absatz 2	Anhang VI, Erster Teil, Nummer 20	
Artikel 117 Absatz 3	Anhang VI, Erster Teil, Nummer 21	
Artikel 118	Anhang VI, Erster Teil, Nummer 22	
Artikel 119 Absatz 1		
Artikel 119 Absatz 2	Anhang VI, Erster Teil, Nummer 37 und 38	

→

Diese Verordnung	Richtlinie 2006/48/EG	Richtlinie 2006/49/EG
Artikel 119 Absatz 3	Anhang VI, Erster Teil, Nummer 40	
Artikel 119 Absatz 4		
Artikel 119 Absatz 5		
Artikel 120 Absatz 1	Anhang VI, Erster Teil, Nummer 29	
Artikel 120 Absatz 2	Anhang VI, Erster Teil, Nummer 31	
Artikel 120 Absatz 3	Anhang VI, Erster Teil, Nummer 33–36	
Artikel 121 Absatz 1	Anhang VI, Erster Teil, Nummer 26	
Artikel 121 Absatz 2	Anhang VI, Erster Teil, Nummer 25	
Artikel 121 Absatz 3	Anhang VI, Erster Teil, Nummer 27	
Artikel 122	Anhang VI, Erster Teil, Nummer 41 und 42	
Artikel 123	Artikel 79 Absatz 2, 79 Absatz 3 und Anhang VI, Erster Teil, Nummer 43	
Artikel 124 Absatz 1	Anhang VI, Erster Teil, Nummer 44	
Artikel 124 Absatz 2		
Artikel 124 Absatz 3		
Artikel 125 Absatz 1–3	Anhang VI, Erster Teil, Nummern 45–49	
Artikel 125 Absatz 4		
Artikel 126 Absätze 1 und 2	Anhang VI, Erster Teil, Nummern 51–55	
Artikel 126 Absätze 3 und 4	Anhang VI, Erster Teil, Nummern 58 und 59	
Artikel 127 Absätze 1 und 2	Anhang VI, Erster Teil, Nummern 61 und 62	
Artikel 127 Absätze 3 und 4	Anhang VI, Erster Teil, Nummern 64 und 65	
Artikel 128 Absatz 1	Anhang VI, Erster Teil, Nummern 66 und 76	
Artikel 128 Absatz 2	Anhang VI, Erster Teil, Nummer 66	
Artikel 128 Absatz 3		
Artikel 129 Absatz 1	Anhang VI, Erster Teil, Nummer 68, Absätze 1 und 2	

Anhang IV

Diese Verordnung	Richtlinie 2006/48/EG	Richtlinie 2006/49/EG
Artikel 129 Absatz 2	Anhang VI, Erster Teil, Nummer 69	
Artikel 129 Absatz 3	Anhang VI, Erster Teil, Nummer 71	
Artikel 129 Absatz 4	Anhang VI, Erster Teil, Nummer 70	
Artikel 129 Absatz 5		
Artikel 130	Anhang VI, Erster Teil, Nummer 72	
Artikel 131	Anhang VI, Erster Teil, Nummer 73	
Artikel 132 Absatz 1	Anhang VI, Erster Teil, Nummer 74	
Artikel 132 Absatz 2	Anhang VI, Erster Teil, Nummer 75	
Artikel 132 Absatz 3	Anhang VI, Erster Teil, Nummern 77 und 78	
Artikel 132 Absatz 4	Anhang VI, Erster Teil, Nummer 79	
Artikel 132 Absatz 5	Anhang VI, Erster Teil, Nummer 80 und Nummer 81	
Artikel 133 Absatz 1	Anhang VI, Erster Teil, Nummer 86	
Artikel 133 Absatz 2		
Artikel 133 Absatz 3		
Artikel 134 Absatz 1–(3	Anhang VI, Erster Teil, Nummern 82–84	
Artikel 134 Absatz 4–(7	Anhang VI, Erster Teil, Nummern 87–90	
Artikel 135	Artikel 81 Absatz 1, Absätze 2 und 4	
Artikel 136 Absatz 1	Artikel 82 Absatz 21	
Artikel 136 Absatz 2	Anhang VI, Teil 2, Nummern 12–16	
Artikel 136 Absatz 3	Artikel 150 Absatz 3	
Artikel 137 Absatz 1	Anhang VI, Erster Teil, Nummer 6	
Artikel 137 Absatz 2	Anhang VI, Erster Teil, Nummer 7	
Artikel 137 Absatz 3		
Artikel 138	Anhang VI, Teil III, Nummern 1–7	

→

Diese Verordnung	Richtlinie 2006/48/EG	Richtlinie 2006/49/EG
Artikel 139	Anhang VI, Teil III, Nummern 8–17	
Artikel 140 Absatz 1		
Artikel 140 Absatz 2		
Artikel 141		
Artikel 142 Absatz 1		
Artikel 142 Absatz 2		
Artikel 143 Absatz 1	Artikel 84 Absatz 1 und Anhang VII, Teil 4, Nummer 1	
Artikel 143 Absatz 1	Artikel 84 Absatz 2	
Artikel 143 Absatz 1	Artikel 84 Absatz 3	
Artikel 143 Absatz 1	Artikel 84 Absatz 4	
Artikel 143 Absatz 1		
Artikel 144		
Artikel 145		
Artikel 146		
Artikel 147 Absatz 1	Artikel 86 Absatz 9	
Artikel 147 Absatz 2–(9	Artikel 86 Absatz 1–8	
Artikel 148 Absatz 1	Artikel 85 Absatz 1	
Artikel 148 Absatz 2	Artikel 85 Absatz 2	
Artikel 148 Absatz 3		
Artikel 148 Absatz 4	Artikel 85 Absatz 3	
Artikel 148 Absatz 5		
Artikel 148 Absatz 1		
Artikel 149	Artikel 85 Absatz 4 und 5	
Artikel 150 Absatz 1	Artikel 89 Absatz 1	
Artikel 150 Absatz 2	Artikel 89 Absatz 2	
Artikel 150 Absatz 3		
Artikel 150 Absatz 4		
Artikel 151	Artikel 87 Absatz 1–10	
Artikel 152 Absatz 1 und 2	Artikel 87 Absatz 11	
Artikel 152 Absatz 3 und 4	Artikel 87 Absatz 12	
Artikel 152 Absatz 5		
Artikel 153 Absatz 1	Anhang VII, Erster Teil, Nummer 3	
Artikel 153 Absatz 2		
Artikel 153 Absatz 3–(8	Anhang VII, Erster Teil, Nummern 4–9	
Artikel 153 Absatz 9		

→

Diese Verordnung	Richtlinie 2006/48/EG	Richtlinie 2006/49/EG
Artikel 154	Anhang VII, Erster Teil, Nummern 10–16	
Artikel 155 Absatz 1	Anhang VII, Erster Teil, Nummern 17 und 18	
Artikel 155 Absatz 2	Anhang VII, Erster Teil, Nummern 19 bis 21	
Artikel 155 Absatz 3	Anhang VII, Erster Teil, Nummern 22 bis 24	
Artikel 166 Absatz 4	Anhang VII, Erster Teil, Nummern 24 bis 26	
Artikel 156	Anhang VII, Erster Teil, Nummer 27	
Artikel 157 Absatz 1	Anhang VII, Erster Teil, Nummer 28	
Artikel 157 Absatz 2–(5		
Artikel 158 Absatz 1	Artikel 88 Absatz 2	
Artikel 158 Absatz 2	Artikel 88 Absatz 3	
Artikel 158 Absatz 3	Artikel 88 Absatz 4	
Artikel 158 Absatz 4	Artikel 88 Absatz 6	
Artikel 158 Absatz 5	Anhang VII, Erster Teil, Nummer 30	
Artikel 158 Absatz 6	Anhang VII, Erster Teil, Nummer 31	
Artikel 158 Absatz 7	Anhang VII, Erster Teil, Nummer 32	
Artikel 158 Absatz 8	Anhang VII, Erster Teil, Nummer 33	
Artikel 158 Absatz 9	Anhang VII, Erster Teil, Nummer 34	
Artikel 158 Absatz 10	Anhang VII, Erster Teil, Nummer 35	
Artikel 158 Absatz 11		
Artikel 159	Anhang VII, Erster Teil, Nummer 36	
Artikel 160 Absatz 3	Anhang VII, Teil 2, Nummer 2	
Artikel 160 Absatz 2	Anhang VII, Teil 2, Nummer 3	
Artikel 160 Absatz 3	Anhang VII, Teil 2, Nummer 4	
Artikel 160 Absatz 4	Anhang VII, Teil 2, Nummer 5	
Artikel 160 Absatz 5	Anhang VII, Teil 2, Nummer 6	

Diese Verordnung	Richtlinie 2006/48/EG	Richtlinie 2006/49/EG
Artikel 160 Absatz 6	Anhang VII, Teil 2, Nummer 7	
Artikel 160 Absatz 7	Anhang VII, Teil 2, Nummer 7	
Artikel 161 Absatz 1	Anhang VII, Teil 2, Nummer 8	
Artikel 161 Absatz 2	Anhang VII, Teil 2, Nummer 9	
Artikel 161 Absatz 3	Anhang VII, Teil 2, Nummer 10	
Artikel 161 Absatz 4	Anhang VII, Teil 2, Nummer 11	
Artikel 162 Absatz 1	Anhang VII, Teil 2, Nummer 12	
Artikel 162 Absatz 2	Anhang VII, Teil 2, Nummer 13	
Artikel 162 Absatz 3	Anhang VII, Teil 2, Nummer 14	
Artikel 162 Absatz 4	Anhang VII, Teil 2, Nummer 15	
Artikel 162 Absatz 5	Anhang VII, Teil 2, Nummer 16	
Artikel 162 Absatz 1	Anhang VII, Teil 2, Nummer 17	
Artikel 163 Absatz 2	Anhang VII, Teil 2, Nummer 18	
Artikel 163 Absatz 3	Anhang VII, Teil 2, Nummer 19	
Artikel 163 Absatz 4	Anhang VII, Teil 2, Nummer 20	
Artikel 164 Absatz 1	Anhang VII, Teil 2, Nummer 21	
Artikel 164 Absatz 2	Anhang VII, Teil 2, Nummer 22	
Artikel 164 Absatz 3	Anhang VII, Teil 2, Nummer 23	
Artikel 164 Absatz 4		
Artikel 165 Absatz 1	Anhang VII, Teil 2, Nummer 24	
Artikel 165 Absatz 2	Anhang VII, Teil 2, Nummer 25 und 26	
Artikel 165 Absatz 3	Anhang VII, Teil 2, Nummer 27	
Artikel 166 Absatz 1	Anhang VII, Teil 3, Nummer 1	

→

Diese Verordnung	Richtlinie 2006/48/EG	Richtlinie 2006/49/EG
Artikel 166 Absatz 2	Anhang VII, Teil 3, Nummer 2	
Artikel 166 Absatz 3	Anhang VII, Teil 3, Nummer 3	
Artikel 166 Absatz 4	Anhang VII, Teil 3, Nummer 4	
Artikel 166 Absatz 5	Anhang VII, Teil 3, Nummer 5	
Artikel 166 Absatz 6	Anhang VII, Teil 3, Nummer 6	
Artikel 166 Absatz 7	Anhang VII, Teil 3, Nummer 7	
Artikel 166 Absatz 8	Anhang VII, Teil 3, Nummer 9	
Artikel 166 Absatz 9	Anhang VII, Teil 3, Nummer 10	
Artikel 166 Absatz 10	Anhang VII, Teil 3, Nummer 11	
Artikel 167 Absatz 1	Anhang VII, Teil 3, Nummer 12	
Artikel 167 Absatz 2		
Artikel 168	Anhang VII, Teil 3, Nummer 13	
Artikel 169 Absatz 1	Anhang VII, Teil IV, Nummer 2	
Artikel 169 Absatz 2	Anhang VII, Teil IV, Nummer 3	
Artikel 169 Absatz 3	Anhang VII, Teil IV, Nummer 4	
Artikel 170 Absatz 1	Anhang VII, Teil IV, Nummer 5–11	
Artikel 170 Absatz 2	Anhang VII, Teil IV, Nummer 12	
Artikel 170 Absatz 3	Anhang VII, Teil IV, Nummer 13–15	
Artikel 170 Absatz 4	Anhang VII, Teil IV, Nummer 16	
Artikel 171 Absatz 1	Anhang VII, Teil IV, Nummer 17	
Artikel 171 Absatz 2	Anhang VII, Teil IV, Nummer 18	
Artikel 172 Absatz 1	Anhang VII, Teil IV, Nummer 19–23	
Artikel 172 Absatz 2	Anhang VII, Teil IV, Nummer 24	

→

Diese Verordnung	Richtlinie 2006/48/EG	Richtlinie 2006/49/EG
Artikel 172 Absatz 3	Anhang VII, Teil IV, Nummer 25	
Artikel 173 Absatz 1	Anhang VII, Teil IV, Nummern 26–28	
Artikel 173 Absatz 2	Anhang VII, Teil IV, Nummer 29	
Artikel 173 Absatz 3		
Artikel 174	Anhang VII, Teil IV, Nummer 30	
Artikel 175 Absatz 1	Anhang VII, Teil IV, Nummer 31	
Artikel 175 Absatz 2	Anhang VII, Teil IV, Nummer 32	
Artikel 175 Absatz 3	Anhang VII, Teil IV, Nummer 33	
Artikel 175 Absatz 4	Anhang VII, Teil IV, Nummer 34	
Artikel 175 Absatz 5	Anhang VII, Teil IV, Nummer 35	
Artikel 176 Absatz 1	Anhang VII, Teil IV, Nummer 36	
Artikel 176 Absatz 2	Anhang VII, Teil IV, Nummer 37 erster Absatz	
Artikel 176 Absatz 3	Anhang VII, Teil IV, Nummer 37 zweiter Absatz	
Artikel 176 Absatz 4	Anhang VII, Teil IV, Nummer 38	
Artikel 176 Absatz 5	Anhang VII, Teil IV, Nummer 39	
Artikel 177 Absatz 1	Anhang VII, Teil IV, Nummer 40	
Artikel 177 Absatz 2	Anhang VII, Teil IV, Nummer 41	
Artikel 177 Absatz 3	Anhang VII, Teil IV, Nummer 42	
Artikel 178 Absatz 1	Anhang VII, Teil IV, Nummer 44	
Artikel 178 Absatz 2	Anhang VII, Teil IV, Nummer 44	
Artikel 178 Absatz 3	Anhang VII, Teil IV, Nummer 45	
Artikel 178 Absatz 4	Anhang VII, Teil IV, Nummer 46	

Diese Verordnung	Richtlinie 2006/48/EG	Richtlinie 2006/49/EG
Artikel 178 Absatz 5	Anhang VII, Teil IV, Nummer 47	
Artikel 178 Absatz 6		
Artikel 178 Absatz 7		
Artikel 179 Absatz 1	Anhang VII, Teil IV, Nummern 43 und 49–56	
Artikel 179 Absatz 2	Anhang VII, Teil IV, Nummer 57	
Artikel 180 Absatz 1	Anhang VII, Teil IV, Nummern 59–66	
Artikel 180 Absatz 2	Anhang VII, Teil IV, Nummern 67–72	
Artikel 180 Absatz 3		
Artikel 181 Absatz 1	Anhang VII, Teil IV, Nummern 73–81	
Artikel 181 Absatz 2	Anhang VII, Teil IV, Nummer 82	
Artikel 181 Absatz 3		
Artikel 182 Absatz 1	Anhang VII, Teil IV, Nummern 87–92	
Artikel 182 Absatz 2	Anhang VII, Teil IV, Nummer 93	
Artikel 182 Absatz 3	Anhang VII, Teil VI, Nummern 94 und 95	
Artikel 182 Absatz 4		
Artikel 183 Absatz 1	Anhang VII, Teil IV, Nummern 98–100	
Artikel 183 Absatz 2	Anhang VII, Teil IV, Nummern 101 und 102	
Artikel 183 Absatz 3	Anhang VII, Teil IV, Nummer 103 und Nummer 104	
Artikel 183 Absatz 4	Anhang VII, Teil IV, Nummer 96	
Artikel 183 Absatz 5	Anhang VII, Teil IV, Nummer 97	
Artikel 183 Absatz 6		
Artikel 184 Absatz 1		
Artikel 184 Absatz 2	Anhang VII, Teil IV, Nummer 105	
Artikel 184 Absatz 3	Anhang VII, Teil IV, Nummer 106	
Artikel 184 Absatz 4	Anhang VII, Teil IV, Nummer 107	

Diese Verordnung	Richtlinie 2006/48/EG	Richtlinie 2006/49/EG
Artikel 184 Absatz 5	Anhang VII, Teil IV, Nummer 108	
Artikel 184 Absatz 6	Anhang VII, Teil IV, Nummer 109	
Artikel 185	Anhang VII, Teil IV, Nummern 110–14	
Artikel 186	Anhang VII, Teil IV, Nummer 115	
Artikel 187	Anhang VII, Teil IV, Nummer 116	
Artikel 188	Anhang VII, Teil IV, Nummern 117–123	
Artikel 189 Absatz 1	Anhang VII, Teil IV, Nummer 124	
Artikel 189 Absatz 2	Anhang VII, Teil IV, Nummern 125 und 126	
Artikel 189 Absatz 3	Anhang VII, Teil IV, Nummer 127	
Artikel 190 Absatz 1	Anhang VII, Teil IV, Nummer 128	
Artikel 190 Absatz 2	Anhang VII, Teil IV, Nummer 129	
Artikel 190 Absätze 3 und 4	Anhang VII, Teil IV, Nummer 130	
Artikel 191	Anhang VII, Teil IV, Nummer 131	
Artikel 192		Artikel 90 und Anhang VIII, Teil 1, Nummer 2
Artikel 193 Absatz 1		Artikel 93 Absatz 2
Artikel 193 Absatz 2		Artikel 93 Absatz 3
Artikel 193 Absatz 3		Artikel 93 Absatz 1 und Anhang VIII, Teil 3, Nummer 1
Artikel 193 Absatz 4		Anhang VIII, Teil 3, Nummer 2
Artikel 193 Absatz 5		Anhang VIII, Teil 5, Nummer 1
Artikel 193 Absatz 6		Anhang VIII, Teil 5, Nummer 2
Artikel 194 Absatz 1		Artikel 92 Absatz 1
Artikel 194 Absatz 2		Artikel 92 Absatz 2
Artikel 194 Absatz 3		Artikel 92 Absatz 3
Artikel 194 Absatz 4		Artikel 92 Absatz 4
Artikel 194 Absatz 5		Artikel 92 Absatz 5

Diese Verordnung	Richtlinie 2006/48/EG	Richtlinie 2006/49/EG
Artikel 194 Absatz 6	Artikel 92 Absatz 5	
Artikel 194 Absatz 7	Artikel 92 Absatz 6	
Artikel 194 Absatz 8	Anhang VIII, Teil 2, Nummer 1	
Artikel 194 Absatz 9	Anhang VIII, Teil 2, Nummer 2	
Artikel 194 Absatz 10		
Artikel 195	Anhang VIII, Teil 1, Nummern 3 und 4	
Artikel 196	Anhang VIII, Teil 1, Nummer 5	
Artikel 197 Absatz 1	Anhang VIII, Teil 1, Nummer 7	
Artikel 197 Absatz 2	Anhang VIII, Teil 1, Nummer 7	
Artikel 197 Absatz 3	Anhang VIII, Teil 1, Nummer 7	
Artikel 197 Absatz 4	Anhang VIII, Teil 1, Nummer 8	
Artikel 197 Absatz 5	Anhang VIII, Teil 1, Nummer 9	
Artikel 197 Absatz 6	Anhang VIII, Teil 1, Nummer 9	
Artikel 197 Absatz 7	Anhang VIII, Teil 1, Nummer 10	
Artikel 197 Absatz 8		
Artikel 198 Absatz 1	Anhang VIII, Teil 1, Nummer 11	
Artikel 198 Absatz 2	Anhang VIII, Teil 1, Nummer 11	
Artikel 199 Absatz 1	Anhang VIII, Teil 1, Nummer 12	
Artikel 199 Absatz 2	Anhang VIII, Teil 1, Nummer 13	
Artikel 199 Absatz 3	Anhang VIII, Teil 1, Nummer 16	
Artikel 199 Absatz 4	Anhang VIII, Teil 1, Nummer 17 und 18	
Artikel 199 Absatz 5	Anhang VIII, Teil 1, Nummer 20	
Artikel 199 Absatz 6	Anhang VIII, Teil 1, Nummer 21	
Artikel 199 Absatz 7	Anhang VIII, Teil 1, Nummer 22	

→

Diese Verordnung	Richtlinie 2006/48/EG	Richtlinie 2006/49/EG
Artikel 199 Absatz 8		
Artikel 200	Anhang VIII, Teil 1, Nummern 23 bis 25	
Artikel 201 Absatz 1	Anhang VIII, Teil 1, Nummern 26 und 28	
Artikel 201 Absatz 2	Anhang VIII, Teil 1, Nummer 27	
Artikel 202	Anhang VIII, Teil 1, Nummer 29	
Artikel 203		
Artikel 204 Absatz 1	Anhang VIII, Teil 1, Nummer 30 und Nummer 31	
Artikel 204 Absatz 2	Anhang VIII, Teil 1, Nummer 32	
Artikel 205	Anhang VIII, Teil 2, Nummer 3	
Artikel 206	Anhang VIII, Teil 2, Nummern 4 bis 5	
Artikel 207 Absatz 1	Anhang VIII, Teil 2, Nummer 6	
Artikel 207 Absatz 2	Anhang VIII, Teil 2, Nummer 6 Buchstabe a	
Artikel 207 Absatz 3	Anhang VIII, Teil 2, Nummer 6 Buchstabe b	
Artikel 207 Absatz 4	Anhang VIII, Teil 2, Nummer 6 Buchstabe c	
Artikel 207 Absatz 5	Anhang VIII, Teil 2, Nummer 7	
Artikel 208 Absatz 1	Anhang VIII, Teil 2, Nummer 8	
Artikel 208 Absatz 2	Anhang VIII, Teil 2, Nummer 8 Buchstabe a	
Artikel 208 Absatz 3	Anhang VIII, Teil 2, Nummer 8 Buchstabe b	
Artikel 208 Absatz 4	Anhang VIII, Teil 2, Nummer 8 Buchstabe c	
Artikel 208 Absatz 5	Anhang VIII, Teil 2, Nummer 8 Buchstabe d	
Artikel 209 Absatz 1	Anhang VIII, Teil 2, Nummer 9	
Artikel 209 Absatz 2	Anhang VIII, Teil 2, Nummer 9 Buchstabe a	
Artikel 209 Absatz 3	Anhang VIII, Teil 2, Nummer 9 Buchstabe b	

Diese Verordnung	Richtlinie 2006/48/EG	Richtlinie 2006/49/EG
Artikel 210	Anhang VIII, Teil 2, Nummer 10	
Artikel 211	Anhang VIII, Teil 2, Nummer 11	
Artikel 212 Absatz 1	Anhang VIII, Teil 2, Nummer 12	
Artikel 212 Absatz 2	Anhang VIII, Teil 2, Nummer 13	
Artikel 213 Absatz 1	Anhang VIII, Teil 2, Nummer 14	
Artikel 213 Absatz 2	Anhang VIII, Teil 2, Nummer 15	
Artikel 213 Absatz 3		
Artikel 214 Absatz 1	Anhang VIII, Teil 2, Nummer 16 Buchstabe a bis c	
Artikel 214 Absatz 2	Anhang VIII, Teil 2, Nummer 16	
Artikel 214 Absatz 3	Anhang VIII, Teil 2, Nummer 17	
Artikel 215 Absatz 4	Anhang VIII, Teil 2, Nummer 18	
Artikel 215 Absatz 2	Anhang VIII, Teil 2, Nummer 19	
Artikel 216 Absatz 1	Anhang VIII, Teil 2, Nummer 20	
Artikel 216 Absatz 2	Anhang VIII, Teil 2, Nummer 21	
Artikel 217 Absatz 1	Anhang VIII, Teil 2, Nummer 22	
Artikel 217 Absatz 2	Anhang VIII, Teil 2, Nummer 22 Buchstabe c	
Artikel 217 Absatz 3	Anhang VIII, Teil 2, Nummer 22 Buchstabe c	
Artikel 218	Anhang VIII, Teil 3, Nummer 3	
Artikel 219	Anhang VIII, Teil 3, Nummer 4	
Artikel 220 Absatz 1	Anhang VIII, Teil 3, Nummer 5	
Artikel 220 Absatz 2	Anhang VIII, Teil 3, Nummer 6, 8 bis 10	
Artikel 220 Absatz 3	Anhang VIII, Teil 3, Nummer 11	

Diese Verordnung	Richtlinie 2006/48/EG	Richtlinie 2006/49/EG
Artikel 220 Absatz 4	Anhang VIII, Teil 3, Nummern 22 und 23	
Artikel 220 Absatz 5	Anhang VIII, Teil 3, Nummer 9	
Artikel 221 Absatz 1	Anhang VIII, Teil 3, Nummer 12	
Artikel 221 Absatz 2	Anhang VIII, Teil 3, Nummer 12	
Artikel 221 Absatz 3	Anhang VIII, Teil 3, Nummern 13 bis 15	
Artikel 221 Absatz 4	Anhang VIII, Teil 3, Nummer 16	
Artikel 221 Absatz 5	Anhang VIII, Teil 3, Nummern 18 und 19	
Artikel 221 Absatz 6	Anhang VIII, Teil 3, Nummern 20 und 21	
Artikel 221 Absatz 7	Anhang VIII, Teil 3, Nummer 17	
Artikel 221 Absatz 8	Anhang VIII, Teil 3, Nummern 22 und 23	
Artikel 221 Absatz 9		
Artikel 222 Absatz 1	Anhang VIII, Teil 3, Nummer 24	
Artikel 222 Absatz 4	Anhang VIII, Teil 3, Nummer 25	
Artikel 222 Absatz 3	Anhang VIII, Teil 3, Nummer 26	
Artikel 222 Absatz 4	Anhang VIII, Teil 3, Nummer 27	
Artikel 222 Absatz 5	Anhang VIII, Teil 3, Nummer 28	
Artikel 222 Absatz 6	Anhang VIII, Teil 3, Nummer 29	
Artikel 222 Absatz 7	Anhang VIII, Teil 3, Nummer 28 und 29	
Artikel 223 Absatz 1	Anhang VIII, Teil 3, Nummern 30 bis 32	
Artikel 223 Absatz 2	Anhang VIII, Teil 3, Nummer 33	
Artikel 223 Absatz 3	Anhang VIII, Teil 3, Nummer 33	
Artikel 223 Absatz 4	Anhang VIII, Teil 3, Nummer 33	
Artikel 223 Absatz 5	Anhang VIII, Teil 3, Nummer 33	

Diese Verordnung	Richtlinie 2006/48/EG	Richtlinie 2006/49/EG
Artikel 223 Absatz 6	Anhang VIII, Teil 3, Nummern 34 und 35	
Artikel 223 Absatz 7	Anhang VIII, Teil 3, Nummer 35	
Artikel 224 Absatz 1	Anhang VIII, Teil 3, Nummer 36	
Artikel 224 Absatz 2	Anhang VIII, Teil 3, Nummer 37	
Artikel 224 Absatz 3	Anhang VIII, Teil 3, Nummer 38	
Artikel 224 Absatz 4	Anhang VIII, Teil 3, Nummer 39	
Artikel 224 Absatz 5	Anhang VIII, Teil 3, Nummer 40	
Artikel 224 Absatz 6	Anhang VIII, Teil 3, Nummer 41	
Artikel 225 Absatz 1	Anhang VIII, Teil 3, Nummern 42 bis 46	
Artikel 225 Absatz 2	Anhang VIII, Teil 3, Nummern 47 bis 52	
Artikel 225 Absatz 3	Anhang VIII, Teil 3, Nummern 53 bis 56	
Artikel 226	Anhang VIII, Teil 3, Nummer 57	
Artikel 227 Absatz 1	Anhang VIII, Teil 3, Nummer 58	
Artikel 227 Absatz 2	Anhang VIII, Teil 3, Nummer 58 Buchstabe a bis (h	
Artikel 227 Absatz 3	Anhang VIII, Teil 3, Nummer 58 Buchstabe h	
Artikel 228 Absatz 1	Anhang VIII, Teil 3, Nummer 60	
Artikel 228 Absatz 2	Anhang VIII, Teil 3, Nummer 61	
Artikel 229 Absatz 1	Anhang VIII, Teil 3, Nummer 62 bis 65	
Artikel 229 Absatz 2	Anhang VIII, Teil 3, Nummer 66	
Artikel 229 Absatz 3	Anhang VIII, Teil 3, Nummern 63 und 67	
Artikel 230 Absatz 1	Anhang VIII, Teil 3, Nummern 68 bis 71	
Artikel 230 Absatz 2	Anhang VIII, Teil 3, Nummer 72	

→

Diese Verordnung	Richtlinie 2006/48/EG	Richtlinie 2006/49/EG
Artikel 230 Absatz 3	Anhang VIII, Teil 3, Nummern 73 und 74	
Artikel 231 Absatz 1	Anhang VIII, Teil 3, Nummer 76	
Artikel 231 Absatz 2	Anhang VIII, Teil 3, Nummer 77	
Artikel 231 Absatz 3	Anhang VIII, Teil 3, Nummer 78	
Artikel 231 Absatz 1	Anhang VIII, Teil 3, Nummer 79	
Artikel 231 Absatz 2	Anhang VIII, Teil 3, Nummer 80	
Artikel 231 Absatz 3	Anhang VIII, Teil 3, Nummer 80a	
Artikel 231 Absatz 4	Anhang VIII, Teil 3, Nummern 81 bis 82	
Artikel 232 Absatz 1	Anhang VIII, Teil 3, Nummer 83	
Artikel 232 Absatz 2	Anhang VIII, Teil 3, Nummer 83	
Artikel 232 Absatz 3	Anhang VIII, Teil 3, Nummer 84	
Artikel 232 Absatz 4	Anhang VIII, Teil 3, Nummer 85	
Artikel 234	Anhang VIII, Teil 3, Nummer 86	
Artikel 235 Absatz 1	Anhang VIII, Teil 3, Nummer 87	
Artikel 234 Absatz 2	Anhang VIII, Teil 3, Nummer 88	
Artikel 235 Absatz 3	Anhang VIII, Teil 3, Nummer 89	
Artikel 236 Absatz 1	Anhang VIII, Teil 3, Nummer 90	
Artikel 236 Absatz 2	Anhang VIII, Teil 3, Nummer 91	
Artikel 236 Absatz 3	Anhang VIII, Teil 3, Nummer 92	
Artikel 237 Absatz 1	Anhang VIII, Teil 4, Nummer 1	
Artikel 237 Absatz 2	Anhang VIII, Teil 4, Nummer 2	
Artikel 238 Absatz 1	Anhang VIII, Teil 4, Nummer 3	

Diese Verordnung	Richtlinie 2006/48/EG	Richtlinie 2006/49/EG
Artikel 238 Absatz 2	Anhang VIII, Teil 4, Nummer 4	
Artikel 238 Absatz 3	Anhang VIII, Teil 4, Nummer 5	
Artikel 239 Absatz 1	Anhang VIII, Teil 4, Nummer 6	
Artikel 239 Absatz 2	Anhang VIII, Teil 4, Nummer 7	
Artikel 239 Absatz 3	Anhang VIII, Teil 4, Nummer 8	
Artikel 240	Anhang VIII, Teil VI, Nummer 1	
Artikel 241	Anhang VIII, Teil VI, Nummer 2	
Artikel 242 Absatz 1 bis 9	Anhang IX, Teil I, Nummer 1	
Artikel 242 Absatz 10	Artikel 4 Nummer 37	
Artikel 242 Absatz 11	Artikel 4 Nummer 38	
Artikel 242 Absatz 12		
Artikel 242 Absatz 13		
Artikel 242 Absatz 14		
Artikel 242 Absatz 15		
Artikel 243 Absatz 1	Anhang IX, Teil II, Nummer 1	
Artikel 243 Absatz 2	Anhang IX, Teil II, Nummer 1 a	
Artikel 243 Absatz 3	Anhang IX, Teil II, Nummer 1 b	
Artikel 243 Absatz 4	Anhang IX, Teil II, Nummer 1 c	
Artikel 243 Absatz 5	Anhang IX, Teil II, Nummer 1 d	
Artikel 243 Absatz 6		
Artikel 244 Absatz 1	Anhang IX, Teil II, Nummer 2	
Artikel 244 Absatz 2	Anhang IX, Teil II, Nummer 2 a	
Artikel 244 Absatz 3	Anhang IX, Teil II, Nummer 2 b	
Artikel 244 Absatz 4	Anhang IX, Teil II, Nummer 2 c	
Artikel 244 Absatz 5	Anhang IX, Teil II, Nummer 2 d	
Artikel 244 Absatz 6		

Diese Verordnung	Richtlinie 2006/48/EG	Richtlinie 2006/49/EG
Artikel 245 Absatz 1	Artikel 95 Absatz 1	
Artikel 245 Absatz 2	Artikel 95 Absatz 2	
Artikel 245 Absatz 3	Artikel 96 Absatz 2	
Artikel 245 Absatz 4	Artikel 96 Absatz 4	
Artikel 245 Absatz 5		
Artikel 245 Absatz 6		
Artikel 246 Absatz 1	Anhang IX, Teil IV, Nummern 2 und 3	
Artikel 246 Absatz 2	Anhang IX, Teil IV, Nummer 5	
Artikel 246 Absatz 3	Anhang IX, Teil IV, Nummer 5	
Artikel 247 Absatz 1	Artikel 96 Absatz 3, Anhang IX, Teil IV, Nummer 60	
Artikel 247 Absatz 2	Anhang IX, Teil IV, Nummer 61	
Artikel 247 Absatz 3		
Artikel 247 Absatz 4		
Artikel 248 Absatz 1	Artikel 101 Absatz 1	
Artikel 248 Absatz 2		
Artikel 248 Absatz 3	Artikel 101 Absatz 2	
Artikel 249	Anhang IX, Teil II, Nummern 3 und 4	
Artikel 250	Anhang IX, Teil II, Nummern 5–7	
Artikel 251	Anhang IX, Teil IV, Nummern 6–7	
Artikel 252	Anhang IX, Teil IV, Nummer 8	
Artikel 253 Absatz 1	Anhang IX, Teil IV, Nummer 9	
Artikel 253 Absatz 2	Anhang IX, Teil IV, Nummer 10	
Artikel 254	Anhang IX, Teil IV, Nummer 11–12	
Artikel 255 Absatz 1	Anhang IX, Teil IV, Nummer 13	
Artikel 255 Absatz 2	Anhang IX, Teil IV, Nummer 15	
Artikel 256 Absatz 1	Artikel 100 Absatz 1	
Artikel 256 Absatz 2	Anhang IX, Teil IV, Nummer 17–20	

→

Diese Verordnung	Richtlinie 2006/48/EG	Richtlinie 2006/49/EG
Artikel 256 Absatz 3	Anhang IX, Teil IV, Nummer 21	
Artikel 256 Absatz 4	Anhang IX, Teil IV, Nummern 22–23	
Artikel 256 Absatz 5	Anhang IX, Teil IV, Nummern 24–25	
Artikel 256 Absatz 6	Anhang IX, Teil IV, Nummern 26–29	
Artikel 256 Absatz 7	Anhang IX, Teil IV, Nummer 30	
Artikel 256 Absatz 8	Anhang IX, Teil IV, Nummer 32	
Artikel 256 Absatz 9	Anhang IX, Teil IV, Nummer 33	
Artikel 257	Anhang IX, Teil IV, Nummer 34	
Artikel 258	Anhang IX, Teil IV, Nummern 35–36	
Artikel 259 Absatz 1	Anhang IX, Teil IV, Nummern 38–41	
Artikel 259 Absatz 2	Anhang IX, Teil IV, Nummer 42	
Artikel 259 Absatz 3	Anhang IX, Teil IV, Nummer 43	
Artikel 259 Absatz 4	Anhang IX, Teil IV, Nummer 44	
Artikel 259 Absatz 5		
Artikel 260	Anhang IX, Teil IV, Nummer 45	
Artikel 261 Absatz 1	Anhang IX, Teil IV, Nummern 46–47, 49	
Artikel 261 Absatz 2	Anhang IX, Teil IV, Nummer 51	
Artikel 262 Absatz 1	Anhang IX, Teil IV, Nummern 52, 53	
Artikel 262 Absatz 2	Anhang IX, Teil IV, Nummer 53	
Artikel 262 Absatz 3		
Artikel 262 Absatz 4	Anhang IX, Teil IV, Nummer 54	
Artikel 263 Absatz 1	Anhang IX, Teil IV, Nummer 57	
Artikel 263 Absatz 2	Anhang IX, Teil IV, Nummer 58	

→

Diese Verordnung	Richtlinie 2006/48/EG	Richtlinie 2006/49/EG
Artikel 263 Absatz 3	Anhang IX, Teil IV, Nummer 59	
Artikel 264 Absatz 1	Anhang IX, Teil IV, Nummer 62	
Artikel 264 Absatz 2	Anhang IX, Teil IV, Nummern 63–65	
Artikel 264 Absatz 3	Anhang IX, Teil IV, Nummern 66 und 67	
Artikel 264 Absatz 4		
Artikel 265 Absatz 1	Anhang IX, Teil IV, Nummer 68	
Artikel 265 Absatz 2	Anhang IX, Teil IV, Nummer 70	
Artikel 265 Absatz 3	Anhang IX, Teil IV, Nummer 71 (change	
Artikel 266 Absatz 1	Anhang IX, Teil IV, Nummer 72	
Artikel 266 Absatz 2	Anhang IX, Teil IV, Nummer 73	
Artikel 266 Absatz 3	Anhang IX, Teil IV, Nummer 74–75	
Artikel 266 Absatz 4	Anhang IX, Teil IV, Nummer 76	
Artikel 267 Absatz 1	Artikel 97 Absatz 1	
Artikel 267 Absatz 3	Artikel 97 Absatz 3	
Artikel 268	Anhang IX, Teil 3, Nummer 1	
Artikel 269	Anhang IX, Teil 3, Nummer 2–7	
Artikel 270	Artikel 98 Absatz 1 und Anhang IX, Teil 3, Nummern 8 und 9	
Artikel 271 Absatz 1	Anhang III, Teil II, Nummer 1 Anhang VII, Teil 3, Nummer 5	
Artikel 271 Absatz 2	Anhang VII, Teil 3, Nummer 7	
Artikel 272 Absatz 1	Anhang III, Teil 1, Nummer 1	
Artikel 272 Absatz 2	Anhang III, Teil 1, Nummer 3	
Artikel 272 Absatz 3	Anhang III, Teil 1, Nummer 4	
Artikel 272 Absatz 4	Anhang III, Teil 1, Nummer 5	

→

Diese Verordnung	Richtlinie 2006/48/EG	Richtlinie 2006/49/EG
Artikel 272 Absatz 5	Anhang III, Teil 1, Nummer 6	
Artikel 272 Absatz 6	Anhang III, Teil 1, Nummer 7	
Artikel 272 Absatz 7	Anhang III, Teil 1, Nummer 8	
Artikel 272 Absatz 8	Anhang III, Teil 1, Nummer 9	
Artikel 272 Absatz 9	Anhang III, Teil 1, Nummer 10	
Artikel 272 Absatz 10	Anhang III, Teil 1, Nummer 11	
Artikel 272 Absatz 11	Anhang III, Teil 1, Nummer 12	
Artikel 272 Absatz 12	Anhang III, Teil 1, Nummer 13	
Artikel 272 Absatz 13	Anhang III, Teil 1, Nummer 14	
Artikel 272 Absatz 14	Anhang III, Teil 1, Nummer 15	
Artikel 272 Absatz 15	Anhang III, Teil 1, Nummer 16	
Artikel 272 Absatz 16	Anhang III, Teil 1, Nummer 17	
Artikel 272 Absatz 17	Anhang III, Teil 1, Nummer 18	
Artikel 272 Absatz 18	Anhang III, Teil 1, Nummer 19	
Artikel 272 Absatz 19	Anhang III, Teil 1, Nummer 20	
Artikel 272 Absatz 20	Anhang III, Teil 1, Nummer 21	
Artikel 272 Absatz 21	Anhang III, Teil 1, Nummer 22	
Artikel 272 Absatz 22	Anhang III, Teil 1, Nummer 23	
Artikel 272 Absatz 23	Anhang III, Teil 1, Nummer 26	
Artikel 272 Absatz 24	Anhang III, Teil VII, Buchstabe a	
Artikel 272 Absatz 25	Anhang III, VII, Buchstabe a	
Artikel 272 Absatz 26	Anhang III, Part V, Nummer 2	

→

Diese Verordnung	Richtlinie 2006/48/EG	Richtlinie 2006/49/EG
Artikel 273 Absatz 1	Anhang III, Teil II, Nummer 1	
Artikel 273 Absatz 2	Anhang III, Teil II, Nummer 2	
Artikel 273 Absatz 3	Anhang III, Teil II, Nummer 3 erster und zweiter Absatz	
Artikel 273 Absatz 4	Anhang III, Teil II, Nummer 3 dritter Absatz	
Artikel 273 Absatz 5	Anhang III, Teil II, Nummer 4	
Artikel 273 Absatz 6	Anhang III, Teil II, Nummer 5	
Artikel 273 Absatz 7	Anhang III, Teil II, Nummer 7	
Artikel 273 Absatz 8	Anhang III, Teil II, Nummer 8	
Artikel 274 Absatz 1	Anhang III, Teil III	
Artikel 274 Absatz 2	Anhang III, Teil III	
Artikel 274 Absatz 3	Anhang III, Teil III	
Artikel 274 Absatz 4	Anhang III, Teil III	
Artikel 275 Absatz 1	Anhang III, Teil IV	
Artikel 275 Absatz 2	Anhang III, Teil IV	
Artikel 276 Absatz 1	Anhang III, Teil V, Nummer 1	
Artikel 276 Absatz 2	Anhang III, Teil V, Nummer 1	
Artikel 276 Absatz 3	Anhang III, Teil V, Nummern 1–2	
Artikel 277 Absatz 1	Anhang III, Teil V, Nummer 3–4	
Artikel 277 Absatz 2	Anhang III, Teil V, Nummer 5	
Artikel 277 Absatz 3	Anhang III, Teil V, Nummer 6	
Artikel 277 Absatz 4	Anhang III, Teil V, Nummer 7	
Artikel 278 Absatz 1		
Artikel 278 Absatz 2	Anhang III, Teil V, Nummer 8	
Artikel 278 Absatz 3	Anhang III, Teil V, Nummer 9	

→

Diese Verordnung	Richtlinie 2006/48/EG	Richtlinie 2006/49/EG
Artikel 279	Anhang III, Teil V, Nummer 10	
Artikel 280 Absatz 1	Anhang III, Teil V, Nummer 11	
Artikel 280 Absatz 2	Anhang III, Teil V, Nummer 12	
Artikel 281 Absatz 1		
Artikel 281 Absatz 2	Anhang III, Teil V, Nummer 13	
Artikel 281 Absatz 3	Anhang III, Teil V, Nummer 14	
Artikel 282 Absatz 1		
Artikel 282 Absatz 2	Anhang III, Teil V, Nummer 15	
Artikel 282 Absatz 3	Anhang III, Teil V, Nummer 16	
Artikel 282 Absatz 4	Anhang III, Teil V, Nummer 17	
Artikel 282 Absatz 5	Anhang III, Teil V, Nummer 18	
Artikel 282 Absatz 6	Anhang III, Teil V, Nummer 19	
Artikel 282 Absatz 7	Anhang III, Teil V, Nummer 20	
Artikel 282 Absatz 8	Anhang III, Teil V, Nummer 21	
Artikel 283 Absatz 1	Anhang III, Teil VI, Nummer 1	
Artikel 283 Absatz 2	Anhang III, Teil VI, Nummer 2	
Artikel 283 Absatz 3	Anhang III, Teil VI, Nummer 2	
Artikel 283 Absatz 4	Anhang III, Teil VI, Nummer 3	
Artikel 283 Absatz 5	Anhang III, Teil VI, Nummer 4	
Artikel 283 Absatz 6	Anhang III, Teil VI, Nummer 4	
Artikel 284 Absatz 1	Anhang III, Teil VI, Nummer 5	
Artikel 284 Absatz 2	Anhang III, Teil VI, Nummer 6	
Artikel 284 Absatz 3		
Artikel 284 Absatz 4	Anhang III, Teil VI, Nummer 7	

→

Diese Verordnung	Richtlinie 2006/48/EG	Richtlinie 2006/49/EG
Artikel 284 Absatz 5	Anhang III, Teil VI, Nummer 8	
Artikel 284 Absatz 6	Anhang III, Teil VI, Nummer 9	
Artikel 284 Absatz 7	Anhang III, Teil VI, Nummer 10	
Artikel 284 Absatz 8	Anhang III, Teil VI, Nummer 11	
Artikel 284 Absatz 9	Anhang III, Teil VI, Nummer 12	
Artikel 284 Absatz 10	Anhang III, Teil VI, Nummer 13	
Artikel 284 Absatz 11	Anhang III, Teil VI, Nummer 9	
Artikel 284 Absatz 12		
Artikel 284 Absatz 13	Anhang III, Teil VI, Nummer 14	
Artikel 285 Absatz 1	Anhang III, Teil VI, Nummer 15	
Artikel 285 Absatz 2–8		
Artikel 286 Absatz 1	Anhang III, Teil VI, Nummern 18 und 25	
Artikel 286 Absatz 2	Anhang III, Teil VI, Nummer 19	
Artikel 286 Absatz 3		
Artikel 286 Absatz 4	Anhang III, Teil VI, Nummer 20	
Artikel 286 Absatz 5	Anhang III, Teil VI, Nummer 21	
Artikel 286 Absatz 6	Anhang III, Teil VI, Nummer 22	
Artikel 286 Absatz 7	Anhang III, Teil VI, Nummer 23	
Artikel 286 Absatz 8	Anhang III, Teil VI, Nummer 24	
Artikel 287 Absatz 1	Anhang III, Teil VI, Nummer 17	
Artikel 287 Absatz 2	Anhang III, Teil VI, Nummer 17	
Artikel 287 Absatz 3		
Artikel 287 Absatz 4		
Artikel 288	Anhang III, Teil VI, Nummer 26	

Diese Verordnung	Richtlinie 2006/48/EG	Richtlinie 2006/49/EG
Artikel 289 Absatz 1	Anhang III, Teil VI, Nummer 27	
Artikel 289 Absatz 2	Anhang III, Teil VI, Nummer 28	
Artikel 289 Absatz 3	Anhang III, Teil VI, Nummer 29	
Artikel 289 Absatz 4	Anhang III, Teil VI, Nummer 29	
Artikel 289 Absatz 5	Anhang III, Teil VI, Nummer 30	
Artikel 289 Absatz 6	Anhang III, Teil VI, Nummer 31	
Artikel 290 Absatz 1	Anhang III, Teil VI, Nummer 32	
Artikel 290 Absatz 2	Anhang III, Teil VI, Nummer 32	
Artikel 290 Absatz 3–(10		
Artikel 291 Absatz 1	Anhang I, Teil I, Nummern 27–28	
Artikel 291 Absatz 2	Anhang III, Teil VI, Nummer 34	
Artikel 291 Absatz 3		
Artikel 291 Absatz 4	Anhang III, Teil VI, Nummer 35	
Artikel 291 Absatz 5		
Artikel 291 Absatz 6		
Artikel 292 Absatz 1	Anhang III, Teil VI, Nummer 36	
Artikel 292 Absatz 2	Anhang III, Teil VI, Nummer 37	
Artikel 292 Absatz 3		
Artikel 292 Absatz 4		
Artikel 292 Absatz 5		
Artikel 292 Absatz 6	Anhang III, Teil VI, Nummer 38	
Artikel 292 Absatz 7	Anhang III, Teil VI, Nummer 39	
Artikel 292 Absatz 8	Anhang III, Teil VI, Nummer 40	
Artikel 292 Absatz 9	Anhang III, Teil VI, Nummer 41	
Artikel 292 Absatz 10		
Artikel 293 Absatz 1	Anhang III, Teil VI, Nummer 42	

→

Diese Verordnung	Richtlinie 2006/48/EG	Richtlinie 2006/49/EG
Artikel 293 Absatz 2–(6		
Artikel 294 Absatz 1	Anhang III, Teil VI, Nummer 42	
Artikel 294 Absatz 2		
Artikel 294 Absatz 3	Anhang III, Teil VI, Nummer 42	
Artikel 295	Anhang III, Teil VII, Buchstabe a	
Artikel 296 Absatz 1	Anhang III, Teil VII, Buchstabe b	
Artikel 296 Absatz 2	Anhang III, Teil VII, Buchstabe b	
Artikel 296 Absatz 3	Anhang III, Teil VII, Buchstabe b	
Artikel 297 Absatz 1	Anhang III, Teil VII, Buchstabe b	
Artikel 297 Absatz 2	Anhang III, Teil VII, Buchstabe b	
Artikel 297 Absatz 3	Anhang III, Teil VII, Buchstabe b	
Artikel 297 Absatz 4	Anhang III, Teil VII, Buchstabe b	
Artikel 298 Absatz 1	Anhang III, Teil VII, Buchstabe c	
Artikel 298 Absatz 2	Anhang III, Teil VII, Buchstabe c	
Artikel 298 Absatz 3	Anhang III, Teil VII, Buchstabe c	
Artikel 298 Absatz 4	Anhang III, Teil VII, Buchstabe c	
Artikel 299 Absatz 1		Anhang II, Nummer 7
Artikel 299 Absatz 2		Anhang II, Nummern 7–11
Artikel 300		
Artikel 301	Anhang III, Teil 2, Nummer 6	
Artikel 302		
Artikel 303		
Artikel 304		
Artikel 305		
Artikel 306		
Artikel 307		
Artikel 308		
Artikel 309		

→

Diese Verordnung	Richtlinie 2006/48/EG	Richtlinie 2006/49/EG
Artikel 310		
Artikel 311		
Artikel 312 Absatz 1	Artikel 104 Absätze 3 und 6 und Anhang X, Teil 2, Nummern 2, 5 und 8	
Artikel 312 Absatz 2	Artikel 105 Absatz 1 und 105 Absatz 2 und Anhang X, Teil 3, Nummer 1	
Artikel 312 Absatz 3		
Artikel 312 Absatz 4	Artikel 105 Absatz 1	
Artikel 313 Absatz 1	Artikel 102 Absatz 2	
Artikel 313 Absatz 2	Artikel 102 Absatz 3	
Artikel 313 Absatz 3		
Artikel 314 Absatz 1	Artikel 102 Absatz 4	
Artikel 314 Absatz 2	Anhang X, Teil 4, Nummer 1	
Artikel 314 Absatz 3	Anhang X, Teil 4, Nummer 2	
Artikel 314 Absatz 4	Anhang X, Teil 4, Nummern 3 und 4	
Artikel 314 Absatz 5		
Artikel 315 Absatz 1	Artikel 103 und Anhang X, Teil 1, Nummern 1 bis 3	
Artikel 315 Absatz 2		
Artikel 315 Absatz 3		
Artikel 315 Absatz 4	Anhang X, Teil 1, Nummer 4	
Artikel 316 Absatz 1	Anhang X, Teil 1, Nummern 5 bis 8	
Artikel 316 Absatz 2	Anhang X, Teil 1, Nummer 9	
Artikel 316 Absatz 3		
Artikel 317 Absatz 1	Artikel 104 Absatz 1	
Artikel 317 Absatz 2	Artikel 104 Absätze 2 und 4 und Anhang X, Teil 2, Nummer 1	
Artikel 317 Absatz 3	Anhang X, Teil 2, Nummer 1	
Artikel 317 Absatz 4	Anhang X, Teil 2, Nummer 2	
Artikel 318 Absatz 1	Anhang X, Teil 2, Nummer 4	
Artikel 318 Absatz 2	Anhang X, Teil 2, Nummer 4	

→

Diese Verordnung	Richtlinie 2006/48/EG	Richtlinie 2006/49/EG
Artikel 318 Absatz 3		
Artikel 319 Absatz 1	Anhang X, Teil 2, Nummern 6 bis 7	
Artikel 319 Absatz 2	Anhang X, Teil 2, Nummern 10 und 11	
Artikel 320	Anhang X, Teil 2, Nummern 9 und 12	
Artikel 321	Anhang X, Teil 3, Nummern 2 bis 7	
Artikel 322 Absatz 1		
Artikel 322 Absatz 2	Anhang X, Teil 3, Nummern 8 bis 12	
Artikel 322 Absatz 3	Anhang X, Teil 3, Nummern 13 bis 18	
Artikel 322 Absatz 4	Anhang X, Teil 3, Nummer 19	
Artikel 322 Absatz 5	Anhang X, Teil 3, Nummer 20	
Artikel 322 Absatz 6	Anhang X, Teil 3, Nummern 21 bis 24	
Artikel 323 Absatz 1	Anhang X, Teil 3, Nummer 25	
Artikel 323 Absatz 2	Anhang X, Teil 3, Nummer 26	
Artikel 323 Absatz 3	Anhang X, Teil 3, Nummer 27	
Artikel 323 Absatz 4	Anhang X, Teil 3, Nummer 28	
Artikel 323 Absatz 5	Anhang X, Teil 3, Nummer 29	
Artikel 324	Anhang X, Teil 5	
Artikel 325 Absatz 1		Artikel 26
Artikel 325 Absatz 2		Artikel 26
Artikel 325 Absatz 3		
Artikel 326		
Artikel 327 Absatz 1		Anhang I Nummer 1
Artikel 327 Absatz 2		Anhang I Nummer 2
Artikel 327 Absatz 3		Anhang I Nummer 3
Artikel 328 Absatz 1		Anhang I Nummer 4
Artikel 328 Absatz 2		
Artikel 329 Absatz 1		Anhang I Nummer 5
Artikel 329 Absatz 2		
Artikel 330		Anhang I Nummer 7

→

Diese Verordnung	Richtlinie 2006/48/EG	Richtlinie 2006/49/EG
Artikel 331 Absatz 1		Anhang I Nummer 9
Artikel 331 Absatz 2		Anhang I Nummer 10
Artikel 332 Absatz 1		Anhang I Nummer 8
Artikel 332 Absatz 2		Anhang I Nummer 8
Artikel 333		Anhang I Nummer 11
Artikel 334		Anhang I Nummer 13
Artikel 335		Anhang I Nummer 14
Artikel 336 Absatz 1		Anhang I Nummer 14
Artikel 336 Absatz 2		Anhang I Nummer 14
Artikel 336 Absatz 3		Anhang I Nummer 14
Artikel 336 Absatz 4		Artikel 19 Absatz 1
Artikel 337 Absatz 1		Anhang I Nummer 16a
Artikel 337 Absatz 2		Anhang I Nummer 16a
Artikel 337 Absatz 3		Anhang I Nummer 16a
Artikel 337 Absatz 4		Anhang I Nummer 16a
Artikel 337 Absatz 4		Anhang I Nummer 16a
Artikel 338 Absatz 1		Anhang I Nummer 14a
Artikel 338 Absatz 2		Anhang I Nummer 14b
Artikel 338 Absatz 3		Anhang I Nummer 14c
Artikel 338 Absatz 4		Anhang I Nummer 14a
Artikel 339 Absatz 1		Anhang I Nummer 17
Artikel 339 Absatz 2		Anhang I Nummer 18
Artikel 339 Absatz 3		Anhang I Nummer 19
Artikel 339 Absatz 4		Anhang I Nummer 20
Artikel 339 Absatz 5		Anhang I Nummer 21
Artikel 339 Absatz 6		Anhang I Nummer 22
Artikel 339 Absatz 7		Anhang I Nummer 23
Artikel 339 Absatz 8		Anhang I Nummer 24
Artikel 339 Absatz 9		Anhang I Nummer 25
Artikel 340 Absatz 1		Anhang I Nummer 26
Artikel 340 Absatz 2		Anhang I Nummer 27
Artikel 340 Absatz 3		Anhang I Nummer 28
Artikel 340 Absatz 4		Anhang I Nummer 29
Artikel 340 Absatz 5		Anhang I Nummer 30
Artikel 340 Absatz 6		Anhang I Nummer 31
Artikel 340 Absatz 7		Anhang I Nummer 32
Artikel 341 Absatz 1		Anhang I Nummer 33
Artikel 341 Absatz 2		Anhang I Nummer 33
Artikel 341 Absatz 3		
Artikel 342		Anhang I Nummer 34

→

Diese Verordnung	Richtlinie 2006/48/EG	Richtlinie 2006/49/EG
Artikel 343		Anhang I Nummer 36
Artikel 344 Absatz 1		
Artikel 344 Absatz 2		Anhang I Nummer 37
Artikel 344 Absatz 3		Anhang I Nummer 38
Artikel 345 Absatz 1		Anhang I Nummer 41
Artikel 345 Absatz 2		Anhang I Nummer 41
Artikel 346 Absatz 1		Anhang I Nummer 42
Artikel 346 Absatz 2		
Artikel 346 Absatz 3		Anhang I Nummer 43
Artikel 346 Absatz 4		Anhang I Nummer 44
Artikel 346 Absatz 5		Anhang I Nummer 45
Artikel 346 Absatz 6		Anhang I Nummer 46
Artikel 347		Anhang I Nummer 8
Artikel 348 Absatz 1		Anhang I Nummern 48–49
Artikel 348 Absatz 2		Anhang I Nummer 50
Artikel 349		Anhang I Nummer 51
Artikel 350 Absatz 1		Anhang I Nummer 53
Artikel 350 Absatz 2		Anhang I Nummer 54
Artikel 350 Absatz 3		Anhang I Nummer 55
Artikel 350 Absatz 4		Anhang I Nummer 56
Artikel 351		Anhang III Nummer 1
Artikel 352 Absatz 1		Anhang III Nummer 2 und Nummer 2(4)
Artikel 352 Absatz 2		Anhang III Nummer 2(2)
Artikel 352 Absatz 3		Anhang III Nummer 2(1)
Artikel 352 Absatz 4		Anhang III Nummer 2(2)
Artikel 3652 Absatz 5		
Artikel 353 Absatz 1		Anhang III Nummer 2(1)
Artikel 353 Absatz 2		Anhang III Nummer 2(1)
Artikel 353 Absatz 3		Anhang III Nummer 2(1)
Artikel 354 Absatz 1		Anhang III Nummer 3(1)
Artikel 354 Absatz 2		Anhang III Nummer 3(2)

→

Diese Verordnung	Richtlinie 2006/48/EG	Richtlinie 2006/49/EG
Artikel 354 Absatz 3		Anhang III Nummer 3(2)
Artikel 354 Absatz 4		
Artikel 355		
Artikel 356		
Artikel 357 Absatz 1		Anhang IV Nummer 1
Artikel 357 Absatz 2		Anhang IV Nummer 2
Artikel 357 Absatz 3		Anhang IV Nummer 3
Artikel 357 Absatz 4		Anhang IV Nummer 4
Artikel 357 Absatz 5		Anhang IV Nummer 6
Artikel 358 Absatz 1		Anhang IV Nummer 8
Artikel 358 Absatz 2		Anhang IV Nummer 9
Artikel 358 Absatz 3		Anhang IV Nummer 10
Artikel 358 Absatz 4		Anhang IV Nummer 12
Artikel 359 Absatz 1		Anhang IV Nummer 13
Artikel 359 Absatz 2		Anhang IV Nummer 14
Artikel 359 Absatz 3		Anhang IV Nummer 15
Artikel 359 Absatz 4		Anhang IV Nummer 16
Artikel 359 Absatz 5		Anhang IV Nummer 17
Artikel 359 Absatz 6		Anhang IV Nummer 18
Artikel 360 Absatz 1		Anhang IV Nummer 19
Artikel 360 Absatz 2		Anhang IV Nummer 20
Artikel 361		Anhang IV Nummer 21
Artikel 362		
Artikel 363 Absatz 1		Anhang V Nummer 1
Artikel 363 Absatz 2		
Artikel 363 Absatz 3		
Artikel 364 Absatz 1		Anhang V Nummer 10b
Artikel 364 Absatz 2		
Artikel 364 Absatz 3		
Artikel 365 Absatz 1		Anhang V Nummer 10
Artikel 365 Absatz 2		Anhang V Nummer 10a
Artikel 366 Absatz 1		Anhang V Nummer 7
Artikel 366 Absatz 2		Anhang V Nummer 8
Artikel 366 Absatz 3		Anhang V Nummer 9
Artikel 366 Absatz 4		Anhang V Nummer 10
Artikel 366 Absatz 5		Anhang V Nummer 8
Artikel 367 Absatz 1		Anhang V Nummer 11
Artikel 367 Absatz 2		Anhang V Nummer 12
Artikel 367 Absatz 3		Anhang V Nummer 12

→

Diese Verordnung	Richtlinie 2006/48/EG	Richtlinie 2006/49/EG
Artikel 368 Absatz 1		Anhang V Nummer 2
Artikel 368 Absatz 2		Anhang V Nummer 2
Artikel 368 Absatz 3		Anhang V Nummer 5
Artikel 368 Absatz 4		
Artikel 369 Absatz 1		Anhang V Nummer 3
Artikel 369 Absatz 2		
Artikel 370 Absatz 1		Anhang V Nummer 5
Artikel 371 Absatz 1		Anhang V Nummer 5
Artikel 371 Absatz 2		
Artikel 372		Anhang V Nummer 5 a
Artikel 373		Anhang V Nummer 5 b
Artikel 374 Absatz 1		Anhang V Nummer 5 c
Artikel 374 Absatz 2		Anhang V Nummer 5 d
Artikel 374 Absatz 3		Anhang V Nummer 5 d
Artikel 374 Absatz 4		Anhang V Nummer 5 d
Artikel 374 Absatz 5		Anhang V Nummer 5 d
Artikel 374 Absatz 6		Anhang V Nummer 5 d
Artikel 374 Absatz 7		
Artikel 375 Absatz 1		Anhang V Nummer 5 a
Artikel 375 Absatz 2		Anhang V Nummer 5 e
Artikel 376 Absatz 1		Anhang V Nummer 5 f
Artikel 376 Absatz 2		Anhang V Nummer 5 g
Artikel 376 Absatz 3		Anhang V Nummer 5 h
Artikel 376 Absatz 4		Anhang V Nummer 5 h
Artikel 376 Absatz 5		Anhang V Nummer 5 i
Artikel 376 Absatz 6		Anhang V Nummer 5
Artikel 377		Anhang V Nummer 5 l
Artikel 378		Anhang II Nummer 1
Artikel 379 Absatz 1		Anhang II Nummer 2
Artikel 379 Absatz 2		Anhang II Nummer 3
Artikel 379 Absatz 3		Anhang II Nummer 2
Artikel 380		Anhang II Nummer 4
Artikel 381		
Artikel 382		
Artikel 383		
Artikel 384		
Artikel 385		
Artikel 386		
Artikel 387		Artikel 28 Absatz 1
Artikel 388		

→

Diese Verordnung	Richtlinie 2006/48/EG	Richtlinie 2006/49/EG
Artikel 389	Artikel 106 Absatz 1 Unterabsatz 1	
Artikel 390 Absatz 1	Artikel 106 Absatz 1 Unterabsatz 2	
Artikel 390 Absatz 2		
Artikel 390 Absatz 3		Artikel 29 Absatz 1
Artikel 390 Absatz 4		Artikel 30 Absatz 1
Artikel 390 Absatz 5		Artikel 29 Absatz 2
Artikel 390 Absatz 6	Artikel 106 Absatz 2 Unterabsatz 1	
Artikel 390 Absatz 7	Artikel 106 Absatz 3	
Artikel 390 Absatz 8	Artikel 106 Absatz 2 Unterabsätze 2 und 3	
Artikel 391	Artikel 107	
Artikel 392	Artikel 108	
Artikel 393	Artikel 109	
Artikel 394 Absatz 1	Artikel 110 Absatz 1	
Artikel 394 Absatz 2	Artikel 110 Absatz 1	
Artikel 394 Absätze 3 und 4	Artikel 110 Absatz 2	
Artikel 394 Absatz 4	Artikel 110 Absatz 4	
Artikel 395 Absatz 1	Artikel 111 Absatz 1	
Artikel 395 Absatz 2		
Artikel 395 Absatz 3	Artikel 111 Absatz 4 Unterabsatz 1	
Artikel 395 Absatz 4		Artikel 30 Absatz 4
Artikel 395 Absatz 5		Artikel 31
Artikel 395 Absatz 6		
Artikel 395 Absatz 7		
Artikel 395 Absatz 8		
Artikel 396 Absatz 1	Artikel 111 Absatz 4 Unterabsätze 1 und 2	
Artikel 396 Absatz 2		
Artikel 397 Absatz 1		Anhang VI, Nummer 1
Artikel 397 Absatz 2		Anhang VI, Nummer 2
Artikel 397 Absatz 3		Anhang VI, Nummer 3
Artikel 398		Artikel 32 Absatz 1
Artikel 399 Absatz 1	Artikel 112 Absatz 1	
Artikel 399 Absatz 2	Artikel 112 Absatz 2	
Artikel 399 Absatz 3	Artikel 112 Absatz 3	
Artikel 399 Absatz 4	Artikel 110 Absatz 3	
Artikel 400 Absatz 1	Artikel 113 Absatz 3	

→

Diese Verordnung	Richtlinie 2006/48/EG	Richtlinie 2006/49/EG
Artikel 400 Absatz 2	Artikel 113 Absatz 4	
Artikel 400 Absatz 3		
Artikel 401 Absatz 1	Artikel 114 Absatz 1	
Artikel 401 Absatz 2	Artikel 112 Absatz 2	
Artikel 401 Absatz 3	Artikel 114 Absatz 3	
Artikel 402 Absatz 1	Artikel 115 Absatz 1	
Artikel 402 Absatz 1	Artikel 115 Absatz 2	
Artikel 402 Absatz 3		
Artikel 403 Absatz 1	Artikel 117 Absatz 1	
Artikel 403 Absatz 2	Artikel 117 Absatz 2	
Artikel 404	Artikel 122a Absatz 8	
Artikel 405 Absatz 1	Artikel 122a Absatz 1	
Artikel 405 Absatz 2	Artikel 122a Absatz 1	
Artikel 405 Absatz 3	Artikel 122a Absatz 3 Unterabsatz 1	
Artikel 405 Absatz 4	Artikel 122a Absatz 3 Unterabsatz 2	
Artikel 406 Absatz 1	Artikel 122a Absatz 4 und Artikel 122a Absatz 5 Unterabsatz 2	
Artikel 406 Absatz 2	Artikel 122a Absatz 5 Unterabsatz 1 und Artikel 122a Absatz 6 Unterabsatz 1	
Artikel 407	Artikel 122a Absatz 5 Unterabsatz 3	
Artikel 408	Artikel 122a Absatz 6 Unterabsatz 1 und 2	
Artikel 409	Artikel 122a Absatz 7	
Artikel 410	Artikel 122a Absatz 10	
Artikel 411		
Artikel 412		
Artikel 413		
Artikel 414		
Artikel 415		
Artikel 416		
Artikel 417		
Artikel 418		
Artikel 419		
Artikel 420		
Artikel 421		
Artikel 422		

→

Diese Verordnung	Richtlinie 2006/48/EG	Richtlinie 2006/49/EG
Artikel 423		
Artikel 424		
Artikel 425		
Artikel 426		
Artikel 427		
Artikel 428		
Artikel 429		
Artikel 430		
Artikel 431 Absatz 1	Artikel 145 Absatz 1	
Artikel 431 Absatz 2	Artikel 145 Absatz 2	
Artikel 431 Absatz 3	Artikel 145 Absatz 3	
Artikel 431 Absatz 4	Artikel 145 Absatz 4	
Artikel 432 Absatz 1	Anhang XII, Teil 1, Nummer 1 und Artikel 146 Absatz 1	
Artikel 432 Absatz 2	Artikel 146 Absatz 2 und Anhang XII, Teil I, Nummern 2 und 3	
Artikel 432 Absatz 3	Artikel 146 Absatz 3	
Artikel 433	Artikel 147 und Anhang XII, Teil I, Nummer 4	
Artikel 434 Absatz 1	Artikel 148	
Artikel 434 Absatz 2		
Artikel 435 Absatz 1	Anhang XII, Teil II, Nummer 1	
Artikel 435 Absatz 2		
Artikel 436	Anhang XII, Teil II, Nummer 2	
Artikel 437		
Artikel 438	Anhang XII, Teil II, Nummern 4, 8	
Artikel 439	Anhang XII, Teil II, Nummer 5	
Artikel 440		
Artikel 441		
Artikel 442	Anhang XII, Teil II, Nummer 6	
Artikel 443		
Artikel 444	Anhang XII, Teil II, Nummer 7	
Artikel 445	Anhang XII, Teil II, Nummer 9	

→

Diese Verordnung	Richtlinie 2006/48/EG	Richtlinie 2006/49/EG
Artikel 446	Anhang XII, Teil II, Nummer 11	
Artikel 447	Anhang XII, Teil II, Nummer 12	
Artikel 448	Anhang XII, Teil II, Nummer 13	
Artikel 449	Anhang XII, Teil II, Nummer 14	
Artikel 450	Anhang XII, Teil II, Nummer 15	
Artikel 451		
Artikel 452	Anhang XII, Teil 3, Nummer 1	
Artikel 453	Anhang XII, Teil 3, Nummer 2	
Artikel 454	Anhang XII, Teil 3, Nummer 3	
Artikel 455		
Artikel 456, Unterabsatz 1	Artikel 150 Absatz 1	Artikel 41
Artikel 456, Unterabsatz 2		
Artikel 457		
Artikel 458		
Artikel 459		
Artikel 460		
Artikel 461		
Artikel 462 Absatz 1	Artikel 151a	
Artikel 462 Absatz 2	Artikel 151a	
Artikel 462 Absatz 3	Artikel 151a	
Artikel 462 Absatz 4		
Artikel 462 Absatz 5		
Artikel 463		
Artikel 464		
Artikel 465		
Artikel 466		
Artikel 467		
Artikel 468		
Artikel 469		
Artikel 470		
Artikel 471		
Artikel 472		
Artikel 473		
Artikel 474		

→

Diese Verordnung	Richtlinie 2006/48/EG	Richtlinie 2006/49/EG
Artikel 475		
Artikel 476		
Artikel 477		
Artikel 478		
Artikel 479		
Artikel 480		
Artikel 481		
Artikel 482		
Artikel 484		
Artikel 485		
Artikel 486		
Artikel 487		
Artikel 488		
Artikel 489		
Artikel 490		
Artikel 491		
Artikel 492		
Artikel 493 Absatz 1		
Artikel 493 Absatz 2		
Artikel 494		
Artikel 495		
Artikel 496		
Artikel 497		
Artikel 498		
Artikel 499		
Artikel 500		
Artikel 501		
Artikel 502		
Artikel 503		
Artikel 504		
Artikel 505		
Artikel 506		
Artikel 507		
Artikel 508		
Artikel 509		
Artikel 510		
Artikel 511		
Artikel 512		
Artikel 513		
Artikel 514		

→

Diese Verordnung	Richtlinie 2006/48/EG	Richtlinie 2006/49/EG
Artikel 515		
Artikel 516		
Artikel 517		
Artikel 518		
Artikel 519		
Artikel 520		
Artikel 521		
Anhang I	Anhang II	
Anhang II	Anhang IV	
Anhang III		

Gesetz über das Kreditwesen (Kreditwesengesetz – KWG)

Vom 10. Juli 1961 (BGBl. I S. 881), in der Fassung der Bekanntmachung vom 9. September 1998 (BGBl. I S. 2776), zuletzt geändert durch Artikel 8 des Gesetzes vom 28. August 2013 (BGBl. I S. 3395) und Artikel 2 und 3 des Gesetzes vom 7. August 2013 (BGBl. I S. 3090)[1]

---

1 Red. Anm.: Der Wortlaut des Gesetzes gibt den Umsetzungsstand 31. Januar 2014 wieder.

Inhalt

Erster Abschnitt:
Allgemeine Vorschriften

1. Kreditinstitute, Finanzdienstleistungsinstitute, Finanzholding-Gesellschaften, gemischte Finanzholding-Gesellschaften und gemischte Unternehmen sowie Finanzunternehmen

Begriffsbestimmungen	§ 1
Geltung der Verordnung (EU) Nr. 575/2013 für Kredit- und Finanzdienstleistungsinstitute	§ 1a
(weggefallen)	§ 1b
Ausnahmen	§ 2
Ausnahmen für gruppenangehörige Institute und Institute, die institutsbezogenen Sicherungssystemen angehören	§ 2a
Rechtsform	§ 2b
Inhaber bedeutender Beteiligungen	§ 2c
Leitungsorgane von Finanzholding-Gesellschaften und gemischten Finanzholding-Gesellschaften	§ 2d
Ausnahmen für gemischte Finanzholding-Gesellschaften	§ 2e
Verbotene Geschäfte	§ 3
Entscheidung der Bundesanstalt für Finanzdienstleistungsaufsicht	§ 4

2. Bundesanstalt für Finanzdienstleistungsaufsicht

(weggefallen)	§ 5
Aufgaben	§ 6
Besondere Aufgaben	§ 6a
Aufsichtliche Überprüfung und Beurteilung	§ 6b
Zusammenarbeit mit der Deutschen Bundesbank	§ 7
Zusammenarbeit mit der Europäischen Kommission	§ 7a
Zusammenarbeit mit der Europäischen Bankenaufsichtsbehörde, der Europäischen Wertpapier- und Marktaufsichtsbehörde und der Europäischen Aufsichtsbehörde für das Versicherungswesen und die betriebliche Altersversorgung	§ 7b
Zusammenarbeit mit dem Europäischen Bankenausschuss	§ 7c
Zusammenarbeit mit dem Europäischen Ausschuss für Systemrisiken	§ 7d
Zusammenarbeit mit anderen Stellen	§ 8
Besondere Aufgaben bei der Aufsicht auf zusammengefasster Basis	§ 8a
(weggefallen)	§ 8b
Übertragung der Zuständigkeit für die Aufsicht über Institutsgruppen, Finanzholding-Gruppen, gemischte Finanzholding-Gruppen und gruppenangehörige Institute	§ 8c
(weggefallen)	§ 8d
Aufsichtskollegien	§ 8e
Zusammenarbeit bei der Aufsicht über bedeutende Zweigniederlassungen	§ 8f
Verschwiegenheitspflicht	§ 9

Zweiter Abschnitt:
Vorschriften für Institute, Institutsgruppen, Finanzholding-Gruppen, gemischte Finanzholding-Gruppen und gemischte Unternehmen

1. Eigenmittel und Liquidität

Ergänzende Anforderungen an die Eigenmittelausstattung von Instituten, Institutsgruppen, Finanzholding-Gruppen und gemischten Finanzholding-Gruppen; Verordnungsermächtigung	§ 10
Ermittlung der Eigenmittelausstattung von Institutsgruppen, Finanzholding-Gruppen und gemischten Finanzholding-Gruppen; Verordnungsermächtigung	§ 10a
(weggefallen)	§ 10b
Kapitalerhaltungspuffer	§ 10c
Antizyklischer Kapitalpuffer	§ 10d
Kapitalpuffer für systemische Risiken	§ 10e
Kapitalpuffer für global systemrelevante Institute	§ 10f
Kapitalpuffer für anderweitig systemrelevante Institute	§ 10g
Zusammenwirken der Kapitalpuffer für systemische Risiken, für global systemrelevante Institute und für anderweitig systemrelevante Institute	§ 10h
Kombinierte Kapitalpuffer-Anforderung	§ 10i
Liquidität	§ 11
(weggefallen)	§ 12
Begründung von Unternehmensbeziehungen	§ 12a

2. Kreditgeschäft

Großkredite; Verordnungsermächtigung	§ 13
(weggefallen)	§ 13a
(weggefallen)	§ 13b
Gruppeninterne Transaktionen mit gemischten Unternehmen	§ 13c
(weggefallen)	§ 13d
Millionenkredite	§ 14
Organkredite	§ 15
(weggefallen)	§ 16
Haftungsbestimmung	§ 17
Kreditunterlagen	§ 18
(weggefallen)	§ 18a
(weggefallen)	§ 18b
Begriff des Kredits für § 14 und des Kreditnehmers für die §§ 14, 15 und 18 Absatz 1	§ 19
Ausnahmen von den Verpflichtungen nach § 14	§ 20
(weggefallen)	§ 20a
(weggefallen)	§ 20b
(weggefallen)	§ 20c
Begriff des Kredits für die §§ 15 bis 18 Absatz 1	§ 21
Verordnungsermächtigung für Millionenkredite	§ 22

2a. Refinanzierungsregister

Registerführendes Unternehmen	§ 22a
Führung des Refinanzierungsregisters für Dritte	§ 22b
Refinanzierungsmittler	§ 22c
Refinanzierungsregister	§ 22d
Bestellung des Verwalters	§ 22e
Verhältnis des Verwalters zur Bundesanstalt	§ 22f

Aufgaben des Verwalters	§ 22 g
Verhältnis des Verwalters zum registerführenden Unternehmen und zum Refinanzierungsunternehmen	§ 22 h
Vergütung des Verwalters	§ 22 i
Wirkungen der Eintragung in das Refinanzierungsregister	§ 22 j
Beendigung und Übertragung der Registerführung	§ 22 k
Bestellung des Sachwalters bei Eröffnung des Insolvenzverfahrens	§ 22 l
Bekanntmachung der Bestellung des Sachwalters	§ 22 m
Rechtsstellung des Sachwalters	§ 22 n
Bestellung des Sachwalters bei Insolvenzgefahr	§ 22 o

3. Kundenrechte

(weggefallen)	§ 22 p

4. Werbung und Hinweispflichten der Institute

Werbung	§ 23
Sicherungseinrichtung	§ 23 a

5. Besondere Pflichten der Institute, ihrer Geschäftsleiter sowie der Finanzholding-Gesellschaften, der gemischten Finanzholding-Gesellschaften und der gemischten Unternehmen

Anzeigen	§ 24
Errichtung einer Zweigniederlassung und Erbringung grenzüberschreitender Dienstleistungen in anderen Staaten des Europäischen Wirtschaftsraums	§ 24 a
Teilnahme an Zahlungs- sowie Wertpapierliefer- und -abrechnungssystemen sowie interoperablen Systemen	§ 24 b
Automatisierter Abruf von Kontoinformationen	§ 24 c
Finanzinformationen, Informationen zur Risikotragfähigkeit; Verordnungsermächtigung	§ 25
Besondere organisatorische Pflichten; Verordnungsermächtigung	§ 25 a
Auslagerung von Aktivitäten und Prozessen	§ 25 b
Geschäftsleiter	§ 25 c
Verwaltungs- oder Aufsichtsorgan	§ 25 d
Anforderungen bei vertraglich gebundenen Vermittlern	§ 25 e
Besondere Anforderungen an die ordnungsgemäße Geschäftsorganisation von CRR-Kreditinstituten sowie von Institutsgruppen, Finanzholding-Gruppen, gemischten Finanzholding-Gruppen und Finanzkonglomeraten, denen ein CRR-Kreditinstitut angehört; Verordnungsermächtigung	§ 25 f

5 a. Bargeldloser Zahlungsverkehr; Verhinderung von Geldwäsche, Terrorismusfinanzierung und sonstigen strafbaren Handlungen zu Lasten der Institute

Einhaltung der besonderen organisatorischen Pflichten im bargeldlosen Zahlungsverkehr	§ 25 g
Interne Sicherungsmaßnahmen	§ 25 h
Vereinfachte Sorgfaltspflichten	§ 25 i
Vereinfachungen bei der Durchführung der Identifizierung	§ 25 j
Verstärkte Sorgfaltspflichten	§ 25 k
Gruppenweite Einhaltung von Sorgfaltspflichten	§ 25 l
Verbotene Geschäfte	§ 25 m
Sorgfalts- und Organisationspflichten beim E-Geld-Geschäft	§ 25 n

5b. Vorlage von Rechnungslegungsunterlagen

Vorlage von Jahresabschluß, Lagebericht und Prüfungsberichten . . . . § 26

5c. Offenlegung

Offenlegung durch die Institute . . . . § 26a

6. Prüfung und Prüferbestellung

(weggefallen) . . . . § 27
Bestellung des Prüfers in besonderen Fällen . . . . § 28
Besondere Pflichten des Prüfers . . . . § 29
Bestimmung von Prüfungsinhalten . . . . § 30

7. Befreiungen

Befreiungen; Verordnungsermächtigung . . . . § 31

Dritter Abschnitt:
Vorschriften über die Beaufsichtigung der Institute

1. Zulassung zum Geschäftsbetrieb

Erlaubnis . . . . § 32
Versagung der Erlaubnis . . . . § 33
Aussetzung oder Beschränkung der Erlaubnis bei Unternehmen mit Sitz
außerhalb der Europäischen Union . . . . § 33a
Anhörung der zuständigen Stellen eines anderen Staates des Europäischen
Wirtschaftsraums. . . . . § 33b
Stellvertretung und Fortführung bei Todesfall . . . . § 34
Erlöschen und Aufhebung der Erlaubnis . . . . § 35
Abberufung von Geschäftsleitern und von Mitgliedern des Verwaltungs-
oder Aufsichtsorgans . . . . § 36
Einschreiten gegen unerlaubte oder verbotene Geschäfte . . . . § 37
Folgen der Aufhebung und des Erlöschens der Erlaubnis,
Maßnahmen bei der Abwicklung. . . . . § 38

2. Bezeichnungsschutz

Bezeichnungen »Bank« und »Bankier« . . . . § 39
Bezeichnung »Sparkasse« . . . . § 40
Ausnahmen . . . . § 41
Entscheidung der Bundesanstalt. . . . . § 42
Registervorschriften . . . . § 43

3. Auskünfte und Prüfungen

Auskünfte und Prüfungen von Instituten, Anbietern von Nebendienst-
leistungen, Finanzholding-Gesellschaften, gemischten Finanzholding-Gesell-
schaften und von in die Aufsicht auf zusammengefasster Basis einbezogenen
Unternehmen . . . . § 44
Grenzüberschreitende Auskünfte und Prüfungen . . . . § 44a
Auskünfte und Prüfungen bei Inhabern bedeutender Beteiligungen . . . . § 44b
Verfolgung unerlaubter Bankgeschäfte und Finanzdienstleistungen . . . . . § 44c

4. Maßnahmen in besonderen Fällen

Maßnahmen zur Verbesserung der Eigenmittelausstattung und
der Liquidität . . . . § 45
Maßnahmen gegenüber Finanzholding-Gesellschaften und gemischten
Finanzholding-Gesellschaften. . . . . § 45a
Maßnahmen bei organisatorischen Mängeln . . . . § 45b
Sonderbeauftragter . . . . § 45c
Maßnahmen bei Gefahr. . . . . § 46
(weggefallen). . . . . § 46a
Insolvenzantrag. . . . . § 46b
Insolvenzrechtliche Fristen und Haftungsfragen . . . . § 46c
Unterrichtung der anderen Staaten des Europäischen Wirtschaftsraums
über Sanierungsmaßnahmen. . . . . § 46d
Insolvenzverfahren in den Staaten des Europäischen Wirtschaftsraums . . . . § 46e
Unterrichtung der Gläubiger im Insolvenzverfahren. . . . . § 46f
Moratorium, Einstellung des Bank- und Börsenverkehrs . . . . § 46g
Wiederaufnahme des Bank- und Börsenverkehrs . . . . § 46h

Unterabschnitt 4a.
Maßnahmen zur Vorbereitung und Durchführung der Sanierung und
Abwicklung

Sanierungsplan und Abwicklungsplanung bei potentiell systemgefährdenden
Kreditinstituten und Finanzgruppen . . . . § 47
Ausgestaltung von Sanierungsplänen . . . . § 47a
Maßnahmen bei Mängeln von Sanierungsplänen . . . . § 47b
Abwicklungseinheit . . . . § 47c
Bewertung der Abwicklungsfähigkeit. . . . . § 47d
Befugnisse zur Beseitigung von Hindernissen der Abwicklungsfähigkeit. . . . § 47e
Erstellung eines Abwicklungsplans . . . . § 47f
Gruppenabwicklungspläne. . . . . § 47g
Mitwirkungspflichten; Verordnungsermächtigung . . . . § 47h
Vertraulichkeit und Informationsaustausch . . . . § 47i
Rechtsschutz. . . . . § 47j
(weggefallen). . . . . § 48

4b. Maßnahmen gegenüber Kreditinstituten bei Gefahren für die Stabilität
des Finanzsystems

Übertragungsanordnung. . . . . § 48a
Bestands- und Systemgefährdung . . . . § 48b
Fristsetzung; Erlass der Übertragungsanordnung. . . . . § 48c
Gegenleistung; Ausgleichsverbindlichkeit. . . . . § 48d
Inhalt der Übertragungsanordnung. . . . . § 48e
Durchführung der Ausgliederung . . . . § 48f
Wirksamwerden und Wirkungen der Ausgliederung. . . . . § 48g
Haftung des Kreditinstituts; Insolvenzfestigkeit der Ausgliederung . . . . § 48h
Gegenstände, die ausländischem Recht unterliegen . . . . § 48i
Partielle Rückübertragung. . . . . § 48j
Partielle Übertragung. . . . . § 48k
Maßnahmen bei dem Kreditinstitut. . . . . § 48l
Maßnahmen bei dem übernehmenden Rechtsträger . . . . § 48m
Unterrichtung. . . . . § 48n
Maßnahmen bei übergeordneten Unternehmen von Institutsgruppen . . . . . § 48o

Maßnahmen bei Finanzholding-Gruppen und gemischten Finanzholding-
Gruppen... § 48 p
Maßnahmen bei Finanzkonglomeraten .... § 48 q
Rechtsschutz... § 48 r
Beschränkung der Vollzugsfolgenbeseitigung; Entschädigung .... § 48 s
Maßnahmen zur Begrenzung makroprudenzieller oder systemischer
Risiken .... § 48 t

5. Vollziehbarkeit, Zwangsmittel, Umlage und Kosten

Sofortige Vollziehbarkeit..................................... § 49
(weggefallen)... § 50
Umlage und Kosten .... § 51

Vierter Abschnitt:
Besondere Vorschriften für Wohnungsunternehmen mit Spareinrichtung

Anforderungen an die Eigenkapitalausstattung für Wohnungsunternehmen
mit Spareinrichtung... § 51 a
Anforderungen an die Liquidität für Wohnungsunternehmen mit Spareinrichtung.. § 51 b
Sonstige Sondervorschriften für Wohnungsunternehmen mit Spareinrichtung.. § 51 c

Fünfter Abschnitt:
Sondervorschriften

Sonderaufsicht .... § 52
Verjährung von Ansprüchen gegen Organmitglieder von Kreditinstituten... § 52 a
Zweigstellen von Unternehmen mit Sitz im Ausland................. § 53
Repräsentanzen von Instituten mit Sitz im Ausland .... § 53 a
Unternehmen mit Sitz in einem anderen Staat des Europäischen
Wirtschaftsraums... § 53 b
Unternehmen mit Sitz in einem Drittstaat .... § 53 c
Mutterunternehmen mit Sitz in einem Drittstaat .... § 53 d

Sechster Abschnitt:
Sondervorschriften für zentrale Gegenparteien

Inhaber bedeutender Beteiligungen............................. § 53 e
Aufsichtskollegien .... § 53 f
Finanzmittelausstattung von zentralen Gegenparteien .... § 53 g
Liquidität.. § 53 h
Gewährung des Zugangs nach den Artikeln 7 und 8 der Verordnung (EU)
Nr. 648/2012 .... § 53 i
Anzeigen; Verordnungsermächtigung .... § 53 j
Auslagerung von Aktivitäten und Prozessen .... § 53 k
Anordnungsbefugnis; Maßnahmen bei organisatorischen Mängeln .... § 53 l
Inhalt des Zulassungsantrags.................................. § 53 m
Maßnahmen zur Verbesserung der Finanzmittel und der Liquidität
einer nach der Verordnung (EU) Nr. 648/2012 zugelassenen zentralen
Gegenpartei .... § 53 n

Siebenter Abschnitt:
Strafvorschriften, Bußgeldvorschriften

Verbotene Geschäfte, Handeln ohne Erlaubnis. . . . . § 54
Strafvorschriften . . . . § 54a
Verletzung der Pflicht zur Anzeige der Zahlungsunfähigkeit oder
der Überschuldung . . . . § 55
Unbefugte Verwertung von Angaben über Millionenkredite . . . . § 55a
Unbefugte Offenbarung von Angaben über Millionenkredite . . . . § 55b
Bußgeldvorschriften. . . . . § 56
(weggefallen). . . . . §§ 57, 58
Geldbußen gegen Unternehmen . . . . § 59
Zuständige Verwaltungsbehörde. . . . . § 60
Beteiligung der Bundesanstalt und Mitteilungen in Strafsachen . . . . § 60a
Bekanntmachung von Maßnahmen. . . . . § 60b

Achter Abschnitt:
Übergangs- und Schlußvorschriften

Erlaubnis für bestehende Kreditinstitute . . . . § 61
Überleitungsbestimmungen. . . . . § 62
(Aufhebung und Änderung von Rechtsvorschriften) . . . . § 63
Sondervorschriften für das in Artikel 3 des Einigungsvertrages genannte
Gebiet. . . . . § 63a
Nachfolgeunternehmen der Deutschen Bundespost . . . . § 64
(weggefallen). . . . . § 64a
(weggefallen). . . . . § 64b
(weggefallen). . . . . § 64c
(weggefallen). . . . . § 64d
Übergangsvorschriften zum Sechsten Gesetz zur Änderung des Gesetzes
über das Kreditwesen. . . . . § 64e
Übergangsvorschriften zum Vierten Finanzmarktförderungsgesetz . . . . . . § 64f
Übergangsvorschriften zum Finanzkonglomeraterichtlinie-Umsetzungs-
gesetz . . . . § 64g
Übergangsvorschriften zum Gesetz zur Umsetzung der neu gefassten
Bankenrichtlinie und der neu gefassten Kapitaladäquanzrichtlinie . . . . § 64h
Übergangsvorschriften zum Finanzmarktrichtlinie-Umsetzungsgesetz . . . . § 64i
Übergangsvorschriften zum Jahressteuergesetz 2009 . . . . § 64j
Übergangsvorschrift zum Gesetz zur Umsetzung der Beteiligungsrichtlinie . . § 64k
Übergangsvorschrift zur Erlaubnis für die Anlageverwaltung . . . . § 64l
(weggefallen). . . . . § 64m
Übergangsvorschrift zum Gesetz zur Novellierung des Finanzvermittler-
und Vermögensanlagenrechts . . . . § 64n
Übergangsvorschriften zum EMIR-Ausführungsgesetz . . . . § 64o
Übergangsvorschrift zum Hochfrequenzhandelsgesetz . . . . § 64p
Übergangsvorschrift zum AIFM-Umsetzungsgesetz . . . . § 64q
Übergangsvorschriften zum CRD IV-Umsetzungsgesetz . . . . § 64r
Übergangsvorschrift zum Gesetz zur Abschirmung von Risiken und zur
Planung der Sanierung und Abwicklung von Kreditinstituten. . . . . § 64s
(Inkrafttreten). . . . . § 65

Erster Abschnitt:
Allgemeine Vorschriften

1. Kreditinstitute, Finanzdienstleistungsinstitute, Finanzholding-Gesellschaften, gemischte Finanzholding-Gesellschaften und gemischte Unternehmen sowie Finanzunternehmen

§ 1 Begriffsbestimmungen

(1) Kreditinstitute sind Unternehmen, die Bankgeschäfte gewerbsmäßig oder in einem Umfang betreiben, der einen in kaufmännischer Weise eingerichteten Geschäftsbetrieb erfordert. Bankgeschäfte sind
1. die Annahme fremder Gelder als Einlagen oder anderer unbedingt rückzahlbarer Gelder des Publikums, sofern der Rückzahlungsanspruch nicht in Inhaber- oder Orderschuldverschreibungen verbrieft wird, ohne Rücksicht darauf, ob Zinsen vergütet werden (Einlagengeschäft),
1a. die in § 1 Abs. 1 Satz 2 des Pfandbriefgesetzes bezeichneten Geschäfte (Pfandbriefgeschäft),
2. die Gewährung von Gelddarlehen und Akzeptkrediten (Kreditgeschäft),
3. der Ankauf von Wechseln und Schecks (Diskontgeschäft),
4. die Anschaffung und die Veräußerung von Finanzinstrumenten im eigenen Namen für fremde Rechnung (Finanzkommissionsgeschäft),
5. die Verwahrung und die Verwaltung von Wertpapieren für andere (Depotgeschäft),
6. weggefallen
7. die Eingehung der Verpflichtung, zuvor veräußerte Darlehensforderungen vor Fälligkeit zurückzuerwerben,
8. die Übernahme von Bürgschaften, Garantien und sonstigen Gewährleistungen für andere (Garantiegeschäft),
9. die Durchführung des bargeldlosen Scheckeinzugs (Scheckeinzugsgeschäft), des Wechseleinzugs (Wechseleinzugsgeschäft) und die Ausgabe von Reiseschecks (Reisescheckgeschäft),
10. die Übernahme von Finanzinstrumenten für eigenes Risiko zur Plazierung oder die Übernahme gleichwertiger Garantien (Emissionsgeschäft),
11. weggefallen
12. die Tätigkeit als zentrale Gegenpartei im Sinne von Absatz 31.

(1a) Finanzdienstleistungsinstitute sind Unternehmen, die Finanzdienstleistungen für andere gewerbsmäßig oder in einem Umfang erbringen, der einen in kaufmännischer Weise eingerichteten Geschäftsbetrieb erfordert, und die keine Kreditinstitute sind. Finanzdienstleistungen sind
1. die Vermittlung von Geschäften über die Anschaffung und die Veräußerung von Finanzinstrumenten (Anlagevermittlung),
1a. die Abgabe von persönlichen Empfehlungen an Kunden oder deren Vertreter, die sich auf Geschäfte mit bestimmten Finanzinstrumenten beziehen, sofern die Empfehlung auf eine Prüfung der persönlichen Umstände des Anlegers gestützt oder als für ihn geeignet dargestellt wird und nicht ausschließlich über Informationsverbreitungskanäle oder für die Öffentlichkeit bekannt gegeben wird (Anlageberatung),
1b. der Betrieb eines multilateralen Systems, das die Interessen einer Vielzahl von Personen am Kauf und Verkauf von Finanzinstrumenten innerhalb des Systems und nach festgelegten Bestimmungen in einer Weise zusammenbringt, die zu

einem Vertrag über den Kauf dieser Finanzinstrumente führt (Betrieb eines multilateralen Handelssystems),
1c. das Platzieren von Finanzinstrumenten ohne feste Übernahmeverpflichtung (Platzierungsgeschäft),
2. die Anschaffung und die Veräußerung von Finanzinstrumenten im fremden Namen für fremde Rechnung (Abschlußvermittlung),
3. die Verwaltung einzelner in Finanzinstrumenten angelegter Vermögen für andere mit Entscheidungsspielraum (Finanzportfolioverwaltung),
4. das
   a) kontinuierliche Anbieten des Kaufs oder Verkaufs von Finanzinstrumenten an einem organisierten Markt oder in einem multilateralen Handelssystem zu selbst gestellten Preisen,
   b) häufige organisierte und systematische Betreiben von Handel für eigene Rechnung außerhalb eines organisierten Marktes oder eines multilateralen Handelssystems, indem ein für Dritte zugängliches System angeboten wird, um mit ihnen Geschäfte durchzuführen,
   c) Anschaffen oder Veräußern von Finanzinstrumenten für eigene Rechnung als Dienstleistung für andere oder
   d) Kaufen oder Verkaufen von Finanzinstrumenten für eigene Rechnung als unmittelbarer oder mittelbarer Teilnehmer eines inländischen organisierten Marktes oder multilateralen Handelssystems mittels einer hochfrequenten algorithmischen Handelstechnik, die gekennzeichnet ist durch die Nutzung von Infrastrukturen, die darauf abzielen, Latenzzeiten zu minimieren, durch die Entscheidung des Systems über die Einleitung, das Erzeugen, das Weiterleiten oder die Ausführung eines Auftrags ohne menschliche Intervention für einzelne Geschäfte oder Aufträge und durch ein hohes untertägiges Mitteilungsaufkommen in Form von Aufträgen, Quotes oder Stornierungen, auch ohne Dienstleistung für andere (Eigenhandel),
5. die Vermittlung von Einlagengeschäften mit Unternehmen mit Sitz außerhalb des Europäischen Wirtschaftsraums (Drittstaateneinlagenvermittlung),
6. weggefallen
7. der Handel mit Sorten (Sortengeschäft),
8. weggefallen
9. der laufende Ankauf von Forderungen auf der Grundlage von Rahmenverträgen mit oder ohne Rückgriff (Factoring),
10. der Abschluss von Finanzierungsleasingverträgen als Leasinggeber und die Verwaltung von Objektgesellschaften im Sinne des §2 Absatz 6 Satz 1 Nummer 17 außerhalb der Verwaltung eines Investmentvermögens im Sinne des § 1 Absatz 1 des Kapitalanlagegesetzbuchs (Finanzierungsleasing),
11. die Anschaffung und die Veräußerung von Finanzinstrumenten außerhalb der Verwaltung eines Investmentvermögens im Sinne des § 1 Absatz 1 des Kapitalanlagegesetzbuchs für eine Gemeinschaft von Anlegern, die natürliche Personen sind, mit Entscheidungsspielraum bei der Auswahl der Finanzinstrumente, sofern dies ein Schwerpunkt des angebotenen Produktes ist und zu dem Zweck erfolgt, dass diese Anleger an der Wertentwicklung der erworbenen Finanzinstrumente teilnehmen (Anlageverwaltung),
12. die Verwahrung und die Verwaltung von Wertpapieren ausschließlich für alternative Investmentfonds (AIF) im Sinne des § 1 Absatz 3 des Kapitalanlagegesetzbuchs (eingeschränktes Verwahrgeschäft).

Die Anschaffung und die Veräußerung von Finanzinstrumenten für eigene Rechnung, die nicht Eigenhandel im Sinne des § 1 Absatz 1a Satz 2 Nummer 4 ist (Eigengeschäft), gilt als Finanzdienstleistung, wenn das Eigengeschäft von einem Unternehmen betrieben wird, das

1. dieses Geschäft, ohne bereits aus anderem Grunde Institut zu sein, gewerbsmäßig oder in einem Umfang betreibt, der einen in kaufmännischer Weise eingerichteten Geschäftsbetrieb erfordert, und
2. einer Instituts-, einer Finanzholding- oder gemischten Finanzholding-Gruppe oder einem Finanzkonglomerat angehört, der oder dem ein CRR-Kreditinstitut angehört.

Ein Unternehmen, das als Finanzdienstleistung geltendes Eigengeschäft nach Satz 3 betreibt, gilt als Finanzdienstleistungsinstitut. Die Sätze 3 und 4 gelten nicht für Abwicklungsanstalten nach § 8a Absatz 1 Satz 1 des Finanzmarktstabilisierungsfondsgesetzes.

(1b) Institute im Sinne dieses Gesetzes sind Kreditinstitute und Finanzdienstleistungsinstitute.

(2) Geschäftsleiter im Sinne dieses Gesetzes sind diejenigen natürlichen Personen, die nach Gesetz, Satzung oder Gesellschaftsvertrag zur Führung der Geschäfte und zur Vertretung eines Instituts in der Rechtsform einer juristischen Person oder einer Personenhandelsgesellschaft berufen sind. In Ausnahmefällen kann die Bundesanstalt für Finanzdienstleistungsaufsicht (Bundesanstalt) auch eine andere mit der Führung der Geschäfte betraute und zur Vertretung ermächtigte Person widerruflich als Geschäftsleiter bezeichnen, wenn sie zuverlässig ist und die erforderliche fachliche Eignung hat; § 33 Abs. 2 ist anzuwenden.

(3) Finanzunternehmen sind Unternehmen, die keine Institute und keine Kapitalverwaltungsgesellschaften oder extern verwaltete Investmentgesellschaften sind und deren Haupttätigkeit darin besteht,
1. Beteiligungen zu erwerben und zu halten,
2. Geldforderungen entgeltlich zu erwerben,
3. Leasing-Objektgesellschaft im Sinne des § 2 Abs. 6 Satz 1 Nr. 17 zu sein,
4. weggefallen
5. mit Finanzinstrumenten für eigene Rechnung zu handeln,
6. andere bei der Anlage in Finanzinstrumenten zu beraten,
7. Unternehmen über die Kapitalstruktur, die industrielle Strategie und die damit verbundenen Fragen zu beraten sowie bei Zusammenschlüssen und Übernahmen von Unternehmen diese zu beraten und ihnen Dienstleistungen anzubieten oder
8. Darlehen zwischen Kreditinstituten zu vermitteln (Geldmaklergeschäfte).

Das Bundesministerium der Finanzen kann nach Anhörung der Deutschen Bundesbank durch Rechtsverordnung weitere Unternehmen als Finanzunternehmen bezeichnen, deren Haupttätigkeit in einer Tätigkeit besteht, um welche die Liste in Anhang I der Richtlinie 2013/36/EU des Europäischen Parlaments und des Rates vom 26. Juni 2013 über den Zugang zur Tätigkeit von Kreditinstituten und die Beaufsichtigung von Kreditinstituten und Wertpapierfirmen, zur Änderung der Richtlinie 2002/87/EG und zur Aufhebung der Richtlinien 2006/48/EG und 2006/49/EG (ABl. L 176 vom 27. 6. 2013, S. 338) erweitert wird.

(3a) weggefallen

(3b) weggefallen

(3c) weggefallen

(3d) CRR-Kreditinstitute im Sinne dieses Gesetzes sind Kreditinstitute im Sinne des Artikels 4 Absatz 1 Nummer 1 der Verordnung (EU) Nr. 575/2013 des Europäischen Parlaments und des Rates vom 26. Juni 2013 über Aufsichtsanforderungen an Kreditinstitute und Wertpapierfirmen und zur Änderung der Verordnung (EU) Nr. 646/2012 (ABl. L 176 vom 27. 6. 2013, S. 1). CRR-Wertpapierfirmen im Sinne dieses Gesetzes sind Wertpapierfirmen im Sinne des Artikels 4 Absatz 1 Nummer 2 der Verordnung (EU) Nr. 575/2013. CRR-Institute im Sinne dieses Gesetzes sind CRR-Kreditinstitute und CRR-Wertpapierfirmen. Wertpapierhandelsunternehmen sind Institute, die keine CRR-Kreditinstitute sind und die Bankgeschäfte im Sinne des Absatzes 1 Satz 2 Nr. 4 oder 10 betreiben oder Finanzdienstleistungen im Sinne des Absatzes 1a Satz 2 Nr. 1 bis 4 erbringen, es sei denn, die Bankgeschäfte oder Finanzdienstleistungen beschränken sich auf Devisen oder Rechnungseinheiten. Wertpapierhandelsbanken sind Kreditinstitute, die keine CRR-Kreditinstitute sind und die Bankgeschäfte im Sinne des Absatzes 1 Satz 2 Nr. 4 oder 10 betreiben oder Finanzdienstleistungen im Sinne des Absatzes 1a Satz 2 Nr. 1 bis 4 erbringen. E-Geld-Institute sind Unternehmen im Sinne des § 1a Absatz 1 Nummer 5 des Zahlungsdiensteaufsichtsgesetzes.

(3e) Wertpapier- oder Terminbörsen im Sinne dieses Gesetzes sind Wertpapier- oder Terminmärkte, die von den zuständigen staatlichen Stellen geregelt und überwacht werden, regelmäßig stattfinden und für das Publikum unmittelbar oder mittelbar zugänglich sind, einschließlich
1. ihrer Betreiber, wenn deren Haupttätigkeit im Betreiben von Wertpapier- oder Terminmärkten besteht, und
2. ihrer Systeme zur Sicherung der Erfüllung der Geschäfte an diesen Märkten (Clearingstellen), die von den zuständigen staatlichen Stellen geregelt und überwacht werden.

(4) Herkunftsstaat ist der Staat, in dem die Hauptniederlassung eines Instituts zugelassen ist.

(5) weggefallen

(5a) Der Europäische Wirtschaftsraum im Sinne dieses Gesetzes umfaßt die Mitgliedstaaten der Europäischen Union sowie die anderen Vertragsstaaten des Abkommens über den Europäischen Wirtschaftsraum. Drittstaaten im Sinne dieses Gesetzes sind alle anderen Staaten.

(5b) weggefallen

(6) weggefallen

(7) Schwesterunternehmen sind Unternehmen, die ein gemeinsames Mutterunternehmen haben.

(7a) weggefallen

(7b) weggefallen

(7c) weggefallen

(7d) weggefallen

(7e) weggefallen

(7f) weggefallen

(8) weggefallen

(9) Eine bedeutende Beteiligung im Sinne dieses Gesetzes ist eine qualifizierte Beteiligung gemäß Artikel 4 Absatz 1 Nummer 36 der Verordnung (EU) Nr. 575/2013 in der jeweils geltenden Fassung.

(10) weggefallen

(11) Finanzinstrumente im Sinne der Absätze 1 bis 3 und 17 sowie im Sinne des § 2 Absatz 1 und 6 sind
1. Aktien und andere Anteile an in- oder ausländischen juristischen Personen, Personengesellschaften und sonstigen Unternehmen, soweit sie Aktien vergleichbar sind, sowie Zertifikate, die Aktien oder Aktien vergleichbare Anteile vertreten,
2. Vermögensanlagen im Sinne des § 1 Absatz 2 des Vermögensanlagengesetzes mit Ausnahme von Anteilen an einer Genossenschaft im Sinne des § 1 des Genossenschaftsgesetzes,
3. Schuldtitel, insbesondere Genussscheine, Inhaberschuldverschreibungen, Orderschuldverschreibungen und diesen Schuldtiteln vergleichbare Rechte, die ihrer Art nach auf den Kapitalmärkten handelbar sind, mit Ausnahme von Zahlungsinstrumenten, sowie Zertifikate, die diese Schuldtitel vertreten,
4. sonstige Rechte, die zum Erwerb oder zur Veräußerung von Rechten nach den Nummern 1 und 3 berechtigen oder zu einer Barzahlung führen, die in Abhängigkeit von solchen Rechten, von Währungen, Zinssätzen oder anderen Erträgen, von Waren, Indices oder Messgrößen bestimmt wird,

5. Anteile an Investmentvermögen im Sinne des § 1 Absatz 1 des Kapitalanlagegesetzbuchs,
6. Geldmarktinstrumente,
7. Devisen oder Rechnungseinheiten sowie
8. Derivate.

Geldmarktinstrumente sind alle Gattungen von Forderungen, die üblicherweise auf dem Geldmarkt gehandelt werden, mit Ausnahme von Zahlungsinstrumenten. Derivate sind
1. als Kauf, Tausch oder anderweitig ausgestaltete Festgeschäfte oder Optionsgeschäfte, die zeitlich verzögert zu erfüllen sind und deren Wert sich unmittelbar oder mittelbar vom Preis oder Maß eines Basiswertes ableitet (Termingeschäfte) mit Bezug auf die folgenden Basiswerte:
   a) Wertpapiere oder Geldmarktinstrumente,
   b) Devisen oder Rechnungseinheiten,
   c) Zinssätze oder andere Erträge,
   d) Indices der Basiswerte des Buchstaben a, b oder c, andere Finanzindices oder Finanzmessgrößen oder
   e) Derivate;
2. Termingeschäfte mit Bezug auf Waren, Frachtsätze, Emissionsberechtigungen, Klima- oder andere physikalische Variablen, Inflationsraten oder andere volkswirtschaftliche Variablen oder sonstige Vermögenswerte, Indices oder Messwerte als Basiswerte, sofern sie
   a) durch Barausgleich zu erfüllen sind oder einer Vertragspartei das Recht geben, einen Barausgleich zu verlangen, ohne dass dieses Recht durch Ausfall oder ein anderes Beendigungsereignis begründet ist,
   b) auf einem organisierten Markt oder in einem multilateralen Handelssystem geschlossen werden oder
   c) nach Maßgabe des Artikels 38 Abs. 1 der Verordnung (EG) Nr. 1287/2006 der Kommission vom 10. August 2006 zur Durchführung der Richtlinie 2004/39/EG des Europäischen Parlaments und des Rates betreffend die Aufzeichnungspflichten für Wertpapierfirmen, die Meldung von Geschäften, die Markttransparenz, die Zulassung von Finanzinstrumenten zum Handel und bestimmte Begriffe im Sinne dieser Richtlinie (ABl. EU Nr. L 241 S. 1) Merkmale anderer Derivate aufweisen und nicht kommerziellen Zwecken dienen und nicht die Voraussetzungen des Artikels 38 Abs. 4 dieser Verordnung gegeben sind,
   und sofern sie keine Kassageschäfte im Sinne des Artikels 38 Abs. 2 der Verordnung (EG) Nr. 1287/2006 sind;
3. finanzielle Differenzgeschäfte;
4. als Kauf, Tausch oder anderweitig ausgestaltete Festgeschäfte oder Optionsgeschäfte, die zeitlich verzögert zu erfüllen sind und dem Transfer von Kreditrisiken dienen (Kreditderivate);
5. Termingeschäfte mit Bezug auf die in Artikel 39 der Verordnung (EG) Nr. 1287/2006 genannten Basiswerte, sofern sie die Bedingungen der Nummer 2 erfüllen.

(12) weggefallen
(13) weggefallen
(14) weggefallen
(15) weggefallen
(16) Ein System im Sinne von § 24b ist eine schriftliche Vereinbarung nach Artikel 2 Buchstabe a der Richtlinie 98/26/EG des Europäischen Parlaments und des Rates vom 19. Mai 1998 über die Wirksamkeit von Abrechnungen in Zahlungs- sowie Wertpapierliefer- und -abrechnungssystemen (ABl. L 166 vom 11.6.1998, S. 45), die durch die Richtlinie 2009/44/EG (ABl. L 146 vom 10.6.2009, S. 37) geändert worden ist, einschließlich der Vereinbarung zwischen einem Teilnehmer und einem indirekt

teilnehmenden Kreditinstitut, die von der Deutschen Bundesbank oder der zuständigen Stelle eines anderen Mitgliedstaats oder Vertragsstaats des Europäischen Wirtschaftsraums der Europäischen Wertpapier- und Marktaufsichtsbehörde gemeldet wurde. Systeme aus Drittstaaten stehen den in Satz 1 genannten Systemen gleich, sofern sie im Wesentlichen den in Artikel 2 Buchstabe a der Richtlinie 98/26/EG angeführten Voraussetzungen entsprechen. System im Sinne des Satzes 1 ist auch ein System, dessen Betreiber eine Vereinbarung mit dem Betreiber eines anderen Systems oder den Betreibern anderer Systeme geschlossen hat, die eine Ausführung von Zahlungs- oder Übertragungsaufträgen zwischen den betroffenen Systemen zum Gegenstand hat (interoperables System); auch die anderen an der Vereinbarung beteiligten Systeme sind interoperable Systeme.

(16a) Systembetreiber im Sinne dieses Gesetzes ist derjenige, der für den Betrieb des Systems rechtlich verantwortlich ist.

(16b) Der Geschäftstag eines Systems umfasst Tag- und Nachtabrechnungen und beinhaltet alle Ereignisse innerhalb des üblichen Geschäftszyklus eines Systems.

(17) Finanzsicherheiten im Sinne dieses Gesetzes sind Barguthaben, Geldbeträge, Wertpapiere, Geldmarktinstrumente sowie Kreditforderungen im Sinne des Artikels 2 Absatz 1 Buchstabe o der Richtlinie 2002/47/EG des Europäischen Parlaments und des Rates vom 6. Juni 2002 über Finanzsicherheiten (ABl. L 168 vom 27. 6. 2002, S. 43), die durch die Richtlinie 2009/44/EG (ABl. L 146 vom 10. 6. 2009, S. 37) geändert worden ist, und Geldforderungen aus einer Vereinbarung, auf Grund derer ein Versicherungsunternehmen im Sinne des § 1 Absatz 1 des Versicherungsaufsichtsgesetzes einen Kredit in Form eines Darlehens gewährt hat, jeweils einschließlich jeglicher damit in Zusammenhang stehender Rechte oder Ansprüche, die als Sicherheit in Form eines beschränkten dinglichen Sicherungsrechts oder im Wege der Überweisung oder Vollrechtsübertragung auf Grund einer Vereinbarung zwischen einem Sicherungsnehmer und einem Sicherungsgeber, die einer der in Artikel 1 Abs. 2 Buchstabe a bis e der Richtlinie 2002/47/EG, die durch die Richtlinie 2009/44/EG geändert worden ist, aufgeführten Kategorien angehören, bereitgestellt werden; bei von Versicherungsunternehmen gewährten Kreditforderungen gilt dies nur, wenn der Sicherungsgeber seinen Sitz im Inland hat. Gehört der Sicherungsgeber zu den in Artikel 1 Abs. 2 Buchstabe e der Richtlinie 2002/47/EG genannten Personen oder Gesellschaften, so liegt eine Finanzsicherheit nur vor, wenn die Sicherheit der Besicherung von Verbindlichkeiten aus Verträgen oder aus der Vermittlung von Verträgen über
a) die Anschaffung und die Veräußerung von Finanzinstrumenten,
b) Pensions-, Darlehens- sowie vergleichbare Geschäfte auf Finanzinstrumente oder
c) Darlehen zur Finanzierung des Erwerbs von Finanzinstrumenten
dient. Gehört der Sicherungsgeber zu den in Artikel 1 Abs. 2 Buchstabe e der Richtlinie 2002/47/EG genannten Personen oder Gesellschaften, so sind eigene Anteile des Sicherungsgebers oder Anteile an verbundenen Unternehmen im Sinne von § 290 Abs. 2 des Handelsgesetzbuches keine Finanzsicherheiten; maßgebend ist der Zeitpunkt der Bestellung der Sicherheit. Sicherungsgeber aus Drittstaaten stehen den in Satz 1 genannten Sicherungsgebern gleich, sofern sie im Wesentlichen den in Artikel 1 Abs. 2 Buchstabe a bis e aufgeführten Körperschaften, Finanzinstituten und Einrichtungen entsprechen.

(18) Branchenvorschriften im Sinne dieses Gesetzes sind die Rechtsvorschriften der Europäischen Union im Bereich der Finanzaufsicht, insbesondere die Richtlinien 73/239/EWG, 98/78/EG, 2004/39/EG, 2006/48/EG, 2006/49/EG und 2009/65/EG sowie Anhang V Teil A der Richtlinie 2002/83/EG, die darauf beruhenden inländischen Gesetze, insbesondere dieses Gesetz, das Versicherungsaufsichtsgesetz, das Wertpapierhandelsgesetz, das Investmentgesetz, das Pfandbriefgesetz, das Gesetz über Bausparkassen, das Geldwäschegesetz einschließlich der dazu ergangenen Rechtsverordnungen sowie der sonstigen im Bereich der Finanzaufsicht erlassenen Rechts- und Verwaltungsvorschriften.

(19) Finanzbranche im Sinne dieses Gesetzes sind folgende Branchen:
1. die Banken- und Wertpapierdienstleistungsbranche; dieser gehören Kreditinstitute im Sinne des Absatzes 1, Finanzdienstleistungsinstitute im Sinne des Absatzes 1a, Kapitalverwaltungsgesellschaften im Sinne des § 17 des Kapitalanlagegesetzbuchs, extern verwaltete Investmentgesellschaften im Sinne des § 1 Absatz 13 des Kapitalanlagegesetzbuchs, Finanzunternehmen im Sinne des Absatzes 3, Anbieter von Nebendienstleistungen im Sinne des Absatzes 3c oder entsprechende Unternehmen mit Sitz im Ausland sowie E-Geld-Institute im Sinne des § 1a Absatz 1 Nummer 5 des Zahlungsdiensteaufsichtsgesetzes sowie Zahlungsinstitute im Sinne des § 1 Abs. 1 Nr. 5 des Zahlungsdiensteaufsichtsgesetzes an;
2. die Versicherungsbranche; dieser gehören Erstversicherungsunternehmen im Sinne des § 104k Nr. 2 Buchstabe a des Versicherungsaufsichtsgesetzes, Rückversicherungsunternehmen im Sinne des § 104a Abs. 2 Nr. 3 des Versicherungsaufsichtsgesetzes, Versicherungs-Holdinggesellschaften im Sinne des § 104a Abs. 2 Nr. 4 des Versicherungsaufsichtsgesetzes oder entsprechende Unternehmen mit Sitz im Ausland an.

(20) Finanzkonglomerat ist eine Gruppe oder Untergruppe von Unternehmen im Sinne des § 1 Absatz 2 des Finanzkonglomerate-Aufsichtsgesetzes.
(21) weggefallen
(22) weggefallen
(23) weggefallen
(24) Refinanzierungsunternehmen sind Unternehmen, die Gegenstände oder Ansprüche auf deren Übertragung aus ihrem Geschäftsbetrieb an folgende Unternehmen zum Zwecke der eigenen Refinanzierung oder der Refinanzierung des Übertragungsberechtigten veräußern oder für diese treuhänderisch verwalten:
1. Zweckgesellschaften,
2. Refinanzierungsmittler,
3. Kreditinstitute mit Sitz in einem Staat des Europäischen Wirtschaftsraums,
4. Versicherungsunternehmen mit Sitz in einem Staat des Europäischen Wirtschaftsraums,
5. Pensionsfonds oder Pensionskassen im Sinne des Gesetzes zur Verbesserung der betrieblichen Altersversorgung (Betriebsrentengesetz) oder
6. eine in § 2 Absatz 1 Nummer 1, 2 oder 3a genannte Einrichtung.

Unschädlich ist, wenn die Refinanzierungsunternehmen daneben wirtschaftliche Risiken weitergeben, ohne dass damit ein Rechtsübergang einhergeht.
(25) Refinanzierungsmittler sind Kreditinstitute, die von Refinanzierungsunternehmen oder anderen Refinanzierungsmittlern Gegenstände aus dem Geschäftsbetrieb eines Refinanzierungsunternehmens oder Ansprüche auf deren Übertragung erwerben, um diese an Zweckgesellschaften oder Refinanzierungsmittler zu veräußern; unschädlich ist, wenn sie daneben wirtschaftliche Risiken weitergeben, ohne dass damit ein Rechtsübergang einhergeht.
(26) Zweckgesellschaften sind Unternehmen, deren wesentlicher Zweck darin besteht, durch Emission von Finanzinstrumenten oder auf sonstige Weise Gelder aufzunehmen oder andere vermögenswerte Vorteile zu erlangen, um von Refinanzierungsunternehmen oder Refinanzierungsmittlern Gegenstände aus dem Geschäftsbetrieb eines Refinanzierungsunternehmens oder Ansprüche auf deren Übertragung zu erwerben; unschädlich ist, wenn sie daneben wirtschaftliche Risiken übernehmen, ohne dass damit ein Rechtsübergang einhergeht.
(27) Interne Ansätze im Sinne dieses Gesetzes sind die Ansätze nach Artikel 143 Absatz 1, Artikel 221, 225 und 259 Absatz 3, Artikel 283, 312 Absatz 2 und Artikel 363 der Verordnung (EU) Nr. 575/2013 in der jeweils geltenden Fassung.
(28) Hartes Kernkapital im Sinne dieses Gesetzes ist das harte Kernkapital gemäß Artikel 26 der Verordnung (EU) Nr. 575/2013 in der jeweils geltenden Fassung.

(29) Wohnungsunternehmen mit Spareinrichtung im Sinne dieses Gesetzes sind Unternehmen in der Rechtsform der eingetragenen Genossenschaft,
1. die keine CRR-Institute oder Finanzdienstleistungsinstitute sind und keine Beteiligung an einem Institut oder Finanzunternehmen besitzen,
2. deren Unternehmensgegenstand überwiegend darin besteht, den eigenen Wohnungsbestand zu bewirtschaften,
3. die daneben als Bankgeschäft ausschließlich das Einlagengeschäft im Sinne des Absatzes 1 Satz 2 Nummer 1 betreiben, jedoch beschränkt auf
   a) die Entgegennahme von Spareinlagen,
   b) die Ausgabe von Namensschuldverschreibungen und
   c) die Begründung von Bankguthaben mit Zinsansammlung zu Zwecken des § 1 Absatz 1 des Altersvorsorgeverträge-Zertifizierungsgesetzes vom 26. Juni 2001 (BGBl. I S. 1310, 1322) in der jeweils geltenden Fassung, und
4. die kein Handelsbuch führen, es sei denn,
   a) der Anteil des Handelsbuchs überschreitet in der Regel nicht 5 Prozent der Gesamtsumme der bilanz- und außerbilanzmäßigen Geschäfte,
   b) die Gesamtsumme der einzelnen Positionen des Handelsbuchs überschreitet in der Regel nicht den Gegenwert von 15 Millionen Euro und
   c) der Anteil des Handelsbuchs überschreitet zu keiner Zeit 6 Prozent der Gesamtsumme der bilanz- und außerbilanzmäßigen Geschäfte und die Gesamtsumme aller Positionen des Handelsbuchs überschreitet zu keiner Zeit den Gegenwert von 20 Millionen Euro.

Spareinlagen im Sinne des Satzes 1 Nummer 3 Buchstabe a sind
1. unbefristete Gelder, die
   a) durch Ausfertigung einer Urkunde, insbesondere eines Sparbuchs, als Spareinlagen gekennzeichnet sind,
   b) nicht für den Zahlungsverkehr bestimmt sind,
   c) nicht von Kapitalgesellschaften, Genossenschaften, wirtschaftlichen Vereinen, Personenhandelsgesellschaften oder von Unternehmen mit Sitz im Ausland mit vergleichbarer Rechtsform angenommen werden, es sei denn, diese Unternehmen dienen gemeinnützigen, mildtätigen oder kirchlichen Zwecken oder bei den von diesen Unternehmen angenommenen Geldern handelt es sich um Sicherheiten gemäß § 551 des Bürgerlichen Gesetzbuchs, und
   d) eine Kündigungsfrist von mindestens drei Monaten aufweisen;
2. Einlagen, deren Sparbedingungen dem Kunden das Recht einräumen, über seine Einlagen mit einer Kündigungsfrist von drei Monaten bis zu einem bestimmten Betrag, der je Sparkonto und Kalendermonat 2000 Euro nicht überschreiten darf, ohne Kündigung zu verfügen;
3. Geldbeträge, die auf Grund von Vermögensbildungsgesetzen geleistet werden.

(30) Das Risiko einer übermäßigen Verschuldung im Sinne dieses Gesetzes ist das Risiko, das aus der Anfälligkeit eines Instituts auf Grund einer Verschuldung oder bedingten Verschuldung erwächst, die unvorhergesehene Korrekturen des Geschäftsplans erforderlich machen könnte, einschließlich einer durch eine Notlage erzwungenen Veräußerung von Bilanzaktiva, die zu Verlusten oder zu Bewertungsanpassungen für die verbleibenden Bilanzaktiva führen könnte.

(31) Eine zentrale Gegenpartei ist ein Unternehmen im Sinne des Artikels 2 Nummer 1 der Verordnung (EU) Nr. 648/2012 des Europäischen Parlaments und des Rates vom 4. Juli 2012 über OTC-Derivate, zentrale Gegenparteien und Transaktionsregister (ABl. L 201 vom 27. 7. 2012, S. 1) in der jeweils geltenden Fassung. Abweichend von Satz 1 gilt als eine zentrale Gegenpartei bezüglich der Beurteilung von Kontrahentenpositionen im Bereich der §§ 10 bis 22 ein Unternehmen, das bei Kaufverträgen innerhalb eines oder mehrerer Finanzmärkte zwischen den Käufer und den Verkäufer geschaltet wird, um als Vertragspartner für jeden der beiden zu dienen, und dessen

Forderungen aus Kontrahentenausfallrisiken gegenüber allen Teilnehmern an seinen Systemen auf Tagesbasis hinreichend besichert sind.

(32) Terrorismusfinanzierung im Sinne dieses Gesetzes ist
1. die Bereitstellung oder Sammlung finanzieller Mittel in Kenntnis dessen, dass sie ganz oder teilweise dazu verwendet werden oder verwendet werden sollen,
    a) eine Tat nach § 129a, auch in Verbindung mit § 129b des Strafgesetzbuchs, oder
    b) eine andere der in Artikel 1 bis 3 des Rahmenbeschlusses 2002/475/JI des Rates vom 13. Juni 2002 zur Terrorismusbekämpfung (ABl. EG Nr. L 164 S. 3) umschriebenen Straftaten
    zu begehen oder zu einer solchen Tat anzustiften oder Beihilfe zu leisten sowie
2. die Begehung einer Tat nach § 89a Abs. 1 in den Fällen des Abs. 2 Nr. 4 des Strafgesetzbuchs oder die Teilnahme an einer solchen Tat.

(33) Systemisches Risiko ist das Risiko einer Störung im Finanzsystem, die schwerwiegende negative Auswirkungen für das Finanzsystem und die Realwirtschaft haben kann.

(34) Modellrisiko ist der mögliche Verlust, den ein Institut als Folge von im Wesentlichen auf der Grundlage von Ergebnissen interner Modelle getroffenen Entscheidungen erleiden kann, die in der Entwicklung, Umsetzung oder Anwendung fehlerhaft sind.

(35) Im Übrigen gelten für die Zwecke dieses Gesetzes die Definitionen aus Artikel 4 Absatz 1 Nummer 5, 6, 8, 13 bis 18, 20 bis 22, 29 bis 31, 33, 35, 37, 38, 43, 44, 48, 51, 54, 57, 61, 67, 73, 74, 82 und 86 der Verordnung (EU) Nr. 575/2013.

Amtliche Begründung[1]

Durch das Gesetz sollen nur Bankbetriebe von einer gewissen Größe erfaßt werden, weil allein diese für den mit dem Gesetz verfolgten Zweck bedeutsam sind. Absatz 1 beschränkt deshalb den Begriff des Kreditinstituts auf Unternehmen, deren Geschäftsumfang eine kaufmännische Organisation erfordert. Eine bestimmte Rechtsform wird für Kreditinstitute nicht vorausgesetzt, so daß z.B. auch öffentliche Einrichtungen Kreditinstitute sein können. An die Eigenschaft als Kreditinstitut werden weitreichende Rechtsfolgen geknüpft. Der zugrundeliegende Begriff des Bankgeschäfts muß daher durch eine erschöpfende Aufzählung klar abgegrenzt werden. Da sich aber neue Arten der bankgeschäftlichen Betätigung herausbilden können, deren Überwachung geboten ist, ermächtigt Absatz 1 Satz 3 den Bundeswirtschaftsminister, solche Geschäfte durch Rechtsverordnung als Bankgeschäfte zu bezeichnen. Die Kreditinstitutseigenschaft setzt nicht voraus, daß die in Absatz 1 Satz 2 genannten Bankgeschäfte nebeneinander oder als alleiniger Geschäftszweig betrieben werden; der Betrieb auch nur einer Art dieser Geschäfte in dem genannten Umfang genügt ebenso wie der Betrieb von Bankgeschäften neben anderen Geschäftsarten.

Für die Einhaltung der den Kreditinstituten nach dem Gesetz auferlegten Verpflichtungen sind bei Einzelfirmen grundsätzlich die Inhaber, bei Kreditinstituten in anderen Rechtsformen die Geschäftsleiter verantwortlich. Absatz 2 Satz 1 legt für dieses Gesetz den Begriff des Geschäftsleiters fest. Aus Zweckmäßigkeitsgründen läßt der Entwurf zu, daß ausnahmsweise auch andere als die in Satz 1 genannten Personen, wenn sie entsprechende zivilrechtliche Befugnisse haben, als Geschäftsleiter anerkannt werden können, und erstreckt diese Möglichkeit auf Einzelfirmen. Die Anerkennung »gekorener« Geschäftsleiter ist auf Ausnahmefälle beschränkt, weil grundsätzlich nur diejenigen Personen für die Einhaltung dieses Gesetzes verantwortlich sein sollen, die auch die interne Verantwortung für die Geschäfte des Kreditinstituts

---

1 Zur Ursprungsfassung.

tragen. Ein Rechtsanspruch auf Anerkennung eines Geschäftsleiters besteht daher nicht. Ausnahmefälle liegen insbesondere dann vor, wenn der Inhaber oder der einzige Geschäftsleiter eines Kreditinstituts schwer erkrankt oder sonstwie längere Zeit verhindert ist. Die Anerkennung einer Person als Geschäftsleiter kann schon mit der Erlaubniserteilung verbunden werden. Von dieser Möglichkeit wird insbesondere dann Gebrauch gemacht werden, wenn der Inhaber eines Kreditinstituts stirbt und sein Erbe minderjährig oder in einem anderen Beruf tätig ist.

Amtliche Begründung[1]

Zu Nummer 2   (Überschrift)

Die Überschrift vor § 1 wird den Gesetzesänderungen entsprechend angepaßt.

Zu Nummer 3   (§ 1; Begriffsbestimmungen)

Zu Buchstabe a   (Absatz 1; Kreditinstitute)

aa) Satz 1 (Legaldefinition Kreditinstitute, Gewerbsmäßigkeit, objektiver Umfang)

Kreditinstitute sind nach bisherigem Recht Unternehmen, die Bankgeschäfte betreiben, wenn der Umfang dieser Geschäfte einen in kaufmännischer Weise eingerichteten Geschäftsbetrieb erfordert.

Die Neuregelung unterscheidet sich vom bestehenden Recht insoweit, als die Kreditinstitutseigenschaft nicht länger nur an den objektiven Umfang des Bankgeschäfts, sondern bereits an das gewerbsmäßige Betreiben anknüpft. Darüber hinaus wird der Katalog der erlaubnispflichtigen Bankgeschäfte um das Emissionsgeschäft, das Geldkartengeschäft und das Netzgeldgeschäft erweitert.

Der neue Satz 1 knüpft entsprechend der Vorgabe des Art. 1 Nr. 2 der Wertpapierdienstleistungsrichtlinie an das gewerbsmäßige Betreiben des Bankgeschäftes an. Künftig ist damit auch derjenige bereits Kreditinstitut, der Bankgeschäfte gewerbsmäßig betreibt, auch wenn der Umfang dieser Geschäfte objektiv keinen in kaufmännischer Weise eingerichteten Geschäftsbetrieb erfordert. Die Bankgeschäfte werden gewerbsmäßig betrieben, wenn der Betrieb auf eine gewisse Dauer angelegt ist und der Betreiber ihn mit der Absicht der Gewinnerzielung verfolgt.

Künftig sind damit auch diejenigen Unternehmen als Kreditinstitute zu qualifizieren, die kurzfristig rückzahlbare Gelder hereinnehmen, um sie dann im Namen des Einlegers bei anderen Kapitalnehmern zu plazieren, und die bisher nur durch die geringe Zahl der Geschäfte, die sie gleichzeitig tätigten, unterhalb der Schwelle des § 1 Abs. 1 Satz 1 geblieben sind.

bb) Satz 2 (Katalog der Bankgeschäfte)

Der Katalog der erlaubnispflichtigen Bankgeschäfte wird erweitert. In das Einlagengeschäft (Nr. 1) wird die Annahme anderer rückzahlbarer Gelder des Publikums einbezogen. Das Effektengeschäft (Nr. 4), die kommissionsweise Anschaffung und Veräußerung von Wertpapieren und Wertpapierderivaten, wird von dem strengen wertpapierbezogenen Ansatz gelöst; namentlich Warentermin-, Zinssatz- und andere Indexgeschäfte werden in den Regelungsbereich einbezogen. Ferner kommen drei neue Tatbestände hinzu: das sog. echte Underwriting, nämlich die Übernahme der Plazierung von Wertpapieren oder anderen qualifizierten Instrumenten auf eigenes Risiko oder die Abgabe gleichwertiger Garantien für den Plazierungserfolg (Emissions-

---

[1] Zum 6. KWG-Änderungsgesetz.

geschäft; Nr. 10), die Ausgabe von vorausbezahlten Karten zu Zahlungszwecken in dreiseitigen Systemen (Geldkartengeschäft; Nr. 11) und die Schaffung und Verwaltung von Zahlungseinheiten in Rechnernetzen (Netzgeldgeschäft; Nr. 12).

aaa) Einlagengeschäft (Nr. 1)

Die erweiterte Fassung des Einlagengeschäfts stellt nicht mehr allein auf den klassischen Einlagenbegriff ab. Sie schließt den alten Begriff ein und erweitert ihn um einen neuen Tatbestand: die Annahme anderer rückzahlbarer Gelder des Publikums. Die Erweiterung steht im Einklang mit der 1. und 2. Bankrechtskoordinierungsrichtlinie.

Das BAKred hat bisher das Einlagengeschäft bejaht, wenn von einer Vielzahl von Geldgebern auf der Grundlage typisierter Verträge darlehens- oder in ähnlicher Weise laufend Gelder entgegengenommen werden, die ihrer Art nach nicht banküblich besichert sind.

Für den neuen Auffangtatbestand ist jede Form von subjektiver Zwecksetzung, auch wenn sie auf dem übereinstimmenden Parteiwillen beruht, irrelevant. Es spielt künftig auch keine Rolle mehr, ob die Gelder des Publikums in der Absicht hereingenommen werden, durch Ausnutzung der Zinsspanne Gewinne zu erzielen.

Der zusätzliche Auffangtatbestand läßt sich auf drei Tatbestandsmerkmale zurückführen. Es müssen Gelder angenommen werden. Wertpapierdarlehen sind auf der Nehmerseite auch künftig nicht als Einlagengeschäft zu qualifizieren – wie sie auf der Geberseite nicht als Kreditgeschäft i. S. des § 1 Abs. 1 Satz 2 Nr. 2 einzustufen sind. Diese Regelung entspricht dem geltenden Recht.

Die Gelder müssen rückzahlbar sein. Der Rückzahlungsanspruch muß unbedingt sein. Vermögenseinlagen stiller Gesellschafter, bei denen die Verlustteilnahme abbedungen ist, sind rückzahlbare Gelder; ebenso partiarische Darlehen im engeren Sinne, selbst wenn sie nicht als Einlage zu qualifizieren ist, sofern nur der Zins, nicht auch die Rückzahlung des Darlehens durch den Erfolg des Unternehmens bedingt ist. Vermögenseinlagen stiller Gesellschafter, Genußrechte, die am laufenden Verlust des kapitalnehmenden Unternehmens sowie nachrangige Forderungen, die vereinbarungsgemäß im Falle der Liquidation des kapitalnehmenden Unternehmens hinter die anderen Forderungen gegen das Unternehmen zurücktreten, sind nur bedingt rückzahlbar und erfüllen diese Voraussetzung daher nicht.

Es muß sich um Gelder des Publikums handeln. Deshalb ist die Hereinnahme rückzahlbarer Gelder von verbundenen Unternehmen nicht als Einlagengeschäft anzusehen.

Die Ausgabe von Inhaber- oder Orderschuldverschreibungen ist auch künftig nicht als Einlagengeschäft anzusehen. Industrieunternehmen sollen sich auch künftig über die Ausgabe von Inhaber- oder Orderschuldverschreibungen direkt am Kapitalmarkt finanzieren können, ohne dadurch zu Kreditinstituten zu werden. Dem Kundenschutz wird durch das Wertpapierverkaufsprospektgesetz ausreichend Rechnung getragen. Den EG-rechtlichen Anforderungen, die bei der Definition des Einlagenkreditinstituts diese Einschränkung auf der Finanzierungsseite nicht vorsehen, wird dadurch Rechnung getragen, daß das gewerbsmäßige Betreiben des Kreditgeschäftes für sich genommen bereits ein Unternehmen als Kreditinstitut qualifiziert.

bbb) Finanzkommissionsgeschäft (Nr. 4)

Die Neufassung beruht auf Anhang Abschnitt A Nr. 1 Buchst. b der Wertpapierdienstleistungsrichtlinie.

Gemäß § 1 Abs. 1 Satz 2 Nr. 4 in der geltenden Fassung ist die Anschaffung und die Veräußerung von Wertpapieren und Wertpapierderivaten für andere Bankgeschäft. Die Beschränkung auf Wertpapiere und Wertpapierderivate entspricht nicht den EG-rechtlichen Anforderungen. Die Vorschrift definiert nunmehr allgemein die kommissionsweise Anschaffung oder Veräußerung von Finanzinstrumenten (§ 1 Abs. 11) als Bankgeschäft.

ccc) Emissionsgeschäft (Nr. 10)

Der neue Bankgeschäftstatbestand beruht auf Anhang Abschnitt A Nr. 4 der Wertpapierdienstleistungsrichtlinie.

Vom Finanzkommissionsgeschäft zu trennen ist das Emissionsgeschäft (Underwriting), das die Übernahme von Finanzinstrumenten für eigene Rechnung zur Plazierung oder die Übernahme gleichwertiger Garantien zum Gegenstand hat. Ein Bankgeschäft in diesem Sinne liegt bei dem sog. Übernahmekonsortium vor, bei dem mehrere Dienstleistungsunternehmen eine Emission zu einem festen Kurs in den eigenen Bestand übernehmen, dem Emittenten sofort den Gegenwert vergüten und die übernommenen Effekten anschließend im eigenen Namen und für eigene Rechnung plazieren. Das Übernahmekonsortium trägt das volle Absatzrisiko: nicht absetzbare Effekten müssen gegebenenfalls auf längere Frist oder auf Dauer in den Eigenbestand übernommen werden.

Kein Bankgeschäft im Sinne des § 1 Abs. 1 Satz 2 Nr. 10 liegt dagegen bei dem Begebungskonsortium vor, bei dem die Konsorten die Effekten im eigenen Namen, jedoch für Rechnung des Emittenten plazieren und als Vergütung eine Bonifikation erhalten. Da die Konsorten lediglich kommissionsweise tätig werden, tragen sie kein Absatzrisiko. Das Geschäft ist indessen Bankgeschäft im Sinne des § 1 Abs. 1 Satz 2 Nr. 4.

Kein Bankgeschäft liegt außerdem bei dem sog. Geschäftsbesorgungskonsortium vor, bei dem die Konsorten die Emission in offener Stellvertretung des Emittenten, also im Namen und für Rechnung des Emittenten gegen eine Bonifikation plazieren; das Geschäft ist Finanzdienstleistung im Sinne des § 1 Abs. 1a Satz 2 Nr. 2 (Abschlußvermittlung). Wenn sich die Konsorten jedoch verpflichten, nicht verkaufte Emissionen in den Eigenbestand zu übernehmen, also garantiemäßig für den Erfolg der Plazierung einzustehen haben, ist das Geschäft als Emissionsgeschäft im Sinne des § 1 Abs. 1 Satz 2 Nr. 10 einzustufen.

ddd) Geldkartengeschäft (Nr. 11)

Mit der Aufnahme des Geschäfts der Ausgabe vorausbezahlter Karten in den Katalog der Bankgeschäfte wird einer neuen Entwicklung auf dem Gebiet der Zahlungsinstrumente Rechnung getragen. Das Instrument der vorausbezahlten Karte eignet sich insbesondere dazu, Barzahlungen zu ersetzen. Sie werden daher auch als Geldkarten oder elektronische Geldbörsen bezeichnet.

Vorausbezahlte Karten sind mit einem Magnetstreifen oder einem elektronischen Chip ausgestattet, der die Speicherung entsprechender Geldbeträge als elektronische Werteinheiten ermöglicht. Der Karteninhaber zahlt dem Kartenemittenten den Gegenwert der auf der Karte zu speichernden Werteinheiten im voraus. Dies erfolgt entweder durch den Kauf der Wertkarte, auf der bereits ein bestimmter Geldbetrag gespeichert ist, oder durch Aufladung der Karte an einer Ladestation mit Bargeld oder durch Belastung des Bankkontos des Karteninhabers. Bei Bezahlung einer Leistung werden elektronische Einheiten entsprechend dem geschuldeten Geldbetrag in der Regel anonym von der Karte abgebucht, auf den dem Kartensystem angeschlossenen Leistungserbringer übertragen und von diesem beim Kartenemittenten eingezogen.

Die Erweiterung des Bankgeschäftskatalogs dient dem Schutz der Integrität des Zahlungsverkehrs. Um die Sicherheit und Funktionsfähigkeit des volkswirtschaftlich wichtigen bargeldlosen Zahlungsverkehrs zu gewährleisten, wurde dieser bereits als Girogeschäft in den Katalog der aufsichtsbedürftigen Bankgeschäfte des § 1 Abs. 1 Satz 2 einbezogen. Auch vorausbezahlte Karten können, bei weiter Verbreitung und entsprechender Verdrängung von Bargeld und Barzahlung, zu einer Gefährdung der Sicherheit des Zahlungsverkehrs führen. Der Ausfall eines bedeutenden Kartenemittenten oder die plötzliche Verweigerung der Annahme solcher Karten z.B. wegen massiver Fälschungen oder zahlreicher Falschbuchungen aufgrund von Systemfehlern könnte das Vertrauen in die Sicherheit dieses Zahlungsverkehrsinstruments erschüttern und zu Verwerfungen des Zahlungsverkehrs mit erheblichen nachteiligen

Folgen für die gesamte Volkswirtschaft führen. Bei hoher Verbreitung der Geldkarten und der sich daraus ergebenden erheblichen Bargeldsubstitution werden Handel- und Dienstleistungsunternehmen ihre Barzahlungsfazilitäten entsprechend einschränken und in Folge davon auch die Kreditinstitute ihre Bargeldbestände und Geldbearbeitungsfaszilitäten abbauen.

Sofern die Ausgabe der vorausbezahlten Karten nur durch Kreditinstitute erfolgt, die über einschlägige Erfahrungen und Sicherheitsstandards aus dem unbaren Zahlungsverkehr verfügen, ist die Wahrscheinlichkeit eines solchen Störfalls gering. Die aufsichtlich sichergestellte Liquidität und Bonität, verbunden mit dem Refinanzierungsrückhalt bei der Notenbank, versetzt die Kreditinstitute überdies eher in die Lage, die negativen Auswirkungen eines dennoch eintretenden Störfalls wirkungsvoller zu begrenzen, als dies einem Nichtbank-Emittenten möglich wäre.

Bei vorausbezahlten Karten ist zwischen zwei- und dreiseitigen Systemen zu unterscheiden. In einem zweiseitigen System fallen Kartenemittent und Leistungserbringer (Kartenakzeptant) in einer Person zusammen, der die Karteninhaber gegenüberstehen. In einem dreiseitigen System sind Kartenemittent und Leistungserbringer hingegen zwei voneinander getrennte Parteien, die mit den Karteninhabern in einem Dreiecksverhältnis stehen. Kartenemittenten erbringen in dreiseitigen Systemen Dienstleistungen sowohl für Leistungserbringer als auch für die Karteninhaber. Ein dreiseitiges System besteht auch dann, wenn zwei verschiedene Personen gemeinsam eine Karte herausgeben und beide als Leistungserbringer auftreten. Mit der Verwendung des Begriffs Leistungserbringer wird deutlich gemacht, daß als Geldkartenakzeptant stets der tatsächliche Leistungserbringer zu qualifizieren ist. Damit werden Umgehungsmöglichkeiten verhindert.

Die neu aufgenommene Bankgeschäftsdefinition der Ausgabe vorausbezahlter Karten umfaßt nur dreiseitige Systeme. Von einer Unterstellung der zweiseitigen Systeme unter die Bankenaufsicht wird abgesehen, da hier das Gefahrenpotential geringer ist. Die auf solchen Karten gespeicherten Beträge können als Anzahlung auf ein vom Emittent und Leistungserbringer später zu erwerbendes Gut oder eine später zu erbringende Dienst- oder Werkleistung angesehen werden. Bei einem Ausfall des Emittenten können andere Akzeptanzunternehmen nicht geschädigt werden. Die Karteninhaber werden aufgrund der beschränkten Verwendungsmöglichkeit nur die für die möglichen Zahlungszwecke erforderlichen Geldbeträge auf der Karte bereithalten. Damit sind die Verlustgefahren, die bei einem solchen System entstehen können, begrenzt, und es ist nicht zu befürchten, daß eine Beeinträchtigung des Vertrauens in die Funktionsfähigkeit und Sicherheit eines solchen Systems auf den Zahlungsverkehr insgesamt ausstrahlen wird.

Gegenüber den zweiseitigen Systemen ist das Gefahrenpotential bei dreiseitigen Systemen größer, da bei Ausfall eines Emittenten nicht nur die Karteninhaber, sondern auch die Akzeptanten einem hohen Verlustrisiko ausgesetzt sind. In dreiseitigen Systemen werden aufgrund der vielfältigen Verwendbarkeit und einer größeren Zahl von Karteninhabern in der Regel auch höhere Zahlungsvolumina anfallen. Dreiseitige Geldkartensysteme werden daher generell der Bankenaufsicht unterstellt, jedoch mit der Möglichkeit, kleinere Systeme von einzelnen bankaufsichtlichen Vorschriften freizustellen. Eine Freistellungsregelung ist in § 2 Abs. 5 enthalten.

Mit der Einbeziehung dreiseitiger Geldkartensysteme in den Katalog der Bankgeschäfte wird auch einer Empfehlung des Europäischen Währungsinstituts gefolgt. Danach sollen in den Mitgliedstaaten der Europäischen Union solche vorausbezahlten Karten nur von der Bankenaufsicht unterliegenden Kreditinstituten ausgegeben werden.

eee) Netzgeldgeschäft (Nr. 12)

Die Entwicklung neuer Zahlungsformen vollzieht sich in immer schnelleren Schritten. Um der Aufsicht die Möglichkeit zu geben, frühzeitig negativen Entwicklungen entgegenzutreten, die die Sicherheit und Funktionsfähigkeit des Zahlungsverkehrs gefährden können, ist es erforderlich, die Schaffung und Verwaltung elektronischer Zahlungseinheiten in Rechnernetzen unter Aufsicht zu stellen. Das Gefährdungspotential ist bei diesen elektronischen Zahlungseinheiten besonders groß, da sich Fälschungen nicht anhand von physisch vorliegenden Noten und Münzen nachweisen lassen und die Verbreitung in den Rechnernetzen keinen Beschränkungen unterliegt. Eine frühzeitige Beaufsichtigung der Schaffung und Verwaltung von Netzgeld als eine der Ausprägungen des elektronischen Geldes ist deshalb unerläßlich.

Bei Netzgeld handelt es sich wie bei dem Kartengeld um vorausbezahlte elektronische Zahlungseinheiten, die von einer Bank oder Nichtbank emittiert und als Zahlungsmittel anstelle von Bargeld oder Buchgeld verwendet werden können. Das Netzgeld wird dabei vom Benutzer auf PC-Festplatte gespeichert und einmalig oder auch mehrfach zur Abwicklung von Fernzahlungen durch Dialog zwischen den beteiligten Rechnern verwendet, wobei moderne kryptographische Verfahren vor Fälschungen oder Verfälschungen Schutz bieten sollen. Die Zahlungen werden in der Regel wie mit Bargeld anonym durchgeführt. Für den Zahlungsvorgang müssen weder Bargeld (Zentralbankgeld) noch Buchgeld bei Banken (Sichteinlagen) bewegt werden. Statt dessen werden die elektronischen Zahlungseinheiten, ohne daß bei ihrem Einsatz als Zahlungsmittel Bankkonten berührt werden, direkt von Speicher zu Speicher übertragen. Der unbare elektronische Zahlungsverkehr unter Einschaltung von Konten wird nur bei ihrer Beschaffung (Aufladen) und ggf. bei einem späteren Einzahlen auf Konto berührt. Die elektronischen Zahlungseinheiten sind daher in beiden Formen wie Bargeld vorausbezahlte Inhaberinstrumente. Zum Teil werden sie auch ausdrücklich als elektronische Noten oder Münzen bezeichnet. Werden die Netze verschiedener Betreiber miteinander verbunden, können Zahlungen nicht nur zwischen den Nutzern eines Netzes, sondern allen Nutzern der verbundenen Netze direkt abgewickelt werden.

Netzgeldsysteme eignen sich im Unterschied zu vorausbezahlten Karten insbesondere dazu, im nationalen und grenzüberschreitenden Fernzahlungsverkehr größere Geldbeträge zu transferieren. Damit können die traditionellen Instrumente des bargeldlosen Zahlungsverkehrs ersetzt werden.

Die verstärkte Nutzung dieser Netzgeldsysteme durch das Publikum kann darüber hinaus dazu führen, daß die Kreditinstitute nachfragebedingt die Kapazitäten ihrer traditionellen unbaren Zahlungsverkehrssysteme zurückfahren. Sofern bei weiter Verbreitung des Netzgeldes und im Falle des Ausfalls eines Netzbetreibers oder bei massiven Fälschungen das Vertrauen in das Netzgeld sinkt, könnten die Kreditinstitute dann nicht mehr in der Lage sein, die gestiegene Nachfrage wegen der reduzierten Kapazitäten mit ihren traditionellen Systemen des unbaren Zahlungsverkehrs zu befriedigen.

Um die Sicherheit und Funktionsfähigkeit des bargeldlosen Zahlungsverkehrs zu gewährleisten, ist es daher geboten, das Betreiben von Netzgeldsystemen als Bankgeschäft zu bezeichnen. Kreditinstitute verfügen auf diesem sensiblen Gebiet aufgrund ihrer langjährigen Erfahrung im bargeldlosen Zahlungsverkehr über entsprechende Sicherheitsstandards, so daß die Gefahr von Störfällen in den Netzgeldsystemen eingeschränkt wird. Kreditinstitute unterliegen darüber hinaus den bankaufsichtlichen Liquiditäts- und Bonitätsvorschriften und können auf Refinanzierungsmöglichkeiten bei der Notenbank zurückgreifen.

fff) Rechtsverordnungsermächtigung

Die Rechtsverordnungsermächtigung in Satz 3 soll wegfallen, da kein Bedürfnis dafür besteht. Der Katalog der Bankgeschäfte wurde bisher nur durch Gesetzesänderungen erweitert.

Zu Buchstabe b (Absätze 1a und 1b; Finanzdienstleistungsinstitute und Begriff der Institute)

Absatz 1a definiert den neuen Typus von Unternehmen, der der Aufsicht durch das BAKred unterstellt wird: das Finanzdienstleistungsinstitut. Die Vorschrift ist analog zur tatbestandlichen Umschreibung der verschiedenen Kreditinstitutstypen in Absatz 1 aufgebaut. Finanzdienstleistungsinstitute sind Unternehmen, die Finanzdienstleistungen für andere gewerbsmäßig oder in einem Umfang erbringen, der einen in kaufmännischer Weise eingerichteten Geschäftsbetrieb erfordert. Die Qualifikation eines Unternehmens als Finanzdienstleistungsinstitut ist ausdrücklich gegenüber seiner Einordnung als Kreditinstitut subsidiär: ein nach Absatz 1 als Kreditinstitut einzustufendes Unternehmen kann nicht gleichzeitig Finanzdienstleistungsinstitut sein. Die einzelnen Geschäftsgegenstände, die als Finanzdienstleistungen anzusehen sind, sind in Satz 2 definiert.

Die Nummern 1 bis 4 beruhen auf Anhang Abschnitt A der Wertpapierdienstleistungsrichtlinie und erfassen die Geschäftssparten, die EG-rechtlich Geschäftsgegenstand einer Wertpapierfirma und KWG-rechtlich nicht als Bankgeschäft im Sinne des § 1 Abs. 1 Satz 2 definiert sind.

Der Katalog ist abschließend.

aa) Anlagevermittlung (Nr. 1)

Der Tatbestand beruht auf Anhang Abschnitt A Nr. 1 Buchst. a der Wertpapierdienstleistungsrichtlinie.

Der Anlagevermittler beschränkt sich auf die Entgegennahme und Übermittlung von Aufträgen von Anlegern. Erfaßt ist die Tätigkeit des Nachweismaklers im Sinne des § 34c Gewerbeordnung, soweit sie sich auf Finanzinstrumente im Sinne des § 1 Abs. 11 bezieht.

bb) Abschlußvermittlung (Nr. 2)

Der Tatbestand beruht auf Anhang Abschnitt A Nr. 1 Buchst. b der Wertpapierdienstleistungsrichtlinie.

Die Regelung erfaßt die offene Stellvertretung. Sie deckt sich mit der Tätigkeit des Abschlußmaklers im Sinne des § 34c Gewerbeordnung, sofern er eine Partei bei Abschluß des Geschäfts vertritt; andernfalls fällt die Tätigkeit unter Nr. 1.

Anlage- und Abschlußvermittlung werden im Rahmen des KWG gleichgestellt.

cc) Finanzportfolioverwaltung (Nr. 3)

Der Tatbestand beruht auf Anhang Abschnitt A Nr. 3 der Wertpapierdienstleistungsrichtlinie. Die Regelung erfaßt die Verwaltung von Finanzinstrumenten, die dem Verwalter einen Entscheidungsspielraum bei Anlageentscheidungen einräumt. In den Portfolios können auch Vermögen verschiedener Kunden zusammengefaßt werden.

Der Tatbestand der Finanzportfolioverwaltung ist gegenüber dem § 1 Abs. 1 Satz 2 Nr. 5 subsidiär. Soweit es um Wertpapiere geht, hat der Portfolioverwalter die Papiere auf einem Depotkonto des Kunden bei einem Unternehmen, das zum Betreiben des Depotgeschäfts befugt ist, verwahren zu lassen; andernfalls bedarf er einer Erlaubnis zum Betreiben des Depotgeschäfts und ist als Kreditinstitut zu qualifizieren.

dd) Eigenhandel (Nr. 4)

Der Tatbestand beruht auf Anhang Abschnitt A Nr. 2 der Wertpapierdienstleistungsrichtlinie.

Der Handel in Wertpapieren und anderen Finanzinstrumenten ist immer jeweils einer der drei folgenden Kategorien zuzuordnen:
- der Handel im fremden Namen für fremde Rechnung (offene Stellvertretung) ist Finanzdienstleistung im Sinne des § 1 Abs. 1a Satz 2 Nr. 2 (Abschlußvermittlung);

- der Handel im eigenen Namen für fremde Rechnung (verdeckte Stellvertretung) ist Bankgeschäft im Sinne des § 1 Abs. 1 Satz 2 Nr. 4 (Finanzkommissionsgeschäft);
- der Handel im eigenen Namen für eigene Rechnung, ist – sofern er als Dienstleistung für andere zu begreifen ist – Finanzdienstleistung im Sinne des § 1 Abs. 1a Satz 2 Nr. 4 (Eigenhandel).

Beim Handel im Auftrag eines Kunden als Eigenhändler tritt das Institut seinem Kunden nicht als Kommissionär, sondern als Käufer oder Verkäufer gegenüber. Auch wenn es sich zivilrechtlich hierbei um einen reinen Kaufvertrag handelt, ist das Geschäft Dienstleistung im Sinne der Wertpapierdienstleistungsrichtlinie.

ee) Drittstaateneinlagenvermittlung (Nr. 5)

Häufig werden über einen »Treuhänder« im Inland Einlagegelder eingesammelt und an Adressen im Ausland weitergeleitet. In den Fällen, in denen der Treuhänder offiziell auf Weisung der ausländischen Firma arbeitet, liegt ein nach § 53 erlaubnispflichtiges Betreiben einer Zweigstelle eines ausländischen Unternehmens vor.

Eine Zweigstelle besteht jedoch nicht, wenn der Treuhänder »Bote« der Anleger, er also der Sphäre der Anleger zuzurechnen ist und auf deren Weisung hin agiert. Die rechtliche Differenzierung lädt zu Scheinkonstruktionen ein, bei denen die Gelder nicht im Ausland, sondern von dem eigentlichen Betreiber der Geschäfte, der seinen Sitz im Inland hat, im Inland verwaltet werden.

Künftig soll dieser Geschäftstypus grundsätzlich als Finanzdienstleistung qualifiziert und der Aufsicht durch das BAKred unterstellt werden. Die Vermittlung von Einlagen an Adressen in Staaten außerhalb des Europäischen Wirtschaftsraums ist im Interesse eines umfassenden Kundenschutzes und zur Stärkung des Vertrauens in die Seriosität der Finanzmärkte der Aufsicht durch das BAKred zu unterstellen. Nicht erfaßt wird die Vermittlung von Einlagen an Adressen in anderen Staaten des Europäischen Wirtschaftsraums. Die EG-rechtliche Harmonisierung des Bankaufsichtsrechts stellt insoweit einen ausreichenden Kundenschutz sicher.

ff) Finanztransfergeschäft (Nr. 6)

Die Nichtbeaufsichtigung der Geldtransferdienstleistungen ist nicht mehr zeitgemäß. Sie leistet der unerlaubten Ausübung von Bankgeschäften und der Wäsche von Drogengeldern Vorschub.

Unternehmen, die gewerbsmäßig Zahlungsaufträge für andere im bargeldlosen Zahlungsverkehr besorgen (Finanztransferdienstleister), unterliegen in Deutschland bisher keiner besonderen Aufsicht und sind Teil des Schattenbankensystems, das sich in letzter Zeit nicht mehr auf die unerlaubte Hereinnahme von Einlagen beschränkt, sondern im internationalen Maßstab verstärkt auch zu Geldwäscheaktivitäten genutzt wird.

Neben spezialisierten Finanzdienstleistern, sog. Money Transmitter Agencies, bieten auch ausländische Kreditinstitute Geldtransferdienste an. Der Geldtransfer erfolgt über Sammelkonten, die auf den Namen des ausländischen Kreditinstituts bei inländischen Kreditinstituten errichtet werden. Nach Erkenntnissen der Strafermittlungsbehörden werden über diese Sammelkonten auch inkriminierte Vermögenswerte ins Ausland transferiert. Für die technische Abwicklung dieser Geldtransferdienste bedienen sich die ausländischen Kreditinstitute vielfach auch der Mithilfe ihrer im Inland errichteten Repräsentanzen, die sich dadurch häufig zumindest am Rande der Legalität befinden. Die Tätigkeit der Repräsentanz einer ausländischen Bank im Inland muß sich auf die Sammlung von Informationen über die bankwirtschaftliche Situation und die wirtschaftliche Entwicklung des Landes sowie auf Kontaktpflege, Werbung, Anbahnung und Vermittlung von Geschäften beschränken. Eine bankgeschäftliche Tätigkeit darf, auch auf Teilakte beschränkt, nicht ausgeübt werden; andernfalls ist die vermeintliche Repräsentanz als rechtlich unselbständige Zweigstelle zu qualifizieren und gemäß §§ 32, 53 KWG erlaubnispflichtig.

Zur Verbesserung der Bekämpfung der Geldwäsche werden Unternehmen, die gewerbsmäßig Zahlungsaufträge für andere im bargeldlosen Zahlungsverkehr besorgen (Finanztransfergeschäft), unter Aufsicht gestellt. Der neue Tatbestand umfaßt den Transfer von Geld als Dienstleistung für andere, der – soweit er nicht kontengebunden ist – bisher gemäß KWG keiner Erlaubnis bedarf. Die Durchführung des bargeldlosen Zahlungsverkehrs und des Abrechnungsverkehrs (Girogeschäft), die gemäß § 1 Abs. 1 Satz 2 Nr. 9 KWG erlaubnispflichtiges Bankgeschäft ist, umfaßt lediglich die aufgrund von Geschäftsbesorgungsverträgen banküblichen Dienstleistungen, durch die Buchgeld mittels Gut- oder Lastschriften verrechnet, der Verkehr mit den Abrechnungsstellen nach Art. 38 Abs. 2 und 3 Wechselgesetz und Art. 31 Scheckgesetz in Verbindung mit der Verordnung vom 10. November 1953 abgewickelt wird oder in anderer Weise gegenseitige Verbindlichkeiten ohne Barzahlung ausgeglichen werden.

Finanztransferdienstleister werden nur insoweit den KWG-Vorschriften unterstellt, als diese für die Bekämpfung der Geldwäsche mit gewerberechtlichen Instrumenten erforderlich sind.

gg) Sortengeschäft (Nr. 7)

Das Sortengeschäft umfaßt den Austausch von Banknoten oder Münzen, die gesetzliche Zahlungsmittel darstellen, sowie den Verkauf und Ankauf von Reiseschecks.

Wechselstuben sind Finanzdienstleistungsunternehmen und unterliegen künftig der Aufsicht durch das BAKred. Unternehmen, die als einzige Finanzdienstleistung das Sortengeschäft betreiben, sind nach § 2 Abs. 6 Satz 1 Nr. 12 nicht als Finanzdienstleistungsinstitute anzusehen, wenn ihre Haupttätigkeit in anderen Geschäften liegt. Unternehmen, wie Hotels, Reisebüros oder Kaufhäuser, die das Sortengeschäft lediglich als Nebentätigkeit betreiben, sollen auch künftig nicht beaufsichtigt werden, weil das Sortengeschäft nicht im Vordergrund ihrer Geschäftstätigkeit steht.

Wechselstuben werden nach Erkenntnissen der bei der OECD angesiedelten Expertengruppe Financial Action Task Force on Money Laundering (FATF) zunehmend für Geldwäschetransaktionen mißbraucht, nachdem es durch die konzertierten internationalen Anstrengungen schwieriger geworden ist, illegale Gelder über Banken zu waschen. Die FATF und die EU-Kommission haben mehrfach auf dieses Gefahrenpotential für die legale Wirtschaft hingewiesen und die Mitgliedstaaten zu Gegenmaßnahmen aufgefordert.

Wechselstuben sind zwar nach gegenwärtiger Rechtslage Finanzinstitute im Sinne von § 1 Abs. 3 Nr. 5 KWG, § 1 Abs. 2 Nr. 1 Buchst. e Geldwäschegesetz (GwG) und unterliegen damit formal den Pflichten aus dem Geldwäschegesetz wie Kreditinstitute. Durchgesetzt wurden diese Pflichten gegenüber Wechselstuben bisher jedoch kaum. Die Aufsicht über die Wechselstuben fällt bislang in die Zuständigkeit der nach den jeweiligen Landesgesetzen zuständigen Gewerbeaufsichtsämter, die mit dieser Aufgabe überfordert sind.

So lassen sich bisher faktisch unbehindert über Wechselstuben illegale Gelder in den Finanzkreislauf einspeisen und die von den Kreditinstituten gemäß § 14 Abs. 2 GwG geschaffenen Sicherungsmaßnahmen unterlaufen. Im Unterschied zu Kreditinstituten, über die eine umfassende Aufsicht im Interesse des Finanzplatzes erforderlich ist, genügt für Wechselstuben ein vereinfachtes Erlaubnis- und Überwachungsverfahren.

hh) (Absatz 1 b; Institute)

Die Regelung dient der gesetzestechnischen Vereinfachung.

Zu Buchstabe d   (Absatz 2; Geschäftsleiter)

Die Einbeziehung der Finanzdienstleistungsinstitute in die Vorschrift ist eine Folgeänderung, die sich aus der Beaufsichtigung der Finanzdienstleistungsinstitute ergibt.
Das »Bundesaufsichtsamt für das Kreditwesen« wird an dieser Stelle zum ersten Mal im KWG erwähnt. Die Kurzform »Bundesaufsichtsamt« wird daher bereits an dieser Stelle eingeführt (bisher § 5 Abs. 1).

Zu Buchstabe d   (Absätze 3 bis 3 c; Finanzunternehmen, Finanz-Holding-Gesellschaften, gemischte Unternehmen und Unternehmen mit bankbezogenen Hilfsdiensten)

Der bisherige Begriff »Finanzinstitut« wird zur deutlicheren Abgrenzung von den Begriffen »Kreditinstitut« und »Finanzdienstleistungsinstitut« durch den Begriff »Finanzunternehmen« ersetzt. Das KWG legt den Begriff »Finanzunternehmen« als Restgröße für Unternehmen des Finanzsektors fest, die Anknüpfungspunkt für verschiedene aufsichtsrechtliche Tatbestände ist, ohne die betreffenden Unternehmen jedoch in die Solvenzaufsicht durch das BAKred einzubeziehen. Im Zuge der Umsetzung der Wertpapierdienstleistungsrichtlinie werden mehrere Unternehmen, die bisher als Finanzinstitute einzustufen waren, zu Finanzdienstleistungsinstituten. Demgemäß ist die bestehende Regelung in der Nummer 5 (Sortengeschäft) zu streichen; das Sortengeschäft ist nunmehr Finanzdienstleistung nach Absatz 1 a Satz 2 Nr. 7. Zu streichen sind ferner die bisherigen Tatbestände der Nummern 6 bis 8 mit Ausnahme des Handels, der nicht als Eigenhandel und damit Finanzdienstleistung im Sinne des § 1 Abs. 1 a Satz 2 Nr. 4 zu qualifizieren ist. Der Handel mit Terminkontrakten, Optionen, Wechselkurs- oder Zinssatzinstrumenten im Auftrag von Kunden (bisher Nr. 7) fällt unter den Katalog der Finanzdienstleistungen des Absatzes 1a. Der Handel mit Wertpapieren, Terminkontrakten, Optionen, Wechselkurs- oder Zinssatzinstrumenten (bisher Nr. 6 und 7) für eigene Rechnung ist dagegen nicht notwendigerweise Finanzdienstleistung, sondern nur, wenn sie zugleich Dienstleistung für andere ist; andernfalls ist das betreffende Unternehmen als Finanzunternehmen einzustufen. Dies regelt nunmehr der neue § 1 Abs. 3 Satz 1 Nr. 5. Das Emissionsgeschäft (bisher Nr. 8) ist künftig Bankgeschäft (§ 1 Abs. 1 Satz 2 Nr. 10) oder Finanzdienstleistung (§ 1 Abs. 1a Satz 2 Nr. 2); die bisherige Regelung in § 1 Abs. 3 wird damit überflüssig.

Die bisherige Regelung der Nummer 11 (Portfolioverwaltung und Anlageberatung) kann auf die Anlageberatung beschränkt werden, da die Portfolioverwaltung Finanzdienstleistung wird. Die Anlageberatung ist in der neuen Nr. 6 erfaßt.

Die Neufassung der Absätze 3a bis 3c ist eine Folgeänderung, die sich aus der Einbeziehung der Wertpapierhandelsunternehmen in die Aufsicht ergibt; sie entspricht Art. 7 Abs. 2 und 3 der Kapitaladäquanzrichtlinie. Die Definitionen bestimmen den Konsolidierungskreis gemäß den §§ 10a und 13b. Die Definition der gemischten Unternehmen wird zugleich teilweise eingeschränkt, indem künftig nicht mehr alle Kreditinstitute, die Tochterunternehmen sind, berücksichtigt werden müssen, sondern entsprechend den EG-rechtlichen Vorgaben nur noch Einlagenkreditinstitute und Wertpapierhandelsunternehmen. Die Einschränkung ist aufsichtlich vertretbar und vereinfacht insbesondere bei Konzernen mit Unternehmen in mehreren Staaten des Europäischen Wirtschaftsraums die Konsolidierung.

Zu Buchstabe e

aa) (Absatz 3 d; Einlagenkreditinstitute, Wertpapierhandelsunternehmen, Wertpapierhandelsbanken)

Die Qualifikation als Einlagenkreditinstitut ist seit der 4. KWG-Novelle Anknüpfungspunkt für eine Reihe von Spezialvorschriften, die sich aus der Umsetzung der 2. Bankrechtskoordinierungsrichtlinie in deutsches Recht ergeben, namentlich der Vorschriften über den Europäischen Paß, über das Anfangskapital und über die Begrenzung von bedeutenden Beteiligungen außerhalb des Finanzsektors. Die Legaldefinition trägt dazu bei, das KWG zu straffen. Der Begriff des Einlagenkreditinstituts ist mit der EG-rechtlichen Kreditinstitutsdefinition identisch.

Die Definition des Wertpapierhandelsunternehmens entspricht der Definition der Wertpapierfirma gemäß der Wertpapierdienstleistungsrichtlinie und trägt dazu bei, das KWG zu straffen, insbesondere die Vorschriften zum Europäischen Paß und zur Konsolidierung.

Die Einführung des Begriffs »Wertpapierhandelsbank« dient ebenfalls der Straffung des KWG.

bb) (Absatz 3 e; Wertpapier- oder Terminbörsen)

Als Wertpapier- oder Terminbörsen gelten gemäß Absatz 3 e die Wertpapier- oder Terminmärkte, die von staatlich anerkannten Stellen geregelt und überwacht werden, regelmäßig stattfinden und für das Publikum unmittelbar oder mittelbar zugänglich sind.

Für das Publikum unmittelbar oder mittelbar zugänglich ist eine Börse bereits, wenn die Börsenordnung Börsenteilnehmern nicht untersagt, die Geschäfte kommissionsweise für Personen abzuschließen, die nicht zum Handel an der Börse zugelassen sind.

Viele Börsen sind rechtlich von ihren Clearingstellen getrennt. Die Kapitaladäquanzrichtlinie läßt es gemäß Art. 2 Nr. 9 und Anhang VI Nr. 7 prinzipiell zu, die rechtlich selbständigen Clearingstellen mit den Börsen gleichzustellen. Die Gleichstellung ist für die Gewichtung von Risikoaktiva von Bedeutung. Die Gleichstellung setzt jedoch voraus, daß die Clearingstellen ebenfalls von einer staatlich anerkannten Stelle geregelt und überwacht werden. In Deutschland unterliegen Clearingstellen der Börsenaufsicht.

Zu Buchstabe f (Absätze 4 bis 5 a; Herkunftsstaat, Aufnahmestaat, Europäischer Wirtschaftsraum)

Der Begriff »Herkunftsmitgliedstaat« in Absatz 4 wird durch den Begriff »Herkunftsstaat« ersetzt. Analog wird der Begriff »Aufnahmemitgliedstaat« in Absatz 5 durch den Begriff »Aufnahmestaat« ersetzt. Die bisherige Bezeichnung, die an die Mitgliedschaft in der Europäischen Gemeinschaft anknüpfte, ist zu eng geworden, nachdem die Vorschriften über den Europäischen Paß auch für die anderen Vertragsstaaten des Abkommens vom 2. Mai 1992 über den Europäischen Wirtschaftsraum gelten.

Der Europäische Wirtschaftsraum wird in dem neuen Absatz 5a definiert und umfaßt die jeweiligen Mitgliedstaaten der Europäischen Gemeinschaften sowie die anderen Vertragsstaaten des Abkommens vom 2. Mai 1992 über den Europäischen Wirtschaftsraum (Island, Liechtenstein und Norwegen). Entsprechend den EG-rechtlichen Vorgaben werden die Vertragsstaaten des Abkommens über den Europäischen Wirtschaftsraum in allen einschlägigen Vorschriften dieses Gesetzes den Mitgliedstaaten der Europäischen Gemeinschaften gleichgestellt.

Alle Staaten, die nicht dem Europäischen Wirtschaftsraum zugerechnet werden, unterfallen dem Begriff der Drittstaaten.

Zu Buchstaben h bis j   (Absätze 6, 7 und 9; Mutterunternehmen, Tochterunternehmen, Bedeutende Beteiligung)

Die Änderungen dienen der Klarstellung oder sind rein redaktioneller Natur.

Zu Buchstabe k

aa) (Absatz 10; enge Verbindung)

Die Aufnahme der Definition in den Katalog des § 1 ist bedingt durch die Umsetzung des Art. 2 Abs. 1 der BCCI-Folgerichtlinie.

Der bereits bestehende Begriff der »bedeutenden Beteiligung« macht den neuen Begriff der »engen Verbindung« nicht entbehrlich: enge Verbindungen können prinzipiell nicht nur vertikal zwischen Mutter- und Tochterunternehmen, sondern auch horizontal zwischen Schwesterunternehmen oder sternförmig sowohl zu Mutter- und Tochterunternehmen als auch zu Schwesterunternehmen bestehen.

bb) (Absatz 11; Finanzinstrumente)

Die Regelung beruht auf Art. 1 Nr. 4 und 5 der Wertpapierdienstleistungsrichtlinie sowie auf Abschnitt B des Anhangs der Richtlinie.

Unter dem Begriff der Finanzinstrumente werden vier Gattungen von Finanzprodukten zusammengefaßt: Handelbare Wertpapiere, Geldmarktinstrumente, Devisen oder Rechnungseinheiten und Derivate.

Die Wertpapierdefinition ist mit der Definition in § 2 Abs. 1 WpHG-Entwurf identisch.

Geldmarktinstrumente sind als Auffangtatbestand definiert. Eine eigenständige Bedeutung kommt diesem Tatbestand zu in bezug auf nicht wertpapiermäßig verbriefte oder als Wertrechte ausgestaltete Forderungsrechte, die auf dem Geldmarkt gehandelt werden. Das sind beispielsweise kürzerfristige Schuldscheindarlehen, bestimmte Unternehmensgeldmarktpapiere, Deposit Notes, Finanzierungs-Fazilitäten und Finanz-Swaps. Sofern solche Geldmarktinstrumente als Handelsobjekte des Instituts eingesetzt werden, sind sie auch dem Handelsbuch zuzurechnen.

Devisen und vergleichbare Rechnungseinheiten, die keine gesetzlichen Zahlungsmittel sind (bspw. ECU), werden generell erfaßt, obwohl Anhang Abschnitt B Nr. 5 und 6 der Wertpapierdienstleistungsrichtlinie nur die Erfassung von Devisentermingeschäften, einschließlich Devisen-Swaps und Devisen-Optionen, vorgibt. Die Beaufsichtigung des Handels mit Devisen, auch von Devisenkassageschäften, und vergleichbaren Rechnungseinheiten entspricht jedoch internationalem Standard.

Der Begriff der Derivate erfaßt beide Grundformen des Termingeschäfts: das Festgeschäft, vor allem in der Form des Terminkaufs, und das Optionsgeschäft, auch die Übernahme von Stillhalterverpflichtungen.

Ein Optionsgeschäft in seiner typischen Form ist ein Vertrag, durch den einer Partei, dem Optionskäufer, das Recht (die Option) eingeräumt wird, zu oder bis zu einem künftigen Zeitpunkt durch eine einseitige Willenserklärung (Ausübung) ein Geschäft, z.B. den Kauf oder Verkauf eines Wertpapiers, zu vorab festgelegten Konditionen abzuschließen. Die synallagmatische Gegenleistung des Optionskäufers für den Erwerb des Optionsrechts erschöpft sich in der Zahlung einer Prämie, die er in der Regel bei Abschluß des Optionsgeschäfts zahlt. Der Optionskäufer hat danach bis zur Ausübung des Optionsrechts nur ein Recht, keine Pflichten.

Demgegenüber ist das Festgeschäft zwischen Abschluß und Fälligkeit ein beiderseits noch nicht erfülltes schwebendes Geschäft; beide Parteien haben aus ihm Rechte und Pflichten. Der Terminkauf ist bspw. dadurch gekennzeichnet, daß der Kaufgegenstand zu einem hinausgeschobenen Zeitpunkt zu liefern und zu bezahlen ist. Eine Sonderform ist das Pensionsgeschäft, eine Kombination von Kassaverkauf und Rückkauf auf Termin.

Alle derivativen Geschäfte können letztlich auf die beiden Elemente Recht (Option) und korrespondierende Stillhalterverpflichtung oder Festgeschäft zurückgeführt oder als Kombination beider begriffen werden. Das gilt auch für die Geschäfte über den periodischen Austausch von Geldzahlungen, die auf unterschiedliche Währung lauten (sog. Währungs-Swaps) oder durch die Verwendung mindestens einer variablen Bezugsgröße je unterschiedlich bemessen werden (sog. Zinssatz- oder Index-Swaps), die in Fachliteratur unter der Kategorie »Finanz-Swaps« oft als dritter Grundtypus neben Festgeschäft und Option genannt werden. Auch der Swap und die von ihm abgeleiteten Geschäfte, wie Cap, Floor und Collar, lassen sich auf die Grundformen »Festgeschäft« und »Option« zurückführen. Der Währungs-Swaps bspw. ist lediglich eine Sonderform des Devisentermingeschäfts; seine Besonderheit gegenüber dem einfachen Devisentermingeschäft besteht darin, daß nicht nur ein einziger, sondern ein mehrfacher Zahlungsaustausch vorgesehen ist. Alle Finanz-Swaps, die nicht Währungs-Swaps sind, sind dadurch gekennzeichnet, daß die Zahlungen mindestens einer Partei nach einer variablen Bezugsgröße bemessen werden, sozusagen indexabhängig sind; der häufigste Unterfall ist der Zinssatz-Swap; bei ihm ist der Index ein variabler Zinssatz.

Unter die derivativen Geschäfte fallen insbesondere:
- Aktienindex-Futures;
- Aktienindex-Optionen;
- Aktienoptionen;
- Caps;
- Collars;
- Edelmetall-Futures;
- Edelmetall-Optionen;
- Floors;
- Forward Rate Agreements (Terminsatz-Vereinbarungen);
- Swap-Geschäfte, namentlich Währungsswaps (Currency Swaps), Warenpreisindexswaps sowie Optionen, die dem Inhaber das Recht geben, zu einem bestimmten Zeitpunkt oder innerhalb einer bestimmten Frist in einen hinsichtlich der Konditionen genau spezifizierten Swap einzutreten (Swaptionen oder Swaptions);
- Warentermingeschäfte;
- Zinsoptionen;
- Zinstermingeschäfte einschließlich hereingenommener Forward Forward Deposits und die börsenmäßigen Zinsfutures und zinsbezogener Indexfutures.

Die derivativen Geschäfte sind – mit Ausnahme der Stillhalterverpflichtungen bei Optionsgeschäften, die der Natur der Sache nach kein Adressenausfallrisiko und damit kein Kreditrisiko beinhalten – grundsätzlich als Kredite im Sinne des § 19 Abs. 1 Satz 1 KWG einzustufen.

Amtliche Begründung[1]

Zu Nummer 3 (§ 1)

Zu Buchstabe a Doppelbuchstabe aa

Der neue § 1 Abs. 1 Satz 2 Nr. 11 fasst die bisherigen Bankgeschäftstatbestände »Geldkartengeschäft« (bisher § 1 Abs. 1 Satz 2 Nr. 11 KWG) und »Netzgeldgeschäft« (bisher § 1 Abs. 1 Satz 2 Nr. 12 KWG) zu dem neuen Bankgeschäftstatbestand »E-Geld-Geschäft« (§ 1 Abs. 1a Satz 2 Nr. 11 KWG-neu) zusammen. Der neue Tatbestand orien-

---

1 Zum 4. Finanzmarktförderungsgesetz.

tiert sich begrifflich an der E-Geld-Richtlinie, der die beiden jetzt zusammengefassten Tatbestände vorausgegangen sind. Materiell ändert sich durch den neuen Tatbestand nichts. Die Wortwahl »Ausgabe und Verwaltung« berücksichtigt die Nebengeschäfte, die E-Geld-Institute zulässigerweise betreiben dürfen (Artikel 1 Abs. 5 der E-Geld-Richtlinie).

Zu Buchstabe a Doppelbuchstabe bb

Auf Grund der Zusammenfassung der Bankgeschäftstatbestände »Geldkartengeschäft« (bisher § 1 Abs. 1 Satz 2 Nr. 11 KWG) und »Netzgeldgeschäft« (bisher § 1 Abs. 1 Satz 2 Nr. 12 KWG) zu dem neuen Bankgeschäftstatbestand »E-Geld-Geschäft« (§ 1 Abs. 1 a Satz 2 Nr. 11 KWG-neu) wird die Nummer 12 aufgehoben.

Zu Buchstabe b

Gegenwärtig werden Unternehmen, die das Kreditkartengeschäft betreiben, nicht als Institute, sondern lediglich als Finanzunternehmen im Sinne des § 1 Abs. 3 Satz 1 Nr. 4 KWG qualifiziert. Diese bedürfen, anders als in den meisten EWR-Staaten, keiner Erlaubnis durch die Bundesanstalt und sind keiner laufenden Aufsicht unterworfen. Dies gilt sowohl für die Solvenzaufsicht im engeren Sinne als auch für die Aufsicht nach dem Geldwäschegesetz.

Nach den Feststellungen der Financial Action Task Force on Money Laundering und der Bundesanstalt wird das Kreditkartengeschäft verstärkt für Geldwäschezwecke über die Nutzung sog. Kreditkartenkonten missbraucht. Im Rahmen des Kreditkartenprocessing können Kreditkarten und Kreditkartenkonten technisch nicht nur zur Autorisierung und Verrechnung im Rahmen der Zahlung von Waren oder Dienstleistungen genutzt werden. Vielmehr ermöglichen bestimmte Varianten der Kreditkarte neben diversen Spielräumen in der Liquiditätssteuerung eine Kontoführung und eine Teilnahme am Zahlungsverkehr wie beim Girogeschäft. Gelder können auf Kartenkonten eingezahlt und Gelder vom Ausland bzw. ins Ausland vom Kreditkartenkonto zum Kreditkartenkonto innerhalb derselben Kreditkartenorganisation transferiert werden, ohne dass Zahlungsströme des Kartengeschäfts einer Aufsicht nach dem Geldwäschegesetz unterstellt sind.

Kreditkartenunternehmen sind ebenfalls im Begriff, an neuen Modellen zum Auslandszahlungsverkehr der Banken zu arbeiten und innerhalb der Kartenorganisation günstigere Zahlungswege anzubieten.

Dies legt es nahe, Kreditkartenunternehmen wie die übrigen Institute im Bankaufsichtsrecht zu behandeln.

Dem Tatbestand des Kreditkartengeschäfts unterfallen auch sonstige moderne Abwicklungssysteme von Zahlungen, etwa über das Mobile Banking oder die WAP-Technologie, weil sich diese Zahlungssysteme auf Grund ihrer Intransparenz ebenfalls für Geldwäschezwecke nutzen lassen.

Zu Buchstabe c

Redaktionelle Folgeänderung (vgl. die Ausführungen zu Buchstabe b).

Zu Buchstabe d

Der neue Bankgeschäftstatbestand »E-Geld-Geschäft« (§ 1 Abs. 1 Satz 2 Nr. 11 KWG-neu) erfordert eine Legaldefinition für »E-Geld-Institute«.

Zu Buchstabe e

Die Änderungen sind redaktioneller Natur. Der Einschub »ob im Eigen- oder Fremdinteresse« stellt klar, dass treuhänderisch gehaltener Anteilsbesitz sowohl dem Treuhänder als auch dem Treugeber zugerechnet wird. Diese Regelung ergibt sich bereits aus dem geltenden Recht, ist aber ohne juristische Expertise nicht ohne weiteres evident. Der Einschub soll dem Anwender die Handhabung des Gesetzes erleichtern.

Eine bedeutende Beteiligung besteht an jedem Unternehmen, auf dessen Geschäftsführung ein maßgeblicher Einfluss ausgeübt werden kann, auch wenn formal keine Anteilsrechte gehalten werden. Der in der geltenden Gesetzesfassung noch bestehende Relativsatz »an dem eine Beteiligung besteht« scheint dagegen eine Qualifizierung im Sinne der Voraussetzung bestehender Anteilsrechte vorzunehmen; er ist zumindest irreführend und wird deswegen gestrichen.

Zu Buchstabe f

Der Gesetzeswortlaut qualifiziert bislang nicht ausdrücklich, durch wen eine indirekte Beteiligung dem, dem sie (auch) zugerechnet wird, vermittelt wird. Der Einschub »durch ein oder mehrere Tochterunternehmen oder Treuhänder« gibt die herrschende Auslegung wider.

Zu Buchstabe g

Artikel 1 Nr. 1 Buchstabe a der Richtlinie 98/31/EG des Europäischen Parlaments und des Rates vom 22. Juni 1998 zur Änderung der Richtlinie 93/6/EWG des Rates über die angemessene Eigenkapitalausstattung von Wertpapierfirmen und Kreditinstituten (im Folgenden: »CAD II«) erfordert die Einbeziehung von Warentermin- und Warenkassageschäften. Diese sind durch den bestehenden Satz 3 bislang ausdrücklich ausgenommen. Satz 3 wird deswegen gestrichen und an seiner statt eine Verordnungsermächtigung geschaffen.

Die nun durch CAD II oder künftig durch weitere Richtlinie oder aus anderen Gründen angezeigten Folgeanpassungen der Handelsbuchabgrenzung sollen jetzt und in Zukunft durch Rechtsverordnung erfolgen. Eine schnelle Anpassung ist nicht zuletzt auch im Interesse der Institute, für die so begünstigende Regelungen schneller verfügbar gemacht werden können.

Zu Buchstabe h

Die Definition der Risikomodelle (§ 1 Abs. 13 KWG) ist nicht neu; sie besteht heute schon im Grundsatz I. Sie muss jetzt im KWG geregelt werden, da sie als Anknüpfung für den neuen § 10 Abs. 1c KWG benötigt wird.

Die einzelnen Tatbestandsmerkmale der Legaldefinition »elektronisches Geld« (§ 1 Abs. 14)
1. auf elektronischen Datenträgern gespeichert sind,
2. gegen Entgegennahme eines Geldbetrages ausgegeben werden und
3. die von Dritten als Zahlungsmittel angenommen werden, ohne gesetzliches Zahlungsmittel zu sein,

entsprechen den Vorgaben der E-Geld-Richtlinie (Artikel 1 Abs. 3 Buchstabe b).

Die bedeutende Beteiligung als Anknüpfungspunkt für die Regeln über die Anteilseignerkontrolle, insbesondere § 2b KWG, und als Anknüpfungspunkt für die Begrenzung von Beteiligungen außerhalb des Finanzsektors haben immer mehr nur den Begriff gemein. Die wesentlichen Unterschiede: § 12 KWG zielt auf das langfristige Engagement (Anteile, die bestimmt sind, durch die Herstellung einer dauernden Verbindung dem eigenen Geschäftsbetrieb zu dienen), wohingegen (subjektive) Beteiligungsabsichten bei der Anteilseignerkontrolle irrelevant sind; hier entscheidet allein der objektive Tatbestand. Im Rahmen der Anteilseignerkontrolle wird Treuhandbesitz sowohl dem Treuhänder als auch dem Treugeber zugerechnet; bei der Begrenzung des Beteiligungsbesitzes außerhalb des Finanzsektors nur dem Treugeber. Die Vorschriften über die Anteilseignerkontrolle zielen gerade auch auf Umgehungen ab (im Zusammenwirken mit anderen Personen oder Unternehmen); im Rahmen des § 12 KWG kümmern sie aufsichtlich nicht weiter. Unter dem Aspekt der Rechtsklarheit erscheint es nicht länger hinnehmbar, völlig unterschiedliche Sachverhalte mit dem gleichen juristischen Term zu besetzen. Aus diesem Grunde wird der Begriff der qualifizierten Beteiligung definiert (§ 1 Abs. 15 KWG).

Amtliche Begründung[1]

Zu Absatz 1 Satz 2 Nr. 1

Mit der Neufassung des Einlagengeschäftstatbestandes soll im Gesetz ausdrücklich verankert werden, dass jede Annahme von unbedingt rückzahlbaren Geldern als Einlagengeschäft zu qualifizieren ist und folglich Gelder, die nur bedingt rückzahlbar überlassen werden, nicht das Einlagengeschäft begründen.
Nicht zum Einlagengeschäft zählen:
- Rückzahlungsansprüche, die banküblich besichert sind (ungeschriebene – aus dem Gesetzeszweck folgende – Bereichsausnahme)
- Rückzahlungsansprüche, die in Inhaber- oder Orderschuldverschreibungen verbrieft sind (geschriebene Bereichsausnahme).

Vom Betreiben des Einlagengeschäftes ist, wie jetzt im Gesetzestext ausdrücklich verankert wird, ferner dann nicht auszugehen, wenn kein vertraglicher unbedingter Rückzahlungsanspruch besteht, und der Eindruck eines solchen Anspruchs, insbesondere in den Werbe- und Vertragsunterlagen, auch nicht erweckt wird. Für die Einordnung als unbedingt rückzahlbare Gelder sind unter Berücksichtigung der bankwirtschaftlichen Verkehrsauffassung insbesondere die dem Kunden angebotenen Bedingungen der Geldüberlassung, der sich hieraus ergebende tatsächliche Gehalt der Geldüberlassung sowie das werbende Auftreten des Geldannehmenden und die hierdurch beim Geldgeber bezweckte Vorstellung von der getätigten Geldanlage zu berücksichtigen.
Einfache Nachrangklauseln, die lediglich die Rangfolge der Rückzahlungsansprüche im Falle der Insolvenz oder Liquidation des kapitalnehmenden Unternehmens festlegen, reichen nicht aus, die Geldüberlassung als Einlagengeschäft zu disqualifizieren. Ohne eine die Insolvenz verhindernde Funktion der betreffenden Gelder ist der Rückzahlungsanspruch nicht einmal vertragsrechtlich bedingt. Für eine das Einlagengeschäft ausschließende Bedingung des Rückzahlungsanspruchs wird man mindestens voraussetzen müssen, dass die Geltendmachung des Anspruchs auf Rückzahlung solange und soweit ausgeschlossen ist, als sie einen Grund für die Eröffnung des Insolvenzverfahrens herbeiführen würde.

Zu Absatz 3 Satz 1 Nr. 1

Die Änderung vollzieht die bislang schon vorherrschende Auffassung nach, dass auch das Halten einer Beteiligung nach ihrem Erwerb von der Bestimmung erfasst wird und hat somit allein klarstellenden Charakter.

---

1 Zum Finanzkonglomeraterichtlinie-Umsetzungsgesetz vom 21.12.2005 (BGBl. I S. 3610), vgl. BT-Drucksache 15/3641 vom 12.8.2004.

Zu den Absätzen 3a und 3b

Die Regelung setzt Artikel 26 (Änderung von Artikel 7 Abs. 3 der Kapitaladäquanzrichtlinie) und Artikel 29 Nr. 1 Buchstabe b der Finanzkonglomeraterichtlinie (Änderung von Artikel 1 Nr. 21 und 22 der Bankenrichtlinie) um, mit der zunächst die sektoralen Definitionen der Finanzholding-Gesellschaften (Absatz 3a Satz 1) und des gemischten Unternehmens (Absatz 3b) von dem mit der Richtlinie neu eingeführten Begriff »gemischte Finanzholdinggesellschaft« abgegrenzt werden. Zudem wird die Definition der gemischten Finanzholding-Gesellschaft in Absatz 3a Satz 2 aufgenommen.

Über den Begriff »gemischte Finanzholding-Gesellschaft« (Artikel 2 Nr. 15 der Finanzkonglomeraterichtlinie) wird das Mutterunternehmen einer sowohl in der Banken- und Wertpapierdienstleistungsbranche als auch in der Versicherungsbranche branchenübergreifend tätigen Unternehmensgruppe aufsichtsrechtlich erfasst, das kein Einlagenkreditinstitut, E-Geld-Institut, Wertpapierhandelsunternehmen, Erstversicherungsunternehmen und keine Kapitalanlagegesellschaft ist (Umsetzung von Artikel 2 Nr. 1 bis 3 und 5 sowie Artikel 30 der Finanzkonglomeraterichtlinie), das zusammen mit seinen Tochterunternehmen, von denen mindestens ein Unternehmen ein Einlagenkreditinstitut, E-Geld-Institut, Wertpapierhandelsunternehmen, Erstversicherungsunternehmen oder eine Kapitalanlagegesellschaft ist, und mit anderen Unternehmen ein Finanzkonglomerat bildet. Zugleich definiert Satz 3 den Begriff »beaufsichtigtes Finanzkonglomeratsunternehmen« (Umsetzung von Artikel 2 Nr. 4 und Artikel 30 der Finanzkonglomeraterichtlinie). Danach sind beaufsichtigte Finanzkonglomeratsunternehmen: Einlagenkreditinstitute, E-Geld-Institute, Wertpapierhandelsunternehmen, Kapitalanlagegesellschaften und Erstversicherungsunternehmen. Im Sinne der Finanzkonglomeraterichtlinie sind Rückversicherungsunternehmen ungeachtet nationaler Regelungen bislang keine beaufsichtigten Unternehmen.

Des Weiteren wird in Absatz 3b Satz 2 der für gruppeninterne Transaktionen nach § 13c relevante Begriff der gemischten Unternehmensgruppe eingeführt. Schließlich wird mit der Ergänzung der Vorschriften um die E-Geld-Institute die Erweiterung der Definition »Kreditinstitut« in Artikel 1 Nr. 1 der Bankenrichtlinie nachvollzogen.

Zu Absatz 3d

Redaktionelle Folgeänderung zu Absatz 1 Satz 2 Nr. 1.

Zu den Absätzen 18 bis 23

In den Absätzen 18 bis 23 wird der Katalog der Begriffsbestimmungen um die mit der Finanzkonglomeraterichtlinie einhergehenden neuen Begrifflichkeiten ergänzt.

Mit Absatz 18 wird Artikel 2 Nr. 7 der Finanzkonglomeraterichtlinie (Einführung einer Definition für Branchenvorschriften) umgesetzt, der in erster Linie für die nach § 10b Abs. 1 Satz 2 zu erlassende Rechtsverordnung von Bedeutung ist. Die Aufzählung der maßgeblichen Richtlinien wird wegen Artikel 30 der Finanzkonglomeraterichtlinie um die OGAW-Richtlinie ergänzt.

Absatz 19 setzt den in Artikel 2 Nr. 8 der Finanzkonglomeraterichtlinie definierten Begriff »Finanzbranche« um. Während die Richtlinie vier Branchen unterscheidet (Bankenbranche, Versicherungsbranche, Wertpapierdienstleistungsbranche sowie gemischte Finanzholding-Gesellschaften), werden im Kreditwesengesetz die Banken- und Wertpapierdienstleistungsbranche zu einer Branche zusammengefasst (vgl. insoweit auch Artikel 3 Abs. 2 Unterabsatz 2 Satz 2 der Finanzkonglomeraterichtlinie). In Bezug auf Kapitalanlagegesellschaften wird insoweit klargestellt, dass sie im Rahmen der Ermittlung von branchenübergreifend tätigen Unternehmensgruppen als Finanzkonglomerat derzeit unberücksichtigt bleiben; im Rahmen der zusätzlichen Beaufsichtigung werden sie hingegen einbezogen. Gemischte Finanzholding-Gesellschaften werden gemäß der Finanzkonglomeraterichtlinie als eigenständige Finanzbranche definiert.

Absatz 20 definiert den wichtigsten Schlüsselbegriff der Finanzkonglomeraterichtlinie. Der Begriff »Finanzkonglomerat« ist – neben dem Begriff der »gemischten Finanzholding-Gesellschaft« (Absatz 3a Satz 2) – entscheidend dafür, ob eine Gruppe von Unternehmen aus der Banken- und Wertpapierdienstleistungsbranche und/oder der Versicherungsbranche als »homogene Finanzgruppe« nur den branchenspezifischen Aufsichtsregeln auf Einzelinstituts- und Gruppenebene unterliegt oder als »heterogene Finanzgruppe« (Finanzkonglomerat) einer zusätzlichen Beaufsichtigung auf Konglomeratsebene.

Ein Finanzkonglomerat (Umsetzung von Artikel 2 Nr. 14 der Finanzkonglomeraterichtlinie) ist eine Gruppe von Unternehmen, die aus einem Mutterunternehmen, seinen Tochterunternehmen und den Unternehmen, an denen das Mutterunternehmen oder seine Tochterunternehmen eine Beteiligung halten, besteht sowie Unternehmen, die durch eine horizontale Verbindung im Sinne von Artikel 12 Abs. 1 der Richtlinie 83/349/EWG (konsolidierter Jahresabschluss) verbunden sind. Der Gruppenbegriff wird in Absatz 20 Nr. 1 in die Definition des Finanzkonglomerats integriert. Der Beteiligungsbegriff entspricht der Definition in § 271 Abs. 1 Satz 1 des Handelsgesetzbuchs. Bei Beteiligungen unter 20 Prozent ist der handelsrechtliche Ausweis zwar Indiz dafür, dass eine Beteiligung vorliegt, jedoch nicht das alleinige Kriterium. Notwendig und ausreichend ist vielmehr eine über den bloßen Anteilsbesitz aus Anlage- und Renditegründen hinausgehende Absicht. Hierfür können beispielsweise Indizien sein: Kooperationen im Vertrieb oder anderen Unternehmensbereichen, vertragliche oder faktische Mitsprachemöglichkeiten, längerfristige Leistungsverträge oder Koordination im Wettbewerb. Im Einzelfall hat das Unternehmen darzulegen, aus welchen Gründen dauerhaft gehaltene Anteile nicht dem eigenen Geschäftsbetrieb dienen und die Beteiligung deshalb nicht in die Zusammenfassung einzubeziehen ist.

Neben den Voraussetzungen nach Absatz 20 Nr. 1, wonach ein Mutter-/Tochterverhältnis oder eine horizontale Unternehmensgruppe vorliegen muss, ist es für die Einstufung einer Gruppe von Unternehmen als Finanzkonglomerat gemäß Absatz 20 Nr. 2 erforderlich, dass, sofern das Mutterunternehmen ein Einlagenkreditinstitut, E-Geld-Institut, Wertpapierhandelsunternehmen, Erstversicherungsunternehmen oder eine Kapitalanlagegesellschaft ist, dieses ein Unternehmen der Banken-/Wertpapierdienstleistungsbranche oder Versicherungsbranche zum Tochterunternehmen hat, eine Beteiligung an einem Unternehmen dieser Branchen hält oder horizontal mit einem solchen Unternehmen verbunden ist. Sofern das Mutterunternehmen kein Einlagenkreditinstitut, E-Geld-Institut, Wertpapierhandelsunternehmen, Erstversicherungsunternehmen oder keine Kapitalanlagegesellschaft ist, ist es notwendig, dass zumindest ein Tochterunternehmen die tatbestandlichen Voraussetzungen eines der zuvor genannten beaufsichtigten Unternehmen erfüllt und die Gruppe vorwiegend in der Finanzbranche tätig ist. Der Begriff »vorwiegend« wird in § 51a Abs. 2 definiert. Nach Absatz 20 Nr. 3 muss einer Gruppe von Unternehmen nach Absatz 20 Nr. 1 und/oder Absatz 20 Nr. 2 mindestens ein Unternehmen der Banken-/Wertpapierdienstleistungsbranche und mindestens eines der Versicherungsbranche angehören. Des Weiteren ist nach Absatz 21 Nr. 4 erforderlich, dass die konsolidierte und/oder aggregierte Tätigkeit der Unternehmen der Gruppe in beiden Branchen »erheblich« im Sinne des § 51a Abs. 3 ist.

Absatz 21 führt den Begriff »horizontale Unternehmensgruppe« in das Kreditwesengesetz ein. Der Begriff geht zurück auf Artikel 2 Nr. 12 dritte Alternative der Finanzkonglomeraterichtlinie in Verbindung mit Artikel 12 Abs. 1 der Richtlinie 83/349/EWG (konsolidierter Jahresabschluss), der den für ein Finanzkonglomerat maßgeblichen Begriff »Gruppe« definiert. Danach ist von einer Gruppe auch dann auszugehen, wenn Unternehmen untereinander horizontal verbunden sind, ohne dass ein Mutter-, Tochter- oder Beteiligungsverhältnis vorliegt.

Absatz 22 und 23 enthalten die Definitionen für »gruppeninterne Transaktionen« sowie »Risikokonzentrationen« (Umsetzung von Artikel 2 Nr. 18 und 19 der Finanzkonglomeraterichtlinie). Die Finanzkonglomeraterichtlinie zielt zur Beurteilung der Finanzlage eines Finanzkonglomerats durch die Bundesanstalt nicht allein auf dessen Solvabilität ab, sondern verlangt als zentrale Ansatzpunkte auch die Überwachung der Risikokonzentrationen auf Konglomeratsebene und der gruppeninternen Transaktionen innerhalb eines Finanzkonglomerats. Die entsprechenden Regelungen sind in § 13d umgesetzt.

Amtliche Begründung[1]

Zu § 1 Absatz 1 Satz 2 Nr. 7

Es handelt sich um eine Klarstellung, welche die Rechtsunsicherheit an den Kapitalmärkten über die Reichweite des Tatbestandes dieses Bankgeschäfts beseitigt. Nach dem bisherigen Gesetzeswortlaut liegt ein Bankgeschäft vor, wenn die Verpflichtung eingegangen wird, Darlehensforderungen vor Fälligkeit zu erwerben. Solche Verpflichtungen gehen insbesondere auch Zweckgesellschaften (§ 1 Abs. 26 KWG) und Refinanzierungsmittler (§ 1 Abs. 25 KWG) ein, wenn sie noch nicht fällige Darlehensforderungen von einem Refinanzierungsunternehmen erwerben. Dies sollte aber vom Wortlaut der Vorschrift, die nur auf bestimmte Formen des Revolvinggeschäfts abzielte, nicht erfasst werden. Die Neuregelung stellt klar, dass es sich um zuvor veräußerte Darlehensforderungen handeln muss, wodurch der Gegenstand des Revolvinggeschäfts genauer umschrieben und von anderen Veräußerungsvorgängen, bei denen die für das Revolvinggeschäft typischen Liquiditäts- und Zinsänderungsrisiken nicht bestehen, abgegrenzt wird.

Zu § 1 Absätze 24 bis 26

Mit der Einfügung der neuen Absätze 24, 25 und 26 werden die an Refinanzierungsgeschäften regelmäßig Beteiligten näher definiert, ohne auf die zum gegenwärtigen Zeitpunkt an den Kapitalmärkten abgeschlossenen Geschäfte beschränkt zu sein. Dieser Offenheit gegenüber neueren Geschäftstypen dient auch die vom derzeitigen Sprachgebrauch in Finanzkreisen abweichende Terminologie. Häufigstes Beispiel solcher Refinanzierungsgeschäfte sind die eingangs erwähnten echten ABS-Transaktionen. Ein Refinanzierungsunternehmen (Absatz 24) veräußert die Refinanzierungsgegenstände, häufig Forderungen mit einem regelmäßigen Zahlungsfluss, an eine Zweckgesellschaft (Absatz 26), die den Erwerb der Refinanzierungsgegenstände durch die Emission von Finanzinstrumenten (sog. Asset Backed Securities) finanziert, die sie dann wiederum mit den Refinanzierungsgegenständen und dem von diesen generierten Zahlungsstrom bedient. Die Erwerber der Finanzinstrumente sind dadurch abgesichert, dass sie im Vermögen der Zweckgesellschaft auf die Refinanzierungsgegenstände zugreifen können. In bestimmten Konstellationen (sog. Multi-seller-Strukturen) werden zwischen die Refinanzierungsunternehmen und die Zweckgesellschaften noch Refinanzierungsmittler (Absatz 25) zwischengeschaltet.

Gleichzeitig soll mit dem Gesetz in Anlehnung an das Pfandbriefgesetz insbesondere auch die treuhänderische Verwaltung von Pfandbriefen (§ 1 Abs. 2 Pfandbriefgesetz) erleichtert werden, so dass deckungsfähige Sicherungswerte den Deckungsmassen von Pfandbriefemittenten ohne hohen Verwaltungs- und Kostenaufwand zugeführt werden können. Refinanzierungsunternehmen sind gemäß Absatz 24 Unternehmen, die zum Zwecke der Refinanzierung Gegenstände aus ihrem Geschäfts-

---

1 Zum Gesetz zur Neuorganisation der Bundesfinanzverwaltung und zur Schaffung eines Refinanzierungsregisters vom 22. September 2005 (BGBl. I S. 2809).

betrieb an Zweckgesellschaften, Refinanzierungsmittler oder Pfandbriefbanken gemäß § 1 Abs. 1 Satz 1 des Pfandbriefgesetzes veräußern. Refinanzierungsunternehmen können auch Kreditinstitute, die KfW, sonstige juristische Personen des öffentlichen Rechts (z.B. der Bund oder ein Land) oder öffentlich-rechtliche Sondervermögen sein. Das Refinanzierungsunternehmen ist Ausgangspunkt und Initiator des Refinanzierungsgeschäfts. Das Refinanzierungsgeschäft umfasst Gegenstände seines Geschäftsbetriebs und dient seiner Refinanzierung. Wegen dieser Initiierung des Refinanzierungsgeschäfts wurde das in Absatz 24 als »Refinanzierungsunternehmen« bezeichnete Unternehmen in Finanzkreisen bislang häufig als »Originator« bezeichnet. Für die gesetzliche Umschreibung des Refinanzierungsgeschäfts ist der Begriff des »Originators« zu aussagearm, weil er keinen Aufschluss darüber gibt, zu welcher Art von Geschäften das Unternehmen der »Originator«, d.h. der Urheber ist. In ganz anderen Zusammenhängen könnte es ebenso berechtigt sein, von einem »Originator« zu sprechen. Der Begriff des »Refinanzierungsunternehmens« bringt dagegen klar zum Ausdruck, dass es sich um ein Unternehmen handelt, das sich refinanziert. Die Veräußerung muss »zum Zwecke der Refinanzierung« geschehen. Der Zweck der Refinanzierung ist dabei in einem weiten Sinne zu verstehen und ist nicht auf die derzeit am Markt üblichen Refinanzierungstechniken beschränkt. Unschädlich ist, wenn in einer Refinanzierungstransaktion eine True-Sale-Verbriefung mit einer synthetischen Verbriefung kombiniert wird. Erforderlich ist aber stets, dass dem Refinanzierungsunternehmen durch den Veräußerungsvorgang Liquidität oder ein sonstiges marktgerechtes Entgelt für die Übertragung zufließt. Die Beschränkung auf Gegenstände aus dem »Geschäftsbetrieb« des Refinanzierungsunternehmens grenzt Letzteres zum Refinanzierungsmittler (Absatz 25) ab. Erwirbt ein Unternehmen Gegenstände ausschließlich zu dem Zwecke, sie später zur Refinanzierung weiterzuveräußern, unterliegt es den Vorschriften über Refinanzierungsmittler.

Absatz 25 umschreibt den Begriff des Refinanzierungsmittlers. Dies sind Kreditinstitute oder in § 2 Abs. 1 Nr. 1 bis 3a KWG genannte Einrichtungen (z.B. die KfW), die von Refinanzierungsunternehmen oder anderen Refinanzierungsmittlern Gegenstände aus dem Geschäftsbetrieb eines Refinanzierungsunternehmens oder Ansprüche auf deren Übertragung erwerben, um diese Gegenstände an Zweckgesellschaften oder Refinanzierungsmittler zu veräußern. Hintergrund der Tätigkeit der Refinanzierungsmittler ist, dass kleineren Unternehmen häufig das Geschäftsvolumen fehlt, um allein aufwendige Refinanzierungsgeschäfte wie echte ABS-Transaktionen durchzuführen. Refinanzierungsmittler erwerben von solchen Unternehmen die Refinanzierungsgegenstände und veräußern diese anschließend im erforderlichen Umfang an eine Zweckgesellschaft weiter (sog. Multi-seller-Struktur). Eine solche unmittelbare Weiterveräußerung an eine Zweckgesellschaft ist aber nach der Begriffsbestimmung nicht erforderlich. Vielmehr kann der Refinanzierungsmittler die Gegenstände auch an einen anderen Refinanzierungsmittler weiterveräußern. Die Regelung berücksichtigt, dass sich gerade bei grenzüberschreitenden Refinanzierungsgeschäften die Zwischenschaltung mehrerer Refinanzierungsmittler als sinnvoll erweisen kann. Aus dem Begriff des Refinanzierungs»mittlers« folgt aber, dass die Refinanzierungsgegenstände und damit das mit ihnen verbundene Risiko nicht dauerhaft bei dem Unternehmen verbleiben dürfen; andernfalls ist das Unternehmen kein Refinanzierungsmittler. Für solche Geschäfte gelten die allgemeinen Vorschriften. Refinanzierungsmittler müssen Kreditinstitute oder in § 2 Abs. 1 Nr. 1 bis 3a genannte Einrichtungen sein. Durch diese Beschränkung auf besonders beaufsichtigte Unternehmen wird sichergestellt, dass mehrstufige und damit komplizierte Refinanzierungsgeschäfte mit der erforderlichen Sachkenntnis und Zuverlässigkeit durchgeführt werden.

Zweckgesellschaften sind nach der Begriffsbestimmung des Absatzes 26 Unternehmen, deren wesentlicher Zweck darin besteht, durch Emission von Finanzinstrumenten oder auf sonstige Weise Gelder aufzunehmen oder andere vermögenswerte Vorteile zu erlangen, um von einem oder mehreren Refinanzierungsunternehmen oder Refinanzierungsmittlern Gegenstände aus dem Geschäftsbetrieb eines Refinanzierungsunternehmens oder Ansprüche auf deren Übertragung zu erwerben. Der Begriff »Zweckgesellschaft« entspricht dem in Finanzkreisen üblichen Sprachgebrauch. Bei den emittierten Finanzinstrumenten wird es sich in der Regel um Schuldverschreibungen handeln, erlaubt ist aber die Emission jeglicher Finanzinstrumente im Sinne des § 1 Abs. 11 KWG, soweit dies nicht aus der Natur der Sache unmöglich oder gemäß anderen gesetzlichen Bestimmungen unstatthaft ist. Die Zweckgesellschaft kann auch »auf sonstige Weise« Gelder aufnehmen, etwa durch Darlehensverträge. Damit wird den unvorhersehbaren Entwicklungen im Refinanzierungsmarkt Rechnung getragen und eine große Offenheit gegenüber neuen Refinanzierungstechniken erreicht.

Wesentlicher Zweck der Zweckgesellschaften muss es sein, mit den aufgenommenen Geldern Gegenstände aus dem Geschäftsbetrieb eines Refinanzierungsunternehmens oder Ansprüche auf deren Übertragung zu erwerben. Verfolgt das Unternehmen daneben andere Zwecke, ist es nur dann eine Zweckgesellschaft, wenn das Refinanzierungsgeschäft der wesentliche Zweck ist. Der Eigenschaft als Zweckgesellschaft steht nicht entgegen, dass die Gesellschaft außer echten ABS-Transaktionen bzw. True-Sale-Verbriefungen auch sog. synthetische Verbriefungstransaktionen durchführt. Unbeachtlich ist hierbei, in welchem Verhältnis die Volumina von True-Sale-Verbriefungen und synthetischen Verbriefungen zueinander stehen. Unschädlich sind insbesondere Hilfsgeschäfte, welche der Durchführung des Refinanzierungsgeschäfts dienen. Dabei kann es sich etwa um den Erwerb bestimmter Derivate handeln, mit denen die Risikostruktur des vom Refinanzierungsunternehmen erworbenen Portfolios verbessert werden soll. Durch den Erwerb dieser Derivate allein betreibt die Zweckgesellschaft noch kein Bankgeschäft, insbesondere kein Finanzkommissionsgeschäft, weil es dafür in einem rechtlichen Sinne darauf ankommt, für »fremde Rechnung« zu handeln. Dass die Erwerber der Schuldverschreibungen wirtschaftlich vom Erwerb der Derivate profitieren, begründet nicht das Vorliegen eines Finanzkommissionsgeschäfts.

Amtliche Begründung[1]

Zu Absatz 1

Durch die Einfügung der neuen Nummer 12 wird die Tätigkeit als zentraler Kontrahent als weiteres erlaubnispflichtiges Bankgeschäft in den Katalog des Absatzes 1 aufgenommen. Hiermit wird eine in der Bankenrichtlinie mit spezifischen Rechtsfolgen verknüpfte Funktion innerhalb des Finanzmarktes regulatorisch erfasst. Da Institute, die Geschäfte mit einem zentralen Kontrahenten abschließen, aufgrund des von diesem zur Erfüllungsabsicherung zu unterhaltenden Sicherungssystems (Margin-System) eine verminderte bzw. sogar auf Null reduzierte Eigenkapitalhinterlegung für solche Geschäfte vornehmen können, muss die Institution eines zentralen Kontrahenten mit dessen Sicherungssystem einer effektiven Beaufsichtigung unterworfen sein. Ein Ausfall einer solchen Institution hätte gravierende Rückwirkungen für das gesamte über ihn verknüpfte Finanzsystem. Zudem vollzieht die Regulierung solcher regelmäßig in Clearingstellen integrierten Funktionen eine bereits in anderen europäischen Ländern geübte Praxis der Beaufsichtigung nach.

Die Einordnung der Tätigkeit als zentraler Kontrahent unter die Normen des Kreditwesengesetzes war in der Vergangenheit mit gewissen Zweifeln behaftet.

In der Regel ist die Tätigkeit des zentralen Kontrahenten im Rahmen des Clearings von Finanzgeschäften geprägt durch die Kombination von Tätigkeiten, die Bankgeschäften und Finanzdienstleistungen wie dem Finanzkommissionsgeschäft bzw. dem Eigenhandel für andere einerseits sowie etwa andererseits dem Einlagengeschäft

---

1 Zum Gesetz zur Umsetzung der neu gefassten Bankenrichtlinie und der neu gefassten Kapitaladäquanzrichtlinie vom 17. November 2006 (BGBl. I S. 2606), vgl. BT-Drucksache.

(durch Verwaltung der hinterlegten Sicherheiten) etc. nahe kommen oder diese verwirklichen. Hierbei ist ein Teil dieser Tätigkeiten als Nebentätigkeiten innerhalb des Clearingprozesses zu qualifizieren, wogegen der Risikoeintritt als zentraler Kontrahent im Vordergrund des aufsichtlichen Interesses steht.

Die Einordnung der Tätigkeit, die auch in Anhang III der Bankenrichtlinie aufgegriffen wird, als eigenständiges Bankgeschäft trägt einem begründeten Aufsichtsinteresse Rechnung, beseitigt Zweifelsfälle, führt zur Rechtsklarheit und dient insbesondere der Sicherung der Stabilität des Finanzmarktes. Dadurch wird die Basis für eine Regulierung der durch diesen Erlaubnistatbestand erfassten Institute geschaffen, die sich an den spezifischen Risiken solcher Tätigkeiten insbesondere im operationellen Bereich orientieren kann.

Der Erlaubnistatbestand schließt die Erlaubnis zur Durchführung von mit der Tätigkeit verbundenen Nebendienstleistungen mit ein.

Die Einführung des neuen Erlaubnistatbestandes lässt die Zuständigkeit der Länder für die Anerkennung zentraler Kontrahenten, die zugleich Börsen im Sinne des Börsengesetzes sind, unberührt.

Zu Absatz 3

Aufgrund der Änderung der Bankenrichtlinie muss in Absatz 3 Satz 2 das Richtlinienzitat aktualisiert werden.

Zu Absatz 3c

Die Legaldefinition für »Anbieter von Nebendienstleistungen« in Absatz 3c anstelle der bisherigen für »Unternehmen mit bankbezogenen Hilfsdiensten« entspricht der neu gefassten Definition der in den Konsolidierungskreis nach § 10a einzubeziehenden Hilfsunternehmen in Artikel 4 Abs. 21 der Bankenrichtlinie. Sie bedeutet keine materielle Änderung und dient allein der Klarstellung des Begriffs. Maßgeblich für die Einstufung eines Unternehmens nach Absatz 3c ist der unmittelbare Bezug zur Haupttätigkeit eines Instituts. Die bisherige Beschränkung auf den Bankbezug war im Hinblick auf die Finanzdienstleistungsinstitute missverständlich und zu eng.

Zu Absatz 3e

Absatz 3e basiert auf Artikel 4 Abs. 47 der Bankenrichtlinie. Die Ergänzung des Absatzes 3e um Betreibergesellschaften, deren Haupttätigkeit im Betreiben von Wertpapier- oder Terminmärkten besteht, erfolgt zur Berücksichtigung der national bestehenden rechtlichen Trennung zwischen Börseneinrichtung und Betreiber der Börseneinrichtung. Das Merkmal der Haupttätigkeit dient insbesondere als Abgrenzungskriterium gegenüber Unternehmen, für die das Betreiben einer Wertpapier- oder Terminbörse lediglich eine Nebentätigkeit darstellt.

Zu Absatz 5b

Die Aufhebung von Absatz 5b setzt die Streichung der Begriffe »Zone A«, »Zone B«, »Zone A-Kreditinstitut« und »Zone B-Kreditinstitut« in Artikel 4 Abs. 14 bis 17 der Bankenrichtlinie a.F. um.

Zu den Absätzen 7a bis 7d

Die Neuregelung setzt Artikel 4 Abs. 14 bis 17 der Bankenrichtlinie um und dehnt den Anwendungsbereich der Vorschriften im Einklang mit den sonstigen Regelungen des Kreditwesengesetzes auf den gesamten Europäischen Wirtschaftsraum aus. Die in den Absätzen 7a bis 7d definierten Mutterinstitute und Mutterfinanzholding-Gesellschaften in einem Mitgliedstaat sowie EU-Mutterinstitute und EU-Mutterfinanzholding-Gesellschaften umschreiben die Unternehmen, an die § 10a bei der Frage anknüpft, ob eine von der Bundesanstalt auf zusammengefasster Basis zu beaufsichtigende Institutsgruppe oder Finanzholding-Gruppe vorliegt.

Darüber hinaus erhalten die Begriffe Bedeutung im Zusammenhang mit der durch die Neufassung der Bankenrichtlinie ebenfalls gewollten Stärkung der Zusammenarbeit der Aufsichtsbehörden im Europäischen Wirtschaftsraum. Die Zuständigkeit für die Aufsicht über EU-Mutterinstitute/EU-Mutterfinanzholding-Gesellschaften und die damit regelmäßig verbundene Zuständigkeit für die Aufsicht über die Gruppe auf zusammengefasster Basis ist künftig Anknüpfungspunkt für zusätzliche Informations- und Koordinationspflichten der jeweiligen Aufsichtsbehörde gegenüber den Aufsichtsbehörden, die für die Einzelaufsicht über eines oder mehrere gruppenangehörige Unternehmen zuständig sind (vgl. § 8 ff.).

Zu Absatz 11

Redaktionelle Folgeänderung aufgrund der Einfügung von § 1a Abs. 3.

Zu Absatz 12

Die bisher in Absatz 12 enthaltenen Regelungen wurden in den neu eingefügten § 1a überführt. Bereits in der bisherigen Fassung handelte es sich bei der Regelung nicht nur um eine reine Begriffsbestimmung im Sinne von § 1. Die im Zuge der neu gefassten Kapitaladäquanzrichtlinie erfolgte deutliche Erweiterung der Regelung macht nunmehr die Regelung in einem eigenen Paragraphen erforderlich.

Zu Absatz 17

Die Erweiterung der Aufzählung um den Begriff »Geldbeträge« trägt der höchstrichterlichen Rechtsprechung zum Begriff der »Finanzsicherheiten« Rechnung. Die Änderung hat daher keine materiellen Auswirkungen, sondern dient allein der Klarstellung und der Bestätigung der Rechtsprechung.

Zu Absatz 18

Folgeänderung aus Artikel 18 Nr. 5 des Gesetzes zur Neuordnung des Pfandbriefrechts vom 22. Mai 2005 (BGBl. I S. 1373) mit dem das Hypothekenbankgesetz aufgehoben wurde.

Zu Absatz 19

Die bisherige Definition der Banken- und Wertpapierdienstleistungsbranche in Absatz 19 Nr. 1 ist zu eng. Sowohl das Kreditkartengeschäft als auch das Sortengeschäft sind ebenfalls Tätigkeiten eines Finanzinstituts im Sinne des Rechts der Europäischen Gemeinschaften, die nach deutschem Recht als Finanzdienstleistungen im Sinne des § 1 Abs. 1a Satz 2 Nr. 7 und 8 qualifiziert werden.

Die Ersetzung der Wörter »Unternehmen mit bankbezogenen Hilfsdiensten« ist Folge der Legaldefinition für »Anbieter von Nebendienstleistungen«.

Zu den Absätzen 27 und 28

Die Definitionen in den Absätzen 27 und 28 ergeben sich aus Anhang VI der Bankenrichtlinie und finden im Rahmen der Großkredit- und Millionenkreditvorschriften Anwendung. Die Definition der multilateralen Entwicklungsbanken in Absatz 27 basiert auf Anhang VI Teil 1 §§ 19 und 21 der Bankenrichtlinie. Anhang VI Teil 1

§ 23 der Bankenrichtlinie benennt die internationalen Organisationen, die national in Absatz 28 definiert sind.

Die Regelung in Absatz 29, welche Wertpapierhandelsunternehmen aus Drittstaaten als anerkannt gelten, basiert auf Artikel 3 Abs. 1 Buchstabe d der neu gefassten Kapitaladäquanzrichtlinie. Kredite an anerkannte Wertpapierhandelsunternehmen aus Drittstaaten mit einer Restlaufzeit von bis zu einem Jahr sind zukünftig nicht auf die Großkreditobergrenzen anzurechnen (siehe § 20 Abs. 3 Satz 2 Nr. 2 Buchstabe e). Das Gleiche gilt für Kredite mit Restlaufzeiten bis zu einem Jahr, für die anerkannte Wertpapierhandelsunternehmen aus Drittstaaten selbstschuldnerisch haften, vgl. § 20 Abs. 3 Satz 2 Nr. 4 Buchstabe e.

Absatz 30 enthält eine Definition für Einrichtungen des öffentlichen Bereichs. Diese Definition beruht auf Artikel 4 Abs. 18 der neu gefassten Bankenrichtlinie und kommt z.B. im Rahmen des § 20 Abs. 2 Satz 1 Nr. 1 Buchstabe c zur Anwendung. Die Definition der Einrichtungen des öffentlichen Bereichs ist darüber hinaus bei der Bestimmung für gedeckte Schuldverschreibungen relevant (siehe z.B. § 20a Abs. 1 Satz 1 Nr. 3 Buchstabe b).

Mit der Definition des zentralen Kontrahenten in Absatz 31 wird Anhang III Teil 1 § 2 in Verbindung mit Anhang III Teil 2 § 6 Satz 3 der Bankenrichtlinie umgesetzt. Diese Definition ist im Rahmen der Regelungen zur Anrechnung von Krediten auf die Großkreditobergrenzen von Bedeutung, vgl. z.B. § 20 Abs. 3 Satz 2 Nr. 2 Buchstabe e und Nr. 4 Buchstabe e. Außerdem gilt die Definition auch im Rahmen des neuen Erlaubnistatbestandes nach § 1 Abs. 1 Satz 2 Nr. 12.

Amtliche Begründung[1]

Zu Absatz 1a

Durch die Einführung der Nummer 1a werden, wie im Entwurf des Wertpapierhandelsgesetzes (WpHG-E), Anhang I Abschnitt A Nr. 5 und Artikel 4 der Finanzmarktrichtlinie umgesetzt, wonach die Anlageberatung, die bisher als Nebendienstleistung qualifiziert wurde, zur Hauptdienstleistung erhoben wird. Auf die Begründung zu Artikel 1 Nr. 2 Buchstabe f wird verwiesen. Die bisher erlaubnisfreie Anlageberatung, soweit sie als persönliche Empfehlung abgegeben wird und sich auf betimmte Finanzinstrumente bezieht, wird zur erlaubnispflichtigen Finanzdienstleistung.

Nr. 1b dient der Umsetzung von Anhang I Abschnitt A Nr. 8 in Verbindung mit Artikel 4 Abs. 1 Nr. 15 der Finanzmarktrichtlinie und erfasst als neue Finanzdienstleistung das Betreiben eines multilateralen Handelssystems. Für die Erbringung anderer Finanzdienstleistungen oder Bankgeschäfte braucht das Institut eine gesonderte Erlaubnis. Im Übrigen wird auf die Begründung zu § 2 Abs. 3 WpHG-E[2] verwiesen.

Durch die neue Nummer 1c wird, entsprechend dem Entwurf des Wertpapierhandelsgesetzes, Anhang I Abschnitt A Nr. 7 der Finanzmarktrichtlinie umgesetzt. Die Platzierung von Finanzinstrumenten fiel bislang unter die Abschlussvermittlunge, soweit kein – vorrangiger – Bankgeschäftatbestand einschlägig war. Die Ausführungen zu Nummer 1b gelten im Übrigen entsprechend.

Die Einfügung des neuen Satzes 3 trägt der Tatsache Rechnung, dass die Finanzmarktrichtlinie keine Differenzierung vornimmt, ob ein Handel auf eigene Rechnung für andere, also mit Kundenbezug (Eigenhandel), oder ohne Kundenbezug (Eigengeschäft) stattfindet. Anhang I Abschnitt A Nr. 3 der Finanzmarktrichtlinie qualifiziert den »Handel auf eigene Rechnung« als Wertpapierdienstleistung. Auch die Definition

---

1 Zum Gesetz zur Umsetzung der Richtlinie über Märkte für Finanzinstrumente und der Durchführungsrichtlinie der Kommission (Finanzmarktrichtlinie-Umsetzungsgesetz) vom 16. Juli 2007 (BGBl. I S. 1330).
2 Siehe Drucksache 16/4028 des Deutschen Bundestages.

des Handels auf eigene Rechnung in Artikel 4 Abs. 1 Nr. 6 der Finanzmarktrichtlinie enthält keine Definition hinsichtlich des Kundenbezuges. Somit fällt, vorbehaltlich der verschiedenen Ausnahmetatbestände in § 2 Abs. 1 Nr. 9 und Abs. 6 Nr. 9, 11, 13 und 14, auch das Eigengeschäft in den Anwendungsbereich der Finanzmarktrichtlinie und unter die Erlaubnistatbestände des Kreditwesengesetzes.

Zu Absatz 3

Der Anwendungsbereich der Nummer 6 hat sich verkleinert, da eine Vielzahl von Unternehmen, die als Anlageberater bislang Finanzunternehmen waren, in Zukunft Finanzdienstleistungsinstitute werden. Die Streichung des Klammerzusatzes »Anlageberatung« stellt klar, dass mit dieser Bezeichnung künftig nur noch die persönliche Anlageberatung in Bezug auf bestimmte Finanzinstrumente im Sinne des Absatzes 1a Nr. 1a bezeichnet wird, die künftig als Finanzdienstleistung qualifiziert wird. Nummer 6 erfasst wie bisher alle anderen Formen der Anlageberatung einschließlich derjenigen, die unter die Bereichsausnahmen des § 2 Abs. 6 Nr. 8, 15 und Abs. 10 fallen.

Zu Absatz 3 d

Die Legaldefinition des Wertpapierhandelsunternehmens in Satz 2 ist entsprechend der Vorgabe der Finanzmarktrichtlinie aufgrund der Ausdehnung des Begriffs der Finanzinstrumente zu erweitern. Kreditinstitute und Finanzdienstleistungsinstitute sind daher in Zukunft grundsätzlich auch dann als Wertpapierhandelsunternehmen anzusehen, wenn Gegenstand ihres Geschäfts allein Warentermingeschäfte sind. Diese Unternehmen kommen damit in den Genuss des Europäischen Passes gemäß § 24a. Für Unternehmen aus anderen Staaten des Europäischen Wirtschaftsraums gilt dies entsprechend nach § 53b. Die diesbezügliche Beschränkung in Satz 2 ist daher aufzuheben.

Unternehmen, die sich auf Kassageschäfte mit Devisen- oder Rechnungseinheiten beschränken, gelten auch zukünftig nicht als Wertpapierhandelsunternehmen. Institute mit einer solchermaßen eingeschränkten Erlaubnis können den Europäischen Pass nicht in Anspruch nehmen.

Zu Absatz 5 a

Bei den Änderungen des Wortlauts handelt es sich um redaktionelle Anpassungen an die europarechtlich vorgegebene Terminologie.

Zu Absatz 11

Mit der Neufassung des Absatzes 11 werden, wie in Artikel 1 im Entwurf des Wertpapierhandelsgesetzes, Anhang I Abschnitt C in Verbindung mit Artikel 4 Nr. 17 bis 19 der Finanzmarktrichtlinie umgesetzt und die Terminologie entsprechend der des Wertpapierhandelsgesetzes angepasst. Auf die Begründung zu Artikel 1 Nr. 2 wird verwiesen. Die Geltung dieses Begriffs der Finanzinstrumente ist beschränkt auf die Vorschriften in § 1 Abs. 1 bis 3 und 17, die erlaubnispflichtige Geschäfte definieren, und Ausnahmen von dieser Erlaubnispflicht nach § 2 Abs. 1 und 6. Ansonsten gilt für das gesamte Kreditwesengesetz, insbesondere die Vorschriften über Handelsbuchpositionen, der weiter gefasste Begriff der Finanzinstrumente des § 1a Abs. 3.

Der Begriff der Finanzinstrumente in Absatz 11 ist das zentrale Tatbestandsmerkmal für die Anknüpfung zweier Bankgeschäftstatbestände, des Finanzkommissions- und des Emissionsgeschäftes, sowie für die Finanzdienstleistungstatbestände nach § 1 Abs. 1a Satz 2 Nr. 1 bis 4 und das Eigengeschäft in § 1 Abs. 1a Satz 3.

Was bislang als Wertpapier, Geldmarktinstrument oder Derivat unter die Definition der Finanzinstrumente fiel, wird auch in Zukunft unter die Definition fallen. Die bestehende Regelung muss im Rahmen der Umsetzung der Finanzmarktrichtlinie ausgedehnt werden.

Satz 4 setzt die Vorgaben des Anhangs I Abschnitt C Nr. 4 bis 10 der Finanzmarktrichtlinie um. Vor allem im Bereich der Derivate wird der Begriff der Finanzinstrumente auf europäischer Ebene ausgeweitet und entsprechend harmonisiert. Einen Großteil dieser Geschäfte erfasst die bisherige Derivatedefinition des § 1 Abs. 11 Satz 48 a.F. bereits. Der bestehende Begriff der Derivate hat sich seit Inkrafttreten der 6. KWG-Novelle am 1. Januar 1998 bewährt. Auch wenn die bestehende Regelung aufgrund der neuen EU-rechtlichen Vorgaben konzeptionell grundlegend überarbeitet werden muss, wird deshalb soweit möglich auf dieser Regelung aufgesetzt.

Satz 4 entspricht § 2 Abs. 2 WpHG-E. Auf die Begründung zu Artikel 1 Nr. 2 Buchstabe c wird verwiesen.

Zu Absatz 17

Die Aufhebung des Satzes 3 stellt eine redaktionelle Folgeänderung zur Änderung des Begriffs der Finanzinstrumente durch § 1 Abs. 11 Satz 1 dar. Da Absatz 17 von dieser Definition erfasst ist und insbesondere die Definition der Derivate aufgrund der Finanzmarktrichtlinie eine starke Ausweitung erfahren hat, verbleibt für Satz 3 kein selbstständiger Anwendungsbereich. Satz 3 wird daher aufgehoben.

Amtliche Begründung[1]

Zu Absatz 1 Satz 2 Nr. 6

Nach dem Koalitionsvertrag sind die EU-Richtlinien nur noch »Eins zu eins« in das deutsche Recht umzusetzen. Die Umsetzung dieser politischen Vorgabe setzt u. a. die Aufhebung der Kreditinstitutseigenschaft der Kapitalanlagegesellschaften voraus. Absatz 1 Satz 2 Nummer 6 wird daher aufgehoben und damit die Kreditinstitutseigenschaft der Kapitalanlagegesellschaften abgeschafft.

Die Änderung erfolgt, um sich an den Mindestvorgaben der Richtlinie 85/611/EWG (OGAW-Richtlinie) zu orientieren, die eine Kreditinstitutseigenschaft für Investmentgesellschaften nicht vorsieht. Aus der bisherigen Kreditinstitutseigenschaft der Kapitalanlagegesellschaften resultieren zahlreiche aufsichtsrechtliche Verpflichtungen, die für ausländische Mitbewerber nach europäischem Recht nicht gelten. Zudem bedeutet die Kreditinstitutseigenschaft der Kapitalanlagegesellschaften, dass internationale und nationale Weiterentwicklungen des Bankrechts für die deutschen Kapitalanlagegesellschaften relevant sind, obwohl sie zum eigentlichen Geschäftsbetrieb der Kapitalanlagegesellschaften nicht passen. Dies hat zur Folge, dass für Kapitalanlagegesellschaften in der Praxis momentan auch zahlreiche Verpflichtungen nach dem Kreditwesengesetz (KWG) zu beachten sind, deren Umfang oft nicht eindeutig erkennbar ist. Die mit dieser Änderung vorgesehene, auch auf EU-Ebene so bestehende, rechtliche Trennung von Investmentrecht und Bankrecht beendet diesen Zustand der Rechtsunsicherheit. Zudem verursacht die bisherige rechtliche Situation erhebliche Markteintrittsbarrieren, die den Wettbewerb auf dem deutschen Fondsmarkt zulasten der deutschen Fondsanleger erheblich negativ beeinträchtigen.

Zu Absatz 3 a Satz 1

Die Änderung dient der »Eins-zu-eins«-Umsetzung der Artikel 21 und 29 der Richtlinie 2002/87/EG des Europäischen Parlaments und des Rates vom 16. Dezember 2002

---

1 Zum Gesetz zur Änderung des Investmentgesetzes und zur Anpassung anderer Vorschriften (Investmentänderungsgesetz) vom 21. Dezember 2007 (BGBl. I S. 3089).

über die zusätzliche Beaufsichtigung der Kreditinstitute, Versicherungsunternehmen und Wertpapierfirmen eines Finanzkonglomerats (Finanzkonglomerate-Richtlinie, ABl. L 35 vom 11.2.2003, S. 1). Nach der bisherigen Fassung des § 1 Abs. 3a Satz 1 sind Finanzholdinggesellschaften Finanzunternehmen, die keine gemischten Finanzholdinggesellschaften sind und deren Tochterunternehmen ausschließlich oder hauptsächlich Institute oder Finanzunternehmen sind und die mindestens ein Einlagenkreditinstitut, ein E-Geld-Institut, ein Wertpapierhandelsunternehmen oder eine Kapitalanlagegesellschaft zum Tochterunternehmen haben. Die Vorschrift ging insoweit über die Vorgaben der Art. 26 und 29 der Richtlinie 2002/87/EG hinaus, als danach eine Kapitalanlagegesellschaft als Tochtergesellschaft nicht ausreicht, um eine Finanzholdinggesellschaft anzunehmen. Mit der Streichung der Kapitalanlagegesellschaften wird diesen europäischen Vorgaben Rechnung getragen.

Zu Absatz 3b Satz 1

Die Änderung dient der »Eins-zu-eins«-Umsetzung der Art. 26 und 29 der Richtlinie 2002/87/EG (Finanzkonglomerate-Richtlinie). Nach der bisherigen Fassung des § 1 Abs. 3b sind gemischte Unternehmen solche, die keine Finanzholdinggesellschaften oder Institute sind und die mindestens ein Einlagenkreditinstitut, ein E-Geld-Institut, ein Wertpapierhandelsunternehmen oder eine Kapitalanlagegesellschaft zum Tochterunternehmen haben. Die Vorschrift ging insoweit über die Vorgaben der Art. 26 und 29 der Richtlinie 2002/87/EG hinaus, als danach eine Kapitalanlagegesellschaft als Tochtergesellschaft nicht ausreicht, um ein gemischtes Unternehmen anzunehmen. Mit der Streichung der Kapitalanlagegesellschaften wird diesen europäischen Vorgaben Rechnung getragen.

Amtliche Begründung[1]

Zu Nummer 2 (§ 1 Abs. 1a KWG)

Anlass für die Einführung des neuen Tatbestandes in § 1 Abs. 1a Satz 2 Nr. 11 ist eine Entscheidung des Bundesverwaltungsgerichts vom 27. Februar 2008 (Az.: 6 C 11.07 und 6 C 12.07). In dieser Entscheidung erklärte das Bundesverwaltungsgericht eine Verwaltungspraxis der Bundesanstalt für Finanzdienstleistungsaufsicht als nicht mit dem KWG vereinbar, mit der der Betrieb bestimmter Anlagemodelle als erlaubnispflichtiges Finanzkommissionsgeschäft eingestuft wurde. Dabei erkannte das Bundesverwaltungsgericht allerdings an, dass die Verwaltungspraxis der Bundesanstalt möglicherweise dem Anlegerschutz besser dienen würde, sie jedoch aus rechtssystematischen Gründen nicht haltbar sei.

Mit dem neuen Erlaubnistatbestand des § 1 Abs. 1a Satz 2 Nr. 11 soll nunmehr eine Erlaubnispflicht für die betreffenden Anlagemodelle auf eine sichere gesetzliche Basis gestellt werden. Dies ist zur Verbesserung der Situation der Anleger und im Sinne der Integrität des Finanzmarktes dringend geboten. Bei den in Frage stehenden Anlagemodellen wird teilweise in hochspekulative Instrumente investiert, der Privatanleger wird regelmäßig durch eine Vielzahl an Gebühren und Kosten belastet und, da es sich nicht um Sondervermögen im Sinne des Investmentgesetzes handelt, droht den Privatanlegern das Risiko des Totalverlustes der eingezahlten Gelder. Eine Freistellung dieser Modelle von der Erlaubnispflicht nach dem Kreditwesengesetz und von den Organisations- und Wohlverhaltenspflichten nach dem Wertpapierhandelsgesetz würde gegenüber vergleichsweise risikoarmen Tätigkeiten, die Kreditwesengesetz und

---

1 Zum Gesetz zur Fortentwicklung des Pfandbriefrechts vom 20. März 2009 (BGBl. I S. 607); vgl. BT-Drucksache 16/11130 vom 1. Dezember 2008.

Wertpapierhandelsgesetz unterfallen, einen nicht hinnehmbaren Wertungswiderspruch darstellen.

Der neue Tatbestand der Anlageverwaltung ist keine von der europäischen Finanzmarktrichtlinie (MiFID) erfasste Tätigkeit. Vielmehr handelt es sich um Organismen für gemeinsame Anlagen nach Artikel 2 Abs. 1 Buchstabe h der Finanzmarktrichtlinie, die von den europäisch harmonisierten Wertpapierdienstleistungen ausgenommen sind. Es bleibt dem nationalen Gesetzgeber vorbehalten, für diesen Bereich einen rechtlichen Rahmen zu bestimmen und über die Festlegungen der Richtlinie hinauszugehen. Eine grenzüberschreitende Anlageverwaltung auf der Grundlage eines europäischen Passes ist daher nicht möglich. Einen negativen Effekt auf den EU-weiten Wettbewerb hat die Neuregelung folglich nicht. Vielmehr ist sie eine Verbesserung der Position der Anleger.

Durch den neuen Tatbestand sollen keine bislang erlaubnisfreien Tätigkeiten der Erlaubnispflicht nach dem Kreditwesengesetz unterstellt werden, bei denen dies aus Gründen des Anlegerschutzes und der Integrität des Finanzmarktes nicht erforderlich ist.

Ein Handeln »für eine Gemeinschaft von Anlegern, die natürliche Personen sind,« liegt dann vor, wenn die materiellen Vor- und Nachteile der Geschäfte über die Anschaffung oder die Veräußerung von Finanzinstrumenten nicht dem Abschließenden, sondern den Anlegern zugute kommen oder zur Last fallen sollen, die Anleger also das Risiko der Geschäfte tragen und sich die Tätigkeit als Dienstleistung für die Anleger darstellt, denen die Teilhabe am Ergebnis versprochen wird.

Die Anlageverwaltung wird für eine Gemeinschaft aus mindestens zwei Anlegern, deren Vermögen gebündelt investiert wird, erbracht. Demgegenüber umfasst die Finanzportfolio- verwaltung Dienstleistungen in offener und verdeckter Stellvertretung auf Einzelkundenbasis. Der Begriff einer Gemeinschaft von Anlegern setzt nicht notwendig eine gesellschaftliche Verbundenheit der Anleger untereinander voraus. Es reicht aus, wenn sie einzeln für die Anlageverwaltung gewonnen und lediglich ihre Gelder und Finanzinstrumente gemeinsam verwaltet werden. Der Begriff einer Gemeinschaft von Anlegern schließt insbesondere auch die Angebote ein, die sich an das breite Publikum richten und bei denen Anleger über ihre Einbindung in gesellschaftsrechtliche Modelle, z.B. Treuhandkommanditmodelle, oder die Ausgabe von Genussrechten oder Schuldverschreibungen zusammengefasst werden, um deren gepoolte Gelder in Finanzinstrumente anzulegen.

Die Tätigkeit der Anlageverwaltung muss für Anleger ausgeführt werden, die natürliche Personen sind. Hiermit soll klargestellt werden, dass die Herstellung eines adäquaten Regu- lierungsrahmens zum Schutz von privaten Anlegern das alleinige Ziel dieser Regelung ist. Der Begriff der Anleger umfasst dabei alle natürlichen Personen, die unmittelbar oder mittelbar, über oben genannte Modelle, an der Wertentwicklung der Finanzinstrumente partizipieren.

Vom Tatbestand nicht erfasst werden Emissionsvehikel und Zweckgesellschaften, über die Kreditinstitute Schuldverschreibungen und Zertifikate begeben. Diese Vehikel wenden sich nicht unmittelbar an die beschriebenen Anleger, sondern in der Regel die jeweiligen Kreditinstitute; zudem haben sie typischerweise keinen eigenen Entscheidungsspielraum. Gewahrt wird der Anlegerschutz bereits dann, wenn der Entscheidungsspielraum durch ein Institut im Sinne des neuen § 2 Abs. 6 Nr. 18 ausgeübt wird, da dieses dann der Adressat einer möglichen Erlaubnispflicht ist.

Ferner muss der Entscheidungsspielraum hinsichtlich der Auswahl der Finanzinstrumente bestehen. Vom Tatbestand nicht erfasst werden daher Fälle, in denen aufgrund der Verkaufsunterlagen nur im Einzelnen konkret festgelegte Finanzinstrumente angeschafft und veräußert werden dürfen, ohne laufend aktiv mit den Finanzinstrumenten zu handeln.

Die Anschaffung und die Veräußerung von Finanzinstrumenten müssen ein Schwerpunkt des angebotenen Produktes sein. Das ist nicht der Fall, wenn die Anschaffung oder die Veräußerung von Finanzinstrumenten als Nebentätigkeit anfällt und auch nicht im Mittelpunkt der Werbung für das Angebot steht (z.B. bei Immobilienfonds, Private-Equity-Fonds). Unternehmen, die dauerhaft Liquiditätsreserven oder in bestimmten Projektphasen vorübergehend die entgegengenommenen Gelder in Finanzinstrumente anlegen oder Absicherungsgeschäfte abschließen, betreiben demnach nicht die Anlageverwaltung. Die Anschaffung und Veräußerung dieser Finanzinstrumente erfolgt ferner nicht zu dem Zweck, dass die Anleger an ihrer Wertentwicklung teilnehmen.

Die Tätigkeit von Private-Equity-Fonds ist auch dann nicht als Anlageverwaltung erlaubnispflichtig, wenn die Zielgesellschaft eine AG ist. Private-Equity-Fonds geht es gemeinhin um Beteiligungen auf Zeit an als wachstumsstark eingeschätzten Unternehmen mit der Absicht, die Selbständigkeit der Anlageobjekte einzuschränken und in deren unternehmerischen Entscheidungs- und Verantwortungsbereich einzutreten. Im Gegensatz zu dem Tatbestand der Anlageverwaltung ist bei einer solchen Strategie nicht eine bloße Teilnahme an der Wertentwicklung der Finanzinstrumente und damit keine reine Kapitalanlage gewollt.

Treasury-Abteilungen von Industrieunternehmen, die Gelder in Finanzinstrumente anlegen, sind nicht von der Neuregelung betroffen, da sie Anlegern kein Produkt anbieten, dessen Schwerpunkt die Anschaffung und Veräußerung von Finanzinstrumenten sind. Sofern Treasury-Abteilungen als Tochterunternehmen ausgelagert werden, liegt ebenfalls keine erlaubnispflichtige Dienstleistung vor, weil das Unternehmen, für das die Dienstleistung erbracht wird, keine Gemeinschaft von Anlegern ist, die natürliche Personen sind. Selbst wenn eine Erlaubnispflicht grundsätzlich bestünde, wäre die Tätigkeit regelmäßig vom Konzernprivileg erfasst.

Im Hinblick auf die Behandlung von »family offices« wird sich durch diese Neuregelung keine Änderung ergeben.

Vom Tatbestand nicht erfasst sind zudem Kapitalanlagegesellschaften und Investmentaktiengesellschaften. Deren zulässiger Tätigkeitsumfang ist sowohl im Hinblick auf die kollektive Vermögensanlage als auch im Bezug auf weitere Dienstleistungen und Nebendienstleistungen im Investmentgesetz als lex specialis abschließend geregelt. Angesichts dieser abschließenden und vorrangigen Regelung sind Kapitalanlagegesellschaften und Investmentaktiengesellschaften a priori von dem neuen Tatbestand ausgenommen.

Zu Nummer 3 (§ 1 Abs. 24 KWG)

Es sollen potenzielle Deckungswerte von Nichtpfandbriefemittenten gebündelt werden, um diese Deckungswerte mit Hilfe des Refinanzierungsregisters einer Refinanzierung über den Pfandbrief zugänglich zu machen. In diesem Rahmen gibt es Fallgestaltungen, bei denen ein Kreditinstitut an eine Pfandbriefbank grundpfandrechtlich besicherte Darlehen gegen Zahlung einer Vergütung (Stundungszinsen) veräußert. Die Darlehensforderung wird dabei voll übertragen, lediglich die Zahlung des Kaufpreises wird gestundet und die Übertragung des Grundpfandrechts durch die Eintragung in das Refinanzierungsregister ersetzt.

Unter Berücksichtigung der Begriffsdefinition des Refinanzierungsunternehmens in § 1 Abs. 24 KWG ist nicht eindeutig, ob diese Fallgestaltung vom Wortlaut der Vorschrift gedeckt ist. Die Ergänzung der Vorschrift strebt eine Klarstellung an, so dass die Veräußerung nicht nur zum Zweck der Refinanzierung des Refinanzierungsunternehmens, sondern auch zum Zweck der Refinanzierung des Übertragungsberechtigten erfolgen kann.

Der Verweis in der Definition auf ein Kreditinstitut mit Sitz in der Europäischen Union oder in einem Vertragsstaat des Abkommens über den Europäischen Wirtschaftsraum ist eine Folgeänderung der Änderung von § 22a Abs. 1 Satz 1 KWG.

Amtliche Begründung[1]

Zu Nummer 1 (§ 1)

Zu Buchstabe a

Bei Nummer 1 handelt es sich um eine redaktionelle Folgeänderung. Durch diese Folgeänderung ist das bisherige Girogeschäft im Sinne des § 1 Abs. 1 Satz 2 Nr. 9 für die Mehrzahl der Aktivitäten sowohl im Zusammenhang mit dem Zahlungsverkehr als auch mit dem Abrechnungsverkehr kein erlaubnispflichtiges Bankgeschäft mehr.

Nach der bisher anwendbaren Legaldefinition in dieser Norm ist Girogeschäft die Durchführung des bargeldlosen Zahlungsverkehrs und des Abrechnungsverkehrs. Daraus folgt, dass das herkömmliche Girogeschäft wesentliche, gemeinsame Schnittmengen mit den im Annex der Zahlungsdiensterichtlinie näher beschriebenen Zahlungsdiensten der Zahlungsinstitute aufweist. Auch Zahlungsinstitute dürfen nunmehr diese Zahlungsdienste im bargeldlosen Zahlungsverkehr auf der Grundlage ihrer nach § 8 Abs. 1 des Zahlungsdiensteaufsichtsgesetzes erteilten Erlaubnis erbringen und insoweit das Clearing durchführen; einer Bankerlaubnis bedürfen sie für das im Annex der Richtlinie umschriebene Kerngeschäft im Zahlungsverkehr mithin nicht. Einlagenkreditinstitute dürfen zukünftig allein aufgrund ihrer für Bankgeschäfte erteilten Erlaubnis Zahlungsdienste erbringen.

Zwingendes Resultat der Vorgaben der Zahlungsdiensterichtlinie ist somit ein aufsichtsrechtliches »Downgrading« der für das Girogeschäft vorgesehenen Bankerlaubnis. Es würde keinen Sinn machen, für dieselben Finanzaktivitäten zwei unterschiedliche Formen von Erlaubnissen zu schaffen, je nachdem welcher Institutskategorie der Erlaubnisträger zuzuordnen ist. Nach dem materiellen Institutsbegriff, der sowohl dem KWG als auch dem Zahlungsdiensteaufsichtsgesetz zugrunde liegt, bestimmt sich die Institutseigenschaft aus den getätigten Aktivitäten und nicht umgekehrt.

Die weitgehende Einschränkung des Regelungsbereichs des früheren Girogeschäfts lässt im Übrigen keine aufsichtsrechtlich unerwünschten, negativen Auswirkungen erwarten. § 1 Abs. 1 Satz 2 Nr. 9 KWG stellt im Finanzmarktaufsichtsrecht der Europäischen Union sowieso ein Unikum dar. Das Girogeschäft bedurfte bisher in der Europäischen Union lediglich in Deutschland und Österreich einer Bankerlaubnis.

Soweit das bisherige Girogeschäft in bestimmten Sektoren des Zahlungsverkehrs mit den Zahlungsaktivitäten des Annexes der Zahlungsdiensterichtlinie keine gemeinsame Schnittmenge wie beim Scheckinkasso oder dem Wechselinkasso aufweist, bleibt die Qualifizierung dieser Tätigkeiten als Bankgeschäft erhalten. Zahlungsvorgänge, denen ein Scheck oder Wechsel zugrundeliegt, sind gemäß Artikel 3 g Ziffer i und ii vom Anwendungsbereich der Richtlinie ausgenommen. Der nationale Gesetzgeber ist deshalb nicht durch den Negativkatalog des Artikels 3 der Richtlinie gehindert, für diese Aktivitäten besondere Zulassungsanforderungen zu schaffen. Das Wechselinkasso oder das Scheck- inkasso mit nach wie vor hohen Transaktionsvolumina (allein das Scheckinkasso weist banktäglich ca. 500 000 Vorgänge auf) haben gerade bei Großzahlungen noch eine volkswirtschaftliche Bedeutung. Um den auch volkswirtschaftlich wichtigen, reibungslosen Zahlungsverkehr in diesem Sektoren zu sichern, bedarf es insoweit für den Betreiber wie bisher einer Bankerlaubnis. Dies gilt für jede Form der Abwicklung von Zahlungsvorgängen, die nach Nummer 6 Buchstabe a und b der Zahlungsdiensterichtlinie auf papierhaften Schecks und Wechseln beruhen, soweit sie den Scheck- und Wechselgesetzen der Mitgliedstaaten der Europäischen Union, der

---

[1] Zum Gesetz zur Umsetzung der aufsichtsrechtlichen Vorschriften der Zahlungsdienstrichtlinie vom 25. Juni 2009 (BGBl. I S. 1506); vgl. BT-Drucksache 16/11 613 vom 16. Januar 2009.

EWR-Staaten bzw. der Staaten, die Vertragspartei des Genfer Abkommens sind, unterliegen. Aufgrund einer vergleichbaren Risikostruktur wird auch der Reisescheck in den Katalog des § 1 Abs. 1 Satz 2 Nr. 9 aufgenommen. Die Ausgabe von Reisechecks war nach bisheriger Rechtslage bereits als erlaubnispflichtige Finanzdienstleistung zu qualifizieren.

Soweit der Zahlungsverkehr Schnittstellen zum Einlagengeschäft und Kreditgeschäft aufweist und bankentypische Produkte im Verbund mit dem Girovertrag hervorgebracht hat, ist auch dieser Bereich aufgrund der Risikobewertung in der Zahlungsdiensterichtlinie weiterhin lizenzierten Banken vorbehalten. Diese zusätzlich erforderlichen Erlaubnisse sind ebenso wie das Know-how der Banken im Zahlungsverkehr und dem Girogeschäft als Massengeschäft der Grund dafür, dass Banken auch in Zukunft auf dem Zahlungsverkehrsmarkt eine gewichtige Rolle spielen werden.

Zu Buchstabe b

Bei Nummer 1 Buchstabe b handelt es sich um eine redaktionelle Folgeänderung. Unternehmen, die Zahlungsaufträge besorgen (Finanztransfergeschäft) oder Kreditkarten ausgeben oder verwalten (§ 1 Abs. 1a Satz 2 Nr. 6 und 8 KWG), sind nach gegenwärtiger Rechtslage Finanzdienstleistungsinstitute im Sinne des § 1 Abs. 1a KWG. Nach den Vorgaben der Zahlungsdiensterichtlinie (Artikel 1 Abs. 1 d, Annex Nummer 3 dritter Spiegelstrich Nummer 6) sind diese jedoch Zahlungsinstitute, die dann dem Zahlungsdiensteaufsichtsgesetz unterfallen (§ 1 Abs. 2 Nr. 2 c und 6).

Zu Buchstabe c

Die Herausnahme von Finanzdienstleistungen (Finanztransfergeschäft, Kreditkartengeschäft) aus § 1 Abs. 1a hat eine Änderung des Konsolidierungskreises für Finanzkonglomerate zur Folge. Ohne Folgeänderungen in diesem Gesetz würden diese nicht mehr in die Aufsicht über Finanzkonglomerate einbezogen. Es ist durchaus folgerichtig, Zahlungsinstitute in den Konsolidierungskreis einzubeziehen.

Amtliche Begründung[1]

Zu Absatz 8 (Änderung des Kreditwesengesetzes)

Zu Nummer 1

Durch die Änderungen werden der Begriff der Terrorismusfinanzierung nach der Legaldefinition des Geldwäschegesetzes inhaltsgleich in das Kreditwesengesetz (KWG) übernommen und auf diese Weise ein Gleichlauf der rechtlichen Vorschriften zur Bekämpfung der Terrorismusfinanzierung im Geldwäschegesetz und im Kreditwesengesetz sichergestellt.

---

1 Zum Gesetz zur Verfolgung der Vorbereitung von schweren staatsgefährdenden Gewalttaten vom 30. Juli 2009 (BGBl. I S. 2437); vgl. BT-Drucksache 16/12 428 vom 26. März 2009.

Amtliche Begründung[1]

Zu Nummer 2 (§ 1)

Zu Buchstabe a

Ziel der sprachlichen Neufassung von § 1 Absatz 1a Satz 2 Nummer 4 und gleichzeitiger Streichung des Satzes 3 ist, Finanzdienstleistungsinstituten, die das Factoring, das Finanzierungsleasing oder das Sortengeschäft betreiben und daneben keine anderen Finanzdienstleistungen erbringen, in Zukunft auch das Eigengeschäft in Finanzinstrumenten (ohne Dienstleistungskomponente) zu ermöglichen, ohne dass sie deswegen einer zusätzlichen Erlaubnis bedürfen und einem weiteren Aufsichtsregime unterworfen werden. Kreditinstitute, Anlagevermittler, Anlageberater, Betreiber eines multilateralen Handelssystems, Platzierungsgeschäftler, Abschlussvermittler, Eigenhändler (Eigengeschäft mit Dienstleistungskomponente), Drittstaateneinlagenvermittler und Anlageverwalter sind von der Neuregelung nicht betroffen.

Die bestehende Fiktion des § 1 Absatz 1a Satz 3 wird ersetzt durch die Schaffung eines besonderen Erlaubnisvorbehalts für das Eigengeschäft in Finanzinstrumenten (ohne Dienstleistungskomponente) in § 32 Absatz 1a KWG (vgl. Begründung zu Nummer 35).

Zu Buchstabe b

Mit § 1 Absatz 7a wird die Definition des Artikels 4 Nummer 14 der Richtlinie 2006/48/EG (nachfolgend: Bankenrichtlinie) umgesetzt. Ein Mutterinstitut besteht auch, wenn einem Institut eine Kapitalanlagegesellschaft, ein Zahlungsinstitut oder ein Finanzunternehmen (in der Terminologie der Richtlinie: Finanzinstitut) nachgeordnet ist. Durch die Ergänzung wird der Gleichlauf mit § 10a Absatz 1 Satz 2 sichergestellt. Anderenfalls könnte man zu der Auffassung gelangen, eine konsolidierte Beaufsichtigung sei dann nicht erforderlich, wenn nur Kapitalanlagegesellschaften (KAG) oder Finanzunternehmen nachgeordnet sind. Ein aufsichtsfreier Raum ist aber nicht gewollt.

Zu Buchstabe c

Mit der Änderung wird ein Verweisfehler berichtigt.

Zu den Buchstaben d, e und f

Die Änderungen in § 1 Absatz 16 bis 16b dienen der Umsetzung von Artikel 1 Nummer 5 Buchstabe i der Richtlinie 2009/44/EG. Der neue Satz 3 in Absatz 16 wird angefügt, um den Begriff des interoperablen Systems zu definieren. Der Wortlaut macht deutlich, dass die Vereinbarung über den Betrieb interoperabler Systeme die rechtliche Eigenständigkeit der beteiligten Systeme unberührt lässt. In Artikel 1 Nummer 5 Buchstabe a Ziffer ii der Richtlinie 2009/44/EG ist deshalb auch klargestellt, dass die Vereinbarung zwischen interoperablen Systemen selbst kein System im Sinne der Richtlinie darstellt. Zahlungs- und Übertragungsaufträge zwischen Teilnehmern der an einer Interoperabilitätsvereinbarung beteiligten Systeme werden jedoch behandelt wie diejenigen innerhalb eines Systems. Der neue Absatz 16a definiert den Begriff des Systembetreibers, der neue Absatz 16b den Begriff des Geschäftstages. Maßstab für den Geschäftstag ist der übliche Geschäftszyklus eines Systems. Dieser

---

[1] Zum Gesetz zur Umsetzung der geänderten Bankenrichtlinie und der geänderten Kapitaladäquanzrichtlinie vom 19. November 2010 (BGBl. I S. 1592); vgl. BT-Drucksache 17/1720 vom 17. Mai 2010.

wird regelmäßig den Zeitraum von 24 Stunden nicht überschreiten, Ausnahmen sind etwa am Wochenende oder an Feiertagen denkbar. Unüblich wären Regeln des jeweiligen Systems jedenfalls dann, wenn sie den Geschäftszyklus gezielt verlängern, um im Einzelfall eine Insolvenzfestigkeit missbräuchlich herbeizuführen.

Die Änderung von Absatz 17 dient der Umsetzung von Artikel 2 Nummer 4 Buchstabe c und Nummer 5 Buchstabe a Ziffer ii der Richtlinie 2009/44/EG. Die Definition der Finanzsicherheit in § 1 Absatz 17 KWG bezieht sich nicht mehr nur auf Schuldscheindarlehen, sondern generell auf Kreditforderungen im Sinne der geänderten Finanzsicherheitenrichtlinie. Kreditforderungen im Sinne des Artikels 2 Absatz 1 Buchstabe o der geänderten Finanzsicherheitenrichtlinie sind Geldforderungen aus einer Vereinbarung, aufgrund derer ein Kreditinstitut einen Kredit in Form eines Darlehens gewährt. Der Begriff des Schuldscheindarlehens kann entfallen, da er lediglich ein Unterfall der Kreditforderung ist. Vom Mitgliedstaatenwahlrecht nach Artikel 2 Nummer 4 Buchstabe d der Richtlinie 2009/44/EG, Verbraucherkreditforderungen auszunehmen, wird kein Gebrauch bemacht. Zum einen erscheint die Einbeziehung von Verbraucherkrediten unproblematisch, da die Bundesbank nur ein Sicherungsinteresse an den Krediten hat, d.h. gerade – anders als bestimmte Investoren – keine aktive Gläubigerstellung anstrebt, und im Übrigen der Schweigepflicht nach § 32 des Bundesbankgesetzes unterliegt. Zum anderen sind Verbraucherkreditforderungen im derzeitigen Sicherheitenrahmenwerk des Eurosystems nicht zugelassen, sodass der Fall ohnehin kaum von praktischer Bedeutung ist. Gleichwohl soll der Handlungsspielraum der Bundesbank, ggf. in einem Krisenfall auch Verbraucherkreditforderungen als Sicherheit anzunehmen zu können, nicht unnötig eingeschränkt werden.

Zu Buchstabe g

Die Definition in § 1 Absatz 29 dient der Adressenprivilegierung bei den Großkredit- und Millionenkreditvorschriften. Die inhaltliche Änderung ist notwendig geworden, da z.B. Abschlussvermittler, Betreiber multilateraler Handelssysteme oder Unternehmen, die das Platzierungsgeschäft betreiben, nach § 2 Absatz 8 Satz 1 von wesentlichen Aufsichtsvorschriften, wie z.B. den §§ 10, 11, 13, 13a und 14, befreit werden. Aufgrund der Befreiung ist eine Adressenprivilegierung nicht mehr gerechtfertigt. Adressenprivilegierungen knüpfen u.a. an die Voraussetzung an, dass die Adressen nach den Vorschriften der Bankenrichtlinie bzw. der Richtlinie 2006/49/EG (nachfolgend: Kapitaladäquanzrichtlinie) beaufsichtigt werden.

Amtliche Begründung[1]

Zu Nummer 2

Zu § 1 (Begriffsbestimmungen)

Zu § 1 Absatz 1

§ 1 Absatz 1 Satz 2 KWG (Streichung des Tatbestandes des E-Geld-Geschäfts aus dem Katalog der Bankgeschäfte)

Die E-Geld-Institute werden als Institutstypus aus diesem Gesetz genommen und dem Zahlungsdiensteaufsichtsgesetz unterstellt. Folgerichtig ist die Ausgabe und die Verwaltung von elektronischem Geld aus dem Katalog der Bankgeschäfte (bislang unter § 1 Absatz 1 Satz 2 Nummer 11) zu streichen.

---

1 Zum Gesetz zur Umsetzung der Zweiten E-Geld-Richtlinie vom 1. März 2011 (BGBl. I S. 288); vgl. BT-Drucksache 17/3023 vom 27. September 2010.

Zu § 1 Absatz 3 a

Es handelt sich um reine redaktionelle Klarstellung, da auch Zahlungsinstitute in die Definition des Absatzes 3a aufzunehmen sind. Dies ist bisher aufgrund eines Redaktionsversehens nicht erfolgt.

Zu § 1 Absatz 3 b

E-Geld-Institute werden als Institutstypus aus diesem genommen und dem Zahlungsdiensteaufsichtsgesetz unterstellt. Dies macht die Streichung erforderlich.

Zu § 1 Absatz 3 d Satz 1 – neu – (Definitorische Anpassung des Einlagenkreditinstitutsbegriffs an die EG-rechtliche Definition des Kreditinstituts nach der Bankenrichtlinie)

Im Interesse einer genauen, EG-konformen Schnittstelle zum Zahlungsdiensteaufsichtsgesetz ist die Definition des Einlagenkreditinstituts unter § 1 Absatz 3d Satz 1 dieses Gesetzes genau an die EG-rechtliche Vorgabe für das Kreditinstitut nach der Bankenrichtlinie anzupassen. Auf die Erläuterungen eingangs zu § 1 Absatz 1 des Zahlungsdiensteaufsichtsgesetzes oben wird Bezug genommen.

Zu § 1 Absatz 3 d Satz 4 (Neufassung der Definition des E-Geld-Instituts)

Die E-Geld-Institute werden als Institutstypus in diesem Gesetz gestrichen und in das Zahlungsdiensteaufsichtsgesetz integriert. Folgerichtig ist damit für E-Geld-Institute auf § 1a Absatz 1 Satz 5 des Zahlungsdiensteaufsichtsgesetzes zu verweisen.

Zu § 1 Absatz 14 (Streichung der Definition des elektronischen Geldes)

Mit der Herausnahme des E-Geld-Instituts aus dem Kreditwesengesetz wird auch die Legaldefinition des elektronischen Geldes unter § 1 Absatz 14 überflüssig. Soweit dieses Gesetz noch auf diesen Begriff rekurriert, ist die Legaldefinition im Zahlungsdiensteaufsichtsgesetz unmittelbar in Bezug zu nehmen. § 1 Absatz 14 ist daher zu streichen.

Zu § 1 Absatz 19

Der Anwendungsbereich der Nummer 1 bezieht sich bisher nur auf Zahlungsinstitute im Sinne des Zahlungsdiensteaufsichtsgesetzes. Um einen Gleichlauf mit E-Geld-Instituten sicherzustellen, ist die Ergänzung von E-Geld-Instituten erforderlich.

Amtliche Begründung[1]

Zu Nummer 2 (§ 1 Absatz 1a Satz 2 Nummer 4 KWG)

Mit der Neuregelung werden die Hochfrequenzhändler, die bislang weder Kredit- noch Finanzdienstleistungsinstitut sind, unter die Aufsicht der Bundesanstalt für Finanzdienstleistungsaufsicht gestellt. Hochfrequenzhändler, die ausschließlich auf eigene Rechnung mit Finanzinstrumenten handeln und im Übrigen keine Finanzdienstleistungen erbringen und auch keine Bankgeschäfte betreiben (andernfalls greift die Sonderregelung des § 32 Absatz 1a, die die Erlaubnispflicht des Eigen-

---

[1] Zum Gesetz zur Vermeidung von Gefahren und Missbräuchen im Hochfrequenzhandel vom 7. Mai 2013 (BGBl. I S. 1162); vgl. BT-Drucksache 17/11631 vom 26. November 2012.

geschäfts auch ohne Einstufung als Finanzdienstleistung regelt), unterliegen für diese Tätigkeit bislang keiner Erlaubnispflicht, es sei denn, sie werden als Market Maker tätig (dann fallen sie bereits unter die bestehende Definition des Eigenhandels, § 1 Absatz 1a Satz 2 Nummer 4 erste Alternative). Der Kommissionsvorschlag für eine Neufassung der Richtlinie des Europäischen Parlaments und des Rates über Märkte für Finanzinstrumente (MiFID II) sieht hier eine Erlaubnispflicht vor, indem der Handel auf eigene Rechnung als Wertpapierdienstleistung eingestuft wird (Anhang I Abschnitt A Nummer 3 MiFID II) und die Ausnahme für das reine Eigengeschäft ohne Dienstleistungskomponente nicht mehr für Unternehmen gilt, die Mitglied oder Teilnehmer eines geregelten Marktes bzw. multilateralen Handelssystems sind (Artikel 2 Absatz 1 Buchstabe d Nummer ii MiFID II); diese Unternehmen mögen im Einzelfall keine Dienstleistung erbringen, ihre Tätigkeit ist gleichwohl für ein reibungsloses Funktionieren des Marktes kritisch. Eine spezielle Erlaubnispflicht sieht der Kommissionsvorschlag der MiFID II weder für Hochfrequenzhändler noch für algorithmische Händler vor, eine Definition ist nur für den algorithmischen Handel vorgesehen. In Anlehnung daran wird nachfolgend eine Erlaubnispflicht für unmittelbare und mittelbare Teilnehmer an Handelsplätzen statuiert, auch wenn diese sich auf Eigengeschäfte ohne Dienstleistungskomponente beschränken. Systematisch sinnvoll und ohne Auslösung von weitreichenden Folgeänderungen erscheint hier eine Ausweitung des Begriffs des Eigenhandels auch auf Unternehmen, die unmittelbare oder mittelbare Teilnehmer einer Börse oder eines multilateralen Handelssystems sind und die mittels eines Einsatzes von Rechnern, die in Sekundenbruchteilen Marktpreisänderungen erkennen, Handelsentscheidungen nach vorgegebenen Regeln selbstständig treffen und die zugehörigen Auftragsparameter entsprechend dieser Regeln selbstständig bestimmen, anpassen und übermitteln, handeln, auch wenn dieser Handel im eigentlichen Sinn nicht als Dienstleistung für andere ausgestaltet ist. Solche algorithmischen Hochfrequenzhandelsstrategien sind dabei Strategien, bei denen ein Computeralgorithmus die Auftragsparameter automatisch bestimmt, Daten oder Signale des Marktes in hoher Geschwindigkeit analysiert und anschließend innerhalb einer sehr kurzen Zeit als Reaktion auf diese Analyse Kauf- oder Verkaufsaufträge in großer Zahl sendet oder aktualisiert. Als mittelbare Teilnehmer werden solche Personen erfasst, denen ein Mitglied oder Teilnehmer eines inländischen organisierten Marktes oder multilateralen Handelssystems direkten elektronischen Zugang gewährt. Unter direktem elektronischen Zugang ist dabei eine Vereinbarung zu verstehen, durch die ein Mitglied oder Teilnehmer eines inländischen organisierten Marktes oder multilateralen Handelssystems einer Person gestattet, seine Handels-ID für die direkte elektronische Übermittlung von Ordern an den Handelsplatz, die sich auf ein Finanzinstrument beziehen, zu nutzen. Sofern ein Unternehmen mit Sitz in einem EU/EWR-Staat dort als Kredit- oder Finanzdienstleistungsinstitut zugelassen ist und diese Zulassung auch Eigengeschäfte umfasst, ist wegen des europäischen Passes keine zusätzliche Erlaubnis in Deutschland erforderlich.

Amtliche Begründung[1]

Zu Nummer 3 (§ 1)

Zu Buchstabe a

Diese Änderung beruht auf der inhaltlichen Überführung der die Finanzkonglomerate betreffenden Teile des Absatzes 3a KWG in § 2 Nummer 1 des Finanzkonglomerate-Aufsichtsgesetzes.

---

1 Gesetz zur Umsetzung der Richtlinie 2011/89/EU des Europäischen Parlaments und des Rates vom 16. November 2011 zur Änderung der Richtlinien 98/78/EG, 2002/87/EG,

Zu Buchstabe g (Absatz 19)

Zu Doppelbuchstabe aa

Es handelt sich um eine redaktionelle Anpassung, die auf der Überführung der §§ 51a und 51c in das Finanzkonglomerate-Aufsichtsgesetz beruht.

Zu Doppelbuchstabe bb

Es handelt sich um eine redaktionelle Anpassung, die auf der Streichung der Nummer 3 beruht.

Zu Doppelbuchstabe cc

Diese Änderung beruht auf der Streichung des diesem Normteil zugrunde liegenden Teils der Richtlinie 2002/87/EG.

Zu Buchstabe h (Absatz 20)

Diese Änderung beruht auf der inhaltlichen Überführung der Definition für Finanzkonglomerate in den § 1 Absatz 2 des Finanzkonglomerate-Aufsichtsgesetzes.

Zu Buchstabe i (Absätze 22 und 23)

Diese Änderung beruht auf der inhaltlichen Überführung der Definitionen von »Gruppeninternen Transaktionen« und »Risikokonzentrationen« in § 2 Nummer 15 und 16 des Finanzkonglomerate-Aufsichtsgesetzes.

Amtliche Begründung[2]

Zu Nummer 1 (§ 1)

Zu Buchstabe a (Absatz 1a)

Zu Doppelbuchstabe aa (Nummer 11)

Durch die Ergänzung wird klargestellt, dass eine Tätigkeit nur dann als Anlageverwaltung zu qualifizieren ist, wenn sie nicht bereits als kollektive Vermögensverwaltung im Sinne des Kapitalanlagegesetzbuchs (KAGB) anzusehen ist. Die Klarstellung war erforderlich, da sich der Anwendungsbereich des KAGB im Vergleich zum Investmentgesetz dahingehend geändert hat, dass in Zukunft sowohl offene als auch geschlossene Fonds vom Anwendungsbereich erfasst sind. Investmentvermögen im Sinne des KAGB sind Organismen für gemeinsame Anlagen in Wertpapiere (OGAW) sowie Alternative Investmentfonds (AIF).

[Fortsetzung Fußnote 1]
2006/48/EG und 2009/138/EG hinsichtlich der zusätzlichen Beaufsichtigung der Finanzunternehmen eines Finanzkonglomerats vom 27. Juni 2013 (BGBl. I S. 1862); vgl. BT-Drucksache 17/12602 vom 4. März 2013 und 17/13245 vom 24. April 2013.

2 Zum Gesetz zur Umsetzung der Richtlinie 2011/61/EU über die Verwalter alternativer Investmentfonds (AIFM-Umsetzungsgesetz – AIFM-UmsG) vom 4. Juli 2013 (BGBl. I S. 1981); vgl. BT-Drucksache 17/12294 vom 6. Februar 2013.

Zu Doppelbuchstabe bb (Nummer 12)

Gemäß Artikel 21 Absatz 3 Buchstabe b der Richtlinie 2011/61/EU kann eine Wertpapierfirma, die gemäß der Richtlinie 2004/39/EG zugelassen ist und die auch die Nebendienstleistungen wie Verwahrung und Verwaltung von Finanzinstrumenten für Rechnung von Kunden gemäß Anhang I Abschnitt B Nummer 1 der Richtlinie 2004/39/EG erbringen darf, als Verwahrstelle für einen AIF beauftragt werden. Gemäß § 1 Absatz 1 Satz 2 Nummer 5 wurde die Verwahrung und die Verwaltung von Wertpapieren für andere (Depotgeschäft) bisher allerdings ausschließlich als Bankgeschäft qualifiziert. Hierdurch kämen jedoch als Verwahrstelle für AIF im Inland keine Finanzdienstleistungsinstitute, sondern ausschließlich Kreditinstitute, die zum Depotgeschäft nach § 1 Absatz 1 Satz 2 Nummer 5 zugelassen sind, in Betracht. Um jedoch für die AIF/AIFM die in der Richtlinie 2011/61/EU vorgesehene breitere Auswahl an Verwahrstellen sicherzustellen und die Möglichkeit nach Artikel 21 Absatz 3 Buchstabe b aufgrund von zusätzlichen nationalen Anforderungen nicht leer laufen zu lassen, wird für die Verwahrung und Verwaltung von Wertpapieren für AIF ein neuer Tatbestand als Finanzdienstleistung eingeführt. Das generelle Depotgeschäft qualifiziert weiterhin als Bankgeschäft, jedoch wird als Unterfall des Depotgeschäfts, das ausschließlich für AIF betrieben wird, das »eingeschränkte Verwahrgeschäft« als Finanzdienstleistung eingefügt. Entsprechend wird eine Ausnahme in § 2 Absatz 1 eingefügt, damit Unternehmen, die lediglich das eingeschränkte Verwahrgeschäft als Unterfall des Depotgeschäfts erbringen, nicht als Kreditinstitute, sondern als Finanzdienstleistungsinstitute gelten. Sobald jedoch das Depotgeschäft nicht ausschließlich für AIF betrieben wird, ist diese Ausnahme nicht einschlägig. Da in diesem Fall der Tatbestand des § 1 Absatz 1 Satz 1 Nummer 5 erfüllt ist, wäre ein solches Unternehmen weiterhin als Kreditinstitut zu qualifizieren. Wer allerdings die Erlaubnis zum Betreiben des Depotgeschäfts hat, benötigt keine zusätzliche Erlaubnis zum eingeschränkten Verwahrgeschäft.

Zu Buchstabe b (Absatz 3)

Es handelt sich um eine redaktionelle Anpassung an die Begrifflichkeiten des Kapitalanlagegesetzbuchs (KAGB). Der Begriff »Kapitalanlagegesellschaften« wird im KAGB nicht mehr verwandt. Das KAGB verwendet gemäß § 17 nunmehr den Begriff »Kapitalverwaltungsgesellschaften« und definiert diese als Unternehmen mit satzungsmäßigem Sitz und Hauptverwaltung im Inland, deren Geschäftsbetrieb darauf gerichtet ist, inländische Investmentvermögen, EU-Investmentvermögen oder ausländische AIF zu verwalten. Kapitalverwaltungsgesellschaften können interne oder externe Kapitalverwaltungsgesellschaften sein. Da gemäß § 17 KAGB der Begriff »Kapitalverwaltungsgesellschaften« der Oberbegriff für interne und externe Kapitalverwaltungsgesellschaften ist, umfasst dieser Begriff sowohl die vormaligen Kapitalanlagegesellschaften als auch die intern verwalteten Investmentaktiengesellschaften. Extern verwaltete Investmentaktiengesellschaften werden dagegen nicht von dem Begriff »Kapitalverwaltungsgesellschaft« erfasst, sondern gemäß § 1 Absatz 13 KAGB von dem Begriff »extern verwaltete Investmentgesellschaften«.

Zu Buchstabe c (Absatz 3 a)

Es handelt sich um eine redaktionelle Anpassung an die Begrifflichkeiten des Kapitalanlagegesetzbuchs. Der Begriff »Kapitalanlagegesellschaften« wird daher durch den Begriff »externe Kapitalverwaltungsgesellschaften« ersetzt. Der Begriff »andere Vermögensverwaltungsgesellschaften« bleibt unverändert, weil an dieser Stelle auf die Richtlinie 2002/87/EG verwiesen wird.

Zu Buchstabe d (Absatz 11)

In Zukunft werden auch Anteile an inländischen Investmentvermögen als Finanzinstrumente zu qualifizieren sein, auch wenn sie als geschlossene Fonds aufgelegt werden. Die Regelung im KWG folgt der Umstellung auf den materiellen Investmentfondsbegriff im Kapitalanlagegesetzbuch. Bislang galt dieser Ansatz nur für ausländische Investmentvermögen. Die weiteren Änderungen sind redaktioneller Natur. Insbesondere muss unterhalb der Finanzinstrumentedefinition keine eigene Wertpapierdefinition mehr fortgeführt werden; die bisherige Definition hatte ohnedies nur innerhalb der Bestimmung des Finanzinstrumentebegriffs unter § 1 Absatz 11 Relevanz; andere Normen des KWG, namentlich auch der Wertpapierbegriff des Depotgeschäfts unter § 1 Absatz 1 Satz 2 Nummer 5 knüpften nicht an ihn an.

Zu Buchstabe e (Absatz 19)

Es handelt sich um eine redaktionelle Änderung. Die Begriffe werden an diejenigen des Kapitalanlagegesetzbuchs angepasst.

Amtliche Begründung[1]

Zu Artikel 2 (Weitere Änderung des Kreditwesengesetzes)

Zu Nummer 2 (§ 1 Absatz 1a; Ausdehnung des erlaubnispflichtigen Eigengeschäfts)

Zur Sicherung der von CRR-Kreditinstituten als Einlagen angenommenen fremden Gelder und anderer unbedingt rückzahlbarer Gelder des Publikums sowie zum Schutz ihrer Solvenz wird CRR-Kreditinstituten und Gruppen, denen ein CRR-Kreditinstitut angehört, untersagt, bestimmte spekulative Geschäfte, insbesondere Geschäfte mit Finanzinstrumenten im Sinne des § 1 Absatz 11 auf eigene Rechnung, zu betreiben, es sei denn, die spekulativen Geschäfte werden abgetrennt und von einem Unternehmen des Konzernverbundes, dem Finanzhandelsinstitut, betrieben. Wenn das Finanzhandelsinstitut spekulative und damit potenziell gefährliche Geschäfte mit Finanzinstrumenten im Sinne des § 1 Absatz 11 auf eigene Rechnung betreiben will, ist es erforderlich, sie dem Erlaubnisvorbehalt nach § 32 Absatz 1 Satz 1 und den Normen des KWG, die an den materiellen Status eines Unternehmens als Institut anknüpfen, zu unterwerfen; dies gilt wegen des damit verbundenen Risikos für das Finanzhandelsinstitut auch dann, wenn sie sich nicht als Dienstleistung für andere darstellen, also keinen Kundenbezug aufweisen, und bislang für Unternehmen, die nicht ohnehin schon aus einem anderen Grunde unter Erlaubnisvorbehalt stehen, erlaubnisfrei waren. Unternehmen, die nur das Eigengeschäft betreiben und nicht einer Instituts- oder (gemischten) Finanzholding-Gruppe oder einem Finanzkonglomerat mit einem CRR-Kreditinstitut zuzuordnen sind, unterfallen auch zukünftig nicht der Erlaubnispflicht nach dem KWG.

---

1 Zum Gesetz zur Umsetzung der Richtlinie 2011/61/EU über die Verwalter alternativer Investmentsfonds (AIFM-Umsetzungsgesetz – AIFM-UmsG) vom 4. Juli 2013 (BGBl. I S. 1981); vgl. BT-Drucksache 17/12601 vom 4. März 2013.

Amtliche Begründung[1]

Zu Nummer 2 (§ 1)

Artikel 4 der Verordnung (EU) Nr. .../2012 enthält einen umfassenden Katalog von Definitionen, der in weiten Teilen mit den vorhandenen Definitionen in § 1 KWG identisch ist. § 1 wird daher insgesamt von diesen unmittelbar geltenden Definitionen entlastet. Stattdessen wird nunmehr in Absatz 33 auf die entsprechenden Absätze des Artikels 4 der Verordnung (EU) Nr. .../2012 verwiesen (siehe Begründung zu Buchstabe s).

Zu Buchstabe a

Der Regelungsinhalt der bisherigen Sätze 2 bis 4 wird nach § 25c Absatz 4 verschoben. Dies ist insofern sachgerecht, als es sich bei diesen Regelungen nicht um Begriffsbestimmungen handelt. Der Begriff der »oberen Leitungsebene« wird hingegen aufgrund der Richtlinie 2012/.../EU erstmals im KWG verwendet und daher hier in Absatz 2 Satz 2 neu definiert.

Zu Buchstabe b

In Absatz 3 Satz 2 muss der Verweis auf die Bankenrichtlinie aktualisiert werden.

Zu Buchstabe c

In Absatz 3a werden die Sätze 1 und 2 aufgehoben, weil sich die Definition der Finanzholdinggesellschaft in Artikel 4 Nummer 63 der Verordnung (EU) Nr. .../2012 und die der Gemischten Finanzholdinggesellschaften in Artikel 4 Nummer 85 Verordnung (EU) Nr. .../2012 findet. Bei den Änderungen in Satz 3 handelt es sich um redaktionelle Anpassungen an die geänderten Begrifflichkeiten (siehe nachfolgende Begründung zu Buchstabe f).

Zu Buchstabe d

Die Absätze 3b und 3c werden aufgehoben, da sich die Definitionen in Artikel 4 der Verordnung (EU) Nr. .../2012 finden.

Zu Buchstabe e

Mit der Neufassung des Absatzes 3d Satz 1 wird der Begriff »Einlagenkreditinstitute« durch »CRR-Kreditinstitute« ersetzt und klargestellt, dass diese CRR-Kreditinstitute die Kreditinstitute im Sinne des Artikels 4 Nummer 1 der Verordnung (EU) Nr. .../2012 sind. Die CRR-Kreditinstitute sind deckungsgleich zu den bisher an dieser Stelle definierten Einlagenkreditinstituten. Satz 2 führt für die Zwecke des KWG den Begriff der »CRR-Wertpapierfirmen« ein, der insoweit auf die Begriffsdefinition für die Wertpapierfirmen im Sinne des Artikels 4 Nummer 8 der Verordnung (EU) Nr. .../2012 verweist. Beide gemeinsam stellen die Gruppe der CRR-Institute im Sinne des KWG. Die

---

[1] Zum Gesetz zur Umsetzung der Richtlinie 2013/36/EU über den Zugang zur Tätigkeit von Kreditinstituten und die Beaufsichtigung von Kreditinstituten und Wertpapierfirmen und zur Anpassung des Aufsichtsrechts an die Verordnung (EU) Nr. 575/2013 über Aufsichtsanforderungen an Kreditinstitute und Wertpapierfirmen (CRD IV-Umsetzungsgesetz) vom 28. August 2013 (BGBl. I S. 3395); vgl. BT-Drucksache 17/10974 vom 15. Oktober 2012 und BT-Drucksache 17/13524 – Beschlussempfehlung des Finanzausschusses (7. Ausschuss) – vom 15. Mai 2013.

bisherigen Definitionen für die Wertpapierhandelsunternehmen (Satz 2) und für die Wertpapierhandelsbanken (Satz 3) werden an die neuen Begrifflichkeiten angepasst. Zweigstellen im Sinne des § 53 Absatz 1 können weder als CRR-Kreditinstitut noch CRR-Wertpapierfirma gelten, weil die Zweigstellen von Instituten aus Drittstaaten nicht in die entsprechenden Definitionen von Artikel 4 der Verordnung (EU) Nr. .../2012 einbezogen sind.

Zu Buchstabe f

Die Begriffsbestimmungen werden aufgehoben, weil sich diese nunmehr inhaltlich identisch aus Artikel 4 der Verordnung (EU) Nr. .../2012 ergeben.

Zu Buchstabe g

In Absatz 7 wird künftig ausschließlich der Begriff »Schwestergesellschaft« definiert, da sich die Definition des Begriffs »Tochtergesellschaft« in Artikel 4 Nummer 61 der Verordnung (EU) Nr. .../2012 findet.

Zu Buchstabe h

Die Begriffsbestimmungen werden aufgehoben, weil sich diese nunmehr inhaltlich identisch aus Artikel 4 der Verordnung (EU) Nr. .../2012 ergeben.

Zu Buchstabe i

Der im § 1 Absatz 9 KWG verwendete Begriff der »bedeutenden Beteiligung« entspricht dem der »qualifizierten Beteiligung« im Sinne der Verordnung (EU) Nr. .../2012. Die überarbeitete Definition der bedeutenden Beteiligung sorgt für die erforderliche Rechtsklarheit.

Zu Buchstabe j

Die Begriffsbestimmung wird aufgehoben, weil sich diese nunmehr inhaltlich identisch aus Artikel 4 der Verordnung (EU) Nr. .../2012 ergibt.

Zu Buchstabe k

In Absatz 11 wird der abgrenzende Verweis auf die Definition der Finanzinstrumente in § 1a Absatz 3 gestrichen, weil die bisher in § 1a Absatz 3 verankerten Regelungen nunmehr unmittelbar in der Verordnung (EU) Nr. .../2012 stehen.

Zu Buchstabe l

Diese Begriffsbestimmungen werden aufgehoben, weil sich diese nunmehr inhaltlich identisch aus Artikel 4 der Verordnung (EU) Nr. .../2012 ergeben.

Zu Buchstabe m

Die im KWG verwendete Terminologie des »Systems« weicht an dieser Stelle von der Begrifflichkeit der Verordnung (EU) Nr. .../2012 ab. Die überarbeitete Definition sorgt für die erforderliche Rechtsklarheit.

Zu Buchstabe n

Mit der Änderung wird der zunehmenden Bedeutung der Abtretung von Guthaben aus Versicherungsverträgen zur Besicherung von gewährten Krediten, insbesondere aus Lebensversicherungen, Rechnung getragen. Gerade im Hinblick auf die Finanzierung des Mittelstandes hat die Anerkennung dieser Abtretung von Guthaben aus Versicherungsverträgen als Finanzsicherheit eine nicht unerhebliche Bedeutung.

Zu Buchstabe o

Hierbei handelt es sich um eine redaktionelle Anpassung an die in der Verordnung (EU) Nr. .../2012 verwendeten Begrifflichkeiten.

Zu Buchstabe p

Der Begriff der »horizontalen Unternehmensgruppe« aus dem bisherigen Absatz 21 wird künftig nicht mehr benötigt.

Zu Buchstabe q

Mit der Ergänzung des § 1 Absatz 24 KWG wird der Kreis der Übertragungsberechtigten auf Versicherungsunternehmen erweitert. Hierdurch wird erreicht, dass Kreditinstitute ihre Refinanzierungstransaktionen unter Nutzung des Refinanzierungsregisters mit einem erweiterten Erwerberkreis durchführen können. Dies hat hier besondere Bedeutung für Konsortialkredite, denn es besteht ein volkswirtschaftliches Interesse an der ausreichenden Zurverfügungstellung von Kapital für die Wirtschaft über Konsortialkredite. Insbesondere beteiligen sich die Versicherungsunternehmen in erheblichem Umfang an Konsortialdarlehen. Da viele Kreditinstitute seit einiger Zeit in zunehmendem Maße die dazu erforderlichen Refinanzierungstransaktionen mithilfe des Refinanzierungsregisters durchführen, ist es erforderlich, den Kreis der Übertragungsberechtigten auf Versicherungsunternehmen zu erweitern. Dadurch erhalten die Versicherungsunternehmen aufgrund von erheblichen Kosten- und Zeitersparnissen, die aus der Nutzbarmachung des Refinanzierungsregisters entstehen, einen zusätzlichen Anreiz zum Ankauf von Bankforderungen, was die Refinanzierung der Kreditinstitute erleichtert.

Weiterhin wird klargestellt, dass das Refinanzierungsregister auch im Rahmen einer anfänglichen offenen Konsortialfinanzierung anwendbar ist, bei der der Konsortialführer die Gegenstände oder Ansprüche auf ihre Übertragung treuhänderisch für die Konsorten hält.

Weiter wird durch die Hinzufügung von § 2 Nummer 2 die KfW einbezogen.

Zu Buchstabe r

Zu Absatz 27

Die Begriffsbestimmung der internen Ansätze in Absatz 27 ergibt sich aus Artikel 4 Absatz 2 Buchstabe c der Richtlinie 2012/.../EU.

Zu Absatz 28

Die neu eingefügten §§ 10c bis 10g (Kapitalpuffer) erfordern die Begriffsbestimmung des harten Kernkapitals. Es wird hierbei auf die Verordnung (EU) Nr. .../2012 verwiesen.

Zu Absatz 29

Die neu eingefügten Regelungen für Wohnungsunternehmen mit Spareinrichtung in den §§ 51d bis 51f KWG erfordern eine diesbezügliche Begriffsbestimmung in Absatz 29, die die Wohnungsunternehmen mit Spareinrichtung als solche und den Umfang der von ihnen betriebenen Bankgeschäfte definiert.

Die Beschränkung auf die Rechtsform der eingetragenen Genossenschaft soll die Besonderheit der Wohnungsunternehmen mit Spareinrichtung bewahren und spiegelt die Erfahrung nach der Aufhebung des Wohnungsgemeinnützigkeitsgesetzes wider. Bereits zu Zeiten des Wohnungsgemeinnützigkeitsgesetzes wurden Spareinrichtungen bis auf wenige Fälle von Genossenschaften betrieben. Nachdem das Wohnungsgemeinnützigkeitsgesetz 1989 aufgehoben wurde, wurden neue Spareinrichtungen nur von Genossenschaften gegründet. Der Gedanke der Hilfe zur Selbsthilfe wird am ehesten in der Rechtsform der Genossenschaft bewahrt.

Die Definition des Begriffs der Spareinlage für die Wohnungsunternehmen mit Spareinrichtung ist erforderlich, um die Bankgeschäfte, die von Wohnungsunternehmen mit Spareinrichtung betrieben werden dürfen, abzugrenzen. Sie ist aus § 21 Absatz 4 RechKredV übernommen und entspricht der bisherigen Verwaltungspraxis der Bundesanstalt. Bis zum 30. Juni 1993 war die Spareinlage in § 21 KWG und die Kündigung und Rückgabe der Spareinlagen in § 22 KWG bestimmt. Mit der 4. KWG-Novelle wurde die staatliche Regulierung des Sparverkehrs aufgegeben. Die Definition der Spareinlage wurde als Bilanzierungsvorschrift in die RechKredV übernommen, die jedoch für die Wohnungsunternehmen mit Spareinrichtung nicht gilt.

Gemäß Absatz 29 Satz 1 Nummer 1 sind Wohnungsunternehmen mit Spareinrichtung keine CRR-Institute oder Finanzdienstleistungsinstitute. Außerdem halten sie keine Beteiligungen an Instituten oder Finanzunternehmen. Eine konsolidierte Betrachtung mit einem Wohnungsunternehmen mit Spareinrichtung als Mutter und die Festlegung von Abzugsbeträgen für Beteiligungspositionen im Rahmen der Eigenkapitalvorschriften für Wohnungsunternehmen mit Spareinrichtung kommen daher nicht zur Anwendung.

Die Wohnungsunternehmen mit Spareinrichtung sind Nichthandelsbuchinstitute im Sinne des § 13 Absatz 1 Satz 1 der bis zum 31. Dezember 2012 geltenden Fassung dieses Gesetzes. Auch in Zukunft sollen Wohnungsunternehmen mit Spareinrichtung Handelsbuchgeschäfte nur in sehr geringem Umfang tätigen dürfen, daher wird der Umfang der Handelsbuchgeschäfte eines Wohnungsunternehmens mit Spareinrichtung begrenzt. Zu diesem Zweck werden in Absatz 29 Satz 1 Nummer 4 Obergrenzen für das Handelsbuch festgelegt, wobei das Handelsbuch die in § 1a Absatz 1 KWG der bis zum 31. Dezember 2012 geltenden Fassung dieses Gesetzes genannten Geschäfte umfasst.

Zu Absatz 30

Absatz 30 setzt die Definition des Risikos einer übermäßigen Verschuldung nach Artikel 4 Absatz 2 Buchstabe b der Richtlinie.../2012/EU um.

Zu Buchstabe s

Der neue Absatz 33 stellt klar, dass für die Zwecke dieses Gesetzes im Übrigen die genannten Definitionen aus Artikel 4 der Verordnung (EU) Nr..../2012 gelten.

ANMERKUNG

1. Der Geschäftsleitereigenschaft (Absatz 2 Satz 1) steht es nicht entgegen, wenn die Vertretungs- und Geschäftsführungsbefugnis auf bestimmte Geschäfte beschränkt ist, wie das z.T. im Sparkassenrecht vorkommt. Wesentlich ist, dass die Befugnisse nicht abgeleitet sind, sondern auf Gesetz, (öffentlicher) Satzung oder Gesellschaftsvertrag

beruhen. Stellvertretende Vorstandsmitglieder sind Geschäftsleiter, wenn sie rechtlich die gleiche Stellung wie ordentliche Vorstandsmitglieder haben (vgl. §§ 94 AktG, 44 GmbHG, 35 GenG).
2. Die Bezeichnung einer Person als (»gekorener«) Geschäftsleiter (Absatz 2 Satz 2) kann auf Antrag des Kreditinstituts oder von Amts wegen erfolgen. Die Tatsache allein, dass ein Antragsteller oder geborener Geschäftsleiter für die Leitung des Kreditinstituts nicht hinreichend geeignet ist, ist noch kein Ausnahmefall. – Beruht die Bezeichnung einer Person als Geschäftsleiter auf einem Antrag des Kreditinstituts, so ist ihre Wirksamkeit von der Zustimmung der betroffenen Person abhängig. Die zu bezeichnende Person muss umfassende Geschäftsführungs- und Vertretungsbefugnis besitzen; die Bundesanstalt kann ihr diese Befugnisse nicht verleihen.
3. Die Absätze 16 und 17 wurden durch das »Gesetz zur Umsetzung der Richtlinie 2002/47/EG vom 6. Juni 2002 über Finanzsicherheiten und zur Änderung des Hypothekenbankgesetzes und anderer Gesetze« vom 5.4.2004 (BGBl. I S. 502) angefügt. Es handelt sich im Wesentlichen um redaktionelle Anpassungen.
4. Durch das Gesetz zur Neuordnung des Pfandbriefrechts vom 22. Mai 2005 (BGBl. I S. 1373) wurde das Pfandbriefgeschäft als Bankgeschäft definiert (§ 1 Abs. 1 Satz 2 Nr. 1a). Damit wurde die Ausgabe von Pfandbriefen all denjenigen Kreditinstituten ermöglicht, die eine entsprechende Erlaubnis nach § 32 beantragen.
5. Die Änderungen in Absatz 3 Satz 1 stellen klar, dass die Kapitalanlagegesellschaften auch nach Wegfall ihrer Institutseigenschaft weiterhin keine Finanzunternehmen sind. Es wird ferner klargestellt, dass die Investmentaktiengesellschaft ebenfalls kein Finanzunternehmen ist.
6. Durch das Jahressteuergesetz 2009 vom 19. Dezember 2008 (BGBl I S. 2794) wurde Absatz 1a Satz 2 geändert und die Nummern 9 und 10 angefügt. Es erging dazu keine Amtliche Begründung.
7. Durch das Gesetz zur Fortentwicklung des Pfandbriefrechts vom 20. März 2009 (BGBl. I S. 607) wurde in § 1 Absatz 1a die Nummer 11 angefügt und in § 1 Absatz 24 der 1. Halbsatz geändert.
8. § 1 Absatz 1 Satz 2 Nummer 9 wurde neu gefasst, Absatz 1a Satz 2 Nummer 6 und 8 wurden aufgehoben und in Absatz 19 Satz 1 wurde ein Verweis auf das Zahlungsdiensteaufsichtsgesetz aufgenommen auf Grund des Gesetzes zur Umsetzung der aufsichtsrechtlichen Vorschriften der Zahlungsdiensterichtlinie vom 25. Juni 2009 (BGBl. I S. 1506). Die Motive sind der vorstehenden Amtlichen Begründung zu entnehmen.
9. Durch das Gesetz zur Verfolgung der Vorbereitung von schweren staatsgefährdenden Gewalttaten vom 30. Juli 2009 (BGBl. I S. 2437) wurde in § 1 der Absatz 32 angefügt. Zur Begründung siehe vorstehende Amtliche Begründung (vgl. BT-Drucksache 16/12 428 vom 26. März 2009).
10. Die Änderungen in § 1, speziell § 1 Absatz 7a und Absatz 16 bis 16a folgen aus dem Gesetz zur Umsetzung der geänderten Bankenrichtlinie und der geänderten Kapitaladäquanzrichtlinie vom 19. November 2010 (BGBl. I S. 1592); vgl. dazu die Amtliche Begründung (vgl. BT-Drucksache 17/1720 vom 17. Mai 2010).
11. Die Änderungen in § 1 Absatz 1 Satz 2 Nr. 11, den Absätzen 3a, 3b, 3d, 14 und 19 Nummer 1 resultieren aus dem Gesetz zur Umsetzung der Zweiten E-Geld-Richtlinie vom 1. März 2011 (BGBl. I S. 288); zu Einzelheiten vgl. die abgedruckte Amtliche Begründung (vgl. BT-Drucksache 17/3023 vom 27. September 2010).
12. In § 1 Absatz 18 wurden die Angaben zu den EG-Richtlinien aktualisiert durch das Gesetz zur Umsetzung der Richtlinie 2009/65/EG zur Koordinierung der Rechts- und Verwaltungsvorschriften betreffend bestimmte Organismen für gemeinsame Anlagen in Wertpapiere – OGAW-IV-UmsG vom 22. Juni 2011 (BGBl. I S. 1126).
13. Mit der Änderung des § 1 Absatz 16 wird Artikel 1 Nummer 2 der Richtlinie 2010/78/EU vom 24. November 2010 im Hinblick auf die Errichtung des Europäischen Finanzaufsichtssystems und die Änderung des Artikels 10 Absatz 1 Unterabsatz 1 der Richtlinie 98/26/EG durch das Gesetz zur Umsetzung der Richtlinie 2010/78/EU und der Richtlinie 98/26/EG vom 4. Dezember 2011 (BGBl I S. 2427) umgesetzt. Anstelle der Europäischen

Kommission ist nunmehr die Europäische Wertpapier- und Marktaufsichtsbehörde über die gemeldeten Systeme zu unterrichten.

Die Änderungen von Absatz 18 und Absatz 28 Nummer 1 KWG beruhen auf der redaktionellen Anpassung im Nachgang zum Inkrafttreten des Vertrags von Lissabon.

14. § 1 Absatz 11 Satz 1 KWG wurde nach dem Wort »Wertpapier« ergänzt durch das Gesetz zur Novellierung des Finanzvermittler- und Vermögensanlagenrechts vom 6. Dezember 2011 (BGBl. I S. 2481).

15. § 1 Absatz 1 Satz 2 Nummer 12 und Absatz 31 wurden geändert durch das Ausführungsgesetz zur Verordnung (EU) Nr. 648/2012 über OTC-Derivate, zentrale Gegenparteien und Transaktionsregister (EMIR-Ausführungsgesetz) vom 13. Februar 2013 (BGBl. I S. 174). Durch die Änderung wird der national eingeführte Begriff des zentralen Kontrahenten ersetzt durch den gemäß der Verordnung (EU) Nr. 648/2012 europaweit einheitlichen Begriff der zentralen Gegenpartei. Die Definition des Begriffs »zentrale Gegenpartei« ergibt sich nunmehr in Absatz 31 durch den Verweis auf Artikel 2 Nummer 1 der Verordnung (EU) Nr. 648/2012.

16. § 1 Absatz 1a Satz 2 Nummer 4 wurde neu gefasst durch das Gesetz zur Vermeidung von Gefahren und Missbräuchen im Hochfrequenzhandel vom 7. Mai 2013 (BGBl. I S. 1162); Näheres in der hierzu abgedruckten Amtlichen Begründung.

17. § 1 Absatz 3a Satz 3 wurde aufgehoben, die Absätze 7a bis 7d und die Absätze 19 und 20 wurden redaktionell geändert, die Absätze 7e bis 7f wurden neu eingefügt und die Absätze 22 und 23 aufgehoben durch das Gesetz zur Umsetzung der Richtlinie 2011/89/EU des Europäischen Parlaments und des Rates vom 16. November 2011 zur Änderung der Richtlinien 98/78/EG, 2002/87/EG, 2006/48/EG und 2009/138/EG hinsichtlich der zusätzlichen Beaufsichtigung der Finanzunternehmen eines Finanzkonglomerats vom 27. Juni 2013 (BGBl. I S. 1862); vgl. die hierzu abgedruckte Amtliche Begründung.

18. § 1 Absatz 1a Nummern 10 und 11 wurden geändert, Nummer 12 neu angefügt, Absatz 3, Absatz 11 und Absatz 19 wurden geändert durch das Gesetz zur Umsetzung der Richtlinie 2011/61/EU über die Verwalter alternativer Investmentfonds (AIFM-Umsetzungsgesetz – AIFM-UmsG) vom 4. Juli 2013 (BGBl. I S. 1981); zu den Einzelheiten siehe die dazu abgedruckte Amtliche Begründung.

19. § 1 Absatz 1a wurde um einige Sätze ergänzt durch das Gesetz zur Abschirmung von Risiken und zur Planung der Sanierung und Abwicklung von Kreditinstituten und Finanzgruppen vom 7. August 2013 (BGBl. I S. 3090). Zu den Einzelheiten siehe die vorstehende Amtliche Begründung.

20. § 1 enthält umfassende Änderungen durch das CRD IV-Umsetzungsgesetz vom 28. August 2013 (BGBl. I S. 3395). So wurden in Absatz 2 die Sätze 3 und 4 aufgehoben sowie die Absätze 3a bis 3c, die Absätze 5 und 6, 7a bis 8, Absatz 10, 13 bis 15 und 21. Die bisherigen Absätze 27 bis 30 wurden neu gefasst und die Absätze 33 bis 35 wurden neu angefügt. Vgl. auch die hierzu abgedruckte Amtliche Begründung. Der Verweis der Amtlichen Begründung auf »…Artikel…der Verordnung (EU) Nr. …/2012« bezieht sich auf die Verordnung (EU) Nr. 575/2013.

21. Zur Anwendung von § 1 Absatz 1a Satz 3 und 4 ab dem 1. Juli 2015 vgl. § 64s Absatz 2 Satz 1.

§ 1a Geltung der Verordnung (EU) Nr. 575/2013 für Kredit- und Finanzdienstleistungsinstitute

(1) Für Kreditinstitute, die keine CRR-Institute und keine Wohnungsunternehmen mit Spareinrichtung sind, gelten vorbehaltlich § 2 Absatz 8a, 9, 9a, 9b und 9e die Vorgaben der Verordnung (EU) Nr. 575/2013 und der auf ihrer Grundlage erlassenen Rechtsakte, die Bestimmungen dieses Gesetzes, die auf Vorgaben der Verordnung (EU) Nr. 575/2013 verweisen, sowie die in Ergänzung der Verordnung (EU) Nr. 575/2013 erlassenen Rechtsverordnungen nach § 10 Absatz 1 Satz 1 und § 13 Absatz 1 so, als seien diese Kreditinstitute CRR-Kreditinstitute.

(2) Für Finanzdienstleistungsinstitute, die keine CRR-Institute sind, gelten vorbehaltlich § 2 Absatz 7 bis 9 die Vorgaben der Verordnung (EU) Nr. 575/2013 und der auf ihrer Grundlage erlassenen Rechtsakte, die Bestimmungen dieses Gesetzes, die auf Vorgaben der Verordnung (EU) Nr. 575/2013 verweisen, sowie die in Ergänzung der Verordnung (EU) Nr. 575/2013 erlassenen Rechtsverordnungen nach § 10 Absatz 1 Satz 1 und § 13 Absatz 1 so, als seien diese Finanzdienstleistungsinstitute CRR-Wertpapierfirmen.

ANMERKUNG § 1a wurde neu gefasst durch das CRD IV-Umsetzungsgesetz vom 28. August 2013 (BGBl. I S. 3395). Die ursprünglich in § 1a KWG enthaltene Regelung zum Handels- und Anlagebuch vergleichbare Regelung findet sich nunmehr in den Artikeln 97 bis 101 der Verordnung (EU) Nr. 575/2013, sodass § 1a KWG a. F. nicht fortbestehen kann. An seine Stelle tritt nunmehr die Klarstellung, dass in bewährter deutscher Umsetzungstradition die EU-rechtlichen Vorgaben grundsätzlich auf alle Institute erstreckt werden. Wie bisher bleiben die Ausnahmen in § 2 KWG geregelt. Zusammen mit § 1 Absatz 3d nennt das KWG nunmehr die Begrifflichkeiten »Kreditinstitut«, »CRR-Kreditinstitut«, »Finanzdienstleistungsinstitut« und »CRR-Wertpapierfirma«, wobei die Begriffe »Kreditinstitut« und »Finanzdienstleistungsinstitut« die jeweiligen Oberbegriffe darstellen. Wenn beides gleichermaßen gemeint ist, ist nach wie vor der Begriff des »Instituts« einschlägig.

§ 1b (weggefallen)

§ 2 Ausnahmen

(1) Als Kreditinstitut gelten vorbehaltlich der Absätze 2 und 3 nicht
1. die Deutsche Bundesbank;
2. die Kreditanstalt für Wiederaufbau;
3. die Sozialversicherungsträger und die Bundesagentur für Arbeit;
3a. die öffentliche Schuldenverwaltung des Bundes, eines seiner Sondervermögen, eines Landes oder eines anderen Staates des Europäischen Wirtschaftsraums und deren Zentralbanken, sofern diese nicht fremde Gelder als Einlagen oder andere rückzahlbare Gelder des Publikums annimmt oder das Kreditgeschäft betreibt;
3b. Kapitalverwaltungsgesellschaften und extern verwaltete Investmentgesellschaften, sofern sie die kollektive Vermögensverwaltung erbringen oder neben der kollektiven Vermögensverwaltung ausschließlich die in § 20 Absatz 2 und 3 des Kapitalanlagegesetzbuchs aufgeführten Dienstleistungen oder Nebendienstleistungen als Bankgeschäfte betreiben;
3c. EU-Verwaltungsgesellschaften und ausländische AIF-Verwaltungsgesellschaften, sofern sie die kollektive Vermögensverwaltung oder neben der kollektiven Vermögensverwaltung ausschließlich die in Artikel 6 Absatz 3 der Richtlinie 2009/65/EG oder die in Artikel 6 Absatz 4 der Richtlinie 2011/61/EU aufgeführten Dienstleistungen oder Nebendienstleistungen als Bankgeschäfte betreiben;
4. private und öffentlich-rechtliche Versicherungsunternehmen;
5. Unternehmen des Pfandleihgewerbes, soweit sie dieses durch Gewährung von Darlehen gegen Faustpfand betreiben;
6. Unternehmen, die auf Grund des Gesetzes über Unternehmensbeteiligungsgesellschaften als Unternehmensbeteiligungsgesellschaften anerkannt sind;
6a. Unternehmen, die auf Grund des Gesetzes über Wagniskapitalbeteiligungen als Wagniskapitalbeteiligungsgesellschaften anerkannt sind;
7. Unternehmen, die Bankgeschäfte ausschließlich mit ihrem Mutterunternehmen oder ihren Tochter- oder Schwesterunternehmen betreiben;
8. Unternehmen, die, ohne grenzüberschreitend tätig zu werden, als Bankgeschäft ausschließlich das Finanzkommissionsgeschäft an inländischen Börsen oder in

inländischen multilateralen Handelssystemen im Sinne des § 1 Absatz 1a Satz 2 Nummer 1b, an oder in denen Derivate gehandelt werden (Derivatemärkte), für andere Mitglieder dieser Märkte oder Handelssysteme betreiben, sofern für die Erfüllung der Verträge, die diese Unternehmen an diesen Märkten oder in diesen Handelssystemen schließen, Clearingmitglieder derselben Märkte oder Handelssysteme haften;

9. Unternehmen, die Finanzkommissionsgeschäfte nur im Bezug auf Derivate im Sinne des § 1 Abs. 11 Satz 4 Nr. 2 und 5 erbringen, sofern
   a) sie nicht Teil einer Unternehmensgruppe sind, deren Haupttätigkeit in der Erbringung von Finanzdienstleistungen im Sinne des § 1 Abs. 1a Satz 2 Nr. 1 bis 4 oder Bankgeschäften im Sinne des § 1 Abs. 1 Satz 2 Nr. 1, 2 oder 8 besteht,
   b) Finanzkommissionsgeschäfte, Finanzdienstleistungen im Sinne des § 1 Abs. 1a Satz 2 Nr. 1 bis 4 in Bezug auf Derivate im Sinne des § 1 Abs. 11 Satz 4 Nr. 2 und 5 und Eigengeschäfte in Finanzinstrumenten auf Ebene der Unternehmensgruppe von untergeordneter Bedeutung im Verhältnis zur Haupttätigkeit sind und
   c) die Finanzkommissionsgeschäfte nur für Kunden ihrer Haupttätigkeit im sachlichen Zusammenhang mit Geschäften der Haupttätigkeit erbracht werden;
10. Unternehmen, die das Finanzkommissionsgeschäft ausschließlich als Dienstleistung für Anbieter oder Emittenten von Vermögensanlagen im Sinne des § 1 Absatz 2 des Vermögensanlagengesetzes oder von geschlossenen AIF im Sinne des § 1 Absatz 5 des Kapitalanlagegesetzbuchs betreiben;
11. Unternehmen, die das Emissionsgeschäft ausschließlich als Übernahme gleichwertiger Garantien im Sinne des § 1 Absatz 1 Satz 2 Nummer 10 für Anbieter oder Emittenten von Vermögensanlagen im Sinne des § 1 Absatz 2 des Vermögensanlagengesetzes oder von geschlossenen AIF im Sinne des § 1 Absatz 5 des Kapitalanlagegesetzbuchs betreiben;
12. Unternehmen, die das Depotgeschäft im Sinne des § 1 Absatz 1 Satz 2 Nummer 5 ausschließlich für AIF betreiben und damit das eingeschränkte Verwahrgeschäft im Sinne des § 1 Absatz 1a Satz 2 Nummer 12 erbringen.

(2) Für die Kreditanstalt für Wiederaufbau gelten die §§ 14, 22a bis 22o, 53b Absatz 7 und die auf Grund von § 46g Absatz 1 Nummer 2 und § 46h getroffenen Regelungen; für die Sozialversicherungsträger, für die Bundesagentur für Arbeit, für Versicherungsunternehmen sowie für Unternehmensbeteiligungsgesellschaften gilt § 14.

(3) Für Unternehmen der in Absatz 1 Nr. 4 bis 6 bezeichneten Art gelten die Vorschriften dieses Gesetzes insoweit, als sie Bankgeschäfte betreiben, die nicht zu den ihnen eigentümlichen Geschäften gehören.

(4) Die Bundesanstalt für Finanzdienstleistungsaufsicht (Bundesanstalt) kann im Einzelfall bestimmen, dass auf ein Institut die §§ 1a, 2c, 10 bis 18, 24, 24a, 25, 25a bis 25e, 26 bis 38, 45, 46 bis 46c und 51 Absatz 1 dieses Gesetzes insgesamt nicht anzuwenden sind, solange das Unternehmen wegen der Art der von ihm betriebenen Geschäfte insoweit nicht der Aufsicht bedarf; auf der Grundlage einer Freistellung nach Halbsatz 1 kann sie auch bestimmen, dass auf das Institut auch § 6a und § 24c nicht anzuwenden sind, solange das Unternehmen wegen der Art der von ihm betriebenen Geschäfte auch insoweit nicht der Aufsicht bedarf. Die Entscheidung ist im Bundesanzeiger bekanntzumachen.

(5) weggefallen

(6) Als Finanzdienstleistungsinstitute gelten nicht
1. die Deutsche Bundesbank;
2. die Kreditanstalt für Wiederaufbau;
3. die öffentliche Schuldenverwaltung des Bundes, eines seiner Sondervermögen, eines Landes oder eines anderen Staates des Europäischen Wirtschaftsraums und deren Zentralbanken;
4. private und öffentlich-rechtliche Versicherungsunternehmen;

5. Unternehmen, die Finanzdienstleistungen im Sinne des § 1 Abs. 1a Satz 2 ausschließlich innerhalb der Unternehmensgruppe erbringen;

5a. Kapitalverwaltungsgesellschaften und extern verwaltete Investmentgesellschaften, sofern sie die kollektive Vermögensverwaltung erbringen oder neben der kollektiven Vermögensverwaltung ausschließlich die in § 20 Absatz 2 und 3 des Kapitalanlagegesetzbuchs aufgeführten Dienstleistungen oder Nebendienstleistungen als Finanzdienstleistungen erbringen;

5b. EU-Verwaltungsgesellschaften und ausländische AIF-Verwaltungsgesellschaften, sofern sie die kollektive Vermögensverwaltung erbringen oder neben der kollektiven Vermögensverwaltung ausschließlich die in Artikel 6 Absatz 3 der Richtlinie 2009/65/EG oder die in Artikel 6 Absatz 4 der Richtlinie 2011/61/EU aufgeführten Dienstleistungen oder Nebendienstleistungen als Finanzdienstleistungen erbringen;

6. Unternehmen, deren Finanzdienstleistung für andere ausschließlich in der Verwaltung eines Systems von Arbeitnehmerbeteiligungen an den eigenen oder an mit ihnen verbundenen Unternehmen besteht;

7. Unternehmen, die ausschließlich Finanzdienstleistungen im Sinne sowohl der Nummer 5 als auch der Nummer 6 erbringen;

8. Unternehmen, die als Finanzdienstleistungen für andere ausschließlich die Anlageberatung und die Anlage- und Abschlussvermittlung zwischen Kunden und
   a) inländischen Instituten,
   b) Instituten oder Finanzunternehmen mit Sitz in einem anderen Staat des Europäischen Wirtschaftsraums, die die Voraussetzungen nach § 53b Abs. 1 Satz 1 oder Abs. 7 erfüllen,
   c) Unternehmen, die auf Grund einer Rechtsverordnung nach § 53c gleichgestellt oder freigestellt sind,
   d) Kapitalverwaltungsgesellschaften, extern verwalteten Investmentgesellschaften, EU-Verwaltungsgesellschaften oder ausländischen AIF-Verwaltungsgesellschaften oder
   e) Anbietern oder Emittenten von Vermögensanlagen im Sinne des § 1 Absatz 2 des Vermögensanlagengesetzes

   betreiben, sofern sich diese Finanzdienstleistungen auf Anteile oder Aktien an inländischen Investmentvermögen, die von einer Kapitalverwaltungsgesellschaft ausgegeben werden, die eine Erlaubnis nach § 7 oder § 97 Absatz 1 des Investmentgesetzes in der bis zum 21. Juli 2013 geltenden Fassung erhalten hat, die für den in § 345 Absatz 2 Satz 1, Absatz 3 Satz 2, in Verbindung mit Absatz 2 Satz 1, oder Absatz 4 Satz 1 des Kapitalanlagegesetzbuchs vorgesehenen Zeitraum noch fortbesteht oder eine Erlaubnis nach den §§ 20, 21 oder §§ 20, 22 des Kapitalanlagegesetzbuchs erhalten hat oder auf Anteile oder Aktien an EU-Investmentvermögen oder ausländischen AIF, die nach dem Kapitalanlagegesetzbuch vertrieben werden dürfen, oder auf Vermögensanlagen im Sinne des § 1 Absatz 2 des Vermögensanlagengesetzes beschränken und die Unternehmen nicht befugt sind, sich bei der Erbringung dieser Finanzdienstleistungen Eigentum oder Besitz an Geldern oder Anteilen von Kunden zu verschaffen, es sei denn, das Unternehmen beantragt und erhält eine entsprechende Erlaubnis nach § 32 Abs. 1; Anteile oder Aktien an Hedgefonds im Sinne von § 283 des Kapitalanlagegesetzbuchs gelten nicht als Anteile an Investmentvermögen im Sinne dieser Vorschrift;

9. Unternehmen, die, ohne grenzüberschreitend tätig zu werden, Eigengeschäfte an Derivatemärkten im Sinne des Absatzes 1 Nr. 8 betreiben und an Kassamärkten nur zur Absicherung dieser Positionen handeln, Eigenhandel im Sinne des § 1 Absatz 1a Satz 2 Nummer 4 Buchstabe a bis c oder Abschlussvermittlung nur für andere Mitglieder dieser Derivatemärkte erbringen oder als Market Maker im Sinne des § 23 Abs. 4 des Wertpapierhandelsgesetzes im Wege des Eigenhandels im Sinne des § 1 Absatz 1a Satz 2 Nummer 4 Buchstabe a Preise für andere Mitglieder dieser Deri-

vatemärkte stellen, sofern für die Erfüllung der Verträge, die diese Unternehmen schließen, Clearingmitglieder derselben Märkte oder Handelssysteme haften;
10. Angehörige freier Berufe, die Finanzdienstleistungen im Sinne des § 1 Abs. 1a Satz 2 Nr. 1 bis 4 nur gelegentlich im Rahmen eines Mandatsverhältnisses als Freiberufler erbringen und einer Berufskammer in der Form der Körperschaft des öffentlichen Rechts angehören, deren Berufsrecht die Erbringung von Finanzdienstleistungen nicht ausschließt;
11. Unternehmen, die Eigengeschäfte in Finanzinstrumenten betreiben oder Finanzdienstleistungen im Sinne des § 1 Abs. 1a Satz 2 Nr. 1 bis 4 Buchstabe a bis c nur in Bezug auf Derivate im Sinne des § 1 Abs. 11 Satz 4 Nr. 2 und 5 erbringen, sofern
    a) sie nicht Teil einer Unternehmensgruppe sind, deren Haupttätigkeit in der Erbringung von Finanzdienstleistungen im Sinne des § 1 Abs. 1a Satz 2 Nr. 1 bis 4 oder Bankgeschäften im Sinne des § 1 Abs. 1 Satz 2 Nr. 1, 2 oder 8 besteht,
    b) diese Finanzdienstleistungen auf Ebene der Unternehmensgruppe von untergeordneter Bedeutung im Verhältnis zur Haupttätigkeit sind und
    c) die Finanzdienstleistungen in Bezug auf Derivate im Sinne des § 1 Abs. 11 Satz 4 Nr. 2 und 5 nur für Kunden ihrer Haupttätigkeit im sachlichen Zusammenhang mit Geschäften der Haupttätigkeit erbracht werden,
12. Unternehmen, deren einzige Finanzdienstleistung im Sinne des § 1 Abs. 1a Satz 2 der Handel mit Sorten ist, sofern ihre Haupttätigkeit nicht im Sortengeschäft besteht;
13. Unternehmen, soweit sie als Haupttätigkeit Eigengeschäfte und Eigenhandel im Sinne des § 1 Absatz 1a Satz 2 Nummer 4 Buchstabe a bis c mit Waren oder Derivaten im Sinne des § 1 Abs. 11 Satz 4 Nr. 2 im Bezug auf Waren betreiben, sofern sie nicht einer Unternehmensgruppe angehören, deren Haupttätigkeit in der Erbringung von Finanzdienstleistungen im Sinne des § 1 Abs. 1a Satz 2 Nr. 1 bis 4 oder dem Betreiben von Bankgeschäften nach § 1 Abs. 1 Satz 2 Nr. 1, 2 oder 8 besteht;
14. weggefallen
15. Unternehmen, die als Finanzdienstleistung im Sinne des § 1 Abs. 1a Satz 2 ausschließlich die Anlageberatung im Rahmen einer anderen beruflichen Tätigkeit erbringen, ohne sich die Anlageberatung besonders vergüten zu lassen;
16. Betreiber organisierter Märkte, die neben dem Betrieb eines multilateralen Handelssystems keine anderen Finanzdienstleistungen im Sinne des § 1 Abs. 1a Satz 2 erbringen;
17. Unternehmen, die als einzige Finanzdienstleistung im Sinne des § 1 Abs. 1a Satz 2 das Finanzierungsleasing betreiben, falls sie nur als Leasing-Objektgesellschaft für ein einzelnes Leasingobjekt tätig werden, keine eigenen geschäftspolitischen Entscheidungen treffen und von einem Institut mit Sitz im Europäischen Wirtschaftsraum verwaltet werden, das nach dem Recht des Herkunftsmitgliedstaates zum Betrieb des Finanzierungsleasing zugelassen ist;
18. Unternehmen, die als Finanzdienstleistung nur die Anlageverwaltung betreiben und deren Mutterunternehmen die Kreditanstalt für Wiederaufbau oder ein Institut im Sinne des Satzes 2 ist. Institut im Sinne des Satzes 1 ist ein Finanzdienstleistungsinstitut, das die Erlaubnis für die Anlageverwaltung hat, oder ein CRR-Institut mit Sitz in einem anderen Staat des Europäischen Wirtschaftsraums im Sinne des § 53b Abs. 1 Satz 1, das in seinem Herkunftsmitgliedstaat über eine Erlaubnis für mit § 1 Abs. 1a Satz 2 Nr. 11 vergleichbare Geschäfte verfügt, oder ein Institut mit Sitz in einem Drittstaat, das für die in § 1 Abs. 1a Satz 2 Nr. 11 genannten Geschäfte nach Absatz 4 von der Erlaubnispflicht nach § 32 freigestellt ist;
19. Unternehmen, die das Platzierungsgeschäft ausschließlich für Anbieter oder für Emittenten von Vermögensanlagen im Sinne des § 1 Absatz 2 des Vermögensanlagengesetzes oder von geschlossenen AIF im Sinne des § 1 Absatz 5 des Kapitalanlagegesetzbuchs erbringen, und

20. Unternehmen, die außer der Finanzportfolioverwaltung und der Anlageverwaltung keine Finanzdienstleistungen erbringen, sofern die Finanzportfolioverwaltung und Anlageverwaltung nur auf Vermögensanlagen im Sinne des § 1 Absatz 2 des Vermögensanlagengesetzes oder von geschlossenen AIF im Sinne des § 1 Absatz 5 des Kapitalanlagegesetzbuchs beschränkt erbracht werden.

Für Einrichtungen und Unternehmen im Sinne des Satzes 1 Nr. 3 und 4 gelten die Vorschriften dieses Gesetzes insoweit, als sie Finanzdienstleistungen erbringen, die nicht zu den ihnen eigentümlichen Geschäften gehören.

(7) Auf Finanzdienstleistungsinstitute, die außer der Drittstaateneinlagenvermittlung und dem Sortengeschäft keine weiteren Finanzdienstleistungen im Sinne des § 1 Absatz 1a Satz 2 erbringen, sind die §§ 10, 10c bis 10i, 11 bis 18 und 24 Absatz 1 Nummer 9, die §§ 24a und 33 Absatz 1 Satz 1 Nummer 1, § 35 Absatz 2 Nummer 5 und die §§ 45 und 46 Absatz 1 Satz 2 Nummer 4 bis 6 und die §§ 46b und 46c dieses Gesetzes sowie die Artikel 24 bis 403 und 411 bis 455 der Verordnung (EU) Nr. 575/2013 nicht anzuwenden.

(7a) Auf Unternehmen, die ausschließlich Finanzdienstleistungen nach § 1 Absatz 1a Satz 2 Nummer 9 oder Nummer 10 erbringen, sind die §§ 10, 10c bis 10i, 11 bis 13c, 15 bis 18 und 24 Absatz 1 Nummer 4, 6, 9, 11, 14, 16 und 17, Absatz 1a Nummer 5, die §§ 25, 26a und 33 Absatz 1 Satz 1 Nummer 1, § 35 Absatz 2 Nummer 5, die §§ 45 und 46 Absatz 1 Satz 2 Nummer 4 bis 6 und die §§ 46b und 46c dieses Gesetzes sowie die Artikel 24 bis 455 und 465 bis 519 der Verordnung (EU) Nr. 575/2013 nicht anzuwenden.

(8) Auf
1. Anlageberater, Anlagevermittler, Abschlussvermittler, Betreiber multilateraler Handelssysteme und Unternehmen, die das Platzierungsgeschäft betreiben, die jeweils
    a) nicht befugt sind, sich bei der Erbringung von Finanzdienstleistungen Eigentum oder Besitz an Geldern oder Wertpapieren von Kunden zu verschaffen, und
    b) nicht auf eigene Rechnung mit Finanzinstrumenten handeln, sowie
2. Unternehmen, die auf Grund der Rückausnahme für die Erbringung grenzüberschreitender Geschäfte in Absatz 1 Nummer 8 oder Absatz 6 Nummer 9 als Institute einzustufen sind,

sind die §§ 10, 10c bis 10i, 11, 13, 14 bis 18, 24 Absatz 1 Nummer 14, 16 und 17, Absatz 1a Nummer 5, § 25a Absatz 2, die §§ 26a und 35 Absatz 2 Nummer 5 und § 45 dieses Gesetzes sowie die Artikel 39, 41, 50 bis 403 und 411 bis 455 der Verordnung (EU) Nr. 575/2013 nicht anzuwenden.

(8a) Die Anforderungen des § 26a und der Artikel 39, 41, 89 bis 386 der Verordnung (EU) Nr. 575/2013 gelten, vorbehaltlich des § 64h Absatz 7, nicht für die Institute, deren Haupttätigkeit ausschließlich im Betreiben von Bankgeschäften oder der Erbringung von Finanzdienstleistungen im Zusammenhang mit Derivaten nach § 1 Absatz 11 Satz 4 Nummer 2, 3 und 5 besteht.

(8b) Auf Finanzportfolioverwalter und Anlageverwalter, die nicht befugt sind, sich bei der Erbringung von Finanzdienstleistungen Eigentum oder Besitz an Geldern oder Wertpapieren von Kunden zu verschaffen, und die nicht auf eigene Rechnung mit Finanzinstrumenten handeln, ist § 10 Absatz 1, die §§ 10c bis 10i, 11, 13, 24 Absatz 1 Nummer 14 und 16, Absatz 1a Nummer 5, § 25a Absatz 2 und § 26a dieses Gesetzes und die Artikel 39, 41 sowie 89 bis 96, 98 bis 403 und 411 bis 455 der Verordnung (EU) Nr. 575/2013 nicht anzuwenden.

(9) Die Artikel 387 bis 403 der Verordnung (EU) Nr. 575/2013 sind nicht anzuwenden auf Finanzkommissionäre und Eigenhändler, die für eigene Rechnung ausschließlich zum Zwecke der Erfüllung oder Ausführung eines Kundenauftrags oder des möglichen Zugangs zu einem Abwicklungs- und Verrechnungssystem oder einer anerkannten Börse handeln, sofern sie im eigenen Namen für fremde Rechnung tätig sind oder einen Kundenauftrag ausführen.

(9a) Auf Kreditinstitute, die ausschließlich über eine Erlaubnis verfügen, die Tätigkeit einer zentralen Gegenpartei nach § 1 Absatz 1 Satz 2 Nummer 12 auszuüben, sind die §§ 2c, 10, 10c, 11, 12, 12a bis 18b, 20a bis 20c, 24 Absatz 1 Nummer 6, 10, 14, 16, Absatz 1a Nummer 4 und 5, §§ 24a, 24c, 25 Absatz 1 Satz 2, die §§ 25a bis 25e, 26a, 32, 33, 34, 36 Absatz 3 Satz 1 und 2, §§ 45 und 45b dieses Gesetzes nicht anzuwenden. § 24 Absatz 1 Nummer 9 gilt mit der Maßgabe, dass das Absinken des Anfangskapitals unter die Mindestanforderungen nach Artikel 16 der Verordnung (EU) Nr. 648/2012 anzuzeigen ist.

(9b) Sofern ein Kreditinstitut sowohl Tätigkeiten im Sinne des § 1 Absatz 1 Satz 2 Nummer 12 ausübt als auch weitere nach diesem Gesetz erlaubnispflichtige Bankgeschäfte betreibt oder Finanzdienstleistungen erbringt, ist auf die Tätigkeit im Sinne des § 1 Absatz 1 Satz 2 Nummer 12 der Absatz 9a anzuwenden; diese Kreditinstitute haben dafür Sorge zu tragen, dass sowohl die Anforderungen nach diesem Gesetz als auch die Anforderungen der Verordnung (EU) Nr. 648/2012 eingehalten werden. Bezüglich der Anforderungen an das Anfangskapital nach § 33 Absatz 1 sowie nach Artikel 16 Absatz 1 der Verordnung (EU) Nr. 648/2012 haben die betroffenen Kreditinstitute die im jeweiligen Einzelfall höheren Anforderungen zu erfüllen. Anzeige- und Informationspflichten, die sowohl nach § 2c Absatz 1 als auch nach Artikel 31 Absatz 2 der Verordnung (EU) Nr. 648/2012 bestehen, können in einer gemeinsamen Anzeige oder Mitteilung zusammengefasst werden.

(9c) Die §§ 10d und 24 Absatz 1 Nummer 16 dieses Gesetzes und die Artikel 411 bis 430 der Verordnung (EU) Nr. 575/2013 sind nicht auf Bürgschaftsbanken im Sinne des § 5 Absatz 1 Nummer 17 des Körperschaftsteuergesetzes anzuwenden.

(9d) Die Artikel 411 bis 428 der Verordnung (EU) Nr. 575/2013 sind nicht auf CRR-Wertpapierfirmen anzuwenden.

(9e) Die Vorschriften über Kapitalpuffer in den §§ 10c bis 10i sind nicht anwendbar auf Anlagevermittler gemäß § 1 Absatz 1a Nummer 1; Anlageberater gemäß § 1 Absatz 1a Nummer 1a; Betreiber multilateraler Handelssysteme gemäß § 1 Absatz 1a Nummer 1b; Betreiber des Platzierungsgeschäfts gemäß § 1 Absatz 1a Nummer 1c; Abschlussvermittler gemäß § 1 Absatz 1a Nummer 2; Finanzportfolioverwalter gemäß § 1 Absatz 1a Nummer 5; Betreiber des Sortengeschäfts gemäß § 1 Absatz 1a Nummer 9; Betreiber des Finanzierungsleasinggeschäfts gemäß § 1 Absatz 1a Nummer 10 und Anlageverwalter gemäß § 1 Absatz 1a Nummer 11.

(10) Ein Unternehmen, das keine Bankgeschäfte im Sinne des § 1 Abs. 1 Satz 2 betreibt und als Finanzdienstleistungen nur die Anlage- oder Abschlussvermittlung, das Platzierungsgeschäft oder die Anlageberatung ausschließlich für Rechnung und unter der Haftung eines CRR-Kreditinstituts oder eines Wertpapierhandelsunternehmens, das seinen Sitz im Inland hat oder nach § 53b Abs. 1 Satz 1 oder Abs. 7 im Inland tätig ist, erbringt (vertraglich gebundener Vermittler), gilt nicht als Finanzdienstleistungsinstitut, sondern als Finanzunternehmen, wenn das CRR-Kreditinstitut oder Wertpapierhandelsunternehmen als das haftende Unternehmen dies der Bundesanstalt anzeigt. Die Tätigkeit des vertraglich gebundenen Vermittlers wird dem haftenden Unternehmen zugerechnet. Ändern sich die von dem haftenden Unternehmen angezeigten Verhältnisse, sind die neuen Verhältnisse unverzüglich der Bundesanstalt anzuzeigen. Für den Inhalt der Anzeigen nach den Sätzen 1 und 3 und die beizufügenden Unterlagen und Nachweise können durch Rechtsverordnung nach § 24 Abs. 4 nähere Bestimmungen getroffen werden. Die Bundesanstalt übermittelt die Anzeigen nach den Sätzen 1 und 3 der Deutschen Bundesbank. Die Bundesanstalt führt über die ihr angezeigten vertraglich gebundenen Vermittler nach diesem Absatz ein öffentliches Register im Internet, das das haftende Unternehmen, die vertraglich gebundenen Vermittler, das Datum des Beginns und des Endes der Tätigkeit nach Satz 1 ausweist. Für die Voraussetzungen zur Aufnahme in das Register, den Inhalt und die Führung des Registers können durch Rechtsverordnung nach § 24 Abs. 4 nähere Bestimmungen getroffen werden, insbesondere kann dem haftenden Unternehmen ein schreibender Zugriff auf die für dieses Unternehmen einzurichtende Seite des

Registers eingeräumt und ihm die Verantwortlichkeit für die Richtigkeit und Aktualität dieser Seite übertragen werden. Die Bundesanstalt kann einem haftenden Unternehmen, das die Auswahl oder Überwachung seiner vertraglich gebundenen Vermittler nicht ordnungsgemäß durchgeführt hat oder die ihm im Zusammenhang mit der Führung des Registers übertragenen Pflichten verletzt hat, untersagen, vertraglich gebundene Vermittler im Sinne der Sätze 1 und 2 in das Unternehmen einzubinden.

(11) weggefallen

(12) Für Betreiber organisierter Märkte mit Sitz im Ausland, die als einzige Finanzdienstleistung ein multilaterales Handelssystem im Inland betreiben, gelten die Anforderungen der §§ 25a, 25b und 33 Abs. 1 Nr. 1 bis 4 sowie die Anzeigepflichten nach § 2c Abs. 1 und 4 sowie § 24 Abs. 1 Nr. 1, 2 und 11 und Abs. 1a Nr. 2 entsprechend. Die in Satz 1 genannten Anforderungen gelten entsprechend auch für Träger einer inländischen Börse, die außer dem Freiverkehr als einzige Finanzdienstleistung ein multilaterales Handelssystem im Inland betreiben. Es wird vermutet, dass Geschäftsführer einer inländischen Börse und Personen, die die Geschäfte eines ausländischen organisierten Marktes tatsächlich leiten, den Anforderungen nach § 33 Abs. 1 Nr. 2 und 4 genügen. Die Befugnisse der Bundesanstalt nach den §§ 2c und 25a Absatz 2 Satz 1 sowie den §§ 44 bis 46h gelten entsprechend. Die Bundesanstalt kann den in Satz 1 genannten Personen den Betrieb eines multilateralen Handelssystems in den Fällen des § 35 Abs. 2 Nr. 4, 5 und 6 sowie dann untersagen, wenn sie die Anforderungen des § 33 Abs. 1 Satz 1 Nr. 1 bis 4 nicht erfüllen. Die in Satz 1 genannten Personen haben der Bundesanstalt die Aufnahme des Betriebs unverzüglich anzuzeigen.

Amtliche Begründung[1]

Die Anwendung der für Kreditinstitute geltenden Vorschriften des Gesetzes ist bei gewissen Einrichtungen und Unternehmen, die die Merkmale des § 1 Abs. 1 erfüllen, aus besonderen Gründen nicht angebracht. Diese Einrichtungen und Unternehmen werden durch § 2 in dem gebotenen Umfang von diesen Vorschriften freigestellt. Sie unterliegen jedoch den Vorschriften, die eine Kreditinstitutseigenschaft nicht voraussetzen, wie z.B. § 3.

Die Deutsche Bundesbank ist die Währungs- und Notenbank des Bundes. Sie wirkt bei der Durchführung der Bankenaufsicht mit. Diese Stellung verbietet es, sie als Kreditinstitut im Sinne dieses Gesetzes zu behandeln.

...

Das typische Geschäft der Versicherungsunternehmen ist die Übernahme von Risiken für andere sowie die Anlage der Prämieneinnahmen nach den Vorschriften des Versicherungsaufsichtsgesetzes, wonach auch Kredite gewährt werden können. Damit erfüllen diese Unternehmen die Merkmale des § 1 Abs. 1 Nr. 8* und Nr. 2. Gleichwohl ist ihre Freistellung von diesem Gesetz gerechtfertigt, weil sie speziellen gesetzlichen Vorschriften unterliegen, deren Einhaltung von einer besonderen Aufsichtsbehörde überwacht wird. Soweit sie jedoch Bankgeschäfte betreiben, die nicht zu ihren eigentümlichen Geschäften gehören, z.B. die Annahme von Einlagen, müssen sie im Interesse einer umfassenden und einheitlichen Überwachung der Bankgeschäfte der Aufsicht nach diesem Gesetz unterworfen werden (Absatz 3). Um die Wirksamkeit der sog. Evidenzzentrale zu verbessern, ist es geboten, auch die Millionenkredite der Versicherungsunternehmen in die Meldepflicht nach § 14* einzubeziehen (Absatz 2 Satz 2 zweiter Halbsatz).

...

Pfandleihunternehmen betreiben das Kreditgeschäft. Da die umgesetzten Beträge gering sind, die Tätigkeit auf bestimmte Kleingeschäfte beschränkt ist und die Unter-

---

1 Zur Ursprungsfassung.

nehmen der Aufsicht nach § 34 Abs. 1 der Gewerbeordnung und nach landesrechtlichen Vorschriften unterliegen, ist eine zusätzliche Überwachung nach diesem Gesetz entbehrlich. Dies gilt jedoch nur, soweit die Pfandleiher das für sie typische Kreditgeschäft gegen Faustpfand betreiben, bei dem sich der Geschäftsumfang erfahrungsgemäß in gewissen Grenzen hält, weil die Bestellung eines Pfandrechts grundsätzlich die Übergabe der Pfandsache erfordert. Dagegen würde die Kreditgewährung gegen Sicherungsübereignung, die z.B. die Beleihung ganzer Warenlager ermöglicht, den historisch gewachsenen Rahmen des Pfandleihgewerbes sprengen. Soweit Pfandleihunternehmen solche Geschäfte betreiben, unterliegen sie diesem Gesetz.

Soweit nach Absatz 2 auf die dort bezeichneten Einrichtungen und Unternehmen einzelne Vorschriften des Entwurfs anzuwenden sind, gelten die korrespondierenden Bußgeldvorschriften nicht. Auch die Auskunfts- und Prüfungsbefugnisse nach § 43 sowie der Verwaltungszwang nach § 48 sind gegenüber den genannten Stellen insoweit nicht anwendbar. Dies rechtfertigt sich bei der Deutschen Bundespost und der Kreditanstalt für Wiederaufbau aus ihrer öffentlichen Stellung, bei den Versicherungsunternehmen aus den besonderen Eingriffsmöglichkeiten der Versicherungsaufsichtsbehörden.

Die umfassende Begriffsbestimmung des § 1 Abs. 1 hat zur Folge, daß auch Unternehmen unter das Gesetz fallen können, deren Beaufsichtigung nach dem Gesetzeszweck nicht erforderlich ist. Absatz 4 ermächtigt das Bundesaufsichtsamt daher, solche Unternehmen von den Vorschriften des Gesetzes freizustellen, die besondere Anforderungen an die Kreditinstitute stellen oder zulassen. Die Bestimmung unterscheidet sich von speziellen Freistellungsmöglichkeiten des Entwurfs dadurch, daß sie nur eine generelle Befreiung zuläßt.

Amtliche Begründung[1]

aa) (Absatz 1; Anstalten und Unternehmen, die materiell als Kreditinstitute zu qualifizieren sind, formal jedoch nicht als Kreditinstitute gelten)

Die Nr. 1 bis 6 entsprechen dem geltenden Recht.

An der Beaufsichtigung der in der neuen Nr. 7 genannten Unternehmen, die Bankgeschäfte ausschließlich mit ihrem Mutterunternehmen oder ihren Tochter- oder Schwesterunternehmen betreiben, besteht kein öffentliches Interesse. Es ist von Konzernunternehmen zu erwarten, daß sie ihre Interessen selbst wahrnehmen. Belange geschäftlich unerfahrener Dritter werden nicht berührt. Eine Einbeziehung von Gleichordnungskonzernen in die Ausnahmeregelung verstieße gegen EG-rechtliche Vorgaben. Art. 2 Abs. 2 Buchst. b der Wertpapierdienstleistungsrichtlinie erlaubt keine weiteren Ausnahmen.

Die in der neuen Nr. 8 genannten Unternehmen, die das Finanzkommissionsgeschäft ausschließlich auf einem Markt an einer Börse (§ 1 Abs. 3 e), an der ausschließlich Derivate (§ 1 Abs. 11 Satz 4) gehandelt werden, für andere Mitglieder dieses Marktes erbringen, die sog. Locals, bedürfen keiner Aufsicht, solange ihre Verbindlichkeiten an diesem Markt durch ein System zur Sicherung der Erfüllung der Geschäfte abgedeckt sind. Die Geschäfte des Local werden gegebenenfalls dem Clearing-Mitglied zugerechnet, das für die Geschäfte des Local die Verantwortung übernimmt. Die Ausnahme ist aufsichtlich vertretbar und stimmt mit Art. 2 Abs. 2 Buchst. j) der Wertpapierdienstleistungsrichtlinie und Art. 2 Anstr. 2 der Kapitaladäquanzrichtlinie überein.

Die Regelung für die Locals gilt ausdrücklich nur für Terminbörsen. Der Begriff »Terminbörse« ist in diesem Zusammenhang funktional zu verstehen. Ein Local kann auch eine Person sein, die an einer Wertpapierbörse, an der auch Kassageschäfte getätigt werden, ausschließlich in Terminkontrakten handelt. Sofern der Local jedoch

---

1 Zum 6. KWG-Änderungsgesetz.

auch Kassageschäfte tätigt und nach den Statuten der Börse, an der er zugelassen ist, tätigen kann, ist die Freistellung gemäß Nr. 8 nicht zulässig.
Die anderen Änderungen sind redaktioneller Natur.

bb) *(Absatz 3; Ausnahme für Versicherungsunternehmen, Unternehmen des Pfandleihgewerbes und Unternehmensbeteiligungsgesellschaften)*
Die Änderung ist redaktioneller Natur.

cc) *(Absatz 4; Freistellung von anderen Kreditinstituten, die nicht Einlagenkreditinstitute oder Wertpapierhandelsbanken sind)*
Die Änderungen dienen der Klarstellung. Die Beschränkung auf die §§ 10 bis 18 hat keine materiellen Auswirkungen.

dd) *(Absatz 5; Freistellung von Geldkartenemittenten)*
Maßgebend für die in dem neuen Absatz 5 für das BAKred vorgesehene Ermächtigung zur Freistellung einzelner Emittenten dreiseitiger Geldkartensysteme von bestimmten Vorschriften des KWG ist die begrenzte Nutzung und Verbreitung der von einem solchen System emittierten Geldkarten, die eine Gefährdung des Zahlungsverkehrs nicht erwarten lassen.
Die Freistellungsvoraussetzungen können durch eine vom Bundesministerium der Finanzen im Benehmen mit der Deutschen Bundesbank zu erlassende Rechtsverordnung näher bestimmt werden. Wird die Rechtsverordnungsermächtigung auf das BAKred übertragen, darf diese Rechtsverordnung nur im Einvernehmen mit der Bundesbank ergehen. Damit wird der besonderen Rolle und Verantwortung der Bundesbank im Bereich des Zahlungsverkehrs Rechnung getragen (§ 3 Bundesbankgesetz).

ee) *(Absatz 6; Anstalten und Unternehmen, die materiell als Finanzdienstleistungsinstitute zu qualifizieren sind, formal jedoch nicht als Finanzdienstleistungsinstitute gelten)*
Prinzipiell bedürfen alle inländischen Unternehmen, die gewerbsmäßig Finanzdienstleistungen erbringen, der Erlaubnis nach § 32 und unterfallen der Aufsicht durch das BAKred. Absatz 6 nimmt bestimmte Anstalten und Unternehmen, die materiell als Finanzdienstleistungsinstitute einzustufen sind, aus dem Anwendungsbereich des KWG. Die Anwendbarkeit des § 34c Gewerbeordnung wird durch die Ausnahmevorschrift des Absatzes 6 nicht berührt.
Nr. 1, 2 und 4 entsprechen Absatz 1 Nr. 1, 2 und 4.
Die Regelung der Nr. 3 sieht vor, daß die öffentliche Schuldenverwaltung des Bundes, eines seiner Sondervermögen, eines Landes, eines anderen Staates des Europäischen Wirtschaftsraums sowie deren Zentralbanken Finanzdienstleistungen erbringen können, ohne daß diese Tätigkeiten der Aufsicht nach dem KWG zu unterwerfen sind, auch wenn sie rechtlich verselbständigt sind und so als Finanzdienstleistungsinstitute qualifiziert werden könnten. Die Regelung entspricht § 2a Abs. 1 Satz 1 Nr. 5 WpHG-Entwurf. Damit wird Art. 2 Abs. 2 Buchst. f) der Wertpapierdienstleistungsrichtlinie umgesetzt.
Die Regelung der Nr. 5 stellt Finanzdienstleistungen innerhalb des Konzerns von der Aufsicht frei. Es besteht kein besonderer Schutzzweck für diese Geschäfte. Die Freistellung stimmt mit Art. 2 Abs. 2 Buchst. b) der Wertpapierdienstleistungsrichtlinie überein.
Um den Ausnahmetatbestand der Nr. 6 zu erfüllen, darf ein Unternehmen die Finanzdienstleistung ausschließlich für die Verwaltung von Beteiligungen an dem eigenen oder an mit ihm verbundenen Unternehmen für die jeweiligen Arbeitnehmer erbringen; Beteiligungen, die Arbeitnehmer an einem anderen Konzernunternehmen, bei dem sie nicht beschäftigt sind, oder an konzernfremden Unternehmen halten, werden nicht erfaßt.

Nummer 7 stellt klar, daß die Ausnahmevoraussetzungen auch dann vorliegen, wenn die in Nr. 5 und 6 genannten Finanzdienstleistungen nicht jeweils die einzige Finanzdienstleistung sind, außer diesen beiden jedoch keine weitere Finanzdienstleistung erbracht wird. Die Regelung setzt Artikel 2 Abs. 2 Buchstabe e) der Wertpapierdienstleistungsrichtlinie um.

Mit der Ausnahme der Nr. 8 wird Artikel 2 Abs. 2 Buchstabe g) umgesetzt. Die in Nr. 8 genannten Unternehmen bedürfen nicht der Aufsicht. Da es sich bei Investmentanteilen um standardisierte Produkte handelt, birgt das bloße Weiterleiten der Kauf- oder Verkaufsaufträge keine besonderen Risiken. Das vermittelnde Unternehmen selbst führt folglich keine aufsichtsrechtlich relevante Tätigkeit aus. Zudem unterliegt das Institut oder Unternehmen, an das die Vermittlung erfolgt, bereits selbst der Aufsicht. Eine weitergehende Beaufsichtigung der ausschließlich die Aufträge weiterleitenden Unternehmen ist nicht erforderlich.

Nummer 9 entspricht der Ausnahmeregelung in Abs. 1 Nr. 8 bezogen auf Finanzdienstleistungen.

Mit Nr. 10 wird Artikel 2 Abs. 2 Buchstabe c) der Wertpapierdienstleistungsrichtlinie umgesetzt.

Mit Nr. 11 wird Artikel 2 Abs. 2 Buchstabe i) der Wertpapierdienstleistungsrichtlinie umgesetzt.

Gemäß Nr. 12 sind Unternehmen, die als einzige Finanzdienstleistung das Sortengeschäft betreiben, keine Finanzdienstleistungsinstitute, wenn ihre Haupttätigkeit in anderen Geschäften liegt. Hotels, Reisebüros, Kaufhäuser und andere Unternehmen, die das Sortengeschäft lediglich als Nebentätigkeit betreiben, sollen auch künftig nicht beaufsichtigt werden, weil das Sortengeschäft nicht im Vordergrund ihrer Geschäftstätigkeit steht.

Satz 2 entspricht der Regelung des Abs. 3 für Kreditinstitute.

ff) (Absatz 7; Ausnahmen für Wechselstuben, Finanztransferdienstleister und Drittstaateneinlagenvermittler)

Wechselstuben, Finanztransferdienstleister und Drittstaateneinlagenvermittler bedürfen keiner strengeren Aufsicht als Anlagevermittler und Abschlußvermittler, die nicht befugt sind, sich bei der Erbringung von Finanzdienstleistungen Eigentum oder Besitz an Geldern oder Wertpapieren von Kunden zu verschaffen, und auch nicht auf eigene Rechnung mit Finanzinstrumenten handeln. Sie werden daher wie diese nur einer eingeschränkten Solvenzaufsicht unterworfen und von §§ 10 bis 18, 24 Abs. 1 Nr. 10, § 24a und §§ 45, 46 bis 46c freigestellt. Darüber hinaus brauchen sie kein Anfangskapital vorzuhalten; demgemäß werden sie auch von § 33 Abs. 1 Satz 1 Nr. 1 und § 35 Abs. 2 Nr. 5 ausgenommen. Dies ist aufsichtlich vertretbar, weil diese Institute keine Risikopositionen gegenüber Kunden aufbauen. Die Vorhaltung von Anfangskapital ist nicht durch Richtlinien vorgegeben.

gg) (Absatz 8; Ausnahmen für Anlagevermittler und Abschlußvermittler)

Über die Anlagevermittler und Abschlußvermittler ist nur eine eingeschränkte Solvenzaufsicht erforderlich, sofern sie nicht befugt sind, sich bei der Erbringung von Finanzdienstleistungen Eigentum oder Besitz an Geldern oder Wertpapieren von Kunden zu verschaffen und auch nicht auf eigene Rechnung mit Finanzinstrumenten handeln. Diese Finanzdienstleistungsinstitute entsprechen der Definition des Artikel 2 Nr. 2 Anstr. 3 der Kapitaladäquanzrichtlinie. Sie werden von § 2a Abs. 2, §§ 10, 11, 12, 12b Abs. 1, §§ 13, 13a, 14 bis 18 und 24 Abs. 1 Nr. 10 und §§ 45, 46 bis 46c ausgenommen. Die Ausnahme ist aufsichtspolitisch vertretbar und mit der Kapitaladäquanzrichtlinie vereinbar, weil diese Unternehmen keine Wertpapierfirmen im Sinne dieser Richtlinie sind.

hh) (Absatz 9; Europäischer Paß für Anlage- und Abschlußvermittler ohne Anfangskapital)

Gemäß § 33 Abs. 1 Satz 2 können Anlage- und Abschlußvermittler, die nicht befugt sind, sich bei der Erbringung von Finanzdienstleistungen Eigentum oder Besitz an Geldern oder Wertpapieren von Kunden zu verschaffen, und die nicht auf eigene Rechnung mit Finanzinstrumenten handeln, anstelle des Anfangskapitals von 50 000 ECU den Abschluß einer geeigneten Versicherung zum Schutz der Kunden nachweisen. Diese Finanzdienstleistungsinstitute können gemäß Artikel 2 Nr. 2 Anstr. 3 in Verbindung mit Artikel 3 Abs. 4 der Kapitaladäquanzrichtlinie den Europäischen Paß gemäß § 24 a nicht in Anspruch nehmen.

ii) (Absatz 10; Sonderregelung für sog. freie Mitarbeiter im Bereich der Anlage- und Abschlußvermittlung)

Die Regelung beruht auf Artikel 1 Nr. 2 Unterabs. 5 der Wertpapierdienstleistungsrichtlinie.

Im Bereich der Anlage- und Abschlußvermittlung arbeiten Tausende freier Mitarbeiter als selbständige Unternehmen. Sofern diese freien Mitarbeiter für Rechnung und unter der zivilrechtlichen Haftung eines Einlagenkreditinstituts oder Wertpapierhandelsunternehmens tätig werden, ist wegen der engen Anbindung an das Institut, das den Wohlverhaltensregeln des WpHG unterliegt, eine Beaufsichtigung dieser Unternehmen nicht erforderlich. Auf eine Aufsicht kann auch dann verzichtet werden, wenn die freien Mitarbeiter für Rechnung mehrerer beaufsichtigter Institute oder Unternehmen arbeiten, sofern diese Institute oder Unternehmen jeweils die gesamtschuldnerische Haftung übernehmen. Der mit der Haftung beabsichtigte Kundenschutz ist auch in diesem Fall gegeben.

Amtliche Begründung[1]

Zu Buchstabe a

Die Regelung sieht vor, dass die öffentliche Schuldenverwaltung des Bundes (einschließlich der Bundesrepublik Deutschland – Finanzagentur GmbH; dies gilt gleichermaßen für die Ausnahme gemäß § 2 Abs. 6 Nr. 3 KWG), eines seiner Sondervermögen, eines Landes, eines anderen Staates des Europäischen Wirtschaftsraumes sowie deren Zentralbanken Bankgeschäfte erbringen können, ohne dass diese Tätigkeiten der Aufsicht nach dem KWG zu unterwerfen sind, auch wenn sie rechtlich verselbständigt sind und so als Kreditinstitut qualifiziert werden könnten. Die Ausnahme gilt nicht, soweit sie als Kreditinstitut i.S.d. Artikels 1 Nr. 1 der Richtlinie 2000/12/EG zu qualifizieren sind.

Die Regelung stellt klar, dass eine Aufsicht über die öffentliche Schuldenverwaltung auch dann nicht erforderlich ist, wenn diese zur Erfüllung ihrer Aufgaben Bankgeschäfte, insbesondere das Finanzkommissions- und Depotgeschäft betreibt.

Zu Buchstabe b

Über die nach § 2 Abs. 4 KWG freigestellten Unternehmen findet eine Solvenzaufsicht nicht statt; auch die Zuverlässigkeit der Geschäftsführung wird nicht geprüft. Unter diesen Voraussetzungen macht eine Anteilseignerkontrolle wenig Sinn, sodass der Ausnahmekatalog um § 2 b KWG zu ergänzen ist. EG-rechtliche Vorgaben bestehen insoweit nicht.

---

1 Zum 4. Finanzmarktförderungsgesetz.

Zu Buchstabe c

Folgeänderung auf Grund von § 1 Abs. 1 Satz 2 Nr. 11 KWG (E-Geld-Geschäft). Wegen der künftigen Anwendbarkeit von § 46 KWG auf diese Institute vergleiche die Begründung zu § 2 Abs. 8 KWG unter Buchstabe e zweiter Absatz. § 112 Abs. 2 der Vergleichsordnung ist mit Artikel 2 Nr. 1 des Einführungsgesetzes zur Insolvenzordnung (EGInsO) vom 5. Oktober 1994 aufgehoben worden, der Verweis auf diese Vorschrift wird daher gestrichen.

Zu Buchstabe d

Die Einfügung des § 11 KWG in Satz 1 stellt klar, dass ein Unternehmen, das unter Absatz 7 fällt, durchaus übergeordnetes Unternehmen im Sinne des § 10a KWG und als solches ggf. Adressat der bankaufsichtlichen Konsolidierungsvorschriften ist. Diese Regelung gilt kraft EG-Recht ohnehin bereits heute; praktische Relevanz hatte sie indessen bislang nicht. Wegen der künftigen Anwendbarkeit von § 46 KWG vergleiche die Begründung zu § 2 Abs. 8 KWG unter Buchstabe e zweiter Absatz.

Einer vollumfänglichen Solvenzaufsicht bedarf es jedoch für das Kreditkartengeschäft nicht, dementsprechend sind auch auf das Kreditkartengeschäft die Erleichterungen des § 2 Abs. 7 KWG anwendbar.

Nicht jede Form des Kreditkartengeschäfts ist Finanzdienstleistungsgeschäft. Die § 1 Abs. 1a Satz 2 Nr. 8 KWG zugrunde liegende Definition des Kreditkartengeschäfts erfasst nur sog. dreiseitige Systeme. Dabei sind Kartenemittent, Karteninhaber und Leistungserbringer (Akzeptant) personenverschieden. Abgesehen davon ermöglicht es die Anfügung von Satz 2, dass einem Unternehmen, das Kreditkarten emittiert, im Einzelfall eine Befreiung erteilt werden kann. Durch die weit reichende Definition des Kreditkartengeschäfts werden viele Unternehmen erfasst, für die unter Berücksichtigung der spezifischen Abwicklung des Geschäfts u. a. keine Geldwäscherisiken bestehen und damit aus der Sicht der Aufsichtsbehörde kein Interesse an einer Unterwerfung unter eine laufende Aufsicht. Damit wird eine flexible Handhabung des KWG ermöglicht, die dem betroffen Institut und der Aufsicht hilft, Ressourcen zu sparen.

Zu Buchstabe e

Wenn ein Unternehmen unter § 2 Abs. 8 KWG fällt und damit ausdrücklich auch von § 10 KWG freigestellt wird, macht ein Erlaubnisaufhebungsgrund bei fehlender Übereinstimmung mit § 10 Abs. 9 KWG keinen Sinn. Andererseits sind die Anzeigen nach § 24 Abs. 1 Nr. 10 KWG gerade nicht entbehrlich, da diese Institute grundsätzlich nicht von den Vorschriften über das Anfangskapital freigestellt sind. Die Änderung in § 2 Abs. 8 KWG bereinigt die bestehende Unstimmigkeit.

Bislang sind gemäß § 2 Abs. 8 KWG die §§ 46 ff. KWG auf reine Anlage- und Abschlussvermittler nicht anwendbar mit der Folge, dass die Bundesanstalt bei Eintritt der Handlungsunfähigkeit eines Instituts nicht sofort eingreifen kann und entstehende Fehlentwicklungen bis hin zur Insolvenz nicht abgewendet werden können. Zwar sind Vermögensverluste von Kunden dieser Institute nicht zu erwarten, da sie definitionsgemäß nicht befugt sind, sich bei der Erbringung von Finanzdienstleistungen Eigentum oder Besitz an Kundengeldern oder -wertpapieren zu verschaffen; dieser Institutskreis fällt aber dennoch unter das Einlagensicherungs- und Anlegerentschädigungsgesetz. Es erscheint aus diesem Grunde nicht länger vertretbar, der Bundesanstalt gegenüber diesen Instituten auch angesichts sich abzeichnender Krisen die Hände zu binden.

Zu Buchstabe f

Die Voraussetzungen für die Herausnahme der gebundenen Agenten aus der Aufsicht unter § 2 Abs. 10 KWG werden um die Anforderung des Nachweises einer geeigneten Versicherung verschärft.

Gemäß § 2 Abs. 10 Satz 1 KWG gilt ein Unternehmen (sog. gebundener Agent) nicht als Finanzdienstleistungsinstitut, wenn es
- ausschließlich die Anlage- oder Abschlussvermittlung
- für Rechnung und
- unter zivilrechtlicher Haftung eines Einlagenkreditinstitutes oder Wertpapierhandelsunternehmens mit Sitz im Inland oder eines nach § 53b Abs. 1 Satz 1 oder Abs. 7 KWG tätigen Unternehmens oder unter der gesamtschuldnerischen Haftung solcher Institute oder Unternehmen ausübt,
- ohne andere Finanzdienstleistungen i. S. d. § 1 Abs. 1a Satz 2 KWG zu erbringen und
- wenn dies der Bundesanstalt von einem dieser haftenden Institute oder Unternehmen angezeigt wird.

Die Tätigkeit des gebundenen Agenten wird gemäß § 2 Abs. 10 Satz 2 KWG den Instituten oder Unternehmen zugerechnet, für deren Rechnung und unter deren Haftung er tätig wird.

In den Jahren, in denen die Bundesanstalt Erfahrungen mit der Ausnahmeregelung sammeln konnte, sind im Zusammenhang mit dieser Vorschrift folgende Missstände aufgetreten:
- Einzelkaufleute, zuvor im Grauen Kapitalmarkt – mit Inkrafttreten der 6. KWG-Novelle im Besitz einer gesetzlich fingierten Erlaubnis gemäß § 64e Abs. 2 Satz 2 KWG – tätig, flüchten sich unter den »Haftungsschirm« eines Instituts und kommen damit einer Erlaubnisaufhebung zuvor. Insgesamt haben sich bereits fast 14 000 Unternehmen hinter die Regelung des § 2 Abs. 10 KWG zurückgezogen; dabei hat ein einziges Institut allein die Haftung für über 11 000 Agenten übernommen.
- Es gibt inzwischen »professionelle« Haftungsübernehmer, die überwiegend von den Finanzdienstleistungen »leben«, die gebundene Agenten erbringen.

Die Risiken, die auf das haftungsübernehmende Institut zukommen, stellen sich wie folgt dar:

Bei Beratungsfehlern und bei dolosem Handeln des Agenten kann der Kunde seinen Schadensersatzanspruch unmittelbar gegenüber dem Institut geltend machen. Eine vergleichbare Risikolage besteht, wenn ein Institut über eine Vielzahl von Angestellten verfügt. Allerdings wachsen Unternehmen deutlich langsamer, wenn sie Mitarbeiter fest anstellen, als wenn sie sich gebundener Agenten bedienen. Die Zahl der Angestellten wird, allein schon wegen der Sozialabgaben, in einem angemessenen Verhältnis zu der wirtschaftlichen Ertragskraft des Unternehmens stehen. Darüber hinaus sind die Personalkosten in die Berechnung der Eigenmittelrelation gemäß § 10 Abs. 9 KWG einzustellen, und das Unternehmen ist auf diese Weise gezwungen, seine Eigenmittelbasis in einem bestimmten Verhältnis zu den beschäftigten Mitarbeitern zu halten.

Es ist daher nur sachgerecht, die Voraussetzungen für eine wirksame Haftungsübernahme selbst zu verschärfen. Um dem erhöhten Risiko bei dem haftungsübernehmenden Institut Rechnung zu tragen, ist es sinnvoll, wenn das Institut angehalten wird, für jeden gebundenen Agenten eine Eigenkapital ersetzende Versicherung abzuschließen. Dadurch werden auch Vorsatzschäden abgedeckt, und es besteht zumindest eine Sicherung der Kunden bis zu 50 000 Euro pro Schadensfall.

Amtliche Begründung[1]

Zu den Absätzen 2, 4 und 5

Redaktionelle Folgeänderung der Umbenennung von § 2b KWG in § 2c KWG.

Zu Absatz 8a

Mit Absatz 8a wird Artikel 45d Abs. 1 Satz 1 der Kapitaladäquanzrichtlinie umgesetzt. Artikel 45d Abs. 1 Satz 1 der Kapitaladäquanzrichtlinie sieht eine vollständige Ausnahme von den Eigenkapitalanforderungen der Bankenrichtlinie und der Kapitaladäquanzrichtlinie zugunsten von Unternehmen vor, deren Haupttätigkeit ausschließlich im Betreiben von Bankgeschäften oder im Erbringen von Finanzdienstleistungen in Bezug auf Finanzinstrumente gemäß Anhang I Abschnitt C Nr. 5, 6, 7 und 10 der Richtlinie 2004/39/EG des Europäischen Parlaments und des Rates über Märkte für Finanzinstrumente u.a. vom 21. April 2004 (ABl. EG Nr. L 145 S. 1 – MiFID) besteht. Soweit die Geschäftstätigkeit der Unternehmen auf die genannten Finanzinstrumente beschränkt bleibt, sollen die Eigenkapitalanforderungen der Bankenrichtlinie und der Kapitaladäquanzrichtlinie in Bezug auf alle Risikobereiche, d.h. in Bezug auf das Kreditrisiko, das Marktpreisrisiko und das operationelle Risiko, nicht für diese Unternehmen gelten. Eine Umsetzung des Ausnahmetatbestandes ist daher insoweit erforderlich, als die betreffenden Unternehmen nach § 1 einer Erlaubnis bedürfen und damit grundsätzlich auch den Anforderungen des § 10 unterfallen. Dies betrifft bis zur nationalen Umsetzung der MiFID die Unternehmen, deren Haupttätigkeit ausschließlich im Betreiben von Bankgeschäften oder im Erbringen von Finanzdienstleistungen in Bezug auf Warenderivate im Sinne von § 1 Abs. 11 Nr. 5 besteht.

Im Gegensatz zu der Regelung des § 20c, die Ausnahmen von den Verpflichtungen nach § 13 Abs. 3, § 13a Abs. 3 bis 5 und § 13b Abs. 1 nur auf Antrag vorsieht, findet Absatz 8a als Ausnahmetatbestand unmittelbare Anwendung.

Der Anwendungsbereich des Absatzes 8a wird durch den Verweis auf § 64h Abs. 7 sowohl in persönlicher als auch in zeitlicher Hinsicht eingeschränkt. Danach gilt Absatz 8a nicht für Unternehmen, für die die Richtlinie 93/22/EWG des Rates vom 10. Mai 1993 über Wertpapierdienstleistungen (ABl. EG Nr. L 141 S. 27 – WDRL) am 31. Dezember 2006 galt und die bereits zum Stichtag erlaubnispflichtige Bankgeschäfte oder Finanzdienstleistungen betrieben bzw. erbracht haben. Sinn und Zweck dieser Beschränkung ist es, solche Wertpapierfirmen, die bereits über eine Erlaubnis nach § 32 verfügen und den Eigenkapitalanforderungen nach § 10 schon zum Stichtag unterworfen sind, nicht nachträglich von den Eigenkapitalanforderungen freizustellen. Es wird davon ausgegangen, dass sich für diese Unternehmen keine unzumutbare Härte aus der Anwendung der Eigenkapitalanforderungen ergeben hat.

In zeitlicher Hinsicht ist die Geltung des Ausnahmetatbestandes bis längstens zum 31. Dezember 2010 begrenzt (vgl. Artikel 45d Abs. 1 Satz 2 der Kapitaladäquanzrichtlinie).

Amtliche Begründung[2]

Zu Absatz 1

Nummer 8 setzt die Ausnahme des Artikels 2 Abs. 1 Buchstabe l insoweit um, als das Finanzkommissionsgeschäft betroffen ist. Nach der bestehenden Bereichsausnahme

---

[1] Zum Gesetz zur Umsetzung der neu gefassten Bankenrichtlinie und der neu gefassten Kapitaladäquanzrichtlinie vom 17. November 2006 (BGBl. I S. 2606).
[2] Zum Finanzmarktrichtlinie-Umsetzungsgesetz.

in § 2 Abs. 1 Nr. 8 gelten solche Unternehmen (so genannte Locals nach englischer Terminologie) nicht als Kreditinstitute, wenn sie das Finanzkommissionsgeschäft ausschließlich an einer Termin- oder Optionsbörse betreiben, dieses nur für andere Mitglieder dieser Börse betreiben und ihre Verbindlichkeiten durch ein System zur Sicherung der Erfüllung dieser Geschäfte an dieser Börse abgedeckt sind.

Aufgrund der EU-Vorgaben ist die bestehende Regelung materiell in zwei Punkten zu überarbeiten. Die Bereichsausnahme wird zum einen auf die analoge Tätigkeit in multilateralen Handelssystemen ausgedehnt. Zum anderen wird klargestellt, dass diese Unternehmen unter der Bereichsausnahme in Zukunft mehrere Börsen und multilaterale Handelssysteme im Inland in dem gesetzlich vorgegebenen Rahmen bedienen können, statt auf eine Terminbörse festgelegt zu sein. Die Haftungsregelung wird im Sinne der Vorgabe in Artikel 2 Abs. 1 Nr. l der Finanzmarktrichtlinie präzisiert; eine Änderung gegenüber der bestehenden Auslegung ist damit nicht verbunden. Auf die Definition der Derivatemärkte wird in der analogen Ausnahme für die Erbringung einiger Finanzdienstleistungen durch Locals in Absatz 6 Nr. 9 zurückgegriffen.

Durch die Rückausnahme, Fehlen einer grenzüberschreitenden Tätigkeit, wird klargestellt, dass eine Ausnahme nicht in Betracht kommt und eine Erlaubnispflicht nach § 32 besteht, wenn Locals zusätzlich an Derivatemärkten im Europäischen Wirtschaftsraum entsprechend tätig werden wollen. Diese Regelungstechnik ist zur Umsetzung von Artikel 6 in Verbindung mit Artikel 3 Abs. 1 Buchstabe b (ii) und Buchstabe p der Richtlinie 2006/49/EG des Europäischen Parlaments und des Rates vom 14. Juni 2006 über die angemessene Eigenkapitalausstattung von Wertpapierfirmen und Kreditinstituten – Kapitaladäquanzrichtlinie – (ABl. EU Nr. L 177 S. 201) erforderlich. Demnach benötigen Locals ein Anfangskapital von 50 000 Euro, wenn sie die Niederlassungsfreiheit oder den Europäischen Pass nutzen wollen. Von der laufenden Solvenzaufsicht können auch sie hingegen ausgenommen werden.

Die Bereichsausnahme in Nummer 9 setzt die Vorgabe des Artikels 2 Abs. 1 Buchstabe i der Finanzmarktrichtlinie insoweit um, als das Finanzkommissionsgeschäft betroffen ist. Auf die Begründung zu Artikel 1 Nr. 3 Buchstabe a zu der entsprechenden Ausnahme in § 2a Abs. 1 Nr. 11 WpHG-E wird verwiesen.

Zu Absatz 6

Die Änderungen in Absatz 6 setzen die relevanten Ausnahmen des Artikels 2 Abs. 1 der Finanzmarktrichtlinie um. Sie entsprechen der Umsetzung der jeweiligen Ausnahme in § 2a Abs. 1 WpHG. Es wird grundsätzlich auf die jeweiligen Begründungen zu Artikel 1 Nr. 4 verwiesen.

Die Ausnahmen in den Nummern 1 und 3 setzen Artikel 2 Abs. 1 Buchstabe g der Finanzmarktrichtlinie um. Die Nummern 4 bis 7 entsprechen ebenfalls der bisherigen Rechtslage und setzen Artikel 2 Abs. 1 Buchstabe a, b, e und f der Finanzmarktrichtlinie um.

Die bislang bestehende Bereichsausnahme der Nummer 8 für die Vermittlung von Investmentanteilen geht zurück auf eine zwingende Bereichsausnahme der Wertpapierdienstleistungsrichtlinie. Durch Artikel 3 der Finanzmarktrichtlinie wird diese zwingende Ausnahme in das Ermessen der Mitgliedstaaten gestellt. Mit der Nummer 8 wird von dieser Ausnahmemöglichkeit im bisherigen Umfang Gebrauch gemacht. Die Vermittlung von Wertpapieren wird wie bisher nicht von der Ausnahmeregelung erfasst. Die Gründe für die Beschränkung auf Investmentanteile haben nach wie vor Bestand. Investmentanteile sind noch stärker standardisiert als Wertpapiere. Die Institute oder Unternehmen, für die die Vermittlung erfolgt, unterliegen selbst der Aufsicht. Die Ausdehnung der Bereichsausnahme auf Anlageberatung in Bezug auf diese Finanzinstrumente ist eine Folgeänderung der Einstufung der Anlageberatung als Wertpapierdienstleistung durch die Finanzmarktrichtlinie. Eine Aufspaltung der Aufsicht über diese beiden Formen von Finanzdienstleistungen in Zusammenhang mit Anteilen an Investmentvermögen wäre, da sie in der Regel von denselben Personen ausgeführt wird, unzweckmäßig. Außerdem stellt die Neufassung des Textes klar, dass die Bereichsausnahme auch dann gilt, wenn die Vermittlung zwischen Kunden und mehr als einem Institut betrieben wird. Der vorletzte Halbsatz trägt dem Umstand Rechnung, dass die Bereichsausnahme durch die Finanzmarktrichtlinie von einer zwingenden in eine fakultative umgewandelt wurde. Es steht den Unternehmen nunmehr frei, eine entsprechende Erlaubnis nach § 32 Abs. 1 zu beantragen.

Die Bereichsausnahme in Nummer 9 beruht auf dem Teil des Artikels 2 Abs. 1 Buchstabe l der Finanzmarktrichtlinie, der nicht das Finanzkommissionsgeschäft betrifft. Sie setzt auf der bestehenden Regelung des § 2 Abs. 6 Satz 1 Nr. 9 auf. Das Terminbörsenprivileg wird jedoch im Einklang mit der europäischen Regelung auf Eigengeschäfte an Derivatemärkten, die durch Kassageschäfte abgesichert werden können, sowie Finanzkommissionsgeschäfte, Abschlussvermittlung oder Eigenhandel als Market Maker für andere Mitglieder dieser Derivatemärkte beschränkt. Die Tätigkeit als Clearingmitglied an einer Kassa- oder Derivatebörse ist von dieser Ausnahme nicht erfasst.

Andererseits wird die Ausnahme im Einklang mit der Finanzmarktrichtlinie so erweitert, dass das aus der Institutsdefinition herausgenommene Unternehmen auch nach dem Gesetzeswortlaut derartige Geschäfte an mehreren Derivatemärkten betreiben kann, ohne der Erlaubnispflicht zu unterfallen; der Wortlaut des Gesetzes wird damit an die im Einklang mit dem EU-Recht stehende Auslegungspraxis angepasst, die eine Tätigkeit nicht auf einen Marktplatz beschränkt. Eine analoge Regelung wird für das Finanzkommissionsgeschäft in Absatz 1 Nr. 8 geschaffen. Auf die Begründung der Rückausnahme bei einer zusätzlichen grenzüberschreitenden Tätigkeit unter Buchstabe a wird verwiesen. Die Regelung in Nummer 9 in Verbindung mit Absatz 1 Nr. 8 entspricht § 2a Abs. 1 Nr. 8 WpHG-E (vgl. Artikel 1 Nr. 3 Buchstabe a).

Die Bereichsausnahme für Freiberufler in Nummer 10 beruht auf Artikel 2 Abs. 1 Buchstabe c der Finanzmarktrichtlinie. Nummer 10 entspricht § 2a Abs. 1 Nr. 6 WpHG-E (vgl. Begründung zu Artikel 1 Nr. 3 Buchstabe a).

Die bisherige Bereichsausnahme für die Rohwarengeschäfte nach § 2 Abs. 6 Satz 1 Nr. 11 wird entsprechend der weitergehenden Grundregelung in Artikel 2 Abs. 1 Buchstabe i der Finanzmarktrichtlinie geändert. Die Regelung entspricht § 2a Abs. 1 Nr. 9 WpHG-E. Auf die Begründung zu Artikel 1 Nr. 3 Buchstabe a wird daher verwiesen.

Nummer 13 enthält eine Bereichsausnahme für den Waren- und Warenderivatehandel und setzt Artikel 2 Abs. 1 Buchstabe k der Finanzmarktrichtlinie um. Von der Ausnahme ist nur das Hauptgeschäft der Eigengeschäfte und des Eigenhandels mit Waren und Warenderivaten betroffen. Andere Nebentätigkeiten sind nur erlaubnisfrei, wenn für diese eine andere Bereichsausnahme einschlägig ist, die eine kumulative Anwendung zulässt. Die Regelung entspricht § 2a Abs. 1 Nr. 12 WpHG-E (vgl. Begründung zu Artikel 1 Nr. 3 Buchstabe a).

Die Ausnahme in Nummer 14 setzt Artikel 2 Abs. 1 Buchstabe d der Finanzmarktrichtlinie um. Die Regelung entspricht § 2a Abs. 1 Nr. 10 WpHG-E. Auf die Begründung zu Artikel 1 Nr. 3 Buchstabe a wird deshalb verwiesen.

In Umsetzung des Artikels 2 Abs. 1 Buchstabe j der Finanzmarktrichtlinie dürfen nach Nummer 15 Unternehmen, die keine Bankgeschäfte betreiben und sonst auch keine Finanzdienstleistungen erbringen, im Rahmen ihrer anderweitigen beruflichen Tätigkeit auch in Zukunft die Anlageberatung erbringen, ohne unter die Erlaubnispflicht nach dem Kreditwesengesetz zu fallen. Voraussetzung ist, dass sie sich die Anlageberatung nicht besonders vergüten lassen. Nummer 15 entspricht § 2a Abs. 1 Nr. 11 WpHG-E.

Nummer 16 setzt Artikel 5 Abs. 2 der Finanzmarktrichtlinie um und nimmt Börsenträger oder die Betreiber von organisierten Märkten mit Sitz im Ausland, welche auch ein multilaterales Handelssystem betreiben, von der Einordnung als Finanzdienstleistungsinstitute aus.

Zu Absatz 7

Bei der Beschränkung auf Finanzdienstleistungen im Sinne von § 1 Abs. 1a Satz 2 handelt es sich um eine systematisch notwendige Folgeänderung der Behandlung des Eigengeschäfts im Sinne des § 1 Abs. 1a Satz 3 als Finanzdienstleistung. Eine Auswirkung auf solvenzrechtliche Behandlung von Finanzdienstleistungen, die nicht von Anhang I Abschnitt A der Finanzmarktrichtlinie erfasst sind, ist von der Richtlinie nicht intendiert.

Zu Absatz 8

Die Änderung in Absatz 8 ist teilweise eine Folgeänderung der Einstufung der Anlageberatung als Finanzdienstleistung. Die Anlageberatung wird entsprechend den Anlagevermittlern und Abschlussvermittlern von der laufenden Solvenzaufsicht ausgenommen. Die Ausnahme wird im Einklang mit der Kapitaladäquanzrichtlinie auch Unternehmen gewährt, die Geschäfte im Sinne von Absatz 1 Nr. 8 oder Absatz 6 Nr. 9 nicht nur an inländischen, sondern auch an Derivatemärkten in anderen Staaten des Europäischen Wirtschaftsraums über den Europäischen Pass tätigen. Das Platzierungsgeschäft ist ein besonderer Teilbereich der Abschlussvermittlung und daher auch auszunehmen. Der Betrieb eines multilateralen Handelssystems stellt eine andere Art von Geschäftstätigkeit dar, als diejenige von Instituten, die aus Risikogesichtspunkten der laufenden Solvenzaufsicht zu unterwerfen sind.

Zu Absatz 9

Die Vorschrift ist aufgrund der europäischen Vorgaben aufzuheben, da Artikel 6 Abs. 3 der Finanzmarktrichtlinie vorsieht, dass eine Erlaubnis immer gemeinschaftsweit gilt. Eine Beschränkung dieser Erlaubnis bei Ersatz des Anfangskapitals durch den Abschluss einer Versicherung im Sinne von Artikel 7 Buchstabe b der Kapitaladäquanzrichtlinie auf Dienstleistungen im Herkunftsstaat ist weder nach der Finanzmarktrichtlinie noch nach der Kapitaladäquanzrichtlinie vorgesehen. Auch Anlagevermittler und Abschlussvermittler, die anstelle des Anfangskapitals den Abschluss einer geeigneten Versicherung gemäß § 33 Abs. 1 Satz 2 nachweisen und keine Befugnis haben, sich Eigentum oder Besitz an Kundengeldern oder -wertpapieren zu verschaffen, kommen daher zukünftig in den Genuss des Europäischen Passes.

Zu Absatz 10

Die Finanzmarktrichtlinie räumt den Mitgliedstaaten, ebenso wie bereits die Wertpapierdienstleistungsrichtlinie, die Möglichkeit ein, »vertraglich gebundene Vermittler« zuzulassen, ohne diese einer direkten Aufsicht zu unterstellen. Von dieser Möglichkeit wird auch weiterhin Gebrauch gemacht.

Die Änderungen setzen Artikel 4 Nr. 25 in Verbindung mit Artikel 23 der Finanzmarktrichtlinie um. Es wird eine Legaldefinition des vertraglich gebundenen Vermittlers und des haftenden Unternehmens eingeführt. Außerdem wird die Bereichsausnahme, die bislang auf die Anlage- und Abschlussvermittlung beschränkt war, erweitert: Neu aufgenommen wird die Anlageberatung, die in Umsetzung von Anhang I Abschnitt A Nr. 5 der Finanzmarktrichtlinie als Finanzdienstleistung qualifiziert wird. In Angleichung an die neu in den WpHG-E eingeführte Definition für das Platzieren von Finanzinstrumenten ohne feste Übernahmeverpflichtung im Sinne von Anhang I Abschnitt A Nr. 7 der Finanzmarktrichtlinie wird dieser Tatbestand, der bislang unter die Anlage- oder Abschlussvermittlung subsumiert wurde, in § 1 Abs. 1a Nr. 1c als eigenständige Finanzdienstleistung qualifiziert und folglich auch ausdrücklich in die Bereichsausnahme einbezogen.

Artikel 4 Abs. 1 Nr. 25 in Verbindung mit Erwägungsgrund 36 der Finanzmarktrichtlinie stellt klar, dass aufgrund des Grades der Einbindung in die Organisation des Unternehmens ein vertraglich gebundener Vermittler im Sinne dieser Ausnahme nur derjenige ist, der ausschließlich für ein Unternehmen tätig ist. Dementsprechend beschränkt Satz 1 die Vertretung auf ein Einlagenkreditinstitut oder ein Wertpapierdienstleistungsunternehmen. Eine Mehrfachvertretung ist damit nicht mehr möglich. Weitere Voraussetzung für das Eingreifen der Bereichsausnahme ist die Anzeigepflicht gegenüber der Bundesanstalt.

Satz 6 setzt die sich aus Artikel 23 Abs. 3 der Finanzmarktrichtlinie ergebende Registrierungspflicht um. Geführt wird das Register von der Bundesanstalt. Einzelheiten zu den Aufnahmevoraussetzungen werden in einer Rechtsverordnung gemäß Satz 7 festgelegt. Durch diese Rechtsverordnung kann entsprechend Artikel 23 Abs. 4 Unterabs. 2 der Finanzmarktrichtlinie der Bundesanstalt als der zuständigen Behörde gestattet werden, Dritte mit der Führung und Pflege des Registers zu betrauen.

Nach Satz 9 kann die Bundesanstalt Instituten, die bei der Auswahl oder bei der Überwachung ihrer vertraglich gebundenen Vermittler oder bei der Führung des Registers gegen ihre Sorgfaltspflicht verstoßen, das Recht, vertraglich gebundene Vermittler für sich einzusetzen, entziehen. Mit dem Entzug des Rechts greift die Bereichsausnahme nicht mehr, die betroffenen Vermittler werden zu Finanzdienstleistungsinstituten. Sie haben dann ihre Vermittlungstätigkeit, soweit sie erlaubnispflichtig ist, unverzüglich einzustellen und dürfen sie erst wieder aufnehmen, wenn sie eine entsprechende Erlaubnis von der Bundesanstalt erhalten haben oder ein anderes Institut für sie die Voraussetzungen nach Absatz 10 erfüllt. Die bestehenden zivilrechtlichen Verpflichtungen des haftenden Unternehmens bleiben unberührt.

Zu Absatz 12

Satz 1 setzt die bankaufsichtsrechtlichen Anforderungen der §§ 25a, 33 Abs. 1 Nr. 1 bis 4 und die Anzeigepflichten nach § 2c Abs. 1 und 4, § 24 Abs. 1 Nr. 11 und Abs. 1a Nr. 2 für Börsenträger oder Betreiber ausländischer organisierter Märkte um, die diese nach Artikel 5 Abs. 2 in Verbindung mit den Artikeln 12 und 13 der Finanzmarktrichtlinie zu erfüllen haben, soweit sie nicht lediglich den börsenrechtlich regulierten Freiverkehr betreiben. Bezüglich dem Betrieb dieser Märkte unterliegen sie hinsichtlich der für sie geltenden bankaufsichtsrechtlichen Vorschriften der Überwachung durch die Bundesanstalt. Auf die Begründungen zu den Änderungen in den §§ 2c und 25a wird verwiesen.

Satz 2 beinhaltet die Umsetzung von Artikel 9 Abs. 1 Unterabs. 2 der Finanzmarktrichtlinie.

Satz 3 bestimmt, dass die Befugnisse der Bundesanstalt zur Überprüfung dieser Anforderungen und Verpflichtungen und zum Schutz bei Gefahren den §§ 44 bis 48 entsprechend gelten, um insoweit Artikel 50 der Finanzmarktrichtlinie umzusetzen.

Die Bundesanstalt kann nach Satz 4 den Betrieb der multilateralen Handelssysteme in den Fällen des § 35 untersagen. Hierdurch wird insbesondere Artikel 50 Abs. 2 Buchstabe e der Finanzmarktrichtlinie umgesetzt.

Satz 5 normiert eine Pflicht der in Satz 1 genannten Marktbetreiber, der Bundesanstalt die Aufnahme des Betriebs unverzüglich anzuzeigen, um eine Kontrolle der für sie geltenden Bestimmungen zu ermöglichen.

Amtliche Begründung[1]

Zu Absatz 1 Nr. 3 b

Die Vorschrift stellt klar, dass eine Kapitalanlagegesellschaft selbst dann nicht zu einem Kreditinstitut (Depotbank) wird, wenn sie Investmentanteile für andere im Sinne von § 7 Abs. 2 Nummer 4 InvG verwaltet und verwahrt. Die Vorschrift stellt ferner klar, dass Investmentaktiengesellschaften ebenfalls keine Kreditinstitute sind.

Zu Absatz 6 Satz 1 Nr. 5 a

Die Vorschrift stellt klar, dass Kapitalanlagegesellschaften selbst dann nicht zu einem Finanzdienstleister werden, wenn sie die individuelle Vermögensverwaltung, Anlageberatung oder andere Dienstleistungen und Nebendienstleistungen nach Maßgabe des § 7 Abs. 2 Nummer 7 InvG erbringen. Die Vorschrift stellt ferner klar, dass Investmentaktiengesellschaften keine Finanzdienstleistungsinstitute sind.

Zu Absatz 6 Satz 1 Nr. 8

Bei der Änderung handelt es sich um eine Folgeänderung, die aus der Aufhebung der Kreditinstitutseigenschaft der Kapitalanlagegesellschaften resultiert. Diese fielen nach der bisherigen Rechtslage aufgrund ihrer Kreditinstitutseigenschaft unter die Ausnahmeregelung des § 2 Abs. 6 Satz 1 Nummer 8 a KWG. Mit der Aufhebung dieser Eigenschaft greift diese Ausnahmevorschrift nicht mehr zugunsten von Kapitalanlagegesellschaften ein, sodass für diese nunmehr explizit ein Ausnahmetatbestand zu schaffen ist.

Amtliche Begründung[2]

Zu Absatz 6 Satz 1 Nr. 6 a

Die Ergänzung von § 2 Abs. 1 KWG korrespondiert mit der Regelung in § 8 Abs. 3 WKBG, die es einer Wagniskapitalgesellschaft ermöglicht, Kredite an Zielgesellschaften zu vergeben. Eine derartige Tätigkeit soll nicht zu einer Erlaubnispflicht nach dem KWG führen. Einer Erlaubnis nach dem KWG bedarf es nicht, da Wagniskapitalgesellschaften bereits nach dem WKBG von der BaFin beaufsichtigt werden und es sich bei den Krediten von Wagniskapitalgesellschaften lediglich um ergänzende Nebengeschäfte handelt.

Amtliche Begründung[3]

Zu Nummer 4 (§ 2 Abs. 6 KWG)

Zu Buchstabe a

Die Regelung dient der Klarstellung, dass ausländische Investmentgesellschaften nicht unter die Anlageverwaltung fallen. Soweit der öffentliche Vertrieb von auslän-

---

1 Zum Investmentänderungsgesetz.
2 Zum Gesetz zur Modernisierung der Rahmenbedingungen für Kapitalbeteiligungen (MoRaKG) vom 18. August 2008 (BGBl. I S. 1672); vgl. BT-Drucksache 16/6311.
3 Zum Gesetz zur Fortentwicklung des Pfandbriefrechts vom 20. März 2009 (BGBl. I S. 607); vgl. BT-Drucksache 16/11130 vom 1. Dezember 2008.

dischen Investmentanteilen betroffen ist, ergibt sich dies bereits aus dem Charakter des Investmentgesetzes als lex specialis. Zusätzlich wird nunmehr klargestellt, dass dies auch hinsichtlich der Privatplatzierung von ausländischen Investmentanteilen gilt, die nicht vom Investmentgesetz erfasst wird. An der bisherigen Erlaubnisfreiheit der Privatplatzierung soll sich durch die Einführung der Anlageverwaltung nichts ändern. Der neue Ausnahmetatbestand bezieht sich aber nur auf ausländische Investmentgesellschaften, soweit diese ausländische Investmentanteile ausgeben und keine nach anderen Tatbeständen erlaubnispflichtigen Tätigkeiten ausüben.

Zu Buchstabe b

Betreibt ein Tochterunternehmen eines Finanzdienstleistungsinstituts mit Erlaubnis für die Anlageverwaltung dieses Geschäft, wird aus Gründen der Wahrung der Interessen von Anlegern keine Notwendigkeit für eine Erlaubnispflicht gesehen, da diese Interessenwahrung durch die Regulierungsvorgaben auf Ebene des Mutterunternehmens gewährleistet ist. Gleiches gilt im Hinblick auf Unternehmen, bei denen das Mutterunternehmen in einem EWR-Staat eine vergleichbare Erlaubnis hat und entsprechend einer vergleichbaren Aufsicht unterliegt. Ferner gilt Gleiches für Unternehmen, bei denen das Mutterunternehmen aus einem Drittstaat stammt und von der entsprechenden Erlaubnispflicht freigestellt ist.

Amtliche Begründung[1]

Zu Nummer 4 (§ 2)

Zu Buchstabe a

Mit der Änderung wird ein Verweisfehler berichtigt.

Zu Buchstabe b

E-Geld-Institute können auf Einzelinstitutsebene von § 10 freigestellt werden. Daher können sie auch von der korrespondierenden Offenlegungspflicht in § 26a freigestellt werden.

Zu Buchstabe c

Die Streichung beruht auf den Änderungen zu Nummer 2 Buchstabe a. Die Rückausnahmen unter § 2 Absatz 6 Satz 1 Nummer 14 sollen auch formell in den Tatbestand des Eigenhandels (mit Dienstleistungskomponente) unter § 1 Absatz 1a Satz 2 Nummer 4 integriert werden.

Zu Buchstabe d

Unternehmen, die das Finanzierungsleasing oder das Factoring im Sinne des § 1 Absatz 1a Satz 2 Nummer 9 und 10 betreiben, sind seit dem 25. Dezember 2009 Finanzdienstleistungsinstitute, die einer eingeschränkten Aufsicht nach dem KWG unterliegen. Diese eingeschränkte Aufsicht ist durch die Ausnahme von der laufenden Solvenzaufsicht gekennzeichnet. Finanzierungsleasing- und Factoringinstitute sollen in ihrer Liquiditäts- und Solvabilitätssteuerung frei sein.

---

1 Zum Gesetz zur Umsetzung der geänderten Bankenrichtlinie und der geänderten Kapitaladäquanzrichtlinie vom 19. November 2010 (BGBl. I S. 1592); vgl. BT-Drucksache 17/1720 vom 17. Mai 2010.

Die Ergänzungen in § 2 Absatz 7 Satz 2 um die Nummern 4, 14 und 16 in § 24 Absatz 1 sowie die Nummer 5 in Absatz 1 a und die Ergänzung um den § 26 a dienen einer konsequenten Fortführung dieses Gedankens. Die betreffenden Melde- und Offenlegungspflichten beziehen sich auf Eigenkapitalanforderungen, welche von Finanzierungsleasing- und Factoringinstituten nicht zu erfüllen sind. Die diesbezüglichen Melde- und Offenlegungspflichten sind über die Ausnahmevorschrift des § 2 Absatz 7 Satz 2 für nicht anwendbar zu erklären. In diesem Zusammenhang wird der Verweis auf § 24 Absatz 1 Nummer 13 gestrichen.

Die Erweiterung des § 2 Absatz 7 Satz 2 um den Verweis auf § 1 a ist durch die tatsächliche Geschäftstätigkeit von Finanzierungsleasing- und Factoringinstituten begründet. Sie sind bisher nicht von der Anwendung der Anlage- und Handelsbuchvorschriften gemäß § 1 a ausgenommen, obwohl die Unterscheidung im Wesentlichen nur für die Eigenmittelanforderungen und Großkreditbestimmungen von Bedeutung ist, von denen die Finanzierungsleasing- oder Factoringinstitute nach § 2 Absatz 7 Satz 2 befreit sind. Die Ausnahmevorschrift ist daher auszuweiten.

Zu Buchstabe e

Für die in der Vorschrift genannten Institute ist nur eine eingeschränkte Solvenzaufsicht erforderlich, da diese Institute weder befugt sind, auf eigene Rechnung zu handeln noch sich bei der Erbringung von Finanzdienstleistungen Eigentum oder Besitz an Kundengeldern oder Kundenwertpapieren zu verschaffen. Vielmehr werden die Kundengelder und Kundenwertpapiere von Instituten verwahrt, die ihrerseits selbst der vollen Solvenzaufsicht unterliegen. Es ist daher nur folgerichtig, die Institute von Anzeigepflichten in § 24 KWG auszunehmen, die für sie aufgrund ihres Geschäftsmodells nicht passen und der Aufsicht keinen Erkenntnisgewinn bringen. Da die Institute keine Gelder entgegennehmen und weiterleiten, besteht kein Zinsänderungsrisiko im Sinne des § 25 a Absatz 1 Satz 7, so dass die Anwendung dieser Vorschrift hier ebenfalls entbehrlich ist. Die Regelung des § 26 a setzt Artikel 145 der Bankenrichtlinie um. Die Offenlegungspflichten dort werden für Kreditinstitute gefordert. Bei den hier in Rede stehenden Instituten handelt es sich jedoch weder um Kreditinstitute im Sinne der Bankenrichtlinie noch um Kreditinstitute im Sinne des Kreditwesengesetzes.

Zu Buchstabe f

§ 2 Absatz 8 a alte Fassung stellt die in der Vorschrift genannten Institute von den Anforderungen von § 10 frei. Daher können sie auch von der korrespondierenden Offenlegungspflicht in § 26 a freigestellt werden.

Zu Buchstabe g

Für Finanzportfolioverwalter, die weder zum Handel für eigene Rechnung befugt sind noch sich bei der Erbringung von Finanzdienstleistungen Eigentum oder Besitz an Kundengeldern oder Kundenwertpapieren verschaffen, findet ebenfalls nur eine eingeschränkte Solvenzaufsicht statt. Diese ist jedoch umfangreicher als die Aufsicht über die in Absatz 8 genannten Institute. Dem wird durch den Katalog in Absatz 8 b Rechnung getragen. Im Übrigen gilt die Begründung zu Absatz 8 entsprechend.

Die Bestimmung des neuen § 2 Absatz 9 dient der Umsetzung von Artikel 28 Absatz 1 i.V.m. Artikel 20 Absatz 3 der Richtlinie 2006/49/EG (Kapitaladäquanzrichtlinie) und befreit bestimmte Finanzkommissionäre, Eigenhändler und Finanzdienstleistungsinstitute von den Großkreditvorschriften, da durch den eingeschränkten Tätigkeitsbereich dieser Unternehmen Konzentrationsrisiken für diese Unternehmen nicht von Bedeutung sind, so dass eine Überwachung nach Maßgabe der §§ 13, 13 a nur Verwaltungsaufwand wäre ohne zusätzliche Erkenntnis für die Bankenaufsicht. Die Befreiung betrifft Finanzkommissionäre und Eigenhändler, die für eigene Rechnung ausschließlich zum Zwecke der Erfüllung oder Ausführung eines Kundenauftrags oder des möglichen Zugangs zu einem Clearing- und Abwicklungssystem oder einer anerkannten Börse handeln, sofern sie kommissionsweise tätig sind oder einen Kundenauftrag ausführen, sowie Finanzdienstleistungsinstitute, die nur das Eigengeschäft betreiben und die ihre Geschäfte unter der Verantwortung eines Clearinginstituts ausführen und abwickeln lassen, wobei letzteres die Garantie dafür übernimmt. Die ebenfalls vorgesehene Befreiung von den Großkreditvorschriften in Artikel 28 Absatz 1 i.V.m. Artikel 20 Absatz 2 Kapitaladäquanzrichtlinie ist in § 2 Absatz 8 umgesetzt.

Amtliche Begründung[1]

Zu Nummer 3

Zu § 2 (Ausnahmen)

Zu § 2 Absatz 4 Satz 1 (Änderung zur Freistellung)

Der besonderen Zielrichtung der geldwäscherechtlichen Bestimmungen soll dadurch Rechnung getragen werden, dass die Freistellung auf der Basis eines selbstständigen Verwaltungsaktes erfolgt, der erforderlichenfalls auch unabhängig von der Freistellung von den §§ 2c, 10 bis 18, 24, 24a, 25, 26 bis 38, 45, 46 bis 46c und 51 Absatz 1 dieses Gesetzes zurückgenommen oder widerrufen werden kann.

Auch wenn die Freistellung von den §§ 2c, 10 bis 18, 24, 24a, 25, 26 bis 38, 45, 46 bis 46c und 51 Absatz 1 dieses Gesetzes rechtstechnisch den Basisverwaltungsakt darstellt, auf den gegebenenfalls die Freistellung von den §§ 6a und 24c dieses Gesetzes aufsetzen würde, bleibt einem Institut unbenommen, beide Freistellungsanträge in einem Antrag zu verbinden, und der Behörde, nach pflichtgemäßem Ermessen gegebenenfalls beide Verwaltungsakte in einem Bescheid zu verbinden.

Amtliche Begründung[2]

Zu Nummer 3 (§ 2)

Zu Buchstabe b (Absatz 6 Satz 1)

Zu Doppelbuchstabe aa (Nummer 8)

Zu Dreifachbuchstabe ddd (Buchstabe e)

Mit der Änderung wird klargestellt, dass die neu geschaffenen Ausnahmen in § 2a Absatz 1 Nummer 7 Buchstabe e WpHG und § 2 Absatz 6 Satz 1 Nummer 8 Buchstabe e KWG unabhängig von der Frage zur Anwendung gelangen, ob sich die Dienstleistungen auf eine öffentlich angebotene Vermögensanlage beziehen oder auf ein sog. »private placement«. Nach der bisherigen Formulierung wären Vermittler von Vermögensanlagen nur dann von den Vorschriften des KWG und WpHG befreit gewesen, wenn sich ihre Dienstleistungen auf öffentlich angebotene Vermögensanlagen bezogen hätten. Für Dienstleistungen hinsichtlich privat platzierter Vermögensanlagen hätten die Vorschriften des KWG und WpHG hingegen Anwendung gefunden. Dies hätte zu

---

1 Zum Gesetz zur Umsetzung der Zweiten E-Geld-Richtlinie vom 1. März 2011 (BGBl. I S. 288); vgl. BT-Drucksache 17/3023 vom 27. September 2010.
2 Zum Gesetzes zur Novellierung des Finanzvermittler- und Vermögensanlagenrechts vom 6. Dezember 2011 (BGBl. I S. 2481); vgl. BT-Drucksache 17/7453 vom 25. Oktober 2011.

einem Wertungswiderspruch geführt. Zwar wäre für »private placements« mangels eines öffentlichen Angebots die Prospektpflicht entfallen; für den Vertrieb dieser Vermögensanlagen wären jedoch die Regeln des KWG und WpHG zur Anwendung gelangt. Im Übrigen wird auch beim Vertrieb von Wertpapieren hinsichtlich der Erlaubnispflicht bzw. der Anwendung der Ausnahmeregeln nicht danach unterschieden, ob es sich um ein öffentliches Angebot handelt oder nicht.

Zu den Doppelbuchstaben bb und cc – neu – (Nummer 18 bis 20 – neu)

Durch die Erweiterung der Ausnahmetatbestände um § 2 Absatz 6 Nummer 19 KWG und § 2a Absatz 1 Nummer 14 WpHG wird sichergestellt, dass einige Dienstleistungen, die im Rahmen der Emission, Platzierung und Verwaltung von Vermögensanlagen im Sinne des § 1 Absatz 2 des Vermögensanlagengesetzes typischerweise durch vom Anbieter oder Emittenten der Vermögensanlagen eingeschaltete Dritte wie etwa Treuhandgesellschaften oder Vertriebspartnern erbracht werden, nicht zu einer Erlaubnispflicht als Kredit- oder Finanzdienstleistungsinstitut führen und vom Anwendungsbereich des WpHG nicht erfasst werden. Eine Institutsaufsicht erscheint hier für den Anlegerschutz nicht erforderlich und würde zu einer unverhältnismäßigen Belastung zahlreicher Fondsanbieter führen. So dient die verbreitete Einschaltung einer Treuhandgesellschaft in der Regel der Vereinfachung des Verfahrens bei der Beteiligung, etwa an einer Kommanditgesellschaft. Vergleichbares gilt für die vom Anbieter oft angebotenen und als Emissionsgeschäft zu qualifizierenden Platzierungsgarantien. Die Ausnahmetatbestände sind eng auf Vermögensanlagen nach § 1 Absatz 2 des Vermögensanlagengesetzes beschränkt, um keine Umgehungsmöglichkeiten zu eröffnen. Dienstleistungen in Bezug auf sonstige Finanzinstrumente sind nicht erfasst.

Bringt ein von dem Anbieter oder dem Emittenten von Vermögensanlagen beauftragter Dritter im Rahmen der Organisation des Vertriebs Vermögensanlagen bei Wertpapierdienstleistungsunternehmen oder gewerblichen Finanzanlagenvermittlern im Rahmen einer Emission zur weiteren Vermittlung an Anleger unter, ohne dabei eine feste Übernahmeverpflichtung zu übernehmen, erfüllt dies den Tatbestand des Platzierungsgeschäfts nach § 1 Absatz 1a Satz 2 KWG und § 2 Absatz 3 Nummer 6 WpHG. Die Einführung einer weiteren Ausnahme in § 2 Absatz 6 KWG und § 2a Absatz 1 WpHG für diese Konstellation ist daher erforderlich.

Durch die Qualifizierung von Vermögensanlagen im Sinne des § 1 Absatz 2 des Vermögensanlagengesetzes als Finanzinstrumente würden Zweitmarktfonds gegebenenfalls die Finanzportfolioverwaltung oder die Anlageverwaltung erbringen. Für diese Unternehmen ist daher eine Ausnahme unter § 2 Absatz 6 Satz 1 Nummer 20 vorgesehen.

Amtliche Begründung[1]

Zu Nummer 3 (§ 2)

Die Tätigkeit einer zentralen Gegenpartei stellt gemäß § 1 Absatz 1 Satz 1 Nummer 12 ein erlaubnispflichtiges Bankgeschäft dar, sodass Kreditinstitute, die diese Tätigkeit ausüben, den Regeln des KWG unterworfen sind. Mit dem Inkrafttreten der Verordnung (EU) Nr. 648/2012 unterfallen sie nunmehr unmittelbar den dortigen Vorgaben, sodass sie von denjenigen Rechtsnormen des KWG befreit werden, denen sie bereits durch die Verordnung (EU) Nr. 648/2012 unterliegen.

---

1 Zum Ausführungsgesetz zur Verordnung (EU) Nr. 648/2012 über OTC-Derivate, zentrale Gegenparteien und Transaktionsregister (EMIR-Ausführungsgesetz) vom 13. Februar 2013 (BGBl. I S. 174); vgl. BT-Drucksache 17/11289 vom 5. November 2012.

Die Verordnung (EU) Nr. 648/2012 sieht ein spezifisches, auf die Risiken der zentralen Gegenparteien zugeschnittenes Solvenz- und Liquiditätsregime vor, das die Regelungen des KWG in diesem Bereich ersetzen. Die Verordnung (EU) Nr. 648/2012 schließt aber nicht aus, dass Institute sowohl eine Erlaubnis nach der Verordnung (EU) Nr. .../2012 (CRR) als auch nach der Verordnung (EU) Nr. 648/2012 haben können. Für diesen Fall ordnet Absatz 9 d an, dass die Unternehmen sowohl den Anforderungen aus den Verordnungen (EU) Nr. 648/2012 als auch aus der Verordnung (EU) Nr. .../2012 (CRR) sowie den jeweiligen nationalen Anforderungen Rechnung zu tragen haben. Insbesondere CRR-Kreditinstitute haben dann in jedem Fall die zwingenden europarechtlichen Anforderungen zu erfüllen.

Amtliche Begründung[1]

Zu Nummer 2 (§ 2)

Zu Buchstabe a (Absatz 1)

Zu Doppelbuchstabe aa (Nummer 3 b)

Die Änderung dient der redaktionellen Anpassung an die durch das Kapitalanlagegesetzbuch (KAGB) geänderten Begriffsbestimmungen in § 1 KAGB. Externe oder interne Kapitalverwaltungsgesellschaften oder extern verwaltete Investmentgesellschaften gelten nicht als Kreditinstitute, sofern sie die kollektive Vermögensverwaltung oder neben der kollektiven Vermögensverwaltung ausschließlich in § 20 Absatz 2 und 3 KAGB aufgeführte Dienstleistungen oder Nebendienstleistungen erbringen. Sofern diese Gesellschaften ausschließlich Dienstleistungen oder Nebendienstleistungen nach dem Kapitalanlagegesetzbuch erbringen, ist der Anwendungsbereich des Kapitalanlagegesetzbuchs eröffnet und das Kapitalanlagegesetzbuch ist gegenüber dem Kreditwesengesetz lex specialis. Die Ausnahmeregelung wird relevant, wenn die Gesellschaften Anteile verwahren und damit das Depotgeschäft betreiben.

Zu Doppelbuchstabe bb (Nummer 3 c)

Die Änderung dient der redaktionellen Anpassung an die durch das Kapitalanlagegesetzbuch (KAGB) geänderten Begriffsbestimmungen in § 1 KAGB. Darüber hinaus dient die Regelung der Klarstellung, dass EU-Verwaltungsgesellschaften oder ausländische AIF-Verwaltungsgesellschaften, sofern sie beispielsweise im Rahmen des Produktpasses Anteile an Investmentvermögen im Inland vertreiben oder im Rahmen des Gesellschaftspasses grenzüberschreitend die kollektive Vermögensverwaltung, die Finanzportfolioverwaltung oder andere Dienstleistungen oder Nebendienstleistungen nach der Richtlinie 2009/65/EG oder der Richtlinie 2011/61/EU erbringen, nicht als Kreditinstitute gelten. Sofern diese Gesellschaften ausschließlich Dienstleistungen oder Nebendienstleistungen nach dem KAGB erbringen, ist der Anwendungsbereich des KAGB eröffnet und das KAGB ist gegenüber dem Kreditwesengesetz lex specialis. Die Ausnahmeregelung wird relevant, wenn die Gesellschaften Anteile verwahren und damit das Depotgeschäft betreiben.

Zu Doppelbuchstabe cc (Nummer 10)

Es handelt sich um eine redaktionelle Änderung.

---

1 Zum Gesetz zur Umsetzung der Richtlinie 2011/61/EU über die Verwalter alternativer Investmentfonds (AIFM-Umsetzungsgesetz – AIFM-UmsG) vom 4. Juli 2013 (BGBl. I S. 1981); vgl. BT-Drucksache 17/12294 vom 6. Februar 2013.

Zu Doppelbuchstabe dd (Nummer 11)

Es handelt sich um eine Folgeänderung aufgrund der Einfügung des eingeschränkten Verwahrgeschäfts als Finanzdienstleistung in § 1 Absatz 2a Satz 2 Nummer 12. Da das Depotgeschäft weiterhin als Oberbegriff für die Verwahrung und Verwaltung von Wertpapieren für andere als Bankgeschäft qualifiziert und lediglich der Unterfall des eingeschränkten Verwahrgeschäfts eine Finanzdienstleistung darstellt, bedarf es hier einer Ausnahme für Unternehmen, die nur das eingeschränkte Verwahrgeschäft erbringen. Diese gelten zukünftig nicht mehr als Kreditinstitute. Da diese Unternehmen jedoch eine Finanzdienstleistung erbringen, gelten sie nach § 1 Absatz 1a Satz 1 als Finanzdienstleistungsinstitute. Sobald jedoch das Verwahrgeschäft nicht ausschließlich für AIF betrieben wird, ist diese Ausnahme nicht einschlägig. Da in diesem Fall der Tatbestand des § 1 Absatz 1 Satz 2 Nummer 5 erfüllt ist, wäre ein solches Unternehmen als Kreditinstitut zu qualifizieren.

Zu Doppelbuchstabe ee (Nummer 12)

Es handelt sich um eine Folgeänderung zur Einführung der Finanzdienstleistung eingeschränktes Verwahrgeschäft in § 1 Absatz 1a Satz 2 Nummer 12.

Zu Buchstabe b (Absatz 6)

Zu Doppelbuchstabe aa (Nummer 5a)

Die Änderung dient der redaktionellen Anpassung an die durch das Kapitalanlagegesetzbuch (KAGB) geänderten Begriffsbestimmungen in § 1 KAGB. Wie bisher dient die Regelung der Klarstellung, dass externe oder interne Kapitalverwaltungsgesellschaften oder extern verwaltete Investmentgesellschaften, sofern sie die kollektive Vermögensverwaltung oder neben der kollektiven Vermögensverwaltung ausschließlich die in § 20 Absatz 2 und 3 KAGB aufgeführten Dienstleistungen oder Nebendienstleistungen erbringen, nicht als Finanzdienstleistungsinstitute gelten. Sofern diese Gesellschaften ausschließlich Dienstleistungen oder Nebendienstleistungen nach dem Kapitalanlagegesetzbuch erbringen, ist der Anwendungsbereich des Kapitalanlagegesetzbuchs eröffnet und das Kapitalanlagegesetzbuch ist gegenüber dem Kreditwesengesetz lex specialis. Die Ausnahmeregelung wird z.B. relevant, wenn die Gesellschaften die Finanzportfolioverwaltung oder die Anlageberatung oder im Fall einer AIF-Kapitalverwaltungsgesellschaft z.B. die Anlagevermittlung erbringen.

Zu Doppelbuchstabe bb (Nummer 5b)

Die Änderung dient der redaktionellen Anpassung an die durch das Kapitalanlagegesetzbuch (KAGB) geänderten Begriffsbestimmungen in § 1 KAGB. Darüber hinaus dient die Regelung der Klarstellung, dass EU-Verwaltungsgesellschaften oder ausländische AIF-Verwaltungsgesellschaften, sofern sie beispielsweise im Rahmen des Produktpasses Anteile an Investmentvermögen im Inland vertreiben oder im Rahmen des Gesellschaftspasses grenzüberschreitend die kollektive Vermögensverwaltung, die Finanzportfolioverwaltung oder andere Dienstleistungen oder Nebendienstleistungen nach der Richtlinie 2009/65/EG oder der Richtlinie 2011/61/EU erbringen, nicht als Finanzdienstleistungsinstitute gelten. Sofern diese Gesellschaften ausschließlich Dienstleistungen oder Nebendienstleistungen nach dem KAGB erbringen, ist der Anwendungsbereich des KAGB eröffnet und das KAGB ist gegenüber dem Kreditwesengesetz lex specialis. Die Ausnahmeregelung wird z.B. relevant, wenn die Gesellschaften die Finanzportfolioverwaltung oder die Anlageberatung oder im Fall einer ausländischen AIF-Verwaltungsgesellschaft z.B. die Anlagevermittlung erbringen.

Zu Doppelbuchstabe cc (Nummer 8)

Zu Dreifachbuchstabe aaa (Buchstabe d)

Die Änderung dient der redaktionellen Anpassung an die durch das Kapitalanlagegesetzbuch eingeführten Begriffsbestimmungen.

Zu Dreifachbuchstabe bbb (nach Buchstabe e)

Die Änderung dient der redaktionellen Anpassung an die durch das Kapitalanlagegesetzbuch (KAGB) geänderten Begriffsbestimmungen. Der materielle Regelungsgehalt hat sich nicht geändert. Die Bereichsausnahme der Nummer 8 bezieht sich auf die Anlageberatung und die Anlage- und Abschlussvermittlung von inländischen Investmentvermögen, die von einer Kapitalverwaltungsgesellschaft ausgegeben werden, die über eine Erlaubnis nach den §§ 20, 21 oder nach den §§ 20, 22 des Kapitalanlagegesetzbuchs verfügt, sowie von EU-Investmentvermögen oder ausländischen AIF, die nach dem KAGB vertrieben werden dürfen. Weiterhin werden für einen Übergangszeitraum auch noch inländische Investmentvermögen von AIF-Kapitalverwaltungsgesellschaften erfasst, die eine Erlaubnis nach § 7 oder § 97 Absatz 1 des Investmentgesetzes in der bis zum 21. Juli 2013 geltenden Fassung erhalten haben, die für einen in § 345 des Kapitalanlagegesetzbuchs vorgesehenen Zeitraum noch fortbesteht.

Da der Begriff »öffentlicher Vertrieb« im Sinne des Investmentgesetzes im KAGB durch den Begriff »Vertrieb« ersetzt wurde, ist das Wort »öffentlich« in Nummer 8 gestrichen worden. Die Bereichsausnahme erfasst sowohl Publikumsinvestmentvermögen als auch Spezial-AIF. Wie bisher fallen jedoch Hedgefonds nicht unter die Ausnahmeregelung, da diese besonders risikoreich sind. Schließlich hat auch der bisherige Grund für die Bereichsausnahme, dass die Gesellschaft, an die die Vermittlung erfolgt, bereits selbst der Aufsicht unterliegt, weiterhin Bestand. Eine weitergehende Beaufsichtigung der ausschließlich die Aufträge weiterleitenden Unternehmen nach dem Kreditwesengesetz ist daher nicht erforderlich.

Amtliche Begründung[1]

Zu Nummer 5 (§ 2)

Zu Buchstabe b

Die Ergänzung um § 53b Absatz 7 beruht auf der Umsetzung von Artikel 2 Absatz 2 der Richtlinie 2012/.../EU.

Zu den Buchstaben c bis i

Es handelt sich um redaktionelle Änderungen, die einerseits die Verweise und andererseits die Anpassung der Begrifflichkeiten betreffen.

---

[1] Zum Gesetz zur Umsetzung der Richtlinie 2013/36/EU über den Zugang zur Tätigkeit von Kreditinstituten und die Beaufsichtigung von Kreditinstituten und Wertpapierfirmen und zur Anpassung des Aufsichtsrechts an die Verordnung (EU) Nr. 575/2013 über Aufsichtsanforderungen an Kreditinstitute und Wertpapierfirmen (CRD IV-Umsetzungsgesetz) vom 28. August 2013 (BGBl. I S. 3395); vgl. BT-Drucksache 17/10974 vom 15. Oktober 2012 und BT-Drucksache 17/13524 – Beschlussempfehlung des Finanzausschusses (7. Ausschuss) – vom 15. Mai 2013.

Ferner wurden in den Absätzen 7, 7a, 8 und 8b die Ausnahmevorschriften um die §§ 10c bis 10f KWG und die Verschuldensquote nach der Verordnung (EU) Nr. .../2012 ergänzt.

Zu Buchstabe j

Der neue Absatz 9a ergänzt die bislang in § 2 KWG vorhandenen Ausnahmeregelungen um solche für Bürgschaftsbanken. Aufgrund ihres Geschäftsmodells ist es sachgerecht, sie von den Erfordernissen der Berechnung der Verschuldensquote (Leverage Ratio) nach Artikel 416 der Verordnung (EU) Nr. .../2012 und dem antizyklischem Kapitalpuffer auszunehmen. Von § 24 Absatz 1 Nummer 16 und Absatz 1a Nummer 5 sind sie bereits jetzt ausgenommen. Ansonsten unterliegen sie dem Regime der Verordnung (EU) Nr. .../2012. Dies ist insofern sachgerecht, weil sich nur dann für sie das verringerte Risikogewicht nach Artikel 114 Absatz 5 der Verordnung (EU) Nr. .../2012 rechtfertigen lässt.

Der neue Absatz 9b übt das Wahlrecht für eine Ausnahme der CRR-Wertpapierfirmen von der Liquiditätsregulierung in der CRR nach Artikel 5 Absatz 4 aus.

Zu Buchstabe l

Absatz 11 wird gestrichen, weil Artikel 89 der Verordnung (EU) Nr. .../2012 die Ausnahmen für Nichthandelsbuchinstitute abschließend regelt.

Zu Buchstabe m

Hierbei handelt es sich um eine redaktionelle Anpassung aufgrund der veränderten Zählung der §§ 25a ff.

ANMERKUNG

1. Die Bundesagentur für Arbeit und die Sozialversicherungsträger (Absatz 1 Nr. 3) betreiben bei der Anlage ihrer Mittel auch das Kreditgeschäft (§ 1 Abs. 1 Nr. 2). Wegen ihrer besonderen öffentlichen Stellung bedürfen sie jedoch keiner Bankenaufsicht. Sie müssen lediglich ihre Millionenkredite zur Evidenzzentrale (§ 14) melden (Absatz 2, 2. Halbsatz).
2. Entgegen der amtlichen Begründung zur Ursprungsfassung (vorletzter Absatz) ist davon auszugehen, dass die allgemeinen Vorschriften, die sich auch auf die in Absatz 2 genannten Vorschriften beziehen, grundsätzlich auch für die dort genannten Unternehmen gelten. Die Bundesanstalt kann z.B. gegenüber einem Versicherungsunternehmen eine Millionenkreditanzeige nach § 50 erzwingen, Auskünfte in Bezug auf eine solche Anzeige verlangen (§ 44) und eine unterlassene, falsche oder verspätete Anzeige nach § 56 Abs. 1 Nr. 4 ahnden. Insbesondere muss die Bundesanstalt die in § 2 Abs. 2 genannten Stellen von der Einreichung bestimmter Millionenkreditanzeigen nach § 31 freistellen können.
3. Unternehmen i.S. des Absatzes 3 sind voll Kreditinstitute nicht nur mit ihren nicht eigentümlichen Bankgeschäften. Sämtliche Personen i.S. des § 1 Abs. 2 Satz 1 sind Geschäftsleiter. Bei der Erlaubniserteilung kann die Bundesanstalt jedoch nicht von allen Personen die fachliche Eignung zur Leitung des Kreditinstituts verlangen, wenn der andere Geschäftszweig des Unternehmens andere fachliche Voraussetzungen verlangt. Die persönliche Zuverlässigkeit müssen dagegen alle Geschäftsleiter besitzen. Die laufende Aufsicht der Bundesanstalt beschränkt sich im Allgemeinen auf die nicht eigentümlichen Bankgeschäfte des Unternehmens, zumal für die eigentümlichen bereits eine andere Aufsicht besteht. Vorschriften, die auf ein Kreditinstitut mit dem typischen Geschäftskreis zugeschnitten sind, z.B. die Grundsätze über Eigenkapital und Liquidität, sind auf Unternehmen i.S. des Absatzes 3 nicht unmittelbar anwendbar.

4. Durch das 6. KWG-Änderungsgesetz vom 22. Oktober 1997 wurde § 2, entsprechend der umfangreichen Erweiterung des § 1, wesentlich umgestaltet. Die Einzelheiten ergeben sich aus der vorstehend abgedruckten Amtlichen Begründung.
5. Aufgrund der Übertragung der Aufsichtsbefugnisse auf die Bundesanstalt für Finanzdienstleistungsaufsicht zum 1. Mai 2002 waren redaktionelle Anpassungen der Vorschrift erforderlich. Außerdem erfolgten verschiedene Änderungen der Vorschrift durch das 4. Finanzmarktförderungsgesetz vom 21. Juni 2002. Insbesondere wurde klargestellt, dass eine Aufsicht über die öffentliche Schuldenverwaltung nicht erforderlich ist (vgl. Abs. 1 Nr. 3a). Für das Kreditkartengeschäft sind nunmehr die Erleichterungen des Abs. 7 anwendbar, da es einer vollumfänglichen Solvenzaufsicht für diese Geschäftstätigkeit nicht bedarf. Ferner wurden die Voraussetzungen für die Herausnahme der gebundenen Agenten aus der Aufsicht unter § 2 Abs. 10 um die Anforderung des Nachweises einer geeigneten Versicherung verschärft. Wegen Einzelheiten wird auf die vorstehend abgedruckte Amtliche Begründung zum 4. Finanzmarktförderungsgesetz verwiesen.
6. Bei der Änderung in Absatz 8a handelt es sich um eine Anpassung an Artikel 45d der Kapitaladäquanzrichtlinie, die auf Finanzinstrumente in Anhang I Abschnitt C Nr. 5 bis 7, 9 und 10 der Finanzmarktrichtlinie Bezug nimmt. Die dort aufgeführten Derivate werden in Zukunft in § 1 Abs. 11 Satz 4 Nr. 2, 3 und 5 definiert.
7. § 2 Abs. 6 Nr 6a wurde eingefügt durch das Gesetz zur Modernisierung der Rahmenbedingungen für Kapitalbeteiligungen (MoRaKG) vom 12. August 2008 (BStBl. I, S. 1672).
8. Durch das Jahressteuergesetz 2009 vom 19. Dezember 2010 (BGBl. I S. 2794) wurde in § 2 Abs. 6 die Nummer 17 angefügt und in § 2 Abs. 7 der Satz 2 eingefügt. Es erging hierzu keine amtliche Begründung.
9. Durch das Gesetz zur Fortentwicklung des Pfandbriefrechts vom 20. März 2009 (BGBl. I S. 607) wurde in § 2 Absatz 6 Satz 1 die Nummer 5b und die Nummer 18 angefügt.
10. In § 2 Absatz 4 Satz 1 wurde der Verweis auf die §§ 25a, 26 bis 38 ergänzt und in Absatz 7 die Wörter Kreditkarten- und Finanztransfergeschäft gestrichen sowie Satz 3 aufgehoben auf Grund des Gesetzes zur Umsetzung der aufsichtsrechtlichen Vorschriften der Zahlungsdiensterichtlinie vom 25. Juni 2009 (BGBl. I S. 1506).
11. Die Änderungen des § 2 um die Erweiterung des § 2 Absatz 7 und die Neufassung der Absätze 8a bis 9 beruhen auf dem Gesetz zur Umsetzung der geänderten Bankenrichtlinie und der geänderten Kapitaladäquanzrichtlinie vom 19. November 2010 (BGBl. I S. 1592). Speziell der neu eingefügte § 2 Absatz 8b verweist auf die Befreiung der Finanzportfolioverwalter von den Großkredit- und Millionenkreditbestimmungen, die nach Artikel 2 Nummer 2 der Richtlinie 2009/111/EG vom 16. September 2009 ausdrücklich zugelassen ist (Artikel 28 Absatz 1 Kapitaladäquanzrichtlinie i.V.m. Artikel 20 Absatz 2 Kapitaladäquanzrichtlinie). Denn diese Finanzportfolioverwalter beschränken sich auf bestimmte Tätigkeiten, die nur eingeschränkten Eigenkapitalanforderungen unterliegen. Daher ist auch ihre Ausnahme von den Großkredit- und Millionenkreditbestimmungen zugelassen worden (vgl. Beschlussempfehlung und Bericht des 7. Finanzausschusses des DBT; BT-Drucksache 17/2472 vom 7. Juli 2010).
12. § 2 Absatz 5 Satz 1 und Absatz 7 enthalten redaktionelle Folgeänderungen in Bezug auf die Aufhebung des § 46a durch das Restrukturierungsgesetz vom 9. Dezember 2010 (BGBl. I S. 1900).
13. § 2 Absatz 1 Nummer 9a, Absatz 4 Satz 1 und Absatz 6 Satz 1 Nummern 11a und 13 wurden geändert, Absatz 5 aufgehoben durch das Gesetz zur Umsetzung der Zweiten E-Geld-Richtlinie vom 1. März 2011 (BGBl. I S. 288), da es sich um redaktionelle Folgeänderungen handelt, denn das E-Geld-Institut wurde in das Zahlungsdiensteaufsichtsgesetz überführt und konnte somit aus dem KWG gestrichen werden; vgl. die hierzu partiell abgedruckte Amtliche Begründung.
14. In § 2 Absatz 1 wurden die Nummern 10 und 11 eingefügt, § 2 Absatz 6 wurde redaktionell geändert und ergänzt um den Buchstaben e sowie um die Nummern 19 und 20 aufgrund des Gesetzes zur Novellierung des Finanzvermittler- und Vermögensanlagenrechts vom 6. Dezember 2011 (BGBl. I S. 2481).

Durch die Ergänzungen in § 2 Absatz 6 Nummer 8 werden sog. »freie Vermittler« von Vermögensanlagen i.S. des § 1 Absatz 2 des Vermögensanlagengesetzes von der Qualifizierung als Finanzdienstleistungsinstitute i.S. des Kreditwesengesetzes ausgenommen, wenn sie die in § 2 Absatz 6 Nummer 8 genannten Voraussetzungen erfüllen. Hierdurch wird der Status freier Vermittler von Vermögensanlagen in dieser Hinsicht beispielsweise demjenigen der freien Vermittler offener Fonds gleichgestellt: Obwohl die neu in § 2 Absatz 6 Nummer 8 Buchstabe e genannten Vermittler wegen der neuen Qualifizierung von Vermögensanlagen in § 1 Absatz 11 Finanzinstrumente vermitteln, gelten sie nicht als Finanzdienstleistungsinstitute und unterliegen damit nicht der Aufsicht durch die Bundesanstalt.

»Freie Vermittler«, die unter die neue Ausnahme des § 2 Absatz 6 Nummer 8 fallen, sind Finanzanlagenvermittler bzw. -berater, für die die in den §§ 34f und 34g der Gewerbeordnung eingeführten Erlaubnisvoraussetzungen und -pflichten gelten (vgl. Entwurf zum Gesetz zur Novellierung des Finanzvermittler- und Vermögensanlagenrechts der BR; BT-Drucksache 17/6051 vom 6. Juni 2011).

15. In § 2 Absatz 4 Satz 2 wurde das Wort »elektronischen« vor dem Wort »Bundesanzeiger« gestrichen durch das Gesetz zur Änderung der Vorschriften über Verkündung und Bekanntmachungen sowie der Zivilprozessordnung, des Gesetzes betreffend die Einführung der Zivilprozessordnung und der Abgabenordnung vom 22. Dezember 2011 (BGBl. I S. 3044); vgl. BT-Drucksache 17/6610 vom 15. Juli 2011.
16. § 2 Absatz 6 Satz 1 Nummer 20 wurde geändert durch das Gesetz zur Umsetzung der Richtlinie 2010/73/EU und zur Änderung des Börsengesetzes vom 26. Juni 2012 (BGBl. I S. 1375).
17. § 2 Absatz 9a und Absatz 9b wurden eingefügt durch das Ausführungsgesetz zur Verordnung (EU) Nr. 648/2012 über OTC-Derivate, zentrale Gegenparteien und Transaktionsregister (EMIR-Ausführungsgesetz) vom 13. Februar 2013 (BGBl. I S. 174); vgl. die vorstehend abgedruckte Amtliche Begründung.
18. § 2 Absatz 6 Satz 1 wurde geändert durch das Gesetz zur Vermeidung von Gefahren und Missbräuchen im Hochfrequenzhandel vom 7. Mai 2013 (BGBl. I S. 1162). Mit den Änderungen wird sichergestellt, dass die für bestimmte Formen des Eigenhandels geltenden Bereichsausnahmen für Unternehmen, die einen algorithmischen Hochfrequenzhandel betreiben, uneingeschränkt erlaubnispflichtig sind.
19. Die Änderungen in § 2 Absatz 1 Nummern 3b, 10 und 11, die neu eingefügten Nummern 3c und 12 und die Änderung in Absatz 6 Nummern 5a, 5b und 8 erfolgen durch das Gesetz zur Umsetzung der Richtlinie 2011/61/EU über die Verwalter alternativer Investmentfonds (AIFM-Umsetzungsgesetz – AIFM-UmsG) vom 4. Juli 2013 (BGBl. I S. 1981); vgl. die vorstehend abgedruckte Amtliche Begründung.
20. Es handelt sich in § 2 Absatz 2 Satz 1 und in Absatz 12 Satz 4 um Folgeänderungen aus der Umbenennung des § 47 in § 46g und von § 48 in § 46h durch das Gesetz zur Abschirmung von Risiken und zur Planung der Sanierung und Abwicklung von Kreditinstituten und Finanzgruppen vom 8. August 2013 (BGBl. I S. 3090).
21. § 2 enthält umfassende Änderungen aufgrund des CRD IV-Umsetzungsgesetzes vom 28. August 2013 (BGBl. I S. 3395). So wurde u. a. Absatz 7 ersetzt durch Absatz 7 und 7a, Absatz 8 und 8b neu gefasst, die Absätze 9c bis 9e wurden neu eingefügt und Absatz 11 aufgehoben. Zu den Einzelheiten siehe die hierzu abgedruckte Amtliche Begründung. Der Verweis der Amtlichen Begründung auf »...Artikel... der Verordnung (EU) Nr. .../2012« bezieht sich auf die Verordnung (EU) Nr. 575/2013.
22. Zur Anwendbarkeit des § 2 Absatz 8a längstens bis zum 31. Dezember 2014 vgl. § 64h Absatz 7.
23. § 2 Absatz 9d wird zu einem bei Redaktionsschluss noch nicht bekannten Zeitpunkt aufgehoben (Art. 8, 10 des Gesetzes vom 28. August 2013, BGBl. I S. 3395).

§ 2a Ausnahmen für gruppenangehörige Institute und Institute, die institutsbezogenen Sicherungssystemen angehören

(1) Institute können eine Freistellung nach Artikel 7 der Verordnung (EU) Nr. 575/2013 in der jeweils geltenden Fassung bei der Bundesanstalt beantragen. Dem Antrag sind geeignete Unterlagen beizufügen, die nachweisen, dass die Voraussetzungen für eine Freistellung nach Artikel 7 der Verordnung (EU) Nr. 575/2013 vorliegen.

(2) Sofern die Voraussetzungen für eine Freistellung nach Artikel 7 der Verordnung (EU) Nr. 575/2013 vorliegen, kann die Bundesanstalt Institute auf Antrag für das Management von Risiken mit Ausnahme des Liquiditätsrisikos von den Anforderungen an eine ordnungsgemäße Geschäftsorganisation gemäß § 25a Absatz 1 freistellen. Dem Antrag sind geeignete Unterlagen beizufügen, die nachweisen, dass die Voraussetzungen nach Satz 1 vorliegen.

(3) Institute können eine Freistellung nach Artikel 8 der Verordnung (EU) Nr. 575/2013 in der jeweils geltenden Fassung bei der Bundesanstalt beantragen. Dem Antrag sind geeignete Unterlagen beizufügen, die nachweisen, dass die Voraussetzungen für eine Freistellung nach Artikel 8 der Verordnung (EU) Nr. 575/2013 vorliegen.

(4) Sofern die Voraussetzungen für eine Freistellung nach Artikel 8 der Verordnung (EU) Nr. 575/2013 vorliegen und eine Freistellung nach Artikel 8 der Verordnung (EU) Nr. 575/2013 gewährt wird, kann die Bundesanstalt Institute auf Antrag für das Management von Liquiditätsrisiken von den Anforderungen an eine ordnungsgemäße Geschäftsorgansation gemäß § 25a Absatz 1 freistellen. Dem Antrag sind geeignete Unterlagen beizufügen, die nachweisen, dass die Voraussetzungen nach Satz 1 vorliegen.

(5) Für Institute und übergeordnete Unternehmen, die von der Regelung im Sinne des § 2a Absatz 1, 5 oder 6 in der bis zum 31. Dezember 2013 geltenden Fassung Gebrauch gemacht haben, gilt die Freistellung nach Absatz 1 oder 2 als gewährt.

(6) Die Bundesanstalt kann das Institut oder das übergeordnete Unternehmen auch nach einer nach den Absätzen 1 bis 4 gewährten oder nach einer nach Absatz 5 fortgeltenden Freistellung auffordern, die erforderlichen Nachweise für die Einhaltung der Voraussetzungen vorzulegen. Sie kann sie auch dazu auffordern, Vorkehrungen zu treffen, die geeignet und erforderlich sind, bestehende Mängel zu beseitigen und hierfür eine angemessene Frist bestimmen. Werden die Nachweise nicht oder nicht fristgerecht vorgelegt oder werden die Mängel nicht oder nicht fristgerecht behoben, kann die Bundesanstalt die Freistellung aufheben oder anordnen, dass das Institut die Vorschriften, auf die sich die Freistellung bezog, wieder anzuwenden hat.

Amtliche Begründung[1]

Die neu eingefügte Vorschrift setzt Artikel 69 der Bankenrichtlinie um. Danach brauchen Institute mit Sitz im Inland, die einem Institut mit Sitz im Inland nachgeordnet sind, unter bestimmten Voraussetzungen die in Artikel 68 Abs. 1 der Bankenrichtlinie aufgezählten Anforderungen nicht auf Einzelebene anzuwenden. Diese Ausnahme bezieht sich auf die in Artikel 22 der Bankenrichtlinie geregelten Anforderungen an das interne Kontrollsystem des Instituts, die in Artikel 75 geregelten Anforderungen an die Angemessenheit der Eigenmittelausstattung sowie die in Abschnitt 5 der Bankenrichtlinie geregelten Großkreditvorschriften, die in den genannten Vorschriften der §§ 10, 13 und 13a sowie des § 25a Abs. 1 Satz 3 Nr. 1 umgesetzt wurden.

---

1 Zum Gesetz zur Umsetzung der neu gefassten Bankenrichtlinie und der neu gefassten Kapitaladäquanzrichtlinie vom 17. November 2006 (BGBl. I S. 2606).

Die Ausnahmeregelung des § 2a erfordert eine enge Einbindung des nachgeordneten Unternehmens in die Gruppenstruktur. Nur auf diese Weise ist gewährleistet, dass durch die Freigabe der zentralen Strukturnormen des Bankaufsichtsrechts auf Einzelebene keine Gefahren für die Sicherheit der den Instituten anvertrauten Vermögenswerte, Beeinträchtigungen der ordnungsgemäßen Durchführung der Bankgeschäfte oder Finanzdienstleistungen oder unvertretbare Aufsichtslücken entstehen und eine angemessene Eigenmittelverteilung in der Gruppe sichergestellt wird. Ein Institut kann daher die Ausnahmeregelung nur in Anspruch nehmen, wenn das übergeordnete Unternehmen beherrschenden Einfluss auf das nachgeordnete Unternehmen ausüben kann. Es muss daher mehr als 50 vom Hundert der mit den Anteilen des nachgeordneten Unternehmens verbundenen Stimmrechte halten oder aber die Mehrheit der Mitglieder seines Leitungsorgans bestellen und/oder abberufen können. Das nachgeordnete Unternehmen muss darüber hinaus vollumfänglich in die gruppenweiten Risikobewertungs-, -mess- und -kontrollverfahren eingebunden sein und das übergeordnete Unternehmen hat sicherzustellen, dass die Führung des nachgeordneten Unternehmens den aufsichtlichen Anforderungen entspricht.

Aufgrund des Wegfalls der Mindestkapitalanforderungen auf Einzelebene muss darüber hinaus gewährleistet sein, dass es keine rechtlichen oder bedeutenden tatsächlichen Hindernisse gibt, die im Bedarfsfall eine unverzügliche Übertragung von Eigenmitteln auf das nachgeordnete Institut oder eine Übernahme der Verpflichtung durch das übergeordnete Unternehmen verhindern. Ergänzend muss sich das übergeordnete Unternehmen verbindlich verpflichten, in diesem Fall für die vom nachgeordneten Unternehmen eingegangenen bestehenden und künftigen Verpflichtungen einzustehen. Eine derartige Erklärung ist nur dann entbehrlich, wenn die vom nachgeordneten Unternehmen verursachten Risiken von untergeordneter Bedeutung sind. Der Nachweis hierfür ist von dem Institut zu führen.

Ein Institut, bei dem diese Voraussetzungen erfüllt sind, braucht die genannten Vorschriften nicht mehr auf Einzelebene anzuwenden. Es hat allerdings der Bundesanstalt und der Deutschen Bundesbank unter Nachweis des Vorliegens der Voraussetzungen anzuzeigen, dass es von dem Ausnahmetatbestand Gebrauch macht.

Wird das Vorliegen der Voraussetzungen nicht oder nicht in ausreichendem Maße nachgewiesen, kann die Bundesanstalt das Institut oder das ihm übergeordnete Unternehmen auffordern, geeignete Vorkehrungen zu treffen, um die Tatbestandsvoraussetzungen zu erfüllen. Weist das Institut nicht innerhalb einer von der Bundesanstalt zu bestimmenden Frist nach, dass nunmehr alle Voraussetzungen gegeben sind, kann die Bundesanstalt anordnen, dass das Institut die genannten aufsichtsrechtlichen Anforderungen wieder auf Einzelebene zu beachten hat.

Nimmt ein Institut die Ausnahme in Anspruch, ist es gehalten, von Zeit zu Zeit zu überprüfen, ob die Voraussetzungen noch gegeben sind. Eine solche Überprüfung hat zumindest immer dann stattzufinden, wenn Veränderungen eingetreten sind, die sich auf das Vorliegen der Voraussetzungen nach Absatz 1 auswirken können. Das Ergebnis dieser Überprüfung sowie ggf. in seiner Folge ergriffene Maßnahmen sind zu dokumentieren. Die Dokumentation ist der Bundesanstalt und/oder der Deutschen Bundesbank auf Anforderung vorzulegen.

Absatz 5 setzt Artikel 69 Abs. 2 der Bankrichtlinie um und öffnet den Ausnahmetatbestand auch für inländische Institute, die nachgeordnete Unternehmen einer Finanzholding-Gruppe nach § 10a Abs. 3 sind, vorausgesetzt, die Finanzholding-Gesellschaft an der Spitze der Gruppe hat ihren Sitz ebenfalls im Inland.

Absatz 6 setzt Artikel 69 Abs. 2a der Bankrichtlinie um. Danach kann unter den genannten Voraussetzungen auch das übergeordnete Institut einer Institutsgruppe nach § 10a Abs. 1 oder 2 auf Einzelebene von der Anwendung der §§ 10, 13, 13a sowie des § 25a Abs. 1 Satz 3 Nr. 1 zum internen Kontrollsystem absehen.

Amtliche Begründung[1]

Zu Nummer 5 (§ 2a)

Die Regelung in § 2a ermöglicht es Instituten, die einer Instituts- oder Finanzholding-Gruppe angehören, bestimmte Regelungen nicht auf Einzelinstitutsebene, sondern nur auf zusammengefasster Basis anzuwenden, wenn bestimmte Voraussetzungen erfüllt sind. Der Gesetzgeber hat dazu im Rahmen des Gesetzes zur Umsetzung der neu gefassten Bankenrichtlinie und der neu gefassten Kapitaladäquanzrichtlinie (BGBl. 2006 I S. 2606) das ihm von Artikel 69 der Bankenrichtlinie eingeräumte Wahlrecht ausgeübt. Ziel war es, einen modernen, risikosensitiven Rechtsrahmen für Kreditinstitute einzuführen und aufsichtsrechtliche Doppelbelastungen für Instituts- und Finanzholding-Gruppen in Teilbereichen durch Verzicht auf bestimmte aufsichtsrechtliche Anforderungen auf Einzelinstitutsbasis zu verringern. Dem lag die Erwartung zu Grunde, dass die Gruppenaufsicht die bis dahin geltende Aufsicht auf Einzelinstitutsbasis angemessen ersetzen kann. Die bisherige Erfahrung der Aufsicht zeigt allerdings, dass Nachbesserungsbedarf besteht.

In diesem Sinne sollen die eingeführten Änderungen sicherstellen, dass das Risikomanagement auf Gruppenebene durch die Aufsicht in derselben Art und Weise überwacht werden kann wie das Risikomanagement auf Einzelinstitutsbasis. Um dies zu gewährleisten, müssen gruppenintern Durchgriffsrechte zwischen übergeordneten Unternehmen und den nachgeordneten Instituten, die von der Regelung des § 2a Absatz 1 KWG Gebrauch machen, vereinbart sein.

Die Änderung von § 2a stellt zudem klar, dass ein Einzelinstitut, das von § 2a Absatz 1 Gebrauch macht, unverändert aufbau- und ablauforganisatorische Regelungen mit klarer Abgrenzung der Verantwortungsbereiche und eine interne Revision vorhalten muss.

Zu Buchstabe a

Durch die Änderungen in Absatz 1 wird die Nichtanwendung bestimmter Vorschriften zum Risikomanagement nach § 25a Absatz 1 Satz 3 auf Einzelinstitutsebene auf bestimmte Elemente eingeschränkt. Damit wird klargestellt, dass ein vollständiger Verzicht auf die Einrichtung eines internen Kontrollverfahrens auf Einzelinstitutsebene, das auch aufbau- und ablauforganisatorische Regelungen sowie eine Interne Revision umfasst, nicht möglich ist. Letztgenannte Elemente müssen damit auch bei Anwendung des § 2a auf Einzelinstitutsebene beibehalten werden. Gleichzeitig werden damit aufsichtsrechtliche Asymmetrien beseitigt, da der bisherige Wortlaut beim Verzicht auf die Einrichtung eines internen Kontrollverfahrens auf Einzelinstitutsebene lediglich eine Kompensation durch Prozesse zur Identifizierung, Beurteilung, Steuerung, Überwachung und Kommunikation der Risiken auf Gruppenebene vorsah. Damit wird auch ein Gleichklang der Anforderungen des § 2a zu denen des § 25a, insbesondere des Absatzes 1a zum Gruppenrisikomanagement, hergestellt. Darüber hinaus hat das übergeordnete Institut durch vereinbarte Durchgriffsrechte sicherzustellen, dass die Einbeziehung der nachgeordneten Institute und deren Risiken in die Prozesse zur Identifizierung, Beurteilung, Steuerung, Überwachung und Kommunikation auch effektiv gewährleistet und insoweit die Wirksamkeit dieser Prozesse nicht durch gesellschaftsrechtliche Regelungen umgangen werden kann.

---

1 Zum Gesetz zur Umsetzung der geänderten Bankenrichtlinie und der geänderten Kapitaladäquanzrichtlinie vom 19. November 2010 (BGBl. I S. 1592); vgl. BT-Drucksache 17/1720 vom 17. Mai 2010.

Zu Buchstabe b

Es handelt sich um Folgeänderungen, die sich aus den Änderungen des Absatzes 1 ergeben.

Zu Buchstabe c

Es handelt sich überwiegend um Folgeänderungen, die sich aus den Änderungen des Absatzes 1 ergeben. Wie in Absatz 1 ist durch Vereinbarung von Durchgriffsrechten sicher zu stellen, dass die Einbeziehung der gruppenangehörigen Unternehmen in die auf Gruppenebene genutzten Prozesse zur Identifizierung, Beurteilung, Steuerung, Überwachung und Kommunikation, Festlegung der Strategien sowie Verfahren zur Sicherstellung der Risikotragfähigkeit so effektiv gewährleistet wird, dass die auf Gruppenebene genutzten Prozesse und Verfahren diejenigen auf Ebene des übergeordneten Unternehmens ersetzen können. Neben dem auf diese Weise erreichten Gleichklang der Anforderungen des § 2a zu denen des § 25a Absatz 1a wird dadurch deutlich, dass die Erleichterungen des § 2a nur dann in Anspruch genommen werden können, wenn die Einzelbetrachtung tatsächlich auch gruppenintern zugunsten der Gruppenbetrachtung aufgegeben wird. Überdies wird sicher gestellt, dass die Gruppenbegriffe des KWG konsistent zur Anwendung kommen und es keine »Waiver-Gruppe« geben wird.

Sollten die geforderten Durchgriffsrechte, z.B. aus gesellschaftsrechtlichen Gründen nicht vereinbart werden können, so können nach Zustimmung der Bundesanstalt einzelne Tochterunternehmen von der Vereinbarung von Durchgriffsrechten ausgenommen werden, sofern und solange die ausgenommenen Tochterunternehmen insgesamt für das Gesamtrisikoprofil der Gruppe unwesentlich sind, so dass die Gruppensteuerung nicht beeinträchtigt wird.

Amtliche Begründung[1]

Zu Nummer 6 (§ 2a)

Artikel 6 der Verordnung (EU) Nr. …/2012 gestattet den Mitgliedstaaten Ausnahmen von der Anwendung der Aufsichtsanforderungen auf Einzelbasis. Diese Vorgabe sowie die Erleichterung in Artikel 104 Absatz 1 der Richtlinie 2012/…/EU ermöglicht es, dass die sog. Waiver-Regelung des vormaligen Artikels 69 der Richtlinie 2006/48/EG fortgeführt werden kann, auch diese war als nationales Wahlrecht ausgestaltet. Der deutsche Gesetzgeber greift das Wahlrecht auf, deren Vorgaben nunmehr in Artikel 6 der Verordnung (EU) Nr. …/2012 festgeschrieben sind. Allerdings ist es nicht mehr möglich, das bisherige Anzeigeverfahren fortzuführen. Die Formulierung in Artikel 6 und 7 der Verordnung (EU) Nr. …/2012 verlangt eindeutig nach einem aktiven Beitrag der zuständigen Aufsichtsbehörde und damit nach einer Genehmigung eines von den betreffenden Instituten einzureichenden Antrags.

Absatz 5 stellt klar, dass diejenigen Institute und übergeordneten Unternehmen, die von der Regelung des § 2a KWG a.F. Gebrauch gemacht haben, diese fortführen können, ohne dass sie das Antragsverfahren durchlaufen müssen.

---

[1] Zum Gesetz zur Umsetzung der Richtlinie 2013/36/EU über den Zugang zur Tätigkeit von Kreditinstituten und die Beaufsichtigung von Kreditinstituten und Wertpapierfirmen und zur Anpassung des Aufsichtsrechts an die Verordnung (EU) Nr. 575/2013 über Aufsichtsanforderungen an Kreditinstitute und Wertpapierfirmen (CRD IV-Umsetzungsgesetz) vom 28. August 2013 (BGBl. I S. 3395); vgl. BT-Drucksache 17/10974 vom 15. Oktober 2012 und BT-Drucksache 17/13524 – Beschlussempfehlung des Finanzausschusses (7. Ausschuss) – vom 15. Mai 2013.

Artikel 7 der Verordnung (EU) Nr. .../2012 gestattet den Mitgliedstaaten Ausnahmen von der Anwendung der Liquiditätsanforderungen auf Einzelbasis. Diese Vorgabe ermöglicht eine Ausnahme von den Liquiditätsanforderungen nach Teil VI der Verordnung. Die Ausnahmeregelung kann sowohl Gruppen als auch Untergruppen auf nationaler oder grenzüberschreitender Basis gewährt werden. Das Wahlrecht kann auch von den in Verbünden zusammengeschlossenen Instituten nach Artikel 108 (7) der Verordnung (EU) Nr. .../2012 in Anspruch genommen werden. Der deutsche Gesetzgeber greift das Wahlrecht auf, dessen Vorgaben nunmehr in Artikel 7 der Verordnung (EU) Nr. .../2012 festgeschrieben sind.

ANMERKUNG § 2a wurde komplett neu gefasst durch das CRD IV-Umsetzungsgesetz vom 28. August 2013 (BGBl. I S. 3395). Siehe die hierzu abgedruckte Amtliche Begründung. Der Verweis der Amtlichen Begründung auf »... Artikel... der Verordnung (EU) Nr. .../2012« bezieht sich auf die Verordnung (EU) Nr. 575/2013.

§ 2 b Rechtsform

(1) Kreditinstitute, die eine Erlaubnis nach § 32 Abs. 1 benötigen, dürfen nicht in der Rechtsform des Einzelkaufmanns betrieben werden.

(2) Bei Wertpapierhandelsunternehmen in der Rechtsform des Einzelkaufmanns oder der Personenhandelsgesellschaft sind die Risikoaktiva des Inhabers oder der persönlich haftenden Gesellschafter in die Beurteilung der Solvenz des Instituts gemäß Artikel 92 der Verordnung (EU) Nr. 575/2013 einzubeziehen; das freie Vermögen des Inhabers oder der Gesellschafter bleibt jedoch bei der Berechnung der Eigenmittel des Instituts unberücksichtigt. Wird ein solches Institut in der Rechtsform eines Einzelkaufmanns betrieben, hat der Inhaber angemessene Vorkehrungen für den Schutz seiner Kunden für den Fall zu treffen, daß auf Grund seines Todes, seiner Geschäftsunfähigkeit oder aus anderen Gründen das Institut seine Geschäftstätigkeit einstellt.

Amtliche Begründung[1]

Nach dieser Vorschrift ist in Zukunft das Betreiben von Bankgeschäften nicht mehr in der Rechtsform des Einzelkaufmanns zulässig. Selbst bei Erfüllung aller persönlichen, fachlichen und finanziellen sonstigen Voraussetzungen für die Zulassung als Kreditinstitut ist es einer einzelnen natürlichen Person in Zukunft nicht mehr möglich, die Erlaubnis zum Betreiben von Bankgeschäften zu erhalten. Der Berufsbewerber muß sich vielmehr mit anderen Interessenten verbinden, um eine juristische Person oder eine Personenhandelsgesellschaft mit dem Zweck der Errichtung eines Kreditinstituts zu gründen. Es kann dahingestellt bleiben, ob es sich bei dieser Regelung um eine Einschränkung der Berufsfreiheit auf der Stufe der Berufszulassung oder – da der einzelne auch künftig selbständiger Bankkaufmann werden kann – nur der Berufsausübung handelt. Auch wenn sich die Bestimmung als eine objektive Berufszulassungsregelung darstellt, würde sie die vom Bundesverfassungsgericht für einen gesetzgeberischen Eingriff entwickelten Voraussetzungen, nämlich Abwehr von Gefahren für ein überragend wichtiges Gemeinschaftsgut, erfüllen. Die Grundrechtseinschränkung rechtfertigt sich aus dem Gesichtspunkt des Schutzes der Kunden von Kreditinstituten von Vermögensverlusten und damit des Schutzes des Vertrauens der

---

[1] Zum 2. KWG-Änderungsgesetz.

Öffentlichkeit in die Funktionsfähigkeit der Kreditwirtschaft. Kein Staat kann es sich leisten, daß dieses Vertrauen ernsthaft erschüttert wird; denn ein allgemeiner Vertrauensverlust führt zu einer schweren Krise der gesamten Volkswirtschaft. Es sind daher alle gesetzgeberischen Möglichkeiten auszuschöpfen, um zu große Risiken im Bereich der Kreditwirtschaft abzubauen.

Die Einzelfirma ist die einzige Rechtsform, bei der keinerlei rechtliche Trennung zwischen dem den Bankgeschäften des Einzelkaufmanns gewidmeten Betriebsvermögen und seinem Privatvermögen oder den anderen gewerblichen Tätigkeiten gewidmeten Vermögensteilen besteht. Daraus folgt, daß das für Bankgeschäfte bestimmte Betriebsvermögen dem unmittelbaren Zugriff durch Privatgläubiger des Firmeninhabers ausgesetzt ist. Die Tätigkeit des Einzelkaufmanns außerhalb seines Bankgeschäfts unterliegt nicht der Kontrolle des Bundesaufsichtsamtes, so daß die Risiken, die daraus auf das Bankgeschäft zukommen, nicht abgeschätzt werden können. Das Bundesaufsichtsamt kann daher die Vorschriften des Gesetzes über das Kreditwesen zum Schutz der Kunden eines Kreditinstituts nicht mehr mit der vom Gesetzgeber beabsichtigten Wirkung auf Einzelbankiers anwenden.

Es wäre zwar denkgesetzlich nicht ausgeschlossen, durch entsprechende gesetzliche Maßnahmen eine rechtliche Absicherung des dem Bankgeschäft gewidmeten Betriebsvermögens vorzunehmen. Eine derart einschneidende, das bisherige System der unbeschränkten persönlichen Haftung einer natürlichen Person völlig verändernde Maßnahme aus Anlaß der vorliegenden Novelle vorzusehen, ist jedoch insbesondere wegen ihrer nicht überschaubaren Auswirkungen auf das gesamte Zivil-, Handels- und Gesellschaftsrecht nicht vertretbar. Dies gilt um so mehr, als die Auswirkungen der vorgesehenen Regelung zahlenmäßig unbedeutend sind, da gegenwärtig in der Bundesrepublik Deutschland nur noch 14 Einzelkaufleute die Erlaubnis zum Betreiben von Bankgeschäften haben und seit dem Bestehen des Bundesaufsichtsamtes (1962) keine Neuzulassungen mehr erfolgt sind. Andere mögliche Maßnahmen zur Abwehr der mit dem Betrieb von Bankgeschäften in der Rechtsform des Einzelkaufmanns verbundenen Gefahren, wie z.B. besondere Prüfungen, schärfere Publizitätspflichten oder strengere Anforderungen an das haftende Eigenkapital, wären nicht in ausreichender Weise geeignet, das angestrebte Ziel zu erreichen. Die Tatsache, daß das Bankvermögen auch für alle anderen Verbindlichkeiten des Einzelbankiers haftet, bliebe bestehen.

Der Besitzstand der zugelassenen Einzelbankiers wird durch Artikel 2 § 4 Abs. 1 gewahrt.

Andere Mittel, insbesondere strukturelle und aufsichtliche Maßnahmen auf dem Gebiet des Kreditwesens, sind nicht vorhanden und können auch nicht geschaffen werden, um der von der Rechtsform des Einzelkaufmanns ausgehenden Gefährdung der Einleger wirksam zu begegnen.

Die Vorschrift generalisiert im übrigen lediglich einen Grundsatz, der für bestimmte Bereiche des Kreditgewerbes sowie für die Versicherungswirtschaft bereits gilt (vgl. die Vorschriften über zulässige Rechtsformen: § 7 Gesetz über die Beaufsichtigung der privaten Versicherungsunternehmungen, § 2 Hypothekenbankgesetz, § 2 Schiffsbankgesetz, § 2 Gesetz über Bausparkassen, § 1 Gesetz über Kapitalanlagegesellschaften). In diesen Wirtschaftszweigen sind neben den Einzelkaufleuten auch die Personenhandelsgesellschaften aus Kundenschutzgründen verboten.

Der Eingriff in das Grundrecht des Artikels 12 GG ist dadurch von geringerer praktischer Bedeutung, daß jedem, der Bankgeschäfte betreiben will, die Rechtsformen der Personenhandelsgesellschaften weiterhin zur Verfügung stehen. Die Höhe der vom Bundesaufsichtsamt für erforderlich gehaltenen Eigenkapitalausstattung eines neuen Kreditinstituts von zur Zeit sechs Millionen Deutsche Mark zwingt in der Regel ohnehin dazu, kapitalkräftige Partner zu beteiligen.

Amtliche Begründung[1]

Der neue Absatz 2 setzt Art. 1 Nr. 2 der Wertpapierdienstleistungsrichtlinie um. Die Richtlinie verlangt, die privaten Risikopositionen des Inhabers eines Unternehmens in der Rechtsform des Einzelkaufmanns oder des Gesellschafters eines Instituts in der Rechtsform der Personenhandelsgesellschaft in die Beurteilung der Angemessenheit der Eigenmittel des Unternehmens einzubeziehen, ohne dabei die Haftungsbasis des Unternehmens um das freie Vermögen des Inhabers oder Gesellschafters zu erweitern. Der Grund für diese Behandlung der Rechtsform des Einzelkaufmanns und der Personenhandelsgesellschaft liegt in der Befürchtung des Richtliniengebers, daß die Privatgläubiger des Einzelkaufmanns oder Gesellschafters einen Titel gegebenenfalls auch in das Geschäfts- bzw. Gesellschaftsvermögen vollstrecken könnten.

Demgemäß sind Privatkredite des Gesellschafters oder Inhabers an Dritte bei der Ermittlung des Solvabilitätskoeffizienten nach § 10 Abs. 1 als Risikoaktiva einzubeziehen. Das Privatvermögen, das nicht nach handelsrechtlichen Grundsätzen in das Unternehmen eingebracht worden ist, wird indessen nicht berücksichtigt; außerdem hat der Gesellschafter oder Inhaber sein Privatvermögen nach handelsrechtlichen Grundsätzen zu bilanzieren.

Wird ein Wertpapierhandelsunternehmen in der Rechtsform eines Einzelkaufmanns betrieben, so hat der Inhaber gemäß Satz 2 ferner angemessene Vorkehrungen für den Schutz der Anleger für den Fall zu treffen, daß aufgrund seines Todes, seiner Geschäftsunfähigkeit oder aus anderen Gründen das Unternehmen seine Geschäftstätigkeit einstellt. Mit dieser Vorschrift wird Artikel 1 Nr. 2 Anstr. 6 der Wertpapierdienstleistungsrichtlinie umgesetzt.

ANMERKUNG

1. Die Vorschrift wurde durch Artikel 1 Nr. 2 des 2. KWG-Änderungsgesetzes vom 24. März 1976 eingefügt. Die gesetzgeberischen Motive sind in der vorstehenden Amtlichen Begründung der Bundesregierung zu dieser Vorschrift eingehend dargestellt.
Absatz 2 wurde durch das 6. KWG-Änderungsgesetz vom 22. Oktober 1997 eingefügt (vgl. die vorstehend abgedruckte Amtliche Begründung).
2. Aufgrund der Einführung des neuen § 2a ergaben sich redaktionelle Folgeänderungen in der Nummerierung.

§ 2c Inhaber bedeutender Beteiligungen

(1) Wer beabsichtigt, allein oder im Zusammenwirken mit anderen Personen oder Unternehmen eine bedeutende Beteiligung an einem Institut zu erwerben (interessierter Erwerber), hat dies der Bundesanstalt und der Deutschen Bundesbank nach Maßgabe des Satzes 2 unverzüglich schriftlich anzuzeigen. In der Anzeige hat der interessierte Erwerber die für die Höhe der Beteiligung und die für die Begründung des maßgeblichen Einflusses, die Beurteilung seiner Zuverlässigkeit und die Prüfung der weiteren Untersagungsgründe nach Absatz 1b Satz 1 wesentlichen Tatsachen und Unterlagen, die durch Rechtsverordnung nach § 24 Abs. 4 näher zu bestimmen sind, sowie die Personen und Unternehmen anzugeben, von denen er die entsprechenden Anteile erwerben will. In der Rechtsverordnung kann, insbesondere auch als Einzelfallentscheidung oder allgemeine Regelung, vorgesehen werden, dass der interessierte Erwerber die in § 32 Abs. 1 Satz 2 Nr. 6 Buchstabe d und e genannten Unterlagen vorzulegen hat. Ist der interessierte Erwerber eine juristische Person oder Personenhandelsgesellschaft, hat er in der Anzeige die für die Beurteilung der Zuverlässigkeit

---

1 Zum 6. KWG-Änderungsgesetz.

seiner gesetzlichen oder satzungsmäßigen Vertreter oder persönlich haftenden Gesellschafter wesentlichen Tatsachen anzugeben. Der Inhaber einer bedeutenden Beteiligung hat jeden neu bestellten gesetzlichen oder satzungsmäßigen Vertreter oder neuen persönlich haftenden Gesellschafter mit den für die Beurteilung von dessen Zuverlässigkeit wesentlichen Tatsachen der Bundesanstalt und der Deutschen Bundesbank unverzüglich schriftlich anzuzeigen. Der Inhaber einer bedeutenden Beteiligung hat der Bundesanstalt und der Deutschen Bundesbank ferner unverzüglich schriftlich anzuzeigen, wenn er beabsichtigt, allein oder im Zusammenwirken mit anderen Personen oder Unternehmen den Betrag der bedeutenden Beteiligung so zu erhöhen, dass die Schwellen von 20 vom Hundert, 30 vom Hundert oder 50 vom Hundert der Stimmrechte oder des Kapitals erreicht oder überschritten werden oder dass das Institut unter seine Kontrolle kommt. Die Bundesanstalt hat den Eingang einer vollständigen Anzeige nach Satz 1 oder Satz 6 umgehend, spätestens jedoch innerhalb von zwei Arbeitstagen nach deren Zugang schriftlich gegenüber dem Anzeigepflichtigen zu bestätigen.

(1a) Die Bundesanstalt hat die Anzeige nach Absatz 1 innerhalb von 60 Arbeitstagen ab dem Datum des Schreibens, mit dem sie den Eingang der vollständigen Anzeige schriftlich bestätigt hat, zu beurteilen (Beurteilungszeitraum). In der Bestätigung nach Absatz 1 Satz 7 hat die Bundesanstalt dem Anzeigepflichtigen den Tag mitzuteilen, an dem der Beurteilungszeitraum endet. Bis spätestens zum 50. Arbeitstag innerhalb des Beurteilungszeitraums kann die Bundesanstalt schriftlich weitere Informationen anfordern, die für den Abschluss der Beurteilung notwendig sind. Die Anforderung ergeht schriftlich unter Angabe der zusätzlich benötigten Informationen. Die Bundesanstalt hat den Eingang der weiteren Informationen umgehend, spätestens jedoch innerhalb von zwei Arbeitstagen nach deren Zugang schriftlich gegenüber dem Anzeigepflichtigen zu bestätigen. Der Beurteilungszeitraum ist vom Zeitpunkt der Anforderung der weiteren Informationen bis zu deren Eingang bei der Bundesanstalt gehemmt. Der Beurteilungszeitraum beträgt im Falle einer Hemmung nach Satz 6 höchstens 80 Arbeitstage. Die Bundesanstalt kann Ergänzungen oder Klarstellungen zu diesen Informationen anfordern; dies führt nicht zu einer erneuten Hemmung des Beurteilungszeitraums. Abweichend von Satz 7 kann der Beurteilungszeitraum im Falle einer Hemmung auf höchstens 90 Arbeitstage ausgedehnt werden, wenn der Anzeigepflichtige
1. außerhalb des Europäischen Wirtschaftsraums ansässig ist oder beaufsichtigt wird oder
2. eine nicht der Beaufsichtigung nach der Richtlinie 2009/65/EG des Europäischen Parlaments und des Rates vom 13. Juli 2009 zur Koordinierung der Rechts- und Verwaltungsvorschriften betreffend bestimmte Organismen für gemeinsame Anlagen in Wertpapieren (OGAW) (ABl. L 302 vom 17.11.2009, S. 32), der Richtlinie 92/49/EWG des Rates vom 18. Juni 1992 zur Koordinierung der Rechts- und Verwaltungsvorschriften für die Direktversicherung mit Ausnahme der Lebensversicherung, der Richtlinie 2002/83/EG des Europäischen Parlaments und des Rates vom 5. November 2002 über Lebensversicherungen, der Richtlinie 2004/39/EG des Europäischen Parlaments und des Rates vom 21. April 2004 über Märkte für Finanzinstrumente, der Richtlinie 2005/68/EG des Rates vom 16. November 2002 über die Rückversicherung oder der Richtlinie 2013/36/EU unterliegende natürliche Person oder Unternehmen ist.

(1b) Die Bundesanstalt kann innerhalb des Beurteilungszeitraums den beabsichtigten Erwerb der bedeutenden Beteiligung oder ihre Erhöhung untersagen, wenn Tatsachen die Annahme rechtfertigen, daß
1. der Anzeigepflichtige oder, wenn er eine juristische Person ist, auch ein gesetzlicher oder satzungsmäßiger Vertreter, oder, wenn er eine Personenhandelsgesellschaft ist, auch ein Gesellschafter, nicht zuverlässig ist oder aus anderen Gründen nicht den im Interesse einer soliden und umsichtigen Führung des Instituts zu stellenden

Ansprüchen genügt; dies gilt im Zweifel auch dann, wenn Tatsachen die Annahme rechtfertigen, dass er die von ihm aufgebrachten Mittel für den Erwerb der bedeutenden Beteiligung durch eine Handlung erbracht hat, die objektiv einen Straftatbestand erfüllt;
2. das Institut nicht in der Lage sein oder bleiben wird, den Aufsichtsanforderungen insbesondere nach der Richtlinie 2013/36/EU, der Verordnung (EU) Nr. 575/2013 in ihrer jeweils geltenden Fassung, der Richtlinie 2009/110/EG des Europäischen Parlaments und des Rates vom 16. September 2009 über die Aufnahme, Ausübung und Beaufsichtigung der Tätigkeit von E-Geld-Instituten, zur Änderung der Richtlinien 2005/60/EG und 2006/48/EG sowie zur Aufhebung der Richtlinie 2000/46/EG, der Richtlinie 2007/64/EG des Europäischen Parlaments und des Rates vom 13. November 2007 über Zahlungsdienste im Binnenmarkt, zur Änderung der Richtlinien 97/7/EG, 2002/65/EG, 2005/60/EG und 2006/48/EG sowie zur Aufhebung der Richtlinie 97/5/EG, der Richtlinie 2002/87/EG des Europäischen Parlaments und des Rates vom 16. Dezember 2002 über die zusätzliche Beaufsichtigung der Kreditinstitute, Versicherungsunternehmen und Wertpapierfirmen eines Finanzkonglomerats und der Richtlinie 2006/49/EG des Europäischen Parlaments und des Rates vom 14. Juni 2006 über die angemessene Eigenkapitalausstattung von Wertpapierfirmen und Kreditinstituten zu genügen oder das Institut durch die Begründung oder Erhöhung der bedeutenden Beteiligung mit dem Inhaber der bedeutenden Beteiligung in einen Unternehmensverbund eingebunden würde, der durch die Struktur des Beteiligungsgeflechtes oder mangelhafte wirtschaftliche Transparenz eine wirksame Aufsicht über das Institut oder einen wirksamen Austausch von Informationen zwischen den zuständigen Stellen oder die Festlegung der Aufteilung der Zuständigkeiten zwischen diesen beeinträchtigt;
3. das Institut durch die Begründung oder Erhöhung der bedeutenden Beteiligung Tochterunternehmen eines Instituts mit Sitz in einem Drittstaat würde, das im Staat seines Sitzes oder seiner Hauptverwaltung nicht wirksam beaufsichtigt wird oder dessen zuständige Aufsichtsstelle zu einer befriedigenden Zusammenarbeit mit der Bundesanstalt nicht bereit ist;
4. der künftige Geschäftsleiter nicht zuverlässig oder nicht fachlich geeignet ist;
5. im Zusammenhang mit dem beabsichtigten Erwerb oder der Erhöhung der Beteiligung Geldwäsche oder Terrorismusfinanzierung im Sinne des Artikels 1 der Richtlinie 2005/60/EG stattfinden, stattgefunden haben, diese Straftaten versucht wurden oder der Erwerb oder die Erhöhung das Risiko eines solchen Verhaltens erhöhen könnte oder
6. der Anzeigepflichtige nicht über die notwendige finanzielle Solidität verfügt; dies ist insbesondere dann der Fall, wenn der Anzeigepflichtige auf Grund seiner Kapitalausstattung oder Vermögenssituation nicht den besonderen Anforderungen gerecht werden kann, die von Gesetzes wegen an die Eigenmittel und die Liquidität eines Instituts gestellt werden.

Die Bundesanstalt kann den Erwerb oder die Erhöhung der Beteiligung auch untersagen, wenn die Angaben nach Absatz 1 Satz 2 oder Satz 6 oder die zusätzlich nach Absatz 1a Satz 3 angeforderten Informationen unvollständig oder nicht richtig sind oder nicht den Anforderungen der Rechtsverordnung nach § 24 Abs. 4 entsprechen. Die Bundesanstalt darf weder Vorbedingungen an die Höhe der zu erwerbenden Beteiligung oder der beabsichtigten Erhöhung der Beteiligung stellen noch darf sie bei ihrer Prüfung auf die wirtschaftlichen Bedürfnisse des Marktes abstellen. Entscheidet die Bundesanstalt nach Abschluss der Beurteilung, den Erwerb oder die Erhöhung der Beteiligung zu untersagen, teilt sie dem Anzeigepflichtigen die Entscheidung innerhalb von zwei Arbeitstagen und unter Einhaltung des Beurteilungszeitraums schriftlich unter Angabe der Gründe mit. Bemerkungen und Vorbehalte der für den Anzeigepflichtigen zuständigen Stellen sind in der Entscheidung wiederzugeben; die Untersagung darf nur auf Grund der in den Sätzen 1 und 2 genannten Gründe erfolgen. Wird der Erwerb oder die Erhöhung der Beteiligung nicht innerhalb des Beurteilungszeitraums schriftlich untersagt, kann der Erwerb oder die Erhöhung vollzogen werden; die Rechte der Bundesanstalt nach Absatz 2 bleiben unberührt. Die Bundesanstalt kann eine Frist setzen, nach deren Ablauf ihr der Anzeigepflichtige den Vollzug oder den Nichtvollzug des beabsichtigten Erwerbs oder der Erhöhung anzuzeigen hat. Nach Ablauf der Frist hat der Anzeigepflichtige die Anzeige unverzüglich bei der Bundesanstalt einzureichen.

(2) Die Bundesanstalt kann dem Inhaber einer bedeutenden Beteiligung sowie den von ihm kontrollierten Unternehmen die Ausübung seiner Stimmrechte untersagen und anordnen, daß über die Anteile nur mit ihrer Zustimmung verfügt werden darf, wenn
1. die Voraussetzungen für eine Untersagungsverfügung nach Absatz 1b Satz 1 oder Satz 2 vorliegen,
2. der Inhaber der bedeutenden Beteiligung seiner Pflicht nach Absatz 1 zur vorherigen Unterrichtung der Bundesanstalt und der Deutschen Bundesbank nicht nachgekommen ist und diese Unterrichtung innerhalb einer von ihr gesetzten Frist nicht nachgeholt hat oder
3. die Beteiligung entgegen einer vollziehbaren Untersagung nach Absatz 1b Satz 1 oder Satz 2 erworben oder erhöht worden ist.

Im Falle einer Untersagung nach Satz 1 bestellt das Gericht am Sitz des Instituts auf Antrag der Bundesanstalt, des Instituts oder eines an ihm Beteiligten einen Treuhänder, auf den es die Ausübung der Stimmrechte überträgt. Der Treuhänder hat bei der Ausübung der Stimmrechte den Interessen einer soliden und umsichtigen Führung des Instituts Rechnung zu tragen. Über die Maßnahmen nach Satz 1 hinaus kann die Bundesanstalt den Treuhänder mit der Veräußerung der Anteile, soweit sie eine bedeutende Beteiligung begründen, beauftragen, wenn der Inhaber der bedeutenden Beteiligung ihr nicht innerhalb einer von ihr bestimmten angemessenen Frist einen zuverlässigen Erwerber nachweist; die Inhaber der Anteile haben bei der Veräußerung in dem erforderlichen Umfang mitzuwirken. Sind die Voraussetzungen des Satzes 1 entfallen, hat die Bundesanstalt den Widerruf der Bestellung des Treuhänders zu beantragen. Der Treuhänder hat Anspruch auf Ersatz angemessener Auslagen und auf Vergütung für seine Tätigkeit. Das Gericht setzt auf Antrag des Treuhänders die Auslagen und die Vergütung fest; die Rechtsbeschwerde gegen die Vergütungsfestsetzung ist ausgeschlossen. Für die Kosten, die durch die Bestellung des Treuhänders entstehen, die diesem zu gewährenden Auslagen sowie die Vergütung haften das Institut und der betroffene Inhaber der bedeutenden Beteiligung als Gesamtschuldner. Die Bundesanstalt schießt die Auslagen und die Vergütung vor.

(3) Wer beabsichtigt, eine bedeutende Beteiligung an einem Institut aufzugeben oder den Betrag seiner bedeutenden Beteiligung unter die Schwellen von 20 vom Hundert, 30 vom Hundert oder 50 vom Hundert der Stimmrechte oder des Kapitals abzusenken oder die Beteiligung so zu verändern, daß das Institut nicht mehr kontrolliertes Unternehmen ist, hat dies der Bundesanstalt und der Deutschen Bundesbank unverzüglich schriftlich anzuzeigen. Dabei ist die beabsichtigte verbleibende Höhe der Beteiligung anzugeben. Die Bundesanstalt kann eine Frist festsetzen, nach deren Ablauf ihr die Person oder Personenhandelsgesellschaft, welche die Anzeige nach Satz 1 erstattet hat, den Vollzug oder den Nichtvollzug der beabsichtigten Absenkung oder Veränderung anzuzeigen hat. Nach Ablauf der Frist hat die Person oder Personenhandelsgesellschaft, welche die Anzeige nach Satz 1 erstattet hat, die Anzeige unverzüglich bei der Bundesanstalt zu erstatten.

(4) Die Bundesanstalt hat den Erwerb einer unmittelbaren oder mittelbaren Beteiligung an einem Institut, durch den das Institut zu einem Tochterunternehmen eines Unternehmens mit Sitz in einem Drittstaat würde, vorläufig zu untersagen oder zu beschränken, wenn ein entsprechender Beschluß der Kommission vorliegt, der nach Artikel 147 Absatz 2 der Richtlinie 2013/36/EU oder Artikel 15 Abs. 3 Satz 2 der Richt-

linie 2004/39/EG des Europäischen Parlaments und des Rates vom 21. April 2004 über Märkte für Finanzinstrumente (ABl. EU Nr. L 145 S. 1, 2005 Nr. L 45 S. 18) (Finanzmarktrichtlinie) zustande gekommen ist. Die vorläufige Untersagung oder Beschränkung darf drei Monate vom Zeitpunkt des Beschlusses an nicht überschreiten. Beschließt der Rat die Verlängerung der Frist nach Satz 2, hat die Bundesanstalt die Fristverlängerung zu beachten und die vorläufige Untersagung oder Beschränkung entsprechend zu verlängern.

Amtliche Begründung[1]

Mit § 2b Abs. 1 und 4 wird bezweckt, daß das Bundesaufsichtsamt und die Deutsche Bundesbank über jede relevante Veränderung der Inhaberstruktur von Kreditinstituten informiert werden. Die Bankaufsichtsinstanzen können damit überwachen, inwieweit sich aus der Neuordnung der Zusammensetzung des Eigentümerkreises Gefahren für die Funktionsfähigkeit des betreffenden Kreditinstituts und für den Gläubigerschutz ergeben können.

Artikel 11 der Zweiten Richtlinie sieht eine doppelte Informationsverpflichtung vor, wenn sich die Zusammensetzung der Inhaber bedeutender Beteiligungen an einem Kreditinstitut ändert. Zum einen haben die Erwerber die Bankenaufsicht zu unterrichten. Dies wird in § 2b umgesetzt. Zum anderen sind die Kreditinstitute selbst verpflichtet, Veränderungen zu melden. Dies wird in § 24 geregelt. Dadurch wird hinreichend sichergestellt, daß bei solchen Veränderungen die Bankaufsichtsinstanzen unterrichtet sind. Bei der Vielzahl von Beteiligungsverhältnissen und den oftmals komplexen Beteiligungsstrukturen könnten von diesen selbst Informationen kaum oder nur mit unangemessen hohem Aufwand beschafft werden. Einzelheiten zum Anzeigeverfahren, das unbürokratisch auszugestalten ist, werden in der Verordnung nach § 24 Abs. 4 KWG festzulegen sein.

Die für das deutsche Aufsichtsrecht neue Anzeigepflicht für Inhaber bedeutender Beteiligungen (Artikel 11 Abs. 1 der Zweiten Richtlinie) wird mit Absatz 1 umgesetzt. Der Erwerb (Satz 1) und die Erhöhung (Satz 4) bedeutender Beteiligungen müssen angezeigt werden. Wie in der Zweiten Richtlinie wird die Anzeigepflicht allerdings dadurch eingeschränkt und mithin erleichtert, daß im Fall der Erhöhung nur bei Überschreiten von bestimmten Schwellenwerten eine Anzeigepflicht begründet wird. Die zusätzliche Verpflichtung anzuzeigen, daß das Kreditinstitut zu einem Tochterunternehmen wird, ist geboten, weil nach § 290 Abs. 2 HGB auch Tatbestände denkbar sind, in denen dieser Fall auch dann eintreten kann, wenn Beteiligungen oder Stimmrechte gehalten werden, die zwischen den Schwellenwerten liegen. Dies ist eine einschneidende Veränderung im Beteiligungsverhältnis, die der Aufsichtsbehörde sofort anzuzeigen ist.

In seiner Anzeige muß der Erwerber der bedeutenden Beteiligung die Tatsachen mitliefern, die dem Bundesaufsichtsamt die Beurteilung seiner Zuverlässigkeit ermöglichen (Absatz 1 Satz 2). Dies bedeutet jedoch nicht, daß der Erwerber einen lückenlosen Nachweis darüber leisten muß, daß in seiner Person keine Gründe vorliegen, die eine Qualifizierung als unzuverlässig rechtfertigen würden. Der Erwerber muß die zur Beurteilung seiner Zuverlässigkeit notwendigen Tatsachen nur insoweit beibringen, wie es schon bisher für die Geschäftsleiter zum Zwecke ihrer Zuverlässigkeitsprüfung vorgesehen ist.

Auf Verlangen des Bundesaufsichtsamtes hat der Erwerber, sofern er Jahresabschlüsse bzw. Konzernjahresabschlüsse erstellt, diese Unterlagen und entsprechende Prüfungsberichte einzureichen. Dies wird beispielsweise dann in Betracht kommen, wenn dem Bundesaufsichtsamt Tatsachen bekannt sind, die Zweifel daran begründen,

---

1 Zum 4. KWG-Änderungsgesetz.

daß der Erwerber den im Interesse einer soliden und umsichtigen Führung eines Kreditinstituts zu stellenden Ansprüchen genügt (Absatz 1 Satz 2 zweiter Halbsatz).

Absatz 1 Satz 3 stellt klar, daß im Falle des Erwerbs bedeutender Beteiligungen durch juristische Personen oder Personenhandelsgesellschaften für deren gesetzliche Vertreter oder persönlich haftende Gesellschafter die erforderlichen Angaben zu machen sind. Dies ist geboten, da der Begriff der »Zuverlässigkeit« auf juristische Personen nicht anwendbar ist. Für diese ist sicherzustellen, daß sie von zuverlässigen Personen geleitet werden. Satz 3 zweiter Halbsatz erstreckt die Anzeigepflicht auch auf nach dem Erwerbsfall bestellte Vertreter oder neue Gesellschafter, da der Austausch von Personen im Vertretungsorgan des Erwerbers bzw. der Austausch von persönlich haftenden Gesellschaftern nach dem Zeitpunkt des Erwerbs die Frage der Zuverlässigkeit neu aufwirft.

Für Erwerber, die natürliche Personen sind, ist der Erwerb bzw. die Erhöhung der bedeutenden Beteiligung vorrangig an dem für viele Berufe wichtigen gewerberechtlichen Kriterium der Zuverlässigkeit zu beurteilen. In keinem Falle steht die Beteiligung als solche, z.B. als Zeichen wettbewerblich bedenklicher Machtkonzentration, zur Beurteilung an, sondern nur ihre mögliche Nutzung durch einen Inhaber, dessen Unzuverlässigkeit sich auf die Geschäftsführung des Kreditinstituts auswirken könnte.

Wenn das Bundesaufsichtsamt zu dem Schluß kommt, daß ein Inhaber oder ein gesetzlicher Vertreter des Inhabers einer bedeutenden Beteiligung unzuverlässig ist oder daß beim Erwerber die in § 33 Abs. 1 Satz 1 Nr. 2a oder Satz 2 KWG genannten Erlaubnisversagungsgründe vorliegen (s. u. Nummer 26), räumt ihm Absatz 1 Satz 5 die nötigen Eingriffsmöglichkeiten ein, um etwaigen Schaden für das betroffene Kreditinstitut und darüber hinaus für das Kreditwesen abzuwenden.

Absatz 1 Satz 6 ermöglicht es dem Bundesaufsichtsamt, sich durch Bestimmung einer Anzeigefrist Klarheit über die Verwirklichung der angezeigten Beteiligungsabsicht zu verschaffen.

Absatz 2 Satz 1 setzt Artikel 11 Abs. 1 Unterabsatz 2 und Absatz 5 der Zweiten Richtlinie um. Diese Vorschrift verpflichtet die Mitgliedstaaten, die erforderlichen Maßnahmen, insbesondere die Anordnung des Ruhens der Stimmrechte bei bereits bestehenden bedeutenden Beteiligungen vorzusehen, wenn deren Inhaber nicht den im Interesse einer soliden und umsichtigen Führung des Kreditinstituts zu stellenden Ansprüchen genügen. Im Hinblick auf den Verhältnismäßigkeitsgrundsatz ist die Anordnung des Ruhens der Stimmrechte ausreichend und angemessen. Absatz 2 Satz 1 ermöglicht deshalb das Ergreifen dieser Maßnahmen, wenn der Inhaber aufgrund seiner bedeutenden Beteiligung einen schädlichen Einfluß auf das Kreditinstitut ausübt (Nummer 1) und wenn bestimmte Tatsachen vorliegen, die das Bundesaufsichtsamt in einem Erlaubnisverfahren zur Versagung der Erlaubnis berechtigen würden (Nummern 2 und 3).

Das Bundesaufsichtsamt wird die Stimmrechtsausübung nach Nummer 2 erst dann untersagen können, wenn zu befürchten ist, daß unzuverlässige gesetzliche Vertreter oder persönlich haftende Gesellschafter des beteiligten Unternehmens die Stimmrechtsausübung beeinflussen. So ist z.B. in einem mehrköpfigen Vorstand des beteiligten Unternehmens ein unzuverlässiges Mitglied, in dessen Geschäftsbereich das Kreditinstitut nicht fällt, in der Regel kein ausreichender Untersagungsgrund, da diese Person von den anderen Vorstandsmitgliedern überstimmt werden dürfte.

Hat das Bundesaufsichtsamt dem Erwerb oder der Erhöhung einer bedeutenden Beteiligung, durch die das Kreditinstitut mit dem Inhaber der Beteiligung verbunden wurde, nicht widersprochen, so kann es nach Absatz 2 Satz 1 Nr. 3 die Stimmrechtsausübung nur untersagen, wenn sich bei der folgenden laufenden Überwachung ergibt, daß eine wirksame Aufsicht über das Kreditinstitut aufgrund neuer Erkenntnisse oder Entwicklungen in der Unternehmensstruktur nicht oder nicht mehr möglich ist. Dieser Fall kann eintreten, wenn keine hinreichend klaren Angaben über die Unternehmensverbindung mit dem Inhaber oder über Unternehmensverbindungen des Inhabers mit anderen Unternehmen gemacht wurden. Das Bundesaufsichtsamt muß insbesondere in der Lage sein zu entscheiden, ob und welche verbundenen Unternehmen konsolidiert beaufsichtigt werden müssen. Dies kann bei einer verschachtelten Konzernstruktur u. U. bewußt verschleiert werden. Außerdem müssen die Verantwortlichkeiten in den verbundenen Unternehmen erkennbar sein, um die konzernlenkenden Personen ggf. auf ihre Zuverlässigkeit überprüfen zu können. Nummer 3 bietet keine Grundlage für die Verhinderung wettbewerbspolitisch unerwünschter Unternehmenszusammenschlüsse oder die Abwehr unerwünschter Wettbewerber. Die Vorschrift dient vielmehr den genannten bankaufsichtlichen Zwecken und der Abwehr von Gefahren, die z. B. bei der Übernahme einer bedeutenden Beteiligung durch Personen aus dem Drogenhandel oder anderen Erscheinungsformen der organisierten Kriminalität entstehen.

Absatz 2 Satz 1 Nr. 4 ermöglicht die Anordnung des Ruhens der Stimmrechte in Umsetzung der Verpflichtung aus Artikel 11 Abs. 5 Unterabsatz 2 der Zweiten Richtlinie, wenn eine bedeutende Beteiligung trotz einer Untersagung gemäß Absatz 1 Satz 5 erworben wurde. Dabei müssen wegen des mit der Anordnung verbundenen schwerwiegenden Eingriffs in die Eigentümerstellung des Inhabers immer die in Absatz 1 Satz 5 genannten Gründe vorliegen, um die Stimmrechtsuntersagung nach Absatz 2 Satz 1 Nr. 4 zu rechtfertigen.

Da durch die Maßnahmen nach Absatz 2 Satz 1 die Arbeitsfähigkeit der Organe des Kreditinstituts oder Belange von Gesellschaftern des betroffenen Inhabers beeinträchtigt werden können, sieht Absatz 2 Satz 2 die Bestellung eines Treuhänders zur Ausübung der Stimmrechte des ausgeschlossenen Inhabers vor. Die Rechte und Pflichten des Treuhänders ergeben sich aus Absatz 2 Satz 3. Er wird die Eigentümerinteressen, z. B. in der Hauptversammlung des Kreditinstituts, in einer Weise zu vertreten haben, wie es von einem zuverlässigen Eigentümer zu erwarten ist. In der Regel werden die Interessen des Eigentümers und des Kreditinstituts gleichgelagert sein. So wird der Treuhänder bei Beschlüssen über die Gewinnverwendung die Eigenkapitalanforderungen des KWG vor dem Hintergrund der prognostizierten Geschäftsentwicklung des Kreditinstituts zu berücksichtigen haben.

Das Antragsrecht zur Bestellung des Treuhänders und das für die Bestellung zuständige Gericht werden in Absatz 2 Satz 4 festgelegt.

Das Bundesaufsichtsamt ist verpflichtet, einen Antrag auf Widerruf der Bestellung des Treuhänders zu stellen, wenn die Voraussetzungen der Untersagung entfallen sind (Satz 5). Die Vergütungsregelung (Satz 6 bis 8) entspricht der Regelung des § 46a Abs. 4 KWG.

Für den grenzüberschreitenden Beteiligungserwerb sieht Absatz 3 gemäß Artikel 11 Abs. 2 der Zweiten Richtlinie zusätzlich ein Anhörungsverfahren der in einem anderen EG-Mitgliedstaat betroffenen zuständigen Behörden vor. Damit ist gewährleistet, daß möglichst alle verfügbaren Informationen in die Beurteilung der Zuverlässigkeit von Erwerbern bedeutender Beteiligungen aus anderen EG-Mitgliedstaaten einfließen können.

Das Bundesaufsichtsamt und die Deutsche Bundesbank sind vom Inhaber einer bedeutenden Beteiligung ebenfalls darüber zu informieren, daß die bedeutende Beteiligung von ihm aufgegeben oder in relevantem Umfang reduziert werden soll (Umsetzung von Artikel 11 Abs. 3 der Zweiten Richtlinie). In Absatz 4 handelt es sich aber um eine bloße Anzeigepflicht. Die Möglichkeit zur Untersagung der geplanten Veräußerung besteht für das Bundesaufsichtsamt nicht. Das würde den Inhaber der bedeutenden Beteiligung in seinen Eigentumsrechten ungebührlich einschränken. Es reicht, daß das Bundesaufsichtsamt über die bevorstehende Änderung der Anteilseignerstruktur informiert ist. Spätestens, wenn der potentielle Erwerber der zu veräußernden Beteiligung beabsichtigt, dadurch eine bedeutende Beteiligung zu halten oder im relevanten Umfang zu erhöhen, muß er dies anzeigen, so daß dann alle Reaktionsmöglichkeiten des Absatzes 1 greifen.

Mit Absatz 5 wird Artikel 9 Abs. 4 Unterabsatz 2 Satz 2 und 3 sowie Unterabsatz 3 der Zweiten Richtlinie in nationales Recht umgesetzt. Diese Vorschriften sollen mitgewährleisten, daß Kreditinstitute mit Sitz in der Europäischen Wirtschaftsgemeinschaft, die in einem Drittland ein Kreditinstitut als Tochterunternehmen erwerben oder errichten wollen, in diesem Drittland denselben freien Marktzutritt und dieselbe Inländerbehandlung genießen wie Kreditinstitute in der Europäischen Wirtschaftsgemeinschaft, die Tochterunternehmen von Erwerbern aus diesem Drittland sind. Zu diesem Zweck meldet das Bundesaufsichtsamt (§ 53d Abs. 1 Nr. 3) der EG-Kommission die Absicht des Unternehmens aus einem Drittland, das ein Tochterkreditinstitut erwerben will. Liegen im Rahmen der laufenden Überwachung und Berichterstattung der EG-Kommission über die Behandlung von EG-Kreditinstituten in Drittländern Beschlüsse der EG-Kommission und des Rates vor oder werden diese aufgrund der Meldung gefaßt, muß das Bundesaufsichtsamt Maßnahmen ergreifen, die den Erwerb des betreffenden Tochterkreditinstituts aufschieben. Auf das in Artikel 22 Abs. 2 der Zweiten Richtlinie ausdrücklich geregelte Beschlußverfahren wird Bezug genommen. Die Frist der Aufschiebung und die Möglichkeit der Fristverlängerung ergeben sich aus der Zweiten Richtlinie.

Amtliche Begründung[1]

Die geänderte Fassung bezieht die Finanzdienstleistungsinstitute in die Regelung ein. Damit werden Artikel 9 sowie 7 Abs. 5 Unterabs. 2 und 3 der Wertpapierdienstleistungsrichtlinie umgesetzt.

Im übrigen ergeben sich die folgenden materiellen Änderungen:

Die Regelung des Absatzes 2 Satz 1 Nr. 3 wird präzisiert; das BAKred kann demnach dem Inhaber einer bedeutenden Beteiligung die Ausübung seiner Stimmrechte untersagen, wenn Tatsachen vorliegen, aus denen sich ergibt, daß das Institut mit dem Inhaber der bedeutenden Beteiligung verbunden ist und wegen dieser Unternehmensverbindung oder der Struktur der Unternehmensverbindung des Inhabers der bedeutenden Beteiligung mit anderen Unternehmen eine wirksame Aufsicht über das Institut nicht möglich ist. Es wird jetzt darauf abgestellt, daß die Struktur der Unternehmensverbindung geeignet ist, eine wirksame Aufsicht über das Institut zu verhindern.

Die Vorschrift lief in der bisherigen Fassung leer. Im Einzelfall läßt sich eine strukturbedingte Unmöglichkeit einer wirksamen Aufsicht nur in der Rückschau nachweisen. Die Neuregelung soll dem BAKred ermöglichen, dem Inhaber einer bedeutenden Beteiligung die Ausübung seiner Stimmrechte zu untersagen, wenn Tatsachen die Einschätzung begründen, daß die Struktur der Unternehmensverbindung dazu mißbraucht werden könnte, eine wirksame Aufsicht über das Institut zu vereiteln. Die grundsätzliche Eignung einer Unternehmensverbindung zur Vereitelung einer wirksamen Aufsicht genügt.

Nach der Regelung des Absatzes 2 Satz 1 Nr. 4, die neu eingefügt wird, kann das BAKred dem Inhaber einer bedeutenden Beteiligung die Ausübung seiner Stimmrechte auch dann untersagen, wenn er seiner nach Absatz 1 festgelegten Pflicht zur vorherigen Unterrichtung des BAKred und der Deutschen Bundesbank nicht nachgekommen ist. Die bisherige Regelung begünstigt den rechtsuntreuen Erwerber, der in Voraussicht einer Untersagungsverfügung nach Absatz 1 Satz 5 die Anzeigepflicht nach Absatz 1 ignoriert, und straft den Erwerber, der prinzipiell bereit ist, sich an die gesetzlichen Regeln zu halten. Art. 9 Abs. 5 Unterabs. 2 der Wertpapierdienstleistungsrichtlinie schreibt die Schließung der bestehenden Regelungslücke ausdrücklich vor.

---

1 Zum 6. KWG-Änderungsgesetz.

Amtliche Begründung[1]

Zu Absatz 5

Die Änderung in Satz 1 ersetzt den Verweis auf die Wertpapierdienstleistungsrichtlinie durch einen Bezug auf den inhaltsgleichen Artikel 15 Abs. 3 Satz 2 der Finanzmarktrichtlinie. Der Verweis auf die Bankenrichtlinie wurde an die entsprechende Vorschrift in der Richtlinie 2006/48/EG des Europäischen Parlaments und des Rates vom 14. Juni 2006 über die Aufnahme und Ausübung der Tätigkeit der Kreditinstitute (ABl. EU Nr. L 177 S. 1) angepasst.

Amtliche Begründung[2]

Zu Nummer 3 (§ 2 c)

Zu Buchstabe a

Zu den Doppelbuchstaben aa bis cc sowie ee bis gg

§ 2 c Abs. 1 KWG wird im Hinblick auf den durch die Beteiligungsrichtlinie geänderten Artikel 19 Abs. 1 der Bankenrichtlinie und Artikel 10 Abs. 3 der Finanzmarktrichtlinie angepasst. In § 2 c Satz 1 KWG wird die Definition »interessierter Erwerber« für diejenigen natürlichen Personen oder Unternehmen (der Unternehmensbegriff erfasst nicht nur juristische Personen, sondern auch Personenhandelsgesellschaften und BGB-Gesellschaften) eingeführt, die alleine oder im Zusammenwirken eine bedeutende Beteiligung am Institut erwerben. Hier ergibt sich insofern eine Abweichung zur Beteiligungsrichtlinie, weil nach der Richtlinie auch diejenigen als »interessierte Erwerber« definiert werden, die ihre Beteiligung erhöhen. Für die vorliegende Änderung des
§ 2 c KWG blieb es jedoch bei dem bereits etablierten Aufbau des § 2 c KWG, der diesen Personenkreis als »Inhaber einer bedeutenden Beteiligung« bezeichnet. Dieser Aufbau hat allerdings zur Folge, dass in § 2 c KWG der Begriff des »Anzeigepflichtigen« eingeführt wird, den die Richtlinie nicht kennt, der sowohl den interessierten Erwerber als auch den Inhaber einer bedeutenden Beteiligung, der beabsichtigt, seine Beteiligung zu erhöhen, umfasst.

Die Gesetzesänderung wird dazu genutzt, um in § 2 c KWG durchgängig klarzustellen, dass Absichtsanzeigen schriftlich abzugeben sind.

Die durch die Beteiligungsrichtlinie geänderten Artikel 19 Abs. 1 der Bankenrichtlinie und Artikel 10 Abs. 3 der Finanzmarktrichtlinie verlangen ferner, dass auch diejenigen, die gemeinsam handeln, die entsprechenden Absichtsanzeigen abzugeben haben. Dies findet sich in § 2 c Abs. 1 Satz 1 und 6 umgesetzt, wobei sich die Umsetzung sprachlich an den da- für bereits in § 1 Abs. 9 KWG eingeführten Begriff des Handelns »im Zusammenwirken mit anderen Personen oder Unternehmen« anlehnt.

Zu Doppelbuchstabe dd

Satz 4 entspricht nicht den Vorgaben der Beteiligungsrichtlinie und ist daher zu streichen.

---

1 Zum Finanzmarktrichtlinie-Umsetzungsgesetz.
2 Zum Gesetz zur Umsetzung der Beteiligungsrichtlinie vom 12. März 2009 (BGBl. I S. 470); vgl. BT-Drucksache 16/10536 vom 13. Oktober 2008.

Zu Doppelbuchstabe hh

Der neu gefasste Satz 7 dient der Umsetzung des durch die Beteiligungsrichtlinie geänderten Artikels 19 Abs. 2 der Bankenrichtlinie und des neu eingefügten Artikels 10a Abs. 1 der Finanzmarktrichtlinie, in dem die zuständigen Behörden verpflichtet werden, den Eingang der vollständigen Anzeige umgehend, spätestens jedoch innerhalb von zwei Arbeitstagen zu bestätigen, wobei der Begriff »Arbeitstag« durchgängig in § 2c als die Tage »Montag bis Freitag mit Ausnahme der gesetzlichen Feiertage« zu verstehen ist.

Zu Buchstabe b

§ 2c Abs. 1a wird inhaltlich neu gefasst und regelt jetzt den Beurteilungszeitraum für die Bundesanstalt. Diese Änderung geht auf den überarbeiteten Artikel 19 Abs. 2 der Bankenrichtlinie und den durch die Beteiligungsrichtlinie neu eingefügten Artikel 10a Abs. 1 bis 3 der Finanzmarktrichtlinie zurück, die diesen Zeitraum zwingend einführen. Der neu gefasste § 2c Abs. 1a Satz 1 KWG sieht vor, dass die zuständigen Behörden eine Frist von 60 Arbeitstagen (Beurteilungszeitraum) haben, um den beabsichtigten Erwerb der bedeutenden Beteiligung oder ihre Erhöhung zu beurteilen.

Wird eine Anzeige nicht oder nicht vollständig abgegeben, wird der Beginn des Beurteilungszeitraums erst gar nicht ausgelöst. Unvollständig ist eine Anzeige auch dann, wenn sie nicht in der gesetzlich vorgeschriebenen Form erfolgt.

Der überarbeitete Artikel 19 Abs. 2 der Bankenrichtlinie und der neu eingefügte Artikel 10a Abs. 1 der Finanzmarktrichtlinie verlangen, dass in der Eingangsbestätigung der Tag, an dem der Beurteilungszeitraum endet, mitzuteilen ist. Diese Vorgabe ist in § 2c Abs. 1a Satz 2 umgesetzt. Der Tag, an dem der Beurteilungszeitraum endet, berechnet sich ab dem Datum, das auf der Eingangsbestätigung ausgewiesen ist, die die Bundesanstalt spätestens nach zwei Arbeitstagen nach Eingang der vollständigen Anzeige zu übersenden hat.

Der neu gefasste § 2c Abs. 1a Satz 3 und 6 dient der Umsetzung des mit der Beteiligungsrichtlinie geänderten Artikels 19 Abs. 3 der Bankenrichtlinie und des neu eingefügten Artikels 10a Abs. 2 der Finanzmarktrichtlinie. Danach können die zuständigen Behörden bis spätestens am 50. Arbeitstag des Beurteilungszeitraums weitere Informationen anfordern, die für den Abschluss der Beurteilung notwendig sind. Die Regelung, dass der Beurteilungszeitraum für die Dauer vom Zeitpunkt der Anforderung bis zum Eingang der Antwort bei der Bundesanstalt einmalig für längstens 20 Arbeitstage gehemmt werden kann, stellt klar, dass jedes weitere Einholen von Informationen zu keiner erneuten Hemmung des Beurteilungszeitraums führt.

§ 2c Abs. 1a Satz 4 sieht vor, dass diese Anforderung schriftlich unter Angabe der zusätzlich benötigten Informationen zu ergehen hat, und setzt die Vorgaben des mit der Beteiligungsrichtlinie geänderten Artikels 19 Abs. 3 der Bankenrichtlinie und des neu eingefügten Artikels 10a Abs. 2 der Finanzmarktrichtlinie um.

§ 2c Abs. 1a Satz 5, der vorsieht, dass die Bundesanstalt den Eingang der weiteren Informationen dem Anzeigepflichtigen umgehend, spätestens jedoch innerhalb von zwei Arbeitstagen bestätigt, setzt die Vorgaben des mit der Beteiligungsrichtlinie geänderten Artikels 19 Abs. 2 der Bankenrichtlinie und des neu eingefügten Artikels 10a Abs. 1 der Finanzmarktrichtlinie um.

§ 2c Abs. 1a Satz 8 setzt die entsprechenden Vorgaben der Beteiligungsrichtlinie aus dem geänderten Artikel 19 Abs. 3 der Bankenrichtlinie und dem neu eingefügten Artikel 10a Abs. 2 der Finanzmarktrichtlinie um.

§ 2c Abs. 1a Satz 9 Nr. 1 und 2 KWG regelt die Fälle, in denen die Dauer der Unterbrechung 30 Tage betragen darf. Insgesamt kann der Beurteilungszeitraum auf höchstens 90 Tage ausgedehnt werden. Dies ist dann der Fall, wenn der Erwerber außerhalb des Europäischen Wirtschaftsraums ansässig ist oder nicht unter der Beaufsichtigung nach einer der im Gesetzestext genannten Richtlinien steht. § 2c

Abs. 1a Satz 9 Nr. 1 und 2 KWG setzt den durch die Beteiligungsrichtlinie geänderten Artikel 19 Abs. 4 Buchstabe a und b der Bankenrichtlinie sowie den neu eingefügten Artikel 10a Abs. 3 Buchstabe a und b der Finanzmarktrichtlinie um.

Zu Buchstabe c

Der neue Absatz 1b bildet die fünf Prüfungskriterien des durch die Beteiligungsrichtlinie neu eingefügten Artikels 19a Abs. 1 der Bankenrichtlinie und des Artikels 10b Abs. 1 der Finanzmarktrichtlinie ab. Um unnötige Eingriffe in die Struktur des bestehenden Textes zu vermeiden, enthält der Absatz 1b künftig sechs Ziffern. Inhaltliche Unterschiede zu den Prüfungskriterien der Richtlinie sind hieraus jedoch nicht abzuleiten. Inhaltliche Unterschiede zur Beteiligungsrichtlinie ergeben sich auch nicht aus § 2c Abs. 1b Satz 1 Nr. 1 letzter Halbsatz. Die Aussage, die dort getroffen wird, ist Teil des Kriteriums der Zuverlässigkeit des interessierten Erwerbers nach dem durch die Beteiligungsrichtlinie neu eingefügten Artikel 19a Abs. 1 der Bankenrichtlinie und dem Artikel 10b Abs. 1 Buchstabe a der Finanzmarktrichtlinie.

Zu Doppelbuchstabe aa

Die Verkürzung des Zeitraums von drei Monaten auf 60 Tage, innerhalb dessen die Bundesanstalt über den Erwerb bzw. die Erhöhung zu befinden hat, geht auf eine zwingende Vorgabe aus dem mit der Beteiligungsrichtlinie neu gefassten Artikel 19 Abs. 2 der Bankenrichtlinie und dem neu eingefügten Artikel 10a Abs. 1 der Finanzmarktrichtlinie zurück.

Die Ablehnungsgründe beruhen auf dem mit der Beteiligungsrichtlinie neu geschaffenen Artikel 19a Abs. 1 Buchstabe b, c und e der Bankenrichtlinie und dem Artikel 10b Abs. 1 Buchstabe b, c und e der Finanzmarktrichtlinie. Der neue Satz 1 Nr. 6 enthält mit der fehlenden finanziellen Solidität des Anzeigepflichtigen einen weiteren neuen Ablehnungsgrund. Diese ist insbesondere dann anzunehmen, wenn er aufgrund seiner Kapitalausstattung oder Vermögenssituation in seiner Rolle als Anteilseigner nicht den besonderen Anforderungen gerecht werden kann, die von Gesetzes wegen an die Eigenmittel und die Liquidität eines Instituts zu stellen sind. Der Anzeigepflichtige muss in der Lage sein, insbesondere in Krisenfällen oder zur Vermeidung von Krisenfällen mit Blick auf die tatsächlichen oder geplanten Geschäfte des Unternehmens und damit eingebettet in ein schlüssiges Geschäftskonzept dem Unternehmen Eigenmittel oder Liquidität zur Verfügung zu stellen.

Wie sich aus Artikel 19a Abs. 2 der Beteiligungsrichtlinie ergibt, darf die Ablehnung nur aufgrund dieser Kriterien erfolgen oder dann, wenn die vorgelegten Informationen unvollständig sind.

An die Höhe der zu erwerbenden Beteiligung darf weder eine Vorbedingung geknüpft werden noch darf bei der Prüfung des beabsichtigen Erwerbs auf die wirtschaftlichen Bedürfnisse des Marktes abgestellt werden.

Zu Doppelbuchstabe bb

§ 2c Abs. 1b Satz 2 KWG setzt die Vorgaben aus dem durch die Beteiligungsrichtlinie neu geschaffenen Artikel 19a Abs. 2 der Bankenrichtlinie und dem Artikel 10b Abs. 2 der Finanzmarktrichtlinie um, wonach der beabsichtigte Erwerb dann untersagt werden kann, wenn die vorgelegten Informationen unvollständig sind.

Der mit der Beteiligungsrichtlinie neu gefasste Artikel 19 Abs. 5 der Bankenrichtlinie und der neue Artikel 10a Abs. 4 der Finanzmarktrichtlinie sehen vor, dass die Untersagung schriftlich (unter Angabe der Gründe) innerhalb des Beurteilungszeitraums zu ergehen hat. Diese Vorgaben sind in § 2c Abs. 1b Satz 3 KWG umgesetzt. Für die Beachtung des Beurteilungszeitraums reicht es aus, wenn die schriftliche Entscheidung innerhalb dieses Zeitraums durch die Bundesanstalt abgesandt worden ist.

Satz 5 stellt klar, dass, sollte es innerhalb des Beurteilungszeitraums zu keiner Untersagung kommen, der Erwerb oder die Erhöhung vollzogen werden kann. Insofern ändert sich nichts an der bereits bestehenden Vorgehensweise im Rahmen einer Prüfung nach § 2 c KWG.

Zu den Doppelbuchstaben cc und dd

Es handelt sich um redaktionelle Anpassungen, die sich aus der Überarbeitung des Absatzes 1 b ergeben.

Zu Buchstabe d

Der bisherige Absatz 1 b stimmt nicht mit den Vorgaben der Beteiligungsrichtlinie überein und wird daher aufgehoben.

Zu Buchstabe e

Zu den Doppelbuchstaben aa bis ff

Es handelt sich um eine redaktionelle Änderung; die Verweise innerhalb des § 2 c mussten angepasst werden.
Bei den Änderungen in § 2 c Abs. 2 KWG handelt es sich um überwiegend redaktionelle Anpassungen, um das Verfahren der Treuhänderbestellung klarer zu fassen.
Es handelt sich um eine redaktionelle Änderung, die durch die Umgestaltung des Absatzes 2 bedingt ist.

Zu Buchstabe f

Es handelt sich um eine redaktionelle Folgeänderung. Die Zusammenarbeit der Aufsichtsbehörden findet sich aufgrund der Sachnähe nunmehr in § 8 Abs. 3 KWG geregelt. Der bisherige § 2 c Abs. 3 KWG ist daher zu streichen.

Zu den Buchstaben g und h

Es handelt sich um eine redaktionelle Folgeänderung, die sich durch den Wegfall des bisherigen Absatzes 3 ergibt.

ANMERKUNG
1. Die Vorschrift wurde durch das 4. KWG-Änderungsgesetz vom 21. Dezember 1992 eingefügt. Die gesetzgeberischen Motive ergeben sich aus der vorstehend abgedruckten Amtlichen Begründung. Durch das 6. KWG-Änderungsgesetz vom 22. Oktober 1997 wurde § 2 b geändert und ergänzt (vgl. die vorstehende Amtliche Begründung). Durch das 3. Finanzmarktförderungsgesetz vom 24. März 1998 wurde die Vorschrift erneut in verschiedenen Punkten geändert; Absatz 1 a wurde eingefügt. Durch das 4. Finanzmarktförderungsgesetz vom 21. Juni 2002 hat die Vorschrift wiederum zahlreiche Änderungen erfahren. Ziel der Änderungen war insbesondere die Angleichung des Regelwerks zur Anteilseignerkontrolle zwischen Banken- und Versicherungsaufsicht. Einzelheiten der in § 2 b genannten Anzeigen regelt die Anzeigenverordnung (Anhang 5.1). Durch das Finanzkonglomeraterichtlinie-Umsetzungsgesetz vom 21. Dezember 2004 (BGBl. I S. 3610) wurden die Konsultationspflichten nach Abs. 3 Satz 1 auf E-Geld-Institute und Erstversicherungsunternehmen erweitert.
2. § 2 c Absatz 2 Satz 7 wurde durch das FGG-Reformgesetz vom 17. Dezember 2008 (BGBl. I S. 2586) modifiziert.
3. Durch das Gesetz zur Umsetzung der Beteiligungsrichtlinie vom 12. März 2009 (BGBl. I S. 470) wurde § 2 c Absatz 1 a und Absatz 1 b umfassend geändert und ergänzt sowie der

bisherige Absatz 3 gestrichen mit entsprechender Folgeänderung der Absätze 4 und 5 in die Absätze 3 und 4. Die gesetzgeberischen Motive ergeben sich aus der dazu aufgeführten Amtlichen Begründung. Siehe hierzu auch die Verordnung über die Anzeigen nach § 2c des Kreditwesengesetzes und § 104 des Versicherungsgesetzes (Inhaberkontollverordnung – InhKontrollV) laut Verordnung zur weiteren Umsetzung der Beteiligungsrichtlinie vom 20. März 2009 (BGBl. I S. 562).

4. § 2c Absatz 1b Satz 1 Nummer 2 wurde geändert durch das Gesetz zur Umsetzung der Zweiten E-Geld-Richtlinie vom 1. März 2011 (BGBl. I S. 288). Es handelt sich um eine redaktionelle Anpassung. Da die Erste E-Geld-Richtlinie aus dem Jahr 2000 durch die Zweite E-Geld-Richtlinie aus dem Jahr 2009 aufgehoben worden ist, muss sich der Verweis nunmehr auf die Zweite E-Geld-Richtlinie richten.
5. Aktualisierung des Hinweises auf die neue EG-Richtlinie in § 2c Absatz 1a Satz 8 Nummer 2 durch das Gesetz zur Umsetzung der Richtlinie 2009/65/EG zur Koordinierung der Rechts- und Verwaltungsvorschriften betreffend bestimmte Organismen für gemeinsame Anlagen in Wertpapiere (OGAW-IV-UmsG) vom 22. Juni 2011 (BGBl. I S. 1126).
6. In § 2b und § 2c wurden redaktionelle Änderungen vorgenommen durch das CRD IV-Umsetzungsgesetz vom 28. August 2013 (BGBl. I S. 3395) aufgrund Artikel 23 Absatz 1 Buchstabe d der Richtlinie 2013/36/EU und der Anpassung an die in der Verordnung (EU) Nr. 575/2013 verwendeten Begrifflichkeiten.

§ 2d Leitungsorgane von Finanzholding-Gesellschaften und gemischten Finanzholding-Gesellschaften

(1) Personen, die die Geschäfte einer Finanzholding-Gesellschaft oder einer gemischten Finanzholding-Gesellschaft tatsächlich führen, müssen zuverlässig sein, die zur Führung der Gesellschaft erforderliche fachliche Eignung haben und der Wahrnehmung ihrer Aufgaben ausreichend Zeit widmen.

(2) Bei Finanzholding-Gesellschaften und gemischten Finanzholding-Gesellschaften, die nach § 10a Absatz 2 Satz 2 oder Satz 3 als übergeordnetes Unternehmen bestimmt worden sind, kann die Bundesanstalt die Abberufung der Personen im Sinne des Absatzes 1 verlangen und ihnen die Ausübung ihrer Tätigkeit untersagen, wenn
1. sie die Voraussetzungen nach Absatz 1 nicht erfüllen oder
2. sie vorsätzlich oder leichtfertig gegen die Bestimmungen dieses Gesetzes, gegen die zur Durchführung dieses Gesetzes erlassenen Verordnungen oder gegen Anordnungen der Bundesanstalt verstoßen haben und trotz Verwarnung durch die Bundesanstalt dieses Verhalten fortsetzen.

Amtliche Begründung[1]

Mit der neu eingefügten Vorschrift werden Artikel 29 Nr. 8 (Artikel 54a neu der Bankenrichtlinie) und Artikel 13 der Finanzkonglomeraterichtlinie umgesetzt. Danach müssen die Leitungsorgane von Finanzholding-Gesellschaften und gemischten Finanzholding-Gesellschaften gut beleumundet sein und über eine ausreichende Erfahrung für diese Aufgabe verfügen. Die Begriffe werden mit den im KWG üblichen Begriffen »Zuverlässigkeit« und »fachliche Eignung« in nationales Recht transformiert.

Mit der Regelung soll sichergestellt werden, dass sich das Kriterium der Zuverlässigkeit und fachlichen Eignung der Geschäftsleitung eines beaufsichtigten Unternehmens über den Geltungsbereich der branchenspezifischen Regelungen hinaus

---

1 § 2c wurde durch das Finanzkonglomeraterichtlinie-Umsetzungsgesetz vom 21. Dezember 2004 (BGBl. I S. 3610) eingefügt. Zur Begründung vgl. BT-Drucksache 15/3641 vom 12. August 2004.

auch auf andere Unternehmen erstreckt, wenn die Geschäftsleitung auch auf diese Einfluss ausüben kann. Dies gilt insbesondere im Hinblick auf die Leitung einer gemischten Finanzholding-Gesellschaft. Hiermit soll in erster Linie dem Trend bei Finanzkonglomeraten Rechnung getragen werden, die Geschäftsleitung auf Geschäftsbereichsbasis statt wie bisher auf Ebene des Einzelunternehmens zu organisieren.

Hinsichtlich der Anforderungen an die persönliche Zuverlässigkeit der Leitungsorgane einer Finanzholding-Gesellschaft oder gemischten Finanzholding-Gesellschaft kann auf die zu § 33 Abs. 1 Satz 1 Nr. 2 entwickelten Kriterien zurückgegriffen werden. Die erforderliche fachliche Eignung entspricht dagegen nicht zwingend den zu § 33 Abs. 2 entwickelten Kriterien. Bei einer gemischten Finanzholding-Gesellschaft setzt sie regelmäßig zumindest theoretische und praktische Kenntnisse im Geschäft einer Finanzbranche sowie entsprechende Leitungserfahrung voraus. Die Bundesanstalt wird die fachliche Eignung der Leitungsorgane der gemischten Finanzholding-Gesellschaft unter Berücksichtigung der Struktur des Finanzkonglomerats einer Einzelfallprüfung unterziehen.

Amtliche Begründung[1]

Zu Nummer 5 (§ 2 d KWG)

Nach § 2 d Abs. 1 KWG müssen die Personen, die die Geschäfte einer Finanzholding-Gesellschaft oder einer gemischten Finanzholding-Gesellschaft tatsächlich führen, die zur Führung der konkreten Geschäfte der Gesellschaft erforderliche fachliche Eignung haben. Die Geschäftsführer einer Finanzholding-Gesellschaft oder gemischten Finanzholding-Gesellschaften, die nach § 10a Abs. 3 Satz 6 oder nach § 10b Abs. 3 Satz 8 KWG als übergeordnetes Unternehmen bestimmt werden, müssen daher über die fachliche Eignung zur Führung der Geschäfte eines übergeordneten Unternehmens verfügen.

Der neu eingeführte § 2 d Absatz 2 KWG berechtigt die Bundesanstalt zu direkten Eingriffsmaßnahmen gegenüber den Leitungsorganen von Finanzholding-Gesellschaften und gemischten Finanzholding-Gesellschaften, die als »übergeordnetes Unternehmen« bestimmt worden sind, um sicherzustellen, dass die Einhaltung der Pflichten auf Gruppenebene, für die das übergeordnete Unternehmen verantwortlich ist, nicht durch die unzureichende Qualifikation der Geschäftsführer gefährdet wird.

ANMERKUNG
1. Durch das Gesetz zur Fortentwicklung des Pfandbriefrechts vom 20. März 2009 (BGBl. I S. 607) wurde der bisherige § 2 d in § 2 d Absatz 1 erfasst und der Absatz 2 angefügt.
2. Die redaktionelle Änderung des § 2 d Absatz 2 beruht auf der Aufhebung des § 10b und der Neueinfügung des § 10a Absatz 3a des Gesetzes zur Umsetzung der Richtlinie 2011/89/EU des Europäischen Parlaments und des Rates vom 16. November 2011 zur Änderung der Richtlinien 98/78/EG, 2002/87/EG, 2006/48/EG und 2009/138/EG hinsichtlich der zusätzlichen Beaufsichtigung der Finanzunternehmen eines Finanzkonglomerats vom 27. Juni 2013 (BGBl. I S. 1862).
3. § 2 d Absatz 1 wurde neu gefasst und in Absatz 2 wurden redaktionelle Änderungen vorgenommen aufgrund des CRD IV-Umsetzungsgesetzes vom 28. August 2013 (BGBl. I S. 3395). Die Vorgabe, dass diejenigen Personen, die der oberen Leitungsebene angehören oder die Geschäfte einer Finanzholding-Gesellschaft oder einer gemischten Finanzholding-Gesellschaft tatsächlich führen, der Wahrnehmung ihrer Aufgabe ausreichend Zeit widmen müssen, setzt Artikel 87 Absatz 1 der Richtlinie 2013/36/EG um. Absatz 1 wird zudem insgesamt an die Definition des § 1 Absatz 2 Satz 2 KWG angeglichen, da der Begriff der oberen Leitungsebene dort speziell auf Institute zugeschnitten

---

1 Zum Gesetz zur Fortentwicklung des Pfandbriefrechts vom 20. März 2009 (BGBl. I S. 607); vgl. BT-Drucksache 16/11130 vom 1. Dezember 2008.

ist, jedoch auch für Finanzholding-Gesellschaften und gemischte Finanzholding-Gesellschaften maßgeblich sein soll. Bei der Änderung in Absatz 2 handelt es sich um eine Anpassung des Verweises, die sich aus der Änderung des § 10a KWG ergibt.

§ 2e Ausnahmen für gemischte Finanzholding-Gesellschaften

(1) Unterliegt eine gemischte Finanzholding-Gesellschaft, insbesondere im Hinblick auf eine risikobasierte Beaufsichtigung, gleichwertigen Bestimmungen nach Maßgabe der Richtlinie 2006/48/EG, so kann die Bundesanstalt nach Konsultation der für die Beaufsichtigung von Tochterunternehmen zuständigen Stellen auf die gemischte Finanzholding-Gesellschaft nur die einschlägigen Bestimmungen der Richtlinie 2002/87/EG anwenden.

(2) Unterliegt eine gemischte Finanzholding-Gesellschaft, insbesondere im Hinblick auf eine risikobasierte Beaufsichtigung, gleichwertigen Bestimmungen nach Maßgabe der Richtlinie 2006/48/EG und der Richtlinie 2009/138/EG, so kann die Bundesanstalt im Einvernehmen mit der für die Gruppenaufsicht im Versicherungswesen zuständigen Stelle auf die gemischte Finanzholding-Gesellschaft nur die Bestimmungen der Richtlinie 2006/48/EG in Bezug auf die am stärksten vertretene Finanzbranche im Sinne des § 8 Absatz 2 des Finanzkonglomerate-Aufsichtsgesetzes anwenden.

Amtliche Begründung[1]

Zu Nummer 8 (§ 2e – neu)

Mit dem neu eingefügten § 2e wird Artikel 3 Nummer 8 der Richtlinie 2011/89/EU umgesetzt, der einen neuen Artikel 72a in die Richtlinie 2006/48/EG eingefügt hat. Die Freistellungen in Absatz 1 und 2 beruhen auf Artikel 72a Absatz 1 und 2 der Richtlinie 2006/48/EG. Auf Ebene der gemischten Finanzholdinggesellschaften finden bestimmte Vorschriften der Richtlinien 98/78/EG, 2002/87/EG und 2006/48/EG nebeneinander Anwendung. Diese Bestimmungen können einander gleichwertig sein, insbesondere was die qualitativen Elemente des Verfahrens der aufsichtlichen Überprüfung angeht. Um Überschneidungen bei derartigen Vorschriften zu vermeiden und die Wirksamkeit der Beaufsichtigung auf oberster Ebene sicherzustellen, sollten die Aufsichtsbehörden die Möglichkeit haben, eine bestimmte Vorschrift nur einmal anzuwenden und dabei die gleichwertigen Bestimmungen in allen anderen anwendbaren Richtlinien einzuhalten. Wenn Bestimmungen keine wortgleichen Formulierungen aufweisen, sollten sie als gleichwertig erachtet werden, wenn sie vom Inhalt her, insbesondere hinsichtlich einer risikobasierten Beaufsichtigung, ähnlich sind. Bei der Prüfung der Gleichwertigkeit sollten die Aufsichtsbehörden im Rahmen von Kollegien prüfen, ob hinsichtlich jeder anwendbaren Richtlinie der Geltungsbereich umfasst ist und deren Ziele ohne Abstriche bei den Aufsichtsstandards eingehalten werden. Eine Fortentwicklung der Gleichwertigkeitsprüfungen sollte im Zuge von Änderungen der Aufsichtsrahmen und -praktiken möglich sein. Gleichwertigkeitsprüfungen sollten daher einem offenen, auf Fortentwicklung angelegten Prozess unterliegen. Dieser Prozess sollte Einzelfalllösungen ermöglichen, sodass allen relevanten Besonderheiten einer bestimmten Gruppe Rechnung getragen wird. Um die Kohärenz des Aufsichtsrahmens für eine

---

1   Zum Gesetz zur Umsetzung der Richtlinie 2011/89/EU des Europäischen Parlaments und des Rates vom 16. November 2011 zur Änderung der Richtlinien 98/78/EG, 2002/87/EG, 2006/48/EG und 2009/138/EG hinsichtlich der zusätzlichen Beaufsichtigung der Finanzunternehmen eines Finanzkonglomerats vom 27. Juni 2013 (BGBl. I S. 1862); vgl. BT-Drucksache 17/12602 vom 4. März 2013.

bestimmte Gruppe zu wahren und gleiche Ausgangsbedingungen für alle Finanzkonglomerate innerhalb der Union zu schaffen, ist eine Zusammenarbeit in Aufsichtsfragen in geeigneter Form erforderlich.

ANMERKUNG § 2 e wurde neu eingefügt durch das Gesetz zur Umsetzung der Richtlinie 2011/89/EU des Europäischen Parlaments und des Rates vom 16. November 2011 zur Änderung der Richtlinien 98/78/EG, 2002/87/EG, 2006/48/EG und 2009/138/EG hinsichtlich der zusätzlichen Beaufsichtigung der Finanzunternehmen eines Finanzkonglomerats vom 27. Juni 2013 (BGBl. I S. 1862); vgl. auch die vorstehend abgedruckte Amtliche Begründung.

§ 3 Verbotene Geschäfte

(1) Verboten sind
1. der Betrieb des Einlagengeschäftes, wenn der Kreis der Einleger überwiegend aus Betriebsangehörigen des Unternehmens besteht (Werksparkassen) und nicht sonstige Bankgeschäfte betrieben werden, die den Umfang dieses Einlagengeschäftes übersteigen;
2. die Annahme von Geldbeträgen, wenn der überwiegende Teil der Geldgeber einen Rechtsanspruch darauf hat, daß ihnen aus diesen Geldbeträgen Darlehen gewährt oder Gegenstände auf Kredit verschafft werden (Zwecksparunternehmen); dies gilt nicht für Bausparkassen;
3. der Betrieb des Kreditgeschäftes oder des Einlagengeschäftes, wenn es durch Vereinbarung oder geschäftliche Gepflogenheit ausgeschlossen oder erheblich erschwert ist, über den Kreditbetrag oder die Einlagen durch Barabhebung zu verfügen.

(2) CRR-Kreditinstituten und Unternehmen, die einer Institutsgruppe, einer Finanzholding-Gruppe, einer gemischten Finanzholding-Gruppe oder einem Finanzkonglomerat angehören, der oder dem ein CRR-Kreditinstitut angehört, ist das Betreiben der in Satz 2 genannten Geschäfte nach Ablauf von 12 Monaten nach Überschreiten eines der folgenden Schwellenwerte verboten, wenn
1. bei nach internationalen Rechnungslegungsstandards im Sinne des § 315a des Handelsgesetzbuchs bilanzierenden CRR-Kreditinstituten und Institutsgruppen, Finanzholding-Gruppen, gemischten Finanzholding-Gruppen oder Finanzkonglomeraten, denen ein CRR-Kreditinstitut angehört, die in den Kategorien als zu Handelszwecken und zur Veräußerung verfügbare finanzielle Vermögenswerte eingestuften Positionen im Sinne des Artikels 1 in Verbindung mit Nummer 9 IAS 39 des Anhangs der Verordnung (EG) Nr. 1126/2008 der Europäischen Kommission vom 3. November 2008 in der jeweils geltenden Fassung zum Abschlussstichtag des vorangegangenen Geschäftsjahrs den Wert von 100 Milliarden Euro übersteigen oder, wenn die Bilanzsumme des CRR-Kreditinstituts oder der Institutsgruppe, Finanzholding-Gruppe, gemischten Finanzholding-Gruppe oder des Finanzkonglomerats, der oder dem ein CRR-Kreditinstitut angehört, zum Abschlussstichtag der letzten drei Geschäftsjahre jeweils mindestens 90 Milliarden Euro erreicht, 20 Prozent der Bilanzsumme des CRR-Kreditinstituts, der Institutsgruppe, Finanzholding-Gruppe, gemischten Finanzholding-Gruppe oder des Finanzkonglomerats, der oder dem ein CRR-Kreditinstitut angehört, des vorausgegangenen Geschäftsjahrs übersteigen, es sei denn, die Geschäfte werden in einem Finanzhandelsinstitut im Sinne des § 25f Absatz 1 betrieben, oder
2. bei den sonstigen der Rechnungslegung des Handelsgesetzbuchs unterliegenden CRR-Kreditinstituten und Institutsgruppen, Finanzholding-Gruppen, gemischten Finanzholding-Gruppen oder Finanzkonglomeraten, denen ein CRR-Kreditinstitut angehört, die dem Handelsbestand nach § 340e Absatz 3 des Handelsgesetzbuchs

und der Liquiditätsreserve nach § 340e Absatz 1 Satz 2 des Handelsgesetzbuchs zuzuordnenden Positionen zum Abschlussstichtag des vorangegangenen Geschäftsjahrs den Wert von 100 Milliarden Euro übersteigen oder, wenn die Bilanzsumme des CRR-Kreditinstituts oder der Institutsgruppe, Finanzholding-Gruppe, gemischten Finanzholding-Gruppe oder des Finanzkonglomerats, der oder dem ein CRR-Kreditinstitut angehört, zum Abschlussstichtag der letzten drei Geschäftsjahre jeweils mindestens 90 Milliarden Euro erreicht, 20 Prozent der Bilanzsumme des CRR-Kreditinstituts, der Institutsgruppe, Finanzholding-Gruppe, gemischten Finanzholding-Gruppe oder des Finanzkonglomerats, der oder dem ein CRR-Kreditinstitut angehört, des vorausgegangenen Geschäftsjahrs übersteigen, es sei denn, die Geschäfte werden in einem Finanzhandelsinstitut im Sinne des § 25f Absatz 1 betrieben.

Nach Maßgabe von Satz 1 verbotene Geschäfte sind
1. Eigengeschäfte;
2. Kredit- und Garantiegeschäfte mit
   a) Hedgefonds im Sinne des § 283 Absatz 1 des Kapitalanlagegesetzbuches oder Dach-Hedgefonds im Sinne des § 225 Absatz 1 des Kapitalanlagegesetzbuches oder, sofern die Geschäfte im Rahmen der Verwaltung eines Hedgefonds oder Dach-Hedgefonds getätigt werden, mit deren Verwaltungsgesellschaften;
   b) EU-AIF oder ausländischen AIF im Sinne des Kapitalanlagegesetzbuches, die im beträchtlichem Umfang Leverage im Sinne des Artikels 111 der Delegierten Verordnung (EU) Nr. 231/2013 der Kommission vom 19. Dezember 2012 zur Ergänzung der Richtlinie 2011/61/EU des Europäischen Parlaments und des Rates im Hinblick auf Ausnahmen, die Bedingungen für die Ausübung der Tätigkeit, Verwahrstellen, Hebelfinanzierung, Transparenz und Beaufsichtigung (ABl. L 83 vom 22. 3. 2013, S. 1) einsetzen, oder, sofern die Geschäfte im Rahmen der Verwaltung des EU-AIF oder ausländischen AIF getätigt werden, mit deren EU-AIF-Verwaltungsgesellschaften oder ausländischen AIF-Verwaltungsgesellschaften;
3. der Eigenhandel im Sinne des § 1 Absatz 1a Satz 2 Nummer 4 Buchstabe d mit Ausnahme der Market-Making-Tätigkeiten im Sinne des Artikels 2 Absatz 1 Buchstabe k der Verordnung (EU) Nr. 236/2012 vom 14. März 2012 über Leerverkäufe und bestimmte Aspekte von Credit Default Swaps (ABl. L 86 vom 24. 3. 2012, S. 1) (Market-Making-Tätigkeiten); die Ermächtigung der Bundesanstalt zu Einzelfallregelungen nach Absatz 4 Satz 1 bleibt unberührt.

Nicht unter die Geschäfte im Sinne des Satzes 2 fallen:
1. Geschäfte zur Absicherung von Geschäften mit Kunden außer AIF oder Verwaltungsgesellschaften im Sinne von Satz 2 Nummer 2;
2. Geschäfte, die der Zins-, Währungs-, Liquiditäts-, und Kreditrisikosteuerung des CRR-Kreditinstituts, der Institutsgruppe, der Finanzholding-Gruppe, der gemischten Finanzholding-Gruppe oder des Verbundes dienen; einen Verbund in diesem Sinne bilden Institute, die demselben institutsbezogenen Sicherungssystem im Sinne des Artikels 113 Nummer 7 Buchstabe c der Verordnung des Europäischen Parlaments und des Rates über Aufsichtsanforderungen an Kreditinstitute und Wertpapierfirmen angehören;
3. Geschäfte im Dienste des Erwerbs und der Veräußerung langfristig angelegter Beteiligungen sowie Geschäfte, die nicht zu dem Zweck geschlossen werden, bestehende oder erwartete Unterschiede zwischen den Kauf- und Verkaufspreisen oder Schwankungen von Marktkursen, -preisen, -werten oder Zinssätzen kurzfristig zu nutzen, um so Gewinne zu erzielen.

(3) CRR-Kreditinstitute und Unternehmen, die einer Institutsgruppe, einer Finanzholdinggruppe, einer gemischten Finanzholdinggruppe oder einem Finanzkonglome-

rat angehören, der oder dem ein CRR-Kreditinstitut angehört, und die einen der Schwellenwerte des § 3 Absatz 2 Satz 1 Nummer 1 oder Nummer 2 überschreiten, haben
1. binnen sechs Monaten nach dem Überschreiten eines der Schwellenwerte anhand einer Risikoanalyse zu ermitteln, welche ihrer Geschäfte im Sinne des Absatzes 2 Satz 1 verboten sind, und
2. binnen 12 Monaten nach dem Überschreiten eines der Schwellenwerte die nach Satz 1 Nummer 1 ermittelten bereits betriebenen verbotenen Geschäfte zu beenden oder auf ein Finanzhandelsinstitut zu übertragen.

Die Risikoanalyse nach Satz 1 Nummer 1 hat plausibel, umfassend und nachvollziehbar zu sein und ist schriftlich zu dokumentieren. Die Bundesanstalt kann die Frist nach Satz 1 Nummer 2 im Einzelfall um bis zu 12 Monate verlängern; der Antrag ist zu begründen.

(4) Die Bundesanstalt kann einem CRR-Kreditinstitut oder einem Unternehmen, das einer Institutsgruppe, einer Finanzholding-Gruppe, einer gemischten Finanzholding-Gruppe oder einem Finanzkonglomerat angehört, der oder dem auch ein CRR-Kreditinstitut angehört, unabhängig davon, ob die Geschäfte nach Absatz 2 den Wert nach Absatz 2 Satz 1 überschreiten, die nachfolgenden Geschäfte verbieten und anordnen, dass die Geschäfte einzustellen oder auf ein Finanzhandelsinstitut im Sinne des § 25f Absatz 1 zu übertragen sind, wenn zu besorgen ist, dass diese Geschäfte, insbesondere gemessen am sonstigen Geschäftsvolumen, am Ertrag oder an der Risikostruktur des CRR-Kreditinstituts oder des Unternehmens, das einer Institutsgruppe, einer Finanzholding-Gruppe, einer gemischten Finanzholding-Gruppe oder einem Finanzkonglomerat angehört, der oder dem auch ein CRR-Kreditinstitut angehört, die Solvenz des CRR-Kreditinstituts oder des Unternehmens, das einer Institutsgruppe, einer Finanzholding-Gruppe, einer gemischten Finanzholding-Gruppe oder einem Finanzkonglomerat angehört, der oder dem auch ein CRR-Kreditinstitut angehört, zu gefährden drohen:
1. Market-Making-Tätigkeiten;
2. sonstige Geschäfte im Sinne von Absatz 2 Satz 2 oder Geschäfte mit Finanzinstrumenten, die ihrer Art nach in der Risikointensität mit den Geschäften des Absatzes 2 Satz 2 oder des Satzes 1 Nummer 1 vergleichbar sind.

Die Bundesanstalt hat bei Anordnung im Sinne des Satzes 1 dem Institut eine angemessene Frist einzuräumen.

Amtliche Begründung[1]

Die Vorschrift verbietet Geschäfte, bei denen die Sicherheit der Einlagen in besonderem Maße gefährdet ist, die eine Gefahr für den Bestand der Währung darstellen oder … In allen Fällen wird die Geschäftsmäßigkeit, d.h. die Absicht der wiederholten Vornahme der bezeichneten Geschäfte, vorausgesetzt. Dies ergibt sich in Nummern 1 bis 3 aus den Worten »Der Betrieb des …geschäfts«, … Ein Verstoß gegen die Verbote ist nach § 54* Abs. 1 Nr. 1 und § 57* mit Strafe bedroht.

Der typische Fall einer Werksparkasse (Nummer 1) liegt vor, wenn ein Wirtschaftsunternehmen Spargelder seiner Arbeitnehmer annimmt und im eigenen Betrieb anlegt. Diese Gelder sind somit allen wirtschaftlichen Risiken des Betriebes unmittelbar ausgesetzt und daher stärker gefährdet als Einlagen bei Kreditinstituten. Ein weiteres schwerwiegendes Bedenken gegen die Werksparkassen ergibt sich aus der

---

1 Zur Ursprungsfassung.

Tatsache, daß bei einem Zusammenbruch des Unternehmens der Arbeitnehmer nicht nur seinen Arbeitsplatz, sondern zugleich seine Ersparnisse verliert, auf die er in einem solchen Falle besonders angewiesen ist. Da in der Vergangenheit derartige Mißstände in erheblichem Umfange aufgetreten waren, schrieb § 27 des geltenden Kreditwesengesetzes die Auflösung der bestehenden Werksparkassen bis zum 31. Dezember 1940 vor. Wegen der geschilderten Gefahren muß das Wiedererstehen solcher Einrichtungen für die Zukunft unterbunden werden. Kreditinstitute, bei denen diese Gefahren durch die materiellen Vorschriften dieses Gesetzes und durch die staatliche Aufsicht weitgehend ausgeschlossen sind, sollen jedoch nicht gehindert werden, Einlagen ihrer Bediensteten anzunehmen; das Verbot gilt deshalb nicht, wenn das Unternehmen andere Bankgeschäfte betreibt, die den Umfang der Werksparkasse übersteigen.

Auch Nummer 2 enthält keine sachliche Neuerung, sondern dient der Gesetzesbereinigung. Mobiliarzwecksparunternehmen wurden durch das Gesetz über die Auflösung von Zwecksparunternehmen vom 13. Dezember 1935 (RGBl. I S. 465) verboten, weil sich in der Praxis auch bei ihnen erhebliche Mißstände, insbesondere bei den Wartezeiten, ergeben hatten. Um die verschiedenen Vorschriften auf dem Gebiet des Zwecksparens ohne Änderung des materiellen Rechtszustandes aufheben zu können (§ 63* Abs. 1 Nr. 11 bis 17), wird das Verbot solcher Unternehmen übernommen.

Nummer 3 verbietet Unternehmen, die unter mißbräuchlicher Ausnutzung der Möglichkeiten des bargeldlosen Zahlungsverkehrs Kredite gewähren. Derartige Einrichtungen sind bereits jetzt nach dem Gesetz gegen Mißbrauch des bargeldlosen Zahlungsverkehrs vom 3. Juli 1934 (RGBl. I S. 593) unzulässig, das im Interesse der Gesetzesbereinigung durch § 63* Abs. 1 Nr. 18 aufgehoben und sachlich durch Nummer 3 ersetzt wird. Ihre besonderen volkswirtschaftlichen Gefahren liegen in der hohen Kreditkapazität, die sich aus dem Ausschluß oder der Erschwerung der Barabhebung ergibt. Im Gegensatz zu den normalen Kreditinstituten brauchen diese Unternehmen nämlich für ihre Verpflichtungen keine liquiden Mittel bereitzuhalten und können, da sie einen besonders hohen Expansionskoeffizienten haben, in weit höherem Maße als die anderen Kreditinstitute zur Ausdehnung des Geldvolumens und damit zu einer Störung der finanziellen Stabilität der Volkswirtschaft beitragen. Währungspolitische Gefahren können zwar auch von der Kreditexpansion bei anderen Kreditinstituten ausgehen. Diesen Gefahren kann die Notenbank jedoch mit ihren kreditpolitischen Mitteln weitgehend begegnen. Die in Nummer 3 genannten Unternehmen, bei denen kein nennenswerter Refinanzierungsbedarf entsteht, sind dagegen kaum auf die Notenbank angewiesen, so daß deren kreditpolitische Maßnahmen, mit Ausnahme der Mindestreservevorschriften, ihnen gegenüber nicht hinreichend wirksam werden. Die Mindestreservevorschriften bieten keine Gewähr dafür, daß diese besonderen währungspolitischen Gefahren neutralisiert werden können. Denn die Reservesätze sind auf Kreditinstitute mit dem üblichen Geschäft zugeschnitten und reichen nicht aus, um einer durch Liquiditätserfordernisse nicht in Grenzen gehaltenen Kreditexpansion in gleichem Maße entgegenwirken zu können, wie dies bei normalen Kreditinstituten möglich ist. Aus diesen allgemeinwirtschaftlichen Gründen muß deshalb auch weiterhin das Entstehen derartiger Einrichtungen verhindert werden.

ANMERKUNG

1. Die zivilrechtlichen Auswirkungen eines Verstoßes gegen § 3 sind unterschiedliche, je nachdem, ob es sich um das Innenverhältnis der Gesellschafter etc. oder das Verhältnis zu Dritten handelt. Ein Vertrag zur Gründung einer Gesellschaft, deren Zweck das Betreiben von Geschäften ist, die § 3 verbietet, ist nach § 134 BGB nichtig. Dagegen ist ein Vertrag mit einem Dritten (z. B. einem Einleger in den Fällen der Nummern 1 und 2) grundsätzlich wirksam. § 3 wendet sich an denjenigen, der die dort genannten Geschäfte in organisierter Form betreiben will, nicht an den Kunden eines solchen Unternehmens. Nur dem organisierten Betrieb der Geschäfte wohnen die Gefahren inne, die zum Verbot geführt haben. Das einzelne Geschäft dagegen ist bedenkenfrei. Der Kunde kann in aller

Regel auch gar nicht feststellen, ob ein Unternehmen unter § 3 fällt. § 134 BGB ist auf das einzelne Geschäft daher nicht anzuwenden.
2. Zur Anwendung des § 3 Absatz 2 und 3 ab dem 1. Juli 2015 vgl. § 64s Absatz 2 Satz 1; zur Anwendung des § 3 Absatz 4 ab dem 1. Juli 2016 vgl. § 64s Absatz 2 Satz 2.

§ 4 Entscheidung der Bundesanstalt für Finanzdienstleistungsaufsicht

Die Bundesanstalt entscheidet in Zweifelsfällen, ob ein Unternehmen den Vorschriften dieses Gesetzes unterliegt. Ihre Entscheidungen binden die Verwaltungsbehörden.

Amtliche Begründung[1]

Bei jeder konkreten Maßnahme gegenüber einem Unternehmen muß das Bundesaufsichtsamt als Vorfrage prüfen, ob das Unternehmen den Vorschriften dieses Gesetzes unterliegt. § 4 eröffnet dem Bundesaufsichtsamt darüber hinaus die Möglichkeit, in Zweifelsfällen über diese Frage abstrakt zu entscheiden. Ist z.B. eine die Kreditinstitutseigenschaft feststellende Entscheidung durch Ablauf der Anfechtungsfrist oder durch verwaltungsgerichtliche Bestätigung rechtskräftig geworden, so kann das Unternehmen gegenüber späteren Einzelmaßnahmen des Bundesaufsichtsamtes nicht mehr mit Erfolg geltend machen, es sei kein Kreditinstitut. Die Entscheidungsbefugnis des Bundesaufsichtsamtes bezieht sich auch darauf, ob ein Unternehmen nach § 2 Abs. 3 nur für einen Teil seiner Geschäfte Kreditinstitut ist oder ob es nach § 3 verbotene Geschäfte betreibt.

Die Kreditinstitutseigenschaft eines Unternehmens kann auch in anderen Verwaltungsbereichen von Bedeutung sein, soweit für Kreditinstitute besondere öffentlich-rechtliche Pflichten oder Vergünstigungen gelten. Nach allgemeinen Verwaltungsgrundsätzen könnte die zuständige Verwaltungsbehörde selbst hierüber entscheiden. Um die einheitliche Behandlung eines Unternehmens im Hinblick auf seine Kreditinstitutseigenschaft sicherzustellen, bestimmt Satz 2, daß eine Entscheidung des Bundesaufsichtsamtes andere Verwaltungsbehörden bindet. Diese Wirkung haben nicht nur abstrakte Entscheidungen, die die Kreditinstitutseigenschaft nach Satz 1 generell feststellen oder verneinen, sondern auch Entscheidungen, bei denen sie als Vorfrage geprüft wurde.

Solange das Bundesaufsichtsamt nicht festgestellt hat, ob ein Unternehmen diesem Gesetz unterliegt, können andere Verwaltungsbehörden über diese Frage selbständig befinden. Einer späteren abweichenden Entscheidung des Bundesaufsichtsamtes müssen sie jedoch folgen.

2. Bundesanstalt für Finanzdienstleistungsaufsicht

§ 5 *(weggefallen)*

§ 6 Aufgaben

(1) Die Bundesanstalt übt die Aufsicht über die Institute nach den Vorschriften dieses Gesetzes, den dazu erlassenen Rechtsverordnungen, der Verordnung (EU)

---

1 Zur Ursprungsfassung.

Nr. 575/2013 in ihrer jeweils geltenden Fassung und der auf der Grundlage der Verordnung (EU) Nr. 575/2013 und der Richtlinie 2013/36/EU erlassenen Rechtsakte aus. Die Bundesanstalt ist die zuständige Behörde für die Anwendung des Artikels 458 der Verordnung (EU) Nr. 575/2013 sowie die zuständige Behörde nach Artikel 4 Absatz 1 der Richtlinie 2013/36/EU. Die Deutsche Bundesbank ist zuständige Stelle nach Artikel 4 Absatz 1 der Richtlinie 2013/36/EU im Rahmen der ihr nach § 7 Absatz 1 zugewiesenen Aufgaben.

(1a) Die Bundesanstalt übt die Aufsicht über zentrale Gegenparteien zusätzlich auch nach der Verordnung (EU) Nr. 648/2012 sowie den auf ihrer Grundlage erlassenen Rechtsakten aus.

(2) Die Bundesanstalt hat Mißständen im Kredit- und Finanzdienstleistungswesen entgegenzuwirken, welche die Sicherheit der den Instituten anvertrauten Vermögenswerte gefährden, die ordnungsmäßige Durchführung der Bankgeschäfte oder Finanzdienstleistungen beeinträchtigen oder erhebliche Nachteile für die Gesamtwirtschaft herbeiführen können.

(3) Die Bundesanstalt kann im Rahmen der ihr gesetzlich zugewiesenen Aufgaben gegenüber den Instituten und ihren Geschäftsleitern Anordnungen treffen, die geeignet und erforderlich sind, um Verstöße gegen aufsichtsrechtliche Bestimmungen zu verhindern oder zu unterbinden oder um Missstände in einem Institut zu verhindern oder zu beseitigen, welche die Sicherheit der dem Institut anvertrauten Vermögenswerte gefährden können oder die ordnungsgemäße Durchführung der Bankgeschäfte oder Finanzdienstleistungen beeinträchtigen. Die Anordnungsbefugnis nach Satz 1 besteht auch gegenüber Finanzholding-Gesellschaften oder gemischten Finanzholding-Gesellschaften sowie gegenüber den Personen, die die Geschäfte dieser Gesellschaften tatsächlich führen.

(4) Die Bundesanstalt hat bei der Ausübung ihrer Aufgaben in angemessener Weise die möglichen Auswirkungen ihrer Entscheidungen auf die Stabilität des Finanzsystems in den jeweils betroffenen Staaten des Europäischen Wirtschaftsraums zu berücksichtigen.

(5) weggefallen

Amtliche Begründung[1]

Um Funktionsstörungen im Kreditwesen vorzubeugen, hat das Bundesaufsichtsamt durch eine laufende Aufsicht dafür zu sorgen, daß die Kreditinstitute das Gesetz beachten. Es kann diese Aufgaben nur erfüllen, wenn ihm die erforderlichen Eingriffsmöglichkeiten zur Verfügung stehen. Absatz 1 gibt dem Bundesaufsichtsamt mit dieser Verpflichtung zugleich eine Rechtsgrundlage für entsprechende Verwaltungsakte. Diese allgemeine Ermächtigung tritt neben die besonderen Ermächtigungen in einzelnen Vorschriften des Entwurfs, soweit sich nicht, wie z.B. bei § 45*, aus deren Inhalt oder aus den Umständen ergibt, daß die Spezialermächtigung andere Maßnahmen ausschließen soll. Das Aufsichtsamt muß neben der Aufsicht über die Einhaltung der einzelnen Vorschriften die allgemeine Entwicklung im Kreditwesen laufend überwachen, um Tendenzen, die dem Gesetzeszweck zuwiderlaufen, rechtzeitig erkennen und ihnen entgegenwirken zu können (Absatz 2). Kann das Bundesaufsichtsamt einen solchen Mißstand nicht durch Einwirkung auf die Kreditinstitute oder durch besondere Anordnungen nach diesem Gesetz abwenden, so wird es Maßnahmen der Bundesregierung oder des Gesetzgebers anzuregen haben.

---

1 Zur Ursprungsfassung.

Amtliche Begründung[1]

Die Änderung stellt für sämtliche dem Bundesaufsichtsamt zugewiesenen Aufgaben klar, daß sie zur Sicherstellung der Funktionsfähigkeit der Kreditwirtschaft ausschließlich im öffentlichen Interesse wahrgenommen werden. Amtspflichten gegenüber den durch das Wirken des Bundesaufsichtsamtes nur mittelbar geschützten Personen oder Personenkreisen werden bei der Tätigkeit des Bundesaufsichtsamtes deshalb nicht begründet.

Die Verdeutlichung des Schutzzweckes des Gesetzes entspricht dem hergebrachten Verständnis von der Zielrichtung der staatlichen Bankaufsicht, wie sie schon in der Begründung des Regierungsentwurfs eines Kreditwesengesetzes im Jahre 1959 zum Ausdruck gebracht worden war. Der Bundesgerichtshof hat diese jahrelang fast unbestrittene Auffassung allerdings »mangels einer einschränkenden Zielsetzung des Gesetzes« in zwei Urteilen verworfen (BGHZ 74, 144; 75, 120), während das Bundesverwaltungsgericht in einem Fall aus der Versicherungsaufsicht entschieden hat, daß das Bundesaufsichtsamt für das Versicherungswesen als Sachwalter der durch das Gesetz bestimmten öffentlichen Interessen handelt (BVerwGE 61, 59). Eine ausdrückliche Regelung der Frage im Kreditwesengesetz selbst ist deshalb unabweisbar geworden.

In erster Linie soll durch die gesetzübergreifende Neuregelung ausgeschlossen werden, daß einzelne Personen, die in geschäftlichen Beziehungen zu Kreditinstituten oder sonstigen Unternehmen und Privatpersonen stehen, an die das Bundesaufsichtsamt Maßnahmen richten kann, wegen eines bestimmten Handelns oder Unterlassens der Behörde Schadenersatzansprüche gegen den Staat erheben können. Die Anerkennung einer Staatshaftung im Bereich der Bankaufsicht gegenüber dritten Personen, die nicht der Aufsicht unterliegen, begründet die Gefahr von zu weit gehenden Maßnahmen der die Aufsicht ausübenden Personen. Dadurch würde unter anderem die bisherige marktwirtschaftskonforme Aufsichtskonzeption gefährdet, die den Kreditinstituten einen sehr großen Spielraum für eine eigenverantwortliche wirtschaftliche Betätigung beläßt.

Der Einlegerschutz, dem unter sozialen Gesichtspunkten eine besondere Bedeutung zuzuerkennen ist, wird durch die Gesetzesänderung nicht beeinträchtigt, denn er beruht vor allem auf den Einlagensicherungseinrichtungen des Kreditgewerbes.

Die Haftung des Bundesaufsichtsamtes gegenüber den beaufsichtigten Kreditinstituten und den sonstigen Unternehmen und Privatpersonen, denen gegenüber Eingriffsbefugnisse bestehen, aus fehlerhaften Entscheidungen bleibt durch die Änderung der Vorschrift unberührt.

Amtliche Begründung[2]

Die Neuerungen in Absatz 1 und 2 beschränken sich auf Folgeänderungen, die aus der Ausweitung der Aufsichtszuständigkeit des BAKred auf Finanzdienstleistungsinstitute resultieren.

Die Abgrenzung des Zuständigkeitsbereichs gegenüber dem BAWe dient der Klarstellung; materiell folgt sie bereits aus dem gemeinsamen Regelungskontext von KWG und WpHG.

Absatz 3 ist neu. Er ermächtigt das BAKred, gegenüber dem Institut und seinen Geschäftsleitern Anordnungen zu treffen, die geeignet und erforderlich sind, um einen Mißstand in einem Institut zu verhindern oder zu beseitigen, der die Sicherheit der dem Institut anvertrauten Vermögenswerte gefährden kann oder die ordnungsmäßige Durchführung der Bankgeschäfte oder Finanzdienstleistungen beeinträchtigt. Die

---

1 Zum 3. KWG-Änderungsgesetz (betr. Abs. 4).
2 Zum 6. KWG-Änderungsgesetz.

Anordnungskompetenz besteht bisher nur bei den besonderen Maßnahmen der Gefahrenabwehr der §§ 45 ff. und im Rahmen der Sachverhaltsermittlungskompetenzen der §§ 44 ff. sowie im Rahmen der laufenden Aufsicht über die Beachtung der gesetzlichen Verbote und Gebote der §§ 10 ff. Eine Anordnungskompetenz des BAKred besteht bisher jedoch nicht in den aufsichtlich nicht weniger sensiblen Bereichen, welche die interne Organisation einer Bank – namentlich die internen Kontrollverfahren, die Ausgestaltung der Innenrevision, die Auslagerung von Geschäftsbereichen auf andere Unternehmen – im besonderen und die Einhaltung der Grundsätze ordnungsmäßiger Geschäftsführung sowie die Sicherstellung der Gesamtverantwortung der Geschäftsleiter im allgemeinen betreffen. Nur wenn und soweit ein entsprechender Mißstand zugleich einen Verstoß gegen die kodifizierten Normen der materiellen Bankenaufsicht beinhaltet, kann das BAKred bisher mit dem klassischen Eingriffsinstrumentarium des allgemeinen Verwaltungsrechts einschreiten. Andernfalls muß es sich noch damit behelfen, informellen Druck auf die verantwortlichen Geschäftsleiter auszuüben und in krassen Fällen deren Abberufung zu verlangen. Im übrigen kann das BAKred Mißständen in den Instituten bislang nur zu Lasten der verantwortlichen Geschäftsleiter über die Infragestellung ihrer fachlichen Eignung oder Zuverlässigkeit entgegenwirken. Befriedigend ist dieser Zustand für beide Seiten nicht. Es liegt auch im Interesse der Geschäftsleiter und der Institute, daß das BAKred Mißstände wie Versäumnisse bei der internen Organisation oder der Ausgestaltung der Innenrevision durch Verwaltungsakt abstellen kann. Bei unterschiedlichen Auffassungen zwischen dem BAKred und dem betroffenen Institut zur Rechtmäßigkeit des Verwaltungsaktes kann eine Klärung erforderlichenfalls durch das Verwaltungsgericht im Rahmen der Anfechtung des Verwaltungsaktes herbeigeführt werden. Die vorgesehene Anordnungskompetenz in dem neuen Absatz 3 ist somit auch ein Ausfluß des Grundsatzes der Verhältnismäßigkeit. Eine vergleichbare Anordnungskompetenz hat das BAKred bereits heute für die Aufsicht über Hypothekenbanken und Bausparkassen (vgl. § 4 Hypothekenbankgesetz, § 3 Abs. 1 Satz 2 des Gesetzes über Bausparkassen).

Die neue Anordnungskompetenz setzt entweder eine konkrete Beeinträchtigung der ordnungsmäßigen Durchführung der Bankgeschäfte oder Finanzdienstleistungen oder einen Mißstand voraus, der die Sicherheit der einem Institut anvertrauten Vermögenswerte gefährdet.

Die neue Regelung in Absatz 3 orientiert sich an vergleichbaren Vorschriften für andere Aufsichtsbehörden (vgl. § 81 Versicherungsaufsichtsgesetz für das Bundesaufsichtsamt für das Versicherungswesen, § 4 Abs. 1 WpHG für das BAWe und § 1a Abs. 2 Börsengesetz für die Börsenaufsichtsbehörden der Länder).

Amtliche Begründung[1]

Zu Nummer 6 (§ 6)

Der neu angefügte Absatz 4 dient der Umsetzung von Artikel 1 Nummer 3 der Richtlinie 2009/111/EG, mit dem Artikel 40 Absatz 3 der Bankenrichtlinie geändert wird. Er soll sicherstellen, dass die Bundesanstalt bei Entscheidungen, die Auswirkungen auf das Finanzsystem eines oder mehrerer Mitgliedstaaten des Europäischen Wirtschaftsraumes (EWR) haben könnten, die Stabilität der Finanzsysteme in diesen betroffenen Mitgliedstaaten nicht unberücksichtigt lässt. Dabei legt die Bundesanstalt die ihr zum Zeitpunkt der Entscheidung zur Verfügung stehenden Informationen zugrunde. Damit wird der engen Verzahnung der Kreditwirtschaft im EWR, aber auch der volkswirtschaftlichen Bedeutung, die Tochterunternehmen und Zweignieder-

---

1 Zum Gesetz zur Umsetzung der geänderten Bankenrichtlinie und der geänderten Kapitaladäquanzrichtlinie vom 19. November 2010 (BGBl. I S. 1592); vgl. BT-Drucksache 17/1720 vom 17. Mai 2010.

lassungen von Instituten mit Sitz in Mitgliedstaaten des EWR in anderen Mitgliedstaaten haben können, Rechnung getragen.

Der neu angefügte Absatz 5 setzt Artikel 1 Nummer 4 der Richtlinie 2009/111/EG, mit der Artikel 42 b Absatz 1 in die Bankenrichtlinie eingefügt wird, um. Die neue Vorschrift betont die Bedeutung, die dem Ausschuss der europäischen Bankaufsichtsbehörden (CEBS) im Rahmen der Konvergenz der Aufsichtspraktiken zuerkannt wird. Nunmehr sind Abweichungen von Leitlinien, Empfehlungen, Standards und anderen beschlossenen Maßnahmen des Ausschusses der europäischen Bankaufsichtsbehörden zu begründen, was zu einer stärkeren Beachtung der Vorgaben von CEBS führen wird.

Amtliche Begründung[1]

Zu Nummer 10 (§ 6)

Zu Buchstabe a

Die Erweiterung der rechtlichen Vorgaben in Absatz 1, nach denen die Bundesanstalt die Aufsicht über CRR-Institute ausübt, ist durch das mit der CRD IV geschaffene Aufsichtsregime – Verordnung (EU) Nr. .../2012 sowie Richtlinie 2012/.../EU – und der in diesen Normen vom europäischen Gesetzgeber vorgesehenen Ermächtigungsgrundlagen, die den Erlass weiterer Verordnungen (EU) gestatten, vorgegeben. Der neu eingefügte Satz 2 setzt Artikel 5 Absatz 1 der Richtlinie 2012/.../EU um, der vorsieht, dass die Mitgliedstaaten die zuständigen Behörden benennen, die die in dieser Richtlinie vorgesehenen Aufgaben vollziehen. Die Deutsche Bundesbank ist nach Satz 3 insoweit zuständige Stelle, als in Artikel 5 Absatz 2 der Richtlinie 2012/.../EU Bezug genommen wird auf die laufende Überwachung (»Monitoring«) der Banken; diese ist nach § 7 Absatz 1 KWG der Deutschen Bundesbank zugewiesen. In Artikel 5 Absatz 3 der Richtlinie 2012/.../EU wird überdies die Sammlung bankaufsichtlicher Daten angesprochen, die in Deutschland überwiegend von der Bundesbank wahrgenommen wird. Daher ist auch die Deutsche Bundesbank »zuständige Stelle« im Rahmen der ihr nach § 7 Absatz 1 KWG zugewiesenen Aufgaben.

Zu Buchstabe b

Nach Artikel 99 Absatz 1 der Richtlinie 2012/.../EU sind die Aufsichtsbehörden verpflichtet, frühzeitig, nach Buchstabe b bereits dann, wenn ein Institut voraussichtlich gegen die Anforderungen der Richtlinie verstoßen wird, tätig zu werden. Dieser Zukunftsgerichtetheit des bankaufsichtlichen Handels trägt die Ergänzung in Absatz 3 Rechnung.

ANMERKUNG

1. Durch das Gesetz über die integrierte Finanzdienstleistungsaufsicht vom 22. April 2002 wurde die Bundesanstalt für Finanzdienstleistungsaufsicht errichtet, die – seit 1. Mai 2002 – nunmehr die Aufgaben des Bundesaufsichtsamtes für das Kreditwesen wahrnimmt. Das Gesetz über die Bundesanstalt für Finanzdienstleistungsaufsicht (Finanz-

---

1 Zum Gesetz zur Umsetzung der Richtlinie 2013/36/EU über den Zugang zur Tätigkeit von Kreditinstituten und die Beaufsichtigung von Kreditinstituten und Wertpapierfirmen und zur Anpassung des Aufsichtsrechts an die Verordnung (EU) Nr. 575/2013 über Aufsichtsanforderungen an Kreditinstitute und Wertpapierfirmen (CRD IV-Umsetzungsgesetz) vom 28. August 2013 (BGBl. I S. 3395); vgl. BT-Drucksache 17/10974 vom 15. Oktober 2012 und BT-Drucksache 17/13524 – Beschlussempfehlung des Finanzausschusses (7. Ausschuss) – vom 15. Mai 2013.

dienstleistungsaufsichtsgesetz – FinDAG) enthält die näheren Bestimmungen u. a. über die Rechtsform, die Aufgaben und die Organisation der Anstalt. Das Gesetz ist als Anhang 1.2 abgedruckt.

2. Die Bundesanstalt hat kein totales Aufsichtsrecht über die Geschäfte der Institute. Sie hat in erster Linie darüber zu wachen, dass die Institute das KWG befolgen. Die Einhaltung anderer Gesetze durch die Institute, insbesondere zivilrechtliche Angelegenheiten, berühren die Bundesanstalt nur insoweit, als sich aus nachhaltigen Gesetzesverstößen und sittenwidrigem Verhalten im Rahmen anderer Rechtsbeziehungen evtl. die Unzuverlässigkeit von Inhabern oder Geschäftsleitern ergibt. Die Bundesanstalt ist nicht allgemeine »Beschwerdeinstanz« gegenüber den ihrer Aufsicht unterliegenden Instituten.

3. Nach Absatz 1 übt die Bundesanstalt die Aufsicht »nach den Vorschriften dieses Gesetzes« aus. Sie muss jedoch auch die Spezialaufsichtsgesetze (z. B. Pfandbriefgesetz, Investmentgesetz, Bausparkassengesetz) und ergänzende Gesetze (z. B. das Depotgesetz) in ihre Aufsicht einbeziehen. Ferner muss die Bundesanstalt die Anwendung derjenigen Vorschriften des Handels- und Gesellschaftsrechts überwachen, auf die das KWG aufbaut (z. B. Vorschriften über die Bilanzierung und Prüfung).

4. Durch das Finanzkonglomeraterichtlinie-Umsetzungsgesetz vom 21. Dezember 2004 (BGBl. I S. 3610) wurde die allgemeine Anordnungsbefugnis nach Abs. 3 Satz 1 im Hinblick auf ihre Leitungsorgane angepasst und die Anordnungsbefugnis auf gemischte Finanzholding-Gesellschaften und ihre Leitungsorgane erweitert.

5. § 6 Absatz 4 und 5 wurden durch das Gesetz zur Umsetzung der geänderten Bankenrichtlinie und der geänderten Kapitaladäquanzrichtlinie neu angefügt. Zu den Beweggründen des Gesetzgebers siehe die hierzu ergangene Amtliche Begründung.

6. Die Aufhebung von § 6 Absatz 5 durch das Gesetz zur Umsetzung der Richtlinie 2010/78/EU des Europäischen Parlaments und des Rates vom 24. November 2010 im Hinblick auf die Errichtung des Europäischen Finanzaufsichtssystems vom 4. Dezember 2011 (BGBl. I S. 2427) beruht darauf, dass die Europäische Bankenaufsichtsbehörde mit ihrer Errichtung an die Stelle des Ausschusses der europäischen Bankaufsichtsbehörden tritt. Die Zusammenarbeit mit der Europäischen Aufsichtsbehörde wird in dem neuen § 7 b geregelt.

7. Der neu eingefügte Absatz 1a durch das Ausführungsgesetz zur Verordnung (EU) Nr. 648/2012 über OTC-Derivate, zentrale Gegenparteien und Transaktionsregister (EMIR-Ausführungsgesetz) vom 13. Februar 2013 (BGBl. I S. 174) stellt klar, dass die Bundesanstalt die Aufsicht über zentrale Gegenparteien nach dem KWG und nach der Verordnung (EU) Nr. 648/2012 und der auf ihrer Grundlage erlassenen europäischen Rechtsakte ausübt. Durch die Zuständigkeit der BaFin wird die Anforderung aus Artikel 22 Absatz 1 der Verordnung (EU) Nr. 648/2012 umgesetzt. § 7, der die Zusammenarbeit mit der Deutschen Bundesbank regelt, bleibt unberührt, sodass die laufende Überwachung auch der zentralen Gegenparteien durch die Deutsche Bundesbank wahrgenommen wird; vgl. BT-Drucksache 17/11289 vom 5. November 2012.

8. § 6 Absatz 6 wurde geändert durch das Gesetz zur Modernisierung des Außenwirtschaftsrechts vom 6. Juni 2013 (BGBl. I S. 1482).

9. § 6 Absatz 1 wurde neu gefasst und Absatz 3 geändert durch das CRD IV-Umsetzungsgesetz vom 28. August 2013 (BGBl. I S. 3395); vgl. die hierzu abgedruckte Amtliche Begründung.

§ 6a Besondere Aufgaben

(1) Liegen Tatsachen vor, die darauf schließen lassen, dass von einem Institut angenommene Einlagen, sonstige dem Institut anvertraute Vermögenswerte oder eine Finanztransaktion der Vorbereitung einer schweren staatsgefährdenden Gewalttat nach § 89a Abs. 1, 2 Nr. 4 des Strafgesetzbuchs oder der Finanzierung einer terroristischen Vereinigung nach § 129a, auch in Verbindung mit § 129b des Strafgesetzbuchs

dienen oder im Falle der Durchführung einer Finanztransaktion dienen würden, kann die Bundesanstalt
1. der Geschäftsführung des Instituts Anweisungen erteilen,
2. dem Institut Verfügungen von einem bei ihm geführten Konto oder Depot untersagen,
3. dem Institut die Durchführung von sonstigen Finanztransaktionen untersagen.

(2) Tatsachen im Sinne des Absatzes 1 liegen in der Regel insbesondere dann vor, wenn es sich bei dem Inhaber eines Kontos oder Depots, dessen Verfügungsberechtigten oder dem Kunden eines Instituts um eine natürliche oder juristische Person oder eine nicht rechtsfähige Personenvereinigung handelt, deren Name in die im Zusammenhang mit der Bekämpfung des Terrorismus angenommene Liste des Rates der Europäischen Union zum Gemeinsamen Standpunkt des Rates 2001/931/GASP vom 27. Dezember 2001 über die Anwendung besonderer Maßnahmen zur Bekämpfung des Terrorismus (ABl. EG Nr. L 344 S. 93) in der jeweils geltenden Fassung aufgenommen wurde.

(3) Die Bundesanstalt kann Vermögenswerte, die einer Anordnung nach Absatz 1 unterliegen, im Einzelfall auf Antrag der betroffenen natürlichen oder juristischen Person oder einer nicht rechtsfähigen Personenvereinigung freigeben, soweit diese der Deckung des notwendigen Lebensunterhalts der Person oder ihrer Familienmitglieder, der Bezahlung von Versorgungsleistungen, Unterhaltsleistungen oder vergleichbaren Zwecken dienen.

(4) Eine Anordnung nach Absatz 1 ist aufzuheben, sobald und soweit der Anordnungsgrund nicht mehr vorliegt.

(5) Gegen eine Anordnung nach Absatz 1 kann das Institut oder ein anderer Beschwerter Widerspruch erheben.

(6) Die Möglichkeit zur Anordnung von Beschränkungen des Kapital- und Zahlungsverkehrs nach § 4 Absatz 1 des Außenwirtschaftsgesetzes bleibt unberührt.

Amtliche Begründung[1]

Mit dem neuen § 6a KWG soll eine Rechtsgrundlage für Finanzsanktionen gegen die aus der Finanzierung des Terrorismus resultierenden Gefahren geschaffen werden.

Zu den Absätzen 1 und 2

Absatz 1 ermächtigt die Bundesanstalt für Finanzdienstleistungsaufsicht, gegenüber den nach dem KWG beaufsichtigten Instituten und ihren Geschäftsleitern die Durchführung von Bankgeschäften bzw. Finanzdienstleistungen und damit in Verbindung stehenden Finanztransaktionen der Institute zu beschränken. Voraussetzung dafür ist das Vorliegen von Tatsachen, die darauf schließen lassen, dass Gelder oder andere finanzielle Vermögenswerte der Finanzierung terroristischer Handlungen dienen.

Ein solcher Rückschluss kann nicht nur bei Personen und Organisationen gezogen werden, die im strafprozessualen Sinne im Verdacht stehen, terroristische Handlungen zu begehen oder zu unterstützen und gegen die ein entsprechendes Ermittlungsverfahren im In- oder Ausland anhängig ist. Dieser ist in der Regel vielmehr bereits dann möglich, wenn Namen EU-interner Personen und Organisationen auf eine im Zusammenhang mit der Bekämpfung des Terrorismus geschaffene Liste des Rates der Europäischen Union zum Gemeinsamen Standpunkt des Rates 2001/931/GASP vom

---

1   § 6a wurde durch das Zweite Gesetz zur Änderung des Zollverwaltungsgesetzes vom 31.10.2003 (BGBl. I S. 2146) eingefügt. Zur Begründung vgl. BT-Drucksache 15/1060 vom 27. Mai 2003.

27. Dezember 2001 über die Anwendung besonderer Maßnahmen zur Bekämpfung des Terrorismus aufgenommen wurden (Absatz 2). Bei den Beschränkungen nach Absatz 1 handelt es sich insbesondere um Verfügungsbeschränkungen bezüglich der Auszahlung und Abverfügungen von Geldern auf Konten, die der Verpflichtung zur Legitimationsprüfung im Sinne des § 154 Abs. 2 Satz 1 der Abgabenordnung unterliegen, von Depots und sonstigen Vermögenswerten.

Zu den Absätzen 3 und 4

Die Absätze 3 und 4 tragen dem Verhältnismäßigkeitsprinzip Rechnung. Absatz 3 sieht hierzu Ausnahmen vom Einfrieren von Vermögenswerten auf Antrag in humanitären Notfällen vor. Vergleichbare Zwecke können daher nur solche sein, die im inneren Zusammenhang mit einer humanitären Notlage stehen. Unabhängig von dieser Regelung bleibt es der Bundesanstalt aber unbenommen, im Rahmen der Anordnungsbefugnis nach Absatz 1 den Kreditinstituten z.B. die Abbuchung von Kontoführungsgebühren bei einem gesperrten Konto zu ermöglichen.

Zu Absatz 5

Die Regelung in Absatz 5 ist erforderlich, da die Maßnahmen der Bundesanstalt Drittwirkung entfalten können. Die Betroffenen, d. h. überwiegend die Kontoinhaber, die in ihrer Verfügungsgewalt über ihre Vermögenswerte eingeschränkt werden, aber im Einzelfall auch andere Dritte wie Berechtigte aus Verfügungen, müssen aus rechtsstaatlichen Gründen Rechtsmittel gegen die Folgewirkung des Verwaltungsaktes einlegen können. Da der Verwaltungsakt unmittelbar gegenüber den Instituten ergeht, ist für die Frist des Widerspruchs auf die Kenntnisnahme von der Maßnahme abzustellen. Nach dem Zweck der Maßnahme, die Verfügungsmöglichkeit über Konten einzuschränken und Vermögenswerte »einzufrieren«, kommt nur eine Mitteilung der Banken nach Durchführung der Maßnahme zur Information der Kunden in Frage.

Amtliche Begründung[1]

Zu Absatz 8 (Änderung des Kreditwesengesetzes)

Zu Nummer 2

Es handelt sich um eine Folgeänderung für die aufsichtsrechtlichen Belange der Finanzdienstleistungsaufsicht. Die aufsichtsrechtlichen Befugnisse des § 6a Abs. 1 Nr. 1 bis 3 KWG werden auch auf die von dem neuen § 89a StGB erfassten Sachverhalte erstreckt.

§ 6b Aufsichtliche Überprüfung und Beurteilung

(1) Im Rahmen der Beaufsichtigung beurteilt die Bundesanstalt die Regelungen, Strategien, Verfahren und Prozesse, die ein Institut zur Einhaltung der aufsichtlichen Anforderungen geschaffen hat, und beurteilt
1. die Risiken, denen es ausgesetzt ist oder sein könnte, insbesondere auch die Risiken, die unter Berücksichtigung der Art, des Umfangs und der Komplexität der Geschäftstätigkeit eines Instituts bei Stresstests festgestellt wurden, sowie

---

[1] Zum Gesetz zur Verfolgung der Vorbereitung von schweren staatsgefährdenden Gewalttaten vom 30. Juli 2009 (BGBl. I S. 2437); vgl. BT-Drucksache 16/12428 vom 26. März 2009.

2. die Risiken, die es nach Maßgabe der Ermittlung und Messung des Systemrisikos gemäß Artikel 23 der Verordnung (EU) Nr. 1093/2010 und gegebenenfalls unter Berücksichtigung von Empfehlungen des European Systemic Risk Board (ESRB) für das Finanzsystem darstellt.

Sie arbeitet hierbei mit der Deutschen Bundesbank nach Maßgabe des § 7 zusammen.

(2) Die Bundesanstalt bewertet anhand der Überprüfung und Beurteilung zusammenfassend und zukunftsgerichtet, ob die von einem Institut geschaffenen Regelungen, Strategien, Verfahren und Prozesse sowie seine Liquiditäts- und Eigenmittelausstattung ein angemessenes und wirksames Risikomanagement und eine solide Risikoabdeckung gewährleisten. Neben Kreditrisiken, Marktrisiken und operationellen Risiken berücksichtigt sie dabei insbesondere

1. die Ergebnisse der internen Stresstests eines Instituts, das einen IRB-Ansatz verwendet oder das zur Berechnung der in den Artikeln 362 bis 377 der Verordnung (EU) Nr. 575/2013 in der jeweils geltenden Fassung festgelegten Eigenmittelanforderungen für das Marktrisiko ein internes Modell verwendet;
2. die Fähigkeit eines Instituts, auf Grund von gemäß Artikel 105 der Verordnung (EU) Nr. 575/2013 in der jeweils geltenden Fassung vorgenommenen Bewertungskorrekturen seine Positionen des Handelsbuchs unter normalen Marktbedingungen kurzfristig ohne wesentliche Verluste zu veräußern oder abzusichern;
3. das Ausmaß, in dem ein Institut Risikokonzentrationen ausgesetzt ist, und deren Steuerung durch das Institut, einschließlich der Erfüllung der aufsichtlichen Anforderungen;
4. die Auswirkung von Diversifikationseffekten und auf welche Art und Weise sie in das Risikomesssystem eines Instituts einbezogen werden;
5. die Robustheit, Eignung und Art der Anwendung der Grundsätze und Verfahren, die ein Institut für das Management des Risikos eingeführt hat, das trotz des Einsatzes anerkannter Kreditrisikominderungstechniken bei dem Institut verbleibt;
6. die Angemessenheit der Eigenmittel, die ein Institut für Verbriefungen hält, für die es als Originator gilt, unter Berücksichtigung der wirtschaftlichen Substanz der Transaktion und des Grads an erreichter Risikoübertragung; die Bundesanstalt überwacht in diesem Zusammenhang, ob ein Institut außervertragliche Unterstützung für eine Transaktion leistet;
7. die Liquiditätsrisiken, denen ein Institut ausgesetzt ist, sowie deren Beurteilung und Steuerung einschließlich der Entwicklung von Alternativszenarioanalysen und wirksamer Notfallpläne sowie der Steuerung risikomindernder Faktoren, insbesondere Höhe, Zusammensetzung und Qualität von Liquiditätspuffern;
8. die Ergebnisse aufsichtlicher Stresstests nach Absatz 3 oder nach Artikel 32 der Verordnung (EU) Nr. 1093/2010;
9. die geografische Verteilung der eingegangenen Risiken eines Instituts;
10. das Geschäftsmodell;
11. das Zinsänderungsrisiko eines Instituts aus Geschäften, die nicht unter das Handelsbuch fallen;
12. die Verfahren zur Ermittlung und Sicherstellung der Risikotragfähigkeit eines Instituts nach § 25a;
13. das Risiko einer übermäßigen Verschuldung eines Instituts, wie es aus den Indikatoren für eine übermäßige Verschuldung hervorgeht, wozu auch die gemäß Artikel 429 der Verordnung (EU) Nr. 575/2013 in der jeweils geltenden Fassung bestimmte Verschuldungsquote zählt; bei der Beurteilung der Angemessenheit der Verschuldungsquote eines Instituts und der vom Institut zur Steuerung des Risikos einer übermäßigen Verschuldung eingeführten Regelungen, Strategien, Verfahren und Mechanismen berücksichtigt die Bundesanstalt das Geschäftsmodell des Instituts;

14. die Regelungen zur Sicherstellung einer ordnungsgemäßen Geschäftsführung eines Instituts, die Art und Weise ihrer Implementierung und praktischen Durchführung sowie die Fähigkeit der Mitglieder des Leitungsorgans zur Erfüllung ihrer Pflichten;
15. das nach Absatz 1 Satz 1 Nummer 2 bewertete systemische Risiko eines Instituts.

(3) Die Bundesanstalt kann ein Institut aufsichtlichen Stresstests unterziehen oder die Deutsche Bundesbank hierzu beauftragen. Hierzu kann die Bundesanstalt oder die Deutsche Bundesbank
1. das Institut auffordern, seine Risiko-, Eigenmittel- und Liquiditätspositionen unter Nutzung der institutseigenen Risikomanagement-Methoden bei aufsichtlich vorgegebenen Szenarien zu berechnen und die Daten sowie die Ergebnisse an die Bundesanstalt und die Deutsche Bundesbank zu übermitteln, und
2. die Auswirkungen von Schocks auf das Institut auf der Grundlage aufsichtlicher Stresstest-Methoden anhand der verfügbaren Daten bestimmen.

(4) Die Bundesanstalt bestimmt nach Abstimmung mit der Deutschen Bundesbank Häufigkeit und Intensität der Überprüfungen, Beurteilungen und möglicher aufsichtlicher Stresstests unter Berücksichtigung der Größe, der Systemrelevanz sowie der Art, des Umfangs und der Komplexität der Geschäfte eines Instituts. Die Überprüfungen und Beurteilungen werden mindestens einmal jährlich aktualisiert.

Amtliche Begründung[1]

Zu Nummer 11 (§ 6b)

Die Richtlinie 2012/.../EU stellt mit den umfangreichen Regelungen der Artikel 92 bis 98 in Titel VII Abschnitt 3 bedeutende Anforderungen an den aufsichtlichen Beurteilungs- und Evaluierungsprozess.

Die Normierung des aufsichtlichen Beurteilungs- und Evaluierungsprozesses stärkt den bestehenden ausdrücklichen gesetzlichen Auftrag der Bundesanstalt und der Deutschen Bundesbank. Wesentlich ist dabei die Ausrichtung auf präventive Aufsichtstätigkeit.

Gleichzeitig werden die Bestimmungen so umgestaltet, dass die aufsichtlichen Anforderungen und Befugnisse den Erfahrungen in der Finanzkrise mit systemrelevanten Instituten und deren Bedeutung bzw. Risiken für die Finanzmarktstabilität entsprechen. Deutschland setzt so auch die internationalen Vorgaben an eine bei systemrelevanten Instituten intensivierte und effektive Aufsicht um (vgl. FSB, Intensity and Effectiveness of SIFI Supervision: Recommendations for enhanced supervision, 2. November 2010).

§ 6b Absatz 1 Satz 1 KWG setzt Artikel 92 Absatz 1 der Richtlinie 2012/.../EU, § 6b Absatz 2 Satz 1 KWG setzt Artikel 92 Absatz 3 der Richtlinie 2012/.../EU um. Die Bundesanstalt arbeitet bei der Beurteilung und Evaluierung nach Maßgabe des § 7 KWG mit der Bundesbank zusammen; insofern finden für die Aufgabenabgrenzung die Regelungen der Aufsichtsrichtlinie nach § 7 Absatz 2 KWG Anwendung.

---

1 Zum Gesetz zur Umsetzung der Richtlinie 2013/36/EU über den Zugang zur Tätigkeit von Kreditinstituten und die Beaufsichtigung von Kreditinstituten und Wertpapierfirmen und zur Anpassung des Aufsichtsrechts an die Verordnung (EU) Nr. 575/2013 über Aufsichtsanforderungen an Kreditinstitute und Wertpapierfirmen (CRD IV-Umsetzungsgesetz) vom 28. August 2013 (BGBl. I S. 3395); vgl. BT-Drucksache 17/10974 vom 15. Oktober 2012 und BT-Drucksache 17/13524 – Beschlussempfehlung des Finanzausschusses (7. Ausschuss) – vom 15. Mai 2013.

In Umsetzung von Artikel 94 der Richtlinie 2012/.../EU zählt der Katalog in § 6b Absatz 1 Satz 3 KWG die für eine präventive Aufsicht vor allem maßgeblichen Aspekte auf. In der Nummer 14 wird dabei erstmalig für »Governance« der Ausdruck »Grundsätze einer ordnungsgemäßen Geschäftsführung« verwandt. Soweit sich aus der CRR oder anderen Quellen wie etwa norminterpretierenden Rundschreiben bereits abschließend die aufsichtlichen Anforderungen ergeben, werden diese im Rahmen des aufsichtlichen Beurteilungs- und Evaluierungsprozesses berücksichtigt, ebenso wie Proportionalitätsaspekte. Im Rahmen der Beurteilung und Evaluierung nach § 6b Absatz 1 Satz 2 KWG hat die Aufsicht insbesondere bei systemrelevanten oder grenzüberschreitend tätigen Instituten, für die Aufsichtskollegien eingerichtet sind, zu beurteilen, welche Eigenmittelausstattung in Anbetracht der eingegangenen Risiken unter Berücksichtigung der institutsinternen Prozesse, Methoden und Verfahren nach Einschätzung der Aufsicht eine solide Risikoabdeckung gewährleistet. Damit setzt Deutschland die europäischen Anforderungen unter Berücksichtigung der Vorgaben aus den JRAD-Guidelines (vgl. Guidelines for the Joint Assessment of the Elements covered by the Supervisory Review and Evaluation Process [SREP] and the Joint Decision regarding the Capital Adequacy of crossborder Groups [GL39] vom 22. Dezember 2010) um.

Die Beurteilung und Evaluierung kann insbesondere bei systemrelevanten Instituten dazu führen, dass die Bundesanstalt Eigenmittel- und Liquiditätsanforderungen festsetzt, die über die gesetzlichen Anforderungen hinausgehen. Die Bundesanstalt kann so die internationalen Vorgaben an eine bei systemrelevanten Instituten intensivierte und effektive Aufsicht berücksichtigen (vgl. FSB, Intensity and Effectiveness of SIFI Supervision: Recommendations for enhanced supervision, 2. November 2010).

§ 6b Absatz 2 KWG setzt Artikel 98 Absatz 1 und 2 der Richtlinie 2012/.../EU um.

§ 6b Absatz 3 KWG setzt Artikel 92 Absatz 4 und Artikel 96 der Richtlinie 2012/.../EU um, soweit dies nach den Grundsätzen des deutschen Verwaltungsrechts erforderlich ist.

ANMERKUNG § 6b setzt die gestiegenen Anforderungen an aufsichtliche Beurteilungs- und Evaluierungsprozesse systemrelevanter Institute auf nationaler Ebene um durch das CRD IV-Umsetzungsgesetz vom 28. August 2013 (BGBl. I S. 3395); vgl. die dazu abgedruckte Amtliche Begründung. Der Verweis der Amtlichen Begründung auf »...Artikel...der Richtlinie 2012/.../EU« bezieht sich auf die Richtlinie 2013/36/EU.

§ 7 Zusammenarbeit mit der Deutschen Bundesbank

(1) Die Bundesanstalt und die Deutsche Bundesbank arbeiten nach Maßgabe dieses Gesetzes zusammen. Unbeschadet weiterer gesetzlicher Maßgaben umfasst die Zusammenarbeit die laufende Überwachung der Institute durch die Deutsche Bundesbank. Die laufende Überwachung beinhaltet insbesondere die Auswertung der von den Instituten eingereichten Unterlagen, der Prüfungsberichte nach § 26 und der Jahresabschlussunterlagen sowie die Durchführung und Auswertung der bankgeschäftlichen Prüfungen zur Beurteilung der angemessenen Eigenkapitalausstattung und Risikosteuerungsverfahren der Institute und das Bewerten von Prüfungsfeststellungen. Die laufende Überwachung durch die Deutsche Bundesbank erfolgt in der Regel durch ihre Hauptverwaltungen.

(2) Die Deutsche Bundesbank hat dabei die Richtlinien der Bundesanstalt zu beachten. Die Richtlinien der Bundesanstalt zur laufenden Aufsicht ergehen im Einvernehmen mit der Deutschen Bundesbank. Kann ein Einvernehmen nicht innerhalb einer angemessenen Frist hergestellt werden, erlässt das Bundesministerium der Finanzen solche Richtlinien im Benehmen mit der Deutschen Bundesbank. Die aufsichtsrechtlichen Maßnahmen, insbesondere Allgemeinverfügungen und Verwaltungsakte einschließlich Prüfungsanordnungen nach § 44 Abs. 1 Satz 2 und § 44b

Abs. 2 Satz 1 trifft die Bundesanstalt gegenüber den Instituten. Die Bundesanstalt legt die von der Deutschen Bundesbank getroffenen Prüfungsfeststellungen und Bewertungen in der Regel ihren aufsichtsrechtlichen Maßnahmen zugrunde.

(3) Die Bundesanstalt und die Deutsche Bundesbank haben einander Beobachtungen und Feststellungen mitzuteilen, die für die Erfüllung ihrer Aufgaben erforderlich sind. Die Deutsche Bundesbank hat insoweit der Bundesanstalt auch die Angaben zur Verfügung zu stellen, die jene auf Grund statistischer Erhebungen nach § 18 des Gesetzes über die Deutsche Bundesbank erlangt. Sie hat vor Anordnung einer solchen Erhebung die Bundesanstalt zu hören; § 18 Satz 5 des Gesetzes über die Deutsche Bundesbank gilt entsprechend.

(4) Die Zusammenarbeit nach Absatz 1 und die Mitteilungen nach Absatz 3 schließen die Übermittlung der zur Erfüllung der Aufgaben der empfangenden Stelle erforderlichen personenbezogenen Daten ein. Zur Erfüllung ihrer Aufgaben nach diesem Gesetz dürfen die Bundesanstalt und die Deutsche Bundesbank gegenseitig die bei der anderen Stelle jeweils gespeicherten Daten im automatisierten Verfahren abrufen. Die Deutsche Bundesbank hat bei jedem zehnten von der Bundesanstalt durchgeführten Abruf personenbezogener Daten den Zeitpunkt, die Angaben, welche die Feststellung der aufgerufenen Datensätze ermöglichen, sowie die für den Abruf verantwortliche Person zu protokollieren. Die Protokolldaten dürfen nur für Zwecke der Datenschutzkontrolle, der Datensicherung oder zur Sicherstellung eines ordnungsmäßigen Betriebs der Datenverarbeitungsanlage verwendet werden. Sie sind am Ende des auf das Jahr der Protokollierung folgenden Kalenderjahres zu löschen, soweit sie nicht für ein laufendes Kontrollverfahren benötigt werden. Die Sätze 3 bis 5 gelten entsprechend für die Datenabrufe der Deutschen Bundesbank bei der Bundesanstalt. Im Übrigen bleiben die Bestimmungen des Bundesdatenschutzgesetzes unberührt.

(5) Die Bundesanstalt und die Deutsche Bundesbank können gemeinsame Dateien einrichten. Jede der beiden Stellen darf nur die von ihr eingegebenen Daten verändern, sperren oder löschen und ist nur hinsichtlich der von ihr eingegebenen Daten verantwortliche Stelle im Sinne des Bundesdatenschutzgesetzes. Hat eine der beiden Stellen Anhaltspunkte dafür, dass von der anderen Stelle eingegebene Daten unrichtig sind, teilt sie dies der anderen Stelle unverzüglich mit. Die andere Stelle hat die Richtigkeit der Daten unverzüglich zu prüfen und die Daten erforderlichenfalls unverzüglich zu berichtigen, zu sperren und zu löschen. Bei der Errichtung einer gemeinsamen Datei ist festzulegen, welche Stelle die technischen und organisatorischen Maßnahmen nach § 9 des Bundesdatenschutzgesetzes zu treffen hat. Die nach Satz 5 bestimmte Stelle hat sicherzustellen, dass die Beschäftigten Zugang zu personenbezogenen Daten nur in dem Umfang erhalten, der zur Erfüllung ihrer Aufgaben erforderlich ist. Abrufe personenbezogener Daten, die nicht durch die eingebende Stelle erfolgen, sind in entsprechender Anwendung von Absatz 4 Satz 3 bis 5 zu protokollieren.

Amtliche Begründung

Absatz 1 legt den Grundsatz einer engen Zusammenarbeit zwischen dem Bundesaufsichtsamt und der Deutschen Bundesbank als gesetzliche Verpflichtung fest. Durch Satz 3 wird klargestellt, daß die Bundesbank im Rahmen dieser Vorschrift auch dem Bundesaufsichtsamt Tatsachen mitteilen kann, die sie bei ihren statistischen Erhebungen erfahren hat ...

Amtliche Begründung[1]

Absatz 1

§ 7 Abs. 1 Satz 1 verpflichtete bereits bisher – über die einzelnen Spezialvorschriften des Gesetzes über das Kreditwesen hinaus (§ 7 Abs. 2 Satz 3 und 4, § 10 Abs. 1 Satz 2, § 11 Satz 2, § 15 Abs. 2, § 22 Abs. 1, § 24 Abs. 4, § 25 Abs. 3) – das Bundesaufsichtsamt für das Kreditwesen und die Deutsche Bundesbank zu einer Zusammenarbeit. Die Art und Weise der Zusammenarbeit insbesondere bei der laufenden Überwachung der Institute war jedoch diesen Stellen durch den Gesetzgeber weitestgehend freigestellt. Die Arbeitsteilung bei der laufenden Überwachung beruhte bisher lediglich auf Absprachen zwischen dem BAKred und der Deutschen Bundesbank, deren Inhalte durch Vorgaben des Gesetzgebers nunmehr weiter gehend konkretisiert werden sollen.

Ziel der Neufassung ist es, in § 7 das Zusammenwirken der mit Aufsichtsaufgaben betrauten Behörden so zu koordinieren, dass eine effiziente, einheitlich wirkende Aufsicht auf der Basis verlässlicher Erkenntnisse über die Marktsituation und die sonstigen für Aufsichtsmaßnahmen erforderlichen Informationen sichergestellt ist. Dies verlangt, die Zusammenarbeit zwischen der Bundesanstalt und der Deutschen Bundesbank für die Solvenzaufsicht über alle Kredit- und Finanzdienstleistungsinstitute verbindlich zu fassen, um in der Praxis Doppelarbeit bei der Beaufsichtigung der Institute zu vermeiden und eine Verbesserung der aufsichtsrelevanten Erkenntnisse sowie eine Effizienzsteigerung bei der praktischen Handhabung der Aufsicht herbeizuführen.

Deshalb wird in § 7 Abs. 1 Satz 2 die Durchführung der laufenden Überwachung der Deutschen Bundesbank ausdrücklich zugewiesen. Dabei wird klargestellt, dass die in anderen Vorschriften gesetzlich geregelte Zusammenarbeit davon nicht berührt wird. Die Beteiligung der Deutschen Bundesbank an der laufenden Überwachung sichert nicht nur die Präsenz der Bankenaufsicht in den Regionen. Sie macht gerade bei der Aufsicht über sog. systemrelevante Kreditinstitute Sinn, um der Europäischen Zentralbank über diesen Weg den Rückgriff auf Informationen aus erster Hand für die Geldpolitik zu sichern. Die von der Deutschen Bundesbank durch die Beteiligung an der laufenden Überwachung gewonnenen institutsbezogenen Informationen sind für Erkenntnisse über systemische Risiken und für die Stabilität der Finanzsysteme sowie zur Erhaltung eines funktionsfähigen Kreditapparates für die Bundesanstalt gleichermaßen von Nutzen.

§ 7 Abs. 1 Satz 3 definiert die laufende Überwachung als Teil der laufenden Aufsicht. Ihre Kernaufgaben sind in § 7 Abs. 1 Satz 3 ausdrücklich festgehalten.

Nicht zur laufenden Aufsicht gehören die Genehmigung der Vertragsbedingungen von Investmentfonds, die Deckungsprüfung nach dem Hypothekenbankgesetz sowie die Genehmigung der allgemeinen Geschäftsgrundsätze und Geschäftsbedingungen für Bausparverträge.

Die in Absatz 1 geregelte Form der Zusammenarbeit umfasst auch die solvenzaufsichtliche Marktrisiko- und Bonitätsbewertung. Die Zusammenarbeit soll – wie der neu in das KWG aufgenommenen Regelung des § 7 Abs. 1 Satz 3 bestimmt – zukünftig auch dann nach Maßgabe des Absatzes 1 erfolgen, wenn die Inhalte der neuen Eigenkapitalvereinbarung des Baseler Ausschusses für Bankenaufsicht in eine EU-Richtlinie und anschließend in nationales Recht transformiert werden sollten. Die Umsetzung der zweiten Säule dieser Vereinbarung, des sog. Supervisory Review Process, wird ein komplexes Überprüfungsverfahren insbesondere hinsichtlich der bankinternen Systeme zur Eigenkapitalbeurteilung und der auf das Risikoprofil der Bank abgestimmten Eigenkapitalvorgaben durch die Bundesanstalt erforderlich machen. Durch die Regelung soll insbesondere bei der aufsichtlichen Evaluierung der bankinternen Ver-

---

[1] Zum Gesetz über die integrierte Finanzdienstleistungsaufsicht.

fahren sowie der Beurteilung der Gesamtrisikolage der Institute im Rahmen des geplanten Supervisory Review Process die Einbeziehung der Deutschen Bundesbank sichergestellt werden.

Um insbesondere die Vorteile der Präsenz der Bundesbank durch ihre Hauptverwaltungen in der Fläche zu nutzen, soll nach § 7 Abs. 1 Satz 4 die Wahrnehmung der laufenden Überwachung im Rahmen der Solvenzaufsicht in der Regel durch ihre Hauptverwaltungen geschehen. Die Deutsche Bundesbank stellt gegenüber der Bundesanstalt sicher, dass die laufende Überwachungstätigkeit in den Hauptverwaltungen im erforderlichen Umfang wahrgenommen und das Fachpersonal in ausreichendem Umfang hierfür am Ort vorgehalten wird. Dafür ist es erforderlich, dass die Anstalt ausreichend Informationen über System, Einheitlichkeit der Durchführung und Qualitätssicherung verfügt. Um dies zu gewährleisten, soll die Anstalt nach Vereinbarung Prüfungen in ausreichendem Umfang beitreten.

Absatz 2

Ein weiteres Element zur Sicherstellung der Einheitlichkeit der Durchführung und Qualitätssicherung sind Richtlinien der Bundesanstalt. Die Regelung in § 7 Abs. 2 Satz 1 soll sicherstellen, dass die laufende Überwachung durch die Deutsche Bundesbank nach den Richtlinien der Bundesanstalt erfolgt, um eine einheitliche Praxis für die einzelnen Institute zu gewährleisten. Die Richtlinien werden von der Bundesanstalt nach Absatz 2 Satz 1 im Benehmen mit der Deutschen Bundesbank festgelegt, soweit nicht Regelungsinhalte betroffen sind, die nach dem KWG im Einvernehmen mit der Bundesbank festzulegen sind. Dies ermöglicht, die Feststellungen der Bundesbank in ihrer Funktion bei der Ausführung der laufenden Aufsicht einerseits und die Verantwortlichkeit der Bundesanstalt andererseits angemessen zu berücksichtigen. Einzelheiten können im Forum für Finanzmarktaufsicht koordiniert werden.

Das Gesetz ändert jedoch nichts an der bisherigen Rechtslage (§ 6 Abs. 1) insoweit, als die Verantwortung für die Aufsicht über die Kredit- und Finanzdienstleistungsinstitute gegenüber dem Bundesministerium als Rechtsaufsichts- und Fachaufsichtsbehörde und gegenüber den einzelnen lizenzierten Instituten als Adressaten von bankaufsichtlichen Maßnahmen allein der Bundesanstalt zugewiesen ist.

Nur die Bundesanstalt übt hoheitliche Tätigkeit gegenüber den beaufsichtigten Instituten aus, wozu auch die Anordnung von Prüfungen gemäß § 44 Abs. 1 Satz 2 gehört. Dies wird in § 7 Abs. 2 Satz 3 klargestellt.

Die von der Bundesbank im Rahmen der laufenden Aufsicht getroffenen Feststellungen legt die Bundesanstalt im Regelfall ihren Aufsichtsmaßnahmen zugrunde. Damit kann Doppelarbeit auf der Erkenntnisebene vermieden und effizienter Einsatz der Aufsichtskapazitäten erreicht werden. Vertiefende eigene Feststellungen, wie sie insbesondere im Vorfeld konkreter Aufsichtsmaßnahmen erforderlich werden können, bleiben der Bundesanstalt unbenommen.

Absätze 4 und 5

Die Neufassung des Absatzes 4 und die zusätzliche Vorschrift des Absatzes 5 trägt dem Datenschutz Rechnung. In § 7 werden deshalb Regelungen über die Verantwortlichkeit für die gespeicherten Daten, die Protokollierung, welche Stelle die Daten gespeichert hat, die Stelle, welche die technischen und organisatorischen Maßnahmen nach § 9 Bundesdatenschutzgesetz zu treffen hat und über die Beschränkung der Zugriffsrechte aufgenommen.

ANMERKUNG Im Zusammenhang mit der Errichtung der Bundesanstalt für Finanzdienstleistungsaufsicht durch das Gesetz über die integrierte Finanzdienstleistungsaufsicht vom 22. April 2002 wurde die Zusammenarbeit der Bundesanstalt mit der Deutschen Bundesbank und deren schon bisherige Einbindung in die laufende Überwachung aller Institute konkretisiert und der Umfang ihrer Beteiligung an der laufenden Überwachung gesetzlich festgeschrieben. Die bisherige Kompetenzabgrenzung wurde im Wesentlichen beibehalten. Das Bundesfinanzministerium hat am 10. Oktober 2003 Richtlinien erlassen, welche die Einheitlichkeit und Qualität bankaufsichtlichen Handelns bei der laufenden Aufsicht sicherstellen sollen und von der Bundesbank und der BaFin bei der Durchführung der laufenden Aufsicht zu beachten sind (»Aufsichtsrichtlinie – AufsichtsRL – Richtlinie zur Durchführung und Qualitätssicherung der laufenden Überwachung der Kredit- und Finanzdienstleistungsinstitute durch die Deutsche Bundesbank gemäß § 7 Abs. 2 KWG« vom 10. Oktober 2003). Die Richtlinie ist als Anhang 1.3 abgedruckt.

§ 7a Zusammenarbeit mit der Europäischen Kommission

(1) Die Bundesanstalt meldet der Europäischen Kommission
1. das Erlöschen oder die Aufhebung einer Erlaubnis nach § 35 oder nach den Vorschriften des Verwaltungsverfahrensgesetzes unter Angabe der Gründe, die zur Aufhebung führten,
2. die Erteilung einer Erlaubnis nach § 32 Absatz 1 an die Zweigstelle eines Unternehmens im Sinne des § 53 mit Sitz außerhalb der Staaten des Europäischen Wirtschaftsraums,
3. die Anzahl und die Art der Fälle, in denen die Errichtung einer Zweigniederlassung in einem anderen Staat des Europäischen Wirtschaftsraums nicht zustande gekommen ist, weil die Bundesanstalt die Angaben nach § 24a Absatz 1 Satz 2 nicht an die zuständigen Stellen des Aufnahmemitgliedstaates weitergeleitet hat,
4. die Anzahl und Art der Fälle, in denen Maßnahmen nach § 53b Absatz 4 Satz 3 und Absatz 5 Satz 1 ergriffen wurden,
5. allgemeine Schwierigkeiten, die Wertpapierhandelsunternehmen bei der Errichtung von Zweigniederlassungen, der Gründung von Tochterunternehmen, beim Betreiben von Bankgeschäften, beim Erbringen von Finanzdienstleistungen oder bei Tätigkeiten nach § 1 Absatz 3 Satz 1 Nummer 2 bis 8 in einem Drittstaat haben, und
6. den Erlaubnisantrag des Tochterunternehmens eines Unternehmens mit Sitz in einem Drittstaat, sofern die Kommission die Meldung solcher Antragseingänge verlangt hat.

(2) Die Bundesanstalt unterrichtet die Europäische Kommission über
1. weggefallen
2. die Grundsätze, die sie im Einvernehmen mit den anderen zuständigen Stellen im Europäischen Wirtschaftsraum in Bezug auf die Überwachung von gruppeninternen Transaktionen und Risikokonzentrationen anwendet,
3. die gewählte Vorgehensweise in den Fällen des § 53d Absatz 3 und
4. weggefallen
5. das Verfahren zur Vermeidung der Umgehung der zusätzlichen Kapitalanforderungen bei Überschreitung der Gesamtbuch-Großkreditanforderungen.

(3) Die Bundesanstalt übermittelt der Europäischen Kommission Verzeichnisse der Finanzholding-Gesellschaften oder gemischten Finanzholding-Gesellschaften, bei denen die Bundesanstalt die Aufsicht auf zusammengefasster Basis ausübt.

Amtliche Begründung[1]

Zu Nummer 4 (§§ 7a – neu – bis 7c – neu)

Zu § 7a (neu)

Die Regelung zur Zusammenarbeit mit der Europäischen Kommission (bisher § 53e) wird aus systematischen Gründen als neuer § 7a im ersten Abschnitt bei den Regelungen zur Bundesanstalt verortet.

Mit § 7a Absatz 1 Satz 1 Nummer 1 wird Artikel 9 Nummer 4 der Richtlinie 2010/78/EU umgesetzt, der die Mitteilungspflichten bei Entzug der Zulassung in Artikel 17 Absatz 2 der Richtlinie 2006/48/EG neu fasst. Die Erteilung von Erlaubnissen an Einlagenkreditinstitute ist anders als nach der bisherigen Rechtslage nicht mehr der Europäischen Kommission, sondern der Europäischen Bankenaufsichtsbehörde zu melden (§ 7b Absatz 2 Nummer 1). Mit § 7a Absatz 1 Nummer 2 wird Artikel 9 Nummer 12 der Richtlinie 2010/78/EU umgesetzt, durch den Artikel 38 Absatz 2 der Richtlinie 2006/48/EG neu gefasst wird. Der Gegenstand der Meldung (Erlaubniserteilung an Zweigstellen von Drittstaatenunternehmen) wird gegenüber dem bisherigen § 53e Absatz 1 Satz 1 Nummer 2 aktualisiert. Die § 7a Absatz 1 Nummer 3 bis 6 entsprechen den bisherigen § 53e Absatz 1 Satz 1 Nummer 4 bis 7 und § 53e Absatz 1 Satz 2.

§ 7a Absatz 2 Nummer 1 bis 3 entsprechen den bisherigen § 53e Absatz 2 Nummer 1 bis 3. Mit der neuen Nummer 4 wird Artikel 10 Nummer 2 der Richtlinie 2010/78/EU umgesetzt, soweit darin Artikel 22 Absatz 1 der Richtlinie 2006/49/EG um eine Mitteilungspflicht hinsichtlich Freistellungen von der Anforderung der Ermittlung der Eigenmittelausstattung auf zusammengefasster Basis gegenüber der Kommission ergänzt wird. Nach der neuen Nummer 5 ist der Kommission in Umsetzung von Artikel 10 Nummer 3 Buchstabe a der Richtlinie 2010/78/EU, der Artikel 32 Absatz 1 Unterabsatz 2 der Richtlinie 2006/49/EG ändert, das Verfahren zur Vermeidung der Umgehung der zusätzlichen Kapitalanforderungen bei Überschreitung der Gesamtbuch-Großkreditanforderungen mitzuteilen.

Amtliche Begründung[2]

Zu Nummer 9 (§ 7a)

Zu Buchstabe a

Zu Doppelbuchstabe aa

Die in Absatz 2 Nummer 1 enthaltene Mitteilungspflicht an die Europäische Kommission ist in der Richtlinie 2002/87/EG durch eine Mitteilungspflicht an den Gemeinsamen Ausschuss ersetzt worden. Diese findet sich nunmehr im Finanzkonglomerate-Aufsichtsgesetz und war daher aufzuheben.

---

1 Zum Gesetz zur Umsetzung der Richtlinie 2010/78/EU vom 24. November 2010 im Hinblick auf die Errichtung des Europäischen Finanzaufsichtssystems vom 4. Dezember 2011 (BGBl. I S. 2427); vgl. BT-Drucksache 17/6255 vom 22. Juni 2011.
2 Zum Gesetz zur Umsetzung der Richtlinie 2011/89/EU des Europäischen Parlaments und des Rates vom 16. November 2011 zur Änderung der Richtlinien 98/78/EG, 2002/87/EG, 2006/48/EG und 2009/138/EG hinsichtlich der zusätzlichen Beaufsichtigung der Finanzunternehmen eines Finanzkonglomerats vom 27. Juni 2013 (BGBl. I S. 1862); vgl. BT-Drucksache 17/12602 vom 4. März 2013.

Zu Buchstabe b

Diese Änderung setzt den Artikel 3 Nummer 23 Buchstabe b der Richtlinie 2011/89/EU um, der eine Änderung des Artikels 140 Absatz 3 der Richtlinie 2006/48/EG vornimmt und die Übermittlung von Verzeichnissen der Finanzholding-Gesellschaften und gemischten Finanzholding-Gesellschaften, für deren Beaufsichtigung die Bundesanstalt auf zusammengefasster Basis zuständig ist, an die Europäische Kommission verlangt.

Amtliche Begründung[1]

Zu Nummer 12 (§ 7a)

Zu Buchstabe a

Zu Doppelbuchstabe aa

Artikel 18 Absatz 2 der Richtlinie 2012/.../EU sieht vor, dass die Europäische Kommission und die Europäische Bankenaufsichtsbehörde über die Aufhebung von Erlaubnissen zum Betreiben von Bankgeschäften zu unterrichten sind. Gemäß Artikel 18 Absatz 1 Buchstabe a der Richtlinie 2012/.../EU umfasst der Begriff »Aufhebung« im Sinne der Richtlinie auch den Fall des Erlöschens der Erlaubnis wegen Nichtgebrauch sowie den freiwilligen Verzicht auf die Erlaubnis. § 7a Absatz 1 Nummer 1 KWG beschränkte die Informationspflicht bisher allein auf die Fälle der Aufhebung der Erlaubnis gemäß § 35 Absatz 2 KWG. Die Änderung ist erforderlich, um die Informationspflicht richtlinienkonform auf alle in § 35 Absatz 1 KWG geregelten Fälle des Erlöschens einschließlich der Rückgabe der Erlaubnis und der in § 35 Absatz 2 und 2a KWG geregelten Aufhebung der Erlaubnis auszudehnen.

Zu den Doppelbuchstaben bb bis dd

Es handelt sich um eine redaktionelle Anpassung an die in der Verordnung (EU) Nr. .../2012 verwendeten Begrifflichkeiten.

Zu Buchstabe c

Der neue Absatz 2 setzt Artikel 119 Absatz 3 der Richtlinie 2012/.../EU um.

ANMERKUNG
1. § 7a wurde eingefügt durch das Gesetz zur Umsetzung der Richtlinie 2010/78/EU des Europäischen Parlaments und des Rates vom 24. November 2010 im Hinblick auf die Errichtung des Europäischen Finanzaufsichtssystems vom 4. Dezember 2011 (BGBl. I S. 2427); vgl. die vorstehende Amtliche Begründung.
2. § 7a Absatz 2 wurde geändert und Absatz 3 angefügt durch das Gesetz zur Umsetzung der Richtlinie 2011/89/EU des Europäischen Parlaments und des Rates vom 16. November 2011 zur Änderung der Richtlinien 98/78/EG, 2002/87/EG, 2006/48/EG und

---

[1] Zum Gesetz zur Umsetzung der Richtlinie 2013/36/EU über den Zugang zur Tätigkeit von Kreditinstituten und die Beaufsichtigung von Kreditinstituten und Wertpapierfirmen und zur Anpassung des Aufsichtsrechts an die Verordnung (EU) Nr. 575/2013 über Aufsichtsanforderungen an Kreditinstitute und Wertpapierfirmen (CRD IV-Umsetzungsgesetz) vom 28. August 2013 (BGBl. I S. 3395); vgl. BT-Drucksache 17/10974 vom 15. Oktober 2012 und BT-Drucksache 17/13524 – Beschlussempfehlung des Finanzausschusses (7. Ausschuss) – vom 15. Mai 2013.

2009/138/EG hinsichtlich der zusätzlichen Beaufsichtigung der Finanzunternehmen eines Finanzkonglomerats vom 27. Juni 2013 (BGBl. I S. 1862); vgl. die hierzu abgedruckte Amtliche Begründung.
3. § 7a wurde aufgrund des CRD IV-Umsetzungsgesetzes vom 28. August 2013 (BGBl. I S. 3395) geändert und EU-richtlinienkonform auch für europäische Aufsichtsbehörden erweitert. Der Verweis der hierzu abgedruckten Amtlichen Begründung auf »...Artikel...der Richtlinie 2012/.../EU« bezieht sich auf die Richtlinie 2013/36/EU.

§ 7b Zusammenarbeit mit der Europäischen Bankenaufsichtsbehörde, der Europäischen Wertpapier- und Marktaufsichtsbehörde und der Europäischen Aufsichtsbehörde für das Versicherungswesen und die betriebliche Altersversorgung

(1) Die Bundesanstalt beteiligt sich nach Maßgabe
1. der Verordnung (EU) Nr. 1093/2010 des Europäischen Parlaments und des Rates vom 24. November 2010 zur Errichtung einer Europäischen Aufsichtsbehörde (Europäische Bankenaufsichtsbehörde), zur Änderung des Beschlusses Nr. 716/2009/EG und zur Aufhebung des Beschlusses 2009/78/EG der Kommission (ABl. L 331 vom 15. 12. 2010, S. 12),
2. der Verordnung (EU) Nr. 1095/2010 des Europäischen Parlaments und des Rates vom 24. November 2010 zur Errichtung einer Europäischen Aufsichtsbehörde (Europäische Wertpapier- und Marktaufsichtsbehörde), zur Änderung des Beschlusses Nr. 716/2009/EG und zur Aufhebung des Beschlusses 2009/77/EG der Kommission (ABl. L 331 vom 15. 12. 2010, S. 84) sowie
3. dieses Gesetzes

an den Tätigkeiten der Europäischen Bankenaufsichtsbehörde und der Europäischen Wertpapier- und Marktaufsichtsbehörde sowie an den Aktivitäten der sie betreffenden Aufsichtskollegien. Hierbei beteiligt sie die Deutsche Bundesbank nach Maßgabe der Verordnung (EU) Nr. 1093/2010 sowie nach Maßgabe dieses Gesetzes. Die Bundesanstalt stellt der Europäischen Bankenaufsichtsbehörde nach Maßgabe des Artikels 35 der Verordnung (EU) Nr. 1093/2010 und der Europäischen Wertpapier- und Marktaufsichtsbehörde nach Maßgabe des Artikels 35 der Verordnung (EU) Nr. 1095/2010 auf Verlangen unverzüglich alle für die Erfüllung ihrer Aufgaben erforderlichen Informationen zur Verfügung. Sie wendet die Leitlinien und Empfehlungen der Europäischen Bankenaufsichtsbehörde im Einklang mit Artikel 16 der Verordnung (EU) Nr. 1093/2010 und der Europäischen Wertpapier- und Marktaufsichtsbehörde bei Anwendung dieses Gesetzes an. Weicht die Bundesanstalt von diesen Leitlinien und Empfehlungen ab oder beabsichtigt sie dies, begründet sie dies gegenüber der betreffenden Europäischen Aufsichtsbehörde.

(2) Die Bundesanstalt meldet der Europäischen Bankenaufsichtsbehörde
1. die Erteilung der Erlaubnis nach § 32 Absatz 1, das Erlöschen oder die Aufhebung der Erlaubnis nach § 35 an ein CRR-Kreditinstitut,
2. die in § 7a Absatz 1 Nummer 1 bis 4 genannten Sachverhalte,
3. die nach Artikel 450 Absatz 1 Buchstabe g und h der Verordnung (EU) Nr. 575/2013 in der jeweils geltenden Fassung gesammelten Informationen,
4. die nach Artikel 450 Absatz 1 Buchstabe i der Verordnung (EU) Nr. 575/2013 in der jeweils geltenden Fassung gesammelten Informationen,
5. Maßnahmen der Bundesanstalt nach § 6 Absatz 3 und nach § 10 Absatz 3, die darauf beruhen, dass die Bundesanstalt festgestellt hat, dass ein CRR-Institut, insbesondere auf Grund seines Geschäftsmodells oder der geografischen Verteilung der eingegangenen Risiken, ähnlichen Risiken ausgesetzt ist oder sein könnte oder für das Finanzsystem ähnliche Risiken begründet,

6. die Funktionsweise der Überprüfungs- und Bewertungssysteme der Risiken, denen ein CRR-Institut ausgesetzt ist oder sein könnte, und der Risiken, die ein CRR-Institut nach Maßgabe der Ermittlung und Messung des Systemrisikos gemäß Artikel 23 der Verordnung (EU) Nr. 1093/2010 in der jeweils geltenden Fassung für das Finanzsystem darstellt, sowie die Methodik, nach der auf der Grundlage dieser Überprüfung Maßnahmen getroffen werden,
7. die Ergebnisse aufsichtlicher Stresstests, soweit diese über die nach Artikel 32 der Verordnung (EU) Nr. 1093/2010 in der jeweils geltenden Fassung durchgeführten Stresstests hinaus erforderlich werden, um eine hinreichende Überprüfung und Überwachung des CRR-Instituts sicherzustellen,
8. Anordnungen der Bundesanstalt nach § 10 Absatz 3 Nummer 5 oder § 10 Absatz 6 unter Angabe der Gründe,
9. alle sonstigen Maßnahmen, die die Bundesanstalt gegenüber einem CRR-Institut trifft, wenn es gegen die Anforderungen der Verordnung (EU) Nr. 575/2013 oder die auf Grund der Richtlinie 2013/36/EU erlassenen Anforderungen verstößt oder voraussichtlich verstoßen wird, jeweils unter Angabe der Gründe und
10. alle nach § 56 Absatz 6 Nummer 1 verhängten rechtskräftig gewordenen Bußgelder, einschließlich aller dauerhaften Untersagungen insbesondere nach § 36.

(3) Die Bundesanstalt unterrichtet die Europäische Bankenaufsichtsbehörde über
1. weggefallen
2. die gewählte Vorgehensweise in den Fällen des § 53d Absatz 3,
3. das Verfahren zur Vermeidung der Umgehung der zusätzlichen Kapitalanforderungen bei Überschreitung der Gesamtbuch-Großkreditanforderungen und
4. Entscheidungen nach § 2e,
5. die Struktur von Institutsgruppen, Finanzholding-Gruppen oder gemischten Finanzholding-Gruppen, bei denen die Bundesanstalt die Aufsicht auf zusammengefasster Basis ausübt; dazu gehören insbesondere Informationen über die rechtliche und organisatorische Struktur sowie die Grundsätze einer ordnungsgemäßen Geschäftsführung der Gruppe,
6. die Stellen im Sinne des § 9 Absatz 1 Satz 4, der die Bundesanstalt Tatsachen offenbaren kann, ohne gegen ihre Verschwiegenheitspflicht zu verstoßen, und
7. Genehmigung, ein weiteres Mandat in einem Verwaltungs- oder Aufsichtsorgan gemäß § 25c Absatz 2 Satz 4, § 25d Absatz 3 Satz 4 innezuhaben.

(3a) Die Bundesanstalt übermittelt der Europäischen Bankenaufsichtsbehörde Verzeichnisse im Sinne des § 7a Absatz 3.

(4) Die Bundesanstalt meldet der Europäischen Wertpapier- und Marktaufsichtsbehörde
1. die Erteilung sowie das Erlöschen oder die Aufhebung einer Erlaubnis, sofern ein Wertpapierdienstleistungsunternehmen im Sinne des § 2 Absatz 4 des Wertpapierhandelsgesetzes betroffen ist, und
2. den in § 7a Absatz 1 Nummer 5 genannten Sachverhalt.

(5) Die Bundesanstalt unterrichtet die Europäische Aufsichtsbehörde für das Versicherungswesen und die betriebliche Altersversorgung über die Entscheidungen nach § 2e.

Amtliche Begründung[1]

Zu § 7 b (neu)

Mit § 7 b Absatz 1 wird Artikel 9 Nummer 16 Buchstabe a der Richtlinie 2010/78/EU umgesetzt, durch den Artikel 42 b Absatz 1 der Richtlinie 2006/48/EG neu gefasst wird. Absatz 1 Satz 1 regelt als Generalklausel die Beteiligung der Bundesanstalt an den Tätigkeiten der neuen Europäischen Bankenaufsichtsbehörde und Europäischen Wertpapier- und Marktaufsichtsbehörde. Die Einzelheiten sind in den Verordnungen (EU) Nr. 1093/2010 und (EU) Nr. 1095/2010 sowie in weiteren Vorschriften des KWG näher ausdifferenziert. Die Bundesanstalt beteiligt nach Absatz 1 Satz 2 die Deutsche Bundesbank in einer Art und Weise, die deren Funktionen in der Bankenaufsicht und als Zentralbank entspricht. Dies umfasst insbesondere die generelle Hinzuziehung eines nicht stimmberechtigten Vertreters der Deutschen Bundesbank zu den Sitzungen des Rates der Aufseher gemäß Artikel 40 Absatz 4 der Verordnung (EU) Nr. 1093/2010, die Unterrichtung der Deutschen Bundesbank über die für die Erfüllung ihrer Aufgaben erforderlichen Beobachtungen und Feststellungen sowie die Einbeziehung der Deutschen Bundesbank in die Arbeit von entsprechenden Arbeitsgruppen der Europäischen Bankenaufsichtsbehörde im Rahmen der für diese Arbeitsgruppen geltenden Organisationsregeln. § 7 b Absatz 1 trägt zudem Artikel 6 Nummer 28 und Artikel 9 Nummer 36 der Richtlinie 2010/78/EU Rechnung, mit denen Artikel 62 a in die Richtlinie 2004/39/EG eingefügt und Artikel 132 Absatz 1 der Richtlinie 2006/48/EG geändert wird.

Mit Absatz 2 Nummer 1 und 2 werden die Artikel 9 Nummer 3 und 4 der Richtlinie 2010/78/EU umgesetzt, durch die Artikel 14 und Artikel 17 Absatz 2 der Richtlinie 2006/48/EG geändert werden. Mit dem Verweis in Absatz 2 Nummer 2 werden zudem Artikel 9 Nummer 11 und 12 der Richtlinie 2010/78/EU umgesetzt, durch die Artikel 36 und Artikel 38 Absatz 2 der Richtlinie 2006/48/EG geändert werden.

Mit Absatz 3 Nummer 1 wird Artikel 10 Nummer 2 der Richtlinie 2010/78/EU umgesetzt, soweit nach dem hierdurch ergänzten Artikel 22 Absatz 1 der Richtlinie 2006/49/EG eine Mitteilung über Freistellungen von der Anforderung der Ermittlung der Eigenmittelausstattung auf zusammengefasster Basis gegenüber der Europäischen Bankenaufsichtsbehörde vorgesehen ist. Bei Absatz 3 Nummer 2 handelt es sich um die Umsetzung von Artikel 9 Nummer 38 Buchstabe b der Richtlinie 2010/78/EU, mit dem Artikel 143 Absatz 3 Unterabsatz 4 der Richtlinie 2006/48/EG neu gefasst wird. Nach der neuen Nummer 3 ist der Europäischen Bankenaufsichtsbehörde in Umsetzung von Artikel 10 Nummer 3 Buchstabe a der Richtlinie 2010/78/EU, der Artikel 32 Absatz 1 Unterabsatz 2 der Richtlinie 2006/49/EG ändert, das Verfahren zur Vermeidung der Umgehung der zusätzlichen Kapitalanforderungen bei Überschreitung der Gesamtbuch-Großkreditanforderungen mitzuteilen.

Mit Absatz 4 Nummer 1 werden Artikel 6 Nummer 1, 1. Unterabsatz sowie Nummer 3 der Richtlinie 2010/78/EU umgesetzt, durch die Artikel 5 Absatz 3 und Artikel 8 der Richtlinie 2004/39/EG geändert werden. Die Regelung stellt sicher, dass die Bundesanstalt der Europäischen Wertpapier- und Marktaufsichtsbehörde jede Erteilung sowie jedes Erlöschen bzw. jede Aufhebung einer Erlaubnis für ein Wertpapierdienstleistungsunternehmen im Sinne des Wertpapierhandelsgesetzes mitteilt. Bei Absatz 4 Nummer 2 handelt es sich um die Umsetzung von Artikel 6 Nummer 5 Buchstabe a der Richtlinie 2010/78/EU, durch den Artikel 15 Absatz 1 der Richtlinie 2004/39/EG geändert wird. Neben der Kommission ist auch die Europäische Wertpapier- und Marktaufsichtsbehörde über Schwierigkeiten von Wertpapierhandelsunternehmen bei der Geschäftstätigkeit in Drittstaaten zu unterrichten.

---

[1] Zum Gesetz zur Umsetzung der Richtlinie 2010/78/EU vom 24. November 2010 im Hinblick auf die Errichtung des Europäischen Finanzaufsichtssystems vom 4. Dezember 2011 (BGBl. I S. 2427); vgl. BT-Drucksache 17/6255 vom 22. Juni 2011.

Amtliche Begründung[1]

Zu Nummer 10 (§ 7 b)

Zu Buchstabe a

Da nunmehr durch die Änderung der Richtlinie 2006/48/EG die Bundesanstalt verpflichtet wird, auch die Europäische Aufsichtsbehörde für das Versicherungswesen und die betriebliche Altersversorgung über bestimmte Entscheidungen zu informieren, die sie getroffen hat, war die Überschrift des § 7 b um diese zu erweitern.

Zu Buchstabe b (Absatz 3)

Zu Doppelbuchstabe bb (Nummer 2)

Es handelt sich um eine redaktionelle Änderung, die sich durch das Einfügen der Nummern 4 und 5 ergibt.

Zu Doppelbuchstabe cc und Buchstabe d (Absatz 5 – neu)

Die Vorgabe, dass die Bundesanstalt die Europäische Bankenaufsichtsbehörde und die Europäische Aufsichtsbehörde für das Versicherungswesen und die betriebliche Altersversorgung über die Entscheidungen nach § 2e unterrichtet, ergibt sich aus der Vorgabe des Artikels 72 a Absatz 3 der Richtlinie 2006/48/EG, der durch Artikel 3 Nummer 8 der Richtlinie 2011/89/EU in die Richtlinie 2006/48/EG eingefügt wird.

Zu Buchstabe c (Absatz 3 a – neu)

Diese Änderung setzt den Artikel 3 Nummer 23 Buchstabe b der Richtlinie 2011/89/EU um, der eine Änderung des Artikels 140 Absatz 3 der Richtlinie 2006/48/EG vornimmt und die Übermittlung von Verzeichnissen der Finanzholding-Gesellschaften und gemischten Finanzholding-Gesellschaften, für deren Beaufsichtigung die Bundesanstalt auf zusammengefasster Basis zuständig ist, an die Europäische Bankenaufsicht verlangt.

Amtliche Begründung[2]

Zu Nummer 13 (§ 7 b)

Zu Buchstabe a (Absatz 1)

Die Ergänzungen in Satz 4 und 5 setzen Artikel 7 Buchstabe b der Richtlinie 2012/…/EU um.

---

1 Zum Gesetz zur Umsetzung der Richtlinie 2011/89/EU des Europäischen Parlaments und des Rates vom 16. November 2011 zur Änderung der Richtlinien 98/78/EG, 2002/87/EG, 2006/48/EG und 2009/138/EG hinsichtlich der zusätzlichen Beaufsichtigung der Finanzunternehmen eines Finanzkonglomerats vom 27. Juni 2013 (BGBl. I S. 1862); vgl. BT-Drucksache 17/12602 vom 4. März 2013.
2 Zum Gesetz zur Umsetzung der Richtlinie 2013/36/EU über den Zugang zur Tätigkeit von Kreditinstituten und die Beaufsichtigung von Kreditinstituten und Wertpapierfirmen und zur Anpassung des Aufsichtsrechts an die Verordnung (EU) Nr. 575/2013 über Aufsichtsanforderungen an Kreditinstitute und Wertpapierfirmen (CRD IV-Umsetzungsgesetz) vom 28. August 2013 (BGBl. I S. 3395); vgl. BT-Drucksache 17/10974 vom 15. Oktober 2012 und

Zu Buchstabe b (Absatz 2)

Zu Doppelbuchstabe aa

Die Ergänzung, dass auch die Aufhebung von Erlaubnissen der Europäischen Bankenaufsichtsbehörde gemeldet werden muss, ergibt sich aus Artikel 18 Absatz 2 der Richtlinie 2012/.../EU.

Zu Doppelbuchstabe cc

Die Meldepflicht aus Nummer 3 ergibt sich aus der Umsetzung von Artikel 74 Absatz 1 der Richtlinie 2012/.../EU. Artikel 74 Absatz 1 der Richtlinie 2012/.../EU sieht vor, dass die zuständigen Stellen zum Benchmarking von Vergütungstrends und -praktiken die nach Artikel 435 der Verordnung (EU) Nr. .../2012 von den Instituten offengelegten Informationen nutzen und diese der Europäischen Bankenaufsichtsbehörde melden.
Die Meldepflicht aus Nummer 4 ergibt sich aus der Umsetzung von Artikel 74 Absatz 1 der Richtlinie 2012/.../EU.
Die Meldepflicht aus Nummer 5 ergibt sich aus der Umsetzung von Artikel 99a Absatz 2 der Richtlinie 2012/.../EU.
Die Meldepflicht nach Nummer 6 ergibt sich aus der Umsetzung von Artikel 102 Absatz 1 Buchstaben a und b der Richtlinie 2012/.../EU.
Die Meldepflicht nach Nummer 7 ergibt sich aus der Umsetzung von Artikel 102 Absatz 1 in Verbindung mit Artikel 97 der Richtlinie 2012/.../EU.
Die Meldepflicht nach Nummer 8 ergibt sich aus der Umsetzung von Artikel 102 Absatz 1 in Verbindung mit Artikel 94 Absatz 3 der Richtlinie 2012/.../EU sowie Artikel 98 der Richtlinie 2012/.../EU.
Die Meldepflicht nach Nummer 9 ergibt sich aus Artikel 102 Absatz 1 in Verbindung mit Artikel 99 der Richtlinie 2012/.../EU.

Zu Buchstabe c (Absatz 3)

Die neu eingefügte Nummer 4 setzt Artikel 20 Absatz 3 der Richtlinie 2012/.../EU um, mit der neuen Nummer 5 wird Artikel 58 Absatz 5 der Richtlinie 2012/.../EU umgesetzt.

Zu Buchstabe d

Mit dem neuen Absatz 3a wird Artikel 119 Absatz 3 der Richtlinie 2012/.../EU umgesetzt.

ANMERKUNG
1. § 7b wurde eingefügt durch das Gesetz zur Umsetzung der Richtlinie 2010/78/EU des Europäischen Parlaments und des Rates vom 24. November 2010 im Hinblick auf die Errichtung des Europäischen Finanzaufsichtssystems vom 4. Dezember 2011 (BGBl. I S. 2427); vgl. die vorstehende Amtliche Begründung.
2. § 7b wurde seit seiner Neueinbringung mehrmals geändert durch das Gesetz zur Umsetzung der Richtlinie 2011/89/EU des Europäischen Parlaments und des Rates vom 16. November 2011 zur Änderung der Richtlinien 98/78/EG, 2002/87/EG, 2006/48/EG und 2009/138/EG hinsichtlich der zusätzlichen Beaufsichtigung der Finanzunternehmen eines Finanzkonglomerats vom 27. Juni 2013 (BGBl. I S. 1862), vgl. die hierzu abgedruckte Amtliche Begründung, und durch das CRD IV-Umsetzungsgesetz

[Fortsetzung Fußnote 2]
BT-Drucksache 17/13524 – Beschlussempfehlung des Finanzausschusses (7. Ausschuss) – vom 15. Mai 2013.

vom 28. August 2013 (BGBl. I S. 3395); vgl. die hierzu berücksichtigte Amtliche Begründung und deren Fußnote bzgl. des Verweises in der Amtlichen Begründung auf »...Artikel...der Richtlinie 2012/.../EU« und der Verordnung (EU) Nr. .../2012.

§ 7c Zusammenarbeit mit dem Europäischen Bankenausschuss

Die Bundesanstalt meldet dem Europäischen Bankenausschuss die Erteilung einer Erlaubnis nach § 32 Absatz 1 an die Zweigstelle eines Unternehmens im Sinne des § 53 mit Sitz außerhalb der Staaten des Europäischen Wirtschaftsraums.

Amtliche Begründung[1]

Zu § 7c (neu)

Die Zusammenarbeit mit dem Europäischen Bankenausschuss wird in einem neuen § 7c geregelt. Die Meldepflicht geht auf Artikel 9 Nummer 12 der Richtlinie 2010/78/EU zurück, mit dem Artikel 38 Absatz 2 der Richtlinie 2006/48/EG neu gefasst wird.

ANMERKUNG § 7c wurde eingefügt durch das Gesetz zur Umsetzung der Richtlinie 2010/78/EU des Europäischen Parlaments und des Rates vom 24. November 2010 im Hinblick auf die Errichtung des Europäischen Finanzaufsichtssystems vom 4. Dezember 2011 (BGBl. I S. 2427); vgl. die vorstehende Amtliche Begründung.

§ 7d Zusammenarbeit mit dem Europäischen Ausschuss für Systemrisiken

Die Bundesanstalt arbeitet eng mit dem Europäischen Ausschuss für Systemrisiken zusammen und berücksichtigt die von ihm nach Maßgabe von Artikel 16 der Verordnung (EU) Nr. 1092/2010 erlassenen Warnungen und Empfehlungen. Die Bundesanstalt meldet dem Europäischen Ausschuss für Systemrisiken für jedes Quartal die Quote für den antizyklischen Kapitalpuffer nach § 10d, die Berechnungsgrundlagen der Quote nach der Rechtsverordnung nach § 10 Absatz 1 Satz 1 Nummer 5 sowie die Anwendungsdauer der Quote und informiert über die Tatsache, dass die Bundesanstalt bei der Festlegung der Quote für den antizyklischen Kapitalpuffer Variablen im Sinne der Rechtsverordnung nach § 10 Absatz 1 Satz 1 Nummer 5 berücksichtigt und die Quote ohne deren Berücksichtigung niedriger ausgefallen wäre.

Amtliche Begründung[2]

Zu Nummer 14 (§ 7d)

Die Vorgabe, dass die Bundesanstalt eng mit dem Europäischen Ausschuss für Systemrisiken (ESRB) zusammenarbeitet, ergibt sich aus Artikel 7 Buchstabe ba der

---

1 Zum Gesetz zur Umsetzung der Richtlinie 2010/78/EU vom 24. November 2010 im Hinblick auf die Errichtung des Europäischen Finanzaufsichtssystems vom 4. Dezember 2011 (BGBl. I S. 2427); vgl. BT-Drucksache 17/6255 vom 22. Juni 2011.
2 Zum Gesetz zur Umsetzung der Richtlinie 2013/36/EU über den Zugang zur Tätigkeit von Kreditinstituten und die Beaufsichtigung von Kreditinstituten und Wertpapierfirmen und zur Anpassung des Aufsichtsrechts an die Verordnung (EU) Nr. 575/2013 über Aufsichtsanforderungen an Kreditinstitute und Wertpapierfirmen (CRD IV-Umsetzungsgesetz) vom

Richtlinie 2012/.../EU. Die vierteljährliche Meldepflicht der Quote für den antizyklischen Kapitalpuffer sowie weiterer Angaben nach der Solvabilitätsverordnung (SolvV) an den ESRB ergibt sich aus Artikel 126 Absatz 8 der Richtlinie 2012/.../EU. Aus Artikel 126 Absatz 8 der Richtlinie 2012/.../EU ergibt sich die Vorgabe, dass die Bundesanstalt den ESRB über die Festlegung der Quote für den antizyklischen Kapitalpuffer und dessen Variablen zu informieren hat.

ANMERKUNG § 7d wurde durch das CRD IV-Umsetzungsgesetz vom 28. August 2013 (BGBl. I S. 3395) eingefügt. Zu den Hintergründen vgl. die hierzu abgedruckte Amtliche Begründung. Der Verweis auf die unvollständige Angabe der in der Amtlichen Begründung zitierten Richtlinie ergibt sich aus der Fußnote zur Amtlichen Begründung.

§ 8 Zusammenarbeit mit anderen Stellen

(1) weggefallen

(2) Werden gegen Inhaber oder Geschäftsleiter von Instituten sowie gegen Inhaber bedeutender Beteiligungen von Instituten oder deren gesetzliche oder satzungsmäßige Vertreter oder persönlich haftende Gesellschafter oder gegen Personen, die die Geschäfte einer Finanzholding-Gesellschaft oder einer gemischten Finanzholding-Gesellschaft tatsächlich führen, Steuerstrafverfahren eingeleitet oder unterbleibt dies auf Grund einer Selbstanzeige nach § 371 der Abgabenordnung, so steht § 30 der Abgabenordnung Mitteilungen an die Bundesanstalt über das Verfahren und über den zugrunde liegenden Sachverhalt nicht entgegen; das Gleiche gilt, wenn sich das Verfahren gegen Personen richtet, die das Vergehen als Bedienstete eines Instituts oder eines Inhabers einer bedeutenden Beteiligung an einem Institut begangen haben.

(3) Die Bundesanstalt und, soweit sie im Rahmen dieses Gesetzes tätig wird, die Deutsche Bundesbank arbeiten bei der Aufsicht über Institute, die in einem anderen Staat des Europäischen Wirtschaftsraums Bankgeschäfte betreiben oder Finanzdienstleistungen erbringen, sowie bei der Aufsicht über Institutsgruppen, Finanzholding-Gruppen oder gemischte Finanzholding-Gruppen im Sinne des § 10a Abs. 1 bis 5 mit den zuständigen Stellen im Europäischen Wirtschaftsraum sowie der Europäischen Bankenaufsichtsbehörde und der Europäischen Wertpapier- und Marktaufsichtsbehörde zusammen. Bei der Beurteilung nach § 2c Abs. 1a und 1b arbeitet die Bundesanstalt mit den zuständigen Stellen im Europäischen Wirtschaftsraum zusammen, wenn der Anzeigepflichtige
1. ein CRR-Institut, ein Erst- oder Rückversicherungsunternehmen oder eine Verwaltungsgesellschaft im Sinne des Artikels 2 Absatz 1 Buchstabe b der Richtlinie 2009/65/EG (OGAW-Verwaltungsgesellschaft) ist, das beziehungsweise die in einem anderen Mitgliedstaat oder anderen Sektor als dem, in dem der Erwerb beabsichtigt wird, zugelassen ist;
2. ein Mutterunternehmen eines CRR-Instituts, eines Erst- oder Rückversicherungsunternehmens oder einer OGAW-Verwaltungsgesellschaft ist, das beziehungsweise die in einem anderen Mitgliedstaat oder anderen Sektor als dem, in dem der Erwerb beabsichtigt wird, zugelassen ist oder
3. eine natürliche oder juristische Person ist, die ein CRR-Institut, ein Erst- oder Rückversicherungsunternehmen oder eine OGAW-Verwaltungsgesellschaft kontrolliert, das beziehungsweise die in einem anderen Mitgliedstaat oder anderen Sektor als dem, in dem der Erwerb beabsichtigt wird, zugelassen ist.

[Fortsetzung Fußnote 2]
28. August 2013 (BGBl. I S. 3395); vgl. BT-Drucksache 17/10974 vom 15. Oktober 2012 und BT-Drucksache 17/13524 – Beschlussempfehlung des Finanzausschusses (7. Ausschuss) – vom 15. Mai 2013.

Vorbehaltlich des § 4b Abs. 1 in Verbindung mit § 15 Abs. 1 des Bundesdatenschutzgesetzes tauschen sie mit ihnen alle zweckdienlichen und grundlegenden Informationen aus, die für die Durchführung der Aufsicht erforderlich sind. Grundlegende Informationen können auch ohne entsprechende Anfrage der zuständigen Stelle weitergegeben werden. Als grundlegend in diesem Sinne gelten alle Informationen, die Einfluss auf die Beurteilung der Finanzlage eines Instituts in dem betreffenden Staat des Europäischen Wirtschaftsraums haben können. Hierzu gehören insbesondere:

1. die Offenlegung der rechtlichen und organisatorischen Struktur sowie die Grundlagen einer ordnungsgemäßen Geschäftsführung der Gruppe, einschließlich aller beaufsichtigten Unternehmen, nichtbeaufsichtigten Unternehmen, nichtbeaufsichtigten Tochtergesellschaften und bedeutender Zweigniederlassungen der Gruppe, sowie Ermittlung der jeweils für die Aufsicht zuständigen Stellen,
2. Verfahren für die Sammlung und Überprüfung von Informationen von gruppenangehörigen Instituten,
3. nachteilige Entwicklungen bei Instituten oder anderen Unternehmen einer Gruppe, die die Institute ernsthaft beeinträchtigen könnten, und
4. schwerwiegende oder außergewöhnliche bankaufsichtliche Maßnahmen, die die Bundesanstalt nach Maßgabe dieses Gesetzes oder der zu seiner Durchführung erlassenen Rechtsverordnungen ergriffen hat.

Die Bundesanstalt übermittelt der zuständigen Stelle im Aufnahmemitgliedstaat
1. alle Informationen für die Beurteilung der Zuverlässigkeit und fachlichen Eignung der in § 1 Absatz 2 Satz 1 genannten Personen;
2. alle Informationen für die Beurteilung der Zuverlässigkeit der Inhaber einer bedeutenden Beteiligung an Unternehmen derselben Gruppe mit Sitz im Inland, die erforderlich sind für die Erteilung einer Erlaubnis und die laufende Aufsicht über ein Unternehmen im Sinne des § 33b Satz 1, das beabsichtigt, im Aufnahmemitgliedstaat Bankgeschäfte entsprechend § 1 Absatz 1 Satz 2 Nummer 1, 2, 4 und 10 oder Finanzdienstleistungen entsprechend § 1 Absatz 1a Satz 2 Nummer 1 bis 4 zu erbringen;
3. unverzüglich bei der Überwachung der Liquidität des Instituts gewonnene Informationen und Erkenntnisse, die für die Beaufsichtigung der Zweigstelle aus Gründen des Einleger- und Anlegerschutzes oder der Finanzstabilität des Aufnahmemitgliedstaates notwendig sind, und
4. Informationen darüber, dass Liquiditätsschwierigkeiten auftreten oder aller Wahrscheinlichkeit nach zu erwarten sind, sowie Einzelheiten zur Planung und Umsetzung eines Sanierungsplans und zu allen in diesem Zusammenhang ergriffenen aufsichtlichen Maßnahmen.

Informationen nach Satz 6 Nummer 3 und 4 sind auch der zuständigen Stelle in dem Aufnahmemitgliedstaat zu übermitteln, in dem ein CRR-Kreditinstitut über Zweigniederlassungen verfügt, die als bedeutend eingestuft worden sind. Übermittelt eine zuständige Stelle in einem anderen Staat des Europäischen Wirtschaftsraums erforderliche Informationen nicht, kann die Bundesanstalt nach Maßgabe des Artikels 19 der Verordnung (EU) Nr. 1093/2010 die Europäische Bankenaufsichtsbehörde um Hilfe ersuchen. Sie kann ferner die Europäische Bankenaufsichtsbehörde oder die Europäische Wertpapier- und Marktaufsichtsbehörde nach Maßgabe des Artikels 19 der Verordnung (EU) Nr. 1093/2010 und der Verordnung (EU) Nr. 1095/2010 um Hilfe ersuchen, wenn ein Ersuchen um Zusammenarbeit, insbesondere um Informationsaustausch, von einer zuständigen Stelle zurückgewiesen oder einem solchen Ersuchen nicht innerhalb einer angemessenen Frist nachgekommen wurde.

(3a) Die zuständige Stelle im Sinne des Absatzes 3 Satz 1 kann die Bundesanstalt um Zusammenarbeit bei einer Überwachung, einer Prüfung oder Ermittlung ersuchen. Die Bundesanstalt macht bei Ersuchen im Sinne des Satzes 1 zum Zwecke der Über-

wachung der Einhaltung dieses Gesetzes und entsprechender Bestimmungen dieser Staaten von allen ihr nach dem Gesetz zustehenden Befugnissen Gebrauch, soweit dies geeignet und erforderlich ist, den Ersuchen nachzukommen. Die Bundesanstalt kann eine Untersuchung, die Übermittlung von Informationen oder die Teilnahme von Bediensteten dieser ausländischen Stellen an solchen Prüfungen verweigern, wenn
1. hierdurch die Souveränität, die Sicherheit oder die öffentliche Ordnung der Bundesrepublik Deutschland beeinträchtigt werden könnte oder
2. auf Grund desselben Sachverhaltes gegen die betreffenden Personen bereits ein gerichtliches Verfahren eingeleitet worden oder eine unanfechtbare Entscheidung ergangen ist.

Kommt die Bundesanstalt einem entsprechenden Ersuchen nicht nach oder macht sie von ihrem Recht nach Satz 1 Gebrauch, teilt sie dies der ersuchenden Stelle unverzüglich mit und legt die Gründe dar; im Falle einer Verweigerung nach Satz 3 Nr. 2 sind genaue Informationen über das gerichtliche Verfahren oder die unanfechtbare Entscheidung zu übermitteln.

(4) In den Fällen, in denen die Bundesanstalt für die Aufsicht über EU-Mutterinstitute oder Institute, die von einer EU-Mutterfinanzholding-Gesellschaft oder einer gemischten EU-Mutterfinanzholding-Gesellschaft kontrolliert werden, zuständig ist, übermittelt sie den zuständigen Stellen in den anderen Staaten des Europäischen Wirtschaftsraums, die für die Aufsicht über Tochterunternehmen dieser Institute zuständig sind, auf Anfrage alle zweckdienlichen Informationen. Als zweckdienlich in diesem Sinne gelten alle Informationen, die die Beurteilung der finanziellen Solidität eines Instituts in einem anderen Staat des Europäischen Wirtschaftsraums wesentlich beeinflussen können. Der Umfang der Informationspflicht richtet sich insbesondere nach der Bedeutung des Tochterunternehmens für das Finanzsystem des betreffenden Staates.

(5) Mitteilungen der zuständigen Stellen eines anderen Staates dürfen nur für folgende Zwecke verwendet werden:
1. zur Prüfung der Zulassung zum Geschäftsbetrieb eines Instituts,
2. zur Überwachung der Tätigkeit der Institute auf Einzelbasis oder auf zusammengefasster Basis,
3. für Anordnungen der Bundesanstalt sowie zur Verfolgung und Ahndung von Ordnungswidrigkeiten durch die Bundesanstalt,
4. im Rahmen eines Verwaltungsverfahrens über Rechtsbehelfe gegen eine Entscheidung der Bundesanstalt oder
5. im Rahmen von Verfahren vor Verwaltungsgerichten, Insolvenzgerichten, Staatsanwaltschaften oder für Straf- und Bußgeldsachen zuständigen Gerichten.

(6) Vor der Entscheidung über folgende Sachverhalte hört die Bundesanstalt regelmäßig die zuständigen Stellen im Europäischen Wirtschaftsraum an, sofern die Entscheidung von Bedeutung für deren Aufsichtstätigkeit ist:
1. Änderungen in der Struktur der Inhaber, der Organisation oder der Geschäftsleitung gruppenangehöriger Institute, die der Zustimmung der Bundesanstalt bedürfen,
2. schwerwiegende oder außergewöhnliche bankaufsichtliche Maßnahmen. In diesen Fällen ist stets zumindest die für die Aufsicht auf zusammengefasster Basis zuständige Stelle anzuhören, sofern diese Zuständigkeit nicht bei der Bundesanstalt liegt.

Die Bundesanstalt kann bei Gefahr im Verzug von einer vorherigen Anhörung der zuständigen Stellen absehen. Das Gleiche gilt, wenn die vorherige Anhörung die Wirksamkeit der Maßnahme gefährden könnte; in diesen Fällen informiert die Bundesanstalt die zuständigen Stellen unverzüglich nach Erlass oder Durchführung der Maßnahme.

(7) Ist die Bundesanstalt für die Aufsicht über eine Institutsgruppe, Finanzholding-Gruppe oder gemischte Finanzholding-Gruppe auf zusammengefasster Basis zuständig und tritt eine Krisensituation auf, insbesondere bei widrigen Entwicklungen an den Finanzmärkten, die eine Gefahr für die Marktliquidität und die Stabilität des Finanzsystems eines Staates innerhalb des Europäischen Wirtschaftsraums darstellt, in dem eines der gruppenangehörigen Unternehmen seinen Sitz hat oder eine Zweigniederlassung als bedeutend angesehen wurde, hat die Bundesanstalt unverzüglich das Bundesministerium der Finanzen, die Europäische Bankenaufsichtsbehörde, den Europäischen Ausschuss für Systemrisiken, die Deutsche Bundesbank sowie die Zentralregierungen der anderen Mitgliedstaaten, sofern sie betroffen sind, zu unterrichten und ihnen alle für die Durchführung ihrer Aufgaben wesentlichen Informationen zu übermitteln. Erhält die Bundesanstalt in sonstigen Fällen Kenntnis von einer Krisensituation im Sinne des Satzes 1, hat sie unverzüglich die für die Aufsicht auf zusammengefasster Basis über die betroffenen Institutsgruppen, Finanzholding-Gruppen oder gemischte Finanzholding-Gruppen zuständigen Stellen und die Europäische Bankenaufsichtsbehörde zu unterrichten. § 9 bleibt unberührt.

(8) Die Bundesanstalt teilt den zuständigen Stellen des Aufnahmemitgliedstaates Maßnahmen mit, die sie ergreifen wird, um Verstöße eines Instituts gegen Rechtsvorschriften des Aufnahmemitgliedstaates zu beenden, über die sie durch die zuständigen Stellen des Aufnahmemitgliedstaates unterrichtet worden ist.

(9) Hat die Bundesanstalt hinreichende Anhaltspunkte für einen Verstoß gegen Vorschriften dieses Gesetzes, gegen die Verordnung (EU) Nr. 575/2013 oder entsprechende Vorschriften der Staaten des Europäischen Wirtschaftsraums, teilt sie diese der für die Zusammenarbeit bei der Aufsicht über Institute zuständigen Stelle mit, auf dessen Gebiet die vorschriftswidrige Handlung stattgefunden hat. Erhält die Bundesanstalt eine entsprechende Mitteilung von zuständigen Stellen anderer Staaten, unterrichtet sie diese über die Ergebnisse daraufhin eingeleiteter Untersuchungen.

Amtliche Begründung[1]

Das Bundesaufsichtsamt soll seine umfangreichen Aufgaben nach diesem Gesetz mit einem verhältnismäßig klein gehaltenen Mitarbeiterstab erfüllen... Absatz 1* gibt ihm deshalb die Ermächtigung, für bestimmte Angelegenheiten Hilfsorgane heranzuziehen; ein solcher Auftrag setzt die Bereitschaft zu seiner Übernahme voraus. Den Hilfsorganen dürfen lediglich technische Aufgaben, vor allem Prüfungen, dagegen keine hoheitlichen Funktionen übertragen werden. Als Hilfsorgane kommen vornehmlich Wirtschaftsprüfer in Betracht, ebenso die Verbände der Sparkassen und Genossenschaften, deren Mitwirkung insbesondere in gutachtlichen Stellungnahmen und in der Vorprüfung von Anzeigen bestehen wird. Die Pflicht der Behörden, das Bundesaufsichtsamt im Wege der Amtshilfe bei seiner Tätigkeit zu unterstützen, ergibt sich aus Artikel 35 GG; sie brauchte deshalb nicht nochmals ausgesprochen zu werden.

Für die Beurteilung der Zuverlässigkeit der Inhaber und Geschäftsleiter von Kreditinstituten ist neben der Kenntnis von gerichtlichen Strafverfahren auch wichtig zu wissen, ob diese Personen beruflich oder privat in Steuerstrafverfahren verwickelt sind oder ob im Betrieb des von ihnen geleiteten Kreditinstituts durch andere Personen Steuerverfehlungen begangen worden sind. Bisher stand entsprechenden Mitteilungen der Steuerbehörden an die Bankaufsichtsbehörde das Steuergeheimnis des § 22 der Reichsabgabenordnung entgegen. Absatz 2* stellt klar, daß derartige Mitteilungen befugt sind.

---

1 Zur Ursprungsfassung.

Amtliche Begründung[1]

Die Zweite Richtlinie regelt die Informationspflichten der zuständigen Bankaufsichtsbehörden für ihre arbeitsteilige Überwachung des laufenden Geschäfts. Danach soll gesichert sein, daß alle für die Beaufsichtigung eines Kreditinstituts oder seiner Zweigstellen in der Europäischen Wirtschaftsgemeinschaft zuständigen Behörden in gleichem Umfang darüber informiert sind, welche Maßnahmen ergriffen werden, falls ein Kreditinstitut gegen bankaufsichtliche Vorschriften in seinem Herkunftsmitgliedstaat oder in seinem Aufnahmemitgliedstaat verstößt. Zu diesem Zweck sieht Absatz 4 Satz 1 (Umsetzung von Artikel 21 Abs. 4 Satz 1 der Zweiten Richtlinie) für das Bundesaufsichtsamt eine Mitteilungspflicht vor, wenn seitens Zweigstellen von Kreditinstituten aus anderen EG-Staaten gegen bankaufsichtliche Normen verstoßen wird, für die das Bundesaufsichtsamt verantwortlich ist. Die Mitteilungspflicht greift, bevor das Bundesaufsichtsamt gegen diese Verstöße einschreitet, und umfaßt die Information über die Art der zu ergreifenden Maßnahmen.

Anders liegt der Sachverhalt in Absatz 4 Satz 2, der Artikel 21 Abs. 3 Satz 3 der Zweiten Richtlinie umsetzt. Hier geht der Informationspflicht des Bundesaufsichtsamtes voraus, daß die zuständigen Behörden des Aufnahmemitgliedstaats über Verstöße unterrichtet haben, für deren Sanktionierung das Bundesaufsichtsamt im Rahmen der Herkunftslandkontrolle zuständig ist. Im Gegenzug unterrichtet dann das Bundesaufsichtsamt vor Einschreiten die zuständigen Behörden des Aufnahmemitgliedstaats über die Art der vom Bundesaufsichtsamt zu ergreifenden Maßnahmen.

Amtliche Begründung[2]

§ 8 regelt die Zusammenarbeit des BAKred mit anderen Stellen. Die Finanzdienstleistungsinstitute sind in diese Regelung einzubeziehen. Damit werden Artikel 23 Abs. 3 Unterabs. 1 bis 3 und Artikel 25 Abs. 4 der Wertpapierdienstleistungsrichtlinie sowie Artikel 9 Abs. 4 der Kapitaladäquanzrichtlinie umgesetzt.

Künftig hat das BAKred die zuständigen Stellen in einem anderen Staat des Europäischen Wirtschaftsraums auch zu unterrichten, wenn es als Herkunftsstaatbehörde die Erlaubnis eines Instituts aufhebt, das in dem anderen Staat nur im Wege des grenzüberschreitenden Dienstleistungsverkehrs tätig gewesen ist. Damit wird die Anforderung von Artikel 19 Abs. 9 der Wertpapierdienstleistungsrichtlinie, der gemäß Artikel 2 Abs. 1 der Wertpapierdienstleistungsrichtlinie ausdrücklich auch für Einlagenkreditinstitute gilt, umgesetzt.

Der bisherige Satz 1 in Absatz 4, der die Unterrichtungspflicht des BAKred als Aufnahmestaatbehörde gegenüber der zuständigen Stelle des Herkunftsstaats in bezug auf Maßnahmen festlegt, die es gegenüber einem hereinkommenden Unternehmen im Rahmen seiner EG-rechtlich belassenen Restkompetenz als Aufnahmestaatbehörde ergreift, um den eigenen Finanzplatz zu schützen, ist in den neu gefaßten § 53b Abs. 4 einbezogen.

Amtliche Begründung[3]

Die Regelungen tragen den geänderten Marktverhältnissen im Europäischen Wirtschaftsraum Rechnung. Die Institute führen zunehmend auch grenzüberschreitend Bankgeschäfte durch bzw. erbringen Finanzdienstleistungen in anderen Mitglieds-

---

1 Zum 4. KWG-Änderungsgesetz.
2 Zum 6. KWG-Änderungsgesetz.
3 Zum Gesetz zur Umsetzung der neu gefaßten Bankenrichtlinie und der neu gefaßten Kapitaladäquanzrichtlinie vom 17. November 2006 (BGBl. I S. 2606).

staaten. Darüber hinaus ist auch bei grenzüberschreitend tätigen Institutsgruppen und Finanzholding-Gruppen eine Tendenz zur Schaffung zentraler Risikomanagementsysteme festzustellen. Um vor diesem Hintergrund auch weiterhin sicherzustellen, dass vom Sitzstaat erteilte Erlaubnisse u. Ä. gegenseitig anerkannt werden können und dass sich im unmittelbaren Wettbewerb von Instituten mit Sitz in unterschiedlichen Mitgliedstaaten keine Wettbewerbsverzerrungen aufgrund abweichender nationaler Aufsichtsregeln ergeben, zielt die überarbeitete Bankenrichtlinie auf eine weitere Harmonisierung des Bankenaufsichtsrechts sowie Konvergenz der Aufsichtspraxis. Ein zentraler Punkt ist hierbei die weitere Verstärkung der Position der für die Aufsicht auf zusammengefasster Basis zuständigen Stelle, der stärker als bisher eine Koordinatorfunktion bei der Aufsicht über grenzüberschreitend tätige Gruppen sowie über Gruppen, deren Mitglieder ihren Sitz in mehr als einem Mitgliedstaat haben, zukommt (vgl. hierzu auch die Neuregelung in Absatz 6 sowie die §§ 8a und 8c) sowie die Erweiterung der bestehenden Regelungen über die Zusammenarbeit der Aufsichtsbehörden, insbesondere der wechselseitige Informationsaustausch.

Die Bankenrichtlinie unterscheidet jetzt, wie bereits zuvor die Richtlinie 2002/87/EG des Europäischen Parlaments und des Rates vom 16. Dezember 2002, über die zusätzliche Beaufsichtigung der Kreditinstitute, Versicherungsunternehmen und Wertpapierfirmen eines Finanzkonglomerats zwischen grundlegenden und zweckdienlichen Informationen, für deren Austausch jeweils andere Anforderungen gelten.

Zu Absatz 3

Absatz 3 wurde nach Maßgabe von Artikel 132 Abs. 1 der Bankenrichtlinie insgesamt neu gefasst und regelt als Lex specialis zu § 9 den Austausch »grundlegender Informationen«, die die Aufsichtsbehörden auch auf eigene Initiative, d.h. ohne das Vorliegen einer entsprechenden Anfrage einer anderen Aufsichtsbehörde, weiterleiten können. Der Hinweis auf § 15 Abs. 1 des Bundesdatenschutzgesetzes in Satz 2 verdeutlicht, dass der Austausch personenbezogener Daten den Beschränkungen durch dieses Gesetz unterliegt. Eine Verpflichtung zur Weiterleitung von grundlegenden Informationen ohne Anfrage besteht nicht. Grundlegend in diesem Sinne sind Informationen, die, wie die in den Fallgruppen genannten Beispiele, einen materiellen Einfluss auf die Beurteilung der Finanzlage eines Instituts in einem Staat des Europäischen Wirtschaftsraums haben können. Als Beispiele für die in Satz 4 Nr. 4 genannten »schwerwiegenden oder außergewöhnlichen bankaufsichtlichen Maßnahmen« nennt die Bankenrichtlinie ausdrücklich die Verhängung zusätzlicher Kapitalanforderungen (vgl. hierzu auch § 45b) sowie die Beschränkung der Möglichkeit zur Nutzung eines fortgeschrittenen Messansatzes zur Ermittlung des operationellen Risikos (Advanced Measurement Approach – AMA) für die Berechnung des erforderlichen Eigenkapitals. Maßgeblich ist dabei vor allem der Horizont des Staates, der die Informationen erhält.

Zu Absätze 4 bis 7

Absatz 4 betrifft die Weitergabe »zweckdienlicher Informationen« durch die Bundesanstalt, sofern sie für die Aufsicht über eine Institutsgruppe oder Finanzholding-Gruppe zuständig ist, deren gruppenangehörige Unternehmen ihren Sitz in wenigstens einem anderen Staat des Europäischen Wirtschaftsraums haben (grenzüberschreitende Gruppe). Zweckdienliche Informationen, die nach Maßgabe von Artikel 132 Abs. 1 der Bankenrichtlinie definiert sind als Informationen, die die Beurteilung der finanziellen Solidität eines Instituts in einem anderen Staat des Europäischen Wirtschaftsraums wesentlich beeinflussen können, werden anders als grundlegende Informationen nur auf konkrete Anfrage einer anderen zuständigen Stelle weitergegeben. Ob und in welchem Umfang einem solchen Auskunftsersuchen Rechnung getragen wird, liegt im Ermessen der Bundesanstalt und richtet sich insbesondere nach der Bedeutung des jeweils relevanten Tochterunternehmens für das Finanzsystem des betreffenden Staates.

Die bisher in Absatz 3 geregelten zulässigen Verwendungszwecke für Informationen, die die Bundesanstalt und die Deutsche Bundesbank von anderen Aufsichtsbehörden erhalten, sind nunmehr inhaltlich unverändert in Absatz 5 geregelt.

Absatz 6 setzt Artikel 132 Abs. 3 der Bankenrichtlinie um und bildet mit der Konsultation der anderen zuständigen Stellen vor bestimmten aufsichtlichen Entscheidungen einen weiteren Aspekt der engeren Zusammenarbeit ab. Soweit eine Entscheidung der Bundesanstalt über zustimmungspflichtige Änderungen der Struktur der Inhaber, der Organisation oder der Geschäftsleitung gruppenangehöriger Institute oder den Erlass schwerwiegender oder außergewöhnlicher bankaufsichtlicher Maßnahmen auch Bedeutung für die Aufsichtstätigkeit anderer zuständiger Stellen im Europäischen Wirtschaftsraum hat, sind diese Stellen grundsätzlich vorher anzuhören. Auch hier nennt die Bankenrichtlinie als Beispiele für derartige Maßnahmen die Verhängung erhöhter Eigenkapitalanforderungen (vgl. hierzu auch § 45b) sowie die Beschränkung der Möglichkeit zur Nutzung eines fortgeschrittenen Messansatzes zur Ermittlung des operationellen Risikos für die Berechnung des erforderlichen Eigenkapitals. Besonderes Gewicht wird auch hier der für die Aufsicht auf zusammengefasster Basis zuständigen Stelle zugemessen, vgl. § 8 Abs. 6 Satz 1 Nr. 2. Von der Anhörung kann dann abgesehen werden, wenn diese aufgrund von Gefahr in Verzug nicht möglich ist oder wenn die Gefahr besteht, dass eine vorherige Anhörung der zuständigen Stellen die Wirksamkeit der Maßnahme gefährden könnte. In diesen Fällen beschränkt sich die Kooperationspflicht auf eine unverzügliche nachträgliche Information der betreffenden Stellen.

Absatz 7 setzt Artikel 130 Abs. 1 der Bankenrichtlinie um. Dieser sieht vor, dass die für die Aufsicht auf zusammengefasster Basis zuständigen Stellen, die von einer Krisensituation in der Gruppe Kenntnis erlangen, die Auswirkungen für das Finanzsystem eines der EWR-Staaten haben kann, in denen die Unternehmen der Gruppe ihren Sitz haben, unter Beachtung der nationalen Verschwiegenheitsvorschriften die Zentralnotenbank (Artikel 49 Buchstabe a der Bankenrichtlinie) sowie die Dienststellen ihrer Zentralbehörden, die für die Rechtsvorschriften über die Überwachung der Kreditinstitute, der Finanzinstitute, der Wertpapierdienstleistungen und der Versicherungsgesellschaften zuständig sind (Artikel 50 der Bankenrichtlinie), informieren. In Deutschland sind dies die Deutsche Bundesbank sowie das Bundesministerium der Finanzen.

Der bisherige Absatz 3 Satz 3 wurde wegen der Sachnähe inhaltlich unverändert als neuer Absatz 4 an § 35 (Erlöschen und Aufhebung der Erlaubnis) angefügt.

Amtliche Begründung[1]

Zu Absatz 3

Der neue Satz 6 setzt Artikel 60 Abs. 3 Satz 2 der Finanzmarktrichtlinie um. Demnach muss auch für den umgekehrten Fall des § 33b Satz 2, wenn ein deutsches Unternehmen in einem anderen Mitgliedstaat eine Erlaubnis für die Erbringung von entsprechenden Bankgeschäften oder Finanzdienstleistungen beantragt und das Mutterunternehmen oder das durch dieselben Personen oder Unternehmen kontrollierte Unternehmen seinen Sitz im Inland hat, eine Verpflichtung der Bundesanstalt bestehen, der zuständigen Stelle im Aufnahmemitgliedstaat die erforderlichen Informationen über die Zuverlässigkeit und Eignung von Geschäftsleitern und Personen mit bedeutenden Beteiligungen zu übermitteln.

---

1   Zum Finanzmarktrichtlinie-Umsetzungsgesetz.

Zu Absatz 3 a

Der neue Absatz 3a dient der Umsetzung von Artikel 56 Abs. 3 Unterabs. 2, der Artikel 57 und 59 der Finanzmarktrichtlinie. Satz 2 enthält eine analoge Regelung zu § 7 Abs. 1 Satz 2 WpHG-E in Bezug auf die Gebote und Verbote des Kreditwesengesetzes und entsprechende ausländische Vorschriften der in Absatz 3 Satz 1 genannten Staaten. Ein Ersuchen auf Zusammenarbeit kann von der Bundesanstalt nur unter den eingeschränkten Bedingungen des Absatzes 3a abgelehnt werden. § 7 Abs. 3WpHG-E enthält eine entsprechende Vorschrift für die Verweigerung der Übermittlung von Informationen an für die Überwachung von Verhaltens- und Organisationspflichten, von Finanzinstrumenten und von Märkten zuständigen ausländischen Stellen.

Zu Absatz 9

Zwecks Umsetzung des Artikels 56 Abs. 4 der Finanzmarktrichtlinie wird eine Parallelvorschrift zu § 7 Abs. 5 WpHG-E in einen neuen Absatz 9 eingefügt. Diese Ergänzung ist notwendig, weil sich die entsprechenden Kompetenzen nach § 7 Abs. 5 WpHG-E nur auf Verstöße gegen das Wertpapierhandelsgesetz und entsprechende ausländische Vorschriften beziehen.

Amtliche Begründung[1]

Zu Nummer 4 (§ 8 Absatz 3)

Die Vorgaben des mit der Beteiligungsrichtlinie eingefügten Artikels 19b Abs. 1 der Bankenrichtlinie und des neu gefassten Artikels 10 Abs. 4 der Finanzmarktrichtlinie besagen, dass die jeweils zuständigen Behörden bei der Beurteilung zusammenarbeiten, wenn es sich bei dem interessierten Erwerber um eine der in Artikel 19b Abs. 1 Buchstabe a bis c der Bankenrichtlinie bzw. Artikel 10 Abs. 4 Buchstabe a bis c der Finanzmarktrichtlinie genannten Unternehmen handelt. Diese Vorgaben werden wegen des Sachzusammenhangs in dem neu gefassten § 8 Abs. 3 Satz 2 KWG umgesetzt.

Amtliche Begründung[2]

Zu Nummer 7 (§ 8)

Zu Buchstabe a

Der neu eingefügte Satz 7 setzt den Artikel 1 Nummer 4 der Richtlinie 2009/111/EG, mit der Artikel 42a Absatz 2 in die Bankenrichtlinie eingefügt wird, um. Die Änderung stellt sicher, dass diejenigen Mitgliedstaaten, die über bedeutende Zweigniederlassungen verfügen, über nachteilige Entwicklungen beim Mutterinstitut bzw. gravierende bankaufsichtliche Maßnahmen, die gegen das Mutterinstitut verhängt wurden, informiert werden. Im Krisenfall ist das Verfahren nach dem neu gefassten § 8a Absatz 1 Nummer 2 zu beachten.

---

1 Zum Gesetz zur Umsetzung der Beteiligungsrichtlinie vom 12. März 2009 (BGBl. I S. 470); vgl. BT-Drucksache 16/10536 vom 13. Oktober 2008.
2 Zum Gesetz zur Umsetzung der geänderten Bankenrichtlinie und der geänderten Kapitaladäquanzrichtlinie vom 19. November 2010 (BGBl. I S. 1592); vgl. BT-Drucksache 17/1720 vom 17. Mai 2010.

Zu Buchstabe b

Die Neufassung von Absatz 7 Satz 1 setzt den Artikel 1 Nummer 32 der Richtlinie 2009/111/EG, mit der Artikel 130 Absatz 1 der Bankenrichtlinie neu gefasst wird, um. Eine Informationspflicht entsteht, wenn eine allgemeine oder eine Krisensituation innerhalb der Gruppe Auswirkungen auf die Marktliquidität eines Staates innerhalb des EWR und die Stabilität des Finanzsystems hat, in dem eines der gruppenangehörigen Unternehmen seinen Sitz hat oder eine Zweigniederlassung als bedeutsam angesehen wird. Die Informationspflichten, die die Bundesanstalt gegenüber dem Bundesministerium der Finanzen und der Deutschen Bundesbank in ihrer Funktion als Notenbank hat, werden damit präzisiert und erweitert.

Amtliche Begründung[1]

Zu Nummer 5 (§ 8)

Zu Buchstabe a (Absatz 3)

Zu Doppelbuchstabe aa (Satz 1)

Es handelt sich um eine Umsetzung von Artikel 6 Nummer 28 1. Unterabsatz und Artikel 9 Nummer 36 der Richtlinie 2010/78/EU. Durch diese Änderungen wird Artikel 10a der Richtlinie EG/98/26 und Artikel 62a der Richtlinie 2004/39/EG eingefügt sowie Artikel 132 Absatz 1 der Richtlinie 2006/48/EG geändert.

Zu Doppelbuchstabe bb (Satz 8)

Es handelt sich um eine redaktionelle Folgeänderung zum Gesetz zur Umsetzung der Zweiten E-Geld-Richtlinie.

Zu Doppelbuchstabe cc (Satz 9 – neu – und 10 – neu)

Mit der Änderung werden Artikel 6 Nummer 24 sowie Artikel 9 Nummer 14 der Richtlinie 2010/78/EU umgesetzt, durch die Artikel 58a in die Richtlinie 2004/39/EG eingefügt und Artikel 42 der Richtlinie 2006/48/EG ergänzt werden. Durch die Möglichkeit, die Europäische Aufsichtsbehörde bei Defiziten beim Informationsaustausch um Hilfe zu ersuchen, sollen eine effiziente und wirksame Aufsicht sowie eine ausgewogene Berücksichtigung der Positionen der betreffenden nationalen Aufsichtsbehörden sichergestellt werden. Werden die Europäische Bankenaufsichtsbehörde oder die Europäische Wertpapier- und Marktaufsichtsbehörde entsprechend befasst, können sie nach Maßgabe des Artikels 19 der Verordnung (EU) Nr. 1093/2010 oder Artikel 19 der Verordnung (EU) Nr. 1095/2010 dabei helfen, eine Einigung zwischen den nationalen Aufsichtsbehörden zu erzielen. Dies umfasst gegebenenfalls eine verbindliche Schlichtung.

---

[1] Zum Gesetz zur Umsetzung der Richtlinie 2010/78/EU vom 24. November 2010 im Hinblick auf die Errichtung des Europäischen Finanzaufsichtssystems vom 4. Dezember 2011 (BGBl. I S. 2427); vgl. BT-Drucksache 17/6255 vom 22. Juni 2011.

Zu Buchstabe b (Absatz 7)

Zu Doppelbuchstabe aa (Satz 1)

Es handelt sich um eine Umsetzung von Artikel 9 Nummer 33 der Richtlinie 2010/78/EU, mit dem Artikel 130 Absatz 1 Unterabsatz 1 und 2 der Richtlinie 2006/48/EG neu gefasst werden. Die Ergänzung stellt sicher, dass auch die Europäische Bankenaufsichtsbehörde und der Europäische Ausschuss für Systemrisiken in Krisensituationen einschließlich einer Situation im Sinne des Artikels 18 der Verordnung (EU) Nr. 1093/2010 die notwendigen Informationen von der Bundesanstalt als konsolidierendem Aufseher erhalten.

Zu Doppelbuchstabe bb (Satz 2 – neu)

Mit dem neuen Satz 2 wird Artikel 9 Nummer 33 der Richtlinie 2010/78/EU umgesetzt, durch den Artikel 130 Absatz 1 Unterabsatz 2 der Richtlinie 2006/48/EG neu gefasst wird.

Durch die Regelung wird in Ergänzung zu Satz 1 der Informationsfluss zu den betroffenen konsolidierenden Aufsehern sichergestellt. Erlangt die Deutsche Bundesbank Kenntnis von dem Auftreten einer Krise, informiert sie hierüber die Bundesanstalt (§ 7 KWG), welche dann ihrerseits – sofern noch nicht geschehen – die betroffenen konsolidierenden Aufseher unterrichtet.

Amtliche Begründung[1]

Zu Nummer 11 (§ 8)

Diese Änderung setzt den Artikel 3 Nummer 20 Buchstabe a und b der Richtlinie 2011/89/EU um, der eine Änderung des Artikels 132 Absatz 1 der Richtlinie 2006/48/EG vornimmt und gemischte Finanzholding-Gruppen in den Regelungsbereich des § 8 einbezieht.

Amtliche Begründung[2]

Zu Nummer 15 (§ 8)

Zu Buchstabe a (Absatz 3)

In § 8 Absatz 3 Satz 1 KWG wird der Anwendungsbereich um gemischte Finanzholding-Gruppen erweitert. Hierbei handelt es sich um die Umsetzung von Artikel 111 Absatz 6 der Richtlinie 2012/.../EU. In Satz 6 erfährt die bisherige Nummer 1 aufgrund

---

1 Zum Gesetz zur Umsetzung der Richtlinie 2011/89/EU des Europäischen Parlaments und des Rates vom 16. November 2011 zur Änderung der Richtlinien 98/78/EG, 2002/87/EG, 2006/48/EG und 2009/138/EG hinsichtlich der zusätzlichen Beaufsichtigung der Finanzunternehmen eines Finanzkonglomerats vom 27. Juni 2013 (BGBl. I S. 1862); vgl. BT-Drucksache 17/12602 vom 4. März 2013.

2 Zum Gesetz zur Umsetzung der Richtlinie 2013/36/EU über den Zugang zur Tätigkeit von Kreditinstituten und die Beaufsichtigung von Kreditinstituten und Wertpapierfirmen und zur Anpassung des Aufsichtsrechts an die Verordnung (EU) Nr. 575/2013 über Aufsichtsanforderungen an Kreditinstitute und Wertpapierfirmen (CRD IV-Umsetzungsgesetz) vom 28. August 2013 (BGBl. I S. 3395); vgl. BT-Drucksache 17/10974 vom 15. Oktober 2012 und BT-Drucksache 17/13524 – Beschlussempfehlung des Finanzausschusses (7. Ausschuss) – vom 15. Mai 2013.

der Umsetzung von Artikel 112 Absatz 1 Buchstabe a der Richtlinie 2012/.../EU eine Konkretisierung.

Nunmehr reicht es nicht mehr aus, nur wesentliche Institute der Gruppe zu informieren. Die Aufzählung in Artikel 112 Absatz 1 Buchstabe a der Richtlinie 2012/.../EU regelt für alle Mitgliedstaaten der Europäischen Union, über welche gruppenangehörigen Unternehmen zu informieren ist, und vermeidet damit individuelle Einschätzungen der jeweiligen zuständigen Stellen.

Bei allen übrigen Änderungen handelt es sich um redaktionelle Anpassungen, die auf die Änderung von § 1 KWG zurückzuführen sind.

Zu Buchstabe b und d

Es handelt sich um eine redaktionelle Anpassung an die in der Verordnung (EU) Nr. .../2012 verwendeten Begrifflichkeiten.

Zu Buchabe c (Absatz 7)

Bei den Änderungen in § 8 Absatz 7 KWG handelt es sich um die Umsetzung von Artikel 60 Absatz 1 der Richtlinie 2012/.../EU, mit dem der Kreis in Krisensituationen zu benachrichtigender Stellen um gegebenenfalls betroffene Zentralregierungen erweitert wird.

Zu Buchstabe e (Absatz 9)

Die Ergänzung in Absatz 9 Satz 1 trägt der Tatsache Rechnung, dass die europarechtlichen Vorgaben nicht mehr ausschließlich in einer in deutsches Recht umzusetzenden EU-Richtlinie enthalten sind, sondern in Teilen auch in der unmittelbar geltenden Verordnung (EU) Nr. .../2012.

ANMERKUNG
1. Absatz 3 wurde durch das 3. KWG-Änderungsgesetz von 1984 eingefügt (vgl. die vorstehende Amtliche Begründung).
2. Absatz 3 wurde durch das 4. KWG-Änderungsgesetz vom 21. Dezember 1992 geändert, Absatz 4 eingefügt. Die beiden Absätze wurden durch das 6. KWG-Änderungsgesetz vom 22. Oktober 1997 umgestaltet.
3. Durch das Gesetz über die integrierte Finanzdienstleistungsaufsicht vom 22. April 2002 wurde Absatz 4 neu gefasst. Im Übrigen wurden redaktionelle Anpassungen aufgrund der Änderung der Bezeichnung der Aufsichtsbehörde in Bundesanstalt für Finanzdienstleistungsaufsicht vorgenommen. Durch das 4. Finanzmarktförderungsgesetz vom 21. Juni 2002 wurde Absatz 2 neu gefasst.
4. Durch das Finanzkonglomeraterichtlinie-Umsetzungsgesetz vom 21. Dezember 2004 (BGBl. I S. 3610) wurden in Absatz 2 Satz 1 und Absatz 3 Satz 1 redaktionelle Anpassungen vorgenommen.
5. Durch das Gesetz zur Umsetzung der neu gefassten Bankenrichtlinie und der neu gefassten Kapitaladäquanzrichtlinie vom 17. November 2006 wurde der bisherige Absatz 4 zu Absatz 8.
6. Durch das Finanzmarktrichtlinie-Umsetzungsgesetz wurde der neue Absatz 3a eingefügt.
7. Durch das Gesetz zur Umsetzung der Beteiligungsrichtlinie vom 12. März 2009 (BGBl. I S. 470) wurde § 8 Absatz 3 nach Satz 1 in Anlehnung an die umfassende Änderung des § 2c Absatz 1a und 1b ergänzt.
8. § 8 Absatz 3 wurde um Satz 7 ergänzt und Absatz 7 wurde neu eingefügt aufgrund des Gesetzes zur Umsetzung der geänderten Bankenrichtlinie und der geänderten Kapitaladäquanzrichtlinie vom 19. November 2010 (BGBl. I S. 1592) – siehe die hierzu ergangene Amtliche Begründung.

9. In § 8 Absatz 3 Satz 2 Nummer 1 bis 3 wurde jeweils das Wort »E-Geld-Institut« gestrichen durch das Gesetz zur Umsetzung der Zweiten E-Geld-Richtlinie vom 1. März 2011 (BGBl. I S. 288), da der Institutstypus aus diesem Gesetz genommen und dem Zahlungsdiensteaufsichtsgesetz unterstellt wurde.
10. In § 8 Absatz 3 Satz 2 Nummer 1 wurde der Hinweis auf die EG-Richtlinie aktualisiert durch das Gesetz zur Umsetzung der Richtlinie 2009/65/EG zur Koordinierung der Rechts- und Verwaltungsvorschriften betreffend bestimmte Organismen für gemeinsame Anlagen in Wertpapiere (OGAW-IV-UmsG) vom 22. Juni 2011 (BGBl I S. 1126).
11. § 8 Absatz 3 und Absatz 7 wurden geändert und Absatz 3 erweitert um die Sätze der Hilfsersuchen der Bundesanstalt auf der Grundlage des Artikels 19 der Verordnung (EU) 1093/2010 und der Verordnung 1095/2010 durch das Gesetz zur Umsetzung der Richtlinie 2010/78/EU des Europäischen Parlaments und des Rates vom 24. November 2010 im Hinblick auf die Errichtung des Europäischen Finanzaufsichtssystems vom 4. Dezember 2011 (BGBl. I S. 2427); siehe dazu die Amtliche Begründung.
12. § 8 Absatz 3, 4 und 7 wurden geändert durch das Gesetz zur Umsetzung der Richtlinie 2011/89/EU des Europäischen Parlaments und des Rates vom 16. November 2011 zur Änderung der Richtlinien 98/78/EG, 2002/87/EG, 2006/48/EG und 2009/138/EG hinsichtlich der zusätzlichen Beaufsichtigung der Finanzunternehmen eines Finanzkonglomerats vom 27. Juni 2013 (BGBl. I S. 1862); vgl. die hierzu abgedruckte Amtliche Begründung.
13. § 8 Absatz 3 und die Absätze 7 bis 9 wurden durch das CRD IV-Umsetzungsgesetz vom 28. August 2013 (BGBl. I S. 3395) geändert. Zu den Hintergründen vgl. die hierzu abgedruckte Amtliche Begründung. Der Verweis auf die unvollständige Angabe der in der Amtlichen Begründung zitierten Richtlinie ergibt sich vollständig aus der Fußnote zur Amtlichen Begründung.
14. Zur Anwendbarkeit des § 8 Absatz 3 Satz 7 vgl. § 64r Absatz 1.

§ 8a Besondere Aufgaben bei der Aufsicht auf zusammengefasster Basis

(1) Ist die Bundesanstalt für die Aufsicht auf zusammengefasster Basis über eine Institutsgruppe, eine Finanzholding-Gruppe oder eine gemischte Finanzholding-Gruppe im Sinne des § 10a zuständig, an deren Spitze ein EU-Mutterinstitut, eine EU-Mutterfinanzholding-Gesellschaft oder eine gemischte EU-Mutterfinanzholding-Gesellschaft steht, obliegen ihr neben den sonstigen, sich aus diesem Gesetz ergebenden Aufgaben folgende Aufgaben:
1. Koordinierung der Sammlung und Verbreitung zweckdienlicher und grundlegender Informationen nach § 8 Absatz 3 im Rahmen der laufenden Aufsicht und in Krisensituationen; dazu gehören auch die Sammlung und Weitergabe von Informationen über die rechtliche und organisatorische Struktur sowie die Sammlung und Weitergabe der Grundsätze ordnungsgemäßer Geschäftsführung;
2. Planung und Koordinierung der Aufsichtstätigkeiten im Rahmen der laufenden Aufsicht und in Krisensituationen, insbesondere bei widrigen Entwicklungen bei Instituten oder an den Finanzmärkten; die Bundesanstalt und, soweit sie im Rahmen dieses Gesetzes tätig wird, die Deutsche Bundesbank arbeiten hierbei, soweit erforderlich, mit den jeweils zuständigen Stellen der anderen Staaten des Europäischen Wirtschaftsraums zusammen; im Rahmen der laufenden Aufsicht umfasst die Zusammenarbeit insbesondere die laufende Überwachung des Risikomanagements der Institute, grenzüberschreitende Prüfungen, Maßnahmen bei organisatorischen Mängeln nach § 45b, die Offenlegung durch die Institute und die in den Artikeln 76 bis 87 und 92 bis 96 der Richtlinie 2013/36/EU genannten technischen Vorgaben für die Organisation und Behandlung von Risiken; in Krisensituationen, insbesondere bei widrigen Entwicklungen in Instituten oder an den Finanzmärkten, schließt die Zusammenarbeit die Anordnung von Maßnahmen nach den §§ 45 bis 46b, die Ausarbeitung gemeinsamer Bewertungen, die

Durchführung von Notfallkonzepten und die Kommunikation mit der Öffentlichkeit ein;
3. die Übersendung der Verzeichnisse im Sinne des § 7a Absatz 3 an die jeweils zuständigen Stellen der anderen Staaten des Europäischen Wirtschaftsraums.

Arbeiten die zuständigen Stellen der anderen Staaten des Europäischen Wirtschaftsraums mit der Bundesanstalt nicht in dem Umfang zusammen, der zur Erfüllung der Aufgaben nach Satz 1 erforderlich ist, kann die Bundesanstalt nach Maßgabe des Artikels 19 der Verordnung (EU) Nr. 1093/2010 die Europäische Bankenaufsichtsbehörde um Hilfe ersuchen.

(2) Die Bundesanstalt und die zuständigen Stellen im Europäischen Wirtschaftsraum können in Kooperationsvereinbarungen die näheren Bestimmungen für die Beaufsichtigung von Institutsgruppen, Finanzholding-Gruppen oder gemischte Finanzholding-Gruppen im Sinne von § 10a regeln. In diesen Vereinbarungen können der jeweils für die Aufsicht auf zusammengefasster Basis zuständigen Stelle weitere Aufgaben übertragen und Verfahren für die Beschlussfassung und die Zusammenarbeit mit anderen zuständigen Behörden festgelegt werden.

(3) Ist die Bundesanstalt für die Beaufsichtigung einer Institutsgruppe, einer Finanzholding-Gruppe oder einer gemischten Finanzholding-Gruppe auf zusammengefasster Basis zuständig, an deren Spitze ein EU-Mutterinstitut, eine EU-Mutterfinanzholding-Gesellschaft oder eine gemischte EU-Mutterfinanzholding-Gesellschaft steht, so soll sie mit den für die Beaufsichtigung der gruppenangehörigen Unternehmen zuständigen Stellen im Europäischen Wirtschaftsraum eine gemeinsame Entscheidung treffen,
1. ob die Eigenmittelausstattung der Gruppe auf zusammengefasster Basis ihrer Finanzlage und ihrem Risikoprofil angemessen ist und
2. welche zusätzlichen Eigenmittelanforderungen für jedes gruppenangehörige Unternehmen und auf zusammengefasster Basis erforderlich sind.

Die Entscheidung ist schriftlich umfassend zu begründen und hat angemessen die von den jeweils zuständigen Stellen durchgeführte Risikobewertung der Tochterunternehmen zu berücksichtigen. Die Bundesanstalt stellt die Entscheidung dem übergeordneten Unternehmen der Gruppe zu. Stimmen nicht alle für die Beaufsichtigung der gruppenangehörigen Unternehmen zuständigen Stellen im Europäischen Wirtschaftsraum der Entscheidung der Bundesanstalt zu, beteiligt die Bundesanstalt von sich aus oder auf Antrag einer der anderen zuständigen Stellen die Europäische Bankenaufsichtsbehörde. Deren Stellungnahme ist im weiteren Verfahren zu berücksichtigen; erhebliche Abweichungen hiervon sind in der Entscheidung zu begründen.

(4) Kommt innerhalb von vier Monaten nach Übermittlung einer Risikobewertung der Gruppe an die zuständigen Stellen keine gemeinsame Entscheidung zustande, entscheidet die Bundesanstalt allein, ob die Eigenmittelausstattung der Institutsgruppe, Finanzholding-Gruppe oder gemischten Finanzholding-Gruppe auf zusammengefasster Basis sowie die Eigenmittelausstattung der gruppenangehörigen Unternehmen, die sie auf Einzelbasis oder unterkonsolidierter Basis beaufsichtigt, der Finanzlage und dem Risikoprofil angemessen sind oder ob zusätzliche Eigenmittelanforderungen erforderlich sind und gibt die Entscheidung dem übergeordneten Unternehmen der Gruppe bekannt. Dabei berücksichtigt die Bundesanstalt in angemessener Weise die von den jeweils zuständigen Stellen durchgeführten Risikobewertungen der Tochterunternehmen. Hat die Bundesanstalt oder eine zuständige Stelle in einem anderen Staat des Europäischen Wirtschaftsraums bis zum Ablauf der Viermonatsfrist nach Satz 1 nach Maßgabe des Artikels 19 der Verordnung (EU) Nr. 1093/2010 die Europäische Bankenaufsichtsbehörde um Hilfe ersucht, stellt die Bundesanstalt ihre Entscheidung nach Satz 1 bis zu einem Beschluss der Europäischen Bankenaufsichtsbehörde gemäß Artikel 19 Absatz 3 der Verordnung (EU) Nr. 1093/2010 zurück und entscheidet dann in Übereinstimmung mit einem solchen Beschluss. Nach Ablauf der

Viermonatsfrist oder nachdem eine gemeinsame Entscheidung getroffen wurde, kann die Europäische Bankenaufsichtsbehörde nicht mehr um Hilfe ersucht werden. Hinsichtlich der Angemessenheit der Eigenmittelausstattung und der Notwendigkeit von zusätzlichen Eigenmittelanforderungen der gruppenangehörigen Unternehmen, die nicht von der Bundesanstalt auf Einzelbasis oder unterkonsolidierte Basis beaufsichtigt werden, übermittelt die Bundesanstalt ihre Auffassung an die jeweils zuständige Stelle. Erhält die Bundesanstalt von einer anderen zuständigen Stelle eine begründete Entscheidung, die der Risikobewertung und den Auffassungen Rechnung trägt, die die anderen zuständigen Stellen innerhalb des Zeitraums von vier Monaten durchgeführt und geäußert haben, übermittelt sie dieses Dokument allen betroffenen zuständigen Stellen sowie dem übergeordneten Unternehmen der Gruppe.

(5) Entscheidungen nach den Absätzen 3 und 4 sind in der Regel jährlich und ausnahmsweise dann unterjährig zu aktualisieren, wenn eine für die Beaufsichtigung eines gruppenangehörigen Unternehmens zuständige Stelle dies bei der Bundesanstalt schriftlich und umfassend begründet beantragt. In diesem Fall kann die Aktualisierung allein zwischen der Bundesanstalt und der zuständigen Stelle, die den Antrag gestellt hat, abgestimmt werden.

(6) Ist die Bundesanstalt im Sinne des Absatzes 3 Satz 1 für die Beaufsichtigung einer Institutsgruppe, einer Finanzholding-Gruppe oder einer gemischten Finanzholding-Gruppe zuständig, so hat sie eine gemeinsame Entscheidung im Sinne des Absatzes 3 über die von ihr beabsichtigten Maßnahmen im Rahmen der Liquiditätsaufsicht und über institutsspezifische Liquiditätsanforderungen herbeizuführen; Absatz 3 Satz 2 und 3 gilt entsprechend. Kommt innerhalb eines Monats nach Übermittlung einer Bewertung des Liquiditätsrisikoprofils der Gruppe an die zuständigen Stellen keine gemeinsame Entscheidung zustande, entscheidet die Bundesanstalt allein über die Maßnahmen und gibt die Entscheidung dem übergeordneten Unternehmen der Gruppe bekannt. Hat die Bundesanstalt oder eine zuständige Stelle in einem anderen Staat des Europäischen Wirtschaftsraums bis zum Ablauf der Einmonatsfrist nach Satz 1 die Europäische Bankenaufsichtsbehörde nach Maßgabe des Artikels 19 der Verordnung (EU) Nr. 1093/2010 um Hilfe ersucht, stellt die Bundesanstalt ihre Entscheidung nach Satz 1 bis zu einem Beschluss der Europäischen Bankenaufsichtsbehörde gemäß Artikel 19 Absatz 3 der Verordnung (EU) Nr. 1093/2010 zurück und entscheidet dann in Übereinstimmung mit einem solchen Beschluss. Nach Ablauf der Einmonatsfrist oder nachdem eine gemeinsame Entscheidung getroffen wurde, kann die Europäische Bankenaufsichtsbehörde nicht mehr um Hilfe ersucht werden. Absatz 5 gilt entsprechend.

Amtliche Begründung[1]

Absatz 1 setzt Artikel 129 Abs. 1 der Bankenrichtlinie um. Die Regelung weist der Bundesanstalt weitere Aufgaben zu, wenn sie für die Aufsicht auf zusammengefasster Basis über eine Gruppe zuständig ist, an deren Spitze ein EU-Mutterinstitut oder eine EU-Mutterfinanzholding-Gesellschaft steht. Sie gehört damit ebenfalls in den Kreis der Richtlinienvorgaben, die auf eine stärkere Betonung der Bedeutung der im Hinblick auf grenzüberschreitende Gruppen für die Aufsicht auf zusammengefasster Basis zuständigen Stelle gerichtet sind. Dieser Stelle wird dabei zunehmend die Rolle einer zentralen Ansprechpartnerin und Koordinatorin für die Aufsicht über die gruppenangehörigen Unternehmen sowohl in Krisensituationen als auch im Rahmen der laufenden Aufsicht zugewiesen. Die zusätzlichen Aufgaben umfassen insbesondere Koordinations- und Planungsaufgaben im Hinblick auf die Informationssammlung und Verteilung sowie die Planung und Koordination der Aufsichtstätigkeit.

1 Zum Gesetz zur Umsetzung der neu gefassten Bankenrichtlinie und der neu gefassten Kapitaladäquanzrichtlinie vom 17. November 2006 (BGBl. I S. 2606).

Ergänzend zu den der für die Aufsicht auf zusammengefasster Basis zuständigen Stelle bereits unmittelbar durch die Richtlinie zugewiesenen zusätzlichen Aufgaben sieht Artikel 131 zweiter Unterabsatz der Bankenrichtlinie, der mit Absatz 2 umgesetzt wird, die Möglichkeit der EWR-Staaten vor, im Rahmen von Kooperationsvereinbarungen zwischen den zuständigen Stellen im Europäischen Wirtschaftsraum weitere Aufgaben auf diese Stelle zu übertragen. Hierdurch kann unterschiedlichen aufsichtlichen Anforderungen, die sich z.B. aus der Struktur der Gruppe ergeben, besser Rechnung getragen werden.

Amtliche Begründung[1]

Zu Nummer 8 (§ 8a)

Zu Buchstabe a

Die Neufassung von § 8a Absatz 1 Nummer 2 beruht auf Artikel 1 Nummer 31 Buchstabe a der Richtlinie 2009/111/EG, mit der Artikel 129 Absatz 1 Buchstaben b und c in die Bankenrichtlinie eingefügt werden. Damit wird der Umfang der Zusammenarbeit im Rahmen der laufenden Aufsicht und in Krisensituationen erweitert. Neben der bereits vorgesehenen laufenden Überwachung des Risikomanagements der Institute sowie bei grenzüberschreitenden Prüfungen kommen im Rahmen der laufenden Überwachung Maßnahmen bei organisatorischen Mängeln nach § 45b, Offenlegung durch die Institute und die in Anhang V der Bankenrichtlinie genannten technischen Vorgaben für die Organisation und Behandlung von Risiken hinzu. Bei widrigen Entwicklungen bei Instituten oder an den Finanzmärkten oder in Krisensituationen umfasst die Zusammenarbeit außergewöhnliche bankaufsichtliche Maßnahmen, die Ausarbeitung gemeinsamer Bewertungen, die Durchführung von Notfallkonzepten und die Kommunikation mit der Öffentlichkeit. Bundesanstalt und Bundesbank nutzen dabei so weit wie möglich bestehende Kommunikationswege.

Zu Buchstabe b

Die neu angefügten Absätze 3 bis 5 setzen Artikel 1 Absatz 31 Buchstabe b der Richtlinie 2009/111/EG, mit der Artikel 129 Absatz 3 in die Bankenrichtlinie eingefügt wird, um. Die Zusammenarbeit auf europäischer Ebene zwischen der Aufsichtsbehörde, die für die Aufsicht über eine Institutsgruppe oder Finanzholding-Gruppe auf zusammengefasster Basis zuständig ist, und der oder den in anderen Staaten des EWR für die Beaufsichtigung von Tochtergesellschaften dieser Gruppe zuständigen Stellen wird verstärkt. Künftig sind diese Aufsichtsinstitutionen gehalten, eine gemeinsame Entscheidung darüber zu treffen, ob die Eigenmittelausstattung der Gruppe auf konsolidierter Ebene ihrer Finanzlage und ihrem Risikoprofil angemessen ist und ob zusätzliche Eigenmittelanforderungen an einzelne Unternehmen der Bankengruppe und/oder auf konsolidierter Basis erforderlich sind.

Im Falle der Uneinigkeit zwischen den beteiligten zuständigen Stellen, kann die jeweils zuständige konsolidierende Aufsichtsbehörde aufgrund eigener Entscheidung oder auf Antrag einer oder mehrerer zuständiger Stellen CEBS konsultieren. Sollte von dessen Votum in der endgültigen Entscheidung in erheblichem Umfang abgewichen werden, ist dies zu begründen. Der Entscheidung von CEBS kommt damit als »Streitschlichtung« eine besondere Bedeutung zu.

---

1 Zum Gesetz zur Umsetzung der geänderten Bankenrichtlinie und der geänderten Kapitaladäquanzrichtlinie vom 19. November 2010 (BGBl. I S. 1592); vgl. BT-Drucksache 17/1720 vom 17. Mai 2010.

Kommt es nach vier Monaten dennoch nicht zu einer gemeinsamen Entscheidung, sieht die Richtlinie zur Vermeidung einer dauerhaften Blockade vor, dass in solch einem Fall, die Aufsichtbehörde, die für die Aufsicht auf Gruppenebene zuständig ist, nach vier Monaten allein über die Angemessenheit der Eigenmittelausstattung und die Notwendigkeit von zusätzlichen Eigenmittelanforderungen auf konsolidierter Ebene entscheidet, während die für die Aufsicht auf Einzelinstitutsebene bzw. auf unterkonsolidierter Basis zuständigen Stellen die entsprechenden Entscheidungen für die einzelnen Tochterunternehmen treffen.

Amtliche Begründung[1]

Zu Nummer 6 (§ 8 a)

Zu Buchstabe a (Absatz 1 Satz 2 – neu)

Es handelt sich um die Umsetzung von Artikel 9 Nummer 32 Buchstabe a der Richtlinie 2010/78/EU, mit dem Artikel 129 Absatz 1 der Richtlinie 2006/48/EG geändert wird. Durch die Befugnis, die Europäische Bankenaufsichtsbehörde bei Schwierigkeiten bei der Zusammenarbeit im Rahmen der Aufsicht auf zusammengefasster Basis um Hilfe zu ersuchen, sollen eine effiziente und wirksame Aufsicht sowie eine ausgewogene Berücksichtigung der Positionen der nationalen Aufsichtsbehörden sichergestellt werden.

Zu Buchstabe b (Absatz 3)

Zu den Doppelbuchstaben aa und bb

Die Änderungen ergeben sich daraus, dass die Europäische Bankenaufsichtsbehörde mit ihrer Errichtung an die Stelle des Ausschusses der europäischen Bankaufsichtsbehörden tritt.

Zu Buchstabe c (Absatz 4)

Es handelt sich um die Umsetzung von Artikel 9 Nummer 32 Buchstabe d Doppelbuchstabe ii der Richtlinie 2010/78/EU, durch den Artikel 129 Absatz 3 Unterabsatz 4 der Richtlinie 2006/48/EG geändert wird. Gelangen die zuständigen nationalen Stellen innerhalb der vier Monate nicht zu einer gemeinsamen Entscheidung, kann bis zum Ablauf der Viermonatsfrist die Europäische Bankenaufsichtsbehörde mit der Angelegenheit befasst werden. Die Viermonatsfrist ist insofern als Schlichtungsphase im Sinne des Artikels 19 Absatz 2 der Verordnung (EU) Nr. 1093/2010 anzusehen, in der die zuständigen Stellen eine Einigung erzielen können. Im Falle ihrer Befassung fasst die Europäische Bankenaufsichtsbehörde ihren Beschluss gemäß Artikel 19 Absatz 3 der Verordnung (EU) Nr. 1093/2010 innerhalb eines Monats. Die Bundesanstalt trifft ihre Entscheidung in Übereinstimmung mit einem solchen Beschluss.

---

1 Zum Gesetz zur Umsetzung der Richtlinie 2010/78/EU vom 24. November 2010 im Hinblick auf die Errichtung des Europäischen Finanzaufsichtssystems vom 4. Dezember 2011 (BGBl. I S. 2427); vgl. BT-Drucksache 17/6255 vom 22. Juni 2011.

Amtliche Begründung[1]

Zu Nummer 12 (§ 8a)

Diese Änderung setzt Artikel 3 Nummer 18 Buchstabe a und c der Richtlinie 2011/89/EU um, die Änderungen des Artikels 129 Absatz 1 und Absatz 3 der Richtlinie 2006/48/EG vornehmen und gemischte EU-Mutterfinanzholding-Gesellschaften und gemischte Finanzholding-Gruppen in den Regelungsbereich des § 8a einbeziehen. Die Aufnahme von Nummer 3 in Absatz 1 Satz 1 setzt den Artikel 3 Nummer 23 Buchstabe b der Richtlinie 2011/89/EU um, der eine Änderung des Artikels 140 Absatz 3 der Richtlinie 2006/48/EG vornimmt und die Übermittlung von Verzeichnissen der Finanzholding-Gesellschaften und gemischten Finanzholding-Gesellschaften, für deren Beaufsichtigung die Bundesanstalt auf zusammengefasster Basis zuständig ist, an die zuständigen Stellen der anderen Staaten des Europäischen Wirtschaftsraums verlangt.

Amtliche Begründung[2]

Zu Nummer 16 (§ 8a)

Zu Buchstabe a (Absatz 1)

Zu Doppelbuchstabe aa

Mit der Erweiterung der Informationspflichten um solche Informationen, die gemischte Finanzholding-Gruppen betreffen, wird die Vorgabe aus Artikel 108 Absatz 1, Artikel 111 Absatz 6 und Artikel 112 Absatz 1 der Richtlinie 2012/.../EU umgesetzt, der diese Erweiterung vorsieht.

Zu Buchstabe b (Absatz 2)

Die Erweiterung der Informationspflichten um solche Informationen, die gemischte Finanzholding-Gruppen betreffen, ergibt sich aus der Umsetzung von Artikel 108 Absatz 1 der Richtlinie 2012/.../EU.

Zu Buchstabe d

Es handelt sich um eine redaktionelle Anpassung an die in der Verordnung (EU) Nr. .../2012 verwendeten Begrifflichkeiten.

---

[1] Zum Gesetz zur Umsetzung der Richtlinie 2011/89/EU des Europäischen Parlaments und des Rates vom 16. November 2011 zur Änderung der Richtlinien 98/78/EG, 2002/87/EG, 2006/48/EG und 2009/138/EG hinsichtlich der zusätzlichen Beaufsichtigung der Finanzunternehmen eines Finanzkonglomerats vom 27. Juni 2013 (BGBl. I S. 1862); vgl. BT-Drucksache 17/12602 vom 4. März 2013.

[2] Zum Gesetz zur Umsetzung der Richtlinie 2013/36/EU über den Zugang zur Tätigkeit von Kreditinstituten und die Beaufsichtigung von Kreditinstituten und Wertpapierfirmen und zur Anpassung des Aufsichtsrechts an die Verordnung (EU) Nr. 575/2013 über Aufsichtsanforderungen an Kreditinstitute und Wertpapierfirmen (CRD IV-Umsetzungsgesetz) vom 28. August 2013 (BGBl. I S. 3395); vgl. BT-Drucksache 17/10974 vom 15. Oktober 2012 und BT-Drucksache 17/13524 – Beschlussempfehlung des Finanzausschusses (7. Ausschuss) – vom 15. Mai 2013.

Zu den Buchstaben c und e

Mit dem neuen Absatz 6 wird das Verfahren über eine gemeinsame Entscheidung im Rahmen der Liquiditätsaufsicht geregelt, das in Artikel 108 Absätze 2 bis 4 der Richtlinie 2012/.../EU vorgesehen ist.

ANMERKUNG
1. § 8a Absatz 1 Nummer 2 wurde neu gefasst und um die Absätze 3 bis 5 ergänzt durch das Gesetz zur Umsetzung der geänderten Bankenrichtlinie und der geänderten Kapitaladäquanzrichtlinie vom 19. November 2010 (BGBl. I S. 1592); vgl. die vorstehende Amtliche Begründung.
2. § 8a wurde in Absatz 1 um einen Satz erweitert, Absatz 3 wurde redaktionell angepasst und in Absatz 4 wurden nach Satz 2 zwei Sätze eingefügt betreffend das Hilfsersuchen der Bundesanstalt auf der Grundlage des Artikels 19 der Verordnung (EU) 1093/2010 durch das Gesetz zur Umsetzung der Richtlinie 2010/78/EU des Europäischen Parlaments und des Rates vom 24. November 2010 im Hinblick auf die Errichtung des Europäischen Finanzaufsichtssystems vom 4. Dezember 2011 (BGBl. I S. 2427).
3. Die Absätze 1 bis 4 des § 8a wurden geändert durch das Gesetz zur Umsetzung der Richtlinie 2011/89/EU des Europäischen Parlaments und des Rates vom 16. November 2011 zur Änderung der Richtlinien 98/78/EG, 2002/87/EG, 2006/48/EG und 2009/138/EG hinsichtlich der zusätzlichen Beaufsichtigung der Finanzunternehmen eines Finanzkonglomerats vom 27. Juni 2013 (BGBl. I S. 1862); vgl. die hierzu abgedruckte Amtliche Begründung.
4. Die Absätze 1 und 2 wurden geändert und Absatz 6 wurde dem § 8a neu angefügt durch das CRD IV-Umsetzungsgesetz vom 28. August 2013 (BGBl. I S. 3395); vgl. die hierzu abgedruckte Amtliche Begründung. Der Verweis auf die unvollständige Angabe der in der Amtlichen Begründung zitierten Richtlinie ergibt sich vollständig aus der Fußnote zur Amtlichen Begründung.

§ 8b *(weggefallen)*

§ 8c Übertragung der Zuständigkeit für die Aufsicht über Institutsgruppen, Finanzholding-Gruppen, gemischte Finanzholding-Gruppen und gruppenangehörige Institute

(1) Die Bundesanstalt kann von der Beaufsichtigung einer Institutsgruppe, Finanzholding-Gruppe oder gemischten Finanzholding-Gruppe im Sinne des § 10a absehen und die Aufsicht auf zusammengefasster Basis widerruflich auf eine andere zuständige Stelle innerhalb des Europäischen Wirtschaftsraums übertragen, wenn die Beaufsichtigung durch die Bundesanstalt im Hinblick auf die betreffenden Institute und die Bedeutung ihrer Geschäftstätigkeit in dem anderen Staat unangemessen wäre und wenn bei
1. Institutsgruppen das übergeordnete Unternehmen der Gruppe Tochterunternehmen eines CRR-Instituts mit Sitz in dem anderen Staat des Europäischen Wirtschaftsraums und dort in die Beaufsichtigung auf zusammengefasster Basis gemäß der Verordnung (EU) Nr. 575/2013 einbezogen ist oder
2. Finanzholding-Gruppen oder gemischte Finanzholding-Gruppen diese von den zuständigen Stellen des anderen Staates des Europäischen Wirtschaftsraums auf zusammengefasster Basis gemäß der Verordnung (EU) Nr. 575/2013 beaufsichtigt werden.

Die Bundesanstalt stellt in diesen Fällen das übergeordnete Unternehmen widerruflich von den Vorschriften dieses Gesetzes über die Beaufsichtigung auf zusammengefasster Basis frei. Vor der Freistellung und der Übertragung der Zuständigkeit ist das übergeordnete Unternehmen anzuhören. Die Europäische Kommission und die Europäische Bankenaufsichtsbehörde sind über das Bestehen und den Inhalt dieser Vereinbarungen zu unterrichten.

(2) Übernimmt die Bundesanstalt auf Grund einer Übereinkunft mit einer zuständigen Stelle innerhalb des Europäischen Wirtschaftsraums die Aufsicht auf zusammengefasster Basis über eine Institutsgruppe, eine Finanzholding-Gruppe oder eine gemischte Finanzholding-Gruppe, kann sie ein Institut der Gruppe mit Sitz im Inland als übergeordnetes Unternehmen bestimmen. § 10a gilt entsprechend.

(3) Die Bundesanstalt kann nach Maßgabe des Artikels 28 der Verordnung (EU) Nr. 1093/2010 die Zuständigkeit für die Beaufsichtigung eines Instituts, für dessen Zulassung sie zuständig ist, widerruflich auf eine andere zuständige Stelle innerhalb des Europäischen Wirtschaftsraums übertragen, wenn das Institut Tochterunternehmen eines Instituts ist, für dessen Zulassung und Beaufsichtigung diese zuständige Stelle nach Maßgabe der Verordnung (EU) Nr. 575/2013 zuständig ist. Vor der Übertragung der Zuständigkeit ist dieses Institut anzuhören. Die Europäische Bankenaufsichtsbehörde ist über das Bestehen und den Inhalt dieser Vereinbarungen zu unterrichten.

Amtliche Begründung[1]

§ 8c ermöglicht es der Bundesanstalt und den zuständigen Stellen im Europäischen Wirtschaftsraum, abweichend von der nach den Vorschriften der Richtlinie und dieses Gesetzes geltenden Zuständigkeitsverteilung im Einzelfall aufgrund bilateraler Übereinkünfte die Zuständigkeit für die Aufsicht auf zusammengefasster Basis oder die Zuständigkeit für die Aufsicht über einzelne nachgeordnete Institute zu übertragen. In beiden Fällen ist die Kommission der Europäischen Gemeinschaften über das Bestehen und den Inhalt der Übereinkünfte zu informieren.

Absatz 1 basiert auf dem bisherigen § 8b und regelt die Möglichkeit der Bundesanstalt, in besonderen Fällen widerruflich von der Beaufsichtigung auf zusammengefasster Basis abzusehen und bei gleichzeitiger Freistellung des übergeordneten Unternehmens der Gruppe von der Beachtung der Vorschriften über die Beaufsichtigung auf zusammengefasster Basis diese im Rahmen einer gemeinsamen Übereinkunft auf eine andere zuständige Stelle im Europäischen Wirtschaftsraum zu übertragen. Die Voraussetzungen für eine Übertragung der Zuständigkeit wurden ergänzt. So gilt weiterhin, dass auch nach der Übertragung der Zuständigkeit sichergestellt sein muss, dass die gruppenangehörigen Institute entsprechend den Vorgaben den Bankenrichtlinie in die Beaufsichtigung auf zusammengefasster Basis einbezogen werden. Darüber hinaus setzt die Übertragung der Zuständigkeit voraus, dass es im Hinblick auf die gruppenangehörigen Unternehmen und die Bedeutung ihrer Geschäftstätigkeit in dem anderen Staat unangemessen wäre, wenn die Bundesanstalt die Aufsicht auf zusammengefasster Basis ausüben würde, auch wenn sie hierfür nach den Regelungen der Richtlinie und dieses Gesetzes zuständig wäre. Auch diese Regelung soll dazu beitragen, den tatsächlichen Anforderungen an die Aufsicht und der jeweiligen Bedeutung der Institute oder Gruppen für die einzelnen Mitgliedstaaten besser Rechnung zu tragen. Zur Erhaltung der Transparenz und aus Gründen der Rechtsklarheit ist – neben der Unterrichtung der Kommission der Europäischen Gemeinschaften – das betroffene übergeordnete Unternehmen der Gruppe vor der Übertragung der Zuständigkeit zu hören und für die Dauer der Übertragung von seinen Pflichten aufgrund der Vorschriften über die Beaufsichtigung auf zusammengefasster Basis freizustellen.

---

[1] Zum Gesetz zur Umsetzung der neu gefassten Bankenrichtlinie und der neu gefassten Kapitaladäquanzrichtlinie vom 17. November 2006 (BGBl. I S. 2606).

Absatz 2 wurde neu gefasst und regelt den Fall, dass aufgrund einer Vereinbarung mit einer anderen zuständigen Stelle innerhalb des Europäischen Wirtschaftsraums die Zuständigkeit für die Beaufsichtigung einer Institutsgruppe oder Finanzholding-Gruppe auf die Bundesanstalt übertragen wurde. Da in diesem Fall das übergeordnete Unternehmen nach Maßgabe der Bankenrichtlinie nicht der Aufsicht der Bundesanstalt unterliegt, erhält sie mit Absatz 2 die Möglichkeit, entsprechend den Regeln des § 10a Abs. 1 und 3 ein Institut mit Sitz im Inland als übergeordnetes Unternehmen der Gruppe zu bestimmen und so eine wirksame Aufsicht auf zusammengefasster Basis zu gewährleisten.

Absatz 3 gibt der Bundesanstalt, aufbauend auf Artikel 131 dritter Unterabsatz der Bankenrichtlinie, die Möglichkeit, die Zuständigkeit für die Beaufsichtigung eines Instituts, für dessen Lizenzierung sie nach Maßgabe der Richtlinie und dieses Gesetzes zuständig ist, auf eine andere zuständige Stelle im Europäischen Wirtschaftsraum zu übertragen, sofern es sich um ein Tochterunternehmen eines durch diese Stelle lizenzierten und beaufsichtigten Instituts handelt.

Amtliche Begründung[1]

Zu Nummer 8 (§ 8c)

Zu Buchstabe a (Absatz 1 Satz 4)

Es handelt sich um eine Umsetzung von Artikel 9 Nummer 31 der Richtlinie 2010/78/EU, mit der Artikel 126 Absatz 4 der Richtlinie 2006/48/EG geändert wird. Nunmehr ist neben der Europäischen Kommission auch die Europäische Bankenaufsichtsbehörde über Bestehen und Inhalt von Vereinbarungen nach § 8c Absatz 1 zu unterrichten.

Zu Buchstabe b (Absatz 3)

Zu Doppelbuchstabe aa (Satz 1)

Die Änderung ergibt sich aus Artikel 9 Nummer 34 der Richtlinie 2010/78/EU, mit dem Artikel 131 Absatz 3 der Richtlinie 2006/48/EG neu gefasst wird.

Zu Doppelbuchstabe bb (Satz 3)

Bei der Änderung handelt es sich um eine Umsetzung von Artikel 9 Nummer 34 der Richtlinie 2010/78/EU, wodurch Artikel 131 Absatz 3 der Richtlinie 2006/48/EG geändert wird. Anstelle der Europäischen Kommission ist nunmehr die Europäische Bankenaufsichtsbehörde über ein Bestehen und den Inhalt der Vereinbarungen nach § 8c Absatz 3 zu unterrichten.

ANMERKUNG

1. Die Vorschrift wurde durch das 5. KWG-Änderungsgesetz vom 28. September 1994 eingefügt und durch das 6. KWG-Änderungsgesetz vom 22. Oktober 1997 geändert. Durch das Gesetz über die integrierte Finanzdienstleistungsaufsicht vom 22. April 2002 wurde die Vorschrift an die geänderte Bezeichnung der Aufsichtsbehörde in Bundesanstalt für Finanzdienstleistungsaufsicht angepasst. Ferner ergaben sich redaktionelle Änderungen durch das 4. Finanzmarktförderungsgesetz vom 21. Juni 2002.

---

1 Zum Gesetz zur Umsetzung der Richtlinie 2010/78/EU vom 24. November 2010 im Hinblick auf die Errichtung des Europäischen Finanzaufsichtssystems vom 4. Dezember 2011 (BGBl. I S. 2427); vgl. BT-Drucksache 17/6255 vom 22. Juni 2011.

2. Der ursprüngliche § 8b wurde durch Einfügung des neuen § 8a in § 8c umbenannt; es handelt sich also um eine redaktionelle Folgeänderung mit inhaltlichen Änderungen.
3. § 8b Absatz 2 Satz 3 Nummer 2 Buchstabe c) enthält eine redaktionelle Folgeänderung der Gesetzesverweisung »§ 45 Absatz 3« in § 45 Absatz 4 durch das Restrukturierungsgesetz vom 9. Dezember 2010 (BGBl. I S. 1900).
4. § 8c Absatz 1 Satz 4 wurde neu gefasst und Absatz 3 geändert durch das Gesetz zur Umsetzung der Richtlinie 2010/78/EU des Europäischen Parlaments und des Rates vom 24. November 2010 im Hinblick auf die Errichtung des Europäischen Finanzaufsichtssystems vom 4. Dezember 2011 (BGBl. I S. 2427); siehe vorstehende Amtliche Begründung.
5. § 8b und § 8d wurden aufgehoben durch das Gesetz zur Umsetzung der Richtlinie 2011/89/EU des Europäischen Parlaments und des Rates vom 16. November 2011 zur Änderung der Richtlinien 98/78/EG, 2002/87/EG, 2006/48/EG und 2009/138/EG hinsichtlich der zusätzlichen Beaufsichtigung der Finanzunternehmen eines Finanzkonglomerats vom 27. Juni 2013 (BGBl. I S. 1862); vgl. BT-Drucksache 17/12 602 vom 4. März 2013. § 8b wurde inhaltlich überführt in das Finanzkonglomerate-Aufsichtsgesetz.
6. Die Änderung der Überschrift und die Änderung der Absätze 1 und 2 in § 8c setzt Artikel 3 Nummer 16 der Richtlinie 2011/89/EU um, der Änderungen des Artikels 126 der Richtlinie 2006/48/EG vornimmt und gemischte Finanzholding-Gruppen in den Regelungsbereich des § 8c einbezieht durch das Gesetz zur Umsetzung der Richtlinie 2011/89/EU des Europäischen Parlaments und des Rates vom 16. November 2011 zur Änderung der Richtlinien 98/78/EG, 2002/87/EG, 2006/48/EG und 2009/138/EG hinsichtlich der zusätzlichen Beaufsichtigung der Finanzunternehmen eines Finanzkonglomerats vom 27. Juni 2013 (BGBl. I S. 1862); vgl. BT-Drucksache 17/12 602 vom 4. März 2013.
7. Die Erweiterung in § 8c Absatz 1 um gemischte Finanzholding-Gruppen durch das CRD IV-Umsetzungsgesetz vom 28. August 2013 (BGBl. I S. 3395) beruht auf Artikel 106 Absatz 5 der Richtlinie 2013/36/EU. Alle weiteren Änderungen sind redaktioneller Natur, die sich aus der Änderung des § 1 Absatz 3d KWG ergeben.

§ 8d *(weggefallen)*

§ 8e Aufsichtskollegien

(1) Ist die Bundesanstalt für die Aufsicht auf zusammengefasster Basis über eine Institutsgruppe, Finanzholding-Gruppe oder gemischte Finanzholding-Gruppe zuständig, richtet sie Aufsichtskollegien ein. Ziel der Einrichtung von Aufsichtskollegien ist es, die Aufgabenwahrnehmung nach § 8 Absatz 7, § 8a und den Bestimmungen der Rechtsverordnung nach § 10 Absatz 1 Satz 1 Nummer 3 zu erleichtern und eine angemessene Zusammenarbeit mit den zuständigen Stellen im Europäischen Wirtschaftsraum, zu denen auch die Europäische Bankenaufsichtsbehörde gehört, sowie mit den zuständigen Stellen in Drittstaaten zu gewährleisten. Die Aufsichtskollegien dienen
1. dem Austausch von Informationen,
2. gegebenenfalls der Einigung über die freiwillige Übertragung von Aufgaben und Zuständigkeiten,
3. der Festlegung aufsichtsrechtlicher Prüfungsprogramme auf der Grundlage der Risikobewertung einer Institutsgruppe, einer Finanzholding-Gruppe oder einer gemischten Finanzholding-Gruppe,
4. der Beseitigung unnötiger aufsichtsrechtlicher Doppelanforderungen,
5. der gleichmäßigen Anwendung der bestehenden aufsichtsrechtlichen Anforderungen auf alle Unternehmen der Gruppe unter Berücksichtigung bestehender Ermessensspielräume und Wahlrechte sowie

6. der Planung und Koordinierung der Aufsichtstätigkeiten in Vorbereitung auf und in Krisensituationen unter Berücksichtigung der Arbeit anderer Foren, die in diesem Bereich eingerichtet werden.

(2) Die Bundesanstalt legt die Einrichtung und Funktionsweise des jeweiligen Aufsichtskollegiums im Benehmen mit den zuständigen Stellen schriftlich fest; § 8a Absatz 2 gilt entsprechend. Die Bundesanstalt leitet die Sitzungen des Aufsichtskollegiums und entscheidet, welche zuständigen Stellen neben der Bundesanstalt und der Deutschen Bundesbank an einer Sitzung oder Tätigkeiten des Aufsichtskollegiums teilnehmen. Neben den für die Beaufsichtigung von Tochterunternehmen der Gruppe zuständigen Stellen und den zuständigen Stellen des Aufnahmemitgliedstaates einer bedeutenden Zweigniederlassung kann die Bundesanstalt auch über die Teilnahme von zuständigen Stellen aus Drittstaaten an dem Aufsichtskollegium entscheiden, sofern diese über Geheimhaltungsvorschriften verfügen, die nach Auffassung aller am Kollegium beteiligten Stellen den Vorschriften des Titels VII Kapitel I Abschnitt II der Richtlinie 2013/36/EU gleichwertig sind.

(3) Die Bundesanstalt informiert alle Mitglieder des Aufsichtskollegiums vorab laufend und umfassend über die Organisation der Sitzungen, die wesentlichen zu erörternden Fragen und die in Betracht kommenden Tätigkeiten sowie rechtzeitig über das in den Sitzungen beschlossene Vorgehen und die durchgeführten Maßnahmen.

(4) Die Bundesanstalt berücksichtigt bei ihren nach Absatz 2 zu treffenden Entscheidungen die Bedeutung der zu planenden oder zu koordinierenden Aufsichtstätigkeiten für die zuständigen Stellen, insbesondere die möglichen Auswirkungen auf die Stabilität des Finanzsystems in den betroffenen Staaten.

(5) Die Bundesanstalt unterrichtet die Europäische Bankenaufsichtsbehörde über die Tätigkeit des Aufsichtskollegiums, insbesondere in Krisensituationen, und übermittelt ihr alle Informationen, die für die Zwecke der Vereinheitlichung der Aufsicht auf europäischer Ebene von besonderem Belang sind. Die Bediensteten der Europäischen Bankenaufsichtsbehörde können sich nach Maßgabe des Artikels 21 der Verordnung (EU) Nr. 1093/2010 an den Aktivitäten der Aufsichtskollegien beteiligen, einschließlich der Teilnahme an Prüfungen gemäß § 44 Absatz 1 und 2, wenn diese von der Bundesanstalt gemeinsam mit mindestens einer anderen zuständigen Stelle im Europäischen Wirtschaftsraum vorgenommen werden.

(6) In den Fällen, in denen die Bundesanstalt nicht für die Aufsicht über eine Institutsgruppe, Finanzholding-Gruppe oder gemischte Finanzholding-Gruppe auf zusammengefasster Basis zuständig ist, aber CRR-Kreditinstitute mit bedeutenden Zweigniederlassungen in anderen Staaten des Europäischen Wirtschaftsraums beaufsichtigt, richtet sie ein Aufsichtskollegium ein, um die Zusammenarbeit mit den zuständigen Stellen des Aufnahmemitgliedstaates nach § 8 Absatz 3 sowie in Krisensituationen zu erleichtern. Absatz 2 Satz 1 und 2 sowie die Absätze 3 und 4 gelten entsprechend.

(7) Bei der Wahrnehmung der Aufgaben nach den Absätzen 1 bis 6 arbeiten die Bundesanstalt und die Deutsche Bundesbank zusammen.

Amtliche Begründung[1]

Zu Nummer 9 (§ 8e)

Der neu eingefügte § 8e Absatz 1 bis 5 setzt Artikel 1 Nummer 33 der Richtlinie 2009/111/EG, mit der Artikel 131a in die Bankenrichtlinie eingefügt wird, um. Der

---

1 Zum Gesetz zur Umsetzung der geänderten Bankenrichtlinie und der geänderten Kapitaladäquanzrichtlinie vom 19. November 2010 (BGBl. I S. 1592); vgl. BT-Drucksache 17/1720 vom 17. Mai 2010.

ebenfalls neu eingefügte Absatz 6 setzt Artikel 1 Nummer 4 der Richtlinie 2009/111/EG, mit der Artikel 42a Absatz 3 in die Bankenrichtlinie eingefügt wird, um. Mit Hilfe der Aufsichtskollegien wird die Beaufsichtigung von EWR-weit tätigen Gruppen zwischen den zuständigen Stellen enger und effizienter ausgestaltet. Die Regelung erfasst darüber hinaus die Beaufsichtigung von Einlagenkreditinstituten oder E-Geldinstituten, die in anderen Mitgliedstaaten des EWR zwar keine Tochterunternehmen, aber dafür bedeutende Zweigniederlassungen errichtet haben. In den Aufsichtskollegien treffen alle Gastlandaufseher unter dem Vorsitz des Heimatlandaufsehers zusammen. In ihrem Rahmen soll die Aufsichtstätigkeit wirksam koordiniert und abgestimmt werden und zwar im Rahmen der laufenden Aufsicht sowie in Krisensituationen. Dazu sollen die Beteiligten unter anderem relevante Informationen aus den verschiedenen EU-Mitgliedstaaten, in denen die Institutsgruppe tätig ist, austauschen, zu einer gemeinsamen Risikoeinschätzung aggregieren und aufsichtliche Prüfungsprogramme auf Grundlage der Risikobewertung der Gruppe festlegen. Zudem sollen aufsichtliche Doppelanforderungen beseitigt und eine kohärente Anwendung der aufsichtlichen Anforderungen durch die Aufsichtskollegien sichergestellt werden. Des Weiteren können sich die Beteiligten zur Effizienzsteigerung auch über eine freiwillige Übertragung von Aufgaben und Zuständigkeiten einigen. Auf diese Weise wird eine unnötige Doppelbelastung der Industrie vermieden. Um eine effiziente Arbeit des Aufsichtskollegiums sicherzustellen, reicht es aus, nur die zuständigen Stellen einzuschalten, die im konkreten Fall betroffen sind; ausschließlich Plenarsitzungen werden nicht verlangt. Die Details der Einrichtung und Funktionsweise der Aufsichtskollegien werden durch schriftliche Koordinierungs- und Kooperationsvereinbarungen geregelt, welche nach Konsultation aller zuständigen Aufsichtsbehörden vom Heimatlandaufseher festgelegt werden.

Zur Vermeidung von Inkonsistenzen und Regulierungsarbitrage ist vorgesehen, dass CEBS Leitlinien für die praktische Arbeitsweise der Aufsichtskollegien entwickelt.

Die Beteiligung der Deutschen Bundesbank bei der Errichtung der Aufsichtskollegien und deren Tätigkeiten dient nicht der Umsetzung von Richtlinienvorgaben, sondern ergibt sich bereits aus den Aufgaben der Deutschen Bundesbank in der laufenden Überwachung.

Amtliche Begründung[1]

Zu Nummer 9 (§ 8e)

Zu Buchstabe a (Absatz 1 Satz 1)

Es handelt sich um eine Umsetzung von Artikel 9 Nummer 35 Buchstabe a der Richtlinie 2010/78/EU, mit dem Artikel 131a Absatz 1 der Richtlinie 2006/48/EG geändert wird. Die Ergänzung stellt klar, dass auch die Europäische Bankenaufsichtsbehörde als zuständige Stelle im Rahmen der Zusammenarbeit in Aufsichtskollegien verstanden wird. Die Bundesanstalt ist daher bei der Einrichtung von Aufsichtskollegien verpflichtet zu prüfen, ob die Europäische Bankenaufsichtsbehörde einzubeziehen ist.

Zu Buchstabe b (Absatz 5)

Die Änderung beruht darauf, dass die Europäische Bankenaufsichtsbehörde mit ihrer Errichtung an die Stelle des Ausschusses der europäischen Bankaufsichtsbehör-

---

[1] Zum Gesetz zur Umsetzung der Richtlinie 2010/78/EU vom 24. November 2010 im Hinblick auf die Errichtung des Europäischen Finanzaufsichtssystems vom 4. Dezember 2011 (BGBl. I S. 2427); vgl. BT-Drucksache 17/6255 vom 22. Juni 2011.

den tritt und spiegelt die Änderung von Artikel 131a Absatz 2 Unterabsatz 6 der Richtlinie 2006/48/EG durch Artikel 9 Nummer 35 Buchstabe b Doppelbuchstabe ii der Richtlinie 2010/78/EU wider. Der neu eingefügte Satz 2 geht auf die Befugnis nach Artikel 21 Absatz 1 der Verordnung (EU) Nr. 1093/2010 zurück, nach denen sich die Bediensteten der Europäischen Bankenaufsichtbehörde zwecks Angleichung der bewährten Aufsichtspraktiken an den Aktivitäten der Aufsichtskollegien beteiligen können. Zu diesen Aktivitäten gehört auch die Teilnahme an örtlichen Prüfungen, wenn diese gemeinsam von mindestens zwei zuständigen nationalen Aufsichtsbehörden durchgeführt werden.

Zu Buchstabe c (Absatz 6)

Es handelt sich um eine redaktionelle Folgeänderung zum Gesetz zur Umsetzung der Zweiten E-Geld-Richtlinie.

ANMERKUNG

1. § 8e Absatz 1 Satz 1, Absatz 5 und Absatz 6 Satz 1 wurden geändert und in Absatz 5 wurde ein Satz zur Berücksichtigung der Verordnung (EU) 1093/2010 eingefügt durch das Gesetz zur Umsetzung der Richtlinie 2010/78/EU des Europäischen Parlaments und des Rates vom 24. November 2010 im Hinblick auf die Errichtung des Europäischen Finanzaufsichtssystems vom 4. Dezember 2011 (BGBl. I S. 2427); vgl. dazu die Amtliche Begründung.

2. § 8e Absatz 1 wurde neu gefasst und Absatz 6 geändert durch das Gesetz zur Umsetzung der Richtlinie 2011/89/EU des Europäischen Parlaments und des Rates vom 16. November 2011 zur Änderung der Richtlinien 98/78/EG, 2002/87/EG, 2006/48/EG und 2009/138/EG hinsichtlich der zusätzlichen Beaufsichtigung der Finanzunternehmen eines Finanzkonglomerats vom 27. Juni 2013 (BGBl. I S. 1862). Diese Änderung setzt Artikel 3 Nummer 19 der Richtlinie 2011/89/EU um, der Änderungen des Artikels 131a Absatz 2 Unterabsatz 6 der Richtlinie 2006/48/EG vornimmt und gemischte Finanzholding-Gruppen in den Regelungsbereich des § 8e einbezieht; vgl. BT-Drucksache 17/12602 vom 4. März 2013.

3. Es handelt sich in § 8e Absatz 1, 2 und 6 um redaktionelle Änderungen durch das CRD IV-Umsetzungsgesetz vom 28. August 2013 (BGBl. I S. 3395), die sich aus dem geänderten § 10 KWG ergeben, dessen Absatz 1a in die Solvabilitätsverordnung überführt wurde.

§ 8f Zusammenarbeit bei der Aufsicht über bedeutende Zweigniederlassungen

(1) Die Bundesanstalt stuft die Zweigniederlassung eines CRR-Instituts in einem Aufnahmemitgliedstaat oder einem Staat des Europäischen Wirtschaftsraums auf Verlangen der zuständigen Stelle insbesondere dann als bedeutend ein, wenn die Zweigniederlassung die Anforderungen des § 53b Absatz 8 Satz 4 erfüllt; in diesem Fall übermittelt die Bundesanstalt der zuständigen Stelle
1. die Informationen nach § 8 Absatz 3 Satz 6 Nummer 3 und 4 und § 11 Absatz 3,
2. die Ergebnisse der Risikobewertungen des CRR-Instituts und
3. die Entscheidungen über das erstmalige oder das weitere Verwenden interner Ansätze und über Maßnahmen nach § 6 Absatz 3, sofern sie Auswirkungen auf die bedeutende Zweigniederlassung haben.

Die Bundesanstalt plant und koordiniert die Aufsichtstätigkeiten im Sinne des § 8a Absatz 1 Nummer 2 in Zusammenarbeit mit den zuständigen Stellen im Sinne von Satz 1.

(2) Die Bundesanstalt hört die zuständigen Stellen im Sinne von Absatz 1 Satz 1 über Entscheidungen im Hinblick auf den institutseigenen Plan zur Wiederherstellung

der Liquidität an, wenn dies für Liquiditätsrisiken in Zusammenhang mit der Währung des Aufnahmemitgliedstaates oder des Staates des Europäischen Wirtschaftsraums relevant ist. Unterlässt sie dies oder hält die Bundesanstalt an ihrer Auffassung fest, kann die zuständige Stelle die Europäische Bankenaufsichtsbehörde nach Maßgabe des Artikels 19 der Verordnung (EU) Nr. 1093/2010 um Hilfe ersuchen.

(3) Erhält die Bundesanstalt Informationen und Erkenntnisse von der zuständigen Stelle im Sinne des Absatzes 1 Satz 1, hat die Bundesanstalt diese bei ihrer Prüfungsplanung zu berücksichtigen; sie hat hierbei der Stabilität des Finanzsystems des Aufnahmemitgliedstaates oder des Staates des Europäischen Wirtschaftsraums Rechnung zu tragen.

ANMERKUNG
1. § 8f wurde durch das CRD IV-Umsetzungsgesetz vom 28. August 2013 (BGBl. I S. 3395) neu eingefügt. Es handelt sich um die Umsetzung von Artikel 52 Absatz 1 und 2 sowie Artikel 53 der Richtlinie 2013/36/EU.
2. Zur Anwendung des § 8f vgl. § 64r Absatz 2.

§ 9 Verschwiegenheitspflicht

(1) Die bei der Bundesanstalt beschäftigten und die nach § 4 Abs. 3 des Finanzdienstleistungsaufsichtsgesetzes beauftragten Personen, die nach § 45c bestellten Sonderbeauftragten, die nach § 37 Satz 2 und § 38 Abs. 2 Satz 2 und 4 bestellten Abwickler sowie die im Dienst der Deutschen Bundesbank stehenden Personen, soweit sie zur Durchführung dieses Gesetzes tätig werden, dürfen die ihnen bei ihrer Tätigkeit bekanntgewordenen Tatsachen, deren Geheimhaltung im Interesse des Instituts oder eines Dritten liegt, insbesondere Geschäfts- und Betriebsgeheimnisse, nicht unbefugt offenbaren oder verwerten, auch wenn sie nicht mehr im Dienst sind oder ihre Tätigkeit beendet ist. Die von den beaufsichtigten Instituten und Unternehmen zu beachtenden Bestimmungen des Bundesdatenschutzgesetzes bleiben unberührt. Dies gilt auch für andere Personen, die durch dienstliche Berichterstattung Kenntnis von den in Satz 1 bezeichneten Tatsachen erhalten. Ein unbefugtes Offenbaren oder Verwerten im Sinne des Satzes 1 liegt insbesondere nicht vor, wenn Tatsachen weitergegeben werden an
1. Strafverfolgungsbehörden oder für Straf- und Bußgeldsachen zuständige Gerichte,
2. kraft Gesetzes oder im öffentlichen Auftrag mit der Überwachung von Instituten, Kapitalverwaltungsgesellschaften, extern verwalteten Investmentgesellschaften, EU-Verwaltungsgesellschaften oder ausländischen AIF-Verwaltungsgesellschaften, Finanzunternehmen, Versicherungsunternehmen, der Finanzmärkte oder des Zahlungsverkehrs oder mit der Geldwäscheprävention betraute Stellen sowie von diesen beauftragte Personen,
3. mit der Liquidation oder dem Insolvenzverfahren über das Vermögen eines Instituts befaßte Stellen,
4. mit der gesetzlichen Prüfung der Rechnungslegung von Instituten oder Finanzunternehmen betraute Personen sowie Stellen, welche die vorgenannten Personen beaufsichtigen,
5. eine Einlagensicherungseinrichtung oder Anlegerentschädigungseinrichtung,
6. Wertpapier- oder Terminbörsen,
7. Zentralnotenbanken,
8. Betreiber von Systemen nach § 1 Abs. 16,
9. die zuständigen Stellen in anderen Staaten des Europäischen Wirtschaftsraums sowie in Drittstaaten, mit denen die Bundesanstalt im Rahmen von Aufsichtskollegien nach § 8e zusammenarbeitet,
10. die Europäische Zentralbank, das Europäische System der Zentralbanken, die Europäische Bankenaufsichtsbehörde, die Europäische Aufsichtsbehörde für das Versicherungswesen und die betriebliche Altersversorgung, die Europäische Wert-

papier- und Marktaufsichtsbehörde, den Gemeinsamen Ausschuss der Europäischen Aufsichtsbehörden, den Europäischen Ausschuss für Systemrisiken oder die Europäische Kommission,
11. Behörden, die für die Aufsicht über Zahlungs- und Abwicklungssysteme zuständig sind,
12. Parlamentarische Untersuchungsausschüsse nach § 1 des Untersuchungsausschussgesetzes auf Grund einer Entscheidung über ein Ersuchen nach § 18 Absatz 2 des Untersuchungsausschussgesetzes,
13. das Bundesverfassungsgericht,
14. den Bundesrechnungshof, sofern sich sein Untersuchungsauftrag auf die Entscheidungen und sonstigen Tätigkeiten der Bundesanstalt nach diesem Gesetz oder der Verordnung (EU) Nr. 575/2013 bezieht,
15. Verwaltungsgerichte in verwaltungsrechtlichen Streitigkeiten, in denen die Bundesanstalt Beklagte ist, mit Ausnahme von Klagen nach dem Informationsfreiheitsgesetz,
16. die Bank für Internationalen Zahlungsausgleich einschließlich der bei ihr ansässigen multilateralen Gremien, insbesondere das Financial Stability Board (FSB),
17. den Internationalen Währungsfonds, soweit dies zur Erfüllung seines satzungsmäßigen Auftrags oder besonderer von den Mitgliedern übertragener Aufgaben erforderlich ist,
18. den Ausschuss für Finanzstabilität oder den Europäischen Ausschuss für Systemrisiken, oder
19. die Bundesanstalt für Finanzmarktstabilisierung, das Gremium zum Finanzmarktstabilisierungsfonds im Sinne des § 10a Absatz 1 des Finanzmarktstabilisierungsfondsgesetzes oder den Lenkungsausschuss im Sinne des § 4 Absatz 1 Satz 2 des Finanzmarktstabilisierungsfondsgesetzes,
soweit diese Stellen die Informationen zur Erfüllung ihrer Aufgaben benötigen. Für die bei den in Satz 4 Nummer 1 bis 11 und 13 bis 19 genannten Stellen beschäftigten Personen und die von diesen Stellen beauftragten Personen sowie für die Mitglieder der in Satz 4 Nummer 12 und 19 genannten Ausschüsse gilt die Verschwiegenheitspflicht nach Satz 1 entsprechend. Befindet sich eine in Satz 4 Nummer 1 bis 11 und 16 bis 18 genannte Stelle in einem anderen Staat, so dürfen die Tatsachen nur weitergegeben werden, wenn die bei dieser Stelle beschäftigten und die von dieser Stelle beauftragten Personen einer dem Satz 1 weitgehend entsprechenden Verschwiegenheitspflicht unterliegen. Die ausländische Stelle ist darauf hinzuweisen, daß sie Informationen nur zu dem Zweck verwenden darf, zu deren Erfüllung sie ihr übermittelt werden. Informationen, die aus einem anderen Staat stammen, dürfen nur mit ausdrücklicher Zustimmung der zuständigen Stellen, die diese Informationen mitgeteilt haben, und nur für solche Zwecke weitergegeben werden, denen diese Stellen zugestimmt haben.

(2) Ein unbefugtes Offenbaren oder Verwerten von Tatsachen im Sinne des Absatzes 1 Satz 1 liegt nicht vor, wenn die Ergebnisse von im Einklang mit Artikel 100 der Richtlinie 2013/36/EU oder Artikel 32 der Verordnung (EU) Nr. 1093/2010 in der jeweils geltenden Fassung durchgeführten Stresstests veröffentlicht oder der Europäischen Bankenaufsichtsbehörde zur Veröffentlichung EU-weiter Stresstestergebnisse übermittelt werden.

(3) Betrifft die Weitergabe von Tatsachen nach Absatz 1 personenbezogene Daten, ist das Bundesdatenschutzgesetz in der jeweils geltenden Fassung anzuwenden.

(4) Tritt eine Krisensituation ein, so kann die Bundesanstalt zu Aufsichtszwecken Tatsachen auch an die zuständigen Stellen in anderen Staaten weitergeben.

(5) Die §§ 93, 97 und 105 Abs. 1, § 111 Abs. 5 in Verbindung mit § 105 Abs. 1 sowie § 116 Abs. 1 der Abgabenordnung gelten nicht für die in Absatz 1 bezeichneten Personen, soweit sie zur Durchführung dieses Gesetzes tätig werden. Dies gilt nicht, soweit die Finanzbehörden die Kenntnisse für die Durchführung eines Verfahrens wegen einer Steuerstraftat sowie eines damit zusammenhängenden Besteuerungsverfahrens benötigen, an deren Verfolgung ein zwingendes öffentliches Interesse besteht, oder

soweit es sich um vorsätzlich falsche Angaben des Auskunftspflichtigen oder der für ihn tätigen Personen handelt. Satz 2 ist nicht anzuwenden, soweit Tatsachen betroffen sind, die den in Absatz 1 Satz 1 oder 3 bezeichneten Personen durch die zuständige Aufsichtsstelle eines anderen Staates oder durch von dieser Stelle beauftragte Personen mitgeteilt worden sind.

Amtliche Begründung[1]

In § 9 ist eine Schweigepflicht für Personen und Stellen verankert, die mit der Bankenaufsicht betraut sind. Diese Schweigepflicht wird dem Berufsgeheimnis nach Artikel 12 Abs. 1 der Ersten Richtlinie in der durch Artikel 16 der Zweiten Richtlinie geänderten Fassung angepaßt.

Satz 3 in seiner neuen Fassung zählt in Anlehnung an Artikel 12 Abs. 5 der Ersten Richtlinie in der Fassung von Artikel 16 der Zweiten Richtlinie beispielhaft auf, in welchen Fällen das Bundesaufsichtsamt innerstaatlich mit anderen Stellen und Personen zusammenarbeiten darf, die in die deutsche Bankenaufsicht einbezogen sind, auf deren Hilfe das Bundesaufsichtsamt zur eigenen Aufgabenerfüllung zurückgreifen muß oder für deren Aufgabenerfüllung bankaufsichtliche Informationen zwingend erforderlich sein können. Für diesen Kreis von Stellen und Personen wird eine enge Kooperation ohne Gefahr der Verletzung der Schweigepflicht ermöglicht. Die Schutzzwecke der Schweigepflicht werden nicht ausgehöhlt, weil diese Stellen ebenfalls einer Schweigepflicht unterliegen (Satz 4) und sie die Informationen nur zur Erfüllung der eigenen Aufgaben nutzen dürfen.

Da die Zweite Richtlinie höhere Anforderungen an die Zusammenarbeit der zuständigen Behörden stellt, wie sich dies u. a. in den umfassenden Informations- und Anhörungspflichten äußert, ist in Artikel 12 der Ersten Richtlinie in der Fassung von Artikel 16 genau geregelt, für welche Zwecke und unter welchen Bedingungen die handelnden Personen über die Grenzen hinweg vertrauliche Informationen austauschen können, ohne ihre Schweigepflicht zu verletzen. Satz 1 in Verbindung mit Satz 5 eröffnet dem Bundesaufsichtsamt daher außerdem die Möglichkeit, mit den in Satz 3 Nr. 1 bis 5 aufgeführten Stellen und Personen zusammenzuarbeiten, die sich in anderen Mitgliedstaaten befinden. Diese weitere Möglichkeit zur grenzüberschreitenden Kooperation ist u. a. erforderlich, wenn die bankaufsichtliche Zuständigkeit in anderen Mitgliedstaaten auf mehrere Stellen aufgeteilt ist oder wenn das Bundesaufsichtsamt im Rahmen der Herkunftslandkontrolle Stellen oder Personen einschalten muß, die im Aufnahmemitgliedstaat einer Zweigstelle eines deutschen Kreditinstituts ansässig sind.

Für den Informationsfluß zwischen den zuständigen Behörden der Aufnahme- und Herkunftsmitgliedstaaten ist das insgesamt unproblematisch. Alle EG-Mitgliedstaaten müssen das Berufsgeheimnis (Artikel 12 Abs. 1 der Ersten Richtlinie) in ihr nationales Recht bis zum 1. Januar 1993 umsetzen. Insoweit dürfte die in Satz 5 formulierte Bedingung in diesen Staaten, für die der deutsche Gesetzgeber ein Durchwirken der Schweigepflicht festschreiben kann, stets erfüllt sein. Zudem müssen die zuständigen Behörden dieser Staaten durch ihren Gesetzgeber daran gebunden werden (Artikel 12 Abs. 4 der Ersten Richtlinie), ihnen zufließende Informationen ausschließlich für bankaufsichtliche Zwecke zu nutzen, wie das für das Bundesaufsichtsamt in § 8 Abs. 3 Satz 2 erfolgt. Nach Umsetzung der Zweiten Richtlinie in den EG-Mitgliedstaaten brauchen diese Sachverhalte nicht weiter überprüft zu werden, so daß die dem Schutz von Kreditinstituten und ihren Kunden dienende Schweigepflicht einer geregelten und reibungslosen Zusammenarbeit der Aufsichtsbehörden innerhalb der EG nicht entgegensteht. Alle vorgenannten Kooperationsmöglichkeiten stehen dem Bundesauf-

---

1 Zum 4. KWG-Änderungsgesetz.

sichtsamt unter den genannten Bedingungen ebenso für das Zusammenwirken mit Stellen und Personen in Drittländern offen.

Amtliche Begründung[1]

Der Begriff »Schweigepflicht« wird durch den heute üblichen Begriff »Verschwiegenheitspflicht« ersetzt, der auch in § 8 WpHG-Entwurf verwendet wird.
In den § 9 Abs. 1 werden die Finanzdienstleistungsinstitute einbezogen. Das Erfordernis ergibt sich aus Artikel 25 Abs. 1 der Wertpapierdienstleistungsrichtlinie. Andererseits wird der Katalog der Adressen nach Absatz 1 Satz 3, an die grundsätzlich geheimhaltungspflichtige Tatsachen ohne Verletzung der Verschwiegenheitspflicht auf einer Need to Know-Basis weitergegeben werden dürfen, erweitert; insoweit wird Artikel 4 der BCCI-Folgerichtlinie – soweit erforderlich – umgesetzt.
Der neue Absatz 1 Satz 6 schränkt die Befugnis der in Satz 3 Nr. 3 bis 6 genannten Stellen ein, Informationen, die sie direkt oder indirekt von den zuständigen Stellen anderer Staaten erhalten haben, an andere Stellen weiterzugeben. Die Weitergabe ist nur mit der ausdrücklichen Zustimmung der übermittelnden Stellen zulässig. Die Regelung ist wegen Artikel 25 Abs. 8 Unterabsatz 3 der Wertpapierdienstleistungsrichtlinie geboten.

Amtliche Begründung[2]

Zu Nummer 10 (§ 9)

Die Änderung in Nummer 8 ist eine redaktionelle Anpassung an den Sprachgebrauch der Richtlinie 2009/44/EG, wonach Systeme »betrieben« und nicht »veranstaltet« werden.
Die neue Nummer 9 setzt Artikel 1 Nummer 33 der Richtlinie 2009/111/EG, mit der Artikel 131a Absatz 1 in die Bankenrichtlinie eingefügt wird, um. Mit der neuen Nummer 10 wird Rechtssicherheit geschaffen, weil nunmehr klargestellt ist, dass Informationen befugtermaßen an den Ausschuss der Europäischen Bankaufsichtsbehörden weitergegeben werden dürfen.

Amtliche Begründung[3]

Zu Nummer 7

Zu § 9 Absatz 1 Satz 4 (Vervollständigung der Ausnahmen für den zwischenbehördlichen Informationsaustausch)

Artikel 3 Absatz 1 der Zweiten E-Geld-Richtlinie fordert den Informationsaustausch mit anderen Behörden, die gegebenenfalls für die Aufsicht über Zahlungs- und Abwicklungssysteme oder mit der Geldwäscheprävention betraut sind. Die bestehende Regelung lässt diesen Informationsaustausch nicht immer zweifelsfrei zu; sie ist daher entsprechend zu ergänzen.

---

1 Zum 6. KWG-Änderungsgesetz.
2 Zum Gesetz zur Umsetzung der geänderten Bankenrichtlinie und der geänderten Kapitaladäquanzrichtlinie vom 19. November 2010 (BGBl. I S. 1592); vgl. BT-Drucksache 17/1720 vom 17. Mai 2010.
3 Zum Gesetz zur Umsetzung der Zweiten E-Geld-Richtlinie vom 1. März 2011 (BGBl. I S. 288); vgl. BT-Drucksache 17/3023 vom 27. September 2010.

Amtliche Begründung[1]

Zu Nummer 10 (§ 9 Absatz 1)

Zu Buchstabe a (Satz 4 Nummer 10)

Die Regelung schafft Rechtssicherheit dahingehend, dass Informationen befugtermaßen an die Europäische Zentralbank, das Europäische System der Zentralbanken, die europäischen Aufsichtsbehörden, den Gemeinsamen Ausschuss der Europäischen Aufsichtsbehörden, den Europäischen Ausschuss für Systemrisiken und die Europäische Kommission weitergegeben werden können. Diese Erweiterung ist vor dem Hintergrund zu sehen, dass auch an diese Stellen nur jene Informationen weitergegeben werden dürfen, die sie für die Erfüllung ihrer Aufgaben benötigen. Im Übrigen trägt die Änderung Artikel 2 Nummer 7, Artikel 2 Nummer 9, Artikel 9 Nummer 17 und Artikel 9 Nummer 19 Buchstabe a der Richtlinie 2010/78/EU Rechnung, die Artikel 12 Absatz 1 Unterabsatz 3 und Artikel 14 Absatz 1 der Richtlinie 2002/87/EG sowie Artikel 44 Absatz 2 und Artikel 49 der Richtlinie 2006/48/EG ändern, sowie Artikel 17 Absatz 4 der Verordnung (EU) Nr. 1093/2010 und Artikel 17 Absatz 4 der Verordnung (EU) Nr. 1095/2010.

Zu Buchstabe b (Satz 5)

Mit der Neufassung wird klargestellt, dass für die bei den in Nummer 10 genannten EU-Behörden beschäftigten Personen nicht die im nationalen Recht geregelte Verschwiegenheitspflicht gilt. Für diese Personen gilt vielmehr die in Artikel 339 des Vertrages über die Arbeitsweise der Europäischen Union, in Artikel 8 der Verordnung (EU) Nr. 1092/2010 bzw. in den Artikeln 70 der Verordnungen (EU) Nr. 1093/2010, 1094/2010 und 1095/2010 geregelte Verschwiegenheitspflicht.

Zu Buchstabe c (Satz 6)

Mit der Änderung wird klargestellt, dass es bei der Informationsweitergabe an die in Nummer 10 genannten EU-Behörden keiner gesonderten Gleichwertigkeitsprüfung der Verschwiegenheitspflicht bedarf.

Amtliche Begründung[2]

Zu Nummer 21 (§ 9)

Zu Buchstabe a

Die Erweiterung des Kreises der Institutionen um parlamentarische Untersuchungsausschüsse des Bundes, das Bundesverfassungsgericht und den Bundesrechnungshof in den neuen Nummern 12 bis 14, an die befugtermaßen Tatsachen

---

1   Zum Gesetz zur Umsetzung der Richtlinie 2010/78/EU vom 24. November 2010 im Hinblick auf die Errichtung des Europäischen Finanzaufsichtssystems vom 4. Dezember 2011 (BGBl. I S. 2427); vgl. BT-Drucksache 17/6255 vom 22. Juni 2011.
2   Zum Gesetz zur Umsetzung der Richtlinie 2013/36/EU über den Zugang zur Tätigkeit von Kreditinstituten und die Beaufsichtigung von Kreditinstituten und Wertpapierfirmen und zur Anpassung des Aufsichtsrechts an die Verordnung (EU) Nr. 575/2013 über Aufsichtsanforderungen an Kreditinstitute und Wertpapierfirmen (CRD IV-Umsetzungsgesetz) vom 28. August 2013 (BGBl. I S. 3395); vgl. BT-Drucksache 17/10974 vom 15. Oktober 2012 und BT-Drucksache 17/13524 – Beschlussempfehlung des Finanzausschusses (7. Ausschuss) – vom 15. Mai 2013.

weitergeben werden dürfen, beruht auf der Umsetzung von Artikel 60 Absatz 2 der Richtlinie 2012/.../EU. Folgerichtig erweitert sich damit der Kreis von Personen, die der Verschwiegenheitspflicht nach Satz 4 unterliegen. Die Weitergabe von Tatsachen ist zwar im Falle des Bundesrechnungshofes aufgrund § 95 BHO und im Falle Parlamentarischer Untersuchungsausschüsse aufgrund § 18 Absatz 1 PUAG zulässig oder sogar geboten. Die Aufnahme in den Katalog des § 9 Absatz 1 Satz 4 KWG stellt klar, dass die Verschwiegenheitspflicht des Absatzes 1 Satz 1 der Weitergabe nicht entgegensteht.

Verwaltungsgerichte in Nummer 15 werden vor dem Hintergrund der Nummern 12 bis 14 zur Klarstellung genannt. Im Übrigen ist die Bundesanstalt in laufenden Verwaltungsstreitverfahren nach § 99 Absatz 1 Satz 1 der Verwaltungsgerichtsordnung verpflichtet, auf Anforderung dem Verwaltungsgericht die Akten offenzulegen. Eine Ausnahme gilt nur für das Informationsfreiheitsgesetz, da hier besondere Regeln eingreifen.

Eine funktionierende Aufsicht bedarf zwingend der Zusammenarbeit in internationalen Gremien. Für Zwecke der Finanzstabilität ist die Weitergabe von Tatsachen im Sinne des § 9 Absatz 1 Satz 1 KWG an bestimmte internationale Organisationen und multilaterale Gremien erforderlich.

Bei der BIZ (Bank für internationalen Zahlungsausgleich) – Nummer 16 – soll unter Koordinierung des Financial Stability Boards (FSB) eine Einrichtung zur Sammlung und Auswertung von Informationen zu international agierenden, systemisch relevanten Banken der FSB-Mitgliedstaaten aufgebaut werden (Daten Hub), um Rückschlüsse auf die Vernetzung und gegenseitige Abhängigkeit der Finanzinstitutionen zu ermöglichen. Diese Maßnahmen dienen einer verbesserten Finanzstabilität und werden von den Mitgliedern des FSB erwartet, sind aber ohne Erweiterung des § 9 KWG nicht umzusetzen.

Der Internationale Währungsfonds – Nummer 17 – berichtet regelmäßig über die Stabilität des globalen Finanzsystems, über mögliche Auswirkungen für die Realwirtschaft und über politische Handlungsempfehlungen. In diesem Zusammenhang sind ebenfalls Daten von Bedeutung, die systemrelevante Institute betreffen; auch insoweit soll die Weitergabe von Tatsachen für Finanzstabilitätszwecke ermöglicht werden.

Nummer 18 stellt den erforderlichen Informationsaustausch mit dem Ausschuss für Finanzstabilität und dem für die Wahrung der Finanzstabilität auf europäischer Ebene zuständigen Europäischen Ausschuss für Systemrisiken (ESRB) sicher. Mit der Regelung wird vermieden, dass die von § 4 Finanzstabilitätsgesetz ermöglichte Zusammenarbeit der Ausschüsse durch eine Verschwiegenheitspflicht beeinträchtigt wird.

Zu Absatz 1 Satz 6: Eine funktionierende Aufsicht bedarf zwingend der internationalen Zusammenarbeit mit Aufsichtsbehörden in Drittstaaten, und zwar sowohl bilateral als auch in Aufsichtskollegien. Dazu ist der Austausch von Aufsichtsinformationen unabdingbar. Die Weitergabe von Informationen an Aufsichtsbehörden in Drittstaaten durch die Bundesanstalt darf nur erfolgen, wenn die Informationen im Drittstaat einem hinreichenden Vertraulichkeitsschutz unterliegen. Deshalb muss die Rechtslage in Drittstaaten insoweit von der Bundesanstalt geprüft werden, bevor sie vertrauliche Informationen an Stellen in diesen Drittstaaten weitergibt. Ein solcher hinreichender Vertraulichkeitsschutz im Drittstaat ist gegeben, wenn die Verschwiegenheitspflichten dort denen der Bundesanstalt weitgehend entsprechen. Im Rahmen der hier vorzunehmenden Abwägung muss die Bundesanstalt anhand der ihr vorgelegten Informationen entscheiden, ob in dem Drittstaat durch zureichende Vorschriften und Schutzvorkehrungen der Schutz der mitgeteilten Informationen im Ergebnis in vergleichbarer Weise gewährleistet ist wie nach den für die Bundesanstalt geltenden Vorschriften. Die Abwägung, ob eine entsprechende Schweigepflicht besteht, darf berücksichtigen, dass dieser Begriff keine exakt gleichen Regelungen in anderen Staaten erfordert.

Eine generalisierende Betrachtung der möglichen Fallgestaltungen in Drittstaaten verbietet sich. Grundsätzlich muss der Austausch von Aufsichtsinformationen auch dann möglich sein, wenn zwar in der Theorie nicht gänzlich auszuschließen ist, dass die Aufsichtsbehörde im Drittstaat aufgrund eines Gerichtsbeschlusses auch in zivilrechtlichen Verfahren ausnahmsweise zur Herausgabe von Informationen gezwungen werden kann, die ihr von einer Aufsichtsbehörde aus einem anderen Staat geliefert wurden, wenn aber Vorkehrungen getroffen sind oder rechtzeitig getroffen werden können, um dies in der praktischen Anwendung nach Möglichkeit zu verhindern. In diesem Sinne wird es ausreichen, wenn die ausländische Aufsichtsbehörde sich dazu verpflichtet, erhaltene Information an keine anderen Empfänger ohne vorherige Zustimmung der Bundesanstalt weiterzuleiten oder im Fall einer rechtlich durchsetzbaren Anordnung zur Vorlage von Informationen und Dokumenten alle rechtlichen und sonstigen Möglichkeiten zur Abweisung des Ersuchens zu nutzen. Mit der Aufnahme des Begriffs »weitgehend« in § 9 KWG wird dies zum Ausdruck gebracht.

Zu Buchstabe b

Der neue Absatz 2 setzt Artikel 54 Absatz 3 der Richtlinie 2012/.../EU um. Hiermit wird geregelt, dass die Ergebnisse von Stresstests veröffentlicht oder an die EBA übermittelt werden dürfen.

Der neue Absatz 3 beruht auf Artikel 60 Absatz 2 der Richtlinie 2012/.../EU.

Der neue Absatz 4 dient der Umsetzung von Artikel 50 Absatz 3 der Richtlinie 2009/111/EG vom 16. September 2009.

Während die Weitergabe von Tatsachen an das Bundesfinanzministerium bereits als dienstliche Berichterstattung zulässig ist, sodass Artikel 50 Absatz 1 der genannten Richtlinie keiner Umsetzung bedarf, ist im Krisenfall auch die direkte Weitergabe an die zuständigen Stellen in anderen Mitgliedstaaten zuzulassen. Darüber hinaus kann es in Krisenfällen im Hinblick auf die globale Vernetzung des Bankensystems erforderlich werden, Tatsachen an zuständige Stellen in Drittstaaten weiterzugeben

ANMERKUNG

1. Absatz 1 Satz 3 und Absatz 2 Satz 3 wurden durch das 3. KWG-Änderungsgesetz vom 20. Dezember 1984 eingefügt. Durch das 4. KWG-Änderungsgesetz vom 21. Dezember 1992 wurden in Absatz 1 der Satz 3 neu gefasst und die Sätze 4 und 5 angefügt. Durch das 6. KWG-Änderungsgesetz vom 22. Oktober 1997 wurden Absatz 1 sowie Absatz 2 Satz 3 neu gefasst (vgl. die vorstehenden Amtlichen Begründungen). Durch das Gesetz über die integrierte Finanzdienstleistungsaufsicht vom 22. April 2002 wurde die Vorschrift an die geänderte Bezeichnung der Aufsichtsbehörde in Bundesanstalt für Finanzdienstleistungsaufsicht angepasst. Durch das 4. Finanzmarktförderungsgesetz vom 21. Juni 2002 wurde in Abs. 1 Satz 3 die Nr. 7 »Zentralnotenbanken« angefügt.
2. Durch das Gesetz zur Fortentwicklung des Pfandbriefrechts vom 20. März 2009 (BGBl. I S. 607) wurden in § 9 Absatz 1 Satz 4 redaktionelle Änderungen nach der Nummer 6 durchgeführt und die Nummer 8 angefügt.
3. § 9 Absatz 1 Nummer 8 wurde geändert und Nummer 9 und 10 angefügt durch das Gesetz zur Umsetzung der geänderten Bankenrichtlinie und der geänderten Kapitaladäquanzrichtlinie vom 19. November 2010 (BGBl. I S. 1592) – siehe die hierzu verfasste Amtliche Begründung.
4. § 9 Absatz 1 Satz 1 enthält redaktionelle Folgeänderungen durch das Restrukturierungsgesetz vom 9. Dezember 2010 (BGBl. I S. 1900).
5. § 9 Absatz 1 Satz 4 Nummern 2, 9, 10 wurden geändert und Nummer 11 eingefügt durch das Gesetz zur Umsetzung der Zweiten E-Geld-Richtlinie vom 1. März 2011 (BGBl. I S. 288); vgl. die vorstehende Amtliche Begründung.
6. § 9 Absatz 1 Satz 4 Nr. 10 wurde geändert und die Sätze 5 und 6 neu gefasst durch das Gesetz zur Umsetzung der Richtlinie 2010/78/EU des Europäischen Parlaments und des Rates vom 24. November 2010 im Hinblick auf die Errichtung des Europäischen Finanzaufsichtssystems vom 4. Dezember 2011 (BGBl. I S. 2427); zur Begründung vgl. die vorstehende Amtliche Begründung.

7. § 9 Absatz 1 Satz 4 Nummer 2 ist eine redaktionelle Änderung. Der Begriff »Investmentgesellschaften« wird an die passenden Begrifflichkeiten des Kapitalanlagegesetzbuchs angepasst durch das Gesetz zur Umsetzung der Richtlinie 2011/61/EU über die Verwalter alternativer Investmentfonds (AIFM-Umsetzungsgesetz – AIFM-UmsG) vom 4. Juli 2013 (BGBl. I S. 1981).
8. In § 9 Absatz 1 Satz 4 wurden die Nummern 12 bis 19 neu angefügt und nach Absatz 1 die Absätze 2 bis 4 neu angefügt; der bisherige Absatz 2 wurde Absatz 5. Die Änderungen erfolgen durch das CRD IV-Umsetzungsgesetz vom 28. August 2013 (BGBl. I S. 3395); vgl. die hierzu abgedruckte Amtliche Begründung. Der Verweis auf die unvollständige Angabe der in der Amtlichen Begründung zitierten Richtlinie ergibt sich vollständig aus der Fußnote zur Amtlichen Begründung.

Zweiter Abschnitt:
Vorschriften für Institute, Institutsgruppen, Finanzholding-Gruppen, gemischte Finanzholding-Gruppen und gemischte Unternehmen

1. Eigenmittel und Liquidität

§ 10 Ergänzende Anforderungen an die Eigenmittelausstattung von Instituten, Institutsgruppen, Finanzholding-Gruppen und gemischten Finanzholding-Gruppen; Verordnungsermächtigung

(1) Im Interesse der Erfüllung der Verpflichtungen der Institute, Institutsgruppen, Finanzholding-Gruppen und gemischten Finanzholding-Gruppen gegenüber ihren Gläubigern, insbesondere im Interesse der Sicherheit der ihnen anvertrauten Vermögenswerte, wird das Bundesministerium der Finanzen ermächtigt, durch Rechtsverordnung, die nicht der Zustimmung des Bundesrates bedarf, im Benehmen mit der Deutschen Bundesbank in Ergänzung der Verordnung (EU) Nr. 575/2013 nähere Bestimmungen über die angemessene Eigenmittelausstattung (Solvabilität) der Institute, Institutsgruppen, Finanzholding-Gruppen und gemischten Finanzholding-Gruppen zu erlassen, insbesondere
1. ergänzende Bestimmungen zu den Anforderungen für eine Zulassung interner Ansätze,
2. Bestimmungen zur laufenden Überwachung interner Ansätze durch die Bundesanstalt, insbesondere zu Maßnahmen bei Nichteinhaltung von Anforderungen an interne Ansätze und zur Aufhebung der Zulassung interner Ansätze,
3. nähere Verfahrensbestimmungen zur Zulassung, zur laufenden Überwachung und zur Aufhebung der Zulassung interner Ansätze,
4. nähere Bestimmungen zur Überprüfung der Anforderungen an interne Ansätze durch die Bundesanstalt, insbesondere zu Eignungs- und Nachschauprüfungen,
5. nähere Bestimmungen zur
    a) Anordnung und Ermittlung der Quote für den antizyklischen Kapitalpuffer nach § 10d, insbesondere zur Bestimmung eines Puffer-Richtwerts, zum Verfahren der Anerkennung antizyklischer Kapitalpuffer von Staaten des Europäischen Wirtschaftsraums und Drittstaaten, zu den Veröffentlichungspflichten der Bundesanstalt und zur Berechnung der institutsspezifischen Kapitalpufferquote,
    b) Anordnung und Ermittlung der Quote für den Kapitalpuffer für systemische Risiken nach § 10e, insbesondere zur Berücksichtigung systemischer oder makroprudenzieller Risiken, zur Bestimmung der zu berücksichtigenden Risi-

kopositionen und deren Belegenheit und zum Verfahren der Anerkennung der Kapitalpuffer für systemische Risiken von Staaten des Europäischen Wirtschaftsraums und Drittstaaten,
   c) Anordnung und Ermittlung der Quote für den Kapitalpuffer für global systemrelevante Institute nach § 10f, insbesondere zur Bestimmung der global systemrelevanten Institute und deren Zuordnung zu Größenklassen, zur Herauf- und Herabstufung zwischen den Größenklassen sowie zur Veröffentlichung der der quantitativen Analyse zugrunde liegenden Indikatoren,
   d) Anordnung und Ermittlung der Quote für den Kapitalpuffer für anderweitig systemrelevante Institute nach § 10g, insbesondere zur Bestimmung der anderweitig systemrelevanten Institute und zur Festlegung der Quote auf Einzelinstitutsebene, konsolidierter oder unterkonsolidierter Ebene,
   e) Höhe und zu den näheren Einzelheiten der Berechnung des maximal ausschüttungsfähigen Betrags für die kombinierte Kapitalpufferanforderung nach § 10i,
6. nähere Bestimmungen zur Festsetzung der Prozentsätze und Faktoren nach Artikel 465 Absatz 2, Artikel 467 Absatz 3, Artikel 468 Absatz 3, Artikel 478 Absatz 3, Artikel 479 Absatz 4, Artikel 480 Absatz 3, Artikel 481 Absatz 5 und Artikel 486 Absatz 6 der Verordnung (EU) Nr. 575/2013,
7. nähere Bestimmungen zu den in der Verordnung (EU) Nr. 575/2013 vorgesehenen Antrags- und Anzeigeverfahren und
8. Vorgaben für die Bemessung des Beleihungswerts von Immobilien nach Artikel 4 Absatz 1 Nummer 74 der Verordnung (EU) Nr. 575/2013 in der jeweils geltenden Fassung,
9. nähere Bestimmungen zum aufsichtlichen Benchmarking bei der Anwendung interner Ansätze zur Ermittlung der Eigenmittelanforderungen, insbesondere nähere Bestimmungen zum Verfahren und zu Art, Umfang und Häufigkeit der von den Instituten vorzulegenden Informationen sowie nähere Bestimmungen über die von der Bundesanstalt vorzugebenden Anforderungen an die Zusammensetzung besonderer Benchmarking-Portfolien und
10. die Pflicht der CRR-Institute zur Offenlegung der in § 26a Absatz 1 Satz 2 genannten Angaben auf konsolidierter Ebene sowie der Kapitalrendite nach § 26a Absatz 1 Satz 3 und 4, einschließlich des Gegenstands der Offenlegungsanforderung, sowie des Mediums, des Übermittlungsweges, der Häufigkeit der Offenlegung und den Umfang der nach § 26a Absatz 1 Satz 5 vertraulich an die Europäische Kommission zu übermittelnden Daten.

Das Bundesministerium der Finanzen kann die Ermächtigung durch Rechtsverordnung auf die Bundesanstalt mit der Maßgabe übertragen, dass die Rechtsverordnung im Einvernehmen mit der Deutschen Bundesbank ergeht. Vor Erlass der Rechtsverordnung sind die Spitzenverbände der Institute zu hören.

(2) Institute dürfen personenbezogene Daten ihrer Kunden, von Personen, mit denen sie Vertragsverhandlungen über Adressenausfallrisiken begründende Geschäfte aufnehmen, sowie von Personen, die für die Erfüllung eines Adressenausfallrisikos einstehen sollen, für die Zwecke der Verordnung (EU) Nr. 575/2013 und der nach Absatz 1 Satz 1 zu erlassenden Rechtsverordnung erheben und verwenden, soweit diese Daten
1. unter Zugrundelegung eines wissenschaftlich anerkannten mathematisch-statistischen Verfahrens nachweisbar für die Bestimmung und Berücksichtigung von Adressenausfallrisiken erheblich sind,
2. zum Aufbau und Betrieb einschließlich der Entwicklung und Weiterentwicklung von internen Ratingsystemen für die Schätzung von Risikoparametern des Adressenausfallrisikos des Kreditinstituts oder der Wertpapierfirma erforderlich sind und

3. es sich nicht um Angaben zur Staatsangehörigkeit oder um Daten nach § 3 Absatz 9 des Bundesdatenschutzgesetzes handelt.

Betriebs- und Geschäftsgeheimnisse stehen personenbezogenen Daten gleich. Zur Entwicklung und Weiterentwicklung der Ratingsysteme dürfen abweichend von Satz 1 Nummer 1 auch Daten erhoben und verwendet werden, die bei nachvollziehbarer wirtschaftlicher Betrachtungsweise für die Bestimmung und Berücksichtigung von Adressenausfallrisiken erheblich sein können. Für die Bestimmung und Berücksichtigung von Adressenausfallrisiken können insbesondere Daten erheblich sein, die den folgenden Kategorien angehören oder aus Daten der folgenden Kategorien gewonnen worden sind:
1. Einkommens-, Vermögens- und Beschäftigungsverhältnisse sowie die sonstigen wirtschaftlichen Verhältnisse, insbesondere Art, Umfang und Wirtschaftlichkeit der Geschäftstätigkeit des Betroffenen,
2. Zahlungsverhalten und Vertragstreue des Betroffenen,
3. vollstreckbare Forderungen sowie Zwangsvollstreckungsverfahren und -maßnahmen gegen den Betroffenen,
4. Insolvenzverfahren über das Vermögen des Betroffenen, sofern diese eröffnet worden sind oder die Eröffnung beantragt worden ist.

Diese Daten dürfen erhoben werden
1. beim Betroffenen,
2. bei Instituten, die derselben Institutsgruppe angehören,
3. bei Ratingagenturen und Auskunfteien und
4. aus allgemein zugänglichen Quellen.

Institute dürfen anderen Instituten derselben Institutsgruppe und in pseudonymisierter Form auch von den mit dem Aufbau und Betrieb einschließlich der Entwicklung und Weiterentwicklung von Ratingsystemen beauftragten Dienstleistern nach Satz 1 erhobene personenbezogene Daten übermitteln, soweit dies zum Aufbau und Betrieb einschließlich der Entwicklung und Weiterentwicklung von internen Ratingsystemen für die Schätzung von Risikoparametern des Adressenausfallrisikos erforderlich ist.

(3) Die Bundesanstalt kann anordnen, dass ein Institut, eine Institutsgruppe, eine Finanzholding-Gruppe oder eine gemischte Finanzholding-Gruppe Eigenmittelanforderungen in Bezug auf nicht durch Artikel 1 der Verordnung (EU) Nr. 575/2013 abgedeckte Risiken und Risikoelemente einhalten muss, die über die Eigenmittelanforderungen nach der Verordnung (EU) Nr. 575/2013 und nach der Rechtsverordnung nach Absatz 1 hinausgehen. Die Bundesanstalt ordnet solche zusätzlichen Eigenmittelanforderungen zumindest in den folgenden Fällen und zu folgenden Zwecken an:
1. wenn Risiken oder Risikoelemente nicht durch die Eigenmittelanforderungen nach der Verordnung (EU) Nr. 575/2013 und nach der Rechtsverordnung nach Absatz 1 abgedeckt sind oder die Anforderungen nach Artikel 393 der Verordnung (EU) Nr. 575/2013 zur Ermittlung und Steuerung von Großkrediten nicht eingehalten werden,
2. wenn die Risikotragfähigkeit des Instituts, der Institutsgruppe, der Finanzholding-Gruppe oder der gemischten Finanzholding-Gruppe nicht gewährleistet ist,
3. wenn die Überprüfung nach § 6b Absatz 1 Satz 3 Nummer 2 es wahrscheinlich erscheinen lässt, dass die vom Institut vorgenommenen Bewertungskorrekturen nicht ausreichen, um eine angemessene Eigenmittelausstattung zu gewährleisten,
4. wenn es wahrscheinlich erscheint, dass die Risiken trotz Einhaltung der Anforderungen nach diesem Gesetz, nach der Verordnung (EU) Nr. 575/2013 und nach den Rechtsverordnungen nach Absatz 1 und nach § 13 Absatz 1 unterschätzt werden,
5. um den Aufbau eines zusätzlichen Eigenmittelpuffers für Perioden wirtschaftlichen Abschwungs sicherzustellen,

6. um einer besonderen Geschäftssituation des Instituts, der Institutsgruppe, der Finanzholding-Gruppe oder der gemischten Finanzholding-Gruppe, etwa bei Aufnahme der Geschäftstätigkeit, Rechnung zu tragen,
7. wenn ein Institut eine Verbriefung mehr als einmal stillschweigend unterstützt hat; zu diesem Zwecke kann die Bundesanstalt anordnen, dass der wesentliche Risikotransfer für sämtliche Verbriefungen, für die das Institut als Originator gilt, zur Berücksichtigung zu erwartender weiterer stillschweigender Unterstützungen nicht oder nur teilweise bei der Berechnung der erforderlichen Eigenmittel anerkannt wird,
8. wenn die aus den Ergebnissen der Stresstests für das Korrelationshandelsportfolio nach Artikel 377 Absatz 5 Satz 3, zweiter Halbsatz der Verordnung (EU) Nr. 575/2013 resultierenden Eigenmittelanforderungen wesentlich über die Eigenmittelanforderungen für das Korrelationshandelsportfolio gemäß Artikel 377 der Verordnung (EU) Nr. 575/2013 hinausgehen,
9. andere Maßnahmen keine hinreichende Verbesserung der institutsinternen Verfahren, Prozesse und Methoden in einem angemessenen Zeithorizont erwarten lassen,
10. wenn das Institut nicht über eine ordnungsgemäße Geschäftsorganisation im Sinne des § 25a Absatz 1 verfügt.

Soweit Institute, die nach Einschätzung der Bundesanstalt ähnliche Risikoprofile aufweisen, ähnlichen Risiken ausgesetzt sein könnten oder für das Finanzsystem ähnliche Risiken begründen, kann die Bundesanstalt Anordnungen nach Satz 1 für diese Institute einheitlich treffen. Bei Instituten, für die Aufsichtskollegien nach § 8e eingerichtet sind, berücksichtigt die Bundesanstalt bei der Entscheidung über eine Anordnung nach Satz 1 die Einschätzungen des jeweiligen Aufsichtskollegiums.

(4) Die Bundesanstalt kann von einzelnen Instituten, Institutsgruppen, Finanzholding-Gruppen und gemischten Finanzholding-Gruppen oder von einzelnen Arten oder Gruppen von Instituten, Institutsgruppen, Finanzholding-Gruppen und gemischten Finanzholding-Gruppen das Vorhalten von Eigenmitteln, die über die Eigenmittelanforderungen nach der Verordnung (EU) Nr. 575/2013 und nach der Rechtsverordnung nach Absatz 1 hinausgehen, für einen begrenzten Zeitraum auch verlangen, wenn diese Kapitalstärkung erforderlich ist,
1. um einer drohenden Störung der Funktionsfähigkeit des Finanzmarktes oder einer Gefahr für die Finanzmarktstabilität entgegenzuwirken und
2. um erhebliche negative Auswirkungen auf andere Unternehmen des Finanzsektors sowie auf das allgemeine Vertrauen der Einleger und anderer Marktteilnehmer in ein funktionsfähiges Finanzsystem zu vermeiden.

Eine drohende Störung der Funktionsfähigkeit des Finanzmarktes kann insbesondere dann gegeben sein, wenn auf Grund außergewöhnlicher Marktverhältnisse die Refinanzierungsfähigkeit mehrerer für den Finanzmarkt relevanter Institute beeinträchtigt zu werden droht. In diesem Fall kann die Bundesanstalt die Beurteilung der Angemessenheit der Eigenmittel nach von der Verordnung (EU) Nr. 575/2013 und von der Rechtsverordnung nach Absatz 1 abweichenden Maßstäben vornehmen, die diesen besonderen Marktverhältnissen Rechnung tragen. Zusätzliche Eigenmittel können insbesondere im Rahmen eines abgestimmten Vorgehens auf Ebene der Europäischen Union zur Stärkung des Vertrauens in die Widerstandsfähigkeit des europäischen Bankensektors und zur Abwehr einer drohenden Gefahr für die Finanzmarktstabilität in Europa verlangt werden. Bei der Festlegung von Höhe und maßgeblicher Zusammensetzung der zusätzlichen Eigenmittel und des maßgeblichen Zeitpunktes für die Einhaltung der erhöhten Eigenmittelanforderungen berücksichtigt die Bundesanstalt die Standards, auf deren Anwendung sich die zuständigen europäischen Stellen im Rahmen eines abgestimmten Vorgehens auf Unionsebene verständigt haben. In diesem Rahmen kann die Bundesanstalt verlangen, dass die Institute in einem Plan nachvollziehbar darlegen, durch welche Maßnahmen sie die erhöhten Eigenmittelanforderungen zu dem von der Bundesanstalt nach Satz 5 festgelegten Zeitpunkt einhalten werden. Soweit der Plan die Belange des Finanzmarktstabilisierungsfonds im Sinne des § 1 des Finanzmarktstabilisierungsfondsgesetzes berührt, erfolgt die Beurteilung des Plans im Einvernehmen mit dem Lenkungsausschuss nach § 4 Absatz 1 Satz 2 des Finanzmarktstabilisierungsfondsgesetzes (Lenkungsausschuss). Die Bundesanstalt kann die kurzfristige Nachbesserung des vorgelegten Plans verlangen, wenn sie die angegebenen Maßnahmen und Umsetzungsfristen für nicht ausreichend hält oder das Institut sie nicht einhält. In diesem Fall haben die Institute auch die Möglichkeit eines Antrags auf Stabilisierungsmaßnahmen nach dem Finanzmarktstabilisierungsfondsgesetz zu prüfen, wenn keine alternativen Maßnahmen zur Verfügung stehen. Sofern nach Feststellung der Bundesanstalt im Einvernehmen mit dem Lenkungsausschuss keine oder nur eine unzureichende Nachbesserung des Plans erfolgt ist, kann die Bundesanstalt einen Sonderbeauftragten im Sinne des § 45c Absatz 1 bestellen und ihn mit der Aufgabe nach § 45c Absatz 2 Nummer 7a beauftragen. Zudem kann sie anordnen, dass Entnahmen durch die Inhaber oder Gesellschafter, die Ausschüttung von Gewinnen und die Auszahlung variabler Vergütungsbestandteile nicht zulässig sind, solange die angeordneten erhöhten Eigenmittelanforderungen nicht erreicht sind. Entgegenstehende Beschlüsse über die Gewinnausschüttung sind nichtig; aus entgegenstehenden Regelungen in Verträgen können keine Rechte hergeleitet werden.

(5) Die §§ 489, 723 bis 725, 727 und 728 des Bürgerlichen Gesetzbuchs und die §§ 132 und 135 des Handelsgesetzbuchs sind nicht anzuwenden, wenn Zweck einer Kapitalüberlassung die Überlassung von Kernkapital ist.

(6) Die Bundesanstalt kann anordnen, dass ein Institut der Deutschen Bundesbank häufigere oder auch umfangreichere Meldungen zu seiner Solvabilität einreicht als in den Artikeln 99 bis 101 der Verordnung (EU) Nr. 575/2013 in der jeweils geltenden Fassung vorgesehen.

(7) Die Bundesanstalt kann auf die Eigenmittel nach Artikel 4 Absatz 1 Nummer 71 der Verordnung (EU) Nr. 575/2013 in der jeweils geltenden Fassung einen Korrekturposten festsetzen. Wird der Korrekturposten festgesetzt, um noch nicht bilanzwirksam gewordene Kapitalveränderungen zu berücksichtigen, wird die Festsetzung mit der Feststellung des nächsten für den Schluss eines Geschäftsjahres aufgestellten Jahresabschlusses gegenstandslos. Die Bundesanstalt hat die Festsetzung auf Antrag des Instituts aufzuheben, soweit die Voraussetzung für die Festsetzung wegfällt.

Amtliche Begründung[1]

Grundlegende Voraussetzungen für die innere Gesundheit eines Kreditinstituts sind neben einer soliden Anlagepolitik ein angemessenes haftendes Eigenkapital und eine ausreichende Liquidität. Das geltende Kreditwesengesetz enthält hierfür nur Rahmenvorschriften, die niemals ausgefüllt worden sind. Die seit 1951 angewandten Kreditrichtsätze der Bank deutscher Länder haben die hier bestehende Lücke zwar tatsächlich in gewissem Sinne geschlossen. Sie konnten jedoch nur eine Notlösung sein. Da Eigenkapital- und Liquiditätsbestimmungen Ordnungsvorschriften für die Kreditinstitute sind, ist ihr Erlaß nicht Sache der Notenbank, sondern Hoheitsaufgabe des Staates. Der Notenbank ist dabei jedoch ein maßgebliches Mitwirkungsrecht einzuräumen, da sie ein begründetes eigenes Interesse an der Regelung dieser Materien hat.

Die Verschiedenheit in der Geschäftsstruktur der einzelnen Sparten des Kreditgewerbes und das Erfordernis einer möglichst elastischen Regelung machen es

---

1 Zur Ursprungsfassung.

unmöglich, die Anforderungen an das Eigenkapital und die Liquidität gesetzlich abschließend zu regeln. Dies gilt nicht nur für die Festlegung konkreter Mindestnormen im Gesetz selbst, sondern auch für die Aufstellung von Rahmenvorschriften, die durch Rechtsverordnungen auszufüllen wären; denn auch in diesem Falle müßten zumindest die Bilanzpositionen gesetzlich festgelegt werden, aus deren Verhältnis sich ergibt, ob die Eigenkapitalausstattung und die Liquidität ausreichend sind. Besonderen Schwierigkeiten würde hierbei insbesondere die Aufzählung der liquiden Mittel begegnen, weil der tatsächliche Liquiditätswert bestimmter Anlagen Schwankungen unterliegen kann. Der Entwurf beschränkt sich deshalb darauf, für das Eigenkapital und die Liquidität allgemeine Programmsätze aufzustellen, und sieht ein Verfahren vor, durch das diese allgemeinen Anforderungen in zweckmäßiger Weise konkretisiert werden (§§ 10* und 11*). Ob bei einem Kreditinstitut das Eigenkapital als angemessen und die Zahlungsbereitschaft als ausreichend angesehen werden kann, bemißt sich im Regelfall nach Grundsätzen, die das Bundesaufsichtsamt im Einvernehmen mit der Bundesbank aufstellt und die im Bundesanzeiger zu veröffentlichen sind. Diese Grundsätze sind weder Rechtsnormen noch Verwaltungsakte. An ihre Nichtbeachtung werden daher keine unmittelbaren Rechtsfolgen geknüpft. Mit ihnen gibt das Bundesaufsichtsamt lediglich bekannt, wie es sein verwaltungsmäßiges Ermessen ausüben wird, wenn es die Frage der Eigenkapitalausstattung oder der Liquidität eines Kreditinstituts beurteilt. Die Grundsätze sollen die Erfahrungen festlegen, die sich im Kreditgewerbe und bei der Bankenaufsicht für eine angemessene Eigenkapitalausstattung und Liquiditätshaltung im Laufe der Zeit herausgebildet haben. Hält ein Kreditinstitut sie nicht ein, so wird dies dem Bundesaufsichtsamt Veranlassung geben, das Kreditinstitut besonders zu beobachten. Werden die in den Grundsätzen enthaltenen Mindestanforderungen erheblich unterschritten, so begründet dies die Vermutung, daß das Kreditinstitut nicht das für die Sicherheit seiner Einlagen erforderliche Eigenkapital hat oder daß seine Liquidität zu gering ist. Weist das Kreditinstitut nicht nach, daß bei ihm Sonderverhältnisse vorliegen, die geringere Anforderungen an das Eigenkapital oder die Liquidität rechtfertigen, und behebt es den Mangel nicht in einer angemessenen Frist, kann das Bundesaufsichtsamt die in § 45* vorgesehenen Maßnahmen ergreifen. Die Wirksamkeit der Grundsätze wird dadurch verstärkt, daß die Bundesbank ihre Refinanzierungshilfe von der Beachtung der Grundsätze abhängig machen wird. Um die Erfahrungen des Kreditgewerbes nutzbar zu machen und um sicherzustellen, daß die Grundsätze die Erfordernisse der Praxis berücksichtigen, schreibt der Entwurf die Anhörung der Spitzenverbände der Kreditinstitute vor.

Die Elastizität des Verfahrens erlaubt es, die Besonderheiten der einzelnen Sparten des Kreditgewerbes zu berücksichtigen und gegebenenfalls nicht nur die Verhältniszahlen, sondern auch den Aufbau der Grundsätze zu ändern oder zu ergänzen.

...

Bei der Konstruktion der Grundsätze nach Absatz 1 Satz 2 ist das Bundesaufsichtsamt frei. Die Grundsätze können als Bezugsgröße für das Eigenkapital somit entweder Passivposten (z. B. die Gesamtverbindlichkeiten) oder Aktivposten (z. B. gewisse Ausleihungen) vorsehen.

...

Amtliche Begründung[1]

Zu Nummer 22 (§ 10)

Da die Vorgaben zur angemessenen Eigenmittelausstattung von Instituten, Institutsgruppen, Finanzholding-Gruppen und gemischten Finanzholding-Gruppen, ins-

---

[1] Zum Gesetz zur Umsetzung der Richtlinie 2013/36/EU über den Zugang zur Tätigkeit von Kreditinstituten und die Beaufsichtigung von Kreditinstituten und Wertpapierfirmen und

besondere die Definition der bankaufsichtlich anerkannten Eigenmittel in weiten Teilen in der Verordnung (EU) Nr. .../2012 enthalten sind, ist § 10 KWG inhaltlich auf das erforderliche Mindestmaß gekürzt und auf sechs Absätze reduziert worden.

Absatz 1 enthält nur noch die Verordnungsermächtigung aus dem früheren Satz 9, die an die neuen Gegebenheiten aufgrund der Verordnung (EU) Nr. .../2012 angepasst wurde. Auf Basis dieser Verordnungsermächtigung können die in Ergänzung zur Verordnung (EU) Nr. .../2012 erforderlichen näheren Bestimmungen zur Nutzung interner Ansätze (insbesondere das Zulassungsverfahren, die laufende Überwachung, die Rücknahme und der Widerruf von Zulassungen) auch künftig in einer Rechtsverordnung vorgesehen werden. Die Ermächtigungsgrundlage in Nummer 5 ermöglicht es, die technischen Einzelheiten im Zusammenhang mit antizyklischem Kapitalpuffer, dem Kapitalpuffer für systemischen Risiken und der kombinierten Kapitalpuffer-Anforderung ebenfalls im Verordnungswege zu regeln. Gleiches gilt für die nach Teil 10, Titel 1, Kapitel 2 der Verordnung (EU) Nr. .../2012 festzulegenden Prozentsätze für die Anrechnung auslaufender Eigenmittelbestandteile.

Die Ermächtigungsgrundlage in Nummer 7 ermöglicht es, Verfahrensbestimmungen zu den durch die CRR festgelegten Antrags- und Anzeigepflichten, einschließlich der regelmäßigen Berichtspflichten, zu treffen. Hierzu ist insbesondere zu regeln, in welcher Form Anträge zu stellen sind und bei wem an die Bundesanstalt zu richtende Anzeigen und Meldungen einzureichen sind.

Die nach Nummer 8 möglichen Vorgaben zur Ermittlung des Beleihungswerts von Immobilien sind erforderlich, um (wie bisher nach § 25 Absatz 11 Satz 3 Solvabilitätsverordnung – SolvV) den Instituten die Nutzung solcher Regelungen der CRR zu ermöglichen, die nur in denjenigen Mitgliedstaaten anwendbar sind, die in ihre Rechts- oder Verwaltungsvorschriften strenge Vorgaben für die Bemessung des Beleihungswerts vorgesehen haben.

Die vormals in Absatz 1 enthaltenen datenschutzrechtlichen Vorgaben, nach denen Institute für die Zwecke des Verwendens interner Ansätze personenbezogene Daten von ihren Kunden erheben dürfen, wurden inhaltlich unverändert in Absatz 2 verschoben.

Da die Eigenmittelbestandteile nach der Verordnung (EU) Nr. .../2012 nunmehr prinzipienbasiert definiert sind, wobei die Eigenmittelkategorie der Drittrangmittel entfallen ist, sind die Absätze 2 bis 7 8 a.F. zu streichen.

Der Katalog für zusätzliche Eigenmittelanforderungen in Absatz 3 setzt die Vorgaben nach Artikel 100 der Richtlinie 2012/.../EU um und behält daneben die dadurch noch nicht abgedeckten bisherigen Beispielfälle des Absatzes 1b a.F. bei.

Die Möglichkeit nach Nummer 5, einen zusätzlichen Eigenmittelpuffer für Perioden wirtschaftlichen Abschwungs zu verhängen, wird ab dem 31. Dezember 2015 obsolet, weil dann die Regeln für Kapitalpuffer in Kraft treten.

Die Regelungen in § 10 Absatz 3 Satz 3 KWG setzen Artikel 99a Richtlinie 2012/.../EU für die Eigenmittelanforderungen um. Die Ermächtigung soll Allgemeinverfügungen erlauben, die notwendig werden, um makroprudenzielle Erkenntnisse in die mikroprudenzielle Aufsicht umzusetzen.

Anordnungen nach § 10 Absatz 3 KWG kommen nach den internationalen Vorgaben aufgrund ihrer Tätigkeiten insbesondere für systemrelevante Institute und für College-Banken in Betracht. Die Adäquanz der Eigenmittel dieser Institute wird regelmäßig in Aufsichtskollegien beurteilt, deren Entscheidung entsprechend zu berücksichtigen ist. Mit der Regelung in § 10 Absatz 3 Satz 4 KWG setzt Deutschland die

[Fortsetzung Fußnote 1]
zur Anpassung des Aufsichtsrechts an die Verordnung (EU) Nr. 575/2013 über Aufsichtsanforderungen an Kreditinstitute und Wertpapierfirmen (CRD IV-Umsetzungsgesetz) vom 28. August 2013 (BGBl. I S. 3395); vgl. BT-Drucksache 17/10974 vom 15. Oktober 2012 und BT-Drucksache 17/13524 – Beschlussempfehlung des Finanzausschusses (7. Ausschuss) – vom 15. Mai 2013.

europäischen Vorgaben für College-Banken nach Artikel 111 Absatz 1 Unterabschnitt 3 Buchstabe e der Richtlinie 2012/.../EU i.V.m. den sog. JRAD-Guidelines um (Guidelines for the joint assessment of the elements covered by the supervisory review and evaluation process [SREP] and the joint decision regarding the capital adeqacy of crossborder groups [GL39]) um. Entsprechende Anordnungen dienen zugleich der Umsetzung der FSB-Vorgaben an eine intensivierte Aufsicht für systemrelevante Institute (vgl. FSB, Intensity and Effectiveness of SIFI Supervision: Recommendations for enhanced supervision, 2. November 2010).

Die Regelung des § 10 Absatz 4 KWG ist erforderlich, um insbesondere bei offenen Handelsgesellschaften, Kommanditgesellschaften und stillen Gesellschaften das Anrechenbarkeitskriterium der Dauerhaftigkeit von Kernkapital (hartes Kernkapital und zusätzliches Kernkapital) nach den Artikeln 23 ff. der Verordnung (EU) Nr. .../2012 erfüllen zu können. Ein Ausschluss des Kündigungsrechts ist nach § 723 Absatz 3 des Bürgerlichen Gesetzbuchs durch Vereinbarung nicht möglich und unwirksam. Einem Institut zur Verfügung gestelltes Kapital muss allerdings dauerhaft überlassen werden, um als aufsichtliches Kernkapital nach der Verordnung (EU) Nr. .../2012 anrechenbar zu sein. Um dies zu gewährleisten, müssen daher die allgemeinen Kündigungsrechte des Bürgerlichen Gesetzbuchs durch das Kreditwesengesetz ausgeschlossen werden. Insoweit besteht ein gesetzlicher Anwendungsvorrang des Aufsichtsrechts gegenüber den zivilrechtlichen Normen, wie er auch schon früher bei den aufsichtsrechtlichen Anforderungen an Vermögenseinlagen stiller Gesellschafter und das sonstige Kapital im Kreditwesengesetz geregelt war.

Absatz 5 setzt Artikel 100 Absatz 1 Buchstabe i der Richtlinie 2012/.../EU um.

Absatz 6 übernimmt den früheren Absatz 3b.

Die Pflicht zur Anzeige nicht marktmäßig gewährter oder besicherter Kredite an bedeutende Gesellschafter und an Personen, die eine bedeutende Kapitalbeteiligung an einem Institut halten, wurde von Absatz 8 8 a. F. in § 24 Absatz 1 Nummer 17 KWG verschoben. Insoweit wird auf die dortige Begründung verwiesen.

Absatz 9 8 a. F. ist inhaltlich durch Artikel 90 Absatz 2 der Verordnung (EU) Nr. .../2012 gedeckt und daher zu streichen.

Absatz 11 8 a. F. ist inhaltlich durch Artikel 8 der Verordnung (EU) Nr. .../2012 gedeckt und daher zu streichen.

ANMERKUNG

1. § 10 wurde inhaltlich neu gefasst und auf sechs Absätze reduziert durch das CRD IV-Umsetzungsgesetz vom 28. August 2013 (BGBl. I S. 3395); zu den Einzelheiten siehe die Amtliche Begründung.
2. Zur Anwendung des § 10 Absatz 3 Satz 2 Nr. 5 vgl. § 64r Absatz 3.

§ 10a Ermittlung der Eigenmittelausstattung von Institutsgruppen, Finanzholding-Gruppen und gemischten Finanzholding-Gruppen; Verordnungsermächtigung

(1) Eine Institutsgruppe, Finanzholding-Gruppe oder gemischte Finanzholding-Gruppe (Gruppe) besteht jeweils aus einem übergeordneten Unternehmen und einem oder mehreren nachgeordneten Unternehmen. Übergeordnete Unternehmen sind CRR-Institute, die nach Artikel 11 der Verordnung (EU) Nr. 575/2013 die Konsolidierung vorzunehmen haben, sowie Institute, die nach § 1a in Verbindung mit Artikel 11 der Verordnung (EU) Nr. 575/2013 die Konsolidierung vorzunehmen haben. Nachgeordnete Unternehmen sind Unternehmen, die nach Artikel 18 der Verordnung (EU) Nr. 575/2013 zu konsolidieren sind oder freiwillig konsolidiert werden. Ist ein Kreditinstitut, das nicht CRR-Kreditinstitut ist, übergeordnetes Unternehmen, so gelten als nachgeordnete Unternehmen auch Unternehmen, die als Bankgeschäfte ausschließlich das Einlagengeschäft nach § 1 Absatz 1 Satz 2 Nummer 1 betreiben. Ab-

weichend von Satz 2 kann die Bundesanstalt auf Antrag des übergeordneten Unternehmens ein anderes gruppenangehöriges Institut als übergeordnetes Unternehmen bestimmen; das gruppenangehörige Institut ist vorab anzuhören. Erfüllt bei wechselseitigen Beteiligungen kein Unternehmen der Institutsgruppe die Voraussetzungen des Satzes 2, bestimmt die Bundesanstalt das übergeordnete Unternehmen der Gruppe. Bei einer horizontalen Unternehmensgruppe im Sinne von Artikel 18 Absatz 3 der Verordnung (EU) Nr. 575/2013 gilt das gruppenangehörige Institut mit Sitz im Inland mit der höchsten Bilanzsumme als übergeordnetes Unternehmen. Ist das übergeordnete Unternehmen ein Finanzdienstleistungsinstitut, das ausschließlich Finanzdienstleistungen im Sinne von § 1 Absatz 1a Satz 2 Nummer 9 oder 10 erbringt, besteht nur dann eine Institutsgruppe, wenn ihm mindestens ein CRR-Institut mit Sitz im Inland als Tochterunternehmen nachgeordnet ist.

(2) Sind einer Finanzholding-Gesellschaft im Sinne von Artikel 4 Absatz 1 Nummer 20 der Verordnung (EU) Nr. 575/2013 oder gemischten Finanzholding-Gesellschaft im Sinne von Artikel 4 Absatz 1 Nummer 21 der Verordnung (EU) Nr. 575/2013 mehrere Institute mit Sitz im Inland nachgeordnet, gilt als übergeordnetes Unternehmen das Institut mit der höchsten Bilanzsumme; auf Antrag des übergeordneten Unternehmens bestimmt die Bundesanstalt ein anderes gruppenangehöriges Institut mit Sitz im Inland als übergeordnetes Unternehmen; das gruppenangehörige Institut ist vorab anzuhören. Auf Antrag einer Finanzholding-Gesellschaft oder einer gemischten Finanzholding-Gesellschaft, die ihren Sitz im Inland hat, und nach Anhörung des beaufsichtigten Unternehmens, das nach Artikel 11 Absatz 2 oder Artikel 12 der Verordnung (EU) Nr. 575/2013 oder Satz 1 als übergeordnetes Unternehmen gilt oder durch die Bundesanstalt bestimmt wurde, kann die Bundesanstalt die Finanzholding-Gesellschaft oder die gemischte Finanzholding-Gesellschaft als übergeordnetes Unternehmen bestimmen, sofern diese dargelegt hat, dass sie über die zur Einhaltung der gruppenbezogenen Pflichten erforderliche Struktur und Organisation verfügt. Die Bundesanstalt kann eine Finanzholding-Gesellschaft oder eine gemischte Finanzholding-Gesellschaft, die ihren Sitz im Inland hat, nach Anhörung des beaufsichtigten Unternehmens, das nach Artikel 11 Absatz 2 oder Artikel 12 der Verordnung (EU) Nr. 575/2013 oder Satz 1 als übergeordnetes Unternehmen gilt oder gemäß Satz 1 durch die Bundesanstalt bestimmt wurde, auch ohne Antrag als übergeordnetes Unternehmen bestimmen, sofern dies aus bankaufsichtlichen Gründen, insbesondere solchen, die sich aus der Organisation und Struktur der Finanzholding-Gesellschaft oder gemischten Finanzholding-Gesellschaft ergeben, erforderlich ist. Die nach Satz 2 oder Satz 3 als übergeordnetes Unternehmen bestimmte Finanzholding-Gesellschaft oder gemischte Finanzholding-Gesellschaft hat alle gruppenbezogenen Pflichten eines übergeordneten Unternehmens zu erfüllen. Liegen die Voraussetzungen für eine Bestimmung als übergeordnetes Unternehmen nach Satz 2 oder Satz 3 nicht mehr vor, insbesondere, wenn die Finanzholding-Gesellschaft oder gemischte Finanzholding-Gesellschaft ihren Sitz in einen anderen Staat verlagert oder nicht mehr in der Lage ist, für die Einhaltung der gruppenbezogenen Pflichten zu sorgen, hat die Bundesanstalt die Bestimmung nach Anhörung der Finanzholding-Gesellschaft oder der gemischten Finanzholding-Gesellschaft aufzuheben; § 35 Absatz 4 gilt entsprechend. Die Bundesanstalt hat gegenüber einer nach Satz 2 oder Satz 3 zum übergeordneten Unternehmen bestimmten Finanzholding-Gesellschaft oder gemischten Finanzholding-Gesellschaft und deren Organen alle Befugnisse, die ihr gegenüber einem Institut als übergeordnetem Unternehmen und dessen Organen zustehen. Erfüllt bei wechselseitigen Beteiligungen kein Institut im Inland die Voraussetzung, selbst keinem anderen gruppenangehörigen Institut nachgeordnet zu sein, gilt als übergeordnetes Unternehmen regelmäßig das Institut mit der höchsten Bilanzsumme; auf Antrag des übergeordneten Unternehmens bestimmt die Bundesanstalt ein anderes gruppenangehöriges Institut, das seinen Sitz im Inland hat, als übergeordnetes Unternehmen; das gruppenangehörige Institut ist vorab anzuhören.

(3) Abweichend von Absatz 1 Satz 1 bis 3 besteht keine Finanzholding-Gruppe oder gemischte Finanzholding-Gruppe, wenn die Finanzholding-Gesellschaft im Sinne von Artikel 4 Absatz 1 Nummer 30 oder 31 der Verordnung (EU) Nr. 575/2013 oder die gemischte Finanzholding-Gesellschaft im Sinne von Artikel 4 Absatz 1 Nummer 32 oder 33 der Verordnung (EU) Nr. 575/2013 ihren Sitz in einem anderen Staat des Europäischen Wirtschaftsraums hat und
1. der Finanzholding-Gesellschaft oder der gemischten Finanzholding-Gesellschaft mindestens ein CRR-Institut mit Sitz in ihrem Sitzstaat als Tochterunternehmen nachgeordnet ist oder
2. der Finanzholding-Gesellschaft oder der gemischten Finanzholding-Gesellschaft mindestens ein CRR-Institut mit Sitz im Inland und kein CRR-Institut mit Sitz in ihrem Sitzstaat nachgeordnet ist und das CRR-Institut mit Sitz im Inland keine höhere Bilanzsumme hat als ein anderes der Finanzholding-Gesellschaft oder gemischten Finanzholding-Gesellschaft als Tochterunternehmen nachgeordnetes CRR-Institut mit Sitz in einem anderen Staat des Europäischen Wirtschaftsraums.

Sind in einer Finanzholding-Gruppe oder gemischten Finanzholding-Gruppe mehr als eine Finanzholding-Gesellschaft im Sinne von Artikel 4 Absatz 1 Nummer 30 oder 31 der Verordnung (EU) Nr. 575/2013 oder gemischte Finanzholding-Gesellschaft im Sinne von Artikel 4 Absatz 1 Nummer 32 oder 33 der Verordnung (EU) Nr. 575/2013 mit Sitz sowohl im Inland als auch in einem anderen Staat des Europäischen Wirtschaftsraums Mutterunternehmen und hat in jedem dieser Staaten mindestens ein CRR-Institut seinen Sitz, so besteht keine Finanzholding-Gruppe oder gemischte Finanzholding-Gruppe, wenn das CRR-Institut mit Sitz im Inland keine höhere Bilanzsumme hat als ein anderes der Finanzholding-Gruppe oder gemischten Finanzholding-Gruppe als Tochterunternehmen angehöriges CRR-Institut mit Sitz in einem anderen Staat des Europäischen Wirtschaftsraums.

(4) Zur Ermittlung der Angemessenheit der Eigenmittel nach den Artikeln 92 bis 386 der Verordnung (EU) Nr. 575/2013 in der jeweils geltenden Fassung auf konsolidierter Ebene und zur Begrenzung der Großkreditrisiken nach den Artikeln 387 bis 403 der Verordnung (EU) Nr. 575/2013 haben die übergeordneten Unternehmen jeweils die Eigenmittel und die maßgeblichen Risikopositionen der Gruppe zusammenzufassen. Von den nach Satz 1 zusammenzufassenden Eigenmitteln sind die auf gruppenangehörige Unternehmen entfallenden Buchwerte der Kapitalinstrumente gemäß Artikel 26 Absatz 1 Buchstabe a, Artikel 51 Buchstabe a und Artikel 62 Buchstabe a der Verordnung (EU) Nr. 575/2013 in der jeweils geltenden Fassung abzuziehen. Bei Beteiligungen, die über nicht gruppenangehörige Unternehmen vermittelt werden, sind solche Buchwerte jeweils quotal in Höhe desjenigen Anteils abzuziehen, der der durchgerechneten Kapitalbeteiligung entspricht. Ist der Buchwert einer Beteiligung höher als der nach Satz 1 unter Eigenmitteln zusammenzufassende Teil der Posten des harten Kernkapitals nach Artikel 26 Absatz 1 der Verordnung (EU) Nr. 575/2013 in der jeweils geltenden Fassung des nachgeordneten Unternehmens, hat das übergeordnete Unternehmen den Unterschiedsbetrag von dem harten Kernkapital gemäß Artikel 50 der Verordnung (EU) Nr. 575/2013 in der jeweils geltenden Fassung der Gruppe abzuziehen. Die Adressenausfallpositionen, die sich aus Rechtsverhältnissen zwischen gruppenangehörigen Unternehmen ergeben, sind nicht zu berücksichtigen. Bei nachgeordneten Unternehmen, die keine Tochterunternehmen sind, hat das übergeordnete Unternehmen seine Eigenmittel und die im Rahmen der Verordnung (EU) Nr. 575/2013 in der jeweils geltenden Fassung maßgeblichen Risikopositionen mit den Eigenmitteln und den maßgeblichen Risikopositionen der nachgeordneten Unternehmen jeweils quotal in Höhe desjenigen Anteils zusammenzufassen, der seiner Kapitalbeteiligung an dem nachgeordneten Unternehmen entspricht. Im Übrigen gelten die Sätze 2 bis 5, jeweils auch in Verbindung mit der Rechtsverordnung nach Absatz 7, entsprechend.

(5) Ist das übergeordnete Unternehmen einer Institutsgruppe verpflichtet, nach den Vorschriften des Handelsgesetzbuchs einen Konzernabschluss aufzustellen, oder

ist es nach Artikel 4 der Verordnung (EG) Nr. 1606/2002 des Europäischen Parlaments und des Rates vom 19. Juli 2002 betreffend die Anwendung internationaler Rechnungslegungsstandards (ABl. L 243 vom 11. 9. 2002, S. 1) in der jeweils geltenden Fassung oder nach Maßgabe von § 315a Absatz 2 des Handelsgesetzbuchs verpflichtet, bei der Aufstellung des Konzernabschlusses die nach den Artikeln 3 und 6 der Verordnung (EG) Nr. 1606/2002 übernommenen internationalen Rechnungslegungsstandards anzuwenden, so hat es spätestens nach Ablauf von fünf Jahren nach Entstehen der jeweiligen Verpflichtung bei der Ermittlung der zusammengefassten Eigenmittel sowie der zusammengefassten Risikopositionen nach Maßgabe der Artikel 24 bis 386 der Verordnung (EU) Nr. 575/2013 in der jeweils geltenden Fassung den Konzernabschluss zugrunde zu legen. Wendet das übergeordnete Unternehmen einer Institutsgruppe die genannten internationalen Rechnungslegungsstandards nach Maßgabe von § 315a Absatz 3 des Handelsgesetzbuchs an, sind die Sätze 1 und 2 entsprechend anzuwenden; an die Stelle des Entstehens der Verpflichtung zur Anwendung der internationalen Rechnungslegungsstandards tritt deren erstmalige Anwendung. Absatz 4 ist in den Fällen der Sätze 1 bis 3 nicht anzuwenden. In diesen Fällen bleiben die Eigenmittel und sonstigen maßgeblichen Risikopositionen von Unternehmen, die in den Konzernabschluss einbezogen und keine gruppenangehörigen Unternehmen im Sinne dieser Vorschrift sind, unberücksichtigt. Eigenmittel und sonstige maßgebliche Risikopositionen nicht in den Konzernabschluss einbezogener Unternehmen, die gruppenangehörige Unternehmen im Sinne dieser Vorschrift sind, sind hinzuzurechnen, wobei das Verfahren nach Absatz 4 angewendet werden darf. Die Sätze 1 bis 6 gelten entsprechend für eine Finanzholding-Gruppe oder eine gemischte Finanzholding-Gruppe, wenn die Finanzholding-Gesellschaft oder die gemischte Finanzholding-Gesellschaft nach den genannten Vorschriften verpflichtet ist, einen Konzernabschluss aufzustellen oder nach § 315a Absatz 3 des Handelsgesetzbuchs einen Konzernabschluss nach den genannten internationalen Rechnungslegungsstandards aufstellt.

(6) Eine Gruppe, die nach Absatz 5 bei der Ermittlung der zusammengefassten Eigenmittel sowie der zusammengefassten Risikopositionen den Konzernabschluss zugrunde zu legen hat, darf mit Zustimmung der Bundesanstalt für diese Zwecke das Verfahren nach Absatz 4 nutzen, wenn die Heranziehung des Konzernabschlusses im Einzelfall ungeeignet ist. Das übergeordnete Unternehmen der Gruppe muss das Verfahren nach Absatz 4 in diesem Fall in mindestens drei aufeinander folgenden Jahren anwenden.

(7) Das Bundesministerium der Finanzen wird ermächtigt, durch Rechtsverordnung, die nicht der Zustimmung des Bundesrates bedarf, im Benehmen mit der Deutschen Bundesbank nähere Bestimmungen über die Ermittlung der Eigenmittelausstattung von Gruppen zu erlassen, insbesondere über
1. die Überleitung von Angaben aus dem Konzernabschluss in die Ermittlung der zusammengefassten Eigenmittelausstattung bei Anwendung des Verfahrens nach Absatz 5,
2. die Behandlung der nach der Äquivalenzmethode bewerteten Beteiligungen bei Anwendung des Verfahrens nach Absatz 5.

Das Bundesministerium der Finanzen kann die Ermächtigung durch Rechtsverordnung auf die Bundesanstalt mit der Maßgabe übertragen, dass die Rechtsverordnung im Einvernehmen mit der Deutschen Bundesbank ergeht. Vor Erlass der Rechtsverordnung sind die Spitzenverbände der Institute anzuhören.

(8) Das übergeordnete Unternehmen ist für eine angemessene Eigenmittelausstattung der Gruppe verantwortlich. Es darf jedoch zur Erfüllung seiner Verpflichtungen nach Satz 1 auf die gruppenangehörigen Unternehmen nur einwirken, soweit dem das allgemein geltende Gesellschaftsrecht nicht entgegensteht.

(9) Gruppen sind von der Anwendung der Anforderungen auf konsolidierter Ebene nach den Artikeln 11 bis 23 der Verordnung (EU) Nr. 575/2013 befreit, wenn sämtliche gruppenangehörigen Institute die Artikel 92 bis 386 der Verordnung (EU) Nr. 575/2013

nicht auf Einzelebene anzuwenden haben, es sei denn, sie wurden nach Artikel 7 der Verordnung (EU) Nr. 575/2013 von der Anwendung der Artikel 92 bis 386 der Verordnung (EU) Nr. 575/2013 auf Einzelebene freigestellt.

(10) Für die Unterkonsolidierung gemäß Artikel 22 der Verordnung (EU) Nr. 575/2013 sind die Absätze 4 bis 9 entsprechend anzuwenden.

Amtliche Begründung[1]

Zu Nummer 23 (§ 10 a)

§ 10a KWG ist grundlegend anzupassen im Hinblick auf die Konsolidierungsregelungen in Teil 1, Titel II, Kapitel 2 der Verordnung (EU) Nr. .../2012, die für Institutsgruppen, Finanzholding-Gruppen und nunmehr auch für gemischte Finanzholding-Gruppen in allen Mitgliedstaaten der Europäischen Union unmittelbar gelten. Da sich Anwendungsbereich und Umfang der Konsolidierung aus dieser Verordnung ergeben, sind die entsprechenden Vorschriften in § 10a KWG zu streichen. Der Text des § 10a KWG ist um die gemischten Finanzholding-Gruppen zu ergänzen.

Absatz 1 definiert basierend auf den Regelungen zum Anwendungsbereich der Ermittlung der Eigenmittelanforderungen auf konsolidierter Basis der Verordnung (EU) Nr. .../2012 die Begriffe übergeordnetes Unternehmen und nachgeordnete Unternehmen. Dies erfolgt sowohl für CRR-Institute als auch für Nicht-CRR-Institute, die übergeordnete Institute sind und für die über die Verweisung in § 1a KWG die Regelungen der Verordnung (EU) Nr. .../2012 zur Beaufsichtigung auf konsolidierter Basis entsprechend gelten. Da die Verordnung (EU) Nr. .../2012 keine Konsolidierungspflicht für Unternehmen vorsieht, die ausschließlich das Einlagengeschäft betreiben, ist zur Schließung dieser Regelungslücke in der Verordnung in Absatz 1 eine entsprechende Verpflichtung für Kreditinstitute aufzunehmen. Die Konsolidierungspflicht erstreckt sich dabei auf nachgeordnete Unternehmen, die ausschließlich das Einlagengeschäft nach § 1 Absatz 1 Satz 2 Nummer 1 KWG betreiben und bei denen es sich um Tochtergesellschaften oder um Unternehmen handelt, an denen eine zu konsolidierende Minderheitsbeteiligung besteht.

Im Weiteren beinhaltet Absatz 1 Satz 7 basierend auf Artikel 16 Absatz 3 der Verordnung (EU) Nr. .../2012 bei horizontalen Unternehmensgruppen die Möglichkeit für die Bundesanstalt, ein gruppenangehöriges Unternehmen der Gruppe zum übergeordneten Unternehmen zu bestimmen. Die Regelungen in Satz 5 (abweichende Bestimmung des übergeordneten Unternehmens auf Antrag) und in Satz 6 (Bestimmung des übergeordneten Unternehmens bei wechselseitigen Beteiligungen) stellen eine notwendige Ergänzung der Vorgaben in Artikel 10 der Verordnung (EU) Nr. .../2012 in Verbindung mit Artikel 106 der Richtlinie 2012/.../EU dar, die Aussagen nur für grenzüberschreitend in mehr als einem Mitgliedstaat tätige Finanzholdinggruppen bzw. gemischte Finanzholding-Gruppen treffen.

Absatz 2 enthält Regelungen für Finanzholding-Gesellschaften und gemischte Finanzholding-Gesellschaften, die zuvor in Absatz 38 a.F. geregelt waren. Die Möglichkeit der Bundesanstalt, bei der Finanzholding-Gruppe oder gemischten Finanzholding-Gruppe das übergeordnete Unternehmen abweichend zu bestimmen (Sätze 6 bis 9 des Absatzes 38 a.F.), wird als eine als sinnvoll erachtete Ergänzung der Vorgaben der

---

[1] Zum Gesetz zur Umsetzung der Richtlinie 2013/36/EU über den Zugang zur Tätigkeit von Kreditinstituten und die Beaufsichtigung von Kreditinstituten und Wertpapierfirmen und zur Anpassung des Aufsichtsrechts an die Verordnung (EU) Nr. 575/2013 über Aufsichtsanforderungen an Kreditinstitute und Wertpapierfirmen (CRD IV-Umsetzungsgesetz) vom 28. August 2013 (BGBl. I S. 3395); vgl. BT-Drucksache 17/10974 vom 15. Oktober 2012 und BT-Drucksache 17/13524 – Beschlussempfehlung des Finanzausschusses (7. Ausschuss) – vom 15. Mai 2013.

Richtlinie und der Verordnung in Absatz 2 inhaltlich unverändert beibehalten. Die Regelungen zur Bestimmung des übergeordneten Unternehmens auf Antrag oder im Falle wechselseitiger Beteiligungen stellen eine notwendige Ergänzung der Vorgaben in Artikel 10 der Verordnung (EU) Nr. .../2012 in Verbindung mit Artikel 106 der Richtlinie 2012/.../EU dar, die entsprechende Aussagen nur für grenzüberschreitend in mehr als einem Mitgliedstaat tätige Finanzholdinggruppen bzw. gemischte Finanzholding-Gruppen treffen.

Absatz 3 setzt die in Artikel 106 der Richtlinie 2012/.../EU geregelten Zuständigkeiten der nationalen Aufsichtsbehörden für die konsolidierte Beaufsichtigung von Finanzholding-Gruppen und gemischten Finanzholding-Gruppen, deren gruppenangehörige Unternehmen ihren Sitz in mehr als einem Staat des Europäischen Wirtschaftsraums (EWR) haben, über entsprechende Ausnahmetatbestände um.

Die Änderungen in den übrigen Absätzen sind Folgeänderungen redaktioneller Art, da die Verweise auf die einzelnen Kapitalbestandteile an die neuen Regelungen der Verordnung (EU) Nr. .../2012 bzw. auf neu eingeführte oder geänderte Regelungen des Kreditwesengesetzes angepasst werden.

Da die Verordnung selbst keine inhaltlichen Vorgaben zum Konsolidierungsverfahren enthält, wurden die diesbezüglichen vormaligen Regelungen aus Absatz 6 (Aggregationsverfahren), Absatz 7 (Konsolidierung auf Basis des Konzernabschlusses) und Absatz 8 (ausnahmsweise Nutzung des Aggregationsverfahrens, wenn Konzernabschlussmethode ungeeignet) als klarstellende Regelungen in den neuen Absätzen 4, 5 und 6 beibehalten. Die Regelung zum aktivischen Unterschiedsbetrag (vormals Absatz 6 Satz 9 und 10) wird wegen fehlender Rechtsgrundlage in der Verordnung (EU) Nr. .../2012 gestrichen.

Absatz 1 1 8 a. F. (quotale Konsolidierung von Minderheitsbeteiligungen) wird gestrichen und inhaltlich in den neuen Absatz 4 integriert bzw. durch Artikel 16 der Verordnung (EU) Nr. .../2012 abgedeckt.

Absatz 10 (Zwischenabschlüsse) a. F. wird durch Artikel 24 in Verbindung mit den Konsolidierungsvorschriften der Verordnung (EU) Nr. .../2012, Absatz 138 a. F. (Organisatorische Pflichten der Gruppe hinsichtlich der Datenaufbereitung; Abzug von Beteiligungen, für welche die zur Konsolidierung benötigten Angaben nicht beschafft werden können) wird durch Artikel 10 Absatz 1 sowie Artikel 33 in Verbindung mit Artikel 40 der Verordnung (EU) Nr. .../2012 und Absatz 148 a. F. (Unterkonsolidierung) wird durch Artikel 20 der Verordnung (EU) Nr. .../2012 entbehrlich und somit gestrichen.

Die Verordnungsermächtigung aus Absatz 98 a. F. wurde beibehalten und in Absatz 7 verschoben, um gegebenenfalls noch benötigte Regelungen aus der Konzernabschlussüberleitungsverordnung, die ansonsten aufzuheben wäre, in eine Rechtsverordnung übernehmen zu können.

Absatz 8 enthält die Regelung aus Absatz 128 a. F. und dient der Klarstellung.

Absatz 9 dient der Klarstellung, dass Gruppen keine Konsolidierung vorzunehmen haben, wenn alle gruppenangehörigen Unternehmen auf Einzelbasis von der Anwendung der Eigenmittelvorschriften befreit sind. Außerdem wird die bislang in Absatz 1 Satz 3 enthaltene Ausnahmeregelung, wonach bestimmte Leasing- und Factoringgruppen keine Institutsgruppe bilden müssen, fortgeführt.

Da die klarstellenden Regelungen der Absätze 4 bis 9 auch für den Fall der Unterkonsolidierung gelten, wurde in Absatz 10 ein entsprechender Verweis aufgenommen.

ANMERKUNG

1. § 10a wurde neu gefasst durch das CRD IV-Umsetzungsgesetz vom 28. August 2013 (BGBl. I S. 3395); zu den Einzelheiten vgl. die vorstehende Amtliche Begründung.
2. Zur Anwendung des § 10a Absatz 4 Satz 4 vgl. § 64r Absatz 4.

§ 10b *(weggefallen)*

ANMERKUNG Die Aufhebung des § 10b beruht auf der inhaltlichen Überführung des § 10b in das Finanzkonglomerate-Aufsichtsgesetz durch das Gesetz zur Umsetzung der Richtlinie 2011/89/EU des Europäischen Parlaments und des Rates vom 16. November 2011 zur Änderung der Richtlinien 98/78/EG, 2002/87/EG, 2006/48/EG und 2009/138/EG hinsichtlich der zusätzlichen Beaufsichtigung der Finanzunternehmen eines Finanzkonglomerats vom 27. Juni 2013 (BGBl. I S. 1862).

§ 10c Kapitalerhaltungspuffer

(1) Ein Institut muss zusätzlich zum harten Kernkapital, das zur Einhaltung der Eigenmittelanforderung nach Artikel 92 der Verordnung (EU) Nr. 575/2013 und erhöhter Eigenmittelanforderungen zur Absicherung nicht von Artikel 1 der Verordnung (EU) Nr. 575/2013 abgedeckter Risiken und Risikoelemente nach § 10 Absatz 3 erforderlich ist, einen aus hartem Kernkapital bestehenden Kapitalerhaltungspuffer vorhalten. Seine Höhe beträgt 2,5 Prozent des nach Artikel 92 Absatz 3 der Verordnung (EU) Nr. 575/2013 ermittelten Gesamtforderungsbetrags.

(2) Absatz 1 gilt entsprechend für Institutsgruppen, Finanzholding-Gruppen und gemischte Finanzholding-Gruppen, denen mindestens ein Institut angehört, das die Anforderung in Absatz 1 auf Einzelinstitutsebene erfüllen muss, sowie für Institute im Sinne des Artikels 22 der Verordnung (EU) Nr. 575/2013.

Amtliche Begründung[1]

Zu Nummer 25 (§§ 10c bis 10g)

Zu § 10c KWG

Der neue § 10c KWG setzt Artikel 122 Absatz 1, Artikel 123 der Richtlinie 2012/.../EU um. Ziel der Regelung ist es, zu gewährleisten, dass die Institute sowie Institutsgruppen, Finanzholding-Gruppen und gemischte Finanzholding-Gruppen dauerhaft über einen über die Mindestkapitalanforderungen hinausgehenden Puffer aus hartem Kernkapital verfügen, der im Falle einer negativen Entwicklung des Instituts/der Gruppe oder der Märkte ein zusätzliches Schutzschild bildet und in der Lage ist, bis zu einem gewissen Grad Verluste aufzufangen, die ansonsten unmittelbar zu einem Abschmelzen des zur Risikoabdeckung benötigten Kapitals führen könnten. Die Anforderungen auf Gruppenebene gelten nur, wenn der Gruppe mindestens ein Institut angehört, das den Puffer auch auf Einzelinstitutsebene vorhalten muss.

---

1 Zum Gesetz zur Umsetzung der Richtlinie 2013/36/EU über den Zugang zur Tätigkeit von Kreditinstituten und die Beaufsichtigung von Kreditinstituten und Wertpapierfirmen und zur Anpassung des Aufsichtsrechts an die Verordnung (EU) Nr. 575/2013 über Aufsichtsanforderungen an Kreditinstitute und Wertpapierfirmen (CRD IV-Umsetzungsgesetz) vom 28. August 2013 (BGBl. I S. 3395); vgl. BT-Drucksache 17/10974 vom 15. Oktober 2012 und BT-Drucksache 17/13524 – Beschlussempfehlung des Finanzausschusses (7. Ausschuss) – vom 15. Mai 2013.

ANMERKUNG

1. Der bisherige § 10c KWG wurde aufgehoben durch das CRD IV-Umsetzungsgesetz vom 28. August 2013 (BGBl. I S. 3395), weil die Nullgewichtung von Intragruppenforderungen nunmehr in Artikel 113 der Verordnung (EU) Nr. 575/2013 geregelt ist. Welche Ziele der neue § 10c verfolgt, siehe die voranstehende Amtliche Begründung.
2. Zur Anwendung des § 10c vgl. § 64r Absatz 5.

§ 10d Antizyklischer Kapitalpuffer

(1) Ein Institut muss zusätzlich zum harten Kernkapital, das zur Einhaltung
1. der Eigenmittelanforderung nach Artikel 92 der Verordnung (EU) Nr. 575/2013,
2. erhöhter Eigenmittelanforderungen zur Absicherung nicht von Artikel 1 der Verordnung (EU) Nr. 575/2013 abgedeckter Risiken und Risikoelemente nach § 10 Absatz 3,
3. erhöhter Eigenmittelanforderungen nach § 10 Absatz 4 und
4. des Kapitalerhaltungspuffers nach § 10c

erforderlich ist, einen aus hartem Kernkapital bestehenden institutsspezifischen antizyklischen Kapitalpuffer vorhalten. Satz 1 gilt entsprechend für Institutsgruppen, Finanzholding-Gruppen und gemischte Finanzholding-Gruppen, denen mindestens ein Institut angehört, das die Anforderung in Satz 1 auf Einzelinstitutsebene erfüllen muss, sowie für Institute im Sinne des Artikels 22 der Verordnung (EU) Nr. 575/2013.

(2) Die institutsspezifische antizyklische Kapitalpuffer-Quote ist der gewichtete Durchschnitt der Quoten für die antizyklischen Kapitalpuffer, die im Inland, in den anderen Staaten des Europäischen Wirtschaftsraums und in Drittstaaten sowie in den zugehörigen europäischen und überseeischen Ländern, Hoheitsgebieten und Rechtsräumen, in denen die maßgeblichen Risikopositionen des Instituts belegen sind, gelten oder nach Maßgabe der nachfolgenden Absätze angewendet werden. Zur Berechnung des gewichteten Durchschnitts wenden die Institute die jeweils geltende Quote für antizyklische Kapitalpuffer auf den jeweiligen Quotienten aus den gemäß Artikeln 107 bis 311 der Verordnung (EU) Nr. 575/2013 bestimmten Eigenmittelgesamtanforderungen für das Kreditrisiko in dem betreffenden Staat des Europäischen Wirtschaftsraums, des betreffenden Drittstaates sowie in den zugehörigen europäischen und überseeischen Ländern, Hoheitsgebieten und Rechtsräumen und den Eigenmittelgesamtanforderungen für das Kreditrisiko bei allen maßgeblichen Risikopositionen an.

(3) Die Quote des inländischen antizyklischen Kapitalpuffers beträgt 0 bis 2,5 Prozent des nach Artikel 92 Absatz 3 der Verordnung (EU) Nr. 575/2013 ermittelten Gesamtforderungsbetrags. Die Quote wird von der Bundesanstalt in Schritten von 0,25 Prozentpunkten festgelegt und quartalsweise bewertet. Hierbei berücksichtigt die Bundesanstalt Abweichungen des Verhältnisses der Kredite zum Bruttoinlandsprodukt von seinem langfristigen Trend und etwaige Empfehlungen des Ausschusses für Finanzstabilität. Die Bundesanstalt kann, soweit erforderlich, eine höhere Quote als 2,5 Prozent festlegen.

(4) Legt die Bundesanstalt die Quote für den inländischen antizyklischen Kapitalpuffer erstmals auf einen Wert über Null fest oder erhöht sie die bisherige Quote, bestimmt sie den Tag, ab dem die Institute die erhöhte Quote zur Berechnung des institutsspezifischen antizyklischen Kapitalpuffers anwenden müssen. Dieser Tag darf nicht mehr als zwölf Monate nach dem Tag der Veröffentlichung der erstmaligen Festlegung oder der Erhöhung der Quote für den inländischen antizyklischen Kapitalpuffer liegen. Liegen zwischen dem Tag nach Satz 1 und der Veröffentlichung der Quote für den inländischen antizyklischen Kapitalpuffer weniger als zwölf Monate, muss diese kürzere Frist durch außergewöhnliche Umstände, etwa eine erhebliche Zunahme der durch übermäßiges Kreditwachstum bedingten Risiken oder eine Situation, in der die Ertragslage der Institute im Europäischen Wirtschaftsraum einen

schnelleren Aufbau des inländischen antizyklischen Kapitalpuffers möglich macht, gerechtfertigt sein.

(5) Setzt die Bundesanstalt die bestehende Quote für den inländischen antizyklischen Kapitalpuffer herab, teilt sie gleichzeitig einen Zeitraum mit, in dem voraussichtlich keine Erhöhung der Quote für den inländischen antizyklischen Kapitalpuffer zu erwarten ist. Die Bundesanstalt kann das Verfahren jederzeit, auch vor Ablauf des mitgeteilten Zeitraums, wieder aufnehmen und die Quote für den inländischen antizyklischen Kapitalpuffer erneut festlegen oder erhöhen. Die Bundesanstalt veröffentlicht die im jeweiligen Quartal festgelegte Quote für den inländischen antizyklischen Kapitalpuffer sowie die Angaben nach den Absätzen 3 und 4 auf ihrer Internetseite.

(6) Die Bundesanstalt kann die von einem anderen Staat des Europäischen Wirtschaftsraums oder einem Drittstaat festgelegte Quote für den antizyklischen Kapitalpuffer für die Berechnung des institutsspezifischen antizyklischen Kapitalpuffers durch die im Inland zugelassenen Institute anerkennen, wenn die Quote 2,5 Prozent des in Artikel 92 Absatz 3 der Verordnung (EU) Nr. 575/2013 genannten Gesamtforderungsbetrags übersteigt. Solange die Bundesanstalt die höhere Quote nicht anerkannt hat, müssen die im Inland zugelassenen Institute bei der Berechnung des institutsspezifischen antizyklischen Kapitalpuffers eine Quote von 2,5 Prozent für die in diesem Staat belegenen Risikopositionen anwenden.

(7) Hat die zuständige Behörde eines Drittstaates keine Quote für den antizyklischen Kapitalpuffer festgelegt und veröffentlicht, darf die Bundesanstalt die Quote festlegen, die die im Inland zugelassenen Institute bei der Berechnung des institutsspezifischen antizyklischen Kapitalpuffers für die in diesem Staat belegenen Risikopositionen anwenden müssen.

(8) Hat die zuständige Behörde eines Drittstaates eine Quote für den antizyklischen Kapitalpuffer festgelegt und veröffentlicht, darf die Bundesanstalt eine höhere Quote für den antizyklischen Kapitalpuffer festlegen, den die im Inland zugelassenen Institute bei der Berechnung des institutsspezifischen antizyklischen Kapitalpuffers für die in diesem Staat belegenen Risikopositionen anwenden müssen, wenn sie hinreichend sicher davon ausgehen kann, dass die von der zuständigen Behörde des Drittstaates festgelegte Quote nicht ausreicht, um die Institute angemessen vor den Risiken eines übermäßigen Kreditwachstums in dem betreffenden Drittstaat zu schützen.

(9) Erkennt die Bundesanstalt eine Quote für den antizyklischen Kapitalpuffer nach Absatz 6 an oder legt sie eine Quote für den antizyklischen Kapitalpuffer nach den Absätzen 7 oder 8 fest, veröffentlicht die Bundesanstalt jeweils auf ihrer Internetseite diese Quote sowie mindestens folgende weitere Angaben:
1. den Staat des Europäischen Wirtschaftsraums oder den Drittstaat, für den diese Quote gilt,
2. den Tag, ab dem die im Inland zugelassenen Institute die Quote für den antizyklischen Kapitalpuffer zur Berechnung ihres institutsspezifischen antizyklischen Kapitalpuffers anwenden müssen,
3. in den Fällen, in denen dieser Tag weniger als zwölf Monate nach dem Tag der Veröffentlichung nach diesem Absatz liegt, die außergewöhnlichen Umstände, die eine kürzere Frist für die Anwendung rechtfertigen.

(10) Das Nähere regelt die Rechtsverordnung nach § 10 Absatz 1 Satz 1 Nummer 5 Buchstabe a.

ANMERKUNG

1. § 10d wurde neu eingefügt durch das CRD IV-Umsetzungsgesetz vom 28. August 2013 (BGBl. I S. 3395). § 10d setzt Artikel 124 Absätze 1 und 2 der Richtlinie 2013/36/EU um. Ziel der Regelung ist es, durch einen antizyklischen Kapitalpuffer dem Risiko, das ein übermäßiges Kreditwachstum für den Bankensektor mit sich bringt, angemessen Rechnung zu tragen. Der antizyklische Kapitalpuffer wird gebildet, wenn das aggregierte

Kreditwachstum nach allgemeiner Auffassung zur Entstehung eines systemweiten Risikos beiträgt, und kann in Krisenzeiten abgerufen werden.
2. Zur Anwendung des § 10d vgl. § 64r Absatz 5 KWG.

§ 10e Kapitalpuffer für systemische Risiken

(1) Die Bundesanstalt kann anordnen, dass alle Institute oder bestimmte Arten oder Gruppen von Instituten zusätzlich zum harten Kernkapital, das zur Einhaltung
1. der Eigenmittelanforderung nach Artikel 92 der Verordnung (EU) Nr. 575/2013,
2. erhöhter Eigenmittelanforderungen zur Absicherung nicht von Artikel 1 der Verordnung (EU) Nr. 575/2013 abgedeckter Risiken und Risikoelemente nach § 10 Absatz 3,
3. erhöhter Eigenmittelanforderungen nach § 10 Absatz 4,
4. des Kapitalerhaltungspuffers nach § 10c und
5. des institutsspezifischen antizyklischen Kapitalpuffers nach § 10d

erforderlich ist, einen aus hartem Kernkapital bestehenden Kapitalpuffer für systemische Risiken vorhalten müssen. Der Kapitalpuffer für systemische Risiken kann für Risikopositionen, die im Inland, in einem anderen Staat des Europäischen Wirtschaftsraums oder in einem Drittstaat belegen sind, angeordnet werden. Seine Quote beträgt mindestens 1,0 Prozent bezogen auf die risikogewichteten Positionswerte dieser Risikopositionen, die in den nach Artikel 92 Absatz 3 Verordnung (EU) Nr. 575/2013 zu berechnenden Gesamtforderungsbetrag einfließen und die Quote wird von der Bundesanstalt in Schritten von 0,5 Prozentpunkten festgesetzt. Die Sätze 1 bis 3 gelten entsprechend für Institutsgruppen, Finanzholding-Gruppen und gemischte Finanzholding-Gruppen, denen mindestens ein CRR-Kreditinstitut angehört, das die Anforderungen nach den Sätzen 1 bis 3 auf Einzelebene erfüllen muss, sowie für Kreditinstitute im Sinne des Artikels 22 der Verordnung (EU) Nr. 575/2013.

(2) Der Kapitalpuffer für systemische Risiken kann angeordnet werden, um langfristige, nicht zyklische systemische oder makroprudenzielle Risiken zu vermindern oder abzuwehren, die
1. zu einer Störung mit bedeutenden Auswirkungen auf das nationale Finanzsystem und die Realwirtschaft im Inland führen können und
2. nicht durch die Verordnung (EU) Nr. 575/2013 abgedeckt sind.

Der Kapitalpuffer für systemische Risiken darf nur angeordnet werden, wenn diese Risiken nicht hinreichend sicher durch andere Maßnahmen nach diesem Gesetz mit Ausnahme von Maßnahmen nach § 48t oder nach der Verordnung (EU) Nr. 575/2013 mit Ausnahme von Maßnahmen nach Artikel 458 und 459 der Verordnung (EU) Nr. 575/2013 vermindert oder abgewehrt werden können. Die Anordnung darf nur erfolgen, wenn der Kapitalpuffer für systemische Risiken keine unverhältnismäßige Beeinträchtigung des Finanzsystems oder von Teilen des Finanzsystems eines anderen Staates oder des Europäischen Wirtschaftsraums insgesamt darstellt, so dass das Funktionieren des Binnenmarkts des Europäischen Wirtschaftsraums behindert wird. Der Kapitalpuffer für systemische Risiken ist mindestens alle zwei Jahre zu überprüfen.

(3) Vor Anordnung eines Kapitalpuffers für systemische Risiken hat die Bundesanstalt die Absicht, einen solchen Kapitalpuffer anzuordnen, der Europäischen Kommission, der Europäischen Bankenaufsichtsbehörde, dem Europäischen Ausschuss für Systemrisiken sowie den zuständigen Behörden der betroffenen anderen Staaten des Europäischen Wirtschaftsraums und der betroffenen Drittstaaten anzuzeigen. Bei einem Kapitalpuffer in Höhe von bis zu 3 Prozent muss die Anzeige einen Monat vor der Anordnung erfolgen. Die Anzeigen sollen jeweils mindestens folgende Angaben enthalten:

1. eine genaue Beschreibung der langfristigen, nicht zyklischen systemischen oder makroprudenziellen Risiken, die durch die Anordnung der Kapitalpuffer für systemische Risiken abgewehrt oder vermindert werden sollen;
2. eine Begründung, warum die Risiken nach Nummer 1 eine Gefahr für die Finanzstabilität auf nationaler Ebene darstellen, die den Kapitalpuffer für systemische Risiken auch in der beabsichtigten Höhe rechtfertigt;
3. eine Begründung, warum die Annahme gerechtfertigt ist, dass die Anordnung des Kapitalpuffers für systemische Risiken in seiner konkreten Ausgestaltung geeignet und verhältnismäßig ist, um die Risiken nach Nummer 1 abzuwehren oder zu vermindern;
4. eine Beurteilung der wahrscheinlichen positiven oder negativen Auswirkungen der Anordnung des Kapitalpuffers für systemische Risiken auf den Binnenmarkt unter Berücksichtigung aller der Bundesanstalt zugänglichen Informationen;
5. eine Begründung, warum eine andere Maßnahme oder eine Kombination anderer Maßnahmen nach diesem Gesetz oder der Verordnung (EU) Nr. 575/2013 mit Ausnahme von Maßnahmen nach Artikel 458 und 459 der Verordnung (EU) Nr. 575/2013 unter Berücksichtigung der jeweiligen Wirksamkeit der Maßnahme nicht gleich geeignet ist, die Risiken nach Nummer 1 abzuwehren oder zu vermindern;
6. die beabsichtigte Höhe des Kapitalpuffers für systemische Risiken.

(4) Für Risikopositionen, die im Inland und in Drittstaaten belegen sind, kann ein Kapitalpuffer für systemische Risiken bis zur Höhe von 3,0 Prozent angeordnet werden. Für Risikopositionen, die in einem anderen Staat des Europäischen Wirtschaftsraums belegen sind, kann ein Kapitalpuffer für systemische Risiken in Höhe von bis zu 3,0 Prozent angeordnet werden, sofern dies einheitlich für alle Risikopositionen, die in Staaten des Europäischen Wirtschaftsraums belegen sind, erfolgt. Ein Kapitalpuffer für systemische Risiken, der in Höhe von über 3,0 Prozent festgelegt werden soll, kann erst nach Erlass eines zustimmenden Rechtsaktes der Europäischen Kommission gemäß Artikel 133 Absatz 15 der Richtlinie 2013/36/EU angeordnet werden.

(5) Abweichend von Absatz 4 Satz 3 kann die Bundesanstalt für Risikopositionen, die im Inland oder in Drittstaaten belegen sind, einen Kapitalpuffer für systemische Risiken in Höhe von über 3,0 Prozent bis zu 5,0 Prozent anordnen, nachdem
1. die Europäische Kommission eine zustimmende Empfehlung abgegeben hat oder, sofern die Europäische Kommission eine ablehnende Empfehlung abgegeben hat,
2. die Bundesanstalt gegenüber der Europäischen Kommission begründet hat, dass die Anordnung des Kapitalpuffers entgegen der Empfehlung der Europäischen Kommission erforderlich ist.

Sind von der Anordnung des Kapitalpuffers für systemische Risiken nach Satz 1 auch Institute betroffen, deren Mutterinstitut seinen Sitz in einem anderen Staat des Europäischen Wirtschaftsraums hat, kann die Bundesanstalt den Kapitalpuffer für systemische Risiken nur anordnen, wenn sie zuvor die zuständige Behörde des jeweiligen Staates, die Europäische Kommission und den Europäischen Ausschuss für Systemrisiken von der Absicht unterrichtet hat, einen Kapitalpuffer für systemische Risiken nach Satz 1 auch gegenüber diesen Instituten anzuordnen. Widerspricht die zuständige Behörde eines betroffenen Staates des Europäischen Wirtschaftsraums innerhalb eines Monats der Anordnung des Kapitalpuffers für systemische Risiken nach Satz 1 gegenüber einem Institut, dessen Mutterinstitut seinen Sitz in diesem Staat hat, oder geben sowohl die Europäische Kommission als auch der Europäische Ausschuss für Systemrisiken innerhalb eines Monats ablehnende Empfehlungen ab, kann die Bundesanstalt die Angelegenheit der Europäischen Bankenaufsichtsbehörde zur Durchführung eines Verfahrens zur Beilegung von Meinungsverschiedenheiten nach Artikel 19 der Verordnung (EU) Nr. 1093/2010 vorlegen.

(6) Der Kapitalpuffer für systemische Risiken kann auch durch Allgemeinverfügung ohne vorherige Anhörung angeordnet und öffentlich bekannt gegeben werden. Die Anordnung des Kapitalpuffers für systemische Risiken ist auf der Internetseite der Bundesanstalt zu veröffentlichen. Die Veröffentlichung soll mindestens folgende Angaben enthalten:
1. die Höhe des angeordneten Kapitalpuffers für systemische Risiken,
2. die Institute, Arten oder Gruppen von Instituten, die den Kapitalpuffer für systemische Risiken einhalten müssen,
3. eine Begründung der Anordnung des Kapitalpuffers für systemische Risiken,
4. den Zeitpunkt, ab dem der Kapitalpuffer für systemische Risiken einzuhalten ist,
5. die Staaten, bei denen Risikopositionen, die dort belegen sind, beim Kapitalpuffer für systemische Risiken zu berücksichtigen sind.

Die Veröffentlichung nach Nummer 3 hat zu unterbleiben, wenn zu befürchten ist, dass dadurch die Stabilität der Finanzmärkte gefährdet werden könnte.

(7) Für die Aufhebung der Anordnung eines Kapitalpuffers für systemische Risiken gilt Absatz 6 Satz 1 und 2 entsprechend.

(8) Die Bundesanstalt kann den Kapitalpuffer für systemische Risiken, der in einem anderen Staat des Europäischen Wirtschaftsraums angeordnet wurde, anerkennen, indem sie anordnet, dass alle Institute oder Arten oder Gruppen von Instituten den in diesem Staat angeordneten Kapitalpuffer für systemische Risiken anzuwenden haben, soweit er sich auf Risikopositionen bezieht, die in diesem Staat belegen sind. Absatz 6 gilt für die Anerkennung entsprechend. Bei der Entscheidung über die Anerkennung hat die Bundesanstalt die von dem anderen Staat bei Anordnung des Kapitalpuffers für systemische Risiken veröffentlichten Angaben zu berücksichtigen. Die Bundesanstalt hat die Europäische Kommission, die Europäische Bankenaufsichtsbehörde, den Europäischen Ausschuss für Systemrisiken und den Staat, in dem der Kapitalpuffer für systemische Risiken angeordnet wurde, von der Anerkennung zu unterrichten.

(9) Die Bundesanstalt kann den Europäischen Ausschuss für Systemrisiken ersuchen, eine Empfehlung nach Artikel 16 der Verordnung (EU) Nr. 1092/2010 zur Anerkennung eines Kapitalpuffers für systemische Risiken gegenüber einem oder mehreren anderen Staaten des Europäischen Wirtschaftsraums abzugeben.

(10) Das Nähere regelt die Rechtsverordnung nach § 10 Absatz 1 Satz 1 Nummer 5 Buchstabe b.

Amtliche Begründung[1]

Zu § 10e KWG

Die Regelung in § 10e KWG-E macht von der in Artikel 124a der Richtlinie 2012/.../EU eröffneten Möglichkeit Gebrauch, über die Eigenmittelanforderungen nach Artikel 87 der Verordnung (EU) Nr. .../2012, die Anforderungen für den Kapitalerhaltungspuffer und den antizyklischen Kapitalpuffer sowie die ergänzenden Eigenmittelanforderungen nach § 10 Absatz 3 KWG hinaus einen zusätzlichen Kapitalpuffer für systemische Risiken festzusetzen, mit dem langfristige nicht zyklische systemische

---

[1] Zum Gesetz zur Umsetzung der Richtlinie 2013/36/EU über den Zugang zur Tätigkeit von Kreditinstituten und die Beaufsichtigung von Kreditinstituten und Wertpapierfirmen und zur Anpassung des Aufsichtsrechts an die Verordnung (EU) Nr. 575/2013 über Aufsichtsanforderungen an Kreditinstitute und Wertpapierfirmen (CRD IV-Umsetzungsgesetz) vom 28. August 2013 (BGBl. I S. 3395); vgl. BT-Drucksache 17/10974 vom 15. Oktober 2012 und BT-Drucksache 17/13524 – Beschlussempfehlung des Finanzausschusses (7. Ausschuss) – vom 15. Mai 2013.

oder makroprudenzielle Risiken, die zu einer Systemgefährdung führen können, vermieden oder verringert werden sollen. Dieser Kapitalpuffer erhöht ähnlich wie der antizyklische Kapitalpuffer die für bestimmte Risikopositionen vorzuhaltenden Eigenmittel und schafft so zusätzliche Reserven bei den Instituten, um systemische oder makroprudenzielle Risiken abzudecken, bevor sie den Bestand des Instituts und infolge auch das Finanzsystem gefährden können. Der systemische Risikopuffer muss aus hartem Kernkapital gebildet werden, das nicht schon zur Erfüllung anderer Eigenmittelanforderungen vorgehalten wird. Er kann für alle nationalen Institute einheitlich oder unterschiedlich für einzelne Arten oder Gruppen von Instituten, auf Institutsbasis oder auf konsolidierter Basis festgelegt werden. Die Anordnung eines systemischen Risikopuffers bezogen auf ein einzelnes Institut ist grundsätzlich nicht vorgesehen.

Artikel 124a der Richtlinie 2012/.../EU sieht vor, dass der systemische Risikopuffer auf bestimmte Risikopositionen angewandt wird, die sich im Inland oder in einem Drittstaat befinden. Gemäß Artikel 124a Absatz 3 und 12 der Richtlinie 2012/.../EU kann der Anwendungsbereich aber auch auf Risikopositionen in einem anderen Mitgliedstaat des Europäischen Wirtschaftsraums ausgedehnt werden. Nach Artikel 130 Absatz 7 der Richtlinie 2012/.../EU ist die EBA angehalten, technische Regulierungsstandards zur Bestimmung der Belegenheit einer Risikoposition im Einzelnen zu entwickeln. Des Weiteren erhält die Bundesanstalt auch die in Artikel 124b der Richtlinie 2012/.../EU vorgesehene Möglichkeit, einen systemischen Risikopuffer, den die insoweit zuständige Behörde eines anderen Mitgliedstaates angeordnet hat, auch für deutsche Institute bezüglich der Risikopositionen für anwendbar zu erklären, die sich in dem anderen Mitgliedstaat befinden.

Hinsichtlich des Verfahrens zur Anordnung eines systemischen Kapitalpuffers sind unterschiedliche Anforderungen zu beachten, je nachdem, ob der Puffer bis oder über 3 Prozent (ab 1. Januar 2015 bis 3, zwischen 3 und 5 sowie über 5 Prozent) des Gesamtforderungsbetrags nach Artikel 87 Absatz 3 der Verordnung (EU) Nr. .../2012 beträgt. Die Einzelheiten zur Höhe und zur Ermittlung des systemischen Risikopuffers sowie zu dem bei der Anordnung zu beachtenden Verfahren werden in der Rechtsverordnung nach § 10 Absatz 1 Satz 1 Nummer 5 KWG geregelt.

ANMERKUNG
1. § 10e wurde neu eingefügt durch das CRD IV-Umsetzungsgesetz vom 28. August 2013 (BGBl. I S. 3395) und bietet die Festsetzung eines zusätzlichen Kapitalpuffers für systemische Risiken; zu den Einzelheiten siehe die voranstehende Amtliche Begründung. Der Verweis auf die unvollständige Angabe der in der Amtlichen Begründung zitierten Richtlinie und Verordnung ergibt sich vollständig aus der Fußnote zur Amtlichen Begründung.
2. Zur Anwendung des § 10e vgl. § 64r Absatz 6.

§ 10f Kapitalpuffer für global systemrelevante Institute

(1) Die Bundesanstalt ordnet an, dass ein global systemrelevantes Institut zusätzlich zum harten Kernkapital, das zur Einhaltung
1. der Eigenmittelanforderungen nach Artikel 92 der Verordnung (EU) Nr. 575/2013,
2. erhöhter Eigenmittelanforderungen zur Absicherung nicht von Artikel 1 der Verordnung (EU) Nr. 575/2013 abgedeckter Risiken und Risikoelemente nach § 10 Absatz 3,
3. erhöhter Eigenmittelanforderungen nach § 10 Absatz 4,
4. des Kapitalerhaltungspuffers nach § 10c,
5. des institutsspezifischen antizyklischen Kapitalpuffers nach § 10d und
6. des systemischen Kapitalpuffers nach § 10e, soweit dieser nicht auf den Kapitalpuffer für global systemrelevante Institute angerechnet wird,

erforderlich ist, einen aus hartem Kernkapital bestehenden Kapitalpuffer für global systemrelevante Institute auf konsolidierter Ebene vorhalten muss. Seine Quote wird von der Bundesanstalt entsprechend der Zuordnung des global systemrelevanten Instituts zu einer Größenklasse auf eine Höhe von 1,0, 1,5, 2,0, 2,5 oder 3,5 Prozent des nach Artikel 92 Absatz 3 der Verordnung (EU) Nr. 575/2013 ermittelten Gesamtforderungsbetrags festgelegt und mindestens jährlich überprüft.

(2) Die Bundesanstalt bestimmt im Einvernehmen mit der Deutschen Bundesbank mindestens jährlich, welche Institute, EU-Mutterinstitute, EU-Mutterfinanzholdinggesellschaften oder gemischten EU-Mutterfinanzholdinggesellschaften mit Sitz im Inland auf Grund einer quantitativen Analyse auf konsolidierter Ebene als global systemrelevant eingestuft werden (global systemrelevante Institute). Sie berücksichtigt bei der quantitativen Analyse die nachfolgenden Kategorien:
1. Größe der Gruppe,
2. grenzüberschreitende Aktivitäten der Gruppe,
3. Vernetztheit der Gruppe mit dem Finanzsystem,
4. Ersetzbarkeit hinsichtlich der angebotenen Dienstleistungen und Finanzinfrastruktureinrichtungen der Gruppe sowie
5. Komplexität der Gruppe.

Die Institute sind verpflichtet, der Bundesanstalt und der Deutschen Bundesbank die zur Durchführung der quantitativen Analyse benötigten Einzeldaten jährlich zu melden.

(3) In Abhängigkeit von den Ergebnissen der quantitativen Analyse weist die Bundesanstalt ein global systemrelevantes Institut einer bestimmten Größenklasse zu. Die Bundesanstalt kann
1. ein global systemrelevantes Institut einer höheren Größenklasse zuordnen, oder
2. ein zur Teilnahme am quantitativen Verfahren verpflichtetes Institut, das im Rahmen der quantitativen Analyse nicht als global systemrelevantes Institut identifiziert wurde, als solches einstufen und einer der Größenklassen zuordnen, wenn im Rahmen der ergänzenden qualitativen Analyse Merkmale der Systemrelevanz festgestellt wurden, die im Rahmen der quantitativen Analyse nicht oder nicht ausreichend erfasst wurden.

(4) Die Institute sind verpflichtet, die der quantitativen Analyse zugrunde liegenden Indikatoren jährlich zu veröffentlichen. Bei der Anordnung und Überprüfung des Kapitalpuffers für global systemrelevante Institute nach Absatz 1 und der Einstufung als global systemrelevante Institute sowie der Zuweisung zu einer Größenklasse nach den Absätzen 2 und 3 sind die insoweit bestehenden Vorgaben und Empfehlungen der Europäischen Bankenaufsichtsbehörde und des Europäischen Ausschusses für Systemrisiken nach freiem Ermessen der Bundesanstalt zu berücksichtigen.

(5) Die Bundesanstalt unterrichtet die Europäische Bankenaufsichtsbehörde, den Europäischen Ausschuss für Systemrisiken, die Europäische Kommission und die als global systemrelevant eingestuften Institute über die Entscheidungen nach den Absätzen 1 bis 3 und veröffentlicht Informationen über das Bestehen einer Anordnung sowie die Höhe des angeordneten Kapitalpuffers für global systemrelevante Institute sowie eine Liste der als global systemrelevant eingestuften Institute.

(6) Das Nähere regelt die Rechtsverordnung nach § 10 Absatz 1 Satz 1 Nummer 5 Buchstabe c.

Amtliche Begründung[1]

Zu § 10f KWG

Die Regelung in § 10f KWG setzt bereits die Empfehlungen des Baseler Ausschusses aus dem November 2011 zur Identifizierung von global systemrelevanten Instituten und der Festsetzung eines besonderen Kaptitalzuschlags für diese um. Diese Empfehlungen wurden von den G20 bei ihrem Treffen in Cannes im November 2011 bestätigt. Die Bundesanstalt und die Deutsche Bundesbank entscheiden bei der Identifizierung einvernehmlich, welche Institute vom Anwendungsbereich der neuen Vorschrift betroffen sind. Dabei werden im Ergebnis die unter ihrer Aufsicht stehenden global systemrelevanten Institute identifiziert und für diese individuell ein zusätzlicher Kapitalpuffer festgesetzt. Sind auf das betroffene global systemrelevante Institut sowohl ein Kapitalpuffer für systemische Risiken als auch ein Kapitalpuffer für global systemrelevante Institute anwendbar, soll nur der höhere von beiden gelten.

ANMERKUNG

1. § 10f wurde neu eingefügt durch das CRD IV-Umsetzungsgesetz vom 28. August 2013 (BGBl. I S. 3395); siehe die vorstehende Amtliche Begründung.
2. Zur Anwendung des § 10f vgl. § 64r Absatz 7.

§ 10g Kapitalpuffer für anderweitig systemrelevante Institute

(1) Die Bundesanstalt kann anordnen, dass ein anderweitig systemrelevantes Institut zusätzlich zum harten Kernkapital, das zur Einhaltung
1. der Eigenmittelanforderungen nach Artikel 92 der Verordnung (EU) Nr. 575/2013,
2. erhöhter Eigenmittelanforderungen zur Absicherung nicht von Artikel 1 der Verordnung (EU) Nr. 575/2013 abgedeckter Risiken und Risikoelemente nach § 10 Absatz 3,
3. erhöhter Eigenmittelanforderungen nach § 10 Absatz 4,
4. des Kapitalerhaltungspuffers nach § 10c,
5. des institutsspezifischen antizyklischen Kapitalpuffers nach § 10d und
6. des systemischen Kapitalpuffers nach § 10e, soweit dieser nicht auf den Kapitalpuffer für global systemrelevante Institute angerechnet wird,

erforderlich ist, einen aus hartem Kernkapital bestehenden Kapitalpuffer für anderweitig systemrelevante Institute in Höhe von bis zu 2,0 Prozent des nach Artikel 92 Absatz 3 der Verordnung (EU) Nr. 575/2013 ermittelten Gesamtforderungsbetrags auf konsolidierter, unterkonsolidierter oder auf Einzelinstitutsebene vorhalten muss.

(2) Die Bundesanstalt bestimmt im Einvernehmen mit der Deutschen Bundesbank mindestens jährlich, welche Institute, EU-Mutterinstitute, EU-Mutterfinanzholdinggesellschaften oder gemischte EU-Mutterfinanzholdinggesellschaften mit Sitz im Inland auf konsolidierter, unterkonsolidierter oder Einzelinstitutsebene als anderweitig systemrelevant eingestuft werden (anderweitig systemrelevante Institute). Bei der auf der relevanten Ebene durchgeführten qualitativen und quantitativen Analyse berück-

---

[1] Zum Gesetz zur Umsetzung der Richtlinie 2013/36/EU über den Zugang zur Tätigkeit von Kreditinstituten und die Beaufsichtigung von Kreditinstituten und Wertpapierfirmen und zur Anpassung des Aufsichtsrechts an die Verordnung (EU) Nr. 575/2013 über Aufsichtsanforderungen an Kreditinstitute und Wertpapierfirmen (CRD IV-Umsetzungsgesetz) vom 28. August 2013 (BGBl. I S. 3395); vgl. BT-Drucksache 17/10974 vom 15. Oktober 2012 und BT-Drucksache 17/13524 – Beschlussempfehlung des Finanzausschusses (7. Ausschuss) – vom 15. Mai 2013.

sichtigt sie jeweils für die untersuchte Einheit insbesondere die nachfolgenden Faktoren:
1. Größe,
2. wirtschaftliche Bedeutung für den Europäischen Wirtschaftsraum und die Bundesrepublik Deutschland,
3. grenzüberschreitende Aktivitäten sowie
4. Vernetztheit mit dem Finanzsystem.

(3) Die Bundesanstalt überprüft mindestens jährlich, ob und in welcher Höhe der Kapitalpuffer für anderweitig systemrelevante Institute erforderlich ist. Dabei sind jeweils die insoweit bestehenden Vorgaben und Empfehlungen der Europäischen Bankenaufsichtsbehörde und des Europäischen Ausschusses für Systemrisiken zu beachten. Die Anordnung darf nur erfolgen, wenn der Kapitalpuffer für anderweitig systemrelevante Institute keine unverhältnismäßige Beeinträchtigung des Finanzsystems oder von Teilen des Finanzsystems eines anderen Staates oder des Europäischen Wirtschaftsraums insgesamt darstellt, so dass das Funktionieren des Binnenmarkts des Europäischen Wirtschaftsraums behindert wird.

(4) Mindestens einen Monat vor Bekanntgabe der Anordnung eines neuen oder veränderten Kapitalpuffers für anderweitig systemrelevante Institute hat die Bundesanstalt die beabsichtigte Anordnung der Europäischen Bankenaufsichtsbehörde, dem Europäischen Ausschuss für Systemrisiken und der Europäischen Kommission sowie den zuständigen Aufsichtsbehörden gegebenenfalls betroffener Staaten des Europäischen Wirtschaftsraums anzuzeigen. Die Anzeigen sollen jeweils mindestens folgende Angaben enthalten:
1. eine detaillierte Begründung, weshalb die Festsetzung eines Kapitalpuffers für anderweitig systemrelevante Institute gerechtfertigt und den identifizierten Risiken angemessen ist,
2. eine detaillierte Erläuterung der wahrscheinlichen positiven und negativen Auswirkungen des Kapitalpuffers auf den Binnenmarkt des Europäischen Wirtschaftsraums sowie
3. die Höhe des festgesetzten Kapitalpuffers.

(5) Die Bundesanstalt unterrichtet das jeweilige anderweitig systemrelevante Institut, die Europäische Bankenaufsichtsbehörde, den Europäischen Ausschuss für Systemrisiken und die Europäische Kommission über die Entscheidungen nach Absatz 1 und 2 und veröffentlicht eine Liste der als anderweitig systemrelevant eingestuften Institute.

(6) Ist das anderweitig systemrelevante Institut Tochterunternehmen
1. eines global systemrelevanten Instituts oder
2. eines EU-Mutterinstituts mit Sitz im Ausland, das ein anderweitig systemrelevantes Institut im Sinne des Artikels 131 Absatz 1 der Richtlinie 2013/36/EU ist und einem Kapitalpuffer für anderweitig systemrelevante Institute auf konsolidierter Ebene unterliegt,

darf der Kapitalpuffer des Absatzes 2 den höheren Wert von entweder 1,0 Prozent oder des Kapitalpuffers auf konsolidierter Ebene nach Maßgabe des Artikels 131 Absatz 4 oder 5 der Richtlinie 2013/36/EU nicht übersteigen.

(7) Das Nähere regelt die Rechtsverordnung nach § 10 Absatz 1 Satz 1 Nummer 5 Buchstabe d.

Amtliche Begründung[1]

Zu § 10 g KWG

Die Vorschrift regelt die kombinierte Kapitalpuffer-Anforderung sowie die Folgen, wenn diese unterschritten wird. Absatz 1 setzt Artikel 122 Absatz 2 der Richtlinie 2012/.../EU um. Er definiert die kombinierte Kapitalpuffer-Anforderung als Summe des harten Kernkapitals eines Instituts, das es – über das zur Einhaltung der Mindestkapitalanforderungen erforderliche harte Kernkapital hinaus – zur Einhaltung des Kapitalerhaltungspuffers, eines eventuellen zusätzlichen antizyklischen Kapitalpuffers, eines eventuellen Kapitalpuffers für systemische Risiken sowie eines vorzuhaltenden Kapitalpuffers für global systemrelevante Institute benötigt. Bei nach § 10f Absatz 1 KWG als global systemrelevant bestimmten Instituten, die verpflichtet sind, einen Kapitalpuffer für systemische Risiken nach § 10e KWG vorzuhalten, setzt sich die kombinierte Kapitalpufferanforderung aus dem harten Kernkapital zur Einhaltung des Kapitalerhaltungspuffers, eines eventuell vorzuhaltenden antizyklischen Kapitalpuffers sowie zur Einhaltung des höheren Kapitalpuffers aus dem Kapitalpuffer für systemische Risiken und dem Kapitalpuffer für global systemrelevante Institute zusammen. Soweit bereits ein Puffer für systemische Risiken nach § 10e KWG aufgebaut wurde, wird dieser bei der Berechnung des Kapitalpuffers für global systemrelevante Institute nach § 10f Absatz 3 KWG berücksichtigt. Die Einbeziehung in die kombinierte Kapitalpufferanforderung führt daher nur dann zu einer vollumfänglichen Belastung mit einem Kapitalpuffer nach § 10f KWG, wenn kein systemischer Kapitalpuffer nach § 10e KWG aufgebaut wurde. Die Einbeziehung des Kapitalpuffers für systemische Risiken geht über den Wortlaut des Artikels 122 Absatz 2 der Richtlinie 2012/.../EU hinaus. Sie erscheint aber systematisch geboten, da sich die Rechtsfolgen bei Unterschreitungen in beiden Fällen nach Artikel 131 der Richtlinie 2012/.../EU richten und daher eine gemeinsame Regelung in § 10 g sachgerecht erscheint und zur Rechtsklarheit beiträgt.

Entsprechend der Funktion der Kapitalpuffer handelt es sich hierbei um Anforderungen, die grundsätzlich einzuhalten sind, die aber im Einzelfall unterschritten werden dürfen, wenn das hierin gebundene Kapital zur Abdeckung von Verlusten benötigt wird. In diesem Fall ist das Institut jedoch gehalten, die einschließlich der Kapitalpuffer erforderliche Kapitalausstattung kurzfristig wieder herzustellen. Es darf in der Zwischenzeit insbesondere keine Ausschüttungen im Sinne von Absatz 5, der Artikel 131 Absatz 8 der Richtlinie 2012/.../EU umsetzt, vornehmen, die das harte Kernkapital weiter reduzieren würden. Nicht zulässig ist auch eine Unterschreitung der kombinierten Kapitalpuffer-Anforderung zur Vornahme von Ausschüttungen.

Absatz 2 stellt entsprechend Artikel 131 Absatz 1 der Richtlinie 2012/.../EU klar, dass selbst ein Institut, das die kombinierte Kapitalpuffer-Anforderung erfüllt, keine Ausschüttungen vornehmen darf, durch die das harte Kernkapital so stark abnehmen würde, dass die kombinierte Kapitalpuffer-Anforderung nicht mehr länger erfüllt wäre. Dies kann insbesondere dann der Fall sein, wenn für die Ausschüttungen Rücklagen des Kreditinstituts aufgelöst werden müssten.

Erfüllt ein Institut die kombinierte Kapitalpuffer-Anforderung nicht oder nicht mehr, darf es Ausschüttungen ausschüttungsfähiger Gewinne oder die in Absatz 3 Satz 3 genannten Maßnahmen nur nach Genehmigung des Kapitalerhaltungsplans, in

---

[1] Zum Gesetz zur Umsetzung der Richtlinie 2013/36/EU über den Zugang zur Tätigkeit von Kreditinstituten und die Beaufsichtigung von Kreditinstituten und Wertpapierfirmen und zur Anpassung des Aufsichtsrechts an die Verordnung (EU) Nr. 575/2013 über Aufsichtsanforderungen an Kreditinstitute und Wertpapierfirmen (CRD IV-Umsetzungsgesetz) vom 28. August 2013 (BGBl. I S. 3395); vgl. BT-Drucksache 17/10974 vom 15. Oktober 2012 und BT-Drucksache 17/13524 – Beschlussempfehlung des Finanzausschusses (7. Ausschuss) – vom 15. Mai 2013.

dem das Institut darlegt, wie es die Ausschüttungsbeschränkungen anwenden wird und welche anderen Maßnahmen es zur Gewährleistung der Einhaltung der kombinierten Kapitalpuffer-Anforderung eingeleitet hat, vornehmen.

Im Einzelnen hat das Institut dabei folgende Schritte zu befolgen: Es hat gemäß Absatz 3, der Artikel 131 Absatz 2 und 3 der Richtlinie 2012/.../EU umsetzt, zunächst den maximal ausschüttungsfähigen Betrag zu ermitteln und diesen der Bundesanstalt und der Deutschen Bundesbank anzuzeigen. Die näheren Regelungen zur Ermittlung dieses Betrags sind in der Rechtsverordnung nach § 10 Absatz 1 Satz 1 Nummer 5 KWG geregelt.

Beabsichtigt das Institut trotz Unterschreitens der kombinierten Kapitalpuffer-Anforderung eine Ausschüttung ausschüttungsfähiger Gewinne oder eine in Absatz 3 Satz 3 genannte Maßnahme durchzuführen, teilt es diese Absicht gemäß Absatz 4, der Artikel 131 Absatz 6 der Richtlinie 2012/.../EU umsetzt, der Bundesanstalt und der Deutschen Bundesbank unter Angabe der dort genannten Informationen mit.

Jedes Institut, das die kombinierte Kapitalpuffer-Anforderung nicht oder nicht mehr erfüllt, hat daneben gemäß Absatz 6, der Artikel 131 Absatz 1 und 2 der Richtlinie 2012/.../EU umsetzt, einen Kapitalerhaltungsplan aufzustellen und diesen innerhalb von zehn Arbeitstagen, nachdem es festgestellt hat, dass es die kombinierte Kapitalpufferforderung nicht mehr erfüllen kann, der Bundesanstalt und der Deutschen Bundesbank vorzulegen.

Die Bundesanstalt bewertet den Kapitalerhaltungsplan und entscheidet darüber innerhalb der genannten Frist von 14 Tagen. Sie genehmigt ihn, wenn sie der Auffassung ist, dass das Institut durch die Umsetzung des Plans seine Kapitalausstattung so verbessern wird, dass es die kombinierte Kapitalpuffer-Anforderung in einem von der Bundesanstalt als angemessen erachteten Zeitraum wieder erfüllt (Absatz 7 sowie Artikel 132 Absatz 3 der Richtlinie 2012/.../EU). Mit Genehmigung des Kapitalerhaltungsplans durch die Bundesanstalt ist das Institut berechtigt, die geplanten Ausschüttungen vorzunehmen.

Genehmigt die Bundesanstalt den Kapitalerhaltungsplan nicht (Absatz 8 sowie Artikel 132 Absatz 4 der Richtlinie 2012/.../EU), entscheidet sie, ob die geplanten Ausschüttungen vollständig unterbleiben müssen oder ob sie sie, ausgehend vom Kapitalerhaltungsplan, bis zu einem von ihr bestimmten Betrag zulassen kann. In letzterem Fall darf die Ausschüttung niemals den nach Absatz 3 und der Rechtsverordnung gemäß § 10 Absatz 1 Satz 1 Nummer 5 KWG ermittelten maximal ausschüttungsfähigen Betrag übersteigen. Unabhängig davon kann die Bundesanstalt darüber hinaus anordnen, dass das Institut seine Eigenmittel innerhalb eines bestimmten Zeitraums auf eine bestimmte Höhe aufzustocken hat.

Absatz 9, der Artikel 131 Absatz 5 der Richtlinie 2012/.../EU umsetzt, konkretisiert über die in Absatz 5 enthaltene Definition der Ausschüttung hinaus, dass die in § 10 g KWG geregelten Beschränkungen ausschließlich auf Auszahlungen Anwendung finden, die zu einer Verringerung des harten Kernkapitals oder der Gewinne führen, und sofern das Unterbleiben der Ausschüttung weder einen Ausfall noch eine Voraussetzung für die Einleitung eines Insolvenzverfahrens darstellt. Die Regelung verdeutlicht nochmals die Funktion der Kapitalpuffer und der kombinierten Kapitalpuffer-Anforderung als Schutzschild gegenüber für die Kapitalausstattung des Instituts abträglichen Ausschüttungen.

Die Regelung in § 10 g KWG weicht insoweit von den Vorgaben der Richtlinie 2012/.../EU ab, als sie Ausschüttungen bei Instituten, die die kombinierte Kapitalpuffer-Anforderung nicht oder nicht mehr erfüllen, generell unter den Vorbehalt stellt, dass die Bundesanstalt den Kapitalerhaltungsplan genehmigt oder die Ausschüttung im Falle der Nichtgenehmigung ausdrücklich zulässt. Dies dient zum einen der verfahrensmäßigen Klarstellung. Zum anderen erscheint das in der Richtlinie vorgesehene Verfahren, wonach ein Institut seine Ausschüttungsabsicht lediglich mit den geforderten Informationen anzeigen muss, der zuständigen Aufsichtsbehörde aber keine Möglichkeit eingeräumt wird, der Ausschüttung nach Maßgabe des vorlegten Kapitalerhaltungsplans ganz oder teilweise zu widersprechen, ungenügend. Allein die Möglichkeit, dem Institut nach erfolgter Ausschüttung eine Erhöhung des Kapitals aufzugeben, würde der Funktion der Kapitalerhaltungspuffer und der mit § 10 g verfolgten Intention nicht ausreichend gerecht.

ANMERKUNG
1. § 10 g wurde neu eingefügt durch das CRD IV-Umsetzungsgesetz vom 28. August 2013 (BGBl. I S. 3395); siehe die vorstehende Amtliche Begründung. Der Verweis auf die unvollständige Angabe der in der Amtlichen Begründung zitierten Richtlinie und Verordnung ergibt sich vollständig aus der Fußnote zur Amtlichen Begründung.
2. Zur Anwendung des § 10 g vgl. § 64 r Absatz 8.

§ 10 h Zusammenwirken der Kapitalpuffer für systemische Risiken, für global systemrelevante Institute und für anderweitig systemrelevante Institute

(1) Solange neben einem Kapitalpuffer für global systemrelevante Institute nach § 10 f auch ein Kapitalpuffer für anderweitig systemrelevante Institute nach § 10 g auf konsolidierter Ebene besteht, ist nur der höhere der beiden Kapitalpuffer einzuhalten.

(2) Solange neben einem Kapitalpuffer für global systemrelevante Institute nach § 10 f auch
1. ein Kapitalpuffer für anderweitig systemrelevante Institute nach § 10 g auf konsolidierter Ebene besteht und
2. ein Kapitalpuffer für systemische Risiken nach § 10 e auf konsolidierter Ebene besteht, der nicht nur für Risikopositionen angeordnet wurde, die in dem jeweils anordnenden Staat des Europäischen Wirtschaftsraums belegen sind,

ist nur der höchste der drei Kapitalpuffer einzuhalten.

(3) Solange neben einem Kapitalpuffer für anderweitig systemrelevante Institute nach § 10 g auf Einzelinstitutsebene oder unterkonsolidierter Ebene ein Kapitalpuffer für systemische Risiken nach § 10 e auf Einzelinstitutsebene oder unterkonsolidierter Ebene besteht, der nicht nur für Risikopositionen angeordnet wurde, die in dem jeweils anordnenden Staat des Europäischen Wirtschaftsraums belegen sind, ist nur der höhere der beiden Kapitalpuffer einzuhalten.

(4) Wurde ein Kapitalpuffer für systemische Risiken nach § 10 e nur für Risikopositionen angeordnet, die in dem jeweils anordnenden Staat des Europäischen Wirtschaftsraums belegen sind, so ist dieser zusätzlich zu einem Kapitalpuffer für ein global systemrelevantes Institut nach § 10 f oder einem Kapitalpuffer für anderweitig systemrelevante Institute nach § 10 g einzuhalten.

ANMERKUNG § 10 h wurde neu eingefügt durch das CRD IV-Umsetzungsgesetz vom 28. August 2013 (BGBl. I S. 3395).

§ 10 i Kombinierte Kapitalpuffer-Anforderung

(1) Die kombinierte Kapitalpuffer-Anforderung ist das gesamte harte Kernkapital eines Instituts, das zur Einhaltung der folgenden Kapitalpuffer-Anforderungen erforderlich ist:
1. des Kapitalerhaltungspuffers nach § 10 c,
2. des institutsspezifischen antizyklischen Kapitalpuffers nach § 10 d, und
3. in den Fällen und nach Maßgabe
   a) des § 10 h Absatz 1 des höheren der Kapitalpuffer für global systemrelevante Institute nach § 10 f und für anderweitig systemrelevante Institute nach § 10 g,

b) des § 10h Absatz 2 des höchsten der Kapitalpuffer für global systemrelevante Institute nach § 10f, für anderweitig systemrelevante Institute nach § 10g und für systemische Risiken nach § 10e,
c) des § 10h Absatz 3 des höheren der Kapitalpuffer für systemische Risiken nach § 10e oder anderweitig systemrelevante Institute nach § 10g, oder
d) des § 10h Absatz 4 der Summe aus dem Kapitalpuffer für systemische Risiken nach § 10e sowie dem Kapitalpuffer für global systemrelevante Institute nach § 10f oder dem Kapitalpuffer für anderweitig systemrelevante Institute nach § 10g.

(2) Ein Institut, das die kombinierte Kapitalpuffer-Anforderung erfüllt, darf keine Ausschüttung aus dem harten Kernkapital oder auf harte Kernkapitalinstrumente nach Absatz 5 vornehmen, wenn dadurch sein hartes Kernkapital so stark abnehmen würde, dass die kombinierte Kapitalpuffer-Anforderung nicht mehr erfüllt wäre.

(3) Ein Institut, das die kombinierte Kapitalpuffer-Anforderung nicht oder nicht mehr erfüllt, muss den maximal ausschüttungsfähigen Betrag berechnen und der Bundesanstalt und der Deutschen Bundesbank anzeigen. Das Institut muss Vorkehrungen treffen, um zu gewährleisten, dass die Höhe der ausschüttungsfähigen Gewinne und der maximal ausschüttungsfähige Betrag genau berechnet werden, und muss in der Lage sein, der Bundesanstalt und der Deutschen Bundesbank die Genauigkeit der Berechnung auf Anfrage nachzuweisen. Bis zur Entscheidung der Bundesanstalt über die Genehmigung des Kapitalerhaltungsplans nach den Absätzen 7 und 8 darf das Kreditinstitut
1. keine Ausschüttung aus dem hartem Kernkapital oder auf harte Kernkapitalinstrumente nach Absatz 5 vornehmen,
2. keine Verpflichtung zur Zahlung einer variablen Vergütung oder zu freiwilligen Rentenzahlungen übernehmen oder eine variable Vergütung zahlen, wenn die entsprechende Verpflichtung in einem Zeitraum übernommen worden ist, in dem das Kreditinstitut die kombinierte Kapitalpuffer-Anforderung nicht erfüllt hat, und
3. keine Zahlungen aus zusätzlichen Kernkapitalinstrumenten vornehmen.

Das Nähere regelt die Rechtsverordnung nach § 10 Absatz 1 Satz 1 Nummer 5 Buchstabe e.

(4) Ein Institut, das die kombinierte Kapitalpuffer-Anforderung nicht oder nicht mehr erfüllt und beabsichtigt, eine Ausschüttung ausschüttungsfähiger Gewinne oder eine Maßnahme nach Absatz 3 Satz 3 Nummer 1 bis 3 durchzuführen, teilt diese Absicht der Bundesanstalt und der Deutschen Bundesbank unter Angabe der folgenden Informationen mit:
1. vom Institut vorgehaltene Eigenmittel, aufgeschlüsselt nach
    a) hartem Kernkapital;
    b) zusätzlichem Kernkapital;
    c) Ergänzungskapital;
2. Höhe der Zwischengewinne und Gewinne zum Jahresende;
3. Höhe des maximal ausschüttungsfähigen Betrages;
4. Höhe der ausschüttungsfähigen Gewinne und deren beabsichtigte Aufteilung auf
    a) Ausschüttungen an Anteilseigner oder Eigentümer;
    b) Rückkauf oder Rückerwerb von Anteilen;
    c) Zahlungen aus zusätzlichen Kernkapitalinstrumenten;
    d) Zahlung einer variablen Vergütung oder freiwillige Rentenzahlungen, entweder auf Grund der Übernahme einer neuen Zahlungsverpflichtung oder einer Zahlungsverpflichtung, die in einem Zeitraum übernommen wurde, in dem das Kreditinstitut die kombinierte Anforderung an Kapitalpuffer nicht erfüllt hat.

(5) Eine Ausschüttung aus hartem Kernkapital oder auf harte Kernkapitalinstrumente umfasst

1. Gewinnausschüttungen in bar,
2. die Ausgabe von teilweise oder voll gezahlten Gratisaktien oder anderen in Artikel 26 Absatz 1 Buchstabe a der Verordnung (EU) Nr. 575/2013 aufgeführten Eigenmittelinstrumenten,
3. eine Rücknahme oder einen Rückkauf eigener Aktien oder anderer Instrumente nach Artikel 26 Absatz 1 Buchstabe a der Verordnung (EU) Nr. 575/2013 durch ein Institut,
4. eine Rückzahlung der in Verbindung mit den Eigenmittelinstrumenten nach Artikel 26 Absatz 1 Buchstabe a der Verordnung (EU) Nr. 575/2013 eingezahlten Beträge und
5. eine Ausschüttung von in Artikel 26 Absatz 1 Buchstabe a der Verordnung (EU) Nr. 575/2013 aufgeführten Positionen.

(6) Ein Institut, das die kombinierte Kapitalpuffer-Anforderung nicht oder nicht mehr erfüllt, muss über die Anforderungen der Absätze 3 bis 4 hinaus zusätzlich einen Kapitalerhaltungsplan erstellen und innerhalb von fünf Arbeitstagen, nachdem es festgestellt hat, dass es die kombinierte Kapitalpuffer-Anforderung nicht erfüllen kann, der Bundesanstalt und der Deutschen Bundesbank vorlegen. Die Bundesanstalt kann die Frist zur Vorlage auf längstens zehn Arbeitstage verlängern, wenn dies im Einzelfall und unter Berücksichtigung des Umfangs und der Komplexität der Geschäftstätigkeit des Instituts angemessen erscheint. Der Kapitalerhaltungsplan umfasst
1. eine Einnahmen- und Ausgabenschätzung und eine Bilanzprognose,
2. Maßnahmen zur Erhöhung der Kapitalquoten des Instituts,
3. Plan und Zeitplan für die Erhöhung der Eigenmittel, um die kombinierte Kapitalpuffer-Anforderung vollständig zu erfüllen, und
4. weitere Informationen, die die Bundesanstalt für die in Absatz 7 vorgeschriebene Bewertung als notwendig erachtet.

(7) Die Bundesanstalt bewertet den Kapitalerhaltungsplan und genehmigt ihn, wenn sie der Auffassung ist, dass durch seine Umsetzung sehr wahrscheinlich genügend Kapital erhalten oder aufgenommen wird, damit das Institut die kombinierte Kapitalpuffer-Anforderung innerhalb des von der Bundesanstalt als angemessen erachteten Zeitraums erfüllen kann. Die Bundesanstalt entscheidet über die Genehmigung innerhalb von 14 Tagen nach Eingang des Kapitalerhaltungsplans. Nach Genehmigung des Kapitalerhaltungsplans ist das Institut berechtigt, eine Ausschüttung ausschüttungsfähiger Gewinne sowie Maßnahmen nach Absatz 3 Satz 3 Nummer 1 bis 3 bis zu Höhe des maximal ausschüttungsfähigen Betrags durchzuführen.

(8) Genehmigt die Bundesanstalt den Kapitalerhaltungsplan nicht,
1. ordnet die Bundesanstalt an, dass die Ausschüttungsbeschränkungen des Absatzes 3 fortgelten, oder
2. erlaubt die Bundesanstalt dem Institut die Durchführung von Maßnahmen im Sinne des Absatzes 3 Satz 3 Nummer 1 bis 3 bis zu einem bestimmten Betrag, der den maximal ausschüttungsfähigen Betrag nicht übersteigen darf.

Daneben kann sie von dem Institut verlangen, seine Eigenmittel innerhalb eines bestimmten Zeitraums auf eine bestimmte Höhe aufzustocken.

(9) Die in dieser Vorschrift festgelegten Beschränkungen finden ausschließlich auf Zahlungen und Ausschüttungen Anwendung, die zu einer Verringerung des harten Kernkapitals oder der Gewinne führen, und sofern die Aussetzung einer Zahlung oder eine versäumte Zahlung weder einen Ausfall noch eine Voraussetzung für die Einleitung eines Verfahrens nach den für das Institut geltenden Insolvenzvorschriften darstellt.

ANMERKUNG

1. § 10i wurde neu eingefügt durch das CRD IV-Umsetzungsgesetz vom 28. August 2013 (BGBl. I S. 3395).
2. Zur Anwendung des § 10i vgl. § 64r Absatz 9.

§ 11 Liquidität

(1) Die Institute müssen ihre Mittel so anlegen, dass jederzeit eine ausreichende Zahlungsbereitschaft (Liquidität) gewährleistet ist. Das Bundesministerium der Finanzen wird ermächtigt, durch Rechtsverordnung im Benehmen mit der Deutschen Bundesbank nähere Anforderungen an die ausreichende Liquidität zu bestimmen, insbesondere über die
1. Methoden zur Beurteilung der ausreichenden Liquidität und die dafür erforderlichen technischen Grundsätze,
2. als Zahlungsmittel und Zahlungsverpflichtungen zu berücksichtigenden Geschäfte einschließlich ihrer Bemessungsgrundlagen sowie
3. Pflicht der Institute zur Übermittlung der zum Nachweis der ausreichenden Liquidität erforderlichen Angaben an die Bundesanstalt und die Deutsche Bundesbank, einschließlich Bestimmungen zu Inhalt, Art, Umfang und Form der Angaben, zu der Häufigkeit ihrer Übermittlung und über die zulässigen Datenträger, Übertragungswege und Datenformate.

In der Rechtsverordnung ist an die Definition der Spareinlagen aus § 21 Abs. 4 der Kreditinstituts-Rechnungslegungsverordnung anzuknüpfen. Das Bundesministerium der Finanzen kann die Ermächtigung durch Rechtsverordnung auf die Bundesanstalt mit der Maßgabe übertragen, dass die Rechtsverordnung im Einvernehmen mit der Deutschen Bundesbank ergeht. Vor Erlass der Rechtsverordnung sind die Spitzenverbände der Institute zu hören.

(2) Die Bundesanstalt kann bei der Beurteilung der Liquidität im Einzelfall gegenüber Instituten über die in der Rechtsverordnung nach Absatz 1 festgelegten Vorgaben hinausgehende Liquiditätsanforderungen anordnen, wenn ohne eine solche Maßnahme die nachhaltige Liquidität eines Instituts nicht gesichert ist.

(3) Die Bundesanstalt kann bei der Beurteilung der Liquidität im Einzelfall gegenüber Instituten, Institutsgruppen, Finanzholding-Gruppen und gemischten Finanzholding-Gruppen spezifische über die Anforderungen der Artikel 411 bis 428 der Verordnung (EU) Nr. 575/2013 in der jeweils geltenden Fassung hinausgehende Liquiditätsanforderungen anordnen, um spezifische Risiken abzudecken, denen ein Institut ausgesetzt ist oder ausgesetzt sein könnte. Die Bundesanstalt beachtet dabei die in Artikel 105 der Richtlinie 2013/36/EU in der jeweils geltenden Fassung aufgeführten Erwägungsgründe. Die Bundesanstalt kann darüber hinaus auch die Fristentransformation einschränken. § 10a Absatz 1 bis 3 gilt entsprechend.

(4) Die Bundesanstalt kann anordnen, dass ein Institut, eine Institutsgruppe, eine Finanzholding-Gruppe oder eine gemischte Finanzholding-Gruppe häufigere oder auch umfangreichere Meldungen zu seiner Liquidität einzureichen hat.

Amtliche Begründung[1]

...

Ebenso wie im Falle des § 10* ist das Bundesaufsichtsamt auch bei der Ausgestaltung der Liquiditätsgrundsätze nicht gebunden. Diese können beispielsweise vor-

---

1 Zur Ursprungsfassung.

sehen, daß ein bestimmter Hundertsatz der Verbindlichkeiten durch liquide Mittel gedeckt sein muß oder daß die Anlagen des Kreditinstituts in schwer liquidierbaren Werten einen bestimmten Hundertsatz der Verbindlichkeiten nicht überschreiten dürfen.

Amtliche Begründung[1]

Mit der Einbeziehung der Finanzdienstleistungsinstitute in die Solvenzaufsicht müssen auch diese Unternehmen ihre Mittel so anlegen, daß jederzeit eine ausreichende Zahlungsbereitschaft gewährleistet ist. Noch mehr als Kreditinstitute, denen relativ langfristig angelegte Gelder von Kunden zur Verfügung stehen, sind Finanzdienstleistungsinstitute, die befugt sind, sich bei der Erbringung von Finanzdienstleistungen Eigentum oder Besitz an Geldern oder Wertpapieren von Kunden zu verschaffen, und die zugleich auf eigene Rechnung an den Börsen und mit OTC-Instrumenten handeln, hinsichtlich ihrer Zahlungsbereitschaft spezifischen Gefährdungen ausgesetzt und bedürfen daher einer besonderen Liquiditätsvorsorge.

Amtliche Begründung[2]

Zu Nummer 3 (§ 11 Absatz 2 KWG)

Bislang verwies § 11 Absatz 2 auf die Regelung des § 10 Absatz 1 b. Das Vorliegen dieser Voraussetzungen war jedoch schwer nachzuweisen, weshalb die Vorschrift in der Aufsichtspraxis kaum Bedeutung hatte. Durch die Neufassung des § 10 Absatz 1 b kann der Verweis nicht aufrechterhalten werden. Die dort eingefügte Bezugnahme auf die Risikotragfähigkeit soll keine Auswirkungen auf die Liquiditätsanforderungen haben.

Der Bundesanstalt soll jedoch ermöglicht werden, vorhandenen Gefahren für eine dauerhaft ausreichende Zahlungsbereitschaft eines Instituts entgegenzuwirken. Die Bedeutung einer ausreichenden Liquidität hat sich in der Finanzmarktkrise besonders augenfällig gezeigt. Auch insoweit muss die Aufsichtsbehörde früher und effektiver als bisher tätig werden können. Dazu zählt auch die Befugnis zur Anordnung eines Liquiditätsaufschlags entsprechend zur Anordnung von Kapitalaufschlägen.

ANMERKUNG
1. Durch das 4. Finanzmarktförderungsgesetz vom 21. Juli 2002 wurde § 11 neu gefasst. Wesentlicher Inhalt der Neuregelung ist, dass die Liquiditätsgrundsätze, die bisher die Form einer Bekanntmachung hatten, nunmehr als Rechtsverordnung erlassen werden. Ferner wurden in Absatz 3 die Kapitalanlagegesellschaften von der Einhaltung der Liquiditätsgrundsätze freigestellt. Die Regelung schreibt aber lediglich die bereits bestehende Praxis fort.
Die Grundsätze wurden in der Vergangenheit mehrfach geändert bzw. neu gefasst. Derzeit ist für die Beurteilung der Liquidität der Institute der Grundsatz II in der Fassung der Bekanntmachung des Bundesaufsichtsamtes für das Kreditwesen vom 25. November 1998 maßgeblich. Der neue Grundsatz II trat an die Stelle der bisherigen Grundsätze II und III. Anlass für die Neufassung der Liquiditätsgrundsätze im Jahre 1998 war die Umstellung der Gliederung des Ausweises von der Ursprungslaufzeit auf die Restlaufzeit in den Jahresabschlüssen der Geschäftsjahre nach dem 31. Dezember 1997. Damit war das auf Ursprungslaufzeiten beruhende Konzept der alten Grundsätze hinfällig gewor-

---

1 Zum 6. KWG-Änderungsgesetz.
2 Zum Gesetz zur Stärkung der Finanzmarkt- und der Versicherungsaufsicht vom 29. Juli 2009 (BGBl. I S. 2305); vgl. BT-Drucksache 16/12783 vom 27. April 2009.

den. Die bisherigen Liquiditätsgrundsätze waren zudem nicht mehr geeignet, die Liquidität eines Instituts zuverlässig zu beurteilen.
2. Durch das 6. KWG-Änderungsgesetz vom 22. Oktober 1997 wurden auch die Finanzdienstleistungsinstitute in die Liquiditätsregelung einbezogen (vgl. die vorstehende Amtliche Begründung).
3. § 11 Absatz 2 wurde neu gefasst und räumt der Bundesanstalt eine Präventionsmöglichkeit zur nachhaltigen Sicherung der Liquidität eines Finanzinstituts ein auf Grund des Gesetzes zur Stärkung der Finanzmarkt- und der Versicherungsaufsicht vom 29. Juli 2009 (BGBl. I S. 2305).
4. § 11 wurden die Absätze 3 und 4 neu angefügt durch das CRD IV-Umsetzungsgesetz vom 28. August 2013 (BGBl. I S. 3395); zu den Einzelheiten siehe die hierzu abgedruckte Amtliche Begründung. Der Verweis auf die unvollständige Angabe der in der Amtlichen Begründung zitierten Richtlinie und Verordnung ergibt sich vollständig aus der Fußnote zur Amtlichen Begründung.

§ 12 (weggefallen)

ANMERKUNG § 12 wurde aufgehoben durch das CRD IV-Umsetzungsgesetz vom 28. August 2013 (BGBl. I S. 3395), da die Vorgaben des § 12 KWG in Artikel 84 bis 86 der Verordnung (EU) Nr. 575/2013 enthalten sind.

§ 12a Begründung von Unternehmensbeziehungen

(1) Ein Institut, eine Finanzholding-Gesellschaft oder eine gemischte Finanzholding-Gesellschaft hat bei dem Erwerb einer Beteiligung an einem Unternehmen mit Sitz im Ausland oder der Begründung einer Unternehmensbeziehung mit einem solchen Unternehmen, wodurch das Unternehmen zu einem nachgeordneten Unternehmen im Sinne des § 10a wird, sicherzustellen, daß es, im Falle einer Finanzholding-Gesellschaft oder gemischten Finanzholding-Gesellschaft das für die Zusammenfassung verantwortliche übergeordnete Unternehmen, die für die Erfüllung der jeweiligen Pflichten nach den §§ 10a und 25 Absatz 1 erforderlichen Angaben erhält. Satz 1 ist hinsichtlich der für die Erfüllung der Pflichten nach § 10a erforderlichen Angaben nicht anzuwenden, wenn ein Institut für einzelne gruppenangehörige Unternehmen die erforderlichen Angaben für die Zusammenfassung nach § 10a nicht beschaffen kann und durch den gemäß Artikel 36 in Verbindung mit Artikel 19 Absatz 2 Buchstabe a der Verordnung (EU) Nr. 575/2013 in der jeweils geltenden Fassung vorzunehmenden Abzug der Buchwerte in einer der Zusammenfassung nach § 10a Absatz 4 oer 5 vergleichbaren Weise dem Risiko aus der Begründung der Beteiligung oder der Unternehmensbeziehung Rechnung getragen und es der Bundesanstalt ermöglicht wird, die Einhaltung dieser Voraussetzung zu überprüfen. Das Institut, die Finanzholding-Gesellschaft oder die gemischte Finanzholding-Gesellschaft hat die Begründung, die Veränderung oder die Aufgabe einer in Satz 1 genannten Beteiligung oder Unternehmensbeziehung unverzüglich der Bundesanstalt und der Deutschen Bundesbank anzuzeigen.
(2) Die Bundesanstalt kann die Fortführung der Beteiligung oder der Unternehmensbeziehung untersagen, wenn das übergeordnete Unternehmen oder das Institut im Sinne des Artikels 22 der Verordnung (EU) Nr. 575/2013 die für die Erfüllung der Pflichten nach den §§ 10a, 13 Absatz 3, § 25 Absatz 1 oder nach den Rechtsverordnungen nach § 10 Absatz 1 Satz 1 oder § 13 Absatz 1 Satz 1 sowie nach den Artikeln 11 bis 17 der Verordnung (EU) Nr. 575/2013 in der jeweils geltenden Fassung erforderlichen Angaben nicht erhält. Die Ausnahme nach Absatz 1 Satz 2 gilt entsprechend für die Untersagungsermächtigung nach Satz 1.
(3) weggefallen

Amtliche Begründung[1]

Die Vorschrift ergänzt die Regelungen in § 10a und § 13a über die bankaufsichtliche Zusammenfassung sowie die Pflicht zur Einreichung zusammengefaßter Monatsausweise nach dem neu eingeführten § 25 Abs. 2.

Zur Durchführung der Zusammenfassung müssen die gruppenangehörigen Kreditinstitute dem übergeordneten Kreditinstitut die erforderlichen Informationen erteilen. Für die gruppenangehörigen Kreditinstitute innerhalb des Geltungsbereichs dieses Gesetzes besteht die Informationspflicht nach § 10a Abs. 5 Satz 1, auf die auch in § 13a Abs. 5 und § 25 Abs. 2 Satz 2 Bezug genommen wird. Zur Durchsetzung des Informationsflusses bei den gruppenangehörigen Unternehmen in anderen Staaten wird nach Absatz 1 Satz 1 mit dem Erwerb einer erheblichen Beteiligung im Sinne des § 10a Abs. 2 (eine unmittelbare oder mittelbare Beteiligung ab 40 v.H. der Kapital- oder Stimmrechtsanteile) und mit dem Erwerb einer maßgeblichen Beteiligung im Sinne des § 13a Abs. 2 (eine unmittelbare oder mittelbare Beteiligung ab 50 v.H. der Kapital- oder Stimmrechtsanteile) sowie mit der Begründung einer Unternehmensbeziehung, durch die unmittelbar oder mittelbar beherrschender Einfluß auf Banken oder gleichgestellte Unternehmen ausgeübt werden kann, die Rechtspflicht für das künftige Mutterinstitut verknüpft, sicherzustellen, daß von der gebietsfremden Tochter die für die jeweiligen Zusammenfassungsrechnungen erforderlichen Angaben erlangt werden. Der Zuerwerb von Anteilen, durch den die Schwelle einer Zusammenfassungspflicht nach §§ 10a, 13a oder 25 Abs. 2 erreicht wird, löst diese Rechtspflicht ebenfalls aus. Die Anbindung der Rechtspflicht auch an Unternehmensbeziehungen, durch die beherrschender Einfluß ausgeübt werden kann, hat Bedeutung vornehmlich bei mittelbaren Beteiligungen, die bei Durchrechnung der jeweiligen Beteiligungskette sehr früh die Schwelle von 40 v.H. bzw. 50 v.H. der Kapitalanteile, ab der nach § 10a Abs. 2 bzw. nach § 13a Abs. 2 eine erhebliche oder maßgebliche Beteiligung besteht, unterschreiten können. Im Hinblick auf die Rechtsfolge des Absatzes 2 wird der unbestimmte Rechtsbegriff des beherrschenden Einflusses jedoch eingegrenzt auf Beherrschungsfälle, die auf Mehrheitsbeteiligungen oder Beherrschungsverträgen beruhen. Im übrigen bewirken § 10a Abs. 6 Satz 2 und die hierauf gerichteten Verweisungen in § 13a Abs. 5 und § 25 Abs. 2 Satz 2, daß trotz etwaiger Beherrschungsmöglichkeit mittelbare Beteiligungen mit einer durchgerechneten Beteiligungsquote von weniger als 10 v.H. der Kapitalanteile nicht unter die Regelung des § 12a fallen.

Die Rechtspflicht, den für die Zusammenfassungsrechnungen erforderlichen Informationsfluß sicherzustellen, entsteht mit der Begründung der Beteiligung oder der Unternehmensbeziehung. Sie dauert fort, solange die jeweilige Beteiligung oder Unternehmensbeziehung besteht. Dem Mutterinstitut ist daher anzuraten, sich bereits vor dem Erwerb über das Sitzlandrecht der zu erwerbenden Tochter zu vergewissern und mit der Tochter – zumindest unverzüglich nach dem Erwerb – eine Informationsvereinbarung über die für §§ 10a, 13a und 25 Abs. 2 erforderlichen Angaben zu schließen.

Die Rechtspflicht des § 12a erfaßt auch bereits bestehende Beteiligungen oder Unternehmensbeziehungen. Das gebietet die Wichtigkeit der bankaufsichtlichen Zusammenfassung für die Ermittlung und Begrenzung des Gesamtrisikos von Kreditinstitutsgruppen. Hier wird aber bei fehlendem Informationsfluß, sofern nicht überhaupt ein Ausweichen auf das Abzugsverfahren in Betracht kommt, vor einer Untersagung der Beteiligung oder der Unternehmensbeziehung nach Absatz 2 das Bundesaufsichtsamt im Rahmen seiner Ausübung pflichtgemäßen Ermessens in besonders sorgfältiger Weise die Vermögens- und Geschäftsinteressen des betroffenen Mutterinstituts mit dem bankaufsichtlichen Gefahrentatbestand abzuwägen haben. Insbesondere bei fehlenden Angaben für den zusammengefaßten Monatsausweis nach

---

1 Zum 3. KWG-Änderungsgesetz.

§ 25 Abs. 2 wird das Bundesaufsichtsamt auch prüfen müssen, ob minder schwere Eingriffe genügen.

Soweit die für die Zusammenfassung der Kreditgeschäftsrisiken nach § 10a und der Großkredite nach § 13a erforderlichen Informationen nicht fließen, darf das Mutterinstitut gemäß Absatz 1 Satz 2 auf das Abzugsverfahren nach § 10a Abs. 5 Satz 2 ausweichen, sofern nach Überprüfung des Einzelfalles das Abzugsverfahren ausreicht, um dem Verbundrisiko Rechnung zu tragen. Dafür, daß das Abzugsverfahren im Einzelfall genügt, kann das betroffene Mutterinstitut z. B. darlegen, daß es sich bei dem Erwerb, gemessen am eigenen Geschäfts- oder Kreditvolumen, um einen Bagatellfall handelt (in diesem Fall kommt auch eine Befreiung nach dem neuen § 31 Abs. 2 Satz 2 in Betracht), daß im Sitzland des nachgeordneten Unternehmens ein den §§ 10 und 13 vergleichbares Aufsichtsrecht gilt oder daß das Unternehmen sich verpflichtet hat, die in der Bundesrepublik Deutschland geltenden Geschäftsgrenzen einzuhalten; ferner, daß auch nach Berücksichtigung des gebietsfremden Unternehmens das Mutterkreditinstitut zusammen mit den übrigen ihm nachgeordneten Kreditinstituten zumindest die Großkreditgrenze nach § 13 Abs. 4 einhält. Dem Bundesaufsichtsamt muß hierzu die Überprüfung möglich sein. In jedem Falle sind dem Bundesaufsichtsamt hinreichend aussagefähige Geschäfts- und Prüfungsberichte des gebietsfremden Unternehmens vorzulegen.

Die in Absatz 1 Satz 2 vorgesehene Ausweichmöglichkeit auf das Abzugsverfahren kommt ihrer Natur nach als Ersatz für die Zusammenfassung nach §§ 10a und 13a, in der Regel jedoch nicht als Ersatz für die Einreichung zusammengefaßter Monatsausweise in Betracht. Aber auch bei fehlenden Angaben für den zusammengefaßten Monatsausweis nach § 25 Abs. 2 hat das Bundesaufsichtsamt im Rahmen seines pflichtgemäßen Ermessens vor einer etwaigen Untersagung der Fortführung der Beteiligung oder Unternehmensbeziehung zu prüfen, ob Zwischenlösungen – darunter evtl. ebenfalls im Einzelfall das Abzugsverfahren – bankaufsichtlich annehmbar sind.

Können wegen fehlender Angaben die Zusammenfassungen nach §§ 10a, 13a oder 25 Abs. 2 nicht erstellt werden und liegen die Voraussetzungen für ein Ausweichen auf das Abzugsverfahren nicht vor, kann das Bundesaufsichtsamt nach Absatz 2 im Hinblick auf die großen, in der Begründung zu § 10a dargestellten Gefahren, die aus einer unkontrollierten Geschäftsentwicklung eines gebietsfremden Tochterunternehmens auf das bundesdeutsche Kreditinstitut zukommen können, die Fortführung der Beteiligung oder der Unternehmensbeziehung untersagen. Die Einschränkung seiner Berufsausübung muß insoweit durch das Kreditinstitut hingenommen werden. Dieser Fall kann z. B. eintreten, wenn das Recht des Sitzlandes des Unternehmens, an dem das Kreditinstitut eine maßgebliche Beteiligung erworben oder eine Unternehmensbeziehung, die beherrschenden Einfluß ermöglicht, begründet hat, den Informationsfluß in andere Staaten nicht zuläßt oder wenn das gebietsfremde Unternehmen aus eigenem Antrieb oder beeinflußt durch das bundesdeutsche Kreditinstitut die erforderlichen Einblicke in seine Geschäfte nicht oder nicht mehr gewährt. In aller Regel wird die Aufhebung der Erlaubnis nur Ultima ratio sein, nachdem sich andere Lösungsversuche als nicht gangbar erwiesen haben.

Im Rahmen der zu den §§ 10a und 13a durchgeführten Erhebungen wurden Ende 1982 bei 29 Institutsgruppen insgesamt 61 zusammenfassungspflichtige Beteiligungen an Banken und gleichgestellten Unternehmen in anderen Staaten festgestellt. Davon entfielen 36 Beteiligungen auf Unternehmen in EG-Mitgliedstaaten, für die nach der Richtlinie über die Beaufsichtigung der Kreditinstitute auf konsolidierter Basis Rechtsgrundlagen für den künftig erforderlichen Informationsaustausch einzuführen sind. 10 Beteiligungen entfielen auf Banken in sonstigen europäischen Staaten – vornehmlich in der Schweiz – und in den USA sowie in Kanada. Für diese Staaten bestätigte eine Untersuchung des bei der Bank für Internationalen Zahlungsausgleich gebildeten Ausschusses für Bankaufsichtsfragen, daß der Informationsaustausch nicht auf praktische Hindernisse trifft. 15 Beteiligungen entfielen auf Staaten Asiens, der Karibik und Afrikas, wobei Informationsaustauschhindernisse ebenfalls nicht bekanntgeworden sind. In Anbetracht dieser tatsächlichen Verhältnisse dürfte die Einführung der bankaufsichtlichen Zusammenfassung und der dafür erforderliche Informationsfluß keine Probleme aufwerfen.

Amtliche Begründung[1]

Zu Nummer 23 (§ 12a)

Diese Änderung beruht auf der Überführung der die Finanzkonglomerate betreffenden KWG-Normen in das Finanzkonglomerate-Aufsichtsgesetz und auf der Aufnahme der gemischten Finanzholding-Gesellschaften in den aufsichtlichen Konsolidierungskreis im Kreditwesengesetz. Durch diese Aufnahme konnten die gemischten Finanzholding-Gesellschaften in den Regelungsbereich des Absatzes 1 der Norm überführt werden und aus dem Absatz 3 gestrichen werden, ohne dass dies die aufsichtlichen Anforderungen reduziert hätte. Die im Wesentlichen inhaltsgleiche Regelung für Finanzkonglomerate befindet sich nunmehr in Artikel 1 § 27 (siehe auch Begründung zu Artikel 1 § 27). Um eine Doppelregelung zu vermeiden, mussten die Finanzkonglomerate aus dem Regelungsbereich des § 12a herausgenommen werden und Absatz 3 konnte gestrichen werden.

ANMERKUNG
1. § 12a wurde durch das 3. KWG-Änderungsgesetz von 1984 eingefügt. Er ergänzt die ebenfalls neu eingefügten §§ 10a, 13a und 25 Abs. 2. Wegen Einzelheiten wird auf die vorstehende Amtliche Begründung verwiesen. Absatz 1 Satz 3 wurde durch das 4. KWG-Änderungsgesetz vom 21. Dezember 1992 geändert, Absatz 1 Satz 1 durch das 5. KWG-Änderungsgesetz vom 28. September 1994. Auch durch das 6. KWG-Änderungsgesetz vom 22. Oktober 1997 erfuhr die Vorschrift einige Änderungen. Dabei handelt es sich im Wesentlichen um Folgeänderungen, die aus der Einbeziehung der Finanzdienstleistungsinstitute in die Bankenaufsicht resultieren (Amtliche Begründung). Durch das Gesetz über die intergrierte Finanzdienstleistungsaufsicht vom 22. April 2002 wurde die Bundesanstalt für Finanzdienstleistungsaufsicht errichtet, die – seit 1. Mai 2002 – nunmehr die Aufgaben des Bundesaufsichtsamtes für das Kreditwesen wahrnimmt. Hierdurch waren in der Vorschrift einige Anpassungen vorzunehmen. Durch das Finanzkonglomeraterichtlinie-Umsetzungsgesetz vom 21. Dezember 2004 (BGBl. I S. 3610) wurde der Absatz 3 angefügt.
2. Verstöße gegen die Vorschrift können Ordnungswidrigkeiten nach § 56 Abs. 2 Nr. 3 oder 4 sein.
3. Redaktionelle Änderung in Absatz 1 aufgrund der Einfügung des neuen § 10a Abs. 5 sowie der neuen Absatznummerierung in § 10a.
4. In Absatz 2 Satz 1 wird der Anwendungsbereich von § 12a auf Unterkonsolidierungskreise im Sinne des neuen § 10a Abs. 14 erweitert, der Artikel 73 Abs. 2 der Bankenrichtlinie umsetzt.
5. § 12a Absatz 1 und 2 wurden redaktionell geändert durch das CRD IV-Umsetzungsgesetz vom 28. August 2013 (BGBl. I S. 3395). In § 12a wurden aufgrund der Änderungen in § 10a und § 25a KWG die Verweise angepasst.

---

[1] Zum Gesetz zur Umsetzung der Richtlinie 2011/89/EU des Europäischen Parlaments und des Rates vom 16. November 2011 zur Änderung der Richtlinien 98/78/EG, 2002/87/EG, 2006/48/EG und 2009/138/EG hinsichtlich der zusätzlichen Beaufsichtigung der Finanzunternehmen eines Finanzkonglomerats vom 27. Juni 2013 (BGBl. I S. 1862); vgl. BT-Drucksache 17/12 602 vom 4. März 2013.

2. Kreditgeschäft

§ 13 Großkredite; Verordnungsermächtigung

(1) Das Bundesministerium der Finanzen wird ermächtigt, durch Rechtsverordnung, die nicht der Zustimmung des Bundesrates bedarf, im Benehmen mit der Deutschen Bundesbank im Interesse des angemessenen Schutzes der Institute, Institutsgruppen, Finanzholding-Gruppen und gemischten Finanzholding-Gruppen vor Klumpenrisiken in Ergänzung der Verordnung (EU) Nr. 575/2013 für Großkredite nähere Regelungen zu erlassen über
1. die Beschlussfassungspflichten der Geschäftsleiter nach Absatz 2 sowie Ausnahmen davon,
2. Art, Umfang, Zeitpunkt und Form der Angaben, Übertragungswege und Datenformate der Großkreditstammdatenanzeigen sowie deren Rückmeldungen im Rahmen des Großkreditmeldeverfahrens nach Artikel 394 Absatz 1 bis 3 der Verordnung (EU) Nr. 575/2013 in der jeweils geltenden Fassung,
3. die Meldung des Anteils des Handelsbuchs an der Gesamtsumme der bilanzmäßigen und außerbilanzmäßigen Geschäfte sowie die Nutzung der Ausnahmeregelung nach Artikel 94 Absatz 1 der Verordnung (EU) Nr. 575/2013,
4. die bis zum Inkrafttreten der technischen Durchführungsstandards nach Artikel 394 Absatz 4 der Verordnung (EU) Nr. 575/2013 geltenden Vorgaben zu Art, Umfang, Zeitpunkt und Form der Angaben zu den zulässigen Datenträgern, Übertragungswegen und Datenformaten der Großkreditanzeigen nach Artikel 394 Absatz 1 bis 3 der Verordnung (EU) Nr. 575/2013 sowie zu den nach diesen Bestimmungen bestehenden Anzeigepflichten, die durch die Pflicht zur Erstattung von Sammelanzeigen ergänzt werden können, soweit dies zur Erfüllung der Aufgaben der Bundesanstalt erforderlich ist, insbesondere um einheitliche Unterlagen zur Beurteilung der von den Instituten geöffneten Positionen zu erhalten, und
5. die Umsetzung der von Artikel 493 Absatz 3 der Verordnung (EU) Nr. 575/2013 in der jeweils geltenden Fassung zugelassenen Freistellung bestimmter Kredite von der Anwendung des Artikels 395 Absatz 1 der Verordnung (EU) Nr. 575/2013 in der jeweils geltenden Fassung.

Das Bundesministerium der Finanzen kann die Ermächtigung durch Rechtsverordnung auf die Bundesanstalt mit der Maßgabe übertragen, dass die Rechtsverordnung im Einvernehmen mit der Deutschen Bundesbank ergeht. Vor Erlass der Rechtsverordnung sind die Spitzenverbände der Institute zu hören.
(2) Ein Institut in der Rechtsform einer juristischen Person oder einer Personenhandelsgesellschaft darf unbeschadet der Wirksamkeit der Rechtsgeschäfte einen Großkredit nur auf Grund eines einstimmigen Beschlusses sämtlicher Geschäftsleiter gewähren. Der Beschluss soll vor der Kreditgewährung gefasst werden. Ist dies im Einzelfall wegen der Eilbedürftigkeit des Geschäftes nicht möglich, ist der Beschluss unverzüglich nachzuholen. Der Beschluss ist zu dokumentieren. Ist der Großkredit ohne vorherigen einstimmigen Beschluss sämtlicher Geschäftsleiter gewährt worden und wird die Beschlussfassung nicht innerhalb eines Monats nach Gewährung des Kredits nachgeholt, hat das Institut dies der Bundesanstalt und der Deutschen Bundesbank unverzüglich anzuzeigen. Wird ein bereits gewährter Kredit durch Verringerung der nach Artikel 4 Absatz 1 Nummer 71 der Verordnung (EU) Nr. 575/2013 anrechenbaren Eigenmittel zu einem Großkredit, darf das Institut diesen Großkredit unbeschadet der Wirksamkeit des Rechtsgeschäftes nur auf Grund eines unverzüglich nachzuholenden einstimmigen Beschlusses sämtlicher Geschäftsleiter weitergewähren. Der Beschluss ist zu dokumentieren. Wird der Beschluss nicht innerhalb eines Monats ab dem Zeitpunkt, zu dem der Kredit zu einem Großkredit geworden ist, nachgeholt, hat das Institut dies der Bundesanstalt und der Deutschen Bundesbank unverzüglich anzuzeigen.

(3) Die Beschlussfassungspflichten nach Absatz 2 gelten entsprechend für das übergeordnete Unternehmen, wenn ein Unternehmen der Institutsgruppe, der Finanzholding-Gruppe oder der gemischten Finanzholding-Gruppe von Artikel 7 der Verordnung (EU) Nr. 575/2013 Gebrauch macht.

(4) Bei Krediten aus öffentlichen Fördermitteln, die die Förderinstitute des Bundes und der Länder auf Grund selbständiger Kreditverträge, gegebenenfalls auch über weitere Durchleitungsinstitute, über Hausbanken zu vorbestimmten Konditionen an Endkreditnehmer leiten (Hausbankprinzip), können für die beteiligten Institute in Bezug auf die Anwendung des Artikels 395 Absatz 1 der Verordnung (EU) Nr. 575/2013 die einzelnen Endkreditnehmer als Kreditnehmer des von ihnen gewährten Interbankkredits behandelt werden, wenn ihnen die Kreditforderungen zur Sicherheit abgetreten werden. Dies gilt entsprechend für aus eigenen oder öffentlichen Mitteln zinsverbilligte Kredite der Förderinstitute nach dem Hausbankprinzip (Eigenmittelprogramme) sowie für Kredite aus nichtöffentlichen Mitteln, die ein Kreditinstitut nach gesetzlichen Vorgaben, gegebenenfalls auch über weitere Durchleitungsinstitute, über Hausbanken an Endkreditnehmer leitet.

Amtliche Begründung[1]

Gefahren für die einem Kreditinstitut anvertrauten Gelder entstehen in erster Linie durch Verluste im Kreditgeschäft. Zehrt ein solcher Kreditverlust das Eigenkapital auf, so gefährden etwaige weitere Verluste die Einlagen unmittelbar. Eine wirksame Einlagensicherung muß daher auf der Kreditseite ansetzen. Um Kreditverluste, die bei keinem Kreditinstitut mit Sicherheit ausgeschlossen werden können, in tragbaren Grenzen zu halten, stellt der Entwurf einige kreditpolitische Grundsätze auf, deren Befolgung die Risiken aus dem Kreditgeschäft weitgehend mindert, ohne daß nachhaltig in die Geschäftspolitik des einzelnen Kreditinstituts eingegriffen wird.

Ein wichtiges Erfordernis solider Kreditgebarung ist die angemessene Kreditstreuung. Hohe Einzelkredite sind für das Kreditinstitut und damit für die Einlagen besonders gefährlich, weil der Ausfall oder das Einfrieren eines einzigen solchen Kredits das Institut in ernsthafte Schwierigkeiten bringen kann. Die Ursache der Bankinsolvenzen, die in den letzten Jahren aufgetreten sind, lag fast immer in der unverhältnismäßigen Höhe einzelner Kredite und in der ungenügenden Streuung der Kredite überhaupt. Das Risiko verringert sich, wenn anstatt eines einzelnen Großkredits mehrere kleine Kredite an verschiedene Kreditnehmer gewährt werden. Der Entwurf macht deshalb in § 13* die Gewährung von Großkrediten, d.h. von Krediten, die 15 v.H. des haftenden Eigenkapitals des Kreditinstituts übersteigen, von der Zustimmung der gesamten Geschäftsleitung abhängig und verlangt von einer bestimmten Höhe an die Anzeige solcher Kredite. Er setzt weiter Grenzen fest, die der einzelne Großkredit und die Summe dieser Kredite nicht übersteigen sollen.

...

Amtliche Begründung[2]

Zu Nummer 29 (§ 13)

Absatz 1 Satz 1 stellt klar, zu welchem Zweck ergänzende Regelungen zu den in der Verordnung (EU) Nr. .../2012 in den Artikeln 376ff. geregelten Vorschriften über

---

1 Zur Ursprungsfassung (Auszug).
2 Zum Gesetz zur Umsetzung der Richtlinie 2013/36/EU über den Zugang zur Tätigkeit von Kreditinstituten und die Beaufsichtigung von Kreditinstituten und Wertpapierfirmen und zur Anpassung des Aufsichtsrechts an die Verordnung (EU) Nr. 575/2013 über Aufsichts-

Großkredite getroffen werden. Die in der Verordnungsermächtigung vorgesehenen sowie in den Absätzen 2 und 3 getroffenen Regelungen betreffen neben der Möglichkeit zur Ausübung von nationalen Wahlrechten nach Artikel 471 Absatz 3 der Verordnung (EU) Nr. .../2012 organisatorische Anforderungen, für die in der Verordnung (EU) Nr. .../2012 keine Detailvorgaben getroffen worden sind, die aber erforderlich sind, um die Einhaltung der entsprechenden Regelungen in der Verordnung (EU) Nr. .../2012 in der Praxis sicherzustellen. Insbesondere die Erfassung der Großkreditstammdaten soll lediglich zur organisatorischen Sicherstellung der Datenerfassung nach den Meldevorschriften erfolgen, die in den technischen Durchführungsstandards nach Artikel 383 Absatz 3 der Verordnung (EU) Nr. .../2012 zu treffen sind. Bis zum Inkrafttreten dieser Durchführungsstandards ist es zudem erforderlich, übergangsweise national die für die Einhaltung der Meldevorschriften nach Artikel 383 Absätze 1 und 2 der Verordnung (EU) Nr. .../2012 erforderlichen Durchführungsbestimmungen zu treffen. Mit Absatz 4 wird die Regelung in § 19 Absatz 3 KWG a.F. fortgeführt, die insoweit ein Rechtsinstitut eigener Art ist, das nicht von der Verordnung (EU) Nr. .../2012 erfasst wird.

ANMERKUNG
1. § 13 wurde durch Änderungsgesetze mehrfach umgestaltet und im Ergebnis verschärft. Durch das 5. KWG-Änderungsgesetz vom 28. September 1994 wurde die Vorschrift neu gefasst und durch das 6. KWG-Änderungsgesetz vom 22. Oktober 1997 erheblich umgestaltet (vgl. die vorstehende Amtliche Begründung). Aufgrund der Errichtung der Bundesanstalt für Finanzdienstleistungsaufsicht durch das Gesetz über die integrierte Finanzdienstleistungsaufsicht vom 22. April 2002, mit dem die bisherigen Aufgaben des Bundesaufsichtsamtes für das Kreditwesen der neuen Anstalt übertragen wurden, waren in der Vorschrift redaktionelle Anpassungen erforderlich,
2. Wegen des Kreditbegriffs vgl. § 19 sowie die Erläuterungen zu § 19. Ausnahmen enthält § 20.
3. Einzelheiten, auch über das Anzeigeverfahren, sind in der Großkredit- und Millionenkreditverordnung (Anhang 3.3) geregelt.
4. § 13 wurde neu gefasst durch das CRD IV-Umsetzungsgesetz vom 28. August 2013 (BGBl. I S. 3395); zu den Einzelheiten siehe die hierzu abgedruckte Amtliche Begründung. Der Verweis auf die unvollständige Angabe der in der Amtlichen Begründung zitierten Richtlinie und Verordnung ergibt sich vollständig aus der Fußnote zur Amtlichen Begründung.

§ 13a *(weggefallen)*

ANMERKUNG § 13a wurde aufgehoben durch das CRD IV-Umsetzungsgesetz vom 28. August 2013 (BGBl. I S. 3395). Die entsprechende Vorgabe findet sich nunmehr in der Verordnung (EU) Nr. 575/2013.

§ 13b *(weggefallen)*

ANMERKUNG § 13b wurde aufgehoben durch das CRD IV-Umsetzungsgesetz vom 28. August 2013 (BGBl. I S. 3395). Die entsprechende Regelung findet sich in der Verordnung (EU) Nr. 575/2013.

[Fortsetzung Fußnote 2]
anforderungen an Kreditinstitute und Wertpapierfirmen (CRD IV-Umsetzungsgesetz) vom 28. August 2013 (BGBl. I S. 3395); vgl. BT-Drucksache 17/10974 vom 15. Oktober 2012 und BT-Drucksache 17/13524 – Beschlussempfehlung des Finanzausschusses (7. Ausschuss) – vom 15. Mai 2013.

§ 13 c Gruppeninterne Transaktionen mit gemischten Unternehmen

(1) Ein CRR-Institut, das Tochterunternehmen eines gemischten Unternehmens ist, hat der Bundesanstalt und der Deutschen Bundesbank bedeutende gruppeninterne Transaktionen mit gemischten Unternehmen oder deren anderen Tochterunternehmen anzuzeigen. Das Bundesministerium der Finanzen wird ermächtigt, durch eine im Benehmen mit der Deutschen Bundesbank zu erlassende Rechtsverordnung, die nicht der Zustimmung des Bundesrates bedarf, näher zu bestimmen:
1. die Arten der anzuzeigenden Transaktionen und Schwellenwerte, anhand derer die gruppeninternen Transaktionen als bedeutend anzusehen sind;
2. die Obergrenzen für gruppeninterne Transaktionen und Beschränkungen hinsichtlich der Art gruppeninterner Transaktionen;
3. Art, Umfang, Zeitpunkt und Form der Angaben sowie die zulässigen Datenträger und Übertragungswege.

Das Bundesministerium der Finanzen kann die Ermächtigung durch Rechtsverordnung auf die Bundesanstalt mit der Maßgabe übertragen, dass die Rechtsverordnung im Einvernehmen mit der Deutschen Bundesbank zu erlassen ist. Vor Erlass der Rechtsverordnung sind die Spitzenverbände der Institute anzuhören.

(2) Das CRR-Institut im Sinne von Absatz 1 Satz 1 darf unbeschadet der Wirksamkeit der Rechtsgeschäfte bedeutende gruppeninterne Transaktionen mit gemischten Unternehmen oder deren anderen Tochterunternehmen nur auf Grund eines einstimmigen Beschlusses sämtlicher Geschäftsleiter durchführen; § 13 Abs. 2 Satz 2 bis 5 gilt entsprechend.

(3) Unbeschadet der Wirksamkeit der Rechtsgeschäfte darf das CRR-Institut im Sinne des Absatzes 1 Satz 1 ohne Zustimmung der Bundesanstalt keine bedeutenden gruppeninternen Transaktionen mit gemischten Unternehmen oder deren anderen Tochterunternehmen durchführen, die die in der Rechtsverordnung nach Absatz 1 Satz 2 festgelegten Obergrenzen überschreiten oder gegen die in der Rechtsverordnung festgelegten Beschränkungen hinsichtlich der Art bedeutender gruppeninterner Transaktionen verstoßen. Die Zustimmung nach Satz 1 steht im Ermessen der Bundesanstalt. Unabhängig davon, ob die Bundesanstalt die Zustimmung erteilt, hat das Institut das Überschreiten der Obergrenzen oder die Verstöße gegen die Beschränkungen hinsichtlich der Art gruppeninterner Transaktionen der Bundesanstalt und der Deutschen Bundesbank unverzüglich anzuzeigen. Die Bundesanstalt kann
1. von dem CRR-Institut im Sinne des Absatzes 1 Satz 1 bei einem Überschreiten der in der Rechtsverordnung nach Absatz 1 Satz 2 bestimmten Obergrenzen die Unterlegung des Überschreitungsbetrags mit Eigenmitteln verlangen;
2. Verstöße gegen die in der Rechtsverordnung nach Absatz 1 Satz 2 bestimmten Beschränkungen hinsichtlich der Art gruppeninterner Transaktionen durch geeignete und erforderliche Maßnahmen unterbinden.

(4) Zur Ermittlung, Quantifizierung, Überwachung und Steuerung bedeutender gruppeninterner Transaktionen innerhalb einer gemischten Unternehmensgruppe müssen die gruppenangehörigen CRR-Institute über ein angemessenes Risikomanagement und angemessene interne Kontrollverfahren, einschließlich eines ordnungsgemäßen Berichtswesens und ordnungsgemäßer Rechnungslegungsverfahren, verfügen; § 13 bleibt unberührt. § 10a Absatz 8, § 25a Abs. 1 Satz 2 sowie Artikel 11 Absatz 1 Satz 2 und 3 der Verordnung (EU) Nr. 575/2013 gelten entsprechend.

Amtliche Begründung[1]

§ 13c setzt Artikel 29 Nr. 9 der Finanzkonglomeraterichtlinie (Artikel 55a der Bankenrichtlinie) um. Danach werden gruppeninterne Transaktionen eines Einlagenkreditinstitut, E-Geld-Institut oder Wertpapierhandelsunternehmen, das Tochterunternehmen eines gemischten Unternehmens ist, auf der Ebene der gemischten Unternehmensgruppe in die Beaufsichtigung einbezogen. Gruppeninterne Transaktionen werden bisher nur im Rahmen des Großkreditregimes berücksichtigt (Kredite an verbundene Unternehmen). Nunmehr werden auch gruppeninterne Transaktionen mit gemischten Unternehmen in Anlehnung an die Regelungen der Großkreditvorschriften erfasst. Die Großkreditvorschriften auf Einzelinstituts-und Gruppenebene bleiben hiervon unberührt.

Zu Absatz 1

Absatz 1 enthält die Verpflichtung zur Anzeige der gruppeninternen Transaktionen sowie eine Ermächtigungsgrundlage, durch Rechtsverordnung nähere Bestimmungen hinsichtlich der Arten der anzuzeigenden Transaktionen, der Schwellenwerte, anhand derer gruppeninterne Transaktionen als bedeutend anzusehen sind, der Obergrenzen sowie hinsichtlich Art, Umfang, Zeitpunkt und Form der einzureichenden Anzeigen zu treffen. Die Verlagerung auf die Ebene der Rechtsverordnung ist angesichts der Vielzahl der unterschiedlichen Arten von gruppeninternen Transaktionen und wegen der insoweit notwendigen Flexibilität zwingend erforderlich. Die Übergangsregelung nach § 64g Abs. 2 in Verbindung mit Absatz 1 Nr. 2 enthält Anforderungen für die aufsichtliche Behandlung gruppeninterner Transaktionen bis zum Erlass der Rechtsverordnung.

Zu Absatz 2

Absatz 2 verlangt einen einstimmigen Beschluss sämtlicher Geschäftsleiter eines Einlagenkreditinstituts, E-Geld-Instituts oder Wertpapierhandelsunternehmen für bedeutende gruppeninterne Transaktionen mit gemischten Unternehmen oder deren anderen Tochtergesellschaften. Um Rechtsunsicherheiten zu vermeiden, wird ausdrücklich darauf hingewiesen, dass das Rechtsgeschäft auch bei einem Verstoß gegen die Pflicht zur einstimmigen Beschlussfassung wirksam bleibt. § 13 Abs. 2 Satz 2 bis 5 gilt entsprechend.

Zu Absatz 3

Absatz 3 Satz 3 regelt die Rechtsfolgen bei Überschreiten der Obergrenzen und bei Verstößen gegen die festgelegten Beschränkungen hinsichtlich der Art bedeutsamer gruppeninterner Transaktionen, die dem bestehenden Großkreditregime nach §§ 13ff. nachgebildet sind. Nach Absatz 3 Satz 1 darf ein Einlagenkreditinstitut, E-Geld-Institut oder Wertpapierhandelsunternehmen ohne Zustimmung der Bundesanstalt keine bedeutenden gruppeninternen Transaktionen mit gemischten Unternehmen oder deren anderen Tochterunternehmen durchführen, die die in der Rechtsverordnung festgelegten Obergrenzen überschreiten oder gegen die in der Rechtsverordnung festgelegten Beschränkungen hinsichtlich der Art bedeutender gruppeninterner Transaktionen verstoßen. Unabhängig davon, ob die Bundesanstalt die in ihrem Ermessen stehende Zustimmung erteilt, hat das Institut das Überschreiten der Obergrenzen oder die Verstöße gegen die Beschränkungen hinsichtlich der Art gruppeninterner Transaktionen der Bundesanstalt und der Deutschen Bundesbank unver-

---

1 Zum Finanzkonglomeraterichtlinie-Umsetzungsgesetz vom 21. Dezember 2004 (BGBl. I S. 3610); vgl. BT-Drucksache 15/3641 vom 12. August 2004.

züglich anzuzeigen. Die Bundesanstalt kann von dem Institut bei einem Überschreiten der Ober-grenzen die Unterlegung des Überschreitungsbetrags mit Eigenmitteln (Absatz 3 Satz 3 Nr. 1) verlangen. Die Höhe der Unterlegung wird durch die Rechtsverordnung bestimmt.

Verstöße gegen Beschränkungen hinsichtlich der Art gruppeninterner Transaktionen kann die Bundesanstalt nach Absatz 3 Satz 3 Nr. 2 durch geeignete und erforderliche Maßnahmen unterbinden; dies kann auch die Rückabwicklung der Transaktion beinhalten.

Zu Absatz 4

Absatz 4 setzt Artikel 55a Unterabsatz 2 der Bankenrichtlinie um. Eine gemischte Unternehmensgruppe muss danach als qualitative Anforderung über angemessene Interne Kontrollverfahren zur Steuerung und Überwachung gruppeninterner Transaktionen sowie über ein ordnungsgemäßes Berichtswesen und ordnungsgemäße Rechnungslegungsverfahren verfügen. § 10a Abs. 8 Satz 1 und 2 sowie Abs. 9 Satz 1 und 2 und § 25a Abs. 1 Satz 2 gilt entsprechend.

Amtliche Begründung[1]

Zu Abs. 1 Satz 1, Abs. 2, 3 und 4

Die Änderungen dienen der »Eins-zu-eins«-Umsetzung des Artikels 30 der Richtlinie 2002/87/EG (Finanzkonglomerate-Richtlinie). Bei § 13c handelt sich nicht um eine Konsolidierungsvorschrift, sodass die Regelung des Artikels 30 der Richtlinie 2002/87/EG nicht greift und die jeweiligen Bezugnahmen auf die Kapitalanlagegesellschaften im Zuge einer »Eins-zu-eins«-Umsetzung zu streichen sind.

ANMERKUNG
1. § 13c wurde durch das Finanzkonglomeraterichtlinie-Umsetzungsgesetz vom 21. Dezember 2004 (BGBl. I S. 3610) eingefügt.
2. Durch das Gesetz zur Umsetzung der Zweiten E-Geld-Richtlinie vom 1. März 2011 (BGBl. I S. 288) wurde in § 13c jeweils nur das Wort »E-Geld-Institut(e)« gestrichen, da es sich um eine redaktionelle Folgeänderung handelt, denn der Institutstypus wurde aus diesem Gesetz herausgenommen und dem Zahlungsdiensteaufsichtsgesetz unterstellt.
3. In § 13c Absatz 1 bis 4 handelt es sich um Folgeänderungen zu § 1 KWG durch das CRD IV-Umsetzungsgesetz vom 28. August 2013 (BGBl. I S. 3395) sowie eine redaktionelle Anpassung an die Begrifflichkeiten der Verordnung (EU) Nr. 575/2013.

§ 13d *(weggefallen)*

ANMERKUNG
1. § 13d wurde durch das Finanzkonglomeraterichtlinie-Umsetzungsgesetz vom 21. Dezember 2004 (BGBl. I S. 3610) eingefügt.
2. § 13d wurde aufgehoben, da er durch das Gesetz zur Umsetzung der Richtlinie 2011/89/EU des Europäischen Parlaments und des Rates vom 16. November 2011 zur Änderung der Richtlinien 98/78/EG, 2002/87/EG, 2006/48/EG und 2009/138/EG hinsichtlich der zusätzlichen Beaufsichtigung der Finanzunternehmen eines Finanzkonglomerats vom 27. Juni 2013 (BGBl. I S. 1862) in das Finanzkonglomerate-Aufsichtsgesetz überführt wurde. Vgl. BT-Drucksache 17/12602 vom 4. März 2013.

---

1 Zum Investmentänderungsgesetz.

§ 14 Millionenkredite

(1) Kreditinstitute, CRR-Wertpapierfirmen, die für eigene Rechnung im Sinne des Anhangs I Nummer 3 der Richtlinie 2004/39/EG handeln, Finanzdienstleistungsinstitute im Sinne des § 1 Absatz 1a Satz 2 Nummer 4, 9 oder 10, Finanzinstitute im Sinne des Artikels 4 Absatz 1 Nummer 26 der Verordnung (EU) Nr. 575/2013 in Verbindung mit Anhang I Nummer 2 der Richtlinie 2013/36/EU, die das Factoring betreiben, und die in § 2 Absatz 2 genannten Unternehmen und Stellen (am Millionenkreditmeldeverfahren beteiligte Unternehmen) haben der bei der Deutschen Bundesbank geführten Evidenzzentrale vierteljährlich (Beobachtungszeitraum) die Kreditnehmer (Millionenkreditnehmer) anzuzeigen, deren Kreditvolumen 1 Million Euro oder mehr beträgt (Millionenkreditmeldegrenze); Anzeigeinhalte, Anzeigefristen und nähere Bestimmungen zum Beobachtungszeitraum sind durch die Rechtsverordnung nach § 22 zu regeln. Übergeordnete Unternehmen im Sinne des § 10a haben zugleich für die gruppenangehörigen Unternehmen deren Kreditnehmer im Sinne des entsprechend anzuwendenden Satzes 1 anzuzeigen. Dies gilt nicht, soweit diese Unternehmen selbst nach Satz 1 anzeigepflichtig sind oder nach § 2 Absatz 4, 7, 8 oder 9a von der Anzeigepflicht befreit oder ausgenommen sind oder der Buchwert der Beteiligung an dem gruppenangehörigen Unternehmen gemäß Artikel 36 in Verbindung mit Artikel 19 Absatz 2 Buchstabe a der Verordnung (EU) Nr. 575/2013 in der jeweils gültigen Fassung von den Eigenmitteln des übergeordneten Unternehmens abgezogen wird. Die nicht selbst nach Satz 1 anzeigepflichtigen gruppenangehörigen Unternehmen haben dem übergeordneten Unternehmen die hierfür erforderlichen Angaben zu übermitteln. Satz 1 gilt bei Gemeinschaftskrediten von 1 Million Euro und mehr auch dann, wenn der Anteil des einzelnen Unternehmens 1 Million Euro nicht erreicht.

(2) Ergibt sich, dass einem Kreditnehmer von einem oder mehreren Unternehmen Millionenkredite gewährt worden sind, hat die Deutsche Bundesbank die anzeigenden Unternehmen zu benachrichtigen. Die Benachrichtigung umfasst Angaben über die Gesamtverschuldung des Kreditnehmers und über die Gesamtverschuldung der Kreditnehmereinheit, der dieser zugehört, über die Anzahl der beteiligten Unternehmen sowie Informationen über die prognostizierte Ausfallwahrscheinlichkeit im Sinne der Artikel 92 bis 386 der Verordnung (EU) Nr. 575/2013 für diesen Kreditnehmer, soweit ein Unternehmen selbst eine solche gemeldet hat. Die Benachrichtigung ist nach Maßgabe der Rechtsverordnung nach § 22 aufzugliedern. Die Deutsche Bundesbank teilt einem anzeigepflichtigen Unternehmen auf Antrag den Schuldenstand eines Kreditnehmers oder voraussichtlichen Kreditnehmers oder, sofern der Kreditnehmer oder der voraussichtliche Kreditnehmer einer Kreditnehmereinheit angehört, den Schuldenstand der Kreditnehmereinheit mit. Sofern es sich um einen voraussichtlichen Kreditnehmer handelt, hat das Unternehmen auf Verlangen der Deutschen Bundesbank die Höhe der beabsichtigten Kreditgewährung mitzuteilen und nachzuweisen, dass der voraussichtliche Kreditnehmer in die Mitteilung eingewilligt hat. Die am Millionenkreditmeldeverfahren beteiligten Unternehmen und die Deutsche Bundesbank dürfen die Meldung nach Absatz 1, die Benachrichtigung nach Satz 1 sowie die Mitteilung nach Satz 4 auch im Wege der elektronischen Datenübertragung durchführen. Einzelheiten des Verfahrens regelt die Rechtsverordnung nach § 22. Soweit es für die Zwecke der Zuordnung der Meldung nach Absatz 1 zu einem bestimmten Kreditnehmer unerlässlich ist, darf die Deutsche Bundesbank personenbezogene Daten mehrerer Kreditnehmer an das anzeigepflichtige Unternehmen übermitteln. Diese Daten dürfen keine Angaben über finanzielle Verhältnisse der Kreditnehmer enthalten. Die bei einem anzeigepflichtigen Unternehmen beschäftigten Personen dürfen Angaben, die dem Unternehmen nach diesem Absatz mitgeteilt werden, Dritten nicht offenbaren und nicht verwerten. Die Deutsche Bundesbank protokolliert zum Zwecke der Datenschutzkontrolle durch die jeweils zuständige Stelle bei jeder Datenübertragung den Zeitpunkt, die übertragenen Daten und die beteiligten Stellen. Eine Verwendung der Protokolldaten für andere Zwecke ist unzulässig. Die

Protokolldaten sind mindestens 18 Monate aufzubewahren und spätestens nach 24 Monaten zu löschen.

(3) Gelten nach § 19 Abs. 2 mehrere Schuldner als ein Kreditnehmer, so sind in den Anzeigen nach Absatz 1 auch die Verschuldung und Informationen über die prognostizierten Ausfallwahrscheinlichkeiten der einzelnen Schuldner anzugeben. Die Verschuldung einzelner Schuldner sowie die Informationen über die prognostizierten Ausfallwahrscheinlichkeiten sind jeweils nur den Unternehmen mitzuteilen, die selbst oder deren gruppenangehörige Unternehmen im Sinne des Absatzes 1 diesen Schuldnern Kredite gewährt oder Informationen über die prognostizierten Ausfallwahrscheinlichkeiten dieses Schuldners gemeldet haben.

(4) Die Deutsche Bundesbank darf im Einvernehmen mit der Bundesanstalt nach Maßgabe des § 4b des Bundesdatenschutzgesetzes ausländischen Evidenzzentralen die bei ihr gespeicherten Daten über Kreditnehmer, auch zur Weitergabe an dort ansässige Kreditgeber, zur Verfügung stellen.

Amtliche Begründung[1]

Die zentrale Erfassung aller Kredite, die eine Million Deutsche Mark übersteigen, in einer Evidenzzentrale ermöglicht es, die mehrfache Verschuldung eines Kreditnehmers mit Millionenkrediten festzustellen. Sie dient dem Interesse der Kreditinstitute und dem Interesse der Stellen, die mit der Bankenaufsicht befaßt sind, in gleicher Weise. Während sie diesen einen zusätzlichen Einblick in die Kreditpolitik gerade der größeren Kreditinstitute und eine Übersicht über die Struktur und die Verteilung der Kredite in der gesamten Wirtschaft ermöglicht, erlangen die beteiligten Kreditinstitute durch die Benachrichtigung nach Absatz 2 zusätzliche Angaben über die Verschuldung ihrer Kreditnehmer, so daß sie deren Angaben über ihre wirtschaftlichen Verhältnisse kontrollieren können. Zugleich wirkt die Vorschrift sich bei den Kreditnehmern dahin aus, daß diese bei Aufnahme von Krediten bereits bestehende Millionenverschuldungen nicht verschweigen werden. Da bei Konsortial- und Metakrediten von über einer Million Deutsche Mark jedes beteiligte Kreditinstitut seinen Anteil melden muß (Absatz 1 Satz 2), ist sichergestellt, daß auch in Fällen, in denen der Anteil des einzelnen Konsorten unter einer Million Deutsche Mark liegt, die Verschuldung des Kreditnehmers erfaßt wird. Außerdem wird allen beteiligten Kreditinstituten die Verschuldung ihrer Kreditnehmer bekannt, was nicht gewährleistet wäre, wenn die Rückmeldung nur der Konsortialführerin zugehen würde. Die Führung der Evidenzzentrale bei der Bundesbank hat sich bewährt und wird deshalb beibehalten. Die entsprechende Anwendung des § 13* Abs. 1 Satz 3 stellt sicher, daß die Kreditanzeigen dem Bundesaufsichtsamt in dem für seine Aufgaben notwendigen Umfang zugeleitet werden. Bei der Benachrichtigung der beteiligten Kreditinstitute sind Bürgschaften, Garantien und sonstige Gewährleistungen sowie das Diskontobligo des Kreditnehmers gesondert aufzuführen, um ein genaueres Bild vom tatsächlichen Gewicht der Verschuldung des Kreditnehmers zu geben (Absatz 2 Satz 3*).

Amtliche Begründung[2]

Die Vorschrift des § 14 dient in gleicher Weise den Interessen der Bankaufsicht an zeitnahen Informationen über die Kreditgewährung einzelner Kreditinstitute und die Verteilung der Kredite auf die Wirtschaft wie den Interessen der Kreditinstitute an Informationen über die Höhe und die Struktur der Verschuldung größerer Kreditnehmer. Um die Anzeigen aussagekräftiger zu machen, erweitert der Entwurf sie auf die

---

1 Zur Ursprungsfassung.
2 Zum 3. KWG-Änderungsgesetz.

von der Kreditanstalt für Wiederaufbau (§ 2 Abs. 2 Satz 2 Halbsatz 1) und von Auslandstöchtern der Kreditinstitute (Absatz 2 Satz 2) gewährten Millionenkredite sowie auf Realkredite (§ 20 Abs. 2).

Durch den neuen Absatz 1 Satz 1 wird der Meldezeitraum von zwei Monaten auf drei Monate verlängert, weil die in den letzten Jahren stark angestiegene Zahl der Millionenkreditmeldungen die Bundesbank und die meldepflichtigen Unternehmen vor erhebliche Bearbeitungsprobleme stellt und die vorgesehene Verlängerung zu keinen unvertretbaren Einbußen hinsichtlich der Aktualität und des Nutzens der Meldungen führt. Eine Anhebung der Meldegrenze von einer Million DM kommt derzeit nicht in Frage, weil dann kleinere Kreditinstitute nicht mehr in dem bisherigen Umfang von den Vorteilen der Evidenzzentrale profitieren könnten. Außerdem würde erst eine deutliche Anhebung auf mehrere Millionen DM zu einer spürbaren Entlastung der Deutschen Bundesbank und der Kreditinstitute insgesamt führen. Durch die Verlegung des Meldetermins vom Zehnten auf den Fünfzehnten des jeweiligen Monats wird dem Umstand Rechnung getragen, daß sich durch den Wegfall des Sonnabends als Arbeitstag die Zahl der für die Anzeige zur Verfügung stehenden Arbeitstage verringert hat und sich in Monaten mit Feiertagen zusätzliche technische Probleme ergeben haben.

Der neue Satz 2 des Absatzes 1 verpflichtet übergeordnete Kreditinstitute, auch für nachgeordnete Unternehmen im Sinne des § 13a Abs. 2 mit Sitz in einem anderen Staat, die § 1 entsprechende Bankgeschäfte betreiben, die Millionenkreditanzeigen abzugeben. Durch diese Erweiterung erhalten die Deutsche Bundesbank und das Bundesaufsichtsamt zeitnahe Informationen über das Gesamtengagement einer Kreditinstitutsgruppe bei einzelnen Kreditnehmern. Dies ist insbesondere dann von Bedeutung, wenn finanzielle Schwierigkeiten eines Kreditnehmers bekannt werden. Die Meldungen für Töchter mit Sitz in einem anderen Staat gehen nach Absatz 2 Satz 1 in die Rückmeldungen an die beteiligten Kreditinstitute ein. Als beteiligte Kreditinstitute gelten nur nach Absatz 2 meldende Kreditinstitute, die entweder selber oder über ihre Töchter mit Sitz in einem anderen Staat dem Kreditnehmer einen Millionenkredit gewährt haben. Dementsprechend ist bei der Rückmeldung nach Absatz 2 Satz 2 nur die Zahl der beteiligten Kreditinstitute mitzuteilen. Die Töchter in einem anderen Staat erhalten keine Rückmeldungen.

Durch den neuen Absatz 2 Satz 3 wird die Benachrichtigung der Kreditinstitute durch die Deutsche Bundesbank verbessert. Für die Beurteilung der Kreditwürdigkeit eines Kreditnehmers spielen seine Gesamtverschuldung und seine laufende Belastung, die Fälligkeit und die Art der Kredite sowie die Sicherheiten eine maßgebliche Rolle. Deswegen wird künftig zwischen langfristigen (Absatz 2 Satz 3 Nr. 1) und mittel- und kurzfristigen Krediten (Absatz 2 Satz 3 Nr. 2) unterschieden. Daneben werden Wechselkredite (Absatz 2 Satz 3 Nr. 3) sowie Bürgschaften, Garantien und sonstige Gewährleistungen wie bisher gesondert erfaßt und um bürgschaftsähnliche oder bürgschaftsersetzende Verpflichtungen und Belastungen ergänzt (Absatz 2 Satz 3 Nr. 4). Im Gegensatz zum geltenden Recht werden auch Realkredite in das Meldesystem des § 14 einbezogen (vgl. dazu § 20); sie werden wegen ihrer besonderen risikomäßigen Bewertung gesondert ausgewiesen (Absatz 2 Satz 3 Nr. 6), obwohl sie bereits nach Satz 3 Nr. 1 bis 4 erfaßt sind. Dasselbe gilt für die von der öffentlichen Hand verbürgten Kredite (Absatz 2 Satz 3 Nr. 5). Nur die von inländischen Kreditinstituten gewährten Kredite werden nach Satz 3 aufgegliedert. Zur Entlastung der zur Meldung verpflichteten Institute wird für die Töchter mit Sitz in anderen Staaten auf eine entsprechende Aufgliederung verzichtet; die Kredite werden dort zum Teil nach anderen Gesichtspunkten gegliedert, als es in dieser Vorschrift vorgesehen ist.

Die Ersetzung des Konzernbegriffs in Absatz 3 durch die im neugefaßten Satz 1 vorgesehene Verweisung auf § 19 Abs. 2 dient der Rechtsvereinheitlichung. Schon nach der bisherigen Verwaltungspraxis wurde bei der Rückmeldung der Verschuldung konzernangehöriger Schuldner nur die Gesamtverschuldung des Konzerns sowie die Verschuldung desjenigen Kreditnehmers mitgeteilt, dem das jeweilige Kreditinstitut einen Kredit gewährt hatte. Dies wird durch die neuen Sätze 2 und 3 klargestellt. Hat eine Tochter mit Sitz in einem anderen Staat den Kredit gewährt, so erhält nach Satz 3 das beteiligte übergeordnete Kreditinstitut die Angaben über die Verschuldung der einzelnen Kreditnehmer.

Das Kreditmeldesystem nach § 14 ist insofern unvollständig, als die Verschuldung von Kreditnehmern bei Kreditinstituten mit Sitz in einem anderen Staat, ausgenommen nachgeordnete Unternehmen, nicht erfaßt wird. Infolge der zunehmenden internationalen Verflechtung der Kreditströme wird die Einführung zwischenstaatlicher Kreditmeldesysteme angestrebt. Der neue Absatz 4 ermächtigt die Deutsche Bundesbank, Kreditdaten gemäß Absatz 1 an die zuständigen Stellen in anderen Staaten weiterzuleiten und Angaben über die Verschuldung von Kreditnehmern bei Unternehmen mit Sitz in anderen Staaten in die Rückmeldungen gemäß Absatz 2 einzubeziehen, sofern zwischenstaatliche Vereinbarungen oder eine Richtlinie der Europäischen Wirtschaftsgemeinschaft dies vorsehen. Die Ermächtigung zur Weiterleitung von Kreditdaten an die vorgesehenen Stellen erfolgt unter dem sich aus Absatz 2 ergebenden Vorbehalt, daß nur solche Unternehmen Meldungen über die Verschuldung eines inländischen Kreditnehmers erhalten, die diesem Kreditnehmer ebenfalls einen Kredit gewährt haben.

Amtliche Begründung[1]

Die Meldegrenze wird auf drei Millionen Deutsche Mark angehoben. Die stark wachsende Anzahl der Millionenkreditmeldungen hat für die anzeigenden Kreditinstitute und die als Evidenzzentrale dienende Deutsche Bundesbank zu einem nicht mehr vertretbaren Aufwand geführt. Die Verlängerung des Meldeturnus in der 3. Novelle zum Gesetz über das Kreditwesen hat zwar 1986 die Meldungen von rd. 1,6 Millionen Stück im Jahr auf rd. 1,2 Millionen vermindert, inzwischen haben sich die Meldungen jedoch im Jahr 1991 schon wieder auf rd. 1,9 Millionen erhöht.

Mit der Anhebung der Meldegrenze sollen die Kreditinstitute und die Deutsche Bundesbank spürbar entlastet werden. Schätzungsweise wird die Anzahl der Meldungen um mehr als die Hälfte reduziert werden. Die Meldegrenze ist seit Entstehen des KWG unverändert geblieben, während die Nominalwerte bei Krediten aufgrund der Preisentwicklung und des größer gewordenen Finanzierungsbedarfs für Investitionen über die Jahre fortlaufend angestiegen sind, so daß auch eine immer größer werdende Zahl von Kreditfällen in das Melde- und das Benachrichtigungsverfahren hineinwuchs. Angesichts dieser gewandelten Verhältnisse in der Wirtschaft bleiben selbst mit der Drei-Millionen-Grenze die Interessen der Bankenaufsicht an einem umfassenden und zeitnahen Einblick in die Kreditgewährung einzelner Kreditinstitute und die Verteilung der Kredite auf die Wirtschaft sowie das Interesse der Kreditinstitute an Informationen über die Höhe und Struktur der Verschuldung größerer Kreditnehmer gewahrt. Insbesondere gefährdet die maßvolle Anhebung der Meldegrenze kleinere Kreditinstitute nicht.

Um den Kreditinstituten und der Deutschen Bundesbank für die erforderlich werdende Umstellung der Datenverarbeitungsprogramme Zeit zu geben, muß § 14 erst sechs Monate nach Inkrafttreten der Novelle erfüllt werden (vgl. Artikel 9).

Amtliche Begründung[2]

Anzeigepflichtig sind künftig nicht nur Kreditinstitute, sondern auch Finanzdienstleistungsinstitute im Sinne des § 1 Abs. 1a Satz 2 Nr. 4, d.h. Eigenhändler, sowie

---

1 Zum 4. KWG-Änderungsgesetz.
2 Zum 6. KWG-Änderungsgesetz.

Finanzunternehmen im Sinne des § 1 Abs. 3 Satz 1 Nr. 2 und 3, d. h. Factoring- und Leasingunternehmen.

Der Kreis der nachgeordneten Unternehmen, für die Millionenkredite anzuzeigen sind, erweitert sich entsprechend der Neuregelung des § 13b Abs. 2. Absatz 1 Satz 2 verpflichtet das übergeordnete Institut, für alle in- und ausländischen nachgeordneten Unternehmen, einschließlich Finanzunternehmen und Unternehmen mit bankbezogenen Hilfsdiensten, die nach Satz 1 geforderten Anzeigen einzureichen; ausgenommen sind die inländischen nachgeordneten Institute, die selbst nach Absatz 1 Satz 1 anzeigepflichtig sind, sowie die Unternehmensbeteiligungsgesellschaften, die nach § 2 Abs. 2 selbst anzeigepflichtig sind. Satz 3 verpflichtet die gruppenangehörigen Unternehmen, dem übergeordneten Institut die erforderlichen Angaben zu machen.

Die Einbeziehung der Factoring- und Leasingunternehmen in die Meldepflicht nach § 14 erfolgt im Interesse des Finanzplatzes Deutschland. Sie entspricht einer Empfehlung des Zentralbankrates. Die Empfehlung ist die Reaktion auf den Zusammenbruch eines Factoringunternehmens, der gezeigt hat, daß die bislang geltende Ausnahme von der Meldepflicht für Factoring- und Leasingunternehmen, die nicht außerdem originäre Bankgeschäfte betreiben und deshalb keiner Banklizenz bedürfen, die Stabilität des Finanzsystems empfindlich beeinträchtigen kann. Der Fall wäre bei einer Einbeziehung der Factoring- und Leasingunternehmen in das Millionenkreditmeldewesen vermeidbar gewesen. Daß der Bereich Leasing für die Interessen des Finanzplatzes Deutschland sensibel sein kann, hat nicht zuletzt auch die Schließung eines Bankhauses infolge von Geschäften eines Leasingunternehmens gezeigt, die der Aufsicht nicht gemeldet werden mußten.

Bei der notwendigen Unterstellung dieser Geschäfte unter aufsichtliche Beobachtung ist die Einbeziehung in das Millionenkreditanzeigewesen der Deutschen Bundesbank, das sich bewährt hat und hinsichtlich seiner Effizienz nach internationalem Standard einen herausragenden Platz einnimmt, der geringst mögliche Eingriff. Alternativ bestünde nur die Möglichkeit, die betreffenden Geschäfte als Bankgeschäfte zu definieren und sie einer Vollaufsicht oder eventuell einer eingeschränkten Aufsicht nach den Vorschriften des KWG zu unterwerfen. Die betreffenden Unternehmen wären hierdurch höheren Belastungen ausgesetzt. Bei der Einbeziehung nur in das Millionenkreditanzeigewesen ist der Eingriff für die betroffenen Unternehmen hingegen geringfügig bei großem Nutzen für den Finanzplatz Deutschland.

Für die Einbeziehung der Finanzdienstleistungsinstitute gelten ähnliche Erwägungen. Spektakuläre Verluste einiger Institute im Ausland haben in jüngster Zeit nachdrücklich die Notwendigkeit einer möglichst umfassenden Darstellung der derivativen Geschäfte in der Millionenkreditevidenz vor Augen geführt.

Bisher konnten von der Millionenkreditevidenz nur diejenigen Kreditinstitute unmittelbar profitieren, die an einen Kunden, dessen Angaben zu seiner Gesamtverschuldung sie verifizieren wollten, bereits einen Kredit in Höhe von drei Millionen Deutsche Mark ausgereicht hatten. Es ist jedoch sachgerecht, den in der Millionenkreditevidenz ausgewiesenen Stand der Verschuldung eines Kreditnehmers bereits vor der Gewährung des Kredits zu erfahren. Die Neuregelung in Absatz 2 Satz 4 trägt dem Rechnung, indem sie der Deutschen Bundesbank aufgibt, einem anzeigepflichtigen Unternehmen auf Antrag den Schuldenstand eines Kunden mitzuteilen, sofern das anzeigepflichtige Unternehmen erklärungsgemäß beabsichtigt, dem Kunden einen Kredit in Höhe von drei Millionen Deutsche Mark oder mehr zu gewähren oder ein bestehendes Engagement auf drei Millionen Deutsche Mark oder mehr zu erhöhen und der Kunde in die Mitteilung eingewilligt hat. Die Möglichkeit der Vorabinformation können auch die neu in das Millionenkreditanzeigewesen einbezogenen Unternehmen nutzen.

Durch die Neuregelung in Absatz 2 Satz 5 wird ein Unternehmen, das – sei es über die Rückmeldung nach Absatz 1 Satz 1 bis 3 oder sei es auf Anfrage nach Absatz 2 Satz 4 – Angaben aus der Millionenkreditevidenz erhält, gesetzlich verpflichtet, die Angaben nicht unbefugt Dritten zu offenbaren. Ein Offenbaren wird in der Regel befugterweise nur mit der ausdrücklichen oder konkludenten Einwilligung des Betroffenen möglich sein. Ein unbefugtes Offenbaren oder Verwerten ist gemäß §§ 55a und 55b strafbewehrt.

Beim Benachrichtigungsverfahren nach Absatz 2 wird die Position der Nr. 2 präzisiert und durch Einführung einer neuen Nr. 7 der Einbeziehung von Factoring- und Leasingunternehmen Rechnung getragen.

Die Regelungen des Absatzes 3 Satz 3 und des Absatzes 4 werden auf alle anzeigepflichtigen Unternehmen ausgedehnt.

Amtliche Begründung[1]

Das Millionenkreditmeldewesen hat sich als Aufsichtsinstrument bewährt. Bei Insolvenzen größerer Adressen ist es das wichtigste bankaufsichtliche Instrument, mit dem sich potentielle Krisenherde identifizieren und negative Auswirkungen auf den Bankensektor insgesamt abschätzen lassen. Als Instrument der präventiven Aufsicht gewinnt es zunehmend an Bedeutung. Auch für die Institute ist es unschätzbar, da sie sich auf Grund der Rückmeldungen einen Überblick über die Gesamtverschuldung größerer Nehmer verschaffen können. Das Verfahren ist jedoch noch verbesserungsfähig. Ziel der neuen gesetzlichen Regelung ist, das Großkredit- und Millionenkreditmeldewesen – auch im Interesse der Institute – technisch zu vereinfachen und die gesammelten Daten aussagekräftiger zu machen; zugleich soll die Informationsbasis durch eine Verbesserung der Zusammenarbeit mit ausländischen Evidenzzentralen erweitert und der Informationsfluss an die am Millionenkreditmeldewesen beteiligten Institute erleichtert werden.

Für das Millionenkreditmeldewesen sind weit gehende Änderungen vorgesehen:
- Einführung der Legaldefinition »am Millionenkreditmeldeverfahren beteiligte Unternehmen«
- Delegation der Regelung von Meldeinhalten und -fristen auf den Verordnungsgeber
- redaktionelle Überarbeitung der Regelung der Vorabanfragen
- weitere Erleichterung der Weitergabe der Daten an ausländische Evidenzzentralen

Die de lege lata bestehenden Defizite sollen durch die folgenden Maßnahmen ausgeräumt werden:
1. Schaffung der gesetzlichen Voraussetzungen, damit sich die Bundesrepublik Deutschland an dem vorgesehenen erweiterten Informationsaustausch zwischen den EU-Evidenzzentralen mit Weiterleitung der Informationen an die Geschäftsbanken beteiligen kann,
2. Vereinfachung der bestehenden Anfragemöglichkeit bei der Evidenzzentrale vor Kreditvergabe nach § 14 Abs. 2 Satz 4 KWG:
   a) Wegfall des Mindestkreditbetrages von 3 Mio. DM für Anfragen bei der Evidenzzentrale vor Kreditgewährung,
   b) Verzicht auf die regelmäßige Bestätigung des Kreditgebers, dass der potentielle Kreditnehmer der Anfrage bei der Evidenzzentrale vor Kreditgewährung zugestimmt hat,
   c) Zulassung von Vorabanfragen, die sich auch auf Kreditnehmereinheiten beziehen können,
   d) Einführung der gesetzlichen Vorschrift, dass der Kreditgeber (wegen des Wegfalls der unter a und b genannten bisherigen Voraussetzungen) bei Anfragen bei der Evidenzzentrale vor Kreditgewährung künftig auf Verlangen der Deutschen Bundesbank die Höhe der beabsichtigten Kreditgewährung mitzuteilen und

---

1 Zum 4. Finanzmarktförderungsgesetz.

nachzuweisen hat, dass der voraussichtliche Kreditnehmer der Anfrage bei der Evidenzzentrale zugestimmt hat,
e) Öffnung der gesetzlichen Regelung für die elektronische Datenübertragung der meldepflichtigen Institute.

Die in der EU bestehenden Evidenzzentralen (Belgien, Deutschland, Frankreich, Italien, Österreich, Portugal und Spanien) haben vor einigen Jahren als ersten Schritt zu einer engeren Zusammenarbeit einen grenzüberschreitenden Informationsaustausch über die Verschuldung von Kreditnehmern in konkreten Einzelfällen vereinbart, wobei die ausgetauschten Informationen bislang allerdings ausschließlich für bankaufsichtliche Zwecke verwendet werden dürfen. Es findet also nur ein Informationsaustausch zwischen den Evidenzzentralen statt; eine Weiterleitung der ausgetauschten Daten an die Kreditgeber ist bisher nicht zulässig.

Damit sich auch die Geschäftsbanken über die Kreditaufnahmen ihrer Kreditnehmer im Ausland informieren können, ist vorgesehen, die bestehende Zusammenarbeit auszubauen und in Zukunft auch den Geschäftsbanken einen Zugang zu den bei den anderen Evidenzzentralen gespeicherten Informationen über die Verschuldung ihrer Kreditnehmer im Ausland zu ermöglichen.

Nach dem von der Working Group on Credit Registers (Arbeitsgruppe des Banking Supervision Committee des Europäischen Zentralbankensystems) vorgelegten Konzept sollen die zwischen den Evidenzzentralen ausgetauschten Informationen über die Verschuldung von Kreditnehmern künftig dann in die Rückmeldungen an die Kreditgeber einbezogen werden, wenn ein von ihnen gemeldeter Kreditnehmer bei Banken in den anderen genannten Ländern ebenfalls meldepflichtige Kredite aufgenommen hat. Nach einer im Jahr 2001 durchgeführten Untersuchung haben in Deutschland ca. 1000 inländische Millionenkreditnehmer (Wirtschaftsunternehmen – ohne Banken – und Privatpersonen) zusätzlich zu den bei der Deutschen Bundesbank registrierten Krediten auch bei Banken in den anderen sechs o. g. EU-Mitgliedstaaten meldepflichtige Kredite aufgenommen, die dann in die Rückmeldungen an die deutschen Kreditgeber einbezogen werden könnten.

Bisher liegen die rechtlichen Voraussetzungen zur Weitergabe der zwischen den Evidenzzentralen ausgetauschten Informationen an die Geschäftsbanken nur in den Ländern Belgien, Italien und Portugal vor. Damit der Informationsaustausch nicht auf diese Länder beschränkt bleibt, wurde wiederholt an die anderen Länder appelliert, sich bei den zuständigen Stellen ihrer Länder dafür einzusetzen, dass die rechtlichen Voraussetzungen auch in den noch fehlenden Ländern so bald wie möglich geschaffen werden.

Da die in § 14 Abs. 4 KWG vorhandene Bestimmung zur Weiterleitung von Informationen über die Verschuldung von Kreditnehmern an ausländische Stellen keine ausreichende Rechtsgrundlage für den jetzt vorgesehenen Informationsaustausch zwischen den EU-Evidenzzentralen darstellt, sollte nunmehr bei dieser KWG-Novellierung die erforderliche Rechtsgrundlage für eine Teilnahme der Bundesrepublik Deutschland an dem vorgesehenen erweiterten Informationsaustausch zwischen den EU-Evidenzzentralen geschaffen werden.

Im Zusammenhang mit der Schaffung der Rechtsgrundlage für den vorgesehenen erweiterten Informationsaustausch müsste auch die mit der 6. KWG-Novelle neu eingeführte Anfragemöglichkeit bei der Evidenzzentrale vor Kreditvergabe nach § 14 Abs. 2 Satz 4 KWG vereinfacht und an die europäische Praxis angepasst werden. Im Gegensatz zu den anderen europäischen Ländern können solche Anfragen bislang in Deutschland nur unter folgenden Bedingungen gestellt werden:
- die Bank muss die Absicht haben, einem Kunden einen Kredit in Höhe von 3 Mio. DM oder mehr zu gewähren oder einen bereits gewährten Kredit auf 3 Mio. DM zu erhöhen,
- der Kunde muss der Anfrage ausdrücklich zustimmen und der Kreditgeber muss dies bei der Anfrage in jedem Einzelfall bestätigen.

Die bisherige Regelung, wonach Vorabanfragen bei der Evidenzzentrale vor Kreditgewährung erst ab einem intendierten Mindestkreditbetrag von 3 Mio. DM gestellt werden dürfen und der Kreditgeber in jedem Einzelfall bestätigen muss, dass der Kunde der Anfrage bei der Evidenzzentrale zugestimmt hat, hat dazu geführt, dass von dieser Möglichkeit von den Kreditgebern bisher nur wenig Gebrauch gemacht wird.

Aus bankaufsichtlicher Sicht ist ein Mindestkreditbetrag nicht sinnvoll, da die Bankenaufsicht ein Interesse daran hat, dass sich die Kreditgeber auch bei beabsichtigten Kreditvergaben von weniger als 3 Mio. DM vorab bei der Evidenzzentrale über die nach § 14 KWG gemeldete Gesamtverschuldung ihres potentiellen Kreditnehmers informieren. Da jede andere (niedrigere) Betragsgrenze sachlich kaum begründet werden könnte, soll die Betragsgrenze bei solchen Anfragen in Zukunft ganz wegfallen. Ein Verzicht auf den bisher in Deutschland geltenden Mindestkreditbetrag für Anfragen bei der Evidenzzentrale würde auch den vorgesehenen erweiterten internationalen Informationsaustausch zwischen den EU-Evidenzzentralen erleichtern, da im Ausland erheblich niedrigere Meldegrenzen als bei uns gelten.

Die derzeit für nationale Vorabanfragen geltende Regelung, wonach der Kreditgeber in jedem Einzelfall bestätigen muss, dass der voraussichtliche Kreditnehmer der Vorabanfrage bei der Evidenzzentrale zugestimmt hat, würde den internationalen Informationsaustausch ebenfalls erheblich erschweren und wäre praktisch kaum administrierbar. Auch im nationalen Bereich kann auf die ausdrückliche Bestätigung des Kreditgebers in jedem Einzelfall verzichtet werden, da die Kreditanträge vieler Banken bereits Klauseln enthalten, dass der voraussichtliche Kreditnehmer damit einverstanden ist, dass die Bank Auskünfte über ihn bei anderen Stellen einholt.

Im Zusammenhang mit den vorgeschlagenen Erleichterungen bei der Anfragemöglichkeit bei der Evidenzzentrale vor Kreditgewährung soll dann auch der in der 6. KWG-Novelle verwendete Begriff »Kunde« durch den im KWG definierten Begriff des (potentiellen) »Kreditnehmers« ersetzt werden, damit im Rahmen dieser Anfragemöglichkeit auch Auskünfte über die Gesamtverschuldung der Kreditnehmereinheit möglich sind, wenn ein potentieller Kreditnehmer einer Kreditnehmereinheit nach § 19 Abs. 2 KWG angehört.

Damit von der Anfragemöglichkeit bei der Evidenzzentrale vor Kreditgewährung von den Kreditgebern auch in Zukunft nur dann Gebrauch gemacht wird, wenn der voraussichtliche Kreditnehmer der Vorabanfrage bei der Evidenzzentrale zugestimmt hat und auf Grund der Angaben des potentiellen Kreditnehmers über seine finanziellen und wirtschaftlichen Verhältnisse oder der Höhe der beabsichtigten Kreditgewährung davon auszugehen ist, wonach der potentielle Kreditnehmer bereits als Millionenkreditnehmer in Erscheinung getreten ist, wird als Ersatz für den Wegfall der bisherigen Voraussetzungen gesetzlich vorgeschrieben, dass der Kreditgeber bei der Vorabanfrage künftig auf Verlangen der Deutschen Bundesbank die Höhe der beabsichtigten Kreditgewährung mitzuteilen und nachzuweisen hat, dass der potentielle Kreditnehmer der Vorabanfrage bei der Evidenzzentrale zugestimmt hat. Die Angabe des Kreditbetrages ist erforderlich, um bei einem Verdacht auf Missbrauch der Anfragemöglichkeit einen Ansatzpunkt zu haben, auf die Banken mit bankaufsichtlichen Mitteln einwirken zu können.

Um das Millionenkreditmeldewesen rationeller abwickeln zu können, sieht das Gesetz jetzt die Möglichkeit der elektronischen Datenübertragung vor. Eine Reihe geeigneter Verbesserungen können erst im Laufe der nächsten Jahre in Angriff genommen werden. Sie setzen umfangreiche technische Neuerungen bei der Deutschen Bundesbank voraus, die noch Zeit in Anspruch nehmen werden. Die erforderlichen Flexibilisierungen des gesetzlichen Rahmenwerkes sollen jedoch bereits heute im Rahmen des 4. Finanzmarktförderungsgesetzes vorgenommen werden, um später nicht unnötig zuwarten zu müssen.

Amtliche Begründung[1]

Zu Absatz 1

Die Ergänzung in Absatz 1 Satz 3 dient der Klarstellung, dass Unternehmen, die nach § 2 Abs. 4, 5, 7 oder 8 von der Anzeigepflicht befreit oder ausgenommen sind, auch nicht als nachgeordnete Unternehmen einer Instituts- oder Finanzholding-Gruppe mittelbar der Millionenkreditmeldepflicht unterliegen.

Aufgrund des eingeschränkten Geschäftszwecks von zentralen Kontrahenten nach § 1 Abs. 1 Satz 2 Nr. 12 ist die durch Absatz 1 Satz 5 eingefügte mögliche Freistellung von der Abgabe der Millionenkreditmeldungen in Einzelfällen vertretbar.

Amtliche Begründung[2]

Zu Nummer 8 (§ 14 KWG)

Zu Buchstabe a

Die Änderung dient dem Interesse der Kreditwirtschaft nach Transparenz der Risikoeinschätzung ihrer Kreditnehmer. Die entsprechenden Angaben werden bereits von den Instituten gemeldet. In Übereinstimmung mit den Instituten erhält diese Praxis eine hinreichende gesetzliche Grundlage. Darüber hinaus gibt auch § 147 Absatz 3 der Solvabilitätsverordnung vor, dass die Institute für die Validierung eigener Schätzungen auch Vergleiche mit relevanten externen Datenquellen durchführen müssen. Auch hierzu liefert die Rückmeldung eine Grundlage.

Zu Buchstabe b

Die Änderung vollzieht die Änderung für Kreditnehmereinheiten nach und legt den Adressatenkreis der rückzumeldenden Ausfallwahrscheinlichkeiten fest.

Amtliche Begründung[3]

Zu Nummer 32 (§ 14)

Zu Buchstabe a

Eine der wesentlichen Änderungen im § 14 KWG besteht in der Absenkung der Meldegrenze auf 1 Mio. Euro. Die Absenkung der Meldegrenze ist ein Teil des mit der Industrie bereits seit Februar 2011 konsultierten Gesamtpakets zur Modernisierung des Millionenkreditmeldewesens. Ziel des Gesamtpakets ist es, das Meldewesen den insbesondere infolge der Finanzkrise stark gestiegenen Informationsbedürfnissen der

---

1 Zum Gesetz zur Umsetzung der neu gefassten Bankenrichtlinie und der neu gefassten Kapitaladäquanzrichtlinie vom 17. November 2006 (BGBl. I S. 2606).
2 Zum Gesetz zur Fortentwicklung des Pfandbriefrechts vom 20. März 2009 (BGBl. I S. 607); vgl. BT-Drucksache 16/11130 vom 1. Dezember 2008.
3 Zum Gesetz zur Umsetzung der Richtlinie 2013/36/EU über den Zugang zur Tätigkeit von Kreditinstituten und die Beaufsichtigung von Kreditinstituten und Wertpapierfirmen und zur Anpassung des Aufsichtsrechts an die Verordnung (EU) Nr. 575/2013 über Aufsichtsanforderungen an Kreditinstitute und Wertpapierfirmen (CRD IV-Umsetzungsgesetz) vom 28. August 2013 (BGBl. I S. 3395); vgl. BT-Drucksache 17/10974 vom 15. Oktober 2012 und BT-Drucksache 17/13524 – Beschlussempfehlung des Finanzausschusses (7. Ausschuss) – vom 15. Mai 2013.

Bankenaufsicht anzupassen. Das Gesamtpaket umfasst neben der Absenkung der Meldeschwelle auch eine Ausweitung des Kreditbegriffs sowie eine granularere Betragsdatenmeldung und soll stufenweise bis 2016 vollständig umgesetzt werden.

Die erweiterte und aussagekräftigere Datenbasis, die u. a. auch durch den höheren Abdeckungsgrad der Millionenkreditevidenz geschaffen wird, ermöglicht der Aufsicht insbesondere eingehendere Analysen der Kreditportfolios der meldepflichtigen Institute als Kreditgeber (z.B. Kreditvolumen, Kreditart, Besicherungen, Wertberichtigungen), wovon u.a. die mikroprudenzielle Aufsicht profitiert. Daneben werden aber auch die Analysemöglichkeiten der makroprudenziellen Aufsicht geschärft, z.B. durch die genauere Identifizierung und Analyse von Risikokonzentrationen im Bankensektor.

Von der verbesserten Datenbasis profitiert unmittelbar auch die Kreditwirtschaft. So werden aufwendige Ad-hoc-Umfragen in geringerem Umfang erforderlich sein, da genauere Informationen schon über das ausgebaute regulatorische Meldewesen nach § 14 KWG gesammelt werden können (z.B. hinsichtlich der Länderexposures der Banken oder Konzentrationsrisiken in Wirtschaftssektoren).

Die erweiterte Datenbasis kann ferner als Grundlage für Auswirkungsstudien über künftig geplante Änderungen im bankaufsichtlichen Regelwerk genutzt werden. Schließlich erhalten die meldepflichtigen Kreditgeber durch die Rückmeldung seitens der Evidenzzentrale der Deutschen Bundesbank genauere Informationen über die Gesamtverschuldung ihrer jeweiligen Kreditnehmer. Im Vergleich zu den Kreditregistern der anderen europäischen Staaten (Frankreich 25000 Euro, Italien 30000 Euro, Österreich 350000 Euro) ist die neue Meldeschwelle von 1 Mio. Euro immer noch hoch.

Um sicherzustellen, dass Industrie und Bankenaufsicht den aus der Absenkung der Meldegrenze resultierenden Anstieg des Meldevolumens bewältigen können, wird die derzeitige Meldegrenze von 1,5 Mio. Euro stufenweise in drei Schritten auf 1 Mio. Euro abgesenkt. Die entsprechende Übergangsregelung enthält der neue § 64o Absatz 8 KWG.

Zu Buchstabe b

Die Änderung in Absatz 2 Satz 1 ermöglicht die Rückmeldung an die anzeigenden Unternehmen bereits dann, wenn einem Millionenkreditnehmer nur von einem einzigen Unternehmen ein Millionenkredit gewährt wurde. Damit wird insbesondere dem Wunsch der Kreditwirtschaft entsprochen, dass es für jede Anzeige auch eine Rückmeldung gibt (Kontinuität des Kreditnehmerkreises in der Benachrichtigung).

Zu Buchstabe c

Folgeänderung zur Angleichung des Wortlauts an den neu gefassten Absatz 1.

ANMERKUNG
1. Wegen des Kreditbegriffs vgl. § 19 Abs. 1. § 14 erfasst lediglich in Anspruch genommene Kredite; nur zugesagte Kredite sind nicht anzuzeigen. Ausnahmen von § 14 regelt § 20. Freistellungen sind nach § 31 möglich.
2. Einzelheiten, auch über das Anzeigeverfahren, sind in der Großkredit- und Millionenkreditverordnung (Anhang 3.3) geregelt.
3. Die Vorschrift wurde mehrfach modifiziert. Das 4. KWG-Änderungsgesetz vom 21. Dezember 1992 hat die Meldegrenze von einer auf drei Millionen DM erhöht (seit 1. Januar 2000 – Einführung des Euro – 1,5 Millionen Euro). Durch das 5. KWG-Änderungsgesetz vom 28. September 1994 wurden Absatz 1 sowie Absatz 2 Satz 3 neu gefasst. Eine Neufassung erfolgte ferner durch das 6. KWG-Änderungsgesetz vom 22. Oktober 1997 (insbesondere Einbeziehung der Finanzdienstleistungsinstitute und der Finanzunternehmen). Durch das 4. Finanzmarktförderungsgesetz vom 21. Juni 2002 wurde die Vorschrift erneut in wesentlichen Teilen umgestaltet. Ziel

der Neuregelung war es, das Großkredit- und Millionenkreditmeldewesen technisch zu vereinfachen und die gesammelten Daten aussagekräftiger zu machen; zugleich sollte die Informationsbasis durch eine Verbesserung der Zusammenarbeit mit ausländischen Evidenzzentralen erweitert und der Informationsfluss an die am Millionenkreditmeldewesen beteiligten Institute erleichtert werden. Wegen Einzelheiten wird auf die vorstehend abgedruckte Amtliche Begründung verwiesen.

4. Vorsätzliche oder leichtfertige Verstöße gegen § 14 Abs. 1 sind Ordnungswidrigkeiten nach § 56 Abs. 2 Nr. 4.
5. Durch das Gesetz zur Fortentwicklung des Pfandbriefrechts vom 20 März 2009 (BGBl. I S. 607) wurde § 14 Abs. 2 und Absatz 3 geändert. Die Motive zur Änderung ergeben sich aus der vorstehenden amtlichen Begründung.
6. In § 14 Absatz 1 Satz 1 handelt es sich um eine redaktionelle Folgeänderung auf Grund des Gesetzes zur Umsetzung der aufsichtsrechtlichen Vorschriften der Zahlungsdiensterichtlinie vom 25. Juni 2009 (BGBl. I S. 1506).
7. § 14 Absatz 1 bis 3 wurden geändert durch das CRD IV-Umsetzungsgesetz vom 28. August 2013 (BGBl. I S. 3395), um den gestiegenen Informationsbedürfnissen der BaFin dadurch Rechnung zu tragen, dass die Meldegrenze für Millionenkredite schrittweise auf 1 Mio. Euro abgesenkt werde; vgl. die hierzu abgedruckte Amtliche Begründung.
8. Zur Anwendung des § 14 Abs. 1 vgl. § 64r Absatz 10.

§ 15 Organkredite

(1) Kredite an
1. Geschäftsleiter des Instituts,
2. nicht zu den Geschäftsleitern gehörende Gesellschafter des Instituts, wenn dieses in der Rechtsform einer Personenhandelsgesellschaft oder der Gesellschaft mit beschränkter Haftung betrieben wird, sowie an persönlich haftende Gesellschafter eines in der Rechtsform der Kommanditgesellschaft auf Aktien betriebenen Instituts, die nicht Geschäftsleiter sind,
3. Mitglieder eines zur Überwachung der Geschäftsführung bestellten Organs des Instituts, wenn die Überwachungsbefugnisse des Organs durch Gesetz geregelt sind (Aufsichtsorgan),
4. Prokuristen und zum gesamten Geschäftsbetrieb ermächtigte Handlungsbevollmächtigte des Instituts,
5. Ehegatten, Lebenspartner und minderjährige Kinder der unter den Nummern 1 bis 4 genannten Personen,
6. stille Gesellschafter des Instituts,
7. Unternehmen in der Rechtsform einer juristischen Person oder einer Personenhandelsgesellschaft, wenn ein Geschäftsleiter, ein Prokurist oder ein zum gesamten Geschäftsbetrieb ermächtigter Handlungsbevollmächtigter des Instituts gesetzlicher Vertreter oder Mitglied des Aufsichtsorgans der juristischen Person oder Gesellschafter der Personenhandelsgesellschaft ist,
8. Unternehmen in der Rechtsform einer juristischen Person oder einer Personenhandelsgesellschaft, wenn ein gesetzlicher Vertreter der juristischen Person, ein Gesellschafter der Personenhandelsgesellschaft, ein Prokurist oder ein zum gesamten Geschäftsbetrieb ermächtigter Handlungsbevollmächtigter dieses Unternehmens dem Aufsichtsorgan des Instituts angehört,
9. Unternehmen, an denen das Institut oder ein Geschäftsleiter mit mehr als 10 vom Hundert des Kapitals des Unternehmens beteiligt ist oder bei denen das Institut oder ein Geschäftsleiter persönlich haftender Gesellschafter ist,
10. Unternehmen, die an dem Institut mit mehr als 10 vom Hundert des Kapitals des Instituts beteiligt sind,
11. Unternehmen in der Rechtsform einer juristischen Person oder einer Personenhandelsgesellschaft, wenn ein gesetzlicher Vertreter der juristischen Person oder

ein Gesellschafter der Personenhandelsgesellschaft an dem Institut mit mehr als 10 vom Hundert des Kapitals beteiligt ist und
12. persönlich haftende Gesellschafter, Geschäftsführer, Mitglieder des Vorstands oder des Aufsichtsorgans, Prokuristen und an zum gesamten Geschäftsbetrieb ermächtigte Handlungsbevollmächtigte eines von dem Institut abhängigen Unternehmens oder das Institut beherrschenden Unternehmens sowie ihre Ehegatten, Lebenspartner und minderjährigen Kinder,

(Organkredite) dürfen nur auf Grund eines einstimmigen Beschlusses sämtlicher Geschäftsleiter des Instituts und außer im Rahmen von Mitarbeiterprogrammen nur zu marktmäßigen Bedingungen und nur mit ausdrücklicher Zustimmung des Aufsichtsorgans, im Falle der Nummer 12 des Aufsichtsorgans des das Institut beherrschenden Unternehmens, gewährt werden; die vorstehenden Bestimmungen für Personenhandelsgesellschaften sind auf Partnerschaften entsprechend anzuwenden. Auf einen einstimmigen Beschluss sämtlicher Geschäftsleiter sowie die ausdrückliche Zustimmung des Aufsichtsorgans kann verzichtet werden, wenn für einen Kredit an ein Unternehmen nach Satz 1 Nr. 9 und 10 gemäß Artikel 113 der Verordnung (EU) Nr. 575/2013 ein KSA-Risikogewicht von null vom Hundert verwendet werden kann. Als Beteiligung im Sinne des Satzes 1 Nr. 9 bis 11 gilt jeder Besitz von Aktien oder Geschäftsanteilen des Unternehmens, wenn er mindestens ein Viertel des Kapitals (Nennkapital, Summe der Kapitalanteile) erreicht, ohne daß es auf die Dauer des Besitzes ankommt. Der Gewährung eines Kredits steht die Gestattung von Entnahmen gleich, die über die einem Geschäftsleiter oder einem Mitglied des Aufsichtsorgans zustehenden Vergütungen hinausgehen, insbesondere auch die Gestattung der Entnahme von Vorschüssen auf Vergütungen. Organkredite, die nicht zu marktmäßigen Bedingungen gewährt werden, sind auf Anordnung der Bundesanstalt jeweils hälftig mit Kern- und Ergänzungskapital zu unterlegen.

(2) Die Bundesanstalt kann für die Gewährung von Organkrediten im Einzelfall Obergrenzen anordnen; dieses Recht besteht auch, nachdem der Organkredit gewährt worden ist. Organkredite, die die von der Bundesanstalt angeordneten Obergrenzen überschreiten, sind auf weitere Anordnung der Bundesanstalt auf die angeordneten Obergrenzen zurückzuführen; in der Zwischenzeit sind sie jeweils hälftig mit Kern- und Ergänzungskapital zu unterlegen.

(3) Absatz 1 gilt nicht
1. für Kredite an Prokuristen und zum gesamten Geschäftsbetrieb ermächtigte Handlungsbevollmächtigte sowie an ihre Ehegatten, Lebenspartner und minderjährigen Kinder, wenn der Kredit ein Jahresgehalt des Prokuristen oder des Handlungsbevollmächtigten nicht übersteigt,
2. für Kredite an in Absatz 1 Satz 1 Nr. 6 bis 11 genannte Personen oder Unternehmen, wenn der Kredit weniger als 1 vom Hundert der nach Artikel 4 Absatz 1 Nummer 71 der Verordnung (EU) Nr. 575/2013 anrechenbaren Eigenmittel des Instituts oder weniger als 50 000 Euro beträgt, und
3. für Kredite, die um nicht mehr als 10 vom Hundert des nach Absatz 1 Satz 1 beschlossenen Betrages erhöht werden.

(4) Der Beschluß der Geschäftsleiter und der Beschluß über die Zustimmung sind vor der Gewährung des Kredits zu fassen. Die Beschlüsse müssen Bestimmungen über die Verzinsung und Rückzahlung des Kredits enthalten. Sie sind aktenkundig zu machen. Ist die Gewährung eines Kredits nach Absatz 1 Satz 1 Nr. 6 bis 11 eilbedürftig, genügt es, daß sämtliche Geschäftsleiter sowie das Aufsichtsorgan der Kreditgewährung unverzüglich nachträglich zustimmen. Ist der Beschluß der Geschäftsleiter nicht innerhalb von zwei Monaten oder der Beschluß des Aufsichtsorgans nicht innerhalb von vier Monaten, jeweils vom Tage der Kreditgewährung an gerechnet, nachgeholt, hat das Institut dies der Bundesanstalt unverzüglich anzuzeigen. Der Beschluß der Geschäftsleiter und der Beschluß über die Zustimmung zu Krediten an die in Absatz 1

Satz 1 Nr. 1 bis 5 und 12 genannten Personen können für bestimmte Kreditgeschäfte und Arten von Kreditgeschäften im voraus, jedoch nicht für länger als ein Jahr gefaßt werden.

(5) Wird entgegen Absatz 1 oder 4 ein Kredit an eine in Absatz 1 Satz 1 Nr. 1 bis 5 und 12 genannte Person gewährt, so ist dieser Kredit ohne Rücksicht auf entgegenstehende Vereinbarungen sofort zurückzuzahlen, wenn nicht sämtliche Geschäftsleiter sowie das Aufsichtsorgan der Kreditgewährung unverzüglich nachträglich zustimmen.

Amtliche Begründung[1]

Die Vorschrift soll den Gefahren entgegenwirken, die sich bei der Kreditgewährung an eng mit dem Kreditinstitut verbundene Personen oder Unternehmen ergeben können, ohne jedoch derartige Kredite zu verbieten. Die Erfordernisse der einstimmigen Beschlußfassung sämtlicher Geschäftsleiter und der ausdrücklichen Zustimmung des Kontrollorgans – ergänzt durch die Anzeigepflicht nach § 16* und die Schadenersatzpflicht nach § 17* – sind geeignet, Mißbräuche bei der Gewährung von Organkrediten zu verhindern.

Daß die Kredite an Geschäftsleiter (Absatz 1 Nr. 1) unter die Regelung fallen müssen, bedarf keiner besonderen Begründung. Nummer 2 erfaßt neben den Kommanditisten diejenigen persönlich haftenden Gesellschafter von Personenhandelsgesellschaften, die von der Geschäftsführung oder Vertretungsmacht ausgeschlossen sind und deshalb nicht unter den Geschäftsleiterbegriff des § 1 Abs. 2 Satz 1 fallen. Zwar besteht bei ihnen nicht die Gefahr der Interessenkollision bei der Gewährung eines Kredits, ihre Verbindung zur Geschäftsleitung ist jedoch in der Regel so eng, daß sachfremde Erwägungen bei der Kreditgewährung nicht ausgeschlossen sind. Da die Mitglieder der Kontrollorgane die Geschäftsleitung beaufsichtigen und in der Regel auch bestellen, ist bei einer Kreditgewährung an sie zu besorgen, daß ein Einfluß auf die Geschäftsleiter ausgeübt wird, der zur Vernachlässigung der banküblichen Sorgfalt führen kann (Nummer 3). Mitglieder von Beiräten und ähnlichen freiwilligen Beratungsgremien sind – auch wenn diese sich Aufsichtsrat oder Verwaltungsrat nennen – in Nummer 3 nicht erfaßt…Beamte und…Angestellte haben oft selbst die Befugnis zur Kreditgewährung, zumindest aber verhältnismäßig engen Kontakt mit den für die Kreditgewährung zuständigen Geschäftsleitern oder Bediensteten. Auch bei ihnen ist deshalb die Kollision eigener Interessen mit denen des Kreditinstituts zu befürchten … Durch die Nummern 5 und 6 sollen Umgehungen der vorher genannten Bestimmungen verhindert werden. Die Nummern 7 und 8 betreffen Kredite an Unternehmen, die mit dem Kreditinstitut personell verflochten sind. Gehört ein Geschäftsleiter eines Kreditinstituts einem Verwaltungs- oder Kontrollorgan eines anderen Unternehmens an, so ist er auch an der Entwicklung dieses Unternehmens interessiert. Dieses Interesse kann im Einzelfall, z.B. bei einem ehrenamtlichen Vorstandsmitglied eines Kreditinstituts, das hauptberuflich Vorstandsmitglied eines anderen Unternehmens ist, die Sorge für die Geschäfte des Kreditinstituts überwiegen. Im Fall der Nummer 7 besteht die Verflechtung darin, daß ein Geschäftsleiter des Kreditinstituts der Geschäftsleitung oder dem Aufsichtsorgan des Kreditnehmers angehört. Dagegen gehört im Fall der Nummer 8 ein Mitglied der Geschäftsleitung des Kreditnehmers dem Aufsichtsorgan des Kreditinstituts an; die Zugehörigkeit zur Geschäftsleitung des Kreditinstituts fällt schon unter Nummer 7. Nicht erfaßt ist der Fall, daß Kreditinstitut und Kreditnehmer lediglich dadurch verbunden sind, daß dieselbe Person dem Aufsichtsrat oder dem Verwaltungsrat beider Unternehmen angehört. Hier ist die Gefahr unsachlicher Einflußnahme wegen der weniger engen

---

1 Zur Ursprungsfassung.

Verbindung zu dem Unternehmen geringer. Der Einzelbankier ist in Nummer 7 nicht aufgeführt, da bei ihm Geschäftsleiterbeschluß und Zustimmung des Aufsichtsorgans nicht in Betracht kommen. In Nummer 8 brauchte die Kreditgewährung an einen Einzelkaufmann, der dem Kontrollorgan des Kreditinstituts angehört, nicht erwähnt zu werden, weil sie schon durch Nummer 3 erfaßt ist.

Satz 2 stellt klar, daß die Gestattung von Entnahmen über die laufenden Bezüge hinaus als Kredite zu betrachten sind.

Beherrscht ein Unternehmen wirtschaftlich ein anderes, so bilden trotz rechtlicher Selbständigkeit beide Unternehmen wirtschaftlich eine Einheit, nach § 15 Abs. 2 des Aktiengesetzes einen Konzern, Mitglieder der Geschäftsleitung oder des Aufsichtsorgans oder ... Bedienstete eines Unternehmens, das von dem kreditgewährenden Kreditinstitut abhängt oder es beherrscht, sind deshalb in bezug auf eine Kreditgewährung nicht anders zu behandeln, als wenn sie ihre Funktion bei dem Kreditinstitut ausüben würden. Absatz 2 Satz 2 berücksichtigt das wirtschaftliche Übergewicht des herrschenden Unternehmens.

Das Erfordernis des einstimmigen Geschäftsleiterbeschlusses und der Zustimmung des Aufsichtsorgans, die nicht unbedingt einstimmig sein muß, hat nur dann volle Wirkung, wenn die Beschlüsse vor der Kreditgewährung gefaßt werden; Absatz 4* schreibt daher grundsätzlich vorherige Beschlußfassung vor. Bei den Krediten an die in Abs. 1 Nr. 7 bis 11* genannten Unternehmen kann dieser Grundsatz nicht immer verwirklicht werden, weil diese Kredite im üblichen Geschäftsverkehr gewährt werden und die vorherige Herbeiführung der in Absatz 1 verlangten Beschlüsse mitunter den geordneten Geschäftsablauf stören würde. Satz 4 läßt deshalb in diesen Fällen zu, daß bei Eilbedürftigkeit des Geschäfts die Beschlüsse unverzüglich nach der Kreditgewährung gefaßt werden. Diesem Erfordernis ist genügt, wenn die betreffenden Organe bei der nächsten turnusmäßigen Sitzung beschließen. – Der Entwurf geht davon aus, daß der Zustimmungsbeschluß des Kontrollorgans nach dem Geschäftsleiterbeschluß gefaßt wird; die Zustimmung ist also grundsätzlich Genehmigung, nicht Einwilligung ...

Bei Verstößen gegen Absätze 1 bis 4* ist das Rechtsgeschäft nicht unwirksam. Um das Gewicht der Vorschrift zu verstärken, bestimmt jedoch Absatz 5*, daß der Kredit sofort zurückzuzahlen ist. Durch nachträgliche Beschlußfassung kann die zivilrechtliche Folge abgewendet, nicht aber der öffentlich-rechtliche Verstoß geheilt werden. Bei Krediten an personenverbundene Unternehmen (Absatz 1 Nr. 7 bis 11*) entfällt aus Gründen der Verkehrssicherheit die Pflicht zur sofortigen Rückzahlung eines unter Verletzung der Absätze 1 bis 4* gewährten Kredits. Da es sich hier um Kredite im üblichen Geschäftsverkehr handelt, muß sich der Kreditnehmer, der nicht so eng mit dem Kreditinstitut verbunden ist wie die in Absatz 1 Nr. 1 bis 6 bzw. Absatz 2 genannten Personen, darauf verlassen können, daß die internen Voraussetzungen für die Kreditgewährung bei dem Kreditinstitut erfüllt sind. – Der Pflicht zur Rückzahlung des Kredits entspricht die Verpflichtung des Kreditinstituts, einen solchen Kredit zurückzufordern.

Amtliche Begründung[1]

Durch die geltenden Regelungen in den §§ 15 und 16 werden Interessenkonflikte berücksichtigt, welche sich bei der Kreditvergabe an Geschäftsleiter, Gesellschafter, Mitglieder von Aufsichtsorganen, Beamte und Angestellte des Kreditinstituts sowie deren Angehörige und an Unternehmen ergeben können, die mit dem Kreditinstitut durch personelle Verflechtungen oder durch Beteiligungen verbunden sind.

---

1   Zum 3. KWG-Änderungsgesetz.

Kredite an diese Personen und Unternehmen dürfen nach § 15 Abs. 1 Satz 1 nur bei einstimmigem Beschluß sämtlicher Geschäftsleiter sowie unter ausdrücklicher Zustimmung des Aufsichtsorgans des Kreditinstituts gewährt werden. Ein Teil dieser Kredite muß nach § 16 dem Bundesaufsichtsamt angezeigt werden.

Diese Regelungen des geltenden Rechts haben bei den Kreditinstituten und beim Bundesaufsichtsamt zu einem aufwendigen Verwaltungsverfahren geführt, welches nicht in allen Fällen in einem angemessenen Verhältnis zum angestrebten Zweck steht. Deshalb werden diese Vorschriften – unter Beibehaltung im Grundsatz – erheblich vereinfacht.

Folgende Erleichterungen ergeben sich für die Kreditinstitute durch die Änderung des § 15:

In Zukunft unterliegen nicht mehr allgemein Kredite an Beamte und Angestellte des Kreditinstituts den Beschlußfassungs- und Zustimmungspflichten, sondern nur noch Kredite an Prokuristen und an zum gesamten Geschäftsbetrieb ermächtigte Handlungsbevollmächtigte (vgl. den geänderten Absatz 1 Satz 1 Nr. 4 und den geänderten Absatz 2 Satz 1). Es ist davon auszugehen, daß nur bei dem vorerwähnten Personenkreis Einflußmöglichkeiten auf die Kreditvertragsgestaltung bestehen, welche zu einem Interessenkonflikt führen können. Ferner wird die bisherige Bagatellgrenze für die Beschlußfassungs- und Zustimmungspflichten bei Krediten an diesen Personenkreis von einem Monatsgehalt auf ein Jahresgehalt angehoben (vgl. den neugefaßten Absatz 3 Nr. 1).

Die mögliche Gültigkeitsdauer der sog. Vorratsbeschlüsse über Kredite an Geschäftsleiter, Gesellschafter, Mitglieder der Aufsichtsorgane, Prokuristen und Handlungsbevollmächtigte sowie deren Angehörige (Personalorgankredite) wird von drei Monaten auf ein Jahr verlängert (Absatz 4 Satz 5). Es ist aus der Sicht der Bankaufsicht ausreichend, wenn sich Geschäftsleiter und Aufsichtsorgane nur einmal im Jahr mit diesen Krediten befassen.

Kredite an Unternehmen, welche mit dem Kreditinstitut personell oder durch eine Beteiligung verbunden sind (Unternehmensorgankredite), unterliegen dann nicht den Beschlußfassungs- und Zustimmungspflichten, wenn sie weniger als eins v.H. des haftenden Eigenkapitals oder weniger als 100000 DM betragen (Absatz 3 Nr. 2). Hinsichtlich des Beteiligungsbegriffes in Absatz 1 Satz 1 Nr. 9 bis 11 wird eine Bagatellgrenze von zehn v.H. eingeführt, bis zu welcher das Vorliegen einer Beteiligung unerheblich ist. Unverändert bleibt dagegen die gesetzliche, unwiderlegbare Vermutung einer Beteiligung ab einem Anteilsbesitz von einem Viertel am Kapital des anderen Unternehmens, unabhängig von der Beteiligungsabsicht. Sofern ein Organkredit nach Absatz 4 Satz 4 wegen Eilbedürftigkeit ohne vorherigen einstimmigen Beschluß oder ohne Zustimmung des Aufsichtsorgans gewährt worden ist, wird die Frist für die nachträgliche Zustimmung des Aufsichtsorgans im Hinblick auf die in § 110 Abs. 3 des Aktiengesetzes empfohlene vierteljährliche Sitzungshäufigkeit unter Berücksichtigung einer gewissen Schwankungsbreite bei den Sitzungsintervallen auf vier Monate verlängert.

Bei allen Organkrediten wird ferner eine Bagatellgrenze von zehn v.H. für die Beschlußfassung über und für die Zustimmung zu Erhöhungen eingeführt (vgl. die neue Nummer 3 in Absatz 3).

Neben den Erleichterungen sind jedoch auch gewisse Erweiterungen der Regelungen über die Organkredite vorgesehen. So werden künftig nach dem neugefaßten Absatz 1 Nr. 6 auch Kredite an stille Gesellschafter in den Kreis der Organkredite einbezogen, weil hier im Einzelfall erhebliche Einflußmöglichkeiten bestehen können. Ferner soll eine personelle Verflechtung künftig schon dann angenommen werden, wenn ein Prokurist oder ein zum gesamten Geschäftsbetrieb ermächtigter Handlungsbevollmächtigter des Kreditinstituts gesetzlicher Vertreter oder Mitglied des Aufsichtsorgans eines anderen Unternehmens ist oder umgekehrt (vgl. die Änderungen in Absatz 1 Satz 1 Nr. 7 und 8). Als Unternehmensorgankredit zählen künftig auch Kredite an Unternehmen, bei denen ein Kreditinstitut oder ein Geschäftsleiter eines Kreditinstituts persönlich haftender Gesellschafter ist (Absatz 1 Satz 1 Nr. 9). Hier ergibt sich das besondere Interesse des Kreditinstituts oder des Geschäftsleiters am anderen Unternehmen aus der persönlichen Haftung als Gesellschafter.

Neben den Erleichterungen und den Erweiterungen sind einige Änderungen von klarstellender Bedeutung und redaktioneller Natur vorgesehen. Klarstellende Bedeutung haben die Änderungen in Absatz 1 Satz 1 Nr. 10 und 11, nach denen die Beteiligungsvermutung der Nummer 9 auch in Nummer 10 und 11 gilt. Auch die Änderung in Absatz 5 beseitigt eine Unstimmigkeit, indem ausdrücklich nur noch die Personalorgankredite erfaßt werden. Nur von redaktioneller Bedeutung ist der Wegfall der bisherigen Nummer 6 in Absatz 1 Satz 1, die wegen der Kreditnehmerzusammenfassung in § 19 Abs. 2 Satz 1 Nr. 4 nicht mehr erforderlich ist; dasselbe gilt für die Verkürzung des Absatzes 2 Satz 1. Durch die Änderung der Terminologie in Absatz 1 Satz 1 Nr. 7, 8 und 11, wo nunmehr von Unternehmen in der Rechtsform einer juristischen Person oder einer Personenhandelsgesellschaft die Rede ist, wird die Unterscheidung zwischen den Unternehmens- und den Personalorgankrediten verdeutlicht.

Amtliche Begründung[1]

Die §§ 15 bis 17 befassen sich mit Krediten, bei denen der Kreditnehmer in einer besonders engen persönlichen oder rechtlichen Beziehung zu dem kreditgewährenden Kreditinstitut steht (Organkredite).

Der Entwurf bezieht die Finanzdienstleistungsinstitute in die Organkreditvorschriften ein. Die Regelung ist nicht unmittelbar EG-rechtlich veranlaßt, jedoch für eine effektive Solvenzaufsicht geboten. Historisch lassen sich Fälle nachweisen, in denen schwere Schäden oder Insolvenzen durch Kredite an Organmitglieder oder verbundene Unternehmen verursacht worden sind. Auch Finanzdienstleistungsinstitute sind diesem Risiko ausgesetzt.

Bei gut geführten Kreditinstituten hatte die Anzeige von Organkrediten, die nicht zugleich auch Großkredite waren, bislang nur geringen bankaufsichtlichen Erkenntniswert. Um die Institute zu entlasten, soll der Kreditbetrag, der die Anzeigepflicht gemäß § 16 Abs. 1 Nr. 1 und 2 auslöst, von 250 000 DM auf 500 000 DM heraufgesetzt werden. Weitere Entlastungen ergeben sich dadurch, daß Organkredite nicht mehr unverzüglich und analog zu den Großkrediten gemäß § 13 Abs. 1 künftig nur noch der Deutschen Bundesbank angezeigt werden sollen. Die Termine, zu denen Organkredite anzuzeigen sind, sollen künftig in einer Rechtsverordnung gemäß § 24 Abs. 4 bestimmt werden. Dies erlaubt eine flexible Festlegung der Anzeigetermine.

Amtliche Begründung[2]

Zu Nummer 15 (§ 15)

§ 15 KWG über Organkredite soll im Sinne von Grundsatz 10 der Aufsichtsgrundsätze überarbeitet werden. Gemäß diesem Grundsatz müssen, »um Missbräuchen im Zusammenhang mit der Kreditvergabe an in das Geschäft der betreffenden Bank involvierte Schuldner vorzubeugen«, »die Bankaufsichtsbehörden über Vorschriften verfügen, wonach die Banken Kredite an verbundene Unternehmen und Einzelpersonen zu Marktkonditionen vergeben, solche Kreditgewährungen wirksam überwacht werden müssen und andere geeignete Maßnahmen ergriffen werden, um die Risiken zu begrenzen oder zu mindern«.

---

1 Zum 6. KWG-Änderungsgesetz.
2 Zum 4. Finanzmarktförderungsgesetz.

Das deutsche Aufsichtsrecht verfolgt hinsichtlich der Begrenzung der Risiken aus Krediten an verbundene Unternehmen und Personen bislang einen weicheren Ansatz als die Aufsichtsgrundsätze. Während die Aufsichtsgrundsätze unmissverständlich vorgeben, dass Kredite an verbundene Unternehmen oder Personen grundsätzlich nur zu Marktkonditionen erfolgen, sucht das KWG, dieses Ziel durch Herstellung eines einstimmigen Geschäftsführerbeschlusses sowie die Zustimmung des Aufsichtsorgans zu erreichen. Um eine Übereinstimmung mit den Aufsichtsgrundsätzen nicht nur dem Sinne nach zu erreichen, werden die Bestimmungen dahin gehend ergänzt, dass Kredite an den angesprochenen Personenkreis grundsätzlich nur zu Marktkonditionen vergeben werden dürfen. Darüber hinaus werden die zuständigen Behörden die Möglichkeit haben, Obergrenzen festzulegen und Kapitalabzüge anzuordnen, wenn diese nicht bereits von Gesetzes wegen festgelegt werden.

Zu Buchstabe a Doppelbuchstabe aa Dreifachbuchstabe aaa

Gemäß der neu einzufügenden Nummer 12 in § 15 Abs. 1 Satz 1 KWG sind auch Kredite an Organmitglieder oder bestimmte Funktionsträger eines von dem Institut abhängigen Unternehmens oder das Institut beherrschende Unternehmen sowie an deren Ehegatten, Lebenspartner und minderjährige Kinder als Organkredite anzusehen.

Es handelt sich um eine redaktionelle Änderung; die Regelung bestand bislang unter § 15 Abs. 2 KWG.

Zu Buchstabe a Doppelbuchstabe aa Dreifachbuchstabe bbb

Die explizite Einziehung der Legaldefinition »Organkredite« in Absatz 1 Satz 1 im Anschluss an den Enumerativkatalog dient der Vereinfachung der Gesetzestechnik. Materiell ist sie ohne Bedeutung.

Organkredite dürfen künftig nur noch zu marktmäßigen Bedingungen vergeben werden. Dies Erfordernis wird in § 15 Abs. 1 Satz 1 KWG ausdrücklich einbezogen. Diese Anforderung ist ein Kernanliegen, das in dem Grundsatz 10 selbst ausdrücklich niedergelegt ist.

Vergünstigungen, die allen Mitarbeitern eines Instituts auf Grund von Betriebsvereinbarungen, Tarifverträgen oder auf Grund betrieblicher Übung gewährt werden sollen, wird durch den Einschub »außer im Rahmen von Mitarbeiterprogrammen« Rechnung getragen. Die Methodology Working Group hat eine entsprechende Ausnahme ausdrücklich zugelassen. Die entsprechende Änderung in § 15 Abs. 1 Satz 1 KWG steht ferner der Vergabe bzw. Weiterleitung von Förderkrediten im Sinne von § 19 Abs. 3 KWG nicht entgegen.

Die Einfügung der Wörter »im Falle der Nummer 12 des Aufsichtsorgans des das Institut beherrschenden Unternehmens« ist eine redaktionelle Folgeänderung. Bisher stand diese Regelung unter § 15 Abs. 2 Satz 2 KWG. Die entsprechende Anwendung der Bestimmungen für Personenhandelsgesellschaften auf Partnerschaften stellt die sachlich gebotene Parallelität zu § 19 Abs. 2 Satz 2 Nr. 2 KWG her.

Zu Buchstabe a Doppelbuchstabe bb

Die Methodology Working Group erfordert unter Punkt 5 ihrer essential criteria zu Grundsatz 10, die Aufsichtsbehörden zu ermächtigen »to deduct such lending from capital when assessing capital adequacy«. Die Kriterien sehen eine Begrenzung der Abzugsermächtigung auf Organkredite, die nicht zu marktmäßigen Bedingungen gewährt werden, nicht explizit vor. Eine derartige Einschränkung erscheint jedoch im Wege der Auslegung noch als vertretbar.

Zu Buchstabe b

Die Methodology Working Group erfordert unter Punkt 5 ihrer essential criteria zu Grundsatz 10, die Aufsichtsbehörden zu ermächtigen »to set on a general or case-by-case basis – limits for loans to connected and related parties«, oder solche Grenzen gesetzlich festzulegen. Bestimmte Obergrenzen gelten bereits auf Grund der auch für den Organkreditbereich einschlägigen Großkreditbestimmungen. Es erscheint daher vertretbar, von der gesetzlichen Festlegung niedrigerer Obergrenzen für Organkredite abzusehen und deren Festlegung in das Ermessen der Bankaufsichtsbehörden zu stellen.

Zugleich wird ein zweiter Anwendungsfall für die von der Methodology Working Group erfordert unter Punkt 5 ihrer essential criteria zu Grundsatz 10 ins Auge gefassten Abzugsregelung geschaffen.

Zu Buchstabe c

Redaktionelle Anpassung der Vorschrift an die Änderungen in Absatz 1 und 2.

Zu den Buchstaben d und e

Redaktionelle Anpassung der Vorschrift an die Änderung in Absatz 1.

Amtliche Begründung[1]

Zu Absatz 1

Die Änderung dient der Korrektur eines Redaktionsversehens im Rahmen des Vierten Finanzmarktförderungsgesetzes. Seinerzeit wurde die bis dahin in Absatz 2 enthaltene Regelung in Absatz 1 Satz 1 Nr. 12 überführt. Bei der Überarbeitung von Absatz 3 wurde die Nummer irrtümlich in den Katalog von Absatz 3 Nr. 2 aufgenommen. Eine Erweiterung dieser Privilegierung für bestimmte Unternehmenskredite war jedoch nicht beabsichtigt und ist zu bereinigen.

Zu Absatz 3

Redaktionelle Folgeänderung aufgrund der Änderung im Absatz 1. Auch hier gelten die dort genannten Erwägungen. Es handelt sich um die Korrektur eines Redaktionsversehens, das zu einer nicht beabsichtigten Ausweitung der nur für bestimmte Unternehmenskredite vorgesehenen Privilegierung führte.

Redaktionelle Änderung zur Bereinigung eines Zitatfehlers.

Zu Absatz 5

Durch die Einfügung des Wortes »unverzüglich« in Absatz 5 soll auf die Bedeutung der Beachtung der in den Absätzen 1 und 4 vorgesehenen Beschlussverfahren hingewiesen und deutlich gemacht werden, dass die nachträgliche Zustimmung zu der Kreditvergabe unverzüglich, d.h. ohne schuldhaftes Zögern herbeizuführen ist.

---

1 Zum Gesetz zur Umsetzung der neu gefassten Bankenrichtlinie und der neu gefassten Kapitaladäquanzrichtlinie vom 17. November 2006 (BGBl. I S. 2606).

ANMERKUNG

1. Wegen des Kreditbegriffs vgl. § 21.
2. Das Aufsichtsorgan (Absatz 1 Nr. 3) muss nicht gesetzlich vorgeschrieben sein; es genügt, wenn es nur gesetzlich zugelassen ist, sofern für diesen Fall seine Befugnisse – wenn auch nur hilfsweise – gesetzlich geregelt sind (z. B. § 52 GmbHG). Als gesetzliche Regelung ist auch die Regelung durch öffentliche Satzung anzusehen. Der Verwaltungsrat einer Landesbank ist daher Aufsichtsorgan i. S. des § 15 Abs. 1 Nr. 3. Kredite an Ehrenmitglieder des Aufsichtsorgans fallen nicht unter die Vorschrift.
3. Zur Frage des einstimmigen Geschäftsleiterbeschlusses bei Verhinderung eines Geschäftsleiters und Kreditgewährung an einen Geschäftsleiter vgl. die Mitteilung 2/63 (Anhang 4.3).
4. Das Aufsichtsorgan kann seine Befugnis zur Zustimmung zu Organkrediten auf einen aus Mitgliedern des Organs gebildeten Ausschuss übertragen, sofern gesetzliche oder satzungsmäßige Vorschriften dies nicht im Einzelfall ausschließen. Der Ausschuss muss mit mindestens drei Mitgliedern besetzt sein, die an der Beschlussfassung auch teilnehmen müssen (Schreiben des Bundesaufsichtsamtes an die Spitzenverbände der Kreditinstitute vom 20. August 1976).
5. »Jahresgehalt« i. S. des Absatzes 3 Nr. 1 ist das Jahreseinkommen. Jahrestantiemen sind also einzubeziehen. Ist die zusätzliche Vergütung variabel, so ist die letzte Jahresvergütung maßgebend. Kredite an einen Bediensteten des Kreditinstituts sind mit Krediten an seine Ehegatten und Kinder (Absatz 1 Nr. 5) zusammenzurechnen (vgl. Schreiben des Bundesaufsichtsamtes an die Spitzenverbände vom 4. November 1969).
6. Kreditgewährung i. S. des Absatzes 4 ist schon die Kreditzusage, nicht erst die Inanspruchnahme des Kredits. Wird ein Kredit während der Geltung eines Vorratsbeschlusses (Absatz 4 Satz 6) zugesagt, so schadet es also nicht, wenn der Kredit erst nach Ablauf der Geltungsdauer des Vorratsbeschlusses und ohne dass ein neuer Beschluss gefasst wurde In Anspruch genommen wird (Rundschreiben des Bundesaufsichtsamtes an die Spitzenverbände der Kreditinstitute vom 14. April 1966).
7. § 15 wurde durch das 3. KWG-Änderungsgesetz vom 20. Dezember 1984 in einigen Punkten geändert. Überwiegend handelt es sich um Erleichterungen. Auch durch das 6. KWG-Änderungsgesetz vom 22. Oktober 1997 ergaben sich verschiedene Modifizierungen (vgl. die vorstehenden Amtlichen Begründungen).
8. Die für Kredite an Ehegatten geltenden Bestimmungen in § 15 wurden im Zusammenhang mit dem Erlass des »Lebenspartnerschaftsgesetzes« vom 16. Februar 2001 (BGBl. I S. 266) auch auf Lebenspartner im Sinne dieses Gesetzes erstreckt.
9. Wegen des Verfahrens bei der Anzeige nach Absatz 4 Satz 5 vgl. § 7 der Anzeigenverordnung (Anhang 5.1).
10. Vorsätzliche oder leichtfertige Verstöße gegen die Anzeigepflicht nach § 15 Abs. 4 Satz 5 sind Ordnungswidrigkeiten (§ 56 Abs. 2 Nr. 4).
11. Aufgrund der Errichtung der Bundesanstalt für Finanzdienstleistungsaufsicht durch das Gesetz über die integrierte Finanzdienstleistungsaufsicht vom 22. April 2002, mit dem die bisherigen Aufgaben des Bundesaufsichtsamtes für das Kreditwesen der neuen Anstalt übertragen wurden, musste die Vorschrift entsprechend angepasst werden. Durch das 4. Finanzmarktförderungsgesetz vom 21. Juni 2002 wurde die Vorschrift in einigen Punkten geändert. Kredite an verbundene Unternehmen und Einzelpersonen dürfen grundsätzlich nur noch zu Marktkonditionen vergeben werden. Darüber hinaus hat die Bundesanstalt die Möglichkeit, Obergrenzen festzulegen und Kapitalabzüge anzuordnen, wenn diese nicht bereits von Gesetzes wegen festgelegt werden. Einzelheiten sind der vorstehenden Amtlichen Begründung zu entnehmen.
12. Es handelt sich um eine redaktionelle Anpassung in § 15 Absatz 1 und 2 durch das Gesetz zur Umsetzung der geänderten Bankenrichtlinie und der geänderten Kapitaladäquanzrichtlinie vom 19. November 2010 (BGBl. I S. 1592).
13. Bei der Änderung in § 15 handelt es sich um die Anpassung eines Verweises durch das CRD IV-Umsetzungsgesetz vom 28. August 2013 (BGBl. I S. 3395), die sich dadurch ergibt, dass die Vorgaben zum KSA-Risikogewicht von Intragruppenforderungen nun-

mehr nicht mehr in § 10c KWG, sondern in der Verordnung (EU) Nr. 575/2013 geregelt werden.

§ 16 *(weggefallen)*

ANMERKUNG Der bisherige § 16 enthielt eine Anzeigepflicht für Organkredite. Die Vorschrift war in der Regierungsvorlage zum 6. KWG-Änderungsgesetz vom 22. Oktober 1997 noch enthalten, wurde aber im Bundestag gestrichen, da der durch die Anzeigen bedingte Aufwand bei den Instituten in keinem angemessenen Verhältnis zu ihrem aufsichtlichen Erkenntniswert stehe.

§ 17 Haftungsbestimmung

(1) Wird entgegen den Vorschriften des § 15 Kredit gewährt, so haften die Geschäftsleiter, die hierbei ihre Pflichten verletzen, und die Mitglieder des Aufsichtsorgans, die trotz Kenntnis gegen eine beabsichtigte Kreditgewährung pflichtwidrig nicht einschreiten, dem Institut als Gesamtschuldner für den entstehenden Schaden; die Geschäftsleiter und die Mitglieder des Aufsichtsorgans haben nachzuweisen, daß sie nicht schuldhaft gehandelt haben.
(2) Der Ersatzanspruch des Instituts kann auch von dessen Gläubigern geltend gemacht werden, soweit sie von diesem keine Befriedigung erlangen können. Den Gläubigern gegenüber wird die Ersatzpflicht weder durch einen Verzicht oder Vergleich des Instituts noch dadurch aufgehoben, daß bei Instituten in der Rechtsform der juristischen Person die Kreditgewährung auf einem Beschluß des obersten Organs des Instituts (Hauptversammlung, Generalversammlung, Gesellschafterversammlung) beruht.
(3) Die Ansprüche nach Absatz 1 verjähren in fünf Jahren.

Amtliche Begründung

Die Vorschrift verstärkt die Wirkung des § 15* und dient ferner dem Schutze der Gläubiger des Kreditinstituts. Die Haftung besteht unabhängig von einer Haftung aufgrund besonderer Vorschriften oder aufgrund des Gesellschaftsvertrages. Da die Verletzung der Pflichten nach § 15* häufig nur schwer nachweisbar sein wird, schreibt Absatz 1 zweiter Halbsatz entsprechend der Regelung in § 84 Abs. 2 Satz 2 des Aktiengesetzes[1] vor, daß die betroffenen Geschäftsleiter oder Mitglieder des Kontrollorgans den Entlastungsbeweis führen müssen.

§ 18 Kreditunterlagen

(1) Ein Kreditinstitut darf einen Kredit, der insgesamt 750000 Euro oder 10 vom Hundert des nach Artikel 4 Absatz 1 Nummer 71 der Verordnung (EU) Nr. 575/2013 anrechenbaren Eigenkapitals des Instituts überschreitet, nur gewähren, wenn es sich von dem Kreditnehmer die wirtschaftlichen Verhältnisse, insbesondere durch Vorlage der Jahresabschlüsse, offen legen lässt. Das Kreditinstitut kann hiervon absehen, wenn das Verlangen nach Offenlegung im Hinblick auf die gestellten Sicherheiten oder auf die Mitverpflichteten offensichtlich unbegründet wäre. Das Kreditinstitut kann von der laufenden Offenlegung absehen, wenn

---

1 § 93 Abs. 2 Satz 2 des Aktiengesetzes.

1. der Kredit durch Grundpfandrechte auf Wohneigentum, das vom Kreditnehmer selbst genutzt wird, gesichert ist,
2. der Kredit vier Fünftel des Beleihungswertes des Pfandobjektes im Sinne des § 16 Abs. 1 und 2 des Pfandbriefgesetzes nicht übersteigt und
3. der Kreditnehmer die von ihm geschuldeten Zins- und Tilgungsleistungen störungsfrei erbringt.

Eine Offenlegung ist nicht erforderlich bei Krediten an
1. Zentralregierungen oder Zentralnotenbanken im Ausland, den Bund, die Deutsche Bundesbank oder ein rechtlich unselbständiges Sondervermögen des Bundes, wenn sie ungesichert ein Kreditrisiko-Standardansatz-Risikogewicht (KSA-Risikogewicht) von 0 Prozent erhalten würden,
2. multilaterale Entwicklungsbanken oder internationale Organisationen, wenn sie ungesichert ein KSA-Risikogewicht von 0 Prozent erhalten würden, oder
3. Regionalregierungen oder örtliche Gebietskörperschaften in einem anderen Staat des Europäischen Wirtschaftsraums, ein Land, eine Gemeinde, einen Gemeindeverband, ein rechtlich unselbständiges Sondervermögen eines Landes, einer Gemeinde oder eines Gemeindeverbandes oder Einrichtungen des öffentlichen Bereichs, wenn sie ungesichert ein KSA-Risikogewicht von 0 Prozent erhalten würden.

(2) Die Institute prüfen vor Abschluss eines Verbraucherdarlehensvertrags oder eines Vertrags über eine entgeltliche Finanzierungshilfe die Kreditwürdigkeit des Verbrauchers. Grundlage können Auskünfte des Verbrauchers und erforderlichenfalls Auskünfte von Stellen sein, die geschäftsmäßig personenbezogene Daten, die zur Bewertung der Kreditwürdigkeit von Verbrauchern genutzt werden dürfen, zum Zweck der Übermittlung erheben, speichern oder verändern. Bei Änderung des Nettodarlehensbetrags sind die Auskünfte auf den neuesten Stand zu bringen. Bei einer erheblichen Erhöhung des Nettodarlehensbetrags ist die Kreditwürdigkeit neu zu bewerten. Die Bestimmungen zum Schutz personenbezogener Daten bleiben unberührt.

Amtliche Begründung[1]

§ 18* erhebt in Anknüpfung an § 13 des geltenden Gesetzes einen anerkannten bankwirtschaftlichen Grundsatz für die Kreditgewährung zur gesetzlichen Norm. Die Vorschrift soll sicherstellen, daß die Kreditinstitute die Kreditwürdigkeit ihrer Kreditnehmer in ausreichendem Maß an Hand von Unterlagen prüfen. Durch diese gesetzliche Pflicht, die für alle Kreditinstitute gilt, soll deren Stellung der Kundschaft gegenüber gestärkt und verhindert werden, daß die Kreditnehmer die Kreditinstitute unter Hinweis auf eine großzügigere Handhabung durch die Konkurrenz zum Verzicht auf die Prüfung veranlassen.

Soweit Kreditnehmer üblicherweise keine Jahresabschlüsse erstellen, können solche auch nicht verlangt werden; das Kreditinstitut muß sich in diesen Fällen auf andere Weise Gewißheit über die wirtschaftliche Lage des Kreditnehmers verschaffen. Der Ausdruck »Jahresabschlüsse« besagt, daß nicht nur der letzte Jahresabschluß vor der Kreditgewährung angefordert werden muß, sondern auch die folgenden Abschlüsse zu verlangen sind, solange das Kreditverhältnis besteht. Die Vorschrift soll also auch eine ordnungsmäßige Kreditüberwachung sichern.

---

1 Zur Ursprungsfassung.

Mitteilung 1/62 des Bundesaufsichtsamtes für das Kreditwesen vom 30.10.1962

Wie ich festgestellt habe, beachten manche Kreditinstitute die Pflichten, die ihnen in § 18 KWG auferlegt worden sind, nicht immer in dem Maße, wie es der Bedeutung dieser Vorschrift entspricht. Obwohl mir bekannt ist, daß die Einhaltung dieser Vorschrift in der Praxis mitunter auf Schwierigkeiten stößt, sehe ich mich veranlaßt, auf die Beachtung des § 18 KWG nachdrücklich hinzuweisen. Die Kreditinstitute sind nach § 18 KWG verpflichtet, von Kreditnehmern, denen sie Kredite von insgesamt mehr als 20 000 DM gewähren, die Offenlegung ihrer wirtschaftlichen Verhältnisse, insbesondere die Vorlage der Jahresabschlüsse, zu verlangen. Hiervon kann nur dann abgesehen werden, wenn das Verlangen nach Offenlegung im Hinblick auf die von den Kreditnehmern oder den Mitverpflichteten gestellten Sicherheiten offensichtlich unbegründet wäre.

Die Vorschrift soll sicherstellen, daß die Kreditinstitute die Kreditwürdigkeit ihrer Kreditnehmer in ausreichendem Maß an Hand von Unterlagen prüfen. Es genügt nicht, nur den letzten Jahresabschluß vor der Kreditgewährung einzusehen. Für die Beurteilung der Kreditwürdigkeit ist in der Regel auch die Überprüfung früherer Jahresabschlußunterlagen sowie eine laufende Überprüfung während der gesamten Dauer des Kreditverhältnisses erforderlich. Bei Krediten an Konzernfirmen müssen die Bilanzen für den Gesamtkonzern verlangt werden, da nach § 19 Abs. 2 Nr. 1 KWG alle Unternehmen, die demselben Konzern angehören, als ein Kreditnehmer anzusehen sind.

Bei Verstößen gegen § 18 wird das Bundesaufsichtsamt notfalls im Wege des Verwaltungszwanges vorgehen und dieses Verhalten bei der Beurteilung der verantwortlichen Geschäftsleiter berücksichtigen müssen.

Amtliche Begründung[1]

Zu Artikel 7 (Änderung des Kreditwesengesetzes)

§ 18 des Kreditwesengesetzes (KWG) verpflichtet Kreditinstitute derzeit bei einer großvolumigen Kreditvergabe zu einer Bonitätsprüfung des Kreditnehmers. Eine solche Prüfung gehört in Deutschland schon bisher, auch ohne gesetzliche Regelung, zu den hergebrachten kaufmännischen Grundsätzen ordnungsgemäßer Geschäftsführung im Kreditbereich unabhängig vom Kreditvolumen (Boos/Fischer/Schulte-Mattler – Bock, Kommentar zum Kreditwesengesetz, 2. Auflage 2004, § 18 KWG Rn. 1). Artikel 8 der Verbraucherkreditrichtlinie gibt nunmehr vor, eine solche Verpflichtung bei der Vergabe jedes Verbraucherkredits einzuführen. Zwischen der bereits in § 18 normierten Pflicht und der Verpflichtung aus Artikel 8 der Verbraucherkreditrichtlinie besteht ein Zusammenhang. Es ist daher angebracht, Artikel 8 der Verbraucherkreditrichtlinie durch eine entsprechende Ergänzung des § 18 KWG umzusetzen. Daneben dient das KWG auch der Umsetzung des Artikels 20 der Verbraucherkreditrichtlinie. Danach müssen Darlehensgeber von einer unabhängigen Behörde kontrolliert werden. Kreditinstitute unterliegen bereits jetzt schon gemäß § 6 KWG der Aufsicht durch die Bundesanstalt für Finanzdienstleistungsaufsicht (BaFin). Ein zusätzlicher Umsetzungsbedarf besteht in diesem Bereich nicht.

---

[1] Zum Gesetz zur Umsetzung der Verbraucherkreditrichlinie, des zivilrechtlichen Teils der Zahlungsdiensterichtlinie sowie zur Neuordnung der Vorschriften über das Widerrufs- und Rückgaberecht vom 29. Juli 2009 (BGBl. I S. 2355); vgl. BT-Drucksache 16/11643 vom 21. Januar 2009.

Zu Nummer 1 (Änderung des § 18)

Der bisherige Wortlaut des § 18 soll dessen Absatz 1 werden. Absatz 2 wird zur Umsetzung des Artikels 8 der Verbraucherkreditrichtlinie neu angefügt. § 18 Abs. 2 stellt klar, dass Institute (§ 1 Abs. 1b) im Rahmen ihrer ordnungsgemäßen Geschäftsorganisation auch die Kreditwürdigkeit des Kreditnehmers prüfen. Die BaFin überprüft die Einhaltung der Pflichten zur ordnungsgemäßen Geschäftsorganisation im Rahmen ihrer Aufgaben ausschließlich im öffentlichen Interesse (§ 4 Abs. 4 des Finanzdienstleistungsaufsichtsgesetzes [FinDAG]). Absatz 2 gilt für Verbraucherdarlehensverträge und entgeltliche Finanzierungshilfen. Die Begriffe sind wie in § 491 und § 506 BGB zu verstehen. Verträge im Sinne des § 491 Abs. 2 BGB sind keine Verbraucherdarlehensverträge und daher nicht von Absatz 2 umfasst. In Einklang mit Artikel 8 der Verbraucherkreditrichtlinie kann die Prüfung der Kreditwürdigkeit auf zweierlei Art und Weise erfolgen. Das Institut kann sich zum einen auf die Angaben des Darlehensnehmers verlassen, wenn dieser ausreichend über seine Vermögensverhältnisse aufklärt. Zum anderen kann sich das Institut an eine Stelle wenden, die geschäftsmäßig personenbezogene Daten, die zur Bewertung der Kreditwürdigkeit herangezogen werden dürfen, zum Zweck der Übermittlung erhebt, speichert oder ändert. Es kann auch beide Vorgehensweisen kombinieren und ergänzen, z. B. durch den Rückgriff auf eigene Erkenntnisse. Satz 3 dehnt die Pflicht zur Prüfung der Kreditwürdigkeit auch auf bestehende Verbraucherdarlehensverhältnisse aus. Bei diesen ist das Institut verpflichtet, seine Informationen auf einem aktuellen Stand zu halten, wenn der Vertrag geändert werden soll. Wenn der Nettodarlehensbetrag deutlich erhöht werden soll, ist es nach Satz 4 zu einer neuen Bewertung verpflichtet. Die »erhebliche« Erhöhung ist am ursprünglichen Nettodarlehensbetrag zu ermessen. Je niedriger der Nettodarlehensbetrag ist, desto geringer muss die Erhöhung sein, um die Pflicht zur Bewertung auszulösen. Der Nettodarlehensbetrag ist in Artikel 247 § 3 Abs. 2 EGBGB definiert und in § 18 entsprechend zu verstehen. Satz 5 stellt klar, dass sich die Zulässigkeit der Datenerhebung oder Datenverwendung nach dem Bundesdatenschutzgesetz richtet.

ANMERKUNG

1. Der Schwellenwert wurde in den vergangenen Jahren sukzessive erhöht. Er beträgt nunmehr 750 000 Euro oder 10 v. H. des haftenden Eigenkapitals.
2. Wegen des Kreditbegriffs vgl. § 21. Freistellungen nach § 31 sind nicht möglich. Ein Verstoß gegen § 18 ist eine Ordnungswidrigkeit nach § 56 Abs. 3 Nr. 4.
3. Wird die Bilanz des Kreditnehmers (aufgrund gesetzlicher Verpflichtung oder freiwillig) von einem Abschlussprüfer geprüft, so ist die testierte Bilanz anzufordern, da die Bilanz vor Erteilung des Testats noch nicht endgültig ist. Ist im Zeitpunkt der Kreditgewährung die Prüfung noch nicht beendet, so kann zunächst die ungeprüfte Bilanz angefordert werden (Schreiben des Bundesaufsichtsamtes an die Spitzenverbände des Kreditgewerbes vom 11.3.1964).
4. Mit Schreiben an den Zentralen Kreditausschuss zu § 18 KWG vom 9. Mai 2005 – BA 13 – GS 3350–1/2005 – hat die BaFin mitgeteilt, künftig auf detaillierte Auslegungsregelungen zu § 18 KWG zu verzichten. Sie hat deshalb die bisher zu § 18 KWG veröffentlichten Rundschreiben mit sofortiger Wirkung aufgehoben.
5. Redaktionelle Folgeänderung aufgrund der Neufassung von § 20 Abs. 2.
6. Durch das Gesetz zur Umsetzung der Verbraucherkreditrichtlinie, des zivilrechtlichen Teils der Zahlungsdiensterichtlinie sowie zur Neurodnung der Vorschriften über das Widerrufs- und Rückgaberecht vom 29. Juli 2009 (BGBl. I S. 2355) wurde der bisherige Wortlaut als Absatz 1 erfasst und der Absatz 2 zur Umsetzung der Verbraucherkreditrichtlinie angefügt.
7. § 18 Absatz 1 wurde geändert durch das CRD IV-Umsetzungsgesetz vom 28. August 2013 (BGBl. I S. 3395). § 18 Absatz 1 Satz 1 stellt nunmehr nicht mehr auf das haftende Eigenkapital, sondern auf das anrechenbare Eigenkapital eines Kreditinstituts ab, womit der Gleichlauf zur Verordnung (EU) Nr. 575/2013 sichergestellt wird. In Absatz 1 Satz 4

handelt es sich um eine redaktionelle Korrektur, die sich aus der Änderung des § 20 KWG ergibt. Die nunmehr eingefügte Auflistung in Satz 4 ist identisch mit den vormaligen Buchstaben a bis c des § 20 Absatz 2 Nummer 1 a.F.

§ 18a *(weggefallen)*

§ 18b *(weggefallen)*

ANMERKUNG Die §§ 18a und 18b wurden aufgehoben durch das CRD IV-Umsetzungsgesetz vom 28. August 2013 (BGBl. I S. 3395), weil derartige Vorgaben zu Verbriefungen nunmehr in den Artikeln 394 bis 399 der Verordnung (EU) Nr. 575/2013 geregelt sind.

§ 19 Begriff des Kredits für § 14 und des Kreditnehmers für die §§ 14, 15 und 18 Absatz 1

(1) Kredite im Sinne des § 14 sind Bilanzaktiva, Derivate mit Ausnahme der Stillhalterverpflichtungen aus Kaufoptionen sowie die dafür übernommenen Gewährleistungen und andere außerbilanzielle Geschäfte. Bilanzaktiva im Sinne des Satzes 1 sind
1. Guthaben bei Zentralnotenbanken und Postgiroämtern,
2. Schuldtitel öffentlicher Stellen und Wechsel, die zur Refinanzierung bei Zentralnotenbanken zugelassen sind,
3. im Einzug befindliche Werte, für die entsprechende Zahlungen bereits bevorschußt wurden,
4. Forderungen an Kreditinstitute und Kunden, einschließlich der Warenforderungen von Kreditinstituten mit Warengeschäft sowie in der Bilanz aktivierte Ansprüche aus Leasingverträgen auf Zahlungen, zu denen der Leasingnehmer verpflichtet ist oder verpflichtet werden kann, und Optionsrechte des Leasingnehmers zum Kauf der Leasinggegenstände, die einen Anreiz zur Ausübung des Optionsrechts bieten,
5. Schuldverschreibungen und andere festverzinsliche Wertpapiere, soweit sie kein Recht verbriefen, das unter die in Satz 1 genannten Derivate fällt,
6. Aktien und andere nicht festverzinsliche Wertpapiere, soweit sie kein Recht verbriefen, das unter die in Satz 1 genannten Derivate fällt,
7. Beteiligungen,
8. Anteile an verbundenen Unternehmen,
9. weggefallen
10. sonstige Vermögensgegenstände, sofern sie einem Adressenausfallrisiko unterliegen.

Als andere außerbilanzielle Geschäfte im Sinne des Satzes 1 sind anzusehen
1. den Kreditnehmern abgerechnete eigene Ziehungen im Umlauf,
2. Indossamentsverbindlichkeiten aus weitergegebenen Wechseln,
3. Bürgschaften und Garantien für Bilanzaktiva,
4. Erfüllungsgarantien und andere als die in Nummer 3 genannten Garantien und Gewährleistungen, soweit sie sich nicht auf die in Satz 1 genannten Derivate beziehen,
5. Eröffnung und Bestätigung von Akkreditiven,
6. unbedingte Verpflichtungen der Bausparkassen zur Ablösung fremder Vorfinanzierungs- und Zwischenkredite an Bausparer,
7. Haftung aus der Bestellung von Sicherheiten für fremde Verbindlichkeiten,
8. beim Pensionsgeber vom Bestand abgesetzte Bilanzaktiva, die dieser mit der Vereinbarung auf einen anderen übertragen hat, daß er sie auf Verlangen zurücknehmen muß,

9. Verkäufe von Bilanzaktiva mit Rückgriff, bei denen das Kreditrisiko bei dem verkaufenden Institut verbleibt,
10. Terminkäufe auf Bilanzaktiva, bei denen eine unbedingte Verpflichtung zur Abnahme des Liefergegenstandes besteht,
11. Plazierung von Termineinlagen auf Termin,
12. Ankaufs- und Refinanzierungszusagen,
13. noch nicht in Anspruch genommene Kreditzusagen,
14. Kreditderivate,
15. noch nicht in der Bilanz aktivierte Ansprüche aus Leasingverträgen auf Zahlungen, zu denen der Leasingnehmer verpflichtet ist oder verpflichtet werden kann, und Optionsrechte des Leasingnehmers zum Kauf der Leasinggegenstände, die einen Anreiz zur Ausübung des Optionsrechts bieten, sowie
16. außerbilanzielle Geschäfte, sofern sie einem Adressenausfallrisiko unterliegen und von den Nummern 1 bis 14 nicht erfasst sind.

(1a) Derivate im Sinne dieser Vorschrift sind als Kauf, Tausch oder durch anderweitigen Bezug auf einen Basiswert ausgestaltete Festgeschäfte oder Optionsgeschäfte, deren Wert durch den Basiswert bestimmt wird und deren Wert sich infolge eines für wenigstens einen Vertragspartner zeitlich hinausgeschobenen Erfüllungszeitpunkts künftig ändern kann, einschließlich finanzieller Differenzgeschäfte. Basiswert im Sinne von Satz 1 kann auch ein Derivat sein.

(2) Als ein Kreditnehmer im Sinne des § 14 gelten
1. zwei oder mehr natürliche oder juristische Personen oder Personenhandelsgesellschaften, wenn eine von ihnen unmittelbar oder mittelbar beherrschenden Einfluss auf die andere oder die anderen ausüben kann. Unmittelbar oder mittelbar beherrschender Einfluss liegt insbesondere vor,
    a) bei allen Unternehmen, die im Sinne des § 290 Absatz 2 des Handelsgesetzbuchs konsolidiert werden, oder
    b) bei allen Unternehmen, die durch Verträge verbunden sind, die vorsehen, dass das eine Unternehmen verpflichtet ist, seinen ganzen Gewinn an ein anderes abzuführen, oder
    c) beim Halten von Stimmrechts- oder Kapitalanteilen an einem Unternehmen in Höhe von 50 Prozent oder mehr durch ein anderes Unternehmen oder eine Person, unabhängig davon, ob diese Anteile im Rahmen eines Treuhandverhältnisses verwaltet werden,
2. Personenhandelsgesellschaften oder Kapitalgesellschaften und jeder persönlich haftende Gesellschafter sowie Partnerschaften und jeder Partner,
3. alle Unternehmen, die demselben Konzern im Sinne des § 18 des Aktiengesetzes angehören.

Die Zusammenfassungstatbestände nach den Nummern 1 bis 3 sind kumulativ anzuwenden.
(3) Als ein Kreditnehmer im Sinne der §§ 15 und 18 Absatz 1 gelten zwei oder mehr natürliche oder juristische Personen, die gemäß Artikel 4 Absatz 1 Nummer 39 der Verordnung (EU) Nr. 575/2013 eine Gruppe verbundener Kunden bilden.
(4) weggefallen
(5) Bei dem entgeltlichen Erwerb von Geldforderungen gilt der Veräußerer der Forderungen als Kreditnehmer im Sinne der §§ 14 bis 18, wenn er für die Erfüllung der übertragenen Forderung einzustehen oder sie auf Verlangen des Erwerbers zurückzuerwerben hat; andernfalls gilt der Schuldner der Verbindlichkeit als Kreditnehmer.

Amtliche Begründung[1] **(zu den §§ 19 bis 21)**

In § 19 Abs. 1 wird der Kreditbegriff weiterhin einheitlich für die §§ 13 bis 18 definiert. Damit wird zugleich Artikel 1 Buchstabe h der Großkreditrichtlinie umgesetzt. Der dort vorgegebene Kreditbegriff, der sich an der Solvabilitätsrichtlinie orientiert, geht über den bisher in § 19 Abs. 1 enthaltenen Kreditbegriff hinaus. Die Umsetzung der Kreditbestimmung der Großkreditrichtlinie ist nur für die §§ 13 und 13a verbindlich; es wäre jedoch aus bankaufsichtlichen Gründen nicht vertretbar, nunmehr für die Vorschriften der §§ 14 bis 18 einen abweichenden Kreditbegriff zu verwenden, da auch hier die Risiken, die sich aus der Art des jeweiligen Kredits ergeben, grundsätzlich nicht unterschiedlich zu beurteilen sind. Soweit nach Sinn und Zweck der einzelnen Vorschriften Ausnahmen geboten sind, werden diese in den §§ 20 und 21 geregelt.

Im Sinne der Großkreditrichtlinie gelten als Kredit alle Aktiva und außerbilanzmäßigen Geschäfte, wie sie sich aus Artikel 6 und Anhang I und II der Solvabilitätsrichtlinie ergeben; die in den genannten Bestimmungen vorgesehenen Gewichtungen und Risikograde finden keine Anwendung. § 19 Abs. 1 Satz 1 bestimmt nach der Nomenklatur der Solvabilitätsrichtlinie die Kredite als Bilanzaktiva, als außerbilanzielle Geschäfte in Form von Finanzswaps, Finanztermingeschäften und Optionsrechten sowie als andere außerbilanzielle Geschäfte.

In § 19 Abs. 1 Satz 2 werden die in Artikel 6 Abs. 1 der Solvabilitätsrichtlinie enthaltenen Bilanzaktiva in Anlehnung an das Formblatt 1 der Verordnung über die Rechnungslegung der Kreditinstitute (RechKredV) vom 10. Februar 1992 (BGBl. I S. 203), geändert durch die Verordnung vom 18. Juni 1993 (BGBl. I S. 924), aufgelistet. Im Unterschied zum Formblatt 1 werden im Einzug befindliche Werte und Leasinggegenstände gesondert aufgeführt.

Die in § 19 Abs. 1 Satz 3 aufgegliederten anderen außerbilanziellen Geschäfte folgen der in Anhang I der Solvabilitätsrichtlinie gegebenen Klassifizierung. Sie entsprechen weitgehend den in den §§ 26 und 27 RechKredV genannten Posten. Letzteres gilt nicht für die in § 19 Abs. 1 Satz 3 Nr. 9 bis 11 genannten Geschäfte, die direkt den in Anhang I vierter, siebter und achter Gedankenstrich der Solvabilitätsrichtlinie aufgeführten Geschäften entsprechen.

§ 19 Abs. 1 Satz 4 trägt der Entwicklung im Bereich der derivativen Geschäfte Rechnung und gewährleistet, daß auch aus Finanzswaps, Finanztermingeschäften und Optionsrechten abgeleitete oder kombinierte Finanzprodukte zu diesen außerbilanziellen Geschäften gerechnet werden.

§ 19 Abs. 2 setzt die Regelung aus Artikel 1 Buchstabe m GroßKredRL um, die über die Definition der Kreditnehmereinheit nach dem geltenden § 19 Abs. 2 hinausgeht. Um beiden Definitionen gerecht zu werden, wird in § 19 Abs. 2 Satz 1 die Richtlinien-Definition der Kreditnehmereinheit vorangestellt und die bisherige Definition der Kreditnehmereinheit als ihr Regelfall beibehalten. Damit kann die auf langjähriger Erfahrung basierende Zuordnungspraxis fortgeführt werden. Dies ist auch aus praktischen Erwägungen geboten. Eine Änderung aufgrund einer anders gefaßten Definition würde einen nicht vertretbaren Aufwand bei der Anpassung der vorhandenen Datenbestände verursachen. Auch die Kreditwirtschaft würde erheblich belastet.

Andererseits hat die über den Regelfall in Satz 2 hinausgehende Definition in Satz 1 den Vorteil, daß in Fällen, in denen aus rechtlichen Gründen eine Zusammenfassung bisher nicht möglich war, aber wegen der Risikolage geboten gewesen wäre, Kreditnehmereinheiten gebildet werden können. Diese umfassendere Definition kann jedoch nicht dahingehend verstanden werden, daß Lieferanten und Zulieferer mit ihren Hauptabnehmern zu Kreditnehmereinheiten zusammenzufassen sind.

---

1 Zum 5. KWG-Änderungsgesetz.

In § 19 Abs. 2 Satz 2 Nr. 1 wird der bisherige Katalog über die Ausnahmen von der Kreditnehmerzusammenfassung erweitert. Neben dem Bund, seinen Sondervermögen, den Ländern, Gemeinden und Gemeindeverbänden werden nunmehr auch die Europäischen Gemeinschaften sowie die anderen Mitgliedstaaten der Europäischen Gemeinschaft und die anderen Vertragsstaaten des Abkommens über den Europäischen Wirtschaftsraum von der Kreditnehmerzusammenfassung ausgenommen. Die anderen Mitgliedstaaten und Vertragsstaaten des Abkommens über den Europäischen Wirtschaftsraum werden jedoch grundsätzlich nur auf der Ebene der »Zentralregierung« ausgenommen. Ihre Sondervermögen sowie Institutionen, die den deutschen bundesunmittelbaren Körperschaften, Anstalten und Stiftungen entsprechen, sind dagegen in die Kreditnehmerzusammenfassung einzubeziehen.

Von der Kreditnehmerzusammenfassung ausgenommen sind darüber hinaus die Gliedstaaten und Gebietskörperschaften der anderen Mitgliedstaaten und Vertragsstaaten des Abkommens über den Europäischen Wirtschaftsraum, sofern für diese Gliedstaaten oder Gebietskörperschaften nach Artikel 7 der Solvabilitätsrichtlinie die Risikogewichtung »Null« angewendet werden kann, die Kommission der Europäischen Gemeinschaften hierüber unterrichtet und die Gewichtung in dem EG-rechtlich vorgesehenen Verfahren bekannt gemacht worden ist. Die Ausnahme von der Zusammenfassung dient dazu, eine Diskriminierung anderer Körperschaften in den EG-Staaten zu vermeiden.

Die in § 19 Abs. 2 Satz 2 enthaltene Sonderregelung für geschlossene Immobilienfonds ist entfallen. Die Großkreditrichtlinie läßt hier keine Ausnahme von der Einhaltung der Grenze nach § 13 Abs. 4 Satz 1 zu.

§ 19 Abs. 3 setzt Artikel 4 Abs. 11 der Großkreditrichtlinie teilweise um. Nach dieser Vorschrift wird ein Kredit an einen Kunden, der von einem Dritten, der weder Kredit- noch Finanzinstitut ist, garantiert wird, im Sinne der Großkreditvorschriften als Kredit an den Dritten angesehen. Bildet der Dritte jedoch mit dem Kunden eine Kreditnehmereinheit, sind beide nach § 19 Abs. 2 zusammenzurechnen.

Die bisher in § 19 Abs. 3 enthaltene Vorschrift, wonach bei dem entgeltlichen Erwerb von Geldforderungen der Veräußerer der Forderung als Kreditnehmer anzusehen ist, wenn er für die Erfüllung der übertragenen Forderung einzustehen oder sie auf Verlangen des Erwerbers zurückzuerwerben hat, ist entfallen. Hauptanwendungsfall dieser Vorschrift sind die unechten Pensionsgeschäfte und Factoring-Geschäfte ohne Delkredere-Übernahme. Nach Artikel 6 Abs. 2 Satz 5 der Solvabilitätsrichtlinie ist das Adressenausfallrisiko bei Pensionsgeschäften und Terminrückkäufen nach dem jeweiligen Gegenstand und nicht nach dem Vertragspartner zu bemessen.

§ 20 regelt die Ausnahmen für bestimmte Kredite von sich aus den §§ 13 und 13a ergebenden Verpflichtungen. Die Vorschrift beschränkt sich dabei auf solche Kredite, die vollständig von den genannten Verpflichtungen befreit werden. Weitere Ausnahmen, insbesondere Teilausnahmen, werden in der nach § 22 zu erlassenden Rechtsverordnung geregelt. Soweit es sich um Ausnahmen von der Anzeigepflicht und der Anrechnung auf die Obergrenzen handelt, sind die Vorgaben der Großkreditrichtlinie zu beachten. Zugunsten der Kreditinstitute bestehende Wahlrechte werden dabei wahrgenommen, soweit zwingende bankaufsichtliche Gründe nicht entgegenstehen.

§ 20 Abs. 1 Nr. 1 und 2 setzt Artikel 1 Buchstabe h Teilsatz 4 der Großkreditrichtlinie um und nimmt Vorleistungen bei Wechselkurs- und Wertpapiergeschäften vom Kreditbegriff nach § 19 Abs. 1 aus. Nach § 20 Abs. 1 Nr. 3 gelten auch Bilanzaktiva nicht als Kredit, die bei der Berechnung des haftenden Eigenkapitals eines Kreditinstituts oder einer Kreditinstituts- oder Finanzholding-Gruppe Abzugsposten im Sinne des § 10 Abs. 6a, § 10a Abs. 9 und § 13a Abs. 5 darstellen.

Damit wird eine Doppelbelastung des haftenden Eigenkapitals vermieden. Dies entspricht auch Artikel 6 Abs. 1 Buchstabe d Nr. 7 der Solvabilitätsrichtlinie.

Die Befreiung von der Anzeigepflicht nach § 20 Abs. 2 Nr. 1 und 2 setzt Artikel 3 Abs. 3 Satz 1 in Verbindung mit Artikel 4 Abs. 7 GroßKredRL um. Vollständig übernommen werden dabei die Wahlrechte aus Artikel 4 Abs. 7 Buchstabe a bis d und f

GroßKredRL. Die Wahlrechte aus Artikel 4 Abs. 7 Buchstabe g und h GroßKredRL werden nur teilweise übernommen. Danach werden nur solche Kredite von der Anzeigepflicht freigestellt, die durch Bareinlagen bei dem kreditgewährenden Institut oder durch von diesem ausgegebene und bei diesem hinterlegte Einlagenzertifikate gesichert sind.

Nach § 20 Abs. 2 Nr. 3 sind auch Interbankforderungen mit Laufzeiten bis zu einem Jahr von der Anzeigepflicht nach § 13 Abs. 1 und § 13a Abs. 1 ausgenommen, soweit diese Kredite 3 000 000 DM oder mehr betragen und damit nach § 14 anzuzeigen sind. Nach der Großkreditrichtlinie sind Interbankforderungen, soweit es sich um Großkredite handelt, grundsätzlich anzuzeigen. Sie können lediglich nach Artikel 4 Abs. 7 Buchstabe i und k von der Anrechnung auf die Obergrenzen ausgenommen werden, wenn sie eine Laufzeit von bis zu einem Jahr haben. Dieser Anzeigepflicht wird im Rahmen der Millionenkreditanzeigen genügt und dadurch das Anzeigeverfahren für Großkredite entlastet. Zu den in § 20 Abs. 2 Nr. 3 genannten Interbankforderungen zählen auch Forderungen eingetragener Genossenschaften an ihre Zentralbanken, von Sparkassen an ihre Girozentralen sowie von Zentralbanken und Girozentralen an ihre Zentralkreditinstitute mit Laufzeiten von mehr als einem Jahr, soweit diese Guthaben dem Liquiditätsausgleich im Verbund dienen. Damit wird Artikel 4 Abs. 7 Buchstabe n der Großkreditrichtlinie umgesetzt.

§ 20 Abs. 3 regelt Ausnahmen für die Kredite, die bei der Berechnung der Auslastung der Obergrenze für den einzelnen Großkredit nicht zu berücksichtigen sind. Nicht zu berücksichtigen sind die nach § 20 Abs. 2 nicht anzeigepflichtigen Kredite. Weiterhin nicht zu berücksichtigen sind Kredite an Zentralregierungen oder Zentralnotenbanken in Ländern der Zone B (Umsetzung von Artikel 4 Abs. 7 Buchstabe e GroßKredRL) und die in § 20 Abs. 2 Nr. 3 und 4 genannten grundpfandrechtlich gesicherten Kredite (Umsetzung von Artikel 4 Abs. 7 Buchstabe p und Artikel 6 Abs. 9 GroßKredRL). Bei den in § 20 Abs. 3 Nr. 2 genannten nicht zu berücksichtigenden Krediten handelt es sich um Interbankforderungen mit Laufzeiten bis zu einem Jahr, die Großkredite sind, aber weniger als 3 000 000 DM betragen und daher nicht als Millionenkredite zu melden sind. Für diese Kredite ist eine Großkreditanzeige abzugeben.

§ 20 Abs. 4 regelt Ausnahmen für Kredite, die bei der Berechnung der Auslastung der Obergrenze für die Gesamtheit der Großkredite (das Achtfache des haftenden Eigenkapitals) nicht zu berücksichtigen sind. Hierunter fallen alle in § 20 Abs. 3 genannten Kredite sowie zusätzlich die nicht in Anspruch genommenen Kreditzusagen im Sinne von § 19 Abs. 1 Satz 3 Nr. 14. Mit der Freistellung dieser Kreditzusagen wird Artikel 4 Abs. 7 Buchstabe s GroßKredRL umgesetzt. Eine generelle Freistellung der Kreditzusagen ist nach der Richtlinie nicht zulässig. Mit der Freistellung noch nicht in Anspruch genommener Kreditzusagen nur bei der Berechnung des Achtfachen des haftenden Eigenkapitals wird an der bisherigen Regelung in § 13 Abs. 3 Nr. 2 Satz 2 festgehalten.

Soweit ein Kredit teilweise nicht anzeigepflichtig ist und dadurch unter der Großkreditgrenze nach § 13 Abs. 1 bleibt, ist der verbleibende Teil bei der Berechnung der Auslastung der Obergrenze für die Gesamtheit der Großkredite nicht zu berücksichtigen.

Die in § 20 Abs. 5 enthaltenen Ausnahmen für die Großkreditbeschlüsse gehen über die bisher in § 20 Abs. 1 und 3 Satz 1 enthaltenen Ausnahmen hinaus.

Die in § 21 geregelten Ausnahmen von den Verpflichtungen nach den §§ 14 bis 18 entsprechen weitgehend den bisher in § 20 geregelten Ausnahmen, teilweise gehen sie darüber hinaus. In § 21 Abs. 1 werden auch die in § 20 Abs. 1 Nr. 1 und 2 ausgenommenen Kredite für die §§ 14 bis 18 freigestellt, um soweit wie möglich einen einheitlichen Kreditbegriff aufrechtzuerhalten. Die in § 21 Abs. 2 Nr. 1 für § 14 ausgenommenen Kredite waren auch bisher schon von den Anzeigen nach § 14 freigestellt. Die in § 21 Abs. 2 Nr. 2 genannten Anteile an anderen Unternehmen waren aufgrund einer Freistellung durch das Bundesaufsichtsamt nicht als Millionenkredite zu melden. Sie werden nun direkt im Gesetz von der Meldepflicht ausgenommen. Entfallen ist die bisher in § 20 Abs. 1 Nr. 2 geregelte Ausnahme für Interbankforderungen mit Laufzeiten bis zu drei Monaten. Da bei den Großkreditanzeigen auf die von der Großkreditrichtlinie vorgeschriebene Meldung von Interbankforderungen mit Laufzeiten bis zu einem Jahr verzichtet wird, sind Interbankforderungen nun im Rahmen der Millionenkreditkontrolle zu melden.

Die in § 21 Abs. 3 bis 5 vorgesehenen Ausnahmen für Organkredite und für die Vorlage von Kreditunterlagen nach § 18 gehen hinsichtlich § 21 Abs. 3 Nr. 1 Buchstabe c und d über die bisher geltenden Ausnahmen hinaus.

Amtliche Begründung[1]

a) *(Absatz 1; Kreditbegriff)*

Die Einführung des Begriffs »Derivate« oder »Derivate mit Ausnahme der Stillhalterpositionen von Optionsgeschäften« in Absatz 1 ist eine Folgeänderung der Derivatedefinition in § 1 Abs. 11 Satz 4, die der sprachlichen Vereinheitlichung dient.

Die Änderungen in Satz 3 Nr. 9, 13 und 14 tragen der Einbeziehung der Finanzdienstleistungsinstitute in die Solvenzaufsicht Rechnung.

b) *(Absatz 2; Kreditnehmerzusammenfassung)*

Gemäß § 19 Abs. 2 Satz 2 Nr. 1 gelten als ein Kreditnehmer alle Unternehmen, die demselben Konzern angehören oder durch Verträge verbunden sind, die vorsehen, daß das eine Unternehmen verpflichtet wird, seinen ganzen Gewinn an ein anderes Unternehmen abzuführen, sowie in Mehrheitsbesitz stehende Unternehmen mit den an ihnen beteiligten Unternehmen oder Personen. Ausnahmen sieht das Gesetz bisher nur vor für den Bund, seine Sondervermögen, die Länder, Gemeinden und Gemeindeverbände, die Europäischen Gemeinschaften, die Zentralregierungen anderer Staaten der Zone A sowie die Regionalregierungen und örtlichen Gebietskörperschaften des Europäischen Wirtschaftsraums, für die nach Art. 7 der Solvabilitätsrichtlinie die Gewichtung Null bekanntgegeben worden ist.

Nach der geltenden Bestimmung ist in einem Staatshandelsland der Zone B die Zentralregierung mit den staatseigenen Unternehmen zu einer Kreditnehmereinheit zusammenzufassen. Diese Vorschrift geht zu weit. Zwar liegt gerade auch bei den Staatshandelsländern der Zone B unter bankaufsichtlichen Gesichtspunkten eine Risikokumulation vor. Der Sache nach handelt es sich aber um das sog. »Länderrisiko«. Die Kreditnehmerzusammenfassung nach § 19 Abs. 2 ist als bankaufsichtliches Instrumentarium zu undifferenziert, um das Länderrisiko angemessen zu begrenzen.

Durch die undifferenzierte Kreditnehmerzusammenfassung werden Institute, die einen Schwerpunkt ihrer Geschäftstätigkeit auf solche Länder ausgerichtet haben, über Gebühr in ihren Geschäftsmöglichkeiten beschränkt. Die Erleichterung betrifft nicht staatliche Institutionen, die gegenüber der Zentralstaatsebene rechtlich verselbständigt sind.

Die Änderung in Satz 2 Nr. 2 hat klarstellenden und ergänzenden Charakter. Die Personenhandelsgesellschaft ist mit jedem persönlich haftenden Gesellschafter zu (jeweils) einer Kreditnehmereinheit zusammenzufassen. Die Einbeziehung der Partnerschaften und Partner erfolgt aufgrund des Partnerschaftsgesetzes.

Die übrigen Änderungen sind redaktionell bedingt oder Folgeänderungen.

c) *(Absätze 4 und 5; Kreditnehmerfiktion)*

Absatz 4 entspricht dem bisherigen § 13 Abs. 5; die Regelung gehört gesetzessystematisch zu § 19.

Absatz 5 entspricht im wesentlichen dem bisherigen § 21 Abs. 4; die Regelung gehört gesetzessystematisch zu § 19. Der Regelungsbereich wird auf die §§ 13 bis 14 erweitert, um eine sachgerechte Risikoerfassung zu gewährleisten.

---

1 Zum 6. KWG-Änderungsgesetz.

Amtliche Begründung[1]

Zur Überschrift

Es handelt sich um eine redaktionelle Änderung.

Zu Absatz 1

Die Änderung in Absatz 1 Satz 3 Nr. 13 fasst die bislang in § 19 Abs. 1 Satz 3 Nr. 13 und 14 getrennt bestehenden Regelungen für Kreditzusagen zusammen. Die neue Regelung macht deutlich, dass alle noch nicht in Anspruch genommenen Kreditzusagen, die für das Institut mit einem Adressenausfallrisiko verbunden sind, als Kredit im Sinne des § 19 Abs. 1 zu berücksichtigen sind. § 19 Abs. 1 Satz 3 Nr. 13 basiert auf Artikel 106 Abs. 1 Unterabsatz 1 in Verbindung mit Artikel 78 Abs. 1 und Anhang II der Bankenrichtlinie. Die Umsetzung berücksichtigt, dass die außerbilanziellen Geschäfte im Rahmen der Großkreditvorschriften keinen Risikokategorien zugeordnet werden.

Die Regelung setzt Artikel 106 Abs. 1 Unterabsatz 1 in Verbindung mit Artikel 78 Abs. 1 und Anhang II der Bankenrichtlinie um. Die Adressenausfallrisiken, die sich aus Kreditderivaten wie z. B. Credit Linked Notes, Total Return Swaps oder Credit Default Swaps ergeben, konnten zwar von den bislang bestehenden Kredittatbeständen des § 19 Abs. 1 erfasst werden, da der nationale Kreditbegriff weit gefasst ist. Der europäische Gesetzgeber hat jedoch den Katalog der außerbilanziellen Geschäfte nunmehr explizit erweitert. Diese Erweiterung findet sich in § 19 Abs. 1 Satz 3 Nr. 14 wieder.

Zu Absatz 1 a

Absatz 1 a enthält zur Klarstellung eine Legaldefinition des u. a. in Absatz 1 verwendeten Derivatebegriffs.

Amtliche Begründung[2]

Zu Nummer 19 (§ 19)

Zu Buchstabe a

§ 19 Absatz 1 bestimmt, welche Transaktionen eines Instituts bankaufsichtlich als Kredite zu behandeln sind. In Bezug auf Leasinggeschäfte war bislang die Behandlung von Leasinggegenständen und Forderungen im Zusammenhang mit Leasinggeschäften als Kredit durch die Bankenrichtlinie nicht ausdrücklich geregelt. Nunmehr ist durch die Einfügung von Textziffer 90 in Annex VI Teil 1 der Bankenrichtlinie durch Artikel 1 Nummer 2 Buchstabe e der Richtlinie 2009/83/EG eine ausdrückliche Regelung erfolgt. Diese Regelung betrifft zunächst nur die Mindesteigenmittelanforderungen und dort den Kreditrisikostandardansatz (KSA). Allerdings erlangt diese Regelung Bedeutung für das Großkreditregime über Artikel 106 Absatz 1 der Bankenrichtlinie, der den Kreditbegriff nicht eigenständig definiert, sondern festlegt, dass die nach den Regelungen zum KSA zu berücksichtigenden Adressenausfallrisikopositionen auch für das Großkreditregime zu berücksichtigen sind. Die bisherige Behandlung in § 19

---

[1] Zum Gesetz zur Umsetzung der neu gefassten Bankenrichtlinie und der neu gefassten Kapitaladäquanzrichtlinie vom 17. November 2006 (BGBl. I S. 2606).
[2] Zum Gesetz zur Umsetzung der geänderten Bankenrichtlinie und der geänderten Kapitaladäquanzrichtlinie vom 19. November 2010 (BGBl. I S. 1592); vgl. BT-Drucksache 17/1720 vom 17. Mai 2010.

Absatz 1 Satz 2 Nummer 9 KWG, wonach der Leasinggegenstand als Kredit in Gänze gegenüber dem Leasingnehmer zu betrachten war, konnte deshalb nicht mehr aufrecht erhalten werden. Stattdessen ist nach der Richtlinienvorgabe eine dem KSA entsprechende Regelung zu treffen, die für alle Arten von Leasinggeschäften gilt, insbesondere unabhängig davon, ob es sich um Finanzierungs- oder operatives Leasing handelt, und die zwischen den Mindestleasingzahlungen, zu denen der Leasingnehmer während des Laufzeit des Leasingvertrags verpflichtet ist oder verpflichtet werden kann, und dem Restwert des Leasinggegenstands bei Vertragsende unterscheidet. Mindestleasingzahlungen des Leasingnehmers sind Forderungen im Sinne des § 19 Absatz 1 Satz 2 Nummer 4 KWG. Die Regelung des Leasings im Rahmen eines eigenständigen Tatbestands war damit nicht mehr notwendig, so dass § 19 Absatz 1 Satz 2 Nummer 9 KWG gestrichen werden konnte. Die gesonderte Erwähnung der Leasingforderungen in Nummer 4 ist aus Gründen der Klarstellung jedoch notwendig, da die Einordnung von Ansprüchen gegenüber Leasingnehmern aus Leasingverträgen als Kredit nicht ohne weiteres auf der Hand liegt. Dagegen ist der Restwert des Leasinggegenstands nicht als Kredit, sondern als Sachanlage zu berücksichtigen. Dies gilt auch dann, wenn ein Dritter zugesagt hat, den Gegenstand bei Vertragsende zu kaufen, und das Institut das Recht hat, diese Zusage nach eigener Entscheidung in Anspruch zu nehmen oder darauf zu verzichten. Diese Besicherung führt nicht zu einer separaten Adressenausfallrisikoposition und muss deshalb auch dann nicht als Kredit für die Großkreditregeln berücksichtigt werden, wenn positive Abhängigkeiten zwischen dem Restwert des Leasinggegenstands und der Bonität des Dritten, der die Ankaufszusage abgibt, bestehen, obwohl diese zu einem Konzentrationsrisiko aus der Besicherung des Restwerts des Leasinggegenstands führen können. Dies gilt etwa in dem Fall, in dem die Ankaufszusage vom Hersteller des Leasinggegenstands abgegeben wird. Die Vorgaben der Bankenrichtlinie sehen jedoch nicht vor, dieses indirekte Konzentrationsrisiko mit Hilfe der Großkreditregeln zu erfassen. Stattdessen muss ein Institut ein solches etwaiges Konzentrationsrisiko wie alle anderen ebenfalls von den Mindesteigenmittelanforderungen und den Großkreditregeln nicht erfassten Risiken entsprechend den Anforderungen nach Artikel 22 und Anhang V, Artikel 123, 124 und Anhang XI der Bankenrichtlinie (umgesetzt in § 25a KWG) berücksichtigen. Die Einfügung einer neuen Nummer 15 in Satz 3 im Zusammenhang mit Leasinggeschäften ist notwendig, da nicht zwingend davon auszugehen ist, dass sämtliche Zahlungen, zu denen der Leasingnehmer verpflichtet ist oder verpflichtet werden kann, bereits in der Bilanz aktiviert sind. Daher ist Nummer 15 in Ergänzung zu Satz 2 Nummer 4 erforderlich. Dazu gehören auch einen Anreiz zur Ausübung bietende Kaufoptionen des Leasingnehmers für Leasinggegenstände.

Zu Buchstabe b

Während § 19 Absatz 1 den Kreditbegriff für bankaufsichtliche Zwecke definiert, bestimmt § 19 Absatz 2, wann mehrere natürliche oder juristische Personen aufgrund bestimmter rechtlicher oder tatsächlicher Abhängigkeiten einen Kreditnehmer darstellen. Mit den Änderungen in § 19 Absatz 2 wird die Regelung zur Bildung von Kreditnehmereinheiten enger an die Regelung in Artikel 4 Nummer 45 der Bankenrichtlinie angepasst, zudem werden die Regelungen der CEBS-Guidelines zur Bildung von Kreditnehmereinheiten berücksichtigt. Die Sätze 1 bis 4 dienen der Umsetzung von Artikel 4 Nummer 45 Buchstabe a der Bankenrichtlinie, der auf die Möglichkeit der Ausübung von beherrschendem Einfluss als Grundlage für die Kreditnehmerzusammenfassung abstellt. Die Ergänzung in Satz 2 Nummer 1 dient der Klarstellung des Konzernbegriffs des Kreditwesengesetzes, insbesondere hinsichtlich der Einbeziehung von Gleichordnungskonzernen. Artikel 4 Nummer 45 Buchstabe a der Bankenrichtlinie gibt den Instituten, die Möglichkeit nachzuweisen, dass trotz des Vorliegens eines Beherrschungsverhältnisses, keine Kreditnehmereinheit vorliegt. Das Fehlen der Möglichkeit zum Führen eines Gegenbeweises hat in der Verwaltungspraxis z.T.

Schwierigkeiten bereitet, um im Einzelfall zu angemessenen Lösungen zu kommen. Daher ist die Norm entsprechend zu ergänzen. Außerdem wird nun klargestellt, dass bei Vorliegen von mehreren Beherrschungsverhältnissen diese kumulativ anzuwenden sind, d.h. die Zusammenfassung nicht nur von jeweils zwei, sondern mehreren Kreditnehmern, zwischen denen Beherrschungsverhältnisse vorliegen. Allerdings ist die kumulative Anwendung auf Beherrschungsverhältnisse zu beschränken und nicht auf Risikoeinheiten nach Satz 6 auszudehnen.

Der Verzicht der Zusammenfassung von ausländischen Gebietskörperschaften mit den von ihnen beherrschten Unternehmen ist nach den Leitlinien von CEBS zu den Großkreditvorschriften restriktiv anzuwenden. Danach sollen nur noch solche Gebietskörperschaften von dem Verzicht der Zusammenfassung der von ihnen abhängigen Unternehmen profitieren, denen ein KSA-Risikogewicht von 0 Prozent zugewiesen wurde. Der Verweis auf Artikel 44 der Bankenrichtlinie bezog sich noch auf die alte Bankenrichtlinie 2000/12/EG und war daher anzupassen.

Die Regelung zu Strohmannkrediten kann entfallen, da es lediglich um die Darstellungsform für solche Kredite ging, jedoch nicht um die Frage der Zuordnung von Kreditnehmern zu Kreditnehmereinheiten.

Der neue Satz 6 setzt die Regelung des durch Artikel 1 Nummer 2 der Änderungsrichtlinie 2009/111/EG geänderten Artikels 4 Nummer 45 Buchstabe b der Bankenrichtlinie um. In der Beratung zur Änderungsrichtlinie wurde deutlich, dass die bisherige Verwaltungspraxis in Deutschland zu der Bildung von Risikoeinheiten aufgrund wirtschaftlicher Abhängigkeit, die auf der Regierungsbegründung zur 5. KWG-Novelle beruhte und die eine Zusammenfassung nur bei einer wechselseitigen Abhängigkeit vorsah, nicht mehr fortgeführt werden kann. Zukünftig reicht für die Zusammenfassung zweier Kreditnehmer aus, dass Abhängigkeiten zwischen zwei Kreditnehmern in dem Sinne bestehen, dass es wahrscheinlich erscheint, dass, wenn einer dieser Kreditnehmer in finanzielle Schwierigkeiten, insbesondere in Finanzierungs- oder Rückzahlungsschwierigkeiten gerät, auch der andere oder alle anderen auf Finanzierungs- oder Rückzahlungsschwierigkeiten stoßen. Die Neufassung berücksichtigt auch, dass bei der Bewertung der Abhängigkeit auch gemeinsame Abhängigkeiten auf der Refinanzierungsseite zu berücksichtigen sind. Die Bewertung dieser Abhängigkeiten führt das jeweilige Kreditinstitut zunächst nach eigenem Ermessen aus. Im Rahmen des § 13 Absatz 3 Satz 7 kann das Kreditinstitut mit Hilfe eines bei der Bundesanstalt eingereichten Antrages prüfen lassen, ob bei Bildung einer Kreditnehmereinheit einer Limitüberschreitung zugestimmt und von der Unterlegungspflicht befreit werden kann. Dieses Verfahren ist ein notwendiges Korrektiv zur Anpassung von § 19 Absatz 2 KWG an europäische Vorgaben. Damit wird einerseits sichergestellt, dass sowohl die Bundesanstalt als auch die Deutsche Bundesbank über die Bildung von Klumpenrisiken bei Kreditinstituten rechtzeitig informiert werden. Andererseits erhält das betroffene Kreditinstitut die Möglichkeit, über ein Antragsverfahren eine Befreiung von der Anrechnung zu erhalten. Damit kann das Kreditinstitut sich und seinen Kreditnehmer auf erforderliche Änderungen vorbereiten. Abhängigkeiten aus sektoralen oder regionalen Gründen sind in diesem Zusammenhang nicht zu berücksichtigen; Konzentrationsrisiken dieser Art sind im bankinternen Risikomanagement zu berücksichtigen. Die CEBS Leitlinien definieren sektorale bzw. geografische Konzentrationsrisiken als Risiken, welche alle Unternehmen des gleichen Wirtschaftszweigs bzw. der gleichen Region gemeinsam betreffen. Sie lassen sich als eine an einen externen Faktor gebundene Abhängigkeit (z.B. einen bestimmten Gütermarkt oder eine bestimmte Region) beschreiben, die sich auf alle in diesem Sektor bzw. in dieser Region tätigen Unternehmen gleichermaßen auswirkt. Dagegen stellt die wirtschaftliche Abhängigkeit ein idiosynkratisches Risiko dar, welches zu den sektoralen und geografischen Risiken hinzutritt. Dieses liegt nach den Leitlinien vor, wenn sich in einem bilateralen Verhältnis die finanziellen Schwierigkeiten eines Unternehmens durch dieses Verhältnis auf ein anderes Unternehmen übertragen, welches sonst nicht davon betroffen wäre. Die CEBS Leitlinien geben Hinweise, wann Kreditinstitute entsprechende Nachforschungen hinsichtlich des Bestehens von wirtschaftlichen Abhängigkeiten anzustellen haben, z.B. ein Unternehmen, das im Wesentlichen nur einen Abnehmer hat, Eigentümer eines Gebäudes und sein Hauptmieter. Was die Intensität dieser Nachforschungspflicht angeht, stellen die Leitlinien klar, dass ein Institut bei sämtlichen Engagements die Frage wirtschaftlicher Abhängigkeiten prüfen und erkannten Indizien nachgehen sollte. Eine besonders eingehende Prüfung möglicher Abhängigkeiten nebst Dokumentation dieser Prüfung wird für Kredite verlangt, die einen Betrag in Höhe von 2 Prozent des haftenden Eigenkapitals übersteigen. Da bei den Instituten insofern ein gewisser Beurteilungsspielraum besteht, kann diese Regelung nicht für die Millionenkreditmeldungen übernommen werden, die wegen der Rückmeldung der Verschuldungsdaten nur für eindeutige Sachverhalte, wie sie sich aus der Beherrschung ergeben, in Frage kommt und nicht für institutsindividuelle Kreditnehmereinheiten. Wegen der mit der Bildung von Risikoeinheiten bestehenden Beurteilungsspielräume ist keine kumulative Anwendung des Satzes 6 mit anderen Zusammenfassungstatbeständen vorzusehen.

Die Änderungen in den Sätzen 7 und 8 (= Satz 3 und 4 a.F.) sind nur redaktioneller Natur und dienen der besseren Verständlichkeit dieser Vorschriften.

Zu Buchstabe c

§ 19 Absatz 3 regelt die Frage der Kreditnehmerbestimmung bei Förderkrediten. Die Vorschrift sah bislang zwingend vor, dass bei Krediten, die Förderinstitute zu vorbestimmten Konditionen über Hausbanken an Endkreditnehmer leiten, statt der Hausbanken die einzelnen Endkreditnehmer als Kreditnehmer gelten, sofern dem Förderinstitut die Kreditforderung gegen den Endkreditnehmer zur Sicherheit abgetreten ist. Durch diese Fiktion wird ein möglicherweise großkreditrechtlich relevanter Interbankenkredit vermieden. Die Ausgestaltung des § 19 Absatz 3 als Wahlrecht erfolgt vor dem Hintergrund der Einfügung des § 20 Absatz 2 Nummer 8. Nach dieser neuen Vorschrift brauchen Förderinstitute Kredite an Kreditinstitute nicht auf die Großkreditobergrenzen anzurechnen, wenn die Kredite aus einem Förderauftrag herrühren, die über andere Kreditinstitute an die Begünstigten weitergereicht werden. Damit ist die Hausbank zwar Kreditnehmer, jedoch ist der Kredit nicht auf die Großkreditgrenze anzurechnen. Es bedarf der Fiktion nach § 19 Absatz 3 in diesen Fällen nicht mehr. Durch die Ausgestaltung des § 19 Absatz 3 als Wahlrecht entfällt für die Förderinstitute die mit hohem Aufwand verbundene Prüfung, ob das Darlehen eine Abtretungsregelung enthält. Eine gänzliche Streichung des § 19 Absatz 3 kommt nicht in Betracht, da dessen Anwendungsbereich über denjenigen des § 20 Absatz 2 Nummer 8 hinausgeht.

Amtliche Begründung[1]

Zu Nummer 36 (§ 19)

Zu Buchstabe b (Absatz 1 Satz 1)

Für den Bereich der Millionenkredite fehlen wie bisher europarechtliche Vorgaben. Der Regelungsgehalt soll im Wesentlichen wie bisher beibehalten werden. Dafür ist in

---

1 Zum Gesetz zur Umsetzung der Richtlinie 2013/36/EU über den Zugang zur Tätigkeit von Kreditinstituten und die Beaufsichtigung von Kreditinstituten und Wertpapierfirmen und zur Anpassung des Aufsichtsrechts an die Verordnung (EU) Nr. 575/2013 über Aufsichtsanforderungen an Kreditinstitute und Wertpapierfirmen (CRD IV-Umsetzungsgesetz) vom 28. August 2013 (BGBl. I S. 3395); vgl. BT-Drucksache 17/10974 vom 15. Oktober 2012 und

§ 19 Absatz 1 KWG auf einen geeigneten Kreditbegriff abzustellen, der sich am bisherigen § 19 Absatz 1 KWG orientiert.

Zu Buchstabe d

§ 19 Absatz 2 Satz 1 bis 3 KWG regeln zukünftig allein die Bildung von Kreditnehmereinheiten für den Millionenkredit. Die Änderungen, die im Vergleich zur bisherigen Fassung des § 19 Absatz 2 KWG vorgenommen werden, erfolgen mit Blick auf die Eigenheiten des Millionenkreditmeldewesens. Insbesondere für das Rückmeldesystem ist notwendig, dass institutsübergreifend einheitliche Kreditnehmereinheiten gebildet werden. Ein Bestandsschutz für bereits gemeldete Kreditnehmer und Kreditnehmereinheiten kann aus diesen Gründen nicht gewährt werden; die Bankenaufsicht wird allerdings für die Bestandsumstellung bei den am Millionenkreditmeldeverfahren beteiligten Unternehmen angemessene Übergangsfristen vorsehen. Die geänderten Vorgaben stellen keine Wertung für die Bildung von Kreditnehmereinheiten nach Artikel 4 Absatz 46 der Verordnung (EU) Nr. .../2012 für Großkreditzwecke dar.

Der Verweis auf § 290 Absatz 2 HGB dient der Rechtsklarheit. Die Nummern 1 bis 3 des § 290 Absatz 2 HGB betreffen konzernrechtliche Tatbestände, die bislang schon berücksichtigt wurden. Neu ist die Nummer 4 in § 290 Absatz 2 HGB, die unter bestimmten Voraussetzungen Zweckgesellschaften einbezieht. Hiermit wird kein eigener Prüfungs- bzw. Konsolidierungsauftrag für die Institute geschaffen. Der Tatbestand kommt vielmehr nur dann zum Tragen, wenn er von der Muttergesellschaft dergestalt berücksichtigt wurde, dass sie die Zweckgesellschaft in ihren Konsolidierungskreis einbezogen hat.

Auch die Regelung zum paritätischen Halten von Stimmrechts- und/oder Kapitalanteilen an einem Unternehmen dient dem Ziel einer einfachen, eindeutigen und transparenten Bestimmbarkeit der Zusammenfassung von Kreditnehmern für das Millionenkreditmeldeverfahren und trägt zu einem beschleunigten Bearbeitungsverfahren bei. Die bisherige verwaltungsrechtliche Praxis zur Zurechnung treuhänderisch gehaltener Beteiligungen sowohl zum Treuhänder als auch zum Treugeber wird durch die neue Regelung nicht berührt.

§ 19 Absatz 2 Satz 4 und 5 KWG regeln zukünftig die Bildung von Kreditnehmereinheiten für die Zwecke der §§ 15 und 18 Absatz 1 KWG. Die Regelungen entsprechen den Vorgaben des Artikels 4 Absatz 46 Buchstabe a und b der Verordnung (EU) Nr. .../2012. Da die Vorschriften der §§ 15 und 18 Absatz 1 KWG dem Kreditbegriff des § 21 KWG und damit einem anderen als dem für den Millionenkredit maßgeblichen Kreditbegriff unterliegen, ist eine Zweiteilung des für die Ermittlung des Kreditnehmers zugrunde liegenden Begriffs erforderlich gewesen. Durch die Übernahme der Regelungen für die Gruppe verbundener Kunden wird der Begriff des Kreditnehmers für die Zwecke der §§ 15 und 18 Absatz 1 KWG neu gefasst, um das Kreditrisiko der Kreditinstitute präziser analysieren zu können und transparenter zu machen.

Zu Buchstabe e (Absatz 3)

Mit dieser Regelung soll die Möglichkeit für Kreditnehmer im Sinne der §§ 15, 18 Absatz 1 KWG eröffnet werden, zu beweisen, dass eine Kreditnehmereinheit nicht besteht.

[Fortsetzung Fußnote 1]
BT-Drucksache 17/13524 – Beschlussempfehlung des Finanzausschusses (7. Ausschuss) – vom 15. Mai 2013.

Zu Buchstabe f (Absatz 4)

Dieser Absatz wird für die Zwecke des Millionenkreditmeldewesens sowie für die §§ 15 und 18 Absatz 1 KWG nicht mehr benötigt.

ANMERKUNG
1. Die Vorschrift wurde mehrfach geändert. Durch das 5. KWG-Änderungsgesetz vom 28. September 1994 wurde sie völlig neu gefasst. Anders als bisher regelt § 19 jetzt nur noch den Kreditbegriff im Sinne der §§ 13 bis 14, aber weiterhin (in Absatz 2) den Kreditnehmerbegriff für den gesamten Unterabschnitt (§§ 13 ff.), sogar für § 10. Der Kreditbegriff für die §§ 15 bis 18 ist jetzt eigens in § 21 geregelt. Entsprechend sind jetzt auch die Ausnahmetatbestände aufgeteilt, die bisher für den gesamten das Kreditgeschäft betreffenden Unterabschnitt (§§ 13 ff.) in § 20 geregelt waren. § 20 enthält die Ausnahmen von §§ 13 bis 14, § 21 Abs. 2 bis 4 die Ausnahmen von §§ 15 bis 18. Die Regierungsvorlage zum 5. KWG-Änderungsgesetz ging noch von der bisherigen Konstruktion aus (Kreditbegriff in § 19, Ausnahmen in § 20). Die Änderungen erfolgten im Parlament. Die vorstehende Amtliche Begründung zu dem Gesetzesentwurf ist daher nur mit den genannten Modifikationen zutreffend. Weitere Änderungen erfolgten durch das 6. KWG-Änderungsgesetz vom 22. Oktober 1997 (vgl. die vorstehende Amtliche Begründung). Absatz 6 wurde im Bundestag eingefügt. Durch das 4. Finanzmarktförderungsgesetz vom 21. Juni 2002 wurde in Absatz 1 Satz 3 die Nr. 15 angefügt. Der bisherige Absatz 6 wurde aufgehoben. Außerdem wurden einige redaktionelle Anpassungen vorgenommen.
2. § 19 Absatz 1 Nummer 4, 15 und Absatz 3 wurden geändert und Absatz 2 neu gefasst durch das Gesetz zur Umsetzung der geänderten Bankenrichtlinie und der geänderten Kapitaladäquanzrichtlinie vom 19. November 2010 (BGBl. I S. 1592); vgl. die vorstehende Amtliche Begründung.
3. § 19 Absatz 2 Satz 3 Nummer 2 wurde neu gefasst als redaktionelle Anpassung im Nachgang zum Inkrafttreten des Vertrags von Lissabon durch das Gesetz zur Umsetzung der Richtlinie 2010/78/EU des Europäischen Parlaments und des Rates vom 24. November 2010 im Hinblick auf die Errichtung des Europäischen Finanzaufsichtssystems vom 4. Dezember 2011 (BGBl. I S. 2427).
4. Die Überschrift des § 19 sowie die Absätze 1, 1a und 5 wurden redaktionell geändert durch das CRD IV-Umsetzungsgesetz vom 28. August 2013 (BGBl. I S. 3395). Zur Änderung des Absatzes 2 vgl. die hierzu abgedruckte Amtliche Begründung.

§ 20 Ausnahmen von den Verpflichtungen nach § 14

Als Kredite im Sinne des § 14 gelten nicht:
1. Kredite bei Wechselkursgeschäften, die im Rahmen des üblichen Abrechnungsverfahrens innerhalb von zwei Geschäftstagen ab Vorleistung abgewickelt werden,
2. Kredite bei Wertpapiergeschäften, die im Rahmen des üblichen Abrechnungsverfahrens innerhalb von fünf Geschäftstagen ab Vorleistung abgewickelt werden,
3. im Fall der Durchführung des Zahlungsverkehrs, einschließlich der Ausführung von Zahlungsdiensten, der Verrechnung und Abwicklung in jedweder Währung und des Korrespondenzbankgeschäfts, oder der Erbringung von Dienstleistungen für Kunden zur Verrechnung, Abwicklung und Verwahrung von Finanzinstrumenten, verspätete Zahlungseingänge bei Finanzierungen und andere Kredite im Kundengeschäft, die längstens bis zum folgenden Geschäftstag bestehen,
4. Geldsicherheiten, die im Kontext von Finanzmarktgeschäften für Kunden hinterlegt werden und deren vereinbarte Laufzeit oder Kündigungsfrist einen Geschäftstag nicht überschreitet,
5. Kredite, die im Fall der Durchführung des Zahlungsverkehrs, einschließlich der Ausführung von Zahlungsdiensten, der Verrechnung und Abwicklung in jedweder

Währung und des Korrespondenzbankgeschäfts, an Institute vergeben werden, die diese Dienste erbringen, sofern die Kredite bis zum Geschäftsschluss zurückzuzahlen sind,
6. abgeschriebene Kredite und
7. Verfügungen über gutgeschriebene Beträge aus dem Lastschrifteinzugsverfahren, die mit dem Vermerk »Eingang vorbehalten« versehen werden.

Amtliche Begründung[1]

Im Gegensatz zu der Regelung des § 20c, die Ausnahmen von den Verpflichtungen nach § 13 Abs. 3, § 13a Abs. 3 bis 5 und § 13b Abs. 1 nur auf Antrag vorsieht, sind die Ausnahmen des § 20 von Amts wegen zu berücksichtigen.

Die Regelungen in Absatz 1 Nr. 1 und 2 für Kredite im Rahmen von Wechselkurs- und Wertpapiergeschäften wurden an den Richtlinientext angeglichen und gegenüber der alten Fassung ergänzt. Die Vorschriften umfassen jetzt ausdrücklich nicht mehr das kreditnehmerbezogene Vorleistungsrisiko, das Bestandteil der kreditnehmerbezogenen Handelsbuch-Gesamtposition eines Handelsbuchinstituts ist und für das die Großkredit- und Millionenkreditverordnung (GroMiKV) eine spezielle Regelung normiert. In Artikel 106 Abs. 2 der Bankenrichtlinie findet sich die EU-rechtliche Grundlage für Absatz 1 Nr. 1 und 2. Die Ausnahme für das kreditnehmerbezogene Vorleistungsrisiko ergibt sich aus Artikel 29 Abs. 1 Buchstabe c in Verbindung mit Anhang II, § 3 Buchstabe a und § 4 der Kapitaladäquanzrichtlinie.

Die Ergänzung in Absatz 1 Nr. 3 ist redaktioneller Natur und basiert auf Artikel 106 Abs. 1 Unterabsatz 3 der Bankenrichtlinie.

Die Befreiung von der Anzeigepflicht für Großkredite in Absatz 2 ist EU-rechtlich durch Artikel 110 Abs. 2 Satz 1 der Bankenrichtlinie gedeckt. Absatz 2 Satz 1 Nr. 1 stellt eine Umsetzung des Artikels 113 Abs. 3 Unterabsatz 1 Buchstabe a bis d sowie des Artikels 115 Abs. 1 Unterabsatz 2 der Bankenrichtlinie dar. Zwar umfasst die Befreiung von den Anzeigepflichten nach Artikel 110 Abs. 2 Satz 1 der Bankenrichtlinie nicht Kredite an Regionalregierungen oder örtliche Gebietskörperschaften (Artikel 115 Abs. 1 Unterabsatz 2 der Bankenrichtlinie). Für diese Kredite bietet Artikel 110 Abs. 2 Satz 2 der Bankenrichtlinie lediglich die Möglichkeit, die Häufigkeit der Meldungen auf zweimal jährlich zu senken. In der Vergangenheit wurde die Befreiung von der Anzeigepflicht für Kredite an Regionalregierungen oder örtliche Gebietskörperschaften jedoch damit begründet, dass diese Kredite national keinen Risikounterschied zu Krediten an Zentralregierungen aufweisen. National ist es daher gerechtfertigt, diese Kredite ebenfalls von der Anzeigepflicht zu befreien. Um Kredite an Regionalregierungen oder örtliche Gebietskörperschaften anderer Staaten nicht unzulässig zu benachteiligen, werden diese ebenfalls von der Anzeigepflicht befreit, wenn Kredite an Regionalregierungen oder örtliche Gebietskörperschaften nach den Artikeln 78 bis 83 der Bankenrichtlinie ungesichert ein Risikogewicht von null vom Hundert erhalten würden. In jedem Fall werden Kredite an Regionalregierungen oder örtliche Gebietskörperschaften mit Sitz im Ausland unabhängig von ihrer Gewichtung von dem Millionenkreditmeldewesen nach § 14 erfasst.

Die Begriffe »multilaterale Entwicklungsbanken« und »internationale Organisationen« werden in § 1 Abs. 27 und 28 definiert. Eine Definition für »Einrichtungen des öffentlichen Bereichs« befindet sich in § 1 Abs. 30.

Kredite an die Kreditanstalt für Wiederaufbau Bankengruppe werden von Absatz 2 Satz 1 Nr. 1 Buchstabe c erfasst.

Absatz 2 Satz 1 Nr. 2 Buchstabe a setzt Artikel 113 Abs. 3 Unterabsatz 1 Buchstabe f der Bankenrichtlinie um. Waren bislang Wertpapiere der in Bezug genommenen

---

1 Zum Gesetz zur Umsetzung der neu gefassten Bankenrichtlinie und der neu gefassten Kapitaladäquanzrichtlinie vom 17. November 2006 (BGBl. I S. 2606).

Adressen als Sicherheit anerkannt, sind es nach dem eindeutigen Wortlaut der Bankenrichtlinie nunmehr ausschließlich Schuldverschreibungen.

Die Regelung in Absatz 2 Satz 1 Nr. 2 Buchstabe b basiert auf Artikel 113 Abs. 3 Unterabsatz 1 Buchstabe g und Unterabsatz 2 der Bankenrichtlinie. Der nationale Gesetzgeber hat von seinem Wahlrecht umfassend Gebrauch gemacht, sodass im Gegensatz zu den bisherigen Regelungen jetzt auch Bareinlagen bei einem Institut, das Mutter- oder Tochterunternehmen des kreditgewährenden Instituts ist, berücksichtigt werden. Die Ausschöpfung des Wahlrechts erfolgt nicht zuletzt deshalb, weil der europäische Gesetzgeber in Anhang VIII der Bankenrichtlinie, der Bestimmungen zu Kreditrisikominderungstechniken enthält, nähere Anforderungen für die Anerkennung von Bareinlagen bei Drittinstituten als Sicherungsinstrument geschaffen hat. Diese näheren Anforderungen werden national aufgrund der Ermächtigungsgrundlage in § 22 durch die GroMiKV umgesetzt. Barmittel, die das Institut bei Emission einer Credit Linked Note erhält, wurden bislang schon im Wege der Auslegung unter Absatz 2 Satz 1 Nr. 2 Buchstabe b gefasst. Der europäische Gesetzgeber hat die Entwicklungen der letzten Jahre im Bereich der Kreditderivate nunmehr auch im Rahmen der Bankenrichtlinie und der Kapitaladäquanzrichtlinie nachvollzogen.

Absatz 2 Satz 1 Nr. 2 Buchstabe c setzt Artikel 113 Abs. 3 Unterabsatz 1 Buchstabe h der Bankenrichtlinie um.

Mit Absatz 2 Satz 1 Nr. 3 ist ein neuer Befreiungstatbestand in das Gesetz aufgenommen worden, der auf Artikel 30 Abs. 2 Unterabsatz 2 in Verbindung mit Anhang II § 8 der Kapitaladäquanzrichtlinie basiert. Bei Pensions- und Leihgeschäften des Handelsbuchs werden Finanzinstrumente und Waren, die selbst geeignet sind, in das Handelsbuch aufgenommen zu werden, als geeignete Sicherheiten anerkannt. Die Privilegierung wurde europaweit geschaffen, um diese Transaktionen für den Markt interessant zu machen.

Gemäß Absatz 2 Satz 3 gilt für Institute, soweit ihnen nach den Vorschriften der GroMiKV eines der Verfahren zur Berücksichtigung der Besicherungswirkungen von Finanzsicherheiten bei der Ermittlung der Kreditbeträge nach den §§ 13 bis 13b gestattet ist, nicht die Befreiung von der Anzeigepflicht nach Absatz 2 Satz 1 und 2. Die EU-rechtliche Grundlage für Absatz 2 Satz 3 befindet sich in Artikel 110 Abs. 2 Unterabsatz 1 Satz 1 der Bankenrichtlinie. Von der Befreiung von der Anzeigepflicht sind danach Institute ausgeschlossen, die entweder einen Kreditbetrag ermitteln, der die Summe der vollständig angepassten Forderungswerte (E*) nicht unterschreitet oder die den fortgeschrittenen IRB-Ansatz nutzen und die Wirkungen, die Finanzsicherheiten unabhängig von anderen Aspekten als die Schätzung der Verlustquote bei Ausfall auf ihre Kreditrisiken haben, zuverlässig schätzen können. In diesen Fällen besteht ein Informationsbedarf für die Aufsicht, der die abweichende Ermittlung der Kreditbeträge betrifft.

Absatz 3 Satz 2 Nr. 1 setzt Artikel 113 Abs. 3 Unterabsatz 1 Buchstabe e der Bankenrichtlinie um.

In Absatz 3 Satz 2 Nr. 2 erster Halbsatz und Nr. 4 schöpft der nationale Gesetzgeber das Wahlrecht des Artikels 113 Abs. 3 Unterabsatz 1 Buchstabe i der Bankenrichtlinie und des Artikels 30 Abs. 4 der Kapitaladäquanzrichtlinie aus. Der Hinweis in Absatz 3 Satz 2 Nr. 2 erster Halbsatz, dass die Kredite keine Eigenmittel darstellen dürfen, dient der Klarstellung. Daneben werden die Anwendungsbereiche des Absatzes 3 Satz 2 Nr. 2 erster Halbsatz und Nr. 4 im Rahmen des EU-rechtlich Zulässigen erweitert. Privilegierte Adressaten des Artikels 113 Abs. 3 Unterabsatz 1 Buchstabe i der Bankenrichtlinie sind Institute. Artikel 4 Abs. 6 der Bankenrichtlinie verweist für den Institutsbegriff auf die Kapitaladäquanzrichtlinie. Dort ist in Artikel 3 Abs. 1 Buchstabe c der Kapitaladäquanzrichtlinie normiert, dass unter den Begriff der »Institute« sowohl Kreditinstitute als auch Wertpapierfirmen fallen. Kreditinstitute sind solche im Sinne des Artikels 4 Abs. 1 der Bankenrichtlinie (vgl. Artikel 3 Abs. 1 Buchstabe a der Kapitaladäquanzrichtlinie), und Wertpapierfirmen sind gemäß Artikel 3 Abs. 1 Buchstabe b der Kapitaladäquanzrichtlinie Unternehmen, wie sie in Artikel 4 Abs. 1 Nr. 1 der

Richtlinie 2004/39/EG des Europäischen Parlaments und des Rates vom 21. April 2004 über Märkte für Finanzinstrumente vom 30. April 2004 (MiFID) definiert sind. Die Ausnahmen des Artikels 3 Abs. 1 Buchstabe b der Kapitaladäquanzrichtlinie wurden berücksichtigt. Artikel 30 Abs. 4 der Kapitaladäquanzrichtlinie ermöglicht es, Kredite an anerkannte Wertpapierhandelsunternehmen aus Drittstaaten an zentrale Kontrahenten und an Wertpapier- und Terminbörsen wie Kredite an Institute zu behandeln. Von diesem Wahlrecht hat der nationale Gesetzgeber Gebrauch gemacht. Der Begriff des »anerkannten Wertpapierhandelsunternehmens aus Drittstaaten« ist in § 1 Abs. 29, und der Begriff des »zentralen Kontrahenten« ist in § 1 Abs. 31 und der Begriff der »Wertpapier- und Terminbörse« ist in § 1 Abs. 3 e definiert.

Absatz 3 Satz 2 Nr. 2 zweiter Halbsatz hat seine EU-rechtliche Grundlage in Artikel 113 Abs. 3 Unterabsatz 1 Buchstabe n der Bankenrichtlinie.

Die Änderung in Absatz 3 Satz 2 Nr. 3 und die Einfügung des § 20a basieren auf Artikel 113 Abs. 3 Unterabsatz 1 Buchstabe l in Verbindung mit Anhang VI Teil 1 §§ 65 bis 67 sowie Teil 3 §§ 63 bis 66 der Bankenrichtlinie. Forderungen nach § 4 Abs. 3 des Pfandbriefgesetzes werden nur von der Anrechnung befreit, wenn die Voraussetzungen des § 19 Abs. 1 Nr. 4 des Pfandbriefgesetzes erfüllt sind.

Die neue Nummer 5 in Absatz 3 Satz 2 berücksichtigt, dass Positionen aus Vorleistungsrisiken, die länger als fünf Tage andauern, hälftig vom Kern- und Ergänzungskapital abgezogen werden. Um eine Doppelberücksichtigung bei der Ermittlung der Großkreditauslastung zu verhindern, sind sie bei der Berechnung der Auslastung der Großkreditobergrenze nicht zu berücksichtigen.

Absatz 4 enthält eine redaktionelle Folgeänderung aufgrund der Novellierung des § 19 Abs. 1 Satz 3 Nr. 14.

Absatz 5 regelt weiterhin Befreiungen von den Beschlussfassungspflichten nach § 13 Abs. 2 und 4 sowie § 13a Abs. 2 und 6.

Da das Millionenkreditmeldewesen nicht auf europäischen Richtlinien basiert, sind die Änderungen in Absatz 6 lediglich national bedingt. Es werden Kredite aus dem Anwendungsbereich des § 14 ausgenommen, die für die Verschuldensermittlung eines Kreditnehmers von keiner bzw. nur geringer Bedeutung sind.

Amtliche Begründung[1]

Zu Nummer 20 (§ 20)

Zu Buchstabe a

Mit den Nummern 3 und 4 wird Artikel 1 Nummer 19 Buchstabe a der Richtlinie 2009/111/EG, mit der Artikel 106 Absatz 2 Buchstabe c und d der Bankenrichtlinie neu gefasst wird, umgesetzt. Nachdem Kredite aus dem Interbankengeschäft nunmehr auf die Großkreditgrenzen anzurechnen sind, ist sicherzustellen, dass die Effizienz der Abwicklung des Zahlungsverkehrs und des Wertpapiergeschäfts nicht durch die Großkreditvorschriften beeinträchtigt wird. Zu diesem Zweck sind bestimmte Transaktionen im Rahmen der Abwicklung des Zahlungsverkehrs und der Wertpapierabwicklung, die zu Forderungen führen, die nicht länger als bis zum Ende des nächsten Geschäftstages dauern, von der Anwendung der Großkreditvorschriften auszunehmen. Da mit Artikel 2 Nummer 3 der Richtlinie 2009/111/EG auch Artikel 30 Absatz 4 der Kapitaladäquanzrichtlinie neu gefasst wird, ist diese Regelung auch auf anerkannte Wertpapierunternehmen aus einem Drittstaat sowie anerkannte Clearingstellen und Börsen auszudehnen. Die Regelung zur Freistellung von Innertageskrediten aus dem

---

1 Zum Gesetz zur Umsetzung der geänderten Bankenrichtlinie und der geänderten Kapitaladäquanzrichtlinie vom 19. November 2010 (BGBl. I S. 1592); vgl. BT-Drucksache 17/1720 vom 17. Mai 2010.

Korrespondenzbankgeschäft stellt im Umkehrschluss klar, dass die Großkreditvorschriften nicht nur zum Schluss eines Geschäftstages, sondern auch untertägig, also jederzeit einzuhalten sind. Die Änderungen zu den Nummern 5 und 6 sind redaktionelle Anpassungen.

Zu den Buchstaben b und c

§ 20 Absatz 2 stellte bestimmte Kredite von der Großkreditüberwachung frei, § 20 Absatz 3 von der Anrechnung auf die Großkreditobergrenzen. Mit Artikel 1 Nummer 21 der Richtlinie 2009/111/EG wird Artikel 110 Absatz 1 der Bankenrichtlinie neu gefasst. Danach sind nunmehr alle Kredite anzuzeigen, auch die Kredite, die von der Anwendung der Großkreditvorschriften nach Artikel 111 der Bankenrichtlinie ausgenommen sind. Aufgrund nunmehr übereinstimmender Rechtsfolgen (Verzicht auf die Anrechnung auf die Großkreditobergrenze) ergibt die bisherige Aufteilung in zwei Absätze keinen Sinn mehr, so dass die bisherigen Regelungen des Absatzes 3 in Absatz 2 überführt worden sind. Inhaltlich übernimmt die Regelung die Bestimmungen des Artikels 113 Absatz 3 der Bankenrichtlinie, der bestimmte Forderungen von der Anrechnung auf die Großkreditgrenzen freistellt. Die Streichung von Nummer 3 ist eine redaktionelle Folgeänderung aufgrund des neuen Verweises des § 30 Nummer 5 Groß- und Millionenkreditverordnung auf die Handelsbuchsicherheiten des § 157 Satz 1 SolvV.

Zu Buchstabe d

Die Änderungen sind rein redaktioneller Natur und vollziehen den Wegfall der Großkreditgesamtobergrenze in den §§ 13, 13a nach.

Zu Buchstabe e

Die Änderungen sind redaktioneller Natur und vollziehen für die Freistellung von der Beschlussfassungspflicht der Geschäftsleiter die Zusammenführung von den Absätzen 2 und 3 nach.

Amtliche Begründung[1]

Zu Nummer 37 (§ 20)

§ 20 KWG ist aufgrund der entsprechenden Regelungen in der Verordnung (EU) Nr. …/2012 für die Großkredite aufzuheben. Für die europarechtlich nicht geregelten Millionenkredite sind aber ausgehend vom bisherigen § 20 Absatz 1 und 6 KWG die wesentlichen Regelungen fortzuführen, wobei Adressenprivilegierungen, insbesondere für Gebietskörperschaften nicht fortgeführt werden. Die Ausnahmetatbestände nach dem bisherigen § 20 Absatz 1 KWG werden in § 20 Nummer 1 bis 6 KWG überführt, da Absatz 1 gestrichen wird. Im Vorgriff auf die beabsichtigte Ausweitung des Kreditbegriffs und die Einführung neuer Meldeformate zum 1. Januar 2015 werden jetzt schon weitere Ausnahmetatbestände aus der Ausnahmeregelung gestrichen. Die Über-

---

1 Zum Gesetz zur Umsetzung der Richtlinie 2013/36/EU über den Zugang zur Tätigkeit von Kreditinstituten und die Beaufsichtigung von Kreditinstituten und Wertpapierfirmen und zur Anpassung des Aufsichtsrechts an die Verordnung (EU) Nr. 575/2013 über Aufsichtsanforderungen an Kreditinstitute und Wertpapierfirmen (CRD IV-Umsetzungsgesetz) vom 28. August 2013 (BGBl. I S. 3395); vgl. BT-Drucksache 17/10974 vom 15. Oktober 2012 und BT-Drucksache 17/13524 – Beschlussempfehlung des Finanzausschusses (7. Ausschuss) – vom 15. Mai 2013.

gangsregelung in § 64 o KWG sieht aber deren Beibehaltung bis zum 31. Dezember 2014 vor.

ANMERKUNG
1. Die Vorschrift wurde wiederholt geändert. Eine völlige Neuformulierung erfolgte durch das 5. KWG-Änderungsgesetz vom 28. September 1994. Die Motive des Gesetzgebers ergeben sich aus der Amtlichen Begründung, die bei § 19 abgedruckt ist. Einige mehr redaktionelle Änderungen erfolgten durch das 6. KWG-Änderungsgesetz vom 22. Oktober 1997 sowie durch das 3. Finanzmarktförderungsgesetz vom 24. März 1998 (BGBl. I S. 529). Durch das 4. Finanzmarktförderungsgesetz vom 21. Juni 2002 wurden in Absatz 3 Satz 2 die bisherigen Nummern 4 und 5 durch die neu gefasste Nr. 4 ersetzt; in Absatz 6 wurde die Nr. 2 Buchstabe d aufgehoben. Ferner wurden einige redaktionelle Anpassungen vorgenommen.
2. § 20 Absatz 1 Nummer 3 wurde neu gefasst, Nummer 3a bis 5 neu eingefügt, Absatz 2 Satz 1 geändert, Nummer 3 aufgehoben, Nummer 4 bis 8 neu eingefügt, Absatz 3 aufgehoben und Absatz 4 und 5 unterliegen redaktionellen Folgeänderungen durch das Gesetz zur Umsetzung der geänderten Bankenrichtlinie und der geänderten Kapitaladäquanzrichtlinie vom 19. November 2010 (BGBl. I S. 1592). Die Motive des Gesetzgebers ergeben sich aus der im Vorfeld abgedruckten Amtlichen Begründung.
3. Es handelt sich um redaktionelle Folgeänderungen durch das Gesetz zur Umsetzung der Zweiten E-Geld-Richtlinie vom 1. März 2011 (BGBl. I S. 288), da E-Geld-Institute als Institutstypus aus diesem Gesetz herausgenommen und dem Zahlungsdiensteaufsichtsgesetz unterstellt werden. Dies macht die Streichungen erforderlich.
4. § 20 wurde komplett neu gefasst durch das CRD IV-Umsetzungsgesetz vom 28. August 2013 (BGBl. I S. 3395); zu den Gründen siehe die hierzu abgedruckte Amtliche Begründung.

§ 20 a *(weggefallen)*

§ 20 b *(weggefallen)*

§ 20 c *(weggefallen)*

ANMERKUNG Die Vorschriften der §§ 20a bis 20c wurden aufgehoben durch das CRD IV-Umsetzungsgesetz vom 28. August 2013 (BGBl. I S. 3395), weil sich entsprechende Regelungen nunmehr in der Verordnung (EU) Nr. 575/2013 befinden. Der Wegfall von § 20a KWG ist für die Absätze 1 bis 3 erforderlich, weil die Vorgaben zur Berücksichtigungsfähigkeit von gedeckten Schuldverschreibungen und für die Risikogewichtung solcher Schuldverschreibungen nunmehr in Artikel 124 der Verordnung (EU) Nr. 575/2013 getroffen werden; für die Absätze 4 bis 8, weil die Vorgaben für die Berücksichtigungsfähigkeit von Grundpfandrechten als Sicherheiten nunmehr in Artikel 203 der Verordnung (EU) Nr. 575/2013 getroffen werden.

§ 21 Begriff des Kredits für die §§ 15 bis 18 Absatz 1

(1) Kredite im Sinne der §§ 15 bis 18 Absatz 1 sind
1. Gelddarlehen aller Art, entgeltlich erworbene Geldforderungen, Akzeptkredite sowie Forderungen aus Namensschuldverschreibungen mit Ausnahme der auf den Namen lautenden Pfandbriefe und Kommunalschuldverschreibungen;
2. die Diskontierung von Wechseln und Schecks;

3. Geldforderungen aus sonstigen Handelsgeschäften eines Kreditinstituts, ausgenommen die Forderungen aus Warengeschäften der Kreditgenossenschaften, sofern diese nicht über die handelsübliche Frist hinaus gestundet werden;
4. Bürgschaften, Garantien und sonstige Gewährleistungen eines Instituts sowie die Haftung eines Instituts aus der Bestellung von Sicherheiten für fremde Verbindlichkeiten;
5. die Verpflichtung, für die Erfüllung entgeltlich übertragener Geldforderungen einzustehen oder sie auf Verlangen des Erwerbers zurückzuerwerben;
6. der Besitz eines Instituts an Aktien oder Geschäftsanteilen eines anderen Unternehmens, der mindestens ein Viertel des Kapitals (Nennkapital, Summe der Kapitalanteile) des Beteiligungsunternehmens erreicht, ohne daß es auf die Dauer des Besitzes ankommt;
7. Gegenstände, über die ein Institut als Leasinggeber Leasingverträge abgeschlossen hat, abzüglich bis zum Buchwert des ihm zugehörigen Leasinggegenstandes solcher Posten, die wegen der Erfüllung oder der Veräußerung von Forderungen aus diesen Leasingverträgen gebildet werden.

Zugunsten des Instituts bestehende Sicherheiten sowie Guthaben des Kreditnehmers bei dem Institut bleiben außer Betracht.

(2) Als Kredite im Sinne der §§ 15 bis 18 Absatz 1 gelten nicht
1. Kredite an den Bund, ein rechtlich unselbständiges Sondervermögen des Bundes oder eines Landes, ein Land, eine Gemeinde oder einen Gemeindeverband;
2. ungesicherte Forderungen an andere Institute aus bei diesen unterhaltenen, nur der Geldanlage dienenden Guthaben, die spätestens in drei Monaten fällig sind; Forderungen eingetragener Genossenschaften an ihre Zentralbanken, von Sparkassen an ihre Girozentralen sowie von Zentralbanken und Girozentralen an ihre Zentralkreditinstitute können später fällig gestellt sein;
3. von anderen Instituten angekaufte Wechsel, die von einem Institut angenommen, indossiert oder als eigene Wechsel ausgestellt sind, eine Laufzeit von höchstens drei Monaten haben und am Geldmarkt üblicherweise gehandelt werden;
4. abgeschriebene Kredite.

(3) § 15 Abs. 1 Satz 1 Nr. 6 bis 11 und § 18 Absatz 1 gelten nicht für
1. Kredite, soweit sie den Erfordernissen des § 14 und des § 16 Abs. 1 und 2 des Pfandbriefgesetzes entsprechen (Realkredite);
2. Kredite mit Laufzeiten von höchstens 15 Jahren gegen Bestellung von Schiffshypotheken, soweit sie den Erfordernissen des § 22 Abs. 1, 2 Satz 1 und Abs. 5 Satz 3, des § 23 Abs. 1 und 4 sowie des § 24 Abs. 2 in Verbindung mit Abs. 3 des Pfandbriefgesetzes entsprechen;
3. Kredite an eine inländische juristische Person des öffentlichen Rechts, die nicht in Absatz 2 Nr. 1 genannt ist, die Europäische Union, die Europäische Atomgemeinschaft oder die Europäische Investitionsbank;
4. Kredite, soweit sie vom Bund, einem Sondervermögen des Bundes, einem Land, einer Gemeinde oder einem Gemeindeverband verbürgt oder in anderer Weise gesichert sind (öffentlich verbürgte Kredite).

(4) Als Kredite im Sinne des § 18 Absatz 1 gelten nicht
1. Kredite auf Grund des entgeltlichen Erwerbs einer Forderung aus nicht bankmäßigen Handelsgeschäften, wenn
   a) Forderungen aus nicht bankmäßigen Handelsgeschäften gegen den jeweiligen Schuldner laufend erworben werden,
   b) der Veräußerer der Forderung nicht für deren Erfüllung einzustehen hat und
   c) die Forderung innerhalb von drei Monaten, vom Tage des Ankaufs an gerechnet, fällig ist;

2. Kredite, soweit sie gedeckt sind durch Sicherheiten in Form von
   a) Bareinlagen bei dem kreditgewährenden Institut oder bei einem Drittinstitut, das Mutter- oder Tochterunternehmen des kreditgewährenden Instituts ist, oder Barmitteln, die das Institut im Rahmen der Emission einer Credit Linked Note erhält, oder
   b) Einlagenzertifikaten oder ähnlichen Papieren, die von dem kreditgewährenden Institut oder einem Drittinstitut, das Mutter- oder Tochterunternehmen des kreditgewährenden Instituts ist, ausgegeben wurden und bei diesen hinterlegt sind und die näheren Bestimmungen der Artikel 192 bis 241 der Verordnung (EU) Nr. 575/2013 zur Kreditrisikominderung erfüllt werden.

ANMERKUNG
1. Die Vorschrift wurde durch das 5. KWG-Änderungsgesetz vom 28. September 1994 eingefügt. Auf die bei § 19 abgedruckte Amtliche Begründung wird verwiesen. Durch das 6. KWG-Änderungsgesetz vom 22. Oktober 1997 erfolgten einige Änderungen mit vorwiegend redaktionellem Charakter. Durch das 4. Finanzmarktförderungsgesetz vom 21. Juni 2002 wurden in Absatz 3 die Nummern 1 und 4 sowie Absatz 4 neu gefasst.
2. Durch das Gesetz zur Fortentwicklung des Pfandbriefrechts vom 20. März 2009 (BGBl. I S. 607) wurde in § 21 Absatz 3 Nummer 1 der § 14 Absatz 1 durch § 14 ersetzt als Folgeänderung zum geänderten § 14 im Pfandbriefgesetz.
3. In § 21 Absatz 3 Nummer 3 werden die Wörter »die Europäischen Gemeinschaften« durch die Wörter »die Europäische Union, die Europäische Atomgemeinschaft« ersetzt durch das Gesetz zur Umsetzung der Richtlinie 2010/78/EU des Europäischen Parlaments und des Rates vom 24. November 2010 im Hinblick auf die Errichtung des Europäischen Finanzaufsichtssystems vom 4. Dezember 2011 (BGBl. I S. 2427).
4. Die Überschrift des § 21 wurde geändert wegen der inhaltlichen Änderung der Absätze 1 bis 4 sowie der redaktionellen Anpassung des Absatzes 5 durch das CRD IV-Umsetzungsgesetz vom 28. August 2013 (BGBl. I S. 3395). Es handelt sich in den Absätzen 1 bis 4 um eine Anpassung, die sich durch die Änderung von § 18 Absatz 2 aufgrund des Gesetzes zur Umsetzung der Verbraucherkreditrichtlinie, des zivilrechtlichen Teils der Zahlungsdiensterichtlinie sowie zur Neuordnung der Vorschriften über das Widerrufs- und Rückgaberecht ergibt. Der bisherige Wortlaut des § 18 KWG ist jetzt dessen Absatz 1. § 18 Absatz 2 KWG gilt dagegen für Verbraucherdarlehensverträge und entgeltliche Finanzierungshilfen. Diese (Kredit-)Begriffe sind in §§ 491 und 506 BGB geregelt, sodass der Kreditbegriff, den § 21 KWG regelt, nur noch der des § 18 Absatz 1 KWG ist.

§ 22 Verordnungsermächtigung für Millionenkredite

Das Bundesministerium der Finanzen wird ermächtigt, durch Rechtsverordnung, die nicht der Zustimmung des Bundesrates bedarf, im Benehmen mit der Deutschen Bundesbank für Millionenkredite nähere Bestimmungen zu erlassen über
1. die Ermittlung der Kreditbeträge und Kreditnehmer,
2. die Ermittlung der Kreditäquivalenzbeträge von Derivaten sowie die Ermittlung von Pensions- und Leihgeschäften und von anderen mit diesen vergleichbaren Geschäften sowie der für diese Geschäfte übernommenen Gewährleistungen,
3. die Zurechnung von Krediten zu Kreditnehmern,
4. die Anzeigeinhalte, Anzeigefristen und den Beobachtungszeitraum nach § 14 Absatz 1 Satz 1,
5. weitere Angaben in der Benachrichtigung nach § 14 Absatz 2 Satz 2, soweit dies auf Grund von Informationen, die die Deutsche Bundesbank von ausländischen Evidenzzentralen erhalten hat, erforderlich ist,
6. Einzelheiten zu den Angaben in der Benachrichtigung nach § 14 Absatz 2 Satz 2, insbesondere zu den Voraussetzungen und den Inhalten der Rückmeldungen der

Informationen über prognostizierte Ausfallwahrscheinlichkeiten, sowie die Aufgliederung dieser Benachrichtigung nach § 14 Absatz 2 Satz 3 und

7. Einzelheiten des Verfahrens der elektronischen Datenübertragung nach § 14 Absatz 2 Satz 6.

Das Bundesministerium der Finanzen kann die Ermächtigung durch Rechtsverordnung auf die Bundesanstalt mit der Maßgabe übertragen, dass die Rechtsverordnung im Einvernehmen mit der Deutschen Bundesbank ergeht. Vor Erlass der Rechtsverordnung sind die Spitzenverbände der Institute anzuhören.

Amtliche Begründung[1]

Die nach § 22 zu erlassende Rechtsverordnung soll insbesondere nach Maßgabe der Großkreditrichtlinie das Anzeigeverfahren für Großkredite regeln und die Risikogewichte für Kredite festlegen, die bei der Berechnung der Obergrenzen für Großkredite nur teilweise zu berücksichtigen sind. Soweit nach Maßgabe der Großkreditrichtlinie insgesamt Freistellungen von der Anzeigepflicht oder von der Anrechnung bestimmter Kredite auf die Obergrenzen für den einzelnen oder die Gesamtheit der Großkredite möglich sind, die im KWG nicht enthalten sind, kann dies im Rahmen der Rechtsverordnung erfolgen. Im Rahmen der Rechtsverordnung sollen auch die Methoden zur Berechnung der Höhe des Kreditäquivalenzbetrages bei außerbilanziellen Geschäften, die im Zusammenhang mit Zinssätzen, ausländischen Währungen und sonstigen Preisen stehen, nach Maßgabe der Solvabilitätsrichtlinie festgelegt werden.

Die Rechtsverordnung ist vom Bundesministerium der Finanzen im Benehmen mit der Deutschen Bundesbank zu erlassen. Die Verordnungsermächtigung kann auf das Bundesaufsichtsamt übertragen werden; in diesem Fall ist wegen der Auswirkungen der Verordnung auf Arbeitsordnung und Arbeitsanfall bei der Deutschen Bundesbank ihr Einvernehmen erforderlich.

Die Belange der Kreditwirtschaft werden dadurch gewahrt, daß ihre Spitzenverbände vor Erlaß der Rechtsverordnung angehört werden müssen.

Amtliche Begründung[2]

Die bisherige Verordnungsermächtigung wird präzisiert und erweitert, um eine vollständige Umsetzung der Großkredit- und der Kapitaladäquanzrichtlinie zu gewährleisten und dem Verordnungsgeber die Möglichkeit einzuräumen, innerhalb der Vorgaben der Richtlinien flexible Lösungen zu finden. Eine Ermächtigung zur Regelung von Art, Umfang und Zeitpunkt der vorgeschriebenen Anzeigen findet sich bereits in § 24 Abs. 4.

Amtliche Begründung[3]

Die Rechtsverordnungsermächtigung ist redaktionell überarbeitet und wird entsprechend den Regelungen, die aufgrund der Umsetzung der Bankenrichtlinie und der Kapitaladäquanzrichtlinie neu in die GroMiKV aufgenommen werden, ergänzt. Sie wird darüber hinaus um den Begriff »Datenformate« erweitert. Damit soll dem Verordnungsgeber die Möglichkeit eingeräumt werden, im Hinblick auf ein einheitliches

---

1 Zum 5. KWG-Änderungsgesetz.
2 Zum 6. KWG-Änderungsgesetz.
3 Zum Gesetz zur Umsetzung der neu gefassten Bankenrichtlinie und der neu gefassten Kapitaladäquanzrichtlinie vom 17. November 2006 (BGBl. I S. 2606).

(elektronisches) Meldewesen den Instituten die Nutzung eines verbindlichen Datenformats für die Meldungen gegenüber der Aufsicht vorgeben zu können.

In Satz 1 wird die Ermächtigung erteilt, nähere Regelungen zur Abgrenzung zwischen Handelsbuch- und Nichthandelsbuchinstituten zu erlassen. Insoweit wird die Möglichkeit eingeräumt, in Ergänzung zu den Bestimmungen des § 2 Abs. 11 Satz 2 und 3 detailliertere Regelungen zur Bestimmung der Gesamtsumme der bilanz- und außerbilanzmäßigen Geschäfte sowie zur Bestimmung des Anteils des Handelsbuchs im Rahmen der GroMiKV zu schaffen. Von dieser Ermächtigung ist in der aktuellen Fassung der GroMiKV Gebrauch gemacht worden. Da die hierzu derzeit in der GroMiKV formulierten Regelungen zumindest bis zum Erlass einer Handelsbuchverordnung in der GroMiKV verbleiben sollen und müssen, muss auch die Ermächtigungsgrundlage für den Erlass und die Ausgestaltung der GroMiKV weiterhin eine entsprechende Ermächtigung zum Erlass dieser Regelungen enthalten. Erst mit einer etwaigen Aufnahme dieser Regelungen in eine zukünftig zu erlassende Handelsbuchverordnung kann die in § 22 für die GroMiKV vorgesehene Ermächtigung zum Erlass näherer Regelungen zur Abgrenzung zwischen Handelsbuch- und Nichthandelsbuchinstituten entfallen. Damit jedoch diese Regelungen gegebenenfalls Eingang in eine zukünftig zu erlassende Handelsbuchverordnung finden können, muss ebenso die Ermächtigungsgrundlage für den Erlass einer solchen Handelsbuchverordnung über eine Ermächtigung zum Erlass näherer Regelungen zur Abgrenzung zwischen Handelsbuch- und Nichthandelsbuchinstituten verfügen. Folglich war auch in die in § 1a Abs. 9 normierte Ermächtigungsgrundlage zum Erlass einer Rechtsverordnung zum Handelsbuch eine entsprechende Ermächtigung aufzunehmen.

In Satz 1 Nr. 2 wurden die Begriffe der »Wertpapierpensions- und Wertpapierdarlehensgeschäfte« durch den allgemeinen Begriff der »Pensions- und Leihgeschäfte« ersetzt. Wie sich z. B. aus Anhang II § 3 Buchstabe c der Kapitaladäquanzrichtlinie ergibt, können sich diese Geschäfte neben Wertpapieren auch auf Waren beziehen.

Satz 1 Nr. 3 und 6 wurden aufgrund der Neuregelungen in der GroMiKV zur Umsetzung der Kreditrisikominderungsbestimmungen nach Artikel 112 Abs. 2 und Artikel 114 in Verbindung mit den Artikeln 90 bis 93 und Anhang VIII der Bankenrichtlinie aufgenommen.

Satz 1 Nr. 3 eröffnet eine Regelung in der GroMiKV, nach der die Bundesanstalt den Instituten, die nach den Solvenzregelungen die umfassende Methode für berücksichtigungsfähige Sicherheiten anwenden oder die eigene Schätzungen für die Risikoparameter Verlustquote bei Ausfall (LGD = loss given default) sowie IRBA-Konversionsfaktor vornehmen dürfen, grundsätzlich erlauben kann, auch die Kreditrisikominderungsvorschriften aus dem Solvenzregime anzuwenden.

Die GroMiKV kann aufgrund des Satzes 1 Nr. 6 die Voraussetzungen regeln, nach denen eine Sicherheit als anzeige- oder anrechnungserleichternd anerkannt werden kann. Weiterhin sind Regelungen über Laufzeit- und Währungsinkongruenzen zwischen dem besicherten Kredit und der Sicherheit sowie allgemein über die Berechnung von Sicherheiten möglich.

Artikel 110 Abs. 3 der Bankenrichtlinie ermöglicht es den Mitgliedstaaten, sich auch die Konzentrationsrisiken gegenüber Sicherungsgebern anzeigen zu lassen. Von diesem Wahlrecht macht der nationale Gesetzgeber in der GroMiKV derzeit keinen Gebrauch. Die Ermächtigungsgrundlage in Satz 1 Nr. 7 ermöglicht ihm jedoch bei Bedarf die Implementierung einer entsprechenden Bestimmung.

Satz 1 Nr. 11 ermöglicht jetzt explizit, dass die GroMiKV eine abweichende Regelung zu § 20 Abs. 1 Nr. 1 und 2 für das kreditnehmerbezogene Vorleistungsrisiko regeln kann. Diese Bestimmung basiert auf Artikel 29 Abs. 1 Buchstabe c in Verbindung mit Anhang II Abs. 3 und 4 der Kapitaladäquanzrichtlinie.

Amtliche Begründung[1]

Zu Nummer 10 (§ 22 KWG)

In der Ermächtigungsgrundlage für die Rechtsverordnung muss nunmehr auch geregelt werden, dass dort die Modalitäten einer Rückmeldung der prognostizierten Ausfallwahrscheinlichkeiten festzulegen sind.

ANMERKUNG
1. § 22 wurde durch das 5. KWG-Änderungsgesetz vom 28. September 1994 eingefügt. Die Motive ergeben sich aus der vorstehenden Amtlichen Begründung.
2. Durch das 6. KWG-Änderungsgesetz vom 22. Oktober 1997 wurde die Vorschrift erheblich umgestaltet (vgl. die vorstehende Amtliche Begründung).
3. Die Einfügung der neuen Nummern 5, 6 und 7 in Satz 1 steht in Zusammenhang mit der Verbesserung des Millionenkreditmeldewesens gemäß § 14 (vgl. die Amtliche Begründung zu den Änderungen des § 14).
4. § 22 wurde durch das CRD IV-Umsetzungsgesetz vom 28. August 2013 (BGBl. I S. 3395) neu gefasst. Die Rechtsverordnungsermächtigung orientiert sich am bisherigen § 22 KWG, der als Rechtsverordnungsermächtigung für eine Großkredit- und Millionenkreditverordnung diente. Beibehalten werden die für eine Millionenkreditverordnung notwendigen Bestimmungen.

2a. Refinanzierungsregister

§ 22a Registerführendes Unternehmen

(1) Ist das Refinanzierungsunternehmen ein Kreditinstitut oder eine in § 2 Abs. 1 Nr. 1 bis 3a genannte Einrichtung und hat ein Unternehmen im Sinne des § 1 Absatz 24 Satz 1 Nummer 1 bis 6 einen Anspruch auf Übertragung einer Forderung des Refinanzierungsunternehmens oder eines Grundpfandrechts des Refinanzierungsunternehmens, das der Sicherung von Forderungen dient, können diese Gegenstände in ein vom Refinanzierungsunternehmen geführtes Refinanzierungsregister eingetragen werden; dies gilt entsprechend für Registerpfandrechte an einem Luftfahrzeug und für Schiffshypotheken. Für jede Refinanzierungstransaktion ist eine gesonderte Abteilung zu bilden.
(1a) Absatz 1 gilt entsprechend, wenn die Forderungen und Grundpfandrechte treuhänderisch von dem Refinanzierungsunternehmen verwaltet werden.
(2) Eine Pflicht des Refinanzierungsunternehmens oder des Refinanzierungsmittlers zur Führung eines Refinanzierungsregisters wird durch diesen Unterabschnitt nicht begründet. Die Registerführung kann nur unter den Voraussetzungen des § 22k beendet oder übertragen werden.
(3) Eine Auslagerung der Registerführung ist nicht statthaft.
(4) Die Absätze 1 bis 3 gelten sinngemäß für Refinanzierungsmittler, die Kreditinstitut oder eine in § 2 Abs. 1 Nr. 1 bis 3a genannte Einrichtung sind.

---

1 Zum Gesetz zur Fortentwicklung des Pfandbriefrechts vom 20. März 2009 (BGBl. I S. 607); vgl. BT-Drucksache 16/11130 vom 1. Dezember 2008.

Amtliche Begründung[1]

Mit § 22a KWG erhalten erstmals Verbraucherschutzbestimmungen Einzug in das KWG. Für diese und künftige Bestimmungen dieser Art wird ein eigener Unterabschnitt (3. Kundenrechte) innerhalb des Zweiten Abschnitts des KWG reserviert. Durch den neuen § 22a KWG wird Artikel 3 der E-Geld-Richtlinie umgesetzt.

Die Vorschriften haben zivilrechtlichen Charakter. Unabhängig davon obliegt die Überwachung ihrer Einhaltung der Bundesanstalt.

§ 6 Abs. 4 bleibt unberührt.

Amtliche Begründung[2]

Zu §§ 22a ff.

Die Vorschriften der §§ 22a bis 22o KWG regeln die Voraussetzungen und die Rechtsfolgen einer ordnungsgemäßen Führung des Refinanzierungsregisters. Die Führung und Überwachung dieses Registers ist weniger detailliert ausgestaltet als das Deckungsregister nach dem Pfandbriefgesetz sowie seinen Vorläufern. Anders als der Treuhänder des Deckungsregisters hat der Verwalter des Refinanzierungsregisters vor allem nicht zu prüfen, ob die im Register eingetragenen Refinanzierungsgegenstände die emittierten Finanzinstrumente in hinreichendem Maße absichern. Das Refinanzierungsregister dient lediglich dem Schutz des Rechtsverkehrs vor gläubigergefährdenden Vermögensverschiebungen. Auch Pfandbriefemittenten müssen sich dieses Registers bedienen, denn die von ihnen jeweils geführten Deckungsregister dienen nur den im einschlägigen Pfandbriefrecht vorgesehenen Zwecken.

Amtliche Begründung[3]

Zu § 22a

Die Vorschrift regelt zusammen mit § 22b KWG, wer das Refinanzierungsregister führt und welche Gegenstände in das Refinanzierungsregister eingetragen werden können. Ist das Refinanzierungsunternehmen ein Kreditinstitut oder eine in § 2 Abs. 1 Nr. 1 bis 3a KWG genannte Einrichtung (z.B. die Kreditanstalt für Wiederaufbau), wird das Refinanzierungsregister grundsätzlich, d.h. von Fällen des § 22b Abs. 2 KWG abgesehen, vom Refinanzierungsunternehmen selbst geführt (Absatz 1). An die Eintragung eines Gegenstandes in ein ordnungsgemäß geführtes Refinanzierungsregister werden bedeutende insolvenzrechtliche Rechtsfolgen geknüpft. Von diesen Regelungen sind auch Dritte, namentlich Gläubiger des Refinanzierungsunternehmens sowie der Refinanzierungsmittler, der Zweckgesellschaften und der Pfandbriefbanken, betroffen. Die Führung des Refinanzierungsregisters setzt daher eine besondere Zuverlässigkeit und Beaufsichtigung voraus, weshalb das Refinanzierungsregister nur von Kreditinstituten sowie von in § 2 Abs. 1 Nr. 1 bis 3a KWG genannten Einrichtungen geführt werden kann. Eintragungsfähig sind Forderungen sowie Forderungen sichernde Grundpfandrechte bzw. Schiffshypotheken oder Registerrechte an einem Luftfahrzeug, auf deren Übertragung eine Zweckgesellschaft, ein Refinanzierungsmittler oder eine Pfandbriefbank einen Anspruch gegen das Refinanzierungsunternehmen hat.

---

1 Zum 4. Finanzmarktförderungsgesetz.
2 Zum Gesetz zur Neuorganisation der Bundesfinanzverwaltung und zur Schaffung eines Refinanzierungsregisters vom 22. September 2005 (BGBl. I S. 2809).
3 Zum Gesetz zur Neuorganisation der Bundesfinanzverwaltung und zur Schaffung eines Refinanzierungsregisters vom 22. September 2005 (BGBl. I S. 2809).

Entsprechend allgemeinen Regeln (beispielsweise in § 883 Abs. 1 Satz 2 BGB) kann auch ein künftiger oder bedingter Übertragungsanspruch eingetragen werden. Forderungen »des« Refinanzierungsunternehmens sind nur solche, welche im Eigentum des Refinanzierungsunternehmens stehen. Diese Forderungen sind allerdings nur dann eintragbar, wenn die Abtretung nicht nach Maßgabe des § 399 Alternative 2 BGB schriftlich ausgeschlossen ist, sofern sie nicht in den Anwendungsbereich des § 354a HGB fallen, oder wenn ein gesetzliches Verfügungsverbot besteht. Unerheblich ist, welchem nationalen Recht die Gegenstände unterliegen. Eintragungsfähig sind daher etwa auch ausländische Forderungen oder Grundpfandrechte. Findet der Refinanzierungsvorgang unter Mitwirkung eines oder mehrerer Refinanzierungsmittler statt, so führt jeweils der zur Übertragung verpflichtete Refinanzierungsmittler das Refinanzierungsregister (Absatz 2). Aus der Formulierung der Absätze 1 und 2 (sowie des § 22b Abs. 1 KWG und des § 22d Abs. 2 Nr. 1 KWG), wonach in das Refinanzierungsregister nur Gegenstände aufgenommen werden können, auf deren Übertragung ein Anspruch besteht, kann nicht geschlossen werden, dass bereits an den Übertragungsberechtigten abgetretene Forderungen gar nicht eingetragen werden könnten, weil streng genommen nach Erfüllung des Abtretungsvertrages auf ihre Übertragung kein Anspruch mehr besteht. Auch solche Forderungen bleiben selbstverständlich eintragungsfähig. In allen Konstellationen »können« Forderungen und die sichernden Grundpfandrechte in ein Refinanzierungsregister eingetragen werden. Eine öffentlich-rechtliche Pflicht zur Eintragung von Gegenständen, die im Zuge von Refinanzierungsgeschäften veräußert werden, in ein Refinanzierungsregister besteht nicht (Absatz 3). Selbst wenn schon ein Refinanzierungsregister besteht, ist das veräußernde Unternehmen nicht verpflichtet, weitere Gegenstände einzutragen, die es zum Zwecke der Refinanzierung veräußert. Die Eintragung in das Refinanzierungsregister ist nur eine zusätzliche Möglichkeit zu den bisher schon möglichen Verfahrensweisen, insbesondere der Übertragung oder der treuhänderischen Verwaltung der Refinanzierungsgegenstände. Unberührt bleiben naturgemäß vertragliche Pflichten zur Führung eines Registers. Wurde die Registerführung dagegen einmal begonnen, kann sie zum Schutz der eingetragenen Übertragungsberechtigten und des Rechtsverkehrs nur noch unter den Voraussetzungen des § 22k KWG beendet oder auf ein anderes Kreditinstitut übertragen werden. Kreditinstitute können Tätigkeiten unter bestimmten Voraussetzungen auf andere Unternehmen auslagern (§ 25a Abs. 2 KWG). Die Registerführung, die auf Kreditinstitute beschränkt ist, setzt eine besondere Zuverlässigkeit voraus, die bei anderen Unternehmen generell nicht ohne weiteres anzutreffen ist. Absatz 3 schließt aus diesem Grunde eine Auslagerung der Registerführung aus.

Amtliche Begründung[1]

Zu Nummer 11 (§ 22a KWG)

Mit der Änderung wird das Refinanzierungsregister im Rahmen von Konsortialfinanzierungen mit Instituten mit Sitz in der Europäischen Union nutzbar gemacht. Voraussetzung für die Nutzung bei grenzüberschreitenden Konsortialfinanzierungen ist, dass Institute mit Sitz in der Europäischen Union Begünstigte des Refinanzierungsregisters sein können.

Das Refinanzierungsregister kann derzeit nach § 22a Abs. 1 KWG nur zugunsten einer Zweckgesellschaft, eines Refinanzierungsmittlers oder einer Pfandbriefbank genutzt werden. Da sich der Begriff der Pfandbriefbank nach § 1 Abs. 1 und 2 PfandBG auf Institute mit Sitz in Deutschland beschränkt, könnten nur deutsche Institute Begünstigte der Rechtswirkungen eines Refinanzierungsregisters sein. Dieser Aus-

---

[1] Zum Gesetz zur Fortentwicklung des Pfandbriefrechts vom 20. März 2009 (BGBl. I S. 607); vgl. BT-Drucksache 16/11130 vom 1. Dezember 2008.

schluss von anderen Instituten mit Sitz in der Europäischen Union würde gegen den Grundsatz der Kapitalverkehrsfreiheit verstoßen und damit nicht den durch den Vertrag über die Europäische Union garantierten Grundfreiheiten entsprechen.

In der Praxis besteht zudem ein großes Interesse, das Refinanzierungsregister auch im Rahmen von Konsortialfinanzierungen mit Kreditinstituten nutzen zu können, die keine Pfandbriefbanken sind. Vor diesem Hintergrund sollte der Kreis der Übertragungsberechtigten über Zweckgesellschaften, Refinanzierungsmittler und Pfandbriefbanken hinaus auf alle inländischen und EU-ausländischen Kreditinstitute ausgeweitet werden.

Eine Ausweitung des Kreises der Übertragungsberechtigten hat den Vorteil, dass das deutsche Refinanzierungsregister für internationale Finanzierungen verstärkt eingesetzt werden kann. Dadurch wird es deutschen Kreditinstituten erleichtert, ihre internationale Marktposition auszubauen. Zudem könnte der Anwendbarkeit des deutschen Rechts gegenüber der überragenden Stellung des englischen Trust-Rechts vermehrt Geltung verschafft werden. Weiterhin hätte dies zur Folge, dass die gesamten Transaktionen dem deutschen Aufsichtsrecht unterstehen würden, da das Refinanzierungsregister führende Kreditinstitut seinen Sitz im Inland haben muss und dieses Institut materiell-rechtlich Inhaberin der treuhänderisch gehaltenen Forderungen und/oder Grundpfandrechte wäre.

Durch die Änderung wird die Nutzung des Refinanzierungsregisters durch Übertragungsberechtigte in anderen Ländern der Europäischen Union ermöglicht, sofern sie Kreditinstitute sind; die Führung eines Refinanzierungsregisters durch Kreditinstitute in anderen Ländern der Europäischen Union kann aber nicht zugelassen werden, da die vom Kreditwesengesetz vorgesehene Aufsicht der Bundesanstalt für Finanzdienstleistungen und die insolvenzrechtlichen Konsequenzen der Eintragung in das Refinanzierungsregister nur bei Kreditinstituten im Geltungsbereich der deutschen Gesetze gewährleistet werden können.

Amtliche Begründung[1]

Zu Nummer 41 (§ 22a)

Zu Buchstabe a

Die Ergänzung in § 22a Absatz 1 Satz 1 KWG ist eine Folgeänderung zur Ergänzung des § 1 Absatz 24 KWG. Weiter dient die Änderung der Einbeziehung der KfW Bankengruppe.

Zu Buchstabe b

Der neue § 22a Absatz 1a KWG dient der Klarstellung der Nutzungsmöglichkeit des Refinanzierungsregisters auf die Fälle der anfänglichen offenen Konsortialfinanzierung. Dieser Klarstellung liegt die nachfolgend geschilderte Fallgruppe zugrunde:

Bei der anfänglichen offenen Konsortialfinanzierung begeben die Konsorten ihren Kreditanteil jeweils direkt an den Darlehensnehmer. Die im Grundbuch eingetragenen Sicherheiten hält dagegen der Konsortialführer treuhänderisch für die anderen Kon-

---

[1] Zum Gesetz zur Umsetzung der Richtlinie 2013/36/EU über den Zugang zur Tätigkeit von Kreditinstituten und die Beaufsichtigung von Kreditinstituten und Wertpapierfirmen und zur Anpassung des Aufsichtsrechts an die Verordnung (EU) Nr. 575/2013 über Aufsichtsanforderungen an Kreditinstitute und Wertpapierfirmen (CRD IV-Umsetzungsgesetz) vom 28. August 2013 (BGBl. I S. 3395); vgl. BT-Drucksache 17/10974 vom 15. Oktober 2012 und BT-Drucksache 17/13524 – Beschlussempfehlung des Finanzausschusses (7. Ausschuss) – vom 15. Mai 2013.

sorten. Diese Konstellation des treuhänderischen Verwaltens ist für das Refinanzierungsregister, anders als für das Deckungsregister im Pfandbriefgesetz (vgl. § 5 Absatz 1a Satz 4 PfandBG), bisher gesetzlich noch nicht eindeutig berücksichtigt. Dies soll jetzt nachgeholt werden, da es nicht sachgerecht erscheint, die anfänglich offene Konsortialfinanzierung abweichend von einer nachträglichen Abtretung gesicherter Ansprüche zu behandeln. Der Begriff der Refinanzierung im Sinne des § 1 Absatz 24 KWG ist insoweit in einem weiten Sinne zu verstehen, weil hier kein Fall der nachträglichen Refinanzierung im bisher verstandenen Sinne vorliegt.

§ 22b Führung des Refinanzierungsregisters für Dritte

(1) Ist das Refinanzierungsunternehmen weder ein Kreditinstitut noch eine in § 2 Abs. 1 Nr. 1 bis 3a genannte Einrichtung, können die in § 22a Abs. 1 Satz 1 genannten Gegenstände des Refinanzierungsunternehmens, auf deren Übertragung ein Unternehmen im Sinne des § 1 Absatz 24 Satz 1 Nummer 1 bis 6 einen Anspruch hat, in ein von einem Kreditinstitut oder von der Kreditanstalt für Wiederaufbau geführtes Refinanzierungsregister eingetragen werden. Enthält das Refinanzierungsregister daneben Gegenstände, deren Übertragung das registerführende oder ein anderes Unternehmen schuldet, so ist für jeden zur Übertragung Verpflichteten innerhalb desselben Refinanzierungsregisters eine gesonderte Abteilung und innerhalb dieser für jede Refinanzierungstransaktion eine Unterabteilung zu bilden.

(2) Ist das Refinanzierungsunternehmen ein Kreditinstitut, für welches die Führung eines eigenen Refinanzierungsregisters nach Art und Umfang seines Geschäftsbetriebs eine unangemessene Belastung darstellt, so soll die Bundesanstalt auf Antrag des Refinanzierungsunternehmens der Führung des Refinanzierungsregisters durch ein anderes Kreditinstitut zustimmen. Die Zustimmung der Bundesanstalt gilt als erteilt, wenn sie nicht binnen eines Monats nach Stellung des Antrages verweigert wird.

(3) Eintragungen, die für andere Kreditinstitute vorgenommen werden, ohne dass eine Zustimmung der Bundesanstalt nach Absatz 2 vorliegt, sind unwirksam.

(4) § 22a Abs. 2 und 3, auch in Verbindung mit Abs. 4, findet entsprechende Anwendung.

Amtliche Begründung[1]

Zu § 22b

Ist das Refinanzierungsunternehmen kein Kreditinstitut und keine in § 2 Abs. 1 Nr. 1 bis 3a genannte Einrichtung, kann es gemäß § 22a Abs. 1 KWG kein Refinanzierungsregister führen. In diesem Falle können aber Forderungen und die sichernden Grundpfandrechte des Refinanzierungsunternehmens, auf deren Übertragung eine Zweckgesellschaft, ein Refinanzierungsmittler oder eine Pfandbriefbank einen Anspruch hat, in ein von einem Kreditinstitut oder von der Kreditanstalt für Wiederaufbau geführtes Refinanzierungsregister eingetragen werden (Absatz 1). Durch diese Regelung werden die Refinanzierungsmöglichkeiten für Unternehmen, die keine Kreditinstitute sind, deutlich erleichtert, denn Absatz 1 ermöglicht es Nichtinstituten, sich in ganz ähnlicher Weise zu refinanzieren wie Kreditinstitute. Eine Abweichung besteht lediglich insofern, als die Nichtkreditinstitute das Refinanzierungsregister nicht selbst führen können, sondern ein Kreditinstitut oder die Kreditanstalt für Wiederaufbau beauftragen müssen, das Refinanzierungsregister für sie zu führen. Dieses registerführende Kreditinstitut muss selbst weder ein Refinanzierungsunter-

---

[1] Zum Gesetz zur Neuorganisation der Bundesfinanzverwaltung und zur Schaffung eines Refinanzierungsregisters vom 22. September 2005 (BGBl. I S. 2809).

nehmen noch ein Refinanzierungsmittler sein. Führt das Kreditinstitut oder die Kreditanstalt für Wiederaufbau bereits ein Refinanzierungsregister für eigene Gegenstände oder Gegenstände Dritter, die es zur Führung beauftragt haben, so hat es innerhalb desselben Refinanzierungsregisters gesonderte Abteilungen für jedes zur Übertragung verpflichtete Unternehmen zu bilden. Andernfalls, d. h. wenn aus den Eintragungen des Refinanzierungsregisters nicht ausdrücklich ersichtlich ist, welches Unternehmen die Übertragung schuldet, ist das Refinanzierungsregister nicht ordnungsgemäß geführt (§ 22d Abs. 3 KWG) und treten die Wirkungen der Eintragung ins Refinanzierungsregister (§ 22j KWG) nicht ein. Grundsätzlich darf das Unternehmen, für welches das Refinanzierungsregister geführt wird, selbst kein Kreditinstitut sein. Denn in diesem Falle kann das Refinanzierungsunternehmen das Refinanzierungsregister selbst führen (§ 22a Abs. 1 KWG) und es soll dies nach der Grundkonzeption des Unterabschnitts 2a auch, um so der Bundesanstalt mit geringem Aufwand einen genauen Überblick über dasjenige Unternehmen zu ermöglichen, welches die Veräußerung der Gegenstände schuldet und sich damit refinanziert. Eintragungen, die für andere Kreditinstitute vorgenommen werden, sind daher grundsätzlich unwirksam (Absatz 3). Das Verbot der Registerführung für Kreditinstitute gilt ohne Einschränkung für Refinanzierungsmittler, weil diese von der Ausnahme des Absatzes 2 nicht erfasst werden. Bei kleineren Kreditinstituten oder Kreditinstituten, die nur äußerst selten Forderungen und die sichernden Grundpfandrechte zum Zwecke der Refinanzierung veräußern, kann das Führen eines Refinanzierungsregisters aber einen zu den Vorteilen der Refinanzierung außer Verhältnis stehenden Aufwand bedeuten. Stellt die Führung eines eigenen Registers für ein Kreditinstitut nach Art und Umfang seines Geschäftsbetriebs eine unangemessene Belastung dar, so lässt Absatz 2 daher Ausnahmen vom grundsätzlichen Verbot der Registerführung für Kreditinstitute zu. Unter diesen Voraussetzungen soll die Bundesanstalt auf Antrag des Kreditinstituts der Führung des Refinanzierungsregisters durch ein anderes Kreditinstitut zustimmen. Für Refinanzierungsmittler kann das Refinanzierungsregister nicht geführt werden, wie sich aus der Beschränkung auf »Refinanzierungsunternehmen« ergibt. Denn von Refinanzierungsmittlern kann erwartet werden, dass sie die Voraussetzungen erfüllen, um ein eigenes Refinanzierungsregister zu führen. Um der an den Kapitalmärkten erforderlichen Schnelligkeit Rechnung zu tragen, gilt die Zustimmung der Bundesanstalt als erteilt, wenn sie nicht binnen eines Monats nach Stellung des Antrages verweigert wird. Bei Vorliegen eines Widerrufs- oder Rücknahmegrundes kann die Bundesanstalt auch eine nach Ablauf dieser Frist fingierte Zustimmung widerrufen oder zurücknehmen. Die Führung eines Registers, auch wenn dies für Dritte geschieht, ist ein rein privatrechtlicher Vorgang. Streitigkeiten, die aus der Führung des Registers entstehen, sind daher vor den ordentlichen Gerichten zu entscheiden. Eine Ausnahme ergibt sich lediglich für Streitigkeiten zwischen dem registerführenden Unternehmen und dem Verwalter des Refinanzierungsregisters (§ 22h Abs. 3 KWG). Auch für die Beendigung der Registerführung für Dritte gelten § 22a Abs. 2 und § 22k KWG, wobei regelmäßig von § 22a Abs. 2 und § 22k KWG unberührt bleibende vertragliche Verpflichtungen zu beachten sein werden.

ANMERKUNG

1. § 22b Absatz 1 Satz 1 ist eine redaktionelle Folgeänderung von § 22a Absatz 1 Satz 1 durch das Gesetz zur Fortentwicklung des Pfandbriefrechts vom 20. März 2009 (BGBl. I S. 607) in Anlehnung an den in der Europäischen Union geltenden Grundsatz der Kapitalverkehrsfreiheit.
2. Die Ergänzungen in § 22b Absatz 1 Satz 1 KWG durch das CRD IV-Umsetzungsgesetz vom 28. August 2013 (BGBl. I S. 3395) sind Folgeänderungen zur Ergänzung des § 1 Absatz 24 KWG.

§ 22 c Refinanzierungsmittler

Die §§ 22 d bis 22 o gelten sinngemäß für Refinanzierungsregister, die gemäß § 22 a Abs. 4 von einem Refinanzierungsmittler oder gemäß § 22 b Abs. 4 für einen Refinanzierungsmittler geführt werden.

Amtliche Begründung[1]

Zu § 22 c

Da die Bestimmungen der §§ 22 d bis 22 o KWG von dem Grundfall ausgehen, dass ein Refinanzierungsunternehmen auf Veräußererseite mit einem der in § 1 Abs. 24 KWG genannten Vertragspartner (Zweckgesellschaft, Refinanzierungsmittler oder Pfandbriefbank) eine Refinanzierungstransaktion durchführt, bedarf es des § 22 c zur Klarstellung, dass die §§ 22 d bis 22 o sinngemäß gelten, wenn ein Refinanzierungsmittler gemäß § 22 a Abs. 4 das Refinanzierungsregister führt oder gemäß § 22 b Abs. 4 in Verbindung mit § 22 a Abs. 4 ein Dritter das Refinanzierungsregister für den Refinanzierungsmittler führt.

§ 22 d Refinanzierungsregister

(1) Eine elektronische Führung des Refinanzierungsregisters ist zulässig, sofern sichergestellt ist, dass hinreichende Vorkehrungen gegen einen Datenverlust getroffen worden sind. Das Bundesministerium der Finanzen hat durch Rechtsverordnung, die nicht der Zustimmung des Bundesrates bedarf, Einzelheiten über die Form des Refinanzierungsregisters sowie der Art und Weise der Aufzeichnung zu bestimmen. Das Bundesministerium der Finanzen kann diese Ermächtigung durch Rechtsverordnung auf die Bundesanstalt für Finanzdienstleistungsaufsicht übertragen.
(2) In das Refinanzierungsregister sind von dem registerführenden Unternehmen einzutragen:
1. die Forderungen oder die Sicherheiten, auf deren Übertragung die im Register als übertragungsberechtigt eingetragenen Unternehmen im Sinne des § 1 Absatz 24 Satz 1 Nummer 1 bis 6 (Übertragungsberechtigte) einen Anspruch haben,
2. der Übertragungsberechtigte,
3. der Zeitpunkt der Eintragung,
4. falls ein Gegenstand als Sicherheit dient, den rechtlichen Grund, den Umfang, den Rang der Sicherheit und das Datum des Tages, an dem der den rechtlichen Grund für die Absicherung enthaltende Vertrag geschlossen wurde.

In den Fällen der Nummern 1 und 4 genügt es, wenn Dritten, insbesondere dem Verwalter, dem Sachwalter, der Bundesanstalt oder einem Insolvenzverwalter die eindeutige Bestimmung der einzutragenden Angaben möglich ist. Ist der Übertragungsberechtigte eine Pfandbriefbank, so ist diese sowie der gemäß § 7 Abs. 1 des Pfandbriefgesetzes bestellte Treuhänder von der Eintragung zu unterrichten. Ist der Übertragungsberechtigte ein Versicherungsunternehmen, ist dieses sowie der nach § 70 des Versicherungsaufsichtsgesetzes bestellte Treuhänder von der Eintragung zu unterrichten.
(3) Soweit nach Absatz 2 erforderliche Angaben fehlen oder Eintragungen unrichtig sind oder keine eindeutige Bestimmung einzutragender Angaben zulassen, sind die betroffenen Gegenstände nicht ordnungsgemäß eingetragen.

---

1 Zum Gesetz zur Neuorganisation der Bundesfinanzverwaltung und zur Schaffung eines Refinanzierungsregisters vom 22. September 2005 (BGBl. I S. 2809).

(4) Forderungen sind auch dann eintragungsfähig und nach Eintragung an den Übertragungsberechtigten veräußerbar, wenn die Abtretung durch mündliche oder konkludente Vereinbarung mit dem Schuldner ausgeschlossen worden ist. § 354a des Handelsgesetzbuchs sowie gesetzliche Verfügungsverbote bleiben unberührt.

(5) Eintragungen können nur mit Zustimmung des Übertragungsberechtigten gelöscht werden. Sofern ein Übertragungsberechtigter eine Pfandbriefbank oder ein Versicherungsunternehmen ist, können Eintragungen nur mit Zustimmung des Treuhänders der Pfandbriefbank beziehungsweise des Treuhänders des Versicherungsunternehmens gelöscht werden. In jedem Fall ist der Zeitpunkt der Löschung einzutragen. Fehlerhafte Eintragungen können mit Zustimmung des Verwalters gelöscht werden; Absatz 2 Satz 3 und 4 gilt entsprechend. Die Korrektur, ihr Zeitpunkt und die Zustimmung des Verwalters sind im Refinanzierungsregister einzutragen. Die nochmalige Eintragung ohne Löschung der früheren Eintragung entfaltet keine Rechtswirkung.

(6) Der Übertragungsberechtigte kann jederzeit vom Verwalter einen Auszug über die ihn betreffenden Eintragungen im Refinanzierungsregister verlangen, auf dem der Verwalter die Übereinstimmung mit dem Refinanzierungsregister in Schriftform bestätigt hat.

Amtliche Begründung[1]

Zu § 22 d

Absatz 2 und Absatz 5 Satz 1 Halbsatz 2 enthalten eine abschließende Aufzählung der Angaben, die vom registerführenden Unternehmen in das Refinanzierungsregister einzutragen sind. Enthält das Refinanzierungsregister diese Angaben nicht, ist es nicht ordnungsgemäß geführt (§ 22d Abs. 3 KWG) und treten daher die Wirkungen der Eintragung in das Refinanzierungsregister (§ 22j KWG) nicht ein. Der Begriff der »Eintragung« setzt nicht voraus, dass das Refinanzierungsregister ein körperlicher Gegenstand ist. Vielmehr wird es regelmäßig sehr viel kostengünstiger und effektiver sein, das Register elektronisch zu führen. Absatz 1 stellt daher klar, dass eine elektronische Registerführung zulässig ist. Zudem sieht Absatz 1 vor, dass Einzelheiten über die Form des Refinanzierungsregisters sowie die Art und Weise der Aufzeichnung vom Bundesministerium der Finanzen durch Rechtsverordnung, die nicht der Zustimmung des Bundesrates bedarf, zu bestimmen sind. Das Bundesministerium der Finanzen kann diese Ermächtigung durch Rechtsverordnung auf die Bundesanstalt für Finanzdienstleistungsaufsicht übertragen. Da die Parteien des Refinanzierungsgeschäfts in ihren Verträgen ohnehin die Refinanzierungsgegenstände näher bezeichnen müssen, wird es in der Regel ausreichen, diese ebenfalls elektronisch verfügbaren Daten in das Refinanzierungsregister einzuspielen. Der Kostenaufwand zur Führung des Refinanzierungsregisters dürfte daher im Verhältnis zu dem üblichen Umfang der Refinanzierungsgeschäfte gering sein. Hinsichtlich der Grundkonzeption des Registers können sich die registerführenden Unternehmen an den Registern der Pfandbriefemittenten orientieren. Zu berücksichtigen ist aber, dass der Umfang der in das Refinanzierungsregister einzutragenden Angaben sehr viel geringer ist. Als erstes sind die Forderung und die sie sichernden Grundpfandrechte zu bezeichnen, auf die sich das Refinanzierungsgeschäft bezieht (Absatz 2 Satz 1 Nr. 1), d.h. der Gegenstand, welchen das Refinanzierungsunternehmen oder der Refinanzierungsmittler an eine Zweckgesellschaft, einen Refinanzierungsmittler bzw. eine Pfandbriefbank (legaldefiniert als Übertragungsberechtigte) zu übertragen hat. Die Gegenstände müssen bei der Eintragung ins Refinanzierungsregister nicht genau bestimmt, sondern nur eindeutig

---

[1] Zum Gesetz zur Neuorganisation der Bundesfinanzverwaltung und zur Schaffung eines Refinanzierungsregisters vom 22. September 2005 (BGBl. I S. 2809).

bestimmbar sein (Absatz 2 Satz 2). Maßstab der Bestimmbarkeit ist ein Dritter, der mit den internen Vorgängen des registerführenden Unternehmens nicht unmittelbar befasst ist. Beispielhaft genannt sind der Verwalter des Refinanzierungsregisters, der Sachwalter des Refinanzierungsregisters, die Bundesanstalt und ein Insolvenzverwalter, wenn über das Vermögen des registerführenden Unternehmens das Insolvenzverfahren eröffnet wird. Einem solchen Dritten muss es mit geringem Aufwand möglich sein, die Gegenstände an Hand der Eintragung im Refinanzierungsregister eindeutig zu bestimmen. Ausreichend ist es etwa, wenn einzelne Gegenstände nur mit einer Nummer eingetragen werden und das registerführende Unternehmen bzw. in Fällen des § 22b KWG das Refinanzierungsunternehmen an anderer Stelle Unterlagen bereithält, die eine unmittelbare Zuordnung der Nummern zu konkreten Gegenständen erlauben. Lassen ins Refinanzierungsregister eingetragene Nummern Zweifel, welcher Gegenstand ihnen zugeordnet ist, ist der Gegenstand nicht eindeutig bestimmbar und das Refinanzierungsregister daher insoweit nicht ordnungsgemäß geführt im Sinne des Absatzes 3. Ferner sind die Übertragungsberechtigten als Partner des Refinanzierungsgeschäfts einzutragen, d.h. diejenigen Zweckgesellschaften, Refinanzierungsmittler oder Pfandbriefbanken, die einen Anspruch auf Übertragung der eingetragenen Gegenstände haben (Absatz 2 Satz 1 Nr. 2). Dient ein eingetragener Gegenstand der Absicherung eines anderen eingetragenen Gegenstandes, etwa eine Grundschuld der Absicherung einer Forderung, so ist der rechtliche Grund (im Beispiel die Sicherungsabrede), der Umfang der Sicherung sowie der Rang der Absicherung anzugeben (Absatz 2 Satz 1 Nr. 4). Die Angabe des Umfanges und des Ranges ist dann von Bedeutung, wenn ein Gegenstand nur zu einem Teil der Absicherung eines eingetragenen Gegenstandes dient, etwa wenn eine Grundschuld zur Hälfte die eingetragene Forderung, zur anderen Hälfte eine andere, nicht notwendigerweise ebenfalls eingetragene Forderung absichert. Auch die nach dieser Nummer erforderlichen Angaben müssen an Hand der Eintragungen nur eindeutig bestimmbar sein (Satz 2). In allen Fällen ist der Zeitpunkt der Registereintragung in das Register einzutragen (Absatz 2 Satz 1 Nr. 3). Mit »Zeitpunkt« im Sinne dieser Nummer ist nicht nur das Datum, sondern auch die konkrete Uhrzeit der Registereintragung gemeint. In Fällen der Nummer 4 sind Angaben zum Datum des Tages einzutragen, an dem die Sicherungsabrede geschlossen wurde, wobei auch hier anders als in Fällen der Nummer 3 die Bestimmbarkeit des Datums auf Grund anderer Unterlagen ausreicht (Satz 2). Die Eintragung der Angaben über den Zeitpunkt der Registereintragung und das Datum des Abschlusses der Sicherungsabrede sind elementar, um einen Missbrauch des Refinanzierungsregisters zu Lasten anderer Gläubiger des zur Übertragung verpflichteten Inhabers der Gegenstände zu verhindern. Durch die Angaben im Refinanzierungsregister lässt sich mit geringem Aufwand und hoher Richtigkeitsgewähr bestimmen, wann die Eintragung erfolgt ist und damit die Wirkungen der Eintragung ins Refinanzierungsregister (§ 22j KWG) begonnen haben. Dies hat insbesondere im Falle der Eröffnung des Insolvenzverfahrens über das Vermögen des zur Übertragung verpflichteten Unternehmens Bedeutung für die Frage, ob das zur Übertragung verpflichtete Unternehmen zum Zeitpunkt der Eintragung noch verfügungsbefugt war bzw. ob die Eintragung der Insolvenzanfechtung (§§ 129ff. InsO) unterliegt. Bei einer elektronischen Führung des Refinanzierungsregisters muss die Software so programmiert werden, dass bei jeder Einspielung von Daten diese einen elektronischen »Zeitstempel« erhalten, der sicher gegenüber nachträglichen Veränderungen ist. Ist der Übertragungsberechtigte eine Pfandbriefbank, so ist diese sowie der gemäß § 7 Abs. 1 des Pfandbriefgesetzes bestellte Treuhänder von der Eintragung zu unterrichten, ob der entsprechende Wert für eine Deckung nach dem Pfandbriefgesetz zur Verfügung steht. Absatz 3 regelt, wann Gegenstände »ordnungsgemäß« eingetragen sind. An die Ordnungsmäßigkeit der Eintragungen knüpfen die Vorschriften des § 22j KWG über die Rechtsfolgen der Registereintragung an. Nicht ordnungsgemäß eingetragen sind Gegenstände dann, wenn die nach Absatz 1 erforderlichen Angaben fehlen oder Eintragungen unrichtig sind oder keine eindeutige Bestimmung einzutragender

Angaben zulassen. Eine unrichtige Eintragung liegt beispielsweise dann vor, wenn die eingetragene Forderung oder Sicherheit nicht existiert; etwa bloße Schreibfehler begründen hingegen nicht die Unrichtigkeit der Eintragung. In diesem Falle löst die Eintragung in das Refinanzierungsregister keine Rechtsfolgen aus. Die Beteiligten haben daher ein großes Interesse daran, selbst auf die Ordnungsmäßigkeit der Eintragungen zu achten. Um für die an den Finanzmärkten unabdingbare Rechtssicherheit zu sorgen, sind Forderungen nur dann nicht eintragungsfähig und veräußerbar, wenn die Abtretbarkeit nach § 399 Alternative 2 BGB schriftlich ausgeschlossen wurde. Um den Widerspruch zu verhindern, dass Forderungen zwar eintragungsfähig und in der Insolvenz aussonderungsfähig sind (§ 22j Abs. 1 Satz 1 KWG), nach allgemeinem Zivilrecht wegen des Abtretungsverbots aber nicht übertragbar sind, ordnet Absatz 4 Satz 2 Halbsatz 1 abweichend von § 399 Alternative 2 BGB an, dass solche eintragungsfähigen Forderungen nach ihrer Eintragung auch (und nur) an den Übertragungsberechtigten oder an die Übertragungsberechtigten veräußerbar sind; hat das Refinanzierungsunternehmen im Refinanzierungsregister eingetragene, nach allgemeinem Recht nicht übertragbare Forderungen danach wirksam an einen Übertragungsberechtigten übertragen, so kann der Übertragungsberechtigte die Forderungen wirksam an einen Dritten übertragen, wie auch dieser Dritte wirksam verfügen kann. Damit wird einerseits den Interessen der Schuldner Genüge getan, die sich durch schriftlichen Abtretungsausschluss gegen eine Eintragung ins Refinanzierungsregister und daraus folgende Umgehung des vereinbarten Abtretungsverbotes absichern können. Andererseits wird aber verhindert, dass Refinanzierungsgeschäfte einem erhöhten Risiko unterliegen, wenn die Schuldner konkludent vereinbarte Abtretungsverbote behaupten. Wurde die Abtretung durch eine schriftliche Vereinbarung ausgeschlossen, so kann eine Forderung gleichwohl unter den Voraussetzungen des § 354a HGB eingetragen werden. Zwischen den Beteiligten bestehende Ansprüche wegen Verletzung etwaiger Abtretungsverbote bleiben naturgemäß unberührt. Eintragungen können nur mit Zustimmung des Übertragungsberechtigten sowie, sofern ein Übertragungsberechtigter eine Pfandbriefbank ist, mit Zustimmung des Treuhänders der Pfandbriefbank gelöscht werden (Absatz 5). Hingegen können fehlerhafte Eingaben, die auf einem technischen oder einem menschlichen Versehen beruhen, mit Zustimmung des Verwalters gelöscht werden, ohne dass es einer Zustimmung der Übertragungsberechtigten bedarf; allerdings gilt die Unterrichtungspflicht des Absatzes 2 Satz 3 bei einer Pfandbriefbank als Übertragungsberechtigter entsprechend. Der Verwalter wacht hierbei darüber, dass lediglich eine Korrektur einer derart fehlerhaften Eingabe erfolgt. Die Korrektur und die Zustimmung des Verwalters sind im Register kenntlich zu machen, um insbesondere den Übertragungsberechtigten die Möglichkeit zu geben zu erkennen, ob tatsächlich nur eine fehlerhafte Eingabe korrigiert worden ist. Die nochmalige Eintragung ohne Löschung der früheren Eintragung entfaltet keine Rechtswirkungen. Damit wird das Konkurrenzverhältnis mehrerer sich widersprechender Eintragungen zu Gunsten der früheren Eintragung gelöst. Auch dies berücksichtigt die Interessen des zuerst eingetragenen Übertragungsberechtigten und seiner Gläubiger.

ANMERKUNG

1. § 22d Absatz 1 Satz 1 ist eine redaktionelle Folgeänderung von § 22a Absatz 1 Satz 1 durch das Gesestz zur Fortentwicklung des Pfandbriefrechts vom 20. März 2009 (BGBl. I S. 607) in Anlehnung an den in der Europäischen Union geltenden Grundsatz der Kapitalverkehrsfreiheit.
2. § 22d Absatz 2 Satz 1 Nummer 1 und Absatz 5 wurden geändert und Absatz 6 neu angefügt durch das CRD IV-Umsetzungsgesetz vom 28. August 2013 (BGBl. I S. 3395). Die Änderung in Absatz 2 Satz 1 Nummer 1 dient der Einbeziehung der KfW Bankengruppe. Der in Absatz 2 angefügte Satz und die Änderung in Absatz 5 sollen die Treuhänder der Versicherungsunternehmen in die Lage versetzen, die notwendigen Informationen für die Wahrnehmung ihrer Überwachungspflichten zu erhalten. Mit dem

neuen Absatz 6 wird ein Einsichtsrecht des Übertragungsberechtigten in die ihn betreffenden Eintragungen im Refinanzierungsregister geschaffen. Nur so kann er die Richtigkeit der Eintragungen prüfen und diese gegebenenfalls beanstanden. Denn nur bei Richtigkeit der Eintragung sind die insolvenzrechtlichen Folgen des § 22j KWG gewährleistet.

§ 22 e Bestellung des Verwalters

(1) Bei jedem registerführenden Unternehmen ist eine natürliche Person als Verwalter des Refinanzierungsregisters (Verwalter) zu bestellen. Das Amt erlischt mit der Beendigung der Registerführung oder der Bestellung eines personenverschiedenen Sachwalters des Refinanzierungsregisters nach § 22 l Abs. 4 Satz 1.

(2) Die Bestellung erfolgt durch die Bundesanstalt auf Vorschlag des registerführenden Unternehmens. Die Bundesanstalt soll die vorgeschlagene Person zum Verwalter bestellen, wenn deren Unabhängigkeit, Zuverlässigkeit und Sachkunde gewährleistet erscheint. Bei ihrer Entscheidung hat die Bundesanstalt die Interessen des im Refinanzierungsregister eingetragenen oder einzutragenden Übertragungsberechtigten angemessen zu berücksichtigen.

(3) Die Bestellung kann befristet werden; die Bundesanstalt kann den Verwalter jederzeit aus sachlichem Grund abberufen. Absatz 2 Satz 3 gilt entsprechend. Steht der Verwalter zu einem an einer konkreten Refinanzierungstransaktion Beteiligten in einem Beschäftigungs- oder Mandatsverhältnis, so ruht sein Amt für diese Refinanzierungstransaktion.

(4) Auf Antrag des registerführenden Unternehmens ist ein Stellvertreter des Verwalters zu bestellen. Der Antrag ist zu jeder Zeit zulässig. Auf die Bestellung und Abberufung des Stellvertreters finden die Absätze 2 und 3 entsprechende Anwendung. Wird der Verwalter nach Absatz 3 Satz 1 abberufen, ruht sein Amt oder ist er verhindert, so tritt der Stellvertreter an seine Stelle.

(5) Ist ein Verwalter für einen nicht unerheblichen Zeitraum nicht vorhanden, an der Wahrnehmung seiner Aufgaben verhindert oder ruht sein Amt, ohne dass ein Stellvertreter an seine Stelle getreten ist, bestellt die Bundesanstalt ohne Anhörung des registerführenden Unternehmens einen geeigneten Verwalter. Absatz 2 Satz 3 gilt entsprechend. Das registerführende Unternehmen hat der Bundesanstalt unverzüglich mitzuteilen, wenn ein Umstand gemäß Satz 1 eingetreten ist.

(6) Der Verwalter und sein Stellvertreter haften dem registerführenden Unternehmen sowie den Übertragungsberechtigten aus ihrer Tätigkeit nur im Falle von Vorsatz oder grober Fahrlässigkeit. Die Ersatzpflicht des Verwalters oder des Stellvertreters beschränkt sich im Falle grob fahrlässigen Handelns auf 1 Million Euro. Sie kann nicht durch Vertrag ausgeschlossen oder beschränkt werden. Wird die Haftung des Verwalters oder des Stellvertreters durch eine Versicherung abgedeckt, ist ein Selbstbehalt in Höhe des Eineinhalbfachen der nach § 22 i Absatz 1 festgesetzten jährlichen Vergütung vorzusehen. Das registerführende Unternehmen darf den Versicherungsvertrag zugunsten des Verwalters und des Stellvertreters schließen und die Prämien zahlen.

Amtliche Begründung[1]

Zu § 22 e

Bei jedem registerführenden Unternehmen ist durch die Bundesanstalt eine natürliche Person als Verwalter des Refinanzierungsregisters (legaldefiniert als Ver-

---

1 Zum Gesetz zur Neuorganisation der Bundesfinanzverwaltung und zur Schaffung eines Refinanzierungsregisters vom 22. September 2005 (BGBl. I S. 2809).

walter) zu bestellen (Absatz 1). Das Amt erlischt mit der Beendigung der Registerführung (geregelt in § 22k KWG) oder der Bestellung eines personenverschiedenen Sachwalters des Refinanzierungsregisters (§ 22l Abs. 4 Satz 1 KWG). In Absatz 2 ist das nähere Verfahren der Bestellung des Verwalters des Refinanzierungsregisters geregelt. Die Bundesanstalt hat kein eigenes Vorschlagsrecht. Dies liegt ausschließlich beim registerführenden Unternehmen, weil es gegenüber dem Verwalter, der gemäß § 22h Abs. 1 KWG die Bücher und Schriften einsehen kann, ein hinreichendes Vertrauen haben muss. Die Bundesanstalt hat aber die Unabhängigkeit, Zuverlässigkeit und Sachkunde der vorgeschlagenen Person zu prüfen. Nicht unabhängig in diesem Sinne sind insbesondere Personen, die auf Grund anderer Tätigkeiten für das registerführende Unternehmen nicht frei von Interessenkonflikten sind. Bei ihrer Entscheidung hat die Bundesanstalt neben dem öffentlichen Interesse an einer ordnungsgemäßen Kontrolle des Refinanzierungsregisters insbesondere auch die Interessen der im Refinanzierungsregister eingetragenen bzw. der künftig einzutragenden Übertragungsberechtigten zu berücksichtigen, weil ihre Interessen neben denen der Gläubiger des zur Übertragung verpflichteten Unternehmens durch die Eintragung ins Refinanzierungsregister am meisten betroffen sind. Die Bundesanstalt kann den Verwalter jederzeit abberufen, wenn zu besorgen ist, dass er seine Aufgaben nicht ordnungsgemäß erfüllt (Absatz 3). Dabei hat die Bundesanstalt die Anhörungserfordernisse nach dem Verwaltungsverfahrensgesetz zu wahren. Auch bei der Entscheidung über die Abberufung des Verwalters des Refinanzierungsregisters hat die Bundesanstalt neben dem öffentlichen Interesse an einer ordnungemäßen Kontrolle des Refinanzierungsregisters die Interessen der im Refinanzierungsregister eingetragenen oder künftig einzutragenden Übertragungsberechtigten zu berücksichtigen, wie sich aus dem Verweis auf Absatz 2 Satz 3 ergibt. Muss der Verwalter kurzfristig nach Maßgabe des Absatzes 3 Satz 1 abberufen werden oder ist er dauerhaft verhindert, besteht die Gefahr einer größeren zeitlichen Lücke, bis eine neue geeignete Person bestellt wird. Dieser Gefahr kann das registerführende Unternehmen entgehen, indem es von Anfang an oder später den Antrag auf Bestellung eines Stellvertreters des Verwalters des Refinanzierungsregisters stellt (Absatz 4). Da maßgeblich die Interessen der im Refinanzierungsregister eingetragenen Übertragungsberechtigten betroffen sind, können die Übertragungsberechtigten schon im Vorfeld auf das registerführende Unternehmen einwirken, die Bestellung eines Stellvertreters des Verwalters des Refinanzierungsregisters zu beantragen. Ein eigenes Antragsrecht der Übertragungsberechtigten bei der Bundesanstalt besteht nicht. Der Verwalter des Refinanzierungsregisters ist nach der Grundkonzeption dieses Unterabschnitts vielmehr immer vom registerführenden Unternehmen vorzuschlagen, weil es die Kosten der Bestellung trägt und dem Verwalter im Hinblick auf dessen Einsichtsrechte ein hohes Maß an Vertrauen entgegenbringen muss. Für die Bestellung und Abberufung des Stellvertreters findet daher das gleiche Verfahren Anwendung wie für den Verwalter. Mit dem Ausscheiden des Verwalters tritt der Stellvertreter an seine Stelle. Fehlt für einen nicht unerheblichen Zeitraum ein Verwalter, ist ein bestellter Verwalter an der Wahrnehmung seiner Aufgaben generell verhindert oder ruht das Amt des Verwalters in einer konkreten Refinanzierungtransaktion nach Maßgabe des Absatzes 3 Satz 3, ohne dass ein Stellvertreter bestellt ist und die Aufgaben des Verwalters wahrnehmen kann, so bestellt die Bundesanstalt ohne Anhörung des registerführenden Unternehmens einen geeigneten Verwalter (Absatz 5). Hierdurch wird insbesondere im Interesse der Übertragungsberechtigten sichergestellt, dass eine ordnungsgemäße Registerführung nicht beeinträchtigt wird. Will das registerführende Unternehmen die Führung des Refinanzierungsregisters aufgeben, so hat es die Voraussetzungen des § 22l KWG einzuhalten. Es wäre kein zulässiger Weg der Beendigung der Registerführung, auf den Vorschlag eines neuen Verwalters des Refinanzierungsregisters zu verzichten.

Amtliche Begründung[1]

Zu Nummer 24 (§ 22 e)

Zu Buchstabe a

Die Regelungen für den Verwalter des Refinanzierungsregisters werden mit denen für den Treuhänder einer Pfandbriefbank (§ 7 Absatz 3 Satz 2 PfandBG) harmonisiert. Dies ist vertretbar, da die Ämter gleichartig sind und oft in Personenidentität wahrgenommen werden.

Zu Buchstabe b

Für den Verwalter des Refinanzierungsregisters ist wie für den Treuhänder einer Pfandbriefbank eine Regelung seiner Haftung erforderlich (vgl. § 7 Absatz 5 des Pfandbriefgesetzes – PfandBG).

§ 22 f Verhältnis des Verwalters zur Bundesanstalt

(1) Der Verwalter hat der Bundesanstalt Auskunft über die von ihm im Rahmen seiner Tätigkeit getroffenen Feststellungen und Beobachtungen zu erteilen und auch unaufgefordert Mitteilungen zu machen, wenn Umstände auf eine nicht ordnungsgemäße Registerführung hindeuten.
(2) Der Verwalter ist an Weisungen der Bundesanstalt nicht gebunden.

Amtliche Begründung[2]

Zu § 22 f

Die Vorschrift regelt das Verhältnis des Verwalters zur Bundesanstalt. Der Verwalter hat der Bundesanstalt auf Verlangen Auskunft über die Feststellungen und Beobachtungen zu erteilen, die er bei der Überwachung des Refinanzierungsregisters trifft. Darüber hinaus hat er auch von sich aus Mitteilungen über Umstände zu machen, die auf eine nicht ordnungsgemäße Registerführung, z.B. die Nichteinhaltung der Voraussetzungen für eine elektronische Registerführung hindeuten (Absatz 1). Trotz dieser Auskunfts- und Mitteilungspflicht ist der Verwalter nicht an die Weisungen der Bundesanstalt gebunden (Absatz 2). Eine solche Weisungsabhängigkeit wäre ein erheblicher Eingriff in die Organisation des registerführenden Unternehmens, das dem Verwalter Einblick in seine Geschäftsunterlagen gewähren muss (§ 22 h Abs. 1 KWG). Das Vertrauen darauf, dass der Verwalter des Refinanzierungsregisters von dem Einsichtsrecht einzig im Zusammenhang mit der Überwachung des Refinanzierungsregisters Gebrauch macht, wäre erschüttert, wenn der Verwalter wegen seiner Weisungsabhängigkeit ein verlängerter Arm der Bundesanstalt wäre. Ist die Bundesanstalt mit der Aufgabenwahrnehmung des Verwalters unzufrieden, so kann sie ihn jederzeit unter den Voraussetzungen des § 22 e Abs. 3 Satz 1 KWG abberufen. Die Weisungsunabhängigkeit lässt das Recht der Bundesanstalt auf Widerruf der Bestellung unberührt. Die Nichtbefolgung von Weisungen selbst stellt wegen der Weisungsunabhän-

---

1 Zum Gesetz zur Umsetzung der geänderten Bankenrichtlinie und der geänderten Kapitaladäquanzrichtlinie vom 19. November 2010 (BGBl. I S. 1592); vgl. BT-Drucksache 17/1720 vom 17. Mai 2010.
2 Zum Gesetz zur Neuorganisation der Bundesfinanzverwaltung und zur Schaffung eines Refinanzierungsregisters vom 22. September 2005 (BGBl. I S. 2809).

gigkeit nach Absatz 2 naturgemäß keinen Abberufungsgrund dar. Ein etwaiger neu zu berufender Verwalter des Refinanzierungsregisters wird im Rahmen des üblichen Bestellungsverfahrens vom registerführenden Unternehmen vorgeschlagen, so dass auch in diesem Falle wieder eine Person, welcher das registerführende Unternehmen vertraut, Verwalter des Refinanzierungsregisters wird. Die Bundesanstalt achtet ihrerseits bei der Bestellung darauf, dass der Verwalter des Refinanzierungsregisters unabhängig, zuverlässig und sachkundig ist (§ 22e Abs. 2 Satz 2 KWG).

§ 22 g Aufgaben des Verwalters

(1) Der Verwalter wacht darüber, dass das Refinanzierungsregister ordnungsgemäß geführt wird. Zu seinen Aufgaben gehört es jedoch nicht zu prüfen, ob es sich bei den eingetragenen Gegenständen um solche des Refinanzierungsunternehmens oder um nach § 22d Abs. 2 eintragungsfähige Gegenstände handelt.

(2) Insbesondere hat der Verwalter des Refinanzierungsregisters darauf zu achten, dass
1. das Refinanzierungsregister die nach § 22d Abs. 2 erforderlichen Angaben enthält,
2. die im Refinanzierungsregister enthaltenen Zeitangaben der Richtigkeit entsprechen und
3. die Eintragungen nicht nachträglich verändert werden.

Im Übrigen hat der Verwalter des Refinanzierungsregisters die inhaltliche Richtigkeit des Refinanzierungsregisters nicht zu überprüfen.

(3) Der Verwalter kann sich bei der Durchführung seiner Aufgaben anderer Personen und Einrichtungen bedienen.

Amtliche Begründung[1]

Zu § 22 g

Aufgabe des Verwalters ist es nicht, das Refinanzierungsregister zu führen. Dies besorgt das registerführende Unternehmen. Der Verwalter des Refinanzierungsregisters wacht lediglich darüber, dass das Refinanzierungsregister ordnungsgemäß geführt wird (Absatz 1 Satz 1). Dabei hat der Verwalter insbesondere darauf zu achten, dass das Refinanzierungsregister die nach § 22d Abs. 2 erforderlichen Angaben enthält, die im Refinanzierungsregister enthaltenen Zeitangaben korrekt sind und die Eintragungen nicht nachträglich verändert werden. Damit soll verhindert werden, dass Eintragungen im Refinanzierungsregister von Anfang an oder nachträglich rückdatiert werden und Dritte, insbesondere die Übertragungsberechtigten und sonstige Gläubiger des registerführenden Unternehmens bzw. des Inhabers der Gegenstände, geschädigt werden. Über die im Katalog des Absatzes 2 Satz 1 genannten Aspekte hinaus hat der Verwalter des Refinanzierungsregisters die inhaltliche Richtigkeit des Refinanzierungsregisters nicht zu überprüfen. Der Verwalter des Refinanzierungsregisters muss insbesondere nicht kontrollieren, ob das registerführende Unternehmen berechtigt war, bestimmte Gegenstände in das Refinanzierungsregister einzutragen. Absatz 1 Satz 2 stellt daher klar, dass der Verwalter nicht prüfen muss, dass die Gegenstände eintragungsfähig sind und es sich um im Eigentum des Refinanzierungsunternehmens stehende Gegenstände handelt. Da Eintragung in das Refinanzierungsregister keinerlei Gutglaubenswirkung entfaltet, besteht für Dritte keine Gefahr einer Beeinträchtigung ihrer Interessen, wenn Gegenstände zu Unrecht eingetragen werden. Der Ver-

---

[1] Zum Gesetz zur Neuorganisation der Bundesfinanzverwaltung und zur Schaffung eines Refinanzierungsregisters vom 22. September 2005 (BGBl. I S. 2809).

walter kann sich bei der Durchführung seiner Aufgaben anderer Personen und Einrichtungen bedienen (Absatz 3). Durch diese Regelung soll sichergestellt werden, dass auch solche Aspekte der Registerführung einer Überwachung unterzogen werden können, für die es besonderer Kenntnisse bedarf. So kann etwa in bestimmtem Rahmen die Hinzuziehung von Wirtschaftsprüfern angezeigt sein. Zur Überprüfung des elektronischen Systems des Refinanzierungsregisters kann es ratsam sein, eine technisch versierte Person hinzuzuziehen. Die für die Heranziehung Dritter erforderlichen Aufwendungen kann der Verwalter des Refinanzierungsregisters nach den allgemeinen Regeln ersetzt verlangen (§ 22i Abs. 1 Satz 1 KWG).

§ 22h Verhältnis des Verwalters zum registerführenden Unternehmen und zum Refinanzierungsunternehmen

(1) Der Verwalter ist befugt, jederzeit die Bücher und Papiere des registerführenden Unternehmens einzusehen, es sei denn, dass sie mit der Führung des Refinanzierungsregisters in keinem Zusammenhang stehen. In den Fällen des § 22b stehen dem Verwalter dieselben Befugnisse auch gegenüber dem Refinanzierungsunternehmen zu.

(2) Der Verwalter ist zur Verschwiegenheit über alle Tatsachen verpflichtet, von denen er durch Einsicht in die Bücher und Papiere des registerführenden Unternehmens oder des davon abweichenden Refinanzierungsunternehmens Kenntnis erlangt. Der Bundesanstalt darf er nur über Tatsachen Auskunft geben oder Mitteilung machen, die mit der Überwachung des Refinanzierungsregisters im Zusammenhang stehen.

(3) Streitigkeiten zwischen dem Verwalter und dem registerführenden Unternehmen oder dem davon abweichenden Refinanzierungsunternehmen entscheidet die Bundesanstalt.

§ 22i Vergütung des Verwalters

(1) Der Verwalter sowie sein Stellvertreter erhalten von dem registerführenden Unternehmen eine angemessene Vergütung, deren Höhe von der Bundesanstalt festgesetzt wird, und Ersatz der notwendigen Auslagen.

(2) weggefallen

(3) Außer in Fällen des Absatzes 1 sind Leistungen des registerführenden Unternehmens, des Refinanzierungsunternehmens, für welches das Register geführt wird, und der Übertragungsberechtigten an den Verwalter des Refinanzierungsregisters und dessen Stellvertreter unzulässig.

Amtliche Begründung[1]

Zu § 22i

Bei der Vergütung der Tätigkeit des Verwalters und dem Ersatz seiner Aufwendungen ist sicherzustellen, dass die im Gesetz vorgesehene Unabhängigkeit des Verwalters des Refinanzierungsregisters nicht durch eine finanzielle Abhängigkeit vereitelt wird. Grundsätzlich erhält der Verwalter daher nicht von dem überwachten registerführenden Unternehmen, sondern von der Bundesanstalt eine angemessene Vergütung und Aufwendungsersatz (Absatz 1). Die Vergütung hat sich am tatsäch-

---

1 Zum Gesetz zur Neuorganisation der Bundesfinanzverwaltung und zur Schaffung eines Refinanzierungsregisters vom 22. September 2005 (BGBl. I S. 2809).

lichen zeitlichen Aufwand des jeweiligen Verwalters zu orientieren, wobei auch die Komplexität des Überwachungsvorganges zu berücksichtigen ist. Zahlt die Bundesanstalt die Vergütung und den Aufwendungsersatz unmittelbar an den Verwalter des Refinanzierungsregisters aus, hat das registerführende Unternehmen der Bundesanstalt die gezahlten Beträge gesondert zu erstatten und auf Verlangen der Bundesanstalt vorzuschießen. In der Praxis der Vergütung des Treuhänders bei den Hypothekenbanken hat es sich durchgesetzt, dass die Hypothekenbank im Namen der Bundesanstalt unmittelbar an den Treuhänder zahlt. Absatz 2 ermöglicht dies für die Vergütung des Verwalters, wenn dadurch keine Beeinflussung der Unabhängigkeit des Verwalters des Refinanzierungsregisters zu besorgen ist. Mit dieser Vorschrift wird für die Vergütung des Verwalters eine eindeutige Rechtslage geschaffen. Damit soll keine Aussage über die Abwicklung der Vergütung im Bereich der Hypothekenbanken getroffen werden. Wegen der erforderlichen Unabhängigkeit des Verwalters des Refinanzierungsregisters sind alle anderen, nicht nach Absatz 2 ausnahmsweise zugelassenen Zahlungen unzulässig (Absatz 3). Verstöße der Zahlungsleistenden sind bußgeldbewehrt (§ 56 Abs. 3 Nr. 4a KWG). Das Verbot gilt nicht nur für Zahlungen des registerführenden Unternehmens, sondern auch für Zahlungen eines Refinanzierungsunternehmens, für welches das Register geführt wird, und der Übertragungsberechtigten. Werden dennoch Zahlungen geleistet, so darf der Verwalter diese nicht entgegennehmen bzw. hat diese nach den allgemeinen Vorschriften zurückzugewähren. Bei der Annahme verbotener Leistungen werden in der Regel auch die Voraussetzungen einer Abberufung des Verwalters durch die Bundesanstalt nach § 22e Abs. 3 Satz 1 KWG vorliegen, weil dem Verwalter die zur Überwachung erforderliche Unabhängigkeit fehlt. Daher soll die Bundesanstalt den Verwalter abberufen, wenn verbotene Leistungen erfolgt sind. Unberührt bleiben sozialtypische Leistungen wie die Gewährung von Getränken.

Amtliche Begründung[1]

Zu Nummer 25 (§ 22i)

Entsprechend der Neufassung des § 11 Absatz 1 PfandBG, in der die Vergütung des Treuhänders einer Pfandbriefbank geregelt wird, wird auch die Regelung der Vergütung des Verwalters eines Refinanzierungsregisters angepasst, da die beiden Fälle vergleichbar sind. Zudem wird in die Vergütungsregelung ausdrücklich auch ein gegebenenfalls nach § 22e Absatz 4 oder 5 bestellter Stellvertreter des Verwalters einbezogen und hierdurch klargestellt, dass auch dieser eine entsprechende Vergütung erhält. Dadurch, dass sich der Anspruch auf Zahlung der Vergütung und Ersatz der notwendigen Auslagen zukünftig unmittelbar gegen das registerführende Unternehmen richtet, wird Absatz 2 obsolet und ist daher aufzuheben.

§ 22j Wirkungen der Eintragung in das Refinanzierungsregister

(1) Gegenstände des Refinanzierungsunternehmens, die ordnungsgemäß im Refinanzierungsregister eingetragen sind, können im Fall der Insolvenz des Refinanzierungsunternehmens vom Übertragungsberechtigten nach § 47 der Insolvenzordnung ausgesondert werden. Das Gleiche gilt für Gegenstände, die an die Stelle der ordnungsgemäß im Refinanzierungsregister eingetragenen Gegenstände treten. Gegen Verfügungen im Wege der Zwangsvollstreckung oder der Arrestvollziehung kann der

---

1 Zum Gesetz zur Umsetzung der geänderten Bankenrichtlinie und der geänderten Kapitaladäquanzrichtlinie vom 19. November 2010 (BGBl. I S. 1592); vgl. BT-Drucksache 17/1720 vom 17. Mai 2010.

Übertragungsberechtigte Widerspruch im Wege der Klage nach § 771 der Zivilprozessordnung erheben.

(2) Die Eintragung in das Refinanzierungsregister schränkt Einwendungen und Einreden Dritter gegen die eingetragenen Forderungen und Rechte nicht ein. Werden die im Refinanzierungsregister eingetragenen Gegenstände ausgesondert oder an den Übertragungsberechtigten beziehungsweise von dem Übertragungsberechtigten an einen Dritten übertragen, können alle Einwendungen und Einreden wie bei einer Abtretung geltend gemacht werden. Die Vorschrift des § 1156 Satz 1 des Bürgerlichen Gesetzbuchs findet keine Anwendung. Dienen im Refinanzierungsregister eingetragene Gegenstände der Absicherung anderer Gegenstände, so kann der Sicherungsgeber gegenüber dem Übertragungsberechtigten alle Einwendungen und Einreden aus dem Vertrag geltend machen, der den rechtlichen Grund für die Absicherung enthält. Die Vorschrift des § 1157 Satz 2 des Bürgerlichen Gesetzbuchs findet keine Anwendung. § 22d Abs. 4 in Verbindung mit § 22j Abs. 1 Satz 1 und 2 bleibt jedoch unberührt.

(3) Gegenüber den Ansprüchen des Übertragungsberechtigten auf Übertragung der ordnungsgemäß im Refinanzierungsregister eingetragenen Gegenstände kann das Refinanzierungsunternehmen nicht aufrechnen und keine Zurückbehaltungsrechte geltend machen. Anfechtungsrechte seiner Gläubiger nach dem Anfechtungsgesetz und den §§ 129 bis 147 der Insolvenzordnung bleiben unberührt.

(4) Den Wirkungen der Absätze 1 bis 3 steht nicht entgegen, dass das Refinanzierungsunternehmen im Rahmen der Veräußerung der eingetragenen Gegenstände an den Übertragungsberechtigten das Risiko deren Werthaltigkeit ganz oder teilweise trägt.

Amtliche Begründung[1]

Zu § 22j

Die Vorschrift regelt die Rechtsfolgen der Eintragung in das Refinanzierungsregister und ist damit die Kernvorschrift zur Verbesserung der Finanzierungsmöglichkeiten in Deutschland. An Gegenständen des Refinanzierungsunternehmens, die ordnungsgemäß im Refinanzierungsregister eingetragen sind, steht im Fall der Eröffnung eines Insolvenzverfahrens über das Vermögen des Refinanzierungsunternehmens dem Übertragungsberechtigten ein Aussonderungsrecht zu (Absatz 1 Satz 1). Der Eintragung und den Wirkungen der Eintragung steht nicht entgegen, dass das Refinanzierungsunternehmen im Rahmen eines Verkaufs der eingetragenen Gegenstände an den Übertragungsberechtigten das Risiko deren Werthaltigkeit ganz oder teilweise trägt. Eintragungen in das Refinanzierungsregister führen nicht zu einem Übergang von Rechten. Die sachenrechtliche Zuordnung der Gegenstände bleibt durch die Registereintragungen vollständig unberührt. Sachenrechtliche Befugnisse erwirbt die Zweckgesellschaft, der Refinanzierungsmittler oder die Pfandbriefbank nicht. Insbesondere erlangen die Übertragungsberechtigten keine Verfügungsbefugnis in Bezug auf die eingetragenen Gegenstände. Die Übertragungsberechtigten können lediglich im Falle der Eröffnung des Insolvenzverfahrens über das Vermögen des Refinanzierungsunternehmens ein Aussonderungsrecht gemäß § 47 InsO geltend machen. Diese Wirkung der Eintragung gilt nur für Gegenstände »des Refinanzierungsunternehmens oder des Refinanzierungsmittlers«, d.h. solcher, die im Eigentum dieser Unternehmen stehen. Wurden Gegenstände eingetragen, die im Eigentum anderer stehen oder ist das Refinanzierungsunternehmen nicht Inhaber der eingetragenen Forderung, des Anspruchs oder des sonstigen Rechts, entfaltet die Registereintragung folglich keine Wirkungen. Die aus der Eintragung folgenden Rechte können auch in

---

1 Zum Gesetz zur Neuorganisation der Bundesfinanzverwaltung und zur Schaffung eines Refinanzierungsregisters vom 22. September 2005 (BGBl. I S. 2809).

Bezug auf Gegenstände geltend gemacht werden, die an die Stelle der ordnungsgemäß im Refinanzierungsregister eingetragenen Gegenstände getreten sind. Da die Eintragung in das Refinanzierungsregister nicht zu einem Übergang von Rechten führt, schränkt sie Einwendungen und Einreden Dritter gegen die eingetragenen Forderungen und Rechte grundsätzlich nicht ein. Dies wird durch Absatz 2 Satz 1 klargestellt. Nach Absatz 2 Satz 2 gilt dies auch dann, wenn der Übertragungsberechtigte bei Insolvenz des Refinanzierungsunternehmens einen eingetragenen Gegenstand aussondert oder wenn das Refinanzierungsunternehmen diesen an einen Übertragungsberechtigten überträgt. Überträgt der Übertragungsberechtigte seinerseits einen solchen Gegenstand an einen Dritten, so können Einwendungen und Einreden auch gegenüber diesem Dritten geltend gemacht werden. Durch die Formulierung »wie bei einer Abtretung« wird klargestellt, dass es sich insoweit um eine Rechtsfolgenverweisung handelt. Ein Schuldner kann sich daher dem Übertragungsberechtigten oder einem Dritterwerber gegenüber auch dann auf Einwendungen und Einreden insbesondere nach Maßgabe der §§ 404 bis 410 BGB stützen, wenn keine Abtretung erfolgt ist, d.h. obwohl die Tatbestandsvoraussetzungen der §§ 404 bis 410 BGB an sich nicht erfüllt sind. Die Vorschrift dient dem Schutz der Schuldner des Refinanzierungsunternehmens. Zum Schutze der Schuldner des Refinanzierungsunternehmens wird § 1156 Satz 1 BGB im Zusammenhang mit den Rechtswirkungen der Eintragung in die Register ausdrücklich ausgeschlossen (Absatz 2 Satz 3). Damit wird sichergestellt, dass der Forderungsschuldner auch bei Abtretung grundpfandrechtlich gesicherter Forderungen Einwendungen und Einreden gegen den neuen Gläubiger geltend machen kann. Zum Schutze der Sicherheitenbesteller wird in Absatz 2 Satz 4 angeordnet, dass sie alle Einwendungen und Einreden aus der Sicherungsabrede geltend machen können. Ein gutgläubiger Erwerb der Einredefreiheit ist dadurch ausgeschlossen. Schuldner und Sicherheitenbesteller sind damit bei Eintragungen in ein Refinanzierungsregister besser geschützt als im Falle der Übertragung der Rechte. Satz 5 hat lediglich klarstellende Funktion. Allerdings erfährt die Möglichkeit, Einwendungen und Einreden gegen eingetragene Gegenstände geltend zu machen, durch Absatz 2 Satz 6 eine Ausnahme. Durch die Formulierung »§ 22d Abs. 4 in Verbindung mit § 22j Abs. 1 Satz 1 und 2 bleibt jedoch unberührt«, soll klargestellt werden, dass die Möglichkeit zur Geltendmachung von Einwendungen und Einreden folgende Ausnahme erfährt: Der Schuldner kann nicht einwenden, dass mündlich oder konkludent ein Abtretungsverbot mit ihm vereinbart worden ist. Der Schuldner kann jedoch grundsätzlich einwenden, dass mit ihm schriftlich ein Abtretungsverbot vereinbart worden ist. Handelt es sich allerdings bei der eingetragenen Forderung um eine Geldforderung im Sinne des § 354a des Handelsgesetzbuchs, so ist der Schuldner mit der Einwendung, es sei mit ihm schriftlich ein Abtretungsverbot vereinbart worden, ausgeschlossen. Unter keinen Umständen ausgeschlossen ist der Schuldner jedoch mit der Einwendung, es liege ein Verstoß gegen ein gesetzliches Verfügungsverbot vor. Gegenüber Ansprüchen auf Übertragung ordnungsgemäß im Refinanzierungsregister eingetragener Gegenstände kann das Refinanzierungsunternehmen nicht aufrechnen und keine Zurückbehaltungsrechte geltend machen (Absatz 3), da auch nach einer Übertragung der Veräußerer (regelmäßig das registerführende Unternehmen) im Falle von Aufrechnungsmöglichkeiten und Zurückbehaltungsrechten die Übertragung nicht mehr rückgängig machen könnte. Daher soll er auch nach Eintragung des Gegenstandes in das Refinanzierungsregister die Übertragung nicht mehr verhindern können. Unberührt bleiben die Anfechtungsrechte der Gläubiger des veräußernden Unternehmens.

Amtliche Begründung[1]

Zu Nummer 14 (§ 22j KWG)

Durch Eintragung im Refinanzierungsregister wird eine Forderung insolvenzfest. Ein ausdrücklicher Schutz vor Zwangsvollstreckungsmaßnahmen Dritter wird nicht gewährt. Dies ist nach deutschem Recht auch nicht erforderlich. Denn der Aussonderungsanspruch des Übertragungsberechtigten aus dem Refinanzierungsregister ist ein »die Veräußerung hinderndes Recht« im Sinne des § 771 der Zivilprozessordnung (ZPO). Bei Zwangsvollstreckungen Dritter in die in ein Refinanzierungsregister eingetragenen Gegenstände kann der Übertragungsberechtigte damit die Drittwiderspruchsklage nach § 771 ZPO geltend machen. Die Zwangsvollstreckung ist dann unzulässig. Von Ratingagenturen und Pfandbriefanalysten werden Zweifel an diesem Vollstreckungsschutz geäußert. Mit der neuen Regelung wird das Vorhandensein dieses Vollstreckungsschutzes klargestellt. Die gewünschten Änderungen haben keinen über schon vorhandene Vorschriften hinausgehenden Regelungsgehalt.

§ 22k Beendigung und Übertragung der Registerführung

(1) Willigen alle im Refinanzierungsregister eingetragenen Übertragungsberechtigten und, sofern ein Übertragungsberechtigter eine Pfandbriefbank oder ein Versicherungsunternehmen ist, der Treuhänder der Pfandbriefbank oder des Versicherungsunternehmens ein, kann die Führung des Refinanzierungsregisters einen Monat nach Anzeige an die Bundesanstalt beendet werden. Willigen alle im Refinanzierungsregister eingetragenen Übertragungsberechtigten und, sofern ein Übertragungsberechtigter eine Pfandbriefbank oder ein Versicherungsunternehmen ist, der Treuhänder der Pfandbriefbank oder des Versicherungsunternehmens ein, kann die Registerführung unter Aufsicht der Bundesanstalt auf ein geeignetes Kreditinstitut übertragen werden, sofern es sich bei den eingetragenen Gegenständen um solche des die Registerführung übernehmenden Kreditinstituts handelt oder die Voraussetzungen des § 22b über die Führung des Refinanzierungsregisters für Dritte vorliegen.

(2) Die Registerführung endet außerdem, wenn das registerführende Unternehmen nach Einschätzung der Bundesanstalt zur Registerführung ungeeignet ist. In diesem Fall wird die Führung des Registers unter Aufsicht der Bundesanstalt auf ein nach Einschätzung der Bundesanstalt zur Registerführung geeignetes Kreditinstitut übertragen. Die Vorschriften des § 22b über die Führung des Refinanzierungsregisters für Dritte finden sinngemäße Anwendung.

(3) Absatz 2 findet keine Anwendung, wenn über das Vermögen eines Unternehmens, das ein Refinanzierungsregister nicht nur für Dritte führt, das Insolvenzverfahren eröffnet wird.

Amtliche Begründung[2]

Zu § 22k

Die Vorschrift regelt die Beendigung und Übertragung der Registerführung. Zu unterscheiden ist dabei die freiwillige (Absatz 1) und unfreiwillige (Absatz 2) Aufgabe

---

1 Zum Gesetz zur Fortentwicklung des Pfandbriefrechts vom 20. März 2009 (BGBl. I S. 607); vgl. BT-Drucksache 16/11130 vom 1. Dezember 2008.
2 Zum Gesetz zur Neuorganisation der Bundesfinanzverwaltung und zur Schaffung eines Refinanzierungsregisters vom 22. September 2005 (BGBl. I S. 2809).

der Registerführung. Willigen alle im Refinanzierungsregister eingetragenen Übertragungsberechtigten und deren Gläubiger ein, kann die Führung des Refinanzierungsregisters nach Anzeige an die Bundesanstalt und Ablauf eines Monats nach Eingang der Anzeige beendet werden (Absatz 1 Satz 1). Die Zustimmung der Übertragungsberechtigten und ihrer Gläubiger ist erforderlich, weil sich ihre Rechtsstellung mit der Beendigung der Registerführung deutlich verschlechtert: Sind die Gegenstände, auf deren Übertragung ein Anspruch besteht, nicht mehr im Register eingetragen, so entfallen die Rechtswirkungen des § 22j KWG. Da dadurch möglicherweise auch die Haftungsmasse der Übertragungsberechtigten verringert wird, ist auch die Zustimmung ihrer Gläubiger erforderlich. Diese lassen sich üblicherweise vergleichsweise leicht ermitteln, da Refinanzierungsmittler und Zweckgesellschaften nur sehr begrenzt am Wirtschaftsverkehr teilnehmen. Erforderlich sind außerdem eine Anzeige an die Bundesanstalt und der Ablauf eines Monats nach Eingang der Anzeige. Diese Zeitspanne soll der Bundesanstalt dazu dienen, zusammen mit dem Verwalter auf Grundlage der eingereichten Unterlagen die Ordnungsmäßigkeit der Registerführung und ihrer Beendigung abschließend zu überprüfen. Willigen alle im Refinanzierungsregister eingetragenen Übertragungsberechtigten und deren Gläubiger ein, kann die Registerführung unter Aufsicht der Bundesanstalt auf ein nach Einschätzung der Bundesanstalt zur Registerführung geeignetes Kreditinstitut übertragen werden, sofern es sich bei den eingetragenen Gegenständen um solche des die Registerführung übernehmenden Kreditinstituts handelt oder die Voraussetzungen des § 22b KWG über die Führung des Refinanzierungsregisters für Dritte vorliegen (Absatz 1 Satz 2). Diese Vorschrift erlaubt es, die Führung des Registers auf ein anderes Kreditinstitut zu übertragen. Da eine solche Übertragung insbesondere dann vorkommen wird, wenn die Übertragungsberechtigten mit der Registerführung unzufrieden sind, ist eine Beteiligung der Bundesanstalt angezeigt. Die Übertragung findet deshalb unter ihrer Aufsicht statt, d.h. sie ist über alle Schritte zu informieren und kann von sich aus auf Grundlage ihrer allgemeinen Aufsichtsbefugnisse über Kreditinstitute Untersuchungen anstellen. Anders als bei der erstmaligen Einrichtung eines Registers kann die Registerführung nicht von jedem Kreditinstitut übernommen werden, sondern nur von einem nach Einschätzung der Bundesanstalt geeigneten. Auch damit wird dem Umstand Rechnung getragen, dass eine Übertragung vor allem in den Fällen vorgenommen werden wird, in denen es bei der Registerführung zu Problemen gekommen ist. Auch bei der Übertragung sind die Beschränkungen des § 22b KWG über die Führung des Refinanzierungsregisters für Dritte zu beachten. Zur unfreiwilligen Beendigung der Registerführung kommt es, wenn das registerführende Unternehmen aus rechtlichen oder tatsächlichen Gründen oder nach Einschätzung der Bundesanstalt zur weiteren Registerführung ungeeignet ist (Absatz 2 Satz 1). Hauptbeispiele für die erste Gruppe sind der Verlust der Eigenschaft als Kreditinstitut, was vor allem bei Entzug der Erlaubnis zum Betreiben von Bankgeschäften und bei der Einstellung des Geschäftsbetriebes eintreten kann. Bei der Einschätzung, ob ein Kreditinstitut zur weiteren Registerführung ungeeignet ist, stützt sich die Bundesanstalt auf die Überwachung des Verwalters. Eigene Ermittlungen nimmt sie dem allgemeinen Konzept folgend auch in dieser Frage nicht vor. Die Bundesanstalt entscheidet allerdings selbständig auf Grundlage der vom Verwalter berichteten Tatsachen, ob ein Kreditinstitut nach ihrer Einschätzung ungeeignet ist oder nicht. Kommt es zu einer unfreiwilligen Beendigung der Registerführung, wird die Führung des Registers unter Aufsicht der Bundesanstalt auf ein nach Einschätzung der Bundesanstalt zur Registerführung geeignetes Kreditinstitut übertragen. Insoweit findet das Regelungsmodell des Absatzes 1 Anwendung. Die Vorschriften des § 22b KWG über die Führung des Refinanzierungsregisters für Dritte sind sinngemäß anzuwenden. Eine Registerführung für Dritte ist daher zulässig, ohne dass die Voraussetzungen des § 22b Abs. 2 KWG vorliegen. Die Eröffnung des Insolvenzverfahrens ist kein unfreiwilliger Beendigungsgrund (Absatz 3) im Sinne des Absatzes 2. In diesem Falle finden vielmehr die §§ 22l ff. KWG Anwendung. Wie sich im Umkehrschluss aus der Nichtnennung des Absatzes 1 ergibt, ist eine freiwillige Beendigung oder Übertragung der Registerführung auch nach Eröffnung des Insolvenzverfahrens möglich.

§ 221 Bestellung des Sachwalters bei Eröffnung des Insolvenzverfahrens

(1) Ist über das Vermögen eines Unternehmens, das ein Refinanzierungsregister nicht nur für Dritte führt, das Insolvenzverfahren eröffnet, bestellt das Insolvenzgericht auf Antrag der Bundesanstalt eine oder zwei von der Bundesanstalt vorgeschlagene natürliche Personen als Sachwalter des Refinanzierungsregisters (Sachwalter). Das Gericht kann vom Vorschlag der Bundesanstalt abweichen, wenn dies zur Sicherstellung einer sachgerechten Zusammenarbeit zwischen Insolvenzverwalter und Sachwalter erforderlich erscheint. Der Sachwalter erhält eine Urkunde über seine Ernennung, die er bei Beendigung seines Amtes dem Insolvenzgericht zurückzugeben hat.

(2) Die Bundesanstalt stellt einen Antrag nach Absatz 1 Satz 1, wenn dies nach Anhörung der Übertragungsberechtigten zur ordnungsgemäßen Verwaltung der im Refinanzierungsregister eingetragenen Gegenstände erforderlich erscheint. Als Sachwalter des Refinanzierungsregisters soll die Bundesanstalt den Verwalter des Refinanzierungsregisters vorschlagen, bei Fehlen oder dauernder Verhinderung desselben seinen Stellvertreter oder eine andere geeignete natürliche Person. Der Sachwalter des Refinanzierungsregisters ist auf Antrag der Bundesanstalt abzuberufen, wenn ein wichtiger Grund vorliegt.

(3) Erscheint die Bestellung eines zweiten Sachwalters des Refinanzierungsregisters zur ordnungsgemäßen Verwaltung der im Refinanzierungsregister eingetragenen Gegenstände erforderlich, kann die Bundesanstalt nach Anhörung der Übertragungsberechtigten einen weiteren Antrag nach Absatz 1 Satz 1 stellen. Stellt sie diesen Antrag, soll sie den Stellvertreter des Verwalters des Refinanzierungsregisters oder, wenn ein solcher fehlt, eine andere geeignete natürliche Person vorschlagen.

(4) Mit der Bestellung einer anderen Person als der des Verwalters zum Sachwalter erlischt das Amt des Verwalters. Das Amt wird vom Sachwalter des Refinanzierungsregisters fortgeführt. Die Sätze 1 und 2 gelten entsprechend für den Stellvertreter des Verwalters.

Amtliche Begründung[1]

Zu § 221

Diese Vorschrift regelt zusammen mit den nachfolgenden beiden Vorschriften die Folgen der Eröffnung des Insolvenzverfahrens über das Vermögen eines Unternehmens, das ein Refinanzierungsregister nicht nur für Dritte führt. Wird das Refinanzierungsregister nur für Dritte geführt, so finden die Vorschriften der §§ 22 l bis 22 n KWG keine Anwendung. Die Eröffnung des Insolvenzverfahrens über das Vermögen des registerführenden Unternehmens berührt die Rechtsstellung der Übertragungsberechtigten in diesem Falle nicht, da ihnen die Übertragung nicht das insolvente registerführende Unternehmen, sondern der nicht insolvente Dritte schuldet. Für das Rechtsverhältnis zwischen dem Dritten und dem registerführenden Unternehmen gelten die allgemeinen Vorschriften. Ebenfalls keine Anwendung finden die Vorschriften der §§ 22 l bis 22 n KWG, wenn das Insolvenzverfahren über das Vermögen eines Refinanzierungsunternehmens eröffnet wird, das nicht selbst das Register führt (§ 22 b KWG). In diesem Falle fehlt ein Refinanzierungsregister des insolventen Unternehmens als Anknüpfungspunkt für die in den §§ 22 l bis 22 n KWG vorgesehene Möglich-

---

[1] Zum Gesetz zur Neuorganisation der Bundesfinanzverwaltung und zur Schaffung eines Refinanzierungsregisters vom 22. September 2005 (BGBl. I S. 2809).

keit einer Sachwaltung der im Refinanzierungsregister eingetragenen Gegenstände. Die Übertragungsberechtigten müssen vielmehr die Aussonderung der im Refinanzierungsregister ordnungsgemäß eingetragenen Gegenstände verlangen (§ 22j Abs. 1 Satz 1 KWG). Dieses Aussonderungsrecht besteht auch in Bezug auf Gegenstände, deren Übertragung das registerführende und nunmehr insolvente Unternehmen selbst schuldet. Bei den in der Praxis üblichen Refinanzierungsgeschäften reicht dieses Aussonderungsrecht jedoch nicht aus, um die Interessen der Übertragungsberechtigten und ihrer Gläubiger, also insbesondere der Erwerber der von einer Zweckgesellschaft emittierten Finanzinstrumente, zu wahren. Da die im Refinanzierungsregistereingetragenen Gegenstände nicht zur Insolvenzmasse im Sinne von § 35 InsO gehören (§ 22j Abs. 1 Satz 1 KWG), ist der Insolvenzverwalter zwar zunächst haftungsrechtlich für sie verantwortlich, er hat jedoch keine Verfügungsbefugnis über sie. Vor Eröffnung des Insolvenzverfahrens verwaltet regelmäßig das Refinanzierungsunternehmen aus rechtlichen und tatsächlichen Gründen die im Refinanzierungsregister eingetragenen Forderungen. Insbesondere leitet das Refinanzierungsunternehmen die bei ihm eingehenden Zins- und Tilgungszahlungen der Forderungsschuldner an die Übertragungsberechtigten weiter. Um zu verhindern, dass nach einer Beendigung des dieser Verwaltung zugrunde liegenden Geschäftsbesorgungsvertrags die Zweckgesellschaft bei Ausbleiben der Zahlungsweiterleitungen selbst innerhalb kürzester Zeit insolvent wird, weil sie die emittierten Finanzinstrumente nicht mehr bedienen kann, ermöglicht Absatz 1 auch im Insolvenzfalle zumindest für einen Übergangszeitraum weiterhin die Verwaltungsinfrastruktur des registerführenden Unternehmens zu nutzen und erspart den an Refinanzierungsgeschäften Beteiligten das unter Umständen langjährige Vorhalten teurer Auffanglösungen, wie sie insbesondere an konkurrierenden Kapitalmärkten erforderlich und üblich sind. Ist über das Vermögen eines auch für sich selbst registerführenden Unternehmens das Insolvenzverfahren eröffnet, kann die Bundesanstalt beim Insolvenzgericht beantragen, dass eine oder zwei von der Bundesanstalt vorgeschlagene natürliche Personen zum Sachwalter des Refinanzierungsregisters (legaldefiniert als Sachwalter) bestellt werden. Das Insolvenzgericht kann von dem Antrag der Bundesanstalt nur abweichen, wenn dies zur Sicherstellung einer sachgerechten Zusammenarbeit zwischen Insolvenzverwalter und Sachwalter erforderlich erscheint. Mit der Zuständigkeit des Insolvenzgerichts wird von dem Grundkonzept des Kreditwesengesetzes abgewichen, das sonst grundsätzlich das Gericht am Sitz des Kreditinstituts für zuständig erklärt. Zur besseren Koordinierung ist es im Falle der Eröffnung des Insolvenzverfahrens über das Vermögen des registerführenden Unternehmens aber sachgerechter, den Sachwalter von demselben Gericht bestellen zu lassen wie den Insolvenzverwalter, der das übrige Vermögen des registerführenden Unternehmens verwaltet. Der Sachwalter des Refinanzierungsregisters erhält vom Insolvenzgericht eine Ernennungsurkunde. Mit der Ernennungsurkunde weist er sich im Rechtsverkehr als Verfügungsberechtigter der im Refinanzierungsregister eingetragenen Gegenstände aus. Die Urkunde ist bei Beendigung des Amtes dem Gericht zurückzugeben. Die Bundesanstalt hat einen Antrag nach Absatz 1 Satz 1 zu stellen, wenn dies nach Anhörung der Übertragungsberechtigten zur ordnungsgemäßen Verwaltung der im Refinanzierungsregister eingetragenen Gegenstände erforderlich erscheint (Absatz 2). Bei der Beurteilung der Erforderlichkeit hat sie sich in besonderem Maße von den Interessen der Übertragungsberechtigten und deren Gläubigern leiten zu lassen. Insbesondere dann, wenn nur eine ganz geringe Zahl an Gegenständen eingetragen ist, wird es kostengünstiger sein, diese unmittelbar auszusondern und keinen Sachwalter des Refinanzierungsregisters zu bestellen. In diesem Falle werden die Übertragungsberechtigten die eingetragenen Gegenstände aussondern und selbst verwalten. Als Sachwalter des Refinanzierungsregisters soll die Bundesanstalt den bisherigen Verwalter des Refinanzierungsregisters vorschlagen. Dadurch wird vermieden, dass sich der Sachwalter des Refinanzierungsregisters erst einarbeiten und einen Überblick verschaffen muss, ehe er die Sachwaltung vollumfänglich aufnehmen kann. Der bisherige Verwalter des Refinanzierungsregisters ist mit dem jeweiligen

Refinanzierungsregister bestens vertraut und bietet dadurch Gewähr für eine unmittelbare Aufnahme der Tätigkeit als Sachwalter des Refinanzierungsregisters. Bei Fehlen oder dauernder Verhinderung des Verwalters des Refinanzierungsregisters soll sein Stellvertreter (§ 22e Abs. 4 KWG) vorgeschlagen werden, im Übrigen eine andere geeignete natürliche Person. Der Sachwalter des Refinanzierungsregisters ist auf Antrag der Bundesanstalt abzuberufen, wenn ein wichtiger Grund vorliegt. Dies ist insbesondere dann der Fall, wenn die Zahl der im Refinanzierungsregister eingetragenen Gegenstände vor allem durch Aussonderungen derart gesunken ist, dass die Voraussetzungen einer Bestellung eines Sachwalters des Refinanzierungsregisters nicht mehr vorlägen. Erscheint dies zur ordnungsgemäßen Verwaltung der im Refinanzierungsregister eingetragenen Gegenstände erforderlich, kann die Bundesanstalt nach Anhörung der Übertragungsberechtigten beim Insolvenzgericht einen Antrag auf Bestellung eines zweiten Sachwalters des Refinanzierungsregisters stellen (Absatz 3). Stellt sie diesen Antrag, soll sie den Stellvertreter des Verwalters des Refinanzierungsregisters oder, wenn ein solcher fehlt, eine andere geeignete natürliche Person vorschlagen. Diese Regelung ermöglicht es, das im Recht der Kreditinstitute verwirklichte »Vier-Augen-Prinzip« (siehe etwa § 33 Abs. 1 Satz 1 Nr. 5 KWG) auch in der Sachwaltung fortzuführen, sofern dies der Bundesanstalt geboten erscheint. Absatz 4 regelt das Verhältnis des Verwalters des Refinanzierungsregisters zum vom Insolvenzgericht bestellten Sachwalter, wenn beide nicht identisch sind: In diesem Falle erlischt das Amt des Verwalters des Refinanzierungsregisters mit der Bestellung des Sachwalters, der die Aufgaben des Verwalters fortführt (§ 22n Abs. 1 Satz 3 KWG). Entsprechendes gilt für den Stellvertreter des Verwalters des Refinanzierungsregisters.

§ 22m Bekanntmachung der Bestellung des Sachwalters

(1) Das Insolvenzgericht hat die Ernennung und Abberufung des Sachwalters unverzüglich dem zuständigen Registergericht mitzuteilen und öffentlich bekannt zu machen. Die Ernennung und Abberufung des Sachwalters sind auf die Mitteilung von Amts wegen in das Handelsregister einzutragen. Die Eintragungen werden nicht bekannt gemacht. Die Vorschriften des § 15 des Handelsgesetzbuchs finden keine Anwendung.

(2) Sind in das Refinanzierungsregister Rechte des registerführenden Unternehmens eingetragen, für die eine Eintragung im Grundbuch besteht, so ist die Bestellung des Sachwalters auf Ersuchen des Insolvenzgerichts oder des Sachwalters in das Grundbuch einzutragen, wenn nach der Art der Rechte und den Umständen zu besorgen ist, dass ohne die Eintragung die Interessen der Übertragungsberechtigten gefährdet werden. Satz 1 gilt entsprechend für Rechte des registerführenden Unternehmens, die im Schiffsregister, Schiffsbauregister oder im Register für Pfandrechte an Luftfahrzeugen eingetragen sind.

Amtliche Begründung[1]

Zu § 22m

Diese Vorschrift regelt die Art und Weise, wie der Rechtsverkehr über die Bestellung des Sachwalters des Refinanzierungsregisters informiert wird. Eine allgemeine Publizität wird dadurch erreicht, dass das Insolvenzgericht die Ernennung und Abberufung des Sachwalters unverzüglich öffentlich bekannt macht (Absatz 1). Dadurch soll eine zügige Information des Rechtsverkehrs darüber ermöglicht werden, dass die Verwal-

---

1 Zum Gesetz zur Neuorganisation der Bundesfinanzverwaltung und zur Schaffung eines Refinanzierungsregisters vom 22. September 2005 (BGBl. I S. 2809).

tung der im Refinanzierungsregister eingetragenen Gegenstände zumindest vorerst durch einen Sachwalter wahrgenommen wird. Außerdem hat das Insolvenzgericht dem für das registerführende Unternehmen zuständigen Registergericht die Ernennung und Abberufung des Sachwalters mitzuteilen. Das Registergericht hat auf Grund dieser Mitteilung die Ernennung und Abberufung sowie die Person des Sachwalters von Amts wegen in das Handelsregister einzutragen. Wegen der schon durch das Insolvenzgericht vorgenommenen Bekanntmachung sind die Eintragungen ins Handelsregister nicht bekannt zu machen. Es wird ausdrücklich klargestellt, dass mangels Bekanntmachung der handelsregisterlichen Eintragungen die Vorschriften des § 15 des Handelsgesetzbuchs nicht anzuwenden sind. Publizität wird ferner bei bestimmten Rechten hergestellt, die in besondere Register eingetragen sind (Absatz 2). Bei Rechten des registerführenden Unternehmens, für die eine Eintragung im Grundbuch besteht, ist die Bestellung des Sachwalters des Refinanzierungsregisters in das Grundbuch einzutragen, wenn nach der Art der Rechte und den Umständen zu besorgen ist, dass ohne die Eintragung die Interessen der Übertragungsberechtigten gefährdet werden. Die Eintragung erfolgt auf Ersuchen des Insolvenzgerichts oder des Sachwalters, da dem Registergericht die zur Einschätzung möglicher Gefahren erforderlichen Informationen fehlen. Gefahren bestehen insbesondere durch die Möglichkeit eines gutgläubigen Erwerbs vom seit Eröffnung des Insolvenzverfahrens nicht mehr verfügungsbefugten registerführenden Unternehmen. Entsprechende Eintragungen sind auch bei Rechten vorzunehmen, die im Schiffsregister, Schiffsbauregister oder im Register für Pfandrechte an Luftfahrzeugen eingetragen sind.

§ 22 n Rechtsstellung des Sachwalters

(1) Der Sachwalter steht unter der Aufsicht des Insolvenzgerichts. Das Insolvenzgericht kann vom Sachwalter insbesondere jederzeit einzelne Auskünfte oder einen Bericht über den Sachstand und die Geschäftsführung verlangen. Daneben obliegen dem Sachwalter die Pflichten eines Verwalters. Der Sachwalter und der Insolvenzverwalter haben einander alle Informationen mitzuteilen, die für das Insolvenzverfahren über das Vermögen des registerführenden Unternehmens und für die Verwaltung der im Refinanzierungsregister eingetragenen Gegenstände von Bedeutung sein können.

(2) Soweit das registerführende Unternehmen befugt war, die im Refinanzierungsregister eingetragenen Gegenstände zu verwalten und über sie zu verfügen, geht dieses Recht auf den Sachwalter über. In Abstimmung mit dem Insolvenzverwalter nutzt der Sachwalter alle Einrichtungen des registerführenden Unternehmens, die zur Verwaltung der eingetragenen Gegenstände erforderlich sind.

(3) Hat das registerführende Unternehmen nach der Bestellung des Sachwalters über einen im Refinanzierungsregister eingetragenen Gegenstand verfügt, so ist diese Verfügung unwirksam. Die Vorschriften der §§ 892, 893 des Bürgerlichen Gesetzbuchs, der §§ 16, 17 des Gesetzes über Rechte an eingetragenen Schiffen und Schiffsbauwerken und der §§ 16, 17 des Gesetzes über Rechte an Luftfahrzeugen bleiben unberührt. Hat das registerführende Unternehmen am Tage der Bestellung des Sachwalters des Refinanzierungsregisters verfügt, so wird vermutet, dass es nach der Bestellung verfügt hat.

(4) Der Sachwalter des Refinanzierungsregisters hat bei seiner Geschäftsführung die Sorgfalt eines ordentlichen und gewissenhaften Sachwalters anzuwenden. Verletzt der Sachwalter des Refinanzierungsregisters seine Pflichten, so können die Übertragungsberechtigten und das registerführende Unternehmen Ersatz des hierdurch entstehenden Schadens verlangen. Dies gilt nicht, wenn der Sachwalter des Refinanzierungsregisters die Pflichtverletzung nicht zu vertreten hat.

(5) Der Sachwalter des Refinanzierungsregisters erhält von der Bundesanstalt eine angemessene Vergütung und Ersatz seiner Aufwendungen. Die gezahlten Beträge sind der Bundesanstalt von den Übertragungsberechtigten anteilig nach der Anzahl der für sie eingetragenen Gegenstände gesondert zu erstatten und auf Verlangen der Bundesanstalt vorzuschießen. Soweit das Refinanzierungsregister für Dritte geführt wird, sind diese neben den Übertragungsberechtigten als Gesamtschuldner zur Erstattung und zum Vorschuss verpflichtet. § 22i Abs. 2 und 3 Satz 1 gilt sinngemäß. § 22i Abs. 3 Satz 2 findet mit der Maßgabe entsprechende Anwendung, dass die Bundesanstalt beim Insolvenzgericht einen Antrag auf Abberufung stellen soll.

Amtliche Begründung[1]

Zu § 22n

Gegenstand dieser Vorschrift ist die Rechtsstellung des Sachwalters. Der Sachwalter steht unter der Aufsicht des Insolvenzgerichts (Absatz 1). Dies ist nach der Bestellung des Sachwalters durch das Insolvenzgericht folgerichtig. Auch hier wird aus Gründen einer besseren Koordinierung von dem Grundkonzept des Kreditwesengesetzes abgewichen, nach dem das Gericht am Sitz des Kreditinstituts zuständig ist. Das Insolvenzgericht kann vom Sachwalter insbesondere jederzeit einzelne Auskünfte oder einen Bericht über den Sachstand und die Geschäftsführung verlangen. Neben seinen Pflichten gegenüber dem Insolvenzgericht hat der Sachwalter des Refinanzierungsregisters die Pflichten eines Verwalters des Refinanzierungsregisters zu erfüllen. Insbesondere hat er weiterhin nach Maßgabe des § 22f. Abs. 1 KWG Auskunfts- und Mitteilungspflichten gegenüber der Bundesanstalt. Sachwalter und Insolvenzverwalter werden beide vom Insolvenzgericht bestellt und verwalten beide Vermögensgegenstände, über welche zuvor das registerführende Unternehmen verfügungsbefugt war. Zu einer effektiven Wahrnehmung beider Aufgaben ist es unabdingbar, dass sich der Insolvenzverwalter und der Sachwalter des Refinanzierungsregisters über ihre Tätigkeit austauschen. Sie haben einander daher alle Informationen mitzuteilen, die für das Insolvenzverfahren über das Vermögen des registerführenden Unternehmens und für die Verwaltung der im Refinanzierungsregister eingetragenen Gegenstände von Bedeutung sein können. Soweit das registerführende Unternehmen befugt war, die im Refinanzierungsregister eingetragenen Gegenstände zu verwalten und über sie zu verfügen, geht dieses Recht auf den Sachwalter des Refinanzierungsregisters über (Absatz 2). Entsprechend allgemeinen Regeln erlangt der Sachwalter des Refinanzierungsregisters keine Verfügungsbefugnis über Gegenstände, welche das registerführende Unternehmen nach Maßgabe des § 22b für Dritte ins Refinanzierungsregister eingetragen hatte. Durch die Einräumung der Verfügungsbefugnis erhält der Sachwalter des Refinanzierungsregisters in Bezug auf die im Refinanzierungsregister eingetragenen Gegenstände eine ähnliche Rechtsstellung wie der Insolvenzverwalter über das übrige Vermögen des registerführenden Unternehmens. In Abstimmung mit dem Insolvenzverwalter nutzt der Sachwalter alle Einrichtungen des registerführenden Unternehmens, die zur Verwaltung der eingetragenen Gegenstände erforderlich sind. Dazu gehören auch die zuständigen Mitarbeiter des registerführenden Unternehmens. Hat das registerführende Unternehmen nach der Bestellung des Sachwalters des Refinanzierungsregisters über einen im Refinanzierungsregister eingetragenen Gegenstand verfügt, so ist diese Verfügung unwirksam (Absatz 3). Unberührt bleiben die den öffentlichen Glauben schützenden Vorschriften des Bürgerlichen Gesetzbuchs, des Gesetzes über Rechte an eingetragenen Schiffen und Schiffsbauwerken sowie des Gesetzes über Rechte an Luftfahrzeugen. Hat das registerführende Unternehmen am Tag der Bestellung des Sachwalters des Refinanzierungsregisters verfügt, so wird aus Gründen der Rechtsklarheit und des Schutzes der Übertragungsberechtigten unwi-

---

1 Zum Gesetz zur Neuorganisation der Bundesfinanzverwaltung und zur Schaffung eines Refinanzierungsregisters vom 22. September 2005 (BGBl. I S. 2809).

derleglich vermutet, dass das registerführende Unternehmen erst nach der Bestellung des Sachwalters des Refinanzierungsregisters verfügt hat, also als es nicht mehr verfügungsbefugt war. Der Sachwalter des Refinanzierungsregisters hat bei seiner Geschäftsführung die Sorgfalt eines ordentlichen und gewissenhaften Sachwalters anzuwenden (Absatz 4). Verletzt der Sachwalter des Refinanzierungsregisters seine Pflichten, so können die Übertragungsberechtigten sowie das registerführende Unternehmen Schadensersatz verlangen, sofern der Sachwalter des Refinanzierungsregisters nicht beweist, dass ihm kein Verschulden zur Last fällt. Diese umfassende Haftung ist Ausdruck der neutralen Stellung des Sachwalters des Refinanzierungsregisters, der beiden Seiten eine sorgfältige Wahrnehmung seiner Aufgaben schuldet. Der Sachwalter des Refinanzierungsregisters erhält von der Bundesanstalt eine angemessene Vergütung und Ersatz seiner Aufwendungen (Absatz 5). Diese Ansprüche treten neben die Ansprüche auf Vergütung und Ersatz seiner Aufwendungen als Verwalter, dessen Amt der Sachwalter ebenfalls ausübt (§ 22l Abs. 4 KWG). Anders als im Falle des Verwalters ist zur Kostenerstattung nicht eine einzelne Person verpflichtet (dort das registerführende Unternehmen, § 22i Abs. 1 Satz 2 KWG). Das registerführende Unternehmen ist nunmehr insolvent, von ihm kann die Bundesanstalt keine Erstattung mehr verlangen. Da die Masse von der Sachwaltung nicht profitiert, soll sie auch nicht für die Kosten der Sachwaltung aufkommen. Die Kosten sind der Bundesanstalt daher von den Übertragungsberechtigten als den an der Sachwaltung wirtschaftlich Interessierten anteilig nach der Anzahl der für sie eingetragenen Gegenstände gesondert zu erstatten und auf Verlangen vorzuschießen. Hat das registerführende Unternehmen das Refinanzierungsregister auch für Dritte geführt (§ 22b KWG), so wird es von diesen regelmäßig eine Vergütung erhalten haben. Übernimmt nunmehr der Sachwalter des Refinanzierungsregisters die Verwaltung, so soll der Dritte von seiner Vergütungspflicht nicht frei werden. Soweit das Refinanzierungsregister für Dritte geführt wird, sind diese daher neben den Übertragungsberechtigten als Gesamtschuldner zur Erstattung und zum Vorschuss verpflichtet. Die Anordnung der Gesamtschuld ermöglicht es, auch anderen Abreden der Parteien angemessen Rechnung zu tragen, ohne die Kostenerstattung für die Bundesanstalt zu erschweren. Haben etwa die Übertragungsberechtigten das registerführende Unternehmen für die Registerführung für den Dritten vergütet, so kann die Bundesanstalt gleichwohl vom Dritten den anteiligen Betrag verlangen. Der Dritte kann sich dann bei den Übertragungsberechtigten nach den allgemeinen Vorschriften erholen. Im Übrigen gelten die Vorschriften in § 22i Abs. 2 und 3 Satz 1 KWG sinngemäß. Sind verbotene Zahlungen erfolgt, soll die Bundesanstalt beim Insolvenzgericht einen Antrag auf Abberufung des Sachwalters des Refinanzierungsregisters stellen. Dies berücksichtigt, dass die Bundesanstalt nach Maßgabe des § 22l Abs. 1 Satz 1 KWG den Sachwalter anders als den Verwalter des Refinanzierungsregisters nicht selbst bestellt und abberuft, sondern das Insolvenzgericht.

§ 22o Bestellung des Sachwalters bei Insolvenzgefahr

(1) Unter den Voraussetzungen des § 46 bestellt das Gericht am Sitz des registerführenden Unternehmens auf Antrag der Bundesanstalt eine oder zwei Personen als Sachwalter. Die Bundesanstalt stellt einen Antrag nach Satz 1, wenn dies nach Anhörung der Übertragungsberechtigten zur ordnungsgemäßen Verwaltung der im Refinanzierungsregister eingetragenen Gegenstände erforderlich erscheint. Bei Gefahr im Verzuge ist auf die Anhörung zu verzichten. In diesem Fall ist die Anhörung unverzüglich nachzuholen.
(2) Für die Bestellung und Abberufung sowie für die Rechtsstellung eines unter diesen Umständen bestellten Sachwalters gelten die Vorschriften der §§ 22l bis 22n mit der Maßgabe entsprechend, dass an die Stelle des Insolvenzgerichts das Gericht am Sitz des registerführenden Unternehmens tritt. Ein wichtiger Grund im Sinne des § 22l

Abs. 2 Satz 3 liegt insbesondere dann vor, wenn die Voraussetzungen des § 46 wieder entfallen sind. In diesem Fall soll die Bundesanstalt aus dem Kreis der Sachwalter den Verwalter bestellen.

(3) Wird das Insolvenzverfahren über das Vermögen des registerführenden Unternehmens nach Bestellung des Sachwalters nach Maßgabe der Absätze 1 und 2 eröffnet, so gilt der Sachwalter für die Zeit nach Eröffnung des Insolvenzverfahrens als mit Eröffnung des Insolvenzverfahrens vom Insolvenzgericht bestellt. Das Insolvenzgericht tritt an die Stelle des Gerichts am Sitz des registerführenden Unternehmens. Das Gericht am Sitz des registerführenden Unternehmens hat dem Insolvenzgericht alle mit der Bestellung und Aufsicht des Sachwalters des Refinanzierungsregisters in Zusammenhang stehenden Unterlagen zu übergeben.

Amtliche Begründung[1]

Zu § 22 o

Der Sachwalter des Refinanzierungsregisters kann unter den Voraussetzungen des § 46 a KWG auch schon vor Eröffnung des Insolvenzverfahrens über das Vermögen des registerführenden Unternehmens bestellt werden (Absatz 1). Da in diesem Fall noch keine Zuständigkeit des Insolvenzgerichts besteht, ist entsprechend dem Grundkonzept des Kreditwesengesetzes das Gericht am Sitz des registerführenden Unternehmens zuständig. Die Bestellung erfolgt auf Antrag der Bundesanstalt, an welchen das Gericht gebunden ist. Die Bundesanstalt stellt einen entsprechenden Antrag, wenn dies nach Anhörung der Übertragungsberechtigten zur ordnungsgemäßen Verwaltung der im Refinanzierungsregister eingetragenen Gegenstände erforderlich erscheint. Die Übertragungsberechtigten als die durch eine nichtordnungsgemäße Registerführung maßgeblich Betroffenen und für die Sachwaltung Kostentragungspflichtigen sind anzuhören, sofern keine Gefahr im Verzuge ist. Für den vor Eröffnung des Insolvenzverfahrens bestellten Sachwalter des Refinanzierungsregisters gilt dasselbe wie für den gemäß § 22 l KWG bei Eröffnung des Insolvenzverfahrens bestellten Sachwalter. Ein Abberufungsgrund im Sinne des § 22 l Abs. 2 Satz 3 KWG liegt insbesondere dann vor, wenn die Voraussetzungen des § 46 a KWG entfallen sind, die nach Absatz 1 Anknüpfungspunkt der Bestellung Sachwalters des Refinanzierungsregisters vor Eröffnung des Insolvenzverfahrens sind. Sind die Voraussetzungen des § 46 a KWG wieder entfallen, soll die Bundesanstalt aus dem Kreis der Sachwalter den Verwalter des Refinanzierungsregisters bestellen. Durch diese Personenkontinuität wird eine lückenlose und effiziente Überwachung gewährleistet. Wird das Insolvenzverfahren über das Vermögen des registerführenden Unternehmens eröffnet, nachdem bereits ein Sachwalter nach Maßgabe der Absätze 1 und 2 bestellt worden ist, sorgt Absatz 3 für einen nahtlosen Übergang zur allgemeinen Rechtslage nach den §§ 22 l bis 22 n KWG. Für die Zeit nach Eröffnung des Insolvenzverfahrens gilt der schon zuvor bestellte Sachwalter des Refinanzierungsregisters als mit Eröffnung des Insolvenzverfahrens vom Insolvenzgericht bestellt. »Für die Zeit nach Eröffnung des Insolvenzverfahrens« bedeutet, dass die Fiktion erst ab diesem Zeitpunkt beginnt, seine früheren Rechtshandlungen also ihre Gültigkeit behalten. Das Insolvenzgericht tritt an die Stelle des Gerichts am Sitz des registerführenden Unternehmens. Letzteres hat dem Insolvenzgericht alle mit der Bestellung und Aufsicht des Sachwalters im Zusammenhang stehenden Unterlagen zu übergeben, damit das Insolvenzgericht seine Aufsicht auch für die Zeit vor Eröffnung des Insolvenzverfahrens ausüben kann.

---

1 Zum Gesetz zur Neuorganisation der Bundesfinanzverwaltung und zur Schaffung eines Refinanzierungsregisters vom 22. September 2005 (BGBl. I S. 2809).

3. Kundenrechte

§ 22 p *(weggefallen)*

ANMERKUNG § 22 p wurde durch das Gesetz zur Umsetzung der Zweiten E-Geld-Richtlinie vom 1. März 2011 (BGBl. I S. 288) aufgehoben, denn die Rücktauschbarkeit von elektronischem Geld soll jetzt in § 23 b des Zahlungsdiensteaufsichtsgesetzes geregelt werden.

4. Werbung und Hinweispflichten der Institute

§ 23 Werbung

(1) Um Missständen bei der Werbung der Institute zu begegnen, kann die Bundesanstalt bestimmte Arten der Werbung untersagen.
(2) Vor allgemeinen Maßnahmen nach Absatz 1 sind die Spitzenverbände der Institute und des Verbraucherschutzes zu hören.

Amtliche Begründung[1]

...
Die besondere Vertrauensempfindlichkeit des Kreditgewerbes macht es ferner nötig, daß die Kreditinstitute sich bei ihrer Werbung die der Natur ihres Geschäftes angemessene Zurückhaltung auferlegen. Zwar eröffnet das Gesetz gegen Wettbewerbsbeschränkungen auch dem Kreditgewerbe die Möglichkeit, selbst Wettbewerbsregeln aufzustellen, die nach Billigung durch die Kartellbehörde in das Register für Wettbewerbsregeln eingetragen werden können. Wegen der gesamtwirtschaftlichen Bedeutung, die einwandfreien Werbemethoden für das Ansehen des Kreditgewerbes in der Öffentlichkeit zukommt, muß jedoch auch der Aufsichtsbehörde die Befugnis gegeben werden, gegen Mißstände in der Werbung einzuschreiten. Da die Zins- und Provisionsregelung sich unmittelbar auf die Rentabilität der Kreditinstitute auswirkt und die Zulässigkeit von Werbemethoden nicht ohne Berücksichtigung der Berufsauffassung des Kreditgewerbes beurteilt werden kann, sieht der Entwurf vor, daß die Spitzenverbände vor dem Erlaß von Anordnungen nach § 23* angehört werden müssen ...
Welche Maßnahmen zur Regelung der Konditionen oder der Werbung getroffen werden, ist weitgehend eine Ermessensfrage. Die Anordnungen müssen jedoch immer der gesamtwirtschaftlichen Zielsetzung des § 23* dienen.
...
Die Anordnungen über die Werbung der Kreditinstitute nach Absatz 2 ergehen dagegen als Verwaltungsakte, weil sie sich auch an ein einzelnes Kreditinstitut richten können, und soweit sie sich an alle Kreditinstitute richten, sich nicht wesentlich auf deren Kundschaft auswirken.

---

1 Zur Ursprungsfassung.

Amtliche Begründung[1]

Um Mißständen bei der Werbung der Kreditinstitute zu begegnen, kann das BAKred bestimmte Arten der Werbung untersagen. Die Finanzdienstleistungsinstitute sind in die Regelung einzubeziehen. Die Zuständigkeit des BAKred wird indessen aufgehoben, soweit eine Zuständigkeit des BAWe begründet ist; damit wird dem funktionalen Ansatz Rechnung getragen.

ANMERKUNG

1. § 23 enthielt in der Ursprungsfassung des Gesetzes zwei Ermächtigungen: Durch Rechtsverordnung konnten Vorschriften über die Höhe der Soll- und Habenzinsen (Absatz 1), durch Verwaltungsakt Anordnungen über die Werbung der Kreditinstitute (Absatz 3) erlassen werden. Schwerpunkt der Norm war die Zinsregelung.
Aufgrund von § 23 Abs. 1 hat das Bundesaufsichtsamt für das Kreditwesen die Zinsverordnung vom 5. Februar 1965 (BGBl. I S. 33) erlassen. Sie übernahm die in den früheren Zinsanordnungen enthaltenen Regelungen der Soll- und Habenzinsen weitgehend. Die Zinsverordnung wurde durch Verordnung des Bundesaufsichtsamtes für das Kreditwesen vom 21. März 1967 (BGBl. I S. 352) wieder aufgehoben; sie galt also nur etwa zwei Jahre. Damit sind die Sollzinsen und die Habenzinsen der Kreditinstitute, die seit 1932 einer staatlichen Regelung unterlagen, völlig frei von hoheitlicher Einflussnahme. Da auch für die Zukunft nicht beabsichtigt sei, Regelungen über die Zinsen und Provisionen zu erlassen, wurde die entsprechende Ermächtigung in § 23 durch das 3. KWG-Änderungsgesetz von 1984 aufgehoben. Die Ermächtigung zum Erlass von Anordnungen über die Werbung blieb bestehen.
2. Eine generelle Anordnung über die Werbung der Kreditinstitute nach § 23 KWG ist nicht ergangen, war aber bereits in Vorbereitung. Auch hier galten die Anordnungen der früheren Aufsichtsinstanzen (insbesondere das Wettbewerbsabkommen) weiter. Im Zuge der grundlegenden Neuorientierung der Politik der staatlichen Einflussnahme im Kreditwesen, die zur Aufhebung der Zinsverordnung führte, wurde auch die staatliche Wettbewerbsregelung liberalisiert. Durch die Bekanntmachung über die Aufhebung der zum Wettbewerbsabkommen ergangenen Anordnungen vom 23. November 1967 (Bundesanzeiger Nr. 225 vom 1. Dezember 1967) hob das Bundesaufsichtsamt die bisherige Wettbewerbsregelung ersatzlos auf.
3. Durch das 6. KWG-Änderungsgesetz vom 22. Oktober 1997 wurde die Vorschrift umgestaltet (vgl. die vorstehende Amtliche Begründung). Vor allgemeinen Maßnahmen sind jetzt auch die Spitzenverbände des Verbraucherschutzes zu hören.
4. Ein Verstoß gegen eine Anordnung nach § 23 Abs. 1 ist nach § 56 Abs. 3 Nr. 5 ordnungswidrig.
5. Durch das Gesetz über die integrierte Finanzdienstleistungsaufsicht vom 22. April 2002 wurde Absatz 1 neu gefasst. Es handelt sich um eine redaktionelle Anpassung aufgrund der Errichtung der Bundesanstalt für Finanzdienstleistungsaufsicht zum 1. Mai 2002.

§ 23a Sicherungseinrichtung

(1) Ein Institut, das Bankgeschäfte im Sinne des § 1 Abs. 1 Satz 2 Nr. 1, 4 oder 10 betreibt oder Finanzdienstleistungen im Sinne des § 1 Abs. 1a Satz 2 Nr. 1 bis 4 erbringt, hat Kunden, die nicht Institute sind, im Preisaushang über die Zugehörigkeit zu einer Einrichtung zur Sicherung der Ansprüche von Einlegern und Anlegern (Sicherungseinrichtung) zu informieren. Das Institut hat ferner Kunden, die nicht Institute sind, vor Aufnahme der Geschäftsbeziehung in Textform in leicht verständlicher Form über die für die Sicherung geltenden Bestimmungen einschließlich Umfang und Höhe der

---

1 Zum 6. KWG-Änderungsgesetz.

Sicherung zu informieren. Sofern Einlagen und andere rückzahlbare Gelder nicht gesichert sind, hat das Institut auf diese Tatsache in den Allgemeinen Geschäftsbedingungen, im Preisaushang und an hervorgehobener Stelle in den Vertragsunterlagen vor Aufnahme der Geschäftsbeziehung hinzuweisen, es sei denn, die rückzahlbaren Gelder sind in Pfandbriefen, Kommunalschuldverschreibungen oder anderen Schuldverschreibungen, welche die Voraussetzungen des Artikels 52 Absatz 4 Satz 1 und 2 der Richtlinie 2009/65/EG erfüllen, verbrieft. Die Informationen in den Vertragsunterlagen gemäß Satz 3 dürfen keine anderen Erklärungen enthalten und sind gesondert von den Kunden zu unterschreiben. Außerdem müssen auf Anfrage Informationen über die Bedingungen der Sicherung einschließlich der für die Geltendmachung der Entschädigungsansprüche erforderlichen Formalitäten erhältlich sein.

(2) Scheidet ein Institut aus einer Sicherungseinrichtung aus, hat es die Kunden, die nicht Institute sind, sowie die Bundesanstalt und die Deutsche Bundesbank hierüber unverzüglich in Textform zu unterrichten.

Amtliche Begründung[1]

Die Einleger bei Kreditinstituten können darauf vertrauen, daß ihre Einlagen durch Sicherungseinrichtungen der Kreditwirtschaft geschützt sind. Im Wege der Selbsthilfe haben die Kreditinstitutsverbände nahezu lückenlose Sicherungssysteme mit weitreichenden Schutzleistungen geschaffen:

Für die Bankenaufsicht besitzen diese Sicherungseinrichtungen der Kreditwirtschaft eine Ergänzungsfunktion. Das Bundesaufsichtsamt kann bei seiner Aufgabe, für die Funktionsfähigkeit der Kreditwirtschaft nach den Vorschriften des KWG zu sorgen, durch die Prüfungseinrichtungen der Verbände und die vor Aufnahme in eine Sicherungseinrichtung von den Kreditinstituten zu erfüllenden Anforderungen unterstützt werden.

Das Streben nach Vermeiden eines relevanten Wettbewerbsnachteils und die Verbandssolidarität sorgen dafür, daß nahezu alle Kreditinstitute sich freiwillig einer inländischen Sicherungseinrichtung angeschlossen haben. Zur Zeit gibt es nur fünf nicht einem solchen Sicherungssystem angeschlossene Kreditinstitute mit Sitz im Inland, die eine Erlaubnis zum Einlagengeschäft auch mit dem kleinen Einleger haben. Diese Institute wiesen Ende März 1992 Verbindlichkeiten gegenüber Nichtbanken in Höhe von rd. 332 Millionen DM aus; eines der Institute (41 Millionen DM) hat die Aufnahme in eine Sicherungseinrichtung beantragt. Zum Vergleich: Der Gesamtbestand der Einlagen von Nichtbanken beträgt 2,3 Billionen DM. Außerdem gehören fünf Zweigstellen und zwei Tochterinstitute ausländischer Banken keinem deutschen Einlagensicherungssystem an, deren Verbindlichkeiten gegenüber Nichtbanken per Ende März 1992 sich auf rd. 418 Millionen DM beliefen und von denen ein Institut (132 Millionen DM) die Aufnahme in eine inländische Sicherungseinrichtung beantragt hat. Dennoch ist es erforderlich, daß mögliche Kunden darauf hingewiesen werden, wenn ein Kreditinstitut einem Einlagensicherungssystem nicht angehört. Der Kunde ist dann hinreichend informiert und kann frei entscheiden, ob er sein Geld diesem Kreditinstitut anvertraut. Sollte das Kreditinstitut in Zahlungsschwierigkeiten kommen und der Einleger Verluste erleiden, wäre er unter diesen Umständen nicht schutzwürdig. Die Kreditinstitute als Einleger gehören dem durch die Hinweispflicht geschützten Personenkreis nicht an.

Die Hinweispflicht nach Satz 1 rundet als ergänzende gesetzliche Vorkehrung das deutsche System der Sicherungseinrichtungen ab, das anders als in den meisten EG-Mitgliedstaaten ohne gesetzliche Verpflichtung zur Mitgliedschaft vollauf funktionstüchtig ist. Damit die Hinweispflicht in der beabsichtigten Weise wirkt, sind für sie

---

1 Zum 4. KWG-Änderungsgesetz.

Form und Zeitpunkt eindeutig festgelegt. Das Erfordernis ihrer deutlichen drucktechnischen Gestaltung ist § 2 Abs. 1 Satz 2 des Gesetzes über den Widerruf von Haustürgeschäften und ähnlichen Geschäften entlehnt. Die Pflicht zur gesonderten Unterschrift des Hinweises (Satz 2) erfüllt eine angesichts der Bedeutung der Einlagensicherung unverzichtbare Warnfunktion.

Bei Austritt aus der Sicherungseinrichtung ist außerdem eine unverzügliche schriftliche Unterrichtung der Kunden unverzichtbar, damit der Einleger diesen Sachverhalt in jedem Fall zur Kenntnis nehmen und unmittelbar darauf reagieren kann, da ein wichtiger Grund für eine außerordentliche Kündigung seinerseits vorliegt.

Diese Vorschriften gelten auch für Einlagen bei Bausparkassen, insbesondere für die Bauspareinlagen. Auch für diese Kreditinstitutsgruppe gilt die Hinweispflicht.

Amtliche Begründung[1]

Der bisherige § 23 a wird zum neuen Absatz 1. Der sachliche Anwendungsbereich wird auf andere rückzahlbare Gelder des Publikums erweitert. Eine gesetzliche Informationspflicht besteht künftig immer dann, wenn die rückzahlbaren Gelder von Kunden stammen, die nicht Kreditinstitut sind, keine Pfandbriefe oder Kommunalschuldverschreibungen sind und nicht durch eine inländische Einlagensicherungseinrichtung gedeckt sind. Mit der Erweiterung der Informationspflicht wird die Transparenz über das Bestehen einer Sicherung sichergestellt. Eine Informationspflicht ist bei Pfandbriefen und Kommunalschuldverschreibungen nicht geboten, weil die Sicherheit dieser Schuldverschreibungen durch die Vorschriften des Hypothekenbankgesetzes oder des Öffentlichen Pfandbriefgesetzes gewährleistet ist.

Auch Finanzdienstleistungsinstitute, die rückzahlbare Gelder entgegennehmen und keiner inländischen Einlagensicherungseinrichtung angehören, sind künftig zur Information von Kunden, die keine Kreditinstitute sind, verpflichtet. Finanzdienstleistungsinstitute werden als Kunden in den Schutzbereich der Vorschrift einbezogen, weil sie im Regelfall nicht über die personelle und sachliche Ausstattung von Kreditinstituten verfügen werden, um selbst eine ausreichende Information zu gewährleisten.

Scheidet ein Institut aus einer Sicherungseinrichtung aus, so hat es neben seinen Kunden auch das BAKred und die Deutsche Bundesbank unverzüglich zu unterrichten.

Mit dem neuen Absatz 2 wird Artikel 12 Unterabs. 1 der Wertpapierdienstleistungsrichtlinie umgesetzt. Eine Sicherungseinrichtung kann zugleich die Anforderungen an eine Einlagensicherungseinrichtung nach Absatz 1 und die Anforderungen an eine Anlegerentschädigungseinrichtung nach Absatz 2 erfüllen.

Begründung des von den Fraktionen der CDU/CSU und F.D.P. eingebrachten Entwurfs eines Gesetzes zur Umsetzung der EG-Einlagensicherungsrichtlinie und der EG-Anlegerentschädigungsrichtlinie

A. Problem

Der Gesetzentwurf dient der Umsetzung von zwei Richtlinien der Europäischen Gemeinschaft in deutsches Recht:
1. Die Richtlinie 94/19/EG des Europäischen Parlaments und des Rates vom 30. Mai 1994 über Einlagensicherungssysteme (Einlagensicherungsrichtlinie) bezweckt eine Harmonisierung des Mindestschutzes in bezug auf die Sicherung der Einlagen

---

[1] Zum 6. KWG-Änderungsgesetz.

bei Kreditinstituten. Sie verpflichtet Einlagenkreditinstitute, einem Entschädigungssystem anzugehören. Die Zugehörigkeit zu einem solchen System wird somit zur Voraussetzung für die Erlaubnis zum Betreiben des Einlagengeschäfts. Die Mitgliedstaaten haben dafür zu sorgen, daß zumindest ein Einlagensicherungssystem errichtet und anerkannt wird.

2. Die Richtlinie 97/9/EG des Europäischen Parlaments und des Rates vom 3. März 1997 über Systeme für die Entschädigung der Anleger (Anlegerentschädigungsrichtlinie) lehnt sich weitestgehend an die Einlagensicherungsrichtlinie an. Die Richtlinie verpflichtet die Mitgliedstaaten der EU zur Einführung eines oder mehrerer Anlegerentschädigungssysteme, denen grundsätzlich alle in dem jeweiligen Mitgliedstaat zugelassenen Wertpapierfirmen und Kreditinstitute, die Wertpapierdienstleistungen erbringen, angehören müssen. Die Firmen und Kreditinstitute dürfen Wertpapiergeschäfte nur tätigen, wenn sie einem solchen System angeschlossen sind.

B. Lösung

Die Umsetzung beider Richtlinien erfolgt im wesentlichen durch Schaffung eines neuen Einlagensicherungs- und Anlegerentschädigungsgesetzes. Darüber hinaus sind Änderungen im Wertpapierhandelsgesetz, im Gesetz über Kapitalanlagegesellschaften, im Gesetz über das Kreditwesen, im Körperschaftsteuergesetz und im Gewerbesteuergesetz vorgesehen.

Der Gesetzentwurf wird durch folgende Eckpunkte gekennzeichnet:
- Orientierung an den Mindeststandards der Richtlinien, um die Kostenbelastung für die zu beteiligenden Kreditinstitute bzw. Wertpapierfirmen möglichst gering zu halten;
- Übernahme der in den Richtlinien vorgesehenen Ausnahmemöglichkeiten für bereits bestehende institutssichernde Systeme;
- weitestmögliche Berücksichtigung der im Bereich der Einlagensicherung bereits bestehenden Strukturen;
- Bildung finanzstarker Sicherungssysteme, die durch eine ausreichende Anzahl beteiligter Institute eine breite Risikostreuung und damit kalkulierbare, möglichst niedrige Kosten sowie die Verfügbarkeit ausreichender Mittel im Entschädigungsfall gewährleisten;
- wettbewerbsneutrale Umsetzung, insbesondere durch Verwendung objektiver Zugangs- und Beitragsbemessungskriterien.

Die Sicherung der Einleger und Anleger soll durch Entschädigungseinrichtungen erfolgen, die bei der Kreditanstalt für Wiederaufbau als nicht rechtsfähige Sondervermögen des Bundes errichtet werden und die den öffentlichen Auftrag erhalten, eine Einlagensicherung durchzuführen.

Die Aufgaben und Befugnisse der Entschädigungseinrichtungen können auch juristischen Personen des Privatrechts zugewiesen werden. Diese Entschädigungseinrichtungen werden damit Beliehene. Dies hat den Vorteil, daß einerseits die öffentliche Verwaltung entlastet wird und andererseits private Initiative, Flexibilität, Verwaltungspotential, Finanzmittel und Sachkenntnis nutzbar gemacht werden.

Der Entwurf sieht die Zuordnung der Institute zu einzelnen Gruppen vor. Für jede Institutsgruppe soll jeweils eine Entschädigungseinrichtung gebildet werden. Bei den Gruppen wird differenziert zwischen Kreditinstituten mit Privatrechtsform und denjenigen in der Rechtsform des öffentlichen Rechts sowie den Bausparkassen. In einer weiteren Gruppe werden die Wertpapierfirmen zusammengefaßt.

Ziel dieser Gruppenbildung ist zum einen, die unterschiedliche Geschäftsstruktur der Institute zu berücksichtigen sowie zum anderen die Risiken auf möglichst viele Institute zu verteilen, um möglichst finanzstarke Sicherungseinrichtungen zu gewährleisten.

Aufgrund der im Sparkassen- und Kreditgenossenschaftsbereich bestehenden institutssichernden Systeme werden die diesen Systemen angeschlossenen Kreditinstitute von der Pflicht, einem der zuvor genannten Sicherungssysteme anzugehören, ausgenommen.

Durch die vorgesehene Regelung können die bestehenden Strukturen im Bereich der Einlagensicherung zu einem großen Teil beibehalten und im Falle der Beleihung weiterhin weitgehend selbstverwaltet werden, wobei die gesetzlich vorgegebene Mindestsicherung zukünftig der öffentlichen Aufsicht unterliegen wird.

Die Institute haben einen gesetzlichen Anspruch auf Anschluß an das System der Mindestsicherung.

Sofern ein Sicherungssystem den gesetzlichen Anforderungen nicht entspricht oder zum Zeitpunkt des Inkrafttretens des Gesetzes noch keine privatrechtliche Entschädigungseinrichtung anerkannt werden kann, wird ein Entschädigungssystem durch eine staatliche Institution vorgehalten. Der Staat entspricht damit seiner durch die Richtlinien vorgegebenen Verpflichtung, auf jeden Fall zumindest je ein System zur Entschädigung von Einlegern und Anlegern zur Verfügung zu stellen.

C. Alternativen

Keine.

D. Kosten des öffentlichen Haushalts

Für die durch den Vollzug des Gesetzes zur Umsetzung der EG-Einlagensicherungsrichtlinie und der EG-Anlegerentschädigungsrichtlinie beim Bundesaufsichtsamt für das Kreditwesen wahrzunehmenden Aufgaben sind insgesamt fünf Planstellen/Stellen erforderlich. Hierdurch entstehen laufende Kosten (einschließlich Sachkosten) in Höhe von etwa 800 000 DM jährlich. Gemäß § 51 Abs. 1 des Gesetzes über das Kreditwesen werden 90 % der entstehenden Kosten des BAKreddurch die beaufsichtigten Institute erstattet.

E. Sonstige Kosten

Die betroffenen Wirtschaftsverbände haben keine spezifischen Aussagen zu den Kostenwirkungen abgegeben. Die Bundesregierung geht insofern davon aus, daß sich die durch die Ausführung dieses Gesetzes bedingten zusätzlichen Ausgaben bei den Instituten insgesamt in einem vertretbaren Rahmen halten.

Die Belastung für die Wirtschaft insgesamt und auch die Belastung mittelständischer Unternehmen dürfte sich gemessen an den Gesamtkosten von Bankgeschäften und Finanzdienstleistungen in einem Rahmen halten, der keine spürbaren ungünstigen Auswirkungen auf das Preisniveau erwarten läßt. Eine Quantifizierung der Auswirkungen auf das Verbraucherpreisniveau ist nicht möglich.

ANMERKUNG

1. § 23a wurde durch das 4. KWG-Änderungsgesetz vom 21. Dezember 1992 eingefügt und durch das 6. KWG-Änderungsgesetz vom 22. Oktober 1997 umgestaltet. Wegen der Motive vgl. die vorstehenden Amtlichen Begründungen. Durch das Einlagensicherungs- und Anlegerentschädigungsgesetz vom 16. Juli 1998 (BGBl. I S. 1842) wurde § 23a wiederum in verschiedenen Punkten geändert, und zwar aufgrund einer Gesetzesinitiative der Regierungsfraktionen. Die Motive ergeben sich aus der vorstehend abgedruckten Begründung. Durch das Gesetz über die integrierte Finanzdienstleistungsaufsicht vom 22. April 2002 wurde die Vorschrift an die geänderte Bezeichnung der Aufsichtsbehörde in Bundesanstalt für Finanzdienstleistungsaufsicht angepasst.
2. § 23a Absatz 1 Satz 3 wurde geändert mit Hinweis auf die nachstehende EG-Richtlinie durch das Gesetz zur Umsetzung der Richtlinie 2009/65/EG zur Koordinierung der

Rechts- und Verwaltungsvorschriften betreffend bestimmte Organismen für gemeinsame Anlagen in Wertpapiere (OGAW-IV-UmsG) vom 22. Juni 2011 (BGBl. I S. 1126).

5. Besondere Pflichten der Institute, ihrer Geschäftsleiter sowie der Finanzholding-Gesellschaften, der gemischten Finanzholding-Gesellschaften und der gemischten Unternehmen

§ 24 Anzeigen

(1) Ein Institut hat der Bundesanstalt und der Deutschen Bundesbank unverzüglich anzuzeigen
1. die Absicht der Bestellung eines Geschäftsleiters oder eines Vertreters des Geschäftsleiters und die Absicht der Ermächtigung einer Person zur Einzelvertretung des Instituts in dessen gesamten Geschäftsbereich, jeweils unter Angabe der Tatsachen, die für die Beurteilung der Zuverlässigkeit, der fachlichen Eignung und der ausreichenden zeitlichen Verfügbarkeit für die Wahrnehmung der jeweiligen Aufgaben wesentlich sind, sowie den Vollzug, die Aufgabe oder die Änderung einer solchen Absicht;
2. das Ausscheiden eines Geschäftsleiters, das Ausscheiden eines Vertreters des Geschäftsleiters sowie die Entziehung der Befugnis zur Einzelvertretung des Instituts in dessen gesamten Geschäftsbereich;
3. die Änderung der Rechtsform, soweit nicht bereits eine Erlaubnis nach § 32 Abs. 1 erforderlich ist, und die Änderung der Firma;
4. einen Verlust in Höhe von 25 vom Hundert der nach Artikel 4 Absatz 1 Nummer 71 der Verordnung (EU) Nr. 575/2013 anrechenbaren Eigenmittel;
5. die Verlegung der Niederlassung oder des Sitzes;
6. die Errichtung, die Verlegung und die Schließung einer Zweigstelle in einem Drittstaat sowie die Aufnahme und die Beendigung der Erbringung grenzüberschreitender Dienstleistungen ohne Errichtung einer Zweigstelle;
7. die Einstellung des Geschäftsbetriebs;
8. die Absicht seiner gesetzlichen und satzungsgemäßen Organe, eine Entscheidung über seine Auflösung herbeizuführen;
9. das Absinken des Anfangskapitals unter die Mindestanforderungen nach § 33 Abs. 1 Satz 1 Nr. 1 sowie den Wegfall einer geeigneten Versicherung nach § 33 Abs. 1 Satz 2 und 3;
10. den Erwerb oder die Aufgabe einer bedeutenden Beteiligung an dem eigenen Institut, das Erreichen, das Über- oder das Unterschreiten der Beteiligungsschwellen von 20 vom Hundert, 30 vom Hundert und 50 vom Hundert der Stimmrechte oder des Kapitals sowie die Tatsache, daß das Institut Tochterunternehmen eines anderen Unternehmens wird oder nicht mehr ist, sobald das Institut von der bevorstehenden Änderung dieser Beteiligungsverhältnisse Kenntnis erlangt;
11. jeden Fall, in dem die Gegenpartei eines Pensionsgeschäftes, umgekehrten Pensionsgeschäftes oder Darlehensgeschäftes in Wertpapieren oder Waren ihren Erfüllungsverpflichtungen nicht nachgekommen ist;
12. das Entstehen, die Änderung oder die Beendigung einer engen Verbindung zu einer anderen natürlichen Person oder einem anderen Unternehmen;
13. das Entstehen, die Veränderungen in der Höhe oder die Beendigung einer qualifizierten Beteiligung an anderen Unternehmen;
14. die Vorlage eines Vorschlags zu einer Beschlussfassung gemäß § 25a Absatz 5 Satz 6;

14a. den Beschluss über die Billigung einer höheren variablen Vergütung nach § 25a Absatz 5 Satz 5 unter Angabe der beschlossenen Erhöhung der variablen Vergütung im Verhältnis zur fixen Vergütung;
15. die Bestellung eines Mitglieds und stellvertretender Mitglieder des Verwaltungs- oder Aufsichtsorgans unter Angabe der Tatsachen, die zur Beurteilung ihrer Zuverlässigkeit, Sachkunde und der ausreichenden zeitlichen Verfügbarkeit für die Wahrnehmung ihrer Aufgaben notwendig sind;
15a. das Ausscheiden eines Mitglieds und stellvertretender Mitglieder des Verwaltungs- oder Aufsichtsorgans;
16. eine Änderung des Verhältnisses von bilanziellem Eigenkapital zur Summe aus der Bilanzsumme und den außerbilanziellen Verpflichtungen und des Wiedereindeckungsaufwands für Ansprüche aus außerbilanziellen Geschäften (modifizierte bilanzielle Eigenkapitalquote) um mindestens 5 vom Hundert auf der Grundlage eines Monatsausweises nach § 25 Abs. 1 Satz 1 oder der monatlichen Bilanzstatistik nach § 25 Abs. 1 Satz 3 jeweils zum Ende eines Quartals im Verhältnis zum festgestellten Jahresabschluss des Instituts; soweit das Institut nach internationalen Rechnungslegungsstandards bilanziert oder auf Grund der Vorschriften des Wertpapierhandelsgesetzes zur Aufstellung von Zwischenabschlüssen verpflichtet ist, ist eine entsprechende Änderung der modifizierten bilanziellen Eigenkapitalquote auch auf der Grundlage eines Zwischenabschlusses im Verhältnis zum festgestellten Jahresabschluss nach internationalen Rechnungslegungsstandards anzuzeigen;
17. Kredite
   a) an Kommanditisten, Gesellschafter einer Gesellschaft mit beschränkter Haftung, Aktionäre, Kommanditaktionäre oder Anteilseigner an einem Institut des öffentlichen Rechts, wenn diesen jeweils mehr als 25 Prozent des Kapitals (Nennkapital, Summe der Kapitalanteile) des Instituts gehören oder ihnen jeweils mehr als 25 Prozent der Stimmrechte an dem Institut zustehen und der Kredit zu nicht marktmäßigen Bedingungen gewährt oder nicht banküblich besichert worden ist, und
   b) an Personen, die Kapital, soweit es sich nicht um Kapital nach Buchstabe a handelt, nach Artikel 26 Absatz 1 Buchstabe a und Artikel 51 Buchstabe a der Verordnung (EU) Nr. 575/2013 in der jeweils geltenden Fassung gewährt haben, das mehr als 25 Prozent des Kernkapitals nach Artikel 25 der Verordnung (EU) Nr. 575/2013 in der jeweils geltenden Fassung ohne Berücksichtigung des Kapitals nach Artikel 26 Absatz 1 Buchstabe a und Artikel 51 Buchstabe a der Verordnung (EU) Nr. 575/2013 in der jeweils geltenden Fassung beträgt, wenn der Kredit zu nicht marktmäßigen Bedingungen gewährt oder nicht banküblich besichert worden ist.

(1a) Ein Institut hat der Bundesanstalt und der Deutschen Bundesbank jährlich anzuzeigen:
1. seine engen Verbindungen zu anderen natürlichen Personen oder Unternehmen,
2. seine qualifizierten Beteiligungen an anderen Unternehmen,
3. den Namen und die Anschrift des Inhabers einer bedeutenden Beteiligung an dem anzeigenden Institut und an den ihm nach § 10a nachgeordneten Unternehmen mit Sitz im Ausland sowie die Höhe dieser Beteiligungen,
4. die Anzahl seiner inländischen Zweigstellen,
5. die modifizierte bilanzielle Eigenkapitalquote auf der Grundlage des festgestellten Jahresabschlusses,
6. die Einstufung als bedeutendes Institut im Sinne des § 1 Absatz 2 der Instituts-Vergütungsverordnung vom 6. Oktober 2010 (BGBl. I S. 1374) sowie eine Änderung dieser Einstufung,
7. soweit es sich um ein CRR-Institut handelt, die Informationen, die für einen Vergleich der Vergütungstrends und -praktiken im Sinne des Artikels 75 Absatz 1

der Richtlinie 2013/36/EU in Verbindung mit Artikel 450 Absatz 1 Buchstabe g und h der Verordnung (EU) Nr. 575/2013 in ihrer jeweils geltenden Fassung durch die Europäische Bankenaufsichtsbehörde erforderlich sind, und
8. soweit es sich um ein CRR-Institut handelt, die Informationen über Geschäftsleiter und Mitarbeiter mit einer Gesamtvergütung von jährlich mindestens 1 Million Euro im Sinne des Artikels 75 Absatz 1 der Richtlinie 2013/36/EU in Verbindung mit Artikel 450 Absatz 1 Buchstabe i der Verordnung (EU) Nr. 575/2013 in ihrer jeweils geltenden Fassung, die für eine aggregierte Veröffentlichung durch die Europäische Bankenaufsichtsbehörde erforderlich sind.

(1b) Bei der Anzeige eines Kredits nach Absatz 1 Nummer 17 hat das Institut die gestellten Sicherheiten und die Kreditbedingungen anzugeben. Es hat einen Kredit, den es nach Absatz 1 Nummer 17 angezeigt hat, unverzüglich erneut der Bundesanstalt und der Deutschen Bundesbank anzuzeigen, wenn die gestellten Sicherheiten oder die Kreditbedingungen rechtsgeschäftlich geändert werden, und die entsprechenden Änderungen anzugeben. Die Bundesanstalt kann von den Instituten fordern, ihr und der Deutschen Bundesbank alle fünf Jahre eine Sammelanzeige der nach Absatz 1 Nummer 17 anzuzeigenden Kredite einzureichen.
(2) Hat ein Institut die Absicht, sich mit einem anderen Institut im Sinne dieses Gesetzes, E-Geld-Institut im Sinne des Zahlungsdiensteaufsichtsgesetzes oder Zahlungsinstitut im Sinne des Zahlungsdiensteaufsichtsgesetzes zu vereinigen, hat es dies der Bundesanstalt und der Deutschen Bundesbank unverzüglich anzuzeigen.
(3) Ein Geschäftsleiter eines Instituts und die Personen, die die Geschäfte einer Finanzholding-Gesellschaft oder einer gemischten Finanzholding-Gesellschaft tatsächlich führen, haben der Bundesanstalt und der Deutschen Bundesbank unverzüglich anzuzeigen
1. die Aufnahme und die Beendigung einer Tätigkeit als Geschäftsleiter oder als Aufsichtsrats- oder Verwaltungsratsmitglied eines anderen Unternehmens und
2. die Übernahme und die Aufgabe einer unmittelbaren Beteiligung an einem Unternehmen sowie Veränderungen in der Höhe der Beteiligung.

Als unmittelbare Beteiligung im Sinne des Satzes 1 Nr. 2 gilt das Halten von mindestens 25 vom Hundert der Anteile am Kapital des Unternehmens.
(3a) Eine Finanzholding-Gesellschaft hat der Bundesanstalt und der Deutschen Bundesbank unverzüglich anzuzeigen:
1. die Absicht der Bestellung einer Person, die die Geschäfte der Finanzholding-Gesellschaft tatsächlich führen soll, unter Angabe der Tatsachen, die für die Beurteilung der Zuverlässigkeit, der fachlichen Eignung und der ausreichenden zeitlichen Verfügbarkeit für das Wahrnehmen seiner Aufgaben wesentlich sind, und den Vollzug einer solchen Absicht;
2. das Ausscheiden einer Person, die die Geschäfte der Finanzholding-Gesellschaft tatsächlich geführt hat;
3. Änderungen der Struktur der Finanzholding-Gruppe in der Weise, dass die Gruppe künftig branchenübergreifend tätig wird;
4. die Bestellung eines Mitglieds und stellvertretender Mitglieder des Verwaltungs- oder Aufsichtsorgans unter Angabe der Tatsachen, die zur Beurteilung ihrer Zuverlässigkeit, Sachkunde und der ausreichenden zeitlichen Verfügbarkeit für die Wahrnehmung ihrer Aufgaben notwendig sind;
5. das Ausscheiden eines Mitglieds und stellvertretender Mitglieder des Verwaltungs- oder Aufsichtsorgans.

Eine Finanzholding-Gesellschaft hat der Bundesanstalt und der Deutschen Bundesbank ferner einmal jährlich eine Sammelanzeige der Institute, Kapitalverwaltungsgesellschaften, Finanzunternehmen, Anbieter von Nebendienstleistungen und Zahlungsinstitute im Sinne des Zahlungsdiensteaufsichtsgesetzes, die ihr nachgeordnete

Unternehmen im Sinne des § 10a sind, einzureichen. Die Bundesanstalt übermittelt den zuständigen Stellen der anderen Staaten des Europäischen Wirtschaftsraums, der Europäischen Bankenaufsichtsbehörde und der Europäischen Kommission eine Aufstellung über die eingegangenen Sammelanzeigen nach Satz 1. Die Begründung, die Veränderung oder die Aufgabe solcher Beteiligungen oder Unternehmensbeziehungen sind der Bundesanstalt und der Deutschen Bundesbank unverzüglich anzuzeigen. Satz 1 Nummer 1, 2 und 4 und die Sätze 2 bis 4 gelten entsprechend für eine gemischte Finanzholding-Gesellschaft.[1]

(3 b) Die Bundesanstalt und die Deutsche Bundesbank können Instituten oder Arten oder Gruppen von Instituten zusätzliche Anzeige- und Meldepflichten auferlegen, insbesondere um vertieften Einblick in die Entwicklung der wirtschaftlichen Verhältnisse der Institute, deren Grundsätze einer ordnungsgemäßen Geschäftsführung und in die Fähigkeiten der Mitglieder der Organe des Instituts zu erhalten, soweit dies zur Erfüllung der Aufgaben der Bundesanstalt und der Deutschen Bundesbank erforderlich ist.

(4) Das Bundesministerium der Finanzen kann im Benehmen mit der Deutschen Bundesbank durch Rechtsverordnung nähere Bestimmungen über Art, Umfang, Zeitpunkt und Form der nach diesem Gesetz vorgesehenen Anzeigen und Vorlagen von Unterlagen und über die zulässigen Datenträger, Übertragungswege und Datenformate erlassen und die bestehenden Anzeigepflichten durch die Verpflichtung zur Erstattung von Sammelanzeigen und die Einreichung von Sammelaufstellungen ergänzen, soweit dies zur Erfüllung der Aufgaben der Bundesanstalt erforderlich ist, insbesondere um einheitliche Unterlagen zur Beurteilung der von den Instituten durchgeführten Bankgeschäfte und Finanzdienstleistungen zu erhalten. Es kann diese Ermächtigung durch Rechtsverordnung auf die Bundesanstalt mit der Maßgabe übertragen, daß Rechtsverordnungen der Bundesanstalt im Einvernehmen mit der Deutschen Bundesbank ergehen. Vor Erlaß der Rechtsverordnung sind die Spitzenverbände der Institute anzuhören.

Amtliche Begründung[2]

Eine wirksame Überwachung des Kreditgewerbes setzt voraus, daß dem Bundesaufsichtsamt und der Bundesbank wesentliche organisatorische Veränderungen bei den Kreditinstituten bekannt werden. Diesem Zweck dienen die Anzeigepflichten des § 24*. Der Begriff der dauernden Beteiligung (Absatz 1 Nr. 3) deckt sich mit dem der dauernden Anlage in Beteiligungen in § 12*. Bei der Änderung der Rechtsform eines Unternehmens ist in der Regel eine neue Erlaubnis erforderlich, so daß das Bundesaufsichtsamt den Tatbestand kennt. Unter Absatz 1 Nr. 4 fallen z.B. das Ausscheiden des einzigen Kommanditisten und, da der Kommanditist keiner Erlaubnis nach § 32* bedarf, die Aufnahme eines Kommanditisten durch eine Einzelfirma oder eine Offene Handelsgesellschaft.
...

---

1 Hinweis: Mit den Änderungen durch Artikel 1 Nummer 44 Buchstabe d) Doppelbuchstabe cc) und dd) des Gesetzes vom 28. August 2013 (BGBl. I S. 3395) waren folgende Textänderungen beabsichtigt:
»cc) In Satz 5 werden nach dem Wort ›führen‹ die Wörter ›sollen; Satz 1 Nummer 4 und 5 gilt entsprechend für eine gemischte Finanzholding-Gesellschaft hinsichtlich der Mitglieder des Verwaltungs- und Aufsichtsorgans dieser Gesellschaft.‹ eingefügt.
dd) Der bisherige Satz 5 Halbsatz 2 wird Satz 6 und das Wort ›die‹ durch das Wort ›Die‹ ersetzt.«
Aufgrund der vorhergehenden Neufassung von § 24 Absatz 3a Satz 5 durch Gesetz vom 27. Juni 2013 (BGBl. I S. 1862) ist diese Änderung jedoch nicht ausführbar.
2 Zur Ursprungsfassung.

Amtliche Begründung[1]

Mit den erweiterten Befugnissen in Nummer 3 sollen die Bankaufsichtsbehörden ihren Überblick über die kapitalmäßige Verflechtung von Kreditinstituten mit anderen Unternehmen verbessern können. Daneben sind künftig einmal jährlich eine Sammelanzeige aller unmittelbaren Beteiligungen sowie eine Sammelanzeige der mittelbaren Beteiligungen einzureichen. Die Aufsichtsbehörden erhalten damit einmal im Jahr einen aktuellen und kompletten Datenbestand. Bislang traten erhebliche Informationslücken auf, weil Veränderungen von Beteiligungen nur dann anzuzeigen waren, wenn die Veränderung 5 % des Kapitals überschritt. Die Sammelanzeige erlaubt es, die Pflicht zur Anzeige von Änderungen fortan auf wesentliche Änderungen, d.h. Veränderungen von über 10 % des Kapitals, zu beschränken.

Die Sammelanzeige mittelbarer Beteiligungen (letzter Halbsatz) steht im Einklang mit den Vorschriften der Zweiten Richtlinie. Sie trägt der Tatsache Rechnung, daß unmittelbare, mittelbare und treuhänderische Beteiligungen wirtschaftlich eine Einheit bilden. Einzelheiten zu Art und Umfang der Anzeigen werden gemäß § 24 Abs. 4 KWG in der Anzeigenverordnung zu bestimmen sein.

Die Nummer 5 wird an die geänderten Bestimmungen zur Erfassung des haftenden Eigenkapitals (§ 10) angepaßt. Werden Genußrechte (§ 10 Abs. 5) oder nachrangige Verbindlichkeiten (§ 10 Abs. 5a), die Bestandteile des Ergänzungskapitals sind, gekündigt, dann ist absehbar, daß das haftende Eigenkapital des Kreditinstituts sich – und zwar gegebenenfalls bis zu 50 % des gesamten haftenden Eigenkapitals – vermindern wird. Durch die frühzeitige Anzeige dieser Sachverhalte wird es dem Bundesaufsichtsamt möglich, vorsorglich die Aufsicht über diese Kreditinstitute zu verstärken.

Die Ergänzung stellt klar, daß neben der Anzeigepflicht nach Nummer 7 die Anzeigepflichten der Kreditinstitute bei Errichtung einer Zweigstelle in einem anderen EG-Mitgliedstaat nach § 24a KWG bestehen. Anzeigepflichten nach Nummer 7 kommen im übrigen auch dann in Betracht, wenn in einem EG-Mitgliedstaat zusätzliche Zweigstellen eröffnet werden, für die eine erneute Anzeige nach § 24a KWG nicht nötig ist.

In Nummer 10 ist die Anzeigepflicht für Kreditinstitute geregelt, die als Kreditinstitut solche Dienstleistungen in einem anderen EG-Mitgliedstaat zu erbringen beabsichtigen, für die rechtlich keine eigene Zweigstelle erforderlich ist und von ihnen wirtschaftlich nicht für erforderlich gehalten wird. Die Anzeige hat vor Aufnahme der grenzüberschreitenden Dienstleistung zu erfolgen; in ihr muß die Art der zu erbringenden Dienstleistungen aufgeführt werden. Damit wird Artikel 20 Abs. 1 der Zweiten Richtlinie umgesetzt. Für den grenzüberschreitenden Dienstleistungsverkehr der Kreditinstitute gilt in der Europäischen Gemeinschaft – gegenüber dem Betreiben von Bankgeschäften per Zweigstelle – ein vereinfachtes Verfahren. Nach Eingang der Anzeige des Kreditinstituts an das Bundesaufsichtsamt wird das Verfahren abgeschlossen, indem das Bundesaufsichtsamt binnen eines Monats den zuständigen Behörden des anderen EG-Mitgliedstaats diesen Sachverhalt mitteilt (§ 44a Abs. 4). Damit ist die Freiheit im Dienstleistungsverkehr für die von der Zweiten Richtlinie erfaßten Bankgeschäfte gewährleistet.

Die Anzeigepflicht der Kreditinstitute über die Zusammensetzung ihrer Anteilseigner nach der neuen Nummer 11 ist in Artikel 11 Abs. 4 Unterabsatz 1 der Zweiten Richtlinie vorgegeben. Sie ist das Gegenstück zur Anzeigepflicht der Erwerber oder Inhaber von bedeutenden Beteiligungen (vgl. § 2b). Das Kreditinstitut hat die relevanten Veränderungen in seiner Anteilseignerstruktur anzuzeigen, sobald es davon Kenntnis erlangt. In der Regel werden die Kreditinstitute ein hohes Eigeninteresse haben, möglichst frühzeitig über solche Vorgänge selbst informiert zu sein, und die Bankenaufsicht wird zeitgleich in denselben Kenntnisstand versetzt.

---

1 Zum 4. KWG-Änderungsgesetz.

Mit der Nummer 12 wird Artikel 11 Abs. 4 Unterabsatz 2 der Zweiten Richtlinie übernommen. Es wird konkretisiert, daß die Kreditinstitute den Namen, die Anschrift des Inhabers und die Höhe der von ihm gehaltenen bedeutenden Beteiligung mitzuteilen haben. Die aktuelle Kenntnis von beidem ist unerläßlich, wenn die Bankenaufsicht die Eignung und die mögliche Einflußnahme der Inhaber beurteilen will. Quellen für diese Kenntnis können Niederschriften über die Hauptversammlungen der Aktionäre oder über eine Gesellschafterversammlung oder auch Veröffentlichungen börsennotierter Gesellschaften sein.

Amtliche Begründung[1]

Im bisherigen Absatz 3 Nr. 3 verweist der zweite Halbsatz auf die Definition der Beteiligung in § 19 Abs. 1 Satz 1 Nr. 6 zweiter Halbsatz. Da § 19 Abs. 1 in dieser Fassung nicht mehr besteht, ist der Text der Verweisung hier auszuführen. Auf die Nennung der Kuxe wird, wie bereits zu Nummer 15 erläutert, verzichtet.

Der neue Absatz 3a verpflichtet eine Finanzholding-Gesellschaft, dem Bundesaufsichtsamt und der Deutschen Bundesbank einmal jährlich eine Sammelanzeige über die ihr im Sinne von § 10a Abs. 3 und 4 nachgeordneten Kreditinstitute, Finanzinstitute und Unternehmen mit bankbezogenen Hilfsdiensten einzureichen und darüber hinaus die Begründung, die Veränderung oder die Aufgabe von Beteiligungen an solchen nachgeordneten Unternehmen anzuzeigen. Insoweit wird die bereits in § 12a Abs. 1 Satz 3 bestehende Informationsverpflichtung für ausländische Unternehmen auf alle einschlägigen nachgeordneten Unternehmen der Finanzholding-Gesellschaft ausgedehnt. Absatz 3a wird durch § 64a ergänzt, der eine Finanzholding-Gesellschaft verpflichtet, bis zum 1. Februar 1995 erstmalig solche Beteiligungen insgesamt zu melden.

Die Angaben sind für die Bankenaufsicht erforderlich, um die Richtigkeit, Vollständigkeit und Aktualität der in die Konsolidierung einbezogenen Unternehmen feststellen zu können. Darüber hinaus erhält sie den gebotenen Überblick über die Unternehmensbeziehungen und die oftmals komplexen Beteiligungsstrukturen, in die das der Finanzholding-Gesellschaft nachgeordnete Kreditinstitut eingebunden ist. Die Sammelanzeige ist insbesondere zur Aktualisierung und Abgleichung der Datenbestände erforderlich.

Absatz 3a setzt Artikel 7 Abs. 6 KonsRL um. Danach haben die Mitgliedstaaten Listen der Finanzholding-Gesellschaften zu erstellen und diese den Aufsichtsbehörden der anderen Mitgliedstaaten und der Kommission zur Verfügung zu stellen. Insoweit erstreckt sich die Informationsverpflichtung nach Satz 1 auf alle in Deutschland ansässigen Finanzholding-Gesellschaften, unabhängig davon, ob die von ihnen geführte Gruppe gemäß § 10a auf konsolidierter Basis zu beaufsichtigen ist. In der Regel wird das Bundesaufsichtsamt anhand der Anzeigen nach § 24 Abs. 1 Nr. 12 feststellen können, ob ein inländisches Kreditinstitut nachgeordnetes Unternehmen einer Finanzholding-Gesellschaft mit Sitz in einem anderen Mitgliedstaat der Europäischen Gemeinschaft ist. Es kann dann in Zusammenarbeit mit den zuständigen Behörden des anderen Mitgliedstaates die übrigen nachgeordneten Unternehmen dieser Finanzholding-Gesellschaft feststellen.

Das Anzeigeverfahren nach Absatz 3a entheht weder ein inländisches Kreditinstitut noch eine inländische Finanzholding-Gesellschaft der Pflicht, von sich aus festzustellen, ob und wie sie einer Finanzholding-Gruppe im Sinne von § 10a Abs. 3 oder 4 angehören, und die nötigen Schritte zu unternehmen, um den für Finanzholding-Gruppen geltenden Verpflichtungen dieses Gesetzes nachzukommen.

---

1 Zum 5. KWG-Änderungsgesetz.

Amtliche Begründung[1]

Die in Absatz 1 geregelten grundlegenden Anzeigepflichten für Kreditinstitute werden auf Finanzdienstleistungsinstitute erstreckt. Grundsätzlich neu sind die folgenden Regelungen:
Bisher ist formal nur der Vollzug der Bestellung eines Geschäftsleiters und der Ermächtigung einer Person zur Einzelvertretung des Instituts in dessen gesamten Geschäftsbereich anzeigepflichtig. Künftig ist bereits die Absicht anzeigepflichtig. In der Praxis verfahren die Institute ohnehin bereits so (Absatz 1 Nr. 1).
Die Erweiterung der Nr. 9 trägt der Einbeziehung der Finanzdienstleistungsinstitute in die Aufsicht und der Erlaubnisfiktion in § 32 Abs. 1 Satz 2 Rechnung.
Die bisherige Anzeigepflicht nach Absatz 1 Nr. 10 (grenzüberschreitender Dienstleistungsverkehr in anderen Staaten des Europäischen Wirtschaftsraums) wird in die Neuregelung des § 24a integriert.
Nach der neuen Nr. 10 sind das Absinken des Anfangskapitals unter die Mindestanforderungen nach § 33 Abs. 1 Satz 1 Nr. 1 und der Wegfall der Versicherung nach § 33 Abs. 1 Satz 2 anzuzeigen. Die Anzeigepflicht ist erforderlich, um eine zeitnahe Information des BAKred und der Deutschen Bundesbank über diese Tatsachen, die zu einer Aufhebung der Erlaubnis nach § 35 Abs. 2 Satz 1 Nr. 3 führen können, zu gewährleisten.
Die neue Anzeigepflicht in Nr. 12 beruht auf Artikel 8 Abs. 5 der Kapitaladäquanzrichtlinie.
Ebenfalls neu ist die Anzeigepflicht für enge Verbindungen in Absatz 1 Nr. 13. Nach der Vorgabe in Artikel 2 Abs. 2 Unterabsatz 3 der BCCI-Folgerichtlinie muß sich das BAKred davon überzeugen können, ob nach Erteilung der Erlaubnis enge Verbindungen zu dem Institut geknüpft werden, die zu einer Aufhebung der Erlaubnis nach § 35 Abs. 2 Satz 1 Nr. 3 führen können.
Der neue Satz 2 entspricht der bisherigen Regelung in Absatz 1 Nr. 3 Teilsatz 2.
Die Anzeigepflicht für mittelbare Beteiligungen wird in dem neuen Absatz 1a geregelt. Die Voraussetzungen, unter denen mittelbare Beteiligungen eine Anzeigepflicht auslösen, sollen nach dem neuen Absatz 1a Satz 2 künftig im Wege der Rechtsverordnung gemäß Absatz 4 erfolgen. Der Verordnungsgeber kann so maßgeschneiderte Lösungen erlassen, die dem aufsichtlichen Informationsinteresse einerseits und den Interessen der anzeigepflichtigen Institute andererseits in ausgewogener Weise Rechnung tragen.

Amtliche Begründung[2]

Bei den Pflichten zur Anzeige von Beteiligungen eines Institutes (Aktivbeteiligungen) kam es aufgrund der Vielzahl von separaten Beteiligungsmeldungen, die jeweils an verschiedene, sich zum Teil stark überschneidende Beteiligungsbegriffe anknüpften, zu Abgrenzungsproblemen und zur mehrfachen Anzeige desselben Beteiligungsverhältnisses. Zur Vermeidung dieser Schwierigkeiten sind die Beteiligungsmeldungen neu konzipiert worden. Eckpfeiler der Neukonzeption sind die Reduzierung der Beteiligungsbegriffe und amtlichen Meldeformulare sowie die Vereinheitlichung der Meldezeitpunkte. Durch diese Änderungen verringert sich der Umfang der zu meldenden Beteiligungen eines Institutes erheblich. Näheres wird die Anzeigenverordnung regeln.

---

1 Zum 6. KWG-Änderungsgesetz.
2 Zum Gesetz zur Umsetzung der neu gefassten Bankenrichtlinie und der neu gefassten Kapitaladäquanzrichtlinie vom 17. November 2006 (BGBl. I S. 2606).

Zu Absatz 1

Durch diese ersatzlose Streichung sind Beteiligungen an anderen Unternehmen nur noch dann anzeigepflichtig, wenn diese mit Beteiligungsabsicht gehalten werden (qualifizierte Beteiligung) oder zwischen dem Institut und dem Beteiligungsunternehmen eine enge Verbindung im Sinne des § 1 Abs. 10 entsteht.

Beide Meldepflichten nach Absatz 1 Nr. 9 haben sich als verzichtbar erwiesen. Einerseits stehen in ausreichendem Maße andere Mittel zur Informationsgewinnung zur Verfügung und andererseits ist das aus der Übergangsregelung des § 64e Abs. 1 KWG resultierende Informationsinteresse erfüllt; relevante Anzeigen sind nicht mehr zu erwarten.

Redaktionelle Folgeänderung aufgrund der Aufhebung der Nummern 3 und 9.

Die Änderung in Absatz 1 Nummer 12 (zuvor Nummer 13) ist redaktioneller Natur und trägt dem Umstand Rechnung, dass die bei Inkrafttreten der 6. KWG-Novelle bestehenden engen Verbindungen inzwischen bereits angezeigt sein müssen. Bestandsmeldungen stehen daher nicht mehr im Vordergrund.

Redaktionelle Klarstellung.

Zu Absatz 1a

Die in Absatz 1a Nr. 1 und 2 eingeführten Sammelanzeigen ersetzen die bisherigen Sammelanzeigen für die mittelbare Beteiligung (Absatz 1 Satz 1 Nr. 1 – alt –) und die in der Verordnung nach Absatz 4 geregelte Sammelanzeige für die unmittelbare Beteiligung (siehe § 9 Abs. 1 Satz 2 der Anzeigenverordnung).

In Absatz 1a Nr. 3 wurde die bestehende Meldepflicht über die Errichtung, Verlegung und Schließung inländischer Zweigstellen auf die jährliche Meldung der Anzahl der inländischen Zweigstellen reduziert.

Zu Absatz 3a

Bei der Ersetzung in Absatz 3a Satz 2 handelt es sich um eine redaktionelle Folgeänderung aufgrund der Änderung von § 1 Abs. 3c.

Zu Absatz 4

Die Rechtsverordnungsermächtigung in Absatz 4 Satz 1 wurde um den Begriff »Datenformate« erweitert. Damit soll dem Verordnungsgeber die Möglichkeit eingeräumt werden, im Hinblick auf ein einheitliches (elektronisches) Meldewesen den Instituten die Nutzung eines verbindlichen Datenformats vorgeben zu können.

Amtliche Begründung[1]

Es handelt sich um eine redaktionelle Anpassung, die sich aus der Absenkung der Schwelle von 33 auf 30 vom Hundert ergibt.

---

1 Zum Gesetz zur Umsetzung der Beteiligungsrichtlinie vom 12. März 2009 (BGBl. I S. 470); vgl. BT-Drucksache 16/10536 vom 13. Oktober 2008.

Amtliche Begründung[1]

Zu Nummer 5 (§ 24 KWG)

Zu den Buchstaben a und b

Bei der Ergänzung des Absatzes 1 um Nummer 15 handelt es sich um eine Folgeänderung, die sich aus der Tatsache ergibt, dass die Bundesanstalt über die Zuverlässigkeit und fachliche Eignung von Mitgliedern der Verwaltungs- und Aufsichtsorgane befindet. Eine Anzeige des Instituts wird nach dem Inkrafttreten des Gesetzes erstmalig mit der Bestellung erforderlich.

Die neu eingeführte Meldepflicht nach Nummer 16 vermittelt der BaFin zusätzliche Informationen über die eingegangenen Risiken. Damit soll nicht grundsätzlich eine Änderung des Aufsichtsregimes herbeigeführt werden. Es wird damit also keine Verpflichtung für die Institute eingeführt, diese Kennziffer künftig einzuhalten.

Die wegen der Einbeziehung außerbilanzieller Posten »modifizierte« bilanzielle Eigenkapitalquote ist ein einfach zu ermittelnder, zusätzlicher Indikator für die möglichen Risikopotenziale einer Bank. Die Einbeziehung außerbilanzieller Verpflichtungen und des Wiedereindeckungsaufwands für Ansprüche aus außerbilanziellen Geschäften ist maßgeblich, um die Risiken zutreffend und umfänglich zu erfassen. Der Sachverständigenrat befürwortet in seinem aktuellen Bericht die Einführung einer entsprechenden Meldepflicht.

Die Änderung wirkt sich für die Institute im Rahmen der Meldepflicht zweifach aus. Sie müssen zum einen jährlich nach Absatz 1a auf der Grundlage des festgestellten Jahresabschlusses berichten. Zum anderen müssen sie eine Ad-hoc-Meldung nach Absatz 1 abgeben, wenn sich die modifizierte bilanzielle Eigenkapitalquote um mindestens fünf vom Hundert verändert hat. Dies wird auf der Basis des Handelsgesetzbuchs (HGB) auf der Grundlage von Monatsausweisen oder den diese ersetzenden und an die Bundesbank zu meldenden Ausweisen ermittelt. Auf der Basis der International Financial Reporting Standards (IFRS) sind die Änderungen auf der Grundlage von Zwischenabschlüssen zu ermitteln. In beiden Fällen sind auch die unterjährigen Fortschreibungen – soweit nicht ohnehin aus bilanzrechtlichen Gründen erforderlich – um die außerbilanziellen Verpflichtungen und den Wiedereindeckungsaufwand für Ansprüche aus solchen Geschäften fortzuschreiben. Damit wird ein Vergleich mit dem jeweiligen Jahresabschluss ermöglicht. Dies ergibt sich aus der Formulierung »auf der Grundlage«.

Zu Buchstabe c

Mit der Änderung wird für Finanzholding-Gesellschaften die Regelung zu Buchstabe a nachgezogen.

Amtliche Begründung[2]

Zu Nummer 26 (§ 24)

Das aufsichtliche Anzeige- und Meldewesen soll der Bankenaufsicht neben der Überwachung der Einhaltung der aufsichtlichen Anforderungen auch einen Einblick

---

1 Zum Gesetz zur Stärkung der Finanzmarkt- und der Versicherungsaufsicht vom 29. Juli 2009 (BGBl. I S. 2305); vgl. BT-Drucksache 16/12783 vom 27. April 2009.
2 Zum Gesetz zur Umsetzung der geänderten Bankenrichtlinie und der geänderten Kapitaladäquanzrichtlinie vom 19. November 2010 (BGBl. I S. 1592); vgl. BT-Drucksache 17/1720 vom 17. Mai 2010.

in die wirtschaftliche Situation der Institute geben. Verstärkt in der Finanzkrise hat sich gezeigt, dass das allgemeine Anzeige- und Meldewesen, das sich grundsätzlich an alle Kredit- und Finanzdienstleistungsinstitute richtet, nicht ausreicht, um die Bankenaufsicht mit den institutsspezifischen Informationen zu versorgen, die in besonderen wirtschaftlichen Situationen bezogen auf das Institut, einzelne Wirtschaftszweige oder Länder notwendig sind, um die Solvenz oder die Risikoentwicklung einzelner Institute oder Institutsgruppen angemessen beurteilen zu können. Bislang hat sich die Aufsicht über das Auskunftsverlangen nach § 44 Absatz 1 Satz 1 beholfen und so zusätzliche Informationen von einzelnen Instituten eingeholt. Allerdings ist das Auskunftsersuchen von seinem Ansatz her auf eine einmalige Anfrage bzw. auf eine nur über einen kurzfristigen Zeitraum wiederholte Meldung der angeforderten Informationen ausgerichtet. Es hat sich aber gezeigt, dass Informationen auch über einen längeren Zeitraum benötigt werden, so dass qualitativ die Schwelle zum Meldewesen überschritten ist, für die eine gesetzliche Grundlage nötig ist. Durch den neuen Absatz 3b wird nun klargestellt ist, dass die Aufsicht durch Verwaltungsakt einzelnen Instituten über die gesetzlich festgelegten Anzeige- und Meldepflichten hinaus zusätzliche Anzeige- und Meldepflichten auferlegen kann. Aufgrund des verwaltungsrechtlichen Verhältnismäßigkeitsgebots ist sichergestellt, dass die Meldepflichten nicht überhand nehmen und zeitlich auf das erforderliche Maß beschränkt bleiben. Andererseits kann durch die Möglichkeit, institutsspezifische Meldepflichten einzuführen, darauf verzichtet werden, das allgemeine Anzeige- und Meldewesen wegen einzelner betroffener Institute insgesamt auszuweiten. Durch die Anzeigenverordnung auf der Grundlage des § 24 Absatz 4 können Vorgaben zum Meldeformat und Meldeweg gemacht werden, die eine sichere Übertragung der sensiblen Daten gewährleisten.

Amtliche Begründung[1]

Zu Nummer 17 (§ 24)

Es handelt sich um die Umsetzung von Artikel 9 Nummer 37 der Richtlinie 2010/78/EU, mit der die Auflistung in Artikel 140 Absatz 3 der Richtlinie 2006/48/EG um die Europäische Bankenaufsichtsbehörde erweitert wird. Somit ist sichergestellt, dass auch die Europäische Bankenaufsichtsbehörde eine Aufstellung über die von Finanzholding-Gesellschaften eingereichten Sammelanzeigen erhält.

Amtliche Begründung[2]

Zu Nummer 44 (§ 24)

Zu Buchstabe a (Absatz 1)

Zu den Doppelbuchstaben aa, bb und ee und Buchstabe d

Die Ergänzungen in Absatz 1 Nummer 1 und 15 sowie die Absätze 3a und 3b gehen darauf zurück, dass der europäische Richtliniengeber erstmalig in der Richtlinie

---

[1] Zum Gesetz zur Umsetzung der Richtlinie 2010/78/EU vom 24. November 2010 im Hinblick auf die Errichtung des Europäischen Finanzaufsichtssystems vom 4. Dezember 2011 (BGBl. I S. 2427); vgl. BT-Drucksache 17/6255 vom 22. Juni 2011.

[2] Zum Gesetz zur Umsetzung der Richtlinie 2013/36/EU über den Zugang zur Tätigkeit von Kreditinstituten und die Beaufsichtigung von Kreditinstituten und Wertpapierfirmen und zur Anpassung des Aufsichtsrechts an die Verordnung (EU) Nr. 575/2013 über Aufsichtsanforderungen an Kreditinstitute und Wertpapierfirmen (CRD IV-Umsetzungsgesetz) vom

2012/.../EU Titel VII in Abschnitt 2 Unterabschnitt 3 Vorgaben zu den Grundsätzen einer ordnungsgemäßen Geschäftsführung macht. Die Änderung in Absatz 1 Nummer 1 und 15 sowie Absatz 3a setzt die Vorgabe aus Artikel 87 Nummer 1 der Richtlinie 2012/.../EU um. Danach wird klargestellt, dass sowohl Geschäftsleiter als auch Mitglieder von Aufsichts- und Verwaltungsorganen auch über ausreichend Zeit verfügen müssen, um diese Tätigkeit auszuüben. Hier trägt der Richtliniengeber der gewachsenen Komplexität der Bankgeschäfte Rechnung, die einen verstärkten Zeitaufwand insbesondere für Aufsichts- und Verwaltungsräte, die oftmals nicht aus der Finanzbranche kommen, verlangt. Es handelt sich um einen weiteren Aspekt zur vom Richtliniengeber intendierten Professionalisierung von Aufsichts- und Verwaltungsräten. Die Anzeige von Vertretern der Geschäftsleiter war bisher bereits in § 5 Absatz 3 der Anzeigenverordnung vorgesehen.

Die Richtlinie verlangt von Geschäftsleitern und Mitgliedern von Verwaltungs- und Aufsichtsorganen ein bestimmtes zeitliches Engagement. Für die Umsetzung dieser Vorgabe im Kreditwesengesetz (§ 24 Absatz 1 Nummer 1 und 15, Absatz 3a Nummer 4, § 25c Absatz 2 Nummer 3, § 25d Absatz 1 Satz 1 und Absatz 3 Satz 3, § 32 Absatz 1 Satz 2 Nummer 4a und 8, § 33 Absatz 1 Satz 1 Nummer 4a und § 36 Absatz 3 Satz 1 KWG) werden unterschiedliche Formulierungen gewählt: spricht die anzuwendende Norm davon, dass die Person »die erforderliche Zeit aufwendet«, so geht es um das Erfüllen einer konkret gestellten dauerhaft zu erfüllenden Anforderung, deren Nichteinhaltung sanktioniert werden kann. Handelt es sich hingegen um eine im Erlaubnisverfahren zu überprüfende Tatsache, so kann noch nicht im konkreten Fall überprüft werden, ob die betreffende Person tatsächlich »genügend Zeit widmet«. Daher wird in solch einem Fall abstrakt die »ausreichende zeitliche Verfügbarkeit« durch die Bundesanstalt überprüft.

Durch die neu eingefügte Meldepflicht des Ausscheidens von Mitgliedern des Aufsichts- oder Verwaltungsorgans in Absatz 1 Nummer 15a und Absatz 3a Satz 5 erhält die Aufsicht aktuelle Daten über die Zusammensetzung des Organs sowie der Zahl der nach § 36 Absatz 3 KWG limitierten Kontrollmandate einzelner Organmitglieder. Absatz 3a Satz 5 wird entsprechend angepasst für gemischte Finanzholding-Gesellschaften.

Zu Doppelbuchstabe dd

Die Ad-hoc-Meldepflicht einer negativen Barwertänderung von mehr als 20 Prozent der regulatorischen Eigenmittel in Nummer 14 wird gestrichen. Hintergrund ist, dass im Rahmen des Konzeptes zur Modernisierung des bankaufsichtlichen Meldewesens eine regelmäßige Berichtspflicht zu Zinsänderungsrisiken im Anlagebuch eingeführt wird.

Zu den Doppelbuchstaben ee, ff und gg

Die Verordnung (EU) Nr..../2012 sieht keine Abzugspflicht für nicht marktüblich gewährte oder nicht banküblich besicherte Kredite an bestimmte Gesellschafter, Anteilseigner und Personen vor. Eine Kenntnis dieser Kredite ist jedoch eine wesentliche bankaufsichtliche Information, um die effektive Kapitalaufbringung beurteilen zu können. Die Anzeigepflicht für diese Kredite ist aus Transparenzgründen wichtig und liegt im Interesse der Bankenaufsicht. Die vormals in § 10 Absatz 8 KWG vorgesehene Anzeigepflicht wurde daher in § 24 Absatz 1 KWG überführt.

[Fortsetzung Fußnote 2]
28. August 2013 (BGBl. I S. 3395); vgl. BT-Drucksache 17/10974 vom 15. Oktober 2012 und BT-Drucksache 17/13524 – Beschlussempfehlung des Finanzausschusses (7. Ausschuss) – vom 15. Mai 2013.

Zu Buchstabe b (Absatz 1a)

Zu Doppelbuchstabe cc

Mit der neu in der Nummer 6 eingefügten jährlichen Meldepflicht sollen »bedeutende Institute« im Sinne von § 1 Absatz 2 InstitutsVergV ermittelt werden. Ohne diese Meldepflicht müsste die deutsche Aufsicht jährlich manuelle Abfragen durchführen, was bei der großen Anzahl deutscher Institute unnötig personelle und auch finanzielle Ressourcen binden würde.

Die neu eingefügten Nummern 7 und 8 setzen Artikel 74 Absatz 1 der Richtlinie 2012/.../EU in Verbindung mit Artikel 435 Verordnung (EU) Nr..../2012 und die hieran anknüpfenden Leitlinien der Europäischen Bankenaufsichtsbehörde um, namentlich die »EBA Guidelines On the Remuneration Benchmarking Exercise (GL 46)« und »EBA Guidelines On the Data Collection Exercise Regarding High Earners (GL 47)«. Für die Anzeige sind die maßgeblichen Anzeigeformblätter der Verordnung über die Anzeigen und die Vorlage von Unterlagen nach dem Kreditwesengesetz (Anzeigenverordnung – AnzV) zu verwenden. Hierdurch soll eine Datenqualität sichergestellt werden, die eine Auswertung auch für den Europäischen Wirtschaftsraum ermöglicht. Dies ist notwendig, weil die Daten nach Artikel 74 Absatz 1 der Richtlinie 2012/.../EU in aggregierter Form an die Europäische Bankenaufsichtsbehörde weiterzuleiten sind, um dort Auswertungen für den gesamten Europäischen Wirtschaftsraum vorzunehmen. Inhaltlich richten sich die Anzeigepflichten vollständig an den vorgenannten Leitlinien der Europäischen Bankenaufsichtsbehörde aus, die daher für die Anzeigen berücksichtigt werden müssen.

Zu Buchstabe c (Absatz 1b – neu)

Aufgrund der Neufassung des § 10 KWG wurde die vormals in § 10 Absatz 8 KWG enthaltene Regelung nach § 24 Absatz 1b KWG verschoben.

Zu Buchstabe e

Die Änderung in Absatz 3b setzt Artikel 94 Absatz 7 der Richtlinie 2012/.../EU um.

ANMERKUNG

1. Die Vorschrift wurde mehrfach umgestaltet und ergänzt. Wegen der Motive vgl. die vorstehenden Amtlichen Begründungen. Durch das Gesetz über die integrierte Finanzdienstleistungsaufsicht vom 22. April 2002 wurde die Vorschrift an die geänderte Bezeichnung der Aufsichtsbehörde in Bundesanstalt für Finanzdienstleistungsaufsicht angepasst. Durch das 4. Finanzmarktförderungsgesetz vom 21. Juni 2002 wurden in Absatz 1 die Nr. 14 angefügt, Absatz 4 Satz 1 neu gefasst sowie einige weitere Anpassungen vorgenommen. Durch das Finanzkonglomeraterichtlinie-Umsetzungsgesetz vom 21. Dezember 2004 (BGBl. I S. 3610) wurden die Absätze 3 und 3a geändert. Es handelt sich im Wesentlichen um Folgeänderungen zur Vermeidung von aufsichtlichen Informationsdefiziten.
2. Einzelheiten der Anzeigen nach § 24 regelt die Anzeigenverordnung (Anhang 5.1). Freistellungen sind nach § 31 möglich.
3. Eine Erlaubnis ist erforderlich (Absatz 1 Nr. 4), wenn ein neuer Rechtsträger entsteht (z.B. wenn eine OHG in eine GmbH umgewandelt wird).
4. Ein Verstoß gegen die Anzeigepflichten nach Absatz 1, 1a, 3 oder 3a kann eine Ordnungswidrigkeit sein (§ 56).
5. Die Änderung in Absatz 1 Nummer 9 ist eine Folgeänderung.
6. Bei der Änderung in Absatz 3 Satz 1 handelt es sich um eine redaktionelle Folgeänderung.

7. Durch das Gesetz zur Umsetzung der Beteiligungsrichtlinie vom 12. März 2009 (BGBl. I S. 470) wurde wie in § 2c Absatz 1 Satz 7 und Absatz 3 Satz 1 die Beteiligungsschwelle von bisher 33 vom Hundert auf 30 von Hundert herabgesetzt.
8. § 24 Absatz 1 wurde um die Nummern 15 und 16 ergänzt, in Absatz 1a wurde die Nummer 5 angefügt sowie in Absatz 3a die Nummer 4 auf Grund des Gesetzes zur Stärkung der Finanzmarkt- und der Versicherungsaufsicht vom 29. Juli 2009 (BGBl. I S. 2305).
9. § 24 Absatz 3a Satz 2 wurde geändert und Absatz 3b wurde neu eingefügt durch das Gesetz zur Umsetzung der geänderten Bankenrichtlinie und der geänderten Kapitaladäquanzrichtlinie vom 19. November 2010 (BGBl. I S. 1592).
10. § 24 Absatz 2 wurde geändert durch das Gesetz zur Umsetzung der Zweiten E-Geld-Richtlinie vom 1. März 2011 (BGBl. I S. 288), denn unter Absatz 2 ist bislang nur die Absicht, mit einem anderen Institut im Sinne dieses Gesetzes zu fusionieren, anzuzeigen. Es ist nur folgerichtig, die Institute im Sinne des Zahlungsdiensteaufsichtsgesetzes in die Betrachtung mit einzubeziehen.
11. § 24 Absatz 3a Satz 3 wurde neu gefasst durch das Gesetz zur Umsetzung der Richtlinie 2010/78/EU des Europäischen Parlaments und des Rates vom 24. November 2010 im Hinblick auf die Errichtung des Europäischen Finanzaufsichtssystems vom 4. Dezember 2011 (BGBl. I S. 2427); vgl. dazu die vorstehende Amtliche Begründung.
12. § 24 Absatz 3 Satz 5 wurde neu gefasst durch das Gesetz zur Umsetzung der Richtlinie 2011/89/EU des Europäischen Parlaments und des Rates vom 16. November 2011 zur Änderung der Richtlinien 98/78/EG, 2002/87/EG, 2006/48/EG und 2009/138/EG hinsichtlich der zusätzlichen Beaufsichtigung der Finanzunternehmen eines Finanzkonglomerats vom 27. Juni 2013 (BGBl. I S. 1862). Diese Änderung beruht auf der Überführung des die Finanzkonglomerate betreffenden Teils der Norm in das Finanzkonglomerate-Aufsichtsgesetz; vgl. BT-Drucksache 17/12602 vom 4. März 2013.
13. Es handelt sich in § 24 Absatz 3a Satz 2 um eine redaktionelle Änderung durch das Gesetz zur Umsetzung der Richtlinie 2011/61/EU über die Verwalter alternativer Investmentfonds (AIFM-Umsetzungsgesetz – AIFM-UmsG) vom 4. Juli 2013 (BGBl. I S. 1981). Der Begriff »Kapitalanlagegesellschaften« wird an die Begrifflichkeit des Kapitalanlagegesetzbuchs angepasst. Der Begriff »Kapitalverwaltungsgesellschaft« erfasst nunmehr neben externen Kapitalverwaltungsgesellschaften auch interne Kapitalverwaltungsgesellschaften; vgl. BT-Drucksache 17/12294 vom 6. Februar 2013.
14. § 24 Absatz 1, 1a, 3a und 3b wurden durch das CRD IV-Umsetzungsgesetz vom 28. August 2013 (BGBl. I S. 3395) umfassend geändert und Absatz 1b neu angefügt. Zu den Einzelheiten vgl. die hierzu abgedruckte Amtliche Begründung. Der Verweis auf die unvollständige Angabe der in der Amtlichen Begründung zitierten Richtlinie und Verordnung ergibt sich vollständig aus der Fußnote zu dieser Amtlichen Begründung.
15. Zur Anwendung des § 24 Absatz 1 Nr. 16 und Absatz 1a Nr. 5 vgl. § 64r Absatz 12.

§ 24a Errichtung einer Zweigniederlassung und Erbringung grenzüberschreitender Dienstleistungen in anderen Staaten des Europäischen Wirtschaftsraums

(1) Ein CRR-Kreditinstitut oder Wertpapierhandelsunternehmen, das die Absicht hat, eine Zweigniederlassung in einem anderen Staat des Europäischen Wirtschaftsraums zu errichten, hat dies der Bundesanstalt und der Deutschen Bundesbank unverzüglich nach Maßgabe des Satzes 2 anzuzeigen. Die Anzeige muß enthalten
1. die Angabe des Mitgliedstaats, in dem die Zweigniederlassung errichtet werden soll,
2. einen Geschäftsplan, aus dem die Art der geplanten Geschäfte, der organisatorische Aufbau der Zweigniederlassung und eine Absicht zur Heranziehung vertraglich gebundener Vermittler, hervorgehen,
3. die Anschrift, unter der Unterlagen des Instituts im Aufnahmemitgliedstaat angefordert und Schriftstücke zugestellt werden können, und
4. die Angabe der Leiter der Zweigniederlassung.

(2) Besteht kein Grund, die Angemessenheit der Organisationsstruktur und der Finanzlage des Instituts anzuzweifeln, übermittelt die Bundesanstalt die Angaben nach Absatz 1 Satz 2 innerhalb von zwei Monaten nach Eingang der vollständigen Unterlagen den zuständigen Stellen des Aufnahmemitgliedstaates und teilt dies dem anzeigenden Institut mit. Sie unterrichtet die zuständigen Stellen des Aufnahmemitgliedstaates außerdem über die Höhe der Eigenmittel und die Angemessenheit der Eigenmittelausstattung sowie gegebenenfalls über die Einlagensicherungseinrichtung oder Anlegerentschädigungseinrichtung, der das Institut angehört, oder den gleichwertigen Schutz im Sinne des § 23a Absatz 1 Satz 1. Leitet die Bundesanstalt die Angaben nach Absatz 1 Satz 2 nicht an die zuständigen Stellen des Aufnahmemitgliedstaates weiter, teilt die Bundesanstalt dem Institut innerhalb von zwei Monaten nach Eingang sämtlicher Angaben nach Absatz 1 Satz 2 die Gründe dafür mit. Nach Weiterleitung der Anzeige an die zuständigen Stellen des Aufnahmemitgliedstaates kann das Institut nach einer entsprechenden Mitteilung dieser Stellen oder spätestens nach Ablauf einer Zweimonatsfrist seine Tätigkeit in dem anderen Staat aufnehmen.

(3) Absatz 1 Satz 1 gilt entsprechend für die Absicht, im Wege des grenzüberschreitenden Dienstleistungsverkehrs in einem anderen Staat des Europäischen Wirtschaftsraums Bankgeschäfte zu betreiben, Finanzdienstleistungen im Sinne des § 1 Abs. 1a Satz 2 Nr. 1, 1a, 1c, 2 bis 4, 9 und 10 oder Satz 3 oder Tätigkeiten nach § 1 Abs. 3 Satz 1 Nr. 2 bis 8 zu erbringen, Handelsauskünfte oder Schließfachvermietungen anzubieten oder, im Falle von CRR-Kreditinstituten, Zahlungsdienste im Sinne des Zahlungsdiensteaufsichtsgesetzes zu erbringen. Die Anzeige hat die Angabe des Staates, in dem die grenzüberschreitende Dienstleistung erbracht werden soll, einen Geschäftsplan mit Angabe der beabsichtigten Tätigkeiten und die Angabe, ob in diesem Staat vertraglich gebundene Vermittler herangezogen werden sollen, zu enthalten. Besteht kein Grund, die Angemessenheit der Organisationsstruktur und der Finanzlage des Instituts anzuzweifeln, unterrichtet die Bundesanstalt die zuständigen Stellen des Aufnahmemitgliedstaates innerhalb eines Monats nach Eingang der Anzeige. Das Institut hat die Unterrichtung der zuständigen Stellen des Aufnahmemitgliedstaates innerhalb dieser Frist abzuwarten, bevor es seine Tätigkeit in dem anderen Staat aufnimmt. Andernfalls teilt die Bundesanstalt dem Institut die Nichtunterrichtung und deren Gründe unverzüglich mit.

(3a) Beabsichtigt der Betreiber eines multilateralen Handelssystems, Handelsteilnehmern in anderen Staaten einen unmittelbaren Zugang zu seinem Handelssystem zu gewähren, hat er dies der Bundesanstalt anzuzeigen, sofern es sich um die erstmalige Zugangsgewährung an einen Handelsteilnehmer in dem betreffenden Staat handelt. Die Bundesanstalt unterrichtet die zuständigen Stellen des Aufnahmemitgliedstaates innerhalb eines Monats nach Eingang der Anzeige von dieser Absicht. Der Betreiber hat der Bundesanstalt auf Anfrage die Namen der zugelassenen Handelsteilnehmer aus diesem Staat zu nennen. Auf Ersuchen der zuständigen Stellen im Aufnahmemitgliedstaat teilt die Bundesanstalt innerhalb einer angemessenen Frist diese Angaben mit.

(3b) Beabsichtigt ein Finanzdienstleistungsinstitut im Sinne des § 1 Abs. 1a Satz 2 Nr. 1 bis 4 bei einer Tätigkeit im Sinne des Absatzes 3 vertraglich gebundene Vermittler heranzuziehen, so teilt die Bundesanstalt auf Ersuchen der zuständigen Stellen des Aufnahmemitgliedstaates innerhalb einer angemessenen Frist den oder die Namen der vertraglich gebundenen Vermittler mit, die das Institut in diesem Staat heranzuziehen beabsichtigt. Satz 1 gilt entsprechend für das Ersuchen eines Aufnahmemitgliedstaates um Übermittlung der Namen der Mitglieder oder Teilnehmer eines im Inland niedergelassenen multilateralen Handelssystems, welches beabsichtigt, derartige Systeme in diesem Aufnahmemitgliedstaat bereitzustellen.

(4) Ändern sich die Verhältnisse, die nach Absatz 1 Satz 2 oder Absatz 3 Satz 2 angezeigt wurden, hat das Institut der Bundesanstalt, der Deutschen Bundesbank und den zuständigen Stellen des Aufnahmemitgliedstaates diese Änderungen mindestens einen Monat vor dem Wirksamwerden der Änderungen schriftlich anzuzeigen. Die

Anzeigepflicht nach Satz 1 gilt entsprechend für ein Institut, das seine Zweigniederlassung bereits vor dem Zeitpunkt, von dem an es unter die Anzeigepflicht nach Absatz 1 fällt, in einem anderen Staat des Europäischen Wirtschaftsraums errichtet hat. Änderungen der Verhältnisse der Einlagensicherungseinrichtung oder der Anlegerentschädigungseinrichtung oder des gleichwertigen Schutzes im Sinne des § 23a Absatz 1 Satz 1 hat das Institut, das eine Zweigniederlassung gemäß Absatz 1 errichtet hat, der Bundesanstalt, der Deutschen Bundesbank und den zuständigen Stellen des Aufnahmemitgliedstaates mindestens einen Monat vor dem Wirksamwerden der Änderungen anzuzeigen. Die Bundesanstalt teilt den zuständigen Stellen des Aufnahmemitgliedstaates die Änderungen nach Satz 3 mit.

(5) Das Bundesministerium der Finanzen wird ermächtigt, durch Rechtsverordnung zu bestimmen, inwieweit die Absätze 1, 2 und 4 auf den Einsatz eines vertraglich gebundenen Vermittlers, der seinen Sitz oder seinen gewöhnlichen Aufenthalt in einem anderen Mitgliedstaat des Europäischen Wirtschaftsraums hat, entsprechend anzuwenden sind und daß die Absätze 2 und 4 für die Errichtung einer Zweigniederlassung in einem Drittstaat entsprechend gelten, soweit dies im Bereich des Niederlassungsrechts auf Grund von Abkommen der Europäischen Union mit Drittstaaten erforderlich ist.

(6) weggefallen

Amtliche Begründung[1]

Der neue § 24a (Umsetzung von Artikel 19 Abs. 1 bis 3 und 6 der Zweiten Richtlinie) regelt die Zuständigkeit des Bundesaufsichtsamtes bei der Zulassung von Zweigstellen, die Kreditinstitute mit Sitz im Geltungsbereich des KWG in anderen EG-Mitgliedstaaten errichten wollen. Danach ist das Bundesaufsichtsamt – als Herkunftslandbehörde – für die Ausstellung des »Europäischen Passes« an deutsche Kreditinstitute zuständig. Den zuständigen Behörden des Aufnahmemitgliedstaates wird nur noch Zeit gegeben, die Beaufsichtigung der zukünftigen Zweigstelle zu organisieren und Bedingungen für deren Tätigkeit anzugeben, soweit die Wahrung des Allgemeininteresses dies erforderlich macht. Diesen Teil des Verfahrens regelt Artikel 19 Abs. 4 der Zweiten Richtlinie. Bei korrektem Verfahrensverlauf müßten neue Zweigstellen deutscher Kreditinstitute in einem anderen EG-Mitgliedstaat ihre Tätigkeit spätestens vier Monate nach Eingang der vollständigen Anzeige beim Bundesaufsichtsamt aufnehmen können. Das Verfahren beginnt nach Absatz 1 Satz 1 mit der Anzeige der Absicht, in einem anderen EG-Mitgliedstaat eine Zweigstelle zu errichten (Umsetzung von Artikel 19 Abs. 1 der Zweiten Richtlinie). Absatz 1 Satz 2 sieht vor, daß dem Bundesaufsichtsamt in dieser Anzeige ebenfalls diejenigen Angaben zu machen sind, die es ihm erlauben, die Angemessenheit der Organisationsstruktur zu überprüfen.

Das Prüfungsergebnis, ob positiv oder negativ, muß das Bundesaufsichtsamt gemäß Absatz 2 Satz 1 (Umsetzung von Artikel 19 Abs. 3 Unterabsatz 1 letzter Halbsatz der Zweiten Richtlinie) bzw. Absatz 2 Satz 3 (Umsetzung von Artikel 19 Abs. 3 Unterabsatz 3 Satz 1 der Zweiten Richtlinie) dem anzeigenden Kreditinstitut mitteilen. Um das Verfahren zu beschleunigen, ist mit der Prüfungsfrist von zwei Monaten ab Eingang der vollständigen Unterlagen bis zur Mitteilung an die zuständigen Behörden des Aufnahmemitgliedstaats bzw. an das anzeigende Kreditinstitut eine um einen Monat kürzere Frist als die in der Zweiten Richtlinie in Artikel 19 Abs. 3 Unterabsatz 1 und 3 vorgesehene Frist gewählt worden.

Die Frist ist angemessen kurz, weil die deutschen Kreditinstitute dem Bundesaufsichtsamt bereits bekannt sind und auch die Zweigstellengründung der Kreditinstitute durch das Amt nicht nennenswert verzögert werden soll.

---

1 Zum 4. KWG-Änderungsgesetz.

Bei positivem Prüfungsergebnis muß das Bundesaufsichtsamt gemäß Absatz 2 Satz 1 die zuständigen Behörden des Aufnahmemitgliedstaats darüber fristgerecht unterrichten, damit das Verfahren weiterläuft. Gemäß Absatz 2 Satz 2 müssen ferner an die zuständigen Behörden des Aufnahmemitgliedstaats die wichtigsten bankaufsichtlichen Daten über das anzeigende Kreditinstitut weitergegeben werden. Auch das sichert einen zügigen Verfahrensgang und die reibungslose Zusammenarbeit bei der Beaufsichtigung der Zweigstelle, die von den zuständigen Behörden des Aufnahmemitgliedstaats hinsichtlich der Liquidität und der Erfüllung der Belange des Allgemeininteresses beaufsichtigt wird, ohne daß das Mutterunternehmen ihr bislang bankaufsichtlich näher bekannt gewesen ist.

Bei negativem Prüfungsergebnis, das laut Absatz 2 Satz 3 begründet werden muß, darf die Zweigstelle nicht errichtet werden. Dem Kreditinstitut steht es dann frei, die Verwaltungsgerichte ebenso wie bei anderen Entscheidungen des Bundesaufsichtsamtes anzurufen.

Durch Absatz 3 (Umsetzung von Artikel 19 Abs. 6 der Zweiten Richtlinie) wird gewährleistet, daß alle mit der Beaufsichtigung der zu errichtenden Zweigstelle befaßten Behörden über Änderungen in der Organisationsstruktur, Finanzlage, Geschäftsleitung und der Adresse der Zweigstelle gleichermaßen und möglichst frühzeitig unterrichtet sind. In der Regel dürften diese Informationen einen Monat vor Eintritt der meist längerfristig geplanten Änderung geliefert werden können.

Die Regelung in Absatz 4 trägt dem Abkommen über den Europäischen Wirtschaftsraum (EWR) Rechnung. Für den Bereich des Niederlassungsrechts ist im Abkommen vorgesehen, daß sich Selbständige und Unternehmen aus EG- und EFTA-Staaten grundsätzlich im gesamten EWR frei niederlassen bzw. Zweigstellen gründen können (Artikel 31 bis 35). Das entsprechende Gemeinschaftsrecht wird mit gewissen Anpassungen im EWR übernommen.

Der Dienstleistungsverkehr (Artikel 36 bis 39) und der Kapitalverkehr (Artikel 40 bis 45) sind ebenfalls grundsätzlich frei. Lediglich in Teilbereichen können einzelne EFTA-Staaten Übergangsfristen in Anspruch nehmen.

Da sich nach Ratifizierung des EWR-Abkommens deutsche Kreditinstitute in den EFTA-Staaten nach dem EG-Recht entsprechenden Regeln niederlassen dürfen, mußte sichergestellt werden, daß Verfahrensregeln der Absätze 1 bis 3 auch auf Tätigkeiten in diesen Staaten anwendbar sind. Dies wird gemäß Absatz 4 über eine vom Bundesminister der Finanzen zu erlassende Rechtsverordnung sichergestellt. Die Fassung des Absatzes 4 gewährleistet aber auch die Berücksichtigung weiterer Staaten, mit denen zukünftig entsprechende Abkommen geschlossen werden.

Eine Regelung für die Niederlassung in Deutschland von Kreditinstituten aus dem EWR oder aus Staaten, mit denen ähnliche Abkommen geschlossen wurden, ist in § 53c Nr. 1 enthalten.

Amtliche Begründung[1]

Die bestehende Regelung in § 24a wird den Erfordernissen des Artikels 17 der Wertpapierdienstleistungsrichtlinie angepaßt. Zugleich werden die Vorschriften über den grenzüberschreitenden Dienstleistungsverkehr inländischer Institute in anderen Staaten des Europäischen Wirtschaftsraums (§ 24 Abs. 1 Nr. 10 und § 44a Abs. 4) in den § 24a integriert. Neu eingeführt wird der Begriff der »Zweigniederlassung«. Er ersetzt den bislang verwendeten Begriff der »Zweigstelle« in den §§ 24a und 53b. Der Begriff »Zweigstelle« wird im § 53 weiterhin verwendet. Damit wird der unterschiedliche Definitionsbereich der beiden Begriffe verdeutlicht.

---

1 Zum 6. KWG-Änderungsgesetz.

Mit der Umsetzung der Wertpapierdienstleistungs- und der Kapitaladäquanzrichtlinie erfüllen auch die inländischen Wertpapierhandelsunternehmen die Voraussetzungen, um in anderen Staaten des Europäischen Wirtschaftsraums den im Anhang der Wertpapierdienstleistungsrichtlinie definierten Katalog von Wertpapierdienstleistungen und Nebendienstleistungen über die Errichtung einer Zweigniederlassung oder im Wege des grenzüberschreitenden Dienstleistungsverkehrs nach dem Prinzip der Herkunftsstaatkontrolle zu erbringen.

In den Genuß des Europäischen Passes kommen nicht Wertpapierhandelsbanken und Finanzdienstleistungsinstitute, die sich auf Geschäfte beschränken, die nicht unter die Wertpapierdienstleistungsrichtlinie fallen, namentlich Wechselstuben, Drittstaateneinlagenvermittler, sowie Vermittler, Kommissions- und Eigenhändler von Warentermingeschäften.

Über die Einbeziehung der Wertpapierhandelsunternehmen hinaus grundsätzlich neu ist die Regelung des Absatzes 4 Satz 3: Die gesetzliche Begründung einer solchen Mitteilungspflicht gibt Artikel 17 Abs. 7 der Wertpapierdienstleistungsrichtlinie ausdrücklich vor.

Die Verordnungsermächtigung im bisherigen Absatz 4, der zum neuen Absatz 5 wird, wird auf Zweigniederlassungen außerhalb des Europäischen Wirtschaftsraumes beschränkt; mit der Erweiterung der gesetzlichen Regelung des Europäischen Passes auf die anderen Vertragsstaaten des Abkommens über den Europäischen Wirtschaftsraum besteht für die weitere Verordnungsermächtigung kein Bedarf mehr.

Absatz 6 wird im Hinblick auf die Aufgabenstellung des BAWe angefügt.

Amtliche Begründung[1]

Zu Buchstabe a Doppelbuchstabe aa

Die Einfügung in Absatz 1 Satz 1 stellt entsprechend den Vorgaben der E-Geld-Richtlinie den Europäischen Pass (Errichtung einer Zweigniederlassung und Erbringung grenzüberschreitender Dienstleistungen) für deutsche E-Geld-Institute sicher.

Zu Buchstabe a Doppelbuchstabe bb

Gemäß § 24a Abs. 1 Satz 2 Nr. 4 KWG erscheint es ausreichend, wenn Institute, die beabsichtigen, eine Zweigniederlassung in einem anderen Staat des Europäischen Wirtschaftsraumes zu errichten, einen Zweigniederlassungsleiter ernannt haben, während Artikel 6 Abs. 1 der Bankenrichtlinie vorsieht, dass die Zahl der Personen, welche die Geschäftstätigkeit des Kreditinstituts bzw. der Zweigniederlassung tatsächlich bestimmen, mindestens zwei betrage (entsprechend sind nach dem Wortlaut der Artikel 17 Abs. 2 der Wertpapierdienstleistungsrichtlinie bzw. Artikel 20 Abs. 2 lit. d) Bankenrichtlinie Angaben über die Namen der verantwortlichen Geschäftsführer der Zweigstelle zu machen). Von manchen Staaten wird verlangt, dass eine EWR-Zweigniederlassung von zwei Geschäftsleitern geleitet wird (z.B. Frankreich). Um es deutschen Instituten gegenüber leichter durchsetzen zu können, zwei Leiter zu bestellen, soll in § 24a Abs. 1 Satz 2 Nr. 4 KWG anstelle von »den Namen des Leiters« »den Namen der Leiter« gesetzt werden. Die Neuregelung schließt nicht notwendigerweise die Möglichkeit nur eines Zweigniederlassungsleiters aus; es liegt im Ermessen des jeweiligen Aufnahmestaates, weiterhin die Bestellung nur eines Zweigniederlassungsleiters zuzulassen.

---

1 Zum 4. Finanzmarktförderungsgesetz.

Zu Buchstabe b

Gemäß § 24a Abs. 2 Satz 4 KWG hat das Institut, das unter dem Schirm des Europäischen Passes eine Zweigniederlassung in einem anderen Staat des Europäischen Wirtschaftsraums errichten möchte, die Weiterleitung seiner Anzeige an die zuständigen Stellen des Aufnahmestaats durch die Bundesanstalt ebenso wie die entsprechende Mitteilung des Aufnahmestaats abzuwarten, bevor es seine Tätigkeit in dem anderen Staat aufnimmt. Diese Regelung besteht kraft Europäischen Rechtes ohnehin; der Europäische Pass wird durch das vorgeschriebene Anzeigeverfahren förmlich erst in Kraft gesetzt. Der neue Satz 4 dient also nur der Klarstellung.

Zu Buchstabe c

In Absatz 3 soll durch die Sätze 3 bis 5 für den grenzüberschreitenden Dienstleistungsverkehr eine Parallelregelung zur Errichtung einer Zweigniederlassung geschaffen werden. Ob auch diese Regelung bereits heute ohne eine entsprechende deutsche Transformationsbestimmung direkt aus dem Europäischen Recht folgt, mag dahinstehen. Sie ist erforderlich, da das Prinzip der Heimatlandkontrolle voraussetzt, dass der Aufnahmestaat auf eine kompetente Prüfung der zuständigen Heimatlandbehörde vertrauen darf und letztlich auch muss. Ohne eine materielle Prüfung durch die Bundesanstalt als zuständige Heimatlandbehörde fehlt für dies Vertrauen jedoch jede Grundlage. Der Natur der Sache nach fällt diese Prüfung indessen weniger intensiv aus als die Prüfung nach § 24a Abs. 2 KWG.

Zu Buchstabe d

Es kommt vor, dass Institute, die vor 1993 Zweigniederlassungen in EWR-Staaten unterhalten, Änderungen in der Geschäftsleitung dieser Zweigniederlassungen nicht anzeigen; die Bundesanstalt kann jedoch bislang mangels Rechtsgrundlage keine Maßnahmen gegen diese Institute treffen, obwohl sie diese Anzeigen für die Zwecke ihrer Restzuständigkeit als Aufnahmelandbehörde benötigt. In § 24a Abs. 4 KWG soll deshalb ein neuer Satz 2 eingefügt werden, wonach ein Institut auch Änderungen nach Absatz 1 Satz 2 anzuzeigen hat, wenn es bereits vor 1993 eine Zweigniederlassung in einem Staat des Europäischen Wirtschaftsraumes errichtet hat; der neue § 24a Abs. 4 Satz 2 KWG soll in den Katalog der Ordnungswidrigkeiten in § 56 Abs. 2 Nr. 4 KWG einbezogen werden.

Amtliche Begründung[1]

Zu Absatz 1

Die Ergänzung in Satz 2 Nr. 2 setzt Artikel 32 Abs. 2 Buchstabe b der Finanzmarktrichtlinie um, der Angaben über die Absicht, vertraglich gebundene Vermittler heranzuziehen, in der Anzeige verlangt.

Zu Absatz 2

Satz 4 wird redaktionell geändert, um im Wortlaut der Vorschrift zu verdeutlichen, dass spätestens zwei Monate nach der Weiterleitung der Angaben durch die Bundesanstalt an die zuständige Stelle im Aufnahmestaat oder nach einer entsprechenden vorherigen Mitteilung durch diese Stelle im Aufnahmestaat eine Zweigniederlassung

---

1 Zum Finanzmarktrichtlinie-Umsetzungsgesetz.

errichtet werden kann (Artikel 32 Abs. 6 der Finanzmarktrichtlinie). Die Bearbeitungsfrist der Bundesanstalt von zwei Monaten in den Sätzen 1 und 3 bleibt zugunsten deutscher Unternehmen, die eine grenzüberschreitende Tätigkeit erbringen möchten, bestehen, obwohl Artikel 32 Abs. 3 und 5 der Finanzmarktrichtlinie eine Bearbeitungsfrist der zuständigen Stelle im Herkunftsstaat von drei Monaten einräumt.

Zu Absatz 3

Satz 2 wird um die nach Artikel 31 Abs. 2 Buchstabe b der Finanzmarktrichtlinie erforderliche Angabe zur Absicht, vertraglich gebundene Vermittler einzusetzen, ergänzt.

Zu den Absätzen 3a und 3b

Durch Absatz 3a wird Artikel 31 Abs. 6 Satz 1 der Finanzmarktrichtlinie umgesetzt, welcher für den Betreiber eines multilateralen Handelssystems eine Anzeigepflicht bezüglich der Staaten normiert, in welchen ein Zugang für Handelsteilnehmer beabsichtigt ist. Die Bundesanstalt muss die zuständigen Behörden entsprechender Mitgliedstaaten hiervon nach Artikel 31 Abs. 6 Unterabs. 1 Satz 2 der Finanzmarktrichtlinie innerhalb eines Monats in Kenntnis setzen. Satz 2 bestimmt, dass der Bundesanstalt auf Anfrage auch die Namen der in diesem Staat ansässigen Handelsteilnehmer mitzuteilen sind, da die Bundesanstalt nach Artikel 31 Abs. 6 Unterabsatz 1 Satz 2 der Finanzmarktrichtlinie die betreffenden Namen an die zuständige Behörde auf deren Ersuchen weiterzugeben hat (vgl. § 7 Abs. 3 WpHG-E). Zudem obliegt ihr nach § 7 WpHG-E die Prüfung, ob und welche Zusammenarbeit mit den zuständigen Behörden des betreffenden Staates möglich ist. Aus diesem Grund ist die Information auch auf Teilnehmer aus Drittstaaten auszudehnen. Andererseits kann sich der Handelsteilnehmer bei der Mitteilung nach Satz 1 auf die erstmalige Zugangsgewährung in dem jeweiligen Staat beschränken.

Der neue Absatz 3b Satz 1 setzt Artikel 31 Abs. 2 Unterabs. 2 Satz 1 der Finanzmarktrichtlinie um. Auf Ersuchen der zuständigen Stelle des Aufnahmestaates sind dieser die Namen der vertraglich gebundenen Vermittler mitzuteilen, die das Kreditinstitut oder das Finanzdienstleistungsinstitut heranzuziehen beabsichtigt. In Satz 2 ist in Umsetzung des Artikels 31 Abs. 6 Unterabs. 2 der Finanzmarktrichtlinie eine entsprechende Übermittlung der Namen der Teilnehmer/Mitglieder eines multilateralen Handelssystems vorgesehen, welches grenzüberschreitend in einem Aufnahmestaat tätig werden will.

Zu Absatz 5

Vertraglich gebundene Vermittler werden nach Artikel 32 Abs. 2 Unterabs. 2 der Finanzmarktrichtlinie einer Zweigniederlassung gleichgestellt, wenn sie in einem anderen Staat des Europäischen Wirtschaftsraums als dem Herkunftsstaat des Unternehmens, welches sie zur Erbringung von Wertpapierdienstleistungen heranziehen möchten, ansässig sind. Zur näheren Ausgestaltung der Anwendung der Absätze 1, 2 und 4 auf diesen Fall wird die Rechtsverordnungsermächtigung in Absatz 5 ergänzt.

ANMERKUNG
1. § 24a wurde durch das 4. KWG-Änderungsgesetz vom 21. Dezember 1992 eingefügt und durch das 6. KWG-Änderungsgesetz vom 22. Oktober 1997 erheblich umgestaltet. (Wegen der Motive vgl. die vorstehenden Amtlichen Begründungen.) Durch das Gesetz über die integrierte Finanzdienstleistungsaufsicht vom 22. April 2002 wurden in der Vorschrift die erforderlichen Änderungen aufgrund der Errichtung der Bundesanstalt für Finanzdienstleistungsaufsicht vorgenommen; Abs. 6 wurde aufgehoben. Ferner wurde die Vorschrift durch das 4. Finanzmarktförderungsgesetz vom 21. Juni 2002 in einigen

Punkten geändert. Die Motive ergeben sich aus der vorstehend abgedruckten Amtlichen Begründung. Einzelheiten der Anzeigen regelt die Anzeigenverordnung (Anhang 5.1).
2. Durch das Jahressteuergesetz 2009 vom 19. Dezember 2008 (BGBl. I S. 2794) wurde § 24a Abs. 3 Satz 1 wegen der gesetzlichen Änderung des § 1 Absatz 1a geändert.
3. Mit dem Hinweis auf das Zahlungsdiensteaufsichtsgesetz in § 24a Absatz 3 Satz 1 handelt es sich um redaktionelle Folgeänderungen auf Grund des Gesetzes zur Umsetzung der aufsichtsrechtlichen Vorschriften der Zahlungsdiensterichtlinie vom 25. Juni 2009 (BGBl. I S. 1506).
4. Es handelt sich in § 24a Absatz 2 Satz 2 und Absatz 4 Satz 3 um die Korrektur eines Verweisfehlers durch das Gesetz zur Umsetzung der geänderten Bankenrichtlinie und der geänderten Kapitaladäquanzrichtlinie vom 19. November 2010 (BGBl. I S. 1592).
5. § 24a Absatz 1 Satz 1 wurde neu gefasst und in Absatz 3 wurde als redaktionelle Folgeänderung das Wort »E-Geld-Institut« gestrichen, da durch das Gesetz zur Umsetzung der Zweiten E-Geld-Richtlinie vom 1. März 2011 (BGBl. I S. 288) E-Geld-Institute als Institutstypus aus diesem Gesetz herausgenommen und dem Zahlungsdiensteaufsichtsgesetz unterstellt wurden.
6. § 24a Absatz 1 Satz 2 Nummer 3 und Absatz 5 wurden redaktionell geändert aufgrund des Gesetzes zur Umsetzung der Richtlinie 2010/78/EU des Europäischen Parlaments und des Rates vom 24. November 2010 im Hinblick auf die Errichtung des Europäischen Finanzaufsichtssystems vom 4. Dezember 2011 (BGBl. I S. 2427).
7. § 24a Absatz 1 bis 4 wurde durch das CRD IV-Umsetzungsgesetz vom 28. August 2013 (BGBl. I S. 3395) geändert. Die Anpassung in Absatz 1 beruht darauf, dass das KWG den Begriff »Einlagenkreditinstitut« nicht mehr verwendet. Die weiteren Änderungen in § 24a dienen der Anpassung der Begrifflichkeiten an die Verordnung (EU) Nr. 575/2013.

§ 24b Teilnahme an Zahlungs- sowie Wertpapierliefer- und -abrechnungssystemen sowie interoperablen Systemen

(1) Ein Institut hat die Absicht, ein System nach § 1 Abs. 16 zu betreiben, unverzüglich der Bundesanstalt und der Deutschen Bundesbank anzuzeigen und die Teilnehmer zu benennen. Dies gilt auch für eine spätere Änderung des Teilnehmerkreises sowie für Vereinbarungen über den Betrieb interoperabler Systeme. Die Deutsche Bundesbank teilt die ihr gemeldeten Systeme der Europäischen Wertpapier- und Marktaufsichtsbehörde mit, nachdem sie sich von der Zweckdienlichkeit der Regeln des Systems überzeugt hat. Im Fall einer Vereinbarung über den Betrieb interoperabler Systeme prüft die Deutsche Bundesbank, ob die Regeln der beteiligten Systeme über den Zeitpunkt des Einbringens und der Unwiderruflichkeit von Aufträgen miteinander vereinbar sind.

(2) Das Institut hat demjenigen, der ein berechtigtes Interesse nachweisen kann, Auskunft über die Systeme im Sinne von Absatz 1, an denen es beteiligt ist, sowie über die wesentlichen Regeln für deren Funktionieren zu erteilen.

(3) Ein Institut, das ein System nach § 1 Abs. 16 betreibt, hat CRR-Instituten mit Sitz in einem anderen Staat des Europäischen Wirtschaftsraums gleichberechtigend den Zugang zu dem System nach denselben transparenten und objektiven Kriterien zu gewähren, die für inländische Teilnehmer an diesem System gelten. Davon unberührt bleibt das Recht des Instituts, den Zugang aus berechtigten gewerblichen Gründen zu verweigern.

(4) Das Bundesministerium der Finanzen wird ermächtigt, im Benehmen mit der Deutschen Bundesbank durch Rechtsverordnung die Einzelheiten der Anzeigepflicht und der Unterrichtung der Europäischen Wertpapier- und Marktaufsichtsbehörde nach Absatz 1, des Auskunftsanspruchs nach Absatz 2 sowie der Zugangsgewährung nach Absatz 3 zu bestimmen.

(5) Auf Systembetreiber, die nicht Institut sind, sind die Absätze 1 bis 4 entsprechend anzuwenden.

Amtliche Begründung[1]

Zu Absatz 3

Der neu eingefügte Absatz 3 setzt Artikel 34 Abs. 1 der Finanzmarktrichtlinie um, der den Zugang zu zentralen Gegenparteien und Clearing- und Abrechnungssystemen regelt. Die Ergänzung der Rechtsverordnungsermächtigung in Absatz 4 stellt sicher, dass auch eine nähere Konkretisierung des in Absatz 3 neu geregelten Zugangsrechtes durch Rechtsverordnung erfolgen kann.

Amtliche Begründung[2]

Zu Nummer 28 (§ 24b)

Die Ergänzungen in § 24b Absatz 1 Satz 2 und 4 gehen zurück auf Artikel 1 Nummer 2 der Richtlinie 2009/44/EG. Darin findet sich ein Erwägungsgrund, wonach die Mitgliedstaaten bei interoperablen Systemen über die entsprechenden Aufsichtsbehörden sicherstellen sollen, dass bei interoperablen Systemen möglichst gleichlaufende Regelungen der Teilnehmersysteme bestehen. Auch wenn ein Erwägungsgrund nicht verbindlich umzusetzen ist, erscheint es sinnvoll, das Aufsichtsrecht entsprechend anzupassen. Deutsche Systembetreiber werden durch die Änderung des § 24b KWG verpflichtet, den Aufsichtsbehörden auch Vereinbarungen über interoperable Systeme zu melden.

Die übrigen Änderungen sind redaktionelle Anpassungen an den Sprachgebrauch der Richtlinie, wonach Systeme »betrieben« und nicht »veranstaltet« werden.

ANMERKUNG
1. § 24b wurde durch das »Gesetz zur Änderung insolvenzrechtlicher und kreditwesenrechtlicher Vorschriften« vom 8. Dezember 1999 (BGBl. I S. 2384) eingefügt. Durch das Gesetz über die integrierte Finanzdienstleistungsaufsicht vom 22. April 2002 wurde die Vorschrift an die geänderte Bezeichnung der Aufsichtsbehörde in Bundesanstalt für Finanzdienstleistungsaufsicht angepasst.
2. Die Änderungen in den Absätzen 4 und 5 sind redaktionelle Folgeänderungen der Einfügung des neuen Absatzes 3.
3. § 24b Absatz 1 Satz 3 wurde neu gefasst und mit der Änderung des Absatzes 4 wurde dem durch Artikel 1 Nummer 2 der Richtlinie 2010/78/EU geänderten Artikel 10 Absatz 1 Unterabsatz 1 der Richtlinie 98/26/EG Rechnung getragen. Anstelle der Europäischen Kommission ist nunmehr die Europäische Wertpapier- und Marktaufsichtsbehörde über die gemeldeten Systeme zu unterrichten aufgrund des Gesetzes zur Umsetzung der Richtlinie 2010/78/EU des Europäischen Parlaments und des Rates vom 24. November 2010 im Hinblick auf die Errichtung des Europäischen Finanzaufsichtssystems vom 4. Dezember 2011 (BGBl. I S. 2427).
4. § 24b Absatz 3 wurde durch das CRD IV-Umsetzungsgesetz vom 28. August 2013 (BGBl. I S. 3395) geändert. Die Anpassung in Absatz 3 beruht darauf, dass das KWG den Begriff Einlagenkreditinstitut nicht mehr verwendet.

---

1 Zum Finanzmarktrichtlinie-Umsetzungsgesetz.
2 Zum Gesetz zur Umsetzung der geänderten Bankenrichtlinie und der geänderten Kapitaladäquanzrichtlinie vom 19. November 2010 (BGBl. I S. 1592); vgl. BT-Drucksache 17/1720 vom 17. Mai 2010.

§ 24c Automatisierter Abruf von Kontoinformationen

(1) Ein Kreditinstitut hat eine Datei zu führen, in der unverzüglich folgende Daten zu speichern sind:
1. die Nummer eines Kontos, das der Verpflichtung zur Legitimationsprüfung im Sinne des § 154 Abs. 2 Satz 1 der Abgabenordnung unterliegt, oder eines Depots sowie der Tag der Errichtung und der Tag der Auflösung,
2. der Name, sowie bei natürlichen Personen der Tag der Geburt, des Inhabers und eines Verfügungsberechtigten sowie in den Fällen des § 3 Abs. 1 Nr. 3 des Geldwäschegesetzes der Name und, soweit erhoben, die Anschrift eines abweichend wirtschaftlich Berechtigten im Sinne des § 1 Abs. 6 des Geldwäschegesetzes.

Bei jeder Änderung einer Angabe nach Satz 1 ist unverzüglich ein neuer Datensatz anzulegen. Die Daten sind nach Ablauf von drei Jahren nach der Auflösung des Kontos oder Depots zu löschen. Im Falle des Satzes 2 ist der alte Datensatz nach Ablauf von drei Jahren nach Anlegung des neuen Datensatzes zu löschen. Das Kreditinstitut hat zu gewährleisten, dass die Bundesanstalt jederzeit Daten aus der Datei nach Satz 1 in einem von ihr bestimmten Verfahren automatisiert abrufen kann. Es hat durch technische und organisatorische Maßnahmen sicherzustellen, dass ihm Abrufe nicht zur Kenntnis gelangen.

(2) Die Bundesanstalt darf einzelne Daten aus der Datei nach Absatz 1 Satz 1 abrufen, soweit dies zur Erfüllung ihrer aufsichtlichen Aufgaben nach diesem Gesetz oder dem Gesetz über das Aufspüren von Gewinnen aus schweren Straftaten, insbesondere im Hinblick auf unerlaubte Bankgeschäfte oder Finanzdienstleistungen oder den Missbrauch der Institute durch Geldwäsche oder betrügerische Handlungen zu Lasten der Institute erforderlich ist und besondere Eilbedürftigkeit im Einzelfall vorliegt.

(3) Die Bundesanstalt erteilt auf Ersuchen Auskunft aus der Datei nach Absatz 1 Satz 1
1. den Aufsichtsbehörden gemäß § 9 Abs. 1 Satz 4 Nr. 2, soweit dies zur Erfüllung ihrer aufsichtlichen Aufgaben unter den Voraussetzungen des Absatzes 2 erforderlich ist,
2. den für die Leistung der internationalen Rechtshilfe in Strafsachen sowie im Übrigen für die Verfolgung und Ahndung von Straftaten zuständigen Behörden oder Gerichten, soweit dies für die Erfüllung ihrer gesetzlichen Aufgaben erforderlich ist,
3. der für die Beschränkungen des Kapital- und Zahlungsverkehrs nach dem Außenwirtschaftsgesetz zuständigen nationalen Behörde, soweit dies für die Erfüllung ihrer sich aus dem Außenwirtschaftsgesetz oder Rechtsakten der Europäischen Union im Zusammenhang mit der Einschränkung von Wirtschafts- oder Finanzbeziehungen ergebenden Aufgaben erforderlich ist.

Die Bundesanstalt hat die in den Dateien gespeicherten Daten im automatisierten Verfahren abzurufen und sie an die ersuchende Stelle weiter zu übermitteln. Die Bundesanstalt prüft die Zulässigkeit der Übermittlung nur, soweit hierzu besonderer Anlass besteht. Die Verantwortung für die Zulässigkeit der Übermittlung trägt die ersuchende Stelle. Die Bundesanstalt darf zu den in Satz 1 genannten Zwecken ausländischen Stellen Auskunft aus der Datei nach Absatz 1 Satz 1 nach Maßgabe des § 4b des Bundesdatenschutzgesetzes erteilen. § 9 Abs. 1 Satz 5, 6 und Abs. 2 gilt entsprechend. Die Regelungen über die internationale Rechtshilfe in Strafsachen bleiben unberührt.

(4) Die Bundesanstalt protokolliert für Zwecke der Datenschutzkontrolle durch die jeweils zuständige Stelle bei jedem Abruf den Zeitpunkt, die bei der Durchführung des Abrufs verwendeten Daten, die abgerufenen Daten, die Person, die den Abruf durchgeführt hat, das Aktenzeichen sowie bei Abrufen auf Ersuchen die ersuchende Stelle

und deren Aktenzeichen. Eine Verwendung der Protokolldaten für andere Zwecke ist unzulässig. Die Protokolldaten sind mindestens 18 Monate aufzubewahren und spätestens nach zwei Jahren zu löschen.

(5) Das Kreditinstitut hat in seinem Verantwortungsbereich auf seine Kosten alle Vorkehrungen zu treffen, die für den automatisierten Abruf erforderlich sind. Dazu gehören auch, jeweils nach den Vorgaben der Bundesanstalt, die Anschaffung der zur Sicherstellung der Vertraulichkeit und des Schutzes vor unberechtigten Zugriffen erforderlichen Geräte, die Einrichtung eines geeigneten Telekommunikationsanschlusses und die Teilnahme an dem geschlossenen Benutzersystem sowie die laufende Bereitstellung dieser Vorkehrungen.

(6) Das Kreditinstitut und die Bundesanstalt haben dem jeweiligen Stand der Technik entsprechende Maßnahmen zur Sicherstellung von Datenschutz und Datensicherheit zu treffen, die insbesondere die Vertraulichkeit und Unversehrtheit der abgerufenen und weiter übermittelten Daten gewährleisten. Den Stand der Technik stellt die Bundesanstalt im Benehmen mit dem Bundesamt für Sicherheit in der Informationstechnik in einem von ihr bestimmten Verfahren fest.

(7) Das Bundesministerium der Finanzen kann durch Rechtsverordnung Ausnahmen von der Verpflichtung zur Übermittlung im automatisierten Verfahren zulassen. Es kann die Ermächtigung durch Rechtsverordnung auf die Bundesanstalt übertragen.

(8) Soweit die Deutsche Bundesbank und die Bundesrepublik Deutschland – Finanzagentur GmbH Konten und Depots für Dritte führen, gelten sie als Kreditinstitute im Sinne der Absätze 1, 5 und 6.

Amtliche Begründung[1]

Mit dem neuen § 24c Abs. 1 KWG sollen Auskunftsrechte, die die Bundesanstalt gemäß § 44 Abs. 1 KWG uneingeschränkt auch in Bezug auf alle Geschäftsbeziehungen mit den einzelnen Kunden besitzt, flankiert werden. Hierzu bedient sich die Bundesanstalt eines modernen Datenabrufsystems, das Ähnlichkeiten mit einer Kontenevidenzzentrale aufweist. Einige europäische Staaten (Frankreich) besitzen bereits ein ähnliches System. Andere europäische Länder (Niederlande) sind im Begriff, vergleichbare Dateien einzurichten.

Durch die Erweiterung des bereits bestehenden bankaufsichtlichen Anzeige- und Meldewesens der Institute um ein auf Konten und Depots bezogenes automatisiertes Abrufverfahren soll die Bundesanstalt in die Lage versetzt werden, die Geldwäsche, das illegale Schattenbankenwesen und das unerlaubte Betreiben von Bank- und Finanzdienstleistungsgeschäften besser durch zentral durchgeführte Recherchearbeiten zu bekämpfen.

Auch das Erkennen von Transaktionen im Zahlungsverkehr, die der Logistik des Terrorismus dienen und damit Verbindungen zur Geldwäsche aufweisen, setzt eine solche Evidenzzentrale voraus. Die Erfahrung hat gezeigt, dass die Bundesanstalt zur Erfüllung dieser Aufgaben einen aktuellen und vollständigen Überblick über die Existenz sämtlicher zugunsten von natürlichen oder juristischen Personen bestehender Konten bei Kredit- und Finanzdienstleistungsinstituten bzw. ihrer Inhaber und Verfügungsberechtigten benötigt, um dann an das Institut, bei dem ein Konto eines bestimmten Kontoinhabers bzw. Verfügungsberechtigten geführt wird, gezielt heranzutreten, um kontenbezogene Informationen einzuholen.

Bereits nach § 44 Abs. 1 KWG stehen der Bundesanstalt Auskunfts- und Unterlagenvorlagerechte gegenüber den inländischen Kredit- und Finanzdienstleistungsinstituten, den Zweigniederlassungen von Einlagenkreditinstituten oder Wertpapierdienstleistungsunternehmen mit Sitz im EWR (§ 53b Abs. 3 KWG) sowie Zweigstellen von

---

1 Zum 4. Finanzmarktförderungsgesetz.

Unternehmen mit Sitz im Ausland (§ 53 Abs. 1 KWG) zu. Auf Grund des im Rahmen der 6. KWG-Novelle eingeführten Begriffs der »Unterlage« ist klargestellt worden, dass jegliche Art von aufsichtsrechtlich relevanten Unterlagen vorzulegen sind. Hierzu gehören auch Informationen über Kontoinhaber, Verfügungsberechtigte, abweichend wirtschaftlich Berechtigte, und Kontenübersichten, sofern die Bundesanstalt diese benötigt.

Von in- und ausländischen Finanzmarktaufsichtsbehörden bzw. von anderen Behörden erhält die Bundesanstalt verstärkt Hinweise auf illegale Aktivitäten einzelner Personen. Diese Informationen betreffen den Bereich des unerlaubten Betreibens von Bank- und Finanzdienstleistungen, wozu auch Schatten- und Untergrundbankenstrukturen gehören, über die Gelder, auch mit terroristischem Hintergrund, in großem Umfang gewaschen werden. Bei lizenzierten Instituten bestehende Konten werden für die Abwicklung des underground banking als sog. »Poolkonten« geführt, die für das Funktionieren des Untergrundbankensystems essentiell sind. Seit dem 11. September 2001 werden darüber hinaus über die Koordination des Baseler Ausschusses für Bankenaufsicht und den G 7-Zusammenhang zunehmend Namenslisten unter den Mitgliedsstaaten ausgetauscht, die Personen enthalten, welche verdächtig sind, in Zusammenhang mit terroristischen Netzwerken zu stehen.

Sofern der Bundesanstalt über den Namen des potentiellen Kontoinhabers hinaus keine weiteren kontobezogenen Informationen vorliegen, die auf das Institut hindeuten, bei dem die Person ein Konto unterhält, ist die Bundesanstalt gezwungen, ein entsprechendes Auskunftsersuchen an alle Banken in Deutschland (derzeit ca. 2900 Institute), die in einem komplizierten Verfahren über die Landeszentralbanken verteilt werden müssen, zu richten. Dadurch geht wertvolle Zeit bezüglich der von Banken zu treffenden Sicherungsmaßnahmen verloren. Die Chancen, Gelder von Verdächtigen sicherzustellen oder einfrieren zu können, schwinden durch diesen schwerfälligen Weg ebenfalls. Aus arbeitsökonomischen Gründen muss ein solches Auskunftsersuchen in einigen Fällen sogar ganz unterbleiben. Dementsprechend kann bestimmten Anhaltspunkten für illegale Aktivitäten nicht weiter nachgegangen werden.

Hinzu kommt, dass über den Weg des an alle Institute gerichteten Auskunftsersuchens sensible, personenbezogene Daten an 2900 verschiedene (und in ihrer Mehrzahl nicht betroffene) Stellen gelangen, was bei einer gezielten Verknüpfung von personenbezogenen Daten mit über das Abrufverfahren erlangten kontenbezogenen Daten der Bundesanstalt vermieden werden könnte.

Dadurch kann die Bundesanstalt dann auf einen Blick feststellen, bei welchen Instituten eine bestimmte Person oder ein bestimmtes Unternehmen Kontenbeziehungen unterhält. Auf der Basis dieser Informationen und der übrigen bei der Bundesanstalt bezüglich der Kunden und sonstigen Berechtigten bereits vorliegenden Informationen sind dann in einem zweiten Schritt gezielte, die einzelnen Umsätze betreffende Nachfragen gemäß § 44 Abs. 1 KWG beim Institut möglich, bei dem das Konto des betreffenden Kunden geführt wird.

Die Pflicht baut auf der bereits bestehenden Pflicht des § 154 Abs. 2 AO und des hierzu ergangenen Anwendungserlasses, die die Auskunftsbereitschaft der Kreditinstitute bereits grundsätzlich regeln, auf. Hiernach muss ein Kreditinstitut jederzeitige Auskunftsbereitschaft hinsichtlich bestehender Konten dadurch sicherstellen, dass auf dem sog. Kontostammblatt den Kontoinhaber und die Verfügungsberechtigten betreffende Informationen der Bank vorliegen müssen. Diese Pflicht wurde um den Personenkreis des abweichend wirtschaftlich Berechtigten erweitert, dessen Erfassung als »wirtschaftlicher Hintermann« im Bereich der Geldwäscheprävention von besonderem Interesse ist.

Die Erfassung dieser Daten in einer Datei, die den technischen Voraussetzungen des Absatzes 2 entspricht, war bisher nicht gefordert. Gleiches gilt für die Erfassung des Geburtstages, der jedoch – obgleich nicht ausdrücklich gesetzlich verlangt – in der Praxis der Banken regelmäßig erfasst worden ist, um Kontoinhaber und Verfügungsberechtigte besser individualisieren zu können. Was die Erfassung des abweichend wirtschaftlich Berechtigten anbelangt, besteht eine solche Pflicht bereits gemäß § 8 Abs. 1 GwG. Sollte sich insbesondere nach Kontoeröffnung, etwa auf Grund von Recherchen des Kreditinstituts zur Einhaltung des »Know your customer-Prinzips«, herausstellen, dass aus der Sicht der Bank abweichende wirtschaftlich Berechtigte für ein Konto oder Depot existieren, sind diese ebenfalls gemäß Absatz 1 in dieser Datei zu führen.

Es ist im Übrigen nicht unverhältnismäßig, dass im Rahmen des § 24c KWG alle errichteten Konten von der Verpflichtung des Absatzes 1 erfasst sind. Jedes bestehende Konto eignet sich erfahrungsgemäß für Geldwäschezwecke; unabhängig davon, wer Kontoinhaber oder für dieses Konto verfügungsberechtigt ist. Dementsprechend können bestimmte Kontogruppen und -typen nicht von der Meldepflicht ausgenommen werden.

Absatz 1 regelt auch spezielle aus Datenschutzgründen kurz bemessene Löschungsfristen für das Abrufverfahren; hiervon unberührt bleiben die für ab der Kontoschließung laufenden (längeren) zivil- und steuerrechtlichen Fristen.

Der neue § 24c Abs. 2 KWG ermächtigt die Bundesanstalt zum Abruf der gemäß Absatz 1 in einer Datei zu führenden Daten zur Erfüllung ihrer aufsichtlichen Aufgaben unter den in Absatz 2 genannten Voraussetzungen. Absatz 2 ist § 90 Telekommunikationsgesetz nachgebildet, der sich in der Praxis bewährt hat und nach Ansicht von Experten die Datenübermittlung für die nach Absatz 1 Pflichtigen erheblich verbilligt. Die Handhabung und Durchführung des technischen Verfahrens wird von der Bundesanstalt im Einzelnen durch Verwaltungsvorschriften bestimmt.

Der neue § 24c Abs. 4 KWG erteilt der Bundesanstalt – neben der Verwendung der gemeldeten Daten für eigene aufsichtliche Aufgaben – die Ermächtigung Auskunft aus der Datei nach Absatz 1 dadurch zu erteilen, dass Daten an die ersuchende Stelle weiter übermittelt werden können. Was die Übermittlung dieser Daten anbelangt, orientiert sich Absatz 3 an der in § 9 Abs. 1 und 2 getroffenen Grundentscheidung, schränkt diese jedoch, weil das Abrufverfahren das Recht auf informationelle Selbstbestimmung der Betroffenen stärker tangiert, ein.

Auskunft kann gemäß Absatz 3 Nr. 1 an die Aufsichtsbehörden gemäß § 9 Abs. 1 Satz 3 Nr. 2 KWG zur Erfüllung ihrer aufsichtlichen Aufgaben unter den in Absatz 2 genannten Voraussetzungen erteilt werden. Gleiches gilt gemäß Absatz 3 Nr. 2 für die Strafverfolgungsbehörden und Gerichte im Rahmen der Verfolgung und Ahndung von Straftaten und für die Leistung der internationalen Rechtshilfe. Damit ist gewährleistet, dass Deutschland insbesondere seinen Verpflichtungen aus § 1 des Zusatzprotokolls zum Übereinkommen über die Rechtshilfe in Strafsachen zwischen den Mitgliedstaaten der Europäischen Union vom 16. Oktober 2001 nachkommen kann. Im Übrigen können die Strafverfolgungsbehörden zum Zwecke der Verfolgung und Ahndung von Straftaten nach den allgemeinen Regeln ein solches Auskunftsersuchen erst erstellen, wenn »zureichende tatsächliche Anhaltspunkte« für das Vorliegen einer Straftat vorliegen, also erst nach Einleitung eines Ermittlungsverfahrens (§§ 152 Abs. 2, 160 StPO).

Sonstige Behörden und Stellen, darunter die Finanzbehörden, unterfallen nicht dem Kreis der Auskunftsberechtigten. Für Steuerstrafverfahren ist die Auskunftserteilung ebenfalls nicht anzuwenden.

Absatz 3 Satz 2 dient hier – ebenso wie die Absätze 4 und 5 – der Einhaltung der Anforderungen des Bundesdatenschutzgesetzes, wenn ausländische Stellen um Auskunft ersuchen.

Absatz 5 verpflichtet darüber hinaus die Kreditinstitute und die Bundesanstalt, auf ihre Kosten nach den Vorgaben der Bundesanstalt in ihrer Sphäre die technischen Voraussetzungen zu schaffen, die erforderlich sind, damit das Abrufverfahren gemäß Absatz 2 funktionieren kann.

Gemäß Absatz 7 kann das Bundesministerium der Finanzen durch Rechtsverordnung Ausnahmen von der Verpflichtung vom automatisierten Verfahren zulassen, wobei die Ermächtigung zur Rechtsverordnung auf die Bundesanstalt übertragen werden kann. Dies gilt insbesondere für Fallgruppen, bei denen Banken, die das Girogeschäft und Einlagengeschäft, was regelmäßig die Führung von Konten für Kunden voraussetzt, nicht schwerpunktmäßig betreiben bzw. Konten nur für eigene Mitarbeiter oder für ein spezielles überschaubares Kundensegment führen, wofür Dateien im Sinne des Absatzes 1 schon aus technischen Gründen keinen Sinn machen.

Amtliche Begründung[1]

Zu Nummer 2 (Änderung des § 24 c)

Zu Buchstabe a

Bisher waren im Rahmen des § 24 c KWG durch das Kreditinstitut immer der Name und die Anschrift eines abweichend wirtschaftlich Berechtigten zu ermitteln und in den für das entsprechende Konto oder Depot anzulegenden Datensatz aufzunehmen. Durch die Einführung des risikobasierten Ansatzes erfolgt nunmehr die Erfassung der Daten des wirtschaftlich Berechtigten in einer differenzierten Art und Weise. Nähere Regelungen hierzu finden sich in § 3 Abs. 1 Nr. 3 und § 4 Abs. 5 GwG-neu. Daher wird § 24 c Abs. 1 Nr. 2 KWG entsprechend angepasst.

Zu Buchstabe b

Auf Grund der Tatsache, dass die Bundesrepublik Deutschland – Finanzagentur GmbH gemäß § 2 Abs. 1 Nr. 3 a KWG nicht als Kreditinstitut gilt, unterliegen Daten der öffentlichen Schuldenverwaltung des Bundes bislang nicht dem automatisierten Abruf von Kontoinformationen nach § 24 c KWG. Die durch die jetzt vorgesehene Ergänzung des § 24 c Abs. 8 KWG-neu erfolgende Einbeziehung der Bundesrepublik Deutschland – Finanzagentur GmbH in den Anwendungsbereich dieser Norm ist nach der Übernahme des Privatkundengeschäfts von der früheren Bundeswertpapierverwaltung und im Hinblick auf das öffentliche Interesse an der Bekämpfung der Geldwäsche und der Terrorismusfinanzierung sowie an der Möglichkeit der Einziehung und des Einfrierens von Vermögensgegenständen aus derartigen Straftaten geboten.

ANMERKUNG

1. § 24 c wurde durch das 4. Finanzmarktförderungsgesetz vom 21. Juni 2002 eingefügt.
2. § 24 c wurde durch das Gesetz zur Ergänzung der Bekämpfung der Geldwäsche und der Terrorismusfinanzierung (Geldwäschebekämpfungsergänzungsgesetz – GwBekErgG) vom 13. August 2008 (BGBl I, S 1690) geändert im Absatz 1 Satz 1 Nr. 2 und Absatz 8.
3. Es handelt sich in § 24 c Absatz 3 Satz 1 Nummer 3 um eine redaktionelle Anpassung im Nachgang zum Inkrafttreten des Vertrags von Lissabon durch das Gesetz zur Umsetzung der Richtlinie 2010/78/EU des Europäischen Parlaments und des Rates vom 24. November 2010 im Hinblick auf die Errichtung des Europäischen Finanzaufsichtssystems vom 4. Dezember 2011 (BGBl. I S. 2427).

§ 25 Finanzinformationen, Informationen zur Risikotragfähigkeit; Verordnungsermächtigung

(1) Ein Institut hat unverzüglich nach Ablauf eines jeden Quartals der Deutschen Bundesbank Informationen zu seiner finanziellen Situation (Finanzinformationen) einzureichen. Ein Kreditinstitut hat außerdem unverzüglich einmal jährlich zu einem

---

[1] Zum Geldwäschebekämpfungsergänzungsgesetz vom 13. August 2008 (BGBl. I S. 1690); vgl. BT-Drucksache 16/9038 vom 5. Mai 2008.

von der Bundesanstalt festgelegten Stichtag der Deutschen Bundesbank Informationen zu seiner Risikotragfähigkeit nach § 25a Absatz 1 Satz 3 und zu den Verfahren nach § 25a Absatz 1 Satz 3 Nummer 2 (Risikotragfähigkeitsinformationen) einzureichen. Die Bundesanstalt kann den Berichtszeitraum nach den Sätzen 1 und 2 für ein Institut verkürzen, soweit dies zur Erfüllung der Aufgaben der Bundesanstalt erforderlich ist. Die Deutsche Bundesbank leitet die Angaben nach den Sätzen 1 und 2 an die Bundesanstalt mit ihrer Stellungnahme weiter; diese kann auf die Weiterleitung bestimmter Angaben nach den Sätzen 1 und 2 verzichten.

(2) Ein übergeordnetes Unternehmen im Sinne des § 10a hat außerdem unverzüglich nach Ablauf eines jeden Quartals der Deutschen Bundesbank Finanzinformationen auf zusammengefasster Basis einzureichen. Ein übergeordnetes Unternehmen im Sinne des § 10a hat, sofern der Gruppe im Sinne des § 10a Absatz 1 ein Kreditinstitut mit Sitz im Inland angehört, außerdem unverzüglich einmal jährlich zu einem von der Bundesanstalt festgelegten Stichtag der Deutschen Bundesbank Risikotragfähigkeitsinformationen der Gruppe zusammengefasster Ebene einzureichen. Die Bundesanstalt kann den Berichtszeitraum nach den Sätzen 1 und 2 für ein übergeordnetes Unternehmen verkürzen, soweit dies zur Erfüllung der Aufgaben der Bundesanstalt erforderlich ist. Absatz 1 Satz 4 und § 10a Absatz 4 und 5 über das Verfahren der Zusammenfassung, § 10a Absatz 10 über die Unterkonsolidierung von Tochtergesellschaften in Drittstaaten und Artikel 11 Absatz 1 der Verordnung (EU) Nr. 575/2013 über die Informationspflicht gelten für die Angaben nach den Sätzen 1 und 2 entsprechend. Für die Angaben nach Satz 2 gilt zudem § 25a Absatz 3 entsprechend.

(3) Das Bundesministerium der Finanzen kann im Benehmen mit der Deutschen Bundesbank durch Rechtsverordnung, die nicht der Zustimmung des Bundesrates bedarf, nähere Bestimmungen über Art und Umfang und über die zulässigen Datenträger, Übertragungswege und Datenformate der Finanzinformationen und der Risikotragfähigkeitsinformationen, insbesondere um Einblick in die Entwicklung der Vermögens- und Ertragslage der Institute sowie die Entwicklung der Risikolage und die Verfahren der Risikosteuerung der Kreditinstitute zu erhalten, über weitere Angaben, sowie eine Verkürzung des Berichtszeitraums nach Absatz 1 Satz 3 oder Absatz 2 Satz 3 für bestimmte Arten oder Gruppen von Instituten erlassen, soweit dies zur Erfüllung der Aufgaben der Bundesanstalt erforderlich ist. Die Angaben können sich auch auf nachgeordnete Unternehmen im Sinne des § 10a sowie auf Tochterunternehmen mit Sitz im Inland oder Ausland, die nicht in die Beaufsichtigung auf zusammengefaßter Basis einbezogen sind, sowie auf gemischte Unternehmen mit nachgeordneten Instituten beziehen; die gemischten Unternehmen haben den Instituten die erforderlichen Angaben zu übermitteln. Das Bundesministerium der Finanzen kann die Ermächtigung zum Erlaß einer Rechtsverordnung durch Rechtsverordnung auf die Bundesanstalt mit der Maßgabe übertragen, daß die Rechtsverordnung im Einvernehmen mit der Deutschen Bundesbank ergeht.

Amtliche Begründung[1]

Die Monatsausweise sollen dem Bundesaufsichtsamt und der Bundesbank einen laufenden Einblick in die geschäftliche Entwicklung der Kreditinstitute verschaffen und diese Stellen dadurch in die Lage versetzen, Schwierigkeiten bei einzelnen Instituten rechtzeitig zu erkennen. Um eine Doppelbelastung der Kreditinstitute und der Bundesbank durch die Einreichung von Monatsausweisen und zusätzlich von Meldungen für monatliche Bilanzstatistiken nach § 18 des Bundesbankgesetzes zu vermeiden, werden diese Meldungen als Monatsausweise angesehen. Die Weiterleitungspflicht nach Absatz 2 und die Bußgelddrohung nach § 56* Abs. 1 Nr. 5* gelten

---

1   Zur Ursprungsfassung.

dementsprechend auch für die Angaben zu solchen Bilanzstatistiken. Befreiungen, die bei dieser Vorschrift vor allem für die kleineren Institute erforderlich sein werden, sind nach § 31* Abs. 1 Nr. 1 und Abs. 2 möglich.

Amtliche Begründung[1]

Nach dem neu eingefügten Absatz 2 Satz 1 haben Kreditinstitute neben den eigenen Monatsausweisen quotal zusammengefaßte Monatsausweise unter Einschluß der im Sinne des § 13a Abs. 2 nachgeordneten Kreditinstitute einzureichen. Mittels der zusammengefaßten Monatsausweise werden das Bundesaufsichtsamt und die Deutsche Bundesbank in die Lage versetzt, sich über die nach den neuen §§ 10a und 13a anfallenden Erkenntnisse hinaus ein umfassendes, zeitnahes Bild über die Situation der durch Beteiligungsbeziehungen entstandenen Kreditinstitutsgruppen zu machen, auch hinsichtlich der Liquidität.

Die Meldungen erlauben Analysen, z.B. über die Struktur der Geschäfte, ihre Finanzierung sowie über die Fristentransformation. Aus diesen Unterlagen lassen sich Rückschlüsse über die wirtschaftliche Lage von Kreditinstituten und über Entwicklungstendenzen ziehen. Dem Bundesaufsichtsamt werden allerdings keine unmittelbaren Eingriffsbefugnisse für den Fall eingeräumt, daß die zusammengefaßten Monatsausweise bedenkliche Entwicklungen bei Kreditinstitutsgruppen erkennen lassen. Die Bankaufsicht wird sich bei Vorliegen negativer Erkenntnisse über Kreditinstitutsgruppen nur mit dem Vorstand des übergeordneten Kreditinstituts in Verbindung setzen können, um mit ihm die Lage sowie freiwillige Maßnahmen zu erörtern. Dem Bundesaufsichtsamt unmittelbare Eingriffsbefugnisse auch für den Fall mangelnder Liquidität einer Kreditinstitutsgruppe oder sonstiger, nicht durch die Regelungen der §§ 10a und 13a erfaßter Gefahrenlagen zu geben, wäre verfrüht. Voraussetzung für eine eventuelle spätere Erweiterung des gesetzlichen Instrumentariums ist, daß zunächst die Risiken ermittelt und beurteilt werden, wofür Absatz 2 die Voraussetzungen schafft. Ob zu späterer Zeit die gesetzlichen Befugnisse erweitert werden müssen und z.B. eine Rechtsgrundlage für Liquiditätsgrundsätze nach der Methode der bankaufsichtlichen quotalen Zusammenfassung von maßgeblichen Daten zu schaffen ist, kann derzeit nicht beurteilt werden. Die quotale Zusammenfassung der einzelnen Bilanzpositionen für die Monatsausweise erfolgt nach dem in § 10a Abs. 3 niedergelegten Verfahren. Die Regelung über die Einreichung von zusammengefaßten Monatsausweisen wird in dem neuen Absatz 2 Satz 2 ergänzt um die Verweisung auf die Informationspflicht nachgeordneter Kreditinstitute nach § 10a Abs. 5 Satz 1 und auf die Befreiung von Untergruppen und von entfernt liegenden Gliedern bei Beteiligungsketten nach § 10a Abs. 6.

Nach Absatz 4 Satz 1 kann der Bundesminister der Finanzen durch Rechtsverordnung nähere Bestimmungen über Art und Umfang der Monatsausweise erlassen. In das Recht der Deutschen Bundesbank, nach § 18 des Gesetzes über die Deutsche Bundesbank monatliche Bilanzstatistiken durchzuführen, die dann auch als Monatsausweise gelten (Absatz 1 Satz 2), wird durch den neuen Absatz 4 ausdrücklich nicht eingegriffen. Solange der von der monatlichen Bilanzstatistik erfaßte Kreis von Kreditinstituten mit den Instituten übereinstimmt, für die nach Wertung des Bundesaufsichtsamtes Monatsausweise einzureichen sind, wird die Ermächtigung nach Absatz 4 nur für die zusammengefaßten Monatsausweise praktisch werden, die nach § 18 des Gesetzes über die Deutsche Bundesbank nicht angeordnet werden können.

Darüber hinaus können nach dem neuen Absatz 4 Satz 1 und 2 auch weitere Angaben von den Kreditinstituten verlangt werden, die sich auch auf Kreditinstitutsgruppen im Sinne des § 13a Abs. 2 beziehen und auf Einzelkreditdaten erstrecken

---

1   Zum 3. KWG-Änderungsgesetz.

können. Die Regelung ist erforderlich, weil die Angaben nach § 18 des Gesetzes über die Deutsche Bundesbank den bankaufsichtlichen Informationsbedürfnissen nicht in allen Fällen genügen. Auch bei der weiteren Harmonisierung des Bankaufsichtsrechts der Mitgliedstaaten der Europäischen Wirtschaftsgemeinschaft können Angaben über die bundesdeutschen Kreditinstitute erforderlich werden, die sich aus den bisher abzugebenden Anzeigen und einzureichenden Unterlagen nicht ergeben. Die Verordnungsermächtigung nach Absatz 4 Satz 1 kann gemäß Satz 3 auf das Bundesaufsichtsamt übertragen werden.

Amtliche Begründung[1]

Zu Absatz 2

Die Pflicht nach Absatz 2 zur Einreichung von konsolidierten Monatsausweisen besteht für die übergeordneten Kreditinstitute von Kreditinstituts- und Finanzholding-Gruppen. Wie bei Kreditinstitutsgruppen müssen auch bei Finanzholding-Gruppen das Bundesaufsichtsamt und die Deutsche Bundesbank in der Lage sein, sich über die nach den §§ 10a und 13a anfallenden Erkenntnisse hinaus ein umfassendes und zeitnahes Bild über die Situation der Gruppe und der in ihr eingebundenen Kreditinstitute zu machen.

Zu Absatz 4

Die Neufassung von Satz 2 erweitert die Ermächtigung, über die Monatsausweise hinaus zusätzliche Angaben einzufordern, in zweifacher Hinsicht. Danach können auch über die nicht in die Konsolidierung einer Kreditinstituts- oder Finanzholding-Gruppe einbezogenen Tochterunternehmen Angaben eingefordert werden. Es handelt sich hierbei um Beteiligungen an Unternehmen des Versicherungsbereichs sowie um Unternehmen außerhalb des Finanzsektors. Damit wird Artikel 3 Abs. 10 KonsRL umgesetzt, nach dem die Mitgliedstaaten eine solche Auskunftspflicht in ihren Aufsichtsnormen vorsehen müssen.

Weiter ist vorgesehen, von Kreditinstituten, die Tochterunternehmen eines gemischten Unternehmens sind, Angaben über das gemischte Unternehmen und dessen Unternehmensbeziehungen zu verlangen. Damit wird Artikel 6 Abs. 1 KonsRL umgesetzt. Nach den Erwägungsgründen der Richtlinie muß die Bankenaufsicht in der Lage sein, auch bei Unternehmensgruppen mit unterschiedlichen Aktivitäten, deren Mutterunternehmen ein Kreditinstitut kontrolliert, die finanzielle Lage des Kreditinstituts im Rahmen solcher Gruppen zu beurteilen. Die Bankenaufsicht muß von den betroffenen Kreditinstituten die erforderlichen Informationen verlangen, die ihr auch hier ein umfassendes und zeitnahes Bild über die Beteiligungsbeziehungen, in die das Kreditinstitut eingebunden ist, vermitteln, um daraus Rückschlüsse über die von dort ausgehenden Einflüsse auf das Kreditinstitut ziehen zu können.

Amtliche Begründung[2]

Gemäß § 25 Abs. 1 Satz 1 haben die Kreditinstitute unverzüglich nach Ablauf eines jeden Monats der Deutschen Bundesbank Monatsausweise einzureichen. Die Verpflichtung zur Einreichung wird grundsätzlich auf die Finanzdienstleistungsinstitute erstreckt. Der bisherige Absatz 3 wird als neuer Satz 2 in Absatz 1 integriert.

Die Änderungen in Absatz 2 sind Folgeänderungen.

---

1 Zum 5. KWG-Änderungsgesetz.
2 Zum 6. KWG-Änderungsgesetz.

Der bisherige Absatz 4 wird Absatz 3. Die Rechtsverordnungsermächtigung in Satz 1 wird im Hinblick auf die Geschäftsstruktur von Finanzdienstleistungsinstituten erweitert. Die Rechtsverordnung kann Bestimmungen vorsehen, nach denen der Monatsausweis Angaben enthalten muß, die dem Vermögensstatus und der Erfolgsrechnung entsprechen, die bislang von Maklern den Börsenaufsichtsbehörden gemäß § 8 a Abs. 3 Börsengesetz vorzulegen sind.

Die Möglichkeit, die Ermächtigung zum Erlaß der Monatsausweisverordnung gemäß Satz 3 auf das BAKred zu übertragen, besteht bereits heute. Bisher brauchte sich das BAKred beim Erlaß der Monatsausweisverordnung mit der Deutschen Bundesbank nur ins Benehmen zu setzen. Neu ist lediglich, daß die Verordnung des BAKred künftig im Einvernehmen mit der Deutschen Bundesbank erlassen wird. Dies ist angesichts der Bedeutung der Verordnung für die Bundesbankstatistik geboten.

Amtliche Begründung[1]

Zu Nummer 47 (§ 25)

Zu den Buchstaben a und b

Die Änderungen in § 25 dienen der Umsetzung des Konzepts zur Modernisierung des bankaufsichtlichen Meldewesens. Der Begriff »Monatsausweise« wird in diesem Zug durch Finanzinformationen ersetzt. Dies trägt dem Umstand Rechnung, dass der Begriff Monatsausweis begrifflich überkommen ist und den künftig nach § 25 geltenden Meldeanforderungen nicht mehr gerecht wird. Zudem entsteht damit ein begrifflicher Gleichlauf mit der CRR in Artikel 95 der Verordnung (EU) Nr. .../2012. Die Details werden in der Verordnung nach Absatz 3 geregelt.

Die Änderung der Meldefristen in den Absätzen 1 und 2 trägt dem Umstand Rechnung, dass die Mehrheit der Meldungen künftig quartalsweise eingereicht wird.

Die jeweils neuen Sätze 2 in den Absätzen 1 und 2 stellen klar, dass die Bundesanstalt den Meldeturnus verkürzen kann, ohne dabei auf allgemeine bankaufsichtliche Eingriffsbefugnisse zurückgreifen zu müssen.

Die Streichung von Absatz 1 Satz 3 hebt das Privileg auf, dass als Monatsausweis (bzw. den neuen Finanzinformationen) auch die Einreichung monatlicher bilanzstatistischer Meldungen gilt (nach § 18 des Gesetzes über die Deutsche Bundesbank oder nach Artikel 5 des Protokolls über die Satzung des Europäischen Systems der Zentralbanken und der Europäischen Zentralbank). Da die bilanzstatistischen Meldungen im Unterschied zum Monatsausweis keine Gewinn- und Verlustrechnung enthalten, erhielten die Aufsichtsbehörden bislang keinen regelmäßigen Einblick in die aktuelle Ertragslage der Institute. Dies hat sich insbesondere während der Finanzmarktkrise als äußerst nachteilig erwiesen. Werden von der Deutschen Bundesbank monatliche Bilanzstatistiken erhoben, so sollen die zur Bankenstatistik eingereichten Meldungen jedoch auch künftig die Meldepflicht nach Satz 1 insoweit erfüllen, wie die neue Meldepflicht entsprechende bilanzielle Informationen erfordert.

Bei der Änderung in Absatz 2 Satz 2 handelt es sich um Korrekturen der Verweise, die sich durch den Wegfall des § 13 b KWG und der Änderung des § 10 a KWG ergeben.

---

1 Zum Gesetz zur Umsetzung der Richtlinie 2013/36/EU über den Zugang zur Tätigkeit von Kreditinstituten und die Beaufsichtigung von Kreditinstituten und Wertpapierfirmen und zur Anpassung des Aufsichtsrechts an die Verordnung (EU) Nr. 575/2013 über Aufsichtsanforderungen an Kreditinstitute und Wertpapierfirmen (CRD IV-Umsetzungsgesetz) vom 28. August 2013 (BGBl. I S. 3395); vgl. BT-Drucksache 17/10974 vom 15. Oktober 2012 und BT-Drucksache 17/13524 – Beschlussempfehlung des Finanzausschusses (7. Ausschuss) – vom 15. Mai 2013.

In Absatz 3 Satz 1 wird die Verordnungsermächtigung dahingehend konkretisiert, dass auch der Meldeturnus für bestimmte Arten oder Gruppen von Instituten verkürzt werden kann, um die Verlängerung des Regelturnus gemäß Absatz 1 im Bedarfsfall anzupassen.

ANMERKUNG

1. Durch das 3. KWG-Änderungsgesetz vom 20. Dezember 1984 wurden die Absätze 2 und 4 eingefügt. Absatz 2 Satz 2 sowie Absatz 4 Satz 2 wurden durch das 5. KWG-Änderungsgesetz von 1994 neu gefasst. Durch das 6. KWG-Änderungsgesetz vom 22. Oktober 1997 wurde die Vorschrift in einigen Punkten geändert (vgl. die vorstehenden Amtlichen Begründungen).
2. Aufgrund des § 25 Abs. 3 (früher Abs. 4) hat das Bundesaufsichtsamt für das Kreditwesen die Länderrisikoverordnung vom 9. Dezember 1985 (Anhang 5.4) sowie drei Verordnungen, die die Monatsausweise betreffen, erlassen.
3. Ein Verstoß gegen die durch § 25 begründeten Pflichten ist eine Ordnungswidrigkeit nach § 56 Abs. 2 Nr. 5. Da die monatlichen Bilanzstatistiken der Bundesbank nach Absatz 1 Satz 3 als Monatsausweise gelten, erstreckt sich die Bußgelddrohung des § 56 auch auf die Angaben im Rahmen solcher Statistiken.
4. Durch das Gesetz über die integrierte Finanzdienstleistungsaufsicht vom 22. April 2002 wurde die Vorschrift an die geänderte Bezeichnung der Aufsichtsbehörde in Bundesanstalt für Finanzdienstleistungsaufsicht angepasst. Ferner wurden zwei Ergänzungen durch das 4. Finanzmarktförderungsgesetz vom 21. Juni 2002 vorgenommen: Absatz 1 Satz 3 wurde dahin gehend ergänzt, dass auch die nach Artikel 5 des Protokolls über die Satzung des Europäischen Systems der Zentralbanken und der Europäischen Zentralbank von der Deutschen Bundesbank erhobenen Bilanzstatistiken als Monatsausweise gelten. In Absatz 3 Satz 1 wurde die Verordnungsermächtigung an die Anforderungen der modernen Kommunikationsmittel und -wege angepasst.
5. In Absatz 2 Satz 2 wird der Anwendungsbereich der Vorschrift auf die Unterkonsolidierungskreise nach § 10a Abs. 14 ausgedehnt.
6. Die Rechtsverordnungsermächtigung in Absatz 3 Satz 1 wurde um den Begriff »Datenformate« erweitert. Damit soll dem Verordnungsgeber die Möglichkeit eingeräumt werden, im Hinblick auf ein einheitliches (elektronisches) Meldewesen den Instituten die Nutzung eines verbindlichen Datenformats vorgeben zu können.
7. Die Überschrift von § 25 sowie die Absätze 1 und 2 wurden komplett neu gefasst und Absatz 3 wurde geändert durch das CRD IV-Umsetzungsgesetz vom 28. August 2013 (BGBl. I S. 3395). Einzelheiten zur Neufassung der Absätze 1 und 2 ergeben sich aus der voranstehenden Amtlichen Begründung. Der Verweis auf die unvollständige Angabe der in der Amtlichen Begründung zitierten Richtlinie und Verordnung ergibt sich vollständig aus der Fußnote zu dieser Amtlichen Begründung.
8. Zur Anwendung des § 25 Absatz 1 Satz 2 und Absatz 2 Satz 2 vgl. § 64r Absatz 11.

§ 25a Besondere organisatorische Pflichten; Verordnungsermächtigung

(1) Ein Institut muss über eine ordnungsgemäße Geschäftsorganisation verfügen, die die Einhaltung der vom Institut zu beachtenden gesetzlichen Bestimmungen und der betriebswirtschaftlichen Notwendigkeiten gewährleistet. Die Geschäftsleiter sind für die ordnungsgemäße Geschäftsorganisation des Instituts verantwortlich; sie haben die erforderlichen Maßnahmen für die Ausarbeitung der entsprechenden institutsinternen Vorgaben zu ergreifen, sofern nicht das Verwaltungs- oder Aufsichtsorgan entscheidet. Eine ordnungsgemäße Geschäftsorganisation muss insbesondere ein angemessenes und wirksames Risikomanagement umfassen, auf dessen Basis ein Institut die Risikotragfähigkeit laufend sicherzustellen hat; das Risikomanagement umfasst insbesondere

1. die Festlegung von Strategien, insbesondere die Festlegung einer auf die nachhaltige Entwicklung des Instituts gerichteten Geschäftsstrategie und einer damit konsistenten Risikostrategie, sowie die Einrichtung von Prozessen zur Planung, Umsetzung, Beurteilung und Anpassung der Strategien;
2. Verfahren zur Ermittlung und Sicherstellung der Risikotragfähigkeit, wobei eine vorsichtige Ermittlung der Risiken und des zu ihrer Abdeckung verfügbaren Risikodeckungspotenzials zugrunde zu legen ist;
3. die Einrichtung interner Kontrollverfahren mit einem internen Kontrollsystem und einer Internen Revision, wobei das interne Kontrollsystem insbesondere
    a) aufbau- und ablauforganisatorische Regelungen mit klarer Abgrenzung der Verantwortungsbereiche,
    b) Prozesse zur Identifizierung, Beurteilung, Steuerung sowie Überwachung und Kommunikation der Risiken entsprechend den in Titel VII Kapitel 2 Abschnitt 2 Unterabschnitt II der Richtlinie 2013/36/EU niedergelegten Kriterien und
    c) eine Risikocontrolling-Funktion und eine Compliance-Funktion umfasst;
4. eine angemessene personelle und technischorganisatorische Ausstattung des Instituts;
5. die Festlegung eines angemessenen Notfallkonzepts, insbesondere für IT-Systeme, und
6. angemessene, transparente und auf eine nachhaltige Entwicklung des Instituts ausgerichtete Vergütungssysteme für Geschäftsleiter und Mitarbeiter nach Maßgabe von Absatz 5; dies gilt nicht, soweit die Vergütung durch Tarifvertrag oder in seinem Geltungsbereich durch Vereinbarung der Arbeitsvertragsparteien über die Anwendung der tarifvertraglichen Regelungen oder auf Grund eines Tarifvertrags in einer Betriebs- oder Dienstvereinbarung vereinbart ist.

Die Ausgestaltung des Risikomanagements hängt von Art, Umfang, Komplexität und Risikogehalt der Geschäftstätigkeit ab. Seine Angemessenheit und Wirksamkeit ist vom Institut regelmäßig zu überprüfen. Eine ordnungsgemäße Geschäftsorganisation umfasst darüber hinaus
1. angemessene Regelungen, anhand derer sich die finanzielle Lage des Instituts jederzeit mit hinreichender Genauigkeit bestimmen lässt;
2. eine vollständige Dokumentation der Geschäftstätigkeit, die eine lückenlose Überwachung durch die Bundesanstalt für ihren Zuständigkeitsbereich gewährleistet; erforderliche Aufzeichnungen sind mindestens fünf Jahre aufzubewahren; § 257 Absatz 4 des Handelsgesetzbuchs bleibt unberührt, § 257 Absatz 3 und 5 des Handelsgesetzbuchs gilt entsprechend;
3. einen Prozess, der es den Mitarbeitern unter Wahrung der Vertraulichkeit ihrer Identität ermöglicht, Verstöße gegen die Verordnung (EU) Nr. 575/2013 oder gegen dieses Gesetz oder gegen die auf Grund dieses Gesetzes erlassenen Rechtsverordnungen sowie etwaige strafbare Handlungen innerhalb des Unternehmens an geeignete Stellen zu berichten.

(2) Die Bundesanstalt kann Vorgaben zur Ausgestaltung einer plötzlichen und unerwarteten Zinsänderung und zur Ermittlungsmethodik der Auswirkungen auf den Barwert bezüglich der Zinsänderungsrisiken aus den nicht unter das Handelsbuch fallenden Geschäften festlegen. Die Bundesanstalt kann gegenüber einem Institut im Einzelfall Anordnungen treffen, die geeignet und erforderlich sind, die ordnungsgemäße Geschäftsorganisation im Sinne des Absatzes 1 Satz 3 und 6 sowie die Beachtung der Vorgaben nach Satz 1 sicherzustellen. Die Bundesanstalt kann gegenüber einem Institut, das im Fall der Störung seines Geschäftsbetriebs, der Bestandsgefährdung oder der Insolvenz die Stabilität des Finanzsystems gefährden kann, anordnen, dass es einen geeigneten Sanierungsplan zur Stärkung seiner wirtschaftlichen Verhältnisse in Stresssituationen und zur Sicherung einer positiven Fortführungsprognose entwickelt und regelmäßig aktualisiert vorhalten muss.

(3) Die Absätze 1 und 2 gelten für Institutsgruppen, Finanzholding-Gruppen und gemischte Finanzholding-Gruppen und Institute im Sinne des Artikels 22 der Verordnung (EU) Nr. 575/2013 mit der Maßgabe entsprechend, dass die Geschäftsleiter des übergeordneten Unternehmens für die ordnungsgemäße Geschäftsorganisation der Institutsgruppe, der Finanzholding-Gruppe oder gemischten Finanzholding-Gruppe verantwortlich sind. Zu einer Gruppe im Sinne von Satz 1 gehören auch Tochterunternehmen eines übergeordneten Unternehmens oder nachgeordneten Tochterunternehmens einer Institutsgruppe, Finanzholding-Gruppe oder gemischten Finanzholding-Gruppe, auf die weder die Verordnung (EU) Nr. 575/2013 noch § 1a zur Anwendung kommt. Die sich aus der Einbeziehung in das Risikomanagement auf Gruppenebene ergebenden Pflichten müssen von Tochterunternehmen der Gruppe mit Sitz in einem Drittstaat nur insoweit beachtet werden, als diese Pflichten nicht dem geltenden Recht im Herkunftsstaat des Tochterunternehmens entgegenstehen.

(4) Die Absätze 1 bis 3 gelten für Konglomerate mit der Maßgabe entsprechend, dass die Geschäftsleiter des übergeordneten Finanzkonglomeratsunternehmens für die ordnungsgemäße Geschäftsorganisation des Finanzkonglomerats verantwortlich sind. Eine ordnungsgemäße Geschäftsorganisation auf Konglomeratsebene umfasst zudem geeignete Vorkehrungen, um bei Bedarf zu geeigneten Sanierungs- und Abwicklungsverfahren und -plänen beizutragen und solche Verfahren und Pläne zu entwickeln. Diese Vorkehrungen sind regelmäßig zu überprüfen und anzupassen. § 10b Absatz 6 und 7 Satz 1 und 2 gilt entsprechend.

(5) Die Institute haben angemessene Verhältnisse zwischen der variablen und fixen jährlichen Vergütung für Mitarbeiter und Geschäftsleiter festzulegen. Dabei darf die variable Vergütung vorbehaltlich eines Beschlusses nach Satz 5 jeweils 100 Prozent der fixen Vergütung für jeden einzelnen Mitarbeiter oder Geschäftsleiter nicht überschreiten. Hierbei kann für bis zu 25 Prozent der variablen Vergütung der zukünftige Wert auf den Zeitpunkt der Mitteilung an die jeweiligen Mitarbeiter oder Geschäftsleiter über die Höhe der variablen Vergütung für einen Bemessungszeitraum abgezinst werden, wenn dieser Teil der variablen Vergütung für die Dauer von mindestens fünf Jahren nach dieser Mitteilung zurückbehalten wird. Bei der Zurückbehaltung dürfen ein Anspruch und eine Anwartschaft auf diesen Teil der variablen Vergütung erst nach Ablauf des Zurückbehaltungszeitraums erwachsen und während des Zurückbehaltungszeitraums lediglich ein Anspruch auf fehlerfreie Ermittlung des noch nicht zu einer Anwartschaft oder einem Anspruch erwachsenen Teils dieses Teils der variablen Vergütung bestehen, nicht aber auf diesen Teil der variablen Vergütung selbst. Die Anteilseigner, die Eigentümer, die Mitglieder oder die Träger des Instituts können über die Billigung einer höheren variablen Vergütung als nach Satz 2, die 200 Prozent der fixen Vergütung für jeden einzelnen Mitarbeiter oder Geschäftsleiter nicht überschreiten darf, beschließen. Zur Billigung einer höheren variablen Vergütung als nach Satz 2 für Mitarbeiter haben die Geschäftsleitung und das Verwaltungs- oder Aufsichtsorgan, zur Billigung einer höheren variablen Vergütung als nach Satz 2 für Geschäftsleiter nur das Verwaltungs- oder Aufsichtsorgan, einen Vorschlag zur Beschlussfassung zu machen; der Vorschlag hat die Gründe für die erbetene Billigung einer höheren variablen Vergütung als nach Satz 2 und deren Umfang, einschließlich der Anzahl der betroffenen Mitarbeiter und Geschäftsleiter sowie ihrer Funktionen, und den erwarteten Einfluss einer höheren variablen Vergütung als nach Satz 2 auf die Anforderung, eine angemessene Eigenmittelausstattung vorzuhalten, darzulegen. Der Beschlussvorschlag ist so rechtzeitig vor der Beschlussfassung bekannt zu machen, dass sich die Anteilseigner, die Eigentümer, die Mitglieder oder die Träger des Instituts angemessen informieren können; üben die Anteilseigner, die Eigentümer, die Mitglieder oder die Träger ihre Rechte in einer Versammlung aus, ist der Beschlussvorschlag mit der Einberufung der Versammlung bekannt zu machen. Der Beschluss bedarf einer Mehrheit von mindestens 66 Prozent der abgegebenen Stimmen, sofern mindestens 50 Prozent der Stimmrechte bei der Beschlussfassung vertreten sind, oder von mindestens 75 Prozent der abgegebenen Stimmen. Anteilseigner, Eigentümer, Mitglieder oder Träger die als

Mitarbeiter oder Geschäftsleiter von einer höheren variablen Vergütung als nach Satz 2 betroffen wären, dürfen ihr Stimmrecht weder unmittelbar noch mittelbar ausüben.

(6) Das Bundesministerium der Finanzen wird ermächtigt, durch Rechtsverordnung, die nicht der Zustimmung des Bundesrates bedarf, im Benehmen mit der Deutschen Bundesbank nähere Bestimmungen zu erlassen über
1. die Ausgestaltung der Vergütungssysteme nach Absatz 5 einschließlich der Ausgestaltung
    a) der Entscheidungsprozesse und Verantwortlichkeiten,
    b) des Verhältnisses der variablen zur fixen Vergütung und der Vergütungsinstrumente für die variable Vergütung,
    c) positiver und negativer Vergütungsparameter, der Leistungszeiträume und Zurückbehaltungszeiträume einschließlich der Voraussetzungen und Parameter für einen vollständigen Verlust oder eine teilweise Reduzierung der variablen Vergütung sowie

    der Berücksichtigung der institutsspezifischen und gruppenweiten Geschäfts- und Vergütungsstrategie einschließlich deren Anwendung und Umsetzung in gruppenangehörigen Unternehmen, der Ziele, der Werte und der langfristigen Interessen des Instituts,
2. die Diskontierungsfaktoren zur Ermittlung des dem Verhältnis nach Absatz 5 Satz 2 bis 4 zugrunde zu legenden Barwerts der variablen Vergütung,
3. die Überwachung der Angemessenheit und der Transparenz der Vergütungssysteme durch das Institut und die Weiterentwicklung der Vergütungssysteme, auch unter Einbeziehung des Vergütungskontrollausschusses,
4. die Offenlegung der Ausgestaltung der Vergütungssysteme und der Zusammensetzung der Vergütung einschließlich des Gesamtbetrags der garantierten Bonuszahlungen und der einzelvertraglichen Abfindungszahlungen unter Angabe der höchsten geleisteten Abfindung und der Anzahl der Begünstigten sowie
5. das Offenlegungsmedium und die Häufigkeit der Offenlegung im Sinne der Nummer 4.

Die Regelungen haben sich insbesondere an Größe und Vergütungsstruktur des Instituts sowie Art, Umfang, Komplexität, Risikogehalt und Internationalität der Geschäftsaktivitäten zu orientieren. Im Rahmen der Bestimmungen nach Satz 1 Nummer 4 müssen die auf Offenlegung der Vergütung bezogenen handelsrechtlichen Bestimmungen nach § 340a Absatz 1 und 2 in Verbindung mit § 340l Absatz 1 Satz 1 des Handelsgesetzbuchs unberührt bleiben. Das Bundesministerium der Finanzen kann die Ermächtigung durch Rechtsverordnung auf die Bundesanstalt mit der Maßgabe übertragen, dass die Rechtsverordnung im Einvernehmen mit der Deutschen Bundesbank ergeht. Vor Erlass der Rechtsverordnung sind die Spitzenverbände der Institute zu hören.

Amtliche Begründung[1]

Mit dem neuen § 25a werden Artikel 10 der Wertpapierdienstleistungsrichtlinie und Artikel 4 Abs. 4 der Kapitaladäquanzrichtlinie umgesetzt. Die Vorschrift gilt für alle Institute.

Materiell ist die Regelung für die Kreditinstitute nicht neu. Das BAKred hat bereits bisher unter Berufung auf die Grundsätze ordnungsmäßiger Geschäftsführung umfangreiche Verwaltungsvorschriften in bezug auf die interne Organisation, Innenrevision und internen Kontrollen der Kreditinstitute erlassen. Bisher hatte das BAKred insoweit jedoch keine Anordnungskompetenz, da sich die entsprechenden Anforde-

---

1 Zum 6. KWG-Änderungsgesetz.

rungen rechtlich nur auf den § 6 Abs. 2 stützen ließen. Gegenüber dem neuen § 6 Abs. 3 hat § 25a insofern eine selbständige Bedeutung, als die Nichtbeachtung dieser Vorgaben auch Anlaß für eine Verwarnung nach § 36 Abs. 2 sein kann.

Absatz 1 regelt besondere Organisationspflichten. Die Aufbewahrungspflichten nach Absatz 1 Nr. 4 gelten auch für die Zweigniederlassungen von Unternehmen, die kraft des Europäischen Passes unter der Verantwortung der Herkunftsstaatsbehörden in Deutschland tätig sind (§ 53b Abs. 3).

Absatz 2 (Outsourcing) setzt Artikel 10 Abs. 1 Anstr. 1, Artikel 2 Abs. 1 der Wertpapierdienstleistungsrichtlinie um. Die Vorschrift regelt den Fremdbezug wesentlicher Hilfsfunktionen für das eigentliche Bank- oder Finanzdienstleistungsgeschäft (das betrifft insbesondere die Auslagerung der elektronischen Datenverarbeitung, der Innenrevision und der Controllingfunktionen) sowie die Auslagerung von Teilakten von Bankgeschäften oder Finanzdienstleistungen.

Auch wenn der Geschäftsleitung eines Instituts im Einzelfall grundsätzlich überlassen bleiben soll, welche Hilfsfunktionen des Instituts sie auf andere Unternehmen auslagert, hat die Aufsicht der Gefahr entgegenzuwirken, daß mit der Auslagerung das die Leistungen beziehende Institut die Kontrolle über die ordnungsmäßige Durchführung der Bankgeschäfte oder Finanzdienstleistungen verliert. Ferner muß auch das BAKred selbst weiterhin in der Lage sein, sich ein zutreffendes Bild über die Ordnungsmäßigkeit der Geschäfte und Dienstleistungen zu verschaffen und ggf. Prüfungen bei dem Unternehmen, auf das Funktionen ausgelagert wurden, durchzuführen.

In jedem Fall hat sich das auslagernde Institut die erforderlichen Weisungsbefugnisse vertraglich zu sichern und die Hilfstätigkeit des externen Dienstleisters in seine internen Kontrollverfahren einzubeziehen. Sofern Dienstleistungen auf andere Institute ausgelagert werden, sind die (wesentlichen) Tätigkeiten, die ausgelagert werden, im Auslagerungsunternehmen von dem übrigen Tätigkeitsbereich so zu trennen, daß das auslagernde Institut sein Weisungsrecht auch praktisch durchsetzen kann. Wenn ein Auslagerungsunternehmen (wesentliche) Teile des Bank- oder Finanzdienstleistungsgeschäfts für mehr als ein Institut durchführt, hat es sicherzustellen, daß die Dienstleistungen für die verschiedenen Institute unabhängig voneinander durchführbar sind und Weisungen der verschiedenen Institute unabhängig voneinander Rechnung getragen werden kann.

Das BAKred ist vor der Auslagerung zu unterrichten, damit es seine Aufgaben erfüllen kann. Das BAWe ist durch das BAKred zu unterrichten.

Amtliche Begründung[1]

Die Änderungen des § 25a Abs. 1 KWG regeln besondere organisatorische Pflichten für die Institute bei der Bekämpfung und Verhinderung der Geldwäsche und des Finanzbetrugs.

Die Ergänzung der Eingangsformel stellt klar, dass die besonderen organisatorischen Anforderungen für Institute auch für das übergeordnete Unternehmen hinsichtlich der Steuerung der Gruppe zu beachten sind. Bei mehrstufigen Gruppen sind die organisatorischen Anforderungen des Absatzes 1 nunmehr auf jeder Zwischenebene (Unterkonsolidierungskreise) zu beachten. Das Privileg der deutschen Institute, im Rahmen der Eigenkapitalvorschriften keine Unterkonsolidierungskreise bilden zu müssen, soll zwar grundsätzlich bis zur Umsetzung von Basel II Bestand haben. Das Privileg kann jedoch wegen der Aufsichtsgrundsätze, die sich unter den Grundsätzen 14 und 15 auch mit der internen Organisation einer Bank befassen, nicht länger bei der Organisation bestehen.

---

1 Zum 4. Finanzmarktförderungsgesetz.

Die erste Einfügung in Absatz 1 Nr. 1 (»Einhaltung der gesetzlichen Bestimmungen«) dient nur der Klarstellung; durch sie wird die bisherige Sonderregelung für die Grundsätze in § 10 Abs. 1 Satz 5 KWG zweifelsfrei überflüssig. International wird das Bestehen einer solchen Regelung vorausgesetzt. Grundsatz 14 der Aufsichtsgrundsätze, der sich zusammen mit dem Grundsatz 15 mit den internen Kontrollen in einer Bank befasst, gibt ausdrücklich »angemessene unabhängige interne oder externe Revisions- und Compliance-Funktionen zur Prüfung der Einhaltung ... der einschlägigen Gesetze und Bestimmungen« vor.

Die zweite Einfügung ist eine redaktionelle Folgeänderung.

Die Aufbewahrungspflicht für Aufzeichnungen soll in Absatz 1 Nr. 3 entsprechend den hierfür maßgeblichen Vorschriften des § 147 Abs. 1 Nr. 4 AO und des § 257 Abs. 1 Nr. 4 HGB auf zehn Jahre verlängert werden. Im Hinblick auf die Möglichkeit, die relevanten Unterlagen unter bestimmten Voraussetzungen auf Bild- oder anderen Datenträgern aufzubewahren, dürfte der Mehraufwand für die Institute nur gering sein.

Die Ergänzung des § 25a Abs. 1 KWG um eine Nummer 4 und damit der Verpflichtung zur Schaffung »adäquater interner Sicherungssysteme gegen Geldwäsche und gegen betrügerische Handlungen zu Lasten der Institute« setzt Grundsatz 15 der Aufsichtsgrundsätze um, der zwischenzeitlich durch Aufsichtsgrundsätze des Baseler Ausschusses »Customer due dilligence for banks« vom 4. Oktober 2001 (BS/01/82) konkretisiert worden ist.

Die Aufsichtsgrundsätze sehen in Grundsatz 15 vor, dass die Bankaufsichtsbehörden sicherstellen müssen, dass Banken adäquate Sicherungsvorkehrungen, einschließlich einer strengen »know your customer«-Politik, im Einsatz haben, um einen (bewussten oder unbewussten) Missbrauch der Institute durch kriminelle Elemente zu verhindern. Diese Systeme müssen grundsätzlich auch in der Lage sein, Zahlungsströme und Finanztransaktionen, die einen kriminellen Hintergrund haben bzw. der Geldwäsche dienen, auch mit dem Einsatz moderner Technik im Massengeschäft aufzuspüren, um auffällige Geschäftsbeziehungen im Institut unter Verwendung weiterer Erkenntnisquellen einer Überprüfung zu unterziehen. Die Ergänzung der Organisationsvorschrift des § 25a KWG soll die Erkennung von Geldwäsche in allen Geschäftssparten, d.h. nicht nur im Schaltergeschäft, sondern auch im weitgehend anonym und elektronisch ablaufenden Massengeschäft prinzipiell ermöglichen.

In den letzten Jahren haben sich – neben der klassischen Solvenzaufsicht – zunehmend auch Fragen des Missbrauchs von Instituten durch kriminelle Aktivitäten, insbesondere durch Geldwäsche und betrügerische Handlungen zu Lasten der Institute, zu einem Bestandteil der risikoorientierten Bankenaufsicht entwickelt.

Institute, welche in Geldwäschehandlungen involviert sind, können hierdurch nicht nur einen Reputations- und Imageverlust, sondern auch – wie in den letzten Jahren auch durch die Medien gegangene Fälle belegen – einen materiellen Schaden erleiden. Durch betrügerische Handlungen zu Lasten der Institute können diesen direkte Verluste zugefügt werden.

Präventiven Maßnahmen kommt in diesem Zusammenhang international ein hoher Stellenwert zu. Deswegen ist der deutsche Gesetzgeber gehalten, internationale Übereinkünfte, insbesondere die des Baseler Ausschusses für Bankenaufsicht und der bei der OECD angesiedelten Financial Action Task Force on Money Laundering (FATF), in nationales Recht umzusetzen.

Die Staats- und Regierungschefs der G 8-Staaten haben sich auf ihren Gipfeltreffen in Lyon, Denver und Birmingham dafür ausgesprochen, das internationale Finanzsystem durch die Schaffung entsprechender (aufsichts-)rechtlicher Regularien zugunsten der erforderlichen Risikovorsorge in den Instituten zu stärken. Besonders hervorgehoben wird in diesem Zusammenhang auch die Bekämpfung des Finanzbetrugs zu Lasten der Institute als eine der größten Herausforderungen der Zeit. Die G 7-Finanzminister haben sich in ihrem Aktionsplan zur Bekämpfung der Finanzierung des Terrorismus vom 6. Oktober 2001 dafür ausgesprochen, dass die bereits erwähnten

»Due dilligence Standards« des Baseler Ausschusses für Bankenaufsicht vom 4. Oktober 2001 in den G 7-Ländern unverzüglich umgesetzt werden.

§ 25 a Abs. 1 Nr. 4 KWG verlangt nunmehr wie Grundsatz 15 der Baseler Aufsichtsgrundsätze als effektives Präventivinstrument gegen die Geldwäsche eine strenge »know-your-customer-policy« der Kreditinstitute, die sich auch in gewerberechtlichen Normen (»know-your-customer-rules«) niederschlagen soll, deren Einhaltung von den Bankaufsichtsbehörden zu überprüfen ist.

Die bisherigen gesetzlichen Abwehrmaßnahmen gegen Geldwäsche im Institutssektor reichen nicht aus, wirksam gegen Geldwäsche im Finanzsektor vorzugehen.

Mit der organisatorischen Umsetzung des »know-your-customer«-Prinzips sollen – neben einer Identifizierung des Kunden – die Banken in die Lage versetzt werden, Geldwäsche- und Betrugsfälle zulasten der Banken im eigenen Institut besser zu erkennen als bisher, diesen Fällen mit geeigneten Sicherungsmaßnahmen zu begegnen und die Verpflichtungen nach dem Geldwäschegesetz zu erfüllen.

Der Finanzsektor ist weltweit einem grundlegenden technischen und strukturellen Wandel unterworfen. Der Einsatz neuer Kommunikationsmittel und die Schaffung neuer Vertriebskanäle im Bankensektor haben weite Teile des Bankgeschäfts erfasst. Die Neugestaltung der Schnittstelle Bank/Kunde und die damit einhergehende Zurückdrängung des Relationship Banking durch das Technology Banking erfordert neue Sicherungsmaßnahmen gegen Geldwäsche.

Gerade vor diesem Hintergrund des Wandels der Produktionsform zur Erbringung von Finanzdienstleistungen durch Informationstechnologie verändern sich die Techniken der Geldwäsche. Dies hat auch zur Folge, dass Kreditinstitute in zunehmendem Maße nicht mehr in der sog. Platzierungsphase, in der es um die Umwandelung von bemakeltem Bargeld in sog. Buchgeld geht, sondern primär in der sog. Verschleierungsphase, also in der Phase, in der sich das illegale Geld bereits im Finanzkreislauf als Buchgeld befindet und die Spur des Geldes durch Umbuchungen und Umschichtungen von illegalem Vermögen verwischt werden soll, für Geldwäschezwecke missbraucht werden. Geld wird heute insbesondere über den nationalen und internationalen Zahlungsverkehr inklusive des Korrespondenzbankenwesens gewaschen. Deshalb muss unbaren Transaktionen in Zukunft bankintern größeres Augenmerk geschenkt werden.

Der vorwiegend auf EDV–Lösungen und dem Einsatz bestimmter Parameter beruhende Einsatz technischer Sicherungssysteme ermöglicht die Überprüfung von Geschäftsbeziehungen nach Risikogruppen und Auffälligkeiten, die nach dem national und international vorhandenen Erfahrungswissen über die Methoden der Geldwäsche auf Geldwäsche hindeuten. Die geforderten Kontrollinstrumente haben den Vorteil, dass sie im Prinzip auch den elektronischen Zahlungsverkehr mit einbeziehen, der sonst auf Grund seiner Volumina eine Überprüfung der einzelnen Transaktionen nicht mehr zulassen würde.

Für Kreditinstitute besteht unter Geldwäschegesichtspunkten ein grundsätzliches Erkennungsproblem im arbeitsteilig organisierten Massengeschäft. Insbesondere bei unbaren Transaktionen können Anhaltspunkte zur Geldwäsche nur schwer festgestellt werden. Durch die Automatisierung des Zahlungsverkehrs bekommt das Kreditinstitut nicht mehr die Information aus erster Hand, d.h. über seine Mitarbeiter, über die Umsätze seiner Kunden. Folglich ist es auch nicht mehr möglich, zu beurteilen, ob die Umsätze dem wirtschaftlichen und finanziellen Hintergrund eines Kunden entsprechen.

Nötig sind deshalb bei der von Nummer 4 postulierten Schaffung angemessener Sicherungssysteme auch strukturell andersartige Systeme, die die »Menschlösung« flankieren und im Einzelfall auf der Analyse und Kontrolle von unter Geldwäschegesichtspunkten risikoreichen Konten und Transaktionen, Umsatzdaten und bei Kundenkategorien und Geschäftsarten beruhen, die unter Geldwäschegesichtspunkten beim Vorliegen bestimmter Problemindikatoren auf Grund der inzwischen vorhandenen internationalen Erfahrung als »risikoträchtig« gelten. Vor allem der Auslandszahlungsverkehr – und damit das Girogeschäft – ist zu diesen risikoträchtigen Geschäftsarten zu rechnen.

Das über die Methoden der Geldwäsche bestehende Erfahrungswissen ist beim Aufbau adäquater Sicherungssysteme zu berücksichtigen. Die Bundesanstalt – zum Teil auch die Ermittlungsbehörden – informieren die Institute regelmäßig über aktuelle Methoden der Geldwäsche. Sie geben in diesem Zusammenhang auch aktuelle Typologien der Geldwäsche, die von der FATF festgestellt worden sind, an diese weiter. Dieses Hintergrundwissen soll in den Aufbau interner Sicherungssysteme einfließen und gleichzeitig die Institute dazu anhalten, unter diesem Hintergrund zweifelhaften bzw. ungewöhnlichen Geschäftsbeziehungen bzw. vergleichbaren Sachverhalten aktiv nachzugehen.

Welche Systeme zum Einsatz kommen und welche einzelnen Transaktionen und Geschäftsarten einer Untersuchung unterworfen werden, hat jedoch das Institut – wie sonst auch im Rahmen der Schaffung von Risiko Management Systemen gemäß § 25a Abs. 1 Nrn. 1 bis 3 KWG – auf der Grundlage einer eigenen Gefährdungsanalyse und der Risikostruktur der von ihm angebotenen Dienstleistungen zu entscheiden. Für Geschäftssparten, die unter Geldwäschegesichtspunkten weniger risikoreich sind (Teilzahlungs-Kreditgeschäft, Abschluss von Sparverträgen etc.) bzw. leichter zu überschauen sind, gelten somit andere Untersuchungsanforderungen als für den weitgehend anonym und automatisiert abgewickelten Auslandszahlungsverkehr.

Diese Systeme sind laufend neuen Erkenntnissen und Gefährdungslagen anzupassen. Sie unterliegen den Organisationsprüfungen der externen Revision im Rahmen der Jahresabschlussprüfung bzw. von Sonderprüfungen der Bundesanstalt.

Mit dieser Norm soll die Bundesanstalt im Einzelfall Anordnungen treffen können, in denen das jeweilige Institut nicht die adäquaten, internen Maßnahmen geschaffen hat, um die in den Nummern 1 bis 4 geregelten Organisationspflichten zu erfüllen. Diese Anordnungen dienen insoweit der Vermeidung von Gefahren und Risiken; sie müssen laut diesem Zweck erforderlich sein.

Amtliche Begründung[1]

Die Änderungen des § 25a dienen der Umsetzung der Finanzkonglomeraterichtlinie, die eine angemessene Eigenmittelstrategie und besondere organisatorische Anforderungen auch auf Finanzkonglomeratsebene verlangt. Der durch die Richtlinienumsetzung bedingte Änderungsbedarf wird zum Anlass genommen, die im Bereich der qualitativen Bankenaufsicht zentrale Regelung neu zu strukturieren und an die Entwicklungen in der Aufsichtspraxis anzupassen.

Zu Absatz 1

Absatz 1 Satz 1 verlangt von Instituten als Oberbegriff eine »ordnungsgemäße Geschäftsorganisation«, die die Einhaltung der von den Instituten zu beachtenden gesetzlichen Bestimmungen gewährleistet. Nach Absatz 1 Satz 3 Nr. 1 muss jedes Institut über eine Strategie verfügen, die auch die Risiken und Eigenmittel des Instituts berücksichtigt. Aus betriebswirtschaftlicher Sicht legt die Geschäftsleitung eines Instituts zunächst eine Strategie fest, aus der sich anschließend die Geschäftsorganisation ableitet. Die Strategie und die daraus abgeleitete Geschäftsorganisation sind laufend zu überprüfen und gegebenenfalls anzupassen, so dass die Verpflichtung zur Festlegung der Strategie unter dem Oberbegriff »ordnungsgemäße Geschäftsorganisation« gefasst wird.

---

1 Zum Finanzkonglomeraterichtlinie-Umsetzungsgesetz vom 21. Dezember 2004 (BGBl. I S. 3610); vgl. BT-Drucksache 15/3641 vom 12. August 2004.

Bereits der bestehende Absatz 1 Satz 1 Nr. 1 verlangt, dass ein Institut über geeignete Regelungen zur Einhaltung der gesetzlichen Bestimmungen verfügen muss. Der neue Absatz 1 Satz 1 enthält daher keine materielle Änderung. Die von den Instituten einzuhaltenden gesetzlichen Bestimmungen sind in erster Linie die einschlägigen aufsichtrechtlichen Gesetze, insbesondere das Kreditwesengesetz, das Wertpapierhandelsgesetz, das Investmentgesetz, das Gesetz über Bausparkassen, das Depotgesetz, das Geldwäschegesetz, das Gesetz über die Pfandbriefe und verwandten Schuldverschreibungen öffentlich-rechtlicher Kreditinstitute, das Schiffsbankgesetz, das Hypothekenbankgesetz und die zur Durchführung dieser Gesetze erlassenen Rechtsverordnungen. Darüber hinaus können jedoch weitere gesetzliche (z. B. § 91 Abs. 2 Aktiengesetz, § 34 Genossenschaftsgesetz) oder aus dem Postulat ordnungsgemäßer Geschäftsführung ableitbare organisatorische Pflichten bestehen.

Die Verantwortung der in § 1 Abs. 2 Satz 1 bezeichneten Personen für die ordnungsgemäße Geschäftsorganisation des Instituts wird ausdrücklich in Absatz 1 Satz 2 festgeschrieben (Gesamtverantwortung der Geschäftsleitung). Die Geschäftsleitung muss die notwendigen Maßnahmen ergreifen, damit die organisatorischen Pflichten, die die Institute aus aufsichtsrechtlicher Sicht zu erfüllen haben, eingehalten werden.

Die erste Einfügung in Absatz 1 Satz 3 Nr. 1 (Strategie, die auch die Risiken und Eigenmittel des Instituts berücksichtigt) dient der Klarstellung. Institute müssen bereits bei Festlegung ihrer Strategie in der Lage sein, die auf Grund der geschäftspolitischen Entscheidungen eingegangenen Risiken sowie die Auswirkungen auf die Eigenmittelausstattung des Instituts jederzeit beurteilen zu können. Nach Absatz 1 Satz 3 Nr. 1 hat die Geschäftsleitung Risiken und Eigenmittel des Instituts bei der Festlegung oder gegebenenfalls Änderung der Strategie zu berücksichtigen. An dem liberalen Aufsichtskonzept des Kreditwesengesetzes, das lediglich einen ordnungsrechtlichen Rahmen für die Geschäftstätigkeit von Instituten bei grundsätzlicher Freiheit des geschäftspolitischen Entscheidungsspielraums vorgibt, wird damit ausdrücklich festgehalten.

Der bestehende § 25a Abs. 1 verlangt von Instituten geeignete Regelungen zur Steuerung, Überwachung und Kontrolle der Risiken (Absatz 1 Satz 1 Nr. 1, alte Fassung) und ein angemessenes internes Kontrollverfahren (Absatz 1 Satz 1 Nr. 2, alte Fassung). In der Aufsichtspraxis hat sich zwischenzeitlich eine bankaufsichtliche Systematik Interner Überwachungssysteme entwickelt, die eine Anpassung der Regelung erfordert. Nach der Neufassung von Absatz 1 Satz 3 Nr. 2 muss ein Institut über angemessene Interne Kontrollverfahren (Internes Überwachungssystem) verfügen, die aus einem Internen Kontrollsystem und einer Internen Revision bestehen. Nach der bankaufsichtlichen Systematik wird damit zwischen dem prozessabhängigen Internen Kontrollsystem und der prozessunabhängigen Internen Revision unterschieden. Das prozessabhängige Interne Kontrollsystem beinhaltet alle Formen von Überwachungsmaßnahmen, die unmittelbar oder mittelbar in die zu überwachenden Arbeitsabläufe integriert sind. Zu den prozessabhängigen Überwachungsmechanismen zählen zum Beispiel die Verfahren, die auf gesamtgeschäftsbezogener Ebene zur Steuerung und Überwachung der Risiken zu implementieren sind; auf einzelgeschäftsbezogener Ebene gehören hierzu beispielsweise Funktionstrennungen, innerbetriebliche Organisationsrichtlinien und das Vier-Augen-Prinzip. Die prozessunabhängige Interne Revision wird in Absatz 1 Satz 3 Nr. 2 nunmehr ausdrücklich genannt und damit erheblich aufgewertet. Eine hoch qualifizierte und effektive prozessunabhängige Innenrevision, die sicherstellt, dass die Funktionsfähigkeit des prozessabhängigen Internen Kontrollsystems ständig erhalten bleibt, ist aus bankaufsichtlicher Sicht unverzichtbar. Die Interne Revision als fester Bestandteil der bankbetrieblichen Organisation kann ferner frühzeitig Risiken erkennen und Probleme innerhalb des Instituts aufzeigen und den Anstoß für deren Behebung geben, bevor hieraus möglicherweise ein aufsichtsrechtlicher Sachverhalt wird. Bei kleinen Instituten, bei denen die Einrichtung einer Internen Revision unverhältnismäßig ist, können die Aufgaben ausnahmsweise von einem Geschäftsleiter erfüllt oder vollständig/teilweise auf Externe übertragen werden. Dies entspricht der ständigen Verwaltungspraxis der Bundesanstalt gegen Kreditinstitute.

Die Änderungen in Absatz 1 Satz 3 Nr. 3 bis 6 und Satz 2 sind redaktioneller Natur.

Die organisatorischen Anforderungen des § 25a Abs. 1 sind seit dem Vierten Finanzmarktförderungsgesetz auch auf der Ebene von Institutsgruppen und Finanzholding-Gruppen zu beachten. Die Finanzkonglomeraterichtlinie verlangt darüber hinaus, dass ein Finanzkonglomerat über angemessene Eigenmittelstrategien (Artikel 6 Abs. 2 Unterabsatz 2 und Artikel 9 Abs. 2 Buchstabe b der Finanzkonglomeraterichtlinie) sowie über eine ordnungsgemäße Geschäftsorganisation und angemessene Interne Kontrollverfahren (Artikel 9 der Finanzkonglomeraterichtlinie) verfügen muss. Die organisatorischen Pflichten der Institutsgruppen, Finanzholding-Gruppen und Finanzkonglomerate werden in dem neuen Absatz 1a zusammengefasst, der die organisatorischen Anforderungen auf Einzelinstitutsebene in Absatz 1 für entsprechend anwendbar erklärt. Die in § 1 Abs. 2 Satz 1 bezeichneten Personen des übergeordneten Unternehmens oder des übergeordneten Finanzkonglomeratsunternehmens sind für die ordnungsgemäße Geschäftsorganisation der Institutsgruppe und Finanzholding-Gruppe bzw. des Finanzkonglomerats verantwortlich.

Zu Absatz 1a

Absatz 1a Satz 2 verweist für Institutsgruppen und Finanzholding-Gruppen auf § 10a Abs. 8 Satz 1 und 2 und Abs. 9 Satz 1 und 2 sowie für Finanzkonglomerate auf § 10b Abs. 6 und Abs. 7 Satz 1 und 2. Damit ist das übergeordnete Unternehmen bzw. übergeordnete Finanzkonglomeratsunternehmen für die Einhaltung der organisatorischen Anforderungen verantwortlich, das zur Erfüllung seiner Verpflichtungen auf die gruppenangehörigen bzw. konglomeratsangehörigen Unternehmen allerdings nur einwirken darf, soweit dem das allgemeine Gesellschaftsrecht nicht entgegensteht. Die gruppenangehörigen bzw. konglomeratsangehörigen Unternehmen sind verpflichtet, eine ordnungsgemäße Organisation und angemessene interne Kontrollverfahren einzurichten, damit die erforderlichen Daten entsprechend zusammengestellt, weitergeleitet und auf ihre Richtigkeit überprüft werden können.

Amtliche Begründung[1]

Zu Absatz 1

Der durch die Umsetzung der Artikel 22 und 123 der Bankenrichtlinie bedingte Änderungsbedarf wird zum Anlass genommen, die für den Bereich der qualitativen Bankenaufsicht zentrale Regelung des bisherigen Absatzes 1 Satz 3 Nr. 1 und 2 zu präzisieren und gleichzeitig an neue Entwicklungen in der Aufsichtspraxis anzupassen.

Für diese Zwecke werden in Absatz 1 Satz 3 die in den bisherigen Nummern 1 und 2 enthaltenen Punkte unter dem Oberbegriff »angemessenes Risikomanagement« zusammengefasst und ergänzt. Ein angemessenes Risikomanagement beinhaltet auf der Grundlage von Verfahren zur Ermittlung und Sicherstellung der Risikotragfähigkeit die Festlegung von Strategien sowie die Einrichtung interner Kontrollverfahren, die aus einem internen Kontrollsystem und einer internen Revision bestehen.

Durch die Bezugnahme auf die Risikotragfähigkeit wird dem Artikel 123 der Bankenrichtlinie Rechnung getragen. Hiernach muss ein Institut über angemessene, effektive und umfassende Strategien und Verfahren verfügen, um jederzeit die in Anbetracht der Risiken des Instituts erforderliche Höhe, Art und Verteilung von

---

[1] Zum Gesetz zur Umsetzung der neu gefassten Bankenrichtlinie und der neu gefassten Kapitaladäquanzrichtlinie vom 17. November 2006 (BGBl. I S. 2606).

»internem Kapital« ermitteln und vorhalten zu können. Dieser so genannte »Internal Capital Adequacy Assessment Process (ICAAP)« stellt neben dem »Supervisory Review and Evaluation Process (SREP)« ein Kernelement der 2. Säule des Baseler Akkords dar. Im Rahmen des Risikotragfähigkeitskonzepts wird das Risikodeckungspotential (»internes Kapital«) den wesentlichen Risiken des Instituts gegenübergestellt. Reicht das Risikodeckungspotential zur Abdeckung aller wesentlichen Risiken aus, ist die Risikotragfähigkeit gegeben. Das Risikodeckungspotential stellt insoweit im Unterschied zu den Solvenzanforderungen des § 10 in erster Linie eine interne Steuerungsgröße dar, die immanenter Bestandteil einer weitergehenden Prozesskette ist (Verknüpfung mit den Strategien und Einbindung in die internen Kontrollverfahren).

Dem in Artikel 123 niedergelegten Strategieerfordernis wird dadurch entsprochen, dass das Institut angemessene Strategien aufzustellen hat. Grundsätzlich ist neben einer Risikostrategie auch eine Geschäftsstrategie festzulegen, in der die Ziele und Planungen aller wesentlichen Geschäftsaktivitäten niederzulegen sind. Zwischen beiden Strategien muss ein konsistenter Zusammenhang bestehen. Die Risikostrategie kann auch in die Geschäftsstrategie integriert werden.

Die Bezugnahme auf die Geschäftsstrategie bedeutet keine Änderung des liberalen Aufsichtskonzepts des Kreditwesengesetzes, das lediglich einen Rahmen für die Geschäftstätigkeit der Institute bei grundsätzlicher Freiheit des geschäftspolitischen Entscheidungsspielraums vorgibt. Der Inhalt der Geschäftsstrategie liegt deshalb ausschließlich in der Verantwortung der Geschäftsleitung und kann demzufolge auch nicht Gegenstand von Prüfungshandlungen durch externe Prüfer oder die interne Revision sein.

Ein angemessenes Risikomanagement umfasst darüber hinaus die Einrichtung angemessener interner Kontrollverfahren, die aus dem internen Kontrollsystem (prozessabhängige Überwachungsmechanismen) und der internen Revision (prozessunabhängige Überwachungsmechanismen) bestehen. Auf Basis von Artikel 22 der Bankenrichtlinie wurde das interne Kontrollsystem in zwei Punkten konkretisiert. So erfordert ein angemessenes internes Kontrollsystem zum einen klare aufbau- und ablauforganisatorische Regelungen, die insbesondere auch eine transparente und konsistente Abgrenzung der Verantwortungsbereiche der Mitarbeiter des Instituts erlauben. Darüber hinaus sind in das interne Kontrollsystem Prozesse zur Identifizierung, Beurteilung, Steuerung sowie Überwachung und Kommunikation der Risiken zu integrieren. Der Hinweis auf Anhang V der Bankenrichtlinie dient der Konkretisierung der insoweit zu betrachtenden Risikobereiche und den hierbei anzuwendenden Kriterien.

Der neue Satz 4 setzt Artikel 123 zweiter Unterabsatz der Bankenrichtlinie um. Er ordnet, ergänzend zu den in Satz 3 geregelten grundsätzlichen Anforderungen an die Geschäftsorganisation, ausdrücklich die regelmäßige Überprüfung der Angemessenheit der Geschäftsorganisation sowie, soweit erforderlich, deren Anpassung an veränderte Verhältnisse an.

Redaktionelle Folgeänderung aufgrund der Zusammenfassung der Inhalte der bisherigen Nummern 1 und 2 in Nummer 1 und der Aufhebung von Nummer 2.

Zu Absatz 1 a

Durch die Ergänzung von Absatz 1a Satz 1 wird klargestellt, dass die Anforderungen nach Absatz 1 entsprechend Artikel 73 Abs. 2 und 3 der Bankenrichtlinie auch für Unterkonsolidierungskreise nach § 10a Abs. 14 gelten. Die Änderung in Satz 2 ist Folge der Neufassung von § 10a.

Die Anzeigepflichten in Satz 3 wurden im Hinblick auf die Auslagerung von Bereichen dahin gehend ergänzt, dass auch die vollständige oder teilweise Beendigung der Auslagerung unverzüglich anzuzeigen ist. Die bisherige Praxis, dass lediglich die Auslagerung an sich anzuzeigen war, führte zu einem Informationsdefizit der Aufsicht, das durch die Ergänzung der Anzeigepflichten beseitigt werden soll. So können Veränderungen im Bereich der Auslagerungspraxis der Institute gegenwärtig nur mit erheblichen Aufwand und zeitlicher Verzögerung aus den Prüfungsberichten der einzelnen Institute entnommen werden. Etwaige Konzentrationsprozesse auf Seiten der Dienstleister oder sonstige auch bankaufsichtlich relevante Entwicklungen sind auf diese Weise kaum verlässlich nachvollziehbar. Darüber hinaus stellt die Beendigungsanzeige ein zwingendes Korrelat zur Absichts- bzw. Vollzugsanzeige dar. Es ist aufsichtlich ebenso bedeutsam, ob und an wen ein Bereich des Instituts ausgelagert wird, wie, ob und wann die Auslagerung beendet wird und das Institut die ausgelagerte Tätigkeit wieder vollständig oder doch zu wesentlichen Teilen selbst wahrnimmt, da hieran beispielsweise erweiterte organisatorische Anforderungen, einschließlich personeller Anforderungen, anknüpfen können.

Amtliche Begründung[1]

Zu Absatz 1

Die Ergänzungen in Absatz 1 dienen zum einen der Umsetzung organisatorischer Anforderungen gemäß Artikel 13 Abs. 2 und 5 Unterabs. 2 und Abs. 6 der Finanzmarktrichtlinie in Verbindung mit den Artikeln 5 und 7 bis 9 der Durchführungsrichtlinie. Zum anderen handelt es sich lediglich um Klarstellungen oder redaktionelle Anpassungen.

Durch den Einschub »insbesondere« in Satz 1 wird klargestellt, dass die Ordnungsmäßigkeit der Geschäftsorganisation nicht nur unter dem Gesichtspunkt der Einhaltung gesetzlicher Vorschriften zu beurteilen ist. Auch betriebswirtschaftliche Notwendigkeiten sind im Rahmen einer ordnungsgemäßen Geschäftsorganisation zu berücksichtigen. Da die Berücksichtigung dieser Notwendigkeiten im eigenen Interesse der Institute liegt, führt der Einschub nicht zu einer materiellen Änderung. Satz 2 bleibt unberührt.

Mit der Klarstellung in Satz 3, dass das Risikomanagement »wirksam« sein muss, wird Artikel 7 Abs. 1 der Durchführungsrichtlinie umgesetzt, der die Einrichtung eines angemessenen und wirksamen Risikomanagements fordert. Durch die Betonung der Wirksamkeit des Risikomanagements wird unterstrichen, dass das Risikomanagement auch tatsächlich umgesetzt und von den Instituten mit Leben erfüllt werden muss.

Kein Änderungsbedarf besteht im Hinblick auf die nach Artikel 8 der Durchführungsrichtlinie erforderliche Einrichtung einer unabhängigen Innenrevisionsfunktion, da diese bereits von Satz 3 Nr. 1 gefordert wird.

Die nach Satz 3 Nr. 2 erforderliche angemessene Personalausstattung dient der Umsetzung von Artikel 5 Abs. 1 Buchstabe d der Durchführungsrichtlinie. Dementsprechend sind von den Instituten Mitarbeiter zu beschäftigen, die über die Fähigkeiten, Kenntnisse und Erfahrungen verfügen, die zur Erfüllung der ihnen zugewiesenen Aufgaben erforderlich sind.

Das Erfordernis einer angemessenen technisch-organisatorischen Ausstattung nach Satz 3 Nr. 2 dient zudem der Umsetzung von Artikel 5 Abs. 2 der Durchführungsrichtlinie. Da die technisch-organisatorische Ausstattung bei nahezu allen Instituten von der Informationstechnologie dominiert wird, bezieht sich diese Anforderung in erster Linie auf die Einrichtung angemessener IT-Systeme. Diese Einfügung ersetzt in Verbindung mit Satz 3 Nr. 3 zugleich Satz 3 Nr. 4 8 a.F., der die Einrichtung angemessener Sicherheitsvorkehrungen für den Einsatz der elektronischen Datenverarbeitung fordert.

Darüber hinaus schließt ein angemessenes und wirksames Risikomanagement nach Satz 3 Nr. 3 die Festlegung eines angemessenen Notfallkonzepts mit ein, welches insbesondere auch die eingesetzten IT-Systeme erfasst. Durch diese Einfügung in

---

1 Zum Finanzmarktrichtlinie-Umsetzungsgesetz.

Verbindung mit den konkretisierenden Verwaltungsvorschriften der Bundesanstalt zu Mindestanforderungen für das Risikomanagement (MaRisk) wird Artikel 5 Abs. 3 der Durchführungsrichtlinie umgesetzt.

Durch die Einfügung des neuen Satzes 4 wird klargestellt, dass die Ausgestaltung des Risikomanagements von Art, Umfang, Komplexität und Risikogehalt der Geschäftstätigkeit des Instituts abhängt. Mit dieser Einfügung wird zum einen dem in der Bankenrichtlinie verankerten Proportionalitätsprinzip Rechnung getragen. Zum anderen setzt der neue Satz 4 die Flexibilisierungsklauseln in Artikel 5 Abs. 1 Unterabs. 2, Artikel 7 Abs. 2 und Artikel 8 der Durchführungsrichtlinie um. Der Regulierungsrahmen kann damit die Vielfalt der Institute angemessen berücksichtigen.

Damit korrespondierend müssen die Institute Maßnahmen treffen, die der Art und den Umständen ihrer jeweiligen Tätigkeit gerecht werden. Große Institute mit einem breiten und risikoreichen Spektrum an Bankgeschäften und Finanzdienstleistungen müssen dementsprechend in vollem Umfang die erforderlichen organisatorischen Vorkehrungen für ein wirksames Risikomanagement im Sinne von Satz 3 ergreifen. Andererseits ermöglicht diese Flexibilisierung vor allem kleinen Instituten, die wenig risikorelevante Geschäftsaktivitäten ausüben, von einigen Anforderungen abzusehen oder diese in modifizierter Weise zu erfüllen. Damit wird den beschränkten Ressourcen kleinerer Institute Rechnung getragen. Das Proportionalitätsprinzip entspricht der ständigen Verwaltungspraxis der Bundesanstalt (Grundsatz der Verhältnismäßigkeit) und ist dementsprechend bereits Gegenstand von Verwaltungsvorschriften, die die unbestimmten Rechtsbegriffe des Absatzes 1 präzisieren (Mindestanforderungen an das Risikomanagement). Bei kleinen Kreditinstituten, bei denen die Einrichtung einer unabhängigen internen Revision unverhältnismäßig ist, können demnach beispielsweise die Aufgaben der internen Revision von einem Geschäftsleiter erfüllt oder vollständig oder teilweise auf Externe übertragen werden.

Nach Artikel 5 Abs. 1 Unterabs. 2 der Durchführungsrichtlinie müssen Wertpapierfirmen ihre organisatorischen Vorkehrungen einschließlich des Risikomanagements und der internen Revision an der Art, dem Umfang und der Komplexität ihres Geschäfts sowie an der Art und dem Spektrum ihrer Wertpapierdienstleistungen und Anlagetätigkeiten ausrichten. Soweit ein kleines Wertpapierhandelsunternehmen mit wenig risikoreichem Geschäft nachweisen kann, dass die zum Risikomanagement aufgestellten Strategien, Grundsätze und Verfahren dennoch den Anforderungen an ein ordnungsgemäßes Kontrollsystem entsprechen und wirksam sind, kann gemäß Artikel 7 Abs. 2 Unterabs. 2 der Durchführungsrichtlinie auch auf die Einrichtung einer unabhängigen Risikomanagementfunktion verzichtet werden. Die Funktion kann in diesen Fällen auf den Geschäftsleiter übertragen werden. Die Funktion der internen Revision kann gemäß Artikel 8 der Durchführungsrichtlinie bei kleinen Wertpapierhandelsunternehmen auch vollständig entfallen, wenn diese Anforderungen angesichts der Art, des Umfangs und der Komplexität ihres Geschäfts sowie der Art und des Spektrums ihrer Wertpapierdienstleistungen und Anlagetätigkeiten unverhältnismäßig wären und eine periodische Überprüfung durch einen Wirtschaftprüfer erfolgt.

Für die Compliance-Funktion bei Wertpapierhandelsunternehmen ist eine Artikel 6 Abs. 1 Unterabs. 2 und Abs. 3 Unterabs. 2 der Durchführungsrichtlinie entsprechende Flexibilisierung der Anforderungen je nach Art, Umfang, Komplexität und Risikogehalt des Geschäfts sowie Art und Spektrum der erbrachten Wertpapierdienstleistungen in § 33 Abs. 1 Satz 3 WpHG-E vorgesehen (vgl. Artikel 1 Nr. 21).

Die Institute sind nach den Sätzen 3 und 4 dazu verpflichtet, ein angemessenes und wirksames Risikomanagement einzurichten. Dementsprechend bezieht sich auch die nach Satz 5 erforderliche regelmäßige Überprüfung des Risikomanagements durch das Institut auf dessen Angemessenheit und Wirksamkeit. Damit wird Artikel 7 Abs. 1 Buchstabe c der Durchführungsrichtlinie umgesetzt.

Die Anpassungen in Satz 6 Nr. 2 dienen der Umsetzung des Artikels 13 Abs. 6 der Finanzmarktrichtlinie sowie von Artikel 5 Abs. 1 Buchstabe f und Artikel 51 Abs. 1 der Durchführungsrichtlinie. Demnach beziehen sich die Aufzeichnungspflichten nicht nur auf die ausgeführten Geschäfte, sondern auf die Geschäftstätigkeit an sich, einschließlich sämtlicher Dienstleistungen. Die Mindestaufbewahrungsfrist beträgt gemäß Artikel 51 Abs. 1 Satz 1 der Durchführungsrichtlinie fünf Jahre. Es wird klargestellt, dass die Mindestaufbewahrungsfristen nach § 257 Abs. 4 HGB, die eine Aufbewahrungsfrist für Buchungsbelege von zehn Jahren und für sonstige in § 257 Abs. 1 HGB genannte Unterlagen von sechs Jahren verlangen, von dieser Regelung unberührt bleiben.

Die übrigen Anforderungen der Artikel 5 und 7 bis 9 der Durchführungsrichtlinie sind durch die unbestimmten Rechtsbegriffe in Satz 3 Nr. 1 in Verbindung mit den Verwaltungsvorschriften der Bundesanstalt zu Mindestanforderungen an das Risikomanagement, die den Inhalt dieser Rechtsbegriffe präzisieren, bereits umgesetzt. In Bezug auf die Anforderungen nach den Artikeln 6 und 9 der Durchführungsrichtlinie hinsichtlich der Compliance-Funktion, welche im Wesentlichen für die interne Kontrolle der Einhaltung der Vorschriften des § 9 und des Abschnitts 6 des Wertpapierhandelgesetzes zuständig ist, sind in § 33 Abs. 1 Satz 2 Nr. 1 und 5 WpHG-E zusätzliche organisatorische Anforderungen vorgesehen, die speziell für Wertpapierdienstleistungsunternehmen im Sinne von § 2 Abs. 4 WpHG relevant sind (vgl. Artikel 1 Nr. 21). Artikel 5 Abs. 4 der Durchführungsrichtlinie, der die Festlegung und Anwendung von Rechnungslegungsgrundsätzen und -methoden sowie die fristgerechte Vorlage von Abschlüssen bei den zuständigen Aufsichtsbehörden fordert, ist ebenfalls bereits Gegenstand einschlägiger Vorschriften des Handelsgesetzbuchs, insbesondere von § 238ff., §§ 264 und 340 HGB und des § 26, deren Einhaltung das Institut im Rahmen der generellen Pflicht zu einer ordnungsgemäßen Geschäftsorganisation nach Satz 1 sicherstellen muss.

Zu Absatz 2

Die Änderungen in Absatz 2 dienen vor allem der Umsetzung von Artikel 13 Abs. 5 Unterabs. 1 der Finanzmarktrichtlinie in Verbindung mit den Artikeln 13 und 14 der Durchführungsrichtlinie.

Satz 1 dient der Umsetzung von Artikel 13 Abs. 5 Unterabs. 1 Satz 1 der Finanzmarktrichtlinie. Durch die Verpflichtung, bei einer Auslagerung von Aktivitäten und Prozessen, die für die Durchführung von Bankdienstleistungen, Finanzdienstleistungen oder sonstigen institutstypischen Dienstleistungen wesentlich sind, angemessene Vorkehrungen zur Vermeidung übermäßiger Risiken zu treffen, werden gleichzeitig in allgemeiner Form die Verfahren und Maßnahmen zur Einhaltung der Anforderungen des Artikels 14 Abs. 2 Satz 1 und 2 Buchstabe a, b, d, f, g, j und k der Durchführungsrichtlinie gesetzlich verankert. Zu den angemessenen Vorkehrungen gehören demnach auch Maßnahmen zur sorgfältigen Auswahl des Auslagerungsunternehmens, zur Überwachung der Ausführung der Dienstleistung, zur Festlegung von Methoden zur Bewertung der Leistung des Auslagerungsunternehmens, zum Datenschutz sowie eine Ausweichplanung. Die Risiken, welche es nach Satz 1 zu verhindern gilt, erfassen bei Wertpapierdienstleistungsunternehmen im Sinne von § 2 Abs. 4 WpHG auch das Risiko einer erheblichen Beeinträchtigung der Erfüllung der Pflichten des Abschnitts 6 WpHG oder der Meldepflichten nach § 9 WpHG durch die Auslagerung. Welche konkreten Vorkehrungen erforderlich sind, ist in den Verwaltungsvorschriften der Bundesanstalt zur Auslagerung zu konkretisieren.

Auslagerungen unterhalb der Wesentlichkeitsschwelle unterliegen den allgemeinen Anforderungen an eine ordnungsgemäße Geschäftsorganisation nach § 25a Abs. 1. Wie nach bisheriger Verwaltungspraxis sollten die Vorkehrungen bei derartigen Auslagerungen den allgemeinen Anforderungen an eine ordnungsgemäße Geschäftsführung und Risikosteuerung genügen, indem insbesondere der externe Dienstleister sorgfältig ausgewählt und in angemessener Weise hinsichtlich der Ordnungsmäßigkeit der Leistungserbringung überwacht wird.

Neu ist nach Satz 1, dass die von den besonderen Vorschriften des Absatzes 2 erfassten Auslagerungen von Aktivitäten und Prozessen, die für die Durchführung von Bankgeschäften oder Finanzdienstleistungen wesentlich sind, um sonstige institutstypische Dienstleistungen erweitert werden. Damit wird Artikel 13 Abs. 5 Unterabs. 1 Satz 1 der Finanzmarktrichtlinie insofern Rechnung getragen, als dieser sich auf die Auslagerung betrieblicher Aufgaben bezieht, die für die kontinuierliche und ordnungsgemäße Erbringung und Ausübung von Dienstleistungen für Kunden und Anlagetätigkeiten wichtig sind. Das bezieht beispielsweise auch die in Anhang I Abschnitt B der Finanzmarktrichtlinie genannten Nebendienstleistungen und Eigengeschäfte ein.

Die Proportionalitätsklausel führt hinreichend Flexibilität ein, um einerseits den Besonderheiten der Solvenzaufsicht und andererseits Artikel 13 Abs. 5 Unterabs. 1 Satz 2 der Finanzmarktrichtlinie und Artikel 13 Abs. 1 und Artikel 14 Abs. 1 der Durchführungsrichtlinie Rechnung zu tragen. Welche Vorkehrungen angemessen sind, kann daher nach Art, Umfang, Komplexität und Risikogehalt einer Auslagerung differieren. Dadurch kann beispielsweise der besonderen Situation einer Auslagerung auf gruppenangehörige Unternehmen, die einer einheitlichen Risikosteuerung unterliegen, oder dem angemessenen Umgang mit etwaigen Konzentrationsrisiken Rechnung getragen werden.

Eine entsprechende Konkretisierung der Proportionalitätsklausel ist im Verwaltungswege sicherzustellen.

Satz 2 setzt Artikel 13 Abs. 5 Unterabs. 1 Satz 1 und 2 der Finanzmarktrichtlinie insoweit um, als die Auslagerung die fortwährende Ordnungsmäßigkeit der Geschäfte und Dienstleistungen und die Qualität der internen Kontrolle nicht beeinträchtigen darf. Diese Änderung stellt keine grundlegende Neuerung dar. Schon nach der geltenden Fassung des Satzes 1 war von den Instituten neben der Ordnungsmäßigkeit der Geschäfte und Dienstleistungen sicherzustellen, dass die Auslagerung die Steuerungs- und Kontrollmöglichkeiten der Geschäftsleitung nicht beeinträchtigen darf.

Durch die Sätze 2 und 3 wird zudem Artikel 14 Abs. 2 Buchstabe c der Durchführungsrichtlinie umgesetzt, nach dem sowohl die Ausführung der ausgelagerten Aufgaben ordnungsgemäß zu überwachen als auch die mit der Auslagerung verbundenen Risiken angemessen zu steuern sind. Auch diese Änderung ist nicht grundlegend neu, da bereits der bisherige Satz 2 verlangte, dass die ausgelagerten Bereiche in die internen Kontrollverfahren einzubeziehen sind. Zudem wird klargestellt, dass ein angemessenes und wirksames Risikomanagement trotz einer Auslagerung immer zu gewährleisten ist.

Satz 4 setzt Artikel 14 Abs. 1 Buchstabe a der Durchführungsrichtlinie um. Demnach darf die Verantwortung der Geschäftsleitung für die Einhaltung der für das Institut geltenden gesetzlichen Bestimmungen nicht delegiert werden. Dieses Delegationsverbot schließt insbesondere die Delegation der Verantwortung für die Ordnungsmäßigkeit der Geschäftsorganisation ein.

Satz 5 stellt klar, dass die Verantwortung für die Einhaltung sämtlicher gesetzlicher Bestimmungen stets beim auslagernden Institut liegt. Damit wird auch das in Artikel 14 Abs. 1 der Durchführungsrichtlinie enthaltene Prinzip umgesetzt, dass ein Wertpapierdienstleistungsunternehmen immer für die Erfüllung der Pflichten nach dem Wertpapierhandelsgesetz verantwortlich bleibt.

Die neuen Sätze 6 und 7 setzen Artikel 14 Abs. 2 Buchstabe i und Abs. 5 der Durchführungsrichtlinie um. Wie nach geltendem Recht dürfen die Prüfungsrechte und Kontrollmöglichkeiten der Bundesanstalt durch Auslagerungen nicht beeinträchtigt werden. Die Auskunfts- und Prüfungsrechte der Bundesanstalt müssen in Umsetzung von Artikel 14 Abs. 2 Buchstabe i der Durchführungsrichtlinie auch gegenüber dem Auslagerungsunternehmen bestehen. Das Institut muss daher gewährleisten, dass Prüfungen durch Bedienstete der Bundesanstalt oder andere Personen, deren sich die Bundesanstalt bedient, sowie die Prüfer des Instituts entsprechende Prüfungsmöglichkeiten haben. Diesbezügliche Vereinbarungen können Institute beispielsweise in der Auslagerungsvereinbarung treffen.

Durch die ausdrückliche Nennung der Auskunftsrechte wird die Absichts- und Vollzugsanzeige nach geltendem Recht ersetzt, die von der Finanzmarktrichtlinie nicht generell gefordert wird. Es bleibt der Bundesanstalt gemäß Artikel 14 Abs. 5 in Verbindung mit Erwägungsgrund 20 der Durchführungsrichtlinie jedoch unbenommen, im Rahmen einer risikoorientierten Aufsicht im Einzelfall oder in Bezug auf besonders kritische Arten von Auslagerungen, die eine wichtige Änderung der Voraussetzungen für die Erstzulassung darstellen, sich den Vollzug einer Auslagerung anzeigen zu lassen und die erforderlichen Informationen zu verlangen, die sie für eine Prüfung der Vereinbarkeit der Auslagerung mit den Anforderungen des Absatzes 2 und den entsprechenden Konkretisierungen in den Mindestanforderungen für das Risikomanagement benötigt.

Nach Satz 7 müssen entsprechende Rechte und Kontrollmöglichkeiten den Prüfern des Instituts eingeräumt werden, die als Abschlussprüfer bei der Prüfung des Jahresabschlusses nach § 29 Abs. 1 oder als Wirtschaftsprüfer nach den §§ 35, 36 des Wertpapierhandelsgesetzes die Erfüllung der Anforderungen des Absatzes 2 prüfen.

Nach Satz 8 ist bei Auslagerungen im Sinne des Satzes 1 eine Vereinbarung zwischen dem Institut und dem Auslagerungsunternehmen zu schließen, welche die erforderlichen Rechte des Instituts einschließlich Weisungs- und Kündigungsrechten sowie die korrespondierenden Pflichten des Auslagerungsunternehmens festschreibt. Dadurch wird Artikel 14 Abs. 3 der Durchführungsrichtlinie umgesetzt, der eine klare Aufteilung der Rechte und Pflichten in Form einer schriftlichen Vereinbarung vorsieht. Durch die Bezugnahme auf Kündigungsrechte wird zudem Artikel 14 Abs. 2 Buchstabe g der Durchführungsrichtlinie gesetzlich verankert, der eine Kündigungsmöglichkeit ohne Qualitätsverlust der für die Kunden erbrachten Dienstleistungen vorsieht.

Die Anforderungen der Artikel 13 und 14 der Durchführungsrichtlinie sind in abstrakter Form bereits durch die unbestimmten Rechtsbegriffe und allgemeinen Anforderungen des Absatzes 2 umgesetzt. Die Bundesanstalt veröffentlicht Verwaltungsvorschriften, die den Inhalt dieser Rechtsbegriffe und Anforderungen präzisieren.

Amtliche Begründung[1]

Zu Nummer 3 (Streichung § 25a Abs. 1 Satz 6 Nr. 3)

§ 25a Abs. 1 Satz 6 Nr. 3 KWG wird bei nahezu identischem Regelungsinhalt nunmehr in § 25c Abs. 2 KWG-neu geregelt.

Amtliche Begründung[2]

Zu Nummer 15 (§ 25a KWG)

Die Änderung stellt klar, dass in den Fällen, in denen eine Finanzholding-Gesellschaft oder gemischte Finanzholding-Gesellschaft zum übergeordneten Unternehmen bestimmt worden ist, die Personen, die die Holding-Gesellschaft tatsächlich leiten, für die ordnungsgemäße Geschäftsorganisation der Holding-Gruppe verantwortlich sind.

---

1 Zum Geldwäschebekämpfungsergänzungsgesetz vom 13. August 2008 (BGBl. I S. 1690); vgl. BT-Drucksache 16/9038 vom 5. Mai 2008.
2 Zum Gesetz zur Fortentwicklung des Pfandbriefrechts vom 20. März 2009 (BGBl. I S. 607); vgl. BT-Drucksache 16/11130 vom 1. Dezember 2008.

Amtliche Begründung[1]

Zu Nummer 6 (§ 25a Absatz 1 KWG)

Die Änderung des Satzes 3 hat vornehmlich klarstellenden Charakter. Damit wird hervorgehoben, dass die Institute die Risikotragfähigkeit laufend sicherzustellen haben. Gleichzeitig wird die Hauptzielrichtung eines angemessenen und wirksamen Risikomanagements verdeutlicht und zugleich der Anknüpfungspunkt zu aufsichtlichen Maßnahmen nach dem neu gefassten § 10 Absatz 1b Nummer 2 hergestellt.

Auch nach dem bisherigen Wortlaut des Satzes 3 waren die Verfahren zur Ermittlung und Sicherstellung der Risikotragfähigkeit als Bestandteil eines angemessenen und wirksamen Risikomanagements anzusehen. Dies ergab sich schon aus ihrer Eigenschaft als notwendiges Bindeglied zwischen den Strategien eines Instituts einerseits und dessen internen Kontrollverfahren andererseits. Mit der Neufassung wird dies deutlicher als bisher zum Ausdruck gebracht, indem die Verfahren zur Ermittlung und Sicherstellung der Risikotragfähigkeit als bestimmender Bestandteil eines Risikomanagements von Instituten definiert werden. Dies entspricht zudem der aufsichtlichen Verwaltungspraxis, wie sie in den Mindestanforderungen an das Risikomanagement (MaRisk) niedergelegt ist.

Die Anpassungen des Satzes 8 sind redaktioneller Natur und dienen der Klarstellung.

Amtliche Begründung[2]

Zu Nummer 1 (§ 25a KWG)

Zu Buchstabe a

Mit der neu eingefügten Nummer 4 umfasst das für eine ordnungsgemäße Geschäftsorganisation erforderliche Risikomanagement nunmehr auch angemessene und transparente Vergütungssysteme für Geschäftsleiter und Mitarbeiter, die auf eine nachhaltige Entwicklung des Instituts ausgerichtet sind. Ein Vergütungssystem umfasst dabei sowohl die inhaltliche als auch die organisatorische und prozessuale Ausgestaltung der Gesamtheit aller vom Unternehmen zu erbringenden monetären oder monetär bewertbaren Leistungen für die Arbeitsleistungen von Geschäftsleitern und Mitarbeitern. Mitarbeiter im Sinne dieser Vorschrift sind alle natürlichen Personen, die bei wirtschaftlicher oder risikoseitiger Betrachtung als dem Institut angehörig zu betrachten sind. Handelsvertreter nach § 84 Absatz 1 HGB sollen keine Mitarbeiter im Sinne der neuen Nummer 4 sein.

Mit dieser Vorschrift werden die vom Rat für Finanzmarktstabilität (Financial Stability Board – FSB) auf Geheiß der Gruppe der zwanzig wichtigsten Industrie- und Schwellenländer (G20) erarbeiteten Prinzipien für solide Vergütungspraktiken (»Principles for Sound Compensation Practices« vom 2. April 2009) und die darauf aufbauenden konkreten Standards für solide Vergütungspraktiken (»Principles for Sound Compensation Practices Implementation Standards« vom 25. September 2009) gesetzlich verankert. Im künftigen Gemeinschaftsrecht der Europäischen Union finden sich voraussichtlich entsprechende Vorgaben in Artikel 22 Absatz 1 und 3 der Richtlinie 2006/48/EG vom 14. Juni 2006 über die Aufnahme und Ausübung der Tätigkeit der

---

1 Zum Gesetz zur Stärkung der Finanzmarkt- und der Versicherungsaufsicht vom 29. Juli 2009 (BGBl. I S. 2305); vgl. BT-Drucksache 16/12783 vom 27. April 2009.
2 Zum Gesetz über die aufsichtsrechtlichen Anforderungen an die Vergütungssysteme von Instituten und Versicherungsunternehmen vom 21. Juli 2010 (BGBl. I S. 950); vgl. BT-Drucksache 17/1291 vom 31. März 2010.

Kreditinstitute (Bankenrichtlinie); eingefügt durch den Vorschlag für eine Richtlinie des Europäischen Parlaments und des Rates zur Änderung der Richtlinien 2006/48/EG und 2006/49/EG im Hinblick auf die Eigenkapitalanforderungen für das Handelsbuch und Weiterverbriefungen und im Hinblick auf die aufsichtliche Überprüfung der Vergütungspolitik (gegenwärtig als Dokument Nr. 14732/09 des Rates der Europäischen Union vom 28. Oktober 2009 berücksichtigt – nachfolgend Änderungsrichtlinie genannt). Darüber hinaus werden die Leitlinien für eine solide Vergütungspolitik (»High-level Principles for Remuneration Policies«) des Ausschusses der europäischen Bankaufsichtsbehörden (Committee of European Banking Supervisors – CEBS) vom 20. April 2009 berücksichtigt.

Zur Ausrichtung der Vergütungssysteme auf eine nachhaltige Unternehmensentwicklung gehört insbesondere auch eine mögliche Reduzierung der variablen Vergütungsbestandteile bei negativen Erfolgsbeiträgen eines Geschäftsleiters oder Mitarbeiters.

Zu Buchstabe b

Nähere Bestimmungen über die Ausgestaltung, Überwachung und Weiterentwicklung der Vergütungssysteme nach Absatz 1 Satz 3 Nummer 4 in den Instituten sowie über die Offenlegungspflichten in diesem Zusammenhang sollen im Wege einer Rechtsverordnung ergehen, zu deren Erlass § 25a Absatz 5 das Bundesministerium der Finanzen im Benehmen mit der Deutschen Bundesbank ermächtigt wird. Dies ist mit Blick auf die zugrunde liegenden Prinzipien und Standards des FSB sowie die durch das Gesetz zur Stärkung der Finanzmarkt- und der Versicherungsaufsicht vom 29. Juli 2009 (BGBl. I S. 2305) erweiterten aufsichtlichen Eingriffsbefugnisse erforderlich. Soweit Regelungen zur Offenlegung in Betracht kommen, bleiben die handelsrechtlichen Regelungen, deren Schwerpunkt die Vergütungshöhe und nicht die Vergütungssystematik betrifft, insbesondere § 285 Nummer 9 Buchstabe a in Verbindung mit § 340a Absatz 1 und § 340 l in Verbindung mit § 325 HGB unberührt. Das Bundesfinanzministerium kann nach Absatz 5 Satz 2 die Ermächtigung durch Rechtsverordnung auf die Bundesanstalt übertragen.

Beteiligungsrechte der Arbeitnehmervertretungen werden nicht berührt. Insbesondere werden Geldleistungen, die in einem Sozialplan zwischen Betriebsrat und Arbeitgeber vereinbart werden, wie z. B. Abfindungen für den Verlust des Arbeitsplatzes, vom Begriff der Abfindungszahlungen in diesem Gesetz nicht erfasst. Denn die in einem Sozialplan vereinbarten Leistungen und Abfindungen haben den Zweck, wirtschaftliche Nachteile auszugleichen oder zu mildern, nicht den Zweck, den Erfolg des Arbeitnehmers im Laufe der Zeit widerzuspiegeln oder vergangene Arbeitsleistung zu honorieren.

Amtliche Begründung[1]

Zu Nummer 48 (§§ 25a bis 25e)

Die Änderungen in Absatz 1 sind schwerpunktmäßig redaktioneller Natur. Die in der bisherigen Nummer 1 von Satz 3 genannten Elemente des Risikomanagements

---

1 Zum Gesetz zur Umsetzung der Richtlinie 2013/36/EU über den Zugang zur Tätigkeit von Kreditinstituten und die Beaufsichtigung von Kreditinstituten und Wertpapierfirmen und zur Anpassung des Aufsichtsrechts an die Verordnung (EU) Nr. 575/2013 über Aufsichtsanforderungen an Kreditinstitute und Wertpapierfirmen (CRD IV-Umsetzungsgesetz) vom 28. August 2013 (BGBl. I S. 3395); vgl. BT-Drucksache 17/10974 vom 15. Oktober 2012 und BT-Drucksache 17/13524 – Beschlussempfehlung des Finanzausschusses (7. Ausschuss) – vom 15. Mai 2013.

(Strategien, Verfahren zur Ermittlung und Sicherstellung der Risikotragfähigkeit, Interne Kontrollverfahren) werden zur besseren Übersichtlichkeit in jeweils gesonderten Nummern 1 bis 3 aufgeführt. Bezüglich der Strategien erfolgt eine Klarstellung, dass damit insbesondere die Festlegung von Geschäfts- und Risikostrategie sowie der institutsinterne Prozess zur Planung, Umsetzung, Überprüfung und Anpassung der Strategien zu verstehen ist. Diese Elemente wurden bisher von der Aufsicht schon in der Verwaltungspraxis gefordert und stellen daher materiell keine Neuerung dar. Mit Blick auf die in der neuen Nummer 2 geforderten Verfahren zur Ermittlung und Sicherstellung der Risikotragfähigkeit (Risikotragfähigkeitskonzepte) wird ergänzend betont, dass die Ermittlung der Risiken und der zu ihrer Abdeckung verfügbaren Risikodeckungspotenziale dem Vorsichtsprinzip Rechnung zu tragen haben. Diese Forderung war bisher nicht explizit im Gesetz verankert, konnte jedoch aus der aus Satz 3 erwachsenden Forderung nach einer laufenden Sicherstellung der Risikotragfähigkeit hergeleitet werden. Daraus folgt, dass die Risikoermittlung sowie die Festlegung der Risikodeckungspotenziale auf der Grundlage konservativer Annahmen und vorsichtiger Schätzungen zu erfolgen haben und nicht lediglich auf mehr oder weniger als wahrscheinlich angenommenen oder gar optimistischen Annahmen beruhen darf. Auch diese Aspekte sind bisher schon in der Verwaltungspraxis eingefordert worden. Aufgrund ihrer Wichtigkeit für die Wirksamkeit der Risikotragfähigkeitskonzepte der Institute werden diese nun auch auf der Gesetzesebene klargestellt. In Absatz 1 Satz 3 Nummer 3 wird explizit die Einrichtung einer Risikocontrolling-Funktion und einer Compliance-Funktion als Bestandteil des Internen Kontrollsystems gefordert. Letztere soll die institutsinternen Vorkehrungen zur Einhaltung der für das Institut wesentlichen rechtlichen Regelungen und Vorgaben bewerten, deren Qualität und Angemessenheit sichern und überwachen und die Geschäftsleiter bei der Ausgestaltung dieser institutsinternen Vorkehrungen unterstützen. Somit soll den Risiken, die sich aus der Nichteinhaltung der rechtlichen Regelungen und Vorgaben ergeben können, entgegengewirkt werden. Dieses Erfordernis beruht auf einer Anforderung der EBA Guidelines on Internal Governance (GL 44), III, Titel II, Nummer 28 vom 27. September 2011. Eine Risikocontrolling-Funktion ist in der Bankpraxis obligatorisch. Insofern hat dieser Einschub klarstellenden Charakter und setzt gleichzeitig Artikel 75 Absatz 5 der Richtlinie EU/.../2012 um. Sowohl hinsichtlich der Compliance als auch des Risikocontrollings stellen die Begrifflichkeiten schwerpunktmäßig auf die funktionale Bedeutung ab; gerade bei kleineren Instituten sind eigenständige Organisationseinheiten zur Erfüllung dieser Aufgaben nicht obligatorisch.

Die Änderung in Absatz 1 Satz 6 Nummer 3 setzt Artikel 70 Absatz 3 der Richtlinie 2012/.../EU um und greift gleichzeitig die Anforderungen der EBA Guidelines on Internal Governance (GL 44), III, Titel II, Nummer 17 vom 27. September 2011 auf, wobei die Ausgestaltung von Art, Umfang, Komplexität und Risikogehalt der Geschäftstätigkeit abhängt. Das Institut kann eine geeignete Stelle sowohl innerhalb als auch außerhalb des Instituts einrichten. Beauftragt das Institut eine Stelle außerhalb des Instituts, so gelten die allgemeinen Anforderungen dieses Gesetzes zur Auslagerung. Bei einer solchen Auslagerung ist dafür Sorge zu tragen, dass die Vertraulichkeit der Identität der berichtenden Mitarbeiter gewahrt bleibt.

Nach Streichung von § 1a Absatz 2 KWG ist der Begriff »Anlagebuch« nicht mehr ausdrücklich definiert. Die implizite Definition ergibt sich nunmehr aus der Abgrenzung zu dem nach Artikel 4 Absatz 62 der Verordnung (EU) Nr. .../2012 definierten Handelsbuch.

Der in Absatz 2 neu angefügte Satz 3 setzt internationale Vorgaben des Financial Stability Board für systemrelevante Institute hinsichtlich der Planung von Sanierungsmaßnahmen in Stresssituationen um.

Die Anpassungen in Absatz 3 Satz 1 sind Folgeänderungen, die sich aus der Änderung von Absatz 1 Satz 2 ergeben.

Die neu eingefügten Sätze 2 bis 4 setzen den Artikel 104 Absätze 2 und 3 der Richtlinie 2012/.../EU um. Die bisher im alten Satz 2 enthaltenen Bezüge auf § 10a KWG (für Institutsgruppen und Finanzholding-Gruppen) und § 10b KWG (für Finanzkonglomerate), die die Einwirkungsrechte des übergeordneten Unternehmens sowie korrespondierende Pflichten der nachgeordneten Unternehmen betrafen, werden aufgrund der Streichung der genannten Passagen obsolet. Im Einklang mit der Richtlinie 2012/.../EU sollen die Einwirkungsrechte des übergeordneten Unternehmens uneingeschränkt gelten und auch nicht durch anderweitiges Gesellschaftsrecht beschnitten werden. Davon unberührt – und zwar auch bei vertraglicher Vereinbarung von Durchgriffsrechten – bleibt die Pflicht des nachgeordneten Unternehmens zu prüfen, inwieweit Weisungen des übergeordneten Unternehmens rechtmäßig sind. Ebenso unberührt bleibt das Recht des nachgeordneten Unternehmens, Weisungen des übergeordneten Unternehmens zum Abschluss für das nachgeordnete Unternehmen nachteiliger – insbesondere existenzgefährdender – Rechtsgeschäfte oder zur Durchführung anderer nachteiliger Maßnahmen nicht auszuführen. Damit wird Grundsätzen deutschen Gesellschaftsrechts Rechnung getragen.

Absatz 3 Satz 2 setzt Artikel 104 Absatz 2 Satz 2 der Richtlinie 2012/.../EU um, der zu einer Erweiterung des bisherigen Gruppenbegriffs führt. Demnach gehören für die Zwecke des Risikomanagements auch solche Tochtergesellschaften zu einer Gruppe nach Absatz 1a, die nicht unter den Anwendungsbereich der Verordnung (EU) Nr. .../2012 fallen. Dies sind alle nachgeordneten Unternehmen, die keine CRR-Institute sind, unabhängig davon, aus welcher Branche sie stammen. Die damit einhergehende Stärkung des Gruppenrisikomanagements ist folgerichtig, da es für die wirksame Steuerung von Risiken auf Gruppenebene unerheblich ist, ob diese Risiken von Tochtergesellschaften stammen, die selbst Institute sind oder nicht. Zudem wird der Verlagerung von Bankaktivitäten in unregulierte Tochtergesellschaften entgegengewirkt (Shadow Banking).

Absatz 3 Satz 3 entspricht der Regelung des Artikels 104 Absatz 3 der Richtlinie 2012/.../EU, wonach die sich aus der Einbeziehung in das Gruppenrisikomanagement erwachsenden Pflichten von nachgeordneten Unternehmen mit Sitz in einem Drittstaat nur insoweit beachtet werden müssen, wie sie dem dort geltenden Recht nicht entgegenstehen. Nichtsdestotrotz müssen Tochtergesellschaften die aus der Einbeziehung in die Gruppe erwachsenden Pflichten dort wahrnehmen, wo das Recht des Herkunftsstaats nichts Gegenteiliges geregelt hat. Die Verantwortung dafür, dass diese Tochtergesellschaften ihren diesbezüglichen Pflichten nachkommen, liegt gemäß Satz 1 beim übergeordneten Unternehmen.

Bei Absatz 4 handelt es sich um notwendige Folgeänderungen zu den Änderungen in den Absätzen 3 und 1a alte Fassung.

ANMERKUNG

1. § 25a wurde durch das 6. KWG-Änderungsgesetz vom 22. Oktober 1997 eingefügt. Die Motive ergeben sich aus der vorstehenden Amtlichen Begründung. Wegen der Anzeigen nach Absatz 2 Satz 3 vgl. die Anzeigenverordnung (Anhang 5.1). Durch das Gesetz über die integrierte Finanzdienstleistungsaufsicht vom 22. April 2002 wurden in der Vorschrift die erforderlichen Änderungen aufgrund der Errichtung der Bundesanstalt für Finanzdienstleistungsaufsicht vorgenommen. Durch das 4. Finanzmarktförderungsgesetz vom 21. Juni 2002 wurde Absatz 1 neu gefasst. Die Änderungen regeln besondere organisatorische Pflichten für die Institute bei der Bekämpfung und Verhinderung der Geldwäsche und des Finanzbetrugs. Wegen Einzelheiten vgl. die vorstehend abgedruckte Amtliche Begründung zur Gesetzesänderung. Durch das Finanzkonglomeraterichtlinie-Umsetzungsgesetz vom 21. Dezember 2004 (BGBl. I S. 3610) wurden der Absatz 1 neu gefasst und der Absatz 1a eingefügt. Wegen Einzelheiten vgl. die vorstehende Amtliche Begründung zur Gesetzesänderung.

2. § 25a wurde durch das Gesetz zur Ergänzung der Bekämpfung der Geldwäsche und der Terrorismusfinanzierung (Geldwäschebekämpfungsergänzungsgesetz – GwBekErgG) vom 13. August 2008 (BGBl. I S. 1690) geändert und nach Absatz 1 Satz 6 die Nr. 3 aufgehoben.

3. Durch das Gesetz zur Stärkung der Finanzmarkt- und der Versicherungsaufsicht vom 29. Juli 2009 (BGBl. I S. 2305) wurde § 25a Absatz 1 Satz 3 und Satz 8 neu gefasst.
4. § 25a wurde durch das Gesetz über die aufsichtsrechtlichen Anforderungen an die Vergütungssysteme von Instituten und Versicherungsunternehmen vom 21. Juli 2010 (BGBl. I S. 950) um den Absatz 1 Nummer 4 und den Absatz 5 ergänzt. Hiermit wird klargestellt, dass Vergütungssysteme von den aufsichtsrechtlichen Anforderungen an Vergütungssysteme nicht erfasst werden, soweit die Vergütung durch Tarifvertrag oder aufgrund eines Tarifvertrags in einer Betriebs- oder Dienstvereinbarung vereinbart ist. Gleiches gilt für die einzelvertragliche Inbezugnahme von tarifvertraglichen Regelungen. Tarifverträge sind das Ergebnis tarifautonomer Verhandlungen. Durch die Verhandlungen kommt es zum Kräfteausgleich zwischen den Tarifvertragsparteien. Dies verbürgt, dass Tarifverträgen grundsätzlich eine Richtigkeitsgewähr zukommt (vgl. »Beschlussempfehlung und Bericht des Finanzausschusses« – 7. Ausschuss des Deutschen Bundestages; BT-Drucksache 17/2181 vom 16. Juni 2010).
5. § 25a Absatz 1 Nummer 1 und Nummer 4 wurden geändert und Absatz 5 neu angefügt. Es handelt sich um die Vereinheitlichung der Schreibweise, die durch das Gesetz zur Umsetzung der geänderten Bankenrichtlinie und der geänderten Kapitaladäquanzrichtlinie vom 19. November 2010 (BGBl. I S. 1592) ergangen ist.
6. Die Aufteilung von § 25a a.F. in zwei Paragrafen (§ 25a und § 25b) durch das CRD IV-Umsetzungsgesetz vom 28. August 2013 (BGBl. I S. 3395) ist im Wesentlichen formeller Natur und dient der Übersichtlichkeit der Darstellung. Zu den Einzelheiten vgl. die hierzu abgedruckte Amtliche Begründung. Der Verweis auf die unvollständige Angabe der in der Amtlichen Begründung zitierten Richtlinie und Verordnung ergibt sich vollständig aus der Fußnote zu dieser Amtlichen Begründung.

§ 25b Auslagerung von Aktivitäten und Prozessen

(1) Ein Institut muss abhängig von Art, Umfang, Komplexität und Risikogehalt einer Auslagerung von Aktivitäten und Prozessen auf ein anderes Unternehmen, die für die Durchführung von Bankgeschäften, Finanzdienstleistungen oder sonstigen institutstypischen Dienstleistungen wesentlich sind, angemessene Vorkehrungen treffen, um übermäßige zusätzliche Risiken zu vermeiden. Eine Auslagerung darf weder die Ordnungsmäßigkeit dieser Geschäfte und Dienstleistungen noch die Geschäftsorganisation im Sinne des § 25a Absatz 1 beeinträchtigen. Insbesondere muss ein angemessenes und wirksames Risikomanagement durch das Institut gewährleistet bleiben, das die ausgelagerten Aktivitäten und Prozesse einbezieht.
(2) Die Auslagerung darf nicht zu einer Übertragung der Verantwortung der Geschäftsleiter an das Auslagerungsunternehmen führen. Das Institut bleibt bei einer Auslagerung für die Einhaltung der vom Institut zu beachtenden gesetzlichen Bestimmungen verantwortlich.
(3) Durch die Auslagerung darf die Bundesanstalt an der Wahrnehmung ihrer Aufgaben nicht gehindert werden; ihre Auskunfts- und Prüfungsrechte sowie Kontrollmöglichkeiten müssen in Bezug auf die ausgelagerten Aktivitäten und Prozesse auch bei einer Auslagerung auf ein Unternehmen mit Sitz in einem Staat des Europäischen Wirtschaftsraums oder einem Drittstaat durch geeignete Vorkehrungen gewährleistet werden. Entsprechendes gilt für die Wahrnehmung der Aufgaben der Prüfer des Instituts. Eine Auslagerung bedarf einer schriftlichen Vereinbarung, die die zur Einhaltung der vorstehenden Voraussetzungen erforderlichen Rechte des Instituts, einschließlich Weisungs- und Kündigungsrechten, sowie die korrespondierenden Pflichten des Auslagerungsunternehmens festlegt.
(4) Sind bei Auslagerungen die Prüfungsrechte und Kontrollmöglichkeiten der Bundesanstalt beeinträchtigt, kann die Bundesanstalt im Einzelfall Anordnungen treffen, die geeignet und erforderlich sind, diese Beeinträchtigung zu beseitigen. Die Befugnisse der Bundesanstalt nach § 25a Absatz 2 Satz 2 bleiben unberührt.

Amtliche Begründung[1]

Zu Nummer 19

Zu § 25 b

In § 25 b wird die zugunsten der Bundesanstalt bisher geregelte Überwachungstätigkeit für die Einhaltung der Verordnung (EG) Nr. 1781/2006 auf die Einhaltung von Artikel 8 der Verordnung (EG) Nr. 924/2009 über grenzüberschreitende Zahlungen in der Gemeinschaft und zur Aufhebung der Verordnung (EG) Nr. 2560/2001 erweitert. Die Verordnung (EG) Nr. 924 regelt mit Ausnahme des Artikels 8 überwiegend Rechtsbeziehungen zwischen Zahlungsdienstleistern und Zahlungsdienstnutzern. Lediglich der nach dem Abschluss der Verhandlungen im Rat der Europäischen Union eingefügte Artikel 8, der die Erreichbarkeit der Zahlungsdienstleister für auf das Zahlungskonto eines Zahlers gezogene Lastschriften sicherstellt, hat aufsichtsrechtlichen Charakter. Die Bundesanstalt stellt die Einhaltung dieses Artikels mit den ihr dafür zur Verfügung stehenden aufsichtsrechtlichen Maßnahmen sicher.

Amtliche Begründung[2]

Zu Nummer 3 (§ 25 b – Einhaltung der besonderen organisatorischen Pflichten im bargeldlosen Zahlungsverkehr)

Zu Buchstabe a (Absatz 1)

Artikel 10 der Verordnung (EU) Nr. 260/2012 verpflichtet die Mitgliedstaaten, für die Gewährleistung der Einhaltung der Verordnung eine oder auch mehrere zuständige Behörden zu benennen. Die zuständigen Behörden sollen die Einhaltung der besonderen Pflichten aus der Verordnung durch die Zahlungsdienstleister wirksam überwachen. Sie sind mit allen zur Erfüllung ihrer Aufgaben notwendigen Befugnissen auszustatten und treffen alle erforderlichen Maßnahmen, um die Einhaltung der Verordnung durch die Zahlungsdienstleister sicherzustellen.

Mit dieser Vorschrift soll die Bundesanstalt für Finanzdienstleistungsaufsicht (BaFin) als die nach Artikel 9 der Verordnung (EG) Nr. 924/2009 und nach Artikel 10 der Verordnung (EU) Nr. 260/2012 national zuständige Behörde bestimmt werden. Bislang war die BaFin bereits für die Einhaltung von Artikel 8 der Verordnung (EG) Nr. 924/2009 zuständig. Aufgrund der Änderung der Verordnung (EG) Nr. 924/2009 durch die Verordnung (EG) Nr. 260/2012 wurde Artikel 8 der Verordnung (EG) Nr. 924/2009 sinngemäß in die Verordnung (EU) Nr. 260/2012 übernommen und entfällt. Aufgrund der inhaltlichen Nähe der beiden Verordnungen wird die Zuständigkeit für die übrigen Regelungen der Verordnung (EG) Nr. 924/2009 und für die Regelungen der Verordnung (EU) Nr. 260/2012 nunmehr bei der BaFin gebündelt. Die bisherige Teilzuständigkeit der Deutschen Bundesbank für die Verordnung (EG) Nr. 924/2009 geht insoweit auf die BaFin über. Damit erhält die Bundesanstalt die notwendigen Befugnisse für eine laufende Aufsicht der Kreditinstitute im Sinne des Artikels 4 Nummer 1 der Richtlinie 2006/48 EG des Europäischen Parlaments und des Rates vom

---

[1] Zum Gesetz zur Umsetzung der Zweiten E-Geld-Richtlinie vom 1. März 2011 (BGBl. I S. 288); vgl. BT-Drucksache 17/3023 vom 27. September 2010.
[2] Zum Gesetz zur Begleitung der (EU) Nr. 260/2012 zur Festlegung der technischen Vorschriften und der Geschäftsanforderungen für Überweisungen und Lastschriften in Euro und zur Änderung der Verordnung EG Nr. 924/2009 (SEPA-Begleitgesetz) vom 3. April 2013 (BGBl. I S. 610); vgl. BT-Drucksache 17/10038 vom 19. Juni 2012.

14. Juni 2006 über die Aufnahme und Ausübung der Tätigkeit der Kreditinstitute (ABl. EU Nr. L 177, S. 7), die im Inland zum Geschäftsbetrieb berechtigt sind.

Zu Buchstabe b (Absatz 2 – neu – und 3 – neu)

Absatz 2 dieser Vorschrift legt die besonderen organisatorischen Pflichten der Institute fest. Da diese Pflichten den Zielen der Aufsicht dienen, werden sie um die Pflichten aus der Verordnung (EG) Nr. 924/2009 und der Verordnung (EU) Nr. 260/2012 ergänzt. Dies ist Voraussetzung dafür, dass die BaFin die notwendigen Befugnisse für eine laufende Aufsicht bezüglich der in den Verordnungen geregelten Pflichten der Zahlungsdienstleister erhalten kann. Diese Regelung bezieht sich auf die zu beaufsichtigenden Kreditinstitute im Sinne des Artikels 4 Nummer 1 der Richtlinie 2006/48 EG.

Absatz 3 ermächtigt die zur Einhaltung der Verordnung (EG) Nr. 924/2009 und der Verordnung (EU) Nr. 260/2012 erforderlichen Anordnungen gegenüber einem Kreditinstitut im Sinne des Artikels 4 Nummer 1 der Richtlinie 2006/48 EG und seinen Geschäftsleitern zu treffen. Mit dieser Anordnungsbefugnis soll eine wirksame Überwachung nach Artikel 9 der Verordnung (EG) Nr. 924/2009 und nach Artikel 10 der Verordnung (EU) Nr. 260/2012 ermöglicht und die BaFin ermächtigt werden, alle erforderlichen Maßnahmen treffen zu können, um die Einhaltung der beiden Verordnungen durch die Zahlungsdienstleister sicherzustellen. Die Vorschrift entspricht insoweit § 25c Absatz 6 KWG.

ANMERKUNG

1. § 25b wurde durch das Geldwäschebekämpfungsgesetz vom 8. August 2002 (BGBl. I S. 3105) eingefügt.
2. § 25b wurde durch das Finanzmarktrichtlinie-Umsetzungsgesetz vollständig neu gefasst. Die Amtliche Begründung zu der Vorfassung wurde daher gelöscht. Eine Amtliche Begründung zur Neufassung gibt es nicht.
3. § 25b zweiter Halbsatz wurde als redaktionelle Folgeänderung gestrichen aufgrund des Gesetzes zur Umsetzung der aufsichtsrechtlichen Vorschriften der Zahlungsdiensterichtlinie vom 25. Juni 2009 (BGBl. I S. 1506).
4. § 25b wurde neu gefasst durch das Gesetz zur Umsetzung der Zweiten E-Geld-Richtlinie vom 1. März 2011 (BGBl. I S. 288); siehe die vorstehende Amtliche Begründung.
5. § 25b KWG wurde neu gefasst und die vormaligen Absätze 2 und 3 des § 25a KWG a. F. integriert durch das CRD IV-Umsetzungsgesetz vom 28. August 2013 (BGBl. I S. 3395). Es handelt sich um eine redaktionelle Anpassung, die der besseren Anwendbarkeit des vormaligen § 25a KWG dient. Vgl. die hierzu abgedruckte Amtliche Begründung zum SEPA-Begleitgesetz vom 3. April 2013 (BGBl. I S. 610). § 25b a. F. wurde in § 25f überführt durch das CRD IV-Umsetzungsgesetz.

§ 25c Geschäftsleiter

(1) Die Geschäftsleiter eines Instituts müssen für die Leitung eines Instituts fachlich geeignet und zuverlässig sein und der Wahrnehmung ihrer Aufgaben ausreichend Zeit widmen. Die fachliche Eignung setzt voraus, dass die Geschäftsleiter in ausreichendem Maß theoretische und praktische Kenntnisse in den betreffenden Geschäften sowie Leitungserfahrung haben. Das Vorliegen der fachlichen Eignung ist regelmäßig anzunehmen, wenn eine dreijährige leitende Tätigkeit bei einem Institut von vergleichbarer Größe und Geschäftsart nachgewiesen wird.

(2) Geschäftsleiter kann nicht sein,
1. wer in demselben Unternehmen Mitglied des Verwaltungs- oder Aufsichtsorgans ist;

2. wer in einem anderen Unternehmen Geschäftsleiter ist oder bereits in mehr als zwei weiteren Unternehmen Mitglied des Verwaltungs- oder Aufsichtsorgans ist.

Dabei gelten im Sinne von Satz 1 Nummer 2 mehrere Mandate als ein Mandat, wenn die Mandate bei Unternehmen wahrgenommen werden,
1. die derselben Institutsgruppe, Finanzholding-Gruppe oder gemischten Finanzholding-Gruppe angehören,
2. die demselben institutsbezogenen Sicherungssystem angehören oder
3. an denen das Institut eine bedeutende Beteiligung hält.

Mandate bei Unternehmen, die nicht überwiegend gewerbliche Ziele verfolgen, werden bei den nach Satz 1 Nummer 2 höchstens zulässigen Mandaten nicht berücksichtigt. Die Bundesanstalt kann einem Geschäftsleiter unter Berücksichtigung der Umstände im Einzelfall und der Art, des Umfangs und der Komplexität der Tätigkeiten des Instituts, der Institutsgruppe, der Finanzholding-Gruppe, der Finanzholding-Gesellschaft oder der gemischten Finanzholding-Gesellschaft gestatten, ein zusätzliches Mandat in einem Verwaltungs- oder Aufsichtsorgan innezuhaben, wenn dies das Mitglied nicht daran hindert, der Wahrnehmung seiner Aufgaben in dem betreffenden Unternehmen ausreichend Zeit zu widmen.

(3) Im Rahmen ihrer Gesamtverantwortung für die ordnungsgemäße Geschäftsorganisation müssen die Geschäftsleiter
1. Grundsätze einer ordnungsgemäßen Geschäftsführung beschließen, die die erforderliche Sorgfalt bei der Führung des Instituts gewährleisten und insbesondere eine Aufgabentrennung in der Organisation und Maßnahmen festlegen, um Interessenkonflikten vorzubeugen, sowie für die Umsetzung dieser Grundsätze Sorge tragen;
2. die Wirksamkeit der unter Nummer 1 festgelegten und umgesetzten Grundsätze überwachen und regelmäßig bewerten; die Geschäftsleiter müssen angemessene Schritte zur Behebung von Mängeln einleiten;
3. der Festlegung der Strategien und den Risiken, insbesondere den Adressenausfallrisiken, den Marktrisiken und den operationellen Risiken, ausreichend Zeit widmen;
4. für eine angemessene und transparente Unternehmensstruktur sorgen, die sich an den Strategien des Unternehmens ausrichtet und der für ein wirksames Risikomanagement erforderlichen Transparenz der Geschäftsaktivitäten des Instituts Rechnung trägt, und die hierfür erforderliche Kenntnis über die Unternehmensstruktur und die damit verbundenen Risiken besitzen; für die Geschäftsleiter eines übergeordneten Unternehmens bezieht sich diese Verpflichtung auch auf die Gruppe gemäß § 25a Absatz 3;
5. die Richtigkeit des Rechnungswesens und der Finanzberichterstattung sicherstellen; dies schließt die dazu erforderlichen Kontrollen und die Übereinstimmung mit den gesetzlichen Bestimmungen und den relevanten Standards ein; und
6. die Prozesse hinsichtlich Offenlegung sowie Kommunikation überwachen.

(4) Die Institute müssen angemessene personelle und finanzielle Ressourcen einsetzen, um den Mitgliedern der Geschäftsleitung die Einführung in ihr Amt zu erleichtern und die Fortbildung zu ermöglichen, die zur Aufrechterhaltung ihrer fachlichen Eignung erforderlich ist.

(4a) Im Rahmen ihrer Gesamtverantwortung für die ordnungsgemäße Geschäftsorganisation des Instituts nach § 25a Absatz 1 Satz 2 haben die Geschäftsleiter eines Instituts dafür Sorge zu tragen, dass das Institut über folgende Strategien, Prozesse, Verfahren, Funktionen und Konzepte verfügt:
1. eine auf die nachhaltige Entwicklung des Instituts gerichtete Geschäftsstrategie und eine damit konsistente Risikostrategie sowie Prozesse zur Planung, Umsetzung,

Beurteilung und Anpassung der Strategien nach § 25a Absatz 1 Satz 3 Nummer 1, mindestens haben die Geschäftsleiter dafür Sorge zu tragen, dass
   a) jederzeit das Gesamtziel, die Ziele des Instituts für jede wesentliche Geschäftsaktivität sowie die Maßnahmen zur Erreichung dieser Ziele dokumentiert werden;
   b) die Risikostrategie jederzeit die Ziele der Risikosteuerung der wesentlichen Geschäftsaktivitäten sowie die Maßnahmen zur Erreichung dieser Ziele umfasst;
2. Verfahren zur Ermittlung und Sicherstellung der Risikotragfähigkeit nach § 25a Absatz 1 Satz 3 Nummer 2, mindestens haben die Geschäftsleiter dafür Sorge zu tragen, dass
   a) die wesentlichen Risiken des Instituts, insbesondere Adressenausfall-, Marktpreis-, Liquiditäts- und operationelle Risiken, regelmäßig und anlassbezogen im Rahmen einer Risikoinventur identifiziert und definiert werden (Gesamtrisikoprofil);
   b) im Rahmen der Risikoinventur Risikokonzentrationen berücksichtigt sowie mögliche wesentliche Beeinträchtigungen der Vermögenslage, der Ertragslage oder der Liquiditätslage geprüft werden;
3. interne Kontrollverfahren mit einem internen Kontrollsystem und einer internen Revision nach § 25a Absatz 1 Satz 3 Nummer 3 Buchstabe a bis c, mindestens haben die Geschäftsleiter dafür Sorge zu tragen, dass
   a) im Rahmen der Aufbau- und Ablauforganisation Verantwortungsbereiche klar abgegrenzt werden, wobei wesentliche Prozesse und damit verbundene Aufgaben, Kompetenzen, Verantwortlichkeiten, Kontrollen sowie Kommunikationswege klar zu definieren sind und sicherzustellen ist, dass Mitarbeiter keine miteinander unvereinbaren Tätigkeiten ausüben;
   b) eine grundsätzliche Trennung zwischen dem Bereich, der Kreditgeschäfte initiiert und bei den Kreditentscheidungen über ein Votum verfügt (Markt), sowie dem Bereich Handel einerseits und dem Bereich, der bei den Kreditentscheidungen über ein weiteres Votum verfügt (Marktfolge), und den Funktionen, die dem Risikocontrolling und die der Abwicklung und Kontrolle der Handelsgeschäfte dienen, andererseits besteht;
   c) das interne Kontrollsystem Risikosteuerungs- und -controllingprozesse zur Identifizierung, Beurteilung, Steuerung, Überwachung und Kommunikation der wesentlichen Risiken und damit verbundener Risikokonzentrationen sowie eine Risikocontrolling-Funktion und eine Compliance-Funktion umfasst;
   d) in angemessenen Abständen, mindestens aber vierteljährlich, gegenüber der Geschäftsleitung über die Risikosituation einschließlich einer Beurteilung der Risiken berichtet wird;
   e) in angemessenen Abständen, mindestens aber vierteljährlich, seitens der Geschäftsleitung gegenüber dem Verwaltungs- oder Aufsichtsorgan über die Risikosituation einschließlich einer Beurteilung der Risiken berichtet wird;
   f) regelmäßig angemessene Stresstests für die wesentlichen Risiken sowie das Gesamtrisikoprofil des Instituts durchgeführt werden und auf Grundlage der Ergebnisse möglicher Handlungsbedarf geprüft wird;
   g) die interne Revision in angemessenen Abständen, mindestens aber vierteljährlich, an die Geschäftsleitung und an das Aufsichts- oder Verwaltungsorgan berichtet;
4. eine angemessene personelle und technisch-organisatorische Ausstattung des Instituts nach § 25a Absatz 1 Satz 3 Nummer 4, mindestens haben die Geschäftsleiter dafür Sorge zu tragen, dass die quantitative und qualitative Personalausstattung und der Umfang und die Qualität der technisch-organisatorischen Ausstattung die betriebsinternen Erfordernisse, die Geschäftsaktivitäten und die Risikosituation berücksichtigen;

5. für Notfälle in zeitkritischen Aktivitäten und Prozessen angemessene Notfallkonzepte nach § 25a Absatz 1 Satz 3 Nummer 5, mindestens haben die Geschäftsleiter dafür Sorge zu tragen, dass regelmäßig Notfalltests zur Überprüfung der Angemessenheit und Wirksamkeit des Notfallkonzeptes durchgeführt werden und über die Ergebnisse den jeweils Verantwortlichen berichtet wird;
6. im Fall einer Auslagerung von Aktivitäten und Prozessen auf ein anderes Unternehmen nach § 25b Absatz 1 Satz 1 mindestens angemessene Verfahren und Konzepte, um übermäßige zusätzliche Risiken sowie eine Beeinträchtigung der Ordnungsmäßigkeit der Geschäfte, Dienstleistungen und der Geschäftsorganisation im Sinne des § 25a Absatz 1 zu vermeiden.

(4b) Absatz 4a gilt für Institutsgruppen, Finanzholding-Gruppen, gemischte Finanzholding-Gruppen und Institute im Sinne des Artikels 4 der Verordnung (EU) Nr. 575/2013 mit der Maßgabe, dass die Geschäftsleiter des übergeordneten Unternehmens für die Wahrung der Sicherstellungspflichten innerhalb der Institutsgruppe, der Finanzholding-Gruppe, der gemischten Finanzholding-Gruppe oder der Institute im Sinne des Artikels 4 der Verordnung (EU) Nr. 575/2013 verantwortlich sind, wenn das übergeordnete Unternehmen Mutterunternehmen ist, das beherrschenden Einfluss im Sinne des § 290 Absatz 2 des Handelsgesetzbuchs über andere Unternehmen der Gruppe ausübt, ohne dass es auf die Rechtsform der Muttergesellschaft ankommt. Im Rahmen ihrer Gesamtverantwortung für die ordnungsgemäße Geschäftsorganisation der Gruppe nach Satz 1 haben die Geschäftsleiter des übergeordneten Unternehmens dafür Sorge zu tragen, dass die Gruppe über folgende Strategien, Prozesse, Verfahren, Funktionen und Konzepte verfügt:
1. eine auf die nachhaltige Entwicklung der Gruppe gerichtete gruppenweite Geschäftsstrategie und eine damit konsistente gruppenweite Risikostrategie sowie Prozesse zur Planung, Umsetzung, Beurteilung und Anpassung der Strategien nach § 25a Absatz 1 Satz 3 Nummer 1, mindestens haben die Geschäftsleiter dafür Sorge zu tragen, dass
    a) jederzeit das Gesamtziel der Gruppe, die Ziele der Gruppe für jede wesentliche Geschäftsaktivität sowie die Maßnahmen zur Erreichung dieser Ziele dokumentiert werden;
    b) die Risikostrategie der Gruppe jederzeit die Ziele der Risikosteuerung der wesentlichen Geschäftsaktivitäten sowie die Maßnahmen zur Erreichung dieser Ziele umfasst;
    c) die strategische Ausrichtung der gruppenangehörigen Unternehmen mit den gruppenweiten Geschäfts- und Risikostrategien abgestimmt wird;
2. Verfahren zur Ermittlung und Sicherstellung der Risikotragfähigkeit der Gruppe nach § 25a Absatz 1 Satz 3 Nummer 2, mindestens haben die Geschäftsleiter dafür Sorge zu tragen, dass
    a) die wesentlichen Risiken der Gruppe, insbesondere Adressenausfall-, Marktpreis-, Liquiditäts- und operationelle Risiken, regelmäßig und anlassbezogen im Rahmen einer Risikoinventur identifiziert und definiert werden (Gesamtrisikoprofil der Gruppe);
    b) im Rahmen der Risikoinventur Risikokonzentrationen innerhalb der Gruppe berücksichtigt sowie mögliche wesentliche Beeinträchtigungen der Vermögenslage, der Ertragslage oder der Liquiditätslage der Gruppe geprüft werden;
3. interne Kontrollverfahren mit einem internen Kontrollsystem und einer internen Revision nach § 25a Absatz 1 Satz 3 Nummer 3 Buchstabe a bis c, mindestens haben die Geschäftsleiter dafür Sorge zu tragen, dass
    a) im Rahmen der Aufbau- und Ablauforganisation der Gruppe Verantwortungsbereiche klar abgegrenzt werden, wobei wesentliche Prozesse und damit verbundene Aufgaben, Kompetenzen, Verantwortlichkeiten, Kontrollen sowie Kommunikationswege innerhalb der Gruppe klar zu definieren sind und sicher-

zustellen ist, dass Mitarbeiter keine miteinander unvereinbaren Tätigkeiten ausüben;
b) bei den gruppenangehörigen Unternehmen eine grundsätzliche Trennung zwischen dem Bereich, der Kreditgeschäfte initiiert und bei den Kreditentscheidungen über ein Votum verfügt (Markt), sowie dem Bereich Handel einerseits und dem Bereich, der bei den Kreditentscheidungen über ein weiteres Votum verfügt (Marktfolge), und den Funktionen, die dem Risikocontrolling und die der Abwicklung und Kontrolle der Handelsgeschäfte dienen, andererseits besteht;
c) in angemessenen Abständen, mindestens aber vierteljährlich, gegenüber der Geschäftsleitung über die Risikosituation einschließlich einer Beurteilung der Risiken berichtet wird;
d) in angemessenen Abständen, mindestens aber vierteljährlich, auf Gruppenebene seitens der Geschäftsleitung gegenüber dem Verwaltungs- oder Aufsichtsorgan über die Risikosituation der Gruppe einschließlich einer Beurteilung der Risiken berichtet wird;
e) das interne Kontrollsystem der Gruppe eine Risikocontrolling-Funktion und eine Compliance-Funktion sowie Risikosteuerungs- und -controllingprozesse zur Identifizierung, Beurteilung, Steuerung, Überwachung und Kommunikation der wesentlichen Risiken und damit verbundener Risikokonzentrationen umfasst;
f) regelmäßig angemessene Stresstests für die wesentlichen Risiken und das Gesamtrisikoprofil auf Gruppenebene durchgeführt werden und auf Grundlage der Ergebnisse möglicher Handlungsbedarf geprüft wird;
g) die Konzernrevision in angemessenen Abständen, mindestens aber vierteljährlich, an die Geschäftsleitung und an das Verwaltungs- oder Aufsichtsorgan berichtet;
4. eine angemessene personelle und technisch-organisatorische Ausstattung der Gruppe nach § 25a Absatz 1 Satz 3 Nummer 4, mindestens haben die Geschäftsleiter dafür Sorge zu tragen, dass die quantitative und qualitative Personalausstattung und der Umfang und die Qualität der technisch-organisatorischen Ausstattung der gruppenangehörigen Unternehmen die jeweiligen betriebsinternen Erfordernisse, die Geschäftsaktivitäten und die Risikosituation der gruppenangehörigen Unternehmen berücksichtigen;
5. für Notfälle in zeitkritischen Aktivitäten und Prozessen angemessene Notfallkonzepte nach § 25a Absatz 1 Satz 3 Nummer 5 auf Gruppenebene, mindestens haben die Geschäftsleiter dafür Sorge zu tragen, dass regelmäßig Notfalltests zur Überprüfung der Angemessenheit und Wirksamkeit des Notfallkonzeptes auf Gruppenebene durchgeführt werden und über die Ergebnisse den jeweils Verantwortlichen berichtet wird;
6. im Fall einer Auslagerung von Aktivitäten und Prozessen auf ein anderes Unternehmen nach § 25b Absatz 1 Satz 1 mindestens angemessene Verfahren und Konzepte, um übermäßige zusätzliche Risiken sowie eine Beeinträchtigung der Ordnungsmäßigkeit der Geschäfte, Dienstleistungen und der Geschäftsorganisation im Sinne des § 25a Absatz 1 zu vermeiden.

(4c) Wenn die Bundesanstalt zu dem Ergebnis kommt, dass das Institut oder die Gruppe nicht über die Strategien, Prozesse, Verfahren, Funktionen und Konzepte nach Absatz 4a und 4b verfügt, kann sie, unabhängig von anderen Maßnahmen nach diesem Gesetz, anordnen, dass geeignete Maßnahmen ergriffen werden, um die festgestellten Mängel innerhalb einer angemessenen Frist zu beseitigen.

(5) In Ausnahmefällen kann die Bundesanstalt auch eine andere mit der Führung der Geschäfte betraute und zur Vertretung ermächtigte Person widerruflich als Geschäftsleiter einsetzen, wenn sie zuverlässig ist und die erforderliche fachliche Eignung hat; Absatz 1 ist anzuwenden. Wird das Institut von einem Einzelkaufmann betrieben, so kann in Ausnahmefällen unter den Voraussetzungen des Satzes 1 eine von dem Inhaber mit der Führung der Geschäfte betraute und zur Vertretung ermächtigte Person widerruflich als Geschäftsleiter eingesetzt werden. Beruht die Einsetzung einer Person als Geschäftsleiter auf einem Antrag des Instituts, so kann sie nur auf Antrag des Instituts oder des Geschäftsleiters widerrufen werden.

Amtliche Begründung[1]

Zu Nummer 3 (§ 25c Absatz 3a)

In § 25c Absatz 3 wird der Mindeststandard an Sicherstellungspflichten geregelt, der durch die Geschäftsleiter der Kredit- und Finanzdienstleistungsinstitute zu gewährleisten ist. Die Regelungen sind parallel zu den Regelungen des § 25a Absatz 1 KWG aufgebaut und konkretisieren die dortigen Vorgaben für eine ordnungsgemäße Geschäftsorganisation und ein angemessenes und wirksames Risikomanagement. Inhaltlich handelt es sich um die wesentlichen Pflichten der Geschäftsleiter, wie sie sich bislang bereits aus den Verwaltungsanweisungen der Bundesanstalt, den Rundschreiben der Bundesanstalt für die Ausgestaltung des Risikomanagements in deutschen Kreditinstituten und Versicherungsunternehmen (MaRisk [BA] und MaRisk [VA]) ergeben. Der Inhalt der Geschäftsleiterpflichten stellt materiell keine Neuerung dar. Es werden mit dieser Regelung die wesentlichsten Pflichten der Geschäftsleiter in Gesetzesrang erhoben, bei deren Verletzung von gravierenden Missständen im Risikomanagement des betreffenden Instituts auszugehen ist und für die deshalb besondere Sanktionsregelungen gelten.

Satz 2 regelt den Mindeststandard an Sicherstellungspflichten im Risikomanagement von Gruppen. Für Konglomerate ist § [...] FKAG einschlägig. Die Pflichten der Geschäftsleiter des übergeordneten Unternehmens konkretisieren die gesetzlichen Vorgaben für Gruppen gemäß § 25a Absatz 3 KWG und beinhalten keine inhaltlichen Neuerungen gegenüber den bisher sich aus den MaRisk BA (AT 4.5) ergebenden Pflichten. Der Pflichtenkatalog macht deutlich, dass Geschäftsleiter der übergeordneten Unternehmen denselben Anforderungen unterliegen wie Geschäftsleiter von Einzelunternehmen gemäß § 25c Absatz 3a Satz 1, allerdings ist im Rahmen der Verantwortlichkeit für das Risikomanagement stets die gesamten Gruppe in Blick zu nehmen. Der Pflichtenkreis nach Satz 1 erfährt allein eine Erweiterung durch die Pflicht gemäß § 25c Absatz 3a Satz 2 Nummer 1 Buchstabe c, wonach Geschäftsleiter von Gruppen die strategische Ausrichtung der gruppenangehörigen Unternehmen mit den gruppenweiten Strategien abzustimmen haben.

Mit der Formulierung eines Mindeststandards an Sicherstellungspflichten der Geschäftsleiter in § 25c Absatz 3a KWG wird dem gesetzlichen Bestimmtheitsgebot Rechnung getragen, wobei im Hinblick auf die strafrechtliche Sanktionierung besondere Anforderungen gelten. Die Pflichten des Gesetzentwurfs sind für das Risikomanagement aller nach dem KWG beaufsichtigten Institute von wesentlicher Bedeutung. Mit der Regelung wird somit für sämtliche Institute ein einheitlicher gesetzlicher Mindeststandard an Geschäftsleiterpflichten geschaffen.

Die konkreten Anforderungen an das Risikomanagement sind von Institut zu Institut unterschiedlich. Die Ausgestaltung der Geschäftsleiterpflichten trägt dieser Tatsache Rechnung, indem die Sicherstellungspflichten der Geschäftsleiter institutsbezogen auszulegen sind.

---

1 Gesetz zur Abschirmung von Risiken und zur Planung der Sanierung und Abwicklung von Kreditinstituten und Finanzgruppen vom 7. August 2013 (BGBl. I S. 3090); vgl. BT-Drucksache 17/12601 vom 4. März 2013.

Die Geschäftsleiter haften für die Einhaltung der Sicherstellungspflichten im Rahmen ihrer Gesamtverantwortung. Da es sich um wesentliche Pflichten handelt, können die Pflichten weder delegiert noch in Einzelressorts aufgeteilt werden.

Amtliche Begründung[1]

Zu § 25 c KWG

Absatz 1 Satz 1 wird eingefügt, um erstmalig die Anforderungen an Geschäftsleiter positiv zu formulieren. Bisher ergaben sie sich lediglich aus einem Umkehrschluss aus § 33 Absatz 1 Satz 1 Nummern 2 und 4 KWG und § 36 Absatz 1 KWG (Erlaubnisversagungsgründe und Maßnahmen wie etwa ein Abberufungsverlangen). Gleichzeitig werden die Vorschriften auf Anforderungsseite klar von den Regelungen auf der Maßnahmenseite getrennt. Die Vorgabe, dass die Geschäftsleiter der Wahrnehmung ihrer Aufgabe ausreichend Zeit widmen müssen, setzt Artikel 87 Nummer 1 Buchstabe a der Richtlinie 2012/.../EU um.

Bei den in Absatz 1 Satz 2 und 3 enthaltenen Aussagen handelt es sich um den vormaligen § 33 Absatz 2 KWG. Er konkretisiert die Anforderungen auf der Anforderungsseite.

Absatz 2 Nummer 1 bis 3 setzt Artikel 86 Nummer 1 und Artikel 75 Nummer 2 der Richtlinie 2012/.../EU um. Die Nummern 1 und 2 beziehen sich dabei, im Unterschied zur MaRisk, speziell auf die Ebene der Geschäftsleitung.

Absatz 2 Nummer 4 greift die Anforderungen III, Titel II, A., Nummer 6 (know-your-structure) und Nummer 7 (Non-standard or non-transparent activities) der »EBA Guidelines on Internal Governance« der Europäischen Bankenaufsichtsbehörde (EBA) vom 27. September 2011 auf. Insbesondere bei komplexeren Gruppenstrukturen ist es erforderlich, dass die Geschäftsleiter, und insbesondere die Geschäftsleiter des übergeordneten Unternehmens, eine ausreichende Kenntnis über die Unternehmensstrukturen innerhalb der Gruppe besitzen. Derartige Unternehmensstrukturen bergen eigene Risiken, derer sich die Geschäftsleiter bewusst sein müssen. Die Unternehmensstrukturen dürfen zudem nicht den Blick auf die Geschäftsaktivitäten innerhalb des Unternehmens und der Gruppe verstellen, der für ein wirksames Risikomanagement wesentlich ist. Die Angemessenheit der Unternehmensstruktur bedingt auch, dass bei den Unternehmensstrukturen keine Konstruktionen gewählt werden dürfen, die vor allem dem Zweck dienen, die Anforderungen dieses Gesetzes zu umgehen. Dies beinhaltet auch die Verlagerung von Aktivitäten in unregulierte Bereiche, die auch als so genannte Schattenbanken bezeichnet werden. Eine solche Verlagerung birgt die Gefahr, dass Risiken nicht mehr identifiziert, gesteuert und überwacht werden können, weil sie aus dem Risikomanagementsystem des Instituts ausgeklammert werden könnten. Da auch die Unternehmensstruktur der Erreichung der Unternehmensstrategien zu dienen hat, muss sich die Unternehmensstruktur an den Unternehmensstrategien ausrichten.

Absatz 3 setzt Artikel 87 Nummer 2 der Richtlinie 2012/.../EU um.

Bei Absatz 4 handelt es sich um den vormaligen § 1 Absatz 2 Satz 2 bis 4 KWG. Die Ersetzung des Wortes »bezeichnen« durch »einsetzen« dient allein der sprachlichen Verbesserung.

---

1 Zum Gesetz zur Umsetzung der Richtlinie 2013/36/EU über den Zugang zur Tätigkeit von Kreditinstituten und die Beaufsichtigung von Kreditinstituten und Wertpapierfirmen und zur Anpassung des Aufsichtsrechts an die Verordnung (EU) Nr. 575/2013 über Aufsichtsanforderungen an Kreditinstitute und Wertpapierfirmen (CRD IV-Umsetzungsgesetz) vom 28. August 2013 (BGBl. I S. 3395); vgl. BT-Drucksache 17/10974 vom 15. Oktober 2012 und BT-Drucksache 17/13524 – Beschlussempfehlung des Finanzausschusses (7. Ausschuss) – vom 15. Mai 2013.

> **ANMERKUNG**
> 1. § 25 c wurde durch das CRD IV-Umsetzungsgesetz vom 28. August 2013 (BGBl. I S. 3395) neu gefasst. Näheres in der hierzu abgedruckten Amtlichen Begründung. § 25 c a.F. wurde inhaltlich in den § 25 g überführt. Der Verweis auf die unvollständige Angabe der in der Amtlichen Begründung zitierten Richtlinie und Verordnung ergibt sich vollständig aus der Fußnote zu dieser Amtlichen Begründung.
> 2. Zur Anwendung des § 25 c Absatz 2 vgl. § 64 r Absatz 13.

§ 25 d Verwaltungs- oder Aufsichtsorgan

(1) Die Mitglieder des Verwaltungs- oder Aufsichtsorgans eines Instituts, einer Finanzholding-Gesellschaft oder einer gemischten Finanzholding-Gesellschaft müssen zuverlässig sein, die erforderliche Sachkunde zur Wahrnehmung der Kontrollfunktion sowie zur Beurteilung und Überwachung der Geschäfte, die das jeweilige Unternehmen betreibt, besitzen und der Wahrnehmung ihrer Aufgaben ausreichend Zeit widmen. Bei der Prüfung, ob eine der in Satz 1 genannten Personen die erforderliche Sachkunde besitzt, berücksichtigt die Bundesanstalt den Umfang und die Komplexität der von dem Institut, der Institutsgruppe oder Finanzholding-Gruppe, der Finanzholding-Gesellschaft oder der gemischten Finanzholding-Gesellschaft betriebenen Geschäfte.

(2) Das Verwaltungs- oder Aufsichtsorgan muss in seiner Gesamtheit die Kenntnisse, Fähigkeiten und Erfahrungen haben, die zur Wahrnehmung der Kontrollfunktion sowie zur Beurteilung und Überwachung der Geschäftsleitung des Instituts oder der Institutsgruppe oder Finanzholding-Gruppe, der Finanzholding-Gesellschaft oder der gemischten Finanzholding-Gesellschaft notwendig sind. Die Vorschriften der Mitbestimmungsgesetze über die Wahl und Abberufung der Arbeitnehmervertreter im Verwaltungs- oder Aufsichtsorgan bleiben unberührt.

(3) Mitglied des Verwaltungs- oder Aufsichtsorgans eines Instituts, im Fall einer Finanzholding-Gesellschaft oder gemischten Finanzholding-Gesellschaft nur, wenn diese nach § 10a Absatz 2 Satz 2 oder 3 oder § 10b Absatz 3 Satz 8 als übergeordnetes Unternehmen bestimmt worden ist, kann nicht sein,
1. wer in demselben Unternehmen Geschäftsleiter ist;
2. wer in dem betreffenden Unternehmen Geschäftsleiter war, wenn bereits zwei ehemalige Geschäftsleiter des Unternehmens Mitglied des Verwaltungs- oder Aufsichtsorgans sind;
3. wer bereits in einem anderen Unternehmen Geschäftsleiter ist und zugleich in mehr als zwei weiteren Unternehmen Mitglied des Verwaltungs- oder Aufsichtsorgans ist oder
4. wer bereits in mehr als drei anderen Unternehmen Mitglied des Verwaltungs- oder Aufsichtsorgans ist.

Mehrere Mandate gelten als ein Mandat, wenn die Mandate bei Unternehmen wahrgenommen werden,
1. die derselben Institutsgruppe, Finanzholding-Gruppe oder gemischten Finanzholding-Gruppe angehören,
2. die demselben institutsbezogenen Sicherungssystem angehören oder
3. an denen das Institut eine bedeutende Beteiligung hält.

Mandate bei Unternehmen, die überwiegend nicht gewerblich ausgerichtet sind, insbesondere Unternehmen, die der kommunalen Daseinsvorsorge dienen, werden bei den nach Satz 1 Nummer 3 und 4 höchstens zulässigen Mandaten nicht berücksichtigt. Die Bundesanstalt kann einem Mitglied des Verwaltungs- oder Aufsichtsorgans unter Berücksichtigung der Umstände im Einzelfall und der Art, des Umfangs und der Komplexität der Tätigkeiten des Instituts, der Institutsgruppe oder Finanzholding-

Gruppe, der Finanzholding-Gesellschaft oder der gemischten Finanzholding-Gesellschaft gestatten, ein zusätzliches Mandat in einem Verwaltungs- oder Aufsichtsorgan innezuhaben als nach Satz 1 Nummer 3 und 4 erlaubt, wenn dies das Mitglied nicht daran hindert, der Wahrnehmung seiner Aufgaben in dem betreffenden Unternehmen ausreichend Zeit zu widmen. Satz 1 Nummer 4 gilt nicht für kommunale Hauptverwaltungsbeamte, die kraft kommunaler Satzung zur Wahrnehmung eines Mandats in einem kommunalen Unternehmen oder einem kommunalen Zweckverband verpflichtet sind.

(4) Institute, Finanzholding-Gesellschaften und gemischte Finanzholding-Gesellschaften müssen angemessene personelle und finanzielle Ressourcen einsetzen, um den Mitgliedern des Verwaltungs- oder Aufsichtsorgans die Einführung in ihr Amt zu erleichtern und die Fortbildung zu ermöglichen, die zur Aufrechterhaltung der erforderlichen Sachkunde notwendig ist.

(5) Die Ausgestaltung der Vergütungssysteme für Mitglieder des Verwaltungs- oder Aufsichtsorgans darf im Hinblick auf die wirksame Wahrnehmung der Überwachungsfunktion des Verwaltungs- oder Aufsichtsorgans keine Interessenkonflikte erzeugen.

(6) Das Verwaltungs- oder Aufsichtsorgan muss die Geschäftsleiter auch im Hinblick auf die Einhaltung der einschlägigen bankaufsichtsrechtlichen Regelungen überwachen. Es muss der Erörterung von Strategien, Risiken und Vergütungssystemen für Geschäftsleiter und Mitarbeiter ausreichend Zeit widmen.

(7) Das Verwaltungs- oder Aufsichtsorgan eines der in Absatz 3 Satz 1 genannten Unternehmen hat abhängig von der Größe, der internen Organisation und der Art, des Umfangs, der Komplexität und dem Risikogehalt der Geschäfte des Unternehmens aus seiner Mitte Ausschüsse gemäß den Absätzen 8 bis 12 zu bestellen, die es bei seinen Aufgaben beraten und unterstützen. Jeder Ausschuss soll eines seiner Mitglieder zum Vorsitzenden ernennen. Die Mitglieder der Ausschüsse müssen die zur Erfüllung der jeweiligen Ausschussaufgaben erforderlichen Kenntnisse, Fähigkeiten und Erfahrungen haben. Um die Zusammenarbeit und den fachlichen Austausch zwischen den einzelnen Ausschüssen sicherzustellen, soll mindestens ein Mitglied eines jeden Ausschusses einem weiteren Ausschuss angehören. Die Bundesanstalt kann die Bildung eines oder mehrerer Ausschüsse verlangen, wenn dies insbesondere unter Berücksichtigung der Kriterien nach Satz 1 oder zur ordnungsgemäßen Wahrnehmung der Kontrollfunktion des Verwaltungs- oder Aufsichtsorgans erforderlich erscheint.

(8) Das Verwaltungs- oder Aufsichtsorgan eines in Absatz 3 Satz 1 genannten Unternehmens hat unter Berücksichtigung der Kriterien nach Absatz 7 Satz 1 aus seiner Mitte einen Risikoausschuss zu bestellen. Der Risikoausschuss berät das Verwaltungs- oder Aufsichtsorgan zur aktuellen und zur künftigen Gesamtrisikobereitschaft und -strategie des Unternehmens und unterstützt es bei der Überwachung der Umsetzung dieser Strategie durch die obere Leitungsebene. Der Risikoausschuss wacht darüber, dass die Konditionen im Kundengeschäft mit dem Geschäftsmodell und der Risikostruktur des Unternehmens im Einklang stehen. Soweit dies nicht der Fall ist, unterbreitet der Risikoausschuss der Geschäftsleitung Vorschläge, wie die Konditionen im Kundengeschäft in Übereinstimmung mit dem Geschäftsmodell und der Risikostruktur gestaltet werden können. Der Risikoausschuss prüft, ob die durch das Vergütungssystem gesetzten Anreize die Risiko-, Kapital- und Liquiditätsstruktur des Unternehmens sowie die Wahrscheinlichkeit und Fälligkeit von Einnahmen berücksichtigen. Die Aufgaben des Vergütungskontrollausschusses nach Absatz 12 bleiben unberührt. Der Vorsitzende des Risikoausschusses oder, falls ein Risikoausschuss nicht eingerichtet wurde, der Vorsitzende des Verwaltungs- oder Aufsichtsorgans, kann unmittelbar beim Leiter der Internen Revision und beim Leiter des Risikocontrollings Auskünfte einholen. Die Geschäftsleitung muss hierüber unterrichtet werden. Der Risikoausschuss kann, soweit erforderlich, den Rat externer Sachverständiger einholen. Der Risikoausschuss oder, falls ein solcher nicht eingerichtet wurde, das Verwaltungs- oder Aufsichtsorgan bestimmt Art, Umfang, Format und

Häufigkeit der Informationen, die die Geschäftsleitung zum Thema Strategie und Risiko vorlegen muss.

(9) Das Verwaltungs- oder Aufsichtsorgan eines in Absatz 3 Satz 1 genannten Unternehmens hat unter Berücksichtigung der Kriterien nach Absatz 7 Satz 1 aus seiner Mitte einen Prüfungsausschuss zu bestellen. Der Prüfungsausschuss unterstützt das Verwaltungs- oder Aufsichtsorgan insbesondere bei der Überwachung
1. des Rechnungslegungsprozesses;
2. der Wirksamkeit des Risikomanagementsystems, insbesondere des internen Kontrollsystems und der Internen Revision;
3. der Durchführung der Abschlussprüfungen, insbesondere hinsichtlich der Unabhängigkeit des Abschlussprüfers und der vom Abschlussprüfer erbrachten Leistungen (Umfang, Häufigkeit, Berichterstattung). Der Prüfungsausschuss soll dem Verwaltungs- oder Aufsichtsorgan Vorschläge für die Bestellung eines Abschlussprüfers sowie für die Höhe seiner Vergütung unterbreiten und das Verwaltungs- oder Aufsichtsorgan zur Kündigung oder Fortsetzung des Prüfauftrags beraten und
4. der zügigen Behebung der vom Prüfer festgestellten Mängel durch die Geschäftsleitung mittels geeigneter Maßnahmen.

Der Vorsitzende des Prüfungsausschusses muss über Sachverstand auf den Gebieten Rechnungslegung und Abschlussprüfung verfügen. Der Vorsitzende des Prüfungsausschusses oder, falls ein Prüfungsausschuss nicht eingerichtet wurde, der Vorsitzende des Verwaltungs- oder Aufsichtsorgans, kann unmittelbar beim Leiter der Internen Revision und beim Leiter des Risikocontrollings Auskünfte einholen. Die Geschäftsleitung muss hierüber unterrichtet werden.

(10) Das Verwaltungs- oder Aufsichtsorgan eines in Absatz 3 Satz 1 genannten Unternehmens kann einen gemeinsamen Risiko- und Prüfungsausschuss bestellen, wenn dies unter Berücksichtigung der Kriterien nach Absatz 7 Satz 1 sinnvoll ist. Dies ist der Bundesanstalt mitzuteilen. Auf den gemeinsamen Prüfungs- und Risikoausschuss finden die Absätze 8 und 9 entsprechende Anwendung.

(11) Das Verwaltungs- oder Aufsichtsorgan eines in Absatz 3 Satz 1 genannten Unternehmens hat unter Berücksichtigung der Kriterien nach Absatz 7 Satz 1 aus seiner Mitte einen Nominierungsausschuss zu bestellen. Der Nominierungsausschuss unterstützt das Verwaltungs- oder Aufsichtsorgan bei der
1. Ermittlung von Bewerbern für die Besetzung einer Stelle in der Geschäftsleitung und bei der Vorbereitung von Wahlvorschlägen für die Wahl der Mitglieder des Verwaltungs- oder Aufsichtsorgans; hierbei berücksichtigt der Nominierungsausschuss die Ausgewogenheit und Unterschiedlichkeit der Kenntnisse, Fähigkeiten und Erfahrungen aller Mitglieder des betreffenden Organs, entwirft eine Stellenbeschreibung mit Bewerberprofil und gibt den mit der Aufgabe verbundenen Zeitaufwand an;
2. Erarbeitung einer Zielsetzung zur Förderung der Vertretung des unterrepräsentierten Geschlechts im Verwaltungs- oder Aufsichtsorgan sowie einer Strategie zu deren Erreichung;
3. regelmäßig, mindestens einmal jährlich, durchzuführenden Bewertung der Struktur, Größe, Zusammensetzung und Leistung der Geschäftsleitung und des Verwaltungs- oder Aufsichtsorgans und spricht dem Verwaltungs- oder Aufsichtsorgan gegenüber diesbezügliche Empfehlungen aus; der Nominierungsausschuss achtet dabei darauf, dass die Entscheidungsfindung innerhalb der Geschäftsleitung durch einzelne Personen oder Gruppen nicht in einer Weise beeinflusst wird, die dem Unternehmen schadet;
4. regelmäßig, mindestens einmal jährlich, durchzuführenden Bewertung der Kenntnisse, Fähigkeiten und Erfahrung sowohl der einzelnen Geschäftsleiter und Mitglieder des Verwaltungs- oder Aufsichtsorgans als auch des jeweiligen Organs in seiner Gesamtheit und

5. Überprüfung der Grundsätze der Geschäftsleitung für die Auswahl und Bestellung der Personen der oberen Leitungsebene und bei diesbezüglichen Empfehlungen an die Geschäftsleitung.

Bei der Wahrnehmung seiner Aufgaben kann der Nominierungsausschuss auf alle Ressourcen zurückgreifen, die er für angemessen hält, und auch externe Berater einschalten. Zu diesem Zwecke soll er vom Unternehmen angemessene Finanzmittel erhalten.

(12) Das Verwaltungs- oder Aufsichtsorgan eines in Absatz 3 Satz 1 genannten Unternehmens hat unter Berücksichtigung der Kriterien nach Absatz 7 Satz 1 aus seiner Mitte einen Vergütungskontrollausschuss zu bestellen. Der Vergütungskontrollausschuss
1. überwacht die angemessene Ausgestaltung der Vergütungssysteme der Geschäftsleiter und Mitarbeiter, und insbesondere die angemessene Ausgestaltung der Vergütungen für die Leiter der Risikocontrolling-Funktion und der Compliance-Funktion sowie solcher Mitarbeiter, die einen wesentlichen Einfluss auf das Gesamtrisikoprofil des Instituts haben, und unterstützt das Verwaltungs- oder Aufsichtsorgan bei der Überwachung der angemessenen Ausgestaltung der Vergütungssysteme für die Mitarbeiter des Unternehmens; die Auswirkungen der Vergütungssysteme auf das Risiko-, Kapital- und Liquiditätsmanagement sind zu bewerten;
2. bereitet die Beschlüsse des Verwaltungs- oder Aufsichtsorgans über die Vergütung der Geschäftsleiter vor und berücksichtigt dabei besonders die Auswirkungen der Beschlüsse auf die Risiken und das Risikomanagement des Unternehmens; den langfristigen Interessen von Anteilseignern, Anlegern, sonstiger Beteiligter und dem öffentlichen Interesse ist Rechnung zu tragen;
3. unterstützt das Verwaltungs- oder Aufsichtsorgan bei der Überwachung der ordnungsgemäßen Einbeziehung der internen Kontroll- und aller sonstigen maßgeblichen Bereiche bei der Ausgestaltung der Vergütungssysteme.

Mindestens ein Mitglied des Vergütungskontrollausschusses muss über ausreichend Sachverstand und Berufserfahrung im Bereich Risikomanagement und Risikocontrolling verfügen, insbesondere im Hinblick auf Mechanismen zur Ausrichtung der Vergütungssysteme an der Gesamtrisikobereitschaft und -strategie und an der Eigenmittelausstattung des Unternehmens. Wenn dem Verwaltungs- oder Aufsichtsorgan entsprechend den Mitbestimmungsgesetzen Arbeitnehmervertreter angehören, muss dem Vergütungskontrollausschuss mindestens ein Arbeitnehmervertreter angehören. Der Vergütungskontrollausschuss soll mit dem Risikoausschuss zusammenarbeiten und soll sich intern beispielsweise durch das Risikocontrolling und extern von Personen beraten lassen, die unabhängig von der Geschäftsleitung sind. Geschäftsleiter dürfen nicht an Sitzungen des Vergütungskontrollausschusses teilnehmen, bei denen über ihre Vergütung beraten wird. Der Vorsitzende des Vergütungskontrollausschusses oder, falls ein Vergütungskontrollausschuss nicht eingerichtet wurde, der Vorsitzende des Verwaltungs- oder Aufsichtsorgans, kann unmittelbar beim Leiter der Internen Revision und bei den Leitern der für die Ausgestaltung der Vergütungssysteme zuständigen Organisationseinheiten Auskünfte einholen. Die Geschäftsleitung muss hierüber unterrichtet werden.

Amtliche Begründung[1]

Zu § 25d KWG

Bei Absatz 1 handelt es sich um den vormaligen § 36 Absatz 3 Satz 1 und 2 KWG. Ebenso wie bei Geschäftsleitern wird die Regelung vorgezogen, um die Anforderungsseite sauber von der Maßnahmenseite zu trennen. Außerdem setzt die Regelung der zeitlichen Widmung Artikel 87 Nummer 1 der Richtlinie 2012/.../EU um. Die »gemischte Finanzholding-Gesellschaft« wurde aufgenommen, da kein Grund für eine Unterscheidung zwischen einer Finanzholding-Gesellschaft und einer gemischten Finanzholding-Gesellschaft besteht.

Wie bereits bisher wird unter »Verwaltungs- oder Aufsichtsorgan« jedes Organ verstanden, dem die Überwachung der Geschäftsleitung des jeweiligen Unternehmens obliegt, ohne dass es auf die Terminologie in dem einschlägigen, die Rechtsform regelnden Gesetz ankommt. So wird das für die Überwachung der Geschäftsleitung zuständige Organ etwa bei Aktiengesellschaften, Gesellschaften mit beschränkter Haftung und Genossenschaften als »Aufsichtsrat« benannt, während die Bezeichnung bei Sparkassen »Verwaltungsrat« lautet. Bei Gesellschaften, die über kein speziell mit der Überwachung der Geschäftsleitung betrautes Organ verfügen, ergibt sich aus einer Gesamtschau der einschlägigen Normen und dem Haftungsgefüge, dass die Gesellschafter selbst die Geschäftsleitung überwachen. Das bedeutet, dass in diesen Fällen auch das KWG nicht die Bildung eines Aufsichtsorgans verlangt.

Absatz 2 setzt Artikel 87 Absatz 1 Buchstabe b der Richtlinie 2012/.../EU um. Im Gegensatz zu der von Geschäftsleitern geforderten fachlichen Eignung erfordert »Sachkunde« bei den einzelnen Verwaltungs- und Aufsichtsorganmitgliedern in Anlehnung an BGHZ 85, 293 ff. (Tz. 11) finanztechnisches Fachwissen (nur) in einem Ausmaß, das die Person zur Mitwirkung an der Kollektiventscheidung befähigt. Das bedeutet, dass nicht sämtliche Mitglieder über alle notwendigen Spezialkenntnisse verfügen müssen. Es kommt daher im Verwaltungs- oder Aufsichtsorgan auf eine Zusammenschau der Kenntnisse aller Mitglieder des Organs an.

Absatz 3 Nummer 1 setzt Artikel 86 Absatz 1 Buchstabe c der Richtlinie 2012/.../EU um. Wegen der bei deutschen Unternehmen vorherrschenden dualistischen Unternehmensstruktur mit neben dem jeweiligen Meinungsbildungsorgan zwei weiteren getrennten Organen, der Geschäftsleitung und dem Aufsichtsorgan, bei der kein Mitglied des einen Organs gleichzeitig auch dem anderen Organ angehört, wird Nummer 1 nur geringe Bedeutung in der Praxis zukommen. Aufgrund der Gesellschaftsform der Societas Europaea (SE), bei der das Unternehmen ein Wahlrecht zwischen dem monistischen und dem dualistischen System hat (vgl. § 20 SEAG), wurde die Richtlinienvorgabe jedoch umgesetzt. Nummer 2 ist der vormalige § 36 Absatz 3 Satz 5 KWG. Nummer 3 setzt Artikel 87 Nummer 1 Buchstabe a Unterbuchstabe i der Richtlinie 2012/.../EU um. Nummer 4 entspricht dem vormaligen § 36 Absatz 3 Satz 6 KWG, der im Einklang mit Artikel 87 Absatz 1 Buchstabe a Doppelbuchstabe ii der Richtlinie 2012/.../EU steht. Die bisherige Privilegierung findet sich nun in Absatz 3 Satz 2, der zudem die weiteren in Artikel 87 Absatz 1 Buchstabe a letzter Absatz der Richtlinie 2012/.../EU enthaltenen Privilegierungen umsetzt. Dabei können nicht ein Geschäftsleiter- und ein Aufsichts- bzw. Verwaltungsratsmandat zusammen nur ein

---

1 Zum Gesetz zur Umsetzung der Richtlinie 2013/36/EU über den Zugang zur Tätigkeit von Kreditinstituten und die Beaufsichtigung von Kreditinstituten und Wertpapierfirmen und zur Anpassung des Aufsichtsrechts an die Verordnung (EU) Nr. 575/2013 über Aufsichtsanforderungen an Kreditinstitute und Wertpapierfirmen (CRD IV-Umsetzungsgesetz) vom 28. August 2013 (BGBl. I S. 3395); vgl. BT-Drucksache 17/10974 vom 15. Oktober 2012 und BT-Drucksache 17/13524 – Beschlussempfehlung des Finanzausschusses (7. Ausschuss) – vom 15. Mai 2013.

Mandat ergeben. Die Fiktion des Vorliegens lediglich eines Mandats gilt nur jeweils für Geschäftsleitermandate untereinander und Aufsichts- und Verwaltungsratsmandate untereinander. Dass eine Überkreuz-Herunterrechnung verschiedener Arten von Mandaten, d. h. Geschäftsleiter- und Kontrollmandate, auf nur ein Mandat nicht möglich ist, ergibt sich bereits aus den Nummern 3 und 4, die zwischen den Mandatsarten differenzieren und unterschiedliche Höchstzahlen vorgeben. Satz 3 dient der Umsetzung der in Artikel 87 Absatz 1 Buchstabe a der Richtlinie 2012/.../EU enthaltenen Möglichkeit der Bundesanstalt, Ausnahmen von den Vorgaben der Mandatsbegrenzung zuzulassen.

Absatz 4 setzt Artikel 87 Absatz 2 der Richtlinie 2012/.../EU um.

Absatz 5 legt fest, dass die Ausgestaltung der Vergütungssysteme für Mitglieder des Verwaltungs- oder Aufsichtsorgans im Hinblick auf die wirksame Wahrnehmung der Überwachungsfunktion des Verwaltungs- oder Aufsichtsorgans keine Interessenkonflikte erzeugen darf. Damit wird eine Anforderung der »Guidelines on Remuneration Policies and Practices«, Tz. 47, des Ausschusses der Europäischen Bankenaufseher (CEBS) vom 10. Dezember 2010 explizit aufgegriffen.

Absatz 6 Satz 1 regelt, dass das Verwaltungs- oder Aufsichtsorgan die Geschäftsleiter auch dahingehend überwachen muss, dass diese die bankaufsichtsrechtlichen Anforderungen einhalten. Zu diesen Anforderungen des KWG gehört auch die Einhaltung der Vergütungssysteme der Geschäftsleiter und Mitarbeiter. Damit werden die Anforderungen der »EBA Guidelines on Internal Governance«, III, Titel II, B., Nummer 19 Tz. 2 (Governance of remuneration policy) der Europäischen Bankenaufsichtsbehörde (EBA) vom 27. September 2011 und der »Guidelines on Remuneration Policies and Practices«, Tz. 42 bis 46, des Ausschusses der Europäischen Bankenaufseher (CEBS) vom 10. Dezember 2010 explizit aufgegriffen. Die Pflicht zur Erörterung von Vergütungssystemen ist der Umsetzung der EBA guidelines on Internal Governance (GL 44), III, Titel II, Nummer 19, Tz. 2 (Governance of remuneration policy) geschuldet.

Die Absätze 7 bis 12 enthalten Regelungen zu den von den Verwaltungs- und Aufsichtsorganen zu bildenden Ausschüssen. Absatz 7 trifft dabei Regelungen, die für alle fünf der in den Absätzen 8 bis 12 genannten Ausschüsse gelten und formuliert im Allgemeinen, was die Artikel 75, 86 und 91 der Richtlinie 2012/.../EU sowie die EBA Guidelines on Internal Governance (GL 44), III, Titel II, B.2 Nummer 14 (Organisational functioning of the management body) Tz. 6 ff. (Specialised committees of the management body) für bestimmte Ausschüsse vorgeben. Grundsätzlich haben alle Institute und übergeordneten Unternehmen entsprechende Ausschüsse zu bilden. Die Formulierung »bestellen« orientiert sich an § 107 Absatz 3 AktG. Die Unternehmen können, ohne eine Zustimmung der Bundesanstalt zu benötigen, von der Bildung der Ausschüsse absehen, wenn dem Verwaltungs- oder Aufsichtsorgan weniger als zehn Mitglieder angehören. Die Bildung von Ausschüssen erscheint ab einer Mindestanzahl von zehn Mitgliedern im Gesamtorgan sinnvoll und notwendig, um eine bestimmte Thematik für das Gesamtorgan vorzubereiten. Satz 4 zur wechselseitigen Mitgliedschaft in Ausschüssen greift die Empfehlung der EBA guidelines on Internal Governance (GL 44), III, Titel II, Nummer 14, Tz. 8 im Hinblick auf »cross participation« auf.

Bei der Beurteilung nach Satz 5 legt die Bundesanstalt Größe, interne Organisation, Art, Umfang, Komplexität und Risikogehalt der Geschäftsaktivitäten des Unternehmens zugrunde. Ferner kann die Bundesanstalt etwa berücksichtigen, ob es sich bei dem betreffenden Institut um ein Handels- oder Nichthandelsbuchinstitut handelt. Die Höhe der Bilanzsumme mag als weiteres Argument herangezogen werden, die Komplexität der Geschäfte darf dabei jedoch nicht in den Hintergrund treten. Absatz 8 setzt Artikel 75 Absatz 3 und 4 der Richtlinie 2012/.../EU sowie die EBA Guidelines on Internal Governance (GL 44), III, Titel II, Nummer 14 Tz. 6 (Specialised committees of the management body) und Tz. 12 (Risk committee) um.

Absatz 9 wird aufgrund der EBA Guidelines on Internal Governance (GL 44), III, Titel II, Nummer 14 Tz. 9 ff. (Audit committee) eingefügt, welche die Schaffung eines Prüfungsausschusses anregen. Der Wortlaut orientiert sich an den EBA

Guidelines und an § 107 Absatz 3 und 4 AktG, die Anforderung von »Sachverstand auf den Gebieten Rechnungslegung und Abschlussprüfung« an § 107 Absatz 5 AktG i.V.m. § 100 Absatz 5 AktG: Richtet der Aufsichtsrat einer Gesellschaft im Sinn des § 264d des Handelsgesetzbuchs einen Prüfungsausschuss im Sinn des Absatzes 3 Satz 2 ein, so muss mindestens ein Mitglied die Voraussetzungen des § 100 Absatz 5 AktG erfüllen.

Die in Absatz 10 eingeräumte Möglichkeit, einen Ausschuss einzurichten, der die Aufgaben sowohl des Risiko- als auch des Prüfungsausschusses wahrnimmt, ist Folge der Umsetzung von Artikel 75 Nummer 3 letzter Absatz der Richtlinie 2012/.../EU.

Absatz 11 setzt Artikel 86 Absatz 2 der Richtlinie 2012/.../EU sowie EBA Guidelines on Internal Governance (GL 44), III, Titel II, Nummer 11 (Composition, appointment and succession of the management body), Tz. 1, 3, 6 und Nummer 14 (Organisational functioning of the management body), Tz. 6, 7 um. »Ermittlung von Bewerbern für die Besetzung einer Stelle« soll dabei entsprechend GL 44 auch die bedarfsgerechte Nachfolgeplanung hinsichtlich geeigneter Personen umfassen.

Absatz 12 setzt Artikel 91 der Richtlinie 2012/.../EU um. Der hier geregelte Vergütungskontrollausschuss ist nicht zu verwechseln mit dem Vergütungsausschuss gemäß § 6 der Verordnung über die aufsichtsrechtlichen Anforderungen an Vergütungssysteme von Instituten (InstitutsVergV). Es findet auch kein Gleichlauf dahingehend statt, dass Institute, die nicht »bedeutend« im Sinne von § 1 Absatz 2 InstitutsVergV sind und daher keinen Vergütungsausschuss nach der InstitutsVergV einrichten müssen, auch keinen Vergütungskontrollausschuss im Sinne von § 25d Absatz 12 KWG einrichten müssen. Ein Zusammenhang besteht ausschließlich insofern, als Institute, die »bedeutend« im Sinne der InstitutsVergV sind, auch einen Vergütungskontrollausschuss gemäß § 25d Absatz 12 KWG einzurichten haben. Der Vergütungskontrollausschuss soll eine effektivere Überwachung der Vergütungssysteme durch das Verwaltungs- oder Aufsichtsorgan sicherstellen. Insbesondere kann so aufseiten des Verwaltungs- oder Aufsichtsorgans tiefer in Detailfragen der Vergütungssysteme eingestiegen werden, die dann für das gesamte Verwaltungs- oder Aufsichtsorgan verständlich und nachvollziehbar aufbereitet werden können. Neben der Vergütung der Geschäftsleiter soll vor allem die Ausgestaltung der Vergütung für die Leiter der Risikocontrolling-Funktion und Compliance-Funktion im Sinne von § 25a Absatz 1 Satz 3 Nummer 3c sowie diejenigen Mitarbeiter im Sinne von § 5 Absatz 1 InstitutsVergV überwacht werden, deren Tätigkeit einen wesentlichen Einfluss auf das Gesamtrisikoprofil hat.

Amtliche Begründung[1]

Zu § 25d KWG

Zu Absatz 2

Es handelt sich um redaktionelle Anpassungen. Satz 2 wird aus redaktionellen Gründen von Absatz 11 in Absatz 2 überführt.

---

1 Zum Gesetz zur Umsetzung der Richtlinie 2013/36/EU über den Zugang zur Tätigkeit von Kreditinstituten und die Beaufsichtigung von Kreditinstituten und Wertpapierfirmen und zur Anpassung des Aufsichtsrechts an die Verordnung (EU) Nr. 575/2013 über Aufsichtsanforderungen an Kreditinstitute und Wertpapierfirmen (CRD IV-Umsetzungsgesetz) vom 28. August 2013 (BGBl. I S. 3395); vgl. BT-Drucksache 17/13541 -Bericht des Finanzausschusses (7. Ausschuss)- vom 15. Mai 2013.

Zu Absatz 3

Die Änderungen bezüglich der Anzahl der Mandate, die ein Mitglied des Verwaltungs- oder Aufsichtsorgans innehaben darf und deren Anrechnung, dienen der Umsetzung von Artikel 91 Absatz 3 und 4 der Richtlinie 2013/.../EU. Die vom Europäischen Parlament am 16. April 2013 angenommenen Regelungen in Artikel 91 der Richtlinie unterscheiden sich nicht unerheblich gegenüber der Richtlinie in der Fassung der allgemeinen Ausrichtung des Rates vom 22. Mai 2012, die dem Gesetzesentwurf vom 15. Oktober 2012 zugrunde liegt. Daher ist der Gesetzesentwurf entsprechend anzupassen. Mit den Änderungen zu Satz 2 werden insbesondere Vertreter der kommunalen Selbstverwaltungen privilegiert. Denn ihnen wird ermöglicht, Mandate in zahlreichen nicht gewerblichen Unternehmen, insbesondere in gemeinnützigen Unternehmen, wahrzunehmen. Darüber hinaus werden auch alle Mandate, die bei Unternehmen der kommunalen Daseinsvorsorge wahrgenommen werden, von der Regelung erfasst. Der eingefügte Satz 5 soll sicherstellen, dass die kommunalen Hauptverwaltungsbeamten (Bürgermeister und Landräte) die ihnen durch kommunale Satzung zugewiesenen Mandate in kommunalen Unternehmen, die sich im Mehrheitsbesitz der jeweiligen Gemeinde, Stadt oder Landkreises befinden, sowie den Mandaten in kommunalen Zweckverbänden in unbegrenzter Anzahl wahrnehmen können.

Zu Absatz 8

Die Änderungen dienen der Umsetzung von Artikel 76 Nummer 3 Absatz 4 und Nummer 4 Absatz 2 der Richtlinie 2013/.../EU. Die Regelungen in Artikel 76 der Richtlinie wurden gegenüber der Fassung vom 22. Mai 2012, die diesem Gesetzesentwurf zugrunde lag, ergänzt. Daher war der Gesetzesentwurf entsprechend anzupassen.

Zu Absatz 9

Es handelt sich um Änderungen zur Anpassung an Absatz 8 Satz 5 und 6.

Zu Absatz 11

Die Änderungen dienen der Umsetzung der vom Europäischen Parlament durchgesetzten Ergänzungen zu Artikel 88 Absatz 2 der Richtlinie.

Zu Absatz 12

Die Änderungen dienen der Umsetzung der vom Europäischen Parlament durchgesetzten Ergänzungen zu Artikel 95 Absatz 2 der Richtlinie 2013/.../EU.

ANMERKUNG
1. § 25d wurde komplett neu gefasst durch das CRD IV-Umsetzungsgesetz vom 28. August 2013 (BGBl. I S. 3395). Näheres in der hierzu abgedruckten Amtlichen Begründung. § 25d a.F. wurde inhaltlich nach § 25h überführt. Der Verweis auf die unvollständige Angabe der in der Amtlichen Begründung zitierten Richtlinie und Verordnung ergibt sich vollständig aus der Fußnote zu dieser Amtlichen Begründung.
2. Zur Anwendung des § 25d Absatz 3 vgl. § 64r Absatz 14.

§ 25e Anforderungen bei vertraglich gebundenen Vermittlern

Bedient sich ein CRR-Kreditinstitut oder ein Wertpapierhandelsunternehmen eines vertraglich gebundenen Vermittlers im Sinne des § 2 Absatz 10 Satz 1, hat es sicherzustellen, dass dieser zuverlässig und fachlich geeignet ist, bei der Erbringung der Finanzdienstleistungen die gesetzlichen Vorgaben erfüllt, Kunden vor Aufnahme der Geschäftsbeziehung über seinen Status nach § 2 Absatz 10 Satz 1 und 2 informiert und unverzüglich von der Beendigung dieses Status in Kenntnis setzt. Die erforderlichen Nachweise für die Erfüllung seiner Pflichten nach Satz 1 muss das CRR-Kreditinstitut oder das Wertpapierhandelsunternehmen mindestens bis zum Ablauf von fünf Jahren nach dem Ende des Status des vertraglich gebundenen Vermittlers aufbewahren. Nähere Bestimmungen zu den erforderlichen Nachweisen können durch Rechtsverordnung nach § 24 Absatz 4 getroffen werden. Die Vergütungssysteme für vertraglich gebundene Vermittler müssen derart ausgestaltet werden, dass diese den berechtigten Interessen der Kunden an einer ordnungsgemäßen und angemessenen Erbringung von Finanzdienstleistungen durch den vertraglich gebundenen Vermittler nicht entgegenstehen.

Amtliche Begründung[1]

Zu § 25e KWG

Es handelt sich um den vormaligen § 25a Absatz 4 KWG, der im Rahmen der Überarbeitung des KWG durch die Umsetzung der Richtlinie 2012/.../EU in eine eigene Vorschrift überführt wurde.

Die Vergütungssysteme für vertraglich gebundene Vermittler werden maßgeblich durch die Institute bestimmt, an die der Vermittler gebunden ist. Daher tragen diese Unternehmen auch die maßgebliche Verantwortung dafür, dass die Vergütungssysteme nicht die berechtigten Interessen der Kunden des vertraglich gebundenen Vermittlers an der Erbringung ordnungsgemäßer und angemessener Finanzdienstleistungen gefährdet. Eine Gefahr für die ordnungsgemäße und angemessene Erbringung von Finanzdienstleistungen durch den vertraglich gebundenen Vermittler besteht insbesondere dann, wenn dieser signifikant von einer variablen Vergütung abhängig ist, sei es auch, dass diese z.B. in Form von Provisionen nicht von dem CRR-Kreditinstitut oder von dem Wertpapierhandelsunternehmen selbst, sondern vom Kunden entrichtet wird.

ANMERKUNG § 25e wurde komplett neu gefasst durch das CRD IV-Umsetzungsgesetz vom 28. August 2013 (BGBl. I S. 3395). Näheres in der hierzu abgedruckten Amtlichen Begründung. § 25e a.F. wurde mit diesem Gesetz inhaltlich überführt nach § 25i. Der Verweis auf die unvollständige Angabe der in der Amtlichen Begründung zitierten Richtlinie und Verordnung ergibt sich vollständig aus der Fußnote zu dieser Amtlichen Begründung.

---

1 Zum Gesetz zur Umsetzung der Richtlinie 2013/36/EU über den Zugang zur Tätigkeit von Kreditinstituten und die Beaufsichtigung von Kreditinstituten und Wertpapierfirmen und zur Anpassung des Aufsichtsrechts an die Verordnung (EU) Nr. 575/2013 über Aufsichtsanforderungen an Kreditinstitute und Wertpapierfirmen (CRD IV-Umsetzungsgesetz) vom 28. August 2013 (BGBl. I S. 3395); vgl. BT-Drucksache 17/10974 vom 15. Oktober 2012 und BT-Drucksache 17/13524 – Beschlussempfehlung des Finanzausschusses (7. Ausschuss) – vom 15. Mai 2013.

§ 25f Besondere Anforderungen an die ordnungsgemäße Geschäftsorganisation von CRR-Kreditinstituten sowie von Institutsgruppen, Finanzholding-Gruppen, gemischten Finanzholding-Gruppen und Finanzkonglomeraten, denen ein CRR-Kreditinstitut angehört; Verordnungsermächtigung

(1) Sämtliche Geschäfte im Sinne des § 3 Absatz 2 und Absatz 4 sind bei einem wirtschaftlich, organisatorisch und rechtlich eigenständigen Unternehmen (Finanzhandelsinstitut) zu betreiben. Für das Finanzhandelsinstitut gelten die zusätzlichen Anforderungen gemäß den Absätzen 2 bis 6 an eine ordnungsgemäße Geschäftsorganisation.

(2) Für das Finanzhandelsinstitut findet § 2a keine Anwendung.

(3) Das Finanzhandelsinstitut hat seine Refinanzierung eigenständig sicherzustellen. Geschäfte des CRR-Kreditinstituts oder der Unternehmen, die einer Institutsgruppe, einer Finanzholding-Gruppe, einer gemischten Finanzholding-Gruppe oder einem Finanzkonglomerat angehören, der oder dem auch ein CRR-Kreditinstitut angehört, mit dem Finanzhandelsinstitut sind wie Geschäfte mit Dritten zu behandeln.

(4) Das Bundesministerium der Finanzen kann im Benehmen mit der Deutschen Bundesbank durch Rechtsverordnung für die Zwecke der Überwachung der Einhaltung des Verbots des § 3 Absatz 2 und 4 Satz 1 sowie für die Ermittlung von Art und Umfang der Geschäfte im Sinne des § 3 Absatz 2 Satz 2 und Absatz 4 Satz 1 für das CRR-Kreditinstitut und das übergeordnete Unternehmen einer Institutsgruppe, einer Finanzholding-Gruppe, einer gemischten Finanzholding-Gruppe und eines Finanzkonglomerats, der oder dem auch ein CRR-Kreditinstitut angehört, Anzeigepflichten begründen und nähere Bestimmungen über Art, Umfang, Zeitpunkt und Form der Informationen und Vorlagen von Unterlagen und über die zulässigen Datenträger, Übertragungswege und Datenformate erlassen, soweit dies zur Erfüllung der Aufgaben der Bundesanstalt erforderlich ist, insbesondere um alle Informationen zu erhalten, die die Bundesanstalt im Rahmen des Verbots des § 3 Absatz 2 und 4 Satz 1 sowie für die Ermittlung von Art und Umfang der Geschäfte im Sinne des § 3 Absatz 2 Satz 2 und Absatz 4 Satz 1 benötigt. Es kann diese Ermächtigung durch Rechtsverordnung auf die Bundesanstalt mit der Maßgabe übertragen, dass Rechtsverordnungen der Bundesanstalt im Einvernehmen mit der Deutschen Bundesbank ergehen. Vor Erlass der Rechtsverordnung sind die Spitzenverbände der Institute anzuhören.

(5) Das Verwaltungs- oder Aufsichtsorgan des Finanzhandelsinstituts, des CRR-Kreditinstituts oder des übergeordneten Unternehmens der Institutsgruppe, der Finanzholding-Gruppe, der gemischten Finanzholding-Gruppe sowie des Finanzkonglomerats, der oder dem auch ein CRR-Kreditinstitut angehört, hat sich regelmäßig und anlassbezogen über die Geschäfte des Finanzhandelsinstituts sowie die damit verbundenen Risiken zu informieren und insbesondere auch die Einhaltung der vorgenannten Anforderungen zu überwachen.

(6) Das Finanzhandelsinstitut darf keine Zahlungsdienste erbringen und nicht das E-Geld-Geschäft im Sinne des Zahlungsdiensteaufsichtsgesetzes betreiben.

(7) Die Bundesanstalt kann gegenüber dem CRR-Kreditinstitut, dem übergeordneten Unternehmen einer Institutsgruppe, einer Finanzholding-Gruppe, einer gemischten Finanzholding-Gruppe oder eines Finanzkonglomerats, der oder dem ein CRR-Kreditinstitut angehört, sowie gegenüber dem Finanzhandelsinstitut Anordnungen treffen, die geeignet und erforderlich sind, die ordnungsgemäße Geschäftsorganisation auch im Sinne der Absätze 1 bis 6 sicherzustellen.

Amtliche Begründung[1]

Zu Nummer 4 (§ 25f – neu –; Anforderungen an ordnungsgemäße Geschäftsorganisation)

CRR-Kreditinstituten und Unternehmen, die einer Institutsgruppe, einer Finanzholding-Gruppe, einer gemischten Finanzholding-Gruppe oder einem Finanzkonglomerat angehören, die bzw. das ein CRR-Kreditinstitut einschließt, sind spekulative Geschäfte gemäß § 3 Absatz 2 Satz 2 verboten, es sei denn, die Geschäfte werden in einem wirtschaftlich, organisatorisch und rechtlich eigenständigen Finanzhandelsinstitut geführt. Dies gilt auch für Geschäfte, die die Bundesanstalt nach § 3 Absatz 3 verboten hat.

Dies gilt aber nur dann, wenn die besonderen Anforderungen an die ordnungsgemäße Geschäftsorganisation in den Absätzen 2 bis 6 eingehalten werden. Die Anforderungen ergänzen damit die Anforderungen des § 25a an eine ordnungsgemäße Geschäftsorganisation. Auf Grundlage der Anforderungen an eine ordnungsgemäße Geschäftsorganisation aus § 25a und § 25f haben CRR-Kreditinstitute und Institutsgruppen, Finanzholding-Gruppen, gemischte Finanzholdinggruppen sowie Finanzkonglomerate, denen ein CRR-Kreditinstitut angehört, für die wirksame Abschirmung der Risiken aus spekulativen Geschäften Sorge zu tragen. Dies beinhaltet auch, dass die Risiken aus den spekulativen Geschäften ganz besonders im Fokus des Risikomanagements auf Einzelinstitutsebene und auf Ebene der Institutsgruppe, Finanzholding-Gruppe, gemischten Finanzholding-Gruppe sowie des Finanzkonglomerats, der bzw. dem ein CRR-Kreditinstitut angehört, stehen müssen.

Begrifflich knüpft allein § 25f an § 3 Absatz 2 an, sodass § 25f für den Verbotstatbestand des § 3 Absatz 2 keine Bedeutung hat. Spekulative Geschäfte haben die gleiche Bedeutung wie in § 3 Absatz 2 Satz 2.

Eine entscheidende Voraussetzung dafür, spekulative Geschäfte im Sinne des § 3 Absatz 2 Satz 2 betreiben zu dürfen, ist gemäß Absatz 1, dass alle spekulativen Geschäfte auf ein Finanzhandelsinstitut verlagert werden. Als Finanzdienstleistungsinstitut hat das Finanzhandelsinstitut alle bankaufsichtsrechtlichen Anforderungen des KWG zu erfüllen. Das Finanzhandelsinstitut muss ein rechtlich eigenständiges Unternehmen sein, das organisatorisch klar von dem CRR-Kreditinstitut und den sonstigen konzernangehörigen Unternehmen abgegrenzt ist. So soll unter anderem sichergestellt werden, dass etwaige sich realisierende Risiken aus spekulativen Geschäften nicht unmittelbar auf das CRR-Kreditinstitut durchschlagen und die Einlagen der Kunden gefährden. Überdies erleichtert die klare Trennung des Finanzhandelsinstituts von den übrigen Unternehmen eine wirksame Abwicklung des Finanzhandelsinstituts, falls dies erforderlich werden sollte.

Eine Nutzung der Infrastruktur und Inanspruchnahme von Dienstleistungen des übergeordneten Unternehmens oder anderer konzernangehöriger Unternehmen bleibt möglich, solange daraus für die anderen konzernangehörigen Unternehmen und insbesondere das CRR-Kreditinstitut keine wirtschaftlichen Risiken entstehen.

Absatz 2 sieht vor, dass die Möglichkeit von Ausnahmen gemäß § 2a mit Blick auf das zu separierende Finanzhandelsinstitut nicht gewährt wird. Dies wäre angesichts der Risikointensität der spekulativen Geschäfte nicht sachgerecht.

Gemäß Absatz 3 muss das Finanzhandelsinstitut die Refinanzierung eigenständig und zu Bedingungen sicherstellen, die für nicht gruppenangehörige Institute gelten. Rein administrative Unterstützungsleistungen bei der Refinanzierung bleiben aber zulässig.

Grundsätzlich erlaubt ist die Rekapitalisierung des Finanzhandelsinstituts durch die Erhöhung des Eigenkapitals, soweit dieses das Überleben der Mutter und anderer

---

[1] Zum Gesetz zur Abschirmung von Risiken und zur Planung der Sanierung und Abwicklung von Kreditinstituten und Finanzgruppen vom 7. August 2013 (BGBl. I S. 3090); vgl. BT-Drucksache 17/12601 vom 4. März 2013.

Konzernangehöriger nicht gefährdet. Eine im Vorhinein bestehende Verpflichtung, eine Rekapitalisierung vorzunehmen, darf hingegen nicht bestehen, um eine Refinanzierung zu Marktbedingungen zu gewährleisten.

Des Weiteren dürfen sich aus der Beteiligung an dem Finanzhandelsinstitut keine substantiellen wirtschaftlichen Risiken ergeben. Im Hinblick auf die Abwicklungsfähigkeit ist weiterhin sicherzustellen, dass aus der Beteiligung kein operatives und kein Reputationsrisiko entstehen. So muss beispielsweise gemeinsam genutzte Infrastruktur grundsätzlich in der Mutter oder einem anderen konzernangehörigen Unternehmen angesiedelt sein, die entsprechend der Anforderungen des KWG ausgelagert werden kann. Mit Blick auf den Verbraucherschutz müssen insbesondere nicht professionelle Marktteilnehmer auf die wirtschaftliche Eigenständigkeit des Finanzhandelsinstituts hinreichend hingewiesen werden.

Absatz 4 sieht eine Ermächtigung des Bundesministeriums der Finanzen vor, im Benehmen mit der Deutschen Bundesbank eine Rechtsverordnung für die Zwecke der Überwachung der Einhaltung des Verbots des § 3 Absatz 2 und Satz 1 sowie für die Ermittlung von Art und Umfang der Geschäfte im Sinne des § 3 Absatz 2 Satz 2 und Absatz 3 Satz 1 für das CRR-Kreditinstitut und das übergeordnete Unternehmen einer Institutsgruppe, einer Finanzholding-Gruppe, einer gemischten Finanzholding-Gruppe und eines Finanzkonglomerats, der oder dem auch ein CRR-Kreditinstitut angehört, zu erlassen.

Das Verwaltungs- oder Aufsichtsorgan wird in Absatz 5 unmittelbar verpflichtet, sich den besonders ausgeprägten Risiken aus den spekulativen Geschäften zu widmen. Die Risikointensität der spekulativen Geschäfte wird es in diesem Zusammenhang erfordern, dass ein Verwaltungs- oder Aufsichtsorgan einen Risikoausschuss gemäß § 25d Absatz 8 einrichtet und sich laufend mit den Risiken aus diesen Geschäften befasst.

Absatz 6 verbietet dem Finanzhandelsinstitut das Erbringen von Zahlungsdiensten und das Betreiben des E-Geld-Geschäfts im Sinne des Zahlungsdiensteaufsichtsgesetzes.

Absatz 7 eröffnet der Bundesanstalt die erforderliche Möglichkeit, bei einem Verstoß gegen die besonderen Anforderungen an eine ordnungsgemäße Geschäftsorganisation gemäß den Absätzen 2 bis 6 Anordnungen zur Wiederherstellung eines ordnungsgemäßen Zustandes zu erlassen. Dabei muss die Bundesanstalt dem Adressaten der Maßnahme nicht die Mittel und Wege vorgeben, mit denen nicht ordnungsgemäße Zustände zu beseitigen sind. Es reicht vielmehr aus, dass der Mangel in der jeweiligen Geschäftsorganisation hinreichend nachvollziehbar dargelegt wird, sodass der Adressat das für ihn geeignetste Mittel wählen kann, um den Mangel effizient aber auch wirksam zu beseitigen. Es stellt insoweit ein milderes Mittel dar, dem Adressaten die Wahl der Mittel und Wege zu überlassen, mit denen dieser einen Mangel in der Geschäftsorganisation beseitigt, als dies durch die Bundesanstalt vorzugeben. Die Rechte der Behörde zu Maßnahmen nach § 44c und § 37 bleiben davon unberührt.

ANMERKUNG

1. § 25f wurde neu gefasst durch das Gesetz zur Abschirmung von Risiken und zur Planung der Sanierung und Abwicklung von Kreditinstituten und Finanzgruppen vom 7. August 2013 (BGBl. I S. 3090); vgl. die abgedruckte Amtliche Begründung. § 25f a.F. (s. 27. Aufl.) wurde inhaltlich nach § 25k überführt.
2. Zur Anwendung des § 25f ab dem 1. Juli 2015 vgl. § 64s Absatz 2 Satz 1.

5 a. Bargeldloser Zahlungsverkehr; Verhinderung von Geldwäsche, Terrorismusfinanzierung und sonstigen strafbaren Handlungen zu Lasten der Institute

§ 25 g   Einhaltung der besonderen organisatorischen Pflichten im bargeldlosen Zahlungsverkehr

(1) Die Bundesanstalt überwacht die Einhaltung der Pflichten der Kreditinstitute nach
1. der Verordnung (EG) Nr. 1781/2006 des Europäischen Parlaments und des Rates vom 15. November 2006 über die Übermittlung von Angaben zum Auftraggeber bei Geldtransfers (ABl. L 345 vom 8. 12. 2006, S. 1),
2. der Verordnung (EG) Nr. 924/2009 des Europäischen Parlaments und des Rates vom 16. September 2009 über grenzüberschreitende Zahlungen in der Gemeinschaft und zur Aufhebung der Verordnung (EG) Nr. 2560/2001 (ABl. L 266 vom 9. 10. 2009, S. 1), die durch die Verordnung (EU) Nr. 260/2012 (ABl. L 94 vom 30. 3. 2012, S. 22) geändert worden ist, und
3. der Verordnung (EU) Nr. 260/2012 zur Festlegung der technischen Vorschriften und der Geschäftsanforderungen für Überweisungen und Lastschriften in Euro und zur Änderung der Verordnung (EG) Nr. 924/2009 (ABl. L 94 vom 30. 3. 2012, S. 22).

(2) Ein Kreditinstitut muss über interne Verfahren und Kontrollsysteme verfügen, die die Einhaltung der Pflichten nach den Verordnungen nach Absatz 1 Nummer 1 bis 3 gewährleisten.

(3) Die Bundesanstalt kann gegenüber einem Kreditinstitut und seinen Geschäftsleitern Anordnungen treffen, die geeignet und erforderlich sind, um Verstöße gegen die Pflichten nach den Verordnungen nach Absatz 1 Nummer 1 bis 3 zu verhindern oder zu unterbinden.

ANMERKUNG   § 25 g wurde neu gefasst durch das Gesetz zur Abschirmung von Risiken und zur Planung der Sanierung und Abwicklung von Kreditinstituten und Finanzgruppen vom 7. August 2013 (BGBl. I S. 3090). § 25 g enthält inhaltlich § 25 b a. F. (s. 27. Aufl.). § 25 g a. F. wurde inhaltlich nach § 25 l überführt.

§ 25 h   Interne Sicherungsmaßnahmen

(1) Institute sowie nach § 10 a Absatz 2 Satz 2 oder 3 oder nach § 10 a als übergeordnetes Unternehmen geltende Finanzholding-Gesellschaften und gemischte Finanzholding-Gesellschaften müssen unbeschadet der in § 25 a Absatz 1 dieses Gesetzes und der in § 9 Absatz 1 und 2 des Geldwäschegesetzes aufgeführten Pflichten über ein angemessenes Risikomanagement sowie über Verfahren und Grundsätze verfügen, die der Verhinderung von Geldwäsche, Terrorismusfinanzierung oder sonstiger strafbarer Handlungen, die zu einer Gefährdung des Vermögens des Instituts führen können, dienen. Sie haben dafür angemessene geschäfts- und kundenbezogene Sicherungssysteme zu schaffen und zu aktualisieren sowie Kontrollen durchzuführen. Hierzu gehört auch die fortlaufende Entwicklung geeigneter Strategien und Sicherungsmaßnahmen zur Verhinderung des Missbrauchs von neuen Finanzprodukten und Technologien für Zwecke der Geldwäsche und der Terrorismusfinanzierung oder der Begünstigung der Anonymität von Geschäftsbeziehungen und Transaktionen.

(2) Kreditinstitute haben angemessene Datenverarbeitungssysteme zu betreiben und zu aktualisieren, mittels derer sie in der Lage sind, Geschäftsbeziehungen und einzelne Transaktionen im Zahlungsverkehr zu erkennen, die auf Grund des öffentlich und im Kreditinstitut verfügbaren Erfahrungswissens über die Methoden der Geld-

wäsche, der Terrorismusfinanzierung und sonstigen strafbaren Handlungen im Sinne des Absatzes 1 Satz 1 als zweifelhaft oder ungewöhnlich anzusehen sind. Die Kreditinstitute dürfen personenbezogene Daten erheben, verarbeiten und nutzen, soweit dies zur Erfüllung dieser Pflicht erforderlich ist. Die Bundesanstalt kann Kriterien bestimmen, bei deren Vorliegen Kreditinstitute vom Einsatz von Systemen nach Satz 1 absehen können.

(3) Jeder Sachverhalt, der nach Absatz 2 Satz 1 als zweifelhaft oder ungewöhnlich anzusehen ist, ist vom Institut zu untersuchen, um das Risiko der jeweiligen Geschäftsbeziehungen oder Transaktionen überwachen, einschätzen und gegebenenfalls das Vorliegen eines nach § 11 Absatz 1 des Geldwäschegesetzes meldepflichtigen Sachverhalts oder die Erstattung einer Strafanzeige gemäß § 158 der Strafprozessordnung prüfen zu können. Über diese Sachverhalte hat das Institut angemessene Informationen nach Maßgabe des § 8 des Geldwäschegesetzes aufzuzeichnen und aufzubewahren, die für die Darlegung gegenüber der Bundesanstalt erforderlich sind, dass diese Sachverhalte nicht darauf schließen lassen, dass eine Tat nach § 261 des Strafgesetzbuchs oder eine Terrorismusfinanzierung begangen oder versucht wurde oder wird. Absatz 2 Satz 2 gilt entsprechend. Institute dürfen im Einzelfall einander Informationen im Rahmen der Erfüllung ihrer Untersuchungspflicht nach Satz 1 übermitteln, wenn es sich um einen in Bezug auf Geldwäsche, Terrorismusfinanzierung oder einer sonstigen Straftat auffälligen oder ungewöhnlichen Sachverhalt handelt und tatsächliche Anhaltspunkte dafür vorliegen, dass der Empfänger der Informationen diese für die Beurteilung der Frage benötigt, ob der Sachverhalt gemäß § 11 des Geldwäschegesetzes anzuzeigen oder eine Strafanzeige gemäß § 158 der Strafprozessordnung zu erstatten ist. Der Empfänger darf die Informationen ausschließlich zum Zweck der Verhinderung der Geldwäsche, der Terrorismusfinanzierung oder sonstiger strafbarer Handlungen und nur unter den durch das übermittelnde Institut vorgegebenen Bedingungen verwenden.

(4) Institute haben einen der Geschäftsleitung unmittelbar nachgeordneten Geldwäschebeauftragten zu bestellen. Dieser ist für die Durchführung der Vorschriften zur Bekämpfung und Verhinderung der Geldwäsche und der Terrorismusfinanzierung zuständig sowie der Ansprechpartner für die Strafverfolgungsbehörden, das Bundeskriminalamt – Zentralstelle für Verdachtsmeldungen – und die Bundesanstalt. Der Geldwäschebeauftragte hat der Geschäftsleitung direkt und unmittelbar zu berichten. Für Institute gilt dies als übergeordnetes Unternehmen auch hinsichtlich einer Institutsgruppe oder einer Finanzholding-Gruppe im Sinne des § 10a, einer gemischten Finanzholding-Gruppe im Sinne des § 10a oder als Mutterunternehmen auch hinsichtlich eines Finanzkonglomerats im Sinne des § 1 Absatz 20. Institute haben die für eine ordnungsgemäße Durchführung der Aufgaben des Geldwäschebeauftragten notwendigen Mittel und Verfahren vorzuhalten und wirksam einzusetzen. Dem Geldwäschebeauftragten ist ungehinderter Zugang zu sämtlichen Informationen, Daten, Aufzeichnungen und Systemen zu verschaffen, die im Rahmen der Erfüllung seiner Aufgaben von Bedeutung sein können. Ihm sind ausreichende Befugnisse zur Erfüllung seiner Funktion einzuräumen. Seine Bestellung und Entpflichtung sind der Bundesanstalt mitzuteilen.

(5) Institute dürfen interne Sicherungsmaßnahmen nach dieser Vorschrift mit vorheriger Zustimmung der Bundesanstalt im Rahmen von vertraglichen Vereinbarungen durch einen Dritten durchführen lassen. Die Zustimmung kann erteilt werden, wenn der Dritte die Gewähr dafür bietet, dass die Sicherungsmaßnahmen ordnungsgemäß durchgeführt werden und die Steuerungsmöglichkeiten der Institute und die Kontrollmöglichkeiten der Bundesanstalt nicht beeinträchtigt werden.

(6) Die Bundesanstalt kann gegenüber einem Institut im Einzelfall Anordnungen treffen, die geeignet und erforderlich sind, die in den Absätzen 1, 2, 3 und 4 genannten Vorkehrungen zu treffen.

(7) Die Bundesrepublik Deutschland – Finanzagentur GmbH gilt als Institut im Sinne der Absätze 1 bis 5. Das Bundesministerium der Finanzen überwacht insoweit die

Einhaltung der Absätze 1 bis 5 im Rahmen seiner Aufsicht nach § 2 Absatz 1 des Bundesschuldenwesengesetzes.

(8) Die Deutsche Bundesbank gilt als Institut im Sinne der Absätze 1 bis 4.

(9) Die Funktion des Geldwäschebeauftragten im Sinne des Absatzes 4 und die Pflichten zur Verhinderung der sonstigen strafbaren Handlungen im Sinne des Absatzes 1 Satz 1 werden im Institut von einer Stelle wahrgenommen. Die Bundesanstalt kann auf Antrag des Instituts bestimmen, dass für die Verhinderung der sonstigen strafbaren Handlungen eine andere Stelle im Institut zuständig ist, soweit hierfür ein wichtiger Grund vorliegt.

ANMERKUNG § 25 h wurde neu gefasst durch das Gesetz zur Abschirmung von Risiken und zur Planung der Sanierung und Abwicklung von Kreditinstituten und Finanzgruppen vom 7. August 2013 (BGBl. I S. 3090). § 25 h enthält inhaltlich § 25 c a. F. (s. 27. Aufl.). § 25 h a. F. wurde inhaltlich nach § 25 m überführt.

§ 25 i Vereinfachte Sorgfaltspflichten

(1) Soweit die Voraussetzungen des § 25j dieses Gesetzes und des § 6 des Geldwäschegesetzes nicht vorliegen, können die Institute über § 5 des Geldwäschegesetzes hinaus vereinfachte Sorgfaltspflichten vorbehaltlich einer Risikobewertung des Instituts auf Grund besonderer Umstände des Einzelfalls für folgende Fallgruppen anwenden:
1. vorbehaltlich Satz 2 beim Abschluss eines
   a) staatlich geförderten, kapitalgedeckten Altersvorsorgevertrags,
   b) Vertrags zur Anlage von vermögenswirksamen Leistungen, sofern die Voraussetzungen für eine staatliche Förderung durch den Vertrag erfüllt werden,
   c) Verbraucherdarlehensvertrags oder Vertrags über eine entgeltliche Finanzierungshilfe, sofern Nummer 3 Buchstabe d eingehalten wird,
   d) Kreditvertrags im Rahmen eines staatlichen Förderprogramms, der über eine Förderbank des Bundes oder der Länder abgewickelt wird und dessen Darlehenssumme zweckgebunden verwendet werden muss,
   e) Kreditvertrags zur Absatzfinanzierung,
   f) sonstigen Kreditvertrags, bei dem das Kreditkonto ausschließlich der Abwicklung des Kredits dient und die Rückzahlung des Kredits von einem Konto des Kreditnehmers bei einem Kreditinstitut im Sinne des § 1 Abs. 1 mit Ausnahme der in § 2 Abs. 1 Nr. 3 bis 8 genannten Unternehmen, bei einem Kreditinstitut in einem anderen Mitgliedstaat der Europäischen Union oder bei einer im Inland gelegenen Zweigstelle oder Zweigniederlassung eines Kreditinstituts mit Sitz im Ausland erfolgt,
   g) Sparvertrags und
   h) Leasingvertrags;
2. vorbehaltlich Satz 2 in sonstigen Fällen, soweit folgende Bedingungen erfüllt sind:
   a) der Vertrag liegt in Schriftform vor,
   b) die betreffenden Transaktionen werden über ein Konto des Kunden bei einem Kreditinstitut im Sinne des § 1 Abs. 1 mit Ausnahme der in § 2 Abs. 1 Nr. 3 bis 8 genannten Unternehmen, bei einem Kreditinstitut in einem anderen Mitgliedstaat der Europäischen Union, bei einer im Inland gelegenen Zweigstelle oder Zweigniederlassung eines Kreditinstituts mit Sitz im Ausland oder über ein in einem Drittstaat ansässiges Kreditinstitut abgewickelt, für das der Richtlinie 2005/60/EG gleichwertige Anforderungen gelten,
   c) das Produkt oder die damit zusammenhängende Transaktion ist nicht anonym und ermöglicht die rechtzeitige Anwendung von § 3 Abs. 2 Satz 1 Nr. 3 des Geldwäschegesetzes und

d) die Leistungen aus dem Vertrag oder der damit zusammenhängenden Transaktion können nicht zugunsten Dritter ausgezahlt werden, außer bei Tod, Behinderung, Überschreiten einer bestimmten Altersgrenze oder in vergleichbaren Fällen;
3. vorbehaltlich Satz 2 bei Produkten oder damit zusammenhängenden Transaktionen, bei denen in Finanzanlagen oder Ansprüche, wie Versicherungen oder sonstige Eventualforderungen, investiert werden kann, sofern über die in Nummer 3 genannten Voraussetzungen hinaus:
   a) die Leistungen aus dem Produkt oder der Transaktion nur langfristig auszahlbar sind,
   b) das Produkt oder die Transaktion nicht als Sicherheit hinterlegt werden kann und
   c) während der Laufzeit keine vorzeitigen Zahlungen geleistet und keine Rückkaufsklauseln in Anspruch genommen werden können und der Vertrag nicht vorzeitig gekündigt werden kann.

Ein geringes Risiko besteht in den Fällen des Satzes 1 Nummer 1 bis 3 jedoch nur, sofern folgende Schwellenwerte nicht überschritten werden:
1. für Verträge im Sinne des Satzes 1 Nummer 1 Buchstabe a, b, d und f oder für Verträge im Sinne des Satzes 1 Nummer 2 und 3 insgesamt 15 000 Euro an Zahlungen,
2. für Verträge im Sinne des Satzes 1 Nummer 1 Buchstabe c, e und h oder für sonstige Verträge, die der Finanzierung von Sachen oder ihrer Nutzung dienen und bei denen das Eigentum an der Sache bis zur Abwicklung des Vertrages nicht auf den Vertragspartner oder den Nutzer übergeht, 15 000 Euro an Zahlungen im Kalenderjahr,
3. für Sparverträge im Sinne des Satzes 1 Nummer 1 Buchstabe g bei periodischen Zahlungen 1000 Euro im Kalenderjahr oder eine Einmalzahlung in Höhe von 2500 Euro.

(2) Absatz 1 findet keine Anwendung, wenn einem Institut im Hinblick auf eine konkrete Transaktion oder Geschäftsbeziehung Informationen vorliegen, die darauf schließen lassen, dass das Risiko der Geldwäsche oder der Terrorismusfinanzierung nicht gering ist. Die Institute haben angemessene Informationen nach Maßgabe des § 8 des Geldwäschegesetzes aufzuzeichnen und aufzubewahren, die für die Darlegung gegenüber der Bundesanstalt erforderlich sind, dass die Voraussetzungen für die Anwendung der vereinfachten Sorgfaltspflichten vorliegen.

ANMERKUNG § 25 i wurde neu gefasst durch das Gesetz zur Abschirmung von Risiken und zur Planung der Sanierung und Abwicklung von Kreditinstituten und Finanzgruppen vom 7. August 2013 (BGBl. I S. 3090). § 25 i enthält inhaltlich § 25 d a. F. (s. 27. Aufl.).

§ 25j Vereinfachungen bei der Durchführung der Identifizierung

Abweichend von § 4 Abs. 1 des Geldwäschegesetzes kann die Überprüfung der Identität des Vertragspartners und des wirtschaftlich Berechtigten auch unverzüglich nach der Eröffnung eines Kontos oder Depots abgeschlossen werden. In diesem Fall muss sichergestellt sein, dass vor Abschluss der Überprüfung der Identität keine Gelder von dem Konto oder dem Depot abverfügt werden können. Für den Fall einer Rückzahlung eingegangener Gelder dürfen diese nur an den Einzahler ausgezahlt werden.

ANMERKUNG § 25j wurde neu gefasst durch das Gesetz zur Abschirmung von Risiken und zur Planung der Sanierung und Abwicklung von Kreditinstituten und Finanzgruppen vom 7. August 2013 (BGBl. I S. 3090). § 25j enthält inhaltlich § 25 e a. F. (s. 27. Aufl.).

§ 25k Verstärkte Sorgfaltspflichten

(1) Institute haben über § 6 des Geldwäschegesetzes hinaus verstärkte, dem erhöhten Risiko angemessene Sorgfaltspflichten auch bei der Abwicklung des Zahlungsverkehrs im Rahmen von Geschäftsbeziehungen zu Korrespondenzinstituten mit Sitz in einem Drittstaat und bei Korrespondenzinstituten mit Sitz in einem Staat des Europäischen Wirtschaftsraums vorbehaltlich einer Beurteilung durch das Institut als erhöhtes Risiko zu erfüllen. Soweit sich diese Geschäftsbeziehungen nicht auf die Abwicklung des Zahlungsverkehrs beziehen, bleibt § 5 Abs. 2 Nr. 1 des Geldwäschegesetzes hiervon unberührt. § 3 Abs. 4 Satz 2 des Geldwäschegesetzes findet entsprechende Anwendung.

(2) Institute haben in den Fällen des Absatzes 1
1. ausreichende, öffentlich verfügbare Informationen über das Korrespondenzinstitut und seine Geschäfts- und Leitungsstruktur einzuholen, um sowohl vor als auch während einer solchen Geschäftsbeziehung die Art der Geschäftstätigkeit des Korrespondenzinstituts in vollem Umfang verstehen und seinen Ruf und seine Kontrollen zur Bekämpfung der Geldwäsche und der Terrorismusfinanzierung sowie die Qualität der Aufsicht bewerten zu können,
2. vor Begründung einer solchen Geschäftsbeziehung die jeweiligen Verantwortlichkeiten der beiden Institute in Bezug auf die Erfüllung der Sorgfaltspflichten festzulegen und zu dokumentieren,
3. sicherzustellen, dass vor Begründung einer solchen Geschäftsbeziehung durch einen für den Verpflichteten Handelnden die Zustimmung eines diesem vorgesetzten Mitarbeiters des Instituts eingeholt wird,
4. Maßnahmen zu ergreifen, um sicherzustellen, dass sie keine Geschäftsbeziehung mit einem Kreditinstitut begründen oder fortsetzen, von dem bekannt ist, dass seine Konten von einer Bank-Mantelgesellschaft im Sinne des Artikels 3 Nr. 10 der Richtlinie 2005/60/EG des Europäischen Parlaments und des Rates vom 26. Oktober 2005 zur Verhinderung der Nutzung des Finanzsystems zum Zwecke der Geldwäsche und der Terrorismusfinanzierung (ABl. EU Nr. L 309 S. 15), die zuletzt durch die Richtlinie 2007/64/EG des Europäischen Parlaments und des Rates vom 13. November 2007 (ABl. EU Nr. L 319 S. 1) geändert worden ist, genutzt werden, und
5. Maßnahmen zu ergreifen, um sicherzustellen, dass das Korrespondenzinstitut keine Transaktionen über Durchlaufkonten zulässt.

(3) Abweichend von § 3 Abs. 2 Satz 1 Nr. 2 des Geldwäschegesetzes bestehen die Sorgfaltspflichten nach § 3 Abs. 1 Nr. 1 und 3 des Geldwäschegesetzes für Verpflichtete nach § 2 Abs. 1 Nr. 1 und 2 des Geldwäschegesetzes bei der Annahme von Bargeld ungeachtet etwaiger im Geldwäschegesetz oder in diesem Gesetz genannter Schwellenbeträge, soweit ein Sortengeschäft im Sinne des § 1 Abs. 1a Satz 2 Nr. 7 nicht über ein bei dem Verpflichteten eröffnetes Konto des Kunden abgewickelt wird und die Transaktion einen Wert von 2500 Euro oder mehr aufweist.

(4) Factoringinstitute im Sinne des § 1 Absatz 1a Satz 2 Nummer 9 haben angemessene Maßnahmen zu ergreifen, um einem erkennbar erhöhten Geldwäscherisiko bei der Annahme von Zahlungen von Debitoren zu begegnen, die bei Abschluss des Rahmenvertrags unbekannt waren.

(5) Liegen Tatsachen oder Bewertungen nationaler oder internationaler Stellen zur Bekämpfung der Geldwäsche und der Terrorismusfinanzierung vor, die die Annahme rechtfertigen, dass in weiteren Fällen, insbesondere im Zusammenhang mit der Einhaltung von Sorgfaltspflichten in einem Staat, ein erhöhtes Risiko besteht, kann die Bundesanstalt anordnen, dass ein Institut eine Transaktion oder eine Geschäftsbeziehung, insbesondere die Herkunft der eingebrachten Vermögenswerte eines Kunden mit Sitz in einem solchen Staat, die im Rahmen der Geschäftsbeziehung oder der Transaktion eingesetzt werden, einer verstärkten Überwachung zu unterziehen und zusätzliche, dem Risiko angemessene Sorgfaltspflichten und Organisationspflich-

ten zu erfüllen hat. Über die getroffenen Maßnahmen haben die Institute angemessene Informationen nach Maßgabe des § 8 des Geldwäschegesetzes aufzuzeichnen und aufzubewahren. Die Sätze 1 und 2 finden auch auf Institute und übergeordnete Unternehmen nach § 25k Absatz 1 Anwendung.

ANMERKUNG § 25k wurde neu gefasst durch das Gesetz zur Abschirmung von Risiken und zur Planung der Sanierung und Abwicklung von Kreditinstituten und Finanzgruppen vom 7. August 2013 (BGBl. I S. 3090). § 25k enthält inhaltlich § 25f a.F. (s. 27. Aufl.).

§ 25l Gruppenweite Einhaltung von Sorgfaltspflichten

(1) Die in § 25g Absatz 1, 3 und 4 genannten Institute und Unternehmen haben als übergeordnete Unternehmen in Bezug auf ihre nachgeordneten Unternehmen, Zweigstellen und Zweigniederlassungen gruppenweite interne Sicherungsmaßnahmen nach § 9 des Geldwäschegesetzes und § 25g Absatz 1, 3 und 4 zu schaffen, die Einhaltung der Sorgfaltspflichten nach den §§ 3, 5 und 6 des Geldwäschegesetzes und den §§ 25h und 25j sowie der Aufzeichnungs- und Aufbewahrungspflicht nach § 8 des Geldwäschegesetzes sicherzustellen. Verantwortlich für die ordnungsgemäße Erfüllung der Pflichten nach Satz 1 sind die Geschäftsleiter im Sinne des § 1 Abs. 2 Satz 1. Soweit die nach Satz 1 im Rahmen der Begründung oder Durchführung von Geschäftsbeziehungen oder Transaktionen zu treffenden Maßnahmen in einem Drittstaat, in dem das Unternehmen ansässig ist, nach dem Recht des betroffenen Staates nicht zulässig oder tatsächlich nicht durchführbar sind, hat das übergeordnete Unternehmen oder Mutterunternehmen sicherzustellen, dass ein nachgeordnetes Unternehmen, eine Zweigstelle oder Zweigniederlassung in diesem Drittstaat keine Geschäftsbeziehung begründet oder fortsetzt und keine Transaktionen durchführt. Soweit eine Geschäftsbeziehung bereits besteht, hat das übergeordnete Unternehmen oder Mutterunternehmen sicherzustellen, dass diese von dem nachgeordneten Unternehmen, der Zweigstelle oder der Zweigniederlassung ungeachtet anderer gesetzlicher oder vertraglicher Bestimmungen durch Kündigung oder auf andere Weise beendet wird. Für den Fall, dass am ausländischen Sitz eines nachgeordneten Unternehmens, einer Zweigstelle oder einer Zweigniederlassung strengere Pflichten gelten, sind dort diese strengeren Pflichten zu erfüllen.

(2) Finanzholding-Gesellschaften oder gemischte Finanzholding-Gesellschaften, die nach § 10a als übergeordnetes Unternehmen gelten, sind Verpflichtete im Sinne des § 2 Abs. 1 Nr. 1 des Geldwäschegesetzes. Sie unterliegen insoweit auch der Aufsicht der Bundesanstalt nach § 16 Abs. 1 in Verbindung mit Abs. 2 Nr. 2 des Geldwäschegesetzes.

ANMERKUNG § 25l wurde neu gefasst durch das Gesetz zur Abschirmung von Risiken und zur Planung der Sanierung und Abwicklung von Kreditinstituten und Finanzgruppen vom 7. August 2013 (BGBl. I S. 3090). § 25l enthält inhaltlich § 25g a.F. (s. 27. Aufl.).

§ 25m Verbotene Geschäfte

Verboten sind:
1. die Aufnahme oder Fortführung einer Korrespondenz- oder sonstigen Geschäftsbeziehung mit einer Bank-Mantelgesellschaft im Sinne des Artikels 3 Nr. 10 der Richtlinie 2005/60/EG und
2. die Errichtung und Führung von Konten auf den Namen des Instituts oder für dritte Institute, über die Kunden zur Durchführung von eigenen Transaktionen eigenständig verfügen können; § 154 Abs. 1 der Abgabenordnung bleibt unberührt.

ANMERKUNG § 25 m wurde neu gefasst durch das Gesetz zur Abschirmung von Risiken und zur Planung der Sanierung und Abwicklung von Kreditinstituten und Finanzgruppen vom 7. August 2013 (BGBl. I S. 3090). § 25 m enthält inhaltlich § 25 h a. F. (s. 27. Aufl.).

§ 25 n Sorgfalts- und Organisationspflichten beim E-Geld-Geschäft

(1) Bei der Ausgabe von E-Geld im Sinne des Zahlungsdiensteaufsichtsgesetzes hat das Institut die Pflichten des § 3 Absatz 1 Nummer 1 und 4, § 4 Absatz 1 bis 4, § 7 Absatz 1 und 2 und § 8 des Geldwäschegesetzes zu erfüllen.

(2) Diese Pflichten sind nicht zu erfüllen, soweit der an den E-Geld-Inhaber ausgegebene und auf einem E-Geld-Träger gespeicherte E-Geld-Betrag 100 Euro oder weniger pro Kalendermonat beträgt und sichergestellt ist, dass
1. das ausgegebene E-Geld nicht mit E-Geld eines anderen E-Geld-Inhabers oder mit E-Geld eines anderen Emittenten technisch verbunden werden kann,
2. die in Absatz 1 genannten Pflichten beim Rücktausch des ausgegebenen E-Gelds gegen Abgabe von Bargeld erfüllt werden, es sei denn, der Rücktausch des E-Gelds bezieht sich auf einen Wert von 20 Euro oder weniger oder der Rücktausch durch Gutschrift auf ein Konto des E-Geld-Inhabers bei einem CRR-Kreditinstitut oder eines E-Geld-Instituts nach § 1 Absatz 2 a des Zahlungsdiensteaufsichtsgesetzes erfolgt und
3. soweit das E-Geld auf einem wiederaufladbaren E-Geld-Träger ausgegeben wird, der in Satz 1 genannte Höchstbetrag von 100 Euro pro Kalendermonat nicht überschritten werden kann.

Bei dem Schwellenwert des Satzes 1 ist unerheblich, ob der E-Geldinhaber das E-Geld über einen Vorgang oder verschiedene Vorgänge erwirbt, sofern Anhaltspunkte dafür vorliegen, dass zwischen ihnen eine Verbindung besteht.

(3) Soweit E-Geld über einen wiederaufladbaren E-Geld-Träger ausgegeben wird, hat der E-Geld-Emittent Dateien zu führen, in denen alle an einen bereits identifizierten E-Geld-Inhaber ausgegebenen und zurückgetauschten E-Geldbeträge mit Zeitpunkt und ausgebender oder rücktauschender Stelle aufgezeichnet werden. § 8 Absatz 2 bis 4 des Geldwäschegesetzes ist entsprechend anzuwenden.

(4) Liegen Tatsachen vor, die die Annahme rechtfertigen, dass bei der Verwendung eines E-Geld-Trägers das ausgegebene E-Geld mit E-Geld eines anderen E-Geld-Inhabers oder mit E-Geld eines anderen Emittenten verbunden werden kann, oder rechtfertigen Tatsachen die Annahme, dass im Zusammenhang mit anderen technischen Verwendungsmöglichkeiten dieses E-Geld-Trägers, dessen Vertrieb und der Einschaltung von bestimmten Akzeptanzstellen ein erhöhtes Risiko der Geldwäsche, Terrorismusfinanzierung oder sonstiger strafbarer Handlungen nach Maßgabe des § 25 g Absatz 1 besteht, kann die Bundesanstalt, um diesen Risiken mit geeigneten Maßnahmen entgegenzuwirken,
1. der Geschäftsleitung des Instituts Anweisungen erteilen,
2. dem Institut den Einsatz dieses E-Geld-Trägers untersagen oder sonstige geeignete und erforderliche technische Änderungen dieses E-Geld-Trägers anordnen,
3. das Institut verpflichten, dem Risiko angemessene Pflichten nach Maßgabe der §§ 3 bis 9 des Geldwäschegesetzes zu erfüllen.

(5) Soweit bei der Nutzung eines E-Geld-Trägers ein geringes Risiko der Geldwäsche, Terrorismusfinanzierung oder sonstiger strafbarer Handlungen nach Maßgabe des § 25 g Absatz 1 besteht, kann die Bundesanstalt unter dem Vorbehalt des jederzeitigen Widerrufs gestatten, dass ein Institut vereinfachte Sorgfaltspflichten nach § 5 des Geldwäschegesetzes zu erfüllen hat oder von der Erfüllung sonstiger Pflichten absehen kann.

ANMERKUNG § 25n wurde neu gefasst durch das Gesetz zur Abschirmung von Risiken und zur Planung der Sanierung und Abwicklung von Kreditinstituten und Finanzgruppen vom 7. August 2013 (BGBl. I S. 3090).

5b. Vorlage von Rechnungslegungsunterlagen

§ 26 Vorlage von Jahresabschluß, Lagebericht und Prüfungsberichten

(1) Die Institute haben den Jahresabschluß in den ersten drei Monaten des Geschäftsjahres für das vergangene Geschäftsjahr aufzustellen und den aufgestellten sowie später den festgestellten Jahresabschluß und den Lagebericht der Bundesanstalt und der Deutschen Bundesbank nach Maßgabe des Satzes 2 jeweils unverzüglich einzureichen. Der Jahresabschluß muß mit dem Bestätigungsvermerk oder einem Vermerk über die Versagung der Bestätigung versehen sein. Der Abschlußprüfer hat den Bericht über die Prüfung des Jahresabschlusses (Prüfungsbericht) unverzüglich nach Beendigung der Prüfung der Bundesanstalt und der Deutschen Bundesbank einzureichen. Bei Kreditinstituten, die einem genossenschaftlichen Prüfungsverband angehören oder durch die Prüfungsstelle eines Sparkassen- und Giroverbandes geprüft werden, hat der Abschlußprüfer den Prüfungsbericht nur auf Anforderung der Bundesanstalt einzureichen.

(2) Hat im Zusammenhang mit einer Sicherungseinrichtung eine zusätzliche Prüfung stattgefunden, hat der Prüfer oder der Prüfungsverband den Bericht über diese Prüfung der Bundesanstalt und der Deutschen Bundesbank unverzüglich einzureichen.

(3) Ein Institut, das einen Konzernabschluß oder einen Konzernlagebericht aufstellt, hat diese Unterlagen der Bundesanstalt und der Deutschen Bundesbank unverzüglich einzureichen. Das übergeordnete Unternehmen einer Finanzholding-Gruppe im Sinne des § 10a, einer gemischten Finanzholding-Gruppe im Sinne des § 10a Absatz 3a oder eines Finanzkonglomerats hat einen Konzernabschluss oder einen Konzernlagebericht unverzüglich einzureichen, wenn die Finanzholding-Gesellschaft an der Spitze der Finanzholding-Gruppe oder die gemischte Finanzholding-Gesellschaft an der Spitze der gemischten Finanzholding-Gruppe oder des Finanzkonglomerats einen Konzernabschluss oder Konzernlagebericht aufstellt. Der Konzernabschlussprüfer hat die Prüfungsberichte über die in den Sätzen 1 und 2 genannten Konzernabschlüsse und Konzernlageberichte unverzüglich nach Beendigung seiner Prüfung bei der Bundesanstalt und der Deutschen Bundesbank einzureichen. Bei Kreditinstituten, die einem genossenschaftlichen Prüfungsverband angehören oder durch die Prüfungsstelle eines Sparkassen- und Giroverbandes geprüft werden, hat der Prüfer den Prüfungsbericht nur auf Anforderung der Bundesanstalt einzureichen.

(4) Die Bestimmungen des Absatzes 3 gelten entsprechend für einen Einzelabschluss nach § 325 Abs. 2a des Handelsgesetzbuchs.

Amtliche Begründung[1]

Daß die Kreditinstitute den Aufsichtsinstanzen ihren Jahresabschluß und den Prüfungsbericht als wichtigste Erkenntnisquellen für ihre wirtschaftliche Lage einzureichen haben, bedarf keiner weiteren Begründung. Der Jahresabschluß muß vorher festgestellt sein. Feststellung bedeutet hier Genehmigung durch das zuständige Organ oder die sonst für die Genehmigung zuständige Stelle; soweit es einer Genehmigung

---

1 Zur Ursprungsfassung.

nicht bedarf, liegt die Feststellung darin, daß der Inhaber oder die Geschäftsleiter des Kreditinstituts den geprüften Jahresabschluß billigen ...

Von der Einreichung des Prüfungsberichts sind die Kreditgenossenschaften – soweit ihr Jahresabschluß nach § 27* überhaupt zu prüfen ist – und die Sparkassen freigestellt. Da die Kreditgenossenschaften von staatlich beaufsichtigten Prüfungsverbänden, die Sparkassen von Prüfungsstellen im Auftrag der Sparkassenaufsichtsbehörde geprüft werden, ist hier davon auszugehen, daß besonderen Feststellungen bereits durch diese Prüfungsorgane nachgegangen wird. Die Bearbeitung aller dieser Prüfungsberichte würde bei der großen Zahl der Kreditgenossenschaften und Sparkassen das Bundesaufsichtsamt und die Bundesbank mit einer umfangreichen und im wesentlichen unnötigen Arbeit belasten. Von dem Recht, die Prüfungsberichte der genannten Institute im Einzelfalle oder laufend anzufordern, werden die Aufsichtsstellen vor allem bei den größeren Instituten Gebrauch machen, ferner bei solchen, die Anlaß zu besonderer Beobachtung gegeben haben.

ANMERKUNG

1. Die Vorschrift wurde mehrfach geändert und ergänzt. Durch das Bankbilanzrichtlinie-Gesetz vom 30. November 1990 (BGBl. I S. 2570) wurde sie grundlegend umgestaltet. Die in dem alten Absatz 4 enthaltene Ermächtigung für den Bundesjustizminister, Vorschriften über Formblätter für den Jahresabschluss zu erlassen, ist jetzt in § 330 Abs. 2 HGB enthalten. Aufgrund dieser Ermächtigung hat das Bundesjustizministerium die Verordnung über die Rechnungslegung der Kreditinstitute (RechKredV) vom 10. Februar 1992 (BGBl. I S. 203) erlassen. Die Verordnung wurde inzwischen mehrfach geändert, zuletzt durch die Verordnung vom 11. Dezember 1998 (BGBl. I S. 3654). Gleichzeitig wurde die Verordnung unter der Bezeichnung »Verordnung über die Rechnungslegung der Kreditinstitute und Finanzdienstleistungsinstitute (Kreditinstituts-Rechnungslegungsverordnung – RechKredV)« neu gefasst (BGBl. I S. 3659). Die Verordnung ist als Anhang 5.12 abgedruckt.
2. Der aufgehobene Absatz 5 betraf die Sammelwertberichtigungen. Sammelwertberichtigungen sind ein Instrument der Risikovorsorge für die noch nicht konkret erkannten, »latenten« Risiken des Kreditgeschäftes. Schon vor Existenz des Absatzes 5 des § 26 hat das Bundesaufsichtsamt für das Kreditwesen in einer auf § 6 in Verbindung mit § 26 KWG gestützten Anordnung vom 14. Juli 1965 die Bildung von Sammelwertberichtigungen verbindlich vorgeschrieben. Sie wurde durch eine allgemeine Verwaltungsvorschrift der Bundesregierung steuerlich anerkannt. 1974 wurden beide Regelungen neu gefasst. Durch das 3. KWG-Änderungsgesetz von 1984 wurde mit § 26 Abs. 5 eine spezielle Ermächtigungsnorm zum Erlass von Sammelwertberichtigungen in das Gesetz aufgenommen. Damit wurde die Bedeutung dieses Instruments unterstrichen. Überraschenderweise wurde diese Ermächtigung durch Art. 23 Nr. 3 des Steuerreformgesetzes 1990 vom 25. Juli 1988 wieder gestrichen. Diese Streichung beruhte nicht auf neuen bankaufsichtlichen Erkenntnissen, sondern hatte rein steuerliche Gründe. Wegen dieser neuen Situation hat das Bundesaufsichtsamt seine Anordnung von 1974 am 18. August 1988 aufgehoben und in seinem Begleitschreiben sein Bedauern hierüber zum Ausdruck gebracht. Die Verwaltungsvorschrift der Bundesregierung über die steuerliche Anerkennung der Sammelwertberichtigungen wurde am 4. Juli 1988 aufgehoben, wobei eine Übergangsregelung getroffen wurde (Bundesanzeiger Nr. 125 vom 9. Juli 1988).
3. Der durch das 2. KWG-Änderungsgesetz von 1976 eingefügte Absatz 2 bedeutet eine Verklammerung der durch Eigeninitiative der Kreditwirtschaft geschaffenen Einlagensicherungseinrichtungen mit der Bankenaufsicht. Der Bericht des Finanzausschusses (BT-Drucksache 7/4631) enthält hierzu folgende Ausführungen:

»Alle Verbände der Kreditinstitute prüfen die ihrer Sicherungseinrichtung angeschlossenen Institute durch ihre Prüfungsverbände und Prüfungsstellen, um frühzeitig Fehlentwicklungen bei einem Mitglied erkennen und ihnen begegnen zu können. Absatz 2 stellt, indem er die unverzügliche Einreichung der Prüfungsberichte vorschreibt, sicher,

dass auch die staatliche Bankenaufsicht bereits in einem frühen Stadium über Missstände bei einem Kreditinstitut unterrichtet wird und die zu deren Beseitigung notwendigen Maßnahmen einleiten kann.
Der Begriff der »Sicherungseinrichtung« umfasst Einlagensicherungen aller Art. Durch das Gesetz über die integrierte Finanzdienstleistungsaufsicht vom 22. April 2002 wurde die Vorschrift an die geänderte Bezeichnung der Aufsichtsbehörde in Bundesanstalt für Finanzdienstleistungsaufsicht angepasst.
4. Der Absatz 4 wurde durch das Bilanzreformgesetz vom 4.12.2004 (BGBl. I S. 3166) eingefügt.
5. Verstöße gegen die Pflichten nach § 26 sind Ordnungswidrigkeiten (§ 56 Abs. 2 Nr. 5). Freistellungen sind nach § 31 möglich.
6. Derzeit sind handelsrechtliche Konzernabschlüsse und -lageberichte nur dann einzureichen, wenn sie von einem Institut aufgestellt worden sind. Konzernabschlüsse und -lageberichte, die eine (gemischte) Finanzholding-Gesellschaft an der Spitze einer Finanzholding-Gruppe bzw. eines Finanzkonglomerats aufstellt, werden nicht erfasst, sondern sind nur auf besondere Anforderung nach § 44 Absatz 1 Satz 1 einzureichen. Die Neuregelung sieht nun ebenfalls eine dauernde Einreichungspflicht vor und stellt sicher, dass § 10a Absatz 7 bei Finanzholding-Gruppen angewendet werden kann. Die Änderungen in Satz 3 sind Folgeänderungen der Änderung in Satz 2 durch das Gesetz zur Umsetzung der geänderten Bankenrichtlinie und der geänderten Kapitaladäquanzrichtlinie vom 19. November 2010 (BGBl. I S. 1592), BT-Drucksache 17/2472 vom 7. Juli 2010.
7. In § 26 Absatz 3 Satz 2 handelt es sich um eine Folgeänderung, die sich aus der Anpassung der Richtlinie 2006/48/EG durch die Richtlinie 2011/89/EU ergibt aufgrund des Gesetzes zur Umsetzung der Richtlinie 2011/89/EU des Europäischen Parlaments und des Rates vom 16. November 2011 zur Änderung der Richtlinien 98/78/EG, 2002/87/EG, 2006/48/EG und 2009/138/EG hinsichtlich der zusätzlichen Beaufsichtigung der Finanzunternehmen eines Finanzkonglomerats vom 27. Juni 2013 (BGBl. I S. 1862).

5c. Offenlegung

§ 26a Offenlegung durch die Institute

(1) Zusätzlich zu den Angaben, die nach den Artikeln 435 bis 455 der Verordnung (EU) Nr. 575/2013 in der jeweils geltenden Fassung zu machen sind, sind die rechtliche und die organisatorische Struktur sowie die Grundsätze einer ordnungsgemäßen Geschäftsführung der Gruppe darzustellen. Die CRR-Institute haben darüber hinaus auf konsolidierter Basis, aufgeschlüsselt nach Mitgliedstaaten der Europäischen Union und Drittstaaten, in denen die Institute über Niederlassungen verfügen, folgende Angaben als Anhang zum Jahresabschluss im Sinne von § 26 Absatz 1 Satz 2 offenzulegen und von einem Abschlussprüfer nach Maßgabe des § 340k des Handelsgesetzbuchs prüfen zu lassen:
1. die Firmenbezeichnungen, die Art der Tätigkeiten und die geografische Lage der Niederlassungen,
2. den Umsatz,
3. die Anzahl der Lohn- und Gehaltsempfänger in Vollzeitäquivalenten,
4. Gewinn oder Verlust vor Steuern,
5. Steuern auf Gewinn oder Verlust,
6. erhaltene öffentliche Beihilfen.

Ist das CRR-Institut in den Konzernabschluss eines anderen Mutterunternehmens mit Sitz in einem Mitgliedstaat der Europäischen Union oder in einem Vertragsstaat des Abkommens über den Europäischen Wirtschaftsraum einbezogen, das den Anforderungen der Richtlinie 2013/36/EU unterworfen ist, braucht es die Angaben nach

Satz 2 nicht zu machen. In ihrem Jahresbericht legen die CRR-Institute ihre Kapitalrendite, berechnet als Quotient aus Nettogewinn und Bilanzsumme offen. Global systemrelevante Institute, die im Inland zugelassen sind, sind verpflichtet, der Europäischen Kommission die in Satz 2 Nummer 4 bis 6 genannten Angaben bis zum 1. Juli 2014 auf vertraulicher Basis zu übermitteln. Das Nähere zu den Anforderungen in Satz 2 bis 5 regelt die Rechtsverordnung nach § 10 Absatz 1 Satz 1 Nummer 10.

(2) Kommt ein Institut seinen Offenlegungspflichten in anderen als den in Artikel 432 der Verordnung (EU) Nr. 575/2013 in der jeweils geltenden Fassung genannten Fällen nicht, nicht richtig, nicht vollständig oder nicht rechtzeitig nach, kann die Bundesanstalt im Einzelfall Anordnungen treffen, die geeignet und erforderlich sind, die ordnungsgemäße Offenlegung der Informationen zu veranlassen. Die Bundesanstalt kann von den Artikeln 433 und 434 der Verordnung (EU) Nr. 575/2013 in der jeweils geltenden Fassung abweichende Zeitpunkte und Orte für die Veröffentlichung festlegen oder die Offenlegung zusätzlicher Informationen verlangen.

Amtliche Begründung[1]

Artikel 145 ff. in Verbindung mit Anhang XII der Bankenrichtlinie erlegt den Instituten eine Reihe von Offenlegungspflichten im Zusammenhang mit der Nutzung interner Risikomessverfahren zur Berechnung der Eigenkapitalanforderungen auf. Während die darin enthaltenen konkreten Offenlegungstatbestände weitestgehend in der Rechtsverordnung nach § 10 Abs. 1 Satz 9 geregelt werden, regelt § 26a einige grundsätzliche Fragen zum Inhalt der Offenlegungspflichten sowie im Hinblick auf die organisatorischen Anforderungen und Ausnahmetatbestände. Informationen, die bereits im Rahmen des Jahresabschlusses offen gelegt werden, unterliegen nicht erneut einer Offenlegungspflicht.

Absatz 1 bestimmt sehr allgemein zum Inhalt der Offenlegungspflicht, dass die Institute quantitative und qualitative Angaben über ihr Eigenkapital, die eingegangenen Risiken und ihre Risikomanagementverfahren, einschließlich der internen Modelle, der Kreditrisikominderungstechniken und der Verbriefungstransaktionen veröffentlichen müssen. Darüber hinaus verpflichtet Absatz 1 die Institute auch, förmliche Verfahren vorzuhalten und Regelungen zu treffen, die sicherstellen, dass sie ihren Offenlegungspflichten ordnungsgemäß nachkommen. Auch diese Verfahren sind regelmäßig daraufhin zu überprüfen, ob sie noch angemessen sind und ob sie noch alle relevanten Aspekte erfassen. Hierbei ist besonderes Augenmerk darauf zu richten, dass die Richtigkeit der offen gelegten Angaben gewährleistet ist. Zu überprüfen ist außerdem, ob die Offenlegungsfrequenz noch der Geschäftstätigkeit des Instituts und dem Informationsbedürfnis von Bankenaufsicht und Öffentlichkeit entspricht.

Absatz 2 dient der Umsetzung von Artikel 146 und Anhang XII Teil 1 der Bankenrichtlinie. Die Regelung stellt klar, dass das Interesse der Adressaten an einer Offenlegung der in Anhang XII näher spezifizierten Angaben dort eine Grenze findet, wo berechtigte Interessen des Institutes betroffen sind. Das Institut kann daher von einer Offenlegung absehen, wenn es sich um Informationen handelt, die nicht wesentlich sind oder die als rechtlich geschützt bzw. vertraulich einzustufen sind. Sieht ein Institut in den beiden letzten Fällen unter Berufung auf diese Gründe von einer eigentlich notwendigen Offenlegung ab, hat es, um dem Informationsinteresse der Adressaten gerecht zu werden, die Gründe hierfür jedoch in der sonst für die Offenlegung üblichen Form darzulegen. Darüber hinaus ist das Institut gehalten, an Stelle der nicht offen gelegten Informationen allgemeinere Angaben zu veröffentlichen, sofern diese nicht ebenfalls als rechtlich geschützt bzw. als vertraulich einzustufen

---

1 Zum Gesetz zur Umsetzung der neu gefassten Bankenrichtlinie und der neu gefassten Kapitaladäquanzrichtlinie vom 17. November 2006 (BGBl. I S. 2606).

sind. Die Definition für Wesentlichkeit beruht auf dem IAS-Rahmenkonzept für die Aufstellung und Darstellung von Abschlüssen (Tz. 29), die über die IAS-Verordnung (EG) 1606/2002 unmittelbar im nationalen Recht wirksam ist. So wird weitestgehend der Gleichlauf der Offenlegungspflichten nach der Rechnungslegung und für bankaufsichtliche Zwecke erreicht.

Die Anordnungsbefugnis der Bundesanstalt in Absatz 3 räumt der Bundesanstalt auch im Bereich der Offenlegung die Möglichkeit ein, organisatorischen Mängeln oder Mängeln in der Praxis der Offenlegung durch konkrete Anordnungen zu begegnen. Auch diese Anordnungsbefugnis ist Teil der Verfeinerung des bankaufsichtlichen Instrumentariums.

Absatz 4 setzt Artikel 68 Abs. 3 in Verbindung mit Artikel 72 der Bankenrichtlinie um und wird sich gleichfalls im Offenlegungsteil der Solvabilitätsverordnung wieder finden. Mit dieser Vorschrift wird dem Umstand Rechnung getragen, dass in der öffentlichen Wahrnehmung bei wirtschaftlichen Entscheidungen regelmäßig die Gruppe im Vordergrund steht und mit der Offenlegung von Informationen allein auf der Ebene der Gruppe Marktdisziplin hinreichend wirksam gemacht werden kann. Eine zusätzliche Offenlegung der Informationen auf der Basis des übergeordneten Unternehmens und der jeweiligen einbezogenen nachgeordneten Institute wäre eine unnötige Belastung, da sie nicht zu einer wirksameren Marktdisziplin beitragen würde, sondern im Gegenteil durch zu viele Informationen die Wahrnehmung der relevanten Fakten sogar erschweren kann.

Amtliche Begründung[1]

Zu Nummer 33 (§ 26a)

Diese Änderung setzt Artikel 3 Nummer 26 der Richtlinie 2011/89/EU um, der den Artikel 146a neu in die Richtlinie 2006/48/EG aufnimmt und benannte Offenlegungspflichten für Institute vorsieht.

Amtliche Begründung[2]

Zu Nummer 56 (§ 26a)

Die Offenlegung durch die Institute ist nunmehr in den Artikeln 418ff. der Verordnung (EU) Nr. .../2012 geregelt, sodass § 26a KWG entsprechend angepasst wurde. Absatz 1 und Absatz 2 Satz 2 setzen Artikel 101 Buchstabe a und b der Richtlinie 2012/.../EU um. Die Maßnahmenbefugnis des vormaligen Absatzes 3 wurde aus redaktionellen Gründen in den Absatz 2 verschoben.

---

1 Zum Gesetz zur Umsetzung der Richtlinie 2011/89/EU des Europäischen Parlaments und des Rates vom 16. November 2011 zur Änderung der Richtlinien 98/78/EG, 2002/87/EG, 2006/48/EG und 2009/138/EG hinsichtlich der zusätzlichen Beaufsichtigung der Finanzunternehmen eines Finanzkonglomerats vom 27. Juni 2013 (BGBl. I S. 1862); vgl. BT-Drucksache 17/12602 vom 4. März 2013.

2 Zum Gesetz zur Umsetzung der Richtlinie 2013/36/EU über den Zugang zur Tätigkeit von Kreditinstituten und die Beaufsichtigung von Kreditinstituten und Wertpapierfirmen und zur Anpassung des Aufsichtsrechts an die Verordnung (EU) Nr. 575/2013 über Aufsichtsanforderungen an Kreditinstitute und Wertpapierfirmen (CRD IV-Umsetzungsgesetz) vom 28. August 2013 (BGBl. I S. 3395); vgl. BT-Drucksache 17/10974 vom 15. Oktober 2012 und BT-Drucksache 17/13524 – Beschlussempfehlung des Finanzausschusses (7. Ausschuss) – vom 15. Mai 2013.

Amtliche Begründung[1]

Zu Nummer 56 (§ 26a Absatz 1 KWG)

Die Ergänzung des § 26a Absatz 1 ist geboten, um die Offenlegungspflichten für Institute nach Artikel 89 Absatz 1 und Artikel 90 der Richtlinie 2013/.../EU umzusetzen. Die Detailregelungen zu den im Einzelnen offenzulegenden Angaben sowie den Verfahrensfragen werden in der Rechtsverordnung nach § 10 Absatz 1 Satz 1 Nummer 10 getroffen. Dies entspricht der bisherigen Systematik zur Regelung der institutsbezogenen Offenlegungspflichten.

ANMERKUNG Zur Anwendung des § 26a Absatz 1 Satz 2 Nummern 1 bis 3, Absatz 1 Satz 2 und 3 vgl. § 64r Absatz 15.

6. Prüfung und Prüferbestellung

§ 27 *(weggefallen)*

ANMERKUNG § 27 wurde durch das 3. Finanzmarktförderungsgesetz vom 24. März 1998 (BGBl. I S. 529) aufgehoben, eine Folge der Änderung des § 26.

§ 28 Bestellung des Prüfers in besonderen Fällen

(1) Die Institute haben der Bundesanstalt und der Deutschen Bundesbank den von ihnen bestellten Prüfer unverzüglich nach der Bestellung anzuzeigen. Die Bundesanstalt kann innerhalb eines Monats nach Zugang der Anzeige die Bestellung eines anderen Prüfers verlangen, wenn dies zur Erreichung des Prüfungszwecks geboten ist. Hat das Institut eine Wirtschaftsprüfungsgesellschaft zum Prüfer bestellt, die in einem der beiden vorangegangenen Geschäftsjahre Prüfer des Instituts war, kann die Bundesanstalt den Wechsel des verantwortlichen Prüfungspartners verlangen, wenn die vorangegangene Prüfung einschließlich des Prüfungsberichts den Prüfungszweck nicht erfüllt hat; § 319a Absatz 1 Satz 5 des Handelsgesetzbuchs gilt entsprechend. Widerspruch und Anfechtungsklage gegen Maßnahmen nach Satz 2 oder Satz 3 haben keine aufschiebende Wirkung.

(2) Das Gericht des Sitzes des Instituts hat auf Antrag der Bundesanstalt einen Prüfer zu bestellen, wenn
1. die Anzeige nach Absatz 1 Satz 1 nicht unverzüglich nach Ablauf des Geschäftsjahres erstattet wird;
2. das Institut dem Verlangen auf Bestellung eines anderen Prüfers nach Absatz 1 Satz 2 nicht unverzüglich nachkommt;
3. der gewählte Prüfer die Annahme des Prüfungsauftrages abgelehnt hat, weggefallen ist oder am rechtzeitigen Abschluß der Prüfung verhindert ist und das Institut nicht unverzüglich einen anderen Prüfer bestellt hat.

---

[1] Zum Gesetz zur Umsetzung der Richtlinie 2013/36/EU über den Zugang zur Tätigkeit von Kreditinstituten und die Beaufsichtigung von Kreditinstituten und Wertpapierfirmen und zur Anpassung des Aufsichtsrechts an die Verordnung (EU) Nr. 575/2013 über Aufsichtsanforderungen an Kreditinstitute und Wertpapierfirmen (CRD IV-Umsetzungsgesetz) vom 28. August 2013 (BGBl. I S. 3395); vgl. BT-Drucksache 17/13541 – Bericht des Finanzausschusses (7. Ausschuss) – vom 15. Mai 2013.

Die Bestellung durch das Gericht ist endgültig. § 318 Abs. 5 des Handelsgesetzbuchs ist entsprechend anzuwenden. Das Gericht kann auf Antrag der Bundesanstalt einen nach Satz 1 bestellten Prüfer abberufen.

(3) Die Absätze 1 und 2 gelten nicht für Kreditinstitute, die einem genossenschaftlichen Prüfungsverband angehören oder durch die Prüfungsstelle eines Sparkassen- und Giroverbandes geprüft werden.

Amtliche Begründung[1]

Zu Nummer 32 (§ 28)

Durch den neuen Satz 3 erhält die Bundesanstalt die Befugnis, im Einzelfall einen Wechsel der verantwortlichen Personen, die von der zum Abschlussprüfer bestellten Wirtschaftprüfungsgesellschaft mit der Abschlussprüfung verantwortlich betraut wurden, bereits vor der Pflichtrotation des § 319a Absatz 1 Satz 1 Nummer 4 des Handelsgesetzbuchs (HGB) zu verlangen. Dadurch kann die Bundesanstalt auf gravierende Mängel in der Berichterstattung der Vergangenheit angemessen reagieren. Satz 3 setzt voraus, dass eine der beiden vorangegangenen Prüfungen z. B. gravierende Mängel aufweist und damit den Prüfungszweck nicht erfüllt hat. Diese Ermächtigung erfordert im Gegensatz zum bestehenden Ablehnungsverlangen des Abschlussprüfers keine Prognoseentscheidung über die Gefahr, dass sich dieser gravierende Fehler in der nächsten Prüfung wiederholen wird. Damit sind die Voraussetzungen für die Forderung zum Wechsel der verantwortlichen Personen geringer als bei der Ablehnung eines Abschlussprüfers. Dies hat zudem den Vorteil, dass der verantwortlichen Person durch die Bundesanstalt nicht die fachliche Eignung abgesprochen wird. Die belastende Wirkung für die verantwortliche Person und die Wirtschaftsprüfungs-Gesellschaft ist dadurch sinnvoll begrenzt.

ANMERKUNG
1. Das Verlangen der Bundesanstalt, einen anderen Prüfer zu bestellen (Absatz 1 Satz 2), kann als Verwaltungsakt angefochten werden. Da eine solche Maßnahme jedoch keinen Aufschub duldet, wird die aufschiebende Wirkung der Rechtsbehelfe ausgeschlossen. Aus dem gleichen Grund ist die Bestellung durch das Gericht nach Absatz 2 Satz 2 unanfechtbar. Ein Verstoß gegen Absatz 1 Satz 1 ist eine Ordnungswidrigkeit (§ 56 Abs. 2 Nr. 4).
2. Durch das Gesetz über die integrierte Finanzdienstleistungsaufsicht vom 22. April 2002 wurde die Vorschrift an die geänderte Bezeichnung der Aufsichtsbehörde in Bundesanstalt für Finanzdienstleistungsaufsicht angepasst.
3. Redaktionelle Anpassung zur Vereinheitlichung der Terminologie des Kreditwesengesetzes, vgl. § 26 Abs. 1 Satz 4, Abs. 3, § 29 Abs. 2, § 40 Abs. 2.
4. § 28 Absatz 2 Satz 1 und 4 wird das Wort »Registergericht« ersetzt durch das Wort »Gericht« durch das Gesetz zur Einführung einer Rechtsbehelfsbelehrung im Zivilprozess und zur Änderung anderer Vorschriften vom 5. Dezember 2012 (BGBl. I S. 2418). Diese Änderungen dienen der Angleichung an die ähnlichen Regelungen etwa in § 66 Absatz 5 GmbHG oder § 290 Absatz 3 AktG, die jeweils auch »das Gericht« für zuständig erklären; vgl. BT-Drucksache 17/10490 vom 15. August 2012.

---

1 Zum Gesetz zur Umsetzung der geänderten Bankenrichtlinie und der geänderten Kapitaladäquanzrichtlinie vom 19. November 2010 (BGBl. I S. 1592); vgl. BT-Drucksache 17/1720 vom 17. Mai 2010.

§ 29 Besondere Pflichten des Prüfers

(1) Bei der Prüfung des Jahresabschlusses sowie eines Zwischenabschlusses hat der Prüfer auch die wirtschaftlichen Verhältnisse des Instituts zu prüfen. Bei der Prüfung des Jahresabschlusses hat er insbesondere festzustellen, ob das Institut die folgenden Anzeigepflichten und Anforderungen erfüllt hat:
1. die Anzeigepflichten nach den §§ 11, 12 a, 14 Absatz 1 sowie nach der Verordnung (EU) Nr. 575/2013 in ihrer jeweils geltenden Fassung, nach den §§ 15, 24 und 24 a jeweils auch in Verbindung mit einer Rechtsverordnung nach § 24 Absatz 4 Satz 1, nach § 24 a auch in Verbindung mit einer Rechtsverordnung nach § 24 a Absatz 5, sowie
2. die Anforderungen
   a) nach den §§ 10 a, 10 c bis 10 i jeweils auch in Verbindung mit einer Rechtsverordnung nach § 10 Absatz 1 Satz 1 Nummer 5, nach den §§ 11, 13 bis 13 c, 18, 25 Absatz 1 und 2, § 25 a Absatz 1 Satz 3 jeweils auch in Verbindung mit einer Rechtsverordnung nach § 25 Absatz 3 und § 25 a Absatz 5 auch in Verbindung mit einer Rechtsverordnung nach § 25 a Absatz 6, nach § 25 a Absatz 1 Satz 6 Nummer 1, Absatz 3, nach den §§ 25 b, 26 a, nach den §§ 13 und 14 Absatz 1, jeweils auch in Verbindung mit einer Rechtsverordnung nach § 22,
   b) nach den §§ 17, 20, 23 und 27 des Finanzkonglomerate-Aufsichtsgesetzes,
   c) nach Artikel 4 Absatz 1, 2 und 3 Unterabsatz 2, Artikel 9 Absatz 1 bis 4 sowie Artikel 11 Absatz 1 bis 10, 11 Unterabsatz 1 und Absatz 12 der Verordnung (EU) Nr. 648/2012,
   d) nach den Artikeln 92 bis 386 der Verordnung (EU) Nr. 575/2013 auch in Verbindung mit einer Rechtsverordnung nach § 10 Absatz 1 Satz 1, nach den Artikeln 387 bis 403 der Verordnung (EU) Nr. 575/2013 auch in Verbindung mit einer Rechtsverordnung nach § 13 Absatz 1 Satz 1, nach den Artikeln 404 bis 409 der Verordnung (EU) Nr. 575/2013.

Ist ein Institut nach § 2 a Absatz 1 freigestellt, hat der Prüfer den Fortbestand der in Artikel 7 der Verordnung (EU) Nr. 575/2013 in der jeweils geltenden Fassung genannten Voraussetzungen zu prüfen. Ist ein Institut nach § 2 a Absatz 3 freigestellt, hat der Prüfer den Fortbestand der in Artikel 8 der Verordnung (EU) Nr. 575/2013 in der jeweils geltenden Fassung genannten Voraussetzungen zu prüfen. Hat die Bundesanstalt nach § 30 gegenüber dem Institut Bestimmungen über den Inhalt der Prüfung getroffen, sind diese vom Prüfer zu berücksichtigen. Sofern dem haftenden Eigenkapital des Instituts nicht realisierte Reserven zugerechnet werden, hat der Prüfer bei der Prüfung des Jahresabschlusses auch zu prüfen, ob bei der Ermittlung dieser Reserven § 10 Abs. 4 a bis 4 c in der bis zum 31. Dezember 2013 geltenden Fassung beachtet worden ist. Bei einem Kreditinstitut, das aufgefordert wurde, einen Sanierungsplan nach § 47 Absatz 1 aufzustellen, hat der Prüfer auch zu prüfen, ob der Sanierungsplan die Voraussetzungen nach § 47 Absatz 1 Satz 2 sowie nach § 47 a Absatz 1 bis 3 und Absatz 4 Satz 2 und 4 erfüllt. Das Ergebnis ist in den Prüfungsbericht aufzunehmen.

(1a) Absatz 1 gilt hinsichtlich der Anforderungen nach Artikel 4 Absatz 1, 2 und 3 Unterabsatz 2, Artikel 9 Absatz 1 bis 4 sowie Artikel 11 Absatz 1 bis 10, 11 Unterabsatz 1 und Absatz 12 der Verordnung (EU) Nr. 648/2012 für die Prüfung des Jahresabschlusses von zentralen Gegenparteien mit der Maßgabe, dass der Prüfer zusätzlich zu prüfen hat, ob die Anforderungen nach Artikel 7 Absatz 1 bis 4, Artikel 8 Absatz 1 bis 4 und den Artikeln 26, 29, 33 bis 54 der Verordnung (EU) Nr. 648/2012 sowie der gemäß diesen Artikeln erlassenen technischen Regulierungsstandards eingehalten sind. Satz 1 gilt entsprechend für den verkürzten Abschluss einer zentralen Gegenpartei, wenn ein solcher nach den gesetzlichen Vorgaben zu erstellen ist.

(2) Der Prüfer hat auch zu prüfen, ob das Institut seinen Verpflichtungen nach den §§ 24 c und 25 g bis 25 m, dem Geldwäschegesetz und der Verordnung (EG) Nr. 1781/2006 nachgekommen ist; bei Kreditinstituten hat der Prüfer auch zu prüfen,

ob das Kreditinstitut seinen Verpflichtungen nach der Verordnung (EG) Nr. 924/2009 und der Verordnung (EU) Nr. 260/2012 nachgekommen ist. Zudem hat er die Einhaltung der Mitteilungs- und Veröffentlichungspflichten und sonstigen Anforderungen der Artikel 5 bis 10 und 12 bis 14 der Verordnung (EU) Nr. 236/2012 des Europäischen Parlaments und des Rates vom 14. März 2012 über Leerverkäufe und bestimmte Aspekte von Credit Default Swaps (ABl. L 86 vom 24. 3. 2012, S. 1) zu prüfen. Bei Instituten, Zweigniederlassungen im Sinne des § 53b und Zweigstellen im Sinne des § 53, die das Depotgeschäft betreiben, hat er dieses Geschäft besonders zu prüfen, soweit es nicht nach § 36 Abs. 1 Satz 2 des Wertpapierhandelsgesetzes zu prüfen ist; diese Prüfung hat sich auch auf die Einhaltung des § 128 des Aktiengesetzes über Mitteilungspflichten und des § 135 des Aktiengesetzes über die Ausübung des Stimmrechts zu erstrecken. Über die Prüfungen nach den Sätzen 1 bis 3 ist jeweils gesondert zu berichten; § 26 Abs. 1 Satz 3 gilt entsprechend.

(3) Der Prüfer hat unverzüglich der Bundesanstalt und der Deutschen Bundesbank anzuzeigen, wenn ihm bei der Prüfung Tatsachen bekannt werden, welche die Einschränkung oder Versagung des Bestätigungsvermerkes rechtfertigen, die den Bestand des Instituts gefährden oder seine Entwicklung wesentlich beeinträchtigen können, die einen erheblichen Verstoß gegen die Vorschriften über die Zulassungsvoraussetzungen des Instituts oder die Ausübung einer Tätigkeit nach diesem Gesetz darstellen oder die schwerwiegende Verstöße der Geschäftsleiter gegen Gesetz, Satzung oder Gesellschaftsvertrag erkennen lassen. Auf Verlangen der Bundesanstalt oder der Deutschen Bundesbank hat der Prüfer ihnen den Prüfungsbericht zu erläutern und sonstige bei der Prüfung bekannt gewordene Tatsachen mitzuteilen, die gegen eine ordnungsmäßige Durchführung der Geschäfte des Instituts sprechen. Die Anzeige-, Erläuterungs- und Mitteilungspflichten nach den Sätzen 1 und 2 bestehen auch in Bezug auf ein Unternehmen, das mit dem Institut in enger Verbindung steht, sofern dem Prüfer die Tatsachen im Rahmen der Prüfung des Instituts bekannt werden. Der Prüfer haftet nicht für die Richtigkeit von Tatsachen, die er nach diesem Absatz in gutem Glauben anzeigt.

(4) Das Bundesministerium der Finanzen wird ermächtigt, im Einvernehmen mit dem Bundesministerium der Justiz und nach Anhörung der Deutschen Bundesbank durch Rechtsverordnung nähere Bestimmungen über
1. den Gegenstand der Prüfung nach den Absätzen 1 und 2,
2. den Zeitpunkt ihrer Durchführung und
3. den Inhalt der Prüfungsberichte

zu erlassen, soweit dies zur Erfüllung der Aufgaben der Bundesanstalt erforderlich ist, insbesondere um Missstände, welche die Sicherheit der einem Institut anvertrauten Vermögenswerte gefährden oder die ordnungsgemäße Durchführung der Bankgeschäfte oder Finanzdienstleistungen beeinträchtigen können, zu erkennen sowie einheitliche Unterlagen zur Beurteilung der von den Instituten durchgeführten Geschäfte zu erhalten. In der Rechtsverordnung kann bestimmt werden, dass die in den Absätzen 1 bis 3 geregelten Pflichten auch bei der Prüfung des Konzernabschlusses einer Institutsgruppe, Finanzholding-Gruppe oder gemischten Finanzholding-Gruppe oder eines Finanzkonglomerats einzuhalten sind; nähere Bestimmungen über den Gegenstand der Prüfung, den Zeitpunkt ihrer Durchführung und den Inhalt des Prüfungsberichts können dabei nach Maßgabe des Satzes 1 erlassen werden. Das Bundesministerium der Finanzen kann die Ermächtigung durch Rechtsverordnung auf die Bundesanstalt übertragen.

Amtliche Begründung[1]

Für eine wirksame Beaufsichtigung der Kreditinstitute sind Feststellungen des Abschlußprüfers über die wirtschaftlichen Verhältnisse des geprüften Instituts unentbehrlich. Daß diese Prüfung sich auch hierauf zu erstrecken hat, ist ausdrücklich nur in § 53 Abs. 1 GenG bestimmt. Absatz 1 stellt dies für die Prüfung aller Kreditinstitute ausdrücklich dar.

Außerdem wird eine Feststellungspflicht der Prüfer auf die Einhaltung des § 18 über die Offenlegung der Kreditunterlagen erweitert. Da sich die Prüfung nach § 53 GenG schon kraft ausdrücklicher gesetzlicher Regelung auf die wirtschaftlichen Verhältnisse zu erstrecken hat, genügt hier als besondere Verpflichtung des Prüfers die Feststellung der Erfüllung der Anzeigepflichten und die Einhaltung des § 18 (Absatz 1 Satz 2).

Nach der derzeitigen Regelung besteht eine Auskunftspflicht der Prüfer auch in schwerwiegenden Fällen nur dann, wenn das Bundesaufsichtsamt ein entsprechendes Verlangen äußert. Diese Regelung, verbunden mit der Tatsache, daß die verbandsgeprüften Kreditinstitute die Prüfungsberichte gemäß § 26 Satz 3 Halbsatz 2 nur auf Anforderung einzureichen haben, führt dazu, daß das Bundesaufsichtsamt auch von schwerwiegenden Verfehlungen von Geschäftsleitern nur zufällig etwas erfährt. Hinzu kommt weiter, daß durch den zwischen der Prüfung und der Einreichung des Prüfungsberichts liegenden Zeitraum eine Verzögerung für zu treffende Maßnahmen eintritt, die in schwerwiegenden Fällen nicht vertretbar ist. Aus diesem Grunde wird durch die an § 166 Abs. 2 AktG angelehnte Neufassung des Absatzes 2 in Fällen, in denen alsbaldige Maßnahmen des Bundesaufsichtsamtes in Betracht kommen, eine unverzügliche Unterrichtung des Bundesaufsichtsamtes sichergestellt, ohne daß hierfür ein entsprechendes Verlangen erforderlich ist. Das Verlangen nach Satz 2 kann künftig auch von der Deutschen Bundesbank geäußert werden.

Amtliche Begründung[2]

Durch die Ergänzungen in Absatz 1 Satz 1 werden die Prüfungspflichten der Abschlußprüfer erweitert auf die Prüfung, ob die Anzeigepflichten über nicht ausreichend gesicherte oder zu nicht marktgerechten Bedingungen gewährte Kredite (§ 10 Abs. 7 Satz 1 und 2) und über Großkredite gruppenangehöriger Kreditinstitute (§ 13a Abs. 4 Satz 1) sowie die Pflicht zur Einreichung von Sammelaufstellungen (§ 10 Abs. 7 Satz 3, § 13 Abs. 1 Satz 4, § 13a Abs. 4 Satz 1, § 16 Satz 3) erfüllt worden sind. Der neue Absatz 1 Satz 2 entspricht inhaltlich dem bisherigen Absatz 1 Satz 1 Halbsatz 2. Im geänderten Absatz 1 Satz 3 (bisher Absatz 1 Satz 2) wird entsprechend Absatz 1 Satz 1 die Pflicht zur Einreichung von Sammelaufstellungen erwähnt.

Nach dem neuen Absatz 3 Satz 1 können durch Rechtsverordnung nähere Bestimmungen über den Inhalt der Prüfungsberichte erlassen werden. Durch diese Vorschrift wird die Rechtsgrundlage für die bisherige Anordnung des Bundesaufsichtsamtes über die Prüfung der Jahresabschlüsse der Kreditinstitute (Prüfungsrichtlinien) konkretisiert.

Amtliche Begründung[3]

§ 29 Abs. 1 Satz 1 KWG, der bisher nur Pflichten des Prüfers bei der Jahresabschlußprüfung begründete, wird um Pflichten bei der Prüfung des Zwischenabschlusses

---

1 Zur Neufassung durch das Zweite KWG-Änderungsgesetz.
2 Zum 3. KWG-Änderungsgesetz.
3 Zum 4. KWG-Änderungsgesetz.

ergänzt (§ 29 Abs. 1 Satz 1 Halbsatz 1). Die Pflicht zur Prüfung des Zwischenabschlusses ist in Artikel 6 Nr. 6 (§ 340a Abs. 3 HGB) begründet. Die neu in § 29 Abs. 1 Satz 1 aufgenommene Pflicht zur Prüfung der wirtschaftlichen Verhältnisse im Rahmen der Prüfung von Zwischenabschlüssen ist angesichts der Heranziehung von Zwischengewinnen als Eigenkapital erforderlich (vgl. Artikel 2 Abs. 1 Nr. 1 Satz 2 der Eigenmittel-Richtlinie).

Die Pflichten des Prüfers anläßlich der Prüfung des Jahresabschlusses werden um die Pflicht zur Feststellung der Einhaltung der wichtigsten neu in das Gesetz aufgenommenen Anzeigepflichten ergänzt.

Da gemäß Artikel 3 Abs. 1 Buchstabe c Satz 1 der Eigenmittel-Richtlinie die Prüfung der sonstigen Eigenkapitalbestandteile erforderlich ist, bestimmt der neu in Satz 1 eingefügte letzte Halbsatz, daß der Prüfer auch die Beachtung der Vorschriften für nicht realisierte Reserven zu überprüfen hat.

Amtliche Begründung[1]

§ 29 regelt die besonderen Pflichten des Abschlußprüfers. Die Änderungen sind teilweise rechtsförmlich bedingt, teilweise aufgrund anderer Änderungen erforderlich, insbesondere wegen der Einbeziehung der Finanzdienstleistungsinstitute. Darüber hinaus enthält § 29 folgende neue Regelungen. In Absatz 2 Satz 2 wird festgelegt, daß der Prüfer bei Instituten, die das Depotgeschäft betreiben, diese Geschäfte besonders zu prüfen hat. Gemäß § 53b Abs. 3 erstreckt sich diese Pflicht auch auf Zweigniederlassungen von Instituten mit Sitz in einem anderen Staat des Europäischen Wirtschaftsraums. Die Festlegung dieser besonderen Prüfungspflicht in § 29 folgt aus der Aufhebung des bisherigen § 30. Diese Vorschrift wird aufgehoben, um die Institute von einer gesonderten Pflichtprüfung zu entlasten. Gleichzeitig wird die Rechtsverordnungsermächtigung in Absatz 4 und in Anlehnung an den bisherigen § 30 Abs. 2 Satz 1 konkretisiert. Künftig kann das BAKred auch den Zeitpunkt der Prüfung bestimmen. Damit wird die Möglichkeit geschaffen, die Depotprüfung wie bislang während des Jahres durchzuführen.

Mit Absatz 2 Satz 3 wird Artikel 5 Abs. 2 der BCCI-Folgerichtlinie umgesetzt.

Amtliche Begründung[2]

Zu Absatz 1

Die zahlreichen, zusätzlichen Anforderungen, die aufgrund der überarbeiteten Kapitaladäquanzrichtlinie an die Institute, an das Handelsbuch, die darin einbezogenen Positionen, die Steuerung der Handelsbuchpositionen, die Steuerung der Risiken des Handelsbuchs und die Bewertung der Handelsbuchpositionen gestellt werden und die in § 1a Abs. 4 bis 8 ihren Niederschlag gefunden haben, sowie in einer zukünftig nach § 1a Abs. 9 zu erlassenden Rechtsverordnung detailliertere Regelungen erfahren werden, sind zwingend von den Instituten einzuhalten. Dementsprechend verpflichtet Absatz 1 Satz 2 den Abschlussprüfer nunmehr, im Rahmen der Jahresabschlussprüfung auch über die Einhaltung dieser Anforderungen zu berichten. Die Aufzählung der zu prüfenden Anforderungen wurde zudem erweitert um die in § 26a neu aufgenommenen Pflichten zur Offenlegung der Institute.

Satz 3 bezieht sich auf die Ausnahmen für gruppenangehörige Unternehmen in § 2a. Dem Prüfer wird aufgegeben, zu überprüfen, ob die Voraussetzungen für die

---

1 Zum 6. KWG-Änderungsgesetz.
2 Zum Gesetz zur Umsetzung der neu gefassten Bankenrichtlinie und der neu gefassten Kapitaladäquanzrichtlinie vom 17. November 2006 (BGBl. I S. 2606).

Inanspruchnahme der Ausnahmeregelung durch das nachgeordnete Unternehmen weiterhin vorliegen. Die Prüfungspflicht erstreckt sich darüber hinaus auch auf die regelmäßige Überprüfung des Vorliegens der Voraussetzungen durch das Institut sowie deren Dokumentation.

Satz 4 bezieht sich auf die neu eingefügte Regelung des § 30. Es soll gewährleistet werden, dass der Prüfer über die in Absatz 1 genannten Punkte hinaus auch die von der Aufsicht nach § 30 gegenüber dem Institut getroffenen Bestimmungen über den Inhalt der Prüfung bei seiner Prüfung berücksichtigt.

Zu Absatz 2

Durch die Änderung wird die Depotprüfung bei den Banken, die zugleich Wertpapierdienstleistungsunternehmen sind, mit der Prüfung nach § 36 des Wertpapierhandelsgesetzes zusammengefasst. Nur für diejenigen Banken, die nicht auch Wertpapierdienstleistungsunternehmen sind, bleibt die Depotprüfung Teil der Jahresabschlussprüfung.

Die bisherige Einbeziehung der Depotprüfung in die Jahresabschlussprüfung hat primär historische Gründe, da diese Prüfung bereits vor Erlass des Wertpapierhandelsgesetzes vorgeschrieben war. Der sachliche Zusammenhang und die Prüfungspraxis sprechen hingegen dafür, das rein wertpapierbezogene Depotgeschäft zusammen mit dem Wertpapiergeschäft zu prüfen.

Amtliche Begründung[1]

Zu Absatz 3

Die Ergänzung der Prüferpflichten in Absatz 3 ist durch Artikel 55 der Finanzmarktrichtlinie geboten. Zu den Vorschriften über die Ausübung seiner Tätigkeit nach Satz 1 gehören insbesondere die Zulassungs- und Organisationspflichten nach dem Kreditwesengesetz und die Vorschriften des Abschnitts 6 des Wertpapierhandelgesetzes.

Die Anzeige-, Erläuterungs- und Mitteilungspflichten des neuen Satzes 3 beziehen sich auf Tatsachen, von denen der Prüfer in Ausübung seiner Prüfungstätigkeit bei einem Institut Kenntnis erlangt.

Amtliche Begründung[2]

Zu Nummer 7 (Änderung in § 29 Abs. 2)

Die Änderung in § 29 Abs. 2 KWG-neu ist eine redaktionelle Anpassung auf Grund der Streichung des § 25a Abs. 1 Satz 6 Nr. 3 KWG.

Sinn und Zweck des § 29 Abs. 2 KWG-neu ist es, dass der Prüfer im Rahmen der Jahresabschlussprüfung die Einhaltung der gesamten geldwäscherechtlichen Vorschriften prüfen soll. Daher ist der Verweis durch den Verweis auf die in Abschnitt 5a neu eingefügten §§ 25c bis 25h KWG-neu zu ersetzen.

---

1 Zum Finanzmarktrichtlinie-Umsetzungsgesetz.
2 Zum Geldwäschebekämpfungsergänzungsgesetz vom 13. August 2008 (BStBl. I S. 1690); vgl. BT-Drucksache 16/9038 vom 5. Mai 2008.

Amtliche Begründung[1]

Zu Nummer 33 (§ 29)

Es handelt sich um eine Änderung, die durch die Änderung des § 25a durch das Finanzmarkt-Richtlinie-Umsetzungsgesetz bedingt ist. Nunmehr finden sich die Anforderungen an das Risikomanagement in den Sätzen 3, 4 und 5, so dass eine entsprechende Anpassung des § 29 Absatz 1 Satz 2 notwendig wurde.

ANMERKUNG
1. Die Vorschrift wurde mehrfach geändert. Durch das 6. KWG-Änderungsgesetz vom 22. Oktober 1997 wurde sie ergänzt und in einigen Punkten umgestaltet (vgl. die vorstehenden Amtlichen Begründungen). Durch das Gesetz über die integrierte Finanzdienstleistungsaufsicht vom 22. April 2002 wurde die Vorschrift an die geänderte Bezeichnung der Aufsichtsbehörde in Bundesanstalt für Finanzdienstleistungsaufsicht angepasst. Abs. 1 Satz 2 wurde durch das Finanzkonglomeraterichtlinie-Umsetzungsgesetz vom 21. Dezember 2004 (BGBl. I S. 3610) neu gefasst. Einzelheiten zum Gegenstand und Zeitpunkt der Prüfung der Institute und zum Inhalt der Prüfungsberichte regelt die Prüfungsberichtsverordnung (vgl. Anhang 5.15).
2. § 29 Abs. 2 Satz 1 wurde geändert durch das Gesetz zur Ergänzung der Bekämpfung der Geldwäsche und der Terrorismusfinanzierung (Geldwäschebekämpfungsergänzungsgesetz – GwBekErgG) vom 13. August 2008 (BGBl. I S. 1690).
3. Durch das Gesetz zur Fortentwicklung des Pfandbriefrechts vom 20. März 2009 (BGBl. I S. 607) wurde § 29 Absatz 4 neu gefasst.
4. In § 29 Absatz 1 Satz 2 handelt es sich um Folgeänderungen zu § 25a KWG sowie zu einer Klarstellung im Nachgang zum Gesetz über die aufsichtsrechtlichen Anforderungen an die Vergütungssysteme von Instituten und Versicherungsunternehmen aufgrund des Gesetzes zur Umsetzung der Richtlinie 2010/78/EU des Europäischen Parlaments und des Rates vom 24. November 2010 im Hinblick auf die Errichtung des Europäischen Finanzaufsichtssystems vom 4. Dezember 2011 (BGBl. I S. 2427).
5. Es wurde in § 29 Absatz 2 »Satz« neu eingefügt durch das Gesetz zur Ausführung der Verordnung (EU) Nr. 236/2012 des Europäischen Parlaments und des Rates vom 14. März 2012 über Leerverkäufe und bestimmte Aspekte von Credit Default Swaps (EU-Leerverkaufs-Ausführungsgesetz) vom 6. November 2012 (BGBl. I S. 2286).
6. § 29 Absatz 1 Satz 2 wurde geändert und Absatz 1a wurde neu eingefügt durch das Ausführungsgesetz zur Verordnung (EU) Nr. 648/2012 über OTC-Derivate, zentrale Gegenparteien und Transaktionsregister (EMIR-Ausführungsgesetz) vom 13. Februar 2013 (BGBl. I S. 174). Die Ergänzung in Absatz 1 Satz 2 ordnet an, dass die Abschlussprüfer eines Kreditinstituts im Rahmen der Jahresabschlussprüfung auch zu prüfen haben, ob das Institut als finanzielle Gegenpartei seinen Verpflichtungen nach der Verordnung (EU) Nr. 648/2012 nachkommt. Der neu eingefügte Absatz 1a erstreckt die Jahresabschlussprüfung bei zentralen Gegenparteien zusätzlich auch auf die Einhaltung der Vorgaben aus der Verordnung (EU) Nr. 648/2012. Damit wird dem Bedürfnis nach einer umfassenden Prüfung und Unterrichtung der Bundesanstalt und der Deutschen Bundesbank, aber auch der Aufsichtsgremien der zentralen Gegenpartei Rechnung getragen; vgl. BT-Drucksache 17/11289 vom 5. November 2012.
7. § 29 Absatz 2 Satz 1 wurde geändert durch das Gesetz zur Begleitung der (EU) Nr. 260/2012 zur Festlegung der technischen Vorschriften und der Geschäftsanforderungen für Überweisungen und Lastschriften in Euro und zur Änderung der Verordnung

---

1 Zum Gesetz zur Umsetzung der geänderten Bankenrichtlinie und der geänderten Kapitaladäquanzrichtlinie vom 19. November 2010 (BGBl. I S. 1592); vgl. BT-Drucksache 17/1720 vom 17. Mai 2010.

EG Nr. 924/2009 (SEPA-Begleitgesetz) vom 3. April 2013 (BGBl. I S. 610). Damit die Bundesanstalt für Finanzdienstleistungsaufsicht als zuständige Behörde die Einhaltung der Verordnung (EG) Nr. 924/2009 und der Verordnung (EU) Nr. 260/2012 durch die Kreditinstitute im Sinne des Artikels 4 Nummer 1 der Richtlinie 2006/48 EG wirksam überwachen kann, soll die Einhaltung der Vorschriften der Verordnung durch diese Kreditinstitute über diese Norm zum Gegenstand der Jahresabschlussprüfung gemacht werden. Dementsprechend sind die besonderen Pflichten der Prüfer anzupassen; vgl. BT-Drucksache 17/10038 vom 19. Juni 2012.
8. § 29 Absatz 1 wurde redaktionell geändert. In Absatz 4 erfolgte eine Folgeänderung, die sich aus der Anpassung der Richtlinie 2006/48/EG durch die Richtlinie 2011/89/EU ergibt durch das Gesetz zur Umsetzung der Richtlinie 2011/89/EU des Europäischen Parlaments und des Rates vom 16. November 2011 zur Änderung der Richtlinien 98/78/EG, 2002/87/EG, 2006/48/EG und 2009/138/EG hinsichtlich der zusätzlichen Beaufsichtigung der Finanzunternehmen eines Finanzkonglomerats vom 27. Juni 2013 (BGBl. I S. 1862).
9. Es handelt sich in § 29 Absatz 2 Satz 3 um eine redaktionelle Änderung durch das Gesetz zur Umsetzung der Richtlinie 2011/61/EU über die Verwalter alternativer Investmentfonds (AIFM-Umsetzungsgestz – AIFM UmsG) vom 4. März 2013 (BGB. I S. 1981).
10. Mit dem Gesetz zur Abschirmung von Risiken und zur Planung der Sanierung und Abwicklung von Kreditinstituten und Finanzgruppen vom 7. August 2013 (BGBl. I S. 3090) wird durch die Ergänzung des Satzes 6 in § 29 Absatz 1 sichergestellt, dass die erstmalige Aufstellung und die regelmäßige Aktualisierung eines von der Bundesanstalt angeforderten Sanierungsplans sowie die Beseitigung etwaiger von der Bundesanstalt aufgezeigter Mängel des Sanierungsplans vom Jahresabschlussprüfer anhand der in den §§ 47 bis 47 b vorgegebenen Kriterien im Rahmen der Jahresabschlussprüfung inhaltlich zu prüfen sind und darüber im Prüfungsbericht zum Jahresabschluss zu berichten ist; vgl. BT-Drucksache 17/12601 vom 4. März 2013.
11. Es handelt sich in § 29 Absatz 1 um die Anpassungen der Verweise, die sich durch den Wegfall bzw. durch das Einfügen von Paragrafen ergeben haben aufgrund des CRD IV-Umsetzungsgesetzes vom 28. August 2013 (BGBl. I S. 3395). Die Aufnahme des § 25 Absatz 1 und Absatz 2 KWG in den Katalog der Prüfpflichten geht auf die Reform des bankaufsichtlichen Meldewesens für den Bereich Finanzdaten und die entsprechenden Anpassungen in § 25 KWG zurück. Hierdurch wird ein regelmäßiges Berichtswesen zur Finanzlage für alle Institute eingeführt. Um die Datenqualität dieser Angaben zu gewährleisten, ist eine korrespondierende Prüfpflicht erforderlich; vgl. BT-Drucksache 17/10974 vom 15. Oktober 2012. In § 29 Absatz 1 Satz 2 und 3 wurden aufgrund der zeitlichen Verschiebung Gesetzesänderungen aufgrund des EMIR-Ausführungsgesetzes vom 13. Februar 2013 (BGBl. I S. 174) sowie des FiCoD II-Gesetzes berücksichtigt. Aufgrund der Vielzahl der Einzeländerungen wird der Änderungsbefehl in Gänze neu gefasst. Die Berichtspflichten erstrecken sich künftig auch auf die von dem Institut jeweils einzuhaltenden Kapitalpuffer-Anforderungen der §§ 10c bis 10i; vgl. BT-Drucksache 17/13541 vom 15. Mai 2013.
12. Zur Anwendung des § 29 Absatz 1 Satz 2 vgl. § 64o Absatz 2; zur Anwendung des § 29 Absatz 1a vgl. § 64o Absatz 3.

§ 30 Bestimmung von Prüfungsinhalten

Unbeschadet der besonderen Pflichten des Prüfers nach § 29 kann die Bundesanstalt auch gegenüber dem Institut Bestimmungen über den Inhalt der Prüfung treffen, die vom Prüfer im Rahmen der Jahresabschlussprüfung zu berücksichtigen sind. Sie kann insbesondere Schwerpunkte für die Prüfungen festlegen.

Amtliche Begründung[1]

Die Regelung knüpft an eine entsprechende Regelung in § 36 Abs. 3 des Wertpapierhandelsgesetzes an. In Ergänzung der bereits in § 29 enthaltenen generellen Anforderungen an den Umfang der Prüfung und die Berichterstattung durch den Jahresabschlussprüfer erlaubt es § 30 der Bundesanstalt, gegenüber dem Institut konkrete Bestimmungen über Prüfungsinhalte bzw. -schwerpunkte zu treffen, die der Prüfer im Rahmen der Jahresabschlussprüfung eines Instituts zu berücksichtigen hat. Ziel der Regelung ist damit zum einen ein größeres Maß an aufsichtlicher Flexibilität, da besser auf individuelle Besonderheiten der Institute eingegangen werden kann. Zum anderen zielt die Regelung auch auf eine Entlastung der Institute, da durch die Vorgabe bestimmter Prüfungsinhalte bereits im Rahmen der Jahresabschlussprüfung insbesondere bei sehr gezieltem Nachschaubedarf (z.B. zur Werthaltigkeit von Sicherheiten oder zur Angemessenheit der Risikovorsorge im Kreditgeschäft) in einer Reihe von Fällen auf die sonst erforderliche Anordnung einer Prüfung nach § 44 Abs. 1 verzichtet werden kann. Die seitens der Aufsicht selbst durchzuführenden bankgeschäftlichen Prüfungen bleiben hiervon unberührt.

ANMERKUNG Die Vorschrift wurde durch das Gesetz zur Umsetzung der neu gefassten Bankenrichtlinie und der neu gefassten Kapitaladäquanzrichtlinie vom 17. November 2006 eingefügt.

7. Befreiungen

§ 31 Befreiungen; Verordnungsermächtigung

(1) Das Bundesministerium der Finanzen kann nach Anhörung der Deutschen Bundesbank durch Rechtsverordnung, die nicht der Zustimmung des Bundesrates bedarf,
1. alle Institute oder Arten oder Gruppen von Instituten von der Pflicht zur Anzeige bestimmter Kredite und Tatbestände nach § 14 Abs. 1 sowie § 24 Abs. 1 Nr. 1 bis 4 und 6 und Abs. 1a, Arten oder Gruppen von Instituten von der Pflicht zur Einreichung von Finanzinformationen nach § 25 oder von der Pflicht nach § 26 Abs. 1 Satz 2, den Jahresabschluß in einer Anlage zu erläutern, sowie Geschäftsleiter eines Instituts von der Pflicht zur Anzeige von Beteiligungen nach § 24 Abs. 3 Nr. 2 freistellen, wenn die Angaben für die Aufsicht ohne Bedeutung sind;
2. Arten oder Gruppen von Instituten von der Einhaltung des § 26 freistellen, wenn die Eigenart des Geschäftsbetriebes dies rechtfertigt;
3. alle Institute, die keine CRR-Institute sind, oder Arten oder Gruppen von Instituten, die keine CRR-Institute sind, von Pflichten zur Anzeige bestimmter Kredite und Tatbestände nach der Verordnung (EU) Nr. 575/2013 freistellen.

Das Bundesministerium der Finanzen kann diese Ermächtigung durch Rechtsverordnung auf die Bundesanstalt mit der Maßgabe übertragen, daß die Rechtsverordnung im Benehmen mit der Deutschen Bundesbank ergeht.

(2) Die Bundesanstalt kann einzelne Institute von Verpflichtungen nach § 13 Abs. 1 und 2, § 15 Abs. 1 Satz 1 Nr. 6 bis 11 und Abs. 2, § 24 Abs. 1 Nr. 1 bis 4, den §§ 25, 26 und 29 Abs. 2 Satz 2 sowie von der Verpflichtung nach § 15 Abs. 1 Satz 1, Kredite nur zu marktmäßigen Bedingungen zu gewähren, freistellen, wenn dies aus besonderen Gründen, insbesondere wegen der Art oder des Umfanges der betriebenen Geschäfte,

---

[1] Zum Gesetz zur Umsetzung der neu gefassten Bankenrichtlinie und der neu gefassten Kapitaladäquanzrichtlinie vom 17. November 2006 (BGBl. I S. 2606).

angezeigt ist. Die Freistellung kann auf Antrag des Instituts oder von Amts wegen erfolgen.

(3) Ein übergeordnetes Unternehmen nach § 10a hat der Bundesanstalt und der Deutschen Bundesbank die Absicht mitzuteilen, Artikel 19 Absatz 1 der Verordnung (EU) Nr. 575/2013 in der jeweils geltenden Fassung für ein Unternehmen in Anspruch zu nehmen; es hat außerdem einmal jährlich in einer Sammelanzeige mitzuteilen, welche Unternehmen es nach Artikel 19 Absatz 1 der Verordnung (EU) Nr. 575/2013 in der jeweils geltenden Fassung von der Zusammenfassung nach § 12a Absatz 1 Satz 1, § 25 Absatz 2 und nach den Artikeln 11 bis 18 der Verordnung (EU) Nr. 575/2013 in der jeweils geltenden Fassung ausgenommen hat.

(4) weggefallen

(5) weggefallen

(6) weggefallen

Amtliche Begründung[1]

Die Bedeutung einzelner Vorschriften im Zweiten Abschnitt des Gesetzes kann sich im Laufe der Zeit durch die wirtschaftliche Weiterentwicklung oder durch neue aufsichtsmäßige Erkenntnisse wandeln. Bei der vielgestaltigen Struktur des deutschen Kreditgewerbes muß ferner damit gerechnet werden, daß bestimmte Vorschriften auf einzelne Kreditinstitute nicht oder nicht uneingeschränkt anwendbar sind. Es liegt daher im Interesse sowohl der Aufsichtsinstanzen als auch der Kreditinstitute, daß die Ordnungsgrundsätze elastisch gehandhabt werden können. Diesem Ziel dient § 31*, der Ausnahmen von einer Reihe von Vorschriften des Zweiten Abschnitts ermöglicht. Für einzelne Kreditinstitute kann das Bundesaufsichtsamt Befreiung gewähren, während für die Freistellung aller Kreditinstitute oder von Arten und Gruppen von Kreditinstituten eine Rechtsverordnung des Bundesministers für Wirtschaft[2] erforderlich ist.

Amtliche Begründung[3]

Zu Absatz 1 Satz 1

Mit der Änderung von Nummer 1 wird die Ermächtigung des Verordnungsgebers zur Freistellung auf Anzeigen nach § 24 Abs. 1 Nr. 12 erweitert. Die Inhaber bedeutender Beteiligungen, die der Bankenaufsicht bereits bekannt und die sich im Zeitablauf nur selten ändern, wie z. B. bei den öffentlich-rechtlichen Kreditinstituten des Sparkassensektors, müssen nicht jährlich erneut von dem Kreditinstitut angezeigt werden.

Mit der Freistellungsermächtigung wird dem Verordnungsgeber die Möglichkeit gegeben, insbesondere bei solchen Instituten auf die Anlage zu verzichten, über deren Jahresabschluß der Abschlußprüfer einen Prüfungsbericht vorlegt, in dem die in der Anlage zu gebenden Erläuterungen enthalten sind. Die Erläuterung des Jahresabschlusses in einer Anlage ist nur bei jenen Kreditinstituten erforderlich, von denen gemäß § 26 Abs. 1 Satz 3 zweiter Halbsatz die Einreichung eines Prüfungsberichtes nicht verlangt wird.

Die Änderung von Nummer 2 ist redaktioneller Natur.

---

1 Zur Ursprungsfassung.
2 Jetzt Bundesministerium der Finanzen (vgl. Anm. 1 zu § 5).
3 Zum 5. KWG-Änderungsgesetz.

Amtliche Begründung[1]

Der Bezug auf den bisherigen § 13 Abs. 4 und § 14 Abs. 1 wird in § 31 Abs. 2 Satz 1 ersatzlos gestrichen. Die Zulässigkeit der Überschreitung der Großkreditobergrenzen wird in dem neuen § 13 Abs. 3 und dem neuen § 13a Abs. 3 bis 5 abschließend geregelt; für eine weitergehende Freistellungsmöglichkeit ist kein Raum. Eine Freistellung von § 14 Abs. 1 läuft dem Zweck der Vorschrift, eine möglichst umfassende Darstellung der Gesamtverschuldung zu gewährleisten, zuwider. Weitere Änderungen ergeben sich aus der Einbeziehung der Finanzdienstleistungsinstitute und sind redaktionell bedingt. Darüber hinaus wird in Satz 2 geregelt, daß die Rechtsverordnung durch das BAKred künftig nur im Benehmen mit der Deutschen Bundesbank erlassen wird.

Amtliche Begründung[2]

Zu Absatz 1

Redaktionelle Folgeänderung in Absatz 1 Satz 1 Nr. 1 aufgrund der Änderungen in § 24 Abs. 1.

Zu den Absätzen 3 und 4

Der neu eingefügte Absatz 3 basiert auf der bislang in Absatz 2 Satz 2 enthaltenen Möglichkeit der Bundesanstalt, ein übergeordnetes Unternehmen nach § 10a Abs. 1 bis 3 unter bestimmten Voraussetzungen von der Einbeziehung einzelner nachgeordneter Unternehmen im Sinne von § 10a Abs. 1 bis 5 von der Zusammenfassung nach § 10a Abs. 6 bis 12, § 12a Abs. 1 sowie § 13b Abs. 3 und 4 freizustellen.
Die Regelung wurde nach Maßgabe von Artikel 73 Abs. 1 der Bankenrichtlinie überarbeitet und aus Gründen der Übersichtlichkeit in einen eigenen Absatz überführt.
Absatz 3 sieht jetzt zwei Möglichkeiten der Freistellung von der Konsolidierungspflicht vor. Eine grundsätzliche Freistellung nach Satz 1, wenn das betreffende nachgeordnete Unternehmen die genannten Bagatellgrenzen nicht überschreitet. Danach kann das übergeordnete Unternehmen von einer Einbeziehung in die Konsolidierung absehen, wenn und solange die Bilanzsumme des einzelnen nachgeordneten Unternehmens niedriger ist als der kleinere der genannten Beträge: 10 Mio. Euro oder eins vom Hundert der Bilanzsumme des der Institutsgruppe übergeordneten Unternehmens oder der die Beteiligung haltenden Finanzholding-Gesellschaft. Maßgeblich sind insoweit die Bilanzsummen der Einzelabschlüsse des nachgeordneten Unternehmens bzw. des übergeordneten Unternehmens oder der Finanzholding-Gesellschaft. Liegen die Voraussetzungen des Satzes 1 vor, darf das übergeordnete Unternehmen künftig von einer Einbeziehung des betreffenden nachgeordneten Unternehmens in die Konsolidierung absehen, ohne dass es hierzu der Zustimmung der Bundesanstalt bedürfte. Das übergeordnete Unternehmen hat lediglich nach Satz 2 der Bundesanstalt und der Deutschen Bundesbank unmittelbar den Erwerb einer derartigen Beteiligung anzuzeigen sowie zum 30. September eines jeden Jahres eine Sammelanzeige abzugeben, aus der sich ergibt, welche Unternehmen aufgrund der Regelung des Satzes 1 von der Konsolidierung ausgenommen wurden.

---

1 Zum 6. KWG-Änderungsgesetz.
2 Zum Gesetz zur Umsetzung der neu gefassten Bankenrichtlinie und der neu gefassten Kapitaladäquanzrichtlinie vom 17. November 2006 (BGBl. I S. 2606).

Ist die Bundesanstalt der Auffassung, dass einzelne oder mehrere nach Satz 1 von der Konsolidierung ausgenommene Unternehmen in ihrer Gesamtheit nicht von untergeordneter Bedeutung sind, kann sie nach Satz 3 anordnen, dass dieses oder diese Unternehmen wieder in die Konsolidierung nach den genannten Vorschriften einzubeziehen sind.

Neben dem genannten Verfahren ermöglicht Satz 4 nunmehr auch, einzelne nachgeordnete Unternehmen, die die in Satz 1 genannten Bagatellgrenzen überschreiten, von der Einbeziehung in die Konsolidierung auszunehmen, wenn deren Einbeziehung für die Aufsicht auf zusammengefasster Basis ohne oder von untergeordneter Bedeutung ist.

Unternehmen, die nach Maßgabe dieser Regelung von der Einbeziehung in die Konsolidierung ausgenommen wurden, sind im Rahmen der Ermittlung des haftenden Eigenkapitals auf Einzelebene nach § 10 Abs. 6 in Abzug zu bringen.

Satz 6 sieht schließlich die Erweiterung der Freistellungsmöglichkeit auf Institute vor, die nach § 10a Abs. 14 zur Unterkonsolidierung verpflichtet sind.

Mit Absatz 4 wird ein weiterer Freistellungstatbestand im Hinblick auf die Pflicht zur zusammengefassten Ermittlung der Eigenmittelausstattung in das Kreditwesengesetz eingeführt. Er beruht auf Artikel 22 ff. der Kapitaladäquanzrichtlinie. Nach Absatz 4 kann die Bundesanstalt Institutsgruppen oder Finanzholding-Gruppen, auf deren Antrag bei Vorliegen der nachfolgenden Voraussetzungen von der Verpflichtung zur Ermittlung der zusammengefassten Eigenmittelausstattung nach § 10 Abs. 1 Satz 1 freistellen: Es handelt sich bei allen gruppenangehörigen Instituten um Finanzdienstleistungsinstitute, die nicht auf eigene Rechnung mit Finanzinstrumenten handeln (Artikel 22 Abs. 1 Satz 1 Buchstabe b i.V.m. Artikel 20 Abs. 2 der Kapitaladäquanzrichtlinie). Jedes gruppenangehörige Unternehmen mit Sitz im Europäischen Wirtschaftsraum erfüllt auf Einzelebene die Anforderungen des § 10 Abs. 1 Satz 1 (Artikel 22 Abs. 1 Satz 1 Buchstabe c der Kapitaladäquanzrichtlinie) und ermittelt seine Eigenmittel, vermindert um alle Eventualverbindlichkeiten, die es zugunsten anderer gruppenangehöriger Unternehmen übernommen hat (Artikel 22 Abs. 1 Satz 1 Buchstabe a i.V.m. Artikel 16 der Kapitaladäquanzrichtlinie). Handelt es sich bei der antragstellenden Gruppe um eine Finanzholding-Gruppe im Sinne von § 10a Abs. 3, muss die Finanzholding-Gesellschaft an der Spitze der Gruppe in einem Umfang über Eigenkapital verfügen, der der Summe der Buchwerte der in § 10a Abs. 6 Satz 3 Nr. 1 aufgezählten Positionen sowie der gegenüber den gruppenangehörigen Unternehmen übernommenen Eventualverbindlichkeiten entspricht (Artikel 22 Abs. 1 Satz 1 Buchstabe d der Kapitaladäquanzrichtlinie).

Die gruppenangehörigen Institute mit Sitz innerhalb des Europäischen Wirtschaftsraums müssen über Systeme zur Überwachung und Steuerung der Herkunft der Eigenmittel verfügen, auf die die übrigen gruppenangehörigen Unternehmen zugreifen können (Artikel 22 Abs. 1 zweiter Unterabsatz der Kapitaladäquanzrichtlinie).

Das übergeordnete Unternehmen der Institutsgruppe oder Finanzholding-Gruppe ist verpflichtet, die Bundesanstalt über alle Risiken zu informieren, die die finanzielle Situation der Gruppe gefährden könnten (Artikel 23 Satz 1 der Kapitaladäquanzrichtlinie).

Zu Absatz 5

Redaktionelle Folgeänderung infolge der Einfügung der neuen Absätze 3 und 4.

Amtliche Begründung[1]

Zu Nummer 7 (§ 31)

Die Befreiungsmöglichkeiten des Absatzes 3, die bisher ausschließlich die Konsolidierungspflichten des § 10a Abs. 6 bis 12, des § 12a Abs. 1 sowie des § 13b Abs. 3 und 4 KWG umfassten, wurden um § 25 Abs. 2 KWG erweitert. Ist ein nachgeordnetes Unternehmen im Sinne von § 10a Abs. 1 bis 5 KWG für die Aufsicht auf zusammengefasster Basis ohne oder von untergeordneter Bedeutung, kann das übergeordnete Unternehmen auch davon absehen, dieses in den zusammengefassten Monatsausweis nach § 25 Abs. 2 KWG einzubeziehen, wenn es entweder unter die Bagatellregelung des Satzes 1 fällt, jedoch nur solange die Bundesanstalt keine Anordnung nach Satz 3 trifft, oder die Bundesanstalt dem Antrag nach Satz 4 stattgegeben hat.

Durch § 24 Abs. 4 der Anzeigenverordnung werden die Einzel- und die Sammelanzeigen des Satzes 2 konkretisiert, so dass es auf der Ebene des KWG keiner näheren Bestimmungen zum Verfahren der Sammelanzeige bedarf.

Die Pflicht zur Erstattung einer Einzelanzeige knüpft nicht mehr an den Erwerb der Beteiligung, sondern an die Absicht des übergeordneten Unternehmens an, für ein nachgeordnetes Unternehmen nach § 10a Abs. 1 bis 4 KWG die Befreiungsmöglichkeit des Satzes 1 bei Vorliegen der Befreiungsvoraussetzungen in Anspruch zu nehmen. Die Bundesanstalt und die Bundesbank sind von dieser Absicht unverzüglich und damit ohne schuldhaftes Zögern in Kenntnis zu setzen. Durch diese Änderung wird erreicht, dass die Bundesanstalt nicht nur im Fall des Erwerbs eines nachgeordneten Unternehmens, sondern in allen Fällen, in denen eine Befreiung nach Satz 1 in Betracht kommt, mit einer Einzelanzeige unverzüglich über deren Inanspruchnahme informiert wird (z.B. ein nachgeordnetes Unternehmen nach § 10a Abs. 1 bis 4 KWG erfüllt nunmehr die Befreiungsvoraussetzungen nach Satz 1 oder ein bestehendes Tochterunternehmen wird durch Änderung seiner Unternehmenstätigkeit zu einem nachgeordneten Unternehmen nach § 10a Abs. 1 bis 4 KWG). Damit wird auch klargestellt, dass der Freistellungstatbestand nicht nur für neu erworbene nachgeordnete Unternehmen zur Anwendung kommt. Von den Änderungen unberührt bleibt das Recht des übergeordneten Unternehmens, ohne Zustimmung der Bundesanstalt die Befreiung nach Satz 1 in Anspruch zu nehmen, solange diese keine Anordnung nach Satz 3 trifft. Das übergeordnete Unternehmen kann folglich seine Absicht zur Inanspruchnahme der Befreiungsmöglichkeit nach Satz 1 unmittelbar umsetzen.

Bei der Änderung in § 31 Abs. 4 handelt es sich um eine nachträgliche 1:1-Umsetzung von Artikel 22 ff. der Richtlinie 2006/49/EG des Europäischen Parlaments und des Rates vom 14. Juni 2006 (Kapitaladäquanzrichtlinie). Die bisherige Fassung des § 31 Abs. 4 geht über die in anderen Mitgliedstaaten maßgeblichen Anforderungen an eine Ausnahme hinaus. Eine Aufrechterhaltung der Bestimmung in der bisherigen Form würde zu Wettbewerbsnachteilen deutscher Institute und Instituts- bzw. Finanzholdinggruppen führen. Die Bestimmung hat in der praktischen Anwendungbereits zu Problemen geführt. Die nunmehr erfolgte Anpassung an europarechtliche Vorgaben gewährleistet gleiche Wettbewerbsbedingungen für deutsche Instituts- und Finanzholdinggruppen und solche aus anderen Mitgliedstaaten auf dem europäischen Markt.

---

[1] Zum Gesetz zur Umsetzung der Beteiligungsrichtlinie vom 12. März 2009 (BGBl. I S. 470); vgl. BT-Drucksache 16/10536 vom 13. Oktober 2008.

Amtliche Begründung[1]

Zu Buchstabe b (neu) (Absatz 6)

Artikel 122a Absatz 8 Satz 3 der Richtlinie 2009/111/EG erlaubt den zuständigen Behörden, zu beschließen, die Anforderungen von Artikel 122a Absatz 1 und 2 (diese entsprechen § 18a Absatz 1 und 2 KWG-E) in Zeiten allgemeiner angespannter Marktliquidität zeitweise auszusetzen. Da es sich hierbei um einen (wenn auch zeitlich begrenzten) Befreiungstatbestand handelt, wurde die Regelung aus systematischen Gründen nicht in den §§ 18a, 18b KWG-E umgesetzt, sondern in § 31.

Mit der Regelung wird der Originator von der Pflicht, einen bestimmten Selbstbehalt von der Verbriefung zu tragen, befreit, um im Krisenfall die vollständige Ausbilanzierung der zu verbriefenden Forderungen zu ermöglichen. Damit soll erreicht werden, dass in einer Situation allgemein angespannter Marktliquidität die Beschaffung von Liquidität für den Originator nicht zusätzlich erschwert wird.

ANMERKUNG

1. Das Bundesfinanzministerium hat die Ermächtigung zum Erlass von Verordnungen gemäß Absatz 1 auf die Bundesanstalt für Finanzdienstleistungsaufsicht übertragen.
2. Durch das 6. KWG-Änderungsgesetz vom 22. Oktober 1997 wurde die Vorschrift in verschiedenen Punkten umgestaltet. Durch das Gesetz über die integrierte Finanzdienstleistungsaufsicht vom 22. April 2002 wurde die Vorschrift an die geänderte Bezeichnung der Aufsichtsbehörde in Bundesanstalt für Finanzdienstleistungsaufsicht angepasst. Durch das 4. Finanzmarktförderungsgesetz vom 21. Juni 2002 wurden die Befreiungsmöglichkeiten nach Absatz 2 auf die Verpflichtung, Kredite nur zu marktmäßigen Bedingungen zu gewähren, erweitert. Durch das Finanzkonglomeraterichtlinie-Umsetzungsgesetz vom 21. Dezember 2004 (BGBl. I S. 3610) wurde der Absatz 2 geändert und Absatz 3 angefügt. Absatz 3 regelt die Freistellungsmöglichkeiten einzelner nachgeordneter Finanzkonglomeratsunternehmen von der Eigenmittelberechnung auf Konglomeratsebene.
3. Durch das Gesetz zur Umsetzung der Beteiligungsrichtlinie vom 12. März 2009 (BGBl. I S. 470) wurden in § 31 Absatz 3 und 4 Änderungen und Ergänzungen vorgenommen.
4. Mit Absatz 6 wird Absatz 8 Satz 3 des durch Artikel 1 Nummer 30 der Richtlinie 2009/111/EG in die Bankenrichtlinie aufgenommenen Artikels 122a umgesetzt durch das Gesetz zur Umsetzung der geänderten Bankenrichtlinie und der geänderten Kapitaladäquanzrichtlinie vom 19. November 2010 (BGBl. I S. 1592); BT-Drucksache 17/1720 vom 17. Mai 2010.
5. In § 31 Absatz 4 Satz 1 Nummer 1 wurde das Wort »E-Geld-Institut« durch das Gesetz zur Umsetzung der Zweiten E-Geld-Richtlinie vom 1. März 2011 (BGBl. I S. 288) als redaktionelle Folgeänderung gestrichen, da E-Geld-Institute als Institutstypus aus diesem Gesetz herausgenommen und dem Zahlungsdiensteaufsichtsgesetz unterstellt wurden.
6. In § 31 Absatz 3 und 4 handelt es sich um eine Folgeänderung und die Aufhebung des Absatzes 5 beruht auf der inhaltlichen Überführung des § 31 Absatz 5 in das Finanzkonglomerate-Aufsichtsgesetz durch das Gesetz zur Umsetzung der Richtlinie 2011/89/EU des Europäischen Parlaments und des Rates vom 16. November 2011 zur Änderung der Richtlinien 98/78/EG, 2002/87/EG, 2006/48/EG und 2009/138/EG hinsichtlich der zusätzlichen Beaufsichtigung der Finanzunternehmen eines Finanzkonglomerats vom 27. Juni 2013 (BGBl. I S. 1862).
7. Es handelt sich in § 31 um redaktionelle Änderungen durch das CRD IV-Umsetzungsgesetz vom 28. August 2013 (BGBl. I S. 3395), die sich durch die Anpassung der Verweise ergeben. In Absatz 1 wurde die Nummer 3 angefügt. Dies war erforderlich, da die

---

[1] Zum Gesetz zur Umsetzung der geänderten Bankenrichtlinie und der geänderten Kapitaladäquanzrichtlinie vom 19. November 2010 (BGBl. I S. 1592); vgl. Beschlussempfehlung und Bericht des 7. Finanzausschusses, BT-Drucksache 17/2472 vom 7. Juli 2010.

Verschiebung der Freistellungsmöglichkeiten von den Pflichten zur Anzeige bestimmter Kredite und Tatbestände, die bisher in § 10 Absatz 8 Satz 3 und § 13 a Absatz 1 geregelt wurden, nunmehr in der Verordnung (EU) Nr. 575/2013 oder einer Rechtsverordnung nach § 13 Absatz 1 geregelt werden. Denn diese Freistellungen können nur noch für solche Institute erfolgen, die keine CRR-Institute sind. Die Änderungen in den Absätzen 3 und 4 ergeben sich aus den Artikeln 14 und 15 sowie aus Artikel 17 der Verordnung (EU) Nr. 575/2013. Das Streichen von Absatz 6 stellt eine Folgeänderung zur Aufhebung von § 18a KWG dar.

Dritter Abschnitt:
Vorschriften über die Beaufsichtigung der Institute

1. Zulassung zum Geschäftsbetrieb

§ 32 Erlaubnis

(1) Wer im Inland gewerbsmäßig oder in einem Umfang, der einen in kaufmännischer Weise eingerichteten Geschäftsbetrieb erfordert, Bankgeschäfte betreiben oder Finanzdienstleistungen erbringen will, bedarf der schriftlichen Erlaubnis der Bundesanstalt; § 37 Abs. 4 des Verwaltungsverfahrensgesetzes ist anzuwenden. Der Erlaubnisantrag muß enthalten
1. einen geeigneten Nachweis der zum Geschäftsbetrieb erforderlichen Mittel;
2. die Angabe der Geschäftsleiter;
3. die Angaben, die für die Beurteilung der Zuverlässigkeit der Antragsteller und der in § 1 Abs. 2 Satz 1 bezeichneten Personen erforderlich sind;
4. die Angaben, die für die Beurteilung der zur Leitung des Instituts erforderlichen fachlichen Eignung der Inhaber und der in § 1 Abs. 2 Satz 1 bezeichneten Personen erforderlich sind;
4a. die Angaben, die für die Beurteilung, ob die Geschäftsleiter über die zur Wahrnehmung ihrer Aufgabe ausreichende Zeit verfügen, erforderlich sind;
5. einen tragfähigen Geschäftsplan, aus dem die Art der geplanten Geschäfte, der organisatorische Aufbau und die geplanten internen Kontrollverfahren des Instituts hervorgehen;
6. sofern an dem Institut bedeutende Beteiligungen gehalten werden:
   a) die Angabe der Inhaber bedeutender Beteiligungen,
   b) die Höhe dieser Beteiligungen,
   c) die für die Beurteilung der Zuverlässigkeit dieser Inhaber oder gesetzlichen Vertreter oder persönlich haftenden Gesellschafter erforderlichen Angaben,
   d) sofern diese Inhaber Jahresabschlüsse aufzustellen haben: die Jahresabschlüsse der letzten drei Geschäftsjahre nebst Prüfungsberichten von unabhängigen Abschlußprüfern, sofern solche zu erstellen sind, und
   e) sofern diese Inhaber einem Konzern angehören: die Angabe der Konzernstruktur und, sofern solche Abschlüsse aufzustellen sind, die konsolidierten Konzernabschlüsse der letzten drei Geschäftsjahre nebst Prüfungsberichten von unabhängigen Abschlußprüfern, sofern solche zu erstellen sind;
6a. sofern an dem Institut keine bedeutenden Beteiligungen gehalten werden, die maximal 20 größten Anteilseigner;
7. die Angabe der Tatsachen, die auf eine enge Verbindung zwischen dem Institut und anderen natürlichen Personen oder anderen Unternehmen hinweisen;

8. die Angabe der Mitglieder des Verwaltungs- oder Aufsichtsorgans nebst der zur Beurteilung ihrer Zuverlässigkeit und Sachkunde erforderlichen Tatsachen sowie Angaben, die für die Beurteilung erforderlich sind, ob sie der Wahrnehmung ihrer Aufgabe ausreichende Zeit widmen können.

Die nach Satz 2 einzureichenden Anzeigen und vorzulegenden Unterlagen sind durch Rechtsverordnung nach § 24 Abs. 4 näher zu bestimmen. Die Pflichten nach Satz 2 Nr. 6 Buchstabe d und e bestehen nicht für Finanzdienstleistungsinstitute.

(1a) Wer neben dem Betreiben von Bankgeschäften oder der Erbringung von Finanzdienstleistungen im Sinne des § 1 Absatz 1a Satz 2 Nummer 1 bis 5 und 11 auch Eigengeschäft betreiben will, bedarf auch hierfür der schriftlichen Erlaubnis der Bundesanstalt. Absatz 1 Satz 1 Halbsatz 2 und die Absätze 2, 4 und 5 sowie die §§ 33 bis 38 sind entsprechend anzuwenden.

(1b) Die Erlaubnis für das eingeschränkte Verwahrgeschäft im Sinne des § 1 Absatz 1a Satz 2 Nummer 12 kann nur erteilt werden, wenn die Erlaubnis zur Erbringung mindestens einer Finanzdienstleistung im Sinne des § 1 Absatz 1a Satz 2 Nummer 1 bis 4 oder zum Betreiben eines Bankgeschäfts im Sinne des § 1 Absatz 1 Satz 2 vorliegt oder gleichzeitig erteilt wird; mit Erlöschen oder Aufhebung dieser Erlaubnis erlischt die Erlaubnis für das eingeschränkte Verwahrgeschäft.

(2) Die Bundesanstalt kann die Erlaubnis unter Auflagen erteilen, die sich im Rahmen des mit diesem Gesetz verfolgten Zweckes halten müssen. Sie kann die Erlaubnis auf einzelne Bankgeschäfte oder Finanzdienstleistungen beschränken.

(3) Vor Erteilung der Erlaubnis hat die Bundesanstalt die für das Institut in Betracht kommende Sicherungseinrichtung zu hören.

(3a) Mit der Erteilung der Erlaubnis ist dem Institut, sofern es nach § 8 Abs. 1 des Einlagensicherungs- und Anlegerentschädigungsgesetzes beitragspflichtig ist, die Entschädigungseinrichtung mitzuteilen, der das Institut zugeordnet ist.

(4) Die Bundesanstalt hat die Erteilung der Erlaubnis im Bundesanzeiger bekannt zu machen.

(5) Die Bundesanstalt hat auf ihrer Internetseite ein Institutsregister zu führen, in das sie alle inländischen Institute, denen eine Erlaubnis nach Absatz 1, auch in Verbindung mit § 53 Abs. 1 und 2, erteilt worden ist, mit dem Datum der Erteilung und dem Umfang der Erlaubnis und gegebenenfalls dem Datum des Erlöschens oder der Aufhebung der Erlaubnis einzutragen hat. Das Bundesministerium der Finanzen kann durch Rechtsverordnung, die nicht der Zustimmung des Bundesrates bedarf, nähere Bestimmungen zum Inhalt des Registers und den Mitwirkungspflichten der Institute bei der Führung des Registers erlassen.

(6) Soweit einem Zahlungsinstitut eine Erlaubnis nach § 8 Abs. 1 des Zahlungsdiensteaufsichtsgesetzes oder einem E-Geld-Institut eine Erlaubnis nach § 8a Absatz 1 des Zahlungsdiensteaufsichtsgesetzes erteilt worden ist und dieses zusätzlich Finanzdienstleistungen im Sinne des § 1 Abs. 1a Satz 2 Nr. 9 erbringt, bedarf dieses Zahlungsinstitut oder E-Geld-Institut keiner Erlaubnis nach Absatz 1. Die Anzeigepflicht nach § 14 Abs. 1 ist zu erfüllen und § 14 Abs. 2 bis 4 anzuwenden.

Amtliche Begründung[1]

Der Betrieb eines Kreditinstituts ist nach § 32* nur mit staatlicher Erlaubnis zulässig. Der Gesetzeszweck verlangt, daß nur solche Unternehmen Bankgeschäfte betreiben dürfen, die personell und finanziell die Gewähr für eine ordnungsgemäße Geschäftsführung bieten. Das Erlaubnisverfahren ermöglicht es, das Eindringen un-

---

1 Zur Ursprungsfassung.

geeigneter Personen oder unzulänglich fundierter Unternehmen in das Kreditgewerbe zu verhindern.

...

Die Fassung: »Wer...betreiben will« bringt zum Ausdruck, daß die Erlaubnis vor Aufnahme des Geschäftsbetriebes vorliegen muß. Bei Unternehmen, die bereits Bankgeschäfte betreiben, aber nicht in dem in § 1 Abs. 1 vorausgesetzten Umfang, ist die Erlaubnis in dem Zeitpunkt erforderlich, in dem der in § 1 Abs. 1 genannte Umfang des Geschäfts erreicht wird.

Erlaubnisträger sind bei Einzelfirmen der Inhaber, bei Personenhandelsgesellschaften die einzelnen persönlich haftenden Gesellschafter, nicht die Gesellschaft. Ein neu eintretender persönlich haftender Gesellschafter bedarf somit der Erlaubnis, auch wenn er von der Geschäftsführung ausgeschlossen ist. Bei Kreditinstituten in der Rechtsform einer juristischen Person ist diese Träger der Erlaubnis. Die Schriftform der Erlaubnis ist Wirksamkeitsvoraussetzung; sie dient der Rechtssicherheit.

Die Beschränkung der Erlaubnis auf einzelne Bankgeschäfte (Absatz 2 Satz 2*) ist nicht nur dann möglich, wenn der Antrag von vornherein beschränkt war, sondern auch, wenn eine Vollkonzession begehrt wurde. Eine solche Teilablehnung kann jedoch nur auf die Ablehnungsgründe des § 33* gestützt werden.

...

Amtliche Begründung[1]

Nach Artikel 5 der Zweiten Richtlinie sind im Erlaubnisverfahren im Interesse einer »soliden und umsichtigen Führung des Kreditinstituts« Anforderungen an Aktionäre und Gesellschafter von Kreditinstituten, die bedeutende Anteile halten, zu berücksichtigen. Diese für das deutsche Bankaufsichtsrecht neue, beschränkte »Eigentümerkontrolle« ist in den Vorschriften des § 2b (Artikel 11 der Zweiten Richtlinie) und in den neu gefaßten §§ 32, 33 und 35 umgesetzt. Angesichts jüngster Skandale, Betrügereien und des Zusammenbruchs eines international operierenden Finanzkonzerns ist bei der Umsetzung darauf Wert gelegt worden, die weitgefaßte Formulierung des Artikels 5 der Zweiten Richtlinie zu präzisieren und der Bankenaufsicht ein Instrumentarium an die Hand zu geben, das sie in die Lage versetzt, die Kontrolle inländischer Banken durch unsolide Anteilsinhaber wirksam auszuschließen.

Diese für die deutsche Bankenaufsicht neue Aufgabe erhält durch die zunehmende Gefahr der Einschleusung illegal erworbener Gelder – insbesondere aus dem Bereich der Drogenkriminalität – in das legale Wirtschaftssystem (Geldwäsche) besonderes Gewicht. Zudem ist zu berücksichtigen, daß nach der Zweiten Richtlinie die in einem Mitgliedstaat erteilte Erlaubnis für das gesamte Gemeinschaftsgebiet gilt. Jeder nationalen Bankaufsichtsbehörde wächst damit Verantwortung für die Einleger im gesamten Gebiet der Europäischen Gemeinschaften zu.

§ 32 Abs. 1 soll um einen neuen Satz 2 ergänzt werden. Der neu eingefügte Satz 2 nennt sämtliche im Erlaubnisverfahren einzureichenden Unterlagen. Die in den Nummern 1 bis 5 genannten Unterlagen und Angaben waren mit dem Erlaubnisantrag bereits nach dem bisherigen Recht einzureichen. Der neue abschließende Katalog dient der Gesetzesklarheit. An der rechtlichen Bedeutung der Unterlagen und Angaben ändert sich durch die Zusammenfassung an dieser Stelle nichts. Die in Nummer 4 angesprochene fachliche Eignung der Inhaber betrifft die persönlich haftenden Gesellschafter, die in der Regel nach § 1 Abs. 2 Satz 1 KWG Geschäftsführer sind.

Durch Nummer 6 wird Artikel 5 der Zweiten Richtlinie umgesetzt. Die Angaben nach Nummer 6 sind im Zusammenhang mit den Erlaubnisversagungsgründen des § 33 zu sehen. Sofern eine natürliche Person Inhaber einer bedeutenden Beteiligung ist,

---

1 Zum 4. KWG-Änderungsgesetz.

sind Angaben zu ihrer Zuverlässigkeit im gewerberechtlichen Sinne in dem Maße erforderlich, wie sie schon bisher für die Prüfung der Zuverlässigkeit von Geschäftsleitern verlangt werden.

Da das Merkmal der »Zuverlässigkeit« auf juristische Personen oder Personenhandelsgesellschaften als solche nicht anwendbar ist, die Bankenaufsicht aber dennoch im Einzelfall die Frage zu prüfen hat, ob die juristische Person oder Personenhandelsgesellschaft (und ggf. auch der Einzelkaufmann) den »im Interesse einer soliden und umsichtigen Führung des Kreditinstitutes zu stellenden Ansprüchen« genügt, sieht Nummer 6 Buchstabe d und e die Einreichung von Jahresabschlüssen und Prüfungsberichten vor. Die genannten Unterlagen sind von der Bankenaufsicht im Rahmen des Erlaubnisverfahrens daraufhin zu prüfen, ob sich aus ihnen ein Versagungsgrund im Sinne des § 33 KWG ergibt. In Zweifelsfällen kann das Bundesaufsichtsamt eine Prüfung der eingereichten Unterlagen im Erlaubnisverfahren anordnen (vgl. § 44b Satz 2). Eine Einreichungspflicht besteht allerdings nur, soweit der betreffende Inhaber einer bedeutenden Beteiligung verpflichtet ist, Bilanzen aufzustellen, bzw. soweit eine Pflicht zur Erstellung von Prüfungsberichten besteht, da durch diese bankaufsichtliche Regelung keine Bilanzierungs- oder Prüfungspflicht geschaffen wird.

Die in Nummer 6 Buchstabe e genannte Angabe der Konzernstruktur soll die Bankenaufsicht in die Lage versetzen, ihrer Pflicht zur Mitteilung des »Aufbaus der Gruppe« an die Kommission gemäß Artikel 8 Unterabsatz 2 der Zweiten Richtlinie (§ 53d Abs. 1 Nr. 2) nachzukommen. Wenngleich Artikel 8 Unterabsatz 2 die Angabe der Konzernstruktur nur bei Gründung eines Kreditinstituts durch Unternehmen aus Drittstaaten verlangt, wird in Nummer 6 Buchstabe e die Angabe aus bankaufsichtlichen Gründen und im Hinblick auf den Gleichbehandlungsgrundsatz von allen Unternehmen gefordert.

Da auch die Einbindung eines Kreditinstituts in einen Konzern, dessen wirtschaftliche Verhältnisse ungeordnet sind, dazu führen kann, daß die Inhaber bedeutender Beteiligungen nicht den im Interesse einer soliden und umsichtigen Führung eines Kreditinstituts zu stellenden Ansprüchen genügen, müssen, sofern sie aufzustellen sind, auch die Konzernabschlüsse und Konzernprüfungsberichte im Erlaubnisverfahren vorgelegt werden. Nur so kann das Bundesaufsichtsamt prüfen, ob die Erlaubnis gegebenenfalls aus den in Artikel 5 Unterabsatz 2 der Zweiten Richtlinie genannten Gründen (umgesetzt in § 33) versagt werden muß. Auch die nach Nummer 6 Buchstabe e einzureichenden Unterlagen können im Erlaubnisverfahren durch Wirtschaftsprüfer geprüft werden.

Satz 3 sieht eine Konkretisierung der vorgesehenen Anzeigen und vorzulegenden Unterlagen durch Rechtsverordnung nach § 24 Abs. 4 vor. Dies ist aus rechtsstaatlichen Erwägungen geboten, da die Erteilung der Erlaubnis von der Vorlage der Anzeigen und Unterlagen abhängig ist. In der Sache wird durch die Rechtsverordnung ein Mindestmaß an vorzulegenden Informationen definiert werden müssen, weil der Antragsteller regelmäßig nicht beurteilen kann, welche Unterlagen aus Sicht des Aufsichtsamtes für die Beurteilung der Zuverlässigkeit als erforderlich angesehen werden.

Amtliche Begründung[1]

Die Erbringung von Finanzdienstleistungen wird in die Erlaubnispflicht einbezogen. Damit wird einer Vorgabe in Artikel 3 Abs. 1 der Wertpapierdienstleistungsrichtlinie entsprochen.

Einlagenkreditinstitute dürfen auch ohne ausdrückliche Erlaubnis im Einzelfall das Finanzkommissionsgeschäft und die neu in den Katalog der Bankgeschäfte auf-

---

1 Zum 6. KWG-Änderungsgesetz.

genommenen Tätigkeiten, d.h. das Emissionsgeschäft, das Geldkartengeschäft und das Netzgeldgeschäft, betreiben sowie die in § 1 Abs. 1a aufgeführten Finanzdienstleistungen erbringen; die Erlaubnis besteht kraft Gesetzes.

Der Erlaubnisantrag muß bereits de lege lata zahlreiche Angaben und Nachweise enthalten. Dieser Katalog genügt den Anforderungen der Wertpapierdienstleistungsrichtlinie. Namentlich entspricht die Regelung der Nummer 4 der Vorgabe in Artikel 3 Abs. 4 der Wertpapierdienstleistungsrichtlinie, die Nummer 6 einer Vorgabe in Artikel 4 der Wertpapierdienstleistungsrichtlinie.

Die Änderung in Nummer 2 stellt klar, daß alle Geschäftsleiter anzugeben sind; die bestehende Textfassung ist insoweit mißverständlich. Daß nach wie vor – jedenfalls bei Kreditinstituten – mindestens zwei Geschäftsleiter erforderlich sind, ergibt sich bereits aus § 33 Abs. 1 Satz 1 Nr. 5 KWG.

Künftig müssen in dem Erlaubnisantrag auch die Tatsachen angegeben werden, die auf eine enge Verbindung zwischen dem Institut und anderen natürlichen oder juristischen Personen hinweisen (Nr. 7). Der Antragsteller ist gehalten, alle relevanten Tatsachen anzugeben, auch wenn er selbst zu dem Ergebnis kommt, daß eine enge Verbindung nicht besteht. Die Regelung setzt Artikel 2 Abs. 2 Unterabs. 3 der BCCI-Folgerichtlinie um, der Artikel 3 Abs. 2 der 1. Bankrechtskoordinierungsrichtlinie ändert. Die näheren Details werden in einer Verordnung und im Verwaltungsverfahren geregelt.

Für Finanzdienstleistungsinstitute sind Erleichterungen vorgesehen. Gemäß Absatz 1 Satz 5 bestehen die Vorlagepflichten nach Satz 3 Nr. 6 Buchstabe d und e nicht für sie.

Gemäß Absatz 4 hat das BAKred künftig die Erteilung der Erlaubnis bekanntzumachen.

Die Unterrichtung des BAWe ist zur Durchführung der Aufgaben erforderlich.

Amtliche Begründung[1]

Zu Absatz 5

Der neu angefügte Absatz 5 setzt Artikel 5 Abs. 3 der Finanzmarktrichtlinie um, der zur Führung eines öffentlich zugänglichen Registers sämtlicher Wertpapierfirmen verpflichtet. Die Bundesanstalt wird daher verpflichtet, ein öffentliches Register über die von ihr beaufsichtigten Wertpapierhandelsunternehmen zu führen. Die Institute, die aus anderen Mitgliedstaaten heraus über den Europäischen Pass im Inland über eine Zweigniederlassung oder im Wege des grenzüberschreitenden Dienstleistungsverkehrs ihre Dienstleistungen anbieten wollen, sollen in dem Register nicht erfasst werden, um die Verantwortlichkeiten von Herkunftsstaats- und Aufnahmestaatsaufsicht klar gegeneinander abzugrenzen. Der Bundesanstalt bleibt es unbenommen, auf ihrer Website eine entsprechende Verknüpfung zu den öffentlichen Registern der Aufsichtsbehörden in den anderen Mitgliedstaaten herzustellen oder anderweitig über die im Wege des Europäischen Passes hereinkommenden Institute zu informieren.

---

1 Zum Finanzmarktrichtlinie-Umsetzungsgesetz.

Amtliche Begründung[1]

Zu Nummer 7 (§ 32 KWG)

Die Bundesanstalt soll künftig über die Zuverlässigkeit und die fachliche Eignung von Mitgliedern der Kontrollorgane befinden können. Dies soll ihr bereits zum Zeitpunkt des Erlaubnisantrags möglich sein.

Amtliche Begründung[2]

Zu Nummer 35 (§ 32)

Die Ergänzung schließt die angestrebte Erleichterung für Finanzdienstleistungsinstitute, die das Factoring, das Finanzierungsleasing oder das Sortengeschäft betreiben und daneben keine anderen Finanzdienstleistungen erbringen, ab. Diese Institute brauchen künftig keine Erlaubnis mehr für das Eigengeschäft, da dieses Geschäft nicht mehr als Finanzdienstleistung gilt (vgl. Begründung zu Nummer 2 Buchstabe a). Die Einfügung unter § 32 Absatz 1a stellt jedoch sicher, dass das Eigengeschäft in Finanzinstrumenten, das zusammen mit Bankgeschäften oder mit Finanzdienstleistungen im Sinne des § 1 Absatz 1a Satz 2 Nummer 1 bis 5 oder 11 betrieben wird, auch künftig unter den Erlaubnisvorbehalt fällt.

ANMERKUNG

1. Die Erlaubnis wirkt nicht konstitutiv. Sie begründet die Institutseigenschaft eines Unternehmens und damit die Pflichten nach diesem Gesetz nicht. Hierfür ist die Erfüllung der Merkmale des § 1 Abs. 1 und 1a erforderlich und genügend. Das Aufsichtsamt kann also auch gegen ein Institut einschreiten, das noch keine Erlaubnis hat. Erlaubnisfähig sind nur voll rechtsfähige (natürliche oder juristische) Personen. Personenhandelsgesellschaften und nicht rechtsfähige Vereine können keine Erlaubnis erhalten. Hier sind die persönlich haftenden Gesellschafter oder die Vereinsmitglieder Erlaubnisträger. Institut ist jedoch die Gesellschaft oder der Verein.
2. Das Gesetz beruht auf dem Territorialitätsprinzip. Maßgebend ist allein das Betreiben der Geschäfte im Geltungsbereich des Gesetzes, nicht die Nationalität der Person. Für Ausländer, die im Inland ein Kreditinstitut errichten, und für juristische Personen, die im Inland von Ausländern gegründet werden, enthält das Gesetz keine besonderen Bestimmungen. Nicht unter das Gesetz fällt das Betreiben von Bankgeschäften im Geltungsbereich des KWG ohne inländische Niederlassung, z.B. wenn ein im Ausland ansässiges Kreditinstitut an inländische Unternehmen Kredite gewährt. Für Zweigstellen und Repräsentanzen ausländischer Kreditinstitute gelten die Sondervorschriften der §§ 53 bis 53d.
3. Bei In-Kraft-Treten des Gesetzes bereits bestehende Kreditinstitute bedurften keiner Erlaubnis (§§ 61, 62 Abs. 1). Für Finanzdienstleistungsinstitute und Wertpapierhandelsbanken, die am 1. Januar 1998 (In-Kraft-Treten der wesentlichen Teile des 6. KWG-Änderungsgesetzes) zulässigerweise bereits tätig waren, wurde in § 64e eine Übergangsregelung eingeführt. Diese Unternehmen konnten ihre Tätigkeit im bisherigen Umgang fortsetzen, sofern sie dem BAKred bis zum 1. April 1999 durch eine sog. Erstanzeige ihre nunmehr erlaubnispflichtigen Tätigkeiten und die Absicht, diese fortzuführen, angezeigt hatten. Bei fristgemäßer Erstattung gilt die Erlaubnis als erteilt.

---

1 Zum Gesetz zur Stärkung der Finanzmarkt- und der Versicherungsaufsicht vom 29. Juli 2009 (BGBl. I S. 2305); vgl. BT-Drucksache 16/12783 vom 27. April 2009.
2 Zum Gesetz zur Umsetzung der geänderten Bankenrichtlinie und der geänderten Kapitaladäquanzrichtlinie vom 19. November 2010 (BGBl. I S. 1592); vgl. BT-Drucksache 17/1720 vom 17. Mai 2010.

Eine Ausnahme vom Erlaubnisprinzip enthält § 34 Abs. 2. In öffentliche Register darf ein Institut nur eingetragen werden, wenn die erforderliche Erlaubnis nachgewiesen ist (§ 43 Abs. 1). Wer ohne Erlaubnis Bankgeschäfte betreibt oder Dienstleistungen erbringt, macht sich strafbar (§ 54 Abs. 1 Nr. 2).
4. Der Erlaubnisantrag ist formlos zu stellen. Wegen der dem Erlaubnisantrag beizufügenden Unterlagen und Nachweise vgl. auch § 23 der Anzeigenverordnung (Anhang 5.1).
5. Die Bundesanstalt kann die Erlaubnis unter Auflagen erteilen oder auf einzelne Bankgeschäfte oder Finanzdienstleistungen beschränken (§ 32 Abs. 2). Eine Auflage (Absatz 2 Satz 1) ist gegenüber der Erlaubnis ein selbstständiger Verwaltungsakt, der vollzogen und angefochten werden kann. Die Nichterfüllung einer Auflage berührt die Gültigkeit der Erlaubnis nicht, kann aber zu deren Rücknahme führen. Durch Auflagen dürfen nicht über § 33 hinausgehende Versagungsgründe eingeführt werden. Ein Verstoß gegen Auflagen nach Absatz 2 Satz 1 ist eine Ordnungswidrigkeit (§ 56 Abs. 3 Nr. 8).
6. Absatz 3 wurde durch das 2. KWG-Änderungsgesetz vom 24. März 1976 eingefügt. Er soll sicherstellen, dass schon vor der Erteilung der Bankerlaubnis die Verbände als Träger der Einlagensicherungseinrichtungen gehört werden. Der Bericht des Finanzausschusses sagt hierzu:
»Die Anhörung des Bundesverbandes soll künftig zwingend sein. Das Bundesaufsichtsamt wird einem Kreditinstitut die Erlaubnis zum Betreiben des Einlagengeschäftes in der Regel nur erteilen, wenn das Institut bereit ist, sich einer Sicherungseinrichtung anzuschließen. Über die Aufnahme in die Sicherungseinrichtung entscheidet aber nicht das Bundesaufsichtsamt, sondern der Verband, der die Sicherungseinrichtung unterhält, welcher sich das Kreditinstitut anschließen will. Es ist deshalb angemessen, diesem Verband vor der Erlaubniserteilung die Möglichkeit zu geben, auf Tatsachen hinzuweisen, die es nach den Statuten der Sicherungseinrichtung rechtfertigen würden, den Aufnahmeantrag des Kreditinstituts abzulehnen. § 32 verpflichtet darum das Bundesaufsichtsamt, vor Erteilung der Erlaubnis zum Betreiben des Einlagengeschäfts den für das Kreditinstitut infrage kommenden Verband zu hören. In seiner Entscheidungsfreiheit wird das Bundesaufsichtsamt durch die Anhörungspflicht nicht beschränkt. Zum Beispiel steht es ihm frei, entgegen der Stellungnahme des Verbandes die Erlaubnis zu erteilen, wenn es der Auffassung ist, dass die vom Verband vorgetragenen Gründe für die Ablehnung eines Antrages auf Aufnahme in die Sicherungseinrichtung einer kartellrechtlichen oder gerichtlichen Nachprüfung nicht standhalten werden.
Pflicht zur Anhörung bedeutet nicht, dass das Bundesaufsichtsamt dem Verband Unterlagen über den Antragsteller, z. B. die im Zulassungsverfahren eingereichten und herangezogenen Vorgänge, offen legen muss. Dies wird sich in den meisten Fällen schon aus Geheimhaltungsgründen (§ 9) verbieten.«
7. Durch das 6. KWG-Änderungsgesetz vom 22. Oktober 1997 wurde ein neuer Absatz 4 angefügt. Danach hat die Bundesanstalt die Erteilung der Erlaubnis im Bundesanzeiger bekannt zu machen. Absatz 3a wurde durch das Einlagensicherungs- und Anlegerentschädigungsgesetz vom 16. Juli 1998 (BGBl. I S. 1842) eingefügt. Durch das Gesetz über die integrierte Finanzdienstleistungsaufsicht vom 22. April 2002 wurden in der Vorschrift die erforderlichen Anpassungen aufgrund der Errichtung der Bundesanstalt für Finanzdienstleistungsaufsicht vorgenommen.
8. Einzelheiten zu den Erlaubnisvoraussetzungen und -formalitäten sind dem Merkblatt über die Erteilung einer Erlaubnis zum Betreiben von Bankgeschäften, dem Merkblatt über die Erteilung einer Erlaubnis zum Erbringen von Finanzdienstleistungen sowie dem Merkblatt Hinweise zur Erlaubnispflicht nach § 32 Abs. 1 KWG in Verbindung mit § 1 Abs. 1 und 1a KWG von grenzüberschreitend betriebenen Bankgeschäften und/oder grenzüberschreitend erbrachten Finanzdienstleistungen zu entnehmen.
9. Dem § 32 wurde Absatz 6 neu angefügt auf Grund des Gesetzes zur Umsetzung der aufsichtsrechtlichen Vorschriften der Zahlungsdiensterichtlinie vom 25. Juni 2009 (BGBl. I S. 1506). Es erging hierzu keine amtliche Begründung.
10. Durch das Gesetz zur Stärkung der Finanzmarkt- und der Versicherungsaufsicht vom 29. Juli 2009 (BGBl. I S. 2305) wurde in § 32 Absatz 1 Satz 2 die Nummer 8 angefügt.

11. Absatz 1a wurde in § 32 neu eingefügt durch das Gesetz zur Umsetzung der geänderten Bankenrichtlinie und der geänderten Kapitaladäquanzrichtlinie vom 17. November 2010 (BGBl. I S. 1592); vgl. die hierzu abgedruckte Amtliche Begründung.
12. § 32 Absatz 6 Satz 1 wurde geändert durch das Gesetz zur Umsetzung der Zweiten E-Geld-Richtlinie vom 1. März 2011 (BGBl. I S. 288), da der Anwendungsbereich dieses Absatzes, der bereits für Zahlungsinstitute mit einer Erlaubnis nach § 8 Absatz 1 des Zahlungsdiensteaufsichtsgesetzes gilt, auf E-Geld-Institute mit einer Erlaubnis nach § 8a Absatz 1 des Zahlungsdiensteaufsichtsgesetzes auszuweiten ist. Damit wird eine Gleichbehandlung beider Institute hergestellt.
13. In § 32 Absatz 4 wurde das Wort »elektronischen« vor dem Wort »Bundesanzeiger« gestrichen durch das Gesetz zur Änderung der Vorschriften über Verkündung und Bekanntmachungen sowie der Zivilprozessordnung, des Gesetzes betreffend die Einführung der Zivilprozessordnung und der Abgabenordnung vom 22. Dezember 2011 (BGBl. I S. 3044).
14. Die Ergänzung des § 32 um den Absatz 1b erfolgt durch das Gesetz zur Umsetzung der Richtlinie 2011/61/EU über die Verwalter alternativer Investmentfonds (AIFM-Umsetzungsgesetz – AIFM UmsG) vom 4. März 2013 (BGBl. I S. 1981). Die Änderung dient der Umsetzung des Artikels 6 Absatz 1 Satz 3 der Richtlinie 2004/39/EG und ist als Folge der Einfügung des eingeschränkten Verwahrgeschäfts als Finanzdienstleistung in § 1 Absatz 2a Satz 2 Nummer 12 erforderlich. Nach der Richtlinie 2004/39/EG ist die Verwahrung und Verwaltung von Finanzinstrumenten für Rechnung von Kunden als Nebendienstleistung qualifiziert (Anhang I Abschnitt B der Richtlinie 2004/39/EG). Gemäß Artikel 6 Absatz 1 Satz 3 der Richtlinie 2004/39/EG darf die Zulassung nicht lediglich für die Erbringung von Nebendienstleistungen erteilt werden. Insofern ist es erforderlich, dass gleichzeitig eine Erlaubnis für mindestens eine weitere Finanzdienstleistung im Sinne des § 1 Absatz 1a Satz 2 Nummern 1 bis 4 oder zum Betreiben eines Bankgeschäfts im Sinne des § 1 Absatz 1 Satz 2 vorliegt oder erteilt wird; vgl. BT-Drucksache 17/12294 vom 6. Februar 2013.
15. In § 32 Absatz 1a handelt es sich um eine redaktionelle Folgeänderung in Bezug auf die Änderung des § 1 Absatz 1a Satz 3 durch das Gesetz zur Abschirmung von Risiken und zur Planung der Sanierung und Abwicklung von Kreditinstituten und Finanzgruppen vom 7. August 2013 (BGBl. I S. 3090).
16. Mit der neuen Nummer 4a in § 32 Absatz 1 und der Ergänzung in der Nummer 8 durch das CRD IV-Umsetzungsgesetz vom 28. August 2013 (BGBl. I S. 3395) wird Artikel 87 Nummer 1 der Richtlinie 2013/36/EU umgesetzt. Mit der neuen Nummer 6a wird die Vorgabe aus Artikel 14 Nummer 1 Richtlinie 2013/36/EU umgesetzt, die in dem Erlaubnisantrag neu die Angabe der maximal zwanzig größten Anteilseigner verlangt, sofern an dem Institut keine bedeutende Beteiligung besteht.

§ 33 Versagung der Erlaubnis

(1) Die Erlaubnis ist zu versagen, wenn
1. die zum Geschäftsbetrieb erforderlichen Mittel, insbesondere ein ausreichendes Anfangskapital bestehend aus hartem Kernkapital im Inland nicht zur Verfügung stehen; als Anfangskapital muß zur Verfügung stehen
    a) bei Anlageberatern, Anlagevermittlern, Abschlußvermittlern, Anlageverwaltern und Finanzportfolioverwaltern, Betreibern multilateraler Handelssysteme oder Unternehmen, die das Platzierungsgeschäft betreiben, die nicht befugt sind, sich bei der Erbringung von Finanzdienstleistungen Eigentum oder Besitz an Geldern oder Wertpapieren von Kunden zu verschaffen, und die nicht auf eigene Rechnung mit Finanzinstrumenten handeln, ein Betrag im Gegenwert von mindestens 50 000 Euro,

b) bei anderen Finanzdienstleistungsinstituten, die nicht auf eigene Rechnung mit Finanzinstrumenten handeln, ein Betrag im Gegenwert von mindestens 125 000 Euro,
c) bei Finanzdienstleistungsinstituten, die auf eigene Rechnung mit Finanzinstrumenten handeln, bei Finanzdienstleistungsinstituten, die das eingeschränkte Verwahrgeschäft im Sinne des § 1 Absatz 1a Satz 1 Nummer 12 erbringen, sowie bei Wertpapierhandelsbanken ein Betrag im Gegenwert von mindestens 730 000 Euro,
d) bei CRR-Kreditinstituten ein Betrag im Gegenwert von mindestens fünf Millionen Euro,
e) weggefallen
f) bei Anlageberatern, Anlagevermittlern und Abschlussvermittlern, die nicht befugt sind, sich bei der Erbringung von Finanzdienstleistungen Eigentum oder Besitz an Geldern oder Wertpapieren von Kunden zu verschaffen, und nicht auf eigene Rechnung mit Finanzinstrumenten handeln, ein Betrag von 25 000 Euro, wenn sie zusätzlich als Versicherungsvermittler nach der Richtlinie 2002/92/EG des Europäischen Parlaments und des Rates vom 9. Dezember 2002 über Versicherungsvermittler (ABl. EU Nr. L 9 S. 3) in ein Register eingetragen sind und die Anforderungen des Artikels 4 Abs. 3 der Richtlinie 2002/92/EG erfüllen, und
g) bei Unternehmen, die Eigengeschäfte auch an ausländischen Derivatemärkten und an Kassamärkten nur zur Absicherung dieser Positionen betreiben, das Finanzkommissionsgeschäft oder die Anlagevermittlung nur für andere Mitglieder dieser Märkte erbringen oder im Wege des Eigenhandels im Sinne des § 1 Absatz 1a Satz 2 Nummer 4 Buchstabe a als Market Maker im Sinne des § 23 Abs. 4 des Wertpapierhandelsgesetzes Preise für andere Mitglieder dieser Märkte stellen, ein Betrag von 25 000 Euro, sofern für die Erfüllung der Verträge, die diese Unternehmen an diesen Märkten oder in diesen Handelssystemen schließen, Clearingmitglieder derselben Märkte oder Handelssysteme haften;
2. Tatsachen vorliegen, aus denen sich ergibt, daß ein Antragsteller oder eine der in § 1 Abs. 2 Satz 1 bezeichneten Personen nicht zuverlässig ist;
3. Tatsachen die Annahme rechtfertigen, dass der Inhaber einer bedeutenden Beteiligung oder, wenn er eine juristische Person ist, auch ein gesetzlicher oder satzungsmäßiger Vertreter, oder, wenn er eine Personenhandelsgesellschaft ist, auch ein Gesellschafter, nicht zuverlässig ist oder aus anderen Gründen nicht den im Interesse einer soliden und umsichtigen Führung des Instituts zu stellenden Ansprüchen genügt;
4. Tatsachen vorliegen, aus denen sich ergibt, daß der Inhaber oder eine der in § 1 Abs. 2 Satz 1 bezeichneten Personen nicht die zur Leitung des Instituts erforderliche fachliche Eignung hat und auch nicht eine andere Person nach § 25c Absatz 5 als Geschäftsleiter bezeichnet wird;
4a. Tatsachen vorliegen, aus denen sich ergibt, dass ein Geschäftsleiter nicht über die zur Wahrnehmung seiner Aufgaben ausreichende Zeit verfügt;
4b. das Institut im Fall der Erteilung der Erlaubnis Tochterunternehmen einer Finanzholding-Gesellschaft im Sinne des Artikel 4 Absatz 1 Nummer 20 der Verordnung (EU) Nr. 575/2013 oder einer gemischten Finanzholding-Gesellschaft im Sinne des Artikel 4 Absatz 1 Nummer 32 der Verordnung (EU) Nr. 575/2013 wird und Tatsachen die Annahme rechtfertigen, dass eine Person im Sinne des § 2d nicht zuverlässig ist oder nicht die zur Führung der Geschäfte der Finanzholding-Gesellschaft oder der gemischten Finanzholding-Gesellschaft erforderliche fachliche Eignung hat;
5. ein Kreditinstitut oder ein Finanzdienstleistungsinstitut, das befugt ist, sich bei der Erbringung von Finanzdienstleistungen Eigentum oder Besitz an Geldern oder Wertpapieren von Kunden zu verschaffen, oder das gemäß einer Bescheinigung der Bundesanstalt nach § 4 Abs. 1 Nr. 2 des Gesetzes über die Zertifizierung von

Altersvorsorgeverträgen befugt ist, Altersvorsorgeverträge anzubieten, nicht mindestens zwei Geschäftsleiter hat, die nicht nur ehrenamtlich für das Institut tätig sind;
6. das Institut seine Hauptverwaltung und, soweit es sich um eine juristische Person und nicht um eine Zweigstelle im Sinne des § 53 handelt, seinen juristischen Sitz nicht im Inland hat;
7. das Institut nicht bereit oder in der Lage ist, die erforderlichen organisatorischen Vorkehrungen zum ordnungsmäßigen Betreiben der Geschäfte, für die es die Erlaubnis beantragt, zu schaffen;
8. der Antragsteller Tochterunternehmen eines ausländischen Kreditinstituts ist und die für dieses Kreditinstitut zuständige ausländische Aufsichtsbehörde der Gründung des Tochterunternehmens nicht zugestimmt hat.

Einem Anlageberater, Anlagevermittler oder Abschlußvermittler, der nicht befugt ist, sich bei der Erbringung von Finanzdienstleistungen Eigentum oder Besitz an Geldern oder Wertpapieren von Kunden zu verschaffen, und der nicht auf eigene Rechnung mit Finanzinstrumenten handelt, ist die Erlaubnis nach Satz 1 Buchstabe a nicht zu versagen, wenn er anstelle des Anfangskapitals den Abschluß einer geeigneten Versicherung zum Schutz der Kunden, die eine Versicherungssumme von mindestens 1 000 000 Euro für jeden Versicherungsfall und eine Versicherungssumme von mindestens 1 500 000 Euro für alle Versicherungsfälle eines Versicherungsjahres vorsieht, nachweist. Satz 2 gilt für Anlageberater und Anlagevermittler, die zusätzlich als Versicherungsvermittler nach der Richtlinie 2002/92/EG in ein Register eingetragen sind und die Anforderungen des Artikels 4 Abs. 3 der Richtlinie 2002/92/EG erfüllen, mit der Maßgabe entsprechend, dass eine Versicherungssumme von mindestens 500 000 Euro für jeden Versicherungsfall und eine Versicherungssumme von mindestens 750 000 Euro vorgesehen ist.

(2) Die Bundesanstalt kann die Erlaubnis versagen, wenn Tatsachen die Annahme rechtfertigen, dass eine wirksame Aufsicht über das Institut beeinträchtigt wird. Dies ist insbesondere der Fall, wenn
1. das Institut mit anderen Personen oder Unternehmen in einen Unternehmensverbund eingebunden ist oder in einer engen Verbindung zu einem solchen steht, der durch die Struktur des Beteiligungsgeflechtes oder mangelhafte wirtschaftliche Transparenz eine wirksame Aufsicht über das Institut beeinträchtigt;
2. eine wirksame Aufsicht über das Institut wegen der für solche Personen oder Unternehmen geltenden Rechts- oder Verwaltungsvorschriften eines Drittstaates beeinträchtigt wird;
3. das Institut Tochterunternehmen eines Instituts mit Sitz in einem Drittstaat ist, das im Staat seines Sitzes oder seiner Hauptverwaltung nicht wirksam beaufsichtigt wird oder dessen zuständige Aufsichtsstelle zu einer befriedigenden Zusammenarbeit mit der Bundesanstalt nicht bereit ist.

Die Bundesanstalt kann die Erlaubnis auch versagen, wenn entgegen § 32 Abs. 1 Satz 2 der Antrag keine ausreichenden Angaben oder Unterlagen enthält.

(3) Aus anderen als den in den Absätzen 1 und 3 genannten Gründen darf die Erlaubnis nicht versagt werden.

(4) Die Bundesanstalt muss dem Antragsteller einer Erlaubnis binnen sechs Monaten nach Einreichung der vollständigen Unterlagen für einen Erlaubnisantrag nach § 32 Abs. 1 Satz 2 mitteilen, ob eine Erlaubnis erteilt oder versagt wird. Liegen innerhalb von zwölf Monaten ab Eingang des Antrags bei der Bundesanstalt trotz Aufforderung der Bundesanstalt, den Antrag innerhalb eines Monats zu vervollständigen, keine ausreichenden Angaben oder Unterlagen vor, die es der Bundesanstalt ermöglichen, über den Antrag zu befinden, ist der Antrag abzulehnen.

Amtliche Begründung[1]

Die Vorschrift zählt die Tatsachen erschöpfend auf, die dem Bundesaufsichtsamt das Recht geben, eine beantragte Erlaubnis zu versagen. Liegen die in ihr genannten Versagungsgründe nicht vor, so hat der Antragsteller einen Rechtsanspruch auf Erteilung der Erlaubnis. Das Bundesaufsichtsamt muß einen Antrag nicht zurückweisen, wenn Versagungsgründe vorliegen, sondern kann in besonderen Fällen, gegebenenfalls unter Auflagen, nach seinem pflichtgemäßen Ermessen die Erlaubnis dennoch erteilen.

Zur Eröffnung eines Kreditinstituts sind angemessene eigene Mittel erforderlich, die im Inland verfügbar sein müssen. Die unterschiedlichen Verhältnisse im Kreditgewerbe machen es unmöglich, ein Mindestkapital einheitlich vorzuschreiben. Es muß daher der Praxis der Bankenaufsicht überlassen bleiben, Grundsätze für die Anfangskapitalausstattung in den einzelnen Zweigen des Kreditgewerbes herauszubilden.

Da die Kreditinstitute vornehmlich mit fremden Geldern arbeiten, müssen die leitenden Personen zuverlässig und für die Leitung eines Kreditinstituts fachlich geeignet sein. Die persönliche Zuverlässigkeit ist in der Regel zu verneinen, wenn der Inhaber oder Geschäftsleiter Vermögensdelikte begangen, gegen gesetzliche Ordnungsvorschriften für den Betrieb eines Unternehmens nachhaltig verstoßen oder in seinem privaten oder geschäftlichen Verhalten gezeigt hat, daß von ihm eine solide Geschäftsführung nicht erwartet werden kann. Die persönliche Zuverlässigkeit wird auch von denjenigen Erlaubnisträgern verlangt, die nicht Geschäftsleiter sind und deren fachliche Eignung nach Absatz 1 Nr. 3 deshalb nicht zu prüfen ist, z.B. von persönlich haftenden Gesellschaftern einer Personenhandelsgesellschaft, die von der Geschäftsführung oder der Vertretungsmacht ausgeschlossen sind. Die hohe Vertrauensempfindlichkeit des Kreditgewerbes verbietet es, daß Personen zum Betrieb von Bankgeschäften zugelassen werden, deren Persönlichkeit ein solches Vertrauen nicht rechtfertigt. Abschließende gesetzliche Anforderungen an die fachliche Eignung verbieten sich wegen der erheblichen Unterschiede in Größe und Geschäftsart der einzelnen Kreditinstitute. Um dem Berufsbewerber jedoch eine gewisse Sicherheit zu geben, unter welchen Voraussetzungen er mit der Erteilung der Erlaubnis rechnen kann, sagt Absatz 2, wann die fachliche Eignung im Regelfalle anzunehmen ist. Da die Bestimmung Ausnahmen zuläßt, kann das Bundesaufsichtsamt im Einzelfall eine beantragte Erlaubnis versagen, obwohl der Inhaber oder Geschäftsleiter eine dreijährige leitende Tätigkeit bei einem vergleichbaren Kreditinstitut nachweist. Sonst müßte es beispielsweise ein Kreditinstitut zulassen, dessen Inhaber zwar längere Zeit in einem anderen Kreditinstitut als Geschäftsleiter tätig war, aber möglicherweise sogar auf Betreiben des Bundesaufsichtsamtes wegen mangelnder Eignung nach § 36* aus dieser Stellung entfernt worden ist. Ferner könnte das Bundesaufsichtsamt – wenn Absatz 2 keine Ausnahmen zuließe – die Erlaubnis wegen fehlender Eignung eines Geschäftsleiters nicht mehr zurücknehmen (§ 35* Abs. 2 Nr. 3) und auch nicht dessen Abberufung verlangen oder ihm die Ausübung seiner Tätigkeit untersagen (§ 36* Abs. 1), wenn sich nach mehr als dreijähriger Tätigkeit als Geschäftsleiter seine mangelnde Eignung herausstellt. – Fehlt dem Inhaber oder einem »geborenen« Geschäftsleiter die fachliche Eignung für die Leitung des Kreditinstituts, so kann dieser Mangel in Ausnahmefällen dadurch behoben werden, daß ein »gekorener« Geschäftsleiter nach § 1 Abs. 2 Satz 2 oder 3 anerkannt wird. Diese Anerkennung liegt allerdings im Ermessen des Bundesaufsichtsamtes (vgl. die Begründung zu § 1), so daß kein Rechtsanspruch auf Zulassung eines Kreditinstituts besteht, das durch einen »gekorenen« Geschäftsleiter geführt werden soll. Andererseits gestattet der dem Bundesaufsichtsamt eingeräumte Ermessensspielraum, in besonderen Fällen ein Kreditinstitut zuzulassen, dessen »geborene« Geschäftsleiter nicht alle fachlich geeignet sind und

---

1 Zur Ursprungsfassung.

für das kein Geschäftsleiter nach § 1 Abs. 2 Satz 2 anerkannt wird. Betreibt z. B. ein Unternehmen, das mehrere Geschäftsleiter hat, neben Bankgeschäften noch andere Handelsgeschäfte, so wird es häufig unbillig sein, von allen Geschäftsleitern die fachliche Eignung zur Leitung des Kreditinstituts zu fordern. Die nicht qualifizierten Personen bleiben jedoch Geschäftsleiter und müssen daher insbesondere in den Fällen mitwirken, in denen das Gesetz einstimmige Geschäftsleiterbeschlüsse verlangt.

Amtliche Begründung[1]

Gemäß Artikel 3 Abs. 4 der Ersten Richtlinie des Rates vom 12. Dezember 1977 zur Koordinierung der Rechts- und Verwaltungsvorschriften über die Aufnahme und Ausübung der Tätigkeit der Kreditinstitute sind die Mitgliedstaaten verpflichtet zu verlangen, daß dem Antrag auf Erlaubnis zum Betreiben von Bankgeschäften ein Geschäftsplan beigefügt wird, aus dem insbesondere die Art der geplanten Geschäfte und der organisatorische Aufbau des Kreditinstituts hervorgehen. Dementsprechend wird in den Katalog der Gründe, mit denen das Bundesaufsichtsamt einen Antrag auf Erlaubnis ablehnen kann, als weiterer Ablehnungsgrund der fehlende Geschäftsplan aufgenommen (Absatz 1 Nr. 5). Der Geschäftsplan ist jedoch nicht wie bei den Versicherungsunternehmen Gegenstand der Erlaubnis; er enthält nur die für das Zulassungsverfahren erforderlichen Informationen.

Nach geltendem Recht kann die Erlaubnis versagt werden, wenn Tatsachen vorliegen, aus denen sich ergibt, daß der Inhaber oder die Geschäftsleiter nicht die zur Leitung des Kreditinstituts erforderliche fachliche Eignung haben. Der unbestimmte Rechtsbegriff »fachliche Eignung« wird durch den neu eingefügten Satz 1 des Absatzes 2 konkretisiert. Die fachliche Eignung für die Leitung eines Kreditinstituts setzt danach ausreichende theoretische und praktische Kenntnisse in Bankgeschäften sowie ausreichende Leitungserfahrung voraus. Die Leitungserfahrung kann auch außerhalb eines Kreditinstituts erworben worden sein. Ausreichende praktische Kenntnisse in Bankgeschäften können sich in Ausnahmefällen auch aus einer Tätigkeit im Aufsichtsorgan eines Kreditinstituts ergeben. Unverändert bleibt die zugunsten eines in Aussicht genommenen Geschäftsleiters sprechende widerlegliche Vermutung für das Vorliegen der fachlichen Eignung, wenn dieser eine dreijährige leitende Tätigkeit bei einem Kreditinstitut von vergleichbarer Größe und Geschäftsart nachweisen kann (jetzt Absatz 2 Satz 2).

Amtliche Begründung[2]

Das Bundesaufsichtsamt hat fortan keinen Ermessensspielraum mehr, trotz Vorliegens eines der in Satz 1 genannten Versagungsgründe eine Erlaubnis zu erteilen. Diese strikte Festlegung ist notwendig, weil die Erlaubnis im Wege der gegenseitigen Anerkennung ab 1. Januar 1993 überall in der Europäischen Wirtschaftsgemeinschaft gültig ist und weil speziell die Versagungsgründe nach Nummer 1 zweiter Halbsatz (Mindesteigenkapital), Nummer 2 a (der Inhaber einer bedeutenden Beteiligung entspricht nicht den an ihn zu stellenden Anforderungen, er ist beispielsweise unzuverlässig) und Nummer 5 (insbesondere der Verweis auf interne Kontrollverfahren) ausdrückliche Übernahmen aus der Zweiten Richtlinie enthalten, die hier keinen Ermessensspielraum zuläßt. Neben diesen zwingenden Versagungsgründen wird mit Absatz 1 Satz 2 ein in das pflichtgemäße Ermessen gestellter Versagungsgrund eingefügt.

---

1 Zum 3. KWG-Änderungsgesetz.
2 Zum 4. KWG-Änderungsgesetz.

Nach der Zweiten Richtlinie sind die genannten Erlaubnisversagungsgründe zwar nur für solche Kreditinstitute zwingend, die zugleich das Einlagen- und das Kreditgeschäft betreiben. Die genannten Erlaubnisversagungsgründe sind aber für alle Kreditinstitute im Sinne des KWG angebracht, so daß bereits aus diesem Grunde hier auf eine Differenzierung nach Kreditinstituten im Sinne der Zweiten Richtlinie und solchen im Sinne des KWG verzichtet wird.

Diese Regelung (Anm. d. Bearb.: Nr. 1) beruht auf Artikel 4 Abs. 1 der Zweiten Richtlinie. Einheitlich werden für alle ihre Bankgeschäfte aufnehmenden Kreditinstitute in der Gemeinschaft 5 Millionen ECU an Eigenkapital gefordert. Dieser Mindestbetrag liegt über dem derzeit vom Bundesaufsichtsamt in der Regel geforderten Anfangskapital von 6 Millionen DM.

Wie dies Artikel 5 Satz 2 der Zweiten Richtlinie vorsieht, ist eine Erlaubnis nunmehr nach Absatz 1 Satz 1 Nr. 2a auch zu versagen, wenn Tatsachen vorliegen, denen zufolge ein Inhaber einer bedeutenden Beteiligung nicht den »im Interesse einer soliden und umsichtigen Führung des Kreditinstituts zu stellenden Ansprüchen« genügt. Die weit gefaßte Formulierung der Richtlinie ist durch das Regelbeispiel der Unzuverlässigkeit des Inhabers im gewerberechtlichen Sinn konkretisiert worden. Für juristische Personen ist auf ihre wirtschaftliche Lage abzustellen und insbesondere auch zu prüfen, ob die tatsächlich durchgeführten Geschäfte legal sind. Dies muß gegebenenfalls anhand der nach § 32 Abs. 1 Satz 2 Nr. 6 einzureichenden Unterlagen im Rahmen einer Prüfung nach § 44b Satz 2 verifiziert werden.

Nummer 5 wurde gemäß Artikel 3 Abs. 4 der Ersten Richtlinie mit der 3. Novelle zum KWG eingefügt. Mit der Zweiten Richtlinie tritt als zusätzliches EG-rechtliches Erfordernis nach Artikel 13 Abs. 2 der Zweiten Richtlinie hinzu, daß die Bankaufsichtsbehörden das Vorhandensein und die Funktionstüchtigkeit der internen Kontrollverfahren eines Kreditinstituts zu überwachen haben. Der dem Antrag auf Erlaubnis beizufügende Geschäftsplan (§ 32 Abs. 1 Satz 2 Nr. 5) muß daher die entsprechenden Informationen enthalten.

Da die übrigen in § 32 Abs. 1 Satz 2 genannten Angaben und Unterlagen ebenfalls von erheblicher Bedeutung sind, ist die Erlaubnis auch zu versagen, wenn diese Unterlagen nicht in ausreichendem Umfang beigebracht werden. Vor einer Versagung der Erlaubnis wird das Bundesaufsichtsamt im Erlaubnisverfahren auf die Pflicht zur Beifügung der genannten Angaben und Unterlagen hinweisen.

Mit Satz 2 soll sichergestellt werden, daß ein neu zu gründendes Kreditinstitut nicht in eine unübersichtliche Unternehmensgruppe eingebunden wird, deren Struktur eine wirksame Aufsicht unmöglich macht. Ob eine »Verbindung« vorliegt, ist dabei in Anwendung des § 15 Aktiengesetz zu prüfen. Zum Zweck der Geldwäsche und zur Einflußnahme der organisierten Kriminalität auf die legale Wirtschaft werden vornehmlich Konzerne unter Einschaltung von Zwischenholdings und Stiftungen eingesetzt, die in einer für Außenstehende undurchsichtigen Weise strukturiert sind. Neben dieser volkswirtschaftlichen Bedrohung bringen die genannten Konzernstrukturen auch Gefahren für die Sicherheit der Einlagen mit sich. Eine wirksame Überwachung der Einhaltung der Großkredit- und Organkreditvorschriften setzt die Kenntnis des gesamten Unternehmensverbundes voraus. Andernfalls könnten Einlagen (und selbstverständlich auch das Eigenkapital) unkontrolliert als Kredite an vom Inhaber des Kreditinstituts kontrollierte Tarnunternehmen abfließen. Diesen Gefahren soll durch Satz 2 begegnet werden.

Absatz 1 Satz 3 stellt klar, daß Satz 1 und 2 die Erlaubnisversagung abschließend regeln.

Durch die gleichlautende Formulierung von § 33 Abs. 1 Satz 1 Nr. 2a und Satz 2 mit § 2b Abs. 2 Nr. 2 und 3 wird die aus gesetzessystematischen Gründen wünschenswerte Parallelität zwischen beiden Vorschriften hergestellt. Diese Parallelität entspricht der ebenfalls zwischen Artikel 5 und Artikel 11 der Zweiten Richtlinie bestehenden gleichen Wortwahl.

Amtliche Begründung[1]

Nach der bisherigen Regelung in Absatz 1 Nr. 5 ist das Bundesaufsichtsamt gebunden, die Erlaubnis zu versagen, wenn entgegen § 32 Abs. 1 Satz 2 der Antrag keine ausreichenden Angaben oder Unterlagen enthält. Eine eindeutige und vollständige Information über die betreffende Unternehmensverbindung ist Voraussetzung einer wirksamen Aufsicht. Diese Bestimmung ist indessen nicht flexibel; sie gibt dem Bundesaufsichtsamt keine Möglichkeit, angemessen auf die Umstände des Einzelfalls zu reagieren. Die Bestimmung wird daher aufgehoben.

Gemäß Absatz 1 Satz 2 Nr. 2 steht es nunmehr im pflichtgemäßen Ermessen des Bundesaufsichtsamtes, die Erlaubnis zu versagen, wenn entgegen § 32 Abs. 1 Satz 2 der Antrag keine ausreichenden Angaben oder Unterlagen enthält. Es wird sich bei der Ausübung seines Ermessens in erster Linie davon leiten lassen, inwieweit die Unvollständigkeit der Angaben oder Unterlagen auf die mangelnde Kooperationsbereitschaft des Antragstellers zurückzuführen ist und inwieweit es aufgrund der fehlenden Angaben und Unterlagen nicht mit hinreichender Sicherheit einzuschätzen vermag, ob eine wirksame Aufsicht über das Kreditinstitut möglich ist.

Absatz 1 Satz 2 Nr. 1 enthält die bisherige Regelung des Satzes 2.

Amtliche Begründung[2]

Das Gesetz regelt die Erlaubnisversagungsgründe in § 33 abschließend. Über die Einbeziehung der Finanzdienstleistungsinstitute hinaus sind die folgenden Regelungen materiell neu:

Mit Ausnahme der Regelung des Anfangskapitals für Einlagenkreditinstitute hat es das Gesetz bisher dem BAKred überlassen, die Mindesthöhe des Anfangskapitals durch rechtsnorminterpretierende Verwaltungsvorschriften zu regeln. Mit der Umsetzung der Kapitaladäquanzrichtlinie sind weitergehende gesetzliche Vorgaben zu machen. Die Neufassung des § 33 Abs. 1 Satz 1 Nr. 1 definiert als Anfangskapital für reine Anlage- und Abschlußvermittler sowie Portfolioverwalter einen Betrag von mindestens 50000 ECU, für andere Finanzdienstleistungsinstitute, sofern sie nicht auf eigene Rechnung mit Finanzinstrumenten handeln, von mindestens 125 000 ECU und für die sonstigen Finanzdienstleistungsinstitute sowie die Wertpapierhandelsbanken von mindestens 730 000 ECU. Die Vorgaben orientieren sich an den Mindestanforderungen in Artikel 3 der Kapitaladäquanzrichtlinie, um den Markt für möglichst viele Finanzdienstleister offen zu halten. Das Anfangskapital wird mit Bezug auf § 10 definiert.

Die Wertpapierdienstleistungsrichtlinie läßt eine Ausnahme vom Vier-Augen-Prinzip bei Finanzdienstleistungsinstituten zu, die nicht befugt sind, sich bei der Erbringung von Finanzdienstleistungen Eigentum oder Besitz an Geldern oder Wertpapieren von Kunden zu verschaffen, und deshalb befugt zu keiner Zeit zu Schuldnern der Kunden werden können (Artikel 3 Abs. 3 Unterabs. 2 der Wertpapierdienstleistungsrichtlinie). Unter dieser Voraussetzung ist die in § 33 Abs. 1 Satz 1 Nr. 5 enthaltene Lockerung der gegenseitigen Kontrolle, die das Vier-Augen-Prinzip impliziert, sachlich vertretbar. Kreditinstitute müssen hingegen in jedem Fall mindestens zwei Geschäftsleiter haben, selbst wenn die Erlaubnis die Verschaffung von Eigentum oder Besitz an Geldern oder Wertpapieren von Kunden ausschließt. Das geltende Recht wird insoweit fortgeschrieben.

Das Institut muß gemäß § 33 Abs. 1 Satz 1 Nr. 6 künftig seine Hauptverwaltung im Inland haben. Die Regelung entspricht Artikel 3 Abs. 2 Anstrich 2 der Wertpapierdienstleistungsrichtlinie für Wertpapierfirmen sowie Artikel 3 Abs. 2 der BCCI-Folgerichtlinie für Einlagenkreditinstitute.

---

1 Zum 5. KWG-Änderungsgesetz.
2 Zum 6. KWG-Änderungsgesetz.

Der Tatbestand der unzureichenden Geschäftsorganisation ergänzt als neuer Erlaubnisversagungsgrund gemäß § 33 Abs. 1 Satz 1 Nr. 7 den § 25 a.

Ein Anlage- und Abschlußvermittler, der nicht befugt ist, sich bei der Erbringung von Finanzdienstleistungen Eigentum oder Besitz an Geldern oder Wertpapieren von Kunden zu verschaffen, und der nicht auf eigene Rechnung mit Finanzinstrumenten handelt, kann gemäß § 33 Abs. 1 Satz 2 anstelle des Anfangskapitals den Abschluß einer geeigneten Versicherung zum Schutz der Kunden nachweisen. Die Risiken, die von diesen Unternehmen ausgehen, können wirksam auch durch eine geeignete Versicherung abgedeckt werden. Allerdings darf der Schutz durch die Versicherung nicht hinter dem Schutz, der durch das Anfangskapital gewährleistet wird, zurückbleiben. Eine geeignete Versicherung muß insbesondere Schäden abdecken, die durch Falschberatung entstehen; insoweit wird der Abschluß einer Berufshaftpflichtversicherung im Regelfall ausreichen. Mit der Option, anstelle des Anfangskapitals den Abschluß einer geeigneten Versicherung nachzuweisen, wird insbesondere für kleine Unternehmen eine weitere Marktzugangsmöglichkeit geschaffen. Der Verzicht auf das Anfangskapital als Erlaubnisvoraussetzung ist mit Artikel 2 Nr. 2 Anstrich 3 der Kapitaladäquanzrichtlinie vereinbar. Diese Vermittler können jedoch nicht den Europäischen Paß gemäß § 24a für sich in Anspruch nehmen. Dies regelt § 2 Abs. 9. Der Europäische Paß kann den in Artikel 2 Nr. 2 Anstrich 3 der Kapitaladäquanzrichtlinie genannten Unternehmen nur gewährt werden, wenn gemäß Artikel 3 Abs. 4 der Kapitaladäquanzrichtlinie ihr Anfangskapital mindestens 50 000 ECU beträgt.

Die Konkretisierung des Kriteriums der fachlichen Eignung in Absatz 2 wird auf Finanzdienstleistungen und die Personen, die Finanzdienstleistungsinstitute leiten, erweitert.

Bisher kann das BAKred die Erlaubnis nach § 33 Abs. 1 Satz 2 Nr. 1 versagen, wenn das Kreditinstitut mit dem Inhaber einer bedeutenden Beteiligung im aktienrechtlichen Sinne verbunden ist und wegen dieser Unternehmensverbindung oder der Struktur der Unternehmensverbindung des Inhabers der bedeutenden Beteiligung mit anderen Unternehmen eine wirksame Aufsicht über das Institut nicht möglich ist. In der Praxis lief diese Regelung leer. Ex ante läßt sich die Unmöglichkeit einer wirksamen Aufsicht nicht beweisen. Die Unmöglichkeit läßt sich nur in der Rückschau feststellen. Die Bestimmung wird im neuen Absatz 3 Nr. 1 nunmehr so gefaßt, daß die grundsätzliche Eignung einer Unternehmensverbindung zur Vereitelung einer wirksamen Aufsicht genügt.

Mit der Regelung in § 33 Abs. 3 Nr. 2 wird ein neuer Erlaubnisversagungsgrund in das KWG eingeführt. Das BAKred kann danach die Erlaubnis auch versagen, wenn die enge Verbindung, die zwischen dem Antragsteller zu einer anderen natürlichen oder juristischen Person besteht, geeignet ist, eine wirksame Aufsicht über das Institut zu vereiteln. Damit wird eine entsprechende Vorgabe in Artikel 2 Abs. 2 Unterabs. 1 der BCCI-Folgerichtlinie umgesetzt. Der Versagungsgrund ist dem strukturellen Versagungsgrund in Absatz 3 Nr. 1 analog aufgebaut.

Der weitere zusätzliche Erlaubnisversagungsgrund, der in Umsetzung von Artikel 2 Abs. 2 Unterabs. 2 der BCCI-Folgerichtlinie mit § 33 Abs. 3 Nr. 3 neu eingeführt wird, knüpft an eine unzureichende oder unkooperative Aufsicht im Sitzstaat des Mutterunternehmens an. Die Regelung wird zugleich auch der 4. Mindestanforderung für die Beaufsichtigung internationaler Bankkonzerne und ihrer grenzüberschreitenden Niederlassungen des Baseler Ausschusses für Bankenaufsicht vom Juni 1992 gerecht. Dieser Erlaubnisversagungsgrund ergänzt die beiden strukturellen Versagungsgründe unter Absatz 3 Nr. 1 und 2. Er soll eingreifen, wenn die Struktur der Gruppe zwar transparent und einer wirksamen Aufsicht zugänglich ist, eine wirksame Aufsicht aber an dem rechtlichen Umfeld oder der Einstellung der zuständigen Behörde im Sitzstaat des Mutterunternehmens scheitern könnte.

Der bisherige Satz 3 in § 33 Abs. 1 wird zum neuen Absatz 4.

Amtliche Begründung[1]

Zu Buchstabe a Doppelbuchstabe aa

E-Geld-Institute brauchen gemäß Artikel 4 E-Geld-Richtlinie nur ein Anfangskapital von 1 Mio. Euro vorzuhalten. Unternehmen, die sich auf das E-Geld-Geschäft beschränken, soll der Markteintritt erleichtert werden.

Zu Buchstabe a Doppelbuchstabe bb

Eine Anteilseignerkontrolle findet nicht nur im Rahmen der laufenden Aufsicht über Institute statt. Sie setzt sinnvoll bereits im Erlaubnisverfahren ein. Ist der (potentielle) Inhaber einer bedeutenden Beteiligung nicht zuverlässig, kann einem Unternehmen, das eine Erlaubnis für das Betreiben von Bankgeschäften oder das Erbringen von Finanzdienstleistungen beantragt, die Erlaubnis versagt werden. Die gesetzlich gesetzten Maßstäbe sind die gleichen wie bei der Prüfung der Zuverlässigkeit des Bewerbers um eine bedeutende Beteiligung nach § 2b Abs. 1a KWG. In diesem Sinne wird in § 33 Abs. 1 Nr. 3 auf § 2b Abs. 1a Satz 1 Nr. 1 Teilsatz 2 KWG verwiesen.

Zu Buchstabe a Doppelbuchstabe cc

Es ist davon auszugehen, dass eine Anzahl von Finanzdienstleistern, die de lege lata nicht das Vier-Augen-Prinzip einhalten müssen, in Zukunft Altersvorsorgeverträge anbieten werden; diese Möglichkeit wurde den Instituten im Rahmen des AltZertG ausdrücklich eröffnet. Im Hinblick auf die politische Sensibilität dieser Problematik ist es allerdings geboten, allen Anbietern von Altersvorsorgeverträgen zwingend das Vier-Augen-Prinzip vorzuschreiben.

Zu Buchstabe a Doppelbuchstabe dd

Grundsatz 3 der Aufsichtsgrundsätze fordert für den Fall, dass der vorgesehene Eigentümer bzw. die vorgesehene Muttergesellschaft der neu gegründeten Bank eine ausländische Bank ist, vor Erlaubniserteilung die Zustimmung der Aufsichtsbehörde des Herkunftslandes einzuholen.

Zu Buchstabe b

Entsprechend der Zielrichtung des Gesetzesvorhabens, die Rechtsvorschriften im Bereich der Anteilseignerkontrolle zu harmonisieren, wird der Absatz 3 an die weiter gehenden Eingriffsbefugnisse und den Wortlaut im VAG angepasst.

Die mangelhafte wirtschaftliche Transparenz wird neu als Erlaubnisversagungsgrund statuiert. Dadurch wird in Absatz 3 Satz 2 Nr. 1 die sachlich gebotene Parallelität zu § 2b Abs. 1a Satz 1 Nr. 2 KWG hergestellt; es ist inkonsistent, einem Interessenten mangels wirtschaftlicher Transparenz den Erwerb einer bedeutenden Beteiligung an einem Institut zu untersagen, mangelnde wirtschaftliche Transparenz bei Erlaubniserteilung dagegen aber zu tolerieren.

Der neue Erlaubnisversagungsgrund unter § 33 Abs. 3 Satz 2 Nr. 2 KWG wird in Anlehnung an § 8 Abs. 1 Satz 3 Nr. 2 VAG geschaffen.

Bei der Wörter-Ersetzung »im Ausland« durch »in einem Drittstaat« in Absatz 3 Satz 2 Nr. 3 KWG handelt es sich um eine Folgeänderung.

Die bisherige Nummer 4 ist materiell unverändert im Satz 2 aufgegangen.

---

[1] Zum 4. Finanzmarktförderungsgesetz.

Amtliche Begründung[1]

Redaktionelle Änderung in Absatz 1 Satz 1 Nr. 1 zur Korrektur des Verweises. Anrechenbar als Anfangskapital sind das eingezahlte Kapital sowie die Rücklagen, nicht aber die Sonderposten für allgemeine Bankrisiken nach § 340 g HGB. Clearingsysteme bestehen aus einem gestuften System von Sicherheiten, die u.a. das Eigenkapital des zentralen Kontrahenten umfassen. Aus diesem Grunde ist ein Einlagenkreditinstituten vergleichbares Anfangskapital zu fordern. Dafür spricht auch, dass der zentrale Kontrahent in großem Umfang Fremdwerte als Sicherheiten entgegennimmt.

Amtliche Begründung[2]

Zu Absatz 1

Buchstabe a setzt Artikel 12 der Finanzmarktrichtlinie in Verbindung mit den Artikeln 5 und 7 der Kapitaladäquanzrichtlinie um. Die Aufnahme der Anlageberater, Betreiber von multilateralen Handelssystemen und Unternehmen, die das Platzierungsgeschäft erbringen, in Satz 1 Nr. 1 Buchstabe a trägt dem Umstand Rechnung, dass diese Dienstleistungen nach der Finanzmarktrichtlinie zur erlaubnispflichtigen Hauptdienstleistung erhoben wurden, sodass auch für die Erbringung dieser Dienstleistungen grundsätzlich mindestens ein Anfangskapital von 50 000 Euro vorzusehen ist.

Bei Betreibern des Platzierungsgeschäfts oder multilateraler Handelssysteme, deren Tätigkeit nach bisheriger Rechtslage von der Erlaubnis als Anlage- und Abschlussvermittler erfasst war, wird in Satz 1 Nr. 1 Buchstabe a von der im Ermessen der Mitgliedstaaten stehenden Möglichkeit nach Artikel 7 Abs. 3 der Kapitaladäquanzrichtlinie zur Reduzierung des Anfangskapitals auf 50 000 Euro Gebrauch gemacht, um Marktzutrittsbarrieren für diese Unternehmen zu verhindern.

Alternativ kann das Anfangskapital für Anlageberater, Anlagevermittler und Abschlussvermittler, die nicht befugt sind, sich Eigentum und Besitz an Geldern oder Wertpapieren ihrer Kunden zu verschaffen, nach Artikel 7 Buchstabe b in Verbindung mit Artikel 3 Abs. 1 Buchstabe b (iii) der Kapitaladäquanzrichtlinie durch eine geeignete Versicherung mit den in Satz 2 genannten Haftungsbeträgen ersetzt werden.

Satz 1 Nr. 1 Buchstabe f und Satz 3 setzen Artikel 12 der Finanzmarktrichtlinie in Verbindung mit Artikel 8 der Kapitaladäquanzrichtlinie um. Demnach sind Erleichterungen an das Anfangskapital für Anlageberater und Anlagevermittler ohne Befugnis, sich Eigentum oder Besitz an Geldern oder Wertpapieren ihrer Kunden zu verschaffen, vorgesehen, wenn diese gleichzeitig nach den Anforderungen der Richtlinie 2002/92/EG des Europäischen Parlaments und des Rates vom 9. Dezember 2002 über Versicherungsvermittler (ABl. EU Nr. L 9 S. 3) – Versicherungsvermittlerrichtlinie – als Versicherungsvermittler in ein Register eingetragen sind und den Anforderungen der Versicherungsvermittlerrichtlinie genügen.

Satz 1 Nr. 1 Buchstabe g setzt Artikel 12 der Finanzmarktrichtlinie in Verbindung mit Artikel 6 der Kapitaladäquanzrichtlinie um. Dieser sieht ein Anfangskapital für so genannte Locals von 50 000 Euro vor, wenn diese nach den Artikeln 31 und 32 der Finanzmarktrichtlinie den Europäischen Pass für Dienstleistungen in anderen EU-Staaten in Anspruch nehmen wollen. In Umsetzung des Artikels 2 Abs. 1 Buchstabe l der Finanzmarktrichtlinie benötigen diese Locals unter den Bedingungen des § 2 Abs. 1 Nr. 8 und Abs. 6 Nr. 9 zwar keine Erlaubnis, um an inländischen Derivatemärkten eine

---

1 Zum Gesetz zur Umsetzung der neu gefassten Bankenrichtlinie und der neu gefassten Kapitaladäquanzrichtlinie vom 17. November 2006 (BGBl. I S. 2606).
2 Zum Finanzmarktrichtlinie-Umsetzungsgesetz.

entsprechende Tätigkeit auszuüben. Aus Artikel 6 der Kapitaladäquanzrichtlinie ergibt sich jedoch zwingend, dass Locals, die beabsichtigen, zusätzlich auch an ausländischen Derivatemärkten tätig zu werden, eine Erlaubnis nach § 32 Abs. 1 auch für die inländischen Geschäfte einholen müssen.

Amtliche Begründung[1]

Zu Nummer 8 (§ 33 Absatz 1 Satz 1 Nummer 3)

Es handelt sich um eine redaktionelle Folgeänderung, die sich durch das Streichen des bisherigen § 2c Abs. 1a Satz 1 Nr. 1 Teilsatz 2 ergibt.

Amtliche Begründung[2]

Zu Nummer 16 (§ 33 KWG)

Die neue Finanzdienstleistung der Anlageverwaltung muss auch bei den Anfangskapitalvorschriften des § 33 Abs. 1 Satz 1 Nr. 1 aufgenommen werden.

Amtliche Begründung[3]

Zu Nummer 36 (§ 33)

Dem Anfangskapital werden alle Kapitalbestandteile im Sinne von Artikel 57 Buchstabe a der Bankenrichtlinie, geändert durch Artikel 1 Nummer 7 Buchstabe a der Richtlinie 2009/111/EG, zugerechnet. Der geänderte § 10 Absatz 2 Satz 1 Nummer 8 setzt den geänderten Artikel 57 Buchstabe a der Bankenrichtlinie in Verbindung mit Erwägungsgrund 4 der Richtlinie 2009/111/EG um. Kapital, das künftig die Anforderungen des § 10 Absatz 2 Satz 1 Nummer 8 erfüllt, kann daher auch bei der Ermittlung des Anfangskapitals nach § 33 berücksichtigt werden.

ANMERKUNG

1. Durch das 6. KWG-Änderungsgesetz vom 22. Oktober 1997 wurden die Finanzdienstleistungsinstitute in die Regelung einbezogen.
2. Die Aufzählung der Versagungsgründe ist grundsätzlich erschöpfend (Absatz 4). § 8 Abs. 1 des Bausparkassengesetzes enthält besondere Versagungsgründe für Bausparkassen. Durch das 6. KWG-Änderungsgesetz vom 22. Oktober 1997 wurden verschiedene neue Versagungsgründe eingeführt (vgl. Absatz 1 Nr. 6 und 7; Absatz 3 Nr. 2 und 3). Durch das 3. Finanzmarktförderungsgesetz vom 24. März 1998 wurde Absatz 3 Nr. 1 neu gefasst. Zugleich wurden die bisherigen Versagungsgründe des § 33 Abs. 3 Nr. 1 und 2 zusammengefasst; Nr. 2 wurde aufgehoben.
3. Durch das 6. KWG-Änderungsgesetz vom 22. Oktober 1997 wurde nunmehr auch für die Finanzdienstleistungsinstitute und die Wertpapierhandelsbanken das erforderliche Mindest-Anfangskapital im Gesetz vorgeschrieben (bisher gab es nur für die Einlagen-

---

1 Zum Gesetz zur Umsetzung der Beteiligungsrichtlinie vom 12. März 2009 (BGBl. I S. 470); vgl. BT-Drucksache 16/10536 vom 13. Oktober 2008.
2 Zum Gesetz zur Fortentwicklung des Pfandbriefrechts vom 20. März 2009 (BGBl. I S. 607); vgl. BT-Drucksache 16/11130 vom 1. Dezember 2008.
3 Zum Gesetz zur Umsetzung der geänderten Bankenrichtlinie und der geänderten Kapitaladäquanzrichtlinie vom 19. November 2010 (BGBl. I S. 1592); vgl. BT-Drucksache 17/1720 vom 17. Mai 2010.

kreditinstitute gesetzliche Vorgaben). Für die Finanzdienstleistungsinstitute bestehen abgestufte Kapitalanforderungen. Eine Ausnahme besteht für Anlage- oder Abschlussvermittler, die nicht befugt sind, sich bei der Erbringung von Finanzdienstleistungen Eigentum oder Besitz an Geldern oder Wertpapieren von Kunden zu verschaffen, und die nicht auf eigene Rechnung mit Finanzinstrumenten handeln. Diese können anstelle des Anfangskapitals den Abschluss einer geeigneten Versicherung zum Schutz des Kunden nachweisen (Absatz 1 Satz 2). Die Bundesanstalt für Finanzdienstleistungsaufsicht hat mit Rundschreiben 27/2002 (Q) vom 4. Dezember 2002 die Anforderungen an eine geeignete Versicherung im Sinne von Abs. 1 Satz 2 konkretisiert. Für sonstige Kreditinstitute wird die Mindesthöhe des Anfangskapitals weiterhin durch die Bundesanstalt festgelegt.

4. Das »Vier-Augen-Prinzip« ist nicht gefordert für Finanzdienstleistungsinstitute, die nicht befugt sind, sich bei der Erbringung von Dienstleistungen Eigentum oder Besitz an Geldern oder Wertpapieren von Kunden zu verschaffen (Absatz 1 Satz 1 Nr. 5). Diese Institute können zu keiner Zeit zu Schuldnern der Kunden werden, wodurch eine Lockerung der gegenseitigen Kontrolle, die das »Vier-Augen-Prinzip« impliziert, sachlich vertretbar war. Kreditinstitute müssen jedoch in jedem Fall mindestens zwei Geschäftsleiter haben.
5. Die fachliche Eignung müssen auch die Geschäftsleiter von Finanzdienstleistungsunternehmen nachweisen (Abs. 2).
6. Durch das Gesetz über die integrierte Finanzdienstleistungsaufsicht vom 22. April 2002 wurde die Vorschrift an die geänderte Bezeichnung der Aufsichtsbehörde angepasst. Durch das 4. Finanzmarktförderungsgesetz vom 21. Juni 2002 wurden verschiedene Änderungen vorgenommen: In Absatz 1 Satz 1 wurde mit dem neu angefügten Buchstaben e das Mindest-Anfangskapital für E-Geld-Institute (1 Mio. Euro) festgesetzt; Absatz 1 Nr. 3 wurde neu gefasst; die Nr. 7 wurde angefügt. Absatz 3 wurde neu gefasst. Zu Einzelheiten vgl. die vorstehende Amtliche Begründung.
7. Durch das Finanzkonglomeraterichtlinie-Umsetzungsgesetz vom 21. Dezember 2004 (BGBl. I S. 3610) wurde in § 33 Absatz 1 Satz 4 die Nummer 4a eingefügt. Danach ist die Erlaubnis auch dann zu versagen, wenn die Leitungsorgane einer Finanzholding-Gesellschaft oder einer gemischten Finanzholding-Gesellschaft nicht über die erforderliche fachliche Eignung oder Zuverlässigkeit verfügen.
8. Durch den neu angefügten Absatz 5 wird Artikel 7 Abs. 3 der Finanzmarktrichtlinie umgesetzt. Absatz 5 enthält eine Pflicht zur Mitteilung an den Antragsteller, ob die Erlaubnis erteilt oder versagt wird. Die Bearbeitungsfrist für Erlaubnisanträge wird damit auf maximal sechs Monate nach Einreichung der vollständigen Antragsunterlagen begrenzt.
9. Durch das Gesetz zur Umsetzung der Beteiligungsrichtlinie vom 12. März 2009 (BGBl. I S. 470) wurde in § 33 Absatz 1 Nummer 3 der Satzteil mit Verweis auf § 2c gestrichen.
10. § 33 Absatz 1 Satz 1 Nummer 1 e) wurde aufgehoben durch das Gesetz zur Umsetzung der Zweiten E-Geld-Richtlinie vom 1. März 2011 (BGBl. I S. 288), da E-Geld-Institute als Institutstypus aus diesem Gesetz herausgenommen und dem Zahlungsdiensteaufsichtsgesetz unterstellt wurden. Die Versagungsgründe der Erlaubnis für E-Geld-Institute sind nunmehr in § 9a des Zahlungsdiensteaufsichtsgesetzes geregelt.
11. § 33 Absatz 1 Nummer 1 d wurde geändert durch das Ausführungsgesetz zur Verordnung (EU) Nr. 648/2012 über OTC-Derivate, zentrale Gegenparteien und Transaktionsregister (EMIR-Ausführungsgesetz) vom 13. Februar 2013 (BGBl. I S. 174). Nach Artikel 16 Absatz 1 der Verordnung (EU) Nr. 648/2012 liegt das Mindestanfangskapital bei 7,5 Mio. Euro und ist damit höher als das, was bislang für zentrale Gegenparteien im KWG vorgesehen war; vgl. BT-Drucksache 17/11289 vom 5. November 2012.
12. Die Änderung in § 33 Absatz 1 Satz 1 Buchstabe g durch das Gesetz zur Vermeidung von Gefahren und Missbräuchen im Hochfrequenzhandel vom 7. Mai 2013 (BGBl. I S. 1162) stellt sicher, dass Unternehmen, die den algorithmischen Hochfrequenzhandel im Sinne des § 1 Absatz 1a Satz 2 Nr. 4 Buchstabe d betreiben, nicht unter die Ausnahmeregelung des § 33 Absatz 1 Satz 1 Nummer 1 Buchstabe g KWG fallen, auch wenn sie als Market

Maker tätig sind, sondern gemäß § 33 Absatz 1 Satz 1 Nummer 1 Buchstabe c KWG über ein Eigenkapital von 730 000 Euro verfügen müssen, das aufgrund von Art und Umfang der Geschäftstätigkeit angemessen ist (siehe auch BT-Drucksache 17/11631 vom 26. November 2012 sowie Beschlussempfehlung und Bericht BT-Drucksache 17/12536 vom 27. Februar 2013).

13. Die Änderung des § 33 Absatz 1 Nummer 1c durch das Gesetz zur Umsetzung der Richtlinie 2011/61/EU über die Verwalter alternativer Investmentfonds (AIFM-Umsetzungsgestz – AIFM UmsG) vom 4. März 2013 (BGB. I S. 1981) dient der Umsetzung des Artikels 21 Absatz 3 Buchstabe b der Richtlinie 2011/61/EU und ist als Folge der Einfügung des eingeschränkten Verwahrgeschäfts als Finanzdienstleistung in § 1 Absatz 2a Satz 2 Nummer 12 erforderlich. Nach Artikel 21 Absatz 3 Buchstabe b der Richtlinie 2011/61/EU muss eine Wertpapierfirma, die gemäß der Richtlinie 2004/39/EU zugelassen ist, mindestens über Eigenmittel verfügen, die das Anfangskapital gemäß Artikel 9 der Richtlinie 2006/49/EG nicht unterschreiten, um als Verwahrstelle beauftragt werden zu können. Insofern ist ein Anfangskapital von 730 000 Euro für solche Finanzdienstleistungsinstitute notwendig; vgl. BT-Drucksache 17/12294 vom 6. Februar 2013.

14. Bei den Änderungen in § 33 Absatz 1 Nummern 1 und 2 sowie 4b durch das CRD IV-Umsetzungsgesetz vom 28. August 2013 (BGBl. I S. 3395) handelt es sich um redaktionelle Änderungen der Verweise, die sich durch die Verordnung (EU) Nr. 575/2013 ergeben. Mit der neuen Nummer 4a wird Artikel 87 Nummer 1 der Richtlinie 2013/36/EU umgesetzt. Absatz 2 wurde aufgehoben und die Absätze 3 bis 5 werden zu den Absätzen 2 bis 4. Es handelt sich dabei um eine Folgeänderung, weil sich die bisherige Vorgabe des Absatzes 2 nunmehr in § 25c Absatz 1 KWG befindet. Absatz 5 Satz 2 beruht auf Artikel 15 Satz 2 der Richtlinie 2013/36/EU, der vorsieht, dass die zuständige Stelle in jedem Fall binnen zwölf Monaten nach Eingang des Antrags auf Erhalt einer Bankerlaubnis über den Antrag zu befinden hat. Da Absatz 5 erster Satz bereits vorsieht, dass der vollständige Antrag binnen sechs Monaten zu bescheiden ist, kann Artikel 15 Satz 2 der Richtlinie 2013/36/EU bezogen für das KWG nur so umgesetzt werden, dass die Bundesanstalt Anträge, die innerhalb von zwölf Monaten nicht vervollständigt wurden, abzulehnen hat.

§ 33a Aussetzung oder Beschränkung der Erlaubnis bei Unternehmen mit Sitz außerhalb der Europäischen Union

Die Bundesanstalt hat die Entscheidung über einen Antrag auf Erlaubnis von Unternehmen mit Sitz außerhalb der Europäischen Union oder von Tochterunternehmen dieser Unternehmen auszusetzen oder die Erlaubnis zu beschränken, wenn ein entsprechender Beschluß des Rates oder der Europäischen Kommission vorliegt, der nach Artikel 147 der Richtlinie 2013/36/EU zustande gekommen ist. Die Aussetzung oder Beschränkung darf drei Monate vom Zeitpunkt des Beschlusses an nicht überschreiten. Die Sätze 1 und 2 gelten auch für nach dem Zeitpunkt des Beschlusses eingereichte Anträge auf Erlaubnis. Beschließt der Rat die Verlängerung der Frist nach Satz 2, so hat die Bundesanstalt diese Fristverlängerung zu beachten und die Aussetzung oder Beschränkung entsprechend zu verlängern.

Amtliche Begründung[1]

Die EG-Kommission kann nach Artikel 9 Abs. 3 der Zweiten Richtlinie dem Ministerrat vorschlagen, ihr ein Mandat für Verhandlungen mit einem Drittland zu erteilen, um für die Kreditinstitute der Gemeinschaft vergleichbare Wettbewerbsbedingungen

---

1 Zum 4. KWG-Änderungsgesetz.

zu erzielen. Will sie in diesem Fall ihre Verhandlungsposition durch begleitende Maßnahmen stärken, benötigt sie dazu ebenso wie für die Aufnahme von Verhandlungen einen Beschluß nach Artikel 22 Abs. 2 der Zweiten Richtlinie, da sie selbst keinerlei Zuständigkeit für die Zulassung von Kreditinstituten besitzt. Deshalb ist das Bundesaufsichtsamt gemäß Artikel 9 Abs. 4 Unterabsatz 2 der Zweiten Richtlinie zu verpflichten, die Entscheidung über die Erlaubnis für Antragsteller aus dem betreffenden Drittland auszusetzen oder zu beschränken, wenn die vorgenannten Beschlüsse vorliegen. Diese Verpflichtung des Bundesaufsichtsamtes schreibt § 33 a Satz 1 fest. Von solchen Maßnahmen sollen sowohl das Mutterunternehmen mit Sitz in diesem Drittland als auch dessen Tochterunternehmen, auch wenn diese ihren Sitz in einem anderen Drittland oder in einem EG-Mitgliedstaat haben, betroffen werden, wenn eines von ihnen als Antragsteller auftritt. Bislang konnten sich Tochterunternehmen von Mutterunternehmen aus anderen Staaten ohne jede Einschränkung im Inland als Kreditinstitut niederlassen, und lediglich bei der Gründung von Zweigstellen bestand die bisher noch nicht angewandte Möglichkeit, nach § 53 Abs. 2 Nr. 5 Satz 2 auf die Gegenseitigkeit abzustellen. Diese liberale Politik des Marktzutritts wird durch die neue Vorschrift des § 33 a eingeschränkt. Sofern der Ministerrat nichts anderes beschließt, ist die Wirkung der aufschiebenden oder beschränkenden Maßnahmen aber auf drei Monate nach dem Zeitpunkt des Beschlusses begrenzt (§ 33 a Satz 2 und 4).

Zweigstellen von Kreditinstituten mit Sitz in anderen EG-Mitgliedstaaten benötigen keine gesonderte Zulassung des Bundesaufsichtsamtes, wenn sie das Einlagen- und Kreditgeschäft im Geltungsbereich des KWG aufnehmen (vgl. § 53 b). Für Tochterunternehmen bleibt eine Zulassung jedoch weiterhin erforderlich. Gemäß Artikel 7 der Zweiten Richtlinie sieht § 33 b bei deren Zulassung eine Zusammenarbeit des Bundesaufsichtsamtes mit den zuständigen Behörden des betreffenden EG-Mitgliedstaats vor. Die Pflicht zur vorherigen Anhörung besteht für das Bundesaufsichtsamt immer dann, wenn der Antragsteller aus dem anderen EG-Mitgliedstaat selbst ein Kreditinstitut oder mit einem Kreditinstitut oder seinen Inhabern personell oder kapitalmäßig verbunden ist. Die möglichen Fälle sind aus Artikel 7 der Zweiten Richtlinie übernommen. Nur in diesen Fällen werden die zuständigen Behörden des anderen EG-Mitgliedstaats bei ihrer Anhörung relevante Informationen liefern können, die sie als Bankaufsichtsbehörde über das Eigenkapital, die Solvabilität der Kreditinstitute, über den Aufbau von Kredit- oder Finanzinstitutsgruppen und über die Eignung der Inhaber bedeutender Beteiligungen gesammelt haben. Diese grenzüberschreitende Zusammenarbeit ist allerdings im einzelnen nicht geregelt, sondern wird sich in der Praxis hinsichtlich Inhalt und Zweck, insbesondere unter Beachtung der Regelung der §§ 8 und 9, ausbilden. Das Bundesaufsichtsamt kann die Behörden aus einem anderen Mitgliedstaat allerdings nur dann anhören, wenn ihm die Tatsachen nach den Nummern 1 bis 3 bekannt sind.

ANMERKUNG
1. Die §§ 33a und 33b wurden durch das 4. KWG-Änderungsgesetz vom 21. Dezember 1992 eingefügt. Die Motive ergeben sich aus der vorstehenden Amtlichen Begründung. Durch das Gesetz über die integrierte Finanzdienstleistungsaufsicht vom 22. April 2002 wurde die Vorschrift an die geänderte Bezeichnung der Aufsichtsbehörde in Bundesanstalt für Finanzdienstleistungsaufsicht angepasst.
2. Redaktionelle Änderung aufgrund geänderter Fundstelle in der Bankenrichtlinie.
3. § 33 a enthält in der Überschrift sowie in Satz 1 und 4 redaktionelle Anpassungen im Nachgang zum Inkrafttreten des Vertrags von Lissabon durch das Gesetz zur Umsetzung der Richtlinie 2010/78/EU des Europäischen Parlaments und des Rates vom 24. November 2010 im Hinblick auf die Errichtung des Europäischen Finanzaufsichtssystems vom 4. Dezember 2011 (BGBl. I S. 2427).
4. In § 33 a Satz 1 handelt es sich um eine redaktionelle Korrektur aufgrund der Änderung der Bezeichnung der Bankenrichtlinie durch das CRD IV-Umsetzungsgesetz vom 28. August 2013 (BGBl. I S. 3395).

§ 33 b Anhörung der zuständigen Stellen eines anderen Staates des Europäischen Wirtschaftsraums

Soll eine Erlaubnis für das Betreiben von Bankgeschäften nach § 1 Abs. 1 Satz 2 Nr. 1, 2, 4 oder 10 oder für das Erbringen von Finanzdienstleistungen nach § 1 Abs. 1a Satz 2 Nr. 1 bis 4 einem Unternehmen erteilt werden, das
1. Tochter- oder Schwesterunternehmen eines CRR-Instituts oder eines Erstversicherungsunternehmens ist und dessen Mutterunternehmen in einem anderen Staat des Europäischen Wirtschaftsraums zugelassen ist oder
2. durch dieselben natürlichen Personen oder Unternehmen kontrolliert wird, die ein CRR-Institut oder ein Erstversicherungsunternehmen mit Sitz in einem anderen Staat des Europäischen Wirtschaftsraums kontrollieren,

hat die Bundesanstalt vor Erteilung der Erlaubnis die zuständigen Stellen des Herkunftsmitgliedstaates anzuhören. Die Anhörung erstreckt sich insbesondere auf die Angaben, die für die Beurteilung der Zuverlässigkeit und fachlichen Eignung der in § 1 Abs. 2 Satz 1 genannten Personen sowie für die Beurteilung der Zuverlässigkeit der Inhaber einer bedeutenden Beteiligung an Unternehmen derselben Gruppe mit Sitz in dem betreffenden Staat des Europäischen Wirtschaftsraums erforderlich sind.

Amtliche Begründung[1]

Das BAKred hat gemäß Artikel 7 der 2. Bankrechtskoordinierungsrichtlinie und Artikel 6 der Wertpapierdienstleistungsrichtlinie vor Erteilung der Erlaubnis die zuständigen Behörden des Herkunftsstaats zu konsultieren, wenn ein Unternehmen eine Erlaubnis beantragt, die es EG-rechtlich als Einlagenkreditinstitut oder Wertpapierhandelsunternehmen qualifizieren würde.

Die Neufassung dient der redaktionellen Anpassung. Ferner wird ein Redaktionsversehen beseitigt, das darin besteht, daß auf den Antrag eines Unternehmens mit Sitz in einem anderen Mitgliedstaat abgestellt wurde. Das antragstellende Unternehmen hat indessen gerade nicht seinen Sitz in einem anderen Staat des Europäischen Wirtschaftsraums; andernfalls müßte es den Antrag gar nicht stellen, da es unter die Herkunftsstaataufsicht fiele.

ANMERKUNG

1. Vgl. die Anmerkung zu § 33 a.
2. Durch das Gesetz über die integrierte Finanzdienstleistungsaufsicht vom 22. April 2002 wurde die Vorschrift an die geänderte Bezeichnung der Aufsichtsbehörde in Bundesanstalt für Finanzdienstleistungsaufsicht angepasst.
   Durch das Finanzkonglomeraterichtlinie-Umsetzungsgesetz vom 21. Dezember 2004 (BGBl. I S. 3610) wurden die Nummern 1 und 2 neu gefasst und ein neuer Satz angefügt. Hierbei handelt es sich um eine Umsetzung von Art. 29 Nr. 2 der Finanzkonglomeraterichtlinie.
3. Durch die Ergänzung wird die EG-rechtlich erforderliche Konsultationspflicht bei der Zulassung von E-Geld-Instituten umgesetzt.
4. § 33 b Einleitungssatz sowie die Nummern 1 und 2 wurden geändert durch das Gesetz zur Umsetzung der Zweiten E-Geld-Richtlinie vom 1. März 2011 (BGBl. I S. 288), da E-Geld-Institute als Institutstypus aus diesem Gesetz herausgenommen und dem Zahlungsdiensteaufsichtsgesetz unterstellt wurden.
5. Es handelt sich in § 33 b Satz 1 Nummer 1 und 2 um eine redaktionelle Anpassung der Begrifflichkeiten durch das CRD IV-Umsetzungsgesetz vom 28. August 2013 (BGBl. I S. 3395).

---

1 Zum 6. KWG-Änderungsgesetz.

§ 34 Stellvertretung und Fortführung bei Todesfall

(1) § 45 der Gewerbeordnung findet auf Institute keine Anwendung.

(2) Nach dem Tode des Inhabers der Erlaubnis darf ein Institut durch zwei Stellvertreter ohne Erlaubnis für die Erben bis zur Dauer eines Jahres fortgeführt werden. Die Stellvertreter sind unverzüglich nach dem Todesfall zu bestimmen; sie gelten als Geschäftsleiter. Ist ein Stellvertreter nicht zuverlässig oder hat er nicht die erforderliche fachliche Eignung, kann die Bundesanstalt die Fortführung der Geschäfte untersagen. Sie kann die Frist nach Satz 1 aus besonderen Gründen verlängern. Für Finanzdienstleistungsinstitute, die nicht befugt sind, sich bei der Erbringung von Finanzdienstleistungen Eigentum oder Besitz an Geldern oder Wertpapieren von Kunden zu verschaffen, genügt ein Stellvertreter.

Amtliche Begründung

Nach § 45 der Gewerbeordnung kann ein stehendes Gewerbe durch einen qualifizierten Stellvertreter ausgeübt werden. Absatz 1 schließt diese Möglichkeit für das Kreditgewerbe aus, um sicherzustellen, daß grundsätzlich nur solche Personen dem Bundesaufsichtsamt gegenüber für die Leitung des Kreditinstituts verantwortlich sind, die betriebsintern die erforderliche Unabhängigkeit besitzen. Ausnahmen von diesem Grundsatz läßt der Entwurf nur in besonderen Fällen zu (Absatz 2, § 1 Abs. 2 Satz 2 und 3). Da die Erlaubnis bestimmten Personen erteilt wird, erlischt sie, wenn Erlaubnisträger natürliche Personen sind, mit deren Tod. Die Schließung des Kreditinstituts würde in einem solchen Fall oft weder den Interessen der Kunden noch denen der Erben dienen. Absatz 2 ermöglicht es daher, das Kreditinstitut ohne Erlaubnis für eine begrenzte Zeit durch einen qualifizierten Stellvertreter fortzuführen. Den Erben wird dadurch die Möglichkeit gegeben, sich ohne Zeitdruck über die Weiterführung des Kreditinstituts schlüssig zu werden. Die Bestellung eines Stellvertreters ist nicht erforderlich, wenn das Kreditinstitut ordnungsgemäß weitergeführt werden kann, z.B. beim Tode nur eines von mehreren persönlich haftenden Gesellschaftern. Da der Stellvertreter als Geschäftsleiter gilt, ist seine Bestellung nach § 24* Abs. 1 Nr. 1 anzuzeigen.
...
Die Frist, während der die Erben das Kreditinstitut ohne Erlaubnis betreiben dürfen, kann vom Bundesaufsichtsamt aus besonderen Gründen verlängert werden, z.B. wenn die Erbauseinandersetzung innerhalb eines Jahres nicht abgeschlossen werden kann. Nach Ablauf der Frist kann das Bundesaufsichtsamt das Kreditinstitut schließen, falls nicht von den Erben eine neue Erlaubnis nach § 32* erwirkt worden ist. Fehlt den Erben, die das Kreditinstitut fortführen wollen, die erforderliche fachliche Eignung, so können sie den Geschäftsbetrieb durch einen nach § 1 Abs. 2 Satz 2 oder 3 anerkannten Geschäftsleiter führen lassen. Absatz 2 ist eine Sondervorschrift gegenüber § 46 der Gewerbeordnung, der durch die Vorschrift ausgeschlossen wird. Da Absatz 2 dazu beitragen soll, daß möglichst bald Klarheit über den künftigen Erlaubnisträger geschaffen wird, beschränkt er, anders als § 46 der Gewerbeordnung, das Recht zum Betrieb des Kreditinstituts ohne Erlaubnis grundsätzlich auf ein Jahr. Einer Beschränkung der Vorschrift auf minderjährige Erben bedurfte es aus diesem Grunde nicht. Ferner besteht kein Anlaß, auch der Witwe des Erlaubnisträgers, wenn sie nicht Erbin ist, das Recht zum vorübergehenden Betrieb des Kreditinstituts ohne Erlaubnis zu geben.

ANMERKUNG Durch das 6. KWG-Änderungsgesetz vom 22. Oktober 1997 wurde die Regelung auf Finanzdienstleistungsinstitute erstreckt. Für Finanzdienstleistungsinstitute, die nicht befugt sind, sich bei der Erbringung von Finanzdienstleistungen Eigentum oder Besitz an Geldern oder Wertpapieren von Kunden zu beschaffen, genügt für die Fortführung des Instituts jedoch ein Stellvertreter (vgl. Abs. 2 Satz 5). Solche Institute müssen auch nicht mindestens zwei Geschäftsleiter haben (vgl. § 33 Abs. 1 Nr. 5). Insoweit besteht eine Ausnahme vom »Vier-Augen-Prinzip«. Durch das Gesetz über die integrierte Finanzdienstleistungsaufsicht vom 22. April 2002 wurde die Vorschrift an die geänderte Bezeichnung der Aufsichtsbehörde in Bundesanstalt für Finanzdienstleistungsaufsicht angepasst.

§ 35 Erlöschen und Aufhebung der Erlaubnis

(1) Die Erlaubnis erlischt, wenn von ihr nicht innerhalb eines Jahres seit ihrer Erteilung Gebrauch gemacht wird. Die Erlaubnis erlischt auch, wenn das Institut nach § 11 des Einlagensicherungs- und Anlegerentschädigungsgesetzes von der Entschädigungseinrichtung ausgeschlossen worden ist. Die Erlaubnis für das Betreiben von Bankgeschäften im Sinne des § 1 Satz 2 Nummer 12 erlischt auch dann, wenn die Zulassung der zentralen Gegenpartei nach Artikel 14 der Verordnung (EU) Nr. 648/2012 zur Erbringung von Clearingdienstleistungen durch die Bundesanstalt abgelehnt wurde und die Ablehnung bestandskräftig ist.

(2) Die Bundesanstalt kann die Erlaubnis außer nach den Vorschriften des Verwaltungsverfahrensgesetzes aufheben, wenn
1. der Geschäftsbetrieb, auf den sich die Erlaubnis bezieht, seit mehr als sechs Monaten nicht mehr ausgeübt worden ist;
2. ein Kreditinstitut in der Rechtsform des Einzelkaufmanns betrieben wird;
3. ihr Tatsachen bekannt werden, welche die Versagung der Erlaubnis nach § 33 Abs. 1 Satz 1 Nr. 1 bis 8 oder Absatz 2 Nummer 1 bis 3 rechtfertigen würden;
4. Gefahr für die Erfüllung der Verpflichtungen des Instituts gegenüber seinen Gläubigern, insbesondere für die Sicherheit der dem Institut anvertrauten Vermögenswerte, besteht und die Gefahr nicht durch andere Maßnahmen nach diesem Gesetz abgewendet werden kann; eine Gefahr für die Sicherheit der dem Institut anvertrauten Vermögenswerte besteht auch
   a) bei einem Verlust in Höhe der Hälfte der nach Artikel 72 der Verordnung (EU) Nr. 575/2013 in der jeweils geltenden Fassung maßgebenden Eigenmittel oder
   b) bei einem Verlust in Höhe von jeweils mehr als 10 vom Hundert der nach Artikel 72 der Verordnung (EU) Nr. 575/2013 in der jeweils geltenden Fassung maßgebenden Eigenmittel in mindestens drei aufeinanderfolgenden Geschäftsjahren;
5. die Eigenmittel eines Wertpapierhandelsunternehmens nicht mindestens einem Viertel seiner Kosten im Sinne des Artikel 97 der Verordnung (EU) Nr. 575/2013 in der jeweils geltenden Fassung entsprechen;
6. das Institut nachhaltig gegen Bestimmungen dieses Gesetzes, des Geldwäschegesetzes, des Wertpapierhandelsgesetzes oder die zur Durchführung dieser Gesetze erlassenen Verordnungen oder Anordnungen verstoßen hat;
7. gegen eine der Vorgaben aus Artikel 67 Absatz 1 der Richtlinie 2013/36/EU in der jeweils geltenden Fassung verstoßen wurde;
8. die in den Artikeln 92 bis 403 sowie 411 bis 428 der Verordnung (EU) Nr. 575/2013 oder die in Artikel 104 und Artikel 105 der Richtlinie 2013/36/EU niedergelegten aufsichtlichen Anforderungen nicht mehr erfüllt sind.

(2a) Die Erlaubnis soll durch die Bundesanstalt aufgehoben werden, wenn über das Institut ein Insolvenzverfahren eröffnet oder die Auflösung des Instituts beschlossen worden ist. Der Wegfall der Erlaubnis hindert die für die Liquidation zuständigen Personen nicht daran, bestimmte Tätigkeiten des Instituts weiter zu betreiben, soweit dies für Zwecke des Insolvenz- oder Liquidationsverfahrens erforderlich oder angezeigt ist.

(3) § 48 Abs. 4 Satz 1 und § 49 Abs. 2 Satz 2 des Verwaltungsverfahrensgesetzes über die Jahresfrist sind nicht anzuwenden.

(4) Wird die Erlaubnis eines Instituts zum Betreiben von Bankgeschäften oder Erbringen von Finanzdienstleistungen aufgehoben, unterrichtet die Bundesanstalt unverzüglich die zuständigen Stellen der anderen Staaten des Europäischen Wirtschaftsraums, in denen das Institut Zweigniederlassungen errichtet hat oder im Wege des grenzüberschreitenden Dienstleistungsverkehrs tätig gewesen ist.

Amtliche Begründung[1]

Absatz 1 und Absatz 2 Nr. 2 sollen verhindern, daß durch unausgenutzte Genehmigungen die Übersicht über den Bestand an arbeitenden Kreditinstituten erschwert wird. Absatz 2 Nr. 1 und 3 dienen der Zielsetzung des § 32*, indem sie die Beseitigung von Kreditinstituten ermöglichen, die eine Erlaubnis nicht hätten erhalten dürfen oder bei denen bestimmte Erlaubnisvoraussetzungen später weggefallen sind. Nummer 3 deckt sowohl den Fall, daß die Mängel bei Erteilung der Erlaubnis zwar vorhanden, aber nicht bekannt waren, als auch den Fall, daß sie erst später aufgetreten sind. Nummer 4 ermöglicht die Rücknahme der Erlaubnis, wenn dies wegen der schlechten wirtschaftlichen Lage des Kreditinstituts zum Schutz der Gläubiger notwendig ist.

Amtliche Begründung[2]

Als Folge des Verbots, Bankgeschäfte in der Rechtsform des Einzelkaufmanns zu betreiben (vgl. § 2a), wird in Absatz 2 Nr. 3 ein entsprechender Erlaubnisrücknahmegrund eingeführt. Dabei handelt es sich, wie bei allen Rücknahmemöglichkeiten des Absatzes 2, um eine »Kann-Regelung«, welche die Rücknahme in das pflichtgemäße Ermessen des Bundesaufsichtsamtes stellt. Das Bundesaufsichtsamt wird die Erlaubnis zurückzunehmen haben, wenn sich ein Kreditinstitut nach Inkrafttreten des Gesetzes in die Rechtsform des Einzelkaufmannes umwandelt. Ergibt sich die Rechtsform des Einzelkaufmanns durch Ausscheiden oder Tod eines Gesellschafters, so wird das Bundesaufsichtsamt dem Alleininhaber eine angemessene Frist einzuräumen haben, um sich einen neuen Geschäftspartner zu suchen. Der Besitzstand der Einzelkaufleute, die bei Inkrafttreten dieses Gesetzes Bankgeschäfte in der Rechtsform des Einzelkaufmanns betreiben, wird durch die ausdrückliche Vorschrift des Artikels 2 § 4 Abs. 1 gewahrt.

Entsprechend dem neu eingefügten § 33 Abs. 1 werden die Erlaubnisrücknahmegründe durch Absatz 2 Nr. 4 um die Möglichkeit erweitert, daß das Bundesaufsichtsamt die Erlaubnis zurücknehmen kann, wenn ein Kreditinstitut nur einen Geschäftsleiter hat. Das Bundesaufsichtsamt kann die Erlaubnis auch zurücknehmen, wenn ein Kreditinstitut ausschließlich von ehrenamtlich tätigen Geschäftsleitern geführt wird. Von diesen Erlaubnisrücknahmegründen wird das Bundesaufsichtsamt erst nach Ablauf der nach Artikel 2 § 4 Abs. 2 gesetzten Frist Gebrauch machen. Da ein Einzelbankier praktisch keinen gleichrangigen Geschäftsleiter bestellen kann, wird davon abgesehen, die Erlaubnisrücknahmemöglichkeit wegen Verletzung des »Vieraugenprinzips« auf den Einzelbankier anzuwenden (Absatz 3).

Absatz 2 Nr. 5 entspricht in seinem ersten Halbsatz weitgehend Absatz 2 Nr. 4 alter Fassung. Die Formulierung ist lediglich § 10 Abs. 1 Satz 1 und § 46 Abs. 1 Satz 1 angepaßt worden. Neu ist der zweite Halbsatz.

Eine Gefahr für die Sicherheit der dem Kreditinstitut anvertrauten Vermögenswerte wird danach vermutet, wenn das Kreditinstitut einmal einen hohen Verlust verbuchen mußte oder laufend unrentabel arbeitet. Wenn gegenüber dem letzten maßgebenden haftenden Eigenkapital (vgl. § 10 Abs. 5) ein Verlust in Höhe der Hälfte

---

1 Zur Ursprungsfassung.
2 Zum 2. KWG-Änderungsgesetz.

des haftenden Eigenkapitals eintritt, ist nunmehr eine Erlaubnisrücknahme möglich. Die Erlaubnis kann in diesem Fall auch vor Abschluß eines Geschäftsjahres zurückgenommen werden, wenn dem Bundesaufsichtsamt ein derart hoher Verlust bekannt wird. Bei einer langsamen Verringerung des haftenden Eigenkapitals ist die Erlaubnisrücknahme möglich, wenn in drei aufeinanderfolgenden Geschäftsjahren jeweils mehr als zehn vom Hundert des haftenden Eigenkapitals als Verlust ausgewiesen werden. Bei der Feststellung des Verlustes werden aufgelöste stille Reserven verlustmindernd berücksichtigt. Das Bundesaufsichtsamt wird aber nicht in jedem Fall bei einem Verlust der Hälfte des haftenden Eigenkapitals oder bei einer nachhaltigen Unrentabilität die Erlaubnis zurücknehmen. Ausnahmen können z.B. möglich sein, wenn das Institut überdurchschnittlich gut mit Eigenkapital ausgestattet war. In diesem Fall kann die Abberufung des für den Verlust verantwortlichen Geschäftsleiters nach § 36 ausreichen.

Amtliche Begründung[1]

Die Vorschrift des § 35 wird in Terminologie und Inhalt dem Verwaltungsverfahrensgesetz angepaßt.

An die Stelle des im geltenden Recht verwendeten Begriffs der Rücknahme tritt der Begriff der Aufhebung der Erlaubnis, der sowohl die Rücknahme einer rechtswidrigen als auch den Widerruf einer rechtmäßigen Erlaubnis umfaßt (Überschrift und Absatz 2, Obersatz). Ferner wird klargestellt, daß neben den besonderen Aufhebungsgründen des Absatzes 2 die Aufhebungsgründe des Verwaltungsverfahrensgesetzes gelten. Demgemäß kann die bisherige Nummer 1 des Absatzes 2 ersatzlos gestrichen werden, weil bei Vorliegen der dort genannten Gründe die Erlaubnis schon nach § 48 des Verwaltungsverfahrensgesetzes zurückgenommen werden kann. Die übrigen Aufhebungsgründe in den bisherigen Nummern 2 bis 5 des Absatzes 2 sind im Verwaltungsverfahrensgesetz nicht oder nicht mit völlig übereinstimmendem Inhalt enthalten. Sie bleiben als Nummern 1 bis 4 im Aufhebungskatalog des Absatzes 2, wobei in der Nummer 4 (bisher Nummer 5) eine Folgeänderung aus der Änderung des § 10 vollzogen wird.

Die Änderung des Absatzes 3 folgt aus der Änderung des Absatzes 2.

Der neu angefügte Absatz 4 schließt die Anwendung der Jahresfrist des Verwaltungsverfahrensgesetzes für die Aufhebung der Erlaubnis aus. Dies ist erforderlich, weil das Bundesaufsichtsamt die Erlaubnis in der Regel nur als Ultima ratio aufheben wird. Es wird zuvor alle Möglichkeiten prüfen, wie der eingetretene Mangel auf andere, weniger einschneidende Weise behoben werden kann, und versuchen, auf diesem Wege zum Ziel zu kommen. Dies kann im Einzelfall einen längeren Zeitraum in Anspruch nehmen. Wegen des möglichen Schadens bei dem Kreditinstitut oder bei dessen Gläubigern aufgrund einer übereilten Aufhebung der Erlaubnis darf das Bundesaufsichtsamt nicht unter dem Zeitdruck stehen, die Erlaubnis innerhalb eines Jahres seit dem Zeitpunkt der Kenntnis der Tatsachen, die eine Aufhebung der Erlaubnis rechtfertigen würden, widerrufen oder zurücknehmen zu müssen.

Amtliche Begründung[2]

Absatz 1 stimmt mit der bisherigen Regelung überein.
Absatz 2 regelt die Erlaubnisaufhebungsgründe abschließend.

---

1 Zum 3. KWG-Änderungsgesetz.
2 Zum 6. KWG-Änderungsgesetz.

Die Regelung der Nummer 1 entspricht Artikel 3 Abs. 7 Buchstabe a der Wertpapierdienstleistungsrichtlinie. Ferner wird die Frist von bisher einem Jahr auf sechs Monate verkürzt.

Die Erlaubnisaufhebungsgründe der Nummer 3 entsprechen mit der Ausnahme, daß der Antrag keine ausreichenden Angaben oder Unterlagen enthält, den Gründen, die das BAKred bislang zur Versagung der Erlaubnis berechtigt haben. Bisher war die mangelnde Zuverlässigkeit des Inhabers einer bedeutenden Beteiligung kein Erlaubnisversagungsgrund. Artikel 3 Abs. 7 Unterabs. 1 Buchstabe c der Wertpapierdienstleistungsrichtlinie sieht indessen auch für diesen Fall die Möglichkeit der Aufhebung der Erlaubnis vor. Mit der Nummer 3 wird ferner Artikel 3 Abs. 8 der Kapitaladäquanzrichtlinie umgesetzt.

Neu ist die Möglichkeit nach Nummer 5, die Erlaubnis aufzuheben, wenn Eigenmittel eines Wertpapierhandelsunternehmens nicht mindestens einem Viertel seiner Kosten im Sinne des § 10 Abs. 9 entsprechen. Damit wird Artikel 4 Abs. 1 Unterabs. 2 umgesetzt.

Künftig kann das BAKred nach Nummer 6 – als ultima ratio – die Erlaubnis eines Instituts auch aufheben, wenn es nachhaltig gegen gesetzliche Bestimmungen verstoßen hat. Von einer solchen Möglichkeit geht auch Artikel 3 Abs. 7 Unterabs. 1 Buchstabe e der Wertpapierdienstleistungsrichtlinie aus.

Amtliche Begründung[1]

Zu Nummer 6 (§ 35)

Die Neuregelung stellt klar, dass die Insolvenzeröffnung regelmäßig ein Erlaubnisaufhebungsgrund ist, die Erlaubnis also nach Eröffnung des Insolvenzverfahrens im Regelfall von der Bundesanstalt aufgehoben wird. Wird ein Insolvenzverfahren eröffnet, so bedeutet das in der Regel zugleich, dass präventive Eingriffe und Sanierungsbemühungen gescheitert oder von vornherein aussichtslos sind. Für Ermessenserwägungen im Zusammenhang mit der Aufhebung der Erlaubnis besteht kein Anlass mehr, wenn die grundlegenden Kapital- und Liquiditätsvoraussetzungen für eine Erlaubnis – bestätigt durch den Eröffnungsbeschluss des Insolvenzgerichts – entfallen sind. Dementsprechend geht auch Artikel 12 Absatz 1 der Richtlinie 2001/24/EG vom 4. April 2001 über die Sanierung und Liquidation von Kreditinstituten davon aus, dass mit der Insolvenzeröffnung die Erlaubnis des Kreditinstituts widerrufen wird. Artikel 17 der neu gefassten Richtlinie 2006/48/EG vom 14. Juni 2006 über die Aufnahme und Ausübung der Tätigkeit der Kreditinstitute formuliert dagegen nur Mindestanforderungen an den Entzug der Erlaubnis, die mit der Insolvenzeröffnung aber regelmäßig erfüllt sein werden. Daher ist die Erlaubnis nach Eröffnung des Insolvenzverfahrens regelmäßig zu entziehen. Ein Ausnahmefall kann dann vorliegen, wenn der Insolvenzverwalter durch Tatsachen belegt, dass die erfolgreiche Durchführung eines Insolvenzplanverfahrens gemäß § 217 ff. der Insolvenzordnung ernsthaft in Betracht kommt. Durch Absatz 2a Satz 2 wird zudem klargestellt, dass die Erlaubnisaufhebung einer sachgerechten Abwicklung der laufenden Geschäfte nicht entgegensteht.

ANMERKUNG
1. Absatz 1 enthält nicht alle Tatbestände, die zum Erlöschen der Erlaubnis führen. Die Erlaubnis erlischt insbesondere auch beim Tode des Erlaubnisträgers, was § 34 Abs. 2 voraussetzt, und durch Verzicht. Werden nicht alle Geschäfte, auf die sich die Erlaubnis

---

1 Zum Gesetz zur Restrukturierung und geordneten Abwicklung von Kreditinstituten, zur Errichtung eines Restrukturierungsfonds für Kreditinstitute und zur Verlängerung der Verjährungsfrist der aktienrechtlichen Organhaftung (Restrukturierungsgesetz) vom 9. Dezember 2010 (BGBl. I S. 1900); vgl. BT-Drucksache 17/3024 vom 27. September 2010.

bezieht, betrieben, so erlischt die Erlaubnis hinsichtlich der nicht betriebenen Geschäfte nicht. Anderenfalls ergäbe sich eine große Rechtsunsicherheit hinsichtlich des Umfanges der bestehenden Erlaubnisse, was § 35 Abs. 1 gerade verhindern soll. Auch die nach §§ 61 und 64e Abs. 1 fingierte Erlaubnis kann aufgehoben werden.
2. Durch das 6. KWG-Änderungsgesetz vom 22. Oktober 1997 wurden in Absatz 2 die Nummern 5 und 6 als neue Aufhebungsgründe eingefügt. Wegen der Motive vgl. die vorstehende Amtliche Begründung.
3. Ob die Bundesanstalt von der Aufhebungsmöglichkeit des Absatzes 2 Gebrauch machen will, steht in ihrem pflichtgemäßen Ermessen. Dabei ist sie an den allgemeinen verwaltungsrechtlichen Grundsatz der Verhältnismäßigkeit von Mittel und Zweck gebunden. Sie muss die am wenigsten einschneidende Maßnahme wählen, wenn der erstrebte Erfolg damit erreicht werden kann. Die Aufhebung der Erlaubnis als schärfster Eingriff bleibt das letzte Mittel; Nummer 4 sagt dies ausdrücklich. In der Regel wird die Abberufung des unqualifizierten Geschäftsleiters genügen.
4. Die Aufhebung der Erlaubnis berührt die Instituteigenschaft des Unternehmens nicht (vgl. Anm. 1 zu § 32). Sie zwingt das Institut, seine Bank- bzw. Finanzdienstleistungsgeschäfte abzuwickeln; soweit zur Abwicklung neue Bankgeschäfte bzw. Finanzdienstleistungen erforderlich sind, sind diese zulässig. In Zweifelsfällen wird die Aufsichtsbehörde entscheiden müssen. Auch die Weiterführung der Bezeichnung »Bank« o. Ä. ist trotz § 39 Abs. 1 grundsätzlich zulässig, da dem Unternehmen nicht zugemutet werden kann, zur Abwicklung seiner Geschäfte die Firma zu ändern.
5. Rechtsbehelfe gegen eine auf Absatz 2 Nr. 2 bis 4 gestützte Aufhebung der Erlaubnis haben keine aufschiebende Wirkung (§ 49).
6. § 8 Abs. 2 des Bausparkassengesetzes enthält zusätzliche Bestimmungen für Bausparkassen.
7. Durch das Gesetz über die integrierte Finanzdienstleistungsaufsicht vom 22. April 2002 wurde die Vorschrift an die geänderte Bezeichnung der Aufsichtsbehörde in Bundesanstalt für Finanzdienstleistungsaufsicht angepasst.
8. Absatz 4 entspricht dem bisherigen § 8 Abs. 3, der aufgrund der Sachnähe in § 35 als neuer Absatz eingefügt wurde.
9. In § 35 Absatz 2 Nummer 4 wurden die Wörter »..Institut ein Insolvenzverfahren eröffnet...« gestrichen und im neu eingefügten Absatz 2a wieder aufgegriffen durch das Restrukturierungsgesetz vom 9. Dezember 2010 (BGBl. I S. 1900). Siehe die hierzu abgedruckte Amtliche Begründung.
10. § 35 Absatz 2 Nummer 6 wurde inhaltlich ergänzt durch das Gesetz zur Umsetzung der Zweiten E-Geld-Richtlinie vom 1. März 2011 (BGBl. I S. 288). Mit der Ergänzung wird der Kritik der FATF im Deutschland-Prüfungsbericht vom 18. Februar 2010 Rechnung getragen. Die Erlaubnis soll auch bei Verstößen gegen das Geldwäschegesetz aufgehoben werden können.
11. Der in § 35 Absatz 1 neu angefügte Satz durch das Ausführungsgesetz zur Verordnung (EU) Nr. 648/2012 über OTC-Derivate, zentrale Gegenparteien und Transaktionsregister (EMIR-Ausführungsgesetz) vom 13. Februar 2013 (BGBl. I S. 174) ist im Zusammenspiel mit der Übergangsvorschrift des § 64q zu sehen und ordnet das Erlöschen einer bestehenden Genehmigung für das Betreiben von Bankgeschäften im Sinne des § 1 Absatz 1 Satz 2 Nummer 12 KWG für den Fall an, dass rechtskräftig die Erteilung einer Zulassung nach der Verordnung (EU) Nr. 648/2012 abgelehnt worden ist; vgl. BT-Drucksache 17/11289 vom 5. November 2012.
12. In § 35 Absatz 2 handelt es sich durch das CRD IV-Umsetzungsgesetz vom 28. August 2013 (BGBl. I S. 3395) um redaktionelle Anpassungen der Verweisungen. Mit der Ergänzung in Absatz 2 Nummer 7 wird der Vorgabe aus Artikel 18 Absatz 1 Buchstabe f in Verbindung mit Artikel 67 Absatz 1 der Richtlinie 2013/36/EU Rechnung getragen. Die neue Nummer 8 beruht auf Artikel 18 Absatz 1 Buchstabe d der Richtlinie 2013/36/EU. Die Vorgabe in Absatz 4, dass die Bundesanstalt »unverzüglich« über die Aufhebung der Erlaubnis zu informieren hat, beruht auf der Ergänzung in Artikel 45 der Richtlinie 2013/36/EU.

§ 36 Abberufung von Geschäftsleitern und von Mitgliedern des Verwaltungs- oder Aufsichtsorgans

(1) In den Fällen des § 35 Abs. 2 Nr. 3, 4 und 6 kann die Bundesanstalt, statt die Erlaubnis aufzuheben, die Abberufung der verantwortlichen Geschäftsleiter verlangen und diesen Geschäftsleitern auch die Ausübung ihrer Tätigkeit bei Instituten in der Rechtsform einer juristischen Person untersagen. Für die Zwecke des Satzes 1 ist § 35 Abs. 2 Nr. 4 mit der Maßgabe anzuwenden, dass bei der Berechnung der Höhe des Verlustes Bilanzierungshilfen, mittels derer ein Verlustausweis vermindert oder vermieden wird, nicht berücksichtigt werden.

(1a) In den Fällen des Artikels 20 Absatz 1 Buchstabe b bis d der Verordnung (EU) Nr. 648/2012 kann die Bundesanstalt, statt die Erlaubnis aufzuheben, die Abberufung der verantwortlichen Geschäftsleiter verlangen und diesen Geschäftsleitern auch die Ausübung ihrer Tätigkeit bei Instituten in der Rechtsform einer juristischen Person untersagen. Die Bundesanstalt kann eine Abberufung auch verlangen, wenn die Voraussetzungen des Artikels 27 Absatz 1 der Verordnung (EU) Nr. 648/2012 nicht gegeben sind oder die Voraussetzungen des Artikels 31 Absatz 1 der Verordnung (EU) Nr. 648/2012 vorliegen.

(2) Die Bundesanstalt kann die Abberufung eines Geschäftsleiters auch verlangen und diesem Geschäftsleiter auch die Ausübung seiner Tätigkeit bei Instituten in der Rechtsform einer juristischen Person untersagen, wenn dieser vorsätzlich oder leichtfertig gegen die Bestimmungen dieses Gesetzes, der Verordnung (EU) Nr. 575/2013, der Verordnung (EU) Nr. 648/2012, des Gesetzes über Bausparkassen, des Depotgesetzes, des Geldwäschegesetzes, des Investmentgesetzes, des Pfandbriefgesetzes, des Zahlungsdiensteaufsichtsgesetzes oder des Wertpapierhandelsgesetzes, gegen die zur Durchführung dieser Gesetze erlassenen Verordnungen, die zur Durchführung der Richtlinie 2013/36/EU und der Verordnung (EU) Nr. 575/2013 erlassenen Rechtsakte, die zur Durchführung der Verordnung (EU) Nr. 648/2012 erlassenen Rechtsakte oder gegen Anordnungen der Bundesanstalt verstoßen hat und trotz Verwarnung durch die Bundesanstalt dieses Verhalten fortsetzt.

(3) Die Bundesanstalt kann von den in § 25d Absatz 3 Satz 1 genannten Unternehmen die Abberufung einer der in § 25d Absatz 3 Satz 1 bezeichneten Person verlangen oder einer solchen Person die Ausübung ihrer Tätigkeit untersagen, wenn
1. Tatsachen vorliegen, aus denen sich ergibt, dass die Person nicht zuverlässig ist,
2. Tatsachen vorliegen, aus denen sich ergibt, dass die Person nicht die erforderliche Sachkunde besitzt,
3. Tatsachen vorliegen, aus denen sich ergibt, dass die Person der Wahrnehmung ihrer Aufgaben nicht ausreichend Zeit widmet,
4. der Person wesentliche Verstöße des Unternehmens gegen die Grundsätze einer ordnungsgemäßen Geschäftsführung wegen sorgfaltswidriger Ausübung ihrer Überwachungs- und Kontrollfunktion verborgen geblieben sind und sie dieses sorgfaltswidrige Verhalten trotz Verwarnung durch die Bundesanstalt fortsetzt,
5. die Person nicht alles Erforderliche zur Beseitigung festgestellter Verstöße veranlasst hat und dies trotz Verwarnung durch die Bundesanstalt auch weiterhin unterlässt,
6. die Person bereits Geschäftsleiter desselben Unternehmens ist,
7. die Person Geschäftsleiter desselben Unternehmens war und bereits zwei ehemalige Geschäftsleiter des Unternehmens Mitglied des Verwaltungs- oder Aufsichtsorgans sind,
8. die Person mehr als vier Kontrollmandate ausübt und die Bundesanstalt ihr nicht die Ausübung weiterer Mandate gestattet hat oder
9. die Person mehr als eine Geschäftsleiter- und zwei Aufsichtsfunktionen ausübt und die Bundesanstalt ihr nicht die Ausübung weiterer Mandate gestattet hat.

Bei Instituten, die auf Grund ihrer Rechtsform einer besonderen Rechtsaufsicht unterliegen, erfolgt eine Maßnahme nach Satz 1 erst nach Anhörung der zuständigen Behörde für die Rechtsaufsicht über diese Institute. Soweit das Gericht auf Antrag des Aufsichtsrats ein Aufsichtsratsmitglied abzuberufen hat, kann dieser Antrag bei Vorliegen der Voraussetzungen nach Satz 1 Nummer 1 bis 9 auch von der Bundesanstalt gestellt werden, wenn der Aufsichtsrat dem Abberufungsverlangen der Aufsichtsbehörde nicht nachgekommen ist. Die Abberufung von Arbeitnehmervertretern im Aufsichtsrat erfolgt allein nach den Vorschriften der Mitbestimmungsgesetze.

Amtliche Begründung[1]

Die Rücknahme der Erlaubnis wegen Unzuverlässigkeit oder mangelnder fachlicher Eignung eines Geschäftsleiters wird, wenn nicht auch die allgemeine wirtschaftliche Lage des Kreditinstituts sie erfordert, häufig nicht vertretbar sein. Um dem Bundesaufsichtsamt eine wirksame Handhabe zum Einschreiten gegen solche Geschäftsleiter zu geben, wird es in Absatz 1 ermächtigt, von dem Kreditinstitut die Abberufung untragbarer Geschäftsleiter zu verlangen. Bei juristischen Personen kann es ferner solchen Geschäftsleitern die Ausübung ihrer Tätigkeit untersagen. Ein derartiger Eingriff ist bei Personenhandelsgesellschaften nicht angebracht, weil hier die Geschäftsleiter Träger der Erlaubnis sind und eine solche Maßnahme sich zu stark auf die privatrechtlichen Beziehungen zwischen den Gesellschaften auswirken würde. Das Tätigkeitsverbot wirkt nur öffentlich-rechtlich. Es hat keinen unmittelbaren Einfluß auf die Vertretungsmacht des Geschäftsleiters und dessen interne Beziehungen zu dem Kreditinstitut; insbesondere bleiben seine zivilrechtlichen Ansprüche und die beamtenrechtliche Stellung eines beamteten Geschäftsleiters unberührt. Das Bundesaufsichtsamt kann jedoch die Befolgung seines Verbots mit Zwangsmitteln durchsetzen und einen Geschäftsleiter, der entgegen dem Verbot tätig wird, mit Geldbuße belegen (§ 56* Abs. 1 Nr. 7*).

Absatz 2, der dem Bundesaufsichtsamt eine Handhabe gegen unbotmäßige Geschäftsleiter gibt, erhöht die Wirksamkeit der Vorschriften, für die der Entwurf keine unmittelbare Sanktion vorsieht.

Amtliche Begründung[2]

In den Fällen des § 35 Abs. 2 Nr. 2 bis 4 kann das BAKred, statt die Erlaubnis aufzuheben, nach § 36 Abs. 1 die Abberufung der verantwortlichen Geschäftsleiter verlangen. Es kann den betreffenden Geschäftsleitern außerdem die Ausübung von Geschäftsleitungsfunktionen bei (anderen) Kredit- oder Finanzdienstleistungsinstituten in der Rechtsform einer juristischen Person untersagen. Die neue Textfassung stellt klar, daß die Möglichkeit auch gegenüber Geschäftsleitern eines Instituts in der Rechtsform des Einzelkaufmanns oder einer Personenhandelsgesellschaft besteht. Materiell neu ist in Absatz 1 die Einbeziehung der Finanzdienstleistungsinstitute, die wegen Artikel 3 Abs. 3 der Wertpapierdienstleistungsrichtlinie geboten ist.

Nach Absatz 2 kann das BAKred die Abberufung eines Geschäftsleiters auch verlangen, wenn dieser nachhaltig gegen gesetzliche Bestimmungen oder Anordnungen des BAKred oder des BAWe verstoßen hat. Über die Einbeziehung der Finanzdienstleistungsinstitute hinaus materiell neu ist die Einbeziehung der Anordnungen des BAWe sowie dessen Unterrichtung. Beides ist geboten, weil das BAWe aufgrund der funktionalen Aufgabenteilung zwischen den beiden Ämtern für seinen Bereich eine entsprechende Kompetenz nicht erhält. Zusätzlich wird klargestellt, daß das BAKred

---

1 Zur Ursprungsfassung.
2 Zum 6. KWG-Änderungsgesetz.

gegebenenfalls den betreffenden Geschäftsleitern wie nach Absatz 1 die Ausübung von Geschäftsleitungsfunktionen bei (anderen) Kredit- oder Finanzdienstleistungsinstituten in der Rechtsform einer juristischen Person untersagen kann.

Amtliche Begründung[1]

Zu Nummer 8 (§ 36 KWG)

Zu Buchstabe a

Die Änderung in Absatz 1a Satz 2 gibt der Bundesanstalt die Möglichkeit, die Befugnisse eines Mitglieds eines Verwaltungs- oder Aufsichtsorgans einem Sonderbeauftragten zu übertragen.

Zu Buchstabe b

Die Regelung in Absatz 3 trägt dem Umstand Rechnung, dass es angesichts der Bedeutung der Finanzwirtschaft, die ihr national und international auch für die Realwirtschaft zukommt, sachgerecht ist, von den Mitgliedern der Verwaltungs- und Aufsichtsorgane zu verlangen, dass sie zuverlässig und fachlich dazu imstande sind, die von dem Institut oder der Finanzholding-Gesellschaft getätigten Geschäfte zu verstehen, deren Risiken für das Unternehmen zu beurteilen und nötigenfalls Änderungen in der Geschäftsführung durchzusetzen. Nur mit ausreichender fachlicher Qualifikation sind sie in der Lage, die Entwicklung des Unternehmens aktiv zu begleiten und ihrer Überwachungs- und Kontrollfunktion gerecht zu werden. Sollte es an der Zuverlässigkeit oder der fachlichen Eignung fehlen, muss es möglich sein, diesen Mitgliedern ihre Tätigkeit – insbesondere ihre Mitwirkung an Entscheidungen über wesentliche Geschäftsangelegenheiten – zu untersagen und sie aus dem Verwaltungs- oder Aufsichtsorgan zu entfernen.
Die fachliche Eignung richtet sich nach der Art der vom Institut schwerpunktmäßig getätigten Geschäfte. So sind die Voraussetzungen an die fachliche Eignung bei kleinen Instituten, deren Haupttätigkeit darin besteht, Kredite an Privatkunden oder kleine oder mittelständische Unternehmen zu vergeben, andere als an ein international tätiges Kreditinstitut, das global das Investmentgeschäft betreibt. Die fachliche Eignung umfasst auch die notwendige persönliche Erfahrung und Befähigung zur Wahrnehmung der Kontroll- und Überwachungsfunktion. Bei Personen, die bereits in leitender Funktion bei einem vergleichbaren Institut tätig waren, wird die erforderliche fachliche Eignung regelmäßig anzunehmen sein. Aber auch Personen mit Erfahrungen aus einer entsprechend verantwortlichen, leitenden Tätigkeit in einer anderen Branche, die über die erforderlichen Fachkenntnisse verfügen, können insbesondere unter dem Aspekt der Überwachung der Geschäftsführung aus einem anderen, weniger finanzmarktgeprägten Blickwinkel als Mitglied eines Verwaltungs- oder Aufsichtsorgans geeignet sein.
Die Anforderungen, dass nicht mehr als zwei ehemalige Geschäftsleiter dem Kontrollgremium angehören dürfen und jedes Mitglied nicht mehr als fünf Kontrollmandate bei unter der Aufsicht der Bundesanstalt stehenden Unternehmen ausüben darf, entsprechen den Bestimmungen des Deutschen Corporate Governance Kodexes.
Die Voraussetzung der Zuverlässigkeit und fachlichen Eignung gilt für alle Mitglieder der Verwaltungs- und Aufsichtsorgane, insbesondere bei Kapitalgesellschaften sowohl für die Vertreter der Arbeitgeber- als auch der Arbeitnehmerseite. Mit § 36 Absatz 3 KWG werden die bislang nach den hergebrachten kaufmännischen Grund-

---

[1] Zum Gesetz zur Stärkung der Finanzmarkt- und der Versicherungsaufsicht vom 29. Juli 2009 (BGBl. I S. 2305); vgl. BT-Drucksache 16/12783 vom 27. April 2009.

sätzen anerkannten Anforderungen (wie sie etwa auch im Deutschen Corporate Governance Kodex enthalten sind) teilweise gesetzlich geregelt. Es besteht daher keine schützenswerte Vertrauensposition eines unzuverlässigen oder fachlich ungeeigneten Mitglieds eines Verwaltungs- oder Aufsichtsorgans. Die in § 36 Absatz 3 KWG festgelegten Anforderungen gelten daher auch für die Mitglieder eines Kontrollgremiums, die zum Inkrafttreten dieses Gesetzes schon bestellt sind.

Amtliche Begründung[1]

Zu Buchstabe c (§ 36 Absatz 3)

Absatz 3 erfährt sowohl eine redaktionelle als auch eine inhaltliche Umgestaltung. Der vormalige § 36 Absatz 3 Satz 1 und 2 KWG befindet sich nun in dem die Anforderungen an Verwaltungs- und Aufsichtsratsmitglieder regelnden § 25d Absatz 1 KWG, sodass § 36 Absatz 3 KWG die möglichen Maßnahmen und Maßnahmengründe hinsichtlich Verwaltungs- und Aufsichtsorganmitgliedern beinhaltet.

Absatz 3 Satz 1 verweist auf die »in § 25d Absatz 3 Satz 1« genannten Unternehmen und Personen. Dies sind Institute sowie Finanzholding- und gemischte Finanzholding-Gesellschaften, die gemäß § 10a Absatz 2 Satz 2 oder 3 oder § 10b Absatz 3 Satz 8 KWG als übergeordnetes Unternehmen bestimmt worden sind bzw. auf deren Verwaltungs- und Aufsichtsratsmitglieder. Die Beschränkung auf übergeordnete Unternehmen erfolgt, da gemäß § 2d Absatz 2 KWG Maßnahmen gegenüber Personen, die die Geschäfte einer Finanzholding-Gesellschaft oder einer gemischten Finanzholding-Gesellschaft führen, nur in Betracht kommen, wenn diese übergeordnet sind im Sinne des § 10a Absatz 2 Satz 2 oder Satz 3 oder § 10b Absatz 3 Satz 8 KWG sind. Diese Einschränkung auf übergeordnete Unternehmen muss erst recht für Aufsichts- und Verwaltungsratsmitglieder gelten. Die Erweiterung auf gemischte Finanzholding-Gesellschaften erfolgt, da kein Grund für eine unterschiedliche Behandlung im Vergleich zu Finanzholding-Gesellschaften existiert. Die bisher in Absatz 3 Satz 3 geregelte Ermächtigungsgrundlage zum Erlass von Maßnahmen mit dem Wortlaut »kann die Bundesanstalt von den Organen des betroffenen Unternehmens verlangen [...] ihr die Ausübung ihrer Tätigkeit zu untersagen« war hinsichtlich des Tätigkeitsverbots unzutreffend, da sich dieses unmittelbar an das betreffende Mitglied des Verwaltungs- oder Aufsichtsorgans selbst richten muss und nicht an ein Organ des Unternehmens. Durch die Streichung des Wortes »zu« in der neuen Formulierung erlaubt es die Ermächtigungsgrundlage nun, unmittelbar selbst einer Person die Tätigkeitsausübung zu untersagen. Gleichzeitig wird der Wortlaut an den der bewährten Regelung für Geschäftsleiter (§ 36 Absätze 1 und 2 KWG) angeglichen.

Darüber hinaus kann die Bundesanstalt nun von dem »Unternehmen die Abberufung [...] verlangen«. Die Formulierung »von den Organen« im vormaligen Satz 3 wurde gestrichen, da sie strenggenommen auf öffentlich-rechtlich organisierte Institute nicht anwendbar war. Denn bei öffentlich-rechtlich organisierten Instituten, insbesondere bei Sparkassen, ist der Träger des Unternehmens regelmäßig eine kommunale Gebietskörperschaft, deren Vertretungsorgan für die Bestellung und Abberufung der Verwaltungsratsmitglieder zuständig ist. Es handelt sich bei dem Vertretungsorgan der kommunalen Gebietskörperschaft jedoch nicht um ein Organ

---

[1] Zum Gesetz zur Umsetzung der Richtlinie 2013/36/EU über den Zugang zur Tätigkeit von Kreditinstituten und die Beaufsichtigung von Kreditinstituten und Wertpapierfirmen und zur Anpassung des Aufsichtsrechts an die Verordnung (EU) Nr. 575/2013 über Aufsichtsanforderungen an Kreditinstitute und Wertpapierfirmen (CRD IV-Umsetzungsgesetz) vom 28. August 2013 (BGBl. I S. 3395); vgl. BT-Drucksache 17/10974 vom 15. Oktober 2012 und BT-Drucksache 17/13524 – Beschlussempfehlung des Finanzausschusses (7. Ausschuss) – vom 15. Mai 2013.

»des Instituts«, wie vom bisherigen § 36 Absatz 3 Satz 3 KWG gefordert. Die Ermächtigungsgrundlage muss auch diese Konstellation umfassen. Hierdurch wird nicht in die jeweils einschlägigen gesellschaftsrechtlichen, öffentlich-rechtlichen oder mitbestimmungsrechtlichen Regelungen über die Zuständigkeit für die Abberufung eingegriffen. Es wird vielmehr deutlich, dass Adressat des Abberufungsverlangens für die Bundesanstalt das Unternehmen ist. Dieses hat intern das zuständige Gremium zur Beschlussfassung über die Abberufung aufzufordern. Bei Aufsichts- oder Verwaltungsratsmitgliedern der Arbeitnehmer ist das zuständige Wahlorgan für die Abberufung etwa die Arbeitnehmerschaft oder es sind die von ihr gewählten Delegierten.

Die Streichung der Wörter »Organe des Unternehmens« in dem vormaligen Satz 4 dient der Klarstellung. Die bisherige Regelung lässt offen, welches Organ des Unternehmens verwarnt worden sein muss, bevor eine Maßnahme gegen das Verwaltungs- oder Aufsichtsorgan in Betracht kommt. Sinnvollerweise kann es sich hierbei nur um das Mitglied des Verwaltungs- bzw. Aufsichtsorgans selbst handeln, weshalb dies im neuen § 36 Absatz 3 Satz 1 Nummer 4 und 5 KWG klargestellt wird. Auch hier wird der Wortlaut durch die Änderung an die vergleichbare Regelung für Geschäftsleiter in § 36 Absatz 2 KWG angepasst.

Zur besseren Übersichtlichkeit werden die Gründe für ein Abberufungsverlangen oder eine Tätigkeitsuntersagung durchnummeriert: die Nummern 1 und 2 beinhalten den vormaligen Satz 3.

Die Nummer 3 setzt Artikel 87 Absatz 1 der Richtlinie 2012/.../EU um und ist aufgrund der in § 25d Absatz 1 KWG neu aufgenommenen Anforderung als Maßnahmengrund konsequent.

Die Nummern 4 und 5 beinhalten den vormaligen Satz 4.

Die Nummer 6 stellt die Maßnahmenseite zu dem umgesetzten Artikel 86 Absatz 1 Buchstabe c der Richtlinie 2012/.../EU um.

Die Nummer 7 stellt die Maßnahmenseite zum vormaligen Satz 5 dar.

Die Nummer 8 ist der vormalige Satz 6 und stellt die Maßnahmenseite zu dem in § 25d Absatz 3 Nummer 4 KWG umgesetzten Artikel 87 Absatz 1 Buchstabe a Doppelbuchstabe ii der Richtlinie 2012/.../EU dar.

Die Nummer 9 ist als Maßnahmengrund zur neu in § 25d Absatz 3 Nummer 3 KWG aufgenommenen Anforderung aufgrund des Artikels 87 Absatz 1 Buchstabe a Unterbuchstabe i der Richtlinie 2012/.../EU konsequent.

Satz 2 ist der vormalige Satz 7. Das Verfahren wird nunmehr ausdrücklich über § 375 Nummer 11 des Gesetzes über das Verfahren in Familiensachen und in den Angelegenheiten der freiwilligen Gerichtsbarkeit den unternehmensrechtlichen Verfahren zugeordnet (siehe Begründung zu Artikel 3 Nummer 1 Buchstabe a).

Satz 3 regelt, dass die Vorschriften der Mitbestimmungsgesetze unberührt bleiben. Die Arbeitnehmervertreter im Aufsichtsrat werden von den wahlberechtigten Arbeitnehmern des Unternehmens gewählt und abberufen. Hierfür sieht das deutsche Recht eigene Verfahrensregelungen in den Mitbestimmungsgesetzen vor.

ANMERKUNG

1. Für »gekorene« Geschäftsleiter gilt nicht § 36; für sie ist § 1 Abs. 2 Satz 2 und 3 mit der Möglichkeit des Widerrufs Spezialnorm. Rechtsbehelfe gegen eine Anordnung nach § 36, die dem Kreditinstitut und dem betroffenen Geschäftsleiter zustehen, haben keine aufschiebende Wirkung (§ 49). Setzt ein Geschäftsleiter, dem das Bundesaufsichtsamt seine Tätigkeit nach § 36 untersagt hat, diese fort, so begeht er eine Ordnungswidrigkeit (§ 56 Abs. 1). § 11 des Bausparkassengesetzes enthält für Bausparkassen zusätzliche Vorschriften für die Abberufung von Geschäftsleitern. Durch das Gesetz über die integrierte Finanzdienstleistungsaufsicht vom 22. April 2002 wurden in der Vorschrift die erforderlichen Anpassungen aufgrund der Errichtung der Bundesanstalt für Finanzdienstleistungsaufsicht vorgenommen. Durch das 4. Finanzmarktförderungsgesetz vom 21. Juni 2002 wurde in Absatz 1 ein neuer Satz 2 angefügt und der Absatz 1a eingefügt.

Ferner wurden in Absatz 2 die Befugnisse der Bundesanstalt nach diesem Absatz auch auf Verstöße gegen bankaufsichtliche Spezialgesetze erweitert.
2. Durch das Finanzmarktsstabilisierungsgesetz vom 17. Oktober 2008 (BGBl. I S. 1982) wurde § 36 Absatz 1 a um die Sätze 6 bis 8 ergänzt. Die Sätze 6 bis 8 werden wieder mit Wirkung ab 1. Januar 2011 aufgehoben. Es erging keine amtliche Begründung zur Ergänzung und Aufhebung der Sätze 6 bis 8.
3. Dem § 36 Absatz 1 a Satz 1 wurde nach dem Semikolon ein Satzteil angefügt auf Grund des Gesetzes zur Fortentwicklung des Pfandbriefrechts vom 20. März 2009 (BGBl. I S. 607).
4. Durch das Gesetz zur Umsetzung der aufsichtsrechtlichen Vorschriften der Zahlungsdiensterichtlinie vom 25. Juni 2009 (BGBl. I S. 1506) wurde eine redaktionelle Folgeänderung in § 36 Absatz 2 vorgenommen. Es erging hierzu keine amtliche Begründung.
5. Die Überschrift zu § 36 wurde neu gefasst und der Absatz 3 angefügt auf Grund des Gesetzes zur Stärkung der Finanzmarkt- und der Versicherungsaufsicht vom 29. Juli 2009 (BGBl. I S. 2305).
6. Das Institut des Sonderbeauftragten wurde neu in § 45 c KWG geregelt, sodass § 36 Absatz 1 a gestrichen werden konnte durch das Restrukturierungsgesetz vom 9. Dezember 2010 (BGBl. I S. 1900).
7. Die Ergänzung des § 36 um den Absatz 1 a und die Änderung in Absatz 2 durch das Ausführungsgesetz zur Verordnung (EU) Nr. 648/2012 über OTC-Derivate, zentrale Gegenparteien und Transaktionsregister (EMIR-Ausführungsgesetz) vom 13. Februar 2013 (BGBl. I S. 174) stellt klar, dass die Bundesanstalt auch Verstöße gegen die Verordnung (EU) Nr. 648/2012 durch ein entsprechendes Vorgehen gegen die Geschäftsleiter ahnden kann. Eine Abberufung kann danach verlangt werden, wenn die Voraussetzungen für eine Entziehung der Erlaubnis nach Artikel 20 Absatz 1 Buchstaben b bis d der Verordnung (EU) Nr. 648/2012 gegeben sind und die Verantwortlichkeit bei einem Geschäftsleiter liegt. Zudem kann eine Abberufung erfolgen, wenn der Geschäftsleiter die Anforderungen nach Artikel 27 Absatz 1 nicht erfüllt oder die Voraussetzungen des Artikels 31 Absatz 1 der Verordnung (EU) Nr. 648/2012 gegeben sind; vgl. BT-Drucksache 17/11289 vom 5. November 2012.
8. In § 36 Absatz 3 Satz 1 wurde eine Folgeänderung vorgenommen durch das Gesetz zur Umsetzung der Richtlinie 2011/89/EU des Europäischen Parlaments und des Rates vom 16. November 2011 zur Änderung der Richtlinien 98/78/EG, 2002/87/EG, 2006/48/EG und 2009/138/EG hinsichtlich der zusätzlichen Beaufsichtigung der Finanzunternehmen eines Finanzkonglomerats vom 27. Juni 2013 (BGBl. I S. 1862).
9. Die Änderung der Überschrift und des Absatzes 2 sowie der Neufassung des Absatzes 3 in § 36 erfolgen durch das CRD IV-Umsetzungsgesetz vom 28. August 2013 (BGBl. I S. 3395). Es handelt sich um die Korrektur eines redaktionellen Versehens, da die Überschrift nicht an die durch das Restrukturierungsgesetz vom 9. Dezember 2010 (BGBl. I 2010 S. 1900) erfolgte Aufhebung der Regelung in Absatz 1 a angepasst wurde. Bei den Änderungen in Absatz 2 handelt es sich um redaktionelle Anpassungen. Zu den Einzelheiten der Neufassung des Absatzes 3 siehe die hierzu abgedruckte Amtliche Begründung. Der Verweis auf die unvollständige Angabe der in der Amtlichen Begründung zitierten Richtlinie/Verordnung ergibt sich vollständig aus der Fußnote zu dieser Amtlichen Begründung.

§ 37 Einschreiten gegen unerlaubte oder verbotene Geschäfte

(1) Werden ohne die nach § 32 erforderliche Erlaubnis Bankgeschäfte betrieben oder Finanzdienstleistungen erbracht, werden ohne die nach Artikel 14 der Verordnung (EU) Nr. 648/2012 erforderliche Zulassung als zentrale Gegenpartei Clearingdienstleistungen erbracht oder werden nach § 3 verbotene Geschäfte betrieben, kann die Bundesanstalt die sofortige Einstellung des Geschäftsbetriebs und die unverzügliche Abwicklung dieser Geschäfte gegenüber dem Unternehmen und den Mitgliedern seiner Organe anordnen. Sie kann für die Abwicklung Weisungen erlassen und eine geeignete Person als Abwickler bestellen. Sie kann ihre Maßnahmen nach den Sätzen 1 und 2 bekanntmachen. Die Befugnisse der Bundesanstalt nach den Sätzen 1 bis 3 bestehen auch gegenüber dem Unternehmen, das in die Anbahnung, den Abschluss oder die Abwicklung dieser Geschäfte einbezogen ist.

(2) Der Abwickler ist zum Antrag auf Eröffnung eines Insolvenzverfahrens über das Vermögen des Unternehmens berechtigt.

(3) Der Abwickler erhält von der Bundesanstalt eine angemessene Vergütung und den Ersatz seiner Aufwendungen. Die gezahlten Beträge sind der Bundesanstalt von dem Unternehmen gesondert zu erstatten und auf Verlangen der Bundesanstalt vorzuschießen. Die Bundesanstalt kann das betroffene Unternehmen anweisen, den von der Bundesanstalt festgesetzten Betrag im Namen der Bundesanstalt unmittelbar an den Abwickler zu leisten, wenn dadurch keine Beeinflussung der Unabhängigkeit des Abwicklers zu besorgen ist.

Amtliche Begründung[1]

Um die Möglichkeit zu schaffen, unabhängig von einem Strafverfahren unerlaubte Bankgeschäfte oder nach § 3 verbotene Geschäfte zu unterbinden, ermächtigt § 37* das Bundesaufsichtsamt, gegen solche Geschäfte im Verwaltungswege einzuschreiten.

Amtliche Begründung[2]

Neu ist die Einbeziehung der Bekämpfung und ordnungsrechtlichen Verfolgung von unerlaubten Finanzdienstleistungen. Die Einbeziehung ist wegen Artikel 3 Abs. 1 der Wertpapierdienstleistungsrichtlinien geboten. Die Statuierung der Erlaubnispflicht allein genügt den Anforderungen der Richtlinie nicht. Die Mitgliedstaaten sind verpflichtet, ernsthafte Anstrengungen zu unternehmen, das Verbot durchzusetzen.
In Satz 2 wird klargestellt, daß das BAKred für die Abwicklung Weisungen erlassen kann.
Neu ist die Regelung, daß das BAKred eine geeignete Person als Abwickler bestellen kann. In kritischen Fällen muß das BAKred die Einhaltung seiner Anordnungen »vor Ort« überwachen und durchführen lassen. Das BAKred hat nicht genug Personal, um diese Aufgabe selbst zu leisten. Der Abwickler wird überprüfen, ob den Anordnungen des BAKred gemäß abgewickelt wird, und widrigenfalls mit den Kompetenzen eines Geschäftsführers die notwendigen Abwicklungshandlungen selbst durchführen. Das BAKred wird durch den neuen Satz 2 ermächtigt, den Abwickler mit den entsprechenden Befugnissen einzusetzen.

ANMERKUNG
1. Durch das Gesetz über die integrierte Finanzdienstleistungsaufsicht vom 22. April 2002 wurde die Vorschrift an die geänderte Bezeichnung der Aufsichtsbehörde in Bundesanstalt für Finanzdienstleistungsaufsicht angepasst. Durch das 4. Finanzmarktförderungsgesetz vom 21. Juni 2002 wurden in Absatz 1 Satz 4 und Absatz 2 angefügt. Mit dem neuen Satz 4 wurden die Eingriffsbefugnisse der Bundesanstalt auf Unternehmen ausgedehnt, die in die Anbahnung, den Abschluss oder die Abwicklung dieser Geschäfte einbezogen werden. Mit dem neuen Absatz 2 wurde klargestellt, dass der Abwickler befugt sein soll, die Eröffnung des Insolvenzverfahrens zu beantragen, was bisher zweifelhaft war.

---

1 Zur Ursprungsfassung.
2 Zum 6. KWG-Änderungsgesetz.

2. Durch das Gesetz zur Stärkung der Finanzmarkt- und der Versicherungsaufsicht vom 29. Juli 2009 (BGBl. I S. 2305) wurde dem § 37 der Absatz 3 angefügt. Es erging dazu keine amtliche Begründung.
3. Die Ergänzung in der Überschrift und die Änderung in § 37 Absatz 1 Satz 1 durch das Ausführungsgesetz zur Verordnung (EU) Nr. 648/2012 über OTC-Derivate, zentrale Gegenparteien und Transaktionsregister (EMIR-Ausführungsgesetz) vom 13. Februar 2013 (BGBl. I S. 174) sind erforderlich, weil die Erlaubnispflicht für die Tätigkeit der zentralen Gegenpartei unmittelbar in Artikel 14 der Verordnung (EU) Nr. 648/2012 geregelt ist.

§ 38 Folgen der Aufhebung und des Erlöschens der Erlaubnis, Maßnahmen bei der Abwicklung

(1) Hebt die Bundesanstalt die Erlaubnis auf oder erlischt die Erlaubnis, so kann sie bei juristischen Personen und Personenhandelsgesellschaften bestimmen, daß das Institut abzuwickeln ist. Ihre Entscheidung wirkt wie ein Auflösungsbeschluß. Sie ist dem Registergericht mitzuteilen und von diesem in das Handels- oder Genossenschaftsregister einzutragen.

(2) Die Bundesanstalt kann für die Abwicklung eines Instituts oder seiner Bankgeschäfte und Finanzdienstleistungen Weisungen erlassen. Das Gericht hat auf Antrag der Bundesanstalt Abwickler zu bestellen, wenn die sonst zur Abwicklung der Bankgeschäfte und Finanzdienstleistungen berufenen Personen keine Gewähr für die ordnungsmäßige Abwicklung bieten. Besteht eine Zuständigkeit des Gerichts nicht, bestellt die Bundesanstalt den Abwickler.

(2 a) Der Abwickler erhält von der Bundesanstalt eine angemessene Vergütung und den Ersatz seiner Aufwendungen. Die gezahlten Beträge sind der Bundesanstalt von der betroffenen juristischen Person oder Personenhandelsgesellschaft gesondert zu erstatten und auf Verlangen der Bundesanstalt vorzuschießen. Die Bundesanstalt kann die betroffene juristische Person oder Personenhandelsgesellschaft anweisen, den von der Bundesanstalt festgesetzten Betrag im Namen der Bundesanstalt unmittelbar an den Abwickler zu leisten, wenn dadurch keine Beeinflussung der Unabhängigkeit des Abwicklers zu besorgen ist.

(3) Die Bundesanstalt hat die Aufhebung oder das Erlöschen der Erlaubnis im Bundesanzeiger bekannt zu machen. Sie hat die zuständigen Stellen der anderen Staaten des Europäischen Wirtschaftsraums zu unterrichten, in denen das Institut Zweigniederlassungen errichtet hat oder im Wege des grenzüberschreitenden Dienstleistungsverkehrs tätig gewesen ist.

(4) Die Absätze 1 und 2 gelten nicht für juristische Personen des öffentlichen Rechts.

Amtliche Begründung

Die Rücknahme der Erlaubnis durch das Bundesaufsichtsamt hat keine unmittelbare gesellschaftsrechtliche Wirkung. Um zu verhindern, daß ein Kreditinstitut, dem die Erlaubnis entzogen wurde, weiterhin werbend tätig wird, kann das Bundesaufsichtsamt seine Abwicklung anordnen, wenn es in der Rechtsform einer juristischen Person des privaten Rechts oder einer Personenhandelsgesellschaft betrieben wird. Da auch bei der Abwicklung des Kreditinstituts die Interessen der Gläubiger im Vordergrund stehen müssen, kann das Bundesaufsichtsamt für die Abwicklung grundsätzliche Anordnungen – nicht Einzelanordnungen – treffen und erforderlichenfalls beim Gericht die Bestellung von Liquidatoren beantragen.

ANMERKUNG
1. In der Ursprungsfassung waren die Folgen des § 38 nur für den Fall der Erlaubnisrücknahme (jetzt: Aufhebung) vorgesehen. Durch das 2. KWG-Änderungsgesetz vom 24. März 1976 wurde auch das Erlöschen der Erlaubnis (z. B. durch Tod oder Verzicht) einbezogen. Durch das 3. KWG-Änderungsgesetz von 1984 wurde § 38 redaktionell umgestaltet. Durch das 6. KWG-Änderungsgesetz vom 22. Oktober 1997 wurde die Regelung auf Finanzdienstleistungsinstitute erstreckt. Außerdem wurde Absatz 2 Satz 4 neu eingefügt. Damit wurde eine Gesetzeslücke geschlossen, die bisher in den Fällen bestand, in denen eine Zuständigkeit des Registergerichts nicht begründet ist. In diesen Fällen bestimmt nunmehr die Bundesanstalt einen Abwickler. In Absatz 3 wurde Art. 19 Abs. 9 der Wertpapierdienstleistungsrichtlinie umgesetzt.
2. Nach § 30 Abs. 2 Nr. 3 des Vereinsgesetzes vom 5. August 1964 (BGBl. I S. 593) – mit späteren Änderungen – bleibt § 38 Abs. 1 KWG von den Vorschriften des Vereinsgesetzes unberührt.
3. Durch das Gesetz über die integrierte Finanzdienstleistungsaufsicht vom 22. April 2002 wurden in der Vorschrift die erforderlichen Anpassungen aufgrund der Errichtung der Bundesanstalt für Finanzdienstleistungsaufsicht vorgenommen.
4. In § 38 Absatz 2 und 4 wurde jeweils das Wort »Registergericht« durch das Wort »Gericht« ersetzt und Satz 3 aufgehoben auf Grund des Gesetzes zur Reform des Verfahrens in Familiensachen und in den Angelegenheiten der freiwilligen Gerichtsbarkeit (FGG-RG) vom 17. Dezember 2008 (BGBl. I S. 2586).
5. Durch das Gesetz zur Stärkung der Finanzmarkt- und der Versicherungsaufsicht vom 29. Juli 2009 (BGBl. I S. 2305) wurde dem § 38 der Absatz 2a angefügt. Es erging dazu keine amtliche Begründung.
6. In § 38 Absatz 3 Satz 1 wurde das Wort »elektronischen« vor dem Wort »Bundesanzeiger« gestrichen durch das Gesetz zur Änderung der Vorschriften über Verkündung und Bekanntmachungen sowie der Zivilprozessordnung, des Gesetzes betreffend die Einführung der Zivilprozessordnung und der Abgabenordnung vom 22. Dezember 2011 (BGBl. I S. 3044).
7. § 38 Absatz 2 Satz 1 und 2 wurden geändert durch das CRD IV-Umsetzungsgesetz vom 28. August 2013 (BGBl. I S. 3395). Nach der bisherigen Formulierung des Satzes 1 war die Bundesanstalt nur berechtigt, allgemeine Weisungen für die Abwicklung eines Instituts insgesamt zu erlassen, die einen Auflösungsbeschluss der Gesellschafter oder eine Anordnung nach § 38 Absatz 1 KWG voraussetzt. Die Aufhebung oder das Erlöschen der Erlaubnis nach § 32 KWG führt aber ohne die Abwicklung des Instituts bzw. Unternehmens dazu, dass die erlaubnispflichtigen Geschäfte abzuwickeln sind. Auch insoweit ist erforderlich, dass die Bundesanstalt befugt ist, Weisungen für die Abwicklung der Bankgeschäfte und Finanzdienstleistungen zu erlassen. Die Möglichkeit zur Bestellung eines Abwicklers in Satz 2 ist auch erforderlich, wenn die Geschäftsleiter des fortbestehenden Instituts bzw. Unternehmens keine Gewähr für die ordnungsmäßige Abwicklung der erlaubnispflichtigen Bankgeschäfte oder Finanzdienstleistungen bieten; vgl. BT-Drucksache 17/10974 vom 15. Oktober 2012.

2. Bezeichnungsschutz

§ 39 Bezeichnungen »Bank« und »Bankier«

(1) Die Bezeichnung »Bank«, »Bankier« oder eine Bezeichnung, in der das Wort »Bank« oder »Bankier« enthalten ist, dürfen, soweit durch Gesetz nichts anderes bestimmt ist, in der Firma, als Zusatz zur Firma, zur Bezeichnung des Geschäftszwecks oder zu Werbezwecken nur führen
1. Kreditinstitute, die eine Erlaubnis nach § 32 besitzen, oder Zweigniederlassungen von Unternehmen nach § 53b Abs. 1 Satz 1 und 2 oder Abs. 7;

2. andere Unternehmen, die bei Inkrafttreten dieses Gesetzes eine solche Bezeichnung nach den bisherigen Vorschriften befugt geführt haben.

(2) Die Bezeichnung »Volksbank« oder eine Bezeichnung, in der das Wort »Volksbank« enthalten ist, dürfen nur Kreditinstitute neu aufnehmen, die in der Rechtsform einer eingetragenen Genossenschaft betrieben werden und einem Prüfungsverband angehören.

(3) Die Bundesanstalt kann bei Erteilung der Erlaubnis bestimmen, daß die in Absatz 1 genannten Bezeichnungen nicht geführt werden dürfen, wenn Art oder Umfang der Geschäfte des Kreditinstituts nach der Verkehrsanschauung die Führung einer solchen Bezeichnung nicht rechtfertigen.

Amtliche Begründung

...

Der Schutz der Bezeichnung »Bank« und »Bankier« trägt der Tatsache Rechnung, daß sich im geschäftlichen Verkehr und in der Umgangssprache mit diesen Bezeichnungen weitgehend die Vorstellung der bankgeschäftlichen Tätigkeit verbindet. Absatz 1 Nr. 2* erhält den Unternehmen, die bisher eine der genannten Bezeichnungen zulässigerweise geführt haben, dieses Recht. Die bei Inkrafttreten dieses Gesetzes bestehenden Kreditinstitute fallen unter Nummer 1*, da nach § 61* die Erlaubnis für sie als erteilt gilt.

Absatz 3* kann besondere Bedeutung für Unternehmen haben, die Bankgeschäfte neben anderen Handelsgeschäften betreiben oder die unter § 2 Abs. 3 fallen.

Gegen die Verletzung der Vorschrift kann nicht das Bundesaufsichtsamt, sondern nur das Registergericht einschreiten (vgl. § 43* Abs. 2).

ANMERKUNG

1. Als Bezeichnung, in der das Wort »Bank« oder »Bankier« enthalten ist (Absatz 1 Satz 1), ist ein Wort, nicht eine Wortgruppe zu verstehen. Sonst wäre § 40 Abs. 2, der eine Ausnahme von dem insoweit gleich lautenden § 40 Abs. 1 enthält, nicht erforderlich gewesen. Unter § 39 Abs. 1 fallen also auch Bezeichnungen wie »Handelsbank«, »Bankgesellschaft« o. Ä.
2. Die Bezeichnung »Volksbank« hat sich für die gewerblichen Kreditgenossenschaften als mittelständische Unternehmen mit Genossenhaftung und gesetzlichen Prüfungseinrichtungen entwickelt und wird daher den Kreditgenossenschaften vorbehalten. Sie darf auch von ländlichen Kreditgenossenschaften aufgenommen werden, weil die maßgeblichen Voraussetzungen (Genossenhaftung und gesetzliche Prüfungseinrichtungen) auch bei ihnen vorliegen. Dies gilt umgekehrt auch für die Bezeichnung »Spar- und Darlehnskasse«, die bei ländlichen Kreditgenossenschaften noch üblich ist (§ 40 Abs. 2).
3. Die Versagung der Befugnis, eine der in Absatz 1 genannten Bezeichnungen zu führen (Absatz 3), ist nach Erteilung der Erlaubnis nicht mehr zulässig. Absatz 3 dürfte insbesondere infrage kommen, wenn »nicht klassische« Bankgeschäfte (z. B. § 1 Abs. 1 Nr. 7 und 8) in geringerem Umfang neben anderen Handelsgeschäften betrieben werden. Eine Differenzierung allein nach der Größe des Geschäftsbetriebes entspricht dagegen nicht dem Sinn des Gesetzes.
4. Kreditinstitute, die nach § 34 Abs. 2 ohne Erlaubnis betrieben werden dürfen oder die nach Wegfall der Erlaubnis zur Abwicklung Bankgeschäfte betreiben, dürfen trotz fehlender Erlaubnis die in Absatz 1 genannten Bezeichnungen weiter führen.
5. Für Eingriffe bei Verletzung des § 39 ist in erster Linie das Registergericht zuständig (§ 43 Abs. 2). Das gilt jedoch nur, soweit die Zuständigkeit des Registergerichts reicht, also nur für die unbefugte Verwendung einer der in § 39 genannten Bezeichnungen in der Firma oder als Firmenzusatz. Bei anderer Verwendung (z. B. zu Werbezwecken) ist die Bundesanstalt zuständig, allerdings nur, wenn ein Institut den Verstoß begeht; gegen

andere Unternehmen hat die Bundesanstalt keine Eingriffsbefugnisse (vgl. § 6 Abs. 1). Ausnahmsweise ist die Bundesanstalt auch bei Verstößen im Rahmen der Firmierung zuständig: Öffentlich-rechtliche Unternehmen müssen nicht in das Handelsregister eingetragen werden (§ 36 HGB). Nur soweit sie sich freiwillig eintragen lassen, hat das Registergericht Eingriffsbefugnisse. Andernfalls ist – sofern es sich um Institute handelt – die Bundesanstalt nach § 39 i.V.m. § 6 Abs. 1 zuständig.

6. Für allgemeine firmenrechtliche Fragen im Bereich des Kreditgewerbes ist die Bundesanstalt nicht zuständig, da hier keine Vorschriften des KWG berührt werden und darüber hinaus mit dem Registergericht eine zuständige Stelle vorhanden ist.

7. Durch das Gesetz über die integrierte Finanzdienstleistungsaufsicht vom 22. April 2002 wurde die Vorschrift an die geänderte Bezeichnung der Aufsichtsbehörde in Bundesanstalt für Finanzdienstleistungsaufsicht angepasst. Ferner erfolgte eine redaktionelle Änderung durch das 4. Finanzmarktförderungsgesetz vom 21. Juni 2002.

§ 40 Bezeichnung »Sparkasse«

(1) Die Bezeichnung »Sparkasse« oder eine Bezeichnung, in der das Wort »Sparkasse« enthalten ist, dürfen in der Firma, als Zusatz zur Firma, zur Bezeichnung des Geschäftszwecks oder zu Werbezwecken nur führen
1. öffentlich-rechtliche Sparkassen, die eine Erlaubnis nach § 32 besitzen;
2. andere Unternehmen, die bei Inkrafttreten dieses Gesetzes eine solche Bezeichnung nach den bisherigen Vorschriften befugt geführt haben;
3. Unternehmen, die durch Umwandlung der in Nummer 2 bezeichneten Unternehmen neu gegründet werden, solange sie auf Grund ihrer Satzung besondere Merkmale, insbesondere eine am Gemeinwohl orientierte Aufgabenstellung und eine Beschränkung der wesentlichen Geschäftstätigkeit auf den Wirtschaftsraum, in dem das Unternehmen seinen Sitz hat, in dem Umfang wie vor der Umwandlung aufweisen.

(2) Kreditinstitute im Sinne des § 1 des Gesetzes über Bausparkassen dürfen die Bezeichnung »Bausparkasse«, eingetragene Genossenschaften, die einem Prüfungsverband angehören, die Bezeichnung »Spar- und Darlehenskasse« führen.

Amtliche Begründung

Die Bezeichnung »Sparkasse« hat sich in einer langen historischen Entwicklung zu einem Begriff für bestimmte Kreditinstitute herausgebildet, die kraft öffentlichen Auftrages das Spargeschäft besonders pflegen. Es ist daher gerechtfertigt, die Bezeichnung diesen Instituten vorzubehalten. Nummer 2* wahrt für diejenigen Kreditinstitute, die bisher die Bezeichnung »Sparkasse« oder eine Bezeichnung, in der das Wort »Sparkasse« enthalten ist, befugt geführt haben, den gegenwärtigen Rechtszustand. Die Bestimmung betrifft neben den zahlreichen Kreditinstituten, die eine Bezeichnung führen, in der das Wort »Sparkasse«enthalten ist, insbesondere die sog. freien Sparkassen, die nach privatem Recht gegründet sind. Nach Inkrafttreten des Gesetzes dürfen diese Institute die Bezeichnung »Sparkasse« nicht mehr neu aufnehmen. Nummer 1* gilt auch für die bereits bestehenden öffentlich-rechtlichen Sparkassen (§ 61*).

Absatz 2 soll sicherstellen, daß eingebürgerte Bezeichnungen für bestimmte Arten von Unternehmen, in denen das Wort »Sparkasse« enthalten ist, künftig neu aufgenommen werden dürfen.

Für das Einschreiten gegen Verletzungen der Vorschrift gilt das zu § 39* Gesagte.

> **ANMERKUNG**
> 1. Wegen des Ausdrucks »Bezeichnung, in der das Wort »Sparkasse« enthalten ist« (Absatz 1 Satz 1), vgl. Anmerkung 1 zu § 39.
> 2. Der – durch das Bausparkassengesetz von 1972 und das 3. KWG-Änderungsgesetz von 1984 neu gefasste – Absatz 2 lässt lediglich Ausnahmen vom Prinzip des Absatzes 1 zu, behält also – anders als § 39 Abs. 2 – den genannten Unternehmen nicht das alleinige Recht auf die betreffenden Bezeichnungen vor. Nach der Regelung des § 40 Abs. 2 jedenfalls dürfte diese Bezeichnung auch von den in Absatz 1 genannten Unternehmen geführt werden. Für Bausparkassen gilt jedoch zusätzlich § 16 des Bausparkassengesetzes, dessen Absatz 1 die Bezeichnung »Bausparkasse« den zugelassenen Bausparkassen vorbehält. Die Bezeichnung »Spar- und Darlehnskasse«, die bei ländlichen Kreditgenossenschaften üblich ist, darf auch von gewerblichen Kreditgenossenschaften benutzt werden (vgl. Anmerkung 2 zu § 39). Sofern eine der in Absatz 2 genannten Bezeichnungen bei In-Kraft-Treten des Gesetzes von einem Unternehmen geführt werden sollte, das die Voraussetzungen des Absatzes 2 nicht erfüllt, ist Absatz 1 Nr. 2 anzuwenden. Absatz 1 Nr. 3 wurde durch das Gesetz zur Bereinigung des Umwandlungsrechts (UmwBerG) vom 28. Oktober 1994 (BGBl. I S. 3210) angefügt.
> 3. Zum Einschreiten gegen Verstöße vgl. Anmerkungen 5, 6 zu § 39.

§ 41 Ausnahmen

Die §§ 39 und 40 gelten nicht für Unternehmen, die die Worte »Bank«, »Bankier« oder »Sparkasse« in einem Zusammenhang führen, der den Anschein ausschließt, daß sie Bankgeschäfte betreiben. Kreditinstitute mit Sitz im Ausland dürfen bei ihrer Tätigkeit im Inland die in § 39 Abs. 2 und in § 40 genannten Bezeichnungen in der Firma, als Zusatz zur Firma, zur Bezeichnung des Geschäftszwecks oder zu Werbezwecken führen, wenn sie zur Führung dieser Bezeichnung in ihrem Sitzstaat berechtigt sind und sie die Bezeichnung um einen auf ihren Sitzstaat hinweisenden Zusatz ergänzen.

Amtliche Begründung[1]

Die Bestimmung ist erforderlich, weil verschiedentlich Unternehmen, die offensichtlich keine Kreditinstitute sind und bei denen auch der Anschein bankgeschäftlicher Betätigung ausgeschlossen ist, eine der in §§ 39* und 40* geschützten Bezeichnungen führen. Das ist besonders bei Verlagen und Zeitschriften der Fall (z.B. »Bankverlag«).

Amtliche Begründung[2]

Durch die Ergänzung des § 41 KWG um den neuen Satz 2 wird allen ausländischen Zweigstellen – also sowohl Zweigstellen von Kreditinstituten aus dem Bereich der EG als auch aus allen übrigen Staaten – die Verwendung der in § 39 Abs. 2 und § 40 KWG genannten Bezeichnungen gestattet, sofern die in Satz 2 aufgeführten Voraussetzungen vorliegen. Der Hinweis auf das Herkunftsland ist erforderlich, um Irrtümer des Publikums, etwa über eine Gewährträgerhaftung, auszuschließen.

---

1 Zur Ursprungsfassung.
2 Zum 4. KWG-Änderungsgesetz.

§ 42 Entscheidung der Bundesanstalt

Die Bundesanstalt entscheidet in Zweifelsfällen, ob ein Unternehmen zur Führung der in den §§ 39 und 40 genannten Bezeichnungen befugt ist. Sie hat ihre Entscheidungen dem Registergericht mitzuteilen.

Amtliche Begründung

Die Bestimmung ist ein Sonderfall der Entscheidungsbefugnis nach § 4. Eine negative Entscheidung des Bundesaufsichtsamtes stellt keine Verfügung dar, eine der in §§ 39* und 40* genannten Bezeichnungen nicht zu führen. Zum Einschreiten ist vielmehr nach § 43* Abs. 2 allein das Registergericht befugt.

ANMERKUNG Wegen der Zuständigkeitsverteilung zwischen Registergericht und Bundesanstalt vgl. Anmerkungen 5, 6 zu § 39. Das Registergericht ist an die Entscheidungen der Bundesanstalt gebunden.

§ 43 Registervorschriften

(1) Soweit nach § 32 das Betreiben von Bankgeschäften oder das Erbringen von Finanzdienstleistungen einer Erlaubnis bedarf, dürfen Eintragungen in öffentliche Register nur vorgenommen werden, wenn dem Registergericht die Erlaubnis nachgewiesen ist.

(2) Führt ein Unternehmen eine Firma oder einen Zusatz zur Firma, deren Gebrauch nach den §§ 39 bis 41 unzulässig ist, hat das Registergericht das Unternehmen zur Unterlassung des Gebrauchs der Firma oder des Zusatzes zur Firma durch Festsetzung von Ordnungsgeld anzuhalten; § 392 des Gesetzes über das Verfahren in Familiensachen und in den Angelegenheiten der freiwilligen Gerichtsbarkeit gilt entsprechend. § 395 des Gesetzes über das Verfahren in Familiensachen und in den Angelegenheiten der freiwilligen Gerichtsbarkeit bleibt unberührt.

(3) Die Bundesanstalt ist berechtigt, in Verfahren des Registergerichts, die sich auf die Eintragung oder Änderung der Rechtsverhältnisse oder der Firma von Kreditinstituten oder Unternehmen beziehen, die nach §§ 39 bis 41 unzulässige Bezeichnungen verwenden, Anträge zu stellen und die nach dem Gesetz über das Verfahren in Familiensachen und in den Angelegenheiten der freiwilligen Gerichtsbarkeit zulässigen Rechtsmittel einzulegen.

Amtliche Begründung

Absatz 1 soll verhindern, daß ein Kreditinstitut in das Handels- oder Genossenschaftsregister eingetragen wird, dessen Geschäftsbetrieb nach dem Gesetz unstatthaft ist.

Absatz 2 schafft eine Rechtsgrundlage für das Registergericht, eine nach diesem Gesetz unzulässige Firma von Amts wegen zu löschen und die Befolgung der firmenrechtlichen Vorschriften dieses Gesetzes durch Ordnungsstrafen zu erzwingen.

Durch Absatz 3 soll das Bundesaufsichtsamt in die Lage versetzt werden, in den Verfahren vor dem Registergericht, an denen es kraft seiner Tätigkeit interessiert ist, seine Auffassung zur Geltung zu bringen.

ANMERKUNG
1. Zu Absatz 2 vgl. Anmerkungen 5, 6 zu § 39.
2. In Absatz 2 Satz 2 Halbsatz 1 hat Art. 194 des Einführungsgesetzes zum Strafgesetzbuch vom 2. März 1974 (BGBl. I S. 469) den Ausdruck »Ordnungsstrafe« durch die Worte »Festsetzung von Ordnungsgeld« ersetzt.
3. Durch das 6. KWG-Änderungsgesetz vom 22. Oktober 1997 wurde die Regelung auf Finanzdienstleistungsinstitute erstreckt. Ferner wurden redaktionelle Anpassungen vorgenommen.
4. Durch das Gesetz über die integrierte Finanzdienstleistungsaufsicht vom 22. April 2002 wurde die Vorschrift an die geänderte Bezeichnung der Aufsichtsbehörde in Bundesanstalt für Finanzdienstleistungsaufsicht angepasst.
5. Durch das FGG-Reformgesetz vom 17. Dezember 2008 (BGBl. I S. 2586) wurde Absatz 2 neu gefasst und in Absatz 3 »Gesetz über die Angelegenheiten der freiwilligen Gerichtsbarkeit« durch die aktuelle Version »Gesetz über das Verfahren in Familiensachen und in den Angelegenheiten der freiwilligen Gerichtsbarkeit« ersetzt.

3. Auskünfte und Prüfungen

§ 44 Auskünfte und Prüfungen von Instituten, Anbietern von Nebendienstleistungen, Finanzholding-Gesellschaften, gemischten Finanzholding-Gesellschaften und von in die Aufsicht auf zusammengefasster Basis einbezogenen Unternehmen

(1) Ein Institut oder ein übergeordnetes Unternehmen, die Mitglieder deren Organe und deren Beschäftigte haben der Bundesanstalt, den Personen und Einrichtungen, deren sich die Bundesanstalt bei der Durchführung ihrer Aufgaben bedient, sowie der Deutschen Bundesbank auf Verlangen Auskünfte über alle Geschäftsangelegenheiten zu erteilen, Unterlagen vorzulegen und erforderlichenfalls Kopien anzufertigen. Die Bundesanstalt kann, auch ohne besonderen Anlass, bei den Instituten und übergeordneten Unternehmen Prüfungen vornehmen und die Durchführung der Prüfungen der Deutschen Bundesbank übertragen; das schließt Unternehmen ein, auf die ein Institut oder übergeordnetes Unternehmen wesentliche Bereiche im Sinne des § 25b ausgelagert hat (Auslagerungsunternehmen). Die Bediensteten der Bundesanstalt, der Deutschen Bundesbank sowie die sonstigen Personen, deren sich die Bundesanstalt bei der Durchführung der Prüfungen bedient, können hierzu die Geschäftsräume des Instituts, des Auslagerungsunternehmens und des übergeordneten Unternehmens innerhalb der üblichen Betriebs- und Geschäftszeiten betreten und besichtigen. Die Betroffen haben Maßnahmen nach den Sätzen 2 und 3 zu dulden.

(1a) Soweit eine zentrale Gegenpartei unter den Voraussetzungen des Artikels 35 Absatz 1 der Verordnung (EU) Nr. 648/2012 operationelle Funktionen, Dienstleistungen oder Tätigkeiten auf ein Unternehmen auslagert, sind die Befugnisse der Bundesanstalt nach Absatz 1 Satz 2 und 3 auch auf dieses Unternehmen entsprechend anwendbar; Absatz 1 Satz 4 gilt entsprechend.

(2) Ein nachgeordnetes Unternehmen im Sinne des § 10a, eine Finanzholding-Gesellschaft an der Spitze einer Finanzholding-Gruppe im Sinne des § 10a, eine gemischte Finanzholding-Gesellschaft an der Spitze einer gemischten Finanzholding-Gruppe im Sinne des § 10a oder eine gemischte Holding-Gesellschaft sowie ein Mitglied eines Organs eines solchen Unternehmens haben der Bundesanstalt, den Personen und Einrichtungen, deren sich die Bundesanstalt bei der Durchführung ihrer Aufgaben bedient, sowie der Deutschen Bundesbank auf Verlangen Auskünfte zu erteilen, Unterlagen vorzulegen und erforderlichenfalls Kopien anzufertigen, um die Richtigkeit der Auskünfte oder der übermittelten Daten zu überprüfen, die für die Aufsicht auf zusammengefasster Basis erforderlich sind oder die in Verbindung mit einer Rechtsverordnung nach § 25 Absatz 3 Satz 1 zu übermitteln sind. Die Bundes-

anstalt kann, auch ohne besonderen Anlass, bei den in Satz 1 genannten Unternehmen Prüfungen vornehmen und die Durchführung der Prüfungen der Deutschen Bundesbank übertragen; Absatz 1 Satz 2 Halbsatz 2 gilt entsprechend. Die Bediensteten der Bundesanstalt, der Deutschen Bundesbank sowie der sonstigen Personen, deren sich die Bundesanstalt bei der Durchführung der Prüfungen bedient, können hierzu die Geschäftsräume der Unternehmen innerhalb der üblichen Betriebs- und Geschäftszeiten betreten und besichtigen. Die Betroffenen haben Maßnahmen nach den Sätzen 2 und 3 zu dulden. Die Sätze 1 bis 4 gelten entsprechend für ein nicht in die Zusammenfassung einbezogenes Tochterunternehmen und ein gemischtes Unternehmen und dessen Tochterunternehmen.

(2a) Benötigt die Bundesanstalt bei der Aufsicht über eine Institutsgruppe, Finanzholding-Gruppe, eine gemischte Finanzholding-Gruppe oder gemischte Holding-Gruppe Informationen, die bereits einer anderen zuständigen Stelle vorliegen, richtet sie ihr Auskunftsersuchen zunächst an diese zuständige Stelle. Bei der Aufsicht über Institute, die einem EU-Mutterinstitut nach § 10a nachgeordnet sind, richtet die Bundesanstalt Auskunftsersuchen zur Umsetzung der Ansätze und Methoden nach der Richtlinie 2013/36/EU regelmäßig zunächst an die für die Aufsicht auf zusammengefasster Basis zuständige Stelle.

(3) Die in die Zusammenfassung einbezogenen Unternehmen mit Sitz im Ausland haben der Bundesanstalt auf Verlangen die nach diesem Gesetz zulässigen Prüfungen zu gestatten, insbesondere die Überprüfung der Richtigkeit der für die Zusammenfassung nach § 10a Absatz 4 bis 7, § 25 Absatz 2 und 3 und nach den Artikeln 11 bis 17 der Verordnung (EU) Nr. 575/2013 in ihrer jeweils geltenden Fassung übermittelten Daten, soweit dies zur Erfüllung der Aufgaben der Bundesanstalt erforderlich und nach dem Recht des anderen Staates zulässig ist. Dies gilt auch für nicht in die Zusammenfassung einbezogene Tochterunternehmen mit Sitz im Ausland.

(3a) weggefallen

(4) Die Bundesanstalt kann zu den Hauptversammlungen, Generalversammlungen oder Gesellschafterversammlungen sowie zu den Sitzungen der Aufsichtsorgane bei Instituten, Finanzholding-Gesellschaften oder gemischten Finanzholding-Gesellschaften in der Rechtsform einer juristischen Person Vertreter entsenden. Diese können in der Versammlung oder Sitzung das Wort ergreifen. Die Betroffenen haben Maßnahmen nach den Sätzen 1 und 2 zu dulden.

(5) Die Institute, Finanzholding-Gesellschaften und gemischten Finanzholding-Gesellschaften in der Rechtsform einer juristischen Person haben auf Verlangen der Bundesanstalt die Einberufung der in Absatz 4 Satz 1 bezeichneten Versammlungen, die Anberaumung von Sitzungen der Verwaltungs- und Aufsichtsorgane sowie die Ankündigung von Gegenständen zur Beschlußfassung vorzunehmen. Die Bundesanstalt kann zu einer nach Satz 1 anberaumten Sitzung Vertreter entsenden. Diese können in der Sitzung das Wort ergreifen. Die Betroffenen haben Maßnahmen nach den Sätzen 2 und 3 zu dulden. Absatz 4 bleibt unberührt.

(6) Der zur Erteilung einer Auskunft Verpflichtete kann die Auskunft auf solche Fragen verweigern, deren Beantwortung ihn selbst oder einen der in § 383 Abs. 1 Nr. 1 bis 3 der Zivilprozeßordnung bezeichneten Angehörigen der Gefahr strafgerichtlicher Verfolgung oder eines Verfahrens nach dem Gesetz über Ordnungswidrigkeiten aussetzen würde.

Amtliche Begründung[1]

Absatz 1 gibt dem Bundesaufsichtsamt seiner Verantwortung entsprechende umfassende Auskunfts- und Informationsrechte. Die Auskunfts- und Vorlegungspflicht

---

1 Zur Ursprungsfassung.

der Kreditinstitute nach Nummer 1 ist von deren Inhabern oder Geschäftsleitern zu erfüllen. Daneben können auch von den Mitgliedern der Organe, insbesondere also auch von den einzelnen Aufsichtsratsmitgliedern, Auskünfte und die Vorlegung von Unterlagen verlangt werden. Die Einschränkung des Grundrechtes der Unverletzlichkeit der Wohnung (Nummer 1, 2. Halbsatz) ist erforderlich, weil bei kleineren Kreditinstituten die Geschäftsräume häufig in der Wohnung des Inhabers oder des Geschäftsleiters liegen.

Gegenüber Unternehmen, die Anlaß zu der Annahme geben, Kreditinstitutsgeschäfte oder nach § 3 verbotene Geschäfte zu betreiben (Absatz 2), stehen dem Bundesaufsichtsamt nicht so weitreichende Eingriffsrechte zu wie gegenüber den seiner laufenden Aufsicht unterliegenden Kreditinstituten. Von ihnen kann das Bundesaufsichtsamt nur Auskünfte und die Vorlegung von Büchern und Schriften verlangen; es kann dagegen nicht gegen den Willen des Betroffenen in dessen Geschäftsräumen Prüfungen vornehmen.

Absatz 3 Satz 1 stellt klar, daß das Bundesaufsichtsamt bei der Wahrnehmung der in Absatz 1 Nr. 1 bezeichneten Befugnisse Hilfspersonen heranziehen kann. Solche Personen können im Rahmen ihres Auftrages also auch die Geschäftsräume des Kreditinstituts betreten. Da die Bundesbank in der Lage sein muß, von den Kreditinstituten die Ergänzung unklarer oder unvollständiger Anzeigen zu verlangen, gibt ihr Satz 2 ein entsprechendes Auskunftsrecht, das sie jedoch nicht mit Zwangsmitteln durchsetzen kann. Das Bundesaufsichtsamt wird sich zweckmäßigerweise auch für Prüfungen nach Absatz 1 Nr. 1 häufig des Personals der Bundesbank bedienen.

Absatz 4 trägt dem rechtsstaatlichen Gedanken Rechnung, daß von dem Auskunftspflichtigen nicht verlangt werden kann, sich selbst einer Straftat oder Ordnungswidrigkeit zu bezichtigen.

Amtliche Begründung[1]

Die Überschrift wird dem veränderten Inhalt angepaßt.

Mit der in Absatz 1 nach Nummer 1 eingefügten neuen Nummer 1a werden der Bankenaufsicht Auskunfts- und Prüfungsbefugnisse auch gegenüber solchen Unternehmen eingeräumt, die in den erweiterten Konsolidierungskreis nach § 10a einzubeziehen sind oder für die als gemischte Unternehmen oder als nicht in die Konsolidierung einbezogene Tochterunternehmen Angaben gemäß § 25 Abs. 4 Satz 2 zu machen sind. Mit der erweiterten Auskunfts- und Prüfungsbefugnis wird die Bankenaufsicht auch bei diesen Nichtbanken in die Lage versetzt, zu überprüfen, ob die Daten, die diese Unternehmen geliefert haben oder die über sie geliefert wurden, richtig und vollständig sind.

Die durch Nummer 1a in Absatz 1 erweiterten Befugnisse werden in Absatz 3 entsprechend angepaßt.

Amtliche Begründung[2]

Der neue § 44 Abs. 1 regelt die Sachverhaltsermittlungskompetenzen des BAKred gegenüber den Instituten und den Mitgliedern ihrer Organe. Die Finanzdienstleistungsinstitute werden einbezogen; ansonsten entspricht die Vorschrift materiell dem bisherigen § 44 Abs. 1 Nr. 1.

Der bisherige § 44 Abs. 3 wird in den neuen § 44 Abs. 1 integriert. Die Personen und Einrichtungen, deren sich das BAKred bei der Durchführung seiner Aufgaben bedient, haben eine im Rahmen ihres Mandats vom BAKred abgeleitete Kompetenz, Auskünfte

---

1 Zum 5. KWG-Änderungsgesetz.
2 Zum 6. KWG-Änderungsgesetz.

und die Vorlage von Büchern, Schriften und anderen Unterlagen zu verlangen; die Deutsche Bundesbank behält die originäre Kompetenz für ein solches Auskunfts- und Vorlageverlangen. Das Recht, die Geschäftsräume eines Instituts im Rahmen einer vom BAKred angeordneten Prüfung zu betreten, steht auch weiterhin nicht nur den Bediensteten des BAKred, sondern im Rahmen ihres Mandats auch anderen Personen zu, bspw. Wirtschaftsprüfern und den Bediensteten der Deutschen Bundesbank, deren sich das BAKred bei der Durchführung der Prüfung bedient. Die ausdrückliche Statuierung der Duldungspflichten in Satz 5 entspricht den Erfordernissen für die Anknüpfung einer Bußgeldbewehrung.

Der neue § 44 Abs. 2 entspricht materiell dem bisherigen § 44 Abs. 1 Nr. 1a. Er räumt dem BAKred, der Deutschen Bundesbank sowie im Rahmen eines Mandats den Personen und Einrichtungen, deren sich das BAKred bei der Durchführung seiner Aufgaben bedient, gegenüber inländischen Finanzunternehmen, einschließlich der Finanzholding-Gesellschaft an der Spitze einer Finanzholding-Gruppe, und Unternehmen mit bankbezogenen Hilfsdiensten die Möglichkeit ein, die von dem übergeordneten Unternehmen im Rahmen der bankaufsichtlichen Konsolidierung und der Monatsausweise mitgeteilten Daten auf ihre Richtigkeit und Vollständigkeit zu überprüfen. Die Kompetenzen entsprechen denen, die im neuen § 44 Abs. 1 gegenüber den beaufsichtigten Instituten enthalten sind; sie sind jedoch nach Maßgabe der Zwecksetzung – der Verifizierung bankaufsichtlicher Daten – beschränkt. Der Kreis der Mitwirkungs- und Duldungspflichtigen erfaßt tatbestandlich auch nachgeordnete Institute, insoweit hat die Vorschrift jedoch gegenüber dem neuen § 44 Abs. 1 keine selbständige Bedeutung. Gegenüber nicht-konsolidierten Tochterunternehmen sowie gegenüber gemischten Unternehmen und deren Tochterunternehmen statuiert die Vorschrift entsprechende Mitwirkungs- und Duldungspflichten, um dem BAKred und der Deutschen Bundesbank zu ermöglichen, eventuell rechtlich bestehende bankaufsichtliche Konsolidierungspflichten festzustellen und gegebenenfalls auf Grundlage der nach § 44 Abs. 2 gewonnenen Erkenntnisse durchzusetzen.

Der neue § 44 Abs. 3 ermächtigt das BAKred sowie im Rahmen eines Mandats die Personen und Einrichtungen, deren sich das BAKred bei der Durchführung seiner Aufgaben bedient, zur Überprüfung der Angaben, die ein inländisches Institut im Rahmen der bankaufsichtlichen Konsolidierung und der Monatsausweise über ausländische Unternehmen, die es in die bankaufsichtliche Konsolidierung einbezieht, und über dessen ausländische Tochterunternehmen, die es nicht in die bankaufsichtliche Konsolidierung einbezieht (aber eventuell einbeziehen müßte), bei den betroffenen Unternehmen im Ausland vor Ort, sofern dies nach dem Recht des anderen Staates zulässig ist.

Der neue § 44 Abs. 4 entspricht materiell dem bisherigen § 44 Abs. 1 Nr. 2, der neue § 44 Abs. 5 dem bisherigen § 44 Abs. 1 Nr. 3. Die ausdrückliche Statuierung der Duldungspflichten entspricht den Erfordernissen für die Anknüpfung einer Bußgeldbewehrung.

Der neue § 44 Abs. 6 ist mit dem bisherigen § 44 Abs. 4 identisch.

Amtliche Begründung[1]

Zur Überschrift

Redaktionelle Folgeänderung in der Überschrift wegen der Änderung von § 1 Abs. 3c.

---

1 Zum Gesetz zur Umsetzung der neu gefassten Bankenrichtlinie und der neu gefassten Kapitaladäquanzrichtlinie vom 17. November 2006 (BGBl. I S. 2606).

Zu den Absätzen 2 und 3

Redaktionelle Folgeänderungen infolge der Neufassung von § 10a.

Zu Absatz 2a

Absatz 2a setzt Artikel 130 Abs. 2 und Artikel 132 Abs. 2 der Bankenrichtlinie um. Die Regelung soll in Ergänzung der in § 8 ff. geregelten Vorschriften über die Zusammenarbeit der Aufsichtsbehörden im Europäischen Wirtschaftsraum eine Entlastung der Institute dergestalt bewirken, dass aufsichtsrelevante Informationen, die bereits bei einer Aufsichtsbehörde vorliegen, nach Möglichkeit zunächst dort abgefragt werden. Die Umsetzung erfolgte trotz der sachlichen Nähe zu § 8 ff. in § 44, um dort darauf hinzuweisen, dass vor Anordnung von Prüfungen und Auskunftsersuchen gegenüber den Instituten regelmäßig zu prüfen ist, ob die gewünschten Informationen bereits an anderer Stelle vorliegen und von dort beschafft werden können.

Amtliche Begründung[1]

Zu Nummer 17 (§ 44 KWG)

§ 44 regelt Auskunfts- und Prüfungsrechte ausschließlich gegenüber Instituten. Die Änderung stellt sicher, dass diese Rechte auch gegenüber übergeordneten Unternehmen, die – wie die Finanzholding-Gesellschaft nach § 10a Absatz 3 Satz 6 – keine Institute sind, ausgeübt werden können.

Amtliche Begründung[2]

Zu Nummer 9 (§ 44 KWG)

Damit wird klargestellt, dass die Bundesanstalt auch gegenüber Finanzholding-Gesellschaften ein umfangreiches Auskunfts- und Prüfungsrecht hat.

ANMERKUNG
1. Durch das 6. KWG-Änderungsgesetz vom 22. Oktober 1997 wurden die Finanzdienstleistungsinstitute einbezogen und die Regelung weitgehend neu gefasst. Der bisherige Absatz 2 wird durch den neuen § 44c ersetzt. Ein neuer Absatz 3 regelt das Prüfungsrecht der Bundesanstalt bei in die Konsolidierung einbezogenen Unternehmen im Ausland sowie bei ausländischen Tochterunternehmen, die nicht in die Konsolidierung einbezogen werden, aber eventuell einbezogen werden müssten.
2. Durch das Gesetz über die integrierte Finanzdienstleistungsaufsicht vom 22. April 2002 wurden verschiedene Regelungen neu gefasst oder redaktionell umgestaltet. Die Änderungen stehen im Zusammenhang mit der Errichtung der Bundesanstalt für Finanzdienstleistungsaufsicht. Weitere Änderungen erfolgten durch das 4. Finanzmarktförderungsgesetz vom 21. Juni 2002: Die Auskunftspflicht gemäß Absatz 1 Satz 1 wurde auf die Beschäftigten des Instituts erweitert. Das Prüfungsrecht gemäß Absatz 1 Satz 2 wurde auch auf Unternehmen ausgedehnt, auf die ein Institut wesentliche Bereiche im Sinne von § 25a Abs. 2 KWG ausgelagert hat.

---

1 Zum Gesetz zur Fortentwicklung des Pfandbriefrechts vom 20. März 2009 (BGBl. I S. 607); vgl. BT-Drucksache 16/11130 vom 1. Dezember 2008.
2 Zum Gesetz zur Stärkung der Finanzmarkt- und der Versicherungsaufsicht vom 29. Juli 2009 (BGBl. I S. 2305); vgl. BT-Drucksache 16/12783 vom 27. April 2009.

3. Durch das Finanzkonglomeraterichtlinie-Umsetzungsgesetz vom 21. Dezember 2004 (BGBl. I S. 3610) wurden der Absatz 2 Satz 1 geändert und ein neuer Absatz 3a eingefügt. Die Änderungen in Absatz 2 waren redaktioneller Natur. Mit dem neuen Absatz 3a wurden die bestehenden Regelungen hinsichtlich der Auskunftspflichten und der Duldung von Prüfungen nachgeordneter Unternehmen im Rahmen der Gruppenaufsicht entsprechend für nachgeordnete Finanzkonglomeratsunternehmen erweitert.
4. Verstöße gegen bestimmte Pflichten nach § 44 sind Ordnungswidrigkeiten (§ 56 Abs. 3). Rechtsbehelfe gegen Maßnahmen nach Absatz 1 und 2 haben keine aufschiebende Wirkung (§ 49).
5. Der Klammerzusatz »(Auslagerungsunternehmen)« in Absatz 1 Satz 2 Halbsatz 2 dient der Vereinfachung des Bezugs in Satz 3. Durch die Ergänzung in Satz 3 werden in Umsetzung des Artikels 14 Abs. 2 Buchstabe i der Durchführungsrichtlinie Besichtigungs- und Betretungsrechte auf Auslagerungsunternehmen mit Sitz im Inland ausgedehnt.
6. § 44 Absatz 1 und Absatz 2 wurden auf Grund des Gesetzes zur Fortentwicklung des Pfandbriefrechts vom 20. März 2009 (BGBl. I S. 607) neu gefasst.
7. Durch das Gesetz zur Stärkung der Finanzmarkt- und der Versicherungsaufsicht vom 29. Juli 2009 BGBl. I S. 2305) wurden in Absatz 4 Satz 1 und Absatz 5 Satz 1 die Worte »oder – bzw. und Finanzholding-Gesellschaften« zur Klarstellung des Umfangs an Auskunfts- und Prüfungsrecht der Bundesanstalt eingefügt.
8. Die Ergänzung in § 44 um den neuen Absatz 1a durch das Ausführungsgesetz zur Verordnung (EU) Nr. 648/2012 über OTC-Derivate, zentrale Gegenparteien und Transaktionsregister (EMIR-Ausführungsgesetz) vom 13. Februar 2013 (BGBl. I S. 174) stellt sicher, dass die Bundesanstalt bei Bedarf auch Prüfungen bei Auslagerungsunternehmen vornehmen kann, an die eine zentrale Gegenpartei operationelle Funktionen, Dienstleistungen oder Tätigkeiten unter den Voraussetzungen des Artikels 35 der Verordnung (EU) Nr. 648/2012 ausgelagert hat. Damit wird der Vorgabe des Artikels 35 Absatz 1 Buchstabe d der Verordnung (EU) Nr. 648/2012 Rechnung getragen; vgl. BT-Drucksache 17/11289 vom 5. November 2012.
9. Die Änderung der Überschrift des § 44 und die Änderung der Absätze 2, 2a, 4 und 5 sowie die Aufhebung des Absatzes 3a beruhen auf der inhaltlichen Überführung der die Finanzkonglomerate betreffenden Teile der Norm in das Finanzkonglomerate-Aufsichtsgesetz und setzt Artikel 3 Nummer 17 der Richtlinie 2011/89/EU um, der Änderungen des Artikels 127 der Richtlinie 2006/48/EG vornimmt und gemischte Finanzholding-Gruppen und gemischte Finanzholdinggesellschaften in den Regelungsbereich des § 44 einbezieht durch das Gesetz zur Umsetzung der Richtlinie 2011/89/EU des Europäischen Parlaments und des Rates vom 16. November 2011 zur Änderung der Richtlinien 98/78/EG, 2002/87/EG, 2006/48/EG und 2009/138/EG hinsichtlich der zusätzlichen Beaufsichtigung der Finanzunternehmen eines Finanzkonglomerats vom 27. Juni 2013 (BGBl. I S. 1862); vgl. BT-Drucksache 17/12602 vom 4. März 2013.
10. § 44 Absatz 1, 2, 2a und 3 wurden geändert durch das CRD IV-Umsetzungsgesetz vom 28. August 2013 (BGBl. I S. 3395).

§ 44a Grenzüberschreitende Auskünfte und Prüfungen

(1) Rechtsvorschriften, die einer Übermittlung von Daten entgegenstehen, sind nicht anzuwenden auf die Übermittlung von Daten zwischen einem Institut, einer Kapitalverwaltungsgesellschaft, einem Finanzunternehmen, einer Finanzholding-Gesellschaft, einer gemischten Finanzholding-Gesellschaft, einem Anbieter von Nebendienstleistungen, einem E-Geld-Institut im Sinne des Zahlungsdiensteaufsichtsgesetzes, einem Zahlungsinstitut im Sinne des Zahlungsdiensteaufsichtsgesetzes oder einem Unternehmen mit Sitz im Ausland, das mindestens 20 vom Hundert der Kapitalanteile oder Stimmrechte an dem Unternehmen unmittelbar oder mittelbar hält, Mutterunternehmen ist oder beherrschenden Einfluß ausüben kann, oder zwi-

schen einem gemischten Unternehmen und seinen Tochterunternehmen mit Sitz im Ausland, wenn die Übermittlung der Daten erforderlich ist, um Bestimmungen der Aufsicht nach Maßgabe der Richtlinie 2013/36/EU oder der Richtlinie 2002/87/EG über das Unternehmen mit Sitz im Ausland zu erfüllen. Die Bundesanstalt kann einem Institut die Übermittlung von Daten in einen Drittstaat untersagen.

(2) Auf Ersuchen einer für die Aufsicht über ein Unternehmen mit Sitz in einem anderen Staat des Europäischen Wirtschaftsraums zuständigen Stelle hat die Bundesanstalt die Richtigkeit der von einem Unternehmen im Sinne des Absatzes 1 Satz 1 für die Aufsichtsstelle nach Maßgabe der Richtlinie 2013/36/EU, der Verordnung (EU) Nr. 575/2013 oder der Richtlinie 2002/87/EG übermittelten Daten zu überprüfen oder zu gestatten, daß die ersuchende Stelle, ein Wirtschaftsprüfer oder ein Sachverständiger diese Daten überprüft; die Bundesanstalt kann nach pflichtgemäßem Ermessen gegenüber Aufsichtsstellen in Drittstaaten entsprechend verfahren, wenn Gegenseitigkeit gewährleistet ist. § 5 Abs. 2 des Verwaltungsverfahrensgesetzes über die Grenzen der Amtshilfe gilt entsprechend. Die Unternehmen im Sinne des Absatzes 1 Satz 1 haben die Prüfung zu dulden.

(3) Die Bundesanstalt kann von CRR-Kreditinstituten, Wertpapierhandelsunternehmen, Kapitalverwaltungsgesellschaften, Finanzholding-Gesellschaften oder gemischte Finanzholding-Gesellschaften mit Sitz in einem anderen Staat des Europäischen Wirtschaftsraums Auskünfte verlangen, welche die Aufsicht über Institute erleichtern, die Tochterunternehmen dieser Unternehmen sind und von den zuständigen Stellen des anderen Staates aus Artikel 19 Absatz 1 oder Absatz 2 Buchstabe b der Verordnung (EU) Nr. 575/2013 entsprechenden Gründen nicht in die Beaufsichtigung auf zusammengefaßter Basis einbezogen werden.

(4) weggefallen

(5) weggefallen

(6) weggefallen

Amtliche Begründung[1]

Diese Vorschrift wird aus Anlaß der Richtlinie des Rates vom 13. Juni 1983 über die Beaufsichtigung der Kreditinstitute auf konsolidierter Basis neu eingefügt.

Sie regelt in Absatz 1 Satz 1, daß Rechtsvorschriften in der Bundesrepublik Deutschland, welche die Übermittlung von Daten beschränken (z.B. § 3 Bundesdatenschutzgesetz), nicht anzuwenden sind, wenn die Datenübermittlung zur Erfüllung von Bestimmungen der Bankaufsicht auf zusammengefaßter Basis über ein Unternehmen mit Sitz in einem anderen Staat erforderlich ist. Voraussetzung ist eine Beteiligung von mindestens 25 v.H. des die Daten empfangenden Unternehmens an dem die Daten übermittelnden Kreditinstitut. Entsprechend der Richtlinie sind auch Unternehmen einbezogen, deren Gegenstand auf den Erwerb von Geldforderungen, von Beteiligungen oder auf Kapitalanlagen gerichtet ist, soweit diese Unternehmen in die Aufsicht eines anderen Staates auf zusammengefaßter Basis einbezogen sind. Für die Übermittlung von Daten zum Zweck der Bankaufsicht in der Bundesrepublik Deutschland ist eine besondere Vorschrift nicht erforderlich, da Globaldaten nach geltendem Recht frei ausgetauscht werden können und für die Übermittlung personenbezogener Daten in § 13a Abs. 5 in Verbindung mit § 10a Abs. 5 Satz 1 eine gesetzliche Grundlage besteht. Durch die Vorschrift über die Gegenseitigkeit in Absatz 1 Satz 2 wird dem Bundesaufsichtsamt ein Mittel in die Hand gegeben, einen einseitigen Datenfluß aus der Bundesrepublik Deutschland in andere Staaten zu unterbinden.

Damit die zuständige Bankaufsichtsbehörde sich auf die Richtigkeit der von einem Tochterinstitut mit Sitz im Inland an das Mutterinstitut mit Sitz im Bereich der

---

1 Zum 3. KWG-Änderungsgesetz.

Europäischen Wirtschaftsgemeinschaft übermittelten Daten verlassen kann, sieht Absatz 2 Satz 1 verschiedene Überprüfungsmöglichkeiten vor. Welche dieser Möglichkeiten das Bundesaufsichtsamt wählt, obliegt seinem Ermessen. Die zu überprüfenden Daten werden unter Umständen dem Bundesaufsichtsamt bereits aufgrund inländischer Meldebestimmungen vorliegen; in diesem Fall reicht eine Bestätigung der übermittelten Daten durch das Bundesaufsichtsamt im Rahmen der Zusammenarbeit nach dem neu eingefügten § 8 Abs. 3 aus.

Die Amtshilfe des Bundesaufsichtsamtes kann sich nur auf die von ihm beaufsichtigten Kreditinstitute, nicht dagegen auf sonstige Unternehmen beziehen. Sie findet ihre Grenzen in den einschlägigen Bestimmungen des Verwaltungsverfahrensgesetzes. Entsprechendes gilt für die Gestattung der Prüfung durch die ersuchende Behörde, einen Wirtschaftsprüfer oder Sachverständigen. Dies wird durch Absatz 2 Satz 2 klargestellt. Absatz 2 Satz 3 stellt sicher, daß die in Betracht kommenden Kreditinstitute keine Einwendungen gegen die Prüfungen erheben können. Durch den Abschluß von zwischenstaatlichen Vereinbarungen können weitergehende Prüfungsrechte, auch in bezug auf Drittländer, eingeräumt werden (Absatz 2 Satz 4).

Im Gegenzug zu den Prüfungsrechten gebietsfremder Bankaufsichtsbehörden in der Bundesrepublik Deutschland erhält das Bundesaufsichtsamt nach Absatz 3 das Recht, bei nachgeordneten Unternehmen im Sinne des § 10a Abs. 2 mit Sitz in einem anderen Staat, die Bankgeschäfte betreiben, die nach diesem Gesetz bei gebietsansässigen Kreditinstituten zulässigen Prüfungen durchzuführen. Dabei ist besonders an die in der Richtlinie vorgesehene Möglichkeit gedacht, die Richtigkeit der für die quotale Zusammenfassung übermittelten Daten zu überprüfen oder überprüfen zu lassen. Daneben können aber auch durch zwischenstaatliche Vereinbarungen weitergehende Prüfungsrechte, auch in bezug auf Drittländer, vereinbart werden.

Amtliche Begründung[1]

Der neu angefügte Absatz 4 verpflichtet das Bundesaufsichtsamt, die von deutschen Kreditinstituten in der Europäischen Wirtschaftsgemeinschaft geplanten Dienstleistungen an die zuständigen Behörden des Aufnahmemitgliedstaats entsprechend Artikel 20 Abs. 2 der Zweiten Richtlinie mitzuteilen. Diese Mitteilung ist Teil des vereinfachten Zulassungsverfahrens, das für die Herstellung der Dienstleistungsfreiheit für deutsche Kreditinstitute innerhalb der Europäischen Wirtschaftsgemeinschaft – soweit diese durch den deutschen Gesetzgeber geregelt werden kann – erforderlich ist und dessen anderer Teil in § 24 Abs. 1 Nr. 10 geregelt ist.

Amtliche Begründung[2]

Mit der Neufassung von Absatz 1 wird die grenzüberschreitende Datenübermittlung, wie sie bisher für Kreditinstitute galt, für einen erweiterten Kreis von Unternehmen gewährleistet. Damit wird Artikel 7 Abs. 1 KonsRL umgesetzt und geregelt, daß inländische Rechtsvorschriften, welche die Übermittlung von Daten beschränken, nicht anzuwenden sind, wenn die Datenübermittlung zur Erfüllung von Bestimmungen der Bankenaufsicht auf zusammengefaßter Basis oder weiterer Vorschriften der Konsolidierungsrichtlinie über ein Unternehmen mit Sitz in einem anderen Staat erforderlich ist. Da Artikel 3 Abs. 1 und 2 in Verbindung mit Artikel 1 sechster Gedankenstrich KonsRL als niedrigste Konsolidierungsschwelle eine Beteiligung von 20 vom Hundert vorsieht und andere Mitgliedstaaten im Zuge der Umsetzung der Konsolidierungsrichtlinie ohne weiteres allgemein (ohne die Beschränkung auf qualifizierte

---

1 Zum 4. KWG-Änderungsgesetz.
2 Zum 5. KWG-Änderungsgesetz.

Minderheitsbeteiligungen) auf 20 vom Hundert absenken können, muß der Datenfluß in einen anderen Mitgliedstaat der Europäischen Gemeinschaft gewährleistet sein, wenn das die Daten empfangende Unternehmen mindestens in dieser Höhe an dem die Daten übermittelnden und in die Konsolidierung einzubeziehenden Unternehmen beteiligt ist.

Im einzelnen ist damit die Datenübermittlung von inländischen Unternehmen an ein ausländisches Unternehmen, das im Heimatland auf konsolidierter Basis oder aufgrund weiterer Bestimmungen der Konsolidierungs-Richtlinie beaufsichtigt wird, wie folgt gewährleistet:
1. von Kreditinstituten, Finanzinstituten, Finanzholding-Gesellschaften und gemischten Unternehmen an das ausländische übergeordnete Unternehmen, soweit dieses Mutterunternehmen beherrschendes Unternehmen oder mit mindestens 20 vom Hundert beteiligtes Unternehmen ist,
2. von nicht in die Konsolidierung einbezogenen Unternehmen an ein ausländisches Kreditinstitut oder eine ausländische Finanzholding-Gesellschaft, soweit diese Mutterunternehmen oder beherrschende Unternehmen sind, und
3. von gemischten Unternehmen an ein ausländisches Kreditinstitut, soweit dieses ein Tochterunternehmen ist.

Die Datenübermittlung bezieht sich auf personenbezogene Daten im Sinne von § 13 a.

Die Vorschrift in Satz 2 gibt dem Bundesaufsichtsamt ein Mittel in die Hand, einen einseitigen Datenfluß aus dem Inland in Drittstaaten zu unterbinden.

Die Vorschrift des Absatzes 2 wird entsprechend Absatz 1 auf alle dort genannten Unternehmen ausgedehnt.

Mit dem neuen Absatz 2a werden Artikel 3 Abs. 4 KonsRL umgesetzt und dem Bundesaufsichtsamt erweiterte Aufsichtsrechte eingeräumt. Voraussetzung ist, daß ein inländisches Kreditinstitut, das Tochterunternehmen eines in einem anderen Mitgliedstaat der Europäischen Gemeinschaft ansässigen Kreditinstituts oder einer Finanzholding-Gesellschaft ist, dort gemäß Artikel 3 Abs. 3 zweiten und dritten Gedankenstrich KonsRL nicht in die Konsolidierung einbezogen ist.

In Absatz 3 werden die Prüfungsbefugnisse des Bundesaufsichtsamtes entsprechend Artikel 7 Abs. 7 KonsRL erweitert. Die Befugnis erstreckt sich nunmehr auf alle in die aufsichtsrechtliche Zusammenfassung einbezogenen nachgeordneten Unternehmen sowie auf nichteinbezogene Tochterunternehmen, über die nach Maßgabe einer gemäß § 25 Abs. 4 zu erlassenden Rechtsverordnung weitere Angaben verlangt werden können.

Amtliche Begründung[1]

§ 44 Abs. 1 Satz 1 stellt klar, daß der Übermittlung von Daten eines inländischen Instituts, Finanzunternehmens oder Unternehmens mit bankbezogenen Hilfsdiensten an ein ausländisches Unternehmen, das 20 v.H. oder mehr der Kapitalanteile oder Stimmrechte an dem inländischen Unternehmen hält oder als sein Mutterunternehmen (§ 1 Abs. 6) einzustufen ist, sowie der Übermittlung von Daten eines gemischten Unternehmens an ein ausländisches Tochterunternehmen nationale Rechtsvorschriften nicht entgegenstehen, soweit der Datenfluß erforderlich ist, um Bestimmungen der Aufsicht nach Maßgabe der Konsolidierungsrichtlinie über das Unternehmen mit Sitz in einem anderen Staat zu erfüllen. Die Bestimmung hat deklaratorischen Charakter. § 28 Bundesdatenschutzgesetz steht der Übermittlung der Daten nicht grundsätzlich entgegen; er knüpft sie lediglich an Auflagen, die auch vor dem Hintergrund der

---

1 Zum 6. KWG-Änderungsgesetz.

Konsolidierungsrichtlinie Bestand haben; die Ersetzung des Wortes »beschränken« durch »entgegenstehen« stellt das künftig klar.

Die Finanzierungsdienstleistungsinstitute werden in die Regelung einbezogen. Die weiteren vorgesehenen Änderungen in Satz 1 sind redaktionelle Folgeänderungen.

Der neue § 44a Abs. 1 Satz 2 ermächtigt das BAKred, einem Institut die Übermittlung von Daten in einen Staat außerhalb des Europäischen Wirtschaftsraums zu untersagen. Die Regelung besteht bisher nur gegenüber Kreditinstituten.

Der neue § 44a Abs. 2 Satz 1 ermächtigt und verpflichtet das BAKred als zuständige Behörde, auf Ersuchen der in einem anderen Staat des Europäischen Wirtschaftsraums zuständigen Stelle die Richtigkeit der von einem Institut, Finanzunternehmen oder Unternehmen mit bankbezogenen Hilfsdiensten an die andere Stelle übermittelten konsolidierungsrelevanten Daten in den betreffenden inländischen Unternehmen selbst zu überprüfen oder der anderen Stelle zu gestatten, daß sie die Daten selbst oder durch einen beauftragten Wirtschaftsprüfer oder anderen externen Sachverständigen überprüft. Die Regelung besteht bisher nur zugunsten von ausländischen Bankaufsichtsbehörden. Die Beschränkung auf Bankaufsichtsbehörden entfällt. Damit wird dem Umstand Rechnung getragen, daß in Trennbankensystemen Wertpapieraufsichtsämter für die konsolidierte Aufsicht über Wertpapierhandelsunternehmen zuständig sind.

Der bisherige § 44a Abs. 2a wird zu § 44a Abs. 3. Die Bestimmung ermächtigt das BAKred, von Instituten und Finanzholding-Gesellschaften mit Sitz in einem anderen Staat des Europäischen Wirtschaftsraums Auskünfte zu verlangen, sofern diese Unternehmen im Inland Tochterinstitute haben, die von den zuständigen Behörden in dem anderen Staat als zu vernachlässigende Größe nicht in die konsolidierte Aufsicht über das ausländische Unternehmen einbezogen werden. Diese Kompetenz besteht bisher nicht gegenüber ausländischen Wertpapierhandelsunternehmen.

Der bisherige § 44a Abs. 4 wird in den neuen § 24a Abs. 4 integriert.

Amtliche Begründung[1]

Zu Absatz 1

Absatz 1 Satz 1 regelt, dass Rechtsvorschriften in der Bundesrepublik Deutschland, welche die Übermittlung von Daten beschränken, nicht anzuwenden sind, wenn die Datenübermittlung zur Erfüllung von Bestimmungen der Aufsicht auf Konglomeratsebene über ein Unternehmen mit Sitz in einem anderen Land erforderlich ist. Die bestehenden Regelungen für Zwecke der Aufsicht auf zusammengefasster Basis werden entsprechend für die Beaufsichtigung von Finanzkonglomeraten erweitert; die Regelung dient der Umsetzung von Artikel 14 Abs. 1 der Finanzkonglomeraterichtlinie.

Zu den Absätzen 2 und 3

Mit der Einbeziehung der Finanzkonglomeraterichtlinie in den Regelungsbereich des Absatzes 2 Satz 1 wird Artikel 15 der Finanzkonglomeraterichtlinie umgesetzt. Sie ermöglicht es der für Aufsicht über ein Unternehmen mit Sitz in einem anderen Staat des Europäischen Wirtschaftsraumes zuständige Stelle, die Richtigkeit der nach Maßgabe der Finanzkonglomeraterichtlinie übermittelten Daten durch die Bundesanstalt überprüfen zu lassen.

Die Einfügung von E-Geld-Instituten in Absatz 3 Satz 1 vollzieht die durch die E-Geld-Richtlinie bedingte notwendige Anpassung und ist allein redaktioneller Natur.

---

1 Zum Finanzkonglomeraterichtlinie-Umsetzungsgesetz vom 21. Dezember 2004 (BGBl. I S. 3610); vgl. BT-Drucksache 15/3641 vom 12. August 2004.

Mit der Einbeziehung von gemischten Finanzholding-Gesellschaften in Absatz 3 Satz 1 und der Erweiterung des Absatzes 2 werden der Bundesanstalt erweiterte Aufsichtsrechte eingeräumt. Die Bestimmung ermächtigt die Bundesanstalt, von gemischten Finanzholding-Gesellschaften mit Sitz in einem anderen Staat des Europäischen Wirtschaftsraumes Auskünfte zu verlangen, sofern diese Unternehmen im Inland nachgeordnete Unternehmen haben, die von den zuständigen Behörden in dem anderen Staat als vernachlässigende Größe nicht in die Aufsicht auf Konglomeratsebene einbezogen werden. Mit dieser Regelung wird Artikel 6 Abs. 5 vierter Unterabsatz der Finanzkonglomeraterichtlinie umgesetzt.

Amtliche Begründung[1]

Zu Absatz 1 Satz 1

Durch die Änderung werden Kapitalanlagegesellschaften in die Regelung in Absatz 1 Satz 1 einbezogen, die der Umsetzung von Artikel 14 Abs. 1 der Richtlinie 2002/87/EG (Finanzkonglomerate-Richtlinie) und dem Informationsaustausch zwischen den einbezogenen Unternehmen dient. Die Notwendigkeit der Einbeziehung ergibt sich aus Artikel 30 der Richtlinie 2002/87/EG, sodass die Kapitalanlagegesellschaften in Absatz 1 Satz 1 explizit aufzunehmen sind.

ANMERKUNG

1. § 44a wurde durch das 3. KWG-Änderungsgesetz vom 20. Dezember 1984 eingefügt. Durch das 6. KWG-Änderungsgesetz vom 22. Oktober 1997 wurden die Finanzdienstleistungsunternehmen einbezogen und redaktionelle Änderungen vorgenommen. Der bisherige Absatz 2a wurde zu Absatz 3. Der bisherige Absatz 3 wurde redaktionell umgestaltet und als neuer Absatz 3 in § 44 eingefügt. Der bisherige § 44a Abs. 4 wurde in den neuen § 24a Abs. 4 integriert. Durch das 3. Finanzmarktförderungsgesetz vom 24. März 1998 wurden die Absätze 4 bis 6 aufgehoben. Damit wurde ein Redaktionsversehen der 6. KWG-Novelle beseitigt. Die entsprechenden Regelungen sind damals versehentlich aus dem § 44 in § 44a übertragen worden. Durch das Gesetz über die integrierte Finanzdienstleistungsaufsicht vom 22. April 2002 wurde die Vorschrift an die geänderte Bezeichnung der Aufsichtsbehörde in Bundesanstalt für Finanzdienstleistungsaufsicht angepasst. Durch das 4. Finanzmarktförderungsgesetz vom 21. Juni 2002 wurde in Absatz 2 Satz 1 eine Regelung über die Prüfungen von Tochterunternehmen und Zweigstellen ausländischer Institute durch Aufsichtsbehörden aus einem Drittstaat vorgenommen. Außerdem erfolgten einige redaktionelle Anpassungen. Durch das Finanzkonglomeraterichtlinie-Umsetzungsgesetz vom 21. Dezember 2004 (BGBl. I S. 3610) wurde die Vorschrift in verschiedenen Teilen geändert. Einzelheiten sind der vorstehenden »Amtlichen Begründung« zu entnehmen.
2. § 44a Absatz 1 Satz 1 und Absatz 3 Satz 1 enthalten redaktionelle Folgeänderungen durch das Gesetz zur Umsetzung der Zweiten E-Geld-Richtlinie vom 1. März 2011 (BGBl. I S. 288). Mit der Aufnahme von Zahlungsinstituten sowie der E-Geld-Institute in Absatz 1 soll der freie Informationsfluss innerhalb der Gruppe umfassend sichergestellt werden und umfasst daher auch alle potenziell nachgeordneten Unternehmen.
3. Die Änderung des § 44a Absatz 1 und die Aufhebung des Absatzes 3 Satz 2 beruhen auf der inhaltlichen Überführung der die Finanzkonglomerate betreffenden Teile der Norm in das Finanzkonglomerate-Aufsichtsgesetz durch das Gesetz zur Umsetzung der Richtlinie 2011/89/EU des Europäischen Parlaments und des Rates vom 16. November 2011 zur Änderung der Richtlinien 98/78/EG, 2002/87/EG, 2006/48/EG und 2009/138/EG

---

1 Zum Investmentänderungsgesetz.

hinsichtlich der zusätzlichen Beaufsichtigung der Finanzunternehmen eines Finanzkonglomerats vom 27. Juni 2013 (BGBl. I S. 1862).
4. In § 44a Absatz 1 und 3 handelt es sich um redaktionelle Änderungen durch das Gesetz zur Umsetzung der Richtlinie 2011/61/EU über die Verwalter alternativer Investmentfonds (AIFM-Umsetzungsgesetz – AIFM UmsG) vom 4. März 2013 (BGBl. I S. 1981). Der Begriff »Kapitalanlagegesellschaften« wird an die Begrifflichkeit des Kapitalanlagegesetzbuchs angepasst. Der Begriff »Kapitalverwaltungsgesellschaft« erfasst nunmehr neben externen Kapitalverwaltungsgesellschaften auch interne Kapitalverwaltungsgesellschaften; vgl. BT-Drucksache 17/12294 vom 6. Februar 2013.
5. § 44a Absätze 1 bis 3 wurden geändert durch das CRD IV-Umsetzungsgesetz vom 28. August 2013 (BGBl. I S. 3395). Um Artikel 113 der Richtlinie 2013/36/EU umzusetzen, wurde die Verordnung (EU) Nr. 575/2013 als Norm in Absatz 1 eingefügt, um deren Beachtung willen Daten weitergeleitet werden dürfen. Des Weiteren wurde eine Anpassung an die Begrifflichkeiten der Verordnung (EU) Nr. 575/2013 vorgenommen. In Absatz 2 und 3 handelt es sich um eine redaktionelle Anpassung der Begrifflichkeiten.

§ 44b Auskünfte und Prüfungen bei Inhabern bedeutender Beteiligungen

(1) Die Verpflichtungen nach § 44 Abs. 1 Satz 1 gegenüber der Bundesanstalt und der Deutschen Bundesbank zur Auskunft und Vorlegung von Unterlagen gelten auch für
1. Personen und Unternehmen, die eine Beteiligungsabsicht nach § 2c anzeigen oder die im Rahmen eines Erlaubnisantrags nach § 32 Abs. 1 Satz 2 Nr. 6 oder einer Ergänzungsanzeige nach § 64e Abs. 2 Satz 4 als Inhaber bedeutender Beteiligungen angegeben werden,
2. die Inhaber einer bedeutenden Beteiligung an einem Institut und den von ihnen kontrollierten Unternehmen,
3. Personen und Unternehmen, bei denen Tatsachen die Annahme rechtfertigen, daß es sich um Personen oder Unternehmen im Sinne der Nummer 2 handelt, und
4. Personen und Unternehmen, die mit einer Person oder einem Unternehmen im Sinne der Nummern 1 bis 3 nach § 15 des Aktiengesetzes verbunden sind.

Auf Verlangen der Bundesanstalt hat der Vorlagepflichtige die einzureichenden Unterlagen gemäß § 2c Abs. 1 Satz 2 auf seine Kosten durch einen von der Bundesanstalt zu bestimmenden Wirtschaftsprüfer prüfen zu lassen.
(2) Die Bundesanstalt und die Deutsche Bundesbank können Maßnahmen nach § 44 Abs. 1 Satz 2 und 3 gegenüber den in Absatz 1 genannten Personen und Unternehmen ergreifen, wenn Anhaltspunkte für einen Untersagungsgrund nach § 2c Abs. 1b Satz 1 Nr. 1 bis 6 vorliegen. Die Betroffenen haben diese Maßnahmen zu dulden.
(3) Wer nach Absatz 1 oder 2 zur Erteilung einer Auskunft verpflichtet ist, kann die Auskunft auf solche Fragen verweigern, deren Beantwortung ihn selbst oder einen der in § 383 Abs. 1 Nr. 1 bis 3 der Zivilprozessordnung bezeichneten Angehörigen der Gefahr strafrechtlicher Verfolgung oder eines Verfahrens nach dem Gesetz über Ordnungswidrigkeiten aussetzen würde.

Amtliche Begründung[1]

§ 44b gibt den Bankaufsichtsbehörden die Möglichkeit, während des Bestehens einer bedeutenden Beteiligung zu überprüfen, ob der Inhaber einer bedeutenden Beteiligung die an ihn zu stellenden Ansprüche erfüllt, sofern Tatsachen Anlaß zu

---

1 Zum 4. KWG-Änderungsgesetz.

Zweifeln daran geben, daß das der Fall ist. Satz 1 verpflichtet daher die Inhaber bedeutender Beteiligungen zur Einreichung der in § 32 Abs. 1 Satz 2 Nr. 6 Buchstabe d und e genannten Unterlagen auf Anforderung des Bundesaufsichtsamtes. Das Bundesaufsichtsamt kann eine Prüfung dieser Unterlagen durch einen unabhängigen Wirtschaftsprüfer anordnen. Eine solche Überprüfung wird insbesondere auch dann in Betracht kommen, wenn der Verdacht besteht, daß die Unterlagen nicht die tatsächlichen Geschäftsaktivitäten wiedergeben. Eine Prüfung kann auch bereits im Rahmen des Erlaubnisverfahrens vorgenommen werden, beispielsweise, wenn die eingereichten Unterlagen nicht plausibel sind.

Die in § 44 b vorgesehenen Maßnahmen, die nur unter dem strengen Maßstab des Verhältnismäßigkeitsgrundsatzes anzuwenden sein werden, dienen insbesondere zur Bekämpfung der Geldwäsche, indem sie dem Bundesaufsichtsamt ein Instrument zur effektiven Überprüfung der Gründer oder Übernehmer eines Kreditinstituts an die Hand geben.

ANMERKUNG

1. § 44 b wurde durch das 4. KWG-Änderungsgesetz vom 21. Dezember 1992 eingefügt. Die Motive ergeben sich aus der vorstehenden Amtlichen Begründung. Durch das 6. KWG-Änderungsgesetz vom 22. Oktober 1997 wurden die Finanzdienstleistungsinstitute einbezogen. Außerdem wurde geregelt, dass die Prüfungskompetenz der Bundesanstalt gegenüber dem Inhaber einer bedeutenden Beteiligung bereits dann besteht, wenn das Beteiligungsunternehmen eine Erlaubnis nach § 32 beantragt hat. Bisher bestand die Kompetenz nur gegenüber Inhabern bedeutender Beteiligungen an lizenzierten Kreditinstituten. Durch das 3. Finanzmarktförderungsgesetz vom 24. März 1998 wurde § 44 b neu gefasst. Die Motive ergeben sich aus dem nachstehend abgedruckten Bericht des Finanzausschusses des Deutschen Bundestages (vgl. »Beschlussempfehlung und Bericht des Finanzausschusses« – 7. Ausschuss – des Deutschen Bundestages; BT-Drucksache 13/9874 vom 11. 2. 1998):

»Eine wirksame Anteilseignerkontrolle setzt voraus, dass die Bundesanstalt und die Deutsche Bundesbank hinreichende Möglichkeiten zur Sachverhaltsaufklärung erhalten. Der bisherige § 44 b genügt dieser Anforderung nicht, da der Anwendungsbereich der Bestimmung zu eng ist und die für die Aufsicht verfügbaren Maßnahmen zu eingeschränkt sind.

Die Neufassung des § 44 b erweitert die Kompetenzen der Bundesanstalt und der Deutschen Bundesbank zur Ermittlung des Sachverhalts ausdrücklich auf den Katalog des § 44 Abs. 1. Beide werden dadurch ermächtigt, an die Stellen, die in den Anwendungsbereich der Vorschrift fallen, Auskunfts- und Vorlageersuchen zu richten, diese Stellen durch eigene Mitarbeiter oder Dritte, namentlich Wirtschaftsprüfer, prüfen zu lassen und für diese Zwecke die Geschäftsräume der betreffenden Stellen während der üblichen Betriebs- und Geschäftszeiten betreten und besichtigen zu lassen. Der Katalog schließt Durchsuchungs- und Sicherstellungsrechte, wie sie den beiden Organen bei der Verfolgung unerlaubter Bankgeschäfte und Finanzdienstleistungen nach § 44 c gegeben sind, nicht ein.

Um Umgehungsmöglichkeiten auszuschließen, sollen gemäß § 44 b Abs. 1 Nr. 2 und Abs. 2 den Bankaufsichtsbehörden die Rechte nach § 44 Abs. 1 auch gegenüber den von Inhabern bedeutender Beteiligungen kontrollierten Unternehmen zustehen.

Schließlich sollen der Bundesanstalt und der Deutschen Bundesbank die Rechte nach § 44 Abs. 1 auch gegenüber Personen und Unternehmen zustehen, hinsichtlich derer Tatsachen die Annahme rechtfertigen, dass sie in den Anwendungsbereich des § 44 b Nr. 1 oder 2 fallen. Gerade in den kritischen Fällen lässt sich der entscheidungsrelevante Sachverhalt oft erst durch eine Prüfung nach § 44 Abs. 1 ermitteln.

Die Einbeziehung der nach § 15 AktG verbundenen Personen und Unternehmen in § 44 b Nr. 4 soll es der Bundesanstalt ermöglichen, den entscheidungsrelevanten Sachverhalt in vollem Umfang aufzuklären.

Die Rechte nach Absatz 1 (Auskunfts- und Vorlageanordnungen) stehen der Bundesanstalt und der Deutschen Bundesbank auch ohne besonderen Anlass zu; bereits dieses Prüfungsrecht setzt voraus, dass die Prüfung willkürfrei angeordnet wird und sie nach Umfang, Intensität und Arbeitsaufwand auf die nach dem konkreten Prüfungszweck erforderlichen Untersuchungen beschränkt wird. Das Prüfungsrecht nach § 44 Abs. 2 greift weiter als die vorstehenden Befugnisse in die Rechte der Betroffenen ein. Zwar ist das Prüfungsrecht als solches unverzichtbar, wenn die Regelung nicht insgesamt leer laufen soll. Es soll der Bundesanstalt und der Deutschen Bundesbank nach § 44b Abs. 2 aber nur zustehen, wenn zumindest ein Anhaltspunkt für einen Untersagungsgrund nach § 2b Abs. 1a Satz 1 Nr. 1 bis 3 KWG vorliegt. Beispielsweise sollen Hinweise aus der Bevölkerung, auch wenn sie anonym gehalten werden, oder von ausländischen Behörden genügen.«

Durch das Gesetz über die integrierte Finanzdienstleistungsaufsicht vom 22. April 2002 wurde die Vorschrift an die geänderte Bezeichnung der Aufsichtsbehörde in Bundesanstalt für Finanzdienstleistungsaufsicht angepasst. Durch das 4. Finanzmarktförderungsgesetz vom 21. Juni 2002 wurden in Absatz 1 ein Satz 2 und der Absatz 3 angefügt. Die mit dem neuen Absatz 3 eingeführten Auskunftsverweigerungsrechte bestanden im Versicherungsbereich bereits und wurden nun nach demselben Muster auch im KWG geschaffen.

2. Redaktionelle Folgeänderung auf Grund der Umbenennung des § 2c Absatz 1a in Absatz 1b mit Ergänzungen durch das Gesetz zur Umsetzung der Beteiligungsrichtlinie vom 12. März 2009 (BGBl. I S. 470).

§ 44c Verfolgung unerlaubter Bankgeschäfte und Finanzdienstleistungen

(1) Ein Unternehmen, bei dem Tatsachen die Annahme rechtfertigen oder feststeht, daß es Bankgeschäfte oder Finanzdienstleistungen ohne die nach diesem Gesetz erforderliche Erlaubnis oder ohne die nach Artikel 14 der Verordnung (EU) Nr. 648/2012 erforderliche Zulassung betreibt oder erbringt oder nach § 3 verbotene Geschäfte betreibt, ein Mitglied eines seiner Organe, ein Beschäftigter dieses Unternehmens sowie in die Abwicklung der Geschäfte einbezogene oder einbezogen gewesene andere Unternehmen haben der Bundesanstalt sowie der Deutschen Bundesbank auf Verlangen Auskünfte über alle Geschäftsangelegenheiten zu erteilen und Unterlagen vorzulegen. Ein Mitglied eines Organs sowie ein Beschäftigter haben auf Verlangen auch nach ihrem Ausscheiden aus dem Organ oder dem Unternehmen Auskunft zu erteilen.

(2) Soweit dies zur Feststellung der Art oder des Umfangs der Geschäfte oder Tätigkeiten erforderlich ist, kann die Bundesanstalt Prüfungen in Räumen des Unternehmens sowie in den Räumen der nach Absatz 1 Satz 1 auskunfts- und vorlegungspflichtigen Personen und Unternehmen vornehmen und die Durchführung der Prüfungen der Deutschen Bundesbank übertragen. Die Bediensteten der Bundesanstalt und der Deutschen Bundesbank dürfen hierzu diese Räume innerhalb der üblichen Betriebs- und Geschäftszeiten betreten und besichtigen. Zur Verhütung dringender Gefahren für die öffentliche Ordnung und Sicherheit sind sie befugt, diese Räume auch außerhalb der üblichen Betriebs- und Geschäftszeiten sowie Räume, die auch als Wohnung dienen, zu betreten und zu besichtigen; das Grundrecht des Artikels 13 des Grundgesetzes wird insoweit eingeschränkt.

(3) Die Bediensteten der Bundesanstalt und der Deutschen Bundesbank dürfen diese Räume des Unternehmens sowie der nach Absatz 1 Satz 1 auskunfts- und vorlegungspflichtigen Personen und Unternehmen durchsuchen. Im Rahmen der Durchsuchung dürfen die Bediensteten auch die auskunfts- und vorlegungspflichtigen Personen zum Zwecke der Sicherstellung von Gegenständen im Sinne des Absatzes 4 durchsuchen. Das Grundrecht des Artikels 13 des Grundgesetzes wird insoweit eingeschränkt. Durchsuchungen von Geschäftsräumen und Personen sind, außer bei Gefahr im Verzug, durch den Richter anzuordnen. Durchsuchungen von Räumen, die als Wohnung dienen, sind durch den Richter anzuordnen. Zuständig ist das Amtsgericht, in dessen Bezirk sich die Räume befinden. Gegen die richterliche Entscheidung ist die Beschwerde zulässig; die §§ 306 bis 310 und 311a der Strafprozeßordnung gelten entsprechend. Über die Durchsuchung ist eine Niederschrift zu fertigen. Sie muß die verantwortliche Dienststelle, Grund, Zeit und Ort der Durchsuchung und ihr Ergebnis und, falls keine richterliche Anordnung ergangen ist, auch die Tatsachen, welche die Annahme einer Gefahr im Verzuge begründet haben, enthalten.

(4) Die Bediensteten der Bundesanstalt und der Deutschen Bundesbank können Gegenstände sicherstellen, die als Beweismittel für die Ermittlung des Sachverhaltes von Bedeutung sein können.

(5) Die Betroffenen haben Maßnahmen nach Absatz 2, Absatz 3 Satz 1 und Absatz 4 zu dulden. § 44 Abs. 6 ist anzuwenden.

(6) Die Rechte der Bundesanstalt und der Deutschen Bundesbank sowie die Mitwirkungs- und Duldungspflichten der Betroffenen bestehen auch hinsichtlich der Unternehmen und Personen, bei denen Tatsachen die Annahme rechtfertigen, dass sie in die Anbahnung, den Abschluss oder die Abwicklung unerlaubter Bankgeschäfte oder Finanzdienstleistungen einbezogen sind. Auf der Grundlage eines entsprechenden Ersuchens der zuständigen Behörde eines anderen Staats an die Bundesanstalt bestehen sie auch hinsichtlich der Unternehmen und Personen, bei denen Tatsachen die Annahme rechtfertigen, dass die Unternehmen oder Personen in die Anbahnung, den Abschluss oder die Abwicklung von Bankgeschäften oder Finanzdienstleistungen einbezogen sind, die in dem anderen Staat entgegen einem dort bestehenden Verbot betrieben oder erbracht werden.

Amtliche Begründung

§ 44c ersetzt den bisherigen § 44 Abs. 2. Diese Vorschrift räumt dem BAKred das Recht ein, im Rahmen der Verfolgung unerlaubter Bankgeschäfte Auskünfte über die Geschäftsangelegenheiten und die Vorlage von Büchern, Schriften und anderen Unterlagen von einem Unternehmen zu verlangen, bei dem Tatsachen die Annahme rechtfertigen, daß es Kreditinstitut ist oder nach § 3 verbotene Geschäfte betreibt. Die Vorschrift ist jedoch, auch in Verbindung mit § 37, nicht geeignet, Anlagebetrüger ernsthaft bei der Verfolgung ihrer Geschäfte zu behindern.

Mit dem neuen § 44c wird dem BAKred das erforderliche rechtliche Instrumentarium zur Verfügung gestellt, um im Rahmen seines weiter gesteckten Zuständigkeitsbereichs unerlaubte Bankgeschäfte und Finanzdienstleistungen erfolgreich bekämpfen zu können.

§ 44c Abs. 1 verpflichtet das Unternehmen, bei dem Tatsachen die Annahme rechtfertigen, daß es ein Institut ist oder nach § 3 verbotene Geschäfte betreibt, dem BAKred und der Deutschen Bundesbank auf Verlangen Auskünfte über die Geschäftsangelegenheiten zu erteilen und Bücher, Schriften und andere Unterlagen vorzulegen. Diese Vorschrift geht über den neuen § 44 Abs. 1 insofern hinaus, als die entsprechenden Auskunfts- und Vorlagepflichten bereits für Unternehmen bestehen, bei denen konkrete Anhaltspunkte dafür bestehen, daß sie Bankgeschäfte betreiben oder Finanzdienstleistungen anbieten und daher einer Erlaubnis nach § 32 bedürften, aufgrund des ungeklärten Sachverhalts über die tatsächliche Einordnung des Geschäftsgegenstandes jedoch noch Zweifel bestehen.

Die Auskunfts- und Vorlagepflicht soll neben dem verdächtigen Unternehmen selbst nicht nur die Mitglieder eines Organs des Unternehmens, sondern auch dessen Beschäftigte treffen. Anlagebetrüger operieren in der Regel nicht auf der Basis von aus dem Handelsregister ersichtlichen Zuständigkeiten.

Damit sich das verdächtige Unternehmen Fragen der Sachverhaltsaufklärung durch das BAKred nicht durch die kurzfristige Auflösung eines Beschäftigtenverhältnisses entziehen kann, sollen die in dem Unternehmen Tätigen nach ihrem Ausscheiden dem BAKred gegenüber auskunftspflichtig bleiben.

Der Auskunftspflichtige kann die Auskunft auf solche Fragen verweigern, deren Beantwortung ihn selbst oder einen der in § 383 Abs. 1 Nr. 1 bis 3 der Zivilprozeßordnung bezeichneten Angehörigen der Gefahr strafgerichtlicher Verfolgung oder eines Verfahrens nach dem Gesetz über Ordnungswidrigkeiten aussetzen würde; das regelt § 44c Abs. 5 Satz 2, der auf den § 44 Abs. 6 verweist.

§ 44c Abs. 2 ermächtigt das BAKred, Prüfungen in Räumen des verdächtigen Unternehmens vorzunehmen. Die Bediensteten des BAKred und der Deutschen Bundesbank dürfen hierzu die Räume des verdächtigen Unternehmens betreten. Geschäftsräume dürfen während der Geschäftszeit, außerhalb der Geschäftszeit nur zur Verhütung dringender Gefahren für die öffentliche Ordnung und Sicherheit betreten und besichtigt werden. Räume, die auch als Wohnung dienen, dürfen nur zur Verhütung dringender Gefahren für die öffentliche Ordnung und Sicherheit betreten und besichtigt werden.

Nach § 44c Abs. 3 dürfen die Bediensteten des BAKred und der Deutschen Bundesbank die Räume des verdächtigen Unternehmens durchsuchen. Durchsuchungen von reinen Geschäftsräumen sind durch den Richter anzuordnen, bei Gefahr in Verzug auch durch die Bediensteten des BAKred und der Deutschen Bundesbank vor Ort. Gefahr im Verzug liegt vor, wenn die durch die Einschaltung des Richters eintretende Verzögerung den Erfolg der Durchsuchung gefährden würde. Der prinzipielle Richtervorbehalt ist durch Artikel 13 Abs. 2 GG vorgegeben. Durchsuchungen von Räumen, die auch als Wohnung dienen, sollen – über die Mindestvorgaben des Artikels 13 Abs. 2 hinaus – nur durch den Richter angeordnet werden können. Für zuständig wird jeweils das Amtsgericht erklärt, in dessen Bezirk sich die Räume befinden. Das Amtsgericht ist in der Regel ortsnäher und damit schneller erreichbar als das Verwaltungsgericht. Für das Rechtsmittelverfahren sieht Satz 3 eine entsprechende Anwendung der Vorschriften der §§ 306 bis 310 und 311a der Strafprozeßordnung vor.

Nach § 44c Abs. 4 können die Bediensteten der BAKred und der Deutschen Bundesbank Gegenstände, die sie bei der Durchsuchung auffinden, sicherstellen, sofern sie als Beweismittel für die Ermittlung des Sachverhalts von Bedeutung sein können. Im Interesse einer klaren Abgrenzung zu strafprozessualen Maßnahmen wird auf die Bezeichnung »Beschlagnahme« verzichtet.

Die ausdrückliche Statuierung der Duldungspflichten entspricht den Erfordernissen für die Anknüpfung einer Bußgeldbewehrung.

ANMERKUNG

1. § 44c wurde durch das 6. KWG-Änderungsgesetz vom 22. Oktober 1997 eingefügt und ersetzt den bisherigen § 44 Abs. 2. Die Motive ergeben sich aus der vorstehenden Amtlichen Begründung. Rechtsbehelfe gegen Maßnahmen nach § 44c haben keine aufschiebende Wirkung (§ 49). Durch das Gesetz über die integrierte Finanzdienstleistungsaufsicht vom 22. April 2002 wurden in der Vorschrift redaktionelle Anpassungen wegen der Errichtung der Bundesanstalt für Finanzdienstleistungsaufsicht vorgenommen. Durch das 4. Finanzmarktförderungsgesetz vom 21. Juni 2002 wurde der Kreis der Auskunfts- und Vorlagepflichtigen auf Unternehmen, die in die Abwicklung der Geschäfte des verdächtigen Unternehmens eingebunden sind oder waren, ausgedehnt. Absatz 6 wurde angefügt. Durch das Finanzkonglomeraterichtlinie-Umsetzungsgesetz vom 21. Dezember 2004 (BGBl. I S. 3610) wurde Absatz 6 neu gefasst. Mit der Neufassung wurden die Ermittlungskompetenzen auf die Deutsche Bundesbank ausgedehnt und die Zusammenarbeit mit ausländischen Finanzaufsichtsbehörden bei der Verfolgung unerlaubter Bankgeschäfte und Finanzdienstleistungen erweitert.
2. § 44c Absatz 1 Satz 1 wurde geändert, in Absatz 3 wurde der Satz 2 eingefügt und der neue Satz 4 geändert durch das Gesetz zur Umsetzung der Zweiten E-Geld-Richtlinie vom 1. März 2011 (BGBl. I S. 288). Die entsprechende Ergänzung in Absatz 1 stellt einen identischen Regelungsinhalt mit § 5 Absatz 1 Satz 1 des Zahlungsdiensteaufsichts-

gesetzes her und dient der Klarstellung der Eingriffsschwelle. Die entsprechende Regelung in Absatz 3 entspricht dem Regelungsinhalt des § 5 Absatz 3 des Zahlungsdiensteaufsichtsgesetzes.
3. Die Ergänzung des § 44c um den Absatz 1a durch das Ausführungsgesetz zur Verordnung (EU) Nr. 648/2012 über OTC-Derivate, zentrale Gegenparteien und Transaktionsregister (EMIR-Ausführungsgesetz) vom 13. Februar 2013 (BGBl. I S. 174) ist erforderlich, weil die Erlaubnispflicht für die Tätigkeit der zentralen Gegenpartei unmittelbar in Artikel 14 der Verordnung (EU) Nr. 648/2012 geregelt ist; vgl. BT-Drucksache 17/11289 vom 5. November 2012.

4. Maßnahmen in besonderen Fällen

§ 45 Maßnahmen zur Verbesserung der Eigenmittelausstattung und der Liquidität

(1) Wenn die Vermögens-, Finanz- oder Ertragsentwicklung eines Instituts oder andere Umstände die Annahme rechtfertigen, dass es die Anforderungen der Artikel 92 bis 386 der Verordnung (EU) Nr. 575/2013 in ihrer jeweils geltenden Fassung oder des § 10 Absatz 3 und 4, des § 45b Absatz 1 Satz 2, des § 11 oder des § 51a Absatz 1 oder Absatz 2 oder des § 51b nicht dauerhaft erfüllen können wird, kann die Bundesanstalt gegenüber dem Institut Maßnahmen zur Verbesserung seiner Eigenmittelausstattung und Liquidität anordnen, insbesondere
1. eine begründete Darstellung der Entwicklung der wesentlichen Geschäftsaktivitäten über einen Zeitraum von mindestens drei Jahren, einschließlich Planbilanzen, Plangewinn- und -verlustrechnungen sowie der Entwicklung der bankaufsichtlichen Kennzahlen anzufertigen und der Bundesanstalt und der Deutschen Bundesbank vorzulegen,
2. Maßnahmen zur besseren Abschirmung oder Reduzierung der vom Institut als wesentlich identifizierten Risiken und damit verbundener Risikokonzentrationen zu prüfen und gegenüber der Bundesanstalt und der Deutschen Bundesbank zu berichten, wobei auch Konzepte für den Ausstieg aus einzelnen Geschäftsbereichen oder die Abtrennung von Instituts- oder Gruppenteilen erwogen werden sollen,
3. über geeignete Maßnahmen zur Erhöhung des Kernkapitals, der Eigenmittel und der Liquidität des Instituts gegenüber der Bundesanstalt und der Deutschen Bundesbank zu berichten,
4. ein Konzept zur Abwendung einer möglichen Gefahrenlage im Sinne des § 35 Absatz 2 Nummer 4 zu entwickeln und der Bundesanstalt und der Deutschen Bundesbank vorzulegen.

Die Annahme, dass das Institut die Anforderungen der Artikel 92 bis 386 der Verordnung (EU) Nr. 575/2013 in ihrer jeweils geltenden Fassung oder des § 10 Absatz 3 und 4, des § 45b Absatz 1 Satz 2, des § 11 oder des § 51a Absatz 1 oder Absatz 2 oder des § 51b nicht dauerhaft erfüllen können wird, ist regelmäßig gerechtfertigt, wenn sich
1. die Gesamtkennziffer über das prozentuale Verhältnis der anrechenbaren Eigenmittel und der mit 12,5 multiplizierten Summe aus dem Gesamtanrechnungsbetrag für Adressrisiken, dem Anrechnungsbetrag für das operationelle Risiko und der Summe der Anrechnungsbeträge für Marktrisikopositionen einschließlich der Optionsgeschäfte nach den Artikeln 92 bis 386 der Verordnung (EU) Nr. 575/2013 in ihrer jeweils geltenden Fassung oder der Rechtsverordnung nach § 10 Absatz 1 Satz 1 oder die Kennziffer nach der Rechtsverordnung nach § 51a Absatz 1 Satz 2 von einem Meldestichtag zum nächsten um mindestens 10 Prozent oder die nach der Rechtsverordnung nach § 11 Absatz 1 oder der Rechtsverordnung nach § 51b Absatz 2 Satz 1 zu ermittelnde Liquiditätskennziffer von einem Meldestichtag zum nächsten um mindestens 25 Prozent verringert hat und aufgrund dieser Entwick-

lung mit einem Unterschreiten der Mindestanforderungen innerhalb der nächsten zwölf Monate zu rechnen ist oder
2. die Gesamtkennziffer über das prozentuale Verhältnis der anrechenbaren Eigenmittel und der mit 12,5 multiplizierten Summe aus dem Gesamtanrechnungsbetrag für Adressrisiken, dem Anrechnungsbetrag für das operationelle Risiko und der Summe der Anrechnungsbeträge für Marktrisikopositionen einschließlich der Optionsgeschäfte nach den Artikel 92 bis 386 der Verordnung (EU) Nr. 575/2013 in ihrer jeweils geltenden Fassung oder der Rechtsverordnung nach § 10 Absatz 1 Satz 1 oder die Kennziffer nach der Rechtsverordnung nach § 51a Absatz 1 Satz 2 an mindestens drei aufeinanderfolgenden Meldestichtagen um jeweils mehr als 3 Prozent oder die nach der Rechtsverordnung nach § 11 Absatz 1 oder der Rechtsverordnung nach § 51b Absatz 2 Satz 1 zu ermittelnde Liquiditätskennziffer an mindestens drei aufeinanderfolgenden Meldestichtagen um jeweils mehr als 10 Prozent verringert hat und aufgrund dieser Entwicklung mit einem Unterschreiten der Mindestanforderungen innerhalb der nächsten 18 Monate zu rechnen ist und keine Tatsachen offensichtlich sind, die die Annahme rechtfertigen, dass die Mindestanforderungen mit überwiegender Wahrscheinlichkeit nicht unterschritten werden.

Neben oder an Stelle der Maßnahmen nach Satz 1 kann die Bundesanstalt auch Maßnahmen nach Absatz 2 Satz 1 Nummer 1 bis 7 anordnen, wenn die Maßnahmen nach Satz 1 keine ausreichende Gewähr dafür bieten, die Einhaltung der Anforderungen der Artikel 92 bis 386 der Verordnung (EU) Nr. 575/2013 in ihrer jeweils geltenden Fassung oder des § 10 Absatz 3 und 4, des § 45b Absatz 1 Satz 2, des § 11 oder des § 51a Absatz 1 oder Absatz 2 oder des § 51b nachhaltig zu sichern; insoweit ist Absatz 5 entsprechend anzuwenden.

(2) Entsprechen bei einem Institut die Eigenmittel nicht den Anforderungen der Artikel 24 bis 386 der Verordnung (EU) Nr. 575/2013 in ihrer jeweils geltenden Fassung, des § 10 Absatz 3 und 4 oder des § 45b Absatz 1 Satz 2 oder die Anlage seiner Mittel nicht den Anforderungen des § 11 oder entspricht bei einem Wohnungsunternehmen mit Spareinrichtung das haftende Eigenkapital nicht den Anforderungen des § 51a Absatz 1 und Absatz 2 oder § 45b Absatz 1 Satz 2 oder die Anlage seiner Mittel nicht den Anforderungen des § 51b, kann die Bundesanstalt
1. Entnahmen durch die Inhaber oder Gesellschafter sowie die Ausschüttung von Gewinnen untersagen oder beschränken;
2. bilanzielle Maßnahmen untersagen oder beschränken, die dazu dienen, einen entstandenen Jahresfehlbetrag auszugleichen oder einen Bilanzgewinn auszuweisen;
3. anordnen, dass die Auszahlung jeder Art von gewinnabhängigen Erträgen auf Eigenmittelinstrumente insgesamt oder teilweise ersatzlos entfällt, wenn sie nicht vollständig durch einen erzielten Jahresüberschuss gedeckt sind;
4. die Gewährung von Krediten im Sinne von § 19 Absatz 1 untersagen oder beschränken;
5. anordnen, dass das Institut Maßnahmen zur Reduzierung von Risiken ergreift, soweit sich diese aus bestimmten Arten von Geschäften und Produkten oder der Nutzung bestimmter Systeme ergeben;
5a. anordnen, dass das Institut den Jahresgesamtbetrag, den es für die variable Vergütung aller Geschäftsleiter und Mitarbeiter vorsieht (Gesamtbetrag der variablen Vergütungen), auf einen bestimmten Anteil des Jahresergebnisses beschränkt oder vollständig streicht; dies gilt nicht für variable Vergütungsbestandteile, die durch Tarifvertrag oder in seinem Geltungsbereich durch Vereinbarung der Arbeitsvertragsparteien über die Anwendung der tarifvertraglichen Regelungen oder auf Grund eines Tarifvertrags in einer Betriebs- oder Dienstvereinbarung vereinbart sind;

6. die Auszahlung variabler Vergütungsbestandteile untersagen oder auf einen bestimmten Anteil des Jahresergebnisses beschränken; dies gilt nicht für variable Vergütungsbestandteile, die durch Tarifvertrag oder in seinem Geltungsbereich durch Vereinbarung der Arbeitsvertragsparteien über die Anwendung der tarifvertraglichen Regelungen oder aufgrund eines Tarifvertrags in einer Betriebs- oder Dienstvereinbarung vereinbart sind,
7. anordnen, dass das Institut darlegt, wie und in welchem Zeitraum die Eigenmittelausstattung oder Liquidität des Instituts nachhaltig wiederhergestellt werden soll (Restrukturierungsplan) und der Bundesanstalt und der Deutschen Bundesbank regelmäßig über den Fortschritt dieser Maßnahmen zu berichten ist und
8. anordnen, dass das Kreditinstitut eine oder mehrere Handlungsoptionen aus einem Sanierungsplan gemäß § 47a umsetzt.

Der Restrukturierungsplan nach Satz 1 Nummer 7 muss transparent, plausibel und begründet sein. In ihm sind konkrete Ziele, Zwischenziele und Fristen für die Umsetzung der dargelegten Maßnahmen zu benennen, die von der Bundesanstalt überprüft werden können. Die Bundesanstalt kann jederzeit Einsicht in den Restrukturierungsplan und die zugehörigen Unterlagen nehmen. Die Bundesanstalt kann die Änderung des Restrukturierungsplans verlangen und hierfür Vorgaben machen, wenn sie die angegebenen Ziele, Zwischenziele und Umsetzungsfristen für nicht ausreichend hält oder das Institut sie nicht einhält.

(3) Die Absätze 1 und 2 Satz 1 Nummer 1 bis 3 und 5 bis 7 sind auf übergeordnete Unternehmen im Sinne des § 10a sowie auf Institute, die nach Artikel 22 der Verordnung (EU) Nr. 575/2013 zur Unterkonsolidierung verpflichtet sind, entsprechend anzuwenden, wenn die zusammengefassten Eigenmittel der gruppenangehörigen Unternehmen den Anforderungen der Artikel 24 bis 386 der Verordnung (EU) Nr. 575/2013 in ihrer jeweils geltenden Fassung oder des § 45b Absatz 1 nicht entsprechen. Bei einem gruppenangehörigen Institut, das nach § 2a Absatz 1 freigestellt ist, kann die Bundesanstalt die Anwendung der Freistellung hinsichtlich der Vorschriften der Artikel 24 bis 403 der Verordnung (EU) Nr. 575/2013 in ihrer jeweils geltenden Fassung vorübergehend vollständig oder teilweise aussetzen.

(4) weggefallen

(5) Die Bundesanstalt darf die in den Absätzen 2 und 3 bezeichneten Anordnungen erst treffen, wenn das Institut oder die gemischte Finanzholding-Gesellschaft den Mangel nicht innerhalb einer von der Bundesanstalt zu bestimmenden Frist behoben hat. Soweit dies zur Verhinderung einer kurzfristig zu erwartenden Verschlechterung der Eigenmittelausstattung oder der Liquidität des Instituts erforderlich ist oder bereits Maßnahmen nach Absatz 1 Satz 1 ergriffen wurden, sind solche Anordnungen auch ohne vorherige Androhung mit Fristsetzung zulässig. Beschlüsse über die Gewinnausschüttung sind insoweit nichtig, als sie einer Anordnung nach den Absätzen 2 und 3 widersprechen. Soweit Regelungen in Verträgen über Eigenmittelinstrumente einer Anordnung nach den Absätzen 2 und 3 widersprechen, können aus ihnen keine Rechte hergeleitet werden. Nach oder zusammen mit einer Untersagung der Auszahlung von variablen Vergütungsbestandteilen gemäß Absatz 2 Satz 1 Nummer 6 kann die Bundesanstalt anordnen, dass die Ansprüche auf Gewährung variabler Vergütungsbestandteile ganz oder teilweise erlöschen, wenn
1. das Institut bei oder innerhalb eines Zeitraums von zwei Jahren nach einer Untersagung der Auszahlung außerordentliche staatliche Unterstützung, einschließlich Maßnahmen nach dem Restrukturierungsfondsgesetz oder dem Finanzmarktstabilisierungsfondsgesetz, in Anspruch nimmt und die Voraussetzungen für die Untersagung der Auszahlung bis zu diesem Zeitpunkt nicht weggefallen sind oder allein auf Grund dieser Maßnahmen weggefallen sind,
2. bei oder innerhalb eines Zeitraums von zwei Jahren nach einer Untersagung der Auszahlung eine Anordnung der Bundesanstalt nach Absatz 2 Nummer 1 bis 7 getroffen wird oder schon besteht oder

3. bei oder innerhalb eines Zeitraums von zwei Jahren nach einer Untersagung der Auszahlung Maßnahmen nach § 46 oder nach § 48a getroffen werden.

Eine solche Anordnung darf insbesondere auch ergehen, wenn
1. diese Ansprüche auf Gewährung variabler Vergütungsbestandteile auf Grund solcher Regelungen eines Vergütungssystems eines Instituts entstanden sind, die den aufsichtsrechtlichen Anforderungen dieses Gesetzes an angemessene, transparente und auf eine nachhaltige Entwicklung des Instituts ausgerichtete Vergütungssysteme widersprechen, oder
2. anzunehmen ist, dass ohne die Gewährung finanzieller Leistungen des Restrukturierungsfonds oder des Finanzmarktstabilisierungsfonds das Institut nicht in der Lage gewesen wäre, die variablen Vergütungsbestandteile zu gewähren; ist anzunehmen, dass das Institut einen Teil der variablen Vergütungsbestandteile hätte gewähren können, sind die variablen Vergütungsbestandteile angemessen zu kürzen.

Die Bundesanstalt kann Anordnungen nach Satz 5 und nach Absatz 2 Satz 1 Nummer 5a und 6 auch treffen, wenn ein Institut außerordentliche staatliche Unterstützung, einschließlich Maßnahmen nach dem Restrukturierungsfondsgesetz oder dem Finanzmarktstabilisierungsfondsgesetz, in Anspruch nimmt und die Anordnung zur Erhaltung einer soliden Eigenkapital- oder Liquiditätsausstattung des Instituts und einer frühzeitigen Beendigung der staatlichen Unterstützung geboten ist. Nimmt ein Institut staatliche Unterstützung in Anspruch, kann die Bundesanstalt außerdem die Auszahlung von variablen Vergütungsbestandteilen an Organmitglieder und Geschäftsleiter des Instituts ganz oder teilweise untersagen und das Erlöschen der entsprechenden Ansprüche anordnen; eine solche Anordnung ergeht nicht, soweit die Auszahlung oder der Fortbestand der Ansprüche trotz des Vorliegens der Voraussetzungen der Untersagung und der in Satz 6 genannten Umstände gerechtfertigt ist. Die Sätze 5 bis 7 gelten nicht, soweit die Ansprüche auf Gewährung variabler Vergütung vor dem 1. Januar 2011 entstanden sind. Satz 8 gilt nicht, soweit die Ansprüche auf Gewährung variabler Vergütung vor dem 1. Januar 2012 entstanden sind. Institute müssen der Anordnungsbefugnis nach Absatz 2 Satz 1 Nummer 5a und 6 und den Regelungen in den Sätzen 5 bis 8 in entsprechenden vertraglichen Vereinbarungen mit ihren Organmitgliedern, Geschäftsleitern und Mitarbeitern Rechnung tragen. Soweit vertragliche Vereinbarungen über die Gewährung einer variablen Vergütung einer Anordnung nach Absatz 2 Satz 1 Nummer 5a und 6 oder den Regelungen in den Sätzen 5 bis 8 entgegenstehen, können aus ihnen keine Rechte hergeleitet werden.

(6) Die Bundesanstalt kann eine Maßnahme nach Absatz 1 bis 5 auch anordnen, wenn ein Institut, das übergeordnete Unternehmen einer Institutsgruppe, einer Finanzholding-Gruppe oder einer gemischten Finanzholding-Gruppe die nach § 10 Absatz 4 angeordneten erhöhten Kapitalanforderungen nicht einhält.

(7) Zur Umsetzung der Anordnungen nach Absatz 6 oder § 10 Absatz 4 gelten bis zur Feststellung des Erreichens der Eigenmittelanforderungen durch die Bundesanstalt für Beschlussfassungen der Anteilsinhaberversammlung des Instituts über Kapitalmaßnahmen die §§ 7 bis 7f, 9, 11, 11a, 14 und 15 des Finanzmarktstabilisierungsbeschleunigungsgesetzes entsprechend. Dies gilt auch dann, wenn andere private oder öffentliche Stellen als der Finanzmarktstabilisierungsfonds zur Erreichung der Kapitalanforderungen teilweise oder vollständig beitragen.

Bericht des Wirtschaftsausschusses des Bundestages

Hält ein Kreditinstitut die Eigenkapital- oder Liquiditätsbestimmung nicht ein, so muß die Aufsichtsbehörde in sinnvoller Weise diesem Mangel abzuhelfen versuchen. § 45* enthält entsprechende gesetzliche Grundlagen. Das Verbot von Entnahmen und

Gewinnausschüttungen ist geeignet, das haftende Eigenkapital zu verstärken, weil die nicht entnommenen oder ausgeschütteten Beträge notwendigerweise den Eigenmitteln zufließen. Es kann auch zur Liquiditätsverstärkung dienen, da die einbehaltenen Mittel liquide angelegt werden können. Das Verbot der Kreditgewährung kann die Risiken des Aktivgeschäftes vermindern und damit den effektiven Sicherungswert des vorhandenen Eigenkapitals erhöhen. Da die betreffenden Mittel liquide angelegt werden können, dient das Verbot ferner der Liquidität der Kreditinstitute. Die in § 45* vorgesehenen Maßnahmen können sich im Einzelfall auch negativ für ein Kreditinstitut auswirken, z. B. kann ein Gewinnausschüttungsverbot, das in der Öffentlichkeit bekannt wird, den Kredit des Unternehmens mindern und es damit in noch größere Schwierigkeiten führen. Das Bundesaufsichtsamt darf daher nicht schematisch vorgehen, sondern muß in jedem Einzelfall prüfen, ob die vorgesehene Maßnahme auch zu dem erstrebten Erfolg führt. Da die Maßnahmen nach § 45* Abs. 1 erheblich in die Geschäftspolitik des Kreditinstituts eingreifen können, muß ihnen eine erfolglose Abmahnung vorausgehen (Absatz 2 Satz 1).

Amtliche Begründung[1]

Zweck der Maßnahmen nach Absatz 1 ist es, die Geschäftstätigkeit eines Instituts, das entweder nicht mehr die Eigenmittelanforderungen nach § 10 Abs. 1 KWG oder die Liquiditätsanforderungen nach § 11 einhält, bis zur Wiedereinhaltung der Anforderungen dergestalt zu begrenzen, dass sich die Risikolage möglichst nicht weiter verschlechtert.

Ergänzend zu den bislang vorgesehenen Maßnahmen wurde nach Maßgabe von Artikel 136 Abs. 1 Buchstabe e der Bankenrichtlinie in Nummer 3 eine Anordnungsbefugnis der Bundesanstalt aufgenommen. Damit kann die Bundesanstalt gezielt auf die Fälle einwirken, in denen sich Risiken des Instituts auf bestimmte Arten von Geschäften, Geschäfte mit bestimmten Produkten oder die Nutzung bestimmter Systeme zurückführen lassen.

Absatz 2 wurde neu gefasst, um die Möglichkeit, Kreditvergaben auf Gruppenebene zu untersagen bzw. zu begrenzen, praktikabler zu gestalten. Da eine Institutsgruppe oder eine Finanzholding-Gruppe an sich weder eine Rechtspersönlichkeit hat noch selbst Kreditgeber sein kann, liefe ein Kreditverbot nach Absatz 1 Nr. 2 ins Leere. Ein Kreditverbot nur gegenüber dem übergeordneten Unternehmen würde andererseits dieses unbillig beschweren. Um dennoch auch in diesen Fällen eine Risikobegrenzung durch eine Beschränkung der Kreditvergabemöglichkeiten der Institutsgruppe oder Finanzholding-Gruppe zu erreichen, kann nunmehr der der Gruppe insgesamt zur Verfügung stehende Kreditrahmen reduziert werden. Das übergeordnete Unternehmen ist in diesen Fällen dafür verantwortlich, dass die reduzierten Großkreditobergrenzen beachtet werden.

Amtliche Begründung[2]

Zu Nummer 10 (§ 45)

Um der Schutzfunktion der Eigenmittelanforderungen vollständig gerecht zu werden, wird der Verweis auf § 10 Absatz 1 auf § 10 Absatz 1b und § 45b Absatz 1 erweitert. Wenn die Aufsichtsbehörde einen oder beide der dort genannten Kapital-

---

1 Zum Gesetz zur Umsetzung der neu gefassten Bankenrichtlinie und der neu gefassten Kapitaladäquanzrichtlinie vom 17. November 2006 (BGBl. I S. 2606).
2 Zum Gesetz zur Stärkung der Finanzmarkt- und der Versicherungsaufsicht vom 29. Juli 2009 (BGBl. I S. 2305); vgl. BT-Drucksache 16/12 783 vom 27. April 2009.

aufschläge verhängt, ergeben sich daraus die neuen vom Institut zumindest vorübergehend einzuhaltenden Eigenmittelanforderungen.

Maßnahmen wie das Kredit- und Gewinnausschüttungsverbot sind derzeit erst nach einer Unterschreitung der aufsichtsrechtlichen Kennziffern möglich. Ein frühzeitiges Eingreifen der Aufsicht wird damit verhindert. Um präventives Handeln zu ermöglichen, sollen Anordnungen nach § 45 bereits möglich sein, wenn die Unterschreitung der aufsichtsrechtlichen Kennziffern droht. Dabei wird bewusst davon abgesehen, das Unterschreiten bestimmter fester Puffer oberhalb der Mindestkennziffern für Eigenmittel oder Liquidität festzuschreiben. In diesen Fällen ist eine Einzelfallentscheidung nach pflichtgemäßem Ermessen der Aufsichtsbehörde erforderlich, die sich an der Lage eines Instituts orientiert. Droht eine rapide Verschlechterung der Vermögens- oder Liquiditätssituation, etwa durch absehbare erforderliche Abschreibungen oder Mittelabflüsse, kann bereits das Unterschreiten eines höheren Puffers oberhalb der mindestens einzuhaltenden Kennziffern ein Einschreiten erforderlich machen. Auf diese Weise sollen Handlungsspielräume für ein möglichst frühzeitiges Eingreifen ermöglicht werden. Die Bundesanstalt soll in stärkerem Maße zur Vermeidung von Krisen tätig werden dürfen.

Die Bundesanstalt soll nicht nur befugt sein, Entnahmen und Ausschüttungen von Gewinnen zu verbieten, sondern die Auszahlung jeder Art von Erträgen auf Eigenmittelinstrumente, wenn diese nicht vollständig durch einen erwirtschafteten Jahresüberschuss abgedeckt sind. Derartige Zahlungen zu Lasten der Rücklagen und somit aus der Substanz des Instituts können bei angespannter Liquiditätslage des Instituts und schwierigem wirtschaftlichem Umfeld krisenverstärkend wirken. Es wird davon abgesehen, feste Eingriffsschwellen zu bestimmen, um der Bundesanstalt möglichst flexible Reaktionsmöglichkeiten bei wirtschaftlichen Fehlentwicklungen eines Instituts zu eröffnen. Eine schützenswerte Vertrauensposition der Inhaber von Eigenmittelinstrumenten besteht insoweit grundsätzlich nicht. Diesen Instrumenten ist im Unterschied zu reinen Fremdmitteln aufgrund ihres Eigenmittelcharakters immanent, dass ein im Vergleich zum reinen Fremdkapitalzins regelmäßig höherer Ertrag nur anfällt, wenn im Geschäftsjahr ein entsprechender Überschuss erwirtschaftet worden ist. Durch die Ergänzung in Absatz 4 Satz 4 ist sichergestellt, dass eine entsprechende Anordnung der Bundesanstalt nicht mit vertraglichen Verpflichtungen des Instituts gegenüber den Inhabern von Eigenmittelinstrumenten kollidieren kann.

Darüber hinaus kann es bei Instituten mit angespannten finanziellen Verhältnissen auch geboten sein, bereits die Kompensation eines Jahresfehlbetrags durch bilanzielle Maßnahmen zu Lasten der Rücklagen des Instituts zu vermeiden.

Um der Bundesanstalt bei Gefahr im Verzug ein schnelles Eingreifen zu ermöglichen, soll in solchen Fällen keine vorherige Androhung der Anordnung mit Fristsetzung erforderlich sein.

Amtliche Begründung[1]

Zu Nummer 2 (§ 45 Absatz 1)

Mit der neuen Nummer 4 werden die Befugnisse der Bundesanstalt bei Unterschreitung oder drohender Unterschreitung der aufsichtsrechtlichen Anforderungen an Eigenmittel oder Liquidität ergänzt. Die Bundesanstalt ist unter den bisherigen Voraussetzungen nunmehr auch befugt, die Auszahlung variabler Vergütungsbestandteile zu untersagen oder auf einen bestimmten Anteil des Jahresergebnisses zu beschränken. Diese auf die Standards für solide Vergütungspraktiken des FSB

---

1 Zum Gesetz über die aufsichtsrechtlichen Anforderungen an die Vergütungssysteme von Instituten und Versicherungsunternehmen vom 21. Juli 2010 (BGBl. I S. 950); vgl. BT-Drucksache 17/1291 vom 31. März 2010.

zurückgehende Befugnis ist auch in Artikel 136 Absatz 1 Buchstabe f der Bankenrichtlinie in der zukünftig geltenden Fassung vorgesehen. Das Eingriffsrecht steht in unmittelbarem Zusammenhang mit Erwägungsgrund 5c der Änderungsrichtlinie und Artikel 22 i.V.m. Anhang V Abschnitt 11 Nummer 23 Buchstabe eb der Bankenrichtlinie in der zukünftig geltenden Fassung, wonach die Gesamthöhe der variablen Vergütung der Stärkung der Eigenkapitalbasis eines Instituts nicht entgegenstehen darf. Durch den neuen Absatz 1a wird einer entsprechenden Anordnung gegenüber privatrechtlichen Vereinbarungen über die Gewährung variabler Vergütung Geltung verschafft.

Ausgehend von der gerechtfertigten unechten Rückwirkung des Gesetzes ist die Regelung, dass Institute der Befugnis der Bundesanstalt in entsprechenden vertraglichen Vereinbarungen mit ihren Geschäftsleitern und Mitarbeitern Rechnung tragen müssen, verfassungsrechtlich zulässig. Denn die Verpflichtung ist in die Zukunft gerichtet; d.h., sie trifft die Institute und Versicherungsunternehmen erst ab dem Inkrafttreten des Gesetzes. Unter Berücksichtigung dieses Ausgangspunkts entfaltet auch die Regelung, dass aus vertraglichen Vereinbarungen über die Gewährung variabler Vergütungen keine Rechte hergeleitet werden können, eine zulässige privatrechtsgestaltende Wirkung.

Amtliche Begründung[1]

Zu Nummer 37 (§ 45)

Die Änderung beseitigt ein redaktionelles Versehen aus dem Gesetzgebungsverfahren zum Gesetz zur Stärkung der Finanzmarkt- und der Versicherungsaufsicht vom 29. Juli 2009 (BGBl. 2009 I S. 2305). In § 45 Absatz 1 war zunächst keine Ausnahme vom Ausschüttungsverbot vorgesehen (Bundestagsdrucksache 16/12783, S. 17). Auf Empfehlung des Finanzausschusses wurden jedoch langfristige Nachrangverbindlichkeiten nach § 10 Absatz 5a aus dem Anwendungsbereich des Ausschüttungsverbotes herausgenommen (Bundestagsdrucksache 16/13684, S. 12). Aufgrund eines redaktionellen Versehens wurde die eingeschränkte Ermächtigungsgrundlage nicht anstelle der weiter gefassten Ermächtigungsgrundlage in das Gesetz aufgenommen, sondern dieser hinzugefügt. Durch Entfernung der im bisherigen Satz 2 enthaltenen – weiter gefassten – Ermächtigungsgrundlage wird das Versehen behoben. Die in Satz 4 enthaltene Ermächtigungsgrundlage, welche die vom Gesetzgeber gewollte Einschränkung enthält, tritt wegen der dort enthaltenen Bezugnahme auf Satz 1 anstelle des bisherigen Satzes 2. Satz 3 bleibt damit unverändert.

Amtliche Begründung[2]

Zu Nummer 8 (§ 45)

Die vorgeschlagenen Änderungen sollen den präventiven Charakter dieser Norm verdeutlichen, die Struktur der Vorschrift vereinfachen und die Eingriffsvoraussetzungen klarer fassen. Darüber hinaus erhält die Bundesanstalt das Recht, die Vorlage

---

1 Zum Gesetz zur Umsetzung der geänderten Bankenrichtlinie und der geänderten Kapitaladäquanzrichtlinie vom 19. November 2010 (BGBl. I S. 1592); vgl. BT-Drucksache 17/1720 vom 17. Mai 2010.
2 Zum Gesetz zur Restrukturierung und geordneten Abwicklung von Kreditinstituten, zur Errichtung eines Restrukturierungsfonds für Kreditinstitute und zur Verlängerung der Verjährungsfrist der aktienrechtlichen Organhaftung (Restrukturierungsgesetz) vom 9. Dezember 2010 (BGBl. I S. 1900); vgl. BT-Drucksache 17/3024 vom 27. September 2010.

eines Restrukturierungsplans zu verlangen und dessen Umsetzung fortlaufend zu überwachen.

In Absatz 1 werden die Eingriffsvoraussetzungen so gefasst, dass sie ein möglichst frühzeitiges Einschreiten der Bundesanstalt zur Verhinderung einer finanziellen Schieflage des Instituts ermöglichen. Regelbeispiele sollen dabei die Anwendung der Norm erleichtern und für Rechtsklarheit sorgen. Anhaltspunkte für eine drohende Fehlentwicklung können insbesondere gravierende oder fortlaufende Abwärtsentwicklungen des Solvabilitätskoeffizienten bzw. der Liquiditätskennziffer sein, die unter Berücksichtigung der Höhe der Eigenmittel- und Liquiditätsausstattung des Instituts darauf hindeuten, dass das Institut in absehbarer Zeit die vorgeschriebenen Mindestanforderungen nicht mehr wird erfüllen können. Ob und wann diese Annahme gerechtfertigt ist, bleibt jedoch weiter eine Entscheidung, die die Bundesanstalt im Einzelfall unter Berücksichtigung der Nachhaltigkeit der Entwicklung, der konkreten Eigenmittelausstattung bzw. der Liquiditätslage des Instituts sowie einer Gesamtwürdigung der Umstände des Instituts zu treffen hat.

Die bereits bestehenden Eingriffsbefugnisse bei Verstößen gegen die bestehenden Mindestkapital- oder Liquiditätsanforderungen werden in Absatz 2 überführt. Zusätzlich wird die Möglichkeit vorgesehen, die Vorlage eines Restrukturierungsplans zu verlangen. In diesem Plan muss das Institut konkret darlegen, mit welchen Maßnahmen und in welchem zeitlichen Rahmen sichergestellt wird, dass die gesetzlichen Anforderungen wieder eingehalten werden. Die Bundesanstalt kann dem Institut aufgeben, regelmäßig über die erreichten Fortschritte zu berichten. Die Bundesanstalt kann darüber hinaus zur Sicherstellung bzw. Unterstützung der vom Institut eingeleiteten Maßnahmen weitere Maßnahmen erlassen. Das Gleiche gilt, wenn die eigenverantwortliche Restrukturierung nicht planmäßig verläuft bzw. absehbar ist, dass die eingeleiteten Maßnahmen keinen Erfolg haben werden.

Absatz 3 Satz 1 und 2 regeln wie bisher die Anwendung der Eingriffsbefugnisse in Instituts- und Finanzholdinggruppen. In Satz 3 wird neu geregelt, dass die Bundesanstalt künftig wieder verlangen kann, die Solvenz- und Großkreditvorschriften für einzelne oder alle gruppenangehörigen Unternehmen auf Einzelinstitutsebene anzuwenden. Dabei wird zunächst die Gewinnung zusätzlicher Informationen über Kapital- und Risikopositionen einzelner gruppenangehöriger Unternehmen durch teilweise Aussetzung der Waiverregelung im Vordergrund stehen, bevor die Aussetzung der Ausnahmeregelung insgesamt in Betracht zu ziehen ist. Damit soll sichergestellt werden, dass die Bundesanstalt jederzeit überwachen kann, wie sich Solvenz und Großkreditrisiken der einzelnen Unternehmen einer Gruppe entwickeln, um bei Fehlentwicklungen rechtzeitig eingreifen zu können. Eine Aussetzung etwaiger Privilegierungen von Intergruppenforderungen geht mit dieser Maßnahme nicht einher.

Absatz 4 entspricht dem alten Absatz 3.

Absatz 5, der in Teilen dem alten Absatz 4 entspricht, wird um eine Regelung ergänzt, die klarstellt, dass eine aufsichtsrechtliche Anordnung nach den Absätzen 2 bis 4 vertraglichen Vereinbarungen vorgeht.

Amtliche Begründung[1]

Zu Nummer 8 (§ 45 Absatz 5 Satz 5 bis 9)

Im Falle einer Untersagung der Auszahlung variabler Vergütungsbestandteile gemäß Absatz 2 Satz 1 Nummer 6 erhält die Bundesanstalt zusätzlich die Möglichkeit, im Rahmen ihres Ermessens unter bestimmten Voraussetzungen das Erlöschen der

---

1 Zum Restrukturierungsgesetz vom 9. Dezember 2010 (BGBl. I S. 1900); vgl. Beschlussempfehlung und Bericht des 7. Finanzausschusses des BT; BT-Drucksache 17/3547 vom 28. Oktober 2010.

Ansprüche auf Gewährung variabler Vergütungsbestandteile anzuordnen. Dies gilt zum einen dann, wenn das Institut Leistungen des Restrukturierungsfonds oder des Finanzmarktstabilisierungsfonds erhält. Ziel dieser Leistungen ist es, in Schieflage geratene Institute nachhaltig zu stabilisieren. Die zugeführten Mittel sollen nach Beseitigung der akuten Krise nicht dazu verwendet werden, zwischenzeitlich akkumulierte Ansprüche auf Gewährung variabler Vergütungsbestandteile zu erfüllen. Der Zielsetzung des § 45 Absatz 2 würde es ferner zuwiderlaufen, wenn Ansprüche auf Gewährung variabler Vergütung fortbestünden, obwohl die Schieflage des Instituts über einen längeren Zeitraum andauert oder sich verschärft. Ordnet die Bundesanstalt das Erlöschen von Ansprüchen an, können diese auch nach Aufhebung der Untersagungsverfügung nicht mehr geltend gemacht werden. Bei der Entscheidung über die Anordnung des Erlöschens beachtet die Bundesanstalt den Grundsatz der Verhältnismäßigkeit. So ist das Erlöschen etwa dann verhältnismäßig, wenn im Falle der Inanspruchnahme von Leistungen des Restrukturierungsfonds oder des Finanzmarktstabilisierungsfonds die Anspruchsinhaber ohne die Zuführung staatlicher Mittel bei einer Insolvenz des Instituts ausgefallen wären. Dies gilt auch, wenn von den Ansprüchen auf Gewährung variabler Vergütung Fehlanreize hinsichtlich der Nachhaltigkeit der Geschäftspolitik des Instituts ausgehen. Mit der Änderung wird einer Prüfbitte des Finanzausschusses des Deutschen Bundestages entsprochen (Bundestagsdrucksache 17/2181 vom 16. Juni 2010, S. 9).

Amtliche Begründung[1]

Zu Absatz 6 – neu

Absatz 6 stellt klar, dass die Instrumente und Maßnahmen zur Verbesserung der Eigenmittelausstattung und der Liquidität in § 45 KWG auch gelten, wenn ein Institut, das übergeordnete Unternehmen einer Institutsgruppe oder Finanzholding-Gruppe die nach § 10 Absatz 1b Satz 2 angeordneten Kapitalanforderungen nicht einhält.

Zu Absatz 7 – neu

Für Institute, die gemäß Anordnung der BaFin nach § 10 Absatz 1b Satz 2 Kapitalmaßnahmen zur Erreichung der höheren Eigenmittelausstattung durchführen, gelten die genannten Erleichterungen des Finanzmarktstabilisierungsbeschleunigungsgesetzes (FMStBG) entsprechend, siehe Artikel 3 Nummer 2. Dies gilt unabhängig von einer Inanspruchnahme von Stabilisierungsmaßnahmen des Finanzmarktstabilisierungsfonds.

Amtliche Begründung[2]

Zu Nummer 4 (§ 45)

Durch die Ergänzung in § 45 Absatz 2 Satz 1 Nummer 8 werden die präventiven Befugnisse der Bundesanstalt im Falle der Unterschreitung der bankaufsichtlichen Anforderungen an die Solvabilität oder Liquidität um Maßnahmen ergänzt, die das

---

1 Zum Zweiten Gesetz zur Umsetzung eines Maßnahmenpakets zur Stabilisierung des Finanzmarkts (Zweites Finanzmarktstabilisierungsgesetz – 2. FMStG) vom 24. Februar 2012 (BGBl. I S. 206); vgl. BT-Drucksache 17/8343 vom 17. Januar 2012.
2 Gesetz zur Abschirmung von Risiken und zur Planung der Sanierung und Abwicklung von Kreditinstituten und Finanzgruppen vom 7. August 2013 (BGBl. I S. 3090); vgl. BT-Drucksache 17/12601 vom 4. März 2013.

betreffende Kreditinstitut als Handlungsoption in einem Sanierungsplan aufgeführt hat, sofern das Kreditinstitut als potenziell systemgefährdendes Kreditinstitut nach § 47 Absatz 1 zur Erstellung eines Sanierungsplans verpflichtet ist. Da das Kreditinstitut den Sanierungsplan selbst erstellt hat, ist davon auszugehen, dass es sich mit den darin aufgeführten Handlungsoptionen bereits auseinandergesetzt und sich auf die Umsetzung der Handlungsoptionen vorbereitet hat, sodass diese Maßnahmen als besonders geeignet zur Wiederherstellung der erforderlichen Solvabilität und Liquidität anzusehen sind. Sieht der Sanierungsplan wesentliche Änderungen der Geschäftspolitik, die der Zustimmung der Gesellschafter oder Anteilseigner des Instituts bedürfen, oder die Veräußerung von Vermögensgegenständen oder Unternehmensteilen vor, beschränkt sich die Anordnung der Bundesanstalt darauf, dass das Kreditinstitut angemessene Anstrengungen unternimmt, die Handlungsoption umzusetzen. Vor ihrer Anordnung von Handlungsoptionen nimmt die Bundesanstalt eine sorgfältige Prüfung des Einzelfalls unter Berücksichtigung der Lage des Instituts vor dem Hintergrund der vorherrschenden Umstände auf dem Finanzmarkt vor, ob und welche Handlungsoptionen zur Wiederherstellung des Kreditinstituts geeignet und erforderlich sind. In Institutsgruppen und Finanzholding-Gruppen muss nur das in Deutschland ansässige übergeordnete Unternehmen im Sinne des § 10a die Verpflichtung zur Erstellung des Sanierungsplanes erfüllen.

Amtliche Begründung[1]

Zu Nummer 68 (§ 45)

Zu Buchstabe a (Absatz 1)

Zu Doppelbuchstabe aa (Satz 1)

Neben der Entwicklung der Vermögens-, Finanz- oder Ertragslage des Instituts, können auch externe Umstände, die bisher noch keine Auswirkung auf die finanzielle Situation des Instituts hatten, die Annahme rechtfertigen, dass die Eigenmittel- und Liquiditätsanforderungen wahrscheinlich nicht dauerhaft erfüllt werden können, wie etwa ein besonderes Branchen- oder Länderrisiko des Instituts oder drohende Sanktionen internationaler Organisationen. Maßnahmen nach § 45 Absatz 1 KWG können in diesen Fällen neben oder anstelle von anderen Maßnahmen, wie etwa der Festsetzung eines Kapitalaufschlags nach § 10 Absatz 3 KWG, sehr effektiv die wirtschaftliche Solidität des Instituts gewährleisten. Bei den weiteren Änderungen in Satz 1 handelt es sich um die Anpassungen der Verweise, die sich durch den Wegfall bzw. durch das Einfügen von Paragrafen ergeben.

Zu den Doppelbuchstaben bb und cc (Satz 2 und 3)

Es handelt sich um redaktionelle Änderungen, die sich auf die Anpassungen der Verweise beziehen.

---

[1] Zum Gesetz zur Umsetzung der Richtlinie 2013/36/EU über den Zugang zur Tätigkeit von Kreditinstituten und die Beaufsichtigung von Kreditinstituten und Wertpapierfirmen und zur Anpassung des Aufsichtsrechts an die Verordnung (EU) Nr. 575/2013 über Aufsichtsanforderungen an Kreditinstitute und Wertpapierfirmen (CRD IV-Umsetzungsgesetz) vom 28. August 2013 (BGBl. I S. 3395); vgl. BT-Drucksache 17/10974 vom 15. Oktober 2012 und BT-Drucksache 17/13524 – Beschlussempfehlung des Finanzausschusses (7. Ausschuss) – vom 15. Mai 2013.

Zu Buchstabe b (Absatz 2 Satz 1)

Zu den Doppelbuchstaben aa und bb

Bei den Änderungen handelt es sich um die Anpassung der Verweise. Der Halbsatz in der Nummer 3 wurde gestrichen, weil die Verordnung (EU) Nr. .../2012 den Begriff des langfristigen Nachrangkapitals nicht kennt.

Zu Doppelbuchstabe cc (Nummer 5 a)

Der neu eingefügte Absatz 2 Satz 1 Nummer 5 a ermöglicht es der Bundesanstalt, schon im Vorfeld der Planungen eines Instituts über die Höhe des Gesamtbetrages eines Jahres, der für die variable Vergütung der Geschäftsleiter und Mitarbeiter zur Verfügung stehen soll, eine Reduzierung oder Streichung dieses Gesamtbetrages der variablen Vergütungen anzuordnen. Die Möglichkeit einer solchen Anordnung ist aus Gründen der Effektivität der Gefahrenabwehr, insbesondere zur Sicherstellung einer angemessenen Eigenmittel- und Liquiditätsausstattung geboten. Die Reduzierung des Gesamtbetrages der variablen Vergütungen ist nämlich schon zu einem Zeitpunkt möglich, zu dem eine Allokation auf verschiedene Unternehmensebenen und Personen noch nicht stattgefunden hat. Hierdurch kann seitens der Aufsicht frühzeitig auf eine Gefährdungslage reagiert werden. Außerdem sind vor Allokation des Gesamtbetrages der variablen Vergütungen in der Regel noch keine individuellen Ansprüche auf eine variable Vergütung entstanden, sodass eine Reduzierung oder Streichung des Gesamtbetrages tatsächlich und rechtlich effektiver durchsetzbar ist.

Zu Buchstabe c (Absatz 3)

Bei den Änderungen handelt es sich um die Anpassung der Verweise.

Zu Buchstabe d

Absatz 5 Satz 5 stellt klar, dass die Anordnung des Untergangs von Ansprüchen auf variable Vergütungen zusammen mit der Untersagung der Auszahlung variabler Vergütung gemäß Absatz 2 Satz 1 Nummer 6 erfolgen kann.

Absatz 5 Satz 5 Nummer 1 präzisiert, dass Ansprüche auf variable Vergütungen untergehen können, wenn das Institut außerordentliche (d. h. durch eine Schieflage des Instituts verursachte) staatliche Unterstützung erhält. Damit wird unter anderem einer möglichen unmittelbaren oder mittelbaren Ausschüttung der staatlichen Unterstützung in Form von variablen Vergütungen begegnet, sofern diese nicht ausnahmsweise angemessen wäre. Die Unterstützungsmaßnahmen bestehen insbesondere in finanziellen Leistungen des Restrukturierungsfonds und des Finanzmarktstabilisierungsfonds oder anderer öffentlicher Stellen. Dabei ist zwischen verschiedenen Leistungen zu differenzieren: Eine Garantiegewährung nach § 6 FMStFG oder § 6 RStruktFG etwa wird den Untergang der Ansprüche nur ausnahmsweise rechtfertigen können, wenn sie in ihrer Wirkung für das Institut einer Rekapitalisierung vergleichbar ist. Bei der Anwendung auf Maßnahmen nach dem RStruktFG ist zu beachten, dass unmittelbarer Maßnahmeempfänger der übernehmende Rechtsträger ist, dessen Geschäftsleiter und Mitarbeiter nicht bzw. nur teilweise identisch mit denjenigen des bestandsgefährdeten Instituts sind.

Absatz 5 Satz 5 Nummer 2 nimmt die Beschränkung oder Streichung des Gesamtbetrages der variablen Vergütungen gemäß Absatz 2 Satz 1 Nummer 5a und Untersagung der Auszahlung variabler Vergütung gemäß Absatz 2 Satz 1 Nummer 6 auf. Ist einem Institut beispielsweise in der Vergangenheit die Auszahlung eines Teils der variablen Vergütung untersagt worden und geschieht dies erneut, kann dies ebenfalls zum Untergang der Ansprüche führen.

Absatz 5 Satz 6 Nummer 1 trägt dem Umstand Rechnung, dass Ansprüche auf variable Vergütung nicht schützenswert sind, wenn diese aufgrund von Regelungen des Vergütungssystems eines Instituts entstehen, die den aufsichtsrechtlichen Anforderungen an angemessene und nachhaltige Vergütungssysteme widersprechen. Hierunter fallen insbesondere Regelungen der Verordnung über die aufsichtsrechtlichen Anforderungen an Vergütungssysteme von Instituten (Instituts-Vergütungsverordnung – InstitutsVergV). Der bisherige Wortlaut läuft leer, weil von schon bestehenden Ansprüchen der Mitarbeiter keine Anreize für diese mehr ausgehen können.

Durch die neuen Sätze 7 und 8 des Absatzes 5 werden besondere Regelungen der CRD IV-Richtlinie für variable Vergütungen in Instituten, die staatliche Beihilfen erhalten, umgesetzt. Nach Satz 7 ist eine Untersagung der Auszahlung von variablen Vergütungsbestandteilen im Fall der Inanspruchnahme staatlicher Beihilfen durch das Institut auch dann möglich, wenn die Auszahlung nicht vereinbar mit der Herstellung oder Wahrung einer soliden Eigenkapital- oder Liquiditätsausstattung wäre oder einer zeitigen Rückzahlung oder sonstigen Beendigung der staatlichen Unterstützungsleistungen entgegenstünde. Satz 8 ordnet an, dass für den Fall einer staatlichen Unterstützung variable Vergütungsbestandteile an Organmitglieder und Geschäftsleiter des Instituts nur insoweit ausgezahlt werden, als dies gerechtfertigt ist. Bei der Beurteilung der Rechtfertigung kommt es insbesondere darauf an, inwieweit eine Auszahlung erfolgen könnte, wenn ein Vergütungssystem bestünde, das alle aufsichtlichen Anforderungen erfüllt. Weiter ist die Lage des Instituts zu berücksichtigen, die die staatlichen Unterstützungsleistungen notwendig gemacht hat, und für die der Geschäftsleiter regelmäßig verantwortlich ist. Bei Mitgliedern des Verwaltungs- und Aufsichtsorgans ist gegebenenfalls nach Verantwortlichkeiten zu differenzieren. Umgekehrt können insbesondere bei neu eintretenden Organmitgliedern besondere Leistungen für die Sanierung des Unternehmens dazu führen, dass variable Vergütungen gerechtfertigt sind. Sonderregelungen, wie sie RStruktFG und FMStFG für die Vergütung in Instituten vorsehen, denen Maßnahmen nach diesen Gesetzen gewährt wurden, bleiben unberührt.

Institute müssen der Anordnungsbefugnis nach Absatz 2 Satz 1 Nummer 5a und 6 sowie der Regelung in den Sätzen 5 bis 8 in entsprechenden vertraglichen Vereinbarungen mit ihren Geschäftsleitern und Mitarbeitern Rechnung tragen. Soweit vertragliche Vereinbarungen über die Gewährung einer variablen Vergütung einer Anordnung nach Absatz 2 Satz 1 Nummer 5a und 6 oder der Regelung in den Sätzen 5 bis 8 entgegenstehen, können aus ihnen keine Rechte hergeleitet werden.

ANMERKUNG
1. § 45 schließt als Spezialvorschrift andere Maßnahmen zur Einhaltung der §§ 10 und 11 aus. Einem Kreditinstitut kann also nicht durch Verwaltungsakt aufgegeben werden, sein Eigenkapital oder seine Liquidität zu verstärken. Auch die Fristsetzung nach Absatz 2 Satz 1 bedeutet nicht eine vollziehbare Aufforderung an das Kreditinstitut, in der genannten Zeit dem Mangel abzuhelfen, sondern ist ein Entgegenkommen, weil die Maßnahmen nach Absatz 1 einschneidende Wirkungen haben können.
2. Rechtsbehelfe gegen Maßnahmen nach § 45 haben keine aufschiebende Wirkung.
3. Für Schiffspfandbriefbanken gelten Sonderbestimmungen (§ 36b Abs. 2 Schiffsbankgesetz).
4. Durch das 6. KWG-Änderungsgesetz vom 22. Oktober 1997 wurden die Finanzdienstleistungsinstitute in die Vorschrift einbezogen. Bei Absatz 1 Nr. 2 wurde die Angabe »§ 12« als Folge der Aufhebung des bisherigen § 12 gestrichen. Durch das Gesetz über die integrierte Finanzdienstleistungsaufsicht vom 22. April 2002 wurde die Vorschrift an die geänderte Bezeichnung der Aufsichtsbehörde in Bundesanstalt für Finanzdienstleistungsaufsicht angepasst.
5. Durch das Finanzkonglomeraterichtlinie-Umsetzungsgesetz vom 21. Dezember 2004 (BGBl. I S. 3610) wurde die Vorschrift grundlegend umgestaltet. Es wurde ein neuer Absatz 3 eingefügt. Der bisherige Absatz 2 wurde Absatz 4 und neu gefasst. Der neue

Absatz 3 regelt die Maßnahmen, die die Bundesanstalt gegenüber dem übergeordneten Finanzkonglomeratsunternehmen oder der gemischten Finanzholding-Gesellschaft ergreifen kann, wenn ein Finanzkonglomerat über unzureichende Eigenmittel verfügt.

6. § 45 Absatz 1 wurde auf Grund des Gesetzes zur Stärkung der Finanzmarkt- und der Versicherungsaufsicht vom 29. Juli 2009 (BGBl. I S. 2305) geändert und die Sätze 2 bis 4 angefügt. In Absatz 2 Satz 1 wurden redaktionelle Änderungen durch die Angabe Absatz 1 »Satz 1« Nummer 1 und 3 »sowie Satz 2 und 3« vorgenommen und die Angabe »§ 10 Absatz 1« durch die Angabe »§ 10 Abs. 1 oder Abs. 1b oder des § 45b Abs. 1« ersetzt. In Absatz 4 wurde Satz 2 eingefügt und Satz 4 angefügt. Zu den Motiven des Gesetzgebers siehe die dazu ergangene amtliche Begründung.
7. Durch das Gesetz über die aufsichtsrechtlichen Anforderungen an die Vergütungssysteme von Instituten und Versicherungsunternehmen vom 21. Juli 2010 (BGBl. I S. 950) wurde § 45 um den Absatz 1 Nummer 4 und den Absatz 1a ergänzt. Die Ergänzung in § 45 Absatz 1 Satz 1 Nummer 4 dient der Klarstellung, dass die aufsichtsrechtlichen Maßnahmen die Auszahlung variabler Vergütungsbestandteile, die durch Tarifvertrag oder in seinem Geltungsbereich durch Vereinbarung der Arbeitsvertragsparteien über die Anwendung der tarifvertraglichen Regelungen oder aufgrund eines Tarifvertrags in einer Betriebs- oder Dienstvereinbarung vereinbart sind, nicht erfassen. Tarifverträge sind das Ergebnis tarifautonomer Verhandlungen. Durch die Verhandlungen kommt es zum Kräfteausgleich zwischen den Tarifvertragsparteien. Dies verbürgt, dass Tarifverträgen grundsätzlich eine Richtigkeitsgewähr zukommt (vgl. »Beschlussempfehlung und Bericht des Finanzausschusses« – 7. Finanzausschuss des Deutschen Bundestages –; BT-Drucksache 17/2181 vom 16. Juni 2010). In § 45 Absatz 2 wurden redaktionelle Änderungen vorgenommen. Zu den Einzelheiten siehe die entsprechend abgedruckte Amtliche Begründung.
8. § 45 Absatz 1 Nummer 4 wurde wegen eines redaktionellen Fehlers geändert und Absatz 1a neu eingefügt durch das Gesetz zur Umsetzung der geänderten Bankenrichtlinie und der geänderten Kapitaladäquanzrichtlinie vom 19. November 2010 (BGBl. I S. 1592); vgl. die vorstehende Amtliche Begründung.
9. § 45 wurde komplett neu gefasst durch das Restrukturierungsgesetz vom 9. Dezember 2010 (BGBl. I S. 1900). Auf die vorstehend abgedruckte Amtliche Begründung wird verwiesen.
10. § 45 wurde um die Absätze 6 und 7 ergänzt durch das Zweite Gesetz zur Umsetzung eines Maßnahmenpakets zur Stabilisierung des Finanzmarkts (Zweites Finanzmarktstabilisierungsgesetz – 2. FMStG) vom 24. Februar 2012 (BGBl. I S. 206). Hintergrund des Gesetzes ist die Umsetzung einer Entscheidung des Europäischen Rates vom 26. Oktober 2011. Danach müssen Kreditinstitute zum 30. Juni 2012 kurzfristig höhere Eigenmittelanforderungen erfüllen. Außerdem müssen Mitgliedstaaten der EU bereitstehen, wenn Institute ihren Kapitalbedarf nicht ausreichend am Kapitalmarkt decken können. Die Ausführung dieser EU-Beschlüsse auf nationaler Ebene führt zur Einrichtung eines Finanzmarktstabilisierungsfonds (SoFFin) und dadurch bedingt zu Änderungen des KWG. Näheres in der vorstehend abgedruckten Amtlichen Begründung.
11. Die Aufhebung des § 45 Absatz 4 beruht auf der inhaltlichen Überführung der die Finanzkonglomerate betreffenden Teile der Norm in das Finanzkonglomerate-Aufsichtsgesetz. Es handelt sich in Absatz 5 um Folgeänderungen bedingt durch die Aufhebung des Absatzes 4. Die Änderung des Absatzes 6 setzt den Artikel 3 Nr. 1 der Richtlinie 2011/89/EU um, der eine Änderung des Artikel 1 der Richtlinie 2006/48/EG vornimmt und gemischte Finanzholding-Gesellschaften in den Regelungsbereich einbezieht. Alle unter dieser Nummer aufgezählten Änderungen wurden durch das Gesetz zur Umsetzung der Richtlinie 2011/89/EU des Europäischen Parlaments und des Rates vom 16. November 2011 zur Änderung der Richtlinien 98/78/EG, 2002/87/EG, 2006/48/EG und 2009/138/EG hinsichtlich der zusätzlichen Beaufsichtigung der Finanzunternehmen eines Finanzkonglomerats vom 27. Juni 2013 (BGBl. I S. 1862) umgesetzt; vgl. auch BT-Drucksache 17/12602 vom 4. März 2013.

12. § 45 Absatz 2 wurde um die Nummer 8 ergänzt durch das Gesetz zur Abschirmung von Risiken und zur Planung der Sanierung und Abwicklung von Kreditinstituten und Finanzgruppen vom 7. August 2013 (BGBl. I S. 3090); vgl. die hierzu abgedruckte Amtliche Begründung.
13. § 45 Absätze 1 bis 3 und 5 sowie die Absätze 6 und 7 wurden geändert durch das CRD IV-Umsetzungsgesetz vom 28. August 2013 (BGBl. I S. 3395). Zu den Einzelheiten siehe die vorstehende Amtliche Begründung.

§ 45 a Maßnahmen gegenüber Finanzholding-Gesellschaften und gemischten Finanzholding-Gesellschaften

(1) Die Bundesanstalt kann einer Finanzholding-Gesellschaft an der Spitze einer Finanzholding-Gruppe im Sinne des § 10a oder einer gemischten Finanzholding-Gesellschaft an der Spitze einer gemischten Finanzholding-Gruppe im Sinne des § 10a die Ausübung ihrer Stimmrechte an dem übergeordneten Unternehmen und den anderen nachgeordneten Unternehmen untersagen, wenn
1. die Finanzholding-Gesellschaft oder die gemischte Finanzholding-Gesellschaft dem übergeordneten Unternehmen nicht die für die Zusammenfassung nach Artikel 11 bis 23 der Verordnung (EU) Nr. 575/2013 erforderlichen Angaben gemäß Artikel 11 Absatz 1 Satz 2 der Verordnung (EU) Nr. 575/2013 übermittelt, sofern nicht den Erfordernissen der bankaufsichtlichen Zusammenfassung in anderer Weise Rechnung getragen werden kann;
2. Tatsachen vorliegen, aus denen sich ergibt, dass eine Person, die die Geschäfte der Finanzholding-Gesellschaft oder der gemischten Finanzholding-Gesellschaft tatsächlich führt, nicht zuverlässig ist oder nicht die zur Führung der Geschäfte erforderliche fachliche Eignung hat.

(1 a) Die Bundesanstalt kann in den Fällen des Absatzes 1 Satz 1 Nummer 2 auch gegenüber dem übergeordneten Unternehmen einer Finanzholding-Gruppe oder einer gemischten Finanzholding-Gruppe anordnen, Weisungen der Finanzholding-Gesellschaft oder der gemischten Finanzholding-Gesellschaft nicht zu befolgen, sofern es keine gesellschaftsrechtlichen Möglichkeiten gibt, die Personen abzuberufen, die die Geschäfte der Finanzholding-Gesellschaft oder der gemischten Finanzholding-Gesellschaft tatsächlich führen. Das Gleiche gilt, wenn solche Möglichkeiten zwar vorhanden sind, aber ihre Ausschöpfung erfolglos geblieben ist.

(2) Im Falle der Untersagung nach Absatz 1 hat auf Antrag der Bundesanstalt das Gericht des Sitzes des übergeordneten Unternehmens nach § 10a einen Treuhänder zu bestellen, auf den es die Ausübung der Stimmrechte überträgt. Der Treuhänder hat bei der Ausübung der Stimmrechte den Interessen einer soliden und bankaufsichtskonformen Führung der betroffenen Unternehmen Rechnung zu tragen. Die Bundesanstalt kann aus wichtigem Grund die Bestellung eines anderen Treuhänders beantragen. Sind die Voraussetzungen des Absatzes 1 entfallen, hat die Bundesanstalt den Widerruf der Bestellung des Treuhänders zu beantragen. Der Treuhänder hat Anspruch auf Ersatz angemessener Auslagen und auf Vergütung für seine Tätigkeit. Das Gericht setzt auf Antrag des Treuhänders die Auslagen und die Vergütung fest; die Rechtsbeschwerde gegen die Vergütungsfestsetzung ist ausgeschlossen. Der Bund schießt die Auslagen und die Vergütung vor; für seine Aufwendungen haften die Finanzholding-Gesellschaft oder die gemischte Finanzholding-Gesellschaft und die betroffenen Unternehmen gesamtschuldnerisch.

(3) Solange die Untersagungsverfügung nach Absatz 1 vollziehbar ist, gelten die betroffenen Unternehmen nicht als nachgeordnete Unternehmen der Finanzholding-Gesellschaft oder der gemischten Finanzholding-Gesellschaft im Sinne der §§ 10a und 13b.

Amtliche Begründung

Gemäß den §§ 10a und 13a ist bei Finanzholding-Gruppen wie bei Kreditinstitutsgruppen das übergeordnete Kreditinstitut bankaufsichtlich für die Zusammenfassung verantwortlich. Bei Finanzholding-Gruppen steht das übergeordnete Kreditinstitut jedoch nicht an der Spitze der Gruppe und ist für die Durchführung der Zusammenfassung auf die Kooperation der Finanzholding-Gesellschaft angewiesen. Leitet die Finanzholding-Gesellschaft die für die Zusammenfassung erforderlichen Daten nicht an das übergeordnete Kreditinstitut weiter, kann dieses die Zusammenfassung nicht durchführen; eine Aufsicht über die Gruppe auf zusammengefaßter Basis ist dann nicht möglich. Unbeschadet der grundsätzlichen Verantwortlichkeit des übergeordneten Kreditinstituts für die Zusammenfassung der Gruppe ist in einem solchen Fall allein die Finanzholding-Gesellschaft polizeirechtlich als Störer zu qualifizieren. Es ist daher angemessen, die korrektiven Maßnahmen bei ihr anzusetzen, und als Ultima ratio einer Finanzholding-Gesellschaft, die beharrlich ihren bankaufsichtlichen Pflichten nicht nachkommt, die Ausübung ihrer Stimmrechte an dem Kreditinstitut und den anderen nachgeordneten Unternehmen mit Sitz im Inland zu untersagen und die Ausübung der Stimmrechte auf einen Treuhänder zu übertragen. Da die Finanzholding-Gesellschaften nicht der Aufsicht des Bundesaufsichtsamtes unterliegen, stehen weniger belastende Maßnahmen gegenüber der Finanzholding-Gesellschaft nicht zur Verfügung. Absatz 1 schafft für das Bundesaufsichtsamt eine entsprechende Ermächtigungsgrundlage.

Verfügungen nach Absatz 1 sind grundsätzlich gegenüber inländischen und ausländischen Finanzholding-Gesellschaften möglich, da der Regelungsgegenstand Beteiligungen an einem Unternehmen mit Sitz im Inland sind.

Solange die Untersagungsverfügung vollziehbar ist, gelten die betroffenen Unternehmen nicht als nachgeordnete Unternehmen der Finanzholding-Gesellschaft im Sinne des § 10a oder des § 13a. Dem Treuhänder kann nicht zugemutet werden, konzernstrategische Entscheidungen für die Finanzholding-Gesellschaft zu treffen und die Gruppe als geschlossenen Konzern zu führen, zumal ihm die Stimmrechte an der Finanzholding-Gesellschaft und den ihr nachgeordneten Unternehmen mit Sitz im Ausland nicht zu treuen Händen übertragen werden. Seine Verantwortung ist jeweils auf das einzelne Unternehmen beschränkt, für das er die Stimmrechte ausübt. Die betroffenen Unternehmen sind damit faktisch aus dem Gruppenverband gelöst, eine Ansteckungsgefahr des Kreditinstituts durch in Schieflage geratene Schwestergesellschaften ist ausgeschlossen. Solange die Untersagungsverfügung vollziehbar ist, sind die Vorschriften über die Zusammenfassung auf die betroffenen Unternehmen so anzuwenden, als ob es die Finanzholding-Gesellschaft nicht gäbe.

Die Vorschrift ändert nichts an der grundsätzlichen Verantwortung des übergeordneten Kreditinstituts für die angemessene Eigenkapitalausstattung der Gruppe oder für die Einhaltung der Großkreditvorschriften auf konsolidierter Basis. Solange die Finanzholding-Gesellschaft den erforderlichen Datenfluß im Rahmen des ihr möglichen gewährleistet, hat wie bei Kreditinstitutsgruppen das übergeordnete Kreditinstitut gegebenenfalls sein Kreditengagement zurückzuführen, wenn die Gruppe nicht über eine angemessene Eigenkapitalausstattung verfügt oder die Großkreditgrenzen nicht einhält.

Amtliche Begründung[1]

Die Änderung der Überschrift ist redaktioneller Natur und durch die Einbeziehung von gemischten Finanzholding-Gesellschaften in die aufsichtliche Betrachtung bedingt.

---

1 Zum Finanzkonglomeraterichtlinie-Umsetzungsgesetz vom 21. Dezember 2004 (BGBl. I S. 3610); vgl. BT-Drucksache 15/3641 vom 12. August 2004.

Zu Absatz 1

Absatz 1 wird neu strukturiert.
Der bisherige Regelungsgehalt ist nunmehr in Absatz 1 Satz 1 Nr. 1 enthalten. Hinzugekommen ist als Nummer 2 in Absatz 1 Satz 1 die Regelung, dass die Bundesanstalt auch die Stimmrechtsausübung an den übergeordneten Unternehmen und den anderen nachgeordneten Unternehmen untersagen kann, wenn Tatsachen vorliegen, aus denen sich ergibt, dass eine Person, die die Geschäfte der Finanzholding-Gesellschaft tatsächlich führt, nicht zuverlässig ist oder nicht die zur Führung der Geschäfte erforderliche fachliche Eignung hat. Diese Regelung ergänzt die neu in das Gesetz aufgenommenen Anforderungen an die Leitungsorgane einer Finanzholding-Gesellschaft (§ 2c) und zielt darauf ab, eine schädliche Einflussnahme nicht qualifizierter Leitungsorgane auf das übergeordnete Institut und den anderen nachgeordneten Unternehmen einer Finanzholding-Gruppe zu verhindern. Weniger belastende Maßnahmen gegenüber der Finanzholding-Gesellschaft stehen nicht zur Verfügung, da sie der Aufsicht der Bundesanstalt auf Einzelebene nicht unterliegt. Durch die Ermächtigung im ersten Halbsatz sind Verfügungen der Bundesanstalt grundsätzlich gegenüber inländischen und ausländischen Finanzholding-Gesellschaften möglich, da der Regelungsgegenstand die Beteiligungen an einem Unternehmen mit Sitz im Inland ist.

In Absatz 1 Satz 2 wird die Maßnahmebefugnis der Bundesanstalt gegenüber Finanzholding-Gesellschaften entsprechend auf gemischte Finanzholding-Gesellschaften ausgedehnt und setzt Artikel 16 zweiter Unterabsatz und Artikel 17 Abs. 2 Satz 1 der Finanzkonglomeraterichtlinie um.

Zu Absatz 1 a

Der neu eingefügte Absatz 1 a sieht eine weitere Maßnahme für den Fall der Unzuverlässigkeit oder fehlender fachlicher Eignung der Leitungsorgane einer Finanzholding-Gesellschaft oder einer gemischten Finanzholding-Gesellschaft vor. Wenn gesellschaftsrechtliche Möglichkeiten zur Abberufung der Person, die die Geschäfte der Finanzholding-Gesellschaft oder der gemischten Finanzholding-Gesellschaft tatsächlich führen, nicht zur Verfügung stehen oder solche zwar vorhanden sind, aber ihre Ausschöpfung erfolglos geblieben sind, dann kann die Bundesanstalt auch gegenüber dem übergeordneten Finanzkonglomeratsunternehmen anordnen, Weisungen der Finanzholding-Gesellschaft oder der gemischten Finanzholding-Gesellschaft nicht zu befolgen.

Die in Absatz 1 a genannte Maßnahme beschneidet die Rechte der Holdinggesellschaft als Gesellschafterin, richtet sich aber im Gegensatz zur Maßnahme unter Absatz 1, der Untersagung der Stimmrechtsausübung der Holdinggesellschaft, direkt an das übergeordnete Unternehmen einer Finanzholding-Gesellschaft oder einer gemischten Finanzholding-Gesellschaft. Sowohl nach § 10a als auch nach § 10b handelt es sich bei einem übergeordneten Unternehmen stets um ein auf Einzelebene beaufsichtigtes Institut. Die Maßnahmebefugnis der Bundesanstalt, die die Gesellschaftsrechte einer gemischten Finanzholding-Gesellschaft beschneiden, basieren auf Artikel 16 zweiter Unterabsatz und Artikel 17 Abs. 2 Satz 1 der Finanzkonglomeraterichtlinie.

Die Anpassungen in den Absätzen 2 und 3 sind durch die Einbeziehung der gemischten Finanzholding-Gesellschaften in den Geltungsbereich des § 45a bedingte Folgeänderungen.

ANMERKUNG

1. § 45a wurde durch das 5. KWG-Änderungsgesetz vom 28. September 1994 eingefügt. Die gesetzgeberischen Motive ergeben sich aus der vorstehenden Amtlichen Begründung. Durch das 6. KWG-Änderungsgesetz vom 22. Oktober 1997 wurde § 45a als Folge der Einbeziehung der Finanzdienstleistungsinstitute redaktionell geändert. Durch das

Gesetz über die integrierte Finanzdienstleistungsaufsicht vom 22. April 2002 wurde die Vorschrift an die geänderte Bezeichnung der Aufsichtsbehörde in Bundesanstalt für Finanzdienstleistungsaufsicht angepasst. Durch das Finanzkonglomeraterichtlinie-Umsetzungsgesetz vom 21. Dezember 2004 (BGBl. I S. 3610) wurde die Vorschrift grundlegend umgestaltet und ein neuer Absatz 1a eingefügt. Einzelheiten sind der vorstehend abgedruckten Amtlichen Begründung zu der Gesetzesänderung zu entnehmen.
2. Durch das FGG-Reformgesetz vom 17. Dezember 2008 (BGBl. I S. 2586) wurden in Absatz 2 Satz 6 die Wörter »weitere Beschwerde« durch die Wörter »Rechtsbeschwerde gegen die Vergütungsfestsetzung« ersetzt.
3. Es handelt sich um eine Folgeänderung in § 45a Absatz 1 bis 3 durch das Gesetz zur Umsetzung der Richtlinie 2011/89/EU des Europäischen Parlaments und des Rates vom 16. November 2011 zur Änderung der Richtlinien 98/78/EG, 2002/87/EG, 2006/48/EG und 2009/138/EG hinsichtlich der zusätzlichen Beaufsichtigung der Finanzunternehmen eines Finanzkonglomerats vom 27. Juni 2013 (BGBl. I S. 1862); vgl. auch BT-Drucksache 17/12602 vom 4. März 2013, welche sich aus der Anpassung der Richtlinie 2006/48/EG durch die Richtlinie 2011/89/EU ergibt, welche die gemischten Finanzholding-Gesellschaften in den aufsichtlichen Konsolidierungskreis einbezieht.
4. Es handelt sich um redaktionelle Anpassungen der Verweise in § 45a Absatz 1 Satz 1 und Absatz 2 Satz 1 durch das CRD IV-Umsetzungsgesetz vom 28. August 2013 (BGBl. I S. 3395).

§ 45b Maßnahmen bei organisatorischen Mängeln

(1) Verfügt ein Institut nicht über eine ordnungsgemäße Geschäftsorganisation im Sinne des § 25a Abs. 1, kann die Bundesanstalt auch bereits vor oder gemeinsam mit einer Anordnung nach § 25a Absatz 2 Satz 2 oder nach § 25c Absatz 4c, auch in Verbindung mit einer Rechtsverordnung nach § 25a Absatz 5 Satz 1 und 2, oder nach § 25b insbesondere anordnen, dass das Institut
1. Maßnahmen zur Reduzierung von Risiken ergreift, soweit sich diese aus bestimmten Arten von Geschäften und Produkten oder der Nutzung bestimmter Systeme oder der Auslagerung von Aktivitäten und Prozessen auf ein anderes Unternehmen ergeben,
2. weitere Zweigstellen nur mit Zustimmung der Bundesanstalt errichten darf und
3. einzelne Geschäftsarten, namentlich die Annahme von Einlagen, Geldern oder Wertpapieren von Kunden und die Gewährung von Krediten nach § 19 Abs. 1 nicht oder nur in beschränktem Umfang betreiben darf.

Die Bundesanstalt ist berechtigt, zusätzlich zu Maßnahmen nach Satz 1 eine Erhöhung der Eigenmittelanforderungen nach § 10 Absatz 3 Satz 2 Nummer 10 oder bei Wohnungsunternehmen mit Spareinrichtung nach § 51a Absatz 2 Nummer 4 anzuordnen.
(2) Absatz 1 ist entsprechend auf das jeweilige übergeordnete Unternehmen im Sinne des § 10a sowie auf ein Institut, das nach Artikel 22 der Verordnung (EU) Nr. 575/2013 zur Unterkonsolidierung verpflichtet ist, anzuwenden, wenn eine Institutsgruppe, eine Finanzholding-Gruppe oder eine gemischte Finanzholding-Gruppe entgegen § 25a Absatz 1 und § 25b nicht über eine ordnungsgemäße Geschäftsorganisation verfügt; Absatz 1 Satz 1 Nummer 3 ist mit der Maßgabe entsprechend anzuwenden, dass die Bundesanstalt statt einer Untersagung oder Beschränkung der Gewährung von Krediten, die für die Institutsgruppe, Finanzholding-Gruppe oder gemischte Finanzholding-Gruppe nach Maßgabe der Artikel 387 bis 403 der Verordnung (EU) Nr. 575/2013 in ihrer jeweils geltenden Fassung geltenden Großkreditobergrenzen herabsetzen kann. Verfügt eine Zweigniederlassung des Instituts in einem Drittstaat nicht über eine angemessene Geschäftsorganisation oder ist sie nicht in der Lage, die zur Beurteilung ihrer Geschäftsorganisation oder die zur Einbeziehung in die

Institutsorganisation erforderlichen Angaben zur Verfügung zu stellen, oder wird sie in dem Drittstaat nicht effektiv beaufsichtigt oder ist die für die Zweigniederlassung zuständige Aufsichtsstelle nicht zu einer befriedigenden Zusammenarbeit mit der Bundesanstalt bereit, kann die Bundesanstalt auch die Geschäftätigkeit der Zweigniederlassung beschränken oder ihre Schließung und Abwicklung anordnen.

(3) weggefallen

Amtliche Begründung[1]

Die Regelung des neu ins Kreditwesengesetz aufgenommenen § 45b gibt der Aufsicht die Möglichkeit, organisatorischen Mängeln eines Instituts bzw. einer Instituts- oder Finanzholding-Gruppe, von denen sie aufgrund der Berichte über die Jahresabschlussprüfung oder im Rahmen der laufenden Aufsicht Kenntnis erlangt und die potentiell risikoerhöhend wirken, durch höhere Eigenkapitalanforderungen, die Begrenzung der Geschäftätigkeit oder durch die Anordnung gezielter risikoreduzierender Maßnahmen entgegenzuwirken. Die Regelung dient der Umsetzung von Artikel 136 der Bankenrichtlinie und soll ebenso wie die an anderer Stelle in das Kreditwesengesetz aufgenommenen Anordnungsbefugnisse der Bundesanstalt ermöglichen, gezielter als bisher auf die Bereinigung der Schwachstellen eines Instituts hinwirken zu können.

Aufgrund der belastenden Wirkung dieser Eingriffe ist die Bundesanstalt regelmäßig gehalten, das Institut zunächst durch eine Anordnung nach § 25a Abs. 1 Satz 4 anzuhalten, innerhalb einer von ihr zu bestimmenden Frist eine ordnungsgemäße Geschäftsorganisation zu schaffen. Die Dauer der Frist steht dabei im Ermessen der Bundesanstalt und orientiert sich unter anderem an der Schwere der Mängel sowie der Risikolage des Instituts.

Nach Absatz 1 kann die Bundesanstalt bei Instituten, die die organisatorischen Mindestanforderungen nach § 25a Abs. 1 nicht einhalten und die die Mängel trotz einer Anordnung nach § 25a Abs. 1 Satz 4 nicht beseitigt haben, die nachfolgenden Maßnahmen ergreifen: Nach Nummer 1 kann die Bundesanstalt anordnen, dass das Institut über die nach § 10 Abs. 1 sowie der Rechtsverordnung nach § 10 Abs. 1 Satz 9 erforderliche Eigenkapitalausstattung hinaus zusätzliche Eigenmittel als weiteren Risikopuffer vorhalten muss. Die Höhe des Kapitalaufschlags steht im Ermessen der Bundesanstalt und orientiert sich unter anderem an der Schwere der Verstöße sowie an der Risikolage des Instituts. Die Regelung basiert auf Artikel 136 Abs. 1 Satz 2 Buchstabe a sowie Abs. 2 der Bankenrichtlinie.

Nach Nummer 2 kann die Bundesanstalt ähnlich wie in § 45 konkrete Maßnahmen zur Reduzierung von Risiken anordnen, soweit sich diese auf das Betreiben bestimmter Geschäfte, Geschäfte mit bestimmten Produkten oder die Nutzung bestimmter Systeme zurückführen und die organisatorischen Mängel einen weiteren Anstieg der Risiken erwarten lassen. Die Regelung basiert auf Artikel 136 Abs. 1 Satz 2 Buchstabe e der Bankenrichtlinie.

Nach Nummer 3 kann die Bundesanstalt anordnen, dass das Institut weitere Zweigstellen nur mit Zustimmung der Bundesanstalt errichten darf, um nicht durch eine weitere Ausweitung der Betriebsorganisation die bestehenden Mängel zu vergrößern. Die Regelung basiert auf Artikel 136 Abs. 1 Satz 2 Buchstabe d der Bankenrichtlinie.

Nach Nummer 4 kann die Bundesanstalt ein Einlagenannahme- sowie ein Kreditverbot verhängen. Die Regelung korrespondiert mit § 45 Abs. 1 Nr. 2 sowie § 46 Abs. 1 Satz 2 Nr. 2 und basiert auf Artikel 136 Abs. 1 Satz 2 Buchstabe d der Bankenrichtlinie.

---

1 Zum Gesetz zur Umsetzung der neu gefassten Bankenrichtlinie und der neu gefassten Kapitaladäquanzrichtlinie vom 17. November 2006 (BGBl. I S. 2606).

Absatz 2 überträgt die Anordnungsbefugnisse aus Absatz 1 auch auf Institutsgruppen und Finanzholding-Gruppen, sofern diese die nach § 25 a Abs. 1 a auch auf Gruppenebene zu beachtenden organisatorischen Mindestanforderungen nicht einhalten. Adressat der Anordnung ist jeweils das übergeordnete Unternehmen. Hinsichtlich der Möglichkeit, anstelle eines Kreditverbots die für die Gruppe geltenden Großkreditobergrenzen herabzusetzen vgl. Begründung zu Nummer 38.

Obwohl die Vorschrift grundsätzlich ein abgestuftes aufsichtliches Verfahren vorsieht, ermöglicht es Absatz 3, in Ausnahmefällen die Maßnahmen nach Absatz 1 auch ohne vorherige Anordnung nach § 25a Abs. 1 Satz 5 und fruchtlosen Fristablauf zu verhängen bzw. eine solche Anordnung mit einer Maßnahme nach Absatz 1 zu verbinden. Ein solches Vorgehen wird auf gravierende Fälle beschränkt bleiben müssen, in denen die Schwere der Mängel oder die Risikolage des Instituts, der Institutsgruppe oder der Finanzholding-Gruppe einen Kapitalaufschlag, die Anordnung risikomindernder Maßnahmen oder die Begrenzung der Geschäftstätigkeit bereits als flankierende Maßnahme in der Phase der Mängelbeseitigung erforderlich macht.

Amtliche Begründung[1]

Zu Nummer 11 (§ 45 b KWG)

Das Instrument des Kapitalaufschlags soll leichter als bislang anzuwenden sein. Nach der bisherigen Fassung der Vorschrift handelt es sich um eine »ultima ratio«-Maßnahme (vergleiche Begründung zum Gesetz zur Umsetzung der Banken- und Kapitaladäquanzrichtlinie, Bundestagsdrucksache 16/1335, S. 66, Nummer 49 zu § 45b). Siehe hierzu die vorhergehende Amtliche Begründung. Mit der erleichterten Eingriffsmöglichkeit entspricht die Vorschrift den Vorgaben der Bankenrichtlinie (Artikel 136 Richtlinie 2006/48/EG) und der Verwaltungspraxis in anderen EU-Staaten, zum Beispiel dem Vereinigten Königreich. Die Aufsichtsbehörde erhält das Recht, die Eigenkapitalkennziffer heraufzusetzen, wenn ein Institut keine ordnungsgemäße Geschäftsorganisation hat. Ein Kapitalaufschlag wegen unzureichender Geschäftsorganisation hätte in der Vergangenheit, wegen der damit verbundenen Kosten für das Institut, in einigen Krisenfällen zu einer schnelleren Verbesserung des Risikomanagements und zu einem Abbau von Risikopositionen beitragen können. Diesem Instrument muss daher ein höherer Stellenwert für die aufsichtliche Praxis als bislang zukommen.

Die neue Formulierung schafft daher klarere Eingriffsvoraussetzungen. Die Bundesanstalt kann einen Kapitalaufschlag auch an Stelle der anderen in Absatz 1 genannten Maßnahmen oder zusammen mit diesen verhängen. Ferner können entsprechende Anordnungen auch ohne besondere Voraussetzungen im Vorfeld von Anordnungen nach § 25a Absatz 1 Satz 8 oder § 25a Absatz 3 getroffen werden. Das Instrument des Kapitalaufschlags kommt daher künftig bereits unter den Voraussetzungen in Betracht, unter denen die Aufsichtsbehörde auch die anderen Maßnahmen nach Absatz 1 der Vorschrift ergreifen kann.

Zudem wird klargestellt, dass der Kapitalaufschlag durch eine Erhöhung der Eigenmittelkennziffer und nicht durch eine Verpflichtung zum Vorhalten zusätzlicher Eigenmittel erfolgt. Auf diese Weise kommt besser als bisher zum Ausdruck, dass das Institut nicht notwendigerweise verpflichtet ist, für die effektive Zuführung von Eigenmitteln zu sorgen, über die es im Zweifel keine Verfügungsbefugnis besitzt. Vielmehr steht es dem Institut grundsätzlich frei, wie es die höhere Eigenmittelkennziffer einhält. Dies kann auch durch die Einschränkung der Geschäftstätigkeit oder die

---

1 Zum Gesetz zur Stärkung der Finanzmarkt- und der Versicherungsaufsicht vom 29. Juli 2009 (BGBl. I S. 2305); vgl. BT-Drucksache 16/12783 vom 27. April 2009.

Reduzierung von Risiken geschehen. Soweit die Aufsichtsbehörde hier Anlass für steuernde Eingriffe sieht, muss sie den Kapitalaufschlag mit anderen Maßnahmen, zum Beispiel mit solchen nach Absatz 1 Satz 1 verbinden.

ANMERKUNG

1. Bei den Änderungen in den Absätzen 1 und 3 handelt es ich um Folgeänderungen. Durch das Gesetz zur Stärkung der Finanzmarkt- und der Versicherungsaufsicht vom 29. Juli 2009 (BGBl. I S. 2305) wurde § 45b Absatz 1 neu gefasst und Absatz 3 aufgehoben. Zu den Beweggründen des Gesetzgebers siehe die hierzu ergangene Amtliche Begründung.
2. Es handelt sich um eine Folgeänderung, die sich nach dem Gesetz über die aufsichtsrechtlichen Anforderungen an die Vergütungssysteme von Instituten und Versicherungsunternehmen vom 21. Juli 2010 (BGBl. I S. 950) daraus ergibt, dass gemäß § 25a Absatz 5 die näheren Bestimmungen über die Anforderungen an das Risikomanagement bei Vergütungssystemen im Wege einer Rechtsverordnung erlassen werden.
3. Die Änderung des § 45b Absatz 2 setzt den Artikel 3 Nr. 1 der Richtlinie 2011/89/EU um durch das Gesetz zur Umsetzung der Richtlinie 2011/89/EU des Europäischen Parlaments und des Rates vom 16. November 2011 zur Änderung der Richtlinien 98/78/EG, 2002/87/EG, 2006/48/EG und 2009/138/EG hinsichtlich der zusätzlichen Beaufsichtigung der Finanzunternehmen eines Finanzkonglomerats vom 27. Juni 2013 (BGBl. I S. 1862); vgl. auch BT-Drucksache 17/12602 vom 4. März 2013, der eine Änderung des Artikels 1 Absatz 2 der Richtlinie 2006/48/EG vornimmt und gemischte Finanzholding-Gesellschaften in den Regelungsbereich einbezieht.
4. Bei den Änderungen in § 45b Absätze 1 und 2 Satz 1 handelt es sich um die Anpassungen von Verweisen durch das CRD IV-Umsetzungsgesetz vom 28. August 2013 (BGBl. I S. 3395). Der neu in Absatz 2 eingefügte Satz 2 stellt die Umsetzung einer Empfehlung des IWF im Rahmen des 2011 durchgeführten »Financial Sector Assessment Program – Germany« dar. Es wurde festgestellt, dass eine ausdrückliche Ermächtigung der Bundesanstalt zur Schließung ausländischer Zweigniederlassungen deutscher Institute oder zur Beschränkung deren Geschäftsumfangs oder der von ihnen betriebenen Geschäftsarten sinnvoll wäre, wenn die Zweigniederlassung im Ausland nicht effektiv beaufsichtigt wird oder nicht die erforderlichen Informationen zur Verfügung stellen kann, um die Ordnungsmäßigkeit ihrer Geschäftsorganisation und die angemessene Einbeziehung in die Institutsorganisation und -steuerung beurteilen zu können. Da die entsprechenden Eingriffsbefugnisse auf europäischer Ebene umfassend geregelt und harmonisiert sind, beschränkt sich die ergänzende Ermächtigung der Bundesanstalt auf Zweigniederlassungen deutscher Institute in Drittstaaten; vgl. BT-Drucksache 17/10974 vom 15. Oktober 2012.

§ 45c Sonderbeauftragter

(1) Die Bundesanstalt kann einen Sonderbeauftragten bestellen, diesen mit der Wahrnehmung von Aufgaben bei einem Institut betrauen und ihm die hierfür erforderlichen Befugnisse übertragen. Der Sonderbeauftragte muss unabhängig, zuverlässig und zur ordnungsgemäßen Wahrnehmung der ihm übertragenen Aufgaben im Sinne einer nachhaltigen Geschäftspolitik des Instituts und der Wahrung der Finanzmarktstabilität geeignet sein; soweit der Sonderbeauftragte Aufgaben eines Geschäftsleiters oder eines Organs übernimmt, muss er Gewähr für die erforderliche fachliche Eignung bieten. Er ist im Rahmen seiner Aufgaben berechtigt, von den Mitgliedern der Organe und den Beschäftigten des Instituts Auskünfte und die Vorlage von Unterlagen zu verlangen, an allen Sitzungen und Versammlungen der Organe und sonstiger Gremien des Instituts in beratender Funktion teilzunehmen, die Geschäftsräume des Instituts zu betreten, Einsicht in dessen Geschäftspapiere und Bücher zu nehmen und Nachforschungen anzustellen. Die Organe und Organmitglieder haben den Sonderbeauftragten bei der Wahrnehmung seiner Aufgaben zu unterstützen. Er ist gegen-

über der Bundesanstalt zur Auskunft über alle Erkenntnisse im Rahmen seiner Tätigkeit verpflichtet.

(2) Die Bundesanstalt kann dem Sonderbeauftragten insbesondere übertragen:
1. die Aufgaben und Befugnisse eines oder mehrerer Geschäftsleiter wahrzunehmen, wenn Tatsachen vorliegen, aus denen sich ergibt, dass der oder die Geschäftsleiter des Instituts nicht zuverlässig sind oder nicht die zur Leitung des Instituts erforderliche fachliche Eignung haben;
2. die Aufgaben und Befugnisse eines oder mehrerer Geschäftsleiter wahrzunehmen, wenn das Institut nicht mehr über die erforderliche Anzahl von Geschäftsleitern verfügt, insbesondere weil die Bundesanstalt die Abberufung eines Geschäftsleiters verlangt oder ihm die Ausübung seiner Tätigkeit untersagt hat;
3. die Aufgaben und Befugnisse von Organen des Instituts insgesamt oder teilweise wahrzunehmen, wenn die Voraussetzungen des § 36 Absatz 3 Nummer 1 bis 9 vorliegen;
4. die Aufgaben und Befugnisse von Organen des Instituts insgesamt oder teilweise wahrzunehmen, wenn die Aufsicht über das Institut aufgrund von Tatsachen im Sinne des § 33 Absatz 3 beeinträchtigt ist;
5. geeignete Maßnahmen zur Herstellung und Sicherung einer ordnungsgemäßen Geschäftsorganisation einschließlich eines angemessenen Risikomanagements zu ergreifen, wenn das Institut nachhaltig gegen Bestimmungen dieses Gesetzes, des Gesetzes über Bausparkassen, des Depotgesetzes, des Geldwäschegesetzes, des Investmentgesetzes, des Pfandbriefgesetzes, des Zahlungsdiensteaufsichtsgesetzes oder des Wertpapierhandelsgesetzes, gegen die zur Durchführung dieser Gesetze erlassenen Verordnungen oder gegen Anordnungen der Bundesanstalt verstoßen hat;
6. zu überwachen, dass Anordnungen der Bundesanstalt gegenüber dem Institut beachtet werden;
7. einen Restrukturierungsplan für das Institut zu erstellen, wenn die Voraussetzungen des § 45 Absatz 1 Satz 3 oder Absatz 2 vorliegen, die Ausführung eines Restrukturierungsplans zu begleiten und die Befugnisse nach § 45 Absatz 2 Satz 4 und 5 wahrzunehmen;
7a. einen Plan nach § 10 Absatz 4 Satz 6 für das Institut zu erstellen, wenn die Voraussetzungen des § 10 Absatz 4 Satz 1 vorliegen und das Institut innerhalb einer von der Bundesanstalt festgelegten Frist keinen geeigneten Plan vorgelegt hat, sowie die Durchführung des Plans sicherzustellen;
8. Maßnahmen des Instituts zur Abwendung einer Gefahr im Sinne des § 35 Absatz 2 Nummer 4 oder des § 46 Absatz 1 Satz 1 zu überwachen, selbst Maßnahmen zur Abwendung einer Gefahr zu ergreifen oder die Einhaltung von Maßnahmen der Bundesanstalt nach § 46 zu überwachen;
9. eine Übertragungsanordnung nach § 48a vorzubereiten;
10. Schadensersatzansprüche gegen Organmitglieder oder ehemalige Organmitglieder zu prüfen, wenn Anhaltspunkte für einen Schaden des Instituts durch eine Pflichtverletzung von Organmitgliedern vorliegen.

(3) Soweit der Sonderbeauftragte in die Aufgaben und Befugnisse eines Organs oder Organmitglieds des Instituts insgesamt eintritt, ruhen die Aufgaben und Befugnisse des betroffenen Organs oder Organmitglieds. Der Sonderbeauftragte kann nicht gleichzeitig die Funktion eines oder mehrerer Geschäftsleiter und eines oder mehrerer Mitglieder eines Verwaltungs- oder Aufsichtsorgans wahrnehmen. Werden dem Sonderbeauftragten für die Wahrnehmung einer Aufgabe nur teilweise die Befugnisse eines Organs oder Organmitglieds eingeräumt, hat dies keine Auswirkung auf die Befugnisse des bestellten Organs oder Organmitglieds des Instituts. Die umfassende Übertragung aller Aufgaben und Befugnisse eines oder mehrerer Geschäftsleiter auf den Sonderbeauftragten kann nur in den Fällen des Absatzes 2 Nummer 1, 2 und 4 erfolgen. Seine Vertretungsbefugnis richtet sich dabei nach der Vertretungsbefugnis

des oder der Geschäftsleiter, an dessen oder deren Stelle der Sonderbeauftragte bestellt ist. Solange die Bundesanstalt einem Sonderbeauftragten die Funktion eines Geschäftsleiters übertragen hat, können die nach anderen Rechtsvorschriften hierzu berufenen Personen oder Organe ihr Recht, einen Geschäftsleiter zu bestellen, nur mit Zustimmung der Bundesanstalt ausüben.

(4) Überträgt die Bundesanstalt die Wahrnehmung von Aufgaben und Befugnisse eines Geschäftsleiters nach Absatz 2 Nummer 1 oder 2 auf einen Sonderbeauftragten, werden die Übertragung, die Vertretungsbefugnis sowie die Aufhebung der Übertragung von Amts wegen in das Handelsregister eingetragen.

(5) Das Organ des Instituts, das für den Ausschluss von Gesellschaftern von der Geschäftsführung und Vertretung oder die Abberufung geschäftsführungs- oder vertretungsbefugter Personen zuständig ist, kann bei Vorliegen eines wichtigen Grundes beantragen, die Übertragung der Funktion eines Geschäftsleiters auf den Sonderbeauftragten aufzuheben.

(6) Die durch die Bestellung des Sonderbeauftragten entstehenden Kosten einschließlich der diesem zu gewährenden angemessenen Auslagen und der Vergütung fallen dem Institut zur Last. Die Höhe der Vergütung setzt die Bundesanstalt fest. Die Bundesanstalt schießt die Auslagen und die Vergütung auf Antrag des Sonderbeauftragten vor.

(7) Der Sonderbeauftragte haftet für Vorsatz und Fahrlässigkeit. Bei fahrlässigem Handeln beschränkt sich die Ersatzpflicht des Sonderbeauftragten auf 1 Million Euro. Handelt es sich um eine Aktiengesellschaft, deren Aktien zum Handel im regulierten Markt zugelassen sind, beschränkt sich die Ersatzpflicht auf 50 Millionen Euro.

(8) Die Absätze 1 bis 7 gelten entsprechend für Finanzholding-Gesellschaften oder gemischte Finanzholding-Gesellschaften, die nach § 10a als übergeordnetes Unternehmen gelten und bezüglich der Personen, die die Geschäfte derartiger Finanzholding-Gesellschaften oder gemischter Finanzholding-Gesellschaften tatsächlich führen.

Amtliche Begründung[1]

Zu Nummer 9 (§ 45c)

Mit § 45c wird die Befugnis der Bundesanstalt, einen Sonderbeauftragten einzusetzen, aus dem bisherigen Regelungszusammenhang der Geschäftsleitersanktionierung herausgelöst und als eigenständiges Aufsichtsinstrument mit überwiegend präventivem Charakter etabliert. Der Anwendungsbereich der Vorschrift wird dabei insofern erweitert, als der Sonderbeauftragte nicht immer die Aufgaben und Befugnisse eines Organs oder Organmitglieds insgesamt übernimmt, sondern auch für spezielle, eingegrenzte Aufgaben, wie etwa die Verbesserung der mangelhaften Geschäftsorganisation in einem bestimmten Geschäftsbereich, eingesetzt werden kann. Entsprechend werden die Befugnisse des Sonderbeauftragten eingeschränkt. Die umfassenden Organkompetenzen erhält er nur in den Fällen, in denen er auch die Organstellung insgesamt übernimmt.

Absatz 1 stellt klar, dass der Sonderbeauftragte zuverlässig und zur ordnungsgemäßen Wahrnehmung der Aufgaben geeignet sein muss. Hinsichtlich der Eignung ist zu differenzieren, welches Organ der Sonderbeauftragte ersetzen und in welchem Umfang ihm Aufgaben übertragen werden sollen. Maßstab für die Beurteilung sind hierbei die Anforderungen, die das Kreditwesengesetz an die jeweiligen Organe richtet. Für inhaltlich begrenzte Aufgaben mit beratender Funktion, die vom Arbeitsaufwand

---

1 Zum Gesetz zur Restrukturierung und geordneten Abwicklung von Kreditinstituten, zur Errichtung eines Restrukturierungsfonds für Kreditinstitute und zur Verlängerung der Verjährungsfrist der aktienrechtlichen Organhaftung (Restrukturierungsgesetz) vom 9. Dezember 2010 (BGBl. I S. 1900); vgl. BT-Drucksache 17/3024 vom 27. September 2010.

her aber sehr umfangreich sein können, kann auch eine juristische Person bestellt werden.

Damit der Sonderbeauftragte seine Aufgabe erfüllen kann, hat er das Recht, von den Organen und den Beschäftigten des Instituts Auskünfte und Unterlagen zu verlangen und an Sitzungen und Versammlungen der Organe teilzunehmen. Der Sonderbeauftragte kann vollständig oder teilweise mit den Aufgaben eines Organs betraut werden. Die Gesetzesänderung belässt es somit bei der grundsätzlichen Entscheidung, die mit dem Einfügen des § 36 Absatz 1a KWG durch das 4. Finanzmarktförderungsgesetz getroffen wurde, dass die Bundesanstalt Organmitgliedern die Befugnisse entziehen kann und diese auf geeignete Sonderbeauftragte übertragen kann.

Im Unterschied zur bisherigen Regelung in § 36 Absatz 1a KWG enthält Absatz 2 eine umfangreiche Liste mit typischen Anwendungsfällen für das Instrument des Sonderbeauftragten, ohne dass es sich dabei um eine abschließende Aufzählung handelt. Bei Bestellung des Sonderbeauftragten ist besonderes Gewicht auf die Beachtung des allgemeinen Verhältnismäßigkeitsgrundsatzes zu legen.

Absatz 3 stellt klar, dass die Befugnisse des Organs oder Organmitglieds, das insgesamt durch einen Sonderbeauftragten ersetzt wird, ruhen. Sofern der Sonderbeauftragte mit der Aufgabe von Geschäftsleitern betraut wird, kann er nicht gleichzeitig Aufgaben der Mitglieder des Verwaltungs- oder Aufsichtsorgans des betreffenden Instituts wahrnehmen und umgekehrt. Dies würde dem gesetzlichen Leitbild eines Kontrollorgans des Vorstands widersprechen. Die besonders weitgehende Übertragung der gesamten Aufgaben und Befugnisse eines einzelnen oder mehrerer Geschäftsleiter oder auch der gesamten Geschäftsleitung auf einen Sonderbeauftragten darf nur bei Vorliegen entsprechend schwerwiegender Eingriffsvoraussetzungen erfolgen und ist daher ausdrücklich auf einzelne in Absatz 2 geregelte Anwendungsfälle beschränkt.

Erhält der Sonderbeauftragten zur Wahrnehmung einer inhaltlich begrenzten Aufgabe mit beratender und unterstützender Funktion nur teilweise die Befugnisse eines Organs oder Organmitglieds, bleiben die Befugnisse der Organe und Organmitglieder des Instituts unangetastet, damit die reibungslose Fortführung des laufenden Geschäftsbetriebs durch die vom Institut bestellten Organe und Organmitglieder gewährleistet ist. Die Regelungen in Absatz 3 verdeutlichen auch, dass das Instrument des Sonderbeauftragten keine Alternative zur Abberufung oder zur Untersagung der Tätigkeit eines Geschäftsleiters darstellt oder diese voraussetzt.

Absatz 3 Satz 5 stellt in den Fällen, in denen der Sonderbeauftragte einen Geschäftsleiter ersetzt, sicher, dass seine Funktion nicht im Wege der zusätzlichen Bestellung weiterer Geschäftsleiter durch das Institut ausgehebelt wird.

Die mit Absatz 4 von Amts wegen vorgesehenen Eintragungen in öffentliche Register sollen verhindern, dass ein Institut handlungsunfähig ist, wenn gegenüber den verantwortlichen Geschäftsleitern ein Tätigkeitsverbot ausgesprochen wurde und das Institut, das möglicherweise nicht zur Zusammenarbeit mit der Bundesanstalt bereit ist, nicht die erforderlichen Anträge zur Eintragung der vertretungsbefugten Personen in das jeweilige öffentliche Register stellt.

Nach Absatz 5 können die für die Bestellung oder Abberufung eines Geschäftsleiters berufenen Personen oder Organe des Instituts bei Vorliegen eines wichtigen Grundes die Aufhebung der Bestellung eines Sonderbeauftragten beantragen. Das ist erforderlich, weil diese nach anderen Rechtsvorschriften bestehenden Rechte nach Absatz 3 Satz 5 nur mit Zustimmung der Bundesanstalt ausgeübt werden können, solange ein Sonderbeauftragter mit der Funktion der Geschäftsleitung betraut worden ist.

Absatz 6 enthält eine Regelung zur Festsetzung der Vergütung. Bei der Höhe der Vergütung sollte der Umfang, die Komplexität und Schwierigkeit der übertragenen Aufgabe, die Größe und Komplexität des Instituts und die feste Vergütung, d.h. ohne ggf. vereinbarte variable Vergütungsanteile des zu ersetzenden Organs in Betracht gezogen werden.

Absatz 7 beschränkt die Haftung des Sonderbeauftragten und übernimmt damit die mit dem Finanzmarktstabilisierungsgesetz vorübergehend bis zum 31. Dezember 2010 eingeführte Haftungsbeschränkung. Ohne ein entsprechendes Haftungsprivileg ist es in der Praxis nicht möglich, einen Sonderbeauftragten zu finden.

Amtliche Begründung[1]

Zu Nummer 9 (§ 45 c Absatz 1)

Der von der Bundesanstalt zu bestellende Sonderbeauftragte muss von den Interessen der Beteiligten (Anteilseigner, Gläubiger des Instituts) unabhängig sein. Das bedeutet, dass er unter Berücksichtigung seiner sonstigen Tätigkeit und seiner professionellen Eignung und Stellung in der Lage sein muss, frei von diesen potenziellen Sonderinteressen seine Aufgaben allein an den Interessen des Unternehmens unter dem Blickwinkel der Wahrung der Folgen der Geschäftspolitik des Instituts für die Finanzmarktstabilität auszuüben. Dabei ist davon auszugehen, dass zwischen den Interessen des Instituts und der Gewährleistung der Finanzmarktstabilität kein Gegensatz besteht. Klarstellend wird ausdrücklich in den Gesetzestext aufgenommen, dass der Sonderbeauftragte die Anforderungen an die fachliche Eignung, die nach dem Kreditwesengesetz für den Geschäftsleiter oder das Organ bestehen, erfüllen muss.

ANMERKUNG

1. Das Institut des Sonderbeauftragten wurde bisher im § 36 Absatz 1a geregelt, der durch den eingefügten § 45 c gestrichen wurde gem. dem Restrukturierungsgesetz vom 9. Dezember 2010 (BGBl. I S. 1900). Zu den Einzelheiten vgl. die vorstehend abgedruckte Amtliche Begründung.
2. § 45 c Absatz 2 Nummer 7 a wurde eingefügt durch das Zweite Gesetz zur Umsetzung eines Maßnahmenpakets zur Stabilisierung des Finanzmarkts (Zweites Finanzmarktstabilisierungsgesetz – 2. FMStG) vom 24. Februar 2012 (BGBl. I S. 206). Für Fälle, in denen ein Institut oder das übergeordnete Unternehmen einer Gruppe entgegen einer Anordnung nach § 10 Absatz 1b Satz 7 keinen geeigneten Plan zur Kapitalstärkung innerhalb des festgelegten Zeitraums vorlegt, kann die Bundesanstalt einen Sonderbeauftragten mit dieser Aufgabe betrauen. Der Sonderbeauftragte kann außerdem damit betraut werden, die Durchführung des Planes sicherzustellen; vgl. BT-Drucksache 17/8343 vom 17. Januar 2011.
3. In § 45 c Absatz 8 handelt sich um eine Folgeänderung, welche sich aus der Anpassung der Richtlinie 2006/48/EG durch die Richtlinie 2011/89/EU ergibt durch das Gesetz zur Umsetzung der Richtlinie 2011/89/EU des Europäischen Parlaments und des Rates vom 16. November 2011 zur Änderung der Richtlinien 98/78/EG, 2002/87/EG, 2006/48/EG und 2009/138/EG hinsichtlich der zusätzlichen Beaufsichtigung der Finanzunternehmen eines Finanzkonglomerats vom 27. Juni 2013 (BGBl. I S. 1862); vgl. auch BT-Drucksache 17/12602 vom 4. März 2013.
4. § 45 c Absatz 2 Nummer 3 und 7 a sowie Absatz 8 wurden redaktionell geändert durch das CRD IV-Umsetzungsgesetz vom 28. August 2013 (BGBl. I S. 3395). Die Verweise wurden an den aktuellen Text des § 36 Absatz 3 und § 10a KWG angepasst.

---

[1] Zum Restrukturierungsgesetz vom 9. Dezember 2010 (BGBl. I S. 1900); vgl. Beschlussempfehlung und Bericht des 7. Finanzausschusses des BT; BT-Drucksache 17/3547 vom 28. Oktober 2010.

§ 46 Maßnahmen bei Gefahr

(1) Besteht Gefahr für die Erfüllung der Verpflichtungen eines Instituts gegenüber seinen Gläubigern, insbesondere für die Sicherheit der ihm anvertrauten Vermögenswerte, oder besteht der begründete Verdacht, daß eine wirksame Aufsicht über das Institut nicht möglich ist (§ 33 Abs. 3 Nr. 1 bis 3), kann die Bundesanstalt zur Abwendung dieser Gefahr einstweilige Maßnahmen treffen. Sie kann insbesondere
1. Anweisungen für die Geschäftsführung des Instituts erlassen,
2. die Annahme von Einlagen oder Geldern oder Wertpapieren von Kunden und die Gewährung von Krediten (§ 19 Abs. 1) verbieten,
3. Inhabern und Geschäftsleitern die Ausübung ihrer Tätigkeit untersagen oder beschränken,
4. vorübergehend ein Veräußerungs- und Zahlungsverbot an das Institut erlassen,
5. die Schließung des Instituts für den Verkehr mit der Kundschaft anordnen und
6. die Entgegennahme von Zahlungen, die nicht zur Erfüllung von Verbindlichkeiten gegenüber dem Institut bestimmt sind, verbieten, es sei denn, die zuständige Entschädigungseinrichtung oder sonstige Sicherungseinrichtung stellt die Befriedigung der Berechtigten in vollem Umfang sicher.

Die Bundesanstalt kann unter den Voraussetzungen des Satzes 1 Zahlungen an konzernangehörige Unternehmen untersagen oder beschränken, wenn diese Geschäfte für das Institut nachteilig sind. Sie kann ferner bestimmen, dass Zahlungen nur unter bestimmten Voraussetzungen zulässig sind. Die Bundesanstalt unterrichtet über die von ihr nach den Sätzen 3 und 4 beabsichtigten Maßnahmen unverzüglich die betroffenen Aufsichtsbehörden in den Mitgliedstaaten der Europäischen Union sowie die Europäische Zentralbank und die Deutsche Bundesbank. Beschlüsse über die Gewinnausschüttung sind insoweit nichtig, als sie einer Anordnung nach den Sätzen 1 und 2 widersprechen. Bei Instituten, die in anderer Rechtsform als der eines Einzelkaufmanns betrieben werden, sind Geschäftsleiter, denen die Ausübung ihrer Tätigkeit untersagt worden ist, für die Dauer der Untersagung von der Geschäftsführung und Vertretung des Instituts ausgeschlossen. Für die Ansprüche aus dem Anstellungsvertrag oder anderen Bestimmungen über die Tätigkeit des Geschäftsleiters gelten die allgemeinen Vorschriften. Rechte, die einem Geschäftsleiter als Gesellschafter oder in anderer Weise eine Mitwirkung an Entscheidungen über Geschäftsführungsmaßnahmen bei dem Institut ermöglichen, können für die Dauer der Untersagung nicht ausgeübt werden.

(2) Die zuständige Entschädigungseinrichtung oder sonstige Sicherungseinrichtung kann ihre Verpflichtungserklärung im Sinne des Absatzes 1 Satz 2 Nummer 6 davon abhängig machen, dass eingehende Zahlungen, soweit sie nicht zur Erfüllung von Verbindlichkeiten nach Absatz 1 Satz 2 Nummer 6 gegenüber dem Institut bestimmt sind, von dem im Zeitpunkt des Erlasses des Veräußerungs- und Zahlungsverbots nach Absatz 1 Satz 2 Nummer 4 vorhandenen Vermögen des Instituts zugunsten der Einrichtung getrennt gehalten und verwaltet werden. Das Institut darf nach Erlass des Veräußerungs- und Zahlungsverbots nach Absatz 1 Satz 2 Nummer 4 die im Zeitpunkt des Erlasses laufenden Geschäfte abwickeln und neue Geschäfte eingehen, soweit diese zur Abwicklung erforderlich sind, wenn und soweit die zuständige Entschädigungseinrichtung oder sonstige Sicherungseinrichtung die zur Durchführung erforderlichen Mittel zur Verfügung stellt oder sich verpflichtet, aus diesen Geschäften insgesamt entstehende Vermögensminderungen des Instituts, soweit dies zur vollen Befriedigung sämtlicher Gläubiger erforderlich ist, diesem zu erstatten. Die Bundesanstalt kann darüber hinaus Ausnahmen vom Veräußerungs- und Zahlungsverbot nach Absatz 1 Satz 2 Nummer 4 zulassen, soweit dies für die Durchführung der Geschäfte oder die Verwaltung des Instituts sachgerecht ist. Dabei kann sie insbesondere die Erstattung von Zahlungen anordnen, die entgegen einer Anordnung nach Absatz 1 Satz 2 Nummer 6 entgegengenommen worden sind oder beim Institut einge-

gangen sind. Sie kann eine Betragsgrenze festsetzen, bis zu der ein Sonderbeauftragter Ausnahmen vom Veräußerungs- und Zahlungsverbot zulassen kann. Solange Maßnahmen nach Absatz 1 Satz 2 Nummer 4 bis 6 andauern, sind Zwangsvollstreckungen, Arreste und einstweilige Verfügungen in das Vermögen des Instituts nicht zulässig. Die Vorschriften der Insolvenzordnung zum Schutz von Zahlungs- sowie Wertpapierliefer- und -abrechnungssystemen einschließlich interoperabler Systeme sowie von dinglichen Sicherheiten der Zentralbanken und von Finanzsicherheiten finden bei Anordnung einer Maßnahme nach Absatz 1 Satz 2 Nummer 4 bis 6 entsprechend Anwendung. Die Anordnung von Sicherungsmaßnahmen nach § 21 der Insolvenzordnung berührt nicht die Wirksamkeit der Erstattung einer Zahlung, die entgegen einer Anordnung nach Absatz 1 Satz 2 Nummer 6 über ein System oder über eine zwischengeschaltete Stelle entgegengenommen worden ist oder eingegangen ist oder beim Institut eingegangen ist und deren Erstattung die Bundesanstalt nach Satz 4 angeordnet hat.

(3) weggefallen

Amtliche Begründung[1]

Die Vorschrift ermächtigt das Bundesaufsichtsamt, gegen eine konkrete Gefahr für die Sicherheit der einem Kreditinstitut anvertrauten Vermögenswerte einzuschreiten. Maßnahmen nach Absatz 1 dürfen nur vorübergehenden Charakter haben. Die Aufzählung in Absatz 1 Satz 2 ist nicht erschöpfend. Wie in § 36* wirkt auch hier eine Untersagung oder Beschränkung der Tätigkeit von Inhabern oder Geschäftsleitern nur öffentlich-rechtlich. Eine Aufsichtsperson soll nur intern für die Ordnungsmäßigkeit der Geschäftsführung sorgen; hierzu können bestimmte Handlungen des Inhabers oder der Geschäftsleiter an die Zustimmung der Aufsichtsperson gebunden werden. Zur Vertretung des Kreditinstituts kann das Bundesaufsichtsamt eine Aufsichtsperson nicht ermächtigen.

Eine ordnungsmäßige Vertretung des Kreditinstituts ist auch dann nicht gegeben (Absatz 2), wenn das Bundesaufsichtsamt einem Inhaber oder Geschäftsleiter seine Tätigkeit nach Absatz 1 oder nach § 36* Abs. 1 untersagt; denn der betreffende Inhaber oder Geschäftsleiter ist öffentlich-rechtlich gehalten, seine Funktionen nicht mehr auszuüben.

Wenden Maßnahmen nach § 46* die Gefahr nicht ab, so kann das Bundesaufsichtsamt nach § 35* Abs. 2 Nr. 4 die Erlaubnis zurücknehmen.

Verstöße gegen Anordnungen nach Absatz 1 können nach § 56* Abs. 1 Nr. 3* und 7* mit Geldbuße belegt werden.

Bericht des Finanzausschusses des Bundestages zum Zweiten Gesetz zur Änderung des Gesetzes über das Kreditwesen

Nach geltendem Recht wirkt die Untersagung der Tätigkeit gemäß § 46 Abs. 1 Satz 2 nur öffentlich-rechtlich. Sie schränkt also nicht die Geschäftsführungs- und Vertretungsbefugnis und die organschaftliche Stellung des Betroffenen ein. Eine Eintragung der Untersagung in öffentliche Register erfolgt nicht. Dementsprechend ist es denkbar, daß unzuverlässige Geschäftsleiter trotz des Tätigkeitsverbots mit bindender Wirkung für das von ihnen vertretene Kreditinstitut Geschäfte abschließen und hierdurch die Abwendung von Gefahr vereiteln. Diese Möglichkeit soll künftig ausgeschlossen werden. Satz 3 bestimmt deshalb, daß die Untersagung auch handelsrechtlich wirkt. Die Formulierung entspricht der gesellschaftlichen Terminologie; sie bedeuten für

---

[1] Zur Ursprungsfassung.

Personenhandelsgesellschaften einen Ausschluß von der Geschäftsführung und Vertretung und für Kapitalgesellschaften eine organschaftliche Abberufung, in beiden Fällen allerdings nur auf Zeit, d.h. für die Dauer der Untersagung.

Einer speziellen Vorschrift über die Eintragung des Ausschlusses von der Vertretung bzw. die spätere Wiedereintragung bei Wiederaufleben der Vertretungsbefugnis nach Ablauf der Untersagung bedarf es nicht; diese Eintragungen sind Rechtsfolgen der Änderungen der Vertretungsbefugnis, die sich aus den allgemeinen gesellschafts- und genossenschaftsrechtlichen Vorschriften ergeben.

Ist der Geschäftsleiter eines Kreditinstituts ein Prokurist (§ 1 Abs. 2 Satz 1), so bedeutet der Ausschluß von der Geschäftsführung und Vertretung inhaltlich den Widerruf der Prokura; dieser ist als solcher in das Handelsregister einzutragen. Ist der Geschäftsleiter ein Handlungsbevollmächtigter, bewirkt der Ausschluß von der Geschäftsführung und Vertretung das Erlöschen der Vollmacht mit der Folge, daß die Vollmachtsurkunde dem Vollmachtgeber zurückzugeben ist (§ 175 BGB).

Satz 3 gilt nicht für Kreditinstitute in der Rechtsform des Einzelkaufmanns, weil in dieser Gruppe die Entziehung der Geschäftsführungs- und Vertretungsbefugnis das Kreditinstitut sofort funktionsunfähig machen würde, was dem Ziel des § 46 Abs. 1 – Abwendung der Gefahr für die Erfüllung der Verpflichtungen des Kreditinstituts – zuwiderliefe.

Satz 4 stellt die Anlehnung an § 84 Abs. 3 Satz 5 Aktiengesetz klar, daß der Ausschluß eines Geschäftsleiters von der Geschäftsführung und Vertretung dessen Ansprüche aus dem Anstellungsverhältnis, gleichgültig ob dieses privatrechtlicher oder öffentlich-rechtlicher Natur ist, sowie seine Rechte aus speziellen Vereinbarungen (z.B. über die Vergütung eines geschäftsführenden Gesellschafters als Geschäftsleiter) und Bestimmungen unberührt läßt.

Ein Geschäftsleiter, der gleichzeitig Gesellschafter eines Kreditinstituts ist, kann – auch wenn er durch die Untersagung der Geschäftsleitertätigkeit von der Geschäftsführung und Vertretung ausgeschlossen ist – mannigfaltig Einfluß auf die Geschäftsführung des Instituts nehmen, z.B. bei Beschlüssen in der Gesellschafterversammlung oder als Mitglied eines Aufsichtsorgans der Gesellschaft. Diese Einflußmöglichkeiten müssen dem Geschäftsleiter, wenn der Ausschluß von der Geschäftsführung und Vertretung nach Satz 3 seinen Zweck erfüllen soll, gleichfalls genommen werden. Dabei ist sicherzustellen, daß die Rechte, die dem Geschäftsleiter Einflußmöglichkeiten geben – etwa das Stimmrecht als Gesellschafter bei Beschlüssen über Weisungen an die Geschäftsführer –, als solche nicht ausgeübt werden können, die also weder durch den betroffenen Gesellschafter selbst noch für ihn durch einen anderen möglich ist.

Amtliche Begründung[1]

Über die Einbeziehung der Finanzdienstleistungsinstitute hinaus materiell neu sind die folgenden Regelungen:

Das BAKred kann künftig einstweilige Maßnahmen zur Gefahrenabwehr nach Absatz 1 treffen, wenn der begründete Verdacht besteht, daß eine wirksame Aufsicht über das Institut aufgrund seiner Einbindung in eine übergeordnete Unternehmensstruktur nicht mehr möglich ist. Bedingung ist, daß mit hinreichender Wahrscheinlichkeit die Voraussetzungen für einen der beiden strukturellen Erlaubnisversagungs- und Erlaubnisaufhebungsgründe in dem neuen § 33 Abs. 3 Nr. 1 und 2 erfüllt sind. Das BAKred kann so in Zukunft bereits im Vorfeld eingreifen, bevor es eine konkrete Gefahr für die Erfüllung der Verpflichtung eines Instituts gegenüber seinen Gläubigern, insbesondere der Sicherheit der ihm anvertrauten Vermögenswerte, feststellt.

---

1 Zum 6. KWG-Änderungsgesetz.

Die weiteren Änderungen in Absatz 1 sind technischer Natur.

Der neue Absatz 2 gibt dem BAKred für den Fall, daß es einem oder mehreren Geschäftsleitern nach Absatz 1 die Ausübung ihrer Tätigkeit untersagt hat, das Recht, bei dem Gericht des Sitzes des Instituts die Bestellung der erforderlichen geschäftsführungs- und vertretungsbefugten Personen zu beantragen, wenn infolge der Untersagung zur Geschäftsführung und Vertretung des Instituts befugte Personen nicht mehr in der erforderlichen Anzahl vorhanden sind. Nach der bisherigen Fassung besteht für das BAKred ein Antragsrecht nur, wenn die gesetzlichen Vertreter eines Instituts wegfallen und andere Beteiligte aufgrund anderweitiger gesetzlicher Vorschriften ein Antragsrecht auf gerichtliche Bestellung einer vertretungsberechtigten Person haben. Die Anwendung dieser Vorschrift ist nur in bezug auf juristische Personen unproblematisch; wenn nicht – wie § 85 AktG für Aktiengesellschaften – Sondervorschriften einschlägig sind, greift § 29 BGB für alle juristischen Personen des Privatrechts. Auf Personenhandelsgesellschaften ist § 29 BGB als Auffangtatbestand jedoch nicht anwendbar; bei ihnen läuft § 46 Abs. 2 daher leer. Die Insolvenzen der jüngeren Zeit haben jedoch gezeigt, daß ein Bedürfnis zur Bestellung vertretungsberechtigter Personen schon vor der Anordnung eines Moratoriums bestehen kann, um die Abberufung ungeeigneter Geschäftsleiter zu ermöglichen.

Amtliche Begründung[1]

Zu Nummer 12 (§ 46 KWG)

Die Ergänzung enthält die bisher im Kreditwesengesetz nicht vorgesehene Befugnis der Bundesanstalt zu Verboten von interessenwidrigen Zahlungen an ausländische konzernangehörige Unternehmen in Krisenfällen. Damit soll insbesondere der Gefahr begegnet werden, dass einem deutschen Tochterinstitut durch eine in Kapital- oder Liquiditätsnot geratene ausländische konzernangehörige Gesellschaft dringend benötigte Liquidität entzogen wird.

Der Begriff des konzernangehörigen Unternehmens ist im Sinne der handelsrechtlichen Terminologie nach dem HGB zu verstehen. Dabei ist der Begriff Konzern weiter zu verstehen als die im KWG definierten Begriffe Institutsgruppe und Finanzholding-Gruppe, da die »Gruppen-Begriffe« keine Unternehmen erfassen, die nicht »mindestens« Anbieter von Nebendienstleistungen (§ 1 Absatz 3e KWG) sind, wie etwa Immobilientöchter, die im Wesentlichen nicht nur die Institutsimmobilien verwalten.

ANMERKUNG
1. Durch das 6. KWG-Änderungsgesetz vom 22. Oktober 1997 wurden die Finanzdienstleistungsinstitute einbezogen. Das BAKred (jetzt: die BaFin) kann künftig einstweilige Maßnahmen zur Gefahrenabwehr bereits treffen, wenn der begründete Verdacht besteht, dass eine wirksame Aufsicht über das Institut nicht mehr möglich ist. Ferner wurde das Antragsrecht des BAKred (jetzt: der BaFin) zur gerichtlichen Bestellung der erforderlichen geschäftsführungs- und vertretungsberechtigten Personen erweitert. Wegen der Motive vgl. die vorstehende Amtliche Begründung. Durch das Gesetz über die integrierte Finanzdienstleistungsaufsicht vom 22. April 2002 wurde die Vorschrift an die geänderte Bezeichnung der Aufsichtsbehörde in Bundesanstalt für Finanzdienstleistungsaufsicht angepasst.
2. Rechtsbehelfe gegen Verfügungen nach § 46 haben wegen der Bedeutung für die Gläubiger des Kreditinstituts keine aufschiebende Wirkung (§ 49).
3. Bestimmte Verstöße gegen § 46 sind Ordnungswidrigkeiten (§ 56 Abs. 3 Nr. 12).

---

1 Zum Gesetz zur Stärkung der Finanzmarkt- und der Versicherungsaufsicht vom 29. Juli 2009 (BGBl. I S. 2305); vgl. BT-Drucksache 16/12783 vom 27. April 2009.

4. Durch das Gesetz zur Stärkung der Finanzmarkt- und der Versicherungsaufsicht vom 29. Juli 2009 (BGBl. I S. 2305) wurde in § 46 Absatz 1 die Sätze 3 bis 5 eingefügt und der Absatz 3 angefügt. Wegen der Beweggründe siehe die hierzu ergangene Amtliche Begründung.
5. Die Regelungen des bisherigen § 46a Absatz 1 KWG für das Moratorium im Falle der Insolvenznähe des Instituts werden hinsichtlich der Voraussetzungen und der Ausnahmen vom Veräußerungsverbot modifiziert und in § 46 KWG überführt durch das Restrukturierungsgesetz vom 9. Dezember 2010 (BGBl. I S. 1900).
6. § 46 Absatz 2 Satz 6 wurde geändert durch das Gesetz zur weiteren Erleichterung der Sanierung von Unternehmen vom 7. Dezember 2011 (BGBl. I S. 2582). Die Anordnung von Maßnahmen nach Absatz 1 Satz 2 Nummern 4 bis 6 KWG (»Moratorium«) erfasst grundsätzlich nur solche Gegenstände und Rechte, die auch im Insolvenzfall zur Insolvenzmasse gezogen werden könnten. Insolvenzrechtliche Vorrechte wie Aussonderungsrechte und Aufrechnungsbefugnisse sind daher auch nach Anordnung eines Moratoriums zu beachten. Die Änderung des Absatzes 2 Satz 6 stellt ergänzend klar, dass die insolvenzrechtlichen Regeln zum Schutz von Systemen, die von einem zentralen Kontrahenten i.S. des § 1 Absatz 31 KWG betrieben werden, entsprechend anzuwenden sind, wenn gegen einen Teilnehmer des Systems eine Anordnung nach § 46 Absatz 1 Satz 2 Nummer 4 bis 6 KWG erlassen worden ist. Damit sind insbesondere Übertragungen und Glattstellungen entsprechend § 104a Absatz 1 und 2 InsO auch während eines Moratoriums zulässig, vgl. BT-Drucksache 17/5712 vom 4. Mai 2011 zum Gesetzesentwurf des in Satz 1 dieser Anmerkung Nr. 6 genannten Gesetzes.
7. Die Änderung in § 46 Absatz 2 Satz 6 durch das Ausführungsgesetz zur Verordnung (EU) Nr. 648/2012 über OTC-Derivate, zentrale Gegenparteien und Transaktionsregister (EMIR-Ausführungsgesetz) vom 13. Februar 2013 (BGBl. I S. 174) soll sicherstellen, dass die im Insolvenzfall zur Anwendung kommenden Bestimmungen des Artikels 102b des Einführungsgesetzes zur Insolvenzordnung entsprechende Anwendung finden, wenn ein Einzelmoratorium nach § 46 Absatz 1 KWG angeordnet wird.
8. Mit der Änderung des § 46 Absatz 2 durch das CRD IV-Umsetzungsgesetz vom 28. August 2013 (BGBl. I S. 3395) soll sichergestellt werden, dass die Ergreifung von Sicherungsmaßnahmen nach § 21 der Insolvenzordnung nicht die Wirksamkeit von Verfügungen berührt, die das Institut in Erfüllung einer Anordnung der Bundesanstalt tätigt, um Zahlungen, die es unter Verstoß gegen ein Verbot gemäß Absatz 1 Satz 2 Nummer 6 von einem System i.S. des § 1 Absatz 16 entgegengenommen hat, zu erstatten.

§ 46a *(weggefallen)*

ANMERKUNG

1. Die §§ 46a bis 46c wurden durch das 2. KWG-Änderungsgesetz vom 24. März 1976 eingefügt. Sie bringen der Bankenaufsicht eine wesentliche Erweiterung ihrer Möglichkeiten bei wirtschaftlichen Schwierigkeiten eines Kreditinstituts. Dabei behandelt § 46a Rettungsmaßnahmen vor dem Insolvenzfall, wobei in Absatz 1 Nr. 3 und Satz 2 die Sicherungseinrichtungen der Bankenverbände ausdrücklich einbezogen sind. § 46b gibt der Bundesanstalt das Insolvenzantragsrecht; § 46c regelt die Fristen. Einzelheiten ergeben sich aus dem vorstehenden Ausschussbericht.
2. Durch das 6. KWG-Änderungsgesetz vom 22. Oktober 1997 wurden die Finanzdienstleistungsinstitute in die insolvenzrechtlichen Sonderbestimmungen der §§ 46a bis 46c für Kreditinstitute einbezogen. Die weiteren Änderungen sind technischer Natur.
3. § 46a wurde durch das Restrukturierungsgesetz vom 9. Dezember 2010 (BGBl. I S. 1900) aufgehoben.

§ 46b Insolvenzantrag

(1) Wird ein Institut, das eine Erlaubnis zum Geschäftsbetrieb im Inland besitzt, oder eine nach § 10a als übergeordnetes Unternehmen geltende Finanzholding-Gesellschaft oder gemischte Finanzholding-Gesellschaft zahlungsunfähig oder tritt Überschuldung ein, so haben die Geschäftsleiter, bei einem in der Rechtsform des Einzelkaufmanns betriebenen Institut der Inhaber und die Personen, die die Geschäfte der Finanzholding-Gesellschaft oder der gemischten Finanzholding-Gesellschaft tatsächlich führen, dies der Bundesanstalt unter Beifügung aussagefähiger Unterlagen unverzüglich anzuzeigen; die im ersten Halbsatz bezeichneten Personen haben eine solche Anzeige unter Beifügung entsprechender Unterlagen auch dann vorzunehmen, wenn das Institut oder die nach § 10a als übergeordnetes Unternehmen geltende Finanzholding-Gesellschaft oder gemischte Finanzholding-Gesellschaft voraussichtlich nicht in der Lage sein wird, die bestehenden Zahlungspflichten im Zeitpunkt der Fälligkeit zu erfüllen (drohende Zahlungsunfähigkeit). Soweit diese Personen nach anderen Rechtsvorschriften verpflichtet sind, bei Zahlungsunfähigkeit oder Überschuldung die Eröffnung des Insolvenzverfahrens zu beantragen, tritt an die Stelle der Antragspflicht die Anzeigepflicht nach Satz 1. Das Insolvenzverfahren über das Vermögen eines Instituts oder einer nach § 10a als übergeordnetes Unternehmen geltenden Finanzholding-Gesellschaft oder gemischten Finanzholding-Gesellschaft findet im Fall der Zahlungsunfähigkeit, der Überschuldung oder unter den Voraussetzungen des Satzes 5 auch im Fall der drohenden Zahlungsunfähigkeit statt. Der Antrag auf Eröffnung des Insolvenzverfahrens über das Vermögen des Instituts oder der nach § 10a als übergeordnetes Unternehmen geltenden Finanzholding-Gesellschaft oder gemischten Finanzholding-Gesellschaft kann nur von der Bundesanstalt gestellt werden. Im Fall der drohenden Zahlungsunfähigkeit darf die Bundesanstalt den Antrag jedoch nur mit Zustimmung des Instituts und im Fall einer nach § 10a als übergeordnetes Unternehmen geltenden Finanzholding-Gesellschaft oder gemischten Finanzholding-Gesellschaft mit deren Zustimmung stellen. Vor der Bestellung des Insolvenzverwalters hat das Insolvenzgericht die Bundesanstalt zu dessen Eignung zu hören. Der Bundesanstalt ist der Eröffnungsbeschluss besonders zuzustellen. Das Insolvenzgericht übersendet der Bundesanstalt alle weiteren, das Verfahren betreffenden Beschlüsse und erteilt auf Anfrage Auskunft zum Stand und Fortgang des Verfahrens. Die Bundesanstalt kann Einsicht in die Insolvenzakten nehmen.

(2) Wird über ein Institut, das Teilnehmer eines Systems im Sinne des § 24b Absatz 1 ist, ein Insolvenzverfahren eröffnet, hat die Bundesanstalt unverzüglich die Europäische Wertpapier- und Marktaufsichtsbehörde, den Europäischen Ausschuss für Systemrisiken und die Stellen zu informieren, die der Europäischen Kommission von den anderen Staaten des Europäischen Wirtschaftsraums benannt worden sind. Auf Systembetreiber im Sinne des § 24b Abs. 5 ist Satz 1 entsprechend anzuwenden.

(3) Der Insolvenzverwalter informiert die Bundesanstalt laufend über Stand und Fortgang des Insolvenzverfahrens, insbesondere durch Überlassung der Berichte für das Insolvenzgericht, die Gläubigerversammlung oder einen Gläubigerausschuss. Die Bundesanstalt kann darüber hinaus weitere Auskünfte und Unterlagen zum Insolvenzverfahren verlangen.

Bericht des Finanzausschusses des Bundestages zum Zweiten Gesetz zur Änderung des Gesetzes über das Kreditwesen

Diese Vorschrift regelt das Verfahren, wenn die wirtschaftliche Lage eines Kreditinstitutes zur Stellung des Konkursantrages zwingt. Satz 1, der die Geschäftsleiter verpflichtet, Zahlungsunfähigkeit und Überschuldung unverzüglich dem Bundesaufsichtsamt anzuzeigen, soll dem Amt die sofortige Prüfung ermöglichen, ob die Einleitung von Maßnahmen zur Vermeidung des Konkurses noch sinnvoll oder die Stellung des Konkursantrages notwendig ist. Überschuldung ist nur bei einigen Gesellschaftsformen – z.B. bei der Aktiengesellschaft, der GmbH und unter bestimmten Voraussetzungen den Genossenschaften – Konkursgrund, nicht aber z.B. bei Kreditinstituten, die in der Rechtsform des Einzelkaufmanns oder der Personenhandelsgesellschaft betrieben werden; hieran ändert § 46b nichts. Satz 2, 1. Halbsatz stellt dies ausdrücklich klar. Soweit materiell-rechtlich eine Konkursantragspflicht besteht, ist Satz 2 das speziellere Gesetz. Die Aufsichtsbehörde kann aufgrund ihrer laufenden Überwachung des Geschäftsbetriebs, insbesondere auch im Zusammenhang mit nach §§ 46 und 46a angeordneten Maßnahmen, am besten beurteilen, wann die Voraussetzungen des Konkurses gegeben und Sanierungsmaßnahmen erfolglos sind. Satz 3 weist deshalb allein dem Bundesaufsichtsamt das Recht zu, die Konkurseröffnung über das Vermögen eines Kreditinstituts zu beantragen. Hierdurch wird gleichzeitig verhindert, daß Gläubiger durch Stellung eines Konkursantrages ein Kreditinstitut in die Insolvenz hineintreiben, ohne daß zuvor versucht werden konnte, durch Maßnahmen nach § 46 Abs. 1 und § 46a den Konkurs zu vermeiden. Eine derartige Beschränkung des Konkursantragsrechts auf die Aufsichtsbehörde kennt das geltende Recht bereits bei Versicherungen (§ 88 Abs. 1 Satz 2 VAG) und Bausparkassen (§ 15 Abs. 2 Satz 3 Bausparkassengesetz).

Stellt das Bundesaufsichtsamt den Konkursantrag, so hat das Konkursgericht das Verfahren zu eröffnen, ohne in eine Nachprüfung der Konkursvoraussetzungen einzutreten; es kann den Eröffnungsantrag nur abweisen, wenn die Konkursmasse zur Deckung der Verfahrenskosten nicht ausreicht oder gemäß § 46 Vergleichsordnung ein Konkursverbot besteht (Satz 4). Diese Bindung des Gerichts an den Konkursantrag ist gerechtfertigt, weil das Bundesaufsichtsamt die größere Sachkunde für die Feststellung der Konkursvoraussetzungen hat und bei einer staatlichen Behörde sichergestellt ist, daß die Antragstellung erst nach objektiver, nicht interessengebundener Prüfung erfolgt.

Obwohl Satz 5 den Konkurseröffnungsbeschluß für unanfechtbar erklärt, ist der Gemeinschuldner der Konkurseröffnung gegenüber nicht rechtlos; die Stellung des Konkursantrages durch das Bundesaufsichtsamt ist ein Verwaltungsakt, den der Gemeinschuldner vor den Verwaltungsgerichten anfechten kann. Allerdings haben Widerspruch und Anfechtungsklage keine aufschiebende Wirkung (§ 49).

Amtliche Begründung[1]

Durch den neuen Satz 3 wird bei allen Kreditinstituten neben dem Konkursgrund der Zahlungsunfähigkeit auch der Konkursgrund der Überschuldung eingeführt, soweit die Überschuldung nicht schon aufgrund der Rechtsform des Kreditinstituts Konkursgrund ist. Diese Änderung ist aus bankaufsichtlichen Gründen im Interesse einer einheitlichen Behandlung der Kreditinstitute erforderlich, weil das Bundesaufsichtsamt bereits bei einer Gefahr für die Erfüllung der Verpflichtungen eines Kreditinstituts gegenüber seinen Gläubigern vorübergehende Maßnahmen, insbesondere nach § 46a, zur Vermeidung eines Konkurses treffen kann. Nach bisher geltendem Recht müßte das Bundesaufsichtsamt diese Maßnahmen bei Kreditinstituten, bei welchen nur die Zahlungsunfähigkeit zum Konkurs führt (Einzelkaufleute, offene Handelsgesellschaften, Kommanditgesellschaften und Genossenschaften mit unbeschränkter Nachschußpflicht), auch wenn sie erfolglos geblieben sind, aufheben und könnte keinen Konkursantrag nach § 46b stellen. Dies würde selbst dann gelten, wenn die Konkursgefahr wegen Überschuldung weiterbesteht, die Zahlungsunfähigkeit jedoch noch nicht eingetreten ist. Nach Aufhebung der Maßnahmen könnten einzelne

---

1 Zum 3. KWG-Änderungsgesetz.

Gläubiger zu Lasten der übrigen Gläubiger ihre Forderungen realisieren, bis die Zahlungsunfähigkeit eintritt. Dies kann im Interesse der im Zweifel benachteiligten kleineren Gläubiger nicht hingenommen werden. Die Vorschrift ist im Zusammenhang mit der Insolvenzrechtsform zu überprüfen und gegebenenfalls anzupassen.

Die Erwähnung des § 84 der Vergleichsordnung im bisherigen Satz 4 (jetzt Satz 5) dient der Klarstellung, daß ein Antrag nach dem bisherigen Satz 3 (jetzt Satz 4), über den die Entscheidung nach § 46 der Vergleichsordnung ausgesetzt war, im Falle der Bestätigung eines Vergleichs als nicht gestellt gilt.

Amtliche Begründung[1]

Mit der Aufnahme des Insolvenzgrundes der »drohenden Zahlungsunfähigkeit« in § 46b KWG soll das Kreditwesengesetz strukturell der Insolvenzordnung angepasst und die Handlungsmöglichkeiten der Bundesanstalt erweitert werden.

Die Insolvenzordnung weist neben dem allgemeinen Eröffnungsgrund der Zahlungsunfähigkeit (§ 17 InsO) und dem für juristische Personen zusätzlich möglichen Eröffnungsgrund der Überschuldung (§ 19 InsO) auch die »drohende Zahlungsunfähigkeit« (§ 18 InsO) als Eröffnungsgrund aus. Der Eröffnungsgrund »drohende Zahlungsunfähigkeit« kommt gemäß § 18 Abs. 1 InsO jedoch nur zum Tragen, wenn dies dem Willen des Schuldners entspricht.

Im Kreditwesengesetz wurde der Insolvenzgrund der »drohenden Zahlungsunfähigkeit« bisher nicht eingeführt, da das Insolvenzantragsrecht nicht beim Institut liegt und im Falle drohender Insolvenz ein Moratorium nach § 46a KWG verhängt werden kann. Das Moratorium nach § 46a KWG schließt jedoch die Einführung des Eröffnungsgrundes »drohende Zahlungsfähigkeit« nicht aus, soweit die Aufsichtsziele gewahrt bleiben. Ohne dass hierbei am Instrument des Moratoriums eine Änderung eintritt, soll der Insolvenzeröffnungsgrund »drohende Zahlungsunfähigkeit« die der Bundesanstalt möglichen Maßnahmen ergänzen und gleichzeitig das Kreditwesengesetz unter Beachtung der Besonderheiten der Bankenaufsicht möglichst systemkongruent mit der Insolvenzordnung ausgestaltet werden. Im Interesse der Aufsichtsziele wird die drohende Zahlungsunfähigkeit allerdings erst zum Insolvenzgrund und darf der entsprechende Antrag erst gestellt werden, wenn die Bundesanstalt Erfolgsaussichten von Maßnahmen nach § 46, 46a verneint. Dies richtet sich nach den Umständen des Einzelfalls, insbesondere nach der finanziellen Situation unter Berücksichtigung von Aktenlage und Informationen des Instituts sowie von Wille und Kooperationsbereitschaft der Leitung des Instituts, darüber hinaus nach der absehbaren Reaktion des Marktes.

Um gesetzessystematisch zu verfahren und dem Zweck der Regelung der »drohenden Zahlungsunfähigkeit« in der Insolvenzordnung zu folgen, kann zudem auch im Bereich des Kreditwesengesetzes wie in der Insolvenzordnung ein Insolvenzantrag wegen »drohender Zahlungsunfähigkeit« nur zulässig sein, wenn dies dem Willen des Schuldners entspricht. Die Bundesanstalt für Finanzdienstleistungsaufsicht soll also nur dann zur Stellung des Insolvenzantrages wegen »drohender Zahlungsunfähigkeit« berechtigt sein, wenn der Schuldner dem Antrag der Bundesanstalt auf Eröffnung des Insolvenzverfahrens zustimmt.

---

1 Zum Gesetz zur Umsetzung aufsichtsrechtlicher Bestimmungen zur Sanierung und Liquidation von Versicherungsunternehmen und Kreditinstituten vom 10.12.2003 (BGBl. I S. 2478); vgl. BT-Drucksache 15/1653 vom 2.10.2003.

Amtliche Begründung[1]

Zu Nummer 18 (§ 46 b KWG)

Von der Insolvenz einer nach § 10a Abs. 3 Satz 6 KWG als übergeordnetes Unternehmen geltenden Finanzholding-Gesellschaft können ähnlich schwerwiegende, negative Auswirkungen auf den gesamten Finanzmarkt ausgehen wie von der Insolvenz eines Instituts. Die Bundesanstalt verfügt aufgrund ihrer Aufsichtstätigkeit über die erforderlichen Erkenntnisse um zu beurteilen, zu welchem Zeitpunkt das Insolvenzverfahren über das Vermögen einer als übergeordnetes Unternehmen geltenden Finanzholding-Gesellschaft eingeleitet werden soll, um negative Auswirkungen möglichst gering zu halten. Im Interesse der Finanzmarktstabilität ist es daher gerechtfertigt, allein der Bundesanstalt das Recht, die Eröffnung des Insolvenzverfahrens über das Vermögen einer als übergeordnetes Unternehmen geltenden Finanzholding-Gesellschaft zu beantragen, einzuräumen und an die Stelle der Antragspflicht der verantwortlichen Personen der Finanzholding-Gesellschaft eine entsprechende Anzeigepflicht bei der Bundesanstalt treten zu lassen.

Amtliche Begründung[2]

Zu Nummer 12 (§ 46 b)

Die Änderung in Satz 5 stellt klar, dass einem Insolvenzantrag wegen drohender Zahlungsfähigkeit immer das jeweilige Institut zustimmen muss und eine Finanzholding-Gesellschaft nur dem Insolvenzantrag über ihr eigenes Vermögen nicht aber dem Insolvenzantrag über mit ihr verbundene Institute zustimmen muss. Das weitere Erfordernis, dass Maßnahmen nach § 46 nicht erfolgversprechend erscheinen, wird gestrichen, weil die Prüfung der Sanierungsoptionen insoweit durch die verantwortlichen Organe erfolgt und »voreiligen« Antragstellungen durch das Zustimmungserfordernis ausreichend vorgebeugt wird.

Die Neufassung von Satz 6 soll den vertrauensvollen Dialog von Insolvenzgericht und Bundesanstalt bei der Verwalterauswahl fördern, indem die Kenntnisse der Allfinanzaufsicht über die Besonderheiten einer Institutsinsolvenz für die Entscheidung des Insolvenzgerichts nutzbar gemacht werden. Die weiteren Ergänzungen sollen die laufende Information der Bundesanstalt über den ordnungsgemäßen Fortgang der Abwicklung des insolventen Instituts gewährleisten.

ANMERKUNG

1. § 46 b wurde durch das 2. KWG-Änderungsgesetz vom 24. März 1976 eingefügt (vgl. auch Anmerkung zu § 46a). Einzelheiten ergeben sich aus dem vorstehenden Ausschussbericht. Durch das 6. KWG-Änderungsgesetz vom 22. Oktober 1997 wurden die Finanzdienstleistungsinstitute in die Vorschrift einbezogen. Durch das Gesetz zur Umsetzung aufsichtsrechtlicher Bestimmungen zur Sanierung und Liquidation von Versicherungsunternehmen und Kreditinstituten vom 10.12.2003 (BGBl. I S. 2478) wurde der Absatz 1 neu gefasst. Einzelheiten ergeben sich aus der vorstehenden Amtlichen Begründung.

---

1 Zum Gesetz zur Fortentwicklung des Pfandbriefrechts vom 20. März 2009 (BGBl. I S. 607); vgl. BT-Drucksache 16/11130 vom 1. Dezember 2008.
2 Zum Gesetz zur Restrukturierung und geordneten Abwicklung von Kreditinstituten, zur Errichtung eines Restrukturierungsfonds für Kreditinstitute und zur Verlängerung der Verjährungsfrist der aktienrechtlichen Organhaftung (Restrukturierungsgesetz) vom 9. Dezember 2010 (BGBl. I S. 1900); vgl. BT-Drucksache 17/3024 vom 27. September 2010.

2. Durch das Gesetz zur Fortentwicklung des Pfandbriefrechts vom 20. März 2009 (BGBl. I S. 607) wurde § 46 b Absatz 1 Satz 1, 3, 4 und 5 mit Verweis auf den geänderten § 10 a KWG geändert.
3. § 46 b Absatz 2 Satz 2 erhält mit »Systembetreiber« eine Folgeänderung zur redaktionellen Anpassung in § 24 b Absatz 5 KWG durch das Gesetz zur Umsetzung der geänderten Bankenrichtlinie und der geänderten Kapitaladäquanzrichtlinie vom 19. November 2010 (BGBl. I S. 1592).
4. § 46 Absatz 1 Sätze 5 und 6 wurden neu gefasst, Sätze 8 und 9 sowie Absatz 3 durch das Restrukturierungsgesetz vom 9. Dezember 2010 (BGBl. I S. 1900) wurden angefügt; zu den Einzelheiten vgl. die vorstehend abgedruckte Amtliche Begründung.
5. Mit der Änderung des § 46 b Absatz 2 Satz 1 wurde Artikel 1 Nummer 1 der Richtlinie 2010/78/EU umgesetzt, der Artikel 6 Absatz 3 der Richtlinie 98/20/EG ändert durch das Gesetz zur Umsetzung der Richtlinie 2010/78/EU des Europäischen Parlaments und des Rates vom 24. November 2010 im Hinblick auf die Errichtung des Europäischen Finanzaufsichtsystems vom 4. Dezember 2011 (BGBl. I S. 2427). Nunmehr sind neben den Stellen, die der Europäischen Kommission nach Artikel 10 Satz 1 der Richtlinie 98/20/EG gemeldet wurden, auch der Europäische Ausschuss für Systemrisiken sowie die Europäische Wertpapier- und Marktaufsichtsbehörde über die Eröffnung eines Insolvenzverfahrens über das Vermögen eines Systemteilnehmers zu unterrichten.
6. Kern der Änderung des Regelungsgegenstandes des § 46 b Absatz 1 durch das CRD IV-Umsetzungsgesetz vom 28. August 2013 (BGBl. I S. 3395) ist die Konzentration des Insolvenzantrags auf die Bundesanstalt. Die Konzentration rechtfertigt sich aus dem Informationsvorsprung, den die Bundesanstalt aus der laufenden Aufsicht über ein Kredit- oder Finanzdienstleistungsinstitut erlangt. Letztlich ist nur die Bundesanstalt in der Position, die evtl. Konsequenzen der Einleitung eines Insolvenzverfahrens über ein von ihr beaufsichtigtes Institut für den Finanzmarkt abzuschätzen. Das gilt insbesondere für nach Größenordnung und/oder Geschäftstätigkeit her systemrelevante Institute. Bei den weiteren Änderungen handelt es sich um die Anpassung der Verweise. Vgl. BT-Drucksache 17/10974 vom 15. Oktober 2012.

§ 46 c Insolvenzrechtliche Fristen und Haftungsfragen

(1) Die nach den §§ 88 und 130 bis 136 der Insolvenzordnung vom Tag des Antrags auf Eröffnung des Insolvenzverfahrens an zu berechnenden Fristen sind vom Tag des Erlasses einer Maßnahme nach § 46 Absatz 1 an zu berechnen.

(2) Es wird vermutet, dass Leistungen des Instituts, die zwischen einer Anordnung der Bundesanstalt nach § 46 Absatz 1 Satz 2 Nummer 4 bis 6 und dem Insolvenzantrag erfolgten und nach § 46 zulässig sind, die Gläubiger des Instituts nicht benachteiligen und mit der Sorgfalt ordentlicher Kaufleute vereinbar sind. Die Bundesanstalt handelt bei ihrer Tätigkeit pflichtgemäß, soweit sie bei Ausübung ihrer Befugnisse vernünftigerweise annehmen durfte, auf der Grundlage angemessener Informationen die Ziele des Gesetzes erreichen zu können. § 4 Absatz 4 des Finanzdienstleistungsaufsichtsgesetzes bleibt unberührt.

Bericht des Finanzausschusses des Bundestages zum Zweiten Gesetz zur Änderung des Gesetzes über das Kreditwesen

Um zu vermeiden, daß bei einer möglichen späteren Konkurseröffnung durch das Moratorium die Anfechtungsfristen verstrichen sind, sieht die Vorschrift eine § 107 Abs. 2 Vergleichsordnung entsprechende Regelung vor.

Amtliche Begründung[1]

Nach § 32b Satz 1 des Gesetzes betreffend die Gesellschaften mit beschränkter Haftung (GmbHG) ist ein Gesellschafter, der für ein der GmbH von einem Dritten gewährtes sog. kapitalersetzendes Darlehen (§ 32a Abs. 2 GmbHG) sich verbürgt oder eine Sicherung bestellt hatte, der Gesellschaft zur Erstattung des Rückzahlungsbetrages verpflichtet, wenn die Gesellschaft das Darlehen im letzten Jahr vor Eröffnung des Konkurs- oder Vergleichsverfahrens über das Vermögen der Gesellschaft zurückgewährt hat. Hat ein Gesellschafter der GmbH unmittelbar ein sog. kapitalersetzendes Darlehen gewährt (§ 32a Abs. 1 GmbHG), sind Rechtshandlungen, die dem Gesellschafter Befriedigung gewähren, anfechtbar, wenn diese Rechtshandlungen im letzten Jahr vor Eröffnung des Konkurs- oder Vergleichsverfahrens vorgenommen sind (§ 32a Satz 2 KO, § 107 Abs. 2 VerglO). Sinngemäß gelten diese Vorschriften auch für andere Rechtshandlungen, die der Darlehensgewährung wirtschaftlich entsprechen. Die Ergänzung des § 46c soll sicherstellen, daß diese Fristen aus den gleichen Gründen wie in den bisher in § 46c genannten Fällen bereits vom Tage des Erlasses einer Maßnahme des Bundesaufsichtsamtes, durch die der Konkurs über das Vermögen eines in der Rechtsform einer GmbH betriebenen Kreditinstituts vermieden werden soll, an berechnet werden. Durch die Erwähnung des § 107 Abs. 2 VerglO in § 46c wird klargestellt, daß die Regelung über den Fristenbeginn auch für die Fälle des § 107 Abs. 2 VerglO gilt.

Amtliche Begründung[2]

Zu Nummer 13 (§ 46c)

Angesichts der besonderen Kontrolle durch die Aufsicht, der zulässige Geldabflüsse von Instituten im Rahmen von § 46 unterliegen (insoweit vergleichbar mit den Befugnissen des Insolvenzgerichts bzw. des vorläufigen Insolvenzverwalters im vorläufigen Insolvenzverfahren), ist es sachgerecht, die handelnden Personen ebenso wie die betroffenen Gläubiger von den in einer Krisenlage zumeist unkalkulierbaren Haftungs- und Anfechtungsrisiken insoweit weitgehend freizustellen. Hat die Bundesanstalt ihre Befugnisse in gutem Glauben und auf der Basis angemessener Informationen und zur Erreichung der Ziele des Gesetzes entsprechend ausgeübt, wird vermutet, dass sie keine Pflichtverletzung begangen hat. Da es sich um eine widerlegbare Vermutung handelt, steht es dem Insolvenzverwalter frei, den Beweis zu führen, dass eine Gläubigerbenachteiligung vorliegt. Für die Frage, inwieweit die Bundesanstalt aufgrund angemessener Informationen gehandelt hat, kommt es auf die konkreten Umstände im Einzelfall, insbesondere auf das in akuten Krisensituationen häufig sehr enge Zeitfenster für aufsichtsrechtliche Maßnahmen an, so dass sich die Aufsicht unter Umständen auf Erkenntnisse der Instituts oder Dritter verlassen können muss, wenn sich der zeitliche Rahmen für Rettungsmaßnahmen nach ihrer pflichtgemäßen Einschätzung auf wenige Stunden oder Tage beschränkt. Bei der Bundesanstalt kommt dieser – nicht nur in Krisensituationen anwendbare – an einer »business judgement rule« orientierte Sorgfaltsmaßstab nur in den Fällen zum Tragen, in denen eine Haftung nicht bereits aufgrund von § 4 Absatz 4 FinDAG ausscheidet.

---

1 Zum 3. KWG-Änderungsgesetz.
2 Zum Gesetz zur Restrukturierung und geordneten Abwicklung von Kreditinstituten, zur Errichtung eines Restrukturierungsfonds für Kreditinstitute und zur Verlängerung der Verjährungsfrist der aktienrechtlichen Organhaftung (Restrukturierungsgesetz) vom 9. Dezember 2010 (BGBl. I S. 1900); vgl. BT-Drucksache 17/3024 vom 27. September 2010.

ANMERKUNG
1. § 46c wurde durch das 2. KWG-Änderungsgesetz vom 24. März 1976 eingefügt (vgl. auch Anmerkung zu § 46a). Durch das 3. KWG-Änderungsgesetz vom 20. Dezember 1984 wurde die Vorschrift ergänzt (vgl. die vorstehende Amtliche Begründung). Durch das Gesetz zur Modernisierung des GmbH-Rechts und zur Bekämpfung von Missbräuchen vom 23. Oktober 2008 wurde § 46c geändert. Es erging keine amtliche Begründung zur Änderung des § 46c.
2. § 46c wurde komplett neu überarbeitet durch das Restrukturierungsgesetz vom 9. Dezember 2010 (BGBl. I S. 1900); vgl. auch die vorstehende Amtliche Begündung.

§ 46d Unterrichtung der anderen Staaten des Europäischen Wirtschaftsraums über Sanierungsmaßnahmen

(1) Vor Erlass einer Sanierungsmaßnahme, insbesondere einer Maßnahme nach § 46, gegenüber einem CRR-Kreditinstitut unterrichtet die Bundesanstalt die zuständigen Behörden der anderen Staaten des Europäischen Wirtschaftsraums. Ist dies nicht möglich, sind die zuständigen Behörden unmittelbar nach Erlass der Maßnahme zu unterrichten. Das Gleiche gilt, soweit gegenüber einer Zweigstelle eines Unternehmens im Sinne des § 53 mit Sitz außerhalb der Staaten des Europäischen Wirtschaftsraums Maßnahmen nach § 46 ergriffen werden. In diesem Falle unterrichtet die Bundesanstalt die zuständigen Behörden der anderen Staaten des Europäischen Wirtschaftsraums, in denen das Unternehmen weitere Zweigstellen errichtet hat. Die Regelungen des § 8 Abs. 3 bis 7 bleiben unberührt.

(2) Sanierungsmaßnahmen, die die Rechte von Dritten in einem Aufnahmemitgliedstaat beeinträchtigen und gegen die Rechtsbehelfe eingelegt werden können, sind ohne den ihrer Begründung dienenden Teil in der Amtssprache oder den Amtssprachen der betroffenen Staaten des Europäischen Wirtschaftsraums unverzüglich im Amtsblatt der Europäischen Union und in mindestens zwei überregionalen Zeitungen der Aufnahmemitgliedstaaten bekannt zu machen. In der Bekanntmachung sind die Stelle, bei der die Begründung vorgehalten wird, der Gegenstand und die Rechtsgrundlage der Entscheidung, die Rechtsbehelfsfristen einschließlich des Zeitpunkts ihres Fristablaufs, die Anschrift der Bundesanstalt als über einen Widerspruch entscheidende Behörde und die Anschrift des zuständigen Verwaltungsgerichts anzugeben. Die Bekanntmachung ist nicht Wirksamkeitsvoraussetzung.

(3) Sanierungsmaßnahmen im Sinne der Absätze 1 und 2 sind Maßnahmen nach § 46 sowie nach § 6 Abs. 3, mit denen die finanzielle Lage eines CRR-Kreditinstituts gesichert oder wiederhergestellt werden soll und die die bestehenden Rechte von Dritten in einem Aufnahmemitgliedstaat des Europäischen Wirtschaftsraums beeinträchtigen könnten, einschließlich der Maßnahmen, die eine Aussetzung der Zahlungen erlauben oder der Wirksamkeit der Sanierungsmaßnahmen von Aufsichtsbehörden des Europäischen Wirtschaftsraums unterstützend dienen. Sanierungsmaßnahmen sind als solche zu bezeichnen. In Ansehung der Sanierungsmaßnahmen sind auf Verträge zur Nutzung oder zum Erwerb eines unbeweglichen Gegenstands, auf Arbeitsverträge und Arbeitsverhältnisse, auf Aufrechnungen, auf Pensionsgeschäfte im Sinne des § 340b des Handelsgesetzbuchs, auf Schuldumwandlungsverträge und Aufrechnungsvereinbarungen sowie auf dingliche Rechte Dritter die §§ 336, 337, 338, 340 und 351 Abs. 2 der Insolvenzordnung entsprechend anzuwenden, soweit dieses Gesetz nichts anderes bestimmt.

(4) Die Absätze 1 und 2 sind nicht anzuwenden, wenn und soweit ausschließlich die Rechte von an der internen Betriebsstruktur beteiligten Personen sowie von Geschäftsführern und Aktionären eines CRR-Kreditinstituts in einer dieser Eigenschaften beeinträchtigt sein können. Bei CRR-Kreditinstituten, die nicht grenzüberschreitend tätig sind, ist die Unterrichtung und Bekanntmachung nach den Absätzen 1 und 2 entbehrlich.

(5) Die Bundesanstalt unterstützt Sanierungsmaßnahmen der Behörden des Herkunftsmitgliedstaates bei einem CRR-Kreditinstitut mit Sitz in einem anderen Staat des Europäischen Wirtschaftsraums. Hält sie die Durchführung von Sanierungsmaßnahmen bei einem CRR-Kreditinstitut mit Sitz in einem anderen Staat des Europäischen Wirtschaftsraums für notwendig, so setzt sie die zuständigen Behörden dieses Staates hiervon in Kenntnis.

Amtliche Begründung[1]

§ 46 d Abs. 1 dient der Umsetzung der Artikel 4 und 8 der Richtlinie 2001/24/EG.

§ 46 d Abs. 2 betrifft die Umsetzung von Artikel 6 der Richtlinie 2001//24/EG. Nach diesem Artikel ist die Durchführung von gemäß Artikel 3 Abs. 1 und 2 der Richtlinie beschlossenen Sanierungsmaßnahmen bekannt zu machen, soweit sie Rechte von Dritten in einem Aufnahmestaat beeinträchtigen können und diese im Herkunftsstaat Rechtsbehelfe gegen die Entscheidung, die die Sanierungsmaßnahmen anordnet, einlegen könnten. Hierzu hat die Aufsichtsbehörde einen Auszug aus der Entscheidung im Amtsblatt der Europäischen Union und in zwei überregionalen Zeitungen jedes Aufnahmestaates zu veröffentlichen. Hierbei sind nach Artikel 6 Abs. 4 in der Amtssprache oder den Amtssprachen der betroffenen Staaten insbesondere Gegenstand und Rechtsgrundlage der Entscheidung, die Rechtsbehelfsfristen, eine leicht verständliche Angabe, wann diese Fristen enden und die genauen Anschriften der Behörden und Gerichte, die für die Prüfung der Rechtsbehelfe zuständig sind, anzugeben.

§ 46 d Abs. 3 definiert den Begriff der Sanierungsmaßnahme nach Artikel 2 unter Einschluss der Unterstützungsmaßnahmen für Sanierungsmaßnahmen der Aufsichtsbehörden anderer Staaten des Europäischen Wirtschaftsraums. Damit soll der in der Richtlinie vorgeschriebenen Wirksamkeit sämtlicher Sanierungsmaßnahmen nach der Definition in Artikel 2 der Richtlinie Rechnung getragen werden (vgl. auch Erwägungsgrund Nr. 6 der Richtlinie). Eine Veröffentlichung ist nicht automatisch bei Anwendung dieser Vorschriften, sondern nur indiziert, soweit die Beeinträchtigung der Rechte Dritter berührt ist. Um den in Artikel 20 ff. vorgesehenen Gleichklang der Wirkungen von Sanierungsmaßnahmen und Liquiditätsverfahren auf bestimmte Verträge und Rechte sicherzustellen, verweist Satz 3 auf die für das Liquidationsverfahren geltenden Vorschriften der InsO. Dem trägt die in Satz 2 enthaltene Pflicht Rechnung, im Interesse der Rechtssicherheit Sanierungsmaßnahmen als solche zu bezeichnen.

§ 46 d Abs. 5 bestimmt im Hinblick auf Artikel 3 der Richtlinie die Unterstützung der Aufsichtsbehörden des Herkunftsstaats des Europäischen Wirtschaftsraums bei deren Sanierungsmaßnahmen. Satz 2 dient der Umsetzung von Artikel 5 der Richtlinie.

§ 46 e regelt das Insolvenzverfahren. Nach dem autonomen deutschen Internationalen Insolvenzrecht hängt die Anerkennung eines ausländischen Insolvenzverfahrens im Inland insbesondere von zwei Voraussetzungen ab. Zum einen muss dem Eröffnungsstaat die internationale Zuständigkeit zukommen, zum anderen darf die Anerkennung des ausländischen Verfahrens nicht den deutschen ordre public berühren.

Nach Artikel 9 der Richtlinie über die Sanierung und Liquidation von Kreditinstituten sind nur die zuständigen Behörden des Herkunftsstaates befugt, ein Insolvenzverfahren zu eröffnen. Die anderen Mitgliedstaaten haben dieses Verfahren anzuerkennen, ohne dass ihnen die Möglichkeit eingeräumt wäre, die internationale Zuständigkeit des Eröffnungsstaates zu überprüfen. Dies lässt sich aus dem Grundsatz des gemeinschaftlichen Vertrauens ableiten, nach dem die Entscheidung eines ersten Gerichts in einem Mitgliedstaat die übrigen Mitgliedstaaten verpflichtet, diese anzuerkennen. Während Artikel 26 der Verordnung (EG) Nr. 1346/2000 den Mitgliedstaaten

---

1 Zum Gesetz zur Umsetzung aufsichtsrechtlicher Bestimmungen zur Sanierung und Liquidation von Versicherungsunternehmen und Kreditinstituten vom 10.12.2003 (BGBl. I S. 2478), vgl. BT-Drucksache 15/1653 vom 2.10.2003.

die Befugnis einräumt, die Anerkennung eines in einem anderen Mitgliedstaat eröffneten Insolvenzverfahrens abzulehnen, wenn die Anerkennung zu einem Ergebnis führen würde, das offensichtlich mit der öffentlichen Ordnung des Anerkennungsstaates unvereinbar ist, besteht diese Möglichkeit unter dem Regime der Richtlinie über die Sanierung und Liquidation von Kreditinstituten nicht. Insofern war es erforderlich, in Absatz 1 die einschlägigen Bestimmungen des autonomen deutschen Rechts für nicht anwendbar zu erklären.

Dem deutschen internationalen Insolvenzrecht liegt in Übereinstimmung mit der EU-Verordnung über Insolvenzverfahren und den Modellbestimmungen der UNCITRAL über grenzüberschreitende Insolvenzverfahren das Prinzip der gemäßigten Universalität zugrunde. Dies bedeutet, dass einem Hauptinsolvenzverfahren grundsätzlich eine weltweite Wirkung zukommt, diese jedoch insbesondere durch die Zulassung von Partikularverfahren, die nur das in dem jeweiligen Eröffnungsstaat belegene Vermögen erfassen, abgemildert werden. Diese Verfahren, die in einem Staat eröffnet werden, in dem nicht die hauptsächlichen Interessen des Schuldners angesiedelt sind, dienen vor allem dem Schutz lokaler Gläubiger. Ihnen wird damit erspart, unter Umständen an einem weit entfernten Gerichtsstand, in einer fremden Sprache und unter einer ihnen unbekannten Rechtsordnung ihre Rechte durchsetzen zu müssen. Da die Richtlinie über die Sanierung und Liquidation von Kreditinstituten vom Grundsatz strikter Einheit und Universalität des Verfahrens beherrscht wird, muss durch Absatz 2 die Zulassung solcher Partikularverfahren, zu denen auch Sekundärinsolvenzverfahren gehören, ausgeschlossen werden.

Artikel 9 Abs. 2 der Richtlinie sieht vor, dass die Behörden oder Gerichte des Herkunftsstaates die zuständigen Behörden des Aufnahmestaates von ihrer Entscheidung, ein Liquidationsverfahren zu eröffnen, unverzüglich – möglichst vor Eröffnung des Verfahrens, ansonsten unmittelbar danach – in Kenntnis setzen. Die Bundesanstalt für Finanzdienstleistungsaufsicht ist somit umgehend über die Eröffnung des Insolvenzverfahrens zu informieren. Dies erfolgt durch die Übermittlung des Eröffnungsbeschlusses. Eine entsprechende Unterrichtung sehen auch die Mitteilungen in Zivilsachen vor. Die Bundesanstalt für Finanzdienstleistungsaufsicht trifft danach die Verpflichtung, die Aufsichtsbehörden der anderen Staaten des Europäischen Wirtschaftsraums unverzüglich über die Verfahrenseröffnung zu unterrichten.

Neben der öffentlichen Bekanntmachung nach § 30 der Insolvenzordnung schreibt Artikel 13 der Richtlinie 2001/24/EG ergänzend vor, dass der Eröffnungsbeschluss auch auszugsweise im Amtsblatt der Europäischen Union sowie in zwei überregionalen Zeitungen der Aufnahmestaaten zu publizieren ist, in denen das Kreditinstitut wirtschaftlich aktiv ist. Dies wird durch Absatz 3 Satz 2 umgesetzt. Im Unterschied zu der Richtlinie über die Sanierung und Liquidation von Versicherungsunternehmen schreibt Artikel 17 Abs. 1 der Richtlinie über die Sanierung und Liquidation von Kreditinstituten vor, dass auch bei der öffentlichen Bekanntmachung nach Artikel 13 das in § 46f Abs. 1 geregelte Formblatt bekannt zu machen ist.

Um ein koordiniertes Vorgehen der Aufsichtsbehörden zu ermöglichen, gibt Absatz 4 der Bundesanstalt für Finanzdienstleistungsaufsicht die Befugnis, jederzeit vom Insolvenzgericht und vom Insolvenzverwalter Auskünfte über den Stand des Verfahrens zu verlangen. Auch wenn der Insolvenzverwalter im Rahmen des laufenden Insolvenzverfahrens mit dem umfangreichsten Wissen über den Gemeinschuldners ausgestattet sein sollte, ist eine ergänzende Informationspflicht des Insolvenzgerichtes unverzichtbar. Insbesondere wenn der Insolvenzverwalter nur unzureichend auf Anfragen reagieren sollte, ist eine Einschaltung des Insolvenzgerichtes geboten, um eine schnelle Handlungsfähigkeit der Aufsicht zu gewährleisten. Die erlangten Informationen können dann auch von den Aufsichtsbehörden der anderen Staaten des Europäischen Wirtschaftsraums abgefragt werden.

Für Zweigstellen von Kreditinstituten aus Drittländern sieht Artikel 19 der Richtlinie Ausnahmeregelungen vor. Insofern werden auch der Grundsatz der strikten Einheit des Verfahrens durchbrochen und Partikularinsolvenzverfahren über das

Vermögen der Zweigstellen eines Kreditinstitutes zugelassen. Unterhält das Kreditinstitut auch Zweigstellen in anderen Mitgliedstaaten, so hat die Bundesanstalt für Finanzdienstleistungsaufsicht die Aufsichtsbehörden dieser Mitgliedsstaaten unverzüglich von der Eröffnung eines Insolvenzverfahrens zu informieren, damit in den jeweiligen Staaten ggf. auch entsprechende Maßnahmen zum Schutz der Kunden ergriffen werden können. Wie bereits oben dargestellt, verwendet auch hier die Richtlinie den Terminus »Entscheidung«, der auf den Insolvenzeröffnungsbeschluss zu beziehen ist.

§ 46e Abs. 5 Satz 1 dient darüber hinaus der Information der zuständigen Stellen anderer Staaten des Europäischen Wirtschaftsraums bereits im Falle eines Antrags auf Eröffnung des Insolvenzverfahrens, um die zeitnahe Reaktion und Vorbereitung etwaiger Schutzmaßnahmen sicherzustellen.

Im Interesse eines möglichst umfassenden Schutzes für den Gläubiger und um eine optimale Verwertung der Insolvenzmasse zu realisieren, sind alle in das Verfahren involvierten Personen und Stellen nach Absatz 5 Satz 3 des Entwurfs zur Zusammenarbeit verpflichtet. Dies trifft sowohl die Aufsichtsbehörden und die Insolvenzverwalter als auch die Insolvenzgerichte, die nach Artikel 19 Abs. 3 der Richtlinie sich um abgestimmtes Vorgehen bemühen sollen.

§ 46f regelt die Unterrichtung der von dem Insolvenzverfahren betroffenen Gläubiger. Nach Artikel 14 der Richtlinie sind die bekannten Gläubiger individuell über die Eröffnung des Insolvenzverfahrens sowie über die wesentlichen Umstände, die für dieses Verfahren maßgebend sind, zu unterrichten. Hierdurch werden die Bekanntmachungspflichten gemäß § 30 InsO sektorspezifisch erweitert. Artikel 14 der Richtlinie gibt bei der Frage, wer die Gläubiger zu unterrichten hat, die Wahl zwischen der Behörde, dem Gericht oder dem Liquidator. Im Interesse der Rechtssicherheit sieht die Vorschrift hierfür in Anlehnung an die InsO das Insolvenzgericht vor, was jedoch der Zustellung durch den Insolvenzverwalter nicht entgegensteht. Das Recht aus § 8 Abs. 3 InsO bleibt dem Insolvenzgericht hier unbenommen.

Die Umstände, über die die Gläubiger zu unterrichten sind, werden in Absatz 1 im Einzelnen benannt. Nach Artikel 17 der Richtlinie ist hierfür ein Formblatt zu verwenden, das in sämtlichen Amtssprachen der Europäischen Union zur Anmeldung der Forderungen auffordert. Absatz 1 entspricht insofern im Wesentlichen Artikel 41 der Verordnung (EG) Nr. 1346/2000. Allerdings unterscheidet die Richtlinie abweichend von der Verordnung zwischen der Anmeldung einer Forderung und der Erläuterung. Da nach § 174 Abs. 2 InsO bei der Anmeldung auch der Grund der Forderung anzugeben ist, sollte bei der Insolvenz eines Kreditinstituts stets ein Formblatt verwendet werden, das auf die »Anmeldung und Erläuterung« der Forderung abstellt.

Nach Artikel 16 Abs. 1 der Richtlinie 2001/24/EG können die Gläubiger aus einem Mitgliedstaat der Europäischen Union ihre Forderungen in ihrer Heimatsprache anmelden. Da nach deutschem Insolvenzrecht bei der Anmeldung auch der Grund der Forderung anzugeben ist, sollte die Anmeldung mit der Überschrift »Anmeldung und Erläuterung einer Forderung« in deutscher Sprache überschrieben sein. Im Gegensatz zu der Richtlinie 2001/17/EG kann nach Artikel 17 Abs. 2 Satz 3 der Richtlinie 2001/24/EG von dem Gläubiger eine Übersetzung der Anmeldung verlangt werden. Dem wird durch Absatz 2 Satz 3 Rechnung getragen. Mit der vereinfachten Geltendmachung der Forderungen wird der e der Gleichbehandlung ausländischer Gläubiger mit inländischen und über das Anmelderecht ausländischer öffentlich-rechtlicher Gläubiger Rechnung getragen. Eine besondere Regelung der Gleichbehandlung ist entbehrlich, da das deutsche Insolvenzrecht keine Sondervorschriften für ausländische Gläubiger kennt.

Nach Artikel 18 der Richtlinie hat der Insolvenzverwalter die Gläubiger über den Stand des Insolvenzverfahrens zu informieren. Das deutsche Insolvenzrecht verpflichtet jedoch den Insolvenzverwalter grundsätzlich nicht, Routineanfragen der Gläubiger nach dem Stand des Verfahrens zu beantworten. Der Verwalter erfüllt vielmehr seine Auskunftspflicht gegenüber den Gläubigern durch Berichterstattung in der Gläubigerversammlung. Sofern keine anderslautenden Beschlüsse der Gläubigerversammlung vorliegen, ist der Verwalter zu einer weiteren Berichterstattung nicht verpflichtet. Ganz anders ist jedoch das Verhältnis gegenüber den Mitgliedern des Gläubigerausschusses. Diese müssen sich über den Gang der Geschäfte unterrichten sowie die Bücher und Geschäftspapiere einsehen und haben den Geldverkehr und -bestand prüfen zu lassen (vgl. § 69 InsO). Dieser Pflicht jedes einzelnen Mitglieds des Gläubigerausschusses korreliert das Recht, vom Verwalter Auskunft, Bericht und Rechnungslegung zu verlangen. Insofern dürfte das deutsche Recht bereits den Anforderungen von Artikel 18 der Richtlinie im Grundsatz genügen. Gleichwohl wird zur Klarstellung die Verpflichtung aus der Richtlinie in Absatz 3 normiert.

ANMERKUNG

1. Der in Absatz 1 angefügte Satz 5 dient der Klarstellung, dass die in § 8 Abs. 3 bis 7 formulierten Regelungen zum Austausch von wesentlichen und zweckdienlichen Informationen mit sowie zur Anhörung von anderen zuständigen Stellen innerhalb des Europäischen Wirtschaftsraums unabhängig neben den Unterrichtungspflichten in Sanierungsfällen stehen, da sich sowohl Zielrichtung der Regelung als auch Adressatenkreis unterscheiden.
2. In § 46d wurden redaktionelle Folgeänderungen vorgenommen durch das Restrukturierungsgesetz vom 9. Dezember 2010 (BGBl. I S. 1900).
Die Wörter »E-Geld-Institut(en)« wurden jeweils in § 46d gestrichen durch das Gesetz zur Umsetzung der Zweiten E-Geld-Richtlinie vom 1. März 2011 (BGBl. I S. 288). Die Streichungen sind redaktionelle Folgeänderungen, da E-Geld-Institute als Institutstypus aus diesem Gesetz herausgenommen und dem Zahlungsdiensteaufsichtsgesetz unterstellt wurden.
3. Es handelt sich in § 46d Absatz 1 bis 5 um eine redaktionelle Korrektur durch das CRD IV-Umsetzungsgesetz vom 28. August 2013 (BGBl. I S. 3395), weil das KWG den Begriff »Einlagenkreditinstitut« nicht mehr verwendet, und um eine redaktionelle Anpassung an die Begrifflichkeiten der Verordnung (EU) Nr. 575/2013.

§ 46e Insolvenzverfahren in den Staaten des Europäischen Wirtschaftsraums

(1) Zuständig für die Eröffnung eines Insolvenzverfahrens über das Vermögen eines CRR-Kreditinstituts sind im Bereich des Europäischen Wirtschaftsraums allein die jeweiligen Behörden oder Gerichte des Herkunftsmitgliedstaates. Ist ein anderer Staat des Europäischen Wirtschaftsraums Herkunftsmitgliedstaat eines CRR-Kreditinstituts und wird dort ein Insolvenzverfahren über das Vermögen dieses Instituts eröffnet, so wird das Verfahren ohne Rücksicht auf die Voraussetzungen des § 343 Abs. 1 der Insolvenzordnung anerkannt.

(2) Sekundärinsolvenzverfahren nach § 356 der Insolvenzordnung und sonstige Partikularverfahren nach § 354 der Insolvenzordnung bezüglich der CRR-Kreditinstitute, die ihren Sitz in einem anderen Staat des Europäischen Wirtschaftsraums haben, sind nicht zulässig.

(3) Die Geschäftsstelle des Insolvenzgerichts hat den Eröffnungsbeschluss sofort der Bundesanstalt zu übermitteln, die unverzüglich die zuständigen Behörden der anderen Aufnahmemitgliedstaaten des Europäischen Wirtschaftsraums über die Verfahrenseröffnung unterrichtet. Unbeschadet der in § 30 der Insolvenzordnung vorgesehenen Bekanntmachung hat das Insolvenzgericht den Eröffnungsbeschluss auszugsweise im Amtsblatt der Europäischen Union und in mindestens zwei überregionalen Zeitungen der Aufnahmemitgliedstaaten zu veröffentlichen, in denen das betroffene Kreditinstitut eine Zweigstelle hat oder Dienstleistungen erbringt. Der Veröffentlichung ist das Formblatt nach § 46f Abs. 1 voranzustellen.

(4) Die Bundesanstalt kann jederzeit vom Insolvenzgericht und vom Insolvenzverwalter Auskünfte über den Stand des Insolvenzverfahrens verlangen. Sie ist verpflichtet, die zuständige Behörde eines anderen Staates des Europäischen Wirtschaftsraums auf deren Verlangen über den Stand des Insolvenzverfahrens zu informieren.

(5) Stellt die Bundesanstalt den Antrag auf Eröffnung eines Insolvenzverfahrens über das Vermögen der Zweigstelle eines Unternehmens mit Sitz außerhalb des Europäischen Wirtschaftsraums, so unterrichtet sie unverzüglich die zuständigen Behörden der Staaten des Europäischen Wirtschaftsraums, in denen das Unternehmen eine weitere Zweigstelle hat oder Dienstleistungen erbringt. Die Unterrichtung hat sich auch auf Inhalt und Bestand der Erlaubnis nach § 32 zu erstrecken. Die beteiligten Personen und Stellen bemühen sich um ein abgestimmtes Vorgehen.

ANMERKUNG
1. Vgl. die »Amtliche Begründung« zu § 46d.
2. Vergessene redaktionelle Änderung infolge der Zusammenführung der Aufsichtsämter zur Bundesanstalt.
3. Die Wörter »E-Geld-Institut(en)« wurden jeweils in § 46e gestrichen durch das Gesetz zur Umsetzung der Zweiten E-Geld-Richtlinie vom 1. März 2011 (BGBl. I S. 288). Die Streichungen sind redaktionelle Folgeänderungen, da E-Geld-Institute als Institutstypus aus diesem Gesetz herausgenommen und dem Zahlungsdiensteaufsichtsgesetz unterstellt wurden.
4. Es handelt sich in § 46e Absatz 1 bis 3 um eine redaktionelle Korrektur durch das CRD IV-Umsetzungsgesetz vom 28. August 2013 (BGBl. I S. 3395), weil das KWG den Begriff »Einlagenkreditinstitut« nicht mehr verwendet, und um eine redaktionelle Anpassung an die Begrifflichkeiten der Verordnung (EU) Nr. 575/2013.

§ 46f Unterrichtung der Gläubiger im Insolvenzverfahren

(1) Mit dem Eröffnungsbeschluss ist den Gläubigern von der Geschäftsstelle des Insolvenzgerichts ein Formblatt zu übersenden, das in sämtlichen Amtssprachen der Staaten des Europäischen Wirtschaftsraums mit den Worten »Aufforderung zur Anmeldung und Erläuterung einer Forderung. Fristen beachten!« überschrieben ist. Das Formblatt wird vom Bundesministerium der Justiz im Bundesanzeiger veröffentlicht und enthält insbesondere folgende Angaben:
1. welche Fristen einzuhalten sind und welche Folgen deren Versäumung hat;
2. wer für die Entgegennahme der Anmeldung und Erläuterung einer Forderung zuständig ist;
3. welche weiteren Maßnahmen vorgeschrieben sind;
4. welche Bedeutung die Anmeldung der Forderung für bevorrechtigte oder dinglich gesicherte Gläubiger hat und inwieweit diese ihre Forderungen anmelden müssen.

(2) Gläubiger mit gewöhnlichem Aufenthalt, Wohnsitz oder Sitz in einem anderen Staat des Europäischen Wirtschaftsraums können ihre Forderungen in der oder einer der Amtssprachen dieses Staates anmelden. Die Anmeldung muss in deutscher Sprache mit den Worten »Anmeldung und Erläuterung einer Forderung« überschrieben sein. Der Gläubiger hat auf Verlangen eine Übersetzung der Anmeldung und der Erläuterung vorzulegen, die von einer hierzu in dem Staat nach Satz 1 befugten Person zu beglaubigen ist.

(3) Der Insolvenzverwalter hat die Gläubiger regelmäßig in geeigneter Form über den Fortgang des Insolvenzverfahrens zu unterrichten.

ANMERKUNG Vgl. die »Amtliche Begründung« zu § 46d.

§ 46g Moratorium, Einstellung des Bank- und Börsenverkehrs

(1) Sind wirtschaftliche Schwierigkeiten bei Kreditinstituten zu befürchten, die schwerwiegende Gefahren für die Gesamtwirtschaft, insbesondere den geordneten Ablauf des allgemeinen Zahlungsverkehrs erwarten lassen, so kann die Bundesregierung durch Rechtsverordnung
1. einem Kreditinstitut einen Aufschub für die Erfüllung seiner Verbindlichkeiten gewähren und anordnen, daß während der Dauer des Aufschubs Zwangsvollstreckungen, Arreste und einstweilige Verfügungen gegen das Kreditinstitut sowie das Insolvenzverfahren über das Vermögen des Kreditinstituts nicht zulässig sind;
2. anordnen, daß die Kreditinstitute für den Verkehr mit ihrer Kundschaft vorübergehend geschlossen bleiben und im Kundenverkehr Zahlungen und Überweisungen weder leisten noch entgegennehmen dürfen; sie kann diese Anordnung auf Arten oder Gruppen von Kreditinstituten sowie auf bestimmte Bankgeschäfte beschränken;
3. anordnen, daß die Börsen im Sinne des Börsengesetzes vorübergehend geschlossen bleiben.

(2) Vor den Maßnahmen nach Absatz 1 hat die Bundesregierung die Deutsche Bundesbank zu hören.

(3) Trifft die Bundesregierung Maßnahmen nach Absatz 1, so hat sie durch Rechtsverordnung die Rechtsfolgen zu bestimmen, die sich hierdurch für Fristen und Termine auf dem Gebiet des bürgerlichen Rechts, des Handels-, Gesellschafts-, Wechsel-, Scheck- und Verfahrensrechts ergeben.

§ 46h Wiederaufnahme des Bank- und Börsenverkehrs

(1) Die Bundesregierung kann nach Anhörung der Deutschen Bundesbank für die Zeit nach einer vorübergehenden Schließung der Kreditinstitute und Börsen gemäß § 46g Absatz 1 Nummer 2 und 3 durch Rechtsverordnung Vorschriften für die Wiederaufnahme des Zahlungs- und Überweisungsverkehrs sowie des Börsenverkehrs erlassen. Sie kann hierbei insbesondere bestimmen, daß die Auszahlung von Guthaben zeitweiligen Beschränkungen unterliegt. Für Geldbeträge, die nach einer vorübergehenden Schließung der Kreditinstitute angenommen werden, dürfen solche Beschränkungen nicht angeordnet werden.

(2) Die nach Absatz 1 sowie die nach § 46g Absatz 1 erlassenen Rechtsverordnungen treten, wenn sie nicht vorher aufgehoben worden sind, drei Monate nach ihrer Verkündung außer Kraft.

Unterabschnitt 4a. Maßnahmen zur Vorbereitung und Durchführung der Sanierung und Abwicklung

§ 47 Sanierungsplan und Abwicklungsplanung bei potentiell systemgefährdenden Kreditinstituten und Finanzgruppen

(1) Kreditinstitute, die die Bundesanstalt als potentiell systemgefährdend einstuft, haben einen Sanierungsplan aufzustellen. In dem Sanierungsplan haben sie darzulegen, mit welchen von dem Kreditinstitut zu treffenden Maßnahmen die finanzielle Stabilität des Kreditinstituts wiederhergestellt werden kann, falls sich seine Finanzlage wesentlich verschlechtert und diese Verschlechterung zu einer Bestandsgefährdung führen kann, wenn das Kreditinstitut dem nicht rechtzeitig durch geeignete Maßnahmen entgegenwirkt (Krisenfall). Ist das potentiell systemgefährdende Kreditinsti-

tut Teil einer Institutsgruppe oder einer Finanzholding-Gruppe (für die Zwecke dieses Unterabschnitts Finanzgruppen) oder ist die Finanzgruppe potentiell systemgefährdend, gilt Satz 1 mit der Maßgabe, dass allein das übergeordnete Unternehmen einen Sanierungsplan zu erstellen hat, der sich auf die gesamte Finanzgruppe bezieht. Ein Kreditinstitut ist potentiell systemgefährdend, wenn seine Bestandsgefährdung eine Systemgefährdung im Sinne des § 48 a Absatz 2 Nummer 1 in Verbindung mit § 48 b Absatz 2 auslösen kann. Eine Finanzgruppe ist potentiell systemgefährdend, wenn die Bestandsgefährdung mindestens einer Gruppengesellschaft eine Systemgefährdung auslösen kann; die Regelungen in den §§ 48 o und 48 p gelten entsprechend. Die Einstufung als potentiell systemgefährdend trifft die Bundesanstalt im Einvernehmen mit der Deutschen Bundesbank anhand einer qualitativen und quantitativen Analyse unter Berücksichtigung insbesondere der Größe des Kreditinstituts, seiner inländischen und grenzüberschreitenden Geschäftstätigkeit, seiner Vernetztheit mit dem inländischen und weltweiten Finanzsystem und seiner Ersetzbarkeit hinsichtlich der von dem Kreditinstitut angebotenen Dienstleistungen und Finanzinfrastruktureinrichtungen.

(2) Die Bundesanstalt ist für die Abwicklungsplanung zuständig. Die Abwicklungsplanung umfasst folgende Aufgaben:
1. Die Bewertung der Abwicklungsfähigkeit von Kreditinstituten und Finanzgruppen nach § 47 d,
2. die Beseitigung von Hindernissen der Abwicklungsfähigkeit nach § 47 e,
3. die Erstellung von Abwicklungsplänen nach Maßgabe der §§ 47 f und 47 g für potentiell systemgefährdende Kreditinstitute und Finanzgruppen,
4. die Wahrnehmung der Befugnisse nach § 47 h und
5. die Vorbereitung von Maßnahmen der Bundesanstalt nach den §§ 48 a bis 48 s.

Amtliche Begründung[1]

Zu Nummer 6 (Einfügung des Unterabschnitts 4 a. Maßnahmen zur Vorbereitung und Durchführung der Sanierung und Abwicklung und der §§ 47 bis 47 j)

Zu § 47 (Sanierungs- und Abwicklungsplanung bei potenziell systemgefährdenden Kreditinstituten und Finanzgruppen)

Die Anforderungen der Sanierungsplanung werden nach Absatz 1 auf potenziell systemgefährdende Kreditinstitute beschränkt, da von diesen die größten Gefahren für die Stabilität des Finanzsystems ausgehen und insoweit auf internationaler Ebene auch die größten Fortschritte zur Festlegung einheitlicher Anforderungen erzielt wurden. Die Bundesanstalt teilt einem betroffenen Kreditinstitut die Einordnung als potenziell systemgefährdend jeweils verbunden mit der Aufforderung, einen Sanierungsplan nach § 47 a zu erstellen, mit. Potenziell systemgefährdend sind zum einen global systemrelevante Kreditinstitute, zum anderen solche, die auf nationaler Ebene potenziell systemgefährdend sind. Die Bundesanstalt bestimmt in regelmäßigen Abständen, welche Institute nach einer qualitativen und quantitativen Analyse unter Berücksichtigung insbesondere der jeweiligen Größe des Instituts, der jeweiligen grenzüberschreitenden Aktivitäten, Vernetztheit mit dem Finanzsystem, Ersetzbarkeit hinsichtlich der angebotenen Dienstleistungen und Finanzinfrastruktureinrichtungen sowie der jeweiligen Komplexität des Instituts als systemrelevant gelten. Potenziell systemgefährdend sind regelmäßig die global systemrelevanten Kreditinstitute, bei deren Bestimmung die Bundesanstalt die insoweit bestehenden Empfehlungen und

---

1 Zum Gesetz zur Abschirmung von Risiken und zur Planung der Sanierung und Abwicklung von Kreditinstituten und Finanzgruppen vom 7. August 2013 (BGBl. I S. 3090); vgl. BT-Drucksache 17/12 601 vom 4. März 2013.

Richtlinien der Europäischen Bankenaufsichtsbehörde (EBA) und des Europäischen Ausschusses für Systemrisiken (ESRB) beachtet. Die potenzielle Systemgefährdung auf nationaler Ebene bestimmt die Bundesanstalt danach, ob seine Bestandsgefährdung die in § 48a f. näher definierte Systemgefährdung auslösen kann. Die Maßstäbe und Erwägungen sind dabei allerdings vergleichbar. Die Bestimmung erfolgt jeweils im Einvernehmen mit der Deutschen Bundesbank.

Absatz 2 definiert den Begriff Abwicklungsplanung und begründet dafür die Zuständigkeit der Bundesanstalt. Bei der Sanierungs- und Abwicklungsplanung handelt es sich um einen iterativen Prozess, der dazu führen soll, dass die Kreditinstitute und Finanzgruppen sowie die zuständigen Behörden auf einen Krisenfall besser vorbereitet sind. Im Unterschied zum Sanierungsverfahren nach §§ 2 ff. des KredReorgG handelt es sich um eine abstrakte, nicht anlassbezogene Planung, insbesondere muss keine Krisensituation im Sinne einer Sanierungsbedürftigkeit gemäß § 2 Absatz 1 Satz 2 KredReorgG vorliegen. Dies schließt nicht aus, dass Elemente aus der Sanierungs- und Abwicklungsplanung in Pläne Eingang finden, die nach dem KredReorgG oder nach Vorschriften des KWG erstellt werden (wie z.B. ein Restrukturierungsplan nach § 45 Absatz 2 Nummer 7 oder Wiederherstellungsplan nach § 48c Absatz 1 Satz 1).

ANMERKUNG § 47 wurde neu gefasst und der bisherige § 47 wurde der neue § 46g durch das Gesetz zur Abschirmung von Risiken und zur Planung der Sanierung und Abwicklung von Kreditinstituten und Finanzgruppen vom 7. August 2013 (BGBl. I S. 3090); zu den Einzelheiten siehe die hierzu abgedruckte Amtliche Begründung.

§ 47a Ausgestaltung von Sanierungsplänen

(1) Die Ausgestaltung des Sanierungsplans ist abhängig von Größe, Komplexität und Vernetzung des Kreditinstituts oder der Finanzgruppe sowie von Art, Umfang und Komplexität des Geschäftsmodells und des damit einhergehenden Risikos.

(2) Der Sanierungsplan hat insbesondere folgende wesentliche Bestandteile zu enthalten:
1. eine Zusammenfassung der wesentlichen Inhalte des Sanierungsplans einschließlich einer Bewertung der Sanierungsfähigkeit des Kreditinstituts oder der Finanzgruppe;
2. eine strategische Analyse des Kreditinstituts oder der Finanzgruppe, die Folgendes zu enthalten hat:
   a) eine Darstellung der Unternehmensstruktur und des Geschäftsmodells,
   b) die Benennung der wesentlichen Geschäftsaktivitäten und kritischen Geschäftsaktivitäten sowie
   c) eine Beschreibung der internen und externen Vernetzungsstrukturen;
3. eine Darstellung, welche Handlungsoptionen dem Kreditinstitut oder der Finanzgruppe zur Verfügung stehen, um im Krisenfall die finanzielle Stabilität wiederherzustellen;
4. eine Darstellung der Voraussetzungen und der wesentlichen Schritte für die Umsetzung von Handlungsoptionen. In diesem Zusammenhang sind auch die Folgen von Handlungsoptionen für die Arbeitnehmer und ihre Vertretungen zu beschreiben;
5. eine Darstellung der Hindernisse, die die Umsetzbarkeit der Handlungsoptionen einschränken oder ausschließen können sowie eine Darstellung, ob und wie diese Hindernisse überwunden werden können;
6. eine Darstellung von Szenarien für schwerwiegende Belastungen, die einen Krisenfall auslösen können, und deren Auswirkungen auf das Kreditinstitut oder die Finanzgruppe; die Belastungsszenarien sollen sowohl systemweite als auch das einzelne Kreditinstitut betreffende Ereignisse beinhalten, welche die kreditinstituts- oder gruppenspezifischen Gefährdungspotentiale abbilden;

7. die Festlegung von Indikatoren, die eine frühzeitige Durchführung von Handlungsoptionen zur Wiederherstellung der finanziellen Stabilität des Kreditinstituts oder der Finanzgruppe dergestalt ermöglichen, dass ein künftiger Krisenfall aus eigener Kraft und ohne Stabilisierungsmaßnahmen der öffentlichen Hand überwunden werden kann; Unterstützungsmaßnahmen zur Überwindung des Krisenfalls durch öffentliche oder private Eigentümer und private oder öffentliche Sicherungssysteme können bei der Darstellung angenommen werden, sofern entsprechende Zusagen der Eigentümer oder Sicherungssysteme bestehen oder Unterstützungsmaßnahmen dem in vergleichbaren Fällen üblichen Vorgehen entsprechen;
8. eine Prüfung der Wirksamkeit und Umsetzbarkeit des Sanierungsplans anhand der Belastungsszenarien;
9. einen Kommunikations- und Informationsplan, in dem die interne und die externe Kommunikation in Bezug auf die Umsetzung jeder der aufgezeigten Handlungsoptionen dargelegt wird, und
10. eine Aufstellung der vorbereitenden Maßnahmen, die das Kreditinstitut oder die Finanzgruppe getroffen hat oder zu treffen beabsichtigt, um die Umsetzung des Sanierungsplans zu erleichtern.

(3) Weiterhin hat der Sanierungsplan folgende Anforderungen zu erfüllen:
1. Die Umsetzung der Handlungsoptionen muss geeignet sein, die Existenzfähigkeit und finanzielle Solidität des Kreditinstituts oder der Finanzgruppe nachhaltig wiederherzustellen und zu sichern.
2. Die Handlungsoptionen müssen in einem Krisenfall wirksam umgesetzt werden können, ohne dass dies erhebliche negative Auswirkungen auf das Finanzsystem haben darf.

(4) Die Bundesanstalt fordert die Kreditinstitute, die sie nach Maßgabe von § 47 Absatz 1 im Einvernehmen mit der Deutschen Bundesbank als potentiell systemgefährdend eingestuft hat, auf, einen Sanierungsplan vorzulegen und bestimmt dafür eine Frist, die sechs Monate nicht überschreiten darf. Auf Antrag des Kreditinstituts kann die Bundesanstalt die Frist um bis zu sechs Monate verlängern. Die betreffenden Kreditinstitute haben ihren Sanierungsplan mindestens jährlich oder nach einer Änderung der Rechts- oder Organisationsstruktur des Kreditinstituts, ihrer Geschäftstätigkeit oder ihrer Finanzlage oder der allgemeinen Risikosituation, die sich wesentlich auf den Sanierungsplan auswirken könnte oder aus anderen Gründen dessen Änderung erforderlich macht, zu aktualisieren. Die Bundesanstalt kann von den betreffenden Kreditinstituten verlangen, dass sie ihre Sanierungspläne häufiger aktualisieren. Die Sätze 1 bis 3 finden auf das übergeordnete Unternehmen einer potentiell systemgefährdenden Finanzgruppe entsprechende Anwendung.

(5) Jeder Geschäftsleiter im Sinne des § 1 Absatz 2 ist, unabhängig von der internen Zuständigkeitsregelung, für die Erstellung, die Implementierung und die Aktualisierung des Sanierungsplans sowie für dessen Umsetzung im Krisenfall verantwortlich.

(6) Wesentliche Geschäftsaktivitäten im Sinne dieses Unterabschnitts sind solche, die die Vermögens-, Finanz- und Ertragslage des Kreditinstituts oder der Finanzgruppe in erheblicher Weise beeinflussen können. Wesentlich sind auch Geschäftsaktivitäten, die aus Sicht des Kreditinstituts oder der Finanzgruppe im Falle einer Störung zu einem erheblichen Ausfall von Einnahmen oder Gewinnen, erheblichen Verlusten oder zu einem erheblichen Verlust des Beteiligungswertes führen könnten. Kritische Geschäftsaktivitäten im Sinne dieses Unterabschnitts sind Geschäftstätigkeiten, deren Abbruch oder ungeordnete Abwicklung sich in erheblicher Weise negativ auf andere Unternehmen des Finanzsektors, auf die Finanzmärkte oder auf das allgemeine Vertrauen der Einleger und anderer Marktteilnehmer in die Funktionsfähigkeit des Finanzsystems auswirken könnte.

Amtliche Begründung[1]

Zu § 47a (Ausgestaltung von Sanierungsplänen)

Absatz 1 bestimmt, dass bei der Ausgestaltung des Sanierungsplanes eines Kreditinstituts oder einer Finanzgruppe die im Hinblick auf die von ihm ausgehende potenzielle Systemgefährdung, sein Geschäftsmodell und die davon ausgehenden Risiken im Einzelfall bedeutenden Umstände zu berücksichtigen sind (Proportionalitätsprinzip).

Absatz 2 beschreibt die wesentlichen inhaltlichen Bestandteile von Sanierungsplänen.

Entsprechend dem bewährten Vorgehen bei den MaRisk im Rahmen des Risikomanagements gemäß § 25a KWG kann die Bundesanstalt gesetzliche Vorgaben in Form von Rundschreiben konkretisieren. Auch die Anforderungen an den Inhalt von Sanierungsplänen können in Form eines Rundschreibens konkretisiert werden. Die Bundesanstalt hat bereits einen entsprechenden Entwurf von Mindestanforderungen an die Ausgestaltung von Sanierungsplänen zur Konsultation veröffentlicht. In einem derartigen Rundschreiben können außerdem die Anforderungen an Finanzgruppen hinsichtlich der einzelnen Mitgliedsgesellschaften konkretisiert werden.

Zentraler Zweck des Sanierungsplanes ist neben einer Analyse und Darstellung des Kreditinstituts die Beschreibung der für einen möglichen Sanierungsfall in Betracht kommenden Handlungsoptionen. Werden Handlungsoptionen in der Sanierungsplanung benannt, führt dies jedoch nicht zu einem Automatismus dergestalt, dass eine bestimmte Handlungsoption im Krisenfall unmittelbar und zwingend umgesetzt werden müsste. Vielmehr haben die zuständigen Organe des Kreditinstituts – unter Beachtung der allgemeinen Regeln und Voraussetzungen – jeweils im konkreten Einzelfall zu entscheiden, ob und in welcher Form eine Handlungsoption unter den dann bestehenden Umständen umgesetzt werden soll oder eine andere Reaktion auf den Krisenfall geeigneter ist.

Im Einzelnen soll ein Sanierungsplan mindestens die folgenden inhaltlichen Bestandteile aufweisen:

Die strategische Analyse des Kreditinstituts im Sanierungsplan verfolgt einerseits den Zweck, der Aufsicht die Beurteilung der Umsetzbarkeit der vom Kreditinstitut beschriebenen Handlungsoptionen zu ermöglichen. Andererseits sollen die im Rahmen der strategischen Analyse erhobenen Informationen auch Grundlage des von der Bundesanstalt zu erstellenden Abwicklungsplans sein.

Dabei bezeichnen gruppeninterne Vernetzungsstrukturen die wechselseitige Abhängigkeit einzelner Gruppengesellschaften und Niederlassungen untereinander und im Verhältnis zur Konzernmutter sowie umgekehrt die Abhängigkeiten der Konzernmutter von den einzelnen Gruppengesellschaften und Niederlassungen in wirtschaftlicher, rechtlicher sowie organisatorischer und operationaler Hinsicht.

Ökonomische Vernetzung umfasst insbesondere gruppeninterne Forderungen und Verbindlichkeiten (einschließlich Derivaten) sowie gruppeninterne Sicherheitenbestellungen (z.B. Garantien, Bürgschaften, Patronatserklärungen), Refinanzierungsquellen sowie Liquiditäts- und Kapitalallokation/-ströme innerhalb der Gruppe. Hierzu zählen z.B. auch Beziehungen zu Zweckgesellschaften im Sinne der AT 2.2. Tz. 2 (inkl. Erläuterung) MaRisk. Bei der Beschreibung der Liquiditäts- und Kapitalallokation/-ströme in der Gruppe ist auch darauf einzugehen, wie die Steuerungsmöglichkeiten durch die einzelnen Gruppengesellschaften und Niederlassungen bzw. durch die Muttergesellschaft ausgestaltet sind (zentrale oder dezentrale Steuerung).

---

[1] Zum Gesetz zur Abschirmung von Risiken und zur Planung der Sanierung und Abwicklung von Kreditinstituten und Finanzgruppen vom 7. August 2013 (BGBl. I S. 3090); vgl. BT-Drucksache 17/12601 vom 4. März 2013.

Rechtliche Vernetzung umfasst insbesondere die Beschreibung von Unternehmensverträgen und steuerrechtlichen Abhängigkeiten.

Die Beschreibung der organisatorischen und operationalen Vernetzung soll insbesondere eine Darstellung der wesentlichen Dienstleistungen enthalten, die von einer Gruppengesellschaft und/oder Niederlassung für andere Gruppengesellschaften und/oder Niederlassungen erbracht werden. Hierbei kann es sich z.B. um Informationstechnologie oder um Zentralfunktionen wie z.B. Finanz-, Liquiditäts- und Kapitalsteuerung, Zahlungsverkehr, Revision, Risikocontrolling-Funktion, Recht, Personalbereich oder bestimmte Backoffice-Funktionen handeln.

Ziel der Analyse der externen Vernetzungsstrukturen ist es, festzustellen, wie sich Ansteckungsrisiken im Finanzsystem verbreiten könnten, wobei unter dem Begriff »Ansteckung« insbesondere die Gefahr zu verstehen ist, dass andere Finanzmarktteilnehmer durch die Schwierigkeiten bei einem bestandsgefährdeten Kreditinstitut erfasst werden.

Dies umfasst einerseits die Ansteckung nach außen durch das in der Krise befindliche Kreditinstitut und andererseits die Ansteckung des Kreditinstituts durch die Krise anderer Vertragspartner.

Mit den von dem Kreditinstitut festzusetzenden Indikatoren soll kein Automatismus in dem Sinne verbunden sein, dass eine bestimmte Handlungsoption unmittelbar ausgeübt werden muss. Vielmehr sollen die Indikatoren den Zeitpunkt festlegen, in dem das Kreditinstitut den Prozess auslöst, eine Entscheidung über die Umsetzung von Handlungsoptionen vorzubereiten. Die Indikatoren müssen dem Kreditinstitut eine ausreichende Vorlaufzeit für die Entscheidung geben, ob und welche Handlungsoption oder -optionen umgesetzt werden. Die Indikatoren müssen so früh anschlagen, dass es dem Kreditinstitut überhaupt noch möglich ist, die eingetretene Krisensituation aus eigener Kraft zu überwinden. Die Indikatoren müssen insbesondere so frühzeitig eingreifen, dass noch keine aufsichtlichen Maßnahmen erforderlich werden. Die Indikatoren sollten sowohl quantitativer als auch qualitativer Art sein.

Während zunächst alle dem Kreditinstitut zur Verfügung stehenden Handlungsoptionen ohne Szenariobezug umfassend darzustellen und zu bewerten sind, ist zusätzlich auch erforderlich, dass die Handlungsoptionen in Bezug auf einzelne Belastungsszenarien umfassend dargestellt und hinsichtlich ihrer Umsetzbarkeit und Auswirkung analysiert werden.

Zu der Beschreibung von Handlungsoptionen gehört auch die Darstellung der Voraussetzungen und wesentlichen Schritte für die Umsetzung von Handlungsoptionen. Dazu gehört auch die Beschreibung der Folgen von Handlungsoptionen auf Arbeitnehmer und ihre Vertretungen. Dies ermöglicht der Bundesanstalt, die Belange der Arbeitnehmer sowohl bei der Prüfung und Beurteilung des Sanierungsplans als auch bei der Prüfung einer Anordnung nach § 45 KWG einzubeziehen.

Außerdem sind auch die Hindernisse zu beschreiben, die die Umsetzbarkeit von Handlungsoptionen einschränken oder ausschließen können (insbesondere wirtschaftliche, rechtliche, operationale Hindernisse bzw. Risiken sowie Reputationsrisiken, einschließlich des Risikos eines Rating-Downgrade) sowie eine Darstellung, ob und wie diese Hindernisse überwunden werden können.

Absatz 3 regelt weitere Anforderungen an Sanierungspläne, wonach diese geeignet sein müssen, die Tragfähigkeit und finanzielle Solidität des Kreditinstituts oder der Finanzgruppe nicht nur kurzfristig, sondern nachhaltig, wiederherzustellen und zu sichern. Weiterhin ist es wichtig, dass die Handlungsoptionen im Krisenfall wirksam umgesetzt werden können, ohne dass dies erhebliche negative Auswirkungen auf das Finanzsystem hätte. Absatz 4 regelt die Aktualisierungspflicht für Sanierungspläne, da nur ein Sanierungsplan, der sich auf dem aktuellen Stand befindet, die Widerstandsfähigkeit des Kreditinstituts in künftigen Krisensituationen stärken kann.

In Absatz 5 wird die Verantwortlichkeit aller Geschäftsleiter im Sinne des § 1 Absatz 2 für die Erstellung, die Implementierung und die Aktualisierung sowie für die Umsetzung des Sanierungsplans in Krisensituationen festgeschrieben.

Unter »Implementierung« ist die Integration der Inhalte des Sanierungsplans in die Geschäftsprozesse sowie die Risikosteuerungs- und Risikocontrollingprozesse des Kreditinstitutes zu verstehen. Hierzu zählen auch die Überwachung der Indikatoren und die Verankerung des damit verbundenen Eskalationsprozesses.

Absatz 6 enthält eine Definition der Begriffe »wesentliche Geschäftsaktivitäten« sowie »kritische Geschäftsaktivitäten« für die Zwecke des gesamten Abschnitts [4a].

Die Regelungen in § 47a sind an wesentlichen Inhalten des am 6. Juni 2012 vorgelegten Entwurfs der Sanierungs- und Abwicklungsrichtlinie ausgerichtet.

ANMERKUNG § 47a wurde neu eingefügt durch das Gesetz zur Abschirmung von Risiken und zur Planung der Sanierung und Abwicklung von Kreditinstituten und Finanzgruppen vom 7. August 2013 (BGBl. I S. 3090); vgl. die vorstehend abgedruckte Amtliche Begründung.

§ 47b Maßnahmen bei Mängeln von Sanierungsplänen

(1) Potentiell systemgefährdende Kreditinstitute haben der Bundesanstalt und der Deutschen Bundesbank ihre Sanierungspläne, auch nach jeder Aktualisierung, einzureichen.

(2) Genügt der eingereichte Sanierungsplan nach Einschätzung der Bundesanstalt, die im Einvernehmen mit der Deutschen Bundesbank erfolgt, nicht den Anforderungen gemäß § 47a Absatz 1 bis 3, teilt die Bundesanstalt dem betreffenden Kreditinstitut die Mängel des Sanierungsplans mit. In diesem Fall fordert die Bundesanstalt das Kreditinstitut auf, innerhalb von drei Monaten einen überarbeiteten Plan vorzulegen. Darüber hinaus hat das Kreditinstitut darzulegen, wie die von der Bundesanstalt festgestellten Mängel beseitigt wurden.

(3) Legt das betreffende Kreditinstitut keinen überarbeiteten Sanierungsplan vor oder wurden die festgestellten Mängel mit dem überarbeiteten Sanierungsplan nicht behoben, kann die Bundesanstalt anordnen, dass das Kreditinstitut innerhalb einer von der Bundesanstalt festgesetzten Frist alle zur Beseitigung der Mängel erforderlichen Maßnahmen zu treffen hat.

(4) Deuten die festgestellten Mängel auf Hindernisse hin, die eine Sanierung in einem Krisenfall unmöglich machen oder wesentlich erschweren (Sanierungshindernisse), kann die Bundesanstalt insbesondere verlangen, dass die erforderlichen Maßnahmen getroffen werden, um:
1. die Verringerung des Risikoprofils des Kreditinstituts zu erleichtern,
2. rechtzeitige Rekapitalisierungsmaßnahmen zu ermöglichen,
3. Korrekturen an der Refinanzierungsstrategie zu ermöglichen oder
4. die Verfahren der Unternehmensführung so zu ändern, dass Handlungsoptionen aus dem Sanierungsplan rechtzeitig und zügig umgesetzt werden können.

Vor Erlass einer Maßnahme prüft die Bundesanstalt, ob die Maßnahme erforderlich ist, weil sich die festgestellten Sanierungshindernisse bei einer drohenden Belastungssituation nicht mehr rechtzeitig beheben lassen und dementsprechend die Gefahr besteht, dass sich bei Eintritt eines Krisenfalls eine Bestandsgefährdung des Kreditinstituts nicht mehr wirksam vermeiden lässt, und ob die mit der Maßnahme verbundenen Belastungen in einem angemessenen Verhältnis zu der von einer Bestandsgefährdung ausgehenden Systemgefährdung stehen. Dem Kreditinstitut ist zuvor die Gelegenheit zu geben, selbst Abhilfe zu schaffen. Maßnahmen nach Satz 1 sind mit möglichen Maßnahmen nach § 47e Absatz 3 und 4 abzustimmen.

(5) Die Absätze 1 bis 4 finden auf das übergeordnete Unternehmen einer potentiell systemgefährdenden Finanzgruppe entsprechende Anwendung.

Amtliche Begründung[1]

Zu § 47b (Maßnahmen bei Mängeln von Sanierungsplänen)

Gemäß § 47b Absatz 1 haben die Kreditinstitute der Bundesanstalt und der Deutschen Bundesbank ihre Sanierungspläne, auch nach einer Aktualisierung, einzureichen.

Die Aufgabenteilung zwischen der Deutschen Bundesbank und der Bundesanstalt bei der Prüfung der Sanierungspläne richtet sich nach § 7 in Verbindung mit der Aufsichtsrichtlinie gemäß § 7 Absatz 2.

Absatz 2 enthält eine Regelung des Falles, dass der Sanierungsplan den Anforderungen von § 47a nicht genügt. Die Bundesanstalt teilt dem Kreditinstitut die Mängel mit und gewährt eine Frist von höchstens drei Monaten zur Beseitigung dieser Mängel.

Beseitigt das Kreditinstitut Mängel nach Aufforderung nicht, kann die Bundesanstalt gemäß Absatz 3 anordnen, dass das Kreditinstitut die zur Beseitigung der Mängel erforderlichen Maßnahmen trifft.

Deuten die festgestellten Mängel auf grundsätzliche und schwerwiegende Sanierungshindernisse hin, kann die Bundesanstalt nach Absatz 4 insbesondere verlangen, dass Maßnahmen getroffen werden, um
1. die Verringerung des Risikoprofils des Kreditinstituts zu erleichtern,
2. rechtzeitige Rekapitalisierungsmaßnahmen zu ermöglichen,
3. Korrekturen an der Refinanzierungsstrategie zu ermöglichen oder
4. die Governance-Struktur zu ändern, um sicherzustellen, dass Handlungsoptionen aus dem Sanierungsplan rechtzeitig und zügig umgesetzt werden können.

Maßnahmen nach dieser Vorschrift sind mit möglichen Maßnahmen nach § 47e Absatz 3 und Absatz 4 abzustimmen.

Absatz 5 regelt die entsprechende Anwendung der Vorschriften auf potenziell systemgefährdende Finanzgruppen.

Die Regelungen in § 47b sind an wesentlichen Inhalten des am 6. Juni 2012 vorgelegten Entwurfs der Sanierungs- und Abwicklungsrichtlinie ausgerichtet.

Die in § 47b geregelten Eingriffsbefugnisse ermächtigen zum Teil zu Eingriffen in die Berufsausübungsfreiheit der betroffenen Unternehmen (Artikel 12 Absatz 1 i.V.m. Artikel 19 Absatz 3 GG), sind zum Teil als Inhalts- und Schrankenbestimmung am Eigentumsgrundrecht zu messen (Artikel 14 Absatz 1 i.V.m. Artikel 19 Absatz 3 GG) und müssen daher dem Maßstab der Verhältnismäßigkeit genügen.

Der für potenziell systemgefährdende Kreditinstitute und Finanzgruppen vorgesehene Sanierungsplan verfolgt das Regelungsziel, die Bewältigung eines Krisenfalls zu erleichtern und damit dazu beizutragen, eine Abwicklung zu vermeiden. So soll verhindert werden, dass potenziell systemgefährdende Kreditinstitute und Finanzgruppen in eine wirtschaftliche Schieflage geraten, da sich eine solche zu einer Krise des nationalen oder gar globalen Finanzsystems ausweiten kann.

Die in § 47b Absatz 3 geregelten Befugnisse setzen die Bundesanstalt in Stand, Abhilfe zu schaffen, wenn die Sanierungsplanung nicht ordnungsgemäß durchgeführt wird. Da die zu ergreifenden Maßnahmen nicht a priori für jeden Einzelfall bestimmt werden können, ist es gerechtfertigt, eine weite Ermächtigungsgrundlage zu schaffen.

Die in § 47b Absatz 4 genannten Beispielmaßnahmen gehen über eine Nachbesserung des Plans hinaus und zielen auf Maßnahmen, die dann ergriffen werden sollen,

---

[1] Zum Gesetz zur Abschirmung von Risiken und zur Planung der Sanierung und Abwicklung von Kreditinstituten und Finanzgruppen vom 7. August 2013 (BGBl. I S. 3090); vgl. BT-Drucksache 17/12601 vom 4. März 2013.

wenn die festgestellten Mängel auf grundsätzliche und schwerwiegende Sanierungshindernisse hindeuten, die sich nicht durch Nachbesserungen des Sanierungsplans beheben lassen.

Die Bundesanstalt trägt dafür Sorge, dass die von ihr angeordneten Maßnahmen auch im Einzelfall verhältnismäßig sind, d.h., es muss ein angemessenes Verhältnis zwischen den drohenden Nachteilen für die grundrechtlich geschützten Freiheiten und den zu erwartenden Vorteilen für die Erreichung des Regelungsziels bestehen. Insbesondere dürfen die angeordneten Maßnahmen nicht in dem Sinne Aufschub dulden oder nachholbar sein, dass sich identifizierte Mängel zu einem späteren Zeitpunkt (etwa wenn sich eine Krise konkret abzeichnet) ohne wesentlich höheres Risiko für die Systemstabilität beseitigen lassen. Die Erfahrungen mit den Finanzkrisen der letzten Jahre haben gezeigt, dass sich im Krisenfall eine Eigendynamik entwickeln kann, die dem betroffenen Kreditinstitut oder der betroffenen Finanzgruppe keine Zeit lässt, Maßnahmen rechtzeitig zu ergreifen.

Die Bundesanstalt prüft insbesondere, ob die Anordnung höherer Eigenmittelanforderungen nach § 10 Absatz 1b ein milderes Mittel gegenüber einer Anordnung einer derartigen Maßnahme darstellt.

Die Bundesanstalt stellt sicher, dass die angeordneten Maßnahmen die Abwicklungsfähigkeit nicht beeinträchtigen und insbesondere mögliche Maßnahmen nach § 47e Absatz 3 zur Beseitigung von Hindernissen der Abwicklungsfähigkeit nicht konterkariert.

Unter dem Gesichtspunkt der Erforderlichkeit ist dem Kreditinstitut die Gelegenheit zu geben, Unzulänglichkeiten der Planung selbst zu beseitigen und selbst Abhilfe zu schaffen, bevor Maßnahmen nach § 47b Absatz 4 ergriffen werden.

ANMERKUNG § 47b wurde neu eingefügt durch das Gesetz zur Abschirmung von Risiken und zur Planung der Sanierung und Abwicklung von Kreditinstituten und Finanzgruppen vom 7. August 2013 (BGBl. I S. 3090); vgl. die vorstehend abgedruckte Amtliche Begründung.

§ 47c Abwicklungseinheit

(1) Die Abwicklungsplanung wird innerhalb der Bundesanstalt von einer gesonderten organisatorischen Einheit unabhängig von den Aufgaben der laufenden Institutsaufsicht wahrgenommen (Abwicklungseinheit). Die Abwicklungseinheit ist außerdem zuständig für die Beantragung der Durchführung des Reorganisationsverfahrens nach § 7 des Gesetzes zur Reorganisation von Kreditinstituten, für die Wahrnehmung der damit zusammenhängenden Befugnisse und für deren Vorbereitung sowie für die Aufgaben der Bundesanstalt nach den §§ 48a bis 48s. Der Abwicklungseinheit können auch Aufgaben im Zusammenhang mit der Erstellung und Bewertung von Sanierungsplänen und der Anordnung von Maßnahmen nach § 47b übertragen werden.

(2) Zwischen der Abwicklungseinheit und den Bereichen der laufenden Aufsicht müssen gegenseitige Unterstützung und ein ungehinderter Informationsaustausch sichergestellt sein. Für die Zusammenarbeit mit der Deutschen Bundesbank nach diesem Unterabschnitt gilt § 7 entsprechend.

(3) Die Bundesanstalt informiert die Bundesanstalt für Finanzmarktstabilisierung über den jeweils aktuellen Stand der Abwicklungsplanung.

Amtliche Begründung[1]

Zu § 47 c (Abwicklungseinheit)

§ 47 c regelt in Verbindung mit § 47 Absatz 2 die Zuweisung der Abwicklungsplanung an eine besondere Einheit der Bundesanstalt. Die Bundesanstalt informiert die Bundesanstalt für Finanzmarktstabilisierung, um ihr die Gelegenheit zu geben, ihre Expertise einzubringen. Die Regelung lehnt sich an Gedanken aus dem Entwurf der Sanierungs- und Abwicklungsrichtlinie an, der in Artikel 3 vorsieht, dass die Mitgliedstaaten Abwicklungsbefugnisse auf öffentliche Verwaltungsbehörden übertragen, um sicherzustellen, dass die Ziele des zu schaffenden Rechtsrahmens rechtzeitig verwirklicht werden können. Entsprechend den Überlegungen auf internationaler Ebene und nach dem Entwurf der Sanierungs- und Abwicklungsrichtlinie sollen die Abwicklungsfunktionen von den Aufsichts- oder sonstigen Funktionen der jeweiligen Behörde getrennt sein, um Interessenkonflikte zwischen der aufsichtlichen Tätigkeit und den Entscheidungen über Ob und Wie der Abwicklung zu vermeiden. Es kann nicht ausgeschlossen werden, dass solche Konflikte sich etwa daraus ergeben könnten, dass die Notwendigkeit einer Abwicklung den Eindruck erwecken könnte, die aufsichtlichen Vorkehrungen, Risiken für das Bestehen des Instituts auszuschließen, seien gescheitert. Die Aufgaben der Abwicklungseinheit umfassen auch die Aufgaben nach den §§ 48a bis 48s und die damit zusammenhängenden Aufgaben und Befugnisse der Bundesanstalt.

Die Einrichtung einer separaten Abwicklungseinheit ist lediglich ein Verwaltungsinternum ohne Außenwirkung; gegenüber Dritten handelt nach wie vor die Bundesanstalt. Absatz 2 stellt sicher, dass zwischen Abwicklungseinheit, den Bereichen der laufenden Aufsicht und der Bundesbank eine friktionslose Zusammenarbeit erfolgt. Die Bundesanstalt kann eigenverantwortlich im Rahmen der Regelung ihrer internen Organisation Aufgaben, die im Zusammenhang mit der Erstellung und Bewertung von Sanierungsplänen und Maßnahmen nach § 47b anfallen, der Abwicklungseinheit zuweisen.

ANMERKUNG § 47 c wurde neu eingefügt durch das Gesetz zur Abschirmung von Risiken und zur Planung der Sanierung und Abwicklung von Kreditinstituten und Finanzgruppen vom 7. August 2013 (BGBl. I S. 3090); vgl. die vorstehend abgedruckte Amtliche Begründung.

§ 47d Bewertung der Abwicklungsfähigkeit

(1) Die Bundesanstalt bewertet fortlaufend, ob ein Kreditinstitut oder eine Finanzgruppe abwicklungsfähig ist.

(2) Ein Kreditinstitut oder eine Finanzgruppe ist als abwicklungsfähig zu betrachten, wenn die Bundesanstalt nach Anhörung der Bundesanstalt für Finanzmarktstabilisierung zu der Einschätzung kommt, dass das Kreditinstitut oder die Mitglieder der Finanzgruppe, die Kreditinstitute sind,
1. ein reguläres Insolvenzverfahren durchlaufen können, ohne dass es zu einer Systemgefährdung im Sinne des § 48b Absatz 2 kommt, oder
2. durch Anwendung eines Abwicklungsinstruments so abgewickelt werden können, dass die in § 47f Absatz 2 genannten Abwicklungsziele unter Beachtung der in § 47f Absatz 4 genannten Grundsätze erreicht werden.

---

1 Zum Gesetz zur Abschirmung von Risiken und zur Planung der Sanierung und Abwicklung von Kreditinstituten und Finanzgruppen vom 7. August 2013 (BGBl. I S. 3090); vgl. BT-Drucksache 17/12601 vom 4. März 2013.

Unter der Anwendung eines Abwicklungsinstruments ist insbesondere der Erlass einer Übertragungsanordnung nach den §§ 48a bis 48s zu verstehen, einschließlich sonstiger Maßnahmen nach diesem Gesetz, die unterstützend zu der Übertragungsanordnung angeordnet werden.

(3) Bei der Bewertung der Abwicklungsfähigkeit eines Kreditinstituts oder einer Finanzgruppe ist auch die praktische Umsetzbarkeit einer Abwicklung zu berücksichtigen, sofern eine Abwicklung zur Vermeidung oder Beseitigung einer Systemgefährdung erforderlich ist. Insbesondere ist in diesem Fall zu prüfen:

1. inwieweit wesentliche Geschäftsaktivitäten und kritische Geschäftsaktivitäten bestimmten rechtlichen Einheiten der Finanzgruppe zugeordnet werden können;
2. inwieweit Rechts- und Unternehmensstrukturen an den wesentlichen Geschäftsaktivitäten und kritischen Geschäftsaktivitäten ausgerichtet sind, so dass eine Trennung möglich ist, insbesondere nicht durch interne Vernetzungen verhindert oder erschwert wird;
3. inwieweit Vorkehrungen getroffen sind, die gewährleisten, dass Personal, Infrastrukturen, Liquidität und Kapital in erforderlichem Maße vorhanden sind, um wesentliche Geschäftsaktivitäten und kritische Geschäftsaktivitäten im Falle einer Bestandsgefährdung zu stützen und aufrechtzuerhalten;
4. inwieweit:
   a) das Kreditinstitut oder Mitglieder der Finanzgruppe Dienstleistungsvereinbarungen als Empfänger oder Erbringer von Dienstleistungen abgeschlossen haben, die auf die Geschäftsaktivitäten des Kreditinstituts, Mitglieder der Finanzgruppe oder Dritter Einfluss haben können, und
   b) solche Dienstleistungsvereinbarungen im Falle einer Bestandsgefährdung oder einer Abwicklung des Kreditinstituts oder eines Mitglieds der Finanzgruppe in vollem Umfang durchsetzbar sind, unabhängig davon, ob das Kreditinstitut oder ein Mitglied der Finanzgruppe Empfänger oder Erbringer der Dienstleistung ist;
5. inwieweit das Kreditinstitut oder ein Mitglied der Finanzgruppe für den Fall einer Ausgliederung wesentlicher Geschäftsaktivitäten oder kritischer Geschäftsaktivitäten über ein Verfahren für die Übertragung der im Rahmen von Dienstleistungsvereinbarungen erbrachten oder empfangenen Dienste verfügt;
6. inwieweit Vorkehrungen getroffen sind, die einen dauerhaften Zugang zu Finanzmarktinfrastrukturen gewährleisten;
7. ob die technisch-organisatorische Ausstattung ausreichend ist, um zu gewährleisten, dass die Bundesanstalt jederzeit korrekte und vollständige Informationen über die wesentlichen Geschäftsaktivitäten und die kritischen Geschäftsaktivitäten erlangt;
8. ob das Kreditinstitut oder die Mitglieder der Finanzgruppe auf Grund der technisch-organisatorischen Ausstattung in der Lage sind, der Bundesanstalt jederzeit, auch unter sich rasch verändernden Bedingungen, die für eine wirksame Abwicklung des Kreditinstituts oder der Finanzgruppe wesentlichen Informationen bereitzustellen;
9. inwieweit das Kreditinstitut oder die Mitglieder der Finanzgruppe die technisch-organisatorische Ausstattung einem Stresstest auf der Grundlage von Szenarien, die von der Bundesanstalt vorgegeben oder gebilligt wurden, unterzogen haben;
10. inwieweit das Kreditinstitut oder die Mitglieder der Finanzgruppe die kontinuierliche Betriebsfähigkeit der technisch-organisatorischen Ausstattung gewährleisten können, und zwar sowohl für das betroffene Kreditinstitut oder die Mitglieder der betroffenen Finanzgruppe als auch, falls die wesentlichen Geschäftsaktivitäten oder kritischen Geschäftsaktivitäten von den übrigen Geschäftsaktivitäten getrennt werden, für einen potentiellen Rechtsträger, der das Kreditinstitut oder ein Mitglied der Finanzgruppe übernimmt;
11. inwieweit das Kreditinstitut oder die Mitglieder der Finanzgruppe angemessene Verfahren vorhalten, um zu gewährleisten, dass die Bundesanstalt Informationen

erlangt oder erlangen kann, die für die Identifizierung der Einleger und der von den Einlagensicherungssystemen gedeckten Beträge erforderlich sind;

12. inwieweit mögliche gruppeninterne Bürgschafts-, Garantie- oder Sicherungsabreden getroffen und Gegengeschäfte zu Marktkonditionen abgeschlossen werden, inwieweit die Risikomanagementsysteme in Bezug auf solche Abreden zuverlässig sind und inwieweit sich durch solche Abreden die Ansteckungsgefahr innerhalb der Finanzgruppe erhöht;
13. inwieweit die Rechtsstruktur der Finanzgruppe, die Zahl der rechtlichen Einheiten, die Komplexität der Gruppenstruktur, einschließlich steuerlicher und bilanzieller Verbindungen oder Unternehmensverträge, oder die Schwierigkeit, Geschäftsaktivitäten auf rechtliche Einheiten auszurichten, die Abwicklungsfähigkeit beeinträchtigen oder beeinträchtigen können;
14. inwieweit sich, falls sich die Bewertung auf eine gemischte Finanzholding-Gesellschaft bezieht, die Abwicklung von Unternehmen der Finanzgruppe, bei denen es sich um Kreditinstitute, Finanzdienstleistungsinstitute oder andere Finanzunternehmen handelt, negativ auf die nicht im Finanzsektor operierenden Teile der Finanzgruppe auswirken könnte;
15. ob ausländische Behörden über Instrumente verfügen, die geeignet sind, die Anwendung der Abwicklungsinstrumente und Abwicklungsbefugnisse nach diesem Gesetz zu unterstützen, und welche Möglichkeiten für koordinierte Maßnahmen zwischen der Bundesanstalt und solchen Behörden im Ausland bestehen;
16. ob die Abwicklungsinstrumente und Abwicklungsbefugnisse angesichts der Struktur des Kreditinstituts oder der Finanzgruppe angewendet werden können;
17. inwieweit die Gruppenstruktur es der Bundesanstalt ermöglicht, die gesamte Finanzgruppe oder eine oder mehrere ihrer Einheiten ohne Systemgefährdung abzuwickeln;
18. auf welche Weise die Anwendung von Abwicklungsinstrumenten und Abwicklungsbefugnissen bei dem Kreditinstitut oder bei Mitgliedern der Finanzgruppe erleichtert oder in welchen Fällen ganz auf die Anwendung verzichtet werden könnte;
19. welche Erfolgsaussichten im Hinblick auf das Abwicklungsziel eine Anwendung von Abwicklungsinstrumenten und Abwicklungsbefugnissen hat angesichts der möglichen Auswirkungen auf Gläubiger, Gegenparteien, Kunden und Mitarbeiter, Erlaubnisse und Lizenzen sowie möglicher Maßnahmen von Behörden außerhalb der Bundesrepublik Deutschland;
20. ob die Auswirkungen angemessen bewertet werden können, die die Abwicklung des Kreditinstituts oder der Finanzgruppe, insbesondere die Anwendung von Abwicklungsinstrumenten oder Abwicklungsbefugnissen, auf das Finanzsystem und das Vertrauen der Finanzmärkte haben könnte;
21. ob die Ansteckung anderer Finanzmarktteilnehmer durch Anwendung der Abwicklungsinstrumente und Abwicklungsbefugnisse eingedämmt werden kann;
22. ob sich die Abwicklung des Kreditinstituts oder der Finanzgruppe, insbesondere die Anwendung von Abwicklungsinstrumenten oder Abwicklungsbefugnissen, wesentlich auf den Betrieb von Finanzmarktinfrastrukturen auswirken könnte und
23. inwieweit, sofern nur eine Abwicklung nach Absatz 2 Nummer 2 in Betracht kommt, Verluste von Anteilsinhabern des in Abwicklung befindlichen Instituts und seinen Gläubigern getragen werden können.

(4) Die Bundesanstalt hat die Bewertung der Abwicklungsfähigkeit jährlich zu überprüfen und gegebenenfalls zu aktualisieren. Sie kann zusätzliche Bewertungen durchführen, insbesondere wenn sich Änderungen bei dem Kreditinstitut oder der Finanzgruppe oder in den Märkten, in denen das Kreditinstitut oder die Finanzgruppe tätig sind, ergeben haben, die einen Einfluss auf das Ergebnis der Bewertung haben könnten.

(5) Die Bewertung der Abwicklungsfähigkeit einer Finanzgruppe, die in den Anwendungsbereich von Absatz 1 fällt, auch außerhalb der Bundesrepublik Deutschland tätig ist und im Falle einer Bestandsgefährdung auch außerhalb der Bundesrepublik Deutschland die Stabilität des Finanzsystems beeinträchtigen könnte, soll in Abstimmung mit den Abwicklungsbehörden der betroffenen Staaten im Europäischen Wirtschaftsraum oder der betroffenen Drittstaaten (Abwicklungskollegium) erfolgen. Bei der Bewertung der Abwicklungsfähigkeit eines entsprechenden Kreditinstituts, das nicht Mitglied einer grenzüberschreitend tätigen Finanzgruppe ist, aber auch außerhalb der Bundesrepublik Deutschland tätig ist, entscheidet die Bundesanstalt, ob eine solche Abstimmung erforderlich oder hilfreich ist. § 8e ist entsprechend anzuwenden.

Amtliche Begründung[1]

Zu § 47d (Bewertung der Abwicklungsfähigkeit)

Absatz 1 regelt die Bewertung der Abwicklungsfähigkeit, die die Bundesanstalt bei sämtlichen, auch den nicht potenziell systemgefährdenden Kreditinstituten und Finanzgruppen fortlaufend durchführt. Eine Beschränkung auf potenziell systemgefährdende Kreditinstitute oder Finanzgruppen ist nicht geboten, da sich die Situation bzw. die Einordnung als »potenziell systemgefährdend« ändern könnte und dann gegebenenfalls keine ausreichende Vorbereitung auf den Krisenfall stattfände. Es bleibt der Bundesanstalt aber unbenommen, eine pauschalierende Betrachtung mittels bestimmter Erheblichkeitsschwellen, die geringe Externalitäten vermuten lassen, anzustellen.

Bei der Bewertung der Abwicklungsfähigkeit nach § 47d und der Feststellung und Beseitigung von Abwicklungshindernissen nach § 47e einerseits und der Erstellung des Abwicklungsplans nach § 47f und § 47g andererseits handelt es sich um iterative Prozesse, deren jeweilige Stufen regelmäßig zeitlich parallel und inhaltlich ineinander verschränkt ablaufen. Fällt die Bewertung der Abwicklungsfähigkeit negativ aus, ist dies im Zuge der Abwicklungsplanung zu berücksichtigen und im Abwicklungsplan zu vermerken. Gegebenenfalls wird in diesem Fall nur ein vorläufiger Abwicklungsplan erstellt. In diesem Fall sind dann zunächst die entsprechenden Hindernisse zu beseitigen und erst anschließend ein endgültiger Abwicklungsplan zu erstellen (§ 47f Absatz 1 Satz 2).

Absatz 2 gibt den Maßstab vor, anhand dessen die Bundesanstalt zu beurteilen hat, ob ein Kreditinstitut oder eine Finanzgruppe als abwicklungsfähig anzusehen ist. Danach sind bei der Bewertung der Abwicklungsfähigkeit die Abwicklungsziele und -grundsätze zu berücksichtigen. Das bedeutet, dass sichergestellt sein muss, dass die Schieflage eines Instituts ohne Gefahr für die Stabilität des Finanzsystems bewältigt werden kann oder die Beseitigung einer solchen Gefahr erleichtert wird und gleichzeitig dafür Sorge getragen wird, dass Eigen- und Fremdkapitalgeber die erwarteten Verluste des Kreditinstituts so weit wie möglich selbst tragen. Das bedeutet gleichzeitig, dass die Mittel des Restrukturierungsfonds zu schonen sind und regelmäßig nicht der Maßstab einer Vollübertragung des gesamten Vermögens des Instituts zugrunde zu legen ist. Vielmehr ist anzustreben, dass das Institut im Fall seines Scheiterns ein reguläres Insolvenzverfahren durchlaufen kann, während die Anwendung von Abwicklungsinstrumenten nur hilfsweise infrage kommt, und dann in erster Linie in Form einer partiellen Übertragungsanordnung nach § 48k. Darüber hinaus wird in Absatz 2 beispielhaft verdeutlicht, was unter der Anwendung eines Abwicklungsinstruments zu verstehen ist.

---

1 Zum Gesetz zur Abschirmung von Risiken und zur Planung der Sanierung und Abwicklung von Kreditinstituten und Finanzgruppen vom 7. August 2013 (BGBl. I S. 3090); vgl. BT-Drucksache 17/12601 vom 4. März 2013.

Absatz 3 enthält eine nichtabschließende Aufzählung der Aspekte, die die Bundesanstalt bei der Bewertung der Abwicklungsfähigkeit berücksichtigen soll.

Absatz 4 etabliert diesen Teil der Abwicklungsplanung als einen periodisch zu überprüfenden, iterativen Prozess.

Absatz 5 stellt den internationalen Bezug her.

ANMERKUNG § 47d wurde neu eingefügt durch das Gesetz zur Abschirmung von Risiken und zur Planung der Sanierung und Abwicklung von Kreditinstituten und Finanzgruppen vom 7. August 2013 (BGBl. I S. 3090); vgl. die vorstehend abgedruckte Amtliche Begründung.

§ 47e Befugnisse zur Beseitigung von Hindernissen der Abwicklungsfähigkeit

(1) Stellt die Bundesanstalt bei ihrer Bewertung gemäß § 47d und nach Anhörung der Deutschen Bundesbank bei einem potentiell systemgefährdenden Kreditinstitut Hindernisse in Bezug auf die Abwicklungsfähigkeit fest, teilt sie dies dem Kreditinstitut oder dem übergeordneten Unternehmen einer potentiell systemgefährdenden Finanzgruppe mit. Die Mitteilung benennt die festgestellten Hindernisse der Abwicklungsfähigkeit.

(2) In der Mitteilung wird dem Adressaten eine angemessene Frist eingeräumt, um Maßnahmen vorzuschlagen, mit denen die genannten Hindernisse beseitigt werden sollen. Die Bundesanstalt bewertet nach Anhörung der Deutschen Bundesbank, ob die vorgeschlagenen Maßnahmen geeignet sind, die Hindernisse wirksam zu beseitigen. Die Bundesanstalt kann zuständige in- und ausländische Stellen beteiligen, wenn sie deren Beteiligung für erforderlich oder hilfreich hält. § 47d Absatz 5 ist entsprechend anzuwenden.

(3) Gelangt die Bundesanstalt zu der Einschätzung, dass die Hindernisse durch die vorgeschlagenen Maßnahmen nicht wirksam beseitigt werden können, kann sie alternative Maßnahmen verlangen. Bei Erlass einer Maßnahme nach Satz 1 prüft die Bundesanstalt:
1. dass die Maßnahme im Einklang mit den in § 47f Absatz 2 genannten Abwicklungszielen steht,
2. ob die Maßnahme erforderlich ist, weil sich die festgestellten Abwicklungshindernisse bei Eintritt einer konkreten Gefahr nicht mehr rechtzeitig beheben lassen und auf Grund der Abwicklungshindernisse die Gefahr besteht, dass sich bei Eintritt eines Krisenfalls eine Systemgefährdung nicht mehr wirksam vermeiden lässt, und
3. dass die mit der Maßnahme verbundenen Belastungen in einem angemessenen Verhältnis zu der sonst drohenden Systemgefährdung und deren möglichen Auswirkungen stehen.

(4) Unter den Voraussetzungen des Absatzes 3 kann die Bundesanstalt insbesondere verlangen, dass:
1. Dienstleistungsvereinbarungen innerhalb der Finanzgruppe oder mit Dritten zur Aufrechterhaltung wesentlicher Geschäftsaktivitäten oder kritischer Geschäftsaktivitäten geschlossen werden,
2. das Kreditinstitut oder, im Fall einer Finanzgruppe, ein oder mehrere Mitglieder der Finanzgruppe die maximalen individuellen und aggregierten Risikopositionen begrenzen,
3. bestehende oder von der Bundesanstalt neu begründete außerordentliche oder regelmäßige Informationspflichten eingehalten werden,
4. bestimmte Vermögensgegenstände veräußert werden,
5. bestehende oder geplante Geschäftsaktivitäten eingeschränkt oder eingestellt werden,

6. Änderungen an rechtlichen oder operativen Strukturen des Instituts oder der Finanzgruppe vorgenommen werden, um die Komplexität zu reduzieren und um zu gewährleisten, dass wesentliche Geschäftsaktivitäten oder kritische Geschäftsaktivitäten durch Anwendung von Abwicklungsinstrumenten oder Abwicklungsbefugnissen rechtlich und wirtschaftlich von anderen Funktionen getrennt werden können,
7. ein Mutterunternehmen, eine Mutterfinanzholding-Gesellschaft oder eine EU-Mutterfinanzholding-Gesellschaft gegründet wird,
8. Maßnahmen umgesetzt werden, die die Verlusttragfähigkeit erhöhen, und
9. sofern es sich bei einem Kreditinstitut um ein Tochterunternehmen einer gemischten Holdinggesellschaft handelt, die gemischte Holdinggesellschaft zur Kontrolle des Instituts eine getrennte Finanzholding-Gesellschaft errichtet, wenn dies erforderlich ist, um die Abwicklung des Kreditinstituts zu erleichtern und um zu verhindern, dass sich die Anwendung von Abwicklungsinstrumenten und Abwicklungsbefugnissen negativ auf die nicht im Finanzsektor operierenden Teile der Finanzgruppe auswirkt.

Die Bundesanstalt soll die in den Nummern 4 bis 6 genannten Maßnahmen nur verlangen, nachdem dem Adressaten erneut Gelegenheit gegeben wurde, Maßnahmen zur Beseitigung der Hindernisse vorzuschlagen, und die vorgeschlagenen Maßnahmen nach Einschätzung der Bundesanstalt nicht geeignet sind, die Hindernisse wirksam zu beseitigen.

(5) Die Bundesanstalt kann nach ihrem Ermessen das Abwicklungskollegium einbinden. Die Bundesanstalt teilt die Maßnahmen dem Adressaten der Mitteilung nach Absatz 1 mit und fordert ihn auf, diese Maßnahmen innerhalb einer von ihr festgesetzten Frist umzusetzen. Die Bundesanstalt informiert die Deutsche Bundesbank über die Maßnahme und deren Anordnung.

Amtliche Begründung[1]

Zu § 47e (Befugnisse zur Beseitigung von Hindernissen der Abwicklungsfähigkeit)

Absatz 1 regelt das Verfahren der Bekanntgabe des entsprechenden Bewertungsergebnisses, sofern bei der Bewertung bei einem potenziell systemgefährdenden Institut Hindernisse der Abwicklungsfähigkeit, d.h. primär Hindernisse für das Durchlaufen eines regulären Insolvenzverfahrens, und hilfsweise Hindernisse für den Erlass einer partiellen Übertragungsanordnung nach § 48k, festgestellt werden.

Absatz 2 versetzt den Adressaten in die Lage, Hindernisse, die die Bundesanstalt im Rahmen der Bewertung identifiziert hat, auszuräumen. Die vorgeschlagenen Maßnahmen müssen geeignet sein, die Hindernisse wirksam zu beseitigen.

Absatz 3 ermächtigt die Bundesanstalt, nach Information der Deutschen Bundesbank und nach einer im Ermessen der Bundesanstalt stehenden Einbindung des entsprechenden Abwicklungskollegiums alternative Maßnahmen zu verlangen, wenn sie zu der Einschätzung gelangt, dass Hindernisse durch die im Einklang mit Absatz 2 vorgeschlagenen Maßnahmen nicht effektiv beseitigt werden können.

Absatz 4 enthält einen nichtabschließenden Katalog von Maßnahmen, deren Umsetzung die Bundesanstalt verlangen kann.

Im Rahmen der Verhältnismäßigkeitsprüfung von § 47e ist zu berücksichtigen, dass die nach § 47e Absatz 3 allgemein möglichen und die in § 47e Absatz 4 Satz 1 beispielhaft aufgeführten Maßnahmen zu Beeinträchtigungen der Berufsausübungs-

---

[1] Zum Gesetz zur Abschirmung von Risiken und zur Planung der Sanierung und Abwicklung von Kreditinstituten und Finanzgruppen vom 7. August 2013 (BGBl. I S. 3090); vgl. BT-Drucksache 17/12601 vom 4. März 2013.

freiheit (Artikel 12 Absatz 1 GG) und der Eigentumsfreiheit (Artikel 14 Absatz 1 GG) ermächtigen. Soweit die Befugnisse vermögenswerte Rechtspositionen betreffen und damit den Schutzbereich des Eigentumsgrundrechts berühren, handelt es sich um Inhalts- und Schrankenbestimmungen. Gesetzliche Inhalts- und Schrankenbestimmungen des Eigentums haben der verfassungsrechtlich garantierten Rechtsstellung des Eigentümers Rechnung zu tragen.

Die Abwicklungsplanung und die Beseitigung von Abwicklungshindernissen sollen in einem »iterativen Prozess« ineinandergreifen. Die Abwicklungspläne sollen für den Fall Vorsorge treffen, dass ein Institut eine Krise nicht aus eigener Kraft (z.B. mit den Maßnahmen, die im Sanierungsplan diskutiert werden) überwinden kann. Die in § 47e enthaltenen Befugnisse zur Beseitigung von Abwicklungshindernissen sollen dazu dienen, im Rahmen der Abwicklungsplanung festgestellte Hindernisse der Abwicklungsfähigkeit zu beseitigen. Übergeordnetes Ziel ist, eine Abwicklung unter Beachtung der Abwicklungsziele zu ermöglichen.

Unter dem Gesichtspunkt der Erforderlichkeit ist das abgestufte Verfahren in § 47e Absatz 1 bis Absatz 3 zu beachten (Mitteilung von Hindernissen – Einholung eines Vorschlags des Instituts zur Behebung der Hindernisse – Bewertung des Vorschlags – gegebenenfalls Anordnung von alternativen Maßnahmen). § 47e Absatz 4 letzter Satz gibt für besonders einschneidende Maßnahme dem Adressaten eine erneute Abhilfemöglichkeit. Darüber hinaus hat die Bundesanstalt nach allgemeinen verwaltungsrechtlichen Grundsätzen im Rahmen der Verhältnismäßigkeitsprüfung unter gleichermaßen geeigneten Mitteln das jeweils mildeste zu wählen, um den erstrebten Zweck zu erreichen.

Hinsichtlich der Verhältnismäßigkeit im engeren Sinne ist zwar zunächst davon auszugehen, dass die Regelungen in § 47e Absatz 3 und Absatz 4 noch keine konkrete Gefahr adressieren. Es ist aber zu beachten, dass sich bestimmte Abwicklungshindernisse bei Eintritt einer konkreten Gefahr nicht mehr rechtzeitig beheben lassen. Besteht dementsprechend die Gefahr, dass sich bei Eintritt einer konkreten Schieflage eine Systemgefährdung nicht mehr wirksam vermeiden lässt, so ist bereits im Vorfeld einer konkreten Gefahr die Beseitigung von Abwicklungshindernissen gerechtfertigt, wenn die damit verbundenen Belastungen in einem angemessenen Verhältnis zu den sonst drohenden Gefahren stehen.

Aus Gründen der Verhältnismäßigkeit kann eine Maßnahme nur ergehen, wenn die Abwicklungshindernisse nicht durch außerhalb der Kontrolle des Adressaten liegende Faktoren begründet sind, auf die er nicht durch zumutbare Maßnahmen reagieren kann. Nicht als ein außerhalb der Kontrolle des Adressaten liegender Faktor anzusehen ist es jedoch, wenn das Kreditinstitut oder ein Unternehmen einer Finanzgruppe in einem Staat tätig oder ansässig ist, in dem keine wirksamen gesetzlichen Regelungen zur Abwicklung bestehen oder in dem der Abwicklung wesentliche rechtliche Hindernisse entgegenstehen.

Absatz 5 regelt die Zusammenarbeit mit der Deutschen Bundesbank und die Einbindung in- und ausländischer Stellen.

ANMERKUNG § 47e wurde neu eingefügt durch das Gesetz zur Abschirmung von Risiken und zur Planung der Sanierung und Abwicklung von Kreditinstituten und Finanzgruppen vom 7. August 2013 (BGBl. I S. 3090); vgl. die vorstehend abgedruckte Amtliche Begründung.

§ 47f Erstellung eines Abwicklungsplans

(1) Die Bundesanstalt erstellt einen Abwicklungsplan für jedes potentiell systemgefährdende Kreditinstitut, das nicht Teil einer potentiell systemgefährdenden Finanzgruppe ist, die einer Beaufsichtigung auf konsolidierter Basis nach Maßgabe der Bankenrichtlinie durch die Bundesanstalt unterliegt. Hat die Bewertung der Abwick-

lungsfähigkeit nach § 47d Hindernisse ergeben, die der Erstellung eines Abwicklungsplans entgegenstehen, sind diese Hindernisse zunächst nach § 47e zu beseitigen.

(2) In dem Abwicklungsplan ist dem Abwicklungsziel, eine Systemgefährdung zu vermeiden oder deren Beseitigung zu erleichtern, Rechnung zu tragen. Soweit sie mit dem Ziel der Vermeidung oder erleichterten Beseitigung einer Systemgefährdung im Einklang stehen, sollen die folgenden weiteren Ziele berücksichtigt werden:
1. die Gewährleistung der Kontinuität kritischer Geschäftsaktivitäten;
2. die Vermeidung der Ansteckung anderer Finanzmarktteilnehmer;
3. das Bemühen, die Kosten einer Abwicklung für die Allgemeinheit möglichst gering zu halten, und der Schutz öffentlicher Mittel;
4. der Schutz der unter die Richtlinie 94/19/EG fallenden Einleger und der unter die Richtlinie 97/9/EG fallenden Anleger sowie
5. der Schutz der Gelder und Vermögenswerte der Kunden.

(3) Der Abwicklungsplan sieht die Anwendung von Abwicklungsinstrumenten für den Fall vor, dass hinsichtlich des jeweiligen Kreditinstituts die Voraussetzungen des § 48a Absatz 2 vorliegen. Der Abwicklungsplan berücksichtigt verschiedene Szenarien, unter anderem auch die Fälle, dass die Bestandsgefährdung und ihre Ursachen sich auf das einzelne Kreditinstitut beschränken oder die Bestandsgefährdung in Zeiten allgemeiner finanzieller Instabilität oder systemweiter Ereignisse eintritt. Der Abwicklungsplan soll eine finanzielle Unterstützung nur in Form derjenigen Finanzierungsmechanismen vorsehen, die durch das Gesetz zur Errichtung eines Restrukturierungsfonds für Kreditinstitute (Restrukturierungsfondsgesetz) geschaffen worden sind.

(4) Der Abwicklungsplan ist nach folgenden Grundsätzen zu erstellen:
1. Eine Inanspruchnahme außerordentlicher finanzieller Unterstützung aus öffentlichen Mitteln soll vermieden werden; die Mittel des Restrukturierungsfonds sollen effizient und sparsam eingesetzt werden.
2. Die Marktdisziplin auf den Finanzmärkten soll erhalten werden.
3. Verluste werden zunächst von den Anteilsinhabern des in Abwicklung befindlichen Kreditinstituts getragen.
4. Nach den Anteilsinhabern sollen die Gläubiger des in Abwicklung befindlichen Instituts nach Maßgabe der Regelungen der §§ 48a bis 48s die Verluste tragen, soweit dies mit den in Absatz 2 genannten Abwicklungszielen vereinbar ist.
5. Kein Gläubiger soll einen höheren Verlust tragen, als er bei einer Liquidation des Instituts in einem regulären Insolvenzverfahren erleiden würde. In diesem Zusammenhang ist es zulässig, zum Zeitpunkt des Einsatzes eines Abwicklungsinstruments eine pauschale Insolvenzquote auf der Basis der zu diesem Zeitpunkt ermittelten Kapitallücke zu ermitteln.
6. Jeder Geschäftsleiter des in Abwicklung befindlichen Kreditinstituts soll von der Geschäftsleitung ausgeschlossen werden, es sei denn, der Geschäftsleiter hat nach Einschätzung der Bundesanstalt nicht zur Entstehung einer Bestandsgefährdung beigetragen, oder der Ausschluss des Geschäftsleiters würde die Stabilität des Kreditinstituts zusätzlich gefährden.
7. Jeder Geschäftsleiter des in Abwicklung befindlichen Instituts trägt die Verluste in dem Umfang mit, der nach dem Zivil- und Strafrecht seiner individuellen Verantwortung für den Ausfall des Instituts entspricht.

(5) Der Abwicklungsplan soll folgende Elemente enthalten:
1. eine Zusammenfassung der Hauptbestandteile des Abwicklungsplans,
2. eine zusammenfassende Darstellung der seit der ersten Erstellung oder der letzten Aktualisierung eingetretenen wesentlichen Veränderungen innerhalb des Kreditinstituts,
3. eine strategische Analyse, die insbesondere die folgenden Aspekte umfassen soll:
   a) eine detaillierte Beschreibung der Organisationsstruktur einschließlich einer Aufstellung der rechtlichen Einheiten,

b) Angaben zur Eigentümerstruktur,
c) Angaben zum Sitz der Geschäftsleitung sowie Angaben zu den Erlaubnissen und Lizenzen jeder wesentlichen rechtlichen Einheit,
d) Zuordnung wesentlicher Geschäftsaktivitäten und kritischer Geschäftsaktivitäten zu den rechtlichen Einheiten,
e) Angaben zu den wesentlichen Geschäftspartnern und eine Analyse der Auswirkungen eines Ausfalls solcher Geschäftspartner auf die Lage der jeweiligen wesentlichen rechtlichen Einheit,
f) Angaben zu allen Finanzmarktinfrastrukturen, denen die jeweilige wesentliche rechtliche Einheit direkt oder indirekt angeschlossen ist, einschließlich der Zuordnung zu den wesentlichen Geschäftsaktivitäten und den kritischen Geschäftsaktivitäten,
g) Angaben zur technisch-organisatorischen Ausstattung der jeweiligen wesentlichen rechtlichen Einheit einschließlich der Angaben zu deren tatsächlichem und rechtlichem Rahmen, insbesondere zu Lizenzen, Dienstleistungsvereinbarungen, Wartung,
h) Angaben zum jeweils verantwortlichen Geschäftsleiter und zum unterhalb der Geschäftsleitung angesiedelten Ansprechpartner der jeweiligen wesentlichen rechtlichen Einheit und
i) alle wesentlichen von der jeweiligen wesentlichen rechtlichen Einheit mit Dritten geschlossenen Vereinbarungen, deren Beendigung durch die Anwendung eines Abwicklungsinstruments, einer Abwicklungsbefugnis, den Eintritt der Insolvenz oder eines vertraglich definierten Vorinsolvenzereignisses unmittelbar oder mittelbar ausgelöst werden könnte, und Angaben dazu, ob durch die Folgen der Beendigung die Anwendung eines Abwicklungsinstruments oder einer Abwicklungsbefugnis beeinträchtigt werden kann; Gleiches gilt, wenn der Dritte zwar nicht die Beendigung, aber sonstige für die jeweilige wesentliche rechtliche Einheit potentiell nachteilige Folgen wie zum Beispiel eine Vertragsstrafe auslösen kann;
4. Ausführungen dazu, wie wesentliche Geschäftsaktivitäten und kritische Geschäftsaktivitäten im erforderlichen Umfang rechtlich und wirtschaftlich von anderen Funktionen getrennt werden können, um deren Fortführung im Falle einer Abwicklung des Kreditinstituts zu gewährleisten,
5. eine Schätzung des Zeitrahmens für die Umsetzung jedes wesentlichen Bestandteils des Plans,
6. eine Darstellung der gemäß § 47d vorgenommenen Bewertung der Abwicklungsfähigkeit,
7. eine Beschreibung der nach § 47e verlangten Maßnahmen zur Beseitigung von Hindernissen für die Abwicklungsfähigkeit,
8. eine Beschreibung der Verfahren zur Ermittlung des Werts und der Marktfähigkeit der wesentlichen Geschäftsaktivitäten, der kritischen Geschäftsaktivitäten und der Vermögenswerte der jeweiligen wesentlichen rechtlichen Einheit im Abwicklungsfall,
9. eine detaillierte Beschreibung der Regelungen, durch die gewährleistet werden soll, dass die Informationen, Einschätzungen, Analysen und Gutachten, die gemäß § 47h zur Verfügung zu stellen sind, auf dem aktuellen Stand sind und der Bundesanstalt jederzeit zur Verfügung stehen,
10. Erläuterungen, wie die verschiedenen Abwicklungsmaßnahmen unter Berücksichtigung der Anforderungen nach Absatz 3 Satz 3 finanziert werden können,
11. eine detaillierte Beschreibung der verschiedenen Abwicklungsstrategien, die bei den unterschiedlichen Szenarien im Sinne des § 47d Absatz 2 Nummer 9 angewandt werden könnten,
12. Erläuterungen zu kritischen Vernetzungen,
13. eine Beschreibung der Optionen für die Aufrechterhaltung des Zugangs zu Finanzmarktinfrastrukturen,

14. sofern einschlägig, eine Darstellung der Einbeziehung und Mitwirkung ausländischer Behörden sowie
15. einen Plan für die Kommunikation mit den Medien und der Öffentlichkeit.

Die Bundesanstalt kann weitere Bestandteile in den Abwicklungsplan aufnehmen.

(6) Der Abwicklungsplan ist der Deutschen Bundesbank und der Bundesanstalt für Finanzmarktstabilisierung zur Stellungnahme vorzulegen. Er ist mindestens jährlich sowie nach wesentlichen Änderungen der Rechts- oder Organisationsstruktur des Kreditinstituts, seiner Geschäftstätigkeit oder seiner Finanzlage, die sich wesentlich auf die Umsetzbarkeit des Plans auswirken könnten, zu prüfen und gegebenenfalls zu aktualisieren. Gleiches gilt, wenn die Bewertung der Abwicklungsfähigkeit oder deren Überprüfung nach § 47d Absatz 4 ergibt, dass Änderungen des Abwicklungsplans geboten sind.

(7) Die Erstellung des Abwicklungsplans in Bezug auf ein Kreditinstitut, das in den Anwendungsbereich von Absatz 1 fällt, auch im Ausland tätig ist und im Falle einer Bestandsgefahr die Stabilität eines ausländischen Finanzmarkts beeinträchtigen könnte, soll in einem Abwicklungskollegium erfolgen. § 8e ist entsprechend anzuwenden.

(8) Die Bundesanstalt kann von der Erstellung eines Abwicklungsplans nach Absatz 1 absehen, wenn
1. das potentiell systemgefährdende Kreditinstitut Teil einer potentiell systemgefährdenden Gruppe ist, deren Beaufsichtigung auf konsolidierter Basis nach Maßgabe der Bankenrichtlinie zwar nicht durch die Bundesanstalt wahrgenommen wird, aber die Bundesanstalt insbesondere durch Teilnahme an einem Abwicklungskollegium zu der Einschätzung gelangt ist, dass ein durch Dritte erstellter Abwicklungsplan den Fall der Bestandsgefährdung des potentiell systemgefährdenden Kreditinstituts ausreichend abdeckt, und
2. die Bundesanstalt ihre Einschätzung ausreichend dokumentiert.

Amtliche Begründung[1]

Zu § 47f (Erstellung eines Abwicklungsplans)

Die Vorschrift regelt die Erstellung eines Abwicklungsplans auf Einzelinstitutsebene.

Absatz 1 Satz 1 bestimmt den Anwendungsbereich in persönlicher Hinsicht (jedes potenziell systemgefährdende Kreditinstitut, das nicht Teil einer potenziell systemgefährdenden Finanzgruppe ist, die einer Beaufsichtigung auf konsolidierter Basis nach Maßgabe der Bankenrichtlinie durch die Bundesanstalt unterliegt). Satz 2 bestimmt, dass im Rahmen der Bewertung der Abwicklungsfähigkeit identifizierte Hindernisse, die der Erstellung eines Abwicklungsplans entgegenstehen, zunächst gemäß § 47e zu beseitigen sind, bevor der endgültige Abwicklungsplan fertiggestellt wird.

Absatz 2 stellt die Abwicklungsziele dar. Das primäre Abwicklungsziel ist stets die Vermeidung einer Systemgefährdung oder deren erleichterte Beseitigung. Allein dieses Ziel rechtfertigt gegebenenfalls Eingriffe in geschützte Rechtspositionen des Kreditinstituts und seiner Eigentümer und Gläubiger. Die im Weiteren genannten Ziele sind jedoch ebenfalls schützenswert und in der Regel mit dem Ziel der Vermeidung einer Systemgefährdung untrennbar verknüpft.

---

[1] Zum Gesetz zur Abschirmung von Risiken und zur Planung der Sanierung und Abwicklung von Kreditinstituten und Finanzgruppen vom 7. August 2013 (BGBl. I S. 3090); vgl. BT-Drucksache 17/12601 vom 4. März 2013.

Absatz 3 legt den grundsätzlichen Inhalt eines Abwicklungsplans fest. Die Regelung stellt auf das Vorliegen der Voraussetzungen des § 48a Absatz 2 ab, damit im Abwicklungsplan ein möglichst breites Spektrum an Maßnahmen diskutiert werden kann. Der Abwicklungsplan soll eine etwaige Gewährung finanzieller Unterstützung nur in Form der durch das Restrukturierungsfondsgesetz geschaffenen Finanzierungsmechanismen vorsehen.

Darüber hinaus wird die Bundesanstalt verpflichtet, im Rahmen des Abwicklungsplanes verschiedene Szenarien zu berücksichtigen. Dadurch soll nicht der Versuch unternommen werden, künftige Entwicklungen bis in ihre Einzelheiten zu prognostizieren. Vielmehr soll die Bundesanstalt allgemeine Prinzipien ableiten, die auf differenzierten Reaktionsmöglichkeiten für unterschiedliche potenzielle Verläufe beruhen:

So wird sie einer systemweiten Krise gegebenenfalls anders begegnen müssen als einer auf ein einzelnes Kreditinstitut oder eine einzelne Finanzgruppe beschränkten Krisensituation.

Absatz 4 legt die Grundsätze fest, die in Übereinstimmung mit den internationalen und europäischen Standards, insbesondere nach dem Entwurf der Sanierungs- und Abwicklungsrichtlinie bei der Erstellung der Abwicklungspläne, aber auch bei der Umsetzung der dort angeführten Maßnahmen zu berücksichtigen sind. Die in Nummer 3 bis 5 aufgestellten Grundsätze sind im Zusammenhang mit der Planung einer Übertragungsanordnung, durch die Verbindlichkeiten und Vermögensgegenstände des Instituts nur teilweise übertragen werden, zu beachten. In einem regulären Insolvenzverfahren über das gesamte Kreditinstitut wären die betreffenden Grundsätze durch die Regelungen des Insolvenzrechts zur Reihenfolge der Befriedigung der Verbindlichkeiten des Instituts von vornherein gewährleistet. Im Fall der partiellen Übertragungsanordnung ergeben sie sich aus dem Zusammenspiel der teilweisen Übertragung von Aktiva und Passiva auf einen übernehmenden Rechtsträger mit der Befriedigung der Verbindlichkeiten, die bei dem bestandsgefährdeten Kreditinstitut verbleiben, über das regelmäßig die Eröffnung eines Insolvenzverfahrens zu erwarten ist. Im Zusammenhang mit Nummer 5 ist zu beachten, dass es sich um einen hypothetischen Kausalverlauf handelt, der in seinen Einzelheiten (Eröffnung des Verfahrens oder Abweisung mangels Masse, Wahlrechte des Insolvenzverwalters, Anfechtungsrechte etc.) nicht vorhersehbar ist. Insofern besteht ein gewisser prognostischer Spielraum bzw. ist es zulässig, mit Pauschalierungen zu arbeiten. Bei Nummer 7 handelt es sich um eine Klarstellung insoweit, dass die Geschäftsleiter in dem Umfange haften, in dem andere Rechtsnormen (z.B. § 93 AktG oder § 823 Absatz 2 BGB in Verbindung mit §§ 263, 266 StGB) ihre Verantwortung für durch den Ausfall verursachte Schäden vorsehen.

Absatz 5 beschäftigt sich detaillierter mit den inhaltlichen Anforderungen an Abwicklungspläne.

Absatz 6 regelt die Beteiligung der Deutschen Bundesbank und etabliert auch diesen Teil der Abwicklungsplanung als einen periodisch zu überprüfenden, iterativen Prozess.

Absatz 7 stellt den internationalen Bezug her.

In den Fällen des Absatzes 8 kann die Erstellung eines separaten nationalen Abwicklungsplans nach dem Ermessen der Bundesanstalt unterbleiben, da die Bundesanstalt z.B. durch Teilnahme an einem Abwicklungskollegium die für die inländischen Unternehmen einer Finanzgruppe spezifischen Belange einbringen kann.

ANMERKUNG § 47f wurde neu eingefügt durch das Gesetz zur Abschirmung von Risiken und zur Planung der Sanierung und Abwicklung von Kreditinstituten und Finanzgruppen vom 7. August 2013 (BGBl. I S. 3090); vgl. die vorstehend abgedruckte Amtliche Begründung.

§ 47 g Gruppenabwicklungspläne

(1) Die Bundesanstalt erstellt für jede potentiell systemgefährdende Finanzgruppe, die einer Beaufsichtigung auf konsolidierter Basis nach Maßgabe der Bankenrichtlinie durch die Bundesanstalt unterliegt, einen Abwicklungsplan (Gruppenabwicklungsplan). Vor Fertigstellung des Gruppenabwicklungsplans hört die Bundesanstalt die Deutsche Bundesbank und die Bundesanstalt für Finanzmarktstabilisierung an.

(2) Der Gruppenabwicklungsplan soll folgende Mitglieder der Finanzgruppe abdecken:
1. sofern es sich bei der potentiell systemgefährdenden Finanzgruppe um eine Institutsgruppe handelt, das übergeordnete Unternehmen im Sinne des § 10a Absatz 1 Satz 1 und alle nachgeordneten Unternehmen im Sinne des § 10a Absatz 1 Satz 2, unabhängig davon, ob sie jeweils für sich genommen als potentiell systemgefährdend gelten,
2. sofern es sich bei der potentiell systemgefährdenden Finanzgruppe um eine Finanzholding-Gruppe handelt, die Finanzholding-Gesellschaft und alle nachgeordneten Unternehmen im Sinne des § 10a Absatz 1 Satz 2, unabhängig davon, ob sie jeweils für sich genommen als potentiell systemgefährdend gelten.

(3) Der Gruppenabwicklungsplan sieht die Anwendung von Abwicklungsinstrumenten für den Fall vor, dass die Voraussetzungen des § 48o oder § 48p vorliegen. § 47f Absatz 1 Satz 2, Absatz 2, 3 Satz 2 und 3, Absatz 4, 6 und 7 sind auf Gruppenabwicklungspläne entsprechend anzuwenden.

(4) Der Inhalt des Gruppenabwicklungsplans soll sich an den Vorgaben des § 47f Absatz 5 orientieren. Darüber hinaus soll die Bundesanstalt im Gruppenabwicklungsplan insbesondere:
1. einen Schwerpunkt auf die Darstellung der Zusammenarbeit und Koordination mit ausländischen Stellen legen sowie darauf, wer die Lasten international trägt, falls der Bestand der Finanzgruppe oder eines ihrer Mitglieder gefährdet ist. Es sollen insbesondere Angaben zu den zuständigen Aufsichts- und Abwicklungsbehörden der jeweiligen wesentlichen rechtlichen Einheit und zur möglichen Finanzierung der verschiedenen Abwicklungsmaßnahmen gemacht und gegebenenfalls Grundsätze für eine Aufteilung der Finanzierungsverantwortung zwischen Finanzierungsquellen in mehreren Staaten dargelegt werden;
2. die Maßnahmen darlegen, die für die Finanzgruppe als Ganzes oder für einen Teil der Finanzgruppe im Rahmen der vorgesehenen Szenarien zu treffen sind;
3. analysieren, inwieweit Abwicklungsinstrumente und Abwicklungsbefugnisse in international koordinierter Weise angewandt, ausgeübt und gegenseitig anerkannt werden können.

Amtliche Begründung[1]

Zu § 47 g (Gruppenabwicklungspläne)

Die Vorschrift regelt die Erstellung eines Abwicklungsplans auf der Ebene einer Finanzgruppe.

Die Absätze 1 und 2 bestimmen den Anwendungsbereich (auf vorgelagerter Ebene) in Bezug auf die betroffenen Finanzgruppen und (auf nachgelagerter Ebene) in Bezug auf die betroffenen Mitglieder der jeweiligen Finanzgruppe. Weiter wird in Absatz 1 Satz 2 die Beteiligung der Deutschen Bundesbank geregelt.

---

[1] Zum Gesetz zur Abschirmung von Risiken und zur Planung der Sanierung und Abwicklung von Kreditinstituten und Finanzgruppen vom 7. August 2013 (BGBl. I S. 3090); vgl. BT-Drucksache 17/12601 vom 4. März 2013.

Die Absätze 3 und 4 erklären den überwiegenden Teil der Bestimmungen des § 47 f für entsprechend anwendbar. Absatz 4 legt darüber hinaus aber einen Schwerpunkt auf die internationale Koordination der Erstellung von Gruppenabwicklungsplänen.

ANMERKUNG § 47 g wurde neu eingefügt durch das Gesetz zur Abschirmung von Risiken und zur Planung der Sanierung und Abwicklung von Kreditinstituten und Finanzgruppen vom 7. August 2013 (BGBl. I S. 3090); vgl. die vorstehend abgedruckte Amtliche Begründung.

§ 47 h Mitwirkungspflichten; Verordnungsermächtigung

(1) Kreditinstitute und Finanzgruppen haben der Bundesanstalt unverzüglich alle Informationen zur Verfügung zu stellen, die die Bundesanstalt im Rahmen der Abwicklungsplanung benötigt. Bei Bedarf kann die Bundesanstalt verlangen, dass einer entsprechenden Informationsübermittlung eine zusammenfassende Analyse beigefügt wird.

(2) Darüber hinaus kann die Bundesanstalt auch Einschätzungen, Analysen und Gutachten und sonstige Formen der Mitwirkung anfordern, wenn sie nach Auffassung der Bundesanstalt für die Abwicklungsplanung erforderlich sind. Insbesondere kann die Bundesanstalt verlangen, dass Teile der im Rahmen der Abwicklungsplanung zu erstellenden Dokumente von dem jeweiligen Kreditinstitut oder dem übergeordneten Unternehmen der jeweiligen Finanzgruppe entworfen und der Bundesanstalt zur Verfügung gestellt werden.

(3) Die Bundesanstalt ist nicht verpflichtet, die infolge der Absätze 1 und 2 entstandenen Kosten und Aufwendungen dem Kreditinstitut oder dem übergeordneten Unternehmen der Finanzgruppe zu ersetzen.

(4) Das Bundesministerium der Finanzen kann im Benehmen mit der Deutschen Bundesbank durch Rechtsverordnung nähere Bestimmungen über Art, Umfang, Zeitpunkt und Form der Mitwirkungspflichten erlassen, die insbesondere auch regelmäßig bereitzustellende Informationen umfassen können, soweit dies zur Erfüllung der Aufgaben der Bundesanstalt erforderlich ist. Es kann diese Ermächtigung durch Rechtsverordnung auf die Bundesanstalt mit der Maßgabe übertragen, dass Rechtsverordnungen der Bundesanstalt im Einvernehmen mit der Deutschen Bundesbank ergehen. Vor Erlass der Rechtsverordnung sind die Spitzenverbände der Institute anzuhören.

Amtliche Begründung[1]

Zu § 47 h (Mitwirkungspflichten; Verordnungsermächtigung)

Die Absätze 1 und 2 regeln die Mitwirkungspflicht von Kreditinstituten und Finanzgruppen, die über das bloße Zurverfügungstellen von Informationen hinausgeht.

Die Regelung in Absatz 3 stellt klar, dass die Bundesanstalt nicht zum Ersatz entsprechender Kosten und Aufwendungen verpflichtet ist.

Aufgrund der Verordnungsermächtigung wird die Bundesanstalt in die Lage versetzt, Standards festzulegen. Soweit die Informationen der Bundesanstalt bereits im Rahmen ihrer aufsichtlichen Tätigkeit zur Verfügung stehen, wird die Bundesanstalt soweit tunlich sicherstellen, dass diese der Abwicklungseinheit übermittelt

---

[1] Zum Gesetz zur Abschirmung von Risiken und zur Planung der Sanierung und Abwicklung von Kreditinstituten und Finanzgruppen vom 7. August 2013 (BGBl. I S. 3090); vgl. BT-Drucksache 17/12601 vom 4. März 2013.

werden. Ziel ist es, sowohl den Aufwand der Adressaten möglichst gering zu halten als auch die Abläufe innerhalb der Bundesanstalt möglichst effizient zu gestalten.

ANMERKUNG § 47h wurde neu eingefügt durch das Gesetz zur Abschirmung von Risiken und zur Planung der Sanierung und Abwicklung von Kreditinstituten und Finanzgruppen vom 7. August 2013 (BGBl. I S. 3090); vgl. die vorstehend abgedruckte Amtliche Begründung.

§ 47i Vertraulichkeit und Informationsaustausch

(1) Vorbehaltlich der Regelung in Absatz 3 behandelt die Bundesanstalt die Ergebnisse der Abwicklungsplanung, das weitere Verfahren nach Bekanntgabe des Ergebnisses der Bewertung der Abwicklungsfähigkeit und die ihr im Zusammenhang mit der Abwicklungsplanung zur Verfügung stehenden Informationen, Einschätzungen, Analysen und Gutachten vertraulich. Die Abwicklungspläne müssen insbesondere nicht gegenüber dem Kreditinstitut oder der Finanzgruppe bekannt gegeben werden.

(2) Die Sanierungspläne und die Ergebnisse der Abwicklungsplanung sind ihrem Wesen nach geheimhaltungsbedürftig im Sinne des § 99 Absatz 1 Satz 2 der Verwaltungsgerichtsordnung.

(3) Die Bundesanstalt ist berechtigt, die ihr im Zusammenhang mit der Abwicklungsplanung vorliegenden Informationen, Einschätzungen, Analysen und Gutachten:
1. dem Bundesministerium der Finanzen, der Deutschen Bundesbank, der Bundesanstalt für Finanzmarktstabilisierung und dem Lenkungsausschuss der Bundesanstalt für Finanzmarktstabilisierung,
2. im Rahmen von Abwicklungskollegien den entsprechenden Mitgliedern sowie den zuständigen Stellen in anderen Staaten des Europäischen Wirtschaftsraums und in Drittstaaten, mit denen die Bundesanstalt im Rahmen von Aufsichtskollegien nach § 8e zusammenarbeitet,
3. Behörden, deren Urteil die Bundesanstalt nach § 47e Absatz 2 Satz 3 für erforderlich oder hilfreich hält, und
4. einer Einlagensicherungseinrichtung oder Anlegerentschädigungseinrichtung zur Verfügung zu stellen. In den Fällen der Nummern 2 und 3 gelten die Voraussetzungen des § 9 Absatz 1 Satz 6 bis 8 entsprechend.

(4) Sanierungspläne sind vom Kreditinstitut vertraulich zu behandeln und nur an diejenigen Dritten weiterzugeben, die an der Erstellung und Umsetzung des Sanierungsplans beteiligt sind.

Amtliche Begründung[1]

Zu § 47i (Vertraulichkeit und Informationsaustausch)

Absatz 1 stellt vorbehaltlich der Regelung in Absatz 3 die Vertraulichkeit der Informationen sicher; Elemente der Abwicklungsplanung werden im Regelfall Geschäftsgeheimnisse oder andere vertrauliche Informationen enthalten und sind deshalb nicht für die Öffentlichkeit geeignet. Abwicklungspläne werden auch nicht gegenüber dem Kreditinstitut oder der Finanzgruppe bekannt gegeben, um strategisches Verhalten dergestalt auszuschließen, dass insbesondere die Bereiche weiter-

---

1 Zum Gesetz zur Abschirmung von Risiken und zur Planung der Sanierung und Abwicklung von Kreditinstituten und Finanzgruppen vom 7. August 2013 (BGBl. I S. 3090); vgl. BT-Drucksache 17/12601 vom 4. März 2013.

entwickelt werden, die durch den Einsatz von Abwicklungsinstrumenten und Abwicklungsbefugnissen am Leben gehalten werden sollen.

Die Regelungen in Absatz 2 stellen sicher bzw. dienen der Klarstellung, dass die Einschätzung der Bundesanstalt keine Publizitätspflichten auslöst. Außerdem werden im Hinblick auf die ein besonderes Geheimhaltungsbedürfnis begründende Sensibilität der betreffenden Einschätzungen der Bundesanstalt Auskunfts- oder Informationspflichten der Bundesanstalt grundsätzlich ausgeschlossen.

Absatz 3 eröffnet der Bundesanstalt die Möglichkeit zum Informationsaustausch mit wichtigen Entscheidungsträgern im In- und Ausland.

ANMERKUNG § 47i wurde neu eingefügt durch das Gesetz zur Abschirmung von Risiken und zur Planung der Sanierung und Abwicklung von Kreditinstituten und Finanzgruppen vom 7. August 2013 (BGBl. I S. 3090); vgl. die vorstehend abgedruckte Amtliche Begründung.

§ 47j Rechtsschutz

Feststellungen und Maßnahmen der Bundesanstalt nach § 47b Absatz 3 und nach § 47e gegen ein Kreditinstitut oder einem Mitglied einer Finanzgruppe können von dem Kreditinstitut oder dem jeweiligen Mitglied der entsprechenden Finanzgruppe innerhalb eines Monats nach Bekanntgabe vor dem für den Sitz der Bundesanstalt in Frankfurt am Main zuständigen Oberverwaltungsgericht angefochten werden. Ein Widerspruchsverfahren wird nicht durchgeführt.

Amtliche Begründung[1]

Zu § 47j (Rechtsschutz)

Die Regelungen zum Rechtsschutz wahren die verfassungsrechtliche Rechtsschutzgarantie aus Artikel 19 Absatz 4 des Grundgesetzes. Insbesondere, wenn die Bewertung der Abwicklungsfähigkeit negativ ausfällt, manifestiert sich die »too big to fail«-Problematik dergestalt, dass das Institut bzw. die Gruppe von der Markterwartung einer impliziten Staatsgarantie profitiert, weil man einer Krisensituation nicht mit hergebrachten Instrumenten Herr werden kann. Dies stellt im Rahmen einer marktwirtschaftlichen Ordnung jedoch einen absoluten Ausnahmefall dar: Jedes andere Unternehmen und dessen Eigner tragen das Risiko des unfreiwilligen Marktaustritts über eine Insolvenz. Demnach soll durch die Maßnahmen in Abschnitt [4a] der einer marktwirtschaftlichen Ordnung entsprechende Zustand hergestellt werden. Folglich und auch im Hinblick auf rasche Planungssicherheit für Adressaten und Behörden ist bei den Maßnahmen Eile geboten, weshalb der Rechtsschutz wie vorgesehen beschleunigt wird. Insbesondere ist kein Bedürfnis für das Durchlaufen eines Widerspruchsverfahrens erkennbar. Der Grad der Eilbedürftigkeit ist im Hinblick auf eine potenziell unvermittelt eintretende Krisenlage nicht wesentlich anders einzuschätzen als z. B. in Bezug auf die entsprechende Regelung in § 48r. Die Vergangenheit hat gezeigt, dass Krisen (z. B. im Fall plötzlich auftretender oder offenbar werdender Verluste im Handelsbereich) unvermittelt auftreten können und dann die fehlende Abwicklungsfähigkeit ebenso unvermittelt ein akutes Problem darstellt.

---

1 Zum Gesetz zur Abschirmung von Risiken und zur Planung der Sanierung und Abwicklung von Kreditinstituten und Finanzgruppen vom 7. August 2013 (BGBl. I S. 3090); vgl. BT-Drucksache 17/12601 vom 4. März 2013.

ANMERKUNG § 47j wurde neu eingefügt durch das Gesetz zur Abschirmung von Risiken und zur Planung der Sanierung und Abwicklung von Kreditinstituten und Finanzgruppen vom 7. August 2013 (BGBl. I S. 3090); vgl. die vorstehend abgedruckte Amtliche Begründung.

§ 48 *(weggefallen)*

ANMERKUNG § 48 wurde durch das Gesetz zur Abschirmung von Risiken und zur Planung der Sanierung und Abwicklung von Kreditinstituten und Finanzgruppen vom 7. August 2013 (BGBl. I S. 3090) gestrichen.

4b. Maßnahmen gegenüber Kreditinstituten bei Gefahren für die Stabilität des Finanzsystems

Amtliche Begründung[1]

Zu Nummer 15 (Unterabschnitt 4a – Maßnahmen gegenüber Kreditinstituten bei Gefahren für die Stabilität des Finanzsystems)

Die Finanzkrise hat gezeigt, dass sich Schwierigkeiten eines systemrelevanten Kreditinstituts nicht immer durch präventive Eingriffsmaßnahmen oder die Bestellung eines Sonderbeauftragten überwinden lassen. Auch das Reorganisationsverfahren nach dem Kreditinstitute-Reorganisationsgesetz wird nicht immer die Gewähr für eine geordnete Krisenbewältigung bieten können, die keine Verwerfungen am Finanzmarkt auslöst. Einer besonderen Handhabe zur Abwendung der Gefahren für die Stabilität des Finanzsystems bedarf es insbesondere dann,
– wenn das Management des Instituts die Einleitung oder Fortführung eines Verfahrens nach dem KredReorgG verschleppt,
– wenn angesichts bestehender Markterwartungen und -verhältnisse die Unsicherheiten hinsichtlich des Ob und Wann des Erfolges eines nach dem KredReorgG eingeleiteten Verfahrens derart schwer wiegen, dass hieraus die Gefahr von Verwerfungen auf den Finanzmärkten resultieren,
– wenn zur Überwindung der Krise des Kreditinstituts die Zuführung von Eigen- und Zahlungsmitteln in erheblichem Umfang erforderlich ist und sich angesichts des unklaren Ausgangs des Verfahrens nach dem KredReorgG kein Anteilseigner, Gläubiger oder Dritter findet, der bereit ist, dem Kreditinstitut die erforderlichen Mittel rechtzeitig zur Verfügung zu stellen, oder wenn Zweifel an der Geeignetheit des vorgelegten Reorganisationsplans bestehen oder wenn die Aussichten, dass ein geeigneter Plan angenommen und bestätigt werden wird, gering sind.

Damit auch in diesen Situationen die Gefahren für die Stabilität des Finanzsystems abgewendet werden können, wird über eine Erweiterung der bankaufsichtsrechtlichen Eingriffsbefugnisse die Möglichkeit eröffnet, die für die Stabilisierung des betroffenen Instituts erforderlichen Maßnahmen notfalls auch gegen den Willen der Betroffenen zu ergreifen.

Mit der Übertragungsanordnung wird es ermöglicht, die zur Stabilisierung des Kreditinstituts erforderlichen Maßnahmen auch dann ergreifen zu können, wenn die

---

1 Zum Gesetz zur Restrukturierung und geordneten Abwicklung von Kreditinstituten, zur Errichtung eines Restrukturierungsfonds für Kreditinstitute und zur Verlängerung der Verjährungsfrist der aktienrechtlichen Organhaftung (Restrukturierungsgesetz) vom 9. Dezember 2010 (BGBl. I S. 1900); vgl. BT-Drucksache 17/3024 vom 27. September 2010.

Anteilsinhaber diesen Maßnahmen nicht zustimmen. Eine Vielzahl von Kapital- und Restrukturierungsmaßnahmen, die für die Stabilisierung eines Kreditinstituts erforderlich sein können, lassen sich aus gesellschaftsrechtlichen Gründen nur mit Zustimmung der Anteilsinhaber durchführen. Im Bereich des Aktienrechts ist dies durch europarechtliche Vorgaben zwingend vorgegeben. Bei einer Bestandsgefährdung wird die umfassende Entscheidungsmacht der Anteilsinhaber aber nicht mehr der wirtschaftlichen Situation gerecht, da die (negativen) wirtschaftlichen Folgen der zu treffenden Entscheidungen nicht mehr von den Anteilsinhabern, sondern von den Gläubigern und – im Falle eines systemrelevanten Instituts – auch von der Allgemeinheit zu tragen sind. Aus diesem Ungleichgewicht zwischen rechtlicher Entscheidungsmacht und wirtschaftlicher Betroffenheit resultiert für die Anteilsinhaber der Anreiz, sich die Zustimmung zu den erforderlichen Stabilisierungsmaßnahmen durch Zugeständnisse bei den Konditionen der Maßnahmen abkaufen zu lassen, so dass ihre rechtliche und wirtschaftliche Position durch die zu treffenden Maßnahmen unangetastet bleibt oder gar verbessert wird. Da dies zwangsläufig zulasten desjenigen geht, der dem Unternehmen neue Mittel zuführen soll, würde sich unter gewöhnlichen Umständen kein Investor finden, der bereit wäre, die erforderlichen Mittel zur Verfügung zu stellen. Bei systemrelevanten Instituten, von deren Schieflage eine Gefahr für die Stabilität des Finanzsystems ausgeht, kann der Staat nach bislang geltendem Recht allerdings gezwungen sein, dem Institut die erforderlichen Mittel im öffentlichen Interesse an der Stabilität des Finanzsystems auch zu den Konditionen zur Verfügung zu stellen, die von den Anteilsinhabern diktiert werden. In diesen Fällen profitieren die Anteilsinhaber als Trittbrettfahrer von dem Umstand, dass der Staat im öffentlichen Interesse an der Bewahrung der Stabilität des Finanzmarktes gezwungen ist, das Institut zu stützen.

Diesem Dilemma helfen die neuen §§ 48a bis 48s ab, indem sie das vom Kreditinstitut betriebene Unternehmen oder dessen systemrelevanten Teile im Wege der Ausgliederung von seinem Rechtsträger rechtlich abtrennen. Dies schafft die Voraussetzung dafür, dass zur Abwehr von Gefahren für die Finanzmarktstabilität die erforderlichen Maßnahmen ergriffen werden können, ohne dass die Möglichkeit dazu von den Anteilseignern durch das Zugeständnis wirtschaftlich ungerechtfertigter Vorteile abgekauft werden muss. Da umgekehrt das Kreditinstitut und dessen Anteilsinhaber nicht mehr ungerechtfertigt von den Stützungsmaßnahmen profitieren, wird gewährleistet, dass die Anteilsinhaber auch die wirtschaftlichen Folgen der Schieflage ihres Unternehmens tragen. Insbesondere ist nach Durchführung der Ausgliederung auf Ebene des ehemaligen Kreditinstituts ein Insolvenzverfahren nicht mehr allein deshalb ausgeschlossen, weil das Unternehmen systemrelevant ist. Von den Folgen eines Insolvenzverfahrens auf der Ebene des Instituts werden nur die Anteilsinhaber und die im Einzelfall beim Institut zurückgelassenen nichtsystemrelevanten Unternehmensteile betroffen. Die zur Restrukturierung erforderlichen Mittel aus dem Restrukturierungsfonds kommen nur den ausgegliederten systemrelevanten Unternehmensteilen zugute. Damit wird der faktische Zwang beseitigt, bei systemrelevanten Kreditinstituten auf das Instrumentarium des Insolvenzrechts zu verzichten. Insbesondere erlauben die neuen Vorschriften, das Ziel der Bewahrung der Finanzmarktstabilität mit dem in einer Marktwirtschaft selbstverständlichen Ziel zu vereinbaren, dass die Anteilsinhaber die Folgen des Scheiterns ihres Unternehmens tragen sollen, anstatt von im öffentlichen Interesse vorgenommenen Stabilisierungsmaßnahmen als Trittbrettfahrer zu profitieren.

Die Maßnahmen stellen keine Enteignung dar und verstoßen daher auch nicht gegen die Junktimklausel des Artikels 14 Absatz 3 Satz 2 und 3 des Grundgesetzes.

Eine Enteignung ist dadurch gekennzeichnet, dass die öffentliche Gewalt aus eigenem Interesse aktiv und offensiv gegen den Privateigentümer vorgeht, weil sie sein Eigentum für einen öffentlichen Zweck verwenden will (BVerfGE 20, 351, 359; 70, 191, 200; 102, 1, 15; 114, 1, 59). Mit der Enteignung wird ein Beschaffungszweck verfolgt (BVerfGE 104, 1, 10). Es handelt sich nicht um eine Enteignung, wenn der betreffende

Gegenstand wegen seiner Beschaffenheit oder wegen seines Zustandes dem Eigentümer entzogen wird und der Staat nicht am Eigentum interessiert ist, weil er es nicht wirtschaftlich oder sonst wie nutzen will. Er verhält sich in diesen Fällen – anders als bei der Enteignung – defensiv und geht gegen das Eigentum nur vor, um Rechtsgüter der Gemeinschaft vor Gefahren zu schützen, die von dem Eigentum ausgehen. Dass das Privateigentum angegriffen, geschmälert, entzogen oder vernichtet wird, erscheint als eine unerwünschte, aber notwendige Nebenwirkung der Gefahrenabwehr (BVerfGE 20, 351, 359). Eine Regelung wird auch nicht dadurch zur Enteignung, dass sie bestehendes Eigentum völlig entwertet oder entzieht oder dass sie das verfassungsrechtlich zulässige Maß überschreitet. Es handelt sich in diesen Konstellationen vielmehr um eine Inhaltsbestimmung, die besonderen verfassungsrechtlichen Anforderungen zur Einhaltung des Übermaßverbotes unterliegt und der Verfassungswidrigkeit verfällt, wenn sie diese Anforderungen nicht erfüllt (BVerfGE 102, 1, 16).

Die in Unterabschnitt 4a vorgesehenen aufsichtsrechtlichen Instrumente dienen nicht der Güterbeschaffung zu Gunsten des Staates oder eines Dritten. Die Übertragung dient vielmehr dazu, die Anteilseigner der das Institut haltenden Gesellschaft von jedem bestimmenden Einfluss auf das Unternehmen auszuschließen; diese mit der zwangsweisen Ausgliederung bezweckte Wirkung wird gegen Umgehungen abgesichert. Die Ausgliederung dient also nicht dazu, dem übernehmenden Rechtsträger das Unternehmen zu verschaffen, damit dieser es wirtschaftlich nutzen oder als Mittel der Bewältigung der Finanzmarktkrise einsetzen kann. Die Maßnahme bezweckt nicht, das Vermögen des Staates oder eines anderen Enteignungsbegünstigten zu mehren, um seine wirtschaftlichen Gestaltungsmöglichkeiten zu erweitern. Vielmehr soll die Ausgliederung zur Abwendung einer Gefahr, deren Bewältigung den Anteilseignern nicht mehr zuzutrauen ist, das in seinem Bestand gefährdete und deshalb zugleich für das Finanzsystem gefährliche Unternehmen der Bestimmungsgewalt seiner Eigentümer entzogen werden. Es handelt sich um eine intensiv eingreifende Inhaltsbestimmung.

Wenn der Gesetzgeber Inhalt und Schranken des Eigentums näher bestimmt, hat er dabei sowohl der Anerkennung des Privateigentums (Artikel 14 Absatz 1 Satz 1 des Grundgesetzes) als auch der Sozialpflichtigkeit des Eigentums (Artikel 14 Absatz 2 des Grundgesetzes) Rechnung zu tragen. Die Weite der Gestaltungsbefugnis des Gesetzgebers, die er zum Ausgleich der schutzwürdigen Interessen der Beteiligten und der Allgemeinheit wahrzunehmen hat, ist nach den zu regelnden Verhältnissen zu beurteilen. Diese Befugnis reicht weiter, wenn der soziale Bezug des Eigentumsobjekts im Vordergrund steht, nicht hingegen die Sicherung persönlicher Freiheit des Eigentümers durch das Eigentum (BVerfGE 101, 54, 75 f.; 102, 1, 17). Grundlegende Neuerungen in den zu regelnden tatsächlichen Verhältnissen und daraus folgende Schwierigkeiten erweitern den Gestaltungsspielraum (BVerfGE 101, 54, 76). Die Regelung zur Bewältigung einer umfassenden Krise des Finanzsystems spricht daher ebenso für einen weiten Gestaltungsspielraum wie die Bedeutung des gefährdeten Instituts für das gesamte Finanzsystem, die den vom Eigentumsrecht geschützten Anteilen an der Bank einen hohen sozialen Bezug zukommen lässt.

Damit formuliert der Gesetzentwurf ein legitimes gesetzgeberisches Ziel, zu dessen Erreichung die vorgesehenen Maßnahmen auch geeignet sind. Die Rettung eines einzelnen, für den Systemerhalt als bedeutend beurteilten Unternehmens ist ein geeignetes Mittel zum Erhalt der Finanzmarktstabilität. Da das nach Artikel 1 mögliche Reorganisationsverfahren nicht in allen Fällen geeignetes Mittel ist, die verfolgten Zwecke zu erreichen, steht neben dem hier vorgesehenen Instrumentarium in derartigen Fällen auch kein milderes Mittel zur Zweckerreichung zur Verfügung.

Die Ausgliederung als besonders einschneidende Inhaltsbestimmung bedarf unter dem Gesichtspunkt der Verhältnismäßigkeit schließlich besonderer Vorkehrungen, zu denen ein Ausgleich für den Eigentumsverlust gehört. Als Ausgleichsleistung sieht § 48d Absatz 1 im Grundsatz vor, dass dem Kreditinstitut bei positivem Wert der übertragenen Gegenstände eine Gegenleistung zusteht. Im Falle einer Übertragung von

Gegenständen mit negativem Wert wird dem Kreditinstitut eine Ausgleichsverbindlichkeit auferlegt (Absatz 6). In Übereinstimmung mit umwandlungsrechtlichen Prinzipien ist klargestellt, dass die dem Institut zu gewährenden Anteile am übernehmenden Rechtsträger eine angemessene Gegenleistung für die im Zuge der Ausgliederung auf den übernehmenden Rechtsträger übertragenen Gegenstände darstellen müssen; dieser Grundsatz gilt auch für die Bemessung der Ausgleichsverbindlichkeit im Falle einer Übertragung von Gegenständen mit negativem Wert.

§ 48a Übertragungsanordnung

(1) Die Bundesanstalt kann nach Maßgabe der folgenden Bestimmungen anordnen, dass das Vermögen eines Kreditinstituts einschließlich seiner Verbindlichkeiten auf einen bestehenden Rechtsträger (übernehmenden Rechtsträger) im Wege der Ausgliederung übertragen wird (Übertragungsanordnung).
(2) Eine Übertragungsanordnung darf nur ergehen, wenn
1. das Kreditinstitut in seinem Bestand gefährdet ist (Bestandsgefährdung) und es hierdurch die Stabilität des Finanzsystems gefährdet (Systemgefährdung) und
2. sich die von der Bestandsgefährdung ausgehende Systemgefährdung nicht auf anderem Wege als durch die Übertragungsanordnung in gleich sicherer Weise beseitigen lässt.

Die Bundesanstalt, die Bundesanstalt für Finanzmarktstabilisierung und der Lenkungsausschuss handeln beim Erlass und beim Vollzug einer Übertragungsanordnung auch dann rechtmäßig, wenn sie bei verständiger Würdigung der ihr zum Zeitpunkt ihres Handelns erkennbaren Umstände annehmen dürfen, dass die gesetzlichen Voraussetzungen für ihr Handeln vorliegen. § 4 Absatz 4 des Finanzdienstleistungsaufsichtsgesetzes bleibt unberührt.
(3) Die Übertragungsanordnung ergeht im Einvernehmen mit dem Lenkungsausschuss im Sinne des § 4 des Finanzmarktstabilisierungsfondsgesetzes, wenn im Zusammenhang mit der Übertragungsanordnung finanzielle Leistungen des Restrukturierungsfonds erforderlich sind oder werden können. Die Entscheidung des Lenkungsausschusses wird durch die Bundesanstalt für Finanzmarktstabilisierung vorbereitet.
(4) Die Bundesanstalt ist berechtigt, dem Lenkungsausschuss und der Bundesanstalt für Finanzmarktstabilisierung die für die Entscheidung erforderlichen Informationen zu übermitteln; § 9 Absatz 1 Satz 5 gilt entsprechend.

Amtliche Begründung[1]

Zu § 48a (Übertragungsanordnung)

§ 48a fasst die Voraussetzungen zusammen, unter denen die Bundesanstalt für Finanzdienstleistungsaufsicht (Bundesanstalt) eine Übertragungsanordnung zur Abwendung von Gefahren für die Stabilität des Finanzsystems erlassen kann. Eine Übertragungsanordnung setzt eine Bestandsgefährdung des Instituts voraus, die mit einer Gefahr für die Stabilität des Finanzsystems einhergeht. Zudem darf sich die Bestandsgefährdung des Instituts nicht durch andere, mildere und gleich wirksame Mittel abwenden lassen. Diese Voraussetzungen werden durch die §§ 48b und 48c näher konkretisiert. Satz 3 stellt klar, dass die für die Bundesanstalt zum Zeitpunkt ihres Handelns erkennbaren Verhältnisse für die Beurteilung der Rechtmäßigkeit des

---

1 Zum Gesetz zur Restrukturierung und geordneten Abwicklung von Kreditinstituten, zur Errichtung eines Restrukturierungsfonds für Kreditinstitute und zur Verlängerung der Verjährungsfrist der aktienrechtlichen Organhaftung (Restrukturierungsgesetz) vom 9. Dezember 2010 (BGBl. I S. 1900); vgl. BT-Drucksache 17/3024 vom 27. September 2010.

Vorgehens maßgeblich sind. Darf die Bundesanstalt bei verständiger Würdigung der ihr erkennbaren Umstände annehmen, dass die Voraussetzungen für den Erlass und den Vollzug einer Übertragungsanordnung gegeben sind, ist ihr Handeln deshalb auch dann rechtmäßig, wenn sich im Nachhinein herausstellt, dass die Voraussetzungen tatsächlich nicht erfüllt waren.

Der Erlass einer Übertragungsanordnung setzt voraus, dass das Institut in seinem Bestand gefährdet ist und hierdurch die Stabilität des Finanzsystems gefährdet. Diese Voraussetzungen werden durch § 48b konkretisiert.

Versprechen andere Maßnahmen Erfolg, ist eine Übertragungsanordnung nur dann zulässig, wenn sich die Alternativmaßnahme nicht in gleich sicherer Weise durchführen lässt und nicht in gleich sicherer Weise die Abwehr der über die Bestandsgefährdung vermittelten Systemgefahr erlaubt. Dies dient dem Ausgleich zwischen den Interessen und Rechten der von einer Übertragungsanordnung Betroffenen und dem öffentlichen Interesse daran, die für die Bewahrung der Systemstabilität erforderlichen Maßnahmen notfalls gegen den Willen der Betroffenen ergreifen zu können. Als mildere Maßnahme scheidet die Zuführung staatlicher Mittel zur Erhaltung des Kreditinstituts aus. Versprechen andere Maßnahmen Erfolg, ist eine Übertragungsanordnung auch nur dann unzulässig, wenn sich die Alternativmaßnahme in gleich sicherer Weise durchführen lässt und in gleich sicherer Weise die Abwehr der von der Bestandsgefährdung ausgehenden Systemgefahr erlaubt.

Um zu gewährleisten, dass die Übertragungsanordnung im Einzelfall zum Erfolg führt, kann der Restrukturierungsfonds Mittel bereitstellen, um das auf den übernehmenden Rechtsträger übertragene Unternehmen zu stabilisieren. Deshalb sieht Absatz 3 der Vorschrift vor, dass die Übertragungsanordnung im Einvernehmen mit dem Lenkungsausschuss zu erfolgen hat, wenn im Zusammenhang mit ihr Leistungen des Restrukturierungsfonds erforderlich werden können. Möglich und zulässig ist aber auch die Zuführung erforderlicher Finanzmittel durch private Dritte, sofern diese bereit und in Lage sind, die erforderlichen Mittel zuzuführen und keine Versagungsgründe nach § 2c Absatz 1a KWG vorliegen.

Die Bundesanstalt stellt der Finanzmarktstabilisierungsanstalt rechtzeitig und umfassend die Informationen zur Verfügung, die diese benötigt, um die Entscheidung des Lenkungsausschusses und die Maßnahmen nach dem Restrukturierungsfondsgesetz vorzubereiten (vgl. auch § 3b FMStFG-E).

Amtliche Begründung[1]

Zu Nummer 15 (§ 48a)

Die Ergänzung des § 48a Absatz 2 Satz 2 KWG dehnt die bisher nur für die Bundesanstalt vorgesehene Haftungsprivilegierung auch auf die FMSA und den Lenkungsausschuss aus. Dies erscheint sachgerecht, sofern das Einvernehmen des Lenkungsausschusses für das Ergehen der Entscheidung über eine Übertragungsanordnung erforderlich ist. Die Ergänzung soll aus Gründen der Vorsorge getroffen werden. Eine Feststellung, ob eine Haftung des Lenkungsausschusses (auch in Angelegenheiten des Finanzmarktstabilisierungsfonds) überhaupt besteht, ist damit nicht verbunden.

ANMERKUNG Die §§ 48a bis 48s wurden neu eingefügt durch das Restrukturierungsgesetz vom 9. Dezember 2010 (BGBl. I S. 1900) und enthalten detaillierte Regelungen zu wirtschaftlichen Schwierigkeiten von Kreditinstituten.

---

1 Zum Restrukturierungsgesetz vom 9. Dezember 2010 (BGBl. I S. 1900); vgl. Beschlussempfehlung und Bericht des 7. Finanzausschusses des BT; BT-Drucksache 17/3547 vom 28. Oktober 2010.

§ 48 b Bestands- und Systemgefährdung

(1) Bestandsgefährdung ist die Gefahr eines insolvenzbedingten Zusammenbruchs des Kreditinstituts für den Fall des Unterbleibens korrigierender Maßnahmen. Eine Bestandsgefährdung wird vermutet, wenn
1. das verfügbare harte Kernkapital nach Artikel 50 der Verordnung (EU) Nr. 575/2013 das erforderliche harte Kernkapital zu weniger als 90 vom Hundert deckt;
2. die verfügbaren Eigenmittel nach Artikel 72 der Verordnung (EU) Nr. 575/2013 die erforderlichen Eigenmittel zu weniger als 90 vom Hundert decken;
3. die Zahlungsmittel, die dem Institut in einem durch die Rechtsverordnung nach § 11 Absatz 1 Satz 2 definierten Laufzeitband zur Verfügung stehen, die in demselben Laufzeitband abrufbaren Zahlungsverpflichtungen zu weniger als 90 vom Hundert decken oder
4. Tatsachen die Annahme rechtfertigen, dass eine Unterdeckung nach den Nummern 1, 2 oder 3 eintreten wird, wenn keine korrigierenden Maßnahmen ergriffen werden; dies ist insbesondere der Fall, wenn nach der Ertragslage des Instituts mit einem Verlust zu rechnen ist, infolgedessen die Voraussetzungen der Nummern 1, 2 oder 3 eintreten würden.

Unterliegt das Kreditinstitut nach § 10 Absatz 3 und 4 oder nach § 45 b Absatz 1 Satz 2 besonderen Eigenmittelanforderungen, so sind diese bei der Prüfung der Voraussetzungen des Satzes 2 Nummer 1, 2 und 4 zu berücksichtigen. Das Gleiche gilt im Rahmen der Prüfung der Voraussetzungen des Satzes 2 Nummer 3 und 4 für besondere Liquiditätsanforderungen nach § 11 Absatz 2.

(2) Eine Systemgefährdung liegt vor, wenn zu besorgen ist, dass sich die Bestandsgefährdung des Kreditinstituts in der konkreten Marktsituation in erheblicher Weise negativ auf andere Unternehmen des Finanzsektors, auf die Finanzmärkte, auf das allgemeine Vertrauen der Einleger und anderen Marktteilnehmer in die Funktionsfähigkeit des Finanzsystems oder auf die Realwirtschaft auswirkt. Dabei sind insbesondere zu berücksichtigen:
1. Art und Umfang der Verbindlichkeiten des Kreditinstituts gegenüber anderen Instituten und sonstigen Unternehmen des Finanzsektors,
2. der Umfang der von dem Institut aufgenommenen Einlagen,
3. die Art, der Umfang und die Zusammensetzung der von dem Institut eingegangenen Risiken sowie die Verhältnisse auf den Märkten, auf denen entsprechende Positionen gehandelt werden,
4. die Vernetzung mit anderen Finanzmarktteilnehmern,
5. die Verhältnisse auf den Finanzmärkten, insbesondere die von den Marktteilnehmern erwarteten Folgen eines Zusammenbruchs des Instituts auf andere Unternehmen des Finanzsektors, auf den Finanzmarkt, das Vertrauen der Einleger und Marktteilnehmer in die Funktionsfähigkeit des Finanzmarktes und die Realwirtschaft,
6. die Größe des Kreditinstituts,[1]

---

[1] Hinweis: Mit den Änderungen durch Artikel 1 Nummer 76 Buchstabe b) Doppelbuchstabe bb) Dreifachbuchstabe bbb) des Gesetzes vom 28. August 2013 (BGBl. I S. 3395) waren folgende Textänderungen beabsichtigt:
»bbb) Nach Nummer 5 werden folgende Nummern 6 bis 8 angefügt:
›6. die Ersetzbarkeit der von dem Institut angebotenen Dienstleistungen und technischen Systeme,
7. die Komplexität der vom Institut mit anderen Marktteilnehmern abgeschlossenen Geschäfte,
8. die Art, der Umfang und die Komplexität der vom Institut grenzüberschreitend abgeschlossenen Geschäfte sowie die Ersetzbarkeit der grenzüberschreitend angebotenen Dienstleistungen und technischen Systeme.‹«
Aufgrund der vorhergehenden Änderung von § 48 b Absatz 2 Satz 2 durch Artikel 1 des Gesetzes vom 7. August 2013 (BGBl. I S. 3090) ist diese Änderung nicht durchführbar.

7. die Ersetzbarkeit der von dem Institut angebotenen Dienstleistungen und technischen Systeme,[1]
8. die Komplexität der vom Institut mit anderen Marktteilnehmern abgeschlossenen Geschäfte,[1]
9. die Art, der Umfang und die Komplexität der vom Institut grenzüberschreitend abgeschlossenen Geschäfte sowie die Ersetzbarkeit der grenzüberschreitend angebotenen Dienstleistungen und technischen Systeme.[1]

(3) Die Bundesanstalt beurteilt nach Anhörung der Deutschen Bundesbank, ob eine Bestands- und Systemgefährdung im Sinne der Absätze 1 und 2 vorliegt und dokumentiert die gemeinsame Einschätzung schriftlich.

Amtliche Begründung[2]

Zu § 48b (Bestands- und Systemgefährdung)

Voraussetzung für den Erlass einer Übertragungsanordnung nach § 48a KWG-E ist die Bestandsgefährdung des Instituts und eine hieraus resultierende Gefährdung der Stabilität des Finanzsystems. Es muss mit anderen Worten die Gefahr bestehen, dass das Finanzsystem von der Krise des Instituts angesteckt wird.

Eine Bestandsgefährdung ist nach Absatz 1 Satz 1 die Gefahr eines insolvenzbedingten Zusammenbruches. Eine solche Gefahr besteht bereits dann, wenn absehbar ist, dass ohne die Ergreifung korrigierender Maßnahmen Insolvenzgründe eintreten werden. Ein konkreter, unmittelbar bevorstehender Zahlungsausfall oder eine unmittelbar bevorstehende Überschuldung ist hierfür nicht erforderlich. Nach Satz 2 wird eine Bestandsgefährdung im Falle einer qualifizierten Verletzung aufsichtsrechtlicher Eigenmittel- oder Liquiditätsanforderungen vermutet. Dem liegt die Erkenntnis zugrunde, dass selbst eine Eigenmittelausstattung, die den aufsichtsrechtlichen Eigenmittelanforderungen gerade noch entspricht, bei großen systemrelevanten Instituten existenzbedrohend wirkt. Insbesondere besteht auf den Interbankenmärkten die Erwartung, dass große Institute über die gesetzlichen Mindestanforderungen hinaus Eigenmittel in signifikantem Umfang vorhalten. Wird dieser Erwartung nicht entsprochen, verteuert oder verknappt sich der Zugang zu Refinanzierungsmitteln und Absicherungsgeschäften. Vor diesem Hintergrund geht die Tendenz der auf internationaler und europäischer Ebene geführten Diskussionen über die gesetzlich vor-

---

[1] Hinweis: Mit den Änderungen durch Artikel 1 Nummer 76 Buchstabe b) Doppelbuchstabe bb) Dreifachbuchstabe bbb) des Gesetzes vom 28. August 2013 (BGBl. I S. 3395) waren folgende Textänderungen beabsichtigt:
»bbb) Nach Nummer 5 werden folgende Nummern 6 bis 8 angefügt:
›6. die Ersetzbarkeit der von dem Institut angebotenen Dienstleistungen und technischen Systeme,
7. die Komplexität der vom Institut mit anderen Marktteilnehmern abgeschlossenen Geschäfte,
8. die Art, der Umfang und die Komplexität der vom Institut grenzüberschreitend abgeschlossenen Geschäfte sowie die Ersetzbarkeit der grenzüberschreitend angebotenen Dienstleistungen und technischen Systeme.‹«
Aufgrund der vorhergehenden Änderung von § 48b Absatz 2 Satz 2 durch Artikel 1 des Gesetzes vom 7. August 2013 (BGBl. I S. 3090) ist diese Änderung nicht durchführbar.

[2] Zum Gesetz zur Restrukturierung und geordneten Abwicklung von Kreditinstituten, zur Errichtung eines Restrukturierungsfonds für Kreditinstitute und zur Verlängerung der Verjährungsfrist der aktienrechtlichen Organhaftung (Restrukturierungsgesetz) vom 9. Dezember 2010 (BGBl. I S. 1900); vgl. BT-Drucksache 17/3024 vom 27. September 2010.

zuschreibende Eigenmittelausstattung dahin, die bisherigen Kapitalanforderungen heraufzusetzen. Die Vermutung einer Bestandsgefährdung knüpft an das Bestehen oder Drohen einer 10-prozentigen Unterdeckung der nach § 10 Absatz 1 und § 11 Absatz 1 KWG bestehenden Anforderungen an die Eigen- und Zahlungsmittelausstattung an. Sind besondere Eigenmittel- oder Liquiditätsanforderungen nach § 10 Absatz 1 b, § 11 Absatz 2 oder § 45 b Absatz 1 KWG festgesetzt, sind diese der Prüfung ebenfalls zugrunde zu legen.

Da Absatz 1 Satz 2 lediglich Vermutungen aufstellt, kann eine Bestandsgefährdung im Einzelfall auch vorliegen, wenn die Tatbestände, an welche diese Vermutungen anknüpfen, nicht erfüllt sind.

Der in Absatz 2 konkretisierte Begriff der Systemgefährdung stellt den Zusammenhang zwischen der Bestandsgefährdung des Kreditinstituts und den Gefahren für die Finanzmarktstabilität her. Eine Systemgefährdung besteht, wenn zu besorgen ist, dass sich die Bestandsgefährdung des Instituts in erheblicher Weise negativ auf andere Unternehmen des Finanzsektors, die Finanzmärkte oder auf das allgemeine Vertrauen in die Funktionsfähigkeit des Finanzsystems auswirken wird. Die Aufzählung der in diesem Zusammenhang zu berücksichtigenden Faktoren ist nicht abschließend, sondern verweist vielmehr auf die nach bisherigem Erfahrungsstand gängigen Ansteckungskanäle, über welche die Stabilität des Finanzsystems durch die Schieflage eines einzelnen Instituts beeinträchtigt werden kann.

Bei der schriftlich zu dokumentierenden Feststellung einer Bestandsgefährdung nach Absatz 1 und einer Systemgefährdung nach Absatz 2 wirken die Bundesanstalt und die Bundesbank gemäß Absatz 3 zusammen.

Amtliche Begründung[1]

Zu Nummer 15 (§ 48 b Absatz 2)

Für die Beurteilung der Systemgefährdung kommt es nicht nur auf die Risiken aus außerbilanziellen Geschäften, sondern auf sämtliche Risikoexpositionen des Kreditinstituts und die Verhältnisse auf den Märkten an, auf denen die zugrunde liegenden Positionen gehandelt werden.

Amtliche Begründung[2]

A. Allgemeiner Teil

I. Zu Artikel 1 (Planung der Sanierung und Abwicklung von Kreditinstituten)

1. Zielsetzung und Notwendigkeit der Regelungen

Wenn ein systemrelevantes potenziell systemgefährdendes Kreditinstitut oder eine potenziell systemgefährdende Finanzgruppe in eine wirtschaftliche Schieflage gerät, kann sich dies zu einer Krise des nationalen oder gar globalen Finanzsystems ausweiten. Dem soll durch das Erfordernis zum Aufstellen von Sanierungs- und Abwicklungsplänen vorgebeugt werden.

---

[1] Zum Restrukturierungsgesetz vom 9. Dezember 2010 (BGBl. I S. 1900); vgl. Beschlussempfehlung und Bericht des 7. Finanzausschusses des BT; BT-Drucksache 17/3547 vom 28. Oktober 2010.

[2] Zum Gesetz zur Abschirmung von Risiken und zur Planung der Sanierung und Abwicklung von Kreditinstituten und Finanzgruppen vom 7. August 2013 (BGBl. I S. 3090); vgl. BT-Drucksache 17/12601 vom 4. März 2013.

Ein Sanierungsplan soll die Bewältigung einer Krise durch das Kreditinstitut oder die Finanzgruppe erleichtern und somit dazu beitragen, dass eine Abwicklung des Kreditinstituts oder der Finanzgruppe vermieden werden kann. Sanierungspläne sind vom jeweiligen Kreditinstitut bzw. oder vom übergeordneten Unternehmen einer der Finanzgruppe zu erstellen und dienen der Vorbereitung auf den Krisenfall. Das Kreditinstitut bzw. oder die Finanzgruppe soll sich frühzeitig damit befassen, welche Maßnahmen unter anderem in organisatorischer und geschäftspolitischer Hinsicht getroffen werden müssen, um eine Krise möglichst schnell, effektiv und aus eigener Kraft überwinden zu können.

Auch Abwicklungspläne dienen der Vorbereitung auf den Krisenfall. Sie tragen für den Fall Vorsorge, dass das Kreditinstitut bzw. oder eine Finanzgruppe eine Krise nicht aus eigener Kraft mit den Maßnahmen des Sanierungsplans überwinden kann. Abwicklungspläne werden im Gegensatz zu Sanierungsplänen von der Bundesanstalt erstellt. Abwicklungspläne sollen dem primären Abwicklungsziel Rechnung tragen, eine Systemgefährdung im Sinne des § 48a Absatz 2 Nummer 2 und des § 48b Absatz 2 zu vermeiden oder deren Beseitigung zu erleichtern. Soweit es zur Vermeidung oder erleichterten Beseitigung einer Systemgefährdung erforderlich ist, sollen die weiteren im Gesetz genannten Abwicklungsziele berücksichtigt werden. Ziel ist die Durchführung der Abwicklung ohne negative systemische Konsequenzen oder den Einsatz öffentlicher Mittel. Abwicklungspläne sollen der Aufsicht den effizienten Einsatz von Abwicklungsinstrumenten erleichtern, insbesondere wenn sehr schnell gehandelt werden muss.

Die Anhörung der Bundesanstalt für Finanzmarktstabilisierung wurde in den Gesetzentwurf aufgenommen, weil die Bundesanstalt für Finanzmarktstabilisierung u.a. an bestimmten Aspekten der Umsetzung einer Übertragungsanordnung mitwirkt und die Entscheidung des Lenkungsausschusses über die Gewährung von Maßnahmen aus Mitteln des Restrukturierungsfonds vorbereitet.

2. Wesentlicher Inhalt des Entwurfs

Im Sanierungsplan hat das Kreditinstitut bzw. die Finanzgruppe Handlungsoptionen zu beschreiben, die in erheblichen Belastungsszenarien ergriffen werden können, um die wirtschaftliche Lage zu stabilisieren und zu verbessern und dadurch die Überlebensfähigkeit zu sichern, ohne auf Stabilisierungsmaßnahmen der öffentlichen Hand angewiesen zu sein. Der Sanierungsplan soll als Vorbereitung für die Bewältigung von Krisensituationen dienen und hat zum Ziel, die Widerstandsfähigkeit des Kreditinstituts bzw. der Finanzgruppe in künftigen Krisensituationen zu stärken.

Kann das Kreditinstitut beziehungsweise die Finanzgruppe eine Krise nicht aus eigener Kraft meistern, sind gegebenenfalls Abwicklungsinstrumente einzusetzen. Die Anwendung der Abwicklungsinstrumente bedarf umfassender Planung und sorgfältiger Vorbereitung. Da die Abwicklungsinstrumente hoheitliches Handeln darstellen, wird die Abwicklungsplanung der Bundesanstalt übertragen. Die Aufgaben im Zusammenhang mit der Abwicklung und der Anwendung der Abwicklungsinstrumente werden einer besonderen Einheit innerhalb der Bundesanstalt übertragen und umfassen unter anderem die Bewertung der Abwicklungsfähigkeit, die Beseitigung von Hindernissen der Abwicklungsfähigkeit, die Erstellung von Abwicklungsplänen für potenziell systemgefährdende Kreditinstitute und Finanzgruppen und die Vorbereitung und den Erlass einer Übertragungsanordnung nach den §§ 48a bis 48s.

ANMERKUNG

1. Durch die Änderung in § 48b Absatz 2 durch das Gesetz zur Abschirmung von Risiken und zur Planung der Sanierung und Abwicklung von Kreditinstituten und Finanzgruppen vom 7. August 2013 (BGBl. I S. 3090) findet eine Anpassung an die allgemein herangezogenen Kriterien zur Beurteilung der Systemgefährdung statt, wie sie insbesondere vom

Baseler Ausschuss für Bankenaufsicht erstellt wurden; vgl. die ausführliche Begründung zu diesem Gesetzesentwurf in der vorstehenden Amtlichen Begründung.

2. § 48b Absatz 1 und 2 wurden durch das CRD IV-Umsetzungsgesetz vom 28. August 2013 (BGBl. I S. 3395) geändert. In Absatz 1 handelt es ich um die Anpassung der Verweise. Durch die Änderungen und Ergänzungen in Absatz 2 werden die Kriterien zur Beurteilung der Systemrelevanz unter dem Aspekt des Erlasses einer Übertragungsanordnung an die allgemein zur Beurteilung der Systemrelevanz eines Instituts herangezogenen Kriterien angepasst. Dabei wird in Satz 1 ausdrücklich bestimmt, dass es in dem hier vorliegenden Regelungszusammenhang nicht um die Beurteilung einer generellen, sondern einer auf die konkrete Situation an den Finanzmärkten bezogenen Systemrelevanz im Krisenfall des betroffenen Kreditinstituts geht; vgl. BT-Drucksache 17/10974 vom 15. Oktober 2012.

§ 48c Fristsetzung; Erlass der Übertragungsanordnung

(1) Sofern es die Gefahrenlage zulässt, kann die Bundesanstalt dem Kreditinstitut vor Erlass der Übertragungsanordnung eine Frist setzen, binnen derer das Kreditinstitut einen tragfähigen Plan vorzulegen hat, aus dem hervorgeht, auf welche Weise die Bestandsgefährdung abgewendet werden wird (Wiederherstellungsplan). Im Wiederherstellungsplan sind die Maßnahmen anzugeben, aufgrund derer
1. die Bestandsgefährdung innerhalb von sechs Wochen nach Vorlage des Wiederherstellungsplans (Umsetzungsfrist) abgewendet und
2. die Angemessenheit der Eigenmittel und die ausreichende Liquidität langfristig sichergestellt

werden sollen. Sieht der Wiederherstellungsplan die Zuführung von Eigenmitteln oder die Erhöhung der Liquidität vor, ist glaubhaft zu machen, dass eine begründete Aussicht auf erfolgreiche Durchführung der Maßnahmen besteht. Legt das Kreditinstitut binnen der ihm gesetzten Frist keinen Wiederherstellungsplan vor, der den Anforderungen des Satzes 2 genügt oder macht es die im Wiederherstellungsplan vorgesehene Zuführung von Eigenmitteln oder Erhöhung der Liquidität nicht glaubhaft oder verstößt es gegen Vorgaben aus einem vorgelegten Wiederherstellungsplan oder zeigt sich, dass der Wiederherstellungsplan ungeeignet ist oder sich nicht innerhalb der Umsetzungsfrist umsetzen lässt, kann die Bundesanstalt, sofern es die Gefahrenlage zulässt, dem Kreditinstitut eine letzte Frist setzen, binnen derer es die Bestandsgefährdung zu beseitigen hat; bei der Bemessung der Frist ist zu berücksichtigen, dass das Institut bereits Gelegenheit zur Überwindung der Bestandsgefährdung hatte.

(2) Ein in Übereinstimmung mit den Vorschriften des Kreditinstitute-Reorganisationsgesetzes übermittelter Reorganisationsplan gilt als ein den Anforderungen des Absatzes 1 genügender Wiederherstellungsplan, wenn unter Berücksichtigung der zeitlichen Vorgaben keine Zweifel daran bestehen, dass der übermittelte Reorganisationsplan geeignet ist, die Bestandsgefährdung rechtzeitig abzuwenden und dass der übermittelte Plan rechtzeitig angenommen, bestätigt und umgesetzt werden wird. Die Bundesanstalt kann eine Übertragung auch während eines eingeleiteten Reorganisationsverfahrens anordnen, es sei denn, es besteht kein Zweifel daran, dass das Reorganisationsverfahren geeignet ist, die Bestandsgefährdung rechtzeitig abzuwenden und dass der übermittelte Plan rechtzeitig angenommen, bestätigt und umgesetzt werden wird.

(3) Die Übertragungsanordnung darf nur ergehen, wenn der übernehmende Rechtsträger der Übertragung zustimmt. Die Zustimmung muss auf einen inhaltsgleichen Entwurf der Übertragungsanordnung Bezug nehmen und bedarf der notariellen Beurkundung.

(4) Soll in der Übertragungsanordnung vorgesehen werden, dass dem Kreditinstitut als Gegenleistung für die Übertragung Anteile an dem übernehmenden Rechtsträger einzuräumen sind (§ 48d Absatz 1 Satz 2) und ist hierfür ein Beschluss der Anteilsinhaberversammlung beim übernehmenden Rechtsträger erforderlich, darf die Übertragungsanordnung erst ergehen, wenn die erforderlichen Beschlüsse der Anteilsinhaberversammlung gefasst sind und nicht mehr mit der Rechtsfolge einer möglichen Rückabwicklung angefochten werden können.

(5) Die Übertragungsanordnung darf einen Rechtsträger nicht als übernehmenden Rechtsträger vorsehen, wenn
1. der Rechtsträger nicht in der Rechtsform einer juristischen Person verfasst ist,
2. der Rechtsträger seine Hauptverwaltung nicht im Inland hat,
3. der Rechtsträger nicht über zwei satzungsmäßige Geschäftsleiter verfügt,
4. Tatsachen vorliegen, aus denen sich ergibt, dass ein Geschäftsleiter nicht zuverlässig ist oder nicht über die zur Leitung des Instituts erforderliche fachliche Eignung verfügt,
5. Tatsachen vorliegen, aus denen sich ergibt, dass der Inhaber einer bedeutenden Beteiligung an dem Rechtsträger oder, wenn er eine juristische Person ist, auch ein gesetzlicher oder satzungsmäßiger Vertreter, oder, wenn er eine Personenhandelsgesellschaft ist, auch ein Gesellschafter, nicht zuverlässig ist oder aus anderen Gründen nicht den im Interesse an einer soliden und umsichtigen Geschäftsführung zu stellenden Anforderungen genügt,
6. das Kernkapital des übernehmenden Rechtsträgers im Sinne des Artikels 26 Absatz 1 Buchstabe a bis e der Verordnung (EU) Nr. 575/2013 den Betrag von 5 Millionen Euro unterschreitet oder
7. der satzungsmäßige oder gesellschaftsvertragliche Unternehmensgegenstand des Rechtsträgers oder seine Vermögens-, Finanz- oder Ertragslage eine Übernahme und Fortführung des Unternehmens des Kreditinstituts nicht erlaubt.

Ist das Kreditinstitut in der Rechtsform einer Kapitalgesellschaft verfasst, so soll der übernehmende Rechtsträger in derselben Rechtsform verfasst sein.

(6) Die Übertragungsanordnung ist mit Bekanntgabe gegenüber dem Kreditinstitut auch dem zuständigen Betriebsrat zuzuleiten. Die Übertragungsanordnung ist auch gegenüber dem übernehmenden Rechtsträger bekannt zu geben. Sie ist unverzüglich im Bundesanzeiger zu veröffentlichen. Die Veröffentlichung enthält auch Angaben zur Zustimmungserklärung des übernehmenden Rechtsträgers und zu den Kapitalerhöhungsbeschlüssen nach Absatz 4.

Amtliche Begründung[1]

Zu § 48c (Fristsetzung; Erlass der Übertragungsanordnung)

Die Bundesanstalt kann dem Kreditinstitut vor Erlass einer Übertragungsanordnung eine Frist zur Vorlage und Ausführung eines Wiederherstellungsplans setzen und damit dem Institut, seinen Anteilsinhabern und gegebenenfalls auch seinen Gläubigern die Möglichkeit verschaffen, die Bestandsgefährdung selbst abzuwenden. So können die Anteilseigner beispielsweise im Rahmen einer Kapitalerhöhung die Zuführung weiterer Eigenmittel, den Zusammenschluss mit einem stabilen Unternehmen des Finanzsektors oder andere Maßnahmen beschließen, die kurzfristig die Abwendung der Bestandsgefährdung ermöglichen. In Betracht kommt auch die Ein-

---

[1] Zum Gesetz zur Restrukturierung und geordneten Abwicklung von Kreditinstituten, zur Errichtung eines Restrukturierungsfonds für Kreditinstitute und zur Verlängerung der Verjährungsfrist der aktienrechtlichen Organhaftung (Restrukturierungsgesetz) vom 9. Dezember 2010 (BGBl. I S. 1900); vgl. BT-Drucksache 17/3024 vom 27. September 2010.

leitung eines Verfahrens nach dem Kreditinstitute-Reorganisationsgesetz, dessen Verhältnis zu § 48a ff. KWG-E in Absatz 2 näher geregelt wird. Eine Fristsetzung darf allerdings nur ergehen, wenn die Gefahrenlage eine Verzögerung der Stabilisierung des Unternehmens zulässt. Von einer Fristsetzung ist deshalb abzusehen, wenn die Gefahrenlage ein weiteres Warten nicht zulässt. Das ist beispielsweise dann der Fall, wenn das Institut als Publikumsgesellschaft verfasst ist und nicht erwartet werden kann, dass die zur Abwendung einer Insolvenz dringlich benötigten Finanzmittel rechtzeitig durch die Anteilsinhaber beschafft werden können.

In einem ersten Schritt setzt die Bundesanstalt dem Institut nach Absatz 1 Satz 1 eine Frist zur Vorlage eines Plans, aus dem hervorgeht, wie die akute Bestandsgefährdung kurzfristig beseitigt und die Angemessenheit der Ausstattung mit Eigenmitteln und Zahlungsmitteln mittel- und langfristig sichergestellt werden soll. Sieht der Plan die Zuführung von Eigenmitteln oder Zahlungsmitteln vor, ist die Begründetheit der Aussicht auf die Zuführung glaubhaft zu machen. Dies kann insbesondere durch die verbindliche und verlässliche Zusage eines zur Zuführung der Mittel bereiten Dritten geschehen. Als Zuführung von Mitteln ist es auch anzusehen, wenn der Plan vorsieht, dass das Institut auf einen dritten Rechtsträger verschmolzen werden soll, der in hinreichender Weise mit Eigenmitteln und Zahlungsmitteln ausgestattet ist. Legt das Institut keinen oder keinen den Anforderungen entsprechenden Wiederherstellungsplan vor oder scheitert die Ausführung eines rechtzeitig vorgelegten Plans, so setzt die Bundesanstalt nach Absatz 1 Satz 4 eine letzte Frist zur Behebung des Mangels, wobei sie berücksichtigen darf, dass das Institut bereits Gelegenheit zur Abwendung der Bestandsgefährdung hatte. Von einer Fristsetzung kann die Bundesanstalt absehen oder eine bereits gesetzte Frist verkürzen oder aufheben, wenn die Gefahrenlage ein weiteres Warten nicht erlaubt.

Das Verhältnis zum Verfahren nach dem KredReorgG-E ist in Absatz 2 geregelt. Hat das Institut ein Sanierungs- oder Reorganisationsverfahren nach dem KredReorgG-E eingeleitet, richtet sich das Vorgehen der Bundesanstalt danach, ob der übermittelte Sanierungs- oder Reorganisationsplan zur Abwendung der Systemgefährdung geeignet ist und ob der Plan Aussicht darauf hat, angenommen und bestätigt zu werden. Ist dies der Fall, gilt der Plan als geeigneter Wiederherstellungsplan nach Absatz 2 Satz 1. Die Bundesanstalt darf solange keine Übertragungsanordnung treffen, wie der Plan erwartungsgemäß verhandelt, angenommen, bestätigt und umgesetzt wird. Bestehen daran Zweifel, bleibt es der Bundesanstalt unbenommen, trotz der Anhängigkeit des Sanierungs- oder Reorganisationsverfahrens das auf den Erlass einer Übertragungsanordnung gerichtete Verfahren weiterzubetreiben. Dies gilt auch dann, wenn sich ein ursprünglich aussichtsreicher Plan nachträglich als ungeeignet erweist, die Systemgefahren in der gebotenen Zeit sicher abzuwenden, insbesondere wenn der Plan nicht angenommen wird oder die gerichtliche Bestätigung versagt wird.

Die Übertragungsanordnung bedarf nach Absatz 3 der Zustimmung des übernehmenden Rechtsträgers, auf den die von ihr erfassten Gegenstände übertragen werden. Die Zustimmung ist notariell zu beurkunden.

Nach Absatz 4 müssen auf der Ebene des übernehmenden Rechtsträgers die Voraussetzungen für die Anmeldung und Durchführung einer Kapitalerhöhung geschaffen werden, die für die Schaffung derjenigen Anteile am übernehmenden Rechtsträger notwendig sind, die das Institut nach § 48d Absatz 1 Satz 2 als Gegenleistung beanspruchen kann. Damit wird mit Rücksicht auf das Verbot des § 187 Absatz 2 AktG und die Vorgaben aus der Kapitalrichtlinie gewährleistet, dass der übernehmende Rechtsträger zur Ausgabe der Anteile verpflichtet werden kann, ohne in die Kompetenzen der Hauptversammlung des übernehmenden Rechtsträgers einzugreifen.

Die in Absatz 5 enthaltenen Anforderungen an den übernehmenden Rechtsträger stellen sicher, dass der übernehmende Rechtsträger die Voraussetzungen für die Erteilung einer Bankerlaubnis erfüllt. Nach § 48g Absatz 4 KWG-E enthält die Übertragungsanordnung nämlich auch die Erlaubnis zur Fortführung der auf den übernehmenden Rechtsträger übertragenen Geschäfte.

Nach Absatz 6 sind die Vertreter der Arbeitnehmer wegen der erheblichen Auswirkungen einer Übertragungsanordnung auf die Arbeitnehmer ebenfalls über die Ausgliederungsanordnung zu informieren. Im Übrigen bleiben die Schutzrechte der Arbeitnehmer unberührt.

Die Übertragungsanordnung ist auch gegenüber dem von ihr ebenfalls unmittelbar betroffenen übernehmenden Rechtsträger bekannt zu geben. Zudem ist die Übertragungsanordnung unverzüglich nach dem Wirksamwerden der von ihr vorgesehenen Ausgliederung im elektronischen Bundesanzeiger bekannt zu geben. Die Veröffentlichung muss auch Angaben zur Zustimmungserklärung und zu etwaig erforderlichen Kapitalerhöhungsbeschlüssen machen, deren Vorliegen nach Absatz 4 Voraussetzung für den Erlass der Übertragungsanordnung ist.

Amtliche Begründung[1]

Zu Nummer 15 (§ 48 c Absatz 4)

Die Bezugnahme auf den »Beschluss der Anteilsinhaberversammlung« präzisiert die bisherige Bezugnahme auf die »Kapitalerhöhung«. Die weiteren Ergänzungen stellen klar, dass die Nichtanfechtbarkeit von Beschlüssen der Anteilsinhaberversammlung nur insoweit abzuwarten ist, als dies zur Umsetzung der Übertragungsanordnung notwendig ist.

§ 48 d Gegenleistung; Ausgleichsverbindlichkeit

(1) Die Übertragungsanordnung sieht eine Gegenleistung an das Kreditinstitut vor, wenn der Wert der zu übertragenden Gegenstände in seiner Gesamtheit positiv ist. Die Gegenleistung besteht aus Anteilen an dem übernehmenden Rechtsträger. Wenn die Anteilsgewährung für den übernehmenden Rechtsträger unzumutbar ist oder den Zweck der Übertragungsanordnung zu vereiteln droht, ist die Gegenleistung in Geld zu bemessen.
(2) Die Gegenleistung muss zum Zeitpunkt des Erlasses der Übertragungsanordnung in einem angemessenen Verhältnis zum Wert der übertragenen Gegenstände stehen. Unterstützungsleistungen durch den Restrukturierungsfonds oder staatliche Stellen, die zur Vermeidung oder Überwindung der Bestandsgefährdung erbracht oder in Aussicht gestellt wurden, sind dabei nicht zugunsten des Kreditinstituts zu berücksichtigen. Zentralbankgeschäfte, die zu üblichen Bedingungen abgeschlossen werden, sind keine Unterstützungsleistungen im Sinne des Satzes 2.
(3) Die Angemessenheit der Gegenleistung ist durch einen sachverständigen Prüfer zu prüfen, der auf Antrag der Bundesanstalt für Finanzmarktstabilisierung vom Gericht ausgewählt und bestellt wird. § 10 Absatz 1 Satz 3, Absatz 2 bis 5 und § 11 des Umwandlungsgesetzes gelten entsprechend. Der Prüfer berichtet schriftlich über das Ergebnis seiner Prüfung. Der Prüfungsbericht ist dem Kreditinstitut, dem übernehmenden Rechtsträger, der Bundesanstalt und der Bundesanstalt für Finanzmarktstabilisierung zu übermitteln. Er ist mit einer Erklärung darüber abzuschließen, ob die Gegenleistung zum Zeitpunkt des Erlasses der Übertragungsanordnung angemessen war. Kommt der Prüfungsbericht zu dem Ergebnis, dass die Gegenleistung angemessen war, bestätigt die Bundesanstalt im Einvernehmen mit der Bundesanstalt für Finanzmarktstabilisierung die in der Übertragungsanordnung festgesetzte Gegenleistung. Andernfalls bestimmt sie im Einvernehmen mit der Bundesanstalt für Finanzmarkt-

---

1 Zum Restrukturierungsgesetz vom 9. Dezember 2010 (BGBl. I S. 1900); vgl. Beschlussempfehlung und Bericht des 7. Finanzausschusses des BT; BT-Drucksache 17/3547 vom 28. Oktober 2010.

stabilisierung die Gegenleistung unter Berücksichtigung der Ergebnisse des Prüfungsberichts binnen zwei Wochen nach Erhalt des Berichts neu. Die Angemessenheit der neu festgesetzten Gegenleistung ist nach Maßgabe der Sätze 1 bis 5 zu prüfen; dabei gilt der mit der Erstprüfung befasste Prüfer als zur Durchführung dieser Prüfung bestellt.

(4) Ist eine abschließende und verlässliche Bewertung der zu übertragenden Gegenstände bis zum Erlass der Übertragungsanordnung nicht möglich, kann der Übertragungsanordnung eine vorläufige Bewertung zugrunde gelegt werden. In diesem Fall ist eine vorläufige Gegenleistung festzusetzen und die endgültige Bewertung nachzuholen. § 48c Absatz 4 ist mit der Maßgabe entsprechend anzuwenden, dass als Gegenleistung das Doppelte der vorläufigen Gegenleistung zugrunde zu legen ist. Von einer Prüfung der Angemessenheit der vorläufigen Gegenleistung nach Absatz 3 Satz 1 kann abgesehen werden. Die endgültige Bewertung ist innerhalb von vier Monaten nach Bekanntgabe der Übertragungsanordnung gegenüber dem Kreditinstitut vorzunehmen. Ergehen Rückübertragungsanordnungen nach § 48j oder partielle Übertragungen nach § 48k, ist eine endgültige Bewertung, unbeschadet der Frist nach Satz 5, innerhalb von zwei Monaten nach Bekanntgabe der letzten Anordnung gegenüber dem Kreditinstitut vorzunehmen. Die auf Grundlage der endgültigen Bewertung zu bestimmende Gegenleistung ist nach Absatz 3 zu prüfen.

(5) Wenn die Gegenleistung in Anteilen an dem übernehmenden Rechtsträger besteht und dieser zur Schaffung dieser Anteile eine Kapitalerhöhung durchführen muss, hat der nach Absatz 3 Satz 1 bestellte Prüfer auch zu prüfen und zu erklären, ob der Wert der übertragenen Gegenstände den geringsten Ausgabebetrag der zu gewährenden Anteile erreicht. Diese Prüfung ist auch dann vorzunehmen, wenn eine vorläufige Gegenleistung nach Absatz 4 festgesetzt und deren Angemessenheit nicht geprüft wird. Mit der Bestätigung der Gegenleistung nach Absatz 3 Satz 6 gilt die Kapitalerhöhung als durchgeführt.

(6) Ist der Wert der Gesamtheit der zu übertragenden Gegenstände negativ, soll die Übertragungsanordnung vorsehen, dass das Kreditinstitut dem übernehmenden Rechtsträger einen Ausgleich in Geld leistet (Ausgleichsverbindlichkeit). Fälligkeit und insolvenzrechtlicher Rang der Ausgleichsverbindlichkeit richten sich nach Fälligkeit und Rang der von der Ausgliederung erfassten Verbindlichkeiten. Bei unterschiedlichen Fälligkeiten oder Rangstufen ist das Verhältnis maßgebend, in welchem die Verbindlichkeiten unterschiedlicher Fälligkeit oder Rangstufen zueinander stehen. Die Absätze 2 bis 4 sind entsprechend anzuwenden.

Amtliche Begründung[1]

Zu § 48d (Gegenleistung; Ausgleichsverbindlichkeit)

Da der Zweck der Übertragungsanordnung darin besteht, die systemrelevanten und überlebensfähigen Unternehmensteile durch Übertragung auf den übernehmenden Rechtsträger zum Schutz der Finanzmarktstabilität zu stabilisieren, ist das Verfahren auf die Ermöglichung der Fortführung und den dafür erforderlichen Werterhalt ausgerichtet, der durch eine möglichst rasche und diskrete Verfahrensdurchführung erreicht wird. Ist der Wert der übertragenen Gegenstände positiv, so steht dem Kreditinstitut nach der Vorschrift eine Gegenleistung zu. Haben die übertragenen Gegenstände einen negativen Wert, wird dem Kreditinstitut eine Ausgleichsverbindlichkeit auferlegt.

---

1 Zum Gesetz zur Restrukturierung und geordneten Abwicklung von Kreditinstituten, zur Errichtung eines Restrukturierungsfonds für Kreditinstitute und zur Verlängerung der Verjährungsfrist der aktienrechtlichen Organhaftung (Restrukturierungsgesetz) vom 9. Dezember 2010 (BGBl. I S. 1900); vgl. BT-Drucksache 17/3024 vom 27. September 2010.

Nach Absatz 1 Satz 2 besteht die Gegenleistung grundsätzlich aus Anteilen am übernehmenden Rechtsträger. Eine Geldleistung ist nur dann zulässig, wenn die Gewährung von Anteilen für den übernehmenden Rechtsträger unzumutbar ist oder wenn durch sie der Zweck der Übertragungsanordnung vereitelt zu werden droht. Unzumutbar ist die Anteilsgewährung für den übernehmenden Rechtsträger beispielsweise dann, wenn aufgrund von Volatilitäten und Bewertungsunsicherheiten keine hinreichende Sicherheit darüber gewonnen werden kann, ob der Wert des Gegenstands den gesellschaftsrechtlich zwingenden Mindestausgabebetrag erreicht. Der Zweck der Übertragungsanordnung kann unter anderem dann gefährdet werden, wenn das Institut zum Mutterunternehmen des übernehmenden Rechtsträgers würde und daher in den bankaufsichtsrechtlichen Konsolidierungskreis (§ 10a KWG) einzubeziehen wäre.

Absatz 2 stellt in Übereinstimmung mit umwandlungsrechtlichen Prinzipien klar, dass die dem Institut zu gewährenden Anteile am übernehmenden Rechtsträger eine angemessene Gegenleistung für die im Zuge der Ausgliederung auf den übernehmenden Rechtsträger übertragenen Gegenstände darstellen müssen. Allerdings dürfen Unterstützungsleistungen durch den Restrukturierungsfonds oder andere Stellen, die dem Institut zum Zwecke der Überwindung der Bestandsgefährdung zugeflossen sind, nicht zugunsten des Instituts berücksichtigt werden. Denn diese bezwecken ausschließlich die Stabilisierung des Unternehmens im öffentlichen Interesse an der Stabilität des Finanzsystems und nicht die Subventionierung der Anteilsinhaber des Instituts.

Absatz 3 verlangt, dass die Gegenleistung zum Gegenstand einer sachverständigen Prüfung gemacht werden muss. Die Bestellung des Prüfers und die Einzelheiten seines Mandats folgen den in Absatz 3 Satz 2 in Bezug genommenen Bestimmungen des Umwandlungsgesetzes. Gegenstand der Prüfung ist, ob die Gegenleistung zum Zeitpunkt des Erlasses der Übertragungsanordnung eine angemessene Gegenleistung für die auf den übernehmenden Rechtsträger übertragenen Gegenstände darstellt. Kommt der Prüfungsbericht zum Ergebnis, dass die Gegenleistung angemessen war, bestätigt die Bundesanstalt die Gegenleistung. Andernfalls muss die Gegenleistung durch die Bundesanstalt neu bestimmt und zum Gegenstand einer erneuten Prüfung gemacht werden.

Für die Fälle, in denen sich die Gesamtheit der übertragenen Gegenstände nicht im Rahmen der zur Verfügung stehenden Zeit abschließend bewerten lässt, ist nach Absatz 4 eine vorläufige Bewertung zulässig, auf deren Grundlage die Übertragungsanordnung erlassen und vollzogen werden kann. In diesem Fall ist vorzusehen, dass die abschließende Bewertung binnen vier Monaten ab Erlass der Übertragungsanordnung nachgeholt wird. Die abschließend bestimmte Gegenleistung ist Gegenstand einer Prüfung nach Absatz 3.

Wenn der übernehmende Rechtsträger eine Kapitalerhöhung durchführen muss, um die Voraussetzungen für die Ausgabe der dem Institut als Gegenleistung gebührenden Anteile zu schaffen, ist nach Absatz 5 immer zu prüfen, ob der Wert der übertragenen Gegenstände den Mindestausgabebetrag für die Anteile erreicht (Sacheinlagenprüfung). Diese Prüfung ist auch durchzuführen, wenn nach Absatz 4 eine vorläufige Gegenleistung festgesetzt und deren Angemessenheit nicht überprüft wird.

Absatz 6 regelt den Fall, dass die übertragenen Gegenstände einen negativen Wert haben. In diesem Fall soll die Übertragungsanordnung vorsehen, dass das Kreditinstitut dem übernehmenden Rechtsträger einen Geldausgleich zu leisten hat.

§ 48e Inhalt der Übertragungsanordnung

(1) Die Übertragungsanordnung enthält mindestens die folgenden Angaben:
1. den Namen oder die Firma und den Sitz des übernehmenden Rechtsträgers,
2. die Angabe, dass die Gesamtheit des Vermögens des Kreditinstituts einschließlich der Verbindlichkeiten auf den übernehmenden Rechtsträger übergeht,

3. den Zeitpunkt, von dem an die Handlungen des übertragenden Rechtsträgers als für Rechnung des übernehmenden Rechtsträgers vorgenommen gelten (Ausgliederungsstichtag),
4. die Angaben nach Absatz 2 oder Absatz 3 über die Gegenleistung oder Ausgleichsverbindlichkeit,
5. den Vorbehalt, dass einzelne Vermögenswerte, Verbindlichkeiten oder Rechtsverhältnisse durch gesonderte Anordnung nach § 48j Absatz 1 und 2 auf das ausgliedernde Kreditinstitut zurückübertragen werden können,
6. die Angabe, dass der übernehmende Rechtsträger der Übertragung in der vorgeschriebenen Form zugestimmt hat.

(2) Sieht die Übertragungsanordnung vor, dass dem Kreditinstitut als Gegenleistung Anteile am übernehmenden Rechtsträger zu gewähren sind, muss sie Angaben enthalten
1. zu Ausstattung und Anzahl dieser Anteile am übernehmenden Rechtsträger,
2. zu dem Wert, der der Gesamtheit der ausgegliederten Gegenstände zum Zeitpunkt des Erlasses der Übertragungsanordnung beigemessen wird und der Ausgliederung, insbesondere der Bestimmung von Ausstattung und Anzahl der dem Kreditinstitut als Gegenleistung gewährten Anteile, zugrunde gelegt wird und
3. zu den Methoden und Annahmen, die zur Bestimmung des Wertes nach Nummer 2 unter Berücksichtigung der Vorgaben des § 48d Absatz 2 angewendet wurden.

(3) Im Falle des § 48d Absatz 1 Satz 3 ist anstelle der Angaben nach Absatz 2 Nummer 1 der Umfang der zu gewährenden Geldleistung anzugeben. Ist eine Ausgleichsverbindlichkeit vorgesehen, ist anstelle der Angaben nach Absatz 2 Nummer 1 der Umfang dieser Verbindlichkeit anzugeben. Wird eine vorläufige Gegenleistung oder Ausgleichsverbindlichkeit festgesetzt, ist anstelle der Angaben nach Absatz 2 Nummer 2 und 3 auf die Vorläufigkeit und auf das Verfahren zur Bestimmung der endgültigen Gegenleistung oder Ausgleichsverbindlichkeit hinzuweisen.

Amtliche Begründung[1]

Zu § 48e (Inhalt der Übertragungsanordnung)

Absatz 1 beschreibt die Anforderungen an den Inhalt der Übertragungsanordnung. Diese muss unter anderem Angaben über den übernehmenden Rechtsträger sowie Angaben über die Gegenleistung enthalten, die das Institut zu beanspruchen hat. Da im Grundfall des § 48e die Gesamtheit des Vermögens und der Verbindlichkeiten von der Ausgliederung erfasst wird, ist eine genaue Bezeichnung der erfassten Gegenstände – anders als bei der partiellen Übertragung nach § 48k – entbehrlich. Wird allerdings Grundvermögen übertragen, muss mit Blick auf § 28 der Grundbuchordnung zur Gewährleistung eines reibungslosen Vollzugs der Anordnung im Grundbuch die grundbuchgenaue Bezeichnung der betroffenen Grundstücke aufgenommen werden.

Da – anders als bei Ausgliederungen nach dem Umwandlungsgesetz – kein Ausgliederungsbericht zu erstellen ist, in dem die Bedingungen der Ausgliederung wirtschaftlich erläutert und begründet werden, muss die Übertragungsanordnung nach Absatz 2 Satz 1 Nummer 2 und 3 auch Angaben zu dem der Bestimmung der Gegenleistung zugrunde gelegten Wert der Gesamtheit der ausgegliederten Gegenstände machen und den Annahmen und Methoden der Bewertung machen. Diese Angaben

---

[1] Zum Gesetz zur Restrukturierung und geordneten Abwicklung von Kreditinstituten, zur Errichtung eines Restrukturierungsfonds für Kreditinstitute und zur Verlängerung der Verjährungsfrist der aktienrechtlichen Organhaftung (Restrukturierungsgesetz) vom 9. Dezember 2010 (BGBl. I S. 1900); vgl. BT-Drucksache 17/3024 vom 27. September 2010.

entfallen, wenn nur eine vorläufige Gegenleistung festgesetzt ist, müssen dafür aber in der endgültigen Festsetzung der Gegenleistung enthalten sein. Nach Absatz 3 Satz 1 Nummer 1, Satz 2 und Satz 3 sind Angaben zu den als Gegenleistung zu gewährenden Anteilen oder Geldzahlungen bzw. zur Ausgleichsverbindlichkeit zu machen.

§ 48f Durchführung der Ausgliederung

(1) Die Ausgliederung erfolgt zur Aufnahme auf Grundlage der Übertragungsanordnung und der Zustimmungserklärung des übernehmenden Rechtsträgers. Ein Ausgliederungsvertrag, ein Ausgliederungsbericht oder ein Ausgliederungsbeschluss der Anteilsinhaberversammlung des Kreditinstituts oder des übernehmenden Rechtsträgers sind nicht erforderlich.
(2) Der Ausgliederung ist als Schlussbilanz die Jahresbilanz aus dem letzten geprüften Jahresabschluss des Kreditinstituts zugrunde zu legen, sofern nicht eine auf einen späteren Stichtag bezogene geprüfte Bilanz des Kreditinstituts vorliegt; die Bundesanstalt kann für diesen Zweck von dem Institut eine auf einen späteren Stichtag bezogene geprüfte Bilanz verlangen. In den Jahresbilanzen des übernehmenden Rechtsträgers können als Anschaffungskosten im Sinne des § 253 Absatz 1 des Handelsgesetzbuchs auch die in der Schlussbilanz des Kreditinstituts angesetzten Werte angesetzt werden.
(3) Das Kreditinstitut und der übernehmende Rechtsträger haben die Ausgliederung unverzüglich zur Eintragung in das Register ihres jeweiligen Sitzes anzumelden. Den Anmeldungen sind neben der Schlussbilanz je eine Ausfertigung der Übertragungsanordnung und der notariellen Zustimmungserklärung des übernehmenden Rechtsträgers nach Absatz 1 Satz 1 beizufügen.
(4) Die Eintragungen sind unverzüglich vorzunehmen. Die Einlegung eines Rechtsbehelfs oder die Erhebung einer Klage gegen die Übertragungsanordnung, die Kapitalerhöhung oder die Eintragung der Ausgliederung oder der Kapitalerhöhung beim übernehmenden Rechtsträger stehen der Eintragung nicht entgegen.
(5) Unterlässt oder verzögert das Kreditinstitut oder der übernehmende Rechtsträger die nach Absatz 3 gebotene Anmeldung zur Eintragung in ein Register, kann die Bundesanstalt für Finanzmarktstabilisierung die Anmeldung für den Eintragungsverpflichteten vornehmen. In diesem Fall kann die Anmeldung nicht ohne Zustimmung durch die Bundesanstalt für Finanzmarktstabilisierung zurückgenommen werden.
(6) Die Mitwirkung der Mitglieder der Leitungs- und Aufsichtsorgane bei der Vorbereitung und Durchführung der Ausgliederung stellt gegenüber dem Kreditinstitut und seinen Anteilsinhabern keine Pflichtwidrigkeit dar. Hiervon unberührt bleibt die Pflicht, die Rechte des Instituts nach Maßgabe des § 48r Absatz 1 und 2 zu verfolgen. Bei der Entscheidung über die Einlegung von Rechtsmitteln, die auf die Verhinderung des Erlasses oder des Vollzugs einer Übertragungsanordnung gerichtet sind, sind die Folgen zu berücksichtigen, die die Verzögerung bei gleichzeitigem Bekanntwerden der Bestandsgefährdung nach sich zieht.

Amtliche Begründung[1]

Zu § 48f (Durchführung der Ausgliederung)
Die Übertragungsanordnung ist auf die Anordnung eine Ausgliederung des vom Kreditinstitut betriebenen Unternehmens auf den übernehmenden Rechtsträger ge-

---

1 Zum Gesetz zur Restrukturierung und geordneten Abwicklung von Kreditinstituten, zur Errichtung eines Restrukturierungsfonds für Kreditinstitute und zur Verlängerung der

richtet. Die mit der Übertragungsanordnung angeordnete Ausgliederung vollzieht sich nicht nach den Vorschriften des Umwandlungsgesetzes, sondern nach den Bestimmungen der §§ 48f bis 48k, die allerdings den Bestimmungen des Umwandlungsgesetzes zur Ausgliederung zum Teil nachgebildet sind.

Für die Durchführung der in der Übertragungsanordnung vorgesehenen Ausgliederung bedarf es nach Absatz 1, anders als bei den Ausgliederungen nach dem Umwandlungsgesetz, weder eines Ausgliederungsvertrages zwischen dem übertragenden Institut und dem übernehmenden Rechtsträger noch der Ausgliederungsbeschlüsse durch die Anteilsinhaberversammlungen der beteiligten Rechtsträger. Grundlage ist vielmehr die Übertragungsanordnung selbst. Auf Seiten des übernehmenden Rechtsträgers bedarf es zusätzlich der notariellen Zustimmungserklärung gemäß § 48c Absatz 3.

Nach Absatz 2 ist der Ausgliederung die letzte geprüfte Bilanz des Instituts als Schlussbilanz zugrunde zu legen. Da sich die Ausgliederung nach den spezialgesetzlichen Bestimmungen des Kreditwesengesetzes vollzieht, gilt die Beschränkung des § 17 Absatz 2 Satz 4 des Umwandlungsgesetzes nicht, wonach die Bilanz zum Zeitpunkt der Registereintragung nicht älter als acht Monate sein darf. Das folgt aus der Notwendigkeit, die Ausgliederung im Gefahrenfall auch dann zeitnah vollziehen zu können, wenn die letzte geprüfte Bilanz älter als acht Monate ist. Hinsichtlich der Wertansätze beim übernehmenden Rechtsträger kann dieser – analog zu § 24 des Umwandlungsgesetzes – für die Fortführung der in der Schlussbilanz des Instituts geführten Ansätze optieren (Buchwertverknüpfung) oder es bei den allgemeinen Ansatz- und Bewertungsvorschriften (Neubewertung) belassen.

Das Institut und der übernehmende Rechtsträger haben die zum Wirksamwerden der Ausgliederung erforderlichen Registereintragungen nach Absatz 3 unverzüglich zur Eintragung in das zuständige Register anzumelden. Die Registereintragungen sind deklaratorischer Natur, da die Ausgliederung nach § 48g Absatz 1 bereits mit der Bekanntgabe der Übertragungsanordnung wirksam wird. Im Falle der Unterlassung oder Verzögerung der Anmeldung zur Registereintragung kann die Bundesanstalt die Anmeldung für den Anmeldepflichtigen nach Absatz 5 vornehmen. Die Registergerichte haben die Eintragungen gemäß Absatz 4 unverzüglich vorzunehmen. Die Erhebung von Klagen oder sonstigen Rechtsbehelfen gegen die Übertragungsanordnung, die Ausgliederung, eine Kapitalerhöhung beim übernehmenden Rechtsträger oder deren Eintragungen hindert die Eintragungen nicht. Die Eintragung kann nur durch gerichtliche Anordnungen im einstweiligen Rechtsschutzverfahren gegen die Übertragungsanordnung gehindert werden.

Da die – gemäß § 49 KWG sofort vollziehbare – Übertragungsanordnung das Institut zur Durchführung der Ausgliederung verpflichtet, handeln die Mitglieder der Leitungs- und Aufsichtsorgane nicht pflichtwidrig, wenn sie bei der Durchführung der Übertragungsanordnung mitwirken. Weitergehend bestimmt Absatz 6, dass auch die Mitwirkung bei der Vorbereitung der Übertragungsanordnung keine Pflichtwidrigkeit darstellt. Hiervon bleibt die Pflicht unberührt, gegen eine rechtswidrige Anordnung gerichtlich vorzugehen. Die Mitglieder der Leitungs- und Aufsichtsorgane haben bei der Entscheidung über die Einlegung von Rechtsmitteln die negativen Folgen zu berücksichtigen, welche die Publizität der Schieflage des Instituts und des durch die Einlegung des Rechtsmittels geschaffenen Schwebezustands voraussichtlich nach sich ziehen werden. Dabei müssen sie berücksichtigen, dass die Bundesanstalt bei einer durch die Einlegung eines unbegründeten Rechtsmittels verursachten Verzögerung des Erlasses der Übertragungsanordnung den zum späteren Zeitpunkt verminderten Wert der übertragenen Gegenstände zugrunde legen kann.

[Fortsetzung Fußnote 1]
Verjährungsfrist der aktienrechtlichen Organhaftung (Restrukturierungsgesetz) vom 9. Dezember 2010 (BGBl. I S. 1900); vgl. BT-Drucksache 17/3024 vom 27. September 2010.

Amtliche Begründung[1]

Zu Nummer 15 (§ 48f Absatz 2)

§ 48f Absatz 2 regelt, welcher Abschluss der Ausgliederung im Rahmen der Übertragungsanordnung als Schlussbilanz zugrunde gelegt wird. In der Regel wird dies, um der Eilbedürftigkeit Rechnung zu tragen, der letzte bereits vorliegende geprüfte Abschluss sein, auch wenn dieser älter als acht Monate ist. Der Bundesanstalt soll durch die Änderung aber das Ermessen eingeräumt werden, von dem Kreditinstitut zu verlangen, eine Zwischenbilanz vorzulegen und prüfen zu lassen, wenn sie das für erforderlich hält und das Eilbedürfnis es zulässt.

§ 48g Wirksamwerden und Wirkungen der Ausgliederung

(1) Die Ausgliederung wird mit der Bekanntgabe der Übertragungsanordnung gegenüber dem Kreditinstitut und dem übernehmenden Rechtsträger wirksam.

(2) Mit Wirksamwerden der Ausgliederung
1. gehen die von der Übertragungsanordnung erfassten Vermögenswerte, Verbindlichkeiten und Rechtsverhältnisse (Ausgliederungsgegenstände) auf den übernehmenden Rechtsträger über und
2. entsteht der Anspruch des Kreditinstituts auf die Gegenleistung oder die Ausgleichsverbindlichkeit.

(3) Eine Gegenleistung in Geld (§ 48d Absatz 1 Satz 3) ist mit Wirksamwerden der Ausgliederung fällig. Besteht die Gegenleistung in Anteilen an dem übernehmenden Rechtsträger und ist eine Kapitalerhöhung zur Schaffung der Anteile erforderlich, muss der übernehmende Rechtsträger unverzüglich die für die Eintragung der Kapitalerhöhung und ihre Durchführung erforderlichen Handlungen vornehmen. Für die Eintragung der Kapitalerhöhung gilt § 48f Absatz 5 entsprechend.

(4) Anteilsinhaberähnliche Rechte ohne Stimmrecht werden im Zweifel an die durch die Ausgliederung geschaffene Lage angepasst.

(5) § 613a des Bürgerlichen Gesetzbuchs ist entsprechend anzuwenden.

(6) Soweit der übernehmende Rechtsträger nicht über die zur Fortführung der übertragenen Geschäfte erforderliche Erlaubnis nach § 32 verfügt, gilt die Übertragungsanordnung im Umfang der dem Kreditinstitut erteilten Erlaubnis als Erlaubniserteilung zugunsten des übernehmenden Rechtsträgers.

(7) Schuldverhältnisse dürfen allein aus Anlass ihrer Übertragung nicht gekündigt werden. Die Übertragungsanordnung und die Ausgliederung führen insoweit auch nicht zu einer Beendigung von Schuldverhältnissen. Entgegenstehende vertragliche Bestimmungen sind unwirksam. Die Sätze 1 bis 3 gelten nicht
1. für Kündigungs- oder Beendigungsgründe, die sich nicht darin erschöpfen, dass das Schuldverhältnis übertragen wurde oder dass die Voraussetzungen für seine Übertragung vorlagen,
2. für Kündigungs- oder Beendigungsgründe, die in der Person des übernehmenden Rechtsträgers begründet sind und
3. soweit bei einer partiellen Übertragung die Anforderungen des § 48k Absatz 2 Satz 1 bis 3 nicht eingehalten werden.

---

[1] Zum Restrukturierungsgesetz vom 9. Dezember 2010 (BGBl. I S. 1900); vgl. Beschlussempfehlung und Bericht des 7. Finanzausschusses des BT; BT-Drucksache 17/3547 vom 28. Oktober 2010.

Amtliche Begründung[1]

Zu § 48 g (Wirksamwerden und Wirkungen der Ausgliederung)

§ 48 g KWG-E regelt den Zeitpunkt des Wirksamwerdens der Ausgliederung sowie die Rechtsfolgen der Ausgliederung. Zudem sieht die Vorschrift besondere privatrechtliche Rechtsfolgen vor.

Die Ausgliederung wird nach Absatz 1 mit Bekanntgabe der Übertragungsanordnung gegenüber dem Institut und dem übernehmenden Rechtsträger wirksam. Einer Eintragung der Ausgliederung in das Handelsregister bedarf es insoweit nicht.

Absatz 2 regelt die Wirkungen der Ausgliederung. Der übernehmende Rechtsträger tritt nach Absatz 2 Nummer 1 in Bezug auf die von der Ausgliederung erfassten Gegenstände die Gesamtrechtsnachfolge des Instituts an. Hinsichtlich dieser Wirkungen unterscheidet sich die Ausgliederung nicht von den Rechtsfolgen einer nach den Bestimmungen des Umwandlungsgesetzes vollzogenen Ausgliederung. Wie bei der Ausgliederung nach dem Umwandlungsgesetz ist die Zustimmung Dritter (etwa von Gläubigern und Schuldnern) selbst dann nicht erforderlich, wenn sie Voraussetzung für eine Übertragung im Wege der Einzelrechtsnachfolge wäre. Anders als bei Ausgliederungen nach dem Umwandlungsgesetz entsteht nach Absatz 2 Nummer 2 nach Wirksamwerden der Ausgliederung der Anspruch auf die vom Institut zu beanspruchende Gegenleistung bzw. die Ausgleichsverbindlichkeit des Instituts. Das folgt aus dem Umstand, dass die Ausgliederung bereits mit Bekanntgabe der Übertragungsanordnung wirksam wird. Besteht die Gegenleistung in einer Geldzahlung, wird der Anspruch darauf nach Absatz 3 sofort fällig. Hat der übernehmende Rechtsträger Anteile zu gewähren, ist er insbesondere verpflichtet, die zur Durchführung der Kapitalerhöhung erforderlichen Maßnahmen unverzüglich zu ergreifen.

Anteilsinhaberähnliche Sonderrechte ohne Stimmrecht wie z.B. Genussrechte, stille Beteiligungen oder Wandelschuldverschreibungen, die von der Ausgliederung erfasst sind, werden nach Absatz 4 durch den übernehmenden Rechtsträger im Zweifel fortgeführt, sind aber – vorbehaltlich abweichender Bestimmungen im zugrunde liegenden Vertragsverhältnis – an die durch die Ausgliederung geschaffene Situation anzupassen.

Zu Absatz 5: Werden aufgrund der Ausgliederung Betriebe oder Betriebsteile übertragen, findet nach Absatz 5 § 613a BGB entsprechend Anwendung.

Absatz 6 stellt klar, dass die Ausgliederungsanordnung die für die Fortführung des Unternehmens nach § 32 Absatz 1 KWG erforderliche Erlaubnis beinhaltet. Damit wird gewährleistet, dass der übernehmende Rechtsträger mit Wirksamwerden der Ausgliederung über eine Erlaubnis im Umfang derjenigen Erlaubnis verfügt, die dem Institut zu diesem Zeitpunkt zustand. Die Integration des Erlaubnisverfahrens in das Verfahren zur Vorbereitung der Übertragungsanordnung ist erforderlich, da die Vor-, Zwischen- oder Nachschaltung eines eigenständigen Erlaubnisverfahrens die Umsetzung der Übertragungsanordnung verzögern würde, so dass aus Sicht von Marktteilnehmern Unsicherheiten in der Frage entstehen würden, ob und ab wann der übernehmende Rechtsträger mit der für die Fortführung der Geschäfte erforderlichen Erlaubnis ausgestattet ist. Aufsichtsrechtlich entsteht hierdurch keine Lücke, da die in § 48e Absatz 2 KWG-E enthaltenen Anforderungen an den übernehmenden Rechtsträger unter anderem sicherstellen, dass die zur Erteilung der Erlaubnis nach § 32 f. KWG erforderlichen Voraussetzungen vorliegen.

Absatz 7 bestimmt, dass eine Kündigung oder Beendigung von Schuldverhältnissen, die ausschließlich mit der Übertragung auf den übernehmenden Rechtsträger

---

1 Zum Gesetz zur Restrukturierung und geordneten Abwicklung von Kreditinstituten, zur Errichtung eines Restrukturierungsfonds für Kreditinstitute und zur Verlängerung der Verjährungsfrist der aktienrechtlichen Organhaftung (Restrukturierungsgesetz) vom 9. Dezember 2010 (BGBl. I S. 1900); vgl. BT-Drucksache 17/3024 vom 27. September 2010.

begründet wird, ausgeschlossen wird. Andere Kündigungs- und Beendigungsrechte bleiben insoweit unverändert bestehen. Insbesondere können Schuldverhältnisse, die beim Kreditinstitut zurückbleiben, uneingeschränkt nach Maßgabe der einschlägigen vertraglichen und gesetzlichen Bestimmungen gekündigt werden. Auch bleiben Kündigungs- und Beendigungsrechte unberührt, die sich nicht darin erschöpfen, dass die Übertragung stattgefunden hat, so dass etwa eine Vertragsverletzung des übernehmenden Rechtsträgers ohne weiteres zur Beendigung des Schuldverhältnisses berechtigen kann. Auch Gründe, die in der Person des übernehmenden Rechtsträgers angelegt sind und die sich nicht darauf beschränken, dass dieser nicht mit dem Kreditinstitut identisch ist, können zur Beendigung berechtigen. Das kann dann der Fall sein, wenn die Fortführung der Verträge für den Vertragsgegner nicht zumutbar ist, weil mit der Übertragung auf den übernehmenden Rechtsträger die Großkreditlimite gegenüber dem übernehmenden Rechtsträger überschritten werden und der Vertragsgegner mit aufsichtsrechtlichen Sanktionen rechnen muss. Schließlich müssen bei partiellen Übertragungen die Anforderungen des § 48k Absatz 2 Satz 3 eingehalten werden, wonach bei einer Verknüpfung mehrerer Schuldverhältnisse durch einen Rahmenvertrag mit aufsichtsrechtlich berücksichtigungsfähiger Aufrechnungsvereinbarung nur in ihrer Gesamtheit und zusammen mit dem Rahmenvertrag übertragen werden dürfen. Werden diese Anforderungen nicht erfüllt, gilt die Beendigungssperre der Sätze 1 bis 3 nicht. Aus Sicht des deutschen Rechts handelt es sich um eine international zwingende Vorschrift, die öffentlichen Interessen, insbesondere solchen der politischen und wirtschaftlichen Ordnung der Bundesrepublik Deutschland dient, und die eine Eingriffsnorm im Sinne des Artikels 9 der Verordnung (EG) Nr. 593/2008 des Europäischen Parlaments und des Rates vom 17. Juni 2008 über das auf vertragliche Schuldverhältnisse anzuwendende Recht (Rom I) darstellt.

Amtliche Begründung[1]

Zu Nummer 15 (§ 48g)

Zu Absatz 2

Der Begriff Ausgliederungsgegenstände ist in der bisherigen Entwurfsfassung erst in § 48j Absatz 1 Satz 1 definiert. Gleichzeitig besteht das Bedürfnis, auf ihn bereits in § 48i Absatz 1 zurückzugreifen. Deshalb soll er vorab unter § 48g Absatz 2 Nummer 1 definiert werden, der die Gesamtrechtsnachfolge des übernehmenden Rechtsträgers in Bezug auf die von der Übertragungsanordnung erfassten Gegenstände anordnet.

Zu Absatz 3

Die Änderung soll Zweifeln in Bezug auf den Zeitpunkt des Entstehens des Anspruches auf die Gegenleistung vorbeugen.

Zu Absatz 7

Da aus dem Zusammenhang deutlich wird, dass die Vorschrift vertraglich vereinbarte Beendigungsgründe erfasst, nach welchen sich an das Vorliegen bestimmter Voraussetzungen die Rechtsfolge der Beendigung des Rechtsverhältnisses ohne weitere Voraussetzungen anschließt, konnte der Wortlaut vereinfacht werden.

---

1 Zum Restrukturierungsgesetz vom 9. Dezember 2010 (BGBl. I S. 1900); vgl. Beschlussempfehlung und Bericht des 7. Finanzausschusses des BT; BT-Drucksache 17/3547 vom 28. Oktober 2010.

§ 48h Haftung des Kreditinstituts; Insolvenzfestigkeit der Ausgliederung

(1) Das Kreditinstitut haftet für die von der Ausgliederung erfassten Verbindlichkeiten nur in Höhe des Betrags, den der Gläubiger im Rahmen einer Abwicklung des Kreditinstituts erlöst haben würde, wenn die Ausgliederung unterblieben wäre. Die Haftung besteht nur, soweit der Gläubiger von dem übernehmenden Rechtsträger keine Befriedigung erlangen kann.

(2) Ein Insolvenzverfahren über das Vermögen des Kreditinstituts lässt die Ausgliederung unberührt; sie kann weder innerhalb noch außerhalb eines solchen Insolvenzverfahrens angefochten werden.

Amtliche Begründung[1]

Zu § 48h (Haftung des Kreditinstituts; Insolvenzfestigkeit der Ausgliederung)

Die im Außenverhältnis bestehende Haftung des Instituts für die auf den übernehmenden Rechtsträger übertragenen Verbindlichkeiten ist – in Abweichung zum allgemeinen Umwandlungsrecht – beschränkt auf den Betrag, den der Gläubiger erlöst hätte, wäre das Institut abgewickelt worden und wäre die Ausgliederung dabei unterblieben.

Die aufgrund einer Übertragungsanordnung vollzogene Ausgliederung ist insolvenzfest, kann also nicht im Rahmen der Durchführung eines Insolvenzverfahrens über das Vermögen des Instituts rückgängig gemacht werden.

Amtliche Begründung[2]

Zu Nummer 15 (§ 48h Absatz 1 und § 48j Absatz 4)

In Abweichung zur umwandlungsrechtlichen Ausgliederung ist die Forthaftung der jeweiligen Rechtsträger als sekundäre Ausfallhaftung konzipiert. Das folgt aus dem Gedanken, dass die Haftung ohnehin auf den Unterschiedsbetrag zwischen der hypothetischen Befriedigungsquote (bei Unterbleiben der Ausgliederung) und der tatsächlichen Befriedigungsquote beschränkt ist, so dass ihre Verwirklichung stets voraussetzt, dass bekannt ist, wie hoch die tatsächliche Befriedigungsquote ist.

§ 48i Gegenstände, die ausländischem Recht unterliegen

(1) Unterliegen Ausgliederungsgegenstände einem ausländischen Recht, nach welchem die Rechtswirkungen der Übertragungsanordnung nicht gelten, ist das Kreditinstitut verpflichtet, auf die Vornahme der Akte hinzuwirken, die nach dem ausländischen Recht für den Rechtsübergang auf den übernehmenden Rechtsträger erforderlich sind.

(2) In den Fällen des Absatz 1 sind das Institut und der übernehmende Rechtsträger verpflichtet, einander in Bezug auf die hiervon betroffenen Ausgliederungsgegen-

---

1 Zum Gesetz zur Restrukturierung und geordneten Abwicklung von Kreditinstituten, zur Errichtung eines Restrukturierungsfonds für Kreditinstitute und zur Verlängerung der Verjährungsfrist der aktienrechtlichen Organhaftung (Restrukturierungsgesetz) vom 9. Dezember 2010 (BGBl. I S. 1900); vgl. BT-Drucksache 17/3024 vom 27. September 2010.
2 Zum Restrukturierungsgesetz vom 9. Dezember 2010 (BGBl. I S. 1900); vgl. Beschlussempfehlung und Bericht des 7. Finanzausschusses des DBT; BT-Drucksache 17/3547 vom 28. Oktober 2010.

stände so zu stellen, als wäre der Rechtsübergang nach den Vorschriften der ausländischen Rechtsordnung erfolgt. Das Kreditinstitut verwaltet die betroffenen Ausgliederungsgegenstände für Rechnung und im Interesse des übernehmenden Rechtsträgers, dessen Weisungen es unterliegt. Der übernehmende Rechtsträger stellt das Kreditinstitut von den in diesem Zusammenhang anfallenden Aufwendungen frei, das Kreditinstitut hat das aus der Verwaltung des Gegenstands Erlangte an den übernehmenden Rechtsträger herauszugeben.

(3) Vermögensgegenstände, deren Übertragung nach Absatz 1 durch die ausländische Rechtsordnung nicht anerkannt wird, gehören in einem Insolvenzverfahren über das Vermögen des Kreditinstituts nicht zur Insolvenzmasse. Die Gläubiger von Forderungen gegen das Kreditinstitut, deren Übertragung nach Absatz 1 durch die ausländische Rechtsordnung nicht anerkannt wird, können ihre Ansprüche nicht gegen das Kreditinstitut geltend machen. Ansprüche und Verpflichtungen nach den Absätzen 1 und 2 bleiben von einem solchen Insolvenzverfahren unberührt. Rechtshandlungen, die ihrer Erfüllung dienen, sind weder innerhalb noch außerhalb dieses Insolvenzverfahrens anfechtbar.

(4) Bestehen Zweifel daran, ob die Rechtswirkungen der Übertragungsanordnung im Ausland gelten, sind die Absätze 1 bis 3 entsprechend anwendbar.

Amtliche Begründung[1]

Zu § 48i (Gegenstände, die ausländischem Recht unterliegen)

Unterliegt ein Gegenstand derart ausländischem Recht, dass er trotz Wirksamwerdens der Ausgliederung beim Institut verbleibt, ist das Institut nach § 48i verpflichtet, unverzüglich auf die Übertragung nach den Vorschriften der einschlägigen ausländischen Rechtsordnung hinzuwirken. In der Zeit bis zur Übertragung ist das Institut verpflichtet, den Gegenstand im Interesse des übernehmenden Rechtsträgers zu verwalten und etwaigen Weisungen des übernehmenden Rechtsträgers zu folgen. Die Ansprüche des übernehmenden Rechtsträgers nach § 48i sind auch nach Eröffnung eines Insolvenzverfahrens über das Vermögen des Instituts zu erfüllen. Wie auch die im Vollzug der Ausgliederung stattfindenden Übertragungen sind Übertragungsakte nach § 48i KWG-E nicht anfechtbar.

§ 48j Partielle Rückübertragung

(1) Die Bundesanstalt kann innerhalb von vier Monaten nach Wirksamwerden der Ausgliederung anordnen, dass einzelne Vermögenswerte, Verbindlichkeiten oder Rechtsverhältnisse (Ausgliederungsgegenstände) auf das ausgliedernde Kreditinstitut zurückübertragen werden (Rückübertragungsanordnung). Innerhalb der Frist nach Satz 1 können weitere Rückübertragungsanordnungen ergehen.

(2) Die Rückübertragungsanordnung ist gegenüber dem übernehmenden Rechtsträger und dem ausgliedernden Kreditinstitut bekanntzugeben und wird mit Bekanntgabe gegenüber beiden wirksam. § 48f Absatz 3 bis 5 ist entsprechend anzuwenden; an die Stelle der in § 48f Absatz 3 Satz 2 genannten Unterlagen tritt eine Ausfertigung der Rückübertragungsanordnung. Der von einer Rückübertragungsanordnung betroffene Ausgliederungsgegenstand gilt als von Anfang an im Vermögen des ausgliedernden Kreditinstituts verblieben.

---

1 Zum Gesetz zur Restrukturierung und geordneten Abwicklung von Kreditinstituten, zur Errichtung eines Restrukturierungsfonds für Kreditinstitute und zur Verlängerung der Verjährungsfrist der aktienrechtlichen Organhaftung (Restrukturierungsgesetz) vom 9. Dezember 2010 (BGBl. I S. 1900); vgl. BT-Drucksache 17/3024 vom 27. September 2010.

(3) Von einer Rückübertragung nach Absatz 1 sind vorbehaltlich der Bestimmungen des Absatzes 5 Ausgliederungsgegenstände, für welche Finanzsicherheiten im Sinne des § 1 Absatz 17 bestellt sind, sowie die für diese bestellten Finanzsicherheiten ausgenommen. Satz 1 gilt auch für Ausgliederungsgegenstände, die in ein System im Sinne des § 1 Absatz 16 oder von Zentralbanken einbezogen sind oder die einer nach den Artikeln 195, 196 und 295 der Verordnung (EU) Nr. 575/2013 in ihrer jeweils geltenden Fassung berücksichtigungsfähigen Aufrechnungsvereinbarung unterfallen. Die Auswahl der übrigen Ausgliederungsgegenstände richtet sich nach deren Bedeutung für eine effektive und kosteneffiziente Abwehr der von dem Kreditinstitut ausgehenden Systemgefährdung. Bei gleichrangiger Bedeutung für die effektive und kosteneffiziente Abwehr der vom Kreditinstitut ausgehenden Systemgefährdung richtet sich die Auswahl von Verbindlichkeiten nach der in einem Insolvenzverfahren über Vermögen des Kreditinstituts maßgeblichen Rangfolge. Die Sätze 3 und 4 gelten auch für die Entscheidung über eine nur teilweise Rückübertragung von Verbindlichkeiten.

(4) Der übernehmende Rechtsträger haftet für Verbindlichkeiten, die von einer Rückübertragungsanordnung betroffen sind, nur in Höhe des Betrags, den der Gläubiger im Rahmen der Abwicklung des Kreditinstituts erlöst haben würde, wenn die Ausgliederung unterblieben wäre. Die Haftung besteht nur, soweit der Gläubiger von dem Kreditinstitut keine Befriedigung erlangen kann.

(5) Ein im Vollzug der Ausgliederung auf den übernehmenden Rechtsträger übergegangenes Schuldverhältnis, dessen Kündigung oder Beendigung von dem Vertragsgegner entgegen § 48 g Absatz 7 erklärt oder behauptet wird, kann von der Bundesanstalt innerhalb von zehn Geschäftstagen nach Zugang der Erklärung beim übernehmenden Rechtsträger auf das Kreditinstitut zurückübertragen werden; etwaige Ansprüche, die sich aus der Beendigung eines solchen Schuldverhältnisses ergeben würden, gelten als mitübertragen. Ist das Schuldverhältnis in eine nach den Artikeln 195, 196 und 295 der Verordnung (EU) Nr. 575/2013 in ihrer jeweils geltenden Fassung berücksichtigungsfähige Aufrechnungsvereinbarung eingebunden, gelten sämtliche von der Aufrechnungsvereinbarung erfassten Schuldverhältnisse zwischen dem Institut und dem Vertragsgegner, die Aufrechnungsvereinbarung sowie etwaige Ansprüche, die aus der Anwendung der Aufrechnungsvereinbarung resultieren würden, als mitübertragen. Gleiches gilt für Rahmenverträge, in die die von der Aufrechnungsvereinbarung erfassten Schuldverhältnisse eingebunden sind. Die Viermonatsfrist nach Absatz 1 gilt nicht. Der Vertragsgegner ist über die Rückübertragung unverzüglich zu unterrichten.

(6) Wenn im Zusammenhang mit der Übertragungsanordnung finanzielle Leistungen des Restrukturierungsfonds erforderlich sind oder werden können, trifft die Bundesanstalt die Auswahl nach Absatz 3 Satz 4 und die Entscheidung über eine Maßnahme nach Absatz 5 im Benehmen mit der Bundesanstalt für Finanzmarktstabilisierung.

(7) Die Regelungen in § 48 g Absatz 2, 4 und 5 gelten entsprechend.

Amtliche Begründung[1]

Zu § 48j (Partielle Rückübertragung)

Die Vorschrift erlaubt der Bundesanstalt, binnen vier Monaten nach Wirksamwerden der Ausgliederung einzelne Vermögensgegenstände, Verbindlichkeiten oder

---

[1] Zum Gesetz zur Restrukturierung und geordneten Abwicklung von Kreditinstituten, zur Errichtung eines Restrukturierungsfonds für Kreditinstitute und zur Verlängerung der Verjährungsfrist der aktienrechtlichen Organhaftung (Restrukturierungsgesetz) vom 9. Dezember 2010 (BGBl. I S. 1900); vgl. BT-Drucksache 17/3024 vom 27. September 2010.

Rechtsverhältnisse auf das Institut zurückzuübertragen. Eine solche Rückübertragung kommt etwa in den Fällen in Betracht, in denen sich erweist, dass das Ziel der Bewältigung der Bestands- und Systemgefährdung nur die Übertragung bestimmter Unternehmensteile erfordert. In diesen Fällen erlaubt Absatz 1 die Rückübertragung der nicht benötigten Ausgliederungsgegenstände.

Innerhalb der Viermonatsfrist des Absatzes 1 Satz 1 können weitere Rückübertragungsanordnungen ergehen. Solche Anordnungen lösen die Viermonatsfrist nicht erneut aus.

Die Rückübertragungsanordnung ist nach Absatz 2 gegenüber dem übernehmenden Rechtsträger und dem ausgliedernden Institut bekannt zu geben. Die Rückübertragungsanordnung ist nach Maßgabe der Bestimmungen des § 48e Absatz 4 bis 7 und des § 48f Absatz 1 zur Eintragung in die Register zu bringen. Wie auch bei der Übertragungsanordnung hat die Registereintragung nur deklaratorischen Charakter. Mit Wirksamwerden der Rückübertragungsanordnung gelten die von ihr erfassten Ausgliederungsgegenstände als von Anfang an im Vermögen des ausgliedernden Instituts verblieben.

Die Auswahl der zurückzuübertragenden Gegenstände richtet sich nach Absatz 3. Hiernach sind Gegenstände, für welche Finanzsicherheiten im Sinne des § 1 Absatz 17 bestellt sind, nebst der für sie bestellten Finanzsicherheiten ausgenommen. Ausgenommen sind auch Gegenstände, die in ein System im Sinne des § 1 Absatz 16 oder von Zentralbanken einbezogen sind. Geschäfte, die unter einem einheitlichen Rahmenvertrag mit einer nach § 206 Absatz 1 der Solvabilitätsverordnung anerkennungsfähigen Aufrechnungsvereinbarung zusammengefasst sind (wie z.B. dem deutschen Rahmenvertrag für Finanztermingeschäfte oder dem ISDA Master Agreement), können nur einheitlich als Gesamtheit zurückübertragen werden, um unter anderem ein sog. Netting der unter diesen Geschäften entstehenden Forderungen weiterhin zu ermöglichen. Die dem zugrunde liegenden Schuldumwandlungs- und Aufrechnungsvereinbarungen sind, ebenso wie weitere Sicherungsabreden und begleitende Vereinbarungen, soweit diese sich unmittelbar auf die im Rahmenvertrag zusammengefassten Verträge beziehen, jeweils mit zurückzuübertragen; ihre Geltung bleibt durch die Rückübertragung unberührt. Im Übrigen richtet sich die Auswahl der zurückzuübertragenden Gegenstände am Ziel der effektiven und kosteneffizienten Abwehr der Gefahren für die Stabilität des Finanzsystems. Soweit Verbindlichkeiten betroffen sind, kommt es bei gleicher Bedeutung für das Ziel der Abwehr der Gefahren für die Finanzmarktstabilität auf die Rangfolge an, die in einem Insolvenzverfahren über das Vermögen des Instituts zu beachten wäre. Dies gilt insbesondere auch für die Auswahl von Verbindlichkeiten, die nur zum Teil auf das Institut zurückübertragen werden sollen.

In Entsprechung zur Haftung des Instituts für übertragene Verbindlichkeiten (§ 48h Absatz 1) haftet der übernehmende Rechtsträger nach Absatz 4 nur beschränkt für zurückübertragene Verbindlichkeiten. Die Haftung beschränkt sich auf dasjenige, was der Gläubiger erlangt hätte, wäre die Übertragungsanordnung nicht ergangen.

Die besondere Rückübertragungsbefugnis nach Absatz 5 betrifft Fälle, in denen ein Vertragsgegner die Übertragungsanordnung oder die Ausgliederung dem Kündigungs- und Beendigungsverbot des § 48g Absatz 7 zuwider zum Anlass nimmt, ein Vertragsverhältnis zu beenden. In diesem Fall kann die Bundesanstalt die betroffenen Schuldverhältnisse innerhalb von zehn Geschäftstagen auf das Institut zurücktragen. Die Viermonatsfrist gilt in diesem Fall genauso wenig wie die Ausnahme für Gegenstände, für welche Finanzsicherheiten bestellt sind oder welche in ein System im Sinne von § 1 Absatz 16 oder von Zentralbanken einbezogen sind.

Nach Absatz 6 hat die Auswahl der zurückzuübertragenden Gegenstände soweit tunlich im Benehmen mit der Finanzmarktstabilisierungsanstalt zu erfolgen, wenn es im Zusammenhang mit der Übertragungsanordnung zu finanziellen Leistungen des Restrukturierungsfonds kommen kann, da die Umsetzung und weitere Begleitung der Maßnahme in diesem Fall Aufgabe der Finanzmarktstabilisierungsanstalt ist.

ANMERKUNG

1. Siehe Amtliche Begründung zu § 48h bzgl. der Beschlussempfehlung und Bericht des 7. Finanzausschusses des DBT zu § 48j Absatz 4, der im Rahmen der §§ 48a bis 48s durch das Restrukturierungsgesetz vom 9. Dezember 2010 (BGBl. I S. 1900) neu eingefügt wurde.
2. In § 48j Absatz 7 wird klargestellt, dass die Arbeitsverhältnisse der Mitarbeiterinnen und Mitarbeiter des Instituts in der Regel dem Rechtsträger zugeordnet werden, dem der Geschäftsbereich zugeordnet wird, in dem sie beschäftigt sind; vgl. Beschlussempfehlung und Bericht des 7. Finanzausschusses des DBT, BT-Drucksache 17/3547 vom 28. Oktober 2010.
3. In § 48j Absatz 3 und 5 handelt es sich um redaktionelle Anpassungen von Verweisen durch das CRD IV-Umsetzungsgesetz vom 28. August 2013 (BGBl. I S. 3395).

§ 48k Partielle Übertragung

(1) Abweichend von § 48e Absatz 1 kann die Übertragungsanordnung vorsehen, dass nur ein Teil des Vermögens, der Verbindlichkeiten und der Rechtsverhältnisse auf den übernehmenden Rechtsträger übertragen wird (partielle Übertragung). In diesem Fall hat die Übertragungsanordnung abweichend von § 48e Absatz 1 Nummer 2 nur diejenigen Ausgliederungsgegenstände anzugeben, die von der Ausgliederung erfasst werden; alternativ können die Ausgliederungsgegenstände angegeben werden, die beim Institut verbleiben.

(2) Ausgliederungsgegenstände, für die Finanzsicherheiten im Sinne des § 1 Absatz 17 bestellt sind, dürfen nur zusammen mit der Finanzsicherheit und Finanzsicherheiten dürfen nur zusammen mit den durch sie gesicherten Ausgliederungsgegenständen übertragen werden. Ausgliederungsgegenstände, die in ein System im Sinne des § 1 Absatz 16 oder ein System von Zentralbanken einbezogen sind, dürfen nicht ohne die für sie bestellten Sicherheiten und Sicherheiten nicht ohne die durch sie gesicherten Ausgliederungsgegenstände übertragen werden. Gegenstände, die einer nach den Artikeln 195, 196 und 295 der Verordnung (EU) Nr. 575/2013 in ihrer jeweils geltenden Fassung berücksichtigungsfähigen Aufrechnungsvereinbarung unterliegen, dürfen nur in ihrer Gesamtheit und zusammen mit der Aufrechnungsvereinbarung und den Rahmenverträgen übertragen werden, in die die von der Aufrechnungsvereinbarung erfassten Schuldverhältnisse mittelbar oder unmittelbar eingebunden sind; § 48j Absatz 5 Satz 2 gilt entsprechend. Für die Auswahl der zu übertragenden Gegenstände ist § 48j Absatz 3 Satz 3 bis 5 und Absatz 6 entsprechend anzuwenden.

(3) Der übernehmende Rechtsträger haftet für Verbindlichkeiten, die von einer Übertragungsanordnung nach Absatz 1 nicht erfasst werden, nur in Höhe des Betrags, den der Gläubiger im Rahmen der Abwicklung des Kreditinstituts erlöst haben würde, wenn die Ausgliederung unterblieben wäre. Die Haftung besteht nur, soweit der Gläubiger von dem Kreditinstitut keine Befriedigung erlangen kann.

(4) Verbleiben bei dem Kreditinstitut Gegenstände, auf deren Nutzung oder Mitnutzung der übernehmende Rechtsträger angewiesen ist, um die auf ihn übertragenen Unternehmensteile fortführen zu können, hat das Kreditinstitut dem übernehmenden Rechtsträger die Nutzung oder Mitnutzung gegen ein angemessenes Entgelt zu gestatten, bis der übernehmende Rechtsträger die betroffenen Gegenstände ersetzen kann. Ansprüche nach Satz 1 oder aus einem aufgrund der Verpflichtung nach Satz 1 geschlossenen Vertrag bleiben von einem über das Vermögen des Instituts eröffneten Insolvenzverfahren unberührt; Vertragsschluss und Erfüllungshandlungen sind nicht anfechtbar.

(5) Die Bundesanstalt kann innerhalb von vier Monaten nach Wirksamwerden einer Ausgliederung, die auf einer Übertragungsanordnung nach Absatz 1 beruht,

weitere Übertragungsanordnungen (Folgeanordnungen) erlassen. Folgeanordnungen lösen die Frist nach Satz 1 nicht erneut aus. § 48a Absatz 3 gilt entsprechend.

Amtliche Begründung[1]

Zu § 48k (Partielle Übertragung)

Nach Absatz 1 kann eine Übertragungsanordnung von vornherein vorsehen, dass nur ein Teil des Unternehmens auf den übernehmenden Rechtsträger ausgegliedert wird.

Die Auswahl der auszugliedernden Unternehmensteile richtet sich nach Absatz 2. Hiernach dürfen Gegenstände, für die eine Finanzsicherheit bestellt wurde, nicht ohne die Finanzsicherheit und Finanzsicherheiten nicht ohne die Gegenstände, zu deren Sicherung sie bestellt wurden, übertragen werden. Geschäfte, die unter einem einheitlichen Rahmenvertrag zusammengefasst sind, der eine nach § 206 Absatz 1 der Solvabilitätsverordnung berücksichtigungsfähige Aufrechnungsvereinbarung vorsieht, können nur in ihrer Gesamtheit und zusammen mit den unmittelbar darauf bezogenen Vereinbarungen übertragen werden. Durch den Verweis auf § 48j Absatz 3 Satz 4 bis 6 wird gewährleistet, dass sich die Bundesanstalt bei der Auswahl der zu übertragenden Gegenstände grundsätzlich auf die systemrelevanten und überlebensfähigen Teile des Unternehmens beschränkt. Ausgliederungsgegenstände sollen insbesondere dann unberücksichtigt bleiben, wenn deren Übertragung für das Ziel der Stabilisierung des Unternehmens nicht erforderlich ist.

Wie bei der nachträglichen Rückübertragung nach § 48j KWG-E ist im Fall der partiellen Übertragung die Haftung des übernehmenden Rechtsträgers für bis zum Wirksamwerden der Ausgliederung begründete Verbindlichkeiten nach Absatz 3 auf diejenigen Beträge beschränkt, die der jeweilige Gläubiger der beim Institut verbliebenen Verbindlichkeiten im Falle einer Abwicklung des Instituts erlöst hätte, wenn die Ausgliederung unterblieben wäre.

Soweit beim Institut Gegenstände verbleiben, auf deren Nutzung der übernehmende Rechtsträger angewiesen ist, erlegt Absatz 4 dem Institut die Verpflichtung auf, dem übernehmenden Rechtsträger die (Mit-)Nutzung solange zu gestatten, bis der übernehmende Rechtsträger in der Lage ist, sich Ersatz zu beschaffen. Diese Verpflichtung bleibt auch dann von der Eröffnung eines Insolvenzverfahrens über das Vermögen des Instituts unberührt, wenn die Parteien ihre diesbezüglichen Rechte und Pflichten auf eine gesonderte vertragliche Grundlage stellen.

Nach Absatz 5 kann die Bundesanstalt eine partielle Übertragung durch weitere partielle Übertragungen oder eine Vollübertragung der beim Institut verbleibenden Gegenstände ergänzen. Damit wird dem Umstand Rechnung getragen, dass sich ex ante nicht immer in der knappen Zeit, die für die Vorbereitung und den Vollzug einer Übertragungsanordnung zur Verfügung steht, abschließend bestimmen lassen wird, welche Ausgliederungsgegenstände zu einer erfolgreichen Stabilisierung im Interesse der Bewahrung der Finanzmarktstabilität auf den übernehmenden Rechtsträger zu übertragen sind. Folgeanordnungen können nach Satz 2 nur innerhalb von vier Monaten nach Wirksamwerden der ersten Ausgliederung ergehen.

---

1 Zum Gesetz zur Restrukturierung und geordneten Abwicklung von Kreditinstituten, zur Errichtung eines Restrukturierungsfonds für Kreditinstitute und zur Verlängerung der Verjährungsfrist der aktienrechtlichen Organhaftung (Restrukturierungsgesetz) vom 9. Dezember 2010 (BGBl. I S. 1900); vgl. BT-Drucksache 17/3024 vom 27. September 2010.

Amtliche Begründung[1]

Zu Nummer 15 (§ 48 k)

Für den Erlass von Folgeanordnungen nach einer Übertragungsanordnung sollen dieselben Zuständigkeitsregelungen wie für die erstmalige Übertragungsanordnung gelten. Das Einvernehmen des Lenkungsausschusses ist jeweils herzustellen, wenn Leistungen des Restrukturierungsfonds erforderlich werden können.

§ 481 Maßnahmen bei dem Kreditinstitut

(1) Nach Wirksamwerden der Übertragungsanordnung kann die Bundesanstalt die Erlaubnis des Kreditinstituts aufheben, wenn das Kreditinstitut nicht in der Lage ist, seine Geschäfte im Einklang mit den Bestimmungen dieses Gesetzes fortzuführen. § 35 bleibt unberührt.

(2) Solange die auf den übernehmenden Rechtsträger übertragenen Unternehmensteile in ihrem Bestand gefährdet sind und solange die Bundesanstalt nicht das Erreichen des Sanierungsziels (§ 48 m Absatz 1 Satz 2) beim übernehmenden Rechtsträger festgestellt hat, kann die Bundesanstalt das Kreditinstitut anweisen, die ihm in der Anteilsinhaberversammlung des übernehmenden Rechtsträgers zustehenden Stimmrechte in bestimmter Weise auszuüben; die Weisung ist auch dem übernehmenden Rechtsträger bekanntzugeben. Zur Zustimmung
1. zu einer Kapitalherabsetzung des übernehmenden Rechtsträgers, die nicht der Deckung von Verlusten dient,
2. zu einer Kapitalerhöhung, bei welcher der Ausgabebetrag oder der Mindestbetrag, zu dem die Anteile ausgegeben werden, unangemessen niedrig ist,
3. zu einer Verschmelzung, Spaltung, Ausgliederung oder Vermögensübertragung nach dem Umwandlungsgesetz, bei der die dem Institut zustehende Gegenleistung oder Abfindung unangemessen niedrig ist, und
4. zu einem Ausschluss des Kreditinstituts aus dem Kreis der Anteilsinhaber
kann das Institut nicht angewiesen werden. Die Befolgung einer Weisung nach Satz 1 stellt gegenüber dem Kreditinstitut oder seinen Anteilsinhabern keine Pflichtwidrigkeit der Mitglieder der vertretungsberechtigten Organe dar. Hiervon unberührt bleibt die Pflicht, die Rechte des Kreditinstituts nach Maßgabe von § 48 m Absatz 4 und 5 und § 48 r Absatz 3 zu verfolgen.

(3) Solange die auf den übernehmenden Rechtsträger übertragenen Unternehmensteile in ihrem Bestand gefährdet sind und solange eine solche Bestandsgefährdung nicht nachhaltig abgewendet ist, darf das Kreditinstitut nicht ohne vorherige schriftliche Zustimmung der Bundesanstalt über die ihm zustehenden Anteile an dem übernehmenden Rechtsträger verfügen.

(4) Droht ein Antrag auf Eröffnung eines Insolvenzverfahrens über das Vermögen des Kreditinstituts allein deshalb abgewiesen zu werden, weil das Vermögen des Kreditinstituts voraussichtlich nicht reicht, um die Kosten des Verfahrens zu decken, ist der übernehmende Rechtsträger verpflichtet, den für die Eröffnung des Verfahrens erforderlichen Kostenvorschuss zu leisten.

(5) Die Bundesanstalt soll bei dem Kreditinstitut einen Sonderprüfer einsetzen, der das Bestehen von Schadensersatzansprüchen des Kreditinstituts gegen Organmitglieder oder ehemalige Organmitglieder wegen der Verletzung von Sorgfaltspflichten prüft. § 45 c Absatz 6 sowie die §§ 144 und 145 des Aktiengesetzes gelten entsprechend.

---

[1] Zum Restrukturierungsgesetz vom 9. Dezember 2010 (BGBl. I S. 1900); vgl. Beschlussempfehlung und Bericht des 7. Finanzausschusses des DBT; BT-Drucksache 17/3547 vom 28. Oktober 2010.

Amtliche Begründung[1]

Zu § 48 l (Maßnahmen bei dem Kreditinstitut)

Verbleiben im Fall einer partiellen Übertragung beim Institut noch Unternehmensteile, so können diese vom Institut grundsätzlich fortgeführt werden. Nach Absatz 1 soll dies aber nicht möglich sein, wenn das Institut die Einhaltung der aufsichtsrechtlichen Anforderungen an die Fortführung des Betriebs nicht gewährleisten kann. In diesen Fällen soll die Bundesanstalt die Erlaubnis auch dann aufheben können, wenn im Einzelfall die Voraussetzungen des § 35 KWG nicht erfüllt sind. Die Bundesanstalt wird durch Absatz 1 nicht gehindert, auf Grundlage des § 35 KWG vorzugehen. Nach einer Erlaubnisaufhebung gelten die allgemeinen Regeln. Insbesondere kann die Bundesanstalt Maßnahmen nach § 37 KWG ergreifen oder eine Abwicklungsanordnung nach § 38 KWG treffen.

Absatz 2 soll verhindern, dass das Institut oder seine Anteilseigner kraft der Beteiligung des Instituts am übernehmenden Rechtsträger die Durchführung der für die Stabilisierung des Instituts erforderlichen Maßnahmen vereitelt oder verzögert. Das Institut kann zu diesem Zweck angewiesen werden, die ihm aus den Anteilen am übernehmenden Rechtsträger zustehenden Stimmrechte in bestimmter Weise auszuüben. Dies gilt insbesondere in Bezug auf erforderliche Rekapitalisierungs- und flankierende Restrukturierungsmaßnahmen beim übernehmenden Rechtsträger, die dem Zweck dienen, den bestandsgefährdenden Eigenmittelbedarf zu decken. Zum Schutz des abzuwickelnden Instituts und seiner Anteilsinhaber darf eine Weisung zur Zustimmung zu einer Kapitalherabsetzung nur ergehen, wenn die Kapitalherabsetzung der Deckung von Verlusten dient. Eine absolute Untergrenze für die Kapitalherabsetzung wird damit nicht gezogen. Insbesondere kommt bei einer Überschuldung des Unternehmens auch die Anweisung zur Zustimmung zu einer Kapitalherabsetzung auf Null in Betracht. Im Übrigen darf das Institut nicht angewiesen werden, seinem Ausschluss aus dem Kreis der Anteilsinhaber zuzustimmen, für eine Kapitalerhöhung zu stimmen, bei welcher der Ausgabebetrag unangemessen niedrig ist oder einer Umwandlungsmaßnahme zuzustimmen, nach welcher die dem Institut zukommende Gegenleistung oder Abfindung unangemessen ist. Die Befolgung einer Weisung stellt keine Pflichtwidrigkeit der Mitglieder des vertretungsberechtigten Organs des Instituts gegenüber dem Institut oder seinen Anteilsinhabern dar. Allerdings müssen die Mitglieder des vertretungsberechtigten Organs ggf. Gebrauch von den nach § 48 r Absatz 3, § 48 m Absatz 4 und 5 KWG-E zur Verfügung stehenden Rechtsbehelfen machen.

Das Kreditinstitut ist während der Stabilisierungsbemühungen nach Absatz 3 nicht befugt, über die Anteile am übernehmenden Rechtsträger ohne die Zustimmung der Bundesanstalt zu verfügen. Damit soll verhindert werden, dass die Anteile an die Anteilsinhaber des Instituts ausgekehrt und damit die Wirkungen der Ausgliederung aufgehoben werden.

Absatz 4 gewährleistet im Interesse der Gläubiger von Forderungen, die im Zusammenhang mit partiellen Rückübertragungen oder mit partiellen Übertragungen beim Institut verbleiben, sowie im Interesse der Anteilseigner, dass ein Insolvenzverfahren über das Vermögen des Instituts nicht allein deshalb nicht eröffnet werden kann, weil nicht hinreichend liquides oder liquidierbares Vermögen vorhanden ist, um die voraussichtlichen Kosten des Verfahrens zu decken. Zu diesem Zweck wird dem übernehmenden Rechtsträger die Verpflichtung auferlegt, den in diesen Fällen für die

---

1 Zum Gesetz zur Restrukturierung und geordneten Abwicklung von Kreditinstituten, zur Errichtung eines Restrukturierungsfonds für Kreditinstitute und zur Verlängerung der Verjährungsfrist der aktienrechtlichen Organhaftung (Restrukturierungsgesetz) vom 9. Dezember 2010 (BGBl. I S. 1900); vgl. BT-Drucksache 17/3024 vom 27. September 2010.

Verfahrenseröffnung nach § 26 Absatz 1 Satz 2 der Insolvenzordnung erforderlichen Geldvorschuss zu leisten.

Amtliche Begründung[1]

Zu Nummer 15 (§ 48 l Absatz 5 – neu –)

Die Änderung stellt klar, dass die BaFin einen Prüfer mit der Prüfung möglicher Schadensersatzansprüche gegen Organmitglieder oder ehemalige Organmitglieder eines Kreditinstituts beauftragen soll. Da bei der Bank Restrukturierungsmaßnahmen nach den § 48 a ff. KWG-E erforderlich waren, sollte überprüft werden, ob es im Vorfeld zu Pflichtverletzungen gekommen ist. Wenn die dafür zuständigen Organe des Kreditinstituts keine Prüfung veranlassen, kann die BaFin einen Prüfer einsetzen. Die Vorschriften der §§ 144 und 145 des Aktiengesetzes über die Verantwortlichkeit und die Rechte der Sonderprüfer und den Prüfungsbericht sowie § 45 c Absatz 6 KWG-E bezüglich der Kosten sind entsprechend anzuwenden.

§ 48 m Maßnahmen bei dem übernehmenden Rechtsträger

(1) Der übernehmende Rechtsträger hat der Bundesanstalt auf Verlangen unverzüglich Auskunft über alle Umstände zu geben, die für die Beurteilung der Sanierungsfähigkeit der auf den übernehmenden Rechtsträger übertragenen Unternehmensteile erforderlich sind. Sanierungsfähigkeit im Sinne des Satzes 1 ist die realisierbare Möglichkeit der Herstellung einer Vermögens-, Finanz- und Ertragslage, welche die Wettbewerbsfähigkeit des übertragenen Unternehmens nachhaltig gewährleistet (Sanierungsziel). Soweit dies zur Überprüfung der nach Satz 1 gemachten Angaben erforderlich ist, kann die Bundesanstalt die Vorlage von Unterlagen und die Überlassung von Kopien verlangen.
(2) Zur Ermöglichung oder Umsetzung einer Übertragungsanordnung gelten bis zur Feststellung der Erreichung des Sanierungsziels durch die Bundesanstalt für Beschlussfassungen der Anteilsinhaberversammlung des übernehmenden Rechtsträgers über Kapitalmaßnahmen die §§ 7 bis 7 b, 7 d, 7 e, 8 bis 11, 12 Absatz 1 bis 3, §§ 14, 15 und 17 bis 19 des Finanzmarktstabilisierungsbeschleunigungsgesetzes entsprechend. Dies gilt auch dann, wenn andere private oder öffentliche Stellen Beiträge zur Erreichung des Sanierungsziels oder zur Überwindung der Bestandsgefährdung leisten. § 48 d Absatz 2 Satz 3 gilt entsprechend.
(3) Ein Beschluss nach Absatz 2 ist unverzüglich zum Register des Sitzes des übernehmenden Rechtsträgers anzumelden. Er ist, sofern er nicht offensichtlich nichtig ist, unverzüglich in das Register einzutragen. Klagen und Anträge auf Erlass von Entscheidungen gegen den Beschluss oder seine Eintragung stehen der Eintragung nicht entgegen. § 246 a Absatz 4 des Aktiengesetzes gilt entsprechend. Dasselbe gilt für die Beschlussfassungen über die Ausnutzung einer nach Absatz 2 geschaffenen Ermächtigung zur Ausnutzung eines genehmigten Kapitals.
(4) Stimmt das Institut für eine Maßnahme nach Absatz 2 in Erfüllung einer ihm nach § 48 l Absatz 2 von der Bundesanstalt erteilten Weisung, ist es nicht gehindert, gegen den Beschluss Klage zu erheben. Die Klage kann im Falle einer Kapitalerhöhung auch darauf gestützt werden, dass der Ausgabebetrag der neuen Anteile unangemessen niedrig ist. Im Falle einer Kapitalherabsetzung kann die Klage auch darauf gestützt werden, dass die Kapitalherabsetzung in dem beschlossenen Umfang nicht dem

---

[1] Zum Restrukturierungsgesetz vom 9. Dezember 2010 (BGBl. I S. 1900); vgl. Beschlussempfehlung und Bericht des 7. Finanzausschusses des DBT; BT-Drucksache 17/3547 vom 28. Oktober 2010.

Ausgleich von Verlusten dient. Ist die Klage begründet, die Maßnahme aber nach Absatz 3 bereits in das Handelsregister eingetragen, so soll der dem Institut nach Absatz 3 Satz 4 zustehende Schadensersatzanspruch durch die Ausgabe von Anteilen erfüllt werden, wenn der dem Institut erlittene Schaden in einer wirtschaftlichen Verwässerung seiner Beteiligung am übernehmenden Rechtsträger besteht.

(5) Die Absätze 2, 3 und 4 Satz 1 und 4 gelten entsprechend für Beschlussfassungen über Satzungsänderungen, den Abschluss oder die Beendigung von Unternehmensverträgen oder Maßnahmen nach dem Umwandlungsgesetz. Stimmt das Kreditinstitut in Erfüllung einer Weisung nach § 48 l Absatz 2 für eine Maßnahme nach dem Umwandlungsgesetz, kann es die Klage gegen den Beschluss auch darauf stützen, dass die dem Institut eingeräumte Gegenleistung oder Abfindung nicht angemessen ist.

(6) Sind dem übernehmenden Rechtsträger zum Zwecke der Überwindung der Bestandsgefährdung oder zur Erreichung des Sanierungsziels durch den Restrukturierungsfonds oder auf andere Weise Unterstützungsleistungen gewährt worden, kann die Bundesanstalt bis zur Erreichung des Sanierungsziels
1. Auszahlungen an die Anteilsinhaber des übernehmenden Rechtsträgers untersagen,
2. Auszahlungen an die Inhaber anderer Eigenmittelbestandteile untersagen, die nach den vertraglichen Bestimmungen an die Erreichung festgelegter Kenngrößen geknüpft sind, sofern die einschlägigen Kenngrößen ohne die Unterstützungsleistung nicht erreicht worden wären, oder
3. Auszahlungen an Gläubiger untersagen, solange deren Ansprüche aufgrund einer Nachrangabrede nach einer hypothetischen Rückführung der Unterstützungsleistung nicht zu bedienen wären.

Als Auszahlung im Sinne des Satzes 1 gelten auch die Kündigung oder der Rückerwerb der betroffenen Eigenmittelbestandteile und Schuldtitel sowie bilanzielle Maßnahmen, die zur Folge haben, dass die nach Satz 1 Nummer 2 maßgeblichen Kenngrößen erreicht werden. Wird eine Auszahlung nach Satz 1 Nummer 2 untersagt, gelten die einschlägigen Kenngrößen als nicht erreicht. Satz 1 gilt nicht für Ausschüttungen auf Anteile, die dem Restrukturierungsfonds oder dem Finanzmarktstabilisierungsfonds im Zusammenhang mit einer Unterstützungsleistung gewährt wurden, und für Zahlungen auf Forderungen des Restrukturierungsfonds, die im Zusammenhang mit der staatlichen Unterstützungsleistung entstanden sind. § 48 d Absatz 2 Satz 3 gilt entsprechend. Unterstützungsleistungen durch den Restrukturierungsfonds steht die für die Überwindung der Bestandsgefährdung oder zur Erreichung des Sanierungsziels erforderliche Zuführung von Eigenmitteln oder Liquidität durch private Dritte gleich.

(7) Ist das Sanierungsziel nicht oder nur zu unverhältnismäßigen wirtschaftlichen Bedingungen zu erreichen und lässt sich das Unternehmen ohne Risiken für die Stabilität des Finanzsystems abwickeln, kann die Bundesanstalt in Abstimmung mit der Bundesanstalt für Finanzmarktstabilisierung von dem übernehmenden Rechtsträger die Erstellung eines Liquidationsplans verlangen, aus welchem hervorgeht, dass und auf welche Weise das vom übernehmenden Rechtsträger fortgeführte Unternehmen geordnet abgewickelt wird.

(8) Die Bundesanstalt kann einen nach Absatz 7 erstellten Liquidationsplan für verbindlich erklären.

(9) Die Bundesanstalt ist befugt, die zur Durchsetzung eines nach Absatz 8 verbindlichen Liquidationsplans erforderlichen Maßnahmen zu ergreifen. Insbesondere ist die Bundesanstalt befugt, dem übernehmenden Rechtsträger Weisungen zu erteilen. Bieten die Geschäftsleiter keine Gewähr für die ordnungsmäßige Durchführung des Plans, kann die Bundesanstalt nach § 45 c die Befugnisse der Geschäftsleiter auf einen Sonderbeauftragten übertragen, der geeignet ist, für die ordnungsmäßige Umsetzung des Plans Sorge zu tragen.

Amtliche Begründung[1]

Zu § 48 m (Maßnahmen bei dem übernehmenden Rechtsträger)

Die Vorschrift dient zum einen der Erleichterung der Durchführung erforderlicher Rekapitalisierungs- und Restrukturierungsmaßnahmen beim übernehmenden Rechtsträger (Absätze 2 bis 5). Zum anderen gibt die Vorschrift der Bundesanstalt die Möglichkeit, den Sanierungsprozess zu überwachen und auf diesen im Notfall Einfluss zu nehmen (Absätze 6 bis 9).

Nach Absatz 1 hat der übernehmende Rechtsträger der Bundesanstalt unverzüglich Auskünfte über sämtliche Umstände zu geben, die für die Beurteilung der Sanierungsfähigkeit des Unternehmens erheblich sind. Die Sanierungsfähigkeitsprüfung orientiert sich am Ziel der Herstellung einer Vermögens-, Finanz- und Ertragslage, welche die Wettbewerbsfähigkeit des vom übernehmenden Rechtsträgers übernommenen und fortgeführten Unternehmens nachhaltig gewährleistet. Dieses Sanierungsziel schließt auch die Fähigkeit ein, die aufsichtsrechtlichen Anforderungen dauerhaft und nachhaltig zu erfüllen.

Bis zur Feststellung der Erreichung des Sanierungsziels durch die Bundesanstalt gelten nach Absatz 2 die gesellschaftsrechtlichen Sonderbestimmungen des Finanzmarktstabilisierungsbeschleunigungsgesetzes (FMStBG) zur Erleichterung der Einberufung von Hauptversammlungen zur Beschlussfassung über Kapitalmaßnahmen sowie zur Herabsetzung der Mehrheitserfordernisse sowie zur Lockerung weiterer gesellschaftsrechtlicher Anforderungen (§§ 7, 7a, 7b, 7d und 7e FMStBG). Hierdurch wird die Beschlussfassung über Kapitalmaßnahmen erleichtert.

Absatz 3 schafft nach dem Vorbild des § 7c FMStBG Erleichterungen bei der Eintragung der Maßnahmen in das Handelsregister. Eintragungen sind, sofern kein Fall der offensichtlichen Nichtigkeit vorliegt, unabhängig davon vorzunehmen, ob gegen den Beschluss oder seine Eintragung Klagen oder Anträge im Rahmen des einstweiligen Rechtsschutzes anhängig gemacht wurden.

Absatz 4 stellt für den Fall, dass das Institut von der Bundesanstalt nach § 48 l Absatz 2 KWG-E angewiesen wurde, in der Anteilsinhaberversammlung für eine Kapitalmaßnahme zu stimmen, klar, dass das Institut trotz seiner zustimmenden Stimmrechtsausübung gegen den Beschluss klagen kann. Die Klage kann stets – also nicht nur im Fall eines Bezugsrechtsausschlusses (§ 255 Absatz 2 des Aktiengesetzes) – auch darauf gestützt werden, dass der Ausgabebetrag unangemessen niedrig ist. Im Falle einer Kapitalherabsetzung kann auch geltend gemacht werden, dass die Herabsetzung nicht oder nicht vollständig dem Ausgleich von Verlusten dient. Hat die Klage Erfolg, ist der Beschluss aber zwischenzeitlich durch beschleunigte Eintragung nach Absatz 3 vollzogen worden, stehen dem Institut in entsprechender Anwendung von § 246a Absatz 4 Schadenersatzansprüche gegen den übernehmenden Rechtsträger zu. Besteht der Schaden des Instituts in einer wirtschaftlichen Verwässerung seiner Beteiligung, soll der Schadenersatzanspruch durch die Ausgabe von Anteilen erfüllt werden, um die Verwässerung rückgängig zu machen.

Abweichend vom Vorbild im FMStBG, das sich auf Kapitalmaßnahmen beschränkt, erstrecken sich die Einberufungs-, Beschluss- und Eintragungserleichterungen der Absätze 1 bis 4 nach Absatz 5 auch auf die dort aufgezählten Maßnahmen.

Ist dem Unternehmen zum Zwecke der Überwindung seiner Bestandsgefährdung oder der Erreichung des Sanierungsziels im Sinne des Absatzes 6 vor oder nach Durchführung der Ausgliederung eine staatliche Unterstützungsleistung zugute gekommen, so kann die Bundesanstalt bis zur Erreichung des Sanierungsziels nach

---

[1] Zum Gesetz zur Restrukturierung und geordneten Abwicklung von Kreditinstituten, zur Errichtung eines Restrukturierungsfonds für Kreditinstitute und zur Verlängerung der Verjährungsfrist der aktienrechtlichen Organhaftung (Restrukturierungsgesetz) vom 9. Dezember 2010 (BGBl. I S. 1900); vgl. BT-Drucksache 17/3024 vom 27. September 2010.

Absatz 6 bestimmte Zahlungen an die Inhaber von Eigenmittelbestandteilen untersagen. Damit wird abgesichert, dass die staatlichen Unterstützungsleistungen ihrer Zweckbestimmung gemäß allein der Stabilisierung des Unternehmens zugute kommen und nicht zu einer Subventionierung der Inhaber von Eigenkapitaltiteln oder eigenkapitalähnlichen Positionen führen. Untersagt werden können Gewinnausschüttungen an die Anteilsinhaber (Satz 1 Nummer 1), Zahlungen auf Eigenmittelbestandteile, die von der Erreichung bestimmter Kenngrößen wie z. B. dem Gewinn abhängen, sofern die vereinbarte Kenngröße ohne die staatliche Unterstützungsleistung nicht erreicht worden wäre (Satz 1 Nummer 2) sowie Zahlungen an Gläubiger, solange deren Forderungen aufgrund einer bestehenden Nachrangabrede nicht zu bedienen wären, wenn man unterstellt, dass die staatliche Unterstützungsleistung vorher zurückgeführt würde (Satz 1 Nummer 3). Wird eine Zahlung nach Satz 1 Nummer 2 untersagt, gilt die einschlägige Kenngröße als nicht erreicht (Satz 3), so dass auch eine Nachzahlung in späteren Perioden ausscheidet. Nach Satz 4 gelten die Auszahlungs- und Ausschüttungsbeschränkungen nicht zulasten der staatlichen Stellen, von denen die staatliche Unterstützungsleistung gewährt wurde. Satz 5 stellt klar, dass Zentralbankgeschäfte nicht als staatliche Unterstützungsleistung gelten, wenn sie zu gewöhnlichen Bedingungen abgeschlossen und abgewickelt werden.

Ist das Unternehmen nicht sanierungsfähig und lässt sich das Sanierungsziel nur unter wirtschaftlich unvertretbarem Aufwand erreichen, kann die Bundesanstalt in Abstimmung mit der Bundesanstalt für Finanzmarktstabilisierung nach Absatz 7 die Vorlage eines Liquidationsplans verlangen, diesen ändern, selbst erstellen oder erstellen lassen, sofern sich eine geordnete Liquidation zu wirtschaftlich günstigeren Konditionen bewerkstelligen lässt als eine Sanierung und sich die Liquidation nicht destabilisierend auf das Finanzsystem auswirkt.

Ein nach Absatz 7 erstellter Liquidationsplan kann durch einseitige Anordnung der Bundesanstalt Verbindlichkeit erlangen (Absatz 8) und zur Grundlage einer die ordnungsgemäße Umsetzung des Plans gewährleistenden Sonderaufsicht nach Absatz 9 gemacht werden. Im Rahmen dieser Sonderaufsicht kann die Bundesanstalt den Geschäftsleitern Weisungen erteilen und diesen notfalls einen Sonderbeauftragten zur Seite stellen, dessen Aufgabe es ist, die Einhaltung der Vorgaben aus dem umzusetzenden Plan zu gewährleisten.

Amtliche Begründung[1]

Zu Nummer 15 (§ 48 m)

Zu Absatz 2

Durch die Änderung wird gegenüber dem ursprünglichen Entwurf klarer formuliert, dass die für anwendbar erklärten Vorschriften des Finanzmarktstabilisierungsbeschleunigungsgesetzes bereits zur Ermöglichung der Übertragungsanordnung gelten und nicht erst nach deren Wirksamwerden. Durch die Ergänzung weiterer Vorschriften werden weitere zur raschen und sicheren Umsetzung der Übertragungsanordnung erforderliche Regelungen für anwendbar erklärt. Beispielsweise entfällt gegebenenfalls die Pflicht zur Abgabe eines Übernahmeangebots durch den abgebenden Rechtsträger oder den Restrukturierungsfonds, wenn diese Anteile an dem übernehmenden Rechtsträger erwerben. Außerdem werden gegebenenfalls auch andere Formen der Beteiligung erfasst.

---

1 Zum Restrukturierungsgesetz vom 9. Dezember 2010 (BGBl. I S. 1900); vgl. Beschlussempfehlung und Bericht des 7. Finanzausschusses des DBT; BT-Drucksache 17/3547 vom 28. Oktober 2010.

Zu Absatz 6

Die Privilegierung von Leistungen an den Restrukturierungsfonds muss aufgrund der gleichen Interessenlage auch für den Finanzmarktstabilisierungsfonds gelten.

§ 48 n Unterrichtung

Über den Erlass einer Übertragungsanordnung und Maßnahmen nach § 48 l Absatz 1 und 2 sowie § 48 m Absatz 6 bis 9 unterrichtet die Bundesanstalt nach Maßgabe des § 46 d Absatz 1 und 2 die zuständigen Behörden der anderen Staaten des Europäischen Wirtschaftsraums.

Amtliche Begründung[1]

Zu § 48 n (Unterrichtung)

Über den Erlass einer Übertragungsanordnung und die Ergreifung von Maßnahmen nach § 48 m Absatz 1 bis 9 unterrichtet die Bundesanstalt nach Maßgabe des § 46 d Absatz 1 und 2 die zuständigen Behörden der anderen Staaten des Europäischen Wirtschaftsraums.

§ 48 o Maßnahmen bei übergeordneten Unternehmen von Institutsgruppen

(1) Decken die einer Institutsgruppe zur Verfügung stehenden Eigenmittel die nach den Artikeln 92 bis 386 der Verordnung (EU) Nr. 575/2013 in ihrer jeweils geltenden Fassung, einer Anordnung nach § 10 Absatz 3 und 4, der Rechtsverordnung nach § 51 a Absatz 1, einer Anordnung nach § 51 a Absatz 2 oder § 45 b Absatz 1 Satz 2, Absatz 2 erforderlichen Eigenmittel zu weniger als 90 vom Hundert oder ist zu erwarten, dass eine solche Unterdeckung eintreten wird, wenn keine korrigierenden Maßnahmen ergriffen werden, so kann die Bundesanstalt in entsprechender Anwendung der §§ 48 a bis 48 k auch gegenüber dem übergeordneten Unternehmen eine Übertragungsanordnung erlassen. Die §§ 48 l bis 48 n sind entsprechend anzuwenden.

(2) Ist ein gruppenangehöriges Institut oder das übergeordnete Unternehmen in seinem Bestand gefährdet und droht es dadurch andere gruppenangehörige Unternehmen in deren Bestand zu gefährden, so kann die Bundesanstalt nach Maßgabe der §§ 48 c bis 48 k eine Übertragungsanordnung auch gegenüber dem übergeordneten Unternehmen erlassen, wenn mit der Gefährdung der anderen gruppenangehörigen Unternehmen eine Systemgefährdung einhergeht. Bei nachgeordneten Unternehmen mit Sitz im Ausland wird eine Institutsgefährdung vermutet, wenn
1. die in dem Staat des Sitzes geltenden Eigenmittel- oder Liquiditätsanforderungen nicht erfüllt werden oder
2. die Eröffnung eines Insolvenzverfahrens oder eines anderen, in der Rechtsordnung des Sitzstaates vorgesehenen Verfahrens mit vergleichbaren Wirkungen bevorsteht und sich auf der Grundlage gruppeninterner Transaktionen nicht abwenden lässt, ohne andere gruppenangehörige Unternehmen einer Institutsgefährdung auszusetzen.

---

1 Zum Gesetz zur Restrukturierung und geordneten Abwicklung von Kreditinstituten, zur Errichtung eines Restrukturierungsfonds für Kreditinstitute und zur Verlängerung der Verjährungsfrist der aktienrechtlichen Organhaftung (Restrukturierungsgesetz) vom 9. Dezember 2010 (BGBl. I S. 1900); vgl. BT-Drucksache 17/3024 vom 27. September 2010.

Hat die Bundesanstalt eine Übertragungsanordnung nach Satz 1 erlassen, gelten die §§ 48 l bis 48 n entsprechend.

Amtliche Begründung[1]

Zu den §§ 48 o bis 48 q (Maßnahmen bei übergeordneten Instituten von Institutsgruppen; Maßnahmen bei Finanzholding-Gruppen; Maßnahmen bei Finanzkonglomeraten)

Die §§ 48 o bis 48 q KWG-E übertragen das auf einzelne Kreditinstitute zugeschnittene Regelungskonzept der Übertragungsanordnung auf Institutsgruppen, Finanzholding-Gruppen und Finanzkonglomerate. Der Zugriff auf die übergeordneten Unternehmen dieser Unternehmensgruppen wird zum einen dadurch eröffnet, dass an die Eigenmittelanforderungen auf konsolidierter Basis angeknüpft wird und im Falle einer qualifizierten Verletzung dieser Anforderungen die Möglichkeit geschaffen wird, in entsprechender Anwendung der für Institute geltenden Vorschriften des § 48a ff. KWG-E Übertragungsanordnungen auch gegenüber den übergeordneten Unternehmen zu erlassen. Zum anderen soll die Anordnung entsprechender Übertragungsanordnungen aber auch dann ermöglicht werden, wenn gegenüber einem gruppenangehörigen Institut die Voraussetzungen für den Erlass einer Übertragungsanordnung gegeben sind, sofern von der Schieflage des gruppenangehörigen Unternehmens eine Gefahr für die Solidität der Gruppe und damit besondere Gefahren für die Stabilität des Finanzsystems ausgeht.

§ 48 p Maßnahmen bei Finanzholding-Gruppen und gemischten Finanzholding-Gruppen

Decken die einer Finanzholding-Gruppe oder gemischten Finanzholding-Gruppe zur Verfügung stehenden Eigenmittel die nach den Artikeln 92 bis 386 der Verordnung (EU) Nr. 575/2013 in ihrer jeweils geltenden Fassung, einer Anordnung nach § 10 Absatz 3 und 4, der Rechtsverordnung nach § 51a Absatz 1, einer Anordnung nach § 51a Absatz 2 oder § 45b Absatz 1 Satz 2, Absatz 2 erforderlichen Eigenmittel zu weniger als 90 vom Hundert oder ist zu erwarten, dass eine solche Unterdeckung eintreten wird, wenn keine korrigierenden Maßnahmen ergriffen werden, kann die Bundesanstalt in entsprechender Anwendung der §§ 48a bis 48k auch gegenüber der Finanzholding-Gesellschaft oder gemischten Finanzholding-Gesellschaft eine Übertragungsanordnung erlassen. Die §§ 48 l bis 48 n sind entsprechend anzuwenden. § 48 o Absatz 2 gilt entsprechend.

ANMERKUNG

1. Die Überschrift des § 48 p sowie Satz 1 sind Folgeänderungen, welche sich aus der Anpassung der Richtlinie 2006/48/EG durch die Richtlinie 2011/89/EU ergeben durch das Gesetz zur Umsetzung der Richtlinie 2011/89/EU des Europäischen Parlaments und des Rates vom 16. November 2011 zur Änderung der Richtlinien 98/78/EG, 2002/87/EG, 2006/48/EG und 2009/138/EG hinsichtlich der zusätzlichen Beaufsichtigung der Finanzunternehmen eines Finanzkonglomerats vom 27. Juni 2013 (BGBl. I S. 1862); vgl. auch BT-Drucksache 17/12 602 vom 4. März 2013.

---

[1] Zum Gesetz zur Restrukturierung und geordneten Abwicklung von Kreditinstituten, zur Errichtung eines Restrukturierungsfonds für Kreditinstitute und zur Verlängerung der Verjährungsfrist der aktienrechtlichen Organhaftung (Restrukturierungsgesetz) vom 9. Dezember 2010 (BGBl. I S. 1900); vgl. BT-Drucksache 17/3024 vom 27. September 2010.

2. In §§ 48c bis 48p handelt es sich um redaktionelle Anpassungen von Verweisen durch das CRD IV-Umsetzungsgesetz vom 28. August 2013 (BGBl. I S. 3395).

§ 48q Maßnahmen bei Finanzkonglomeraten

Decken die einem Finanzkonglomerat zur Verfügung stehenden Eigenmittel die gemäß § 17 Absatz 1 des Finanzkonglomerate-Aufsichtsgesetzes erforderlichen Eigenmittel zu weniger als 90 vom Hundert oder ist zu erwarten, dass eine solche Unterdeckung eintreten wird, wenn keine korrigierenden Maßnahmen ergriffen werden, kann die Bundesanstalt in entsprechender Anwendung der §§ 48a bis 48k auch gegenüber dem übergeordneten Finanzkonglomeratsunternehmen sowie gegenüber der gemischten Finanzholding-Gesellschaft eine Übertragungsanordnung erlassen. Die §§ 48l bis 48n sind entsprechend anzuwenden. § 48o Absatz 2 gilt entsprechend.

ANMERKUNG Diese redaktionelle Änderung des § 48q Satz 1 beruht auf der Überführung der die Finanzkonglomerate betreffenden Normen in das Finanzkonglomerate-Aufsichtsgesetz durch das Gesetz zur Umsetzung der Richtlinie 2011/89/EU des Europäischen Parlaments und des Rates vom 16. November 2011 zur Änderung der Richtlinien 98/78/EG, 2002/87/EG, 2006/48/EG und 2009/138/EG hinsichtlich der zusätzlichen Beaufsichtigung der Finanzunternehmen eines Finanzkonglomerats vom 27. Juni 2013 (BGBl. I S. 1862); vgl. auch BT-Drucksache 17/12602 vom 4. März 2013.

§ 48r Rechtsschutz

(1) Eine Übertragungsanordnung und eine Rückübertragungsanordnung können von dem Kreditinstitut binnen eines Monats nach Bekanntgabe vor dem für den Sitz der Bundesanstalt in Frankfurt am Main zuständigen Oberverwaltungsgericht im ersten und letzten Rechtszug angefochten werden. Eine Rückübertragungsanordnung kann von dem übernehmenden Rechtsträger binnen eines Monats nach Bekanntgabe vor dem für den Sitz der Bundesanstalt in Frankfurt am Main zuständigen Oberverwaltungsgericht im ersten und letzten Rechtszug angefochten werden. Wird die Rückübertragungsanordnung sowohl von dem Kreditinstitut als auch dem übernehmenden Rechtsträger angefochten, sind die Verfahren miteinander zu verbinden. Ein Widerspruchsverfahren wird jeweils nicht durchgeführt. Nebenbestimmungen zu einer Übertragungsanordnung oder einer Rückübertragungsanordnung sind nicht isoliert anfechtbar.

(2) Soweit geltend gemacht wird, dass die Übertragungsanordnung keine angemessene Gegenleistung für die Übernahme der Ausgliederungsgegenstände durch den übernehmenden Rechtsträger vorsehe, kann die Klage nur auf Anpassung der Gegenleistung gerichtet werden. Satz 1 gilt entsprechend für Klagen, mit denen geltend gemacht wird, dass die dem Institut nach § 48d Absatz 6 auferlegte Ausgleichsverbindlichkeit unangemessen hoch sei oder dass an ihre Stelle eine Gegenleistung treten müsse. War in der Übertragungsanordnung eine vorläufige Gegenleistung vorgesehen und weicht die endgültig festgesetzte Gegenleistung zu Lasten des übernehmenden Rechtsträgers von der vorläufigen Gegenleistung ab, kann auch der übernehmende Rechtsträger auf Anpassung der Gegenleistung klagen. Satz 3 gilt entsprechend für Rechtsmittel gegen ein Urteil, das die Gegenleistung zu Lasten des übernehmenden Rechtsträgers anpasst.

(3) Für die Anfechtung von Weisungen der Bundesanstalt nach § 48l Absatz 2 gilt Absatz 1 entsprechend. Weisungen können nur dann wegen eines Verstoßes gegen die Grenzen des § 48l Absatz 2 Satz 2 Nummer 1 bis 3 aufgehoben werden, wenn der Verstoß offensichtlich ist. Ist der Verstoß nicht offensichtlich, kann das Institut vom

übernehmenden Rechtsträger nach Maßgabe des § 48 m Absatz 4 und 5 Ausgleich fordern.

(4) Für Klagen gegen die Verbindlicherklärung eines Liquidationsplans (§ 48 m Absatz 8) oder gegen Maßnahmen zur Durchsetzung eines für verbindlich erklärten Liquidationsplans (§ 48 m Absatz 9) gilt Absatz 1 entsprechend.

Amtliche Begründung[1]

Zu § 48 r (Rechtsschutz)

Die Regelungen zum Rechtsschutz wahren die verfassungsrechtliche Rechtsschutzgarantie aus Artikel 19 Absatz 4 des Grundgesetzes. Rechtsschutz gegen die Übertragungsanordnung und Maßnahmen nach den §§ 48 l und 48 m wird durch die zur Verfügung stehenden Rechtsbehelfe in der Hauptsache und im Eilverfahren gewährleistet. Soweit § 48 r die Rechtsschutzgewährung einschränkt, ist dies sachlich durch die Notwendigkeit einer schnellen und rechtssicheren Umsetzung der Maßnahmen gerechtfertigt und schränkt den Zugang zu den Gerichten für die Betroffenen nicht unzumutbar ein.

Für Anfechtungsklagen, die gegen die Übertragungsanordnung gerichtet werden, ist nach Absatz 1 in erster und letzter Instanz das für die Bundesanstalt zuständige Oberverwaltungsgericht zuständig.

Anfechtungsklagen gegen die Übertragungsanordnung können nach Absatz 2 nicht auf Gründe gestützt werden, die auf Bewertungsfragen beruhen. Das Institut wird auf die Geltendmachung von Ersatzansprüchen verwiesen, wenn und soweit es um die Angemessenheit des Wertansatzes geht. Stellen die dem Institut im Gegenzug zu den übertragenen Vermögensteilen zu gewährenden Anteile am übernehmenden Rechtsträger oder die gewährte Geldleistung keine angemessene Gegenleistung dar, steht dem Institut ein Anspruch auf Anpassung zu.

Absatz 3 regelt den Rechtsschutz gegen Weisungen der Bundesanstalt nach § 48 l Absatz 2. Für den Primärrechtsschutz gegen die Weisung gelten dieselben Grundsätze wie für die Anfechtung der Übertragungsanordnung. Zuständig ist auch hier erst- und letztinstanzlich das für den Sitz der Bundesanstalt in Frankfurt am Main zuständige Oberverwaltungsgericht. Soweit das Institut geltend macht, dass die Grenzen des § 48 l Absatz 2 Satz 2 KWG-E nicht eingehalten wurden, ist die Anfechtung der Weisung ausgeschlossen, es sei denn, es liegt ein offensichtlicher Verstoß vor. Würden auch nicht offensichtliche Verstöße gegen § 48 l Absatz 2 Satz 2 KWG-E die Anfechtbarkeit der Weisung nach sich ziehen, entstünde Unsicherheit in der Frage, ob die für die Stabilisierung und Sanierung des Unternehmens erforderlichen Maßnahmen von Bestand sind, zumal sich die zugrunde liegenden Bewertungsfragen oftmals nur im Rahmen eines langwierigen Prozesses nach einer Beweisaufnahme klären lassen. Solche Unsicherheiten bergen aber die Gefahr, dass das Unternehmen seine Krise nicht überwinden kann und damit weiterhin eine Gefahr für die Stabilität des Finanzsystems darstellt. Sein Wertinteresse kann das Institut im Rahmen eines gesonderten, gegen den übernehmenden Rechtsträger gerichteten Bewertungsverfahrens verfolgen. Wie auch im Fall des Absatzes 2 sind die Ausgleichsansprüche primär durch die Ausgabe von Anteilen am übernehmenden Rechtsträger zu erfüllen, so dass nach Möglichkeit die belastenden Vollzugsfolgen beseitigt werden, die gerade darin bestehen, dass der Anteil des Instituts am übernehmenden Rechtsträger wirtschaftlich oder rechtlich verwässert wurde. Absatz 3 berührt nicht die Möglichkeit, die Feststellung der

---

1 Zum Gesetz zur Restrukturierung und geordneten Abwicklung von Kreditinstituten, zur Errichtung eines Restrukturierungsfonds für Kreditinstitute und zur Verlängerung der Verjährungsfrist der aktienrechtlichen Organhaftung (Restrukturierungsgesetz) vom 9. Dezember 2010 (BGBl. I S. 1900); vgl. BT-Drucksache 17/3024 vom 27. September 2010.

Rechtswidrigkeit einer Weisung feststellen zu lassen oder Ansprüche auf Ausgleich von vermögensrechtlichen Nachteilen geltend zu machen.

§ 48r Absatz 4 regelt den Rechtsschutz gegen die Verbindlicherklärung eines Liquidationsplans und gegen Maßnahmen zur Durchsetzung eines solchen Liquidationsplans. Der Rechtsschutz folgt den in Absatz 1 niedergelegten Regeln zum Rechtsschutz gegen die Übertragungsanordnung.

ANMERKUNG § 48r Absatz 1 wurde neu gefasst durch das Gesetz zur Abschirmung von Risiken und zur Planung der Sanierung und Abwicklung von Kreditinstituten und Finanzgruppen vom 7. August 2013 (BGBl. I S. 3090); vgl. die ausführliche Begründung zu diesem Gesetzesentwurf in der Amtlichen Begründung zu § 48b.

§ 48s Beschränkung der Vollzugsfolgenbeseitigung; Entschädigung

(1) Die Wirksamkeit einer gemäß § 48c Absatz 6 Satz 3 im Bundesanzeiger veröffentlichten Ausgliederung bleibt von einer Aufhebung der Übertragungsanordnung durch das Oberverwaltungsgericht unberührt. Die Beseitigung der Vollzugsfolgen kann insoweit nicht verlangt werden. Satz 2 gilt nicht, wenn die Folgenbeseitigung
1. nicht zu einer Systemgefährdung zu führen droht,
2. keine schutzwürdigen Interessen Dritter bedrohen würde und
3. nicht unmöglich ist.

(2) Soweit die Beseitigung der Vollzugsfolgen nach Absatz 1 Satz 2 ausgeschlossen ist, steht dem Kreditinstitut ein Anspruch auf Ausgleich der durch die Übertragungsanordnung entstandenen Nachteile zu. Der Anspruch steht dem Institut auch dann zu, wenn die Übertragungsanordnung nicht aufgehoben wird, weil das Handeln der Bundesanstalt nach § 48a Absatz 2 Satz 2 rechtmäßig ist und das Kreditinstitut die in dieser Vorschrift genannten Umstände nicht zu verantworten hat.

(3) Absatz 1 findet auf die Aufhebung einer Rückübertragungsanordnung mit der Maßgabe entsprechende Anwendung, dass an die Stelle einer gemäß § 48c Absatz 6 Satz 3 im Bundesanzeiger veröffentlichten Ausgliederung die Bekanntgabe nach § 48j Absatz 2 tritt. Absatz 2 findet auf die Aufhebung einer Rückübertragungsanordnung mit der Maßgabe entsprechende Anwendung, dass an die Stelle des Kreditinstituts der übernehmende Rechtsträger und das Kreditinstitut treten.

Amtliche Begründung[1]

Zu § 48s (Beschränkung der Vollzugsfolgenbeseitigung; Entschädigung)

Die in Absatz 1 enthaltenen Beschränkungen der Vollzugsfolgenbeseitigung tragen dem Umstand Rechnung, dass es sich bei den Anordnungen nach § 48a ff. um Gefahrenabwehrmaßnahmen handelt, die nach der Natur der Gefahrenlage ein Verfahren erfordern, dass zu Rechtssicherheit führt. Da Finanzmärkte außerordentlich vertrauensanfällig sind, würde es die Finanzmärkte erheblich belasten, wenn unklar bliebe, ob und inwieweit eine zur Stabilisierung des Finanzmarktes erlassene Übertragungsanordnung endgültig wirksam wird. Dies gilt umso mehr, als ein verwaltungsgerichtliches Verfahren zur Klärung komplexer bank- und volkswirtschaftlicher Sachverhalte erhebliche Zeit in Anspruch nehmen würde. Würden die Rechtsschutzmög-

---

[1] Zum Gesetz zur Restrukturierung und geordneten Abwicklung von Kreditinstituten, zur Errichtung eines Restrukturierungsfonds für Kreditinstitute und zur Verlängerung der Verjährungsfrist der aktienrechtlichen Organhaftung (Restrukturierungsgesetz) vom 9. Dezember 2010 (BGBl. I S. 1900); vgl. BT-Drucksache 17/3024 vom 27. September 2010.

lichkeiten gegen Übertragungsanordnungen sowie die in ihrem Vollzug erlassenen Maßnahmen nicht sachlich und zeitlich eingeschränkt, würde dies zu einer Situation führen, in der einerseits bekannt wäre, dass durch die Schieflage des betroffenen Unternehmens eine Gefahr für die Stabilität des Finanzsystems besteht, in der aber gleichzeitig unklar bliebe, ob die zur Abwendung dieser Gefahr ergriffenen Maßnahmen erfolgreich sein werden. Die Akteure auf den Finanzmärkten würden die Möglichkeit einer Verwirklichung der bestehenden Gefahrenlage antizipieren, was nicht nur zu einer Verschärfung der Lage des betroffenen Instituts, sondern auch zu einem Verlust des Vertrauens in Funktionsfähigkeit der Finanzmärkte führen könnte und mit großer Wahrscheinlichkeit die Verwerfungen vorwegnehmen würde, die mit der – auf anderem Wege voraussetzungsgemäß nicht zu bewerkstelligenden – Stabilisierung des Unternehmens an sich abgewendet werden sollen. Damit droht durch die Möglichkeit einer Rückabwicklung der Maßnahme gerade die Gefahr heraufbeschworen zu werden, deren Abwendung die Ermächtigung zum Erlass von Übertragungsanordnungen bezweckt.

Unberührt bleibt die Möglichkeit einer Rückabwicklung in Fällen, in denen eine Systemgefährdung nicht zu besorgen ist (Absatz 1 Satz 3 Nummer 1). Allerdings ist auch in diesem Fall die Vollzugsfolgenbeseitigung dann ausgeschlossen, wenn Dritte – wie vor allem die durch die Ausgliederung unmittelbar in ihren Rechten betroffenen Kontrahenten (§ 48g Absatz 7, § 48j Absatz 5) – schützenswertes Vertrauen in den Bestand der Maßnahme haben (Absatz 1 Satz 3 Nummer 2) oder wenn sich die durch die Ausgliederung und die auf ihrer Grundlage ergriffenen Maßnahmen (wie vor allem gesellschaftsrechtlichen Kapital- und Strukturmaßnahmen) nicht mehr rückgängig machen lassen (Absatz 1 Satz 3 Nummer 3).

Ist die Beseitigung der Vollzugsfolgen nach Absatz 1 ausgeschlossen oder ist die Übertragungsanordnung deshalb rechtmäßig, weil bei verständiger Würdigung der Verhältnisse zum Zeitpunkt des Erlasses der Anordnung die Voraussetzungen für ihren Erlass gegeben waren (§ 48a Absatz 1 Satz 3 KWG-E), muss zumindest den vermögensrechtlichen Interessen der Betroffenen Rechnung getragen werden. Diesem Ziel dient der Entschädigungsanspruch nach Absatz 2. Er setzt ein Verschulden nicht voraus und ist deshalb kein Amtshaftungsanspruch.

ANMERKUNG § 48s Absatz 1 wurde geändert und Absatz 3 neu angefügt durch das Gesetz zur Abschirmung von Risiken und zur Planung der Sanierung und Abwicklung von Kreditinstituten und Finanzgruppen vom 7. August 2013 (BGBl. I S. 3090); vgl. die ausführliche Begründung zu diesem Gesetzesentwurf in der Amtlichen Begründung zu § 48b.

§ 48t Maßnahmen zur Begrenzung makroprudenzieller oder systemischer Risiken

(1) Stellt der Ausschuss für Finanzstabilität Veränderungen in der Intensität des makroprudenziellen oder des systemischen Risikos im Sinne des Artikels 458 Absatz 2 der Verordnung (EU) Nr. 575/2013 fest, die zu einer Störung mit bedeutenden Auswirkungen auf das nationale Finanzsystem und die Realwirtschaft im Inland führen können, auf die besser mit nationalen Maßnahmen reagiert werden soll, kann die Bundesanstalt auf Aufforderung des Ausschusses für Finanzstabilität im Wege der Allgemeinverfügung gegenüber allen oder einer Gruppe der der Aufsicht der Bundesanstalt nach diesem Gesetz oder der Verordnung (EU) Nr. 575/2013 unterliegenden Institute und Unternehmen von folgenden Vorgaben der Verordnung (EU) Nr. 575/2013 in der jeweils geltenden Fassung für die Dauer von bis zu zwei Jahren abweichen, um die festgestellten Veränderungen in der Intensität des makroprudenziellen oder des systemischen Risikos zu vermindern, durch Erhöhung
1. der Eigenmittelanforderungen nach Artikel 92 der Verordnung (EU) Nr. 575/2013 in der jeweils geltenden Fassung,

2. der Anforderungen für Großkredite nach den Artikeln 392 sowie 395 bis 403 der Verordnung (EU) Nr. 575/2013 in der jeweils geltenden Fassung,
3. der Offenlegungspflichten nach den Artikeln 431 bis 455 der Verordnung (EU) Nr. 575/2013 in der jeweils geltenden Fassung,
4. des Kapitalerhaltungspuffers nach § 10c,
5. der Liquiditätsanforderungen nach Teil 6 der Verordnung (EU) Nr. 575/2013 in der jeweils geltenden Fassung oder
6. der Risikogewichte im Kreditrisiko-Standardansatz und im auf internen Ratings basierenden Ansatz für Kredite für Wohnimmobilien und gewerbliche Immobilien sowie für Forderungen, die von Instituten und Unternehmen untereinander innerhalb des Finanzsektors bestehen.

(2) Die Bundesanstalt kann die Allgemeinverfügung nach Absatz 1 erst dann erlassen, wenn
1. sie dem Europäischen Parlament, der Europäischen Kommission, dem Rat, dem Europäischen Ausschuss für Systemrisiken (ESRB) und der Europäischen Bankenaufsichtsbehörde (EBA)
    a) die für die Gefährdung der Finanzstabilität auf nationaler Ebene erforderlichen Nachweise nach Artikel 458 Absatz 2 Buchstabe a bis f der Verordnung (EU) Nr. 575/2013 einschließlich der in Absatz 1 vorgesehenen nationalen Maßnahmen, die Artikel 458 Absatz 2 Buchstabe d der Verordnung (EU) Nr. 575/2013 umsetzen, angezeigt hat und
    b) dargelegt hat, dass andere nach der Verordnung (EU) Nr. 575/2013 und der Richtlinie 2013/36/EU zur Verfügung stehende Maßnahmen nicht ausreichen, um der Gefährdung der Finanzstabilität auf nationaler Ebene zu begegnen, und
2. die Voraussetzungen nach Artikel 458 Absatz 4 der Verordnung (EU) Nr. 575/2013 für den Erlass der Maßnahme vorliegen.

(3) Die Bundesanstalt überprüft unter Einbeziehung des Europäischen Ausschusses für Systemrisiken und der Europäischen Bankenaufsichtsbehörde die nach Absatz 1 festgesetzten nationalen Maßnahmen nach Ablauf der vorgesehenen Frist nach Maßgabe von Artikel 458 Absatz 9 der Verordnung (EU) Nr. 575/2013. Liegen die Voraussetzungen für eine Verlängerung der Anwendung der nach Absatz 1 erlassenen nationalen Maßnahmen vor, kann die Bundesanstalt auf Aufforderung des Ausschusses für Finanzstabilität und nach Maßgabe des in Artikel 458 Absatz 4 der Verordnung (EU) Nr. 575/2013 in der jeweils geltenden Fassung vorgesehenen Verfahren im Wege der Allgemeinverfügung die nationalen Maßnahmen wiederholt um jeweils ein Jahr verlängern.

(4) Die Bundesanstalt kann im Benehmen mit der Deutschen Bundesbank und nach Befassung des Ausschusses für Finanzstabilität die nach Artikel 458 der Verordnung (EU) Nr. 575/2013 in der jeweils geltenden Fassung von anderen Mitgliedstaaten des Europäischen Wirtschaftsraums erlassenen Maßnahmen nach Maßgabe von Artikel 458 Absatz 5 bis 7 der Verordnung (EU) Nr. 575/2013 vollständig oder teilweise anerkennen und mit Wirkung für Zweigstellen von Instituten und Unternehmen mit Sitz im Ausland, auf die dieses Gesetz gemäß § 53 Anwendung findet, oder mit Wirkung für Zweigniederlassungen im Sinne von § 53b nach Maßgabe des Artikels 458 der Verordnung (EU) Nr. 575/2013 anwenden.

(5) Sofern die Voraussetzungen nach Absatz 2 Nummer 1 vorliegen, kann die Bundesanstalt unabhängig vom Verfahren nach den Absätzen 1 und 3 sowie nach Artikel 458 Absatz 4 der Verordnung (EU) Nr. 575/2013 jederzeit bis zur Beseitigung eines makroprudenziellen oder systemischen Risikos, jedoch nicht länger als für die Dauer von zwei Jahren
1. die Großkreditobergrenze nach Artikel 395 der Verordnung (EU) Nr. 575/2013 um bis zu 15 Prozentpunkte absenken,

2. die Risikogewichte von Krediten für Wohnimmobilien und gewerbliche Immobilien im Kreditrisiko-Standardansatz sowie im auf internen Ratings basierenden Ansatz um bis zu 25 Prozentpunkte erhöhen und
3. die Risikogewichte im Kreditrisiko-Standardansatz für Forderungen, die von Instituten und Unternehmen untereinander innerhalb des Finanzsektors eingegangen wurden, um bis zu 25 Prozentpunkte und im auf internen Ratings basierenden Ansatz um 25 Prozent erhöhen.

Amtliche Begründung[1]

Zu Nummer 82 (§ 48 t)

Die neue Vorschrift knüpft an die Zuständigkeitsnorm in § 6 Absatz 1 an und enthält nähere Regelungen zu der Befugnis, Maßnahmen nach Artikel 443a der Verordnung (EU) Nr. .../2012 zu ergreifen. Mit dem neuen § 48 t wird zur Klarstellung für die Bundesanstalt eine nationale Ermächtigungsgrundlage geschaffen, auf der sie mittels Allgemeinverfügung von der Verordnung (EU) Nr. .../2012 abweichen kann, um höhere Anforderungen gegenüber Instituten und Unternehmen festzusetzen, die der Aufsicht der Bundesanstalt aufgrund des KWG und/oder der Verordnung (EU) Nr. .../2012 unterliegen. Allerdings kann die Bundesanstalt nur handeln, wenn zuvor der mit dem Gesetz zur Stärkung der deutschen Finanzaufsicht geschaffene Ausschuss für Finanzstabilität eine bedeutende Veränderung in der Intensität des makroprudenziellen oder des systemischen Risikos festgestellt hat und die Bundesanstalt vom Ausschuss für Finanzstabilität aufgefordert wird (vgl. § 3 Absatz 3 Finanzstabilitätsgesetz – FinStabG), die zugelassenen Maßnahmen zu ergreifen. Die Einbindung des Ausschusses für Finanzstabilität, der sich aus Vertretern der Deutschen Bundesbank, des Bundesministeriums der Finanzen, der Bundesanstalt sowie – ohne Stimmrecht – einem Vertreter der Bundesanstalt für Finanzmarktstabilisierung (FMSA) zusammensetzt, stellt sicher, dass erst nach umfassender Abwägung aller Argumente (vgl. Aufgabenzuweisung nach § 1 FinStabG) eine Situation auf nationaler Ebene festgestellt wird, die ein Abweichen von der Verordnung (EU) Nr. .../2012 rechtfertigt.

Zu Absatz 1

Zweck der Vorschrift ist die Konkretisierung des Verfahrens und der Maßnahmen, die die Bundesanstalt nach Aufforderung des Ausschusses für Finanzstabilität mittels einer Allgemeinverfügung festsetzen kann. In diesem Sinne werden auch Hinweise auf das Verfahren auf europäischer Ebene in die Vorschrift aufgenommen, um den grundsätzlichen Ablauf und die Bindung an bestimmte Verfahrensschritte klarzustellen. Insbesondere zu erwähnen ist hier das Europäische Konsultationsverfahren, nach dem die vorgesehene nationale Abweichung in einer Konsultation mit dem Europäischen Ausschuss für Systemrisiken (ESRB), der Europäischen Bankenaufsichtsbehörde (EBA) und der Europäischen Kommission zu erörtern ist. Gemäß Artikel 443a Absatz 1 muss die Bundesanstalt hierbei neben den geplanten Maßnahmen darlegen und mit quantitativen oder qualitativen Nachweisen belegen, dass eine Veränderung in der Intensität der makroprudenziellen oder systemischen Risiken eingetreten ist

---

[1] Zum Gesetz zur Umsetzung der Richtlinie 2013/36/EU über den Zugang zur Tätigkeit von Kreditinstituten und die Beaufsichtigung von Kreditinstituten und Wertpapierfirmen und zur Anpassung des Aufsichtsrechts an die Verordnung (EU) Nr. 575/2013 über Aufsichtsanforderungen an Kreditinstitute und Wertpapierfirmen (CRD IV-Umsetzungsgesetz) vom 28. August 2013 (BGBl. I S. 3395); vgl. BT-Drucksache 17/10974 vom 15. Oktober 2012 und BT-Drucksache 17/13524 – Beschlussempfehlung des Finanzausschusses (7. Ausschuss) – vom 15. Mai 2013.

und diese eine Gefährdung der Finanzstabilität auf nationaler Ebene darstellen kann. Weiter muss die Bundesanstalt begründen, dass in der Verordnung (EU) Nr. .../2012 und der Richtlinie 2012/.../EU bereits vorgesehene Instrumente und Verfahren nicht ausreichen, um diese Gefahr abzuwenden oder wirksam zu begrenzen. Dies umfasst insbesondere die Erhöhung der Risikogewichte von Krediten für Wohnimmobilien und gewerbliche Immobilien nach den Artikeln 119 und 160 der Verordnung (EU) Nr. .../2012, die Festsetzung/Erhöhung des Kapitalpuffers für systemische Risiken oder des antizyklischen Kapitalpuffers oder einzelne aufsichtsrechtliche Maßnahmen nach Säule 2. Erst wenn sämtliche Prüfungen zu einer negativen Feststellung führen, darf die Bundesanstalt die in Artikel 443a der Verordnung (EU) Nr. .../2012 zugelassenen, die Verordnung verschärfenden Regelungen durch Allgemeinverfügung erlassen. Alle weiteren inhaltlichen Anforderungen und Verfahrensfragen sind unmittelbar in Artikel 443a der Verordnung (EU) Nr. .../2012 geregelt.

Zu Absatz 2

Die Vorschrift stellt klar, dass die Maßnahmen nach Absatz 1 grundsätzlich nur für die Dauer von bis zu zwei Jahren ergriffen werden dürfen. Dauert die Gefährdung an, dürfen die Maßnahmen jeweils um ein weiteres Jahr verlängert werden, vorausgesetzt, der Ausschuss für Finanzstabilität hat die Bundesanstalt dazu aufgefordert und ESRB und EBA wurden rechtzeitig konsultiert.

Zu Absatz 3

Die nach Absatz 1 ergriffenen Maßnahmen enden, wenn der Europäische Rat widerspricht. Die Bundesanstalt muss die Allgemeinverfügung dann widerrufen oder im Sinne des Beschlusses des Rates abändern.

Zu Absatz 4

Mit dieser Ermächtigungsgrundlage erhält die Bundesanstalt im Benehmen mit der Deutschen Bundesbank die Möglichkeit, von anderen Staaten des Europäischen Wirtschaftsraums nach Artikel 443a der Verordnung (EU) Nr. .../2012 erlassene Maßnahmen für bestimmte im Inland zugelassene Zweigstellen und Zweigniederlassungen anzuerkennen, wenn zuvor der Ausschuss für Finanzstabilität mit der Frage der Anerkennung befasst wurde.

Zu Absatz 5

Unabhängig vom Verfahren nach Absatz 1 kann die Bundesanstalt im Einvernehmen mit der Deutschen Bundesbank jederzeit die Großkreditobergrenze absenken sowie die Risikogewichte für Wohn- und Gewerbeimmobilienkredite sowie für innerhalb des Finanzsektors vergebene Kredite erhöhen.

ANMERKUNG § 48t wurde durch das CRD IV-Umsetzungsgesetz vom 28. August 2013 (BGBl. I S. 3395) neu eingefügt. Zu den Einzelheiten siehe die vorstehende Amtliche Begründung.

5. Vollziehbarkeit, Zwangsmittel, Umlage und Kosten

§ 49 Sofortige Vollziehbarkeit

Widerspruch und Anfechtungsklage gegen Maßnahmen der Bundesanstalt einschließlich der Androhung und Festsetzung von Zwangsmitteln auf der Grundlage des § 2c Abs. 1b Satz 1 und 2, Abs. 2 Satz 1 und Abs. 4, des § 3 Absatz 4, des § 6a, des § 8a Absatz 3 bis 5, des § 10 Absatz 3 und 4, des § 12a Abs. 2, des § 13c Abs. 3 Satz 4, des § 28 Abs. 1, des § 35 Abs. 2 Nr. 2 bis 6, der §§ 36, 37 und 44 Abs. 1, auch in Verbindung mit § 44b, Abs. 2 und 3a Satz 1, des § 44a Abs. 2 Satz 1, der §§ 44c, 45, des § 45a Abs. 1 und des § 45b Abs. 1, der §§ 45c, 46, 46b, 48a bis 48q, 53l und 53n Absatz 1 haben keine aufschiebende Wirkung.

Amtliche Begründung[1]

In § 49 werden die Maßnahmen des BAKred nach dem KWG zusammengefaßt, die kraft Gesetzes sofort vollziehbar sind. In dem Katalog ganz oder teilweise neu sind § 13 Abs. 3, § 13a Abs. 3 bis 5, jeweils auch in Verbindung mit § 13b Abs. 4 Satz 2, § 35 Abs. 2 Satz 1 Nr. 2 bis 5 oder Satz 2, §§ 37, 44 Abs. 1 und 2 und § 44c.

Die Großkreditobergrenzen sind zentrale bankaufsichtliche Strukturnormen. Auch kurzfristige – ggf. auch nur untertägige – Überschreitungen können die Existenz eines Instituts und die Sicherheit der ihm anvertrauten Vermögenswerte in Frage stellen. Gebots- und Verbotsverfügungen, die den gesetzlichen Vorgaben nach § 13 Abs. 3, § 13a Abs. 3 bis 5 und § 13b Abs. 4 Satz 1 im Einzelfall Geltung verschaffen sollen, müssen im Interesse einer effektiven Gefahrenabwehr kraft Gesetzes sofort vollziehbar sein.

Eine Erlaubnisaufhebung nach § 35 Abs. 2 Satz 1 Nr. 2 bis 5 oder Satz 2 kann ohnehin nur erfolgen, wenn andere Maßnahmen gegenüber dem Institut keinen Erfolg mehr versprechen. In diesen Fällen muß die Erlaubnisaufhebung im Interesse einer effektiven Gefahrenabwehr kraft Gesetzes sofort vollziehbar sein.

Der Zielsetzung eines effektiven Anlegerschutzes kann das BAKred nur gerecht werden, wenn es ungesetzliche Geschäfte sofort unterbindet. Ein rechtlich schutzwürdiges Interesse von Personen, die sich vorsätzlich über die Erlaubnispflichtigkeit von Bankgeschäften und Finanzdienstleistungen hinwegsetzen, besteht nicht. Mit der Aufnahme des § 37 in den Katalog des § 49 wird ein gesetzlicher Wertungswiderspruch beseitigt.

Auskunfts- und Vorlegungsersuchen sowie Vor-Ort-Ermittlungen, die regelmäßig der zügigen Sachverhaltsaufklärung dienen, sind nur effektiv, wenn sie für sofort vollziehbar erklärt werden.

Amtliche Begründung[2]

Zu Nummer 10 (§ 49)

Es handelt sich um redaktionelle Folgeänderungen, mit denen der Verweis an den neuen § 2c angepasst und vervollständigt wird. Die Aufnahme des § 2c Abs. 4 erfolgt im Gleichlauf zur entsprechenden Vorschrift des Versicherungsaufsichtsgesetzes.

---

1 Zum 6. KWG-Änderungsgesetz.
2 Zum Geestz zur Umsetzung der Beteiligungsrichtlinie vom 12. März 2009 (BGBl. I S. 470); vgl. BT-Drucksache 16/10536 vom 13. Oktober 2008.

Amtliche Begründung[1]

Zu Nummer 40 (§ 49)

Die Aufnahme des Verweises auf § 8a Absatz 3 bis 5 stellt sicher, dass auch einvernehmlich getroffene Entscheidungen der zuständigen Aufsichtsbehörden im Europäischen Wirtschaftsraum durch die BaFin unverzüglich umgesetzt werden können.

Amtliche Begründung[2]

Zu den Nummern 16 und 17 (§§ 49 und 56)

Es handelt sich um Folgeänderungen. Der Ausschluss der aufschiebenden Wirkung bei Maßnahmen nach den §§ 45c und 48a bis 48q ist erforderlich, um eine schnelle Reaktion in Gefahrenlagen zu ermöglichen.

ANMERKUNG

1. Da die in § 49 KWG genannten Maßnahmen der Bundesanstalt im Interesse der Gläubiger des Kreditinstituts meist keinen Aufschub dulden, schließt die Vorschrift die aufschiebende Wirkung von Rechtsbehelfen in diesen Fällen aus. Eventuelle unbillige Härten dieser Regelung können vermieden werden, indem die Bundesanstalt nach Erhebung des Widerspruchs die Vollziehung des Verwaltungsaktes aussetzt (§ 80 Abs. 4 VGO); ferner kann das Verwaltungsgericht auf Antrag die aufschiebende Wirkung anordnen (§ 80 Abs. 5 VGO). Durch das 4. Finanzmarktförderungsgesetz vom 21. Juni 2002 wurde die Aufhebung der Erlaubnis in den Fällen des § 35 Abs. 2 Nr. 5 und 6 in die Vorschrift einbezogen. Durch das Finanzkonglomeraterichtlinie-Umsetzungsgesetz vom 21. Dezember 2004 (BGBl. I S. 3610) wurde der Katalog der Maßnahmen der Bundesanstalt, die nach dem KWG sofort vollziehbar sind, um § 13c Abs. 3 Satz 4, § 10b Abs. 5 und § 13d Abs. 4 Satz 5 erweitert.
2. Redaktionelle Folgeänderung der Umbenennung des § 2b in § 2c sowie des Einfügens des neuen § 45b.
3. Redaktionelle Folgeänderung auf Grund der Umbenennung des § 2c Absatz 1a in Absatz 1b und Erweiterungen durch das Gesetz zur Umsetzung der Beteiligungsrichtlinie vom 12. März 2009 (BGBl. I S. 470).
4. § 49 wurde geändert durch das Gesetz zur Umsetzung der Zweiten E-Geld-Richtlinie vom 1. März 2011 (BGBl. I S. 288). Die entsprechende Regelung ist mit § 23 des Zahlungsdiensteaufsichtsgesetzes gleichzuziehen.
5. Mit der Einfügung des neuen Verweises in § 49 auf »§ 10 Absatz 1b« durch das Zweite Gesetz zur Umsetzung eines Maßnahmenpakets zur Stabilisierung des Finanzmarkts (Zweites Finanzmarktstabilisierungsgesetz – 2. FMStG) vom 24. Februar 2012 (BGBl. I S. 206) werden die Anordnungen gemäß § 10 Absatz 1b zur Anordnung höherer Eigenmittel der sofortigen Vollziehbarkeit unterworfen. Diese Regelung ist zur schnellen Durchführung der Maßnahmen im Interesse einer Abwehr drohender Gefahren erforderlich; vgl. auch BT-Drucksache 17/8343 vom 17. Januar 2011 und die hierzu abgedruckte Amtliche Begründung nach § 10.

---

1 Zum Gesetz zur Umsetzung der geänderten Bankenrichtlinie und der geänderten Kapitaladäquanzrichtlinie vom 19. November 2010 (BGBl. I S. 1592); vgl. BT-Drucksache 17/1720 vom 17. Mai 2010.
2 Zum Gesetz zur Restrukturierung und geordneten Abwicklung von Kreditinstituten, zur Errichtung eines Restrukturierungsfonds für Kreditinstitute und zur Verlängerung der Verjährungsfrist der aktienrechtlichen Organhaftung (Restrukturierungsgesetz) vom 9. Dezember 2010 (BGBl. I S. 1900); vgl. BT-Drucksache 17/3024 vom 27. September 2010.

6. In § 49 wurde die Liste der Normen um die neu hinzugekommenen § 53l und § 53n Absatz 1 durch das Ausführungsgesetz zur Verordnung (EU) Nr. 648/2012 über OTC-Derivate, zentrale Gegenparteien und Transaktionsregister (EMIR-Ausführungsgesetz) vom 13. Februar 2013 (BGBl. I S. 174) ergänzt. Diese neuen Normen enthalten Maßnahmen der Bundesanstalt, bei denen Widerspruch und Anfechtungsklage keine aufschiebende Wirkung haben.

7. Die Streichung des Normverweises in § 49 auf § 10b Absatz 5 und § 13d Absatz 4 Satz 5 beruht auf der Überführung der die Finanzkonglomerate betreffenden Normen in das Finanzkonglomerate-Aufsichtsgesetz durch das Gesetz zur Umsetzung der Richtlinie 2011/89/EU des Europäischen Parlaments und des Rates vom 16. November 2011 zur Änderung der Richtlinien 98/78/EG, 2002/87/EG, 2006/48/EG und 2009/138/EG hinsichtlich der zusätzlichen Beaufsichtigung der Finanzunternehmen eines Finanzkonglomerats vom 27. Juni 2013 (BGBl. I S. 1862); vgl. auch BT-Drucksache 17/12602 vom 4. März 2013.

8. Die Änderung des § 49 durch das Gesetz zur Abschirmung von Risiken und zur Planung der Sanierung und Abwicklung von Kreditinstituten und Finanzgruppen vom 7. August 2013 (BGBl. I S. 3090) erfasst die Ausdehnung des Verbots des Betreibens spekulativer Geschäfte gegenüber einem CRR-Kreditinstitut durch Verwaltungsakt der Bundesanstalt, der von Gesetzes wegen sofort vollziehbar sein muss; andernfalls würde die Regelung in der Aufsichtspraxis praktisch leerlaufen; vgl. BT-Drucksache 17/12601 vom 4. März 2013.

9. Es handelt sich in § 49 um redaktionelle Anpassungen von Verweisen durch das CRD IV-Umsetzungsgesetz vom 28. August 2013 (BGBl. I S. 3395).

§ 50 *(weggefallen)*

§ 51 Umlage und Kosten

(1) Die Kosten des Bundesaufsichtsamtes sind, soweit sie nicht durch Gebühren oder durch besondere Erstattung nach Absatz 3 gedeckt sind, dem Bund von den Instituten zu 90 vom Hundert zu erstatten. Die Kosten werden anteilig auf die einzelnen Institute nach Maßgabe ihres Geschäftsumfanges umgelegt und vom Bundesaufsichtsamt nach den Vorschriften des Verwaltungsvollstreckungsgesetzes beigetrieben. Die in der Umlage-Verordnung Kredit- und Finanzdienstleistungswesen vom 8. März 1999 (BGBl. I S. 314) enthaltenen Regelungen gelten für die Zeit vom 12. März 1999 bis zum 30. Dezember 2000 in der am 12. März 1999 geltenden Fassung mit Gesetzeskraft. Für die Zeit vom 31. Dezember 2000 bis zum 31. Dezember 2001 gelten die in der Umlage-Verordnung Kredit- und Finanzdienstleistungswesen enthaltenen Regelungen in der am 31. Dezember 2000 geltenden Fassung mit Gesetzeskraft. Für die Zeit vom 1. Januar 2002 bis zum 30. April 2002 gelten die in der Umlage-Verordnung Kredit- und Finanzdienstleistungswesen enthaltenen Regelungen in der am 1. Januar 2002 geltenden Fassung mit Gesetzeskraft. Zu den Kosten gehören auch die Erstattungsbeträge, die nicht beigetrieben werden konnten, sowie die Fehlbeträge aus der Umlage des vorhergehenden Jahres, für das Kosten zu erstatten sind; ausgenommen sind die Erstattungs- oder Fehlbeträge, über die noch nicht unanfechtbar oder rechtskräftig entschieden ist. Das Nähere über die Erhebung der Umlage, insbesondere über den Verteilungsschlüssel und -stichtag, die Mindestveranlagung, das Umlageverfahren einschließlich eines geeigneten Schätzverfahrens, die Zahlungsfristen und die Höhe der Säumniszuschläge, sowie über die Beitreibung bestimmt das Bundesministerium der Finanzen durch Rechtsverordnung; die Rechtsverordnung kann auch Regelungen über die vorläufige Festsetzung des Umlagebetrags vorsehen. Es kann die Ermächtigung durch Rechtsverordnung auf das Bundesaufsichtsamt übertragen.

(2) Das Bundesaufsichtsamt kann für Entscheidungen auf Grund des § 2 Abs. 4, des § 10 Abs. 3b Satz 1, des § 31 Abs. 2, der §§ 32 und 34 Abs. 2 und der §§ 35 bis 37 Gebühren in Höhe von 250 Euro bis 50 000 Euro festsetzen. Die Höhe der Gebühr soll sich im Einzelfall nach dem für die Entscheidung erforderlichen Arbeitsaufwand und nach dem Geschäftsumfang des betroffenen Unternehmens richten.

(3) Die Kosten, die dem Bund durch die Bestellung eines Abwicklers nach § 37 Satz 2 und § 38 Abs. 2 Satz 2 und 4, einer Aufsichtsperson nach § 46 Abs. 1 Satz 2, durch eine Bekanntmachung nach § 32 Abs. 4, § 37 Satz 3 oder § 38 Abs. 3 oder eine auf Grund des § 44 Abs. 1 oder 2, § 44b Satz 2 oder § 44c Abs. 2 vorgenommene Prüfung entstehen, sind von dem betroffenen Unternehmen gesondert zu erstatten und auf Verlangen des Bundesaufsichtsamtes vorzuschießen. Die Kosten, die dem Bund durch eine auf Grund des § 44 Abs. 3 vorgenommene Prüfung der Richtigkeit der für die Zusammenfassung nach § 10a Abs. 6 und 7, § 13b Abs. 3 und § 25 Abs. 2 übermittelten Daten entstehen, sind von dem zur Zusammenfassung verpflichteten übergeordneten Institut gesondert zu erstatten und auf Verlangen des Bundesaufsichtsamtes vorzuschießen.

(4) Absatz 1 Satz 3 bis 5 in der Fassung des Gesetzes zur Änderung des Versicherungsaufsichtsgesetzes und anderer Gesetze vom 15. Dezember 2004 (BGBl. I S. 3416) ist für die Zeit vom 12. März 1999 bis zum 30. April 2002 auf die angefallenen Kosten des Bundesaufsichtsamtes für das Kreditwesen anzuwenden. Im Übrigen sind die Absätze 1 bis 3 für den Zeitraum bis zum 30. April 2002 in der bis zum 30. April 2002 geltenden Fassung auf die angefallenen Kosten des Bundesaufsichtsamtes für das Kreditwesen anzuwenden.

Amtliche Begründung

In Anknüpfung an § 40 des geltenden Kreditwesengesetzes und § 101 des Versicherungsaufsichtsgesetzes sieht der Entwurf vor, daß die Kosten des Bundesaufsichtsamtes anteilig von den Kreditinstituten zu tragen sind. Gegen die Kostenumlage ist eingewendet worden, die Bankenaufsicht müsse, da sie eine im öffentlichen Interesse liegende Staatsaufgabe sei, aus den allgemeinen Haushaltsmitteln finanziert werden. Hierzu ist zu bemerken:

Die Tatsache, daß die Bankenaufsicht dem Wohle der Allgemeinheit dient, schließt nicht aus, daß die beaufsichtigten Unternehmen zur Aufbringung der durch die Aufsicht entstehenden Kosten herangezogen werden. Es ist zulässig und üblich, von Unternehmen, deren Betrieb Gefahren für die Allgemeinheit mit sich bringt, auf ihre Kosten die erforderlichen Sicherungsmaßnahmen zu verlangen. Wie in II. des Allgemeinen Teils dargelegt wurde,[1] gehen beim Kreditgewerbe die möglichen Gefahren für die Allgemeinheit weniger von dem einzelnen Kreditinstitut aus als vielmehr von dem Gewerbe in seiner Gesamtheit. Abwehrmaßnahmen können daher nicht allein auf das einzelne Kreditinstitut abgestellt, sondern müssen zentral für den gesamten Wirtschaftszweig getroffen werden, indem eine staatliche Stelle alle Kreditinstitute ständig überwacht. Wenn aber vom Einzelunternehmen auf seine Kosten Sicherungsvorkehrungen gegen die von ihm ausgehenden Gefahren verlangt werden dürfen, muß es auch zulässig sein, die einzelnen Unternehmen zur Tragung der Kosten zentraler Maßnahmen heranzuziehen, wenn nur so die Gefahren abgewehrt werden können.

...

Der Bundesbank werden durch ihre Mitwirkung bei der Bankenaufsicht keine wesentlichen Mehrkosten entstehen, weil ein Teil dieser Arbeiten, z. B. die Auswertung der Monatsausweise und der Jahresabschlüsse, ohnehin in ihren Bereich fällt. Darüber hinaus gewinnt sie durch ihre Mitwirkung bei der Bankenaufsicht wichtige zusätzliche Erkenntnisse für ihr eigenes Aufgabengebiet. Der Entwurf sieht deshalb davon ab, die

---

1 Hier nicht abgedruckt.

besonderen Kosten der Bundesbank, die wegen der starken Überschneidung der Aufgabengebiete kaum exakt feststellbar sind, auf die Kreditinstitute umzulegen.

Für bestimmte Entscheidungen kann das Bundesaufsichtsamt nach Absatz 2 Gebühren von 100 bis 10000 Deutsche Mark erheben. Eine stärkere Untergliederung des Gebührenrahmens nach der Art der Entscheidung ist weder durch Gesetz noch durch Verordnung möglich, da der Geschäftsumfang der einzelnen Kreditinstitute sehr unterschiedlich ist. Es muß daher dem Ermessen des Bundesaufsichtsamtes überlassen bleiben, im Einzelfall die angemessene Gebühr zu finden.

ANMERKUNG Im Zuge der Errichtung der Bundesanstalt für Finanzdienstleistungsaufsicht zum 1. Mai 2002 wurde gleichzeitig eine neue »Verordnung über die Erhebung von Gebühren und die Umlegung von Kosten nach dem Finanzdienstleistungsaufsichtsgesetz« vom 29. April 2002 erlassen. Sie ist als Anhang 1.5 abgedruckt. Die Verordnung regelt – abweichend von den seitherigen Umlage-Verordnungen – außer der Umlage der Kosten nunmehr auch die Gebühren für Amtshandlungen.

Vierter Abschnitt:
Besondere Vorschriften für Wohnungsunternehmen mit Spareinrichtung

§ 51a Anforderungen an die Eigenkapitalausstattung für Wohnungsunternehmen mit Spareinrichtung

(1) Wohnungsunternehmen mit Spareinrichtung müssen im Interesse der Erfüllung ihrer Verpflichtungen gegenüber ihren Gläubigern, insbesondere im Interesse der Sicherheit der ihnen anvertrauten Vermögenswerte, angemessenes Eigenkapital haben. Das Bundesministerium der Finanzen wird ermächtigt, durch Rechtsverordnung, die nicht der Zustimmung des Bundesrates bedarf, im Benehmen mit der Deutschen Bundesbank nähere Bestimmungen über die angemessene Eigenkapitalausstattung (Solvabilität) der Wohnungsunternehmen mit Spareinrichtung zu erlassen, insbesondere über
1. die Bestimmung der für Adressenausfallrisiken und Marktrisiken anrechnungspflichtigen Geschäfte und ihrer Risikoparameter;
2. den Gegenstand und die Verfahren zur Ermittlung von Eigenkapitalanforderungen für das operationelle Risiko;
3. die Berechnungsmethoden für die Eigenkapitalanforderung und die dafür erforderlichen technischen Grundsätze;
4. Inhalt, Art, Umfang und Form der zum Nachweis der angemessenen Eigenkapitalausstattung erforderlichen Angaben sowie Bestimmungen über die für die Datenübermittlung zulässigen Datenträger, Übertragungswege und Datenformate und
5. die Anforderungen an eine Ratingagentur, um deren Ratings für Risikogewichtungszwecke anerkennen zu können, und über die Anforderungen an das Rating.

Das Bundesministerium der Finanzen kann die Ermächtigung durch Rechtsverordnung auf die Bundesanstalt mit der Maßgabe übertragen, dass die Rechtsverordnung im Einvernehmen mit der Deutschen Bundesbank ergeht. Vor Erlass der Rechtsverordnung ist der Spitzenverband der Wohnungsunternehmen mit Spareinrichtung zu hören.

(2) Die Bundesanstalt kann bei der Beurteilung der Angemessenheit des Eigenkapitals anordnen, dass ein Wohnungsunternehmen mit Spareinrichtung Eigenkapi-

talanforderungen einhalten muss, die über die Anforderungen der Rechtsverordnung nach Absatz 1 Satz 2 hinausgehen, insbesondere
1. um solche Risiken zu berücksichtigen, die nicht oder nicht in vollem Umfang Gegenstand der Rechtsverordnung nach Absatz 1 Satz 2 sind,
2. wenn die Risikotragfähigkeit eines Wohnungsunternehmens mit Spareinrichtung nicht gewährleistet ist,
3. um einer besonderen Geschäftssituation des Wohnungsunternehmens mit Spareinrichtung, etwa bei Aufnahme der Geschäftstätigkeit, Rechnung zu tragen oder
4. wenn das Wohnungsunternehmen mit Spareinrichtung nicht über eine ordnungsgemäße Geschäftsorganisation im Sinne des § 25a Absatz 1 verfügt.

(3) Auf Antrag des Wohnungsunternehmens mit Spareinrichtung kann die Bundesanstalt bei der Beurteilung der Angemessenheit des Eigenkapitals einer abweichenden Berechnung der Eigenkapitalanforderungen zustimmen, um eine im Einzelfall unangemessene Risikoabbildung zu vermeiden.

(4) Der Berechnung der Angemessenheit des Eigenkapitals nach der Rechtsverordnung nach Absatz 1 Satz 2 ist das haftende Eigenkapital zugrunde zu legen.

(5) Eigenkapital, das von Dritten oder von Tochterunternehmen der Wohnungsunternehmen mit Spareinrichtung zur Verfügung gestellt wird oder wurde, kann nur berücksichtigt werden, wenn es dem Wohnungsunternehmen mit Spareinrichtung tatsächlich zugeflossen ist.

(6) Als haftendes Eigenkapital gelten abzüglich der Positionen des Satzes 2
1. die Geschäftsguthaben und die Rücklagen; dabei sind Geschäftsguthaben von Mitgliedern, die zum Schluss des Geschäftsjahres ausscheiden, sowie ihre Ansprüche auf Auszahlung eines Anteils an der in der Bilanz nach § 73 Absatz 3 des Genossenschaftsgesetzes von eingetragenen Genossenschaften gesondert ausgewiesenen Ergebnisrücklage der Genossenschaft abzusetzen und
2. der Bilanzgewinn, soweit seine Zuweisung zu den Rücklagen oder den Geschäftsguthaben beschlossen ist.

Abzugspositionen im Sinne des Satzes 1 sind:
1. der Bilanzverlust;
2. die immateriellen Vermögensgegenstände;
3. der Korrekturposten gemäß Absatz 9;
4. Verbriefungspositionen, soweit die Rechtsverordnung nach Absatz 1 Satz 2 eine die Wahl zwischen einer Unterlegung der Verbriefungsposition mit Eigenmitteln zu ihrem vollen Betrag oder dem Abzug vorsieht und das Wohungsunternehmen mit Spareinrichtungen den Abzug wählt.

(7) Als Rücklagen im Sinne des Absatzes 6 Satz 1 gelten nur die in der letzten für den Schluss eines Geschäftsjahres festgestellten Bilanz als Rücklagen ausgewiesenen Beträge mit Ausnahme solcher Passivposten, die erst bei ihrer Auflösung zu versteuern sind. Als Rücklagen ausgewiesene Beträge, die aus Erträgen gebildet worden sind, auf die erst bei Eintritt eines zukünftigen Ereignisses Steuern zu entrichten sind, können nur in Höhe von 45 Prozent berücksichtigt werden. Rücklagen, die auf Grund eines bei der Emission von Anteilen erzielten Aufgeldes oder anderweitig durch den Zufluss externer Mittel gebildet werden, können vom Zeitpunkt des Zuflusses an berücksichtigt werden.

(8) Von einem Wohnungsunternehmen mit Spareinrichtung aufgestellte Zwischenabschlüsse sind einer prüferischen Durchsicht durch den Abschlussprüfer zu unterziehen; in diesen Fällen gilt der Zwischenabschluss für die Zwecke dieser Vorschrift als ein mit dem Jahresabschluss vergleichbarer Abschluss, wobei Gewinne des Zwischenabschlusses dem Eigenkapital zugerechnet werden, soweit sie nicht für voraussichtliche Gewinnausschüttungen oder Steueraufwendungen gebunden sind. Verluste, die sich aus Zwischenabschlüssen ergeben, sind vom Eigenkapital abzuzie-

hen. Das Wohnungsunternehmen mit Spareinrichtung hat der Bundesanstalt und der Deutschen Bundesbank den Zwischenabschluss jeweils unverzüglich einzureichen. Der Abschlussprüfer hat der Bundesanstalt und der Deutschen Bundesbank unverzüglich nach Beendigung der prüferischen Durchsicht des Zwischenabschlusses eine Bescheinigung über die Durchsicht einzureichen. Ein im Zuge der Verschmelzung erstellter unterjähriger Jahresabschluss gilt nicht als Zwischenabschluss im Sinne dieses Absatzes.

(9) Die Bundesanstalt kann auf das haftende Eigenkapital einen Korrekturposten festsetzen. Wird der Korrekturposten festgesetzt, um noch nicht bilanzwirksam gewordene Kapitalveränderungen zu berücksichtigen, so wird die Festsetzung mit der Feststellung des nächsten für den Schluss eines Geschäftsjahres aufgestellten Jahresabschlusses gegenstandslos. Die Bundesanstalt hat die Festsetzung auf Antrag des Wohnungsunternehmens mit Spareinrichtung aufzuheben, soweit die Voraussetzung für die Festsetzung wegfällt.

Amtliche Begründung[1]

Zu § 51d KWG (neuer § 51a)

Die Anforderungen an die Eigenmittel ergeben sich für CRR-Institute aus der Verordnung (EU) Nr..../2012, daher fällt der bisherige § 10 KWG fast völlig weg. Die Verordnung (EU) Nr..../2012 gilt nicht für die Wohnungsunternehmen mit Spareinrichtung und wird bezüglich der Eigenmittelanforderungen für diese auch nicht zur Anwendung gebracht. Daher ist es erforderlich, für die Wohnungsunternehmen mit Spareinrichtung eigene Eigenkapitalanforderungen zu kodifizieren. Der Kapitalbegriff ist so einfach wie möglich definiert worden und beruht auf den Regelungen des § 10 KWG in der bis zum 31. Dezember 2012 geltenden Fassung dieses Gesetzes.

Abgestellt wird auf das harte Kernkapital und da es nur noch dieses für Wohnungsunternehmen mit Spareinrichtung gibt, wird es terminologisch als Eigenkapital bezeichnet. Als Eigenkapital werden solche Bestandteile zugelassen, über die die Wohnungsunternehmen mit Spareinrichtung unter Berücksichtigung der Rechtsform der eingetragenen Genossenschaft bislang verfügen. Auf eine konsolidierte Betrachtung mit Wohnungsunternehmen mit Spareinrichtung als Mutter sowie auf Beteiligungsabzüge wird verzichtet, da § 1 Absatz 29 Satz 1 Nummer 1 KWG vorsieht, dass Wohnungsunternehmen mit Spareinrichtung keine Beteiligungen an Instituten oder Finanzunternehmen halten dürfen.

ANMERKUNG
1. § 51a wurde durch das Finanzkonglomeraterichtlinie-Umsetzungsgesetz vom 21. Dezember 2004 (BGBl. I S. 3610) eingefügt.
2. Der bisherige § 51a entfällt. Der vorgesehene § 51d nimmt die Stelle des neuen § 51a ein durch das CRD IV-Umsetzungsgesetz vom 28. August 2013 (BGBl. I S. 3395). Zu den Einzelheiten siehe die dazugehörige Amtliche Begründung. Der Verweis auf die unvollständige Angabe der in der Amtlichen Begründung zitierten Richtlinie/Verordnung ergibt sich vollständig aus der Fußnote zu dieser Amtlichen Begründung.

---

1 Zum Gesetz zur Umsetzung der Richtlinie 2013/36/EU über den Zugang zur Tätigkeit von Kreditinstituten und die Beaufsichtigung von Kreditinstituten und Wertpapierfirmen und zur Anpassung des Aufsichtsrechts an die Verordnung (EU) Nr. 575/2013 über Aufsichtsanforderungen an Kreditinstitute und Wertpapierfirmen (CRD IV-Umsetzungsgesetz) vom 28. August 2013 (BGBl. I S. 3395); vgl. BT-Drucksache 17/10974 vom 15. Oktober 2012 und BT-Drucksache 17/13524 – Beschlussempfehlung des Finanzausschusses (7. Ausschuss) – vom 15. Mai 2013.

§ 51 b Anforderungen an die Liquidität für Wohnungsunternehmen mit Spareinrichtung

(1) Wohnungsunternehmen mit Spareinrichtung müssen ihre Mittel so anlegen, dass jederzeit eine ausreichende Zahlungsfähigkeit (Liquidität) gewährleistet ist. Mietzahlungen, die in den nächsten zwölf Monaten fällig werden, werden als Liquiditätszuflüsse berücksichtigt.

(2) Das Bundesministerium der Finanzen wird ermächtigt, durch Rechtsverordnung, die nicht der Zustimmung des Bundesrates bedarf, im Benehmen mit der Deutschen Bundesbank nähere Bestimmungen über die ausreichende Liquidität zu erlassen, insbesondere über die
1. Methoden zur Beurteilung der ausreichenden Liquidität und die dafür erforderlichen technischen Grundsätze,
2. als Zahlungsmittel und Zahlungsverpflichtungen zu berücksichtigenden Geschäfte einschließlich ihrer Bemessungsgrundlagen und
3. Pflicht der Wohnungsunternehmen mit Spareinrichtung zur Übermittlung der zum Nachweis der ausreichenden Liquidität erforderlichen Angaben an die Bundesanstalt und die Deutsche Bundesbank, einschließlich Bestimmungen zu Inhalt, Art, Umfang und Form der Angaben, zu der Häufigkeit ihrer Übermittlung und über die zulässigen Datenträger, Übertragungswege und Datenformate.

Das Bundesministerium der Finanzen kann die Ermächtigung durch Rechtsverordnung auf die Bundesanstalt mit der Maßgabe übertragen, dass die Rechtsverordnung im Einvernehmen mit der Deutschen Bundesbank ergeht. Vor Erlass der Rechtsverordnung ist der Spitzenverband der Wohnungsunternehmen mit Spareinrichtung zu hören.

(3) Die Bundesanstalt kann bei der Beurteilung der Liquidität im Einzelfall gegenüber Wohnungsunternehmen mit Spareinrichtung über die in der Rechtsverordnung nach Absatz 2 Satz 1 festgelegten Vorgaben hinausgehende Liquiditätsanforderungen anordnen, wenn ohne eine solche Maßnahme die nachhaltige Liquidität nicht gesichert ist.

Amtliche Begründung[1]

Zu Absatz 1

Absatz 1 setzt Artikel 4 Abs. 2 Satz 1 der Finanzkonglomeraterichtlinie um. Danach stellt die Bundesanstalt fest, dass eine branchenübergreifend tätige Unternehmensgruppe als Finanzkonglomerat einzustufen ist und teilt dies dem Mutterunternehmen mit. Steht an der Spitze der Unternehmensgruppe kein Mutterunternehmen – z.B. bei einer horizontalen Unternehmensgruppe –, unterrichtet die Bundesanstalt das Einlagenkreditinstitut, E-Geld-Institut, Wertpapierhandelsunternehmen oder Erstversicherungsunternehmen mit der höchsten Bilanzsumme. Zugleich teilt die Bundesanstalt mit, welches Unternehmen der Gruppe übergeordnetes Finanzkonglomeratsunternehmen ist.

Die Feststellung ist ein Verwaltungsakt, der der förmlichen Zustellung bedarf und der verwaltungsgerichtlichen Überprüfung zugänglich ist. Wegen der belastenden Wirkung ist der jeweilige Adressat vor dem Erlass anzuhören (§ 28 Abs. 1 Verwaltungsverfahrensgesetz).

---

[1] Zum Finanzkonglomeraterichtlinie-Umsetzungsgesetz vom 21. Dezember 2004 (BGBl. I S. 3610); vgl. BT-Drucksache 15/3641 vom 12. August 2004.

Zu Absatz 2

Nach Absatz 2 hat die Bundesanstalt die Feststellung einer Unternehmensgruppe als Finanzkonglomerat aufzuheben, wenn die Tatbestandsvoraussetzungen für die Einstufung als Finanzkonglomerat nicht mehr vorliegen. Dies ist insbesondere der Fall, wenn die in § 51a Abs. 5 genannten herabgesetzten Schwellenwerte unterschritten werden.

Zu Absatz 3

Absatz 3 setzt Artikel 3 Abs. 6 dritter Unterabsatz der Finanzkonglomeraterichtlinie um. Danach kann die Bundesanstalt von der zusätzlichen Beaufsichtigung der Unternehmensgruppe als Finanzkonglomerat absehen, wenn die Schwellenwerte nach § 1 Abs. 21 in Verbindung mit § 51a Abs. 2 und 3 zwar unterschritten, die in § 51a Abs. 5 genannten herabgesetzten Schwellenwerte innerhalb des Dreijahreszeitraumes jedoch überschritten werden.

ANMERKUNG

1. § 51b wurde durch das Finanzkonglomeraterichtlinie-Umsetzungsgesetz vom 21. Dezember 2004 (BGBl. I S. 3610) eingefügt. Zu Einzelheiten vgl. die vorstehend abgedruckte Amtliche Begründung.
2. Die Neufassung des § 51b ist Folge des CRD IV-Umsetzungsgesetzes vom 28. August 2013 (BGBl. I S. 3395). Die Anforderungen an die Liquidität ergeben sich für CRR-Institute aus der Verordnung (EU) Nr. 575/2013. Sie gilt nicht für die Wohnungsunternehmen mit Spareinrichtung und wird bezüglich der Liquiditätsanforderungen für diese auch nicht zur Anwendung gebracht. Daher ist es erforderlich, für die Wohnungsunternehmen mit Spareinrichtung eigene Liquiditätsanforderungen zu kodifizieren. Es wird an der Besonderheit festgehalten, dass die Mietzahlungen der nächsten zwölf Monate bei den Wohnungsunternehmen mit Spareinrichtung als Zahlungsmittel für die Ermittlung der Liquiditätskennziffer berücksichtigt werden; vgl. BT-Drucksache 17/10974 vom 15. Oktober 2012 und die Beschlussempfehlung des 7. (Finanz-)Ausschusses, BT-Drucksache 17/13524 vom 15. Mai 2013.

§ 51c Sonstige Sondervorschriften für Wohnungsunternehmen mit Spareinrichtung

(1) Das Einlagengeschäft im Sinne des § 1 Absatz 29 Satz 1 Nummer 3 darf nur mit den Mitgliedern der Genossenschaft und ihren Angehörigen gemäß § 15 der Abgabenordnung und den Lebenspartnern der Mitglieder im Sinne des § 1 Absatz 1 des Lebenspartnerschaftsgesetzes betrieben werden.

(2) § 25c Absatz 1 gilt mit der Maßgabe, dass Geschäftsleiter von Wohnungsunternehmen mit Spareinrichtung im Einzelfall die praktischen Kenntnisse in den entsprechenden Geschäften nach ihrer Bestellung erwerben können, wenn mindestens zwei Vorstandsmitglieder vorhanden sind, die die fachliche Eignung nach § 25c Absatz 1 besitzen, und gesichert ist, dass diese bei allen Entscheidungen stets die Mehrheit der Stimmen innehaben.

(3) Die §§ 6b, 7a, 10 bis 18, 24 Absatz 1 Nummer 16, 17 und Absatz 1a Nummer 5, die §§ 24c, 25, 25d Absatz 7 bis 12, § 25f sowie § 26a sind nicht anzuwenden.

(4) § 33 Absatz 1 Satz 1 gilt mit der Maßgabe, dass einem Wohnungsunternehmen mit Spareinrichtung als Anfangskapital ein Gegenwert von mindestens 5 Millionen Euro zur Verfügung steht.

Amtliche Begründung[1]

Satz 1 Nr. 1 setzt Artikel 3 Abs. 3 Satz 2 der Finanzkonglomeraterichtlinie, Satz 1 Nr. 2 Artikel 3 Abs. 4 Buchstabe b der Finanzkonglomeraterichtlinie um. Die Vorschrift regelt die Fälle, in denen die Bundesanstalt von der Feststellung einer Unternehmensgruppe als Finanzkonglomerat absehen bzw. das übergeordnete Finanzkonglomeratsunternehmen von den Verpflichtungen nach § 13 d oder § 25 a Abs. 1 a ganz oder teilweise freistellen kann.

Wird eine Unternehmensgruppe auf Grund eines Überschreitens der Schwelle von 6 Milliarden Euro als Finanzkonglomerat eingestuft, kann die Bundesanstalt von der Feststellung als Finanzkonglomerat absehen oder das übergeordnete Finanzkonglomeratsunternehmen ganz oder teilweise von den zusätzlichen Anforderungen hinsichtlich der Risikokonzentrationen, der gruppeninternen Transaktionen sowie der internen Kontrollmechanismen und des Risikomanagements freistellen, wenn die zusätzliche Beaufsichtigung auf Konglomeratsebene nicht erforderlich, ungeeignet oder irreführend ist. Dies ist insbesondere anzunehmen, wenn

1. die relative Größe der am schwächsten der beiden vertretenen Finanzbranchen höchstens 5 vom Hundert beträgt, gemessen an den drei möglichen Kriterien: durchschnittlicher Anteil der Bilanzsumme und der Solvabilitätsanforderungen nach § 51 a Abs. 3 Nr. 1, Anteil der Bilanzsumme oder Anteil der Solvabilitätsanforderungen;
   oder
2. der Marktanteil in allen Staaten des Europäischen Wirtschaftraums gemessen an der Bilanzsumme in der Banken- und Wertpapierdienstleistungsbranche und an den in der Versicherungsbranche gebuchten Bruttobeiträgen weniger als 5 vom Hundert beträgt.

Nach Nummer 2 kann die Bundesanstalt eine Unternehmensgruppe, die ausschließlich auf Grund einer erheblichen Änderung ihrer Struktur – z.B. durch Übernahme eines Unternehmens der anderen Finanzbranche – die Schwellenwerte des § 51 a Abs. 2 und 3 von 40 Prozent bzw. 10 Prozent überschreitet, bis zu drei Jahren von der zusätzlichen Beaufsichtigung auf Konglomeratsebene befreien. Bei grenzüberschreitend tätigen Finanzkonglomeraten entscheidet die Bundesanstalt über die Befreiung im Einvernehmen mit den zuständigen Stellen der anderen betroffenen Staaten des Europäischen Wirtschaftsraums.

Amtliche Begründung[2]

Zu § 51 f KWG (neuer § 51 c)

Die Erleichterungen des § 51 f geben die geltende Rechts- und Verwaltungspraxis der Bundesanstalt wieder.

---

1 Zum Finanzkonglomeraterichtlinie-Umsetzungsgesetz vom 21. Dezember 2004 (BGBl. I S. 3610); vgl. BT-Drucksache 15/3641 vom 12. August 2004.
2 Zum Gesetz zur Umsetzung der Richtlinie 2013/36/EU über den Zugang zur Tätigkeit von Kreditinstituten und die Beaufsichtigung von Kreditinstituten und Wertpapierfirmen und zur Anpassung des Aufsichtsrechts an die Verordnung (EU) Nr. 575/2013 über Aufsichtsanforderungen an Kreditinstitute und Wertpapierfirmen (CRD IV-Umsetzungsgesetz) vom 28. August 2013 (BGBl. I S. 3395); vgl. BT-Drucksache 17/10974 vom 15. Oktober 2012 und BT-Drucksache 17/13524 – Beschlussempfehlung des Finanzausschusses (7. Ausschuss) – vom 15. Mai 2013.

Absatz 1 definiert den Personenkreis, mit dem die Wohnungsunternehmen mit Spareinrichtung die ihnen erlaubten Bankgeschäfte betreiben dürfen und entspricht der bisherigen Verwaltungspraxis.

Absatz 2 regelt die für das Leiten von Wohnungsunternehmen mit Spareinrichtung notwendige Qualifikation der Geschäftsleiter. Bei der Bestellung von Geschäftsleitern der Wohnungsunternehmen mit Spareinrichtung hat die Bundesanstalt bzw. das damalige Bundesaufsichtsamt für das Kreditwesen seit 1996 eine eigene Verwaltungspraxis im Hinblick auf die bankpraktischen Kenntnisse der Geschäftsleiterbewerber entwickelt. Hintergrund ist die Tatsache, dass es den hauptsächlich wohnungswirtschaftlich ausgerichteten Unternehmen nahezu unmöglich ist, Personen zu finden, die sowohl eine wohnungswirtschaftliche Qualifikation als auch eine »KWG-Eignung« haben. Die Unternehmen ergänzen in der Praxis ihre Vorstände durch erfahrene Bankpraktiker, die »Wohnungswirtschaftler« wachsen mit deren Unterstützung und dem Besuch entsprechender Fortbildungsveranstaltungen in die volle KWG-Eignung hinein. Durch die Regelung im KWG hat nunmehr die bewährte Praxis eine gesetzliche Grundlage.

Absatz 3 stellt klar, welche Regelungen im KWG keine Anwendung auf Wohnungsunternehmen mit Spareinrichtung finden. Auch hier wird zum großen Teil die bestehende Verwaltungspraxis der Bundesanstalt kodifiziert.

§ 7a KWG kommt nicht zur Anwendung, weil diese Vorschrift auf Wohnungsunternehmen mit Spareinrichtung nach Sinn und Zweck nicht anwendbar ist.

Die §§ 10 und 11 KWG sind nicht anzuwenden, weil für die Wohnungsunternehmen mit Spareinrichtung mit den §§ 51d und 51e KWG eigene Regelungen geschaffen werden.

Die §§ 13 bis 18 KWG sind nicht anzuwenden, weil die Wohnungsunternehmen mit Spareinrichtung nicht über die Erlaubnis verfügen, das Kreditgeschäft zu betreiben.

Die Vorschriften über Großkredite aus der Verordnung (EU) Nr. ... gelten für die Wohnungsunternehmen mit Spareinrichtung nicht und sollen auch nicht zur Anwendung gebracht werden. Daher bedarf es der die Verordnung ergänzenden Regelungen des § 13 KWG nicht.

Die Ausnahme von der Anwendung des § 14 KWG übernimmt die bisherige Praxis des § 38 Absatz 6 Großkredit- und Millionenkreditverordnung, wonach die Wohnungsunternehmen keine Millionenkreditanzeigen einreichen.

§ 18 KWG ist nicht anzuwenden, weil Wohnungsunternehmen mit Spareinrichtung keine Kredite vergeben, da sie dafür nicht die Erlaubnis besitzen. Gleichwohl haben sie im Einzelfall Bilanzaktiva, z. B. Geldanlagen bei Kreditinstituten, die gemäß § 21 KWG als Kredite gelten.

Die Wohnungsunternehmen mit Spareinrichtung werden von der Anzeigepflicht des § 24 Absatz 1 Nummer 14 KWG befreit, weil die Bundesanstalt gegenüber den Unternehmen keine Vorgaben zur Ausgestaltung einer plötzlichen und unerwarteten Zinsänderung und zur Ermittlungsmethodik der Auswirkungen auf den Barwert bezüglich der Zinsänderungsrisiken im Anlagebuch festgelegt hat. Sie werden von der Anzeigepflicht des § 24 Absatz 1 Nummer 16 KWG ausgenommen, weil sie nach § 6 Absatz 1 Monatsausweisverordnung (MonAwV) keine Monatsausweise einreichen. Die Nichtanwendung von § 24 Absatz 1a Nummer 5 und § 24c KWG entspricht der bisherigen Verwaltungspraxis.

§ 25 KWG kommt nicht zur Anwendung, weil die Wohnungsunternehmen mit Spareinrichtung gemäß § 6 Absatz 1 Satz 1 Monatsausweisverordnung keine Monatsausweise abgeben.

§ 25d Absatz 3 bis 6 KWG sollen nicht gelten, weil sie aufgrund von EBA-Guidelines in das Kreditwesengesetz eingefügt werden, die für die Wohnungsunternehmen mit Spareinrichtung nicht gelten.

§ 51f Absatz 4 kodifiziert eine bestehende Verwaltungspraxis der Bundesanstalt.

ANMERKUNG

1. § 51c wurde durch das Finanzkonglomeraterichtlinie-Umsetzungsgesetz vom 21. Dezember 2004 (BGBl. I S. 3610) eingefügt. Zu Einzelheiten vgl. die vorstehend abgedruckte Amtliche Begründung.
2. Es handelt sich um eine Folgeänderung zu § 25a durch das Gesetz zur Umsetzung der Richtlinie 2010/78/EU des Europäischen Parlaments und des Rates vom 24. November 2010 im Hinblick auf die Errichtung des Europäischen Finanzaufsichtssystems vom 4. Dezember 2011 (BGBl. I S. 2427).
3. Der bisherige § 51c entfällt. Der vorgesehene § 51f nimmt die Stelle des neuen § 51c ein durch das CRD IV-Umsetzungsgesetz vom 28. August 2013 (BGBl. I S. 3395); siehe die vorstehende Amtliche Begründung.

Fünfter Abschnitt: Sondervorschriften

§ 52 Sonderaufsicht

Soweit Institute einer anderen staatlichen Aufsicht unterliegen, bleibt diese neben der Aufsicht der Bundesanstalt bestehen.

Amtliche Begründung

Soweit eine staatliche Sonderaufsicht über Kreditinstitute besteht, bleiben nach § 52* die entsprechenden materiellen Vorschriften und vorbehaltlich des § 52* Abs. 2 auch die Aufsichtszuständigkeiten erhalten. Dies hat besondere Bedeutung für öffentlich-rechtliche Kreditinstitute unter Anstaltsaufsicht. Allgemeine Bankenaufsicht und Anstaltsaufsicht haben unterschiedliche Zielsetzung. Die Bankenaufsicht soll durch vorbeugende Überwachung allgemein das Entstehen von Schäden im Kreditwesen und von Verlusten der Institutsgläubiger verhindern, also vorwiegend gefahrenabwendend wirken. Demgegenüber soll die Anstaltsaufsicht auch fördernd auf die ihr unterliegenden Institute einwirken, um sicherzustellen, daß diese den öffentlichen Aufgaben dienen, zu deren Erfüllung sie errichtet wurden. Die Übernahme der Anstaltsaufsicht durch das Bundesaufsichtsamt würde dieses daher in eine Kollision zu seiner Pflicht der gleichen Behandlung aller Kreditinstitute bringen. Soweit die Anstaltsaufsicht auf Landesrecht beruht, verbietet sich ihre Übertragung auf das Bundesaufsichtsamt schon aus rechtlichen Gründen. Die Ausübung der Sonderaufsicht über private Kreditinstitute (Hypothekenbanken, Schiffspfandbriefbanken und Investmentgesellschaften) durch die für die allgemeine Bankaufsicht zuständige Behörde führt dagegen zu keiner Pflichtenkollision, weil die Zielsetzung dieser Sonderaufsicht den Zielen der allgemeinen Bankenaufsicht entspricht. Die Sonderaufsicht und die allgemeine Bankenaufsicht sollen grundsätzlich unabhängig voneinander ausgeübt werden. Der Entwurf weicht insoweit von § 49 des geltenden Kreditwesengesetzes ab, der gewisse Befugnisse der allgemeinen Bankenaufsicht der Sonderaufsichtsbehörde überträgt. Eine solche Regelung widerspricht jedoch dem Prinzip einer einheitlichen Bankenaufsicht, das grundsätzlich die gleichmäßige Anwendung des Gesetzes gegenüber allen Kreditinstituten verlangt. Diese Gleichmäßigkeit ist nicht gewährleistet, wenn wichtige Vorschriften des Gesetzes von mehreren voneinander unabhängigen Behörden angewandt werden. Deshalb verbietet es sich auch, das Bundesaufsichtsamt

bei seinen Entscheidungen gegen Kreditinstitute, die unter Sonderaufsicht stehen, an das Einvernehmen der Sonderaufsichtsbehörde zu binden.
...

ANMERKUNG

1. Neben öffentlich-rechtlichen Kreditinstituten unterliegen mitunter Kreditinstitute i.S. des §2 Abs. 3 einer »anderen staatlichen Aufsicht«. Die Kompetenz der Spezialaufsicht erstreckt sich häufig auf den gesamten Geschäftsbetrieb des Unternehmens, also auch auf seine nicht eigentümlichen, der Bankenaufsicht unterstehenden Geschäfte. Zur Vermeidung unterschiedlicher Beurteilungen gleicher Tatbestände sollten sich die Bankaufsichtsbehörde und die andere Aufsichtsbehörde vor Erlass eines wichtigen Verwaltungsaktes ins Benehmen setzen.
2. Durch das 6. KWG-Änderungsgesetz vom 22. Oktober 1997 wurden die Finanzdienstleistungsinstitute in die Regelung einbezogen. Durch das Gesetz über die integrierte Finanzdienstleistungsaufsicht vom 22. April 2002 wurde die Vorschrift an die geänderte Bezeichnung der Aufsichtsbehörde in Bundesanstalt für Finanzdienstleistungsaufsicht angepasst.

§ 52a Verjährung von Ansprüchen gegen Organmitglieder von Kreditinstituten

(1) Ansprüche von Kreditinstituten gegen Geschäftsleiter und Mitglieder des Aufsichts- oder Verwaltungsorgans aus dem Organ- und Anstellungsverhältnis wegen der Verletzung von Sorgfaltspflichten verjähren in zehn Jahren.

(2) Absatz 1 ist auch auf die vor dem 15. Dezember 2010 entstandenen und noch nicht verjährten Ansprüche anzuwenden.

Amtliche Begründung[1]

Zu Nummer 16a – neu – (§ 52a – neu –)

Die Verlängerung der Verjährungsfrist für Organmitglieder von Kreditinstituten erscheint sachgerecht, weil die Aufklärung von Sorgfaltspflichtverletzungen bei Kreditinstituten sich als besonders zeitaufwändig erwiesen hat und einige Kreditinstitute zur Entstehung der Finanzmarktkrise beigetragen haben. Die Aufarbeitung der Verantwortlichkeiten soll in Ruhe und ohne den Druck von Verjährungsfristen geschehen. Zudem sind ausreichend bemessene Verjährungsfristen ein geeignetes Mittel, um die Verantwortlichkeit der Organmitglieder von Kreditinstituten generell zu stärken.

Erfasst sind – ähnlich der Regelung in § 93 des Aktiengesetzes – Ansprüche aus dem Organ- und Anstellungsverhältnis wegen der Verletzung von Sorgfaltspflichten. Der Verjährungsbeginn richtet sich nach den allgemeinen Vorschriften, § 200 des Bürgerlichen Gesetzbuchs. Die Verjährung deliktischer Ansprüche wird von der Neuregelung nicht erfasst.

Durch die Übergangsregelung wird klargestellt, dass die 10-jährige Verjährungsfrist auch für alle bei Inkrafttreten des Gesetzes noch nicht verjährten Ansprüche gilt.

---

1 Zum Restrukturierungsgesetz vom 9. Dezember 2010 (BGBl. I S. 1900); vgl. Beschlussempfehlung und Bericht des 7. Finanzausschusses des DBT; BT-Drucksache 17/3547 vom 28. Oktober 2010.

§ 53 Zweigstellen von Unternehmen mit Sitz im Ausland

(1) Unterhält ein Unternehmen mit Sitz im Ausland eine Zweigstelle im Inland, die Bankgeschäfte betreibt oder Finanzdienstleistungen erbringt, gilt die Zweigstelle als Kreditinstitut oder Finanzdienstleistungsinstitut. Unterhält das Unternehmen mehrere Zweigstellen im Inland, gelten sie als ein Institut.

(2) Auf die in Absatz 1 bezeichneten Institute ist dieses Gesetz mit folgender Maßgabe anzuwenden:
1. Das Unternehmen hat mindestens zwei natürliche Personen mit Wohnsitz im Inland zu bestellen, die für den Geschäftsbereich des Instituts zur Geschäftsführung und zur Vertretung des Unternehmens befugt sind, sofern das Institut Bankgeschäfte betreibt oder Finanzdienstleistungen erbringt und befugt ist, sich bei der Erbringung von Finanzdienstleistungen Eigentum oder Besitz an Geldern oder Wertpapieren von Kunden zu verschaffen. Solche Personen gelten als Geschäftsleiter. Sie sind zur Eintragung in das Handelsregister anzumelden.
2. Das Institut ist verpflichtet, über die von ihm betriebenen Geschäfte und über das seinem Geschäftsbetrieb dienende Vermögen des Unternehmens gesondert Buch zu führen und gegenüber der Bundesanstalt und der Deutschen Bundesbank Rechnung zu legen. Die Vorschriften des Handelsgesetzbuchs über Handelsbücher gelten insoweit entsprechend. Auf der Passivseite der jährlichen Vermögensübersicht ist der Betrag des dem Institut von dem Unternehmen zur Verfügung gestellten Betriebskapitals und der Betrag der dem Institut zur Verstärkung der eigenen Mittel belassenen Betriebsüberschüsse gesondert auszuweisen. Der Überschuß der Passivposten über die Aktivposten oder der Überschuß der Aktivposten über die Passivposten ist am Schluß der Vermögensübersicht ungeteilt und gesondert auszuweisen.
3. Die nach Nummer 2 für den Schluß eines jeden Geschäftsjahres aufzustellende Vermögensübersicht mit einer Aufwands- und Ertragsrechnung und einem Anhang gilt als Jahresabschluß (§ 26). Für die Prüfung des Jahresabschlusses gilt § 340k des Handelsgesetzbuchs entsprechend mit der Maßgabe, daß der Prüfer von den Geschäftsleitern gewählt und bestellt wird. Mit dem Jahresabschluß des Instituts ist der Jahresabschluß des Unternehmens für das gleiche Geschäftsjahr einzureichen.
4. Für Zweigstellen, die sowohl das Einlagen- als auch das Kreditgeschäft betreiben, gilt § 33 Absatz 1 Satz 1 Nummer 1 Buchstabe d entsprechend. Als Eigenmittel des Instituts gilt die Summe der Beträge, die in den Finanzinformationen nach § 25 als dem Institut von dem Unternehmen zur Verfügung gestelltes Betriebskapital und ihm zur Verstärkung der eigenen Mittel belassene Betriebsüberschüsse ausgewiesen wird, abzüglich des Betrags eines etwaigen aktiven Verrechnungssaldos. Außerdem ist dem Institut Kapital nach Artikel 71 der Verordnung (EU) Nr. 575/2013 in der jeweils geltenden Fassung zuzurechnen; die Artikel 25 bis 91 der Verordnung (EU) Nr. 575/2013 in ihrer jeweils geltenden Fassung gelten mit der Maßgabe, dass die Eigenmittel nach Satz 1 als hartes Kernkapital gelten.
5. Die Erlaubnis kann auch dann versagt werden, wenn die Gegenseitigkeit nicht auf Grund zwischenstaatlicher Vereinbarungen gewährleistet ist. Die Erlaubnis ist zu widerrufen, wenn und soweit dem Unternehmen die Erlaubnis zum Betreiben von Bankgeschäften oder Erbringen von Finanzdienstleistungen von der für die Aufsicht über das Unternehmen im Ausland zuständigen Stelle entzogen worden ist.
6. Für die Anwendung des § 36 Abs. 1 gilt das Institut als juristische Person.
7. Die Eröffnung neuer Zweigstellen sowie die Schließung von Zweigstellen im Inland hat das Institut der Bundesanstalt und der Deutschen Bundesbank unverzüglich anzuzeigen.

(2a) Für die Bestimmungen dieses Gesetzes, die daran anknüpfen, daß ein Institut das Tochterunternehmen eines Unternehmens mit Sitz im Ausland ist, gilt die Zweigstelle als hundertprozentiges Tochterunternehmen der Institutszentrale mit Sitz im Ausland.

(3) Für Klagen, die auf den Geschäftsbetrieb einer Zweigstelle im Sinne des Absatzes 1 Bezug haben, darf der Gerichtsstand der Niederlassung nach § 21 der Zivilprozeßordnung nicht durch Vertrag ausgeschlossen werden.

(4) Die Absätze 2 bis 3 sind nicht anzuwenden, soweit zwischenstaatliche Vereinbarungen entgegenstehen, denen die gesetzgebenden Körperschaften in der Form eines Bundesgesetzes zugestimmt haben.

(5) Ist ein Beschluss über die Auflösung der Zweigstelle gefasst worden, so ist dieser zur Eintragung in das Handelsregister des Gerichts der Zweigstelle anzumelden und der Vermerk »in Abwicklung« im Rechtsverkehr zu führen. Die erteilte Erlaubnis ist an die Bundesanstalt zurückzugeben.

(6) Die ebenfalls eintragungspflichtige Aufhebung der Zweigstelle darf nur mit Zustimmung der Bundesanstalt erfolgen. Die Zustimmung ist in der Regel zu verweigern, wenn nicht nachgewiesen ist, dass sämtliche Geschäfte der Zweigstelle abgewickelt worden sind.

Amtliche Begründung[1]

Die Änderungen der Überschrift sowie der Absätze 1 und 2 Nr. 1 bis 4 tragen den derzeitigen innerdeutschen staatsrechtlichen Gegebenheiten Rechnung.

Der neue Absatz 2 Nr. 1 Satz 3 stellt außerdem klar, daß die Geschäftsleiter der Zweigstelle eines Unternehmens mit Sitz in einem anderen Staat, ihrer Funktion entsprechend, zur Eintragung in das Handelsregister anzumelden sind. Dadurch wird die derzeit uneinheitliche Praxis der Registergerichte vereinheitlicht.

Der Begriff des aktiven Verrechnungssaldos wird nach der bisherigen Fassung des Gesetzes in Absatz 2 Nr. 2 Satz 4 und in Absatz 2 Nr. 4 Satz 1 in zwei verschiedenen Bedeutungen verwendet. Um Mißverständnisse zu vermeiden, werden in Absatz 2 Nr. 2 Satz 4 die Klammerdefinitionen »passiver Verrechnungssaldo« und »aktiver Verrechnungssaldo« gestrichen, da diese Definitionen an anderer Stelle des Gesetzes nicht mehr aufgegriffen werden. Eine materielle Änderung des Gesetzes ist hiermit nicht verbunden.

Nach bisher geltendem Recht kann die Erlaubnis zum Betrieb einer Zweigstelle eines Unternehmens mit Sitz in einem anderen Staat nur dann verweigert werden, wenn allgemeine Versagungsgründe nach § 33 vorliegen oder wenn die Erlaubnis unter Berücksichtigung der gesamtwirtschaftlichen Bedürfnisse nicht gerechtfertigt ist (Absatz 2 Nr. 5 Satz 2). Im Verhältnis zu anderen Staaten, die ihrerseits bei der Zulassung von Zweigstellen bundesdeutscher Kreditinstitute restriktiv verfahren, ist diese Regelung unbefriedigend. Deswegen kann nach dem geänderten Absatz 2 Nr. 5 Satz 2 in Zukunft die Erlaubnis vom Vorliegen der Gegenseitigkeit abhängig gemacht werden. Um der Aufsichtsbehörde eine zeitraubende Untersuchung des Zulassungsrechts und der Zulassungspraxis des anderen Staates zu ersparen, was zu unzumutbaren Belastungen des Amtes führen könnte, sieht der neugefaßte Absatz 2 Nr. 5 Satz 2 vor, daß die Erlaubnis auch dann versagt werden kann, wenn die Gegenseitigkeit nicht aufgrund einer zwischenstaatlichen Vereinbarung gewährleistet ist. Dagegen soll die Möglichkeit der Bedürfnisprüfung, von welcher in der Zulassungspraxis des Bundesaufsichtsamtes nie Gebrauch gemacht worden ist, künftig entfallen.

Nach Artikel 8 Abs. 2 der Ersten Richtlinie des Rates der Europäischen Gemeinschaften vom 12. Dezember 1977 zur Koordinierung der Rechts- und Verwaltungsvorschriften über die Aufnahme und Ausübung der Tätigkeit der Kreditinstitute muß einer Zweigstelle einer Bank mit Sitz in einem Mitgliedstaat der Europäischen Wirt-

---

1 Zum 3. KWG-Änderungsgesetz.

schaftsgemeinschaft die Zulassung dann entzogen werden, wenn die zuständige Behörde des Mitgliedstaates, in dem die Bank, von der die Zweigstelle errichtet worden ist, ihren Sitz hat, der Bank die Zulassung entzogen hat. Durch den neuen Absatz 2 Nr. 5 Satz 3 wird dies klargestellt, wobei die Vorschrift entsprechend Artikel 9 Abs. 1 der Richtlinie auch für die Zweigstellen von Unternehmen aus Drittländern gilt, um eine Diskriminierung von Banken mit Sitz innerhalb der Europäischen Wirtschaftsgemeinschaft gegenüber Banken mit Sitz in anderen Staaten zu vermeiden.

Amtliche Begründung[1]

Über die Einbeziehung der Finanzdienstleistungsinstitute hinaus materiell neu ist die Regelung des Absatzes 2a; Zweigstellen sind aufsichtsrechtlich wie eine 100 %ige Tochtergesellschaft der ausländischen Institutszentrale zu behandeln. Dadurch kommen auch die Vorschriften des KWG sinngemäß zur Anwendung, die an die Eigenschaft eines Instituts als Tochter- oder anderweitig abhängiges Unternehmen anknüpfen und durch die bestehende gesetzliche Analogie nicht erfaßt worden sind, namentlich die Erlaubnisversagungstatbestände des § 33 Abs. 1 und 3 Nr. 1 und 3.

Die Berechnung der Eigenmittel der Zweigstelle in § 53 Abs. 2 wird in den wesentlichen Punkten auf die gleiche Grundlage gestellt wie die Berechnung der Eigenmittel inländischer Institute. Bei der Festlegung der Grenzen für die Anerkennung von Drittrangmitteln gemäß § 10 Abs. 2c Satz 2 bis 5 und bei der Anwendung des § 10 Abs. 9 hat das BAKred anhand der Geschäftstätigkeit der Zweigstelle zu entscheiden, ob die für Wertpapierhandelsunternehmen geltenden Regelungen entsprechend anzuwenden sind.

ANMERKUNG
1. Für ausländische Staatsangehörige, die im Inland ein Institut errichten, sowie für Institute in Gesellschaftsform, die im Inland durch Ausländer oder mit ausländischem Kapital errichtet werden, gelten die Vorschriften des Gesetzes ohne irgendwelche Besonderheiten (vgl. Anm. 2 zu § 32). Dieses Prinzip wurde auch für im Inland errichtete Zweigstellen ausländischer Institute zugrunde gelegt. Allerdings musste hierzu eine besondere Vorschrift geschaffen werden. Zweigstellen sind vom KWG nicht weiter angesprochen, weil das Gesamtinstitut der Bankenaufsicht unterliegt. Diese Voraussetzung trifft bei ausländischen Instituten nicht zu. § 53 stellt solche Zweigstellen grundsätzlich selbstständigen inländischen Instituten gleich. Mehrere Zweigstellen desselben ausländischen Unternehmens gelten zusammen als ein Institut.
2. Als (fingierte) selbstständige Institute unterliegen die genannten Zweigstellen grundsätzlich sämtlichen Vorschriften des KWG. Absatz 2 ist erforderlich, weil einige Bestimmungen des Gesetzes nur auf selbstständige Unternehmen anwendbar sind. Die Zweigstellen müssen angemessene Eigenmittel haben. Was als Eigenmittel gilt, vgl. Absatz 2 Nr. 4.
3. Absatz 3 soll sicherstellen, dass die Gläubiger des Kreditinstituts nicht durch Vereinbarung eines ausländischen Gerichtsstandes in der Verfolgung ihrer Rechte behindert werden. Absatz 4 gilt auch für die EU-Staaten. Die Vereinbarung der Inländerbehandlung in zwischenstaatlichen Vereinbarungen hindert nicht die Gleichstellung von Zweigstellen von Unternehmen des Partnerlandes mit selbstständigen inländischen Kreditinstituten, da diese Gleichstellung nur die Anwendbarkeit des Gesetzes ermöglichen soll. Absatz 4 bezieht sich daher nicht auf Absatz 1. Mit der Inländerbehandlung unvereinbar ist Absatz 2 Nr. 5 Satz 2. Die übrigen Bestimmungen des Absatzes 2 und Absatz 3 enthalten keine Ausländerdiskriminierung. Absatz 4 bezieht sich auf sie, weil sie möglicherweise im EU-Bereich zu Störungen führen können.

---

1 Zum 6. KWG-Änderungsgesetz.

4. § 53 gilt nicht für so genannte Repräsentanzen ausländischer Kreditinstitute, die lediglich der Kontaktpflege mit der inländischen Wirtschaft und der Vermittlung von Geschäften dienen, aber – anders als Zweigstellen – nicht selbstständig Bankgeschäfte betreiben. Sie fallen unter § 53a.
5. Nach § 53 Abs. 4 gelten die Absätze 2 bis 3 nicht, soweit zwischenstaatliches Recht entgegensteht.
6. Durch das 6. KWG-Änderungsgesetz vom 22. Oktober 1997 wurden die Finanzdienstleistungsinstitute in die Vorschrift einbezogen.
7. Ursprünglich bedurfte die Errichtung einer jeden Bankzweigstelle eines ausländischen Unternehmens im Inland einer gesonderten Erlaubnis. Diese Anforderung hatte sich in der Praxis als nicht notwendig erwiesen. Durch das 4. Finanzmarktförderungsgesetz vom 21. Juni 2002 wurde deshalb die gesonderte Erlaubnis durch eine Anzeigepflicht (neue Nr. 7 in Absatz 2) ersetzt. Durch das 4. Finanzmarktförderungsgesetz wurden ferner die Absätze 5 und 6 angefügt. Hierdurch wurde eine Gesetzeslücke geschlossen.
8. Aufgrund der Streichung des letzten Satzes in Absatz 2 Nr. 4 gilt nunmehr auch für die Zweigstellen das Gebot der jährlichen Berechnung der Eigenmittel.
9. § 53 Absatz 2 wurde geändert durch das CRD IV-Umsetzungsgesetz vom 28. August 2013 (BGBl. I S. 3395). Die Ergänzung in Absatz 2 Nummer 4 schließt eine Regelungslücke, die ansonsten durch die neuen Begrifflichkeiten im KWG entstünde. Im neuen Satz 2 handelt es sich um eine redaktionelle Folgeänderung zur neuen Terminologie in § 25. Die Neufassung des Satzes 3 wurde durch Vorgaben der Verordnung (EU) Nr. 575/2013 notwendig. Es handelt sich um eine redaktionelle Anpassung; vgl. BT-Drucksache 17/10974 vom 15. Oktober 2012.

§ 53a Repräsentanzen von Instituten mit Sitz im Ausland

Ein Institut mit Sitz im Ausland darf eine Repräsentanz im Inland errichten oder fortführen, wenn es befugt ist, in seinem Herkunftsstaat Bankgeschäfte zu betreiben oder Finanzdienstleistungen zu erbringen und dort seine Hauptverwaltung hat. Das Institut hat die Absicht, eine Repräsentanz zu errichten, und den Vollzug einer solchen Absicht der Bundesanstalt und der Deutschen Bundesbank unverzüglich anzuzeigen. Die Bundesanstalt bestätigt dem Institut den Eingang der Anzeige. Die Repräsentanz, einschließlich ihrer Leiter, darf ihre Tätigkeit erst aufnehmen, wenn dem Institut die Bestätigung der Bundesanstalt vorliegt. Das Institut hat der Bundesanstalt und der Deutschen Bundesbank die Verlegung oder Schließung der Repräsentanz unverzüglich anzuzeigen.

Amtliche Begründung[1]

Nach den bisherigen Erfahrungen kann bei ausländischen Kreditinstituten die Abgrenzung zwischen einer Repräsentanz und einer Zweigstelle, die Bankgeschäfte im Inland betreibt und damit gemäß § 53 den Vorschriften des Gesetzes über das Kreditwesen unterliegt, im Einzelfall schwierig sein. So sind Einrichtungen als Repräsentanz bezeichnet und behandelt worden, obwohl eine spätere Überprüfung ergab, daß die Einrichtung so weitgehend in das Zustandekommen und die Abwicklung von Bankgeschäften eingeschaltet war, daß ein Betreiben von Bankgeschäften im Inland bejaht werden mußte. Durch die Anzeigepflicht soll die Möglichkeit geschaffen werden, rechtzeitig entsprechende Nachforschungen anzustellen und die als Repräsentanz bezeichneten Einrichtungen auf die in Betracht kommenden Beschränkungen ihres Tätigkeitsbereichs hinzuweisen.

1 Zum 2. KWG-Änderungsgesetz.

Amtliche Begründung[1]

Der Regelungsbereich des § 53a wird auf Institute mit Sitz im Ausland, die befugt sind, im Herkunftsland Finanzdienstleistungen zu erbringen, erweitert. Die Pflichten der Institute bei der Errichtung, Verlegung und Schließung einer Repräsentanz im Inland werden konkretisiert. Die Neufassung beruht im übrigen auf rechtsförmlichen Gründen.

ANMERKUNG
1. § 53a wurde durch das 2. vom 24. März 1976 eingefügt. Die gesetzgeberischen Motive ergeben sich aus der vorstehenden Amtlichen Begründung. Durch das 6. KWG-Änderungsgesetz vom 22. Oktober 1997 wurde die Vorschrift auf Finanzdienstleistungsinstitute mit Sitz im Ausland erweitert und die Regelung insgesamt neu gefasst (vgl. die vorstehende Amtliche Begründung). Durch das Gesetz über die integrierte Finanzdienstleistungsaufsicht vom 22. April 2002 wurde die Vorschrift an die geänderte Bezeichnung der Aufsichtsbehörde in Bundesanstalt für Finanzdienstleistungsaufsicht angepasst. Durch das 4. Finanzmarktförderungsgesetz vom 21. Juni 2002 wurde eine klarstellende Änderung in Satz 4 »einschließlich ihrer Leiter« vorgenommen.
2. Die Einzelheiten der Anzeige sind in § 24 der Anzeigenverordnung (Anhang 5.1) geregelt.
3. Ein Verstoß gegen die Anzeigepflicht ist eine Ordnungswidrigkeit nach § 56 Abs. 2 Nr. 4.

§ 53b Unternehmen mit Sitz in einem anderen Staat des Europäischen Wirtschaftsraums

(1) Ein CRR-Kreditinstitut oder ein Wertpapierhandelsunternehmen mit Sitz in einem anderen Staat des Europäischen Wirtschaftsraums darf ohne Erlaubnis durch die Bundesanstalt über eine Zweigniederlassung oder im Wege des grenzüberschreitenden Dienstleistungsverkehrs im Inland Bankgeschäfte betreiben oder Finanzdienstleistungen erbringen, wenn das Unternehmen von den zuständigen Stellen des Herkunftsmitgliedstaates zugelassen worden ist, die Geschäfte durch die Zulassung abgedeckt sind und das Unternehmen von den zuständigen Stellen nach Maßgabe der Richtlinien der Europäischen Union beaufsichtigt wird. Satz 1 gilt entsprechend für CRR-Kreditinstitute, die auch Zahlungsdienste im Sinne des Zahlungsdiensteaufsichtsgesetzes erbringen. § 53 ist in diesem Fall nicht anzuwenden. § 14 der Gewerbeordnung bleibt unberührt.

(2) Die Bundesanstalt hat ein Unternehmen im Sinne des Absatzes 1 Satz 1 und 2, das beabsichtigt, eine Zweigniederlassung im Inland zu errichten, innerhalb von zwei Monaten nach Eingang der von den zuständigen Stellen des Herkunftsmitgliedstaates über die beabsichtigte Errichtung der Zweigniederlassung übermittelten Unterlagen auf die für seine Tätigkeit vorgeschriebenen Meldungen an die Bundesanstalt und die Deutsche Bundesbank hinzuweisen und die Bedingungen anzugeben, die nach Absatz 3 Satz 1 für die Ausübung der von der Zweigniederlassung geplanten Tätigkeiten aus Gründen des Allgemeininteresses gelten. Nach Eingang der Mitteilung der Bundesanstalt, spätestens nach Ablauf der in Satz 1 genannten Frist, kann die Zweigniederlassung errichtet werden und ihre Tätigkeit aufnehmen. Für den Fall, dass ein Unternehmen im Sinne des Absatzes 1 Satz 1 vertraglich gebundene Vermittler einzusetzen beabsichtigt, kann die Bundesanstalt die zuständigen Stellen des Herkunftsmitgliedstaates ersuchen, ihr deren Namen mitzuteilen. Die Bundesanstalt kann entsprechende Angaben auf ihrer Internetseite veröffentlichen. Die Europäische Wertpapier- und Marktaufsichtsbehörde kann nach dem Verfahren und unter den in

---

1   Zum 6. KWG-Änderungsgesetz.

Artikel 35 der Verordnung (EU) Nr. 1095/2010 festgelegten Bedingungen den Zugang zu diesen Informationen verlangen.

(2a) Die Bundesanstalt hat einem Unternehmen im Sinne des Absatzes 1 Satz 1 und 2, das beabsichtigt, im Inland im Wege des grenzüberschreitenden Dienstleistungsverkehrs tätig zu werden, innerhalb von zwei Monaten nach Eingang der von den zuständigen Stellen des Herkunftsmitgliedstaates über die beabsichtigte Aufnahme des grenzüberschreitenden Dienstleistungsverkehrs übermittelten Unterlagen die Bedingungen anzugeben, die nach Absatz 3 Satz 3 für die Ausübung der geplanten Tätigkeiten aus Gründen des Allgemeininteresses gelten.

(3) Auf Zweigniederlassungen im Sinne des Absatzes 1 Satz 1 und 2 sind die folgenden Regelungen entsprechend anzuwenden mit der Maßgabe, dass eine oder mehrere Zweigniederlassungen desselben Unternehmens als ein Kreditinstitut oder Finanzdienstleistungsinstitut gelten:
1. § 3 Absatz 1 und § 6 Absatz 2,
1a. § 10 Absatz 2,
2. § 11, sofern es sich um ein CRR-Kreditinstitut handelt,
3. die §§ 14, 22 und 23,
4. § 23a, sofern es sich um ein CRR-Kreditinstitut oder Finanzdienstleistungsinstitut handelt,
5. § 24 Abs. 1 Nr. 5 und 7,
6. die §§ 24b, 24c, 25, 25a Abs. 1 Satz 6 Nr. 2,
7. § 25g Absatz 1 bis 3, soweit es sich um Anforderungen zur Verhinderung von Geldwäsche und Terrorismusfinanzierung handelt, sowie § 25g Absatz 4 und 5,
8. die §§ 25h bis 25j, 25l, 37, 39 bis 42, 43 Abs. 2 und 3, § 44 Abs. 1 und 6, § 44a Abs. 1 und 2 sowie die §§ 44c, 46 bis 49 und
9. § 17 des Finanzdienstleistungsaufsichtsgesetzes.

Änderungen des Geschäftsplans, insbesondere der Art der geplanten Geschäfte und des organisatorischen Aufbaus der Zweigniederlassung, der Anschrift und der Leiter sowie der Sicherungseinrichtung im Herkunftsmitgliedstaat, dem das Institut angehört, sind der Bundesanstalt und der Deutschen Bundesbank mindestens einen Monat vor dem Wirksamwerden der Änderungen schriftlich anzuzeigen. Für die Tätigkeiten im Wege des grenzüberschreitenden Dienstleistungsverkehrs nach Absatz 1 Satz 1 und 2 gelten der § 3, der, sofern es sich um ein CRR-Kreditinstitut oder Finanzdienstleistungsinstitut handelt, § 23a, die §§ 37, 44 Abs. 1 sowie die §§ 44c und 49 und der § 17 des Finanzdienstleistungsaufsichtsgesetzes entsprechend. Auf Betreiber eines multilateralen Handelssystems, die im Wege des grenzüberschreitenden Dienstleistungsverkehrs im Inland einen Zugang anbieten, ist § 23a nicht anzuwenden.

(4) Stellt die Bundesanstalt fest, dass ein Unternehmen im Sinne des Absatzes 1 Satz 1 und 2 seinen Pflichten nach Absatz 3 oder der Verordnung (EU) Nr. 575/2013 nicht nachkommt oder es sehr wahrscheinlich ist, dass es diesen Verpflichtungen nicht nachkommen wird, unterrichtet die Bundesanstalt unverzüglich die zuständigen Stellen des Herkunftsmitgliedstaates. Ergreift der Herkunftsmitgliedstaat keine Maßnahmen oder erweisen sich die Maßnahmen als unzureichend, kann sie nach Unterrichtung der zuständigen Stellen des Herkunftsmitgliedstaates die erforderlichen Maßnahmen ergreifen; erforderlichenfalls kann sie die Durchführung neuer Geschäfte im Inland untersagen.

(5) In dringenden Fällen kann die Bundesanstalt vor Einleitung des in Absatz 4 vorgesehenen Verfahrens die erforderlichen Maßnahmen anordnen, sofern der Herkunftsmitgliedstaat keine Sanierungsmaßnahmen im Sinne des Artikels 2 der Richtlinie 2001/24/EG des Europäischen Parlaments und des Rates vom 4. April 2001 über die Sanierung und Liquidation der Kreditinstitute (ABl. L 125 vom 5. 5. 2001, S. 15) erlassen hat. Sie hat die Europäische Kommission, die Europäische Bankenaufsichtsbehörde und die zuständigen Stellen des Herkunftsmitgliedstaates unverzüglich hiervon zu unterrichten. Diese Maßnahmen sind aufzuheben, wenn

1. der Herkunftsmitgliedstaat eine Sanierungsmaßnahme im Sinne des Artikels 2 der Richtlinie 2001/24/EG angeordnet oder erlassen hat,
2. der Herkunftsmitgliedstaat die notwendigen Maßnahmen angeordnet oder ergriffen hat, damit das Unternehmen seinen Verpflichtungen nachkommt,
3. die Europäische Kommission nach Anhörung der Bundesanstalt, des Herkunftsmitgliedstaates und der Europäischen Bankaufsichtsbehörde entschieden hat, dass die Maßnahmen nach Satz 1 aufzuheben sind oder
4. der Grund für ihre Anordnung entfallen ist.

(6) Die zuständigen Stellen des Herkunftsmitgliedstaates können nach vorheriger Unterrichtung der Bundesanstalt selbst oder durch ihre Beauftragten die für die bankaufsichtliche Überwachung der Zweigniederlassung erforderlichen Informationen bei der Zweigniederlassung prüfen.

(7) Ein Unternehmen mit Sitz in einem anderen Staat des Europäischen Wirtschaftsraums, das Bankgeschäfte im Sinne des § 1 Abs. 1 Satz 2 Nr. 1 bis 3, 5, 7 bis 9 betreibt, Finanzdienstleistungen im Sinne des § 1 Abs. 1a Satz 2 Nr. 7, 9 und 10, oder Zahlungsdienste im Sinne des Zahlungsdiensteaufsichtsgesetzes erbringt oder sich als Finanzunternehmen im Sinne des § 1 Abs. 3 betätigt, kann diese Tätigkeiten über eine Zweigniederlassung oder im Wege des grenzüberschreitenden Dienstleistungsverkehrs im Inland abweichend von § 32 ohne Erlaubnis der Bundesanstalt ausüben, wenn
1. das Unternehmen ein Tochterunternehmen eines CRR-Kreditinstituts oder ein gemeinsames Tochterunternehmen mehrerer CRR-Kreditinstitute ist,
2. seine Satzung diese Tätigkeiten gestattet,
3. das oder die Mutterunternehmen in dem Staat, in dem das Unternehmen seinen Sitz hat, als CRR-Kreditinstitut zugelassen sind,
4. die Tätigkeiten, die das Unternehmen ausübt, auch im Herkunftsmitgliedstaat betrieben werden,
5. das oder die Mutterunternehmen mindestens 90 vom Hundert der Stimmrechte des Tochterunternehmens halten,
6. das oder die Mutterunternehmen gegenüber den zuständigen Stellen des Herkunftsmitgliedstaates des Unternehmens die umsichtige Geschäftsführung des Unternehmens glaubhaft gemacht und sich mit Zustimmung dieser zuständigen Stellen des Herkunftsmitgliedstaates gegebenenfalls gesamtschuldnerisch für die vom Tochterunternehmen eingegangenen Verpflichtungen verbürgt haben und
7. das Unternehmen in die Beaufsichtigung des Mutterunternehmens auf konsolidierter Basis einbezogen ist.

Satz 1 gilt entsprechend für Tochterunternehmen von in Satz 1 genannten Unternehmen, Finanzholding-Gesellschaften, gemischten Finanzholding-Gesellschaften und gemischten Unternehmen, welche die vorgenannten Bedingungen erfüllen. Die Absätze 2 bis 6 gelten entsprechend.

(8) Die Bundesanstalt kann beantragen, dass eine inländische Zweigniederlassung eines Instituts mit Sitz in einem anderen Staat des Europäischen Wirtschaftsraums als bedeutend angesehen wird. Gehört das Institut einer Institutsgruppe, Finanzholding-Gruppe oder gemischten Finanzholding-Gruppe an, an deren Spitze ein EU-Mutterinstitut, eine EU-Mutterfinanzholding-Gesellschaft oder eine gemischte EU-Mutterfinanzholding-Gesellschaft steht, richtet die Bundesanstalt den Antrag an die für die Beaufsichtigung der Gruppe auf zusammengefasster Basis zuständige Stelle, anderenfalls an die zuständige Stelle des Herkunftsmitgliedstaates. Der Antrag ist zu begründen. Eine Zweigniederlassung ist insbesondere dann als bedeutend anzusehen, wenn
1. ihr Marktanteil gemessen an den Einlagen 2 vom Hundert übersteigt,
2. sich eine Aussetzung oder Einstellung der Tätigkeit des Instituts auf die systemische Liquidität und die Zahlungsverkehrs- sowie Abwicklungs- und Verrechnungssysteme im Inland auswirken würde oder

3. ihr eine gewisse Größe und Bedeutung gemessen an der Kundenzahl innerhalb des Banken- und Finanzsystems zukommt.

Die Bundesanstalt kann von den Instituten nach Satz 1 alle Angaben verlangen, die für die Beurteilung nach Satz 4 erforderlich sind.

(9) Haben die Bundesanstalt, die zuständige Stelle des Herkunftsmitgliedstaates sowie gegebenenfalls die für die Beaufsichtigung auf zusammengefasster Basis zuständige Stelle innerhalb von zwei Monaten nach Erhalt des Antrags keine einvernehmliche Entscheidung über die Einstufung der Zweigniederlassung als bedeutend getroffen, entscheidet die Bundesanstalt unter Berücksichtigung der Auffassungen und Vorbehalte der anderen zuständigen Stelle innerhalb von weiteren zwei Monaten selbst über die Einstufung einer Zweigniederlassung als bedeutend. Diese Entscheidung ist den anderen zuständigen Stellen schriftlich unter Angabe von Gründen mitzuteilen. Hat die Bundesanstalt oder eine zuständige Stelle in einem anderen Staat des Europäischen Wirtschaftsraums bis zum Ablauf der Zweimonatsfrist nach Satz 1 nach Maßgabe des Artikels 19 der Verordnung (EU) Nr. 1093/2010 die Europäische Bankenaufsichtsbehörde um Hilfe ersucht, stellt die Bundesanstalt ihre Entscheidung nach Satz 1 bis zu einem Beschluss der Europäischen Bankenaufsichtsbehörde gemäß Artikel 19 Absatz 3 der Verordnung (EU) Nr. 1093/2010 zurück und entscheidet dann in Übereinstimmung mit einem solchen Beschluss. Nach Ablauf der Zweimonatsfrist oder nachdem eine gemeinsame Entscheidung getroffen wurde, kann die Europäische Bankenaufsichtsbehörde nicht mehr um Hilfe ersucht werden.

(10) Ist die Bundesanstalt auf Einzelinstitutsebene oder unterkonsolidierter Basis für die Beaufsichtigung von Tochterunternehmen eines EU-Mutterinstituts, einer EU-Mutter-Finanzholding-Gesellschaft oder einer gemischten EU-Mutterfinanzholding-Gesellschaft zuständig, für deren Beaufsichtigung auf zusammengefasster Basis sie nicht zuständig ist und kommt es innerhalb der viermonatigen Frist nicht zu einer gemeinsamen Entscheidung aller zuständigen Stellen über die Angemessenheit der Eigenmittelausstattung und das Erfordernis zusätzlicher Eigenmittelanforderungen, entscheidet die Bundesanstalt allein, ob die Eigenmittelausstattung der ihrer Beaufsichtigung unterliegenden Tochterunternehmen angemessen ist und ob zusätzliche Eigenmittelanforderungen erforderlich sind. Bei der Entscheidung berücksichtigt sie angemessen die Auffassungen und Vorbehalte der zuständigen Stelle, die die Aufsicht auf zusammengefasster Basis über die Institutsgruppe, Finanzholding-Gruppe oder gemischte Finanzholding-Gruppe ausübt; die Entscheidung muss der Risikobewertung und den Auffassungen und Vorbehalten Rechnung tragen, die innerhalb der viermonatigen Frist von den anderen zuständigen Stellen geäußert wurden. Hat die Bundesanstalt oder eine zuständige Stelle in einem anderen Staat des Europäischen Wirtschaftsraums bis zum Ablauf der Viermonatsfrist nach § 8a Absatz 4 Satz 1 nach Maßgabe des Artikels 19 der Verordnung (EU) Nr. 1093/2010 die Europäische Bankenaufsichtsbehörde um Hilfe ersucht, stellt die Bundesanstalt ihre Entscheidung nach Satz 1 bis zu dem Beschluss der Europäischen Bankenaufsichtsbehörde gemäß Artikel 19 Absatz 3 der Verordnung (EU) Nr. 1093/2010 zurück und entscheidet dann in Übereinstimmung mit einem solchen Beschluss. Nach Ablauf der Viermonatsfrist oder nachdem eine gemeinsame Entscheidung getroffen wurde, kann die Europäische Bankenaufsichtsbehörde nicht mehr um Hilfe ersucht werden. Die Bundesanstalt übersendet der zuständigen Stelle, die die Aufsicht auf zusammengefasster Basis über die Institutsgruppe, Finanzholding-Gruppe oder gemischte Finanzholding-Gruppe ausübt, die schriftliche Entscheidung unter Angabe der vollständigen Begründung. Wurde die Europäische Bankenaufsichtsbehörde angehört, berücksichtigt die Bundesanstalt deren Stellungnahme und begründet jede erhebliche Abweichung davon.

(11) Bevor die Bundesanstalt eine Prüfung nach § 44 über eine Zweigniederlassung anordnet, die im Inland tätig ist, hat sie die zuständigen Stellen des Herkunftsmitgliedstaates anzuhören. Die Informationen und Erkenntnisse, die durch die Prüfung gewonnen werden, sind den zuständigen Stellen des Herkunftsmitgliedstaates mitzuteilen, wenn sie wichtig sind für die Risikobewertung des Mutterinstituts oder für die Stabilität des Finanzsystems des Herkunftsmitgliedstaates.

Amtliche Begründung[1]

Der neu eingefügte § 53b regelt in erster Linie, welchen Kreditinstituten und welchen Finanzinstituten aus anderen EG-Mitgliedstaaten die Niederlassungs- und Dienstleistungsfreiheit im Inland gewährt wird, und legt dazu das Verfahren fest (Absätze 1, 2 und 7). Außerdem wird bestimmt, in welchem Umfang und mit welchen Befugnissen das Bundesaufsichtsamt – als zuständige Behörde des Aufnahmemitgliedstaats – für Unternehmen, die die vorgenannten Freiheiten nutzen, weiterhin die Aufsicht führt (Absatz 3). Schließlich wird der Ablauf des Verfahrens vorgeschrieben, das bei Liquiditätsschwierigkeiten einer Zweigstelle greift (Absätze 4 und 5), sowie ein Prüfungsrecht vor Ort für die zuständigen Behörden des Herkunftsmitgliedstaats vorgesehen (Absatz 6).

Absatz 1 Satz 1 übernimmt Artikel 18 Abs. 1 der Zweiten Richtlinie. Danach bedürfen Kreditinstitute im Sinne von Artikel 1 der Ersten Richtlinie weder für ihre Zweigstellen noch für die Dienstleistungserbringung einer gesonderten Erlaubnis durch das Bundesaufsichtsamt, wenn sie aus einem anderen EG-Mitgliedstaat stammen. Das ist der »Europäische Paß«. Er gibt einem EG-Kreditinstitut ein Zutrittsrecht zu Märkten in anderen EG-Mitgliedstaaten und dient deshalb der Schaffung eines einheitlichen EG-Binnenmarktes. Mit dem »Europäischen Paß« ist allerdings nicht ohne weiteres ein Austrittsrecht für alle EG-Kreditinstitute verbunden. Kreditinstituten kann weiterhin durch den Gesetzgeber oder durch die Satzung verboten werden, sich EG-weit zu betätigen. Die Gültigkeit des »Europäischen Passes« erstreckt sich auf den Tätigkeitskatalog, wie er durch die »Liste der Tätigkeiten, für die die gegenseitige Anerkennung gilt«, im Anhang zur Zweiten Richtlinie vorgegeben ist und in Satz 1 ebenfalls abschließend aufgezählt wird. Der »Europäische Paß« ist ferner an eine Reihe von Bedingungen geknüpft, die sicherstellen sollen, daß sich nur solche Kreditinstitute in der Bundesrepublik betätigen, die im Herkunftsmitgliedstaat hinreichend zugelassen und beaufsichtigt sind. Deshalb erhalten Kreditinstitute nur für jene Tätigkeiten den Paß, für die sie im eigenen Land zugelassen sind, d.h. für die sie dort auch einer Bankenaufsicht unterliegen. Darüber hinaus müssen diese Kreditinstitute bereits in ihrem Herkunftsland die durch die zitierten EG-Richtlinien harmonisierten Normen tatsächlich erfüllen. Anderenfalls würde der deutsche Gesetzgeber bankaufsichtliche Befugnisse preisgeben, ohne daß sichergestellt wäre, daß nur von vornherein »gesunde« Kreditinstitute diesen vereinfachten Marktzutritt nutzen. Nur auf diese Weise kann auch die Wettbewerbsgleichheit zu deutschen Kreditinstituten hergestellt werden. Sofern diese Bedingungen erfüllt sind, werden Kreditinstitute aus anderen EG-Mitgliedstaaten für ihre Zweigstellen von der Erlaubnis nach § 32 freigestellt, und es gilt für ihre Niederlassungen auch nicht länger das Erlaubnisverfahren nach § 53 (Satz 2). Damit brauchen sie z.B. für ihre Zweigstellen kein gesondertes Dotationskapital zu stellen. Satz 3 stellt klar, daß die Anzeigepflicht nach § 14 der Gewerbeordnung, insbesondere für Geschäfte, die keine Bankgeschäfte sind, weiterhin gilt.

Absatz 2 bestimmt (Übernahme von Artikel 19 Abs. 4 und 5 der Zweiten Richtlinie), daß das Bundesaufsichtsamt nur noch in geringem Umfang am Marktzutrittsverfahren für diese Zweigstellen mitwirkt, indem es während der eingeräumten Zeit von zwei Monaten die Beaufsichtigung dieser Zweigstellen vorbereitet und ihnen vorab die zu erfüllenden Meldepflichten und die Bedingungen benennt, die hinsichtlich der Einhaltung der nicht harmonisierten Normen gelten. Diese Maßnahmen können keine aufschiebende Wirkung entfalten und den Marktzutritt nicht verhindern.

---

1 Zum 4. KWG-Änderungsgesetz.

In Absatz 3 Satz 1 sind die Zuständigkeiten und die Eingriffsbefugnisse der deutschen Bankenaufsicht niedergelegt, die sie auch zukünftig gegenüber Zweigstellen von Kreditinstituten aus anderen EG-Mitgliedstaaten behält, weil noch nicht alle bankaufsichtlichen Normen innerhalb der Europäischen Wirtschaftsgemeinschaft harmonisiert worden sind oder weil Gründe des Allgemeininteresses dies erfordern. Das ist in der Zweiten Richtlinie an verschiedenen Stellen geregelt. Die deutsche Bankenaufsicht bleibt mit der Überwachung der Liquidität dieser Zweigstellen beauftragt (Artikel 14 Abs. 2 der Zweiten Richtlinie). Sie bleibt ebenso für die Überwachung der Vorschriften zuständig, die aus Gründen des Allgemeininteresses (Artikel 21 Abs. 5 der Zweiten Richtlinie) erlassen wurden. Diese Aufgaben sind in Absatz 3 in Form des Zitats aller einschlägigen Vorschriften im einzelnen aufgezählt, soweit solche im KWG schon vorhanden waren oder mit dem vorliegenden Gesetzentwurf eingefügt werden (§§ 3, 11, 14, 18 bis 20, 23, 23a, 24 Abs. 1 Nr. 6 bis 9, §§ 25, 30, 37, 39, 40, 42, 43 Abs. 2 und 3, § 44 Abs. 1 Nr. 1, Abs. 2 bis 4, § 44a Abs. 1 und 2 sowie §§ 46 bis 50); die Hinweispflicht nach § 23a greift für diese Zweigstellen, wenn sie kein Mitglied einer inländischen Sicherungseinrichtung sind oder aus einer solchen Sicherungseinrichtung ausscheiden. Des weiteren sind in Absatz 3 diejenigen Vorschriften des KWG zitiert, die bislang und zukünftig die Befugnisse von Bundesaufsichtsamt und Deutscher Bundesbank festlegen, diese Zweigstellen vor Ort prüfen zu dürfen (§ 44 Abs. 1 Nr. 1, Abs. 3 und 4, § 44a Abs. 1 und 2 – Umsetzung von Artikel 15 Abs. 3 der Zweiten Richtlinie) und von ihnen im gleichen Umfang wie von nationalen Kreditinstituten statistische Auskünfte verlangen zu können (§ 25 – Umsetzung von Artikel 21 Abs. 1 der Zweiten Richtlinie). Ferner sind die Vorschriften des KWG zitiert, die den Aufsichtsbehörden die geeigneten Maßnahmen an die Hand geben, eine wirkungsvolle Überwachung durchsetzen zu können (§§ 37, 46 bis 50 – Umsetzung von Artikel 21 Abs. 8 der Zweiten Richtlinie).

Absatz 3 Satz 2 legt fest, welche aus dem Allgemeininteresse sich ableitenden Vorschriften von EG-Kreditinstituten zu beachten sind, soweit sie im Inland im Wege des grenzüberschreitenden Dienstleistungsverkehrs tätig werden. Auf diesem Wege dürfen keine verbotenen Geschäfte im Inland durchgeführt werden, und dies muß vom Bundesaufsichtsamt entsprechend abgewehrt werden können (§§ 3, 37). Im grenzüberschreitenden Einlagengeschäft ist darauf zu achten, daß die Einleger über das Nichtbestehen einer Mitgliedschaft in einer inländischen Sicherungseinrichtung sowie das Ausscheiden aus einer solchen Sicherungseinrichtung informiert sind (§ 23a). Neben den bankaufsichtlichen Erfordernissen sprechen auch in beiden Fällen Wettbewerbsgründe für diese Regelungen.

In Absatz 4 Satz 1 (Umsetzung von Artikel 14 Abs. 2 und Artikel 21 Abs. 2 der Zweiten Richtlinie) ist das Vorgehen bei Verstößen geregelt, die Zweigstellen von Kreditinstituten in einem anderen EG-Mitgliedstaat gegen die Liquiditätsgrundsätze des KWG begehen. Es läuft zunächst genauso ab wie bei entsprechenden Verstößen der übrigen Kreditinstitute (vgl. § 45 Abs. 2). Die vorgesehene Fristsetzung und die Aufforderung zur Korrektur werden zumeist ausreichen, um auch die Zweigstellen zu einer Anpassung zu veranlassen, da sie ansonsten intensivere Eingriffe durch die Bankenaufsicht befürchten müssen. Bleibt diese Abmahnung erfolglos, kann das Bundesaufsichtsamt nicht sofort selbst Maßnahmen ergreifen, sondern muß nach Absatz 4 Satz 2 zuvor die zuständigen Behörden des Herkunftsmitgliedstaats über die erfolglose Abmahnung unterrichten (Umsetzung von Artikel 21 Abs. 3 Satz 1 der Zweiten Richtlinie) und abwarten (Umsetzung von Artikel 21 Abs. 4 Satz 1 der Zweiten Richtlinie), ob und mit welcher Wirkung die Behörden des Herkunftsmitgliedstaats Maßnahmen ergreifen. Damit wird den zuständigen Behörden des Herkunftsmitgliedstaats für intensivere Eingriffe im Rahmen der Liquiditätsüberwachung der vorgenannten Zweigstellen der gewollte Vorrang eingeräumt. Tritt keine Besserung oder gar eine Verschlechterung der Liquiditätslage ein, ist dies vom Bundesaufsichtsamt festzustellen, und es stehen ihm – wie gegenüber deutschen Kreditinstituten – alle in diesen Fällen verfügbaren Maßnahmen der vorausschauenden oder unmittelbaren Gefahrenabwehr uneingeschränkt zur Verfügung (Absatz 4 Satz 3).

Sie können ergriffen werden, sobald davon die Behörden des Herkunftsmitgliedstaats unterrichtet worden sind (weitere Umsetzung von Artikel 21, Abs. 4 Satz 1 der Zweiten Richtlinie). Mithin liegt die letzte Verantwortung für die Liquiditätsüberwachung und Liquiditätssicherung beim Bundesaufsichtsamt.

Das vorgenannte Verfahren wird in den meisten Fällen angebracht sein. Wenn eine akute Gefahr besteht, könnte sich dieses gestufte Verfahren allerdings als zu langwierig erweisen. Deshalb sieht Absatz 5 Satz 1 (Umsetzung von Artikel 21 Abs. 7 Satz 1 der Zweiten Richtlinie) vor, daß in solchen Fällen das Bundesaufsichtsamt unmittelbar tätig werden kann. Von seinem Vorgehen hat es die EG-Kommission und die zuständigen Behörden des Herkunftsmitgliedstaats unverzüglich zu unterrichten (Umsetzung von Artikel 21 Abs. 7 Satz 2 der Zweiten Richtlinie). Das muß geschehen, weil durch die Entscheidung des Bundesaufsichtsamtes, die es der Sache entsprechend schnell und eigenverantwortlich treffen muß, der Vorrang aufgehoben wird, den die betroffenen Behörden des Herkunftsmitgliedstaats beim Ergreifen von Maßnahmen zur Liquiditätssicherung eigentlich besitzen. Die EG-Kommission wird unterrichtet, damit sie gegebenenfalls bei Meinungsverschiedenheiten der zuständigen Behörden nach deren Anhörung durch einen Beschluß vermittelnd eingreifen kann (Umsetzung von Artikel 21 Abs. 7 Unterabsatz 2 der Zweiten Richtlinie). An den Beschluß der Kommission ist das Bundesaufsichtsamt gebunden (Absatz 5 Satz 3).

Im Rahmen einer wirkungsvollen Herkunftslandkontrolle müssen die zuständigen Behörden des Herkunftsmitgliedstaats die Zweigstellen ihrer Kreditinstitute auch in den Aufnahmemitgliedstaaten vor Ort prüfen können. Dieses Recht legt Absatz 6 für die Bundesrepublik als Aufnahmemitgliedstaat fest (Umsetzung von Artikel 15 Abs. 1 der Zweiten Richtlinie). Im Gegenzug werden die deutschen Aufsichtsbehörden ein entsprechendes Prüfungsrecht in den Aufnahmemitgliedstaaten für Zweigstellen von deutschen Kreditinstituten erhalten. Künftig reicht die vorherige Unterrichtung des Bundesaufsichtsamtes seitens der zuständigen Behörden des Herkunftsmitgliedstaats aus, damit diese eigene Prüfungen in der Bundesrepublik vornehmen können. Sie können aber auch wählen, in der Art und Weise mit Stellen in der Bundesrepublik zusammenzuarbeiten, wie dies in § 44a Abs. 2 KWG vorgesehen ist. Dies ist durch Absatz 3 Satz 1 gewährleistet (Umsetzung von Artikel 15 Abs. 2 der Zweiten Richtlinie).

Absatz 7 setzt Artikel 18 Abs. 2 der Zweiten Richtlinie um. Hinter dieser Vorschrift steht als Sachverhalt, daß in einigen EG-Mitgliedstaaten einige Geschäfte, die auf der »Liste der Tätigkeiten, für die die gegenseitige Anerkennung gilt«, stehen, nicht von Kreditinstituten, sondern von Tochterunternehmen ausgeübt werden. Die Zweite Richtlinie räumt den Mitgliedstaaten unter bestimmten Voraussetzungen das Recht ein, diesen Tochterunternehmen, soweit sie Finanzinstitute sind, für diese Geschäfte den »Europäischen Paß« zu gewähren. Absatz 7 schreibt vor, daß diese Unternehmen im Inland ohne Erlaubnis die aufgeführten Geschäfte betreiben können. Die sich dafür aus der Zweiten Richtlinie ergebenden Voraussetzungen sind in Absatz 7 Satz 1 Nr. 1 bis 5 niedergelegt. Dies gilt gemäß Satz 2 auch für Tochterunternehmen von Finanzinstituten (Umsetzung von Artikel 18 Abs. 2 Satz 4 der Zweiten Richtlinie). Zwecks Gleichbehandlung der Finanzinstitute folgt die arbeitsteilige bankaufsichtliche Überwachung ihrer Tätigkeit in der Bundesrepublik denselben Regeln, die für die Zweigstellen von Kreditinstituten aus EG-Mitgliedstaaten oder für den grenzüberschreitenden Dienstleistungsverkehr gelten (Absatz 7 Satz 3). Für Tochterunternehmen deutscher Kreditinstitute, die zwar Finanzinstitute, aber keine Kreditinstitute sind, wird der »Europäische Paß« nicht eingeräumt. Das würde nach Artikel 18 Abs. 2 Satz 3 der Zweiten Richtlinie eine Ausdehnung der Bankenaufsicht auf diese Unternehmen voraussetzen.

Der neue § 53c regelt die Anwendung dieses Gesetzes auf die Niederlassung von Unternehmen aus Staaten außerhalb der Europäischen Wirtschaftsgemeinschaft. Nummer 1 trägt im wesentlichen dem bereits bei § 24a Abs. 4 genannten EWR-Abkommen Rechnung. Den Kredit- und Finanzinstituten aus den EFTA-Ländern kann damit wie den entsprechenden Unternehmen aus anderen EG-Mitgliedstaaten Niederlassungs- und Dienstleistungsfreiheit im Inland zugestanden werden. Die Formulierung von Nummer 1 läßt wie die von § 24a Abs. 4 Raum für andere Staaten, mit denen ähnliche Abkommen wie das EWR-Abkommen geschlossen werden. Für Unternehmen aus Nichtmitgliedstaaten der EG kann der Bundesminister der Finanzen durch Rechtsverordnung die Anwendung der für Unternehmen aus EG-Mitgliedstaaten geltenden Vorschriften bestimmen, soweit dies aufgrund der genannten Abkommen erforderlich ist.

In Nummer 2 wird der Bundesminister der Finanzen ermächtigt, die Anwendung des § 53b auf solche Unternehmen auszuweiten, mit deren Sitzstaat aufgrund zwischenstaatlicher Vereinbarungen wechselseitig entsprechende Marktzutrittsrechte vereinbart worden sind. Dies ist jedoch nur möglich, wenn eine adäquate Beaufsichtigung der Kreditinstitute in ihrem Heimatland sichergestellt ist und die zuständigen Behörden zu einer befriedigenden Zusammenarbeit mit dem Bundesaufsichtsamt bereit sind.

Der neue § 53d faßt alle Meldepflichten des Bundesaufsichtsamtes zusammen, die es gegenüber der EG-Kommission erfüllen muß. Aufgeführt werden jeweils der die Meldepflicht auslösende Tatbestand und, falls erforderlich, der besondere Inhalt der Meldung.

Absatz 1 Nr. 1 greift die Meldepflicht gemäß Artikel 3 Abs. 7 Satz 1 der Ersten Richtlinie auf. Sie steht im Zusammenhang mit der Anfertigung der Liste, die die EG-Kommission über alle gemäß der Ersten Richtlinie in der EG zugelassenen Kreditinstitute veröffentlicht. Aufgrund der Meldungen nach Absatz 1 Nr. 2 und 3 (Umsetzung von Artikel 8 der Zweiten Richtlinie) kann sich die EG-Kommission ein Bild über die Marktzutrittspraxis von Unternehmen aus Drittländern machen, um dann vor diesem Hintergrund die Vergleichbarkeit der Marktzutrittsmöglichkeiten für Kreditinstitute aus der Europäischen Wirtschaftsgemeinschaft in einem Drittland zu beurteilen. Mit Hilfe der Meldungen nach Absatz 1 Nr. 4 und Nr. 5 kann die EG-Kommission beobachten, ob möglicherweise ungewollte Schwierigkeiten oder ungleiche Entwicklungen im grenzüberschreitenden Zusammenspiel der einzelnen Bankenaufsichten im Rahmen der Herkunftslandkontrolle auftreten (Umsetzung von Artikel 21 Abs. 10 Satz 1 zweiter Halbsatz der Zweiten Richtlinie). Über die ihr dazu gemeldeten Fälle hat die EG-Kommission alle zwei Jahre dem Beratenden Bankenausschuß einen Bericht zu unterbreiten (Artikel 21 Abs. 10 Satz 2 der Zweiten Richtlinie). Mit Absatz 1 Nr. 6 (Umsetzung von Artikel 9 Abs. 1 der Zweiten Richtlinie) wird von deutscher Seite eine Informationsquelle für den Bericht der EG-Kommission über die – möglicherweise diskriminierende – Behandlung von EG-Kreditinstituten in Drittländern bereitgestellt. Alle ihm bekannt werdenden Diskriminierungen, insbesondere auch des laufenden Geschäfts, teilt das Bundesaufsichtsamt der EG-Kommission dafür mit. Absatz 1 Nr. 7 und 8 (Umsetzung von Artikel 9 Abs. 5 Buchstabe a und b der Zweiten Richtlinie) begründen eine Vorabinformationspflicht des Bundesaufsichtsamtes. Sie besteht nur, wenn die in Absatz 2 Satz 1 (Umsetzung von Artikel 9 Abs. 5 Satz 1 der Zweiten Richtlinie) aufgeführten Bedingungen erfüllt sind. Diese Vorabinformation soll die EG-Kommission bei ihren Verhandlungen mit Drittländern unterstützen.

Das Bestehen der Vorabinformationspflicht ist zeitlich begrenzt (Absatz 2 Satz 2, der Artikel 9 Abs. 5 Satz 2 der Zweiten Richtlinie umsetzt).

Amtliche Begründung[1]

Die Änderung in Absatz 1 erstreckt den Anwendungsbereich der Vorschrift, welche die Regelungen des KWG für die hereinkommenden Unternehmen aus anderen Staaten des Europäischen Wirtschaftsraums grundsätzlich suspendiert, auf Wert-

---

1 Zum 6. KWG-Änderungsgesetz.

papierhandelsunternehmen (bisher nur Einlagenkreditinstitute) und auf alle Staaten des Europäischen Wirtschaftsraums (bisher nur Europäische Gemeinschaft), die das entsprechende EG-rechtliche Regelwerk eingeführt haben. Die Finanzdienstleistungen werden in den Katalog der Tätigkeiten, für die der Europäische Paß gilt, eingeschlossen. Damit werden Artikel 8 Abs. 3 der Wertpapierdienstleistungsrichtlinie, der das Prinzip der Herkunftsstaatkontrolle für Wertpapierhandelsunternehmen statuiert, und Artikel 14 Abs. 1 der Wertpapierdienstleistungsrichtlinie umgesetzt.

Mit den Änderungen in Absatz 2 werden Wertpapierhandelsunternehmen in den Regelungsbereich des Europäischen Passes für die Errichtung einer Zweigniederlassung einbezogen. Damit wird Artikel 17 der Wertpapierdienstleistungsrichtlinie umgesetzt.

Der neue Absatz 2 a regelt das Verfahren beim grenzüberschreitenden Dienstleistungsverkehr. Damit wird Artikel 18 der Wertpapierdienstleistungsrichtlinie umgesetzt.

Absatz 3 regelt die Restkompetenzen des BAKred als Aufnahmestaatbehörde gegenüber Zweigniederlassungen von Wertpapierhandelsunternehmen entsprechend Artikel 17 Abs. 4 der Wertpapierdienstleistungsrichtlinie. Neu ist die Verweisung auf § 25 a Abs. 1 Nr. 3, wonach die Institute dafür Sorge zu tragen haben, daß die Aufzeichnungen über die ausgeführten Geschäfte eine lückenlose Überwachung durch das BAKred für seinen Zuständigkeitsbereich gewährleisten, und die erforderlichen Aufzeichnungen sechs Jahre aufzubewahren haben. Die Regelung soll gewährleisten, daß das BAKred, wenn Zweifel an dem lauteren Geschäftsgebaren des hereinkommenden Instituts auftreten, die Geschäfte nachvollziehen und die Einhaltung der inländischen Bestimmungen, die für das Institut verbindlich sind, überprüfen kann. Eine vergleichbare Regelung enthält § 34 Abs. 1 WpHG-Entwurf. Der Verweis auf den bisherigen § 30 wird durch einen Verweis auf § 29 Abs. 2 Satz 2 ersetzt.

Für die Zweigniederlassungen von hereinkommenden Einlagenkreditinstituten und Wertpapierhandelsunternehmen bleiben § 11 (Liquiditätskontrolle) sowie die ihn konkretisierenden Verwaltungsvorschriften verbindlich. Die Liquiditätskontrolle ist bisher nicht auf EG-Ebene harmonisiert worden. Sie ist EG-rechtlich zwar nur für die deutschen Zweigniederlassungen von hereinkommenden Einlagenkreditinstituten und nicht von Wertpapierhandelsunternehmen vorgegeben. Solange jedoch der Regelungsbereich der Liquiditätskontrolle in den Europäischen Gemeinschaften noch nicht harmonisiert ist, ist eine Anwendung des § 11 erforderlich.

In Absatz 3 Satz 2 werden die Kompetenzen des BAKred gegenüber Unternehmen aus anderen Staaten des Europäischen Wirtschaftsraums, die in der Bundesrepublik Deutschland lediglich im Wege des grenzüberschreitenden Dienstleistungsverkehrs tätig werden, erweitert. Die Erweiterung trägt dem Umstand Rechnung, daß unter die Kategorie des freien Dienstleistungsverkehrs eine Reihe von Tätigkeiten fallen, für die Unternehmen aus Drittstaaten die Erlaubnis für die Errichtung einer Zweigstelle nach § 53 benötigen. Die Wahrnehmung der Restkompetenzen des Aufnahmestaats macht zumindest die Einbeziehung der Regelung der §§ 49 und 50 erforderlich.

Absatz 4 regelt die Maßnahmen, die das BAKred gegenüber hereinkommenden Instituten ergreifen kann, die sich nicht an die inländischen rechtlichen Vorgaben halten. Die bisherige Fassung regelt ausdrücklich nur den Fall, daß eine Zweigniederlassung den deutschen Liquiditätsanforderungen nicht genügt. Sie ist auf alle Fälle des mißbräuchlichen Einsatzes des Europäischen Passes zu erstrecken, soweit es um Rechtsnormen geht, die letztlich das BAKred als Ordnungsbehörde durchzusetzen hat. Absatz 4 entspricht der funktionalen Aufgabentrennung zwischen BAKred und BAWe; das BAKred kann die Durchführung neuer Geschäfte auch dann untersagen, wenn es vom BAWe gemäß § 36 a Abs. 2 WpHG-Entwurf unterrichtet wurde.

Die Änderungen in den Absätzen 5 bis 7 sind redaktionell bedingt oder Folgeänderungen.

Absatz 7 beschreibt die dritte Gruppe von hereinkommenden Unternehmen, die im Besitz des Europäischen Passes sind. Es sind Bankfinanztöchter, die – ohne selbst als

Einlagenkreditinstitute einzustufen zu sein – als Töchter von europäischen Einlagenkreditinstituten unter bestimmten Voraussetzungen in anderen Staaten des Europäischen Wirtschaftsraums nach dem Prinzip der Herkunftsstaatkontrolle über Zweigniederlassungen oder im Wege des grenzüberschreitenden Dienstleistungsverkehrs tätig sein können. Auf diese Unternehmen werden die Vorschriften des § 53 b Abs. 3 angewandt, selbst wenn sie nicht als Kredit- oder Finanzdienstleistungsinstitute einzustufen sind.

Die Erwähnung der Erbringung von Handelsauskünften und der Schließfachvermietung ist nicht erforderlich, weil diese Tätigkeiten im Inland nicht erlaubnispflichtig sind.

Amtliche Begründung[1]

...

Gemäß § 53 b Abs. 3 KWG ist § 11 KWG auf Zweigniederlassungen von Wertpapierhandelsunternehmen aus EWR-Staaten anzuwenden, so dass die Bundesanstalt als Aufnahmestaataufsicht für die Liquiditätsaufsicht dieser Zweigniederlassungen zuständig ist. In der Begründung zur 6. KWG-Novelle ist aufgeführt, dass die Liquiditätskontrolle EU-rechtlich zwar nur für die deutschen Zweigniederlassungen von hereinkommenden Einlagenkreditinstituten und nicht von Wertpapierhandelsunternehmen vorgegeben sei. Solange jedoch der Regelungsbereich der Liquiditätskontrolle in der EU noch nicht harmonisiert ist, sei eine Anwendung des § 11 KWG auf Wertpapierhandelsunternehmen erforderlich (Drucksache 13/7142 S. 96). Entsprechend gilt der neue Grundsatz II auch für EWR-Zweigniederlassungen von Wertpapierhandelsunternehmen.

Für eine Liquiditätsaufsicht des Aufnahmestaates dürfte jedoch hinsichtlich Wertpapierhandelsunternehmen kein Raum mehr sein, da die WDRL – anders als die Bankenrichtlinie – keine Zuordnung der Liquiditätsüberwachung auf den Aufnahmestaat vorsieht und die vom Europäischen Gerichtshof vorgegebenen Voraussetzungen für das Treffen von Maßnahmen des Aufnahmestaates gegen Institute unter Berufung auf das Allgemeininteresse nicht gegeben sind (diese Auffassung wird auch von der FSA und der Central Bank of Ireland vertreten, die hinsichtlich Wertpapierhandelsunternehmen überhaupt keine Liquiditätsaufsicht für erforderlich halten). E-Geld-Institute unterliegen gemäß E-Geld-Richtlinie ebenfalls nicht der Liquiditätsaufsicht des Aufnahmestaats; § 11 KWG ist daher nicht auf sie anwendbar.

Der bestehende Verweis auf § 24 Abs. 1 Nr. 7 KWG läuft leer; § 53 b-Zweigniederlassungen errichten keine Zweigstellen in Drittstaaten.

Die als Satz 2 neu zu statuierende Pflicht zu Änderungsanzeigen entspricht den Vorgaben, die § 24a Abs. 4 KWG den deutschen Instituten abverlangt, die in einem anderen Staat des Europäischen Wirtschaftsraums unter dem Europäischen Pass eine Zweigniederlassung errichtet haben. Die Praxis hat gezeigt, dass die Pflicht zur Anzeige von Veränderungen bezüglich des Inhalts der Errichtungsanzeigen bei EWR-Zweigniederlassungen aus Artikel 20 Abs. 6 der Bankenrichtlinie nur unzureichend erfüllt wird. Veränderungen insbesondere bei den verantwortlichen Geschäftsführern, aber auch andere Veränderungen, werden nur in den seltensten Fällen richtlinienkonform, d. h. mindestens einen Monat vor Wirksamwerden, bzw. überhaupt angezeigt. Es soll daher analog zu § 24a Abs. 4 KWG auch für die unter dem Schirm des Europäischen Passes hereinkommenden Zweigniederlassungen nach § 53 b KWG eine eigenständige Anzeigepflicht bezüglich Veränderungen bei der Zweigniederlassung eingeführt werden.

...

---

[1] Zum 4. Finanzmarktförderungsgesetz.

Amtliche Begründung[1]

Zu Absatz 2

Der in Absatz 2 neu angefügte Satz 3 setzt Artikel 31 Abs. 2 Unterabs. 2 der Finanzmarktrichtlinie um und gibt der Bundesanstalt gleichfalls das Recht, die zuständige Behörde im Herkunftsstaat nach den Namen der im Inland tätigen vertraglich gebundenen Vermittler zu fragen. Eine entsprechende Pflicht der Bundesanstalt, auf Nachfrage des Herkunftsstaates entsprechende Auskünfte zu geben, ist in § 24a Abs. 3b normiert. Es steht nach dem neuen Satz 4 im Ermessen der Bundesanstalt, diese Angaben zu veröffentlichen.

Amtliche Begründung[2]

Zu Nummer 8 (Änderung des § 53b Abs. 3)

§ 53 Abs. 3 Satz 1 KWG wird aus Gründen der besseren Lesbarkeit neu strukturiert. Darüber hinaus handelt es sich um redaktionelle Folgeanpassungen, die aus der Streichung des § 25a Abs. 1 Satz 6 Nr. 3 KWG resultieren.

Dabei wird berücksichtigt, dass § 25c ff. KWG-neu nach Artikel 3 Abs. 1 und 2 Buchstabe f der Dritten EG-Geldwäscherichtlinie auch auf inländische Zweigniederlassungen von Kreditinstituten und Wertpapierfirmen mit Sitz im Ausland Anwendung finden. Dem Aufnahmestaat ist insoweit die geldwäscherechtliche Regelungs- und Aufsichtskompetenz zugewiesen worden. Darüber hinaus ist die Anwendung auf Zweigniederlassungen in Deutschland insoweit auch sinnvoll, um einen Gleichlauf mit deutschen Instituten zu erreichen.

Die Verhinderung betrügerischer Handlungen zum Nachteil des Instituts im Sinne des § 25c Abs. 1 KWG-neu beruht hingegen nicht auf der Dritten EG-Geldwäscherichtlinie, sondern ist Ausfluss des Gebots des angemessenen Managements operationeller Risiken, das durch Artikel 22 der so genannten Bankenrichtlinie (Richtlinie 2006/48/EG des Europäischen Parlaments und des Rates vom 14. Juni 2006 über die Neuaufnahme und Ausübung der Tätigkeit der Kreditinstitute) verlangt wird. Sowohl die Regelungs- als auch die Aufsichtskompetenz liegen jedoch insoweit gemäß Artikel 40 der Bankenrichtlinie beim Herkunftsstaat und dem dortigen »home supervisor«. Deshalb stellt § 53 Abs. 3 Satz 1 Nr. 7 KWG-neu klar, dass § 25c Abs. 2 KWG-neu nur insoweit für Zweigniederlassungen von Kreditinstituten mit Sitz im Ausland Anwendung findet, als hieraus Anforderungen an die interne Organisation zur Verhinderung von Geldwäsche und Terrorismusfinanzierung folgen.

Amtliche Begründung[3]

Auch ausländische Institute haben bei einem Tätigwerden über Zweigniederlassungen im Inland ein legitimes Interesse daran, die entsprechenden Daten von ihren deutschen Kunden abfragen zu können. Denn das so generierte Geschäft ist ebenfalls in ein Risikomanagement einzubeziehen, das der Bankenrichtlinie bzw. Basel II ge-

---

1 Zum Finanzmarktrichtlinie-Umsetzungsgesetz.
2 Zum Geldwäschebekämpfungsergänzungsgesetz vom 13. August 2008 (BGBl. I S. 1690); vgl. BT-Drucksache 16/9038 vom 5. Mai 2008.
3 Zum Gesetz zur Umsetzung der Beteiligungsrichtlinie vom 12. März 2009 (BGBl. I S. 470); vgl. BT-Drucksache 16/10536 vom 13. Oktober 2008.

nügt. Hierzu sind die Erhebung, Verwendung und Übermittlung entsprechender personenbezogener Daten von Kunden unabdingbare Voraussetzung. Der Änderungsbefehl bezieht sich auf § 53b Abs. 3 in der Fassung des demnächst in Kraft tretenden Gesetzes zur Ergänzung der Bekämpfung der Geldwäsche und der Terrorismusbekämpfung (Bundestagsdrucksache 16/9038).

Amtliche Begründung[1]

Zu Nummer 41 (§ 53b)

Der neu eingefügte Absatz 8 setzt Artikel 1 Nummer 4 der Richtlinie 2009/111/EG, mit der Artikel 42a in die Bankenrichtlinie eingefügt wird, um. Die Vorschrift regelt das Verfahren, nach dem die Bundesanstalt eine Zweigniederlassung als für die Bundesrepublik Deutschland als bedeutend einstufen lassen kann. Dies setzt einen Antrag der Bundesanstalt voraus. Zunächst sollten die zuständigen Stellen versuchen, zu einer einvernehmlichen Einstufung zu gelangen. Wenn dies nicht möglich ist, befindet die Bundesanstalt allein darüber.

Eine Zweigniederlassung ist als bedeutend anzusehen, wenn ihr Marktanteil gemessen an den Einlagen 2 Prozent übersteigt. Eine derartige Einschätzung ist auch dann zu bejahen, wenn sich eine Aussetzung oder Einstellung der Tätigkeit des Instituts auf die Marktliquidität und die Zahlungsverkehrs- sowie Abwicklungs- und Verrechnungssysteme im Inland auswirken würde. Die Größe und Bedeutung der Zweigniederlassung gemessen an der Kundenzahl innerhalb des Banken- und Finanzsystems kann ebenfalls zu einer Einschätzung als bedeutend führen.

Die Absätze 9 und 10 setzen Artikel 1 Nummer 31 der Richtlinie 2009/111/EG um.

Amtliche Begründung[2]

Zu Nummer 26 (§ 53b)

Zu Buchstabe a (Absatz 1 Satz 1)

Es handelt sich um redaktionelle Anpassungen im Nachgang zum Inkrafttreten des Vertrags von Lissabon.

Zu Buchstabe b (Absatz 2 Satz 5 – neu)

Es handelt sich um eine Umsetzung von Artikel 6 Nummer 11 Buchstabe a der Richtlinie 2010/78/EU, der Artikel 31 Absatz 2, 2. Unterabsatz der Richtlinie 2004/39/EG ändert. Mit der Regelung wird der Europäischen Wertpapier- und Marktaufsichtsbehörde das Recht eingeräumt, nach Maßgabe des Artikels 35 der Verordnung (EU) Nr. 1093/2010 Zugang zu den Namen etwaiger zukünftiger vertraglich gebundener Vermittler zu beantragen.

---

1 Zum Gesetz zur Umsetzung der geänderten Bankenrichtlinie und der geänderten Kapitaladäquanzrichtlinie vom 19. November 2010 (BGBl. I S. 1592); vgl. BT-Drucksache 17/1720 vom 17. Mai 2010.
2 Zum Gesetz zur Umsetzung der Richtlinie 2010/78/EU vom 24. November 2010 im Hinblick auf die Errichtung des Europäischen Finanzaufsichtssystems vom 4. Dezember 2011 (BGBl. I S. 2427); vgl. BT-Drucksache 17/6255 vom 22. Juni 2011.

Zu Buchstabe c (Absatz 5 Satz 2)

Es handelt sich um eine Umsetzung von Artikel 9 Nummer 10 der Richtlinie 2010/78/EU, mit dem Artikel 33 Absatz 1 der Richtlinie 2006/48/EG geändert wird. Die Änderung stellt sicher, dass neben der Europäischen Kommission und den zuständigen Stellen in anderen Staaten des Europäischen Wirtschaftsraums auch die Europäische Bankenaufsichtsbehörde über Sicherungsmaßnahmen informiert wird.

Zu Buchstabe d (Absatz 9)

Mit den Regelungen wird Artikel 9 Nummer 15 Buchstabe a der Richtlinie 2010/78/EU umgesetzt, der Artikel 42a der Richtlinie 2006/48/EG um dieses Verfahren der Streitbeilegung durch die Europäische Bankenaufsichtsbehörde ergänzt. Die Europäische Bankenaufsichtsbehörde kann nur in den ersten zwei Monaten nach Erhalt des Antrags mit der Angelegenheit befasst werden. Die Zweimonatsfrist ist insofern als Schlichtungsphase im Sinne des Artikels 19 Absatz 2 der Verordnung (EU) Nr. 1093/2010 anzusehen, in der sich die zuständigen Stellen einigen können. Nach Artikel 42a der Richtlinie 2006/48/EG hat die Europäische Bankenaufsichtsbehörde einen etwaigen Beschluss gemäß Artikel 19 Absatz 3 der Verordnung (EU) Nr. 1093/2010 innerhalb eines Monats zu treffen. Die Bundesanstalt trifft ihre Entscheidung in Übereinstimmung mit einem solchen Beschluss.

Zu Buchstabe e (Absatz 10)

Zu Doppelbuchstabe aa

Mit den Änderungen wird Artikel 9 Nummer 32 Buchstabe d Dreifachbuchstabe iii der Richtlinie 2010/78/EU umgesetzt, wodurch Artikel 129 Absatz 3 Unterabsatz 5 der Richtlinie 2006/48/EG neu gefasst wird. Die Europäische Bankenaufsichtsbehörde kann nur bis zum Ablauf der Viermonatsfrist nach § 8a Absatz 4 Satz 1 mit der Angelegenheit befasst werden. Diese Frist ist insofern als Schlichtungsphase im Sinne des Artikels 19 Absatz 2 der Verordnung (EU) Nr. 1093/2010 anzusehen. Nach Ablauf der Viermonatsfrist oder nachdem eine gemeinsame Entscheidung getroffen wurde, kann die Europäische Bankenaufsichtsbehörde nicht mehr befasst werden.

Zu Doppelbuchstabe bb

Es handelt sich um die Umsetzung von Artikel 9 Nummer 32 Buchstabe d Doppelbuchstabe iv der Richtlinie 2010/78/EU, wodurch Artikel 129 Absatz 3 Unterabsatz 7 der Richtlinie 2006/48/EG neu gefasst wird. Hiernach ist die Bundesanstalt verpflichtet, bei ihrer Entscheidung eine etwaige Stellungnahme der Europäischen Bankenaufsichtsbehörde zu berücksichtigen.

ANMERKUNG

1. Die §§ 53b, c und e wurden durch das 4. KWG-Änderungsgesetz vom 21. Dezember 1992 eingefügt. Die Motive ergeben sich aus der vorstehenden Amtlichen Begründung. Durch das 6. KWG-Änderungsgesetz vom 22. Oktober 1997 wurde der Anwendungsbereich der Vorschrift auf Wertpapierhandelsunternehmen (bisher nur Einlagenkreditinstitute) und auf alle Staaten des Europäischen Wirtschaftsraums (bisher nur Europäische Gemeinschaft), die das entsprechende EG-rechtliche Regelwerk eingeführt haben, erstreckt. Die Finanzdienstleistungen wurden in den Katalog der Tätigkeiten, für die der Europäische Pass gilt, einbezogen. Wegen Einzelheiten sowie der Motive für die weiteren Änderungen der Vorschrift vgl. die vorstehende Amtliche Begründung zum 6. KWG-Änderungsgesetz. Durch das Gesetz über die integrierte Finanzdienstleistungsaufsicht vom

22. April 2002 wurden in der Vorschrift die erforderlichen Anpassungen aufgrund der Errichtung der Bundesanstalt für Finanzdienstleistungsaufsicht als neue Aufsichtsbehörde vorgenommen. Weitere Änderungen erfolgten durch das 4. Finanzmarktförderungsgesetz vom 21. Juni 2002: In Absatz 1 wurde durch Einfügung eines neuen Satzes 2 klargestellt, dass die Vorschrift entsprechend auch für E-Geld-Institute gilt. Absatz 3 wurde neu gefasst; über die Motive der Neuregelung vgl. die vorstehende Amtliche Begründung.
2. Redaktionelle Folgeänderung in Absatz 3 Satz 1 aufgrund der Streichung von § 24 Abs. 1 Satz 1 Nr. 9 und der geänderten Nummerierung von § 25a Abs. 1.
3. Die Änderung in Absatz 3 Satz 1 ist eine Folgeänderung. Der neue Satz 4 setzt Artikel 31 Abs. 5 der Finanzmarktrichtlinie um.
4. Bei der Änderung in Absatz 1 Satz 1 handelt es sich um eine redaktionelle Folgeänderung.
5. § 53b Abs. 3 Satz 1 wurde durch das Gesetz zur Ergänzung der Bekämpfung der Geldwäsche und der Terrorismusfinanzierung (Geldwäschebekämpfungsergängzungsgesetz – GwBekErgG) vom 13. August 2008 (BGBl. I S. 1690) geändert.
6. Durch das Jahressteuergesetz 2009 (JStG 2009) vom 19. Dezember 2008 (BGBl. I S. 2794) wurde § 53b Absatz 7 Satz 1 wegen der Änderung des § 1 Absatz 1a geändert.
7. In § 53b Absatz 3 Satz 1 wurde nach der Nummer 1 die Nummer 1a eingefügt aufgrund des Gesetzes zur Umsetzung der Beteiligungsrichtlinie vom 12. März 2009 (BGBl. I S. 470).
8. Es wurden in § 53b Absatz 1 Satz 2 und Absatz 7 Satz 1 redaktionelle Folgeänderungen auf Grund des Gesetzes zur Umsetzung der aufsichtsrechtlichen Vorschriften der Zahlungsdiensterichtlinie vom 25. Juni 2009 (BGBl. I S. 1506) vorgenommen. Es erging hierzu keine amtliche Begründung.
9. § 53b wurde um die Absätze 8 bis 10 ergänzt durch das Gesetz zur Umsetzung der geänderten Bankenrichtlinie und der geänderten Kapitaladäquanzrichtlinie vom 19. November 2010 (BGBl. I S. 1592); vgl. die vorstehend abgedruckte Amtliche Begründung.
10. § 53b Absatz 1 Satz 2 und Absatz 3 Nummer 7 wurden neu gefasst, Absatz 3 Satz 1 geändert durch das Gesetz zur Umsetzung der Zweiten E-Geld-Richtlinie vom 1. März 2011 (BGBl. I S. 288). Mit der Herausnahme des E-Geld-Instituts aus dem Kreditwesengesetz wird auch die Regelung zum Europäischen Pass in § 53b Absatz 1 Satz 2 überflüssig.
11. § 53b enthält Änderungen in Absatz 1 Satz 1 sowie Absatz 5 Satz 2, der neu gefasst worden ist. Zudem sind den Absätzen 2, 9 und 10 jeweils Sätze angefügt worden zur Umsetzung der Verordnung (EU) 1095/2010 durch das Gesetz zur Umsetzung der Richtlinie 2010/78/EU des Europäischen Parlaments und des Rates vom 24. November 2010 im Hinblick auf die Errichtung des Europäischen Finanzaufsichtssystems vom 4. Dezember 2011 (BGBl. I S. 2427); vgl. die dazu ergangene Amtliche Begründung.
12. Es handelt sich in § 53b Absatz 8 Satz 2 und Absatz 10 jeweils um eine Folgeänderung, welche sich aus der Anpassung der Richtlinie 2006/48/EG durch die Richtlinie 2011/89/EU ergibt durch das Gesetz zur Umsetzung der Richtlinie 2011/89/EU des Europäischen Parlaments und des Rates vom 16. November 2011 zur Änderung der Richtlinien 98/78/EG, 2002/87/EG, 2006/48/EG und 2009/138/EG hinsichtlich der zusätzlichen Beaufsichtigung der Finanzunternehmen eines Finanzkonglomerats vom 27. Juni 2013 (BGBl. I S. 1862); vgl. auch BT-Drucksache 17/12602 vom 4. März 2013.
13. Es handelt sich in § 53b durch das CRD IV-Umsetzungsgesetz vom 28. August 2013 (BGBl. I S. 3395) um redaktionelle Änderungen, Anpassungen der Verweise und der Begrifflichkeiten sowie um die Einfügung von Unterrichtungspflichten.
14. Zur Anwendung von § 53b Absatz 4, 5 und 8 vgl. § 64r Absatz 16.

§ 53 c Unternehmen mit Sitz in einem Drittstaat

Das Bundesministerium der Finanzen wird ermächtigt, durch Rechtsverordnung
1. zu bestimmen, daß die Vorschriften dieses Gesetzes über ausländische Unternehmen mit Sitz in einem anderen Staat des Europäischen Wirtschaftsraums auch auf Unternehmen mit Sitz in einem Drittstaat anzuwenden sind, soweit dies im Bereich des Niederlassungsrechts oder des Dienstleistungsverkehrs oder für die Aufsicht auf zusammengefaßter Basis auf Grund von Abkommen der Europäischen Union mit Drittstaaten erforderlich ist;
2. die vollständige oder teilweise Anwendung der Vorschriften des § 53b unter vollständiger oder teilweiser Freistellung von den Vorschriften des § 53 auf Unternehmen mit Sitz in einem Drittstaat anzuordnen, wenn die Gegenseitigkeit gewährleistet ist und
   a) die Unternehmen in ihrem Sitzstaat in den von der Freistellung betroffenen Bereichen nach international anerkannten Grundsätzen beaufsichtigt werden,
   b) den Zweigniederlassungen der entsprechenden Unternehmen mit Sitz im Inland in diesem Staat gleichwertige Erleichterungen eingeräumt werden und
   c) die zuständigen Behörden des Sitzstaates zu einer befriedigenden Zusammenarbeit mit der Bundesanstalt bereit sind und dies auf der Grundlage einer zwischenstaatlichen Vereinbarung sichergestellt ist.

Amtliche Begründung[1]

Die Verordnungsermächtigung in Nummer 2 wird auf Unternehmen mit Sitz in einem Drittstaat beschränkt. Das KWG stellt Unternehmen mit Sitz in anderen Vertragsstaaten des Abkommens über den Europäischen Wirtschaftsraum den Unternehmen, die ihren Sitz in anderen Staaten der Europäischen Gemeinschaften haben, gleich.

Mit der Einführung des Kriteriums der »gleichwertigen Erleichterungen« in Nr. 2 Buchstabe b soll Besonderheiten anderer Rechtsordnungen besser Rechnung getragen werden können, ohne aufsichtliche Belange zu beeinträchtigen.

ANMERKUNG
1. Vgl. die Anmerkung zu § 53b.
2. Durch das Gesetz über die integrierte Finanzdienstleistungsaufsicht vom 22. April 2002 wurde die Vorschrift an die geänderte Bezeichnung der Aufsichtsbehörde in Bundesanstalt für Finanzdienstleistungsaufsicht angepasst.
3. Es handelt sich um redaktionelle Anpassungen des § 53c im Nachgang zum Inkrafttreten des Vertrags von Lissabon durch das Gesetz zur Umsetzung der Richtlinie 2010/78/EU des Europäischen Parlaments und des Rates vom 24. November 2010 im Hinblick auf die Errichtung des Europäischen Finanzaufsichtssystems vom 4. Dezember 2011 (BGBl. I S. 2427).

§ 53 d Mutterunternehmen mit Sitz in einem Drittstaat

(1) Unterliegen CRR-Kreditinstitute oder Wertpapierhandelsunternehmen mit Sitz im Inland, die Tochterunternehmen eines Instituts, einer Finanzholding-Gesellschaft oder einer gemischten Finanzholding-Gesellschaft mit Sitz in einem Drittstaat sind, in dem Drittstaat nicht einer den Bestimmungen dieses Gesetzes über die Beaufsichtigung auf konsolidierter Basis gleichwertigen Beaufsichtigung, kann die Bundesanstalt

---

[1] Zum 6. KWG-Änderungsgesetz.

die Gruppe von Unternehmen als Institutsgruppe, Finanzholding-Gruppe oder gemischte Finanzholding-Gruppe und ein Institut als übergeordnetes Unternehmen bestimmen; die Vorschriften dieses Gesetzes über die Beaufsichtigung auf konsolidierter Basis sind in diesem Fall entsprechend anzuwenden. Vor der Entscheidung über die Gleichwertigkeit der Beaufsichtigung nach Satz 1 hört die Bundesanstalt die Europäische Bankenaufsichtsbehörde an.

(2) weggefallen

(3) Die Bundesanstalt kann im Einzelfall abweichend von Absatz 1[1] einer angemessenen Beaufsichtigung auf konsolidierter Basis in anderer Weise Rechnung tragen. Sie kann insbesondere verlangen, dass eine Finanzholding-Gesellschaft oder gemischte Finanzholding-Gesellschaft mit Sitz im Inland oder in einem anderen Staat des Europäischen Wirtschaftsraums gegründet wird, auf die die Vorschriften dieses Gesetzes über die Beaufsichtigung auf konsolidierter Basis entsprechend anzuwenden sind.

(4) In den Fällen des Absatzes 3 unterrichtet die Bundesanstalt die betroffenen zuständigen Stellen im Europäischen Wirtschaftsraum über die gewählte Vorgehensweise. Die Pflichten aus § 7a Absatz 2 Nummer 3 und § 7b Absatz 3 Nummer 2 bleiben unberührt.

Amtliche Begründung[2]

Absatz 2 und Absatz 3 Nr. 2 setzen Artikel 5 Abs. 3 und Artikel 18 der Finanzkonglomeraterichtlinie um. Die Vorschrift regelt den Fall, dass ein beaufsichtigtes Unternehmen mit Sitz im Inland einem Mutterunternehmen mit Sitz in einem Drittstaat angehört. Unterliegt dieses Mutterunternehmen durch die Drittlandsbehörde keiner der Finanzkonglomeraterichtlinie gleichwertigen Aufsicht, so kann die Bundesanstalt die Vorschriften über die Beaufsichtigung von Finanzkonglomeraten entsprechend anwenden. Sie kann dem Ziel der angemessenen Beaufsichtigung im Einzelfall jedoch auch auf andere Weise Rechnung tragen und kann dabei insbesondere auch verlangen, dass eine gemischte Finanzholding-Gesellschaft mit Sitz im Inland gegründet wird, auf welche dann die Vorschriften über die zusätzliche Beaufsichtigung auf Konglomeratsebene als Mutterunternehmen entsprechend anzuwenden sind.

Die Frage, wann eine gleichwertige Beaufsichtigung im Drittland gewährleistet ist, wird von der Richtlinie selbst nicht definiert. Sie kann aber durch den noch einzusetzenden Finanzkonglomerateausschuss nach Artikel 21 der Finanzkonglomeraterichtlinie, welcher in dieser Frage eine allgemeine Orientierung geben soll, auf europäischer Ebene näher bestimmt werden.

Das vorstehend Ausgeführte gilt in Bezug auf Absatz 1 und Absatz 3 Nr. 1, die auf Artikel 29 Nr. 11 (Einfügung des Artikels 56a der Bankenrichtlinie) der Finanzkonglomeraterichtlinie beruhen und inhaltsgleiche Regelungen in Bezug auf Finanzholding-Gesellschaften mit Sitz in einem Drittstaat zum Gegenstand haben, entsprechend.

---

1   Hinweis: Mit der Änderung durch Artikel 1 Nummer 87 Buchstabe b) des Gesetzes vom 28. August 2013 (BGBl. I S. 3395) war folgende Textänderung beabsichtigt:
    »b) In Absatz 3 werden die Wörter ›von den Absätzen 1 und 2‹ durch die Wörter ›von Absatz 1 und § 15 Absatz 2 des Finanzkonglomerate-Aufsichtsgesetzes‹ ersetzt.«
    Aufgrund der vorhergehenden Änderung des § 53d Absatz 3 Satz 1 durch Gesetz vom 27. Juni 2013 (BGBl. I S. 1862) ist diese Änderung jedoch nicht ausführbar.
2   Zum Finanzkonglomeraterichtlinie-Umsetzungsgesetz vom 21. Dezember 2004 (BGBl. I S. 3610); vgl. BT-Drucksache 15/3641 vom 12. August 2004.

Amtliche Begründung[1]

Zu Nummer 28 (§ 53d)

Zu Buchstabe a (Absatz 1)

In Umsetzung von Artikel 9 Nummer 38 Buchstabe a Doppelbuchstabe ii der Richtlinie 2010/78/EU, der Artikel 143 Absatz 2 Unterabsatz 2 der Richtlinie 2006/48/EG ändert, hört die Bundesanstalt die Europäische Bankenaufsichtsbehörde an, bevor sie eine Entscheidung gemäß § 53b Absatz 1 trifft.

Zu Buchstabe b (Absatz 2)

Mit Absatz 2 Satz 2 wird Artikel 2 Nummer 11 Buchstabe b der Richtlinie 2010/78/EU umgesetzt, durch den Artikel 18 Absatz 1a Richtlinie 2002/87/EG eingefügt wird.

Zu Buchstabe c (Absatz 4 – neu)

Mit dem neuen Absatz 4 wird die Neufassung von Artikel 143 Absatz 3 Unterabsatz 4 der Richtlinie 2006/48/EG durch Artikel 9 Nummer 38 Buchstabe b der Richtlinie 2010/78/EU hinsichtlich der Unterrichtung der anderen zuständigen Stellen umgesetzt.

ANMERKUNG

1. § 53d wurde durch das Finanzkonglomeraterichtlinie-Umsetzungsgesetz vom 21. Dezember 2004 (BGBl. I S. 3610) eingefügt. Zu den Motiven vgl. die vorstehend abgedruckte Amtliche Begründung. Der bisherige § 53d wurde § 53e.
2. In § 53d Absatz 1 wurde das Wort »E-Geld-Institut« gestrichen durch das Gesetz zur Umsetzung der Zweiten E-Geld-Richtlinie vom 1. März 2011 (BGBl. I S. 288), da der Institutstypus aus diesem Gesetz herausgenommen und dem Zahlungsdiensteaufsichtsgesetz unterstellt wurde.
3. In § 53d Absatz 1 und 2 wurden jeweils ein Satz und Absatz 4 neu angefügt durch das Gesetz zur Umsetzung der Richtlinie 2010/78/EU des Europäischen Parlaments und des Rates vom 24. November 2010 im Hinblick auf die Errichtung des Europäischen Finanzaufsichtssystems vom 4. Dezember 2011 (BGBl. I S. 2427); vgl. die vorstehende Amtliche Begründung.
4. § 53d Absatz 1 und 3 wurden geändert und Absatz 2 aufgehoben durch das Gesetz zur Umsetzung der Richtlinie 2011/89/EU des Europäischen Parlaments und des Rates vom 16. November 2011 zur Änderung der Richtlinien 98/78/EG, 2002/87/EG, 2006/48/EG und 2009/138/EG hinsichtlich der zusätzlichen Beaufsichtigung der Finanzunternehmen eines Finanzkonglomerats vom 27. Juni 2013 (BGBl. I S. 1862). Diese Änderungen setzen den Artikel 3 Nummer 1 und Nummer 25 der Richtlinie 2011/89/EU um, der Änderungen in den Artikeln 1 und der Richtlinie 2006/48/EG vornimmt und gemischte Finanzholding-Gesellschaften in den Regelungsbereich einbezieht; vgl. auch BT-Drucksache 17/12602 vom 4. März 2013.
5. Die Änderungen des § 53d durch das CRD IV-Umsetzungsgesetz vom 28. August 2013 (BGBl. I S. 3395) sind redaktionelle Anpassungen an die Begrifflichkeiten der Verordnung (EU) Nr. 575/2013.

---

1 Zum Gesetz zur Umsetzung der Richtlinie 2010/78/EU vom 24. November 2010 im Hinblick auf die Errichtung des Europäischen Finanzaufsichtssystems vom 4. Dezember 2011 (BGBl. I S. 2427); vgl. BT-Drucksache 17/6255 vom 22. Juni 2011.

Sechster Abschnitt:
Sondervorschriften für zentrale Gegenparteien

§ 53e Inhaber bedeutender Beteiligungen

§ 2c Absatz 2 in Verbindung mit Absatz 1b Satz 1 Nummer 1, 3, 4 bis 6 gilt entsprechend, soweit die Bundesanstalt nach Artikel 30 Absatz 4 der Verordnung (EU) Nr. 648/2012 die erforderlichen Maßnahmen ergreifen soll, um eine Einflussnahme der in Artikel 30 Absatz 1 der Verordnung (EU) Nr. 648/2012 genannten Personen, die sich voraussichtlich zum Nachteil für eine solide und umsichtige Geschäftsführung einer zentralen Gegenpartei auswirken wird, zu beenden; § 44b gilt entsprechend.

Amtliche Begründung[1]

Die Regelung wird den Erfordernissen des Artikels 7 der Wertpapierdienstleistungsrichtlinie angepaßt. Es handelt sich um redaktionelle Änderungen oder Folgeänderungen, die aus der europäischen Harmonisierung und der Einführung der Herkunftsstaatkontrolle über Wertpapierhandelsunternehmen resultieren. Zudem werden die Verpflichtungen entsprechend den EG-rechtlichen Vorgaben auf Fälle beschränkt, die Einlagenkreditinstitute betreffen.
Absatz 2 kann entfallen.

Amtliche Begründung[2]

Zu Absatz 1 Satz 1 Nr. 1

Anstelle einer Meldung an die Europäische Kommission müssen die Mitgliedstaaten gemäß Artikel 5 Abs. 3 der Finanzmarktrichtlinie selbst ein öffentlich zugängliches Register mit sämtlichen Wertpapierdienstleistungsunternehmen führen. Diese Verpflichtung wird in § 32 Abs. 5 umgesetzt. Eine diesbezügliche Meldepflicht an die Europäische Kommission sieht die Finanzmarktrichtlinie nicht vor.

Zu Absatz 1 Satz 1 Nr. 3

Weder die neue Bankenrichtlinie noch die Finanzmarktrichtlinie sehen eine Meldung des Erwerbs einer Beteiligung an einem Einlagenkreditinstitut oder Wertpapierhandelsunternehmen an die Europäische Kommission vor, wenn das Einlagenkreditinstitut oder Wertpapierhandelsunternehmen zu einem Tochterunternehmen eines Unternehmens mit Sitz in einem Drittstaat wird. Nummer 3 ist daher aufgehoben worden.

Zu Absatz 1 Satz 1 Nr. 6

Die Meldepflicht gemäß Nummer 6 entspricht Artikel 15 Abs. 1 der Finanzmarktrichtlinie. Die parallele Regelung für Einlagenkreditinstitute und E-Geld-Institute ist in der neuen Bankenrichtlinie nicht mehr vorgesehen.

---

1 Zum 6. KWG-Änderungsgesetz.
2 Zum Finanzmarktrichtlinie-Umsetzungsgesetz.

Amtliche Begründung[1]

Zu Nummer 12

Es handelt sich um eine redaktionelle Folgeänderung, die sich durch das Streichen der Nummer 8 in § 53e Abs. 1 KWG ergibt. Die Beteiligungsrichtlinie sieht im Übrigen keine entsprechende Meldepflicht vor.

ANMERKUNG
1. Vgl. die Anmerkung zu § 53b.
2. Durch das Finanzkonglorematerichtlinie-Umsetzungsgesetz vom 21. Dezember 2004 (BGBl. I S. 3610) wurde die Vorschrift (früher § 53d) den Erfordernissen der Finanzkonglomeraterichtlinie angepasst.
3. Redaktionelle Anpassung an die Umbenennung von § 2b in § 2c.
4. Redaktionelle Anpassung der Bezeichnung des Bankenausschusses sowie Korrektur des Richtlinienzitates.
5. Durch das Gesetz zur Umsetzung der Beteiligungsrichtlinie vom 12. März 2009 (BGBl. I S. 470) wurde die Nummer 8 in § 53e Absatz 1 Satz 1 aufgehoben und Satz 2 folgeentsprechend geändert.
6. In § 53e Absatz 1 Nummer 1 wurde das Wort »E-Geld-Institut« gestrichen durch das Gesetz zur Umsetzung der Zweiten E-Geld-Richtlinie vom 1. März 2011 (BGBl. I S. 288), da der Institutstypus aus diesem Gesetz herausgenommen und dem Zahlungsdiensteaufsichtsgesetz unterstellt wurde.
7. § 53e wurde aufgehoben als Folgeänderung zum neuen § 7a (früher § 53e) durch das Gesetz zur Umsetzung der Richtlinie 2010/78/EU des Europäischen Parlaments und des Rates vom 24. November 2010 im Hinblick auf die Errichtung des Europäischen Finanzaufsichtssystems vom 4. Dezember 2011 (BGBl. I S. 2427).
8. § 53e wurde neu gefasst durch das Ausführungsgesetz zur Verordnung (EU) Nr. 648/2012 über OTC-Derivate, zentrale Gegenparteien und Transaktionsregister (EMIR-Ausführungsgesetz) vom 13. Februar 2013 (BGBl. I S. 174). Nach Artikel 30 Absatz 4 der Verordnung (EU) Nr. 648/2012 kann die zuständige Behörde erforderliche Maßnahmen im Bereich der Inhaberkontrolle ergreifen. Eine Untersagung der Verfügung oder der Ausübung des Stimmrechts wie in § 2b Absatz 2 in Verbindung mit Absatz 1b KWG ist dort nicht vorgesehen. Eine solche Bestimmung ist jedoch für eine wirksame Kontrolle der Inhaber erforderlich, sodass durch § 53e diese Regelungslücke geschlossen wird; vgl. BT-Drucksache 17/11289 vom 5. November 2012.

§ 53f Aufsichtskollegien

(1) Soweit die Bundesanstalt und die Deutsche Bundesbank einem Aufsichtskollegium nach Artikel 18 der Verordnung (EU) Nr. 648/2012 angehören, nehmen sie bei Abstimmungen jeweils eine Stimme wahr.

(2) Falls nach Artikel 19 Absatz 3 Satz 3 der Verordnung (EU) Nr. 648/2012 drei Stimmen für deutsche Aufsichtsbehörden vorgesehen sind oder die Bundesanstalt oder die Deutsche Bundesbank dem Aufsichtskollegium nicht angehören, rücken in der Wahrnehmung der Stimmen die zuständigen Aufsichtsbehörden der Handelsplätze im Sinne des Artikels 18 Absatz 2 Buchstabe d der Verordnung (EU) Nr. 648/2012 nach, und zwar in der Reihenfolge des an dem Handelsplatz im vorangegangenen Kalenderjahr gehandelten Volumens an Finanzinstrumenten, das über die betreffende zentrale Gegenpartei abgerechnet wurde.

---

1 Zum Gesetz zur Umsetzung der Beteiligungsrichtlinie vom 12. März 2009 (BGBl. I S. 470); vgl. BT-Drucksache 16/10536 vom 13. Oktober 2008.

Amtliche Begründung[1]

Zu § 53 f

Nach der Verordnung (EU) Nr. 648/2012 können verschiedene Aufsichtsbehörden an dem Aufsichtskollegium einer zentralen Gegenpartei teilnehmen. Soweit ein Aufsichtskollegium für eine zentrale Gegenpartei mit Sitz in Deutschland gebildet wird, übernimmt die Bundesanstalt den Vorsitz. § 53 f regelt die Ausübung des Stimmrechts in einem Aufsichtskollegium, in dem mehrere deutsche Aufsichtsbehörden vertreten sind. Grundsätzlich sollen, soweit sie dem Aufsichtskollegium angehören, die Bundesanstalt und die Deutsche Bundesbank jeweils ein Stimmrecht ausüben. Ist nach Artikel 19 Absatz 3 der Verordnung (EU) Nr. 648/2012 ein drittes Stimmrecht vorgesehen, soll die deutsche Aufsichtsbehörde, die für den Handelsplatz mit dem im abgelaufenen Kalenderjahr höchsten Volumen an Finanzinstrumenten, die an der betreffenden zentralen Gegenpartei abgerechnet wurden, zuständig ist, diese Stimme ausüben. Nimmt eine der genannten Behörden nicht an dem Aufsichtskollegium teil, sollen die zuständigen Behörden für die Handelsplätze in der Reihenfolge des Handelsvolumens die Stimmrechte ausüben, bis die vorgesehene Stimmenzahl ausgeschöpft ist.

ANMERKUNG § 53 f wurde neu eingefügt durch das Ausführungsgesetz zur Verordnung (EU) Nr. 648/2012 über OTC-Derivate, zentrale Gegenparteien und Transaktionsregister (EMIR-Ausführungsgesetz) vom 13. Februar 2013 (BGBl. I S. 174). Zu den Motiven vgl. die vorstehend abgedruckte Amtliche Begründung.

§ 53 g Finanzmittelausstattung von zentralen Gegenparteien

Die Bundesanstalt kann bei der Beurteilung der Angemessenheit der Finanzmittel anordnen, dass eine zentrale Gegenpartei Anforderungen an das Eigenkapital und die sonstigen Finanzmittel einhalten muss, die über die Anforderungen der Artikel 16 und 43 der Verordnung (EU) Nr. 648/2012 hinausgehen, insbesondere
1. um den Aufbau eines zusätzlichen Finanzmittelpuffers für Perioden wirtschaftlichen Abschwungs sicherzustellen,
2. um Risiken Rechnung zu tragen, die sich aufgrund gesellschaftsrechtlicher Gestaltungen oder Abhängigkeiten einer zentralen Gegenpartei insbesondere als Teil einer Instituts- oder Finanzholding-Gruppe ergeben oder
3. um einer besonderen Geschäftssituation einer zentralen Gegenpartei Rechnung zu tragen.

Amtliche Begründung[2]

Zu § 53 g

Die Vorschrift ist dem vormaligen § 10 Absatz 1 b KWG in der Fassung vor Inkrafttreten der CRD-IV-Novelle nachgebildet. Die Regelung stellt damit sicher, dass sowohl im Vergleich zum bislang geltenden Recht als auch im Vergleich zu anderen Kredit-

---

1 Zum Ausführungsgesetz zur Verordnung (EU) Nr. 648/2012 über OTC-Derivate, zentrale Gegenparteien und Transaktionsregister (EMIR-Ausführungsgesetz) vom 13. Februar 2013 (BGBl. I S. 174); vgl. BT-Drucksache 17/11 289 vom 5. November 2012.
2 Zum Ausführungsgesetz zur Verordnung (EU) Nr. 648/2012 über OTC-Derivate, zentrale Gegenparteien und Transaktionsregister (EMIR-Ausführungsgesetz) vom 13. Februar 2013 (BGBl. I S. 174); vgl. BT-Drucksache 17/11 289 vom 5. November 2012.

instituten bei zentralen Gegenparteien ein vergleichbares Aufsichtsniveau gewährleistet ist. Bei einer zentralen Gegenpartei entsprechen die finanziellen Mittel der Bedeutung der relevanten Eigenmittel für ein Kreditinstitut. Denn für die Bewältigung des Ausfalls von Clearingmitgliedern ist der Umfang der finanziellen Mittel maßgeblich. Die Anforderungen an die finanziellen Mittel ergeben sich aus den Artikeln 16 und 43 der Verordnung (EU) Nr. 648/2012. Artikel 14 Absatz 5 der Verordnung (EU) Nr. 648/2012 gibt dem nationalen Gesetzgeber jedoch die Befugnis, zusätzliche Anforderungen zu stellen.

Nummer 1 gibt der Bundesanstalt die Möglichkeit, zur Vermeidung von prozyklischen Effekten von der zentralen Gegenpartei den Aufbau eines Finanzmittelpuffers zu verlangen.

Nummer 2 ermöglicht insbesondere die Berücksichtigung der Risiken bei einer zentralen Gegenpartei, die Teil einer Institutsgruppe, einer Finanzholdinggruppe oder einer vergleichbaren Gruppenstruktur ist. Zwar findet im Rahmen der Beaufsichtigung dieser Gruppen eine Konsolidierung auch der zentralen Gegenpartei Berücksichtigung, aus Gründen der Absicherung der besonderen Rolle der zentralen Gegenpartei für den Finanzmarkt soll aber die Möglichkeit geschaffen werden, bei Risiken für die zentrale Gegenpartei, die sich aus gesellschaftsrechtlichen Gestaltungen innerhalb eines Konzerns ergeben können, direkt gegenüber der zentralen Gegenpartei reagieren zu können.

Nummer 3 gibt der Bundesanstalt die Befugnis, einen Zuschlag auf die Finanzmittel festzusetzen, wenn eine besondere Geschäftssituation gegeben ist, etwa die Geschäftsaufnahme der zentralen Gegenpartei oder eine Erweiterung ihrer Aktivitäten. Zuschläge auf die vorzuhaltenden Finanzmittel kommen beispielsweise in Betracht bei Ausdehnung der Clearingtätigkeit auf Märkte, auf denen eine hohe Konzentration der Positionen auf wenige Marktteilnehmer besteht.

ANMERKUNG § 53 g wurde neu eingefügt durch das Ausführungsgesetz zur Verordnung (EU) Nr. 648/2012 über OTC-Derivate, zentrale Gegenparteien und Transaktionsregister (EMIR-Ausführungsgesetz) vom 13. Februar 2013 (BGBl. I S. 174). Zu den Motiven vgl. die vorstehend abgedruckte Amtliche Begründung.

§ 53 h Liquidität

Die Bundesanstalt kann bei der Beurteilung der Liquidität im Einzelfall gegenüber einer zentralen Gegenpartei Liquiditätsanforderungen anordnen, die über die Vorgaben hinausgehen, die in Artikel 44 der Verordnung (EU) Nr. 648/2012 gegebenenfalls in Verbindung mit nach Artikel 44 Absatz 2 erlassenen technischen Regulierungsstandards festgelegt sind, wenn ohne eine solche Maßnahme die nachhaltige Liquidität der zentralen Gegenpartei nicht gesichert ist.

Amtliche Begründung[1]

Zu § 53 h

Artikel 44 Absatz 1 der Verordnung (EU) Nr. 648/2012 definiert als täglichen Liquiditätsbedarf den potenziellen Ausfall der beiden Clearingmitglieder, gegenüber denen die höchsten Risikopositionen gehalten werden. Unter extremen Marktbedingungen oder bei besonderen Risikostrukturen der geclearten Produkte kann dies unzureichend

---

1 Zum Ausführungsgesetz zur Verordnung (EU) Nr. 648/2012 über OTC-Derivate, zentrale Gegenparteien und Transaktionsregister (EMIR-Ausführungsgesetz) vom 13. Februar 2013 (BGBl. I S. 174); vgl. BT-Drucksache 17/11289 vom 5. November 2012.

sein, insbesondere wenn zu einem solchen Zeitpunkt die Summe der zwei größten Risikopositionen im Verhältnis zum Gesamtrisiko verhältnismäßig gering erscheint. Dies hängt von der jeweiligen Betrachtung der Verteilung der Risikopositionen bezogen auf alle Clearingmitglieder ab.

Daher ist es sachgerecht, wenn die Bundesanstalt über die in Artikel 44 der Verordnung (EU) Nr. 648/2012 festgelegten Vorgaben hinausgehende Liquiditätsanforderungen anordnen kann, wenn ohne eine solche Maßnahme die nachhaltige Liquidität der zentralen Gegenpartei nicht gesichert ist.

ANMERKUNG § 53h wurde neu eingefügt durch das Ausführungsgesetz zur Verordnung (EU) Nr. 648/2012 über OTC-Derivate, zentrale Gegenparteien und Transaktionsregister (EMIR-Ausführungsgesetz) vom 13. Februar 2013 (BGBl. I S. 174). Zu den Motiven vgl. die vorstehend abgedruckte Amtliche Begründung.

§ 53i Gewährung des Zugangs nach den Artikeln 7 und 8 der Verordnung (EU) Nr. 648/2012

Eine zentrale Gegenpartei, der eine Zulassung nach Artikel 14 der Verordnung (EU) Nr. 648/2012 erteilt worden ist, hat die Bundesanstalt über den Eingang von Anträgen auf Zugangsgewährung nach Artikel 7 der Verordnung (EU) Nr. 648/2012 sowie das Stellen eines Antrags auf Zugangsgewährung nach Artikel 8 der Verordnung (EU) Nr. 648/2012 unverzüglich schriftlich zu informieren. Die Bundesanstalt kann der zentralen Gegenpartei
1. unter den in Artikel 7 Absatz 4 der Verordnung (EU) Nr. 648/2012 genannten Voraussetzungen untersagen, einen Zugang im Sinne des Artikels 7 der genannten Verordnung zu gewähren, oder
2. unter den in Artikel 8 Absatz 4 der Verordnung (EU) Nr. 648/2012 genannten Voraussetzungen untersagen, einen Zugang zu einem Handelsplatz im Sinne des Artikels 8 der genannten Verordnung einzurichten.

ANMERKUNG § 53i wurde neu eingefügt durch das Ausführungsgesetz zur Verordnung (EU) Nr. 648/2012 über OTC-Derivate, zentrale Gegenparteien und Transaktionsregister (EMIR-Ausführungsgesetz) vom 13. Februar 2013 (BGBl. I S. 174). Die Vorschrift schafft für die Bundesanstalt als zuständige Aufsichtsbehörde über zentrale Gegenparteien im Sinne der Verordnung (EU) Nr. 648/2012 die in Artikel 7 und 8 vorgesehenen Befugnisse; vgl. die BT-Drucksache 17/11289 vom 5. November 2012.

§ 53j Anzeigen; Verordnungsermächtigung

(1) Eine zentrale Gegenpartei hat der Bundesanstalt und der Deutschen Bundesbank jeweils zum Monatsende anzuzeigen:
1. die Einhaltung der Einschussanforderungen nach Artikel 41 Absatz 1 Satz 2 und 3 der Verordnung (EU) Nr. 648/2012,
2. die Summe des oder der Ausfallfonds nach Artikel 42 Absatz 1 der Verordnung (EU) Nr. 648/2012,
3. die Summe der sonstigen Finanzmittel nach Artikel 43 der Verordnung (EU) Nr. 648/2012, einschließlich einer Darlegung, ob der Ausfallfonds und die sonstigen Finanzmittel den Ausfall der beiden nach Artikel 43 Absatz 2 der Verordnung (EU) Nr. 648/2012 bestimmten Clearingmitglieder auffangen können,
4. stichtagsbezogen die Summe der für eine Deckung des Liquiditätsbedarfs bestehenden Kreditlinien oder ähnlichen Möglichkeiten und jeweils die diesbezüglichen Gegenparteien sowie den potenziellen täglichen Liquiditätsbedarf nach Artikel 44 Absatz 1 der Verordnung (EU) Nr. 648/2012,

5. die Summe aller im Berichtszeitraum nach Artikel 46 Absatz 1 der Verordnung (EU) Nr. 648/2012 entgegengenommenen Sicherheiten aufgeschlüsselt nach Sicherheiten in Form von Geld, Wertpapieren und Garantien; dabei sind die Geldsicherheiten nach Währungen weiter aufzuschlüsseln und die Wertpapiere nach der Art, dem jeweiligen Sicherheitsabschlag und dem jeweiligen Anteil an den Gesamtsicherheiten sowie, soweit gegeben, dem Zeitpunkt der Freigabe und
6. die Gegenparteien, bei denen zum Stichtag Finanzmittel im Sinne des Artikels 47 der Verordnung (EU) Nr. 648/2012 angelegt waren, jeweils unter Angabe des angelegten Volumens und der erfolgten Besicherung.

(2) Die Unterlagen, die der Bundesanstalt nach der Verordnung (EU) Nr. 648/2012 vorzulegen sind, sind in deutscher Sprache und auf Verlangen der Bundesanstalt zusätzlich in englischer Sprache zu erstellen und vorzulegen. Die Bundesanstalt kann gestatten, dass die Unterlagen ausschließlich in englischer Sprache erstellt und vorgelegt werden.

(3) Das Bundesministerium der Finanzen kann durch Rechtsverordnung, die nicht der Zustimmung des Bundesrates bedarf, im Benehmen mit der Deutschen Bundesbank und nach Anhörung der Spitzenverbände der Institute nähere Bestimmungen erlassen über
1. Art, Umfang, Zeitpunkt und Form der nach Absatz 1 erforderlichen Anzeigen und der gegebenenfalls zum Nachweis erforderlichen Unterlagen,
2. die zulässigen Datenträger, Übertragungswege und Datenformate für diese Anzeigen und
3. eine Ergänzung der nach Absatz 1 bestehenden Anzeigepflichten durch die Erstattung von Sammelanzeigen und die Einreichung von Sammelaufstellungen,

soweit dies zur Erfüllung der Aufgaben der Bundesanstalt erforderlich ist, ins besondere um einheitliche Unterlagen zur Beurteilung des von zentralen Gegenparteien durchgeführten Clearings zu erhalten. Das Bundesministerium der Finanzen kann diese Ermächtigung durch Rechtsverordnung auf die Bundesanstalt mit der Maßgabe übertragen, dass die Rechtsverordnung im Einvernehmen mit der Deutschen Bundesbank zu erlassen ist.

Amtliche Begründung[1]

Zu § 53j

Die Mitgliedstaaten haben nach Artikel 22 Absatz 2 der Verordnung (EU) Nr. 648/2012 sicherzustellen, dass die zuständigen Behörden mit den notwendigen Aufsichtsbefugnissen ausgestattet sind. Hierzu zählen auch erweiterte Anzeigepflichten einer zentralen Gegenpartei bezüglich des Kernbereichs ihrer Tätigkeit. Für die fortlaufende Beaufsichtigung der zentralen Gegenpartei sind die in § 53i KWG Absatz 1 geregelten monatlichen Anzeigepflichten unerlässlich. Sie betreffen die Kernbereiche der Tätigkeit der zentralen Gegenpartei, insbesondere die Erhebung von Einschüssen sowie die Errichtung eines Ausfallfonds. Diese Anzeigen bilden damit eine wesentliche Grundlage für die Entscheidung über weitergehende aufsichtliche Maßnahmen.

Absatz 2 regelt das Sprachregime für Informationen, die von der zentralen Gegenpartei nach diesem Gesetz und der Verordnung (EU) Nr. 648/2012 bereitzustellen sind, und trägt dem Umstand Rechnung, dass wesentliche Teile dieser Informationen im

---

1 Zum Ausführungsgesetz zur Verordnung (EU) Nr. 648/2012 über OTC-Derivate, zentrale Gegenparteien und Transaktionsregister (EMIR-Ausführungsgesetz) vom 13. Februar 2013 (BGBl. I S. 174); vgl. BT-Drucksache 17/11289 vom 5. November 2012.

Rahmen eines Aufsichtskollegiums nach Artikel 18 der Verordnung (EU) Nr. 648/2012 durch die Bundesanstalt anderen Aufsichtsbehörden zu Verfügung zu stellen sind.

ANMERKUNG § 53 j wurde neu eingefügt durch das Ausführungsgesetz zur Verordnung (EU) Nr. 648/2012 über OTC-Derivate, zentrale Gegenparteien und Transaktionsregister (EMIR-Ausführungsgesetz) vom 13. Februar 2013 (BGBl. I S. 174). Zu den Motiven vgl. die vorstehend abgedruckte Amtliche Begründung.

§ 53 k   Auslagerung von Aktivitäten und Prozessen

Soweit eine zentrale Gegenpartei eine Auslagerung gemäß Artikel 35 der Verordnung (EU) Nr. 648/2012 vornimmt, gilt § 25 b Absatz 3 Satz 1 und 2 Absatz 4 entsprechend.

ANMERKUNG § 53 k wurde neu eingefügt durch das Ausführungsgesetz zur Verordnung (EU) Nr. 648/2012 über OTC-Derivate, zentrale Gegenparteien und Transaktionsregister (EMIR-Ausführungsgesetz) vom 13. Februar 2013 (BGBl. I S. 174). Auslagerungen sind gemäß Artikel 35 der Verordnung (EU) Nr. 648/2012 gestattet. Der Verweis auf § 25 b Absatz 3 Satz 1, 2 und Absatz 4 Satz 1 stattet die Bundesanstalt mit den in diesem Zusammenhang notwendigen Anordnungsbefugnissen aus; vgl. die BT-Drucksache 17/11 289 vom 5. November 2012.

§ 53 l   Anordnungsbefugnis; Maßnahmen bei organisatorischen Mängeln

(1) Die Bundesanstalt kann gegenüber einer zentralen Gegenpartei im Einzelfall Anordnungen treffen, die geeignet und erforderlich sind, die Einhaltung der Anforderungen der Verordnung (EU) Nr. 648/2012 sicherzustellen. Insbesondere zur Sicherstellung der ordnungsgemäßen Geschäftsorganisation, der organisatorischen Anforderungen und der Anforderungen nach den Artikeln 26, 28, 29, 31 Absatz 1 Satz 2 sowie den Artikeln 33 und 34 der Verordnung (EU) Nr. 648/2012 kann sie anordnen, dass eine zentrale Gegenpartei
1. Maßnahmen zur Reduzierung von Risiken ergreift, soweit sich diese Risiken aus bestimmten Arten von Geschäften und Produkten oder aus der Nutzung bestimmter Systeme oder der Auslagerung von Aktivitäten und Prozessen auf ein anderes Unternehmen ergeben, oder
2. einzelne Geschäftsarten oder Dienstleistungen nicht oder nur in beschränktem Umfang betreiben darf.

(2) Die Bundesanstalt kann anstelle der in Absatz 1 Satz 2 genannten Maßnahmen oder zusammen mit diesen anordnen, dass die zentrale Gegenpartei Eigenmittelanforderungen einhalten muss, die über die Anforderungen nach Artikel 16 Absatz 2 der Verordnung (EU) Nr. 648/2012, auch in Verbindung mit technischen Regulierungsstandards nach dessen Absatz 3, hinausgehen.

ANMERKUNG § 53 l wurde neu eingefügt durch das Ausführungsgesetz zur Verordnung (EU) Nr. 648/2012 über OTC-Derivate, zentrale Gegenparteien und Transaktionsregister (EMIR-Ausführungsgesetz) vom 13. Februar 2013 (BGBl. I S. 174). Nach Artikel 22 Absatz 2 der Verordnung (EU) Nr. 648/2012 sind die zuständigen Behörden mit den erforderlichen Aufsichtsbefugnissen auszustatten. Insoweit wird in Absatz 1 Satz 1 auf eine Generalklausel zurückgegriffen. Die Anordnungsbefugnisse bei organisatorischen Mängeln nach Absatz 1 Satz 2 und Absatz 2 sind den Vorschriften aus der Institutsaufsicht nachgebildet; vgl. die BT-Drucksache 17/11 289 vom 5. November 2012.

§ 53 m Inhalt des Zulassungsantrags

(1) Ein Antrag auf Zulassung als zentrale Gegenpartei im Inland nach den Artikeln 14 und 17 der Verordnung (EU) Nr. 648/2012 muss enthalten:
1. die Art der abgerechneten Produkte,
2. eine Beschreibung der Einrichtung und Ausgestaltung der Modelle und Parameter, die zur Berechnung der Einschussanforderungen im Sinne des Artikels 41 der Verordnung (EU) Nr. 648/2012 verwendet werden, einschließlich der Angabe der relevanten Quellen für die Preisermittlung im Sinne des Artikels 40 der Verordnung (EU) Nr. 648/2012,
3. einen Nachweis über die Einrichtung von Ausfallfonds im Sinne des Artikels 42 der Verordnung (EU) Nr. 648/2012 und eine Beschreibung deren Ausgestaltung,
4. eine Beschreibung der Vorkehrungen zum Vorhalten sonstiger Finanzmittel im Sinne des Artikels 43 Absatz 1 der Verordnung (EU) Nr. 648/2012,
5. eine Beschreibung der Mechanismen zur Kontrolle der Liquiditätsrisiken im Sinne des Artikels 44 der Verordnung (EU) Nr. 648/2012,
6. eine Beschreibung der Anforderungen an die Sicherheiten gemäß Artikel 46 der Verordnung (EU) Nr. 648/2012,
7. Angaben zur Anlagepolitik im Sinne des Artikels 47 der Verordnung (EU) Nr. 648/2012,
8. eine Darstellung der Verfahren bei Ausfall eines Clearingmitgliedes gemäß Artikel 48 der Verordnung (EU) Nr. 648/2012,
9. eine Darstellung der Prüfungsverfahren im Sinne des Artikels 49 der Verordnung (EU) Nr. 648/2012 sowie
10. alle in § 32 Absatz 1 Satz 2 genannten Angaben; die gemäß § 32 Absatz 1 Satz 3 erlassene Rechtsverordnung gilt entsprechend.

(2) Die Bundesanstalt kann weitere Unterlagen verlangen, soweit diese für die Beurteilung des Zulassungsantrags erforderlich sind.

ANMERKUNG § 53 m wurde neu eingefügt durch das Ausführungsgesetz zur Verordnung (EU) Nr. 648/2012 über OTC-Derivate, zentrale Gegenparteien und Transaktionsregister (EMIR-Ausführungsgesetz) vom 13. Februar 2013 (BGBl. I S. 174). Satz 1 der Regelung konkretisiert Artikel 17 Absatz 2 der Verordnung (EU) Nr. 648/2012. Danach hat die zentrale Gegenpartei in ihrem Zulassungsantrag der zuständigen Behörde sämtliche Informationen zu übermitteln, welche diese benötigt, um sich davon zu überzeugen, dass der Antragsteller alle erforderlichen Vorkehrungen getroffen hat, um die Verpflichtungen der Verordnung (EU) Nr. 648/2012 einzuhalten. Diese Informationen sind seitens der zuständigen Behörde an ESMA und das Kollegium weiterzuleiten. Ergänzend erscheint es sinnvoll, die aus der Institutsaufsicht bekannten Unterlagen einzureichen. Es steht der Bundesanstalt frei, darüber hinausgehende Informationen zu verlangen; vgl. die BT-Drucksache 17/11 289 vom 5. November 2012.

§ 53 n Maßnahmen zur Verbesserung der Finanzmittel und der Liquidität einer nach der Verordnung (EU) Nr. 648/2012 zugelassenen zentralen Gegenpartei

(1) Wenn die Vermögens-, Finanz- oder Ertragsentwicklung einer zentralen Gegenpartei oder andere Umstände die Annahme rechtfertigen, dass die zentrale Gegenpartei die Anforderungen nach Artikel 41, 42, 43, 44, 46 oder 47 der Verordnung (EU) Nr. 648/2012, jeweils auch in Verbindung mit den zur näheren Ausgestaltung erlassenen technischen Regulierungsstandards nicht dauerhaft erfüllen können wird, kann die Bundesanstalt gegenüber der zentralen Gegenpartei Maßnahmen zur Verbesserung ihrer finanziellen Ausstattung und Liquidität anordnen, insbesondere

1. die Übermittlung einer begründeten Darstellung der Entwicklung der wesentlichen Geschäftsaktivitäten über einen Zeitraum von mindestens drei Jahren einschließlich Planbilanzen, Plangewinn- und -verlustrechnungen,
2. Maßnahmen zur besseren Abschirmung oder Reduzierung der von der zentralen Gegenpartei als wesentlich identifizierten Risiken und der damit verbundenen Risikokonzentrationen und eine Berichterstattung gegenüber der Bundesanstalt und der Deutschen Bundesbank, wobei auch über Konzepte für den Ausstieg aus einzelnen Geschäftsbereichen oder die Abtrennung von Teilen der zentralen Gegenpartei berichtet werden soll,
3. die Übermittlung eines Berichts über geeignete Maßnahmen zur Einhaltung der Einschussanforderungen, des Umfangs des Ausfallfonds, der anderen Finanzmittel, der Liquidität, der Anforderungen an die Sicherheiten und der Anlagepolitik, oder
4. die Übermittlung eines Konzepts zur Abwendung einer möglichen Gefahrenlage entsprechend § 35 Absatz 2 Nummer 4 an die Bundesanstalt und die Deutsche Bundesbank.

Die Annahme, dass die zentrale Gegenpartei die Anforderungen dauerhaft nicht erfüllen können wird, ist regelmäßig gerechtfertigt, wenn
1. die Einschüsse
   a) mindestens an einem Tag in zwei Meldezeiträumen nach § 53j Absatz 1 innerhalb eines Kalenderjahres nicht ausreichend sind, um die Verluste mit mindestens 99 Prozent der Forderungsveränderungen in dem Zeithorizont zu decken, der nach Artikel 41 Absatz 1 der Verordnung (EU) Nr. 648/2012, auch in Verbindung mit technischen Regulierungsstandards nach dessen Absatz 5, bestimmt ist, oder
   b) nicht in vollem Umfang mindestens auf Tagesbasis alle Risiken gegenüber allen Clearingmitgliedern und den anderen zentralen Gegenparteien, mit denen Interoperabilitätsvereinbarungen bestehen, absichern,
2. der Ausfallfonds in zwei Meldezeiträumen nach § 53j Absatz 1 innerhalb eines Kalenderjahres nicht die Mindesthöhe nach Artikel 42 Absatz 1 Satz 2 der Verordnung (EU) Nr. 648/2012 erreicht,
3. der Ausfallfonds und die sonstigen Finanzmittel an zwei Meldestichtagen nach § 53j Absatz 1 innerhalb eines Kalenderjahres nicht zur Abdeckung eines Ausfalls der beiden nach Artikel 43 Absatz 2 der Verordnung (EU) Nr. 648/2012 bestimmten Clearingmitglieder ausreichen,
4. die Kreditlinien oder ähnlichen Möglichkeiten, die zur Abdeckung des Liquiditätsbedarfs nach Artikel 44 Absatz 1 der Verordnung (EU) Nr. 648/2012, auch in Verbindung mit technischen Regulierungsstandards nach dessen Absatz 2, bestehen, an zwei Meldestichtagen nach § 53j Absatz 1 nicht ausreichen, um das Liquiditätsrisiko bezüglich des Ausfalls mindestens der beiden Clearingmitglieder abzudecken, gegenüber denen die zentrale Gegenpartei die höchsten offenen Positionen hat,
5. die zentrale Gegenpartei in zwei Meldezeiträumen nach § 53j Absatz 1 jeweils mehr als 3 Prozent der Gesamtsicherheiten ohne Beachtung der Anforderungen nach Artikel 46 Absatz 1 der Verordnung (EU) Nr. 648/2012, auch in Verbindung mit technischen Regulierungsstandards nach dessen Absatz 3, entgegengenommen hat oder
6. die zentrale Gegenpartei in zwei Meldezeiträumen nach § 53j Absatz 1 jeweils mehr als 3 Prozent der Gesamtsicherheiten ohne Beachtung der Anforderungen nach Artikel 47 Absatz 1 der Verordnung (EU) Nr. 648/2012, auch in Verbindung mit technischen Regulierungsstandards nach dessen Absatz 8, angelegt hat.

(2) Die Bundesanstalt kann anstelle der Maßnahmen nach Absatz 1 Satz 1 oder zusammen mit diesen Maßnahmen nach Absatz 3 Satz 1 Nummer 1 bis 7 anordnen, wenn die Maßnahmen nach Absatz 1 Satz 1 keine ausreichende Gewähr dafür bieten, die Einhaltung der Anforderungen nach Artikel 41, 42, 43, 44, 46 oder 47 der Verordnung (EU) Nr. 648/2012, jeweils auch in Verbindung mit den zur näheren Ausgestaltung erlassenen technischen Regulierungsstandards nachhaltig zu sichern; insoweit ist Absatz 4 entsprechend anzuwenden.

(3) Entsprechen bei einer zentralen Gegenpartei die Finanzmittel nicht den Anforderungen nach Artikel 41, 42 oder 43 der Verordnung (EU) Nr. 648/2012, jeweils auch in Verbindung mit den zur näheren Ausgestaltung erlassenen technischen Regulierungsstandards, oder den Anforderungen nach § 45b Absatz 1 Satz 2, die Liquidität nicht den Anforderungen nach Artikel 44 der Verordnung (EU) Nr. 648/2012 auch in Verbindung mit technischen Regulierungsstandards nach dessen Absatz 2, die erhaltenen Sicherheiten nicht den Anforderungen nach Artikel 46 der Verordnung (EU) Nr. 648/2012 auch in Verbindung mit technischen Regulierungsstandards nach dessen Absatz 3 oder die Anlage der Mittel nicht den Anforderungen nach Artikel 47 der Verordnung (EU) Nr. 648/2012 auch in Verbindung mit technischen Regulierungsstandards nach dessen Absatz 8, kann die Bundesanstalt
1. Entnahmen durch die Inhaber oder Gesellschafter sowie die Ausschüttung von Gewinnen untersagen oder beschränken,
2. bilanzielle Maßnahmen untersagen oder beschränken, die dazu dienen, einen entstandenen Jahresfehlbetrag auszugleichen oder einen Bilanzgewinn auszuweisen,
3. anordnen, dass die Auszahlung jeder Art von Erträgen auf Eigenmittelinstrumente insgesamt oder teilweise ersatzlos entfällt, wenn die Erträge nicht vollständig durch einen erzielten Jahresüberschuss gedeckt sind,
4. anordnen, dass die zentrale Gegenpartei Maßnahmen zur Reduzierung von Risiken ergreift, soweit sich diese aus bestimmten Arten von Geschäften und Produkten oder der Nutzung bestimmter Systeme ergeben,
5. die Auszahlung variabler Vergütungsbestandteile untersagen oder auf einen bestimmten Anteil des Jahresergebnisses beschränken; dies gilt nicht für variable Vergütungsbestandteile, die durch Tarifvertrag oder im Geltungsbereich eines Tarifvertrags durch Vereinbarung der Arbeitsvertragsparteien über die Anwendung der tarifvertraglichen Regelungen oder aufgrund eines Tarifvertrags in einer Betriebs- oder Dienstvereinbarung vereinbart sind,
6. anordnen, dass die zentrale Gegenpartei den Jahresgesamtbetrag, den sie für die variable Vergütung aller Geschäftsleiter und Mitarbeiter vorsieht (Gesamtbetrag der variablen Vergütungen), auf einen bestimmten Anteil des Jahresergebnisses beschränkt oder vollständig streicht; dies gilt nicht für variable Vergütungsbestandteile, die durch Tarifvertrag oder im Geltungsbereich eines Tarifvertrags durch Vereinbarung der Arbeitsvertragsparteien über die Anwendung der tarifvertraglichen Regelungen oder aufgrund eines Tarifvertrags in einer Betriebs- oder Dienstvereinbarung vereinbart sind, oder
7. anordnen, dass die zentrale Gegenpartei darlegt, wie und in welchem Zeitraum sie ihre finanziellen Mittel oder ihre Liquidität nachhaltig wiederherstellen wird (Plan zur Restrukturierung der zentralen Gegenpartei) und der Bundesanstalt und der Deutschen Bundesbank regelmäßig über den Fortschritt dieser Maßnahmen zu berichten ist.

Der Plan zur Restrukturierung nach Satz 1 Nummer 7 muss transparent, plausibel und begründet sein. In ihm sind konkrete Ziele, Zwischenziele und Fristen für die Umsetzung der dargelegten Maßnahmen zu benennen, die von der Bundesanstalt überprüft werden können. Die Bundesanstalt kann jederzeit Einsicht in den Plan zur Restrukturierung der zentralen Gegenpartei und die zugehörigen Unterlagen nehmen. Die Bundesanstalt kann die Änderung des Plans zur Restrukturierung der zentralen Gegenpartei verlangen und hierfür Vorgaben machen, wenn sie die angegebenen Ziele, Zwischenziele und Umsetzungsfristen für nicht ausreichend hält oder die zentrale Gegenpartei sie nicht einhält.

(4) Die Bundesanstalt darf die in Absatz 3 bezeichneten Anordnungen erst treffen, wenn die zentrale Gegenpartei den Mangel nicht innerhalb einer von der Bundesanstalt zu bestimmenden Frist behoben hat. Soweit dies zur Verhinderung einer kurzfristig zu erwartenden Verschlechterung der finanziellen Mittel oder der Liquidität der zentralen Gegenpartei erforderlich ist oder bereits Maßnahmen nach Absatz 1 Satz 1 ergriffen wurden, sind solche Anordnungen auch ohne vorherige Androhung mit Fristsetzung zulässig. Beschlüsse über die Gewinnausschüttung sind insoweit nichtig, als sie einer Anordnung nach Absatz 3 widersprechen. Soweit Regelungen in Verträgen über Eigenmittelinstrumente einer Anordnung nach Absatz 3 widersprechen, können aus ihnen keine Rechte hergeleitet werden. Nach oder zusammen mit einer Untersagung der Auszahlung von variablen Vergütungsbestandteilen gemäß Absatz 3 Satz 1 Nummer 5 kann die Bundesanstalt anordnen, dass die Ansprüche auf Gewährung variabler Vergütungsbestandteile ganz oder teilweise erlöschen, wenn
1. die zentrale Gegenpartei bei oder nach einer Untersagung der Auszahlung finanzielle Leistungen des Restrukturierungsfonds oder des Finanzmarktstabilisierungsfonds in Anspruch nimmt und, im Fall einer nachträglichen Anordnung, die Voraussetzungen für die Untersagung der Auszahlung bis zu diesem Zeitpunkt nicht weggefallen oder allein aufgrund dieser Leistungen weggefallen sind,
2. bei oder nach einer Untersagung der Auszahlung eine Anordnung der Bundesanstalt nach Absatz 3 Satz 1 Nummer 1 bis 4, 6 oder 7 getroffen wird oder schon besteht oder
3. bei oder nach einer Untersagung der Auszahlung Maßnahmen nach § 46 oder nach § 48a getroffen werden.

Eine Anordnung nach Satz 5 darf insbesondere auch ergehen, wenn
1. die Ansprüche auf Gewährung variabler Vergütungsbestandteile aufgrund solcher Regelungen eines Vergütungssystems einer zentralen Gegenpartei entstanden sind, die den aufsichtsrechtlichen Anforderungen der Verordnung (EU) Nr. 648/2012 an angemessene, transparente und auf eine nachhaltige Entwicklung der zentralen Gegenpartei ausgerichtete Vergütungssysteme widersprechen, oder
2. anzunehmen ist, dass ohne die Gewährung finanzieller Leistungen des Restrukturierungsfonds oder des Finanzmarktstabilisierungsfonds die zentrale Gegenpartei nicht in der Lage gewesen wäre, die variablen Vergütungsbestandteile zu gewähren; ist anzunehmen, dass die zentrale Gegenpartei einen Teil der variablen Vergütungsbestandteile hätte gewähren können, sind die variablen Vergütungsbestandteile angemessen zu kürzen.

Die Sätze 5 und 6 gelten nicht, soweit die Ansprüche auf Gewährung variabler Vergütung vor dem 16. Februar 2013 entstanden sind. Zentrale Gegenparteien müssen der Anordnungsbefugnis nach Absatz 3 Satz 1 Nummer 5 oder 6 und der Regelung in Satz 1 in entsprechenden vertraglichen Vereinbarungen mit ihren Geschäftsleitern und Mitarbeitern Rechnung tragen. Soweit vertragliche Vereinbarungen über die Gewährung einer variablen Vergütung einer Anordnung nach Absatz 3 Satz 1 Nummer 5 oder 6 entgegenstehen, können aus ihnen keine Rechte hergeleitet werden.

ANMERKUNG § 53n wurde neu eingefügt durch das Ausführungsgesetz zur Verordnung (EU) Nr. 648/2012 über OTC-Derivate, zentrale Gegenparteien und Transaktionsregister (EMIR-Ausführungsgesetz) vom 13. Februar 2013 (BGBl. I S. 174). Die Vorschrift ist weitestgehend § 45 nachgebildet. Bei einer zentralen Gegenpartei kommt statt der Eigenmittel jedoch den Finanzmitteln sowie den gestellten Sicherheiten und der Anlagepolitik der als Sicherheit erhaltenen Mittel herausragende Bedeutung zu. Daher werden der Bundesanstalt gegenüber der zentralen Gegenpartei bei Nichteinhaltung der diesbezüglichen Anforderungen der Artikel 41 bis 44, 46 oder 47 der Verordnung (EU) Nr. 648/2012 sowie den diesbezüglichen technischen Regulierungsstandards die aus der Bankenaufsicht bekannten Befugnisse eingeräumt; vgl. die BT-Drucksache 17/11 289 vom 5. November 2012.

Siebenter Abschnitt:
Strafvorschriften, Bußgeldvorschriften

§ 54 Verbotene Geschäfte, Handeln ohne Erlaubnis

(1) Wer
1. Geschäfte betreibt, die nach § 3, auch in Verbindung mit § 53b Abs. 3 Satz 1 oder 2, verboten sind, oder
2. ohne Erlaubnis nach § 32 Abs. 1 Satz 1 Bankgeschäfte betreibt oder Finanzdienstleistungen erbringt,

wird mit Freiheitsstrafe bis zu fünf Jahren oder mit Geldstrafe bestraft.
(1a) Ebenso wird bestraft, wer ohne Zulassung nach Artikel 14 Absatz 1 der Verordnung (EU) Nr. 648/2012 des Europäischen Parlaments und des Rates vom 4. Juli 2012 über OTC-Derivate, zentrale Gegenparteien und Transaktionsregister (ABl. L 201 vom 27. 7. 2012, S. 1) eine Clearingdienstleistung erbringt.
(2) Handelt der Täter fahrlässig, so ist die Strafe Freiheitsstrafe bis zu drei Jahren oder Geldstrafe.

Amtliche Begründung[1]

Absatz 1 sieht gegen denjenigen, der vorsätzlich die in § 3 bezeichneten verbotenen Geschäfte vornimmt oder ohne die in § 32* vorgeschriebene Erlaubnis Bankgeschäfte betreibt, einen von Gefängnis[2] bis zu Geldstrafe reichenden Strafrahmen vor. Im Falle der Nummer 2 gilt die Strafdrohung auch demjenigen, der zwar eine beschränkte Erlaubnis zum Betrieb von Bankgeschäften besitzt (§ 32* Abs. 2), aber Bankgeschäfte betreibt, die von der Erlaubnis nicht gedeckt werden. Die Begriffsbestimmung der Bankgeschäfte ist in § 1 des Entwurfs enthalten. Sie müssen auch den in § 1 beschriebenen Umfang erreichen. Nummer 2 findet keine Anwendung, wenn der Betrieb eines Kreditinstituts nach dem Tod des Inhabers unter den Voraussetzungen des § 34* fortgeführt wird, weil in diesem Falle eine Erlaubnis nach § 32* nicht erforderlich ist. Für die fahrlässige Begehung einer der in Absatz 1 bezeichneten Handlungen droht Absatz 2 eine geringere Strafe an. Fahrlässige Begehung kann z. B. vorliegen, wenn der Täter ein Bankgeschäft in der auf Fahrlässigkeit beruhenden irrigen Meinung vornimmt, die Erlaubnis hierfür sei ihm erteilt worden, während sich in Wirklichkeit seine Erlaubnis auf dieses Bankgeschäft nicht erstreckt oder die Erlaubnis nach § 35* wieder erloschen war.
Soweit Organe oder sonstige Personen ein Bankgeschäft für eine juristische Person betreiben, trifft die Strafdrohung die Organe oder Personen, die für die juristische Person handeln (vgl. die Ausführungen zu § 57*).

---

1 Zur Ursprungsfassung.
2 Statt Gefängnis jetzt Freiheitsstrafe.

Amtliche Begründung[1]

Die Einbeziehung unerlaubter Finanzdienstleistungen in den Straftatbestand ist neu. Sie ist erforderlich, um das Vertrauen in die Seriösität des Finanzdienstleistungssektors zu stärken. Mit dem ordnungsrechtlichen Instrumentarium kann nicht sichergestellt werden, daß die Unternehmen, die Finanzdienstleistungen erbringen, sich der Beaufsichtigung künftig nicht entziehen. Auch wenn die Sachermittlungskompetenzen des BAKred durch diese Novelle erheblich erweitert werden, wird es auf die Unterstützung durch die Staatsanwaltschaften angewiesen bleiben. Auf eine Kriminalisierung unerlaubter Finanzdienstleistungen kann deshalb nicht verzichtet werden.

Amtliche Begründung[2]

Zu Nummer 38

Zu § 54 (Verbotene Geschäfte, Handeln ohne Erlaubnis)

Zu § 54 Absatz 1 und 2

Die Erhöhung des Strafrahmens in den Absätzen 1 und 2 für vorsätzliches und fahrlässiges Handeln, ebenso wie in § 31 des Zahlungsdiensteaufsichtsgesetzes und § 140 des Versicherungsaufsichtsgesetzes, hebt die Strafandrohung für das Handeln ohne Erlaubnis nach allen drei Aufsichtsgesetzen auf ein einheitliches, auch tatsächlich wirksames Niveau. Geschäfte, die nach diesem Gesetz, Versicherungsaufsichtsgesetz und Zahlungsdiensteaufsichtsgesetz unter Erlaubnisvorbehalt stehen und ohne die danach erforderliche Erlaubnis betrieben werden, sind bereits heute strafbewehrt. Das Strafmaß soll jetzt für Vorsatzdelikte einheitlich auf ein Höchstmaß von fünf Jahren Freiheitsstrafe und für Fahrlässigkeitsdelikte einheitlich auf ein Höchstmaß von drei Jahren angehoben werden.

Die entsprechende Strafnorm steht in § 54 Absatz 1 unter Nummer 2. Das Gesetz qualifiziert in § 1 Absatz 1 bzw. 1a Unternehmen, die Bankgeschäfte oder Finanzdienstleistungen, die unter § 1 Absatz 1 Satz 2 bzw. Absatz 1a Satz 2 und 3 definiert werden, gewerbsmäßig oder in einem Umfang betreiben, der einen in kaufmännischer Weise eingerichteten Geschäftsbetrieb erfordert, materiell als Kreditinstitute und stellt diese Tätigkeit in § 32 Absatz 1 unter Erlaubnisvorbehalt (präventives Verbot mit Erlaubnisvorbehalt). Wer gewerbsmäßig oder in einem Umfang, der einen in kaufmännischer Weise eingerichteten Geschäftsbetrieb erfordert, Bankgeschäfte betreibt oder Finanzdienstleistungen erbringt ohne die nach § 32 Absatz 1 Satz 1 erforderliche Erlaubnis, macht sich bei Vorsatz nach § 54 Absatz 1 Nummer 2 und bei Fahrlässigkeit nach § 54 Absatz 2 strafbar. Den objektiven Tatbestand verwirklicht nicht nur derjenige, der Bankgeschäfte oder Finanzdienstleistungen ohne Erlaubnis betreibt, sondern auch derjenige, der trotz Aufhebung einer einmal erteilten Erlaubnis die Geschäfte fortsetzt oder den Erlaubnisgegenstand überschreitet. Wer z.B. eine Erlaubnis für das Finanztransfergeschäft hat und daneben – ohne die erforderliche Erlaubnis – Einlagen oder andere rückzahlbare Gelder des Publikums hereinnimmt, macht sich genauso strafbar wie derjenige, der überhaupt keine Erlaubnis von der Bundesanstalt hat.

Die Erhöhung des Strafmaßes soll im Interesse des Anlegerschutzes sicherstellen, dass die Staatsanwaltschaften dem § 54 in Zukunft die gleiche Aufmerksamkeit schenken werden wie anderen Vermögensdelikten.

---

1 Zum 6. KWG-Änderungsgesetz.
2 Zum Gesetz zur Umsetzung der Zweiten E-Geld-Richtlinie vom 1. März 2011 (BGBl. I S. 288); vgl. BT-Drucksache 17/3023 vom 27. September 2010.

Mit der Erhöhung des Strafmaßes für unerlaubte Geschäfte ist folgerichtig auch das Strafmaß unter § 54 Absatz 1 Nummer 1, auch in Verbindung mit Absatz 2, für die Geschäfte anzuheben, die nach § 3 dieses Gesetzes absolut, das heißt ohne Erlaubnisvorbehalt und auch ohne wie bei der Rechtsfigur des repressiven Verbots mit Befreiungsvorbehalt die Möglichkeit des Dispenses im Einzelfall verboten sind. Diese erste Gruppe der durch § 54 unter Strafandrohung gestellten Handlungen bilden zwei Tatbestände, die einer besonderen, über das typische Einlagengeschäft hinausgehenden Gefahr für die Sicherheit von Einlagen begegnen wollen (Verbot von Werkssparkassen, § 3 Nummer 1; Verbot von Zwecksparunternehmen, § 3 Nummer 2) und ein Tatbestand, der sicherstellen soll, dass bestimmte Geschäftsmodelle, die eine besonders große Gefahr für die Wirksamkeit der Währungs-, Geld- und Kreditpolitik der Zentralnotenbank darstellen sollen, nicht betrieben werden. Verboten sind danach
- der Betrieb des Einlagengeschäfts, wenn der Kreis der Einleger überwiegend aus Betriebsangehörigen des Unternehmens besteht (Werkssparkassen) und nicht sonstige Bankgeschäfte betrieben werden, die den Umfang des Einlagengeschäfts übersteigen (Verbot von Werkssparkassen);
- die Annahme von Geldbeträgen, wenn der überwiegende Teil der Geldgeber einen Rechtsanspruch darauf hat, dass ihnen aus diesen Geldbeträgen Darlehen gewährt oder Gegenstände auf Kredit beschafft werden (Verbot von Zwecksparunternehmen); ausgenommen von dem Verbot für Zwecksparunternehmen sind Bausparkassen, über die für diese Zwecke eine besondere Aufsicht nach dem Bausparkassengesetz besteht;
- der Betrieb des Kredit- oder Einlagengeschäfts, wenn es durch Vereinbarung oder geschäftliche Gepflogenheit ausgeschlossen oder erheblich erschwert ist, über den Kreditbetrag oder die Einlagen durch Barabhebung zu verfügen.

ANMERKUNG

1. Absatz 1 Nr. 2 gilt nicht, wenn die Erlaubnis aufgehoben wurde oder sonst wie erloschen ist, zur Abwicklung des Geschäftes aber noch Bankgeschäfte vorgenommen werden müssen.
2. Durch das 6. KWG-Änderungsgesetz vom 22. Oktober 1997 wurde das Erbringen von Finanzdienstleistungen ohne entsprechende Erlaubnis in den Straftatbestand einbezogen.
3. § 54 Absatz 1 letzter Halbsatz und Absatz 2 wurden geändert durch das Gesetz zur Umsetzung der Zweiten E-Geld-Richtlinie vom 1. März 2011 (BGBl. I S. 288); vgl. die vorstehende Amtliche Begründung.
4. § 54 wurde um Absatz 1a ergänzt durch das Ausführungsgesetz zur Verordnung (EU) Nr. 648/2012 über OTC-Derivate, zentrale Gegenparteien und Transaktionsregister (EMIR-Ausführungsgesetz) vom 13. Februar 2013 (BGBl. I S. 174). Die Ergänzung der Straftatbestände trägt dem Umstand Rechnung, dass der Erlaubnisvorbehalt nicht länger unter § 32 Absatz 1 KWG, sondern unter Artikel 14 der Verordnung (EU) Nr. 648/2012 geregelt wird. Materiell wird die bestehende Regelung so fortgeschrieben; Strafbarkeitsvoraussetzungen und Strafmaß bleiben wie gehabt; vgl. die BT-Drucksache 17/11289 vom 5. November 2012.

§ 54a Strafvorschriften

(1) Mit Freiheitsstrafe bis zu fünf Jahren oder mit Geldstrafe wird bestraft, wer entgegen § 25c Absatz 4a oder § 25c Absatz 4b Satz 2 nicht dafür Sorge trägt, dass ein Institut oder eine dort genannte Gruppe über eine dort genannte Strategie, einen dort genannten Prozess, ein dort genanntes Verfahren, eine dort genannte Funktion oder ein dort genanntes Konzept verfügt, und hierdurch eine Bestandsgefährdung des Instituts, des übergeordneten Unternehmens oder eines gruppenangehörigen Instituts herbeiführt.

(2) Wer in den Fällen des Absatzes 1 die Gefahr fahrlässig herbeiführt, wird mit Freiheitsstrafe bis zu zwei Jahren oder mit Geldstrafe bestraft.

(3) Die Tat ist nur strafbar, wenn die Bundesanstalt dem Täter durch Anordnung nach § 25c Absatz 4c die Beseitigung des Verstoßes gegen § 25c Absatz 4a oder § 25c Absatz 4b Satz 2 aufgegeben hat, der Täter dieser vollziehbaren Anordnung zuwiderhandelt und hierdurch die Bestandsgefährdung herbeigeführt hat.

§ 55 Verletzung der Pflicht zur Anzeige der Zahlungsunfähigkeit oder der Überschuldung

(1) Mit Freiheitsstrafe bis zu drei Jahren oder mit Geldstrafe wird bestraft, wer entgegen § 46b Abs. 1 Satz 1, auch in Verbindung mit § 53b Abs. 3 Satz 1, eine Anzeige nicht, nicht richtig, nicht vollständig oder nicht rechtzeitig erstattet.

(2) Handelt der Täter fahrlässig, so ist die Strafe Freiheitsstrafe bis zu einem Jahr oder Geldstrafe.

ANMERKUNG
1. Durch das 6. KWG-Änderungsgesetz vom 22. Oktober 1997 wurden die Geschäftsleiter und Inhaber von Finanzdienstleistungsinstituten in die Strafvorschrift einbezogen. Die Kunden, die diesen Instituten ihre Gelder oder andere Vermögenswerte anvertrauen, sind nicht weniger schutzwürdig als die Kunden eines Kreditinstituts.
2. Durch das Gesetz über die integrierte Finanzdienstleistungsaufsicht vom 22. April 2002 wurde die Vorschrift an die geänderte Bezeichnung der Aufsichtsbehörde in Bundesanstalt für Finanzdienstleistungsaufsicht angepasst.
3. § 55 Absatz 1 wurde neu gefasst als Folgeänderung durch das Gesetz zur Fortentwicklung des Pfandbriefrechts vom 20. März 2009 (BGBl. I S. 607).

§ 55a Unbefugte Verwertung von Angaben über Millionenkredite

(1) Mit Freiheitsstrafe bis zu zwei Jahren oder mit Geldstrafe wird bestraft, wer entgegen § 14 Abs. 2 Satz 10 eine Angabe verwertet.
(2) Die Tat wird nur auf Antrag verfolgt.

Amtliche Begründung[1]

Infolge einer Mitteilung über den Schuldenstand gemäß § 14 Abs. 2 Satz 4 können die meldepflichtigen Unternehmen an sehr sensible Daten über Kunden gelangen. Die unbefugte Offenbarung und Verwertung sensibler Daten wird auch in vergleichbaren Fällen strafbewehrt. Eine Sanktion durch Geldbuße würde dem Unrechtsgehalt nicht entsprechen.

§ 55b Unbefugte Offenbarung von Angaben über Millionenkredite

(1) Mit Freiheitsstrafe bis zu einem Jahr oder mit Geldstrafe wird bestraft, wer entgegen § 14 Abs. 2 Satz 10 eine Angabe offenbart.
(2) Handelt der Täter gegen Entgelt oder in der Absicht, sich oder einen anderen zu bereichern oder einen anderen zu schädigen, ist die Strafe Freiheitsstrafe bis zu zwei Jahren oder Geldstrafe.

---

1 Zum 6. KWG-Änderungsgesetz.

(3) Die Tat wird nur auf Antrag verfolgt.

ANMERKUNG
1. Vgl. die Amtliche Begründung zu § 55a.
2. Absatz 3 wurde durch das 3. Finanzmarktförderungsgesetz vom 24. März 1998 eingefügt. Damit wurde lediglich ein technisches Versehen im Gesetzgebungsverfahren der 6. KWG-Novelle bereinigt.

§ 56 Bußgeldvorschriften

(1) Ordnungswidrig handelt, wer einer vollziehbaren Anordnung nach § 36 Absatz 1 Satz 1, Absatz 2 oder Absatz 3 Satz 1 zuwiderhandelt.
(2) Ordnungswidrig handelt, wer vorsätzlich oder fahrlässig
1. entgegen
   a) § 2c Absatz 1 Satz 1, 5 oder Satz 6,
   b) § 2c Absatz 3 Satz 1 oder Satz 4,
   c) § 12a Absatz 1 Satz 3,
   d) § 14 Absatz 1 Satz 1 erster Halbsatz, auch in Verbindung mit einer Rechtsverordnung nach § 22 Satz 1 Nummer 4, jeweils auch in Verbindung mit § 53b Absatz 3 Satz 1 Nummer 3,
   e) § 15 Absatz 4 Satz 5,
   f) § 24 Absatz 1 Nummer 4, 6, 8, 9, 12, 13, 15, 15a, 16 oder Nummer 17,
   g) § 24 Absatz 1 Nummer 5 oder Nummer 7, jeweils auch in Verbindung mit § 53b Absatz 3 Satz 1 Nummer 5,
   h) § 24 Absatz 1 Nummer 10, Absatz 1a oder Absatz 1b Satz 2,
   i) § 24 Absatz 3 Satz 1 oder Absatz 3a Satz 1 Nummer 1 oder Nummer 2 oder Satz 2, jeweils auch in Verbindung mit Satz 5,
   j) § 24 Absatz 3a Satz 1 Nummer 3,
   k) § 24a Absatz 1 Satz 1, auch in Verbindung mit Absatz 3 Satz 1, oder § 24a Absatz 4 Satz 1, auch in Verbindung mit Satz 2, jeweils auch in Verbindung mit einer Rechtsverordnung nach § 24a Absatz 5,
   l) § 28 Absatz 1 Satz 1 oder
   m) § 53a Satz 2 oder Satz 5,
   jeweils auch in Verbindung mit einer Rechtsverordnung nach § 24 Absatz 4 Satz 1, eine Anzeige nicht, nicht richtig, nicht vollständig oder nicht rechtzeitig erstattet,
2. einer Rechtsverordnung nach
   a) § 2c Absatz 1 Satz 3 oder
   b) § 47 Absatz 1 Nummer 2 oder Nummer 3 oder § 48 Absatz 1 Satz 1 oder
   c) einer vollziehbaren Anordnung auf Grund einer solchen Rechtsverordnung zuwiderhandelt, soweit die Rechtsverordnung für einen bestimmten Tatbestand auf diese Bußgeldvorschrift verweist,
3. einer vollziehbaren Anordnung nach
   a) § 2c Absatz 1b Satz 1 oder Absatz 2 Satz 1,
   b) § 6a Absatz 1,
   c) § 10i Absatz 8 Satz 1 Nummer 1,
   d) § 12a Absatz 2 Satz 1,
   e) § 23 Absatz 1, auch in Verbindung mit § 53b Absatz 3 Satz 1 Nummer 3,
   f) § 25a Absatz 2 Satz 2,
   g) § 25b Absatz 4 Satz 1,
   h) § 25g Absatz 6,
   i) § 26a Absatz 2 Satz 1,
   j) § 45 Absatz 1 Satz 1 oder Satz 3 erster Halbsatz oder Absatz 2 Satz 1 oder Absatz 5 Satz 5,

k) § 45a Absatz 1 Satz 1,
l) § 45b Absatz 1 oder
m) § 46 Absatz 1 Satz 1, auch in Verbindung mit § 53b Absatz 3 Satz 1 Nummer 8, zuwiderhandelt,
4. entgegen § 10i Absatz 2 oder Absatz 3 Satz 3 Nummer 1 eine Ausschüttung vornimmt,
5. entgegen § 18 Absatz 1 Satz 1 einen Kredit gewährt,
6. entgegen § 22i Absatz 3, auch in Verbindung mit § 22n Absatz 5 Satz 4, eine Leistung vornimmt,
7. entgegen § 23a Absatz 1 Satz 3, auch in Verbindung mit § 53b Absatz 3 Satz 1 Nummer 4, einen Hinweis nicht, nicht richtig, nicht vollständig, nicht in der vorgeschriebenen Weise oder nicht rechtzeitig gibt,
8. entgegen § 23a Absatz 2, auch in Verbindung mit § 53b Absatz 3 Satz 1 Nummer 4, einen Kunden, die Bundesanstalt oder die Deutsche Bundesbank nicht, nicht richtig, nicht vollständig, nicht in der vorgeschriebenen Weise oder nicht rechtzeitig unterrichtet,
9. entgegen § 24c Absatz 1 Satz 1 eine Datei nicht, nicht richtig oder nicht vollständig führt,
10. entgegen § 24c Absatz 1 Satz 5 nicht gewährleistet, dass die Bundesanstalt Daten jederzeit automatisch abrufen kann,
11. entgegen
   a) § 25 Absatz 1 Satz 1 oder Absatz 2 Satz 1, jeweils in Verbindung mit einer Rechtsverordnung nach Absatz 3 Satz 1, jeweils auch in Verbindung mit § 53b Absatz 3 Satz 1 Nummer 6, oder
   b) § 26 Absatz 1 Satz 1, 3 oder 4 oder Absatz 3
   eine Finanzinformation, einen Jahresabschluss, einen Lagebericht, einen Prüfungsbericht, einen Konzernabschluss oder einen Konzernlagebericht nicht, nicht richtig, nicht vollständig oder nicht rechtzeitig einreicht,
12. entgegen § 25l Nummer 1 eine Korrespondenzbeziehung oder eine sonstige Geschäftsbeziehung mit einer Bank-Mantelgesellschaft aufnimmt oder fortführt,
13. entgegen § 25l Nummer 2 erster Halbsatz ein Konto errichtet oder führt,
14. einer vollziehbaren Auflage nach § 32 Absatz 2 Satz 1 zuwiderhandelt,
15. entgegen
   a) § 44 Absatz 1 Satz 1, auch in Verbindung mit § 44b Absatz 1 Satz 1 oder § 53b Absatz 3 Satz 1 Nummer 8,
   b) § 44 Absatz 2 Satz 1 oder
   c) § 44c Absatz 1, auch in Verbindung mit § 53b Absatz 3 Satz 1 Nummer 8,
   eine Auskunft nicht, nicht richtig, nicht vollständig oder nicht rechtzeitig erteilt oder eine Unterlage nicht, nicht richtig, nicht vollständig oder nicht rechtzeitig vorlegt,
16. entgegen
   a) § 44 Absatz 1 Satz 4, auch in Verbindung mit § 53b Absatz 3 Satz 1 Nummer 8,
   b) § 44 Absatz 2 Satz 4, Absatz 4 Satz 3 oder Absatz 5 Satz 4,
   c) § 44b Absatz 2 Satz 2 oder
   d) § 44c Absatz 5 Satz 1, auch in Verbindung mit § 53b Absatz 3 Satz 1 Nummer 8,
   eine Maßnahme nicht duldet,
17. entgegen § 44 Absatz 5 Satz 1 eine dort genannte Maßnahme nicht oder nicht rechtzeitig vornimmt oder
18. entgegen § 53a Satz 4 die Tätigkeit aufnimmt.

(3) weggefallen

(4) Ordnungswidrig handelt, wer gegen die Verordnung (EG) Nr. 1781/2006 des Europäischen Parlaments und des Rates vom 15. November 2006 über die Übermittlung von Angaben zum Auftraggeber bei Geldtransfers (ABl. EU Nr. L 345 S. 1) verstößt, indem er bei Geldtransfers vorsätzlich oder fahrlässig

1. entgegen Artikel 5 Abs. 1 nicht sicherstellt, dass der vollständige Auftraggeberdatensatz übermittelt wird,
2. entgegen Artikel 5 Abs. 2, auch in Verbindung mit Abs. 4, eine dort genannte Angabe zum Auftraggeber nicht oder nicht rechtzeitig überprüft,
3. entgegen Artikel 7 Abs. 1 den Auftraggeberdatensatz nicht, nicht richtig oder nicht vollständig übermittelt,
4. entgegen Artikel 8 Satz 2 nicht über ein wirksames Verfahren zur Feststellung des Fehlens der dort genannten Angaben verfügt,
5. entgegen Artikel 9 Abs. 1 Satz 1 den Transferauftrag nicht oder nicht rechtzeitig zurückweist oder einen vollständigen Auftraggeberdatensatz nicht oder nicht rechtzeitig anfordert,
6. entgegen Artikel 11 oder Artikel 13 Abs. 5 eine Angabe zum Auftraggeber nicht mindestens fünf Jahre aufbewahrt oder
7. entgegen Artikel 12 nicht dafür sorgt, dass alle Angaben zum Auftraggeber, die bei einem Geldtransfer übermittelt werden, bei der Weiterleitung erhalten bleiben.

(4a) Ordnungswidrig handelt, wer vorsätzlich oder fahrlässig entgegen Artikel 3 Absatz 1 der Verordnung (EG) Nr. 924/2009 des Europäischen Parlaments und des Rates vom 16. September 2009 über grenzüberschreitende Zahlungen in der Gemeinschaft und zur Aufhebung der Verordnung (EG) Nr. 2560/2001 (ABl. L 266 vom 9. 10. 2009, S. 11), die durch die Verordnung (EU) Nr. 260/2012 (ABl. L 94 vom 30. 3. 2012, S. 22) geändert worden ist, ein anderes als das dort genannte Entgelt erhebt.

(4b) Ordnungswidrig handelt, wer gegen die Verordnung (EU) Nr. 260/2012 des Europäischen Parlaments und des Rates vom 14. März 2012 zur Festlegung der technischen Vorschriften und der Geschäftsanforderungen für Überweisungen und Lastschriften in Euro und zur Änderung der Verordnung (EG) Nr. 924/2009 (ABl. L 94 vom 30. 3. 2012, S. 22) verstößt, indem er vorsätzlich oder fahrlässig
1. entgegen Artikel 4 Absatz 2 Satz 1 nicht sicherstellt, dass die technische Interoperabilität des Zahlungssystems gewährleistet wird,
2. entgegen Artikel 4 Absatz 2 Satz 2 eine dort genannte Geschäftsregel beschließt,
3. entgegen Artikel 4 Absatz 3 die Abwicklung einer Überweisung oder einer Lastschrift durch ein technisches Hindernis behindert,
4. entgegen Artikel 5 Absatz 1 Satz 1 oder Absatz 2 eine Überweisung ausführt,
5. entgegen Artikel 5 Absatz 1 Satz 1 oder Absatz 3 Satz 1 eine Lastschrift ausführt oder
6. entgegen Artikel 5 Absatz 8 ein Entgelt für einen dort genannten Auslesevorgang erhebt.

(4c) Ordnungswidrig handelt, wer gegen die Verordnung (EU) Nr. 648/2012 des Europäischen Parlaments und des Rates vom 4. Juli 2012 über OTC-Derivate, zentrale Gegenparteien und Transaktionsregister (ABl. L 201 vom 27. 7. 2012, S. 1) verstößt, indem er vorsätzlich oder fahrlässig
1. entgegen Artikel 7 Absatz 1 Unterabsatz 1 das Clearing nicht übernimmt oder
2. entgegen Artikel 7 Absatz 2 einem Antrag nicht oder nicht rechtzeitig stattgibt oder diesen nicht oder nicht rechtzeitig ablehnt.

(5) Ordnungswidrig handelt, wer gegen die Verordnung (EU) Nr. 575/2013 des Europäischen Parlaments und des Rates vom 26. Juni 2013 über Aufsichtsanforderungen an Kreditinstitute und Wertpapierfirmen und zur Änderung der Verordnung (EU) Nr. 646/2012 (ABl. L 176 vom 27. 6. 2013, S. 1) oder gegen § 1a in Verbindung mit der Verordnung (EU) Nr. 575/2013 verstößt, indem er vorsätzlich oder fahrlässig
1. entgegen Artikel 28 Absatz 1 Buchstabe f den Kapitalbetrag von Instrumenten des harten Kernkapitals verringert oder zurückzahlt,
2. entgegen Artikel 28 Absatz 1 Buchstabe h Ziffer i Vorzugsausschüttungen auf Instrumente des harten Kernkapitals vornimmt,

3. entgegen Artikel 28 Absatz 1 Buchstabe h Ziffer ii oder Artikel 52 Absatz 1 Buchstabe l Ziffer i aus nicht ausschüttungsfähigen Posten Ausschüttungen auf Instrumente des harten oder zusätzlichen Kernkapitals vornimmt,
4. entgegen Artikel 52 Absatz 1 Buchstabe i Instrumente des zusätzlichen Kernkapitals kündigt, zurückzahlt oder zurückkauft,
5. entgegen Artikel 63 Buchstabe j Instrumente des Ergänzungskapitals kündigt, zurückzahlt oder zurückkauft,
6. entgegen Artikel 94 Absatz 3 Satz 1 die Nichterfüllung der Bedingung nach Artikel 94 Absatz 1 Buchstabe b nicht oder nicht rechtzeitig mitteilt,
7. entgegen Artikel 99 Absatz 1 über die Verpflichtungen nach Artikel 92 nicht, nicht richtig, nicht vollständig oder nicht rechtzeitig Meldung erstattet,
8. entgegen Artikel 101 Absatz 1 die genannten Daten nicht, nicht richtig, nicht vollständig oder nicht rechtzeitig übermittelt,
9. entgegen Artikel 146 die Nichterfüllung der Anforderungen nicht oder nicht rechtzeitig mitteilt,
10. entgegen Artikel 175 Absatz 5 die Erfüllung der Anforderungen nicht, nicht richtig, nicht vollständig oder nicht hinreichend nachweist,
11. entgegen Artikel 213 Absatz 2 Satz 1 das Vorhandensein von Systemen nicht, nicht richtig oder nicht vollständig nachweist,
12. entgegen Artikel 246 Absatz 3 Satz 2 das Gebrauchmachen von der in Satz 1 genannten Möglichkeit nicht, nicht richtig oder nicht vollständig mitteilt,
13. entgegen Artikel 263 Absatz 2 Satz 2 die dort genannten Tatsachen nicht, nicht richtig oder nicht vollständig mitteilt,
14. entgegen Artikel 283 Absatz 6 die Nichterfüllung der Anforderungen nicht oder nicht rechtzeitig mitteilt,
15. entgegen Artikel 292 Absatz 3 Satz 1 das dort bezeichnete zeitliche Zusammenfallen nicht hinreichend oder nicht rechtzeitig nachweist,
16. entgegen Artikel 394 Absatz 1 bis 3 eine Meldung nicht, nicht richtig, nicht vollständig oder nicht rechtzeitig erstattet,
17. entgegen Artikel 395 Absatz 1 Satz 1, auch in Verbindung mit Satz 2, eine Forderung eingeht,
18. entgegen Artikel 395 Absatz 5 Satz 2 die Höhe der Überschreitung und den Namen des betreffenden Kunden nicht, nicht richtig, nicht vollständig oder nicht unverzüglich meldet,
19. entgegen Artikel 396 Absatz 1 Satz 1 den Forderungswert nicht, nicht richtig, nicht vollständig oder nicht unverzüglich meldet,
20. entgegen Artikel 405 Absatz 1 Satz 1 dem Kreditrisiko einer Verbriefungsposition ausgesetzt ist,
21. entgegen Artikel 412 Absatz 1 Satz 1 wiederholt oder fortgesetzt liquide Aktiva in der dort bezeichneten Höhe nicht hält,
22. entgegen Artikel 414 Satz 1 erster Halbsatz die Nichteinhaltung oder das erwartete Nichteinhalten der Anforderungen nicht, nicht richtig, nicht vollständig oder nicht unverzüglich mitteilt,
23. entgegen Artikel 414 Satz 1 zweiter Halbsatz einen Plan nicht, nicht richtig, nicht vollständig oder nicht rechtzeitig vorlegt,
24. entgegen Artikel 415 Absatz 1 oder Absatz 2 die dort bezeichneten Informationen über die Liquiditätslage nicht, nicht richtig, nicht vollständig oder nicht rechtzeitig meldet,
25. entgegen Artikel 430 Absatz 1 Satz 1 oder Unterabsatz 2 Informationen über die Verschuldungsquote und deren Elemente nicht, nicht richtig oder nicht vollständig übermittelt,
26. entgegen Artikel 431 Absatz 1 die dort bezeichneten Informationen nicht, nicht richtig, nicht vollständig oder nicht rechtzeitig veröffentlicht,

27. entgegen Artikel 431 Absatz 2 die in den dort bezeichneten Genehmigungen enthaltenen Informationen nicht, nicht richtig, nicht vollständig oder nicht rechtzeitig offenlegt,
28. entgegen Artikel 431 Absatz 3 Unterabsatz 2 Satz 1 und 2 die dort genannten Informationen nicht, nicht richtig, nicht vollständig oder nicht rechtzeitig veröffentlicht oder
29. entgegen Artikel 451 Absatz 1 die dort genannten Informationen nicht, nicht richtig, nicht vollständig oder nicht rechtzeitig offenlegt.

Die Bestimmungen des Satzes 1 gelten auch für ein Kreditinstitut oder Finanzdienstleistungsinstitut im Sinne des § 1a.

(6) Die Ordnungswidrigkeit kann
1. in den Fällen des Absatzes 2 Nummer 3 Buchstabe a und f, Nummer 4 und Nummer 12, des Absatzes 5 Nummer 1 bis 5, 7, 8, 16, 17, 20, 21 und 24 bis 29 mit einer Geldbuße bis zu fünf Millionen Euro,
2. in den Fällen der Absätze 1 und 2 Nummer 3 Buchstabe k mit einer Geldbuße bis zu fünfhunderttausend Euro,
3. in den Fällen des Absatzes 2 Nummer 1 Buchstabe a, b und h, Nummer 2 Buchstabe a, Nummer 3 Buchstabe b bis e, g bis j und l, Nummer 5 bis 10 und 12 bis 14 mit einer Geldbuße bis zu zweihunderttausend Euro und
4. in den übrigen Fällen mit einer Geldbuße bis zu hunderttausend Euro
geahndet werden.

(7) Die Geldbuße soll den wirtschaftlichen Vorteil, den der Täter aus der Ordnungswidrigkeit gezogen hat, übersteigen. Reicht das Höchstmaß nach Absatz 6 hierzu nicht aus, so kann es für juristische Personen oder Personenvereinigungen bis zu einem Betrag in folgender Höhe überschritten werden:
1. 10 Prozent des Jahresnettoumsatzes des Unternehmens im Geschäftsjahr, das der Ordnungswidrigkeit vorausgeht, oder
2. das Zweifache des durch die Zuwiderhandlung erlangten Mehrerlöses.

§ 17 Absatz 4 des Gesetzes über Ordnungswidrigkeiten bleibt unberührt.

(8) Der Jahresnettoumsatz im Sinne des Absatzes 7 Satz 2 Nummer 1 ist der Gesamtbetrag der in § 34 Absatz 2 Satz 1 Nummer 1 Buchstabe a bis e der Kreditinstituts-Rechnungslegungsverordnung in der jeweils geltenden Fassung genannten Erträge einschließlich der Bruttoerträge bestehend aus Zinserträgen und ähnlichen Erträgen, Erträgen aus Aktien, anderen Anteilsrechten und nicht festverzinslichen/festverzinslichen Wertpapieren sowie Erträgen aus Provisionen und Gebühren wie in Artikel 316 der Verordnung (EU) Nr. 575/2013 ausgeführt, abzüglich der Umsatzsteuer und sonstiger direkt auf diese Erträge erhobener Steuern. Handelt es sich bei dem Unternehmen um ein Tochterunternehmen, ist auf den Jahresnettoumsatz abzustellen, der im vorangegangenen Geschäftsjahr im konsolidierten Abschluss des Mutterunternehmens an der Spitze der Gruppe ausgewiesen ist.

Amtliche Begründung[1]

Während die in §§ 54* und 55* bezeichneten Verstöße kriminelles Unrecht sind, stellen Zuwiderhandlungen gegen die in § 56* genannten Vorschriften typisches Verwaltungsrecht dar. § 56* gibt daher die Möglichkeit, solche Verstöße als Ordnungswidrigkeiten mit Geldbuße zu ahnden. Hierbei konnte allerdings nicht darauf verzichtet werden, erheblich über den in § 5 des Gesetzes über Ordnungswidrigkeiten

---

1 Zur Ursprungsfassung.

vorgesehenen Bußgeldrahmen hinauszugehen. Denn im Einzelfall sind Verstöße mit erheblichem Unrechtsgehalt denkbar, außerdem werden durch die Bußgelddrohung auch Kreditinstitute erfaßt, die als juristische Personen oder Personenhandelsgesellschaften oft erhebliche Vermögenswerte repräsentieren. Die Verwaltungsbehörde wird jedoch bei der Festsetzung einer Geldbuße im Einzelfall sorgfältig prüfen müssen, inwieweit es gerechtfertigt ist, den hohen Geldbußrahmen auszuschöpfen. Hierbei sind insbesondere Größe der Schuld, Unrechtsgehalt der Tat sowie die wirtschaftlichen Verhältnisse des Täters zu berücksichtigen.

...

Soweit die verwaltungsrechtlichen Gebote sich an das Kreditinstitut richten, trifft die Bußgelddrohung den, der für das Kreditinstitut handelt (vgl. § 57*).

Amtliche Begründung[1]

Zu Nummer 5 (§ 56 – Bußgeldvorschriften)

Mit diesen Regelungen wird Artikel 13 der Verordnung 924/2009 und Artikel 11 der Verordnung (EU) Nr. 260/2012 Rechnung getragen. Beide Vorschriften sehen vor, dass die Mitgliedstaaten Sanktionen im Falle eines Verstoßes gegen die Verordnungen festlegen und alle erforderlichen Maßnahmen treffen, um sicherzustellen, dass diese angewandt werden. Verordnung (EU) Nr. 260/2012 sieht zudem vor, dass diese Sanktionen bis spätestens zum 1. Februar 2013 festgelegt werden und bis spätestens 1. August 2013 der Europäischen Kommission mitzuteilen sind.

Mit Absatz 4a – neu – werden die Verstöße der Zahlungsdienstleister im Sinne der Verordnung (EG) Nr. 924/2009 gegen Tatbestände der Verordnung (EG) Nr. 924/2099 bußgeldbewehrt.

In Artikel 4b – neu – werden die Verstöße der Adressaten der Verordnung (EU) Nr. 260/2012 gegen Tatbestände der Verordnung (EU) Nr. 260/2012 bußgeldbewehrt. Nummer 4 ist mit Blick auf die Übergangsvorschrift in § 7b ZAG (Weiternutzung des ELV) erst ab dem 1. Februar 2016 einschlägig.

Da der Adressatenkreis der unionsrechtlichen Verordnungen nicht danach unterscheidet, ob es sich um ein Kreditinstitut handelt, das (auch) Zahlungsdienstleistungen erbringt, oder um ein reines Zahlungsdienstinstitut, das kein Kreditgeschäft betreibt, und die Sanktionen in beiden Fällen gleich sein sollen, bedarf es keiner gesonderter Bußgeldvorschriften im ZAG. Zudem werden in dieser Vorschrift auch solche Tatbestände bußgeldbewehrt, die sich nach Artikel 4 der Verordnung (EU) Nr. 260/2012 an Betreiber eines Massenzahlungssystems bzw. an Teilnehmer an einem Massenzahlungssystem richten.

Amtliche Begründung[2]

Zu Nummer 9 (§ 56)

Zuwiderhandlungen gegen Anordnungen nach § 47b Absatz 3 oder 5 sowie gegen Anordnungen nach § 47b Absatz 4 Satz 1 unterfallen dem Bußgeldtatbestand. Ins-

---

1 Zum Gesetz zur Begleitung der (EU) Nr. 260/2012 zur Festlegung der technischen Vorschriften und der Geschäftsanforderungen für Überweisungen und Lastschriften in Euro und zur Änderung der Verordnung EG Nr. 924/2009 (SEPA-Begleitgesetz) vom 3. April 2013 (BGBl. I S. 610); vgl. BT-Drucksache 17/10038 vom 19. Juni 2012.
2 Zum Gesetz zur Abschirmung von Risiken und zur Planung der Sanierung und Abwicklung von Kreditinstituten und Finanzgruppen vom 7. August 2013 (BGBl. I S. 3090); vgl. BT-Drucksache 17/12601 vom 4. März 2013.

besondere die Ergänzung des Bußgeldtatbestands für den Fall, dass ein Kreditinstitut der Anordnung nach § 47b Absatz 4, alle erforderlichen Maßnahmen zur Beseitigung der Mängel oder Hindernisse des jeweiligen Sanierungsplans zu treffen, nicht nachkommt, ist erforderlich, weil die Krisenvorbereitung eines potenziell systemgefährdenden Kreditinstituts in Form einer effektiven Sanierungsplanung zur Vermeidung der Beeinträchtigung der Finanzmärkte von großer Bedeutung und die Ahndung eines vorsätzlichen oder fahrlässigen Verstoßes gegen die betreffenden bankaufsichtlichen Vorgaben und Anordnungen daher im öffentlichen Interesse geboten ist.

Amtliche Begründung[1]

Zu Nummer 93 (§ 56)

Mit den Änderungen zu § 56 erfolgt zum einen eine Neuordnung der bestehenden Bußgeldtatbestände im Kreditwesengesetz (KWG). Damit erfolgt künftig die Beurteilung, ob ein schuldhaftes Handeln vorlag im Rahmen der Klärung, ob dieses Handeln vorsätzlich oder fahrlässig erfolgte. Es wird daher künftig nur noch auf Vorsatz und Fahrlässigkeit abgestellt. Die überholte Differenzierung zwischen Leichtfertigkeit und Fahrlässigkeit wird aufgegeben, da eine Abgrenzung zwischen Leichtfertigkeit (= grober Fahrlässigkeit) und (einfacher) Fahrlässigkeit bei den betroffenen Tatbeständen des KWG nicht möglich ist. Zum anderen werden neue Ordnungswidrigkeiten in Umsetzung der Artikel 65, 66 Absatz 1 und 67 Absatz 1 der Richtlinie 2012/.../EU eingeführt. Darüber hinaus werden die Rechtsfolgen – insbesondere die Bußgeldhöhe – in Umsetzung der Artikel 66 Absatz 2 Buchstaben c bis e und 67 Absatz 2 Buchstaben e bis g der Richtlinie 2012/.../EU neu geregelt.

Zu den Buchstaben a und b

Die Verweise in § 56 Absatz 1 wurden korrigiert.

Absatz 2 Nummer 1 Buchstabe a und b setzt Artikel 66 Absatz 1 Buchstabe c und d der Richtlinie 2012/.../EU um; Absatz 2 Nummer 1 Buchstabe h setzt Artikel 67 Absatz 1 Buchstabe b und c der Richtlinie 2012/.../EU um; Absatz 2 Nummer 3 Buchstabe a setzt Artikel 66 Absatz 1 Buchstabe c der Richtlinie 2012/.../EU um; Absatz 2 Nummer 3 Buchstabe c und Nummer 4 setzen Artikel 67 Absatz 1 Buchstabe ma der Richtlinie 2012/.../EU um. Da § 10 KWG weitgehend und die §§ 13a und 13b KWG komplett aufgehoben wurden und § 13 KWG neu gefasst wurde, musste der Ordnungswidrigkeitenkatalog insoweit angepasst werden. Der weitere Katalog an Normen in § 56 Absatz 2 entspricht dem der bisherigen Absätze 2 und 3.

Da das Betreiben verbotener Geschäfte bzw. unerlaubter Geschäfte gemäß § 54 KWG eine Straftat ist, stellt sich kein weiterer Umsetzungsbedarf des Artikels 66 Absatz 1 Buchstabe a und b der Richtlinie 2012/.../EU.

---

[1] Zum Gesetz zur Umsetzung der Richtlinie 2013/36/EU über den Zugang zur Tätigkeit von Kreditinstituten und die Beaufsichtigung von Kreditinstituten und Wertpapierfirmen und zur Anpassung des Aufsichtsrechts an die Verordnung (EU) Nr. 575/2013 über Aufsichtsanforderungen an Kreditinstitute und Wertpapierfirmen (CRD IV-Umsetzungsgesetz) vom 28. August 2013 (BGBl. I S. 3395); vgl. BT-Drucksache 17/10974 vom 15. Oktober 2012 und BT-Drucksache 17/13524 – Beschlussempfehlung des Finanzausschusses (7. Ausschuss) – vom 15. Mai 2013.

Zu Buchstabe d

Der neue Absatz 5 bündelt alle Verstöße gegen die Verordnung (EU) Nr..../2012, die als Ordnungswidrigkeiten anzusehen sind. Die Nummern 6, 9 bis 15, 18, 19, 22 und 23 setzen Artikel 65 Absatz 1, 1. Alternative der Richtlinie 2012/.../EU um. Die Nummern 1 bis 5, 7, 8, 16, 17, 20, 21 und 24 bis 29 beruhen auf Artikel 67 Absatz 1 Buchstabe e bis ma der Richtlinie 2012/.../EU, der bereits Handlungspflichten der Verordnung (EU) Nr..../2012 benennt und die entsprechenden Sanktionen festschreibt.

Zu Buchstabe e

Absatz 6 setzt u. a. die in Artikel 66 Absatz 2 Buchstabe c bis e sowie Artikel 67 Absatz 2 Buchstabe e bis g der Richtlinie 2012/.../EU enthaltenen Vorgaben zur Höhe der Geldbuße für Ordnungswidrigkeiten um. Im Hinblick auf die Vorgabe der Richtlinie, die Möglichkeit zu schaffen, ein Bußgeld von bis zu 5 Mio. Euro gegen natürliche Personen und gegen die betroffenen juristischen Personen bis zu 10 Prozent des Jahresnettoumsatzes als Geldbuße verhängen zu dürfen, konnte nicht mehr an der bisherigen maximal geltenden Höhe der Bußgelder festgehalten werden. Dieser besonders hohe Bußgeldrahmen wird in Umsetzung der Artikel 66 Absatz 2 Buchstabe d und Artikel 67 Absatz 2 Buchstabe e der Richtlinie 2012/.../EU eingeführt. Er ist auf Ordnungswidrigkeiten im Bereich des Finanzsektors beschränkt und hat keinerlei Auswirkungen auf das übrige Gefüge der Bußgeldandrohungen. Die Übernahme des hohen Bußgeldrahmens in das KWG ist im Hinblick auf die außerordentlichen staatlichen Maßnahmen zur Sicherung und Wiederherstellung der Finanzmarktstabilität gerechtfertigt. So wurde allein in Deutschland für den SoFFin ein Garantierahmen von 400 Mrd. Euro geschaffen. Darüber hinaus waren zur Stabilisierung von bestimmten Instituten Beteiligungen in Höhe von mehreren Milliarden Euro aus Steuermitteln erforderlich. Der Finanzmarktstabilisierungsfonds schloss im Jahr 2011 mit einem Fehlbetrag von 13 Mrd. Euro (im Ergebnis zulasten des Bundeshaushalts) ab. Aufgrund dieser Summen ist es erforderlich mit der außerordentlichen Erhöhung des Bußgeldrahmens zu signalisieren, dass die Zuwiderhandlung gegen aufsichtsrechtliche Anforderungen und Gebote ein besonders gefährliches und unter Umständen gesellschaftsschädliches Verhalten darstellt. Im Hinblick auf die aufgrund solcher Zuwiderhandlungen möglichen allgemeinen und außergewöhnlich hohen Belastungen der öffentlichen Finanzen und damit im Ergebnis jedes einzelnen Bürgers entsteht ein gesteigertes Bedürfnis des Staates, über Sanktionsmöglichkeiten mittels hoher Geldbußen im Rahmen einer Generalprävention für eine Einhaltung aufsichtsrechtlicher Normen zu sorgen. Die Erhöhung des Bußgeldrahmens für Ordnungswidrigkeiten auf bis zu 5 Mio. Euro nach dem KWG folgt somit einem gesteigerten Schutzbedürfnis vor schuldhaftem Verhalten im Finanzsektor. Um die im Bereich des Finanzsektors insgesamt gestiegenen Bußgeldobergrenzen zu reflektieren, wird die unterste Grenze auf bis zu 100 000 Euro angehoben (Nummer 4).

Nummer 1 benennt das Unterlassen von Anzeigepflichten, die besonders gefährlich sind, weil durch das Unterlassen der Anzeige u. a. zum Absinken des Eigenkapitals, zu entstanden Verlusten, zur Auflösung oder Verlagerung des Geschäftsbetriebs sowie zur Beendigung von Beteiligungen die Bundesanstalt über die wahre Lage eines Instituts getäuscht werden kann, sodass Gefahren für das Institut und den Finanzmarkt nicht rechtzeitig erkannt werden können. Diese möglichen Folgen haben sich in der jüngsten Vergangenheit als so gravierend erwiesen, dass die Androhung einer Geldbuße von bis zu 5 Mio. Euro geboten ist. Im Hinblick auf die an natürliche Personen im Finanzsektor in der jüngsten Vergangenheit und auch gegenwärtig gezahlten fixen und variablen Vergütungen ist diese Summe nicht unverhältnismäßig.

Bei Nummer 2 beträgt der Bußgeldrahmen bis zu 500 000 Euro. Hierbei handelt es sich um Zuwiderhandlungen gegen Rechtsverordnungen sowie vollziehbare Untersagungen und Anordnungen, die im Vergleich zu Nummer 1 weniger gravierend sind.

Mit Nummer 3 werden die weniger bedeutsamen Verstöße gegen reine Anzeige- und Meldepflichten erfasst, die entsprechend ihrer Bedeutung mit Bußgeldern bis zu 200 000 Euro belegt werden können. Die bislang geltende Bußgeldandrohung von 150 000 Euro stammt noch aus der Zeit der Euro-Umstellung und kann aus rechtsförmlichen Gründen nicht erhalten bleiben. Um die im Bereich des Finanzsektors insgesamt gestiegenen Bußgeldobergrenzen zu reflektieren, wird sie auf 200 000 Euro angehoben.

Die übrigen Verstöße können künftig mit einem Bußgeld von bis zu 100 000 Euro belegt werden (Nummer 4).

Zu Buchstabe f

Mit den neuen Absätzen 7 und 8 erhält die Bundesanstalt die Möglichkeit, bei juristischen Personen eine Geldbuße bis zu 10 Prozent des jährlichen Jahresnettoumsatzes des Unternehmens im vorangegangenen Geschäftsjahr festzusetzen, sofern der wirtschaftliche Vorteil höher ist als die nach Absatz 6 mögliche Geldbuße. Für die Berechnung des Jahresnettoumsatzes enthält schon § 38 Absatz 4 GWB Hinweise für die Berechnung der Umsatzerlöse von Kreditinstituten, Finanzinstituten, Bausparkassen und Kapitalanlagegesellschaften. Danach kann der Jahresnettoumsatz auf Grundlage von § 34 Absatz 2 Satz 1 Nummer 1 Buchstabe a bis e der Kreditinstituts-Rechnungslegungsverordnung (RechKredV) bestimmt werden, indem die dort genannten Erträge abzüglich der Umsatzsteuer und sonstiger direkt auf diese Erträge erhobener Steuern herangezogen werden. Mit der Bestimmung des Jahresnettoumsatzes eines Instituts aufgrund des § 34 RechKredV wird ein nachvollziehbarer Maßstab gewählt. Hinzu kommt, dass die RechKredV ohnehin von den Instituten angewendet werden muss. Damit wird die Festsetzung einer eventuellen Geldbuße nicht nur vereinfacht, sondern die Berechnung erfolgt aufgrund der Bestimmung des Jahresnettoumsatzes unter Bezugnahme auf die RechKredV und damit einer Rechtsverordnung. Dadurch wird ein hohes Maß an Bestimmtheit und Rechtssicherheit hinsichtlich des Jahresnettoumsatzes eines Instituts, der sonst mangels Bestimmung dessen, was den Umsatz eines Instituts ausmacht, erreicht.

Der Verweis auf § 17 Absatz 4 Gesetz über Ordnungswidrigkeiten (OWiG) schützt die betroffenen natürlichen und juristischen Personen vor einer im Vergleich zu den aus der Zuwiderhandlung erlangten Vorteilen übermäßigen Geldbuße.

ANMERKUNG

1. Trotz der Formulierung »ordnungswidrig handelt, wer ...« gilt § 56 nicht für alle Bediensteten von Kreditinstituten oder Finanzdienstleistungsinstituten, sondern nur für einen bestimmten Personenkreis. Der inzwischen aufgehobene § 57 wäre in seiner zweiten Alternative, die die §§ 54 und 56 auch auf Vertreter eines anderen erstreckte, sonst nicht verständlich gewesen. In erster Linie betrifft § 56 Inhaber und Geschäftsleiter von Kreditinstituten oder Finanzdienstleistungsinstituten, die grundsätzlich für die Einhaltung der für diese Institute geltenden Vorschriften verantwortlich sind. Delegieren sie Aufgaben, die nach diesem Gesetz zu erfüllen sind, auf nachgeordnete Personen, so haften diese nach § 56, sofern sie nicht völlig untergeordnete Hilfskräfte sind. Im Allgemeinen kann man davon ausgehen, dass ein Inhaber oder Geschäftsleiter Aufgaben nach diesem Gesetz nur auf qualifizierte Vertreter übertragen darf.
2. Da § 44 Abs. 1 keine Frist für die Erfüllung der dort genannten Verpflichtungen enthält, steht für die Anwendung des § 56 Abs. 3 nicht ohne weiteres fest, ob die Verpflichtung rechtzeitig erfüllt worden ist oder nicht. Im Allgemeinen wird eine erfolglose Fristsetzung oder Mahnung durch die Bundesanstalt vorausgehen müssen, bevor Absatz 3 insoweit anwendbar ist.
3. Die Vollziehbarkeit einer Verfügung deckt sich nicht mit ihrer Unanfechtbarkeit. Im Allgemeinen ist eine Verfügung ohne weiteres vollziehbar. Durch Anfechtung wird ihre Vollziehbarkeit in der Regel ausgesetzt. Sofern die aufschiebende Wirkung der Anfech-

tung durch Gesetz (§ 49) oder besondere Anordnung der Behörde nach § 80 Abs. 2 Nr. 4 VGO ausgeschlossen wird, sind auch angefochtene Verwaltungsakte vollziehbar.
4. Nach § 10 des Ordnungswidrigkeitengesetzes kann nur vorsätzliches Handeln geahndet werden, sofern nicht das betreffende Gesetz etwas anderes bestimmt. Außer in Nummer 8 genügt bei allen Tatbeständen neben dem vorsätzlichen auch fahrlässiges, in einigen Fällen (Nummern 4 und 5) leichtfertiges Handeln. »Leichtfertig« bedeutet grob fahrlässig.
5. Durch das Gesetz über die integrierte Finanzdienstleistungsaufsicht vom 22. April 2002 wurde die Vorschrift an die geänderte Bezeichnung der Aufsichtsbehörde in Bundesanstalt für Finanzdienstleistungsaufsicht angepasst. Durch das 4. Finanzmarktförderungsgesetz vom 21. Juni 2002 wurden verschiedene neue Tatbestände in den Bußgeldkatalog aufgenommen.
6. § 56 wurde um den neuen Absatz 4c ergänzt und Absatz 5 neu gefasst durch das Ausführungsgesetz zur Verordnung (EU) Nr. 648/2012 über OTC-Derivate, zentrale Gegenparteien und Transaktionsregister (EMIR-Ausführungsgesetz) vom 13. Februar 2013 (BGBl. I S. 174). Absatz 4c schafft die für Verstöße gegen Artikel 7 der Verordnung (EU) Nr. 648/2012 nach Artikel 12 Absatz 2 vorgesehenen Sanktionen. Absatz 5 ordnet die neu eingefügte Bewehrung von Verstößen gegen Artikel 7 der Verordnung (EU) Nr. 648/2012 den entsprechenden Bußgeldrahmen hinzu.
7. In § 56 wurden die Absätze 4a und 4b neu eingefügt durch das Gesetz zur Begleitung der (EU) Nr. 260/2012 zur Festlegung der technischen Vorschriften und der Geschäftsanforderungen für Überweisungen und Lastschriften in Euro und zur Änderung der Verordnung EG Nr. 924/2009 (SEPA-Begleitgesetz) vom 3. April 2013 (BGBl. I S. 610); zu näheren Ausführungen vgl. die vorstehende Amtliche Begründung.
8. § 56 Absatz 3 Nummer 12 und 13 sowie Absatz 5 wurden redaktionell geändert und Absatz 3 wurde um die Nummern 14 und 15 ergänzt durch das Gesetz zur Abschirmung von Risiken und zur Planung der Sanierung und Abwicklung von Kreditinstituten und Finanzgruppen vom 7. August 2013 (BGBl. I S. 3090); vgl. die hierzu abgedruckte Amtliche Begründung.
9. § 56 Absatz 1 und 2 wurden umfassend geändert, Absatz 3 wurde aufgehoben, Absatz 5 wurde neu eingefügt, der bisherige Absatz 5 wurde zum Absatz 6 mit Änderungen und die Absätze 7 bis 8 wurden neu angefügt durch das CRD IV-Umsetzungsgesetz vom 28. August 2013 (BGBl. I S. 3395); vgl. die hierzu abgedruckte Amtliche Begründung.

§§ 57 und 58 (weggefallen)

§ 59 Geldbußen gegen Unternehmen

§ 30 des Gesetzes über Ordnungswidrigkeiten gilt auch für Unternehmen im Sinne des § 53b Abs. 1 Satz 1 und Abs. 7 Satz 1, die über eine Zweigniederlassung oder im Wege des grenzüberschreitenden Dienstleistungsverkehrs im Inland tätig sind.

§ 60 Zuständige Verwaltungsbehörde

Verwaltungsbehörde im Sinne des § 36 Abs. 1 Nr. 1 des Gesetzes über Ordnungswidrigkeiten ist die Bundesanstalt.

Amtliche Begründung

Für die Ahndung und Verfolgung von Ordnungswidrigkeiten im Sinne der §§ 56*, 58* und 59* soll das Bundesaufsichtsamt zuständig sein. Wegen § 73[1] des Gesetzes über Ordnungswidrigkeiten mußte dies ausdrücklich im Entwurf bestimmt werden.

ANMERKUNG § 60 wurde durch das Einführungsgesetz zum neuen Ordnungswidrigkeitengesetz geändert. Dabei wurde die besondere Verjährungsregelung, die § 60 früher enthielt, im Hinblick auf die umfassende allgemeine Regelung in §§ 31 ff. des neuen Ordnungswidrigkeitengesetzes beseitigt. Seit der Errichtung der Bundesanstalt für Finanzdienstleistungsaufsicht zum 1. Mai 2002 ist diese die zuständige Verwaltungsbehörde im Sinne dieser Vorschrift.

§ 60a Beteiligung der Bundesanstalt und Mitteilungen in Strafsachen

(1) Das Gericht, die Strafverfolgungs- oder die Strafvollstreckungsbehörde hat in Strafverfahren gegen Inhaber, Geschäftsleiter oder Mitglieder der Verwaltungs- oder Aufsichtsorgane von Instituten oder Finanzholding-Gesellschaften sowie gegen Inhaber bedeutender Beteiligungen an Instituten oder deren gesetzliche Vertreter oder persönlich haftende Gesellschafter wegen Verletzung ihrer Berufspflichten oder anderer Straftaten bei oder im Zusammenhang mit der Ausübung eines Gewerbes oder dem Betrieb einer sonstigen wirtschaftlichen Unternehmung, ferner in Strafverfahren, die Straftaten nach § 54 zum Gegenstand haben, im Falle der Erhebung der öffentlichen Klage der Bundesanstalt
1. die Anklageschrift oder eine an ihre Stelle tretende Antragsschrift,
2. den Antrag auf Erlaß eines Strafbefehls und
3. die das Verfahren abschließende Entscheidung mit Begründung
zu übermitteln; ist gegen die Entscheidung ein Rechtsmittel eingelegt worden, ist die Entscheidung unter Hinweis auf das eingelegte Rechtsmittel zu übermitteln. In Verfahren wegen fahrlässig begangener Straftaten werden die in den Nummern 1 und 2 bestimmten Übermittlungen nur vorgenommen, wenn aus der Sicht der übermittelnden Stelle unverzüglich Entscheidungen oder andere Maßnahmen der Bundesanstalt geboten sind.

(1a) In Strafverfahren, die Straftaten nach § 54 zum Gegenstand haben, hat die Staatsanwaltschaft die Bundesanstalt bereits über die Einleitung des Ermittlungsverfahrens zu unterrichten, soweit dadurch eine Gefährdung des Ermittlungszweckes nicht zu erwarten ist. Erwägt die Staatsanwaltschaft, das Verfahren einzustellen, so hat sie die Bundesanstalt zu hören.

(2) Werden sonst in einem Strafverfahren Tatsachen bekannt, die auf Mißstände in dem Geschäftsbetrieb eines Instituts hindeuten, und ist deren Kenntnis aus der Sicht der übermittelnden Stelle für Maßnahmen der Bundesanstalt nach diesem Gesetz erforderlich, soll das Gericht, die Strafverfolgungs- oder die Strafvollstreckungsbehörde diese Tatsachen ebenfalls mitteilen, soweit nicht für die übermittelnde Stelle erkennbar ist, daß schutzwürdige Interessen des Betroffenen überwiegen. Dabei ist zu berücksichtigen, wie gesichert die zu übermittelnden Erkenntnisse sind.

(3) Der Bundesanstalt ist auf Antrag Akteneinsicht zu gewähren, soweit nicht für die Akteneinsicht gewährende Stelle erkennbar ist, dass schutzwürdige Interessen des Betroffenen überwiegen. Absatz 2 Satz 2 gilt entsprechend.

---

1 Jetzt § 36 Abs. 1 Nr. 1.

Amtliche Begründung[1]

Zu Nummer 39

Zu § 60a (Beteiligung der Bundesanstalt und Mitteilungen in Strafsachen)

Zu § 60a Absatz 1a

Die Änderung des bisherigen Wortlauts dient der Klarstellung, dass im Ermittlungsverfahren allein den Staatsanwaltschaften die Entscheidung zusteht, an wen zu verfahrensübergreifenden Zwecken Auskünfte aus dem Strafverfahren erteilt werden (Grundsatz des § 478 Absatz 1 Satz 1 StPO). Zudem wird klargestellt, dass die Unterrichtungspflicht erst dann einsetzt, wenn durch die Unterrichtung eine Gefährdung des Ermittlungszwecks nicht zu erwarten ist.

Die Ergänzung des Satzes 2 stellt eine redaktionelle Änderung dar, die der Vollständigkeit der Einbindung der Bundesanstalt im Falle von Strafverfahren dient. Da die Bundesanstalt bereits über die Einleitung eines Ermittlungsverfahrens unterrichtet wird, sollte auch im Falle einer möglichen Einstellung des Verfahrens eine vorherige Anhörung der Bundesanstalt erfolgen. Ein Abgleich der Ermittlungsergebnisse der Staatsanwaltschaft mit den Feststellungen der Bundesanstalt ist geboten, da die Strafvorschrift des § 54 akzessorisch auf die verwaltungsrechtliche Erlaubnispflicht nach § 32 Absatz 1 Satz 1 verweist. Dem objektiven Straftatbestand sind dieselben Tatsachen zugrunde zu legen wie den Anordnungen der Bundesanstalt nach § 37 dieses Gesetzes. Darüber hinaus können Tatsachen aus dem bei der Bundesanstalt geführten Verwaltungsverfahren zum Wissen des Beschuldigten sprechen und daher auf der subjektiven Seite des Straftatbestands zu berücksichtigen sein. Dasselbe gilt für Strafverfahren nach § 31 des Zahlungsdiensteaufsichtsgesetzes und Maßnahmen der Bundesanstalt nach § 4 des Zahlungsdiensteaufsichtsgesetzes, die über die Verweisung in § 34 Satz 2 des Zahlungsdiensteaufsichtsgesetzes in die Regelung einbezogen sind.

ANMERKUNG

1. § 60a wurde durch das Dritte Finanzmarktförderungsgesetz vom 24. März 1998 eingefügt. Er ersetzt den durch Artikel 25 Justizmitteilungsgesetz und Gesetz zur Änderung kostenrechtlicher Vorschriften und anderer Gesetze vom 18. Juni 1997 (BGBl. I S. 1430) eingeführten § 60a. Gleichzeitig wurde die Vorschrift auf die Finanzdienstleistungsinstitute erstreckt.
2. Durch das Gesetz über die intergrierte Finanzdienstleistungsaufsicht wurde die Vorschrift an die geänderte Bezeichnung der Aufsichtsbehörde in Bundesanstalt für Finanzdienstleistungsaufsicht angepasst. Durch das 4. Finanzmarktförderungsgesetz vom 21. Juni 2002 wurden Absatz 1a und Absatz 3 eingefügt. Damit sollten Schwachstellen in der Zusammenarbeit zwischen der Bundesanstalt und den Strafverfolgungsbehörden bei der Bekämpfung der Geldwäsche und des damit oft in Zusammenhang stehenden illegalen Betreibens von Bank- und Finanzdienstleistungsgeschäften beseitigt werden.
3. Die Überschrift des § 60a wurde neu gefasst und Absatz 1a geändert durch das Gesetz zur Umsetzung der Zweiten E-Geld-Richtlinie vom 1. März 2011 (BGBl. I S. 288); vgl. die vorstehende Amtliche Begründung.
4. Die Änderung des § 60a Absatz 1 Satz 1 durch das CRD IV-Umsetzungsgesetz vom 28. August 2013 (BGBl. I S. 3395) folgt aus den mit dem Gesetz zur Stärkung der Finanzmarkt- und Versicherungsaufsicht vom 9. September 2009 nunmehr auch hinsichtlich der Mitglieder von Aufsichts- und Verwaltungsorganen gesetzlich geregelten

---

1 Zum Gesetz zur Umsetzung der Zweiten E-Geld-Richtlinie vom 1. März 2011 (BGBl. I S. 288); vgl. BT-Drucksache 17/3023 vom 27. September 2010.

Anforderungen. Zu diesen Anforderungen gehört auch die Zuverlässigkeit jedes Organmitglieds, für deren Beurteilung Strafverfahren eine entscheidende Rolle spielen können.

§ 60b Bekanntmachung von Maßnahmen

(1) Die Bundesanstalt soll jede gegen ein ihrer Aufsicht unterstehendes Institut oder Unternehmen oder gegen einen Geschäftsleiter eines Instituts oder Unternehmens verhängte und bestandskräftig gewordene Maßnahme, die sie wegen eines Verstoßes gegen dieses Gesetz, den dazu erlassenen Rechtsverordnungen oder den Bestimmungen der Verordnung (EU) Nr. 575/2013 verhängt hat, und jede unanfechtbar gewordene Bußgeldentscheidung nach Maßgabe der Absätze 2 bis 4 unverzüglich auf ihren Internetseiten öffentlich bekannt machen und dabei auch Informationen zu Art und Charakter des Verstoßes mitteilen. Die Rechte der Bundesanstalt nach § 37 Absatz 1 Satz 3 bleiben unberührt.

(2) Die Bekanntmachung einer unanfechtbar gewordenen Bußgeldentscheidung nach § 56 Absatz 4c darf keine personenbezogenen Daten enthalten.

(3) Eine unanfechtbar gewordene Bußgeldentscheidung nach § 56 Absatz 4c darf nicht nach Absatz 1 bekannt gemacht werden, wenn eine solche Bekanntmachung die Stabilität der Finanzmärkte der Bundesrepublik Deutschland oder eines oder mehrerer Vertragsstaaten des Abkommens über den Europäischen Wirtschaftsraum erheblich gefährden oder eine solche Bekanntmachung den Beteiligten einen unverhältnismäßig großen Schaden zufügen würde.

(4) Die Bundesanstalt hat eine bestandskräftig gewordene Maßnahme oder eine unanfechtbar gewordene Bußgeldentscheidung mit Ausnahme von Bußgeldentscheidungen nach § 56 Absatz 4c auf anonymer Basis bekannt zu machen, wenn eine Bekanntmachung nach Absatz 1
1. das Persönlichkeitsrecht natürlicher Personen verletzt oder eine Bekanntmachung personenbezogener Daten aus sonstigen Gründen unverhältnismäßig wäre,
2. die Stabilität der Finanzmärkte der Bundesrepublik Deutschland oder eines oder mehrerer Mitgliedstaaten des Europäischen Wirtschaftsraums oder den Fortgang einer strafrechtlichen Ermittlung erheblich gefährden würde oder
3. den beteiligten Instituten oder natürlichen Personen einen unverhältnismäßig großen Schaden zufügen würde.

Abweichend von Satz 1 kann die Bundesanstalt in den Fällen von Satz 1 Nummer 2 und 3 so lange von der Bekanntmachung nach Absatz 1 absehen, bis die Gründe für eine Bekanntmachung auf anonymer Basis weggefallen sind.

(5) Die Maßnahmen und Bußgeldentscheidungen im Sinne des Absatzes 1 mit Ausnahme der Bußgeldentscheidungen nach § 56 Absatz 4c sollen mindestens für fünf Jahre ab Bestandskraft der Maßnahme oder ab Unanfechtbarkeit der Bußgeldentscheidung auf den Internetseiten der Bundesanstalt veröffentlicht bleiben.

ANMERKUNG § 60b wurde durch das CRD IV-Umsetzungsgesetz vom 28. August 2013 (BGBl. I S. 3395) neu eingefügt. Die neue Bestimmung setzt Artikel 68 der Bankenrichtlinie um, der die öffentliche Bekanntmachung von Maßnahmen und Sanktionen unter den in § 60b KWG genannten Einschränkungen verlangt. Zu den zu veröffentlichenden Maßnahmen gehören insbesondere die Untersagungen und Anordnungen im Rahmen der Anteilseignerkontrolle nach § 2c Absatz 1b und Absatz 2 KWG, die Untersagungsverfügungen, Abwicklungsanordnungen, Abwicklerbestellungen und sonstige Verwaltungsakte auf der Basis des § 37 KWG, die Erlaubnisaufhebungen nach § 35 KWG, die Verwarnung und Abberufung von Geschäftsleitern (§ 36 KWG) sowie die Verhängung von Geldbußen. Mit der Beschränkung auf festgestellte Verstöße gegen dieses Gesetz, die auf seiner Basis erlassenen Rechtsverordnungen und der Verordnung (EU) Nr. 575/2013 werden vorbereitende Maßnahmen, die der Sachverhaltsaufklärung dienen, namentlich solche auf der Grundlage des § 44 oder § 44c KWG, aus der Veröffentlichungspflicht ausgenommen, auch wenn sie förmlich die Ebene des Verwaltungsaktes erreichen.

Achter Abschnitt:
Übergangs- und Schlußvorschriften

§ 61 Erlaubnis für bestehende Kreditinstitute

Soweit ein Kreditinstitut bei Inkrafttreten dieses Gesetzes Bankgeschäfte in dem in § 1 Abs. 1 bezeichneten Umfang betreiben durfte, gilt die Erlaubnis nach § 32 als erteilt. Die in § 35 Abs. 1 genannte Frist beginnt mit dem Inkrafttreten dieses Gesetzes zu laufen.

Amtliche Begründung

Die Vorschrift dient der Rechtsklarheit. Nach dem geltenden Kreditwesengesetz bedurften die Kreditinstitute, die bei seinem Inkrafttreten bestanden, keiner Erlaubnis. Es gibt zur Zeit also Kreditinstitute mit Erlaubnis und solche, die ohne Erlaubnis befugtermaßen Bankgeschäfte betreiben. Um in dieser Hinsicht einheitliches Recht zu schaffen, fingiert die Vorschrift für die bestehenden Kreditinstitute eine Erlaubnis nach § 32* in dem Umfange, in dem sie nach geltendem Recht Bankgeschäfte betreiben dürfen. Soweit eine Erlaubnis nicht ausdrücklich beschränkt worden ist, gilt also eine Vollkonzession als erteilt. Die fingierte Erlaubnis kann nach § 35* erlöschen oder zurückgenommen werden. Satz 2 stellt im Interesse der Rechtssicherheit klar, daß der Zeitpunkt, in dem die Fiktion wirksam wird, für den Beginn der Frist des § 35* Abs. 1 maßgebend ist.

§ 62 Überleitungsbestimmungen

(1) Die auf dem Gebiet des Kreditwesens bestehenden Rechtsvorschriften sowie die auf Grund der bisherigen Rechtsvorschriften erlassenen Anordnungen bleiben aufrechterhalten, soweit ihnen nicht Bestimmungen dieses Gesetzes entgegenstehen. Rechtsvorschriften, die für die geschäftliche Betätigung bestimmter Arten von Kreditinstituten weitergehende Anforderungen stellen als dieses Gesetz, bleiben unberührt.

(2) Aufgaben und Befugnisse, die in Rechtsvorschriften des Bundes der Bankaufsichtsbehörde zugewiesen sind, gehen auf die Bundesanstalt über.

(3) Die Zuständigkeiten der Länder für die Anerkennung als verlagertes Geldinstitut nach der Fünfunddreißigsten Durchführungsverordnung zum Umstellungsgesetz, für die Bestätigung der Umstellungsrechnung und der Altbankenrechnung sowie für die Aufgaben und Befugnisse nach den Wertpapierbereinigungsgesetzen und dem Bereinigungsgesetz für deutsche Auslandsbonds bleiben unberührt.

ANMERKUNG Durch das 6. KWG-Änderungsgesetz vom 22. Oktober 1997 wurden die bisherigen Absätze 4 und 5 aufgehoben; sie hatten keine materielle Bedeutung mehr.
Durch das Gesetz über die integrierte Finanzdienstleistungsaufsicht vom 22. April 2002 wurde die Vorschrift an die geänderte Bezeichnung der Aufsichtsbehörde in Bundesanstalt für Finanzdienstleistungsaufsicht angepasst.

§ 63 (Aufhebung und Änderung von Rechtsvorschriften)

ANMERKUNG § 63 wurde bei der Neubekanntmachung des Gesetzes vom 3. Mai 1976 nicht mehr abgedruckt, da die Aufhebungen und Änderungen inzwischen vollzogen sind.

§ 63 a Sondervorschriften für das in Artikel 3 des Einigungsvertrages genannte Gebiet

(1) Soweit ein Kreditinstitut mit Sitz in der Deutschen Demokratischen Republik einschließlich Berlin (Ost) am 1. Juli 1990 Bankgeschäfte in dem in § 1 Abs. 1 bezeichneten Umfang betreiben durfte, gilt die Erlaubnis nach § 32 als erteilt.

(2) Die Bundesanstalt kann Gruppen von Kreditinstituten oder einzelne Kreditinstitute mit Sitz in dem in Artikel 3 des Einigungsvertrages genannten Gebiet von Verpflichtungen auf Grund dieses Gesetzes freistellen, wenn dies aus besonderen Gründen, insbesondere wegen der noch fehlenden Angleichung des Rechts in dem in Artikel 3 des Einigungsvertrages genannten Gebiet an das Bundesrecht, angezeigt ist.

ANMERKUNG Da sich Bankwesen und Bankenaufsicht in der ehemaligen DDR nach völlig anderen Grundsätzen entwickelt haben als in der Bundesrepublik, das KWG aber jetzt auch im Gebiet der ehemaligen DDR gilt, waren Anpassungsvorschriften erforderlich. § 63 a, der diese Anpassungen enthält, wurde durch das Gesetz zu dem Vertrag vom 18. Mai 1990[1] eingefügt.

Naturgemäß ergeben sich durch die unvorbereitete Einführung eines bisher unbekannten Rechtskomplexes für die betroffenen Kreditinstitute diverse Fragen und Anpassungsprobleme. Durch die Verordnung des Bundesaufsichtsamtes vom 29. Oktober 1990 (BGBl. I S. 2394), in der Fassung vom 7. Dezember 1994 (BGBl. I S. 3738), wurde das Verfahren bei der Bestätigung der Umstellungsrechnung und bei der Zuteilung von Ausgleichsforderungen geregelt. Durch das 4. KWG-Änderungsgesetz vom 21. Dezember 1992 wurde die Vorschrift umformuliert und der inzwischen eingetretenen neuen Lage angepasst. Die Absätze 1 und 2 wurden gestrichen. Durch das 5. KWG-Änderungsgesetz vom 28. September 1994 wurde Absatz 5 aufgehoben, der bisherige Absatz 6 wurde Absatz 5. Durch das 6. KWG-Änderungsgesetz vom 22. Oktober 1997 wurde der bisherige Absatz 1 Satz 2 aufgehoben. Die bisherigen Absätze 3 bis 5 wurden Absätze 1 bis 3. Durch das Gesetz über die integrierte Finanzdienstleistungsaufsicht vom 22. April 2002 wurde die Vorschrift an die geänderte Bezeichnung der Aufsichtsbehörde in Bundesanstalt für Finanzdienstleistungsaufsicht angepasst.

§ 64 Nachfolgeunternehmen der Deutschen Bundespost

Ab 1. Januar 1995 gilt die Erlaubnis nach § 32 für das Nachfolgeunternehmen der Deutschen Bundespost POSTBANK als erteilt. Bei der Zusammenfassung gemäß § 19 Abs. 2 Satz 1 werden bis zum 31. Dezember 2002 Anteile an den Nachfolgeunternehmen der Deutschen Bundespost nicht berücksichtigt, die von der Bundesanstalt für Post und Telekommunikation Deutsche Bundespost gehalten werden.

---

1 Über die Schaffung einer Währungs-, Wirtschafts- und Sozialunion zwischen der Bundesrepublik Deutschland und der Deutschen Demokratischen Republik vom 25. Juni 1990 (BGBl. II S. 518).

Amtliche Begründung[1]

§ 64 enthielt in der Ursprungsfassung des Gesetzes die inzwischen überholte Berlin-Klausel. Durch das 4. KWG-Änderungsgesetz vom 21. Dezember 1992 erhielt die Vorschrift einen neuen Inhalt, nämlich eine Übergangsregelung für die Deutsche Bundespost POSTBANK. Inzwischen wurde diese durch das Postneuordnungsgesetz mit Wirkung ab 1. Januar 1995 in eine Aktiengesellschaft umgewandelt. Sie führt jetzt den Namen Deutsche Postbank AG (vgl. Anm. 1 zu § 2). § 64 KWG erhielt durch Artikel 12 Abs. 64 des Postneuordnungsgesetzes seine jetzige Fassung.

Nach Absatz 1 gilt für die Bank die Erlaubnis nach § 32 KWG ab 1. Januar 1995 als erteilt; es bedurfte hierfür also keines Aktes der Bankenaufsicht. Absatz 2 enthält die erforderlichen Übergangsregelungen.

Amtliche Begründung[2]

Der bisherige Absatz 2 regelt Befreiungstatbestände für das Nachfolgeunternehmen der Deutschen Bundespost POSTBANK, die bis zum 31. Dezember 1995 befristet sind. Die Regelung ist seither gegenstandslos. Sie kann ersatzlos wegfallen.

Eine Zusammenfassung der Nachfolgeunternehmen der Deutschen Bundespost zu Kreditnehmereinheiten gemäß § 19 Abs. 2 Satz 1 ist für die Anteile, die von der Bundesanstalt für Post und Telekommunikation Deutsche Bundespost gehalten werden, bankaufsichtlich nicht erforderlich. Eine befristete Freistellung erfolgt mit dem neuen Satz 2.

§ 64 a *(weggefallen)*

§ 64 b *(weggefallen)*

ANMERKUNG
1. § 64 b wurde durch das 4. KWG-Änderungsgesetz vom 21. Dezember 1992 eingefügt. Durch das Gesetz über die integrierte Finanzdienstleistungsaufsicht vom 22. April 2002 wurde die Vorschrift an die geänderte Bezeichnung der Aufsichtsbehörde in Bundesanstalt für Finanzdienstleistungsaufsicht angepasst.
2. § 64 b wurde aufgehoben durch das CRD IV-Umsetzungsgesetz vom 28. August 2013 (BGBl. I S. 3395). Durch die bindende Regelung zum Anfangskapital in Artikel 88 der Verordnung (EU) Nr. 575/2013 kann die Regelung in § 64 b KWG nicht mehr aufrechterhalten werden.

§ 64 c *(weggefallen)*

ANMERKUNG § 64 c wurde durch das Gesetz zur Umsetzung der neu gefassten Bankenrichtlinie und der neu gefassten Kapitaladäquanzrichtlinie vom 17. Dezember 2006 aufgehoben.

---

1 Zum 5. KWG-Änderungsgesetz.
2 Zum 6. KWG-Änderungsgesetz.

§ 64d *(weggefallen)*

ANMERKUNG
1. § 64d wurde durch das 5. KWG-Änderungsgesetz vom 28. September 1994 eingefügt. Wegen der gesetzgeberischen Motive vgl. die Amtliche Begründung bei § 64c. Durch das 6. KWG-Änderungsgesetz vom 22. Oktober 1997 wurde die Regelung an die Neufassung der §§ 13 und 13a angepasst. Für Nichthandelsbuchinstitute wird die bisherige Regelung unverändert fortgeführt. Auf Handelsbuchinstitute wird die bisherige Regelung entsprechend angewandt.
2. § 64d wurde aufgehoben durch das CRD IV-Umsetzungsgesetz vom 28. August 2013 (BGBl. I S. 3395), weil sich alle dort genannten Übergangsfristen erledigt haben.

§ 64e Übergangsvorschriften zum Sechsten Gesetz zur Änderung des Gesetzes über das Kreditwesen

(1) Für ein Kreditinstitut, das am 1. Januar 1998 über eine Erlaubnis als Einlagenkreditinstitut verfügt, gilt die Erlaubnis für das Betreiben des Finanzkommissionsgeschäftes, des Emissionsgeschäftes, des Geldkartengeschäftes, des Netzgeldgeschäftes sowie für das Erbringen von Finanzdienstleistungen für diesen Zeitpunkt als erteilt.

(2) Finanzdienstleistungsinstitute und Wertpapierhandelsbanken, die am 1. Januar 1998 zulässigerweise tätig waren, ohne über eine Erlaubnis der Bundesanstalt zu verfügen, haben bis zum 1. April 1998 ihre nach diesem Gesetz erlaubnispflichtigen Tätigkeiten und die Absicht, diese fortzuführen, der Bundesanstalt und der Deutschen Bundesbank anzuzeigen. Ist die Anzeige fristgerecht erstattet worden, gilt die Erlaubnis nach § 32 in diesem Umfang als erteilt. Die Bundesanstalt bestätigt die bezeichneten Erlaubnisgegenstände innerhalb von drei Monaten nach Eingang der Anzeige. Innerhalb von drei Monaten nach Zugang der Bestätigung der Bundesanstalt hat das Institut der Bundesanstalt und der Deutschen Bundesbank eine Ergänzungsanzeige einzureichen, die den inhaltlichen Anforderungen des § 32 entspricht. Wird die Ergänzungsanzeige nicht fristgerecht eingereicht, kann die Bundesanstalt die Erlaubnis nach Satz 2 aufheben; § 35 bleibt unberührt.

(3) Auf Institute, für die eine Erlaubnis nach Absatz 2 als erteilt gilt, sind § 35 Abs. 2 Nr. 3 in Verbindung mit § 33 Abs. 1 Satz 1 Nr. 1 Buchstabe a bis c sowie § 24 Abs. 1 Nr. 9 über das Anfangskapital erst ab 1. Januar 2003 anzuwenden. Solange das Anfangskapital der in Satz 1 genannten Institute geringer ist als der bei Anwendung des § 33 Abs. 1 Satz 1 Nr. 1 erforderliche Betrag, darf es den Durchschnittswert der jeweils sechs vorangehenden Monate nicht unterschreiten; der Durchschnittswert ist alle sechs Monate zu berechnen und der Bundesanstalt mitzuteilen. Bei einem Unterschreiten des in Satz 2 genannten Durchschnittswertes kann die Bundesanstalt die Erlaubnis aufheben. Auf die in Satz 1 genannten Institute sind § 10 Abs. 1 bis 8 und die §§ 10a, 11 und 13 bis 13b erst ab 1. Januar 1999 anzuwenden, es sei denn, sie errichten eine Zweigniederlassung oder erbringen grenzüberschreitende Dienstleistungen in anderen Staaten des Europäischen Wirtschaftsraums gemäß § 24a. Wertpapierhandelsunternehmen, für die eine Erlaubnis nach Absatz 2 als erteilt gilt und die § 10 Abs. 1 bis 8 und die §§ 10a, 11 und 13 bis 13b nicht anwenden, haben die Kunden darüber zu unterrichten, daß sie nicht gemäß § 24a in anderen Staaten des Europäischen Wirtschaftsraums eine Zweigniederlassung errichten oder grenzüberschreitende Dienstleistungen erbringen können. Institute, für die eine Erlaubnis nach Absatz 2 als erteilt gilt, haben der Bundesanstalt und der Deutschen Bundesbank anzuzeigen, ob sie § 10 Abs. 1 bis 8 und die §§ 10a, 11 und 13 bis 13b anwenden.

(4) weggefallen
(5) weggefallen

Amtliche Begründung[1]

Der derzeitige § 64e kann entfallen. In dem neuen § 64e wird eine Übergangsregelung für die zum Zeitpunkt des Inkrafttretens des Sechsten Gesetzes zur Änderung des Gesetzes über das Kreditwesen zulässigerweise bereits tätigen Finanzdienstleistungsinstitute und Wertpapierhandelsbanken, die nicht unter die Regelung des § 32 Abs. 1 Satz 2 fallen, eingeführt. Diese Unternehmen haben innerhalb von drei Monaten nach Inkrafttreten des Gesetzes ihre nach dem KWG erlaubnispflichtigen Tätigkeiten und die Absicht, diese fortzuführen, dem BAKred und der Deutschen Bundesbank anzuzeigen. Bei fristgerechter Erstattung der Anzeige gilt die Erlaubnis nach § 32 erteilt. Das BAKred bestätigt die bezeichneten Erlaubnisgegenstände innerhalb drei Monaten nach Eingang der Anzeige. Die Bestätigung erfolgt aufgrund einer summarischen Prüfung und hat nur vorläufigen Charakter. Innerhalb von drei Monaten nach Zugang der Bestätigung haben die Unternehmen dem BAKred und der Deutsche Bundesbank eine Ergänzungsanzeige einzureichen, die den Anforderungen des § 32 entsprechen muß. Es handelt sich nicht um eine Ausschlußfrist; Wiedereinsetzung in den vorherigen Stand ist nach den allgemeinen Grundsätzen des Verwaltungsverfahrensrechts möglich. Die nicht fristgerechte Einreichung der Ergänzungsanzeige schafft einen Sonderaufhebungsgrund. Die allgemeinen Erlaubnisaufhebungsgründe bleiben unberührt.

Die Übergangsregelung gewährleistet, daß die Finanzdienstleistungsinstitute und unlizenzierten Wertpapierhandelsbanken, die zum Zeitpunkt des Inkrafttretens des Sechsten Gesetzes zur Änderung des Gesetzes über das Kreditwesen zulässigerweise bereits tätig sind, ihre Geschäfte legal weiterführen können. Bei der Beurteilung, ob ein Unternehmen zulässigerweise tätig ist, wird es im Regelfall auf das Vorliegen einer Erlaubnis der zuständigen Behörde gemäß § 34c Gewerbeordnung ankommen.

Nach Absatz 2 haben die Institute, für die eine Erlaubnis nach Absatz 1 als erteilt gilt, das nach § 33 Abs. 1 Satz 1 Nr. 1 erforderliche Anfangskapital erst ab 1. August 2002 aufzuweisen. Solange das Anfangskapital dieser Institute geringer ist als der für die jeweiligen Tätigkeiten in § 33 Abs. 1 Nr. 1 vorgesehene Betrag, darf es nicht unter den Durchschnittswert der letzten sechs Monate sinken. Damit wird Artikel 3 Abs. 5 der Kapitaladäquanzrichtlinie umgesetzt.

Institute, für die eine Erlaubnis nach Absatz 1 als erteilt gilt, haben § 10 Abs. 1 bis 8 und die §§ 10a, 11 und 13 bis 13b erst am 1. August 1998 anzuwenden. Damit wird ihnen eine ausreichende Zeitspanne eingeräumt, um die komplizierte Berechnung einiger bankaufsichtlicher Kennzahlen und Limite vorzubereiten. Bei einer Inanspruchnahme des Europäischen Passes gemäß § 24a sind die genannten Vorschriften sofort anzuwenden.

Wertpapierhandelsunternehmen, für die eine Erlaubnis nach Absatz 1 als erteilt gilt und die § 10 Abs. 1 bis 8 und §§ 10a, 11 und 13 bis 13b nicht erfüllen, haben die Kunden darüber zu unterrichten, daß sie nicht gemäß § 24a in anderen Staaten des Europäischen Wirtschaftsraums eine Zweigniederlassung errichten oder grenzüberschreitende Dienstleistungen erbringen können. Es steht Instituten frei, auch ohne Inanspruchnahme des Europäischen Passes die genannten Vorschriften vor dem 1. August 1998 anzuwenden. Dem BAKred und der Deutschen Bundesbank ist die Anwendung anzuzeigen. § 10 Abs. 9 gilt sofort, da die Berechnung der dann festgelegten Kostenrelation keine großen technischen Anforderungen stellt und einen Mindestschutz bei einer ggf. erforderlichen Abwicklung gewährleistet.

In Absatz 3 wird Kreditinstituten, die am 1. August 1997 über eine Erlaubnis nach § 32 verfügen, eine Übergangsfrist bis zum 1. April 1998 für die Anwendung der §§ 10,

---

1 Zum 6. KWG-Änderungsgesetz.

10a und 13 bis 13b eingeräumt. Damit wird eine ausreichende Zeitspanne eingeräumt, um die interne Organisation sowie die Rechenverfahren und EDV-Kapazitäten an die neuen Anforderungen anzupassen. Bis zu diesem Zeitpunkt gelten die entsprechenden derzeitigen Vorschriften. Die in Absatz 3 genannten Kreditinstitute haben jedoch wie die Institute, für die eine Erlaubnis nach Absatz 1 als erteilt gilt, die Möglichkeit, auch früher die anspruchsvolleren Berechnungsverfahren anzuwenden. Dem BAKred und der Deutschen Bundesbank ist anzuzeigen, ob ein Institut die §§ 10, 10a und 13 bis 13b oder die §§ 10, 10a, 13 und 13a des Gesetzes in der Fassung der Bekanntmachung vom 22. Januar 1996 (BGBl. I S. 64) anwendet.

Nach Absatz 4 kann nachgewiesenes freies Vermögen des Inhabers oder der persönlich haftenden Gesellschafter eines Kreditinstituts, das am 1. August 1997 über eine Erlaubnis nach § 32 verfügt, weiterhin als haftendes Eigenkapital berücksichtigt werden. Diese Vorschrift ist eine Bestandsschutzregelung; sie erfolgt im Hinblick auf den Wegfall von § 10 Abs. 6.

ANMERKUNG

1. Durch das 6. KWG-Änderungsgesetz vom 22. Oktober 1997 wurde der bisherige § 64e aufgehoben. In dem neuen § 64e wurde eine Übergangsregelung für die zum Zeitpunkt des Inkrafttretens des 6. KWG-Änderungsgesetzes zulässigerweise bereits tätigen Finanzdienstleistungsinstitute und Wertpapierhandelsbanken eingeführt.
2. Aufgrund der Beschlussempfehlung des Finanzausschusses des Deutschen Bundestages wurde ein neuer Absatz 1 eingefügt. Die bisherigen Absätze 1 bis 4 im Gesetzentwurf der Bundesregierung wurden zu Absätzen 2 bis 5. Durch die Einfügung des neuen Absatzes 1 unter gleichzeitiger Streichung des § 32 Abs. 1 Satz 2 sollte vermieden werden, dass die Erlaubnis von Einlagenkreditinstituten in jedem Fall die neu zu beaufsichtigenden Geschäftsarten umfasst, auch wenn die Institute die Durchführung dieser Geschäfte nicht wünschen.
3. In der vorstehend abgedruckten Amtlichen Begründung sind noch die ursprünglich vorgesehenen Übergangsfristen genannt.
4. Durch das Gesetz über die integrierte Finanzdienstleistungsaufsicht vom 22. April 2002 wurden in der Vorschrift die erforderlichen Anpassungen aufgrund der Errichtung der Bundesanstalt für Finanzdienstleistungsaufsicht als neue Aufsichtsbehörde vorgenommen.
5. § 64e Absatz 5 wurde aufgehoben durch das CRD IV-Umsetzungsgesetz vom 28. August 2013 (BGBl. I S. 3395). Es handelt sich um eine redaktionelle Anpassung der Übergangsvorschrift.

§ 64f Übergangsvorschriften zum Vierten Finanzmarktförderungsgesetz

(1) Für ein Kreditinstitut, das am 1. Juli 2002 über eine Erlaubnis als Einlagenkreditinstitut verfügt, gilt die Erlaubnis für das Betreiben des Kreditkartengeschäfts für diesen Zeitpunkt als erteilt.

(2) Finanzdienstleistungsinstitute und Wertpapierhandelsbanken, die am 1. Juli 2002 zulässigerweise tätig waren, ohne über eine Erlaubnis der Bundesanstalt gemäß § 1 Abs. 1a Satz 2 Nr. 8 zu verfügen, haben bis zum 1. November 2002 ihre erlaubnispflichtige Tätigkeit und die Absicht, diese fortzuführen, der Bundesanstalt und der Deutschen Bundesbank anzuzeigen. § 64e Abs. 2 Satz 2 bis 5 gilt entsprechend.

(3) bis **(6)** weggefallen

Amtliche Begründung[1]

Absatz 3 wird aufgehoben, da Meldeinhalte, Meldefristen und der Beobachtungszeitraum nach § 14 Abs. 1 ab dem 1. Januar 2007 in der GroMiKV geregelt sind. Die Änderung der GroMiKV, die auch die Regelungen des § 20 Abs. 3 Satz 2 Nr. 4 und 5 KWG in der Fassung der Bekanntmachung vom 9. September 1998 (BGBl. I S. 2776), das zuletzt durch Artikel 2 des Gesetzes vom 22. April 2002 (BGBl. I S. 1310) geändert worden ist, berücksichtigt, tritt zum 1. Januar 2007 in Kraft. Die Übergangsregelung des Absatzes 4 ist damit entbehrlich.

Durch die Aufhebung des bisherigen § 1 Abs. 12 im Rahmen des neu geschaffenen § 1 a ist die Übergangsregelung des Absatzes 5 entbehrlich.

Absatz 6 ist wegen Zeitablaufs aufzuheben.

§ 64 g Übergangsvorschriften zum Finanzkonglomeraterichtlinie-Umsetzungsgesetz

(1) weggefallen

(2) Bis zum Erlass der Rechtsverordnung nach § 13 c Absatz 1 Satz 2 sind sämtliche während eines Kalenderjahres durchgeführten bedeutenden gruppeninternen Transaktionen mit gemischten Unternehmen oder deren Tochterunternehmen der Bundesanstalt und der Deutschen Bundesbank vor dem 16. Januar des darauffolgenden Jahres anzuzeigen. Gruppeninterne Transaktionen sind insbesondere
1. Darlehen,
2. Bürgschaften, Garantien und andere außerbilanzielle Geschäfte,
3. Geschäfte, die Eigenmittelbestandteile im Sinne der §§ 10, 10a, 53c und 104g des Versicherungsaufsichtsgesetzes betreffen,
4. Kapitalanlagen,
5. Rückversicherungsgeschäfte,
6. Kostenteilungsvereinbarungen.

Eine gruppeninterne Transaktion ist bedeutend, wenn die einzelne Transaktion mindestens 5 Prozent der Eigenkapitalanforderung auf Gruppenebene erreicht oder übersteigt. Mehrere Transaktionen desselben oder verschiedener gruppenangehöriger Unternehmen mit einem anderen gruppenangehörigen Unternehmen während eines Geschäftsjahres sind jeweils adressatenbezogen zusammenzufassen, auch wenn die einzelne Transaktion 5 Prozent der Eigenkapitalanforderung auf Gruppenebene nicht erreicht.

(3) Bis zu einer Ergänzung der Rechtsverordnung nach § 24 Abs. 4
1. sind im Rahmen der Anzeigen nach § 24 Abs. 3a Satz 1 Nr. 1
    a) zur Beurteilung der Zuverlässigkeit der Personen, die die Geschäfte einer Finanzholding-Gesellschaft oder einer gemischten Finanzholding-Gesellschaft tatsächlich führen sollen, die nach § 8 Satz 2 Nr. 2 der Anzeigenverordnung vom 29. Dezember 1997 (BGBl. I S. 3372), die zuletzt durch Artikel 8 des Gesetzes vom 15. August 2003 (BGBl. I S. 1657) geändert worden ist, vorgesehenen Erklärungen abzugeben;
    b) zur Beurteilung der fachlichen Eignung der Personen, die die Geschäfte einer Finanzholding-Gesellschaft oder gemischten Finanzholding-Gesellschaft tatsächlich führen sollen, die nach § 8 Satz 2 Nr. 1 der Anzeigenverordnung vom 29. Dezember 1997 (BGBl. I S. 3372), die zuletzt durch Artikel 8 des Gesetzes vom 15. August 2003 (BGBl. I S. 1657) geändert worden ist, genannten Unterlagen beizufügen;

---

1 Zum Gesetz zur Umsetzung der neu gefassten Bankenrichtlinie und der neu gefassten Kapitaladäquanzrichtlinie vom 17. November 2006 (BGBl. I S. 2606).

2. gilt § 27 der Anzeigenverordnung vom 29. Dezember 1997 (BGBl. I S. 3372), die zuletzt durch Artikel 8 des Gesetzes vom 15. August 2003 (BGBl. I S. 1657) geändert worden ist, in Bezug auf Anzeigen einer gemischten Finanzholding-Gesellschaft nach § 12a Abs. 1 Satz 3 entsprechend.

(4) weggefallen

Amtliche Begründung[1]

Die neu eingefügte Vorschrift enthält durch die Umsetzung der Richtlinie bedingte, notwendigen Übergangsbestimmungen bis zum Inkrafttreten der neuen Begleitverordnungen zu den §§ 13c und 13d Abs. 2 sowie bis zur Novellierung der Anzeigenverordnung.

Zu den Absätzen 1 und 2

Die Finanzkonglomeraterichtlinie enthält im Hinblick auf Risikokonzentrationen auf Gruppenebene bislang keine vollumfänglichen und abschließenden Vorgaben. Insbesondere legt die Richtlinie, anders als in einigen einschlägigen sektoralen Vorschriften, keine quantitativen Grenzen fest, sondern überlässt dies bis zu einer weiteren Koordinierung auf europäischer Ebene den zuständigen Behörden der Mitgliedstaaten (Artikel 8 Abs. 3 der Finanzkonglomeraterichtlinie). Entsprechendes gilt für gruppeninterne Transaktionen (Artikel 7 Abs. 3 der Finanzkonglomeraterichtlinie), wobei allerdings bis zur Festlegung von Schwellenwerten gemäß Anhang II Absatz 1 letzter Satz der Richtlinie gruppeninterne Transaktionen als bedeutend anzusehen sind, wenn ihr Umfang 5 vom Hundert der Eigenkapitalanforderung auf Finanzkonglomeratsebene übersteigt (Artikel 8 Abs. 2 Satz 2 der Finanzkonglomeraterichtlinie). Zwingende quantitative Obergrenzen sieht die Richtlinie für gruppeninterne Transaktionen und für Risikokonzentrationen nicht vor.

Mit Absatz 1 und 2 wird von der Ermächtigung nach Artikel 7 Abs. 3 und Artikel 8 Abs. 3 entsprechend Anhang II dritter Absatz der Finanzkonglomeraterichtlinie Gebrauch gemacht, für die Übergangszeit bis zur weiteren Harmonisierung der EU-Regelungen die branchen- bzw. sektorspezifischen Vorschriften auch auf Konglomeratsebene anzuwenden, soweit solche vorhanden sind.

Absatz 1 Nr. 1 erfasst Risikokonzentrationen der Aktivseite beschränkt auf Adressenausfall-/Kreditrisiken und Anlagerisiken. Ihre Meldeschwelle beträgt analog zum Großkreditregime 10 Prozent der Eigenkapitalanforderung auf Konglomeratsebene. Die Risiken sind adressenbezogen zu ermitteln und zusammenzufassen. Marktrisiken und operationelle Risiken bleiben bei dieser Betrachtung zunächst außer Ansatz. Die etwaige Einführung von nach der Finanzkonglomeraterichtlinie möglichen quantitativen Beschränkungen bleibt der Rechtsverordnung vorbehalten.

Absatz 1 Nr. 2 und 3 erfasst die Versicherungsrisiken. Auch für diese Risikoart, die auf der Passivseite von Versicherungsunternehmen abgebildet wird, sind zunächst nur Anzeigepflichten vorgesehen. Danach hat das übergeordnete Finanzkonglomeratsunternehmen der Bundesanstalt und der Deutschen Bundesbank die aus Versicherungsrisiken resultierenden, auf Basis des internen Risikomanagementsystems als bedeutend identifizierten Risikokonzentrationen, die sich aus Großrisiken und sog. Kumulrisiken sowie Risiken mit langer Entwicklungsphase bei unsicherer Ursachenkette (long tail) ergeben, anzuzeigen. Soweit solche Risiken sich auch auf einzelne Adressen nach Buchstabe a unmittelbar auswirken, ist dies in der Anzeige, aufgeschlüsselt nach Einzeladressen, ebenfalls anzugeben. Das Versicherungsrisiko be-

---

[1] Zum Finanzkonglomeraterichtlinie-Umsetzungsgesetz vom 21. Dezember 2004 (BGBl. I S. 3610); vgl. BT-Drucksache 15/3641 vom 12. August 2004.

steht in der möglichen Inanspruchnahme, die unter Berücksichtigung der vertraglichen Versicherungssumme unter Einbeziehung der Rückversicherung, der Schadenerfahrungen der Vergangenheit und mathematischer Modelle zu bestimmen ist. Zusätzlich hat das übergeordnete Finanzkonglomeratsunternehmen der Bundesanstalt und der Deutschen Bundesbank über Risiken, die sich durch eine Kombination aus und durch Wechselwirkungen zwischen den einzelnen Risikoarten ergeben, ebenfalls fortlaufend zu berichten.

In Absatz 1 Nr. 4 wird in Bezug auf gruppeninterne Transaktionen die Definition solcher Geschäfte nach § 104e Abs. 2 des Versicherungsaufsichtsgesetzes übernommen. Artikel 8 Abs. 2 Satz 2 der Richtlinie wird in Bezug auf die einzelne Transaktion umgesetzt. Um ein Umgehen der Fünf-Prozent-Meldeschwelle durch eine Aufspaltung einer an sich bedeutenden gruppeninternen Transaktion in mehrere Einzeltransaktionen zu verhindern, sind die einzelnen Transaktionen adressatenbezogen zusammenzufassen und einmal jährlich zu melden, auch wenn der Schwellenwert bei der einzelnen Transaktion nicht erreicht wird. Auf die Festlegung quantitativer Obergrenzen wird bis zum Erlass der Rechtsverordnung verzichtet.

Zu Absatz 3

Absatz 3 trägt dem Umstand Rechnung, das Detailbestimmungen zur näheren Präzisierung der Anzeigevorschriften für Personen, die die Geschäfte einer Finanzholding-Gesellschaft oder einer gemischten Finanzholding-Gesellschaft tatsächlich führen und für die gemischten Finanzholding-Gesellschaften noch nicht vorliegen. Hier werden die geltenden Regelungen in der Anzeigenverordnung für Geschäftsleiter und für Finanzholding-Gesellschaften für die Übergangszeit analog übertragen.

Zu Absatz 4

Nach Artikel 4 tritt das Gesetz in Umsetzung des Artikels 32 Abs. 2 der Richtlinie 2002/87/EG einheitlich zum 1. Januar 2005 in Kraft.

Da die Bestimmung für die erstmalige Anwendung aller Vorschriften »auf die aufsichtliche Prüfung der Abschlüsse für das Geschäftsjahr mit Beginn am 1. Januar 2005 oder während dieses Kalenderjahres« abstellt, führt dies im Hinblick auf die übliche Erstellung der Jahresabschlüsse zum Ende eines Kalenderjahres dazu, dass die Identifizierung von Finanzkonglomeraten letztlich erst im Jahre 2006 auf der Basis der Jahresabschlussdaten zum 31. Dezember 2005 erfolgen könnte. Um dies zu vermeiden, legt Absatz 4 Satz 1 als Basis für die Ermittlung und Identifizierung die Jahresabschlussdaten für das in 2003 beendete Geschäftsjahr fest. Wesentliche Änderungen, die während des Jahres 2004 eintreten und die Einstufung einer Unternehmensgruppe als Finanzkonglomerat beeinflussen können, sind zu berücksichtigen.

Da die Anzeigen über Risikokonzentrationen und gruppeninterne Transaktionen keiner zwingenden Anknüpfung an Jahresabschlüsse bedürfen, wird mit Absatz 4 Satz 3 die erstmalige Einreichung der jährlichen Anzeigen auf den 15. Januar 2006 festgelegt. Davon unberührt bleiben die in diesem Zusammenhang unverzüglich zu erfüllenden Anzeigepflichten ab dem Inkrafttreten dieses Gesetzes.

Die erstmalige Berechnung der angemessenen Eigenkapitalausstattung der identifizierten Finanzkonglomeratsebene, kann angesichts des insoweit eindeutigen Wortlauts von Artikel 32 Abs. 2 der Richtlinie 2002/87/EG zwingend erst auf der Grundlage der Jahresabschlüsse des im Jahre 2005 beendeten Geschäftsjahres erfolgen. Dies wird mit Absatz 4 Satz 2 klargestellt.

ANMERKUNG Die Änderung des § 64g, indem Absatz 1 aufgehoben und Absatz 2 neu gefasst wurde, beruht auf der inhaltlichen Überführung der die Finanzkonglomerate betreffenden Teile der Norm in das Finanzkonglomerate-Aufsichtsgesetz durch das Gesetz zur Umsetzung der Richtlinie 2011/89/EU des Europäischen Parlaments und des Rates vom

16. November 2011 zur Änderung der Richtlinien 98/78/EG, 2002/87/EG, 2006/48/EG und 2009/138/EG hinsichtlich der zusätzlichen Beaufsichtigung der Finanzunternehmen eines Finanzkonglomerats vom 27. Juni 2013 (BGBl. I S. 1862); vgl. auch BT-Drucksache 17/12602 vom 4. März 2013.

§ 64h Übergangsvorschriften zum Gesetz zur Umsetzung der neu gefassten Bankenrichtlinie und der neu gefassten Kapitaladäquanzrichtlinie

(1) weggefallen
(2) weggefallen
(3) weggefallen
(4) weggefallen
(5) Institute dürfen personenbezogene Daten, die sie vor dem 1. Januar 2007 erhoben haben, nach Maßgabe des § 10 Absatz 2 verwenden.
(6) weggefallen
(7) § 2 Abs. 8a ist bis längstens zum 31. Dezember 2014 anzuwenden.

ANMERKUNG

1. Es handelt sich in § 64h Absatz 4 Satz 3 um eine Folgeänderung, die auf der Änderung des § 10a beruht durch das Gesetz zur Umsetzung der Richtlinie 2011/89/EU des Europäischen Parlaments und des Rates vom 16. November 2011 zur Änderung der Richtlinien 98/78/EG, 2002/87/EG, 2006/48/EG und 2009/138/EG hinsichtlich der zusätzlichen Beaufsichtigung der Finanzunternehmen eines Finanzkonglomerats vom 27. Juni 2013 (BGBl. I S. 1862); vgl. auch BT-Drucksache 17/12602 vom 4. März 2013.
2. Eine entsprechende Privilegierung sieht die Verordnung (EU) Nr. 575/2013 nicht mehr vor, sodass Absatz 1 bis 4 gestrichen wurde durch das CRD IV-Umsetzungsgesetz vom 28. August 2013 (BGBl. I S. 3395). Die Übergangsvorschrift in Absatz 2 hat sich zeitlich bereits erledigt, sodass sie ebenfalls gestrichen werden konnte. Die Regelung in Absatz 3 kann aufgrund der Vorgabe der Verordnung (EU) Nr. 575/2013 (Artikel 33 Absatz 1 Buchstabe b) nicht mehr aufrechterhalten werden. Ein vorhandener aktivischer Unterschiedsbetrag ist danach vollständig vom Kernkapital, ab 2014 ratierlich vom harten Kernkapital abzuziehen. In Absatz 5 handelt es sich um eine redaktionelle Korrektur. Die Verweise wurden an den neuen § 10 KWG angepasst. Da § 20c KWG aufgehoben wird, ist die Übergangsvorschrift in Absatz 6 entbehrlich und wurde daher auch aufgehoben.

§ 64i Übergangsvorschriften zum Finanzmarktrichtlinie-Umsetzungsgesetz

(1) Für ein Unternehmen, das am 1. November 2007 eine Erlaubnis für ein oder mehrere Bankgeschäfte oder Finanzdienstleistungen im Sinne des § 1 Abs. 1a Satz 2 Nr. 1 bis 4 hat, gilt die Erlaubnis für die Anlageberatung als zu diesem Zeitpunkt erteilt. Für ein Finanzdienstleistungsinstitut, das nicht unter Satz 1 fällt, gilt die Erlaubnis für die Anlageberatung ab diesem Zeitpunkt bis zur Entscheidung der Bundesanstalt als vorläufig erteilt, wenn es bis zum 31. Januar 2008 einen vollständigen Erlaubnisantrag nach § 32 Abs. 1 Satz 1 und 2, auch in Verbindung mit einer Rechtsverordnung nach § 24 Abs. 4, stellt.
(2) Für ein Unternehmen, das am 1. November 2007 eine Erlaubnis für ein oder mehrere Bankgeschäfte oder Finanzdienstleistungen im Sinne des § 1 Abs. 1a Satz 2 Nr. 1 bis 4 hat und bisher auf eigene Rechnung mit Finanzinstrumenten gehandelt hat, gilt die Erlaubnis für das Eigengeschäft als zu diesem Zeitpunkt erteilt.
(3) Für ein Unternehmen, das auf Grund der Ausdehnung der Definition der Finanzinstrumente in § 1 Abs. 11 am 1. November 2007 zum Finanzdienstleistungsinstitut oder zur Wertpapierhandelsbank wird, gilt Absatz 1 Satz 2 entsprechend.

(4) Für ein Unternehmen, das am 1. November 2007 eine Erlaubnis für die Anlagevermittlung hat, gilt die Erlaubnis für den Betrieb eines multilateralen Handelssystems als zu diesem Zeitpunkt erteilt, wenn es bis zum 31. Januar 2008 einen vollständigen Erlaubnisantrag nach § 32 Abs. 1 Satz 1 und 2, auch in Verbindung mit einer Rechtsverordnung nach § 24 Abs. 4, stellt und die Bundesanstalt dem nicht binnen drei Monaten nach Eingang des vollständigen Erlaubnisantrags widerspricht. Die Bundesanstalt kann widersprechen, wenn sie im Falle eines ordentlichen Erlaubnisantrags nach § 32 das Recht hätte, die Erteilung der Erlaubnis nach § 33 zu versagen.

(5) Für ein Unternehmen, das am 1. November 2007 eine Erlaubnis für die Abschlussvermittlung hat, gilt für die Erlaubnis zur Erbringung des Platzierungsgeschäfts Absatz 1 Satz 2 entsprechend.

Amtliche Begründung[1]

Wer eine Erlaubnis für das Betreiben eines Bankgeschäfts oder der Anlagevermittlung, der Abschlussvermittlung, der Finanzportfolioverwaltung oder des Eigenhandels hat, ist im Regelfall auch für die Anlageberatung qualifiziert. Es ist im Sinne der Verwaltungsvereinfachung, die entsprechende Erlaubnis zu fingieren. Den Unternehmen wird damit zudem zügig Rechtssicherheit gegeben.

Der Anlageberater, der bislang nicht der Erlaubnispflicht nach dem KWG unterliegt, hat nach Absatz 1 Satz 2 ab Inkrafttreten des Gesetzes drei Monate Zeit, einen vollständigen Erlaubnisantrag bei der Bundesanstalt zu stellen. Stellt er den vollständigen Erlaubnisantrag, gilt seine Erlaubnis bis zur Entscheidung der Bundesanstalt als vorläufig erteilt.

Die gleiche Regelung wie nach Absatz 1 Satz 1 gilt für die Tätigkeit des Betreibens von Eigengeschäften in Bezug auf alle Institute im Sinne von § 1 Abs. 1b, die bislang nicht der Erlaubnispflicht unterliegende Geschäfte auf eigene Rechnung in Form von Eigengeschäften getätigt haben.

Nach Absatz 3 gilt die Regelung des Absatzes 1 Satz 2 auch für Anlagevermittler, Abschlussvermittler, Finanzportfolioverwalter, Eigenhändler, Finanzkommissionäre und Betreiber des Emissionsgeschäfts, die bislang aus der Erlaubnispflicht fielen, da sich ihr Geschäftsgegenstand auf Finanzprodukte beschränkte, die die bisherige Definition der Finanzinstrumente nicht erfasste.

An den Betrieb eines multilateralen Handelssystems sind nach der Finanzmarktrichtlinie besondere Anforderungen zu stellen, die bereits im Rahmen des Zulassungsverfahrens zu prüfen sind. Auch wenn die Institute, die ein solches System betreiben wollen, bereits im Besitz einer Erlaubnis für die Anlagevermittlung sind, rechtfertigt das nicht, die Erlaubnis analog Absatz 1 Satz 1 zu fingieren. Diesem Gesichtspunkt wird in Absatz 4 mit dem Einspruchsrecht der Bundesanstalt Rechnung getragen. Dem Bedürfnis der betreffenden Institute nach Rechtssicherheit wird durch die Befristung des Widerspruchsrechts auf drei Monate Genüge getan.

Gleiches gilt nach Absatz 5 für die Erbringung der Dienstleistung des Platzierungsgeschäfts. Da in diesem Fall Finanzinstrumente im Namen und für Rechnung des Emittenten (offene Stellvertretung) platziert werden, war dieses Geschäft bislang zwar durch die Erlaubnis zur Abschlussvermittlung abgedeckt. Da aber nicht jeder Abschlussvermittler Finanzinstrumente im Rahmen eines Platzierungs- oder Vermittlungskonsortiums platziert und die Eignung der Geschäftsleiter im Hinblick auf diese Geschäft zukünftig geprüft werden muss, wird für die Erlaubnis, das Platzierungsgeschäft zu erbringen, entsprechend Absatz 4 verfahren.

---

1 Zum Finanzmarktrichtlinie-Umsetzungsgesetz.

§ 64j Übergangsvorschriften zum Jahressteuergesetz 2009

(1) Für ein Unternehmen, das am 25. Dezember 2008 eine Erlaubnis für ein oder mehrere Bankgeschäfte im Sinne des § 1 Abs. 1 oder Finanzdienstleistungsgeschäfte im Sinne des § 1 Abs. 1a Satz 2 Nr. 1 bis 4 hat, gilt die Erlaubnis für das Factoring und das Finanzierungsleasing als zu diesem Zeitpunkt erteilt.

(2) Für Finanzdienstleistungsinstitute, die nicht unter Absatz 1 fallen, gilt die Erlaubnis für das Factoring und das Finanzierungsleasing ab dem 25. Dezember 2008 als erteilt, wenn sie bis zum 31. Januar 2009 anzeigen, dass sie diese Tätigkeiten ausüben. Für Unternehmen im Sinne des Satzes 1, die zum Zeitpunkt des Inkrafttretens des Gesetzes mindestens zwei der drei in § 267 Abs. 1 des Handelsgesetzbuchs genannten Größenkriterien nicht überschreiten, gilt eine längere Frist bis zum 31. Dezember 2009. Die Anzeige muss die Angaben nach § 32 Abs. 1 Satz 2 Nr. 2 und 6 Buchstabe a und b, den Jahresabschluss für das letzte abgelaufene Geschäftsjahr, oder – soweit dieser nach den hierfür geltenden Fristen noch nicht aufzustellen war – für das diesem vorausgegangene Geschäftsjahr, oder – soweit noch kein Jahresabschluss aufzustellen war – die Eröffnungsbilanz und eine unterjährige Gewinn- und Verlustrechnung, sowie einen aktuellen Handelsregisterauszug und die Gewerbeanzeige nach § 14 Abs. 1 Satz 1 der Gewerbeordnung enthalten.

ANMERKUNG Der neue § 64j wurde durch das Jahressteuergesetz 2009 vom 19. Dezember 2008 (BGBl. I S. 2794) neu eingefügt. Es ist dazu keine amtliche Begründung ergangen.

§ 64k Übergangsvorschrift zum Gesetz zur Umsetzung der Beteiligungsrichtlinie

Auf Verfahren nach § 2c, bei denen bis zum 17. März 2009 eine Anzeige eingegangen ist, sind die Vorschriften dieses Gesetzes in der bis zum 17. März 2009 geltenden Fassung anzuwenden.

Amtliche Begründung[1]

Zu Nummer 14

Die Änderung dient der Umsetzung des Artikels 8 Abs. 2 der Beteiligungsrichtlinie.

ANMERKUNG Der neue § 64k wurde durch das Gesetz zur Umsetzung der Beteiligungsrichtlinie vom 12. März 2009 (BGBl. I S. 479) neu eingefügt.

§ 64l Übergangsvorschrift zur Erlaubnis für die Anlageverwaltung

Für ein Institut, das am 25. März 2009 die Erlaubnis für das Finanzkommissionsgeschäft, den Eigenhandel oder die Finanzportfolioverwaltung hat, gilt die Erlaubnis für die Anlageverwaltung als zu diesem Zeitpunkt erteilt. Eine Erlaubnispflicht für die Anlageverwaltung besteht nicht für solche Produkte, für die bis zum 24. September 2008 ein Verkaufsprospekt veröffentlicht wurde.

---

1 Zum Gesetz zur Umsetzung der Beteiligungsrichtlinie vom 12. März 2009 (BGBl. I S. 470); vgl. BT-Drucksache 16/10536 vom 13. Oktober 2008.

Amtliche Begründung[1]

Zu Nummer 20 (§ 64 l – neu – KWG)

Wer als Institut eine Erlaubnis für das Betreiben der aufgezählten Tatbestände hat, ist im Regelfall auch für die Anlageverwaltung qualifiziert. Es ist im Sinne der Verwaltungsvereinfachung, die entsprechende Erlaubnis zu fingieren. Den Unternehmen wird damit zudem zügig die notwendige Rechtssicherheit gegeben.

Bereits aufgelegte Produkte, für die bereits ein Verkaufsprospekt hinterlegt wurde und deren Anbieter unter den neuen Tatbestand der Anlageverwaltung fallen, genießen Bestandsschutz, damit insoweit keine finanziellen Schäden für die Anbieter und deren Anleger entstehen.

§ 64 m   (weggefallen)

ANMERKUNG   § 64 m wurde vollständig gestrichen durch das CRD IV-Umsetzungsgesetz vom 28. August 2013 (BGBl. I S. 3395). Denn Absatz 1 Satz 1 und Satz 4, Absatz 2 Satz 1 lassen sich nach den Vorgaben der Artikel 462 ff. der Verordnung (EU) Nr. 575/2013 zu den Übergangsvorschriften nicht mehr aufrechterhalten. Absatz 4 macht aufgrund der Vorgaben zum Anwendungsbereich von Artikel 393 und Artikel 394 der Verordnung (EU) Nr. 575/2013 keinen Sinn mehr. Absatz 5 hat sich durch Zeitablauf erledigt und wurde daher gestrichen.

§ 64 n   Übergangsvorschrift zum Gesetz zur Novellierung des Finanzvermittler- und Vermögensanlagenrechts

Für ein Unternehmen, das auf Grund der Erweiterung der Definition der Finanzinstrumente in § 1 Absatz 11 Satz 1 am 1. Juni 2012 zum Finanzdienstleistungsinstitut wird, gilt die Erlaubnis ab diesem Zeitpunkt bis zur Entscheidung der Bundesanstalt als vorläufig erteilt, wenn es bis zum 31. Dezember 2012 einen vollständigen Erlaubnisantrag nach § 32 Absatz 1 Satz 1 und 2, auch in Verbindung mit einer Rechtsverordnung nach § 24 Absatz 4, stellt.

ANMERKUNG   § 64 n KWG wurde durch das Gesetz zur Novellierung des Finanzvermittler- und Vermögensanlagenrechts vom 6. Dezember 2011 (BGBl. I S. 2481) eingefügt.

Durch die Vorschrift wird eine angemessene Übergangsvorschrift für solche Institute geschaffen, die durch die Ausdehnung der Definition der Finanzinstrumente in § 1 Absatz 11 des Kreditwesengesetzes von der Erlaubnispflicht als Finanzdienstleistungsinstitut nach § 32 des Kreditwesengesetzes erfasst werden. Durch die zwölfmonatige Frist, innerhalb derer der Antrag einzureichen ist, und der Erlaubnisfiktion bis zur Entscheidung der BaFin wird den Interessen der betroffenen Unternehmen an einer Fortführung ihres Geschäftsbetriebs hinreichend Rechnung getragen; vgl. BT-Drucksache 17/6051 vom 6. Juni 2011.

§ 64 o   Übergangsvorschriften zum EMIR-Ausführungsgesetz

(1) Für Kreditinstitute, die am 16. Februar 2013 über eine Erlaubnis nach § 32 zur Ausübung der Tätigkeit einer zentralen Gegenpartei nach § 1 Absatz 1 Satz 2 Nummer 12 verfügen, findet bis zu der Erteilung einer Erlaubnis nach Artikel 14 in Verbindung mit Artikel 17 der Verordnung (EU) Nr. 648/2012 § 2 Absatz 9a und 9b keine

---

1   Zum Gesetz zur Fortentwicklung des Pfandbriefrechts vom 20. März 2009 (BGBl. I S. 607); vgl. BT-Drucksache 16/11130 vom 1. Dezember 2008.

Anwendung. § 37 Absatz 1 Satz 1 sowie § 54 Absatz 1 a finden auf in Satz 1 genannte Kreditinstitute hinsichtlich der Tätigkeit als zentrale Gegenpartei im Sinne des § 1 Absatz 1 Satz 2 Nummer 12 bis zur Erteilung oder der rechtskräftigen Versagung der Erlaubnis nach Artikel 14 in Verbindung mit Artikel 17 der Verordnung (EU) Nr. 648/2012 keine Anwendung. Soweit eine Erlaubnis nach § 32 das Betreiben von Bankgeschäften nach § 1 Absatz 1 Satz 2 Nummer 1 bis 10 oder das Erbringen von Finanzdienstleistungen nach § 1 Absatz 1 a umfasst, bleibt sie insoweit von der Erteilung oder der rechtskräftigen Versagung der Erlaubnis nach Artikel 14 in Verbindung mit Artikel 17 der Verordnung (EU) Nr. 648/2012 unberührt.

(2) § 29 Absatz 1 Satz 2 in der ab dem 16. Februar 2013 geltenden Fassung ist erstmals auf die Abschlussprüfung des Jahresabschlusses für ein Geschäftsjahr anzuwenden, das nach dem 31. Dezember 2012 beginnt.

(3) § 29 Absatz 1 a in der ab dem 16. Februar 2013 geltenden Fassung ist erstmals auf die Abschlussprüfung des Jahresabschlusses für ein Geschäftsjahr anzuwenden, das nach dem Zeitpunkt beginnt, in dem das Kreditinstitut eine Erlaubnis nach Artikel 14 in Verbindung mit Artikel 17 der Verordnung (EU) Nr. 648/2012 erhalten hat.

ANMERKUNG § 64 o wurde neu eingefügt durch das Ausführungsgesetz zur Verordnung (EU) Nr. 648/2012 über OTC-Derivate, zentrale Gegenparteien und Transaktionsregister (EMIR-Ausführungsgesetz) vom 13. Februar 2013 (BGBl. I S. 174).

§ 64 p Übergangsvorschrift zum Hochfrequenzhandelsgesetz

Für ein Unternehmen, das auf Grund der Ausdehnung des Begriffs des Eigenhandels in § 1 Absatz 1 a Satz 2 Nummer 4 am 15. Mai 2013 zum Finanzdienstleistungsinstitut wird, gilt die Erlaubnis für den Eigenhandel und das Eigengeschäft im Sinne des § 32 Absatz 1 a als zu diesem Zeitpunkt vorläufig erteilt, wenn es bis zum 14. November 2013 einen vollständigen Erlaubnisantrag nach § 32 Absatz 1 Satz 1 und 2, auch in Verbindung mit einer Rechtsverordnung nach § 24 Absatz 4, stellt. Für ein Unternehmen, das nicht im Inland ansässig und kein Unternehmen im Sinne des § 53 b Absatz 1 Satz 1 und 2 ist, gilt Satz 1 mit der Maßgabe, dass der vollständige Erlaubnisantrag bis zum 14. Februar 2014 zu stellen ist.

Amtliche Begründung[1]

Zu Nummer 5 (§ 64 p – neu – KWG)

Die Übergangsvorschrift ist an vergleichbare Übergangstatbestände des KWG angelehnt und stellt sicher, dass Unternehmen, die durch die Anpassung neu unter die Aufsicht der Bundesanstalt für Finanzdienstleistungsaufsicht gelangen, eine ausreichende Übergangszeit eingeräumt wird. Bereits zugelassene Kredit- und Finanzdienstleistungsinstitute, die über die Erlaubnis zum Betreiben des Eigenhandels verfügen, können die Tätigkeit ohne weitere Antragstellung fortführen.

ANMERKUNG § 64 p wurde neu eingefügt durch das Gesetz zur Vermeidung von Gefahren und Missbräuchen im Hochfrequenzhandel vom 7. Mai 2013 (BGBl. I S. 1162); vgl. hierzu die Amtliche Begründung.

---

1 Zum Gesetz zur Vermeidung von Gefahren und Missbräuchen im Hochfrequenzhandel vom 7. Mai 2013 (BGBl. I S. 1162); vgl. BT-Drucksache 17/11631 vom 26. November 2012.

§ 64 q Übergangsvorschrift zum AIFM-Umsetzungsgesetz

(1) Auf Finanzdienstleistungsinstitute, die durch die Änderung des § 1 und das Inkrafttreten des Kapitalanlagegesetzbuchs als Kapitalverwaltungsgesellschaften im Sinne des § 17 des Kapitalanlagegesetzbuchs oder als Anteile an Investmentvermögen im Sinne des § 1 Absatz 1 des Kapitalanlagegesetzbuchs gelten und die die Voraussetzungen von § 353 Absatz 1 bis 3 erfüllen, ist § 1 Absatz 1 a in der bis zum 21. Juli 2013 geltenden Fassung weiterhin anzuwenden.

(2) Auf Finanzdienstleistungsinstitute, die durch die Änderung des § 1 und das Inkrafttreten des Kapitalanlagegesetzbuchs als Kapitalverwaltungsgesellschaften im Sinne des § 17 des Kapitalanlagegesetzbuchs oder als Anteile an Investmentvermögen im Sinne des § 1 Absatz 1 des Kapitalanlagegesetzbuchs gelten, ist dieses Gesetz in der bis zum 21. Juli 2013 geltenden Fassung bis zur Stellung des Erlaubnisantrages gemäß § 22 des Kapitalanlagegesetzbuchs oder, wenn die Voraussetzungen des § 2 Absatz 4, 4a, 4b oder Absatz 5 des Kapitalanlagegesetzbuchs erfüllt sind, bis zur Registrierung gemäß § 44 des Kapitalanlagegesetzbuchs weiterhin anzuwenden.

Amtliche Begründung[1]

Zu Nummer 21 (§ 64 q – neu)

Der neue § 64 q trägt dem Umstand Rechnung, dass zentrale Gegenparteien, die bislang über eine Erlaubnis für das Betreiben von Bankgeschäften nach § 1 Absatz 1a Satz 2 Nr. 12 verfügen, mit Inkrafttreten der Verordnung (EU) Nr. 648/2012 eine Zulassung nach den dortigen Vorschriften benötigen, für die Beantragung der Zulassung nach Artikel 89 Absatz 3 jedoch eine Übergangsfrist von sechs Monaten ab Vorliegen der relevanten technischen Standards eingeräumt ist. Wenn die bestehende Erlaubnis daneben weitere Bankgeschäfte umfasst, bleiben diese von dem Durchlaufen des Erlaubnisverfahrens nach der Verordnung (EU) Nr. 648/2012 unberührt. Das Kreditinstitut kann diese weiterhin ausüben, losgelöst davon, ob eine Erlaubnis nach der Verordnung (EU) Nr. 648/2012 erteilt wird oder nicht.

ANMERKUNG § 64 q wurde neu eingefügt durch das Gesetz zur Umsetzung der Richtlinie 2011/61/EU über die Verwalter alternativer Investmentfonds (AFIM-Umsetzungsgesetz – AIFM-UmsG) vom 4. Juni 2013 (BGBl. I S. 1981).

§ 64 r Übergangsvorschriften zum CRD IV-Umsetzungsgesetz

(1) § 8 Absatz 3 Satz 7 in der ab dem 1. Januar 2014 geltenden Fassung ist ab dem 1. Januar 2015 oder, sofern ein Rechtsakt nach Artikel 151 Absatz 2 der Richtlinie 2013/36/EU erlassen wird, ab dem Ablauf des dort bestimmten Zeitraums anzuwenden. Bis zum 31. Dezember 2014 oder dem Ablauf des im vorgenannten Rechtsakt bestimmten Zeitraums ist § 8 Absatz 3 Satz 7 in der bis zum 31. Dezember 2013 geltenden Fassung weiter anzuwenden.

(2) § 8f ist ab dem 1. Januar 2015 oder, sofern ein Rechtsakt nach Artikel 151 Absatz 2 der Richtlinie 2013/36/EU erlassen wird, ab dem Ablauf des dort bestimmten Zeitraums, spätestens aber ab dem 1. Januar 2017 anzuwenden.

(3) § 10 Absatz 3 Satz 2 Nummer 5 in der ab 1. Januar 2014 geltenden Fassung ist nur bis zum 1. Januar 2016 anzuwenden.

---

1 Zum Gesetz zur Umsetzung der Richtlinie 2011/61/EU über die Verwalter alternativer Investmentfonds (AIFM-Umsetzungsgesetz – AIFM-UmsG) vom 4. Juni 2013 (BGBl. I S. 1981); vgl. BT-Drucksache 17/11 289 vom 5. November 2012.

(4) Der Abzug des Unterschiedsbetrages nach § 10a Absatz 4 Satz 4 in der ab dem 1. Januar 2014 geltenden Fassung ist im Zeitraum vom 1. Januar 2014 bis zum 31. Dezember 2017 wie folgt vorzunehmen:
1. vom 1. Januar 2014 bis 31. Dezember 2014 zu 80 Prozent vom Kernkapital der Gruppe gemäß Artikel 25 der Verordnung (EU) Nr. 575/2013 und zu 20 Prozent vom harten Kernkapital der Gruppe gemäß Artikel 50 der Verordnung (EU) Nr. 575/2013;
2. vom 1. Januar 2015 bis zum 31. Dezember 2015 zu 60 Prozent vom Kernkapital der Gruppe gemäß Artikel 25 der Verordnung (EU) Nr. 575/2013 und zu 40 Prozent vom harten Kernkapital der Gruppe gemäß Artikel 50 der Verordnung (EU) Nr. 575/2013;
3. vom 1. Januar 2016 bis zum 31. Dezember 2016 zu 40 Prozent vom Kernkapital der Gruppe gemäß Artikel 25 der Verordnung (EU) Nr. 575/2013 und zu 60 Prozent vom harten Kernkapital der Gruppe gemäß Artikel 50 der Verordnung (EU) Nr. 575/2013;
4. vom 1. Januar 2017 bis zum 31. Dezember 2017 zu 20 Prozent vom Kernkapital der Gruppe gemäß Artikel 25 der Verordnung (EU) Nr. 575/2013 und zu 80 Prozent vom harten Kernkapital der Gruppe gemäß Artikel 50 der Verordnung (EU) Nr. 575/2013.

(5) Die §§ 10c und 10d in der ab dem 1. Januar 2014 geltenden Fassung sind erstmals ab dem 1. Januar 2019 vollständig anzuwenden. In der Zeit vom 1. Januar 2016 bis zum 31. Dezember 2018 sind die in Satz 1 genannten Vorschriften mit den folgenden Maßgaben anzuwenden:
1. Im Zeitraum vom 1. Januar 2016 bis zum 31. Dezember 2016
   a) ist der Kapitalerhaltungspuffer in hartem Kernkapital zu halten und beträgt 0,625 Prozent der gesamten risikogewichteten Forderungsbeträge des Instituts, berechnet gemäß Artikel 92 Absatz 3 der Verordnung (EU) Nr. 575/2013;
   b) beträgt der institutsspezifische antizyklische Kapitalpuffer 25 Prozent des nach § 10d vorzuhaltenden institutsspezifischen antizyklischen Kapitalpuffers, also höchstens 0,625 Prozent dieser Gesamtsumme, sodass die geforderte kombinierte Kapitalpuffer-Anforderung abzüglich des auf den Kapitalpuffer für systemische Risiken entfallenden Betrags zwischen 0,625 Prozent und 1,25 Prozent der gesamten risikogewichteten Forderungsbeträge der Institute liegt.
2. Im Zeitraum vom 1. Januar 2017 bis zum 31. Dezember 2017
   a) ist der Kapitalerhaltungspuffer in hartem Kernkapital zu halten und beträgt 1,25 Prozent der gesamten risikogewichteten Forderungsbeträge des Instituts, berechnet gemäß Artikel 92 Absatz 3 der Verordnung (EU) Nr. 575/2013;
   b) beträgt der institutsspezifische antizyklische Kapitalpuffer 50 Prozent des nach § 10d vorzuhaltenden institutsspezifischen antizyklischen Kapitalpuffers, also höchstens 1,25 Prozent dieser Gesamtsumme, sodass die geforderte kombinierte Kapitalpuffer-Anforderung abzüglich des auf den Kapitalpuffer für systemische Risiken entfallenden Betrags zwischen 1,25 Prozent und 2,50 Prozent der gesamten risikogewichteten Forderungsbeträge der Institute liegt.
3. Im Zeitraum vom 1. Januar 2018 bis zum 31. Dezember 2018
   a) ist der Kapitalerhaltungspuffer in hartem Kernkapital zu halten und beträgt 1,875 Prozent der gesamten risikogewichteten Forderungsbeträge des Instituts, berechnet gemäß Artikel 92 Absatz 3 der Verordnung (EU) Nr. 575/2013;
   b) beträgt der institutsspezifische antizyklische Kapitalpuffer 75 Prozent des nach § 10d vorzuhaltenden institutsspezifischen antizyklischen Kapitalpuffers, also höchstens 1,875 Prozent dieser Gesamtsumme, sodass die geforderte kombinierte Kapitalpuffer-Anforderung abzüglich des auf den Kapitalpuffer für systemische Risiken entfallenden Betrags zwischen 1,875 Prozent und 3,750 Prozent der gesamten risikogewichteten Forderungsbeträge der Institute liegt.

(6) § 10e Absatz 5 in der ab dem 1. Januar 2014 geltenden Fassung ist erstmals ab dem 1. Januar 2015 anzuwenden.

(7) § 10f Absatz 1 in der ab dem 1. Januar 2014 geltenden Fassung ist erstmals ab dem 1. Januar 2019 vollständig anzuwenden. In der Zeit vom 1. Januar 2016 bis zum 31. Dezember 2018 ist die in Satz 1 genannte Vorschrift mit den folgenden Maßgaben anzuwenden:
1. Im Zeitraum vom 1. Januar 2016 bis zum 31. Dezember 2016 beträgt der Kapitalpuffer für global systemrelevante Institute 25 Prozent des nach § 10f Absatz 1 Satz 2 vorzuhaltenden Kapitalpuffers für global systemrelevante Institute;
2. im Zeitraum vom 1. Januar 2017 bis zum 31. Dezember 2017 beträgt der Kapitalpuffer für global systemrelevante Institute 50 Prozent des nach § 10f Absatz 1 Satz 2 vorzuhaltenden Kapitalpuffers für global systemrelevante Institute;
3. im Zeitraum vom 1. Januar 2018 bis zum 31. Dezember 2018 beträgt der Kapitalpuffer für global systemrelevante Institute 75 Prozent des nach § 10f Absatz 1 Satz 2 vorzuhaltenden Kapitalpuffers für global systemrelevante Institute.

(8) § 10g in der ab dem 1. Januar 2014 geltenden Fassung ist erstmals ab dem 1. Januar 2016 anzuwenden.
(9) § 10i in der ab dem 1. Januar 2014 geltenden Fassung gilt im Zeitraum vom 1. Januar 2016 bis zum 31. Dezember 2018 nach Maßgabe der in Absatz 5 und 7 geregelten Pufferbeträge.
(10) § 14 Absatz 1 in der ab dem 1. Januar 2014 geltenden Fassung ist für die nachfolgend genannten Übergangszeiträume jeweils mit folgenden Maßgaben anzuwenden:
1. Vom 1. Januar 2014 bis zum 31. Dezember 2014 beträgt die Millionenkreditmeldegrenze 1,5 Millionen Euro; dies gilt auch für die Meldung von Gemeinschaftskrediten.
2. Vom 1. Januar 2014 bis zum 31. Dezember 2014 gelten
    a) Kreditzusagen,
    b) Anteile an anderen Unternehmen unabhängig von ihrem Bilanzausweis,
    c) Bilanzaktiva, die nach Artikel 36 in Verbindung mit Artikel 19 Absatz 2 Buchstabe a der Verordnung (EU) Nr. 575/2013 vom harten Kernkapital abgezogen werden und
    d) Wertpapiere des Handelsbestandes
nicht als Kredite im Sinne des § 14 Absatz 1; § 20 bleibt unberührt. Die Deutsche Bundesbank kann ab dem 1. Januar 2015 von den am Millionenkreditmeldeverfahren beteiligten Unternehmen diejenigen Stammdateninformationen verlangen, die notwendig sind, um die mit Ablauf der Übergangsfrist neu zu meldenden Millionenkreditnehmer zu erfassen.
(11) § 25 Absatz 1 Satz 2 und Absatz 2 Satz 2 in der ab dem 1. Januar 2014 geltenden Fassung sind erstmalig ab dem 1. Januar 2015 anzuwenden.
(12) Die Anzeigen nach § 24 Absatz 1 Nummer 16 und Absatz 1a Nummer 5 zur modifizierten bilanziellen Eigenkapitalquote sind letztmalig zu erstatten für die Eigenkapitalverhältnisse am 31. Dezember 2014 beziehungsweise für die bis zu diesem Tag eingetretenen Veränderungen.
(13) § 25c Absatz 2 in der ab 1. Januar 2014 geltenden Fassung kommt, vorbehaltlich des Satzes 2, für Mandate in Verwaltungs- und Aufsichtsorganen, die der Geschäftsleiter am 31. Dezember 2013 bereits innehatte, nicht zur Anwendung. Für Kreditinstitute, von denen aufgrund einer von der Bundesanstalt vorgenommenen Beurteilung nach § 48b Absatz 3 eine Systemgefährdung im Sinne des § 48b Absatz 2 ausgehen kann, gilt § 25c Absatz 2 ab dem 1. Juli 2014.
(14) § 25d Absatz 3 in der ab 1. Januar 2014 geltenden Fassung kommt, vorbehaltlich des Satzes 2, für Mandate in Verwaltungs- und Aufsichtsorganen, die das Mitglied des Verwaltungs- und Aufsichtsorgans am 31. Dezember 2013 bereits innehatte, nicht zur Anwendung. Für Kreditinstitute, von denen auf Grund einer von der Bundesanstalt vorgenommenen Beurteilung nach § 48b Absatz 3 eine Systemgefährdung im Sinne des § 48b Absatz 2 ausgehen kann, gilt § 25d Absatz 3 ab dem 1. Juli 2014.

(15) CRR-Institute haben die in § 26a Absatz 1 Satz 2 Nummer 1 bis 3 bezeichneten Angaben erstmals zum 1. Juli 2014 und danach einmal jährlich offenzulegen. Im Übrigen ist § 26a Absatz 1 Satz 2 und 3 ab dem 1. Januar 2015 anzuwenden. Erlässt die Europäische Kommission einen Rechtsakt, der die Offenlegungspflicht nach Artikel 89 der Richtlinie 2013/36/EU aufschiebt, ist § 26a Absatz 1 Satz 2 und 3 erstmals ab dem 1. Januar 2016 anzuwenden; Satz 1 bleibt unberührt.

(16) § 53b Absatz 4, 5 und 8 in der ab dem 1. Januar 2014 geltenden Fassung ist ab dem 1. Januar 2015 oder bei Erlass eines Rechtsakts nach Artikel 151 Absatz 2 der Richtlinie 2013/36/EU ab dem Ablauf des dort bestimmten Zeitraums anzuwenden. Bis zum 31. Dezember 2014 oder dem Ablauf des in dem vorgenannten Rechtsakt bestimmten Zeitraums ist § 53b Absatz 4, 5 und 8 in der bis zum 31. Dezember 2013 geltenden Fassung weiter anzuwenden.

(17) Bei der Anwendung der Übergangsvorschriften des Artikels 484 Absatz 5 der Verordnung (EU) Nr. 575/2013 sind bis zum 31. Dezember 2021 die Regelungen der Zuschlagsverordnung in der im Bundesgesetzblatt Teil III, Gliederungsnummer 7610–2-6, veröffentlichten bereinigten Fassung, die durch Artikel 2 der Verordnung vom 20. Dezember 1984 (BGBl. I S. 1727) geändert und durch Artikel 7 Absatz 1 des Gesetzes vom 28. August 2013 (BGBl. I S. 3395) aufgehoben worden ist, weiter anzuwenden.

(18) Für Kreditinstitute mit einer ausschließlichen Erlaubnis zum Betreiben der Tätigkeit einer zentralen Gegenpartei nach § 1 Absatz 1 Satz 2 Nummer 12 gelten bis zur Entscheidung über die Erteilung einer Zulassung nach Artikel 17 der Verordnung (EU) Nr. 648/2012 des Europäischen Parlaments und des Rates vom 4. Juli 2012 über OTCDerivate, zentrale Gegenparteien und Transaktionsregister (ABl. L 201 vom 27.7.2012, S. 1) die Vorschriften dieses Gesetzes und der auf Grund dieses Gesetzes erlassenen Rechtsverordnungen jeweils in der bis zum 31. Dezember 2013 geltenden Fassung fort.

Amtliche Begründung[1]

Zu Nummer 96 (§ 64p – neu – KWG) – neuer § 64r –

Die Streichung des Absatzes 1 des Paragrafen in der Fassung des Gesetzentwurfs vom 15. Oktober 2012 setzt die Übergangsvorschrift aus Artikel 521 Absatz 2 Buchstabe a der Verordnung (EU) Nr..../2013 um. Dieser bezieht sich nunmehr nicht mehr auf Artikel 7 der Verordnung (EU) Nr..../2013, sondern nur noch auf Artikel 7 Absatz 3 der Verordnung (EU) Nr..../2013 und damit auf die grenzüberschreitende Anwendung von Artikel 7 der Verordnung (EU) Nr..../2013. § 2a KWG unterscheidet nicht zwischen der nationalen und der grenzüberschreitenden Anwendung des Artikels 7 der Verordnung (EU) Nr..../2013, nimmt jedoch Bezug auf Artikel 7 der Verordnung (EU) Nr..../2013 »in der jeweils geltenden Fassung«. Die Übergangsbestimmung aus Artikel 521 Absatz 2 der Verordnung (EU) Nr..../2013 ist damit bereits berücksichtigt.

In Absatz 4 wird der Anwendungszeitraum der Übergangsvorschriften nicht um ein Jahr nach hinten geschoben, sondern je um ein Jahr verkürzt.

Absatz 6 setzt Artikel 133 Absatz 13 der Richtlinie 2013/.../EU um.

---

[1] Zum Gesetz zur Umsetzung der Richtlinie 2013/36/EU über den Zugang zur Tätigkeit von Kreditinstituten und die Beaufsichtigung von Kreditinstituten und Wertpapierfirmen und zur Anpassung des Aufsichtsrechts an die Verordnung (EU) Nr. 575/2013 über Aufsichtsanforderungen an Kreditinstitute und Wertpapierfirmen (CRD IV-Umsetzungsgesetz) vom 28. August 2013 (BGBl. I S. 3395); vgl. BT-Drucksache 17/13541 vom 15. Mai 2013 und BT-Drucksache 17/13524 – Beschlussempfehlung des Finanzausschusses (7. Ausschuss) – vom 15. Mai 2013.

Absatz 7 setzt Artikel 162 Absatz 6 der Richtlinie 2013/.../EU einschließlich der Regelung zum Hineinwachsen in den vollständigen Kapitalpuffer für global systemrelevante Institute bis zum 31. Dezember 2018 um. Die Übergangsvorschrift bezieht sich allein auf die Anforderung an die Institute, den Kapitalpuffer für global systemrelevante Institute vorzuhalten. Die weiteren Regelungen des § 10f, insbesondere zur Identifizierung der global systemrelevanten Institute, finden hingegen bereits unmittelbar mit Inkrafttreten dieses Gesetzes Anwendung. Damit wird der in Artikel 131 Absatz 18 der Richtlinie 2013/.../EU hinsichtlich der näheren Umsetzungsdetails referenzierten Vorgabe des Baseler Ausschusses für Bankenaufsicht entsprochen, die das Vorliegen einer rechtskräftigen Grundlage zur Identifizierung und Bewertung global systemrelevanter Banken bereits ab dem Jahr 2014 erfordern. So sieht das auf Ebene der G 20-Staats- und Regierungschefs zur Umsetzung verabschiedete Baseler Rahmendokument vor, dass die Festlegung der ab dem 1. Januar 2016 in Kraft tretenden Kapitalpufferanforderungen auf Basis des im Jahr 2014 stattfindenden Identifizierungsverfahrens erfolgen soll. Darüber hinaus sollen nach einer Entscheidung des Baseler Ausschusses sowohl die zuständigen Aufsichtsbehörden als auch die am Identifizierungs- und Bewertungsprozess teilnehmenden Institute ab dem Jahr 2014 relevante Daten und Informationen zu diesem Prozess veröffentlichen.

Absatz 8 setzt Artikel 162 Absatz 1 der Richtlinie 2013/.../EU um.

In Absatz 10 wird die Absenkung der Millionenkreditmeldegrenze um ein Jahr nach hinten verschoben.

Die Absätze 13 und 14 setzen Artikel 91 Absatz 3 der Richtlinie 2013/.../EU um, soweit es sich um systemrelevante Kreditinstitute handelt. Für alle anderen Institute wird die bereits seit Inkrafttreten der Regelungen zu den Verwaltungs- und Aufsichtsorganen im Jahre 2009 bestehende Praxis, dass sog. Altmandate Bestandsschutz genießen, fortgeführt.

Absatz 14 setzt die in Artikel 89 der Richtlinie 2013/.../EU vorgegebenen und genannten Fristen um.

ANMERKUNG § 64r wurde neu eingefügt durch das CRD IV-Umsetzungsgesetz vom 28. August 2013 (BGBl. I S. 3395). Zu den Einzelheiten vgl. die abgedruckte Amtliche Begründung. Der Verweis auf die unvollständige Angabe der in der Amtlichen Begründung zitierten Richtlinie/Verordnung ergibt sich vollständig aus der Fußnote zu dieser Amtlichen Begründung. In der Beschlussempfehlung des 7. (Finanz-)Ausschusses, vgl. BT-Drucksache 17/13 524 vom 15. Mai 2013, wurde der als Entwurf gefasste § 64o zum § 64p und stimmt mit dem Wortlaut des neuen § 64r lt. BGBl. I S. 3395 vom 28. August 2013 überein.

§ 64s Übergangsvorschrift zum Gesetz zur Abschirmung von Risiken und zur Planung der Sanierung und Abwicklung von Kreditinstituten

(1) Für ein Unternehmen, das nach § 1 Absatz 1a Satz 3 am 1. Juli 2015 als Finanzdienstleistungsinstitut gilt, gilt die Erlaubnis ab diesem Zeitpunkt bis zur Entscheidung der Bundesanstalt als vorläufig erteilt, wenn das Unternehmen innerhalb von zwölf Monaten nach Inkrafttreten dieser Bestimmung einen vollständigen Erlaubnisantrag nach § 32 Absatz 1 Satz 1 und 2, auch in Verbindung mit einer Rechtsverordnung nach § 24 Absatz 4, stellt.

(2) § 1 Absatz 1a Satz 3 und 4, § 3 Absatz 2 und 3 sowie § 25f sind erst ab dem 1. Juli 2015 anzuwenden. § 3 Absatz 4 ist erst ab dem 1. Juli 2016 anzuwenden.

§ 65 (Inkrafttreten)

Anhang

Anhang 1
Zuständigkeits- und Strukturfragen der Bankenaufsicht, Sanierung und Abwicklung von Kreditinstituten

Anhang 1.1
Verordnung (EU) Nr. 1024/2013 des Rates zur Übertragung besonderer Aufgaben im Zusammenhang mit der Aufsicht über Kreditinstitute auf die Europäische Zentralbank (SSM-Verordnung)

vom 15. Oktober 2013 (ABl. L 287/63 vom 29.10.2013)

DER RAT DER EUROPÄISCHEN UNION –

gestützt auf den Vertrag über die Arbeitsweise der Europäischen Union, insbesondere auf Artikel 127 Absatz 6,

auf Vorschlag der Europäischen Kommission,

nach Zuleitung des Entwurfs des Gesetzgebungsakts an die nationalen Parlamente,

nach Stellungnahme des Europäischen Parlaments,

nach Stellungnahme der Europäischen Zentralbank,

gemäß einem besonderen Gesetzgebungsverfahren,

in Erwägung nachstehender Gründe:

(1) Die Union hat in den letzten Jahrzehnten erhebliche Fortschritte bei der Schaffung eines Binnenmarkts für Bankdienstleistungen gemacht. In vielen Mitgliedstaaten halten Bankengruppen, deren Hauptsitz sich in einem anderen Mitgliedstaat befindet, daher beträchtliche Marktanteile, und die Kreditinstitute haben ihre Geschäftstätigkeiten sowohl innerhalb als auch außerhalb des Euro-Währungsgebiets geografisch diversifiziert.

(2) Die derzeitige Finanz- und Wirtschaftskrise hat gezeigt, dass die Fragmentierung des Finanzsektors eine Gefahr für die Integrität der gemeinsamen Währung und des Binnenmarkts darstellen kann. Daher muss die Integration der Bankenaufsicht unbedingt vorangetrieben werden, um die Union zu stärken, die Finanzmarktstabilität wiederherzustellen und die Voraussetzungen für eine wirtschaftliche Erholung zu schaffen.

(3) Die Aufrechterhaltung und Vertiefung des Binnenmarkts für Bankdienstleistungen ist für die Förderung des Wirtschaftswachstums in der Union und einer angemessenen Finanzierung der Realwirtschaft von entscheidender Bedeutung. Dies erweist sich jedoch zunehmend als Herausforderung. Die Integration der Bankenmärkte in der Union kommt derzeit nachweislich zum Stillstand kommt.

(4) Angesichts der aus der Finanzkrise der letzten Jahre zu ziehenden Lehren müssen neben der Annahme eines verbesserten Regelungsrahmens der Union die Aufsichtsbehörden gleichzeitig ihre Aufsicht verstärken und in der Lage sein, hoch komplexe und miteinander vernetzte Märkte und Institute zu überwachen.

(5) Für die Beaufsichtigung der einzelnen Kreditinstitute in der Union sind nach wie vor im Wesentlichen die nationalen Behörden zuständig. Die Abstimmung zwi-

schen den Aufsichtsbehörden ist zwar entscheidend, aber die Krise hat gezeigt, dass Abstimmung allein insbesondere im Zusammenhang mit einer gemeinsamen Währung nicht ausreicht. Um die Finanzstabilität in der Union zu erhalten und die positiven Auswirkungen der Marktintegration auf Wachstum und Wohlstand zu fördern, sollte die Integration der aufsichtlichen Verantwortlichkeiten stärker vorangetrieben werden. Dies ist von besonderer Bedeutung, damit stets ein genauer Überblick über ganze Bankengruppen und deren Solidität gewährleistet ist, und würde auch das Risiko von Diskrepanzen bei der Bewertung und widersprüchlichen Entscheidungen auf Ebene der einzelnen Unternehmen verringern.

(6) Die Stabilität der Kreditinstitute ist heute noch immer in vielen Fällen eng mit dem Mitgliedstaat der Niederlassung verknüpft. Zweifel an der langfristigen Tragfähigkeit der Staatsverschuldung, den Aussichten für das Wirtschaftswachstum und der Existenzfähigkeit von Kreditinstituten haben negative, sich gegenseitig verstärkende Markttrends hervorgebracht. Dies kann Risiken für die Existenzfähigkeit einiger Kreditinstitute sowie für die Stabilität des Finanzsystems im Euro-Währungsgebiet und der Union als Ganzes mit sich bringen und die ohnehin schon angespannten öffentlichen Finanzen der betroffenen Mitgliedstaaten schwer belasten.

(7) Die Europäischen Aufsichtsbehörde (Europäische Bankenaufsichtsbehörde) (EBA), die im Jahr 2011 gemäß der Verordnung (EU) Nr. 1093/2010 des Europäischen Parlaments und des Rates vom 24. November 2010 zur Errichtung einer Europäischen Aufsichtsbehörde (Europäische Bankenaufsichtsbehörde)[1] eingerichtet wurde, und das Europäische Finanzaufsichtssystem (ESFS), das mit Artikel 2 der genannten Verordnung und Artikel 2 der Verordnung (EU) Nr. 1094/2010 des Europäischen Parlaments und des Rates vom 24. November 2010 zur Errichtung einer Europäischen Aufsichtsbehörde (Europäische Aufsichtsbehörde für das Versicherungswesen und die betriebliche Altersversorgung)[2] (EIOPA) und Artikel 2 der Verordnung (EU) Nr. 1095/2010 des Europäischen Parlaments und des Rates vom 24. November 2010 zur Errichtung einer Europäischen Aufsichtsbehörde (Europäische Wertpapier- und Marktaufsichtsbehörde)[3] (ESMA) eingerichtet wurde, haben die Zusammenarbeit zwischen den Bankenaufsichtsbehörden in der Union erheblich verbessert. Die EBA leistet einen wichtigen Beitrag zur Schaffung eines einheitlichen Regelwerks für Finanzdienstleistungen in der Union und war bei der einheitlichen Durchführung der auf dem Euro-Gipfel vom 26. Oktober 2011 beschlossenen Rekapitalisierung großer Kreditinstitute in der Union im Einklang mit den von der Kommission angenommenen Leitlinien und Auflagen im Zusammenhang mit staatlichen Beihilfen von zentraler Bedeutung.

(8) Das Europäische Parlament hat bei mehreren Gelegenheiten dazu aufgerufen, eine europäische Einrichtung zu schaffen, die für bestimmte Aufgaben bei der Beaufsichtigung von Finanzinstituten unmittelbar zuständig ist, so erstmals in seinen Entschließungen vom 13. April 2000 zu der Mitteilung der Kommission »Umsetzung des Finanzmarktrahmens: Aktionsplan«[4] und vom 21. November 2002 zu den aufsichtsrechtlichen Vorschriften in der Europäischen Union[5].

(9) In den Schlussfolgerungen des Europäischen Rates vom 29. Juni 2012 wurde der Präsident des Europäischen Rates gebeten, einen Fahrplan für die Verwirklichung einer echten Wirtschafts- und Währungsunion auszuarbeiten. Am selben Tag stellte der Euro-Gipfel in Aussicht, dass der Europäische Stabilitätsmechanismus (ESM) nach einem ordentlichen Beschluss die Möglichkeit haben könnte, Banken direkt zu rekapitalisieren, sobald unter Einbeziehung der Europäischen Zentralbank (EZB) ein wirksamer einheitlicher Aufsichtsmechanismus für Banken des Euro-Währungsgebiets

---

1 ABl. L 331 vom 15.12.2010, S. 12.
2 ABl. L 331 vom 15.12.2010, S. 48.
3 ABl. L 331 vom 15.12.2010, S. 84.
4 ABl. C 40 vom 7.2.2001, S. 453.
5 ABl. C 25 E vom 29.1.2004, S. 394.

eingerichtet worden ist; diese Möglichkeit wäre an angemessene Bedingungen geknüpft, darunter die Einhaltung der Vorschriften über staatliche Beihilfen.

(10) Der Europäische Rat gelangte auf seiner Tagung vom 19. Oktober 2012 zu dem Schluss, dass die Entwicklung hin zu einer vertieften Wirtschafts- und Währungsunion auf dem institutionellen und rechtlichen Rahmen der Union aufbauen und von Offenheit und Transparenz gegenüber den Mitgliedstaaten, deren Währung nicht der Euro ist, und von der Wahrung der Integrität des Binnenmarkts geprägt sein sollte. Im integrierten Finanzrahmen wird es einen einheitlichen Aufsichtsmechanismus geben, der so weit wie möglich allen Mitgliedstaaten offensteht, die eine Teilnahme wünschen.

(11) Es sollte daher eine Bankenunion in der Union geschaffen werden, die sich auf ein umfassendes und detailliertes einheitliches Regelwerk für Finanzdienstleistungen im Binnenmarkt als Ganzes stützt und einen einheitlichen Aufsichtsmechanismus sowie neue Rahmenbedingungen für die Einlagensicherung und die Abwicklung von Kreditinstituten umfasst. Angesichts der engen Verbindungen und Interaktionen zwischen den Mitgliedstaaten, deren Währung der Euro ist, sollte die Bankenunion zumindest alle Mitgliedstaaten des Euro-Währungsgebiets umfassen. Im Hinblick auf die Aufrechterhaltung und Vertiefung des Binnenmarkts sollte die Bankenunion aber auch anderen Mitgliedstaaten offenstehen, soweit die institutionellen Möglichkeiten dies zulassen.

(12) Als erster Schritt zur Schaffung der Bankenunion sollte ein einheitlicher Aufsichtsmechanismus sicherstellen, dass die Politik der Union hinsichtlich der Beaufsichtigung von Kreditinstituten kohärent und wirksam umgesetzt wird, dass das einheitliche Regelwerk für Finanzdienstleistungen auf die Kreditinstitute in allen betroffenen Mitgliedstaaten ebenso angewandt wird und dass bei der Beaufsichtigung dieser Kreditinstitute höchste, von nicht-aufsichtsrechtlichen Überlegungen unbeeinflusste Standards Anwendung finden. Der einheitliche Aufsichtsmechanismus sollte insbesondere mit den Abläufen im Binnenmarkt für Finanzdienstleistungen und dem freien Kapitalverkehr im Einklang stehen. Ein einheitlicher Aufsichtsmechanismus ist die Grundlage für die nächsten Schritte in Richtung der Bankenunion. Dies entspricht dem Grundsatz, dass der ESM nach einem ordentlichen Beschluss die Möglichkeit haben wird, Banken direkt zu rekapitalisieren, sobald ein wirksamer einheitlicher Aufsichtsmechanismus eingerichtet worden ist. Der Europäische Rat stellte in seinen Schlussfolgerungen vom 13./14. Dezember 2012 Folgendes fest: »In einem Umfeld, in dem die Bankenaufsicht effektiv einem einheitlichen Aufsichtsmechanismus übertragen wird, ist auch ein einheitlicher Abwicklungsmechanismus erforderlich, der mit den notwendigen Befugnissen ausgestattet ist, um sicherzustellen, dass jede Bank in den teilnehmenden Mitgliedstaaten mit geeigneten Instrumenten abgewickelt werden kann«, und »[e]r sollte auf Beiträgen des Finanzsektors selbst basieren und eine geeignete und wirksame Letztsicherung (»Backstop«) einschließen«.

(13) Als Zentralbank des Euro-Währungsgebiets verfügt die EZB über umfangreiches Fachwissen in makroökonomischen und die Finanzstabilität betreffenden Fragen und ist damit gut geeignet, eindeutig festgelegte Aufsichtsaufgaben wahrzunehmen, mit einem Schwerpunkt auf dem Schutz der Stabilität des Finanzsystems der Union. Viele Zentralbanken der Mitgliedstaaten sind bereits für die Bankenaufsicht zuständig. Der EZB sollten daher besondere Aufgaben im Zusammenhang mit der Aufsicht über Kreditinstitute in den teilnehmenden Mitgliedstaaten übertragen werden.

(14) Die EZB und die zuständigen Behörden von Mitgliedstaaten, die nicht teilnehmende Mitgliedstaaten sind (im Folgenden: »nicht teilnehmende Mitgliedstaaten«) sollten eine Vereinbarung eingehen, in der allgemein beschrieben wird, wie ihre Zusammenarbeit bei der Wahrnehmung ihrer Aufsichtsaufgaben nach dem Unionsrecht in Bezug auf die in dieser Verordnung genannten Finanzinstitute gestaltet werden soll. In der Vereinbarung könnten unter anderem die Konsultation in Bezug auf Beschlüsse der EZB mit Auswirkung auf in einem nicht teilnehmenden Mitglied-

staat niedergelassene Tochtergesellschaften oder Zweigstellen, deren Muttergesellschaft in einem teilnehmenden Mitgliedstaat niedergelassen ist, sowie die Zusammenarbeit in Ausnahmesituationen einschließlich Frühwarnmechanismen im Einklang mit den im einschlägigen Unionsrecht festgelegten Verfahren präzisiert werden. Die Vereinbarung sollte regelmäßig überprüft werden.

(15) Die besonderen Aufsichtsaufgaben, die für eine kohärente und wirksame Umsetzung der Politik der Union hinsichtlich der Beaufsichtigung von Kreditinstituten entscheidend sind, sollten der EZB übertragen werden, während andere Aufgaben bei den nationalen Behörden verbleiben sollten. Die Aufgaben der EZB sollten vorbehaltlich spezieller Regelungen, die der Rolle der nationalen Aufsichtsbehörden Rechnung tragen, Maßnahmen zur Sicherstellung der makroprudenziellen Stabilität umfassen.

(16) Die Sicherheit und Solidität großer Kreditinstitute sind für die Gewährleistung der Stabilität des Finanzsystems von entscheidender Bedeutung. In der jüngsten Vergangenheit hat sich jedoch gezeigt, dass auch von kleineren Kreditinstituten Risiken für die Finanzmarktstabilität ausgehen können. Die EZB sollte daher in Bezug auf alle in teilnehmenden Mitgliedstaaten zugelassenen Kreditinstitute und alle Zweigstellen in teilnehmenden Mitgliedstaaten Aufsichtsaufgaben ausüben können.

(17) Bei der Wahrnehmung der ihr übertragenen Aufgaben sollte die EZB unbeschadet des Ziels, die Sicherheit und Solidität der Kreditinstitute zu gewährleisten, die Vielfalt der Kreditinstitute, ihre Größe und ihre Geschäftsmodelle sowie die systemischen Vorteile der Vielfalt im Bankensektor der Union in vollem Umfang berücksichtigen.

(18) Durch die Ausübung ihrer Aufgaben sollte die EZB insbesondere dazu beitragen, dass die Kreditinstitute alle durch ihre Tätigkeiten entstandenen Kosten vollständig internalisieren, damit sorgloses Verhalten und die daraus resultierende übermäßige Risikobereitschaft vermieden werden. Sie sollte den jeweiligen makroökonomischen Bedingungen in den Mitgliedstaaten, insbesondere der Stabilität der Kreditversorgung und der Erleichterung der Produktionstätigkeiten für die Volkswirtschaften insgesamt, in vollem Umfang Rechnung tragen.

(19) Kein Teil dieser Verordnung sollte dahin gehend ausgelegt werden, dass er den nach anderen Rechtsakten der Union und nationalem Recht anwendbaren Rechnungslegungsrahmen ändert.

(20) Die Zulassung von Kreditinstituten vor der Aufnahme der Geschäftstätigkeit ist ein wichtiges aufsichtsrechtliches Mittel, um sicherzustellen, dass diese Tätigkeiten nur von Unternehmen ausgeübt werden, die über eine solide wirtschaftliche Grundlage, eine geeignete Organisation für den Umgang mit den besonderen Risiken des Einlagen- und Kreditgeschäfts sowie über geeignete Geschäftsleiter verfügen. Die EZB sollte daher vorbehaltlich spezieller Regelungen, die der Rolle der nationalen Aufsichtsbehörden Rechnung tragen, mit der Zulassung von Kreditinstituten beauftragt werden, die in einem teilnehmenden Mitgliedstaat gegründet werden sollen, und diese Zulassungen auch entziehen können.

(21) Neben den im Unionsrecht vorgesehenen Bedingungen für die Zulassung von Kreditinstituten und den Entzug dieser Zulassungen können die Mitgliedstaaten derzeit weitere Bedingungen für die Zulassung von Kreditinstituten und Gründe für den Entzug der Zulassung festlegen. Die EZB sollte daher ihre Aufgaben in Bezug auf die Zulassung von Kreditinstituten und den Entzug dieser Zulassung bei Nichteinhaltung nationaler Rechtsvorschriften auf der Grundlage eines Vorschlags der betreffenden nationalen zuständigen Behörde, die die Einhaltung der einschlägigen, im nationalen Recht festgelegten Bedingungen prüft, wahrnehmen.

(22) Die Beurteilung der Eignung eines neuen Eigentümers im Vorfeld des Erwerbs einer erheblichen Beteiligung an einem Kreditinstitut ist ein unverzichtbares Mittel, um die Eignung und finanzielle Solidität der Eigentümer von Kreditinstituten kontinuierlich sicherzustellen. Als Organ der Union verfügt die EZB über gute Voraussetzungen für die Durchführung einer solchen Beurteilung, ohne dass dies den Binnenmarkt unangemessen einschränkt. Die EZB sollte daher beauftragt werden, den Erwerb und die Veräußerung erheblicher Anteile an Kreditinstituten, außer im Rahmen einer Bankenabwicklung, zu beurteilen.

(23) Die Einhaltung von Unionsvorschriften, die Kreditinstitute dazu verpflichten, gegen die Risiken ihrer Geschäftstätigkeit Eigenmittel in bestimmter Höhe vorzuhalten, die Höhe der Forderungen gegenüber einzelnen Gegenparteien zu begrenzen, Informationen zu ihrer Finanzlage zu veröffentlichen, ausreichend liquide Aktiva vorzuhalten, um Spannungen an den Märkten standhalten zu können, und den Verschuldungsgrad zu begrenzen, ist Voraussetzung für die aufsichtsrechtliche Solidität von Kreditinstituten. Es sollte Aufgabe der EZB sein, die Einhaltung dieser Vorschriften sicherzustellen, was insbesondere die für die Zwecke dieser Vorschriften vorgesehene Erteilung von Genehmigungen, Erlaubnissen, Ausnahmen oder Freistellungen einschließt.

(24) Zusätzliche Kapitalpuffer, wie Kapitalerhaltungspuffer, antizyklische Kapitalpuffer, mit denen sichergestellt wird, dass Kreditinstitute in Phasen des Wirtschaftswachstums eine ausreichende Eigenmittelgrundlage aufbauen, um Verluste in schwierigeren Zeiten absorbieren zu können, globale und andere Puffer für systemrelevante Institute sowie sonstige Maßnahmen zur Abwendung von Systemrisiken oder makroprudenziellen Risiken sind wesentliche Aufsichtsinstrumente. Im Interesse einer umfassenden Abstimmung sollte die EZB ordnungsgemäß unterrichtet werden, wenn die nationalen zuständigen Behörden oder nationalen benannten Behörden solche Maßnahmen treffen. Außerdem sollte die EZB erforderlichenfalls vorbehaltlich einer engen Abstimmung mit den nationalen Behörden strengere Anforderungen und Maßnahmen anwenden können. Die Bestimmungen in dieser Verordnung über Maßnahmen zur Abwendung von Systemrisiken oder makroprudenziellen Risiken lassen alle Abstimmungsverfahren, die in anderen Rechtsakten der Union vorgesehen sind, unberührt. Die nationalen zuständigen Behörden oder nationalen benannten Behörden und die EZB müssen jedes in diesen Rechtsakten vorgesehene Abstimmungsverfahren berücksichtigen, nachdem sie die Verfahren gemäß dieser Verordnung angewandt haben.

(25) Die Sicherheit und Solidität von Kreditinstituten hängen auch von der Vorhaltung von internem Kapital in angemessener, den möglichen Risiken entsprechender Höhe sowie von geeigneten internen Organisationsstrukturen und Regelungen für die Unternehmensführung ab. Die EZB sollte daher mit der Festlegung von Anforderungen beauftragt werden, mit denen sichergestellt wird, dass Kreditinstitute in den teilnehmenden Mitgliedstaaten über solide Regelungen für die Unternehmensführung, Verfahren und Mechanismen verfügen, einschließlich Strategien und Verfahren zur Prüfung und Aufrechterhaltung der Angemessenheit ihres internen Kapitals. Bei Unzulänglichkeiten sollte die EZB zudem die Aufgabe haben, geeignete Maßnahmen zu treffen, einschließlich besonderer zusätzlicher Eigenmittelanforderungen, besonderer Offenlegungspflichten und besonderer Liquiditätsanforderungen.

(26) Risiken für die Sicherheit und Solidität von Kreditinstituten können sowohl auf der Ebene einzelner Kreditinstitute als auch auf der Ebene von Bankengruppen oder Finanzkonglomeraten entstehen. Besondere Aufsichtsregelungen zur Verringerung dieser Risiken sind wichtig, um die Sicherheit und Solidität von Kreditinstituten zu gewährleisten. Neben der Einzelaufsicht über Kreditinstitute sollten die Aufgaben der EZB auch die Beaufsichtigung auf konsolidierter Basis, ergänzende Aufsichtsaufgaben sowie die Beaufsichtigung von Finanzholdinggesellschaften und von gemischten Finanzholdinggesellschaften, nicht aber von Versicherungsunternehmen umfassen.

(27) Zur Erhaltung der Finanzstabilität muss eine Verschlechterung der finanziellen und wirtschaftlichen Situation eines Kreditinstituts in einem frühen Stadium behoben werden. Die EZB sollte daher beauftragt werden, im einschlägigen Unionsrecht vorgesehene Frühinterventionsmaßnahmen durchzuführen. Sie sollte ihre Frühinterventionsmaßnahmen jedoch mit den zuständigen Abwicklungsbehörden koordinieren. Solange die nationalen Behörden für die Abwicklung von Kreditinstituten

zuständig sind, sollte die EZB ihr Handeln darüber hinaus in geeigneter Weise mit den betroffenen nationalen Behörden koordinieren, um sich über die jeweiligen Zuständigkeiten im Krisenfall, insbesondere im Rahmen der für diese Zwecke eingerichteten grenzüberschreitenden Krisenmanagementgruppen und künftigen Abwicklungskollegien, zu verständigen.

(28) Der EZB nicht übertragene Aufsichtsaufgaben sollten bei den nationalen Behörden verbleiben. Dazu zählen die Befugnis zur Entgegennahme von Mitteilungen der Kreditinstitute im Zusammenhang mit dem Niederlassungsrecht und der Dienstleistungsfreiheit, die Beaufsichtigung von Einrichtungen, die keine Kreditinstitute im Sinne des Unionsrechts sind, die aber nach nationalem Recht wie Kreditinstitute zu beaufsichtigen sind, die Beaufsichtigung von Kreditinstituten aus Drittländern, die in der Union eine Zweigstelle errichten oder grenzüberschreitend Dienstleistungen erbringen, die Überwachung von Zahlungsdienstleistungen, die Durchführung der täglichen Überprüfung von Kreditinstituten, die Wahrnehmung der Funktionen der zuständigen Behörden in Bezug auf Kreditinstitute hinsichtlich der Märkte für Finanzinstrumente und die Bekämpfung des Missbrauchs des Finanzsystems für Geldwäsche und Terrorismusfinanzierung sowie der Verbraucherschutz.

(29) Die EZB sollte, soweit angemessen, uneingeschränkt mit den nationalen Behörden zusammenarbeiten, die dafür zuständig sind, ein hohes Verbraucherschutzniveau und die Bekämpfung der Geldwäsche sicherzustellen.

(30) Die EZB sollte die ihr übertragenen Aufgaben mit dem Ziel wahrnehmen, gemäß dem einheitlichen Regelwerk für Finanzdienstleistungen in der Union die Sicherheit und Solidität der Kreditinstitute, die Stabilität des Finanzsystems der Union und der einzelnen teilnehmenden Mitgliedstaaten sowie die Einheit und Integrität des Binnenmarkts und somit auch den Einlegerschutz zu gewährleisten und die Funktionsweise des Binnenmarkts zu verbessern. Insbesondere sollte die EZB den Grundsatz der Gleichbehandlung und den Grundsatz der Nichtdiskriminierung gebührend beachten.

(31) Die Übertragung von Aufsichtsaufgaben auf die EZB sollte mit dem ESFS und dem zugrunde liegenden Ziel der Ausarbeitung eines einheitlichen Regelwerks und der Stärkung der Konvergenz der Aufsichtspraktiken in der gesamten Union im Einklang stehen. Für die Behandlung von Fragen von gemeinsamem Interesse sowie für eine ordnungsgemäße Beaufsichtigung von Kreditinstituten, die zusätzlich im Versicherungs- und Wertpapierbereich tätig sind, ist auch die Zusammenarbeit zwischen Bankenaufsichtsbehörden und Aufsichtsbehörden für die Versicherungs- und Wertpapiermärkte von Bedeutung. Die EZB sollte daher verpflichtet werden eng mit der EBA, er ESMA, der EIOPA, dem Europäischen Ausschuss für Systemrisiken (ESRB) und anderen am ESFS teilnehmenden Behörden zusammenzuarbeiten. Die EZB sollte ihre Aufgaben im Einklang mit den Bestimmungen dieser Verordnung und unbeschadet der Zuständigkeiten und Aufgaben der anderen Teilnehmer im Rahmen des ESFS wahrnehmen. Sie sollte ferner verpflichtet werden, mit den jeweiligen Abwicklungsbehörden und Fazilitäten zusammenzuarbeiten, die direkte oder indirekte öffentliche Finanzhilfen finanzieren.

(32) Die EZB sollte ihre Aufgaben gemäß und in Übereinstimmung mit dem einschlägigen Unionsrecht ausüben, einschließlich des gesamten Primär- und Sekundärrechts der Union, der Beschlüsse der Kommission zu staatlichen Beihilfen, der Wettbewerbsvorschriften und der Bestimmungen zur Fusionskontrolle sowie des für alle Mitgliedstaaten geltenden einheitlichen Regelwerks. Die EBA hat den Auftrag, technische Standards, Leitlinien und Empfehlungen auszuarbeiten, um die aufsichtsrechtliche Konvergenz und die Kohärenz der Aufsichtsergebnisse innerhalb der Union sicherzustellen. Diese Aufgaben sollten bei der EBA verbleiben, weshalb die EZB gemäß Artikel 132 des Vertrags über die Arbeitsweise der Europäischen Union (AEUV) und den Rechtsakten der Union, die die Europäische Kommission auf der Grundlage von Entwürfen der EBA erlassen hat, und vorbehaltlich des Artikels 16 der Verordnung (EU) Nr. 1093/2010, Verordnungen erlassen sollte.

(33) Soweit erforderlich sollte die EZB mit den zuständigen Behörden, die für die Märkte für Finanzinstrumente zuständig sind, Vereinbarungen eingehen, in denen allgemein beschrieben wird, wie ihre Zusammenarbeit miteinander bei der Wahrnehmung ihrer Aufsichtsaufgaben nach Unionsrecht in Bezug auf die in dieser Verordnung genannten Finanzinstitute ausgestaltet werden soll. Diese Vereinbarungen sollten dem Europäischen Parlament, dem Rat und den zuständige Behörden aller Mitgliedstaaten zur Verfügung gestellt werden.

(34) Zur Wahrnehmung ihrer Aufgaben und zur Ausübung ihrer Aufsichtsbefugnisse sollte die EZB die materiellen Vorschriften für die Beaufsichtigung von Kreditinstituten anwenden. Diese Vorschriften sind die des einschlägigen Unionsrechts, insbesondere unmittelbar geltende Verordnungen oder Richtlinien, wie diejenigen über die Eigenmittelausstattung von Kreditinstituten und über Finanzkonglomerate. Liegen die materiellen Vorschriften für die Beaufsichtigung von Kreditinstituten in Form von Richtlinien vor, so sollte die EZB die nationalen Rechtsvorschriften zur Umsetzung der betreffenden Richtlinien anwenden. Soweit das einschlägige Unionsrecht aus Verordnungen besteht, sollte die EZB in Bereichen, in denen diese Verordnungen den Mitgliedstaaten zum Zeitpunkt des Inkrafttretens dieser Verordnung ausdrücklich Wahlrechte einräumen, auch die nationalen Rechtsvorschriften anwenden, durch die diese Wahlrechte ausgeübt werden. Diese Wahlrechte sollten dahin gehend ausgelegt werden, dass sie Wahlrechte ausschließen, die alleine den zuständigen oder benannten Behörden vorbehalten sind. Der Grundsatz des Vorrangs des Unionsrechts wird hierdurch nicht berührt. Daraus folgt, dass die EZB ihre Leitlinien oder Empfehlungen sowie ihre Beschlüsse auf das einschlägige bindende Unionsrecht stützen und im Einklang mit diesem erlassen sollte.

(35) Im Rahmen der der EZB übertragenen Aufgaben werden den nationalen zuständigen Behörden durch das nationale Recht bestimmte Befugnisse übertragen, die bisher durch Unionsrecht nicht gefordert waren, einschließlich der Befugnis zu frühzeitigem Eingreifen und zum Ergreifen von Vorsichtsmaßnahmen. Die EZB sollte die nationalen Behörden in den teilnehmenden Mitgliedstaaten auffordern dürfen, von diesen Befugnissen Gebrauch zu machen, um die Ausübung einer umfassenden und wirksamen Beaufsichtigung innerhalb des einheitlichen Aufsichtsmechanismus sicherzustellen.

(36) Zur Sicherstellung der Anwendung der Aufsichtsregeln und -beschlüsse durch Kreditinstitute, Finanzholdinggesellschaften und gemischte Finanzholdinggesellschaften sollten im Falle eines Verstoßes wirksame, verhältnismäßige und abschreckende Sanktionen verhängt werden. Gemäß Artikel 132 Absatz 3 AEUV und der Verordnung (EG) Nr. 2532/98 des Rates vom 23. November 1998 über das Recht der Europäischen Zentralbank, Sanktionen zu verhängen[1], ist die EZB berechtigt, Unternehmen mit Geldbußen oder Zwangsgeldern zu belegen, wenn sie ihre Verpflichtungen aus den Verordnungen und Beschlüssen der EZB nicht einhalten. Damit die EZB ihre Aufgaben im Zusammenhang mit der Durchsetzung der Aufsichtsregeln des unmittelbar anwendbaren Unionsrechts wirksam wahrnehmen kann, sollte sie die Befugnis erhalten, bei Verstößen gegen solche Bestimmungen Geldbußen gegen Kreditinstitute, Finanzholdinggesellschaften und gemischte Finanzholdinggesellschaften zu verhängen. Die nationalen Behörden sollten bei Verstößen gegen Verpflichtungen aus nationalen Rechtsvorschriften zur Umsetzung von Unionsrichtlinien weiterhin Sanktionen verhängen können. Hält die EZB es für die Erfüllung ihrer Aufgaben für angebracht, bei solchen Verstößen eine Sanktion zu verhängen, sollte sie die Angelegenheit zu diesem Zweck an die nationalen zuständigen Behörden weiterleiten können.

(37) Die nationalen Aufsichtsbehörden verfügen über umfangreiche, langjährige Erfahrung mit der Beaufsichtigung von Kreditinstituten in ihrem Hoheitsgebiet sowie

---

1 ABl. L 318 vom 27.11.1998, S. 4.

über umfangreiches Fachwissen der jeweiligen wirtschaftlichen, organisatorischen und kulturellen Besonderheiten. Dazu wurde ein engagierter und hoch qualifizierter Mitarbeiterstab eingerichtet. Um die Einhaltung höchster Standards bei der Beaufsichtigung auf Unionsebene sicherzustellen, sollten die nationalen zuständigen Behörden dafür verantwortlich sein, die EZB bei der Vorbereitung und Umsetzung von Rechtsakten im Zusammenhang mit der Wahrnehmung ihrer Aufsichtsaufgaben zu unterstützen. Dazu sollten insbesondere die laufende tägliche Bewertung der Lage eines Kreditinstituts und die damit verbundenen Prüfungen vor Ort gehören.

(38) Die in dieser Verordnung festgelegten Kriterien, anhand derer ermittelt wird, welche Institute auf konsolidierter Basis als weniger bedeutend anzusehen sind, sollten auf der obersten Konsolidierungsebene innerhalb des teilnehmenden Mitgliedstaats auf der Grundlage konsolidierter Daten angewandt werden. Wenn die EZB die ihr durch diese Verordnung übertragenen Aufgaben in Bezug auf eine Gruppe wahrnimmt, die auf konsolidierter Basis nicht als weniger bedeutend gilt, sollte sie dies in Bezug auf die Gruppe von Kreditinstituten auf konsolidierter Basis und in Bezug auf die Tochterbanken und Zweigstellen jener Gruppe in den teilnehmenden Mitgliedstaaten auf Ebene des einzelnen Kreditinstituts tun.

(39) Diese in dieser Verordnung festgelegten Kriterien, anhand derer ermittelt wird, welche Institute auf konsolidierter Basis als weniger bedeutend anzusehen sind, sollten in einem Rahmenwerk näher bestimmt werden, das von der EZB in Abstimmung mit den nationalen zuständigen Behörden angenommen und veröffentlicht wird. Auf dieser Grundlage sollte die EZB dafür verantwortlich sein, diese Kriterien anzuwenden und mittels eigener Berechnungen zu überprüfen, ob sie erfüllt sind. Die Anforderung von Informationen durch die EZB für ihre Berechnungen, sollte die Institute nicht dazu zwingen, andere Rechnungslegungsrahmen anzuwenden als diejenigen, die gemäß anderen Rechtsakten der Union und nationalen Rechtsakten für sie anwendbar sind.

(40) Wurde ein Kreditinstitut als bedeutend oder weniger bedeutend eingestuft, so sollte diese Bewertung im Allgemeinen innerhalb von 12 Monaten nicht öfter als einmal geändert werden, es sei denn, die Bankengruppen wurden strukturellen Änderungen, wie Zusammenschlüssen oder Veräußerungen, unterzogen.

(41) Wenn die EZB im Anschluss an eine Anzeige einer nationalen zuständigen Behörde darüber entscheidet, ob ein Institut für die betreffende Volkswirtschaft bedeutend ist und daher von der EZB beaufsichtigt werden sollte, sollte sie allen relevanten Umständen, einschließlich Überlegungen hinsichtlich gleicher Voraussetzungen, Rechnung tragen.

(42) Hinsichtlich der Beaufsichtigung grenzüberschreitend tätiger Kreditinstitute, die sowohl innerhalb als auch außerhalb des Euro-Währungsgebiets tätig sind, sollte die EZB eng mit den zuständigen Behörden der nicht teilnehmenden Mitgliedstaaten zusammenarbeiten. Als zuständige Behörde sollte die EZB den im Unionsrecht festgelegten Verpflichtungen zur Zusammenarbeit und zum Informationsaustausch unterliegen und an den Aufsichtskollegien uneingeschränkt teilnehmen. Da die Wahrnehmung von Aufsichtsaufgaben durch ein Unionsorgan mit klaren Vorteilen für die Finanzstabilität und eine nachhaltige Marktintegration verbunden ist, sollten Mitgliedstaaten, deren Währung nicht der Euro ist« ebenfalls am einheitlichen Aufsichtsmechanismus teilnehmen können. Unabdingbare Voraussetzung für die wirksame Ausübung von Aufsichtsaufgaben ist jedoch die vollständige und unverzügliche Umsetzung von Aufsichtsbeschlüssen. Mitgliedstaaten, die am einheitlichen Aufsichtsmechanismus teilnehmen möchten, sollten sich daher verpflichten, dafür zu sorgen, dass ihre nationalen zuständigen Behörden alle von der EZB geforderten Maßnahmen in Bezug auf Kreditinstitute befolgen und umsetzen. Die EZB sollte eine enge Zusammenarbeit mit den zuständigen Behörden von Mitgliedstaaten, deren Währung nicht der Euro ist, eingehen können. Sie sollte verpflichtet sein, eine solche Zusammenarbeit einzugehen, wenn die in dieser Verordnung festgelegten Bedingungen erfüllt sind.

(43) Da teilnehmende Mitgliedstaaten, deren Währung nicht der Euro ist, bis zur Einführung des Euro gemäß dem AEUV nicht im EZB-Rat vertreten sind und von anderen Mechanismen für Mitgliedstaaten, deren Währung der Euro ist, nicht in vollem Umfang profitieren können, sind in dieser Verordnung zusätzliche Garantien im Beschlussfassungsverfahren geregelt. Diese Garantien, insbesondere die Möglichkeit für teilnehmende Mitgliedstaaten, deren Währung nicht der Euro ist, um die unmittelbare Beendigung der engen Zusammenarbeit zu ersuchen, nach Mitteilung an den EZB-Rat in einer begründeten Stellungnahme, dass sie einem Beschlussentwurf des Aufsichtsgremiums nicht zustimmen, sollten jedoch nur in hinreichend begründeten Ausnahmefällen Anwendung finden. Sie sollten nur Anwendung finden, solange diese besonderen Umstände vorliegen. Die Garantien bestehen aufgrund der besonderen Umstände, die in Mitgliedstaaten, deren Währung nicht der Euro ist, nach dieser Verordnung vorliegen, weil sie im EZB-Rat nicht vertreten sind und von anderen Mechanismen für Mitgliedstaaten, deren Währung der Euro ist, nicht in vollem Umfang profitieren können. Daher können und sollten die Garantien nicht als Präzedenzfall für andere Bereiche der Unionspolitik verstanden werden.

(44) Durch keinen Teil dieser Verordnung sollte der bestehende Rahmen für die Änderung der Rechtsform von Tochtergesellschaften oder Zweigstellen bzw. die Anwendung eines solchen Rahmens in irgendeiner Weise geändert werden; noch sollte irgendein Teil dieser Verordnung in einer Weise ausgelegt oder angewandt werden, die einen Anreiz für eine solche Änderung darstellt. Diesbezüglich sollte die Zuständigkeit der zuständigen Behörden der nicht teilnehmenden Mitgliedstaaten in vollem Umfang geachtet werden, damit diese Behörden gegenüber in ihrem Hoheitsgebiet tätigen Kreditinstituten weiterhin über ausreichende Instrumente und Befugnisse verfügen, um diese Zuständigkeit wahrzunehmen und die Finanzmarktstabilität und das öffentliche Interesse wirksam wahren zu können. Um die zuständigen Behörden bei der Wahrnehmung ihrer Aufgaben zu unterstützen, sollten sowohl Einlegern und als auch den zuständigen Behörden außerdem rechtzeitig Informationen über die Änderung der Rechtsform einer Tochtergesellschaft oder Zweigstelle bereitgestellt werden.

(45) Damit die EZB ihre Aufgaben wahrnehmen kann, sollte sie angemessene Aufsichtsbefugnisse haben. Die Rechtsvorschriften der Union über die Beaufsichtigung von Kreditinstituten übertragen zu diesen Zwecken bestimmte Befugnisse auf die von den Mitgliedstaaten benannten zuständigen Behörden. Soweit diese Befugnisse die der EZB übertragenen Aufsichtsaufgaben betreffen, sollte die EZB für die teilnehmenden Mitgliedstaaten als zuständige Behörde gelten und über die Befugnisse verfügen, die den zuständigen Behörden nach dem Unionsrecht erteilt wurden. Dazu gehören die den zuständigen Behörden des Herkunfts- und Aufnahmemitgliedstaates mit diesen Rechtsakten übertragenen Befugnisse und die den benannten Behörden erteilten Befugnisse.

(46) Die EZB sollte die Aufsichtsbefugnis haben, ein Mitglied eines Leitungsorgans gemäß dieser Verordnung abzuberufen.

(47) Im Interesse einer wirksamen Wahrnehmung ihrer Aufgaben sollte die EZB berechtigt sein, alle erforderlichen Informationen anzufordern sowie gegebenenfalls in Zusammenarbeit mit den zuständigen nationalen Behörden Untersuchungen und Prüfungen vor Ort durchzuführen. Die EZB und die nationalen zuständigen Behörden sollten auf dieselben Informationen zugreifen können, so dass Kreditinstitute diese Daten nicht mehrfach bereitstellen müssen.

(48) Das Privileg der Angehörigen von Rechtsberufen ist ein grundlegendes Prinzip des Unionsrechts, das die Vertraulichkeit der Kommunikation zwischen natürlichen oder juristischen Personen und ihren Rechtsbeiständen nach den von der Rechtsprechung des Gerichtshofs der Europäischen Union (EUGH) entwickelten Bedingungen schützt.

(49) Benötigt die EZB Informationen von einer Person, die in einem nicht teilnehmenden Mitgliedstaat niedergelassen ist, aber zu einem Kreditinstitut, einer

Finanzholdinggesellschaft oder einer gemischten Finanzholdinggesellschaft gehört, das/die in einem teilnehmende Mitgliedstaat niedergelassen ist, oder auf die das betreffende Kreditinstitut bzw. die Finanzholdinggesellschaft oder gemischte Finanzholdinggesellschaft betriebliche Funktionen oder Tätigkeiten ausgelagert hat, und ist ein solches Informationsersuchen in dem nicht teilnehmenden Mitgliedstaat nicht wirksam oder vollstreckbar, so sollte sich die EZB mit der zuständigen Behörde des nicht teilnehmenden Mitgliedstaats abstimmen.

(50) Durch diese Verordnung wird die Anwendung der Bestimmungen nach Maßgabe der Artikel 34 und 42 des dem Vertrag über die Europäische Union (EUV) und dem AEUV beigefügten Protokolls Nr. 4 über die Satzung des Europäischen Systems der Zentralbanken und der Europäischen Zentralbank (im Folgenden »Satzung des ESZB und der EZB«) nicht berührt. Gemäß diesem Protokoll und dem dem EUV und dem AEUV beigefügten Protokoll Nr. 15 über einige Bestimmungen betreffend das Vereinigte Königreich Großbritannien und Nordirland sollten die von der EZB im Rahmen dieser Verordnung angenommenen Rechtsakte nicht teilnehmenden Mitgliedstaaten keinerlei Rechte einräumen und keinerlei Verpflichtungen auferlegen, es sei denn diese Rechtsakte stehen im Einklang mit dem einschlägigen Unionsrecht.

(51) Hinsichtlich der Ausübung des Niederlassungsrechts oder des Rechts zur Erbringung von Dienstleistungen in einem anderen Mitgliedstaat sowie in Fällen, in denen mehrere Unternehmen einer Gruppe in unterschiedlichen Mitgliedstaaten niedergelassen sind, sieht das Unionsrecht besondere Verfahren und die Aufteilung der Zuständigkeiten zwischen den betroffenen Mitgliedstaaten vor. Soweit die EZB bestimmte Aufsichtsaufgaben für alle teilnehmenden Mitgliedstaaten übernimmt, sollten diese Verfahren und Aufteilungen nicht für die Ausübung des Niederlassungsrechts oder des Rechts auf Dienstleistungserbringung in einem anderen teilnehmenden Mitgliedstaat gelten.

(52) Bei der Wahrnehmung ihrer Aufgaben im Rahmen dieser Verordnung und bei ihren Amtshilfeersuchen an nationale zuständige Behörden sollte die EZB auf eine ausgewogene Beteiligung aller betroffenen nationalen zuständigen Behörden achten, die den im maßgebenden Unionsrecht festgelegten Verantwortlichkeiten für die Einzelaufsicht sowie die Aufsicht auf teilkonsolidierter und konsolidierter Basis entspricht.

(53) Kein Teil dieser Verordnung sollte dahin gehend ausgelegt werden, dass er der EZB die Befugnis überträgt, Sanktionen gegen natürliche oder andere juristische Personen als Kreditinstitute, Finanzholdinggesellschaften oder gemischte Finanzholdinggesellschaften zu verhängen; dies gilt unbeschadet der Befugnis der EZB, von den nationalen zuständigen Behörden zu verlangen, dass sie Maßnahmen ergreifen, um sicherzustellen, dass geeignete Sanktionen verhängt werden.

(54) Die EZB wurde durch die Verträge errichtet und ist damit ein Organ der Union als Ganzes. Sie sollte bei ihren Beschlussfassungsverfahren an Unionsvorschriften und allgemeine Grundsätze für ein ordnungsgemäßes Verfahren und Transparenz gebunden sein. Das Recht der Adressaten der EZB-Beschlüsse auf Anhörung sowie ihr Recht, gemäß den in dieser Verordnung festgelegten Bestimmungen eine Überprüfung der EZB-Beschlüsse zu beantragen, sollte umfassend geachtet werden.

(55) Die Übertragung von Aufsichtsaufgaben geht mit einer erheblichen Verantwortung der EZB für den Schutz der Finanzmarktstabilität in der Union und mit der Verpflichtung einher, die Aufsichtsbefugnisse auf möglichst wirksame und verhältnismäßige Weise auszuüben. Bei einer Verlagerung von Aufsichtsbefugnissen von den Mitgliedstaaten auf die EU-Ebene sollte durch entsprechende Anforderungen hinsichtlich Transparenz und Rechenschaftspflicht für ausgewogene Verhältnisse gesorgt werden. Die EZB sollte daher dem Europäischen Parlament und dem Rat als den demokratisch legitimierten Organen, die die Bürger der Union und der Mitgliedstaaten vertreten, hinsichtlich der Ausübung dieser Aufgaben Rechenschaft ablegen. Dies sollte die regelmäßige Berichterstattung und die Beantwortung von Fragen des Europäischen Parlaments gemäß seiner Geschäftsordnung sowie der Euro-Gruppe gemäß

ihrer Verfahrensregeln umfassen. Alle Berichterstattungspflichten sollten den einschlägigen beruflichen Geheimhaltungspflichten unterliegen.

(56) Die EZB sollte die Berichte, die sie an das Europäischen Parlament und den Rat richtet, auch den nationalen Parlamenten der teilnehmenden Mitgliedstaaten zuleiten. Die nationalen Parlamente der teilnehmenden Mitgliedstaaten sollten die Möglichkeit haben, Bemerkungen und Fragen an die EZB bezüglich der Ausübung ihrer Aufsichtsaufgaben zu richten, zu denen die EZB sich äußern kann. Die internen Vorschriften dieser nationalen Parlamente sollten den Einzelheiten der einschlägigen Verfahren und Regelungen für die Übermittlung von Bemerkungen und Fragen an die EZB Rechnung tragen. Hierbei sollte besonderes Augenmerk auf Bemerkungen oder Fragen im Zusammenhang mit dem Entzug der Zulassung von Kreditinstituten gerichtet werden, in Bezug auf welche die nationalen zuständigen Behörden gemäß dem Verfahren nach dieser Verordnung Maßnahmen zur Abwicklung oder zum Erhalt der Finanzmarktstabilität ergriffen haben. Das nationale Parlament eines teilnehmenden Mitgliedstaats sollte ferner den Vorsitzenden oder einen Vertreter des Aufsichtsgremiums ersuchen können, gemeinsam mit einem Vertreter der nationalen zuständigen Behörde an einem Gedankenaustausch über die Beaufsichtigung von Kreditinstituten in diesem Mitgliedstaat teilzunehmen. Diese Rolle der nationalen Parlamente ist aufgrund der potenziellen Auswirkungen, die die Aufsichtsmaßnahmen auf die öffentlichen Finanzen, die Kreditinstitute, deren Kunden und Angestellte sowie auf die Märkte in den teilnehmenden Mitgliedstaaten haben können, durchaus angemessen. Ergreifen nationale zuständige Behörden Maßnahmen gemäß dieser Verordnung, so sollten auch weiterhin nationale Rechenschaftspflichten Anwendung finden.

(57) Das Recht des Europäischen Parlaments auf Einsetzung eines nichtständigen Untersuchungsausschusses zur Prüfung behaupteter Verstöße gegen das Unionsrecht oder Missstände bei der Anwendung desselben gemäß Artikel 226 AEUV oder auf Ausübung seiner politischen Kontrollfunktion nach Maßgabe der Verträge, einschließlich seines Rechts, Stellungnahmen abzugeben oder Entschließungen anzunehmen, wenn es dies für angemessen erachtet, bleibt von dieser Verordnung unberührt.

(58) Die EZB sollte im Einklang mit den Grundsätzen für ein ordnungsgemäßes Verfahren und für Transparenz handeln.

(59) Durch die in Artikel 15 Absatz 3 AEUV genannte Verordnung sollten gemäß dem AEUV detaillierte Vorschriften festgelegt werden, mit denen der Zugang zu Dokumenten ermöglicht wird, die sich infolge der Wahrnehmung von Aufsichtsaufgaben im Besitz der EZB befinden.

(60) Nach Artikel 263 AEUV obliegt es dem EUGH, die Rechtmäßigkeit der Maßnahmen, die auf die Herbeiführung von Rechtswirkungen gegenüber Dritten gerichtet sind unter anderem solche der EZB, soweit es sich nicht um Empfehlungen oder Stellungnahmen handelt zu überwachen.

(61) Im Einklang mit Artikel 340 AEUV sollte die EZB den durch sie oder ihre Bediensteten in Ausübung ihrer Amtstätigkeit verursachten Schaden nach den allgemeinen Rechtsgrundsätzen, die den Rechtsordnungen der Mitgliedstaaten gemeinsam sind, ersetzen. Die Haftung der nationalen zuständigen Behörden für den durch sie oder ihre Bediensteten in Ausübung ihrer Amtstätigkeit verursachten Schaden nach nationalem Recht sollte davon unberührt bleiben.

(62) Für die EZB gilt gemäß Artikel 342 AEUV die Verordnung Nr. 1 des Rates zur Regelung der Sprachenfrage für die Europäische Wirtschaftsgemeinschaft[1].

(63) Wenn die EZB prüft, ob das Recht Betroffener auf Akteneinsicht beschränkt werden sollte, sollte sie die Grundrechte wahren und die in der Charta der Grundrechte der Europäischen Union verankerten Grundsätze, insbesondere das Recht auf einen wirksamen Rechtsbehelf und ein unparteiisches Gericht, achten.

---

1 ABl. 17 vom 6.10.1958, S.385.

(64) Die EZB sollte vorsehen, dass natürliche und juristische Personen die Überprüfung von an sie gerichteten oder sie direkt individuell betreffenden Beschlüssen verlangen können, die die EZB aufgrund der ihr durch diese Verordnung übertragenen Befugnissen erlassen hat. Die Überprüfung sollte sich auf die verfahrensmäßige und materielle Übereinstimmung solcher Beschlüsse mit dieser Verordnung erstrecken, wobei gleichzeitig der der EZB überlassene Ermessensspielraum, über die Zweckmäßigkeit dieser Beschlüsse zu entscheiden, zu achten ist. Für diesen Zweck und aus Gründen der Verfahrensökonomie sollte die EZB einen administrativen Überprüfungsausschuss einrichten, der diese internen Überprüfungen vornimmt. Der EZB-Rat sollte Persönlichkeiten von hohem Ansehen in diesen Ausschuss berufen. Bei seiner Auswahl sollte der EZB-Rat soweit wie möglich eine ausgewogene Zusammensetzung nach geografischer Herkunft und Geschlechtern aus den Mitgliedstaaten sicherstellen. Das Verfahren für die Überprüfung sollte vorsehen, dass das Aufsichtsgremium seinen vorherigen Beschlussentwurf gegebenenfalls überarbeitet.

(65) Die EZB übt gemäß Artikel 127 Absatz 1 AEUV geldpolitische Funktionen zur Erhaltung der Preisstabilität aus. Die Ausübung von Aufsichtsaufgaben dient dem Schutz der Sicherheit und Solidität von Kreditinstituten und der Stabilität des Finanzsystems. Beide Funktionen sollten daher vollständig voneinander getrennt sein, um Interessenkonflikte zu vermeiden und zu gewährleisten, dass jede Funktion gemäß den jeweiligen Zielen ausgeübt wird. Die EZB sollte in der Lage sein sicherzustellen, dass der EZB-Rat seine geldpolitischen und seine aufsichtlichen Funktionen in vollkommen getrennter Weise wahrnimmt. Diese Abgrenzung sollte zumindest eine strikte Trennung der Sitzungen und der Tagesordnungen umfassen.

(66) Die organisatorische Trennung des Personals sollte alle für unabhängige geldpolitische Zwecke benötigte Dienste betreffen und sicherstellen, dass die Wahrnehmung der durch diese Verordnung übertragenen Aufgaben in vollem Umfang der demokratischen Rechenschaftspflicht und Aufsicht nach Maßgabe dieser Verordnung unterliegt. Das Personal, das an der Wahrnehmung der der EZB durch diese Verordnung übertragenen Aufgaben beteiligt ist, sollte dem Vorsitzenden des Aufsichtsgremiums Bericht erstatten.

(67) Insbesondere sollte in der EZB ein Aufsichtsgremium eingerichtet werden, das für die Vorbereitung von Beschlüssen in aufsichtlichen Angelegenheiten zuständig ist und sich auf die spezifischen Kenntnisse der nationalen Aufsichtsbehörden stützen kann. Das Gremium sollte daher einen Vorsitzenden und einen stellvertretenden Vorsitzenden haben und Vertreter der EZB und der nationalen zuständigen Behörden umfassen. Bei der Besetzung des Aufsichtsgremiums nach Maßgabe dieser Verordnung sollten die Grundsätze der Ausgewogenheit der Geschlechter, der Erfahrung und der Qualifikation geachtet werden. Alle Mitglieder des Aufsichtsgremiums sollten fristgerecht und umfassend über die Tagesordnungspunkte ihrer Sitzungen informiert werden, damit die Beratungen und die Ausarbeitung der Beschlussentwürfe möglichst wirksam durchgeführt werden können.

(68) Bei der Ausübung seiner Aufgaben sollte das Aufsichtsgremium allen relevanten Tatsachen und Umständen in den teilnehmenden Mitgliedstaaten Rechnung tragen und seine Pflichten im Interesse der Union als Ganzes wahrnehmen.

(69) Unter uneingeschränkter Achtung der durch die Verträge festgelegten institutionellen Vorkehrungen und der Abstimmungsmodalitäten sollte das Aufsichtsgremium der EZB ein zentrales Gremium für die Ausübung der Aufsichtsaufgaben sein, die bislang in den Händen der nationalen zuständigen Behörden lagen. Aus diesem Grund sollte dem Rat die Befugnis übertragen werden, einen Durchführungsbeschluss zur Ernennung des Vorsitzenden und des stellvertretenden Vorsitzenden des Aufsichtsgremiums zu erlassen. Nach Anhörung des Aufsichtsgremiums sollte die EZB dem Europäischen Parlament einen Vorschlag für die Ernennung des Vorsitzenden und des stellvertretenden Vorsitzenden zur Billigung übermitteln. Nach der Billigung dieses Vorschlags sollte der Rat den Durchführungsbeschluss erlassen. Der Vorsitzende sollte auf der Grundlage eines offenen Auswahlverfahrens ausgewählt werden, über das das Europäische Parlament und der Rat ordnungsgemäß unterrichtet werden sollten.

(70) Zur Ermöglichung einer angemessenen Rotation bei gleichzeitiger Gewährleistung der vollständigen Unabhängigkeit des Vorsitzenden sollte dessen Amtszeit fünf Jahre nicht überschreiten und nicht erneuerbar sein. Im Interesse einer umfassenden Abstimmung mit den Tätigkeiten der EBA und den aufsichtspolitischen Tätigkeiten der Union sollte das Aufsichtsgremium die EBA und die Kommission als Beobachter einladen können. Nachdem die Europäische Abwicklungsbehörde eingerichtet ist, sollte ihr Vorsitzender als Beobachter an den Sitzungen des Aufsichtsgremiums teilnehmen.

(71) Das Aufsichtsgremium sollte von einem Lenkungsausschuss mit kleinerer Zusammensetzung unterstützt werden. Der Lenkungsausschuss sollte die Sitzungen des Aufsichtsgremiums vorbereiten, seine Pflichten nur im Interesse der Union als Ganzes wahrnehmen und in völliger Transparenz mit dem Aufsichtsgremium zusammenarbeiten.

(72) Der EZB-Rat sollte die Vertreter teilnehmender Mitgliedstaaten, deren Währung nicht der Euro ist, jedes Mal einladen, wenn er erwägt, Einwände gegen einen Beschlussentwurf des Aufsichtsgremiums zu erheben, oder wenn die betroffenen nationalen zuständigen Behörden dem EZB-Rat in einer begründeten Stellungnahme mitteilen, dass sie einen Beschlussentwurf des Aufsichtsgremiums ablehnen, soweit dieser Beschluss an die nationalen Behörden gerichtet ist und sich auf Kreditinstitute aus teilnehmenden Mitgliedstaaten, deren Währung nicht der Euro ist, bezieht.

(73) Um die Trennung zwischen geldpolitischen und aufsichtlichen Aufgaben sicherzustellen, sollte die EZB verpflichtet werden, eine Schlichtungsstelle einzurichten. Die Einrichtung der Stelle und insbesondere ihre Zusammensetzung sollten sicherstellen, dass sie Meinungsverschiedenheiten auf ausgewogene Weise und im Interesse der Union als Ganzes beilegen.

(74) Das Aufsichtsgremium, der Lenkungsausschuss und die Mitarbeiter der EZB, die Aufsichtsaufgaben wahrnehmen, sollten angemessenen Geheimhaltungspflichten unterliegen. Ähnliche Anforderungen sollten auch für den Informationsaustausch mit Mitarbeitern der EZB gelten, die nicht an den Aufsichtstätigkeiten beteiligt sind. Dies sollte die EZB nicht davon abhalten, innerhalb der in den einschlägigen Unionsrechtsakten festgelegten Grenzen und unter den darin vorgesehenen Bedingungen Informationen auszutauschen, einschließlich mit der Kommission für die Zwecke ihrer Aufgaben gemäß den Artikeln 107 und 108 AEUV und gemäß den Unionsvorschriften über eine verstärkte wirtschaftliche und haushaltspolitische Überwachung.

(75) Im Interesse einer wirksamen Wahrnehmung ihrer Aufsichtsaufgaben sollte die EZB die ihr übertragenen Aufsichtsaufgaben vollständig unabhängig ausüben, insbesondere frei von ungebührlicher politischer Einflussnahme sowie von Einmischungen der Industrie, die ihre operative Unabhängigkeit beeinträchtigen würden.

(76) Die Anwendung von Zeiträumen den Unvereinbarkeit in Aufsichtsbehörden trägt wesentlich dazu bei, die Wirksamkeit und Unabhängigkeit der von diesen Behörden durchgeführten Beaufsichtigung sicherzustellen. Unbeschadet der Anwendung strengerer nationaler Vorschriften sollte die EZB zu diesem Zweck umfassende und formelle Verfahren, einschließlich verhältnismäßiger Überprüfungszeiträume, einrichten und beibehalten, um mögliche Konflikte mit den berechtigten Interessen des einheitlichen Aufsichtsmechanismus/der EZB bereits im Voraus zu beurteilen und abzuwenden, wenn ein früheres Mitglied des Aufsichtsgremiums eine Stelle in der Bankenindustrie antritt, der zuvor von diesem Mitglied beaufsichtigt wurde.

(77) Im Interesse einer wirksamen Wahrnehmung ihrer Aufsichtsaufgaben sollte die EZB über angemessene Ressourcen verfügen. Sie sollte diese Ressourcen auf eine Weise beschaffen, die ihre Unabhängigkeit von einer ungebührlichen Einflussnahme der nationalen zuständigen Behörden und der Marktteilnehmer sicherstellt und die Trennung zwischen geldpolitischen und aufsichtlichen Aufgaben gewährleistet. Die Kosten der Beaufsichtigung sollten von den beaufsichtigten Unternehmen übernom-

men werden. Die Ausübung von Aufsichtsaufgaben durch die EZB sollte daher durch jährliche Gebühren finanziert werden, die in den teilnehmenden Mitgliedstaaten niedergelassene Kreditinstitute entrichten. Die EZB sollte auch von in einem teilnehmenden Mitgliedstaat niedergelassenen Zweigstellen eines in einem nicht teilnehmenden Mitgliedstaat niedergelassenen Kreditinstituts Gebühren erheben dürfen, um ihre Kosten der Beaufsichtigung dieser Zweigstellen als Aufsichtsbehörde des Aufnahmemitgliedstaats zu decken. Wird ein Kreditinstitut oder eine Zweigstelle auf konsolidierter Basis beaufsichtigt, sollte die Gebühr auf der obersten Ebene eines Kreditinstituts innerhalb der betreffenden Gruppe mit Niederlassungen in den teilnehmenden Mitgliedstaaten erhoben werden. Bei der Berechnung der Gebühren sollten Tochtergesellschaften in nicht teilnehmenden Mitgliedstaaten unberücksichtigt bleiben.

(78) Ist ein Kreditinstitut in die Aufsicht auf konsolidierter Basis einbezogen, so sollte die Gebühr auf der obersten Konsolidierungsebene innerhalb teilnehmender Mitgliedstaaten berechnet werden und von den in die Aufsicht auf konsolidierter Basis einbezogenen Kreditinstituten in einem teilnehmenden Mitgliedstaat auf der Grundlage objektiver Kriterien, die an die Bedeutung und das Risikoprofil, einschließlich der risikogewichteten Aktiva, anknüpfen, erhoben werden.

(79) Hoch motivierte, gut ausgebildete und unparteiische Mitarbeiter sind für eine wirksame Aufsicht von entscheidender Bedeutung. Im Interesse der Einrichtung eines wirklich integrierten Aufsichtsmechanismus sollten daher ein angemessener Austausch mit und zwischen allen nationalen Aufsichtsbehörden der teilnehmenden Mitgliedstaaten und der EZB sowie die Entsendung von Mitarbeitern an diese Behörden gewährleistet sein. Um eine kontinuierliche Kontrolle unter Gleichgestellten insbesondere bei der Beaufsichtigung großer Kreditinstitute zu gewährleisten, sollte die EZB die nationalen zuständigen Behörden auffordern können, Mitarbeiter der zuständigen Behörden anderer teilnehmender Mitgliedstaaten in die jeweiligen Teams einzubeziehen, wodurch ermöglicht wird, Aufsichtsteams von geografischer Diversität mit speziellem Fachwissen und Profil aufzustellen. Durch den Austausch und die Entsendung von Mitarbeitern sollte eine gemeinsame Aufsichtskultur geschaffen werden. Die EZB sollte regelmäßig Informationen darüber zur Verfügung stellen, wie viele Mitarbeiter der nationalen zuständigen Behörden für die Zwecke des einheitlichen Aufsichtsmechanismus an die EZB entsandt sind.

(80) Angesichts der Globalisierung der Bankdienstleistungen und der wachsenden Bedeutung internationaler Standards sollte die EZB ihre Aufgaben gemäß internationalen Standards und im Dialog sowie in enger Zusammenarbeit mit Aufsichtsbehörden außerhalb der Union wahrnehmen, ohne jedoch die internationale Rolle der EBA zu duplizieren. Sie sollte die Befugnis erhalten, in Zusammenarbeit mit der EBA und unter umfassender Berücksichtigung der bestehenden Rollen und jeweiligen Zuständigkeiten der Mitgliedstaaten und der Organe der Union Kontakte mit den Aufsichtsbehörden und -stellen von Drittländern sowie mit internationalen Organisationen zu knüpfen und mit ihnen Verwaltungsvereinbarungen einzugehen.

(81) Die Richtlinie 95/46/EG des Europäischen Parlaments und des Rates vom 24. Oktober 1995 zum Schutz natürlicher Personen bei der Verarbeitung personenbezogener Daten und zum freien Datenverkehr[1] und die Verordnung (EG) Nr. 45/2001 des Europäischen Parlaments und des Rates vom 18. Dezember 2000 zum Schutz natürlicher Personen bei der Verarbeitung personenbezogener Daten durch die Organe und Einrichtungen der Gemeinschaft und zum freien Datenverkehr[2] finden auf die Verarbeitung personenbezogener Daten durch die EZB für die Zwecke dieser Verordnung ohne Einschränkung Anwendung.

(82) Die Verordnung (EG) Nr. 1073/1999 des Europäischen Parlaments und des Rates vom 25. Mai 1999 über die Untersuchungen des Europäischen Amtes für Betrugs-

---

1 ABl. L 281 vom 23.11.1995, S. 31.
2 ABl. L 8 vom 12.1.2001, S. 1.

bekämpfung (OLAF)[1] gilt auch für die EZB. Die EZB hat den Beschluss EZB/2004/11[2] über die Bedingungen und Modalitäten der Untersuchungen des Europäischen Amtes für Betrugsbekämpfung in der Europäischen Zentralbank angenommen.

(83) Um sicherzustellen, dass Kreditinstitute einer von nicht-aufsichtsrechtlichen Überlegungen unbeeinflussten Beaufsichtigung nach höchsten Standards unterliegen und dass die sich gegenseitig verstärkenden negativen Auswirkungen von Marktentwicklungen auf Kreditinstitute und Mitgliedstaaten rechtzeitig und wirksam behoben werden können, sollte die EZB die ihr übertragenen besonderen Aufsichtsaufgaben so bald wie möglich übernehmen. Die Übertragung von Aufsichtsaufgaben von den nationalen Aufsichtsbehörden auf die EZB erfordert jedoch eine gewisse Vorbereitungszeit. Daher sollte ein angemessener Übergangszeitraum vorgesehen werden.

(84) Die EZB sollte bei der Festlegung der detaillierten operativen Bestimmungen für die Wahrnehmung der ihr durch diese Verordnung übertragenen Aufgaben Übergangsregelungen vorsehen, durch die der Abschluss der laufenden Aufsichtsverfahren, einschließlich aller vor dem Inkrafttreten dieser Verordnung gefassten Beschlüsse und/oder ergriffenen Maßnahmen oder begonnenen Untersuchungen, sichergestellt wird.

(85) Die Kommission hat in ihrer Mitteilung vom 28. November 2012 über ein Konzept für eine vertiefte und echte Wirtschafts- und Währungsunion erklärt, dass Artikel 127 Absatz 6 AEUV geändert werden könnte, um das ordentliche Gesetzgebungsverfahren zur Anwendung zu bringen und einige der rechtlichen Beschränkungen zu beseitigen, die derzeit beim einheitlichen Aufsichtsmechanismus bestehen (z. B. Aufnahme einer Klausel für eine direkte, unwiderrufliche Beteiligung von Mitgliedstaaten, deren Währung nicht der Euro ist, am einheitlichen Aufsichtsmechanismus über das Modell der »engen Zusammenarbeit« hinaus, gleichberechtigte Teilnahme dieser Mitgliedstaaten, die für den einheitlichen Aufsichtsmechanismus optieren, an der Beschlussfassung der EZB und weitergehende interne Trennung zwischen der Beschlussfassung zu Währungs- und zu Aufsichtsfragen). Ferner hat sie festgestellt, dass ein Anliegen, das mit einer Vertragsänderung zu bewerkstelligen wäre, die Stärkung der demokratischen Rechenschaftspflicht der EZB ist, soweit sie als Bankenaufseher tätig ist. Es sei daran erinnert, dass im EUV vorgesehen ist, dass Vorschläge für eine Vertragsänderung von der Regierung jedes Mitgliedstaats, dem Europäischen Parlament oder der Kommission übermittelt werden können und sich auf jeden Aspekt der Verträge beziehen können.

(86) Diese Verordnung wahrt die Grundrechte und achtet die in der Charta der Grundrechte der Europäischen Union verankerten Grundsätze, insbesondere das Recht auf den Schutz personenbezogener Daten, die unternehmerische Freiheit, das Recht auf einen wirksamen Rechtsbehelf und ein unparteiisches Gericht, und ist gemäß diesen Rechten und Grundsätzen anzuwenden.

(87) Da die Ziele dieser Verordnung, nämlich die Schaffung eines effizienten und wirksamen Rahmens für die Ausübung besonderer Aufgaben im Zusammenhang mit der Beaufsichtigung von Kreditinstituten durch ein Organ der Union und die Sicherstellung der kohärenten Anwendung des einheitlichen Regelwerks für Kreditinstitute, auf der Ebene der Mitgliedstaaten nicht ausreichend verwirklicht werden können und angesichts der unionsweiten Struktur des Bankenmarkts und der Auswirkungen des Zusammenbruchs von Kreditinstituten auf andere Mitgliedstaaten besser auf Unions-

---

1 ABl. L 136 vom 31.5.1999, S. 1.
2 Beschluss EZB/2004/11 der Europäischen Zentralbank vom 3. Juni 2004 über die Bedingungen und Modalitäten der Untersuchungen des Europäischen Amtes für Betrugsbekämpfung in der Europäischen Zentralbank Bekämpfung von Betrug, Korruption und sonstigen rechtswidrigen Handlungen zum Nachteil der finanziellen Interessen der Europäischen Gemeinschaften und zur Änderung der Beschäftigungsbedingungen für das Personal der Europäischen Zentralbank (ABl. L 230 vom 30.6.2004, S. 56).

ebene zu verwirklichen sind, kann die Union gemäß dem in Artikel 5 EUV niedergelegten Subsidiaritätsprinzip tätig werden. Entsprechend dem in demselben Artikel - genannten Grundsatz der Verhältnismäßigkeit geht diese Verordnung nicht über das zur Erreichung dieser Ziele erforderliche Maß hinaus –

HAT FOLGENDE VERORDNUNG ERLASSEN:

Kapitel I:
Gegenstand und Begriffsbestimmungen

Artikel 1 Gegenstand und Geltungsbereich

Durch diese Verordnung werden der EZB mit voller Rücksichtnahme auf und unter Wahrung der Sorgfaltspflicht für die Einheit und Integrität des Binnenmarkts auf der Grundlage der Gleichbehandlung der Kreditinstitute mit dem Ziel, Aufsichtsarbitrage zu verhindern, besondere Aufgaben im Zusammenhang mit der Aufsicht über Kreditinstitute übertragen, um einen Beitrag zur Sicherheit und Solidität von Kreditinstituten sowie zur Stabilität des Finanzsystems in der Union und jedem einzelnen Mitgliedstaat zu leisten.

Die in Artikel 2 Absatz 5 der Richtlinie 2013/36/EU des Europäischen Parlaments und des Rates vom 26. Juni 2013 über den Zugang zur Tätigkeit von Kreditinstituten und die Beaufsichtigung von Kreditinstituten und Wertpapierfirmen[1] genannten Institutionen sind von den der EZB gemäß Artikel 4 dieser Verordnung übertragenen Aufsichtsaufgaben ausgenommen. Der Umfang der Aufsichtsaufgaben der EZB beschränkt sich auf die Beaufsichtigung von Kreditinstituten gemäß dieser Verordnung. Durch diese Verordnung werden der EZB keine weiteren Aufsichtsaufgaben, wie beispielsweise Aufgaben im Zusammenhang mit der Aufsicht über zentrale Gegenparteien, übertragen.

Bei der Wahrnehmung ihrer Aufgaben gemäß dieser Verordnung berücksichtigt die EZB unbeschadet des Ziels, die Sicherheit und Solidität von Kreditinstituten zu gewährleisten, in vollem Umfang die verschiedenen Arten, Geschäftsmodelle und die Größe der Kreditinstitute.

Die Maßnahmen, Vorschläge oder Strategien der EZB dürfen in keiner Weise, weder direkt noch indirekt, einen Mitgliedstaat oder eine Gruppe von Mitgliedstaaten als Ort für die Bereitstellung von Leistungen von Bank- oder anderen Finanzdienstleistungen in jeglicher Währung benachteiligen.

Diese Verordnung berührt nicht die Verantwortlichkeiten und dazu gehörenden Befugnisse der zuständigen Behörden der teilnehmenden Mitgliedstaaten zur Wahrnehmung von Aufsichtsaufgaben, die der EZB nicht durch diese Verordnung übertragen wurden.

Diese Verordnung berührt auch nicht die Verantwortlichkeiten und dazu gehörenden Befugnisse der zuständigen oder benannten Behörden der teilnehmenden Mitgliedstaaten zur Anwendung von nicht durch einschlägige Rechtsakte der Union vorgesehenen makroprudenziellen Instrumenten.

---

1 ABl. L 176 vom 27.6.2013, S. 338.

Artikel 2   Begriffsbestimmungen

Im Sinne dieser Verordnung bezeichnet der Ausdruck
1. »teilnehmender Mitgliedstaat« einen Mitgliedstaat, dessen Währung der Euro ist, bzw. einen Mitgliedstaat, dessen Währung nicht der Euro ist, sofern er eine enge Zusammenarbeit nach Maßgabe des Artikels 7 eingegangen ist;
2. »nationale zuständige Behörde« eine nationale zuständige Behörde, die von den teilnehmenden Mitgliedstaaten im Einklang mit der Verordnung (EU) Nr. 575/2013 des Europäischen Parlaments und des Rates vom 26. Juni 2013 über Aufsichtsanforderungen an Kreditinstitute und Wertpapierfirmen[1] und der Richtlinie 2013/36/EU benannt worden ist;
3. »Kreditinstitut« ein Kreditinstitut im Sinne des Artikels 4 Absatz 1 Nummer 1 der Verordnung (EU) Nr. 575/2013;
4. »Finanzholdinggesellschaft« eine Finanzholdinggesellschaft im Sinne des Artikels 4 Absatz 1 Nummer 20 der Verordnung (EU) Nr. 575/2013;
5. »gemischte Finanzholdinggesellschaft« eine gemischte Finanzholdinggesellschaft im Sinne des Artikels 2 Nummer 15 der Richtlinie 2002/87/EG des Europäischen Parlaments und des Rates vom 16. Dezember 2002 über die zusätzliche Beaufsichtigung der Kreditinstitute, Versicherungsunternehmen und Wertpapierfirmen eines Finanzkonglomerats[2];
6. »Finanzkonglomerat« ein Finanzkonglomerat im Sinne des Artikels 2 Nummer 14 der Richtlinie 2002/87/EG;
7. »nationale benannte Behörde« eine benannte Behörde eines teilnehmenden Mitgliedstaats im Sinne des einschlägigen Unionsrechts;
8. »qualifizierte Beteiligung« eine qualifizierte Beteiligung im Sinne des Artikels 4 Absatz 1 Nummer 36 der Verordnung (EU) Nr. 575/2013;
9. »Einheitlicher Aufsichtsmechanismus« das Finanzaufsichtssystem, das sich aus der EZB und den nationalen zuständigen Behörden teilnehmender Mitgliedstaaten entsprechend der Beschreibung in Artikel 6 dieser Verordnung zusammensetzt.

Kapitel II:
Zusammenarbeit und Aufgaben

Artikel 3   Zusammenarbeit

(1) Die EZB arbeitet eng mit der EBA, der ESMA, der EIOPA sowie dem Europäischen Ausschuss für Systemrisiken (ESRB) und den anderen Behörden zusammen, die Teil des ESFS sind und in der Union für eine angemessene Regulierung und Beaufsichtigung sorgen.
Erforderlichenfalls geht die EZB Vereinbarungen mit den zuständigen Behörden der Mitgliedstaaten ein, die für die Märkte für Finanzinstrumente verantwortlich sind. Diese Vereinbarungen werden dem Europäischen Parlament, dem Rat und den zuständigen Behörden aller Mitgliedstaaten zur Verfügung gestellt.
(2) Für die Zwecke dieser Verordnung ist die EZB unter den Bedingungen des Artikels 40 der Verordnung (EU) Nr. 1093/2010 im Rat der Aufseher der EBA vertreten.
(3) Die EZB nimmt ihre Aufgaben im Einklang mit dieser Verordnung und unbeschadet der Zuständigkeiten und Aufgaben der EBA, ESMA, EIOPA und des ESRB wahr.

---

1   ABl. L 176 vom 27.6.2013, S. 1.
2   ABl. L 35 vom 11.2.2003, S. 1.

(4) Die EZB arbeitet eng mit den Behörden zusammen, die zur Abwicklung von Kreditinstituten ermächtigt sind, einschließlich bei der Vorbereitung von Abwicklungsplänen.

(5) Vorbehaltlich der Artikel 1, 4 und 6 arbeitet die EZB eng mit jeder Fazilität für eine öffentliche finanzielle Unterstützung zusammen, einschließlich der Europäischen Finanzstabilisierungsfazilität (EFSF) und dem ESM, insbesondere wenn eine solche Fazilität einem Kreditinstitut, für das Artikel 4 gilt, eine direkte oder indirekte finanzielle Unterstützung gewährt bzw. voraussichtlich gewähren wird.

(6) Die EZB und die zuständigen Behörden der nicht teilnehmenden Mitgliedstaaten gehen eine Vereinbarung ein, in der allgemein beschrieben wird, wie ihre Zusammenarbeit bei der Wahrnehmung ihrer Aufsichtsaufgaben nach dem Unionsrecht in Bezug auf die in Artikel 2 genannten Finanzinstitute gestaltet werden soll. Die Vereinbarung wird regelmäßig überprüft.

Unbeschadet des ersten Unterabsatzes geht die EZB eine Vereinbarung mit der zuständigen Behörde jedes nicht teilnehmenden Mitgliedstaats ein, der Herkunftsstaat mindestens eines global systemrelevanten Instituts im Sinne des Unionsrechts ist.

Jede Vereinbarung wird regelmäßig überprüft und vorbehaltlich der angemessenen Behandlung vertraulicher Informationen veröffentlicht.

Artikel 4   Der EZB übertragene Aufgaben

(1) Im Rahmen des Artikels 6 ist die EZB im Einklang mit Absatz 3 ausschließlich für die Wahrnehmung der folgenden Aufgaben zur Beaufsichtigung sämtlicher in den teilnehmenden Mitgliedstaaten niedergelassenen Kreditinstitute zuständig:
a) Zulassung von Kreditinstituten und Entzug der Zulassung von Kreditinstituten vorbehaltlich der Bestimmungen des Artikels 14;
b) für in einem teilnehmenden Mitgliedstaat niedergelassene Kreditinstitute, die in einem nicht teilnehmenden Mitgliedstaat eine Zweigstelle errichten oder grenzüberschreitende Dienstleistungen erbringen wollen, Wahrnehmung der Aufgaben, die die zuständige Behörde des Herkunftsmitgliedstaats nach Maßgabe des einschlägigen Unionsrechts hat;
c) Beurteilung der Anzeige über den Erwerb oder die Veräußerung von qualifizierten Beteiligungen an Kreditinstituten, außer im Fall einer Bankenabwicklung und vorbehaltlich des Artikels 15;
d) Gewährleistung der Einhaltung der in Artikel 4 Absatz 3 Unterabsatz 1 genannten Rechtsakte, die Aufsichtsanforderungen an Kreditinstitute in Bezug auf Eigenmittelanforderungen, Verbriefung, Beschränkungen für Großkredite, Liquidität, Verschuldungsgrad sowie Meldung und Veröffentlichung entsprechender Informationen festlegen;
e) Gewährleistung der Einhaltung der in Artikel 4 Absatz 3 Unterabsatz 1 genannten Rechtsakte, die Anforderungen an Kreditinstitute hinsichtlich solider Regelungen für die Unternehmensführung, einschließlich Eignungsanforderungen an die für die Geschäftsführung der Kreditinstitute verantwortlichen Personen, Risikomanagementverfahren, interner Kontrollmechanismen, Vergütungspolitiken und -praktiken sowie wirksamer Verfahren zur Beurteilung der Angemessenheit des internen Kapitals, einschließlich auf internen Ratings basierender Modelle festlegen;
f) Durchführung von aufsichtlichen Überprüfungen wenn dies angebracht ist auch in Abstimmung mit der EBA , Stresstests und deren etwaiger Veröffentlichung zur Feststellung, ob die Regelungen, Strategien, Verfahren und Mechanismen der Kreditinstitute und ihre Eigenmittelausstattung ein solides Risikomanagement und eine solide Risikoabdeckung gewährleisten, und auf der Grundlage dieser aufsichtlichen Überprüfung Festlegung besonderer zusätzlicher Eigenmittelanforderungen, besonderer Offenlegungspflichten, besonderer Liquiditätsanforderun-

gen und sonstiger Maßnahmen für Kreditinstitute, sofern diese Befugnisse nach dem einschlägigen Unionsrecht ausdrücklich den zuständigen Behörden zustehen;
g) Beaufsichtigung auf konsolidierter Basis der in einem teilnehmenden Mitgliedstaat niedergelassenen Muttergesellschaften von Kreditinstituten, einschließlich der Finanzholdinggesellschaften und der gemischten Finanzholdinggesellschaften, sowie Mitwirkung an der Beaufsichtigung auf konsolidierter Basis von Muttergesellschaften, die nicht in einem teilnehmenden Mitgliedstaat niedergelassen sind, einschließlich in Aufsichtskollegien unbeschadet der Beteiligung der nationalen zuständigen Behörden als Beobachter in diesen Aufsichtskollegien;
h) Mitwirkung an der zusätzlichen Beaufsichtigung eines Finanzkonglomerats in Bezug auf zugehörige Kreditinstitute und Wahrnehmung der Aufgaben eines Koordinators, wenn die EZB nach Maßgabe der im einschlägigen Unionsrecht festgelegten Kriterien als Koordinator für ein Finanzkonglomerat benannt ist;
i) Wahrnehmung von Aufsichtsaufgaben in Bezug auf Sanierungspläne und frühzeitiges Eingreifen, wenn ein Kreditinstitut oder eine Gruppe, für die die EZB die konsolidierende Aufsichtsbehörde ist, die geltenden aufsichtsrechtlichen Anforderungen nicht erfüllt oder voraussichtlich nicht erfüllen wird, sowie nur in den im einschlägigen Unionsrecht für die zuständigen Behörden ausdrücklich vorgesehenen Fällen in Bezug auf erforderliche strukturelle Änderungen bei Kreditinstituten zur Verhinderung finanzieller Stresssituationen oder von Zusammenbrüchen, jedoch ausschließlich jeglicher Abwicklungsbefugnisse.

(2) Für in einem nicht teilnehmenden Mitgliedstaat niedergelassene Kreditinstitute, die in einem teilnehmenden Mitgliedstaat eine Zweigstelle errichten oder grenzüberschreitende Dienstleistungen erbringen, nimmt die EZB im Rahmen des Geltungsbereichs von Absatz 1 die Aufgaben wahr, für die die nationalen zuständigen Behörden im Einklang mit dem einschlägigen Unionsrecht verantwortlich sind.

(3) Zur Wahrnehmung der ihr durch diese Verordnung übertragenen Aufgaben und mit dem Ziel, hohe Aufsichtsstandards zu gewährleisten, wendet die EZB das einschlägige Unionsrecht an, und wenn dieses Unionsrecht aus Richtlinien besteht, wendet sie die nationalen Rechtsvorschriften an, mit denen diese Richtlinien umgesetzt wurden. Wenn das einschlägige Unionsrecht aus Verordnungen besteht und den Mitgliedstaaten durch diese Verordnungen derzeit ausdrücklich Wahlrechte eingeräumt werden, wendet die EZB auch die nationalen Rechtsvorschriften an, mit denen diese Wahlrechte ausgeübt werden.

Zu diesem Zweck nimmt die EZB vorbehaltlich des einschlägigen Unionsrechts und insbesondere aller Rechtsakte mit und ohne Gesetzescharakter, einschließlich der Rechtsakte gemäß den Artikeln 290 und 291 AEUV, und im Einklang mit diesen Leitlinien sowie Empfehlungen an und fasst Beschlüsse. Dabei unterliegt sie insbesondere den von der EBA ausgearbeiteten und von der Kommission gemäß den Artikeln 10 bis 15 der Verordnung (EU) Nr. 1093/2010 erlassenen verbindlichen technischen Regulierungs- und Durchführungsstandards, dem Artikel 16 der genannten Verordnung sowie den Bestimmungen jener Verordnung zum von der EBA im Einklang mit jener Verordnung ausgearbeiteten europäischen Aufsichtshandbuch. Die EZB kann auch Verordnungen erlassen, allerdings nur soweit dies für die Gestaltung oder Festlegung der Modalitäten zur Wahrnehmung der ihr durch die vorliegende Verordnung übertragenen Aufgaben erforderlich ist.

Vor dem Erlass einer Verordnung führt die EZB offene öffentliche Anhörungen durch und analysiert die potenziell anfallenden Kosten und den potenziellen Nutzen, es sei denn, solche Anhörungen und Analysen sind im Verhältnis zum Anwendungsbereich und zu den Auswirkungen der betreffenden Verordnungen oder im Verhältnis zur besonderen Dringlichkeit der Angelegenheit unangemessen; in diesem Fall begründet die EZB diese Dringlichkeit.

Erforderlichenfalls trägt die EZB in jeglicher teilnehmenden Rolle zur Erstellung eines Entwurfs technischer Regulierungs- bzw. Durchführungsstandards durch die

EBA gemäß der Verordnung (EU) Nr. 1093/2010 bei oder weist die EBA auf die etwaige Notwendigkeit hin, der Kommission einen Entwurf für Standards zur Änderung bestehender technischer Regulierungs- oder Durchführungsstandards vorzulegen.

Artikel 5 Makroprudenzielle Aufgaben und Instrumente

(1) Soweit zweckmäßig oder erforderlich und unbeschadet des Absatzes 2 dieses Artikels legen die nationalen zuständigen Behörden oder die nationalen benannten Behörden der teilnehmenden Mitgliedstaaten Anforderungen für Kapitalpuffer fest, die Kreditinstitute auf der nach dem einschlägigen Unionsrecht jeweils vorgeschriebenen Ebene zusätzlich zu den Eigenmittelanforderungen nach Artikel 4 Absatz 1 Buchstabe d dieser Verordnung vorhalten müssen, einschließlich der Quoten für antizyklische Puffer, und sonstige Maßnahmen zur Abwendung von Systemrisiken oder makroprudenziellen Risiken gemäß der Verordnung (EU) Nr. 575/2013 und der Richtlinie 2013/36/EU und vorbehaltlich der darin festgelegten Verfahren in den im einschlägigen Unionsrecht ausdrücklich festgelegten Fällen. Die betreffende Behörde teilt der EZB zehn Arbeitstage, bevor sie eine solche Entscheidung fasst, diese Absicht ordnungsgemäß mit. Erhebt die EZB Einwände, so begründet sie diese innerhalb von fünf Arbeitstagen schriftlich. Die betreffende Behörde trägt der Begründung der EZB gebührend Rechnung, bevor sie die Beschlussfassung gegebenenfalls fortsetzt.

(2) Vorbehaltlich der Bedingungen der Absätze 4 und 5 kann die EZB erforderlichenfalls anstelle der nationalen zuständigen Behörden oder nationalen benannten Behörden des teilnehmenden Mitgliedstaats strengere als die von diesen festgelegten Anforderungen für Kapitalpuffer, die Kreditinstitute auf der nach dem einschlägigen Unionsrecht jeweils vorgeschriebenen Ebene zusätzlich zu den Eigenmittelanforderungen nach Artikel 4 Absatz 1 Buchstabe d dieser Verordnung vorhalten müssen, einschließlich der Quoten für antizyklische Puffer, und strengere Maßnahmen zur Abwendung von Systemrisiken oder makroprudenziellen Risiken auf Ebene der Kreditinstitute vorbehaltlich der in der Verordnung (EU) Nr. 575/2013 und der Richtlinie 2013/36/EU festgelegten Verfahren in den im einschlägigen Unionsrecht ausdrücklich bestimmten Fällen festlegen.

(3) Jede nationale zuständige Behörde oder eine nationale benannte Behörde kann der EZB vorschlagen, im Rahmen von Absatz 2 tätig zu werden, um der besonderen Situation des Finanzsystems und der Wirtschaft in ihrem Mitgliedstaat zu begegnen.

(4) Beabsichtigt die EZB gemäß Absatz 2 vorzugehen, so arbeitet sie eng mit den nationalen benannten Behörden der betreffenden Mitgliedstaaten zusammen. Sie teilt ihre Absicht insbesondere den betreffenden nationalen zuständigen Behörden oder nationalen benannten Behörden zehn Arbeitstage, bevor sie einen solchen Beschluss fasst, mit. Erhebt eine der betreffenden Behörden Einwände, so begründet sie diese innerhalb von fünf Arbeitstagen schriftlich. Die EZB trägt dieser Begründung gebührend Rechnung, bevor sie die Beschlussfassung gegebenenfalls fortsetzt.

(5) Bei der Wahrnehmung der in Absatz 2 genannten Aufgaben trägt die EZB der besonderen Situation des Finanzsystems, der Wirtschaftslage und des Konjunkturzyklus in den einzelnen Mitgliedstaaten oder Teilen von Mitgliedstaaten Rechnung.

Artikel 6 Zusammenarbeit innerhalb des einheitlichen Aufsichtsmechanismus

(1) Die EZB nimmt ihre Aufgaben innerhalb eines einheitlichen Aufsichtsmechanismus wahr, der aus der EZB und den nationalen zuständigen Behörden besteht. Die EZB ist dafür verantwortlich, dass der einheitliche Aufsichtsmechanismus wirksam und einheitlich funktioniert.

(2) Sowohl die EZB als auch die nationalen zuständigen Behörden unterliegen der Pflicht zur loyalen Zusammenarbeit und zum Informationsaustausch.

(3) Unbeschadet der Befugnis der EZB, Informationen, die von den Kreditinstituten regelmäßig zu übermitteln sind, direkt zu erhalten oder direkt auf sie zuzugreifen, stellen die nationalen zuständigen Behörden der EZB insbesondere alle Informationen zur Verfügung, die sie zur Wahrnehmung der ihr durch diese Verordnung übertragenen Aufgaben benötigt.

(4) Gegebenenfalls und unbeschadet der Verantwortung und der Rechenschaftspflicht der EZB für die ihr durch diese Verordnung übertragenen Aufgaben sind die nationalen zuständigen Behörden dafür verantwortlich, die EZB gemäß den Bedingungen des in Absatz 7 dieses Artikels genannten Rahmenwerks bei der Vorbereitung und Durchführung sämtlicher Rechtsakte im Zusammenhang mit den Aufgaben nach Artikel 4 in Bezug auf alle Kreditinstitute, einschließlich bei Überprüfungstätigkeiten, zu unterstützen. Bei der Wahrnehmung der Aufgaben nach Artikel 4 folgen sie den Anweisungen der EZB.

(5) In Bezug auf die Aufgaben nach Artikel 4 mit Ausnahme von Absatz 1 Buchstaben a und c haben die EZB die Zuständigkeiten gemäß Absatz 5 dieses Artikels und die nationalen zuständigen Behörden die Zuständigkeiten gemäß Absatz 6 dieses Artikels innerhalb des in Absatz 7 dieses Artikels festgelegten Rahmenwerks und vorbehaltlich der darin festgelegten Verfahren für die Beaufsichtigung folgender Kreditinstitute, Finanzholdinggesellschaften oder gemischter Finanzholdinggesellschaften oder in teilnehmenden Mitgliedstaaten niedergelassenen Zweigstellen von in nicht teilnehmenden Mitgliedstaaten niedergelassenen Kreditinstituten:
– auf konsolidierter Basis weniger bedeutende Institute, Gruppen oder Zweigstellen, wenn die oberste Konsolidierungsebene in den teilnehmenden Mitgliedstaaten liegt, oder einzeln im speziellen Fall von in teilnehmenden Mitgliedstaaten niedergelassenen Zweigstellen von in nicht teilnehmenden Mitgliedstaaten niedergelassenen Kreditinstituten. Die Bedeutung wird anhand folgender Kriterien bestimmt:
i) Größe
ii) Relevanz für die Wirtschaft der Union oder eines teilnehmenden Mitgliedstaats
iii) Bedeutung der grenzüberschreitenden Tätigkeiten.

Sofern nicht durch besondere Umstände, die in der Methodik zu benennen sind, gerechtfertigt, gilt in Bezug auf Unterabsatz 1 ein Kreditinstitut, eine Finanzholdinggesellschaft oder eine gemischte Finanzholdinggesellschaft nicht als weniger bedeutend, wenn eine der folgende Bedingungen erfüllt ist:
i) der Gesamtwert der Aktiva übersteigt 30 Mrd. EUR,
ii) das Verhältnis der gesamten Aktiva zum BIP des teilnehmenden Mitgliedstaats der Niederlassung übersteigt 20 %, es sei denn, der Gesamtwert der Aktiva liegt unter 5 Mrd. EUR,
iii) nach der Anzeige der nationalen zuständigen Behörde, dass sie ein solches Institut als bedeutend für die betreffende Volkswirtschaft betrachtet, fasst die EZB nach einer umfassenden Bewertung, einschließlich einer Bilanzbewertung, des betreffenden Kreditinstituts ihrerseits einen Beschluss, der diese Bedeutung bestätigt.

Die EZB kann ein Institut auch von sich aus als bedeutend betrachten, wenn es Tochterbanken in mehr als einem teilnehmenden Mitgliedstaat errichtet hat und seine grenzüberschreitenden Aktiva oder Passiva einen wesentlichen Teil seiner gesamten Aktiva oder Passiva darstellen, vorbehaltlich der nach der Methodik festgelegten Bedingungen.

Die Institute, für die eine direkte öffentliche finanzielle Unterstützung durch die EFSF oder den ESM beantragt oder entgegengenommen wurde, gelten nicht als weniger bedeutend.

Ungeachtet der vorhergehenden Unterabsätze und sofern nicht durch besondere Umstände gerechtfertigt, übt die EZB die ihr durch diese Verordnung übertragenen Aufgaben in Bezug auf die drei bedeutendsten Kreditinstitute in jedem teilnehmenden Mitgliedstaat aus.

(5) In Bezug auf die in Absatz 4 genannten Kreditinstitute und innerhalb des in Absatz 7 festgelegten Rahmenwerks
a) erlässt die EZB gegenüber den nationalen zuständigen Behörden Verordnungen, Leitlinien oder allgemeine Weisungen, nach denen die nationalen zuständigen Behörden die Aufgaben nach Artikel 4 mit Ausnahme von Absatz 1 Buchstaben a und c wahrnehmen und Aufsichtsbeschlüsse fassen.

Diese Weisungen können sich auf die besonderen Befugnisse nach Artikel 16 Absatz 2 in Bezug auf Gruppen oder Arten von Kreditinstituten beziehen, um die Kohärenz der Aufsichtsergebnisse innerhalb des einheitlichen Aufsichtsmechanismus sicherzustellen;
b) kann die EZB jederzeit von sich aus, wenn dies für die Sicherstellung der kohärenten Anwendung hoher Aufsichtsstandards erforderlich ist, nach Konsultation der nationalen zuständigen Behörden oder auf Ersuchen einer nationalen zuständigen Behörde beschließen, sämtliche einschlägigen Befugnisse in Bezug auf ein oder mehrere in Absatz 4 genannte Kreditinstitute unmittelbar selbst auszuüben, einschließlich in den Fällen, in denen eine indirekte finanzielle Unterstützung durch die EFSF oder den ESM beantragt oder entgegengenommen wurde;
c) übt die EZB auf der Grundlage der in diesem Artikel und insbesondere in Absatz 7 Buchstabe c festgelegten Zuständigkeiten und Verfahren die Aufsicht über das Funktionieren des Systems aus;
d) kann die EZB jederzeit von den in den Artikeln 10 bis 13 genannten Befugnissen Gebrauch machen;
e) kann die EZB auch auf Ad-hoc-Basis oder auf kontinuierlicher Basis Informationen von den nationalen zuständigen Behörden über die Ausübung der von ihnen gemäß diesem Artikel wahrgenommenen Aufgaben anfordern.

(6) Unbeschadet des Absatzes 5 dieses Artikels nehmen die nationalen zuständigen Behörden in Bezug auf die in Absatz 4 Unterabsatz 1 dieses Artikels genannten Kreditinstitute innerhalb des in Absatz 7 dieses Artikels genannten Rahmenwerks und vorbehaltlich der darin festgelegten Verfahren die in Artikel 4 Absatz 1 Buchstaben b, d bis g und i genannten Aufgaben wahr und sind für diese sowie für die Annahme aller einschlägigen Aufsichtsbeschlüssen verantwortlich.

Unbeschadet der Artikel 10 bis 13 behalten die nationalen zuständigen Behörden und die nationalen benannten Behörden die Befugnis, nach nationalem Recht Informationen von Kreditinstituten, Holdinggesellschaften, gemischten Holdinggesellschaften und Unternehmen, die in die konsolidierte Finanzlage eines Kreditinstituts einbezogen sind, einzuholen und vor Ort Prüfungen dieser Kreditinstitute, Holdinggesellschaften, gemischten Holdinggesellschaften und Unternehmen durchzuführen. Die nationalen zuständigen Behörden unterrichten die EZB im Einklang mit dem in Absatz 7 dieses Artikels festgelegten Rahmenwerks über die gemäß diesem Absatz ergriffenen Maßnahmen und koordinieren diese in enger Zusammenarbeit mit der EZB.

Die nationalen zuständigen Behörden erstatten der EZB regelmäßig Bericht über die Ausübung der von ihnen gemäß diesem Artikel wahrgenommenen Aufgaben.

(7) Die EZB nimmt in Abstimmung mit den nationalen zuständigen Behörden und auf Grundlage eines Vorschlags des Aufsichtsgremiums ein Rahmenwerk zur Gestaltung der praktischen Modalitäten für die Durchführung dieses Artikels an und veröffentlicht ihn. Das Rahmenwerk umfasst zumindest Folgendes:
a) die besondere Methodik für die Bewertung der in Absatz 4 Unterabsätze 1 bis 3 genannten Kriterien, die Umstände, unter denen Absatz 4 Unterabsatz 4 für ein bestimmtes Kreditinstitut nicht mehr gilt, und die sich ergebenden Vereinbarungen für die Durchführung der Absätze 5 und 6. Diese Vereinbarungen und die Methodik für die Bewertung der in Absatz 4 Unterabsätze 1 bis 3 genannten Kriterien werden überprüft, um wichtige Änderungen zu berücksichtigen, und stellen sicher, dass wenn ein Kreditinstitut als bedeutend oder als weniger bedeu-

tend eingestuft wurde diese Bewertung nur aufgrund wesentlicher und nicht vorübergehender Änderungen von Umständen, insbesondere der Umstände, die sich auf die Situation des Kreditinstituts beziehen und die für diese Bewertung von Belang sind, geändert wird;
b) die Festlegung der Verfahren, einschließlich Fristen, und die Möglichkeit, Beschlussentwürfe zur Übermittlung an die EZB zur Berücksichtigung auszuarbeiten, betreffend das Verhältnis zwischen der EZB und den nationalen zuständigen Behörden in Bezug auf die Beaufsichtigung von Kreditinstituten, die gemäß Absatz 4 nicht als weniger bedeutend betrachtet werden;
c) die Festlegung der Verfahren, einschließlich Fristen, für das Verhältnis zwischen der EZB und den nationalen zuständigen Behörden in Bezug auf die Beaufsichtigung von Kreditinstituten, die gemäß Absatz 4 als weniger bedeutend betrachtet werden. Diese Verfahren verpflichten die nationalen zuständigen Behörden insbesondere je nach den in dem Rahmenwerk festgelegten Fällen,
  i) die EZB über jedes wesentliche Aufsichtsverfahren zu informieren,
  ii) auf Ersuchen der EZB bestimmte Aspekte des Verfahrens weiter zu bewerten,
  iii) der EZB Entwürfe von wesentlichen Aufsichtsbeschlüssen zu übermitteln, zu denen die EZB eine Stellungnahme abgeben kann.

(8) Wird die EZB bei der Wahrnehmung der ihr durch diese Verordnung übertragenen Aufgaben von nationalen zuständigen Behörden oder nationalen benannten Behörden unterstützt, so halten die EZB und die nationalen zuständigen Behörden dabei die in den einschlägigen Rechtsakten der Union enthaltenen Bestimmungen hinsichtlich der Verteilung der Zuständigkeiten und der Zusammenarbeit zwischen den zuständigen Behörden verschiedener Mitgliedstaaten ein.

Artikel 7 Enge Zusammenarbeit mit den zuständigen Behörden der teilnehmenden Mitgliedstaaten, deren Währung nicht der Euro ist

(1) Innerhalb der Grenzen dieses Artikels nimmt die EZB die Aufgaben in den in Artikel 4 Absätze 1 und 2 sowie in Artikel 5 genannten Bereichen in Bezug auf Kreditinstitute wahr, die in einem Mitgliedstaat niedergelassen sind, dessen Währung nicht der Euro ist, wenn zwischen der EZB und der nationalen zuständigen Behörde dieses Mitgliedstaats eine enge Zusammenarbeit nach Maßgabe dieses Artikels eingegangen wurde.
Zu diesem Zweck kann die EZB Anweisungen an die nationale zuständige Behörde oder die nationalen benannten Behörden des teilnehmenden Mitgliedstaats richten, dessen Währung nicht der Euro ist.

(2) Die EZB geht in der Form des Erlasses eines Beschlusses eine enge Zusammenarbeit mit der nationalen zuständigen Behörde eines teilnehmenden Mitgliedstaats ein, dessen Währung nicht der Euro ist, wenn die folgenden Voraussetzungen erfüllt sind:
a) der betreffende Mitgliedstaat teilt den anderen Mitgliedstaaten, der Kommission, der EZB und der EBA sein Ersuchen mit, eine enge Zusammenarbeit nach Maßgabe von Artikel 6 mit der EZB hinsichtlich der Wahrnehmung der Aufgaben nach den Artikeln 4 und 5 in Bezug auf sämtliche in dem betreffenden Mitgliedstaat niedergelassenen Kreditinstitute einzugehen;
b) in der Mitteilung verpflichtet sich der betreffende Mitgliedstaat,
  – sicherzustellen, dass seine nationale zuständige Behörde bzw. seine nationale benannte Behörde allen Leitlinien und Aufforderungen der EZB nachkommen wird; und
  – sämtliche Informationen zu den in diesem Mitgliedstaat niedergelassenen Kreditinstituten vorzulegen, die die EZB zum Zwecke der Durchführung einer umfassenden Bewertung dieser Kreditinstitute möglicherweise anfordert.

c) der betreffende Mitgliedstaat hat einschlägige nationale Rechtsvorschriften erlassen, die gewährleisten, dass seine nationale zuständige Behörde verpflichtet ist, sämtliche Maßnahmen in Bezug auf Kreditinstitute zu ergreifen, zu denen die EZB im Einklang mit Absatz 4 auffordert.

(3) Der Beschluss nach Absatz 2 wird im *Amtsblatt der Europäischen Union* veröffentlicht. Der Beschluss gilt nach Ablauf von 14 Tagen nach seiner Veröffentlichung.

(4) Ist die EZB der Auffassung, dass die nationale zuständige Behörde eines betreffenden Mitgliedstaats in Bezug auf ein Kreditinstitut, eine Finanzholdinggesellschaft oder eine gemischte Finanzholdinggesellschaft eine Maßnahme im Zusammenhang mit den Aufgaben nach Absatz 1 ergreifen sollte, so richtet sie unter Vorgabe eines entsprechenden Zeitrahmens Anweisungen an diese Behörde.

Dieser Zeitrahmen sollte mindestens 48 Stunden betragen, sofern nicht eine frühzeitigere Durchführung unabdingbar ist, um einen nicht wieder gutzumachenden Schaden abzuwenden. Die nationale zuständige Behörde des betroffenen Mitgliedstaats ergreift gemäß der in Absatz 2 Buchstabe c genannten Verpflichtung alle notwendigen Maßnahmen.

(5) Die EZB kann beschließen, dem betroffenen Mitgliedstaat in den folgenden Fällen eine Verwarnung dahin gehend zu erteilen, dass die enge Zusammenarbeit ausgesetzt oder beendet wird, sofern keine entscheidenden Korrekturmaßnahmen ergriffen werden:
a) der betroffene Mitgliedstaat erfüllt nach Auffassung der EZB nicht länger die Voraussetzungen nach Absatz 2 Buchstaben a bis c, oder
b) die nationale zuständige Behörde des betroffenen Mitgliedstaats handelt nach Auffassung der EZB nicht gemäß der Verpflichtung nach Absatz 2 Buchstabe c.

Werden innerhalb von 15 Tagen nach Mitteilung einer solchen Verwarnung keine Korrekturmaßnahmen ergriffen, so kann die EZB die enge Zusammenarbeit mit diesem Mitgliedstaat aussetzen oder beenden.

Der Beschluss über die Aussetzung oder die Beendigung der engen Zusammenarbeit wird dem betreffenden Mitgliedstaat mitgeteilt und im *Amtsblatt der Europäischen Union* veröffentlicht. In dem Beschluss wird der Zeitpunkt angegeben, ab dem er gilt, wobei der Wirksamkeit der Aufsicht und den legitimen Interessen von Kreditinstituten gebührend Rechnung getragen wird.

(6) Nach Ablauf von drei Jahren nach dem Datum der Veröffentlichung des Beschlusses der EZB zur Aufnahme einer engen Zusammenarbeit im *Amtsblatt der Europäischen Union* kann ein Mitgliedstaat die EZB jederzeit um die Beendigung der engen Zusammenarbeit ersuchen. In dem Ersuchen werden die Gründe für die Beendigung erläutert, gegebenenfalls einschließlich der potenziellen erheblichen nachteiligen Auswirkungen hinsichtlich der haushaltspolitischen Verantwortlichkeit des Mitgliedstaats. In diesem Fall leitet die EZB unverzüglich den Erlass eines Beschlusses zur Beendigung der engen Zusammenarbeit ein und gibt den Zeitpunkt an, ab dem er gilt spätestens innerhalb von drei Monaten , wobei der Wirksamkeit der Aufsicht und den legitimen Interessen von Kreditinstituten gebührend Rechnung getragen wird. Der Beschluss wird im *Amtsblatt der Europäischen Union* veröffentlicht.

(7) Teilt ein teilnehmender Mitgliedstaat, dessen Währung nicht der Euro ist, der EZB im Einklang mit Artikel 26 Absatz 8 in einer begründeten Stellungnahme mit, dass er dem Widerspruch des EZB-Rates gegen einen Beschlussentwurf des Aufsichtsgremiums nicht zustimmt, so äußert sich der EZB-Rat innerhalb einer Frist von 30 Tagen zu dieser begründeten Stellungnahme des Mitgliedstaats, wobei er seinen Widerspruch unter Angabe seiner Gründe entweder bestätigt oder zurückgezogen.

Bestätigt der EZB-Rat seinen Widerspruch, kann der teilnehmende Mitgliedstaat, dessen Währung nicht der Euro ist, der EZB mitteilen, dass er durch den möglichen Beschluss betreffend einen etwaigen geänderten Beschlussentwurf des Aufsichtsgremiums nicht gebunden ist.

Die EZB erwägt dann unter gebührender Berücksichtigung der Wirksamkeit der Aufsicht die Möglichkeit einer Aussetzung oder Beendigung der engen Zusammenarbeit mit diesem Mitgliedstaat und erlässt diesbezüglich einen Beschluss.

Die EZB berücksichtigt dabei insbesondere Folgendes:
a) ob das Absehen von einer solchen Aussetzung oder Beendigung die Integrität des einheitlichen Aufsichtsmechanismus gefährden oder erhebliche nachteilige Auswirkungen hinsichtlich der haushaltspolitischen Verantwortlichkeit der Mitgliedstaaten haben könnte;
b) ob eine solche Aussetzung oder Beendigung erhebliche nachteilige Auswirkungen hinsichtlich der haushaltspolitischen Verantwortlichkeit des Mitgliedstaats haben könnte, der seine begründete Stellungnahme gemäß Artikel 26 Absatz 8 mitgeteilt hat;
c) ob die betroffene nationale zuständige Behörde nachweislich Maßnahmen ergriffen hat, die nach Auffassung der EZB
   – gewährleisten, dass die Kreditinstitute in dem Mitgliedstaat, der seine begründete Stellungnahme gemäß dem vorherigen Unterabsatz mitgeteilt hat, keine günstigere Behandlung erhalten als die Kreditinstitute in den anderen teilnehmenden Mitgliedstaaten, und
   – zur Erreichung der Ziele des Artikels 1 und zur Gewährleistung der Einhaltung des einschlägigen Unionsrechts genauso wirksam sind wie der Beschluss des EZB-Rates gemäß Unterabsatz 2 dieses Absatzes.

Die EZB berücksichtigt diese Erwägungen in ihrem Beschluss und teilt sie dem betroffenen Mitgliedstaat mit.

(8) Lehnt ein teilnehmender Mitgliedstaat, dessen Währung nicht der Euro ist, einen Beschlussentwurf des Aufsichtsgremiums ab, so teilt er dem EZB-Rat seine Ablehnung in einer begründeten Stellungnahme innerhalb von fünf Arbeitstagen nach Erhalt des Beschlussentwurfs mit. Das Aufsichtsgremium beschließt dann innerhalb von fünf Arbeitstagen in der Sache unter umfassender Berücksichtigung jener Gründe und erläutert dem betroffenen Mitgliedstaat seinen Beschluss schriftlich. Der betroffene Mitgliedstaat kann die EZB ersuchen, die enge Zusammenarbeit unmittelbar zu beenden, und ist durch den anschließenden Beschluss nicht gebunden.

(9) Ein Mitgliedstaat, der seine enge Zusammenarbeit mit der EZB beendet hat, darf vor Ablauf von drei Jahren nach Veröffentlichung des EZB-Beschlusses zur Beendigung der engen Zusammenarbeit im *Amtsblatt der Europäischen Union* keine erneute enge Zusammenarbeit mit ihr eingehen.

Artikel 8 Internationale Beziehungen

Unbeschadet der jeweiligen Zuständigkeiten der Mitgliedstaaten und der übrigen Organe und Einrichtungen der Union, mit Ausnahme der EZB, einschließlich der EBA, kann die EZB in Bezug auf die ihr durch diese Verordnung übertragenen Aufgaben vorbehaltlich einer angemessenen Abstimmung mit der EBA Kontakte zu Aufsichtsbehörden, internationalen Organisationen und den Verwaltungen von Drittländern aufbauen und Verwaltungsvereinbarungen mit ihnen schließen. Diese Vereinbarungen schaffen keine rechtlichen Verpflichtungen für die Union und ihre Mitgliedstaaten.

Kapitel III:
Befugnisse der EZB

Artikel 9 Aufsichts- und Untersuchungsbefugnisse

(1) Ausschließlich zum Zweck der Wahrnehmung der ihr nach Artikel 4 Absätze 1 und 2 und Artikel 5 Absatz 2 übertragenen Aufgaben gilt die EZB nach Maßgabe des einschlägigen Unionsrechts in den teilnehmenden Mitgliedstaaten je nach Sachlage als die zuständige oder die benannte Behörde.

Ausschließlich zu demselben Zweck hat die EZB sämtliche in dieser Verordnung genannten Befugnisse und Pflichten. Ebenso hat sie sämtliche Befugnisse und Pflichten, die zuständige und benannte Behörden nach dem einschlägigen Unionsrecht haben, sofern diese Verordnung nichts anderes vorsieht. Insbesondere hat die EZB die in den Abschnitten 1 und 2 dieses Kapitels genannten Befugnisse.

Soweit zur Wahrnehmung der ihr durch diese Verordnung übertragenen Aufgaben erforderlich, kann die EZB die nationalen Behörden durch Anweisung auffordern, gemäß und im Einklang mit ihrem jeweiligen nationalen Recht von ihren Befugnissen in den Fällen Gebrauch zu machen, in denen diese Verordnung der EZB die entsprechenden Befugnisse nicht übertragen hat. Die nationalen Behörden unterrichten die EZB in vollem Umfang über die Ausübung dieser Befugnisse.

(2) Die EZB übt die Befugnisse nach Absatz 1 dieses Artikels im Einklang mit den in Artikel 4 Absatz 3 Unterabsatz 1 genannten Rechtsakten aus. Bei der Ausübung ihrer jeweiligen Aufsichts- und Untersuchungsbefugnisse arbeiten die EZB und die nationalen zuständigen Behörden eng zusammen.

(3) Abweichend von Absatz 1 dieses Artikels übt die EZB in Bezug auf Kreditinstitute, die in teilnehmenden Mitgliedstaaten niedergelassen sind, deren Währung nicht der Euro ist, ihre Befugnisse gemäß Artikel 7 aus.

Abschnitt 1 Untersuchungsbefugnisse

Artikel 10 Informationsersuchen

(1) Unbeschadet der Befugnisse nach Artikel 9 Absatz 1 und vorbehaltlich der im einschlägigen Unionsrecht vorgesehenen Bedingungen kann die EZB von den folgenden juristischen oder natürlichen Personen vorbehaltlich des Artikels 4 die Vorlage sämtlicher Informationen verlangen, die sie für die Wahrnehmung der ihr durch diese Verordnung übertragenen Aufgaben benötigt, einschließlich der Informationen, die in regelmäßigen Abständen und in festgelegten Formaten zu Aufsichts- und entsprechenden Statistikzwecken zur Verfügung zu stellen sind:
a) Kreditinstitute, die in den teilnehmenden Mitgliedstaaten niedergelassen sind,
b) Finanzholdinggesellschaften, die in den teilnehmenden Mitgliedstaaten niedergelassen sind,
c) gemischte Finanzholdinggesellschaften, die in den teilnehmenden Mitgliedstaaten niedergelassen sind,
d) gemischte Holdinggesellschaften, die in den teilnehmenden Mitgliedstaaten niedergelassen sind,
e) Personen, die zu den Körperschaften im Sinne der Buchstaben a bis d gehören,
f) Dritte, auf die die unter den Buchstaben a bis d genannten Unternehmen Funktionen oder Tätigkeiten ausgelagert haben.

(2) Die in Absatz 1 genannten Personen stellen die verlangten Informationen zur Verfügung. Vorschriften über die Geheimhaltung führen nicht dazu, dass Personen von der Pflicht freigestellt werden, diese Informationen zur Verfügung zu stellen. Die Bereitstellung dieser Informationen gilt nicht als Verstoß gegen die Geheimhaltungspflicht.

(3) Erhält die EZB Informationen direkt von den in Absatz 1 genannten juristischen oder natürlichen Personen, so übermittelt sie diese den betroffenen nationalen zuständigen Behörden.

Artikel 11 Allgemeine Untersuchungen

(1) Zur Wahrnehmung der ihr durch diese Verordnung übertragenen Aufgaben kann die EZB vorbehaltlich anderer Bedingungen nach dem einschlägigen Unionsrecht im Hinblick auf jede in Artikel 10 Absatz 1 genannte Person, die in einem teilnehmenden Mitgliedstaat niedergelassen oder ansässig ist, alle erforderlichen Untersuchungen durchführen.

Zu diesem Zweck hat die EZB das Recht,
a) die Vorlage von Unterlagen zu verlangen,
b) die Bücher und Aufzeichnungen von Personen im Sinne des Artikels 10 Absatz 1 zu prüfen und Kopien oder Auszüge dieser Bücher und Aufzeichnungen anzufertigen,
c) von einer Person im Sinne des Artikels 10 Absatz 1 oder deren Vertretern oder Mitarbeitern schriftliche oder mündliche Erklärungen einzuholen,
d) jede andere Person zu befragen, die dieser Befragung zum Zweck der Einholung von Informationen über den Gegenstand einer Untersuchung zustimmt.

(2) Personen im Sinne des Artikels 10 Absatz 1 müssen sich den durch einen Beschluss der EZB eingeleiteten Untersuchungen unterziehen.

Behindert eine Person die Durchführung einer Untersuchung, leistet die nationale zuständige Behörde des teilnehmenden Mitgliedstaats, in dem sich die betroffenen Räumlichkeiten befinden, die erforderliche Amtshilfe im Einklang mit dem jeweiligen nationalen Recht, einschließlich in den in den Artikeln 12 und 13 genannten Fällen Hilfe beim Zugang der EZB zu den Geschäftsräumen von juristischen Personen im Sinne des Artikels 10 Absatz 1, so dass die obengenannten Rechte ausgeübt werden können.

Artikel 12 Prüfungen vor Ort

(1) Zur Wahrnehmung der ihr durch diese Verordnung übertragenen Aufgaben kann die EZB vorbehaltlich anderer Bedingungen nach dem einschlägigen Unionsrecht im Einklang mit Artikel 13 und nach vorheriger Unterrichtung der betroffenen nationalen zuständigen Behörde alle erforderlichen Prüfungen vor Ort in den Geschäftsräumen von juristischen Personen im Sinne des Artikels 10 Absatz 1 und von sonstigen Unternehmen, die in die Beaufsichtigung auf konsolidierter Basis einbezogen sind und für die die EZB nach Artikel 4 Absatz 1 Buchstabe g die konsolidierende Aufsichtsbehörde ist, durchführen. Die EZB kann die Prüfung vor Ort ohne vorherige Mitteilung an diese juristischen Personen durchführen, wenn die ordnungsgemäße Durchführung und die Effizienz der Prüfung dies erfordern.

(2) Die Bediensteten der EZB und sonstige von ihr zur Durchführung der Prüfungen vor Ort bevollmächtigte Personen sind befugt, die Geschäftsräume und Grundstücke der juristischen Personen, gegen die sich der Beschluss der EZB über die Einleitung einer Untersuchung richtet, zu betreten, und verfügen über sämtliche in Artikel 11 Absatz 1 genannten Befugnisse.

(3) Prüfungen vor Ort bei juristischen Personen im Sinne des Artikels 10 Absatz 1 erfolgen auf der Grundlage eines Beschlusses der EZB.

(4) Die Bediensteten der nationalen zuständigen Behörde des Mitgliedstaats, in dem die Prüfung vorgenommen werden soll, sowie andere von dieser Behörde entsprechend bevollmächtigte oder bestellte Begleitpersonen unterstützen unter Aufsicht und Koordinierung der EZB die Bediensteten der EZB und sonstige von ihr bevollmächtigte Personen aktiv. Sie verfügen hierzu über die in Absatz 2 genannten Befugnisse. Die Bediensteten der nationalen zuständigen Behörde des betroffenen teilnehmenden Mitgliedstaats haben ferner das Recht, an den Prüfungen vor Ort teilzunehmen.

(5) Stellen die Bediensteten der EZB und andere von ihr bevollmächtigte oder bestellte Begleitpersonen fest, dass sich eine Person einer nach Maßgabe dieses Artikels angeordneten Prüfung widersetzt, so leistet die nationale zuständige Behörde des betroffenen teilnehmenden Mitgliedstaats im Einklang mit ihrem nationalen Recht die erforderliche Amtshilfe. Soweit dies für die Prüfung erforderlich ist, schließt diese Amtshilfe die Versiegelung jeglicher Geschäftsräume und Bücher oder Aufzeichnungen ein. Verfügt die betreffende nationale zuständige Behörde nicht über die dafür erforderliche Befugnis, so nutzt sie ihre Befugnisse, um die erforderliche Amtshilfe von anderen nationalen Behörden anzufordern.

Artikel 13 Gerichtliche Genehmigung

(1) Ist für eine Prüfung vor Ort nach Artikel 12 Absätze 1 und 2 oder für die Amtshilfe nach Artikel 12 Absatz 5 nach nationalem Recht eine gerichtliche Genehmigung erforderlich, so muss diese eingeholt werden.

(2) Wird eine Genehmigung nach Absatz 1 dieses Artikels beantragt, so prüft das nationale Gericht, ob der Beschluss der EZB echt ist und ob die beabsichtigten Zwangsmaßnahmen im Hinblick auf den Gegenstand der Prüfung nicht willkürlich oder unverhältnismäßig sind. Bei der Prüfung der Verhältnismäßigkeit der Zwangsmaßnahmen kann das nationale Gericht die EZB um detaillierte Erläuterungen bitten, insbesondere in Bezug auf die Gründe, aus denen die EZB annimmt, dass ein Verstoß gegen die in Artikel 4 Absatz 3 Unterabsatz 1 genannten Rechtsakte vorliegt, sowie die Schwere des mutmaßlichen Verstoßes und die Art der Beteiligung der den Zwangsmaßnahmen unterworfenen Person. Das nationale Gericht prüft jedoch weder die Notwendigkeit der Prüfung noch verlangt es die Übermittlung der in den Akten der EZB enthaltenen Informationen. Die Rechtmäßigkeit des Beschlusses der EZB unterliegt ausschließlich der Prüfung durch den EUGH.

Abschnitt 2 Besondere Aufsichtsbefugnisse

Artikel 14 Zulassung

(1) Anträge auf Zulassung zur Aufnahme der Tätigkeit eines Kreditinstituts in einem teilnehmenden Mitgliedstaat werden bei den nationalen zuständigen Behörden des Mitgliedstaats eingereicht, in dem das Kreditinstitut seinen Sitz haben soll, im Einklang mit den Anforderungen des einschlägigen nationalen Rechts.

(2) Erfüllt der Antragsteller alle Zulassungsbedingungen des einschlägigen nationalen Rechts dieses Mitgliedstaats, so erlässt die nationale zuständige Behörde innerhalb der im einschlägigen nationalen Recht festgelegten Frist einen Beschlussentwurf, mit dem der EZB die Erteilung der Zulassung vorgeschlagen wird. Der Beschlussentwurf wird der EZB und dem Antragsteller mitgeteilt. Andernfalls lehnt die nationale zuständige Behörde den Antrag auf Zulassung ab.

(3) Der Beschlussentwurf gilt als von der EZB angenommen, wenn sie nicht innerhalb eines Zeitraums von höchstens zehn Arbeitstagen, der in hinreichend begründeten Fällen einmal um den gleichen Zeitraum verlängert werden kann, widerspricht. Die EZB erhebt nur dann Widerspruch gegen den Beschlussentwurf, wenn die Voraussetzungen des einschlägigen Unionsrechts für die Zulassung nicht erfüllt sind. Sie teilt die Gründe für die Ablehnung schriftlich mit.

(4) Der gemäß den Absätzen 2 und 3 erlassene Beschluss wird dem Antragsteller von der nationalen zuständigen Behörde mitgeteilt.

(5) Vorbehaltlich des Absatzes 6 kann die EZB die Zulassung von sich aus nach Konsultation der nationalen zuständigen Behörde des teilnehmenden Mitgliedstaats, in dem das Kreditinstitut niedergelassen ist, oder auf Vorschlag einer solchen nationalen zuständigen Behörde in den im Unionsrecht festgelegten Fällen entziehen. Diese Konsultation stellt insbesondere sicher, dass die EZB vor einem Beschluss über den Entzug einer Zulassung den nationalen Behörden ausreichend Zeit einräumt, um über die notwendigen Korrekturmaßnahmen, einschließlich etwaiger Abwicklungsmaßnahmen, zu entscheiden, und diesen Rechnung trägt.

Ist nach Auffassung der nationalen zuständigen Behörde, die die Zulassung gemäß Absatz 1 vorgeschlagen hat, die Zulassung nach dem einschlägigen nationalen Recht zu entziehen, so legt sie der EZB einen entsprechenden Vorschlag vor. In diesem Fall erlässt die EZB einen Beschluss über den vorgeschlagenen Entzug der Zulassung, wobei sie die von der nationalen zuständigen Behörde vorgelegte Begründung in vollem Umfang berücksichtigt.

(6) Solange die nationalen Behörden für die Abwicklung von Kreditinstituten zuständig sind, teilen sie in den Fällen, in denen sie der Auffassung sind, dass die angemessene Durchführung der für eine Abwicklung oder die Aufrechterhaltung der Finanzmarktstabilität erforderlichen Maßnahmen durch den Entzug der Zulassung beeinträchtigt würde, der EZB ihre Bedenken rechtzeitig mit und erläutern im Einzelnen, welche nachteiligen Auswirkungen der Entzug mit sich bringen würde. In diesen Fällen sieht die EZB während eines gemeinsam mit den nationalen Behörden vereinbarten Zeitraums vom Entzug der Zulassung ab. Die EZB kann entscheiden, diesen Zeitraum zu verlängern, wenn sie der Ansicht ist, dass ausreichende Fortschritte gemacht wurden. Stellt die EZB in einem begründeten Beschluss fest, dass die nationalen Behörden keine angemessenen zur Aufrechterhaltung der Finanzmarktstabilität erforderlichen Maßnahmen ergriffen haben, so wird der Entzug der Zulassung unmittelbar wirksam.

Artikel 15   Beurteilung des Erwerbs von qualifizierten Beteiligungen

(1) Ungeachtet der Ausnahmen nach Artikel 4 Absatz 1 Buchstabe c werden alle Anzeigen über den Erwerb einer qualifizierten Beteiligung an einem in einem teilnehmenden Mitgliedstaat niedergelassenen Kreditinstitut und alle damit zusammenhängenden Informationen im Einklang mit dem einschlägigen, auf die Rechtsakte nach Artikel 4 Absatz 3 Unterabsatz 1 gestützten nationalen Recht an die nationalen zuständigen Behörden gerichtet, in dem das Kreditinstitut niedergelassen ist.

(2) Die nationale zuständige Behörde prüft den geplanten Erwerb und leitet die Anzeige gemeinsam mit einem Vorschlag für einen Beschluss, mit dem der Erwerb auf Grundlage der in den Rechtsakten nach Artikel 4 Absatz 3 Unterabsatz 1 festgelegten Kriterien abgelehnt oder nicht abgelehnt wird, der EZB spätestens zehn Arbeitstage vor Ablauf des jeweiligen im Unionsrecht festgelegten Beurteilungszeitraums zu und unterstützt die EZB nach Maßgabe des Artikels 6.

(3) Die EZB beschließt auf Grundlage der Beurteilungskriterien des Unionsrechts und im Einklang mit den darin geregelten Verfahren und innerhalb des darin festgelegten Beurteilungszeitraums, ob der Erwerb abzulehnen ist.

Artikel 16 Aufsichtsbefugnisse

(1) Zur Wahrnehmung der ihr durch Artikel 4 Absatz 1 übertragenen Aufgaben und unbeschadet anderer ihr übertragenen Befugnisse, verfügt die EZB über die in Absatz 2 dieses Artikels genannten Befugnisse, jedes Kreditinstitut und jede Finanzholdinggesellschaft oder gemischte Finanzholdinggesellschaft in den teilnehmenden Mitgliedstaaten zu verpflichten, frühzeitig Maßnahmen zu ergreifen, die erforderlich sind, etwaigen Problemen zu begegnen, wenn eine der folgenden Situationen vorliegt:
a) das Kreditinstitut erfüllt nicht die Anforderungen der Rechtsakte nach Artikel 4 Absatz 3 Unterabsatz 1;
b) die EZB ist nachweislich bekannt, dass das Kreditinstitut die innerhalb der nächsten zwölf Monate voraussichtlich gegen die Anforderungen der Rechtsakte nach Artikel 4 Absatz 3 Unterabsatz 1 verstoßen wird;
c) die EZB hat im Rahmen einer aufsichtlichen Überprüfung gemäß Artikel 4 Absatz 1 Buchstabe f festgestellt, dass die von dem Kreditinstitut angewandten Regelungen, Strategien, Verfahren und Mechanismen sowie seine Eigenmittelausstattung und Liquidität kein solides Risikomanagement und keine solide Risikoabdeckung gewährleisten.

(2) Für die Zwecke des Artikels 9 Absatz 1 hat die EZB insbesondere folgende Befugnisse:
a) von Instituten zu verlangen, dass sie über die Anforderungen der Rechtsakte nach Artikel 4 Absatz 3 Unterabsatz 1 hinaus Eigenmittel zur Unterlegung von nicht durch die einschlägigen Rechtsakte der Union erfassten Risikokomponenten und Risiken vorhalten;
b) eine Verstärkung der Regelungen, Verfahren, Mechanismen und Strategien zu verlangen;
c) von den Instituten die Vorlage eines Plans die Rückkehr zur Erfüllung der Aufsichtsanforderungen gemäß den Rechtsakten nach Artikel 4 Absatz 3 Unterabsatz 1 zu verlangen und eine Frist für die Durchführung dieses Plans zu setzen, sowie gegebenenfalls Nachbesserungen hinsichtlich seinen Anwendungsbereichs und Zeitrahmens zu verlangen;
d) Instituten eine bestimmte Rückstellungspolitik oder eine bestimmte Behandlung ihrer Aktiva vorzuschreiben;
e) die Geschäftsbereiche, die Tätigkeiten oder das Netz von Instituten einzuschränken oder zu begrenzen oder die Veräußerung von Geschäftszweigen, die für die Solidität des Instituts mit zu großen Risiken verbunden sind, zu verlangen;
f) eine Verringerung des mit den Tätigkeiten, Produkten und Systemen von Instituten verbundenen Risikos zu verlangen;
g) Instituten vorzuschreiben, die variable Vergütung auf einen Prozentsatz der Nettoeinkünfte zu begrenzen, sofern diese Vergütung nicht mit der Erhaltung einer soliden Kapitalausstattung zu vereinbaren ist;
h) von den Instituten zu verlangen, Nettogewinne zur Stärkung der Eigenmittel einzusetzen;
i) Ausschüttungen des Instituts an Anteilseigner, Gesellschafter oder Inhaber von Instrumenten des zusätzlichen Kernkapitals einzuschränken oder zu untersagen, sofern die Nichtzahlung nicht ein Ausfallereignis für das Institut darstellt;
j) zusätzliche Meldepflichten oder eine häufigere Meldung, auch zur Eigenmittel- und Liquiditätslage vorzuschreiben;
k) besondere Liquiditätsanforderungen vorzuschreiben, einschließlich der Beschränkung von Laufzeitinkongruenzen zwischen Aktiva und Passiva;
l) ergänzende Informationen zu verlangen;
m) Mitglieder des Leitungsorgans von Kreditinstituten, die den Anforderungen der Rechtsakte nach Artikel 4 Absatz 3 Unterabsatz 1 nicht entsprechen, jederzeit abzuberufen.

Artikel 17 Befugnisse der Behörden des Aufnahmemitgliedstaats und Zusammenarbeit bei der Beaufsichtigung auf konsolidierter Basis

(1) Zwischen den teilnehmenden Mitgliedstaaten gelten die Verfahren des einschlägigen Unionsrechts in Bezug auf Kreditinstitute, die die Errichtung einer Zweigstelle oder die Ausübung des freien Dienstleistungsverkehrs durch Ausübung ihrer Tätigkeit im Hoheitsgebiet eines anderen Mitgliedstaats anstreben, und die damit verbundenen Befugnisse des Herkunfts- und des Aufnahmemitgliedstaats nur für die Zwecke der Aufgaben, die nicht durch Artikel 4 der EZB übertragen worden sind.

(2) Die Vorschriften des einschlägigen Unionsrechts für die Zusammenarbeit zwischen den zuständigen Behörden verschiedener Mitgliedstaaten bei der Beaufsichtigung auf konsolidierter Basis finden keine Anwendung, soweit die EZB die einzige beteiligte zuständige Behörde ist.

(3) Bei der Wahrnehmung ihrer Aufgaben gemäß den Artikeln 4 und 5 achtet die EZB auf ein ausgeglichenes Verhältnis zwischen allen teilnehmenden Mitgliedstaaten im Einklang mit Artikel 6 Absatz 8, und in ihrer Beziehung zu nicht teilnehmenden Mitgliedstaaten beachtet sie das Gleichgewicht zwischen den Herkunfts- und den Aufnahmemitgliedstaaten gemäß dem einschlägigen Unionsrecht.

Artikel 18 Verwaltungssanktionen

(1) Wenn Kreditinstitute, Finanzholdinggesellschaften oder gemischte Finanzholdinggesellschaften vorsätzlich oder fahrlässig gegen eine Anforderung aus direkt anwendbaren Rechtsakten der Union verstoßen und den zuständigen Behörden nach dem Unionsrecht wegen dieses Verstoßes die Möglichkeit, Verwaltungsgeldbußen zu verhängen, zur Verfügung gestellt wird, kann die EZB für die Zwecke der Wahrnehmung der ihr durch diese Verordnung übertragenen Aufgaben Verwaltungsgeldbußen bis zur zweifachen Höhe der aufgrund des Verstoßes erzielten Gewinne oder verhinderten Verluste sofern diese sich beziffern lassen oder von bis zu 10 % des jährlichen Gesamtumsatzes im Sinne des einschlägigen Unionsrechts einer juristischen Person im vorangegangenen Geschäftsjahr oder gegebenenfalls andere im einschlägigen Unionsrecht vorgesehene Geldbußen verhängen.

(2) Handelt es sich bei der juristischen Person um die Tochtergesellschaft einer Muttergesellschaft, so ist der relevante jährliche Gesamtumsatz nach Absatz 1 der jährliche Gesamtumsatz, der im vorangegangenen Geschäftsjahr im konsolidierten Abschluss der an der Spitze stehenden Muttergesellschaft ausgewiesen ist.

(3) Die Sanktionen müssen wirksam, verhältnismäßig und abschreckend sein. Bei der Entscheidung, ob eine Sanktion zu verhängen ist und welche Art von Sanktion geeignet ist, handelt die EZB im Einklang mit Artikel 9 Absatz 2.

(4) Die EZB wendet diesen Artikel nach Maßgabe der Rechtsakte nach Artikel 4 Absatz 3 Unterabsatz 1 dieser Verordnung einschließlich soweit angemessen der Verfahren nach der Verordnung (EG) Nr. 2532/98 an.

(5) In von Absatz 1 dieses Artikels nicht erfassten Fällen kann die EZB, wenn dies für die Zwecke der Wahrnehmung der ihr durch diese Verordnung übertragenen Aufgaben erforderlich ist, von den nationalen zuständigen Behörden verlangen, Verfahren einzuleiten, damit Maßnahmen ergriffen werden, um sicherzustellen, dass im Einklang mit den Rechtsakten nach Artikel 4 Absatz 3 Unterabsatz 1 und allen einschlägigen nationalen Rechtsvorschriften, die besondere Befugnisse zuweisen, die bisher durch Unionsrecht nicht gefordert waren, geeignete Sanktionen verhängt werden. Die Sanktionen der nationalen zuständigen Behörden müssen wirksam, verhältnismäßig und abschreckend sein.

Unterabsatz 1 dieses Absatzes gilt insbesondere für Geldbußen, die gegen Kreditinstitute, Finanzholdinggesellschaften oder gemischte Finanzholdinggesellschaften wegen eines Verstoßes gegen nationale Rechtsvorschriften zu verhängen sind, mit denen einschlägige Richtlinien umgesetzt werden, und für Verwaltungssanktionen oder -maßnahmen, die gegen Mitglieder des Leitungsorgans eines Kreditinstituts, einer Finanzholdinggesellschaft oder einer gemischten Finanzholdinggesellschaft oder andere Personen zu verhängen sind, die nach nationalem Recht für einen Verstoß eines Kreditinstituts, einer Finanzholdinggesellschaft oder einer gemischten Finanzholdinggesellschaft verantwortlich sind.

(6) Die EZB veröffentlicht jede Sanktion nach Absatz 1 unabhängig davon, ob gegen sie Beschwerde eingelegt worden ist oder nicht in den im einschlägigen Unionsrecht vorgesehenen Fällen und im Einklang mit den darin festgelegten Bedingungen.

(7) Unbeschadet der Absätze 1 bis 6 kann die EZB für die Zwecke der Wahrnehmung der ihr durch diese Verordnung übertragenen Aufgaben im Fall eines Verstoßes gegen ihre Verordnungen oder Beschlüsse nach Maßgabe der Verordnung (EG) Nr. 2532/98 Sanktionen verhängen.

Kapitel IV:
Organisatorische Grundsätze

Artikel 19 Unabhängigkeit

(1) Bei der Wahrnehmung der der EZB durch diese Verordnung übertragenen Aufgaben handeln die EZB und die nationalen zuständigen Behörden, die innerhalb des einheitlichen Aufsichtsmechanismus handeln, unabhängig. Die Mitglieder des Aufsichtsgremiums und des Lenkungsausschusses handeln unabhängig und objektiv im Interesse der Union als Ganzes und dürfen von den Organen oder Einrichtungen der Union, von der Regierung eines Mitgliedstaats oder von öffentlichen oder privaten Stellen weder Weisungen anfordern noch entgegennehmen.

(2) Die Organe, Einrichtungen, Ämter und Agenturen der Union sowie die Regierungen der Mitgliedstaaten und alle anderen Einrichtungen achten diese Unabhängigkeit.

(3) Nachdem das Aufsichtsgremium die Notwendigkeit eines Verhaltenskodexes geprüft hat, erstellt und veröffentlicht der EZB-Rat einen Verhaltenskodex für die Mitarbeiter und leitenden Angestellten der EZB, die an der Bankenaufsicht beteiligt sind, insbesondere in Bezug auf Interessenkonflikte.

Artikel 20 Rechenschaftspflicht und Berichterstattung

(1) Die EZB ist nach Maßgabe dieses Kapitels dem Europäischen Parlament und dem Rat für die Durchführung dieser Verordnung rechenschaftspflichtig.

(2) Die EZB legt dem Europäischen Parlament, dem Rat, der Kommission und der Euro-Gruppe jährlich einen Bericht über die Wahrnehmung der ihr durch diese Verordnung übertragenen Aufgaben vor, der auch Informationen über die voraussichtliche Entwicklung der Struktur und der Höhe der Aufsichtsgebühren gemäß Artikel 30 enthält.

(3) Der Vorsitzende des Aufsichtsgremiums der EZB stellt diesen Bericht öffentlich dem Europäischen Parlament und der Euro-Gruppe im Beisein von Vertretern der teilnehmenden Mitgliedstaaten, deren Währung nicht der Euro ist, vor.

(4) Der Vorsitzende des Aufsichtsgremiums der EZB kann von der Euro-Gruppe auf deren Verlangen im Beisein von Vertretern der teilnehmenden Mitgliedstaaten, deren Währung nicht der Euro ist, zur Wahrnehmung seiner Aufsichtsaufgaben gehört werden.

(5) Der Vorsitzende des Aufsichtsgremiums der EZB nimmt auf Verlangen des Europäischen Parlaments an einer Anhörung zur Wahrnehmung seiner Aufsichtsaufgaben teil, die von den zuständigen Ausschüssen des Europäischen Parlaments durchgeführt wird.

(6) Die EZB antwortet im Beisein von Vertretern der teilnehmenden Mitgliedstaaten, deren Währung nicht der Euro ist, mündlich oder schriftlich auf Fragen, die ihr vom Europäischen Parlament oder von der Euro-Gruppe gemäß ihrer eigenen Verfahren gestellt werden.

(7) Der Europäische Rechnungshof trägt bei der Prüfung der Effizienz der Verwaltung der EZB nach Artikel 27.2 der Satzung des ESZB und der EZB auch den der EZB durch diese Verordnung übertragenen Aufsichtsaufgaben Rechnung.

(8) Auf Verlangen führt der Vorsitzende des Aufsichtsgremiums der EZB mit dem Vorsitzenden und den stellvertretenden Vorsitzenden des zuständigen Ausschusses des Europäischen Parlaments unter Ausschluss der Öffentlichkeit vertrauliche Gespräche in Bezug auf seine Aufsichtsaufgaben, sofern solche Gespräche erforderlich sind, damit das Europäische Parlament seine Befugnisse gemäß dem AEUV wahrnehmen kann. Das Europäische Parlament und die EZB schließen eine Vereinbarung über die detaillierten Modalitäten für die Durchführung solcher Gespräche im Hinblick auf die Gewährleistung absoluter Vertraulichkeit gemäß den Vertraulichkeitspflichten, die der EZB als zuständige Behörde gemäß dem einschlägigen Unionsrecht auferlegt wurden.

(9) Die EZB beteiligt sich unter Wahrung des AEUV loyal an jeglichen Untersuchungen des Europäischen Parlaments. Die EZB und das Europäische Parlament schließen angemessene Vereinbarungen über die praktischen Modalitäten für die Ausübung der demokratischen Rechenschaftspflicht und die Kontrolle über die Wahrnehmung der der EZB durch diese Verordnung übertragenen Aufgaben. Diese Vereinbarungen umfassen u.a. den Zugang zu Informationen, die Zusammenarbeit bei Untersuchungen und die Unterrichtung über das Verfahren zur Auswahl des Vorsitzenden des Aufsichtsgremiums.

Artikel 21 Nationale Parlamente

(1) Gleichzeitig mit der Vorlage des Berichts nach Artikel 20 Absatz 2 leitet die EZB diesen Bericht den nationalen Parlamenten der teilnehmenden Mitgliedstaaten unmittelbar zu.

Die nationalen Parlamente können der EZB begründete Stellungnahmen zu diesem Bericht übermitteln.

(2) Die nationalen Parlamente der teilnehmenden Mitgliedstaaten können die EZB im Rahmen ihrer eigenen Verfahren ersuchen, schriftlich auf ihre an die EZB gerichteten Bemerkungen oder Fragen zu den Aufgaben der EZB nach dieser Verordnung zu antworten.

(3) Das nationale Parlament eines teilnehmenden Mitgliedstaats kann den Vorsitzenden oder ein Mitglied des Aufsichtsgremiums einladen, gemeinsam mit einem Vertreter der nationalen zuständigen Behörde an einem Gedankenaustausch über die Beaufsichtigung von Kreditinstituten in diesem Mitgliedstaat teilzunehmen.

(4) Diese Verordnung berührt nicht die Rechenschaftspflicht der nationalen zuständigen Behörden gegenüber ihren nationalen Parlamenten nach Maßgabe des nationalen Rechts in Bezug auf die Ausübung der Aufgaben, die der EZB durch diese Verordnung nicht übertragen werden, sowie auf die Ausübung ihrer Tätigkeit nach Artikel 6.

Artikel 22 Ordnungsgemäßes Verfahren für die Annahme von Aufsichtsbeschlüssen

(1) Vor dem Erlass von Aufsichtsbeschlüssen im Einklang mit Artikel 4 und Kapitel III Abschnitt 2 gibt die EZB den Personen, auf die sich das Verfahren bezieht, Gelegenheit, gehört zu werden. Die EZB stützt ihre Beschlüsse nur auf die Beschwerdepunkte, zu denen sich die betreffenden Parteien äußern konnten.

Unterabsatz 1 gilt nicht für den Fall dringender Maßnahmen, die ergriffen werden müssen, um ernsthaften Schaden vom Finanzsystem abzuwenden. In einem solchen Fall kann die EZB einen vorläufigen Beschluss fassen und muss den betreffenden Personen die Gelegenheit geben, so bald wie möglich nach Erlass ihres Beschlusses gehört zu werden.

(2) Die Verteidigungsrechte der betroffenen Personen müssen während des Verfahrens in vollem Umfang gewahrt werden. Die Personen haben Recht auf Einsicht in die EZB-Akten, vorbehaltlich des berechtigten Interesses anderer Personen an der Wahrung ihrer Geschäftsgeheimnisse. Das Recht auf Akteneinsicht gilt nicht für vertrauliche Informationen.

Die Beschlüsse der EZB sind zu begründen.

Artikel 23 Meldung von Verstößen

Die EZB sorgt dafür, dass wirksame Mechanismen für die Meldung von Verstößen gegen die in Artikel 4 Absatz 3 genannten Rechtsakte durch Kreditinstitute, Finanzholdinggesellschaften oder gemischte Finanzholdinggesellschaften bzw. zuständige Behörden in den teilnehmenden Mitgliedstaaten eingerichtet werden, einschließlich spezieller Verfahren für die Entgegennahme von Meldungen über Verstöße und ihre Weiterbehandlung. Solche Verfahren müssen mit den einschlägigen Rechtsvorschriften der Union im Einklang stehen und gewährleisten, dass die folgenden Grundsätze eingehalten werden: angemessener Schutz von Personen, die Verstöße melden, Schutz personenbezogener Daten sowie angemessener Schutz der beschuldigten Person.

Artikel 24 Administrativer Überprüfungsausschuss

(1) Die EZB richtet einen administrativen Überprüfungsausschuss ein, der eine interne administrative Überprüfung der Beschlüsse vornimmt, die die EZB im Rahmen der Ausübung der ihr durch diese Verordnung übertragenen Befugnisse erlassen hat, nachdem nach Absatz 5 die Überprüfung eines Beschlusses beantragt wurde. Die interne administrative Überprüfung erstreckt sich auf die verfahrensmäßige und materielle Übereinstimmung solcher Beschlüsse mit dieser Verordnung.

(2) Der administrative Überprüfungsausschuss besteht aus fünf Personen, die ein hohen Ansehen genießen, aus den Mitgliedstaaten stammen und nachweislich über einschlägige Kenntnisse und berufliche Erfahrungen, auch im Aufsichtswesen, von ausreichend hohem Niveau im Bankensektor oder im Bereich anderer Finanzdienstleistungen verfügen und nicht zum aktuellen Personal der EZB, der zuständigen Behörden oder anderer Organe, Einrichtungen, Ämter und Agenturen der Mitgliedstaaten oder der Union gehören, das an der Wahrnehmung der Aufgaben, die der EZB durch diese Verordnung übertragen wurden, beteiligt ist. Der administrative Überprüfungsausschuss verfügt über ausreichende Ressourcen und ausreichendes Fachwissen, um die Ausübung der Befugnisse durch die EZB nach dieser Verordnung beurteilen zu können. Die Mitglieder des administrativen Überprüfungsausschusses und zwei stellvertretende Mitglieder werden von der EZB für eine Amtszeit von fünf Jahren, die einmal verlängert werden kann, im Anschluss an eine im *Amtsblatt der Europäischen Union* veröffentlichte Aufforderung zur Interessenbekundung ernannt. Sie sind an keinerlei Weisungen gebunden.

(3) Der administrative Überprüfungsausschuss fasst seine Beschlüsse mit einer Mehrheit von mindestens drei seiner fünf Mitglieder.

(4) Die Mitglieder des administrativen Überprüfungsausschusses handeln unabhängig und im öffentlichen Interesse. Zu diesem Zweck geben sie eine öffentliche Verpflichtungserklärung und eine öffentliche Interessenerklärung ab, in der angegeben wird, welche direkten oder indirekten Interessen bestehen, die als ihre Unabhängigkeit beeinträchtigend angesehen werden könnten, oder in der angegeben wird, dass keine solchen Interessen bestehen.

(5) Jede natürliche oder juristische Person kann in den Fällen des Absatzes 1 die Überprüfung eines Beschlusses der EZB nach dieser Verordnung beantragen, der an diese Person gerichtet ist oder sie unmittelbar und individuell betrifft. Ein Antrag auf Überprüfung eines Beschlusses des EZB-Rates im Sinne des Absatzes 7 ist nicht zulässig.

(6) Der Antrag auf Überprüfung ist schriftlich zu stellen, hat eine Begründung zu enthalten und ist bei der EZB innerhalb eines Monats nach Bekanntgabe des Beschlusses an die eine Überprüfung verlangende Person oder, sofern eine solche Bekanntgabe nicht erfolgt ist, innerhalb eines Monats ab dem Zeitpunkt, zu dem sie von dem Beschluss Kenntnis erlangt hat, einzureichen.

(7) Nach einer Entscheidung über die Zulässigkeit der Überprüfung gibt der administrative Überprüfungsausschuss innerhalb einer Frist, die der Dringlichkeit der Angelegenheit angemessen ist, spätestens jedoch zwei Monate nach Eingang des Antrags, eine Stellungnahme ab und überweist den Fall zwecks Ausarbeitung eines neuen Beschlussentwurfs an das Aufsichtsgremium. Das Aufsichtsgremium unterbreitet dem EZB-Rat unverzüglich einen neuen Beschlussentwurf, der der Stellungnahme des administrativen Überprüfungsausschusses Rechnung trägt. Der neue Beschlussentwurf hebt den ursprünglichen Beschluss auf oder ersetzt ihn durch einen Beschluss desselben Inhalts oder durch einen geänderten Beschluss. Der neue Beschlussentwurf gilt als angenommen, wenn der EZB-Rat nicht innerhalb eines Zeitraums von höchstens zehn Arbeitstagen widerspricht.

(8) Ein Antrag auf Überprüfung nach Absatz 5 hat keine aufschiebende Wirkung. Der EZB-Rat kann jedoch auf Vorschlag des administrativen Überprüfungsausschusses den Vollzug des angefochtenen Beschlusses aussetzen, wenn die Umstände dies nach seiner Auffassung erfordern.

(9) Die Stellungnahme des administrativen Überprüfungsausschusses, der neue Beschlussentwurf des Aufsichtsgremiums und der vom EZB-Rat nach Maßgabe dieses Artikels gefasste Beschluss sind zu begründen und den Parteien bekanntzugeben.

(10) Die EZB erlässt einen Beschluss, mit dem die Vorschriften für die Arbeitsweise des administrativen Überprüfungsausschusses festgelegt werden.

(11) Dieser Artikel berührt nicht das Recht, gemäß den Verträgen ein Verfahren vor dem EUGH anzustrengen.

Artikel 25 Trennung von der geldpolitischen Funktion

(1) Bei der Wahrnehmung der ihr durch diese Verordnung übertragenen Aufgaben verfolgt die EZB ausschließlich die Ziele dieser Verordnung.

(2) Die EZB nimmt die ihr durch diese Verordnung übertragenen Aufgaben unbeschadet und getrennt von ihren Aufgaben im Bereich der Geldpolitik und von sonstigen Aufgaben wahr. Die der EZB durch diese Verordnung übertragenen Aufgaben dürfen weder ihre Aufgaben im Bereich der Geldpolitik beeinträchtigen noch durch diese bestimmt werden. Ebenso wenig dürfen die der EZB durch diese Verordnung übertragenen Aufgaben ihre Aufgaben im Zusammenhang mit dem ESRB und sonstige Aufgaben beeinträchtigen. Die EZB berichtet dem Europäischen Parlament und dem Rat darüber, wie sie diese Bestimmung eingehalten hat. Die der EZB durch diese

Verordnung übertragenen Aufgaben ändern nicht die laufende Überwachung der Solvenz ihrer Geschäftspartner für geldpolitische Geschäfte.

Das mit der Wahrnehmung der der EZB durch diese Verordnung übertragenen Aufgaben befasste Personal ist von dem mit der Wahrnehmung anderer der EZB übertragener Aufgaben befassten Personal organisatorisch getrennt und unterliegt einer von diesem Personal getrennten Berichterstattung.

(3) Für die Zwecke der Absätze 1 und 2 erlässt und veröffentlicht die EZB die erforderlichen internen Vorschriften, einschließlich der Regelungen zum Berufsgeheimnis und zum Informationsaustausch zwischen den beiden funktionellen Bereichen.

(4) Die EZB stellt sicher, dass der EZB-Rat seine geldpolitischen und aufsichtlichen Funktionen in vollkommen getrennter Weise wahrnimmt. Diese Unterscheidung umfasst eine strikte Trennung der Sitzungen und Tagesordnungen.

(5) Um die Trennung zwischen den geldpolitischen und aufsichtlichen Aufgaben sicherzustellen, richtet die EZB eine Schlichtungsstelle ein. Diese Schlichtungsstelle legt Meinungsverschiedenheiten der zuständigen Behörden der betroffenen teilnehmenden Mitgliedstaaten in Bezug auf Einwände des EZB-Rates gegen einen Beschlussentwurf des Aufsichtsgremiums bei. Sie besteht aus einem Mitglied je teilnehmendem Mitgliedstaat, das von jedem Mitgliedstaat unter den Mitgliedern des EZB-Rates und des Aufsichtsgremiums ausgewählt wird, und fasst ihre Beschlüsse mit einfacher Mehrheit, wobei jedes Mitglied über eine Stimme verfügt. Die EZB erlässt eine Verordnung zur Einrichtung dieser Schlichtungsstelle und zur Festlegung ihrer Geschäftsordnung an und veröffentlicht diese.

Artikel 26 Aufsichtsgremium

(1) Die Planung und Ausführung der der EZB übertragenen Aufgaben erfolgt uneingeschränkt durch ein internes Organ, das sich aus seinen gemäß Absatz 3 ernannten Vorsitzenden und stellvertretenden Vorsitzenden, vier gemäß Absatz 5 ernannten Vertretern der EZB und jeweils einem Vertreter der für die Beaufsichtigung von Kreditinstituten in den einzelnen teilnehmenden Mitgliedstaaten verantwortlichen nationalen zuständigen Behörden zusammensetzt (im Folgenden »Aufsichtsgremium«). Alle Mitglieder des Aufsichtsgremiums handeln im Interesse der Union als Ganzes.

Handelt es sich bei der zuständigen Behörde nicht um eine Zentralbank, so kann das in Unterabsatz 1 genannte Mitglied des Aufsichtsgremiums beschließen, einen Vertreter der Zentralbank des Mitgliedstaats mitzubringen. Für die Zwecke des Abstimmungsverfahrens nach Maßgabe des Absatzes 6 gelten die Vertreter der Behörden eines Mitgliedstaats als ein einziges Mitglied.

(2) Bei der Besetzung des Aufsichtsgremiums nach Maßgabe dieser Verordnung werden die Grundsätze der Ausgewogenheit der Geschlechter, der Erfahrung und der Qualifikation geachtet.

(3) Nach Anhörung des Aufsichtsgremiums übermittelt die EZB dem Europäischen Parlament einen Vorschlag für die Ernennung des Vorsitzenden und des stellvertretenden Vorsitzenden zur Billigung. Nach Billigung dieses Vorschlags erlässt der Rat einen Durchführungsbeschluss zur Ernennung des Vorsitzenden und des stellvertretenden Vorsitzenden des Aufsichtsgremiums. Der Vorsitzende wird auf der Grundlage eines offenen Auswahlverfahrens, über das das Europäische Parlament und der Rat ordnungsgemäß unterrichtet werden, aus dem Kreis der in Banken- und Finanzfragen anerkannten und erfahrenen Persönlichkeiten, die nicht Mitglied des EZB-Rates sind, ausgewählt. Der stellvertretende Vorsitzende des Aufsichtsgremiums wird aus den Mitgliedern des Direktoriums der EZB ausgewählt. Der Rat beschließt mit qualifizierter Mehrheit, ohne Berücksichtigung der Stimmen der Mitglieder des Rates, die nicht teilnehmende Mitgliedstaaten sind.

Nach seiner Ernennung nimmt der Vorsitzende sein Amt als Vollzeitbeschäftigter wahr und darf kein anderes Amt bei den nationalen zuständigen Behörden bekleiden. Seine Amtszeit beträgt fünf Jahre und ist nicht verlängerbar.

(4) Erfüllt der Vorsitzende des Aufsichtsgremiums die für die Ausübung seines Amtes erforderlichen Voraussetzungen nicht mehr oder hat er sich eines schweren Fehlverhaltens schuldig gemacht, so kann der Rat auf Vorschlag der EZB, der vom Europäischen Parlament gebilligt wurde, einen Durchführungsbeschluss erlassen, mit dem der Vorsitzende seines Amtes enthoben wird. Der Rat beschließt mit qualifizierter Mehrheit, wobei die Stimmen der Mitglieder des Rates, die nicht teilnehmende Mitgliedstaaten sind, keine Berücksichtigung finden.

Nachdem der stellvertretende Vorsitzende des Aufsichtsgremiums von Amts wegen als Mitglied des Direktoriums gemäß der Satzung des ESZB und der EZB entlassen worden ist, kann der Rat auf Vorschlag der EZB, der vom Europäischen Parlament gebilligt wurde, einen Durchführungsbeschluss erlassen, mit dem der stellvertretende Vorsitzende seines Amtes enthoben wird. Der Rat beschließt mit qualifizierter Mehrheit, wobei die Stimmen der Mitglieder des Rates, die nicht teilnehmende Mitgliedstaaten sind, keine Berücksichtigung finden.

Für diese Zwecke können das Europäische Parlament oder der Rat die EZB darüber unterrichten, dass ihres Erachtens die Voraussetzungen erfüllt sind, um den Vorsitzenden oder den stellvertretenden Vorsitzenden des Aufsichtsgremiums seines Amtes zu entheben; die EZB nimmt dazu Stellung.

(5) Die vier vom EZB-Rat ernannten Vertreter der EZB nehmen keine Aufgaben im direkten Zusammenhang mit der geldpolitischen Funktion der EZB wahr. Alle Vertreter der EZB sind stimmberechtigt.

(6) Das Aufsichtsgremium fasst seine Beschlüsse mit der einfachen Mehrheit seiner Mitglieder. Jedes Mitglied hat eine Stimme. Bei Stimmengleichheit gibt die Stimme des Vorsitzenden den Ausschlag.

(7) Abweichend von Absatz 6 fasst das Aufsichtsgremium Beschlüsse zum Erlass von Verordnungen aufgrund von Artikel 4 Absatz 3 mit der qualifizierten Mehrheit seiner Mitglieder im Sinne des Artikels 16 Absatz 4 des EUV und des Artikels 3 des dem EUV und dem AEUV beigefügten Protokolls Nr. 36 über die Übergangsbestimmungen in Bezug auf die die Behörden der teilnehmenden Mitgliedstaaten vertretenden Mitglieder. Jeder der vier vom EZB-Rat benannten Vertreter der EZB hat eine Stimme, die dem Median der Stimmen der anderen Mitglieder entspricht.

(8) Unbeschadet des Artikels 6 übernimmt das Aufsichtsgremium nach einem von der EZB festzulegenden Verfahren die Vorbereitungstätigkeiten für die der EZB übertragenen Aufsichtsaufgaben und schlägt dem EZB-Rat fertige Beschlussentwürfe zur Annahme vor. Die Beschlussentwürfe werden gleichzeitig den nationalen zuständigen Behörden der betroffenen Mitgliedstaaten übermittelt. Ein Beschlussentwurf gilt als angenommen, wenn der EZB-Rat nicht innerhalb einer Frist, die im Rahmen des obengenannten Verfahrens festgelegt wird, jedoch höchstens zehn Arbeitstage betragen darf, widerspricht. Lehnt jedoch ein teilnehmender Mitgliedstaat, dessen Währung nicht der Euro ist, einen Beschlussentwurf des Aufsichtsgremiums ab, findet das Verfahren des Artikels 7 Absatz 8 Anwendung. In Ausnahmesituationen beträgt die genannte Frist höchstens 48 Stunden. Widerspricht der EZB-Rat einem Beschlussentwurf, so begründet er seinen Widerspruch schriftlich, insbesondere durch Verweis auf geldpolitische Erwägungen. Wird ein Beschluss infolge eines Widerspruchs des EZB-Rates geändert, so kann ein teilnehmender Mitgliedstaat, dessen Währung nicht der Euro ist, der EZB in einer begründeten Stellungnahme mitteilen, dass er dem Widerspruch nicht zustimmt; in diesem Fall findet das Verfahren des Artikels 7 Absatz 7 Anwendung.

(9) Das Aufsichtsgremium wird bei seiner Tätigkeit von einem Sekretariat auf Vollzeitbasis unterstützt, das auch die Sitzungen vorbereitet.

(10) Das Aufsichtsgremium richtet durch eine Abstimmung gemäß der Regelung nach Absatz 6 aus den Reihen seiner Mitglieder einen Lenkungsausschuss mit kleinerer Zusammensetzung ein, der seine Tätigkeiten, einschließlich der Vorbereitung der Sitzungen, unterstützt.

Der Lenkungsausschuss des Aufsichtsgremiums hat keine Beschlussfassungsbefugnisse. Den Vorsitz des Lenkungsausschusses nimmt der Vorsitzende oder bei außergewöhnlicher Abwesenheit des Vorsitzenden der stellvertretende Vorsitzende des Aufsichtsgremiums wahr. Die Zusammensetzung des Lenkungsausschusses gewährleistet ein ausgewogenes Verhältnis und eine Rotation zwischen den nationalen zuständigen Behörden. Er besteht aus höchstens zehn Mitgliedern, einschließlich des Vorsitzenden, des stellvertretenden Vorsitzenden und eines zusätzlichen Vertreters der EZB. Der Lenkungsausschuss führt die ihm obliegenden vorbereitenden Arbeiten im Interesse der Union als Ganzes aus und arbeitet in völliger Transparenz mit dem Aufsichtsgremium zusammen.

(11) Ein Vertreter der Kommission kann nach entsprechender Einladung als Beobachter an den Sitzungen des Aufsichtsgremiums teilnehmen. Beobachter haben keinen Zugriff auf vertrauliche Informationen über einzelne Institute.

(12) Der EZB-Rat erlässt interne Vorschriften, in denen sein Verhältnis zum Aufsichtsgremium detailliert geregelt wird. Das Aufsichtsgremium legt durch eine Abstimmung nach der Regelung nach Absatz 6 auch seine Verfahrensordnung fest. Beide Regelwerke werden veröffentlicht. Die Verfahrensordnung des Aufsichtsgremiums stellt die Gleichbehandlung aller teilnehmenden Mitgliedstaaten sicher.

Artikel 27 Geheimhaltung und Informationsaustausch

(1) Die Mitglieder des Aufsichtsgremiums, die Mitarbeiter der EZB und von den teilnehmenden Mitgliedstaaten abgeordnetes Personal, die Aufsichtsaufgaben wahrnehmen, unterliegen auch nach Beendigung ihrer Amtstätigkeit den Geheimhaltungspflichten nach Artikel 37 der Satzung des ESZB und der EZB und den einschlägigen Rechtsakten der Union.

Die EZB stellt sicher, dass Einzelpersonen, die direkt oder indirekt, ständig oder gelegentlich Dienstleistungen im Zusammenhang mit der Wahrnehmung von Aufsichtsaufgaben erbringen, entsprechenden Geheimhaltungspflichten unterliegen.

(2) Zur Wahrnehmung der ihr durch diese Verordnung übertragenen Aufgaben ist die EZB befugt, innerhalb der im einschlägigen Unionsrecht festgelegten Grenzen und gemäß den darin vorgesehenen Bedingungen Informationen mit nationalen Behörden oder Behörden und sonstigen Einrichtungen der Union in den Fällen auszutauschen, in denen die einschlägigen Rechtsakte der Union es den nationalen zuständigen Behörden gestatten, solchen Stellen Informationen zu übermitteln, oder in denen die Mitgliedstaaten nach dem einschlägigen Unionsrecht eine solche Weitergabe vorsehen können.

Artikel 28 Ressourcen

Die EZB ist dafür verantwortlich, die für die Wahrnehmung der ihr durch diese Verordnung übertragenen Aufgaben erforderlichen finanziellen Mittel sowie das dafür erforderliche Personal einzusetzen.

Artikel 29 Haushalt und Jahresabschlüsse

(1) Die Ausgaben der EZB für die Wahrnehmung der ihr durch diese Verordnung übertragenen Aufgaben sind im Haushaltsplan der EZB gesondert ausgewiesen.

(2) Die EZB legt in dem Bericht nach Artikel 20 auch die Einzelheiten ihres Haushaltsplans für ihre Aufsichtsaufgaben dar. Die von der EZB gemäß Artikel 26.2 der

Satzung des ESZB und der EZB erstellten und veröffentlichten Jahresabschlüsse enthalten die Einnahmen und Ausgaben im Zusammenhang mit den Aufsichtsaufgaben.

(2) Der Abschnitt der Jahresabschlüsse, der der Beaufsichtigung gewidmet ist, wird im Einklang mit Artikel 27.1 der Satzung des ESZB und der EZB geprüft.

Artikel 30   Aufsichtsgebühren

(1) Die EZB erhebt bei den in den teilnehmenden Mitgliedstaaten niedergelassenen Kreditinstituten und bei den in teilnehmenden Mitgliedstaaten niedergelassenen Zweigstellen von in nicht teilnehmenden Mitgliedstaat niedergelassenen Kreditinstituten eine jährliche Aufsichtsgebühr. Diese Gebühren decken die Ausgaben der EZB für die Wahrnehmung der ihr durch die Artikel 4 bis 6 dieser Verordnung übertragenen Aufgaben. Diese Gebühren dürfen die Ausgaben im Zusammenhang mit diesen Aufgaben nicht übersteigen.

(2) Der Betrag der von einem Kreditinstitut oder einer Zweigstelle erhobenen Gebühr wird gemäß den von der EZB festgelegten und vorab veröffentlichten Modalitäten berechnet.

Vor der Festlegung dieser Modalitäten führt die EZB offene öffentliche Anhörungen durch, analysiert die potenziell anfallenden Kosten und den potenziellen Nutzen und veröffentlicht die Ergebnisse beider Maßnahmen.

(3) Die Gebühren werden auf der obersten Konsolidierungsebene innerhalb eines teilnehmenden Mitgliedstaats anhand objektiver Kriterien in Bezug auf die Bedeutung und das Risikoprofil des betreffenden Kreditinstituts, einschließlich seiner risikogewichteten Aktiva, berechnet.

Grundlage für die Berechnung der jährlichen Aufsichtsgebühr für ein bestimmtes Kalenderjahr sind die Ausgaben für die Beaufsichtigung von Kreditinstituten und Zweigstellen für das betreffende Jahr. Die EZB kann Vorauszahlungen auf die jährliche Aufsichtsgebühr verlangen, die auf der Grundlage eines angemessenen Voranschlags berechnet werden. Sie verständigt sich vor der Entscheidung über die endgültige Höhe der Gebühr mit den nationalen zuständigen Behörden, um sicherzustellen, dass die Kosten für die Beaufsichtigung für alle Kreditinstitute und Zweigstellen tragbar und angemessen sind. Sie unterrichtet die Kreditinstitute und Zweigstellen über die Grundlage für die Berechnung der jährlichen Aufsichtsgebühr.

(4) Die EZB erstattet gemäß Artikel 20 Bericht.

(5) Dieser Artikel steht dem Recht nationaler zuständiger Behörden nicht entgegen, nach Maßgabe ihres nationalen Rechts und soweit Aufsichtsaufgaben nicht der EZB übertragen wurden oder gemäß dem einschlägigen Unionsrecht und vorbehaltlich der Bestimmungen zur Durchführung dieser Verordnung, einschließlich der Artikel 6 und 12, für Kosten aufgrund der Zusammenarbeit mit der EZB, ihrer Unterstützung und der Ausführung ihrer Anweisungen Gebühren zu erheben.

Artikel 31   Personal und Austausch von Personal

(1) Die EZB legt gemeinsam mit allen nationalen zuständigen Behörden Regelungen fest, um für einen angemessenen Austausch mit und zwischen den nationalen zuständigen Behörden und für eine angemessene gegenseitige Entsendung von Mitarbeitern zu sorgen.

(2) Die EZB kann, wenn dies angebracht ist, verlangen, dass Aufsichtsteams der nationalen zuständigen Behörden, die in Bezug auf ein Kreditinstitut, eine Finanzholdinggesellschaft oder eine gemischte Finanzholdinggesellschaft in einem teilnehmenden Mitgliedstaat Aufsichtsmaßnahmen nach Maßgaben dieser Verordnung er-

greifen, auch Mitarbeiter der nationalen zuständigen Behörden anderer teilnehmender Mitgliedstaaten einbeziehen.

(3) Die EZB richtet umfassende und formelle Verfahren einschließlich Ethikverfahren und verhältnismäßiger Überprüfungszeiträume ein und erhält diese aufrecht, um etwaige Interessenkonflikte aufgrund einer innerhalb von zwei Jahren erfolgenden Anschlussbeschäftigung von Mitgliedern des Aufsichtsgremiums und Mitarbeitern der EZB, die an Aufsichtstätigkeiten beteiligt waren, bereits im Voraus zu beurteilen und abzuwenden, und sieht eine angemessene Offenlegung unter Einhaltung der geltenden Datenschutzvorschriften vor.

Diese Verfahren gelten unbeschadet der Anwendung strengerer nationaler Vorschriften. Für Mitglieder des Aufsichtsgremiums, die Vertreter nationaler zuständiger Behörden sind, werden diese Verfahren, unbeschadet der geltenden nationalen Rechtsvorschriften, in Zusammenarbeit mit den nationalen zuständigen Behörden eingerichtet und umgesetzt.

Für Mitarbeiter der EZB, die an Aufsichtstätigkeiten beteiligt sind, werden durch diese Verfahren die Arbeitsplatzkategorien, für die eine solche Beurteilung gilt, sowie Zeiträume festgelegt, die in einem angemessenen Verhältnis zu den Funktionen stehen, die diese Mitarbeiter bei den Aufsichtstätigkeiten während ihrer Beschäftigung bei der EZB wahrgenommen haben.

(4) Die in Absatz 3 genannten Verfahren sehen vor, dass die EZB prüft, ob Einwände dagegen bestehen, dass Mitglieder des Aufsichtsgremiums nach Beendigung ihrer Amtstätigkeit bezahlte Arbeit bei Instituten des Privatsektors annehmen, die der aufsichtlichen Zuständigkeit der EZB unterliegen.

Die in Absatz 3 genannten Verfahren gelten grundsätzlich für eine Dauer von zwei Jahren nach Beendigung der Amtstätigkeit der Mitglieder des Aufsichtsgremiums und können auf der Grundlage einer hinreichenden Begründung in einem angemessen Verhältnis zu den Funktionen, die während der Amtstätigkeit wahrgenommen wurden, und zur Dauer dieser Amtstätigkeit angepasst werden.

(5) Der Jahresbericht der EZB gemäß Artikel 20 enthält detaillierte Informationen, einschließlich statistischer Daten, über die Anwendung der in den Absätzen 3 und 4 dieses Artikels genannten Verfahren.

Kapitel V:
Allgemeine und Schlussbestimmungen

Artikel 32 Überprüfung

Die Kommission veröffentlicht spätestens am 31. Dezember 2015 und danach alle drei Jahre einen Bericht über die Anwendung dieser Verordnung, wobei sie einen besonderen Schwerpunkt auf die Überwachung der möglichen Auswirkungen auf das reibungslose Funktionieren des Binnenmarkts legt. In dem Bericht wird unter anderem Folgendes bewertet:
a) das Funktionieren des einheitlichen Aufsichtsmechanismus innerhalb des Europäischen Finanzaufsichtssystems und die Auswirkungen der Aufsichtstätigkeiten der EZB auf die Interessen der Union als Ganzes und auf die Kohärenz und Integrität des Binnenmarkts für Finanzdienstleistungen, einschließlich der möglichen Auswirkungen auf die Strukturen der nationalen Bankensysteme innerhalb der Union, und in Bezug auf die Wirksamkeit der Zusammenarbeit und der Informationsaustauschregelungen zwischen dem einheitlichen Aufsichtsmechanismus und den zuständigen Behörden der nicht teilnehmenden Mitgliedstaaten;

b) die Aufteilung der Aufgaben zwischen der EZB und den nationalen zuständigen Behörden innerhalb des einheitlichen Aufsichtsmechanismus, die Wirksamkeit der von der EZB angenommenen praktischen Modalitäten der Organisation sowie die Auswirkungen des einheitlichen Aufsichtsmechanismus auf das Funktionieren der noch bestehenden Aufsichtskollegien;
c) die Wirksamkeit der Aufsichtsbefugnisse und Sanktionsbefugnisse der EZB sowie die Angemessenheit der Übertragung zusätzlicher Sanktionsbefugnisse auf die EZB, auch in Bezug auf andere Personen als Kreditinstitute, Finanzholdinggesellschaften oder gemischte Finanzholdinggesellschaften;
d) die Zweckmäßigkeit der Regelungen des Artikels 5 hinsichtlich der makroprudenziellen Aufgaben und Instrumente sowie der Regelungen des Artikels 14 für die Erteilung und den Entzug von Zulassungen;
e) die Wirksamkeit der Regelungen bezüglich der Unabhängigkeit und der Rechenschaftspflicht;
f) das Zusammenwirken von EZB und EBA;
g) die Zweckmäßigkeit der Regelungen für die Unternehmensführung einschließlich der Zusammensetzung und der Abstimmungsmodalitäten des Aufsichtsgremiums und seines Verhältnisses zum EZB-Rat sowie der Zusammenarbeit im Aufsichtsgremium zwischen den Mitgliedstaaten, deren Währung der Euro ist, und den anderen am einheitlichen Aufsichtsmechanismus teilnehmenden Mitgliedstaaten;
h) das Zusammenwirken von EZB und nationalen zuständigen Behörden nicht teilnehmender Mitgliedstaaten und die Auswirkungen des einheitlichen Aufsichtsmechanismus auf diese Mitgliedstaaten;
i) die Wirksamkeit des Beschwerdemechanismus gegen Beschlüsse der EZB;
j) die Kosteneffizienz des einheitlichen Aufsichtsmechanismus;
k) die möglichen Auswirkungen der Anwendung des Artikels 7 Absätze 6, 7 und 8 auf das Funktionieren und die Integrität des einheitlichen Aufsichtsmechanismus;
l) die Wirksamkeit der Trennung zwischen den aufsichtlichen und geldpolitischen Funktionen innerhalb der EZB sowie der Trennung der den Aufsichtsaufgaben gewidmeten finanziellen Mittel vom Haushalt der EZB, wobei jeglichen Änderungen der einschlägigen gesetzlichen Bestimmungen, auch auf Ebene des Primärrechts, Rechnung zu tragen ist;
m) die Auswirkungen der Aufsichtsbeschlüsse des einheitlichen Aufsichtsmechanismus auf die Haushalte der teilnehmenden Mitgliedstaaten sowie die Auswirkungen jeglicher Entwicklungen im Zusammenhang mit den Regelungen in Bezug auf die Abwicklungsfinanzierung;
n) die Möglichkeiten, den einheitlichen Aufsichtsmechanismus weiterzuentwickeln, wobei jegliche Änderungen der einschlägigen Bestimmungen, auch auf Ebene des Primärrechts, sowie die Frage zu berücksichtigen sind, ob die Begründung für die institutionellen Bestimmungen in dieser Verordnung nicht mehr besteht, einschließlich der Möglichkeit, die Rechte und Pflichten der Mitgliedstaaten, deren Währung der Euro ist, und der anderen teilnehmenden Mitgliedstaaten vollständig anzugleichen.

Der Bericht wird dem Europäischen Parlament und dem Rat übermittelt. Die Kommission macht gegebenenfalls begleitende Vorschläge.

Artikel 33   Übergangsbestimmungen

(1) Die EZB veröffentlicht das Rahmenwerk nach Artikel 5 Absatz 7 bis zum 4. Mai 2014.

(2) Die EZB übernimmt die ihr durch diese Verordnung übertragenen Aufgaben am 4. November 2014, vorbehaltlich der Durchführungsbestimmungen und Maßnahmen dieses Absatzes.

Nach dem 3. November 2013 veröffentlicht die EZB im Wege von Verordnungen und Beschlüssen die detaillierten operativen Bestimmungen zur Wahrnehmung der ihr durch diese Verordnung übertragenen Aufgaben.

Ab dem 3. November 2013 übermittelt die EZB dem Europäischen Parlament, dem Rat und der Kommission vierteljährlich einen Bericht über die Fortschritte bei der operativen Durchführung dieser Verordnung.

Wird aus den in Unterabsatz 3 dieses Absatzes genannten Berichten und nach Beratungen im Europäischen Parlament und im Rat über diese Berichte deutlich, dass die EZB ihre Aufgaben am 4. November 2014 nicht in vollem Umfang wahrnehmen können wird, so kann sie einen Beschluss erlassen, um ein späteres als das in Unterabsatz 1 dieses Absatzes genannte Datum festzulegen, damit während des Übergangs von der nationalen Aufsicht zum einheitlichen Aufsichtsmechanismus die Kontinuität und, je nach der Verfügbarkeit von Personal, die Einführung geeigneter Berichtsverfahren und Vereinbarungen über die Zusammenarbeit mit den nationalen zuständigen Behörden gemäß Artikel 6 gewährleistet ist.

(3) Unbeschadet des Absatzes 2 und der Ausübung der ihr durch diese Verordnung übertragenen Untersuchungsbefugnisse kann die EZB ab dem 3. November 2013 mit der Wahrnehmung der ihr durch diese Verordnung übertragenen Aufgaben, mit Ausnahme des Erlasses von Aufsichtsbeschlüssen, in Bezug auf Kreditinstitute, Finanzholdinggesellschaften oder gemischte Finanzholdinggesellschaften beginnen, nachdem den betroffenen Unternehmen und den nationalen zuständigen Behörden ein entsprechender Beschluss zugeleitet wurde.

Wenn die EZB vom ESM einstimmig ersucht wird, als Voraussetzung für die direkte Rekapitalisierung eines Kreditinstituts, einer Finanzholdinggesellschaft oder einer gemischten Finanzholdinggesellschaft dessen bzw. deren direkte Beaufsichtigung zu übernehmen, kann sie unbeschadet des Absatzes 2 unverzüglich mit der Wahrnehmung der ihr durch diese Verordnung übertragenen Aufgaben in Bezug auf Kreditinstitute, Finanzholdinggesellschaften oder gemischte Finanzholdinggesellschaften beginnen, nachdem den betroffenen Unternehmen und den betroffenen nationalen zuständigen Behörden ein entsprechender Beschluss zugeleitet wurde.

(4) Ab dem 3. November 2013 kann die EZB mit Blick auf die Übernahme ihrer Aufgaben die nationalen zuständigen Behörden und Personen im Sinne des Artikels 10 Absatz 1 auffordern, alle Informationen vorzulegen, die für sie von Belang sind, um eine umfassende Prüfung der Kreditinstitute des teilnehmenden Mitgliedstaats, einschließlich einer Bilanzbewertung, durchzuführen. Sie nimmt eine solche Bewertung mindestens für Kreditinstitute vor, die nicht unter Artikel 6 Absatz 4 fallen. Das Kreditinstitut und die zuständige Behörde legen die verlangten Informationen vor.

(5) Von den teilnehmenden Mitgliedstaaten am 3. November 2013 oder gegebenenfalls an den in den Absätzen 2 und 3 dieses Artikels genannten Tagen zugelassene Kreditinstitute gelten als gemäß Artikel 14 zugelassen und dürfen ihre Tätigkeit weiterhin ausüben. Die nationalen zuständigen Behörden teilen der EZB vor dem Geltungsbeginn dieser Verordnung oder gegebenenfalls vor dem in den Absätzen 2 und 3 dieses Artikels genannten Tag die Identität dieser Kreditinstitute mit und legen einen Bericht über die bisherige Aufsichtsbilanz und das Risikoprofil der betreffenden Institute sowie alle weiteren von der EZB angeforderten Informationen vor. Die Informationen sind in dem von der EZB verlangten Format vorzulegen.

(6) Unbeschadet des Artikels 26 Absatz 7 finden bis zum 31. Dezember 2015 sowohl Abstimmungen mit qualifizierter Mehrheit als auch Abstimmungen mit einfacher Mehrheit zum Erlass der in Artikel 4 Absatz 3 genannten Verordnungen Anwendung.

Artikel 34 Inkrafttreten

Diese Verordnung tritt am fünften Tag nach ihrer Veröffentlichung im *Amtsblatt der Europäischen Union* in Kraft.

Diese Verordnung ist in allen ihren Teilen verbindlich und gilt unmittelbar in jedem Mitgliedstaat.

Anhang 1.2
Gesetz[1] über die Bundesanstalt für Finanzdienstleistungsaufsicht (Finanzdienstleistungsaufsichtsgesetz – FinDAG)

vom 22. April 2002 (BGBl. I S. 1310), zuletzt geändert durch Artikel 8 des Gesetzes vom 18. Dezember 2013 (BGBl. I S. 4330)

Inhaltsübersicht

Erster Abschnitt:
Errichtung, Aufsicht, Aufgaben

Errichtung	§ 1
Rechts- und Fachaufsicht	§ 2
(weggefallen)	§ 3
Aufgaben und Zusammenarbeit	§ 4
Meinungsverschiedenheiten bei der laufenden Überwachung	§ 4a
Beschwerden	§ 4b
Aktenvorlage und Auskunftspflicht in verwaltungsgerichtlichen Verfahren	§ 4c

Zweiter Abschnitt:
Organisation

Organe, Satzung	§ 5
Leitung	§ 6
Verwaltungsrat	§ 7
Fachbeirat	§ 8
Verbraucherbeirat	§ 8a

Dritter Abschnitt   Personal

Rechtsstellung der Mitglieder des Direktoriums	§ 9
Beamte	§ 9a
Angestellte, Arbeiter und Auszubildende	§ 10
Stellenzulage	§ 10a
Personalgewinnungszuschlag	§ 10b
Verschwiegenheitspflicht	§ 11

Vierter Abschnitt:
Haushaltsplan, Rechnungslegung, Deckung des Verwaltungsaufwands

Haushaltsplan, Rechnungslegung	§ 12
Deckung der Kosten der Aufsicht	§ 13

---

[1] Artikel 1 des Gesetzes über die integrierte Finanzdienstleistungsaufsicht vom 22. April 2002 (BGBl. I S. 1310)

Fünfter Abschnitt:
Gebühren und Umlage, Zwangsmittel

Gebühren für Amtshandlungen	§ 14
Gesonderte Erstattung	§ 15
Umlage	§ 16
Umlagefähige Kosten; Umlagejahr	§ 16 a
Kostenermittlung nach Aufsichtsbereichen und Gruppen	§ 16 b
Fehlbeträge, nicht eingegangene Beträge und Überschüsse der Vorjahre	§ 16 c
Umlagebetrag, Umlagepflicht und Verteilungsschlüssel	§ 16 d
Kostenermittlung und Umlagepflicht im Aufsichtsbereich Banken und sonstige Finanzdienstleistungen	§ 16 e
Bemessungsgrundlagen der Umlage im Aufsichtsbereich Banken und sonstige Finanzdienstleistungen	§ 16 f
Mindestumlagebeträge im Aufsichtsbereich Banken und sonstige Finanzdienstleistungen	§ 16 g
Aufsichtsbereich Versicherungen	§ 16 h
Kostenermittlung und Umlagepflicht im Aufsichtsbereich Wertpapierhandel	§ 16 i
Bemessungsgrundlagen der Umlage im Aufsichtsbereich Wertpapierhandel	§ 16 j
Entstehung der Umlageforderung, Festsetzung des Umlagebetrages und Fälligkeit	§ 16 k
Festsetzung und Fälligkeit von Umlagevorauszahlungen	§ 16 l
Differenz zwischen Umlagebetrag und Vorauszahlung	§ 16 m
Säumniszuschläge; Beitreibung	§ 16 n
Festsetzungsverjährung	§ 16 o
Zahlungsverjährung	§ 16 p
Erstattung überzahlter Umlagebeträge	§ 16 q
Zwangsmittel	§ 17

Sechster Abschnitt:
Finanzierung gesonderter Aufgaben

Finanzierung gesonderter Aufgaben	§ 17 a
Gebühren für gesonderte Amtshandlungen	§ 17 b
Gesonderte Erstattung bei gesonderten Prüfungen	§ 17 c
Gesonderte Umlage	§ 17 d

Siebter Abschnitt:
Übergangs- und Schlussbestimmungen

Übergangsbestimmungen	§ 18
Überleitung/Übernahme von Beschäftigten	§ 19
Verteilung der Versorgungskosten	§ 20
Übergang von Rechten und Pflichten	§ 21
Übergangsvorschriften zum Gesetz zur Stärkung der deutschen Finanzaufsicht	§ 22
Übergangsbestimmungen zur Umlageerhebung für das Jahr 2012	§ 23

Erster Abschnitt Errichtung, Aufsicht, Aufgaben

§ 1 Errichtung

(1) Im Geschäftsbereich des Bundesministeriums der Finanzen wird durch Zusammenlegung des Bundesaufsichtsamtes für das Kreditwesen, des Bundesaufsichtsamtes für das Versicherungswesen und des Bundesaufsichtsamtes für den Wertpapierhandel eine bundesunmittelbare, rechtsfähige Anstalt des öffentlichen Rechts zum 1. Mai 2002 errichtet. Sie trägt die Bezeichnung »Bundesanstalt für Finanzdienstleistungsaufsicht« (Bundesanstalt).
(2) Die Bundesanstalt hat ihren Sitz in Bonn und in Frankfurt am Main.
(3) Für Klagen gegen die Bundesanstalt gilt Frankfurt am Main als Sitz der Behörde. In Verfahren nach dem Gesetz über Ordnungswidrigkeiten gilt Frankfurt am Main als Sitz der Verwaltungsbehörde. Satz 1 ist auf Klagen aus dem Beamtenverhältnis und auf Rechtsstreitigkeiten, für die die Gerichte für Arbeitssachen zuständig sind, nicht anzuwenden.
(4) Die Bundesanstalt ist in Verfahren vor den ordentlichen Gerichten von der Zahlung der Gerichtskosten befreit.

§ 2 Rechts- und Fachaufsicht

Die Bundesanstalt untersteht der Rechts- und Fachaufsicht des Bundesministeriums der Finanzen (Bundesministerium).

§ 3 (aufgehoben)

§ 4 Aufgaben und Zusammenarbeit

(1) Die Bundesanstalt übernimmt die dem Bundesaufsichtsamt für das Kreditwesen, dem Bundesaufsichtsamt für das Versicherungswesen und dem Bundesaufsichtsamt für den Wertpapierhandel übertragenen Aufgaben. Sie nimmt darüber hinaus die ihr nach anderen Bestimmungen übertragenen Aufgaben einschließlich der Beratungstätigkeit im Zusammenhang mit dem Aufbau und der Unterstützung ausländischer Aufsichtssysteme wahr.
(2) Die Bundesanstalt arbeitet mit anderen Stellen und Personen im In- und Ausland nach Maßgabe der in Absatz 1 genannten Gesetze und Bestimmungen sowie nach Maßgabe
1. der Verordnung (EU) Nr. 1092/2010 des Europäischen Parlaments und des Rates vom 24. November 2010 über die Finanzaufsicht der Europäischen Union auf Makroebene und zur Errichtung eines Europäischen Ausschusses für Systemrisiken (ABl. L 331 vom 15.12.2010, S. 1),
2. der Verordnung (EU) Nr. 1093/2010 des Europäischen Parlaments und des Rates vom 24. November 2010 zur Errichtung einer Europäischen Aufsichtsbehörde (Europäische Bankenaufsichtsbehörde), zur Änderung des Beschlusses Nr. 716/2009/EG und zur Aufhebung des Beschlusses 2009/78/EG der Kommission (ABl. L 331 vom 15.12.2010, S. 12),
3. der Verordnung (EU) Nr. 1094/2010 des Europäischen Parlaments und des Rates vom 24. November 2010 zur Errichtung einer Europäischen Aufsichtsbehörde (Europäische Aufsichtsbehörde für das Versicherungswesen und die betriebliche Altersversorgung), zur Änderung des Beschlusses Nr. 716/2009/ EG und zur Auf-

hebung des Beschlusses 2009/79/EG der Kommission (ABl. L 331 vom 15.12.2010, S. 48) und
4. der Verordnung (EU) Nr. 1095/2010 des Europäischen Parlaments und des Rates vom 24. November 2010 zur Errichtung einer Europäischen Aufsichtsbehörde (Europäische Wertpapier- und Marktaufsichtsbehörde), zur Änderung des Beschlusses Nr. 716/2009/EG und zur Aufhebung des Beschlusses 2009/77/EG der Kommission (ABl. L 331 vom 15.12.2010, S. 84)
zusammen.

(3) Bei der Durchführung ihrer Aufgaben kann sich die Bundesanstalt anderer Personen und Einrichtungen bedienen.

(4) Die Bundesanstalt nimmt ihre Aufgaben und Befugnisse nur im öffentlichen Interesse wahr.

§ 4a Meinungsverschiedenheiten bei der laufenden Überwachung

Meinungsverschiedenheiten von erheblicher Bedeutung zwischen der Bundesanstalt und der Deutschen Bundesbank im Rahmen der laufenden Überwachung nach dem Kreditwesengesetz und dem Zahlungsdiensteaufsichtsgesetz sollen einvernehmlich beigelegt werden. Kann ein Einvernehmen nicht hergestellt werden, entscheidet das Bundesministerium im Benehmen mit der Deutschen Bundesbank.

§ 4b Beschwerden

(1) Kunden von solchen Instituten und Unternehmen, die der Aufsicht der Bundesanstalt unterliegen, und qualifizierte Einrichtungen nach § 3 Absatz 1 Satz 1 Nummer 1 des Unterlassungsklagengesetzes können wegen behaupteter Verstöße gegen Bestimmungen, deren Einhaltung die Bundesanstalt überwacht, Beschwerde bei der Bundesanstalt einlegen, sofern im jeweiligen Aufsichtsgesetz kein spezielles Beschwerdeverfahren vorgesehen ist.

(2) Die Beschwerden sind in Schrift- oder Textform bei der Bundesanstalt einzulegen und sollen den Sachverhalt sowie den Beschwerdegrund enthalten.

(3) Die Bundesanstalt hat gegenüber dem Beschwerdeführer in angemessener Frist zu der Beschwerde unter Beachtung des § 11 Stellung zu nehmen. Bei geeigneten Beschwerden kann die Bundesanstalt auf Möglichkeiten zur außergerichtlichen Streitbeilegung hinweisen.

(4) Die Bundesanstalt kann bei Beschwerden im Rahmen der bestehenden aufsichtsrechtlichen Auskunftsansprüche das von der Beschwerde betroffene Institut oder Unternehmen zur Stellungnahme auffordern und dieses um Mitteilung bitten, ob es mit der Übermittlung der Stellungnahme oder von Teilen der Stellungnahme an den Beschwerdeführer einverstanden ist.

§ 4c Aktenvorlage und Auskunftspflicht in verwaltungsgerichtlichen Verfahren

Für die Vorlage von Urkunden oder Akten, die Übermittlung elektronischer Dokumente oder die Erteilung von Auskünften durch die Bundesanstalt in verwaltungsgerichtlichen Verfahren ist § 99 der Verwaltungsgerichtsordnung mit der Maßgabe anzuwenden, dass an die Stelle der obersten Aufsichtsbehörde die Bundesanstalt tritt.

Zweiter Abschnitt:
Organisation

§ 5 Organe, Satzung

(1) Organe der Bundesanstalt sind das Direktorium, der Präsident oder die Präsidentin und der Verwaltungsrat.

(2) Aufgaben und Befugnisse der Organe bestimmt die Satzung der Bundesanstalt, soweit sie nicht durch dieses Gesetz geregelt sind.

(3) Das Bundesministerium wird ermächtigt, die Satzung der Bundesanstalt durch Rechtsverordnung zu erlassen. Die Satzung kann vom Bundesministerium durch Rechtsverordnung im Benehmen mit dem Verwaltungsrat geändert werden. In die Satzung sind insbesondere Bestimmungen aufzunehmen über
1. den Aufbau und die Organisation der Bundesanstalt,
2. die Rechte und Pflichten der Organe der Bundesanstalt,
3. die Einzelheiten der Bestellung und Abberufung der Mitglieder des Verwaltungsrats und des Anhörungsrechts der Verbände der Kredit- und Versicherungswirtschaft sowie der Kapitalverwaltungsgesellschaften,
4. die Einzelheiten der Bestellung und Abberufung der Mitglieder des Fachbeirats und des Verbraucherbeirats,
5. die Haushaltsführung sowie die Rechnungslegung der Bundesanstalt.

§ 6 Leitung

(1) Die Bundesanstalt wird durch das Direktorium gesamtverantwortlich geleitet und verwaltet. Das Direktorium besteht aus einem Präsidenten oder einer Präsidentin sowie vier Exekutivdirektoren oder Exekutivdirektorinnen, von denen einer oder eine als Vizepräsident oder Vizepräsidentin ständiger Vertreter oder ständige Vertreterin des Präsidenten oder der Präsidentin ist. Das Direktorium beschließt einstimmig ein Organisationsstatut, welches die Zuständigkeiten und Aufgaben innerhalb des Direktoriums festlegt. Das Organisationsstatut sowie deren Änderungen sind dem Bundesministerium zur Genehmigung vorzulegen.

(2) Das Direktorium berät unter dem Vorsitz des Präsidenten oder der Präsidentin. Es fasst seine Beschlüsse – auch im Falle von Meinungsverschiedenheiten – mit einfacher Mehrheit der abgegebenen Stimmen. Bei Stimmengleichheit gibt die Stimme des Präsidenten oder der Präsidentin den Ausschlag. Das Direktorium regelt die innere Organisation der Bundesanstalt durch eine Geschäftsordnung. Über die Geschäftsordnung und deren Änderungen, die der Genehmigung des Bundesministeriums bedürfen, beschließt das Direktorium einstimmig.

(3) Der Präsident oder die Präsidentin bestimmt die strategische Ausrichtung der Bundesanstalt als Allfinanzaufsicht national und international. Im Rahmen dieser Vorgaben obliegt den Exekutivdirektoren und Exekutivdirektorinnen die Verantwortung für ihren Geschäftsbereich.

(4) Zur Wahrnehmung der gesetzlichen Aufgaben der Bundesanstalt werden vier Geschäftsbereiche eingerichtet: Querschnittsaufgaben/Innere Verwaltung, Bankenaufsicht, Versicherungsaufsicht und Wertpapieraufsicht.

(5) Der Präsident oder die Präsidentin vertritt die Bundesanstalt gerichtlich und außergerichtlich.

§ 7 Verwaltungsrat

(1) Bei der Bundesanstalt wird ein Verwaltungsrat gebildet. Der Verwaltungsrat überwacht die Geschäftsführung der Bundesanstalt und unterstützt diese bei der Erfüllung ihrer Aufgaben. Der Präsident oder die Präsidentin hat den Verwaltungsrat regelmäßig über die Geschäftsführung der Bundesanstalt zu unterrichten. Die Exekutivdirektoren und Exekutivdirektorinnen haben über ihre Aufgabenbereiche zu berichten.
(2) Der Verwaltungsrat gibt sich eine Geschäftsordnung.
(3) Der Verwaltungsrat besteht aus
1. dem Vorsitzenden und seinem Stellvertreter, die vom Bundesministerium entsandt werden,
2. folgenden 15 weiteren Mitgliedern:
   a) ein weiterer Vertreter des Bundesministeriums,
   b) ein Vertreter des Bundesministeriums für Wirtschaft und Technologie,
   c) ein Vertreter des Bundesministeriums der Justiz,
   d) ein Vertreter des Bundesministeriums für Ernährung, Landwirtschaft und Verbraucherschutz,
   e) fünf Mitglieder des Deutschen Bundestages,
   f) sechs Personen mit beruflicher Erfahrung oder besonderen Kenntnissen auf dem Gebiet des Kredit-, Finanzdienstleistungs-, Zahlungsdienste-, Investment-, Versicherungs-, Wertpapier- oder Bilanzwesens, die jedoch nicht der Bundesanstalt angehören dürfen.

Die Deutsche Bundesbank kann mit einem Vertreter ohne Stimmrecht an den Sitzungen des Verwaltungsrats teilnehmen. Das gleiche Teilnahmerecht haben der Vorsitz des Personalrats der Bundesanstalt und seine Stellvertreter.
(4) Die Beschlüsse des Verwaltungsrats erfolgen mit einfacher Mehrheit. Bei Stimmengleichheit entscheidet die Stimme des Vorsitzenden.
(5) Die Mitglieder des Verwaltungsrats werden durch das Bundesministerium bestellt. Für jedes Mitglied des Verwaltungsrats nach Absatz 3 Satz 1 Nummer 2 Buchstabe a bis e ist für den Fall seiner Verhinderung ein Stellvertreter zu benennen und durch das Bundesministerium zu bestellen. Die Mitglieder des Verwaltungsrats müssen die Voraussetzungen für die Wählbarkeit zum Deutschen Bundestag erfüllen. Vor Bestellung der Mitglieder nach Absatz 3 Satz 1 Nummer 2 Buchstabe f sind die Verbände der Kredit- und Versicherungswirtschaft sowie der Kapitalverwaltungsgesellschaften anzuhören. Für drei dieser Mitglieder können die Verbände namentliche Vorschläge unterbreiten, die die Voraussetzungen des Absatzes 3 Satz 1 Nummer 2 Buchstabe f erfüllen müssen.
(6) Die Abgeordneten des Deutschen Bundestages werden vom Deutschen Bundestag vorgeschlagen und für die Dauer der Wahlperiode des Deutschen Bundestages berufen. Sie bleiben nach Beendigung der Wahlperiode noch so lange im Amt, bis die neuen Mitglieder ernannt worden sind.
(7) Die Wiederberufung ist möglich. Die Mitglieder können durch schriftliche Erklärung gegenüber der Bundesregierung auf ihre Mitgliedschaft verzichten und ihr Amt niederlegen. Eine Abberufung erfolgt, wenn die Voraussetzungen der Berufung nicht mehr gegeben sind oder sonst ein wichtiger Grund in der Person des Mitglieds vorliegt, in diesem Fall jedoch nur nach Anhörung der entsendenden Institution.
(8) Scheidet ein Mitglied aus, so ist unverzüglich an seine Stelle ein neues Mitglied zu berufen. Bis zur Ernennung eines neuen Mitglieds und bei einer vorübergehenden Verhinderung des Mitglieds übernimmt der ernannte Stellvertreter die Aufgaben. Die Absätze 1 bis 8 finden auf die stellvertretenden Mitglieder entsprechende Anwendung.

§ 8 Fachbeirat

(1) Bei der Bundesanstalt wird ein Fachbeirat gebildet. Er berät die Bundesanstalt bei der Erfüllung ihrer Aufgaben. Er kann auch Empfehlungen zur allgemeinen Weiterentwicklung der Aufsichtspraxis einbringen.

(2) Der Fachbeirat besteht aus 24 Mitgliedern. Die Mitglieder des Fachbeirats werden durch das Bundesministerium bestellt. Im Fachbeirat sollen die Finanzwissenschaft, die Kredit- und Versicherungswirtschaft, die Deutsche Bundesbank und die Verbraucherschutzvereinigungen angemessen vertreten sein.

(3) Der Fachbeirat wählt aus seinem Kreis einen Vorsitzenden. Der Fachbeirat gibt sich eine Geschäftsordnung.

§ 8a Verbraucherbeirat

(1) Bei der Bundesanstalt wird ein Verbraucherbeirat gebildet. Er berät die Bundesanstalt aus Verbrauchersicht bei der Erfüllung ihrer Aufsichtsaufgaben.

(2) Der Verbraucherbeirat besteht aus zwölf Mitgliedern. Die Mitglieder des Verbraucherbeirats werden durch das Bundesministerium bestellt. Im Verbraucherbeirat sollen die Wissenschaft, Verbraucher- und Anlegerschutzorganisationen, Mitarbeiter außergerichtlicher Streitschlichtungssysteme sowie das Bundesministerium für Ernährung, Landwirtschaft und Verbraucherschutz angemessen vertreten sein.

(3) Der Verbraucherbeirat wählt aus seinem Kreis einen Vorsitzenden. Der Verbraucherbeirat gibt sich eine Geschäftsordnung.

Dritter Abschnitt:
Personal

§ 9 Rechtsstellung der Mitglieder des Direktoriums

(1) Die Mitglieder des Direktoriums stehen in einem öffentlich-rechtlichen Amtsverhältnis zum Bund. Sie müssen besondere fachliche Eignung besitzen und werden auf Vorschlag der Bundesregierung durch den Bundespräsidenten ernannt. Die Mitglieder des Direktoriums werden für acht Jahre, ausnahmsweise auch für kürzere Zeit, mindestens jedoch für fünf Jahre bestellt. Wiederbestellung ist zulässig.

(2) Das Amtsverhältnis der Mitglieder des Direktoriums beginnt mit der Aushändigung der Ernennungsurkunde, wenn nicht in der Urkunde ein späterer Tag bestimmt ist. Es endet mit Ablauf der Amtszeit oder mit der Entlassung. Der Bundespräsident entlässt ein Mitglied des Direktoriums auf dessen Verlangen oder auf Beschluss der Bundesregierung aus wichtigem Grund. Vor der Beschlussfassung der Bundesregierung ist dem Mitglied des Direktoriums Gelegenheit zur Stellungnahme zu geben. Im Falle der Beendigung des Amtsverhältnisses erhält das Mitglied des Direktoriums eine von dem Bundespräsidenten vollzogene Urkunde. Die Entlassung auf Verlangen wird mit der Aushändigung der Urkunde wirksam, wenn in ihr nicht ausdrücklich ein späterer Tag bestimmt ist. Die Entlassung aus wichtigem Grund wird mit dem Vollzug des Beschlusses der Bundesregierung wirksam, wenn sie sie nicht ausdrücklich für einen späteren Tag beschließt.

(3) Die Mitglieder des Direktoriums leisten vor dem Bundesminister der Finanzen folgenden Eid: »Ich schwöre, das Grundgesetz für die Bundesrepublik Deutschland und alle in der Bundesrepublik Deutschland geltenden Gesetze zu wahren und meine

Amtspflichten gewissenhaft zu erfüllen, so wahr mir Gott helfe.« Der Eid kann auch ohne religiöse Beteuerung geleistet werden.

(4) Die Mitglieder des Direktoriums dürfen ohne Zustimmung des Bundesministeriums der Finanzen neben ihrem Amt kein anderes besoldetes Amt, kein Gewerbe und keinen Beruf ausüben und weder der Leitung eines auf Erwerb gerichteten Unternehmens noch einem Aufsichtsrat, Verwaltungsrat, Beirat oder einem anderen Gremium eines öffentlichen oder privaten Unternehmens, noch einer Regierung oder einer gesetzgebenden Körperschaft des Bundes oder eines Landes angehören. Sie dürfen ohne Zustimmung des Bundesministeriums der Finanzen nicht gegen Entgelt außergerichtliche Gutachten erstellen. Die Zustimmung des Bundesministeriums der Finanzen ist unter den in § 99 Absatz 2 des Bundesbeamtengesetzes genannten Voraussetzungen zu versagen.

(5) Die §§ 67 bis 69 und 71 des Bundesbeamtengesetzes gelten entsprechend. An die Stelle der obersten Dienstbehörde tritt das Bundesministerium der Finanzen.

(6) Im Übrigen werden die Rechtsverhältnisse der Mitglieder des Direktoriums durch Verträge geregelt, die das Bundesministerium der Finanzen mit den Mitgliedern des Direktoriums schließt. Die Verträge bedürfen der Zustimmung der Bundesregierung.

(7) Wird ein Bundesbeamter zum Mitglied des Direktoriums ernannt, scheidet er mit Beginn des Amtsverhältnisses aus dem bisherigen Amt aus. Für die Dauer des Amtsverhältnisses ruhen die Rechte und Pflichten aus dem Beamtenverhältnis. Dies gilt nicht für die Pflicht zur Amtsverschwiegenheit und das Verbot der Annahme von Belohnungen oder Geschenken. Satz 2 gilt längstens bis zum Eintritt oder bis zur Versetzung in den Ruhestand.

(8) Endet das Amtsverhältnis nach Absatz 1 Satz 1 und wird die oder der Betroffene nicht anschließend in ein anderes öffentlich-rechtliches Amtsverhältnis zum Bund berufen, treten Beamtinnen und Beamte, wenn ihnen nicht innerhalb von drei Monaten unter den Voraussetzungen des § 28 Absatz 2 des Bundesbeamtengesetzes oder vergleichbarer landesgesetzlicher Regelungen ein anderes Amt übertragen wird, mit Ablauf dieser Frist aus ihrem Dienstverhältnis als Beamte in den einstweiligen Ruhestand, sofern sie zu diesem Zeitpunkt noch nicht die gesetzliche Altersgrenze erreicht haben. Im Übrigen gelten die Vorschriften des Bundesbeamtengesetzes zum einstweiligen Ruhestand. Sie erhalten ein Ruhegehalt, das sie in ihrem früheren Amt unter Hinzurechnung der Zeit des Amtsverhältnisses nach Absatz 1 Satz 1 erdient hätten. Die Zeit des Amtsverhältnisses nach Absatz 1 Satz 1 ist auch ruhegehaltfähig, wenn der Beamtin oder dem Beamten nach Satz 1 ein anderes Amt in einem Beamtenverhältnis zum Bund übertragen wird. Für die beamteten Mitglieder des Direktoriums gilt § 107b des Beamtenversorgungsgesetzes entsprechend. Eine vertragliche Versorgungsregelung nach Absatz 6 bleibt unberührt. Die Ruhens- und Anrechnungsvorschriften des Beamtenversorgungsgesetzes sind sinngemäß anzuwenden.

(9) Die Absätze 7 und 8 gelten für Richter oder Richterinnen und für Berufssoldaten oder Berufssoldatinnen entsprechend.

§ 9a Beamte

(1) Der Bundesanstalt wird das Recht verliehen, Beamte zu haben.

(2) Der Präsident ernennt die Beamten der Besoldungsgruppen A 2 bis A 16 der Besoldungsordnung A. Der Bundespräsident ernennt die übrigen Beamten.

(3) Für die Beamten ist oberste Dienstbehörde der Präsident oder die Präsidentin. Der Präsident oder die Präsidentin kann seine oder ihre Befugnisse nach diesem Absatz auf ein oder mehrere Mitglieder des Direktoriums übertragen.

§ 10 Angestellte, Arbeiter und Auszubildende

(1) Auf die Angestellten, Arbeiter und Auszubildenden der Bundesanstalt sind die für Arbeitnehmer und Auszubildende des Bundes jeweils geltenden Tarifverträge und sonstigen Bestimmungen anzuwenden.
(2) Angestellte können mit Zustimmung des Verwaltungsrats auch oberhalb der höchsten tarifvertraglichen Vergütungsgruppe in einem außertariflichen Angestelltenverhältnis beschäftigt werden, soweit dies für die Durchführung der Aufgaben erforderlich ist. Satz 1 gilt für die sonstige Gewährung von über- oder außertariflichen Leistungen entsprechend.

§ 10a Stellenzulage

(1) Die bei der Bundesanstalt verwendeten Beamten erhalten eine nicht ruhegehaltfähige Stellenzulage in Höhe von 80 Prozent der Zulage nach Vorbemerkung Nummer 7 der Anlage I (Bundesbesoldungsordnungen A und B) des Bundesbesoldungsgesetzes.
(2) Die Bundesanstalt kann den Tarifbeschäftigten der Bundesanstalt mit Zustimmung des Bundesministeriums der Finanzen und des Bundesministeriums des Innern außertariflich eine entsprechende Zulage gewähren.

§ 10b Personalgewinnungszuschlag

Die Bundesanstalt kann durch Beschluss des Direktoriums mit Zustimmung des Verwaltungsrats von § 43 Absatz 11 des Bundesbesoldungsgesetzes abweichen.

§ 11 Verschwiegenheitspflicht

Die Verschwiegenheitspflicht der Beschäftigten der Bundesanstalt in Bezug auf Tatsachen, die ihnen bei ihrer Tätigkeit bekannt geworden sind, bestimmt sich nach den aufsichtsrechtlichen Bestimmungen, auf Grund deren der einzelne Beschäftigte tätig geworden ist. Satz 1 gilt für die Mitglieder des Verwaltungsrats und der Beiräte hinsichtlich der ihnen bei Wahrnehmung ihrer Aufgaben bekannt gewordenen Tatsachen entsprechend.

Vierter Abschnitt:
Haushaltsplan, Rechnungslegung, Deckung des Verwaltungsaufwands

§ 12 Haushaltsplan, Rechnungslegung

(1) Die Bundesanstalt weist die in ihrem Verwaltungsbereich voraussichtlich zu erwartenden Einnahmen und zu leistenden Ausgaben in einem Haushaltsplan einschließlich eines Stellenplans aus. Haushaltsjahr ist das Kalenderjahr. Auf Zahlungen, die Buchführung und die Rechnungslegung sind die für die bundesunmittelbaren juristischen Personen geltenden Bestimmungen der Bundeshaushaltsordnung anzuwenden.
(1a) Bei der Aufstellung des Haushaltsplans beachtet die Bundesanstalt insbesondere in Bezug auf den Stellenplan im besonderen Maße die Grundsätze der Wirt-

schaftlichkeit und Sparsamkeit. Die Erforderlichkeit der im Haushaltsplan ausgebrachten Planstellen und sonstigen Stellen ist bei gegebenem Anlass, im Übrigen regelmäßig zu überprüfen. Dabei sind insbesondere Art und Umfang der Aufgabenerledigung zu überprüfen.

(2) Der Haushaltsplan wird vom Direktorium aufgestellt. Das Direktorium hat dem Verwaltungsrat den Entwurf des Haushaltsplans unverzüglich vorzulegen. Der Haushaltsplan wird durch den Verwaltungsrat festgestellt.

(3) Nach Ende des Haushaltsjahres hat das Direktorium eine Rechnung über die Einnahmen und Ausgaben der Bundesanstalt aufzustellen. Die Entlastung erteilt der Verwaltungsrat mit Zustimmung des Bundesministeriums.

(4) Ergibt die Rechnung einen Überschuss, kann dieser mit Zustimmung des Verwaltungsrats auf das folgende Haushaltsjahr übertragen werden. Anstelle der Übertragung kann in Höhe des Überschusses eine Rücklage für zukünftige Investitionsvorhaben gebildet werden. Die Bildung der Rücklage bedarf zu ihrer Wirksamkeit der Zustimmung des Verwaltungsrats.

(5) Die Prüfung der Rechnung und der Haushalts- und Wirtschaftsführung ist unbeschadet einer Prüfung des Bundesrechnungshofs nach § 111 der Bundeshaushaltsordnung von der in der Satzung bestimmten Stelle vorzunehmen. Die Ergebnisse der Prüfung sind dem Direktorium, dem Verwaltungsrat und dem Bundesministerium sowie dem Bundesrechnungshof zuzuleiten.

§ 13 Deckung der Kosten der Aufsicht

(1) Die Bundesanstalt deckt ihre Kosten, einschließlich der Kosten, mit denen die Deutsche Bundesbank die Bundesanstalt nach § 15 Abs. 2 belastet, aus eigenen Einnahmen nach Maßgabe der §§ 14 bis 16 und den sonstigen eigenen Einnahmen, soweit in den §§ 17a bis 17d nichts anderes bestimmt ist. Bußgelder bleiben unberücksichtigt.

(2) Der Bund leistet die zur Aufrechterhaltung einer ordnungsgemäßen Kassenwirtschaft notwendigen Liquiditätshilfen als verzinsliches Darlehen nach Maßgabe des Haushaltsgesetzes. Die Höhe des Zinssatzes wird durch Vereinbarung zwischen dem Bund und der Bundesanstalt festgelegt. Das Darlehen ist so bald wie möglich zurückzuzahlen, spätestens jedoch mit dem Ende des Haushaltsjahres.

Fünfter Abschnitt:
Gebühren und Umlage, Zwangsmittel

§ 14 Gebühren für Amtshandlungen

(1) Die Bundesanstalt kann für Amtshandlungen im Rahmen der ihr zugewiesenen Aufgaben Gebühren in Höhe von bis zu 500 000 Euro erheben, soweit nicht die für die Bundesanstalt geltenden Gesetze besondere Gebührenregelungen enthalten, nach § 15 eine gesonderte Erstattung von Kosten vorgesehen ist oder eine gesonderte Finanzierung nach Maßgabe der §§ 17a bis 17d stattfindet.

(2) Das Bundesministerium wird ermächtigt, durch Rechtsverordnung die gebührenpflichtigen Tatbestände und die Gebühren nach Maßgabe des Absatzes 1 durch feste Sätze oder Rahmensätze und durch Regelungen über Erhöhungen, Ermäßigungen und Befreiungen für bestimmte Arten von Amtshandlungen näher zu bestimmen. Dabei kann von § 15 des Verwaltungskostengesetzes abgewichen werden. Die Gebührensätze sind so zu bemessen, dass zwischen der den Verwaltungsaufwand berücksichtigenden Höhe und der Bedeutung, dem wirtschaftlichen Wert oder dem sonstigen

Nutzen der Amtshandlung ein angemessenes Verhältnis besteht. Das Bundesministerium kann die Ermächtigung zum Erlass der Rechtsverordnung nach Satz 1 durch Rechtsverordnung auf die Bundesanstalt übertragen.

(3) In der Rechtsverordnung nach Absatz 2 kann bestimmt werden, dass sie auch auf die bei ihrem Inkrafttreten anhängigen Verwaltungsverfahren anzuwenden ist, soweit in diesem Zeitpunkt die Gebühr nicht bereits festgesetzt ist.

§ 15 Gesonderte Erstattung

(1) Die Kosten, die der Bundesanstalt entstehen
1. durch die Bestellung eines Abwicklers nach § 37 Abs. 1 Satz 2, § 38 Abs. 2 Satz 2 oder 4 des Kreditwesengesetzes oder einer Aufsichtsperson nach § 46 Abs. 1 Satz 2 des Kreditwesengesetzes, durch eine Bekanntmachung nach § 32 Abs. 4, § 37 Abs. 1 Satz 3 oder § 38 Abs. 3 des Kreditwesengesetzes, durch eine auf Grund des § 44 Abs. 1 oder 2, § 44b Abs. 2 oder § 44c Abs. 2 auch in Verbindung mit Maßnahmen nach § 44c Abs. 3 oder 4 des Kreditwesengesetzes vorgenommene Prüfung,
2. durch eine auf Grund des § 35 Abs. 1 oder § 36 Abs. 4 des Wertpapierhandelsgesetzes vorgenommene Prüfung,
3. auf Grund einer nach § 44 Abs. 3 des Kreditwesengesetzes vorgenommenen Prüfung der Richtigkeit der für die Zusammenfassung nach § 10a Absatz 4 und 5 und § 25 Abs. 2 des Kreditwesengesetzes sowie nach Artikel 11 der Verordnung (EU) Nr. 575/2013 des Europäischen Parlaments und des Rates vom 26. Juni 2013 über Aufsichtsanforderungen an Kreditinstitute und Wertpapierfirmen und zur Änderung der Verordnung (EU) Nr. 646/2012 (ABl. L 176 vom 27.6.2013, S. 1) übermittelten Daten,
4. durch die Bestellung eines Abwicklers nach § 81f Abs. 1 Satz 2, durch eine auf Grund des § 83b Abs. 2 auch in Verbindung mit Maßnahmen nach § 83b Abs. 3 oder des § 83 Abs. 1 Satz 1 Nr. 2, 3 oder 4, auch in Verbindung mit Abs. 5a, jeweils auch in Verbindung mit § 1a Abs. 1, § 105 Abs. 3, § 110d Abs. 2 Satz 1 und Abs. 3, § 113 Abs. 1, § 121a Abs. 1 Satz 1, § 128 Satz 3 oder § 159 Abs. 1 Satz 2 des Versicherungsaufsichtsgesetzes vorgenommene Prüfung,
5. durch die Bestellung oder Abberufung eines Verwalters nach § 22e des Kreditwesengesetzes,
6. durch die Beantragung der Bestellung oder Abberufung eines Sachwalters nach § 22l oder § 22o des Kreditwesengesetzes,
7. durch
    a) die Bestellung eines Abwicklers nach § 39 Absatz 4 des Kapitalanlagegesetzbuchs in Verbindung mit § 38 Absatz 2 Satz 2 oder 3 des Kreditwesengesetzes,
    b) eine Bekanntmachung nach § 21 Absatz 4 oder § 22 Absatz 5 oder § 39 Absatz 4 des Kapitalanlagegesetzbuchs in Verbindung mit § 38 Absatz 3 des Kreditwesengesetzes,
    c) die Bestellung eines Abwicklers nach § 15 des Kapitalanlagegesetzbuchs,
    d) eine Prüfung, die auf Grund des § 14 des Kapitalanlagegesetzbuchs in Verbindung mit § 44 Absatz 1 oder § 44b Absatz 2 des Kreditwesengesetzes vorgenommen wird,
8. durch eine auf Grund des § 7 Abs. 3 Satz 4 des Einlagensicherungs- und Anlegerentschädigungsgesetzes in Verbindung mit § 44 Abs. 1 des Kreditwesengesetzes, auch in Verbindung mit § 6 Abs. 4 Satz 3 oder § 12 Abs. 2 Satz 1 des Einlagensicherungs- und Anlegerentschädigungsgesetzes vorgenommene Prüfung oder
9. (aufgehoben)
10. durch
    a) die Bestellung eines Abwicklers nach § 4 Abs. 1 Satz 2 des Zahlungsdiensteaufsichtsgesetzes, nach § 10 Abs. 3 Satz 1 des Zahlungsdiensteaufsichtsgesetzes in Verbindung mit § 38 Abs. 2 Satz 2 oder 4 des Kreditwesengesetzes, nach § 26

Abs. 3 oder 4, jeweils in Verbindung mit § 4 Abs. 1 Satz 2 des Zahlungsdiensteaufsichtsgesetzes, oder einer Aufsichtsperson nach § 16 Abs. 2 Satz 2 Nr. 3 des Zahlungsdiensteaufsichtsgesetzes,
b) eine Bekanntmachung nach § 4 Abs. 1 Satz 3, nach § 26 Abs. 3 oder 4, jeweils in Verbindung mit § 4 Abs. 1 Satz 3 oder eine Bekanntmachung nach § 10 Abs. 4 des Zahlungsdiensteaufsichtsgesetzes,
c) eine Prüfung, die vorgenommen wurde auf Grund
aa) des § 5 Abs. 2, auch in Verbindung mit Maßnahmen nach Abs. 3 oder 4 oder des § 14 Abs. 1 Satz 2 des Zahlungsdiensteaufsichtsgesetzes,
bb) des § 26 Abs. 3 oder 4, jeweils in Verbindung mit § 5 Abs. 2, 3 oder 4 oder § 14 Abs. 1 Satz 2 des Zahlungsdiensteaufsichtsgesetzes
11. (aufgehoben)

sind in den Fällen der Nummern 1, 2, 4, 7, 9 und 10 von dem betroffenen Unternehmen, in den Fällen der Nummer 3 von dem zur Zusammenfassung verpflichteten Unternehmen, in den Fällen der Nummer 5 von dem registerführenden Unternehmen, in den Fällen der Nummer 6 von den in § 22n Abs. 4 Satz 2 und 3 des Kreditwesengesetzes genannten Unternehmen und in den Fällen der Nummer 8 von den betroffenen Einrichtungen der Bundesanstalt gesondert zu erstatten und ihr auf Verlangen vorzuschießen. Zu den Kosten nach Satz 1 gehören auch die Kosten, mit denen die Bundesanstalt von der Deutschen Bundesbank und anderen Behörden, die im Rahmen solcher Maßnahmen für die Bundesanstalt tätig werden, belastet wird, sowie die Kosten für den Einsatz eigener Mitarbeiter.

(2) Die Bundesanstalt hat der Deutschen Bundesbank und den anderen Behörden, die im Rahmen des Absatzes 1 für sie tätig werden, den Personal- und Sachaufwand zu ersetzen. Die Höhe des Erstattungsbetrags, insbesondere die Stundensätze für den Einsatz von Mitarbeitern dieser Behörden, bestimmen sich nach Erstattungsrichtlinien, die das Bundesministerium erlässt.

§ 16 Umlage

Soweit die Kosten der Bundesanstalt nicht durch Gebühren, gesonderte Erstattungen nach § 15 oder sonstige Einnahmen gedeckt werden, sind sie unter Berücksichtigung von Fehlbeträgen, nicht eingegangenen Beträgen und Überschüssen der Vorjahre anteilig auf die Kreditinstitute, Finanzdienstleistungs-, Zahlungs- und E-Geld-Institute, Kapitalverwaltungsgesellschaften, extern verwalteten OGAW-Investmentaktiengesellschaften, Versicherungsunternehmen, Wertpapierdienstleistungsunternehmen und Emittenten mit Sitz im Inland, deren Wertpapiere an einer inländischen Börse zum Handel zugelassen oder in den Freiverkehr einbezogen sind, sowie die Abwicklungsanstalten nach Maßgabe der §§ 16a bis 16q umzulegen.

§ 16a Umlagefähige Kosten; Umlagejahr

(1) Die Bundesanstalt hat als Kosten im Sinne des § 16 die Ausgaben eines Haushaltsjahres zu ermitteln. Zu den Kosten gehören auch die Zuführungen zu einer Investitionsrücklage gemäß § 12 Absatz 4 Satz 2 und die Zuführungen zu der Pensionsrücklage nach § 19 Absatz 2.
(2) Von diesen Kosten sind diejenigen Kosten umlagefähig, die nach Abzug der Einnahmen und Berücksichtigung der Fehlbeträge, nicht eingegangenen Beträge und Überschüsse der Vorjahre verbleiben. Zu den Einnahmen gehören auch Entnahmen aus der Pensionsrücklage sowie Entnahmen aus einer Investitionsrücklage. Bußgelder bleiben unberücksichtigt.
(3) Das Haushaltsjahr ist das Umlagejahr im Sinne dieses Gesetzes.

§ 16b Kostenermittlung nach Aufsichtsbereichen und Gruppen

(1) Die Kosten sind für die folgenden Aufsichtsbereiche, die jeweils nach den maßgeblichen Aufsichtsgesetzen in die Zuständigkeit der Bundesanstalt fallen, getrennt zu ermitteln:
1. Kredit-, Finanzdienstleistungs-, Zahlungsdienste- und inländisches Investmentwesen (Aufsichtsbereich Banken und sonstige Finanzdienstleistungen),
2. Versicherungswesen (Aufsichtsbereich Versicherungen) und
3. Wertpapierhandel (Aufsichtsbereich Wertpapierhandel).

Innerhalb des Aufsichtsbereichs Banken und sonstige Finanzdienstleistungen sowie des Aufsichtsbereichs Wertpapierhandel hat eine gesonderte Ermittlung nach Gruppen gemäß den §§ 16e und 16i zu erfolgen.
(2) Kosten, die zwei Aufsichtsbereichen nach Absatz 1 Satz 1 gemeinsam zugerechnet werden können, sind jeweils gesondert zu erfassen. Sie sind auf die betroffenen Aufsichtsbereiche entsprechend dem Verhältnis aufzuteilen, das zwischen den Kosten besteht, die den Aufsichtsbereichen unmittelbar zuzurechnen sind. Die so ermittelten Kostenanteile sind jeweils den Kosten hinzuzurechnen, die auf die Aufsichtsbereiche unmittelbar entfallen.
(3) Die übrigen Kosten, die weder einem Aufsichtsbereich nach Absatz 1 Satz 1 unmittelbar noch nach Absatz 2 zwei Aufsichtsbereichen gemeinsam zugeordnet werden können (Gemeinkosten), sind ebenfalls gesondert zu erfassen. Sie sind auf alle Aufsichtsbereiche entsprechend dem Verhältnis aufzuteilen, das zwischen den Kosten besteht, die den Aufsichtsbereichen nach Durchführung der in Absatz 2 vorgegebenen Verteilung zuzurechnen sind.
(4) Die Einnahmen im Sinne des § 16 sind von den Kosten des Aufsichtsbereichs abzusetzen, denen sie jeweils unmittelbar zuzurechnen sind. Einnahmen, die zwei Aufsichtsbereichen gemeinsam zugerechnet werden können, sind entsprechend dem Verhältnis der Kosten, die den Aufsichtsbereichen unmittelbar zuzurechnen sind, abzuziehen. Einnahmen, die keinem Aufsichtsbereich unmittelbar zugerechnet werden können, sind vor Verteilung der Gemeinkosten nach Absatz 3 von diesen abzuziehen.

§ 16c Fehlbeträge, nicht eingegangene Beträge und Überschüsse der Vorjahre

(1) Nach Ermittlung und Verteilung der Kosten für das Umlagejahr nach Maßgabe des § 16b sind die zu berücksichtigenden Fehlbeträge, nicht eingegangenen Beträge und Überschüsse, die dem Umlagejahr 2009 und späteren Umlagejahren zuzuordnen sind, den Aufsichtsbereichen zuzuordnen. Den Kosten der Aufsichtsbereiche sind die Fehlbeträge und nicht eingegangenen Beträge jeweils entsprechend ihrer Zuordnung nach Satz 1 hinzuzurechnen; Überschüsse sind jeweils entsprechend ihrer Zuordnung nach Satz 1 von diesen Kosten abzuziehen. Stichtag für die Berücksichtigung der in den Sätzen 1 und 2 genannten Beträge und Überschüsse ist der 30. Juni des Jahres, das dem Umlagejahr folgt, für das die Kosten ermittelt wurden. Nach diesem Stichtag anfallende Fehlbeträge, nicht eingegangene Beträge und Überschüsse werden als Fehlbeträge, nicht eingegangene Beträge und Überschüsse bei der Festsetzung der Umlagebeträge in den nächstfolgenden Jahren berücksichtigt.
(2) Fehlbeträge und nicht eingegangene Beträge, die den Umlagejahren 2002 bis 2008 zuzuordnen sind und nicht nach § 16 Absatz 1 in der bis zum 25. März 2009 geltenden Fassung umgelegt wurden oder werden, sind mit den Überschüssen, die den Umlagejahren 2002 bis 2008 zuzuordnen sind und nicht nach § 6 Absatz 1 Satz 6 der Verordnung über die Erhebung von Gebühren und die Umlegung von Kosten nach dem Finanzdienstleistungsaufsichtsgesetz in der bis zum 25. März 2009 geltenden Fassung umgelegt wurden oder werden, zu verrechnen. Übersteigen die nach Satz 1 zu ver-

rechnenden Überschüsse die zu verrechnenden Fehlbeträge und nicht eingegangenen Beträge, ist der übersteigende Betrag bei der Festsetzung der Umlage für das Umlagejahr 2009 oder für spätere Umlagejahre vor Verteilung der Gemeinkosten von diesen abzuziehen. Übersteigen die nach Satz 1 zu verrechnenden Fehlbeträge und nicht eingegangenen Beträge die zu verrechnenden Überschüsse, ist der übersteigende Betrag bei der Festsetzung der Umlage für das Umlagejahr 2013 oder für spätere Umlagejahre vor Verteilung der Gemeinkosten zu diesen hinzuzurechnen.

§ 16d Umlagebetrag, Umlagepflicht und Verteilungsschlüssel

Umlagebetrag ist der Anteil an den umlagefähigen Kosten, der innerhalb eines Aufsichtsbereichs oder einer Gruppe für einen Umlagepflichtigen ermittelt wird. Ein Umlagepflichtiger kann mehreren Aufsichtsbereichen oder Gruppen innerhalb eines Aufsichtsbereichs zugeordnet sein. Die Umlagepflicht und die Verteilung der Kosten innerhalb eines Aufsichtsbereichs bestimmen sich nach Maßgabe der §§ 16e bis 16j.

§ 16e Kostenermittlung und Umlagepflicht im Aufsichtsbereich Banken und sonstige Finanzdienstleistungen

(1) Innerhalb des Aufsichtsbereichs Banken und sonstige Finanzdienstleistungen hat eine gesonderte Ermittlung der Kosten nach folgenden Gruppen zu erfolgen:
1. Gruppe Kredit- und Finanzdienstleistungsinstitute: Kreditinstitute, Finanzdienstleistungsinstitute mit einer Erlaubnis nach § 1 Absatz 1a Satz 2 Nummer 1 bis 5, 7, 9 bis 11 des Kreditwesengesetzes und die nach § 53 Absatz 1 Satz 1 des Kreditwesengesetzes tätigen Unternehmen, soweit die Finanzdienstleistungsinstitute und Unternehmen nicht ausschließlich Finanzdienstleistungen nach § 1 Absatz 1a Satz 2 Nummer 9 oder 10 des Kreditwesengesetzes erbringen, sowie Institute im Sinne des § 1 Absatz 2a des Zahlungsdiensteaufsichtsgesetzes und die nach § 27 des Zahlungsdiensteaufsichtsgesetzes tätigen Unternehmen, wobei
   a) Kreditinstitute und entsprechend nach § 53 des Kreditwesengesetzes tätige Unternehmen, die Bankgeschäfte betreiben und gleichzeitig das E-Geld-Geschäft betreiben oder Zahlungsdienste erbringen, ausschließlich als Kreditinstitute und
   b) Finanzdienstleistungsinstitute und entsprechend nach § 53 des Kreditwesengesetzes tätige Unternehmen, die Finanzdienstleistungen erbringen und gleichzeitig das E-Geld-Geschäft betreiben oder Zahlungsdienste erbringen, ausschließlich als Finanzdienstleistungsinstitute im Sinne der nachfolgenden Vorschriften gelten,
2. Gruppe Factoring- und Finanzierungsleasingunternehmen: Finanzdienstleistungsinstitute mit einer Erlaubnis nach § 1 Absatz 1a Satz 2 Nummer 9 oder 10 des Kreditwesengesetzes sowie die nach § 53 Absatz 1 Satz 1 des Kreditwesengesetzes tätigen Unternehmen, soweit sie nicht unter Nummer 1 fallen,
3. Gruppe Abwicklungsanstalten: Abwicklungsanstalten im Sinne des § 8a Absatz 1 Satz 1 oder des § 8b Absatz 1 des Finanzmarktstabilisierungsfondsgesetzes,
4. Gruppe Kapitalverwaltungsgesellschaften und extern verwaltete OGAW-Investmentaktiengesellschaften: Kapitalverwaltungsgesellschaften im Sinne des § 17 Absatz 1 des Kapitalanlagegesetzbuchs und extern verwaltete OGAW-Investmentaktiengesellschaften im Sinne des § 113 des Kapitalanlagegesetzbuchs.
5. (aufgehoben)

Die Kosten des Aufsichtsbereichs Banken und sonstige Finanzdienstleistungen, die keiner Gruppe nach Satz 1 unmittelbar zugeordnet werden können, sind gesondert zu erfassen. Sie sind auf die Gruppen entsprechend dem Verhältnis aufzuteilen, das zwischen den Kosten besteht, die den Gruppen unmittelbar zuzurechnen sind. Im Übrigen sind § 16b Absatz 4 Satz 1 und 3 sowie § 16c entsprechend anzuwenden.

(2) Umlagepflichtig für den Aufsichtsbereich Banken und sonstige Finanzdienstleistungen ist vorbehaltlich des Absatzes 3, wer einer der in Absatz 1 genannten Gruppen angehört.

(3) Ausgenommen von der Umlagepflicht nach Absatz 2 sind
1. vorbehaltlich des § 2 Absatz 3 des Kreditwesengesetzes die nach § 2 Absatz 1 Nummer 1 bis 3a, 3c bis 6 und 7 bis 12 des Kreditwesengesetzes nicht als Kreditinstitute geltenden Einrichtungen und Unternehmen,
2. vorbehaltlich des § 2 Absatz 6 Satz 2 des Kreditwesengesetzes die nach § 2 Absatz 6 Satz 1 Nummer 1 bis 5, 5b bis 20 und Absatz 10 des Kreditwesengesetzes nicht als Finanzdienstleistungsinstitute geltenden Einrichtungen und Unternehmen,
3. Institute oder Unternehmen, welche die Bundesanstalt nach § 2 Absatz 4 des Kreditwesengesetzes freigestellt hat,
4. AIF-Kapitalverwaltungsgesellschaften mit einer Registrierung nach § 44 des Kapitalanlagegesetzbuchs.

(4) Die Umlagepflicht nach Absatz 2 entsteht mit Erteilung oder der Fiktion der Erlaubnis oder im Fall einer Abwicklungsanstalt mit deren Errichtung. Sie endet in dem Jahr des Erlöschens der Erlaubnis oder der Auflösung der Abwicklungsanstalt. Ändert sich im Laufe eines Umlagejahres der Erlaubnisumfang oder wird von der Bundesanstalt eine Erlaubnis zum Betreiben eines anderen Geschäfts erteilt, wird der Umlagepflichtige nach Maßgabe der Regelungen zur Umlage herangezogen, die für das Geschäft gelten, auf das sich die zuletzt im Umlagejahr bestehende Erlaubnis bezieht.

§ 16f Bemessungsgrundlagen der Umlage im Aufsichtsbereich Banken und sonstige Finanzdienstleistungen

(1) Der Umlagebetrag für die Umlagepflichtigen im Aufsichtsbereich Banken und sonstige Finanzdienstleistungen ist zu bemessen:
1. in den Gruppen Kredit- und Finanzdienstleistungsinstitute, Factoring- und Finanzierungsleasingunternehmen sowie Abwicklungsanstalten vorbehaltlich des Absatzes 2 und des § 16g jeweils nach dem Verhältnis der Bilanzsumme des einzelnen Umlagepflichtigen zum Gesamtbetrag der Bilanzsummen aller Umlagepflichtigen der Gruppe. Maßgebend ist die auf der Grundlage der jeweils anzuwendenden Rechnungslegungsvorschriften aufgestellte und festgestellte Bilanz für das Geschäftsjahr, das dem Umlagejahr vorausgeht; bei den Abwicklungsanstalten ist die Bilanz für das im Umlagejahr endende Geschäftsjahr maßgebend;
2. in der Gruppe Kapitalverwaltungsgesellschaften und extern verwaltete OGAW-Investmentaktiengesellschaften nach dem Wert der von den Kapitalverwaltungsgesellschaften verwalteten Investmentvermögen und den von extern verwalteten OGAW-Investmentaktiengesellschaften zur gemeinschaftlichen Kapitalanlage verwalteten und angelegten Mitteln. Dabei ist die Summe der Werte aller von einem Umlagepflichtigen verwalteten Investmentvermögen oder zur gemeinschaftlichen Kapitalanlage verwalteten oder angelegten Mittel in das Verhältnis zu dem Gesamtbetrag des Wertes zu setzen, den die Investmentvermögen und zur gemeinschaftlichen Kapitalanlage verwalteten oder angelegten Mittel aller Umlagepflichtigen haben. Maßgebend ist jeweils der Wert, der nach § 101 Absatz 1 Satz 3 Nummer 1 Satz 6 oder nach § 120 Absatz 2 und 5, § 135 Absatz 3 und 5, § 148 oder § 158 jeweils in Verbindung mit § 101 Absatz 1 Satz 3 Nummer 1 Satz 6 des Kapitalanlagegesetzbuchs in dem Jahresbericht für das Geschäftsjahr angegeben wird, das dem Umlagejahr vorausgeht. Investmentvermögen, die keine Spezial-AIF im Sinne des § 1 Absatz 6 Satz 1 des Kapitalanlagegesetzbuchs sind, oder Mittel von OGAW-

Investmentaktiengesellschaften werden bei der Berechnung nach Satz 2 doppelt gewichtet.
3. (aufgehoben)

(2) Abweichend von Absatz 1 Nummer 1 gilt als Bilanzsumme:
1. für Umlagepflichtige der Gruppe Kredit- und Finanzdienstleistungsinstitute,
   a) die in ihrer Bilanz auf der Aktivseite zu mehr als einem Fünftel Treuhandgeschäfte im Sinne des § 6 Absatz 1 und 2 der Kreditinstituts-Rechnungslegungsverordnung ausweisen, die um die Beträge dieser Geschäfte gekürzte Bilanzsumme,
   b) deren erlaubnispflichtige Tätigkeit sich nach § 2 Absatz 3 oder Absatz 6 Satz 2 des Kreditwesengesetzes beurteilt, der dem Verhältnis der von ihnen betriebenen, ihnen nicht eigentümlichen Bankgeschäfte oder Finanzdienstleistungen zum Gesamtgeschäft entsprechende Bruchteil der Bilanzsumme,
   c) die zu mehr als einem Fünftel bank-, finanz- oder zahlungsdienstfremde Geschäfte betreiben, der dem Verhältnis der erlaubnispflichtigen Geschäfte oder Finanzdienstleistungen zum Gesamtgeschäft entsprechende Bruchteil der Bilanzsumme,
   d) die in der Rechtsform des Einzelkaufmanns tätig sind, die um ein fiktives Geschäftsführergehalt, das auf die Höhe des Jahresüberschusses und die Höhe der Bilanzsumme begrenzt ist, verminderte Bilanzsumme,
2. für Umlagepflichtige der Gruppen Kredit- und Finanzdienstleistungsinstitute sowie Factoring- und Finanzierungsleasingunternehmen, die ihre Geschäftstätigkeit im Umlagejahr erst aufnehmen, die in der Planbilanz für das erste Geschäftsjahr gemäß § 32 Absatz 1 Satz 2 Nummer 5 und Satz 3 des Kreditwesengesetzes in Verbindung mit § 14 Absatz 7 Nummer 1 der Anzeigenverordnung oder nach § 8 Absatz 3 Nummer 2 des Zahlungsdiensteaufsichtsgesetzes ausgewiesene Bilanzsumme,
3. für Umlagepflichtige der Gruppen Kredit- und Finanzdienstleistungsinstitute, Factoring- und Finanzierungsleasingunternehmen sowie Abwicklungsanstalten, die nicht das ganze Jahr umlagepflichtig waren, ein Bruchteil der nach Absatz 1 Nummer 1, auch in Verbindung mit den Nummern 1 und 2 dieses Satzes ermittelten Bilanzsumme, wobei der Bruchteil dem Verhältnis der Anzahl der angefangenen Monate, in denen die Umlagepflicht bestand, zur Anzahl der Monate des Umlagejahres entspricht.

Die abweichenden Bilanzsummen nach Satz 1 Nummer 1 sind von der Bundesanstalt nur zu berücksichtigen, wenn der Umlagepflichtige dies vor dem 1. Juni des auf das Umlagejahr folgenden Kalenderjahres beantragt und das Vorliegen der Voraussetzungen durch Vorlage geeigneter Unterlagen nachgewiesen hat; Tatsachen, die verspätet vorgetragen oder nachgewiesen werden, bleiben unberücksichtigt. Die Höhe des fiktiven Geschäftsführergehalts im Sinne des Satzes 1 Nummer 1 Buchstabe d ist durch eine Bescheinigung eines Wirtschaftsprüfers, eines vereidigten Buchprüfers oder einer Buchprüfungsgesellschaft zu belegen.

(3) Für Umlagepflichtige der Gruppe Kapitalanlage- und Investmentaktiengesellschaften, die nicht das ganze Jahr umlagepflichtig waren, ist abweichend von Absatz 1 Nummer 2 der Bruchteil der jeweiligen Bemessungsgrundlage maßgeblich, der dem Verhältnis der Anzahl der angefangenen Monate, in denen die Umlagepflicht bestand, zur Anzahl der Monate des Umlagejahres entspricht.

(4) In den Gruppen Kredit- und Finanzdienstleistungsinstitute, Factoring- und Finanzierungsleasingunternehmen sowie Abwicklungsanstalten haben die Umlagepflichtigen bis spätestens zum 30. Juni des dem Umlagejahr folgenden Kalenderjahres die für die Bemessung des Umlagebetrages notwendigen, von einem Wirtschaftsprüfer oder einer Wirtschaftsprüfungsgesellschaft bestätigten Daten mitzuteilen, sofern bis zu diesem Zeitpunkt noch keine festgestellte und geprüfte Bilanz für das letzte

Geschäftsjahr bei der Bundesanstalt eingereicht worden ist oder die eingereichte Bilanz nicht den Anforderungen der §§ 340 bis 340k des Handelsgesetzbuchs und der Kreditinstituts-Rechnungslegungsverordnung genügt. Bei Finanzdienstleistungsinstituten, deren Bilanzsumme des letzten Geschäftsjahres 150 Millionen Euro nicht übersteigt, können die Bestätigungen nach Satz 1 auch durch vereidigte Buchprüfer oder Buchprüfungsgesellschaften vorgenommen werden.

(5) Liegen die Bilanz oder die Daten nach Absatz 4 am 1. Juli nicht vor, schätzt die Bundesanstalt die Bilanzsumme und setzt den Umlagebetrag anhand der geschätzten Daten fest. Die Bundesanstalt kann auf Antrag eine angemessene Nachfrist von bis zu einem Monat zur Einreichung der in Absatz 4 genannten Unterlagen gewähren. Bei der Schätzung hat die Bundesanstalt im Regelfall die Bilanzdaten des Umlagepflichtigen aus vorangegangenen Geschäftsjahren zugrunde zu legen. Liegen keinerlei Daten im Sinne des Satzes 3 und auch keine entsprechenden Daten für die nachfolgenden Geschäftsjahre vor, hat die Schätzung auf der Grundlage des arithmetischen Mittels der vorliegenden Bilanzdaten der anderen Umlagepflichtigen derselben nach § 16g Absatz 1 Nummer 1 Buchstabe a bis d oder Nummer 2 bestimmten Gruppe zu erfolgen.

§ 16g Mindestumlagebeträge im Aufsichtsbereich Banken und sonstige Finanzdienstleistungen

(1) Der von jedem Umlagepflichtigen des Aufsichtsbereichs Banken und sonstige Finanzdienstleistungen zu entrichtende Umlagebetrag beträgt
1. in der Gruppe Kredit- und Finanzdienstleistungsinstitute mindestens
   a) 4000 Euro für Kreditinstitute mit Ausnahme der Wertpapierhandelsbanken, bei einer nach § 16f ermittelten Bilanzsumme von 100 Millionen Euro oder weniger jedoch nur 3500 Euro und für Wohnungsunternehmen mit Spareinrichtung nur 2500 Euro,
   b) 3500 Euro für Wertpapierhandelsbanken und für Finanzdienstleistungsinstitute mit einer Erlaubnis
      aa) nach § 1 Absatz 1a Satz 2 Nummer 1, 1c, 2, 3 oder 11 des Kreditwesengesetzes, wenn die Erlaubnis in diesen Fällen die Befugnis umfasst, sich Eigentum oder Besitz an Geldern oder Wertpapieren von Kunden zu verschaffen,
      bb) nach § 1 Absatz 1a Satz 2 Nummer 1b oder 4 des Kreditwesengesetzes oder
      cc) nach § 1 Absatz 1a Satz 2 Nummer 11 des Kreditwesengesetzes, wenn die Erlaubnis in diesen Fällen die Befugnis umfasst, auf eigene Rechnung zu handeln,
   c) 2500 Euro für Finanzdienstleistungsinstitute mit einer Erlaubnis
      aa) nach § 1 Absatz 1a Satz 2 Nummer 1, 1c, 2, 3 oder 11 des Kreditwesengesetzes, wenn die Erlaubnis nicht die Befugnis umfasst, sich Eigentum oder Besitz an Geldern oder Wertpapieren von Kunden zu verschaffen, oder
      bb) nach § 1 Absatz 1a Satz 2 Nummer 1a des Kreditwesengesetzes,
   d) 1300 Euro für Finanzdienstleistungsinstitute mit einer Erlaubnis nach § 1 Absatz 1a Satz 2 Nummer 5 oder 7 des Kreditwesengesetzes und für Institute im Sinne des § 1 Absatz 2a des Zahlungsdiensteaufsichtsgesetzes,
   e) die Hälfte des Mindestbetrages der Buchstaben b bis d für die dort genannten Unternehmen, soweit deren Bilanzsumme den Betrag von 100 000 Euro unterschreitet,
2. in der Gruppe Factoring- und Finanzierungsleasingunternehmen mindestens 1300 Euro,
3. in der Gruppe Kapitalverwaltungsgesellschaften und extern verwaltete OGAW-Investmentaktiengesellschaften mindestens 7500 Euro.
4. (aufgehoben)

(2) Die Mindestumlagebeträge nach Absatz 1 Nummer 1 Buchstabe b bis d erhöhen sich
1. ab einer Bilanzsumme von 750 000 Euro auf 4500 Euro,
2. ab einer Bilanzsumme von 1 Million Euro auf 5150 Euro,
3. ab einer Bilanzsumme von 1,5 Millionen Euro auf 5800 Euro,
4. ab einer Bilanzsumme von 2 Millionen Euro auf 8500 Euro,
5. ab einer Bilanzsumme von 3 Millionen Euro auf 10 500 Euro,
6. ab einer Bilanzsumme von 5 Millionen Euro auf 14 500 Euro,
7. ab einer Bilanzsumme von 7,5 Millionen Euro auf 19 500 Euro,
8. ab einer Bilanzsumme von 12,5 Millionen Euro auf 27 000 Euro,
9. ab einer Bilanzsumme von 20 Millionen Euro auf 36 000 Euro,
10. ab einer Bilanzsumme von 30 Millionen Euro auf 44 000 Euro,
11. ab einer Bilanzsumme von 50 Millionen Euro auf 54 000 Euro,
12. ab einer Bilanzsumme von 100 Millionen Euro auf 100 000 Euro.

§ 16h Aufsichtsbereich Versicherungen

(1) Umlagepflichtig im Aufsichtsbereich Versicherungen ist die Gesamtheit der inländischen Versicherungsunternehmen und Pensionsfonds sowie der inländischen Niederlassungen ausländischer Versicherungsunternehmen und Pensionsfonds, welche ihren Sitz außerhalb der Mitgliedstaaten der Europäischen Union oder eines anderen Vertragsstaates des Abkommens über den Europäischen Wirtschaftsraum haben. § 16e Absatz 4 Satz 1 und 2 gilt entsprechend.

(2) Der Umlagebetrag bemisst sich vorbehaltlich des Satzes 2 nach dem Verhältnis der verdienten Brutto-Beitragseinnahmen des einzelnen Umlagepflichtigen zum Gesamtbetrag der Brutto-Beitragseinnahmen, die allen Umlagepflichtigen des Aufsichtsbereichs Versicherungen in dem Geschäftsjahr erwachsen sind, das dem Umlagejahr vorausgeht. Von den Brutto-Beitragseinnahmen sind die an die Versicherungsnehmer zurückgewährten Überschüsse oder Gewinnanteile in voller Höhe und die Provisionsaufwendungen aus der aktiven Rückversicherung zu 50 Prozent abzuziehen. Für Pensionsfonds gilt dies entsprechend bezogen auf die Pensionsfondsbeiträge und die Versorgungsberechtigten.

(3) Für Umlagepflichtige, die nicht das ganze Jahr umlagepflichtig waren, ist abweichend von Absatz 2 der Bruchteil der Bemessungsgrundlage maßgeblich, der dem Verhältnis der Anzahl der angefangenen Monate, in denen die Umlagepflicht bestand, zur Anzahl der Monate des Umlagejahres entspricht.

(4) Der von jedem Umlagepflichtigen des Aufsichtsbereichs Versicherungen zu entrichtende Umlagebetrag beträgt mindestens 250 Euro.

§ 16i Kostenermittlung und Umlagepflicht im Aufsichtsbereich Wertpapierhandel

(1) Innerhalb des Aufsichtsbereichs Wertpapierhandel hat eine gesonderte Ermittlung der Kosten nach folgenden Gruppen zu erfolgen:
1. Gruppe Wertpapierdienstleistungsunternehmen und Anlageverwalter: Wertpapierdienstleistungsunternehmen im Sinne des § 2 Absatz 4 des Wertpapierhandelsgesetzes und Institute und Unternehmen, auf die § 2 Absatz 3 Satz 3 des Wertpapierhandelsgesetzes anzuwenden ist, sowie
2. Gruppe Emittenten: Emittenten mit Sitz im Inland, deren Wertpapiere an einer inländischen Börse zum Handel zugelassen oder in den Freiverkehr einbezogen sind.

Die Kosten des Aufsichtsbereichs Wertpapierhandel, die einer Gruppe nach Satz 1 nicht unmittelbar zugeordnet werden können, sind gesondert zu erfassen. Sie sind auf die Gruppen entsprechend dem Verhältnis aufzuteilen, das zwischen den Kosten besteht, die den Gruppen unmittelbar zuzurechnen sind. § 16b Absatz 4 Satz 1 und 3 ist entsprechend anzuwenden. § 16c ist mit der Maßgabe entsprechend anzuwenden, dass Fehlbeträge, nicht eingegangene Beträge und Überschüsse erst nach der Aufteilung der Kosten nach Satz 1 gruppenbezogen zu berücksichtigen sind.

(2) Umlagepflichtig für den Aufsichtsbereich Wertpapierhandel ist, wer den in Absatz 1 genannten Gruppen angehört. Die Umlagepflicht in der Gruppe der Wertpapierdienstleistungsunternehmen und Anlageverwalter besteht mit Erteilung oder Fiktion der Erlaubnis zum Erbringen einer oder mehrerer Wertpapierdienstleistungen oder mit Erteilung der Erlaubnis zur Erbringung der Dienstleistung Anlageverwaltung. Sie endet in dem Jahr des Erlöschens der Erlaubnis. Die Umlagepflicht besteht auch dann, wenn die Voraussetzungen nicht das ganze Jahr vorliegen. Die Umlagepflicht in der Gruppe der Emittenten erstreckt sich auf die Umlagejahre, in denen ein Emittent die in Absatz 1 Satz 1 Nummer 2 genannten Voraussetzungen erfüllt.

(3) Fehlbeträge, nicht eingegangene Beträge und Überschüsse der Umlageabrechnungen für die Jahre 2009 bis 2012 in den in § 6 Absatz 2 Satz 1 Nummer 3 Buchstabe a bis c der Verordnung über die Erhebung von Gebühren und die Umlegung von Kosten nach dem Finanzdienstleistungsaufsichtsgesetz in der bis zum 31. Dezember 2012 geltenden Fassung genannten Gruppen des Aufsichtsbereichs Wertpapierhandel gelten ab der Abrechnung für das Umlagejahr 2013 als Fehlbeträge, nicht eingegangene Beträge und Überschüsse der Gruppe Wertpapierdienstleistungsunternehmen und Anlageverwalter.

§ 16j Bemessungsgrundlagen der Umlage im Aufsichtsbereich Wertpapierhandel

(1) Für die Umlagepflichtigen in der Gruppe Wertpapierdienstleistungsunternehmen und Anlageverwalter ist der Umlagebetrag nach dem Verhältnis der Nettoerträge des einzelnen Umlagepflichtigen zum Gesamtbetrag der Nettoerträge aller Umlagepflichtigen der Gruppe zu bemessen, wobei sich die Nettoerträge aus folgenden Positionen der Anlagen 1 und 4 der Prüfungsberichtsverordnung (SON01 und SON04) zusammensetzen:
1. bei Kreditinstituten mit Ausnahme der Wertpapierhandelsbanken aus
   a) dem Provisionsergebnis (Position 033 der Anlage SON01), wenn der Betrag positiv oder null ist,
   b) zuzüglich des Nettoergebnisses des Handelsbestandes aus Geschäften mit Wertpapieren des Handelsbestandes (Position 034 der Anlage SON01), wenn der Saldo positiv ist,
   c) zuzüglich des Nettoergebnisses des Handelsbestandes aus Geschäften mit Devisen und Edelmetallen (Position 035 der Anlage SON01), wenn der Saldo positiv ist, und
   d) zuzüglich des Nettoergebnisses des Handelsbestandes aus Geschäften mit Derivaten (Position 036 der Anlage SON01), wenn der Saldo positiv ist,
2. bei Finanzdienstleistungsinstituten, die mit Finanzinstrumenten auf eigene Rechnung handeln oder die Befugnis haben, sich Eigentum oder Besitz an Geldern oder Wertpapieren von Kunden zu verschaffen, und bei Wertpapierhandelsbanken aus
   a) dem Saldo aus den Erträgen aus Geschäften mit Wertpapieren des Handelsbestandes (Position 316 der Anlage SON01) und Aufwendungen aus Geschäften mit Wertpapieren des Handelsbestandes (Position 315 der Anlage SON01), wenn der Saldo positiv ist,
   b) zuzüglich des Saldos aus Erträgen aus Geschäften mit Devisen und Edelmetallen (Position 318 der Anlage SON01) und den Aufwendungen aus Geschäften mit Devisen und Edelmetallen (Position 317 der Anlage SON01), wenn der Saldo positiv ist,

c) zuzüglich des Saldos aus Erträgen aus Geschäften mit Derivaten (Position 320 der Anlage SON01) und den Aufwendungen aus Geschäften mit Derivaten (Position 319 der Anlage SON01), wenn der Saldo positiv ist,
3. bei allen übrigen Wertpapierdienstleistungsunternehmen, die nicht auf eigene Rechnung mit Finanzinstrumenten handeln und die nicht befugt sind, sich bei der Erbringung von Finanzdienstleistungen Eigentum oder Besitz an Geldern oder Wertpapieren von Kunden zu verschaffen, aus den Provisionserträgen (Position 313 der Anlage SON04) abzüglich der Provisionsaufwendungen (Position 314 der Anlage SON04).

Zugrunde zu legen sind die Ertragsdaten des dem Umlagejahr vorausgehenden Kalenderjahres.

(2) Für die Umlagepflichtigen der Gruppe Wertpapierdienstleistungsunternehmen und Anlageverwalter sind bei der Ermittlung der umlagerelevanten Ergebnisse nach Absatz 1 auf Antrag von dem Provisionsergebnis abzuziehen
1. Nettoerträge aus dem Zahlungsverkehr,
2. Nettoerträge aus dem Außenhandelsgeschäft,
3. Nettoerträge aus dem Reisezahlungsmittelgeschäft,
4. Nettoerträge für Treuhandkredite und Verwaltungskredite,
5. Nettoerträge aus der Vermittlung von Kredit-, Spar-, Bauspar- und Versicherungsverträgen,
6. Nettoerträge aus der Kreditbearbeitung und dem Avalgeschäft,
7. Nettoerträge aus von ausländischen Tochterunternehmen für Einlagengeschäfte erhaltenen Vergütungen,
8. Nettoerträge aus Nachlassbearbeitungen,
9. Nettoerträge für Electronic Banking Services,
10. Nettoerträge aus Gutachtertätigkeiten und
11. Nettoerträge aus sonstigen Bearbeitungsentgelten.

Die Abzugsposten nach Satz 1 sind von der Bundesanstalt nur zu berücksichtigen, wenn sie in der Summe mehr als ein Fünftel des gesamten Provisionsergebnisses betragen und der Umlagepflichtige die Nichtberücksichtigung vor dem 1. Februar des auf das Umlagejahr folgenden Kalenderjahres beantragt sowie das Vorliegen der Voraussetzungen durch Vorlage geeigneter Unterlagen nachgewiesen hat; Tatsachen, die verspätet vorgetragen oder nachgewiesen werden, bleiben unberücksichtigt. Die Beträge der Abzugsposten sind durch eine Bestätigung eines Wirtschaftsprüfers, eines vereidigten Buchprüfers oder einer Buchprüfungsgesellschaft nachzuweisen.

(3) Für Umlagepflichtige der Gruppe Wertpapierdienstleistungsunternehmen und Anlageverwalter, die nicht das ganze Jahr umlagepflichtig waren, ist abweichend von den Absätzen 1 und 2 der Bruchteil der ermittelten Erträge maßgeblich, der dem Verhältnis der Anzahl der angefangenen Monate, in denen die Umlagepflicht bestand, zur Anzahl der Monate des Umlagejahres entspricht.

(4) In der Gruppe Wertpapierdienstleistungsunternehmen und Anlageverwalter haben die Unternehmen bis spätestens zum 30. Juni des dem Umlagejahr folgenden Kalenderjahres die für die Bemessung des Umlagebetrages notwendigen, von einem Wirtschaftsprüfer oder einer Wirtschaftsprüfungsgesellschaft bestätigten Daten mitzuteilen, sofern bis zu diesem Zeitpunkt noch kein Prüfungsbericht über den Jahresabschluss für das letzte Geschäftsjahr bei der Bundesanstalt eingereicht worden ist. Bei Finanzdienstleistungsinstituten, deren Bilanzsumme des letzten Geschäftsjahres 150 Millionen Euro nicht übersteigt, können die Bestätigungen nach Satz 1 auch durch vereidigte Buchprüfer oder Buchprüfungsgesellschaften vorgenommen werden. Liegen die Daten nach Satz 1 am 1. Juli nicht vor, schätzt die Bundesanstalt die Erträge und setzt den Umlagebetrag anhand der geschätzten Daten fest. Die Bundesanstalt kann auf Antrag eine angemessene Nachfrist von bis zu einem Monat zur Einreichung der in Satz 1 genannten Daten gewähren. Bei der Schätzung hat die Bundesanstalt im

Regelfall Ertragsdaten des Umlagepflichtigen aus vorangegangenen Geschäftsjahren zugrunde zu legen. Liegen keinerlei Daten im Sinne des Satzes 5 und auch keine entsprechenden Daten für die nachfolgenden Geschäftsjahre vor, sind die Daten von Unternehmen der Umlagegruppe mit vergleichbarer Größe entsprechend heranzuziehen. Bei Unternehmen, denen im Umlagejahr erstmals die Erlaubnis erteilt wurde oder die ihre erste erlaubnispflichtige Geschäftstätigkeit aufgenommen haben, entspricht der Umlagebetrag dem Mindestumlagebetrag nach Absatz 6.

(5) Für Umlagepflichtige der Gruppe Emittenten ist der Umlagebetrag nach dem Verhältnis der nach § 9 Absatz 1 des Wertpapierhandelsgesetzes im Umlagejahr gemeldeten Umsätze der zum Handel zugelassenen oder in den Freiverkehr einbezogenen Wertpapiere des einzelnen Umlagepflichtigen zum Gesamtbetrag der gemeldeten Umsätze aller Umlagepflichtigen der Gruppe zu bemessen.

(6) Der von jedem Umlagepflichtigen des Aufsichtsbereichs Wertpapierhandel zu entrichtende Umlagebetrag beträgt in jeder Gruppe mindestens 250 Euro.

(7) Das Bundesministerium der Finanzen wird ermächtigt, durch Rechtsverordnung ohne Zustimmung des Bundesrates näher zu bestimmen, auf welchem Wege und in welcher Form der Antrag und die Nachweise nach Absatz 2 der Bundesanstalt zu übermitteln sind. Das Bundesministerium kann die Ermächtigung zum Erlass der Rechtsverordnung nach Satz 1 auf die Bundesanstalt übertragen.

§ 16k Entstehung der Umlageforderung, Festsetzung des Umlagebetrages und Fälligkeit

(1) Die Umlageforderung entsteht mit Ablauf des Umlagejahres, für das die Umlagepflicht besteht.

(2) Nach Feststellung der Jahresrechnung über die Einnahmen und Ausgaben des jeweiligen Umlagejahres durch den Verwaltungsrat hat die Bundesanstalt für jeden Umlagepflichtigen den von diesem zu entrichtenden Umlagebetrag zu ermitteln.

(3) Die Bundesanstalt hat den Umlagebetrag schriftlich oder elektronisch festzusetzen, sobald er nach Absatz 2 abschließend ermittelt worden ist. Der Umlagebetrag ist kaufmännisch auf volle Euro zu runden. Eine vorherige Anhörung der Umlagepflichtigen ist nicht erforderlich.

(4) Die Umlageforderung wird mit der Bekanntgabe ihrer Festsetzung an den Umlagepflichtigen fällig, wenn nicht die Bundesanstalt im Einzelfall einen späteren Zeitpunkt bestimmt.

(5) Die Bundesanstalt kann zulassen, dass ein Verband die Umlagebeträge der ihm angehörenden Umlagepflichtigen für diese Umlagepflichtigen in einer Summe entrichtet, wenn er sich hierzu in Schriftform gegenüber der Bundesanstalt verpflichtet hat. In diesem Fall werden die Festsetzungen gegenüber den verbandsangehörigen Umlagepflichtigen diesen über den Verband bekannt gegeben, soweit sich die Umlagepflichtigen damit einverstanden erklärt haben oder der Verband erklärt hat, zum Empfang der Festsetzungen ermächtigt zu sein. Eine gesonderte Bekanntgabe der Festsetzung an den einzelnen verbandsangehörigen Umlagepflichtigen ist insoweit entbehrlich.

§ 16l Festsetzung und Fälligkeit von Umlagevorauszahlungen

(1) Die Bundesanstalt hat eine Vorauszahlung auf den Umlagebetrag eines Umlagejahres festzusetzen, sobald der für dieses Umlagejahr festgestellte Haushaltsplan vom Bundesministerium der Finanzen genehmigt ist. Der Festsetzung sind die Ausgaben zugrunde zu legen, die in dem Haushaltsplan für dieses Umlagejahr veranschlagt sind. § 16k Absatz 3 und 5 gilt entsprechend.

(2) Vorauszahlungspflichtig ist, wer im letzten abgerechneten Umlagejahr umlagepflichtig war und im Jahr der Festsetzung der Vorauszahlung umlagepflichtig ist, es sei denn, er weist im Jahr der Vorauszahlungsfestsetzung vor dem 1. Dezember nach, dass er im darauf folgenden Jahr nicht mehr umlagepflichtig sein wird. Wird der Nachweis nach Satz 1 nicht fristgerecht erbracht, hat der Vorauszahlungspflichtige den Vorauszahlungsbetrag auch dann für das volle Umlagejahr zu leisten, wenn er in diesem Jahr teilweise oder überhaupt nicht mehr umlagepflichtig sein wird. Eine anteilige Ermittlung der Vorauszahlung ist ausgeschlossen.

(3) Die Verteilung der voraussichtlichen Kosten, die auf die Vorauszahlungspflichtigen umzulegen sind, ist auf der Grundlage der Verhältnisse des letzten abgerechneten Umlagejahres nach Maßgabe der §§ 16e bis 16j zu ermitteln. Verhältnisse im Sinne des Satzes 1 sind die Verteilungsverhältnisse zwischen den Aufsichtsbereichen und Gruppen sowie die Bemessungsgrundlagen für die einzelnen Umlagepflichtigen.

(4) Die nach Absatz 1 festgesetzte Umlagevorauszahlung wird nach der Bekanntgabe der Festsetzung jeweils zu gleichen Teilen am 15. Januar und am 15. Juli fällig, wenn nicht die Bundesanstalt im Einzelfall einen anderen Zeitpunkt bestimmt.

(5) Soweit der Umlagebetrag die Vorauszahlung voraussichtlich übersteigen wird, kann die Bundesanstalt für das laufende Umlagejahr eine weitere Umlagevorauszahlung festsetzen. Die Vorauszahlungspflicht bestimmt sich nach Absatz 2. Die umzulegenden Kosten sind nach Maßgabe des Absatzes 3 zu verteilen. Für den nach Satz 1 festgesetzten Vorauszahlungsbetrag hat die Bundesanstalt den Zeitpunkt der Fälligkeit zu bestimmen.

§ 16m Differenz zwischen Umlagebetrag und Vorauszahlung

(1) Entsteht nach der Anrechnung des gezahlten Umlagevorauszahlungsbetrages auf den festgesetzten Umlagebetrag ein Fehlbetrag, ist dieser innerhalb eines Monats nach Bekanntgabe des festgesetzten Umlagebetrages zu entrichten.

(2) Übersteigt der gezahlte Vorauszahlungsbetrag den festgesetzten Umlagebetrag oder ist die Vorauszahlung von einem endgültig nicht Umlagepflichtigen geleistet worden, ist die Überzahlung zu erstatten.

(3) Ansprüche auf Erstattung von Überzahlungen im Sinne des Absatzes 2 erlöschen durch Verjährung, wenn sie nicht bis zum Ablauf des fünften Kalenderjahres nach dem Kalenderjahr geltend gemacht werden, in dem die Festsetzung des Umlagebetrages oder die Aufhebung des Vorauszahlungsbescheides unanfechtbar geworden ist.

§ 16n Säumniszuschläge; Beitreibung

(1) Werden die Umlagebeträge und Umlagevorauszahlungsbeträge nicht bis zum Ablauf des Fälligkeitstages entrichtet, ist für jeden angefangenen Monat der Säumnis ein Säumniszuschlag von 1 Prozent des abgerundeten rückständigen Betrages zu entrichten. Der Säumniszuschlag wird nur erhoben, wenn der rückständige Betrag 50 Euro übersteigt und die Säumnis länger als drei Tage beträgt. Wird die Festsetzung einer Umlage aufgehoben oder geändert, bleiben die bis dahin verwirkten Säumniszuschläge unberührt.

(2) Für die Berechnung des Säumniszuschlages ist der rückständige Betrag auf volle 50 Euro abzurunden.

(3) Ein wirksam geleisteter Umlagebetrag oder Umlagevorauszahlungsbetrag gilt als entrichtet
1. bei Übergabe oder Übersendung von Zahlungsmitteln am Tag des Eingangs bei der für die Bundesanstalt zuständigen Kasse (Bundeskasse oder Zahlstelle); bei Hin-

gabe oder Übersendung von Schecks jedoch drei Tage nach dem Tag des Eingangs des Schecks bei der zuständigen Kasse,
2. bei Überweisung oder Einzahlung auf ein Konto der zuständigen Kasse und bei Einzahlung mit Zahlschein oder Postanweisung an dem Tag, an dem der Betrag der Kasse gutgeschrieben wird, oder
3. bei Vorliegen einer Einzugsermächtigung am Fälligkeitstag.

(4) In den Fällen der Gesamtschuld entstehen Säumniszuschläge gegenüber jedem säumigen Gesamtschuldner. Insgesamt ist jedoch kein höherer Säumniszuschlag zu entrichten, als verwirkt worden wäre, wenn die Säumnis nur bei einem Gesamtschuldner eingetreten wäre.

(5) Nicht fristgerecht entrichtete Umlage- und Umlagevorauszahlungsbeträge werden nach den Vorschriften des Verwaltungs-Vollstreckungsgesetzes durch die Bundesanstalt beigetrieben. Vollstreckungsbehörde ist das für den Sitz oder die Niederlassung des Vollstreckungsschuldners zuständige Hauptzollamt.

§ 16o Festsetzungsverjährung

(1) Die Festsetzung des Umlagebetrages ist nicht mehr zulässig, wenn die Festsetzungsfrist abgelaufen ist (Festsetzungsverjährung). Die Festsetzungsfrist beträgt vier Jahre; sie beginnt mit Ablauf des Umlagejahres.

(2) Die Festsetzungsfrist läuft nicht ab, solange die Festsetzung wegen höherer Gewalt innerhalb der letzten sechs Monate des Fristablaufs nicht erfolgen kann.

(3) Wird die Festsetzung angefochten, läuft die Festsetzungsfrist erst sechs Monate nach dem Zeitpunkt ab, an dem die Festsetzung unanfechtbar geworden ist; dies gilt auch, wenn der Rechtsbehelf erst nach Ablauf der Festsetzungsfrist eingelegt wird. Der Ablauf der Festsetzungsfrist ist hinsichtlich des gesamten Anspruchs gehemmt. Satz 1 gilt entsprechend für vor Ablauf der Festsetzungsfrist gestellte Anträge auf Aufhebung oder Änderung der Festsetzung.

§ 16p Zahlungsverjährung

(1) Der Anspruch auf Zahlung des festgesetzten Umlagebetrages verjährt nach fünf Jahren (Zahlungsverjährung). Die Verjährungsfrist beginnt mit dem Ablauf des Kalenderjahres, in dem der Anspruch erstmals fällig geworden ist.

(2) Die Zahlungsverjährung ist gehemmt, solange der Anspruch wegen höherer Gewalt innerhalb der letzten sechs Monate der Verjährungsfrist nicht verfolgt werden kann.

(3) Die Zahlungsverjährung wird unterbrochen durch
1. schriftliche Geltendmachung des Anspruchs,
2. Zahlungsaufschub,
3. Stundung,
4. Eintritt der aufschiebenden Wirkung,
5. Aussetzung der Vollziehung,
6. Sicherheitsleistung,
7. Vollstreckungsaufschub,
8. eine Vollstreckungsmaßnahme,
9. Anmeldung im Insolvenzverfahren,
10. Aufnahme in einen Insolvenzplan oder gerichtlichen Schuldenbereinigungsplan,
11. Einbeziehung in ein Verfahren, das die Restschuldbefreiung für den Umlageschuldner zum Ziel hat, oder
12. Ermittlungen der Bundesanstalt nach dem Wohnsitz oder dem Aufenthaltsort des Umlagepflichtigen.

(4) Die Unterbrechung der Zahlungsverjährung durch eine der in Absatz 3 genannten Maßnahmen dauert fort, bis
1. der Zahlungsaufschub, die Stundung, die aufschiebende Wirkung, die Aussetzung der Vollziehung oder der Vollstreckungsaufschub beendet ist,
2. bei Sicherheitsleistung, Pfändungspfandrecht, Zwangshypothek oder einem sonstigen Vorzugsrecht auf Befriedigung das entsprechende Recht erloschen ist,
3. das Insolvenzverfahren beendet ist,
4. der Insolvenzplan oder der gerichtliche Schuldenbereinigungsplan erfüllt ist oder hinfällig wird,
5. die Restschuldbefreiung erteilt oder versagt wird oder das Verfahren, das die Restschuldbefreiung zum Ziel hat, vorzeitig beendet wird, oder
6. die Ermittlung der Bundesanstalt nach dem Wohnsitz oder dem Aufenthalt des Umlagepflichtigen beendet ist.

(5) Die Zahlungsverjährung wird nur in Höhe des Betrages unterbrochen, auf den sich die Unterbrechungshandlung bezieht. Mit Ablauf des Kalenderjahres, in dem die Unterbrechung geendet hat, beginnt eine neue Verjährungsfrist.

(6) Wird die Festsetzung des Umlagebetrages angefochten, erlöschen die Zahlungsansprüche aus ihr nicht vor Ablauf von sechs Monaten, nachdem die Festsetzung unanfechtbar geworden ist oder sich das Verfahren auf andere Weise erledigt hat. Die Frist nach Satz 1 kann durch verjährungsunterbrechende Maßnahmen nach Absatz 3 unterbrochen werden.

§ 16q Erstattung überzahlter Umlagebeträge

(1) Zu Unrecht erhobene Umlagebeträge und sonstige Überzahlungen auf Umlagebeträge, die nicht auf der Erhebung einer Vorauszahlung beruhen, sind nach Kenntniserlangung durch die Bundesanstalt zu erstatten.

(2) Ansprüche auf Erstattung von zu Unrecht erhobenen Umlagebeträgen entstehen mit Unanfechtbarkeit der Feststellung der Rechtswidrigkeit; Ansprüche auf Erstattung von sonstigen Überzahlungen im Sinne des Absatzes 1 entstehen mit Zahlungseingang bei der Bundesanstalt.

(3) Ansprüche auf Erstattung von zu Unrecht erhobenen Umlagebeträgen und von sonstigen Überzahlungen im Sinne des Absatzes 1 erlöschen durch Verjährung, wenn sie nicht bis zum Ablauf des fünften Kalenderjahres geltend gemacht werden, das auf die Entstehung des Anspruchs folgt.

§ 17 Zwangsmittel

Die Bundesanstalt kann ihre Verfügungen, die sie innerhalb ihrer gesetzlichen Befugnisse trifft, mit Zwangsmitteln nach den Bestimmungen des Verwaltungs-Vollstreckungsgesetzes durchsetzen. Dabei kann sie die Zwangsmittel für jeden Fall der Nichtbefolgung androhen. Sie kann auch Zwangsmittel gegen juristische Personen des öffentlichen Rechts anwenden. Die Höhe des Zwangsgelds beträgt bis zu 250 000 Euro.

Sechster Abschnitt:
Finanzierung gesonderter Aufgaben

§ 17a Finanzierung gesonderter Aufgaben

Die Bundesanstalt weist die in ihrem Verwaltungsbereich voraussichtlich zu erwartenden Einnahmen und zu leistenden Ausgaben für Aufgaben nach Abschnitt 11 des Wertpapierhandelsgesetzes und nach diesem Abschnitt in einem gesonderten Teil des Haushaltsplans einschließlich eines gesonderten Stellenplans aus. Die Summe der Einnahmen und Ausgaben der Prüfstelle sind in diesem Teil des Haushaltsplans zu berücksichtigen und ebenfalls gesondert auszuweisen. Dieser Teil des Haushaltsplans wird unter Berücksichtigung des nach § 342d Satz 2 des Handelsgesetzbuchs genehmigten Wirtschaftsplans der Prüfstelle vom Verwaltungsrat gesondert festgestellt. Die Kosten für die in Satz 1 genannten Aufgaben werden entsprechend gesondert erfasst und einem eigenen Buchungskreislauf zugeordnet. Im Übrigen sind § 12 Abs. 1, 3 und 5 und § 13 Abs. 2 Satz 1 und 2 entsprechend anzuwenden.

§ 17b Gebühren für gesonderte Amtshandlungen

(1) Die Bundesanstalt kann für Amtshandlungen im Rahmen der ihr zugewiesenen Aufgaben nach Abschnitt 11 des Wertpapierhandelsgesetzes Gebühren in Höhe von bis zu 500 000 Euro erheben, soweit nicht nach § 17c eine gesonderte Erstattung von Kosten vorgesehen ist. Ergibt die Prüfung durch die Bundesanstalt, dass die Rechnungslegung nicht fehlerhaft ist, sieht sie von der Erhebung der Gebühr ab.
(2) Das Bundesministerium wird ermächtigt, durch Rechtsverordnung die gebührenpflichtigen Tatbestände und die Gebühren nach Maßgabe des Absatzes 1 durch feste Sätze oder Rahmensätze oder durch Regelungen über Erhöhungen, Ermäßigungen und Befreiungen für bestimmte Arten von Amtshandlungen näher zu bestimmen. § 14 Abs. 2 Satz 2, 3 und Abs. 3 ist entsprechend anzuwenden. Das Bundesministerium kann die Ermächtigung durch Rechtsverordnung auf die Bundesanstalt übertragen.

§ 17c Gesonderte Erstattung bei gesonderten Prüfungen

Die Kosten, die der Bundesanstalt durch die Wahrnehmung der Aufgaben nach § 37p Abs. 1 Satz 2 Nr. 1 des Wertpapierhandelsgesetzes entstehen, sind ihr von den Unternehmen im Sinne des § 37n des Wertpapierhandelsgesetzes gesondert zu erstatten und ihr auf Verlangen vorzuschießen. Eine gesonderte Erstattung von Kosten, die durch die Wahrnehmung der Aufgaben nach § 37p Abs. 1 Satz 2 Nr. 1 des Wertpapierhandelsgesetzes entstehen, findet nicht statt, wenn das Prüfungsergebnis der Bundesanstalt vom Prüfungsergebnis der Prüfstelle zu Gunsten des betroffenen Unternehmens abweicht. Zu den Kosten nach Satz 1 gehören auch die Kosten, mit denen die Bundesanstalt von der Prüfstelle im Rahmen ihrer Tätigkeit nach § 37o Abs. 3 des Wertpapierhandelsgesetzes oder von anderen Stellen, die im Rahmen solcher Maßnahmen für die Bundesanstalt tätig werden, belastet wird, sowie die Kosten für den Einsatz eigener Mitarbeiter. Das Bundesministerium wird ermächtigt, Einzelheiten der gesonderten Erstattung durch eine Rechtsverordnung zu bestimmen. Das Bundesministerium kann die Ermächtigung durch Rechtsverordnung auf die Bundesanstalt übertragen.

§ 17 d Gesonderte Umlage

(1) Soweit die nach § 17a Satz 4 gesondert erfassten Kosten und die Kosten, die zur Erfüllung der Aufgaben der Prüfstelle nach § 342 b des Handelsgesetzbuchs erforderlich waren, nicht durch Gebühren, gesonderte Erstattung oder sonstige Einnahmen gedeckt werden, sind sie von der Bundesanstalt einschließlich der Fehlbeträge und der nicht eingegangenen Beträge des Vorjahres auf alle Unternehmen, deren Wertpapiere im Sinne des § 2 Abs. 1 Satz 1 des Wertpapierhandelsgesetzes zum Stichtag an einer inländischen Börse zum Handel im regulierten Markt zugelassen sind, nach einem geeigneten Verteilungsschlüssel unter Zugrundelegung ihrer inländischen Börsenumsätze anteilig umzulegen und nach den Vorschriften des Verwaltungs-Vollstreckungsgesetzes beizutreiben. Für die Umlage können Mindest- und Höchstbeträge festgelegt werden. Im Hinblick auf die Umlage nach Satz 1 kann die Bundesanstalt Vorauszahlungen auf der Grundlage der Kosten festsetzen, die nach dem Haushaltsplan voraussichtlich für das Umlagejahr zu erwarten sind.

(2) Die inländischen Börsen haben der Bundesanstalt zur Festsetzung der Umlage und der Umlagevorauszahlung über die Börsenumsätze Auskünfte zu erteilen und Unterlagen vorzulegen. Die Bundesanstalt kann von den Unternehmen Auskünfte und die Vorlage von Unterlagen verlangen, soweit dies zur Festsetzung der Umlage und der Umlagevorauszahlung erforderlich ist.

(2a) Auf die Erstattung von Überzahlungen und die Verjährung sind § 16m Absatz 2 und 3 sowie die §§ 16o, 16p und 16q entsprechend anzuwenden.

(3) Das Nähere über die Erhebung der Umlage und der Umlagevorauszahlung, insbesondere über die Kostenermittlung und den Verteilungsschlüssel, den Stichtag, die Mindest- und Höchstveranlagung, das Umlageverfahren einschließlich eines geeigneten Schätzverfahrens bei nicht zweifelsfreier Datenlage, die Ausschlussfristen für die Erbringung von Nachweisen, Zahlungsfristen, die Höhe der Säumniszuschläge und die Beitreibung sowie den Differenzausgleich zwischen Umlagevorauszahlung und Umlagefestsetzung, auch in Bezug auf Vorschusszahlungen gemäß § 342 d Abs. 1 Satz 3 des Handelsgesetzbuchs, bestimmt das Bundesministerium einvernehmlich mit dem Bundesministerium der Justiz durch Rechtsverordnung. Die Rechtsverordnung kann auch Regelungen über die vorläufige Festsetzung des Umlagebetrags vorsehen. Das Bundesministerium kann die Ermächtigung mit Zustimmung des Bundesministeriums der Justiz durch Rechtsverordnung auf die Bundesanstalt übertragen.

(4) Bei erstmaliger Erhebung der Umlage sind auch die Kosten zu berücksichtigen, die zur Errichtung der Prüfstelle erforderlich waren, auch wenn sie bereits vor Anerkennung der Prüfstelle nach § 342 b des Handelsgesetzbuchs entstanden sind.

Siebenter Abschnitt:
Übergangs- und Schlussbestimmungen

§ 18 Übergangsbestimmungen

(1) Bei dem Bundesaufsichtsamt für das Kreditwesen, dem Bundesaufsichtsamt für das Versicherungswesen und dem Bundesaufsichtsamt für den Wertpapierhandel anhängige Verwaltungsverfahren werden ab dem 1. Mai 2002 von der Bundesanstalt fortgeführt. In anhängigen Gerichtsverfahren, in denen die Bundesrepublik Deutschland, vertreten durch den Präsidenten des jeweiligen Bundesaufsichtsamtes, Partei oder Beteiligte ist, ist die Bundesanstalt mit Inkrafttreten dieses Gesetzes Partei oder Beteiligte.

(2) Für Gerichtsverfahren, die gemäß § 10a des Gesetzes über die Errichtung eines Bundesaufsichtsamtes für das Versicherungswesen anhängig sind, bleibt das Bundesverwaltungsgericht zuständig. Der Lauf von Fristen wird nicht unterbrochen.

(3) (aufgehoben)

(4) (aufgehoben)

(5) Auf die am 30. April 2002 im Amt befindlichen Präsidenten und Vizepräsidenten der Bundesaufsichtsämter für das Versicherungswesen, für das Kreditwesen und den Wertpapierhandel sind die Vorschriften des Bundesbesoldungsgesetzes in der vor Inkrafttreten des Artikels 14 des Gesetzes über die integrierte Finanzdienstleistungsaufsicht vom 22. April 2002 (BGBl. I S. 1310) geltenden Fassung bis zur Übertragung eines anderen Amtes anzuwenden.

(6) Die von den beaufsichtigten Unternehmen zu erstattenden Kosten des Bundesaufsichtsamtes für das Kreditwesen, des Bundesaufsichtsamtes für das Versicherungswesen und des Bundesaufsichtsamtes für den Wertpapierhandel für das Jahr 2002 bis zum 30. April 2002 und für die Vorjahre, soweit sie noch nicht erstattet wurden, sind an die Bundesanstalt zu entrichten. Die Bundesanstalt führt diese Beträge an den Bund ab.

(7) Die am 9. Dezember 2011 im Amt befindlichen Mitglieder des Direktoriums verbleiben im Amt. Auf diese sind bis zu einer Berufung in ein öffentlich-rechtliches Amtsverhältnis die Vorschriften des § 9 in der vor dem 9. Dezember 2011 geltenden Fassung weiter anzuwenden. Weiterhin sind auf diese die Vorschriften der Anlage I des Bundesbesoldungsgesetzes in der vor dem 9. Dezember 2011 geltenden Fassung bis zur Übertragung eines anderen Amtes anzuwenden.

§ 19 Überleitung/Übernahme von Beschäftigten

(1) Die Beamten der Bundesaufsichtsämter für das Kreditwesen, für das Versicherungswesen und für den Wertpapierhandel sind mit Wirkung zum 1. Mai 2002 Beamte der Bundesanstalt. § 130 Abs. 1 des Beamtenrechtsrahmengesetzes in der Fassung der Bekanntmachung vom 31. März 1999 (BGBl. I S. 654) findet entsprechend Anwendung.

(2) Soweit die Versorgungslast für die Beamten der Bundesanstalt nicht nach § 20 vom Bund zu tragen ist, sind bei der Bundesanstalt Pensionsrücklagen zu bilden. Satz 1 gilt entsprechend für Versorgungsansprüche der Mitglieder des Direktoriums.

(3) Die bei den in Absatz 1 genannten Bundesaufsichtsämtern beschäftigten Angestellten, Arbeiter und Auszubildenden sind mit Wirkung zum 1. Mai 2002 in den Dienst der Bundesanstalt übernommen. Die Bundesanstalt tritt unbeschadet des § 10 Abs. 1 in die Rechte und Pflichten aus den im Zeitpunkt der Übernahme bestehenden Arbeits- und Ausbildungsverhältnisse ein.

§ 20 Verteilung der Versorgungskosten

(1) Die Bundesanstalt trägt die Versorgungsbezüge für die bei ihr zurückgelegten Dienstzeiten der übernommenen Beamten der Bundesaufsichtsämter für das Kreditwesen, für das Versicherungswesen und für den Wertpapierhandel.

(2) Der Bund trägt die Versorgungsbezüge für die Dienstzeiten der Beamten nach ihrer Anstellung bei den Bundesaufsichtsämtern für das Kreditwesen, für das Versicherungswesen und für den Wertpapierhandel bis zu ihrer Übernahme in die Bundesanstalt. Im Übrigen gilt § 107b des Beamtenversorgungsgesetzes entsprechend.

(3) Für die vorhandenen Versorgungsempfänger der Bundesaufsichtsämter für das Kreditwesen, für das Versicherungswesen und für den Wertpapierhandel werden die Versorgungsbezüge vom Bund getragen.

§ 21 Übergang von Rechten und Pflichten

(1) Rechte und Pflichten, die die Bundesaufsichtsämter für das Kreditwesen, für das Versicherungswesen und für den Wertpapierhandel mit Wirkung für und gegen die Bundesrepublik Deutschland begründet haben, gehen auf die Bundesanstalt über.

(2) Das von den Bundesaufsichtsämtern zum Zeitpunkt der Errichtung der Bundesanstalt genutzte bewegliche Verwaltungsvermögen der Bundesrepublik Deutschland wird der Bundesanstalt zur unentgeltlichen Nutzung überlassen.

§ 22 Übergangsvorschriften zum Gesetz zur Stärkung der deutschen Finanzaufsicht

(1) § 4c gilt nicht in Verwaltungsgerichtsverfahren, die vor dem 1. Januar 2013 anhängig geworden sind oder für die die Klagefrist vor diesem Tag begonnen hat, sowie nicht in Verfahren über Rechtsmittel gegen gerichtliche Entscheidungen, die vor dem 1. Januar 2013 bekannt gegeben oder verkündet oder von Amts wegen anstelle einer Verkündung zugestellt worden sind.

(2) Die Amtszeit der Mitglieder des Verwaltungsrats nach § 7 Absatz 3 Satz 1 Nummer 2 Buchstabe e bis g in der bis zum 28. Februar 2013 geltenden Fassung und ihrer Stellvertreter endet am 1. März 2013.

(3) § 10a Absatz 1 ist erstmals anzuwenden auf die laufenden Dienstbezüge, die für einen nach dem 31. Dezember 2012 endenden Zahlungszeitraum gezahlt werden.

§ 23 Übergangsbestimmungen zur Umlageerhebung

(1) Die §§ 16 bis 16k und 16m bis 16q in der ab dem 1. Januar 2013 geltenden Fassung sind erstmals auf die Umlageerhebung für das Umlagejahr 2013 anzuwenden. Auf die Erhebung der Vorauszahlung für das Umlagejahr 2013, auf die Umlageerhebung für das Umlagejahr 2012 und die Abrechnung früherer Umlagejahre sind § 16, die auf der Grundlage des § 16 Absatz 2 erlassene Rechtsverordnung sowie die §§ 5, 6, 8 und 13 der Verordnung über die Erhebung von Gebühren und die Umlegung von Kosten nach dem Finanzdienstleistungsaufsichtsgesetz und § 8a Absatz 6 und § 8b Absatz 2 Satz 1 des Finanzmarktstabilisierungsfondsgesetzes jeweils in der bis zum 31. Dezember 2012 geltenden Fassung weiter anzuwenden.

(2) § 16l in der ab dem 1. Januar 2013 geltenden Fassung ist erstmals auf die Erhebung der Vorauszahlungen für das Umlagejahr 2014 anzuwenden. Hinsichtlich der Vorauszahlungen für das Umlagejahr 2014 im Aufsichtsbereich Wertpapierhandel gilt § 16l jedoch mit folgenden Maßgaben:
1. Von den im Aufsichtsbereich zu tragenden Vorauszahlungsbeträgen hat die Gruppe der Wertpapierdienstleistungsunternehmen und Anlageverwalter 46 Prozent und die Gruppe der Emittenten 54 Prozent zu tragen.
2. In der Gruppe der Wertpapierdienstleistungsunternehmen und Anlageverwalter ist vorauszahlungspflichtig, wer im Jahr der Vorauszahlungsfestsetzung die Voraussetzungen des § 16i Absatz 1 Satz 1 Nummer 1 erfüllt, es sei denn, er weist im Jahr der Vorauszahlungsfestsetzung vor dem 1. Dezember nach, dass er im darauf folgenden Jahr nicht mehr umlagepflichtig sein wird.
3. In der Gruppe der Wertpapierdienstleistungsunternehmen und Anlageverwalter bemisst sich die Vorauszahlung für das Jahr 2014 auf der Grundlage von Daten aus dem Jahr 2011.
4. Auf die Bemessung der Vorauszahlungsbeträge ist § 16j Absatz 2 und 4 nicht anzuwenden.
5. Soweit bei Wertpapierdienstleistungsunternehmen und Anlageverwaltern keine Daten für die Bemessungsgrundlage des Vorauszahlungsbetrages vorliegen, ist ein

Bemessungsbetrag von null Euro anzusetzen; der Vorauszahlungsbetrag entspricht in diesem Fall dem Mindestumlagebetrag nach § 16j Absatz 6.

(3) Die §§ 16e und 16f sind ab dem 22. Juli 2013 mit folgenden Maßgaben anzuwenden:
1. Umlagepflichtig in der Gruppe Kapitalverwaltungsgesellschaften und extern verwaltete OGAW-Investmentaktiengesellschaften sind auch solche Kapitalverwaltungsgesellschaften, die eine Erlaubnis nach § 7 oder § 97 Absatz 1 des Investmentgesetzes in der bis zum 21. Juli 2013 geltenden Fassung erhalten haben, die für den in § 345 Absatz 2 Satz 1, Absatz 3 Satz 2, in Verbindung mit Absatz 2 Satz 1, oder Absatz 4 Satz 1 des Kapitalanlagegesetzbuchs vorgesehenen Zeitraum noch fortbesteht.
2. Auf für das Umlagejahr 2013 Umlagepflichtige in der Gruppe Kapitalverwaltungsgesellschaften und extern verwaltete OGAW-Investmentaktiengesellschaften ist bei der Bemessung der Umlagebeträge für dieses Umlagejahr § 16f Absatz 1 Nummer 2 in der bis zum 21. Juli 2013 geltenden Fassung entsprechend anzuwenden.
3. Sofern auf Umlagepflichtige in der Gruppe Kapitalverwaltungsgesellschaften und extern verwaltete OGAW-Investmentaktiengesellschaften auch nach dem Umlagejahr 2013 das Investmentgesetz in der bis zum 21. Juli 2013 geltenden Fassung anzuwenden ist, sind die von ihnen auf der Grundlage des Investmentgesetzes verwalteten Sondervermögen und zur gemeinschaftlichen Kapitalanlage verwalteten und angelegten Mittel in die Bemessung der Umlagebeträge des jeweiligen Umlagejahres in entsprechender Anwendung des § 16f Absatz 1 Nummer 2 einzubeziehen. Als Wert im Sinne des Satzes 3 gilt dabei jeweils der Wert, der nach § 44 Absatz 1 Satz 3 Nummer 1 Satz 6 oder nach § 99 Absatz 3 in Verbindung mit § 44 Absatz 1 Satz 3 Nummer 1 Satz 6 des Investmentgesetzes in der bis zum 21. Juli 2013 geltenden Fassung in dem Jahresbericht für das Geschäftsjahr angegeben wird, das dem Umlagejahr vorausgeht.

Anhang 1.3
Richtlinie zur Durchführung und Qualitätssicherung der laufenden Überwachung der Kredit- und Finanzdienstleistungsinstitute durch die Deutsche Bundesbank (Aufsichtsrichtlinie)

in der Fassung der Bekanntmachung vom 21. Mai 2013

Präambel

1. Abschnitt: Grundlagen der Zusammenarbeit
1. Unterabschnitt: Aufgaben und Zuständigkeiten
2. Unterabschnitt: Zusammenarbeit
3. Unterabschnitt: Instrumente des bankaufsichtlichen Überprüfungs- und Evaluierungsprozesses
2. Abschnitt: Instrumente der Aufsicht zur Risikoerkennung
1. Unterabschnitt: Instrumente der Erkenntnisgewinnung
2. Unterabschnitt: Melde- und Anzeigewesen
3. Unterabschnitt: Datenverarbeitung
3. Abschnitt: Schlussbestimmungen

Auf Grund des § 7 Abs. 2 Satz 2 des Kreditwesengesetzes (KWG) in der Fassung der Bekanntmachung vom 9. September 1998 (BGBl. I S. 2776), der zuletzt durch Artikel 2 Nr. 9 des Gesetzes über die integrierte Finanzdienstleistungsaufsicht vom 22. April 2002 (BGBl. I S. 1310) geändert worden ist, erlässt die Bundesanstalt für Finanzdienstleistungsaufsicht (BaFin) im Einvernehmen mit der Deutschen Bundesbank (Bundesbank) folgende Richtlinie (Aufsichtsrichtlinie):

Präambel

Die BaFin übt als zuständige Verwaltungsbehörde gemäß § 6 Abs. 1 KWG die Aufsicht über die Institute nach Maßgabe des KWG aus. § 7 Abs. 1 KWG regelt die Zusammenarbeit zwischen der BaFin und der Bundesbank bei der laufenden Überwachung der Institute durch die Bundesbank.

Gemäß § 7 Abs. 2 Satz 2 KWG ergehen die Richtlinien der BaFin zur laufenden Aufsicht im Einvernehmen mit der Bundesbank. Diese hat nach § 1 des Gesetzes zur Überwachung der Finanzstabilität (FinStabG) u. a. laufend die für die Finanzstabilität maßgeblichen Sachverhalte zu analysieren (makroprudentielle Überwachung). Diese Richtlinien und damit auch die Aufsichtsrichtlinie sollen die Einheitlichkeit und Qualität bankaufsichtlichen Handelns sowie eine transparente und möglichst überschneidungsfreie Aufgabenabgrenzung sicherstellen und sind von der Bundesbank und der BaFin bei der Durchführung der laufenden Aufsicht zu beachten.

Gemäß § 7 Abs. 2 Satz 2 KWG ergehen die Richtlinien der BaFin zur laufenden Aufsicht im Einvernehmen mit der Bundesbank. Diese Richtlinien und damit auch die Aufsichtsrichtlinie sollen die Einheitlichkeit und Qualität bankaufsichtlichen Handelns sowie eine transparente und möglichst überschneidungsfreie Aufgabenabgrenzung sicherstellen und sind von der Bundesbank und der BaFin bei der Durchführung der laufenden Aufsicht zu beachten.

Hierzu grenzt die Aufsichtsrichtlinie die Schnittstellen zwischen den Aufgaben der BaFin und den Aufgaben der Bundesbank so ab, dass die Verantwortlichkeiten klar zugeordnet und der für die Aufgabenerfüllung erforderliche Informationsfluss gewährleistet wird[1]. Dies betrifft vor allem die wesentlichen Elemente des risikoorientierten bankaufsichtlichen Überprüfungs- und Evaluierungsprozesses (Supervisory Review and Evaluation Process – SREP): die Risikoklassifizierung, das Risikoprofil, die Festlegung einer Aufsichtsstrategie, die darauf beruhende risikoorientierte Aufsichtsplanung sowie die Zusammenarbeit in internationalen Aufseherkollegien. Die risikoorientierte Sachverhaltsaufklärung im Rahmen des SREP berücksichtigt auch Erkenntnisse aus Stresstests. Zudem sollen die durch Anwendung des FinStabG gewonnenen Erkenntnisse für präventives bankaufsichtliches Handeln nutzbar gemacht werden.

1. Abschnitt:
Grundlagen der Zusammenarbeit

1. Unterabschnitt: Aufgaben und Zuständigkeiten

Artikel 1   Grundlagen des bankaufsichtlichen Überprüfungs- und Evaluierungsprozesses (SREP)

Im Mittelpunkt der präventiven risikoorientierten Aufsicht steht der bankaufsichtliche Überprüfungs- und Evaluierungsprozess. Er umfasst:
(i)   die Sachverhaltsaufklärung,
(ii) die Auswertung und Bewertung aktueller und potentieller Risiken aufgrund der ermittelten Sachverhalte,
(iii) eine zusammenfassende und zukunftsgerichtete Beurteilung aller Informationen,
(iv) die auf der Grundlage der Beurteilung getroffenen Entscheidungen über aufsichtsrechtliche Maßnahmen und deren Durchführung sowie
(v)   die risikoorientierte Aufsichtsplanung.

Artikel 2   Laufende Überwachung durch die Deutsche Bundesbank

(1) Die Bundesbank nimmt im Rahmen des SREP die Aufgaben der laufenden Überwachung gemäß § 7 Abs. 1 KWG wahr. Die laufende Überwachung umfasst insbesondere die Sachverhaltsaufklärung, die Auswertung der eingehenden und zu erhebenden Informationen, die darauf aufbauende Bewertung aktueller und potentieller Risiken sowie die Bewertung von Prüfungsfeststellungen. Hierbei berücksichtigt sie die makroprudentiellen Erkenntnisse aus ihrer Tätigkeit nach dem FinStabG, Vorgaben, Warnungen und Empfehlungen der relevanten europäischen Stellen sowie des Ausschusses für Finanzstabilität und beachtet die inhaltlichen Vorgaben der BaFin. Die Bundesbank kann den Instituten im Rahmen der laufenden Überwachung auch Auskünfte zur Anwendung des KWG, den auf dessen Grundlage erlassenen Verordnungen und den Rundschreiben der BaFin sowie den einschlägigen EU-Normen geben, soweit es sich um abgestimmte Auslegungen und Regelungen handelt.

---

1   Dies betrifft ab Inkrafttreten der CRR (voraussichtlich am 1.1.2014) auch die Einhaltung der Vorgaben der CRR in ihrer jeweils geltenden Fassung und der auf ihrer Grundlage erlassenen Verordnungen (EU) sowie auf Grundlage der Richtlinie .../2013 erlassenen Verordnungen (EU).

(2) Die Ergebnisse und Bewertungen aus der laufenden Überwachung stellt die Bundesbank der BaFin unverzüglich zur Verfügung, damit diese eine abschließende Beurteilung und Entscheidung über die Sachverhalte vornehmen kann; sie fließen zudem ins Risikoprofil nach Art. 10 ein. Unstimmigkeiten im Hinblick auf die regelmäßig einzureichenden Unterlagen klärt die Bundesbank selbständig mit den Instituten, ggf. im Rahmen des Auskunftsrechts nach § 44 Abs. 1 S. 1 KWG.

(3) Auswertung im Sinne dieser Richtlinie bedeutet, dass eingegangene Informationen zusammengefasst und entsprechend ihrer Bedeutung für die Aufgaben der Bankenaufsicht aufbereitet werden. Als Bewertung wird im Folgenden die Einschätzung der Auswirkungen eines Sachverhalts für das jeweilige Institut und dessen Bedeutung für die Bankenaufsicht bezeichnet. Die durch die Bundesbank im Rahmen der laufenden Überwachung auszuwertenden und zu bewertenden Informationen sind insbesondere diejenigen, die in den von den Instituten eingereichten Unterlagen, den Prüfungsberichten nach § 26 KWG und den Jahresabschlussunterlagen enthalten sind. Ferner sind die Informationen aus den Aufsichtsgesprächen und der Durchführung und Auswertung der bankgeschäftlichen Prüfungen zu bewerten. Die Bundesbank fasst die aus der laufenden Überwachung gewonnenen Erkenntnisse und deren Bewertungen zu einem Risikoprofil zusammen. Das Risikoprofil umfasst insbesondere eine Bewertung der Risiken des Instituts, seiner Organisation und internen Kontrollverfahren sowie eine Einschätzung seiner Risikotragfähigkeit.

Artikel 3 Aufsicht durch die BaFin

(1) Die BaFin beurteilt abschließend zusammenfassend und zukunftsgerichtet,
- ob den von den Instituten eingegangenen Risiken Regelungen, Strategien, Verfahren und Mechanismen gegenüberstehen, die ein solides Risikomanagement und eine solide Risikoabdeckung gewährleisten und
- ob das Institut sichergestellt hat, dass den eingegangenen Risiken eine angemessene Liquiditäts- und Eigenmittelausstattung gegenübersteht.

Maßgebliche Grundlage für die Beurteilung ist das Risikoprofil des Instituts.

(2) Unbeschadet der Befugnis der Bundesbank zur Bewertung der Prüfungsfeststellungen obliegt der BaFin die abschließende Beurteilungs- und Entscheidungsbefugnis bei allen aufsichtsrechtlichen Maßnahmen und Auslegungsfragen. Dabei stützt sich die BaFin bei ihren Entscheidungen in der Regel auf die Bewertungen der Bundesbank.

(3) Die BaFin trifft aufgrund ihrer Beurteilung sämtliche Entscheidungen über aufsichtsrechtliche Maßnahmen. Dies sind insbesondere Allgemeinverfügungen und Verwaltungsakte einschließlich sämtlicher Prüfungsanordnungen sowie die Festlegung aufsichtlicher Anforderungen. Auf Grundlage der aufsichtlichen Erkenntnisse, Vorgaben, Warnungen und Empfehlungen der relevanten europäischen Stellen und des Ausschusses für Finanzstabilität sowie unter Berücksichtigung der Ergebnisse des Risikokomitees und des Gremiums laufende Aufsicht legt die BaFin außerdem im Benehmen mit der Bundesbank die Aufsichtsstrategie und Aufsichtsplanung fest und passt sie ggf. unterjährig an. Im Vorfeld und bei der Durchführung gravierender aufsichtsrechtlicher Maßnahmen findet eine enge Abstimmung bezüglich der bankaufsichtlichen Tätigkeiten zwischen der BaFin und der Bundesbank statt.

2. Unterabschnitt: Zusammenarbeit

Artikel 4 Zusammenarbeit, insbesondere bei bestimmten Instituten

Der Bundesbank obliegt auch bei den Instituten gem. Artikel 5 bis 7 die laufende Überwachung.

Artikel 5 Probleminstitute

(1) Als Probleminstitute sind solche Institute anzusehen, bei denen die wirtschaftliche Situation Anlass zu besonderer Besorgnis gibt, gravierende aufsichtliche Feststellungen getroffen wurden oder bankaufsichtliche Eingriffe vorzubereiten oder einzuleiten sind.

(2) Bei Probleminstituten ist eine Intensivierung der laufenden Überwachung erforderlich, insbesondere durch eingehende Analysen der Risiken und ihrer möglichen Auswirkungen auf die Risikotragfähigkeit des Instituts. Diese eingehenden Analysen und Bewertungen sind im Risikoprofil darzulegen. Aufgrund der gebotenen Intensivierung der Aufsichtstätigkeit bei diesen Instituten ist eine enge Zusammenarbeit zwischen Bundesbank und BaFin erforderlich.

(3) Die BaFin unterzieht die von der Bundesbank im Rahmen der laufenden Überwachung gewonnenen Erkenntnisse und Bewertungen einer eingehenden Untersuchung, um zu einer abschließenden aufsichtlichen Beurteilung zu gelangen und etwaige Aufsichtsmaßnahmen vorzubereiten oder durchzuführen. Reichen die vorliegenden Informationen für eine abschließende Beurteilung nicht aus, kann die BaFin die Bundesbank jederzeit mit der zusätzlichen Sachverhaltsaufklärung betrauen und vertiefende Analysen der Bundesbank anfordern.

Artikel 6 Systemrelevante Institute

(1) Systemrelevante Institute sind Institute, deren Bestandsgefährdung aufgrund ihrer Größe, der Intensität ihrer Interbankbeziehungen und ihrer engen Verflechtung mit dem Ausland erhebliche negative Folgeeffekte bei anderen Kreditinstituten auslösen und zu einer Instabilität des Finanzsystems führen könnte.

(2) Bei Systemrelevanten Instituten ist eine Intensivierung der laufenden Überwachung erforderlich, insbesondere durch eingehende Analysen der Risiken und ihrer möglichen Auswirkungen auf die Risikotragfähigkeit des Instituts. Diese eingehenden Analysen und Bewertungen sind im Risikoprofil darzulegen.

(3) Aufgrund der gebotenen Intensivierung der Aufsichtstätigkeit bei diesen Instituten ist eine enge Zusammenarbeit zwischen Bundesbank und BaFin erforderlich. Die BaFin unterzieht die von der Bundesbank im Rahmen der laufenden Überwachung gewonnenen Erkenntnisse und Bewertungen einer eingehenden Untersuchung, um zu einer abschließenden aufsichtlichen Beurteilung zu gelangen und etwaige Aufsichtsmaßnahmen vorzubereiten oder durchzuführen. Reichen die vorliegenden Informationen für eine abschließende Beurteilung nicht aus, kann die BaFin die Bundesbank jederzeit mit der zusätzlichen Sachverhaltsaufklärung betrauen und vertiefende Analysen der Bundesbank anfordern.

Artikel 7 Aufsichtsintensive Institute

(1) Aufsichtsintensive Institute sind regelmäßig solche, bei denen sich aus den aufsichtlich verfügbaren Informationen negative Entwicklungsmöglichkeiten erken-

nen lassen. Eine entsprechende Einordnung eines Institutes ist auch möglich, wenn aufgrund seiner nicht unerheblichen Bedeutung für den Gesamt- oder einen relevanten Teilmarkt ein besonderes aufsichtliches Interesse besteht oder ein tieferer Einblick für vergleichende Zwecke gewonnen werden soll.

(2) Bei aufsichtsintensiven Instituten ergibt sich ein weitergehender bankaufsichtlicher Informationsbedarf aus der laufenden Überwachung, insbesondere aufgrund bedeutender Entwicklungen, der zusammenfassenden Bewertung im Risikoprofil oder der Schwerpunktbildung in der Prüfungsplanung. Dieser bedingt eine ausführliche Kooperation und Kommunikation zwischen BaFin und Bundesbank, damit die BaFin im Rahmen der präventiven Aufsicht die notwendigen aufsichtsrechtlichen Maßnahmen frühzeitig in die Wege leiten kann.

Artikel 8   Risikokomitee BaFin und Gremium laufende Aufsicht

(1) Die BaFin richtet ein Risikokomitee BaFin ein. Die Bundesbank ist mit zwei Mitgliedern ständiges Mitglied ohne Stimmrecht im Risikokomitee BaFin. Das Risikokomitee BaFin tritt in der Regel einmal im Quartal zusammen.

(2) Das Risikokomitee BaFin ist innerhalb der BaFin zuständig für die Verknüpfung makro- und mikroprudentieller Informationen aus den Geschäftsbereichen der BaFin und der Bundesbank sowie übergeordneten Gremien. Die Erkenntnisse fließen in die Arbeit des Ausschusses für Finanzstabilität ein.

(3) Bundesbank und BaFin richten ein Gremium laufende Aufsicht ein. Es tritt in der Regel vierteljährlich im Wechsel bei BaFin und Bundesbank zusammen, bei aktuellem Anlass auch kurzfristig zwischen zwei turnusmäßigen Sitzungen.

(4) Das Gremium laufende Aufsicht dient der strategischen und operativen Ausrichtung der Tätigkeit der BaFin und Bundesbank im Bereich der Bankenaufsicht und dem Austausch zu risikoorientierten Fragestellungen. Die gewonnenen Erkenntnisse fließen in die Aufsichtsstrategie und Aufsichtsplanung ein.

Artikel 9   Weitere Grundsätze der Zusammenarbeit

(1) Die BaFin und die Bundesbank teilen einander zeitnah alle Informationen mit, die für die Beurteilung der Institute und die Wahrnehmung ihrer Tätigkeiten relevant sind. BaFin und Bundesbank übersenden einander Durchschriften aller Schreiben, die sie bei der laufenden Aufsicht anfertigen. Die Aktenlage muss eine jederzeitige Bearbeitung der einzelnen Sachverhalte durch die BaFin und die Bundesbank ermöglichen.

(2) Zur Vermeidung von Doppelarbeit sind Vorhaben und Projekte von grundsätzlicher Bedeutung für die Aufsicht zwischen BaFin und Bundesbank abzustimmen. Grundsätzliche Bedeutung haben diese Vorhaben und Projekte insbesondere dann, wenn sie der Weiterentwicklung des Aufsichtsrechts und des aufsichtlichen Instrumentariums dienen.

(3) Meinungsverschiedenheiten zwischen BaFin und Bundesbank im Rahmen der laufenden Überwachung sollen einvernehmlich beigelegt werden. Dies geschieht in den regelmäßigen Treffen zwischen dem Exekutivdirektor Bankenaufsicht und dem Zentralbereichsleiter Banken und Finanzaufsicht. Wird dort bei Meinungsverschiedenheiten von erheblicher Bedeutung keine Einigung erzielt, gilt § 4a Satz 2 FinDAG.

Artikel 10   Risikoprofil

(1) Das Risikoprofil umfasst eine Bewertung aller Risiken des Instituts, seiner Organisation und internen Kontrollverfahren sowie seiner Risikotragfähigkeit. Es

enthält außerdem ggf. die Einteilung der Institute nach Art. 5 bis 7. Die Bundesbank bewertet zukunftsgerichtet und risikoorientiert die erhobenen Sachverhalte unter Abwägung aller Risiken aus der Geschäftstätigkeit des Institutes und seines Risikomanagements im Risikoprofil; sie berücksichtigt dabei ihre institutsrelevanten Daten und makroprudentiellen Erkenntnisse und die Vorgaben an den aufsichtlichen Überprüfungs- und Evaluierungsprozess. Die Erstellung des Risikoprofils erfolgt auf der Grundlage der hierzu von Bundesbank und BaFin einvernehmlich entwickelten Struktur und Bewertungssystematik. Das Risikoprofil wird mindestens einmal jährlich bis spätestens zum 30. September von der Bundesbank erstellt und der BaFin zur Abstimmung und Entscheidung zugeleitet. Darüber hinaus nimmt die Bundesbank bei wesentlichen zusätzlichen Informationen, insbesondere wenn sich dadurch die Bewertung des Instituts in wesentlichen Teilbereichen oder die Risikoklassifizierung ändert oder nach Aufforderung durch die BaFin, eine unterjährige Aktualisierung vor.

(2) Die von der Bundesbank vorgenommenen Bewertungen und Einstufungen müssen es der BaFin ermöglichen, auf der Grundlage des Risikoprofils des Instituts den bankaufsichtlichen Handlungsbedarf oder weiteren Informationsbedarf angemessen zu beurteilen. Die Einstufung als systemrelevantes Institut erfolgt einvernehmlich zwischen BaFin und Bundesbank. Die Bundesbank macht, sofern erforderlich, Vorschläge für die weitergehende bankaufsichtliche Behandlung des Instituts und begründet diese risikoorientiert und unter Berücksichtigung der Belastungen des Instituts.

Artikel 11 Aufsichtsplanung

(1) Die Aufsichtsplanung umfasst insbesondere die Auswertung der Prüfungsberichte, die Aufsichtsgespräche, die Prüfungen nach § 44 KWG, aufsichtliche Stresstests und ggf. das Setzen von Prüfungsschwerpunkten nach § 30 KWG. Sie legt die Schwerpunkte der aufsichtlichen Tätigkeiten fest. Die Prüfungsplanung spezifiziert dabei, welche Institute einschließlich Zweigstellen und Tochtergesellschaften in anderen Mitgliedsstaaten geprüft werden sollen.

(2) Zur Sicherstellung eines koordinierten und risikoorientierten Vorgehens der Aufsicht schlägt die Bundesbank bis 31. Oktober eines jeden Jahres auf Grundlage der Aufsichtsstrategie und auf der Basis der Einschätzungen im Risikoprofil und der Bedeutung der Institute die Aufsichtsplanung für das Folgejahr vor.

(3) Die endgültige Aufsichtsplanung legt die BaFin bis zum 15. Dezember eines jeden Jahres fest. Die Planung berücksichtigt die verfügbaren Ressourcen bei Bundesbank und BaFin, mit der Zielsetzung einer möglichst gleichmäßigen Auslastung im Jahresverlauf. Anlassbezogene Abweichungen von der Aufsichtsplanung können von der BaFin und Bundesbank in Abstimmung vorgenommen werden.

Artikel 12 Bekanntgabe aufsichtlicher Entscheidungen

(1) Die BaFin trifft abschließende Aussagen zur Vereinbarkeit konkreter oder abstrakter Sachverhalte mit den jeweils maßgeblichen nationalen, europäischen oder internationalen Rechtsnormen, Verlautbarungen, Rundschreiben oder sonstigen bankaufsichtlichen Regelungen nach Abstimmung mit der Bundesbank.

(2) Die von der Bundesbank im Rahmen der laufenden Überwachung getroffenen Prüfungsfeststellungen und Bewertungen legt die BaFin im Regelfall ihren Aufsichtsmaßnahmen zugrunde.

(3) Die Aufforderungen gegenüber den Instituten zur Beseitigung festgestellter Mängel werden von der BaFin getroffen. Der BaFin obliegt dabei insbesondere die Festlegung der Inhalte und des Zeitrahmens der Mängelbeseitigung. Dies gilt unabhängig davon, ob die Mängel bei der Jahresabschlussprüfung, bei bankgeschäftlichen

oder sonstigen Prüfungen gemäß § 44 KWG oder durch andere Quellen festgestellt wurden. Nach Zustimmung durch die BaFin kann die Aufforderung zur Mängelbeseitigung von der Bundesbank vorgenommen werden. Die Überwachung der Mängelbeseitigung erfolgt im Rahmen der laufenden Überwachung.

(4) Die Bekanntgabe und Erläuterung der abschließenden Beurteilung des Instituts mithilfe des Risikoprofils erfolgt bei problematischen, systemrelevanten oder aufsichtsintensiven Instituten in Anlassgesprächen. In anderen Fällen kann die Bekanntgabe und Erläuterung des zwischen BaFin und Bundesbank abgestimmten Risikoprofils auch in Routinegesprächen erfolgen.

2. Abschnitt:
Instrumente der Aufsicht zur Risikoerkennung

1. Unterabschnitt: Instrumente der Erkenntnisgewinnung

Artikel 13 Aufsichtsgespräche

(1) Aufsichtsgespräche werden routinemäßig oder anlassbezogen durchgeführt. Bei der Häufigkeit, Dauer und Intensität der Aufsichtsgespräche ist der Grundsatz der Proportionalität zu beachten.

(2) Routinemäßige Aufsichtsgespräche mit den einzelnen Instituten dienen insbesondere der regelmäßigen Erörterung der wirtschaftlichen Entwicklung, der Risikolage sowie der allgemeinen Geschäftslage der Institute auf Grundlage der ausgewerteten Jahresabschlussunterlagen und der abgestimmten Risikoprofile. Sie können nach Abstimmung mit der BaFin auch das Abstellen von festgestellten Mängeln zum Gegenstand haben, für die das Ergreifen von Maßnahmen nicht erforderlich erscheint. Sie werden von der Bundesbank grundsätzlich jährlich durchgeführt; insbesondere bei kleinen Instituten, deren Solvenz gesichert ist und die bankaufsichtlich unauffällig sind, kann auf eine jährliche Durchführung von Aufsichtsgesprächen verzichtet werden. Die BaFin hat das Recht zur Teilnahme. Routinemäßige Aufsichtsgespräche werden von der Bundesbank so rechtzeitig geplant, dass die BaFin teilnehmen kann. Verzichtet sie auf eine Teilnahme, wird sie von den Ergebnissen zeitnah unterrichtet.

(3) Anlassbezogene Aufsichtsgespräche haben Sachverhalte oder Themen zum Gegenstand, die aufgrund bedeutender Entwicklungen beim Institut eine besondere bankaufsichtliche Würdigung erfordern. Die Initiative zu anlassbezogenen Aufsichtsgesprächen kann von der Bundesbank oder der BaFin ausgehen; sie sind jeweils zwischen BaFin und Bundesbank abzustimmen. Die jeweils andere Institution hat ein Teilnahmerecht. Wird auf eine Teilnahme verzichtet, ist eine zeitnahe Unterrichtung sicherzustellen.

Artikel 14 Gespräche mit Dritten

Für Gespräche mit Wirtschaftsprüfern oder sonstigen Dritten über einzelne Institute gilt Artikel 13 (Aufsichtsgespräche) Abs. 2 oder Abs. 3 sinngemäß.

Artikel 15 Auswertung der Jahresabschlüsse und Prüfungsberichte nach § 26 KWG

(1) Die Bundesbank wertet die bei ihr eingehenden Jahresabschlüsse und Prüfungsberichte nach § 26 KWG aus. Sie wendet dabei zur Sicherstellung eines hohen Qualitätsstandards die von der BaFin und der Bundesbank gemeinsam entwickelten einheitlichen Auswertungskriterien an. Die BaFin kann bei Bedarf Auswertungsschwerpunkte vorgeben, die einer besonders intensiven Betrachtung bedürfen. Das Ergebnis der Auswertung geht in das Risikoprofil des Instituts ein.

(2) Die Bundesbank fertigt für jedes Institut einen Auswertungsbericht an, in dem sie ihre Feststellungen nachvollziehbar darstellt. Die Bundesbank wendet dabei zur Sicherstellung eines hohen Qualitätsstandards die von der BaFin und der Bundesbank gemeinsam entwickelten einheitlichen Bewertungskriterien an.

(3) In Einzelfällen kann die BaFin von der Bundesbank die Anfertigung eines Kurzvermerks statt eines Auswertungsberichtes oder im Vorfeld eines Auswertungsvermerks zunächst die Übermittlung eines Kurzvermerks anfordern. Falls sie dies für angemessen erachtet, kann die Bundesbank der BaFin ebenfalls die Ausfertigung eines Kurzvermerks statt eines Auswertungsberichtes vorschlagen.

(4) Die Reihenfolge der Auswertungen durch die Bundesbank soll anhand der voraussichtlichen Dringlichkeit der Fälle und in Abhängigkeit von der Risikosituation des Instituts sowie der Schwere der Feststellungen in vorangegangenen Prüfungsberichten erfolgen. Einzelheiten werden in der Aufsichtsplanung festgelegt, die ggf. unterjährig angepasst wird.

Artikel 16 Auskunftsersuchen

Bei Auskunftsersuchen, die mehrere Institute betreffen, stimmen sich BaFin und Bundesbank über Notwendigkeit und Inhalt der Erhebung dieser Informationen ab. In Abstimmung mit der BaFin werden die Informationen durch die Bundesbank, in Ausnahmefällen von der BaFin, bei gegenseitiger Unterrichtung erhoben und ausgewertet. Die Befugnis der Bundesbank zu Informationserhebungen im Hinblick auf ihre Verantwortung im Bereich der Finanzstabilität bleibt unberührt (vgl. Art. 127 Abs. 5 AEUV und § 6 FinStabG).

Artikel 17 Anordnung und Auswertung von Prüfungen nach § 44 KWG; sonstige Prüfungen

(1) Die BaFin ordnet die Prüfungen gemäß § 44 Abs. 1 Satz 2 KWG und § 44b Abs. 2 Satz 1 KWG bei den Instituten an und richtet den Prüfungsauftrag, sofern es sich um eine Prüfung durch die Bundesbank handelt, an die Zentrale der Bundesbank, die über die für das betroffene Institut zuständige Hauptverwaltung das Institut über die Zusammensetzung des Prüfungsteams unterrichtet. Die Zusammensetzung des Prüfungsteams obliegt dabei der Bundesbank.

(2) Sofern der Prüfungsauftrag an Dritte geht, unterrichtet die BaFin die Bundesbank durch Übersendung einer Kopie des Prüfungsauftrags und stellt sicher, dass eine Kopie des Prüfungsberichts nach dessen Fertigstellung unverzüglich auch der Bundesbank zugeht.

(3) Über die Durchführung der Auswertung der Prüfungsberichte von Prüfungen aus besonderem Anlass findet zwischen BaFin und der Bundesbank eine Abstimmung statt. Alle anderen Prüfungsberichte einschließlich der Berichte über Prüfungen der öffentlich-rechtlichen und privaten Einlagensicherungseinrichtungen werden von der Bundesbank ausgewertet. Bei der Notwendigkeit des Erlasses von aufsichtsrechtlichen Maßnahmen auf Grund von gravierenden Feststellungen kann die BaFin vertiefende eigene Analysen vornehmen.

(4) Die Bundesbank stellt der BaFin bei Routineprüfungen die Auswertungsberichte regelmäßig innerhalb von zwei Monaten nach Eingang der Prüfungsberichte zur Verfügung. Die Bundesbank stellt der BaFin bei Prüfungen, welche die Bundesbank durchgeführt hat, den Prüfungsbericht in der Regel innerhalb von zwei Monaten nach Abschluss der Prüfung zur Verfügung. In kritischen Einzelfällen kann mit der BaFin eine kürzere Einreichungsfrist abgestimmt werden.

Artikel 18 Bankgeschäftliche Prüfungen

(1) Zu den Prüfungen gemäß § 44 KWG gehören auch die bankgeschäftlichen Prüfungen (§ 7 Abs. 1 KWG) zur Beurteilung der angemessenen Eigenkapitalausstattung und Risikosteuerungsverfahren der Institute. Dies sind die nach § 44 KWG anzuordnenden bankgeschäftlichen Prüfungen im Rahmen des Aufsichtsprozesses (SREP) zur Einhaltung des § 25a KWG, orientiert am Maßstab der Mindestanforderungen an das Risikomanagement (MaRisk), die auf die Sicherstellung der ordnungsgemäßen Geschäftsorganisation und die Angemessenheit des Risikomanagements gerichtet sind, sowie Prüfungen zur aufsichtlichen Zulassung und zur laufenden Kontrolle (Nachschau) bankinterner Risikomessverfahren (derzeit: IRBA, AMA, Marktrisiko, Liquiditätsmodelle). Bankgeschäftliche Prüfungen sind nicht Prüfungen der Werthaltigkeit von Forderungen und dafür bestellter Sicherheiten sowie der Risikovorsorge im Kreditgeschäft, wie sie Wirtschaftsprüfer bei Prüfungen des Jahresabschlusses oder bei Sonderprüfungen vornehmen.

(2) Die bankgeschäftlichen Prüfungen obliegen gem. § 7 Abs. 1 KWG als Teil der laufenden Überwachung der Bundesbank und werden im Regelfall durch ihre Hauptverwaltungen durchgeführt. Die BaFin kann diese in besonders begründeten Ausnahmefällen selbst durchführen oder im Einvernehmen mit der Bundesbank auch Dritte mit der Durchführung bankgeschäftlicher Prüfungen beauftragen. Bei Prüfungen der BaFin gilt Abs. 3 entsprechend.

(3) Die BaFin kann sich an Prüfungen der Bundesbank beteiligen; dabei können Mitarbeiter der BaFin in Abstimmung mit der Bundesbank Prüfungshandlungen vornehmen und im Rahmen des Prüfungsauftrages einzelne Prüfungsfelder prüfen.

(4) Auffälligkeiten, die im Rahmen der Durchführung einer bankgeschäftlichen Prüfung festgestellt werden, sind unverzüglich an die BaFin und an die zuständige Hauptverwaltung der Bundesbank zu melden. Den Prüfungsbericht übersendet die Bundesbank der BaFin in der Regel innerhalb von 2 Monaten nach Abschluss der bankgeschäftlichen Prüfung.

Artikel 19 Stresstests

Bei der Durchführung von aufsichtlichen Stresstests i.S.d. § 6b Abs. 3 KWG-Entwurf[1] und nach Vorgaben der Europäischen Bankenaufsichtsbehörde nach Artikel 32 der Verordnung (EU) Nr. 1093/2010 arbeiten die BaFin und die Bundesbank eng zusammen. Zusätzliche Stresstests führt die Bundesbank regelmäßig gemäß der Aufsichtsplanung durch, oder wenn sich aus ihren Erkenntnissen die Notwendigkeit solcher Tests ergibt.

---

1 § 6b Abs. 3 KWG-Entwurf gilt mit Inkrafttreten des CRD IV-Umsetzungsgesetzes.

2. Unterabschnitt: Melde- und Anzeigewesen

Artikel 20 Bankaufsichtliche Anzeigen und Meldungen nach dem KWG oder darauf beruhender Rechtsverordnungen

(1) Meldungen nach dem KWG und auf dessen Grundlage erlassener Rechtsverordnungen bearbeitet die Bundesbank. Sie klärt erforderlichenfalls die Sachverhalte weiter auf, bewertet sie und legt sie der BaFin zeitnah dar. Über besondere Auffälligkeiten und über kritische Entwicklungen informiert sie die BaFin unverzüglich. Die Bundesbank kann in diesem Zusammenhang gegenüber der BaFin Stellung nehmen und Vorschläge zum weiteren Vorgehen unterbreiten. Die abschließende bankaufsichtliche Beurteilung und Entscheidung des Sachverhalts obliegt der BaFin.

(2) Bei der Bearbeitung einzelner Anzeigetatbestände stimmen sich BaFin und Bundesbank wegen der besonderen Eilbedürftigkeit der ihnen zugrunde liegenden Sachverhalte, insbesondere bei den §§ 2c, 28 Abs. 1 oder 29 Abs. 3 KWG, bereits bei Eingang der Anzeige über die weitere Vorgehensweise ab. Die abschließende bankaufsichtliche Entscheidung liegt bei der BaFin.

3. Unterabschnitt: Datenverarbeitung

Artikel 21 Elektronische Datenverarbeitung (EDV)

(1) Die Bundesbank nimmt die zeitnahe Erfassung und Auswertung aller Anzeigen, Meldungen sowie der Inhalte der Jahresabschlüsse, Prüfungsberichte und Ausweise nach § 25 KWG in die EDV vor. Sie stellt die uneingeschränkte Zugriffsmöglichkeit der BaFin auf alle erfassten von der Bankenaufsicht benötigten Datensätze und Informationen sicher; hierzu gehören auch die im Rahmen der monatlichen Bilanzstatistik erhobenen Angaben.

(2) Die technischen Rahmenbedingungen werden zwischen der BaFin und der Bundesbank abgestimmt. Einzelheiten werden einvernehmlich entschieden.

3. Abschnitt: Schlussbestimmungen

Artikel 22 Grundsätzliche Fragen zur Anwendung der Richtlinie

Einzelfragen grundsätzlicher Bedeutung zur Anwendung dieser Aufsichtsrichtlinie werden zwischen BaFin und Bundesbank regelmäßig erörtert. Weitergehende Regelungen zu den aufsichtlichen Prozessen und Schnittstellen zwischen BaFin und Bundesbank wird die BaFin im Einvernehmen mit der Bundesbank bedarfsgerecht festlegen.

Artikel 23 In-Kraft-Treten

Diese Richtlinie tritt mit sofortiger Wirkung in Kraft. Sie ersetzt die Richtlinie vom 21. Februar 2008.
Bonn und Frankfurt, den 21.5.2013
Die Präsidentin der Bundesanstalt für Finanzdienstleistungsaufsicht

Anhang 1.4
Verordnung zur Übertragung von Befugnissen zum Erlass von Rechtsverordnungen auf die Bundesanstalt für Finanzdienstleistungsaufsicht

vom 13. Dezember 2002 (BGBl. I 2003 S. 3), zuletzt geändert durch Artikel 6 der Verordnung vom 30. Januar 2014 (BGBl. I S. 324)

Auf Grund des § 19 Absatz 6 Satz 2, des § 26 Absatz 8 Satz 2, des § 27 Absatz 6 Satz 2, des § 28 Absatz 4 Satz 2, des § 29 Absatz 6 Satz 2, des § 30 Absatz 5 Satz 2, des § 37 Absatz 3 Satz 4, des § 38 Absatz 5 Satz 2, des § 68 Absatz 8 Satz 2, des § 78 Absatz 3 Satz 4, des § 89 Absatz 3 Satz 4, des § 96 Absatz 4 Satz 2, des § 106 Satz 2, des § 117 Absatz 9 Satz 2, des § 120 Absatz 8 Satz 2, des § 121 Absatz 4 Satz 2, des § 132 Absatz 8 Satz 2, des § 135 Absatz 11 Satz 2, des § 136 Absatz 4 Satz 2, des § 166 Absatz 5 Satz 6, des § 168 Absatz 8 Satz 2, des § 185 Absatz 3 Satz 2, des § 197 Absatz 3 Satz 2, des § 204 Absatz 3 Satz 2, des § 312 Absatz 8 Satz 2, § 331 Absatz 2 Satz 3 sowie des § 342 Absatz 5 Satz 4 und Absatz 6 Satz 2 des Kapitalanlagegesetzbuchs vom 4. Juli 2013 (BGBl. I S. 1981) verordnet das Bundesministerium der Finanzen:

§ 1

Die Bundesanstalt für Finanzdienstleistungsaufsicht wird ermächtigt,

1. Rechtsverordnungen nach Maßgabe des § 9 Abs. 4 Nr. 1 bis 5, des § 17 Absatz 7 Satz 1, des § 30h Absatz 4 Satz 1, des § 34 Abs. 4 Satz 1, des § 34a Abs. 5 Satz 1, des § 34d Absatz 6, des § 36 Abs. 5 Satz 1, des § 36c Absatz 6 und des § 37i Abs. 1 Satz 3 des Wertpapierhandelsgesetzes,
2. Rechtsverordnungen nach Maßgabe des § 1 Abs. 5 Satz 3, des § 5 Abs. 2 Satz 1, des § 6 Abs. 4 Satz 1 und des § 47 Satz 2 des Wertpapiererwerbs- und Übernahmegesetzes,
3. Rechtsverordnungen nach Maßgabe des § 2a Absatz 7 Satz 1, des § 9 Absatz 5 Satz 1, des § 9a Absatz 2 Satz 1, des § 20 Absatz 4 Satz 1 und 2, des § 28 Absatz 3 Satz 3, des § 34 Absatz 3 Satz 1 und 2, des § 36 Absatz 5 Satz 1 und 2, des § 41 Absatz 3 Satz 1 und 2, des § 44 Absatz 7 Satz 1 und 2, des § 51 Absatz 3 Satz 1 und 2, des § 119 Satz 1 und 2 sowie des § 128 Absatz 6 Satz 1 des Investmentgesetzes, Rechtsverordnungen nach Maßgabe des § 19f Absatz 3 Satz 1, des § 40c Absatz 3 Satz 1, des § 110 Absatz 7 Satz 1 und des § 110a Absatz 5 Satz 1 des Investmentgesetzes jeweils im Einvernehmen mit dem Bundesministerium der Justiz sowie Rechtsverordnungen nach Maßgabe des § 143c Absatz 5 Satz 1 bis 3 und Absatz 6 Satz 1 jeweils im Einvernehmen mit dem Bundesministerium der Justiz und dem Bundesministerium für Ernährung, Landwirtschaft und Verbraucherschutz,

3a. Rechtsverordnungen nach Maßgabe des § 19 Absatz 6 Satz 1, des § 26 Absatz 8 Satz 1, des § 27 Absatz 6 Satz 1, des § 28 Absatz 4 Satz 1, des § 29 Absatz 6 Satz 1, des § 30 Absatz 5 Satz 1, des § 37 Absatz 3 Satz 1 bis 3, des § 68 Absatz 8 Satz 1, des § 78 Absatz 3 Satz 3, des § 89 Absatz 3 Satz 3, des § 96 Absatz 4 Satz 1, des § 117 Absatz 9 Satz 1, des § 132 Absatz 8 Satz 1, des § 166 Absatz 5 Satz 5, des § 168 Absatz 8 Satz 1, des § 197 Absatz 3 Satz 1, des § 204 Absatz 3 Satz 1, des § 312 Absatz 8 Satz 1 und des § 331 Absatz 2 Satz 2 des Kapitalanlagegesetzbuchs, Rechtsverordnungen nach Maßgabe des § 38 Absatz 5 Satz 1, des § 106 Satz 1, des § 120 Absatz 8 Satz 1, des § 121 Absatz 4 Satz 1, des § 135 Absatz 11 Satz 1, des § 136 Absatz 4 Satz 1 und des § 185 Absatz 3 Satz 1 des Kapitalanlagegesetzbuchs jeweils im Einvernehmen mit dem Bundesministerium der Justiz sowie Rechtsverordnungen nach Maßgabe des § 342 Absatz 5 Satz 1 bis 3 und Absatz 6 Satz 1 des Kapitalanlagegesetzbuchs jeweils

im Einvernehmen mit dem Bundesministerium der Justiz und dem Bundesministerium für Ernährung, Landwirtschaft und Verbraucherschutz,
4. Rechtsverordnungen nach Maßgabe des § 4 Absatz 6 Satz 1 und 3, des § 5 Absatz 3 Satz 1 bis 3, dieser auch in Verbindung mit Absatz 2 Satz 3, des § 16 Absatz 4 Satz 1 bis 3, des § 24 Absatz 5 Satz 1 und 2 sowie des § 26d Absatz 3 Satz 1 und 2 des Pfandbriefgesetzes jeweils im Einvernehmen mit dem Bundesministerium der Justiz,
5. Rechtsverordnungen nach Maßgabe des § 10 Absatz 1 Satz 1 und 3, des § 10a Absatz 7 Satz 1 und 3 sowie des § 25e Satz 3 in Verbindung mit § 24 Absatz 4 Satz 1 und 3 des Kreditwesengesetzes jeweils im Einvernehmen mit der Deutschen Bundesbank und nach Anhörung der Spitzenverbände der Institute sowie Rechtsverordnungen nach Maßgabe des § 11 Abs. 1 Satz 2, 3 und 5, des § 22 Satz 1 und 3, dieser auch in Verbindung mit § 14 Abs. 1 Satz 1, des § 22d Abs. 1 Satz 2, des § 24 Abs. 4 Satz 1 und 3, dieser auch in Verbindung mit § 2 Abs. 10 Satz 4 und 7, § 2c Abs. 1 Satz 2 und 3 sowie des § 25 Abs. 3 Satz 1 und 2 und des § 25a Absatz 5 Satz 1 bis 3 und 5 des Kreditwesengesetzes, mit Ausnahme der Rechtsverordnung nach § 22d Abs. 1 Satz 2 jeweils im Einvernehmen mit der Deutschen Bundesbank, nach Maßgabe des § 29 Abs. 4 Satz 1 des Kreditwesengesetzes im Einvernehmen mit dem Bundesministerium der Justiz und nach Maßgabe des § 31 Abs. 1 Satz 1 des Kreditwesengesetzes im Benehmen mit der Deutschen Bundesbank,
6. Rechtsverordnungen nach Maßgabe des § 16 Satz 2 des Verkaufsprospektgesetzes,
7. Rechtsverordnungen nach Maßgabe des § 4 Abs. 3 Satz 1 und § 20 Abs. 3 Satz 1 und 2 des Wertpapierprospektgesetzes im Einvernehmen mit dem Bundesministerium der Justiz sowie Rechtsverordnungen nach § 27 Abs. 5 Satz 1 und § 28 Abs. 2 Satz 1 und 2 des Wertpapierprospektgesetzes sowie
8. Rechtsverordnungen nach Maßgabe des § 27 Absatz 2 Satz 1 des Vermögensanlagengesetzes
zu erlassen.

§ 1a

Die Bundesanstalt für Finanzdienstleistungsaufsicht wird ermächtigt,
1. Rechtsverordnungen nach Maßgabe des § 5 Absatz 6 Satz 1 und 3 und des § 11a Absatz 6 Satz 1 und 3, jeweils auch in Verbindung mit § 118, des § 64b Absatz 5 Satz 1 bis 4, 6 und Absatz 6, des § 81 Absatz 3 Satz 1, des § 81c Absatz 3 Satz 1 und 3, des § 81d Absatz 3 Satz 1 und 3 sowie des § 104 Absatz 6 Satz 1 und 3, dieser auch in Verbindung mit § 118, des Versicherungsaufsichtsgesetzes jeweils im Benehmen mit den Aufsichtsbehörden der Länder,
2. Rechtsverordnungen nach Maßgabe des § 55a Absatz 1 Satz 1 und des § 57 Absatz 2 Satz 1 und 3, jeweils auch in Verbindung mit § 118, des Versicherungsaufsichtsgesetzes jeweils im Benehmen mit den Aufsichtsbehörden der Länder nach Anhörung des Versicherungsbeirats sowie
3. Rechtsverordnungen nach Maßgabe des § 12c Absatz 1 Satz 1 und 3 in Verbindung mit Absatz 2, des § 65 Absatz 1 Satz 1 und 3 in Verbindung mit Absatz 2 bis 4 und des § 66 Absatz 3b Satz 1, 2 und 4 des Versicherungsaufsichtsgesetzes jeweils im Benehmen mit den Aufsichtsbehörden der Länder und im Einvernehmen mit dem Bundesministerium der Justiz
zu erlassen.

§ 1b

Die Bundesanstalt für Finanzdienstleistungsaufsicht wird ermächtigt, Rechtsverordnungen nach Maßgabe des § 22 Absatz 1 des Finanzkonglomerate-Aufsichtsgesetzes im Einvernehmen mit der Deutschen Bundesbank und nach Anhörung der Spitzenverbände der Institute im Sinne des § 1 Absatz 1 b des Kreditwesengesetzes und des Versicherungsbeirats nach § 92 des Versicherungsaufsichtsgesetzes zu erlassen.

§ 2

Diese Verordnung tritt am Tage nach der Verkündung in Kraft.

Anhang 1.5
Verordnung[1] über die Erhebung von Gebühren und die Umlegung von Kosten nach dem Finanzdienstleistungsaufsichtsgesetz (FinDAGKostV)

vom 29. April 2002 (BGBl. I S. 1504), zuletzt geändert durch Artikel 1 der Verordnung vom 12. Dezember 2013 (BGBl. I S. 4155)

Auf Grund
- des § 14 Abs. 2 Satz 1 und 3 und Abs. 3 des Finanzdienstleistungsaufsichtsgesetzes vom 22. April 2002 (BGBl. I S. 1310) in Verbindung mit dem 2. Abschnitt des Verwaltungskostengesetzes vom 23. Juni 1970 (BGBl. I S. 821) und
- des § 16 Satz 2 und 3 des Finanzdienstleistungsaufsichtsgesetzes

verordnet das Bundesministerium der Finanzen:

Abschnitt 1:
Gebührenerhebung

§ 1 Gebühren

Die Bundesanstalt für Finanzdienstleistungsaufsicht (Bundesanstalt) erhebt für individuell zurechenbare öffentliche Leistungen im Rahmen der ihr gesetzlich zugewiesenen Aufgaben Gebühren nach Maßgabe des § 14 und des § 17b des Finanzdienstleistungsaufsichtsgesetzes und den Bestimmungen dieses Abschnitts.

§ 2 Gebührentatbestände; Höhe der Gebühren

(1) Die gebührenpflichtigen individuell zurechenbaren öffentlichen Leistungen und Gebührensätze ergeben sich aus den nachfolgenden Bestimmungen dieses Abschnitts und dem anliegenden Gebührenverzeichnis.

(2) Zur Abgeltung mehrfacher gleichartiger individuell zurechenbarer öffentlicher Leistungen für denselben Gebührenschuldner kann die Bundesanstalt auf Antrag des Gebührenschuldners eine Pauschgebühr, die den geringeren Umfang des Verwaltungsaufwandes berücksichtigt, im Voraus festsetzen.

§ 3 Gebührenerhebung in besonderen Fällen

(1) Für die Ablehnung eines Verwaltungsakts, in den Fällen der Rücknahme eines Antrags auf Vornahme einer individuell zurechenbaren öffentlichen Leistung, für die Rücknahme oder den Widerruf eines Verwaltungsakts sowie für die Zurückweisung eines Widerspruchs erhebt die Bundesanstalt Gebühren nach Maßgabe der Absätze 2 bis 5.

(2) Für die Ablehnung eines Antrags auf Vornahme einer gebührenpflichtigen individuell zurechenbaren öffentlichen Leistung aus anderen Gründen als wegen

---

[1] des Bundesministers der Finanzen

Unzuständigkeit wird eine Gebühr bis zur Höhe der für die Vornahme der individuell zurechenbaren öffentlichen Leistung festzusetzenden Gebühr erhoben. Wird ein Antrag nach Beginn der sachlichen Bearbeitung, jedoch vor deren Beendigung zurückgenommen, beträgt die Gebühr höchstens 50 Prozent der für die Vornahme der individuell zurechenbaren öffentlichen Leistung festzusetzenden Gebühr.

(3) Für den Widerruf oder die Rücknahme eines gebührenpflichtigen Verwaltungsaktes wird, sofern der Betroffene die Gründe für den Widerruf oder die Rücknahme zu vertreten hat, eine Gebühr bis zur Höhe der für den Verwaltungsakt zum Zeitpunkt des Widerrufs oder der Rücknahme festzusetzenden Gebühr erhoben. Satz 1 gilt entsprechend für den Widerruf oder die Rücknahme eines fingierten Verwaltungsaktes; insoweit wird eine Gebühr bis zur Höhe der Gebühr erhoben, die für einen entsprechenden nicht fingierten Verwaltungsakt im Zeitpunkt des Widerrufs oder der Rücknahme festzusetzen gewesen wäre.

(4) Für die vollständige oder teilweise Zurückweisung eines Widerspruchs wird eine Gebühr bis zur Höhe von 50 Prozent der für den angefochtenen Verwaltungsakt festgesetzten Gebühr erhoben; dies gilt nicht, wenn der Widerspruch nur deshalb keinen Erfolg hat, weil die Verletzung einer Verfahrens- oder Formvorschrift nach § 45 des Verwaltungsverfahrensgesetzes unbeachtlich ist. War für den angefochtenen Verwaltungsakt eine Gebühr nicht vorgesehen oder wurde eine Gebühr nicht erhoben, wird eine Gebühr bis zu 1 500 Euro erhoben. Bei einem erfolglosen Widerspruch, der sich ausschließlich gegen
1. eine Gebührenentscheidung,
2. die Festsetzung von gesondert zu erstattenden Kosten nach § 15 oder § 17c des Finanzdienstleistungsaufsichtsgesetzes,
3. die Festsetzung eines Umlagebetrages nach der auf Grund des § 16 Abs. 2 Satz 1 und 3 des Finanzdienstleistungsaufsichtsgesetzes oder der auf Grund des § 17d Abs. 3 Satz 1 und 2 des Finanzdienstleistungsaufsichtsgesetzes erlassenen Rechtsverordnung oder
4. einen Beitragsbescheid nach § 8 Abs. 9 des Einlagensicherungs- und Anlegerentschädigungsgesetzes richtet, beträgt die Gebühr bis zu 10 Prozent des streitigen Betrages; Absatz 5 bleibt unberührt.

Wird ein Widerspruch nach Beginn seiner sachlichen Bearbeitung jedoch vor deren Beendigung zurückgenommen, ist keine Gebühr zu erheben. Das Verfahren zur Entscheidung über einen Widerspruch, der sich ausschließlich gegen die festgesetzte Widerspruchsgebühr richtet, ist gebührenfrei.

(5) Die Gebühr beträgt in den Fällen der Absätze 2, 3 und 4 Satz 1 bis 3 mindestens 50 Euro.

§ 4 (aufgehoben)

Abschnitt 2:
Umlage

§§ 5 bis 12b (aufgehoben)

Abschnitt 3:
Übergangs- und Schlussbestimmungen

§ 13 Übergangsregelungen

(1) In den Fällen, in denen aufgrund der Übergangsvorschriften der §§ 345 bis 350, 355 des Kapitalanlagegesetzbuches weiterhin Amtshandlungen auf Grundlage des Investmentgesetzes erforderlich sind, sind die Gebührennummern 4. bis 4.1.3.7 der Anlage (zu § 2 Absatz 1) Gebührenverzeichnis in der bis zum 21. Juli 2013 geltenden Fassung weiterhin anzuwenden.
(2) Die Gebührennummern 4.3 bis 4.4.3 der Anlage (Gebührenverzeichnis) finden auch auf die am 4. September 2013 anhängigen Verwaltungsverfahren Anwendung.

§ 13a (aufgehoben)

§ 14 Aufhebung von Rechtsvorschriften

Die Umlage-Verordnung Kredit- und Finanzdienstleistungswesen vom 8. März 1999 (BGBl. I S. 314), zuletzt geändert durch die Verordnung vom 20. Dezember 2001 (BGBl. I S. 3911), und die Umlage-Verordnung-Wertpapierhandel vom 22. Februar 1999 (BGBl. I S. 179), zuletzt geändert durch die Verordnung vom 18. April 2001 (BGBl. I S. 611), werden aufgehoben. Sie sind in der bis zum Tag vor dem Inkrafttreten dieser Verordnung geltenden Fassung auf die Umlegung der Kosten der Bundesaufsichtsämter für das Kreditwesen und den Wertpapierhandel für die Umlagejahre 1998, 1999, 2000, 2001 und des bis zum Inkrafttreten dieser Verordnung verbleibenden Abrechnungszeitraums des Jahres 2002 weiter anzuwenden.

§ 15 Inkrafttreten

Diese Verordnung tritt am 1. Mai 2002 in Kraft.

Anhang

Anlage (zu § 2 Abs. 1)

Gebührenverzeichnis
Gliederung

1. Individuell zurechenbare öffentliche Leistungen auf der Grundlage des Kreditwesengesetzes (KWG), der Solvabilitätsverordnung (SolvV), der Liquiditätsverordnung (LiqV), der Großkredit- und Millionenkreditverordnung (GroMiKV) und der Verordnung (EU) Nr. 575/2013
    1.1 Individuell zurechenbare öffentliche Leistungen auf der Grundlage des Kreditwesengesetzes (KWG)

1.2 Individuell zurechenbare öffentliche Leistungen auf der Grundlage der Solvabilitätsverordnung (SolvV), der Liquiditätsverordnung (LiqV) und der Großkredit- und Millionenkreditverordnung (GroMiKV)

1.3 Individuell zurechenbare öffentliche Leistungen auf der Grundlage der Verordnung (EU) Nr. 575/2013

2. Individuell zurechenbare öffentliche Leistungen auf der Grundlage des Pfandbriefgesetzes (PfandBG)

3. Individuell zurechenbare öffentliche Leistungen auf der Grundlage des Gesetzes über Bausparkassen und der Bausparkassen-Verordnung

    3.1 Individuell zurechenbare öffentliche Leistungen auf der Grundlage des Gesetzes über Bausparkassen

    3.2 Individuell zurechenbare öffentliche Leistungen auf der Grundlage der Bausparkassen-Verordnung

4. Individuell zurechenbare öffentliche Leistungen auf der Grundlage des Kapitalanlagegesetzbuchs (KAGB), der Derivateverordnung (DerivateV), der Verordnung (EU) Nr. 345/2013 und der Verordnung (EU) Nr. 346/2013

    4.1 Individuell zurechenbare öffentliche Leistungen auf der Grundlage des Kapitalanlagegesetzbuches (KAGB)

    4.2 Individuell zurechenbare öffentliche Leistungen auf der Grundlage der Derivateverordnung (DerivateV)

    4.3 Individuell zurechenbare öffentliche Leistungen auf der Grundlage der Verordnung (EU) Nr. 345/2013

    4.4 Individuell zurechenbare öffentliche Leistungen auf der Grundlage der Verordnung (EU) Nr. 346/2013

5. Individuell zurechenbare öffentliche Leistungen auf der Grundlage des Wertpapierhandelsgesetzes (WpHG)

6. Individuell zurechenbare öffentliche Leistungen auf der Grundlage des Versicherungsaufsichtsgesetzes (VAG)

7. Individuell zurechenbare öffentliche Leistungen auf der Grundlage des Geldwäschegesetzes (GwG)

8. Individuell zurechenbare öffentliche Leistungen auf der Grundlage des Wagniskapitalbeteiligungsgesetzes (WKBG)

9. Individuell zurechenbare öffentliche Leistungen auf der Grundlage des Zahlungsdiensteaufsichtsgesetzes (ZAG) und der Zahlungsinstituts-Eigenkapitalverordnung (ZIEV)

    9.1 Individuell zurechenbare öffentliche Leistungen auf der Grundlage des Zahlungsdiensteaufsichtsgesetzes (ZAG)

    9.2 Individuell zurechenbare öffentliche Leistungen auf der Grundlage der Zahlungsinstituts-Eigenkapitalverordnung (ZIEV)

10. Individuell zurechenbare öffentliche Leistungen auf der Grundlage der Verordnung (EU) Nr. 648/2012

Nr.	Gebührentatbestand	Gebühr in Euro
1.	Individuell zurechenbare öffentliche Leistungen auf der Grundlage des Kreditwesengesetzes (KWG), der Solvabilitätsverordnung (SolvV), der Liquiditätsverordnung (LiqV), der Großkredit- und Millionenkreditverordnung (GroMiKV) und der Verordnung (EU) Nr. 575/2013[1]	
1.1	Individuell zurechenbare öffentliche Leistungen auf der Grundlage des Kreditwesengesetzes (KWG)	
1.1.1	Freistellung eines Instituts nach § 2 Absatz 4 Satz 1 KWG	7 350
1.1.2	Freistellungen nach § 2a KWG	
1.1.2.1	Freistellung eines gruppenangehörigen Instituts nach § 2a Absatz 1 Satz 1 KWG	500 bis 1 500
1.1.2.2	Freistellung eines gruppenangehörigen Instituts nach § 2a Absatz 2 Satz 1 KWG	500 bis 1 500
1.1.2.3	Freistellung eines gruppenangehörigen Instituts nach § 2a Absatz 3 Satz 1 KWG	500 bis 1 500
1.1.2.4	Freistellung eines gruppenangehörigen Instituts nach § 2a Absatz 4 Satz 1 KWG	500 bis 1 500
1.1.2.5	Erlass einer Anordnung nach § 2a Absatz 6 Satz 3 KWG	500 bis 1 500
1.1.3	Individuell zurechenbare öffentliche Leistungen in Bezug auf den Erwerb bedeutender Beteiligungen und die Leitungsorgane von Finanzholding-Gesellschaften und gemischten Finanzholding-Gesellschaften (§ 2c KWG; 2d KWG)	
1.1.3.1	Untersagung des beabsichtigten Erwerbs einer bedeutenden Beteiligung oder ihrer Erhöhung (§ 2c Abs. 1b Satz 1 oder Satz 2 KWG)	500 bis 10 000
1.1.3.2	Untersagung der Ausübung von Stimmrechten; Anordnung, dass über die Anteile nur mit Zustimmung der Bundesanstalt verfügt werden darf (§ 2c Abs. 2 Satz 1 KWG)	150 bis 3 000
1.1.3.3	(aufgehoben)	
1.1.3.4	Beauftragung des Treuhänders mit der Veräußerung der Anteile, soweit sie eine bedeutende Beteiligung begründen (§ 2c Abs. 2 Satz 4 KWG)	1 500
1.1.3.5	Maßnahmen gegen Personen im Sinne des § 2d Abs. 1 KWG (§ 2d Abs. 2 KWG)	

→

---

[1] Verordnung (EU) Nr. 575/2013 des Europäischen Parlaments und des Rates vom 26. Juni 2013 über Aufsichtsanforderungen an Kreditinstitute und Wertpapierfirmen und zur Änderung der Verordnung (EU) Nr. 646/2012 (ABl. L 176 vom 27.6.2013, S. 1)

Nr.	Gebührentatbestand	Gebühr in Euro
1.1.3.5.1	Verlangen auf Abberufung	
1.1.3.5.1.1	von Personen, die die Geschäfte einer Finanzholding-Gesellschaft tatsächlich führen	2 000
1.1.3.5.1.2	von Personen, die die Geschäfte einer gemischten Finanzholding-Gesellschaft tatsächlich führen	2 000
1.1.3.5.2	Untersagung der Ausübung der Tätigkeit	
1.1.3.5.2.1	von Personen, die die Geschäfte einer Finanzholding-Gesellschaft tatsächlich führen	1 500
1.1.3.5.2.2	von Personen, die die Geschäfte einer gemischten Finanzholding-Gesellschaft tatsächlich führen	1 500
1.1.4	Ermittlung und Festsetzung der Eigenmittel (§ 10 KWG)	
1.1.4.2	auf die Eigenmittel (§ 10 Absatz 7 Satz 1 KWG)	750 bis 4 500
1.1.4.3	Anordnung von zusätzlichen Eigenmittelanforderungen nach § 10 Absatz 3 Satz 1 KWG	610
1.1.5	Individuell zurechenbare öffentliche Leistungen in Bezug auf Institutsgruppen und Finanzholding-Gruppen sowie gemischte Finanzholding-Gesellschaften	
1.1.5.1	Bestimmung eines anderen gruppenangehörigen Instituts, einer Finanzholding-Gesellschaft oder einer gemischten Finanzholding-Gesellschaft als übergeordnetes Unternehmen (§ 10a Absatz 1 Satz 3 oder Satz 4 KWG; § 10a Absatz 2 Satz 5 oder Satz 6 KWG)	2 000
1.1.5.2	Zustimmung zur weiteren Nutzung des Verfahrens nach § 10a Absatz 4 KWG zur Ermittlung der zusammengefassten Eigenmittelausstattung einer Institutsgruppe, Finanzholding-Gruppe oder einer gemischten Finanzholding-Gruppe (§ 10a Absatz 6 KWG)	1 500
1.1.6	Individuell zurechenbare öffentliche Leistungen in Bezug auf Kapitalpuffer und Liquiditätsanforderungen	
1.1.6.1	Individuell zurechenbare öffentliche Leistungen in Bezug auf Kapitalpuffer nach den §§ 10c bis 10g KWG	
1.1.6.1.1	Anordnung eines Kapitalpuffers für systemische Risiken für alle Institute, bestimmte Arten oder Gruppen von Instituten nach § 10e Absatz 1 Satz 1, Absatz 4 Satz 1, 3 und 4 oder Absatz 5 Satz 1 und 2 KWG	200 bis 10 000
1.1.6.1.2	Anordnung eines Kapitalpuffers für ein global systemrelevantes Institut nach § 10f Absatz 1 Satz 1 KWG	200 bis 10 000

→

Nr.	Gebührentatbestand	Gebühr in Euro
1.1.6.1.3	Anordnung eines Kapitalpuffers für ein anderweitig systemrelevantes Institut nach § 10g Absatz 1 Satz 1 KWG	200 bis 10 000
1.1.6.1.4	Genehmigung eines Kapitalerhaltungsplanes nach § 10i Absatz 7 Satz 1 KWG	2 000
1.1.6.1.5	Individuell zurechenbare öffentliche Leistungen nach § 10i Absatz 8 KWG	
1.1.6.1.5.1	Anordnung nach § 10i Absatz 8 Satz 1 Nummer 1 KWG	1 500
1.1.6.1.5.2	Anordnung nach § 10i Absatz 8 Satz 1 Nummer 2 KWG	1 500
1.1.6.1.5.3	Anordnung nach § 10i Absatz 8 Satz 2 KWG	1 500
1.1.6.2	Individuell zurechenbare öffentliche Leistungen in Bezug auf Liquidität nach § 11 KWG	
1.1.6.2.1	Anordnung höherer Liquiditätsanforderungen nach § 11 Absatz 3 KWG	1 500
1.1.6.2.2	Anordnung häufigerer oder umfangreicherer Meldungen zur Liquidität nach § 11 Absatz 4 KWG	1 500
1.1.7	Untersagung der Fortführung einer Beteiligung oder Unternehmensbeziehung (§ 12a Abs. 2, auch in Verbindung mit Abs. 3 KWG)	750 bis 1 500
1.1.8	(aufgehoben)	
1.1.9	Individuell zurechenbare öffentliche Leistungen in Bezug auf Organkredite	
1.1.9.1	Anordnung der Unterlegung mit Kern- und Ergänzungskapital (§ 15 Absatz 1 Satz 5 KWG)	760
1.1.9.2	Anordnung von Obergrenzen (§ 15 Abs. 2 Satz 1 KWG)	500 bis 1 500
1.1.9.3	Anordnung der Rückführung auf die angeordneten Obergrenzen (§ 15 Abs. 2 Satz 2 KWG)	500 bis 1 500
1.1.10	Individuell zurechenbare öffentliche Leistungen in Bezug auf organisatorische Anforderungen	
1.1.10.1	Anordnungen zur ordnungsgemäßen Geschäftsorganisation (§ 25a Absatz 2 Satz 2 KWG)	1 100 bis 4 500
1.1.10.2	Anordnungen zur Auslagerung von Geschäftsbereichen (§ 25b Absatz 4 KWG)	2 500
1.1.10.3	Anordnung von Maßnahmen zur Beseitigung von Mängeln hinsichtlich Strategien, Prozessen, Verfahren, Funktionen und Konzepten nach § 25c Absatz 4a und 4b KWG (§ 25c Absatz 4c KWG)	750 bis 3 000

→

Nr.	Gebührentatbestand	Gebühr in Euro
1.1.10.4	Individuell zurechenbare öffentliche Leistungen in Bezug auf das E-Geld-Geschäft (§ 25m KWG, auch in Verbindung mit § 3 Absatz 2 Satz 4 GwG)	
1.1.10.4.1	Maßnahmen nach § 25m Absatz 4 KWG	1 000 bis 3 000
1.1.10.4.2	Gestattung eines Antrages nach § 25m Absatz 5 KWG	2 520
1.1.11	Anordnung zur Offenlegung durch die Institute (§ 26a Absatz 2 KWG)	500 bis 1 500
1.1.12	Befreiungen (§§ 8c und 31 KWG)	
1.1.12.1	Befreiung von den Verpflichtungen der Vorschriften über die Beaufsichtigung auf zusammengefasster Basis (§ 8c Abs. 1 Satz 2 KWG)	500
1.1.12.2	Befreiung von den Verpflichtungen nach § 13 Abs. 1 und 2, § 15 Abs. 1 Satz 1 Nr. 6 bis 11 und Abs. 2, § 24 Abs. 1 Nr. 1 bis 4 sowie den §§ 25 und 26 KWG (§ 31 Abs. 2 Satz 1 KWG)	375 bis 1 125
1.1.12.3	Befreiung von den Verpflichtungen nach § 29 Abs. 2 Satz 2 KWG (§ 31 Abs. 2 Satz 1 KWG)	
1.1.12.3.1	bei bis zu fünf verwalteten Depots	500
1.1.12.3.2	für jedes weitere Depot	10, insgesamt jedoch höchstens 1 000
1.1.12.4	Befreiung von der Verpflichtung nach § 15 Abs. 1 Satz 1 KWG; Kredite nur zu marktmäßigen Bedingungen zu gewähren (§ 31 Abs. 2 Satz 1 KWG)	500
1.1.13	Erlaubnis zur Erbringung von Finanzdienstleistungen und zum Betreiben von Bankgeschäften (§ 32 Abs. 1 Satz 1 KWG, auch in Verbindung mit § 53 KWG)	
1.1.13.1	Erlaubnis zur Erbringung von Finanzdienstleistungen	
1.1.13.1.1	Drittstaateneinlagenvermittlung, Sortengeschäft, Factoring und Finanzierungsleasing Erteilung der Erlaubnis zur Erbringung von Finanzdienstleistungen im Sinne von § 1 Abs. 1a Satz 2 Nr. 5, 7, 9 und 10 KWG	2 600
1.1.13.1.2	Einzelne, mehrere oder sämtliche Finanzdienstleistungen im Sinne von § 1 Absatz 1a Satz 2 Nummer 1 bis 5, 7 und 9 bis 11 KWG Erteilung einer Erlaubnis zur Erbringung von einzelnen, mehreren oder sämtlichen Finanzdienst-	2 000 bis 17 000

→

Nr.	Gebührentatbestand	Gebühr in Euro
	leistungen im Sinne von § 1 Absatz 1 a Satz 2 Nummer 1 bis 5, 7 und 9 bis 11 KWG, sofern nicht Nummer 1.1.13.1.1 anwendbar ist	
1.1.13.2	Erlaubnis zum Betreiben von Bankgeschäften	
1.1.13.2.1	Bankgeschäfte im Sinne des § 1 Abs. 1 Satz 2 KWG	
1.1.13.2.1.1	Einzelne oder mehrere Bankgeschäfte Erteilung der Erlaubnis zum Betreiben von einzelnen oder mehreren Bankgeschäften im Sinne von § 1 Absatz 1 Satz 2 Nummer 1 bis 5, 7 bis 10 und 12 KWG	5 000 bis 20 000
1.1.13.2.1.2	Bauspargeschäft Erteilung der Erlaubnis zum Betreiben von Bankgeschäften als Bausparkasse im Sinne des Gesetzes über Bausparkassen	30 000
1.1.13.2.2	(aufgehoben)	
1.1.13.3	Erteilung einer Erlaubnis zur Erbringung von Finanzdienstleistungen und zum Betreiben von Bankgeschäften	Gebühr nach Nummer 1.1.13.2 zuzüglich einer Gebühr in Höhe von 50 % bis 100 % nach Nummer 1.1.13.1
1.1.13.4	Erlaubniserweiterung Nachträgliche Erweiterung des Umfangs einer bestehenden Erlaubnis	
1.1.13.4.1	Erlaubniserweiterung, sofern sie sich nur auf die Erbringung von Finanzdienstleistungen bezieht.	25 % bis 100 % der Gebühr nach Nummer 1.1.13.1 unter Berücksichtigung des insgesamt bestehenden Erlaubnisumfangs für die Erbringung von Finanzdienstleistungen nach Erteilung der erweiterten Erlaubnis

→

Nr.	Gebührentatbestand	Gebühr in Euro
1.1.13.4.2	Erlaubniserweiterung, sofern sie sich nur auf das Betreiben von Bankgeschäften bezieht	25% bis 100% der Gebühr nach Nummer 1.1.13.2 unter Berücksichtigung des insgesamt bestehenden Erlaubnisumfangs für das Betreiben von Bankgeschäften nach Erteilung der erweiterten Erlaubnis
1.1.13.4.3	Erlaubniserweiterung, sofern sie sich sowohl auf die Erbringung von Finanzdienstleistungen als auch das Betreiben von Bankgeschäften bezieht	50% bis 100% der Gebühr nach Nummer 1.1.13.3 unter Berücksichtigung des insgesamt bestehenden Erlaubnisumfangs für die Erbringung von Finanzdienstleistungen und das Betreiben von Bankgeschäften nach Erteilung der erweiterten Erlaubnis
1.1.13.5	Erlaubnis zur Erbringung von Finanzdienstleistungen und/oder zum Betreiben von Bankgeschäften sowie Erlaubniserweiterung für eine Personenhandelsgesellschaft	
1.1.13.5.1	bei erstmaliger Erteilung der Erlaubnis oder Erlaubniserweiterung	Erlaubnisgebühr nach den Nummern 1.1.13 bis 1.1.13.4.3, die bei mehreren persönlich haftenden Gesellschaftern nach dem Verhältnis ihrer jeweiligen Kapitaleinlagen zueinander aufgeteilt wird, →

Nr.	Gebührentatbestand	Gebühr in Euro
		mindestens jedoch 250 Euro je persönlich haftendem Gesellschafter
1.1.13.5.2	im Fall des Eintritts eines neuen persönlich haftenden Gesellschafters	510
1.1.14	Untersagung der Fortführung der Geschäfte durch zwei Stellvertreter nach dem Tode des Erlaubnisinhabers (§ 34 Abs. 2 Satz 3 KWG)	25 % der zum Zeitpunkt der Untersagung für die Neuerteilung einer Erlaubnis gleichen Umfangs maßgeblichen Gebühr nach Nummer 1.1.13
1.1.15	Maßnahmen gegen Geschäftsleiter und Mitglieder des Verwaltungs- oder Aufsichtsorgans (§ 36 Absatz 1 Satz 1, Absatz 2 und 3 Satz 1 KWG)	
1.1.15.1	Verlangen auf Abberufung	2 500
1.1.15.2	Untersagung der Ausübung ihrer Tätigkeit	2 500
1.1.16	Einschreiten gegen ungesetzliche Geschäfte	
1.1.16.1	Anordnung der sofortigen Einstellung des Geschäftsbetriebs und/oder Anordnung der unverzüglichen Abwicklung der Geschäfte, jeweils mit oder ohne den Erlass von Weisungen für die Abwicklung und/oder Bestellung eines Abwicklers (§ 37 Absatz 1 Satz 1 und 2 KWG) im Hinblick auf	
1.1.16.1.1	Bankgeschäfte oder Finanzdienstleistungen, sofern nicht Nummer 1.1.16.1.3 anwendbar ist	10 000
1.1.16.1.2	(aufgehoben)	
1.1.16.1.3	das Sortengeschäft	2 000
1.1.16.2	Jeder Folgebescheid zu einem Verwaltungsakt im Sinne von Nummer 1.1.16.1, mit dem die unverzügliche Abwicklung der Geschäfte angeordnet wird und/oder Weisungen für die Abwicklung erlassen werden und/oder ein Abwickler bestellt wird (§ 37 Absatz 1 Satz 1 und 2 KWG) im Hinblick auf	

→

Nr.	Gebührentatbestand	Gebühr in Euro
1.1.16.2.1	Bankgeschäfte oder Finanzdienstleistungen, sofern nicht Nummer 1.1.16.2.3 anwendbar ist	5 000
1.1.16.2.2	das Sortengeschäft	500
1.1.16.3	Verwaltungsakte in Zusammenhang mit der Anordnung der sofortigen Einstellung des Geschäftsbetriebs und/oder Anordnung der unverzüglichen Abwicklung der Geschäfte, jeweils mit oder ohne den Erlass von Weisungen für die Abwicklung und/oder Bestellung eines Abwicklers, gegenüber Einbezogenen, die eine zurechenbare Ursache für die Einbeziehung gesetzt haben (§ 37 Absatz 1 Satz 4 KWG, auch in Verbindung mit § 37 Absatz 1 Satz 1 und 2 KWG)	50 % der Gebühr nach Nummer 1.1.16.1
1.1.16.4	Jeder Folgebescheid zu einem Verwaltungsakt im Sinne von Nummer 1.1.16.3, mit dem gegenüber dem Einbezogenen, der eine zurechenbare Ursache für die Einbeziehung gesetzt hat, die unverzügliche Abwicklung der Geschäfte angeordnet wird und/oder Weisungen für die Abwicklung erlassen werden und/oder ein Abwickler bestellt wird (§ 37 Absatz 1 Satz 4 KWG, auch in Verbindung mit § 37 Absatz 1 Satz 1 und/oder 2 KWG)	50 % der Gebühr nach Nummer 1.1.16.2
1.1.17	Maßnahmen nach Aufhebung und Erlöschen der Erlaubnis	
1.1.17.1	Anordnung der Abwicklung des Instituts, jeweils mit oder ohne den Erlass von Weisungen für die Abwicklung und/oder Bestellung eines Abwicklers (§ 38 Absatz 1 Satz 1 und 2 KWG; § 38 Absatz 2 Satz 1 und 3 KWG) im Hinblick auf	
1.1.17.1.1	das Einlagen- und/oder das Finanzkommissionsgeschäft	10 000
1.1.17.1.2	sonstige Bankgeschäfte oder Finanzdienstleistungen, sofern nicht Nummer 1.1.17.1.3 anwendbar ist	4 000
1.1.17.1.3	das Sortengeschäft	2 000
1.1.17.2	Jeder Folgebescheid zu einem Verwaltungsakt im Sinne von Nummer 1.1.17.1, mit dem die Abwicklung des Instituts angeordnet wird und/oder Weisungen für die Abwicklung erlassen werden und/oder ein Abwickler bestellt wird (§ 38 Absatz 1 Satz 1 und 2 KWG; § 38 Absatz 2 Satz 1	

→

Nr.	Gebührentatbestand	Gebühr in Euro
	und 3 KWG) im Hinblick auf	
1.1.17.2.1	das Einlagen- und/oder das Finanzkommissionsgeschäft	2 000
1.1.17.2.2	sonstige Bankgeschäfte oder Finanzdienstleistungen, sofern nicht Nummer 1.1.17.2.3 anwendbar ist	1 000
1.1.17.2.3	das Sortengeschäft	500
1.1.18	Maßnahmen zur Verbesserung der Eigenkapitalausstattung und der Liquidität	
1.1.18.1	Anordnungen nach § 45 Absatz 1 Satz 1 Nummer 1 bis 4 KWG	5 005 je Tatbestand
1.1.18.2	Maßnahmen nach § 45 Absatz 2 Satz 1 Nummer 1 bis 7 KWG	5 005 je Tatbestand
1.1.18.3	Anordnungen nach § 45 Absatz 3 Satz 1 und 2	5 005 je Tatbestand
1.1.18.4	Maßnahmen nach § 45 Absatz 4 Satz 1 Nummer 1 und 2 KWG	5 005 je Tatbestand
1.1.18.5	Maßnahmen nach § 45 Absatz 5 KWG	1 510
1.1.19	Maßnahmen in besonderen Fällen	
1.1.19.1	Maßnahmen gegenüber Finanzholding-Gesellschaften und gemischten Finanzholding-Gesellschaften	
1.1.19.1.1	Untersagung der Ausübung der Stimmrechte (§ 45a Abs. 1 KWG)	500 bis 1 500
1.1.19.1.2	Anordnung nach § 45a Abs. 1a KWG	500 bis 1 500
1.1.19.2	Maßnahmen bei organisatorischen Mängeln	
1.1.19.2.1	(aufgehoben)	
1.1.19.2.2	Anordnung, Maßnahmen zur Reduzierung von Risiken zu ergreifen (§ 45b Absatz 1 Satz 1 Nummer 1, auch in Verbindung mit Absatz 2 KWG)	3 010
1.1.19.2.3	Anordnung, weitere Zweigstellen nur mit Zustimmung der Bundesanstalt zu errichten (§ 45b Abs. 1 Satz 1 Nr. 2, auch in Verbindung mit Abs. 2 KWG)	500 bis 1 500
1.1.19.2.4	Untersagung oder Beschränkung des Betreibens einzelner Geschäftsarten (§ 45b Abs. 1 Satz 1 Nr. 3, auch in Verbindung mit Abs. 2 KWG)	500 bis 1 500
1.1.19.2.5	Sonstige Maßnahmen nach § 45b Abs. 1 Satz 1, jeweils auch in Verbindung mit Abs. 2 KWG	500 bis 1 500

→

Nr.	Gebührentatbestand	Gebühr in Euro
1.1.19.2.6	Anordnung, erhöhte Eigenmittelanforderungen einzuhalten (§ 45b Abs. 1 Satz 2, auch in Verbindung mit Abs. 2, KWG)	500 bis 1 500
1.1.19.3	Maßnahmen bei Gefahr	
1.1.19.3.1	Erlass von Anweisungen für die Geschäftsführung (§ 46 Abs. 1 Satz 2 Nr. 1 KWG)	500 bis 1 500
1.1.19.3.2	Verbot, von Kunden Einlagen, Gelder oder Wertpapiere anzunehmen und Kredite zu gewähren (§ 46 Abs. 1 Satz 2 Nr. 2 KWG)	500 bis 1 500
1.1.19.3.3	Untersagung oder Beschränkung der Ausübung der Tätigkeit von Inhabern und Geschäftsleitern (§ 46 Abs. 1 Satz 2 Nr. 3 KWG)	500 bis 1 500
1.1.19.3.4	Erlass eines vorübergehenden Veräußerungs- und Zahlungsverbotes (§ 46 Absatz 1 Satz 2 Nummer 4 KWG)	5 005
1.1.19.3.5	Schließung des Instituts für den Verkehr mit der Kundschaft (§ 46 Absatz 1 Satz 2 Nummer 5 KWG)	5 005
1.1.19.3.6	Verbot der Entgegennahme von Zahlungen, die nicht zur Erfüllung von Verbindlichkeiten gegenüber dem Institut bestimmt sind (§ 46 Absatz 1 Satz 2 Nummer 6 KWG)	5 005
1.1.19.3.7	Untersagung oder Beschränkungen von Zahlungen an konzernangehörige Unternehmen (§ 46 Absatz 1 Satz 3 und 4 KWG)	5 005
1.1.19.3.8	Anordnung der Erstattung von Zahlungen nach § 46 Absatz 2 Satz 4 KWG	1 510
1.1.20	Maßnahmen im Zusammenhang mit Abwicklungsplänen	
1.1.20.1	Anordnung der Entwicklung und Vorhaltung eines geeigneten Sanierungsplanes nach § 47a Absatz 4 Satz 1 KWG	220 bis 1 000
1.1.20.2	Mitteilung zur Überarbeitung des Sanierungsplanes wegen Unzulänglichkeiten (mit Anordnung zur Erstellung eines überarbeiteten Sanierungsplanes) an das Kreditinstitut nach § 47b Absatz 2 Satz 1 und 2 KWG, Anforderung und Prüfung	14 500 bis 75 000
1.1.20.3	Anordnung einer Frist zur Behebung aller festgestellten Mängel bzw. zur Vorlage eines überarbeiteten Sanierungsplanes nach § 47b Absatz 3 KWG	14 500 bis 75 000
1.1.20.4	Anordnung zum Erlass von erforderlichen Maßnahmen zur Beseitigung von Sanierungshindernissen nach § 47b Absatz 4 Satz 1 KWG	3 200 bis 15 000

→

Nr.	Gebührentatbestand	Gebühr in Euro
1.1.20.5	Mitteilung zur Beseitigung von Hindernissen in Bezug auf die Abwicklungsfähigkeit (nach Anhörung der und mit Information an die Deutsche Bundesbank sowie ggf. Beteiligung in- und ausländischer Stellen) an das Kreditinstitut nach § 47e Absatz 1, 2 und 5 KWG	8 300 bis 50 000
1.1.20.6	Anordnung zur Mitteilung zum Erlass einer alternativen Maßnahme (nach Anhörung der und mit Information an die Deutsche Bundesbank sowie ggf. Einbindung des Abwicklungskollegiums) an das Kreditinstitut nach § 47e Absatz 3, 4 und 5 KWG	4 400 bis 25 000
1.1.20.7	Anordnung zur Anforderung von Informationen nach § 47h Absatz 1 und 2 KWG	20 100 bis 100 000
1.1.20.8	Anordnung der Übertragung des Vermögens eines Kreditinstituts auf einen bestehenden Rechtsträger im Wege der Ausgliederung nach § 48a Absatz 1 KWG	29 850 bis 150 000
1.1.20.9	Verbot von Geschäften (nach vorheriger Fristeinräumung) nach § 3 Absatz 3 KWG	4 450 bis 25 000
1.1.20.10	Anordnungen zur Sicherstellung der ordnungsgemäßen Geschäftsorganisation nach § 25f Absatz 7 KWG	1 100 bis 4 500
1.2	Individuell zurechenbare öffentliche Leistungen auf der Grundlage der Solvabilitätsverordnung (SolvV), der Liquiditätsverordnung (LiqV) und der Großkredit- und Millionenkreditverordnung (GroMiKV)	
1.2.1	Individuell zurechenbare öffentliche Leistungen auf der Grundlage der Solvabilitätsverordnung (SolvV)	
1.2.1.1	Verwendung interner Risikomessverfahren	
1.2.1.1.1	Zustimmung zur Verwendung der IMM (§ 9 SolvV)	1 000 bis 20 000
1.2.1.1.2	Zulassung eines fortgeschrittenen Messansatzes (§ 20 SolvV)	1 000 bis 20 000
1.2.1.1.3	Erteilung der Erlaubnis, die Eigenmittelanforderungen für eine oder mehrere Risikokategorien mit Hilfe eines internen Modells gemäß Artikel 363 Absatz 1 der Verordnung (EU) Nr. 575/2013 zu berechnen (§ 21 SolvV)	1 000 bis 20 000
1.2.1.3	Zustimmung zur beantragten Ermittlung der Eigenmittelanforderungen nach Artikel 326 bis 361 der Verordnung (EU) Nr. 575/2013 nach erteilter Zustimmung zur Verwendung interner Modelle für Marktrisiken (§ 21 Absatz 3 SolvV)	500 bis 10 000
1.2.2	Individuell zurechenbare öffentliche Leistungen auf der Grundlage der Liquiditätsverordnung (LiqV)	

→

Nr.	Gebührentatbestand	Gebühr in Euro
1.2.2.1	Zustimmung zur Verwendung interner Liquiditätsrisikomess- und -steuerungsverfahren (§ 10 Abs. 1 Satz 1 und Abs. 4 Satz 1 LiqV)	1 000 bis 20 000
1.2.2.2	Zustimmung zu einem beantragten Wechsel zum Verfahren nach den §§ 2 bis 8 LiqV zur Feststellung ausreichender Liquidität (§ 10 Abs. 1 Satz 1 LiqV)	500 bis 10 000
1.3	Individuell zurechenbare öffentliche Leistungen auf der Grundlage der Verordnung (EU) Nr. 575/2013	
1.3.1	Gestattung zur Einbeziehung von Tochterunternehmen in die Berechnung nach Artikel 6 Absatz 1 der Verordnung (EU) Nr. 575/2013 (Artikel 9 Absatz 1 der Verordnung (EU) Nr. 575/2013)	510
1.3.2	Erteilung der Erlaubnis zur Verwendung des IRB-Ansatzes, eines Ratingsystems, insbesondere eines Ansatzes für Schätzungen der LGD und Umrechnungsfaktoren, eines auf internen Modellen basierenden Ansatzes für Beteiligungspositionen sowie wesentlichen Änderungen daran gemäß Artikel 143 Absatz 1 bis 3 der Verordnung (EU) Nr. 575/2013 (Artikel 143 Absatz 1 bis 3 der Verordnung (EU) Nr. 575/2013)	1 000 bis 6 000
1.3.3	Untersagung der Nutzung des Standardansatzes für das operationelle Risiko (§ 6 KWG in Verbindung mit Artikel 312 und 320 der Verordnung (EU) Nr. 575/2013)	500 bis 10 000
1.3.4	Gestattung zur Verwendung eines alternativen maßgeblichen Indikators im Standardansatz für das operationelle Risiko (Artikel 312 Absatz 1 Unterabsatz 2 der Verordnung (EU) Nr. 575/2013)	500 bis 5 000
1.3.5	Genehmigung zum beantragten Wechsel zu einem weniger komplizierten Ansatz für das operationelle Risiko (Artikel 313 Absatz 3 Buchstabe b der Verordnung (EU) Nr. 575/2013)	500 bis 10 000
1.3.6	Gestattung der teilweisen Anwendung eines fortgeschrittenen Messansatzes in Kombination mit dem Basisindikator- oder Standardansatz (Artikel 314 Absatz 2 in Verbindung mit Absatz 1 der Verordnung (EU) Nr. 575/2013)	1 000 bis 20 000
1.3.7	Genehmigung zur eigenen Berechnung des Delta-Faktors unter Verwendung eines geeigneten Modells (Artikel 329 Absatz 1 Satz 4 der Verordnung (EU) Nr. 575/2013)	500 bis 10 000

→

Nr.	Gebührentatbestand	Gebühr in Euro
1.3.8	Fristeinräumung bei Großkreditüberschreitung; Festsetzung einer höheren Großkreditobergrenze im Einzelfall (Artikel 396 Absatz 1 Unterabsatz 1 und 2 der Verordnung (EU) Nr. 575/2013)	600 je Tatbestand
2.	**Individuell zurechenbare öffentliche Leistungen auf der Grundlage des Pfandbriefgesetzes (PfandBG)**	
2.1	(aufgehoben)	
2.2	Treuhänder und Stellvertreter (§ 7 Abs. 3 Satz 1 PfandBG)	
2.2.1	Bestellung	305
2.2.2	Verlängerung der Bestellung	140
2.3	(aufgehoben)	
2.4	Begrenzungen des § 19 Abs. 1 Nr. 2 und 3 PfandBG, Zulassung von Ausnahmen (§ 19 Abs. 2 PfandBG)	500
2.5	Begrenzungen des § 20 Abs. 2 PfandBG, Zulassung von Ausnahmen (§ 20 Abs. 3 PfandBG)	500
2.6	Vorschriften des § 22 Abs. 2 Satz 1 bis 3 PfandBG, Zulassung weiterer Ausnahmen (§ 22 Absatz 2 Satz 1 und 2 PfandBG)	470
2.7	Zulassung weiterer Ausnahmen (§ 22 Abs. 4 Satz 2 PfandBG)	750
2.8	Zulassung weiterer Ausnahmen von den Beleihungsvorschriften des § 22 Abs. 5 PfandBG (§ 22 Abs. 5 Satz 4 in Verbindung mit § 22 Abs. 2 Satz 4 PfandBG)	1 000
2.9	Genehmigung zum Hinausschieben des Abzahlungsbeginns (§ 25 Satz 1 PfandBG)	500
2.10	Begrenzungen des § 26 Abs. 1 Nr. 3 und 4 PfandBG, Zulassung von Ausnahmen (§ 26 Abs. 2 PfandBG)	500
2.11	Zustimmung zur teilweisen oder vollständigen Übertragung der im Deckungsregister eingetragenen Werte (§ 32 Abs. 1 PfandBG) Erhebung der Gebühr anteilig aus den betroffenen Deckungsmassen, wobei das Verhältnis des Nennwertes der einzelnen Deckungsmassen zum Nennwert aller betroffenen Deckungsmassen der Pfandbriefbank maßgeblich ist	1 500 bis 15 000

→

Nr.	Gebührentatbestand	Gebühr in Euro
3.	**Individuell zurechenbare öffentliche Leistungen auf der Grundlage des Gesetzes über Bausparkassen und der Bausparkassen-Verordnung**	
3.1	Individuell zurechenbare öffentliche Leistungen auf der Grundlage des Gesetzes über Bausparkassen	
3.1.1	Befreiung von der Pflicht zur Bildung getrennter Zustellungsmassen (§ 6a Satz 3 des Gesetzes über Bausparkassen)	500
3.1.2	Entscheidung über die Beleihung von Pfandobjekten (§ 7 Abs. 6 des Gesetzes über Bausparkassen)	500
3.1.3	Genehmigung von Änderungen und Ergänzungen der Allgemeinen Geschäftsgrundsätze und der Allgemeinen Bedingungen für Bausparverträge, welche die in § 5 Abs. 2 und 3 Nr. 1, 2, 4 bis 9 aufgeführten Bestimmungen des Gesetzes über Bausparkassen betreffen (§ 9 Abs. 1 Satz 1 des Gesetzes über Bausparkassen)	
3.1.3.1	im Regelfall	3 000 je Genehmigung
3.1.3.2	in den Fällen, in denen gleichartige Änderungen in mehreren Tarifen genehmigt werden	4 000 für alle genehmigten gleichartigen Änderungen
3.1.4	Genehmigung der Allgemeinen Geschäftsgrundsätze und der Allgemeinen Bedingungen für Bausparverträge, die neuen Bauspartarifen zugrunde gelegt werden sollen (§ 9 Abs. 1 Satz 1 des Gesetzes über Bausparkassen)	6 000
3.1.5	Bestellung eines Vertrauensmanns (§ 12 Abs. 1 Satz 1 des Gesetzes über Bausparkassen)	500
3.1.6	Genehmigung der Übertragung eines Bestandes an Bausparverträgen (§ 14 Satz 1 des Gesetzes über Bausparkassen)	2 500
3.1.7	Einstweiliges Zahlungsverbot, Zustimmung zur vereinfachten Abwicklung (§ 15 des Gesetzes über Bausparkassen)	2 500
3.2	Individuell zurechenbare öffentliche Leistungen auf der Grundlage der Bausparkassen-Verordnung	
3.2.1	Zulassung von Ausnahmen von § 1 Abs. 1 bis 3 der Bausparkassen-Verordnung (§ 1 Abs. 4 der Bausparkassen-Verordnung)	500 bis 3 000 Die Höchstgebühr fällt in der Regel an, wenn die Ausnahmegenehmi- →

Nr.	Gebührentatbestand	Gebühr in Euro
		gung auf der Grundlage eines bauspartechnischen Simulationsmodells erteilt wird.
3.2.2	Zulassung von Ausnahmen von der Obergrenze des kollektiven Sparer-Kassen-Leistungsverhältnisses (§ 7 Abs. 5 der Bausparkassen-Verordnung)	2 500
3.2.3	Zustimmung zum Einsatz von Mitteln des Fonds zur bauspartechnischen Absicherung (§ 9 Abs. 3 der Bausparkassen-Verordnung)	2 500
4.	**Individuell zurechenbare öffentliche Leistungen auf der Grundlage des Kapitalanlagegesetzbuches (KAGB) und der Derivateverordnung (DerivateV), der Verordnung (EU) Nr. 345/2013 und der Verordnung (EU) Nr. 346/2013**	
4.1	Individuell zurechenbare öffentliche Leistungen auf der Grundlage des Kapitalanlagegesetzbuches (KAGB)	
4.1.1	Individuell zurechenbare öffentliche Leistungen in Bezug auf allgemeine Vorschriften	
4.1.1.1	Untersagung des Vertriebs; bei Umbrella-Konstruktionen je Teilinvestmentvermögen oder Teilgesellschaftsvermögen gesondert	
4.1.1.1.1	nach § 5 Absatz 6 KAGB	1 000 bis 15 000
4.1.1.1.2	nach § 11 Absatz 6 und 9 Nummer 1 KAGB	1 000 bis 15 000
4.1.1.2	Einschreiten gegen unerlaubte Investmentgeschäfte	
4.1.1.2.1	Anordnung der sofortigen Einstellung des Geschäftsbetriebs und/oder Anordnung der unverzüglichen Abwicklung der Geschäfte, jeweils mit oder ohne den Erlass von Weisungen für die Abwicklung, und/oder Bestellung eines Abwicklers (§ 15 Absatz 1 und 2 KAGB)	4 000
4.1.1.2.2	Jeder Folgebescheid zu einem Verwaltungsakt im Sinne der Nummer 4.1.1.2.1, mit dem die unverzügliche Abwicklung der Geschäfte angeordnet wird und/oder Weisungen für die Abwicklung erlassen werden und/oder ein Abwickler bestellt wird (§ 15 Absatz 1 und 2 KAGB)	1 000
4.1.1.2.3	Verwaltungsakte im Zusammenhang mit der Anordnung der sofortigen Einstellung des Geschäftsbetriebs und/oder Anordnung der unverzüglichen Abwicklung der Geschäfte, jeweils mit oder ohne den	2 000

→

Nr.	Gebührentatbestand	Gebühr in Euro
	Erlass von Weisungen für die Abwicklung und/oder Bestellung eines Abwicklers, gegenüber einem Unternehmen, das in die Anbahnung, den Abschluss oder die Abwicklung dieser Geschäfte einbezogen ist, sowie gegenüber seinen Gesellschaftern und den Mitgliedern seiner Organe, wenn von den Betroffenen eine zurechenbare Ursache für die Einbeziehung gesetzt wurde (§ 15 Absatz 3 KAGB, auch in Verbindung mit § 15 Absatz 1 und 2 KAGB)	
4.1.1.2.4	Jeder Folgebescheid zu einem Verwaltungsakt im Sinne von Nummer 4.1.1.2.3, mit dem gegenüber einem Unternehmen, das in die Anbahnung, den Abschluss oder die Abwicklung dieser Geschäfte einbezogen ist, sowie gegenüber seinen Gesellschaftern und den Mitgliedern seiner Organe, wenn von den Betreffenden eine zurechenbare Ursache für die Einbeziehung gesetzt wurde, die unverzügliche Abwicklung der Geschäfte angeordnet wird und/oder Weisungen für die Abwicklung erlassen werden und/oder ein Abwickler bestellt wird (§ 15 Absatz 3 KAGB, auch in Verbindung mit § 15 Absatz 1 und 2 KAGB)	494
4.1.2	Individuell zurechenbare öffentliche Leistungen in Bezug auf Verwaltungsgesellschaften	
4.1.2.1	Individuell zurechenbare öffentliche Leistungen in Bezug auf den Erwerb bedeutender Beteiligungen	
4.1.2.1.1	Untersagung des beabsichtigten Erwerbs einer bedeutenden Beteiligung oder ihrer Erhöhung (§ 19 Absatz 2 KAGB)	5 000 bis 100 000
4.1.2.1.2	Untersagung der Ausübung von Stimmrechten (§ 19 Absatz 3 Satz 1 KAGB)	5 000 bis 100 000
4.1.2.1.3	Beauftragung des Treuhänders mit der Veräußerung der Anteile, soweit sie eine bedeutende Beteiligung begründen (§ 19 Absatz 3 Satz 3 KAGB in Verbindung mit § 2c Absatz 2 Satz 4 KWG)	1 507
4.1.2.2	Individuell zurechenbare öffentliche Leistungen in Bezug auf die Erlaubnis zum Geschäftsbetrieb oder die Registrierung	
4.1.2.2.1	Erteilung der Erlaubnis zum Geschäftsbetrieb	
4.1.2.2.1.1	einer OGAW-Kapitalverwaltungsgesellschaft (§ 20 Absatz 1 in Verbindung mit § 21 KAGB)	30 000
4.1.2.2.1.2	einer AIF-Kapitalverwaltungsgesellschaft (§ 20 Absatz 1 in Verbindung mit § 22 KAGB)	10 000 bis 40 000

→

Nr.	Gebührentatbestand	Gebühr in Euro
4.1.2.2.2	Erlaubniserweiterung Nachträgliche Erweiterung des Umfangs einer bestehenden Erlaubnis	
4.1.2.2.2.1	einer OGAW -Kapitalverwaltungsgesellschaft	5 001 bis 30 000
4.1.2.2.2.2	einer AIF-Kapitalverwaltungsgesellschaft	5 001 bis 40 000
4.1.2.2.3	Prüfung von Anzeigen mit wesentlichen Änderungen der Voraussetzungen für die Erlaubnis	
4.1.2.2.3.1	insbesondere wesentlicher Änderungen der nach § 21 Absatz 1 KAGB vorgelegten Angaben (§ 34 Absatz 1 KAGB)	1 000 bis 5 000
4.1.2.2.3.2	insbesondere wesentlicher Änderungen der nach § 22 Absatz 1 KAGB vorgelegten Angaben (§ 34 Absatz 1 KAGB)	1 000 bis 6 000
4.1.2.2.4	Registrierung einer AIF-Kapitalverwaltungsgesellschaft (§ 44 Absatz 1 in Verbindung mit § 2 Absatz 4 , 4 a und 5 KAGB; § 44 Absatz 2 in Verbindung mit § 2 Absatz 4 b KAGB; § 44 Absatz 3 in Verbindung mit § 2 Absatz 4 b und 5 KAGB; § 44 Absatz 1 Nummer 1, 2, 5 bis 7 entsprechend in Verbindung mit den §§ 337 und 2 Absatz 6 KAGB, § 44 Absatz 1 Nummer 1, 2, 5 bis 7 entsprechend in Verbindung mit den §§ 338 und 2 Absatz 7 KAGB)	1 000 bis 3 500
4.1.2.3	Individuell zurechenbare öffentliche Leistungen in Bezug auf organisatorische Anforderungen	
4.1.2.3.1	Anordnungen zur ordnungsgemäßen Geschäftsorganisation (§ 28 in Verbindung mit § 5 Absatz 6 Satz 1 und 2 KAGB)	750 bis 3 000
4.1.2.3.2	Anordnung in Bezug auf die Auslagerung von Geschäftsbereichen (§ 36 in Verbindung mit § 5 Absatz 6 Satz 1 und 2 KAGB)	750 bis 3 000
4.1.2.3.3	Genehmigung der Auslagerung nach § 36 Absatz 1 Nummer 3 KAGB	1 500 bis 3 000
4.1.2.3.4	Befreiung von der jährlichen Prüfung der Einhaltung der Vorschriften des Wertpapierhandelsgesetzes (§ 38 Absatz 4 Satz 6 KAGB)	266
4.1.2.4	Festsetzung erhöhter oder verminderter Eigenmittelanforderungen	
4.1.2.4.1	Festsetzung erhöhter oder verminderter Eigenmittelanforderungen (§ 25 Absatz 4 Satz 3 Nummer 1 und 2 KAGB)	494

→

Nr.	Gebührentatbestand	Gebühr in Euro
4.1.2.4.2	Genehmigung verminderter Eigenmittelanforderungen (§ 25 Absatz 6 und 8 KAGB in Verbindung mit Artikel 15 der Delegierten Verordnung (EU) Nr. 231/2013)[1]	1 000
4.1.2.5	Maßnahmen gegen Geschäftsleiter (§ 40 Absatz 1, § 44 Absatz 5 Satz 2 KAGB)	
4.1.2.5.1	Verlangen der Abberufung eines Geschäftsleiters	
4.1.2.5.1.1	einer OGAW-Kapitalverwaltungsgesellschaft	7 501
4.1.2.5.1.2	einer AIF-Kapitalverwaltungsgesellschaft	7 500 bis 10 000
4.1.2.5.2	Untersagung der Ausübung seiner Tätigkeit (§ 40 Absatz 1 KAGB)	
4.1.2.5.2.1	für eine OGAW-Kapitalverwaltungsgesellschaft	3 001
4.1.2.5.2.2	für eine AIF-Kapitalverwaltungsgesellschaft	3 000 bis 4 000
4.1.2.6	Maßnahmen nach Erlöschen der Erlaubnis	
4.1.2.6.1	Anordnung der Abwicklung der Gesellschaft, jeweils mit oder ohne den Erlass von Weisungen für die Abwicklung, und/oder Bestellung eines Abwicklers (§ 39 Absatz 4 KAGB in Verbindung mit § 38 Absatz 1 Satz 1 und 2 KWG; § 39 Absatz 4 KAGB in Verbindung mit § 38 Absatz 2 Satz 1 und 3 KWG)	4 000
4.1.2.6.2	Jeder Folgebescheid zu einem Verwaltungsakt im Sinne der Nummer 4.1.2.6.1, mit dem die Abwicklung der Gesellschaft angeordnet wird und/oder Weisungen für die Abwicklung erlassen werden und/oder ein Abwickler bestellt wird (§ 39 Absatz 4 KAGB in Verbindung mit § 38 Absatz 1 Satz 1 und 2 KWG; § 39 Absatz 4 KAGB in Verbindung mit § 38 Absatz 2 Satz 1 und 3 KWG)	1 000
4.1.2.7	Maßnahmen bei Gefahr (§ 42 KAGB)	500 bis 1 500
4.1.3	Individuell zurechenbare öffentliche Leistungen in Bezug auf die Verwahrstelle	
4.1.3.1	Genehmigung der Auswahl der Verwahrstelle (§ 69 Absatz 1 KAGB; § 87 in Verbindung mit § 69 Absatz 1 KAGB)	100 bis 5 000
4.1.3.2	Genehmigung des Wechsels der Verwahrstelle (§ 69 Absatz 1 KAGB; § 87 in Verbindung mit § 69 Absatz 1 KAGB)	100 bis 5 000

→

---

1 Delegierte Verordnung (EU) Nr. 231/2013 der Kommission vom 19. Dezember 2012 zur Ergänzung der Richtlinie 2011/61/EU des Europäischen Parlaments und des Rates im Hinblick auf Ausnahmen, die Bedingungen für die Ausübung der Tätigkeit, Verwahrstellen, Hebelfinanzierung, Transparenz und Beaufsichtigung (ABl. L 83 vom 22.3.2013, S. 1)

Nr.	Gebührentatbestand	Gebühr in Euro
4.1.3.3	Anordnung des Wechsels der Verwahrstelle (§ 69 Absatz 2 KAGB; § 87 in Verbindung mit § 69 Absatz 2 KAGB)	1 000 bis 2 000
4.1.3.4	Genehmigung der Errichtung eines Sperrkontos bis zum Zeitpunkt der Beauftragung der neuen Verwahrstelle (§ 69 Absatz 4 KAGB)	544
4.1.3.5	Prüfung der Benennung eines Treuhänders (§ 80 Absatz 4 KAGB)	500 bis 1 000
4.1.4	Individuell zurechenbare öffentliche Leistungen in Bezug auf offene inländische Investmentvermögen	
4.1.4.1	Sondervermögen	
4.1.4.1.1	Anlagebedingungen	
4.1.4.1.1.1	Genehmigung für Teilinvestmentvermögen einer Umbrella-Konstruktion (§ 96 Absatz 2 in Verbindung mit § 163 KAGB)	500 bis 2 000
4.1.4.1.1.2	Genehmigung der Änderung der Anlagebedingungen von Teilinvestmentvermögen einer Umbrella-Konstruktion (§ 96 Absatz 2 in Verbindung mit § 163 KAGB)	250 bis 1 000
4.1.4.1.2	Genehmigung der Übertragung der Verwaltung eines Sondervermögens (§ 100 Absatz 3 KAGB)	361
4.1.4.2	Investmentaktiengesellschaften mit veränderlichem Kapital	
4.1.4.2.1	Individuell zurechenbare öffentliche Leistungen in Bezug auf den Erwerb bedeutender Beteiligungen	
4.1.4.2.1.1	Untersagung des beabsichtigten Erwerbs einer bedeutenden Beteiligung oder ihrer Erhöhung (§ 108 Absatz 3 in Verbindung mit § 19 Absatz 2 KAGB)	5 000 bis 100 000
4.1.4.2.1.2	Untersagung der Ausübung von Stimmrechten (§ 108 Absatz 3 in Verbindung mit § 19 Absatz 3 Satz 1 KAGB)	5 000 bis 100 000
4.1.4.2.1.3	Beauftragung des Treuhänders mit der Veräußerung der Anteile, soweit sie eine bedeutende Beteiligung begründen (§ 108 Absatz 3 in Verbindung mit § 19 Absatz 3 KAGB)	1 507
4.1.4.2.2	Genehmigung der Satzung einer OGAW-Investmentaktiengesellschaft (§ 110 Absatz 4 KAGB)	500 bis 2 000
4.1.4.2.3	Genehmigung der Übertragung der Verwaltung des Gesellschaftsvermögens (§ 112 Absatz 1 Satz 5 Nummer 2 Buchstabe a KAGB	361

→

Nr.	Gebührentatbestand	Gebühr in Euro
4.1.4.2.4	Erteilung der Erlaubnis zum Geschäftsbetrieb einer extern verwalteten OGAW-Investmentaktiengesellschaft mit veränderlichem Kapital (§ 113 Absatz 1 KAGB)	5 000 bis 20 000
4.1.4.2.5	Einschreiten gegen unerlaubte Geschäfte	
4.1.4.2.5.1	Anordnung der sofortigen Einstellung des Geschäftsbetriebs und/oder Anordnung der unverzüglichen Abwicklung der Geschäfte, jeweils mit oder ohne den Erlass von Weisungen für die Abwicklung, und/oder Bestellung eines Abwicklers (§ 113 Absatz 2 Satz 2 in Verbindung mit § 15 Absatz 1 und 2 KAGB)	4 000
4.1.4.2.5.2	Jeder Folgebescheid zu einem Verwaltungsakt im Sinne der Nummer 4.1.4.2.5.1, mit dem die unverzügliche Abwicklung der Geschäfte angeordnet wird und/oder Weisungen für die Abwicklung erlassen werden und/oder ein Abwickler bestellt wird (§ 113 Absatz 2 Satz 2 in Verbindung mit § 15 Absatz 1 und 2 KAGB)	1 000
4.1.4.2.5.3	Verwaltungsakte in Zusammenhang mit der Anordnung der sofortigen Einstellung des Geschäftsbetriebs und/oder Anordnung der unverzüglichen Abwicklung der Geschäfte, jeweils mit oder ohne den Erlass von Weisungen für die Abwicklung und/oder Bestellung eines Abwicklers, gegenüber einem Unternehmen, das in die Anbahnung, den Abschluss oder die Abwicklung dieser Geschäfte einbezogen ist, sowie gegenüber seinen Gesellschaftern und den Mitgliedern seiner Organe, wenn von den Betreffenden eine zurechenbare Ursache für die Einbeziehung gesetzt wurde (§ 113 Absatz 2 Satz 2 in Verbindung mit § 15 Absatz 3 KAGB, auch in Verbindung mit § 15 Absatz 1 und 2 KAGB)	2 000
4.1.4.2.5.4	Jeder Folgebescheid zu einem Verwaltungsakt im Sinne von Nummer 4.1.4.2.5.3, mit dem gegenüber einem Unternehmen, das in die Anbahnung, den Abschluss oder die Abwicklung dieser Geschäfte einbezogen ist, sowie gegenüber seinen Gesellschaftern und den Mitgliedern seiner Organe, wenn von den Betreffenden eine zurechenbare Ursache für die Einbeziehung gesetzt wurde, die unverzügliche Abwicklung der Geschäfte angeordnet wird und/oder Weisungen für die Abwicklung erlassen werden und/oder ein Abwickler bestellt wird (§ 113 Absatz 2 Satz 2 in Verbindung mit § 15 Absatz 3 KAGB, auch in Verbindung mit § 15 Absatz 1 und 2 KAGB)	494

→

Nr.	Gebührentatbestand	Gebühr in Euro
4.1.4.2.6	Maßnahmen nach Erlöschen der Erlaubnis	
4.1.4.2.6.1	Anordnung der Abwicklung der Gesellschaft, jeweils mit oder ohne den Erlass von Weisungen für die Abwicklung, und/oder Bestellung eines Abwicklers (§ 113 Absatz 2 Satz 2 in Verbindung mit § 39 Absatz 4 KAGB und § 38 Absatz 1 Satz 1 und 2 KWG; § 113 Absatz 2 Satz 2 in Verbindung mit § 39 Absatz 4 KAGB und § 38 Absatz 2 Satz 1 und 3 KWG)	4 000
4.1.4.2.6.2	Jeder Folgebescheid zu einem Verwaltungsakt im Sinne der Nummer 4.1.4.2.6.1, mit dem die Abwicklung der Gesellschaft angeordnet wird und/oder Weisungen für die Abwicklung erlassen werden und/oder ein Abwickler bestellt wird (§ 113 Absatz 2 Satz 2 in Verbindung mit § 39 Absatz 4 KAGB und § 38 Absatz 1 Satz 1 und 2 KWG; § 113 Absatz 2 Satz 2 in Verbindung mit § 39 Absatz 4 KAGB und § 38 Absatz 2 Satz 1 und 3 KWG)	1 000
4.1.4.2.7	Maßnahmen gegen Geschäftsleiter	
4.1.4.2.7.1	Verlangen der Abberufung eines Geschäftsleiters (§ 113 Absatz 3 KAGB)	1 250 bis 5 000
4.1.4.2.7.2	Untersagung der Ausübung seiner Tätigkeit (§ 113 Absatz 3 KAGB)	500 bis 2 000
4.1.4.2.8	Anlagebedingungen	
4.1.4.2.8.1	Genehmigung der Anlagebedingungen für Teilinvestmentvermögen einer Umbrella-Konstruktion (§ 117 Absatz 5 in Verbindung mit § 163 KAGB)	500 bis 2 000
4.1.4.2.8.2	Genehmigung der Änderung der Anlagebedingungen von Teilinvestmentvermögen einer Umbrella-Konstruktion (§ 117 Absatz 5 in Verbindung mit § 163 KAGB)	250 bis 1 000
4.1.4.2.9	Maßnahmen gegen den Vorstand	
4.1.4.2.9.1	Verlangen der Abberufung des Vorstandes oder von Mitgliedern des Vorstandes (§ 119 Absatz 5 KAGB)	1 250 bis 5 000
4.1.4.2.9.2	Untersagung der Ausübung ihrer Tätigkeit (§ 119 Absatz 5 KAGB)	500 bis 2 000
4.1.4.3	Offene Investmentkommanditgesellschaften	
4.1.4.3.1	Maßnahmen gegen die Geschäftsleitung	
4.1.4.3.1.1	Verlangen der Abberufung der Geschäftsführung oder von Mitgliedern der Geschäftsführung (§ 128 Absatz 4 KAGB)	1 250 bis 5 000

→

Nr.	Gebührentatbestand	Gebühr in Euro
4.1.4.3.1.2	Untersagung der Ausübung ihrer Tätigkeit (§ 128 Absatz 4 KAGB)	500 bis 2 000
4.1.4.3.2	Genehmigung der Übertragung der Verwaltung des Gesellschaftsvermögens (§ 129 Absatz 2 in Verbindung mit § 100 Absatz 3 KAGB)	361
4.1.5	Individuell zurechenbare öffentliche Leistungen in Bezug auf geschlossene inländische Investmentvermögen	
4.1.5.1	Investmentaktiengesellschaften mit fixem Kapital	
4.1.5.1.1	Genehmigung der Übertragung der Verwaltung des Gesellschaftsvermögens (§ 144 Satz 5 Nummer 2 Buchstabe a in Verbindung mit § 100 Absatz 3 KAGB)	361
4.1.5.1.2	Maßnahmen gegen den Vorstand	
4.1.5.1.2.1	Verlangen der Abberufung des Vorstandes oder von Mitgliedern des Vorstandes (§ 147 Absatz 5 KAGB)	1 250 bis 5 000
4.1.5.1.2.2	Untersagung der Ausübung ihrer Tätigkeit (§ 147 Absatz 5 KAGB)	500 bis 2 000
4.1.5.2	Geschlossene Investmentkommanditgesellschaften	
4.1.5.2.1	Maßnahmen gegen die Geschäftsführung	
4.1.5.2.1.1	Verlangen der Abberufung der Geschäftsführung oder von Mitgliedern der Geschäftsführung (§ 153 Absatz 5 KAGB)	1 250 bis 5 000
4.1.5.2.1.2	Untersagung der Ausübung ihrer Tätigkeit (§ 153 Absatz 5 KAGB)	500 bis 2 000
4.1.5.2.2	Genehmigung der Übertragung der Verwaltung des Gesellschaftsvermögens (§ 154 Absatz 2 in Verbindung mit § 100 Absatz 3 KAGB)	361
4.1.6	Individuell zurechenbare öffentliche Leistungen in Bezug auf offene Publikumsinvestmentvermögen	
4.1.6.1	Anlagebedingungen	
4.1.6.1.1	Genehmigung der Anlagebedingungen (§ 163 Absatz 1 und 2 KAGB)	500 bis 2 000
4.1.6.1.2	Genehmigung der Änderung von Anlagebedingungen (§ 163 Absatz 1 und 2 KAGB)	250 bis 1 000
4.1.6.1.3	Ausstellen einer schriftlichen Bestätigung der Genehmigung der Anlagebedingungen (§ 163 Absatz 2 Satz 5 KAGB)	165
4.1.6.2	Genehmigung von Master-Feeder-Strukturen	

Nr.	Gebührentatbestand	Gebühr in Euro
4.1.6.2.1	Genehmigung der Anlage eines Feederfonds in einen Masterfonds (§ 171 Absatz 1 und 5 KAGB)	1 500 bis 4 000
4.1.6.2.2	Genehmigung des Wechsels der Anlage in einen anderen Masterfonds (§ 171 Absatz 4 und 5 KAGB)	750 bis 2 000
4.1.6.2.3	Ausstellen einer schriftlichen Bestätigung der Genehmigung der Anlagebedingungen (§ 171 Absatz 5 Satz 5 KAGB)	165
4.1.6.2.4	Ausstellen einer Bescheinigung zur Vorlage bei den zuständigen Stellen des Herkunftsstaates eines EU-Feeder-OGAW (§ 171 Absatz 6 KAGB)	165
4.1.6.2.5	Genehmigung des Weiterbestehens als (inländischer) Feederfonds bei Abwicklung des Masterfonds (§ 178 Absatz 2 und 3 KAGB)	1 500 bis 4 000
4.1.6.2.6	Ausstellen einer schriftlichen Bestätigung der Genehmigung des Weiterbestehens als (inländischer) Feederfonds bei Abwicklung des Masterfonds (§ 178 Absatz 3 Satz 5 KAGB)	165
4.1.6.2.7	Genehmigung der Umwandlung des Feederfonds in ein Investmentvermögen, das kein Dach-Hedgefonds oder Sonstiges Investmentvermögen und kein Feederfonds ist (§ 179 Absatz 2 KAGB)	1 500
4.1.6.2.8	Genehmigung des Weiterbestehens des Feederfonds bei Verschmelzung des Masterfonds oder der Spaltung des ausländischen Masterfonds, wenn der Feederfonds Feederfonds desselben Masterfonds bleibt (§ 179 Absatz 2 Satz 1 und 2 Nummer 1 KAGB)	750 bis 2 000
4.1.6.2.9	Genehmigung des Weiterbestehens des Feederfonds bei Verschmelzung des Masterfonds oder der Spaltung des ausländischen Masterfonds, wenn der Feederfonds Feederfonds eines anderen aus der Verschmelzung oder Spaltung hervorgegangenen Masterfonds wird (§ 179 Absatz 2 Satz 1 und 2 Nummer 2 KAGB)	1 500 bis 4 000
4.1.6.2.10	Genehmigung des Weiterbestehens des Feederfonds bei Verschmelzung des Masterfonds oder der Spaltung des ausländischen Masterfonds, wenn der Feederfonds Feederfonds eines anderen nicht aus der Verschmelzung oder Spaltung hervorgegangenen Masterfonds wird (§ 179 Absatz 2 Satz 1 und 2 Nummer 3 KAGB)	1 500 bis 4 000

→

Nr.	Gebührentatbestand	Gebühr in Euro
4.1.6.2.11	Genehmigung des Weiterbestehens des Feederfonds bei Verschmelzung des Masterfonds oder der Spaltung des ausländischen Masterfonds, wenn der Feederfonds in ein inländisches Investmentvermögen umgewandelt wird, das kein Feederfonds ist (§ 179 Absatz 2 Satz 1 und 2 Nummer 4, Absatz 4 KAGB)	1 500
4.1.6.2.12	Ausstellen einer schriftlichen Bestätigung der Genehmigung des Weiterbestehens als Feederfonds bei Verschmelzung eines Masterfonds oder der Spaltung eines ausländischen Masterfonds (§ 179 Absatz 4 Satz 5 KAGB)	165
4.1.6.3	Genehmigungen von Verschmelzungen	
4.1.6.3.1	Verschmelzungen von Sondervermögen, OGAW-Sondervermögen und Sondervermögen einer Umbrella-Konstruktion auf offene Publikumsinvestmentvermögen	
4.1.6.3.1.1	Genehmigung der Verschmelzung von Sondervermögen, die keine Dach-Hedgefonds oder Sonstige Investmentvermögen sind, auf ein anderes offenes inländisches Publikumsinvestmentvermögen (§ 182 Absatz 1 erste Alternative KAGB, auch in Verbindung mit § 191 Absatz 1 Nummer 1 erste Alternative KAGB)	1 507
4.1.6.3.1.2	Genehmigung der Verschmelzung von Sondervermögen, die Dach-Hedgefonds oder Sonstige Investmentvermögen sind, auf ein anderes offenes inländisches Publikumsinvestmentvermögen (§ 182 Absatz 1 erste Alternative KAGB, auch in Verbindung mit § 191 Absatz 1 Nummer 1 erste Alternative KAGB)	3 000 bis 5 000
4.1.6.3.1.3	Genehmigung der Verschmelzung von OGAW-Sondervermögen auf ein EU-OGAW (§ 182 Absatz 1 zweite Alternative KAGB)	1 500 bis 3 000
4.1.6.3.1.4	Genehmigung der Verschmelzung von Sondervermögen einer Umbrella-Konstruktion im Sinne des § 96 Absatz 2 in Verbindung mit § 182 Absatz 1 KAGB	wie Nummer 4.1.6.3.1.1, 4.1.6.3.1.2 und 4.1.6.3.1.3
4.1.6.3.2	Verschmelzung von Investmentaktiengesellschaften mit veränderlichem Kapital und Teilgesellschaftsvermögen einer Investmentaktiengesellschaft mit veränderlichem Kapital auf Publikumsinvestmentvermögen	
4.1.6.3.2.1	Genehmigung der Verschmelzung von Teilgesellschaftsvermögen einer Investmentaktiengesellschaft mit veränderlichem Kapital, die keine Dach-Hedgefonds-Teilgesellschaftsvermögen oder Sonstige Teilgesellschaftsvermögen sind, auf ein anderes offenes	1 507

Nr.	Gebührentatbestand	Gebühr in Euro
	inländisches Publikumsinvestmentvermögen (§ 191 Absatz 1 Nummer 2 bis 3 und 4 erste Alternative in Verbindung mit § 182 Absatz 1 KAGB)	
4.1.6.3.2.2	Genehmigung der Verschmelzung von Teilgesellschaftsvermögen einer Investmentaktiengesellschaft mit veränderlichem Kapital, die Dach-Hedgefonds-Teilgesellschaftsvermögen oder Sonstige Teilgesellschaftsvermögen sind, auf ein anderes offenes inländisches Publikumsinvestmentvermögen (§ 191 Absatz 1 Nummer 2 bis 3 und 4 erste Alternative in Verbindung mit § 182 Absatz 1 KAGB)	3 000 bis 5 000
4.1.6.3.2.3	Genehmigung der Verschmelzung von Teilgesellschaftsvermögen einer OGAW-Investmentaktiengesellschaft mit veränderlichem Kapital auf einen EU-OGAW (§ 191 Absatz 1 Nummer 1 zweite Alternative in Verbindung mit § 182 Absatz 1 KAGB)	1 500 bis 3 000
4.1.6.3.2.4	Genehmigung der Verschmelzung einer Investmentaktiengesellschaft mit veränderlichem Kapital auf ein anderes offenes inländisches Publikumsinvestmentvermögen (§ 191 Absatz 3 erste bis dritte Alternative in Verbindung mit § 182 Absatz 1 KAGB)	1 500 bis 5 000
4.1.6.3.2.5	Genehmigung der Verschmelzung einer OGAW-Investmentaktiengesellschaft mit veränderlichem Kapital auf einen EU-OGAW (§ 191 Absatz 3 vierte Alternative in Verbindung mit § 182 Absatz 1 KAGB)	1 500 bis 3 000
4.1.7	Individuell zurechenbare öffentliche Leistungen in Bezug auf offene inländische Publikums-AIF	
4.1.7.1	Zustimmung zum Erwerb, zur Veräußerung oder zur Übertragung eines für Rechnung eines Immobilien-Sondervermögens gehaltenen Vermögensgegenstandes (§ 239 Absatz 2 KAGB)	500 bis 1 500
4.1.7.2	Ausstellen einer Bescheinigung über die Bestellung der Verwahrstelle nach § 246 Absatz 2 KAGB und § 284 Absatz 1 in Verbindung mit § 246 Absatz 2 KAGB	50 bis 150
4.1.8	Individuell zurechenbare öffentliche Leistungen in Bezug auf geschlossene inländische Publikums-AIF	
4.1.8.1	Ausstellen einer Bescheinigung über die Bestellung der Verwahrstelle nach § 264 Absatz 2 KAGB	50 bis 150
4.1.8.2	Anlagebedingungen (§ 267 KAGB)	
4.1.8.2.1	Genehmigung (§ 267 Absatz 1 und 2 KAGB)	500 bis 2 000
4.1.8.2.2	Genehmigung der Änderung (§ 267 Absatz 1 und 2 KAGB)	250 bis 1 000

→

Nr.	Gebührentatbestand	Gebühr in Euro
4.1.8.2.3	Ausstellen einer schriftlichen Bestätigung der Genehmigung der Anlagebedingungen (§ 267 Absatz 2 KAGB)	165
4.1.9	Individuell zurechenbare öffentliche Leistungen in Bezug auf offene inländische Spezial-AIF	
	Ausstellen einer Bescheinigung über die Bestellung der Verwahrstelle (§ 284 Absatz 1 in Verbindung mit § 246 Absatz 2 KAGB)	50 bis 150
4.1.10	Individuell zurechenbare öffentliche Leistungen in Bezug auf die Anzeige und die Untersagung des Vertriebs von Investmentvermögen	
4.1.10.1	Individuell zurechenbare öffentliche Leistungen in Bezug auf die Anzeige und die Untersagung des Vertriebs von OGAW	
4.1.10.1.1	Jährliche Überwachung der Einhaltung der Vorschriften des § 165 Absatz 2 Nummer 4, des § 297 Absatz 1, 3 und 5 bis 10, des § 298 Absatz 1, der §§ 301, 302, 303, 304, 305 KAGB; bei Umbrella-Konstruktionen je Teilinvestmentvermögen gesondert	494
4.1.10.1.2	Prüfung der Anzeige nach § 310 Absatz 1 KAGB; bei Umbrella-Konstruktionen je Teilinvestmentvermögen gesondert	115
4.1.10.1.3	Untersagung des Vertriebs von EU-OGAW nach § 311 Absatz 1 und 3 Satz 1 Nummer 1 KAGB; bei Umbrella-Konstruktionen je Teilinvestmentvermögen gesondert	1 000 bis 15 000
4.1.10.1.4	Prüfung der Anzeige der Einstellung des Vertriebs nach § 311 Absatz 6 KAGB; bei Umbrella-Konstruktionen je Teilinvestmentvermögen gesondert	430
4.1.10.1.5	Prüfung der Anzeige nach § 312 Absatz 1 KAGB und Ausstellen einer Bescheinigung, dass es sich um einen inländischen OGAW handelt (§ 312 Absatz 4 und 5 Satz 1 und 2 KAGB); bei Umbrella-Konstruktionen je Teilinvestmentvermögen gesondert	772
4.1.10.1.6	Ausstellen einer separaten Bescheinigung nach § 312 Absatz 6 KAGB in Verbindung mit Anhang II der Verordnung (EU) Nr. 584/2010[1]; bei Umbrella-Konstruktionen je Teilinvestmentvermögen gesondert	253

→

---

[1] Verordnung (EU) Nr. 584/2010 der Kommission vom 1. Juli 2010 zur Durchführung der Richtlinie 2009/65/EG des Europäischen Parlaments und des Rates im Hinblick auf Form und Inhalt des Standardmodells für das Anzeigeschreiben und die OGAW-Bescheinigung, die Nutzung elektronischer Kommunikationsmittel durch die zuständigen Behörden für die Anzeige und die Verfahren für Überprüfungen vor Ort und Ermittlungen sowie für den Informationsaustausch zwischen zuständigen Behörden (ABl. L 176 vom 10.7.2010, S. 16)

Nr.	Gebührentatbestand	Gebühr in Euro
4.1.10.2	Individuell zurechenbare öffentliche Leistungen in Bezug auf die Anzeige und die Untersagung des Vertriebs von AIF	
4.1.10.2.1	Untersagung des Vertriebs nach § 314 KAGB	
4.1.10.2.1.1	nach § 314 Absatz 1 KAGB (sofern § 11 KAGB nicht anzuwenden ist); bei Umbrella-Konstruktionen je Teilinvestmentvermögen gesondert	1 000 bis 15 000
4.1.10.2.1.2	von Anteilen oder Aktien an Teilinvestmentvermögen bei AIF mit Teilinvestmentvermögen nach § 314 Absatz 2 KAGB	1 000 bis 15 000
4.1.10.2.2	Prüfung der geänderten Angaben und Unterlagen bei Einstellung des Vertriebs eines Teilinvestmentvermögens (§ 315 Absatz 2 KAGB)	
4.1.10.2.2.1	eines nach § 316 KAGB vertriebenen AIF	746
4.1.10.2.2.2	eines nach § 320 KAGB vertriebenen AIF	746
4.1.10.2.3	Vertrieb von inländischen Publikums-AIF im Inland (§ 316 KAGB)	
4.1.10.2.3.1	Prüfung der Anzeige nach § 316 Absatz 1 KAGB und Mitteilung nach § 316 Absatz 3 Satz 1 KAGB; bei Umbrella-Konstruktionen je Teilinvestmentvermögen gesondert	1 531
4.1.10.2.3.2	Prüfung der Änderungsanzeige nach § 316 Absatz 4 KAGB; bei Umbrella-Konstruktionen je Teilinvestmentvermögen gesondert	153 bis 766
4.1.10.2.3.3	Untersagung der Aufnahme des Vertriebs nach § 316 Absatz 3 KAGB; bei Umbrella-Konstruktionen je Teilinvestmentvermögen gesondert	1 000 bis 15 000
4.1.10.2.3.4	Untersagung des Vertriebs von Anteilen oder Aktien an inländischen Publikums-AIF im Inland nach § 316 Absatz 4 Satz 4 KAGB; bei Umbrella-Konstruktionen je Teilinvestmentvermögen gesondert	1 000 bis 15 000
4.1.10.2.4	Vertrieb von EU-AIF oder von ausländischen AIF an Privatanleger im Inland; bei Umbrella-Konstruktionen je Teilinvestmentvermögen gesondert (§ 320 KAGB)	
4.1.10.2.4.1	Prüfung von Anzeigen; bei Umbrella-Konstruktionen je Teilinvestmentvermögen gesondert	
4.1.10.2.4.1.1	Prüfung der Anzeige nach § 320 Absatz 1 KAGB und Mitteilung nach § 320 Absatz 2 in Verbindung mit § 316 Absatz 3 Satz 1 KAGB; bei Umbrella-Konstruktionen je Teilinvestmentvermögen gesondert	2 520
4.1.10.2.4.1.2	Prüfung der nach § 320 Absatz 1 Satz 2 Nummer 7 KAGB vorgeschriebenen Angaben und Unterlagen,	204

→

Nr.	Gebührentatbestand	Gebühr in Euro
	die jährlich vorzulegen sind; bei Umbrella-Konstruktionen je Teilinvestmentvermögen gesondert	
4.1.10.2.4.2	Untersagung; bei Umbrella-Konstruktionen je Teilinvestmentvermögen gesondert	
4.1.10.2.4.2.1	der Aufnahme des Vertriebs nach § 320 Absatz 2 in Verbindung mit § 316 Absatz 3 KAGB; bei Umbrella-Konstruktionen je Teilinvestmentvermögen gesondert	1 000 bis 15 000
4.1.10.2.4.2.2	des Vertriebs von Anteilen oder Aktien an EU-AIF oder ausländischen AIF nach § 320 Absatz 4 KAGB; bei Umbrella-Konstruktionen je Teilinvestmentvermögen gesondert	1 000 bis 15 000
4.1.10.2.5	Vertrieb von EU-AIF oder von inländischen Spezial-AIF an semi-professionelle Anleger und professionelle Anleger im Inland (AIF-Kapitalverwaltungsgesellschaft, § 321 KAGB)	
4.1.10.2.5.1	Prüfung der Anzeige nach § 321 Absatz 1 KAGB einschließlich der Prüfung der in § 321 Absatz 1 Satz 2 Nummer 7 KAGB genannten Vorkehrungen und Mitteilung nach § 321 Absatz 3 Satz 1 KAGB; bei Umbrella-Konstruktionen je Teilinvestmentvermögen gesondert	1 532
4.1.10.2.5.2	Untersagung der Aufnahme des Vertriebs nach § 321 Absatz 3 KAGB, bei Umbrella-Konstruktionen je Teilinvestmentvermögen gesondert	1 000 bis 15 000
4.1.10.2.6	Vertrieb von EU-AIF oder von inländischen Spezial-AIF an semi-professionelle und professionelle Anleger im Inland; bei Umbrella-Konstruktionen je Teilinvestmentvermögen gesondert (EU-AIF-Verwaltungsgesellschaft, § 323 KAGB)	
4.1.10.2.6.1	Prüfung von Anzeigen; bei Umbrella-Konstruktionen je Teilinvestmentvermögen gesondert	
4.1.10.2.6.1.1	Prüfung der Anzeige nach § 323 Absatz 1 KAGB einschließlich der Prüfung der in § 323 Absatz 2 Satz 3 KAGB genannten Vorkehrungen nach § 321 Absatz 1 Satz 2 Nummer 7 und § 323 Absatz 1 Satz 2 KAGB; bei Umbrella-Konstruktionen je Teilinvestmentvermögen gesondert	772
4.1.10.2.6.1.2	Prüfung der in § 323 Absatz 3 in Verbindung mit § 321 Absatz 1 Satz 2 Nummer 7 KAGB genannten Vorkehrungen für den Fall einer Unterrichtung der Bundesanstalt über eine Änderung dieser Vorkehrungen; bei Umbrella-Konstruktionen je Teilinvestmentvermögen gesondert	216

→

Nr.	Gebührentatbestand	Gebühr in Euro
4.1.10.2.7	Vertrieb von inländischen Spezial-Feeder-AIF oder EU-Feeder-AIF (§ 329 KAGB)	
4.1.10.2.7.1	Prüfung von Anzeigen; bei Umbrella-Konstruktionen je Teilinvestmentvermögen gesondert (AIF-Kapitalverwaltungsgesellschaft)	
4.1.10.2.7.1.1	Prüfung der Anzeige nach § 329 Absatz 2 KAGB einschließlich der Prüfung der in § 321 Absatz 1 Satz 2 Nummer 7 KAGB genannten Vorkehrungen und Mitteilung nach § 329 Absatz 4 Satz 2 in Verbindung mit § 316 Absatz 3 Satz 1 KAGB; bei Umbrella-Konstruktionen je Teilinvestmentvermögen gesondert (AIF-Kapitalverwaltungsgesellschaft)	3 291
4.1.10.2.7.2	Prüfung von Anzeigen; bei Umbrella-Konstruktionen je Teilinvestmentvermögen gesondert (EU-AIF-Verwaltungsgesellschaft)	
4.1.10.2.7.2.1	Prüfung der Anzeige nach § 329 Absatz 2 KAGB einschließlich der Prüfung der in § 321 Absatz 1 Satz 2 Nummer 7 KAGB genannten Vorkehrungen und Mitteilung nach § 329 Absatz 4 Satz 2 in Verbindung mit § 316 Absatz 3 Satz 1 KAGB; bei Umbrella-Konstruktionen je Teilinvestmentvermögen gesondert (EU-AIF-Verwaltungsgesellschaft)	3 291
4.1.10.2.7.2.2	Prüfung der nach § 329 Absatz 2 Satz 3 Nummer 2 Buchstabe a und c KAGB vorgeschriebenen Angaben und Unterlagen, die jährlich vorzulegen sind; bei Umbrella-Konstruktionen je Teilinvestmentvermögen gesondert (EU-AIF-Kapitalverwaltungsgesellschaft)	772
4.1.10.2.7.3	Untersagung der Aufnahme des Vertriebs nach § 329 Absatz 4 in Verbindung mit § 321 Absatz 3 KAGB; bei Umbrella-Konstruktionen je Teilinvestmentvermögen gesondert	1 000 bis 15 000
4.1.10.2.8	Vertrieb von ausländischen AIF oder EU-AIF an semi-professionelle und professionelle Anleger im Inland; bei Umbrella-Konstruktionen je Teilinvestmentvermögen gesondert (§ 330 KAGB)	
4.1.10.2.8.1	Prüfung von Anzeigen; bei Umbrella-Konstruktionen je Teilinvestmentvermögen gesondert	
4.1.10.2.8.1.1	Prüfung der Anzeige nach § 330 Absatz 2 KAGB, auch in Verbindung mit § 330 Absatz 5 KAGB und Mitteilung nach § 330 Absatz 4 Satz 2 in Verbindung mit § 316 Absatz 3 Satz 1 KAGB; bei Umbrella-Konstruktionen je Teilinvestmentvermögen gesondert	6 582

→

Nr.	Gebührentatbestand	Gebühr in Euro
4.1.10.2.8.1.2	Prüfung der nach § 330 Absatz 2 Satz 3 Nummer 2 Buchstabe a und c KAGB vorgeschriebenen Angaben und Unterlagen, die jährlich vorzulegen sind; bei Umbrella-Konstruktionen je Teilinvestmentvermögen gesondert	1 088
4.1.10.2.8.2	Untersagung der Aufnahme des Vertriebs nach § 330 Absatz 4 in Verbindung mit § 316 Absatz 3 KAGB; bei Umbrella-Konstruktionen je Teilinvestmentvermögen gesondert	1 000 bis 15 000
4.1.10.2.8.3	Prüfung der Anzeige zum Vertrieb von AIF einer EU-AIF-Verwaltungsgesellschaft, die die Bedingungen nach Artikel 3 Absatz 2 der Richtlinie 2011/61/EU erfüllt nach § 330a Absatz 2 KAGB; bei Umbrella-Konstruktionen je Teilinvestmentvermögen gesondert	3 291
4.1.10.2.8.4	Prüfung der nach § 330a Absatz 2 Satz 2 Nummer 2 KAGB vorgeschriebenen Angaben und Unterlagen, die jährlich vorzulegen sind; bei Umbrella-Konstruktionen je Teilinvestmentvermögen gesondert	544
4.1.10.2.9	Vertrieb von EU-AIF oder inländischen AIF an professionelle Anleger in anderen Mitgliedstaaten der EU oder in Vertragsstaaten des EWR; bei Umbrella-Konstruktionen je Teilinvestmentvermögen gesondert (§ 331 KAGB)	
4.1.10.2.9.1	Prüfung der Anzeige nach § 331 Absatz 1 KAGB; bei Umbrella-Konstruktionen je Teilinvestmentvermögen gesondert	1 532
4.1.10.2.9.2	Untersagung des Vertriebs nach § 331 Absatz 7 in Verbindung mit § 321 Absatz 4 KAGB; bei Umbrella-Konstruktionen je Teilinvestmentvermögen gesondert	1 000 bis 15 000
4.1.10.2.10	Ausstellen einer separaten Bescheinigung nach § 335 KAGB in den Fällen der §§ 331 bis 334 KAGB; bei Umbrella-Konstruktionen je Teilinvestmentvermögen gesondert	253
4.2	Individuell zurechenbare öffentliche Leistungen auf der Grundlage der Derivateverordnung (DerivateV)	
4.2.1	Prüfung der Anzeige nach § 6 Satz 3 DerivateV	266
4.2.2	Bestätigung der Geeignetheit von Risikomodellen (§ 10 Absatz 2 Satz 2 DerivateV)	1 000 bis 20 000
4.3	Individuell zurechenbare öffentliche Leistungen auf der Grundlage der Verordnung (EU) Nr. 345/2013[1]	

→

---

[1] Verordnung (EU) Nr. 345/2013 des Europäischen Parlaments und des Rates vom 17. April 2013 über Europäische Risikokapitalfonds (ABl. L 115 vom 25.4.2013, S. 1)

Nr.	Gebührentatbestand	Gebühr in Euro
4.3.1	Registrierung des Verwalters eines qualifizierten Risikokapitalfonds (EuVECA) nach Artikel 14 der Verordnung (EU) Nr. 345/2013	3 500 bis 20 000
4.3.2	Prüfung der Anzeige eines neuen qualifizierten Risikokapitalfonds (EuVECA) nach Artikel 15 Buchstabe a der Verordnung (EU) Nr. 345/2013	1 000
4.3.3	Untersagung des Vertriebs nach Artikel 18 Absatz 3 der Verordnung (EU) Nr. 345/2013	1 000 bis 15 000
4.4	Individuell zurechenbare öffentliche Leistungen auf der Grundlage der Verordnung (EU) Nr. 346/2013[1]	
4.4.1	Registrierung des Verwalters eines Fonds für soziales Unternehmertum (EuSEF) nach Artikel 15 der Verordnung (EU) Nr. 346/2013	3 500 bis 20 000
4.4.2	Prüfung der Anzeige eines neuen Fonds für soziales Unternehmertum (EuSEF) nach Artikel 16 Buchstabe a der Verordnung (EU) Nr. 346/2013	1 000
4.4.3	Untersagung des Vertriebs nach Artikel 19 Absatz 3 der Verordnung (EU) Nr. 346/2013	1 000 bis 15 000
5.	**Individuell zurechenbare öffentliche Leistungen auf der Grundlage des Wertpapierhandelsgesetzes (WpHG)**	
5.1	Befreiung von der jährlichen Prüfung	
5.1a	Honorar-Anlageberaterregister	
5.1a.1	Eintragung in das Honorar-Anlageberaterregister (§ 36c Absatz 3 WpHG)	250
5.1.1	(aufgehoben)	
5.1.2	der Meldepflichten und Verhaltensregeln (§ 36 Abs. 1 Satz 1 und 3 WpHG)	250
5.1.3	des Depotgeschäfts (§ 36 Abs. 1 Satz 2 und 3 WpHG)	wie Nummer 1.1.12.3
5.2	Erlaubnis für ausländische Märkte oder ihre Betreiber, die Handelsteilnehmern mit Sitz im Inland über ein elektronisches Handelssystem einen unmittelbaren Marktzugang gewähren (§ 37i Abs. 1 in Verbindung mit Abs. 2 und 3 WpHG)	2 000 bis 20 000
5.3	Bekanntmachung nach § 37q Abs. 2 WpHG	
5.3.1	Anordnung der Bekanntmachung (§ 37q Abs. 2 Satz 1 WpHG)	500 bis 5 000

→

---

[1] Verordnung (EU) Nr. 346/2013 des Europäischen Parlaments und des Rates vom 17. April 2013 über Europäische Fonds für soziales Unternehmertum (ABl. L 115 vom 25.4.2013, S. 18)

Nr.	Gebührentatbestand	Gebühr in Euro
5.3.2	Entscheidung über den Antrag, von der Anordnung der Bekanntmachung abzusehen (§ 37 q Abs. 2 Satz 3 WpHG)	500 bis 2 500
5.4	Befreiung von den Anforderungen der §§ 37 v bis 37 y WpHG (§ 37 z Abs. 4 Satz 1 WpHG)	500 bis 10 000
6.	**Individuell zurechenbare öffentliche Leistungen auf der Grundlage des Versicherungsaufsichtsgesetzes (VAG)**	
6.1	Erlaubnis zum Geschäftsbetrieb, gutachterliche Äußerung im Rahmen eines Erlaubnisverfahrens und Genehmigung von Beschlüssen der Vertreterversammlung (§ 5 Abs. 1 VAG; § 110 d Abs. 1, auch in Verbindung mit Abs. 3, § 112 Abs. 2, § 119 Abs. 1 VAG; § 106 b Abs. 4 Nr. 1, auch in Verbindung mit § 121 i Abs. 2 Satz 3 Nr. 3 VAG; § 121 g Abs. 1 Satz 2 VAG, § 159 Abs. 1 Satz 1 in Verbindung mit § 5 Abs. 1 VAG)	
6.1.1	Tatbestände, die einer Grundgebühr unterliegen Eine Grundgebühr wird erhoben für die Erteilung der Ersterlaubnis	
6.1.1.1	zum Geschäftsbetrieb einer substitutiven Krankenversicherung (Anlage zum VAG Teil A Sparte Nr. 2 Risikoarten Buchstabe a und b)	20 000
6.1.1.2	zum Geschäftsbetrieb einer Versicherungssparte der Lebensversicherung (Anlagen zum VAG Teil A Sparten Nr. 19, 20, 21, 22, 23 oder 24)	15 000
6.1.1.3	zum Geschäftsbetrieb an einen Pensionsfonds (Anlage zum VAG Teil A, Sparte Nr. 25)	15 000
6.1.1.4	zum Geschäftsbetrieb der Rückversicherung	10 000
6.1.1.5	zum Geschäftsbetrieb einer Versicherungs-Zweckgesellschaft	5 000
6.1.1.6	zum Geschäftsbetrieb in anderen Fällen	10 000
6.1.2	Tatbestände, die einer Zusatzgebühr unterliegen Neben der Grundgebühr nach Nummer 6.1.1 wird eine Zusatzgebühr erhoben für	
6.1.2.1	jede von der Erlaubnis umfasste Sparte (Nummern der Anlage zum VAG Teil A), wenn die Sparte der Anlage A keine Untergliederungen nach Risikoarten enthält	2 500

→

Nr.	Gebührentatbestand	Gebühr in Euro
6.1.2.2	jede von der Erlaubnis umfasste Risikoart einer Sparte der Anlage A zum VAG, soweit eine Sparte der Anlage A zum VAG Untergliederungen nach Buchstaben enthält	500
6.1.2.3	jede von den in § 120 Abs. 3 VAG genannten Arten des Rückversicherungsgeschäfts	3 500
6.1.3	Erstellung eines Gutachtens nach § 106 b Abs. 4 Nr. 1 auch in Verbindung mit § 121 i Abs. 2 Satz 3 Nr. 3 VAG	100 % der nach den Nummern 6.1.1 und 6.1.2 ermittelten Gebühr
6.1.4	Genehmigung von Beschlüssen der Vertreterversammlung nach § 159 Abs. 1 Satz 1 in Verbindung mit § 5 Abs. 1 VAG	100 % der nach den Nummern 6.1.1 und 6.1.2 ermittelten Gebühr
6.2	Prüfung der Qualifikation von Verantwortlichen Aktuaren und Treuhändern im Rahmen der laufenden Aufsicht	
6.2.1	Prüfung eines Verantwortlichen Aktuars (§ 11 a Abs. 2 Satz 1 bis 4 VAG; § 11 c Satz 3, § 11 d, § 11 e, § 12 Abs. 2, § 12 f in Verbindung mit § 12 Abs. 2, § 105 Abs. 3, § 110 d Abs. 2 Satz 1 und § 113 Abs. 1, jeweils in Verbindung mit § 11 a Abs. 2 Satz 1 bis 4 VAG)	500
6.2.2	Prüfung eines Treuhänders (§ 12 b Abs. 4 oder Abs. 5 Satz 1 VAG; § 11 b Satz 2, § 12 f, § 105 Abs. 3, § 110 d Abs. 2 Satz 1 und § 113 Abs. 1, jeweils in Verbindung mit § 12 b Abs. 4 oder Abs. 5 Satz 1 VAG)	500
6.2.3	Prüfung eines Treuhänders für das Sicherungsvermögen (§ 71 Abs. 2 VAG; § 76, § 79, § 110 d Abs. 2 Satz 1 und § 113 Abs. 1, jeweils in Verbindung mit § 71 Abs. 2 VAG)	500
6.3	Änderungen des Geschäftsplans und des Pensionsplans sowie Geschäftsbetriebserweiterungen	
6.3.1	Genehmigung von Änderungen des Geschäftsplans, sofern die Satzung geändert wird, einschließlich der Satzungsänderungen, die sich auf die in der jeweiligen Satzung enthaltenen Versicherungsbedingungen beziehen, und einschließlich der Satzungsänderungen bei Sterbekassen im Hinblick auf die Verwendung des Überschusses (§ 13 Abs. 1 Satz 1 VAG; § 105 Abs. 3, § 110 d Abs. 2 Satz 1 und Abs. 3, § 113 Abs. 1 und 2 sowie § 159 Abs. 1	500 bis 5 000

→

Nr.	Gebührentatbestand	Gebühr in Euro
	Satz 2, jeweils in Verbindung mit § 13 Abs. 1 Satz 1 VAG; § 106 b Abs. 3 VAG)	
6.3.2	Genehmigung von Änderungen des technischen Geschäftsplans für vor dem 29. Juli 1994 abgeschlossene Lebensversicherungsverträge sowie Änderungen des technischen Geschäftsplans von Sterbekassen (§ 13 Abs. 1 Satz 1 VAG; § 11 c, § 105 Abs. 3, § 110 d Abs. 2 Satz 1 und Abs. 3 und § 159 Abs. 1 Satz 2, jeweils in Verbindung mit § 13 Abs. 1 Satz 1 VAG; § 106 b Abs. 3 VAG)	500 bis 2 500
6.3.3	Erteilung der Erlaubnis zum Geschäftsbetrieb einer weiteren Sparte (Nummern der Anlage A zum VAG, wenn die Sparte der Anlage A keine Untergliederungen nach Risikoarten enthält) (§ 13 Abs. 1 Satz 1 sowie Abs. 2 VAG; § 105 Abs. 3, § 110 d Abs. 2 Satz 1 und Abs. 3, § 113 Abs. 1 und 2, § 159 Abs. 1 Satz 2, jeweils in Verbindung mit § 13 Abs. 1 Satz 1 VAG; § 106 b Abs. 3 VAG)	2 500
6.3.4	Erteilung der Erlaubnis zum Geschäftsbetrieb einer weiteren Risikoart einer Sparte, soweit die Sparte der Anlage Teil A zum VAG Untergliederungen nach Buchstaben enthält (§ 13 Abs. 1 Satz 1 sowie Abs. 2 VAG; § 105 Abs. 3, § 110 d Abs. 2 Satz 1 und Abs. 3, § 113 Abs. 1 und 2, § 159 Abs. 1 Satz 2, jeweils in Verbindung mit § 13 Abs. 1 Satz 1 VAG; § 106 b Abs. 3 VAG)	500
6.3.5	Erweiterung des Rückversicherungsgeschäfts	
6.3.5.1	Erteilung der Erlaubnis zur Erweiterung des Rückversicherungsgeschäfts nach § 119 Abs. 1 VAG	3 500
6.3.5.2	Erstellung eines Gutachtens nach § 106 b Abs. 4 Nr. 1 in Verbindung mit § 121 i Abs. 2 Satz 3 Nr. 3 VAG bei Erteilung der Erlaubnis zur Erweiterung des Rückversicherungsgeschäfts	3 500
6.3.6	Genehmigung der räumlichen Ausdehnung des Geschäftsbetriebes durch Mittelspersonen im Dienstleistungsverkehr oder durch eine Niederlassung je Gebiet (Drittstaat im Sinne des § 105 Abs. 1 Satz 2 und 3 VAG) in den Fällen des § 13 Abs. 3 VAG; sofern eine Genehmigung für das Teilgebiet eines Drittstaates erteilt wird, wird eine Gebühr je Teilgenehmigung erhoben (§ 13 Abs. 1 Satz 1 VAG; § 105 Abs. 3, § 110 d Abs. 2 Satz 1 und Abs. 3, § 113 Abs. 1 und 2, § 159 Abs. 1	500

→

Nr.	Gebührentatbestand	Gebühr in Euro
	Satz 2, jeweils in Verbindung mit § 13 Abs. 1 Satz 1 VAG; § 106 b Abs. 3 VAG)	
6.3.7	Feststellung der Unbedenklichkeit eines Pensionsplans (§ 113 Abs. 2 Nr. 5 in Verbindung mit Abs. 1 und § 13 Abs. 1 Satz 1 VAG)	
6.3.7.1	bei Einführung eines neuen Pensionsplans	500 bis 5 000
6.3.7.2	bei Änderung eines bestehenden Pensionsplans	500 bis 5 000
6.3.8	Genehmigung von Unternehmensverträgen der in § 291 und § 292 AktG bezeichneten Art (§ 13 Abs. 1 Satz 1 VAG; § 105 Abs. 3, § 110 d Abs. 2 Satz 1 und Abs. 3, § 113 Abs. 1 und 2 sowie § 159 Abs. 1 Satz 2, jeweils in Verbindung mit § 13 Abs. 1 Satz 1 VAG; § 106 b Abs. 3 VAG)	1 000 bis 2 500
6.3.9	Genehmigung der Versicherungsbedingungen von Pensionskassen, sofern Nummer 6.3.1 keine Anwendung findet (§ 118 b Abs. 3 Satz 4 in Verbindung mit § 5 Abs. 3 Nr. 2 und § 13 Abs. 1 Satz 1 VAG; § 118 b Abs. 5 und 6 in Verbindung mit § 11 c VAG)	
6.3.9.1	bei Einführung neuer Versicherungsbedingungen	500 bis 5 000
6.3.9.2	bei Änderung bestehender Versicherungsbedingungen	500 bis 5 000
6.3.10	Feststellung der Unbedenklichkeit von Versicherungsbedingungen von Pensionskassen (§ 118 b Abs. 1 in Verbindung mit § 113 Abs. 2 Nr. 5 VAG)	
6.3.10.1	bei Einführung neuer Versicherungsbedingungen	500 bis 5 000
6.3.10.2	bei Änderung bestehender Versicherungsbedingungen	500 bis 5 000
6.3.11	Genehmigung eines technischen Geschäftsplans von Pensionskassen (§ 118 b Abs. 1 in Verbindung mit § 113 Abs. 2 Nr. 5 und § 13 Abs. 1 Satz 1 VAG)	
6.3.11.1	bei Einführung eines neuen technischen Geschäftsplans	500 bis 5 000
6.3.11.2	bei Änderung eines bestehenden technischen Geschäftsplans	500 bis 5 000
6.3.12	Feststellung der Unbedenklichkeit/Fristverlängerung bei der Prüfung von Funktionsausgliederungsverträgen im Sinne des § 5 Abs. 3 Nr. 4 VAG (§ 13 Abs. 1 a Satz 4 und 5 VAG; § 8 a Abs. 1 Satz 2, § 105 Abs. 3, § 110 d Abs. 2 Satz 1, § 113 Abs. 1, jeweils in Verbindung mit § 13 Abs. 1 a Satz 4 und 5 VAG)	1 000 bis 2 500

→

Nr.	Gebührentatbestand	Gebühr in Euro
6.4	Genehmigung der vollständigen oder teilweisen Übertragung eines Bestandes (§ 14 Abs. 1 Satz 1 VAG; § 110d Abs. 2 Satz 1, § 159 Abs. 1 Satz 2 und § 160 Abs. 5 Satz 2, jeweils in Verbindung mit § 14 Abs. 1 Satz 1 VAG; § 108 Abs. 2 Satz 1 VAG; § 105 Abs. 3 und § 113 Abs. 1 VAG, jeweils in Verbindung mit § 14 Abs. 1 Satz 1 sowie § 108 Abs. 2 Satz 1 VAG; § 121f VAG; § 121i Abs. 4 VAG)	
6.4.1	für jede betroffene Sparte, soweit die Sparte der Anlage Teil A zum VAG keine Untergliederungen nach Buchstaben enthält	2 500
6.4.2	für jede Übertragung eines Bestandes je betroffener Risikoart einer Sparte, soweit die Sparte der Anlage A zum VAG Untergliederungen nach Buchstaben enthält	500
6.4.3	für jede der in § 120 Abs. 3 VAG genannten Arten des Rückversicherungsgeschäfts	2 500
6.4.4	für jede Übertragung eines Bestandes je betroffener Art des Rückversicherungsgeschäfts nach § 120 Abs. 3 VAG	500 bis 2 000
6.5	Genehmigung einer Umwandlung (§ 14a Satz 1 und 2 VAG; § 113 Abs. 1 in Verbindung mit § 14a Satz 1 und 2 VAG)	10 000
6.6	Gebundenes Vermögen, einschließlich Sicherungsvermögen	
6.6.1	Genehmigung für die Anlage des gebundenen Vermögens (§ 54 Abs. 2 Satz 2 VAG; § 54 Abs. 3 VAG in Verbindung mit § 1 Abs. 3 oder § 2 Abs. 2 Buchstabe h der Anlageverordnung; § 110 Abs. 1 in Verbindung mit § 105 Abs. 3 sowie § 110d Abs. 2 Satz 1, jeweils in Verbindung mit § 54 Abs. 2 Satz 2, Abs. 3 VAG; § 115 Abs. 2 Satz 1 und 2 VAG in Verbindung mit § 2 Abs. 3 der Pensionsfonds-Kapitalanlagenverordnung)	3 000
6.6.2	Erteilung einer Ausnahmegenehmigung von den Regelungen über die Belegenheit des gebundenen Vermögens (§ 54 Abs. 3 VAG in Verbindung mit § 5 Abs. 2 Anlageverordnung; § 110 Abs. 1 in Verbindung mit § 105 Abs. 3 sowie § 110d Abs. 2 Satz 1, jeweils in Verbindung mit § 54 Abs. 3 VAG; § 115 Abs. 2 Satz 1 und 2 VAG in Verbindung mit § 6 Abs. 2 der Pensionsfonds-Kapitalanlagenverordnung)	1 000
6.6.3	Festsetzung eines erhöhten Anrechnungswertes bei unbelasteten Grundstücken und grundstücksgleichen Rechten des Sicherungsvermögens (§ 66 Abs. 3a Satz 3 VAG; § 110 Abs. 1 in Verbindung	750

→

Nr.	Gebührentatbestand	Gebühr in Euro
	mit § 105 Abs. 3, § 110d Abs. 2 Satz 1 und 2 und § 113 Abs. 1, jeweils in Verbindung mit § 66 Abs. 3a Satz 3 VAG)	
6.6.4	Festsetzung des Anrechnungswertes belasteter Grundstücke und grundstücksgleicher Rechte des Sicherungsvermögens (§ 66 Abs. 3a Satz 4 VAG; § 110 Abs. 1 in Verbindung mit § 105 Abs. 3, § 110d Abs. 2 Satz 1 und 2 und § 113 Abs. 1, jeweils in Verbindung mit § 66 Abs. 3a Satz 4 VAG)	750
6.6.5	Genehmigung, dass die Werte des Sicherungsvermögens an einem Ort außerhalb der Mitgliedstaaten der Europäischen Union und der anderen Vertragsstaaten des Abkommens über den Europäischen Wirtschaftsraum aufbewahrt werden (§ 66 Abs. 5 Satz 3 VAG; § 110 Abs. 1 in Verbindung mit § 105 Abs. 3, § 110d Abs. 2 Satz 1 und § 113 Abs. 1, jeweils in Verbindung mit § 66 Abs. 5 Satz 3 VAG)	500
6.6.6	Genehmigung zur Bildung selbständiger Abteilungen des Sicherungsvermögens (§ 66 Abs. 7 VAG; § 110 Abs. 1 in Verbindung mit § 105 Abs. 3, § 110d Abs. 2 Satz 1 und 2, jeweils in Verbindung mit § 66 Abs. 7 VAG)	1 000
6.7	Einschreiten gegen unerlaubte Versicherungsgeschäfte	
6.7.1	Anordnung der sofortigen Einstellung des Geschäftsbetriebs und/oder Anordnung der unverzüglichen Abwicklung der Geschäfte, jeweils mit oder ohne den Erlass von Weisungen für die Abwicklung und/oder Bestellung eines Abwicklers (§ 81f Abs. 1 Satz 1 und 2 VAG; § 81f Abs. 1 Satz 4 VAG in Verbindung mit § 81f Abs. 1 Satz 1 und 2 VAG; § 81f Abs. 1 Satz 5 VAG in Verbindung mit § 81f Abs. 1 Satz 1 und 2 VAG)	10 000
6.7.2	Jeder Folgebescheid zu einem Verwaltungsakt im Sinne von Nummer 6.7.1, mit dem die unverzügliche Abwicklung der Geschäfte angeordnet wird und/oder Weisungen für die Abwicklung erlassen werden und/oder ein Abwickler bestellt wird (§ 81f Abs. 1 Satz 1 und 2 VAG; § 81f Abs. 1 Satz 4 VAG in Verbindung mit § 81f Abs. 1 Satz 1 und 2 VAG; § 81f Abs. 1 Satz 5 VAG in Verbindung mit § 81f Abs. 1 Satz 1 und 2 VAG)	4 000

→

Nr.	Gebührentatbestand	Gebühr in Euro
6.8	Maßnahmen gegen Geschäftsleiter Verlangen auf Abberufung und Untersagung ihrer Tätigkeit (§ 1b Abs. 5 VAG; § 87 Abs. 6 VAG; § 105 Abs. 3, § 110d Abs. 2 Satz 1, § 113 Abs. 1, jeweils in Verbindung mit § 87 Abs. 6 VAG; § 121c Abs. 5 VAG)	25% der zum Zeitpunkt des Verlangens, einen Geschäftsleiter abzuberufen, einschließlich der Untersagung seiner Tätigkeit, in Nummer 6.1.1 bestimmten Gebühr
6.9	Individuell zurechenbare öffentliche Leistungen in Bezug auf den Erwerb bedeutender Beteiligungen (§ 104 VAG)	
6.9.1	Untersagung des beabsichtigten Erwerbs einer bedeutenden Beteiligung oder ihrer Erhöhung (§ 104 Abs. 1b Satz 1 oder 2 VAG)	5 000 bis 100 000
6.9.2	Untersagung der Ausübung von Stimmrechten; Anordnung, dass über die Anteile nur mit Zustimmung der Bundesanstalt verfügt werden darf (§ 104 Abs. 2 Satz 2 VAG)	5 000 bis 100 000
6.9.3	Beauftragung des Treuhänders mit der Veräußerung der Anteile, soweit sie eine bedeutende Beteiligung begründen (§ 104 Abs. 2 Satz 5 VAG)	1 500
6.10	Genehmigung in den Fällen des § 106b Abs. 5 Satz 2 Halbsatz 2 sowie in den Fällen des § 118f und des § 121i Abs. 2 Satz 3, jeweils in Verbindung mit § 106b Abs. 5 Satz 2 Halbsatz 2 VAG	500
6.11	Genehmigung eines zwischen Arbeitgeber und Pensionsfonds vereinbarten Sanierungsplans (§ 115 Abs. 2a Satz 2 VAG)	3 000
6.12	Grenzüberschreitende Tätigkeit von Pensionsfonds und Pensionskassen Prüfung in den Fällen des § 117 Abs. 3 sowie in den Fällen des § 118c in Verbindung mit § 117 Abs. 3 VAG	500 bis 2 500
6.13	Freistellung eines Versicherungsvereins auf Gegenseitigkeit (§ 157a Abs. 1 Satz 1 VAG)	500
7.	**Individuell zurechenbare öffentliche Leistungen auf der Grundlage des Geldwäschegesetzes (GwG)**	
7.1	Anordnung zur Schaffung von internen Sicherungsmaßnahmen im Sinne des § 9 Abs. 2 Nr. 2 GwG (§ 9 Absatz 5 Satz 1 GwG)	1 500 bis 3 000

→

Nr.	Gebührentatbestand	Gebühr in Euro
7.2	Anordnung der Bestellung eines Geldwäschebeauftragten (§ 9 Absatz 4 Satz 1 GwG)	1 165
7.3	Maßnahmen und Anordnungen nach § 16 Absatz 1 GwG	
7.3.1	Maßnahmen und Anordnungen nach § 16 Absatz 1 Satz 2 GwG	585
7.3.2	Untersagung der Ausübung des Geschäfts oder des Berufs nach § 16 Absatz 1 Satz 5 GwG nach vorangegangener Verwarnung	2 100
8.	**Individuell zurechenbare öffentliche Leistungen auf der Grundlage des Wagniskapitalbeteiligungsgesetzes (WKBG)**	
8.1	Anerkennung als Wagniskapitalbeteiligungsgesellschaft (§ 14 Abs. 1 und 3 WKBG)	1 000 bis 10 000
8.2	Verlangen auf Abberufung eines Geschäftsleiters (§ 17 Abs. 4 WKBG)	25 % der zum Zeitpunkt des Verlangens auf Abberufung eines Geschäftsleiters für die Neuerteilung einer Anerkennung maßgeblichen Gebühr nach Nummer 8.1
8.3	Bearbeitung der Anzeige	
8.3.1	einer Änderung der Satzung oder des Gesellschaftsvertrages (§ 16 Nr. 1 WKBG)	750 bis 5 000
8.3.2	der Einstellung des Geschäftsbetriebs (§ 16 Nr. 4 WKBG)	250
9.	**Individuell zurechenbare öffentliche Leistungen auf der Grundlage des Zahlungsdiensteaufsichtsgesetzes (ZAG) und der Zahlungsinstituts-Eigenkapitalverordnung (ZIEV)**	
9.1	Individuell zurechenbare öffentliche Leistungen auf der Grundlage des Zahlungsdiensteaufsichtsgesetzes (ZAG)	
9.1.1	Erteilung der Erlaubnis zur Erbringung von Zahlungsdiensten (§ 8 ZAG) und zum Betreiben des E-Geld-Geschäfts (§ 8a ZAG)	

→

Nr.	Gebührentatbestand	Gebühr in Euro
9.1.1.1	Erbringung von einzelnen, mehreren oder sämtlichen Zahlungsdiensten im Sinne von § 1 Absatz 2 Nummer 1 bis 6 ZAG	5 000 bis 12 000
9.1.1.2	E-Geld-Geschäft Erteilung der Erlaubnis zum Betreiben des E-Geld-Geschäfts im Sinne von § 1a Absatz 2 ZAG	5 000 bis 15 000
9.1.2	Erlaubniserweiterung Nachträgliche Erweiterung des Umfangs einer bestehenden Erlaubnis	
9.1.2.1	Erlaubniserweiterung, soweit sie sich nur auf die Erbringung von Zahlungsdiensten bezieht	2 720
9.1.2.2	Erlaubniserteilung oder Erlaubniserweiterung für das E-Geld-Geschäft im Sinne des § 1a Absatz 2 ZAG, sofern das Institut bereits im Besitz einer Erlaubnis ist, die sich auf die Erbringung von Zahlungsdiensten bezieht	5 170
9.1.2.3	Erlaubnis zur Erbringung von Zahlungsdiensten und/oder zum Betreiben des E-Geld-Geschäfts sowie Erlaubniserweiterung für eine Personenhandelsgesellschaft	
9.1.2.3.1	bei erstmaliger Erteilung der Erlaubnis oder Erlaubniserweiterung	Erlaubnisgebührenrahmen nach den Nummern 9.1.1.1 und 9.1.1.2, die bei mehreren persönlich haftenden Gesellschaftern nach dem Verhältnis ihrer jeweiligen Kapitaleinlagen zueinander aufgeteilt wird, mindestens jedoch 250 je persönlich haftendem Gesellschafter
9.1.2.3.2	Im Falle des Eintritts eines neuen persönlich haftenden Gesellschafters	400
9.1.3	Einschreiten gegen unerlaubte Zahlungsdienste und unerlaubtes E-Geld-Geschäft	
9.1.3.1	Anordnung der sofortigen Einstellung des Geschäftsbetriebs und/oder Anordnung der unverzüglichen Abwicklung der Geschäfte jeweils mit oder	2 110

→

Nr.	Gebührentatbestand	Gebühr in Euro
	ohne Erlass von Weisungen für die Abwicklung und/oder Bestellung eines Abwicklers (§ 4 Absatz 1 Satz 1 und/oder 2 ZAG; § 26 Absatz 3 oder 4 jeweils in Verbindung mit § 4 Absatz 1 Satz 1 und/oder 2 ZAG)	
9.1.3.2	Jeder Folgebescheid zu einem Verwaltungsakt im Sinne von Nummer 9.1.3.1, mit dem die unverzügliche Abwicklung der Geschäfte angeordnet wird und/oder Weisungen für die Abwicklung erlassen werden und/oder ein Abwickler bestellt wird (§ 4 Absatz 1 Satz 1 und/oder 2 ZAG; § 26 Absatz 3 oder 4 jeweils in Verbindung mit § 4 Absatz 1 Satz 1 und/oder 2 ZAG)	1 165
9.1.3.3	Verwaltungsakte im Zusammenhang mit der Anordnung der sofortigen Einstellung des Geschäftsbetriebs und/oder Anordnung der unverzüglichen Abwicklung der Geschäfte, jeweils mit oder ohne den Erlass von Weisungen für die Abwicklung und/oder Bestellung eines Abwicklers, gegenüber Einbezogenen, die eine zurechenbare Ursache für die Einbeziehung gesetzt haben (§ 4 Absatz 1 Satz 4 ZAG auch in Verbindung mit § 4 Absatz 1 und/oder 2 ZAG; § 26 Absatz 3 oder Absatz 4 jeweils in Verbindung mit § 4 Absatz 1 Satz 4, auch in Verbindung mit § 4 Absatz 1 und/oder 2 ZAG)	50 % der Gebühr nach Nummer 9.1.3.1
9.1.3.4	Jeder Folgebescheid zu einem Verwaltungsakt im Sinne von Nummer 9.1.3.3, mit dem gegenüber dem Einbezogenen, der eine zurechenbare Ursache für die Einbeziehung gesetzt hat, die unverzügliche Abwicklung der Geschäfte angeordnet wird und/oder Weisungen für die Abwicklung erlassen und/oder ein Abwickler bestellt wird (§ 4 Absatz 1 Satz 4 ZAG auch in Verbindung mit § 4 Absatz 1 und/oder 2 ZAG; § 26 Absatz 3 oder Absatz 4 jeweils in Verbindung mit § 4 Absatz 1 Satz 4, auch in Verbindung mit § 4 Absatz 1 und/oder 2 ZAG)	50 % der Gebühr nach Nummer 9.1.3.2
9.1.4	Maßnahmen nach Aufhebung und Erlöschen der Erlaubnis	
9.1.4.1	Anordnung der Abwicklung des Instituts, jeweils mit oder ohne Erlass von Weisungen für die Abwicklung und/oder Bestellung eines Abwicklers (§ 10 Abs. 3 Satz 1 ZAG, jeweils in Verbindung mit § 38 Abs. 1 Satz 1 und 2 KWG, § 38 Abs. 2 Satz 1 und 4 KWG)	2 000
9.1.4.2	Jeder Folgebescheid zu einem Verwaltungsakt im Sinne von Nummer 9.1.4.1, mit dem die Abwicklung des Instituts angeordnet wird und/oder Weisungen	1 000

→

Nr.	Gebührentatbestand	Gebühr in Euro
	für die Abwicklung erlassen werden und/oder ein Abwickler bestellt wird (§ 10 Abs. 3 Satz 1 ZAG, jeweils in Verbindung mit § 38 Abs. 1 Satz 1 und 2 KWG, § 38 Abs. 2 Satz 1 und 4 KWG)	
9.1.5	Individuell zurechenbare öffentliche Leistungen in Bezug auf den Erwerb bedeutender Beteiligungen (§ 11 Abs. 1 Satz 2 und 3 ZAG in Verbindung mit § 2c KWG)	
9.1.5.1	Untersagung des beabsichtigten Erwerbs einer bedeutenden Beteiligung oder ihrer Erhöhung (§ 11 Abs. 1 Satz 2 und 3 ZAG in Verbindung mit § 2c Abs. 1b Satz 1 KWG)	5 000
9.1.5.2	Untersagung der Ausübung von Stimmrechten; Anordnung, dass über die Anteile nur mit Zustimmung der Bundesanstalt verfügt werden darf (§ 11 Abs. 1 Satz 2 ZAG in Verbindung mit § 2c Abs. 2 Satz 1 KWG)	5 000
9.1.5.3	Beauftragung des Treuhänders mit der Veräußerung der Anteile, soweit sie eine bedeutende Beteiligung begründen (§ 11 Abs. 1 Satz 2 ZAG in Verbindung mit § 2c Absatz 2 Satz 4 KWG)	1 635
9.1.6	Eine oder mehrere Maßnahmen nach § 12 Abs. 2 ZAG	750
9.1.7	Maßnahmen gegen Geschäftsleiter (§ 15 Abs. 1 und 3 ZAG)	
9.1.7.1	Verlangen nach Abberufung	500
9.1.7.2	Untersagung der Ausübung ihrer Tätigkeit	250
9.1.8	Maßnahmen in besonderen Fällen (§ 16 ZAG)	
9.1.8.1	Eine oder mehrere Maßnahmen nach § 16 Abs. 1 ZAG	750
9.1.8.2	Eine oder mehrere Maßnahmen nach § 16 Abs. 2 ZAG	750
9.1.8.3	Eine oder mehrere Maßnahmen nach § 16 Abs. 3 ZAG	750
9.1.9	Untersagung der Einbindung von Agenten in das Zahlungsinstitut (§ 19 Abs. 3 ZAG)	250
9.1.10	Anordnung, die in § 22 Abs. 1 ZAG genannten Vorkehrungen zu treffen (§ 22 Abs. 4 ZAG)	750
9.2	Individuell zurechenbare öffentliche Leistungen auf der Grundlage der Zahlungsinstituts-Eigenkapitalverordnung (ZIEV)	
9.2.1	Bestimmung, dass die Berechnung des Eigenkapitals nach einer anderen Methode als nach der gewählten	760

→

Nr.	Gebührentatbestand	Gebühr in Euro
	zu erfolgen hat (§ 6 Absatz 1 ZIEV)	
9.2.2	Genehmigung des Antrages auf Anwendung einer bestimmten Berechnungsmethode außerhalb des Erlaubnisverfahrens (§ 6 Absatz 2 ZIEV)	760
10.	**Individuell zurechenbare öffentliche Leistungen auf der Grundlage der Verordnung (EU) Nr. 648/2012 des Europäischen Parlaments und des Rates vom 4. Juli 2012 über OTC-Derivate, zentrale Gegenparteien und Transaktionsregister (ABl. L 201 vom 27.7.2012, S. 1)**	
10.1	Zulassung zur Erbringung von Clearingdienstleistungen als zentrale Gegenpartei (Art. 14 der Verordnung (EU) Nr. 648/2012)	
10.1.1	Erteilung einer Zulassung zur Erbringung von Clearingdienstleistungen als zentrale Gegenpartei (Art. 14 Abs. 1 bis 3 der Verordnung (EU) Nr. 648/2012)	39 000
10.1.2	Nachträgliche Erweiterung des Umfangs einer bestehenden Zulassung (Art. 15 der Verordnung (EU) Nr. 648/2012)	50 % bis 100 % der Gebühr nach Nummer 10.1.1 unter Berücksichtigung des insgesamt bestehenden Zulassungsumfangs nach Erteilung der erweiterten Erlaubnis
10.2	Gruppeninterne Freistellungen nach Art. 4 Abs. 2 der Verordnung (EU) Nr. 648/2012	
10.2.1	Prüfung der Mitteilung über die Inanspruchnahme einer gruppeninternen Freistellung und Entscheidung über die Erhebung von Einwendungen (Art. 4 Abs. 2 Unterabs. 2 Buchstabe a Satz 3 der Verordnung (EU) Nr. 648/2012)	100 bis 300
10.2.2	Gestattung der Inanspruchnahme einer gruppeninternen Freistellung bei Bezug zu einem Drittstaat (Art. 4 Abs. 2 Unterabs. 2 Buchstabe b der Verordnung (EU) Nr. 648/2012)	100 bis 300
10.3	Ausnahmen von der Pflicht zur Einrichtung eines Risikomanagementverfahrens nach Art. 11 Abs. 3 der Verordnung (EU) Nr. 648/2012	

→

Nr.	Gebührentatbestand	Gebühr in Euro
10.3.1	Befreiung von der Pflicht zur Einrichtung eines Risikomanagementverfahrens bei finanziellen Gegenparteien aus verschiedenen Mitgliedstaaten (Art. 11 Abs. 6 der Verordnung (EU) Nr. 648/2012)	100 bis 500
10.3.2	Prüfung der Benachrichtigung über die Inanspruchnahme einer Befreiung von der Pflicht zur Einrichtung eines Risikomanagementverfahrens bei nichtfinanziellen Gegenparteien aus verschiedenen Mitgliedstaaten und Entscheidung über die Erhebung von Einwendungen (Art. 11 Abs. 7 Satz 3 der Verordnung (EU) Nr. 648/2012)	100 bis 500
10.3.3	Befreiung von der Pflicht zur Einrichtung eines Risikomanagementverfahrens bei finanziellen Gegenparteien bei Bezug zu einem Drittstaat (Art. 11 Abs. 8 der Verordnung (EU) Nr. 648/2012)	100 bis 500
10.3.4	Prüfung der Benachrichtigung über die Inanspruchnahme einer Befreiung von der Pflicht zur Einrichtung eines Risikomanagementverfahrens bei nichtfinanzieller Gegenpartei bei Bezug zu einem Drittstaat und Entscheidung über die Erhebung von Einwendungen (Art. 11 Abs. 9 Satz 3 der Verordnung (EU) Nr. 648/2012)	100 bis 500
10.3.5	Befreiung von der Pflicht zur Einrichtung eines Risikomanagementverfahrens bei Geschäften zwischen einer nichtfinanziellen und einer finanziellen Gegenpartei aus verschiedenen Mitgliedstaaten (Art. 11 Abs. 10 der Verordnung (EU) Nr. 648/2012)	100 bis 500

Anhang 1.6
Gesetz zur Reorganisation von Kreditinstituten
(Kreditinstitute-Reorganisationsgesetz – KredReorgG)[1]

vom 9. Dezember 2010 (BGBl. I S. 1900), geändert durch Artikel 2 des Gesetzes vom 22. Dezember 2011 (BGBl. I S. 3051)

Inhaltsübersicht

Abschnitt 1:
Allgemeine Bestimmungen

Grundsätze von Sanierungs- und Reorganisationsverfahren . . . . § 1

Abschnitt 2:
Sanierungsverfahren

Einleitung und Beantragung des Sanierungsverfahrens; Inhalt
des Sanierungsplans . . . . § 2
Anordnung des Sanierungsverfahrens; Bestellung des Sanierungsberaters . . . § 3
Rechtsstellung des Sanierungsberaters; Verordnungsermächtigung . . . . § 4
Gerichtliche Maßnahmen . . . . § 5
Umsetzung des Sanierungsplans; Aufhebung des Sanierungsverfahrens . . . . § 6

Abschnitt 3:
Reorganisationsverfahren

Einleitung, Beantragung und Anordnung des Reorganisationsverfahrens . . . . § 7
Inhalt des Reorganisationsplans . . . . § 8
Umwandlung von Forderungen in Eigenkapital . . . . § 9
Sonstige gesellschaftsrechtliche Regelungen . . . . § 10
Ausgliederung . . . . § 11
Eingriffe in Gläubigerrechte . . . . § 12
Beendigung von Schuldverhältnissen . . . . § 13
Anmeldung von Forderungen . . . . § 14
Prüfung und Feststellung der Forderungen . . . . § 15
Vorbereitung der Abstimmung über den Reorganisationsplan . . . . § 16
Abstimmung der Gläubiger . . . . § 17
Abstimmung der Anteilsinhaber . . . . § 18
Annahme des Reorganisationsplans . . . . § 19
Gerichtliche Bestätigung des Reorganisationsplans . . . . § 20

---

[1] Artikel 1 des Gesetzes zur Restrukturierung und geordneten Abwicklung von Kreditinstituten, zur Errichtung eines Restrukturierungsfonds für Kreditinstitute und zur Verlängerung der Verjährungsfrist der aktienrechtlichen Organhaftung (Restrukturierungsgesetz) vom 9. Dezember 2010 (BGBl. I S. 1900)

Allgemeine Wirkungen des Reorganisationsplans; Eintragung ins
Handelsregister .... § 21
Aufhebung des Reorganisationsverfahrens; Überwachung der
Planerfüllung .... § 22
Schutz von Finanzsicherheiten sowie von Zahlungs- und
Wertpapiersystemen... § 23

Abschnitt 1:
Allgemeine Bestimmungen

§ 1 Grundsätze von Sanierungs- und Reorganisationsverfahren

(1) Sanierungsverfahren und Reorganisationsverfahren dienen der Stabilisierung des Finanzmarktes durch Sanierung oder Reorganisation von Kreditinstituten im Sinne des § 1 Absatz 1 des Kreditwesengesetzes mit Sitz im Inland (Kreditinstitute). Das Reorganisationsverfahren setzt eine Gefährdung der Stabilität des Finanzsystems voraus.

(2) Für beide Verfahren gelten, soweit dieses Gesetz nichts anderes bestimmt, die Vorschriften der Zivilprozessordnung entsprechend.

(3) Die in den Verfahren getroffenen gerichtlichen Entscheidungen ergehen durch Beschluss und sind unanfechtbar. Das Gericht hat von Amts wegen alle Umstände zu ermitteln, die für die Verfahren von Bedeutung sind.

(4) Eine Haftung der Bundesanstalt für Finanzdienstleistungsaufsicht (Bundesanstalt) für Handlungen nach diesem Gesetz ist ausgeschlossen, wenn die gesetzlichen Voraussetzungen für die Zulässigkeit der Handlung nicht vorliegen, die Bundesanstalt aber bei verständiger Würdigung der für sie zum Zeitpunkt der Handlung erkennbaren Umstände annehmen darf, dass die Voraussetzungen vorliegen. Hat das betroffene Kreditinstitut diese Umstände nicht zu verantworten, steht ihm ein Anspruch auf Entschädigung zu. § 4 Absatz 4 des Finanzdienstleistungsaufsichtsgesetzes bleibt unberührt.

(5) Die Befugnisse der Bundesanstalt nach anderen Gesetzen bleiben unberührt.

Abschnitt 2:
Sanierungsverfahren

§ 2 Einleitung und Beantragung des Sanierungsverfahrens; Inhalt des Sanierungsplans

(1) Das Kreditinstitut leitet das Sanierungsverfahren durch Anzeige der Sanierungsbedürftigkeit bei der Bundesanstalt ein. Sanierungsbedürftigkeit liegt vor, wenn die Voraussetzungen des § 45 Absatz 1 Satz 1 und 2 des Kreditwesengesetzes erfüllt sind. Mit dieser Anzeige genügt das Institut auch seiner Pflicht nach § 46b Absatz 1 des Kreditwesengesetzes.

(2) Mit der Anzeige der Sanierungsbedürftigkeit legt das Kreditinstitut einen Sanierungsplan vor und schlägt einen geeigneten Sanierungsberater vor. Der Sanierungsplan kann alle Maßnahmen enthalten, die geeignet sind, ohne einen Eingriff in Drittrechte eine Sanierung des Kreditinstituts zu erreichen. Im Sanierungsplan kann

vorgesehen werden, dass die Insolvenzgläubiger in einem anschließenden Insolvenzverfahren, das innerhalb von drei Jahren nach Anordnung der Durchführung eröffnet wird, nachrangig sind gegenüber Gläubigern mit Forderungen aus Darlehen und sonstigen Krediten, die das Kreditinstitut in Umsetzung des Sanierungsplans aufnimmt. In diesem Fall ist zugleich ein Gesamtbetrag für derartige Kredite festzulegen (Kreditrahmen). Dieser darf 10 Prozent der Eigenmittel nicht übersteigen. § 264 Absatz 2 der Insolvenzordnung ist entsprechend anzuwenden mit der Maßgabe, dass an die Stelle des Insolvenzverwalters der Sanierungsberater tritt.

(3) Die Bundesanstalt stellt unverzüglich einen Antrag auf Durchführung des Sanierungsverfahrens, wenn sie dies für zweckmäßig hält. Über den Antrag entscheidet das Oberlandesgericht, das für Klagen gegen die Bundesanstalt zuständig ist, unter Berücksichtigung der besonderen Eilbedürftigkeit. Die Bundesanstalt übersendet dem Oberlandesgericht den Sanierungsplan mit einer Stellungnahme, die insbesondere Aussagen zu den Aussichten einer Sanierung auf der Grundlage des Sanierungsplans sowie zur Eignung des vorgeschlagenen Sanierungsberaters enthält. Die Bundesanstalt kann dem Oberlandesgericht nach Anhörung des Kreditinstituts einen anderen Sanierungsberater vorschlagen, wenn sie den vom Kreditinstitut vorgeschlagenen Sanierungsberater für ungeeignet hält.

(4) Sofern die Bundesanstalt keine abweichende Bestimmung trifft, gilt der Antrag als zurückgenommen, wenn eine Maßnahme nach den §§ 45c, 46, 46b oder den §§ 48a bis 48m des Kreditwesengesetzes angeordnet wird. Die Bundesanstalt zeigt dem Oberlandesgericht die Anordnung in diesen Fällen an.

(5) Die Bundesanstalt trifft die Entscheidungen über Maßnahmen nach Absatz 3 im Benehmen mit der Bundesanstalt für Finanzmarktstabilisierung, sofern ein Kreditinstitut betroffen ist, dem Maßnahmen nach dem Finanzmarktstabilisierungsfondsgesetz gewährt wurden. Die Bundesanstalt ist berechtigt, der Bundesanstalt für Finanzmarktstabilisierung die für die Entscheidung erforderlichen Informationen zur Verfügung zu stellen.

§ 3 Anordnung des Sanierungsverfahrens; Bestellung des Sanierungsberaters

(1) Wenn der Antrag zulässig und der Sanierungsplan nicht offensichtlich ungeeignet ist, ordnet das Oberlandesgericht die Durchführung des Sanierungsverfahrens an. Zugleich bestellt das Oberlandesgericht den vorgeschlagenen Sanierungsberater, sofern dieser nicht offensichtlich ungeeignet ist. Die Mitwirkung an der Erstellung des Sanierungsplans ist kein Kriterium für eine mangelnde Eignung. Bei offensichtlich fehlender Eignung ernennt das Oberlandesgericht nach Anhörung des Kreditinstituts und der Bundesanstalt einen anderen Sanierungsberater.

(2) Mit der Anordnung nach Absatz 1 treten die Wirkungen des § 2 Absatz 2 Satz 3 ein; bei Rechtshandlungen nach dieser Vorschrift wird vermutet, dass sie nicht mit dem Vorsatz vorgenommen werden, die anderen Gläubiger zu benachteiligen. Ein Insolvenzgläubiger kann nach Eröffnung eines Insolvenzverfahrens Klage vor dem Prozessgericht gegen einen vorrangigen Insolvenzgläubiger auf Feststellung erheben, dass die Voraussetzungen für die Einleitung des Sanierungsverfahrens nicht gegeben waren oder der Kreditrahmen nicht den gesetzlichen Anforderungen entsprochen hat.

(3) Zum Sanierungsberater kann auch das Mitglied eines Organs oder ein sonstiger Angehöriger des Kreditinstituts bestellt werden. Wird eine solche Person zum Sanierungsberater bestellt, kann das Oberlandesgericht auf Antrag der Bundesanstalt an deren Stelle einen anderen Sanierungsberater bestellen, ohne dass ein wichtiger Grund gegeben sein muss.

(4) Auf das weitere Verfahren vor dem Oberlandesgericht sind, soweit sich keine Abweichungen aus den Vorschriften dieses Gesetzes ergeben, die im ersten Rechtszug für das Verfahren vor den Landgerichten geltenden Vorschriften der Zivilprozessordnung mit Ausnahme der §§ 348 bis 350 entsprechend anzuwenden.

§ 4 Rechtsstellung des Sanierungsberaters; Verordnungsermächtigung

(1) Der Sanierungsberater ist berechtigt,
1. die Geschäftsräume des Kreditinstituts zu betreten und dort Nachforschungen anzustellen,
2. Einsicht in Bücher und Geschäftspapiere des Kreditinstituts zu nehmen und die Vorlage von Unterlagen sowie die Erteilung aller erforderlichen Auskünfte zu verlangen,
3. an allen Sitzungen und Versammlungen sämtlicher Organe und sonstiger Gremien des Kreditinstituts in beratender Funktion teilzunehmen,
4. Anweisungen für die Geschäftsführung des Kreditinstituts zu erteilen,
5. eigenständige Prüfungen zur Feststellung von Schadensersatzansprüchen gegen Organmitglieder oder ehemalige Organmitglieder des Kreditinstituts durchzuführen oder Sonderprüfungen zu veranlassen und
6. die Einhaltung bereits getroffener Auflagen nach dem Finanzmarktstabilisierungsfondsgesetz zu überwachen.

(2) Der Sanierungsberater steht unter der Aufsicht des Oberlandesgerichts. Sowohl das Oberlandesgericht als auch die Bundesanstalt können jederzeit einzelne Auskünfte oder einen Bericht über den Sachstand und über die Geschäftsführung von ihm verlangen. Das Oberlandesgericht kann den Sanierungsberater aus wichtigem Grund aus dem Amt entlassen. Die Entlassung kann von Amts wegen oder auf Antrag der Bundesanstalt erfolgen. Vor der Entscheidung ist der Sanierungsberater zu hören. Sofern ein Kreditinstitut betroffen ist, dem Maßnahmen nach dem Finanzmarktstabilisierungsfondsgesetz gewährt wurden, kann auch die Bundesanstalt für Finanzmarktstabilisierung die in Satz 2 genannten Auskünfte oder Berichte verlangen, und das Oberlandesgericht hat sie vor seiner Entscheidung zu hören.

(3) Der Sanierungsberater ist allen Beteiligten zum Schadenersatz verpflichtet, wenn er schuldhaft die Pflichten verletzt, die ihm nach diesem Gesetz obliegen.

(4) Der Sanierungsberater hat Anspruch gegen das Kreditinstitut auf Vergütung und auf Erstattung angemessener Auslagen. Das Oberlandesgericht setzt die Höhe der Vergütung und der notwendigen Auslagen auf Antrag des Sanierungsberaters nach Anhörung des Kreditinstituts durch unanfechtbaren Beschluss fest. Das Bundesministerium der Justiz wird ermächtigt, die Vergütung und die Erstattung der Auslagen des Sanierungsberaters durch Rechtsverordnung ohne Zustimmung des Bundesrates näher zu regeln.

§ 5 Gerichtliche Maßnahmen

(1) Das Oberlandesgericht kann auf Vorschlag der Bundesanstalt, der zu begründen ist, weitere Maßnahmen ergreifen, wenn dies zur Sanierung des Kreditinstituts erforderlich ist und wenn die Gefahr besteht, dass das Kreditinstitut seine Verpflichtungen gegenüber den Gläubigern nicht erfüllen kann. Es kann insbesondere
1. den Mitgliedern der Geschäftsleitung und den Inhabern die Ausübung ihrer Tätigkeit untersagen oder diese beschränken,
2. anordnen, den Sanierungsberater in die Geschäftsleitung aufzunehmen,
3. Entnahmen durch die Inhaber oder Gesellschafter sowie die Ausschüttung von Gewinnen untersagen oder beschränken,
4. die bestehenden Vergütungs- und Bonusregelungen der Geschäftsleitung auf ihre Anreizwirkung und ihre Angemessenheit hin überprüfen und gegebenenfalls eine Anpassung für die Zukunft vornehmen sowie Zahlungsverbote bezüglich nicht geschuldeter Leistungen aussprechen und
5. die Zustimmung des Aufsichtsorgans ersetzen.

(2) Das Oberlandesgericht kann eine Entscheidung über weitere Maßnahmen nach Absatz 1 zeitgleich mit der Bestellung nach § 3 oder nachträglich treffen und von Amts wegen mit Wirkung für die Zukunft ändern. Zuvor gibt es dem Kreditinstitut und den von einer Maßnahme nach Absatz 1 unmittelbar rechtlich Betroffenen Gelegenheit zur Stellungnahme. Wenn dies aufgrund besonderer Umstände ausnahmsweise nicht möglich ist, gibt das Oberlandesgericht ihnen unverzüglich nachträglich Gelegenheit zur Stellungnahme. Das Oberlandesgericht überprüft in diesem Fall die getroffene Entscheidung unter Berücksichtigung der eingegangenen Stellungnahmen; besteht danach kein Grund für eine Abänderung, teilt es dies den Beteiligten formlos mit.

§ 6 Umsetzung des Sanierungsplans; Aufhebung des Sanierungsverfahrens

(1) Der Sanierungsberater setzt den Sanierungsplan um. Er kann im Einvernehmen mit der Bundesanstalt und dem Oberlandesgericht Änderungen des Sanierungsplans vornehmen; dies gilt nicht für Regelungen nach § 2 Absatz 2 Satz 3.

(2) Der Sanierungsberater berichtet dem Oberlandesgericht und der Bundesanstalt regelmäßig über den Stand der Sanierung. Sofern ein Kreditinstitut betroffen ist, dem Maßnahmen nach dem Finanzmarktstabilisierungsfondsgesetz gewährt wurden, berichtet er zugleich der Bundesanstalt für Finanzmarktstabilisierung.

(3) Bevor der Sanierungsberater dem Oberlandesgericht die Beendigung des Sanierungsverfahrens anzeigt, hat er die Bundesanstalt davon zu unterrichten. Das Oberlandesgericht beschließt die Aufhebung des Sanierungsverfahrens. Sofern ein Reorganisationsverfahren eingeleitet werden soll, verbindet es die Aufhebung des Sanierungsverfahrens mit der Entscheidung über den Antrag auf Durchführung des Reorganisationsverfahrens.

Abschnitt 3:
Reorganisationsverfahren

§ 7 Einleitung, Beantragung und Anordnung des Reorganisationsverfahrens

(1) Hält das Kreditinstitut ein Sanierungsverfahren für aussichtslos, kann es sogleich ein Reorganisationsverfahren durch Anzeige bei der Bundesanstalt unter Vorlage eines Reorganisationsplans einleiten. Soll nach Scheitern eines Sanierungsverfahrens ein Reorganisationsverfahren durchgeführt werden, erfolgt die Anzeige mit Zustimmung des Kreditinstituts bei der Bundesanstalt unter Vorlage des Reorganisationsplans durch den Sanierungsberater.

(2) Nach der Anzeige durch das Kreditinstitut kann die Bundesanstalt einen Antrag auf Durchführung des Reorganisationsverfahrens stellen, wenn eine Bestandsgefährdung des Kreditinstituts nach § 48b Absatz 1 des Kreditwesengesetzes vorliegt, die zu einer Systemgefährdung nach § 48b Absatz 2 des Kreditwesengesetzes führt.

(3) Das Oberlandesgericht weist den Reorganisationsplan und den Antrag auf Durchführung des Reorganisationsverfahrens zurück, wenn die Vorschriften über den Inhalt des Reorganisationsplans nicht beachtet sind und der Mangel nicht innerhalb einer angemessenen, vom Oberlandesgericht gesetzten Frist behoben wird. Vor der Zurückweisung gibt das Oberlandesgericht dem Kreditinstitut und der Bundesanstalt Gelegenheit zur Stellungnahme.

(4) Wird der Antrag nicht nach Absatz 3 zurückgewiesen, entscheidet das Oberlandesgericht nach Anhörung der Bundesanstalt, der Deutschen Bundesbank und des Kreditinstituts, ob die Voraussetzungen nach Absatz 2 vorliegen. Dieser Beschluss ist

mit der Entscheidung über den Antrag auf Durchführung des Reorganisationsverfahrens zu verbinden.

(5) Soweit für das Reorganisationsverfahren nichts anderes bestimmt ist, gelten die Vorschriften über das Sanierungsverfahren entsprechend. § 46d Absatz 1 bis 4 des Kreditwesengesetzes gilt entsprechend. Für Kreditinstitute, die in anderer Rechtsform als einer Aktiengesellschaft verfasst sind, gelten die folgenden Vorschriften sinngemäß.

§ 8 Inhalt des Reorganisationsplans

(1) Der Reorganisationsplan besteht aus einem darstellenden und einem gestaltenden Teil. Im darstellenden Teil wird beschrieben, welche Regelungen getroffen werden sollen, um die Grundlagen für die Gestaltung der Rechte der Betroffenen zu schaffen. Im gestaltenden Teil wird festgelegt, wie die Rechtsstellung der Beteiligten durch den Reorganisationsplan geändert werden soll; er kann auch Regelungen nach § 2 Absatz 2 Satz 3 enthalten. In dem Reorganisationsplan kann auch die Liquidation des Kreditinstituts vorgesehen werden. Soweit der Reorganisationsplan eintragungspflichtige gesellschaftsrechtliche Maßnahmen enthält, sind diese gesondert aufzuführen.

(2) Im Reorganisationsplan sind Gruppen für die Abstimmung nach den §§ 17 und 18 zu bilden, sofern in die Rechte von Beteiligten eingegriffen wird. Beteiligte mit unterschiedlicher Rechtsstellung bilden jeweils eigene Gruppen. Aus den Beteiligten mit gleicher Rechtsstellung können Gruppen gebildet werden, in denen Beteiligte mit gleichartigen wirtschaftlichen Interessen zusammengefasst werden. Die Anteilsinhaber bilden nur dann eine eigene Gruppe, wenn im Reorganisationsplan Regelungen vorgesehen sind, für die nach den gesellschaftsrechtlichen Bestimmungen ein Beschluss der Hauptversammlung erforderlich oder in diesem Gesetz vorgesehen ist.

(3) Der Reorganisationsplan kann in die Rechte der Gläubiger und in die Stellung der Anteilsinhaber nach Maßgabe der §§ 9 bis 12 eingreifen.

§ 9 Umwandlung von Forderungen in Eigenkapital

(1) Im gestaltenden Teil des Reorganisationsplans kann vorgesehen werden, dass Forderungen von Gläubigern in Anteile am Kreditinstitut umgewandelt werden. Eine Umwandlung gegen den Willen der betroffenen Gläubiger ist ausgeschlossen. Insbesondere kann der Reorganisationsplan eine Kapitalherabsetzung oder -erhöhung, die Leistung von Sacheinlagen oder den Ausschluss von Bezugsrechten vorsehen. Zugunsten der in Satz 1 genannten Gläubiger ist § 39 Absatz 4 Satz 2 und Absatz 5 der Insolvenzordnung entsprechend anzuwenden.

(2) Für eine Maßnahme im Sinne des Absatzes 1 hat das Kreditinstitut den bisherigen Anteilsinhabern eine angemessene Entschädigung zu leisten. Die Angemessenheit der Entschädigung ist durch einen oder mehrere sachverständige Prüfer festzustellen. Diese werden auf Antrag des Reorganisationsberaters vom Oberlandesgericht ausgewählt und bestellt.

(3) Rechtshandlungen, die im Zusammenhang mit einer Kapitalmaßnahme nach Absatz 1 stehen, können nicht nach den Bestimmungen der Insolvenzordnung und des Anfechtungsgesetzes angefochten werden zu Lasten
1. des Finanzmarktstabilisierungsfonds,
2. des Bundes und der Länder,
3. der vom Finanzmarktstabilisierungsfonds und dem Bund errichteten Körperschaften, Anstalten und Sondervermögen sowie
4. der dem Finanzmarktstabilisierungsfonds und dem Bund nahestehenden Personen oder sonstigen von ihnen mittelbar oder unmittelbar abhängigen Unternehmen.

§ 10 Sonstige gesellschaftsrechtliche Regelungen

In dem gestaltenden Teil des Reorganisationsplans können alle nach dem Gesellschaftsrecht zulässigen Regelungen getroffen werden, die geeignet sind, die Reorganisation des Kreditinstituts zu fördern. Dies gilt insbesondere für Satzungsänderungen und die Übertragung von Anteils- und Mitgliedschaftsrechten des Kreditinstituts an anderen Gesellschaften. § 9 Absatz 1 Satz 4, Absatz 2 und 3 gilt entsprechend.

§ 11 Ausgliederung

(1) Im gestaltenden Teil des Reorganisationsplans kann festgelegt werden, dass das Kreditinstitut sein Vermögen ganz oder in Teilen ausgliedert und auf einen bestehenden oder zu gründenden Rechtsträger gegen Gewährung von Anteilen dieses Rechtsträgers an das Kreditinstitut überträgt. Der gestaltende Teil des Reorganisationsplans kann auch festlegen, dass einzelne Vermögensgegenstände, Verbindlichkeiten oder Rechtsverhältnisse auf das übertragende Kreditinstitut zurückübertragen werden. Der Reorganisationsplan hat mindestens die in § 48e Absatz 1 Nummer 1 bis 4 des Kreditwesengesetzes genannten Angaben sowie Angaben über die Folgen der Ausgliederung für die Arbeitnehmer und ihre Vertretungen sowie die insoweit vorgesehenen Maßnahmen zu enthalten. § 48k Absatz 2 Satz 3 des Kreditwesengesetzes gilt entsprechend.

(2) Sieht der Reorganisationsplan eine Ausgliederung zur Aufnahme vor, so darf er durch das Oberlandesgericht nur bestätigt werden, wenn eine notariell beurkundete Zustimmungserklärung des übernehmenden Rechtsträgers vorliegt. Im Übrigen gelten § 48c Absatz 5 und § 48f Absatz 2 und 3 Satz 2 sowie Absatz 4 des Kreditwesengesetzes sowie § 21 Absatz 3 für die Zuleitung an das Registergericht des übernehmenden Rechtsträgers entsprechend.

(3) Ist im Reorganisationsplan eine Ausgliederung zur Neugründung vorgesehen, so muss die in den Reorganisationsplan aufzunehmende Satzung des neuen Rechtsträgers der Satzung des Kreditinstituts nachgebildet werden. Die für die Rechtsform des neuen Rechtsträgers geltenden Gründungsvorschriften sind anzuwenden; § 21 Absatz 1 Satz 2 und 3 bleibt unberührt. Eine Schlussbilanz entsprechend § 48f Absatz 2 Satz 1 des Kreditwesengesetzes ist beizufügen; § 21 Absatz 3 gilt für die Zuleitung an das Registergericht des neuen Rechtsträgers entsprechend.

(4) Für Verbindlichkeiten des ausgliedernden Kreditinstituts, die vor Wirksamwerden der Ausgliederung begründet worden sind, haften als Gesamtschuldner das ausgliedernde Kreditinstitut und der übernehmende Rechtsträger, im Falle einer Ausgliederung zur Neugründung das ausgliedernde Kreditinstitut und der neue Rechtsträger. Die gesamtschuldnerische Haftung des übernehmenden oder des neuen Rechtsträgers ist auf den Betrag beschränkt, den die Gläubiger ohne eine Ausgliederung erhalten hätten. Die Forderungen der Gläubiger, die vom Reorganisationsplan erfasst werden, bestimmen sich ausschließlich nach den Festlegungen dieses Plans. § 48h Absatz 2 des Kreditwesengesetzes gilt entsprechend.

§ 12 Eingriffe in Gläubigerrechte

(1) Im gestaltenden Teil des Reorganisationsplans ist anzugeben, um welchen Bruchteil die Forderungen von Gläubigern gekürzt, für welchen Zeitraum sie gestundet, wie sie gesichert oder welchen sonstigen Regelungen sie unterworfen werden sollen.

(2) Ein Eingriff in eine Forderung, für die im Entschädigungsfall dem Gläubiger ein Entschädigungsanspruch gegen eine Sicherungseinrichtung im Sinne des § 23a des

Kreditwesengesetzes zusteht, ist ausgeschlossen. Dies gilt auch für Forderungen, die über eine freiwillige Einlagensicherung abgedeckt sind.

(3) Ein Eingriff in Forderungen von Arbeitnehmern auf Arbeitsentgelt und von Versorgungsberechtigten auf betriebliche Altersversorgung ist ausgeschlossen.

§ 13 Beendigung von Schuldverhältnissen

Schuldverhältnisse mit dem Kreditinstitut können ab dem Tag der Anzeige nach § 7 Absatz 1 bis zum Ablauf des folgenden Geschäftstages im Sinne des § 1 Absatz 16b des Kreditwesengesetzes nicht beendet werden. Eine Kündigung gegenüber dem Kreditinstitut ist in diesem Zeitraum ausgeschlossen. Die Wirkung sonstiger in diesem Zeitraum eintretender Beendigungstatbestände ist bis zu seinem Ablauf aufgeschoben. Abweichende Vereinbarungen sind unwirksam. Dies gilt nicht für Gläubiger von Forderungen aus Schuldverhältnissen nach § 12 Absatz 2.

§ 14 Anmeldung von Forderungen

(1) Gläubiger, in deren Rechte nach § 12 eingegriffen wird, fordert der Reorganisationsberater auf, ihre Forderungen innerhalb einer von ihm gesetzten Frist, die mindestens drei Wochen beträgt, bei ihm anzumelden. Die Aufforderung ist mit der Ladung nach § 17 Absatz 3 zu verbinden. In der Anmeldung sind der Grund und der Betrag der Forderung anzugeben; die Urkunden, aus denen sich die Forderung ergibt, sind auf Verlangen vorzulegen. § 46f des Kreditwesengesetzes gilt entsprechend mit der Maßgabe, dass an die Stelle der Geschäftsstelle des Insolvenzgerichts der Reorganisationsberater tritt.

(2) Der Reorganisationsberater hat jede nach Maßgabe des Absatzes 1 angemeldete Forderung mit den dort genannten Angaben in eine Tabelle einzutragen.

§ 15 Prüfung und Feststellung der Forderungen

(1) Zur Feststellung des Stimmrechts werden im Abstimmungstermin die fristgemäß angemeldeten Forderungen nach ihrem Betrag geprüft. Maßgeblich für das Stimmrecht ist die Höhe des Betrages im Zeitpunkt der Prüfung der jeweiligen Forderung. Werden Forderungen vom Reorganisationsberater bestritten, sind diese einzeln zu erörtern.

(2) Wurde eine nicht rechtskräftig titulierte Forderung von dem Reorganisationsberater bestritten, so kann der Gläubiger gegen ihn auf dem Zivilrechtsweg die Feststellung zur Tabelle betreiben. Weist der Gläubiger nach Abschluss dieses Verfahrens nach, dass die Abstimmung zu seiner Besserstellung im Reorganisationsplan geführt hätte, so steht ihm gegen das Kreditinstitut ein Ausgleichsanspruch zu.

§ 16 Vorbereitung der Abstimmung über den Reorganisationsplan

Ordnet das Oberlandesgericht die Durchführung des Reorganisationsverfahrens an, legt es die abstimmungserheblichen Inhalte des Reorganisationsplans in der Geschäftsstelle zur Einsicht für die Beteiligten aus und bestimmt einen Termin, in dem der Reorganisationsplan und das Stimmrecht der Gläubiger erörtert werden und über den Reorganisationsplan abgestimmt wird. Der Termin ist innerhalb eines Monats nach der Anordnung der Durchführung des Reorganisationsverfahrens anzusetzen. Zugleich bestimmt das Oberlandesgericht einen Termin für die Hauptversammlung der Anteilsinhaber zur Abstimmung nach § 18; dieser Termin soll vor dem Erörterungs- und Abstimmungstermin der Gläubiger nach Satz 1 stattfinden.

§ 17 Abstimmung der Gläubiger

(1) Jede Gruppe der stimmberechtigten Gläubiger stimmt gesondert über den Reorganisationsplan ab.
(2) Die Einberufung zu dem Termin erfolgt auf Veranlassung des Reorganisationsberaters durch öffentliche Bekanntmachung im Bundesanzeiger. Die Einberufung muss spätestens am 21. Tag vor dem Termin erfolgen. Das Kreditinstitut hat vom Tag der öffentlichen Bekanntmachung nach Satz 1 bis zum Abschluss der Abstimmung folgende Informationen über seine Internetseite zugänglich zu machen:
1. die Einberufung,
2. die genauen Bedingungen, von denen die Teilnahme an der Abstimmung und die Ausübung des Stimmrechts abhängen und
3. die abstimmungserheblichen Inhalte des Reorganisationsplans.

Die öffentliche Bekanntmachung enthält die genaue Angabe zu Ort und Zeit des Termins sowie einen Hinweis auf die Internetseite, auf der die in Satz 3 genannten Informationen abrufbar sind.
(3) Neben der Einberufung nach Absatz 2 sind zu dem Termin alle Gläubiger, in deren Rechte nach § 12 eingegriffen wird, durch den Reorganisationsberater zu laden. In der Ladung ist darauf hinzuweisen, dass die in Absatz 2 Satz 3 genannten Informationen auf der Internetseite des Kreditinstituts abrufbar sind.
(4) Die Ladung ist zuzustellen. Die Zustellung kann durch Aufgabe zur Post unter der Anschrift des Zustellungsadressaten erfolgen; § 184 Absatz 2 Satz 1, 2 und 4 der Zivilprozessordnung gilt entsprechend. Soll die Ladung im Inland bewirkt werden, gilt sie drei Tage nach Aufgabe zur Post als zugestellt. Das Oberlandesgericht beauftragt den Reorganisationsberater mit der Durchführung der Ladung. Er kann sich hierfür Dritter, insbesondere auch eigenen Personals, bedienen. Die von ihm nach § 184 Absatz 2 Satz 4 der Zivilprozessordnung gefertigten Vermerke hat er unverzüglich zu den Gerichtsakten zu reichen.

§ 18 Abstimmung der Anteilsinhaber

(1) Die Anteilsinhaber stimmen gesondert im Rahmen einer Hauptversammlung über den Reorganisationsplan ab.
(2) Die Hauptversammlung wird durch den Reorganisationsberater einberufen. Die Einberufung zur Hauptversammlung muss spätestens am 21. Tag vor der Hauptversammlung erfolgen. § 121 Absatz 3 bis 7, § 123 Absatz 1 Satz 2, Absatz 2 und 3 und die §§ 124 bis 125 des Aktiengesetzes sind anzuwenden.
(3) Der Beschluss über die Annahme des Reorganisationsplans bedarf der Mehrheit der abgegebenen Stimmen. Wird das Bezugsrecht ganz oder teilweise in einem Beschluss über die Erhöhung des Grundkapitals ausgeschlossen oder wird das Grundkapital herabgesetzt, bedarf der Beschluss einer Mehrheit, die mindestens zwei Drittel der abgegebenen Stimmen oder des vertretenen Grundkapitals umfasst. Die einfache Mehrheit reicht, wenn die Hälfte des Grundkapitals vertreten ist. § 134 Absatz 1 bis 3 des Aktiengesetzes gilt entsprechend. Abweichende Satzungsbestimmungen sind unbeachtlich.
(4) Anteilsinhaber können gegen den Beschluss Widerspruch zur Niederschrift erklären. Wird der Reorganisationsplan nicht angenommen, kann sich an dem Bestätigungsverfahren nach § 20 Absatz 5 nur beteiligen, wer seine ablehnende Stimme zur Niederschrift hat festhalten lassen.

(5) Gegen den Beschluss der Hauptversammlung ist die Anfechtungsklage statthaft. Über Anfechtungsklagen entscheidet ausschließlich das Landgericht, das für Klagen gegen die Bundesanstalt zuständig ist. § 246a des Aktiengesetzes ist entsprechend anzuwenden mit der Maßgabe, dass der Antrag bei dem nach § 2 Absatz 3 Satz 2 zuständigen Oberlandesgericht durch den Reorganisationsberater zu stellen ist.

§ 19 Annahme des Reorganisationsplans

(1) Zur Annahme des Reorganisationsplans müssen alle Gruppen dem Reorganisationsplan zustimmen. Hierfür ist erforderlich, dass
1. die Gruppe der Anteilsinhaber nach Maßgabe des § 18 Absatz 3 zustimmt und
2. in jeder Gruppe der Gläubiger die Mehrheit der abstimmenden Gläubiger dem Reorganisationsplan zustimmen und
3. in jeder Gruppe der Gläubiger die Summe der Ansprüche der zustimmenden Gläubiger mehr als die Hälfte der Summe der Ansprüche der abstimmenden Gläubiger beträgt.

In dem Erörterungs- und Abstimmungstermin der Gläubiger teilt der Reorganisationsberater den Beschluss der Hauptversammlung nach § 18 mit.

(2) Auch wenn die erforderlichen Mehrheiten in einer Gläubigergruppe nicht erreicht sind, gilt ihre Zustimmung als erteilt, wenn
1. die Gläubiger dieser Gruppe durch den Reorganisationsplan voraussichtlich nicht schlechter gestellt werden, als sie ohne einen Reorganisationsplan stünden und
2. die Gläubiger dieser Gruppe angemessen an dem wirtschaftlichen Wert beteiligt werden, der auf der Grundlage des Reorganisationsplans allen Beteiligten zufließen soll und
3. die Mehrheit der abstimmenden Gruppen dem Reorganisationsplan mit den jeweils erforderlichen Mehrheiten zugestimmt hat.

(3) Eine angemessene Beteiligung im Sinne des Absatzes 2 Nummer 2 liegt vor, wenn nach dem Reorganisationsplan
1. kein anderer Gläubiger wirtschaftliche Werte erhält, die den vollen Betrag seines Anspruchs übersteigen und
2. weder ein Gläubiger, der ohne einen Reorganisationsplan mit Nachrang gegenüber den Gläubigern der Gruppe zu befriedigen wäre, noch das Kreditinstitut oder eine an ihm beteiligte Person einen wirtschaftlichen Wert erhält und
3. kein Gläubiger, der ohne einen Reorganisationsplan gleichrangig mit den Gläubigern der Gruppe zu befriedigen wäre, besser gestellt wird als diese Gläubiger.

(4) Falls die Zustimmung der Anteilsinhaber verweigert wurde, gilt sie als erteilt, wenn
1. die Mehrheit der abstimmenden Gruppen dem Reorganisationsplan mit den jeweils erforderlichen Mehrheiten zugestimmt hat und
2. die im Reorganisationsplan vorgesehenen Maßnahmen nach den §§ 9 bis 11 dazu dienen, erhebliche negative Folgeeffekte bei anderen Unternehmen des Finanzsektors infolge der Bestandsgefährdung des Kreditinstituts und eine Instabilität des Finanzsystems zu verhindern und wenn diese Maßnahmen hierzu geeignet, erforderlich und angemessen sind; wenn die Anteilsinhaber ein alternatives Konzept vorgelegt haben, ist auch dieses zu berücksichtigen.

(5) Der Reorganisationsberater unterrichtet die Anteilsinhaber, wenn ihre Zustimmung nach Absatz 4 ersetzt werden soll, über die Internetseite des Kreditinstituts.

§ 20 Gerichtliche Bestätigung des Reorganisationsplans

(1) Nach der Annahme des Reorganisationsplans durch die Beteiligten bedarf der Reorganisationsplan der Bestätigung durch das Oberlandesgericht. Die Bestätigung oder deren Versagung erfolgt durch Beschluss, der in einem besonderen Termin zu verkünden ist. Dieser soll spätestens einen Monat nach der Annahme des Reorganisationsplans stattfinden.

(2) Die Bestätigung ist von Amts wegen zu versagen,
1. wenn die Vorschriften über den Inhalt und die verfahrensmäßige Behandlung des Reorganisationsplans sowie über die Annahme durch die Beteiligten in einem wesentlichen Punkt nicht beachtet worden sind und der Mangel nicht behoben werden kann oder
2. wenn die Annahme des Reorganisationsplans unlauter, insbesondere durch Begünstigung eines Beteiligten, herbeigeführt worden ist oder
3. wenn die erforderlichen Mehrheiten nicht erreicht wurden und die Voraussetzungen für die Ersetzung der Zustimmung nach § 19 Absatz 2 oder 4 nicht vorliegen.

(3) Auf Antrag eines Gläubigers ist die Bestätigung des Reorganisationsplans zu versagen, wenn der Gläubiger
1. dem Reorganisationsplan spätestens im Abstimmungstermin schriftlich widersprochen hat und
2. durch den Reorganisationsplan voraussichtlich schlechter gestellt wird, als er ohne einen Reorganisationsplan stünde.

(4) Der Antrag nach Absatz 3 ist nur zulässig, wenn der Gläubiger glaubhaft macht, dass die Voraussetzungen des Absatzes 3 vorliegen und wenn der Reorganisationsberater keine Sicherheit leistet. Leistet der Reorganisationsberater Sicherheit, so kann der Gläubiger nur außerhalb des Reorganisationsverfahrens Klage auf angemessene Beteiligung gegenüber dem Reorganisationsberater erheben.

(5) Soll die Zustimmung der Anteilsinhaber nach § 19 Absatz 4 ersetzt werden, so ist den Anteilsinhabern Gelegenheit zur Stellungnahme zu geben, die ihre ablehnende Stimmabgabe zur Niederschrift der Hauptversammlung haben festhalten lassen.

§ 21 Allgemeine Wirkungen des Reorganisationsplans; Eintragung ins Handelsregister

(1) Mit der gerichtlichen Bestätigung des Reorganisationsplans treten die Wirkungen der im gestaltenden Teil festgelegten Regelungen einschließlich der Wirkungen des § 2 Absatz 2 Satz 3 für und gegen die Planbeteiligten ein. Soweit Rechte an Gegenständen begründet, geändert, übertragen, aufgehoben oder gesellschaftsrechtliche Maßnahmen insbesondere nach den §§ 9 bis 11 durchgeführt werden sollen, gelten die in den Reorganisationsplan aufgenommenen Willenserklärungen der Beteiligten als in der vorgeschriebenen Form abgegeben. Entsprechendes gilt für die in den Reorganisationsplan aufgenommenen Verpflichtungserklärungen, die einer Maßnahme nach Satz 2 zugrunde liegen.

(2) Werden Forderungen von Gläubigern in Anteile am Kreditinstitut umgewandelt, kann das Kreditinstitut nach der gerichtlichen Bestätigung keine Ansprüche wegen einer Überbewertung der umgewandelten Forderungen im Reorganisationsplan gegen die bisherigen Gläubiger geltend machen.

(3) Das Oberlandesgericht leitet dem für das Kreditinstitut zuständigen Registergericht unverzüglich eine Ausfertigung des Reorganisationsplans zu oder beauftragt den Reorganisationsberater mit der Zuleitung. Das Registergericht leitet das Eintragungsverfahren von Amts wegen ein. Die im Reorganisationsplan enthaltenen eintragungs-

pflichtigen gesellschaftsrechtlichen Maßnahmen sind, falls sie nicht offensichtlich nichtig sind, unverzüglich in das Handelsregister einzutragen.

§ 22 Aufhebung des Reorganisationsverfahrens; Überwachung der Planerfüllung

(1) Mit der Bestätigung des Reorganisationsplans oder deren Versagung beschließt das Oberlandesgericht die Aufhebung des Reorganisationsverfahrens.

(2) Im gestaltenden Teil des Reorganisationsplans kann vorgesehen werden, dass der Reorganisationsberater die Erfüllung des Reorganisationsplans auch nach Aufhebung des Reorganisationsverfahrens überwacht. Das Oberlandesgericht beschließt die Aufhebung der Überwachung,
1. wenn die Ansprüche, deren Erfüllung überwacht wird, erfüllt sind oder wenn gewährleistet ist, dass sie erfüllt werden,
2. wenn seit der Aufhebung des Reorganisationsverfahrens drei Jahre verstrichen sind und kein Antrag auf Durchführung eines neuen Reorganisationsverfahrens vorliegt oder
3. wenn die Bundesanstalt Maßnahmen nach den §§ 45c, 46, 46b oder den §§ 48a bis 48m des Kreditwesengesetzes anordnet.

(3) Die Beschlüsse nach den Absätzen 1 und 2 sind im Bundesanzeiger und auf der Internetseite des Kreditinstituts bekannt zu machen.

§ 23 Schutz von Finanzsicherheiten sowie von Zahlungs- und Wertpapiersystemen

Die Vorschriften der Insolvenzordnung zum Schutz von Zahlungs- sowie Wertpapierliefer- und -abrechnungssystemen sowie von dinglichen Sicherheiten der Zentralbanken und von Finanzsicherheiten sind entsprechend anzuwenden.

Anhang 1.7
Gesetz zur Errichtung eines Restrukturierungsfonds für Kreditinstitute (Restrukturierungsfondsgesetz – RStruktFG)[1]

vom 9. Dezember 2010 (BGBl. I S. 1921), zuletzt geändert durch Artikel 3 des Gesetzes vom 20. Dezember 2012 (BGBl. I S. 2779)

Inhaltsübersicht

Errichtung des Fonds .... § 1
Beitragspflichtige Unternehmen .... § 2
Aufgabe und Verwendungszwecke des Restrukturierungsfonds. .... § 3
Entscheidung über Restrukturierungsmaßnahmen .... § 4
Gründung eines Brückeninstituts und Anteilserwerb .... § 5
Garantie. .... § 6
Rekapitalisierung. .... § 7
Sonstige Maßnahmen .... § 8
Stellung im Rechtsverkehr. .... § 9
Vermögenstrennung. .... § 10
Verwaltung des Restrukturierungsfonds. .... § 11
Mittel des Restrukturierungsfonds. .... § 12
Wirtschaftsführung und Rechnungslegung .... § 13
Informationspflichten und Verschwiegenheitspflicht .... § 14
Steuern .... § 15
Parlamentarische Kontrolle .... § 16

§ 1 Errichtung des Fonds

Bei der Bundesanstalt für Finanzmarktstabilisierung (Anstalt) wird ein Restrukturierungsfonds für Kreditinstitute (Restrukturierungsfonds) errichtet.

§ 2 Beitragspflichtige Unternehmen

Beitragspflichtige Unternehmen sind alle Kreditinstitute im Sinne des § 1 Absatz 1 des Kreditwesengesetzes mit einer Erlaubnis nach dem Kreditwesengesetz, die die Vorgaben der Kreditinstituts-Rechnungslegungsverordnung einhalten müssen. Kreditinstitute, die gemäß § 5 Absatz 1 Nummer 2 des Körperschaftsteuergesetzes von der Körperschaftssteuer befreit sind, und Brückeninstitute nach § 5 Absatz 1 sind nicht beitragspflichtig.

---

[1] Artikel 3 des Gesetzes zur Restrukturierung und geordneten Abwicklung von Kreditinstituten, zur Errichtung eines Restrukturierungsfonds für Kreditinstitute und zur Verlängerung der Verjährungsfrist der aktienrechtlichen Organhaftung (Restrukturierungsgesetz) vom 9. Dezember 2010

§ 3 Aufgabe und Verwendungszwecke des Restrukturierungsfonds

(1) Der Restrukturierungsfonds dient der Stabilisierung des Finanzmarktes durch Überwindung von Bestands- und Systemgefährdungen im Sinne des § 48 b des Kreditwesengesetzes sowie durch Maßnahmen zur Finanzmarktstabilisierung im Sinne von § 2 Absatz 1 des Finanzmarktstabilisierungsfondsgesetzes zugunsten von Unternehmen im Sinne des § 2.

(2) Nach Erlass einer Übertragungsanordnung nach § 48 a des Kreditwesengesetzes oder soweit sich die von der Bundesanstalt für Finanzdienstleistungsaufsicht gemäß § 48 b des Kreditwesengesetzes festgestellte Bestands- und Systemgefährdung auf anderem Wege in gleich sicherer Weise beseitigen lässt, insbesondere im Wege umwandlungsrechtlicher oder privatrechtlicher Vereinbarungen, kann der Restrukturierungsfonds die ihm zur Verfügung stehenden Mittel für folgende Maßnahmen verwenden:
1. Gründung von Brückeninstituten und Anteilserwerbe nach § 5,
2. Gewährung von Garantien nach § 6,
3. Durchführung von Rekapitalisierungen nach § 7 und
4. sonstige Maßnahmen nach § 8.

(2 a) Der Restrukturierungsfonds wird nach Maßgabe von § 13 Absatz 2 a des Finanzmarktstabilisierungsfondsgesetzes zum Ausgleich eines negativen Schlussergebnisses des Finanzmarktstabilisierungsfonds herangezogen. Die für die Beitragsjahre 2011 und 2012 geleisteten Jahresbeiträge sowie die für diese Beitragsjahre erhobenen Nacherhebungsbeiträge gemäß § 3 Absatz 3 der Restrukturierungsfonds-Verordnung werden nicht zum Ausgleich eines negativen Schlussergebnisses des Finanzmarktstabilisierungsfonds herangezogen.

(3) Der Restrukturierungsfonds ist ein Sondervermögen des Bundes im Sinne des Artikels 110 Absatz 1 des Grundgesetzes.

§ 4 Entscheidung über Restrukturierungsmaßnahmen

(1) Über die Maßnahmen des Restrukturierungsfonds nach den §§ 5 bis 8 entscheidet die Anstalt nach pflichtgemäßem Ermessen unter Berücksichtigung der Bedeutung des Kreditinstituts für die Finanzmarktstabilität und des Grundsatzes des möglichst effektiven und wirtschaftlichen Einsatzes der Mittel. Über Angelegenheiten von besonderer Bedeutung entscheidet der Lenkungsausschuss im Sinne des § 4 Absatz 1 Satz 2 des Finanzmarktstabilisierungsfondsgesetzes. Die Entscheidung wird durch die Anstalt unter Mitwirkung der Bundesanstalt für Finanzdienstleistungsaufsicht vorbereitet. Sind infolge einer Übertragungsanordnung Maßnahmen des Restrukturierungsfonds erforderlich, soll der Lenkungsausschuss mit der Zustimmung zu der Übertragungsanordnung zugleich über diese Maßnahmen entscheiden.

(2) Ein Rechtsanspruch auf Leistung des Fonds besteht nicht. Bei der Gewährung von Maßnahmen können Bedingungen und Auflagen durch Vertrag, Selbstverpflichtung oder Verwaltungsakt festgelegt werden.

(3) In Kreditinstituten, an denen der Restrukturierungsfonds aufgrund einer Restrukturierungsmaßnahme nach § 5 Absatz 2 oder § 7 beteiligt ist und bei denen der Restrukturierungsfonds unmittelbar oder mittelbar über ein oder mehrere Tochterunternehmen mindestens 75 Prozent der Anteile hält, darf die monetäre Vergütung der Organmitglieder und Angestellten jeweils 500 000 Euro pro Jahr nicht übersteigen. Variable Vergütungen sind nicht zulässig.

(4) In Kreditinstituten, an denen der Restrukturierungsfonds aufgrund einer Restrukturierungsmaßnahme nach § 5 Absatz 2 oder § 7 beteiligt ist und bei denen der Restrukturierungsfonds unmittelbar oder mittelbar über ein oder mehrere Tochterunternehmen weniger als 75 Prozent der Anteile hält, darf die monetäre Vergütung

der Organmitglieder und Angestellten vorbehaltlich der Regelung in Satz 3 jeweils 500 000 Euro pro Jahr nicht übersteigen. Variable Vergütungen sind nicht zulässig, es sei denn, die Summe aus fixer und variabler Vergütung überschreitet nicht die Obergrenze von 500 000 Euro pro Jahr. Die Obergrenze von 500 000 Euro darf überschritten werden, sofern das Kreditinstitut mindestens die Hälfte der geleisteten Rekapitalisierungen zurückgezahlt hat oder soweit die geleistete Kapitalzuführung voll verzinst wird.

(5) Nicht umfasst von den Absätzen 3 und 4 sind Vergütungen, die durch Tarifvertrag oder in seinem Geltungsbereich durch Vereinbarung der Arbeitsvertragsparteien über die Anwendung der tarifvertraglichen Regelungen oder aufgrund eines Tarifvertrages in einer Betriebs- oder Dienstvereinbarung vereinbart sind. Die Vorgaben der Absätze 3 und 4 sind bei Vertragsänderungen und -neuabschlüssen mit Organmitgliedern und Angestellten zu berücksichtigen. Die Verlängerung eines Vertrages gilt als Neuabschluss im Sinne des Satzes 2. Soweit Verträge den Vorgaben der Absätze 3 und 4 nicht entsprechen, können Organmitglieder und Angestellte aus ihnen keine Rechte herleiten. Dies gilt nicht für Ansprüche, die vor dem 1. Januar 2011 entstanden sind.

(6) Die Vereinbarung von Abfindungs- oder Entschädigungsansprüchen in Anstellungsverträgen von Organmitgliedern oder in sonstigen Dienstverträgen des übernehmenden Rechtsträgers ist unwirksam, soweit die Vereinbarung Ansprüche auch für den Fall einer Vertragsbeendigung aus Anlass der Übernahme einer Beteiligung des Restrukturierungsfonds, aus Anlass einer Veränderung der Höhe dieser Beteiligung oder aus Anlass der Wahrnehmung von Rechten aus dieser Beteiligung gewähren würde.

§ 5 Gründung eines Brückeninstituts und Anteilserwerb

(1) Der Restrukturierungsfonds kann, auch ohne konkreten Anlass, juristische Personen gründen, die im Rahmen von Übertragungen nach § 48 a Absatz 1 des Kreditwesengesetzes oder aufgrund umwandlungsrechtlicher oder privatrechtlicher Vereinbarungen als übernehmender Rechtsträger fungieren können (Brückeninstitut).

(2) Der Restrukturierungsfonds kann Anteile an dem übernehmenden Rechtsträger im Sinne des § 48 a des Kreditwesengesetzes oder gemäß umwandlungsrechtlicher oder privatrechtlicher Vereinbarung erwerben. Ein Anteilserwerb soll nur erfolgen, wenn ein wichtiges Interesse des Bundes vorliegt und der vom Bund erstrebte Zweck sich nicht besser und wirtschaftlicher auf andere Weise erreichen lässt. Die §§ 65 bis 69 der Bundeshaushaltsordnung finden keine Anwendung.

(3) § 202 Absatz 3 Satz 1 des Aktiengesetzes ist auf Brückeninstitute nicht anzuwenden.

(4) Ist ein Brückeninstitut als übernehmender Rechtsträger gemäß § 48 m Absatz 4 Satz 4, Absatz 5 oder aufgrund des § 48 r Absatz 2 des Kreditwesengesetzes zur Gewährung von Anteilen an das Kreditinstitut verpflichtet, muss der Restrukturierungsfonds darauf hinwirken, dass die dafür erforderlichen Hauptversammlungsbeschlüsse zustande kommen.

§ 6 Garantie

(1) Der Restrukturierungsfonds kann Garantien zur Sicherung von Ansprüchen gegen den übernehmenden Rechtsträger übernehmen, die resultieren aus
1. der den übernehmenden Rechtsträger nach § 48 j Absatz 4 oder § 48 k Absatz 3 des Kreditwesengesetzes treffenden Haftung;
2. der den übernehmenden Rechtsträger nach § 48 l Absatz 4 des Kreditwesengesetzes treffenden Pflicht zur Leistung des Vorschusses;

3. der den übernehmenden Rechtsträger nach § 48m Absatz 3 Satz 4 des Kreditwesengesetzes treffenden Schadensersatzpflicht gegenüber dem Kreditinstitut;
4. der den übernehmenden Rechtsträger nach § 48s Absatz 2 des Kreditwesengesetzes treffenden Pflicht zur Entschädigung des Kreditinstituts.

§ 39 Absatz 2 und 3 der Bundeshaushaltsordnung ist nicht anzuwenden.

(2) Der Restrukturierungsfonds kann zum Zweck der Refinanzierung des übernehmenden Rechtsträgers Garantien für die von dem übernehmenden Rechtsträger begebenen Schuldverschreibungen übernehmen. Die Laufzeit der abzusichernden Verbindlichkeiten darf 60 Monate nicht überschreiten.

(3) Das Gesamtvolumen der nach den Absätzen 1 und 2 zu begebenden Garantien darf das 20fache der Summe der angesammelten Mittel des Restrukturierungsfonds gemäß § 12 Absatz 1, maximal 100 Milliarden Euro, nicht überschreiten. Eine Garantie ist auf den Höchstbetrag der entsprechenden Ermächtigung in der Höhe anzurechnen, in der der Restrukturierungsfonds daraus in Anspruch genommen werden kann. Zinsen und Kosten sind auf den jeweiligen Ermächtigungsrahmen nur anzurechnen, soweit das gesetzlich bestimmt ist oder bei der Übernahme ein gemeinsamer Haftungsbetrag für die Hauptverpflichtung, Zinsen und Kosten festgelegt wird. Soweit der Restrukturierungsfonds in den Fällen einer Garantieübernahme nach Absatz 1 ohne Inanspruchnahme von seiner Haftung frei wird oder Ersatz für erbrachte Leistungen erlangt hat, ist eine Garantie auf den Höchstbetrag nicht mehr anzurechnen.

(4) Soweit das Garantievolumen nach Absatz 3 nicht erreicht wird, kann der Restrukturierungsfonds Garantien bis zur Höhe von 100 Milliarden Euro übernehmen. Die Garantieermächtigung besteht nur in der Höhe, in der die Garantieermächtigung nach § 6 des Finanzmarktstabilisierungsfondsgesetzes in der bis zum 30. Dezember 2010 geltenden Fassung zugunsten des Finanzmarktstabilisierungsfonds am 31. Dezember 2010 nicht in Anspruch genommen worden ist.

(5) Für die Übernahme von Garantien ist ein Entgelt zu erheben.

§ 7 Rekapitalisierung

Der Restrukturierungsfonds kann sich an der Rekapitalisierung des übernehmenden Rechtsträgers im Sinne des § 48a Absatz 1 des Kreditwesengesetzes oder gemäß umwandlungsrechtlicher oder privatrechtlicher Vereinbarung beteiligen, insbesondere gegen Leistung einer Einlage Anteile oder stille Beteiligungen erwerben und sonstige Bestandteile der Eigenmittel solcher Unternehmen übernehmen. Eine Beteiligung durch den Restrukturierungsfonds soll nur erfolgen, wenn ein wichtiges Interesse des Bundes vorliegt und der vom Bund angestrebte Zweck sich nicht besser und wirtschaftlicher auf andere Weise erreichen lässt. Die §§ 65 bis 69 der Bundeshaushaltsordnung sind insoweit nicht anzuwenden.

§ 8 Sonstige Maßnahmen

Der Restrukturierungsfonds kann seine Mittel zur Erfüllung sonstiger Ansprüche, die im Zusammenhang mit einer Maßnahme nach § 3 Absatz 2 Nummer 1 bis 4 entstehen, einsetzen. Die §§ 65 bis 69 der Bundeshaushaltsordnung sind insoweit nicht anzuwenden.

§ 9 Stellung im Rechtsverkehr

Der Restrukturierungsfonds ist nicht rechtsfähig. Er kann unter seinem Namen im rechtsgeschäftlichen Verkehr handeln, klagen und verklagt werden. Arrest oder andere Maßnahmen der Zwangsvollstreckung in den Restrukturierungsfonds finden nicht statt. § 394 Satz 1 des Bürgerlichen Gesetzbuchs ist entsprechend anzuwenden. Ausschließlicher Gerichtsstand des Restrukturierungsfonds ist der Sitz der Bundesanstalt für Finanzmarktstabilisierung.

§ 10 Vermögenstrennung

Der Restrukturierungsfonds ist von dem übrigen Vermögen des Bundes, seinen Rechten und Verbindlichkeiten zu trennen. § 3 Absatz 2a bleibt unberührt. Der Bund haftet unmittelbar für die Verbindlichkeiten des Restrukturierungsfonds; der Fonds haftet nicht für die sonstigen Verbindlichkeiten des Bundes.

§ 11 Verwaltung des Restrukturierungsfonds

Die Anstalt verwaltet den Restrukturierungsfonds. Sie untersteht dabei der Rechts- und Fachaufsicht des Bundesministeriums der Finanzen (Aufsichtsbehörde). Die für die Errichtung und Verwaltung des Restrukturierungsfonds anfallenden Personal- und Sachkosten werden der Anstalt aus Mitteln des Restrukturierungsfonds erstattet.

§ 12 Mittel des Restrukturierungsfonds

(1) Die Mittel des Restrukturierungsfonds werden durch Beiträge der beitragspflichtigen Kreditinstitute erbracht. Die Beiträge der beitragspflichtigen Kreditinstitute müssen so bemessen sein, dass sie ausreichen, um die Kosten für die in § 3 Absatz 2 genannten Maßnahmen, die Ausgleichsverpflichtungen gemäß § 13 Absatz 2a des Finanzmarktstabilisierungsfondsgesetzes und die nach § 11 der Anstalt zu erstattenden Kosten zu decken. Die angesammelten Mittel sind so anzulegen, dass eine möglichst große Sicherheit und ausreichende Liquidität der Anlagen gewährleistet sind. Die Anstalt erarbeitet nach dieser Maßgabe eine mit der Aufsichtsbehörde abgestimmte Anlagerichtlinie.

(2) Die beitragspflichtigen Kreditinstitute sind verpflichtet, jeweils zum 30. September eines Kalenderjahres Jahresbeiträge, erstmalig zum 30. September 2011, zu leisten. In der Rechtsverordnung nach Absatz 10 Satz 2 ist eine Obergrenze für die Erhebung von Jahresbeiträgen festzulegen. Die Anstalt kann mit Zustimmung der Aufsichtsbehörde die Beitragspflicht herab- oder aussetzen, wenn die vorhandenen Mittel zur Deckung der Kosten für die in § 3 Absatz 2 genannten Maßnahmen, der absehbaren Ausgleichsverpflichtungen gemäß § 13 Absatz 2a des Finanzmarktstabilisierungsfondsgesetzes und die nach § 11 der Anstalt zu erstattenden Kosten ausreichen.

(3) Die Anstalt hat mit der Entscheidung über die in § 3 Absatz 2 genannten Maßnahmen und bei Entstehung von Ausgleichsverpflichtungen gemäß § 13 Absatz 2a des Finanzmarktstabilisierungsfondsgesetzes unverzüglich den erforderlichen Mittelbedarf festzustellen. Soweit die in dem Restrukturierungsfonds angesammelten Mittel nicht zur Deckung der Kosten für die in § 3 Absatz 2 genannten Maßnahmen, der Ausgleichsverpflichtungen gemäß § 13 Absatz 2a des Finanzmarktstabilisierungsfondsgesetzes und der nach § 11 der Anstalt zu erstattenden Kosten ausreichen, kann die Anstalt Sonderbeiträge erheben. Sofern eine zeitgerechte Deckung des Mittelbedarfs durch Sonderbeiträge nicht möglich ist, kann der Restrukturierungsfonds nach Maßgabe des Absatzes 6 Kredite aufnehmen. Sonderbeiträge dienen zur Deckung des festgestellten Mittelbedarfs sowie zur Deckung von Tilgung, Zinsen und Kosten für die Rückführung von Krediten. Die Pflicht zur Leistung von Sonderbeiträgen besteht für alle Kreditinstitute, die zu dem Zeitpunkt, in dem der Mittelbedarf festgestellt wird, verpflichtet sind, Jahresbeiträge zu zahlen. Die Anstalt ist berechtigt, die Sonderbei-

träge in Teilbeträgen zu erheben. Im Fall der Erhebung von Teilbeträgen hat die Anstalt die beitragspflichtigen Kreditinstitute über die von ihr beabsichtigte weitere Vorgehensweise zu unterrichten.

(4) Die Höhe der jeweiligen Sonderbeiträge bemisst sich nach dem Verhältnis des Durchschnitts der in den letzten drei Jahren fällig gewordenen Jahresbeiträge des einzelnen beitragspflichtigen Kreditinstituts zum Durchschnitt der Gesamtsumme der in den letzten drei Jahren fällig gewordenen Jahresbeiträge aller nach Absatz 1 beitragspflichtigen Kreditinstitute. Die Anstalt ist berechtigt, in einem Kalenderjahr mehrere Sonderbeiträge zu erheben. Die in einem Kalenderjahr erhobenen Sonderbeiträge dürfen das Dreifache des Durchschnitts der in den letzten drei Jahren fällig gewordenen Jahresbeiträge des Kreditinstituts nicht übersteigen. Bei Kreditinstituten, die bis zum Zeitpunkt der Festsetzung der Sonderbeiträge weniger als drei Jahresbeiträge zu zahlen hatten, bestimmt sich die Höhe der Sonderbeiträge nach Satz 1 und die Höhe der Obergrenze nach Satz 3 nach dem Dreifachen des Durchschnitts der für diese Institute fällig gewordenen Jahresbeiträge. Die Anstalt kann ein beitragspflichtiges Kreditinstitut von der Pflicht zur Leistung eines Sonderbeitrags ganz oder teilweise befreien, wenn durch die Gesamtheit der an den Restrukturierungsfonds zu leistenden Zahlungen eine Gefahr für die Erfüllung der Verpflichtungen dieses Kreditinstituts gegenüber seinen Gläubigern bestehen würde.

(5) Nach Abschluss der Maßnahmen des Restrukturierungsfonds, für welche die Sonderbeiträge erhoben worden sind, hat die Anstalt den Kreditinstituten über die Verwendung der Sonderbeiträge zu berichten. Sie hat den Kreditinstituten gezahlte Sonderbeiträge zu erstatten, soweit sie nicht zur Deckung des festgestellten Mittelbedarfs sowie zur Deckung von Tilgung, Zinsen und Kosten für die Rückführung von Krediten nach Absatz 6 verwendet worden sind. Die Sätze 1 und 2 gelten entsprechend für Sonderbeiträge, die zur Deckung von Ausgleichsverpflichtungen gemäß § 13 Absatz 2a des Finanzmarktstabilisierungsfondsgesetzes erhoben wurden.

(6) Das Bundesministerium der Finanzen wird ermächtigt, für den Fonds zur Finanzierung von Maßnahmen nach den §§ 5, 7 und 8 dieses Gesetzes, im Falle der Inanspruchnahme des Fonds aus einer Garantie nach § 6 dieses Gesetzes sowie zur Finanzierung von Ausgleichsverpflichtungen gemäß § 13 Absatz 2a des Finanzmarktstabilisierungsfondsgesetzes und zum Aufbau von Kassen- und Eigenbeständen Kredite aufzunehmen. Die Kreditermächtigung besteht nur in der Höhe, in der die Kreditermächtigung nach § 9 des Finanzmarktstabilisierungsfondsgesetzes in der bis zum 30. Dezember 2010 geltenden Fassung zugunsten des Finanzmarktstabilisierungsfonds am 31. Dezember 2010 nicht in Anspruch genommen worden ist, maximal jedoch in Höhe von 20 Milliarden Euro. Dem Kreditrahmen wachsen die Beträge aus getilgten Krediten wieder zu. Auf die Kreditermächtigung ist bei Diskontpapieren der Nettobetrag anzurechnen.

(7) Die Kreditinstitute sind verpflichtet, die für die Erhebung der Jahres- und Sonderbeiträge erforderlichen Informationen der Anstalt zu übermitteln. Das Nähere kann in der Rechtsverordnung nach Absatz 10 geregelt werden.

(8) Aus den Beitragsbescheiden der Anstalt findet die Vollstreckung nach den Bestimmungen des Verwaltungs-Vollstreckungsgesetzes statt. Die vollstreckbare Ausfertigung erteilt die Anstalt. Widerspruch und Anfechtungsklage gegen Beitragsbescheide haben keine aufschiebende Wirkung.

(9) Die Anstalt kann zulassen, dass ein Verband der Kreditinstitute die Beiträge der ihm angehörenden Kreditinstitute gesammelt leistet, wenn sich der Verband hierzu schriftlich bereit erklärt und von den Kreditinstituten hierzu bevollmächtigt wird. Die Festsetzungen gegenüber den verbandsangehörigen Kreditinstituten werden diesen in diesem Fall über den Verband bekannt gegeben. Eine Bekanntgabe der Festsetzungen an jedes einzelne Kreditinstitut, das dem Verband angehört, ist in diesem Fall entbehrlich.

(10) Die Zielgröße des Restrukturierungsfonds beläuft sich auf 70 Milliarden Euro. Das Nähere über die Folgen eines Erreichens oder Unterschreitens der Zielgröße, die

Jahresbeiträge und die Sonderbeiträge sowie die Informationspflichten nach Absatz 7 regelt die Bundesregierung durch Rechtsverordnung, die der Zustimmung des Bundesrates bedarf. Für die Ermittlung der Jahresbeiträge und Sonderbeiträge ist vorzusehen, dass die folgenden Passivpositionen der Bilanz nicht zu berücksichtigen sind:
1. Verbindlichkeiten gegenüber Kunden, mit Ausnahme von Verbindlichkeiten gegenüber juristischen Personen, an denen das Kreditinstitut beteiligt ist,
2. Genussrechtskapital mit Ausnahme des Genussrechtskapitals mit einer Laufzeit unter zwei Jahren,
3. Fonds für allgemeine Bankrisiken,
4. Eigenkapital,
5. Verbindlichkeiten gegenüber Kreditinstituten und Treuhandverbindlichkeiten, soweit es sich jeweils um Verbindlichkeiten aus der Durchleitung von Finanzierungsmitteln einer Fördereinrichtung für Fördermaßnahmen handelt, wobei als Fördermaßnahme diejenigen Kredite aus öffentlichen Fördermitteln gelten, welche die in § 5 Absatz 1 Nummer 2 des Körperschaftsteuergesetzes genannten Fördereinrichtungen des Bundes und der Länder oder die Europäische Investitionsbank aufgrund selbstständiger Kreditverträge, gegebenenfalls auch über weitere Durchleitungsinstitute, über Hausbanken zu vorbestimmten Konditionen an Endkreditnehmer leiten (Hausbankprinzip); dies gilt entsprechend für aus eigenen Mitteln gewährte zinsverbilligte Kredite der Fördereinrichtungen nach dem Hausbankprinzip (Eigenmittelprogramm) und Treuhandverbindlichkeiten aufgrund der Gewährung von Krediten durch eine Fördereinrichtung im Rahmen gesetzlich bestimmter Förderzwecke.

Die Rechtsverordnung hat vorzusehen, dass die Bemessungsgrundlage für die Ermittlung der Jahresbeiträge in Stufen unterteilt wird und diese Stufen mit unterschiedlichen Abgabesätzen zu belasten sind, wobei der Abgabesatz mit zunehmender Größe der Bemessungsgrundlage ansteigen soll. Die Rechtsverordnung kann auch die Erhebung von Mindestbeiträgen vorsehen, die unabhängig von der Erzielung eines Jahresüberschusses des Kreditinstituts erhoben werden können. Die Rechtsverordnung kann auch Bestimmungen zur Stundung und Fälligkeit von Beiträgen und Sonderbeiträgen und zur Erhebung von Verzugszinsen für verspätet geleistete Beiträge enthalten.

(11) Eine Rechtsverordnung nach Absatz 10 Satz 2 bis 7 ist vor der Zuleitung an den Bundesrat dem Bundestag zuzuleiten. Die Rechtsverordnung kann durch Beschluss des Bundestages geändert oder abgelehnt werden. Der Beschluss des Bundestages wird der Bundesregierung zugeleitet. Hat sich der Bundestag nach Ablauf von drei Sitzungswochen seit Eingang der Rechtsverordnung nicht mit ihr befasst, so wird die unveränderte Rechtsverordnung dem Bundesrat zugeleitet. Soweit die Rechtsverordnung aufgrund des Beschlusses des Bundesrates geändert wird, bedarf es einer erneuten Zuleitung an den Bundestag nicht.

§ 13 Wirtschaftsführung und Rechnungslegung

(1) Das Bundesministerium der Finanzen stellt für den Restrukturierungsfonds am Schluss eines jeden Rechnungsjahres die Haushaltsrechnung (Rechnung über die Einnahmen und Ausgaben nach der Bundeshaushaltsordnung) sowie die Vermögensrechnung (Bilanz und Gewinn- und Verlustrechnung nach den Vorschriften des Handelsgesetzbuchs) auf.

(2) Die Haushaltsrechnung und die Vermögensrechnung des Fonds sind als Anhang der Haushaltsrechnung des Bundes beizufügen.

(3) Ein Haushalts- und Wirtschaftsplan wird nicht aufgestellt. Der Haushaltsausschuss und der Finanzausschuss des Deutschen Bundestages sind regelmäßig über den aktuellen Sachstand zu unterrichten.

(4) Der Restrukturierungsfonds hat sich bei Maßnahmen nach den §§ 5 bis 8 bei Unternehmen, die Maßnahmen nach diesem Gesetz in Anspruch nehmen, ein Prüfungsrecht zugunsten des Bundesrechnungshofes einräumen zu lassen. Sofern Aufgaben der Anstalt von anderen juristischen oder natürlichen Personen wahrgenommen werden, ist vertraglich sicherzustellen, dass der Bundesrechnungshof auch Erhebungsrechte bei diesen Personen hat.

(5) Das Bundesministerium der Finanzen wird ermächtigt, das Nähere über die Haushaltsführung, die Wirtschaftsführung und die Rechnungslegung des Restrukturierungsfonds durch Rechtsverordnung, die nicht der Zustimmung des Bundesrates bedarf, in der nach § 3a Absatz 6 des Finanzmarktstabilisierungsfondsgesetzes erlassenen Satzung zu bestimmen.

§ 14 Informationspflichten und Verschwiegenheitpflicht

(1) Die Bundesanstalt für Finanzdienstleistungsaufsicht hat der Anstalt die für die Beitragserhebung bei den Kreditinstituten erforderlichen Informationen zu übermitteln und ihr spätere Änderungen unverzüglich mitzuteilen.

(2) § 3b des Finanzmarktstabilisierungsfondsgesetzes gilt für Betriebs- und Geschäftsgeheimnisse, die der Anstalt aufgrund des Absatzes 1 übermittelt werden, entsprechend.

§ 15 Steuern

(1) Der Restrukturierungsfonds unterliegt nicht der Gewerbesteuer oder der Körperschaftsteuer.

(2) Auf Kapitalerträge des Restrukturierungsfonds ist ein Steuerabzug nicht vorzunehmen; ist Kapitalertragsteuer einbehalten und abgeführt worden, obwohl eine Verpflichtung hierzu nicht bestand, hat der zum Steuerabzug Verpflichtete die Steueranmeldung insoweit zu ändern. Zahlungen des Restrukturierungsfonds unterliegen keinem Kapitalertragsteuerabzug.

§ 16 Parlamentarische Kontrolle

(1) Die parlamentarische Kontrolle des Restrukturierungsfonds und seiner Verwaltung wird durch das Gremium gemäß § 10a Absatz 1 des Finanzmarktstabilisierungsfondsgesetzes wahrgenommen. § 10a Absatz 2 und 3 des Finanzmarktstabilisierungsfondsgesetzes ist entsprechend anzuwenden.

(2) Nach Entscheidung über eine Maßnahme nach § 4 Absatz 1 wird das Gremium unverzüglich über den jeweiligen Sachverhalt unterrichtet.

Anhang 1.8
Verordnung über die Erhebung der Beiträge zum Restrukturierungsfonds für Kreditinstitute (Restrukturierungsfonds-Verordnung – RStruktFV)

vom 20. Juli 2011 (BGBl. I S. 1406), geändert durch Artikel 7 des Gesetzes vom 26. Juni 2012 (BGBl. I S. 1382)

Auf Grund des § 12 Absatz 10 Satz 2 bis 7 in Verbindung mit Absatz 2 Satz 2 und Absatz 11 des Restrukturierungsfondsgesetzes, der durch Artikel 6 des Gesetzes vom 22. Juni 2011 (BGBl. I S. 1126) geändert worden ist, verordnet die Bundesregierung unter Wahrung der Rechte des Bundestages:

§ 1 Jahresbeitrag

(1) Die nach § 2 des Restrukturierungsfondsgesetzes beitragspflichtigen Kreditinstitute haben an den Restrukturierungsfonds jeweils zum 30. September eines Kalenderjahres einen Jahresbeitrag zu leisten, dessen Höhe sich nach Absatz 2 bemisst.

(2) Der Jahresbeitrag eines Kreditinstituts ergibt sich aus der Summe der Beitragskomponenten »Passiva« nach Satz 2 Nummer 1 und »Derivate« nach Satz 2 Nummer 2. Die Beitragskomponente
1. »Passiva« ist wie folgt zu errechnen: Die beitragserheblichen Passiva ergeben sich aus der Summe der Passiva des zuletzt festgestellten Jahresabschlusses im Sinne des § 340a des Handelsgesetzbuchs abzüglich der folgenden Passivposten aus Formblatt 1 der Kreditinstituts-Rechnungslegungsverordnung:
   a) Passivposten 1 »Verbindlichkeiten gegenüber Kreditinstituten« und Passivposten 4 »Treuhandverbindlichkeiten«, soweit es sich jeweils um Verbindlichkeiten aus der Durchleitung von Finanzierungsmitteln einer Fördereinrichtung für Fördermaßnahmen handelt, wobei als Fördermaßnahme diejenigen Kredite aus öffentlichen Fördermitteln gelten, welche die in § 5 Absatz 1 Nummer 2 des Körperschaftsteuergesetzes genannten Fördereinrichtungen des Bundes und der Länder oder die Europäische Investitionsbank auf Grund selbstständiger Kreditverträge, gegebenenfalls auch über weitere Durchleitungsinstitute, über Hausbanken zu vorbestimmten Konditionen an Endkreditnehmer leiten (Hausbankprinzip); dies gilt entsprechend für aus eigenen Mitteln gewährte zinsverbilligte Kredite der Fördereinrichtungen nach dem Hausbankprinzip (Eigenmittelprogramm) und Treuhandverbindlichkeiten auf Grund der Gewährung von Krediten durch eine Fördereinrichtung im Rahmen gesetzlich bestimmter Förderzwecke;
   b) Passivposten 2 »Verbindlichkeiten gegenüber Kunden« mit Ausnahme der Verbindlichkeiten gegenüber juristischen Personen, an denen das Kreditinstitut eine Beteiligung im Sinne des § 271 Absatz 1 des Handelsgesetzbuchs hält;
   c) Passivposten 10 »Genussrechtskapital« mit Ausnahme des Genussrechtskapitals, das vor Ablauf von zwei Jahren fällig wird;
   d) Passivposten 11 »Fonds für allgemeine Bankrisiken« und
   e) Passivposten 12 »Eigenkapital«.
Die beitragserheblichen Passiva, die den Betrag von 300 Millionen Euro überschreiten (Freibetrag), aber den Betrag von 10 Milliarden Euro nicht überschreiten, sind mit 0,0002 zu multiplizieren. Beitragserhebliche Passiva, die den Betrag von 10 Milliarden Euro überschreiten, aber den Betrag von 100 Milliarden Euro nicht überschreiten, sind mit 0,0003 zu multiplizieren. Beitragserhebliche Passiva, die

den Betrag von 100 Milliarden Euro überschreiten, aber den Betrag von 200 Milliarden Euro nicht überschreiten, sind mit 0,0004 zu multiplizieren; beitragserhebliche Passiva, die den Betrag von 200 Milliarden Euro überschreiten, aber den Betrag von 300 Milliarden Euro nicht überschreiten, sind mit 0,0005 zu multiplizieren; beitragserhebliche Passiva, die den Betrag von 300 Milliarden Euro überschreiten, sind mit 0,0006 zu multiplizieren. Die sich aus der Multiplikation nach den Sätzen 2 bis 4 ergebenden Beträge sind zu addieren;
2. »Derivate« ist zu errechnen aus dem Nominalvolumen der nach § 36 der Kreditinstituts-Rechnungslegungsverordnung in den Anhang zum zuletzt festgestellten Jahresabschluss aufzunehmenden Termingeschäfte, multipliziert mit 0,000003.

(3) Maßgeblich für die Berechnung des Jahresbeitrags ist der festgestellte Jahresabschluss für das letzte vor dem 1. März des jeweiligen Beitragsjahres endende Geschäftsjahr. Sofern Kreditinstitute für das letzte vor dem 1. März des Beitragsjahres endende Geschäftsjahr entweder keinen Jahresabschluss aufzustellen hatten oder einen Jahresabschluss aufgestellt haben, der nicht den Vorgaben der §§ 340a bis 340h des Handelsgesetzbuchs sowie der Kreditinstituts-Rechnungslegungsverordnung entspricht, sind für die Berechnung des Jahresbeitrags die entsprechenden Positionen der nach § 32 Absatz 1 Satz 2 Nummer 5 und Satz 3 des Kreditwesengesetzes in Verbindung mit § 14 Absatz 7 Nummer 1 der Anzeigenverordnung vorzulegenden Planbilanz für das erste Geschäftsjahr maßgebend. Soweit sich die in Absatz 2 Satz 2 Nummer 1 und 2 genannten Positionen nicht aus der Planbilanz ergeben, sind diese von dem Kreditinstitut zu schätzen.

(4) Soweit der Jahresabschluss einer rechtlich unselbstständigen Anstalt, die gemäß § 2 Satz 2 des Restrukturierungsfondsgesetzes nicht der Beitragspflicht unterliegt, in den Jahresabschluss eines beitragspflichtigen Kreditinstituts einfließt, ist die Bemessungsgrundlage des beitragspflichtigen Kreditinstituts um die beitragserheblichen Positionen der nicht beitragspflichtigen unselbstständigen Anstalt zu bereinigen (bereinigter Jahresabschluss). Der bereinigte Jahresabschluss ist der Ermittlung des Jahresbeitrags, der Zumutbarkeits- und der Belastungsobergrenze, des Mindestbeitrags und des Nacherhebungsbeitrags zugrunde zu legen.

(5) Der Jahresbeitrag ist von allen nach § 2 des Restrukturierungsfondsgesetzes beitragspflichtigen Kreditinstituten zu leisten, für die am 1. Januar des Beitragsjahres eine Erlaubnis nach dem Kreditwesengesetz bestand. Der Jahresbeitrag vermindert sich für Kreditinstitute, deren Erlaubnis in der Zeit vom 1. Januar bis 31. März aufgehoben oder zurückgegeben worden ist, um 75 Prozent und für Kreditinstitute, deren Erlaubnis zwischen dem 1. April und dem 30. Juni vor Beitragsfälligkeit aufgehoben oder zurückgegeben worden ist, um 50 Prozent. Die Beitragspflicht eines Kreditinstituts endet mit Ablauf des Kalenderjahres, in dem die Erlaubnis des Kreditinstituts aufgehoben oder zurückgegeben worden ist.

§ 2 Sonderbeiträge

(1) Sonderbeiträge gemäß § 12 Absatz 3 Satz 2 des Restrukturierungsfondsgesetzes sind von der Bundesanstalt für Finanzmarktstabilisierung (Anstalt) unmittelbar nach dem in einem Beitragsjahr fällig gewordenen Jahresbeitrag zu erheben. Bei einer Gefahr von Engpässen bei der Kreditversorgung oder vergleichbaren Gefahrensituationen kann die Anstalt nach Anhörung der Deutschen Bundesbank eine spätere Erhebung der Sonderbeiträge beschließen; die spätere Erhebung muss jedoch spätestens drei Jahre nach Feststellung des Mittelbedarfs erfolgen.

(2) Soweit die Anstalt nach § 12 Absatz 3 Satz 6 des Restrukturierungsfondsgesetzes die Sonderbeiträge in Teilbeträgen erheben will, hat sie bei der Festlegung der Teilbeträge den voraussichtlichen Umfang des Mittelbedarfs nach § 12 Absatz 3 Satz 1 des Restrukturierungsfondsgesetzes, die finanzielle Situation der beitragspflichtigen Kre-

ditinstitute und die voraussichtlich für die Maßnahmen zur Verfügung stehenden anderen Mittel des Restrukturierungsfonds zu berücksichtigen. Die Teilbeträge sollen mindestens im Abstand eines Jahres erhoben werden. Die Pflicht zur Zahlung der Teilbeiträge besteht für alle Kreditinstitute, die zu dem Zeitpunkt, in dem der Mittelbedarf nach § 12 Absatz 3 Satz 1 des Restrukturierungsfondsgesetzes festgestellt worden ist, beitragspflichtig waren.

(3) Spätestens mit der Erhebung des ersten Teilbetrags soll die Anstalt den Kreditinstituten die beabsichtigte weitere Vorgehensweise nach § 12 Absatz 3 Satz 7 des Restrukturierungsfondsgesetzes mitteilen. Die Mitteilung soll den festgestellten Mittelbedarf, die voraussichtliche Höhe der von den Kreditinstituten insgesamt zu erhebenden Teilbeträge und die beabsichtigten Zeitpunkte für die Beitragserhebung umfassen.

(4) Eine vollständige oder teilweise Befreiung von der Pflicht zur Leistung eines Sonderbeitrags nach § 12 Absatz 4 Satz 5 des Restrukturierungsfondsgesetzes erfolgt nur auf Antrag des betroffenen Kreditinstituts. Das Kreditinstitut muss die Befreiung innerhalb der für die Anfechtung des jeweiligen Sonderbeitragsbescheids maßgeblichen Widerspruchsfrist beantragen und die Bestätigung eines Abschlussprüfers vorlegen, dass durch die Gesamtheit der an den Restrukturierungsfonds im jeweiligen Kalenderjahr zu leistenden Zahlungen Gefahr für die Erfüllung der Verpflichtungen gegenüber seinen Gläubigern bestehen würde und die Voraussetzungen für die Anordnung von Maßnahmen nach § 46 Absatz 1 Satz 1 des Kreditwesengesetzes gegeben wären. Die Bestätigung nach Satz 2 kann innerhalb von zwei Monaten, nachdem der jeweilige Sonderbeitragsbescheid dem Kreditinstitut bekannt gegeben worden ist, nachgereicht werden.

(5) Soweit ein Kreditinstitut gemäß Absatz 4 von der Leistung befreit oder der fällige Sonderbeitrag innerhalb eines Jahres von einem Kreditinstitut nicht geleistet wird, stellt die Anstalt eine Erhöhung des Mittelbedarfs fest. Im letzteren Fall bleibt die Verpflichtung des Kreditinstituts zur Leistung unberührt.

§ 3 Zumutbarkeitsgrenze, Mindestbeitrag und Belastungsobergrenze

(1) Der Jahresbeitrag beträgt vorbehaltlich des Absatzes 2 höchstens 20 Prozent des aus der Gewinn- und Verlustrechnung ersichtlichen Jahresergebnisses zuzüglich des Aufwands der auf Grund einer Gewinngemeinschaft, eines Gewinnabführungs- oder eines Teilgewinnabführungsvertrages abgeführten Gewinne und abzüglich des Ertrags aus Gewinnen, die dem Kreditinstitut von einem anderen beitragspflichtigen Kreditinstitut auf Grund einer Gewinngemeinschaft, eines Gewinnabführungs- oder eines Teilgewinnabführungsvertrages zugeflossen sind, wie sie sich aus dem nach § 1 Absatz 3 maßgeblichen Jahresabschluss ergeben (Zumutbarkeitsgrenze). Der Abzug des Ertrags der zugeflossenen Gewinne nach Satz 1 ist nur soweit zulässig, als die Gesamtbelastung für den Konzern nicht geringer ist als die Summe der Belastungen der Einzelinstitute. Die Anstalt kann als Bedingung für die Anwendung des Ertragsabzugs verlangen, dass die Geschäftsleitung an Eides statt versichert, dass die Voraussetzungen für den Abzug vorliegen. Im Fall des § 1 Absatz 3 Satz 2 ist die Plangewinn- und -verlustrechnung maßgeblich. Aufwendungen für Beitragsverpflichtungen und Erträge aus Erstattungen nach dem Restrukturierungsfondsgesetz, auch aus der Bildung und Auflösung von Rückstellungen der Kreditinstitute für diese Beitragspflichten, werden bei der Ermittlung der Zumutbarkeitsgrenze nach Satz 1 nicht berücksichtigt.

(2) Die Kreditinstitute haben mindestens einen Jahresbeitrag in Höhe von 5 Prozent des nach § 1 Absatz 2 errechneten Jahresbeitrags zu leisten (Mindestbeitrag), auch wenn diese Beitragshöhe über der Zumutbarkeitsgrenze des Absatzes 1 liegt.

(3) Übersteigt der nach § 1 Absatz 2 errechnete Jahresbeitrag in einem Beitragsjahr die Zumutbarkeitsgrenze nach Absatz 1 Satz 1 oder ist nur der Mindestbeitrag nach

Absatz 2 festgesetzt worden, ist die rechnerische Differenz zwischen dem festgesetzten Beitrag und dem nach § 1 Absatz 2 errechneten Jahresbeitrag in den folgenden fünf Beitragsjahren nachzuerheben und dem Jahresbeitrag hinzuzurechnen. Dabei darf die Summe des in dem aktuellen Beitragsjahr zu leistenden Jahresbeitrags und der nachzuerhebenden Beiträge aus den Vorjahren die Zumutbarkeitsgrenze des Absatzes 1 nicht überschreiten; der dem Jahresbeitrag hinzuzurechnende Nacherhebungsbeitrag entsteht mit dem Jahresbeitrag, dem er zugerechnet wird. Der für das aktuelle Beitragsjahr zu erhebende Jahresbeitrag geht den nachzuerhebenden Beiträgen vor; nachzuerhebende Beiträge aus früheren Jahren gehen nachzuerhebenden Beiträgen späterer Jahre vor. Beträge, die nicht innerhalb der folgenden fünf Beitragsjahre nacherhoben werden, sind danach nicht mehr zu erheben.

(4) Die in einem Beitragsjahr insgesamt erhobenen Beiträge, bestehend aus dem Jahresbeitrag, den gegebenenfalls erhobenen Nacherhebungsbeträgen und den gegebenenfalls erhobenen Sonderbeiträgen, dürfen, vorbehaltlich des Satzes 3, 50 Prozent des Durchschnitts der letzten drei nach Absatz 1 ermittelten Jahresergebnisse nicht übersteigen (Belastungsobergrenze). Für die Berechnung der Belastungsobergrenze sind negative nach Absatz 1 ermittelte Jahresergebnisse mit Null anzusetzen. Ein Kreditinstitut hat in einem Beitragsjahr, in dem Sonderbeiträge erhoben werden, insgesamt mindestens Beiträge in Höhe der Summe seiner Mindestbeiträge der letzten drei Beitragsjahre oder, sofern die Gesamtsumme niedriger ist, den Jahresbeitrag und gegebenenfalls nachzuerhebende Beträge zuzüglich des in dem Beitragsjahr festgesetzten Sonderbeitrags zu leisten. Bei Kreditinstituten, bei denen in den letzten drei Jahren vor Beginn des Beitragsjahres keine Erlaubnis nach dem Kreditwesengesetz bestand, ist die Belastungsobergrenze auf der Grundlage des Durchschnitts der nach Absatz 1 ermittelten Jahresergebnisse der Jahre zu berechnen, in denen eine Erlaubnis nach dem Kreditwesengesetz vorlag.

(5) Für die Ermittlung der Zumutbarkeits- und der Belastungsobergrenze sind im Fall eines Rumpfgeschäftsjahres die Zahlen aus dem nach § 1 Absatz 3 maßgeblichen Jahresabschluss auf ein volles Geschäftsjahr hochzurechnen. Ging dem Rumpfgeschäftsjahr ein weiteres Rumpfgeschäftsjahr voraus und ergeben beide Rumpfgeschäftsjahre zusammen ein Jahr, ergeben sich die für die Berechnung der Jahresbeiträge maßgeblichen Zahlen aus der Addition der in den Jahresabschlüssen der Rumpfgeschäftsjahre angegebenen Zahlen.

§ 4 Mitteilungspflichten

(1) Die Kreditinstitute haben der Anstalt die in § 1 Absatz 2 Satz 2 Nummer 1 und 2 aufgeführten Positionen und die zur Ermittlung der Zumutbarkeitsgrenze nach § 3 Absatz 1 erforderlichen Angaben zu übermitteln. Hierbei ist das von der Anstalt eingerichtete Meldeverfahren zu verwenden, soweit nicht die Anstalt für die Einreichung einzelner Angaben, Bestätigungen und Nachweise besondere Vorgaben festlegt und auf ihrer Internetseite veröffentlicht hat. Im Fall einer um die Positionen der unselbstständigen Förderbanken bereinigten Meldung ist diese von dem Abschlussprüfer des beitragspflichtigen Kreditinstituts hinsichtlich ihrer Richtigkeit zu bestätigen. Die Anstalt kann Kreditinstitute von der Übermittlung oder dem Nachweis der Angaben nach Satz 1 ganz oder teilweise befreien, soweit dadurch die Erhebung der Beiträge nicht beeinträchtigt wird.

(2) Die Kreditinstitute haben der Anstalt die sachliche und rechnerische Richtigkeit der nach Absatz 1 zu übermittelnden Informationen zu bestätigen. Zusätzlich ist die Bestätigung eines Abschlussprüfers über die sachliche und rechnerische Richtigkeit der zu übermittelnden Daten beizufügen. Absatz 1 Satz 2 gilt entsprechend. Für Planzahlen im Sinne des § 1 Absatz 3 Satz 2 und des § 3 Absatz 1 Satz 4 ist die Bestätigung des Abschlussprüfers nicht erforderlich. Die Informationen und Bestätigungen sind der Anstalt bis zum 15. Juli des Beitragsjahres zu übermitteln. Die Anstalt kann dem Kreditinstitut, wenn dessen festgestellter Jahresabschluss bis zu diesem Datum nicht vorliegt, gestatten, den Informationen und Bestätigungen den zuletzt gemäß § 322 Absatz 1 des Handelsgesetzbuchs testierten Jahresabschluss zugrunde zu legen; ergeben sich Abweichungen zwischen dem festgestellten und testierten Jahresabschluss, hat das Kreditinstitut dies der Anstalt unverzüglich mitzuteilen. Die Anstalt kann zusätzliche Nachweise von dem Kreditinstitut verlangen, um die Angaben zu überprüfen; sie kann insbesondere die Vorlage detaillierter Übersichten über einzelne Berechnungspositionen der Beitragskomponenten verlangen, deren Richtigkeit durch eine Versicherung an Eides statt der Geschäftsleiter oder die Erklärung eines Abschlussprüfers zu bestätigen ist.

(3) Liegen die Informationen und Bestätigungen nach den Absätzen 1 und 2 der Anstalt nicht bis zum 15. August vor, hat die Anstalt die zur Berechnung des Jahresbeitrags erforderlichen Beträge unter Berücksichtigung des Umfangs und der Struktur der Geschäfte des Kreditinstituts oder einer Gruppe vergleichbarer Kreditinstitute anhand geeigneter Unterlagen zu schätzen; auf dieser Basis ist das 1,35-Fache des Jahresbeitrags als Abschlagszahlung festzusetzen. Werden die Meldungen auch bis zum 31. Dezember des Beitragsjahres nicht nachgereicht, gilt der Betrag der Abschlagszahlung als Jahresbeitrag. Die in Satz 2 genannte Frist ist eine Ausschlussfrist.

(4) Soweit der Anstalt im Fall der Erhebung von Sonderbeiträgen die notwendigen Unterlagen für die Ermittlung der Belastungsobergrenze nach § 3 Absatz 4 nicht vollständig vorliegen, hat sie das Kreditinstitut vor Erhebung des Sonderbeitrags aufzufordern, die Unterlagen innerhalb einer Ausschlussfrist von vier Wochen einzureichen. Kommt ein Institut dieser Aufforderung innerhalb dieser Frist nicht nach, ist der Sonderbeitrag ohne Beachtung der Belastungsobergrenze zu erheben.

(5) In den Fällen des Absatzes 2 Satz 2 und 6 tritt bei einer Genossenschaft oder einem rechtsfähigen wirtschaftlichen Verein an die Stelle des Abschlussprüfers der Prüfungsverband nach § 340k Absatz 2 und 2a des Handelsgesetzbuchs sowie bei einer Sparkasse die Prüfungsstelle eines Sparkassen- und Giroverbandes nach § 340k Absatz 3 des Handelsgesetzbuchs.

§ 5 Berichtspflichten bei Erreichen der Zielgröße, Aussetzung der Beiträge

Soweit der Fonds Mittel in Höhe von mehr als 70 Milliarden Euro angesammelt hat, berichtet die Anstalt dem Lenkungsausschuss, der Bundesanstalt für Finanzdienstleistungsaufsicht und der Deutschen Bundesbank regelmäßig über die aktuelle Mittelausstattung und legt im Benehmen mit der Bundesanstalt für Finanzdienstleistungsaufsicht und der Deutschen Bundesbank dem Bundesministerium der Finanzen Vorschläge zur eventuellen Anpassung der Höhe der zu erhebenden Jahresbeiträge vor.

§ 6 Fälligkeit der Beitragsforderungen, Säumniszuschläge, Beitreibung

(1) Die Jahres-, Nacherhebungs-, Sonder- und Teilbeiträge werden mit der Bekanntgabe ihrer Festsetzung an das Kreditinstitut fällig, wenn nicht die Anstalt einen späteren Zeitpunkt bestimmt. Für die Bekanntgabe gilt § 122 Absatz 2 und 2a der Abgabenordnung entsprechend.

(2) Wird bis zum Ablauf eines Monats nach dem Fälligkeitstag der jeweilige Beitrag nicht entrichtet, erhebt die Anstalt Säumniszuschläge. § 18 des Verwaltungskostengesetzes ist entsprechend anzuwenden.

(3) Vollstreckungsbehörde ist das für den Sitz oder die Niederlassung des Vollstreckungsschuldners zuständige Hauptzollamt.

(4) Die Anstalt kann die Beiträge auf Antrag ganz oder teilweise stunden, wenn die Einziehung bei Fälligkeit eine nicht unerhebliche Härte für das Kreditinstitut bedeuten würde.

§ 7 Festsetzungs- und Zahlungsverjährung

Hinsichtlich der Festsetzungs- und Zahlungsverjährung sind die §§ 169 bis 171 und 228 bis 232 der Abgabenordnung anzuwenden. Die Festsetzungsfrist beträgt vier Jahre.

§ 8 Übergangsregelungen

(1) Für das Beitragsjahr 2011 gilt
1. abweichend von § 4 Absatz 2 Satz 5 als Stichtag für die Übermittlung der erforderlichen Informationen und Bestätigungen anstelle des 15. Juli der 30. August 2011 und
2. abweichend von § 4 Absatz 3 Satz 1 als Stichtag für die Nachreichung der fehlenden Informationen und Bestätigungen anstelle des 15. August der 15. September 2011.

(2) Für die Zwecke der Berechnung nach § 3 Absatz 4 Satz 3 ist im Beitragsjahr 2011 das Dreifache des Mindestbeitrags und im Beitragsjahr 2012 das Eineinhalbfache der Summe der Mindestbeiträge für 2011 und 2012 anzusetzen.

(3) Abweichend von § 3 Absatz 3 kann in den Beitragsjahren 2011 bis 2019 die rechnerische Differenz zwischen dem festgesetzten und dem nach § 1 Absatz 2 errechneten Jahresbeitrag nur in den folgenden zwei Beitragsjahren nacherhoben werden. Beträge, die nicht innerhalb der folgenden zwei Beitragsjahre nacherhoben werden, sind danach nicht mehr zu erheben.

(4) § 1 Absatz 2 Satz 2 Nummer 1 in der ab dem 30. Juni 2012 geltenden Fassung ist erstmals für das Beitragsjahr 2012 anzuwenden.

§ 9 Inkrafttreten

Diese Verordnung tritt am Tag nach der Verkündung in Kraft.

Anhang 1.9
Mindestanforderungen an die Ausgestaltung von Sanierungsplänen
– MaSan Rundschreiben 03/2014 –

vom 25. April 2014

A. Vorbemerkung
B. Ziele des Sanierungsplans
C. Anwendungsbereich
D. Gesamtverantwortung der Geschäftsleitung und interner Prozess
E. Bestandteile des Sanierungsplans
   1. Zusammenfassung
   2. Strategische Analyse
      2.1 Unternehmensstruktur
      2.2 Geschäftsaktivitäten
      2.3 Vernetzung
   3. Sanierungs-Handlungsoptionen
      3.1 Allgemeiner Überblick über Handlungsoptionen
      3.2 Indikatoren und Eskalationsprozess
      3.3 Belastungsanalyse
      3.4 Prüfung der Anwendbarkeit des Sanierungsplans
      3.5 Kommunikation
      3.6 Informationsmanagement
F. Umsetzung von identifiziertem Handlungsbedarf

A. Vorbemerkung

1. Dieses Rundschreiben gibt auf der Grundlage des § 47a des Kreditwesengesetzes (»KWG«) einen flexiblen und praxisnahen Rahmen für die Ausgestaltung von Sanierungsplänen durch Kreditinstitute vor, die von der Aufsicht als in Deutschland potentiell systemgefährdend identifiziert worden sind.
2. Das Financial Stability Board («FSB») hat im Oktober 2011 die »Key Attributes of Effective Resolution Regimes for Financial Institutions« (»FSB Key Attributes«) verabschiedet, welche die Staats- und Regierungschefs der G-20-Länder auf ihrem Gipfel in Cannes am 4. November 2011 als internationalen Standard bestätigt haben. Die Key Attributes verfolgen das Ziel, die geordnete Abwicklung von global systemrelevanten Finanzunternehmen ohne den Verlust von Steuergeldern zu ermöglichen, um somit der »too big to fail«-Problematik wirksam zu begegnen und folglich die Systemstabilität zu erhalten.

B. Ziele des Sanierungsplans

1. Der Sanierungsplan soll dem Kreditinstitut als Vorbereitung für die Bewältigung von Krisensituationen dienen. Das Erstellen eines Sanierungsplans verfolgt das Ziel, dass das Kreditinstitut geeignete Handlungsoptionen identifiziert und prüft, um hierdurch die Widerstandsfähigkeit des Kreditinstitutes in künftigen Krisensituationen zu stärken.
2. Im Sanierungsplan beschreibt das Kreditinstitut die Handlungsoptionen, die es im Krisenfall ergreifen kann, um die finanzielle Solidität nachhaltig sicher- bzw. wiederherzustellen und somit die Existenzfähigkeit zu sichern, ohne dass deren Umsetzung erhebliche negative Auswirkungen auf das Finanzsystem haben darf. Dabei darf im Sanierungsplan nicht von der Möglichkeit des Zugangs zu einer

außergewöhnlichen finanziellen Unterstützung aus öffentlichen Mitteln oder vom Erhalt einer solchen Unterstützung ausgegangen werden.

C. Anwendungsbereich

1. Die Anforderungen des Rundschreibens sind von allen in Deutschland potentiell systemgefährdenden Kreditinstituten einzuhalten. Ist das potentiell systemgefährdende Kreditinstitut Teil einer Institutsgruppe oder einer Finanzholding-Gruppe (für die Zwecke dieses Rundschreibens wird jede dieser Gruppen auch als »Finanzgruppe« bezeichnet) oder ist die Finanzgruppe potentiell systemgefährdend, gilt Satz 1 mit der Maßgabe, dass das übergeordnete Unternehmen einen Sanierungsplan zu erstellen hat, der sich auf die gesamte Finanzgruppe bezieht (»Gruppen-Sanierungsplan«). Im vorgenannten Fall wird das übergeordnete Unternehmen nachstehend auch als »Kreditinstitut« bezeichnet.
    Sofern in der Finanzgruppe inländische nachgeordnete Gruppengesellschaften vorhanden sind, die ihrerseits selbst eine Systemgefährdung auslösen könnten (»inländische nachgeordnete potentiell systemgefährdende Gruppengesellschaften«), sind diese Gruppengesellschaften durch das übergeordnete Unternehmen in besonderem Maße – wie in D. 1 beschrieben – an der Erstellung, Implementierung, Aktualisierung sowie im Krisenfall bei der Umsetzung des Gruppen-Sanierungsplans zu beteiligen.
2. Der Gruppen-Sanierungsplan hat sich auf die gesamte Finanzgruppe zu beziehen. Dies erfordert, dass der Sanierungsplan neben dem übergeordneten Unternehmen selbst auch wesentliche gruppenangehörige Gesellschaften und Niederlassungen, insbesondere inländische nachgeordnete potentiell systemgefährdende Gruppengesellschaften, einbezieht.
3. Sofern das Kreditinstitut Tochterunternehmen eines ausländischen Kreditinstituts ist und dieses ausländische Kreditinstitut einen Gruppensanierungsplan aufstellt, soll sich der Sanierungsplan des deutschen Tochterunternehmens konsistent in den Gruppen-Sanierungsplan des ausländischen Kreditinstituts einfügen.
4. Die Ausgestaltung des Sanierungsplans über die in diesem Rundschreiben niedergelegten Mindestanforderungen hinaus ist von Größe, Komplexität und Vernetzung des Kreditinstitutes bzw. der Finanzgruppe sowie von Art, Umfang und Komplexität des Geschäftsmodells und des damit einhergehenden Risikos abhängig (Proportionalitätsprinzip).

D. Gesamtverantwortung der Geschäftsleitung und interner Prozess

1. Alle Geschäftsleiter im Sinne des § 1 Abs. 2 KWG (nachstehend auch als »Geschäftsleiter« bezeichnet) sind, unabhängig von der internen Zuständigkeitsregelung, für das Erstellen, die Implementierung und die Aktualisierung des Sanierungsplans sowie für dessen Umsetzung im Krisenfall verantwortlich. Die Geschäftsleiter des übergeordneten Unternehmens einer Finanzgruppe sind für das Erstellen, die Implementierung und die Aktualisierung eines Gruppen-Sanierungsplans sowie im Krisenfall für dessen Umsetzung verantwortlich. Die Geschäftsleiter von inländischen nachgeordneten potentiell systemgefährdenden Gruppengesellschaften sind für die Erstellung, Implementierung, Aktualisierung des Gruppen-Sanierungsplans sowie im Krisenfall für dessen Umsetzung insoweit verantwortlich als dieser die inländische nachgeordnete potentiell systemgefährdende Gruppengesellschaft betrifft.
2. Das Kreditinstitut hat Verantwortlichkeiten und einen internen Prozess für das Erstellen, das Implementieren, das Aktualisieren des Sanierungsplans und für dessen Umsetzung im Krisenfall festzulegen sowie zu diesem Zweck eine ange-

messene personelle und technisch-organisatorische Ausstattung gemäß Allgemeiner Teil (AT) 7.2 der Mindestanforderungen an das Risikomanagement (MaRisk) vorzuhalten. Hierbei sind alle erforderlichen Organisationseinheiten einzubeziehen, insbesondere die Geschäftsleitung, die von der Geschäftsleitung mit der Steuerung der Risiken betrauten Ausschüsse, die betroffenen Geschäftsbereiche und im Rahmen ihrer Aufgaben auch die Treasury-Funktion, die Risikocontrolling-Funktion, die Compliance-Funktion und die Interne Revision. Die für die Umsetzung des Sanierungsplans im Krisenfall notwendigen Informationen sind stets kurzfristig verfügbar zu halten.
3. Das Kreditinstitut hat den Sanierungsplan mindestens jährlich oder nach einer Änderung der Rechts- oder Organisationsstruktur des Kreditinstituts, seiner Geschäftstätigkeit oder seiner Finanzlage oder der allgemeinen Risikosituation, die sich wesentlich auf den Sanierungsplan auswirken könnte oder aus anderen Gründen dessen Änderung erforderlich macht, zu aktualisieren. Die Bundesanstalt kann von dem Kreditinstitut verlangen, dass es seinen Sanierungsplan häufiger aktualisiert.

E. Bestandteile des Sanierungsplans

1. Zusammenfassung

Der Sanierungsplan beinhaltet eine Zusammenfassung, die zumindest den nachfolgenden Inhalt umfasst:
a. wesentliche Ergebnisse des Sanierungsplans, insbesondere eine Zusammenfassung der wesentlichen Erkenntnisse aus E 3. und F.;
b. wesentliche Änderungen seit der letzten Aktualisierung und
c. erforderliche organisatorische und prozessuale Anpassungen, die zur Umsetzbarkeit des Sanierungsplanes erforderlich sind, einschließlich eines Zeitplans hierfür.

2. Strategische Analyse

Die Strategische Analyse hat eine Darstellung der Unternehmensstruktur, der Geschäftsaktivitäten und der Vernetzung des Kreditinstitutes und der Finanzgruppe wie nachfolgend näher beschrieben zu enthalten.

2.1 Unternehmensstruktur

Das Kreditinstitut hat seine Unternehmensstruktur durch eine detaillierte Beschreibung der Aufbauorganisation sowie durch ein Organigramm im Sanierungsplan darzulegen.

2.2 Geschäftsaktivitäten

1. Das Kreditinstitut hat im Sanierungsplan einen kurzen Überblick über das Geschäftsmodell zu geben. Dabei hat das Kreditinstitut auf die wesentlichen Geschäftsaktivitäten einzugehen und auch Ertrags- und Risikokonzentrationen darzulegen. Ferner sollen die Märkte, in denen das Kreditinstitut oder dessen wesentliche gruppenangehörige Gesellschaften und Niederlassungen eine wesentliche Stellung haben oder zukünftig haben werden, dargestellt werden. Dabei ist die Marktabgrenzung sowohl sachlich als auch geographisch vorzunehmen.
2. Das Kreditinstitut hat im Sanierungsplan kritische Geschäftsaktivitäten zu identifizieren und diese Einstufung nachvollziehbar zu begründen.

3. Das Kreditinstitut hat die wesentlichen und die kritischen Geschäftsaktivitäten den einzelnen juristischen Personen und Niederlassungen zuzuordnen (»Mapping«).

2.3 Vernetzung

1. Das Kreditinstitut hat die wesentlichen gruppeninternen Vernetzungen der wesentlichen gruppenangehörigen Gesellschaften und Niederlassungen darzustellen. Dies schließt ökonomische, rechtliche, organisatorische und operationale Vernetzungen innerhalb der Gruppe ein.
2. Das Kreditinstitut hat auch seine wesentliche externe Vernetzung darzulegen. Insbesondere umfasst dies eine Darstellung
    a. der wesentlichen Vertragspartner auf der Aktivseite und auf der Passivseite und
    b. der wesentlichen Zahlungsverkehrsdienstleistungen, Clearing, Abwicklung, Verwahrung und weiterer Dienstleistungen, die für Dritte erbracht werden bzw. die durch Dritte für das Kreditinstitut erbracht werden (Outsourcing).

3. Sanierungs-Handlungsoptionen

Im Sanierungsplan hat das Kreditinstitut (in Bezug auf sich selbst bzw. die Finanzgruppe, insbesondere wesentliche Gruppengesellschaften und Niederlassungen) die Handlungsoptionen darzustellen, die es ergreifen kann, um die finanzielle Solidität nachhaltig sicher- bzw. wiederherzustellen und somit die Existenzfähigkeit zu sichern.

3.1 Allgemeiner Überblick über Handlungsoptionen

1. Das Kreditinstitut hat zunächst einen Überblick über die für das Kreditinstitut bzw. die Finanzgruppe in Betracht kommenden Handlungsoptionen zu geben, die grundsätzlich dazu beitragen könnten, die finanzielle Solidität im Falle einer Krise sicher- bzw. wiederherzustellen.
2. Dabei hat das Kreditinstitut insbesondere die Auswirkungen (Auswirkungsanalyse) und die Umsetzbarkeit bzw. das mit der Umsetzung verbundene Risiko (Umsetzbarkeitsanalyse) jeder Handlungsoption, die gemäß Textziffer 1 zu beschreiben ist, zu analysieren.
    a. **Auswirkungsanalyse**:
    Für jede Handlungsoption ist eine Analyse der Auswirkungen, unter anderem der finanziellen, liquiditätsmäßigen, operationalen und externen Auswirkungen, durchzuführen. Die bei der Auswirkungsanalyse zugrunde gelegten Annahmen und Bewertungsmethoden sind im Sanierungsplan zu beschreiben.
    b. **Umsetzbarkeitsanalyse**:
    Bei der Umsetzbarkeitsanalyse hat das Kreditinstitut eine Bewertung der Realisierbarkeit der jeweiligen Handlungsoption durchzuführen und insbesondere folgende Aspekte zu berücksichtigen:
    ba. Bewertung der Erfolgsaussichten der Handlungsoptionen,
    bb. Darstellung der Hindernisse, die die Umsetzbarkeit der Handlungsoption einschränken oder ausschließen könnten sowie Darstellung, wie diese Hindernisse überwunden werden könnten und
    bc. Sicherstellung des operativen Geschäftsbetriebs.
    Das Kreditinstitut soll dabei etwaige Erfahrungen, die in der Vergangenheit in Krisensituationen bei der Umsetzung gemacht wurden, berücksichtigen. Zu berücksichtigen sind auch übertragbare Erfahrungen von Wettbewerbern in Krisensituationen, sofern diese öffentlich bekannt sind.
    c. Darüber hinaus ist der Zeitplan für die Umsetzung der jeweiligen Handlungsoption darzustellen.

3. Das Kreditinstitut hat unter Berücksichtigung der Auswirkungen von Handlungsoptionen auf das Kreditinstitut, die auch zu einer Beeinflussung des Geschäftsmodells führen können, entsprechend hochrangige Verantwortlichkeiten und einen internen Prozess für die Umsetzung jeder Handlungsoption festzulegen.

3.2 Indikatoren und Eskalationsprozess

1. Das Kreditinstitut hat Indikatoren sowie für die jeweiligen quantitativen Indikatoren angemessene Schwellenwerte festzulegen, die es ihm erlauben, rechtzeitig die geeigneten Handlungsoptionen einzuleiten, um die finanzielle Solidität nachhaltig sicher- bzw. wiederherzustellen und somit die Existenzfähigkeit zu sichern.
2. Das Kreditinstitut hat einen Eskalations- und Informationsprozess zu definieren, der sicherstellt, dass die Geschäftsleiterebene rechtzeitig und umfassend in die Entscheidungen eingebunden wird. Die in diesem Rahmen getroffenen Entscheidungen sind zu dokumentieren. Das Aufsichtsorgan des Kreditinstituts ist ebenfalls angemessen einzubinden. Auch die Aufsicht ist in diesen Fällen rechtzeitig und umfassend zu informieren.
3. Die Indikatoren haben sich insbesondere zu beziehen auf
   - die Kapitalsituation,
   - die Risikotragfähigkeit,
   - die Liquiditätssituation,
   - die Ertragslage,
   - das Risikoprofil und
   - exogene Ereignisse.
4. Die Indikatoren sind so zeitnah und regelmäßig zu überwachen, dass negative Entwicklungen rechtzeitig erkannt werden können. Dabei hat sich das Überwachungsintervall an den jeweiligen Indikatoren zu orientieren.
5. Über die Verpflichtung in Ziffer 3.2 Absatz 2 hinaus, hat das Kreditinstitut die Aufsicht halbjährlich, auf Anforderung der Aufsicht häufiger, über den absoluten Wert sowie die relative Änderung – bezogen auf den vorherigen Stichtag – der Indikatoren während des jeweils letzten Halbjahres zu informieren. Gleichzeitig ist auch das Aufsichtsorgan des Kreditinstituts hierüber zu informieren.

3.3 Belastungsanalyse

1. Das Kreditinstitut hat bei Erstellen des Sanierungsplans und bei jeder Aktualisierung Belastungsanalysen durchzuführen, die Art, Umfang, Komplexität und das Risikoprofil der Geschäftsaktivitäten widerspiegeln.
2. Das Kreditinstitut hat für die Belastungsanalyse verschiedene Belastungsszenarien zu entwickeln.
   Dabei sollen mindestens die folgenden Kriterien berücksichtigt werden, wobei jeweils auch der Zeitfaktor – sowohl plötzlich eintretende als auch langsam eintretende Entwicklungen – einzubeziehen ist:
   a. unternehmens- bzw. gruppenspezifische Belastungsszenarien,
   b. marktweite Belastungsszenarien sowie
   c. die Kombination aus unternehmens-/gruppenspezifischen und marktweiten Belastungsszenarien.
   Diese verschiedenen Belastungsszenarien müssen die wesentlichen Risiken, denen das Kreditinstitut bzw. die Finanzgruppe ausgesetzt ist, abbilden und die Annahmen, die verwendet wurden, detailliert darstellen.
   Diese Belastungsszenarien müssen schwerwiegend genug sein, um einen wesentlichen nachteiligen Einfluss auf das Kreditinstitut bzw. die Finanzgruppe haben zu können, der die finanzielle Solidität bzw. die Existenz des Kreditinstitutes bzw. der Finanzgruppe gefährden kann.

Die Bundesanstalt für Finanzdienstleistungsaufsicht behält sich vor, den einzelnen Kreditinstituten bestimmte Belastungsszenarien vorzugeben, die sich auf das Kreditinstitut, Unternehmen, die der Finanzgruppe angehören, und die gesamte Finanzgruppe beziehen können.
3. Im Rahmen der Belastungsanalyse sind die Auswirkungen von Belastungsszenarien auf das Kreditinstitut und die Finanzgruppe zu untersuchen, insbesondere Auswirkungen auf Kapital, Risikotragfähigkeit, Liquidität, Ertragskraft, Risikoprofil und Fortführung der Geschäftstätigkeit. Weiterhin sind auch die wesentlichen und die kritischen Geschäftsaktivitäten, die in den Belastungsszenarien in eine Krise geraten könnten, zu identifizieren.

3.4 Prüfung der Anwendbarkeit des Sanierungsplans

1. Für sämtliche Belastungsszenarien, die den Belastungsanalysen zugrunde liegen, hat das Kreditinstitut die Handlungsoptionen, die nach E. 3.1. grundsätzlich in Betracht kommen, in Kapitel E. 3.4. bezogen auf das jeweilige Belastungsszenario zu beschreiben sowie die Auswirkungen auf die Indikatorenwerte zu prüfen. Die Beschreibung dieser Handlungsoptionen hat die erforderlichen Schritte zu umfassen, um die finanzielle Solidität nachhaltig sicher- bzw. wiederherzustellen und somit die Existenzfähigkeit zu sichern.
2. Das Kreditinstitut hat die Wirksamkeit und Eignung der Handlungsoptionen in Bezug auf das jeweilige Belastungsszenario zu analysieren. Dabei hat das Kreditinstitut insbesondere die Auswirkungen (Auswirkungsanalyse) und die Umsetzbarkeit (Umsetzbarkeitsanalyse) aller im jeweiligen Belastungsszenario grundsätzlich zweckmäßig erscheinenden Handlungsoptionen zu analysieren sowie einen Zeitplan für die Umsetzung der Handlungsoptionen aufzustellen.

3.5 Kommunikation

Das Kreditinstitut hat ein detailliertes internes und externes Kommunikationskonzept für die Umsetzung der Handlungsoptionen für den Krisenfall zu erstellen. Die konkrete Ausgestaltung des Kommunikationskonzepts soll in einem angemessenen Verhältnis zur Bedeutung der jeweiligen Handlungsoption stehen.

Das Kommunikationskonzept hat mindestens folgende Aspekte zu enthalten:
a. Interne Kommunikation (gegenüber den zuständigen Führungskräften, Aufsichtsorganen, Mitarbeitern, Arbeitnehmervertretern, Gruppengesellschaften etc.)
b. Externe Kommunikation mit
   – den Aufsichtsbehörden,
   – den Eigentümern,
   – den Einlagensicherungssystemen und
   – der Öffentlichkeit (Kunden, Investoren, Finanzmarktteilnehmer usw.)

3.6. Informationsmanagement

Das Kreditinstitut hat sicherzustellen, dass die erforderlichen Informationen für die Umsetzung der als grundsätzlich geeignet identifizierten Handlungsoptionen stets kurzfristig verfügbar sind.

F. Umsetzung von identifiziertem Handlungsbedarf

1. Auf Grundlage der strategischen Analyse und der identifizierten Hinderungsgründe hat das Kreditinstitut die möglichen und notwendigen Schritte einzuleiten, um die identifizierten wesentlichen Hindernisse bei der Umsetzung der als grund-

sätzlich geeignet identifizierten Handlungsoptionen zu überwinden bzw. den erkannten Verbesserungsbedarf umzusetzen.
2. Unter Einbeziehung der zuständigen Organisationseinheiten hat das Kreditinstitut die weiteren notwendigen Handlungsschritte nebst Zeitplan darzulegen.

Anhang 2
Eigenmittel- und Solvenzvorschriften

Anhang 2.1
Verordnung zur angemessenen Eigenmittelausstattung von Instituten, Institutsgruppen, Finanzholding-Gruppen und gemischten Finanzholding-Gruppen (Solvabilitätsverordnung – SolvV)[1]

vom 6. Dezember 2013 (BGBl. I S. 4168)

Auf Grund des § 10 Absatz 1 Satz 1 und 3 des Kreditwesengesetzes, der durch Artikel 1 Nummer 21 des Gesetzes vom 28. August 2013 (BGBl. I S. 3395) neu gefasst worden ist, sowie auf Grund des § 10a Absatz 7 Satz 1 und 3 des Kreditwesengesetzes, der durch Artikel 1 Nummer 22 des Gesetzes vom 28. August 2013 (BGBl. I S. 3395) neu gefasst worden ist, jeweils im Benehmen mit der Deutschen Bundesbank und nach Anhörung der Spitzenverbände der Institute verordnet das Bundesministerium der Finanzen:

Inhaltsübersicht

Teil 1:
Allgemeine Vorschriften

Anwendungsbereich . . . . § 1
Anträge und Anzeigen . . . . § 2

Teil 2:
Nähere Bestimmungen zu den Eigenmittelanforderungen für Institute und Gruppen

Kapitel 1
Interne Ansätze

Abschnitt 1
Allgemeine Bestimmungen
Prüfungen bei Verwendung eines erlaubnispflichtigen Ansatzes zur
Ermittlung der Mindesteigenmittelanforderungen . . . . § 3

---

[1] Diese Verordnung dient der Umsetzung der Richtlinie 2013/36/EU des Europäischen Parlaments und des Rates vom 26. Juni 2013 über den Zugang zur Tätigkeit von Kreditinstituten und die Beaufsichtigung von Kreditinstituten und Wertpapierfirmen, zur Änderung der Richtlinie 2002/87/EG und zur Aufhebung der Richtlinien 2006/48/EG und 2006/49/EG (ABl. L 176 vom 27.6.2013, S. 338) sowie der Anpassung des Aufsichtsrechts an die Verordnung (EU) Nr. 575/2013 des Europäischen Parlaments und des Rates vom 26. Juni 2013 über Aufsichtsanforderungen an Kreditinstitute und Wertpapierfirmen und zur Änderung der Verordnung (EU) Nr. 646/2012 (ABl. L 176 vom 27.6.2013, S. 1).

Maßnahmen bei Mängeln bei der Risikoerfassung oder der Nichteinhaltung der Anforderungen bei Verwendung eines erlaubnispflichtigen Ansatzes zur Ermittlung der Mindesteigenmittelanforderungen .... § 4
Berechnungen und Meldungen für das aufsichtliche Benchmarking bei der Anwendung interner Ansätze .... § 5
Aufsichtliches Benchmarking interner Ansätze .... § 6

Abschnitt 2
Ergänzende Regelungen zum IRB-Ansatz

IRB-Ansatz-Eignungsprüfungen für interne Ratingsysteme und Beteiligungsrisikomodelle .... § 7
Zeitraum für die Umsetzung des IRB-Ansatzes .... § 8
Anforderungen an die Umsetzung des IRB-Ansatzes .... § 9
IRB-Ansatz-Schwellen; aufsichtlicher Referenzpunkt................ § 10
Berechnung des Abdeckungsgrads .... § 11
Im Zähler für den Abdeckungsgrad zu berücksichtigende IRB-Ansatz-Positionen .... § 12
Im Nenner für den Abdeckungsgrad zu berücksichtigende Positionen; Grundgesamtheit für den Abdeckungsgrad .... § 13
Auslaufender Geschäftsbereich; Neugeschäft; zu berücksichtigendes Bestandsgeschäft .... § 14
Dauerhafte Ausnahme von der Anwendung des IRB-Ansatzes für steuererhebende Kirchen und Religionsgesellschaften .... § 15
Wesentlichkeitsschwelle für den 90-Tage-Verzug .... § 16
Berücksichtigungsfähige Arten von Beteiligungen für die Ausnahme von der Anwendung des IRB-Ansatzes bis 31. Dezember 2017 .... § 17

Abschnitt 3
Ergänzende Regelungen zur IMM

IMM-Eignungsprüfung .... § 18

Abschnitt 4
Ergänzende Regelungen zu internen Einstufungsverfahren

Eignungsprüfungen für interne Einstufungsverfahren .... § 19

Abschnitt 5
Ergänzende Regelungen zu operationellen Risiken

AMA-Eignungsprüfung .... § 20

Abschnitt 6
Ergänzende Regelungen zu internen Modellen für Marktrisiken

Interne Modelle-Eignungsprüfung .... § 21

Kapitel 2
Vorgaben für die Bemessung des Beleihungswerts

Vorgaben für die Bemessung des Beleihungswerts von Immobilien .... § 22

Kapitel 3
Nähere Bestimmungen zu den Übergangsvorschriften für die Eigenmittel-
anforderungen
Prozentsätze für die Kapitalquoten .... § 23

Teil 3:
Nähere Bestimmungen zur Ermittlung der Eigenmittel
Kapitel 1
Nähere Bestimmungen zu den Übergangsvorschriften für die Ermittlung der
Eigenmittel
Prozentsätze für die Berücksichtigung von in der Bilanz ausgewiesenen nicht
realisierten Verlusten aus Vermögensgegenständen oder Verbindlichkeiten,
die zum beizulegenden Zeitwert bewertet werden .... § 24
Prozentsätze für die Berücksichtigung von in der Bilanz ausgewiesenen nicht
realisierten Gewinnen aus Vermögensgegenständen
oder Verbindlichkeiten, die zum beizulegenden Zeitwert bewertet werden ... § 25
Prozentsätze für die Abzüge vom harten Kernkapital, zusätzlichen Kern-
kapital und Ergänzungskapital .... § 26
Prozentsätze für die Anerkennung von nicht als Minderheitenbeteiligungen
geltenden Instrumenten und Positionen im konsolidierten harten
Kernkapital .... § 27
Faktoren für die Anerkennung von Minderheitsbeteiligungen und
qualifiziertem zusätzlichem Kernkapital sowie Ergänzungskapital .... § 28
Prozentsätze für Abzüge nach den Artikeln 32 bis 36, 56 und 66 der
Verordnung (EU) Nr. 575/2013 .... § 29
Prozentsatz für die Anpassung nach Artikel 36 Absatz 1 Buchstabe i und
Artikel 49 Absatz 1 und 3 der Verordnung (EU) Nr. 575/2013 .... § 30
Prozentsätze für die Begrenzung der unter Bestandsschutz fallenden Instrumente
des harten Kernkapitals, zusätzlichen Kernkapitals und Ergänzungskapitals nach
Artikel 484 Absatz 3 bis 5 der Verordnung (EU) Nr. 575/2013 .... § 31

Kapitel 2
Behandlung der nach der Äquivalenzmethode bewerteten Beteiligung bei
Gruppen
Behandlung der nach der Äquivalenzmethode bewerteten Beteiligungen bei
Anwendung des Verfahrens nach § 10a Absatz 5 des Kreditwesengesetzes ... § 32

Teil 4:
Nähere Bestimmungen zum antizyklischen Kapitalpuffer und zur kombinierten
Kapitalpuffer-Anforderung
Kapitel 1
Antizyklischer Kapitalpuffer
Festlegung der Quote für den inländischen antizyklischen Kapitalpuffer .... § 33
Veröffentlichung der Quote .... § 34
Zusätzliche Veröffentlichungen für Quoten in Drittstaaten .... § 35
Maßgebliche Risikopositionen .... § 36

Kapitel 2
Kombinierte Kapitalpuffer-Anforderung
Maximal ausschüttungsfähiger Betrag . . . . § 37

Teil 5:
Übergangs- und Schlussbestimmungen

Übergangsvorschriften . . . . § 38
Inkrafttreten, Außerkrafttreten . . . . § 39

Teil 1:
Allgemeine Vorschriften

§ 1 Anwendungsbereich

(1) Die §§ 3 bis 23 dieser Verordnung sind ergänzend zu den Artikeln 92 bis 386 der Verordnung (EU) Nr. 575/2013 des Europäischen Parlaments und des Rates vom 26. Juni 2013 über Aufsichtsanforderungen an Kreditinstitute und Wertpapierfirmen und zur Änderung der Verordnung (EU) Nr. 646/2012 (ABl. L 176 vom 27.6.2013, S. 1) von denjenigen Instituten und Gruppen anzuwenden, die sich nach der Verordnung (EU) Nr. 575/2013 oder nach dem Kreditwesengesetz an die Vorgaben dieser Artikel halten müssen.

(2) Die §§ 24 bis 31 dieser Verordnung sind ergänzend zu den Artikeln 25 bis 91 der Verordnung (EU) Nr. 575/2013 von denjenigen Instituten und Gruppen anzuwenden, die sich nach der Verordnung (EU) Nr. 575/2013 oder nach dem Kreditwesengesetz an die Vorgaben dieser Artikel halten müssen.

(3) § 32 dieser Verordnung ist ergänzend zu den Artikeln 11 bis 91 der Verordnung (EU) Nr. 575/2013 von denjenigen Instituten und Gruppen anzuwenden, die sich nach der Verordnung (EU) Nr. 575/2013 oder nach dem Kreditwesengesetz an die Vorgaben dieser Artikel halten müssen.

(4) Die §§ 33 bis 37 dieser Verordnung sind ergänzend zu den §§ 10c bis 10i des Kreditwesengesetzes von denjenigen Instituten und Gruppen anzuwenden, die sich an die Vorgaben dieser Vorschriften halten müssen.

§ 2 Anträge und Anzeigen

(1) Anträge, über die nach der Verordnung (EU) Nr. 575/2013 die Bundesanstalt für Finanzdienstleistungsaufsicht (Bundesanstalt) als zuständige Behörde zu entscheiden hat, sind vorbehaltlich abweichender Bestimmungen in schriftlicher Form bei der Bundesanstalt zu stellen.

(2) Anzeigen nach der Verordnung (EU) Nr. 575/2013, für die die Bundesanstalt die zuständige Behörde ist, sind bei der Bundesanstalt und in Kopie bei der Deutschen Bundesbank einzureichen.

(3) Meldungen, die aufgrund regelmäßiger Berichtspflichten nach der Verordnung (EU) Nr. 575/2013 gegenüber der Bundesanstalt als zuständige Behörde erfolgen müssen, sind über die Deutsche Bundesbank einzureichen.

Teil 2:
Nähere Bestimmungen zu den Eigenmittelanforderungen für Institute und Gruppen

Kapitel 1:
Interne Ansätze

Abschnitt 1 Allgemeine Bestimmungen

§ 3 Prüfungen bei Verwendung eines erlaubnispflichtigen Ansatzes zur Ermittlung der Mindesteigenmittelanforderungen

(1) Hat die Bundesanstalt einem Institut die Erlaubnis zur Verwendung eines Ansatzes zur Ermittlung der Mindesteigenmittelanforderungen erteilt, dessen Verwendung nach den Artikeln 92 bis 386 der Verordnung (EU) Nr. 575/2013 einer Erlaubnis der zuständigen Behörde bedarf (erlaubnispflichtiger Ansatz zur Ermittlung der Mindesteigenmittelanforderungen), muss sie regelmäßig überprüfen, ob die Anforderungen für diesen Ansatz nach dieser Verordnung und nach der Verordnung (EU) Nr. 575/2013 erfüllt sind. Die Überprüfung findet mindestens alle drei Jahre statt. Daneben prüft die Bundesanstalt im Rahmen von Nachschauprüfungen, ob festgestellte Mängel abgestellt und Auflagen erfüllt sind.

(2) Die Bundesanstalt kann die Eignungsprüfung für die Erlaubnis zur Verwendung eines Ansatzes sowie die regelmäßige Überprüfung und die Nachschauprüfungen auf der Grundlage einer Prüfung nach § 44 Absatz 1 Satz 2 des Kreditwesengesetzes durchführen. Die Prüfung nach § 44 Absatz 1 Satz 2 des Kreditwesengesetzes führt in der Regel die Deutsche Bundesbank durch.

(3) Bei der Überprüfung berücksichtigt die Bundesanstalt insbesondere Veränderungen der Geschäftstätigkeit des Instituts sowie die Anwendung dieses erlaubnispflichtigen Ansatzes zur Ermittlung der Mindesteigenmittelanforderungen auf neue Produkte. Zusätzlich überprüft sie, ob das Institut für diesen Ansatz ausgereifte und aktuelle Techniken und Praktiken anwendet.

(4) Bei der Überprüfung berücksichtigt die Bundesanstalt die Analysen und Benchmarks der Europäischen Bankenaufsichtsbehörde.

§ 4 Maßnahmen bei Mängeln bei der Risikoerfassung oder der Nichteinhaltung der Anforderungen bei Verwendung eines erlaubnispflichtigen Ansatzes zur Ermittlung der Mindesteigenmittelanforderungen

(1) Sofern die Bundesanstalt feststellt, dass die Ausgestaltung eines erlaubnispflichtigen Ansatzes zur Ermittlung der Mindesteigenmittelanforderungen durch das Institut erhebliche Mängel bei der Erfassung des Risikos aufweist, sorgt die Bundesanstalt dafür, dass diese Mängel beseitigt werden, oder sie ergreift angemessene Maßnahmen, die geeignet sind, um die aus den Mängeln resultierenden Folgen abzuschwächen. Geeignete Maßnahmen sind insbesondere die Festsetzung höherer Multiplikationsfaktoren oder zusätzlicher Eigenmittelanforderungen.

(2) Deutet bei einem von der Bundesanstalt erlaubten internen Modell für Marktrisiken das zahlreiche Auftreten von in Artikel 366 der Verordnung (EU) Nr. 575/2013 genannten Überschreitungen darauf hin, dass das Modell nicht oder nicht mehr präzise genug ist, widerruft die Bundesanstalt die Erlaubnis zur Verwendung dieses

internen Modells für Marktrisiken oder ordnet angemessene Maßnahmen an, die gewährleisten, dass das Modell umgehend verbessert wird.

(3) Wenn ein Institut nicht mehr sämtliche Anforderungen für einen erlaubnispflichtigen Ansatz zur Ermittlung der Mindesteigenmittelanforderungen nach dieser Verordnung und nach der Verordnung (EU) Nr. 575/2013 erfüllt, verlangt die Bundesanstalt
1. vom Institut einen Plan, wie und in welchem Zeitraum eine zeitnahe Rückkehr zur Regelkonformität gewährleistet werden soll, oder
2. dass das Institut in einer die Bundesanstalt zufriedenstellenden Weise nachweist, dass die Auswirkungen des Nichteinhaltens der Anforderungen unwesentlich sind, sofern das nach der Verordnung (EU) Nr. 575/2013 für diesen Ansatz zulässig ist.

Sind die Eigenmittelanforderungen im Falle des Satzes 1 wahrscheinlich unzureichend, ordnet die Bundesanstalt, soweit angemessen, zusätzliche Eigenmittelanforderungen an.

(4) Erscheint es nach Einschätzung der Bundesanstalt unwahrscheinlich, dass ein vom Institut vorgelegter Plan nach Absatz 3 Satz 1 Nummer 1 zur vollständigen Wiedereinhaltung der Anforderungen führt oder der vom Institut vorgesehene Umsetzungszeitraum unangemessen lang ist, verlangt die Bundesanstalt eine Nachbesserung des Plans.

(5) Erscheint es nach Einschätzung der Bundesanstalt unwahrscheinlich, dass das Institut die Anforderungen innerhalb einer angemessenen Frist wieder einhalten wird, und hat das Institut, sofern das nach der Verordnung (EU) Nr. 575/2013 für diesen Ansatz zulässig ist, auch keinen zufriedenstellenden Nachweis der Unwesentlichkeit der Auswirkungen des Nichteinhaltens der Anforderungen nach Absatz 3 Satz 1 Nummer 2 erbracht, muss die Bundesanstalt die Erlaubnis zur Verwendung des Ansatzes durch das Institut
1. insgesamt widerrufen oder
2. auf solche Bereiche beschränken, in denen die Einhaltung der Anforderungen gegeben ist oder innerhalb einer angemessenen Frist erreicht werden kann, sofern dies innerhalb der von der Bundesanstalt festgelegten Grenzen für die Nichtanwendung dieses Ansatzes möglich ist.

Insbesondere für risikogewichtete Positionsbeträge nach dem auf internen Beurteilungen beruhenden Ansatz (IRB-Ansatz) im Sinne von Artikel 107 Absatz 1 der Verordnung (EU) Nr. 575/2013 kann die Bundesanstalt separat für einzelne Arten von Kreditrisikopositionen die Zustimmung nach Artikel 143 Absatz 2 der Verordnung (EU) Nr. 575/2013 zur Verwendung des IRB-Ansatzes oder zur Verwendung eigener Schätzungen von Verlustausfallquoten (Loss Given Defaults – LGDs) im Sinne von Artikel 4 Absatz 1 Nummer 55 der Verordnung (EU) Nr. 575/2013 oder Konversionsfaktoren für diese Art von Kreditrisikopositionen widerrufen.

§ 5 Berechnungen und Meldungen für das aufsichtliche Benchmarking bei der Anwendung interner Ansätze

(1) Ein Institut, das seine Eigenmittelanforderungen anhand interner Ansätze ermittelt, hat die Eigenmittelanforderungen einmal jährlich für diejenigen seiner Risikopositionen oder Positionen zu berechnen und zu melden, die in den diese internen Ansätze betreffenden Referenzportfolios der Bundesanstalt oder der Europäischen Bankenaufsichtsbehörde enthalten sind. Diese Berechnungs- und Meldepflicht gilt nicht, soweit die Eigenmittelanforderungen mit dem fortgeschrittenen Messansatz nach Artikel 312 Absatz 2 Satz 1 der Verordnung (EU) Nr. 575/2013 berechnet werden.

(2) Die Berechnungen und Meldungen nach Absatz 1 müssen nach dem Stand zum Ende des Kalenderjahres und für jeden vom Institut verwendeten internen Ansatz getrennt erfolgen. Die Ergebnisse dieser Berechnungen sind mit einer Erläuterung der bei der Ermittlung der Ergebnisse angewandten Methoden jeweils bis zum 30. Geschäftstag nach Ablauf eines Kalenderjahres getrennt für Referenzportfolios der Bundesanstalt und der Europäischen Bankenaufsichtsbehörde bei der Deutschen Bundesbank sowie bei der Europäischen Bankenaufsichtsbehörde zu melden. Hierbei sind die technischen Durchführungsstandards nach Artikel 78 Absatz 8 der Richtlinie 2013/36/EU des Europäischen Parlaments und des Rates vom 26. Juni 2013 über den Zugang zur Tätigkeit von Kreditinstituten und die Beaufsichtigung von Kreditinstituten und Wertpapierfirmen, zur Änderung der Richtlinie 2002/87/EG und zur Aufhebung der Richtlinien 2006/48/EG und 2006/49/EG (ABl. L 176 vom 27.6.2013, S. 338) zu berücksichtigen.

(3) Die Bundesanstalt kann von Absatz 1 Satz 1 und Absatz 2 Satz 1 abweichende Berechnungstermine oder von Absatz 2 Satz 2 abweichende Meldefristen bestimmen.

§ 6 Aufsichtliches Benchmarking interner Ansätze

(1) Die Bundesanstalt erstellt eigene Referenzportfolios ausschließlich in Abstimmung mit der Europäischen Bankenaufsichtsbehörde.

(2) Die Bundesanstalt verwendet die von den Instituten nach § 5 gemeldeten Informationen, um die Spanne der risikogewichteten Positionsbeträge und der Eigenmittelanforderungen für diejenigen Risikopositionen oder Positionen eines Referenzportfolios zu überwachen, die sich aus den internen Ansätzen der meldepflichtigen Institute ergeben.

(3) Die Bundesanstalt bewertet mindestens jährlich die Qualität dieser internen Ansätze und konzentriert sich dabei insbesondere auf
1. die internen Ansätze, die erhebliche Unterschiede in Bezug auf die Eigenmittelanforderungen für dieselbe Risikoposition oder Position aufweisen,
2. die internen Ansätze, die eine besonders hohe oder niedrige Vielfalt aufweisen, sowie
3. auf Fälle einer signifikanten und systematischen Unterschätzung der Eigenmittelanforderungen.

(4) Ergeben die Überwachung nach Absatz 2 und die Bewertung nach Absatz 3, dass die Ergebnisse interner Ansätze bestimmter Institute erheblich von den Ergebnissen der Mehrheit der Institute abweichen oder dass nur wenige Gemeinsamkeiten bei den internen Ansätzen bestehen, so dass sich eine weite Spanne an Ergebnissen ergibt, untersucht die Bundesanstalt die Gründe hierfür. Wenn klar festgestellt werden kann, dass der interne Ansatz eines Instituts zu einer Unterschätzung der Eigenmittelanforderungen führt, die nicht auf Unterschiede bei den zugrundeliegenden Risiken der Risikopositionen oder Positionen zurückgeführt werden kann, ergreift die Bundesanstalt angemessene Abhilfemaßnahmen. Bei ihrer Entscheidung über die Angemessenheit von Abhilfemaßnahmen sind die Ziele, die mit der Verwendung interner Ansätze verfolgt werden, zu berücksichtigen und ist sicherzustellen, dass die Abhilfemaßnahmen
1. nicht zu Standardisierungen oder bevorzugten Methoden führen,
2. keine falschen Anreize schaffen und
3. kein Herdenverhalten verursachen.

Abschnitt 2 Ergänzende Regelungen zum IRB-Ansatz

§ 7 IRB-Ansatz-Eignungsprüfungen für interne Ratingsysteme und Beteiligungsrisikomodelle

(1) Die Bundesanstalt entscheidet über die Erlaubnis zur Verwendung des IRB-Ansatzes nach Artikel 143 Absatz 2 sowie über die nach Artikel 143 Absatz 3 der Verordnung (EU) Nr. 575/2013 erlaubnispflichtigen Veränderungen (IRB-Ansatz-Eignungsprüfung) auf der Grundlage einer Prüfung gemäß § 44 Absatz 1 Satz 2 des Kreditwesengesetzes. Die Prüfung gemäß § 44 Absatz 1 Satz 2 des Kreditwesengesetzes führt in der Regel die Deutsche Bundesbank durch. IRB-Ansatz-Eignungsprüfungen führt die Bundesanstalt erst dann durch, wenn das Institut
1. mit den Ratingsystemen, die zur IRB-Ansatz-Eignungsprüfung angemeldet sind, und den Ratingsystemen, die das Institut bereits für den IRB-Ansatz verwenden darf, insgesamt die IRB-Ansatz-Eintrittsschwelle nach § 10 Absatz 1 erreicht oder überschreitet,
2. für jedes der zur IRB-Ansatz-Eignungsprüfung angemeldeten Ratingsysteme und Beteiligungsrisikomodelle die Verwendungsanforderungen nach Artikel 144 Absatz 1 Buchstabe f der Verordnung (EU) Nr. 575/2013 erfüllt hat und, im Falle eines Ratingsystems, die Erfahrungsanforderungen nach Artikel 145 der Verordnung (EU) Nr. 575/2013 in einem Umfang erfüllt hat, der die vollständige Erfüllung der Erfahrungsanforderungen bis zum beabsichtigten Zeitpunkt der Nutzung des Ratingsystems ermöglicht,
3. für jedes der zur IRB-Ansatz-Eignungsprüfung angemeldeten Ratingsysteme und Beteiligungsrisikomodelle das Neugeschäft nach § 14 Absatz 1 Satz 2 Nummer 1 sowie mindestens einen signifikanten Teil des zu berücksichtigenden Bestandsgeschäfts nach § 14 Absatz 2 mit diesem Ratingsystem oder Beteiligungsrisikomodell erfasst hat, und
4. glaubhaft machen kann, dass es zu dem laut Umsetzungsplan angestrebten Zeitpunkt der Verwendung für den IRB-Ansatz die für das Ratingsystem oder Beteiligungsrisikomodell einzuhaltenden Nutzungsvoraussetzungen für den IRB-Ansatz einhalten wird.

(2) Im Rahmen einer IRB-Ansatz-Eignungsprüfung, die nach bereits erteilter Erlaubnis des Instituts zum IRB-Ansatz durchgeführt wird, beurteilt die Bundesanstalt auch, ob das Institut den bei der Erlaubnis zum IRB-Ansatz genehmigten Umsetzungsplan einhält.

(3) Bei bedeutenden Änderungen von Ratingsystemen oder Beteiligungsrisikomodellen muss ein Institut vor Verwendung des geänderten Ratingsystems oder Beteiligungsrisikomodells für den IRB-Ansatz mit der Bundesanstalt abstimmen, ob die Bundesanstalt die Einschätzung des Instituts teilt, dass es sich nicht um eine wesentliche Änderung handelt, die nach Artikel 143 Absatz 3 Buchstabe b der Verordnung (EU) Nr. 575/2013 einer Erlaubnis der Bundesanstalt bedarf.

§ 8 Zeitraum für die Umsetzung des IRB-Ansatzes

(1) Der nach Artikel 148 Absatz 2 der Verordnung (EU) Nr. 575/2013 von der Bundesanstalt festzulegende maximal zulässige Zeitraum, in dem der IRB-Ansatz umzusetzen ist, beträgt stets fünf Jahre. Er beginnt, sobald die Bundesanstalt die Verwendung des IRB-Ansatzes durch das Institut erlaubt hat (IRB-Ansatz-Zulassung).

(2) Der Zeitraum, in dem die Fähigkeit zur Ermittlung der Eigenmittelanforderungen unter Verwendung des Kreditrisikostandardansatzes (KSA) nach Artikel 148 Absatz 4 der Verordnung (EU) Nr. 575/2013 beizubehalten ist, beginnt mit der IRB-Ansatz-

Zulassung und endet mit Erreichen des aufsichtlichen Referenzpunkts nach § 10 Absatz 2 für die Umsetzung des IRB-Ansatzes.

(3) Hat ein Institut bereits eine IRB-Ansatz-Zulassung auf der Grundlage eines Umsetzungsplans erhalten, nach dem es für sämtliche Kreditrisikopositionen, für die das Institut den IRB-Ansatz verwendet (IRB-Ansatz-Positionen), die nicht der Forderungsklasse Mengengeschäft nach Artikel 147 Absatz 2 Buchstabe d der Verordnung (EU) Nr. 575/2013 zugeordnet sind, keine eigenen Schätzungen der LGD oder des Konversionsfaktors verwendet, und hat das Institut auf der Grundlage dieses Umsetzungsplans bereits die IRB-Ansatz-Austrittsschwelle nach § 10 Absatz 3 erreicht, dann gilt auch bei einem nachfolgenden Umsetzungsplan, nach dem das Institut für solche IRB-Ansatz-Positionen eigene Schätzungen der LGD oder des Konversionsfaktors verwendet, der in Absatz 2 genannte Zeitraum als bereits beendet.

§ 9 Anforderungen an die Umsetzung des IRB-Ansatzes

(1) Bei der Umsetzung des IRB-Ansatzes muss ein Institut die Anforderungen der Absätze 2 bis 4 erfüllen; diese Anforderungen bilden die nach Artikel 148 Absatz 3 Satz 1 der Verordnung (EU) Nr. 575/2013 zu konkretisierenden Anforderungen.

(2) Für die Kreditrisikopositionen des Instituts muss
1. zum Zeitpunkt der IRB-Ansatz-Zulassung bereits die IRB-Ansatz-Eintrittsschwelle erreicht sein,
2. spätestens nach zweieinhalb Jahren der aufsichtliche Referenzpunkt für die Umsetzung des IRB-Ansatzes erreicht sein,
3. bis zum Ende des maximal zulässigen Zeitraums für die Umsetzung des IRB-Ansatzes die IRB-Ansatz-Austrittsschwelle erreicht sein.

(3) Einmal erreichte Schwellen müssen weiter eingehalten werden.

(4) Hat das Institut bereits eine IRB-Ansatz-Zulassung auf der Grundlage eines Umsetzungsplans erhalten, nach dem es für IRB-Ansatz-Positionen, die nicht der Forderungsklasse Mengengeschäft nach Artikel 147 Absatz 2 Buchstabe d der Verordnung (EU) Nr. 575/2013 zugeordnet sind, keine eigenen Schätzungen der LGD oder des Konversionsfaktors verwendet, und hat das Institut auf Grundlage dieses Umsetzungsplans bereits die IRB-Ansatz-Austrittsschwelle erreicht, dann muss das Institut bei einem nachfolgenden Umsetzungsplan, nach dem es für derartige IRB-Ansatz-Positionen eigene Schätzungen der LGD oder des Konversionsfaktors verwendet, bis zur Feststellung der Bundesanstalt, dass der aufsichtliche Referenzpunkt erreicht worden ist, sicherstellen, dass es die Positionsbeträge im IRB-Ansatz (risikogewichtete IRB-Ansatz-Positionsbeträge) für diese IRB-Ansatz-Positionen ermitteln kann, ohne eigene Schätzungen der LGD oder des Konversionsfaktors zu verwenden.

§ 10 IRB-Ansatz-Schwellen; aufsichtlicher Referenzpunkt

(1) Die IRB-Ansatz-Eintrittsschwelle ist erreicht, wenn für die Kreditrisikopositionen des Instituts sowohl der Abdeckungsgrad für IRB-Ansatz-Positionswerte als auch der Abdeckungsgrad für risikogewichtete IRB-Ansatz-Positionsbeträge mit geeigneten Ratingsystemen und Beteiligungsrisikomodellen jeweils mindestens 50 Prozent beträgt.

(2) Der aufsichtliche Referenzpunkt ist erreicht, wenn der Abdeckungsgrad für IRB-Ansatz-Positionswerte und der Abdeckungsgrad für risikogewichtete IRB-Ansatz-Positionsbeträge mit geeigneten Ratingsystemen und Beteiligungsrisikomodellen jeweils mindestens 80 Prozent beträgt.

(3) Die IRB-Ansatz-Austrittsschwelle ist erreicht, wenn der Abdeckungsgrad für IRB-Ansatz-Positionswerte nach § 11 Absatz 1 und der Abdeckungsgrad für risikoge-

wichtete IRB-Ansatz-Positionsbeträge nach § 11 Absatz 2 mit geeigneten Ratingsystemen jeweils mindestens 92 Prozent beträgt. Die Bundesanstalt kann den Prozentsatz für die IRB-Ansatz-Austrittsschwelle für ein Institut auf Antrag absenken, wenn das Institut dafür wichtige Gründe dargelegt hat.

§ 11 Berechnung des Abdeckungsgrads

(1) Der Abdeckungsgrad für IRB-Ansatz-Positionswerte ist der Quotient aus
1. der Summe der IRB-Ansatz-Positionswerte für sämtliche IRB-Ansatz-Positionen, die nach § 12 im Zähler für den Abdeckungsgrad berücksichtigt werden dürfen, jedoch für IRB-Ansatz-Positionen nach § 13 Absatz 4 Nummer 2 Buchstabe a nur in Höhe des nach Absatz 4 berücksichtigungsfähigen Prozentsatzes des IRB-Ansatz-Positionswerts, und
2. der Summe der KSA-Positionswerte für sämtliche KSA-Positionen und der IRB-Ansatz-Positionswerte für sämtliche IRB-Ansatz-Positionen, die nach § 13 jeweils im Nenner für den Abdeckungsgrad zu berücksichtigen sind.

(2) Der Abdeckungsgrad für risikogewichtete IRB-Ansatz-Positionsbeträge ist der Quotient aus
1. der Summe der risikogewichteten IRB-Ansatz-Positionsbeträge für sämtliche IRB-Ansatz-Positionen, die nach § 12 im Zähler für den Abdeckungsgrad berücksichtigt werden dürfen, jedoch für IRB-Ansatz-Positionen nach § 13 Absatz 4 Nummer 2 Buchstabe a nur in Höhe des nach Absatz 5 berücksichtigungsfähigen Prozentsatzes des risikogewichteten IRB-Ansatz-Positionsbetrags, soweit diese risikogewichteten IRB-Ansatz-Positionsbeträge bei der Ermittlung des Gesamtrisikopositionsbetrags nach Artikel 92 Absatz 3 der Verordnung (EU) Nr. 575/2013 berücksichtigt oder bei der Ermittlung des harten Kernkapitals nach Artikel 36 Absatz 1 Buchstabe k dieser EU-Verordnung in Abzug gebracht worden sind, und
2. der Summe der risikogewichteten KSA-Positionsbeträge für sämtliche KSA-Positionen und der risikogewichteten IRB-Ansatz-Positionsbeträge für sämtliche IRB-Ansatz-Positionen, die nach § 13 jeweils im Nenner für den Abdeckungsgrad zu berücksichtigen sind, soweit diese risikogewichteten Positionsbeträge bei der Ermittlung des Gesamtrisikopositionsbetrags nach Artikel 92 Absatz 3 der Verordnung (EU) Nr. 575/2013 berücksichtigt oder bei der Ermittlung des harten Kernkapitals nach Artikel 36 Absatz 1 Buchstabe k dieser EU-Verordnung in Abzug gebracht worden sind.

(3) Zur Bestimmung der Abdeckungsgrade nach den Absätzen 1 und 2 sind die Positionswerte und die risikogewichteten Positionsbeträge nach dem Verfahren zu ermitteln, das zu dem betreffenden Zeitpunkt für jede der Risikopositionen laut Umsetzungsplan vorgesehen oder durch die IRB-Ansatz-Zulassung bereits festgelegt ist.

(4) Der berücksichtigungsfähige Prozentsatz des IRB-Ansatz-Positionswerts einer IRB-Ansatz-Position nach § 13 Absatz 4 Nummer 2 Buchstabe a ist der Quotient aus
1. der Summe der IRB-Ansatz-Positionswerte für diejenigen Kreditrisikopositionen des verbrieften Portfolios, die das Institut mit einem Ratingsystem erfasst hat, das das Institut mit Zustimmung der Bundesanstalt nach Artikel 143 Absatz 2 der Verordnung (EU) Nr. 575/2013 für den IRB-Ansatz verwenden darf, und
2. der Summe der Positionswerte für sämtliche Kreditrisikopositionen des verbrieften Portfolios.

(5) Der berücksichtigungsfähige Prozentsatz des risikogewichteten IRB-Ansatz-Positionsbetrags einer IRB-Ansatz-Position nach § 13 Absatz 4 Nummer 2 Buchstabe a ist der Quotient aus

1. der Summe der risikogewichteten IRB-Ansatz-Positionsbeträge für diejenigen Kreditrisikopositionen des verbrieften Portfolios, die das Institut mit einem Ratingsystem erfasst hat, das das Institut mit Zustimmung der Bundesanstalt nach Artikel 143 Absatz 2 der Verordnung (EU) Nr. 575/2013 für den IRB-Ansatz verwenden darf, und
2. der Summe der risikogewichteten Positionsbeträge für sämtliche Kreditrisikopositionen des verbrieften Portfolios.

§ 12 Im Zähler für den Abdeckungsgrad zu berücksichtigende IRB-Ansatz-Positionen

(1) Wenn das Institut für relevante Arten von Risikopositionen die Verwendung eigener Schätzungen der LGD oder des Konversionsfaktors anstrebt, bestimmen sich die im Zähler zu berücksichtigenden IRB-Ansatz-Positionen nach Absatz 2 Nummer 2, anderenfalls nach Absatz 2 Nummer 1. Nach Satz 1 relevante Arten von Risikopositionen sind sämtliche IRB-Ansatz-Positionen, die der IRB-Ansatz-Forderungsklasse Zentralregierungen, Institute oder Unternehmen nach Artikel 147 Absatz 2 Buchstabe b, c und d der Verordnung (EU) Nr. 575/2013 zugeordnet sind, mit Ausnahme von
1. Risikopositionen, die aus angekauften Forderungen resultieren,
2. Spezialfinanzierungspositionen nach Artikel 147 Absatz 8 der Verordnung (EU) Nr. 575/2013, hinsichtlich derer sich das Institut für die Verwendung der Risikogewichtskategorien nach Artikel 153 Absatz 5 dieser EU-Verordnung entschieden hat, und
3. Risikopositionen, die bei Anwendung des Standardansatzes für Kreditrisiken der Forderungsklasse gedeckte Schuldverschreibungen nach Artikel 112 Buchstabe l der Verordnung (EU) Nr. 575/2013 zuzuordnen wären und für die das Institut nach einheitlicher Wahl für alle derartigen IRB-Ansatz-Positionen nicht beabsichtigt, eigene Schätzungen von LGD und Konversionsfaktor zu verwenden.

(2) Im Zähler für einen Abdeckungsgrad dürfen,
1. falls das Institut für keine der nach Absatz 1 Satz 2 relevanten Arten von Risikopositionen die Verwendung eigener Schätzungen der LGD oder des Konversionsfaktors anstrebt, sämtliche zur Grundgesamtheit für den Abdeckungsgrad gehörende Risikopositionen berücksichtigt werden, die mit Ratingsystemen oder Beteiligungsrisikomodellen erfasst worden sind, die das Institut mit Zustimmung der Bundesanstalt nach Artikel 143 Absatz 2 der Verordnung (EU) Nr. 575/2013 für den IRB-Ansatz verwenden darf, und für die sämtliche Risikoparameter geschätzt werden, die zur Ermittlung des risikogewichteten IRB-Ansatz-Positionsbetrags der jeweiligen Risikoposition mindestens selbst geschätzt werden müssen;
2. falls es nach Absatz 1 Satz 2 relevante Arten von Risikopositionen gibt, für die das Institut die Verwendung eigener Schätzungen der LGD oder des Konversionsfaktors anstrebt, sämtliche zur Grundgesamtheit für den Abdeckungsgrad gehörenden Risikopositionen berücksichtigt werden, die,
    a) sofern sie zu den nach Absatz 1 Satz 2 relevanten Arten von Risikopositionen gehören, mit Ratingsystemen erfasst worden sind, die das Institut mit Zustimmung der Bundesanstalt nach Artikel 143 Absatz 2 der Verordnung (EU) Nr. 575/2013 für den IRB-Ansatz verwenden darf und die sowohl zur Schätzung der PD im Sinne von Artikel 4 Absatz 1 Nummer 54 der Verordnung (EU) Nr. 575/2013 als auch zur Schätzung der LGD und, soweit anwendbar, des Konversionsfaktors geeignet sind, oder
    b) sofern sie nicht zu den nach Absatz 1 Satz 2 relevanten Arten von Risikopositionen gehören, mit Ratingsystemen oder Beteiligungsrisikomodellen erfasst worden sind, die das Institut mit Zustimmung der Bundesanstalt nach Artikel 143 Absatz 2 der Verordnung (EU) Nr. 575/2013 für den IRB-Ansatz verwenden darf, und für die sämtliche Risikoparameter geschätzt werden, die zur

Ermittlung des risikogewichteten IRB-Ansatz-Positionsbetrags der jeweiligen Risikoposition mindestens selbst geschätzt werden müssen.

(3) Die Entscheidung, für welche Geschäftsbereiche nach Artikel 142 Absatz 1 Nummer 3 der Verordnung (EU) Nr. 575/2013 die Risikopositionen bei Vorliegen der Voraussetzungen nach Absatz 2 im Zähler berücksichtigt werden sollen, liegt beim Institut. Sie muss einheitlich für alle Risikopositionen, die zum Neugeschäft oder zum zu berücksichtigenden Bestandsgeschäft eines Geschäftsbereichs gehören, ausgeübt und im Umsetzungsplan dargelegt werden. IRB-Ansatz-Positionen des zu berücksichtigenden Bestandsgeschäfts eines Geschäftsbereichs dürfen im Zähler für einen Abdeckungsgrad erst dann berücksichtigt werden, wenn sämtliche dieser IRB-Ansatz-Positionen nach Absatz 2 im Zähler für diesen Abdeckungsgrad berücksichtigt werden dürfen.

§ 13 Im Nenner für den Abdeckungsgrad zu berücksichtigende Positionen; Grundgesamtheit für den Abdeckungsgrad

(1) Im Nenner für einen Abdeckungsgrad sind sämtliche IRB-Ansatz-Positionen und KSA-Positionen zu berücksichtigen, die zur Grundgesamtheit für den Abdeckungsgrad gehören.

(2) Zur Grundgesamtheit für den Abdeckungsgrad gehören sämtliche KSA-Positionen und IRB-Ansatz-Positionen, mit Ausnahme von
1. Beteiligungspositionen nach Artikel 147 Absatz 2 Buchstabe e der Verordnung (EU) Nr. 575/2013,
2. Verbriefungspositionen nach Artikel 4 Absatz 1 Nummer 62 der Verordnung (EU) Nr. 575/2013,
3. sonstigen kreditunabhängigen Aktiva nach Artikel 147 Absatz 2 Buchstabe g der Verordnung (EU) Nr. 575/2013,
4. Risikopositionen in der Form eines Anteils an einem Organismus für gemeinsame Anlagen (OGA) im Sinne des Artikels 4 Absatz 1 Nummer 7 der Verordnung (EU) Nr. 575/2013,
5. Risikopositionen, die nach der Entscheidung des Instituts nach Artikel 150 der Verordnung (EU) Nr. 575/2013 ohne zeitliche Beschränkung von der Anwendung des IRB-Ansatzes ausgenommen sind,
6. Risikopositionen eines gruppenangehörigen Unternehmens, das nicht das zuständige Institut für die Einhaltung der Eigenmittelanforderungen auf zusammengefasster Basis der Gruppe nach Artikel 11 Absatz 1 oder 2 der Verordnung (EU) Nr. 575/2013 ist, und für die die Bundesanstalt festgestellt hat, dass bereits vor Inkrafttreten dieser Verordnung vom Institut dargelegte wichtige Gründe bestanden haben, diese Risikopositionen nicht zu berücksichtigen,
7. Risikopositionen, die zu einer übergangsweise ausnahmefähigen Art von Kreditrisikopositionen gehören, oder
8. Risikopositionen, für die nach Artikel 107 Absatz 2 Satz 1 der Verordnung (EU) Nr. 575/2013 zur Berechnung der risikogewichteten Positionsbeträge die Behandlung gemäß Kapitel 6 Abschnitt 9 anzuwenden ist.

(3) Nach Absatz 2 Satz 1 Nummer 7 übergangsweise ausnahmefähig ist eine Art von Kreditrisikopositionen nach Artikel 142 Absatz 1 Nummer 2 der Verordnung (EU) Nr. 575/2013, wenn die Bundesanstalt
1. festgestellt hat, dass vom Institut dargelegte wichtige Gründe vorliegen, diese Art von Kreditrisikopositionen in der Grundgesamtheit für den Abdeckungsgrad nicht zu berücksichtigen,

2. einem vom Institut vorgelegten Plan zugestimmt hat, dessen Umsetzung über einen angemessenen Zeitraum zum Wegfall der Gründe für die Nichtberücksichtigung dieser Art von Kreditrisikopositionen nach Nummer 1 führt.

Ein wichtiger Grund nach Satz 1 Nummer 1 liegt insbesondere dann vor, wenn die Kreditrisikopositionen
1. durch die Geschäfte eines Geschäftsbereichs nach Artikel 142 Absatz 1 Nummer 3 der Verordnung (EU) Nr. 575/2013 begründet worden sind, der zu dem Zeitpunkt, an dem das Institut der Bundesanstalt seinen Umsetzungsplan für den IRB-Ansatz vorgelegt hat, noch nicht zu den Geschäftsbereichen des Instituts gehörte, und
2. nicht in den Anwendungsbereich eines Ratingsystems oder Beteiligungsrisikomodells fallen, das das Institut bereits mit Zustimmung der Bundesanstalt nach Artikel 143 Absatz 2 der Verordnung (EU) Nr. 575/2013 für den IRB-Ansatz verwenden darf oder nach seinem von der Bundesanstalt genehmigten Umsetzungsplan für den IRB-Ansatz zu verwenden beabsichtigt.

(4) Ein Institut darf unter Einhaltung der Anforderungen nach § 11 Absatz 3 zusätzlich die folgenden IRB-Ansatz-Positionen in der Grundgesamtheit für den Abdeckungsgrad berücksichtigen:
1. IRB-Ansatz-Positionen, die der Forderungsklasse Beteiligungen nach Artikel 147 Absatz 2 Buchstabe e der Verordnung (EU) Nr. 575/2013 zuzuordnen sind und mittels eines Ratingsystems oder Beteiligungsrisikomodells, das das Institut mit Zustimmung der Bundesanstalt nach Artikel 143 Absatz 2 der Verordnung (EU) Nr. 575/2013 für den IRB-Ansatz verwenden darf, erfasst worden sind,
2. Verbriefungspositionen nach Artikel 4 Absatz 1 Nummer 62 der Verordnung (EU) Nr. 575/2013, für die das Institut
    a) den aufsichtlichen Formel-Ansatz nach Artikel 262 der Verordnung (EU) Nr. 575/2013 verwendet und dafür Kreditrisikopositionen des verbrieften Portfolios mit einem Ratingsystem erfasst hat, das das Institut mit Zustimmung der Bundesanstalt nach Artikel 143 Absatz 2 der Verordnung (EU) Nr. 575/2013 für den IRB-Ansatz verwenden darf, oder
    b) mit Zustimmung der Bundesanstalt ein internes Einstufungsverfahren nach Artikel 259 Absatz 3 und 4 der Verordnung (EU) Nr. 575/2013 verwendet,
3. Risikopositionen in der Form eines Anteils an einem OGA im Sinne des Artikels 152 der Verordnung (EU) Nr. 575/2013, die das Institut nach Artikel 152 Absatz 1 Satz 1 dieser EU-Verordnung unter Verwendung der Methoden für den IRB-Ansatz berücksichtigt hat,
4. Risikopositionen, die das Institut nach Artikel 150 Absatz 1 Buchstaben d bis j der Verordnung (EU) Nr. 575/2013 von der Anwendung des IRB-Ansatzes ausgenommen hat und unter Verwendung des KSA bei der Ermittlung des Gesamtrisikopositionsbetrags nach Artikel 92 Absatz 3 der Verordnung (EU) Nr. 575/2013 berücksichtigt, sofern das Institut
    a) diese Risikopositionen unter Verwendung von Ratingsystemen oder Beteiligungsrisikomodellen erfasst hat, die es mit Zustimmung der Bundesanstalt nach Artikel 143 Absatz 2 der Verordnung (EU) Nr. 575/2013 für den IRB-Ansatz verwenden darf, und
    b) für diese Risikopositionen IRB-Ansatz-Risikogewichte und risikogewichtete IRB-Ansatz-Positionsbeträge so ermittelt hat, als wären die Kreditrisikopositionen IRB-Ansatz-Positionen.

(5) Für Risikopositionen nach Absatz 4 Nummer 4 muss das Institut die so ermittelten IRB-Ansatz-Risikogewichte und risikogewichteten IRB-Ansatz-Positionsbeträge statt der KSA-Risikogewichte oder risikogewichteten KSA-Positionsbeträge für die Berücksichtigung der betreffenden Kreditrisikopositionen im Zähler und im Nenner für einen Abdeckungsgrad berücksichtigen.

§ 14 Auslaufender Geschäftsbereich; Neugeschäft; zu berücksichtigendes Bestandsgeschäft

(1) Ein auslaufender Geschäftsbereich ist ein Geschäftsbereich nach Artikel 142 Absatz 1 Nummer 3 der Verordnung (EU) Nr. 575/2013, in dem das Institut weder neue Kreditrisikopositionen durch den Abschluss neuer Geschäfte eingeht noch einzugehen beabsichtigt. Für einen Geschäftsbereich, der kein auslaufender Geschäftsbereich ist und auf dessen Risikopositionen sich der Anwendungsbereich nach Artikel 143 Absatz 3 Satz 2 der Verordnung (EU) Nr. 575/2013 eines laut Umsetzungsplan des Instituts für den IRB-Ansatz zu verwendenden Ratingsystems erstreckt, besteht
1. das Neugeschäft aus den Geschäften, die ab der Verwendung dieses Ratingsystems zur Erfüllung der Überprüfungsanforderungen nach Artikel 144 Absatz 1 Buchstabe f der Verordnung (EU) Nr. 575/2013 begründet werden, und
2. das Bestandsgeschäft aus den Geschäften, die in den Anwendungsbereich des Ratingsystems fallen und nicht zum Neugeschäft zählen.

(2) Zu berücksichtigendes Bestandsgeschäft ist das Bestandsgeschäft eines nicht auslaufenden Geschäftsbereichs, das kein ausnahmefähiges Bestandsgeschäft ist. Ausnahmefähiges Bestandsgeschäft ist das Bestandsgeschäft eines nicht auslaufenden Geschäftsbereichs, für den das Institut
1. gegenüber der Bundesanstalt nachgewiesen hat, dass die Erfassung mit dem für diesen Geschäftsbereich für den IRB-Ansatz zu verwendenden Ratingsystem derzeit einen unverhältnismäßig hohen Aufwand im Vergleich zu dem Aufwand darstellen würde, der vom Institut für die Erfassung von vergleichbarem Bestandsgeschäft mit einem Ratingsystem üblicherweise betrieben wird, und
2. darauf basierend entschieden hat, das gesamte Bestandsgeschäft gegenwärtig nicht mit dem für diesen Geschäftsbereich für den IRB-Ansatz zu verwendenden Ratingsystem zu erfassen.

§ 15 Dauerhafte Ausnahme von der Anwendung des IRB-Ansatzes für steuererhebende Kirchen und Religionsgesellschaften

Wenn es sich bei den Schuldnern um inländische Kirchen oder Religionsgesellschaften handelt, die in der Rechtsform einer Körperschaft des öffentlichen Rechts verfasst sind und die aufgrund des Artikels 140 des Grundgesetzes in Verbindung mit Artikel 137 Absatz 6 der Weimarer Reichsverfassung vom 11. August 1919 (RGBl. S. 1383) Steuern erheben oder am Steueraufkommen der steuererhebenden kirchlichen Körperschaften teilhaben, dann gelten für die dauerhafte Anwendung des KSA nach Artikel 150 Absatz 1 Buchstabe a der Verordnung (EU) Nr. 575/2013 die Voraussetzungen einer geringen Anzahl wesentlicher Schuldner und eines unverhältnismäßig großen Aufwands für die Einführung eines Ratingsystems ohne weiteren Nachweis als erfüllt.

§ 16 Wesentlichkeitsschwelle für den 90-Tage-Verzug

Jede Verbindlichkeit eines Schuldners gegenüber dem Institut, seiner Muttergesellschaft oder einer seiner Tochtergesellschaften gilt als wesentlich im Sinne des Artikels 178 Absatz 1 Buchstabe b der Verordnung (EU) Nr. 575/2013, wenn für diesen Schuldner die gegenwärtig bestehende Gesamtschuld den gegenwärtig mitgeteilten Gesamtrahmen um mehr als 2,5 Prozent, mindestens jedoch um 100 Euro, überschreitet. Die gegenwärtig bestehende Gesamtschuld ist die Summe der Beträge, die dieser Schuldner gegenwärtig dem Institut oder einem Unternehmen der Gruppe, der das Institut angehört, im Rahmen sämtlicher bestehender Rechtsverhältnisse schuldet. Der gegenwärtige Gesamtrahmen ist die Summe der dem Schuldner im Rahmen dieser Rechtsverhältnisse gegenwärtig durch Kreditgewährung zur Verfügung gestellten und mitgeteilten Beträge, unabhängig von deren gegenwärtiger Inanspruchnahme.

§ 17 Berücksichtigungsfähige Arten von Beteiligungen für die Ausnahme von der Anwendung des IRB-Ansatzes bis 31. Dezember 2017

Für die übergangsweise Ausnahme bis 31. Dezember 2017 von der Anwendung des IRB-Ansatzes nach den Vorschriften des Artikels 495 der Verordnung (EU) Nr. 575/2013 darf ein Institut nach Maßgabe der Bundesanstalt sämtliche Arten von Beteiligungspositionen berücksichtigen, die es nicht bereits nach Artikel 150 Absatz 1 Buchstaben g und h der Verordnung (EU) Nr. 575/2013 von der Anwendung des IRB-Ansatzes ausnehmen darf.

Abschnitt 3 Ergänzende Regelungen zur IMM

§ 18 IMM-Eignungsprüfung

(1) Die Bundesanstalt entscheidet über die nach Artikel 283 Absatz 1 der Verordnung (EU) Nr. 575/2013 erforderliche Erlaubnis zur Verwendung der auf einem internen Modell beruhenden Methode (IMM-Eignungsprüfung) auf der Grundlage einer Prüfung nach § 44 Absatz 1 Satz 2 des Kreditwesengesetzes. Die Prüfung nach § 44 Absatz 1 Satz 2 des Kreditwesengesetzes führt in der Regel die Deutsche Bundesbank durch.

(2) Wesentliche Änderungen und Erweiterungen der der auf einem internen Modell beruhenden Methode (IMM) bedürfen einer erneuten Erlaubnis. Absatz 1 gilt entsprechend. Im Einzelfall kann die Bundesanstalt einer Änderung oder Erweiterung nach Satz 1 ohne vorherige IMM-Eignungsprüfung zustimmen, sofern die Änderung oder Erweiterung nach Einschätzung der Bundesanstalt in Abstimmung mit der Deutschen Bundesbank auch ohne IMM-Eignungsprüfung angemessen beurteilt werden kann. Bedeutende und unbedeutende Änderungen erfordern keine erneute IMM-Eignungsprüfung, sind aber der Bundesanstalt und der Deutschen Bundesbank schriftlich anzuzeigen; bedeutende Änderungen sind vor Verwendung der geänderten IMM mit der Bundesanstalt abzustimmen.

Abschnitt 4 Ergänzende Regelungen zu internen Einstufungsverfahren

§ 19 Eignungsprüfungen für interne Einstufungsverfahren

(1) Eine Erlaubnis zur Anwendung eines internen Einstufungsverfahrens nach Artikel 259 Absatz 3 der Verordnung (EU) Nr. 575/2013 erteilt die Bundesanstalt für jedes interne Einstufungsverfahren, das nach einer Eignungsprüfung die Erlaubnisvoraussetzungen nach Artikel 259 Absatz 3 dieser EU-Verordnung erfüllt und sämtliche in seinen Anwendungsbereich fallende Verbriefungspositionen vollständig erfasst. Institute haben vor der Erteilung einer Erlaubnis darzulegen, dass sie über hinreichende Erfahrungen mit solchen internen Verfahren verfügen, die den Anforderungen des Artikels 259 Absatz 3 der Verordnung (EU) Nr. 575/2013 im Wesentlichen entsprochen haben und deren Anwendungsbereich im Wesentlichen dem des internen Einstufungsverfahrens entspricht, für das eine Erlaubnis beantragt wurde.

(2) Eignungsprüfungen ordnet die Bundesanstalt auf der Grundlage von § 44 Absatz 1 Satz 2 des Kreditwesengesetzes für jedes interne Einstufungsverfahren an,
1. das ein Institut zur Eignungsprüfung angemeldet hat, und
2. das ein Institut zum Zeitpunkt der Eignungsprüfung über einen angemessenen Zeitraum als maßgebliches Instrument zur Messung und Steuerung der wesentlichen Verbriefungspositionen verwendet hat, die in den Anwendungsbereich des internen Einstufungsverfahren fallen, und von dem das Institut danach überzeugt ist, dass es für seine Einsatzzwecke geeignet ist.

Die Prüfung nach § 44 Absatz 1 Satz 2 des Kreditwesengesetzes führt in der Regel die Deutsche Bundesbank durch.

(3) Der durch das Institut zu bestimmende Anwendungsbereich eines internen Einstufungsverfahrens wird durch die nach ihren Risikoeigenschaften, insbesondere der Art der einer Verbriefungsposition zugrundeliegenden verbrieften Kreditrisikopositionen, den Ausstattungsmerkmalen der Verbriefungsposition, Verbriefungstransaktion oder eines Verbriefungsprogramms, in dessen Rahmen fortlaufend Wertpapiere überwiegend in der Form von Geldmarktpapieren mit einer Ursprungslaufzeit von längstens einem Jahr begeben werden (ABCP-Programm) oder dem verfügbaren Datenumfang, von diesem internen Einstufungsverfahren erfassbare Art von Verbriefungspositionen gebildet.

Abschnitt 5   Ergänzende Regelungen zu operationellen Risiken

§ 20   AMA-Eignungsprüfung

(1) Die Bundesanstalt entscheidet über die nach Artikel 312 Absatz 2 Satz 1 der Verordnung (EU) Nr. 575/2013 erforderliche Erlaubnis zur Verwendung eines fortgeschrittenen Messansatzes (AMA-Eignungsprüfung) auf der Grundlage einer Prüfung nach § 44 Absatz 1 Satz 2 des Kreditwesengesetzes. Die Prüfung gemäß § 44 Absatz 1 Satz 2 des Kreditwesengesetzes führt in der Regel die Deutsche Bundesbank durch.

(2) Bei einer erneuten Genehmigung aufgrund wesentlicher Änderungen und Erweiterungen des fortgeschrittenen Messansatzes nach Artikel 312 Absatz 2 Satz 2 der Verordnung (EU) Nr. 575/2013 gilt Absatz 1 entsprechend. Im Einzelfall kann die Bundesanstalt einer Änderung oder Erweiterung nach Satz 1 ohne vorherige AMA-Eignungsprüfung zustimmen, sofern die Änderung oder Erweiterung nach Einschätzung der Bundesanstalt in Abstimmung mit der Deutschen Bundesbank auch ohne AMA-Eignungsprüfung angemessen beurteilt werden kann. Bedeutende und unbedeutende Änderungen erfordern keine erneute AMA-Eignungsprüfung, sind aber der Bundesanstalt und der Deutschen Bundesbank schriftlich anzuzeigen. Bedeutende Änderungen sind vor Verwendung des geänderten fortgeschrittenen Messansatzes mit der Bundesanstalt abzustimmen.

Abschnitt 6   Ergänzende Regelungen zu internen Modellen für Marktrisiken

§ 21   Interne Modelle-Eignungsprüfung

(1) Die Bundesanstalt entscheidet über die nach Artikel 363 Absatz 1 der Verordnung (EU) Nr. 575/2013 erforderliche Erlaubnis zur Verwendung interner Modelle (Interne Modelle-Eignungsprüfung) auf der Grundlage einer Prüfung nach § 44 Absatz 1 Satz 2 des Kreditwesengesetzes. Die Prüfung gemäß § 44 Absatz 1 Satz 2 des Kreditwesengesetzes führt in der Regel die Deutsche Bundesbank durch.

(2) Für eine erneute, erweiterte oder zusätzliche Erlaubnis aufgrund wesentlicher Änderungen oder Erweiterungen interner Modelle, insbesondere der Hinzunahme zusätzlicher Risikokategorien, nach Artikel 363 Absatz 2 der Verordnung (EU) Nr. 575/2013 gilt Absatz 1 grundsätzlich entsprechend. Im Einzelfall kann die Bundesanstalt einer Änderung oder Erweiterung nach Satz 1 ohne vorherige Interne Modelle-Eignungsprüfung zustimmen, sofern die zu beurteilende Änderung oder Erweiterung nach Einschätzung der Bundesanstalt in Abstimmung mit der Deutschen Bundesbank auch ohne Interne Modelle-Eignungsprüfung angemessen beurteilt werden kann. Bedeutende und unbedeutende Änderungen erfordern keine erneute Interne Modelle-Eignungsprüfung, sind aber der Bundesanstalt und der Deutschen Bundesbank schriftlich anzuzeigen. Bedeutende Änderungen sind vor Verwendung des geänderten internen Modells mit der Bundesanstalt abzustimmen.

(3) Ein Institut, das nach erteilter Erlaubnis der Bundesanstalt interne Modelle verwendet, darf die Eigenmittelanforderungen für die Risikokategorien nach Artikel 363 Absatz 1 der Verordnung (EU) Nr. 575/2013 nur bei Vorliegen wesentlicher Gründe und nur nach erneuter Erlaubnis der Bundesanstalt nach den Artikeln 326 bis 361 der Verordnung (EU) Nr. 575/2013 ermitteln. Die Erlaubnis ist vom Institut unter Angabe der Gründe bei der Bundesanstalt zu beantragen.

Kapitel 2:
Vorgaben für die Bemessung des Beleihungswerts

§ 22 Vorgaben für die Bemessung des Beleihungswerts von Immobilien

Wenn ein Institut für eine Immobilie einen Beleihungswert nach Artikel 4 Absatz 1 Nummer 74 der Verordnung (EU) Nr. 575/2013 für Zwecke der Artikel 92 bis 386 der Verordnung (EU) Nr. 575/2013 verwenden will, die dafür strenge Vorgaben in Rechts- oder Verwaltungsvorschriften der Mitgliedstaaten für die Bemessung des Beleihungswerts erfordert, muss der Beleihungswert
1. nach § 16 Absatz 2 Satz 1 bis 3 des Pfandbriefgesetzes in Verbindung mit der Beleihungswertermittlungsverordnung vom 12. Mai 2006 (BGBl. I S. 1175) in der jeweils geltenden Fassung ermittelt worden sein,
2. nach den Vorschriften für die Beleihungswertermittlung nach § 7 Absatz 7 des Gesetzes über Bausparkassen unter Beachtung einer von der Bundesanstalt genehmigten Bestimmung nach § 5 Absatz 2 Nummer 3 des Gesetzes über Bausparkassen ermittelt worden sein,
3. sich auf eine Immobilie in einem anderen Staat des Europäischen Wirtschaftsraums beziehen und auf Grundlage von in diesem Staat gültigen strengen Vorgaben in Rechts- oder Verwaltungsvorschriften ermittelt worden sein, die die Bundesanstalt als mit der Beleihungswertermittlungsverordnung gleichwertig anerkannt hat,
4. ein anders ermittelter nachhaltig erzielbarer Wert sein, der den Anforderungen des § 16 Absatz 2 Satz 1 bis 3 des Pfandbriefgesetzes genügt.

Kapitel 3:
Nähere Bestimmungen zu den Übergangsvorschriften für die Eigenmittelanforderungen

§ 23 Prozentsätze für die Kapitalquoten

Abweichend von Artikel 92 Absatz 1 Buchstabe a und b der Verordnung (EU) Nr. 575/2013 haben die Institute in dem Zeitraum vom 1. Januar 2014 bis 31. Dezember 2014 eine harte Kernkapitalquote von mindestens 4 Prozent und eine Kernkapitalquote von mindestens 5,5 Prozent vorzuhalten.

Teil 3:
Nähere Bestimmungen zur Ermittlung der Eigenmittel

Kapitel 1:
Nähere Bestimmungen zu den Übergangsvorschriften für die Ermittlung der Eigenmittel

§ 24 Prozentsätze für die Berücksichtigung von in der Bilanz ausgewiesenen nicht realisierten Verlusten aus Vermögensgegenständen oder Verbindlichkeiten, die zum beizulegenden Zeitwert bewertet werden

Abweichend von Artikel 35 der Verordnung (EU) Nr. 575/2013 haben die Institute bei der Berechnung des harten Kernkapitals im Zeitraum vom 1. Januar 2014 bis zum 31. Dezember 2017 folgende Prozentsätze der in ihrer Bilanz veröffentlichten nicht realisierten Verluste aus Vermögensgegenständen oder Verbindlichkeiten, die zum beizulegenden Zeitwert bewertet werden, abzuziehen:
1. 20 Prozent im Zeitraum vom 1. Januar 2014 bis 31. Dezember 2014;
2. 40 Prozent im Zeitraum vom 1. Januar 2015 bis 31. Dezember 2015;
3. 60 Prozent im Zeitraum vom 1. Januar 2016 bis 31. Dezember 2016;
4. 80 Prozent im Zeitraum vom 1. Januar 2017 bis 31. Dezember 2017.

§ 25 Prozentsätze für die Berücksichtigung von in der Bilanz ausgewiesenen nicht realisierten Gewinnen aus Vermögensgegenständen oder Verbindlichkeiten, die zum beizulegenden Zeitwert bewertet werden

Abweichend von Artikel 35 der Verordnung (EU) Nr. 575/2013 dürfen die Institute bei der Berechnung des harten Kernkapitals im Zeitraum vom 1. Januar 2015 bis zum 31. Dezember 2017 folgende Prozentsätze der in ihrer Bilanz veröffentlichten nicht realisierten Gewinne aus Vermögensgegenständen oder Verbindlichkeiten, die zum beizulegenden Zeitwert bewertet werden, nicht anrechnen:
1. 60 Prozent im Zeitraum vom 1. Januar 2015 bis 31. Dezember 2015;
2. 40 Prozent im Zeitraum vom 1. Januar 2016 bis 31. Dezember 2016;
3. 20 Prozent im Zeitraum vom 1. Januar 2017 bis 31. Dezember 2017.

§ 26 Prozentsätze für die Abzüge vom harten Kernkapital, zusätzlichen Kernkapital und Ergänzungskapital

(1) Für die Zwecke der Übergangsvorschriften nach Artikel 468 Absatz 4, Artikel 469 Absatz 1 Buchstabe a und c, Artikel 474 Buchstabe a und Artikel 476 Buchstabe a der Verordnung (EU) Nr. 575/2013 gelten die folgenden Prozentsätze:
1. 20 Prozent im Zeitraum vom 1. Januar 2014 bis 31. Dezember 2014;
2. 40 Prozent im Zeitraum vom 1. Januar 2015 bis 31. Dezember 2015;
3. 60 Prozent im Zeitraum vom 1. Januar 2016 bis 31. Dezember 2016;
4. 80 Prozent im Zeitraum vom 1. Januar 2017 bis 31. Dezember 2017.

(2) Die in Absatz 1 genannten Prozentsätze gelten im jeweiligen Zeitraum entsprechend für
1. die Abzüge nach Artikel 36 Absatz 1 Buchstabe a bis h der Verordnung (EU) Nr. 575/2013 mit Ausnahme des Abzugs latenter Steuern, die von der künftigen Rentabilität abhängig sind und aus zeitlichen Differenzen resultieren,
2. den nach Artikel 48 der Verordnung (EU) Nr. 575/2013 vorgeschriebenen Abzug des aggregierten Betrags latenter Steuern, die von der künftigen Rentabilität abhängig sind und aus zeitlichen Differenzen resultieren,
3. den nach Artikel 48 der Verordnung (EU) Nr. 575/2013 vorgeschriebenen Abzug der Posten nach Artikel 36 Absatz 1 Buchstabe i der Verordnung (EU) Nr. 575/2013,
4. jeden vorgeschriebenen Abzug nach Artikel 56 Buchstabe b bis d der Verordnung (EU) Nr. 575/2013 und
5. jeden vorgeschriebenen Abzug nach Artikel 66 Buchstabe b bis d der Verordnung (EU) Nr. 575/2013.

(3) Abweichend von den in Absatz 1 genannten Prozentsätzen gelten für die in Artikel 36 Absatz 1 Buchstabe c der Verordnung (EU) Nr. 575/2013 genannten Posten, die vor dem 1. Januar 2014 bestanden, für die Zwecke des Artikels 469 Absatz 1 Buchstabe c der Verordnung (EU) Nr. 575/2013 folgende Prozentsätze:
1. 0 Prozent im Zeitraum vom 1. Januar 2014 bis 31. Dezember 2014;
2. 10 Prozent im Zeitraum vom 1. Januar 2015 bis 31. Dezember 2015;
3. 20 Prozent im Zeitraum vom 1. Januar 2016 bis 31. Dezember 2016;
4. 30 Prozent im Zeitraum vom 1. Januar 2017 bis 31. Dezember 2017;
5. 40 Prozent im Zeitraum vom 1. Januar 2018 bis 31. Dezember 2018;
6. 50 Prozent im Zeitraum vom 1. Januar 2019 bis 31. Dezember 2019;
7. 60 Prozent im Zeitraum vom 1. Januar 2020 bis 31. Dezember 2020;
8. 70 Prozent im Zeitraum vom 1. Januar 2021 bis 31. Dezember 2021;
9. 80 Prozent im Zeitraum vom 1. Januar 2022 bis 31. Dezember 2022;
10. 90 Prozent im Zeitraum vom 1. Januar 2023 bis 31. Dezember 2023.

§ 27 Prozentsätze für die Anerkennung von nicht als Minderheitenbeteiligungen geltenden Instrumenten und Positionen im konsolidierten harten Kernkapital

(1) Abweichend von Teil 2 Titel III der Verordnung (EU) Nr. 575/2013 können Instrumente und Posten, die nach § 10a Absatz 6 Satz 1 und 2 und Absatz 7 Satz 1 des Kreditwesengesetzes in der bis zum 31. Dezember 2013 geltenden Fassung zu den konsolidierten Rücklagen gerechnet worden wären und aus einem der in Artikel 479 Absatz 1 Buchstabe a bis d der Verordnung (EU) Nr. 575/2013 aufgeführten Gründe nicht länger als konsolidiertes hartes Kernkapital anerkennungsfähig sind, zu den folgenden Prozentsätzen weiterhin zum konsolidierten harten Kernkapital gerechnet werden:
1. 80 Prozent im Zeitraum vom 1. Januar 2014 bis 31. Dezember 2014;
2. 60 Prozent im Zeitraum vom 1. Januar 2015 bis 31. Dezember 2015;

3. 40 Prozent im Zeitraum vom 1. Januar 2016 bis 31. Dezember 2016;
4. 20 Prozent im Zeitraum vom 1. Januar 2017 bis 31. Dezember 2017.

(2) Abweichend von Absatz 1 dürfen Instrumente und Posten, die nach § 10a Absatz 6 Satz 10 des Kreditwesengesetzes in der bis zum 31. Dezember 2013 geltenden Fassung zu den konsolidierten Rücklagen gerechnet worden wären und aus einem der in Artikel 479 Absatz 1 Buchstabe a bis d der Verordnung (EU) Nr. 575/2013 aufgeführten Gründe nicht länger als konsolidiertes hartes Kernkapital anerkennungsfähig sind, bei der Anwendung der Regelungen von Teil 2 Titel III der Verordnung (EU) Nr. 575/2013 im Zeitraum vom 1. Januar 2014 bis 31. Dezember 2017 nicht mehr zum konsolidierten harten Kernkapital gerechnet werden.

§ 28 Faktoren für die Anerkennung von Minderheitsbeteiligungen und qualifiziertem zusätzlichem Kernkapital sowie Ergänzungskapital

Abweichend von Artikel 84 Absatz 1 Buchstabe b, Artikel 85 Absatz 1 Buchstabe b und Artikel 87 Absatz 1 Buchstabe b der Verordnung (EU) Nr. 575/2013 sind die dort genannten Prozentsätze im Zeitraum vom 1. Januar 2014 bis 31. Dezember 2017 mit folgenden Faktoren zu multiplizieren:
1. dem Faktor 0,2 im Zeitraum vom 1. Januar 2014 bis 31. Dezember 2014;
2. dem Faktor 0,4 im Zeitraum vom 1. Januar 2015 bis 31. Dezember 2015;
3. dem Faktor 0,6 im Zeitraum vom 1. Januar 2016 bis 31. Dezember 2016;
4. dem Faktor 0,8 im Zeitraum vom 1. Januar 2017 bis 31. Dezember 2017.

§ 29 Prozentsätze für Abzüge nach den Artikeln 32 bis 36, 56 und 66 der Verordnung (EU) Nr. 575/2013

(1) Abweichend von den Artikeln 32 bis 36, 56 und 66 der Verordnung (EU) Nr. 575/2013 gelten im Zeitraum vom 1. Januar 2014 bis 31. Dezember 2017 für die in Artikel 481 Absatz 1 der Verordnung (EU) Nr. 575/2013 von den Instituten geforderten Anpassungen für Abzüge, die gemäß § 10 Absatz 2a Satz 2, Absatz 6 Satz 1 und 2 sowie Absatz 6a Nummer 1, 2 und 4 des Kreditwesengesetzes in der bis zum 31. Dezember 2013 geltenden Fassung vorgeschrieben sind, folgende Prozentsätze:
1. 80 Prozent im Zeitraum vom 1. Januar 2014 bis 31. Dezember 2014;
2. 60 Prozent im Zeitraum vom 1. Januar 2015 bis 31. Dezember 2015;
3. 40 Prozent im Zeitraum vom 1. Januar 2016 bis 31. Dezember 2016 und
4. 20 Prozent im Zeitraum vom 1. Januar 2017 bis 31. Dezember 2017.

(2) Bei Anwendung der Regelungen der Artikel 32 bis 36, 56 und 66 der Verordnung (EU) Nr. 575/2013 gilt im Zeitraum vom 1. Januar 2014 bis 31. Dezember 2017 für die nach § 10a Absatz 6 Satz 9 des Kreditwesengesetzes in der bis zum 31. Dezember 2013 geltenden Fassung von den Instituten geforderte Anpassung ein Prozentsatz von 0 Prozent.

(3) Der Unterschiedsbetrag, der nach § 2 Absatz 1 der Konzernabschlussüberleitungsverordnung in der bis zum 31. Dezember 2013 geltenden Fassung im Ergänzungskapital berücksichtigungsfähig ist, kann im Zeitraum vom 1. Januar 2014 bis 31. Dezember 2017 multipliziert mit den folgenden Prozentsätzen weiterhin dem Ergänzungskapital zugerechnet werden:
1. 80 Prozent im Zeitraum vom 1. Januar 2014 bis 31. Dezember 2014;
2. 60 Prozent im Zeitraum vom 1. Januar 2015 bis 31. Dezember 2015;
3. 40 Prozent im Zeitraum vom 1. Januar 2016 bis 31. Dezember 2016 und
4. 20 Prozent im Zeitraum vom 1. Januar 2017 bis 31. Dezember 2017.

§ 30 Prozentsatz für die Anpassung nach Artikel 36 Absatz 1 Buchstabe i und Artikel 49 Absatz 1 und 3 der Verordnung (EU) Nr. 575/2013

Abweichend von Artikel 36 Absatz 1 Buchstabe i und Artikel 49 Absatz 1 und 3 der Verordnung (EU) Nr. 575/2013 gilt für die in Artikel 481 Absatz 2 der Verordnung (EU) Nr. 575/2013 genannte Ausnahme vom Abzug im Zeitraum vom 1. Januar 2014 bis 31. Dezember 2014 ein Prozentsatz von 50 Prozent.

§ 31 Prozentsätze für die Begrenzung der unter Bestandsschutz fallenden Instrumente des harten Kernkapitals, zusätzlichen Kernkapitals und Ergänzungskapitals nach Artikel 484 Absatz 3 bis 5 der Verordnung (EU) Nr. 575/2013

Für die Anwendung des Artikels 484 Absatz 3 bis 5 der Verordnung (EU) Nr. 575/2013 gelten im Zeitraum vom 1. Januar 2014 bis 31. Dezember 2021 für die Anerkennung der unter Bestandsschutz fallenden Instrumente und Posten des harten Kernkapitals, des zusätzlichen Kernkapitals und des Ergänzungskapitals folgende Prozentsätze:
1. 80 Prozent im Zeitraum vom 1. Januar 2014 bis 31. Dezember 2014;
2. 70 Prozent im Zeitraum vom 1. Januar 2015 bis 31. Dezember 2015;
3. 60 Prozent im Zeitraum vom 1. Januar 2016 bis 31. Dezember 2016;
4. 50 Prozent im Zeitraum vom 1. Januar 2017 bis 31. Dezember 2017;
5. 40 Prozent im Zeitraum vom 1. Januar 2018 bis 31. Dezember 2018;
6. 30 Prozent im Zeitraum vom 1. Januar 2019 bis 31. Dezember 2019;
7. 20 Prozent im Zeitraum vom 1. Januar 2020 bis 31. Dezember 2020;
8. 10 Prozent im Zeitraum vom 1. Januar 2021 bis 31. Dezember 2021.

Kapitel 2:
Behandlung der nach der Äquivalenzmethode bewerteten Beteiligungen bei Gruppen

§ 32 Behandlung der nach der Äquivalenzmethode bewerteten Beteiligungen bei Anwendung des Verfahrens nach § 10a Absatz 5 des Kreditwesengesetzes

(1) Beteiligungen an Instituten, Finanzunternehmen oder Anbietern von Nebendienstleistungen, die nach der Äquivalenzmethode gemäß IAS 28.13 in der jeweils geltenden Fassung der Verordnung (EG) Nr. 1725/2003 der Kommission vom 29. September 2003 betreffend die Übernahme bestimmter internationaler Rechnungslegungsstandards in Übereinstimmung mit der Verordnung (EG) Nr. 1606/2002 des Europäischen Parlaments und des Rates (ABl. L 261 vom 13.10.2003, S. 1) bewertet werden, können, vorbehaltlich der Anwendung des § 10a Absatz 4 des Kreditwesengesetzes, mit ihrem anteiligen bilanziellen Eigenkapital aus dem Abschluss, differenziert nach Eigenkapitalbestandteilen, in die Zusammenfassung nach § 10a Absatz 5 des Kreditwesengesetzes einbezogen werden. Der nach der Äquivalenzmethode ermittelte fortgeführte Buchwert der Beteiligung ist vom harten Kernkapital der Gruppe abzuziehen, wobei der darin enthaltene Firmenwert in der Abzugsposition nach Artikel 36 Absatz 1 Buchstabe b der Verordnung (EU) Nr. 575/2013 zu erfassen ist.

(2) Absatz 1 gilt entsprechend bei Verwendung eines Abschlusses, der nicht nach Maßgabe der Rechnungslegungsstandards, die nach den Artikeln 2, 3 und 6 der Verordnung (EG) Nr. 1606/2002 des Europäischen Parlaments und des Rates vom

19. Juli 2002 betreffend die Anwendung internationaler Rechnungslegungsstandards (ABl. L 243 vom 11.9.2002, S. 1) übernommen wurden, aufgestellt wurde.

Teil 4:
Nähere Bestimmungen zum antizyklischen Kapitalpuffer und zur kombinierten Kapitalpuffer-Anforderung

Kapitel 1:
Antizyklischer Kapitalpuffer

§ 33 Festlegung der Quote für den inländischen antizyklischen Kapitalpuffer

(1) Zur Festlegung der Quote für den inländischen antizyklischen Kapitalpuffer gemäß § 10d des Kreditwesengesetzes ermittelt die Bundesanstalt quartalsweise einen Puffer-Richtwert. Dieser spiegelt in aussagekräftiger Form den Kreditzyklus und die durch ein übermäßiges Kreditwachstum bedingten Risiken im Inland wider und trägt den spezifischen volkswirtschaftlichen Gegebenheiten im Geltungsbereich des Kreditwesengesetzes Rechnung. Der Puffer-Richtwert basiert auf der Abweichung des Verhältnisses der im Inland gewährten Kredite zum Bruttoinlandsprodukt (Kredite-BIP-Verhältnis) vom langfristigen Trend. Bei der Festlegung des Puffer-Richtwerts berücksichtigt die Bundesanstalt:
1. einen Indikator für das Kreditwachstum im Inland und insbesondere einen Indikator, der Veränderungen des Kredite-BIP-Verhältnisses widerspiegelt;
2. etwaige Empfehlungen zur Messung und Berechnung der Abweichung des Kredite-BIP-Verhältnisses vom langfristigen Trend sowie zur Ermittlung der Puffer-Richtwerte des Europäischen Ausschusses für Systemrisiken nach Artikel 16 der Verordnung (EU) Nr. 1092/2010 des Europäischen Parlaments und des Rates vom 24. November 2010 über die Finanzaufsicht der Europäischen Union auf Makroebene und zur Errichtung eines Europäischen Ausschusses für Systemrisiken (ABl. L 331 vom 15.12.2010, S. 1) in der jeweils geltenden Fassung.

(2) Bei der Festlegung und Bewertung der Quote für den antizyklischen Kapitalpuffer berücksichtigt die Bundesanstalt darüber hinaus alle etwaigen Empfehlungen, die der Europäische Ausschuss für Systemrisiken gemäß Artikel 135 Absatz 1 der Richtlinie 2013/36/EU des Europäischen Parlaments und des Rates vom 26. Juni 2013 über den Zugang zur Tätigkeit von Kreditinstituten und die Beaufsichtigung von Kreditinstituten und Wertpapierfirmen, zur Änderung der Richtlinie 2002/87/EG und zur Aufhebung der Richtlinien 2006/48/EG und 2006/49/EG (ABl. L 176 vom 27.6.2013, S. 338) abgibt.

§ 34 Veröffentlichung der Quote

In den Fällen des § 10d Absatz 3 und 4 des Kreditwesengesetzes veröffentlicht die Bundesanstalt die für das jeweilige Quartal festgelegte Quote für den inländischen antizyklischen Kapitalpuffer auf ihrer Internetseite. Zusätzlich werden mindestens noch die folgenden weiteren Angaben veröffentlicht:
1. das maßgebliche Kredite-BIP-Verhältnis und dessen Abweichung vom langfristigen Trend,

2. der Puffer-Richtwert nach § 33 Absatz 1,
3. eine Begründung für die Quote für den inländischen antizyklischen Kapitalpuffer,
4. bei einer Erhöhung der Quote für den inländischen antizyklischen Kapitalpuffer das Datum, ab dem die Institute diese höhere Quote zur Berechnung ihres institutsspezifischen antizyklischen Kapitalpuffers verwenden müssen,
5. in den Fällen, in denen das Datum nach Nummer 4 weniger als zwölf Monate nach dem Datum der Veröffentlichung dieser Erhöhung der Quote für den inländischen antizyklischen Kapitalpuffer nach Satz 1 liegt, die außergewöhnlichen Umstände, die eine kürzere Frist für die Anwendung rechtfertigen,
6. bei einer Herabsetzung der Quote für den inländischen antizyklischen Kapitalpuffer der Zeitraum, in dem keine Erhöhung der Quote für den inländischen antizyklischen Kapitalpuffer zu erwarten ist, und eine Begründung hierfür.

§ 35 Zusätzliche Veröffentlichungen für Quoten in Drittstaaten

Die Bundesanstalt veröffentlicht zusätzlich zu den Angaben, die nach § 10d Absatz 9 des Kreditwesengesetzes zu veröffentlichen sind, im Falle des § 10d Absatz 6 des Kreditwesengesetzes eine Begründung für die Anerkennung der von einem Drittstaat festgelegten Quote für den antizyklischen Kapitalpuffer und in den Fällen des § 10d Absatz 7 und 8 des Kreditwesengesetzes eine Begründung für die Festlegung der Quote für den antizyklischen Kapitalpuffer.

§ 36 Maßgebliche Risikopositionen

(1) Zu den maßgeblichen Risikopositionen im Sinne von § 10d Absatz 2 des Kreditwesengesetzes zählt jede Risikoposition, die keiner der Forderungsklassen des Artikels 112 Buchstabe a bis f der Verordnung (EU) Nr. 575/2013 angehört und für die eine der nachfolgenden Bedingungen erfüllt ist:
1. sie unterliegt den Eigenmittelanforderungen für Kreditrisiken gemäß den Artikeln 107 bis 311 der Verordnung (EU) Nr. 575/2013,
2. wird die Risikoposition im Handelsbuch geführt, sind die Eigenmittelanforderungen für spezifische Risiken gemäß den Artikeln 326 bis 350 oder für zusätzliche Ausfall- und Migrationsrisiken gemäß den Artikeln 362 bis 377 der Verordnung (EU) Nr. 575/2013 anzuwenden,
3. handelt es sich bei der Risikoposition um eine Verbriefung, so sind die Eigenmittelanforderungen gemäß den Artikeln 242 bis 270 der Verordnung (EU) Nr. 575/2013 anzuwenden.

(2) Für die Zwecke der in § 10d Absatz 2 des Kreditwesengesetzes vorgeschriebenen Berechnung
1. ist die geänderte Quote für den antizyklischen Kapitalpuffer für einen Staat des Europäischen Wirtschaftsraums im Falle ihrer Erhöhung ab dem Datum anzuwenden, das in den nach § 34 oder nach § 10d Absatz 9 des Kreditwesengesetzes veröffentlichten Informationen angegeben ist;
2. ist eine geänderte Quote für den antizyklischen Kapitalpuffer für einen Drittstaat im Falle ihrer Erhöhung vorbehaltlich Nummer 3 ab dem Tag anzuwenden, der zwölf Monate nach dem Datum liegt, an dem die zuständige Behörde in dem Drittstaat eine Änderung der Quote für den antizyklischen Kapitalpuffer bekannt gegeben hat, unabhängig davon, ob diese Behörde von den Instituten mit Sitz in dem betreffenden Drittstaat verlangt, diese Änderung innerhalb einer kürzeren Frist anzuwenden;
3. ist die jeweilige Quote für den antizyklischen Kapitalpuffer in Fällen, in denen die Bundesanstalt die Quote für den antizyklischen Kapitalpuffer für einen Drittstaat

festlegt oder die für einen Drittstaat geltende Quote für den antizyklischen Kapitalpuffer anerkennt und die Festlegung oder Anerkennung zu einer Erhöhung der bisher jeweils geltenden Quote führt, ab dem Datum anzuwenden, das in den gemäß § 10d Absatz 9 des Kreditwesengesetzes veröffentlichten Informationen angegeben ist;
4. gilt eine Quote für den antizyklischen Kapitalpuffer bei einer Herabsetzung der Quote ab der Entscheidung über die Herabsetzung der Quote.

Für die Zwecke des Satzes 1 Nummer 2 gilt eine Änderung der Quote für den antizyklischen Kapitalpuffer für einen Drittstaat ab dem Datum als bekannt gegeben, an dem sie von der zuständigen Behörde in diesem Drittstaat nach den dort geltenden einzelstaatlichen Vorschriften veröffentlicht wird.

(3) Die Belegenheit eines wesentlichen Kreditengagements nach § 10d Absatz 2 des Kreditwesengesetzes bestimmt das Institut unter Berücksichtigung etwaiger Rechtsakte, die von der Europäischen Kommission hierzu auf der Grundlage der Verordnung (EU) Nr. 1093/2010 des Europäischen Parlaments und des Rates vom 24. November 2010 zur Errichtung einer Europäischen Aufsichtsbehörde (Europäische Bankenaufsichtsbehörde), zur Änderung des Beschlusses Nr. 716/2009/EG und zur Aufhebung des Beschlusses 2009/78/EG der Kommission (ABl. L 331 vom 15.12.2010, S. 12) in der jeweils geltenden Fassung erlassen wurden.

Kapitel 2:
Kombinierte Kapitalpuffer-Anforderung

§ 37 Maximal ausschüttungsfähiger Betrag

(1) Der maximal ausschüttungsfähige Betrag im Sinne des § 10i Absatz 3 des Kreditwesengesetzes errechnet sich durch Multiplikation des nach Absatz 2 berechneten Betrags mit dem gemäß Absatz 3 festgelegten Faktor. Er reduziert sich durch jede nach § 10i Absatz 3 Satz 3 Nummer 1 bis 3 des Kreditwesengesetzes durchgeführte Maßnahme.

(2) Der zu multiplizierende Betrag ergibt sich aus
1. den Zwischengewinnen, die nicht im Kernkapital gemäß Artikel 26 Absatz 2 der Verordnung (EU) Nr. 575/2013 enthalten sind und die nach der letzten Entscheidung über die Gewinnausschüttung oder eine der unter § 10i Absatz 3 Satz 3 Nummer 1 bis 3 des Kreditwesengesetzes aufgeführten Maßnahmen erwirtschaftet wurden;
2. zuzüglich der Gewinne zum Jahresende, die nicht im Kernkapital gemäß Artikel 26 Absatz 2 der Verordnung (EU) Nr. 575/2013 enthalten sind und die nach der letzten Entscheidung über die Gewinnausschüttung oder eine der unter § 10i Absatz 3 Satz 3 Nummer 1 bis 3 des Kreditwesengesetzes aufgeführten Maßnahmen erwirtschaftet wurden;
3. abzüglich der Beträge, die in Form von Steuern zu zahlen wären, wenn die unter den Nummern 1 und 2 aufgeführten Gewinne einbehalten würden.

(3) Liegt das von dem Institut vorgehaltene und nicht zur Einhaltung der Eigenmittelanforderungen nach Artikel 92 Absatz 1 Buchstabe c der Verordnung (EU) Nr. 575/2013 verwendete Kernkapital, ausgedrückt als Prozentsatz des Gesamtforderungsbetrags im Sinne von Artikel 92 Absatz 3 der Verordnung (EU) Nr. 575/2013, innerhalb des
1. ersten (das heißt des untersten) Quartils der kombinierten Kapitalpuffer-Anforderung, so beträgt der Faktor 0;

2. zweiten Quartils der kombinierten Kapitalpuffer-Anforderung, so beträgt der Faktor 0,2;
3. dritten Quartils der kombinierten Kapitalpuffer-Anforderung, so beträgt der Faktor 0,4;
4. obersten Quartils der kombinierten Kapitalpuffer-Anforderung, so beträgt der Faktor 0,6.

(4) Die Ober- und Untergrenzen für jedes Quartil der kombinierten Kapitalpuffer-Anforderung werden wie folgt berechnet:

$$\text{Untergrenze des Quartils} = \frac{\text{Kombinierte Kapitalpufferanforderung}}{4} \times (Q_n - 1)$$

$$\text{Obergrenze des Quartils} = \frac{\text{Kombinierte Kapitalpufferanforderung}}{4} \times Q_n.$$

»Q_n« steht für die Ordinalzahl des betreffenden Quartils.

Teil 5:
Übergangs- und Schlussbestimmungen

§ 38 Übergangsvorschriften

(1) § 22 Nummer 4 ist ab dem Tag, ab dem der Technische Regulierungsstandard nach Artikel 124 Absatz 4 Buchstabe a der Verordnung (EU) Nr. 575/2013 anzuwenden ist, nicht mehr anzuwenden. Das Bundesministerium der Finanzen macht den Zeitpunkt, zu dem die Durchführungsstandards nach Artikel 124 Absatz 4 Buchstabe a der Verordnung (EU) Nr. 575/2013 anwendbar sind, im Bundesgesetzblatt bekannt.

(2) Eine nach Artikel 329 Absatz 1 Satz 4, Artikel 352 Absatz 1 Satz 3 oder Artikel 358 Absatz 3 Satz 4 der Verordnung (EU) Nr. 575/2013 erforderliche Genehmigung der Bundesanstalt dafür, dass ein Institut den Delta-Faktor für eine Option oder einen Optionsschein selbst berechnet, gilt bis zum 31. Dezember 2015 als erteilt, wenn das Institut
1. der Bundesanstalt und der Deutschen Bundesbank bis zum 31. Januar 2014 anzeigt, dass es auf dem Stand vom 31. Dezember 2012 das Optionspreismodell für die Berechnung der Eigenmittelanforderungen benutzt hat, für das mit erster Anwendung der Verordnung (EU) Nr. 575/2013 eine Genehmigung der Bundesanstalt erforderlich wäre, und
2. das Institut der Anzeige nach Nummer 1 eine Stellungnahme seines Abschlussprüfers beifügt, wonach auf dem Stand vom 31. Dezember 2012 kein Anlass bestand, an der angemessenen Ermittlung der Delta-Faktoren zu zweifeln.

§ 39 Inkrafttreten, Außerkrafttreten

Diese Verordnung tritt am 1. Januar 2014 in Kraft. Gleichzeitig tritt die Solvabilitätsverordnung vom 14. Dezember 2006 (BGBl. I S. 2926), die zuletzt durch Artikel 6 der Verordnung vom 20. September 2013 (BGBl. I S. 3672) geändert worden ist, außer Kraft.

Anhang 2.2
Verordnung über die Angemessenheit der Eigenmittelausstattung von Finanzkonglomeraten
(Finanzkonglomerate-Solvabilitäts-Verordnung – FkSolV)[1,2]

vom 20. September 2013 (BGBl. I S. 3672)

Auf Grund des § 22 Absatz 1 und 2 Satz 2 des Finanzkonglomerate-Aufsichtsgesetzes vom 27. Juni 2013 (BGBl. I S. 1862) nach Anhörung der Spitzenverbände der Institute und des Versicherungsbeirats und im Benehmen mit der Deutschen Bundesbank, des § 22 Absatz 2 Satz 1 des Finanzkonglomerate-Aufsichtsgesetzes vom 27. Juni 2013 (BGBl. I S. 1862), des § 24 Absatz 4 Satz 1 und 3, auch in Verbindung mit § 2c Absatz 1 Satz 2 und 3 des Kreditwesengesetzes, von denen § 2c Absatz 1 zuletzt durch Artikel 1 Nummer 3 Buchstabe a des Gesetzes vom 12. März 2009 (BGBl. I S. 470) und § 24 Absatz 4 zuletzt durch Artikel 1 Nummer 30 Buchstabe d des Gesetzes vom 17. November 2006 (BGBl. I S. 2606) geändert worden ist, im Benehmen mit der Deutschen Bundesbank und nach Anhörung der Spitzenverbände der Institute, des § 104 Absatz 6 Satz 1 und 4, auch in Verbindung mit § 1b Absatz 2 und § 118 des Versicherungsaufsichtsgesetzes, von denen § 1b Absatz 2 zuletzt durch Artikel 6 Nummer 2 des Gesetzes vom 4. Dezember 2011 (BGBl. I S. 2427), § 104 Absatz 6 Satz 1 durch Artikel 2 Nummer 7 Buchstabe g des Gesetzes vom 12. März 2009 (BGBl. I S. 470), § 104 Absatz 6 Satz 4 durch Artikel 20 Nummer 15 des Gesetzes vom 8. Dezember 2010 (BGBl. I S. 1768) und § 118 durch Artikel 6 Nummer 10 des Gesetzes vom 3. April 2013 (BGBl. I S. 610) geändert worden ist, des § 29 Absatz 4 Satz 1 und 2 des Kreditwesengesetzes, der durch Artikel 2 Nummer 15c des Gesetzes vom 20. März 2009 (BGBl. I S. 607) neu gefasst worden ist, im Einvernehmen mit dem Bundesministerium der Justiz und nach Anhörung der Deutschen Bundesbank sowie des § 68 Absatz 8 Satz 1 des Kapitalanlagegesetzbuches vom 4. Juli 2013 (BGBl. I S. 1981), des § 104 g Absatz 2 Satz 1 des Versicherungsaufsichtsgesetzes, der durch Artikel 1 Nummer 26 des Gesetzes vom 28. Mai 2007 (BGBl. I S. 923) geändert worden ist, des § 10 Absatz 1 Satz 9 Nummer 1 bis 9, Satz 11 sowie des § 10a Absatz 9 Satz 1 und 3 des Kreditwesengesetzes, von denen § 10 Absatz 1 Satz 9 Nummer 8 und 9 durch Artikel 1 Nummer 11 Buchstabe a des Gesetzes vom 19. November 2010 (BGBl. I S. 1592) und § 10a durch Artikel 1 Nummer 13 des Gesetzes vom 17. November 2006 (BGBl. I S. 2606) neu gefasst worden ist, im Benehmen mit der Deutschen Bundesbank und nach Anhörung der Spitzenverbände der Institute, des § 64b Absatz 5 Satz 1 bis 4 des Versicherungsaufsichtsgesetzes, der durch Artikel 2 Nummer 4 des Gesetzes vom 21. Juli 2010 (BGBl. I S. 950) eingefügt worden ist, des § 11 Absatz 2 Satz 1 und 3 sowie des § 29 Absatz 2 Satz 1 und 3 des Zahlungsdiensteaufsichtsgesetzes, von denen § 11 Absatz 2 Satz 1 und 3 zuletzt durch Artikel 1 Nummer 14 Buchstabe b des Gesetzes vom 1. März 2011 (BGBl. I S. 288) und § 29 Absatz 2 Satz 3 durch Artikel 1 Nummer 38 Buchstabe c des Gesetzes vom 1. März 2011 (BGBl. I S. 288) geändert worden ist, im Benehmen mit der Deutschen Bundesbank und nach Anhörung der Spitzenverbände der Institute und des § 18 Absatz 3 Satz 1 des Zahlungsdiensteaufsichts-

---

1 Diese Verordnung dient der Umsetzung der Richtlinie 2011/89/EU des Europäischen Parlaments und des Rates vom 16. November 2011 zur Änderung der Richtlinien 98/78/EG, 2002/87/EG, 2006/48/EG und 2009/138/EG hinsichtlich der zusätzlichen Beaufsichtigung der Finanzunternehmen eines Finanzkonglomerats (ABl. L 326 vom 8.12.2011, S. 113).

2 Artikel 1 der Verordnung zu dem Gesetz zur Umsetzung der Richtlinie 2011/89/EU des Europäischen Parlaments und des Rates vom 16. November 2011 zur Änderung der Richtlinien 98/78/EG, 2002/87/EG, 2006/48/EG und 2009/138/EG hinsichtlich der zusätzlichen Beaufsichtigung der Finanzunternehmen eines Finanzkonglomerats vom 20. September 2013 (BGBl. I S. 3672)

gesetzes, der durch Artikel 1 Nummer 25 Buchstabe c des Gesetzes vom 1. März 2011 (BGBl. I S. 288) geändert worden ist, im Einvernehmen mit dem Bundesministerium der Justiz nach Anhörung der Deutschen Bundesbank, verordnet das Bundesministerium der Finanzen:

§ 1 Anwendungsbereich; einzubeziehende Unternehmen

Ein Finanzkonglomerat muss jederzeit über Eigenmittel in einer Höhe verfügen, die geeignet ist, die Solvabilitätsanforderungen auf Konglomeratsebene (Finanzkonglomerate-Solvabilität) ausreichend sicherzustellen. Ob die Finanzkonglomerate-Solvabilität ausreichend ist, ist auf der Grundlage und nach Maßgabe der in den §§ 5 bis 8 genannten zulässigen Berechnungsmethoden unter Einbeziehung der dem Finanzkonglomerat angehörenden
1. Kreditinstitute im Sinne des § 1 Absatz 1 des Kreditwesengesetzes,
2. Finanzdienstleistungsinstitute im Sinne des § 1 Absatz 1a des Kreditwesengesetzes,
3. Kapitalverwaltungsgesellschaften und extern verwalteten Investmentgesellschaften,
4. Finanzunternehmen,
5. Anbieter von Nebendienstleistungen,
6. Erstversicherungsunternehmen,
7. Rückversicherungsunternehmen,
8. Versicherungsholding-Gesellschaften und
9. gemischten Finanzholding-Gesellschaften
zu ermitteln. Die Finanzkonglomerate-Solvabilität ist ausreichend, wenn der nach § 5 Absatz 1, § 6 Absatz 1, § 7 Absatz 1 oder § 8 Absatz 2 zu ermittelnde Betrag größer oder gleich null ist.

§ 2 Bestimmung und Wahl der Berechnungsmethode

(1) Steht an der Spitze des Finanzkonglomerats ein im Inland zugelassenes beaufsichtigtes Finanzkonglomeratsunternehmen, bestimmt die Bundesanstalt für Finanzdienstleistungsaufsicht (Bundesanstalt) nach Anhörung des übergeordneten Finanzkonglomeratsunternehmens und unter Berücksichtigung des § 4, welche der in den §§ 5 bis 8 genannten Berechnungsmethoden anzuwenden ist.

(2) Steht an der Spitze des Finanzkonglomerats eine gemischte Finanzholding-Gesellschaft, ist die Anwendung jeder der in den §§ 5 bis 8 genannten Berechnungsmethoden zulässig. Das übergeordnete Finanzkonglomeratsunternehmen hat der Bundesanstalt und der Deutschen Bundesbank die Wahl der Berechnungsmethode und jeden Wechsel der Berechnungsmethode unverzüglich anzuzeigen und zu begründen. Die Bundesanstalt kann den missbräuchlichen Wechsel der Berechnungsmethode untersagen. Haben in Fällen nach Satz 1 alle beaufsichtigten Finanzkonglomeratsunternehmen des Finanzkonglomerats ihren Sitz im Inland oder ist das übergeordnete Finanzkonglomeratsunternehmen ein Rückversicherungsunternehmen, gilt Absatz 1 entsprechend.

§ 3 Technische Grundsätze

(1) Weist ein in die Berechnung der Finanzkonglomerate-Solvabilität einzubeziehendes Finanzkonglomeratsunternehmen, das Tochterunternehmen des übergeordneten oder eines nachgeordneten Finanzkonglomeratsunternehmens ist, eine unzureichende Solvabilität auf, ist dies bei der Berechnung unabhängig von der Berechnungsmethode in voller Höhe zu berücksichtigen. Ist sichergestellt, dass sich die

Haftung des Mutterunternehmens oder des die Beteiligung haltenden nachgeordneten Finanzkonglomeratsunternehmens ausschließlich auf den an dem Tochter- beziehungsweise Beteiligungsunternehmen gehaltenen Kapitalanteil beschränkt, kann mit Genehmigung der Bundesanstalt auf Antrag des übergeordneten Finanzkonglomeratsunternehmens die unzureichende Solvabilität des Tochterunternehmens anteilig berücksichtigt werden. Die Sätze 1 und 2 gelten entsprechend, wenn ein in die Berechnung einzubeziehendes Finanzkonglomeratsunternehmen eine unzureichende fiktive Solvabilität im Sinne des Absatzes 7 aufweist.

(2) Weist ein in die Berechnung der Finanzkonglomerate-Solvabilität einzubeziehendes Finanzkonglomeratsunternehmen, zu dem Kapitalbeziehungen anderer einzubeziehender Finanzkonglomeratsunternehmen nicht bestehen, eine unzureichende Solvabilität auf, bestimmt die Bundesanstalt, soweit erforderlich nach Konsultation der zuständigen Stellen der anderen betroffenen Mitgliedstaaten der Europäischen Union und der anderen Vertragsstaaten des Abkommens über den Europäischen Wirtschaftsraum, den zu berücksichtigenden Anteil nach Maßgabe der sich aus den bestehenden Beziehungen nach Art und Umfang ergebenden Haftungsverhältnisse.

(3) Unabhängig von der Berechnungsmethode ist ein Finanzkonglomeratsunternehmen, das Teil einer horizontalen Unternehmensgruppe ist, mit einem Anteil von 100 Prozent der Eigenmittel und der Solvabilitätsanforderungen in die Berechnung der Finanzkonglomerate-Solvabilität einzubeziehen. Abweichend von Satz 1 kann die Bundesanstalt von sich aus oder auf Antrag des übergeordneten Finanzkonglomeratsunternehmens auch einen anderen Anteil festlegen.

(4) Unabhängig von der Berechnungsmethode ist auszuschließen, dass die nach den jeweils maßgeblichen Branchenvorschriften zulässigen Eigenmittel der verschiedenen in die Berechnung einbezogenen Finanzkonglomeratsunternehmen mehrfach berücksichtigt werden.

(5) Unabhängig von der Berechnungsmethode ist jede konglomeratsinterne Kapitalschöpfung, die aus einer Gegenfinanzierung zwischen den Finanzkonglomeratsunternehmen stammt, aus zuschließen. Gegenfinanzierung liegt insbesondere dann vor, wenn ein Finanzkonglomeratsunternehmen unmittelbar oder mittelbar eine Beteiligung an einem anderen Finanzkonglomeratsunternehmen hält oder einem anderen Finanzkonglomeratsunternehmen, das seinerseits unmittelbar oder mittelbar gemäß der jeweils maßgeblichen Branchenvorschriften zulässige Eigenmittel des erstgenannten Finanzkonglomeratsunternehmens hält, Darlehen gewährt. Die Sätze 1 und 2 gelten in Bezug auf konglomeratsangehörige Unternehmen, die nicht der Finanzbranche angehören oder in einer horizontalen Unternehmensgruppe zusammengefasst sind, entsprechend.

(6) Ergibt die Berechnung der Finanzkonglomerate-Solvabilität, dass der nach § 5 Absatz 1, § 6 Absatz 1, § 7 Absatz 1 oder § 8 Absatz 2 ermittelte Betrag negativ ist, hat das übergeordnete Finanzkonglomeratsunternehmen dafür Sorge zu tragen, dass die negative Differenz unverzüglich durch Eigenmittelbestandteile ausgeglichen wird, die nach allen maßgeblichen Branchenvorschriften als zulässige Eigenmittelbestandteile anerkannt sind (branchenübergreifende Eigenmittel). Hiervon sind die Bundesanstalt und die zuständige Hauptverwaltung der Deutschen Bundesbank jeweils unverzüglich zu unterrichten. Branchenübergreifende Eigenmittelbestandteile im Sinne des Satzes 1 sind insbesondere:
1. das Grundkapital beziehungsweise die ihm entsprechenden rechtsformspezifischen Kapitalbestandteile und die Rücklagen,
2. Genussrechtsverbindlichkeiten,
3. längerfristige nachrangige Verbindlichkeiten.

Die branchenübergreifenden Eigenmittelbestandteile nach Satz 3 sind nur dann berücksichtigungsfähig, wenn
1. die nach den jeweiligen Branchenvorschriften maßgeblichen Beschränkungen erfüllt sind,

2. gewährleistet ist, dass nicht Rechts- und Verwaltungsvorschriften ihre freie Übertragbarkeit auf andere Finanzkonglomerats unternehmen behindern und
3. sichergestellt ist, dass sie in allen Teilen der Gruppe frei verfügbar sind.

(7) Unabhängig von der Berechnungsmethode ist für die in die Berechnung der Finanzkonglomerate-Solvabilität einzubeziehenden unbeaufsichtigten Finanzkonglomeratsunternehmen, die nicht bereits in die Berechnungen der jeweiligen branchenbezogenen Solvabilitätsanforderungen einbezogen werden, eine fiktive Solvabilitätsanforderung zu errechnen. Diese entspricht bei
1. Finanzunternehmen und Anbietern von Nebendienstleistungen der nach den §§ 10 und 10a des Kreditwesengesetzes in Verbindung mit der Solvabilitätsverordnung vom 14. Dezember 2006 (BGBl. I S. 2926), die zuletzt durch Artikel 6 der Verordnung vom 20. September 2013 (BGBl. I S. 3672) geändert worden ist, in der jeweils geltenden Fassung zu ermittelnden Solvabilitätsanforderung, die ein solches Unternehmen zu erfüllen hätte, wenn es ein beaufsichtigtes Unternehmen der Banken- und Wertpapierdienstleistungsbranche wäre,
2. Kapitalverwaltungsgesellschaften den Kapitalanforderungen nach § 25 des Kapitalanlagegesetzbuches, auch in Verbindung mit der Solvabilitätsverordnung,
3. Rückversicherungsunternehmen, auch wenn sie gemischte Finanzholding-Gesellschaften sind, der nach Maßgabe der Rückversicherungs-Kapitalausstattungs-Verordnung vom 12. Oktober 2005 (BGBl. I S. 3018), die zuletzt durch Artikel 2 der Verordnung vom 16. August 2013 (BGBl. I S. 3275) geändert worden ist, in der jeweils geltenden Fassung zu ermittelnden Solvabilitätsspanne,
4. Versicherungsholding-Gesellschaften einer Solvabilitätsspanne von null.

Bei gemischten Finanzholding-Gesellschaften, die nicht zugleich das Rückversicherungsgeschäft betreiben, wird die fiktive Solvabilitätsanforderung nach den branchenspezifischen Vorschriften der im Finanzkonglomerat am stärksten vertretenen Finanzbranche errechnet.

§ 4 Berechnungsmethoden; Verantwortlichkeit

(1) Die Berechnung der Finanzkonglomerate-Solvabilität ist vom übergeordneten Finanzkonglomeratsunternehmen vorbehaltlich des § 2 Absatz 2 Satz 1 nach Maßgabe der in § 5 oder § 6 genannten Berechnungsmethoden unter Berücksichtigung der in § 3 genannten Grundsätze und unter Verwendung der Vordrucke nach § 10 unter Berücksichtigung der darin enthaltenen Anmerkungen durchzuführen. Sofern bei der Berechnung der Finanzkonglomerate-Solvabilität nach § 5 oder § 6 Ergänzungsrechnungen notwendig sind, weil auf Konglomeratsebene einzubeziehende Finanzkonglomeratsunternehmen nicht bereits in die konsolidierte Berechnung einbezogen sind oder die gesetzlichen Bestimmungen oder die Grundsätze des § 3 bei der konsolidierten Berechnung nicht oder nicht vollständig berücksichtigt werden, sind diese Ergänzungen auf der Grundlage der Einzelabschlüsse nach Maßgabe der in § 7 genannten Berechnungsmethode (Abzugs- und Aggregationsmethode) vorzunehmen.

(2) Auf Antrag des übergeordneten Finanzkonglomeratsunternehmens kann die Bundesanstalt abweichend von Absatz 1 bestimmen, dass die Berechnung der Finanzkonglomerate-Solvabilität für die gesamte Gruppe vollständig nach Maßgabe der Abzugs- und Aggregationsmethode nach § 7 oder auf der Grundlage der Kombinationsmethode nach § 8 durchgeführt wird.

§ 5 Berechnung der Finanzkonglomerate-Solvabilität auf der Grundlage einer konsolidierten Berechnung

(1) Wird die Finanzkonglomerate-Solvabilität auf der Grundlage der für die Konsolidierung jeweils maßgeblichen Branchenvorschriften berechnet (konsolidierte Berechnung), muss die Differenz zwischen der Summe der nach Absatz 2 Nummer 1 in Verbindung mit Absatz 3 ermittelten zulässigen Eigenmittel des Finanzkonglomerats und der Summe der nach Absatz 2 Nummer 2 ermittelten Solvabilitätsanforderungen größer oder gleich null sein. Maßgebliche Branchenvorschrift für die konsolidierte Berechnung im Sinne des Satzes 1 ist für die in die Berechnung einzubeziehenden Finanzkonglomeratsunternehmen
1. der Banken- und Wertpapierdienstleistungsbranche die Berechnung auf zusammengefasster Basis nach § 10a Absatz 6 des Kreditwesengesetzes, die für die Zwecke der konsolidierten Berechnung nach Satz 1 einem konsolidierten Abschluss gleichgestellt wird, oder die Berechnung nach § 10a Absatz 7 des Kreditwesengesetzes auf der Grundlage eines Konzernabschlusses,
2. der Versicherungsbranche der konsolidierte Abschluss nach § 1 der Solvabilitätsbereinigungs-Verordnung vom 20. Dezember 2001 (BGBl. I S. 4173), die zuletzt durch Artikel 5 der Verordnung vom 20. September 2013 (BGBl. I S. 3672) geändert worden ist, in der jeweils geltenden Fassung.

(2) Zum Zweck der Berechnung nach Absatz 1 werden ermittelt:
1. die zulässigen Eigenmittel
   a) für die einzubeziehenden Finanzkonglomeratsunternehmen der Banken- und Wertpapierdienstleistungsbranche nach Maßgabe des § 10 in Verbindung mit § 10a Absatz 6 oder Absatz 7 des Kreditwesengesetzes,
   b) für die einzubeziehen den Finanzkonglomeratsunternehmen der Versicherungsbranche nach Maßgabe des § 53c des Versicherungsaufsichtsgesetzes und der für die Berechnung ihrer bereinigten Solvabilität auf der Grundlage des konsolidierten Abschlusses in Bezug auf die zulässigen Eigenmittel geltenden Bestimmungen der Solvabilitätsbereinigungs-Verordnung und
2. die Solvabilitätsanforderungen
   a) an die einzubeziehenden Finanzkonglomeratsunternehmen der Banken- und Wertpapierdienstleistungsbranche nach Maßgabe des § 10 Absatz 1 Satz 1 des Kreditwesengesetzes in Verbindung mit der Solvabilitätsverordnung,
   b) an die einzubeziehenden Unternehmen der Versicherungsbranche nach Maßgabe der für die Berechnung ihrer bereinigten Solvabilität auf der Grundlage des konsolidierten Abschlusses in Bezug auf die Solvabilitätsanforderungen geltenden Bestimmungen der Solvabilitätsbereinigungs-Verordnung, der Kapitalausstattungs-Verordnung vom 13. Dezember 1983 (BGBl. I S. 1451), die zuletzt durch Artikel 1 der Verordnung vom 16. August 2013 (BGBl. I S. 3275) geändert worden ist, sowie der Rückversicherungs-Kapitalausstattungs-Verordnung in ihren jeweils geltenden Fassungen,
   c) jeweils unter Berücksichtigung der fiktiven Solvabilitätsanforderungen nach Maßgabe des § 3 Absatz 7.

(3) Von den nach Absatz 2 Nummer 1 ermittelten Eigenmitteln sind abzuziehen:
1. in den Fällen des Buchstaben a
   a) die Buchwerte der Beteiligungen, die die in die Berechnung einzubeziehenden Finanzkonglomeratsunternehmen der Banken- und Wertpapierdienstleistungsbranche an den in die Berechnung einzubeziehenden Finanz konglomeratsunternehmen der Versicherungsbranche halten,
   b) die von den in die Berechnung einzubeziehenden Finanzkonglomeratsunternehmen der Versicherungsbranche gehaltenen nachrangigen Verbindlichkeiten und Genussrechte, die bei den in die Berechnung einzubeziehenden Finanz-

konglomeratsunternehmen der Banken- und Wertpapierdienstleistungsbranche als zulässige Eigenmittel im Sinne der maßgeblichen Branchenvorschriften ausgewiesen werden, und
2. in den Fällen des Buchstaben b
   a) die Buchwerte der Beteiligungen, die die in die Berechnung einzubeziehenden Finanzkonglomeratsunternehmen der Versicherungsbranche an den in die Berechnung einzubeziehenden Finanzkonglomeratsunternehmen der Banken- und Wertpapierdienstleistungsbranche halten,
   b) die von den in die Berechnung einzubeziehenden Finanzkonglomeratsunternehmen der Banken- und Wertpapierdienstleistungsbranche gehaltenen nachrangigen Verbindlichkeiten und Genussrechte, die bei den in die Berechnung einzubeziehenden Finanzkonglomeratsunternehmen der Versicherungsbranche als zulässige Eigenmittel im Sinne der maßgeblichen Branchenvorschriften ausgewiesen werden.

§ 6 Berechnung der Finanzkonglomerate-Solvabilität auf der Grundlage eines Konzernabschlusses

(1) Wird die Finanzkonglomerate-Solvabilität auf der Grundlage eines Konzernabschlusses berechnet, muss die Differenz zwischen der Summe der nach Absatz 2 Nummer 1 in Verbindung mit Absatz 3 zu ermittelnden zulässigen Eigenmittel des Finanzkonglomerats und der Summe der nach Absatz 2 Nummer 2 ermittelten Solvabilitätsanforderungen größer oder gleich null sein.

(2) Zum Zweck der Berechnung nach Absatz 1 werden ermittelt:
1. die zulässigen Eigenmittel der einzubeziehenden Finanzkonglomeratsunternehmen auf der Grundlage des nach dem Handelsgesetzbuch oder nach Artikel 4 der Verordnung (EG) Nr. 1606/2002 des Europäischen Parlaments und des Rates vom 19. Juli 2002 betreffend die Anwendung internationaler Rechnungslegungsstandards (ABl. L 243 vom 11.9.2002, S. 1) in der jeweils geltenden Fassung aufgestellten Konzernabschlusses nach Maßgabe der §§ 10 und 10a des Kreditwesengesetzes in Verbindung mit der Solvabilitätsverordnung und des § 53c des Versicherungsaufsichtsgesetzes in Verbindung mit der Solvabilitätsbereinigungs-Verordnung,
2. die Solvabilitätsanforderungen
   a) an die einzubeziehenden Finanzkonglomeratsunternehmen der Banken- und Wertpapierdienstleistungsbranche, berechnet auf der Grundlage des Konzernabschlusses, nach Maßgabe der §§ 10 und 10a des Kreditwesengesetzes in Verbindung mit der Solvabilitätsverordnung,
   b) an die einzubeziehenden Unternehmen der Versicherungsbranche nach Maßgabe der für die Berechnung ihrer bereinigten Solvabilität auf der Grundlage des konsolidierten Abschlusses in Bezug auf die Solvabilitätsanforderungen geltenden Bestimmungen der Solvabilitätsbereinigungs-Verordnung, der Kapitalausstattungs-Verordnung sowie der Rückversicherungs-Kapitalausstattungs-Verordnung,
   c) jeweils unter Berücksichtigung der fiktiven Solvabilitätsanforderungen nach Maßgabe des § 3 Absatz 7.

(3) Von den nach Absatz 2 Nummer 1 ermittelten Eigenmitteln sind abzuziehen:
1. die Buchwerte von im Konzernabschluss ausgewiesenen Beteiligungen an Finanzkonglomeratsunternehmen der Versicherungs-, der Banken- und Wertpapierdienstleistungsbranche, die weder voll noch anteilmäßig konsolidiert noch als assoziiertes Unternehmen in den Konzernabschluss einbezogen werden, sowie
2. die von den Finanzkonglomeratsunternehmen, die weder voll noch anteilmäßig konsolidiert noch als assoziiertes Unternehmen in den Konzernabschluss einbezogen werden, gehaltenen nachrangigen Verbindlichkeiten und Genussrechte, die bei

den in die Berechnung einzubeziehenden Finanzkonglomeratsunternehmen als zulässige Eigenmittel im Sinne der maßgeblichen Branchenvorschriften ausgewiesen werden.

§ 7 Berechnung der Finanzkonglomerate-Solvabilität auf der Grundlage der Einzelabschlüsse (Abzugs- und Aggregationsmethode)

(1) Wird die Finanzkonglomerate-Solvabilität auf der Grundlage der Einzelabschlüsse aller in die Berechnung einzubeziehenden Finanz konglomeratsunternehmen nach der Abzugs- und Aggregationsmethode berechnet, muss die Differenz zwischen der Summe der für jedes einzelne in die Berechnung einzubeziehende Finanzkonglomeratsunternehmen nach Absatz 2 Nummer 1 und Absatz 3 zu ermittelnden zulässigen Eigenmittel und der Summe der für jedes in die Berechnung einzubeziehenden Finanzkonglomeratsunternehmen nach Absatz 2 Nummer 2 zu ermittelnden Solvabilitätsanforderung und dem Buchwert der Beteiligungen an anderen Finanzkonglomeratsunternehmen größer oder gleich null sein.

(2) Zum Zweck der Berechnung nach Absatz 1 werden ermittelt:
1. die zulässigen Eigenmittel
   a) für die einzubeziehenden Finanzkonglomeratsunternehmen der Banken- und Wertpapierdienstleistungsbranche nach § 10 des Kreditwesengesetzes,
   b) für die einzubeziehenden Finanzkonglomeratsunternehmen der Versicherungsbranche nach § 53c des Versicherungsaufsichtsgesetzes und der Solvabilitätsbereinigungs-Verordnung und
2. die Solvabilitätsanforderungen
   a) an die einzubeziehenden Finanzkonglomeratsunternehmen der Banken- und Wertpapierdienstleistungsbranche nach Maßgabe der Solvabilitätsverordnung,
   b) an die einzubeziehenden Unternehmen der Versicherungsbranche nach Maßgabe der Solvabilitätsbereinigungs-Verordnung, der Kapitalausstattungs-Verordnung sowie der Rückversicherungs-Kapitalausstattungs-Verordnung,
   c) jeweils unter Berücksichtigung der fiktiven Solvabilitätsanforderungen nach Maßgabe des § 3 Absatz 7.

(3) Von den nach Absatz 2 Nummer 1 ermittelten Eigenmitteln sind abzuziehen:
1. in den Fällen des Buchstaben a die von den in die Berechnung einzubeziehenden Finanzkonglomeratsunternehmen der Versicherungsbranche gehaltenen nachrangigen Verbindlichkeiten und Genussrechte, die bei den in die Berechnung einzubeziehenden Finanzkonglomeratsunternehmen der Banken- und Wertpapierdienstleistungsbranche als zulässige Eigenmittel im Sinne der maßgeblichen Branchenvorschriften ausgewiesen werden,
2. in den Fällen des Buchstaben b die von den in die Berechnung einzubeziehenden Finanzkonglomeratsunternehmen der Banken- und Wertpapierdienstleistungsbranche gehaltenen nachrangigen Verbindlichkeiten und Genussrechte, die bei den in die Berechnung einzubeziehenden Finanzkonglomeratsunternehmen der Versicherungsbranche als zulässige Eigenmittel im Sinne der maßgeblichen Branchenvorschriften ausgewiesen werden.

(4) Die zulässigen Eigenmittel und die jeweiligen Solvabilitätsanforderungen sind jeweils quotal in Höhe des Anteils, der direkt oder indirekt am gezeichneten Kapital eines in die Berechnung einzubeziehenden Finanzkonglomeratsunternehmens gehalten wird, anzusetzen.

§ 8 Berechnung der Finanzkonglomerate-Solvabilität auf der Grundlage einer Kombination der Berechnungsmethoden nach den §§ 5 und 7

(1) Abweichend von den §§ 5 und 7 wird die Finanzkonglomerate-Solvabilität auf der Grundlage einer Kombination beider Berechnungsmethoden (Kombinationsmethode) in der Weise berechnet, dass die zulässigen Eigenmittel und die Solvabilitätsanforderungen jeweils für eine Finanzbranche nach § 5 und für die jeweils andere Finanzbranche nach § 7 zu ermitteln sind; § 3 Absatz 7 gilt jeweils entsprechend. Sind innerhalb derselben Finanzbranche mehrere Teilgruppen in die Berechnung einzubeziehen, kann jede Teilgruppe jeweils gesondert nach § 5 oder § 7 bei der Berechnung berücksichtigt werden, je nachdem, auf welcher Grundlage die jeweilige Gruppenberechnung erfolgt.

(2) Wird die Finanzkonglomerate-Solvabilität nach der Kombinationsmethode berechnet, muss die Differenz zwischen den nach Absatz 1 ermittelten zulässigen Eigenmitteln und der Summe der nach Absatz 1 ermittelten Solvabilitätsanforderungen und dem Buchwert der Beteiligungen größer oder gleich null sein.

§ 9 Berichtszeitraum

Die Berechnung der Finanzkonglomerate-Solvabilität ist der Bundesanstalt und der Deutschen Bundesbank einmal jährlich unverzüglich nach Erteilung des Bestätigungsvermerks für den letzten der in die Berechnung jeweils einzubeziehenden und zu prüfenden Abschlüsse durch den Abschlussprüfer, spätestens jedoch neun Monate nach Ende des Geschäftsjahres einzureichen.

§ 10 Einreichungsverfahren

(1) Das übergeordnete Finanzkonglomeratsunternehmen im Sinne des § 12 Absatz 1 oder Absatz 2 des Finanzkonglomerate-Aufsichtsgesetzes hat die Berechnungen mit folgenden in den Anlagen zu dieser Verordnung vorgegebenen Vordrucken einzureichen:
1. Übersichtsbogen zur Berechnung der Finanzkonglomerate-Solvabilität
   – Gesamtübersicht (FSG) –
   (Anlage 1),
1 a. Meldevordruck zur Ermittlung der Eigenmittel und Solvabilitätsanforderungen des Finanzkonglomerats auf der Grundlage eines Konzernabschlusses
   – Konsolidierte Berechnung Finanzkonglomerat (FSKFK) –
   (Anlage 1 a),
2. Meldevordruck zur Erfassung der Eigenmittel und Solvabilitätsanforderungen einer Institutsgruppe oder Finanzholding-Gruppe als Teilgruppe des Finanzkonglomerats, für die eine Berechnung nach § 10a Absatz 6 oder Absatz 7 des Kreditwesengesetzes in Verbindung mit der Solvabilitätsverordnung vorliegt
   – Konsolidierte Berechnung Banken (FSKBB) –
   (Anlage 2),
3. Meldevordruck zur Erfassung der Eigenmittel und Solvabilitätsanforderungen einer Versicherungsgruppe als Teilgruppe des Finanzkonglomerats, für die eine Berechnung der Versicherungsgruppen-Solvabilität auf der Grundlage des konsolidierten Abschlusses vorliegt
   – Konsolidierte Berechnung Versicherungsunternehmen (FSKBV) –
   (Anlage 3),
4. Meldevordruck zur Erfassung der Eigenmittel und Solvabilitätsanforderungen einzelner Finanzkonglomeratsunternehmen der Banken- und Wertpapierdienstleistungsbranche auf der Grundlage der Einzelabschlüsse, soweit sie nicht bereits

in der Berechnung nach § 10a des Kreditwesengesetzes (Anlage 1a oder 2) erfasst wurden
– Einzelabschluss Banken (FSEAB) –
(Anlage 4),
5. Meldevordruck zur Erfassung der Eigenmittel und Solvabilitätsanforderungen
   a) einer Versicherungsgruppe als Teilgruppe des Finanzkonglomerats, sofern die Versicherungsgruppen-Solvabilität auf der Grundlage der Einzelabschlüsse zu berechnen war, oder
   b) einzelner Finanzkonglomeratsunternehmen der Versicherungsbranche, sofern keine Berechnung nach Buchstabe a vorzunehmen war und eine Berechnung ihrer Solvabilität auf der Grundlage der Einzelabschlüsse vorliegt oder vorzunehmen ist
   – Einzelabschluss Versicherungsunternehmen(FSEAV) –
   (Anlage 5),
6. Meldevordruck zur Erfassung der in die Berechnung der Finanzkonglomerate-Solvabilität einbezogenen Finanzkonglomeratsunternehmen der Banken- und Wertpapierdienstleistungsbranche sowie der Versicherungsbranche
   – Unternehmen (FSU) –
   (Anlage 6),
7. Meldevordruck zur Erfassung der Anteile an den in die Berechnung einbezogenen Finanzkonglomeratsunternehmen der Banken- und Wertpapierdienstleistungsbranche sowie der Versicherungsbranche
   – Anteile (FSA) –
   (Anlage 7),
8. Meldevordruck zur Erfassung der finanzkonglomeratsangehörigen Unternehmen und Gruppen, für die vom Abzug branchenübergreifender Beteiligungen abgesehen werden kann
   – Abzug branchenübergreifender Beteiligungen (FSABB) –
   (Anlage 8).

(2) Die Vordrucke nach Absatz 1 sind der Bundesanstalt und der zuständigen Hauptverwaltung der Deutschen Bundesbank jeweils in einfacher Ausfertigung einzureichen. Wahlweise kann die Einreichung auch unter Verwendung automatisiert verarbeitbarer Datenträger oder im Wege der Datenfernübertragung erfolgen.

Anlage 1
(zu § 10 Absatz 1 Nummer 1)

Übersichtsbogen
zur Berechnung der Finanzkonglomerate-Solvabilität
– Gesamtübersicht (FSG) –

Pos.-Nr.	FSG[1, 2]		Vergleichspositionen/ Berechnung	Betrag[6]
001	Name des Unternehmens, auf dessen Ebene die Berechnung der Finanzkonglomerate-Solvabilität durchgeführt wird:[3]		_____ lfd. Nr.:[4] _____	
002	Name des übergeordneten Finanzkonglomeratsunternehmens:[5]		_____ lfd. Nr.:[4] _____	
003	Stichtag der Berechnung: ____ / ____ / _____			
004	Ansprechpartner: _____ Telefon-Nr.: _____ / _____ E-Mail-Adresse: _____			
	I. Eigenmittel		Vergleichspositionen/ Berechnung	Betrag[6]
99	I.1	Eigenmittel auf der Basis eines Konzernabschlusses	(FSKFK/003 x FSKFK/151)	
	I.2	Eigenmittel der Banken- und Wertpapierdienstleistungsbranche des Finanzkonglomerats		
100		a) Ergebnis der konsolidierten Berechnung[7]	Σ (FSKBB/005 x FSKBB/147)	
101		b) Ergebnis der Einzelabschlüsse[8]	Σ (FSEAB/004 x FSEAB/146)	
	I.3	Eigenmittel der Versicherungsbranche des Finanzkonglomerats		
102		a) Ergebnis der konsolidierten Berechnung[9]	Σ (FSKBV/006 x FSKBV/122)	
103		b) Ergebnis der Einzelabschlüsse[10]	Σ (FSEAV/006 x FSEAV/108)	
104	I.4	abzüglich der Eigenmittel, die aus konglomeratsinterner Kapitalschöpfung stammen und bislang noch nicht erfasst wurden[11]		
105	I.5	gesamte bereinigte Eigenmittel des Finanzkonglomerats	Σ (99, 100, 101, 102, 103) – 104	
	II. Solvabilitätsanforderungen			
199	II.1	Solvabilitätsanforderungen auf der Basis eines Konzernabschlusses	(FSKFK/003 x FSKFK/211)	
	II.2	Solvabilitätsanforderungen für die Banken- und Wertpapierdienstleistungsbranche des Finanzkonglomerats		
200		a) Ergebnis der konsolidierten Berechnung[12]	Σ (FSKBB/005 x FSKBB/205)	
201		b) Ergebnis der Einzelabschlüsse[13]	Σ (FSEAB/004 x FSEAB/205)	
	II.3	Solvabilitätsanforderungen für die Versicherungsbranche des Finanzkonglomerats		
202		a) Ergebnis der konsolidierten Berechnung[14]	Σ (FSKBV/006 x FSKBV/206)	
203		b) Ergebnis der Einzelabschlüsse[15]	Σ (FSEAV/006 x FSEAV/200)	
204	II.4	gesamte Solvabilitätsanforderungen für das Finanzkonglomerat	Σ (199, 200, 201, 202, 203)	
300	**III. Betrag der Finanzkonglomerate-Solvabilität**[16]		105 – 204	
400	**IV. Bedeckungssatz (in %)**		(105/204) x 100	
500	**Datum und Unterschrift**[17] ____ / ____ / _____			

Fußnoten:

[1] Im Übersichtsbogen FSG werden die Teilergebnisse der Meldevordrucke FSKFK, FSKBB, FSKBV, FSEAB und FSEAV zusammengeführt. Zu dem Satz an Meldevordrucken zählen auch die Vordrucke FSU, FSA sowie FSABB.

Typen von Meldevordrucken

FSKFK: Meldevordruck zur Ermittlung der Eigenmittel und Solvabilitätsanforderungen des Finanzkonglomerats auf Grundlage des Konzernabschlusses.

FSKBB: Meldevordruck zur Erfassung der Eigenmittel und Solvabilitätsanforderungen einer Institutsgruppe oder Finanzholding-Gruppe als Teilgruppe des Finanzkonglomerats, für die eine Berechnung nach § 10a Absatz 6 oder Absatz 7 KWG in Verbindung mit der Solvabilitätsverordnung vorliegt. Für jede Gruppe ist dieser Meldevordruck gesondert auszufüllen.

FSKBV: Meldevordruck zur Erfassung der Eigenmittel und Solvabilitätsanforderungen einer Versicherungsgruppe als Teilgruppe des Finanzkonglomerats, für die eine Berechnung der Versicherungsgruppen-Solvabilität auf der Grundlage des konsolidierten Abschlusses vorliegt. Für jede Gruppe ist dieser Meldevordruck gesondert auszufüllen.

FSEAB: Meldevordruck zur Erfassung der Eigenmittel und Solvabilitätsanforderungen einzelner Finanzkonglomeratsunternehmen der Banken- und Wertpapierdienstleistungsbranche auf Grundlage der Einzelabschlüsse, die nicht bereits in der Berechnung nach § 10a Absatz 6 oder Absatz 7 KWG in Verbindung mit der Solvabilitätsverordnung bzw. dem Meldevordruck FSKBB oder bei der Berechnung auf Grundlage des Konzernabschlusses bzw. dem Meldevordruck FSKFK für die Ermittlung der Finanzkonglomerate-Solvabilität erfasst wurden, und zwar

a) Berechnung auf Grundlage der Solvabilitätsverordnung,

b) sonstige Berechnungen/Ergebnisse (z. B. für Kapitalverwaltungsgesellschaften).

FSEAV: Meldevordruck zur Erfassung der Eigenmittel und Solvabilitätsanforderungen für Versicherungsgruppen, sofern eine Berechnung der Versicherungsgruppen-Solvabilität auf Grundlage der Einzelabschlüsse vorliegt, sowie für einzelne Finanzkonglomeratsunternehmen der Versicherungsbranche.

FSU: Meldevordruck zur Erfassung der in die Berechnung der Finanzkonglomerate-Solvabilität einbezogenen Unternehmen.

FSA: Meldevordruck zur Erfassung der mittelbaren und unmittelbaren Anteile des Unternehmens, auf dessen Ebene die Finanzkonglomerate-Solvabilität errechnet wird.

FSABB: Meldevordruck zur Erfassung von Beteiligungen sowie nachrangigen Verbindlichkeiten und Genussrechten, die branchenübergreifenden Charakter haben und für die aufgrund der Berechnung der Finanzkonglomerate-Solvabilität davon abgesehen werden kann, dass auf der Ebene des einzelnen Unternehmens oder auf der Ebene der Gruppe ein Abzug vorgenommen werden muss.

Verwendung der Meldevordrucke

1. **Methode gemäß § 5 FkSolV (Methode auf Grundlage einer konsolidierten Berechnung)**

   Bei der Berechnung gemäß § 5 FkSolV sind die Meldevordrucke FSKBB (gesondert für jede Gruppe der Banken- und Wertpapierdienstleistungsbranche, für die eine Berechnung nach § 10a in Verbindung mit § 10 KWG vorliegt) sowie FSKBV (gesondert für jede Gruppe der Versicherungsbranche, für die eine Berechnung nach der Solvabilitätsbereinigungs-Verordnung auf der Grundlage des konsolidierten Abschlusses vorliegt) zu verwenden.

1a. **Methode gemäß § 6 FkSolV (Methode auf Grundlage des Konzernabschlusses)**

   Bei der Berechnung gemäß § 6 FkSolV ist der Meldevordruck FSKFK zu verwenden. Ausgangsbasis sind die Zahlen, die sich aus dem Konzernabschluss ergeben.

2. **Methode gemäß § 7 FkSolV (Abzugs- und Aggregationsmethode)**

   Bei der Berechnung gemäß § 7 FkSolV sind die Meldevordrucke FSEAB (gesondert für jedes Unternehmen der Banken- und Wertpapierdienstleistungsbranche) sowie FSEAV (gesondert für jedes Unternehmen der Versicherungsbranche) zu verwenden. Ausgangsbasis sind die Zahlen, die sich aus dem handelsrechtlichen Einzelabschluss ergeben.

3. **Methode gemäß § 8 FkSolV (Kombination der Methoden nach den §§ 5 und 7 FkSolV)**

   Sofern die Methode gemäß § 8 FkSolV verwendet wird, sind je nach Notwendigkeit die Meldevordrucke FSKBB, FSKBV, FSEAB und/oder FSEAV zu verwenden.

4. Der Übersichtsbogen FSG und die Meldevordrucke FSU, FSA sowie FSABB sind unabhängig von der Methode immer auszufüllen.

5. **Erstes Beispiel:**

   Ein Finanzkonglomerat ist wie folgt aufgebaut: An der Spitze steht ein beaufsichtigtes Unternehmen der Banken- und Wertpapierdienstleistungsbranche, auf dessen Ebene zugleich die Berechnung nach § 10a in Verbindung mit § 10 KWG vorzunehmen ist. Dieses Unternehmen hält zugleich die Mehrheit an der Muttergesellschaft einer Versicherungsgruppe sowie die Mehrheit an einem einzelnen Versicherungsunternehmen. Für die Versicherungsgruppe liegt auf der Ebene des Mutterunternehmens eine Berechnung nach der Solvabilitätsbereinigungs-Verordnung (Berechnung auf Grundlage des konsolidierten Abschlusses) vor. Für das einzelne Versicherungsunternehmen liegt eine Berechnung der Solo-Solvabilität (s. § 53c VAG) vor. Das Vorgehensweise ist wie folgt: Die Bankengruppe wird mit dem Meldevordruck FSKBB erfasst. Die Versicherungsgruppe wird mit dem Meldevordruck FSKBV erfasst. Mit dem Meldevordruck FSEAV wird das einzelne Versicherungsunternehmen erfasst. Die Berechnungsergebnisse werden unter Berücksichtigung der Beteiligungsprozentsätze in den Übersichtsbogen übertragen. Als Ergebnis der Berechnung wird der Betrag der Finanzkonglomerate-Solvabilität ermittelt (Übersichtsbogen FSG, Position 300). Die Finanzkonglomerate-Solvabilität ist zum Berechnungsstichtag ausreichend, wenn der ermittelte Betrag größer oder gleich null ist.

6. **Zweites Beispiel:**

   An der Spitze eines Finanzkonglomerats steht eine gemischte Finanzholding-Gesellschaft, die zugleich Rückversicherungsunternehmen ist, wobei letzteres Unternehmen zugleich Mutterunternehmen einer Versicherungsgruppe ist. Für das Rückversicherungsunternehmen ist eine Berechnung der Versicherungsgruppen-Solvabilität auf Basis der Solvabilitätsbereinigungs-Verordnung vorzunehmen. Sofern diese Berechnung auf Grundlage des konsolidierten Abschlusses erfolgte und z. B. Unternehmen der Banken- und Wertpapierdienstleistungsbranche voll oder anteilig konsolidiert wurden, sind diese Unternehmen im Rahmen der Berechnung der Finanzkonglomerate-Solvabilität zu dekonsolidieren und in den entsprechenden Meldevordrucken für diese Branche zu erfassen (s. auch Fußnote 1 zu Meldevordruck FSKBV). Alternativ kann das Unternehmen eine Neuberechnung der Eigenmittel im Meldevordruck FSKFK auf Grundlage des Konzernabschlusses vornehmen.

[2] Die Werte sind in dem Übersichtsbogen FSG sowie in sämtlichen zugehörigen Meldevordrucken, sofern nicht anders angegeben, in Mio. Euro auf drei Nachkommastellen gerundet anzugeben (Beispiel: 167,3 Mio. Euro = 167,300). Die Prozentsätze sind entsprechend auf zwei Nachkommastellen gerundet anzugeben (7,1 % = 7,10 %).

[3] Das Unternehmen, auf dessen Ebene die Berechnung der Finanzkonglomerate-Solvabilität durchgeführt wird, ist das Unternehmen an der Spitze des Finanzkonglomerats.

[4] Als lfd. Nr. ist die Nummer des jeweiligen in derselben Zeile benannten Unternehmens einzutragen, die in dem Meldevordruck FSU in Spalte 1 als eindeutiger Schlüssel vergeben wurde.

[5] Das übergeordnete Finanzkonglomeratsunternehmen ist das Unternehmen, das für die Berechnung der Finanzkonglomerate-Solvabilität der BaFin gegenüber verantwortlich ist.

[6] Einzutragen sind die jeweiligen Berechnungsergebnisse.

[7] Hier sind die aufaddierten Teilsummen, die sich in dem Meldevordruck FSKBB jeweils aus der Multiplikation des Beteiligungsprozentsatzes (FSKBB, Position 005) mit den Eigenmitteln (FSKBB, Position 147) ergeben, einzutragen.

[8] Hier sind die aufaddierten Teilsummen, die sich in dem Meldevordruck FSEAB jeweils aus der Multiplikation des Beteiligungsprozentsatzes (FSEAB, Position 004) mit den Eigenmitteln (FSEAB, Position 146) ergeben, einzutragen.

[9] Hier sind die aufaddierten Teilsummen, die sich in dem Meldevordruck FSKBV jeweils aus der Multiplikation des Beteiligungsprozentsatzes (FSKBV, Position 006) mit den in diesem Meldevordruck ermittelten Eigenmitteln (FSKBV, Position 122) ergeben, einzutragen.

[10] Einzutragen sind die aufaddierten Teilsummen, die sich in dem Meldevordruck FSEAV jeweils aus der Multiplikation des Beteiligungsprozentsatzes (FSEAV, Position 006) mit den Eigenmitteln (FSEAV, Position 108) ergeben.

[11] Hierunter fallen bislang nicht berücksichtigte Abzugspositionen aus konglomeratsinterner Kapitalschöpfung z. B. in Bezug auf solche Unternehmen, die zum Finanzkonglomerat gehören, jedoch keiner Aufsicht unterliegen (s. § 3 Absatz 5 FkSolV). Der Posten ist in einer Anlage zu erläutern.

[12] Hier sind die aufaddierten Teilsummen, die sich in dem Meldevordruck FSKBB jeweils aus der Multiplikation des Beteiligungsprozentsatzes (FSKBB, Position 005) mit den Solvabilitätsanforderungen (FSKBB, Position 205) ergeben, einzutragen.

[13] Hier sind die aufaddierten Teilsummen, die sich in dem Meldevordruck FSEAB jeweils aus der Multiplikation des Beteiligungsprozentsatzes (FSEAB, Position 004) mit den Solvabilitätsanforderungen (FSEAB, Position 205) ergeben, einzutragen.

[14] Einzutragen sind die aufaddierten Teilsummen, die sich in dem Meldevordruck FSKBV jeweils aus der Multiplikation des Beteiligungsprozentsatzes (FSKBV, Position 006) mit den in diesem Meldevordruck ermittelten Solvabilitätsanforderungen (FSKBV, Position 206) ergeben.

[15] Hier sind die aufaddierten Teilsummen, die sich in dem Meldevordruck FSEAV jeweils aus der Multiplikation des Beteiligungsprozentsatzes (FSEAV, Position 006) mit den Solvabilitätsanforderungen (FSEAV, Position 200) ergeben, einzutragen.

[16] Eine ausreichende Eigenmittelausstattung des Finanzkonglomerats ist zu dem Berechnungsstichtag dann gegeben, wenn der Betrag der Finanzkonglomerate-Solvabilität größer oder gleich null ist (s. § 1 Satz 3 FkSolV).

[17] Der Meldevordruck ist mit dem Datum zu versehen und von mindestens zwei Mitgliedern des Vorstands oder anderen Zeichnungsberechtigten des übergeordneten Finanzkonglomeratsunternehmens zu unterschreiben.

Anlage 1a
(zu § 10 Absatz 1 Nummer 1a)

**Meldevordruck zur Ermittlung der Eigenmittel und Solvabilitätsanforderungen
des Finanzkonglomerats auf der Grundlage eines Konzernabschlusses
– Konsolidierte Berechnung Finanzkonglomerat (FSKFK) –**

Pos.-Nr.	FSKFK[1]		
001	Name des Unternehmens, auf dessen Ebene die Berechnung der Finanzkonglomerate-Solvabilität durchgeführt wird: _____ lfd. Nr.: _____		
002	Name des Unternehmens (Konzernabschluss aufstellendes Unternehmen), auf dessen Ebene die Berechnung für das Finanzkonglomerat (Methode auf Grundlage des Konzernabschlusses) vorgenommen wurde: _____ lfd. Nr.: _____		
	Stichtag der Berechnung: ____ / ____ / _____		
003	Beteiligungsprozentsatz, der dem Unternehmen an der Spitze des Finanzkonglomerats mittelbar oder unmittelbar in Bezug auf das Unternehmen, das den Konzernabschluss aufstellt und auf dessen Ebene die Berechnung bei Verwendung der Methode auf Grundlage des Konzernabschlusses erfolgt, zusteht[2]		
	I. zulässige Eigenmittel des Finanzkonglomerats	Vergleichspositionen	Betrag
	sektorübergreifende zulässige Eigenmittel ohne Limit[3]		
101	eingezahltes Kapital (Geschäfts-, Grund-, Stamm-, Dotationskapital)[4]		
102	Rücklagen[5]		
103	zu berücksichtigende Effekte aus bestimmten Bewertungsvorschriften (Prudential Filters)[6]		
	abzüglich:[7]		
104	immaterielle Vermögenswerte[8]		
105	eigene Anteile oder Geschäftsanteile[9]		
106	Überhang an aktiven latenten Steuern[10]		
107	negativer Verrechnungssaldo[11]		
108	Zwischensumme[12]		
	abzüglich:		
109	Großkreditüberschreitungen des Handels- und Gesamtbuches[13]	Q UEB[14] 1100	
110	Positionen nach § 6 Absatz 3 FkSolV (mind. 50 %)		
111	Abzugspositionen[15]	Q UEB 0810	
112	Summe der sektorübergreifenden zulässigen Eigenmittel ohne Limit		
	sektorübergreifende zulässige Eigenmittel mit Limit[16]		
113	nicht realisierte Reserven[17]		
114	Genussrechtsverbindlichkeiten (abzüglich der Marktpflegepositionen)[18, 20]		
115	nachrangige Verbindlichkeiten (abzüglich der Marktpflegepositionen)[19, 20]		
	abzüglich:		
116	Großkreditüberschreitungen des Handels- und Gesamtbuches[13]	Q UEB 1100	
117	Positionen nach § 6 Absatz 3 FkSolV (max. 50 %)		
118	Abzugspositionen[21]	Q UEB 0810	
119	Summe der sektorübergreifenden zulässigen Eigenmittel mit Limit		

			Vergleichs-positionen	Betrag
	sektorale zulässige Eigenmittel[22]			
	sektorale zulässige Eigenmittel der Banken- und Wertpapierdienstleistungsbranche ohne Limit			
120	Vermögenseinlagen stiller Gesellschafter		Q UEB 0090	
121	Sonderposten für allgemeine Bankrisiken nach § 340g HGB[23]		Q UEB 0420	
122	Anteile im Fremdbesitz[24]		Q UEB 0120	
123	Gesamtbetrag des aktivischen Unterschiedsbetrags gemäß § 10a Absatz 6 Satz 9 und 10 KWG abzüglich mindestens 50 % des Teilbetrages, der nicht wie eine Beteiligung an einem fremden Unternehmen behandelt wird		Q UEB 0470	
		abzüglich:		
124		Entnahmen der Gesellschafter/Kredite an Gesellschafter	Q UEB 0540	
125		Nettogewinne aus der Kapitalisierung künftiger Erträge verbriefter Forderungen	Q UEB 0240	
126	Zwischensumme[25]			
		abzüglich:		
127		Großkreditüberschreitungen des Handels- und Gesamtbuches[13]	Q UEB 1100	
128		Abzugspositionen[15]	Q UEB 0810	
129	Zwischensumme: Sektorale zulässige Eigenmittel der Banken- und Wertpapierdienstleistungsbranche ohne Limit			
	sektorale zulässige Eigenmittel der Banken- und Wertpapierdienstleistungsbranche mit Limit			
130	Vorsorgereserven nach § 340f HGB[23]		Q UEB 0650	
131	kumulative Vorzugsaktien im Sinne des § 10 Absatz 2b Satz 1 Nummer 2 KWG[26]		Q UEB 0690	
132	berücksichtigungsfähiger Wertberichtigungsüberschuss für IRBA-Positionen gemäß § 10 Absatz 2b Satz 1 Nummer 9 KWG		Q UEB 0680	
133	Haftsummenzuschlag		Q UEB 0710	
134	Rücklagen nach § 6b EStG[23]		Q UEB 0660	
		abzüglich:		
135		maximal 50 % des aktivischen Unterschiedsbetrags gemäß § 10a Absatz 6 Satz 9 und 10 KWG, der nicht wie eine Beteiligung an einem fremden Unternehmen behandelt wird	Q UEB 0800	
136	Zwischensumme			
137		Großkreditüberschreitungen des Handels- und Gesamtbuches[13]		
138		Abzugspositionen[21]		
139	Genussrechtsverbindlichkeiten (abzüglich der Marktpflegepositionen)[27]			
140	längerfristige nachrangige Verbindlichkeiten (abzüglich der Marktpflegepositionen)[27]			
141	genutzte, verfügbare Drittrangmittel[28]			
142	Zwischensumme: Sektorale zulässige Eigenmittel der Banken- und Wertpapierdienstleistungsbranche mit Limit			
143	Summe der zulässigen sektoralen Eigenmittel der Banken- und Wertpapierdienstleistungsbranche			
	sektorale zulässige Eigenmittel der Versicherungsbranche			
144	Hälfte des nicht eingezahlten Teils des Grundkapitals		BerS1[29], I.(2)	
145	Hälfte der zulässigen Nachschüsse		BerS1, I.(7)	

		Vergleichs-positionen	Betrag
146	Genussrechtsverbindlichkeiten (abzüglich der Marktpflegepositionen)[27]		
147	Nachrangverbindlichkeiten (abzüglich der Marktpflegepositionen)[27]		
148	freie Teile der RfB	BerS1, I.(9)	
149	nicht realisierte Reserven[30]		
150	Summe der zulässigen sektoralen Eigenmittel Versicherungsbranche		
151	**Summe der zulässigen Eigenmittel auf der Basis des Konzernabschlusses**[31]		
	II. (fiktive) Solvabilitätsanforderung		
	Solvabilitätsanforderungen für die Banken- und Wertpapierdienstleistungsbranche		
201	a) Ergebnis der konsolidierten Berechnung[32]		
202	b) Ergebnis der Einzelabschlüsse[32]		
	abzüglich:		
203	Solvabilitätsanforderungen aus Beteiligungen an Unternehmen der Versicherungsbranche[33, 34]		
204	Solvabilitätsanforderungen aus Forderungen aus nachrangigen Verbindlichkeiten und Genussrechten gegenüber Unternehmen der Versicherungsbranche[34]		
	Zwischensumme		
	Solvabilitätsanforderungen für die Versicherungsbranche		
	a) Ergebnis der konsolidierten Berechnung		
205	Solvabilitätsspanne von Lebensversicherungsunternehmen	BerS1, II.(1.7)	
206	Solvabilitätsspanne von Krankenversicherungsunternehmen	BerS1, II.(2.4)	
207	Solvabilitätsspanne von Schaden- und Unfallversicherungsunternehmen	BerS1, II.(3.4)	
208	Solvabilitätsspanne von Rückversicherungsunternehmen	BerS1, II.(4.4)	
209	b) Ergebnis der Einzelabschlüsse	BerS1, III.(7)	
210	c) Ergebnis der Ergänzungsrechnung	BerS1, III.(8)	
	Zwischensumme		
211	**Summe der Solvabilitätsanforderungen auf der Basis des Konzernabschlusses**[35]		

Fußnoten:

[1] Dieser Meldevordruck dient der Erfassung der Eigenmittel und Solvabilitätsanforderungen eines Finanzkonglomerats auf der Grundlage eines Konzernabschlusses.

[2] Sofern das Unternehmen, das den Konzernabschluss aufstellt, identisch ist mit dem Unternehmen an der Spitze des Finanzkonglomerats, ist hier 100,00 % einzutragen.

[3] Sektorübergreifende zulässige Eigenmittel (ohne Limit) sind Eigenmittel, die sowohl in der Banken- und Wertpapierdienstleistungsbranche als auch bei Versicherungsunternehmen als Eigenmittel anerkannt sind und nach den sektoralen Bestimmungen keinen Begrenzungen unterliegen.

[4] Diese Position umfasst den in der Konzernbilanz ausgewiesenen Gründungsstock, das Geschäfts-, Grund-, Stamm-, und Dotationskapital (ohne kumulierte Vorzugsaktien). Anteile anderer Gesellschafter bleiben unberücksichtigt.

[5] Diese Position umfasst die in der Konzernbilanz ausgewiesenen Kapital- und Gewinnrücklagen. Der Ausweis erfolgt unter Berücksichtigung des Bilanzgewinns, soweit eine Zuweisung zum Geschäftskapital, zu den Rücklagen oder den Geschäftsguthaben beschlossen ist, bzw. unter Berücksichtigung des Bilanzverlustes. Währungsänderungen sind ebenfalls zu berücksichtigen. Anteile anderer Gesellschafter sowie eine Rücklage für Anteile an einem herrschenden oder mit Mehrheit beteiligten Unternehmen nach § 272 Absatz 4 Satz 1 HGB bleiben unberücksichtigt.

[6] Dieser Posten erfasst die in der Konzernabschlussüberleitungsverordnung (KonÜV) vom 12. Februar 2007 (BGBl. I S. 150) in der jeweils geltenden Fassung geregelten Sachverhalte für den konsolidierten Abschluss, die sich über die Gewinn- und Verlustrechnung ergebniswirksam im Eigenkapital ausgewirkt haben:

– Bewertungseffekte aus der Anwendung der Fair value Option auf finanzielle Verbindlichkeiten (eigenes Kreditrisiko) (§ 6 KonÜV),

– Gewinne aus als Finanzinvestitionen gehaltenen Grundstücken und Gebäuden (§ 3 Absatz 2 KonÜV),

sowie bislang nicht ergebniswirksam verbuchte Verluste aus:

– als Eigenkapital- oder Fremdkapitalinstrumenten von zur Veräußerung verfügbaren finanziellen Vermögenswerten (§ 2 Absatz 2 KonÜV) und

– selbst genutzten Grundstücken und Gebäuden (§ 3 Absatz 2 KonÜV),

bezogen auf den zur Berechnung verwendeten Konzernabschluss. Die Berechnung ist in einer Anlage zu erläutern.

[7] Aufzuführen sind Abzugspositionen, die in der Banken- und Wertpapierdienstleistungsbranche oder bei Versicherungsunternehmen vor der Zurechnung von begrenzt anrechenbaren Eigenmittelbestandteilen abzuziehen sind.

[8] Diese Position ergibt sich zunächst aus der Konzernbilanz. Werden hierin nicht alle in § 53c Absatz 3 Satz 3 VAG genannten Abzugspositionen berücksichtigt, sind diese nach Bereinigung latenter Steuerwirkungen hinzuzurechnen. Anteile, die auf andere Gesellschafter entfallen, bleiben unberücksichtigt. Sofern einem immateriellen Wert aus der Buchung eines Geschäftsvorfalls eine entsprechende Rückstellung gegenübersteht, die nicht zu einer Erhöhung der Eigenmittel führt, entfällt insoweit der Abzug des immateriellen Wertes. Die Berechnung ist in einer Anlage zu erläutern.

[9] Aufzuführen sind eigene Aktien und Geschäftsanteile sowie gekündigte Anteile von Mitgliedern einer eingetragenen Genossenschaft, die zu einem späteren Zeitpunkt ausscheiden, und Geschäftsguthaben ausscheidender Mitglieder einer eingetragenen Genossenschaft.

[10] Diese Position erfasst einen Überhang an in der Konzernbilanz ausgewiesenen aktiven latenten Steuern gegenüber passiven latenten Steuern.

[11] Ist der Saldo der Positionen 120 bis 123 abzüglich der Positionen 124 und 125 negativ, ist dieser hier einzutragen.

[12] Bemessungsgrundlage für die Zurechenbarkeit zulässiger sektorübergreifender Eigenmittel mit Limit.

[13] Die Positionen 109, 116, 127 und 137 erfassen Großkreditüberschreitungen aus kreditnehmerbezogenen Handelsbuch- oder Gesamtbuchpositionen gemäß § 13a Absatz 4 und 5 KWG, soweit sie nicht schon bei der Berechnung der anrechenbaren Drittrangmittel nach § 10 Absatz 2c Satz 3 KWG abgezogen worden sind. Diese Beträge sind unter Beachtung der folgenden Bedingungen zu erfassen:

Pos. 109 + Pos. 110 + Pos. 111 ≤ Pos. 108
Pos. 116 + Pos. 117 + Pos. 118 ≤ Summe aus Pos. 113 bis Pos. 115
Pos. 127 + Pos. 128 ≤ Pos. 126
Pos. 137 + Pos. 138 ≤ Pos. 136

[14] Meldevordruck. Ein Übersichtsbogen zu den Eigenmitteln nach den §§ 10, 10a KWG, zu den Adressrisiken, zu den Marktrisikopositionen und zum operationellen Risiko (Instituts- bzw. Finanzholding-Gruppe). Die Ziffern bezeichnen die entsprechenden Positionen im Meldevordruck.

[15] Die Positionen 111 und 128 müssen zusammen mindestens 50 % der Abzugspositionen gemäß § 10 Absatz 6 Satz 1, § 10 Absatz 6a KWG sowie mindestens 50 % der Unterlegungsbeträge nach § 12, § 13 oder § 13a Absatz 3, § 15 KWG abdecken. Dabei ist zu beachten, dass Pos. 127 + Pos. 128 ≤ Pos. 126 ist.

[16] Sektorübergreifende zulässige Eigenmittel mit Limit sind Eigenmittel, die sowohl in der Banken- und Wertpapierdienstleistungsbranche als auch bei Versicherungsunternehmen als Eigenmittel anerkannt sind und nach den sektoralen Bestimmungen Begrenzungen unterliegen (s. § 3 Absatz 6 FkSolV).

[17] Diese Position ist bezogen auf die zur Berechnung verwendeten Konzernabschluss und setzt sich zusammen aus je 45 % der Reserven aus Eigen- und Fremdkapitalinstrumenten von zur Veräußerung verfügbaren finanziellen Vermögenswerten (§ 2 Absatz 1 KonÜV), aus selbst genutzten und aus als Finanzinvestition gehaltenen Grundstücken und Gebäuden (§ 3 Absatz 2 KonÜV) und aus bis zur Endfälligkeit gehaltenen Finanzinvestitionen (§ 4 KonÜV). Allerdings bleiben dabei durch Änderung des Zinsniveaus entstandene Reserven von festverzinslichen Wertpapieren aus der Position Eigen- und Fremdkapitalinstrumente von zur Veräußerung verfügbaren finanziellen Vermögensgegenständen aus der Versicherungsbranche unberücksichtigt. Zu den in den Sätzen 2 und 3 der Fußnote 28 genannten Methodik angewandt wird. Ebenfalls können hier nicht realisierte Reserven gemäß § 10 Absatz 2b Satz 1 Nummer 6 und 7 KWG berücksichtigt werden. Die Berechnung ist in einer Anlage darzulegen.

[18] Diese Position enthält in der Konzernbilanz ausgewiesene Genussrechtsverbindlichkeiten, die eigenmittelfähig im Sinne des § 10 Absatz 5 KWG und § 53c Absatz 3a VAG sind.

[19] Diese Position enthält in der Konzernbilanz ausgewiesene nachrangige Verbindlichkeiten, die eigenmittelfähig im Sinne des § 10 Absatz 5a KWG und § 53c Absatz 3b VAG sind.

[20] Folgende Limite sind zu berücksichtigen:
Pos. 114 + Pos. 115 ≤ min. {Pos. 108; 50 % der geforderten Solvabilitätsspanne des Finanzkonglomerats}
Pos. 114 + Pos. 115 darf maximal zur Hälfte zeitlich befristet sein.

[21] Abzugspositionen gemäß § 10 Absatz 6 Satz 1, § 10 Absatz 6a KWG sowie die Unterlegungsbeträge nach § 12, § 13 oder § 13a Absatz 3, § 15 KWG dürfen maximal zu 50 % in Pos. 118 und 138 berücksichtigt werden. Dabei ist zu beachten, dass Pos. 137 + Pos. 138 ≤ Pos. 136 ist.

[22] Sektorale zulässige Eigenmittel sind zum einen sektorübergreifende Eigenmittel, bei denen das sektorale Limit über dem Limit auf der Basis des konsolidierten Abschlusses liegt, und zum anderen Eigenmittelbestandteile, die branchenspezifisch sind. Sie werden unter Beachtung der entsprechenden Branchenlimite angerechnet.

[23] Die Positionen 121, 130 und 134 sind nur bei Berechnung auf der Grundlage eines HGB-Konzernabschlusses relevant.

[24] Diese Position umfasst die Anteile anderer Gesellschafter am Gründungsstock, Geschäfts-, Grund-, Stamm- und Dotationskapital sowie Kapital- und Gewinnrücklagen unter Berücksichtigung des Bilanzgewinns, soweit eine Zuweisung zum Geschäftskapital, zu den Rücklagen oder den Geschäftsguthaben beschlossen ist, bzw. unter Berücksichtigung des Bilanzverlustes, die in Position 101 unberücksichtigt bleiben.

[25] Ist der Saldo der Positionen 120 bis 123 abzüglich der Positionen 124 und 125 negativ, ist dieser unter Position 107 einzutragen und diese Position Null zu setzen. Ist der Saldo positiv, ist er hier einzutragen.

[26] Eigene kumulative Vorzugsaktien bleiben unberücksichtigt.

[27] Die Positionen erfassen im Konzernabschluss ausgewiesene Genussrechtsverbindlichkeiten bzw. nachrangige Verbindlichkeiten, die nicht als sektorübergreifende Eigenmittel mit Limit angesetzt werden konnten, nach den sektoralen Bestimmungen jedoch anrechenbar sind. Es gelten die sektoralen Bestimmungen; d. h. ist im Banken- und Wertpapierbereich oder Versicherungsbereich nach den Regeln des KWG bzw. VAG eine größere Summe an Genussrechten oder nachrangigen Verbindlichkeiten als unter der Position 114 oder 115 als Eigenmittel anrechenbar, dann kann der Differenzbetrag als sektorale zulässige Eigenmittel bei der jeweiligen Branche erfasst werden.

[28] Diese Position berücksichtigt maximal die unter Position Q UEB 0980 ausgewiesenen Drittrangmittel. Darin enthaltene Beträge, die durch die Berechnung auf Finanzkonglomeratsebene bereits unter einer anderen Position als Eigenmittel angerechnet wurden, sind abzuziehen.

[29] Meldevordruck nach Rundschreiben 2/2006 (VA) – Hinweise zur Berechnung der bereinigten Solvabilität und zum Nachweis gemäß § 19 Solvabilitätsbereinigungs-Verordnung (SolBerV). Formular BerS1 ist das übergeordnete Formblatt für die Berechnung auf Grundlage des konsolidierten Abschlusses. Die Ziffern bezeichnen die entsprechenden Positionen im Meldevordruck.

[30] Diese Position umfasst die Teile der im Konzernabschluss ausgewiesenen Neubewertungsrücklagen, die auf die Versicherungsbranche entfallen und unter Position 113 noch nicht berücksichtigt sind. Durch Änderung des Zinsniveaus entstandene, nicht ergebniswirksam verbuchte Verluste aus festverzinslichen Wertpapieren aus der Position Eigen- und Fremdkapitalinstrumente von zur Veräußerung verfügbaren finanziellen Vermögensgegenständen aus der Versicherungsbranche, die unter Position 103 abgezogen wurden, dürfen hier den Eigenmitteln zugerechnet werden, wenn der Bundesanstalt vor Inanspruchnahme dieser Maßnahme nachgewiesen wird, dass eine Veräußerung dieser Wertpapiere aus Liquiditätsgründen nicht erforderlich werden wird. Werden Verluste nach Satz 2 hinzugerechnet, dürfen durch Änderung des Zinsniveaus entstandene Reserven aus festverzinslichen Wertpapieren aus der Position Eigen- und Fremdkapitalinstrumente von zur Veräußerung verfügbaren finanziellen Vermögensgegenständen aus der Versicherungsbranche nicht berücksichtigt werden. Ein Unternehmen darf jederzeit von der Methodik nach Satz 1 zu der Methodik nach den Sätzen 2 und 3 übergehen. Im Konzernabschluss nicht ausgewiesene stille Nettoreserven im Sinne des § 53c VAG in Verbindung mit dem Rundschreiben der BaFin 4/2005 zur Solo-Solvabilität von Versicherungsunternehmen in der jeweils geltenden Fassung können unter dieser Position berücksichtigt werden.

[31] Diese Position ist die Summe der Positionen 112, 119, 143 und 150.
[32] Solvabilitätsanforderungen für Positionen innerhalb der Banken- und Wertpapierdienstleistungsbranche, die gemäß § 6 Absatz 3 FkSolV von den sektorübergreifenden Eigenmitteln abzuziehen sind, können unberücksichtigt bleiben.
[33] Einzutragen sind die Solvabilitätsanforderungen, die sich aus Beteiligungen an Unternehmen der Versicherungsbranche (Lebens-, Kranken-, Schaden- und Unfall-Versicherungsunternehmen, Rückversicherungsunternehmen, Versicherungsholding-Gesellschaften) ergeben.
[34] Fußnote 30 gilt für Solvabilitätsanforderungen für Positionen gegenüber Unternehmen der Versicherungsbranche entsprechend.
[35] Diese Position ist die Summe der Positionen 201 und 202 sowie 205 bis 210 abzüglich der Positionen 203 und 204.

Anlage 2
(zu § 10 Absatz 1 Nummer 2)

Meldevordruck zur Erfassung der Eigenmittel und Solvabilitätsanforderungen einer Institutsgruppe oder Finanzholding-Gruppe als Teilgruppe des Finanzkonglomerats, für die eine Berechnung nach § 10a Absatz 6 oder Absatz 7 des Kreditwesengesetzes in Verbindung mit der Solvabilitätsverordnung vorliegt
– Konsolidierte Berechnung Banken (FSKBB) –

Pos.-Nr.	FSKBB[1]	Vergleichspositionen	Betrag
001	Name des Unternehmens, auf dessen Ebene die Berechnung der Finanzkonglomerate-Solvabilität durchgeführt wird: _____ lfd. Nr.: _____		
002	Name des Unternehmens, auf dessen Ebene die Berechnung für die Instituts- bzw. Finanzholding-Gruppe (Methode auf Grundlage des § 10a KWG) vorgenommen wurde: _____ lfd. Nr.: _____		
003	Name der Instituts- oder Finanzholding-Gruppe:[2]		
004	lfd. Nr.:[3] Stichtag der Berechnung: ___ / ___ / _____		
005	Beteiligungsprozentsatz, der dem Unternehmen an der Spitze des Finanzkonglomerats in Bezug auf das Unternehmen an der Spitze der Instituts- bzw. Finanzholding-Gruppe mittelbar und unmittelbar zusteht[4]		
	I. Eigenmittel		
	Kernkapital		
101	eingezahltes Kapital (Geschäfts-, Grund-, Stamm-, Dotationskapital) ohne kumulative Vorzugsaktien, sowie von der BaFin anerkanntes freies Vermögen (Der Ausweis erfolgt einschließlich der Anteile im Fremdbesitz.)	Q UEB 0060 Q UEB 0120	
102	offene Rücklagen (einschließlich Kapitalrücklagen) unter Berücksichtigung des Bilanzgewinns nach § 10 Absatz 2a Satz 1 Nummer 9 KWG bzw. des Bilanzverlustes nach § 10 Absatz 2a Satz 2 Nummer 1 KWG	Q UEB 0080 Q UEB 0110	
103	Vermögenseinlagen stiller Gesellschafter	Q UEB 0090	
104	Sonderposten für allgemeine Bankrisiken nach § 340g HGB	Q UEB 0420	
	abzüglich:		
105	eigene Anteile oder Geschäftsanteile (ohne eigene kumulative Vorzugsaktien) sowie gekündigte Anteile von Mitgliedern einer eingetragenen Genossenschaft, die zu einem späteren Zeitpunkt ausscheiden, und Geschäftsguthaben ausscheidender Mitglieder einer eingetragenen Genossenschaft	Q UEB 0070	
106	Entnahmen der Gesellschafter/Kredite an Gesellschafter	Q UEB 0540	
107	immaterielle Vermögensgegenstände	Q UEB 0490	
108	Nettogewinne aus der Kapitalisierung künftiger Erträge verbriefter Forderungen	Q UEB 0240	
109	im Kernkapital zu berücksichtigende Effekte aus bestimmten Bewertungsvorschriften (Prudential filter)	Q UEB 0250	
110	Gesamtbetrag des aktivischen Unterschiedsbetrages gemäß § 10a Absatz 6 Satz 9 und 10 KWG abzüglich 50 % des Teilbetrages, der nicht wie eine Beteiligung an einem gruppenfremden Unternehmen behandelt wird	Q UEB 0470	
111	**Kernkapital**	Q UEB 0020	
	Ergänzungskapital		
112	Vorsorgereserven nach § 340f HGB	Q UEB 0650	

		Vergleichs-positionen	Betrag
113	kumulative Vorzugsaktien im Sinne des § 10 Absatz 2b Satz 1 Nummer 2 KWG (abzgl. eigener kumulativer Vorzugsaktien)	Q UEB 0690	
114	nicht realisierte Reserven in Grundstücken, grundstücksgleichen Rechten und Gebäuden sowie in notierten Wertpapieren, in Verbundunternehmen und Investmentanteilen	Q UEB 0640	
115	berücksichtigungsfähiger Wertberichtigungsüberschuss für IRBA-Positionen gemäß § 10 Absatz 2b Satz 1 Nummer 9 KWG	Q UEB 0680	
116	Rücklagen nach § 6b EStG aus der Veräußerung von Grundstücken, grundstücksgleichen Rechten und Gebäuden	Q UEB 0660	
117	Genussrechtsverbindlichkeiten (abzüglich der Marktpflegepositionen)	Q UEB 0670	
	abzüglich:		
118	Korrekturposten für aus dem Kernkapital übertragene Bewertungseffekte	Q UEB 0580	
119	längerfristige nachrangige Verbindlichkeiten (abzüglich der Marktpflegepositionen)	Q UEB 0730	
120	Haftsummenzuschlag	Q UEB 0710	
	abzüglich:		
121	Korrekturposten gemäß § 10 Absatz 2b Satz 1 KWG in Verbindung mit § 10 Absatz 3b KWG auf das Ergänzungskapital	Q UEB 0790	
122	50 % des aktivischen Unterschiedsbetrages gemäß § 10a Absatz 6 Satz 9 und 10 KWG, der nicht wie eine Beteiligung an einem gruppenfremden Unternehmen behandelt wird	Q UEB 0800	
123	Korrekturposten gemäß § 10 Absatz 2 Satz 4 KWG	Q UEB 0750	
124	Korrekturposten gemäß § 10 Absatz 2 Satz 3 KWG	Q UEB 0770	
125	**Ergänzungskapital**	Q UEB 0550	
	abzüglich (von der Summe aus Kern- und Ergänzungskapital):		
126	Beteiligungen gemäß § 10 Absatz 6 Satz 1 Nummer 1 KWG	Q UEB 0840	
127	Forderungen aus nachrangigen Verbindlichkeiten und Genussrechten sowie Vermögenseinlagen stiller Gesellschafter gemäß § 10 Absatz 6 Satz 1 Nummer 2 bis 4 KWG	Q UEB 0850 Q UEB 0860	
128	**zusammengefasstes haftendes Eigenkapital insgesamt**	Q UEB 0900	
	abzüglich:		
129	qualifizierte Beteiligungen gemäß § 12 Absatz 1 Satz 4 KWG	Q UEB 0930	
130	Großkreditüberschreitungen des Anlagebuches sowie Unterlegungsbeträge für Organkredite nach § 15 KWG	Q UEB 0950	
131	Abzugspositionen gemäß § 10 Absatz 6a KWG	Q UEB 0910 Q UEB 0920 Q UEB 0940	
132	**Kernkapital (gesamt) für Solvenzzwecke**	Q UEB 0960	
133	**Ergänzungskapital (gesamt) für Solvenzzwecke**	Q UEB 0970	
	Drittrangmittel		
134	Nettogewinn	Q UEB 1000	
135	kurzfristige nachrangige Verbindlichkeiten (abzüglich der Marktpflegepositionen)	Q UEB 1010	
136	Positionen gemäß § 10 Absatz 2c Satz 1 Nummer 3 KWG	Q UEB 0990	
	abzüglich:		
137	schwer realisierbare Aktiva sowie Verluste von Tochterunternehmen gemäß § 10 Absatz 2c Satz 4 KWG	Q UEB 1020	

		Vergleichs-positionen	Betrag
138	Korrekturposten gemäß § 10 Absatz 2c Satz 2 und 3 KWG	Q UEB 1030	
139	**anrechenbare Drittrangmittel**	Q UEB 0990 bis Q UEB 1030	
140	**nachrichtlich: Eigenmittel für die Großkreditgrenze im Gesamtbuch**	Q UEB 1040	
	abzüglich:		
141	ungenutzte, aber anrechenbare Drittrangmittel	Q UEB 1080	
142	Unterlegung von Überschreitungen im Großkreditbereich	Q UEB 1060 Q UEB 1100	
143	**anrechenbare Eigenmittel**	Q UEB 0010	
	abzüglich:		
144	Buchwerte der Beteiligungen an Unternehmen der Versicherungsbranche[5]	Q UEB 0870	
145	konglomeratsintern finanziertes Genussrechtskapital und nachrangige Verbindlichkeiten[6]	Q UEB 0880	
146	sonstige von den Eigenmitteln abzuziehende Positionen[7]		
147	**anrechenbare Eigenmittel der Instituts- bzw. Finanzholding-Gruppe**[8]		
	II. (fiktive) Solvabilitätsanforderung		
201	Solvabilitätsanforderung für die Instituts- bzw. Finanzholding-Gruppe	Q UEB 1200	
	abzüglich:		
202	Solvabilitätsanforderungen, die sich aus Beteiligungen an Unternehmen der Versicherungsbranche ergeben[9]		
203	Solvabilitätsanforderungen, die sich aus Forderungen aus nachrangigen Verbindlichkeiten und Genussrechten ergeben, die gegenüber Unternehmen der Versicherungsbranche bestehen[10]		
204	zuzüglich (fiktiver) Solvabilitätsanforderungen[11]		
205	anzurechnende Solvabilitätsanforderung für die Instituts- bzw. Finanzholding-Gruppe[12]		
	III. Eigenmittelausstattung		
301	**Eigenmittelausstattung der Instituts- bzw. Finanzholding-Gruppe**[13]		

Fußnoten:

[1] Dieser Meldevordruck dient der Erfassung der Eigenmittel und Solvabilitätsanforderungen einer Instituts- bzw. Finanzholding-Gruppe auf der Grundlage des § 10a KWG. Für jede (Teil-)Gruppe der Banken- und Wertpapierdienstleistungsbranche ist der Meldevordruck gesondert auszufüllen.

[2] Einzutragen ist der Name des Instituts- oder Finanzholding-Gruppe im Sinne des § 10a Absatz 1 bis 5 KWG. Die Vorschriften für die Berechnungsgrundlagen sowie für die Ermittlung der Eigenmittel und der Solvabilitätsanforderungen richten sich nach § 10 in Verbindung mit § 10a Absatz 6 bis 14 und § 10a Absatz 6 oder Absatz 7 KWG in Verbindung mit der Solvabilitätsverordnung.

[3] Einzutragen ist die laufende Nummer, die den vorgenannten Instituts- bzw. Finanzholding-Gruppe im Rahmen der Erfassung der in die Berechnung einzubeziehenden Unternehmen (Meldevordruck FSU) zugeordnet wurde.

[4] Sofern das Unternehmen an der Spitze der Instituts- bzw. Finanzholding-Gruppe identisch ist mit dem Unternehmen an der Spitze des Finanzkonglomerats, ist hier 100,00 % einzutragen.

[5] Einzutragen ist die Summe aller Beteiligungsbuchwerte, die in der Gruppe an Unternehmen der Versicherungsbranche gehalten werden (s. § 5 Absatz 3 Nummer 1 Buchstabe a FkSolV).

[6] Einzutragen sind Genussrechte und nachrangige Verbindlichkeiten, die in der Gruppe als Eigenmittel ausgewiesen werden, jedoch von einem Finanzkonglomeratsunternehmen finanziert werden (s. § 5 Absatz 3 Nummer 1 Buchstabe b FkSolV).

[7] Einzutragen sind sonstige von den Eigenmitteln abzuziehende Positionen (s. § 3 Absatz 4 und 5 FkSolV), die noch nicht erfasst wurden.

[8] Dieser Wert ergibt sich wie folgt: Pos. 143 abzgl. Pos. 144 abzgl. Pos. 145 abzgl. Pos. 146.

[9] Einzutragen sind die Solvabilitätsanforderungen, die sich aus Beteiligungen an Unternehmen der Versicherungsbranche (Lebens-, Kranken-, Schaden- und Unfall-Versicherungsunternehmen, Rückversicherungsunternehmen, Versicherungsholding-Gesellschaften) ergeben.

[10] Fußnote 9 gilt für Solvabilitätsanforderungen aus Forderungen aus nachrangigen Verbindlichkeiten und Genussrechten sowie Anforderungen aus Krediten, Termingeschäften etc. gegenüber Unternehmen der Versicherungsbranche entsprechend.

[11] Einzutragen sind Solvabilitätsanforderungen für Unternehmen der Banken- und Wertpapierdienstleistungsbranche, die bislang nicht berücksichtigt wurden (Ausnahmefälle).

[12] Der Betrag ergibt sich wie folgt: Pos. 201 abzgl. Pos. 202 abzgl. Pos. 203 zzgl. Pos. 204.

[13] Der Betrag ergibt sich wie folgt: Pos. 147 abzgl. Pos. 205.

Anlage 3
(zu § 10 Absatz 1 Nummer 3)

**Meldevordruck zur Erfassung der Eigenmittel
und Solvabilitätsanforderungen einer Versicherungsgruppe
als Teilgruppe des Finanzkonglomerats, für die eine Berechnung der
Versicherungsgruppen-Solvabilität auf der Grundlage des konsolidierten Abschlusses vorliegt
– Konsolidierte Berechnung Versicherungsunternehmen (FSKBV) –**

Pos.-Nr.	FSKBV[1]		
001	Name des Unternehmens, auf dessen Ebene die Berechnung der Finanzkonglomerate-Solvabilität durchgeführt wird: _____ lfd. Nr.: _____		
002	Name des Unternehmens, auf dessen Ebene die Berechnung für die Versicherungsgruppe (Methode auf der Grundlage des konsolidierten Abschlusses) vorgenommen wurde: _____ lfd. Nr.: _____		
003	Name der Versicherungsgruppe:		
004	Berechnungsgrundlage Konzernabschluss a) nach deutschem Recht (HGB, ausgenommen § 315a HGB) ☐ b) nach internationalen Rechnungslegungsstandards (§ 315a HGB) ☐ (bitte entspr. ankreuzen)		
005	Stichtag der Berechnung: ____ / ____ / _____		
006	Beteiligungsprozentsatz, der dem Unternehmen an der Spitze des Finanzkonglomerats in Bezug auf das Unternehmen an der Spitze der Versicherungsgruppe mittelbar und unmittelbar zusteht[2]		
	I. Eigenmittel der Versicherungsgruppe[3]	Vergleichs-positionen	Betrag
101	Eingezahltes Grundkapital oder Gründungsstock	BerS1, I.(1)	
102	Hälfte des nicht eingezahlten Teils des Grundkapitals	BerS1, I.(2)	
103	Kapitalrücklagen ohne Anteile, die auf andere Gesellschafter entfallen	BerS1, I.(3)	
104	Gewinnrücklagen ohne Anteile, die auf andere Gesellschafter entfallen	BerS1, I.(4)	
105	Teile des im Konzern verbleibenden Konzernergebnisses ohne Anteile anderer Gesellschafter	BerS1, I.(5)	
106	Hälfte zulässiger Nachschüsse des Mutterunternehmens, die in deren Solo-Solvabilitätsübersicht als Eigenmittel anerkannt wurden	BerS1, I.(6)	
107	Genussrechtskapital	BerS1, I.(7)	
108	Nachrangige Verbindlichkeiten	BerS1, I.(8)	
109	Freie Teile der RfB	BerS1, I.(9)	
110	spezielle Eigenmittel: Genussrechtskapital und nachrangige Verbindlichkeiten	BerS1, I.(10) a	
111	spezielle Eigenmittel: andere begrenzt anrechenbare Eigenmittel	BerS1, I.(10) b	
112	sonstige Beträge (inkl. Künftige Gewinne)	BerS1, I.(11)	
	abzüglich:		
113	in der Konzernbilanz ausgewiesene immaterielle Werte	BerS1, I.(12)	
114	Buchwerte der Beteiligungen an Unternehmen der Banken- und Wertpapierdienstleistungsbranche[4]	BerS1, I.(13)	
115	konglomeratsintern finanziertes Genussrechtskapital und nachrangige Verbindlichkeiten[5]	BerS1, I.(14)	
116	Zwischensumme	BerS1, III.(1)	
117	Eigenmittel gemäß Ergänzungsrechnung	BerS1, III.(2)	
118	Teile stiller Reserven bestimmter Aktiva	FSerS1, III.(3)	

		Vergleichs-positionen	Betrag
119	abzüglich sonstige Beträge	BerS1, III.(4)	
120	Zwischensumme (Gesamte Eigenmittel)	BerS1, III.(5)	
	abzüglich:		
121	sonstige von den Eigenmitteln abzuziehende Positionen[6]		
122	**Summe bereinigte Eigenmittel der Versicherungsgruppe**	Pos.120 – Pos.121	
	II. Solvabilitätsanforderungen für die Versicherungsgruppe[7]		
	II.1 Berechnung auf der Basis des konsolidierten Abschlusses		
200	Solvabilitätsspanne von Lebens-VU	BerS1, II.(1.7)	
201	Solvabilitätsspanne von Kranken-VU	BerS1, II.(2.4)	
202	Solvabilitätsspanne von Schaden- und Unfall-VU	BerS1, II.(3.4)	
203	Solvabilitätsspanne von Rück-VU	BerS1, II.(4.4)	
204	II.2 Berechnung der Solvabilitätsspanne auf der Grundlage der Einzelabschlüsse	BerS1, III.(7)	
205	II.3 Solvabilitätsspanne gemäß Ergänzungsrechnung	BerS1, III.(8)	
206	Ergebnis Solvabilitätsanforderung[8]		
207	**III. (nachrichtlich) Ergebnis anteilige Eigenmittel[9]**		
208	**IV. (nachrichtlich) Ergebnis anteilige Solvabilitätsanforderungen[10]**		

Fußnoten:

[1] Grundlage für die in diesen Meldevordruck einzutragenden Werte sind die Berechnungsergebnisse auf der Grundlage des konsolidierten Abschlusses für eine Versicherungsgruppe gemäß Solvabilitätsbereinigungs-Verordnung, die eine Teilgruppe des Finanzkonglomerats bildet. Sofern Unternehmen der Banken- und Wertpapierdienstleistungsbranche voll oder anteilig konsolidiert wurden, sind diese Unternehmen zu dekonsolidieren, in den entsprechenden Meldevordrucken für diese Branche zu erfassen und z. B. die Beteiligungsbuchwerte als Abzugsposten (s. Fußnote 4) zu erfassen.

[2] Sofern das Unternehmen an der Spitze der Versicherungsgruppe identisch ist mit dem Unternehmen an der Spitze des Finanzkonglomerats, ist hier 100,00 % einzutragen.

[3] Sofern die Eigenmittelelemente (Position 101 bis 120) aufgrund der Dekonsolidierung (s. Fußnote 1) von den entsprechenden Werten der Berechnung der Versicherungsgruppen-Solvabilität abweichen, sind Berechnungsunterschiede in einer Anlage zu erläutern.

[4] Einzutragen ist die Summe aller Beteiligungsbuchwerte, die in der Gruppe an Unternehmen der Banken- und Wertpapierdienstleistungsbranche gehalten werden (s. § 5 Absatz 3 Nummer 2 Buchstabe a FkSolV).

[5] Einzutragen sind Genussrechte und nachrangige Verbindlichkeiten, die in der Gruppe als Eigenmittel ausgewiesen werden, jedoch von einem Finanzkonglomeratsunternehmen finanziert werden (s. § 5 Absatz 3 Nummer 2 Buchstabe b FkSolV).

[6] Einzutragen sind sonstige von den Eigenmitteln abzuziehende Positionen (§ 3 Absatz 4 und 5 FkSolV), die noch nicht erfasst wurden, z. B. Vermögenseinlagen als stiller Gesellschafter von konglomeratsangehörigen Unternehmen der Versicherungsbranche bei konglomeratsangehörigen Unternehmen der Banken- und Wertpapierdienstleistungsbranche, die bei diesen Unternehmen aufgrund der branchenspezifischen Vorschriften (insbesondere § 10 Absatz 4 KWG) dem haftenden Eigenkapital zugerechnet werden.

[7] Die Einträge in den Positionen 200 bis 203 und 204 richten sich danach, wie das Wahlrecht zur Ermittlung des Solvabilitäts-Solls bei der Berechnung auf der Grundlage des konsolidierten Abschlusses in der Versicherungsgruppen-Berechnung ausgeübt wurde. Bei der Berechnung des Solls auf der Grundlage des konsolidierten Abschlusses sind die Positionen 200 bis 203 auszufüllen, bei Berechnung des Solls auf der Grundlage der Einzelabschlüsse ist die Position 204 zu ergänzen.

[8] Der Eintrag in diesem Feld entspricht in Abhängigkeit von dem Wahlrecht auf Versicherungsgruppenebene entweder der Summe der Positionen 200 bis 203 oder der Position 204 zuzüglich jeweils des Ergebnisses unter Position 205.

[9] Der Wert dieses Feldes ergibt sich aus der Multiplikation des Beteiligungsprozentsatzes (Position 006) mit den gesamten bereinigten Eigenmitteln (Position 122).

[10] Der Wert dieses Feldes ergibt sich aus der Multiplikation des Beteiligungsprozentsatzes (Position 006) mit der Summe der Solvabilitätsanforderungen (Position 206).

Anlage 4
(zu § 10 Absatz 1 Nummer 4)

**Meldevordruck zur Erfassung der Eigenmittel
und Solvabilitätsanforderungen einzelner Finanzkonglomeratsunternehmen
der Banken- und Wertpapierdienstleistungsbranche
auf der Grundlage der Einzelabschlüsse, soweit sie nicht bereits in der
Berechnung nach § 10a des Kreditwesengesetzes (Anlage 1a oder 2) erfasst wurden
– Einzelabschluss Banken (FSEAB) –**

Pos.-Nr.	FSEAB[1]	Vergleichspositionen	Betrag
001	Name des Unternehmens:		
002	Lfd. Nr.:[2] Sitzstaat (sofern nicht D):		
003	Stichtag der Berechnung: ___ / ___ / _____		
004	Beteiligungsprozentsatz, der dem Unternehmen mittelbar und unmittelbar zusteht, auf dessen Ebene die Berechnung der Finanzkonglomerate-Solvabilität erfolgt[3]		
	I. Eigenmittel		
	Kernkapital		
101	Eingezahltes Kapital (Geschäfts-, Grund-, Stamm-, Dotationskapital) ohne kumulative Vorzugsaktien sowie von der BaFin anerkanntes freies Vermögen	E UEB[4] 0060	
102	offene Rücklagen (einschließlich Kapitalrücklagen) unter Berücksichtigung des Bilanzgewinns nach § 10 Absatz 2a Satz 1 Nummer 9 KWG bzw. des Bilanzverlustes nach § 10 Absatz 2a Satz 2 Nummer 1 KWG	E UEB 0080 E UEB 0110	
103	Zwischengewinn	E UEB 0150	
104	Vermögenseinlagen stiller Gesellschafter	E UEB 0090	
105	Sonderposten für allgemeine Bankrisiken nach § 340g HGB	E UEB 0420	
	abzüglich:		
106	eigene Anteile oder Geschäftsanteile (ohne eigene kumulative Vorzugsaktien) sowie gekündigte Anteile von Mitgliedern einer eingetragenen Genossenschaft, die zu einem späteren Zeitpunkt ausscheiden, und Geschäftsguthaben ausscheidender Mitglieder einer eingetragenen Genossenschaft	E UEB 0070	
107	Entnahmen der Gesellschafter/Kredite an Gesellschafter sowie der Überschuss der Aktivposten über die Passivposten bei Zweigstellen von Unternehmen mit Sitz im Ausland	E UEB 0540	
108	Zwischenverlust	E UEB 0210	
109	Immaterielle Vermögensgegenstände	E UEB 0490	
110	Nettogewinne aus der Kapitalisierung künftiger Erträge verbriefter Forderungen	E UEB 0240	
	abzüglich:		
111	Wesentliche Verluste des laufenden Geschäftsjahres, Korrekturposten gemäß § 10 Absatz 3b KWG auf das Kernkapital	E UEB 0180	
112	**Kernkapital**	E UEB 0020	
	Ergänzungskapital		
113	Vorsorgereserven nach § 340f HGB	E UEB 0650	
114	Kumulative Vorzugsaktien im Sinne des § 10 Absatz 2b Satz 1 Nummer 2 KWG (abzüglich eigener kumulativer Vorzugsaktien)	E UEB 0690	
115	nicht realisierte Reserven in Grundstücken, grundstücksgleichen Rechten und Gebäuden sowie in notierten Wertpapieren, in Verbundunternehmen und Investmentanteilen	E UEB 0640	

		Vergleichs-positionen	Betrag
116	berücksichtigungsfähiger Wertberichtigungsüberschuss für IRBA-Positionen gemäß § 10 Absatz 2b Satz 1 Nummer 9 KWG	E UEB 0680	
117	Rücklagen nach § 6b EStG aus der Veräußerung von Grundstücken, grundstücksgleichen Rechten und Gebäuden	E UEB 0660	
118	Genussrechtsverbindlichkeiten (abzüglich Marktpflegepositionen)	E UEB 0670	
119	längerfristige nachrangige Verbindlichkeiten (abzüglich Marktpflegepositionen)	E UEB 0730	
120	Haftsummenzuschlag	E UEB 0710	
	abzüglich:		
121	Korrekturposten gemäß § 10 Absatz 2b Satz 1 KWG in Verbindung mit § 10 Absatz 3b KWG auf das Ergänzungskapital	E UEB 0790	
122	Korrekturposten gemäß § 10 Absatz 2 Satz 4 KWG	E UEB 0750	
123	Korrekturposten gemäß § 10 Absatz 2 Satz 3 KWG	E UEB 0770	
124	**Ergänzungskapital**	E UEB 0550	
	abzüglich (von der Summe aus Kern- und Ergänzungskapital):		
125	Beteiligungen gemäß § 10 Absatz 6 Satz 1 Nummer 1 KWG	E UEB 0840	
126	Forderungen aus nachrangigen Verbindlichkeiten und Genussrechten sowie Vermögenseinlagen stiller Gesellschafter gemäß § 10 Absatz 6 Satz 1 Nummer 2 bis 4 KWG	E UEB 0850 E UEB 0860	
127	**haftendes Eigenkapital nach § 10 Absatz 1d Satz 3 KWG**	E UEB 0900	
	abzüglich:		
128	qualifizierte Beteiligungen gemäß § 12 Absatz 1 Satz 4 KWG	E UEB 0930	
129	Großkreditüberschreitungen des Anlagebuches sowie Unterlegungsbeträge für Organkredite nach § 15 KWG	E UEB 0950	
130	Abzugspositionen gemäß § 10 Absatz 6a KWG	E UEB 0910 E UEB 0920 E UEB 0940	
131	**Kernkapital (gesamt) für Solvenzzwecke**	E UEB 0960	
132	**Ergänzungskapital (gesamt) für Solvenzzwecke**	E UEB 0970	
	Drittrangmittel		
133	Nettogewinn	E UEB 1000	
134	kurzfristige nachrangige Verbindlichkeiten (abzüglich der Marktpflegepositionen)	E UEB 1010	
135	Positionen gemäß § 10 Absatz 2c Satz 1 Nummer 3 KWG	E UEB 0990	
	abzüglich:		
136	schwer realisierbare Aktiva sowie Verluste von Tochterunternehmen gemäß § 10 Absatz 2c Satz 4 KWG	E UEB 1020	
137	Korrekturposten gemäß § 10 Absatz 2c Satz 2 und 3 KWG	E UEB 1030	
138	**anrechenbare Drittrangmittel**	E UEB 0990 bis E UEB 1030	
139	**nachrichtlich: Eigenmittel für die Großkreditgrenze im Gesamtbuch**	E UEB 1040	
	abzüglich:		
140	ungenutzte, aber anrechenbare Drittrangmittel	E UEB 1080	
141	Unterlegung von Überschreitungen im Großkreditbereich	E UEB 1060 E UEB 1100	
142	**anrechenbare Eigenmittel**	E UEB 0010	

		Vergleichs-positionen	Betrag
	abzüglich:		
143	Buchwerte der Beteiligungen an Unternehmen der Versicherungsbranche[5]	E UEB 0870	
144	konglomeratsintern finanziertes Genussrechtskapital und nachrangige Verbindlichkeiten[6]	E UEB 0880	
145	sonstige von den Eigenmitteln abzuziehende Positionen[7]		
146	**anrechenbare Eigenmittel des einzelnen Unternehmens**[8]		
200	**II. (fiktive) Solvabilitätsanforderung**		
201	Solvabilitätsanforderung für das Unternehmen	E UEB 1200	
	abzüglich:		
202	Solvabilitätsanforderungen, die aus Beteiligungen an Unternehmen der Versicherungsbranche stammen[9]		
203	Solvabilitätsanforderungen, die sich aus Forderungen aus nachrangigen Verbindlichkeiten und Genussrechten ergeben, die gegenüber Unternehmen der Versicherungsbranche bestehen[10]		
204	zuzüglich (fiktiver) Solvabilitätsanforderungen[11]		
205	**anzurechnende Solvabilitätsanforderung für das einzelne Unternehmen**[12]		
300	**III. Eigenmittelausstattung**		
301	**Eigenmittelausstattung des einzelnen Unternehmens**[13]		

Fußnoten:

[1] Dieser Meldevordruck dient der Erfassung der Eigenmittel und Solvabilitätsanforderungen einzelner Unternehmen der Banken- und Wertpapierdienstleistungsbranche auf der Grundlage der Einzelabschlüsse.

Hierzu werden mehrere Sachverhalte gesondert erfasst:

a) Berechnung nach § 10 KWG,

b) Eigenmittel und fiktive Solvabilitätsanforderungen für gemischte Finanzholding-Gesellschaften, die nicht zugleich Rückversicherungsunternehmen sind, für Finanzunternehmen sowie Anbieter von Nebendienstleistungen,

c) sonstige Berechnungen/Ergebnisse (z. B. für Kapitalverwaltungsgesellschaften, sofern diese nicht bereits über die konsolidierte Berechnung für Banken oder auf der Grundlage eines Konzernabschlusses, s. Meldevordrucke FSKBB und FSKFK, erfasst wurden).

Für jedes Unternehmen der Banken- und Wertpapierdienstleistungsbranche ist der Meldevordruck gesondert auszufüllen, sofern dieses nicht bereits in der Berechnung auf der Ebene einer Instituts- oder Finanzholding-Gruppe oder bei der Berechnung auf der Grundlage eines Konzernabschlusses (s. Meldevordrucke FSKBB oder FSKFK) erfasst wird.

[2] Einzutragen ist die laufende Nummer, die dem einzelnen Unternehmen im Rahmen der Erfassung der in die Berechnung einzubeziehenden Unternehmen (Meldevordruck FSU) zugeordnet wurde.

[3] Sofern das Unternehmen, das als Einzelunternehmen hier erfasst wird, identisch ist mit dem Unternehmen an der Spitze des Finanzkonglomerats, ist als Beteiligungsprozentsatz 100,00 % einzutragen. Sofern bei einem erfassten Tochterunternehmen die Eigenmittel (Position 146) niedriger sind als die Solvabilitätsanforderungen (Position 205), ist hier gleichfalls 100,00 % einzutragen. § 3 Absatz 3 FkSolV (Unternehmen horizontaler Unternehmensgruppen) ist zu beachten.

[4] Meldevordruck. Ein Übersichtsbogen zu den Eigenmitteln nach § 10 KWG, zu den Adressrisiken, zu den Marktrisikopositionen und zum operationellen Risiko auf Einzelebene. Die Ziffern bezeichnen die entsprechenden Positionen im Meldevordruck.

[5] Einzutragen ist die Summe aller Buchwerte der Beteiligungen, die das Unternehmen an Unternehmen der Versicherungsbranche hält.

[6] Einzutragen sind Genussrechte und nachrangige Verbindlichkeiten, die bei dem Unternehmen als Eigenmittel ausgewiesen werden, jedoch von einem anderen Finanzkonglomeratsunternehmen finanziert werden (s. § 7 Absatz 3 Nummer 1 FkSolV).

[7] Einzutragen sind sonstige von den Eigenmitteln abzuziehende Positionen (s. § 3 Absatz 4 und 5 FkSolV), die noch nicht erfasst wurden.

[8] Der Wert ergibt sich wie folgt: Pos. 142 abzgl. Pos. 143 abzgl. Pos. 144 abzgl. Pos. 145. Bei Unternehmen mit Sitz im EU-/EWR-Ausland oder einem Drittstaat richtet sich die Anerkennung nach den jeweiligen Branchenvorschriften im Inland. In allen Fällen sind die Abzüge gemäß den Fußnoten 4 bis 6 vorzunehmen.

[9] Einzutragen sind die Solvabilitätsanforderungen, die sich aus Beteiligungen an Unternehmen der Versicherungsbranche (Lebens-, Kranken-, Schaden- und Unfall-Versicherungsunternehmen, Rückversicherungsunternehmen, Versicherungsholding-Gesellschaften) ergeben.

[10] Fußnote 8 gilt für Solvabilitätsanforderungen aus Forderungen aus nachrangigen Verbindlichkeiten und Genussrechten sowie Anforderungen aus Krediten, Termingeschäften etc. gegenüber Unternehmen der Versicherungsbranche entsprechend.

[11] Einzutragen sind Solvabilitätsanforderungen an Unternehmen der Banken- und Wertpapierdienstleistungsbranche, die bislang nicht berücksichtigt wurden (Ausnahmefälle). Hierzu zählen u. a. folgende Fälle: Bei gemischten Finanzholding-Gesellschaften, die nicht zugleich Rückversicherungsunternehmen sind, sowie bei Finanzunternehmen und Anbietern von Nebendienstleistungen richten sich die Solvabilitätsanforderungen nach der Solvabilitätsverordnung in der jeweils geltenden Fassung, sofern für diese Unternehmen weder ein Berechnung nach § 10a Absatz 6 noch nach § 10a Absatz 7 KWG, jeweils in Verbindung mit der Solvabilitätsverordnung, vorliegt. Bei Unternehmen mit Sitz im EU-/EWR-Ausland oder einem Drittstaat richtet sich die Anerkennung nach den jeweiligen Branchenvorschriften im Inland.

[12] Die anrechenbare Solvabilitätsanforderung an das einzelne Unternehmen ergibt sich aus: Pos. 201 abzgl. Pos. 202 abzgl. Pos. 203 zzgl. Pos. 204.

[13] Die Eigenmittelausstattung des einzelnen Unternehmens ergibt sich aus: Pos. 146 abzgl. Pos. 205.

Anlage 5
(zu § 10 Absatz 1 Nummer 5)

Meldevordruck zur Erfassung der Eigenmittel und Solvabilitätsanforderungen

a) einer Versicherungsgruppe als Teilgruppe des Finanzkonglomerats, sofern die Versicherungsgruppen-Solvabilität auf der Grundlage der Einzelabschlüsse zu berechnen war, oder

b) einzelner Finanzkonglomeratsunternehmen der Versicherungsbranche, sofern keine Berechnung nach Buchstabe a vorzunehmen war und eine Berechnung ihrer Solvabilität auf der Grundlage der Einzelabschlüsse vorliegt oder vorzunehmen ist

– Einzelabschluss Versicherungsunternehmen (FSEAV) –

Pos.-Nr.	FSEAV[1]		
001	Name des Unternehmens:[2]		
002	lfd. Nr.:[3] Sitzstaat (sofern nicht Deutschland):		
003	Kurzname:[4]		
004	Berechnungsgrundlage[5] a) Versicherungsgruppen-Berechnung auf der Basis der Einzelabschlüsse ☐ b) Einzelberechnung ☐ (bitte entspr. ankreuzen)		
005	Stichtag der Berechnung: ___ / ___ / _____		
006	Beteiligungsprozentsatz, der dem Unternehmen mittelbar und unmittelbar zusteht, auf dessen Ebene die Berechnung der Finanzkonglomerate-Solvabilität erfolgt[6]		
	I. Eigenmittel	Vergleichspositionen	Betrag
100	Eigenmittel gemäß aufsichtsbehördlich anerkannter oder fiktiver Solo-Solvabilitätsübersicht[7]		
101	Teile stiller Reserven bestimmter Aktiva[8]		
102	abzüglich Beteiligungsbuchwerte, die an Unternehmen der Versicherungsbranche gehalten werden[9]		
103	abzüglich freie Teile der RfB und sonstige Eigenmittel, die nicht anrechenbar sind[10]		
104	gesamte Eigenmittel[11]		
105	abzüglich Buchwerte der Beteiligungen an Unternehmen der Banken-/Wertpapierdienstleistungsbranche[12]		
106	konglomeratsintern finanziertes Genussrechtskapital und nachrangige Verbindlichkeiten[13]		
107	sonstige von den Eigenmitteln abzuziehende Positionen[14]		
108	bereinigte Eigenmittel[15]	104 – 105 – 106 – 107	
200	**II. (fiktive) Solvabilitätsanforderung**[16]		
300	**III. (nachrichtlich) Ergebnis anteilige Eigenmittel**[17]		
400	**IV. (nachrichtlich) Ergebnis anteilige Solvabilitätsanforderungen**[18]		

Fußnoten:

[1] In diesem Meldevordruck werden jeweils gesondert erfasst:
  a) die Berechnungsergebnisse auf der Basis einer Berechnung auf der Grundlage der Einzelabschlüsse im Rahmen der Vorschriften zur Versicherungsgruppen-Solvabilität (Versicherungsgruppen-Berechnung),
  b) Werte für einzelne Unternehmen der Versicherungsbranche, die nicht bereits mit den Meldevordrucken FSKBV, FSKFK oder gemäß Buchstabe a) einbezogen wurden (Einzelberechnung).

Die Berechnungsgrundlagen sowie die Ermittlung der Eigenmittel und der Solvabilitätsanforderungen richten sich nach den Vorschriften für die Berechnung der bereinigten Solvabilität von Versicherungsgruppen auf der Grundlage der Einzelabschlüsse (s. Solvabilitätsbereinigungs-Verordnung in Verbindung mit Rundschreiben 2/2006 (VA) der BaFin). Dies gilt auch, wenn einzelne andere Unternehmen der Versicherungsbranche (s. Buchstabe b) oben) erfasst werden, die nicht zu einer Versicherungsgruppe zählen. In diesem Fall ist die Berechnung der Positionen 100 bis 103 in einer Anlage zu erläutern.

[2] Für Versicherungsgruppen ist der Name des Unternehmens einzutragen, auf dessen Ebene die Berechnung der Versicherungsgruppen-Solvabilität erfolgt. Für einzelne Unternehmen der Versicherungsbranche ist der Name des Unternehmens einzutragen, dessen Daten in diesem Meldevordruck erfasst werden.

[3] Einzutragen ist die laufende Nummer, die dem vorgenannten Unternehmen im Rahmen der Erfassung der in die Berechnung einzubeziehenden Unternehmen (Meldevordruck FSU) zugeordnet wurde.

[4] Einzutragen ist der Kurzname, der dem vorgenannten Unternehmen im Rahmen der Erfassung der in die Berechnung einzubeziehenden Unternehmen (Meldevordruck FSU) zugeordnet wurde.

[5] In Abhängigkeit vom Sachverhalt ist entweder „Versicherungsgruppen-Berechnung" oder „Einzelberechnung" einzutragen (s. a. Fußnote 1).

[6] Sofern die Daten einer Versicherungsgruppe erfasst werden, ist der Beteiligungsprozentsatz einzutragen, der dem Unternehmen an der Spitze des Finanzkonglomerats an dem Unternehmen mittelbar und unmittelbar zusteht, auf dessen Ebene die Berechnung der Versicherungsgruppen-Solvabilität erfolgt. Ansonsten bezieht sich der Beteiligungsprozentsatz entsprechend auf das Einzelunternehmen. Sofern das Unternehmen, auf dessen Ebene die Berechnung der Versicherungsgruppen-Solvabilität erfolgt oder das als Einzelunternehmen hier erfasst wird, identisch ist mit dem Unternehmen an der Spitze des Finanzkonglomerats, ist als Beteiligungsprozentsatz 100,00 % einzutragen. Sofern bei einem als Einzelunternehmen erfassten Tochterunternehmen die Eigenmittel (Position 100) niedriger sind als die Solvabilitätsanforderungen (Position 200), ist hier gleichfalls 100,00 % einzutragen. § 3 Absatz 3 FkSolV (Unternehmen horizontaler Unternehmensgruppen) ist zu beachten.

[7] Sofern die Ergebnisse der Berechnung der Versicherungsgruppen-Solvabilität (Berechnung auf der Basis der Einzelabschlüsse) erfasst werden, ist kein Eintrag vorzunehmen (s. Fußnote 11 Absatz 2).

Sofern die Daten eines Einzelunternehmens erfasst werden, ist der auf der Grundlage der Fußnote 4 Absatz 1 zu Formular BerSU4 des Rundschreibens 2/2006 (VA) ermittelte Wert einzutragen.

[8] Fußnote 7 gilt entsprechend. Die Anrechnung von Teilen stiller Reserven bestimmter Kapitalanlagen richtet sich nach A. III. Nr. 4 des Rundschreibens 4/2005 (VA).

[9] Fußnote 7 gilt entsprechend. Einzutragen sind die Beteiligungsbuchwerte, die das Unternehmen an Unternehmen der Versicherungsbranche unmittelbar hält.

[10] Fußnote 7 gilt entsprechend. Einzutragen sind die Abzugsbeträge, die auf der Grundlage der Fußnote 7 zu Formular BerSU4 des Rundschreibens 2/2006 (VA) ermittelt wurden.

[11] Sofern ein Einzelunternehmen vorliegt, ist folgender Wert einzutragen: Pos. 100 zzgl. Pos. 101 abzgl. Pos. 102 abzgl. Pos. 103.

Sofern die Ergebnisse der Berechnung der Versicherungsgruppen-Solvabilität (Berechnung auf der Basis der Einzelabschlüsse) erfasst werden, ist als Wert der Betrag einzutragen, der im Feld (3) des Formulars BerS2 des Rundschreibens 2/2006 (VA) aufgeführt ist.

[12] Einzutragen ist die Summe aller Buchwerte der Beteiligungen, die das Unternehmen an Unternehmen der Banken-/Wertpapierdienstleistungsbranche hält.

[13] Einzutragen sind Genussrechte und nachrangige Verbindlichkeiten, die bei dem Unternehmen als Eigenmittel ausgewiesen werden, jedoch von einem anderen Finanzkonglomeratsunternehmen finanziert werden (s. § 7 Absatz 3 Nummer 2 FkSolV).

[14] Einzutragen sind sonstige von den Eigenmitteln abzuziehende Positionen (§ 3 Absatz 4 und 5 FkSolV), die noch nicht erfasst wurden, z. B. Vermögenseinlagen als stiller Gesellschafter von konglomeratsangehörigen Unternehmen der Versicherungsbranche bei konglomeratsangehörigen Unternehmen der Banken- und Wertpapierdienstleistungsbranche, die bei diesen Unternehmen aufgrund der branchenspezifischen Vorschriften (insbesondere § 10 Absatz 4 KWG) dem haftenden Eigenkapital zugerechnet werden.

[15] Die Position 108 ergibt sich, indem von der Position 104 die Positionen 105, 106 und 107 abgezogen werden.

Bei Unternehmen mit Sitz im EU-/EWR-Ausland oder einem Drittstaat richtet sich die Anerkennung nach den Branchenvorschriften im Inland. In allen Fällen sind die Abzüge gemäß den Fußnoten 10 und 12 bis 14 vorzunehmen.

[16] Sofern ein Einzelunternehmen vorliegt, ist diejenige (fiktive) Solvabilitätsspanne einzutragen, die sich ergeben würde, wenn man die Vorschriften zur Versicherungsgruppen-Solvabilität (Berechnung auf der Grundlage der Einzelabschlüsse) anwenden würde (s. Rundschreiben 2/2006 (VA) der BaFin mit Anmerkungen zu Formular BerSU4).

Sofern die Ergebnisse der Berechnung der Versicherungsgruppen-Solvabilität (Berechnung auf der Basis der Einzelabschlüsse) erfasst werden, ist als Wert der Betrag einzutragen, der in Feld (4) des Formulars BerS2 des Rundschreibens 2/2006 (VA) der BaFin aufgeführt ist.

Bei Unternehmen mit Sitz im EU-/EWR-Ausland oder einem Drittstaat richtet sich die Anerkennung nach den jeweiligen Branchenvorschriften im Inland.

[17] Der Wert dieses Feldes ergibt sich aus der Multiplikation des Beteiligungsprozentsatzes (Position 006) mit der Summe der Eigenmittel (Position 108).

[18] Der Wert dieses Feldes ergibt sich aus der Multiplikation des Beteiligungsprozentsatzes (Position 006) mit der Summe der Solvabilitätsanforderungen (Position 200).

Anlage 6
(zu § 10 Absatz 1 Nummer 6)

Meldevordruck zur Erfassung der in die Berechnung der Finanzkonglomerate-Solvabilität einbezogenen Finanzkonglomeratsunternehmen der Banken- und Wertpapierdienstleistungsbranche sowie der Versicherungsbranche
– Unternehmen (FSU) –

FSU[1]

Name des Unternehmens, auf dessen Ebene die Berechnung der Finanzkonglomerate-Solvabilität durchgeführt wird: _____

Stichtag der Berechnung: ____ / ____ / _____

lfd. Nr.[2]	voller Name des Unternehmens/Sitz[3]	Kurz-name[4]	Sitzstaat[5]	beaufsichtigtes Unternehmen (J/N)[6]	Bilanz-summe[7]	gebuchte Brutto-Beiträge[8]
(1)	(2)	(3)	(4)	(5)	(6)	(7)
1.	Lebens-VU					
1.1						
1.2...						
2.	Kranken-VU					
3.	Schaden-/Unfall-VU					
4.	Rück-VU					
5.	Versicherungsholding-Gesellschaften					
6.	Einlagenkreditinstitute[9]					
7.	E-Geld-Institute[10]					
8.	sonstige Kreditinstitute[11]					
9.	Finanzdienstleistungs-institute[12]					
10.	Finanzholding-Gesellschaften[13]					
11.	sonstige Finanz-unternehmen[14]					
12.	Anbieter von Neben-dienstleistungen[15]					
13.	Kapitalverwaltungs-gesellschaften[16]					
14.	gemischte Finanzholding-Gesellschaften[17]					
15.	sonstige Unternehmen[18]					

Fußnoten:

[1] Für jedes Unternehmen der Banken- und Wertpapierdienstleistungsbranche sowie der Versicherungsbranche, das in die Berechnung der Finanzkonglomerate-Solvabilität einzubeziehen ist, ist in diesem Meldevordruck ein einzeiliger Eintrag vorzunehmen (s. auch § 1 FkSolV, § 1 Absatz 2 FKAG). Die Erfassung erfolgt in der jeweils entsprechenden Kategorie sortiert nach Sitzstaat.

[2] In Spalte 1 ist für jedes Unternehmen eine eindeutige laufende Nummer (lfd. Nr.) zu vergeben und im gesamten Meldevordruck-Satz entsprechend zu verwenden. Die erste Stelle der laufenden Nummer ergibt sich aus dem Unternehmenstyp. Die zweite Stelle ist ein Punkt. Die nachfolgenden Stellen ergeben sich, indem für jedes Unternehmen innerhalb des entsprechenden Unternehmenstyps eine fortlaufende Nummer zu vergeben ist. Innerhalb eines Typs ist folgende Reihenfolge einzuhalten: Unternehmen mit Sitz in Deutschland, Unternehmen mit Sitz in einem anderen EU-Staat, Unternehmen mit Sitz in einem anderen Vertragsstaat, Unternehmen mit Sitz in einem Drittstaat. Innerhalb dieser Reihenfolge ist für ausländische Unternehmen eine Sortierung nach dem Sitzstaat vorzunehmen.

[3] Maßgeblich für den Ausweis eines Unternehmens in einer Kategorie ist, nach welchen Vorschriften es in die Berechnung der Finanzkonglomerate-Solvabilität einbezogen wurde. Betreibt z. B. eine Versicherungsholding-Gesellschaft oder eine gemischte Finanzholding-Gesellschaft zugleich das Rückversicherungsgeschäft, ist das Unternehmen als Rückversicherungsunternehmen zu klassifizieren und entsprechend in die Berechnung einzubeziehen (s. auch Fußnote 15).

[4] Der Kurzname besteht aus zwei Teilen. Teil 1 ist eine eindeutige Kurzbezeichnung („sprechender Schlüssel"). Teil 2 ist die für Versicherungs- und Rückversicherungsunternehmen von der Aufsichtsbehörde vergebene und im Rahmen der Berichterstattungspflichten gemäß BerVersV zu verwendende vierstellige Registernummer; sie ist mit Hilfe eines Schrägstrichs von Teil 1 zu trennen. Liegt keine Registernummer vor, ist eine andere geeignete Kennzeichnung zu verwenden.

[5] Einzutragen ist der Staat, in dem das Unternehmen seinen Sitz hat. Sofern das Unternehmen seinen Sitz im Inland hat, entfällt der Eintrag.

[6] In Abhängigkeit vom Sachverhalt ist entweder ein „J" für Ja oder ein „N" für Nein einzutragen.

[7] Die Bilanzsumme ist unabhängig vom Unternehmenstyp für jedes Unternehmen anzugeben. Zur Vorgehensweise bei Leasing-Teilkonzernen s. auch Fußnote 14.

[8] Die gebuchten Brutto-Beiträge sind für alle Lebens-, Kranken-, Schaden- und Unfall- sowie Rückversicherungsunternehmen anzugeben.

[9] Hier zu erfassen sind Unternehmen gemäß § 1 Absatz 3d Satz 1 KWG.

[10] Hier zu erfassen sind Unternehmen gemäß § 1 Absatz 3d Satz 4 KWG.

[11] Hier zu erfassen sind Kreditinstitute, die weder Einlagenkredit- noch E-Geld-Institute sind und Bankgeschäfte im Sinne des § 1 Absatz 1 Satz 2 Nummer 1 bis 5 und 7 bis 10 sowie 12 KWG betreiben.

[12] Hier zu erfassen sind Finanzdienstleistungsinstitute gemäß § 1 Absatz 1a KWG.

[13] Hier zu erfassen sind Unternehmen gemäß § 1 Absatz 3a Satz 1 KWG (s. a. Fußnote 17).

[14] Hier zu erfassen sind Unternehmen gemäß § 1 Absatz 3 Satz 1 KWG ohne Finanzholding-Gesellschaften im Sinne des § 1 Absatz 3a Satz 1 KWG. Sofern Teilkonzerne bestehen, die ausschließlich das Leasing-Geschäft mit einer Vielzahl von Objektgesellschaften betreiben, können aus Vereinfachungsgründen anstelle der Daten für jede einzelne Objektgesellschaft die Daten auf der Grundlage des Teilkonzernabschlusses (insbesondere die Bilanzsumme) bzw. in Bezug auf die Mutter des Teilkonzerns eingetragen werden. In diesem Fall ist in Spalte 2 zusätzlich zum Namen des Teilkonzerns der Klammerzusatz „TKA" einzutragen.

[15] Hier zu erfassen sind Unternehmen gemäß § 1 Absatz 3c KWG.

[16] Hier zu erfassen sind Kapitalverwaltungsgesellschaften gemäß § 17 Absatz 1 KAGB.

[17] Hier zu erfassen sind gemischte Finanzholding-Gesellschaften im Sinne des § 2 Absatz 10 FKAG, die weder ein Rückversicherungsunternehmen noch eine Versicherungsholding-Gesellschaft sind. Gemischte Finanzholding-Gesellschaften werden wie Rückversicherungsunternehmen behandelt, wenn sie das Rückversicherungsgeschäft betreiben. Betreibt die gemischte Finanzholding-Gesellschaft kein Rückversicherungsgeschäft, wird sie wie eine Versicherungsholding-Gesellschaft behandelt, wenn die Versicherungsbranche im Finanzkonglomerat stärker vertreten ist als die Banken-/Wertpapierdienstleistungsbranche; andernfalls gilt sie als Finanzholding-Gesellschaft.

[18] Zu erfassen sind solche konglomeratszugehörigen Unternehmen, die nicht zu den Kategorien 1 bis 14 zählen und für die korrekte Erfassung der Daten im Meldevordruck FSABB benötigt werden (Beispiel: Ein Versicherungsunternehmen hält die Mehrheit an einem unbeaufsichtigten Unternehmen, das Darlehen aufnimmt und damit eine Beteiligung an einem Kreditinstitut finanziert, wobei alle drei Unternehmen zu dem Finanzkonglomerat zählen: in diesem Fall ist das unbeaufsichtigte Unternehmen hier zu erfassen).

Anlage 7
(zu § 10 Absatz 1 Nummer 7)

Meldevordruck zur Erfassung der Anteile an den in die Berechnung einbezogenen Finanzkonglomeratsunternehmen der Banken- und Wertpapierdienstleistungsbranche sowie der Versicherungsbranche
– Anteile (FSA) –

FSA[1]

Name des Unternehmens, auf dessen Ebene die Berechnung der Finanzkonglomerate-Solvabilität durchgeführt wird: _____

Stichtag der Berechnung: ____ / ____ / _____

lfd. Nr.	voller Name des Unternehmens/Sitz[2]	durchgerechneter Beteiligungs- prozentsatz[3] in %	Prozentsatz, mit dem das Unternehmen in der Berechnung berücksichtigt wurde[4] in %	Art der Einbeziehung[5]: (mögliche Einträge: BV KA, IGS, IE, VGS KA, VGS EA, E, KAG IGS, KAG, Sonstige)
(1)	(2)	(3)	(4)	(5)
1.	Lebens-VU			
2.	Kranken-VU			
3.	Schaden-/Unfall-VU			
4.	Rück-VU			
5.	Versicherungsholding-Gesellschaften			
6.	Einlagenkreditinstitute			
7.	E-Geld-Institute			
8.	sonstige Kreditinstitute			
9.	Finanzdienstleistungsinstitute			
10.	Finanzholding-Gesellschaften			
11.	sonstige Finanzunternehmen[6]			
12.	Anbieter von Nebendienstleistungen			
13.	Kapitalverwaltungsgesellschaften			
14.	gemischte Finanzholding-Gesellschaften			
15.	sonstige Unternehmen			

Fußnoten:

[1] Für jedes Unternehmen der Banken- und Wertpapierdienstleistungsbranche sowie der Versicherungsbranche, das in die Berechnung der Finanzkonglomerate-Solvabilität einbezogen wurde, ist in diesem Meldevordruck ein einzelner Eintrag vorzunehmen.

[2] Die Zuordnung der einzelnen Unternehmen zu Unternehmenstypen richtet sich nach der Zuordnung gemäß dem Meldevordruck FSU.

[3] Einzutragen ist derjenige Beteiligungsprozentsatz, der dem Unternehmen an der Spitze des Finanzkonglomerats mittelbar und unmittelbar an dem Unternehmen zusteht. Für das Unternehmen an der Spitze des Finanzkonglomerats ist 100,00 % einzutragen.

[4] Einzutragen ist derjenige Prozentsatz, mit dem das Unternehmen in die Berechnung der Finanzkonglomerate-Solvabilität einbezogen wurde. Dieser Prozentsatz kann von dem Prozentsatz in Spalte 3 abweichen, da z. B. bei der Berechnung auf der Grundlage einer Zusammenfassung ihrer Eigenmittel (Berechnung nach § 10a Absatz 6 Satz 1 KWG in Verbindung mit § 10 Absatz 1 Satz 9 KWG und der Solvabilitätsverordnung) Tochterunternehmen unabhängig von den Anteilen, die auf andere Gesellschafter entfallen, zu 100 % in die Berechnung einbezogen werden. Unternehmen, die als horizontale Unternehmensgruppe einem Finanzkonglomerat angehören, sind zu 100 % in die Berechnung einzubeziehen, es sei denn, dass die BaFin anderes bestimmt. Entsprechende Unternehmensverbindungen sind in einer Anlage zu erläutern. Für das Unternehmen an der Spitze des Finanzkonglomerats ist 100,00 % einzutragen.

[5] In Anhängigkeit von der Art der Einbeziehung ist jeweils ein Kennzeichen einzutragen:

bei Einbeziehung auf der Grundlage der Berechnung

- nach dem Konzernabschluss **BV KA,**
- nach den Vorschriften zur Ermittlung der Eigenmittelausstattung von Institutsgruppen und Finanzholding-Gruppen (§ 10 in Verbindung mit § 10a KWG) **IGS,**

- nach Vorschriften zur Ermittlung der bankaufsichtlichen Eigenmittel auf Einzelebene (10 KWG)   **IE,**
- nach den Vorschriften zur Versicherungsgruppen-Solvabilität (Konzernabschluss)   **VGS KA,**
- nach den Vorschriften zur Versicherungsgruppen-Solvabilität (Einzelabschlüsse)   **VGS EA,**
- nach den Vorschriften der Solo-Solvabilität für Versicherungsunternehmen   **E,**
- nach den Vorschriften für Kapitalverwaltungsgesellschaften und gleichzeitiger Erfassung auf der Basis der Ermittlung der Eigenmittelausstattung von Institutsgruppen und Finanzholding-Gruppen (§ 10 in Verbindung mit § 10a KWG)   **KAG IGS,**
- nach den Vorschriften für Kapitalverwaltungsgesellschaften, wobei keine Einbeziehung über die Vorschriften der Solvabilitätsverordnung erfolgte   **KAG,**
- Sonstige   **Sonstige**

[6] Die Sätze 1 und 2 der Fußnote 14 zum Meldevordruck FSU gelten entsprechend.

Anlage 8
(zu § 10 Absatz 1 Nummer 8)

**Meldevordruck zur Erfassung der
finanzkonglomeratsangehörigen Unternehmen und Gruppen, für die vom
Abzug branchenübergreifender Beteiligungen abgesehen werden kann
– Abzug branchenübergreifender Beteiligungen (FSABB) –**

FSABB[1, 9]

Name des Unternehmens, auf dessen Ebene die Berechnung
der Finanzkonglomerate-Solvabilität durchgeführt wird: _____

Stichtag der Berechnung: ____ / ____ / _____

lfd. Nr.[2]	Kurzname des beteiligten Unternehmens, für das vom Abzug branchenübergreifender Beteiligungen bzw. nachrangiger Verbindlichkeiten und Genussrechte abgesehen werden kann/Gruppe[3]	Art der Einbeziehung: (mögliche Einträge: BV KA, IGS, IE, VGS KA, VGS EA, E, KAG IGS, KAG, Sonstige)[4]	lfd. Nr.[5]	Kurzname des Unternehmens, an dem die Beteiligung gehalten wird/Gruppe[6]	Art der Einbeziehung: (mögliche Einträge: BV KA, IGS, IE, VGS KA, VGS EA, E, KAG IGS, KAG, Sonstige)[7]	Beteiligungen bzw. nachrangige Verbindlichkeiten und Genussrechte[8]
(1)	(2)	(3)	(4)	(5)	(6)	(7)

Fußnoten:

[1] Erfasst werden branchenübergreifende Beteiligungen in dem Finanzkonglomerat, die dazu führen, dass in den Berechnungen nach § 10 Absatz 6 Satz 7, nach § 10a Absatz 6 oder Absatz 7 in Verbindung mit § 10 Absatz 6 Satz 7 KWG, nach § 53c Absatz 3d Satz 3 VAG sowie nach § 5 Absatz 6 SolBerV Beteiligungen sowie Forderungen aus Genussrechten und nachrangige Verbindlichkeiten deshalb nicht in der branchenbezogenen Berechnung von den Eigenmitteln abgezogen werden, weil das beteiligte Unternehmen in die Berechnung der Finanzkonglomerate-Solvabilität einbezogen wird. Die Werte, die somit auf Einzel- bzw. Gruppenebene nicht von den Eigenmitteln abzuziehen sind, werden in Spalte 7 erfasst.

Sofern ein beaufsichtigtes Unternehmen z. B. eine branchenübergreifende Beteiligung hält und dieses Unternehmen zu einer branchenbezogenen Gruppe (Gruppe der Banken-/Wertpapierdienstleistungsbranche, für die eine Berechnung nach § 10a Absatz 6 oder Absatz 7 KWG in Verbindung mit der Solvabilitätsverordnung vorzunehmen ist, oder Gruppe der Versicherungsbranche, für die eine Berechnung nach der Solvabilitätsbereinigungs-Verordnung vorzunehmen ist) gehört, ergeben sich zwei Einträge, einer aus Sicht des in die branchenbezogene Gruppenberechnung einbezogenen Unternehmens sowie ein weiterer aus Sicht des in die branchenbezogene Gruppenberechnung einbezogenen Unternehmens (s. auch Fall 1 der Fußnote 9, die Beispiele enthält). Dies gilt auch für Rückversicherungsunternehmen.

Sofern lediglich eine Solo-Solvabilitätsberechnung vorzunehmen ist oder auch für den Fall eines unbeaufsichtigten Unternehmens, das in die Berechnung der Finanzkonglomerate-Solvabilität und einer branchenbezogenen Gruppenberechnung einzubeziehen ist, ergibt sich lediglich ein Eintrag.

[2] Einzutragen ist die laufende Nummer des Unternehmens, das die Beteiligung an einem Unternehmen der anderen Branche hält, in die Berechnung der Finanzkonglomerate-Solvabilität und für das vom Abzug der unter Fußnote 1 genannten Positionen an dem Unternehmen der anderen Branche auf Ebene der Solo-Solvabilität oder Gruppen-Solvabilität abgesehen werden kann.

[3] Einzutragen ist der Kurzname des unter Fußnote 2 bezeichneten Unternehmens. Sofern dieses Unternehmen in eine branchenbezogene Gruppenberechnung (Bankengruppe oder Versicherungsgruppe) einbezogen wird, ist der Name der Gruppe (in Klammern) hinzuzufügen. Sofern das Unternehmen ein übergeordnetes Unternehmen im Sinne des § 10a Absatz 1 und 2 KWG ist, ist als Kennung „üU" hinzuzufügen.

[4] Einzutragen ist die Art der Einbeziehung des unter Fußnote 2 bezeichneten Unternehmens in die Berechnung der Finanzkonglomerate-Solvabilität (s. auch Fußnote 5 zum Meldevordruck FSA, in der die zu verwendenden Abkürzungen erläutert werden).

[5] Einzutragen ist die laufende Nummer des Unternehmens der anderen Branche, an dem die Beteiligung gehalten wird und das zusammen mit dem unter Fußnote 2 bezeichneten Unternehmen in die Berechnung der Finanzkonglomerate-Solvabilität einzubeziehen ist.

[6] Einzutragen ist der Kurzname des unter Fußnote 5 bezeichneten Unternehmens. Sofern der Eintrag in Bezug auf das branchenbezogene Gruppenunternehmen (Banken-/Wertpapierdienstleistungsgruppe oder Versicherungsgruppe) erfolgt, ist der Name der Gruppe (in Klammern) hinzuzufügen. Sofern das Unternehmen ein übergeordnetes Unternehmen im Sinne des § 10a Absatz 1 und 2 KWG ist, ist als Kennung „üU" hinzuzufügen (s. Beispiel 5 unter Fußnote 9).

[7] Einzutragen ist die Art der Einbeziehung des unter Fußnote 5 bezeichneten Unternehmens in die Berechnung der Finanzkonglomerate-Solvabilität (s. auch Fußnote 5 zum Meldevordruck FSA, in der die zu verwendenden Abkürzungen erläutert werden).

[8] Hier einzutragen ist jeweils der einzelne Beteiligungsbuchwert sowie getrennt davon jeweils der einzelne Wert der nachrangigen Verbindlichkeiten oder Genussrechte. Als Beteiligungsbuchwert ist der Wert gemeint, den das unter Fußnote 2 bezeichnete Unternehmen für die unter Fußnote 5 bezeichneten Unternehmen hält. Der Betrag für einen Beteiligungsbuchwert ist mit der Abkürzung „(B)" zu kennzeichnen. In Bezug auf nachrangige Verbindlichkeiten und Genussrechte ist derjenige Wert gemeint, der bei einem unter Fußnote 5 genannten Unternehmen oder im Rahmen der branchenorientierten Gruppenberechnung als Eigenmittel angerechnet wurde, ohne dass ein Abzug auf Ebene des einzelnen Unternehmens oder der Unternehmensgruppe erforderlich ist (s. auch Fußnote 1).

Anh. 2.2: Finanzkonglomerate-Solvabilitäts-Verordnung

[9] Beispiele

In einem Finanzkonglomerat steht ein Rückversicherungsunternehmen (Kurzname Top Rück-VU/6000, lfd. Nr. 4.1) an der Spitze. Das Rückversicherungsunternehmen hält jeweils unmittelbar 100 % an einem Lebensversicherungsunternehmen (Top Lebens-VU/1111, lfd. Nr. 1.1) und an einem Schaden- und Unfallversicherungsunternehmen (Top SU VU 1/5000, lfd. Nr. 3.1).

Beispiel 1: Das konglomeratsangehörige Lebensversicherungsunternehmen (Top Lebens-VU/1111, lfd. Nr. 1.1) hält 100 % an einem einzelnen Kreditinstitut (Top KI 1, lfd. Nr. 6.1). Das Erstversicherungsunternehmen kann in der Solvabilitätsberechnung nach § 53c VAG von dem Abzug des Buchwertes der Beteiligung (= 100 Mio. Euro), die an dem Kreditinstitut gehalten wird, absehen, da beide Unternehmen zu einem Finanzkonglomerat gehören und in die Berechnung der Finanzkonglomerate-Solvabilität einbezogen werden. Das konglomeratsangehörige Lebensversicherungsunternehmen unterliegt einer zusätzlichen Beaufsichtigung nach § 104a Absatz 2 VAG. Somit ist auf der Ebene des Rückversicherungsunternehmens eine Berechnung der Versicherungsgruppen-Solvabilität nach der Solvabilitätsbereinigungs-Verordnung vorzunehmen. Sofern die Berechnung auf der Basis eines konsolidierten Abschlusses (Konzernabschluss) erfolgt, sind bei der Berechnung der Versicherungsgruppen-Solvabilität voll und anteilig konsolidierte Unternehmen der Banken- und Wertpapierdienstleistungsbranche zu dekonsolidieren, d. h. sämtliche Einflüsse auf die Eigenmittel der Versicherungsgruppe herauszurechnen. Von dem Abzug des Buchwertes der Beteiligung, die an dem Kreditinstitut gehalten wird, kann auf Gruppenebene abgesehen werden. Bei der Berechnung der Finanzkonglomerate-Solvabilität sind sowohl Unternehmen der Banken- und Wertpapierdienstleistungsbranche als auch Unternehmen der Versicherungsbranche sowie andere finanzkonglomeratszugehörige Unternehmen zu berücksichtigen. Für das Lebensversicherungsunternehmen sind im vorliegenden Fall im Meldevordruck FSABB zwei Einträge vorzunehmen, ein Eintrag aus Sicht des Einzelunternehmens und ein Eintrag aus Sicht des Einzelunternehmens, das zu einer Versicherungsgruppe gehört. In beiden Fällen ist hinter dem Wert in Spalte 7 die Abkürzung „(B)" für Beteiligungsbuchwert einzutragen.

Beispiel 2: Das Rückversicherungsunternehmen an der Spitze des Finanzkonglomerats hält 100 % an einem Kreditinstitut (Top KI 2, lfd. Nr. 6.2, Beteiligungsbuchwert 30 Mio. Euro). Das Rückversicherungsunternehmen hat eine Forderung aus nachrangigen Verbindlichkeiten in Höhe von 60 Mio. Euro gegenüber dem Kreditinstitut, die dort in Höhe von 40 Mio. Euro als Eigenmittel anerkannt wurden.

Beispiel 3: Das Rückversicherungsunternehmen an der Spitze des Finanzkonglomerats hält über eine Beteiligungsgesellschaft (Top Bet 1/0001, lfd. Nr. 13.1) 100 % an einem Kreditinstitut (Top KI 3, lfd. Nr. 6.3, Beteiligungsbuchwert 50 Mio. Euro).

Beispiel 4: Das Schaden- und Unfallversicherungsunternehmen (Top SU VU 1/5000, lfd. Nr. 3.1) hält 100 % (Beteiligungsbuchwert 35 Mio. Euro) an einem Kreditinstitut (Top KI 4, lfd. Nr. 6.4), das in eine Berechnung gemäß § 10a Absatz 6 oder Absatz 7 KWG in Verbindung mit der Solvabilitätsverordnung einbezogen wird. Der Name der Bankengruppe ist „KI-Gruppe 1".

Beispiel 5: Das Schaden- und Unfallversicherungsunternehmen (Top SU VU 1/5000, lfd. Nr. 3.1) hält 60 % (Beteiligungsbuchwert 48 Mio. Euro) an einem Kreditinstitut (Top KI 5, lfd. Nr. 6.5), das als übergeordnetes Unternehmen einer Bankengruppe eine Berechnung gemäß § 10a Absatz 6 oder Absatz 7 KWG in Verbindung mit der Solvabilitätsverordnung vorzulegen hat, wobei die Berechnung auf der Ebene der Finanzholding-Gesellschaft stattfindet. Das Kreditinstitut gehört zur Bankengruppe „KI-Gruppe 1". Die Kennzeichnung als übergeordnetes Unternehmen erfolgt in Spalte 5 mit Hilfe der Abkürzung „üU".

Beispiel 6: Wie Beispiel 4, wobei ein Kreditinstitut (Top KI 6, lfd. Nr. 6.6) der Bankengruppe „KI-Gruppe 1" eine 70 %-Beteiligung (Beteiligungsbuchwert 89 Mio. Euro) an einem einzelnen Krankenversicherungsunternehmen (Top Kranken-VU/2000, lfd. Nr. 2.1) hält.

Beispiele für Einträge in den Meldevordruck FSABB:

lfd. Nr.	Kurzname des beteiligten Unternehmens, für das vom Abzug branchenübergreifender Beteiligungen bzw. nachrangiger Verbindlichkeiten und Genussrechte abgesehen werden kann/Gruppe	Art der Einbeziehung: (mögliche Einträge: BV KA, IGS, IE, VGS KA, VGS EA, E, KAG IGS, KAG, Sonstige)	lfd. Nr.	Kurzname des Unternehmens, an dem die Beteiligung gehalten wird/ Gruppe	Art der Einbeziehung: (mögliche Einträge: BV KA, IGS, EI, VGS KA, VGS EA, E, KAG IGS, KAG, Sonstige)	Beteiligungen (B) bzw. als Eigenmittel angerechnete nachrangige Verbindlichkeiten und Genussrechte
(1)	(2)	(3)	(4)	(5)	(6)	(7)
Einträge für Beispiel 1:						
1.1	Top Lebens-VU/1111	VGS KA	6.1	Top KI 1	EI	100,000 (B)
1.1	Top Lebens-VU/1111 (Vers-Gruppe 1)	VGS KA	6.1	Top KI 1	EI	100,000 (B)
Einträge für Beispiel 2:						
4.1	Top Rück-VU/6000	VGS KA	6.2	Top KI 2	EI	30,000 (B) 40,000
4.1	Top Rück-VU/6000 (Vers-Gruppe 1)	VGS KA	6.2	Top KI 2	EI	30,000 (B) 40,000
Eintrag für Beispiel 3:						
13.1	Top Bet 1/0001 (Vers-Gruppe 1)	VGS KA	6.3	Top KI 3	EI	50,000 (B)

lfd. Nr.	Kurzname des beteiligten Unternehmens, für das vom Abzug branchenübergreifender Beteiligungen bzw. nachrangiger Verbindlichkeiten und Genussrechte abgesehen werden kann/Gruppe	Art der Einbeziehung: (mögliche Einträge: BV KA, IGS, IE, VGS KA, VGS EA, E, KAG IGS, KAG, Sonstige)	lfd. Nr.	Kurzname des Unternehmens, an dem die Beteiligung gehalten wird/ Gruppe	Art der Einbeziehung: (mögliche Einträge: BV KA, IGS, EI, VGS KA, VGS EA, E, KAG IGS, KAG, Sonstige)	Beteiligungen (B) bzw. als Eigenmittel angerechnete nachrangige Verbindlichkeiten und Genussrechte
(1)	(2)	(3)	(4)	(5)	(6)	(7)
Eintrag für Beispiel 4:						
3.1	Top SU VU 1/5000	VGS KA	6.4	Top KI 4 (KI-Gruppe 1)	IGS	35,000 (B)
Eintrag für Beispiel 5:						
3.1	Top SU VU 1/5000 (Vers-Gruppe 1)	VGS KA	6.5	Top KI 5 (KI-Gruppe 1, üU)	IGS	48,000 (B)
Einträge für Beispiel 6:						
6.6	Top KI 6	IGS	2.1	Top Kranken-VU/2000	E	89,000 (B)
6.6	Top KI 6 (KI-Gruppe 1)	IGS	2.1	Top Kranken-VU/2000	E	89,000 (B)

Anhang 3
Liquiditäts- und Großkreditvorschriften

Anhang 3.1
Verordnung über die Liquidität der Institute (Liquiditätsverordnung – LiqV)[1]

vom 14. Dezember 2006 (BGBl. I S. 3117), zuletzt geändert durch Artikel 1 der Verordnung vom 6. Dezember 2013 (BGBl. I S. 4166)

Auf Grund des § 11 Abs. 1 Satz 2 des Kreditwesengesetzes, der durch Artikel 1 Nr. 16 des Gesetzes vom 17. November 2006 (BGBl. I S. 2606) neu gefasst worden ist, verordnet das Bundesministerium der Finanzen im Benehmen mit der Deutschen Bundesbank nach Anhörung der Spitzenverbände der Institute:

§ 1 Anwendungsbereich

(1) Diese Verordnung ist anzuwenden auf
1. Kreditinstitute und
2. Finanzdienstleistungsinstitute, die
   a) Eigenhandel betreiben oder
   b) als Anlagevermittler, Abschlussvermittler oder Finanzportfolioverwalter befugt sind, sich Eigentum oder Besitz an Geldern oder Wertpapieren von Kunden zu verschaffen oder auf eigene Rechnung mit Finanzinstrumenten zu handeln.

(2) Diese Verordnung gilt nicht für Zweigniederlassungen nach § 53b Abs. 1 Satz 1 des Kreditwesengesetzes, wenn
1. die zuständige ausländische Aufsichtsbehörde und die Bundesanstalt für Finanzdienstleistungsaufsicht (Bundesanstalt) eine Vereinbarung über die gegenseitige Anerkennung der Liquiditätsregeln getroffen haben,
2. die Zweigniederlassung vollständig in das Liquiditätsmanagement der Zentrale eingebunden ist,
3. die Zentrale gegenüber der Bundesanstalt schriftlich erklärt, dass die Liquidität der Zweigniederlassung jederzeit sichergestellt wird und
4. die Bundesanstalt das Vorliegen der Voraussetzungen nach den Nummern 1 bis 3 schriftlich bestätigt hat.

§ 2 Ausreichende Liquidität

(1) Die Liquidität eines Instituts gilt als ausreichend, wenn die zu ermittelnde Liquiditätskennzahl den Wert eins nicht unterschreitet. Die Liquiditätskennzahl gibt

---

[1] Diese Verordnung dient der Umsetzung der Richtlinie 2013/36/EU des Europäischen Parlaments und des Rates vom 26. Juni 2013 über den Zugang zur Tätigkeit von Kreditinstituten und die Beaufsichtigung von Kreditinstituten und Wertpapierfirmen, zur Änderung der Richtlinie 2002/87/EG und zur Aufhebung der Richtlinien 2006/48/EG und 2006/49/EG (ABl. L 176 vom 27.6.2013, S. 338) sowie der Anpassung des Aufsichtsrechts an die Verordnung (EU) Nr. 575/2013 des Europäischen Parlaments und des Rates vom 26. Juni 2013 über Aufsichtsanforderungen an Kreditinstitute und Wertpapierfirmen und zur Änderung der Verordnung (EU) Nr. 646/2012 (ABl. L 176 vom 27.6.2013, S. 1).

das Verhältnis zwischen den im Laufzeitband 1 verfügbaren Zahlungsmitteln und den während dieses Zeitraumes abrufbaren Zahlungsverpflichtungen an. Zahlungsmittel und Zahlungsverpflichtungen sind jeweils einem der folgenden Laufzeitbänder zuzuordnen: fällig
1. täglich oder in bis zu einem Monat (Laufzeitband 1),
2. in über einem Monat bis zu drei Monaten (Laufzeitband 2),
3. in über drei Monaten bis zu sechs Monaten (Laufzeitband 3),
4. in über sechs Monaten bis zu zwölf Monaten (Laufzeitband 4).

(2) Das Institut hat Beobachtungskennzahlen zu berechnen, die das Verhältnis zwischen den jeweiligen Zahlungsmitteln und den Zahlungsverpflichtungen in den Laufzeitbändern nach Absatz 1 Satz 3 Nr. 2 bis 4 angeben. Die Ermittlung der Beobachtungskennzahlen erfolgt entsprechend der Berechnung der Liquiditätskennzahl nach Absatz 1 Satz 2. Überschreiten die in einem Laufzeitband vorhandenen Zahlungsmittel die abrufbaren Zahlungsverpflichtungen, ist der Unterschiedsbetrag als zusätzliches Zahlungsmittel bei der Ermittlung der Beobachtungskennzahl in dem nächsthöheren Laufzeitband zu berücksichtigen.

§ 3 Zahlungsmittel

(1) Als Zahlungsmittel sind im Laufzeitband 1 vorbehaltlich Absatz 3 zu erfassen
1. Kassenbestand,
2. Guthaben bei Zentralnotenbanken,
3. Inkassopapiere,
4. unwiderrufliche Kreditzusagen, die das Institut von einem anderen Kreditinstitut oder der Kreditanstalt für Wiederaufbau erhalten hat,
5. nicht wie Anlagevermögen bewertete Wertpapiere, die zum Handel an einer anerkannten Börse im Sinne des Artikels 4 Absatz 1 Nummer 72 der Verordnung (EU) Nr. 575/2013 des Europäischen Parlaments und des Rates vom 26. Juni 2013 über Aufsichtsanforderungen an Kreditinstitute und Wertpapierfirmen und zur Änderung der Verordnung (EU) Nr. 646/2012 (ABl. L 176 vom 27.6.2013, S. 1) in einem Staat des Europäischen Wirtschaftsraums oder an einer Wertpapierbörse nach § 1 Absatz 3 e des Kreditwesengesetzes zugelassen sind (börsennotierte Wertpapiere), einschließlich der dem Institut als Pensionsnehmer oder Entleiher im Rahmen von Pensionsgeschäften oder Leihgeschäften übertragenen Papiere,
6. Vermögensgegenstände, die von der Europäischen Zentralbank oder der Zentralnotenbank eines Staates, dessen unbesicherte Zahlungsverpflichtungen ein Risikogewicht nach Artikel 114 der Verordnung (EU) Nr. 575/2013 von 0 Prozent erhalten würden, nach dem jeweiligen Verzeichnis als refinanzierungsfähige Sicherheiten anerkannt werden, wobei das Kreditinstitut im Sitzland der Zentralnotenbank eine Zweigniederlassung haben muss, wenn diese nicht dem Europäischen System der Zentralbanken angehört, einschließlich der dem Institut als Pensionsnehmer oder Entleiher im Rahmen von Pensionsgeschäften oder Leihgeschäften übertragenen Vermögensgegenstände, sofern nicht bereits nach Nummer 5 erfasst (bei nullgewichteten Zentralnotenbanken refinanzierungsfähige Vermögensgegenstände),
7. nicht wie Anlagevermögen bewertete gedeckte Schuldverschreibungen nach Artikel 129 der Verordnung (EU) Nr. 575/2013, einschließlich der dem Institut als Pensionsnehmer oder Entleiher im Rahmen von Pensionsgeschäften oder Leihgeschäften übertragenen gedeckten Schuldverschreibungen, und
8. in Höhe von 90 Prozent der jeweiligen Rücknahmepreise nicht wie Anlagevermögen bewertete Anteile an inländischen OGAW-Sondervermögen, inländischen Spezialsondervermögen, deren Anlagebedingungen Anlagegrundsätze und -grenzen vorsehen, die denen von inländischen OGAW entsprechen, und EU-OGAW, soweit

deren Rücknahmeund Abwicklungsregelungen denen für Publikumssondervermögen entsprechen; die Anlagebedingungen der Sondervermögen müssen sicherstellen, dass die Anteilseigner ihre Anteile börsentäglich zurückgeben können und die Rücknahme entgegen § 98 Absatz 2 des Kapitalanlagegesetzbuchs nicht verweigert werden kann.

(2) Als Zahlungsmittel sind entsprechend ihren Restlaufzeiten in den Laufzeitbändern 1 bis 4 vorbehaltlich Absatz 3 zu erfassen
1. Forderungen an Zentralnotenbanken,
2. Forderungen an Kreditinstitute,
3. Forderungen an Kunden,
4. bei Zentralnotenbanken refinanzierbare Wechsel, die nicht bereits unter die Nummern 2 oder 3 fallen,
5. Sachforderungen des verleihenden Instituts auf Rückgabe der verliehenen Wertpapiere,
6. andere als die unter Absatz 1 erfassten Schuldverschreibungen und andere festverzinsliche Wertpapiere, einschließlich der dem Institut als Pensionsnehmer oder Entleiher im Rahmen von Pensionsgeschäften oder Leihgeschäften übertragenen festverzinslichen Wertpapiere,
7. Sachforderungen des Pensionsgebers auf Rückübertragung von Wertpapieren im Rahmen echter Pensionsgeschäfte,
8. Geldforderungen des Pensionsnehmers aus unechten Pensionsgeschäften in Höhe des vereinbarten Rückzahlungsbetrags, wenn der aktuelle Marktwert der übertragenen Wertpapiere unter diesem liegt, und
9. Ausgleichsforderungen gegen die öffentliche Hand (insbesondere Ausgleichsfonds Währungsumstellung), einschließlich Schuldverschreibungen aus deren Umtausch, soweit sie nicht von Absatz 1 Nr. 5 erfasst werden,
soweit die jeweiligen Restlaufzeiten zum Meldestichtag die Dauer eines Jahres nicht übersteigen.

(3) Keine liquiditätswirksamen Zahlungsmittel im Sinne der Absätze 1 und 2 sind
1. Forderungen und Wechsel, auf die Einzelwertberichtigungen gebildet worden sind, wenn aktuelle Leistungsstörungen vorliegen,
2. Beteiligungen und Anteile an verbundenen Unternehmen,
3. zurückgekaufte Schuldverschreibungen eigener Emissionen, die die Voraussetzungen des Artikels 129 der Verordnung (EU) Nr. 575/2013 nicht erfüllen,
4. im Rahmen von Pensionsgeschäften oder Leihgeschäften übertragene Wertpapiere für die Dauer des Geschäfts beim Pensionsgeber oder Verleiher,
5. als Sicherheiten gestellte Wertpapiere, die der Verfügung durch das Institut entzogen sind, für den Zeitraum der Sicherheitenbestellung, es sei denn, sie sind bei einer Zentralnotenbank des Europäischen Systems der Zentralbanken verpfändet, und
6. andere als die in Absatz 1 Nr. 8 aufgeführten Investmentanteile, soweit sie nicht von Absatz 1 Nr. 5 als Zahlungsmittel erfasst sind.

§ 4 Zahlungsverpflichtungen

(1) Als Zahlungsverpflichtungen sind im Laufzeitband 1 zu erfassen
1. 40 Prozent der täglich fälligen Verbindlichkeiten gegenüber Kreditinstituten,
2. 10 Prozent der täglich fälligen Verbindlichkeiten gegenüber Kunden,
3. 10 Prozent der Spareinlagen im Sinne von § 21 Abs. 4 der Kreditinstituts-Rechnungslegungsverordnung,
4. 5 Prozent der Eventualverbindlichkeiten aus weitergegebenen Wechseln,

5. 5 Prozent der Eventualverbindlichkeiten aus übernommenen Bürgschafts- oder Gewährleistungsverpflichtungen,
6. 5 Prozent des Haftungsbetrags aus der Bestellung von Sicherheiten für fremde Verbindlichkeiten,
7. 20 Prozent der Platzierungs- oder Übernahmeverpflichtungen und
8. 20 Prozent der noch nicht in Anspruch genommenen, unwiderruflich zugesagten Kredite, wenn sie nicht nach Absatz 2 Nr. 12 oder Absatz 3 zu erfassen sind.

(2) Als Zahlungsverpflichtungen sind entsprechend ihren Restlaufzeiten in den Laufzeitbändern 1 bis 4 zu erfassen
1. Verbindlichkeiten gegenüber einer Zentralnotenbank,
2. Verbindlichkeiten gegenüber Kreditinstituten, soweit sie nicht unter Nummer 3 fallen,
3. 20 Prozent der Verbindlichkeiten von Zentralbanken gegenüber ihren Girozentralen und Zentralkassen sowie von Girozentralen und Zentralbanken gegenüber angeschlossenen Sparkassen und Kreditgenossenschaften,
4. Verbindlichkeiten gegenüber Kunden, soweit sie nicht unter Nummer 12 fallen,
5. Sachverbindlichkeiten des entleihenden Instituts zur Rückgabe entliehener Wertpapiere,
6. Sachverbindlichkeiten des Pensionsnehmers aus der Rückgabepflicht von Wertpapieren im Rahmen von echten Wertpapierpensionsgeschäften,
7. Geldverbindlichkeiten des Pensionsgebers aus unechten Pensionsgeschäften in Höhe des vereinbarten Rückzahlungsbetrags, wenn der aktuelle Marktwert der übertragenen Wertpapiere unter diesem liegt,
8. verbriefte Verbindlichkeiten,
9. nachrangige Verbindlichkeiten,
10. Genussrechtskapital,
11. sonstige Verbindlichkeiten und
12. 20 Prozent des nicht in Anspruch genommenen Teils von Verbriefungs-Liquiditätsfazilitäten im Sinne des Artikels 255 Absatz 1 der Verordnung (EU) Nr. 575/2013, die nicht jederzeit fristlos und bedingungslos vom Institut gekündigt werden können, wenn eine Inanspruchnahme zwischen den Refinanzierungsterminen für die Verbriefungstransaktion ausgeschlossen ist,
wenn die jeweiligen Restlaufzeiten zum Meldestichtag ein Jahr nicht übersteigen.

(3) Die während der auf den Meldestichtag folgenden zwölf Monate erwarteten Inanspruchnahmen unwiderruflich zugesagter Investitionskredite und grundpfandrechtlich gesicherter Darlehen, die nach Baufortschritt ausgezahlt werden, sind zu erfassen in Höhe von
1. 12 Prozent im Laufzeitband 1,
2. 16 Prozent im Laufzeitband 2,
3. 24 Prozent im Laufzeitband 3 und
4. 48 Prozent im Laufzeitband 4.

§ 5 Wertpapierpensions- und Wertpapierleihgeschäfte

(1) Im Rahmen echter Pensionsgeschäfte verpensionierte Wertpapiere sind dem Bestand des Pensionsnehmers zuzurechnen, der eine daraus resultierende Sachverbindlichkeit zur Rückgabe der Papiere zu berücksichtigen hat. Der Pensionsnehmer hat in Höhe des vereinbarten Rückzahlungsbetrags eine Geldforderung gegenüber dem Pensionsgeber anzurechnen. Der Pensionsgeber hat anstelle der Wertpapiere eine Sachforderung auf Rückgabe der Papiere zu erfassen. Er hat eine Geldverbindlichkeit in Höhe des vereinbarten Rückzahlungsbetrags gegenüber dem Pensionsnehmer zu berücksichtigen.

(2) Im Rahmen unechter Pensionsgeschäfte vom Pensionsnehmer erworbene Wertpapiere sind vom Bestand des Pensionsgebers abzusetzen, der an deren Stelle die vom Pensionsnehmer erhaltenen Geldmittel anrechnet. Der Pensionsnehmer hat die Wertpapiere anstelle der abgeflossenen Geldmittel seinem Bestand zuzurechnen. Liegt der Marktkurs der verpensionierten Wertpapiere unter dem vereinbarten Rückzahlungsbetrag,
1. sind die verpensionierten Wertpapiere wieder dem Bestand des Pensionsgebers zuzurechnen, der in Höhe des vereinbarten Rückzahlungsbetrags eine Geldverbindlichkeit gegenüber dem Pensionsnehmer zu berücksichtigen hat, und
2. ist eine Geldforderung gegenüber dem Pensionsgeber in Höhe des vereinbarten Rückzahlungsbetrags beim Pensionsnehmer anzurechnen, der die Wertpapiere vom Bestand abzusetzen hat.

(3) Im Rahmen von Leihgeschäften übertragene Wertpapiere sind vom Bestand des Verleihers abzusetzen und dem Entleiher zuzurechnen. Der Entleiher hat eine Sachverbindlichkeit zur Rückgabe der Papiere zu berücksichtigen, der eine Sachforderung beim Verleiher in entsprechender Höhe gegenübersteht.

§ 6 Bemessungsgrundlage

(1) Bemessungsgrundlage sind bei
1. Zahlungsmitteln nach § 3 Abs. 1 Nr. 5 und 7 die Marktkurse der zugrunde liegenden Wertpapiere bei geschäftstäglicher Marktbewertung,
2. Zahlungsmitteln nach § 3 Abs. 1 Nr. 6 die nach den entsprechenden Bewertungsgrundsätzen der jeweiligen Zentralnotenbank ermittelten Werte der zugrunde liegenden Vermögensgegenstände abzüglich dem von der jeweiligen Zentralnotenbank vorgesehenen Bewertungsabschlag,
3. Zahlungsmitteln nach § 3 Abs. 1 Nr. 8 die Rücknahmepreise,
4. Zahlungsmitteln nach § 3 Abs. 2 Nr. 8 und Zahlungsverpflichtungen nach § 4 Abs. 2 Nr. 7 bis 9 die Rückzahlungsbeträge,
5. Wertpapierposten und wertpapierbezogenen Sachforderungen und Sachverbindlichkeiten im Rahmen von Pensions- und Leihgeschäften die Marktkurse der Wertpapiere bei geschäftstäglicher Marktbewertung,
6. den übrigen Zahlungsmitteln und Zahlungsverpflichtungen die Buchwerte.

Marktkurse sind die am jeweiligen Meldestichtag amtlich festgestellten Kurse oder, falls nicht verfügbar, die vom Institut ermittelten Marktwerte. Werden die Wertpapiere an mehreren Märkten amtlich notiert, so verwendet das Institut Marktkurse nach einer institutsintern festgelegten Methode, die einheitlich und dauerhaft anzuwenden und zu dokumentieren ist. Die Ermittlung der Marktwerte ist vom Institut für den letzten Meldestichtag, die Meldestichtage der vergangenen 24 Monate sowie für den laufenden Meldezeitraum zu dokumentieren und auf Verlangen der Bundesanstalt vorzulegen. Mit Ausnahme der Zahlungsmittel nach Satz 1 Nr. 2 dürfen Schuldverschreibungen und andere festverzinsliche Wertpapiere im Bestand in Höhe von 90 Prozent des Buchwerts und börsennotierte Aktien und andere nicht festverzinsliche Wertpapiere im Bestand in Höhe von 80 Prozent des Buchwerts angesetzt werden, wenn das Institut keine geschäftstägliche Marktbewertung durchführt. Von den Buchwerten der Aktivposten sind Wertberichtigungen für das Länderrisiko, Pauschalwertberichtigungen und Einzelwertberichtigungen abzusetzen, wenn diese die Anrechnung der Aktivposten nach § 3 Abs. 3 Nr. 1 nicht ausschließen.

(2) Ist ein Institut aus meldetechnischen Gründen nicht im Stande, die Wertberichtigungen von den jeweiligen Aktivposten abzuziehen, kann es ein vereinfachtes Verfahren zur Absetzung der Wertberichtigungen anwenden. Bei diesem Verfahren sind, entsprechend dem Anteil der anrechenbaren Liquiditätsposten an der Gesamt-

summe sämtlicher Aktiva, auf die sich die Wertberichtigungen beziehen, die insgesamt gebildeten Wertberichtigungen von den Zahlungsmitteln
a) des Laufzeitbandes 1 (Standardverfahren) oder
b) aus allen Laufzeitbändern (alternatives Verfahren)
abzusetzen. Entscheidet sich ein Institut für das alternative Verfahren, hat es beim Abzug der Wertberichtigungen die den Zahlungsmitteln zugrunde liegende Laufzeitstruktur zu berücksichtigen. Einzelwertberichtigungen, die eine Nichtanrechnung der betreffenden Forderungen und Wechsel bewirken, dürfen unberücksichtigt bleiben. Institute, die beabsichtigen, das vereinfachte Verfahren in Anspruch zu nehmen, müssen dies der Bundesanstalt und der Deutschen Bundesbank vor erstmaliger Anwendung anzeigen. In der Anzeige ist anzugeben, auf welche Wertberichtigungen das Verfahren angewandt wird und welche Aktiva einbezogen werden. Die Bundesanstalt kann die Anwendung des vereinfachten Verfahrens untersagen, wenn begründete Zweifel bestehen, dass die aus Wertberichtigungen resultierenden liquiditätseinschränkenden Effekte nicht ausreichend abgebildet werden.

(3) Eine auf eine fremde Währung lautende Position ist zu dem Referenzkurs, der von der Europäischen Zentralbank am Meldestichtag festgestellt und von der Deutschen Bundesbank veröffentlicht worden ist (Euro-Referenzkurs), in Euro umzurechnen. Bei der Umrechnung von Währungen, für die kein Euro-Referenzkurs veröffentlicht wird, sind die Mittelkurse aus feststellbaren An- und Verkaufskursen des Stichtages zugrunde zu legen.

(4) Institute dürfen abweichend von Absatz 3 intern verwendete Fremdwährungsumrechnungskurse aus eigenen Risikomodellen, die für aufsichtliche Zwecke zugelassen sind, weiterhin berücksichtigen, wenn sie diese bereits vor dem 1. Januar 2014 konsistent berücksichtigt haben.

§ 7 Restlaufzeiten

Als Restlaufzeit gilt
1. der Zeitraum zwischen dem jeweiligen Meldestichtag und dem Fälligkeitstag der jeweiligen Zahlungsmittel und Zahlungsverpflichtungen vorbehaltlich der Nummern 2 bis 6,
2. die jeweilige Kündigungsfrist bei ungekündigten Kündigungsgeldern, wobei eine Kündigungssperrfrist hinzuzurechnen ist,
3. der Zeitraum zwischen dem jeweiligen Meldestichtag und der Fälligkeit des Teilbetrags bei Forderungen und Verbindlichkeiten, die regelmäßig in Teilbeträgen zu tilgen sind, ungeachtet dessen, ob die Teilbeträge einen Zinsanteil enthalten oder nicht,
4. die verbleibende Geschäftsdauer bei Sachforderungen aus echten Pensions- und Leihgeschäften mit Wertpapieren im Sinne des § 3 Abs. 1 sowie bei daraus resultierenden Sachverbindlichkeiten und Wertpapierposten des Pensionsgebers aus unechten Pensionsgeschäften,
5. die verbleibende Geschäftsdauer zuzüglich der am Ende des Geschäfts geltenden Restlaufzeiten der Wertpapiere bei Sachforderungen aus echten Pensions- und Leihgeschäften mit anderen als den unter Nummer 4 genannten Wertpapieren und bei daraus resultierenden Sachverbindlichkeiten und Wertpapierposten des Pensionsgebers aus unechten Pensionsgeschäften und
6. die verbleibende Geschäftsdauer bei Geldforderungen und Geldverbindlichkeiten aus echten und unechten Pensionsgeschäften.

Vorzeitige Kündigungsmöglichkeiten sind bei Verbindlichkeiten zu berücksichtigen. Sie sind bei Forderungen und Wertpapieren im Bestand unberücksichtigt zu lassen. Bei Forderungen und Verbindlichkeiten, die regelmäßig in Teilbeträgen getilgt werden, sind die Rückzahlungsbeträge in Höhe der jeweiligen Teilbeträge in die betreffenden Laufzeitbänder einzustellen. Tagesgelder und Gelder mit täglicher Kündigung gelten nicht als täglich fällig. Sie werden wie Festgelder mit eintägiger Laufzeit behandelt.

§ 8 Regelung für Bausparkassen

Bausparkassen müssen abweichend von den §§ 3 bis 7 den Unterschiedsbetrag zwischen Bauspareinlagen und Bauspardarlehen in Höhe von 10 Prozent der Buchwerte unter den Zahlungsverpflichtungen nach § 4 Abs. 1 im Laufzeitband 1 anrechnen. Die Zahlungsmittel und Zahlungsverpflichtungen aus dem außerkollektiven Geschäft der Bausparkassen sind nach den §§ 3 bis 7 zu erfassen.

§ 9 (aufgehoben)

§ 10 Verwendung von institutseigenen Liquiditätsrisikomess- und -steuerungsverfahren

(1) Zur Beurteilung der ausreichenden Liquidität darf das Institut nach dauerhafter Wahl mit Zustimmung der Bundesanstalt anstelle der §§ 2 bis 8 ein eigenes Liquiditätsrisikomess- und -steuerungsverfahren verwenden, wenn die Voraussetzungen nach Absatz 3 erfüllt werden und die Bundesanstalt dessen Eignung für die Zwecke dieser Verordnung auf Antrag des Institutes schriftlich bestätigt hat. Die Bundesanstalt kann ihre Zustimmung an Nebenbestimmungen, insbesondere Auflagen, knüpfen und eine bereits erteilte Zustimmung widerrufen, wenn das Institut die Voraussetzungen nach Absatz 3 nicht mehr erfüllt.

(2) Die Eignung eines institutseigenen Liquiditätsrisikomess- und -steuerungsverfahrens wird auf der Grundlage einer von der Bundesanstalt in Zusammenarbeit mit der Deutschen Bundesbank durchgeführten Prüfung nach § 44 Abs. 1 Satz 2 des Kreditwesengesetzes beurteilt und nach erteilter Eignungsbestätigung durch Nachschauprüfungen überprüft. Wesentliche Änderungen des Liquiditätsrisikomess- und -steuerungsverfahrens bedürfen einer erneuten Eignungsbestätigung nach Absatz 1.

(3) Das Institut hat insbesondere die folgenden Voraussetzungen für die Verwendung eines eigenen Liquiditätsrisikomess- und -steuerungsverfahrens zu erfüllen:
1. Das Liquiditätsrisikomess- und -steuerungsverfahren gewährleistet unter Berücksichtigung der besonderen institutsspezifischen Verhältnisse, der Art und Komplexität der betriebenen Geschäfte und der Größe des Institutes eine adäquate laufende Ermittlung und Überwachung des Liquiditätsrisikos und stellt die Liquiditätslage eingehender und angemessener dar, als bei Anwendung der §§ 2 bis 8. Insbesondere soll das Liquiditätsrisikomess- und -steuerungsverfahren dabei auch Aufschluss über zu erwartende kurzfristige Nettomittelabflüsse, die Möglichkeit zur Aufnahme unbesicherter Finanzierungsmittel sowie die Auswirkung von Stressszenarien ermöglichen. Das Institut überprüft regelmäßig die Einhaltung der Voraussetzungen nach Satz 1.
2. Das Institut hat auf der Grundlage des Liquiditätsrisikomess- und -steuerungsverfahrens geeignete, quantitativ zu bemessende Obergrenzen für Liquiditätsrisiken, auch unter Berücksichtigung von Stressszenarien, eingerichtet (Limite), die es regelmäßig überprüft. Dazu identifiziert das Institut Kenngrößen aus seinem Liquiditätsrisikomessverfahren, die für eine aggregierte Darstellung des Risikos einer nicht ausreichenden Liquidität des Instituts besonders geeignet sind, und dokumentiert, bei welchem Niveau dieser Größen es sich einem nennenswerten, mittleren und hohen Risiko einer nicht ausreichenden Liquidität ausgesetzt sieht,

sowie welche Maßnahmen es an das Erreichen eines der benannten Niveaus durch eine der Kenngrößen knüpft.
3. Das Institut zeigt der Deutschen Bundesbank und der Bundesanstalt schriftlich unverzüglich an, wenn eine der Kenngrößen nach Nummer 2 das Niveau für ein mittleres oder hohes Risiko einer nicht ausreichenden Liquidität überschreitet und berichtet über die Maßnahmen, die es zur Beseitigung der Gefährdung getroffen hat und zu treffen beabsichtigt. Die Pflicht zur Meldung der Kennzahlen nach § 11 bleibt unberührt.
4. Das Liquiditätsrisikomess- und -steuerungsverfahren und das interne Limitsystem werden für das interne Liquiditätsrisikomanagement und in der Unternehmenssteuerung des Institutes verwendet.

(4) Ein Institut mit Sitz im Inland, das nachgeordnetes Unternehmen einer Institutsgruppe oder einer Finanzholding-Gruppe ist und die Voraussetzungen nach § 2a Abs. 1 Nr. 1 bis 5 des Kreditwesengesetzes erfüllt, oder das übergeordnetes Unternehmen ist und die Voraussetzungen nach § 2a Absatz 5 des Kreditwesengesetzes erfüllt, darf nach dauerhafter Wahl mit Zustimmung der Bundesanstalt von der Anwendung der §§ 2 bis 8 absehen, wenn die Institutsgruppe oder die Finanzholding-Gruppe, der das Institut angehört, ein eigenes Liquiditätsrisikomess- und -steuerungsverfahren verwendet und die Bundesanstalt dessen Eignung schriftlich bestätigt hat. Die Absätze 1 bis 3 gelten entsprechend.

§ 11 Meldungen der Kennzahlen

(1) Die Institute haben der Deutschen Bundesbank zu den Anforderungen nach § 2 nach dem Stand zum Meldestichtag Ende des Monats Meldungen mit den Vordrucken nach Anlage 2 und 3 jeweils bis zum 15. Geschäftstag des auf den Meldestichtag folgenden Monats einzureichen. Auf Antrag des Instituts kann die Bundesanstalt eine Fristverlängerung bewilligen. Für Bürgschaftsbanken und Kreditgarantiegemeinschaften gilt Satz 1 mit der Maßgabe, dass die Meldungen nur zweimal jährlich nach dem Stand zum Meldestichtag Ende Mai und Ende November jeweils bis zum 15. Geschäftstag des auf den Meldestichtag folgenden Monats einzureichen sind.
(2) Macht ein Institut von der Möglichkeit der Verwendung eines eigenen Liquiditätsrisikomess- und -steuerungsverfahrens nach § 10 Gebrauch, legt die Bundesanstalt abweichend von Absatz 1 im Einzelfall Inhalt und Form der monatlichen Meldeanforderungen in ihrer schriftlichen Eignungsbestätigung für das jeweilige Liquiditätsrisikomess- und -steuerungsverfahren nach § 10 fest.
(3) Die Meldungen nach den Absätzen 1 und 2 sind im papierlosen Verfahren einzureichen. Die Deutsche Bundesbank veröffentlicht im Internet die für eine elektronische Dateneinreichung nach Absatz 1 zu verwendenden Satzformate und den Einreichungsweg. Sie leitet die Meldungen an die Bundesanstalt weiter. Institute haben die Meldungen nach Anlage 2 und 3 für das laufende Kalenderjahr und die zwei vorangegangenen Kalenderjahre aufzubewahren.

§ 12 (aufgehoben)

§ 13 Inkrafttreten

Diese Verordnung tritt am 1. Januar 2007 in Kraft.

Anlagen

Anlage 1 zu § 9 Abs. 3 Satz 1 (aufgehoben)

Anlage 2 zu § 11 Abs. 1 Satz 1

Meldevordruck LV 1

LV 1
- Seite 1 -
- in Tsd. Euro -

Institutsnummer: _____ Prüfziffer: _____ Name: _____ Stand Ende: _____ Ort: _____

Zahlungsmittel		Kontrollsumme	Gewichtungssatz	Anrechnungsbeträge			
				Fristigkeiten: Restlaufzeiten von			
				täglich fällig bis zu einem Monat	über 1 Monat bis zu 3 Monaten	über 3 Monate bis zu 6 Monaten	über 6 Monaten bis zu 12 Monaten
				Laufzeitband 1	Laufzeitband 2	Laufzeitband 3	Laufzeitband 4
		01	02	03	04	05	06
A. Zahlungsmittel							
010 Kassenbestand (§ 3 Abs. 1 Nr. 1)			100 %				
020 Guthaben bei Zentralnotenbanken (§ 3 Abs. 1 Nr. 2)			100 %				
030 Inkassopapiere (§ 3 Abs. 1 Nr. 3)			100 %				
040 Von Kreditinstituten/der KfW erhaltene unwiderrufliche Kreditzusagen (§ 3 Abs. 1 Nr. 4)			100 %				
050 Börsennotierte Wertpapiere (§ 3 Abs. 1 Nr. 5)							
davon:							
051 marktbewertet (052 + 053 + 054)							
davon: 052 Schuldverschreibungen und andere festverzinsliche Wertpapiere			100 %				
053 Aktien und andere nicht festverzinsliche Wertpapiere			100 %				
054 Sonstige Geldmarktpapiere			100 %				
055 nicht marktbewertet (056 + 057 + 058)							
davon: 056 Schuldverschreibungen und andere festverzinsliche Wertpapiere			90 %				
057 Aktien und andere nicht festverzinsliche Wertpapiere			80 %				
058 Sonstige Geldmarktpapiere			90 %				
Summe: Börsennotierte Wertpapiere (051 + 055)							

- Grau unterlegte Felder sind nicht auszufüllen -

Anh. 3.1: Liquiditätsverordnung

Meldevordruck LV 1

LV 1

Institutsnummer: _____ Prüfziffer: _____ Name: _____ Stand Ende: _____ Ort: _____

- Seite 2 -
- in Tsd. Euro -

Zahlungsmittel		Kontrollsumme	Gewichtungssatz	Anrechnungsbeträge Fristigkeiten: Restlaufzeiten von			
				täglich fällig bis zu einem Monat	über 1 Monat bis zu 3 Monaten	über 3 Monaten bis zu 6 Monaten	über 6 Monaten bis zu 12 Monaten
				Laufzeitband 1	Laufzeitband 2	Laufzeitband 3	Laufzeitband 4
		01	02	03	04	05	06
170	Bei nullgewichteten Zentralnotenbanken refinanzierungsfähige Vermögensgegenstände (§ 3 Abs. 1 Nr. 6); marktbewertet abzüglich Bewertungsabschlag **davon:**						
171	Schuldverschreibungen und andere festverzinsliche Wertpapiere und sonstige Papiere		100 %				
172	Schatzwechsel, unverzinsl. Schatzanweisungen u.ä. Schuldtitel öffentlicher Stellen		100 %				
173	Geldmarktpapiere		100 %				
174	sonstige Vermögensgegenstände		100 %				
170	**Summe:** Bei nullgewichteten Zentralnotenbanken refinanzierungsfähige Vermögensgegenstände (171 + 172 + 173 + 174)						
060	Gedeckte Schuldverschreibungen (§ 3 Abs. 1 Nr. 7) **davon:**						
061	marktbewertet		100 %				
062	nicht marktbewertet		90 %				
060	**Summe:** Gedeckte Schuldverschreibungen (061 + 062)						
070	Investmentanteile (§ 3 Abs. 1 Nr. 8)		90 %				
080	Forderungen an Zentralnotenbanken (§ 3 Abs. 2 Nr. 1)		100 %				
090	Forderungen an Kreditinstitute (§ 3 Abs. 2 Nr. 2)		100 %				
	darunter: 091 Geldforderungen des Pensionsnehmers aus echten Pensionsgeschäften (§ 5 Abs. 1 Satz 2)		100 %				
100	Forderungen an Kunden (§ 3 Abs. 2 Nr. 3)		100 %				
	darunter: 101 Geldforderungen des Pensionsnehmers aus echten Pensionsgeschäften (§ 5 Abs. 1 Satz 2)		100 %				
110	Bei Zentralnotenbanken refinanzierbare Wechsel (§ 3 Abs. 2 Nr. 4)		100 %				

- Grau unterlegte Felder sind nicht auszufüllen -

Meldevordruck LV 1

LV 1

Institutsnummer: _____ Prüfziffer: _____ Name: _____ Stand Ende: _____ Ort: _____

- Seite 3 -
- in Tsd. Euro -

		Kontrollsumme	Gewichtungssatz	Anrechnungsbeträge Fristigkeiten: Restlaufzeiten von			
	Zahlungsmittel			täglich fällig bis zu einem Monat	über 1 Monat bis zu 3 Monaten	über 3 Monaten bis zu 6 Monaten	über 6 Monaten bis zu 12 Monaten
				Laufzeitband 1	Laufzeitband 2	Laufzeitband 3	Laufzeitband 4
		01	02	03	04	05	06
120	Andere Anleihen und Schuldverschreibungen sowie Geldmarktpapiere (§ 3 Abs. 2 Nr. 6) **davon:**						
121	Schuldverschreibungen und andere festverzinsliche Wertpapiere		100 %				
122	Schatzwechsel, unverzinsl. Schatzanweisungen u.ä. Schuldtitel öffentlicher Stellen		100 %				
123	Sonstige Geldmarktpapiere		100 %				
120	**Summe**: Andere Anleihen und Schuldverschreibungen sowie Geldmarktpapiere (121 + 122 + 123)						
130	Sachforderungen des Verleihers aus Leihgeschäften (§ 3 Abs. 2 Nr. 5, § 5 Abs. 3 Satz 2)		100 %				
140	Sachforderungen des Pensionsgebers aus echten Pensionsgeschäften (§ 3 Abs. 2 Nr. 7, § 5 Abs. 1 Satz 3)		100 %				
150	Geldforderungen des Pensionsnehmers aus unechten Pensionsgeschäften (§ 3 Abs. 2 Nr. 8, § 5 Abs. 2 Satz 3 Nr. 2)		100 %				
160	Ausgleichsforderungen gegen die öffentliche Hand (§ 3 Abs. 2 Nr. 9)		100 %				
200	**Summe der Zahlungsmittel** (Summe der Positionen in Fettschrift)						

Anh. 3.1: Liquiditätsverordnung

Meldevordruck LV 1

Institutsnummer: _____ Prüfziffer: _____ Name: _____ Stand Ende: _____ Ort: _____

LV 1
- Seite 4 -
- in Tsd. Euro -

	Zahlungsverpflichtungen		Kontrollsumme	Gewichtungssatz	Anrechnungsbeträge Fristigkeiten: Restlaufzeiten von			
					täglich fällig bis zu einem Monat	über 1 Monat bis zu 3 Monaten	über 3 Monaten bis zu 6 Monaten	über 6 Monaten bis zu 12 Monaten
					Laufzeitband 1	Laufzeitband 2	Laufzeitband 3	Laufzeitband 4
			01	02	03	04	05	06

B. Zahlungsverpflichtungen

Pos.	Bezeichnung	Gewicht				
210	Verbindlichkeiten gegenüber Zentralnotenbanken (§ 4 Abs. 2 Nr. 1)	100 %				
220	Täglich fällige Verbindlichkeiten (Sichteinlagen)					
	davon:					
221	gegenüber Kreditinstituten (ohne Zentralnotenbanken) (§ 4 Abs. 1 Nr. 1)	40 %				
222	gegenüber Kunden (§ 4 Abs. 1 Nr. 2)	10 %				
220	**Summe:** Täglich fällige Verbindlichkeiten (Sichteinlagen) (221 + 222)					
230	Verbindlichkeiten mit vereinbarter Laufzeit oder Kündigungsfrist ggü. Kreditinstituten (§ 4 Abs. 2 Nr. 2)	100 %				
	darunter: 231 Geldverbindlichkeiten des Pensionsgebers aus echten Pensionsgeschäften (§ 5 Abs. 1 Satz 4)					
240	Verbindlichkeiten mit vereinbarter Laufzeit oder Kündigungsfrist von					
241	der DekaBank Deutsche Girozentrale ggü. Landesbanken und von Landesbanken ggü. angeschlossenen Sparkassen (§ 4 Abs. 2 Nr. 3)	20 %				
242	Geldverbindlichkeiten des Pensionsgebers aus echten Pensionsgeschäften (§ 5 Abs. 1 Satz 4)	100 %				
243	der DZ BANK AG ggü. genossenschaftlichen Zentralbanken und von genossenschaftlichen Zentralbanken ggü. angeschlossenen Kreditgenossenschaften (§ 4 Abs. 2 Nr. 3)	20 %				
244	Geldverbindlichkeiten des Pensionsgebers aus echten Pensionsgeschäften (§ 5 Abs. 1 Satz 4)	100 %				
240	**Summe:** Verbindlichkeiten mit vereinbarter Laufzeit oder Kündigungsfrist (241 + 243)					
250	Verbindlichkeiten mit vereinbarter Laufzeit oder Kündigungsfrist ggü. Kunden (§ 4 Abs. 2 Nr. 4)	100 %				
	darunter: 251 Geldverbindlichkeiten des Pensionsgebers aus echten Pensionsgeschäften (§ 5 Abs. 1 Satz 4)	100 %				

- Grau unterlegte Felder sind nicht auszufüllen -

Meldevordruck LV 1

LV 1
- Seite 5 -
- in Tsd. Euro -

Institutsnummer: _____ Prüfziffer: _____ Name: _____ Stand Ende: _____ Ort: _____

Zahlungsverpflichtungen	Kontrollsumme	Gewichtungssatz	Anrechnungsbeträge Fristigkeiten: Restlaufzeiten von			
			täglich fällig bis zu einem Monat	über 1 Monat bis zu 3 Monaten	über 3 Monaten bis zu 6 Monaten	über 6 Monaten bis zu 12 Monaten
			Laufzeitband 1	Laufzeitband 2	Laufzeitband 3	Laufzeitband 4
	01	02	03	04	05	06
260 Sachverbindlichkeiten des Entleihers aus Leihgeschäften (§ 4 Abs. 2 Nr. 5, § 5 Abs. 3 Satz 2)		100 %				
270 Sachverbindlichkeiten des Pensionsnehmers aus echten Pensionsgeschäften (§ 4 Abs. 2 Nr. 6, § 5 Abs. 1 Satz 1)		100 %				
280 Geldverbindlichkeiten des Pensionsgebers aus unechten Pensionsgeschäften (§ 4 Abs. 2 Nr. 7, § 5 Abs. 2 Satz 3 Nr. 1)		100 %				
290 Spareinlagen (§ 4 Abs. 1 Nr. 3)		10 %				
300 Bausspareinlagen: Unterschiedsbetrag nach § 8 Satz 1 (Übertrag von LV 2 Pos. 220)		10 %				
310 Verbriefte Verbindlichkeiten (§ 4 Abs. 2 Nr. 8)		100 %				
320 Nachrangige Verbindlichkeiten (§ 4 Abs. 2 Nr. 9)		100 %				
330 Genussrechtskapital (§ 4 Abs. 2 Nr. 10)		100 %				
340 Sonstige Verbindlichkeiten (§ 4 Abs. 2 Nr. 11)		100 %				
350 Abgegebene unwiderrufliche Kreditzusagen (§ 4 Abs. 1 Nr. 8)		20 %				
380 Verbriefungs-Liquiditätsfazilitäten (§ 4 Abs. 2 Nr. 12)		20 %				

- Grau unterlegte Felder sind nicht auszufüllen -

Anh. 3.1: Liquiditätsverordnung

Meldevordruck LV 1

LV 1
- Seite 6 -
- in Tsd. Euro -

Institutsnummer: _____ Prüfziffer: _____ Name: _____ Stand Ende: _____ Ort: _____

		Kontrollsumme	Gewichtungssatz	Anrechnungsbeträge Fristigkeiten: Restlaufzeiten von			
	Zahlungsverpflichtungen			täglich fällig bis zu einem Monat	über 1 Monat bis zu 3 Monaten	über 3 Monaten bis zu 6 Monaten	über 6 Monaten bis zu 12 Monaten
				Laufzeitband 1	Laufzeitband 2	Laufzeitband 3	Laufzeitband 4
		01	02	03	04	05	06
360	Unwiderrufliche Kreditzusagen in Abrufraten für Investitionskredite und grundpfandrechtlich gesicherte Darlehen (§ 4 Abs. 3)						
	davon:						
361	Laufzeitband 1		12 %				
362	Laufzeitband 2		16 %				
363	Laufzeitband 3		24 %				
364	Laufzeitband 4		48 %				
360	**Summe:** Feste Kreditzusagen in Abrufraten (361 + 362 + 363 + 364)						
370	Außerbilanzielle Verpflichtungen						
	davon:						
371	Eventualverbindlichkeiten aus weitergegebenen Wechseln (§ 4 Abs. 1 Nr. 4)		5 %				
372	Bürgschafts- oder Gewährleistungsverträge (§ 4 Abs. 1 Nr. 5)		5 %				
373	Haftung aus der Bestellung von Sicherheiten (§ 4 Abs. 1 Nr. 6)		5 %				
374	Platzierungs- oder Übernahmeverpflichtungen (§ 4 Abs. 1 Nr. 7)		20 %				
370	**Summe:** Außerbilanzielle Verpflichtungen (371 + 372 + 373 + 374)						
400	**Summe der Zahlungsverpflichtungen (Summe der Positionen in Fettschrift)**						

- Grau unterlegte Felder sind nicht auszufüllen -

Anh. 3.1: Liquiditätsverordnung

Meldevordruck LV 2

LV 2

Institutsnummer: _____ Prüfziffer: _____ Name: _____ Stand Ende: _____ Ort: _____

- Seite 1 -
- in Tsd. Euro -

Sonderregelung für Bausparkassen nach § 8

	Kontrollsumme	Gewichtungssatz	Anrechnungsbeträge Fristigkeiten: Restlaufzeiten von			
			täglich fällig bis zu einem Monat	über 1 Monat bis zu 3 Monaten	über 3 Monaten bis zu 6 Monaten	über 6 Monaten bis zu 12 Monaten
Zahlungsmittel und Zahlungsverpflichtungen			Laufzeitband 1	Laufzeitband 2	Laufzeitband 3	Laufzeitband 4
	01	02	03	04	05	06
200 Summe der Bauspareinlagen	200	100 %				
210 Summe der gewährten Bauspardarlehen	210	100 %				
220 Unterschiedsbetrag (200 ./. 210) (Übertrag auf LV 1 Position 300)	220	10 %				

- Grau unterlegte Felder sind nicht auszufüllen -

Anh. 3.1: Liquiditätsverordnung

Meldevordruck LV 2

LV 2

Institutsnummer: _____ Prüfziffer: _____ Name: _____ Stand Ende: _____ Ort: _____

- Seite 2 -
- in Tsd. Euro -

Liquiditätskennzahl und Beobachtungskennzahlen

Berechnung der Liquiditätskennzahl und der Beobachtungskennzahlen

		Kontrollsumme	Gewichtungssatz	Anrechnungsbeträge Fristigkeiten: Restlaufzeiten von			
				täglich fällig bis zu einem Monat	über 1 Monat bis zu 3 Monaten	über 3 Monaten bis zu 6 Monaten	über 6 Monaten bis zu 12 Monaten
				Laufzeitband 1	Laufzeitband 2	Laufzeitband 3	Laufzeitband 4
		01	02	03	04	05	06
A.	**Summe der Zahlungsmittel** (Vordruck LV 1 Zeile 200)	300					
B.	**Summe der Zahlungsverpflichtungen** (Vordruck LV 1 Zeile 400)	310					
C.	**Fristeninkongruenzen (A - B)**	320					
D.	**Positive Fristeninkongruenzen (A > B)**	330					
E.	**Bereinigte Fristeninkongruenzen** (A. zzgl. positive Fristeninkongruenzen D. des Vorbandes)	340					
F.	**Liquiditätskennzahl (A / B)** (Position 300/03 / 310/03)	350					
G.	**Sonderverhältnisse**	360					
H.	**Beobachtungskennzahlen (E / B)** (Positionen 340/04 / 310/04; 340/05 / 310/05; 340/06 / 310/06)	370					

- Grau unterlegte Felder sind nicht auszufüllen -
- Kennzahlen mit zwei Dezimalstellen angeben

Datum: _____

Ansprechpartner/-in für Meldung LV 1 und LV 2 im Institut

Name: _____ Telefon: _____ E-Mail: _____

Anhang 3.2
Merkblatt der Bundesanstalt für Finanzdienstleistungsaufsicht und der Deutschen Bundesbank zur Zulassung eines bankinternen Liquiditätsmess- und -steuerungsverfahrens nach § 10 Liquiditätsverordnung

vom 15.10.2007

Einleitung

Gemäß § 10 Abs. 1 der am 1. Januar 2007 in Kraft getretenen »Verordnung über die Liquidität der Institute« (LiqV) dürfen Institute nach dauerhafter Wahl mit Zustimmung der Bundesanstalt für Finanzdienstleistungsaufsicht (BaFin) anstelle der §§ 2 bis 8 LiqV ein eigenes Liquiditätsrisikomess- und -steuerungsverfahren (kurz: Liquiditätsmodell[1]) verwenden. Ein Liquiditätsmodell bedarf damit einer Zulassung durch die BaFin. Die Eignung eines Liquiditätsmodells wird auf der Grundlage einer von der BaFin in Zusammenarbeit mit der Deutschen Bundesbank (BBk) durchgeführten Prüfung nach § 44 Abs. 1 Satz 2 des Kreditwesengesetzes beurteilt.

Dieses Merkblatt gibt interessierten Instituten Hinweise zur Antragsstellung und zum Zulassungsverfahren.

Grundlagen

Ein Antrag auf Zulassung eines Liquiditätsmodells ist schriftlich durch das Institut zu stellen. Dem Antrag sind aussagekräftige Unterlagen bezüglich des Liquiditätsmodells beizufügen (siehe unten: Dokumentation).

Die Bankenaufsicht begleitet eine beabsichtigte Nutzung der »Öffnungsklausel« der LiqV durch die Institute auch im Vorfeld einer Antragstellung. Dazu kann es – analog zur Vorgehensweise bei anderen Zulassungsprüfungen – in der Praxis sinnvoll sein, entweder auf Wunsch des Instituts oder auf Anregung der Bankenaufsicht noch vor der eigentlichen Antragstellung Informationsgespräche zu führen.

In solchen Informationsgesprächen haben die Institute Gelegenheit, ihr Liquiditätsmodell in Grundzügen darzustellen. Die Bankenaufsicht wird hierbei i.d.R. einen ersten Eindruck bezüglich der konzeptionellen und organisationstechnischen Reife des Modells gewinnen, jedoch keine abschließenden Aussagen über die Genehmigungsfähigkeit machen. Auf der anderen Seite kann die Bankenaufsicht in solchen Gesprächen Hinweise zum Antrags- und Zulassungsprocedere sowie zu erforderlichen Dokumentationsunterlagen geben.

---

1 Bei Liquiditätsmodellen handelt es sich nicht zwangsläufig um stochastische Modelle. Nachfolgend wird für den Begriff »Liquiditätsmess- und -steuerungsverfahren« vereinfachend der Begriff »Liquiditätsmodell« verwendet. Dieser stellt auf einen breiteren Zusammenhang ab und erfasst nicht nur den Aspekt der Risikomessung, sondern auch die weitergehenden Anforderungen an die Steuerung der Risiken und die Einbettung in das Risikomanagement.

Prüfungsablauf

Das Zulassungsverfahren beginnt grundsätzlich mit dem Zulassungsantrag des Instituts an die BaFin. Die Bankenaufsicht prüft, ob auf Grundlage der eingereichten Unterlagen eine ausreichende Prüfungsvorbereitung möglich ist und fordert institutsindividuell ggf. ergänzende Unterlagen noch vor der Vor-Ort-Prüfung an.

Im Rahmen der Zulassungsprüfung vor Ort wird die Einhaltung der Anforderungen nach § 10 Abs. 3 LiqV geprüft. Ausgehend von der Liquiditätsrisikostrategie des Instituts sind die Methodik der Risikomessung sowie sämtliche Prozesse der Messung, Überwachung, Berichterstattung und Steuerung von Liquiditätsrisiken Gegenstand der Prüfung.

Die Entscheidung über die Zulassung basiert auf den Erkenntnissen der Zulassungsprüfung beim antragstellenden Institut, im Falle des § 10 Abs. 4 Satz 1 LiqV auch auf den Erkenntnissen bezüglich der Unternehmen der Instituts- oder Finanzholdinggruppe. Die BaFin sendet den Prüfungsbericht an das antragstellende Institut. Zudem bietet die Bankenaufsicht dem geprüften Institut ein Gespräch an, in dem das Prüfungsergebnis erläutert wird.

Die Kosten des Zulassungsverfahrens einschließlich der Prüfungskosten trägt das antragstellende Institut. Die Kosten entstehen ab der Antragsstellung.

Die Zulassung des Modells erfolgt durch Bescheid der BaFin. Mit Zustellung dieses Bescheids darf das antragstellende Institut das Liquiditätsmodell für aufsichtliche Zwecke nutzen und ist von der Anwendung der §§ 2 bis 8 LiqV befreit. In der schriftlichen Eignungsbestätigung, welche die Zulassung an die Einhaltung von Nebenbestimmungen, insbesondere Auflagen knüpfen kann, werden Inhalt und Form der monatlichen Meldeanforderungen nach § 11 Abs. 2 LiqV institutsspezifisch festgelegt.

Nach der Zulassung sind die Anforderungen der LiqV und ggf. mit dem Zulassungsbescheid erteilte Auflagen einzuhalten; dies und die dauerhafte Einhaltung der Zulassungsvoraussetzungen wird im Rahmen von Nachschauprüfungen durch die Aufsicht geprüft. Änderungen des Liquiditätsmodells sind der Aufsicht in geeigneter Weise zu kommunizieren. Wesentliche Modelländerungen bedürfen einer erneuten Eignungs-bestätigung, welche allerdings nicht zwangsläufig eine erneute Vor-Ort-Prüfung voraussetzt.

Zulassungsvoraussetzungen

Reicht das antragstellende Institut einen Antrag einschließlich der beizufügenden Unterlagen ein, ordnet die BaFin eine Zulassungsprüfung beim Institut an.

Die Zulassungsvoraussetzungen ergeben sich aus § 10 LiqV. Auf eine detaillierte Auflistung wird an dieser Stelle verzichtet.

Antragsbestandteile

a) Antrag

Der Antrag auf Zulassung eines Liquiditätsmodells ist schriftlich in dreifacher Ausfertigung an die BaFin zu richten. Der Antrag ist in deutscher Sprache zu stellen. Die beizufügenden Unterlagen sind dreifach in elektronisch lesbarer Form einzureichen.

Es sind gängige Dateiformate und Datenträger zu wählen. Bei Zweifeln hinsichtlich der Eignung bestimmter Dateiformate empfiehlt es sich, die Modalitäten zuvor abzustimmen.

Sofern eine Instituts- oder Finanzholdinggruppe einen Antrag auf Zulassung eines Liquiditätsmodells auf Gruppenebene stellt, ist im Antrag anzugeben, welche gruppenangehörigen Institute und ggf. weitere gruppenangehörigen Unternehmen in das Liquiditätsrisikomodell einer Instituts- oder Finanzholdinggruppe, für das um Bestätigung der Eignung beantragt wird, einbezogen sind und welche nicht.

Ferner sind im Antrag institutsspezifische Besonderheiten sowie ein zuständiger Ansprechpartner sowie ein Vertreter anzugeben.

b) Dokumentation

Die dem Antrag beizufügenden Unterlagen sollen eine grundsätzliche Beurteilung des Liquiditätsrisikomodells ermöglichen und eine angemessene, nachvollziehbare Beschreibung des Mess- und -steuerungsverfahrens und insbesondere seiner Annahmen enthalten. Die Bankenaufsicht behält sich vor, die Einreichung zusätzlicher und/oder nachgebesserter Unterlagen zu verlangen. Die Unterlagen sind in der Regel in deutscher Sprache abzufassen.[1]

Zu den einzureichenden Dokumentationsunterlagen gehören insbesondere
- Liquiditätsrisiko-Rahmenwerk, Liquiditätsrisikostrategie bzw. -politik einschließlich Darstellung der Verantwortlichkeiten im Risikomanagementprozess im weiteren Sinne, also bei Liquiditätsrisikoidentifizierung, -messung, -überwachung und -steuerung (z.B. Zusammenspiel zwischen Risikocontrolling einerseits und Treasury, Asset Liability Management oder auch Asset Liability Committee o.Ä. andererseits)
- Darstellung der wesentlichen institutsspezifischen Gegebenheiten aus der Geschäftsstruktur und der geschäftspolitischen Ausrichtung des Instituts
- Organigramme der institutsinternen Aufbauorganisation, aus denen insbesondere die für die Steuerung der Liquiditätsrisiken verantwortlichen Stellen hervorgehen
- Beschreibung der Annahmen im Liquiditätsmodell wie z.B.:
  - Annahmen des Liquiditätsmessverfahrens, ggf. untergliedert nach Geschäftsbereichen, Produkten oder auch (Bilanz-)Positionen und unter Berücksichtigung der Besonderheiten für spezifische Produkte oder Positionen, z.B. solche mit unsicheren Zahlungsströmen hinsichtlich Betragshöhe und -zeitpunkt
  - systemtechnisch oder aus sonstigen Gründen bedingte vereinfachte oder fehlende Berücksichtigung von Produkten oder auch Positionen sowie sonstige Vereinfachungen, möglichst mit einer Analyse der Materialität
  - Modellannahmen hinsichtlich der Refinanzierungskapazitäten und der Liquidierbarkeit von Vermögenswerten im Normalszenario sowie in Krisenszenarien, sowie Beschreibung sonstiger regelmäßig durchgeführter Szenariobetrachtungen
- Beschreibung der internen Validierungsprozesse und deren Ergebnisse
- Beschreibung des Limitsystems, insbesondere Nennung der auch unter Berücksichtigung von Stressszenarien eingerichteten Limite
- Nennung der Kennzahlen aus dem Liquiditätsrisikomessverfahren, die das Institut für die aggregierte Darstellung eines Risikos einer nicht ausreichenden Liquidität verwendet, sowie die Begründung der Auswahl der Kennzahlen
- bezogen auf die vorstehend benannten Kenngrößen aus dem Liquiditätsrisikomessverfahren Nennung der Schwelle, bei dem das Institut sich jeweils einem Risiko, einem nennenswerten, mittleren bzw. hohen Risiko einer nicht ausreichenden Liquidität ausgesetzt sieht, sowie der Maßnahmen, die das Institut an das Erreichen eines der benannten Niveaus durch eine der Kenngrößen knüpft

---

1 In begründeten Ausnahmefällen können nach Absprache mit der Aufsicht Dokumente in englischer Sprache eingereicht werden.

- Darstellung der Verwendung des Liquiditätsmodells und des internen Limitsystems für das Liquiditätsrisikomanagement und die Unternehmenssteuerung des Instituts
- Darstellung der IT-Umsetzung des Liquiditätsmodells, samt der Verknüpfung mit zuzuliefernden IT-Systemen, Darstellung der Datenflüsse im Modell sowie der Systemschnittstellen inklusive Abstimmungs- und Kontrollschritten sowie sonstiger Kontrollprozesse zur Sicherstellung der Datenqualität.

Anhang 3.3
Verordnung zur Ergänzung der Großkreditvorschriften nach der Verordnung (EU) Nr. 575/2013 des Europäischen Parlaments und des Rates vom 26. Juni 2013 über Aufsichtsanforderungen an Kreditinstitute und Wertpapierfirmen und zur Änderung der Verordnung (EU) Nr. 646/2012 und zur Ergänzung der Millionenkreditvorschriften nach dem Kreditwesengesetz (Großkredit- und Millionenkreditverordnung – GroMiKV)[1]

vom 6. Dezember 2013 (BGBl. I S. 4183)

Auf Grund des § 13 Absatz 1 Satz 1 und 3 sowie des § 22 Satz 1 und 3 des Kreditwesengesetzes, von denen § 13 Absatz 1 Satz 1 und 3 durch Artikel 1 Nummer 27 und § 22 Satz 1 und 3 durch Artikel 1 Nummer 38 des Gesetzes vom 28. August 2013 (BGBl. I S. 3395) neu gefasst worden sind, verordnet das Bundesministerium der Finanzen im Benehmen mit der Deutschen Bundesbank und nach Anhörung der Spitzenverbände der Institute:

Inhaltsübersicht

Teil 1:
Ergänzende Regelungen für Großkredite

Kapitel 1
Ausnahmen von der Anwendung der Obergrenze für Großkredite

Ausnahmen von der Anwendung der Obergrenze für Großkredite nach Artikel 395 Absatz 1 der Verordnung (EU) Nr. 575/2013 . . . . § 1

Weitere Ausnahmen von der Anwendung der Obergrenze für Großkredite nach Artikel 395 Absatz 1 der Verordnung (EU) Nr. 575/2013 bei gruppen- und verbundangehörigen Instituten . . . . § 2

Kapitel 2
Beschlussfassungspflichten der Geschäftsleiter

Ausnahmen von der Beschlussfassungspflicht nach § 13 Absatz 2 des Kreditwesengesetzes . . . . § 3

Beschlussfassungspflicht bei Großkreditüberschreitungen . . . . § 4

---

[1] Diese Verordnung dient der Umsetzung der Richtlinie 2013/36/EU des Europäischen Parlaments und des Rates vom 26. Juni 2013 über den Zugang zur Tätigkeit von Kreditinstituten und die Beaufsichtigung von Kreditinstituten und Wertpapierfirmen, zur Änderung der Richtlinie 2002/87/EG und zur Aufhebung der Richtlinien 2006/48/EG und 2006/49/EG (ABl. L 176 vom 27.6.2013, S. 338) sowie der Anpassung des Aufsichtsrechts an die Verordnung (EU) Nr. 575/2013 des Europäischen Parlaments und des Rates vom 26. Juni 2013 über Aufsichtsanforderungen an Kreditinstitute und Wertpapierfirmen und zur Änderung der Verordnung (EU) Nr. 646/2012 (ABl. L 176 vom 27.6.2013, S. 1).

Kapitel 3
Nutzung der Ausnahmeregelung nach Artikel 94 Absatz 1 der
Verordnung (EU) Nr. 575/2013
Anzeige der Nutzung der Ausnahmeregelung nach Artikel 94
Absatz 1 der Verordnung (EU) Nr. 575/2013 . . . . § 5
Meldung der Positionen des Handelsbuchs . . . . § 6
Organisatorische Maßnahmen . . . . § 7

Kapitel 4
Meldungen zu Großkrediten

Stammdaten der Großkreditnehmer . . . . § 8
Stammdatenrückmeldung . . . . § 9
Aufbewahrungsfristen . . . . § 10

Teil 2:
Bestimmungen für Millionenkredite

Kapitel 1
Allgemeine Bestimmungen

Begriffsbestimmungen . . . . § 11
Bemessungsgrundlage . . . . § 12
Umrechnung der auf fremde Währungen lautenden Positionen . . . . § 13
Bestimmung des Kreditnehmers . . . . § 14

Kapitel 2
Meldeverfahren für Millionenkreditanzeigen

Meldeverfahren, Meldetermin, Ermittlung der Millionenkreditmeldegrenze . . . § 15
Stammdaten für Millionenkreditnehmer . . . . § 16
Betragsdaten für Millionenkredite . . . . § 17
Aufbewahrungsfristen . . . . § 18

Teil 3:
Benachrichtigung nach § 14 Absatz 2 Satz 1 des Kreditwesengesetzes

Benachrichtigung über die Verschuldung der Kreditnehmer . . . . § 19

Teil 4:
Übergangs- und Schlussvorschriften

Übergangsbestimmungen . . . . § 20
Inkrafttreten, Außerkrafttreten . . . . § 21

Anlage 1 HA

Anlage 2 EA

Anlage 3 STA

Anlage 4 GbR

Anlage 5 MKNE

Anlage 6 STAK
Anlage 7 BA § 14
Anlage 8 BAS § 14
Anlage 9 BAG

Teil 1:
Ergänzende Regelungen für Großkredite

Kapitel 1:
Ausnahmen von der Anwendung der Obergrenze für Großkredite

§ 1 Ausnahmen von der Anwendung der Obergrenze für Großkredite nach Artikel 395 Absatz 1 der Verordnung (EU) Nr. 575/2013

Die folgenden Risikopositionen sind in der jeweils genannten Höhe nach Berücksichtigung der Wirkung einer Kreditrisikominderung nach den Artikeln 399, 401 bis 403 der Verordnung (EU) Nr. 575/2013 des Europäischen Parlaments und des Rates vom 26. Juni 2013 über Aufsichtsanforderungen an Kreditinstitute und Wertpapierfirmen und zur Änderung der Verordnung (EU) Nr. 646/2012 (ABl. L 176 vom 27.6.2013, S. 1) bei der Berechnung der Auslastung der Obergrenze für Großkredite nach Artikel 395 Absatz 1 der Verordnung (EU) Nr. 575/2013 ausgenommen:
1. gedeckte Schuldverschreibungen im Sinne des Artikels 129 Absatz 1, 3 und 6 der Verordnung (EU) Nr. 575/2013 in voller Höhe;
2. in Höhe von 80 Prozent ihrer Bemessungsgrundlage:
    a) Bilanzaktiva in Form von Forderungen an regionale oder lokale Gebietskörperschaften der Mitgliedstaaten, denen nach Artikel 115 in Verbindung mit den Artikeln 119 bis 121 der Verordnung (EU) Nr. 575/2013 ein Risikogewicht von 20 Prozent zugewiesen würde, und andere Risikopositionen gegenüber regionalen oder lokalen Gebietskörperschaften dieser Mitgliedstaaten;
    b) Risikopositionen gegenüber Kreditnehmern, sofern die Risikopositionen
        aa) durch eine regionale oder lokale Gebietskörperschaft der Mitgliedstaaten, denen nach Artikel 115 in Verbindung mit den Artikeln 119 bis 121 der Verordnung (EU) Nr. 575/2013 ein Risikogewicht von 20 Prozent zugewiesen würde, gewährleistet werden, und
        bb) unbedingt rückzahlbar und im Fall der Insolvenz oder der Liquidation des Kreditnehmers oder des Garanten nach Doppelbuchstabe aa nicht nachrangig zu bedienen sind;
    c) Bilanzaktiva in Form von Forderungen an eine Kirche oder Religionsgesellschaft, die in der Rechtsform einer Körperschaft des öffentlichen Rechts verfasst ist und aufgrund des Artikels 140 des Grundgesetzes in Verbindung mit Artikel 137 Absatz 6 der Weimarer Reichsverfassung vom 11. August 1919 (RGBl. S. 1383) Steuern erheben oder am Steueraufkommen der steuererhebenden kirchlichen Körperschaften teilhaben, und andere Risikopositionen gegenüber diesen kirchlichen Körperschaften des öffentlichen Rechts;
3. Bilanzaktiva in Form von Forderungen an Institute und sonstige Risikopositionen gegenüber Instituten in voller Höhe, sofern diese Risikopositionen
    a) keine Eigenmittel dieser Institute darstellen,
    b) höchstens bis zum folgenden Geschäftstag bestehen und
    c) nicht auf eine wichtige Handelswährung lauten;
4. Bilanzaktiva in Form von Forderungen an eine Zentralnotenbank in voller Höhe, sofern diese Bilanzaktiva auf die Währung dieser Zentralnotenbank lauten und aufgrund des Mindestreservesolls bei dieser Zentralnotenbank gehalten werden;
5. Bilanzaktiva in Form von Forderungen an einen Zentralstaat, der von einer benannten externen Ratingagentur (ECAI) im Sinne des Artikels 4 Absatz 1 Nummer 99 der Verordnung (EU) Nr. 575/2013 mindestens mit einem Ratingurteil, das der Rating-Klasse 3 gemäß Artikel 114 Absatz 2 dieser EU-Verordnung zuzuordnen ist, bewertet wurde, in voller Höhe, sofern diese Forderungen

a) aufgrund von Staatsschuldtiteln bestehen, die zur Erfüllung der gesetzlichen Liquiditätsanforderungen gehalten werden, und
b) auf die Währung dieses Zentralstaats lauten und in dieser Währung refinanziert sind;
6. in Höhe von 50 Prozent ihrer Bemessungsgrundlage die als außerbilanzielle Geschäfte mit mittlerem/niedrigem Kreditrisiko einzustufenden
   a) Dokumentenakkreditive im Sinne von Gliederungspunkt (3) a) i) des Anhangs I der Verordnung (EU) Nr. 575/2013 und
   b) nicht in Anspruch genommenen Kreditfazilitäten im Sinne von Gliederungspunkt (3) b) i) des Anhangs I der Verordnung (EU) Nr. 575/2013;
7. die als außerbilanzielle Geschäfte mit mittlerem/niedrigem Kreditrisiko einzustufenden außerbilanziellen Posten für die Handelsfinanzierung im Sinne von Gliederungspunkt (3) a) des Anhangs I der Verordnung (EU) Nr. 575/2013 in voller Höhe, sofern
   a) diese Geschäfte Risikopositionen eines Instituts gegenüber seinem Mutterunternehmen, gegenüber anderen Tochterunternehmen seines Mutterunternehmens oder gegenüber eigenen Tochterunternehmen sind und
   b) die Gegenpartei in die Beaufsichtigung auf konsolidierter Basis einbezogen ist, der das Institut nach der Verordnung (EU) Nr. 575/2013, nach der Richtlinie 2002/87/EG des Europäischen Parlaments und des Rates vom 16. Dezember 2002 über die zusätzliche Beaufsichtigung der Kreditinstitute, Versicherungsunternehmen und Wertpapierfirmen eines Finanzkonglomerats und zur Änderung der Richtlinien 73/239/EWG, 79/267/EWG, 92/49/EWG, 92/96/EWG, 93/6/EWG und 93/22/EWG des Rates und der Richtlinien 98/78/EG und 2000/12/EG des Europäischen Parlaments und des Rates (ABl. L 35 vom 11.2.2003, S. 1) oder nach gleichwertigen Normen eines Drittlandes unterliegt;
8. rechtlich vorgeschriebene Garantien, die das Institut gegenüber einer Pfandbriefbank in Bezug auf einen Darlehensnehmer zu stellen hat, wenn das Institut diesem Darlehensnehmer einen grundpfandrechtlich besicherten Kredit, der über die Emission von Pfandbriefen refinanziert wird, vor der Eintragung der Hypothek oder Grundschuld im Grundbuch ausgezahlt hat, in voller Höhe, sofern die Garantie von der Pfandbriefbank nicht dazu verwendet wird, bei der Berechnung der risikogewichteten Aktiva das Risiko zu verringern;
9. Bilanzaktiva in Form von Forderungen an anerkannte Börsen im Sinne des Artikels 4 Absatz 1 Nummer 72 der Verordnung (EU) Nr. 575/2013 und sonstige Risikopositionen gegenüber diesen anerkannten Börsen in voller Höhe und
10. Bilanzaktiva in Form von Forderungen eines Förderinstituts des Bundes oder eines Landes im Sinne des § 5 Absatz 1 Nummer 2 des Körperschaftssteuergesetzes an Kreditinstitute und sonstige Risikopositionen dieser Förderinstitute gegenüber Kreditinstituten in voller Höhe, sofern die betreffenden Forderungen und Positionen aufgrund von Darlehen bestehen, die dem Förderauftrag entsprechen und über diese Kreditinstitute an die Begünstigten weitergereicht werden.

§ 2 Weitere Ausnahmen von der Anwendung der Obergrenze für Großkredite nach Artikel 395 Absatz 1 der Verordnung (EU) Nr. 575/2013 bei gruppen- und verbundangehörigen Instituten

(1) Bei der Berechnung der Auslastung der Obergrenze für Großkredite nach Artikel 395 Absatz 1 der Verordnung (EU) Nr. 575/2013 sind Beteiligungen und sonstige Anteile eines Instituts an seinem Mutterunternehmen, an anderen Tochterunternehmen seines Mutterunternehmens oder an eigenen Tochterunternehmen, sofern das gruppenangehörige Unternehmen, an dem das Institut diese Beteiligung oder diesen sonstigen Anteil hält, in die Beaufsichtigung auf konsolidierter Basis einbezogen ist, der das Institut nach der Verordnung (EU) Nr. 575/2013, nach der Richtlinie 2002/87/EG

oder nach gleichwertigen Normen eines Drittlandes unterliegt, wie folgt ausgenommen:
1. eine Beteiligung oder ein sonstiger Anteil, der 25 Prozent der anrechenbaren Eigenmittel des Instituts nach Artikel 4 Absatz 1 Nummer 71 der Verordnung (EU) Nr. 575/2013 nicht überschreitet, in voller Höhe,
2. eine Beteiligung oder ein sonstiger Anteil, der 25 Prozent der anrechenbaren Eigenmittel des Instituts nach Artikel 4 Absatz 1 Nummer 71 der Verordnung (EU) Nr. 575/2013 überschreitet, in Höhe des Betrages, der 25 Prozent der anrechenbaren Eigenmittel entspricht.

(2) Unbeschadet des Artikels 400 Absatz 1 Buchstabe f der Verordnung (EU) Nr. 575/2013 sind bei der Berechnung der Auslastung der Obergrenze für Großkredite nach Artikel 395 Absatz 1 der Verordnung (EU) Nr. 575/2013 in Höhe von 25 Prozent der anrechenbaren Eigenmittel Risikopositionen eines Instituts gegenüber seinem Mutterunternehmen, gegenüber anderen Tochterunternehmen seines Mutterunternehmens und gegenüber eigenen Tochterunternehmen, die weder Beteiligungen noch sonstige Anteile sind, insgesamt in der jeweils nachfolgend genannten Höhe nach Berücksichtigung der Wirkung einer Kreditrisikominderung nach den Artikeln 399, 401 bis 403 der Verordnung (EU) Nr. 575/2013 ausgenommen, sofern das gruppenangehörige Unternehmen, gegenüber dem die Risikoposition besteht, in die Beaufsichtigung auf konsolidierter Basis einbezogen ist, der das Institut nach der Verordnung (EU) Nr. 575/2013, nach der Richtlinie 2002/87/EG oder nach gleichwertigen Normen eines Drittlandes unterliegt,
1. in voller Höhe ihrer Bemessungsgrundlage, wenn es sich bei der Risikoposition um eine vor dem 1. Januar 2014 für ein gruppenangehöriges Unternehmen erstmals abgegebene Patronatserklärung des Instituts handelt, die zur Erfüllung konkret bestehender aufsichtlicher Anforderungen abgegeben wurde. Das Institut hat gegenüber der Bundesanstalt die Höhe sowie den erstmaligen Zeitpunkt der Abgabe als auch den jeweiligen Zeitpunkt der Bestätigung einer bereits vor dem 1. Januar 2014 bestehenden Patronatserklärung im Einzelnen anzugeben,
2. anderenfalls in Höhe von 75 Prozent ihrer Bemessungsgrundlage.

(3) Die Bundesanstalt kann auf Antrag des Instituts zulassen, dass Risikopositionen nach Absatz 2 gegenüber sämtlichen oder einzelnen gruppenangehörigen Unternehmen bei der Berechnung der Auslastung der Obergrenze für Großkredite nach Artikel 395 Absatz 1 der Verordnung (EU) Nr. 575/2013 in Höhe von bis zu 93,75 Prozent ihrer Bemessungsgrundlage ausgenommen werden, sofern
1. das gruppenangehörige Unternehmen, gegenüber dem die Risikoposition besteht, in die Beaufsichtigung auf konsolidierter Basis einbezogen ist, der das Institut nach der Verordnung (EU) Nr. 575/2013, nach der Richtlinie 2002/87/EG oder nach gleichwertigen Normen eines Drittlandes unterliegt, und
2. das Institut der Bundesanstalt nachweist, dass die Ausnahme für die Liquiditätsversorgung innerhalb der Gruppe notwendig ist und kein unangemessenes Konzentrationsrisiko entsteht.

Bei der Antragstellung hat das Institut der Bundesanstalt die Höhe der gegenüber gruppenangehörigen Unternehmen bestehenden Risikopositionen anzugeben.

(4) Die Bundesanstalt kann die nach Absatz 3 gewährte Ausnahme von der Anrechnung von Risikopositionen auf die Großkreditobergrenze jederzeit überprüfen; stellt die Bundesanstalt fest, dass gegenüber dem Zeitpunkt der Antragstellung nach Absatz 3 unangemessene Konzentrationsrisiken vorliegen, kann die Bundesanstalt die nach Absatz 3 gewährte Ausnahme nach Anhörung des Instituts widerrufen.

(5) Bei der Berechnung der Auslastung der Obergrenze für Großkredite nach Artikel 395 Absatz 1 der Verordnung (EU) Nr. 575/2013 in Höhe von 25 Prozent der

anrechenbaren Eigenmittel sind direkte oder indirekte Beteiligungen oder sonstige Anteile an regionalen Kreditinstituten oder Zentralkreditinstituten,
1. denen ein Kreditinstitut aufgrund von Rechts- oder Satzungsvorschriften im Rahmen eines Verbunds angeschlossen ist und
2. die nach diesen Rechts- oder Satzungsvorschriften beauftragt sind, den Liquiditätsausgleich innerhalb dieses Verbunds vorzunehmen,

in Höhe von 50 Prozent ihrer Bemessungsgrundlage nach Berücksichtigung der Wirkung einer Kreditrisikominderung nach den Artikeln 399, 401 bis 403 der Verordnung (EU) Nr. 575/2013 ausgenommen.

Kapitel 2:
Beschlussfassungspflichten der Geschäftsleiter

§ 3 Ausnahmen von der Beschlussfassungspflicht nach § 13 Absatz 2 des Kreditwesengesetzes

(1) Ein Geschäftsleiterbeschluss nach § 13 Absatz 2 und 3 des Kreditwesengesetzes ist nicht erforderlich bei
1. Risikopositionen im Sinne des § 1 Nummer 1, 3 bis 5 und 8 bis 10 sowie
2. Risikopositionen im Sinne des Artikels 400 Absatz 1 Satz 1 Buchstabe a bis e, g bis h und j sowie Satz 2 der Verordnung (EU) Nr. 575/2013.

(2) Ein bereits von den Geschäftsleitern beschlossener Großkredit nach § 13 Absatz 2 und 3 des Kreditwesengesetzes muss von ihnen nicht erneut beschlossen werden, auch wenn er durch Änderung von Devisenkursen oder anderen Marktpreisen die Großkreditdefinitionsgrenze nach Artikel 392 der Verordnung (EU) Nr. 575/2013 zwischenzeitlich unterschritten hat und diese später wieder erreicht oder überschreitet. Ein neuer Beschluss ist erst erforderlich, wenn der beschlossene Höchstbetrag für die Risikoposition durch Änderungen nach Satz 1 überschritten wird.

§ 4 Beschlussfassungspflicht bei Großkreditüberschreitungen

Soll ein Großkredit über die Obergrenze für Großkredite hinaus erhöht werden, haben die Geschäftsleiter hierüber vor der Erhöhung einstimmig nach § 13 Absatz 2 und 3 des Kreditwesengesetzes zu beschließen.

Kapitel 3:
Nutzung der Ausnahmeregelung nach Artikel 94 Absatz 1 der Verordnung (EU) Nr. 575/2013

§ 5 Anzeige der Nutzung der Ausnahmeregelung nach Artikel 94 Absatz 1 der Verordnung (EU) Nr. 575/2013

Macht ein Institut von der Möglichkeit nach Artikel 94 Absatz 1 der Verordnung (EU) Nr. 575/2013 Gebrauch, hat es dies der Bundesanstalt und der Deutschen Bundesbank unbeschadet der Meldepflicht nach Artikel 94 Absatz 3 der Verordnung (EU) Nr. 575/2013 unverzüglich anzuzeigen. Gleiches gilt, wenn ein Institut die Vorschriften über das Handelsbuch anwendet, obwohl die Voraussetzungen des Artikels 94 Absatz 1 der Verordnung (EU) Nr. 575/2013 erfüllt sind.

§ 6 Meldung der Positionen des Handelsbuchs

(1) Ein Institut, das von der Ausnahmeregelung nach Artikel 94 Absatz 1 der Verordnung (EU) Nr. 575/2013 Gebrauch macht, hat der Deutschen Bundesbank für die Meldetermine 31. März, 30. Juni, 30. September und 31. Dezember die Positionen des Handelsbuchs in elektronischer Form zu melden. Für die Meldung ist das Formular Angaben zu den Handelsbuchpositionen gemäß Artikel 94 der Verordnung (EU) Nr. 575/2013 in Verbindung mit § 5 GroMiKV – HA (Anlage 1) zu verwenden. Die Meldung hat spätestens zum 12. Mai, 11. August, 11. November und 11. Februar zu erfolgen. Ist der Tag, an dem die Meldung spätestens zu erfolgen hat, ein gesetzlicher Feiertag oder ein Samstag oder Sonntag, hat die Meldung am darauf folgenden Werktag zu erfolgen.
(2) Ein Institut, das kein Handelsbuch hat oder dessen Handelsbuch im Berichtszeitraum weder Positionen noch Bewegungen aufweist, muss nach der erstmaligen Abgabe einer Fehlanzeige zu den nachfolgenden Meldeterminen keine erneute Fehlanzeige abgeben. Als erstmalige Abgabe einer Fehlanzeige gilt auch eine Fehlanzeige nach § 19 der Großkredit- und Millionenkreditverordnung vom 14. Dezember 2006 (BGBl. I S. 3065), die zuletzt durch Artikel 2 der Verordnung vom 26. Oktober 2011 (BGBl. I S. 2103) geändert worden ist, in der bis zum 31. Dezember 2013 geltenden Fassung.

§ 7 Organisatorische Maßnahmen

Ein Nichthandelsbuchinstitut hat durch geeignete organisatorische Maßnahmen sicherzustellen, dass es ein Erreichen oder Überschreiten der Grenzen nach Artikel 94 Absatz 1 der Verordnung (EU) Nr. 575/2013 feststellt. Es hat für die Bundesanstalt und die Deutsche Bundesbank folgende Angaben auf Abruf vorzuhalten:
1. eine Beschreibung der organisatorischen Verfahren,
2. eine Aufstellung der Berechnungsergebnisse und
3. eine Aufschlüsselung der Positionen des Handelsbuchs.

Kapitel 4:
Meldungen zu Großkrediten

§ 8 Stammdaten der Großkreditnehmer

(1) Besteht eine Meldepflicht nach Artikel 394 Absatz 1 und 2 der Verordnung (EU) Nr. 575/2013 in Bezug auf einen Kreditnehmer oder eine Gruppe verbundener Kunden, für die noch keine Stammdaten gemeldet wurden, muss ein Institut die Angaben zu den Stammdaten eines Kunden oder einer Gruppe verbundener Kunden der zuständigen Hauptverwaltung der Deutschen Bundesbank unverzüglich, spätestens jedoch bis zum 15. Geschäftstag des Kalendermonats, der auf den Meldetermin folgt, zweifach in Papierform einreichen. Satz 1 gilt entsprechend, wenn sich die folgenden Stammdaten eines Großkreditnehmers geändert haben:
1. Name oder Firma,

2. Wohnsitz oder Sitz,
3. Zuordnung zu einer Gruppe verbundener Kunden nach Artikel 4 Absatz 39 der Verordnung (EU) Nr. 575/2013.

(2) Für die Meldung nach Absatz 1 ist für die Meldung von Kreditnehmern das Formular Vorgezogene Stammdatenmeldung Kreditnehmer für Groß- und Millionenkreditanzeigen nach Artikel 394 der Verordnung (EU) Nr. 575/2013 sowie § 14 KWG – STA (Anlage 3) und für die Meldung von Gruppen verbundener Kunden das Formular Vorgezogene Stammdatenmeldung Gruppe verbundener Kunden für Großkreditanzeigen nach Artikel 394 der Verordnung (EU) Nr. 575/2013 – STAK (Anlage 6) zu verwenden. Kann das Institut einen neuen Kreditnehmer oder eine neue Gruppe verbundener Kunden unter Zuhilfenahme der Stammdatensuchmaschine im Datenbestand der Deutschen Bundesbank identifizieren, kann das Institut auf die Abgabe einer Meldung verzichten.

(3) Die Absätze 1 und 2 gelten entsprechend für Meldungen nach Artikel 394 Absatz 1 und 2 in Verbindung mit den Artikeln 10 bis 22 der Verordnung (EU) Nr. 575/2013, die ein übergeordnetes Unternehmen für seine Gruppe einzureichen hat.

§ 9 Stammdatenrückmeldung

Die Deutsche Bundesbank übersendet den Instituten und den übergeordneten Unternehmen spätestens am 25. Geschäftstag, der auf den Meldetermin folgt, eine Stammdatenrückmeldung als Grundlage für die Meldung der zum Meldetermin bestehenden Großkredite. Die Stammdatenrückmeldung enthält alle Kreditnehmer und Gruppen verbundener Kunden, für die vom Institut oder vom übergeordneten Unternehmen Stammdatenmeldungen abgegeben wurden, sowie alle Kreditnehmer und Gruppen verbundener Kunden, die zum vorangegangenen Meldetermin von diesen im Rahmen der Meldungen nach Artikel 394 Absatz 1 und 2 der Verordnung (EU) Nr. 575/2013 gemeldet wurden.

§ 10 Aufbewahrungsfristen

Die Institute und die übergeordneten Unternehmen haben die Meldungen zu den Stammdaten und die Meldungen nach Artikel 394 Absatz 1 und 2 der Verordnung (EU) Nr. 575/2013, die sie im laufenden Kalenderjahr und in den zwei vorangegangenen Kalenderjahren eingereicht haben, aufzubewahren.

Teil 2:
Bestimmungen für Millionenkredite

Kapitel 1:
Allgemeine Bestimmungen

§ 11 Begriffsbestimmungen

(1) Geschäftsschluss im Sinne von Teil 2 dieser Verordnung ist täglich um 24 Uhr MEZ/MESZ. Die Bundesanstalt kann auf Antrag eines Instituts einen anderen Zeitpunkt festsetzen, der den Aktivitäten des Instituts angemessen Rechnung trägt.

(2) Derivate im Sinne von Teil 2 dieser Verordnung sind solche nach § 19 Absatz 1a des Kreditwesengesetzes.

§ 12 Bemessungsgrundlage

(1) Die Bemessungsgrundlage für die Ermittlung der Kreditbeträge nach § 14 des Kreditwesengesetzes ist
1. bei den Bilanzaktiva nach § 19 Absatz 1 Satz 2 des Kreditwesengesetzes der Buchwert zuzüglich der darauf vorgenommenen Einzelwertberichtigungen,
2. bei Ansprüchen aus Leasingverträgen nach § 19 Absatz 1 Satz 2 Nummer 4 und Satz 3 Nummer 15 des Kreditwesengesetzes der Barwert der Mindestleasingzahlungen nach Artikel 134 Absatz 7 der Verordnung (EU) Nr. 575/2013,
3. bei Swap-Geschäften und den für sie übernommenen Gewährleistungen der effektive Kapitalbetrag oder, falls es einen solchen Kapitalbetrag nicht gibt, der aktuelle Marktpreis des Geschäftsgegenstandes,
4. bei sonstigen Derivaten und den für sie übernommenen Gewährleistungen der unter der Annahme der tatsächlichen Erfüllung bestehende und zum aktuellen Marktpreis umgerechnete Anspruch des Instituts auf Lieferung oder Abnahme des Geschäftsgegenstandes,
5. bei Patronatserklärungen und vergleichbaren Globalgarantien die Summe der Beträge aller vom patronierten Unternehmen gewährten Kredite mit Ausnahme der Kredite an das Institut, abzüglich des eingezahlten Kapitals und der ausgewiesenen Rücklagen des patronierten Unternehmens,
6. bei Pensions- oder Darlehensgeschäften, die sich auf Wertpapiere oder Waren beziehen und bei denen das Institut der Pensions- oder Darlehensgeber ist, der Buchwert der Wertpapiere oder Waren,
7. bei Pensions- oder Darlehensgeschäften, die sich auf Wertpapiere oder Waren beziehen und bei denen das Institut der Pensions- oder Darlehensnehmer ist, der übertragene Geldbetrag oder der Buchwert der im Gegenzug gestellten Wertpapier- oder Warensicherheit,
8. bei Effektenlombardkreditgeschäften der gewährte Kredit und
9. bei den anderen außerbilanziellen Geschäften nach § 19 Absatz 1 Satz 3 des Kreditwesengesetzes der Kapitalbetrag, für den das Institut einzustehen hat, oder, falls es einen solchen Kapitalbetrag nicht gibt, der Buchwert.

(2) Abweichend von Absatz 1 gilt für Derivate- und sonstige Pensions-, Darlehens- oder vergleichbare Geschäfte über Wertpapiere oder Waren die Bemessungsgrundlage der Artikel 271 bis 293 und 299 der Verordnung (EU) Nr. 575/2013 entsprechend.

(3) Abweichend von Absatz 1 darf ein am Millionenkreditmeldeverfahren beteiligtes Unternehmen im Sinne von § 14 Absatz 1 Satz 1 des Kreditwesengesetzes, das nicht der Verordnung (EU) Nr. 575/2013 unterliegt, für die Zwecke des Teils 2 dieser Verordnung die Bemessungsgrundlage für derivative Adressenausfallrisikopositionen nach einheitlicher Wahl anhand des laufzeitbewerteten Wiedereindeckungsaufwands gemäß Artikel 275 der Verordnung (EU) Nr. 575/2013 ermitteln (Ursprungsrisikomethode). Für bestimmte und eindeutig abgegrenzte Teilbereiche darf die Wahl unterschiedlich ausfallen. Die Festlegung von Teilbereichen kann nach verschiedenen Finanzinstrumenten oder nach unterschiedlichen organisatorisch festgelegten Bereichen des Instituts erfolgen. Die Ursprungsrisikomethode darf mit Zustimmung der Bundesanstalt auch von Zweigstellen von Unternehmen mit Sitz in einem Drittstaat angewandt werden, die unter die Rechtsverordnung nach § 53c des Kreditwesengesetzes fallen; die Bundesanstalt kann die Zustimmung jederzeit widerrufen. Am Millionenkreditmeldeverfahren beteiligte Unternehmen, die nicht den Artikeln 387 bis 403 der Verordnung (EU) Nr. 575/2013 unterliegen, dürfen die Ursprungsrisikomethode unter

Anwendung des Prozentsatzes für währungskursbezogene Geschäfte auch für die Berechnung des Kreditäquivalenzbetrags von Kreditderivaten verwenden.

§ 13 Umrechnung der auf fremde Währungen lautenden Positionen

Eine auf eine fremde Währung lautende Position ist zu dem Referenzkurs, der von der Europäischen Zentralbank am Tag des Meldetermins festgestellt und von der Deutschen Bundesbank veröffentlicht worden ist (Euro-Referenzkurs), in Euro umzurechnen. Statt des Euro-Referenzkurses am Tag des Meldetermins darf für Beteiligungen der zum Zeitpunkt ihrer Erstverbuchung maßgebliche Devisenkurs angewendet werden. Bei der Umrechnung von Währungen, für die kein Euro-Referenzkurs veröffentlicht wird, sind die Mittelkurse aus feststellbaren An- und Verkaufskursen des Tags des Meldetermins zugrunde zu legen.

§ 14 Bestimmung des Kreditnehmers

(1) Für die Zwecke des § 14 des Kreditwesengesetzes ist der Kreditnehmer
1. bei Forderungen der Forderungsschuldner,
2. bei Anteilen an Unternehmen einschließlich Personenhandelsgesellschaften oder Partnerschaften das Unternehmen, an dem die Anteile gehalten werden,
3. bei Bürgschaften, Garantien oder anderen Gewährleistungen für Forderungen Dritter der Forderungsschuldner,
4. bei dem Ankauf von Wechseln oder Schecks der Einreicher,
5. bei Wertgarantien für Anteile an Unternehmen einschließlich Personenhandelsgesellschaften oder Partnerschaften das Unternehmen, an dem die Anteile gehalten werden,
6. bei als Festgeschäften ausgestalteten Termingeschäften der Geschäftspartner,
7. bei Optionsrechten oder Gewährleistungen für Optionsrechte der Stillhalter,
8. bei Gewährleistungen für als Festgeschäfte ausgestaltete Termingeschäfte der Geschäftspartner, für dessen Verbindlichkeiten das Institut einzustehen verspricht,
9. bei als Festgeschäften ausgestalteten Termingeschäften sowie Stillhalterverpflichtungen, die kommissionsweise abgeschlossen oder übernommen werden, der Kommittent,
10. bei Forderungen aus Kreditderivaten der Kontraktpartner und die dem Kreditderivat zugrunde liegenden Referenzschuldner.

(2) Bei Forderungen aus Geschäften im Sinne des Artikels 112 Buchstabe m (Verbriefungspositionen) oder des Artikels 112 Buchstabe o (Forderungen in Form von Anteilen an Organismen für Gemeinsame Anlagen) der Verordnung (EU) Nr. 575/2013 oder aus anderen Geschäften, bei denen Forderungen aus zugrunde liegenden Vermögenswerten resultieren, hat das Institut das Geschäft als solches für die Zwecke des § 14 des Kreditwesengesetzes wie einen Kreditnehmer zu melden. Nimmt das Institut die Zerlegung nach Artikel 390 Absatz 7 und 8 der Verordnung (EU) Nr. 575/2013 für Großkreditzwecke vor, hat das Institut auch die zugrunde liegenden Vermögenswerte zu melden.

Kapitel 2:
Meldeverfahren für Millionenkreditanzeigen

§ 15 Meldeverfahren, Meldetermin, Ermittlung der Millionenkreditmeldegrenze

(1) Im Rahmen der Millionenkreditanzeigen nach § 14 des Kreditwesengesetzes haben die am Millionenkreditmeldeverfahren beteiligten Unternehmen unter Berücksichtigung der Bildung von Kreditnehmereinheiten nach § 19 Absatz 2 des Kreditwesengesetzes folgende Daten zu melden:
1. die Stammdaten der Millionenkreditnehmer im Sinne des § 14 Absatz 1 Satz 1 des Kreditwesengesetzes und
2. die Betragsdaten der Kredite im Sinne von § 19 Absatz 1 des Kreditwesengesetzes mit Kreditnehmern oder Kreditnehmereinheiten, deren Volumen zu einem beliebigen Zeitpunkt während der dem Meldetermin vorhergehenden drei Kalendermonate die Millionenkreditmeldegrenze im Sinne des § 14 des Kreditwesengesetzes erreicht oder überschritten hat.

(2) Meldetermin ist jeweils der letzte Kalendertag der Monate März, Juni, September und Dezember.

(3) Für die Ermittlung, ob das Volumen der Kredite, die ein am Millionenkreditmeldeverfahren beteiligtes Unternehmen einem Kreditnehmer oder einer Kreditnehmereinheit gewährt hat, die Millionenkreditmeldegrenze erreicht oder übersteigt, sind Wertpapiere des Handelsbuchs nicht zu berücksichtigen. Für die Ermittlung nach Satz 1 ist der Stand der Geschäfte täglich bei Geschäftsschluss maßgeblich; untertägige Spitzen, die bis Geschäftsschluss wieder unter die Millionenkreditmeldegrenze zurückgeführt werden, bleiben unberücksichtigt.

§ 16 Stammdaten für Millionenkreditnehmer

(1) Ein am Millionenkreditmeldeverfahren beteiligtes Unternehmen muss die Angaben zu den Stammdaten eines Kunden oder einer Kreditnehmereinheit der zuständigen Hauptverwaltung der Deutschen Bundesbank zweifach in Papierform einreichen, wenn
1. ein Kredit oder das Volumen der Kredite, den oder die ein am Millionenkreditmeldeverfahren beteiligtes Unternehmen diesem Kreditnehmer oder dieser Kreditnehmereinheit gewährt hat, erstmalig die Millionenkreditmeldegrenze im Sinne des § 14 Absatz 1 Satz 1 des Kreditwesengesetzes erreicht oder übersteigt oder
2. sich die folgenden Stammdaten eines Millionenkreditnehmers ändern:
    a) Name oder Firma,
    b) Wohnsitz oder Sitz,
    c) Zuordnung zu einer Kreditnehmereinheit nach § 19 Absatz 2 des Kreditwesengesetzes.

Die Meldung nach Satz 1 ist spätestens bis zum 15. Kalendertag der Monate Januar, April, Juli und Oktober, der auf den Beobachtungszeitraum im Sinne von § 14 Absatz 1 Satz 1 des Kreditwesengesetzes folgt, in dem das Ereignis nach Satz 1 Nummer 1 oder 2 eingetreten ist, einzureichen.

(2) Für die Meldung nach Absatz 1 sind die folgenden Formulare zu verwenden:
1. Einzelmeldung Kreditnehmer für Millionenkreditanzeigen nach § 14 KWG – EA (Anlage 2),
2. Meldung über die Zusammensetzung von Gesellschaften bürgerlichen Rechts o. a. für Millionenkreditanzeigen nach § 14 KWG – GbR (Anlage 4),

3. Meldung über die Zugehörigkeit eines Kreditnehmers zu mehreren Kreditnehmereinheiten für Millionenkreditanzeigen nach § 14 KWG – MKNE (Anlage 5).

Wenn die anzuzeigende Änderung bereits im Datenbestand der Deutschen Bundesbank vorgenommen wurde, darf das am Millionenkreditmeldeverfahren beteiligte Unternehmen auf die Meldung nach Absatz 1 verzichten.

(3) Abweichend von Absatz 2 kann die Meldung auch im Rahmen der vorgezogenen Einreichung unter Verwendung des Formulars Vorgezogene Stammdatenmeldung Kreditnehmer für Groß- und Millionenkreditanzeigen nach Artikel 394 der Verordnung (EU) Nr. 575/2013 sowie § 14 KWG – STA (Anlage 3) anstelle des Formulars nach Absatz 2 Nummer 1 (Anlage 2) erfolgen.

(4) Mit Zustimmung der der bei der Deutschen Bundesbank geführten Evidenzzentrale (Evidenzzentrale) darf ein am Millionenkreditmeldeverfahren beteiligtes Unternehmen die Meldung von Stammdaten abweichend von den in den Absätzen 2 und 3 vorgesehenen Formularen vornehmen, soweit es für die technische Durchführung der Einreichungsverfahren zweckmäßig erscheint und der Informationsgehalt der Meldungen dadurch nicht beeinträchtigt wird.

§ 17 Betragsdaten für Millionenkredite

(1) Ein am Millionenkreditmeldeverfahren beteiligtes Unternehmen muss die Angaben zu den Betragsdaten der Millionenkredite der Evidenzzentrale in elektronischer Form bis zum 15. Geschäftstag der Monate Januar, April, Juli und Oktober melden. Für die Meldung nach Satz 1 sind folgende Formulare nach Maßgabe der Absätze 2 bis 7 zu verwenden:
1. Angaben zu den Krediten nach § 14 KWG – BA § 14 (Anlage 7),
2. Angaben zu den Krediten nach § 14 KWG – BAS § 14 (Anlage 8),
3. Angaben zu den Krediten nach § 14 KWG – BAG (Anlage 9).

(2) Das Formular nach Absatz 1 Satz 2 Nummer 1 (Anlage 7) ist für jeden Kreditnehmer gesondert auszufüllen. Besteht eine Kreditnehmereinheit nach § 19 Absatz 2 des Kreditwesengesetzes, ist das Formular nach Absatz 1 Satz 2 Nummer 1 (Anlage 7) für jeden Kreditnehmer dieser Kreditnehmereinheit gesondert auszufüllen.

(3) Bei Krediten, an denen mehrere meldepflichtige Unternehmen in der Weise beteiligt sind, dass ein beteiligtes Unternehmen den Kredit gewährt und ein anderes den Kredit durch Gewährleistung, Akzeptüberlassung oder auf andere Weise sichert, hat das den Kredit sichernde Unternehmen zusätzlich, im Bedarfsfall mehrfach zu den Betragspositionen POS 310 und 320 des Formulars nach Absatz 1 Satz 2 Nummer 1 (Anlage 7) die Positionen POS 311 und 312 sowie 321 und 322 des Formulars nach Absatz 1 Satz 2 Nummer 1 (Anlage 7) für jeden einzelnen begünstigten Kreditgeber anzuzeigen. Bei Bürgschaften, die durch Rückbürgschaften anderer anzeigepflichtiger Unternehmen gesichert sind, ist entsprechend zu verfahren. Satz 1 gilt entsprechend, soweit gruppenangehörige Unternehmen im Sinne des § 14 Absatz 1 Satz 2 des Kreditwesengesetzes bei Kreditgewährungen in der in Satz 1 oder Satz 2 genannten Weise beteiligt sind.

(4) Ist ein am Millionenkreditmeldeverfahren beteiligtes Unternehmen als Konsorte an einem Gemeinschaftskredit und Konsortialavalkredit mit einem Millionenkreditnehmer beteiligt, bei dem ein anderes Unternehmen als Konsortialführer die Kreditmittel zur Verfügung stellt, hat es den eigenen Haftungsanteil unter Berücksichtigung der Vorgaben von Absatz 3 anzuzeigen. Soweit gruppenangehörige Unternehmen im Sinne des § 14 Absatz 1 Satz 2 des Kreditwesengesetzes an Gemeinschaftskrediten und Konsortialavalkrediten beteiligt sind, gilt Entsprechendes.

(5) Ein am Millionenkreditmeldeverfahren beteiligtes Unternehmen muss für alle mit den Formularen nach Absatz 1 Satz 2 Nummer 1 (Anlage 7) angezeigten Kredit-

beträge eine Summenanzeige mit dem Formular nach Absatz 1 Satz 2 Nummer 2 (Anlage 8) einreichen.

(6) Für sämtliche Kredite im Sinne des § 19 des Kreditwesengesetzes seines gesamten Kreditportfolios ohne Berücksichtigung der Millionenkreditmeldegrenze muss ein am Millionenkreditmeldeverfahren beteiligtes Unternehmen das Formular nach Absatz 1 Satz 2 Nummer 3 (Anlage 9) einreichen.

(7) Mit Zustimmung der Evidenzzentrale darf ein am Millionenkreditmeldeverfahren beteiligtes Unternehmen die Meldung von Betragsdaten abweichend von den in Absatz 1 Satz 2 vorgesehenen Formularen vornehmen, soweit es für die technische Durchführung des Meldeverfahrens zweckmäßig erscheint und der Informationsgehalt der Meldungen dadurch nicht beeinträchtigt wird.

§ 18 Aufbewahrungsfristen

Die am Millionenkreditmeldeverfahren beteiligten Unternehmen haben die Meldungen zu den Stammdaten und zu den Betragsdaten nach den §§ 15 bis 17, die sie im laufenden Kalenderjahr und in den zwei vorangegangenen Kalenderjahren eingereicht haben, aufzubewahren.

Teil 3:
Benachrichtigung nach § 14 Absatz 2 Satz 1 des Kreditwesengesetzes

§ 19 Benachrichtigung über die Verschuldung der Kreditnehmer

(1) Die Benachrichtigung nach § 14 Absatz 2 Satz 1 des Kreditwesengesetzes stellt die Evidenzzentrale den am Millionenkreditmeldeverfahren beteiligten Unternehmen in elektronischer Form zur Verfügung.

(2) Die Evidenzzentrale hat die Angaben über die Verschuldung eines Kreditnehmers und einer Kreditnehmereinheit, der dieser zugehört, bei den am Millionenkreditmeldeverfahren beteiligten Unternehmen in der Benachrichtigung nach § 14 Absatz 2 Satz 1 des Kreditwesengesetzes in die Betragspositionen POS 100 bis 510 des Formulars nach § 17 Absatz 1 Satz 2 Nummer 1 (Anlage 7) aufzugliedern; nicht einzubeziehen sind die Betragspositionen POS 311, 312, 321, 322, 501 und 511.

(3) Die Benachrichtigung nach § 14 Absatz 2 Satz 1 des Kreditwesengesetzes muss Angaben über die Verschuldung eines Kreditnehmers enthalten, die von ausländischen Evidenzzentralen im Rahmen eines grenzüberschreitenden Informationsaustausches zur Verfügung gestellt werden. Die Angaben sind jeweils länderbezogen aufzugliedern in Bilanzaktiva und außerbilanzielle Geschäfte.

(4) In den Angaben nach Absatz 3 Satz 2 sind die Kredite aus einer Mithaftung in einer Gesellschaft bürgerlichen Rechts als »darunter«-Position auszuweisen.

(5) In den Angaben nach Absatz 3 Satz 2 sind Informationen zu potenziellen Doppelerfassungen (Overlaps) auszuweisen; diese sind aufzugliedern nach
1. Betrag vor Overlap-Berechnung,
2. Betrag aus der Overlap-Berechnung (potenzieller Overlap) und
3. Betrag nach Abzug des Overlaps (Nettobetrag).

Die Nettobeträge sind zur Summe »Ausland« zu addieren und gemeinsam mit dem Gesamtverschuldungsbetrag nach § 14 Absatz 2 Satz 2 des Kreditwesengesetzes als Summe »EU« auszuweisen.

(6) Die Benachrichtigung nach § 14 Absatz 2 Satz 1 des Kreditwesengesetzes muss die Angabe des Medians der prognostizierten Ausfallwahrscheinlichkeiten im Sinne der Artikel 92 bis 386 der Verordnung (EU) Nr. 575/2013 für einen Kreditnehmer umfassen, wenn
1. das zu benachrichtigende am Millionenkreditmeldeverfahren beteiligte Unternehmen eine solche prognostizierte Ausfallwahrscheinlichkeit gemeldet hat und
2. insgesamt mindestens drei am Millionenkreditmeldeverfahren beteiligte Unternehmen eine solche prognostizierte Ausfallwahrscheinlichkeit gemeldet haben.

Haben mindestens vier am Millionenkreditmeldeverfahren beteiligte Unternehmen eine Ausfallwahrscheinlichkeit angezeigt, ist zusätzlich die Bandbreite als Differenz aus der geringsten und der höchsten gemeldeten prognostizierten Ausfallwahrscheinlichkeit (Maximum minus Minimum) auszuweisen.

(7) Die Evidenzzentrale teilt den am Millionenkreditmeldeverfahren beteiligten Unternehmen Betragsdatenkorrekturen zu den letzten zwei Meldeterminen mit. Die Korrekturbenachrichtigung ist entsprechend der Vorgaben der Absätze 2 bis 6 aufzugliedern. Die Deutsche Bundesbank ist nicht verpflichtet, Betragsdatenkorrekturen für davor liegende Meldetermine vorzunehmen und diese mitzuteilen.

(8) Die Evidenzzentrale kann jedem am Millionenkreditmeldeverfahren beteiligten Unternehmen für den nächsten Meldetermin in elektronischer Form eine Rückmeldung als Grundlage für die Meldung der zum Meldetermin bestehenden Millionenkredite, die Stammdaten und weitere gemeldete Informationen zu den Kreditnehmern und Kreditnehmereinheiten enthält, die von den am Millionenkreditmeldeverfahren beteiligten Unternehmen zum vorhergehenden Meldetermin von diesen gemeldet wurden, bereitstellen.

Teil 4:
Übergangs- und Schlussvorschriften

§ 20 Übergangsbestimmungen

(1) Abweichend von § 2 Absatz 2 sind die dort genannten Forderungen in den im Folgenden genannten Zeiträumen in der jeweils genannten Höhe ausgenommen:
1. im Zeitraum vom 1. Januar 2014 bis zum 31. Dezember 2014 in Höhe von 90 Prozent ihrer Bemessungsgrundlage,
2. im Zeitraum vom 1. Januar 2015 bis zum 31. Dezember 2015 in Höhe von 80 Prozent ihrer Bemessungsgrundlage.

(2) § 8 ist ab dem Zeitpunkt anzuwenden, zu dem die technischen Durchführungsstandards nach Artikel 394 Absatz 4 der Verordnung (EU) Nr. 575/2013 anzuwenden sind. Bis zur Anwendung der technischen Durchführungsstandards sind für Zwecke der Großkreditmeldungen § 8 und die Anlagen 3 bis 7 der Großkredit- und Millionenkreditverordnung in der bis zum 31. Dezember 2013 geltenden Fassung weiter anzuwenden. Das Bundesministerium der Finanzen macht den Zeitpunkt, zu dem die Durchführungsstandards nach Artikel 394 Absatz 4 der Verordnung (EU) Nr. 575/2013 anzuwenden sind, im Bundesgesetzblatt bekannt.

(3) Die §§ 15 und 17 sind ab dem 1. Januar 2015 anzuwenden. Auf Betragsdatenmeldungen für die Zwecke der Millionenkreditmeldung nach § 14 des Kreditwesengesetzes, die sich auf den Zeitraum bis zum Meldetermin 31. Dezember 2014 beziehen, ist § 38 der Großkredit- und Millionenkreditverordnung vom 14. Dezember 2006 (BGBl. I S. 3065) in der bis zum 31. Dezember 2013 geltenden Fassung weiter anzuwenden.

(4) § 19 ist ab dem 1. Januar 2015 anzuwenden. Auf Benachrichtigungen nach § 14 Absatz 2 des Kreditwesengesetzes, die sich auf den Zeitraum bis zum Meldetermin 31. Dezember 2014 beziehen, ist § 39 der Großkredit- und Millionenkreditverordnung in der bis zum 31. Dezember 2013 geltenden Fassung weiter anzuwenden.

§ 21 Inkrafttreten, Außerkrafttreten

Diese Verordnung tritt am 1. Januar 2014 in Kraft. Gleichzeitig tritt die Großkredit- und Millionenkreditverordnung vom 14. Dezember 2006 (BGBl. I S. 3065), die zuletzt durch Artikel 2 der Verordnung vom 26. Oktober 2011 (BGBl. I S. 2103) geändert worden ist, außer Kraft.

Anlage 1 HA

Anlage 1 HA

Angaben zu den Handelsbuchpositionen gemäß Artikel 94 der Verordnung (EU) Nr. 575/2013 in Verbindung mit § 5 GroMiKV

Vertrauliches Bundesbankmaterial

Institutsnummer _____ Prüfziffer ___ Name _____

Stand Ende _____ Ort _____

Nur für Vermerk der BBk HV/FIL
Kontrolliert

Die angegebenen Beträge lauten auf Tsd. Euro

		I. Zinsbezogene Handelsbuchpositionen		II. Aktienkursbezogene Handelsbuchpositionen		III. Währungskursbezogene Handelsbuchpositionen		IV. Rohwarenpreisbezogene Handelsbuchpositionen		V. Sonst. Handelsbuchpositionen	
		Aktivische Ausrichtung	Passivische Ausrichtung	Aktivische Ausrichtung	Passivische Ausrichtung	Aktivische Ausrichtung	Passivische Ausrichtung	Aktivische Ausrichtung	Passivische Ausrichtung	Aktivische Ausrichtung	Passivische Ausrichtung
		01	02	03	04	05	06	07	08	09	10
1. Wertpapiere und Geldmarktinstrumente bzw. Aktien u. Zertifikate, die Aktien vertreten o. ä., mit Aktien vergleichbare Wertpapiere sowie Anteile an Investmentvermögen	010										
2. Unter Aktiva in der Bilanz auszuweisende Rohwarenbestände	020										
3. Eventualansprüche u. -verbindlichkeiten auf Rückgabe von in Pension genommenen Gegenständen der Aktivposition Nr. 2 (02007)	030										
4. Übernahmegarantien und -gewährleistungen	040										
5. Lieferansprüche und -verpflichtungen aus Termingeschäften											
a) Festgeschäfte (ohne Swaps)	050										
b) Stillhalterpositionen aus Optionsgeschäften	060										
c) Erworbene Optionsrechte	070										
d) Swapgeschäfte (ohne Swap-Optionen)	080										
6. Kreditderivate	090										
7. Institutsinterne Sicherungsgeschäfte	100										
8. Sonstige zins-, aktienkurs-, währungskurs- und rohwarenpreisbezogene Handelsbuchpositionen	110										
9. Sonstige, nicht unter Nr. 1 bis 8 einzuordnende Handelsbuchpositionen	120										
Zwischensummen (Zeile 010 bis 120)	130										

		Aktivische Ausrichtung	Passivische Ausrichtung	Gesamt	Anteil des Handelsbuchs an der Gesamtsumme der bilanz- und außerbilanzmäßigen Geschäfte (in v. H.)*) Pos. 15003/16003
		01	02	03	04
VII. Gesamtsumme der Handelsbuchpositionen (Zeile 130 sowie Positionen 14001 und 14002)	150				
VIII. Gesamtsumme der bilanz- und außerbilanzmäßigen Geschäfte gemäß § Art. 94 Abs. 2 der Verordnung (EU) Nr. 575/2013	160				

Grau unterlegte Felder sind nicht auszufüllen. *) Angabe mit einer Dezimalstelle

Für die Richtigkeit der Meldung:

_____ _____ _____ _____
Firma/Unterschrift Datum Sachbearbeit. r/-in Telefon

Anlage 2 EA

Anlage 2 EA

Vertrauliches Bankaufsichtsmaterial

Meldeformular
(nicht amtliches Dokument)

Einzelmeldung Kreditnehmer für Millionenkreditanzeigen nach § 14 KWG

An die Deutsche Bundesbank Hauptverwaltung	Meldetermin

Kreditgeber/Übergeordnetes Unternehmen – Name	– ID

Kreditgeber/Nachgeordnetes Unternehmen – Name	– ID

wird durch die Bundesbank ausgefüllt

Kreditnehmereinheit – ID

Kreditnehmer – Name/Firma (lt. Registereintragung) – ID (falls bekannt)	Kreditnehmer – ID

Postleitzahl[1]	Sitz[2]	Staat[3]	ISO-Code (Staat)[4]	Wirtschaftszweig – Code[5]

Steuernummer[6]	Registereintragung – Art und Nummer[7]	Registereintragung – Ort[7]	Bundesstaat[8]

Geburtsdatum[9]	Beruf[9]	ISIN[10]	LEI[11]

Kreditnehmereinheit[12] – Name/Firma	– ID (falls bekannt)

Begründung der Zuordnung – Code[13]	Referenzschuldner – Name[14]	– ID (falls bekannt)	Referenzschuldner – ID

Kreditnehmereinheit – Begründung (z. B. Kapital- und Gesellschaftsverhältnisse)

Laufende Nummer[15]

Betragsdatenidentifikation

Melderelevanz – Code	Position BA 100[16]	Filiale	Zusatzangaben

Sachbearbeiter/-in	Telefon	E-Mail

[1] Die Postleitzahl ist nur für inländische Kreditnehmer anzugeben.
[2] Als Sitz ist der juristische Sitz oder der Wohnsitz zu melden.
[3] Der Staat ist ausschließlich für ausländische Kreditnehmer anzuzeigen.
[4] Ein ISO-Code ist nur für ausländische Kreditnehmer anzugeben. Es ist die zweibuchstabige (ALPHA-2) Codierung nach ISO 3166-1, herausgegeben von der International Organization for Standardization (ISO), zu verwenden.
[5] Es ist der Wirtschaftszweig gemäß Veröffentlichung „Bankenstatistik Kundensystematik" der Deutschen Bundesbank zu verwenden.
[6] Die Steuernummer ist anzugeben für Kreditnehmer, die ihren Sitz in den Ländern ES, IT, PT und RO haben.
[7] Die Registereintragung ist anzugeben für inländische Kreditnehmer und für Kreditnehmer, die ihren Sitz in den Ländern AT, BE, CZ, FR, IT und RO haben. Für die ausländischen Kreditnehmer ist als „Registereintragung – Art und Nummer -" die Registernummer mitzuteilen, der „Ort der Registereintragung" ist bei DE und IT anzugeben.
[8] Bei der Anzeige eines Kreditnehmers mit Sitz in den USA (Vereinigte Staaten von Amerika) ist die Angabe des amerikanischen Bundesstaates erforderlich.
[9] Geburtsdatum und Beruf sind ausschließlich für natürliche Personen anzugeben.
[10] Bei der Anzeige eines Investmentfonds ist die ISIN zu melden. Dies gilt auch für andere Konstrukte, für die nur eine ISIN existiert.
[11] Sofern eine einheitliche Identifikationsnummer „Legal Entity Identifier" (LEI) existiert, ist diese anzugeben. Vorläufer der LEI, sog. Pre-LEI's, sind ebenfalls zu berücksichtigen.
[12] Bei Erstanzeige oder Veränderung einer Kreditnehmereinheit ist eine Begründung erforderlich (ggf. auf gesondertem Blatt).
[13] Die Begründung der Zuordnung gibt den Zuordnungstatbestand nach § 19 Abs. 2 KWG an. Die entsprechende Code-Tabelle ist in den technischen Durchführungsbestimmungen für Millionenkredite nach § 14 KWG definiert.
[14] Der Referenzschuldner ist der Kreditnehmer, der hierarchisch die nächsthöhere Ebene in dieser Kreditnehmereinheit darstellt.
[15] Alle Vordrucke EA sind für einen bestimmten Meldetermin eindeutig zu nummerieren.
[16] Es ist der Betrag der Position BA 100 aus dem zugehörigen Betragsdatensatz anzugeben.

Weitere Erläuterungen sind den technischen Durchführungsbestimmungen für Millionenkredite nach § 14 KWG zu entnehmen.

Anlage 3 STA

Anlage 3
STA

Vertrauliches Bankaufsichtsmaterial

Meldeformular
(nicht amtliches Dokument)

Vorgezogene Stammdatenmeldung Kreditnehmer für Groß- und Millionenkreditanzeigen nach Art. 394 der Verordnung (EU) Nr. 575/2013 sowie § 14 KWG

Feld	Inhalt
An die Deutsche Bundesbank Hauptverwaltung	Tag der Abgabe/Einreichung
	Meldetermin

Kreditgeber/Übergeordnetes Unternehmen – Name – ID

Kreditgeber/Nachgeordnetes Unternehmen – Name – ID

Meldepflicht nach:
- ☐ Art. 394 der Verordnung (EU) Nr. 575/2013 - Einzelinstitut
- ☐ Art. 394 der Verordnung (EU) Nr. 575/2013 - Konsolidiert
- ☐ § 14 KWG

wird durch die Bundesbank ausgefüllt
Kreditnehmereinheit – ID

Kreditnehmer – Name/Firma (lt. Registereintragung) – ID (falls bekannt) Kreditnehmer – ID

Postleitzahl[1]	Sitz[2]	Staat[3]	ISO-Code (Staat)[4]	Wirtschaftszweig – Code[5]
Steuernummer[6]	Registereintragung – Art und Nummer[7]	Registereintragung – Ort[7]	Bundesstaat[8]	
Geburtsdatum[9]	Beruf[9]	ISIN[10]	LEI[11]	

Kreditnehmereinheit/Gruppe verbundener Kunden[12] – Name/Firma – ID (falls bekannt)

Begründung der Zuordnung – Code[13] Referenzschuldner – Name[14] – ID (falls bekannt) Referenzschuldner – ID

Kreditnehmereinheit – Begründung (z. B. Kapital- und Gesellschaftsverhältnisse)[15]

Laufende Nummer[16]

Zusatzangaben

Sachbearbeiter/-in	Telefon	E-Mail

[1] Die Postleitzahl ist nur für inländische Kreditnehmer anzugeben.
[2] Als Sitz ist der juristische Sitz oder der Wohnsitz zu melden.
[3] Der Staat ist ausschließlich für ausländische Kreditnehmer anzuzeigen.
[4] Ein ISO-Code ist nur für ausländische Kreditnehmer anzugeben. Es ist die zweibuchstabige (ALPHA-2) Codierung nach ISO 3166-1, herausgegeben von der International Organization for Standardization (ISO), zu verwenden.
[5] Es ist der Wirtschaftszweig gemäß Veröffentlichung „Bankenstatistik Kundensystematik" der Deutschen Bundesbank zu verwenden.
[6] Die Steuernummer ist anzugeben für Kreditnehmer, die ihren Sitz in den Ländern ES, IT, PT und RO haben.
[7] Die Registereintragung ist anzugeben für inländische Kreditnehmer und für Kreditnehmer, die ihren Sitz in den Ländern AT, BE, CZ, FR, IT und RO haben. Für die ausländischen Kreditnehmer ist als „Registereintragung – Art und Nummer -" die Registernummer mitzuteilen, der „Ort der Registereintragung" ist bei DE und IT anzugeben.
[8] Bei der Anzeige eines Kreditnehmers mit Sitz in den USA (Vereinigte Staaten von Amerika) ist die Angabe des amerikanischen Bundesstaates erforderlich.
[9] Geburtsdatum und Beruf sind ausschließlich für natürliche Personen anzugeben.
[10] Bei der Anzeige eines Investmentfonds ist die ISIN zu melden. Das gilt auch für andere Konstrukte, für die nur eine ISIN existiert.
[11] Sofern eine einheitliche Identifikationsnummer „Legal Entity Identifier" (LEI) existiert, ist diese anzugeben. Vorläufer der LEI, sog. Pre-LEI's sind ebenfalls zu berücksichtigen.
[12] Bei Erstanzeige oder Veränderung einer Kreditnehmereinheit ist eine Begründung erforderlich (ggf. auf gesondertem Blatt). Angaben sind nur bei Meldepflicht nach § 14 KWG erforderlich.
[13] Die Begründung der Zuordnung gibt den Zuordnungstatbestand nach § 19 Abs. 2 KWG an. Die entsprechende Code-Tabelle ist in den technischen Durchführungsbestimmungen für Millionenkredite nach § 14 KWG definiert. Angaben sind nur bei Meldepflicht nach § 14 KWG erforderlich.
[14] Der Referenzschuldner ist der Kreditnehmer, der hierarchisch die nächsthöhere Ebene in dieser Kreditnehmereinheit darstellt. Angaben sind nur bei Meldepflicht nach § 14 KWG erforderlich.
[15] Angaben sind nur bei Meldepflicht nach § 14 KWG erforderlich.
[16] Alle Vordrucke STA/STAK sind für einen bestimmten Meldetermin eindeutig zu nummerieren.

Weitere Erläuterungen sind den technischen Durchführungsbestimmungen für Großkredite nach Art. 394 der Verordnung (EU) Nr. 575/2013 (nur Stammdaten) und für Millionenkredite nach § 14 KWG zu entnehmen.

Anlage 4 GbR

Anlage 4
GbR

Vertrauliches Bankaufsichtsmaterial

Meldeformular
(nicht amtliches Dokument)

Meldung über die Zusammensetzung von Gesellschaften bürgerlichen Rechts o. a. für Millionenkreditanzeigen nach § 14 KWG

An die Deutsche Bundesbank Hauptverwaltung	Meldetermin

Kreditgeber/Übergeordnetes Unternehmen – Name   – ID

Kreditgeber/Nachgeordnetes Unternehmen – Name   – ID

wird durch die Bundesbank ausgefüllt

Kreditnehmereinheit   – Name/Firma   – ID (falls bekannt)   Kreditnehmereinheit – ID

Kreditnehmer   – Name/Firma (lt. Registereintragung)   – ID (falls bekannt)   Kreditnehmer – ID

Postleitzahl[1]	Sitz[2]	Staat[3]	ISO-Code (Staat)[4]	Wirtschaftszweig – Code[5]

Steuernummer[6]	Bundesstaat[7]	LEI[8]	Laufende Nummer[9]

Gesellschafter-/Partnerzusammensetzung

Gesellschafter/Partner   – Name/Firma (lt. Registereintragung)   – ID (falls bekannt)   Kreditnehmer – ID

Postleitzahl[1]	Sitz[2]	Staat[3]	ISO-Code (Staat)[4]	Wirtschaftszweig-Code[5]	Steuernummer[6]

Registereintragung – Art und Nummer[10]	Registereintragung – Ort[10]	Bundesstaat[7]	Geburtsdatum[11]	Beruf[11]	LEI[8]

☐ Zurechnung für § 14 KWG[12]   mit Quote in Prozent:

Gesellschafter/Partner   – Name/Firma (lt. Registereintragung)   – ID (falls bekannt)   Kreditnehmer – ID

Postleitzahl[1]	Sitz[2]	Staat[3]	ISO-Code (Staat)[4]	Wirtschaftszweig-Code[5]	Steuernummer[6]

Registereintragung – Art und Nummer[10]	Registereintragung – Ort[10]	Bundesstaat[7]	Geburtsdatum[11]	Beruf[11]	LEI[8]

☐ Zurechnung für § 14 KWG[12]   mit Quote in Prozent:

[1] Die Postleitzahl ist nur für inländische Kreditnehmer anzugeben.
[2] Als Sitz ist der juristische Sitz oder der Wohnsitz zu melden.
[3] Der Staat ist ausschließlich für ausländische Kreditnehmer anzuzeigen.
[4] Ein ISO-Code ist nur für ausländische Kreditnehmer anzugeben. Es ist die zweibuchstabige (ALPHA-2) Codierung nach ISO 3166-1, herausgegeben von der International Organization for Standardization (ISO), zu verwenden.
[5] Es ist der Wirtschaftszweig gemäß Veröffentlichung „Bankenstatistik Kundensystematik" der Deutschen Bundesbank zu verwenden.
[6] Die Steuernummer ist anzugeben für Kreditnehmer, die ihren Sitz in den Ländern ES, IT, PT und RO haben.
[7] Bei der Anzeige eines Kreditnehmers mit Sitz in den USA (Vereinigte Staaten von Amerika) ist die Angabe des amerikanischen Bundesstaates erforderlich.
[8] Sofern eine einheitliche Identifikationsnummer „Legal Entity Identifier" (LEI) existiert, ist diese anzugeben. Vorläufer der LEI, sog. Pre-LEI's, sind ebenfalls zu berücksichtigen.
[9] Es ist die laufende Nummer des zugehörigen Vordrucks EA/STA zu verwenden.
[10] Die Registereintragung ist anzugeben für inländische Kreditnehmer und für Kreditnehmer, die ihren Sitz in den Ländern AT, BE, CZ, FR, IT und RO haben. Für die ausländischen Kreditnehmer ist als „Registereintragung – Art und Nummer -" die Registernummer mitzuteilen, der „Ort der Registereintragung" ist bei DE und IT anzugeben.
[11] Geburtsdatum und Beruf sind ausschließlich für natürliche Personen anzugeben.
[12] Anzukreuzen ist die Zurechnung der Verschuldung der GbR (o. a.) nach § 14 KWG zum jeweiligen Partner; bei der Anzeige einer Quoten-GbR (o. a.) ist zusätzlich die entsprechende Quote in Prozent anzugeben.

Weitere Erläuterungen sind den technischen Durchführungbestimmungen für Millionenkredite nach § 14 KWG zu entnehmen.

Anlage 5 MKNE

**Anlage 5
MKNE**

Vertrauliches Bankaufsichtsmaterial

Meldeformular
(nicht amtliches Dokument)

Meldung über die Zugehörigkeit eines Kreditnehmers zu mehreren Kreditnehmereinheiten für Millionenkreditanzeigen nach § 14 KWG

An die
Deutsche Bundesbank
Hauptverwaltung

Meldetermin

Kreditgeber/Übergeordnetes Unternehmen – Name — ID

Kreditgeber/Nachgeordnetes Unternehmen – Name — ID

wird durch die Bundesbank ausgefüllt
Kreditnehmereinheit – ID

Kreditnehmer — Name/Firma (lt. Registereintragung) — ID (falls bekannt) — Kreditnehmer – ID

Postleitzahl[1] | Sitz[2] | Staat[3] | ISO-Code (Staat)[4] | Wirtschaftszweig – Code[5]

Steuernummer[6] | Registereintragung – Art und Nummer[7] | Registereintragung – Ort[7] | Bundesstaat[8] | Geburtsdatum[9]

Beruf[9] | ISIN[10] | LEI[11] | Laufende Nummer[12]

Zugehörigkeit zu folgenden Kreditnehmereinheiten

Kreditnehmereinheit — Name/Firma — ID (falls bekannt) | Kreditnehmereinheit – ID

Postleitzahl[1] | Sitz[2] | Staat[3] | ISO-Code (Staat)[4] | Bundesstaat[8]

Begründung der Zuordnung – Code[13] | Referenzschuldner – Name[14] — ID (falls bekannt) | Referenzschuldner – ID

☐ Zurechnung für § 14 KWG[15] | mit Quote in Prozent:

Kreditnehmereinheit — Name/Firma — ID (falls bekannt) | Kreditnehmereinheit – ID

Postleitzahl[1] | Sitz[2] | Staat[3] | ISO-Code (Staat)[4] | Bundesstaat[8]

Begründung der Zuordnung – Code[13] | Referenzschuldner – Name[14] — ID (falls bekannt) | Referenzschuldner – ID

☐ Zurechnung für § 14 KWG[15] | mit Quote in Prozent:

[1] Die Postleitzahl ist nur für inländische Kreditnehmer anzugeben.
[2] Als Sitz ist der juristische Sitz oder der Wohnsitz zu melden.
[3] Der Staat ist ausschließlich für ausländische Kreditnehmer anzuzeigen.
[4] Ein ISO-Code ist nur für ausländische Kreditnehmer anzugeben. Es ist die zweibuchstabige (ALPHA-2) Codierung nach ISO 3166-1, herausgegeben von der International Organization for Standardization (ISO), zu verwenden.
[5] Es ist der Wirtschaftszweig gemäß Veröffentlichung „Bankenstatistik Kundensystematik" der Deutschen Bundesbank zu verwenden.
[6] Die Steuernummer ist anzugeben für Kreditnehmer, die ihren Sitz in den Ländern ES, IT, PT und RO haben.
[7] Die Registereintragung ist anzugeben für inländische Kreditnehmer und für Kreditnehmer, die ihren Sitz in den Ländern AT, BE, CZ, FR, IT und RO haben. Für die ausländischen Kreditnehmer ist als „Registereintragung – Art und Nummer -" die Registernummer mitzuteilen, der „Ort der Registereintragung" ist bei DE und IT anzugeben.
[8] Bei der Anzeige eines Kreditnehmers mit Sitz in den USA (Vereinigte Staaten von Amerika) ist die Angabe des amerikanischen Bundesstaates erforderlich.
[9] Geburtsdatum und Beruf sind ausschließlich für natürliche Personen anzugeben.
[10] Bei der Anzeige eines Investmentfonds ist die ISIN zu melden. Das gilt auch für andere Konstrukte, für die nur *eine* ISIN existiert.
[11] Sofern eine einheitliche Identifikationsnummer „Legal Entity Identifier" (LEI) existiert, ist diese anzugeben. Vorläufer der LEI, sog. Pre-LEI's, sind ebenfalls zu berücksichtigen.
[12] Es ist die laufende Nummer des zugehörigen Vordrucks EA/STA zu verwenden.
[13] Die Begründung der Zuordnung gibt den Zuordnungstatbestand nach § 19 Abs. 2 KWG an. Die entsprechende Code-Tabelle ist in den technischen Durchführungsbestimmungen für Millionenkredite nach § 14 KWG definiert.
[14] Der Referenzschuldner ist der Kreditnehmer, der hierarchisch die nächsthöhere Ebene in dieser Kreditnehmereinheit darstellt.
[15] Anzukreuzen ist die Zurechnung der Verschuldung des Kreditnehmers nach § 14 KWG zur jeweiligen Kreditnehmereinheit; bei der Anzeige einer Personenhandelsgesellschaft mit quotaler Haftung der Gesellschafter ist zusätzlich die entsprechende Quote in Prozent anzugeben.

Weitere Erläuterungen sind den technischen Durchführungsbestimmungen für Millionenkredite nach § 14 KWG zu entnehmen.

Anlage 6 STAK

Anlage 6
STAK

Vertrauliches Bankaufsichtsmaterial

Meldeformular
(nicht amtliches Dokument)

Vorgezogene Stammdatenmeldung Gruppe verbundener Kunden für Großkreditanzeigen nach Art. 394 der Verordnung (EU) Nr. 575/2013

An die
Deutsche Bundesbank
Hauptverwaltung

Tag der Abgabe/Einreichung

Meldetermin

Kreditgeber – Name

– ID

Meldepflicht nach:
☐ Art. 394 der Verordnung (EU) Nr. 575/2013 - Einzelinstitut
☐ Art. 394 der Verordnung (EU) Nr. 575/2013 - Konsolidiert

Gruppe verbundener Kunden – Name/Firma – ID (falls bekannt)

wird durch die Bundesbank ausgefüllt
Gruppe verbundener Kunden – ID

Postleitzahl[1]	Sitz[2]	Staat[3]	ISO-Code (Staat)[4]	Bundesstaat[5]

Erläuterungen

Laufende Nummer[6]

Zusatzangaben

Sachbearbeiter/-in | Telefon | E-Mail

[1] Die Postleitzahl ist nur für inländische Kreditnehmer anzugeben.
[2] Als Sitz ist der juristische Sitz oder der Wohnsitz zu melden.
[3] Der Staat ist ausschließlich für ausländische Kreditnehmer anzuzeigen.
[4] Ein ISO-Code ist nur für ausländische Kreditnehmer anzugeben. Es ist die zweibuchstabige (ALPHA-2) Codierung nach ISO 3166-1, herausgegeben von der International Organization for Standardization (ISO), zu verwenden.
[5] Bei der Anzeige eines Kreditnehmers mit Sitz in den USA (Vereinigte Staaten von Amerika) ist die Angabe des amerikanischen Bundesstaates erforderlich.
[6] Alle Vordrucke STA/STAK sind für einen Meldetermin eindeutig zu nummerieren.

Weitere Erläuterungen sind den technischen Durchführungsbestimmungen für Großkredite nach Art. 394 der Verordnung (EU) Nr. 575/2013 (nur Stammdaten) zu entnehmen.

Anlage 7 BA § 14

Anlage 7 BA § 14

Vertrauliches Bankaufsichtsmaterial (nicht amtliches Dokument)

Angaben zu den Krediten nach § 14 KWG	- 01 -
Berichtszeitraum	POS 001
Vordruck	POS 002
Kreditgeber/nachgeordnetes Unternehmen – ID	POS 004
Kreditgeber-ISO-Ländercode	POS 005
Kreditgeber – Filiale	POS 006
Kreditnehmereinheit – ID	POS 007
Kreditnehmer – ID	POS 008
Laufende Nummer der EA	POS 010
Währungskennzeichen des Kredites	POS 011
Verwendeter Ansatz	POS 012
Interne Risikoeinstufung gemäß PrüfbV	POS 013
Ausfallkennzeichen	POS 014
Ausfallwahrscheinlichkeit (PD)	POS 015
durchschnittliche Verlustquote (LGD)	POS 016
Forderungsklasse	POS 017
Jahresumsatz	POS 018
Datum des Jahresabschlusses	POS 019
ISIN Emittent/Fonds/Konstrukt	POS 020
Kreditnehmerergänzungsschlüssel	POS 021
Fallbezogene Felddefinition 1	POS 030
Fallbezogene Felddefinition 2	POS 031
Fallbezogene Felddefinition 3	POS 032
Servicefeld/Zusatzangaben	POS 040

Betragsdaten zu den Krediten nach § 14 KWG (jeweils in Tsd. EUR unabhängig vom Währungskennzeichen)	- 01 - relevanter Betrag	- 02 - Eigenmittel-anforderung	- 03 - Expected Loss (EL)	- 04 - EWB	- 05 - Summe der bewerteten Sicherheiten	- 06 - darunter gesichert durch Kreditderivate	- 07 - täglich fällig	- 08 - Restlaufzeit <= 1 Jahr (ohne täglich fällig)	- 09 - Restlaufzeit > 1 Jahr <= 5 Jahre	- 10 - Restlaufzeit > 5 Jahre
Gesamtposition Millionenkredite	POS 100									
davon										
Bilanzielle Forderungen	POS 200									
davon Schuldverschreibungen und andere verzinsliche Wertpapiere	POS 210									
davon Nominalbetrag – Schuldverschreibungen und andere verzinsliche Wertpapiere	POS 211									
darunter Bestand des Handelsbuchs	POS 212									
darunter Nominalbetrag – Bestand des Handelsbuchs	POS 213									
davon Aktien, Beteiligungen, Anteile an Unternehmen	POS 220									
darunter Bestand des Handelsbuchs	POS 221									

Betragsdaten zu den Krediten nach § 14 KWG (jeweils in Tsd. EUR unabhängig vom Währungskennzeichen)		- 01 - relevanter Betrag	- 02 - Eigenmittel-anordnung	- 03 - Expected Loss (EL)	- 04 - EWB	- 05 - Summe der bewerteten Sicherheiten	- 06 - darunter gesichert durch Kreditderivate	- 07 - täglich fällig	- 08 - Restlaufzeit <= 1 Jahr (ohne täglich fällig)	- 09 - Restlaufzeit > 1, <= 5 Jahre	- 10 - Restlaufzeit > 5 Jahre
davon Wertpapierpensions- und Wertpapierdarlehensgeschäfte – Pensions-/Darlehensgeber	POS 231										
davon Wertpapierpensions- und Wertpapierdarlehensgeschäfte – Pensions-/Darlehensnehmer	POS 232										
davon gewerbliche Realkredite	POS 240										
davon wohnwirtschaftliche Realkredite	POS 250										
davon Konsumentenkredite	POS 260										
davon Handelskredite	POS 270										
davon sonstige Bilanzielle Forderungen	POS 280										
davon											
Andere außerbilanzielle Geschäfte	POS 300										
darunter Bürgschaften, Garantien, Konsortialkredite	POS 310										
darunter Beträge zugunsten eines meldepflichtigen Kreditgebers	POS 311		Ggf. mehrfach ausfüllen.								
anderer meldepflichtiger Kreditgeber	POS 312		Ggf. mehrfach ausfüllen.								
darunter Kreditderivate (Referenzaktivum)	POS 320										
darunter Beträge zugunsten eines bestimmten Sicherungsnehmers	POS 321		Ggf. mehrfach ausfüllen.								
anderer meldepflichtiger Kreditgeber	POS 322		Ggf. mehrfach ausfüllen.								
darunter offene Kreditzusagen	POS 330										
davon											
Derivate	POS 400										
darunter Kontrahentenrisiko aus Kreditderivaten als Sicherungsnehmer	POS 410										
darunter Kontrahentenrisiko aus Kreditderivaten als Sicherungsgeber	POS 420										
nachrichtlich											
Beträge aus Kreditderivaten zugunsten eines bestimmten Sicherungsnehmers	POS 500		Ggf. mehrfach ausfüllen.								
anderer (meldepflichtiger) Kreditgeber	POS 501		Ggf. mehrfach ausfüllen.								
Beträge gesichert durch Kreditderivate eines bestimmten Sicherungsgebers	POS 510		Ggf. mehrfach ausfüllen.								
anderer (meldepflichtiger) Kreditgeber	POS 511		Ggf. mehrfach ausfüllen.								
Fallbezogene Betragsposition 1	POS 701										
Fallbezogene Betragsposition 2	POS 702										
Fallbezogene Betragsposition 3	POS 703										
Fallbezogene Betragsposition 4	POS 704										
Fallbezogene Betragsposition 5	POS 705										

nicht zu füllen

Anlage 8 BAS § 14

Anlage 8
BAS § 14

Vertrauliches Bankaufsichtsmaterial
(nicht amtliches Dokument)

Angaben zu den Krediten nach § 14 KWG	- 01 -
Berichtszeitraum	POS 001
Kreditgeber/nachgeordnetes Unternehmen – ID	POS 004
Sachbearbeiter/-in	POS 041
Telefon	POS 042
E-Mail	POS 043
Bemerkungen	POS 044

Betragsdaten zu den Krediten nach § 14 KWG (jeweils in Tsd. EUR unabhängig vom Währungskennzeichen)	- 01 - relevanter Betrag	- 02 - Eigenmittelanforderung	- 03 - Expected Loss (EL)	- 04 - EWB	- 05 - Summe der bewerteten Sicherheiten	- 06 - darunter gesichert durch Kreditderivate	- 07 - täglich fällig	- 08 - Restlaufzeit <= 1 Jahr (ohne täglich fällig)	- 09 - Restlaufzeit > 1, <= 5 Jahre	- 10 - Restlaufzeit > 5 Jahre
Gesamtposition Millionenkredite	POS 100									
davon										
Bilanzielle Forderungen	POS 200									
davon Schuldverschreibungen und andere verzinsliche Wertpapiere	POS 210									
davon Nominalbetrag – Schuldverschreibungen und andere verzinsliche Wertpapiere	POS 211									
darunter Bestand des Handelsbuchs	POS 212									
davon Aktien, Beteiligungen, Anteile an Unternehmen	POS 213									
darunter Nominalbetrag – Bestand des Handelsbuchs	POS 220									
darunter Bestand des Handelsbuchs	POS 221									
davon Wertpapierpensions- und Wertpapierdarlehensgeschäfte – Pensions-/Darlehensgeber	POS 231									
davon Wertpapierpensions- und Wertpapierdarlehensgeschäfte – Pensions-/Darlehensnehmer	POS 232									
davon gewerbliche Realkredite	POS 240									
davon wohnwirtschaftliche Realkredite	POS 250									
davon Konsumentenkredite	POS 260									
davon Handelskredite	POS 270									
davon sonstige Bilanzielle Forderungen	POS 280									
davon										
Andere außerbilanzielle Geschäfte	POS 300									
darunter Bürgschaften, Garantien, Konsortialkredite	POS 310									
darunter Beträge zugunsten meldepflichtiger Kreditgeber	POS 311	Ggf. mehrfach ausfüllen.								
darunter Kreditderivate (Referenzaktivum)	POS 320									
darunter Beträge zugunsten bestimmter Sicherungsnehmer	POS 321	Ggf. mehrfach ausfüllen.								
darunter offene Kreditzusagen	POS 330									

Betragsdaten zu den Krediten nach § 14 KWG (jeweils in Tsd. EUR unabhängig vom Währungskennzeichen)		- 01 - relevanter Betrag	- 02 - Eigenmittel-anforderung	- 03 - Expected Loss (EL)	- 04 - EWB	- 05 - Summe der bewerteten Sicherheiten	- 06 - darunter gesichert durch Kredit-derivate	- 07 - täglich fällig	- 08 - Restlaufzeit <= 1 Jahr (ohne täglich fällig)	- 09 - Restlaufzeit > 1, <= 5 Jahre	- 10 - Restlaufzeit > 5 Jahre
davon											
Derivate	POS 400										
darunter Kontrahentenrisiko aus Kreditderivaten als Sicherungsnehmer	POS 410										
darunter Kontrahentenrisiko aus Kreditderivaten als Sicherungsgeber	POS 420										
nachrichtlich											
Beträge aus Kreditderivaten zugunsten eines bestimmten Sicherungsnehmers	POS 500		Ggf mehrfach ausfüllen.								
Beträge gesichert durch Kreditderivate eines bestimmten Sicherungsgebers	POS 510		Ggf mehrfach ausfüllen.								
Fallbezogene Betragsposition 1	POS 701										
Fallbezogene Betragsposition 2	POS 702										
Fallbezogene Betragsposition 3	POS 703							nicht zu füllen			
Fallbezogene Betragsposition 4	POS 704										
Fallbezogene Betragsposition 5	POS 705										

Anlage 9 BAG

Anlage 9 BAG

Vertrauliches Bankaufsichtsmaterial
(nicht amtliches Dokument)

Angaben zu den Krediten nach § 14 KWG	- 01 -
Berichtszeitraum	POS 001
Kreditgeber/nachgeordnetes Unternehmen – ID	POS 004

Summenangaben zum Gesamtexposure (in Tsd. Euro)	- 01 - relevanter Betrag	- 07 - täglich fällig	- 08 - Restlaufzeit <= 1 Jahr (ohne täglich fällig)	- 09 - Restlaufzeit > 1, <= 5 Jahre	- 10 - Restlaufzeit > 5 Jahre
Gesamtposition aller Kredite	POS 100				
davon					
Bilanzielle Forderungen	POS 200				
davon Schuldverschreibungen und andere verzinsliche Wertpapiere	POS 210				
davon Nominalbetrag – Schuldverschreibungen und andere verzinsliche Wertpapiere	POS 211				
darunter Bestand des Handelsbuchs	POS 212				
darunter Nominalbetrag – Bestand des Handelsbuchs	POS 213				
davon Aktien, Beteiligungen, Anteile an Unternehmen	POS 220				
darunter Bestand des Handelsbuchs	POS 221				
davon Wertpapierpensions- und Wertpapierdarlehensgeschäfte – Pensions-/Darlehensgeber	POS 231				
davon Wertpapierpensions- und Wertpapierdarlehensgeschäfte – Pensions-/Darlehensnehmer	POS 232				
davon gewerbliche Realkredite	POS 240				
davon wohnwirtschaftliche Realkredite	POS 250				
davon Konsumentenkredite	POS 260				
davon Handelskredite	POS 270				
davon sonstige Bilanzielle Forderungen	POS 280				
davon					
Andere außerbilanzielle Geschäfte	POS 300				
darunter Bürgschaften, Garantien, Konsortialkredite	POS 310				
darunter Beträge zugunsten meldepflichtiger Kreditgeber	POS 311				
darunter Kreditderivate (Referenzaktivum)	POS 320				
darunter Beträge zugunsten von Sicherungsnehmern	POS 321				
darunter offene Kreditzusagen	POS 330				

Anh. 3.3: Großkredit- und Millionenkreditverordnung

Summenangaben zum Gesamtexposure (in Tsd. Euro)		- 01 - relevanter Betrag	- 07 - täg ch fällig	- 08 - Restlaufzeit <= 1 Jahr (ohne täglich fällig)	- 09 - Restlaufzeit > 1, <= 5 Jahre	- 10 - Restlaufzeit > 5 Jahre
davon						
Derivate	POS 400					
darunter Kontrahentenrisiko aus Kreditderivaten als Sicherungsnehmer	POS 410					
darunter Kontrahentenrisiko aus Kreditderivaten als Sicherungsgeber	POS 420					
nachrichtlich						
Beträge aus Kreditderivaten zugunsten von Sicherungsnehmern	POS 500					
Beträge gesichert durch Kreditderivate diverser Sicherungsgeber	POS 510					
Pauschalwertberichtigung für Länderrisiko	POS 600			Ggf. mehrfach ausfüllen, wenn PWB für verschiedene Länder gebildet wurden.		
ISO-Ländercode zur Pauschalwertberichtigung für Länderrisiko	POS 601			Ggf. mehrfach ausfüllen, wenn PWB für verschiedene Länder gebildet wurden.		
Fallbezogene Betragsposition 1	POS 701					
Fallbezogene Betragsposition 2	POS 702					
Fallbezogene Betragsposition 3	POS 703					
Fallbezogene Betragsposition 4	POS 704					
Fallbezogene Betragsposition 5	POS 705			nicht zu füllen		

Anhang 3.4
Behandlung von Kreditderivaten im Grundsatz I gemäß §§ 10, 10a KWG und im Rahmen der Großkredit- und Millionenkreditvorschriften

Rundschreiben 10/99 des Bundesaufsichtsamtes für das Kreditwesen vom 16. Juni 1999 – I 5 – A 233–2/98 –

I. Einleitung

Unter der Bezeichnung »Kreditderivate« werden seit einiger Zeit an den Finanzmärkten Instrumente gehandelt, mittels derer die mit Darlehen, Anleihen oder anderen Risikoaktiva bzw. Marktrisikopositionen verbundenen Kreditrisiken auf als sogenannte Sicherungsgeber auftretende Parteien übertragen werden. Dabei werden die ursprünglichen Kreditbeziehungen der sogenannten Sicherungsnehmer (die Parteien, die die Kreditrisiken veräußern) weder verändert noch neu begründet.

Kreditderivate unterscheiden sich von anderen, traditionellen Formen der Übertragung von Kreditrisiken, wie Gewährleistungen oder dingliche Besicherung, dadurch, daß diese als Derivate üblicherweise
- unter standardisierten Rahmenverträgen abgeschlossen werden,
- einer laufenden Marktbewertung unterliegen,
- einem besonderen Risikocontrolling und -management unterworfen sind.

Ein weiterer Unterschied besteht darin, daß die Inanspruchnahme des Sicherungsgebers aus dem Kreditderivat nicht unmittelbar eine Forderung gegenüber dem Schuldner der zugrundeliegenden Position begründet.

Zu den von verschiedenen Stellen aus der Kreditwirtschaft aufgeworfenen Fragen nach der Behandlung von Kreditderivaten bei Anwendung des Zweiten und Fünften Abschnitts des Grundsatz I in der Fassung der Bekanntmachung vom 29. Oktober 1997 (BAnz. 1997 S. 13555) – GS I – und im Rahmen der Großkredit- und Millionenkreditvorschriften nehme ich nachstehend Stellung.

Zunächst ist allerdings vorauszuschicken, daß die derzeit geltenden internationalen bankaufsichtlichen Rahmenbedingungen[1] auch für die auf Kreditderivate anzuwendenden Regelungen maßgebend sind. In den entsprechenden Gremien wird die Behandlung von Kreditderivaten gegenwärtig mit dem Ziel der Verabredung einer international abgestimmten Lösung besprochen. Die nachfolgend genannten Anrechnungsregeln stellen deshalb eine vorläufige Lösung bis zur abschließenden Klärung der Angelegenheit in den zuständigen EU-Gremien bzw. beim Baseler Ausschuß für Bankenaufsicht dar.

Die Erfassung von Kreditderivaten auf der Grundlage der bestehenden Anrechnungssystematik bedeutet, daß das vorherrschende Prinzip der Anrechnung bezogen auf jedes einzelne Risikoaktivum beibehalten wird. Demgemäß werden im GS I risikomindernde Effekte, die im Rahmen eines aktiven Kreditrisikomanagements durch eine Verbesserung der Risikostruktur von Kreditportefeuilles entstehen können, nicht über

---

[1] Hierbei handelt es sich zum einen um die Richtlinien des Rates der Europäischen Gemeinschaften 89/647/EWG vom 18. Dezember 1989 – Solvabilitätsrichtlinie – und 93/6/EWG vom 15. März 1993 – Kapitaladäquanzrichtlinie – und zum anderen um die Eigenkapitalübereinkunft des Baseler Ausschusses für Bankenaufsicht vom Juli 1988 ergänzt durch die Änderungen zur Einbeziehung von Marktpreisrisiken vom Januar 1996.

das Ausmaß hinaus berücksichtigt, das derzeit durch die bereits einen Mischsatz darstellende Eigenkapitalanforderung besteht. Sollte sich jedoch bei einzelnen Instituten eine erkennbare Verschlechterung der Risikostruktur durch Anhäufung besonderer Risiken einstellen, werde ich darauf mit der Berücksichtigung negativer Sonderverhältnisse reagieren.

II. Grundformen von Kreditderivaten

Grundsätzlich lassen sich je nach Ausprägung der durch Kreditderivate übertragenen Risiken drei Produktformen unterscheiden:
(i) Total Return Swaps
(ii) Credit Default Swaps
(iii) Credit Linked Notes

Die im Rahmen dieses Rundschreibens festgelegte Berücksichtigung von Kreditderivaten im GS I und im Rahmen der Großkredit- und Millionenkreditvorschriften bezieht sich zunächst auf diese Grundformen. Sollte ein Institut Kreditderivate einsetzen, die erheblich von den nachfolgend geschilderten Grundstrukturen abweichen oder prinzipiell anders aufgebaut sind, ist deren Anrechnung im GS I und bei Anwendung der Großkredit- und Millionenkreditvorschriften mit dem Bundesaufsichtsamt für das Kreditwesen im Einzelfall abzustimmen. Dies umfaßt auch strukturierte Produkte, die allein im Zusammenspiel ihrer Komponenten als Kreditderivat anzusehen sind und von den Instituten als solche eingestuft werden.

(i) Total Return Swap

Bei einem Total Return Swap tauscht der Sicherungsnehmer die Erträge aus einem Referenzaktivum (z.B. einer Anleihe) sowie dessen Wertsteigerungen mit dem Sicherungsgeber gegen die Zahlung eines variablen oder festen Bezugszinses und den Ausgleich der Wertminderungen des Referenzaktivums periodisch aus.

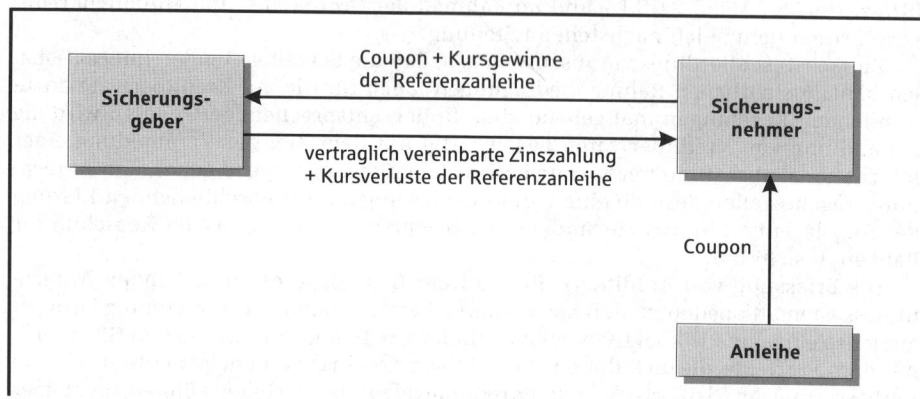

Abb. 1

Der Sicherungsgeber übernimmt vom Sicherungsnehmer damit für die Laufzeit des Geschäfts neben dem Kredit- auch das gesamte Kursrisiko aus dem Referenzaktivum.

(ii) Credit Default Swap

Bei einem Credit Default Swap leistet der Sicherungsgeber dagegen nur bei Eintritt eines vorab spezifizierten Kreditereignisses bei dem Schuldner des Referenzaktivums eine Ausgleichszahlung. Dafür erhält er eine einmalige oder bei längeren Laufzeiten ggf. annualisierte Prämie.

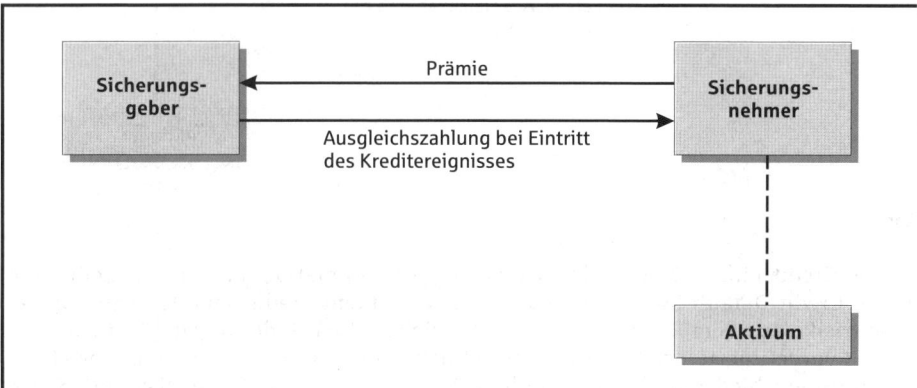

Abb. 2

Die Ausgleichszahlung kann
- in Höhe des Nominalwerts gegen physische Lieferung des Referenzaktivums oder
- in Form eines Differenzausgleichs zu dem Restwert des Referenzaktivums nach Eintritt des Kreditereignisses oder
- als fest vereinbarter Betrag

erfolgen.

Da der Sicherungsgeber nur bei Eintritt des Kreditereignisses zur Leistung verpflichtet ist, wird lediglich das Kreditrisiko und damit in Abhängigkeit von dessen Spezifikation nur ein Teil des besonderen Kursrisikos abgesichert. Der Sicherungsnehmer bleibt gegen solche Wertänderungen ungeschützt, die nicht auf das Kreditereignis zurückzuführen sind.

Diese Produkte haben aufgrund ihrer asymmetrischen Zahlungs- und Risikostruktur einen optionalen Charakter. Auch fehlt ihnen, wenn man von annualisierten Prämienzahlungen absieht, zumeist das Merkmal des periodischen Austausches vordefinierter Zahlungsströme. Dennoch wird hier die in der Kreditwirtschaft übliche Bezeichnung »Swap« gewählt. Unabhängig davon richtet sich die Behandlung dieser Produkte im Rahmen der Groß- und Millionenkreditvorschriften nach den Regelungen für Optionen.

(iii) Credit Linked Note

Eine Credit Linked Note ist eine vom Sicherungsnehmer emittierte Schuldverschreibung, die dann und nur dann am Laufzeitende zum Nennwert zurückgezahlt wird, wenn ein vorher spezifiziertes Kreditereignis bei einem Referenzaktivum nicht eintritt. Kommt es zum Kreditereignis, wird die Credit Linked Note innerhalb einer festgesetzten Frist unter Abzug eines Ausgleichsbetrages, z.B. in Höhe der Differenz zwischen Nominal- und Restwert des Referenzaktivums, zurückgezahlt.

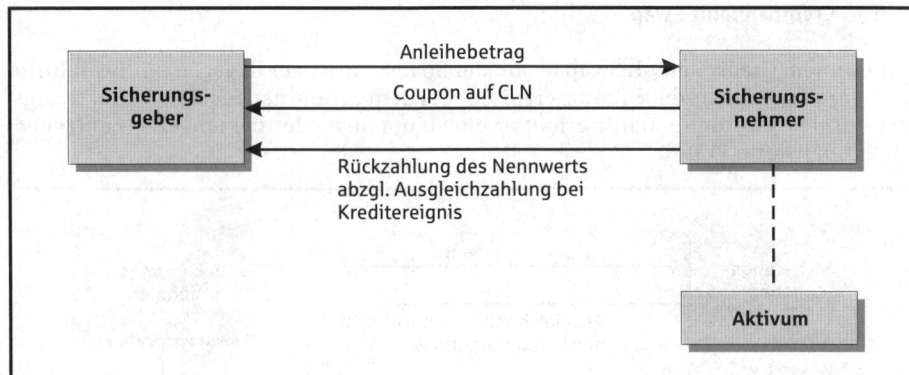

Abb. 3

Die Credit Linked Note stellt insofern eine Kombination aus einer Anleihe und einem Credit Default Swap dar. Es wird wie bei einem Credit Default Swap nur das Kreditrisiko aus dem Referenzaktivum abgesichert. Wertänderungen, für die andere als das vordefinierte Kreditereignis ursächlich sind, werden dagegen nicht erfaßt.

Im Unterschied zum Credit Default und zum Total Return Swap leistet der Sicherungsgeber seine Geldzahlung in Höhe des Anleihebetrages aber im vorhinein. Das Vereinnahmen des Emissionserlöses aus der Credit Linked Note wirkt beim Sicherungsnehmer wie eine Barunterlegung des ursprünglichen Kreditrisikos.

III. Zuordnung zum Anlagebuch oder zum Handelsbuch

Kreditderivate werden von einem Institut entweder als Intermediär oder als Endnutzer (Absicherung oder bewußte Übernahme von Kreditrisiken) in den Bestand genommen. Sie sind prinzipiell dem Handels- oder dem Anlagebuch zuzuordnen. Wegen des vorläufigen Charakters dieses Rundschreibens werden bis auf weiteres für die Zuordnung keine Kriterien aufgestellt, die über die in § 1 Abs. 12 KWG gestellten Anforderungen hinausgehen.

Eine Zuordnung zum Handelsbuch kann allerdings nur für solche Total Return oder Credit Default Swaps vorgenommen werden,
- bei denen es sich um Derivate im Sinne von § 1 Abs. 11 Satz 4 Nrn. 1 und 2 KWG handelt, d.h. deren Referenzaktiva Wertpapiere oder Geldmarktinstrumente gemäß § 1 Abs. 11 Satz 2 und 3 KWG sind,
- oder deren Referenzaktiva Forderungen sind, die die Anforderungen an die Einbeziehung in das Handelsbuch gemäß § 1 Abs. 12 KWG erfüllen, d.h. die zum Zwecke des Wiederverkaufs zum Erzielen eines Eigenhandelserfolges gehalten und täglich zum Marktpreis angesetzt werden.

IV. Behandlung im Grundsatz I

1 Voraussetzungen für die bankaufsichtliche Anerkennung einer Besicherungswirkung

Sofern die vertragliche Ausgestaltung eines Kreditderivats zu einer hinreichenden Übertragung von Kreditrisiken führt, kann dies im GS I im Zweiten Abschnitt bei der Ermittlung der gewichteten Risikoaktiva und bei hinreichender Übertragung von Kursrisiken im Fünften Abschnitt bei Berechnung der Anrechnungsbeträge für die Marktrisikopositionen berücksichtigt werden.

Ein sicherungsnehmendes Institut hat dafür die Einhaltung der nachstehend genannten Voraussetzungen zu dokumentieren. Die Dokumentation ist dem Bundesaufsichtsamt für das Kreditwesen auf Verlangen vorzulegen.

1.1 Wirksamkeit des Risikotransfers

Generelle Voraussetzung für die Berücksichtigung einer risikoreduzierenden Wirkung von Kreditderivaten bei der Anrechnung der besicherten Risikoaktiva bzw. Marktrisikopositionen des Sicherungsnehmers im GS I ist, daß die betreffenden Kredit- bzw. Kursrisiken nachweislich in wirksamer Weise auf den Sicherungsgeber übertragen werden. Hierbei ist sicherzustellen, daß die für die Bewertung des zu besichernden Aktivums wesentlichen Faktoren, darunter z. B. auch politische Risiken, bei der Spezifikation des Kreditereignisses berücksichtigt werden. Als abzusicherndes Kreditereignis muß zumindest die Insolvenz des Referenzschuldners vorgesehen sein.

Wirksamkeit und Rechtsverbindlichkeit der Übertragung können von der Rechtsabteilung des sicherungsnehmenden Instituts dokumentiert werden. In der Dokumentation ist in nachvollziehbarer Weise darzulegen, daß
- die beabsichtigte Risikoübertragung durch die vertragliche Ausgestaltung tatsächlich erreicht wird, d. h. z. B., daß das die Zahlung auslösende Kreditereignis und die Höhe der Ausfallzahlung hinreichend bestimmt sind und Einigkeit über die Bewertungsmethodik für das Referenzaktivum besteht,
- der ordnungsgemäßen Vertragserfüllung
  – weder gesetzliche Regelungen der in Betracht kommenden Rechtsordnungen
  – noch Abreden im Vertrag selbst oder in maßgeblichen Rahmenverträgen, wie z. B.
  einseitige Kündigungsrechte des Sicherungsgebers,
entgegenstehen.

Soweit auf bereits dokumentierte oder von einem Spitzenverband der Institute zur Verwendung empfohlene Vertragstexte zurückgegriffen wird, darf in der Dokumentation darauf verwiesen werden.

Weichen die Währungen, in denen das Kreditderivat und das abzusichernde Risikoaktivum bzw. die abzusichernde Handelsbuchposition denominiert ist, voneinander ab, ist durch regelmäßige Marktbewertungen der Umfang der Besicherung zu überprüfen.

1.2 Gleichartigkeit von Referenzaktivum und zu besicherndem Aktivum

Für die bankaufsichtliche Anerkennung einer Besicherungswirkung ist ferner erforderlich, daß sich Referenzaktivum und zu besicherndes Aktivum bei gegebener Spezifikation des Kreditereignisses in bezug auf die nach den Regeln des Zweiten Abschnitts anzurechnenden Kreditrisiken bzw. die nach den Regeln des Fünften Abschnitts zu berücksichtigenden Kursrisiken gleichartig verhalten.

1.2.1 Anlagebuch

Da sich sowohl der Eintritt des Kreditereignisses als auch die Höhe der Ausgleichszahlungen am Referenzaktivum orientieren, kann bei Anwendung der Regeln des Zweiten Abschnitts eine Besicherungswirkung bei einem Risikoaktivum nur anerkannt werden, wenn das dem Derivat zugrundeliegende Referenzaktivum
- von derselben Person geschuldet wird wie das betreffende Risikoaktivum,
- im Falle der Insolvenz des Schuldners nicht vorrangig gegenüber diesem Risikoaktivum bedient werden darf,

- in bezug auf das die Zahlung auslösende Kreditereignis durch entsprechende Vertragsklauseln mit dem Risikoaktivum verbunden ist[1].

1.2.2 Handelsbuch

Anrechnungsbeträge für das allgemeine und das besondere Kursrisiko werden nach den Vorschriften des Fünften Absatzes auf der Grundlage von Nettopositionen ermittelt. Die Voraussetzungen für die Aufrechnung von Wertpapieren bzw. der bei Zerlegung von Derivaten entstehenden Wertpapierkomponenten sind in § 19 Abs. 3 GS I aufgeführt und finden uneingeschränkt Anwendung auf Kreditderivate. Nur unter den dort aufgeführten Voraussetzungen ist das exakt gegenläufige Kursänderungsverhalten zu erwarten, das eine Aufrechnung rechtfertigt.

Credit Default Swaps und Credit Linked Notes schützen allein gegen die auf das Kreditereignis bezogenen Teile des besonderen Kursrisikos. Ihre Marktwertänderungen werden daher nicht vollständig negativ mit der besicherten Position korreliert sein, so daß eine Aufrechnung zwischen Position und Kreditderivat bei einem sicherungsnehmenden Institut nicht in Frage kommt. Anders kann es sich verhalten, wenn ein Institut als Intermediär auftritt, d.h. die Aufrechnungslage zwischen Kauf- und Verkaufspositionen in Kreditderivaten betrachtet wird. Allerdings bleibt auch dann § 19 Abs. 3 GS I maßgebend.

1.3 Laufzeitkriterium im Anlagebuch

Für eine bankaufsichtliche Anerkennung ist das zu besichernde Risikoaktivum grundsätzlich für seine gesamte Restlaufzeit durch ein Kreditderivat abzusichern.

Ist die Restlaufzeit des Kreditderivats kürzer als die des zu besichernden Risikoaktivums – Laufzeitunterdeckung –, verbleibt beim Sicherungsnehmer das Kreditrisiko für den künftig ungesicherten Zeitraum. Nach den üblichen Anforderungen, die an Garantien oder Besicherungen gestellt werden, könnte in diesen Fällen die Absicherung durch ein Kreditderivat nicht zu einer Minderung der Eigenkapitalanforderungen führen. Der besondere, in der Einleitung umrissene Charakter von Kreditderivaten läßt allerdings eine in engen Grenzen abweichende Behandlung zu. Danach wird bei Laufzeitunterdeckung für den Zeitraum der Absicherung des Risikoaktivums eine Besicherungswirkung anerkannt, solange die Restlaufzeit des Kreditderivats mindestens ein Jahr beträgt.

Dabei ist zu beachten, daß die Übernahme des vollen Kreditrisikos aus dem besicherten Aktivum am Laufzeitende des Kreditderivats dem Terminrisiko entspricht, dem ein Institut ausgesetzt ist, wenn es sich verpflichtet, in der Zukunft eine bestimmte Position zu erwerben. Dieses Terminrisiko für den nicht abgesicherten Zeitraum ist beim Sicherungsnehmer zusätzlich mit 50 % der Bemessungsgrundlage des Risikoaktivums anzurechnen, soweit dadurch die Eigenkapitalanforderung nicht das Niveau vor Absicherung übersteigt.

Ist bei Laufzeitinkongruenz die Restlaufzeit des Kreditderivats allerdings kürzer als ein Jahr, ist eine anrechnungsmindernde Besicherungswirkung auszuschließen.

---

1 Diese in gängigen Musterverträgen üblicherweise als Recht zur vorzeitigen Fälligstellung (Cross-Default- oder neuerdings Obligation-Default-Klausel) bezeichnete Anforderung soll sicherstellen, daß der Eintritt des Kreditereignisses beim Risikoaktivum auch die Zahlung aus dem auf das Referenzaktivum abstellenden Kreditderivat auslöst.

2 Anrechnung bei den Risikoaktiva im Zweiten Abschnitt des Grundsatz I

2.1 Total Return Swap/Credit Default Swap

2.1.1 Berücksichtigung beim Sicherungsnehmer

Wird ein Bilanzaktivum im Sinne von § 4 Satz 2 Nr. 1 GS I oder ein außerbilanzielles Geschäft im Sinne von § 4 Satz 2 Nr. 2 GS I durch
- einen Total Return Swap gegen Wertänderungen oder
- einen Credit Default Swap gegen das Risiko des Ausfalls des Schuldners des Risikoaktivums

gesichert, so kann das sicherungsnehmende Institut es als ausdrücklich gewährleistet sehen, wenn die unter IV.1.1 bis IV.1.3 genannten Anforderungen erfüllt sind. Bei Ermittlung des Risikoaktiva-Anrechnungsbetrages darf dann das Bonitätsgewicht des Sicherungsgebers gemäß § 13 GS I berücksichtigt werden.[1] Die Höhe der anzuerkennenden Besicherung wird durch die Bestimmtheit der Ausfallzahlung festgelegt, die nach IV.1.1 zu dokumentieren ist.

Bei Laufzeitunterdeckung ist – soweit die Restlaufzeit des Kreditderivats eine Anerkennung der Besicherungswirkung nicht ausschließt – zusätzlich das Terminrisiko anzurechnen.

Liegt keine wirksame Besicherung vor, so ist ein Total Return Swap vom Sicherungsnehmer als Swapgeschäft gemäß § 4 Satz 2 Nr. 3 GS I den Risikoaktiva zuzurechnen. Ein Credit Default Swap ohne Besicherungswirkung bleibt wegen des fehlenden Wiedereindeckungsrisikos anrechnungsfrei.

2.1.2 Berücksichtigung beim Sicherungsgeber

Ungeachtet dessen, ob die Übertragung des Kreditrisikos aus der Sicht des Sicherungsnehmers anzuerkennen ist, wird die vom Sicherungsgeber eingegangene Verpflichtung für Zwecke des GS I als außerbilanzielles Geschäft im Sinne des § 4 Satz 2 Nr. 2 GS I angesehen, das gemäß § 8 Nr. 1 GS I mit 100 % der Bemessungsgrundlage anzurechnen und mit dem Bonitätsgewicht des Referenzschuldners zu gewichten ist. Dem Sicherungsnehmer zur Verfügung stehende Sicherheiten können vom Sicherungsgeber nicht anrechnungsmindernd berücksichtigt werden.

2.2 Credit Linked Note

2.2.1 Berücksichtigung beim Sicherungsnehmer

Sofern die unter IV.1.1 bis IV.1.3 genannten Anforderungen erfüllt sind, darf das Risikoaktivum gemäß § 13 Abs. 1 Nr. 2e) GS I mit 0 % gewichtet werden. Bei Laufzeitunterdeckung ist bei einer Restlaufzeit der Credit Linked Note von unter einem Jahr keine Besicherungswirkung anzuerkennen, bei längeren Laufzeiten das Terminrisiko zu berücksichtigen.

2.2.2 Berücksichtigung beim Sicherungsgeber

Der Sicherungsgeber hat die Credit Linked Note mit ihrer Bemessungsgrundlage als Bilanzaktivum zu berücksichtigen. Obwohl Anleiheschuldner der Sicherungsnehmer ist, hängt die Höhe der Rückzahlung sowohl von der Bonität des Schuldners des Referenzaktivums als auch von der des Sicherungsnehmers ab. Die Credit Linked Note ist daher bei den Risikoaktiva stets mit dem höheren der beiden Bonitätsgewichtungen (Sicherungsnehmer/Referenzschuldner) anzurechnen.

---

1 Eine Gewichtungserleichterung nach § 13 Abs. 4 Nr. 1 GS I scheidet aus.

Tab. 1 Berücksichtigung von Kreditderivaten im Anlagebuch

	Sicherungsnehmer bei Anerkennung der Besicherungswirkung[1]	ohne Besicherungswirkung	Sicherungsgeber
Total Return Swap	Anerkennung als Gewährleistung zzgl. Anrechnung des Terminrisikos bei Laufzeitunterdeckung	Anrechnung als Swapgeschäft	Berücksichtigung der eingegangenen Besicherungsverpflichtung als außerbilanzielles Geschäft gem. § 4 Satz 2 Nr. 2 GS I
Credit Default Swap	Anerkennung als Gewährleistung zzgl. Anrechnung des Terminrisikos bei Laufzeitunterdeckung	keine Anrechnung	Berücksichtigung der eingegangenen Besicherungsverpflichtung als außerbilanzielles Geschäft gem. § 4 Satz 2 Nr. 2 GS I
Credit Linked Note	Anerkennung als Barsicherheit zzgl. Anrechnung des Terminrisikos bei Laufzeitunterdeckung	keine Anrechnung	Zurechnung der CLN zu den Risikoaktiva mit dem höheren Bonitätsgewicht von Sicherungsnehmer oder Referenzschuldner

3 Anrechnung bei den Handelsbuch-Risikopositionen im Fünften Abschnitt des Grundsatz I

3.1 Total Return Swap

Lieferansprüche und -verpflichtungen aus Total Return Swaps, die in die Handelsbuch-Risikoposition miteinzubeziehen sind, sind nach den allgemeinen Regeln des Fünften Abschnitts anzurechnen, d.h. ein Total Return Swap ist in zwei Komponenten zu zerlegen: eine Position im Referenzaktivum (Wertpapierkomponente) und eine aus der Gegenleistung (Finanzierungskomponente), die je nach Ausgestaltung als fiktive Floating Rate Note oder festverzinsliches Wertpapier zu erfassen ist. Für die Finanzierungskomponente ist nur das allgemeine Kursrisiko zu berücksichtigen; als sogenannte Derivativ-Zinsnettoposition bleibt sie nach § 23 Abs. 2 GS I bei Ermittlung des besonderen Kursrisikos anrechnungsfrei.

Sofern die Voraussetzungen des § 19 Abs. 3 GS I erfüllt sind, können beim Sicherungsnehmer eine bestehende Kaufposition im Aktivum und die sich aus der Wertpapierkomponente des Total Return Swaps ergebende Verkaufsposition gegeneinander aufgerechnet werden.

---

[1] Die Anerkennung der Besicherungswirkung setzt eine wirksame Risikoübertragung, Gleichartigkeit von Referenz- und Risikoaktivum sowie bei Restlaufzeiten unter einem Jahr Laufzeitkongruenz zwischen Kreditderivat und abzusicherndem Risikoaktivum gemäß IV.1.1, IV.1.2.1 und IV.1.3 voraus.

3.2 Credit Default Swap

Das in einem Credit Default Swap enthaltene besondere Kursrisiko ist durch eine synthetische Position in Höhe der bei Eintritt des Kreditereignisses versprochenen Ausgleichszahlung zu berücksichtigen, deren Laufzeit der des Credit Default Swaps entspricht (Wertpapierkomponente). Sie ist zum Nominalwert anzurechnen, d. h. nicht abzuzinsen. Da die Ausgleichszahlung das besondere Kursrisiko in bezug auf den Schuldner des Referenzaktivums abbildet, ist sie als von diesem geschuldet zu berücksichtigen. Bei Ermittlung des Teilanrechnungsbetrages für das allgemeine Kursrisiko bleibt die Ausgleichszahlung anrechnungsfrei.

Der Sicherungsgeber hat das durch den Credit Default Swap übernommene besondere Kursrisiko als synthetische Kauf-, der Sicherungsnehmer als Verkaufsposition zu berücksichtigen. Soweit der Sicherungsnehmer aus dem erworbenen Credit Default Swap kein zusätzliches besonderes Kursrisiko übernimmt, ist über die abzusichernde Marktrisikoposition hinaus auch kein besonderes Kursrisiko anzurechnen. Die Verkaufsposition kommt aber z.B. dann zum Tragen, wenn ein sicherungsgebendes Institut das Kreditrisiko als Intermediär weiter veräußert.

Allgemein gilt, daß ein Institut die aus Credit Default Swaps eingegangenen synthetischen Positionen in den jeweiligen Ausgleichszahlungen nur unter den Voraussetzungen nach § 19 Abs. 3 GS I aufrechnen kann.

Sofern der Sicherungsnehmer zu einer periodischen Prämienleistung an den Sicherungsgeber verpflichtet ist, haben beide Parteien diese als Finanzierungskomponente aus dem Swap bei der Ermittlung des Teilanrechnungsbetrages für das allgemeine Kursrisiko zu berücksichtigen. Mit dem Eingehen einer Position in einem Credit Default Swap ist darüber hinaus kein allgemeines Kursrisiko verbunden.

3.3 Credit Linked Note

Eine Credit Linked Note läßt sich als eine Kombination aus einer Anleihe und einem Credit Default Swap darstellen. Bei Zuordnung der Credit Linked Note zu den Handelsbuch-Risikopositionen ist vom Sicherungsgeber bei Ermittlung der Teilanrechnungsbeträge für das allgemeine und das besondere Kursrisiko eine Kaufposition in der Anleihe, deren Emittent der Sicherungsnehmer ist, anzurechnen und allein für den Bereich des besonderen Kursrisikos zusätzlich eine synthetische Kaufposition in Höhe der maximalen Minderung des Rückzahlungsbetrages der Credit Linked Note und bezogen auf den Referenzschuldner zu berücksichtigen (Wertpapierkomponente des Credit Default Swaps).

Wird die Credit Linked Note beim Sicherungsnehmer nach § 1 Abs. 12 Satz 1 Nr. 2 KWG den Handelsbuch-Risikopositionen zugerechnet, so hat dieser bei Ermittlung der Teilanrechnungsbeträge für das allgemeine Kursrisiko eine Verkaufsposition in der Anleihe, deren Emittent er selber ist, anzurechnen und für den Bereich des besonderen Kursrisikos eine synthetische Verkaufsposition in Höhe der maximalen Minderung des Rückzahlungsbetrages der Credit Linked Note und bezogen auf den Referenzschuldner zu berücksichtigen (Wertpapierkomponente des Credit Default Swaps).

Analog zum Credit Default Swap ist aber kein besonderes Kursrisiko anzurechnen, welches über das der abzusichernden Marktrisikoposition hinausgeht und damit zusätzlich zu berücksichtigen wäre, soweit der Sicherungsnehmer durch die Credit Linked Note kein zusätzliches besonderes Kursrisiko übernimmt.

Tab. 2 Berücksichtigung von Kreditderivaten im Handelsbuch

		Sicherungsnehmer	Sicherungsgeber
Total Return Swap	allgemeines Kursrisiko	Verkaufposition im Referenzaktivum (Aufrechnung gegen Kaufposition im besicherten Instrument unter Beachtung von § 19 Abs. 3 GS I möglich) und Kaufposition als Finanzierungskomponente	Kaufposition im Referenzaktivum und Verkaufposition aus Finanzierungskomponente
	besonderes Kursrisiko	Verkaufposition im Referenzaktivum (Aufrechnung gegen Kaufposition im besicherten Instrument unter Beachtung von § 19 Abs. 3 GS I möglich)	Kaufposition im Referenzaktivum
Credit Default Swap	allgemeines Kursrisiko	Berücksichtigung der Finanzierungskomponente als Kaufposition falls periodische Prämienzahlungen	Berücksichtigung der Finanzierungskomponente als Verkaufposition falls periodische Prämienzahlungen
	besonderes Kursrisiko	synthetische Verkaufposition in Höhe der Ausgleichszahlung bei Kreditereignis bezogen auf den Referenzschuldner und mit Laufzeit des Swaps, aber Anrechnung nur, soweit über das der besicherten Position hinausgehend	synthetische Kaufposition in Höhe der Ausgleichszahlung bei Kreditereignis bezogen auf den Referenzschuldner und mit Laufzeit des Swaps
Credit Linked Note	allgemeines Kursrisiko	Verkaufposition in eigener Anleihe	Kaufposition in Anleihe des Emittenten
	besonderes Kursrisiko	synthetische Verkaufposition in Höhe der Ausgleichszahlung bei Kreditereignis bezogen auf den Referenzschuldner und mit Laufzeit der Note, aber Anrechnung nur, soweit über das der besicherten Position hinausgehend	Kaufposition in Anleihe des Emittenten und zusätzlich in Höhe der Ausgleichszahlung bei Kreditereignis bezogen auf den Referenzschuldner und mit Laufzeit der Note

4 Kontrahentenausfallrisiken

4.1 Anlagebuch

Wird ein Kreditderivat bei Anwendung des GS I nach den Vorschriften des Zweiten Abschnitts angerechnet, so bedarf das Risiko des Ausfalls der Gegenpartei aus dem Derivat beim Sicherungsgeber keiner zusätzlichen Berücksichtigung, da diesem aus dem möglichen Ausfall des Sicherungsnehmers keine Verluste erwachsen, die über das Niveau der bereits nach IV. 2.1.2 zu berücksichtigenden Garantie hinausgehen.

Wird beim Sicherungsnehmer die Besicherungswirkung aus dem Kreditderivat anerkannt, so darf das besicherte Risikoaktivum mit dem Bonitätsgewicht des Sicherungsgebers angerechnet werden. Eine zusätzliche Berücksichtigung eines Kontrahentenausfallrisikos würde das tatsächliche Risiko überzeichnen. Anders verhält es sich allerdings, wenn die Voraussetzungen für eine Anerkennung der Besicherungswirkung nicht vorliegen: Dann ist – wie unter IV. 2.1.1 erwähnt – ein Total Return Swap, aus dem der Sicherungsnehmer periodische Zahlungen erhält, als Swapgeschäft den Risikoaktiva zuzurechnen und das Kontrahentenausfallrisiko zu berücksichtigen.

4.2 Handelsbuch

4.2.1 Total Return Swap

Bei Total Return Swaps können in Abhängigkeit von der Wertentwicklung des Referenzaktivums sowohl Sicherungsnehmer als auch Sicherungsgeber von einem Ausfall des Kontrahenten betroffen sein. Daher haben beide Parteien das Kontrahentenausfallrisiko entsprechend § 27 Abs. 1 Nr. 4 GS I anzurechnen.

4.2.2 Credit Default Swap

Bei Credit Default Swaps ist die Gefährdung aus dem Ausfall der Gegenpartei asymmetrisch verteilt: während der Sicherungsgeber aus dem Ausfall des Sicherungsnehmers bis auf die gegebenenfalls annualisierten Prämienzahlungen keinen Verlust erfährt, können dem Sicherungsnehmer bei Ausfall des Sicherungsgebers für den Abschluß eines Ersatzgeschäftes Wiedereindeckungskosten entstehen. Dem hat der Sicherungsnehmer durch Anwendung von § 27 Abs. 1 Nr. 4 GS I Rechnung zu tragen.

4.2.3 Credit Linked Notes

Bei Credit Linked Notes ist das Kontrahentenausfallrisiko für den die Note erwerbenden Sicherungsgeber identisch mit dem Emittentenausfallrisiko. Dieses wird bereits dadurch berücksichtigt, daß die Anleihe als Kaufposition beim besonderen Kursrisiko Zinsnettopositionen anzurechnen ist. Darüber hinaus ist kein weiteres Kontrahentenausfallrisiko unterlegungspflichtig.

Auch der Sicherungsnehmer braucht für die aus der Zerlegung der Credit Linked Note entstehende Credit-Default-Swap-Komponente kein Kontrahentenausfallrisiko zu berücksichtigen, da der Sicherungsgeber bei Kauf der Note bereits seine Leistung erbracht hat.

4.3 Zuschlagsfaktoren

Das Kontrahentenausfallrisiko ist nach der Marktbewertungsmethode gemäß § 10 GS I anzurechnen. In der Tabelle der Zuschlagsfaktoren bei Anwendung der Marktbewertungsmethode (§ 10 GS I Tabelle 1) ist keine eigenständige Kategorie für Kreditrisiken vorgesehen. Obwohl noch keine Erfahrungswerte über die Wertschwankungen von Kreditderivaten vorliegen, wird zunächst davon abgesehen, die in solchen Fällen übliche Anwendung der höchsten Zuschlagskategorie vorzuschreiben.

Wegen des unterschiedlichen Absicherungsgehalts von Total Return und Credit Default Swaps werden verschiedene Zuschlagskategorien zugrunde gelegt.

4.3.1 Total Return Swap

Total Return Swaps erzeugen eine synthetische Position im Referenzaktivum, so daß davon auszugehen ist, daß die Wertentwicklung in erster Linie von denselben Faktoren bestimmt wird wie das Referenzaktivum. Demgemäß ist diejenige Zuschlagskategorie für Total Return Swaps heranzuziehen, die für das dem Swap zugrundeliegende Aktivum gilt.

4.3.2 Credit Default Swap

Hauptanknüpfungspunkt für die Entwicklung des künftigen potentiellen Eindeckungsaufwands bei Credit Default Swaps ist hingegen die Bonitätsentwicklung des Schuldners aus dem Referenzaktivum. Von den in Frage kommenden Kategorien wird der Risikofaktor Bonität durch das aktienkursbezogene Risiko insofern am besten abgebildet, als dieses den Aspekt der gegenüber dem Fremdkapitalgeber nachrangigen Befriedigung enthält. Bis auf weiteres sind daher die für aktienkursbezogene Geschäfte geltenden Zuschlagsfaktoren auch auf Credit Default Swaps anzuwenden. Wenn das Referenzaktivum als Wertpapier mit hoher Anlagequalität im Sinne von § 23 Abs. 3 Satz 2 GS I anzusehen ist, darf auf die für zinsbezogene Geschäfte geltenden Zuschlagsfaktoren ausgewichen werden.

3. Berücksichtigung der Kontrahentenausfallrisiken von Kreditderivaten gemäß §§ 9, 27 Abs. 1 Nr. 4 GS I

Anlagebuch

Total Return Swap	keine Anrechnung[1]
Credit Default Swap	keine Anrechnung
Credit Linked Note	keine Anrechnung

Handelsbuch

Total Return Swap	Zuschlag abhängig von der Art des Referenzaktivums
Credit Default Swap	zinsgeschäftsbezogener Zuschlag bei Referenzaktiva mit hoher Anlagequalität aktienkursbezogener Zuschlag in allen anderen Fällen
Credit Linked Note	keine Anrechnung

V Behandlung bei den Großkredit- und Millionenkreditvorschriften

1 Großkreditvorschriften

1.1 Total Return Swap/Credit Default Swap

Die Besicherungswirkung aus Total Return und Credit Default Swaps ist für den Sicherungsnehmer in bezug auf den bei den Großkreditvorschriften interessierenden Schutz gegen Kreditrisiken ähnlich. Unterschiede ergeben sich allerdings für den Sicherungsgeber, die aus den in der Einleitung bereits erwähnten abweichenden Zahlungs- und Risikostrukturen dieser beiden Produktkategorien resultieren. Wegen des optionsähnlichen Charakters von Credit Default Swaps sind im Rahmen der Groß-

---

[1] Ein Kontrahentenausfallrisiko ist nur zu berücksichtigen, wenn die Besicherungswirkung nicht anerkannt wird, und dann allein beim Sicherungsnehmer. Der Zuschlagsfaktor ist in diesem Fall in Abhängigkeit von der Art des Referenzaktivums zu wählen.

und Millionenkreditvorschriften die Regelungen für Optionen und nicht für Swaps anzuwenden, soweit diese voneinander abweichen.

1.1.1 Berücksichtigung beim Sicherungsnehmer

(a) Anrechnungsentlastende Berücksichtigung der Sicherungswirkung

Eine anrechnungsentlastende Berücksichtigung der Sicherungswirkung von Total Return und Credit Default Swaps in bezug auf den besicherten Kredit kommt grundsätzlich (die Ausnahme wird im nachfolgenden Absatz dargestellt) nur analog § 20 Abs. 2 Satz 1 Nr. 1 Buchstabe e) KWG in Betracht; danach muß der Sicherungsgeber einer der in § 20 Abs. 2 Satz 1 Nr. 1 Buchstaben a) bis d) KWG genannten Institutionen zuzurechnen sein. Voraussetzung ist zudem, daß der Sicherungsgeber ausdrücklich auch für die Rückführung dieses Kredits einzustehen hat.

Günstiger ist die Anrechnungslage, wenn der Total Return oder der Credit Default Swap und der zu sichernde Kredit dem Handelsbuch zuzuordnen sind. Hier besteht, sofern der Sicherungsgeber ausdrücklich auch für die Rückführung dieses Kredits einzustehen hat, die Möglichkeit, das Sicherungsgeschäft als Terminverkauf nach § 38 Abs. 1 Satz 3 Nr. 1 GroMiKV einzuordnen. Für die anrechnungsentlastende Berücksichtigung der Sicherungswirkung ist dann unerheblich, ob der Sicherungsgeber eine Adresse mit geringeren Anrechnungssätzen ist.

(b) Kreditverhältnis zum Sicherungsgeber

Im Verhältnis zum Sicherungsgeber besteht formal aus dem Sicherungsgeschäft ein Kreditverhältnis nach § 19 Abs. 1 KWG – Gruppe »Derivate mit Ausnahme der Stillhalterpositionen von Optionsgeschäften«[1]. Sofern die anrechnungsentlastende Berücksichtigung des Sicherungsgeschäfts in Analogie zu § 20 Abs. 2 Satz 1 Nr. 1 Buchstabe e) KWG erfolgt, braucht das Kreditverhältnis zum Sicherungsgeber nach § 20 Abs. 2 Nr. 1, Abs. 3 Satz 1 KWG nicht berücksichtigt werden. Werden der besichernde Total Return oder Credit Default Swap jedoch dem Handelsbuch zugerechnet und zur Minderung der emittentenbezogenen Nettokaufposition herangezogen, ist das Kreditverhältnis zum Sicherungsgeber (§ 19 Abs. 1 KWG – Gruppe »Derivate mit Ausnahme der Stillhalterpositionen von Optionsgeschäften«) anzurechnen.[2]

Zwar wäre der gesetzliche Tatbestand für die Berücksichtigung des Kreditverhältnisses zum Sicherungsgeber auch dann eindeutig erfüllt, wenn die Sicherungswirkung nicht anrechnungsentlastend anerkannt werden kann, weil z.B. der Sicherungsgeber nicht den Stellen gemäß § 20 Abs. 2 Nr. 1 KWG zuzurechnen ist oder die Besicherung nicht laufzeitkongruent erfolgt. Im Ergebnis würde aber ein Institut dafür »bestraft«, daß es das aus dem Referenzaktivum herrührende Adressenausfallrisiko wirtschaftlich – wenn auch unvollkommen – absichert. Diese Folge stünde zwar nicht im eindeutigen Widerspruch zum Gesetzeszweck; sie wäre diesem aber eher abträglich als förderlich. Es wird daher bis auf weiteres zugestanden, daß ein Institut in einer solchen Konstellation seinen Anspruch aus dem Kreditderivat nicht als Kredit wertet und seine Großkreditrelationen nicht mit ihm belastet. Die Regelung steht unter dem Vorbehalt einer jederzeitigen Überprüfung.

1.1.2 Berücksichtigung beim Sicherungsgeber

(i) Total Return Swap

Für den Sicherungsgeber bestehen aus dem Swapgeschäft – auch bei Laufzeitinkongruenz – zwei Kreditverhältnisse: eines an die Adresse des Sicherungsnehmers

---

1 Bemessungsgrundlage für Total Return Swaps § 2 Nr. 2 GroMiKV, für Credit Default Swaps § 2 Nr. 3 GroMiKV.
2 Bemessungsgrundlage für Total Return Swaps § 2 Nr. 2 GroMiKV, für Credit Default Swaps § 2 Nr. 3 GroMiKV.

(§ 19 Abs. 1 KWG – Gruppe »Derivate mit Ausnahme der Stillhalterpositionen von Optionsgeschäften«)[1], das andere an die Adresse des Schuldners des Referenzaktivums (§ 19 Abs. 1 KWG – Gruppe »andere außerbilanzielle Geschäfte«)[2]; der Sicherungsgeber hat seine Großkreditrelationen in bezug auf beide Adressen entsprechend zu belasten.

Bei der Berechnung der Auslastung der aggregierten Großkreditobergrenzen[3] ist nur ein Kreditbetrag, und zwar der höhere, zu berücksichtigen; denn das Adressenausfallrisiko kann sich wirtschaftlich nur einmal realisieren, entweder durch Wertminderungen beim Referenzaktivum, die mit negativen Wiedereindeckungskosten aus dem Swap einhergehen, oder bei positiven Wiedereindeckungskosten durch Ausfall des Sicherungsnehmers. Für die Berechnung der Unterlegung eventueller Überschreitungsbeträge ist dieser Gedanke analog heranzuziehen. Er entspricht der Behandlung bei den Anlagebuchpositionen im GS I.

(ii) Credit Default Swap

Der Sicherungsgeber hat den Credit Default Swap als Kredit an die Adresse des Schuldners des Referenzaktivums zu berücksichtigen (§ 19 Abs. 1 KWG – Gruppe »andere außerbilanzielle Geschäfte)«[4], sofern er für die Rückführung des zu sichernden Kredits oder auch nur vorübergehend für die Solvenz des Schuldners einzustehen hat.

Die einer Stillhalterverpflichtung aus einem Optionsgeschäft entsprechende Verpflichtung gegenüber dem Sicherungsnehmer erfüllt keinen gesonderten Kredittatbestand.

1.2 Credit Linked Note

1.2.1 Berücksichtigung beim Sicherungsnehmer

(a) Anrechnungsentlastende Berücksichtigung der Sicherungswirkung

Der Betrag, den das sicherungsnehmende Institut gegen die Ausgabe der Schuldverschreibung erhalten hat, ist – analog § 20 Abs. 2 Satz 1 Nr. 2 Buchstabe b) KWG – als Anrechnungsfreibetrag bei der Berechnung der Auslastung der Großkreditrelationen[5] zu berücksichtigen. Ist die Restlaufzeit einer Credit Linked Note allerdings kürzer als die des besicherten Kredits und besteht auch kein entsprechender Sicherungsanschluß, so scheidet eine anrechnungsmindernde Berücksichtigung aus; der Sicherungsnehmer hat den zu besichernden Kredit weiterhin voll auf die Großkreditrelationen anzurechnen. Anders als im Grundsatz I steht das Problem des Sicherungsanschlusses im Großkreditregime, solange es nicht innerhalb der gesetzlichen Vorgaben gelöst wird, einer Anrechnungsentlastung entgegen.

(b) Kreditverhältnis zum Sicherungsgeber

Die Credit Linked Note stellt aus Sicht des Sicherungsnehmers keinen Kredit im Sinne von § 19 Abs. 1 KWG dar; das Sicherungsverhältnis belastet die Großkreditrelationen also nicht.

---

1 Bemessungsgrundlage § 2 Nr. 2 GroMiKV.
2 Bemessungsgrundlage § 2 Nr. 7 GroMiKV.
3 Großkreditgesamtobergrenze (§ 13 Abs. 3 Satz 5 KWG), Gesamtbuch-Großkreditgesamtobergrenze (§ 13a Abs. 4 Satz 5 KWG) und Obergrenze für die Gesamtbuch-Überschreitungsposition (§ 13a Abs. 5 Satz 3 KWG).
4 Bemessungsgrundlage § 2 Nr. 7 GroMiKV.
5 Großkreditdefinitionsgrenzen, Großkreditanzeigegrenzen, Großkreditbeschlußfassungsgrenzen und Großkreditobergrenzen.

1.2.2 Berücksichtigung beim Sicherungsgeber

Für den Sicherungsgeber/Käufer bestehen aus dem Kauf der Credit Linked Note – auch bei Laufzeitinkongruenz – zwei Kreditverhältnisse: eines an die Adresse des Sicherungsnehmers (§ 19 Abs. 1 KWG – Gruppe »Bilanzaktiva«)[1], das andere an die Adresse des Schuldners des Referenzaktivums (§ 19 Abs. 1 KWG – Gruppe »andere außerbilanzielle Geschäfte«)[2]; der Sicherungsgeber hat seine Großkreditrelationen in bezug auf beide Adressen entsprechend zu belasten. Zwar reicht der Sicherungsgeber/Käufer den Geldbetrag nur einmal aus; er setzt dessen Rückzahlung aber auf die Solvenz beider Adressen.

Bei der Berechnung der Auslastung der aggregierten Großkreditobergrenzen[3] ist nur ein (der höhere) Kreditbetrag zu berücksichtigen; denn das Adressenausfallrisiko kann sich wirtschaftlich nur einmal – und zwar maximal in Höhe des für den Kauf der Note eingesetzten Betrages – realisieren. Für die Berechnung der Unterlegung eventueller Überschreitungsbeträge ist dieser Gedanke analog heranzuziehen.

2 Millionenkreditmeldungen

Grundsätzlich gilt, daß zur Vermeidung von Doppelerfassungen § 50 Abs. 5 GroMiKV anzuwenden ist.

2.1 Berücksichtigung beim Sicherungsnehmer

Anders als im Großkreditregime bleibt der durch ein Kreditderivat besicherte Kredit vollumfänglich bei den Millionenkreditmeldungen zu berücksichtigen, da für eine Befreiung von den Anzeigevorschriften keine Rechtsgrundlage besteht.

Das Kreditverhältnis zum Sicherungsgeber aus einem Total Return oder einem Credit Default Swap ist anzeigepflichtig, wenn deren Sicherungswirkung nach V.1.1.1 (a) anrechnungsentlastend Berücksichtigung findet. Anderenfalls gilt die Erleichterung nach V.1.1.1 (b) 2. Absatz, wonach das Kreditderivat bei unvollkommener Besicherungswirkung nicht als Kredit bewertet wird.

Die Emission einer Credit Linked Note stellt in diesem Zusammenhang keinen anzeigepflichtigen Tatbestand dar.

2.2 Berücksichtigung beim Sicherungsgeber

Analog der Regelungen im Großkreditregime unter V.1.1.2 und V.1.2.2 sind bei Total Return Swaps und Credit Linked Notes zwei Kreditverhältnisse – gegenüber dem sicherungsnehmenden Emissionsinstitut und dem Referenzschuldner – anzuzeigen.

Stellt ein Institut Kreditsicherung über einen Credit Default Swap zur Verfügung, hat es dagegen nur das aus der Stillhalterverpflichtung resultierende Kreditverhältnis gegenüber dem Referenzschuldner anzuzeigen.

---

1 Bemessungsgrundlage § 2 Nr. 1 GroMiKV, sofern nicht als bereichsspezifische Sondervorschrift § 38 GroMiKV eingreift.
2 Bemessungsgrundlage § 2 Nr. 7 GroMiKV, sofern nicht als bereichsspezifische Sondervorschrift § 38 GroMiKV eingreift.
3 Großkreditgesamtobergrenze (§ 13 Abs. 3 Satz 5 KWG), Gesamtbuch-Großkreditgesamtobergrenze (§ 13a Abs. 4 Satz 5 KWG) und Obergrenze für die Gesamtbuch-Überschreitungsposition (§ 13a Abs. 5 Satz 3 KWG).

VI. Schlußbemerkungen

Soweit ein Institut Kreditderivate erwirbt und diese entweder zur Besicherung von Risikoaktiva nutzt oder in die Nettopositionen einstellt, ist im Prüfungsbericht über den Jahresabschluß dazu Stellung zu nehmen, ob die Voraussetzungen für eine wirksame Übertragung der Kreditrisiken eingehalten sind. Ferner ist bei allen Instituten, die Geschäfte in Kreditderivaten tätigen, auf die Auswirkungen auf die Struktur der Kreditrisiken, insbesondere mögliche Konzentrationstendenzen, einzugehen.

Schließlich weise ich darauf hin, daß meine Verlautbarung über Mindestanforderungen an das Betreiben von Handelsgeschäften der Kreditinstitute auf Kreditderivate uneingeschränkt Anwendung findet.

Anhang 3.5
Verwaltungspraxis zu § 20 Abs. 1 Nr. 3 bis 4 KWG

Rundschreiben 9/2011 (BA) BA 52-FR 2184-2011/0002 vom 19. Juli 2011

Inhaltsübersicht

1. Einleitung

2. Hintergrund

3. Leitlinien zu § 20 Absatz 1 Nr. 3 und 3a KWG (= Artikel 106 Absatz 2 Buchstabe c CRD)

4. Leitlinien zu § 20 Absatz 1 Nr. 4 KWG (= Artikel 106 Absatz 2 Buchstabe d CRD)

1. Einleitung

1. Die durch Richtlinie 2009/111/EG in Bezug auf Großkredite – Obergrenzen und Ausnahmen – wirksam gewordenen Änderungen der Eigenkapitalrichtlinie (CRD)[1] erfordern es, für sehr kurzfristige Forderungen in den Bereichen Zahlungsverkehr oder Erbringung von Dienstleistungen für Kunden zum Clearing von Finanzinstrumenten, zur Abrechnung und Verwahrung Ausnahmeregelungen festzulegen, um das reibungslose Funktionieren der Finanzmärkte und der damit zusammenhängenden Infrastruktur nicht zu beeinflussen.
2. Hierzu werden im Folgenden Orientierungshilfen hinsichtlich des Anwendungsbereichs und der Voraussetzungen der Ausnahmen gemäß § 20 Abs. 1 Nr. 3 und 4 KWG (= Artikel 106 Absatz 2 Buchstaben c und d CRD) gegeben.

2. Hintergrund

1. Die neue Fassung der Eigenkapitalrichtlinie enthält eine Überarbeitung der Großkreditvorschriften. Die Änderungen sind von den Mitgliedstaaten bis zum 31. Oktober 2010 in nationales Recht umzusetzen und ab dem 31. Dezember 2010 anzuwenden.
2. Die überarbeiteten Vorschriften zu Großkrediten enthalten spezielle Bestimmungen, die eine Ausnahmeregelung von diesen Vorschriften für sehr kurzfristige Forderungen in Bezug auf ausgewählte Dienstleistungen (Zahlungsverkehr, Clearing von Finanzinstrumenten, Abrechnung und Verwahrung) vorsehen.
3. Die vorliegenden Leitlinien beziehen sich auf die Vorschrift in Artikel 106 Absatz 2 letzter Unterabschnitt CRD, wonach EBA Leitlinien erarbeiten soll, um die Kon-

---

[1] Unter dem »Arbeitstitel« Eigenkapitalrichtlinie (Capital Requirements Directive, CRD) werden die Bankenrichtlinie (2006/48/EG; ABl. L 177 vom 30.6.2006, S. 1) und die Kapitaladäquanzrichtlinie (2006/49/EG; ABl. L 177 vom 30.6.2006, S. 201) zusammengefasst. Bezugnahmen auf »Richtlinie 2006/48/EG« und »Richtlinie 2006/49/EG« bzw. »Eigenkapitalrichtlinie« oder »CRD« sowie Artikelbezeichnungen beziehen sich auf die durch die Änderungsrichtlinie (2009/111/EG; ABl. L 302 vom 17.11.2009, S. 97) geänderten Fassungen.

vergenz der Aufsichtspraktiken bei der Anwendung der in den Buchstaben c und d dieses Artikels genannten Ausnahmen zu verbessern.

3. Leitlinien zu § 20 Absatz 1 Nr. 3 und 3a KWG (= Artikel 106 Absatz 2 Buchstabe c CRD)

1. Zahlungen, die im Zusammenhang mit dem Zahlungsverkehr, dem Clearing, der Abrechnung und dem Asset-Servicing von Finanzinstrumenten oder Wertpapierfinanzierungsdiensten stehen, erfolgen teilweise weltweit, in verschiedenen Zeitzonen und unter Anwendung unterschiedlicher Marktpraktiken, Feiertagsregelungen und Währungen. Diese Zahlungen werden über ein Netzwerk aus Geschäftsbanken, einschließlich Depotbanken, zentralen Kontrahenten, (internationalen) Zentralverwahrern und ihren jeweiligen Korrespondenzbanken durchgeführt. Um sicherzustellen, dass die Märkte reibungslos und effizient funktionieren, müssen die beteiligten Institute die bei Kundentransaktionen entstehenden zeitlichen Lücken zwischen den Zahlungsein- und -ausgängen auf ihren Interbankenkonten (d.h. die Bewegung großer Volumina innerhalb kurzer Zeiträume) steuern.
2. Die aus dem Zahlungsverkehr, dem Clearing und der Abwicklung sowie dem Asset-Servicing von Finanzinstrumenten oder aus den Wertpapierfinanzierungsdiensten resultierenden Bargeldaktivitäten sind höchst volatil und hängen vom Verhalten der Kunden ab. Erwartete Zu- oder Abflüsse fallen bisweilen aus und eingehende Gelder werden oftmals nicht avisiert (bei der reinen Zahlungsabwicklung werden Gelder üblicherweise niemals avisiert). Dies bedeutet, dass die Tagesendpositionen bis zum Geschäftsschluss mit Unsicherheit behaftet sind. Daher können insbesondere gegen Geschäftsschluss unerwartet hohe Forderungen entstehen, sodass zudem eine weitere Verringerung der Forderungen nicht mehr angemessen erfolgen kann. Üblicherweise werden diese Positionen zum nächsten Geschäftstag ausgeglichen.

   Sind zusätzliche Sicherheiten zur Deckung von Forderungen notwendig (wenn beispielsweise Marginzahlungen verlangt werden, um die Forderungen zu unterlegen, die ein zentraler Kontrahent gegenüber seinen Teilnehmern hat), so können die Sicherheitenerfordernisse entsprechend erst spät zum Tragen kommen, und – je nach Tageszeit – könnte keine andere Wahl bleiben, als sie mit Bargeld zu unterlegen.

   Um solchen Fällen Rechnung zu tragen, ist in § 20 Absatz 1 Nr. 3 und 3a KWG (= Artikel 106 Absatz 2 Buchstabe c CRD) vorgesehen, dass bestimmte sehr kurzfristige Forderungen von den Großkreditvorschriften ausgenommen werden. Damit soll das reibungslose Funktionieren der Finanzmärkte und der damit zusammenhängenden Infrastruktur erleichtert werden.

   Erwägungsgrund 22 der Richtlinie 2009/111/EG (CRD II) liefert weitere Informationen über die Art der ausgenommenen Forderungen: »Zu den damit verbundenen Forderungen zählen Forderungen, die nicht vorhersehbar sein könnten und daher nicht der vollen Kontrolle eines Kreditinstituts unterliegen, u.a. Guthaben auf Interbankenkonten, die sich aus Kundenzahlungen, einschließlich kreditierter oder debitierter Gebühren und Zinsen, und anderen Zahlungen für Kundendienstleistungen ergeben, sowie geleistete oder gestellte Sicherheiten.«
3. Voraussetzungen: Damit die Ausnahmen nach § 20 Absatz 1 Nr. 3 und 3a KWG (= Artikel 106 Absatz 2 Buchstabe c CRD) einschlägig sind, müssen die Forderungen die drei folgenden Bedingungen erfüllen:
   – A. Die Forderung resultiert aus der Erbringung bestimmter Arten von Diensten.
   – B. Die Forderung resultiert aus dem Kundengeschäft.
   – C. Die Forderung besteht längstens bis zum folgenden Geschäftstag.

ad A. Arten von Diensten:

Die Ausnahmeregelung enthält keine Einschränkungen hinsichtlich spezieller Gegenparteien oder Unternehmen, sondern grenzt die Dienstleistungen ein, auf die sich die Forderungen beziehen. Gemäß Artikel 106 Absatz 2 Buchstabe c CRD können für Kredite, die aus der Erbringung der folgenden Dienstleistungen resultieren, Ausnahmen gewährt werden:
1. Durchführung des Zahlungsverkehrs, einschließlich der Ausführung von Zahlungsdiensten, des Clearings und der Abrechnung in jedweder Währung und des Korrespondenzbankgeschäfts.
2. Erbringung von Dienstleistungen für Kunden zum Clearing von Finanzinstrumenten, zur Abrechnung und Verwahrung. Zu den Verwahrdiensten gehören eingehende Zahlungen von Erträgen (z.B. Zins- oder Dividendenzahlungen), die Tilgung von Nennbeträgen sowie andere auf Ereignisse während der Laufzeit von Finanzinstrumenten zurückzuführende Zahlungen. Die ausgenommenen Forderungen können sich auf Forderungen gegenüber Kunden, Korrespondenzbanken oder mit Verwahrdiensten betraute Stellen (vor allem Emittenten oder Zahlstellen) beziehen.

ad B. Kundengeschäft:

Für Forderungen, die aus den unter Punkt A. aufgeführten Arten von Diensten resultieren, gilt die Ausnahmeregelung nur, wenn sie auf das Kundengeschäft zurückzuführen sind. Unter den Begriff des Kundengeschäfts fallen hierbei sowohl direkte als auch indirekte Aktivitäten, d.h. vom Kunden initiierte Geschäfte, aber auch »indirekte« Kundengeschäfte in Form von Zahlungen oder Abhebungen durch Handlungsbevollmächtigte bzw. Vertragspartner des Kunden (einschließlich des kontoführenden Instituts); hierzu zählen Gutschriften und Belastungen von Zahlungen, Gebühren und Zinsen sowie die Bereitstellung oder Rücknahme von Barsicherheiten. **Für aus dem Eigenhandel herrührende Forderungen gilt diese Ausnahmeregelung nicht.**
Folgende Forderungen werden befreit:
1. Forderungen, die aus verspäteten Zahlungseingängen bei Finanzierungen resultieren, und
2. andere Forderungen, wenn sie
   a) sich aus unerwarteten Zuflüssen ergeben oder das Resultat erwarteter Zu- bzw. Abflüsse sind, die nicht eingetreten sind;
   Voraussetzung ist, dass das Kreditinstitut – aufgrund technischer oder externer Einschränkungen (z.B. Uhrzeit oder Marktpraxis) – nicht in der Lage ist, diese Forderungen trotz angemessener Bemühungen vor Geschäftsschluss zurückzuführen,
   b) durch geleistete oder empfangene Barsicherheiten im Zusammenhang mit den unter A. 2 genannten Diensten oder anderen Finanzmarkttransaktionen für Kunden (d.h. zur Teilnahme an geregelten Finanzmärkten oder für Wertpapierfinanzierungsgeschäfte hinterlegte Barsicherheiten) entstehen, oder
   c) tagsgleich aus einer Diversifizierung der ursprünglichen Forderung entstehen. Das heißt, dass der Anwendungsbereich der Ausnahmeregelungen sich auch auf Fälle beziehen soll, in denen das Institut Teile der ursprünglichen Forderung auf Drittbanken überträgt oder mit Drittbanken (Reverse-) Repogeschäfte abschließt. Jedoch ist das Institut nicht in der Lage, die ursprüngliche Forderung – aufgrund technischer oder externer Einschränkungen (z.B. Uhrzeit oder Marktpraxis) – derart zu diversifizieren, dass diversifizierte Forderungen jeweils unter die Großkreditobergrenze fallen. Die diversifizierten Forderungen müssen die folgenden Bedingungen erfüllen:
      i. Die ursprüngliche Forderung fällt unter die oben stehenden Punkte 1 oder 2a),

ii. die diversifizierte(n) Forderung(en) resultiert/resultieren ausschließlich aus den Bemühungen des Instituts, seine Risiken gegenüber einer Gegenpartei zu verringern, indem es Teile der ursprünglichen Forderung weiter diversifiziert und auf einen oder mehrere Gegenparteien streut, und

iii. das Kreditinstitut, gegenüber dem die diversifizierte Forderung besteht, muss über eine Bonitätsbeurteilung einer zugelassenen externen Ratingagentur (External Credit Assessment Institution, ECAI) verfügen, die laut der zuständigen Behörde gemäß den Regelungen zur Risikogewichtung von Forderungen an Institute nach Artikel 78 bis 83 CRD (d. h. nach Maßgabe des Standardansatzes zur Berechnung der Mindestkapitalanforderungen für Kreditrisiken) mindestens der Bonitätsstufe 3 entspricht.[1]

ad C. Kurzfristig (über Nacht):

Nur Forderungen, die innerhalb des folgenden Geschäftstages wieder unter die Obergrenze für Großkredite zurückgeführt werden, fallen unter die Ausnahmeregelung nach § 20 Absatz 1 Nr. 3 und 3a KWG (= Artikel 106 Absatz 2 Buchstabe c CRD). Senkt das meldepflichtige Institut die Forderung vor Ablauf des folgenden Geschäftstages nicht unter die Obergrenze für Großkredite, wird die Forderung nicht länger von der Vorschrift für Großkredite ausgenommen, sodass eine Verletzung der Obergrenze zu melden ist. Auch wenn die maximal zulässige Dauer für eine Überschreitung nach der Ausnahmeregel bis zum Ablauf des folgenden Geschäftstages reicht, erwartet die Aufsicht, dass eine derartige Forderung unverzüglich, d. h. so bald wie möglich innerhalb des nächsten Geschäftstages, unter die Obergrenze für Großkredite zurückgeführt wird.

§ 20 Absatz 1 Nr. 3 KWG (= Artikel 106 Absatz 2 Buchstabe c CRD) bezieht sich auf »Kredite im Kundengeschäft«, nicht auf Kontensalden. Der Tagesendsaldo auf einem Gegenparteikonto (»aggregierte Forderung«) kann sich aus verschiedenen Kontobewegungen ergeben, die von mehreren Kunden im Tagesverlauf veranlasst wurden, woraus »einzelne Forderungen« entstehen. Auch wenn somit der Kontosaldo an aufeinanderfolgenden Tagen (»aggregierte Forderung«) über der Großkreditgrenze liegen kann, bedeutet dies nicht automatisch, dass er nicht unter die nach Punkt C. zulässige Ausnahmeregelung fällt.

Unter B. 2 b) behandelte Barsicherheiten sind ausgenommen, sofern sie nicht über einen über den nächsten Geschäftstag hinausreichenden festen Zeitraum oder einen entsprechenden Mindestzeitraum gehalten werden müssen.

1. Die Institute, die von der Ausnahmeregelung Gebrauch machen, müssen wirksame Verfahren und Kontrollmechanismen einführen, um sicherzustellen, dass die unter A. bis C. aufgeführten Bedingungen hinreichend erfüllt werden. Insbesondere müssen sie nachweisen können, dass die nach § 20 Abs. 1 Nr. 3 und 3a KWG (= Artikel 106 Absatz 2 Buchstabe c CRD) von den Großkreditvorschriften ausgenommenen Forderungen vollständig aus dem Kundengeschäft stammen.

4. Leitlinien zu § 20 Absatz 1 Nr. 4 KWG (= Artikel 106 Absatz 2 Buchstabe d CRD)

1. Für Intratageskredite an Institute, die Dienste für die Durchführung des Zahlungsverkehrs anbieten, sehen die Großkreditvorschriften eine weitere Ausnahmeregelung vor. Anders als die in § 20 Absatz 1 Nr. 3 KWG (= Artikel 106 Absatz 2 Buchstabe c) geregelten Ausnahmetatbestände befasst sich § 20 Absatz 1 Nr. 4 KWG (= Artikel 106 Absatz 2 Buchstabe d) mit Krediten, die den Anbietern solcher Zahlungsverkehrsdienste gewährt werden.

---

[1] Unabhängig von dem Ansatz, den das seine Forderungen diversifizierende Institut für die Ermittlung der risikogewichteten Forderungsbeträge für Forderungen an Institute verwendet.

2. Voraussetzungen: Damit die Ausnahmen nach § 20 Absatz 1 Nr. 3 KWG (= Artikel 106 Absatz 2 Buchstabe d der CRD) einschlägig sind, müssen die Forderungen die drei folgenden Bedingungen erfüllen:
   - A. Die Forderung resultiert aus der Erbringung bestimmter Arten von Diensten.
   - B. Die Forderung wurde bestimmten Anbietern dieser Dienste gewährt.
   - C. Es handelt sich um einen Intratageskredit.

ad A. Arten von Diensten:

§ 20 Absatz 1 Nr. 4 KWG (= Artikel 106 Absatz 2 Buchstabe d CRD) zählt eine Reihe von Krediten auf, die unter die Ausnahmeregelung fallen, nämlich Forderungen aus der Durchführung des Zahlungsverkehrs einschließlich der Ausführung von Zahlungsdiensten, des Clearings und der Abrechnung in Währung und des Korrespondenzbankgeschäfts. Diese Forderungen fallen ungeachtet ihres Ursprungs unter die Ausnahmeregelung; das heißt, sie könnten aus Bargeldbewegungen infolge von Transaktionen mit Finanzinstrumenten, der Bezahlung von getätigten Käufen, reinen Kontoübertragungen usw. herrühren. Auch das Zahlungsmittel (Überweisung, Scheck, Lastschrift usw.) spielt keine Rolle.

ad B. Bestimmte Anbieter von Diensten:

Unter die Ausnahmeregelung fallen nur Kredite an Institute, die die unter A. aufgeführten Dienste anbieten. Allerdings muss es sich bei diesen Dienstanbietern nicht um Zahlungsinstitute gemäß Definition der Zahlungsverkehrsrichtlinie (Richtlinie 2007/64/EG des Europäischen Parlaments und des Rates vom 13. November 2007 über Zahlungsdienste im Binnenmarkt zur Änderung der Richtlinien 97/7/EG, 2002/65/EG, 2005/60/EG und 2006/48/EG sowie zur Aufhebung der Richtlinie 97/5/EG, Text von Bedeutung für den EWR) handeln, noch müssen die unter A. aufgezählten Dienste den Hauptbestandteil der angebotenen Leistungen darstellen. In jedem Fall müssen die Anbieter der Dienste der Banken- oder Marktaufsicht bzw. -überwachung eines Mitgliedstaats oder Rechtsvorschriften unterliegen, die dem Gemeinschaftsrecht entsprechen.

ad C. Kurzfristig (innertägig):

Nur Forderungen, die innerhalb desselben Geschäftstages auf einen Stand unterhalb der Obergrenze für Großkredite zurückgeführt werden, fallen unter die Ausnahmeregelung nach § 20 Absatz 1 Nr. 4 KWG (= Artikel 106 Absatz 2 Buchstabe d CRD). Das heißt, dass das meldepflichtige Institut den Kredit vor Ablauf des Geschäftstages unter die Obergrenze für Großkredite senken muss. Ist dies nicht der Fall, wird der Kredit nicht von den Großkreditregelungen ausgenommen, sodass eine Verletzung der Obergrenze zu melden ist. Auch wenn die maximal zulässige Dauer für eine Überschreitung nach der Ausnahmeregel bis zum Ablauf des Geschäftstages reicht, erwartet die Aufsicht, dass eine derartige Forderung unverzüglich, d.h. so bald wie möglich innerhalb des Geschäftstages, unter die Obergrenze für Großkredite zurückgeführt wird.
1. Die Institute, die von dieser Ausnahmeregelung Gebrauch machen, müssen wirksame Verfahren und Kontrollmechanismen einführen, um sicherzustellen, dass die unter A. bis C. aufgeführten Bedingungen hinreichend erfüllt werden.

Dieses Rundschreiben ist mit der Deutschen Bundesbank abgestimmt.
An alle Kreditinstitute und an alle Finanzdienstleistungsinstitute der Gruppen I, II und V in der Bundesrepublik Deutschland.

Anhang 4
Risikomanagement- und Corporate Governance-Vorschriften

Anhang 4.1
Mindestanforderungen an das Risikomanagement – MaRisk

Rundschreiben 10/2012 (BA) der Bundesanstalt für Finanzdienstleistungsaufsicht vom 14. Dezember 2012 – BA 54-FR 2210-2012/0002[1]

AT 1   Vorbemerkung

AT 2   Anwendungsbereich
    AT 2.1   Anwenderkreis
    AT 2.2   Risiken
    AT 2.3   Geschäfte

AT 3   Gesamtverantwortung der Geschäftsleitung

AT 4   Allgemeine Anforderungen an das Risikomanagement
    AT 4.1   Risikotragfähigkeit
    AT 4.2   Strategien
    AT 4.3   Internes Kontrollsystem
        AT 4.3.1   Aufbau- und Ablauforganisation
        AT 4.3.2   Risikosteuerungs- und -controllingprozesse
        AT 4.3.3   Stresstests
    AT 4.4   Besondere Funktionen
        AT 4.4.1   Risikocontrolling-Funktion
        AT 4.4.2   Compliance Funktion
        AT 4.4.3   Interne Revision
    AT 4.5   Risikomanagement auf Gruppenebene

AT 5   Organisationsrichtlinien

AT 6   Dokumentation

AT 7   Ressourcen
    AT 7.1   Personal
    AT 7.2   Technisch-organisatorische Ausstattung
    AT 7.3   Notfallkonzept

AT 8   Anpassungsprozesse
    AT 8.1   Neu-Produkte-Prozess
    AT 8.2   Änderungen betrieblicher Prozesse oder Strukturen
    AT 8.3   Übernahmen und Fusionen

AT 9   Outsourcing

BT 1   Besondere Anforderungen an das interne Kontrollsystem

BTO   Anforderungen an die Aufbau- und Ablauforganisation

BTO 1   Kreditgeschäft
    BTO 1.1   Funktionstrennung und Votierung

---

[1] Red. Anm.: Die Anlagen sind hier nicht abgedruckt.

BTO 1.2 Anforderungen an die Prozesse im Kreditgeschäft
    BTO 1.2.1 Kreditgewährung
    BTO 1.2.2 Kreditweiterbearbeitung
    BTO 1.2.3 Kreditbearbeitungskontrolle
    BTO 1.2.4 Intensivbetreuung
    BTO 1.2.5 Behandlung von Problemkrediten
    BTO 1.2.6 Risikovorsorge
BTO 1.3 Verfahren zur Früherkennung von Risiken
BTO 1.4 Risikoklassifizierungsverfahren

BTO 2 Handelsgeschäft
BTO 2.1 Funktionstrennung
BTO 2.2 Anforderungen an die Prozesse im Handelsgeschäft
    BTO 2.2.1 Handel
    BTO 2.2.2 Abwicklung und Kontrolle
    BTO 2.2.3 Abbildung im Risikocontrolling

BTR Anforderungen an die Risikosteuerungs- und -controllingprozesse

BTR 1 Adressenausfallrisiken

BTR 2 Marktpreisrisiken
BTR 2.1 Allgemeine Anforderungen
BTR 2.2 Marktpreisrisiken des Handelsbuches
BTR 2.3 Marktpreisrisiken des Anlagebuches (einschließlich Zinsänderungsrisiken)

BTR 3 Liquiditätsrisiken
BTR 3.1 Allgemeine Anforderungen
BTR 3.2 Zusätzliche Anforderungen an kapitalmarktorientierte Institute

BTR 4 Operationelle Risiken

BT 2 Besondere Anforderungen an die Ausgestaltung der Internen Revision
BT 2.1 Aufgaben der Internen Revision
BT 2.2 Grundsätze für die Interne Revision
BT 2.3 Prüfungsplanung und -durchführung
BT 2.4 Berichtspflicht
BT 2.5 Reaktion auf festgestellte Mängel

AT 1 Vorbemerkung

1 Dieses Rundschreiben gibt auf der Grundlage des § 25a Abs. 1 des Kreditwesengesetzes (KWG) einen flexiblen und praxisnahen Rahmen für die Ausgestaltung des Risikomanagements der Institute vor. Es präzisiert ferner die Anforderungen des § 25a Abs. 1a und Abs. 2 KWG (Risikomanagement auf Gruppenebene, Outsourcing). Ein angemessenes und wirksames Risikomanagement umfasst unter Berücksichtigung der Risikotragfähigkeit insbesondere die Festlegung von Strategien sowie die Einrichtung interner Kontrollverfahren. Die internen Kontrollverfahren bestehen aus dem internen Kontrollsystem und der Internen Revision. Das interne Kontrollsystem umfasst insbesondere
– Regelungen zur Aufbau- und Ablauforganisation,
– Prozesse zur Identifizierung, Beurteilung, Steuerung, Überwachung sowie Kommunikation der Risiken (Risikosteuerungs- und -controllingprozesse) und
– eine Risikocontrolling-Funktion und eine Compliance-Funktion.
Das Risikomanagement schafft eine Grundlage für die sachgerechte Wahrnehmung

der Überwachungsfunktionen des Aufsichtsorgans und beinhaltet deshalb auch dessen angemessene Einbindung.

2   Das Rundschreiben gibt zudem einen qualitativen Rahmen für die Umsetzung der Art. 22 und 123 der Richtlinie 2006/48/EG (Bankenrichtlinie) vor. Danach sind von den Instituten angemessene Leitungs-, Steuerungs- und Kontrollprozesse (»Robust Governance Arrangements«) sowie Strategien und Prozesse einzurichten, die gewährleisten, dass genügend internes Kapital zur Abdeckung aller wesentlichen Risiken vorhanden ist (Interner Prozess zur Sicherstellung der Risikotragfähigkeit – »Internal Capital Adequacy Assessment Process«). Die Qualität dieser Prozesse ist von der Aufsicht gemäß Art. 124 der Bankenrichtlinie im Rahmen des bankaufsichtlichen Überwachungsprozesses regelmäßig zu beurteilen (»Supervisory Review and Evaluation Process«). Das Rundschreiben ist daher unter Berücksichtigung des Prinzips der doppelten Proportionalität der Regelungsrahmen für die qualitative Aufsicht in Deutschland (»Supervisory Review Process«). Der sachgerechte Umgang mit dem Proportionalitätsprinzip seitens der Institute beinhaltet in dem prinzipienorientierten Aufbau der MaRisk auch, dass Institute im Einzelfall über bestimmte, in den MaRisk explizit formulierte Anforderungen hinaus weitergehende Vorkehrungen treffen, soweit dies zur Sicherstellung der Angemessenheit und Wirksamkeit des Risikomanagements erforderlich sein sollte. Insofern haben Institute, die besonders groß sind oder deren Geschäftsaktivitäten durch besondere Komplexität, Internationalität oder eine besondere Risikoexponierung gekennzeichnet sind, weitergehende Vorkehrungen im Bereich des Risikomanagements zu treffen als weniger große Institute mit weniger komplex strukturierten Geschäftsaktivitäten, die keine außergewöhnliche Risikoexponierung aufweisen. Erstgenannte Institute haben dabei auch die Inhalte einschlägiger Veröffentlichungen zum Risikomanagement des Baseler Ausschusses für Bankenaufsicht und des Financial Stability Board in eigenverantwortlicher Weise in ihre Überlegungen zur angemessenen Ausgestaltung des Risikomanagements einzubeziehen. Im Hinblick auf die Methoden zur Berechnung der aufsichtsrechtlich erforderlichen Eigenmittel der Bankenrichtlinie sind die Anforderungen des Rundschreibens insofern neutral konzipiert, als sie unabhängig von der gewählten Methode eingehalten werden können.

3   Durch das Rundschreiben wird zudem über § 33 Abs. 1 des Gesetzes über den Wertpapierhandel (WpHG) in Verbindung mit § 25a Abs. 1 KWG Art. 13 der Richtlinie 2004/39/EG (Finanzmarktrichtlinie) umgesetzt, soweit diese auf Kreditinstitute und Finanzdienstleistungsinstitute gleichermaßen Anwendung findet. Dies betrifft die allgemeinen organisatorischen Anforderungen gemäß Art. 5, die Anforderungen an das Risikomanagement und die Interne Revision gemäß Art. 7 und 8, die Anforderungen zur Geschäftsleiterverantwortung gemäß Art. 9 sowie an Auslagerungen gemäß Art. 13 und 14 der Richtlinie 2006/73/EG (Durchführungsrichtlinie zur Finanzmarktrichtlinie). Diese Anforderungen dienen der Verwirklichung des Ziels der Finanzmarktrichtlinie, die Finanzmärkte in der Europäischen Union im Interesse des grenzüberschreitenden Finanzdienstleistungsverkehrs und einheitlicher Grundlagen für den Anlegerschutz zu harmonisieren.

4   Das Rundschreiben trägt der heterogenen Institutsstruktur und der Vielfalt der Geschäftsaktivitäten Rechnung. Es enthält zahlreiche Öffnungsklauseln, die abhängig von der Größe der Institute, den Geschäftsschwerpunkten und der Risikosituation eine vereinfachte Umsetzung ermöglichen. Insoweit kann es vor allem auch von kleineren Instituten flexibel umgesetzt werden. Das Rundschreiben ist gegenüber der laufenden Fortentwicklung der Prozesse und Verfahren im Risikomanagement offen, soweit diese im Einklang mit den Zielen des Rundschreibens stehen. Für diese Zwecke wird die Bundesanstalt für Finanzdienstleistungsaufsicht einen fortlaufenden Dialog mit der Praxis führen.

5   Die Bundesanstalt für Finanzdienstleistungsaufsicht erwartet, dass der flexiblen Grundausrichtung des Rundschreibens im Rahmen von Prüfungshandlungen

Rechnung getragen wird. Prüfungen sind daher auf der Basis eines risikoorientierten Prüfungsansatzes durchzuführen.

6 Das Rundschreiben ist modular strukturiert, sodass notwendige Anpassungen in bestimmten Regelungsfeldern auf die zeitnahe Überarbeitung einzelner Module beschränkt werden können. In einem allgemeinen Teil (Modul AT) befinden sich grundsätzliche Prinzipien für die Ausgestaltung des Risikomanagements. Spezifische Anforderungen an die Organisation des Kredit- und Handelsgeschäfts sind in einem besonderen Teil niedergelegt (Modul BT). Unter Berücksichtigung von Risikokonzentrationen werden in diesem Modul auch Anforderungen an die Identifizierung, Beurteilung, Steuerung sowie die Überwachung und Kommunikation von Adressenausfallrisiken, Marktpreisrisiken, Liquiditätsrisiken sowie operationellen Risiken gestellt. Darüber hinaus wird in Modul BT ein Rahmen für die Ausgestaltung der Internen Revision in den Instituten vorgegeben.

AT 2 Anwendungsbereich

1 Die Beachtung der Anforderungen des Rundschreibens durch die Institute soll dazu beitragen, Missständen im Kredit- und Finanzdienstleistungswesen entgegenzuwirken, welche die Sicherheit der den Instituten anvertrauten Vermögenswerte gefährden, die ordnungsgemäße Durchführung der Bankgeschäfte oder Finanzdienstleistungen beeinträchtigen oder erhebliche Nachteile für die Gesamtwirtschaft herbeiführen können. Bei der Erbringung von Wertpapierdienstleistungen und Wertpapiernebendienstleistungen müssen die Institute die Anforderungen darüber hinaus mit der Maßgabe einhalten, die Interessen der Wertpapierdienstleistungskunden zu schützen.

AT 2.1 Anwenderkreis

1 Die Anforderungen des Rundschreibens sind von allen Instituten im Sinne von § 1 Abs. 1 b KWG beziehungsweise im Sinne von § 53 Abs. 1 KWG zu beachten. Sie gelten auch für die Zweigniederlassungen deutscher Institute im Ausland. Auf Zweigniederlassungen von Unternehmen mit Sitz in einem anderen Staat des Europäischen Wirtschaftsraums nach § 53b KWG finden sie keine Anwendung. Die Anforderungen in Modul AT 4.5 des Rundschreibens sind von übergeordneten Unternehmen beziehungsweise übergeordneten Finanzkonglomeratsunternehmen einer Institutsgruppe, einer Finanzholdinggruppe oder eines Finanzkonglomerats auf Gruppenebene zu beachten.

2 Finanzdienstleistungsinstitute und Wertpapierhandelsbanken haben die Anforderungen des Rundschreibens insoweit zu beachten, wie dies vor dem Hintergrund der Institutsgröße sowie von Art, Umfang, Komplexität und Risikogehalt der Geschäftsaktivitäten zur Einhaltung der gesetzlichen Pflichten aus § 25a KWG geboten erscheint. Dies gilt insbesondere für die Module AT 3, AT 5, AT 7 und AT 9.

AT 2.2 Risiken

1 Die Anforderungen des Rundschreibens beziehen sich auf das Management der für das Institut wesentlichen Risiken. Zur Beurteilung der Wesentlichkeit hat sich die Geschäftsleitung regelmäßig und anlassbezogen im Rahmen einer Risikoinventur einen Überblick über die Risiken des Instituts zu verschaffen (Gesamtrisikoprofil). Die Risiken sind auf der Ebene des gesamten Instituts zu erfassen, unabhängig davon, in welcher Organisationseinheit die Risiken verursacht wurden. Grundsätzlich sind zumindest die folgenden Risiken als wesentlich einzustufen:
 a) Adressenausfallrisiken (einschließlich Länderrisiken),
 b) Marktpreisrisiken,
 c) Liquiditätsrisiken und

d) operationelle Risiken.
Mit wesentlichen Risiken verbundene Risikokonzentrationen sind zu berücksichtigen. Für Risiken, die als nicht wesentlich eingestuft werden, sind angemessene Vorkehrungen zu treffen.

2 Das Institut hat im Rahmen der Risikoinventur zu prüfen, welche Risiken die Vermögenslage (inklusive Kapitalausstattung), die Ertragslage oder die Liquiditätslage wesentlich beeinträchtigen können. Die Risikoinventur darf sich dabei nicht ausschließlich an den Auswirkungen in der Rechnungslegung sowie an formalrechtlichen Ausgestaltungen orientieren.

AT 2.3 Geschäfte

1 Kreditgeschäfte im Sinne dieses Rundschreibens sind grundsätzlich Geschäfte nach Maßgabe des § 19 Abs. 1 KWG (Bilanzaktiva und außerbilanzielle Geschäfte mit Adressenausfallrisiken).

2 Im Sinne dieses Rundschreibens gilt als Kreditentscheidung jede Entscheidung über Neukredite, Krediterhöhungen, Beteiligungen, Limitüberschreitungen, die Festlegung von kreditnehmerbezogenen Limiten sowie von Kontrahenten- und Emittentenlimiten, Prolongationen und Änderungen risikorelevanter Sachverhalte, die dem Kreditbeschluss zugrunde lagen (z.B. Sicherheiten, Verwendungszweck). Dabei ist es unerheblich, ob diese Entscheidung ausschließlich vom Institut selbst oder gemeinsam mit anderen Instituten getroffen wird (sogenanntes Konsortialgeschäft).

3 Handelsgeschäfte sind grundsätzlich alle Abschlüsse, die ein
   a) Geldmarktgeschäft,
   b) Wertpapiergeschäft,
   c) Devisengeschäft,
   d) Geschäft in handelbaren Forderungen (z.B. Handel in Schuldscheinen),
   e) Geschäft in Waren oder
   f) Geschäft in Derivaten
zur Grundlage haben und die im eigenen Namen und für eigene Rechnung abgeschlossen werden. Als Wertpapiergeschäfte gelten auch Geschäfte mit Namensschuldverschreibungen sowie die Wertpapierleihe, nicht aber die Erstausgabe von Wertpapieren. Handelsgeschäfte sind auch, ungeachtet des Geschäftsgegenstandes, Vereinbarungen von Rückgabe- oder Rücknahmeverpflichtungen sowie Pensionsgeschäfte.

4 Zu den Geschäften in Derivaten gehören Termingeschäfte, deren Preis sich von einem zugrunde liegenden Aktivum, von einem Referenzpreis, Referenzzins, Referenzindex oder einem im Voraus definierten Ereignis ableitet.

AT 3 Gesamtverantwortung der Geschäftsleitung

1 Alle Geschäftsleiter (§ 1 Abs. 2 KWG) sind, unabhängig von der internen Zuständigkeitsregelung, für die ordnungsgemäße Geschäftsorganisation und deren Weiterentwicklung verantwortlich. Diese Verantwortung bezieht sich unter Berücksichtigung ausgelagerter Aktivitäten und Prozesse auf alle wesentlichen Elemente des Risikomanagements. Die Geschäftsleiter werden dieser Verantwortung nur gerecht, wenn sie die Risiken beurteilen können und die erforderlichen Maßnahmen zu ihrer Begrenzung treffen. Die Geschäftsleiter eines übergeordneten Unternehmens einer Institutsgruppe oder Finanzholding-Gruppe beziehungsweise eines übergeordneten Finanzkonglomeratsunternehmens sind zudem für die ordnungsgemäße Geschäftsorganisation in der Gruppe und somit auch für ein angemessenes und wirksames Risikomanagement auf Gruppenebene verantwortlich (§ 25a Abs. 1a KWG).

AT 4 Allgemeine Anforderungen an das Risikomanagement

AT 4.1 Risikotragfähigkeit

1 Auf der Grundlage des Gesamtrisikoprofils ist sicherzustellen, dass die wesentlichen Risiken des Instituts durch das Risikodeckungspotenzial, unter Berücksichtigung von Risikokonzentrationen, laufend abgedeckt sind und damit die Risikotragfähigkeit gegeben ist.
2 Das Institut hat einen internen Prozess zur Sicherstellung der Risikotragfähigkeit einzurichten. Die Risikotragfähigkeit ist bei der Festlegung der Strategien (AT 4.2) sowie bei deren Anpassung zu berücksichtigen. Zur Umsetzung der Strategien beziehungsweise zur Gewährleistung der Risikotragfähigkeit sind ferner geeignete Risikosteuerungs- und -controllingprozesse (AT 4.3.2) einzurichten.
3 Knüpft das Risikotragfähigkeitskonzept an Jahresabschluss-Größen an, so ist eine angemessene Betrachtung über den Bilanzstichtag hinaus erforderlich.
4 Wesentliche Risiken, die nicht in das Risikotragfähigkeitskonzept einbezogen werden, sind festzulegen. Ihre Nichtberücksichtigung ist nachvollziehbar zu begründen und nur dann möglich, wenn das jeweilige Risiko aufgrund seiner Eigenart nicht sinnvoll durch Risikodeckungspotenzial begrenzt werden kann (z.B. im Allgemeinen Liquiditätsrisiken). Es ist sicherzustellen, dass solche Risiken angemessen in den Risikosteuerungs- und -controllingprozessen berücksichtigt werden.
5 Verfügt ein Institut über keine geeigneten Verfahren zur Quantifizierung einzelner Risiken, die in das Risikotragfähigkeitskonzept einbezogen werden sollen, so ist für diese auf der Basis einer Plausibilisierung ein Risikobetrag festzulegen. Die Plausibilisierung kann auf der Basis einer qualifizierten Expertenschätzung durchgeführt werden.
6 Soweit ein Institut innerhalb oder zwischen Risikoarten risikomindernde Diversifikationseffekte im Risikotragfähigkeitskonzept berücksichtigt, müssen die zugrunde liegenden Annahmen anhand einer Analyse der institutsindividuellen Verhältnisse getroffen werden und auf Daten basieren, die auf die individuelle Risikosituation des Instituts als übertragbar angesehen werden können. Die zugrunde liegenden Datenhistorien müssen ausreichend lang sein, um Veränderungen von Diversifikationseffekten in konjunkturellen Auf- und Abschwungphasen widerzuspiegeln. Diversifikationseffekte müssen so konservativ geschätzt werden, dass sie auch in konjunkturellen Abschwungphasen sowie bei im Hinblick auf die Geschäfts- und Risikostruktur des Instituts ungünstigen Marktverhältnissen als ausreichend stabil angenommen werden können.
7 Die Verlässlichkeit und die Stabilität der Diversifikationsannahmen sind regelmäßig und gegebenenfalls anlassbezogen zu überprüfen.
8 Die Wahl der Methoden und Verfahren zur Beurteilung der Risikotragfähigkeit liegt in der Verantwortung des Instituts. Die den Methoden und Verfahren zugrunde liegenden Annahmen sind nachvollziehbar zu begründen. Die Festlegung wesentlicher Elemente der Risikotragfähigkeitssteuerung sowie wesentlicher zugrunde liegender Annahmen ist von der Geschäftsleitung zu genehmigen. Die Angemessenheit der Methoden und Verfahren ist zumindest jährlich durch die fachlich zuständigen Mitarbeiter zu überprüfen. Dabei ist den Grenzen und Beschränkungen, die sich aus den eingesetzten Methoden und Verfahren, den ihnen zugrunde liegenden Annahmen und den in die Risikoquantifizierung einfließenden Daten ergeben, hinreichend Rechnung zu tragen. Die Aussagekraft der quantifizierten Risiken ist insofern kritisch zu analysieren. Die zur Risikotragfähigkeitssteuerung eingesetzten Verfahren haben sowohl das Ziel der Fortführung des Instituts als auch den Schutz der Gläubiger vor Verlusten aus ökonomischer Sicht angemessen zu berücksichtigen.
9 Jedes Institut muss über einen Prozess zur Planung des zukünftigen Kapitalbedarfs verfügen. Der Planungshorizont muss einen angemessen langen, mehrjährigen

Zeitraum umfassen. Dabei ist zu berücksichtigen, wie sich über den Risikobetrachtungshorizont des Risikotragfähigkeitskonzepts hinaus Veränderungen der eigenen Geschäftstätigkeit oder der strategischen Ziele sowie Veränderungen des wirtschaftlichen Umfelds auf den Kapitalbedarf auswirken. Möglichen adversen Entwicklungen, die von den Erwartungen abweichen, ist bei der Planung angemessen Rechnung zu tragen.

AT 4.2 Strategien

1. Die Geschäftsleitung hat eine nachhaltige Geschäftsstrategie festzulegen, in der die Ziele des Instituts für jede wesentliche Geschäftsaktivität sowie die Maßnahmen zur Erreichung dieser Ziele dargestellt werden. Bei der Festlegung und Anpassung der Geschäftsstrategie sind sowohl externe Einflussfaktoren (z.B. Marktentwicklung, Wettbewerbssituation, regulatorisches Umfeld) als auch interne Einflussfaktoren (z.B. Risikotragfähigkeit, Liquidität, Ertragslage, personelle und technisch-organisatorische Ressourcen) zu berücksichtigen. Im Hinblick auf die zukünftige Entwicklung der relevanten Einflussfaktoren sind Annahmen zu treffen. Die Annahmen sind einer regelmäßigen und anlassbezogenen Überprüfung zu unterziehen; erforderlichenfalls ist die Geschäftsstrategie anzupassen.
2. Die Geschäftsleitung hat eine mit der Geschäftsstrategie und den daraus resultierenden Risiken konsistente Risikostrategie festzulegen. Die Risikostrategie hat, gegebenenfalls unterteilt in Teilstrategien für die wesentlichen Risiken, die Ziele der Risikosteuerung der wesentlichen Geschäftsaktivitäten sowie die Maßnahmen zur Erreichung dieser Ziele zu umfassen. Insbesondere sind, unter Berücksichtigung von Risikokonzentrationen, für alle wesentlichen Risiken Risikotoleranzen festzulegen. Risikokonzentrationen sind dabei auch mit Blick auf die Ertragssituation des Instituts (Ertragskonzentrationen) zu berücksichtigen. Dies setzt voraus, dass das Institut seine Erfolgsquellen voneinander abgrenzen und diese quantifizieren kann (z.B. im Hinblick auf den Konditionen- und den Strukturbeitrag im Zinsbuch).
3. Die Geschäftsleitung ist verantwortlich für die Festlegung und Anpassung der Strategien; diese Verantwortung ist nicht delegierbar. Die Geschäftsleitung muss für die Umsetzung der Strategien Sorge tragen. Der Detaillierungsgrad der Strategien ist abhängig vom Umfang und Komplexität sowie dem Risikogehalt der geplanten Geschäftsaktivitäten. Es bleibt dem Institut überlassen, die Risikostrategie in die Geschäftsstrategie zu integrieren.
4. Die Geschäftsleitung hat einen Strategieprozess einzurichten, der sich insbesondere auf die Prozessschritte Planung, Umsetzung, Beurteilung und Anpassung der Strategien erstreckt. Für die Zwecke der Beurteilung sind die in den Strategien niedergelegten Ziele so zu formulieren, dass eine sinnvolle Überprüfung der Zielerreichung möglich ist. Die Ursachen für etwaige Abweichungen sind zu analysieren.
5. Die Strategien sowie gegebenenfalls erforderliche Anpassungen der Strategien sind dem Aufsichtsorgan des Instituts zur Kenntnis zu geben und mit diesem zu erörtern. Die Erörterung erstreckt sich auch auf die Ursachenanalyse nach AT 4.2 Tz. 4 im Falle von Zielabweichungen.
6. Die Inhalte sowie Änderungen der Strategien sind innerhalb des Instituts in geeigneter Weise zu kommunizieren.

AT 4.3 Internes Kontrollsystem

1. In jedem Institut sind entsprechend Art, Umfang, Komplexität und Risikogehalt der Geschäftsaktivitäten
    a) Regelungen zur Aufbau- und Ablauforganisation zu treffen,
    b) Risikosteuerungs- und -controllingprozesse einzurichten und

c) eine Risikocontrolling-Funktion und eine Compliance-Funktion zu implementieren.

AT 4.3.1 Aufbau- und Ablauforganisation

1 Bei der Ausgestaltung der Aufbau- und Ablauforganisation ist sicherzustellen, dass miteinander unvereinbare Tätigkeiten durch unterschiedliche Mitarbeiter durchgeführt und auch bei Arbeitsplatzwechseln Interessenkonflikte vermieden werden.
2 Prozesse sowie die damit verbundenen Aufgaben, Kompetenzen, Verantwortlichkeiten, Kontrollen sowie Kommunikationswege sind klar zu definieren und aufeinander abzustimmen. Dies beinhaltet auch die regelmäßige und anlassbezogene Überprüfung von IT-Berechtigungen, Zeichnungsberechtigungen und sonstigen eingeräumten Kompetenzen. Das gilt auch bezüglich der Schnittstellen zu wesentlichen Auslagerungen.

AT 4.3.2 Risikosteuerungs- und -controllingprozesse

1 Das Institut hat angemessene Risikosteuerungs- und -controllingprozesse einzurichten, die eine
   a) Identifizierung,
   b) Beurteilung,
   c) Steuerung sowie
   d) Überwachung und Kommunikation
der wesentlichen Risiken und damit verbundener Risikokonzentrationen gewährleisten. Diese Prozesse sind in eine gemeinsame Ertrags- und Risikosteuerung (»Gesamtbanksteuerung«) einzubinden. Durch geeignete Maßnahmen ist zu gewährleisten, dass die Risiken und die damit verbundenen Risikokonzentrationen unter Berücksichtigung der Risikotragfähigkeit und der Risikotoleranzen wirksam begrenzt und überwacht werden.
2 Die Risikosteuerungs- und -controllingprozesse müssen gewährleisten, dass die wesentlichen Risiken – auch aus ausgelagerten Aktivitäten und Prozessen – frühzeitig erkannt, vollständig erfasst und in angemessener Weise dargestellt werden können. Hierzu hat das Institut geeignete Indikatoren für die frühzeitige Identifizierung von Risiken sowie von risikoartenübergreifenden Effekten abzuleiten, die je nach Risikoart auf quantitativen und/oder qualitativen Risikomerkmalen basieren.
3 Die Geschäftsleitung hat sich in angemessenen Abständen über die Risikosituation berichten zu lassen. Die Risikoberichterstattung ist in nachvollziehbarer, aussagefähiger Art und Weise zu verfassen. Sie hat neben einer Darstellung auch eine Beurteilung der Risikosituation zu enthalten. In die Risikoberichterstattung sind bei Bedarf auch Handlungsvorschläge, z.B. zur Risikoreduzierung, aufzunehmen. Einzelheiten zur Risikoberichterstattung sind in BTR 1 bis BTR 4 geregelt.
4 In den Risikoberichten sind insbesondere auch die Ergebnisse der Stresstests und deren potenzielle Auswirkungen auf die Risikosituation und das Risikodeckungspotenzial darzustellen. Ebenfalls darzustellen sind die den Stresstests zugrunde liegenden wesentlichen Annahmen. Darüber hinaus ist auch auf Risikokonzentrationen und deren potenzielle Auswirkungen gesondert einzugehen.
5 Unter Risikogesichtspunkten wesentliche Informationen sind unverzüglich an die Geschäftsleitung, die jeweiligen Verantwortlichen und gegebenenfalls die Interne Revision weiterzuleiten, sodass geeignete Maßnahmen beziehungsweise Prüfungshandlungen frühzeitig eingeleitet werden können. Hierfür ist ein geeignetes Verfahren festzulegen.
6 Die Geschäftsleitung hat das Aufsichtsorgan vierteljährlich über die Risikosituation in angemessener Weise schriftlich zu informieren. Die Berichterstattung ist in nachvollziehbarer, aussagefähiger Art und Weise zu verfassen und hat neben der

Darstellung auch eine Beurteilung der Risikosituation zu enthalten. Auf besondere Risiken für die Geschäftsentwicklung und dafür geplante Maßnahmen der Geschäftsleitung ist gesondert einzugehen. Für das Aufsichtsorgan unter Risikogesichtspunkten wesentliche Informationen sind von der Geschäftsleitung unverzüglich weiterzuleiten. Hierfür hat die Geschäftsleitung gemeinsam mit dem Aufsichtsorgan ein geeignetes Verfahren festzulegen.

7 Die Risikosteuerungs- und -controllingprozesse sind zeitnah an sich ändernde Bedingungen anzupassen.

AT 4.3.3 Stresstests

1 Es sind regelmäßig sowie anlassbezogen angemessene Stresstests für die wesentlichen Risiken durchzuführen, die Art, Umfang, Komplexität und den Risikogehalt der Geschäftsaktivitäten widerspiegeln. Hierfür sind die für die jeweiligen Risiken wesentlichen Risikofaktoren zu identifizieren. Die Stresstests haben sich auch auf die angenommenen Risikokonzentrationen und Diversifikationseffekte innerhalb und zwischen den Risikoarten zu erstrecken. Risiken aus außerbilanziellen Gesellschaftskonstruktionen und Verbriefungstransaktionen sind im Rahmen der Stresstests zu berücksichtigen. Die Stresstests sind auch auf Gesamtinstitutsebene durchzuführen.

2 Die Stresstests haben auch außergewöhnliche, aber plausibel mögliche Ereignisse abzubilden. Dabei sind geeignete historische und hypothetische Szenarien darzustellen. Anhand der Stresstests sind dabei auch die Auswirkungen eines schweren konjunkturellen Abschwungs auf Gesamtinstitutsebene zu analysieren. Bei der Festlegung der Szenarien sind die strategische Ausrichtung des Instituts und sein wirtschaftliches Umfeld zu berücksichtigen.

3 Das Institut hat auch sogenannte »inverse Stresstests« durchzuführen. Die Ausgestaltung und Durchführung ist abhängig von Art, Umfang, Komplexität und Risikogehalt der Geschäftsaktivitäten und kann qualitativ oder quantitativ erfolgen.

4 Die Angemessenheit der Stresstests sowie deren zugrunde liegende Annahmen sind in regelmäßigen Abständen, mindestens aber jährlich, zu überprüfen.

5 Die Ergebnisse der Stresstests sind kritisch zu reflektieren. Dabei ist zu ergründen, inwieweit, und wenn ja, welcher Handlungsbedarf besteht. Die Ergebnisse der Stresstests sind auch bei der Beurteilung der Risikotragfähigkeit angemessen zu berücksichtigen. Dabei ist den Auswirkungen eines schweren konjunkturellen Abschwungs besondere Aufmerksamkeit zu schenken.

AT 4.4 Besondere Funktionen

AT 4.4.1 Risikocontrolling-Funktion

1 Jedes Institut muss über eine Risikocontrolling-Funktion verfügen, die für die unabhängige Überwachung und Kommunikation der Risiken zuständig ist. Die Risikocontrolling-Funktion ist aufbauorganisatorisch bis einschließlich der Ebene der Geschäftsleitung von den Bereichen zu trennen, die für die Initiierung bzw. den Abschluss von Geschäften zuständig sind.

2 Die Risikocontrolling-Funktion hat insbesondere die folgenden Aufgaben:
   – Unterstützung der Geschäftsleitung in allen risikopolitischen Fragen, insbesondere bei der Entwicklung und Umsetzung der Risikostrategie sowie bei der Ausgestaltung eines Systems zur Begrenzung der Risiken;
   – Durchführung der Risikoinventur und Erstellung des Gesamtrisikoprofils;
   – Unterstützung der Geschäftsleitung bei der Einrichtung und Weiterentwicklung der Risikosteuerungs- und -controllingprozesse;
   – Einrichtung und Weiterentwicklung eines Systems von Risikokennzahlen und

eines Risikofrüherkennungsverfahrens;
- Laufende Überwachung der Risikosituation des Instituts und der Risikotragfähigkeit sowie der Einhaltung der eingerichteten Risikolimite;
- Regelmäßige Erstellung der Risikoberichte für die Geschäftsleitung;
- Verantwortung für die Prozesse zur unverzüglichen Weitergabe von unter Risikogesichtspunkten wesentlichen Informationen an die Geschäftsleitung, die jeweiligen Verantwortlichen und gegebenenfalls die Interne Revision.

3   Den Mitarbeitern der Risikocontrolling-Funktion sind alle notwendigen Befugnisse und ein uneingeschränkter Zugang zu allen Informationen einzuräumen, die für die Erfüllung ihrer Aufgaben erforderlich sind.

4   Die Leitung der Risikocontrolling-Funktion ist bei wichtigen risikopolitischen Entscheidungen der Geschäftsleitung zu beteiligen. Diese Aufgabe ist einer Person auf einer ausreichend hohen Führungsebene zu übertragen. Sie hat ihre Aufgaben in Abhängigkeit von der Größe des Instituts sowie Art, Umfang, Komplexität und Risikogehalt der Geschäftsaktivitäten grundsätzlich in exklusiver Weise auszufüllen.

5   Wechselt die Leitung der Risikocontrolling-Funktion, ist das Aufsichtsorgan zu informieren.

AT 4.4.2 Compliance-Funktion

1   Jedes Institut muss über eine Compliance-Funktion verfügen, um den Risiken, die sich aus der Nichteinhaltung rechtlicher Regelungen und Vorgaben ergeben können, entgegenzuwirken. Die Compliance-Funktion hat auf die Implementierung wirksamer Verfahren zur Einhaltung der für das Institut wesentlichen rechtlichen Regelungen und Vorgaben und entsprechender Kontrollen hinzuwirken. Ferner hat die Compliance- Funktion die Geschäftsleitung hinsichtlich der Einhaltung dieser rechtlichen Regelungen und Vorgaben zu unterstützen und zu beraten.

2   Die Identifizierung der wesentlichen rechtlichen Regelungen und Vorgaben, deren Nichteinhaltung zu einer Gefährdung des Vermögens des Instituts führen kann, erfolgt unter Berücksichtigung von Risikogesichtspunkten in regelmäßigen Abständen durch die Compliance-Funktion.

3   Grundsätzlich ist die Compliance-Funktion unmittelbar der Geschäftsleitung unterstellt und berichtspflichtig. Sie kann auch an andere Kontrolleinheiten angebunden werden. Zur Erfüllung ihrer Aufgaben kann die Compliance-Funktion auch auf andere Funktionen und Stellen zurückgreifen.

4   Das Institut hat einen Compliance-Beauftragten zu benennen, der für die Erfüllung der Aufgaben der Compliance-Funktion verantwortlich ist. Abhängig von Art, Umfang, Komplexität und Risikogehalt der Geschäftsaktivitäten sowie der Größe des Instituts kann im Ausnahmefall die Funktion des Compliance-Beauftragten auch einem Geschäftsleiter übertragen werden.

5   Den Mitarbeitern der Compliance-Funktion sind ausreichende Befugnisse und ein uneingeschränkter Zugang zu allen Informationen einzuräumen, die für die Erfüllung ihrer Aufgaben erforderlich sind. Weisungen und Beschlüsse der Geschäftsleitung, die für die Compliance-Funktion wesentlich sind, sind ihr bekanntzugeben. Über wesentliche Änderungen der Regelungen, die die Einhaltung der wesentlichen rechtlichen Regelungen und Vorgaben gewährleisten sollen, sind die Mitarbeiter der Compliance-Funktion rechtzeitig zu informieren.

6   Die Compliance-Funktion hat mindestens jährlich sowie anlassbezogen der Geschäftsleitung über ihre Tätigkeit Bericht zu erstatten. Darin ist auf die Angemessenheit und Wirksamkeit der Regelungen zur Einhaltung der wesentlichen rechtlichen Regelungen und Vorgaben einzugehen. Ferner hat der Bericht auch Angaben zu möglichen Defiziten sowie zu Maßnahmen zu deren Behebung zu enthalten. Die Berichte sind auch an das Aufsichtsorgan und die Interne Revision weiterzuleiten.

7 Wechselt die Position des Compliance-Beauftragten, ist das Aufsichtsorgan zu informieren.

AT 4.4.3 Interne Revision

1 Jedes Institut muss über eine funktionsfähige Interne Revision verfügen. Bei Instituten, bei denen aus Gründen der Betriebsgröße die Einrichtung einer Revisionseinheit unverhältnismäßig ist, können die Aufgaben der Internen Revision von einem Geschäftsleiter erfüllt werden.
2 Die Interne Revision ist ein Instrument der Geschäftsleitung, ihr unmittelbar unterstellt und berichtspflichtig. Sie kann auch einem Mitglied der Geschäftsleitung, nach Möglichkeit dem Vorsitzenden, unterstellt sein. Unbeschadet dessen ist sicherzustellen, dass der Vorsitzende des Aufsichtsorgans unter Einbeziehung der Geschäftsleitung direkt bei dem Leiter der Internen Revision Auskünfte einholen kann.
3 Die Interne Revision hat risikoorientiert und prozessunabhängig die Wirksamkeit und Angemessenheit des Risikomanagements im Allgemeinen und des internen Kontrollsystems im Besonderen sowie die Ordnungsmäßigkeit grundsätzlich aller Aktivitäten und Prozesse zu prüfen und zu beurteilen, unabhängig davon, ob diese ausgelagert sind oder nicht. BT 2.1 Tz. 3 bleibt hiervon unberührt.
4 Zur Wahrnehmung ihrer Aufgaben ist der Internen Revision ein vollständiges und uneingeschränktes Informationsrecht einzuräumen. Dieses Recht ist jederzeit zu gewährleisten. Der Internen Revision sind insoweit unverzüglich die erforderlichen Informationen zu erteilen, die notwendigen Unterlagen zur Verfügung zu stellen und Einblick in die Aktivitäten und Prozesse sowie die IT-Systeme des Instituts zu gewähren.
5 Weisungen und Beschlusse der Geschaftsleitung, die fur die Interne Revision von Bedeutung sein können, sind ihr bekannt zu geben. Über wesentliche Änderungen im Risikomanagement ist die Interne Revision rechtzeitig zu informieren.
6 Wechselt die Leitung der Internen Revision, ist das Aufsichtsorgan zu informieren.

AT 4.5 Risikomanagement auf Gruppenebene

1 Nach § 25a Abs. 1a KWG sind die Geschäftsleiter des übergeordneten Unternehmens einer Institutsgruppe oder Finanzholding-Gruppe sowie die Geschäftsleiter des übergeordneten Finanzkonglomeratsunternehmens eines Finanzkonglomerats für die Einrichtung eines angemessenen und wirksamen Risikomanagements auf Gruppenebene verantwortlich. Die Reichweite des Risikomanagements auf Gruppenebene erstreckt sich auf alle wesentlichen Risiken der Gruppe unabhängig davon, ob diese von konsolidierungspflichtigen Unternehmen begründet werden oder nicht (z. B. Risiken aus nicht konsolidierungspflichtigen Zweckgesellschaften). Die eingesetzten Methoden und Verfahren (beispielsweise IT-Systeme) dürfen der Wirksamkeit des Risikomanagements auf Gruppenebene nicht entgegenstehen. Besondere Maßstäbe für das Risikomanagement auf Gruppenebene können sich aus spezialgesetzlichen Regelungen ergeben, wie z. B. bei Bausparkassen hinsichtlich der Kollektivsteuerung oder bei Pfandbriefbanken.
2 Die Geschäftsleitung des übergeordneten Unternehmens hat eine Geschäftsstrategie sowie eine dazu konsistente Risikostrategie festzulegen (»gruppenweite Strategien«). Die strategische Ausrichtung der gruppenangehörigen Unternehmen ist mit den gruppenweiten Strategien abzustimmen. Die Geschäftsleitung des übergeordneten Unternehmens muss für die Umsetzung der gruppenweiten Strategien Sorge tragen.
3 Das übergeordnete Unternehmen hat auf der Grundlage des Gesamtrisikoprofils der Gruppe einen internen Prozess zur Sicherstellung der Risikotragfähigkeit auf

Gruppenebene einzurichten (AT 4.1 Tz. 2). Die Risikotragfähigkeit der Gruppe ist laufend sicherzustellen.

4 Es sind angemessene ablauforganisatorische Vorkehrungen auf Gruppenebene zu treffen. Das heißt, dass Prozesse sowie damit verbundene Aufgaben, Kompetenzen, Verantwortlichkeiten, Kontrollen sowie Kommunikationswege innerhalb der Gruppe klar zu definieren und aufeinander abzustimmen sind.

5 Das übergeordnete Unternehmen hat angemessene Risikosteuerungs- und -controllingprozesse einzurichten, die die gruppenangehörigen Unternehmen einbeziehen. Für die wesentlichen Risiken auf Gruppenebene sind regelmäßig angemessene Stresstests durchzuführen. Das übergeordnete Unternehmen hat sich in angemessenen Abständen über die Risikosituation der Gruppe zu informieren.

6 Die Konzernrevision hat im Rahmen des Risikomanagements auf Gruppenebene ergänzend zur Internen Revision der gruppenangehörigen Unternehmen tätig zu werden. Dabei kann die Konzernrevision auch die Prüfungsergebnisse der Internen Revisionen der gruppenangehörigen Unternehmen berücksichtigen.

AT 5 Organisationsrichtlinien

1 Das Institut hat sicherzustellen, dass die Geschäftsaktivitäten auf der Grundlage von Organisationsrichtlinien betrieben werden (z.B. Handbücher, Arbeitsanweisungen oder Arbeitsablaufbeschreibungen). Der Detaillierungsgrad der Organisationsrichtlinien hängt von Art, Umfang, Komplexität und Risikogehalt der Geschäftsaktivitäten ab.

2 Die Organisationsrichtlinien müssen schriftlich fixiert und den betroffenen Mitarbeitern in geeigneter Weise bekannt gemacht werden. Es ist sicherzustellen, dass sie den Mitarbeitern in der jeweils aktuellen Fassung zur Verfügung stehen. Die Richtlinien sind bei Veränderungen der Aktivitäten und Prozesse zeitnah anzupassen.

3 Die Organisationsrichtlinien haben vor allem Folgendes zu beinhalten:
   a) Regelungen für die Aufbau- und Ablauforganisation sowie zur Aufgabenzuweisung, Kompetenzordnung und zu den Verantwortlichkeiten,
   b) Regelungen hinsichtlich der Ausgestaltung der Risikosteuerungs- und -controllingprozesse,
   c) Regelungen zur Internen Revision,
   d) Regelungen, die die Einhaltung rechtlicher Regelungen und Vorgaben (z.B. Datenschutz, Compliance) gewährleisten,
   e) Regelungen zu Verfahrensweisen bei wesentlichen Auslagerungen.

4 Die Ausgestaltung der Organisationsrichtlinien muss es der Internen Revision ermöglichen, in die Sachprüfung einzutreten.

AT 6 Dokumentation

1 Geschäfts-, Kontroll- und Überwachungsunterlagen sind systematisch und für sachkundige Dritte nachvollziehbar abzufassen und, vorbehaltlich gesetzlicher Regelungen, grundsätzlich zwei Jahre aufzubewahren. Die Aktualität und Vollständigkeit der Aktenführung ist sicherzustellen.

2 Die für die Einhaltung dieses Rundschreibens wesentlichen Handlungen und Festlegungen sind nachvollziehbar zu dokumentieren. Dies beinhaltet auch Festlegungen hinsichtlich der Inanspruchnahme wesentlicher Öffnungsklauseln, die gegebenenfalls zu begründen ist.

AT 7 Ressourcen

AT 7.1 Personal

1 Die quantitative und qualitative Personalausstattung des Instituts hat sich insbesondere an betriebsinternen Erfordernissen, den Geschäftsaktivitäten sowie der Risikosituation zu orientieren. Dies gilt auch beim Rückgriff auf Leiharbeitnehmer.
2 Die Mitarbeiter sowie deren Vertreter müssen abhängig von ihren Aufgaben, Kompetenzen und Verantwortlichkeiten über die erforderlichen Kenntnisse und Erfahrungen verfügen. Durch geeignete Maßnahmen ist zu gewährleisten, dass das Qualifikationsniveau der Mitarbeiter angemessen ist.
3 Die Abwesenheit oder das Ausscheiden von Mitarbeitern sollte nicht zu nachhaltigen Störungen der Betriebsabläufe führen.

AT 7.2 Technisch-organisatorische Ausstattung

1 Umfang und Qualität der technisch-organisatorischen Ausstattung haben sich insbesondere an betriebsinternen Erfordernissen, den Geschäftsaktivitäten sowie der Risikosituation zu orientieren.
2 Die IT-Systeme (Hardware- und Software-Komponenten) und die zugehörigen IT-Prozesse müssen die Integrität, die Verfügbarkeit, die Authentizität sowie die Vertraulichkeit der Daten sicherstellen. Für diese Zwecke ist bei der Ausgestaltung der IT-Systeme und der zugehörigen IT-Prozesse grundsätzlich auf gängige Standards abzustellen, insbesondere sind Prozesse für eine angemessene IT-Berechtigungsvergabe einzurichten, die sicherstellen, dass jeder Mitarbeiter nur über die Rechte verfügt, die er für seine Tätigkeit benötigt; die Zusammenfassung von Berechtigungen in einem Rollenmodell ist möglich. Die Eignung der IT-Systeme und der zugehörigen Prozesse ist regelmäßig von den fachlich und technisch zuständigen Mitarbeitern zu überprüfen.
3 Die IT-Systeme sind vor ihrem erstmaligen Einsatz und nach wesentlichen Veränderungen zu testen und von den fachlich sowie auch von den technisch zuständigen Mitarbeitern abzunehmen. Hierfür ist ein Regelprozess der Entwicklung, des Testens, der Freigabe und der Implementierung in die Produktionsprozesse zu etablieren. Produktions- und Testumgebung sind dabei grundsätzlich voneinander zu trennen.
4 Die Entwicklung und Änderung programmtechnischer Vorgaben (z.B. Parameteranpassungen) sind unter Beteiligung der fachlich und technisch zuständigen Mitarbeiter durchzuführen. Die programmtechnische Freigabe hat grundsätzlich unabhängig vom Anwender zu erfolgen.

AT 7.3 Notfallkonzept

1 Für Notfälle in zeitkritischen Aktivitäten und Prozessen ist Vorsorge zu treffen (Notfallkonzept). Die im Notfallkonzept festgelegten Maßnahmen müssen dazu geeignet sein, das Ausmaß möglicher Schäden zu reduzieren. Die Wirksamkeit und Angemessenheit des Notfallkonzeptes ist regelmäßig durch Notfalltests zu überprüfen. Die Ergebnisse der Notfalltests sind den jeweiligen Verantwortlichen mitzuteilen. Im Fall der Auslagerung von zeitkritischen Aktivitäten und Prozessen haben das auslagernde Institut und das Auslagerungsunternehmen über aufeinander abgestimmte Notfallkonzepte zu verfügen.
2 Das Notfallkonzept muss Geschäftsfortführungs- sowie Wiederanlaufpläne umfassen. Die Geschäftsfortführungspläne müssen gewährleisten, dass im Notfall zeitnah Ersatzlösungen zur Verfügung stehen. Die Wiederanlaufpläne müssen innerhalb eines angemessenen Zeitraums die Rückkehr zum Normalbetrieb er-

möglichen. Die im Notfall zu verwendenden Kommunikationswege sind festzulegen. Das Notfallkonzept muss den beteiligten Mitarbeitern zur Verfügung stehen.

AT 8 Anpassungsprozesse

AT 8.1 Neu-Produkt-Prozess

1 Jedes Institut muss die von ihm betriebenen Geschäftsaktivitäten verstehen. Für die Aufnahme von Geschäftsaktivitäten in neuen Produkten oder auf neuen Märkten (einschließlich neuer Vertriebswege) ist vorab ein Konzept auszuarbeiten. Grundlage des Konzeptes muss das Ergebnis der Analyse des Risikogehalts dieser neuen Geschäftsaktivitäten sowie deren Auswirkungen auf das Gesamtrisikoprofil sein. In dem Konzept sind die sich daraus ergebenden wesentlichen Konsequenzen für das Management der Risiken darzustellen.
2 Bei der Entscheidung, ob es sich um Geschäftsaktivitäten in neuen Produkten oder auf neuen Märkten handelt, ist ein vom Markt beziehungsweise vom Handel unabhängiger Bereich einzubinden.
3 Bei Handelsgeschäften ist vor dem laufenden Handel in neuen Produkten oder auf neuen Märkten grundsätzlich eine Testphase durchzuführen. Während der Testphase dürfen Handelsgeschäfte nur in überschaubarem Umfang durchgeführt werden. Es ist sicherzustellen, dass der laufende Handel erst beginnt, wenn die Testphase erfolgreich abgeschlossen ist und geeignete Risikosteuerungs- und -controllingprozesse vorhanden sind.
4 Sowohl in die Erstellung des Konzeptes als auch in die Testphase sind die später in die Arbeitsabläufe eingebundenen Organisationseinheiten einzuschalten. Im Rahmen ihrer Aufgaben sind auch die Risikocontrolling-Funktion, die Compliance-Funktion und die Interne Revision zu beteiligen.
5 Das Konzept und die Aufnahme der laufenden Geschäftstätigkeit sind von den zuständigen Geschäftsleitern unter Einbeziehung der für die Überwachung der Geschäfte verantwortlichen Geschäftsleiter zu genehmigen. Diese Genehmigungen können delegiert werden, sofern dafür klare Vorgaben erlassen wurden und die Geschäftsleitung zeitnah über die Entscheidungen informiert wird.
6 Soweit nach Einschätzung der in die Arbeitsabläufe eingebundenen Organisationseinheiten Aktivitäten in einem neuen Produkt oder auf einem neuen Markt sachgerecht gehandhabt werden können, ist die Anwendung des AT 8 nicht erforderlich.

AT 8.2 Änderungen betrieblicher Prozesse oder Strukturen

1 Vor wesentlichen Veränderungen in der Aufbau- und Ablauforganisation sowie in den IT-Systemen hat das Institut die Auswirkungen der geplanten Veränderungen auf die Kontrollverfahren und die Kontrollintensität zu analysieren. In diese Analysen sind die später in die Arbeitsabläufe eingebundenen Organisationseinheiten einzuschalten. Im Rahmen ihrer Aufgaben sind auch die Risikocontrolling-Funktion, die Compliance-Funktion und die Interne Revision zu beteiligen.

AT 8.3 Übernahme und Fusionen

1 Vor der Übernahme anderer Unternehmen oder Fusionen mit anderen Unternehmen hat das Institut ein Konzept zu erarbeiten, in dem die wesentlichen strategischen Ziele, die voraussichtlichen wesentlichen Konsequenzen für das Management der Risiken und die wesentlichen Auswirkungen auf das Gesamtrisikoprofil des Instituts beziehungsweise der Gruppe dargestellt werden. Dies umfasst auch die mittelfristig geplante Entwicklung der Vermögens-, Finanz- und Ertragslage, die voraussichtliche Höhe der Risikopositionen, die notwendigen Anpassungen der

Risikosteuerungs- und -controllingprozesse und der IT-Systeme sowie die Darstellung wesentlicher rechtlicher Konsequenzen (Bilanzrecht, Steuerrecht etc.).

AT 9 Outsourcing

1 Eine Auslagerung liegt vor, wenn ein anderes Unternehmen mit der Wahrnehmung solcher Aktivitäten und Prozesse im Zusammenhang mit der Durchführung von Bankgeschäften, Finanzdienstleistungen oder sonstigen institutstypischen Dienstleistungen beauftragt wird, die ansonsten vom Institut selbst erbracht würden.
2 Das Institut muss auf der Grundlage einer Risikoanalyse eigenverantwortlich festlegen, welche Auslagerungen von Aktivitäten und Prozessen unter Risikogesichtspunkten wesentlich sind (wesentliche Auslagerungen). Die maßgeblichen Organisationseinheiten sind bei der Erstellung der Risikoanalyse einzubeziehen. Im Rahmen ihrer Aufgaben ist auch die Interne Revision zu beteiligen. Soweit sich wesentliche Änderungen der Risikosituation ergeben, ist die Risikoanalyse anzupassen.
3 Bei unter Risikogesichtspunkten nicht wesentlichen Auslagerungen sind die allgemeinen Anforderungen an die Ordnungsmäßigkeit der Geschäftsorganisation gemäß § 25a Abs. 1 KWG zu beachten.
4 Grundsätzlich sind alle Aktivitäten und Prozesse auslagerbar, solange dadurch die Ordnungsmäßigkeit der Geschäftsorganisation gemäß § 25a Abs. 1 KWG nicht beeinträchtigt wird. Die Auslagerung darf nicht zu einer Delegation der Verantwortung der Geschäftsleitung an das Auslagerungsunternehmen führen. Die Leitungsaufgaben der Geschäftsleitung sind nicht auslagerbar. Besondere Maßstäbe für Auslagerungsmaßnahmen können sich ferner aus spezialgesetzlichen Regelungen ergeben, wie z. B. bei Bausparkassen hinsichtlich der Kollektivsteuerung oder bei Pfandbriefbanken hinsichtlich der Deckungsregisterführung und der Deckungsrechnung.
5 Das Institut hat bei wesentlichen Auslagerungen im Fall der beabsichtigten oder erwarteten Beendigung der Auslagerungsvereinbarung Vorkehrungen zu treffen, um die Kontinuität und Qualität der ausgelagerten Aktivitäten und Prozesse auch nach Beendigung zu gewährleisten. Für Fälle unbeabsichtigter oder unerwarteter Beendigung dieser Auslagerungen, die mit einer erheblichen Beeinträchtigung der Geschäftstätigkeit verbunden sein können, hat das Institut etwaige Handlungsoptionen auf ihre Durchführbarkeit zu prüfen.
6 Bei wesentlichen Auslagerungen ist im Auslagerungsvertrag insbesondere Folgendes zu vereinbaren:
   a) Spezifizierung und gegebenenfalls Abgrenzung der vom Auslagerungsunternehmen zu erbringenden Leistung,
   b) Festlegung von Informations- und Prüfungsrechten der Internen Revision sowie externer Prüfer,
   c) Sicherstellung der Informations- und Prüfungsrechte sowie der Kontrollmöglichkeiten der Bundesanstalt für Finanzdienstleistungsaufsicht,
   d) soweit erforderlich Weisungsrechte,
   e) Regelungen, die sicherstellen, dass datenschutzrechtliche Bestimmungen beachtet werden,
   f) Kündigungsrechte und angemessene Kündigungsfristen,
   g) Regelungen über die Möglichkeit und über die Modalitäten einer Weiterverlagerung, die sicherstellen, dass das Institut die bankaufsichtsrechtlichen Anforderungen weiterhin einhält,
   h) Verpflichtung des Auslagerungsunternehmens, das Institut über Entwicklungen zu informieren, die die ordnungsgemäße Erledigung der ausgelagerten Aktivitäten und Prozesse beeinträchtigen können.
7 Das Institut hat die mit wesentlichen Auslagerungen verbundenen Risiken angemessen zu steuern und die Ausführung der ausgelagerten Aktivitäten und Prozesse

ordnungsgemäß zu überwachen. Dies umfasst auch die regelmäßige Beurteilung der Leistung des Auslagerungsunternehmens anhand vorzuhaltender Kriterien. Für die Steuerung und Überwachung hat das Institut klare Verantwortlichkeiten festzulegen.

8 Soweit die Interne Revision vollständig ausgelagert wird, hat die Geschäftsleitung einen Revisionsbeauftragten zu benennen, der eine ordnungsgemäße Interne Revision gewährleisten muss. Die Anforderungen des AT 4.4 und BT 2 sind entsprechend zu beachten.

9 Die Anforderungen an die Auslagerung von Aktivitäten und Prozessen sind auch bei der Weiterverlagerung ausgelagerter Aktivitäten und Prozesse zu beachten.

BT 1 Besondere Anforderungen an das interne Kontrollsystem

1 In diesem Modul werden besondere Anforderungen an die Ausgestaltung des internen Kontrollsystems gestellt. Die Anforderungen beziehen sich vor allem auf die Ausgestaltung der Aufbau- und Ablauforganisation im Kredit- und Handelsgeschäft (BTO). Darüber hinaus werden unter Berücksichtigung von Risikokonzentrationen Anforderungen an die Ausgestaltung der Risikosteuerungs- und -controllingprozesse für Adressenausfallrisiken, Marktpreisrisiken, Liquiditätsrisiken und operationelle Risiken gestellt (BTR).

BTO Anforderungen an die Aufbau- und Ablauforganisation

1 Dieses Modul stellt vor allem Anforderungen an die Aufbau- und Ablauforganisation im Kredit- und Handelsgeschäft. Abhängig von der Größe der Institute, den Geschäftsschwerpunkten und der Risikosituation ist eine vereinfachte Umsetzung der Anforderungen in BTO möglich.

2 Für die Zwecke des Rundschreibens werden folgende Bereiche unterschieden:
a) der Bereich, der Kreditgeschäfte initiiert und bei den Kreditentscheidungen über ein Votum verfügt (Markt),
b) der Bereich, der bei den Kreditentscheidungen über ein weiteres Votum verfügt (Marktfolge) sowie
c) der Bereich Handel.
Darüber hinaus werden folgende Funktionen unterschieden:
d) die Funktionen, die der Überwachung und Kommunikation der Risiken (Risikocontrolling) dienen und
e) die Funktionen, die der Abwicklung und Kontrolle der Handelsgeschäfte dienen.

3 Grundsätzlich ist bei der Ausgestaltung der Aufbauorganisation sicherzustellen, dass die Bereiche Markt und Handel bis einschließlich der Ebene der Geschäftsleitung von denen in Tz. 2 unter b), d) und e) sowie den in BTO 1.1 Tz. 7, BTO 1.2 Tz. 1, BTO 1.2.4 Tz. 1, BTO 1.2.5 Tz. 1 und BTO 1.4 Tz. 2 genannten Bereichen oder Funktionen getrennt sind.

4 Funktionen des Marktpreisrisikocontrollings sind bis einschließlich der Ebene der Geschäftsleitung von Bereichen zu trennen, die die Positionsverantwortung tragen.

5 Die Funktionstrennungen sind auch im Vertretungsfall zu beachten. Die Vertretung kann dabei grundsätzlich auch von einem geeigneten Mitarbeiter unterhalb der Ebene der Geschäftsleitung wahrgenommen werden.

6 Die Mitwirkung des für die Funktionen des Risikocontrollings zuständigen Geschäftsleiters in einem von der Geschäftsleitung mit der Steuerung der Risiken betrauten Ausschuss steht dem Grundsatz der Funktionstrennung nicht entgegen.

7 Das Rechnungswesen, insbesondere die Aufstellung der Kontierungsregeln sowie die Entwicklung der Buchungssystematik, ist in einer vom Markt und Handel unabhängigen Stelle anzusiedeln.

8 Wesentliche Rechtsrisiken sind grundsätzlich in einer vom Markt und Handel unabhängigen Stelle (z.B. der Rechtsabteilung) zu überprüfen.

9 Bei IT-gestützter Bearbeitung ist die Funktionstrennung durch entsprechende Verfahren und Schutzmaßnahmen sicherzustellen.

BTO 1 Kreditgeschäft

1 Dieses Modul stellt Anforderungen an die Ausgestaltung der Aufbau- und Ablauforganisation, die Verfahren zur Früherkennung von Risiken und die Verfahren zur Klassifizierung der Risiken im Kreditgeschäft. Bei Handelsgeschäften und Beteiligungen kann von der Umsetzung einzelner Anforderungen dieses Moduls abgesehen werden, soweit deren Umsetzung vor dem Hintergrund der Besonderheiten dieser Geschäftsarten nicht zweckmäßig ist (z.B. die Anforderungen zur Kreditverwendungskontrolle unter BTO 1.2.2 Tz. 1).

BTO 1.1 Funktionstrennung und Votierung

1 Maßgeblicher Grundsatz für die Ausgestaltung der Prozesse im Kreditgeschäft ist die klare aufbauorganisatorische Trennung der Bereiche Markt und Marktfolge bis einschließlich der Ebene der Geschäftsleitung. Bei kleinen Instituten sind unter bestimmten Voraussetzungen Ausnahmen hinsichtlich der Funktionstrennung möglich.

2 Abhängig von Art, Umfang, Komplexität und Risikogehalt des Kreditengagements erfordert eine Kreditentscheidung zwei zustimmende Voten der Bereiche Markt und Marktfolge. Weitergehende Beschlussfassungsvorschriften (z.B. KWG, Satzung) bleiben hiervon unberührt. Soweit die Entscheidungen von einem Ausschuss getroffen werden, sind die Mehrheitsverhältnisse innerhalb eines Ausschusses so festzulegen, dass der Bereich Marktfolge nicht überstimmt werden kann.

3 Bei Handelsgeschäften sind Kontrahenten- und Emittentenlimite durch eine Votierung aus dem Bereich Marktfolge festzulegen.

4 Für Kreditentscheidungen bei Geschäften, die unter Risikogesichtspunkten als nicht wesentlich einzustufen sind, kann das Institut bestimmen, dass nur ein Votum erforderlich ist (»nicht-risikorelevante Kreditgeschäfte«). Vereinfachungen sind auch dann möglich, wenn Kreditgeschäfte von Dritten initiiert werden. Insoweit ist die aufbauorganisatorische Trennung zwischen Markt und Marktfolge nur für Kreditgeschäfte maßgeblich, bei denen zwei Voten erforderlich sind. Falls ein zweites Votum nicht erforderlich sein sollte, ist eine angemessene Umsetzung der Anforderungen in BTO 1.2 sicherzustellen.

5 Jeder Geschäftsleiter kann im Rahmen seiner Krediteinzelkompetenz eigenständig Kreditentscheidungen treffen und auch Kundenkontakte wahrnehmen. Die aufbauorganisatorische Trennung der Bereiche Markt und Marktfolge bleibt davon unberührt. Zudem sind zwei Voten einzuholen, soweit dies unter Risikogesichtspunkten erforderlich sein sollte. Falls die im Rahmen einer Krediteinzelkompetenz getroffenen Entscheidungen von den Voten abweichen oder wenn sie vom Geschäftsleiter getroffen werden, der für den Bereich Marktfolge zuständig ist, sind sie im Risikobericht besonders hervorzuheben (BTR 1 Tz. 7).

6 Das Institut hat eine klare und konsistente Kompetenzordnung für Entscheidungen im Kreditgeschäft festzulegen. Für den Fall voneinander abweichender Voten sind in der Kompetenzordnung Entscheidungsregeln zu treffen: Der Kredit ist in diesen Fällen abzulehnen oder zur Entscheidung auf eine höhere Kompetenzstufe zu verlagern (Eskalationsverfahren).

7 Die Überprüfung bestimmter, unter Risikogesichtspunkten festzulegender Sicherheiten ist außerhalb des Bereichs Markt durchzuführen. Diese Zuordnung gilt auch für Entscheidungen über die Risikovorsorge bei bedeutenden Engagements. Die Zuordnung aller anderen in BTO 1.2 genannten Prozesse beziehungsweise Teilprozesse liegt, soweit dieses Rundschreiben nichts anderes vorsieht, im Ermessen der Institute (z.B. die Kreditbearbeitung oder Teilprozesse der Kreditbearbeitung).

BTO 1.2 Anforderungen an die Prozesse im Kreditgeschäft

1 Das Institut hat Prozesse für die Kreditbearbeitung (Kreditgewährung und Kreditweiterbearbeitung), die Kreditbearbeitungskontrolle, die Intensivbetreuung, die Problemkreditbearbeitung und die Risikovorsorge einzurichten. Die Verantwortung für deren Entwicklung und Qualität muss außerhalb des Bereichs Markt angesiedelt sein.
2 Das Institut hat Bearbeitungsgrundsätze für die Prozesse im Kreditgeschäft zu formulieren, die, soweit erforderlich, in geeigneter Weise zu differenzieren sind (z.B. nach Kreditarten). Darüber hinaus sind die Verfahren zur Überprüfung, Verwaltung und Verwertung gestellter Sicherheiten festzulegen.
3 Die für das Adressenausfallrisiko eines Kreditengagements bedeutsamen Aspekte sind herauszuarbeiten und zu beurteilen, wobei die Intensität dieser Tätigkeiten vom Risikogehalt des Engagements abhängt. Branchen- und gegebenenfalls Länderrisiken sind in angemessener Weise zu berücksichtigen. Kritische Punkte eines Engagements sind hervorzuheben und gegebenenfalls unter der Annahme verschiedener Szenarien darzustellen.
4 Die Verwendung externer Bonitätseinschätzungen enthebt das Institut nicht von seiner Verpflichtung, sich ein Urteil über das Adressenausfallrisiko zu bilden und dabei eigene Erkenntnisse und Informationen in die Kreditentscheidung einfließen zu lassen.
5 Bei Objekt-/Projektfinanzierungen ist im Rahmen der Kreditbearbeitung sicherzustellen, dass neben der wirtschaftlichen Betrachtung insbesondere auch die technische Machbarkeit und Entwicklung sowie die mit dem Objekt/Projekt verbundenen rechtlichen Risiken in die Beurteilung einbezogen werden. Dabei kann auch auf die Expertise einer vom Kreditnehmer unabhängigen sach- und fachkundigen Organisationseinheit zurückgegriffen werden. Soweit externe Personen für diese Zwecke herangezogen werden, ist vorher deren Eignung zu überprüfen.
6 Abhängig vom Risikogehalt der Kreditgeschäfte sind sowohl im Rahmen der Kreditentscheidung als auch bei turnusmäßigen oder anlassbezogenen Beurteilungen die Risiken eines Engagements mithilfe eines Risikoklassifizierungsverfahrens zu bewerten. Eine Überprüfung der Risikoeinstufung ist jährlich durchzuführen.
7 Zwischen der Einstufung im Risikoklassifizierungsverfahren und der Konditionengestaltung sollte ein sachlich nachvollziehbarer Zusammenhang bestehen.
8 Das Institut hat ein der Kompetenzordnung entsprechendes Verfahren einzurichten, in dem festgelegt ist, wie Überschreitungen von Limiten zu behandeln sind. Soweit unter Risikogesichtspunkten vertretbar, ist für Limitüberschreitungen und Prolongationen auf der Grundlage klarer Vorgaben eine vereinfachte Umsetzung der Anforderungen in BTO 1.1 sowie BTO 1.2 möglich.
9 Im Hinblick auf die erforderlichen Kreditunterlagen ist ein Verfahren einzurichten, das deren zeitnahe Einreichung überwacht und eine zeitnahe Auswertung gewährleistet. Für ausstehende Unterlagen ist ein entsprechendes Mahnverfahren einzurichten.
10 Das Institut hat standardisierte Kreditvorlagen zu verwenden, soweit dies in Anbetracht der jeweiligen Geschäftsarten möglich und zweckmäßig ist, wobei die Ausgestaltung der Kreditvorlagen von Art, Umfang, Komplexität und Risikogehalt der Kreditgeschäfte abhängt.
11 Vertragliche Vereinbarungen im Kreditgeschäft sind auf der Grundlage rechtlich geprüfter Unterlagen abzuschließen.
12 Für die einzelnen Kreditverträge sind rechtlich geprüfte Standardtexte zu verwenden, die anlassbezogen zu aktualisieren sind. Falls bei einem Engagement (z.B. im Rahmen von Individualvereinbarungen) von den Standardtexten abgewichen werden soll, ist, soweit unter Risikogesichtspunkten erforderlich, vor Abschluss des

Vertrages die rechtliche Prüfung durch eine vom Bereich Markt unabhängige Stelle notwendig.

BTO 1.2.1 Kreditgewährung

1 Der Prozess der Kreditgewährung umfasst die bis zur Bereitstellung des Kredites erforderlichen Arbeitsabläufe. Dabei sind die für die Beurteilung des Risikos wichtigen Faktoren unter besonderer Berücksichtigung der Kapitaldienstfähigkeit des Kreditnehmers beziehungsweise des Objektes/Projektes zu analysieren und zu beurteilen, wobei die Intensität der Beurteilung vom Risikogehalt der Engagements abhängt (z.B. Kreditwürdigkeitsprüfung, Risikoeinstufung im Risikoklassifizierungsverfahren oder eine Beurteilung auf der Grundlage eines vereinfachten Verfahrens).
2 Die Werthaltigkeit und der rechtliche Bestand von Sicherheiten sind grundsätzlich vor der Kreditvergabe zu überprüfen. Bei der Überprüfung der Werthaltigkeit kann auf bereits vorhandene Sicherheitenwerte zurückgegriffen werden, sofern keine Anhaltspunkte für Wertveränderungen vorliegen.
3 Hängt der Sicherheitenwert maßgeblich von den Verhältnissen eines Dritten ab (z.B. Bürgschaft), so ist eine angemessene Überprüfung der Adressenausfallrisiken des Dritten durchzuführen.
4 Das Institut hat die akzeptierten Sicherheitenarten und die Verfahren zur Wertermittlung dieser Sicherheiten festzulegen.

BTO 1.2.2 Kreditweiterbearbeitung

1 Im Rahmen der Kreditweiterbearbeitung ist zu überwachen, ob die vertraglichen Vereinbarungen vom Kreditnehmer eingehalten werden. Bei zweckgebundenen Kreditvergaben ist zu kontrollieren, ob die valutierten Mittel der vereinbarten Verwendung zukommen (Kreditverwendungskontrolle).
2 Eine Beurteilung der Adressenausfallrisiken ist jährlich durchzuführen, wobei die Intensität der Beurteilungen vom Risikogehalt der Engagements abhängt (z.B. Kreditwürdigkeitsprüfung, Risikoeinstufung im Risikoklassifizierungsverfahren oder eine Beurteilung auf der Grundlage eines vereinfachten Verfahrens).
3 Die Werthaltigkeit und der rechtliche Bestand von Sicherheiten sind im Rahmen der Kreditweiterbearbeitung in Abhängigkeit von der Sicherheitenart ab einer vom Institut unter Risikogesichtspunkten festzulegenden Grenze in angemessenen Abständen zu überprüfen.
4 Außerordentliche Überprüfungen von Engagements einschließlich der Sicherheiten sind zumindest dann unverzüglich durchzuführen, wenn dem Institut aus externen oder internen Quellen Informationen bekannt werden, die auf eine wesentliche negative Änderung der Risikoeinschätzung der Engagements oder der Sicherheiten hindeuten. Derartige Informationen sind unverzüglich an alle einzubindenden Organisationseinheiten weiterzuleiten.

BTO 1.2.3 Kreditbearbeitungskontrolle

1 Für die Kreditbearbeitung sind prozessabhängige Kontrollen einzurichten, die gewährleisten, dass die Vorgaben der Organisationsrichtlinien eingehalten werden. Die Kontrollen können auch im Rahmen des üblichen Vier-Augen-Prinzips erfolgen.
2 Insbesondere ist zu kontrollieren, ob die Kreditentscheidung entsprechend der festgelegten Kompetenzordnung erfolgte und ob vor der Valutierung die Voraussetzungen beziehungsweise Auflagen aus dem Kreditvertrag erfüllt sind.

BTO 1.2.4 Intensivbetreuung

1 Das Institut hat Kriterien festzulegen, wann ein Engagement einer gesonderten Beobachtung (Intensivbetreuung) zu unterziehen ist. Die Verantwortung für die Entwicklung und Qualität dieser Kriterien sowie deren regelmäßige Überprüfung muss außerhalb des Bereichs Markt angesiedelt sein.

2 Die einer Intensivbetreuung unterliegenden Engagements sind nach einem festzulegenden Turnus auf ihre weitere Behandlung hin zu überprüfen (weitere Intensivbetreuung, Rückführung in die Normalbetreuung, Abgabe an die Abwicklung oder die Sanierung).

BTO 1.2.5 Behandlung von Problemkrediten

1 Das Institut hat Kriterien festzulegen, die die Abgabe eines Engagements an die auf die Sanierung beziehungsweise Abwicklung spezialisierten Mitarbeiter oder Bereiche beziehungsweise deren Einschaltung regeln. Die Verantwortung für die Entwicklung und die Qualität dieser Kriterien sowie deren regelmäßige Überprüfung muss außerhalb des Bereichs Markt angesiedelt sein. Die Federführung für den Sanierungs- beziehungsweise den Abwicklungsprozess oder die Überwachung dieser Prozesse ist außerhalb des Bereichs Markt wahrzunehmen.

2 Zieht ein Institut die Begleitung einer Sanierung in Betracht, hat es sich ein Sanierungskonzept zur Beurteilung der Sanierungsfähigkeit des Kreditnehmers vorlegen zu lassen und auf dieser Grundlage seine Entscheidung zu treffen.

3 Die Umsetzung des Sanierungskonzeptes sowie die Auswirkungen der Maßnahmen sind vom Institut zu überwachen.

4 Die zuständigen Geschäftsleiter sind bei bedeutenden Engagements regelmäßig über den Stand der Sanierung zu informieren. Erforderlichenfalls kann bei dem Sanierungsprozess auf externe Spezialisten mit entsprechenden Kenntnissen zurückgegriffen werden.

5 Für den Fall der Abwicklung eines Engagements ist ein Abwicklungskonzept zu erstellen. In den Prozess der Verwertung der Sicherheiten sind Mitarbeiter oder gegebenenfalls externe Spezialisten mit entsprechenden Kenntnissen einzubeziehen.

BTO 1.2.6 Risikovorsorge

1 Das Institut hat Kriterien festzulegen, auf deren Grundlage unter Beachtung der angewandten Rechnungslegungsnormen Wertberichtigungen, Abschreibungen und Rückstellungen für das Kreditgeschäft (einschließlich der Länderrisikovorsorge) zu bilden sind (z.B. ein institutsinternes Forderungsbewertungsverfahren).

2 Die erforderliche Risikovorsorge ist zeitnah zu ermitteln und fortzuschreiben. Ein erheblicher Risikovorsorgebedarf ist der Geschäftsleitung unverzüglich mitzuteilen.

BTO 1.3 Verfahren zur Früherkennung von Risiken

1 Das Verfahren zur Früherkennung von Risiken dient insbesondere der rechtzeitigen Identifizierung von Kreditnehmern, bei deren Engagements sich erhöhte Risiken abzuzeichnen beginnen. Damit soll das Institut in die Lage versetzt werden, in einem möglichst frühen Stadium Gegenmaßnahmen einleiten zu können (z.B. Intensivbetreuung von Engagements).

2 Für diese Zwecke hat das Institut auf der Basis quantitativer und qualitativer Risikomerkmale Indikatoren für eine frühzeitige Risikoidentifizierung zu entwickeln.

3   Das Institut kann bestimmte, unter Risikogesichtspunkten festzulegende Arten von Kreditgeschäften oder Kreditgeschäfte unterhalb bestimmter Größenordnungen von der Anwendung des Verfahrens zur Früherkennung von Risiken ausnehmen. Die Funktion der Früherkennung von Risiken kann auch von einem Risikoklassifizierungsverfahren wahrgenommen werden, soweit es eine Früherkennung von Risiken ermöglicht.

BTO 1.4   Risikoklassifizierungsverfahren

1   In jedem Institut sind aussagekräftige Risikoklassifizierungsverfahren für die erstmalige beziehungsweise die turnusmäßige oder anlassbezogene Beurteilung der Adressenausfallrisiken sowie gegebenenfalls der Objekt-/Projektrisiken einzurichten. Es sind Kriterien festzulegen, die im Rahmen der Beurteilung der Risiken eine nachvollziehbare Zuweisung in eine Risikoklasse gewährleisten.
2   Die Verantwortung für Entwicklung, Qualität und Überwachung der Anwendung der Risikoklassifizierungsverfahren muss außerhalb des Bereichs Markt angesiedelt sein.
3   Maßgebliche Indikatoren für die Bestimmung der Adressenausfallrisiken im Risikoklassifizierungsverfahren müssen neben quantitativen auch, soweit möglich, qualitative Kriterien sein. Es ist insbesondere zu berücksichtigen, inwieweit der Kreditnehmer in der Lage ist, künftig Erträge zu erwirtschaften, um den ausgereichten Kredit zurückzuführen.
4   Die Klassifizierungsverfahren sind in angemessener Weise in die Prozesse des Kreditgeschäfts und gegebenenfalls die Kompetenzordnung einzubinden.

BTO 2   Handelsgeschäft

1   Dieses Modul stellt Anforderungen an die Ausgestaltung der Aufbau- und Ablauforganisation im Handelsgeschäft.

BTO 2.1   Funktionstrennung

1   Maßgeblicher Grundsatz für die Ausgestaltung der Prozesse im Handelsgeschäft ist die klare aufbauorganisatorische Trennung des Bereichs Handel von den Funktionen des Risikocontrollings sowie der Abwicklung und Kontrolle bis einschließlich der Ebene der Geschäftsleitung.
2   Von der Trennung bis einschließlich der Ebene der Geschäftsleitung kann abgesehen werden, wenn sich die Handelsaktivitäten in ihrer Gesamtheit auf Handelsgeschäfte konzentrieren, die unter Risikogesichtspunkten als nicht wesentlich einzustufen sind (»nicht-risikorelevante Handelsaktivitäten«).

BTO 2.2   Anforderungen an die Prozesse im Handelsgeschäft

BTO 2.2.1   Handel

1   Bei Abschluss von Handelsgeschäften müssen die Konditionen einschließlich der Nebenabreden vollständig vereinbart werden. Das Institut hat standardisierte Vertragstexte zu verwenden, soweit dies in Anbetracht der jeweiligen Geschäftsarten möglich und zweckmäßig ist. Interne Handelsgeschäfte dürfen nur auf der Basis klarer Regelungen abgeschlossen werden.
2   Handelsgeschäfte zu nicht marktgerechten Bedingungen sind grundsätzlich unzulässig. Ausnahmen hiervon sind im Einzelfall möglich, wenn
   a) sie auf Kundenwunsch erfolgen, sachlich begründet sind und die Abweichung von den marktgerechten Bedingungen aus den Geschäftsunterlagen deutlich ersichtlich ist,

b) sie aufgrund von internen Vorgaben erfolgen, die die Geschäftsarten, den Kundenkreis, den Umfang und die Ausgestaltung dieser Handelsgeschäfte festlegen,
c) die Abweichung von den marktgerechten Bedingungen gegenüber dem Kunden in der Geschäftsbestätigung offengelegt wird und
d) sie bei entsprechender Bedeutung an die Geschäftsleitung berichtet werden.

3 Geschäftsabschlüsse außerhalb der Geschäftsräume sind nur im Rahmen interner Vorgaben zulässig. Dabei sind insbesondere die Berechtigten, der Zweck, der Umfang und die Erfassung festzulegen. Für solche Handelsgeschäfte ist vom Kontrahenten eine unverzügliche fernschriftliche Bestätigung zu verlangen. Diese Handelsgeschäfte sind vom Händler unverzüglich in geeigneter Form dem eigenen Institut anzuzeigen, besonders zu kennzeichnen und dem zuständigen Geschäftsleiter beziehungsweise einer von ihm autorisierten Organisationseinheit zur Kenntnis zu bringen.

4 Die Geschäftsgespräche der Händler sollten grundsätzlich auf Tonträger aufgezeichnet werden und sind mindestens drei Monate aufzubewahren.

5 Handelsgeschäfte sind unverzüglich nach Geschäftsabschluss mit allen maßgeblichen Abschlussdaten zu erfassen, bei der Ermittlung der jeweiligen Position zu berücksichtigen (Fortschreibung der Bestände) und mit allen Unterlagen an die Abwicklung weiterzuleiten. Die Weiterleitung der Abschlussdaten kann auch automatisiert über ein Abwicklungssystem erfolgen.

6 Bei Direkterfassung in den IT-Systemen muss sichergestellt sein, dass ein Händler nur unter seiner eigenen Händleridentifikation Handelsgeschäfte eingeben kann. Erfassungstag und -uhrzeit sowie fortlaufende Geschäftsnummern müssen automatisch vorgegeben werden und dürfen vom Händler nicht veränderbar sein.

7 Handelsgeschäfte, die nach Erfassungsschluss der Abwicklung abgeschlossen werden (Spätgeschäfte), sind als solche zu kennzeichnen und bei den Positionen des Abschlusstages (einschließlich der Nacherfassung) zu berücksichtigen, wenn sie zu wesentlichen Veränderungen führen. Abschlussdaten und Unterlagen über Spätgeschäfte sind unverzüglich an einen Bereich außerhalb des Handels weiterzuleiten.

8 Vor Abschluss von Verträgen im Zusammenhang mit Handelsgeschäften, insbesondere bei Rahmenvereinbarungen, Nettingabreden und Sicherheitenbestellungen, ist durch eine vom Handel unabhängige Stelle zu prüfen, ob und inwieweit sie rechtlich durchsetzbar sind.

9 Organisatorisch dem Handelsbereich zugeordnete Mitarbeiter dürfen nur gemeinsam mit Mitarbeitern eines handelsunabhängigen Bereichs über Zeichnungsberechtigungen für Zahlungsverkehrskonten verfügen.

10 Das Institut hat durch geeignete Maßnahmen sicherzustellen, dass die Positionsverantwortung von Händlern jährlich für einen ununterbrochenen Zeitraum von mindestens 10 Handelstagen an einen anderen Mitarbeiter übertragen wird. In diesem Zeitraum hat das Institut dafür Sorge zu tragen, dass kein Zugriff eines abwesenden Händlers auf die von ihm verantworteten Positionen erfolgt.

BTO 2.2.2 Abwicklung und Kontrolle

1 Bei der Abwicklung sind auf Basis der vom Handel erhaltenen Abschlussdaten die Geschäftsbestätigungen beziehungsweise die Abrechnungen auszufertigen sowie daran anschließende Abwicklungsaufgaben durchzuführen.

2 Grundsätzlich sind Handelsgeschäfte unverzüglich schriftlich oder in gleichwertiger Form zu bestätigen. Die Bestätigung muss die erforderlichen Abschlussdaten enthalten. Bei Handelsgeschäften über Makler muss der Makler benannt werden. Der unverzügliche Eingang der Gegenbestätigungen ist zu überwachen, wobei sichergestellt sein muss, dass die eingehenden Gegenbestätigungen zuerst und direkt in die Abwicklung gelangen und nicht an den Handel adressiert sind.

Fehlende beziehungsweise unvollständige Gegenbestätigungen sind unverzüglich zu reklamieren, es sei denn, es handelt sich um ein Handelsgeschäft, das in allen Teilen ordnungsgemäß erfüllt ist.

3 Bei Handelsgeschäften, die über ein Abwicklungssystem abgerechnet werden, das einen automatischen Abgleich der maßgeblichen Abschlussdaten gewährleistet (sogenanntes Matching) und Handelsgeschäfte nur bei Übereinstimmung der Daten durchführt, kann auf das Bestätigungsverfahren verzichtet werden. Sofern kein automatischer Abgleich der maßgeblichen Abschlussdaten erfolgt, kann auf das Bestätigungsverfahren verzichtet werden, wenn das Abwicklungssystem beiden Kontrahenten den jederzeitigen Abruf der Abschlussdaten ermöglicht und eine Kontrolle dieser Daten vorgenommen wird.

4 Die Handelsgeschäfte sind einer laufenden Kontrolle zu unterziehen. Dabei ist insbesondere zu kontrollieren, ob
   a) die Geschäftsunterlagen vollständig und zeitnah vorliegen,
   b) die Angaben der Händler richtig und vollständig sind und, soweit vorhanden, mit den Angaben auf Maklerbestätigungen, Ausdrucken aus Handelssystemen oder Ähnlichem übereinstimmen,
   c) die Abschlüsse sich hinsichtlich Art und Umfang im Rahmen der festgesetzten Limite bewegen,
   d) marktgerechte Bedingungen vereinbart sind und
   e) Abweichungen von vorgegebenen Standards (z.B. Stammdaten, Anschaffungswege, Zahlungswege) vereinbart sind.
   Änderungen und Stornierungen der Abschlussdaten oder Buchungen sind außerhalb des Bereichs Handel zu kontrollieren.

5 Für die Kontrolle der Marktgerechtigkeit von Geschäftsabschlüssen sind geeignete Verfahren, gegebenenfalls differenziert nach Handelsgeschäftsarten, einzurichten. Der für die Marktgerechtigkeitskontrolle zuständige Geschäftsleiter ist unverzüglich zu unterrichten, wenn abweichend von BTO 2.2.1 Tz. 2 Handelsgeschäfte zu nicht marktgerechten Bedingungen abgeschlossen werden.

6 Unstimmigkeiten und Auffälligkeiten, die im Rahmen der Abwicklung und Kontrolle festgestellt wurden, sind unter der Federführung eines vom Handel unabhängigen Bereichs unverzüglich zu klären. Für Unstimmigkeiten und Auffälligkeiten, die nicht plausibel geklärt werden können, hat das Institut angemessene Eskalationsverfahren einzurichten.

7 Die im Handel ermittelten Positionen sind regelmäßig mit den in den nachgelagerten Prozessen und Funktionen (z.B. Abwicklung, Rechnungswesen) geführten Positionen abzustimmen. In die Abstimmungsaktivitäten sind auch inaktive Portfolien (»dormant portfolios«) und fiktive Kontrahenten (»dummy counterparts«) einzubeziehen. Besonderes Augenmerk ist auf die Abstimmung von Zwischen- und Auffangkonten zu richten. Auffälligkeiten im Zusammenhang mit diesen Konten sind unverzüglich zu klären.

BTO 2.2.3 Abbildung im Risikocontrolling

1 Handelsgeschäfte einschließlich solcher Nebenabreden, die zu Positionen führen, sind unverzüglich im Risikocontrolling abzubilden.

BTR Anforderungen an die Risikosteuerungs- und -controllingprozesse

1 Dieses Modul enthält unter Berücksichtigung von Risikokonzentrationen besondere Anforderungen an die Ausgestaltung der Risikosteuerungs- und -controllingprozesse (AT 4.3.2) für
   a) Adressenausfallrisiken (BTR 1),
   b) Marktpreisrisiken (BTR 2),
   c) Liquiditätsrisiken (BTR 3) und

d) operationelle Risiken (BTR 4).
2 Die zur Risikomessung eingesetzten Methoden und Verfahren sind regelmäßig auf ihre Angemessenheit, die mit ihnen ermittelten Risikowerte regelmäßig auf ihre Plausibilität zu überprüfen.

BTR 1 Adressenausfallrisiken

1 Das Institut hat durch geeignete Maßnahmen sicherzustellen, dass Adressenausfallrisiken und damit verbundene Risikokonzentrationen unter Berücksichtigung der Risikotragfähigkeit begrenzt werden können.
2 Ohne kreditnehmerbezogenes Limit (Kreditnehmerlimit, Kreditnehmereinheitenlimit), also einen Kreditbeschluss, darf kein Kreditgeschäft abgeschlossen werden.
3 Handelsgeschäfte dürfen grundsätzlich nur mit Vertragspartnern getätigt werden, für die Kontrahentenlimite eingeräumt wurden. Auf das einzelne Limit sind alle Handelsgeschäfte mit einer bestimmten Gegenpartei anzurechnen. Bei der Ermittlung der Auslastung der Kontrahentenlimite sind Wiedereindeckungsrisiken und Erfüllungsrisiken zu berücksichtigen. Die Positionsverantwortlichen sind über die für sie relevanten Limite und ihre aktuelle Ausnutzung zeitnah zu informieren.
4 Darüber hinaus sind bei Handelsgeschäften grundsätzlich auch Emittentenlimite einzurichten. Soweit im Bereich Handel für Emittenten noch keine Limitierungen vorliegen, können auf der Grundlage klarer Vorgaben Emittentenlimite kurzfristig zu Zwecken des Handels eingeräumt werden, ohne dass vorab der jeweils unter Risikogesichtspunkten festgelegte Bearbeitungsprozess vollständig durchlaufen werden muss. Der jeweils festgelegte Bearbeitungsprozess ist spätestens nach drei Monaten durchzuführen. Die maßgeblichen Vorgaben müssen Risikogesichtspunkten Rechnung tragen. Sie müssen mit den in den Strategien niedergelegten Zielen im Einklang stehen.
5 Die Geschäfte sind unverzüglich auf die kreditnehmerbezogenen Limite anzurechnen. Die Einhaltung der Limite ist zu überwachen. Limitüberschreitungen und die deswegen gegebenenfalls getroffenen Maßnahmen sind festzuhalten. Ab einer unter Risikogesichtspunkten festgelegten Höhe sind Überschreitungen von Kontrahenten- und Emittentenlimiten den zuständigen Geschäftsleitern täglich anzuzeigen.
6 Risikokonzentrationen sind zu identifizieren. Gegebenenfalls vorhandene Abhängigkeiten sind dabei zu berücksichtigen. Bei der Beurteilung der Risikokonzentrationen ist auf qualitative und, soweit möglich, auf quantitative Verfahren abzustellen. Risikokonzentrationen sind mithilfe geeigneter Verfahren zu steuern und zu überwachen (z.B. Limite, Ampelsysteme oder auf Basis anderer Vorkehrungen).
7 In regelmäßigen Abständen, mindestens aber vierteljährlich, ist ein Risikobericht, in dem die wesentlichen strukturellen Merkmale des Kreditgeschäfts enthalten sind, zu erstellen und der Geschäftsleitung zur Verfügung zu stellen Der Risikobericht hat die folgenden Informationen zu umfassen:
   a) die Entwicklung des Kreditportfolios, z.B. nach Branchen, Ländern, Risikoklassen und Größenklassen oder Sicherheitenkategorien, unter besonderer Berücksichtigung von Risikokonzentrationen,
   b) den Umfang der vergebenen Limite und externen Linien; ferner sind Großkredite und sonstige bemerkenswerte Engagements (z.B. Problemkredite von wesentlicher Bedeutung) aufzuführen und gegebenenfalls zu kommentieren,
   c) gegebenenfalls eine gesonderte Darstellung der Länderrisiken,
   d) bedeutende Limitüberschreitungen (einschließlich einer Begründung),
   e) den Umfang und die Entwicklung des Neugeschäfts,
   f) die Entwicklung der Risikovorsorge des Instituts,
   g) getroffene Kreditentscheidungen von wesentlicher Bedeutung, die von den Strategien abweichen und

h) Kreditentscheidungen im risikorelevanten Kreditgeschäft, die Geschäftsleiter im Rahmen ihrer Krediteinzelkompetenz beschlossen haben, soweit diese von den Voten abweichen, oder wenn sie von einem Geschäftsleiter getroffen werden, der für den Bereich Marktfolge zuständig ist.

BTR 2 Marktpreisrisiken

BTR 2.1 Allgemeine Anforderungen

1 Auf der Grundlage der Risikotragfähigkeit ist ein System von Limiten zur Begrenzung der Marktpreisrisiken unter Berücksichtigung von Risikokonzentrationen einzurichten.
2 Ohne Marktpreisrisikolimit darf kein mit Marktpreisrisiken behaftetes Geschäft abgeschlossen werden.
3 Die Verfahren zur Beurteilung der Marktpreisrisiken sind regelmäßig zu überprüfen. Es ist zu überprüfen, ob die Verfahren auch bei schwerwiegenden Marktstörungen zu verwertbaren Ergebnissen führen. Für länger anhaltende Fälle fehlender, veralteter oder verzerrter Marktpreise sind für wesentliche Positionen alternative Bewertungsmethoden festzulegen.
4 Die im Rechnungswesen und Risikocontrolling ermittelten Ergebnisse sind regelmäßig zu plausibilisieren.
5 In regelmäßigen Abständen, mindestens aber vierteljährlich, ist ein Risikobericht über die vom Institut eingegangenen Marktpreisrisiken zu erstellen und der Geschäftsleitung zur Verfügung zu stellen. Der Bericht hat unter Einbeziehung der internen Handelsgeschäfte folgende Informationen zu umfassen:
   a) einen Überblick über die Risiko- und Ergebnisentwicklung der mit Marktpreisrisiken behafteten Positionen,
   b) bedeutende Limitüberschreitungen,
   c) Änderungen der wesentlichen Annahmen oder Parameter, die den Verfahren zur Beurteilung der Marktpreisrisiken zugrunde liegen,
   d) Auffälligkeiten bei der Abstimmung der Handelspositionen (z.B. hinsichtlich der Handelsvolumina, GuV-Auswirkungen, Stornoquoten).

BTR 2.2 Marktpreisrisiken des Handelsbuches

1 Es ist sicherzustellen, dass die mit Marktpreisrisiken behafteten Geschäfte des Handelsbuches unverzüglich auf die einschlägigen Limite angerechnet werden und der Positionsverantwortliche über die für ihn relevanten Limite und ihre aktuelle Ausnutzung zeitnah informiert ist. Bei Limitüberschreitungen sind geeignete Maßnahmen zu treffen. Gegebenenfalls ist ein Eskalationsverfahren einzuleiten.
2 Die mit Marktpreisrisiken behafteten Positionen des Handelsbuches sind täglich zu bewerten.
3 Es ist täglich ein Ergebnis für das Handelsbuch zu ermitteln. Die bestehenden Risikopositionen sind mindestens einmal täglich zum Geschäftsschluss zu Gesamtrisikopositionen zusammenzufassen. Die Gesamtrisikopositionen, Ergebnisse und Limitauslastungen sind grundsätzlich zeitnah am nächsten Geschäftstag dem für das Risikocontrolling zuständigen Geschäftsleiter zu berichten. Die Meldung ist mit den Handelsbereichen abzustimmen.
4 Die modellmäßig ermittelten Risikowerte sind fortlaufend mit der tatsächlichen Entwicklung zu vergleichen.

BTR 2.3 Marktpreisrisiken des Anlagebuches (einschließlich Zinsänderungsrisiken)

1 Die mit Marktpreisrisiken behafteten Positionen des Anlagebuches sind mindestens vierteljährlich zu bewerten.
2 Ebenfalls mindestens vierteljährlich ist ein Ergebnis für das Anlagebuch zu ermitteln.
3 Durch geeignete Maßnahmen ist sicherzustellen, dass Limitüberschreitungen aufgrund zwischenzeitlicher Veränderungen der Risikopositionen vermieden werden können.
4 Abhängig von Art, Umfang, Komplexität und Risikogehalt der Positionen im Anlagebuch kann auch eine tägliche, wöchentliche oder monatliche Bewertung, Ergebnisermittlung und Kommunikation der Risiken erforderlich sein.
5 Die Verfahren zur Beurteilung der Zinsänderungsrisiken des Anlagebuches müssen die wesentlichen Ausprägungen der Zinsänderungsrisiken erfassen.
6 Bei der Bestimmung der Zinsänderungsrisiken kann entweder auf die Auswirkungen von Zinsänderungen auf das handelsrechtliche Ergebnis des Instituts oder die Markt- beziehungsweise Barwerte der betroffenen Positionen abgestellt werden. Bei einer Bestimmung über die Auswirkungen auf das handelsrechtliche Ergebnis ist eine angemessene Betrachtung über den Bilanzstichtag hinaus erforderlich.
7 Hinsichtlich der Berücksichtigung von Positionen mit unbestimmter Kapital- oder Zinsbindung sind geeignete Annahmen festzulegen.
8 Institute, die wesentliche Zinsänderungsrisiken in verschiedenen Währungen eingegangen sind, müssen die Zinsänderungsrisiken in jeder dieser Währungen ermitteln.

BTR 3 Liquiditätsrisiken

BTR 3.1 Allgemeine Anforderungen

1 Das Institut hat sicherzustellen, dass es seine Zahlungsverpflichtungen jederzeit erfüllen kann. Dabei ist eine ausreichende Diversifikation, vor allem im Hinblick auf die Vermögens- und Kapitalstruktur, zu gewährleisten. Das Institut hat, soweit erforderlich, auch die Liquidität im Tagesverlauf sicherzustellen.
2 Das Institut hat zu gewährleisten, dass ein sich abzeichnender Liquiditätsengpass frühzeitig erkannt wird. Hierfür sind Verfahren einzurichten, deren Angemessenheit regelmäßig zu überprüfen ist. Auswirkungen anderer Risiken auf die Liquidität des Instituts (z.B. Reputationsrisiken) sind bei den Verfahren zu berücksichtigen.
3 Das Institut hat für einen geeigneten Zeitraum eine aussagekräftige Liquiditätsübersicht zu erstellen, in der die voraussichtlichen Mittelzuflüsse den voraussichtlichen Mittelabflüssen gegenübergestellt werden. Den auch in normalen Marktphasen üblichen Schwankungen der Zahlungsflüsse ist angemessen Rechnung zu tragen. Die Annahmen, die den Mittelzuflüssen und -abflüssen zugrunde liegen, sind festzulegen. Die Untergliederung in Zeitbänder muss geeignet sein, um auch die Entwicklung der kurzfristigen Liquiditätslage abzubilden.
4 Es ist laufend zu überprüfen, inwieweit das Institut, auch bei angespanntem Marktumfeld, in der Lage ist, einen auftretenden Liquiditätsbedarf zu decken. Dabei ist insbesondere auch auf den Liquiditätsgrad der Vermögenswerte abzustellen. Der dauerhafte Zugang zu den für das Institut relevanten Refinanzierungsquellen ist regelmäßig zu überprüfen. Für kurzfristig eintretende Verschlechterungen der Liquiditätssituation hat das Institut ausreichend bemessene, nachhaltige Liquiditätsreserven (z.B. hochliquide, unbelastete Vermögensgegenstände) vorzuhalten.
5 Das Institut hat ein geeignetes Verrechnungssystem zur verursachungsgerechten internen Verrechnung der jeweiligen Liquiditätskosten, -nutzen und -risiken ein-

zurichten. Die Ausgestaltung des Verrechnungssystems ist abhängig von Art, Umfang, Komplexität und Risikogehalt der Geschäftsaktivitäten sowie der Refinanzierungsstruktur des Instituts. Das Verrechnungssystem ist von der Geschäftsleitung zu genehmigen.

6 Große Institute mit komplexen Geschäftsaktivitäten haben ein Liquiditätstransferpreissystem zur verursachungsgerechten internen Verrechnung der jeweiligen Liquiditätskosten, -nutzen und -risiken zu etablieren. Die ermittelten Transferpreise sind im Rahmen der Ertrags- und Risikosteuerung zu berücksichtigen, indem die Verrechnung möglichst auf Transaktionsebene erfolgt. Dies gilt für bilanzwirksame und außerbilanzielle Geschäftsaktivitäten. Die Aspekte Haltedauer und Marktliquidität der Vermögensgegenstände sind bei der Ermittlung der jeweiligen Transferpreise zu berücksichtigen. Für unsichere Zahlungsströme sind geeignete Annahmen zu treffen. Das Liquiditätstransferpreissystem hat auch die Kosten für vorzuhaltende Liquiditätsreserven zu verrechnen.

7 Die Verantwortung für die Entwicklung und Qualität sowie die regelmäßige Überprüfung des Liquiditätstransferpreissystems ist in einem vom Markt und Handel unabhängigen Bereich wahrzunehmen. Die jeweils gültigen Liquiditätstransferpreise sind den betroffenen Mitarbeitern transparent zu machen. Die Konsistenz der eingesetzten Liquiditätstransferpreissysteme innerhalb der Gruppe muss gewährleistet sein.

8 Für Liquiditätsrisiken sind regelmäßig angemessene Stresstests durchzuführen. Dabei sind sowohl institutseigene als auch marktweite Ursachen für Liquiditätsrisiken in die Betrachtung einzubeziehen. Das Institut hat die Stresstests individuell zu definieren. Dabei sind den Stresstests unterschiedlich lange Zeithorizonte zugrunde zu legen.

9 Das Institut hat festzulegen, welche Maßnahmen im Fall eines Liquiditätsengpasses ergriffen werden sollen (Notfallplan für Liquiditätsengpässe). Dazu gehört auch die Darstellung der in diesen Fällen zur Verfügung stehenden Liquiditätsquellen unter Berücksichtigung etwaiger Mindererlöse. Die im Fall eines Liquiditätsengpasses zu verwendenden Kommunikationswege sind festzulegen. Die geplanten Maßnahmen sind regelmäßig auf ihre Durchführbarkeit zu überprüfen und gegebenenfalls anzupassen. Die Ergebnisse der Stresstests sind dabei zu berücksichtigen.

10 Es ist zu überprüfen, inwieweit der Übertragung liquider Mittel und unbelasteter Vermögensgegenstände innerhalb der Gruppe gesellschaftsrechtliche, regulatorische und operationelle Restriktionen entgegenstehen.

11 Der Geschäftsleitung ist regelmäßig über die Liquiditätssituation, über die Ergebnisse der Stresstests sowie über wesentliche Änderungen des Notfallplans für Liquiditätsengpässe Bericht zu erstatten. Auf besondere Liquiditätsrisiken aus außerbilanziellen Gesellschaftskonstruktionen ist gesondert einzugehen.

12 Ein Institut, das wesentliche Liquiditätsrisiken in Fremdwährungen aufweist, hat zur Sicherstellung seiner Zahlungsverpflichtungen angemessene Verfahren zur Steuerung der Fremdwährungsliquidität in den wesentlichen Währungen zu implementieren. Hierzu gehören für die jeweiligen Währungen zumindest eine gesonderte Liquiditätsübersicht, gesonderte Fremdwährungsstresstests sowie eine explizite Berücksichtigung im Notfallplan für Liquiditätsengpässe.

BTR 3.2 Zusätzliche Anforderungen an kapitalmarktorientierte Institute

1 Das Institut muss in der Lage sein, den erforderlichen Refinanzierungsbedarf, der sich aus den institutsindividuellen Stressszenarien über den Zeithorizont von mindestens einem Monat ergibt, mit den nach BTR 3.1 Tz. 4 vorzuhaltenden Liquiditätsreserven zu überbrücken, die in BTR 3.2 Tz. 2 näher spezifiziert sind.

2 Zur Überbrückung des kurzfristigen Refinanzierungsbedarfs von mindestens einer Woche hat das Institut neben Geldmitteln hochliquide Vermögensgegenstände vorzuhalten, die jederzeit ohne signifikante Wertverluste in privaten Märkten

liquidiert werden können und zentralbankfähig sind. Für den weiteren Refinanzierungsbedarf bis zum Ende des Zeithorizonts von mindestens einem Monat können andere Vermögensgegenstände als weitere Bestandteile der Liquiditätsreserven herangezogen werden, wenn diese ohne signifikante Wertverluste innerhalb des Zeithorizonts liquidiert werden können.

3 Das Institut hat Stressszenarien zu betrachten, nach denen auch die Liquiditätsreserven gemäß Tz. 1 zu bemessen sind. Im Rahmen der Stresstests sind zum einen Stressszenarien zu betrachten, die auf institutseigenen Ursachen beruhen. Zum anderen sind getrennt davon Stressszenarien zu betrachten, die auf marktweite Ursachen zurückzuführen sind. Darüber hinaus sind beide Aspekte kombiniert zu betrachten. Ein Szenario, das auf institutseigenen Ursachen beruht, hat auch eine signifikante Ratingverschlechterung abzubilden, bei der mindestens folgende Annahmen zu berücksichtigen sind:
   – Keine Verlängerung von unbesicherter Refinanzierung durch institutionelle Anleger mindestens innerhalb der ersten Woche des Stressszenarios;
   – Abzug eines Teils von Privatkundeneinlagen.

   Ferner sind für ein Szenario, das auf marktweiten Ursachen beruht, folgende Annahmen zu berücksichtigen:
   – Allgemeiner Kursverfall von marktgängigen Vermögensgegenständen, insbesondere Wertpapieren;
   – Allgemeine Verschlechterung der Refinanzierungsbedingungen.

4 Das Institut hat sicherzustellen, dass der Nutzung der Liquiditätsreserven keine rechtlichen, regulatorischen oder operationellen Restriktionen entgegenstehen. Die Diversifikation und die Aufteilung der Liquiditätsreserven auf verschiedene Jurisdiktionen müssen der Struktur und den Geschäftsaktivitäten des Instituts und der Gruppe entsprechen.

BTR 4 Operationelle Risiken

1 Das Institut hat den operationellen Risiken durch angemessene Maßnahmen Rechnung zu tragen.
2 Es muss gewährleistet sein, dass wesentliche operationelle Risiken zumindest jährlich identifiziert und beurteilt werden.
3 Bedeutende Schadensfälle sind unverzüglich hinsichtlich ihrer Ursachen zu analysieren.
4 Die Geschäftsleitung ist mindestens jährlich über bedeutende Schadensfälle und wesentliche operationelle Risiken zu unterrichten. Die Berichterstattung hat die Art des Schadens beziehungsweise Risikos, die Ursachen, das Ausmaß des Schadens beziehungsweise Risikos und gegebenenfalls bereits getroffene Gegenmaßnahmen zu umfassen.
5 Auf Basis der Berichterstattung ist zu entscheiden, ob und welche Maßnahmen zur Beseitigung der Ursachen zu treffen oder welche Risikosteuerungsmaßnahmen (z.B. Versicherungen, Ersatzverfahren, Neuausrichtung von Geschäftsaktivitäten, Katastrophenschutzmaßnahmen) zu ergreifen sind. Die Umsetzung der zu treffenden Maßnahmen ist zu überwachen.

BT 2 Besondere Anforderungen an die Ausgestaltung der Internen Revision

BT 2.1 Aufgaben der Internen Revision

1 Die Prüfungstätigkeit der Internen Revision hat sich auf der Grundlage eines risikoorientierten Prüfungsansatzes grundsätzlich auf alle Aktivitäten und Prozesse des Instituts zu erstrecken.

2 Die Interne Revision hat unter Wahrung ihrer Unabhängigkeit und unter Vermeidung von Interessenkonflikten bei wesentlichen Projekten begleitend tätig zu sein.

3 Im Fall wesentlicher Auslagerungen auf ein anderes Unternehmen kann die Interne Revision des Instituts auf eigene Prüfungshandlungen verzichten, sofern die anderweitig durchgeführte Revisionstätigkeit den Anforderungen in AT 4.4 und BT 2 genügt. Die Interne Revision des auslagernden Instituts hat sich von der Einhaltung dieser Voraussetzungen regelmäßig zu überzeugen. Die für das Institut relevanten Prüfungsergebnisse sind an die Interne Revision des auslagernden Instituts weiterzuleiten.

BT 2.2 Grundsätze für die Interne Revision

1 Die Interne Revision hat ihre Aufgaben selbstständig und unabhängig wahrzunehmen. Insbesondere ist zu gewährleisten, dass sie bei der Berichterstattung und der Wertung der Prüfungsergebnisse keinen Weisungen unterworfen ist. Das Direktionsrecht der Geschäftsleitung zur Anordnung zusätzlicher Prüfungen steht der Selbstständigkeit und Unabhängigkeit der Internen Revision nicht entgegen.

2 Die in der Internen Revision beschäftigten Mitarbeiter dürfen grundsätzlich nicht mit revisionsfremden Aufgaben betraut werden. Sie dürfen insbesondere keine Aufgaben wahrnehmen, die mit der Prüfungstätigkeit nicht im Einklang stehen. Soweit die Unabhängigkeit der Internen Revision gewährleistet ist, kann sie im Rahmen ihrer Aufgaben für die Geschäftsleitung oder andere Organisationseinheiten des Instituts beratend tätig sein.

3 Mitarbeiter, die in anderen Organisationseinheiten des Instituts beschäftigt sind, dürfen grundsätzlich nicht mit Aufgaben der Internen Revision betraut werden. Das schließt jedoch nicht aus, dass in begründeten Einzelfällen andere Mitarbeiter aufgrund ihres Spezialwissens zeitweise für die Interne Revision tätig werden.

BT 2.3 Prüfungsplanung und -durchführung

1 Die Tätigkeit der Internen Revision muss auf einem umfassenden und jährlich fortzuschreibenden Prüfungsplan basieren. Die Prüfungsplanung hat risikoorientiert zu erfolgen. Die Aktivitäten und Prozesse des Instituts sind, auch wenn diese ausgelagert sind, in angemessenen Abständen, grundsätzlich innerhalb von drei Jahren, zu prüfen. Wenn besondere Risiken bestehen, ist jährlich zu prüfen. Bei unter Risikogesichtspunkten nicht wesentlichen Aktivitäten und Prozessen kann vom dreijährigen Turnus abgewichen werden.

2 Die Prüfungsplanung, -methoden und -qualität sind regelmäßig und anlassbezogen zu überprüfen und weiterzuentwickeln.

3 Es muss sichergestellt sein, dass kurzfristig notwendige Sonderprüfungen, z.B. anlässlich deutlich gewordener Mängel oder bestimmter Informationsbedürfnisse, jederzeit durchgeführt werden können.

4 Die Prüfungsplanung sowie wesentliche Anpassungen sind von der Geschäftsleitung zu genehmigen.

BT 2.4 Berichtspflicht

1 Über jede Prüfung muss von der Internen Revision zeitnah ein schriftlicher Bericht angefertigt und grundsätzlich den fachlich zuständigen Mitgliedern der Geschäftsleitung vorgelegt werden. Der Bericht muss insbesondere eine Darstellung des Prüfungsgegenstandes und der Prüfungsfeststellungen, gegebenenfalls einschließlich der vorgesehenen Maßnahmen, enthalten. Wesentliche Mängel sind besonders herauszustellen. Dabei sind die Prüfungsergebnisse zu beurteilen. Bei schwerwie-

genden Mängeln muss der Bericht unverzüglich der Geschäftsleitung vorgelegt werden.
2 Die Prüfungen sind durch Arbeitsunterlagen zu dokumentieren. Aus ihnen müssen die durchgeführten Arbeiten sowie die festgestellten Mängel und Schlussfolgerungen für sachkundige Dritte nachvollziehbar hervorgehen.
3 Besteht hinsichtlich der zur Erledigung der Feststellungen zu ergreifenden Maßnahmen keine Einigkeit zwischen geprüfter Organisationseinheit und Interner Revision, so ist von der geprüften Organisationseinheit eine Stellungnahme hierzu abzugeben.
4 Die Interne Revision hat zeitnah einen Gesamtbericht über die von ihr im Laufe des Geschäftsjahres durchgeführten Prüfungen zu verfassen und zeitnah der Geschäftsleitung vorzulegen. Der Gesamtbericht muss über die wesentlichen Mängel und die ergriffenen Maßnahmen informieren. Es ist ferner darzulegen, ob und inwieweit die Vorgaben des Prüfungsplans eingehalten wurden.
5 Ergeben sich im Rahmen der Prüfungen schwerwiegende Feststellungen gegen Geschäftsleiter, so ist der Geschäftsleitung unverzüglich Bericht zu erstatten. Diese hat unverzüglich den Vorsitzenden des Aufsichtsorgans sowie die Aufsichtsinstitutionen (Bundesanstalt für Finanzdienstleistungsaufsicht, Deutsche Bundesbank) zu informieren. Kommt die Geschäftsleitung ihrer Berichtspflicht nicht nach oder beschließt sie keine sachgerechten Maßnahmen, so hat die Interne Revision den Vorsitzenden des Aufsichtsorgans zu unterrichten.
6 Die Geschäftsleitung hat das Aufsichtsorgan mindestens einmal jährlich über die von der Internen Revision festgestellten schwerwiegenden sowie über die noch nicht behobenen wesentlichen Mängel in inhaltlich prägnanter Form zu unterrichten. Die aufgedeckten schwerwiegenden Mängel, die beschlossenen Maßnahmen zu deren Behebung sowie die Umsetzung der Maßnahmen sind dabei besonders hervorzuheben. Über besonders schwerwiegende Mängel ist das Aufsichtsorgan unverzüglich durch die Geschäftsleitung in Kenntnis zu setzen.
7 Revisionsberichte und Arbeitsunterlagen sind sechs Jahre aufzubewahren.

BT 2.5 Reaktion auf festgestellte Mängel

1 Die Interne Revision hat die fristgerechte Beseitigung der bei der Prüfung festgestellten Mängel in geeigneter Form zu überwachen. Gegebenenfalls ist hierzu eine Nachschauprüfung anzusetzen.
2 Werden die wesentlichen Mängel nicht in einer angemessenen Zeit beseitigt, so hat der Leiter der Internen Revision darüber zunächst den fachlich zuständigen Geschäftsleiter schriftlich zu informieren. Erfolgt die Mängelbeseitigung nicht, so ist die Geschäftsleitung spätestens im Rahmen des nächsten Gesamtberichts schriftlich über die noch nicht beseitigten Mängel zu unterrichten

Anhang 4.2
Rundschreiben 11/2011 (BA)
Zinsänderungsrisiken im Anlagebuch; Ermittlung der Auswirkungen einer plötzlichen und unerwarteten Zinsänderung

1 Einleitung

Dieses Rundschreiben konkretisiert auf der Grundlage des § 25a Abs. 1 Satz 7 KWG i.V.m. § 24 Abs. 1 Nr. 14 KWG die Anforderungen, die sich für die Kreditinstitute bezüglich der Anwendung einer von der nationalen Aufsichtsbehörde vorzugebenden plötzlichen und unerwarteten Zinsänderung ergeben. Artikel 124 der Richtlinie 2006/48/EG (Bankenrichtlinie – BankenRL) verpflichtet die nationalen Aufsichtsbehörden zu überprüfen und zu bewerten, ob die institutsinternen Prozesse und Verfahren ein solides Risikomanagement und eine solide Risikoabdeckung gewährleisten. Diese Überprüfung und Bewertung umfasst nach Artikel 124 Abs. 5 BankenRL auch das Zinsänderungsrisiko im Anlagebuch. Bei Kreditinstituten, deren wirtschaftlicher Wert bei einer plötzlichen und unerwarteten Zinsänderung um mehr als 20 % ihrer Eigenmittel absinkt (»Kreditinstitute mit erhöhtem Zinsänderungsrisiko«), sind die zuständigen nationalen Behörden gehalten »Maßnahmen zu ergreifen«.

Der Ausschuss der Europäischen Bankaufsichtsbehörden (Committee of European Banking Supervisors – CEBS) hat die einschlägige Regelung der Richtlinie im Rahmen seiner Arbeiten zur Stärkung der aufsichtlichen Konvergenz in Europa durch den Leitfaden »Technical aspects of the management of interest rate risk arising from non-trading activities« under the supervisory review process« konkretisiert. Der in diesem Leitfaden vorgegebene Rahmen für die Ausfüllung des Artikels 124 Abs. 5 BankenRL wird in dem vorliegenden Rundschreiben berücksichtigt. Dieser Leitfaden steht zur Überprüfung an. Dabei zeichnet sich ab, dass die Europäische Bankaufsichtsbehörde (EBA) ausdrücklich erwarten wird, dass insbesondere eine parallele Verschiebung der Zinsstrukturkurven um 200 Basispunkte nach oben oder unten anzunehmen sein wird. Dies ist im vorliegenden Rundschreiben bereits berücksichtigt.

Bei der Ermittlung der Auswirkungen einer plötzlichen und unerwarteten Zinsänderung gilt der Grundsatz, dass die Kreditinstitute auf der Grundlage ihrer internen Methoden und Verfahren zur Steuerung und Überwachung der Zinsänderungsrisiken im Anlagebuch eigenverantwortlich zu berechnen haben, ob sie als Kreditinstitute mit erhöhtem Zinsänderungsrisiko einzustufen sind.

2. Anwenderkreis

Die Anforderungen dieses Rundschreibens sind von allen Kreditinstituten einschließlich der inländischen Zweigstellen von Instituten mit Sitz im Ausland im Sinne von § 53 Abs. 1 KWG, die das Einlagengeschäft (§ 1 Abs. 1 Satz 2 Nr. 1 KWG) und das Kreditgeschäft (§ 1 Abs. 1 Satz 2 Nr. 2 KWG) betreiben, zu beachten. Auf Zweigniederlassungen von Einlagenkreditinstituten mit Sitz in einem anderen Staat des Europäischen Wirtschaftsraums nach § 53b KWG sowie von Unternehmen mit Sitz in einem Drittstaat nach § 53c Nr. 2 KWG finden sie keine Anwendung. Die Anforderungen gelten grundsätzlich nicht auf Gruppenebene. Bei Kreditinstituten, die von der Ausnahmeregelung bezüglich der Ermittlung und Sicherstellung der Risikotragfähigkeit, Festlegung von Strategien, Einrichtung von Prozessen zur Identifizierung, Beurteilung, Steuerung, Überwachung und Kommunikation von Risiken nach § 2a Abs. 1 oder § 2a Abs. 6 KWG (Gruppen-Waiver) Gebrauch machen und die Zinsänderungsrisiken auf Anwendungsebene des Gruppen-Waivers steuern, sind die Anforderungen allerdings auf dieser Ebene und nicht mehr auf Einzelinstitutsebene zu beachten.

Für Nichthandelsbuchinstitute sind die Anforderungen dieses Rundschreibens nicht nur auf das Anlagebuch, sondern auf die Geschäfte des Kreditinstituts insgesamt anzuwenden.

3. Bemessung der plötzlichen und unerwarteten Zinsänderung

Die BaFin bemisst die nach Artikel 124 Abs. 5 BankenRL vorzugebende plötzliche und unerwartete Zinsänderung für Positionen in Euro – im Einklang mit dem Leitfaden von CEBS – auf der Grundlage einer Parallelverschiebung der Zinsstrukturkurve um 200 Basispunkte nach oben (Szenario 1) und 200 Basispunkte nach unten (Szenario 2).

Die Kreditinstitute haben die von der BaFin festgelegte Zinsänderung als ad hoc (»über Nacht«) eintretende parallele Verschiebung der Zinsstrukturkurve um den vorgegebenen Wert anzuwenden. Soweit sich nach der parallelen Verschiebung der Zinsstrukturkurve ein negativer Nominalzinssatz ergeben würde, ist ein Nominalzins von Null anzuwenden. Anpassungseffekte sind nicht zu berücksichtigen, d. h. es sind die Effekte auf dasjenige Portfolio zu berechnen, das zum Zeitpunkt der Betrachtung im Bestand des Kreditinstituts ist (statische Betrachtung).

4. Auswertung der Zinsänderungsszenarien

4.1 Auswirkungen auf den »wirtschaftlichen Wert«

Gemäß der BankenRL ist bei der Ermittlung der Auswirkungen der Zinsänderungen auf den »wirtschaftlichen Wert« abzustellen, dessen Veränderung in Bezug zu den regulatorischen Eigenmitteln zu setzen ist. Der wirtschaftliche Wert eines Kreditinstituts ist gemäß § 24 Abs. 1 Nr. 14 KWG als Barwert der mit einem Zinsänderungsrisiko behafteten Geschäfte zu interpretieren, die zum Zeitpunkt der Betrachtung im Bestand des Kreditinstituts sind (Zinsbuchbarwert). Es gilt der Grundsatz, dass die Kreditinstitute bei der Berechnung der Barwertänderung im Anlagebuch ihre internen Methoden und Verfahren einsetzen sollen. Die Methoden und Verfahren müssen den Anforderungen der »Mindestanforderungen an das Risikomanagement« (MaRisk) genügen. Kreditinstitute, die bei der internen Steuerung und Überwachung ihrer Zinsänderungsrisiken die Auswirkungen von Zinsänderungen auf das handelsrechtliche Ergebnis (GuV-orientierte Sichtweise) in den Vordergrund stellen, können die im Rahmen dieses Rundschreibens notwendigen Berechnungen auf der Basis des in Abschnitt 4.4 dargestellten Ausweichverfahrens vornehmen, um die Barwertänderung abzuschätzen.

4.2 Bezugsgröße »regulatorische Eigenmittel«

Für die Ermittlung des Zinsrisikokoeffizienten nach Abschnitt 5, die zugleich der Einstufung eines Kreditinstituts als Kreditinstitut mit erhöhtem Zinsänderungsrisiko dient, ist der (höhere) Barwertverlust, der mit einem der beiden unter Nr. 3 vorgegebenen Szenarien berechnet wurde, in Bezug zu den aufsichtlich anrechenbaren Eigenmitteln (regulatorische Eigenmittel) gemäß § 10 KWG zu setzen. Dabei wird auf die gesamten regulatorischen Eigenmittel gemäß Meldebogen E UEB »Übersichtsbogen zu den Eigenmitteln nach § 10 KWG, zu den Adressrisiken, zu den Marktrisikopositionen und zum operationellen Risiko«, Zeile 0010 abgestellt. Für die Höhe der gesamten regulatorischen Eigenmittel darf das Kreditinstitut zwischen dem letzten gemäß Meldebogen E UEB gemeldeten Wert nach § 6 Abs. 1 Satz 1 SolvV und dem Betrag wählen, der sich am Tage der Anzeige ergibt.

4.3 Einzubeziehende Positionen

Bei der Ermittlung der Auswirkungen einer plötzlichen und unerwarteten Zinsänderung sind alle für diese Ermittlung wesentlichen, mit einem Zinsänderungsrisiko behafteten Geschäfte des Anlagebuchs einzubeziehen. Dies umfasst insbesondere die zinstragenden bilanziellen und die zinssensitiven außerbilanziellen Positionen, einschließlich implizit in Bankprodukten enthaltener Optionen. Im Falle eines Nichthandelsbuchinstituts sind sämtliche mit einem Zinsänderungsrisiko behafteten Geschäfte des Kreditinstituts zu berücksichtigen.

Positionen mit unbestimmter Kapital- oder Zinsbindung sind gemäß der internen Methoden und Verfahren zur Steuerung und Überwachung der Zinsänderungsrisiken zu behandeln. Hierfür sind gemäß den MaRisk geeignete Annahmen festzulegen und zu dokumentieren. Eigenkapitalbestandteile, die dem Kreditinstitut zeitlich unbegrenzt zur Verfügung stehen, dürfen also nicht in die barwertige Ermittlung der Zinsänderungsrisiken einbezogen werden.

Hat ein Kreditinstitut wesentliche Positionen in Fremdwährungen, ist die Barwertänderung in jeder dieser Währungen analog zu der Vorgehensweise bei Positionen in Euro zu ermitteln. Die unerwartete Zinsänderung nach Abschnitt 3 bezieht sich dann auf eine Veränderung des Fremdwährungszinses. Für beide Szenarien (Anstieg und Sinken des Zinsniveaus) sind die auf die einzelnen Fremdwährungen entfallenden Barwertänderungen zu ermitteln. Für jede Währung ist die negative Barwertänderung zu ermitteln und mit dem Wechselkurs zum Betrachtungszeitpunkt in Euro umzurechnen. Die umgerechneten negativen Barwertänderungen sind zur Gesamthöhe des potentiellen Verlustes zu addieren.

4.4 Ausweichverfahren

Das nachfolgend beschriebene Ausweichverfahren dient dazu, die barwertigen Auswirkungen im Anlagebuch aufgrund einer plötzlichen und unerwarteten Zinsänderung abzuschätzen und kann im Falle einer primär GuV-orientierten Sichtweise des Instituts genutzt werden. Dabei werden die einzubeziehenden Positionen, getrennt nach aktivischen bilanziellen und außerbilanziellen Positionen sowie passivischen bilanziellen und außerbilanziellen Positionen, in Laufzeitbänder gemäß Tabelle 1 eingestellt. Für jedes Laufzeitband wird eine Nettoposition ermittelt. Anschließend werden die einzelnen Nettopositionen mit ihren laufzeitbandabhängigen Gewichtungsfaktoren multipliziert und dann zu einer gewichteten Gesamtnettoposition addiert. Das Ergebnis stellt die geschätzte Änderung des Barwerts dar, die in Relation zu den regulatorischen Eigenmitteln gemäß Abschnitt 4.2 zu setzen ist. Es ergeben sich damit folgende Berechnungsschritte, wobei aktivische Positionen mit positivem Vorzeichen und passivische Positionen mit negativem Vorzeichen in die Berechnung eingehen:

1. Verrechnung der aktivischen und passivischen Positionen in jedem Laufzeitband; damit Ermittlung einer Netto-Aktiv- oder Netto-Passiv-Position pro Laufzeitband.
2. Multiplikation der einzelnen Nettopositionen mit den jeweiligen Gewichtungsfaktoren für die einzelnen Laufzeitbänder. Der Gewichtungsfaktor ergibt sich aus der Multiplikation der negativen geschätzten *Modified Duration* (MD) für das jeweilige Laufzeitband mit dem jeweiligen vorgegebenen Zinsszenario (also: Gewichtungsfaktor = $(-1) \cdot$ MD $\cdot$ Zinsänderung in Prozentpunkten, geteilt durch 100). Als Ergebnis ergibt sich die geschätzte Barwertänderung pro Laufzeitband und Zinsszenario (bei einer Netto-Aktiv-Position resultiert aus einem Zinsanstieg also eine negative Barwertänderung für das entsprechende Laufzeitband).
3. Addition der unter 2. berechneten Barwertänderungen pro Laufzeitband und Zinsszenario (unter Beibehaltung des jeweiligen Vorzeichens) zu einer geschätzten Barwertänderung pro Zinsszenario im Anlagebuch.
4. Analoge Vorgehensweise für die Berechnung von Barwertänderungen im Anlagebuch für wesentliche Positionen in einer Fremdwährung. Nach Aufsummierung der Barwertänderungen für alle Währungen erhält man die geschätzte Barwertänderung für das gesamte Anlagebuch, die in Relation zu den regulatorischen Eigenmitteln zu setzen ist.

Tab. 3 Laufzeitbänder und geschätzte MD

Laufzeitband	Geschätzte MD
bis 1 Monat	0,04
1 bis 3 Monate	0,16
3 bis 6 Monate	0,36
6 bis 12 Monate	0,71
1 bis 2 Jahre	1,38
2 bis 3 Jahre	2,25
3 bis 4 Jahre	3,07
4 bis 5 Jahre	3,85
5 bis 7 Jahre	5,08
7 bis 10 Jahre	6,63
10 bis 15 Jahre	8,92
15 bis 20 Jahre	11,21
über 20 Jahre	13,01

Positionen sind grundsätzlich gemäß ihrer Restlaufzeit bis zur Fälligkeit bzw. bis zum nächsten Zinsanpassungstermin in die jeweiligen Laufzeitbänder einzustellen. Darüber hinaus ist Abschnitt 4.3 entsprechend zu beachten.

4.5 Berechnungsturnus

Der Berechnungsturnus zur Ermittlung der Auswirkungen einer plötzlichen und unerwarteten Zinsänderung ist von jedem Kreditinstitut im Einklang mit den Vorgaben aus BTR 2.3 MaRisk eigenverantwortlich festzulegen. Somit ist eine solche Berechnung mindestens vierteljährlich durchzuführen. Insbesondere dann, wenn vom Kreditinstitut wesentliche zinsrisikoerhöhende Portfolio-Änderungen im Anlagebuch vorgenommen werden, ist auch die Kennziffer gem. Abschnitt 5 dieses Rundschreibens erneut zu berechnen.

5. Aufsichtliche Informationsbedürfnisse und weitere Vorgehensweise der Aufsicht

Kreditinstitute, die auf der Grundlage ihrer internen Berechnungen und unter Beachtung der genannten Vorgaben eine negative Barwertänderung von mehr als 20 % der regulatorischen Eigenmittel aufweisen und damit als Kreditinstitute mit erhöhtem Zinsänderungsrisiko zu klassifizieren sind, haben dies nach § 24 Abs. 1 Nr. 14 KWG der BaFin und der Deutschen Bundesbank unverzüglich anzuzeigen. Anzugeben sind dabei
– die absolute Barwertänderung sowie der Koeffizient aus Barwertänderung und Eigenmitteln im Falle einer Zinserhöhung (Szenario 1),
– die absolute Barwertänderung sowie der Koeffizient aus Barwertänderung und Eigenmitteln im Falle eines Zinsrückgangs (Szenario 2) und
– ob das Ausweichverfahren verwendet wurde.

Die BaFin und die Deutsche Bundesbank werden, soweit erforderlich, weitere Informationen von den betreffenden Kreditinstituten einholen.

Ungeachtet der Meldepflicht nach § 24 Abs. 1 Nr. 14 KWG ist der Jahresabschlussprüfer nach § 11 Abs. 2 der Prüfungsberichtsverordnung (PrüfbV) verpflichtet, »die Höhe des potentiellen Verlustes gemäß der vorgegebenen Zinsänderung nach § 25a Abs. 1 Satz 7 des Kreditwesengesetzes zum letzten Berechnungszeitpunkt« in seinem Prüfungsbericht zu dokumentieren (vgl. Position Nr. 13 des Abschnitts (5) des Daten-

blatts nach Anlage 1 zur PrüfbV). Diese Vorschrift erlaubt jedoch keine hinreichend zeitnahe Information der Aufsicht. Die Aufsicht erwartet daher, dass alle Kreditinstitute ab 31.12.2011 jeweils zum Quartalsende als Datenstichtag
- die absolute Barwertänderung sowie den Koeffizient aus Barwertänderung und Eigenmitteln im Falle einer Zinserhöhung (Szenario 1),
- die absolute Barwertänderung sowie den Koeffizient aus Barwertänderung und Eigenmitteln im Falle eines Zinsrückgangs (Szenario 2) und
- ob das Ausweichverfahren verwendet wurde

an die Deutsche Bundesbank melden. Die Deutsche Bundesbank stellt hierzu ein entsprechendes Meldeformular bereit und teilt die Einzelheiten der technischen Übermittlungen mit.

Weist ein Kreditinstitut ein erhöhtes Zinsänderungsrisiko (gemäß der Definition in Nr. 1 dieses Rundschreibens) auf, prüft die Aufsicht, inwieweit das Kreditinstitut auch nach aufsichtlichem Maßstab, d.h. unter Einbeziehung der nach dem vorliegenden Rundschreiben gemessenen Zinsänderungsrisiken des Anlagebuchs sowie der Eigenmittelanforderungen nach der Solvabilitätsverordnung im Verhältnis zu den Eigenmitteln nach § 10 Abs. 2 KWG, insgesamt angemessene Eigenmittel hat. Im Zuge einer solchen Prüfung entscheidet die BaFin insbesondere, ob sie eine erhöhte Eigenmittelanforderung nach § 10 Abs. 1b Nr. 1, 1. Alt. KWG anordnen muss.

Die Ermächtigung nach § 10 Abs. 1b Nr. 1, 1. Alt. KWG betrifft jedoch nicht nur Kreditinstitute mit erhöhtem Zinsänderungsrisiko. Daher kann die 20%-Schwelle nicht als aufsichtlich vorgegebene Obergrenze für das Eingehen von Zinsänderungsrisiken im Anlagebuch interpretiert werden. Die Aufsicht kann auch für andere Kreditinstitute prüfen, inwieweit sie auch nach aufsichtlichem Maßstab unter Einbeziehung der nach dem vorliegenden Rundschreiben gemessenen Zinsänderungsrisiken des Anlagebuchs insgesamt angemessene Eigenmittel haben.

Im Falle der Anordnung einer erhöhten Eigenmittelanforderung wird die BaFin im Regelfall auch festlegen, dass das Kreditinstitut die Veränderung der Barwerte in Euro für beide Szenarien (Anstieg und Sinken des Zinsniveaus) der Deutschen Bundesbank für die folgenden acht Stichtage einreichen muss, zu denen es gemäß § 6 Abs. 1 SolvV auch zu einer Meldung nach Anlage 3 der Solvabilitätsverordnung verpflichtet ist.

Die BaFin wird den Erhöhungsbetrag für die Eigenmittelanforderungen nach § 10 Abs. 1b Nr. 1, 1. Alt. KWG im Regelfall wie folgt festlegen:

Zum ersten Meldestichtag nach Wirksamwerden des Verwaltungsakts beträgt der Erhöhungsbetrag ein Viertel der Barwertänderung, die das Kreditinstitut bezogen auf diesen Meldestichtag ermittelt. Der Erhöhungsbetrag beläuft sich an den drei darauf folgenden Meldestichtagen auf zwei, drei bzw. vier Viertel der Barwertänderung, die das Kreditinstitut bezogen auf den jeweiligen Meldestichtag ermittelt.

Für den fünften bis achten Meldestichtag wird die BaFin zudem im Regelfall das Kreditinstitut verpflichten, die Deutsche Bundesbank über die Barwertänderung zu informieren, die es bezogen auf den jeweiligen Meldestichtag ermittelt (sog. Beobachtungsperiode). Anhand der Meldungen des Kreditinstituts entscheidet die BaFin, inwieweit sie die Anordnung erhöhter Eigenmittelanforderungen nach § 10 Abs. 1b Nr. 1, 1. Alt. KWG fortführt. Wird die Anordnung erhöhter Eigenmittelanforderungen fortgeführt, dann wird die BaFin im Regelfall eine weitere Beobachtungsperiode für die sich dann noch anschließenden vier Meldestichtage anordnen.

6. Ablösung früherer Rundschreiben

Das vorliegende Rundschreiben ersetzt das Rundschreiben 7/2007 (BA).

Anhang 4.3
Mitteilung Nr. 2/63 des Bundesaufsichtsamtes für das Kreditwesen betreffend Einstimmige Beschlußfassung sämtlicher Geschäftsleiter über die Gewährung von Großkrediten und Organkrediten (§ 13 Abs. 2, § 15 Abs. 1 KWG)

vom 28. Oktober 1963

Bei der Beschlußfassung über die Gewährung von Großkrediten und Organkrediten ist wie folgt zu verfahren:
1. Geschäftsleiter im Sinne des § 1 Abs. 2 KWG sind auch die stellvertretenden Vorstandsmitglieder, weil sie rechtlich die gleiche Stellung wie ordentliche Vorstandsmitglieder haben. Dieser sich aus dem Gesellschaftsrecht ergebende Rechtsgrundsatz (vgl. § 85[1] AktG, § 44 GmbHG, § 35 GenG) findet auf alle Kreditinstitute Anwendung, die in der Rechtsform einer juristischen Person des privaten oder öffentlichen Rechts betrieben werden.

   Bestimmen jedoch Gesetz oder öffentliche Satzung, daß die Stellvertreter nur im Falle der Verhinderung der ordentlichen Vorstandsmitglieder für diese tätig werden, so sind sie nur für diesen Zeitraum Geschäftsleiter und müssen auch nur insoweit an der Beratung und Beschlußfassung über die Gewährung von Großkrediten und Organkrediten teilnehmen.
2. Geschäftsleiter, an die ein Kredit gewährt werden soll, dürfen an der Beschlußfassung über diesen Kredit nicht teilnehmen.
3. Sind Geschäftsleiter verhindert, an der Beratung und Beschlußfassung teilzunehmen, so ist wie folgt zu verfahren:
   a) Werden Geschäftsleiter nach Maßgabe der Nummer 1 Abs. 2 vertreten, so bedarf es ihrer Teilnahme an der Beratung und Beschlußfassung nicht. Ihre nachträgliche Zustimmung ist nicht erforderlich.
   b) Gleiches gilt, wenn Geschäftsleiter aus wichtigem Grund (z.B. höhere Gewalt, Krankheit, Urlaub) für einen Zeitraum von voraussichtlich mehr als zwei Wochen verhindert sind, an der Beratung und Beschlußfassung teilzunehmen. Die Frist beginnt mit dem Zeitpunkt, an dem der Beschluß gefaßt werden soll. Der Grund für die Verhinderung ist aktenkundig zu machen. Bei der Anzeige der Großkredite und Organkredite ist in Spalte 8 der Anzeigenvordrucke auf die Verhinderung hinzuweisen (z.B. durch folgende Eintragung: Ja, ein Geschäftsleiter verhindert).

---

1 § 94 des Aktiengesetzes.

Anhang 4.4
Verordnung über die aufsichtsrechtlichen Anforderungen an Vergütungssysteme von Instituten (Institutsvergütungsverordnung – InstitutsVergV)[1]

vom 16. Dezember 2013 (BGBl. I S. 4270)

Auf Grund des § 25a Absatz 6 des Kreditwesengesetzes, der durch Artikel 1 Nummer 48 des Gesetzes vom 28. August 2013 (BGBl. I S. 3395) in das Kreditwesengesetz eingefügt worden ist, verordnet das Bundesministerium der Finanzen im Benehmen mit der Deutschen Bundesbank und nach Anhörung der Spitzenverbände der Institute:

Inhaltsübersicht

Abschnitt 1:
Allgemeines

Anwendungsbereich	§ 1
Begriffsbestimmungen	§ 2

Abschnitt 2:
Allgemeine Anforderungen an Vergütungssysteme

Verantwortung für die Ausgestaltung	§ 3
Ausrichtung an der Strategie des Instituts	§ 4
Angemessenheit der Vergütung und der Vergütungssysteme	§ 5
Verhältnis von variabler zu fixer Vergütung	§ 6
Festsetzung des Gesamtbetrags der variablen Vergütungen	§ 7
Risikoorientierte Vergütung	§ 8
Zusätzliche Anforderungen an die Vergütung der Mitarbeiter und Mitarbeiterinnen der Kontrolleinheiten	§ 9
Zusätzliche Anforderungen an die Vergütung von Geschäftsleitern und Geschäftsleiterinnen	§ 10
Grundsätze zu den Vergütungssystemen in den Organisationsrichtlinien	§ 11
Anpassung der Vergütungssysteme	§ 12
Information über die Vergütungssysteme	§ 13
Anpassung bestehender Vereinbarungen	§ 14
Vergütungskontrollausschuss	§ 15
Offenlegung	§ 16

---

[1] Diese Verordnung dient der Umsetzung der Richtlinie 2013/36/EU des Europäischen Parlaments und des Rates vom 26. Juni 2013 über den Zugang zur Tätigkeit von Kreditinstituten und die Beaufsichtigung von Kreditinstituten und Wertpapierfirmen, zur Änderung der Richtlinie 2002/87/EG und zur Aufhebung der Richtlinien 2006/48/EG und 2006/49/EG (ABl. L 176 vom 27.6.2013, S. 338) sowie der Anpassung des Aufsichtsrechts an die Verordnung (EU) Nr. 575/2013 des Europäischen Parlaments und des Rates vom 26. Juni 2013 über die Aufsichtsanforderungen an Kreditinstitute und Wertpapierfirmen und zur Änderung der Verordnung (EU) Nr. 646/2012 (ABl. L 176 vom 27.6.2013, S. 1).

Abschnitt 3:
Besondere Anforderungen für bedeutende Institute

Einstufung als bedeutendes Institut. . . . . § 17
Anforderungen an Vergütungssysteme bedeutender Institute. . . . . § 18
Berücksichtigung von Gesamterfolg und Erfolgsbeiträgen . . . . § 19
Zurückbehaltung, Anspruchs- und Auszahlungsvoraussetzungen . . . . § 20
Vergütungen im Zusammenhang mit Ausgleichs- oder Abfindungszahlungen . § 21
Ermessensabhängige Leistungen zur Altersversorgung . . . . § 22
Vergütungsbeauftragte in bedeutenden Instituten . . . . § 23
Aufgaben des oder der Vergütungsbeauftragten. § 24
Personal- und Sachausstattung des Vergütungsbeauftragten . . . . § 25
Vergütungsbeauftrager in den Organisationsrichtlinien . . . . § 26

Abschnitt 4:
Besondere Vorschriften für Gruppen

Gruppenweite Regelung der Vergütung . . . . § 27

Abschnitt 5:
Schlussvorschriften

Übergangsregelungen. . . . . § 28
Inkrafttreten, Außerkrafttreten . . . . § 29

Abschnitt 1:
Allgemeines

§ 1 Anwendungsbereich

(1) Diese Verordnung gilt vorbehaltlich des Absatzes 2 für alle Institute im Sinne des § 1 Absatz 1b und des § 53 Absatz 1 des Kreditwesengesetzes und für die Vergütungssysteme sämtlicher Geschäftsleiter und Geschäftsleiterinnen sowie Mitarbeiter und Mitarbeiterinnen dieser Institute. Auf Zweigniederlassungen von Unternehmen mit Sitz in einem anderen Staat des Europäischen Wirtschaftsraums nach § 53b des Kreditwesengesetzes ist sie nicht anzuwenden.
(2) Abschnitt 3 gilt nur für bedeutende Institute im Sinne des § 17.
(3) Diese Verordnung ist nicht anzuwenden auf Vergütungen, die
1. durch Tarifvertrag vereinbart sind,
2. im Geltungsbereich eines Tarifvertrages durch Vereinbarung der Arbeitsvertragsparteien über die Anwendung der tarifvertraglichen Regelungen vereinbart sind oder
3. aufgrund eines Tarifvertrages in einer Betriebs- oder Dienstvereinbarung vereinbart sind.

§ 2 Begriffsbestimmungen

(1) Vergütung im Sinne dieser Verordnung sind
1. sämtliche finanzielle Leistungen, gleich welcher Art, einschließlich der Leistungen für die Altersversorgung,
2. sämtliche Sachbezüge, gleich welcher Art, einschließlich der Leistungen für die Altersversorgung oder
3. Leistungen von Dritten, die ein Geschäftsleiter oder eine Geschäftsleiterin oder ein Mitarbeiter oder eine Mitarbeiterin im Hinblick auf seine oder ihre berufliche Tätigkeit bei dem Institut erhält.

Nicht als Vergütung gelten finanzielle Leistungen oder Sachbezüge jeweils einschließlich der Leistungen für die Altersversorgung, die von dem Institut aufgrund einer allgemeinen, ermessensunabhängigen und institutsweiten Regelung gewährt werden und keine Anreize schaffen, finanzielle Risiken einzugehen, insbesondere Rabatte, betriebliche Versicherungs- und Sozialleistungen sowie bei Mitarbeitern und Mitarbeiterinnen die Beiträge zur gesetzlichen Rentenversicherung im Sinne des Sechsten Buches Sozialgesetzbuch und zur betrieblichen Altersversorgung im Sinne des Betriebsrentengesetzes.
(2) Vergütungssysteme im Sinne dieser Verordnung sind die institutsinternen Regelungen zur Vergütung sowie deren tatsächliche Umsetzung und Anwendung durch das Institut.
(3) Variable Vergütung im Sinne dieser Verordnung ist der Teil der Vergütung, dessen Gewährung oder Höhe im Ermessen des Instituts steht oder vom Eintritt vereinbarter Bedingungen abhängt; die variable Vergütung schließt die ermessensabhängigen Leistungen zur Altersversorgung ein.
(4) Ermessensabhängige Leistungen zur Altersversorgung im Sinne dieser Verordnung ist der Teil der variablen Vergütung, der zum Zweck der Altersversorgung im Hinblick auf eine konkret bevorstehende Beendigung des Beschäftigungsverhältnisses beim Institut vereinbart wird.
(5) Fixe Vergütung im Sinne dieser Verordnung ist der Teil der Vergütung, der nicht variabel im Sinne von Absatz 3 ist.

(6) Mitarbeiter und Mitarbeiterinnen im Sinne dieser Verordnung sind alle natürlichen Personen,
1. deren sich das Institut beim Betreiben von Bankgeschäften oder bei der Erbringung von Finanzdienstleistungen bedient, insbesondere aufgrund eines Arbeits-, Geschäftsbesorgungs- oder Dienstverhältnisses, oder
2. die im Rahmen einer Auslagerungsvereinbarung mit einem gruppenangehörigen Auslagerungsunternehmen, für das § 64b des Versicherungsaufsichtsgesetzes in Verbindung mit der Versicherungs-Vergütungsverordnung nicht gilt, unmittelbar an Dienstleistungen für das Institut beteiligt sind, um Bankgeschäfte zu betreiben oder Finanzdienstleistungen zu erbringen.

Nicht als Mitarbeiter und Mitarbeiterinnen gelten Geschäftsleiter und Geschäftsleiterinnen sowie Handelsvertreter und Handelsvertreterinnen im Sinne des § 84 Absatz 1 des Handelsgesetzbuches.

(7) Vergütungsparameter im Sinne dieser Verordnung sind die quantitativen und qualitativen Bestimmungsfaktoren, anhand derer die Leistung und der Erfolg eines Geschäftsleiters oder einer Geschäftsleiterin, eines Mitarbeiters oder einer Mitarbeiterin oder einer Organisationseinheit gemessen wird.

(8) Erfolgsbeiträge im Sinne dieser Verordnung sind die auf der Grundlage von Vergütungsparametern ermittelten tatsächlichen Leistungen und Erfolge von Geschäftsleitern oder Geschäftsleiterinnen, Mitarbeitern oder Mitarbeiterinnen oder Organisationseinheiten, die in die Ermittlung der Höhe der variablen Vergütungsbestandteile einfließen. Erfolgsbeiträge können auch negativ sein.

(9) Kontrolleinheiten im Sinne dieser Verordnung sind diejenigen Organisationseinheiten, die die geschäftsinitiierenden Organisationseinheiten, insbesondere die Bereiche Markt und Handel, überwachen. Hierzu zählen insbesondere die Bereiche Marktfolge und Risikocontrolling sowie Einheiten mit Compliance-Funktion. Die Interne Revision und der Bereich Personal gelten als Kontrolleinheiten im Sinne dieser Verordnung.

Abschnitt 2:
Allgemeine Anforderungen an Vergütungssysteme

§ 3 Verantwortung für die Ausgestaltung

(1) Die Geschäftsleitung ist für die angemessene Ausgestaltung der Vergütungssysteme der Mitarbeiter und Mitarbeiterinnen nach Maßgabe der Vorgaben des § 25a Absatz 1 Nummer 6 in Verbindung mit § 25a Absatz 5 des Kreditwesengesetzes und dieser Verordnung verantwortlich. Sie hat das Verwaltungs- oder Aufsichtsorgan mindestens einmal jährlich über die Ausgestaltung der Vergütungssysteme des Instituts zu informieren. Dem oder der Vorsitzenden des Verwaltungs- oder Aufsichtsorgans ist ein entsprechendes Auskunftsrecht gegenüber der Geschäftsleitung einzuräumen.

(2) Das Verwaltungs- oder Aufsichtsorgan ist für die Ausgestaltung der Vergütungssysteme der Geschäftsleitung nach Maßgabe des § 25a Absatz 5 in Verbindung mit § 25d Absatz 12 des Kreditwesengesetzes und dieser Verordnung verantwortlich.

(3) Die Kontrolleinheiten sind bei der Ausgestaltung und der Überwachung der Vergütungssysteme angemessen zu beteiligen.

§ 4 Ausrichtung an der Strategie des Instituts

Die Vergütungssysteme einschließlich der Vergütungsstrategie müssen auf die Erreichung der Ziele ausgerichtet sein, die in den Geschäfts- und Risikostrategien des jeweiligen Instituts niedergelegt sind. Die Vergütungsparameter müssen sich an den Strategien ausrichten und das Erreichen der strategischen Ziele unterstützen.

§ 5 Angemessenheit der Vergütung und der Vergütungssysteme

(1) Die Vergütungssysteme sind angemessen ausgestaltet, wenn
1. Anreize für die Geschäftsleiter und Geschäftsleiterinnen sowie für die Mitarbeiter und Mitarbeiterinnen, unverhältnismäßig hohe Risiken einzugehen, vermieden werden und
2. die Vergütungssysteme nicht der Überwachungsfunktion der Kontrolleinheiten zuwiderlaufen.

(2) In der Regel sind Vergütungssysteme nicht angemessen ausgestaltet, wenn trotz negativer Erfolgsbeiträge ein der Höhe nach unveränderter Anspruch auf die variable Vergütung besteht.

(3) Anreize, unverhältnismäßig hohe Risiken einzugehen, sind insbesondere gegeben, wenn
1. eine signifikante Abhängigkeit der Geschäftsleiter oder Geschäftsleiterinnen sowie der Mitarbeiter oder Mitarbeiterinnen von der variablen Vergütung besteht oder
2. einzelvertraglich für den Fall der Beendigung der Tätigkeit Ansprüche auf Leistungen begründet werden und diese Ansprüche selbst bei negativen individuellen Erfolgsbeiträgen der Höhe nach unverändert bleiben.

(4) Vergütungssysteme laufen der Überwachungsfunktion der Kontrolleinheiten insbesondere zuwider, wenn sich die Höhe der variablen Vergütung von Mitarbeitern und Mitarbeiterinnen der Kontrolleinheiten und den Mitarbeitern und Mitarbeiterinnen der von ihnen kontrollierten Organisationseinheiten maßgeblich nach gleichlaufenden Vergütungsparametern bestimmt und die Gefahr eines Interessenkonfliktes besteht.

(5) Die Vergütungssysteme für vertraglich gebundene Vermittler und Vermittlerinnen müssen den Anforderungen von § 25 e Satz 4 des Kreditwesengesetzes entsprechen.

(6) Eine variable Vergütung darf nur garantiert werden
1. für die ersten zwölf Monate nach Aufnahme eines Arbeits-, Geschäftsbesorgungs- oder Dienstverhältnisses bei dem Institut und
2. unter der Bedingung, dass das Institut zum Zeitpunkt der Auszahlung über eine angemessene Eigenmittel- und Liquiditätsausstattung sowie hinreichend Kapital zur Sicherstellung der Risikotragfähigkeit verfügt.

(7) Zahlungen im Zusammenhang mit der vorzeitigen Beendigung eines Arbeits-, Geschäftsbesorgungs- oder Dienstverhältnisses müssen der Leistung im Zeitverlauf Rechnung tragen und dürfen negative Erfolgsbeiträge oder Fehlverhalten des Geschäftsleiters, der Geschäftsleiterin, des Mitarbeiters oder der Mitarbeiterin nicht belohnen. Satz 1 gilt nicht für Zahlungen, die aufgrund eines Sozialplans im Sinne des § 112 Absatz 1 des Betriebsverfassungsgesetzes oder eines Sozialtarifvertrages erfolgen oder mit denen ein gesetzlicher Abfindungsanspruch abgegolten wird.

§ 6 Verhältnis von variabler zu fixer Vergütung

(1) Besteht die Vergütung aus einer variablen und einer fixen Vergütung, müssen diese in einem angemessenen Verhältnis zueinander stehen. Das Verhältnis ist angemessen, wenn einerseits die Voraussetzungen von § 25a Absatz 5 des Kreditwesengesetzes erfüllt sind und andererseits die variable Vergütung einen wirksamen Verhaltensanreiz setzen kann.

(2) Das Institut hat im Einklang mit § 25a Absatz 5 Satz 2 des Kreditwesengesetzes eine angemessene Obergrenze für die variable Vergütung im Verhältnis zur fixen Vergütung festzulegen. Dabei kann auf höchstens 25 Prozent des Gesamtwerts der variablen Vergütung ein angemessener Diskontsatz angewendet werden, sofern dieser Anteil in Instrumenten gezahlt wird, die für mindestens fünf Jahre zurückbehalten werden.

(3) Im Zusammenhang mit der Zurückbehaltung darf ein Anspruch oder eine Anwartschaft auf den Vergütungsanteil nach Absatz 2 Satz 2 erst nach Ablauf des Zurückbehaltungszeitraums entstehen und während des Zurückbehaltungszeitraums lediglich ein Anspruch auf fehlerfreie Ermittlung des noch nicht zu einer Anwartschaft oder einem Anspruch erwachsenen Teils dieses Teils der variablen Vergütung bestehen, nicht aber auf diesen Teil der variablen Vergütung selbst.

(4) Wird eine Erhöhung des Verhältnisses nach § 25a Absatz 5 Satz 2 des Kreditwesengesetzes angestrebt, muss das Institut in der Lage sein, der Bundesanstalt für Finanzdienstleistungsaufsicht (Bundesanstalt) nachzuweisen, dass das vorgeschlagene höhere Verhältnis nach § 25a Absatz 5 Satz 5 des Kreditwesengesetzes nicht die Einhaltung der Verpflichtungen des Instituts nach der Verordnung (EU) Nr. 575/2013 des Europäischen Parlaments und des Rates vom 26. Juni 2013 über Aufsichtsanforderungen an Kreditinstitute und Wertpapierfirmen und zur Änderung der Verordnung (EU) Nr. 646/2012 (ABl. L 176 vom 27.6.2013, S. 1), dem Kreditwesengesetz und dieser Verordnung beeinträchtigt, wobei besonderes Augenmerk auf die Eigenmittelverpflichtungen des Instituts zu legen ist.

§ 7 Festsetzung des Gesamtbetrags der variablen Vergütungen

Der Gesamtbetrag der variablen Vergütungen im Sinne des § 45 Absatz 2 Satz 1 Nummer 5a des Kreditwesengesetzes muss in einem formalisierten, transparenten und nachvollziehbaren Prozess bestimmt werden. Die Festsetzung des Gesamtbetrags hat
1. die Risikotragfähigkeit, die mehrjährige Kapitalplanung und die Ertragslage des Instituts zu berücksichtigen,
2. sicherzustellen, dass die Fähigkeit des Instituts gegeben ist, eine angemessene Eigenmittel- und Liquiditätsausstattung dauerhaft aufrechtzuerhalten oder wiederherzustellen, und
3. sicherzustellen, dass die Fähigkeit nicht eingeschränkt wird, die kombinierten Kapitalpuffer-Anforderungen gemäß § 10i des Kreditwesengesetzes dauerhaft aufrechtzuerhalten oder wiederherzustellen.

§ 8 Risikoorientierte Vergütung

(1) Bei einer Risikoorientierung der Vergütung darf die Risikoorientierung nicht durch Absicherungs- oder sonstige Gegenmaßnahmen eingeschränkt oder aufgehoben werden.

(2) Die Institute haben angemessene Compliance-Strukturen einzurichten, um Absicherungs- oder sonstige Gegenmaßnahmen zur Einschränkung oder Aufhebung der Risikoorientierung zu verhindern. Angemessene Compliance-Strukturen können

insbesondere in einer Verpflichtung der Geschäftsleiter und Geschäftsleiterinnen sowie der Mitarbeiter und Mitarbeiterinnen bestehen, keine persönlichen Absicherungs- oder sonstigen Gegenmaßnahmen zu treffen, um die Risikoorientierung ihrer Vergütung einzuschränken oder aufzuheben. Dabei ist die Einhaltung dieser Verpflichtung risikoorientiert zumindest stichprobenartig durch die Compliance-Funktion zu überprüfen; bei bedeutenden Instituten im Sinne des § 17 erfolgt die Überprüfung durch den Vergütungsbeauftragten nach den §§ 23 bis 25.

§ 9 Zusätzliche Anforderungen an die Vergütung der Mitarbeiter und Mitarbeiterinnen der Kontrolleinheiten

(1) Die Vergütung der Mitarbeiter und Mitarbeiterinnen der Kontrolleinheiten muss so ausgestaltet sein, dass eine angemessene qualitative und quantitative Personalausstattung ermöglicht wird.

(2) Bei der Ausgestaltung der Vergütung der Mitarbeiter und Mitarbeiterinnen der Kontrolleinheiten ist sicherzustellen, dass der Schwerpunkt auf der fixen Vergütung liegt.

§ 10 Zusätzliche Anforderungen an die Vergütung von Geschäftsleitern und Geschäftsleiterinnen

(1) Das Verwaltungs- oder Aufsichtsorgan hat bei der Festsetzung der Vergütung des einzelnen Geschäftsleiters oder der einzelnen Geschäftsleiterin dafür zu sorgen, dass die Vergütung in einem angemessenen Verhältnis zu den Aufgaben und Leistungen des Geschäftsleiters oder der Geschäftsleiterin sowie zur Lage des Instituts steht und die übliche Vergütung nicht ohne besondere Gründe übersteigt.

(2) Variable Vergütungen sollen eine mehrjährige Bemessungsgrundlage haben; für außerordentliche Entwicklungen soll das Verwaltungs- oder Aufsichtsorgan eine Begrenzungsmöglichkeit vereinbaren.

(3) Andere einschlägige bundes- oder landesgesetzliche Regelungen zur Vergütung von Geschäftsleitern bleiben von den Absätzen 1 und 2 unberührt.

(4) Die Vergütung, die Geschäftsleiter und Geschäftsleiterinnen für ihre berufliche Tätigkeit bei dem Institut erhalten, muss abschließend im Anstellungsvertrag festgelegt werden. Der Anstellungsvertrag und spätere Änderungen bedürfen der Schriftform.

§ 11 Grundsätze zu den Vergütungssystemen in den Organisationsrichtlinien

Das Institut hat in seinen Organisationsrichtlinien Grundsätze zu den Vergütungssystemen festzulegen. Die Grundsätze umfassen insbesondere Angaben zur Ausgestaltung und Anpassung der Vergütungssysteme und zur Zusammensetzung der Vergütung.

§ 12 Anpassung der Vergütungssysteme

Im Falle von Änderungen der Geschäfts- oder der Risikostrategie sind die Vergütungsstrategie und die Ausgestaltung der Vergütungssysteme zu überprüfen und erforderlichenfalls anzupassen; im Übrigen sind die Vergütungssysteme und die zugrunde gelegten Vergütungsparameter von dem Institut zumindest einmal jährlich auf ihre Angemessenheit, insbesondere auch hinsichtlich ihrer Vereinbarkeit mit den Strategien, zu überprüfen und erforderlichenfalls anzupassen.

§ 13 Information über die Vergütungssysteme

Die Geschäftsleiter, Geschäftsleiterinnen, Mitarbeiter und Mitarbeiterinnen müssen schriftlich über die Ausgestaltung der für sie maßgeblichen Vergütungssysteme und insbesondere der für sie relevanten Vergütungsparameter in Kenntnis gesetzt werden. Die Schriftform ist auch bei einer elektronischen Übermittlung gewahrt.

§ 14 Anpassung bestehender Vereinbarungen

(1) Das Institut hat darauf hinzuwirken, dass
1. die mit Geschäftsleitern und Geschäftsleiterinnen sowie mit Mitarbeitern und Mitarbeiterinnen bestehenden Verträge,
2. Betriebs- und Dienstvereinbarungen sowie
3. betriebliche Übungen,

die mit dieser Verordnung nicht vereinbar sind, soweit rechtlich zulässig, angepasst werden.

(2) Die Anpassung hat auf Grundlage einer für Dritte nachvollziehbaren fundierten juristischen Begutachtung der Rechtslage und unter Berücksichtigung der konkreten Erfolgsaussichten zu erfolgen.

§ 15 Vergütungskontrollausschuss

(1) Hat das Institut nach § 25d Absatz 12 des Kreditwesengesetzes in Verbindung mit § 25d Absatz 7 des Kreditwesengesetzes einen Vergütungskontrollausschuss eingerichtet, so nimmt dieser insbesondere die Aufgaben nach den Absätzen 2 bis 4 wahr.

(2) Der Vergütungskontrollausschuss unterstützt das Verwaltungs- oder Aufsichtsorgan bei der angemessenen Ausgestaltung der Vergütungssysteme des Instituts für Geschäftsleiter und Geschäftsleiterinnen. Dies umfasst insbesondere auch
1. die Vorbereitung der Beschlüsse des Verwaltungs- oder Aufsichtsorgans zur Festsetzung des Gesamtbetrags der variablen Vergütungen im Sinne des § 45 Absatz 2 Satz 1 Nummer 5a des Kreditwesengesetzes unter Berücksichtigung des § 7 sowie zur Festlegung von angemessenen Vergütungsparametern, von Erfolgsbeiträgen, der Leistungs- und Zurückbehaltungszeiträume und der Voraussetzungen für einen vollständigen Verlust oder eine teilweise Reduzierung der variablen Vergütung und
2. die regelmäßige, mindestens jedoch jährliche Überprüfung, ob die vom Verwaltungs- oder Aufsichtsorgan beschlossenen Festlegungen zu den in der Nummer 1 genannten Punkten noch angemessen sind.

(3) Der Vergütungskontrollausschuss unterstützt das Verwaltungs- oder Aufsichtsorgan des Instituts ferner bei der Überwachung der angemessenen Ausgestaltung der Vergütungssysteme für die Mitarbeiter und Mitarbeiterinnen. Zu den diesbezüglichen Aufgaben des Vergütungskontrollausschusses zählt insbesondere die regelmäßige, mindestens jedoch jährliche Überprüfung, ob der Gesamtbetrag der variablen Vergütungen im Sinne des § 45 Absatz 2 Satz 1 Nummer 5a des Kreditwesengesetzes unter Berücksichtigung des § 7 ermittelt ist und die festgelegten Grundsätze zur Bemessung von Vergütungsparametern, Erfolgsbeiträgen sowie Leistungs- und Zurückbehaltungszeiträumen einschließlich der Voraussetzungen für einen vollständigen Verlust oder eine teilweise Reduzierung der variablen Vergütung angemessen sind.

(4) Im Rahmen seiner Aufgabenerfüllung bewertet der Vergütungskontrollausschuss die Auswirkungen der Vergütungssysteme auf die Risiko-, Kapital- und Liquiditätssituation des Instituts oder der Gruppe und stellt sicher, dass die Vergütungs-

systeme an der auf die nachhaltige Entwicklung des Instituts gerichteten Geschäftsstrategie und an den daraus abgeleiteten Risikostrategien sowie an der Vergütungsstrategie auf Instituts- und Gruppenebene ausgerichtet sind.

§ 16 Offenlegung

(1) Die Offenlegungspflichten für Institute nach § 1 Absatz 1b des Kreditwesengesetzes, für die die Bestimmungen der Verordnung (EU) Nr. 575/2013 gelten, richten sich ausschließlich nach Artikel 450 der Verordnung (EU) Nr. 575/2013.

(2) Institute, die keine CRR-Institute sind, haben unterteilt nach den jeweiligen Geschäftsbereichen des Instituts folgende Informationen zu veröffentlichen:
1. Erläuterungen dazu, wie die Anforderungen dieser Verordnung erfüllt werden, insbesondere die Anforderungen an die Ausgestaltung der Vergütungssysteme gemäß § 3 Absatz 1 Satz 1 sowie Absatz 2 und 3, den §§ 4, 5 Absatz 1 bis 6, den §§ 6, 8 bis 10 und 11 Satz 1 sowie gegebenenfalls gemäß den §§ 19 bis 22; gegebenenfalls zu veröffentlichen sind ferner Erläuterungen dazu, wie die Anforderungen an die Feststellung der Mitarbeiter gemäß § 18 und die Zusammenarbeit mit dem Vergütungskontrollausschuss gemäß § 15 erfüllt werden,
2. die Entscheidungsprozesse zu den Vergütungssystemen und deren Ausgestaltung, insbesondere die maßgeblichen Vergütungsparameter sowie die Zusammensetzung der Vergütungen und die Art und Weise der Gewährung, sowie
3. der Gesamtbetrag aller Vergütungen, unterteilt in fixe und variable Vergütung, sowie die Anzahl der Begünstigten der variablen Vergütung.

Die Institute haben unter Wahrung der in Absatz 2 genannten Grundsätze bei der Darstellung der in Satz 1 genannten Informationen einen Detaillierungsgrad zu gewährleisten, der es ermöglicht, inhaltlich die Übereinstimmung der Vergütungssysteme mit den Anforderungen dieser Verordnung nachvollziehen zu können. Auf die etwaige Einbindung externer Berater und Interessengruppen ist einzugehen.

(3) Die Informationen nach Absatz 2 sind zumindest auf der eigenen Internetseite in deutscher Sprache und in verständlicher und transparenter Form zu veröffentlichen. Der Detaillierungsgrad der Informationen ist abhängig von der Größe und Vergütungsstruktur des Instituts sowie von Art, Umfang, Risikogehalt und Internationalität seiner Geschäftsaktivitäten. Bei der Veröffentlichung der Informationen ist der Wesentlichkeits-, Schutz- und Vertraulichkeitsgrundsatz gemäß Artikel 432 Absatz 1 bis 3 der Verordnung (EU) Nr. 575/2013 zu beachten. Die veröffentlichten Informationen sind mindestens einmal jährlich zu aktualisieren.

(4) Wohnungsunternehmen mit Spareinrichtung gemäß § 1 Absatz 29 des Kreditwesengesetzes sind von der Offenlegungspflicht nach Absatz 2 ausgenommen.

Abschnitt 3:
Besondere Anforderungen für bedeutende Institute

§ 17 Einstufung als bedeutendes Institut

(1) Ein Institut ist bedeutend im Sinne dieser Verordnung, wenn seine Bilanzsumme im Durchschnitt zu den jeweiligen Stichtagen der letzten drei abgeschlossenen Geschäftsjahre 15 Milliarden Euro erreicht oder überschritten hat, es sei denn, das Institut weist der Bundesanstalt auf der Grundlage einer Risikoanalyse nach Absatz 5 nach, dass es nicht bedeutend ist.

(2) Als bedeutende Institute gelten
1. Institute, die nach Artikel 6 Absatz 4 der Verordnung (EU) Nr. 1024/2013 des Rates vom 15. Oktober 2013 zur Übertragung besonderer Aufgaben im Zusammenhang mit der Aufsicht über Kreditinstitute auf die Europäische Zentralbank (ABl. L 287 vom 29.10.2013, S. 63) von der Europäischen Zentralbank beaufsichtigt werden,
2. Institute, die als potentiell systemgefährdend im Sinne des § 47 Absatz 1 des Kreditwesengesetzes eingestuft wurden, und
3. Finanzhandelsinstitute im Sinne des § 25 f Absatz 1 des Kreditwesengesetzes.

(3) Die Bundesanstalt kann ein Institut, dessen Bilanzsumme im Durchschnitt zu den jeweiligen Stichtagen der letzten drei abgeschlossenen Geschäftsjahre 15 Milliarden Euro nicht erreicht hat, als bedeutend einstufen, wenn dies hinsichtlich der Vergütungsstruktur des Instituts sowie hinsichtlich Art, Umfang, Komplexität, Risikogehalt und Internationalität der betriebenen Geschäftsaktivitäten geboten ist. Geboten ist eine Einstufung als bedeutend insbesondere dann, wenn
1. das Institut hohe außerbilanzielle Positionen aufweist, insbesondere in derivativen Instrumenten,
2. das Institut in hohem Umfang als Originator, Sponsor oder Investor von Verbriefungstransaktionen tätig ist oder sich hierfür einer Verbriefungszweckgesellschaft gemäß Artikel 4 Nummer 66 der Verordnung (EU) Nr. 575/2013 bedient,
3. das Institut hohe Positionen im Handelsbuch gemäß Artikel 4 Nummer 86 der Verordnung (EU) Nr. 575/2013 inne hat oder
4. die Vergütungsstrukturen innerhalb des Instituts durch einen hohen Anteil variabler Vergütung an der Gesamtvergütung gekennzeichnet sind.

(4) Wird ein gruppenangehöriges Institut als bedeutend eingestuft, gelten auch alle anderen gruppenangehörigen Institute, die derselben Institutsgruppe, Finanzholding-Gruppe oder gemischten Finanzholding-Gruppe oder demselben Finanzkonglomerat angehören und deren jeweilige Bilanzsumme im Durchschnitt zu den jeweiligen Stichtagen der letzten drei abgeschlossenen Geschäftsjahre 15 Milliarden Euro erreicht oder überschritten hat, als bedeutend.

(5) Bei der Risikoanalyse sind insbesondere die Größe des Instituts, seine Vergütungsstruktur sowie Art, Umfang, Komplexität, Risikogehalt und Internationalität der betriebenen Geschäftsaktivitäten sowie Absatz 3 Satz 2 Nummer 1 bis 4 entsprechend zu berücksichtigen. Die Risikoanalyse muss plausibel, umfassend und für Dritte nachvollziehbar sein. Sie ist jährlich durchzuführen und schriftlich zu dokumentieren.

§ 18 Anforderungen an Vergütungssysteme bedeutender Institute

(1) Vergütungssysteme für Geschäftsleiter und Geschäftsleiterinnen bedeutender Institute im Sinne des § 17 und Vergütungssysteme dieser Institute für solche Mitarbeiter und Mitarbeiterinnen, deren Tätigkeiten einen wesentlichen Einfluss auf das Gesamtrisikoprofil haben, müssen zusätzlich den besonderen Anforderungen der §§ 19 bis 22 entsprechen, wobei § 20 Absatz 1 bis 3 und § 22 nur auf variable Vergütungen ab einer Höhe anzuwenden sind, die der Bundesanstalt unter Berücksichtigung des allgemeinen Lohnniveaus im Bankensektor geboten erscheint.

(2) Das Institut hat auf der Grundlage einer Risikoanalyse eigenverantwortlich festzustellen, ob es Mitarbeiter hat, deren Tätigkeiten einen wesentlichen Einfluss auf das Gesamtrisikoprofil haben. Die für diese Risikoanalyse zu verwendenden Kriterien bestimmen sich nach dem technischen Regulierungsstandard gemäß Artikel 94 Absatz 2 der Richtlinie 2013/36/EU zu qualitativen und angemessenen quantitativen Kriterien für die Identifikation von Mitarbeitern, deren Tätigkeiten einen wesentlichen

Einfluss auf das Gesamtrisikoprofil haben. Die Risikoanalyse muss plausibel, umfassend und für Dritte nachvollziehbar sein. Sie ist schriftlich zu dokumentieren.

(3) Wenn die Risikoanalyse nicht plausibel, umfassend oder für Dritte nachvollziehbar ist, kann die Bundesanstalt anordnen, dass das Institut Mitarbeiter und Mitarbeiterinnen oder Gruppen von Mitarbeitern und Mitarbeiterinnen als Mitarbeiter und Mitarbeiterinnen einzustufen hat, deren Tätigkeiten einen wesentlichen Einfluss auf das Gesamtrisikoprofil haben.

§ 19 Berücksichtigung von Gesamterfolg und Erfolgsbeiträgen

(1) Bei der Ermittlung der variablen Vergütung ist neben dem Gesamterfolg des Instituts beziehungsweise der Gruppe und dem Erfolgsbeitrag der Organisationseinheit auch der individuelle Erfolgsbeitrag angemessen zu berücksichtigen.

(2) Der individuelle Erfolgsbeitrag ist anhand der Erreichung von vereinbarten Zielen zu bestimmen, wobei sowohl quantitative als auch qualitative Vergütungsparameter berücksichtigt werden müssen. Die Vergütungsparameter sind so festzulegen, dass der Grad der Zielerreichung ermittelt werden kann. Insbesondere sitten- oder pflichtwidriges Verhalten darf nicht durch positive Erfolgsbeiträge ausgeglichen werden und muss die Höhe der variablen Vergütung verringern.

(3) Für die Ermittlung des Gesamterfolgs des Instituts, des Erfolgsbeitrags der jeweiligen Organisationseinheit und, soweit dies nicht mit einem unverhältnismäßigen Aufwand verbunden ist, des individuellen Erfolgsbeitrags sind insbesondere solche Vergütungsparameter zu verwenden, die dem Ziel eines nachhaltigen Erfolges Rechnung tragen. Dabei sind insbesondere eingegangene Risiken, deren Laufzeiten sowie Kapital- und Liquiditätskosten zu berücksichtigen, wobei die Laufzeiten der Risiken nicht zwingend nachgebildet werden müssen.

§ 20 Zurückbehaltung, Anspruchs- und Auszahlungsvoraussetzungen

(1) Mindestens 40 Prozent der variablen Vergütung eines Mitarbeiters oder einer Mitarbeiterin müssen über einen Zurückbehaltungszeitraum von mindestens drei Jahren gestreckt werden. Abhängig von der Stellung, den Aufgaben und den Tätigkeiten eines Mitarbeiters oder einer Mitarbeiterin sowie von der Höhe der variablen Vergütung und der Risiken, die ein Mitarbeiter oder eine Mitarbeiterin begründen kann, erhöhen sich die Untergrenze des Zurückbehaltungszeitraums auf bis zu fünf Jahre und die Untergrenze des zurückbehaltenen Anteils der variablen Vergütung. Bei der Festlegung des Zurückbehaltungszeitraums nach den Sätzen 1 und 2 sind der Geschäftszyklus, die Art und der Risikogehalt der betriebenen Geschäftsaktivitäten zu berücksichtigen.

(2) Bei Geschäftsleitern und Geschäftsleiterinnen sowie bei Mitarbeitern und Mitarbeiterinnen der nachgelagerten Führungsebene sind mindestens 60 Prozent der variablen Vergütung zu strecken. Im Übrigen ist Absatz 1 entsprechend anzuwenden.

(3) Während des Zurückbehaltungszeitraums
1. darf der Anspruch oder die Anwartschaft auf diesen Vergütungsanteil nicht schneller als zeitanteilig entstehen und
2. besteht lediglich ein Anspruch auf fehlerfreie Ermittlung bezüglich des noch nicht zu einer Anwartschaft oder einem Anspruch erwachsenen Teils der variablen Vergütung, nicht aber auf diesen Teil der variablen Vergütung selbst.

(4) Abhängig von den Aufgaben sowie der Tätigkeit und der Stellung eines Geschäftsleiters oder einer Geschäftsleiterin oder eines Mitarbeiters oder einer Mitarbeiterin in dem Institut müssen

1. mindestens 50 Prozent der nach den Absätzen 1 und 2 zurückzubehaltenden variablen Vergütung und
2. mindestens 50 Prozent der nicht nach den Absätzen 1 und 2 zurückzubehaltenden variablen Vergütung

von einer nachhaltigen Wertentwicklung des Instituts abhängen und jeweils mit einer angemessenen Frist versehen werden, nach deren Verstreichen frühestens über den jeweiligen Anteil der variablen Vergütung nach den Nummern 1 und 2 verfügt werden darf.

(5) Negative Erfolgsbeiträge des Geschäftsleiters, der Geschäftsleiterin, des Mitarbeiters oder der Mitarbeiterin oder seiner oder ihrer Organisationseinheit und ein negativer Gesamterfolg des Instituts oder der Gruppe müssen die Höhe der variablen Vergütung einschließlich der zurückbehaltenen Beträge nach den Absätzen 1 und 2, auch in Verbindung mit Absatz 4 Nummer 1, verringern oder zum vollständigen Verlust derselben führen. Dies gilt sowohl für die jeweilige Ermittlung der variablen Vergütung als auch für die nachträgliche Leistungsbewertung, die zu einer Verringerung oder zum vollen Verlust der zurückbehaltenen variablen Vergütung aus den vorangegangenen Bemessungszeiträumen führen kann. Der vollständige Verlust einer variablen Vergütung tritt insbesondere dann ein, wenn der Geschäftsleiter oder die Geschäftsleiterin oder der Mitarbeiter oder die Mitarbeiterin
1. an einem Verhalten, das für das Institut zu erheblichen Verlusten geführt hat, beteiligt war oder dafür verantwortlich war;
2. externe oder interne Regelungen in Bezug auf Eignung und Verhalten nicht erfüllt hat.

§ 21 Vergütungen im Zusammenhang mit Ausgleichs- oder Abfindungszahlungen

Vergütungen im Zusammenhang mit Ausgleichs- oder Abfindungszahlungen für entgangene Ansprüche aus vorherigen Beschäftigungsverhältnissen müssen unter Einbeziehung der besonderen Anforderungen nach § 19 Absatz 2 und § 20 mit den langfristigen Interessen des Instituts in Einklang stehen.

§ 22 Ermessensabhängige Leistungen zur Altersversorgung

(1) Ermessensabhängige Leistungen zur Altersversorgung, die anlässlich einer nicht ruhestandsbedingten Beendigung des Arbeits-, Geschäftsbesorgungs- oder Dienstverhältnisses von Geschäftsleitern und Geschäftsleiterinnen sowie von Mitarbeitern und Mitarbeiterinnen geleistet werden, müssen
1. von einer nachhaltigen Wertentwicklung des Instituts abhängen,
2. über einen Zurückbehaltungszeitraum von mindestens fünf Jahren gestreckt werden, wobei während des Zurückbehaltungszeitraums lediglich ein Anspruch auf fehlerfreie Ermittlung dieser ermessensabhängigen Leistungen zur Altersversorgung besteht, nicht aber auf die ermessensabhängigen Leistungen zur Altersversorgung selbst, und
3. verringert werden für den Fall, dass sich die für die ermessensabhängigen Leistungen zur Altersversorgung maßgeblichen Erfolgsbeiträge des Geschäftsleiters, der Geschäftsleiterin, des Mitarbeiters oder der Mitarbeiterin, seiner oder ihrer Organisationseinheit oder der Gesamterfolg des Instituts beziehungsweise der Gruppe nicht als nachhaltig erweisen.

(2) Ermessensabhängige Leistungen zur Altersversorgung, die anlässlich einer ruhestandsbedingten Beendigung des Arbeits-, Geschäftsbesorgungs- oder Dienstver-

hältnisses von Geschäftsleitern und Geschäftsleiterinnen sowie von Mitarbeitern und Mitarbeiterinnen geleistet werden, müssen
1. von einer nachhaltigen Wertentwicklung des Instituts abhängen und
2. mit einer Frist von mindestens fünf Jahren versehen werden, innerhalb derer nicht über die ermessensabhängigen Leistungen zur Altersversorgung verfügt werden darf.

§ 23 Vergütungsbeauftragte in bedeutenden Instituten

(1) Bedeutende Institute haben eine angemessene, dauerhafte und wirksame Kontrolle der Vergütung der Mitarbeiter und Mitarbeiterinnen sicherzustellen. Hierfür hat die Geschäftsleitung nach Anhörung des Verwaltungs- oder Aufsichtsorgans einen Vergütungsbeauftragten oder eine Vergütungsbeauftragte zu bestellen. Der Vergütungsbeauftragte oder die Vergütungsbeauftragte muss die für seine oder ihre Tätigkeit erforderlichen Kenntnisse und Erfahrungen besitzen, insbesondere im Bereich der Vergütungssysteme und des Risikocontrollings. Zum Erhalt der zur Erfüllung seiner oder ihrer Aufgabe erforderlichen Fachkunde sind dem oder der Vergütungsbeauftragten die Teilnahme an Fort- und Weiterbildungsveranstaltungen zu ermöglichen und deren Kosten vom Institut zu übernehmen.

(2) Der oder die Vergütungsbeauftragte wird für einen Zeitraum von mindestens 24 Monaten bestellt. Er oder sie darf wegen der Erfüllung seiner oder ihrer Aufgabe nicht benachteiligt werden. Ist nach Absatz 1 ein Vergütungsbeauftragter oder eine Vergütungsbeauftragte zu bestellen, so ist die Kündigung des Arbeitsverhältnisses unzulässig, es sei denn, es liegen Tatsachen vor, die die verantwortliche Stelle zur Kündigung aus wichtigem Grund ohne Einhaltung einer Kündigungsfrist berechtigen. Nach der Abberufung als Vergütungsbeauftragter oder Vergütungsbeauftragte ist die Kündigung innerhalb eines Jahres nach der Beendigung der Bestellung unzulässig, es sei denn, die verantwortliche Stelle ist zur Kündigung aus wichtigem Grund ohne Einhaltung einer Kündigungsfrist berechtigt.

(3) Soll die Person des Vergütungsbeauftragten oder der Vergütungsbeauftragten ausgewechselt werden, ist das Verwaltungs- oder Aufsichtsorgan rechtzeitig vorher zu informieren und anzuhören.

(4) Geschäftsleiter und Geschäftsleiterinnen dürfen nicht zugleich Vergütungsbeauftragter oder Vergütungsbeauftragte sein. Der oder die Vergütungsbeauftragte darf nicht zugleich Compliance-Beauftragter oder Compliance-Beauftragte sein.

(5) Der oder die Vergütungsbeauftragte ist organisatorisch und disziplinarisch auf einer ausreichend hohen Führungsebene unterhalb der Geschäftsleitung anzusiedeln.

(6) Dem oder der Vergütungsbeauftragten ist ein hinreichend qualifizierter Vertreter oder eine hinreichend qualifizierte Vertreterin zuzuordnen, für den oder die Absätze 1 bis 5 und die §§ 24 und 25 entsprechend gelten.

§ 24 Aufgaben des oder der Vergütungsbeauftragten

(1) Der oder die Vergütungsbeauftragte hat die Angemessenheit der Vergütungssysteme der Mitarbeiter und Mitarbeiterinnen ständig zu überwachen. Zu diesem Zweck ist er oder sie in die laufenden Prozesse der Vergütungssysteme einzubinden. Dies gilt sowohl für die konzeptionelle Neu- und Weiterentwicklung als auch für die laufende Anwendung der Vergütungssysteme. Er oder sie ist verpflichtet, sich mit dem oder der Vorsitzenden des Vergütungskontrollausschusses oder, falls kein Vergütungskontrollausschuss eingerichtet wurde, mit dem oder der Vorsitzenden des Verwaltungs- oder Aufsichtsorgans eng abzustimmen.

(2) Der oder die Vergütungsbeauftragte hat zudem das Verwaltungs- oder Aufsichtsorgan und dessen Vergütungskontrollausschuss bei deren Überwachungs- und

Ausgestaltungsaufgaben hinsichtlich aller Vergütungssysteme zu unterstützen. Er oder sie ist verpflichtet, dem oder der Vorsitzenden des Vergütungskontrollausschusses oder, falls kein Vergütungskontrollausschuss eingerichtet wurde, dem oder der Vorsitzenden des Aufsichts- oder Verwaltungsorgans Auskunft zu erteilen.

(3) Der oder die Vergütungsbeauftragte hat mindestens einmal jährlich einen Bericht über die Angemessenheit der Ausgestaltung der Vergütungssysteme der Mitarbeiter und Mitarbeiterinnen (Vergütungskontrollbericht) zu verfassen und diesen gleichzeitig der Geschäftsleitung, dem Verwaltungs- oder Aufsichtsorgan und dem Vergütungskontrollausschuss, sofern ein solcher eingerichtet ist, vorzulegen. Das Verwaltungs- oder Aufsichtsorgan oder der Vergütungskontrollausschuss bestimmt unbeschadet des Satzes 1 über den Turnus für die Erstellung des Vergütungskontrollberichtes. Soweit erforderlich, hat der oder die Vergütungsbeauftragte auch anlassbezogen Bericht zu erstatten.

§ 25 Personal- und Sachausstattung des Vergütungsbeauftragten

(1) Das Institut muss dem oder der Vergütungsbeauftragten eine angemessene quantitative und qualitative Personal- und Sachausstattung zur Verfügung stellen. Die dem oder der Vergütungsbeauftragten unterstellten Mitarbeiter und Mitarbeiterinnen müssen die für ihre Tätigkeit erforderlichen Kenntnisse und Erfahrungen besitzen, insbesondere im Bereich der Vergütungssysteme und des Risikocontrollings. Durch geeignete Maßnahmen ist zu gewährleisten, dass das Qualifikationsniveau dieser Mitarbeiter und Mitarbeiterinnen die Ausübung der Tätigkeit ermöglicht.

(2) Die dem oder der Vergütungsbeauftragten gemäß Absatz 1 unterstellten Mitarbeiter und Mitarbeiterinnen sind mit den zur wirksamen Ausübung ihrer Tätigkeit erforderlichen Befugnissen auszustatten.

§ 26 Vergütungsbeauftragter in den Organisationsrichtlinien

Die Aufgaben und die organisatorische Einbindung des oder der Vergütungsbeauftragten sind in den Organisationsrichtlinien des Instituts darzustellen.

Abschnitt 4:
Besondere Vorschriften für Gruppen

§ 27 Gruppenweite Regelung der Vergütung

(1) Die Geschäftsleiter und Geschäftsleiterinnen des übergeordneten Unternehmens oder des übergeordneten Unternehmens einer Institutsgruppe, einer Finanzholding-Gruppe, einer gemischten Finanzholding-Gruppe oder eines Finanzkonglomerats (übergeordnetes Unternehmen) haben eine gruppenweite Vergütungsstrategie festzulegen, welche die Anforderungen dieser Verordnung auch gruppenweit umsetzt. Unterliegt ein nachgeordnetes Unternehmen mit Sitz im Ausland nach seiner Rechtsordnung strengeren Anforderungen als nach dieser Verordnung, hat das übergeordnete Unternehmen dies bei der Festlegung der gruppenweiten Vergütungsstrategie zu berücksichtigen und darauf hinzuwirken, dass das nachgeordnete Unternehmen die strengeren Anforderungen einhält.

(2) Die Geschäftsleiter und Geschäftsleiterinnen sind verantwortlich für die Einhaltung der Anforderungen dieser Verordnung in den nachgeordneten Unternehmen,

für die weder § 64b des Versicherungsaufsichtsgesetzes in Verbindung mit der Versicherungs-Vergütungsverordnung noch § 37 des Kapitalanlagegesetzbuchs in Verbindung mit Anhang II der Richtlinie 2011/61/EU des Europäischen Parlaments und des Rates vom 8. Juni 2011 über die Verwalter alternativer Investmentfonds und zur Änderung der Richtlinien 2003/41/EG und 2009/65/EG und der Verordnungen (EG) Nr. 1060/2009 und (EU) Nr. 1095/2010 (ABl. L 174 vom 1.7.2011, S. 1) gilt. § 25 Absatz 1 Satz 4 des Gesetzes zur zusätzlichen Aufsicht über beaufsichtigte Unternehmen eines Finanzkonglomerats und § 64b Absatz 3 des Versicherungsaufsichtsgesetzes bleiben unberührt.

(3) Im Einzelfall darf ein nachgeordnetes Unternehmen bei der Festlegung einer gruppenweiten Vergütungsstrategie unberücksichtigt bleiben, wenn
1. das nachgeordnete Unternehmen kein Institut ist und nicht in der Weise mit dem übergeordneten Unternehmen in Geschäftsbeziehung steht, dass es wesentliche Leistungen für dieses erbringt,
2. diese Verordnung aufgrund der Geschäftstätigkeit des nachgeordneten Unternehmens nicht sinnvoll auf dieses anwendbar ist und
3. die Geschäftstätigkeit des nachgeordneten Unternehmens einen geringen oder keinen Einfluss auf das Gesamtrisikoprofil der Gruppe hat.

Das übergeordnete Unternehmen hat die Einschätzung und die Gründe für die Nichtberücksichtigung eines nachgeordneten Unternehmens nach Satz 1 schriftlich zu dokumentieren.

(4) Wenn es sich bei einem gruppenangehörigen Institut um ein bedeutendes Institut im Sinne des § 17 handelt, haben die in Absatz 1 Satz 1 genannten Personen auf der Grundlage einer gruppenweiten Risikoanalyse im Sinne des § 18 Absatz 2 festzustellen, ob ein gruppenangehöriges Unternehmen Mitarbeiter oder Mitarbeiterinnen hat, deren Tätigkeiten einen wesentlichen Einfluss auf das Gesamtrisikoprofil eines anderen gruppenangehörigen bedeutenden Unternehmens im Sinne des § 17 oder der Gruppe haben.

(5) Wenn es unter Berücksichtigung der Größe und der Komplexität der Geschäftstätigkeit der Institutsgruppe, der Finanzholding-Gruppe, der gemischten Finanzholding-Gruppe oder des Finanzkonglomerats risikoadäquat erscheint, können einzelne Anforderungen dieser Verordnung zentral innerhalb der Gruppe oder des Finanzkonglomerats erfüllt werden. Das übergeordnete Unternehmen hat die Anforderungen, die zentral innerhalb der Gruppe oder des Finanzkonglomerats erfüllt werden sollen, und die Gründe, die zur Einschätzung der Angemessenheit des Vorgehens gemäß Satz 1 geführt haben, schriftlich zu dokumentieren.

Abschnitt 5:
Schlussvorschriften

§ 28 Übergangsregelungen

(1) § 6 Absatz 2 Satz 2 ist erst ab dem Zeitpunkt der Veröffentlichung der Leitlinie für den anzuwendenden Nominaldiskontsatz nach Artikel 94 Absatz 1 Buchstabe g der Richtlinie 2013/36/EU anzuwenden.

(2) § 17 Absatz 2 Nummer 3 ist erst ab dem 31. Januar 2014 anzuwenden.

(3) Bis zum Inkrafttreten des technischen Regulierungsstandards gemäß Artikel 94 Absatz 2 Variante 2 der Richtlinie 2013/36/EU sind berücksichtigungsfähige Kriterien für die Risikoanalyse im Sinne des § 18 unter anderem
1. die Größe,
2. die Art der Geschäftstätigkeit,

3. das Geschäftsvolumen,
4. die Höhe der Risiken und
5. die Erträge

einer Organisationseinheit. Kriterien können auch die Tätigkeit, die Stellung, die Höhe der bisherigen Vergütung eines Mitarbeiters oder einer Mitarbeiterin sowie eine ausgeprägte Wettbewerbssituation auf dem Arbeitsmarkt sein.

§ 29 Inkrafttreten, Außerkrafttreten

Diese Verordnung tritt am 1. Januar 2014 in Kraft. Gleichzeitig tritt die Instituts-Vergütungsverordnung vom 6. Oktober 2010 (BGBl. I S. 1374) außer Kraft.

Anhang 5
Rechnungslegung, Melde- und Prüfungswesen, Offenlegungsfragen

Anhang 5.1
Verordnung über die Anzeigen und die Vorlage von Unterlagen nach dem Kreditwesengesetz (Anzeigenverordnung – AnzV)[1]

vom 19. Dezember 2006 (BGBl. I S. 3245), zuletzt geändert durch Artikel 27 Abs. 15 des Gesetzes vom 4. Juli 2013 (BGBl. I S. 2163)

Die Bundesanstalt für Finanzdienstleistungsaufsicht verordnet
- auf Grund des § 24 Abs. 4 Satz 1 und 3, auch in Verbindung mit § 2b Abs. 1 Satz 2 und 3, des Kreditwesengesetzes in der Fassung der Bekanntmachung vom 9. September 1998 (BGBl. I S. 2776), von denen § 2b Abs. 1 Satz 2 und 3 zuletzt durch Artikel 6 Nr. 5 Buchstabe a des Gesetzes vom 21. Juni 2002 (BGBl. I S. 2010) und § 24 Abs. 4 zuletzt durch Artikel 1 Nr. 30 des Gesetzes vom 17. November 2006 (BGBl. I S. 2606) geändert worden ist, nach Anhörung der Spitzenverbände der Institute im Einvernehmen mit der Deutschen Bundesbank und
- auf Grund des § 31 Abs. 1 Satz 1 Nr. 1 des Kreditwesengesetzes in der Fassung der Bekanntmachung vom 9. September 1998 (BGBl. I S. 2776) im Benehmen mit der Deutschen Bundesbank,

jeweils in Verbindung mit § 1 Nr. 5 der Verordnung zur Übertragung von Befugnissen zum Erlass von Rechtsverordnungen auf die Bundesanstalt für Finanzdienstleistungsaufsicht vom 13. Dezember 2002 (BGBl. 2003 I S. 3), der zuletzt durch die Verordnung vom 17. November 2005 (BGBl. I S. 3187) geändert worden ist:

§ 1 Einreichungsverfahren

(1) Die Anzeigen und die Unterlagen, die nach dem Kreditwesengesetz zu erstatten oder vorzulegen sind und durch diese Verordnung näher bestimmt werden, sind vorbehaltlich abweichender Bestimmungen in dieser Verordnung jeweils in einfacher Ausfertigung der Bundesanstalt für Finanzdienstleistungsaufsicht (Bundesanstalt) und der für das Institut zuständigen Hauptverwaltung der Deutschen Bundesbank einzureichen. Anzeigen und Vorlagen von Unterlagen von Finanzholding-Gesellschaften und gemischten Finanzholding-Gesellschaften nach § 12a Abs. 1 Satz 3, Abs. 3 und § 24 Abs. 3a des Kreditwesengesetzes sind der Hauptverwaltung, in deren Bereich das übergeordnete Unternehmen nach § 10a Abs. 3 Satz 4 des Kreditwesengesetzes in der ab dem 1. Januar 2007 geltenden Fassung oder das konglomeratsangehörige Unternehmen aus der Banken- und Wertpapierdienstleistungsbranche mit der höchsten Bilanzsumme seinen Sitz hat, einzureichen.

(2) Kreditinstitute, die einem genossenschaftlichen Prüfungsverband angeschlossen sind oder durch die Prüfungsstelle eines Sparkassen- und Giroverbandes geprüft

---

[1] Diese Verordnung dient auch der weiteren Umsetzung der Richtlinie 2006/48/EG des Europäischen Parlaments und des Rates vom 14. Juni 2006 über die Aufnahme und Ausübung der Tätigkeit der Kreditinstitute (Neufassung) (ABl. EU Nr. L 177 S. 1) und der Richtlinie 2006/49/EG des Europäischen Parlaments und des Rates vom 14. Juni 2006 über die angemessene Eigenkapitalausstattung von Wertpapierfirmen und Kreditinstituten (Neufassung) (ABl. EU Nr. L 177 S. 201).

werden, haben, sofern der Bundesanstalt eine entsprechende Einverständniserklärung des Verbandes vorliegt, die nach dieser Verordnung zu erstattenden Anzeigen und vorzulegenden Unterlagen, mit Ausnahme der Anzeige nach § 24 Abs. 1a Nr. 4 des Kreditwesengesetzes, über ihren Verband mit je einer weiteren, für diesen bestimmten Ausfertigung einzureichen. Der Verband hat die Anzeigen und Unterlagen an die Bundesanstalt und die für das betroffene Institut zuständige Hauptverwaltung der Deutschen Bundesbank in der in dieser Verordnung jeweils bestimmten Anzahl von Ausfertigungen mit seiner Stellungnahme, bei Sparkassen zusammen mit der Stellungnahme der Prüfungsstelle, unverzüglich weiterzuleiten. Die Bundesanstalt kann auf die gesonderte Stellungnahme der Prüfungsstelle verzichten.

§ 2 (aufgehoben)

ANMERKUNG Durch die Bundesanstalt für Finanzdienstleistungsaufsicht wurde § 2 AnzV durch die Verordnung zur weiteren Umsetzung der Beteiligungsrichtlinie vom 20. März 2009 (BGBl. I S. 562) aufgehoben und anstelle des § 2 AnzV eine neue Verordnung über die Anzeigen nach § 2c des Kreditwesengesetzes und § 104 des Versicherungsaufsichtsgesetzes (Inhaberkontrollverordnung – InhKontrollV) in Kraft gesetzt, siehe Anhang 5.3.

§ 3 Anzeigen nach § 10 Abs. 4a Satz 4 und Abs. 4b Satz 4 des Kreditwesengesetzes in Verbindung mit § 77 Abs. 2 und 3 des Investmentgesetzes (nicht realisierte Reserven, Sachverständigenausschuss)

(1) Anzeigen nach § 10 Abs. 4a Satz 4 des Kreditwesengesetzes sind mit dem Formular »Anzeige nach § 10 Abs. 4a Satz 4 KWG« nach Anlage 2 dieser Verordnung auf Verlangen der Bundesanstalt einzureichen. Ferner sind auf Verlangen der Bundesanstalt die Bewertungsunterlagen vorzulegen.
(2) Anzeigen über die Bestellung von Mitgliedern von Sachverständigenausschüssen nach § 10 Abs. 4b Satz 4 des Kreditwesengesetzes in Verbindung mit § 77 Abs. 3 Satz 1 des Investmentgesetzes in der bis zum 21. Juli 2013 geltenden Fassung, über das Ausscheiden eines Sachverständigen oder über Änderungen der Angaben nach Satz 2 sind der Bundesanstalt in zweifacher Ausfertigung einzureichen. Den Anzeigen über die Bestellung der Mitglieder von Sachverständigenausschüssen sind folgende Unterlagen beizufügen:
1. ein lückenloser, unterzeichneter Lebenslauf des Sachverständigen, der sämtliche Vornamen, den Geburtsnamen, den Geburtstag, den Geburtsort, die Privatanschrift und die Staatsangehörigkeit, eine eingehende Darlegung der fachlichen Vorbildung mit Nachweisen ausreichender theoretischer und praktischer Kenntnisse im Immobilienwesen und auf dem Gebiet der Beleihungswertermittlung von Grundstücken enthält,
2. eine Erklärung entsprechend § 5 Abs. 1 Satz 1 Nr. 2 und Satz 2 sowie
3. eine Erklärung des Sachverständigen, ob er Angestellter des Instituts oder eines mit diesem verbundenen Unternehmens ist, Mitglied eines Aufsichtsorgans des Instituts oder eines mit diesem verbundenen Unternehmens ist, aus sonstigen Gründen von dem Institut oder einem mit diesem verbundenen Unternehmen wirtschaftlich abhängig ist, in engen Beziehungen persönlicher oder verwandtschaftlicher Art zu Angehörigen des Instituts oder eines mit diesem verbundenen Unternehmens steht, welche die Gefahr sachfremder Beeinflussung des Sachverständigen begründen können, oder Kapitalanteile an dem Institut oder einem mit diesem verbundenen Unternehmen hält und welchen Wert diese Kapitalanteile haben.

§ 4 Anzeigen nach § 10 Abs. 8 Satz 1 und 3 des Kreditwesengesetzes (Abzugskredite)

Anzeigen nach § 10 Abs. 8 Satz 1 und 3 des Kreditwesengesetzes müssen Angaben über die Höhe und die Art der Berechnung des nach § 10 Abs. 2a Satz 2 Nr. 4 oder 5 des Kreditwesengesetzes maßgeblichen Prozentsatzes, die Kreditbedingungen sowie die gestellten Sicherheiten enthalten. Anzeigen nach § 10 Abs. 8 Satz 3 des Kreditwesengesetzes sind als Änderungsanzeigen zu kennzeichnen. Nach § 10 Abs. 8 Satz 1 des Kreditwesengesetzes angezeigte Kredite sind nicht erneut nach § 10 Abs. 8 Satz 3 des Kreditwesengesetzes anzuzeigen, wenn sich die rechtsgeschäftliche Änderung der Kreditbedingungen auf eine Anpassung des Zinssatzes entsprechend der Entwicklung des Marktzinses beschränkt.

§ 5 Anzeigen nach § 24 Abs. 1 Nr. 1 des Kreditwesengesetzes (Personelle Veränderungen)

(1) Den Anzeigen nach § 24 Abs. 1 Nr. 1 des Kreditwesengesetzes über die Absicht der Bestellung eines Geschäftsleiters und der Ermächtigung einer Person zur Einzelvertretung des Instituts in dessen gesamtem Geschäftsbereich sind folgende Unterlagen beizufügen:
1. ein lückenloser, eigenhändig unterzeichneter Lebenslauf, der sämtliche Vornamen, den Geburtsnamen, den Geburtstag, den Geburtsort, die Privatanschrift und die Staatsangehörigkeit, eine eingehende Darlegung der fachlichen Vorbildung, die Namen aller Unternehmen, für die diese Person tätig gewesen ist, und Angaben zur Art der jeweiligen Tätigkeit, einschließlich Nebentätigkeiten, mit Ausnahme ehrenamtlicher, enthalten muss; bei der Art der jeweiligen Tätigkeit sind insbesondere die Vertretungsmacht dieser Person, ihre internen Entscheidungskompetenzen und die ihr innerhalb des Unternehmens unterstellten Geschäftsbereiche darzulegen und
2. eine eigenhändig unterzeichnete Erklärung dieser Person, ob derzeit gegen sie ein Strafverfahren geführt wird, ob zu einem früheren Zeitpunkt ein Strafverfahren wegen eines Verbrechens oder Vergehens gegen sie geführt worden ist oder ob sie oder ein von ihr geleitetes Unternehmen als Schuldnerin in ein Insolvenzverfahren oder in ein Verfahren zur Abgabe einer eidesstattlichen Versicherung oder ein vergleichbares Verfahren verwickelt ist oder war.

In der Erklärung nach Satz 1 Nr. 2 können Strafverfahren unberücksichtigt bleiben, die mangels hinreichenden Tatverdachts oder wegen eines Verfahrenshindernisses eingestellt oder mit einem Freispruch beendet worden sind oder bei denen eine ergangene Eintragung im Bundeszentralregister entfernt oder getilgt wurde.

(2) Auf Verlangen der Bundesanstalt sind weitere Auskünfte, insbesondere über bestehende Tätigkeiten als Geschäftsleiter, Aufsichtsrats- oder Verwaltungsratsmitglied eines anderen Unternehmens oder über bestehende unmittelbare Beteiligungen des Geschäftsleiters im Sinne des § 24 Abs. 3 Satz 2 des Kreditwesengesetzes, wobei jeweils § 11 entsprechend gilt, zu erteilen und weitere Unterlagen, insbesondere Arbeitszeugnisse, die die im Lebenslauf angegebenen Vortätigkeiten belegen, vorzulegen.

(3) Die vorstehenden Bestimmungen gelten auch für die Bestellung eines Geschäftsleiter-Vertreters, der im Fall der Verhinderung eines Geschäftsleiters dessen Funktion ausüben soll.

§ 6 Anzeigen nach § 24 Abs. 1 Nr. 6 des Kreditwesengesetzes (Zweigstelle und grenzüberschreitender Dienstleistungsverkehr ohne Errichtung einer Zweigstelle im Drittstaat)

Die Anzeige nach § 24 Abs. 1 Nr. 6 des Kreditwesengesetzes muss enthalten:
1. die Bezeichnung des Staates, in dem die Zweigstelle errichtet, verlegt oder geschlossen oder die grenzüberschreitende Dienstleistung aufgenommen oder beendet wurde,
2. die Anschrift der Zweigstelle, die errichtet, verlegt oder geschlossen wurde; bei Verlegung der Zweigstelle ferner deren neue Anschrift und
3. die Bezeichnung aller aufgenommenen Bank- oder Finanzdienstleistungsgeschäfte entsprechend den Vorgaben des § 1 Abs. 1 Satz 2 und Abs. 1a Satz 2 des Kreditwesengesetzes.

Mehrere zeitgleich einzureichende Anzeigen nach Satz 1 können in einer Anzeige zusammengefasst werden, solange deren Übersichtlichkeit erhalten bleibt.

§ 7 Anzeigen von Instituten nach § 12a Absatz 1 Satz 3, § 24 Absatz 1 Nummer 12 und 13, § 24 Absatz 1a Nummer 1 und 2 sowie § 31 Absatz 3 Satz 2 des Kreditwesengesetzes (qualifizierte Beteiligungen, aktivische enge Verbindungen, Beteiligungen an oder Unternehmensbeziehungen mit Unternehmen mit Sitz im Ausland, Befreiungen)

(1) Einzelanzeigen von Instituten über aktivische Beteiligungsverhältnisse nach § 12a Abs. 1 Satz 3 des Kreditwesengesetzes, § 24 Absatz 1 Nummer 12 und 13 des Kreditwesengesetzes sowie nach § 31 Absatz 3 Satz 2 des Kreditwesengesetzes sind mit dem Formular »Aktivische Beteiligungsanzeige« nach Anlage 3 dieser Verordnung einzureichen. Bei Änderungen des Beteiligungsverhältnisses sind Einzelanzeigen einzureichen, wenn
1. durch die Änderung 20 Prozent, 30 Prozent oder 50 Prozent des Kapitals oder der Stimmrechte des Unternehmens erreicht, über- oder unterschritten werden,
2. das Unternehmen ein Tochterunternehmen wird oder nicht mehr ist,
3. die gehaltenen Anteile an dem Unternehmen nicht mehr oder nunmehr dazu bestimmt sind, durch die Herstellung einer dauernden Verbindung dem eigenen Geschäftsbetrieb zu dienen,
4. unmittelbar gehaltene Anteile ganz oder teilweise auf ein Tochterunternehmen übertragen werden,
5. sich bei ganz oder teilweise mittelbar gehaltenen Anteilen die Anzahl oder die Identität der zwischengeschalteten Unternehmen verändert oder die Anteile nunmehr ganz oder teilweise vom Institut selbst gehalten oder unter den Beteiligten umverteilt werden oder
6. für das Unternehmen die Befreiung des § 31 Absatz 3 Satz 1 des Kreditwesengesetzes in Anspruch genommen wird.

(2) Sammelanzeigen von Instituten über aktivische Beteiligungsverhältnisse nach § 24 Abs. 1a Nr. 1 und 2 des Kreditwesengesetzes und § 31 Absatz 3 Satz 2 des Kreditwesengesetzes sind nach dem Stand vom 31. Dezember des Vorjahres bis zum 15. Juni des Folgejahres als Sammlung fortlaufend nummerierter Teilanzeigen mit dem Formular »Aktivische Beteiligungsanzeige« nach Anlage 3 dieser Verordnung einzureichen.

(3) Die mittelbar gehaltenen Kapitalanteile oder Stimmrechtsanteile sind den mittelbar beteiligten Unternehmen jeweils in vollem Umfang zuzurechnen.

(4) Erfüllt ein Beteiligungsverhältnis mehrere Anzeigetatbestände, ist nur ein Formular zu verwenden. Für jedes weitere anzeigepflichtige Beteiligungsverhältnis

ist unter Berücksichtigung der Regelung des Satzes 1 ein gesondertes Formular zu verwenden. Bei komplexen Beteiligungsstrukturen ist der Anzeige zusätzlich das Formular »Anlage für komplexe Beteiligungsstrukturen« nach Anlage 4 dieser Verordnung beizufügen. Komplexe Beteiligungsstrukturen liegen insbesondere vor bei Treuhandverhältnissen sowie bei Beteiligungen, die gleichzeitig unmittelbar und mittelbar über ein oder mehrere Tochterunternehmen oder ein gleichartiges Verhältnis oder über mehrere Beteiligungsketten gehalten werden.

(5) Auf Verlangen der Bundesanstalt oder der zuständigen Hauptverwaltung der Deutschen Bundesbank sind weitere Angaben, insbesondere zu Buchwert, Übernahmepreis und Veräußerungserlös, einzureichen.

(6) Die Einzelanzeigen und Sammelanzeigen sollen im papierlosen Verfahren der Deutschen Bundesbank eingereicht werden. Die Deutsche Bundesbank veröffentlicht auf ihrer Internetseite die für eine Dateneinreichung im Wege der Datenfernübertragung zu verwendenden Satzformate und den Einreichungsweg. Sie hat die bei ihr eingereichten Anzeigen an die Bundesanstalt weiterzuleiten. Nimmt ein in § 1 Abs. 2 genanntes Kreditinstitut an dem papierlosen Einreichungsverfahren teil, hat es abweichend von § 1 Abs. 2 nur eine Ausfertigung in einem mit seinem Verband abgestimmten Format diesem einzureichen. Der Verband leitet abweichend von § 1 Abs. 2 lediglich die dort genannten Stellungnahmen an die Bundesanstalt und an die für das betroffene Institut zuständige Hauptverwaltung der Deutschen Bundesbank jeweils in einfacher Ausfertigung weiter. Bei papiergebundener Einreichung gilt § 1.

§ 8 Anzeigen nach § 24 Abs. 1 Nr. 10 und 12 und § 24 Abs. 1a Nr. 1 und 3 des Kreditwesengesetzes (bedeutende Beteiligungen und passivische enge Verbindungen)

(1) Einzelanzeigen über passivische Beteiligungsverhältnisse nach § 24 Abs. 1 Nr. 10 und 12 des Kreditwesengesetzes sind mit dem Formular »Passivische Beteiligungsanzeige« nach Anlage 5 dieser Verordnung einzureichen. Bei Änderungen des Beteiligungsverhältnisses sind Einzelanzeigen einzureichen, wenn
1. durch die Änderung 20 Prozent, 30 Prozent oder 50 Prozent des Kapitals oder der Stimmrechte an dem Institut erreicht, über- oder unterschritten werden,
2. das Institut ein Tochter- oder Schwesterunternehmen eines anderen Unternehmens wird oder nicht mehr ist,
3. unmittelbar gehaltene Anteile ganz oder teilweise auf ein zwischengeschaltetes Unternehmen übertragen werden oder
4. sich bei ganz oder teilweise mittelbar gehaltenen Anteilen die Anzahl oder die Identität der zwischengeschalteten Unternehmen verändert oder die Anteile nunmehr ganz oder teilweise vom Anteilseigner selbst gehalten werden.

(2) Sammelanzeigen über passivische Beteiligungsverhältnisse nach § 24 Abs. 1a Nr. 1 und 3 des Kreditwesengesetzes sind nach dem Stand vom 31. Dezember des Vorjahres bis zum 15. Juni des Folgejahres mit dem Formular »Passivische Beteiligungsanzeige« nach Anlage 5 dieser Verordnung einzureichen.

(3) § 7 Abs. 3, 4 und 6 gilt entsprechend mit der Maßgabe, dass auch die Unternehmensbeziehung des Instituts zum Schwesterunternehmen eine komplexe Beteiligungsstruktur im Sinne des § 7 Abs. 4 Satz 3 darstellt.

§ 9 Sammelanzeigen nach § 24 Abs. 1a Nr. 4 des Kreditwesengesetzes (Anzahl inländischer Zweigstellen)

(1) Die Anzeige der Anzahl inländischer Zweigstellen nach § 24 Abs. 1a Nr. 4 des Kreditwesengesetzes ist jährlich bis zum 31. Januar des Folgejahres nach dem Stand

vom 31. Dezember des Vorjahres einzureichen. Der Bundesanstalt ist die Anzeige nur auf Verlangen einzureichen.

(2) Bei der Berechnung der Anzahl der Zweigstellen sind auch Zweigstellen zu berücksichtigen, die nur vorübergehend für einen Zeitraum von bis zu zwölf Monaten geschlossen waren oder sind. Nicht zu berücksichtigen sind Zweigstellen, die
1. nur vorübergehend für einen Zeitraum von bis zu zwölf Monaten errichtet wurden,
2. nur automatisierte Bank- oder Finanzdienstleistungen erbringen oder
3. ausschließlich dem Betreiben von Geschäften dienen, die keine Bankgeschäfte oder Finanzdienstleistungen sind.

§ 10 Anzeigen nach § 24 Abs. 2 des Kreditwesengesetzes (Vereinigung von Instituten)

Die Absicht von Instituten, sich zu vereinigen, ist von den beteiligten Instituten nach § 24 Abs. 2 des Kreditwesengesetzes anzuzeigen, sobald auf Grund der geführten Verhandlungen anzunehmen ist, dass die Vereinigung zustande kommen wird. Das Scheitern der Fusionsverhandlungen ist unverzüglich mitzuteilen. Gleiches gilt bei erfolgreichen Fusionsverhandlungen für den rechtlichen Vollzug der Vereinigung.

§ 11 Anzeigen nach § 24 Abs. 3 Satz 1 des Kreditwesengesetzes (Geschäftsleiter)

(1) Anzeigen nach § 24 Abs. 3 Satz 1 Nr. 1 des Kreditwesengesetzes sind mit dem Formular »Nebentätigkeiten von Geschäftsleitern und Personen, die die Geschäfte einer Finanzholding-Gesellschaft oder einer gemischten Finanzholding-Gesellschaft tatsächlich führen« nach Anlage 6 dieser Verordnung einzureichen.

(2) Anzeigen nach § 24 Abs. 3 Satz 1 Nr. 2 des Kreditwesengesetzes sind mit dem Formular »Beteiligungen von Geschäftsleitern und Personen, die die Geschäfte einer Finanzholding-Gesellschaft oder einer gemischten Finanzholding-Gesellschaft tatsächlich führen« nach Anlage 7 dieser Verordnung einzureichen. Eine Änderungsanzeige ist nur abzugeben, wenn die Beteiligung 30 Prozent oder 50 Prozent des Kapitals des Unternehmens erreicht, über- oder unterschreitet. § 7 Abs. 5 und 6 gilt entsprechend.

§ 12 Anzeigen nach § 24a Abs. 1, 3 und 4 des Kreditwesengesetzes (Errichtung einer Zweigniederlassung und Erbringung grenzüberschreitenden Dienstleistungsverkehrs in einem anderen Staat des Europäischen Wirtschaftsraums)

(1) Anzeigen nach § 24a Abs. 1, 3 und 4 des Kreditwesengesetzes sind für jeden Staat des Europäischen Wirtschaftsraums gesondert einzureichen. Den Anzeigen nach § 24a Abs. 1 und 3 des Kreditwesengesetzes an die Bundesanstalt sind im Fall der Aufnahmestaaten Österreich, Liechtenstein und Luxemburg eine zweite Ausfertigung und im Fall der übrigen Staaten des Europäischen Wirtschaftsraums eine Übersetzung in eine Amtssprache des Aufnahmestaates beizufügen. Sofern die Änderungsanzeige nach § 24a Abs. 4 des Kreditwesengesetzes an die zuständige Behörde des Aufnahmestaates nicht in einer Amtssprache dieses Staates abgefasst ist, ist dieser eine amtlich beglaubigte Übersetzung in eine solche Amtssprache beizufügen.

(2) Eine Änderungsanzeige nach § 24a Abs. 4 des Kreditwesengesetzes ist auch einzureichen, wenn die Zweigstelle geschlossen oder die erbrachte grenzüberschreitende Dienstleistung eingestellt wird.

(3) Der Geschäftsplan muss die vorgesehenen geschäftlichen Aktivitäten typenmäßig entsprechend den Vorgaben des Anhangs 1 der Richtlinie 2006/48/EG des

Europäischen Parlaments und des Rates vom 14. Juni 2006 über die Aufnahme und Ausübung der Tätigkeit der Kreditinstitute (Neufassung) (ABl. EU Nr. L 177 S. 1) und des Anhangs I der Richtlinie 2004/39/EG des Europäischen Parlaments und des Rates vom 21. April 2004 über Märkte für Finanzinstrumente, zur Änderung der Richtlinien 85/611/EWG und 93/6/EWG des Rates und der Richtlinie 2000/12/EG des Europäischen Parlaments und des Rates und zur Aufhebung der Richtlinie 93/22/EWG des Rates (ABl. EU Nr. L 145 S. 1, 2005 Nr. L 45 S. 18), die durch die Richtlinie 2006/31/EG des Europäischen Parlaments und des Rates vom 5. April 2006 (ABl. EU Nr. L 114 S. 60) geändert worden ist, bezeichnen.

(4) Für Anzeigen nach § 24a Abs. 1 des Kreditwesengesetzes gelten zudem folgende Bestimmungen:
1. Gesetzliche Beschränkungen des Umfangs der Erlaubnis sind darzulegen; Bausparkassen müssen darauf hinweisen, dass die Entgegennahme von Einlagen und die Vornahme von Ausleihungen in der Form des Bauspargeschäftes betrieben werden sollen.
2. Sämtliche in Aussicht genommenen Geschäfte, die in der Zweigniederlassung ausgeführt werden sollen, sind im Einzelnen zu erläutern; die Entwicklung deren Volumens und die hierfür erforderliche Personalausstattung sind für die ersten drei Jahre zu schätzen.
3. Ist die Errichtung mehrerer Betriebsstellen im Aufnahmestaat geplant, sind hierzu nähere Angaben zu machen.
4. Der Geschäftsplan muss außerdem den organisatorischen Aufbau der Zweigniederlassung darstellen. Dazu sind die internen Entscheidungskompetenzen, die Vertretungsmacht und die Art der Einbindung der Zweigniederlassung in das interne Kontrollverfahren des Instituts zu beschreiben.
5. Lebensläufe der Leiter der Zweigniederlassung unter besonderer Darstellung deren beruflichen Werdeganges sind beizufügen.

Satz 1 gilt für die nach § 24a Abs. 4 des Kreditwesengesetzes anzuzeigenden Änderungen der Verhältnisse bestehender Zweigniederlassungen entsprechend.

§ 13 Vorlage von Unterlagen nach § 26 des Kreditwesengesetzes (Jahresabschlüsse, Lage- und Prüfungsberichte)

Bei der Einreichung des festgestellten Jahresabschlusses ist der Tag der Feststellung anzugeben.

§ 14 Anzeigen und Vorlage von Unterlagen nach § 32 Abs. 1 des Kreditwesengesetzes (Anträge auf Erlaubnis)

(1) Anträge und Unterlagen nach § 32 Abs. 1 des Kreditwesengesetzes sind der Bundesanstalt in dreifacher Ausfertigung einzureichen.

(2) In den Anträgen ist anzugeben, für welche der in § 1 Abs. 1 Satz 2 des Kreditwesengesetzes genannten Bankgeschäfte oder der in § 1 Absatz 1a Satz 2 und 3 des Kreditwesengesetzes genannten Finanzdienstleistungen die Erlaubnis beantragt wird. Den Anträgen sind beglaubigte Ablichtungen der Gründungsunterlagen, des Gesellschaftsvertrags oder der Satzung sowie die vorgesehene Geschäftsordnung für die Geschäftsleitung beizufügen. Ferner sind die vorgesehenen Geschäftsleiter zu benennen.

(3) Zum Nachweis der zum Geschäftsbetrieb erforderlichen Mittel nach § 32 Abs. 1 Satz 2 Nr. 1 des Kreditwesengesetzes ist eine Bestätigung eines Einlagenkreditinstituts mit Sitz in einem Staat des Europäischen Wirtschaftsraums darüber vorzulegen, dass das Anfangskapital eingezahlt sowie frei von Rechten Dritter ist und zur freien

Verfügung der Geschäftsleiter steht. Der Nachweis kann mit Zustimmung der Bundesanstalt auch erbracht werden durch eine schriftliche Bestätigung eines Prüfers, der im Falle der Erlaubniserteilung zur Prüfung des Jahresabschlusses des Antragstellers berechtigt wäre, über das vorhandene Eigenkapital, das nach den für Institute geltenden Grundsätzen ermittelt worden sein muss.

(4) Zur Beurteilung der Zuverlässigkeit der Geschäftsleiter sind die in § 5 Abs. 1 Satz 1 Nr. 2 und Satz 2 vorgesehenen Erklärungen abzugeben.

(5) Zur Beurteilung der Zuverlässigkeit der Antragsteller und der Inhaber bedeutender Beteiligungen sowie zur Prüfung, ob die Erlaubnis nach § 33 Absatz 1 Satz 1 Nummer 3 oder Absatz 3 des Kreditwesengesetzes zu versagen ist, sind dem Antrag die in § 8 Nummer 1 bis 5, §§ 9 bis 11 und 14 der Inhaberkontrollverordnung genannten Erklärungen und Unterlagen beizufügen und auf Verlangen der Bundesanstalt Auskünfte zu erteilen. Jeder Lebenslauf nach § 10 der Inhaberkontrollverordnung ist eigenhändig zu unterzeichnen. Die §§ 4, 5 und 16 der Inhaberkontrollverordnung sind entsprechend anzuwenden.

(6) Zur Beurteilung der zur Leitung des Instituts erforderlichen fachlichen Eignung der Inhaber und der Geschäftsleiter sind die in § 5 Abs. 1 Satz 1 Nr. 1 genannten Unterlagen einzureichen.

(7) Der dem Antrag nach § 32 Abs. 1 Satz 2 Nr. 5 des Kreditwesengesetzes beizufügende Geschäftsplan hat folgende Angaben zu enthalten:
1. die Art der geplanten Geschäfte unter begründeter Angabe ihrer künftigen Entwicklung; hierzu sind Planbilanzen und Plangewinn- und -verlustrechnungen für die ersten drei vollen Geschäftsjahre nach Aufnahme des Geschäftsbetriebs vorzulegen,
2. die Darstellung des organisatorischen Aufbaus des Instituts unter Beifügung eines Organigramms, das insbesondere die Zuständigkeiten der Geschäftsleiter erkennen lässt; es ist anzugeben, ob und wo Zweigstellen errichtet werden sollen, und
3. die Darstellung der geplanten internen Kontrollverfahren des Instituts.

(8) Auf Verlangen der Bundesanstalt sind weitere Auskünfte zu erteilen und Unterlagen vorzulegen, soweit dies für die Beurteilung erforderlich ist, dass keine Gründe für die Versagung der beantragten Erlaubnis bestehen.

§ 15 Anzeigen nach § 53a Satz 2 und 5 des Kreditwesengesetzes (Repräsentanzen von Instituten mit Sitz im Ausland)

(1) Anzeigen über die Errichtung einer Repräsentanz nach § 53a Satz 2 des Kreditwesengesetzes müssen die folgenden Angaben enthalten:
1. genaue Bezeichnung und Anschrift der Repräsentanz,
2. Name des Leiters oder der Leiter der Repräsentanz,
3. Art und Umfang der Tätigkeit der Repräsentanz,
4. Datum des Beginns der Tätigkeit der Repräsentanz,
5. Name oder Firma, Sitz und Anschrift des Instituts, das die Repräsentanz errichtet hat,
6. Anschrift der Hauptverwaltung des Instituts,
7. satzungsmäßiger Geschäftsgegenstand des Instituts,
8. Art der tatsächlich ausgeübten Geschäftstätigkeit des Instituts im Sitzstaat und, falls davon abweichend, im Staat des Sitzes der Hauptverwaltung und
9. Name und Anschrift der Behörde, deren Aufsicht das Institut im Sitzstaat und, falls davon abweichend, im Staat des Sitzes der Hauptverwaltung unterliegt.

(2) Den Anzeigen über die Errichtung einer Repräsentanz sind die folgenden Unterlagen beizufügen:

1. eine rechtsverbindlich unterzeichnete Erklärung des Instituts, dass es die Errichtung der Repräsentanz beschlossen und die nach Absatz 1 Nr. 2 benannten Personen mit der Leitung der Repräsentanz betraut hat,
2. eine Erklärung, dass keine Bankgeschäfte im Sinne des § 1 Abs. 1 Satz 2 des Kreditwesengesetzes betrieben und keine Finanzdienstleistungen im Sinne des § 1 Abs. 1a Satz 2 des Kreditwesengesetzes erbracht werden und im Inland der Name oder die Firma des Instituts nur mit dem Zusatz »Repräsentanz« verwendet wird,
3. der letzte Jahresabschluss und Lagebericht des Instituts und
4. eine von der deutschen diplomatischen oder konsularischen Vertretung im Sitzstaat des Instituts beglaubigte Bescheinigung der Behörde, deren Aufsicht das Institut im Sitzstaat und, falls davon abweichend, auch im Sitzstaat der Hauptverwaltung unterliegt, in der diese Behörde bestätigt, dass
    a) das Institut ihrer Solvenzaufsicht unterliegt oder kraft örtlichen Statuts eine Solvenzaufsicht über das Institut nicht besteht,
    b) das Institut eine von ihr erteilte Erlaubnis zum Betreiben der Geschäfte in dem betreffenden Staat besitzt, soweit es sich um Bankgeschäfte im Sinne des § 1 Abs. 1 Satz 2 des Kreditwesengesetzes oder um Finanzdienstleistungen im Sinne des § 1 Abs. 1a Satz 2 des Kreditwesengesetzes handelt, oder eine Erlaubnis kraft örtlichen Statuts nicht erforderlich ist,
    c) sie das Institut mit seinen Tochterunternehmen, die als Kreditinstitute, Finanzinstitute oder Anbieter von Nebendienstleistungen einzustufen sind, auf konsolidierter Basis überwacht oder eine solche Aufsicht kraft örtlichen Statuts nicht vorgesehen ist und
    d) das Institut eine allgemeine oder besondere Erlaubnis zur Errichtung der Repräsentanz erhalten hat oder dass eine solche Erlaubnis kraft örtlichen Statuts nicht vorgesehen ist.

Die Unterlagen nach Absatz 2 Satz 1 Nr. 3 und 4 sind nur auf Verlangen der Bundesanstalt der Anzeige beizufügen.

(3) Eine Änderungsanzeige nach § 53a Satz 5 des Kreditwesengesetzes ist auch bei Änderungen, die sich während des Bestehens der Repräsentanz gegenüber den Angaben in der Errichtungsanzeige nach § 53a Satz 2 des Kreditwesengesetzes ergeben, einzureichen.

§ 16 Anzeigen von Finanzholding-Gesellschaften und gemischten Finanzholding-Gesellschaften nach § 12a Abs. 1 Satz 3, auch in Verbindung mit Abs. 3, sowie nach § 24 Abs. 3a des Kreditwesengesetzes (Anzeigepflichten für Finanzholding-Gesellschaften, gemischte Finanzholding-Gesellschaften)

(1) Einzelanzeigen der Finanzholding-Gesellschaft oder der gemischten Finanzholding-Gesellschaft nach § 12a Abs. 1 Satz 3, auch in Verbindung mit Abs. 3, des Kreditwesengesetzes sowie nach § 24 Abs. 3a Satz 4 und 5 Halbsatz 2 des Kreditwesengesetzes sind mit dem Formular »Aktivische Beteiligungsanzeige« nach Anlage 3 dieser Verordnung einzureichen. Sammelanzeigen nach § 24 Abs. 3a Satz 2 und 5 Halbsatz 2 des Kreditwesengesetzes sind nach dem Stand vom 31. Dezember des Vorjahres bis zum 15. Juni des Folgejahres als Sammlung fortlaufend nummerierter Teilanzeigen mit dem Formular »Aktivische Beteiligungsanzeige« nach Anlage 3 dieser Verordnung einzureichen. § 7 Abs. 1 Satz 2 und Abs. 3 bis 6 gilt entsprechend.

(2) Für die Anzeigen nach § 24 Abs. 3a Satz 1 Nr. 1 und Satz 5 Halbsatz 1 des Kreditwesengesetzes über die Absicht der Bestellung einer Person, die die Geschäfte der Finanzholding-Gesellschaft oder der gemischten Finanzholding-Gesellschaft tatsächlich führen soll, gilt § 5 entsprechend.

§ 16a Übergangsvorschrift

§ 2 dieser Verordnung in der bis zum 24. März 2009 geltenden Fassung ist auf Anzeigen nach § 2c des Kreditwesengesetzes in der bis zum 17. März 2009 geltenden Fassung weiterhin anzuwenden.

§ 17 Inkrafttreten, Außerkrafttreten

Diese Verordnung tritt am 31. Dezember 2006 in Kraft. Gleichzeitig tritt die Anzeigenverordnung vom 29. Dezember 1997 (BGBl. I S. 3372), zuletzt geändert durch Artikel 8 Abs. 14 des Gesetzes vom 4. Dezember 2004 (BGBl. I S. 3166), außer Kraft.

Anlage 1 (aufgehoben)

Anlage 2 (zu § 3 Abs. 1)

Bundesanstalt für Finanzdienstleistungsaufsicht

Deutsche Bundesbank Hauptverwaltung

Anzeige nach § 10 Abs. 4a Satz 4 KWG[1]
(Nicht realisierte Reserven)

zum: _____

Institut _____ Institutsgruppe bzw. Finanzholding-Gruppe[2]

Prüfungsverband[3] _____

wird durch die BBk ausgefüllt
Identnummer Institut/Gruppe

	Bilanzwert	Vorsorgereserven gemäß § 340f HGB	Buchwert (Spalte 1+2)	Wertansatz gemäß § 10 Abs. 4b bzw. 4c KWG	Unterschiedsbetrag (Spalte 4 abzüglich Spalte 3)	Anrechnungssatz	Beträge in Tsd Euro	
							Anzurechnender Betrag	Nachrichtlich: bisheriger Stand
	01	02	03	04	05	06	07	08
Nicht realisierte Reserven								
1) Grundstücke, grundstücksgleiche Rechte und Gebäude — 01						45 %		
2a) notierte Wertpapiere[4]								
Schuldverschreibungen und andere festverzinsliche Wertpapiere — 02								
Aktien und andere nicht festverzinsliche Wertpapiere (ohne Beteiligungen und ohne Investmentanteile) — 03								
Beteiligungen und Anteile an verbundenen Unternehmen — 04								
2b) nicht notierte Wertpapiere[5]								
Anteile an zum Verbund der Kreditgenossenschaften oder Sparkassen gehörenden Kapitalgesellschaften — 05								
Anteile an Wertpapier- oder Grundstückssondervermögen nach den Vorschriften des InvG — 06								
Anteile an Wertpapier-Sondervermögen, ausgegeben von Investmentgesellschaften in EG-Staaten — 07								
Summe der Wertpapiere (Zeile 02-07) — 08						45 %		
Insgesamt (Zeile 01 und 08) — 09								

Firma, Unterschrift   PLZ/Ort/Datum   Sachbearbeiter/-in   Telefon

Fußnoten:
[1]) Nur auf Anforderung der BaFin abzugeben.
[2]) Alle Angaben erfolgen unter der Berücksichtigung der Zusammenfassung nach § 10a KWG.
[3]) Nur von Sparkassen und Kreditgenossenschaften anzugeben.
[4]) Gemäß § 10 Abs. 2b Satz 1 Nr. 7a KWG.
[5]) Gemäß § 10 Abs. 2b Satz 1 Nr. 7b und 7c KWG.

Anlage 3 (zu § 7 Abs. 1 und 2 sowie § 16 Abs. 1)

Aktivische Beteiligungsanzeige

Bundesanstalt für Finanzdienstleistungsaufsicht

Deutsche Bundesbank Hauptverwaltung

wird durch die BBk ausgefüllt

Identnummer des Instituts[2]

_____
Prüfungsverband[1]

_____
Institut/Finanzholding-Gesellschaft

☐ Einzelanzeige ☐ Sammelanzeige
Dies ist Teilanzeige Nr. _____ von insgesamt _____ Teilanzeigen

mit Wirkung vom: _____

1. Art der Anzeige[3]
☐ Enge Verbindung (§ 24 Abs. 1 Nr. 12, Abs. 1a Nr. 1 KWG)   ☐ Qualifizierte Beteiligung (§ 24 Abs. 1 Nr. 13, Abs. 1a Nr. 2 KWG)
☐ Befreiung (§ 31 Abs. 3 Satz 1 und 2 KWG)

Nachgeordnete Unternehmen von ☐ Instituten/Finanzholding-Gesellschaften (§ 12a Abs. 1 Satz 3 KWG)
☐ Finanzholding-Gesellschaften/gemischten Finanzholding-Gesellschaften (§ 24 Abs. 3a Satz 2 bis 5 KWG)
☐ gemischten Finanzholding-Gesellschaften/übergeordneten Finanzkonglomeratsunternehmen (§ 12a Abs. 3 KWG)

2. Anlass der Anzeige (Nur auszufüllen bei der Abgabe einer Einzelanzeige)
☐ Entstehen   ☐ Veränderung   ☐ Beendigung

3. Beteiligungsunternehmen[4]
☐ Einlagenkreditinstitut (§ 1 Abs. 3d Satz 1 KWG)
☐ Wertpapierhandelsunternehmen (§ 1 Abs. 3d Satz 2 KWG)
☐ E-Geld-Institut (§ 1 Abs. 3d Satz 4 KWG)
☐ Kreditinstitut (§ 1 KWG)
☐ Finanzdienstleistungsinstitut (§ 1 Abs. 1a KWG)
☐ Kapitalanlagegesellschaft (§ 2 Abs. 6 InvG)
☐ Finanzunternehmen (§ 1 Abs. 3 KWG)
☐ Anbieter von Nebendienstleistungen (§ 1 Abs. 3c KWG)
☐ Finanzholding-Gesellschaft (§ 1 Abs. 3a Satz 1 KWG)
☐ gemischte Finanzholding-Gesellschaft (§ 1 Abs. 3a Satz 2 KWG)
☐ Erstversicherungsunternehmen (§ 104k Nr. 2 Buchstabe a VAG)
☐ Rückversicherungsunternehmen (§ 104a Abs. 2 Nr. 3 VAG)
☐ Versicherungsholding-Gesellschaft (§ 104a Abs. 2 Nr. 4 VAG)
☐ sonstiges Unternehmen

_____
Firma und Rechtsform des Beteiligungsunternehmens (lt. Registereintragung)

_____
Identnummer (falls bekannt)

_____
PLZ[5]   Sitz   Land

_____
Register-Nr./Amtsgericht[5]   Wirtschaftszweig[6]   Servicenummer[7]

4. Angaben zu den Beteiligungsquoten[8],[9]

wird durch die BBk ausgefüllt Ident-Nr. des Beteiligungs-unternehmens	Firma[10], Rechtsform und Sitz (lt. Registereintragung) mit PLZ[5] und Land; Register-Nr./Amtsgericht[5], Wirtschaftszweig[6]; Identnummer (falls bekannt); Servicenummer[7]	Kapitalanteil[11],[12] in Prozent	Kapitalanteil[11],[12] Tsd Euro	Kapital des Unternehmens[13] Tsd Euro	Stimm-rechts-anteil[12],[14] in Prozent	Verhältnis zum Institut[15]

Seite 1

5. Weitere Angaben

5.1 Nur auszufüllen bei der Anzeige qualifizierter Beteiligungen, wenn weniger als 10 % der Kapital- oder Stimmrechtsanteile gehalten werden

☐ Auf die Geschäftsführung des unter Nummer 3 aufgeführten Unternehmens kann ein maßgeblicher Einfluss ausgeübt werden.

5.2 Nur auszufüllen, wenn das Beteiligungsunternehmen ein nachgeordnetes Unternehmen mit Sitz im Ausland ist

Es ist sichergestellt, dass die für die Erfüllung der jeweiligen Pflichten nach den §§ 10a, 13b und 25 Abs. 2 KWG erforderlichen Angaben eingehen (§ 12a Abs. 1 Satz 1 KWG):
☐ ja   ☐ nein

Falls „nein" angekreuzt wurde:

Der nach § 10a Abs. 13 Satz 3 KWG vorzunehmende Abzug der Buchwerte trägt unseres Erachtens in einer der Zusammenfassung nach § 10a Abs. 6, 7 und 11 KWG und § 13b Abs. 3 KWG vergleichbaren Weise dem Risiko aus der Begründung der Beteiligung oder der Unternehmensbeziehung Rechnung (§ 12a Abs. 1 Satz 2 KWG):
☐ ja   ☐ nein[16]

5.3 Nur auszufüllen, wenn das Beteiligungsunternehmen ein nachgeordnetes Unternehmen ist

☐ Das Beteiligungsunternehmen ist ein nachgeordnetes Unternehmen im Sinne von § 10a Abs. 1 bis 3 KWG.

☐ Das Beteiligungsunternehmen ist ein nachgeordnetes Unternehmen im Sinne von § 10a Abs. 4 KWG.

☐ Das Beteiligungsunternehmen ist ein nachgeordnetes Unternehmen im Sinne von § 10a Abs. 5 KWG.

Besondere Bemerkungen[17] _____

_____

Sachbearbeiter/in   Telefon-Nr.   E-Mail

Ort/Datum   Firma/Unterschrift

Fußnoten:
1) Nur von Sparkassen und Kreditgenossenschaften auszufüllen.
2) ggf. Identnummer der Finanzholding-Gesellschaft.
3) Mehrfachauswahl ist zulässig.
4) Mehrfachauswahl ist nicht zulässig. Treffen gleichzeitig mehrere Alternativen zu, ist die speziellere anzukreuzen.
5) Nur bei inländischen Unternehmen anzugeben.
6) Dreistellige Schlüsselnummer entsprechend „Kundensystematik für die Bankenstatistik".
7) Servicefeld für die elektronische Einreichung.
8) Für mittelbar gehaltene Beteiligungen gilt: Einzutragen ist die vollständige Beteiligungskette mit den jeweiligen unmittelbar gehaltenen Beteiligungsquoten zwischen den Beteiligungsunternehmen. Die Kette beginnt mit der unmittelbaren Beteiligung des anzeigepflichtigen Instituts und endet mit dem anzuzeigenden mittelbar gehaltenen Beteiligungsunternehmen unter Nummer 3.
9) Angaben zu den Beteiligungsquoten sind immer zu machen. Der Hauptvordruck ist dabei nur geeignet für einfache mittelbare Beteiligungsverhältnisse bis zu maximal vier Hierarchieebenen. Für komplexe Beteiligungsstrukturen oder mittelbare Beteiligungsverhältnisse über mehr als vier Ebenen sind die Angaben zu den Beteiligungsquoten in der Anlage für komplexe Beteiligungsstrukturen zu machen. In diesem Fall ist Nummer 4 des Hauptvordrucks nicht auszufüllen. Ggf. ist zusätzlich ein Organigramm beizufügen.

Die Anlage für komplexe Beteiligungsstrukturen ist in jedem Fall einzureichen, wenn
– in den Beteiligungsstrukturen Treuhandverhältnisse vorkommen,
– Beteiligungen gleichzeitig unmittelbar und mittelbar oder über mehrere Beteiligungsketten gehalten werden,
– sich die Tochtereigenschaft eines zwischengeschalteten Beteiligungsunternehmens nicht aus der Höhe des Kapital- und/oder Stimmrechtsanteils herleiten lässt.

10) Zu dem unter Nummer 3 angegebenen Unternehmen müssen die weiteren Angaben [Rechtsform und Sitz (lt. Registereintragung) mit PLZ und Land; Register-Nr./Amtsgericht, Wirtschaftszweig; Identnummer (falls bekannt); Servicenummer], die schon unter Nummer 3 gemacht wurden, in den Angaben zu den Beteiligungsquoten nicht wiederholt werden. Lediglich die Firma des Unternehmens muss eingetragen werden.
11) Beteiligung am Nennwert (Nennkapital, Summe der Kapitalanteile); bei Personenhandelsgesellschaften und Gesellschaften des bürgerlichen Rechts ist auf das durch den Gesellschaftsvertrag festgelegte Beteiligungsverhältnis abzustellen. Angaben in Prozent mit einer Stelle nach dem Komma. Sofern der Nennwert nicht auf Euro lautet, ist zusätzlich der Nennwert in ausländischer Währung (in Tsd) anzugeben. Der Nennwert ist zum Kurs des Meldestichtages umzurechnen.
12) Unmittelbarer Anteil des vorhergehenden (Tochter-)Unternehmens der Beteiligungskette an dem hier genannten Beteiligungsunternehmen (keine durchgerechneten Quoten).
13) Sofern das Kapital des Unternehmens nicht auf Euro lautet, ist zusätzlich das Kapital in ausländischer Währung (in Tsd) anzugeben. Das Kapital ist zum Kurs des Meldestichtages umzurechnen.
14) Nur auszufüllen, soweit vom Kapitalanteil abweichend; Angaben in Prozent mit einer Stelle nach dem Komma.
15) Ist das Beteiligungsunternehmen ein Tochterunternehmen des anzeigepflichtigen Instituts, ist „Tochter" einzutragen. Ansonsten ist das Feld nicht auszufüllen.
16) Falls „nein" angekreuzt wird, ist dies zu begründen, ggf. sind weitere Unterlagen beizufügen.
17) Namensaktien, Vinkulierte Namensaktien, ohne Nennkapital, Komplementär, Kommanditist, Anteil nicht voll einbezahlt, Kapitalveränderung, Fusion, Stammdatenänderung, abweichende Stimmrechtsanteile, Beteiligung resultiert ganz oder teilweise aus einem stillen Beteiligungsverhältnis, Unterbeteiligung.

Diese Seite ist nicht mit einzureichen.

Anlage 4 (zu § 7 Abs. 4, § 8 Abs. 3 und § 16 Abs. 1)

Anlage für komplexe Beteiligungsstrukturen[A),B)]

Unternehmensliste[C)]

wird durch die BBk ausgefüllt Ident-Nr. des Unternehmens	Nr.	Firma, Rechtsform, Sitz (lt. Registereintragung) mit PLZ[5)] und Land; Register-Nr./Amtsgericht[5)], Wirtschaftszweig[6)]; bei natürlichen Personen zusätzlich Angabe des Geburtsdatums; Identnummer (falls bekannt); Servicenummer[7)]	Kapital des Unternehmens[13)]			Verhältnis zum Institut[D)]
			Tsd Euro	Fremdwährung		
				Währung	Tsd	

Beteiligungsstruktur[C)]

Beteiligtes Unternehmen	Beteiligungsunternehmen	besonderer Vermittler [E)]	Art [E)]	Kapitalanteil[11)12)]		Stimmrechtsanteil[2),14)]	beherrschender Einfluss[F)]
				in Prozent	Tsd Euro	in Prozent	

A) Sofern die Anlage für komplexe Beteiligungsstrukturen beigefügt ist, sind in Nummer 4 des Hauptvordrucks der aktivischen Beteiligung, in Nummer 3 des Hauptvordrucks für Anzeigen nach § 24 Abs. 3 Nr. 2 KWG keine Angaben zu machen.
B) Führt eine mittelbare Beteiligungsbeziehung über mehrere Beteiligungsketten vom Institut zum Beteiligungsunternehmen (bei aktivischer Beteiligung) bzw. vom Anteilseigner zum Institut oder zum ausländischen nachgeordneten Unternehmen oder vom gemeinsamen Mutterunternehmen zum Schwesterunternehmen (bei Passivischer Beteiligungsanzeige), so ist nur eine Anzeige mit einer Anlage für komplexe Beteiligungsstrukturen einzureichen, die alle vorhandenen Beteiligungsketten darstellt.
C) Die Unternehmensliste enthält alle Unternehmen, die in der Beteiligungsstruktur vorkommen.
   Das anzeigepflichtige Institut steht bei aktivischen Beteiligungen immer an erster Stelle, bei passivischen an letzter Stelle. Bei der Anzeige von Schwesterunternehmen steht das gemeinsame Mutterunternehmen an erster und das Schwesterunternehmen an letzter Stelle. Bei der Anzeige einer bedeutenden Beteiligung eines Dritten an einem nachgeordneten ausländischen Unternehmen steht der Anteilseigner an erster und das nachgeordnete ausländische Unternehmen an letzter Stelle.
   Die Anzahl der Zeilen in der Unternehmensliste und der Beteiligungsstruktur ist bei Bedarf beliebig erweiterbar.
D) Ist das Beteiligungsunternehmen ein Tochterunternehmen des anzeigepflichtigen Instituts, ist „Tochter" einzutragen. Ist das Beteiligungsunternehmen ein Mutterunternehmen, ist „Mutter" einzutragen; bei Unternehmensbeziehungen zu Schwesterunternehmen ist „Schwester" einzutragen.
E) Liegt eines der folgenden besonderen Zurechnungsverhältnisse vor, ist in der Spalte „besonderer Vermittler" die Nummer der Person oder des Unternehmens laut Unternehmensliste einzutragen, die oder das die besondere Vermittlerposition gemäß der folgenden Übersicht einnimmt. In der Spalte „Art" ist der entsprechende Kennbuchstabe des besonderen Zurechnungsverhältnisses zu vermerken. Eine Mehrfachauswahl ist zulässig.

Verhältnis	besondere Position	Spalte Art
§ 22 Abs. 1 Satz 1 Nr. 2 WpHG	Dritter im Sinne des § 22 Abs. 1 Satz 1 Nr. 2 WpHG (insb. Treuhänder)	„T"
§ 22 Abs. 1 Satz 1 Nr. 3 WpHG	Sicherungsnehmer	„S"
§ 22 Abs. 1 Satz 1 Nr. 4 WpHG	Nießbrauchgeber	„N"
§ 22 Abs. 1 Satz 1 Nr. 5 WpHG	Erklärungsempfänger	„E"
§ 22 Abs. 1 Satz 1 Nr. 6 WpHG	Vertretener im Sinne des § 22 Abs. 1 Satz 1 Nr. 6 WpHG	„V"
§ 22 Abs. 2 Satz 1 WpHG	Dritter im Sinne des § 22 Abs. 2 Satz 1 WpHG	„D"
Unterbeteiligungsverhältnis	Hauptbeteiligter	„H"
Zusammenwirken in sonstiger Weise	Vermittelnder	„Z"

F) Nur anzukreuzen, wenn sich die Tochtereigenschaft eines zwischengeschalteten Beteiligungsunternehmens nicht aus der Höhe des Kapital- und/oder Stimmrechtsanteils herleiten lässt. Angaben zu den Kapital- und ggf. abweichenden Stimmrechtsanteilen sind in jedem Fall zu machen.

Anlage 5 (zu § 8 Abs. 1 und 2)

Passivische Beteiligungsanzeige

Bundesanstalt für Finanzdienstleistungsaufsicht

Deutsche Bundesbank Hauptverwaltung

_____

wird durch die BBk ausgefüllt

Identnummer des Instituts

_____

Prüfungsverband[1]

Institut

☐ Einzelanzeige ☐ Sammelanzeige
Dies ist Teilanzeige Nr. ____ von insgesamt ____ Teilanzeigen   mit Wirkung vom: ____

1. Art der Anzeige[2]

☐ Bedeutende Beteiligung (§ 24 Abs. 1 Nr. 10, Abs. 1a Nr. 3 1. Alt. KWG)   ☐ Enge Verbindung (§ 24 Abs. 1 Nr. 12, Abs. 1a Nr. 1 KWG)

☐ Inhaber einer bedeutenden Beteiligung an einem dem Institut nachgeordneten ausländischen Unternehmen (§ 24 Abs. 1a Nr. 3 2. Alt. KWG)

2. Anlass der Anzeige (Nur auszufüllen bei der Abgabe einer Einzelanzeige)

☐ Erwerb   ☐ Veränderung   ☐ Aufgabe

3. Anteilseigner[3],[4]

☐ Einlagenkreditinstitut (§ 1 Abs. 3d Satz 1 KWG)
☐ Wertpapierhandelsunternehmen (§ 1 Abs. 3d Satz 2 KWG)
☐ E-Geld-Institut (§ 1 Abs. 3d Satz 4 KWG)

☐ Kreditinstitut (§ 1 Abs. 1 KWG)
☐ Finanzdienstleistungsinstitut (§ 1 Abs. 1a KWG)
☐ Kapitalanlagegesellschaft (§ 2 Abs. 6 InvG)

☐ Finanzunternehmen (§ 1 Abs. 3 KWG)
☐ Anbieter von Nebendienstleistungen (§ 1 Abs. 3c KWG)
☐ Finanzholding-Gesellschaft (§ 1 Abs. 3a Satz 1 KWG)

☐ gemischte Finanzholding-Gesellschaft (§ 1 Abs. 3a Satz 2 KWG)
☐ Erstversicherungsunternehmen (§ 104k Nr. 2 Buchstabe a VAG)
☐ Rückversicherungsunternehmen (§ 104a Abs. 2 Nr. 3 VAG)

☐ Versicherungsholding-Gesellschaft (§ 104a Abs. 2 Nr. 4 VAG)
☐ sonstiges Unternehmen
☐ sonstiger Anteilseigner

_____
Name/Firma und Rechtsform des Anteilseigners (lt. Registereintragung)/Geburtsdatum bei natürlichen Personen   Identnummer (falls bekannt)

_____
PLZ[5]   Sitz   Land

_____
Register-Nr./Amtsgericht[5]   Wirtschaftszweig[6]   Servicenummer[7]

4. Nur auszufüllen bei der Anzeige einer bedeutenden Beteiligung eines Dritten an einem nachgeordneten ausländischen Unternehmen (§ 24 Abs. 1a Nr. 3 KWG) oder bei der Anzeige eines Schwesterunternehmens (§ 24 Abs. 1 Nr. 12 KWG)

_____
Firma u. Rechtsform des nachgeordneten ausl. Unternehmens/Schwesterunternehmens (lt. Registereintragung)   Identnummer (falls bekannt)

_____
PLZ[5]   Sitz   Land

_____
Wirtschaftszweig[6]   Servicenummer[7]

5. Angaben zu den Beteiligungsquoten[8],[9]

wird durch die BBk ausgefüllt Ident-Nr. des Anteilseigners/Beteiligungsunternehmens	Firma[10], Rechtsform und Sitz (lt. Registereintragung) mit PLZ[4] und Land; Register-Nr./Amtsgericht[5], Wirtschaftszweig[6]; bei natürlichen Personen zusätzlich Angabe des Geburtsdatums; Identnummer (falls bekannt); Servicenummer[7]	Kapitalanteil[11],[12]		Kapital des Instituts/ Unternehmens[13] Tsd Euro	Stimmrechtsanteil[12],[14] in Prozent	Verhältnis zum Institut[15]
		in Prozent	Tsd Euro			

Seite 1

6. Weitere Angaben
Nur auszufüllen bei der Anzeige bedeutender Beteiligungen

Die Beteiligung an dem Institut (bei Anzeigen nach § 24 Abs. 1a Nr. 3 KWG: an dem nachgeordneten ausländischen Unternehmen) wird von dem Anteilseigner im Zusammenwirken mit anderen Personen oder Unternehmen gehalten

☐ ja

Falls „ja" angekreuzt wurde, sind in der Unternehmensliste der Anlage für komplexe Beteiligungsstrukturen nähere Angaben zu den anderen Personen oder Unternehmen zu machen.

Nur auszufüllen, wenn keine oder weniger als 10 % der Kapital- oder Stimmrechtsanteile gehalten werden

☐ Auf die Geschäftsführung kann ein maßgeblicher Einfluss ausgeübt werden:

Besondere Bemerkungen[16] _____

_____

Sachbearbeiter/in   Telefon-Nr.   E-Mail

Ort/Datum   Firma/Unterschrift

Fußnoten:
1) Nur von Sparkassen und Kreditgenossenschaften auszufüllen.
2) Mehrfachauswahl ist zulässig.
3) Bei der Anzeige eines Schwesterunternehmens sind die Angaben zum gemeinsamen Mutterunternehmen unter Nummer 3 zu machen.
4) Mehrfachauswahl ist nicht zulässig. Treffen gleichzeitig mehrere Alternativen zu, ist die speziellere anzukreuzen. Die Auswahl „sonstiger Anteilseigner" ist nur für Anteilseigner ohne Unternehmenseigenschaft zu treffen.
5) Nur bei inländischen Anteilseignern anzugeben.
6) Dreistellige Schlüsselnummer entsprechend „Kundensystematik für die Bankenstatistik".
7) Servicefeld für die elektronische Einreichung.
8) Für mittelbare Beteiligungen gilt: Einzutragen ist die vollständige Beteiligungskette mit den jeweiligen unmittelbaren Beteiligungsquoten zwischen den Beteiligungsunternehmen. Die Kette beginnt mit dem anzuzeigenden mittelbaren Anteilseigner unter Nummer 3 und endet mit dem anzeigepflichtigen Institut.
9) Angaben zu den Beteiligungsquoten sind immer zu machen. Der Hauptvordruck ist dabei nur geeignet für einfache mittelbare Beteiligungsverhältnisse bis zu maximal drei Hierarchieebenen. Für komplexe Beteiligungsstrukturen oder mittelbare Beteiligungsverhältnisse über mehr als vier Ebenen sind die Angaben zu den Beteiligungsquoten in der Anlage für komplexe Beteiligungsstrukturen zu machen. In diesem Fall ist Nummer 5 des Hauptvordrucks nicht auszufüllen. Ggf. ist zusätzlich ein Organigramm beizufügen.

Die Anlage für komplexe Beteiligungsstrukturen ist in jedem Fall einzureichen, wenn
– in den Beteiligungsstrukturen Treuhandverhältnisse vorkommen,
– die Beteiligung von einem Anteilseigner gleichzeitig unmittelbar und mittelbar oder über mehrere Beteiligungsketten gehalten wird,
– sich die Tochtereigenschaft eines zwischengeschalteten Beteiligungsunternehmens nicht aus der Höhe des Kapital- und/oder Stimmrechtsanteils herleiten lässt,
– enge Verbindungen zu Schwesterunternehmen nach § 1 Abs. 10 Nr. 2 dritte Alternative KWG angezeigt werden. In der Anlage für komplexe Beteiligungsstrukturen ist dabei lediglich die vollständige Beteiligungskette vom gemeinsamen Mutterunternehmen zum Schwesterunternehmen anzugeben,
– eine bedeutende Beteiligung an einem dem anzeigepflichtigen Institut gemäß § 10a Abs. 1 KWG nachgeordneten ausländischen Unternehmen angezeigt wird. In der Anlage für komplexe Beteiligungsstrukturen ist dabei lediglich die vollständige Beteiligungskette vom Anteilseigner zum nachgeordneten ausländischen Unternehmen anzugeben.

10) Zu dem unter Nummer 3 angezeigten Anteilseigner müssen die Angaben zum Unternehmen [Firma, Rechtsform und Sitz (lt. Registereintragung) mit PLZ und Land; Register-Nr./Amtsgericht, Wirtschaftszweig; Identnummer (falls bekannt); Servicenummer], die schon unter Nummer 3 gemacht wurden, in den Angaben zu den Beteiligungsquoten nicht wiederholt werden. Lediglich die Firma des Anteilseigners muss eingetragen werden.
11) Beteiligung am Nennwert (Nennkapital, Summe der Kapitalanteile); bei Personenhandelsgesellschaften und Gesellschaften des bürgerlichen Rechts ist auf das durch den Gesellschaftsvertrag festgelegte Beteiligungsverhältnis abzustellen. Angaben in Prozent mit einer Stelle nach dem Komma. Fremdwährungsbeträge sind in Euro umzurechnen. Sofern der Nennwert nicht auf Euro lautet, ist zusätzlich der Nennwert in ausländischer Währung (in Tsd) anzugeben. Der Nennwert ist zum Kurs des Meldestichtages umzurechnen.
12) Unmittelbarer Anteil des vorhergehenden Anteilseigners der Beteiligungskette an dem hier genannten Beteiligungsunternehmen (keine durchgerechneten Quoten).
13) Sofern das Kapital des Unternehmens nicht auf Euro lautet, ist zusätzlich das Kapital in ausländischer Währung (in Tsd) anzugeben. Das Kapital ist zum Kurs des Meldestichtages umzurechnen.
14) Nur auszufüllen, soweit vom Kapitalanteil abweichend; Angaben in Prozent mit einer Stelle nach dem Komma.
15) Ist das Beteiligungsunternehmen ein Mutterunternehmen des anzeigepflichtigen Instituts, ist „Mutter" einzutragen. Ansonsten ist das Feld nicht auszufüllen.
16) Namensaktien, Vinkulierte Namensaktien, ohne Nennkapital, Komplementär, Kommanditist, Anteil nicht voll einbezahlt, Kapitalveränderung, Fusion, Stammdatenänderung, abweichende Stimmrechtsanteile, Beteiligung resultiert ganz oder teilweise aus einem stillen Beteiligungsverhältnis, Unterbeteiligung.

Diese Seite ist nicht mit einzureichen.

Anh. 5.1: Anzeigenverordnung

Anlage 6 (zu § 11 Abs. 1)

Nebentätigkeiten von Geschäftsleitern und Personen, die die Geschäfte einer Finanzholding-Gesellschaft oder einer gemischten Finanzholding-Gesellschaft tatsächlich führen
(Anzeige nach § 24 Abs. 3 Satz 1 Nr. 1 KWG)

Bundesanstalt für Finanzdienstleistungsaufsicht

Deutsche Bundesbank Hauptverwaltung

wird durch die BBK ausgefüllt
Identnummer Geschäftsleiter/in[1]
| | | | | |
Identnummer des Instituts
| | | | | |

Familien- und Vorname   Identnummer (falls bekannt)

als Geschäftsleiter/in[1] tätig bei (Firma, Rechtsform und Sitz des Instituts [lt. Registereintragung] mit PLZ)   Identnummer (falls bekannt)

Tätigkeitsangaben

☐ Bei einem anderen Institut (Kreditinstitut gem. § 1 Abs. 1 KWG oder Finanzdienstleistungsinstitut gem. § 1 Abs. 1a KWG)

☐ sonstigen Unternehmen

☐ Beginn der zusätzlichen Tätigkeit
☐ Beendigung der zusätzlichen Tätigkeit

mit Wirkung vom: _____

als
☐ Geschäftsleiter/in   ☐ Aufsichtsratsmitglied   ☐ Verwaltungsratsmitglied

Firma, Rechtsform und Sitz (lt. Registereintragung) mit PLZ und Land;
Register-Nr./Amtsgericht, Wirtschaftszweig; Identnummer (falls bekannt)

wird durch die BBK ausgefüllt
Kreditnehmereinheit-Nr. des Unternehmens
| | | | | |
Identnummer des Unternehmens
| | | | | |

Sachbearbeiter/in   Telefon-Nr.   E-Mail

Ort/Datum   Unterschrift Geschäftsleiter/in[1]

---

[1] oder Person, die die Geschäfte einer Finanzholding-Gesellschaft oder einer gemischten Finanzholding-Gesellschaft tatsächlich führt.

Anlage 7 (zu § 11 Abs. 2)

Beteiligungen von Geschäftsleitern und Personen, die die Geschäfte einer Finanzholding-Gesellschaft oder einer gemischten Finanzholding-Gesellschaft tatsächlich führen
(Anzeige nach § 24 Abs. 3 Satz 1 Nr. 2 KWG)

Bundesanstalt für Finanzdienstleistungsaufsicht	Deutsche Bundesbank Hauptverwaltung	wird durch die BBk ausgefüllt
		Identnummer Geschäftsleiter/in[1]
		| | | | | | |
		Identnummer des Instituts
		| | | | | | |

Familien- und Vorname _____ Identnummer (falls bekannt) _____

PLZ _____ Wohnsitz _____ Land _____

Geburtsdatum _____ Servicenummer[2] _____

als Geschäftsleiter/in[1] tätig bei (Firma, Rechtsform und Sitz des Instituts [lt. Registereintragung] mit PLZ) _____ Identnummer (falls bekannt) _____

1. Anlass der Anzeige

☐ Übernahme ☐ Veränderung ☐ Aufgabe mit Wirkung vom: _____

2. Beteiligungsunternehmen[3]

☐ Einlagenkreditinstitut (§ 1 Abs. 3d Satz 1 KWG)
☐ Wertpapierhandelsunternehmen (§ 1 Abs. 3d Satz 2 KWG)
☐ E-Geld-Institut (§ 1 Abs. 3d Satz 4 KWG)

☐ Kreditinstitut (§ 1 Abs. 1 KWG)
☐ Finanzdienstleistungsinstitut (§ 1 Abs. 1a KWG)
☐ Kapitalanlagegesellschaft (§ 2 Abs. 6 InvG)

☐ Finanzunternehmen (§ 1 Abs. 3 KWG)
☐ Anbieter von Nebendienstleistungen (§ 1 Abs. 3c KWG)
☐ Finanzholding-Gesellschaft (§ 1 Abs. 3a Satz 1 KWG)

☐ gemischte Finanzholding-Gesellschaft (§ 1 Abs. 3a Satz 2 KWG)
☐ Erstversicherungsunternehmen (§ 104k Nr. 2 Buchstabe a VAG)
☐ Rückversicherungsunternehmen (§ 104a Abs. 2 Nr. 3 VAG)

☐ Versicherungsholding-Gesellschaft (§ 104a Abs. 2 Nr. 4 VAG)
☐ sonstiges Unternehmen

Firma und Rechtsform des Beteiligungsunternehmens (lt. Registereintragung) _____ Identnummer (falls bekannt) _____

PLZ[4] _____ Sitz _____ Land _____

Register-Nr./Amtsgericht[4] _____ Wirtschaftszweig[5] _____ Servicenummer[2] _____

Verhältnis zum Institut nach § 15 KWG _____

3. Angaben zu den Beteiligungsquoten[6]

wird durch die BBk ausgefüllt Ident-Nr. des Beteiligungsunternehmens	Kapitalanteil[7]		Kapital des Unternehmens[8] Tsd Euro	Stimmrechtsanteil[9] in Prozent
	in Prozent	Tsd Euro		

Besondere Bemerkungen[10] _____

Sachbearbeiter/in _____ Telefon-Nr. _____ E-Mail _____

Ort/Datum _____ Unterschrift Geschäftsleiter/in[1] _____

Fußnoten:

1) oder Person, die die Geschäfte einer Finanzholding-Gesellschaft oder einer gemischten Finanzholding-Gesellschaft tatsächlich führt.

2) Servicefeld für die elektronische Einreichung.

3) Mehrfachauswahl ist nicht zulässig. Treffen gleichzeitig mehrere Alternativen zu, ist die speziellere anzukreuzen.

4) Nur bei inländischen Unternehmen anzugeben.

5) Dreistellige Schlüsselnummer entsprechend „Kundensystematik für die Bankenstatistik".

6) Für Beteiligungsstrukturen, in denen Treuhandverhältnisse vorkommen, ist neben dem Hauptvordruck die Anlage für komplexe Beteiligungsstrukturen einzureichen. In diesem Fall ist Nummer 3 des Hauptvordrucks nicht auszufüllen.

7) Beteiligung am Nennwert (Nennkapital, Summe der Kapitalanteile); bei Personenhandelsgesellschaften und Gesellschaften des bürgerlichen Rechts ist auf das durch den Gesellschaftsvertrag festgelegte Beteiligungsverhältnis abzustellen. Angaben in Prozent mit einer Stelle nach dem Komma. Sofern der Nennwert nicht auf Euro lautet, ist zusätzlich der Nennwert in ausländischer Währung (in Tsd) anzugeben. Der Nennwert ist zum Kurs des Meldestichtages umzurechnen.

8) Sofern das Kapital des Unternehmens nicht auf Euro lautet, ist zusätzlich das Kapital in ausländischer Währung (in Tsd) anzugeben. Das Kapital ist zum Kurs des Meldestichtages umzurechnen.

9) Nur auszufüllen, soweit vom Kapitalanteil abweichend; Angaben in Prozent mit einer Stelle nach dem Komma.

10) Namensaktien, Vinkulierte Namensaktien, ohne Nennkapital, Komplementär, Kommanditist, Anteil nicht voll einbezahlt, Kapitalveränderung, Fusion, Kapital reduziert um eigene Anteile, Stammdatenänderung, abweichende Stimmrechtsanteile, Beteiligung resultiert ganz oder teilweise aus einem stillen Beteiligungsverhältnis.

Diese Seite ist nicht mit einzureichen.

Anhang 5.2
Verordnung zur Einreichung von Finanzinformationen nach dem Kreditwesengesetz (Finanzinformationenverordnung – FinaV)

vom 6. Dezember 2013 (BGBl. I S. 4209)

Inhaltsübersicht

Anwendungsbereich	§ 1
Art und Umfang der Finanzinformationen und der ergänzenden Informationen	§ 2
Termin und Verfahren zur Einreichung	§ 3
Finanzinformationen von Kreditinstituten	§ 4
Finanzinformationen von Finanzdienstleistungsinstituten und Wertpapierhandelsbanken	§ 5
Finanzinformationen auf zusammengefasster Basis	§ 6
Ergänzende Informationen für Drittstaateneinlagenvermittlung und Sortengeschäft	§ 7
Übergangsregelungen	§ 8

Anlage 1	GVKI
Anlage 2	GVKIP
Anlage 3	SAKI
Anlage 4	GVFDI
Anlage 5	STFDI
Anlage 6	QGV
Anlage 7	QGVP
Anlage 8	QV 1
Anlage 9	QV 2
Anlage 10	QA 1/QA 2
Anlage 11	QB 1/QB 2
Anlage 12	QSA 1
Anlage 13	QSA 2

§ 1 Anwendungsbereich

Diese Verordnung gilt für alle Institute im Sinne des § 1 Absatz 1b des Kreditwesengesetzes sowie für übergeordnete Unternehmen im Sinne des § 10a Absatz 1 Satz 2, 4 bis 8 und Absatz 2, jeweils auch in Verbindung mit Absatz 3, des Kreditwesengesetzes.

§ 2 Art und Umfang der Finanzinformationen und der ergänzenden Informationen

(1) Die Finanzinformationen im Sinne des § 25 Absatz 1 und 2 des Kreditwesengesetzes bestehen aus:
1. Angaben zur Gewinn- und Verlustrechnung, die den Zeitraum seit dem Ende des letzten Geschäftsjahres umfassen,
2. Planangaben für die Gewinn- und Verlustrechnung,
3. Angaben zum Vermögensstatus, bezogen auf das Ende des jeweiligen Berichtszeitraums, und
4. sonstigen Angaben.

Nähere Bestimmungen zu Art und Umfang der jeweils einzureichenden Finanzinformationen ergeben sich aus den §§ 4 bis 6. Die Bundesanstalt für Finanzdienstleistungsaufsicht (Bundesanstalt) kann auf Antrag eines Instituts oder eines übergeordneten Unternehmens inhaltliche Abweichungen von den einzureichenden Formularen zulassen, wenn dies auf Grund der besonderen Geschäftsstruktur angemessen ist.

(2) Finanzdienstleistungsinstitute, die die Drittstaateneinlagenvermittlung im Sinne des § 1 Absatz 1a Satz 2 Nummer 5 des Kreditwesengesetzes oder das Sortengeschäft im Sinne des § 1 Absatz 1a Satz 2 Nummer 7 des Kreditwesengesetzes erbringen, haben darüber hinaus ergänzende Informationen nach § 7 einzureichen.

§ 3 Termin und Verfahren zur Einreichung

(1) Der Berichtszeitraum für die Finanzinformationen und die ergänzenden Informationen umfasst ein Quartal. Abweichend davon umfasst der Berichtszeitraum im Falle des § 4 Absatz 2 Satz 1 einen Kalendermonat. Meldestichtag ist jeweils der letzte Kalendertag des Berichtszeitraums.

(2) Die Finanzinformationen und die ergänzenden Informationen sind bis zum 20. Geschäftstag des auf den Berichtszeitraum folgenden Kalendermonats einzureichen.

(3) Die Finanzinformationen sind der Deutschen Bundesbank elektronisch zu übermitteln. Die Bundesbank veröffentlicht auf ihrer Internetseite die zu verwendenden Datenformate und den Übertragungsweg.

(4) Die ergänzenden Informationen sind der zuständigen Hauptverwaltung der Deutschen Bundesbank formlos einzureichen.

§ 4 Finanzinformationen von Kreditinstituten

(1) Kreditinstitute mit Ausnahme von Wertpapierhandelsbanken im Sinne des § 1 Absatz 3d Satz 5 des Kreditwesengesetzes haben die folgenden Finanzinformationen einzureichen und hierfür die folgenden Formulare aus den Anlagen der Verordnung zu verwenden:
1. Gewinn- und Verlustrechnung – GVKI (Anlage 1),
2. Planangaben für die Gewinn- und Verlustrechnung – GVKIP (Anlage 2),

3. Sonstige Angaben – SAKI (Anlage 3) und
4. Vermögensstatus nach Maßgabe von Absatz 2.

(2) Die Angaben zum Vermögensstatus nach Absatz 1 Nummer 4 gelten für Kreditinstitute, die auf Grund einer Anordnung nach § 18 des Gesetzes über die Deutsche Bundesbank oder nach Artikel 5 des Protokolls über die Satzung des Europäischen Systems der Zentralbanken und der Europäischen Zentralbank vom 7. Februar 1992 (ABl. C 191 vom 29.7.1992, S. 68) in der jeweils geltenden Fassung Daten zur Monatlichen Bilanzstatistik melden, mit diesen Meldungen als eingereicht. Alle anderen Kreditinstitute haben die Angaben zum Vermögensstatus unter Verwendung des in § 5 Absatz 1 Nummer 2 genannten Formulars einzureichen.

(3) Kreditinstitute, die nur das Garantiegeschäft im Sinne des § 1 Absatz 1 Satz 2 Nummer 8 des Kreditwesengesetzes betreiben, sind von der Pflicht, Finanzinformationen nach Absatz 1 einzureichen, befreit.

(4) Kreditinstitute im Sinne des § 53b des Kreditwesengesetzes sind von der Pflicht, Finanzinformationen nach Absatz 1 Nummer 1, 2 und 3 einzureichen, befreit.

(5) Kreditinstitute im Sinne des § 53 des Kreditwesengesetzes und Kreditinstitute im Sinne des § 53c Nummer 2 des Kreditwesengesetzes sind von der Pflicht, Finanzinformationen nach Absatz 1 Nummer 2 einzureichen, befreit.

(6) Kreditinstitute, die Teil einer Institutsgruppe, einer Finanzholding-Gruppe oder einer gemischten Finanzholding-Gruppe sind, sind von der Pflicht, Finanzinformationen nach Absatz 1 Nummer 2 einzureichen, befreit, wenn diese Finanzinformationen durch das übergeordnete Unternehmen der Gruppe nach § 6 Absatz 1 Nummer 2 eingereicht werden. Satz 1 gilt entsprechend, wenn das übergeordnete Unternehmen der Gruppe Finanzinformationen nach § 6 Absatz 3 einreicht und die Bundesanstalt Finanzinformationen nach § 2 Absatz 1 Nummer 2 für die jeweilige Gruppe entweder auf Grund anderer aufsichtlicher Meldeanforderungen oder auf sonstige Weise in gleichwertiger Form erhält. Die Entscheidung über die Gleichwertigkeit trifft die Bundesanstalt.

§ 5 Finanzinformationen von Finanzdienstleistungsinstituten und Wertpapierhandelsbanken

(1) Finanzdienstleistungsinstitute und Wertpapierhandelsbanken haben die folgenden Finanzinformationen einzureichen und hierfür die folgenden Formulare aus den Anlagen der Verordnung zu verwenden:
1. Gewinn- und Verlustrechnung – GVFDI (Anlage 4) und
2. Vermögensstatus – STFDI (Anlage 5).

(2) Finanzdienstleistungsinstitute, die entweder über die Drittstaateneinlagenvermittlung oder über das Sortengeschäft hinaus keine weiteren nach dem Kreditwesengesetz erlaubnispflichtigen Geschäfte betreiben, sind von der Pflicht, Finanzinformationen nach Absatz 1 einzureichen, befreit.

§ 6 Finanzinformationen auf zusammengefasster Basis

(1) Übergeordnete Unternehmen haben die folgenden Finanzinformationen auf zusammengefasster Basis einzureichen und hierfür die folgenden Formulare aus den Anlagen der Verordnung zu verwenden:
1. Gewinn- und Verlustrechnung – QGV (Anlage 6),
2. Planangaben für die Gewinn- und Verlustrechnung – QGVP (Anlage 7),
3. Vermögensstatus – Angaben zu den Aktiva – QV 1 (Anlage 8),
4. Vermögensstatus – Angaben zu den Passiva – QV 2 (Anlage 9),

5. Forderungen und Verbindlichkeiten gegenüber Banken (MFIs) – QA 1/QA 2 (Anlage 10),
6. Forderungen und Verbindlichkeiten gegenüber Nichtbanken (Nicht-MFIs) – QB 1/QB 2 (Anlage 11) und
7. Sonstige Angaben – QSA 1 (Anlage 12).

(2) Übergeordnete Unternehmen, deren Institutsgruppe, Finanzholding-Gruppe oder gemischte Finanzholding-Gruppe kein CRR-Kreditinstitut im Sinne des § 1 Absatz 3 d Satz 1 des Kreditwesengesetzes angehört, sind von der Pflicht, Finanzinformationen nach Absatz 1 Nummer 2, 5, 6 und 7 einzureichen, befreit.

(3) Übergeordnete Unternehmen, die Finanzinformationen nach der auf der Grundlage des Artikels 99 der Verordnung (EU) Nr. 575/2013 des Europäischen Parlaments und des Rates vom 26. Juni 2013 über Aufsichtsanforderungen an Kreditinstitute und Wertpapierfirmen und zur Änderung der Verordnung (EU) Nr. 646/2012 (ABl. L 176 vom 27.6.2013, S. 1) erlassenen Durchführungsverordnung einzureichen haben, haben abweichend von Absatz 1 Nummer 1 bis 7 nur das Formular Sonstige Angaben – QSA 2 (Anlage 13) einzureichen.

§ 7 Ergänzende Informationen für Drittstaateneinlagenvermittlung und Sortengeschäft

(1) Finanzdienstleistungsinstitute, die die Drittstaateneinlagenvermittlung erbringen, haben ergänzend zu den Finanzinformationen nach Staaten geordnet folgende Informationen einzureichen:
1. Firma und Sitz der Unternehmen, denen sie im Berichtszeitraum Einlagen vermittelt haben und die ihren Sitz in Staaten außerhalb des Europäischen Wirtschaftsraums haben, sowie
2. die jeweils zuständigen Aufsichtsbehörden.

(2) Finanzdienstleistungsinstitute, die das Sortengeschäft erbringen, haben ergänzend zu den Finanzinformationen folgende Informationen einzureichen:
1. Firma und Sitz der Unternehmen, die sie innerhalb des Berichtszeitraums im Rahmen der Durchführung des Sortengeschäfts eingeschaltet haben, und
2. Stückzahl und Betrag der Umsätze mit Kunden, aufgegliedert nach
   a) den einzelnen Währungen und
   b) innerhalb der Währungen nach Ankauf und Verkauf, jeweils aufgegliedert nach folgenden Größenordnungen:
      aa) bis 2500 Euro,
      bb) über 2500 bis 15000 Euro,
      cc) über 15000 Euro.

Sorten im Sinne des Satzes 1 sind ausländische Banknoten und Münzen, die gesetzliche Zahlungsmittel sind, sowie Reiseschecks in ausländischer Währung.

§ 8 Übergangsregelungen

(1) § 6 ist erst ab dem 1. Juli 2014 anzuwenden.

(2) Kreditinstitute, die beabsichtigen, eine Befreiung nach § 4 Absatz 6 Satz 1 oder 2 in Anspruch zu nehmen, brauchen bis zum 30. Juni 2014 keine Finanzinformationen nach § 4 Absatz 1 Nummer 2 einzureichen. Diese Kreditinstitute haben der jeweils zuständigen Hauptverwaltung der Deutschen Bundesbank diese Absicht bis zum 31. März 2014 formlos anzuzeigen.

Anlage 1   GVKI

Anlage 1
(zu § 4 Absatz 1 Nummer 1)
GVKI

Finanzinformationen gemäß § 25 Absatz 1 Satz 1 KWG
– Gewinn- und Verlustrechnung –

Stand Ende: _____

Institutsnummer: _____   Prüfziffer: _____   Name: _____   Ort: _____

Die angegebenen Beträge lauten auf volle Euro.[1]

Gewinn- und Verlustrechnung

021	Zinsergebnis[2]	
010	Zinserträge	010 _____
	darunter:	
	011 aus Kredit- und Geldmarktgeschäften	011 _____
	darunter:	
	012 aus festverzinslichen Wertpapieren und Schuldbuchforderungen	012 _____
020	Zinsaufwendungen	020 _____
	(010 – 020)	**021** _____
030	Laufende Erträge	
	031 aus Aktien und anderen nicht festverzinslichen Wertpapieren	031 _____
	darunter:	
	034 aus offenen Spezial-AIF[3]	034 _____
	032 aus Beteiligungen[4]	032 _____
	033 aus Anteilen an verbundenen Unternehmen	033 _____
	(031 + 032 + 033)	**030** _____
040	Erträge aus Gewinngemeinschaften, Gewinnabführungs- oder Teilgewinnabführungsverträgen	040 _____
061	Provisionsergebnis[2]	
050	Provisionserträge	050 _____
060	Provisionsaufwendungen	060 _____
	(050 – 060)	**061** _____
076	Nettoertrag oder Nettoaufwand des Handelsbestands[2]	076 _____
	darunter:	
	077 aus derivativen Finanzinstrumenten[2]	077 _____
	darunter:	
	078 aus Schuldverschreibungen und anderen festverzinslichen Wertpapieren[2]	078 _____
	darunter:	
	079 aus Aktien und anderen nicht festverzinslichen Wertpapieren[2]	079 _____

noch Gewinn- und Verlustrechnung

090	Sonstige betriebliche Erträge	**090** _____
110	Allgemeine Verwaltungsaufwendungen	
	111 Personalaufwand	111 _____
	114 andere Verwaltungsaufwendungen	114 _____
	(111 + 114)	**110** _____
120	Abschreibungen und Wertberichtigungen auf immaterielle Anlagewerte und Sachanlagen	**120** _____
130	Sonstige betriebliche Aufwendungen	**130** _____
141	Bewertungsergebnis Kreditgeschäft[2]	
	142 Abschreibungen und Wertberichtigungen auf Forderungen sowie Zuführungen zu Rückstellungen im Kreditgeschäft	142 _____
	143 Erträge aus Zuschreibungen zu Forderungen sowie aus der Auflösung von Rückstellungen im Kreditgeschäft	143 _____
	(143 – 142)	**141** _____
151	Bewertungsergebnis Wertpapiere der Liquiditätsreserve[2]	
	152 Abschreibungen auf Wertpapiere der Liquiditätsreserve und Aufwendungen aus Geschäften mit diesen Wertpapieren	152 _____
	153 Erträge aus Zuschreibungen bei Wertpapieren der Liquiditätsreserve und aus Geschäften mit diesen Wertpapieren	153 _____
	(153 – 152)	**151** _____
161	Bewertungsergebnis Wertpapiere des Anlagevermögens[2]	
	162 Abschreibungen und Wertberichtigungen auf Wertpapiere des Anlagevermögens	162 _____
	163 Erträge aus Zuschreibungen zu Wertpapieren des Anlagevermögens	163 _____
	(163 – 162)	**161** _____

Die angegebenen Beträge lauten auf volle Euro.[1]

Gewinn- und Verlustrechnung

Nr.	Position		
171	**Bewertungsergebnis aus Beteiligungen und Anteilen an verbundenen Unternehmen**[2]		
	172 Abschreibungen und Wertberichtigungen auf Beteiligungen und Anteilen an verbundenen Unternehmen	172	_____
	173 Erträge aus Zuschreibungen zu Beteiligungen und Anteilen an verbundenen Unternehmen	173	_____
	(173 – 172)	**171**	_____
180	**Aufwendungen aus Verlustübernahme**	**180**	_____
181	**Übrige Ergebnisbeiträge**[2][5][6]	**181**	_____
200	**Ergebnis der normalen Geschäftstätigkeit**[2] (021 + 030 + 040 + 061 + 076 + 090 – 110 – 120 – 130 + 141 + 151 + 161 + 171 – 180 + 181)	**200**	_____
210	**Bilanzstichtag des laufenden Geschäftsjahres (in der Form „JJJJMMTT")**	**210**	_____

noch Gewinn- und Verlustrechnung

[1] Angaben bitte ohne Kommastellen, Rundung nach kaufmännischer Rundungsregel (5/4).
Umrechnung von nicht auf Euro lautenden Positionen (Fremdwährungspositionen): Fremdwährungspositionen sind zu dem jeweiligen von der EZB am Meldestichtag festgestellten und von der Bundesbank veröffentlichten Referenzkurs („ESZB-Referenzkurs") in Euro umzurechnen. Bei der Umrechnung von Währungen, für die kein ESZB-Referenzkurs veröffentlicht wird, sind die Mittelkurse aus feststellbaren An- und Verkaufskursen des Stichtags zugrunde zu legen. Positionen, die nicht als Bestandteil der Fremdwährungsposition behandelt werden, dürfen zu dem bei der Erstverbuchung verwendeten Devisenkurs umgerechnet werden. In den Meldungen für die Zweigstellen im Ausland sind Fremdwährungsbeträge direkt in die Währung umzurechnen, in der die Meldung erstellt wird, ohne Zwischenumrechnung in die Währung des Sitzlandes.

[2] Vorzeichen angeben.

[3] Darunter fallen alle offenen inländischen, EU- und ausländischen Spezial-AIF im Sinne des § 1 Absatz 6 bis 9 KAGB.

[4] Bei Instituten in genossenschaftlicher Rechtsform und genossenschaftlichen Zentralbanken inklusive Erträgen aus Geschäftsguthaben.

[5] In diesem Posten sind den übrigen Posten nicht zuordenbare Ergebnisbestandteile zu berücksichtigen.

[6] Inklusive Rohergebnis aus Warenverkehr und Nebenbetrieben.

Größere Veränderungen einzelner Positionen bitte gesondert erläutern.

Anlage 2 GVKIP

Anlage 2
(zu § 4 Absatz 1 Nummer 2)
GVKIP

Finanzinformationen gemäß § 25 Absatz 1 Satz 1 KWG
– Planangaben für die Gewinn- und Verlustrechnung –

Stand Ende: _____

Institutsnummer: _____   Prüfziffer: _____   Name: _____   Ort: _____

Grau unterlegte Zellen sind nicht auszufüllen.   Die angegebenen Beträge lauten auf volle Euro.[1]

Gewinn- und Verlustrechnung

021	Zinsergebnis[2]	
010	Zinserträge	010 _____
	darunter:	
	011 aus Kredit- und Geldmarktgeschäften	011
	darunter:	
	012 aus festverzinslichen Wertpapieren und Schuldbuchforderungen	012
020	Zinsaufwendungen	020
	(010 – 020)	021 _____
030	Laufende Erträge	
	031 aus Aktien und anderen nicht festverzinslichen Wertpapieren	031
	darunter:	
	034 aus offenen Spezial-AIF[3]	034
	032 aus Beteiligungen[4]	032
	033 aus Anteilen an verbundenen Unternehmen	033
		030 _____
040	Erträge aus Gewinngemeinschaften, Gewinnabführungs- oder Teilgewinnabführungsverträgen	040
061	Provisionsergebnis[2]	
050	Provisionserträge	050
060	Provisionsaufwendungen	060
		061 _____
076	Nettoertrag oder Nettoaufwand des Handelsbestands[2]	076 _____
	darunter:	
	077 aus derivativen Finanzinstrumenten[2]	077
	darunter:	
	078 aus Schuldverschreibungen und anderen festverzinslichen Wertpapieren[2]	078
	darunter:	
	079 aus Aktien und anderen nicht festverzinslichen Wertpapieren[2]	079

noch Gewinn- und Verlustrechnung

090	Sonstige betriebliche Erträge	090 _____
110	Allgemeine Verwaltungsaufwendungen	
	111 Personalaufwand	111
	114 andere Verwaltungsaufwendungen	114
		110 _____
120	Abschreibungen und Wertberichtigungen auf immaterielle Anlagewerte und Sachanlagen	120
130	Sonstige betriebliche Aufwendungen	130
141	Bewertungsergebnis Kreditgeschäft[2]	
	142 Abschreibungen und Wertberichtigungen auf Forderungen sowie Zuführungen zu Rückstellungen im Kreditgeschäft	142
	143 Erträge aus Zuschreibungen zu Forderungen sowie aus der Auflösung von Rückstellungen im Kreditgeschäft	143
		141 _____
151	Bewertungsergebnis Wertpapiere der Liquiditätsreserve[2]	
	152 Abschreibungen auf Wertpapiere der Liquiditätsreserve und Aufwendungen aus Geschäften mit diesen Wertpapieren	152
	153 Erträge aus Zuschreibungen bei Wertpapieren der Liquiditätsreserve und aus Geschäften mit diesen Wertpapieren	153
		151 _____
161	Bewertungsergebnis Wertpapiere des Anlagevermögens[2]	
	162 Abschreibungen und Wertberichtigungen auf Wertpapiere des Anlagevermögens	162
	163 Erträge aus Zuschreibungen zu Wertpapieren des Anlagevermögens	163
		161 _____

Grau unterlegte Zellen sind nicht auszufüllen.	Die angegebenen Beträge lauten auf volle Euro.[1]	
Gewinn- und Verlustrechnung	**noch Gewinn- und Verlustrechnung**	

171	Bewertungsergebnis aus Beteiligungen und Anteilen an verbundenen Unternehmen[2]	
	172 Abschreibungen und Wertberichtigungen auf Beteiligungen und Anteilen an verbundenen Unternehmen	172
	173 Erträge aus Zuschreibungen zu Beteiligungen und Anteilen an verbundenen Unternehmen	173
		171
180	Aufwendungen aus Verlustübernahme	180
181	Übrige Ergebnisbeiträge[2][5][6]	181
200	Ergebnis der normalen Geschäftstätigkeit[2]	200
220	Planungshorizont (in der Form „JJJJMMTT")	220

[1] Angaben bitte ohne Kommastellen, Rundung nach kaufmännischer Rundungsregel (5/4). Umrechnung von nicht auf Euro lautenden Positionen (Fremdwährungspositionen): Fremdwährungspositionen sind zu dem jeweiligen von der EZB am Meldestichtag festgestellten und von der Bundesbank veröffentlichten Referenzkurs („ESZB-Referenzkurs") in Euro umzurechnen. Bei der Umrechnung von Währungen, für die kein ESZB-Referenzkurs veröffentlicht wird, sind die Mittelkurse aus feststellbaren An- und Verkaufskursen des Stichtags zugrunde zu legen. Positionen, die nicht als Bestandteil der Fremdwährungsposition behandelt werden, dürfen zu dem bei der Erstverbuchung verwendeten Devisenkurs umgerechnet werden. In den Meldungen für die Zweigstellen im Ausland sind Fremdwährungsbeträge direkt in die Währung umzurechnen, in der die Meldung erstellt wird, ohne Zwischenumrechnung in die Währung des Sitzlandes.

[2] Vorzeichen angeben.

[3] Darunter fallen alle offenen inländischen, EU- und ausländischen Spezial-AIF im Sinne des § 1 Absatz 6 bis 9 KAGB.

[4] Bei Instituten in genossenschaftlicher Rechtsform und genossenschaftlichen Zentralbanken inklusive Erträgen aus Geschäftsguthaben.

[5] In diesem Posten sind den übrigen Posten nicht zuordnebare Ergebnisbestandteile zu berücksichtigen.

[6] Inklusive Rohergebnis aus Warenverkehr und Nebenbetrieben.

Größere Veränderungen einzelner Positionen bitte gesondert erläutern.

Anlage 3 SAKI

Anlage 3
(zu § 4 Absatz 1 Nummer 3)
SAKI

Finanzinformationen gemäß § 25 Absatz 1 Satz 1 KWG
– Sonstige Angaben –

Stand Ende: _____

Institutsnummer: _____   Prüfziffer: _____   Name: _____   Ort: _____

Die angegebenen Beträge lauten auf volle Euro.[1]

Sonstige Angaben	noch Sonstige Angaben
(1) Angaben zu stillen Reserven und stillen Lasten	150 **Stille Lasten**
010 **Stille Reserven**	160 bei Finanzinstrumenten (<u>nicht</u> Bestandteil einer Bewertungseinheit)
020 bei Finanzinstrumenten (<u>nicht</u> Bestandteil einer Bewertungseinheit)	170 in Wertpapieren außerhalb des Handelsbestands
030 in Wertpapieren außerhalb des Handelsbestands	180 bei Schuldverschreibungen und anderen festverzinslichen Wertpapieren 180 _____
040 bei Schuldverschreibungen und anderen festverzinslichen Wertpapieren 040 _____	190 bei Aktien und anderen nicht festverzinslichen Wertpapieren 190 _____
darunter:	darunter:
050 kurzfristig realisierbar 050 _____	200 in offenen Spezial-AIF[2] 200 _____
060 bei Aktien und anderen nicht festverzinslichen Wertpapieren 060 _____	(180 + 190) 170 _____
darunter:	210 in Derivaten 210 _____
070 kurzfristig realisierbar 070 _____	(170 + 210) 160 _____
darunter:	220 bei Finanzinstrumenten (Bestandteil einer Bewertungseinheit)[3]
080 in offenen Spezial-AIF[2] 080 _____	230 in Wertpapieren außerhalb des Handelsbestands
(040 + 060) 030 _____	240 bei Schuldverschreibungen und anderen festverzinslichen Wertpapieren 240 _____
090 in Derivaten 090 _____	250 bei Aktien und anderen nicht festverzinslichen Wertpapieren 250 _____
(030 + 090) 020 _____	(240 + 250) 230 _____
100 bei Finanzinstrumenten (Bestandteil einer Bewertungseinheit)[3]	260 in Derivaten 260 _____
110 in Wertpapieren außerhalb des Handelsbestands	(230 + 260) 220 _____
120 bei Schuldverschreibungen und anderen festverzinslichen Wertpapieren 120 _____	(160 + 220) **150** _____
130 bei Aktien und anderen nicht festverzinslichen Wertpapieren 130 _____	**(2) Angaben zum Kreditgeschäft**
(120 + 130) 110 _____	270 Höhe des Kreditvolumens 270 _____
140 in Derivaten 140 _____	darunter:
(110 + 140) 100 _____	280 Kredite an Nichtbanken 280 _____
(020 + 100) **010** _____	

Die angegebenen Beträge lauten auf volle Euro.[1]

Sonstige Angaben

290	Kredite mit erhöhter Ausfallwahrscheinlichkeit (Gelbbereich)	290 _____
300	In Verzug geratene Kredite (ohne Kredite, für die eine Einzelwertberichtigung gebildet wurde)	300 _____
310	hierfür bestehende Sicherheiten	310 _____
320	Einzelwertberichtigte Kredite vor Absetzung von Einzelwertberichtigungen	320 _____
330	hierfür bestehende Sicherheiten	330 _____
340	Höhe der individuellen Einzelwertberichtigungen	340 _____
350	Höhe der pauschalierten Einzelwertberichtigungen	350 _____
360	Unversteuerte Pauschalwertberichtigungen	360 _____
370	Abschreibungen auf Forderungen zu Lasten der Gewinn- und Verlustrechnung	370 _____

(3) Angaben zu Zinsänderungsrisiken im Anlagebuch[4]

379	Anwendung des § 2a Absatz 1 KWG (= 1)	379 _____
380	Zinsbuchbarwert	380 _____
390	Barwertänderung bei Zinserhöhung[5]	390 _____
400	Zinskoeffizient bei Zinserhöhung[5] (in %)	400 _____

noch Sonstige Angaben

410	Barwertänderung bei Zinssenkung[5]	410 _____
420	Zinskoeffizient bei Zinssenkung[5] (in %)	420 _____
430	Anwendung Ausweichverfahren (= 1); sonstige Verfahren (= 2)	430 _____

(4) Weitere Angaben

440	Nettoergebnis aus der vorzeitigen Beendigung von Derivaten[5] [6]	440 _____
450	Konditionenbeitrag[5]	450 _____
460	Aktivgeschäft[5]	460 _____
470	Passivgeschäft[5]	470 _____
480	Strukturbeitrag[5]	480 _____

[1] Angaben – außer bei Posten 400 und 420 – bitte ohne Kommastellen, Rundung nach kaufmännischer Rundungsregel (5/4). Die Angaben zu den Posten 400 und 420 sind mit zwei Kommastellen anzugeben.

[2] Darunter fallen alle offenen inländischen, EU- und ausländischen Spezial-AIF im Sinne des § 1 Absatz 6 bis 9 KAGB.

[3] Grundgeschäft und Sicherungsgeschäft sind separat auszuweisen.

[4] Gemäß Rundschreiben 11/2011 (BA) der BaFin: Institute, die von der Anwendung des § 2a Absatz 1 KWG Gebrauch machen, sind von einer Meldung zu Zinsänderungsrisiken im Anlagebuch im Rahmen dieses Meldeformulars befreit, sofern entsprechende Angaben bei der Meldung des übergeordneten Unternehmens auf zusammengefasster Basis (Meldeformulare QSA 1 oder alternativ QSA 2) Berücksichtigung finden. Entsprechend dem Rundschreiben sind auch Kreditinstitute im Sinne des § 53c Nummer 2 KWG von der Meldung befreit.

[5] Vorzeichen angeben.

[6] Aus Zinsbuchsteuerung und/oder Bewertungseinheiten.

Größere Veränderungen einzelner Positionen bitte gesondert erläutern.

Anlage 4 GVFDI

Anlage 4
(zu § 5 Absatz 1 Nummer 1)
GVFDI

Finanzinformationen gemäß § 25 Absatz 1 Satz 1 KWG
– Gewinn- und Verlustrechnung –

Institutsnummer: _____   Prüfziffer: _____   Name: _____   Stand Ende: _____
Ort: _____

Die angegebenen Beträge lauten auf volle Euro.[1]

Gewinn- und Verlustrechnung

010	Zinserträge	010 _____
	darunter:	
011	aus Kredit- und Geldmarktgeschäften	011 _____
	darunter:	
012	aus festverzinslichen Wertpapieren und Schuldbuchforderungen	012 _____
020	Zinsaufwendungen	020 _____
030	Laufende Erträge	
031	aus Aktien und anderen nicht festverzinslichen Wertpapieren	031 _____
032	aus Beteiligungen	032 _____
033	aus Anteilen an verbundenen Unternehmen	033 _____
	(031 + 032 + 033)	030 _____
040	Erträge aus Gewinngemeinschaften, Gewinnabführungs- oder Teilgewinnabführungsverträgen	040 _____
050	Provisionserträge	050 _____
060	Provisionsaufwendungen	060 _____
070	Ertrag des Handelsbestands[2]	070 _____
	darunter:	
071	Wertpapiere[3]	071 _____
	darunter:	
072	Futures[3]	072 _____
	darunter:	
073	Optionen[3]	073 _____
	darunter:	
074	Devisen[3]	074 _____
	darunter:	
075	Kursdifferenzen aus Aufgabegeschäften[3]	075 _____
080	Aufwand des Handelsbestands[2]	080 _____
	darunter:	
081	Wertpapiere[3]	081 _____
	darunter:	
082	Futures[3]	082 _____
	darunter:	
083	Optionen[3]	083 _____

noch Gewinn- und Verlustrechnung

	darunter:	
084	Devisen[3]	084 _____
	darunter:	
085	Kursdifferenzen aus Aufgabegeschäften[3]	085 _____
090	Sonstige betriebliche Erträge	090 _____
110	Allgemeine Verwaltungsaufwendungen	
111	Personalaufwand	111 _____
	darunter:	
112	Löhne und Gehälter	112 _____
	darunter:	
113	Soziale Abgaben und Aufwendungen für Altersversorgung und für Unterstützung	113 _____
114	andere Verwaltungsaufwendungen	114 _____
	(111 + 114)	110 _____
120	Abschreibungen und Wertberichtigungen auf immaterielle Anlagewerte und Sachanlagen	120 _____
130	Sonstige betriebliche Aufwendungen	130 _____
140	Abschreibungen und Wertberichtigungen auf Forderungen und bestimmte Wertpapiere sowie Zuführung zu Rückstellungen im Kreditgeschäft	140 _____
150	Erträge aus Zuschreibungen zu Forderungen und bestimmten Wertpapieren sowie aus der Auflösung von Rückstellungen im Kreditgeschäft	150 _____
160	Abschreibungen und Wertberichtigungen auf Beteiligungen, Anteile an verbundenen Unternehmen und wie Anlagevermögen behandelte Wertpapiere	160 _____
170	Erträge aus Zuschreibungen zu Beteiligungen, Anteilen an verbundenen Unternehmen und wie Anlagevermögen behandelten Wertpapieren	170 _____
180	Aufwendungen aus Verlustübernahme	180 _____
181	Übrige Ergebnisbeiträge[4] [5]	181 _____

Die angegebenen Beträge lauten auf volle Euro.[1]

Gewinn- und Verlustrechnung			noch Gewinn- und Verlustrechnung		
200	Ergebnis der normalen Geschäftstätigkeit[4] (010 − 020 + 030 + 040 + 050 − 060 + 070 − 080 + 090 − 110 − 120 − 130 − 140 + 150 − 160 + 170 − 180 + 181)	**200** _____	260	Periodengewinn/Periodenverlust[4] (200 + 210 − 220 − 230 + 240 − 250)	**260** _____
210	Außerordentliches Ergebnis[4]				
	211 Außerordentliche Erträge	211 _____			
	212 Außerordentliche Aufwendungen	212 _____			
	(211 − 212)	**210** _____			
220	Steuern vom Einkommen und vom Ertrag	**220** _____			
230	Sonstige Steuern, soweit nicht unter Position 130 ausgewiesen	**230** _____			
240	Erträge aus Verlustübernahme	**240** _____			
250	Auf Grund einer Gewinngemeinschaft, eines Gewinnabführungs- oder eines Teilgewinnabführungsvertrags abgeführte Gewinne	**250** _____			

[1] Angaben bitte ohne Kommastellen, Rundung nach kaufmännischer Rundungsregel (5/4).
Umrechnung von nicht auf Euro lautenden Positionen (Fremdwährungspositionen): Fremdwährungspositionen sind zu dem jeweiligen von der EZB am Meldestichtag festgestellten und von der Bundesbank veröffentlichten Referenzkurs („ESZB-Referenzkurs") in Euro umzurechnen. Bei der Umrechnung von Währungen, für die kein ESZB-Referenzkurs veröffentlicht wird, sind die Mittelkurse aus feststellbaren An- und Verkaufskursen des Stichtags zugrunde zu legen. Positionen, die nicht als Bestandteil der Fremdwährungsposition behandelt werden, dürfen zu dem bei der Erstverbuchung verwendeten Devisenkurs umgerechnet werden. In den Meldungen für die Zweigstellen im Ausland sind Fremdwährungsbeträge direkt in die Währung umzurechnen, in der die Meldung erstellt wird, ohne Zwischenumrechnung in die Währung des Sitzlandes.

[2] Ist das meldende Institut Kreditinstitut, ist nur der Saldo aus den Positionen 070 und 080 auszuweisen.

[3] Nur untergliedert anzugeben von Instituten, die Finanzdienstleistungen im Sinne des § 1 Absatz 1a Satz 2 Nummer 4 bzw. § 33 Absatz 1 Satz 1 Nummer 1 Buchstabe c KWG erbringen.

[4] Vorzeichen angeben.

[5] In diesem Posten sind den übrigen Posten nicht zuordenbare Ergebnisbestandteile zu berücksichtigen.

| **Größere Veränderungen einzelner Positionen bitte gesondert erläutern.** |

Anlage 5 STFDI

Anlage 5
(zu § 5 Absatz 1 Nummer 2)
STFDI

Finanzinformationen gemäß § 25 Absatz 1 Satz 1 KWG
– Vermögensstatus –

Stand Ende: _____

Institutsnummer: _____ Prüfziffer: _____ Name: _____ Ort: _____

Die angegebenen Beträge lauten auf volle Euro.[1]

Aktiva				Passiva			
010	Kassenbestand	010	_____	210	Verbindlichkeiten gegenüber Kreditinstituten[4]	210	_____
020	Guthaben bei Zentralnotenbanken	020	_____	220	Verbindlichkeiten gegenüber Kunden[5]	220	_____
030	Schatzwechsel, unverzinsliche Schatzanweisungen und ähnliche Schuldtitel öffentlicher Stellen, refinanzierbar	030	_____	230	Verbriefte Verbindlichkeiten		
				231	begebene Schuldverschreibungen	231	_____
040	Wechsel, refinanzierbar	040	_____	232	begebene Geldmarktpapiere	232	_____
050	Forderungen an Kreditinstitute[2]			233	eigene Akzepte und Solawechsel im Umlauf	233	_____
	051 täglich fällig	051	_____	234	sonstige verbriefte Verbindlichkeiten	234	_____
	052 andere Forderungen	052	_____		(231 + 232 + 233 + 234)	230	_____
	(051 + 052)	050	_____	235	Handelsbestand	235	_____
060	Forderungen an Kunden[3]	060	_____	240	Treuhandverbindlichkeiten	240	_____
070	Schuldverschreibungen und andere festverzinsliche Wertpapiere			250	Rechnungsabgrenzungsposten	250	_____
	071 Geldmarktpapiere (soweit nicht in Position 030 erfasst)	071	_____	260	Rückstellungen	260	_____
	072 Anleihen und Schuldverschreibungen	072	_____	280	Nachrangige Verbindlichkeiten	280	_____
	073 eigene Schuldverschreibungen	073	_____	290	Genussrechtskapital	290	_____
	(071 + 072 + 073)	070	_____		darunter:		
080	Aktien und andere nicht festverzinsliche Wertpapiere	080	_____		291 vor Ablauf von zwei Jahren fällig	291	_____
081	Handelsbestand	081	_____	300	Fonds für allgemeine Bankrisiken	300	_____
090	Beteiligungen	090	_____		darunter:		
	darunter:				301 gemäß § 340e Absatz 4 HGB	301	_____
	091 an Kreditinstituten	091	_____	310	Eigenkapital		
	darunter:				311 gezeichnetes Kapital	311	_____
	092 an Finanzdienstleistungsinstituten	092	_____		darunter:		
100	Anteile an verbundenen Unternehmen	100	_____		312 stille Einlagen	312	_____
	darunter:				313 Abzugsposten: nicht eingeforderte ausstehende Einlagen	313	./. _____
	101 an Kreditinstituten	101	_____		318 Eingefordertes Kapital: (311 + (./.) 313)	318	_____
	darunter:				314 Rücklagen	314	_____
	102 an Finanzdienstleistungsinstituten	102	_____		315 Gewinnvortrag/Verlustvortrag[6]	315	_____
110	Treuhandvermögen	110	_____		316 Bilanzgewinn/Bilanzverlust[6]	316	_____
120	Ausgleichsforderungen gegen die öffentliche Hand (einschließlich Schuldverschreibungen aus dem Umtausch von Ausgleichsforderungen)	120	_____		(318 + 314 + (./.) 315 + (./.) 316)	310	_____
				320	Sonstige Verbindlichkeiten	320	_____
				322	Übrige Passiva	322	_____

Die angegebenen Beträge lauten auf volle Euro.[1]

Aktiva			Passiva		
130	Immaterielle Anlagewerte	130 _____		darunter:	
140	Sachanlagen	140 _____	323	Periodengewinn	323 _____
141	Eingefordertes, noch nicht eingezahltes Kapital	141 _____	330	**Summe der Passiva** (210 + 220 + 230 + 235 + 240 + 250 + 260 + 280 + 290 + 300 + 310 + 320 + 322)	330 _____
170	Sonstige Vermögensgegenstände	170 _____	340	**Eventualverbindlichkeiten**	
180	Rechnungsabgrenzungsposten	180 _____	341	Eventualverbindlichkeiten aus weitergegebenen abgerechneten Wechseln (einschließlich eigener Ziehungen)	341 _____
181	Übrige Aktiva	181 _____			
	darunter:				
	182 Periodenverlust	182 _____	342	Verbindlichkeiten aus Bürgschaften und Gewährleistungsverträgen	342 _____
190	**Nicht durch Eigenkapital gedeckter Fehlbetrag**	190 _____	343	Haftung aus der Bestellung von Sicherheiten für fremde Verbindlichkeiten	343 _____
200	**Summe der Aktiva** (010 + 020 + 030 + 040 + 050 + 060 + 070 + 080 + 081 + 090 + 100 + 110 + 120 + 130 + 140 + 141 + 170 + 180 + 181 + 190)	200 _____		(341 + 342 + 343)	340 _____
			350	Plazierungs- und Übernahmeverpflichtungen	350 _____
			360	Rücknahmeverpflichtungen aus unechten Pensionsgeschäften	360 _____
			370	**Unwiderrufliche Kreditzusagen**	370 _____

---

[1] Angaben bitte ohne Kommastellen, Rundung nach kaufmännischer Rundungsregel (5/4).
Umrechnung von nicht auf Euro lautenden Aktiv- und Passivpositionen (Fremdwährungspositionen): Fremdwährungspositionen sind zu dem jeweiligen von der EZB am Meldestichtag festgestellten und von der Bundesbank veröffentlichten Referenzkurs („ESZB-Referenzkurs") in Euro umzurechnen. Bei der Umrechnung von Währungen, für die kein ESZB-Referenzkurs veröffentlicht wird, sind die Mittelkurse aus feststellbaren An- und Verkaufskursen des Stichtags zugrunde zu legen. Vermögensgegenstände, die nicht als Bestandteil der Fremdwährungsposition behandelt werden, dürfen zu dem bei der Erstverbuchung verwendeten Devisenkurs umgerechnet werden. In den Meldungen für die Zweigstellen im Ausland sind Fremdwährungsbeträge direkt in die Währung umzurechnen, in der die Meldung erstellt wird ohne Zwischenumrechnung in die Währung des Sitzlandes.

[2] Ist das meldende Institut Kreditinstitut, sind unter dieser Position Forderungen an Monetäre Finanzinstitute auszuweisen. Ausführliche Erläuterungen: siehe Deutsche Bundesbank, Bankenstatistik Richtlinien, Statistische Sonderveröffentlichungen. (Eine Liste der MFIs ist im Internet (http://www.bundesbank.de) verfügbar.

[3] In Fällen der Fußnote 2 hat das meldende Kreditinstitut unter dieser Position Forderungen an sonstige Kreditinstitute (Nicht-MFIs) und Nichtbanken (sonstige Nicht-MFIs) auszuweisen.

[4] Fußnote 2 gilt entsprechend.

[5] Fußnote 3 gilt entsprechend.

[6] Vorzeichen angeben.

Größere Veränderungen einzelner Positionen bitte gesondert erläutern.

Anlage 6 QGV

Anlage 6
(zu § 6 Absatz 1 Nummer 1)
QGV

Zusammengefasste Finanzinformationen gemäß § 25 Absatz 2 KWG
– Gewinn- und Verlustrechnung –
(Übergeordnetes Unternehmen einschließlich nachgeordneter Unternehmen mit Sitz im Inland und im Ausland)[1]

Übergeordnetes Unternehmen _____ Institutsgruppe/Finanzholding-Gruppe/gemischte Finanzholding-Gruppe _____

(gemäß § 10a Absatz 1 Satz 2, 4 bis 8 und Absatz 2 in Verbindung mit Absatz 3 KWG)

Ort: _____ Institutsnummer: _____ Prüfziffer: _____ Stand Ende: _____

Die angegebenen Beträge lauten auf volle Euro.[2]

Gewinn- und Verlustrechnung

Nr.	Position	Nr.	Wert
021	Zinsergebnis[3]		
010	Zinserträge	010	_____
	darunter:		
	011 aus Kredit- und Geldmarktgeschäften	011	_____
	darunter:		
	012 aus festverzinslichen Wertpapieren und Schuldbuchforderungen	012	_____
020	Zinsaufwendungen	020	_____
	(010 – 020)	021	_____
030	Laufende Erträge		
	031 aus Aktien und anderen nicht festverzinslichen Wertpapieren	031	_____
	darunter:		
	034 aus offenen Spezial-AIF[4]	034	_____
	032 aus Beteiligungen[5]	032	_____
	033 aus Anteilen an verbundenen Unternehmen	033	_____
	(031 + 032 + 033)	030	_____
040	Erträge aus Gewinngemeinschaften, Gewinnabführungs- oder Teilgewinnabführungsverträgen	040	_____
061	Provisionsergebnis[3]		
050	Provisionserträge	050	_____
060	Provisionsaufwendungen	060	_____
	(050 – 060)	061	_____
076	Nettoertrag oder Nettoaufwand des Handelsbestands[3]	076	_____
	darunter:		
	077 aus derivativen Finanzinstrumenten[3]	077	_____
	darunter:		
	078 aus Schuldverschreibungen und anderen festverzinslichen Wertpapieren[3]	078	_____
	079 aus Aktien und anderen nicht festverzinslichen Wertpapieren[3]	079	_____

noch Gewinn- und Verlustrechnung

Nr.	Position	Nr.	Wert
090	Sonstige betriebliche Erträge	090	_____
110	Allgemeine Verwaltungsaufwendungen		
	111 Personalaufwand	111	_____
	114 andere Verwaltungsaufwendungen	114	_____
	(111 + 114)	110	_____
120	Abschreibungen und Wertberichtigungen auf immaterielle Anlagewerte und Sachanlagen	120	_____
130	Sonstige betriebliche Aufwendungen	130	_____
141	Bewertungsergebnis Kreditgeschäft[3]		
	142 Abschreibungen und Wertberichtigungen auf Forderungen sowie Zuführungen zu Rückstellungen im Kreditgeschäft	142	_____
	143 Erträge aus Zuschreibungen zu Forderungen sowie aus der Auflösung von Rückstellungen im Kreditgeschäft	143	_____
	(143 – 142)	141	_____
151	Bewertungsergebnis Wertpapiere der Liquiditätsreserve[3]		
	152 Abschreibungen auf Wertpapiere der Liquiditätsreserve und Aufwendungen aus Geschäften mit diesen Wertpapieren	152	_____
	153 Erträge aus Zuschreibungen bei Wertpapieren der Liquiditätsreserve und aus Geschäften mit diesen Wertpapieren	153	_____
	(153 – 152)	151	_____
161	Bewertungsergebnis Wertpapiere des Anlagevermögens[3]		
	162 Abschreibungen und Wertberichtigungen auf Wertpapiere des Anlagevermögens	162	_____

Die angegebenen Beträge lauten auf volle Euro.[2]

Gewinn- und Verlustrechnung	noch Gewinn- und Verlustrechnung

163 Erträge aus Zuschreibungen zu Wertpapieren des Anlagevermögens   163 _____

210 Bilanzstichtag des laufenden Geschäftsjahres (in der Form „JJJJMMTT")   210 _____

(163 – 162) **161** _____

171 Bewertungsergebnis aus Beteiligungen und Anteilen an verbundenen Unternehmen[3]

    172 Abschreibungen und Wertberichtigungen auf Beteiligungen und Anteilen an verbundenen Unternehmen   172 _____

    173 Erträge aus Zuschreibungen zu Beteiligungen und Anteilen an verbundenen Unternehmen   173 _____

(173 – 172) **171** _____

180 Aufwendungen aus Verlustübernahme   **180** _____

181 Übrige Ergebnisbeiträge[3][6][7]   **181** _____

200 Ergebnis der normalen Geschäftstätigkeit[3]
(021 + 030 + 040 + 061 + 076 + 090 – 110 – 120 – 130 + 141 + 151 + 161 + 171 – 180 + 181)   **200** _____

---

[1] Institute gemäß § 1 Absatz 1b KWG sowie weitere nach § 10a Absatz 1 Satz 2, 4 bis 8 und Absatz 2 in Verbindung mit Absatz 3 KWG einzubeziehende Unternehmen.

[2] Angaben bitte ohne Kommastellen, Rundung nach kaufmännischer Rundungsregel (5/4).
Umrechnung von nicht auf Euro lautenden Positionen (Fremdwährungspositionen): Fremdwährungspositionen sind zu dem jeweiligen von der EZB am Meldestichtag festgestellten und von der Bundesbank veröffentlichten Referenzkurs („ESZB-Referenzkurs") in Euro umzurechnen. Bei der Umrechnung von Währungen, für die kein ESZB-Referenzkurs veröffentlicht wird, sind die Mittelkurse aus feststellbaren An- und Verkaufskursen des Stichtags zugrunde zu legen. Positionen, die nicht als Bestandteil der Fremdwährungsposition behandelt werden, dürfen zu dem bei der Erstverbuchung verwendeten Devisenkurs umgerechnet werden. In den Meldungen für die Zweigstellen im Ausland sind Fremdwährungsbeträge direkt in die Währung umzurechnen, in der die Meldung erstellt wird, ohne Zwischenumrechnung in die Währung des Sitzlandes.

[3] Vorzeichen angeben.

[4] Darunter fallen alle offenen inländischen, EU- und ausländischen Spezial-AIF im Sinne des § 1 Absatz 6 bis 9 KAGB.

[5] Bei Instituten in genossenschaftlicher Rechtsform und genossenschaftlichen Zentralbanken inklusive Erträgen aus Geschäftsguthaben.

[6] In diesem Posten sind den übrigen Posten nicht zuordenbare Ergebnisbestandteile als auch Konsolidierungseffekte zu berücksichtigen.

[7] Inklusive Rohergebnis aus Warenverkehr und Nebenbetrieben.

Größere Veränderungen einzelner Positionen bitte gesondert erläutern.

Anlage 7 QGVP

Anlage 7
(zu § 6 Absatz 1 Nummer 2)
QGVP

Zusammengefasste Finanzinformationen gemäß § 25 Absatz 2 KWG
– Planangaben für die Gewinn- und Verlustrechnung –
(Übergeordnetes Unternehmen einschließlich nachgeordneter Unternehmen mit Sitz im Inland und im Ausland)[1]

Übergeordnetes Unternehmen _____ Institutsgruppe/Finanzholding-Gruppe/gemischte Finanzholding-Gruppe

(gemäß § 10a Absatz 1 Satz 2, 4 bis 8 und Absatz 2 in Verbindung mit Absatz 3 KWG)

Ort: _____ Institutsnummer: _____ Prüfziffer: _____ Stand Ende: _____

Grau unterlegte Zellen sind nicht auszufüllen. Die angegebenen Beträge lauten auf volle Euro.[2]

Gewinn- und Verlustrechnung

021	**Zinsergebnis**[3]	
010	Zinserträge	010 _____
	darunter:	
011	aus Kredit- und Geldmarktgeschäften	011
	darunter:	
012	aus festverzinslichen Wertpapieren und Schuldbuchforderungen	012
020	Zinsaufwendungen	020 _____
	(010 – 020)	021 _____
030	**Laufende Erträge**	
031	aus Aktien und anderen nicht festverzinslichen Wertpapieren	031
	darunter:	
034	aus offenen Spezial-AIF[4]	034
032	aus Beteiligungen[5]	032
033	aus Anteilen an verbundenen Unternehmen	033
		030 _____
040	**Erträge aus Gewinngemeinschaften, Gewinnabführungs- oder Teilgewinnabführungsverträgen**	040
061	**Provisionsergebnis**[3]	
050	Provisionserträge	050
060	Provisionsaufwendungen	060
		061 _____
076	**Nettoertrag oder Nettoaufwand des Handelsbestands**[3]	076 _____
	darunter:	
077	aus derivativen Finanzinstrumenten[3]	077
	darunter:	
078	aus Schuldverschreibungen und anderen festverzinslichen Wertpapieren[3]	078
	darunter:	
079	aus Aktien und anderen nicht festverzinslichen Wertpapieren[3]	079

noch Gewinn- und Verlustrechnung

090	**Sonstige betriebliche Erträge**	090
110	**Allgemeine Verwaltungsaufwendungen**	
111	Personalaufwand	111
114	andere Verwaltungsaufwendungen	114
		110 _____
120	**Abschreibungen und Wertberichtigungen auf immaterielle Anlagewerte und Sachanlagen**	120
130	**Sonstige betriebliche Aufwendungen**	130
141	**Bewertungsergebnis Kreditgeschäft**[3]	
142	Abschreibungen und Wertberichtigungen auf Forderungen sowie Zuführungen zu Rückstellungen im Kreditgeschäft	142
143	Erträge aus Zuschreibungen zu Forderungen sowie aus der Auflösung von Rückstellungen im Kreditgeschäft	143
		141 _____
151	**Bewertungsergebnis Wertpapiere der Liquiditätsreserve**[3]	
152	Abschreibungen auf Wertpapiere der Liquiditätsreserve und Aufwendungen aus Geschäften mit diesen Wertpapieren	152
153	Erträge aus Zuschreibungen bei Wertpapieren der Liquiditätsreserve und aus Geschäften mit diesen Wertpapieren	153
		151 _____
161	**Bewertungsergebnis Wertpapiere des Anlagevermögens**[3]	
162	Abschreibungen und Wertberichtigungen auf Wertpapiere des Anlagevermögens	162

Anh. 5.2: Finanzinformationenverordnung

Grau unterlegte Zellen sind nicht auszufüllen.	Die angegebenen Beträge lauten auf volle Euro.[2]	
Gewinn- und Verlustrechnung	**noch Gewinn- und Verlustrechnung**	

163	Erträge aus Zuschreibungen zu Wertpapieren des Anlagevermögens	163	
			161 _____
171	**Bewertungsergebnis aus Beteiligungen und Anteilen an verbundenen Unternehmen**[3]		
	172 Abschreibungen und Wertberichtigungen auf Beteiligungen und Anteilen an verbundenen Unternehmen	172	
	173 Erträge aus Zuschreibungen zu Beteiligungen und Anteilen an verbundenen Unternehmen	173	
			171 _____
180	**Aufwendungen aus Verlustübernahme**	180	
181	**Übrige Ergebnisbeiträge**[3 6 7]	181	
200	**Ergebnis der normalen Geschäftstätigkeit**[3]		200 _____
220	**Planungshorizont (in der Form „JJJJMMTT")**		220 _____

[1] Institute gemäß § 1 Absatz 1b KWG sowie weitere nach § 10a Absatz 1 Satz 2, 4 bis 8 und Absatz 2 in Verbindung mit Absatz 3 KWG einzubeziehende Unternehmen.

[2] Angaben bitte ohne Kommastellen, Rundung nach kaufmännischer Rundungsregel (5/4). Umrechnung von nicht auf Euro lautenden Positionen (Fremdwährungspositionen): Fremdwährungspositionen sind zu dem jeweiligen von der EZB am Meldestichtag festgestellten und von der Bundesbank veröffentlichten Referenzkurs („ESZB-Referenzkurs") in Euro umzurechnen. Bei der Umrechnung von Währungen, für die kein ESZB-Referenzkurs veröffentlicht wird, sind die Mittelkurse aus feststellbaren An- und Verkaufskursen des Stichtags zugrunde zu legen. Positionen, die nicht als Bestandteil der Fremdwährungsposition behandelt werden, dürfen zu dem bei der Erstverbuchung verwendeten Devisenkurs umgerechnet werden. In den Meldungen für die Zweigstellen im Ausland sind Fremdwährungsbeträge direkt in die Währung umzurechnen, in der die Meldung erstellt wird, ohne Zwischenumrechnung in die Währung des Sitzlandes.

[3] Vorzeichen angeben.

[4] Darunter fallen alle offenen inländischen, EU- und ausländischen Spezial-AIF im Sinne des § 1 Absatz 6 bis 9 KAGB.

[5] Bei Instituten in genossenschaftlicher Rechtsform und genossenschaftlichen Zentralbanken inklusive Erträgen aus Geschäftsguthaben.

[6] In diesem Posten sind den übrigen Posten nicht zuordenbare Ergebnisbestandteile als auch Konsolidierungseffekte zu berücksichtigen.

[7] Inklusive Rohergebnis aus Warenverkehr und Nebenbetrieben.

> **Größere Veränderungen einzelner Positionen bitte gesondert erläutern.**

Anlage 8 QV 1

Anlage 8
(zu § 6 Absatz 1 Nummer 3)
QV 1

Zusammengefasste Finanzinformationen gemäß § 25 Absatz 2 KWG
– Vermögensstatus – Angaben zu den Aktiva –
(Übergeordnetes Unternehmen einschließlich nachgeordneter Unternehmen mit Sitz im Inland und im Ausland)[1]

Übergeordnetes Unternehmen _____ Institutsgruppe/Finanzholding-Gruppe/gemischte Finanzholding-Gruppe

(gemäß § 10a Absatz 1 Satz 2, 4 bis 8 und Absatz 2 in Verbindung mit Absatz 3 KWG)

Ort: _____ Institutsnummer: _____ Prüfziffer: _____ Stand Ende: _____

Die angegebenen Beträge lauten auf volle Euro.[2]

Aktiva			Zusatzangaben zu Aktiva		
010	Kassenbestand	010 _____	\multicolumn{3}{l}{in Position 060 enthalten:}
020	Guthaben bei Zentralnotenbanken	020 _____	061	Buchforderungen	061 _____
040	Schatzwechsel, unverzinsliche Schatzanweisungen und ähnliche Schuldtitel öffentlicher Stellen, refinanzierbar	040 _____	700	Handelsbestand	700 _____
			\multicolumn{3}{l}{in Position 070 enthalten:}
			071	Forderungen an Banken (Nicht-MFIs)	071 _____
050	Wechsel, refinanzierbar	050 _____	072	Forderungen an Finanzdienstleistungsinstitute	072 _____
060	Forderungen an Banken (MFIs)[3]	060 _____	073	Forderungen an sonstige Nichtbanken	073 _____
070	Forderungen an Nichtbanken (Nicht-MFIs)[4]	070 _____	074	Buchforderungen	074 _____
080	Schuldverschreibungen und andere festverzinsliche Wertpapiere	080 _____	701	Handelsbestand	701 _____
			\multicolumn{3}{l}{in Position 080 enthalten:}
090	Aktien und andere nicht festverzinsliche Wertpapiere	090 _____	702	Handelsbestand	702 _____
			\multicolumn{3}{l}{in Position 090 enthalten:}
100	Beteiligungen und Geschäftsguthaben bei Genossenschaften	100 _____	703	Handelsbestand	703 _____
110	Anteile an verbundenen Unternehmen	110 _____	\multicolumn{3}{l}{zu den Positionen 100 und 110:}
120	Treuhandvermögen	120 _____	101	Nennbetrag der Beteiligungen an inländischen Banken (einschließlich Geschäftsguthaben bei Kreditgenossenschaften) und der Anteile an verbundenen inländischen Banken	101 _____
130	Ausgleichsforderungen gegen die öffentliche Hand (einschließlich Schuldverschreibungen aus dem Umtausch von Ausgleichsforderungen)	130 _____	\multicolumn{3}{l}{in Position 176 enthalten:}
			186	Derivative Finanzinstrumente des Handelsbestands	186 _____
140	Sachanlagen	140 _____	\multicolumn{3}{l}{in Position 180 enthalten:}
150	Ausstehende Einlagen auf das gezeichnete Kapital	150 _____	196	Handelsbestand	196 _____
160	Eigene Aktien oder Anteile	160 _____			
170	Sonstige Aktiva				
	171 Schecks, fällige Schuldverschreibungen, Zins- und Dividendenscheine sowie zum Einzug erhaltene Papiere	171 _____			
	172 Leasinggegenstände	172 _____			
	173 Rechnungsabgrenzungsposten für Sparbriefe u. ä. Abzinsungspapiere	173 _____			
	174 Aktivsaldo der schwebenden Verrechnungen einschließlich Saldo aus der Schuldenzusammenfassung	174 _____			

[1] Institute gemäß § 1 Absatz 1b KWG sowie weitere nach § 10a Absatz 1 Satz 2, 4 bis 8 und Absatz 2 in Verbindung mit Absatz 3 KWG einzubeziehende Unternehmen.

[2] Angaben bitte ohne Kommastellen, Rundung nach kaufmännischer Rundungsregel (5/4).
Umrechnung von nicht auf Euro lautenden Aktiv- und Passivpositionen (Fremdwährungspositionen): Fremdwährungspositionen sind zu dem jeweiligen von der EZB am Meldestichtag festgestellten und von der Bundesbank veröffentlichten Referenzkurs („ESZB-Referenzkurs") in Euro umzurechnen. Bei der Umrechnung von Währungen, für die kein ESZB-Referenzkurs veröffentlicht wird, sind die Mittelkurse aus feststellbaren An- und Verkaufskursen des Stichtages zugrunde zu legen. Vermögensgegenstände, die nicht als Bestandteil der Fremdwährungsposition behandelt werden, dürfen zu dem bei der Erstverbuchung verwendeten Devisenkurs umgerechnet werden. In den Meldungen für die Zweigstellen im Ausland sind Fremdwährungsbeträge direkt in die Währung umzurechnen, in der die Meldung erstellt wird, ohne Zwischenumrechnung in die Währung des Sitzlandes.

Die angegebenen Beträge lauten auf volle Euro.

Aktiva			Zusatzangaben zu Aktiva

175	Aktivsaldo der Aufwands- und Ertragskonten	175 _____
176	Übrige Aktiva	176 _____
	(171 + 172 + 173 + 174 + 175 + 176)	**170** _____
179	**Aktivischer Unterschiedsbetrag aus der Kapitalzusammenfassung**	**179** _____
180	**Summe der Aktiva** (010 + 020 + 040 + 050 + 060 + 070 + 080 + 090 + 100 + 110 + 120 + 130 + 140 + 150 + 160 + 170 + 179)	**180** _____

[3] Hierunter sind Forderungen an Banken zu erfassen, die unter die MFI-Definition fallen. Ausführlichere Erläuterungen: s. Deutsche Bundesbank, Bankenstatistik Richtlinien, Statistische Sonderveröffentlichung 1. Eine Liste der MFIs ist im Internet (http://www.bundesbank.de) verfügbar.

[4] Hierunter sind auch Forderungen an Kreditinstitute (Nicht-MFI) sowie Finanzdienstleistungsinstitute usw. auszuweisen.

Größere Veränderungen einzelner Positionen bitte gesondert erläutern.

Anlage 9   QV 2

Anlage 9
(zu § 6 Absatz 1 Nummer 4)
QV 2

Zusammengefasste Finanzinformationen gemäß § 25 Absatz 2 KWG
– Vermögensstatus – Angaben zu den Passiva –
(Übergeordnetes Unternehmen einschließlich nachgeordneter Unternehmen mit Sitz im Inland und im Ausland)[1]

Übergeordnetes Unternehmen _____   Institutsgruppe/Finanzholding-Gruppe/gemischte Finanzholding-Gruppe

(gemäß § 10a Absatz 1 Satz 2, 4 bis 8 und Absatz 2 in Verbindung mit Absatz 3 KWG)

Ort: _____   Institutsnummer: _____   Prüfziffer: _____   Stand Ende: _____

Die angegebenen Beträge lauten auf volle Euro.[2]

Passiva

Pos.	Bezeichnung		Betrag
210	Verbindlichkeiten gegenüber Banken (MFIs)[3] (für Bausparkassen: einschließlich Bauspareinlagen)		210 _____
220	Verbindlichkeiten gegenüber Nichtbanken (Nicht-MFIs)[4]		
	221 Spareinlagen (für Bausparkassen: einschließlich Bauspareinlagen)	221 _____	
	222 andere Verbindlichkeiten	222 _____	
	(221 + 222)		220 _____
230	Verbriefte Verbindlichkeiten		
	231 begebene Schuldverschreibungen	231 _____	
	232 begebene Geldmarktpapiere	232 _____	
	233 eigene Akzepte und Solawechsel im Umlauf	233 _____	
	234 sonstige verbriefte Verbindlichkeiten	234 _____	
	(231 + 232 + 233 + 234)		230 _____
240	Treuhandverbindlichkeiten		240 _____
250	Wertberichtigungen		250 _____
260	Rückstellungen		260 _____
280	Nachrangige Verbindlichkeiten		280 _____
290	Genussrechtskapital		290 _____
300	Fonds für allgemeine Bankrisiken		300 _____
	301 gemäß § 340e Absatz 4 HGB	301 _____	
310	Eigenkapital		
	311 gezeichnetes Kapital	311 _____	
	316 Abzugsposten: nicht eingeforderte ausstehende Einlagen	316 ./. _____	
	318 Eingefordertes Kapital: (311 + (./.) 316)	318 _____	
	312 Rücklagen	312 _____	
	313 Passivischer Unterschiedsbetrag aus der Kapitalzusammenfassung	313 _____	

noch Passiva

Pos.	Bezeichnung		Betrag
	314 Ausgleichsposten für Anteile anderer Gesellschafter		314 _____
	315 Abzugsposten: ausgewiesener Verlust		315 ./. _____
	(318 + 312 + 313 + 314 ./. 315)		310 _____
320	Sonstige Passiva		
	321 aufgelaufene Zinsen auf Null-Kupon-Anleihen		321 _____
	322 Passivsaldo aus der Refinanzierung von Leasingforderungen		322 _____
	323 Verpflichtungen aus Warengeschäften und aufgenommenen Warenkrediten		323 _____
	324 Passivsaldo der schwebenden Verrechnungen einschließlich Saldo aus der Schuldenzusammenfassung		324 _____
	325 Passivsaldo der Aufwands- und Ertragskonten		325 _____
	326 Übrige Passiva		326 _____
	(321 + 322 + 323 + 324 + 325 + 326)		320 _____
330	Summe der Passiva (210 + 220 + 230 + 240 + 250 + 260 + 280 + 290 + 300 + 310 + 320)		330 _____
340	Eventualverbindlichkeiten		
	341 Eventualverbindlichkeiten aus weitergegebenen abgerechneten Wechseln (einschließlich eigener Ziehungen)		341 _____
	342 Verbindlichkeiten aus Bürgschaften und Gewährleistungsverträgen		342 _____
	343 Haftung aus der Bestellung von Sicherheiten für fremde Verbindlichkeiten		343 _____
	(341 + 342 + 343)		340 _____
350	aus dem Wechselbestand vor Verfall zum Einzug versandte Wechsel		350 _____
360	Geschäftsvolumen (330 + 341 + 350)		360 _____

Die angegebenen Beträge lauten auf volle Euro.[2]

Passiva			noch Passiva		
Zusatzangaben zu Passiva:			**in Position 326 enthalten:**		
in Position 210 enthalten:			186	Derivative Finanzinstrumente des Handelsbestands	186 _____
524	Handelsbestand	524 _____	**in Position 330 enthalten:**		
in Position 220 enthalten:			480	Handelsbestand	480 _____
201	Verbindlichkeiten gegenüber Banken (Nicht-MFIs)	201 _____			
202	Verbindlichkeiten gegenüber Finanzdienstleistungsinstituten	202 _____			
203	Verbindlichkeiten gegenüber sonstigen Nichtbanken	203 _____			
525	Handelsbestand	525 _____			
zu Position 233 nachrichtlich:					
239	eigener Bestand an eigenen Akzepten und Solawechseln	239 _____			
in Position 230 enthalten:					
526	Handelsbestand	526 _____			
in Position 311 enthalten:					
319	stille Einlagen	319 _____			

[1] Institute gemäß § 1 Absatz 1b KWG sowie weitere nach § 10a Absatz 1 Satz 2, 4 bis 8 und Absatz 2 in Verbindung mit Absatz 3 KWG einzubeziehende Unternehmen.

[2] Angaben bitte ohne Kommastellen, Rundung nach kaufmännischer Rundungsregel (5/4).
Umrechnung von nicht auf Euro lautenden Aktiv- und Passivpositionen (Fremdwährungspositionen): Fremdwährungspositionen sind zu dem jeweiligen von der EZB am Meldestichtag festgestellten und von der Bundesbank veröffentlichten Referenzkurs („ESZB-Referenzkurs") in Euro umzurechnen. Bei der Umrechnung von Währungen, für die kein ESZB-Referenzkurs veröffentlicht wird, sind die Mittelkurse aus feststellbaren An- und Verkaufskursen des Stichtags zugrunde zu legen. Vermögensgegenstände, die nicht als Bestandteil der Fremdwährungsposition behandelt werden, dürfen zu dem bei der Erstverbuchung verwendeten Devisenkurs umgerechnet werden. In den Meldungen für die Zweigstellen im Ausland sind Fremdwährungsbeträge direkt in die Währung umzurechnen, in der die Meldung erstellt wird, ohne Zwischenumrechnung in die Währung des Sitzlandes.

[3] Hierunter sind Verbindlichkeiten gegenüber Banken zu erfassen, die unter die MFI-Definition fallen. Ausführliche Erläuterungen: s. Deutsche Bundesbank, Bankenstatistik Richtlinien, Statistische Sonderveröffentlichung 1. Eine Liste der MFIs ist im Internet (http://www.bundesbank.de) verfügbar.

[4] Hierunter sind auch Verbindlichkeiten gegenüber Kreditinstituten (Nicht-MFI) sowie Finanzdienstleistungsinstituten usw. auszuweisen.

Größere Veränderungen einzelner Positionen bitte gesondert erläutern.

Anlage 10 QA 1/QA 2

Anlage 10
(zu § 6 Absatz 1 Nummer 5)
QA 1/QA 2

Zusammengefasste Finanzinformationen gemäß § 25 Absatz 2 KWG
(Übergeordnetes Unternehmen einschließlich nachgeordneter Unternehmen mit Sitz im Inland und im Ausland)[1]

Übergeordnetes Unternehmen _____ Institutsgruppe/Finanzholding-Gruppe/gemischte Finanzholding-Gruppe

(gemäß § 10a Absatz 1 Satz 2, 4 bis 8 und Absatz 2 in Verbindung mit Absatz 3 KWG)

Ort: _____ Institutsnummer: _____ Prüfziffer: _____ Stand Ende: _____

Die angegebenen Beträge lauten auf volle Euro.[2]

Forderungen und Verbindlichkeiten gegenüber Banken (MFIs)[3]

Forderungen an Banken (MFIs)

Schuldner	Buchforderungen (gemäß QV 1 061)				
	täglich fällig	mit vereinbarter Laufzeit oder Kündigungsfrist			insgesamt (Spalte 01 bis 04)
		bis 1 Jahr einschließlich	von über 1 Jahr bis 5 Jahren einschließlich	von über 5 Jahren	
	01	02	03	04	05
Inländische Banken					
inländische Banken (ohne 113 und 114) 111					
zuständige Landesbank/ Genossenschaftliche Zentralbank angeschlossene Sparkassen/ Kreditgenossenschaften[4] 113					
Deutsche Bundesbank 114			╳	╳	
Inländische Banken (111 + 113 + 114) 110					
Ausländische Banken 120					
Summe Banken (110 + 120) 100					

Verbindlichkeiten gegenüber Banken (MFIs)

Gläubiger	Verbindlichkeiten (gemäß QV 2 210)				
	täglich fällig	mit vereinbarter Laufzeit oder Kündigungsfrist			insgesamt (Spalte 01 bis 04)
		bis 1 Jahr einschließlich	von über 1 Jahr bis 2 Jahren einschließlich	von über 2 Jahren	
	01	02	03	04	05
Inländische Banken					
inländische Banken (ohne 113 und 114) 111					
zuständige Landesbank/ Genossenschaftliche Zentralbank angeschlossene Sparkassen/ Kreditgenossenschaften[4] 113					
Deutsche Bundesbank 114					
Inländische Banken (111 + 113 + 114) 110					
Ausländische Banken 120					
Summe Banken (110 + 120) 100					

[1] Institute gemäß § 1 Absatz 1b KWG sowie weitere nach § 10a Absatz 1 Satz 2, 4 bis 8 und Absatz 2 in Verbindung mit Absatz 3 KWG einzubeziehende Unternehmen.

[2] Angaben bitte ohne Kommastellen, Rundung nach kaufmännischer Rundungsregel (5/4).
Umrechnung von nicht auf Euro lautenden Aktiv- und Passivpositionen (Fremdwährungspositionen): Fremdwährungspositionen sind zu dem jeweiligen von der EZB am Meldestichtag festgestellten und von der Bundesbank veröffentlichten Referenzkurs („ESZB-Referenzkurs") in Euro umzurechnen. Bei der Umrechnung von Währungen, für die kein ESZB-Referenzkurs veröffentlicht wird, sind die Mittelkurse aus feststellbaren An- und Verkaufskursen des Stichtags zugrunde zu legen. Vermögensgegenstände, die nicht als Bestandteil der Fremdwährungsposition behandelt werden, dürfen zu dem bei der Erstverbuchung verwendeten Devisenkurs umgerechnet werden. In den Meldungen für die Zweigstellen im Ausland sind Fremdwährungsbeträge direkt in die Währung umzurechnen, in der die Meldung erstellt wird, ohne Zwischenumrechnung in die Währung des Sitzlandes.

[3] Hierunter sind Forderungen und Verbindlichkeiten gegenüber Banken zu erfassen, die unter die MFI-Definition fallen. Ausführlichere Erläuterungen: s. Deutsche Bundesbank, Bankenstatistik Richtlinien, Statistische Sonderveröffentlichung 1. Eine Liste der MFIs ist im Internet (http://www.bundesbank.de) verfügbar.

[4] Nur von Sparkassen/Kreditgenossenschaften bzw. Landesbanken/Genossenschaftlichen Zentralbanken auszufüllen.

Anlage 11   QB 1/QB 2

Anlage 11
(zu § 6 Absatz 1 Nummer 6)
QB 1/QB 2

Zusammengefasste Finanzinformationen gemäß § 25 Absatz 2 KWG
(Übergeordnetes Unternehmen einschließlich nachgeordneter Unternehmen mit Sitz im Inland und im Ausland)[1]

Übergeordnetes Unternehmen _____   Institutsgruppe/Finanzholding-Gruppe/gemischte Finanzholding-Gruppe

(gemäß § 10a Absatz 1 Satz 2, 4 bis 8 und Absatz 2 in Verbindung mit Absatz 3 KWG)

Ort: _____ Institutsnummer: _____ Prüfziffer: _____ Stand Ende: _____

Die angegebenen Beträge lauten auf volle Euro.[2]

Forderungen und Verbindlichkeiten gegenüber Nichtbanken (Nicht-MFIs)[3]

Forderungen an Nichtbanken (Nicht-MFIs)

Schuldner		Buchforderungen (gemäß QV 1 074)			
		mit vereinbarter Laufzeit oder Kündigungsfrist			insgesamt (Spalte 01 bis 03)
		bis 1 Jahr einschließlich	von über 1 Jahr bis 5 Jahren einschließlich	von über 5 Jahren	
		01	02	03	04
Inländische Nichtbanken					
Versicherungsunternehmen		112			
sonstige Finanzierungsinstitutionen		113			
sonstige Unternehmen (ohne 112 und 113)		114			
Unternehmen	(112 + 113 + 114)	110			
wirtschaftlich selbständige Privatpersonen[4]		121			
wirtschaftlich unselbständige Privatpersonen		122			
sonstige Privatpersonen		123			
Privatpersonen	(121 + 122 + 123)	120			
Organisationen ohne Erwerbszweck		130			
Inländische Unternehmen und Privatpersonen (einschließlich Organisationen ohne Erwerbszweck)	(110 + 120 + 130)	100			
Bund[5]		210			
Länder		220			
Gemeinden und Gemeindeverbände[6]		230			
Sozialversicherung		250			
Inländische öffentliche Haushalte	(210 + 220 + 230 + 250)	200			
Inländische Nichtbanken	(100 + 200)	300			
Ausländische Nichtbanken					
Unternehmen und Privatpersonen		421			
öffentliche Haushalte		422			
Ausländische Nichtbanken	(421 + 422)	400			
Summe Nichtbanken	(300 + 400)	500			

Verbindlichkeiten gegenüber Nichtbanken (Nicht-MFIs)

Gläubiger		Verbindlichkeiten (ohne Spareinlagen) (gemäß QV 2 222)				
		mit vereinbarter Laufzeit oder Kündigungsfrist				insgesamt (Spalte 01 bis 04)
		täglich fällig	bis 1 Jahr einschließlich	von über 1 Jahr bis 2 Jahren einschließlich	von über 2 Jahren	
		01	02	03	04	05
Inländische Nichtbanken						
Versicherungsunternehmen	112					
sonstige Finanzierungsinstitutionen	113					
sonstige Unternehmen (ohne 112 und 113)	114					
Unternehmen (112 + 113 + 114)	110					
wirtschaftlich selbständige Privatpersonen[4]	121					
wirtschaftlich unselbständige Privatpersonen	122					
sonstige Privatpersonen	123					
Privatpersonen (121 + 122 + 123)	120					
Organisationen ohne Erwerbszweck	130					
Inländische Unternehmen und Privatpersonen (einschließlich Organisationen ohne Erwerbszweck) (110 + 120 + 130)	100					
Bund[5]	210					
Länder	220					
Gemeinden und Gemeindeverbände[6]	230					
Sozialversicherung	250					
Inländische öffentliche Haushalte (210 + 220 + 230 + 250)	200					
Inländische Nichtbanken (100 + 200)	300					
Ausländische Nichtbanken						
Unternehmen und Privatpersonen	421					
öffentliche Haushalte	422					
Ausländische Nichtbanken (421 + 422)	400					
Summe Nichtbanken (300 + 400)	500					

---

[1] Institute gemäß § 1 Absatz 1b KWG sowie weitere nach § 10a Absatz 1 Satz 2, 4 bis 8 und Absatz 2 in Verbindung mit Absatz 3 KWG einzubeziehende Unternehmen.

[2] Angaben bitte ohne Kommastellen, Rundung nach kaufmännischer Rundungsregel (5/4).
Umrechnung von nicht auf Euro lautenden Aktiv- und Passivpositionen (Fremdwährungspositionen): Fremdwährungspositionen sind zu dem jeweiligen von der EZB am Meldestichtag festgestellten und von der Bundesbank veröffentlichten Referenzkurs („ESZB-Referenzkurs") in Euro umzurechnen. Bei der Umrechnung von Währungen, für die kein ESZB-Referenzkurs veröffentlicht wird, sind die Mittelkurse aus feststellbaren An- und Verkaufskursen des Stichtags zugrunde zu legen. Vermögensgegenstände, die nicht als Bestandteil der Fremdwährungsposition behandelt werden, dürfen zu dem bei der Erstverbuchung verwendeten Devisenkurs umgerechnet werden. In den Meldungen für die Zweigstellen im Ausland sind Fremdwährungsbeträge direkt in die Währung umzurechnen, in der die Meldung erstellt wird, ohne Zwischenumrechnung in die Währung des Sitzlandes.

[3] Hierunter sind Forderungen und Verbindlichkeiten u. a. gegenüber Banken (Nicht-MFI), Finanzdienstleistungsinstituten im Sinne des § 1 Absatz 1a KWG, Finanzunternehmen im Sinne des § 1 Absatz 3 KWG zu erfassen. Ausführlichere Erläuterungen: s. Deutsche Bundesbank, Bankenstatistik Richtlinien, Statistische Sonderveröffentlichung 1.

[4] Einschließlich Einzelkaufleute.

[5] Einschließlich Sondervermögens des Bundes.

[6] Einschließlich aller kommunaler Zweckverbände (d. h. mit hoheitlichen und/oder wirtschaftlichen Aufgaben).

Anlage 12 QSA 1

Anlage 12
(zu § 6 Absatz 1 Nummer 7)
QSA 1

Zusammengefasste Finanzinformationen gemäß § 25 Absatz 2 KWG
– Sonstige Angaben –
(Übergeordnetes Unternehmen einschließlich nachgeordneter Unternehmen mit Sitz im Inland und im Ausland)[1]

Übergeordnetes Unternehmen _____ Institutsgruppe/Finanzholding-Gruppe/gemischte Finanzholding-Gruppe

(gemäß § 10a Absatz 1 Satz 2, 4 bis 8 und Absatz 2 in Verbindung mit Absatz 3 KWG)

Ort: _____ Institutsnummer: _____ Prüfziffer: _____ Stand Ende: _____

Die angegebenen Beträge lauten auf volle Euro.[2]

Sonstige Angaben   **noch Sonstige Angaben**

(1) Angaben zu stillen Reserven und stillen Lasten

010 Stille Reserven

    020 bei Finanzinstrumenten (nicht Bestandteil einer Bewertungseinheit)

        030 in Wertpapieren außerhalb des Handelsbestands

            040 bei Schuldverschreibungen und anderen festverzinslichen Wertpapieren 040 _____

            darunter:

            050 kurzfristig realisierbar 050 _____

            060 bei Aktien und anderen nicht festverzinslichen Wertpapieren 060 _____

            darunter:

            070 kurzfristig realisierbar 070 _____

            darunter:

            080 in offenen Spezial-AIF[3] 080 _____

        (040 + 060) 030 _____

        090 in Derivaten 090 _____

    (030 + 090) 020 _____

100 bei Finanzinstrumenten (Bestandteil einer Bewertungseinheit)[4]

    110 in Wertpapieren außerhalb des Handelsbestands

        120 bei Schuldverschreibungen und anderen festverzinslichen Wertpapieren 120 _____

        130 bei Aktien und anderen nicht festverzinslichen Wertpapieren 130 _____

    (120 + 130) 110 _____

140 in Derivaten 140 _____

(110 + 140) 100 _____

(020 + 100) **010** _____

150 Stille Lasten

    160 bei Finanzinstrumenten (nicht Bestandteil einer Bewertungseinheit)

        170 in Wertpapieren außerhalb des Handelsbestands

            180 bei Schuldverschreibungen und anderen festverzinslichen Wertpapieren 180 _____

            190 bei Aktien und anderen nicht festverzinslichen Wertpapieren 190 _____

            darunter:

            200 in offenen Spezial-AIF[3] 200 _____

        (180 + 190) 170 _____

        210 in Derivaten 210 _____

    (170 + 210) 160 _____

220 bei Finanzinstrumenten (Bestandteil einer Bewertungseinheit)[4]

    230 in Wertpapieren außerhalb des Handelsbestands

        240 bei Schuldverschreibungen und anderen festverzinslichen Wertpapieren 240 _____

        250 bei Aktien und anderen nicht festverzinslichen Wertpapieren 250 _____

    (240 + 250) 230 _____

    260 in Derivaten 260 _____

(230 + 260) 220 _____

(160 + 220) **150** _____

Die angegebenen Beträge lauten auf volle Euro.[2]

Sonstige Angaben			noch Sonstige Angaben		
(2) Angaben zum Kreditgeschäft			390	Barwertänderung bei Zinserhöhung[6]	390 _____
270	Höhe des Kreditvolumens	270 _____	400	Zinskoeffizient bei Zinserhöhung[6] (in %)	400 _____
	darunter:				
	280 Kredite an Nichtbanken	280 _____	410	Barwertänderung bei Zinssenkung[6]	410 _____
290	Kredite mit erhöhter Ausfallwahrscheinlichkeit (Gelbbereich)	290 _____	420	Zinskoeffizient bei Zinssenkung[6] (in %)	420 _____
300	In Verzug geratene Kredite (ohne Kredite, für die eine Einzelwertberichtigung gebildet wurde)	300 _____	430	Anwendung Ausweichverfahren (= 1); sonstige Verfahren (= 2)	430 _____
			(4) Weitere Angaben		
	310 hierfür bestehende Sicherheiten	310 _____	440	Nettoergebnis aus der vorzeitigen Beendigung von Derivaten[6] [7]	440 _____
320	Einzelwertberichtigte Kredite vor Absetzung von Einzelwertberichtigungen	320 _____	450	Konditionenbeitrag[6]	450 _____
	330 hierfür bestehende Sicherheiten	330 _____		460 Aktivgeschäft[6]	460 _____
				470 Passivgeschäft[6]	470 _____
	340 Höhe der individuellen Einzelwertberichtigungen	340 _____	480	Strukturbeitrag[6]	480 _____
350	Höhe der pauschalierten Einzelwertberichtigungen	350 _____			
360	Unversteuerte Pauschalwertberichtigungen	360 _____			
370	Abschreibungen auf Forderungen zu Lasten der Gewinn- und Verlustrechnung	370 _____			
(3) Angaben zu Zinsänderungsrisiken im Anlagebuch[5]					
378	Steuerung der Zinsänderungsrisiken auf Anwendungsebene des Gruppen-Waivers (= 1)	378 _____			
380	Zinsbuchbarwert	380 _____			

[1] Institute gemäß § 1 Absatz 1b KWG sowie weitere nach § 10a Absatz 1 Satz 2, 4 bis 8 und Absatz 2 in Verbindung mit Absatz 3 KWG einzubeziehende Unternehmen.

[2] Angaben – außer bei Posten 400 und 420 – bitte ohne Kommastellen, Rundung nach kaufmännischer Rundungsregel (5/4).
Die Angaben zu den Posten 400 und 420 sind mit zwei Kommastellen anzugeben.

[3] Darunter fallen alle offenen inländischen, EU- und ausländischen Spezial-AIF im Sinne des § 1 Absatz 6 bis 9 KAGB.

[4] Grundgeschäft und Sicherungsgeschäft sind separat auszuweisen.

[5] Gemäß Rundschreiben 11/2011 (BA) der BaFin.

[6] Vorzeichen angeben.

[7] Aus Zinsbuchsteuerung und/oder Bewertungseinheiten.

| Größere Veränderungen einzelner Positionen bitte gesondert erläutern. |

Anlage 13 QSA 2

Anlage 13
(zu § 6 Absatz 3)
QSA 2

Zusammengefasste Finanzinformationen gemäß § 25 Absatz 2 KWG
– Sonstige Angaben –
(Übergeordnetes Unternehmen einschließlich nachgeordneter Unternehmen mit Sitz im Inland und im Ausland)[1]

Übergeordnetes Unternehmen _____ Institutsgruppe/Finanzholding-Gruppe/gemischte Finanzholding-Gruppe _____

(gemäß § 10a Absatz 1 Satz 2, 4 bis 8 und Absatz 2 in Verbindung mit Absatz 3 KWG)

Ort: _____ Institutsnummer: _____ Prüfziffer: _____ Stand Ende: _____

Die angegebenen Beträge lauten auf volle Euro.[2]

Sonstige Angaben

(1) Angaben zu Zinsänderungsrisiken im Anlagebuch[3]

378	Steuerung der Zinsänderungsrisiken auf Anwendungsebene des Gruppen-Waivers (= 1)	378	_____
380	Zinsbuchbarwert	380	_____
390	Barwertänderung bei Zinserhöhung[4]	390	_____
400	Zinskoeffizient bei Zinserhöhung[4] (in %)	400	_____
410	Barwertänderung bei Zinssenkung[4]	410	_____
420	Zinskoeffizient bei Zinssenkung[4] (in %)	420	_____
430	Anwendung Ausweichverfahren (= 1); sonstige Verfahren (= 2)	430	_____

(2) Weitere Angaben

450	Konditionenbeitrag[4]	450	_____
	460 Aktivgeschäft[4]	460	_____
	470 Passivgeschäft[4]	470	_____
480	Strukturbeitrag[4]	480	_____

[1] Institute gemäß § 1 Absatz 1b KWG sowie weitere nach § 10a Absatz 1 Satz 2, 4 bis 8 und Absatz 2 in Verbindung mit Absatz 3 KWG einzubeziehende Unternehmen.

[2] Angaben – außer bei Posten 400 und 420 – bitte ohne Kommastellen, Rundung nach kaufmännischer Rundungsregel (5/4). Die Angaben zu den Posten 400 und 420 sind mit zwei Kommastellen anzugeben.

[3] Gemäß Rundschreiben 11/2011 (BA) der BaFin.

[4] Vorzeichen angeben.

| **Größere Veränderungen einzelner Positionen bitte gesondert erläutern.** |

Anhang 5.3
Verordnung über die Anzeigen nach § 2c des Kreditwesengesetzes und § 104 des Versicherungsaufsichtsgesetzes (Inhaberkontrollverordnung – InhKontrollV)

vom 20. März 2009 (BGBl. I S. 562), zuletzt geändert durch Artikel 3 der Verordnung vom 20. September 2013 (BGBl. I S. 3703)

Abschnitt 1:
Allgemeine Vorschriften

§ 1 Zielunternehmen

Zielunternehmen im Sinne dieser Verordnung ist
1. das Kreditinstitut,
2. das Finanzdienstleistungsinstitut,
3. das Versicherungsunternehmen,
4. der Pensionsfonds oder
5. die Versicherungs-Holdinggesellschaft im Sinne des § 1b des Versicherungsaufsichtsgesetzes,

an dem oder an der eine bedeutende Beteiligung erworben, eine bestehende bedeutende Beteiligung verändert oder eine bedeutende Beteiligung aufgegeben werden soll.

§ 2 Anzeigenexemplare, Einreichungsweg und Übersetzungen

(1) Ist das Zielunternehmen ein Kreditinstitut oder Finanzdienstleistungsinstitut, sind die Anzeigen nach § 2c Absatz 1, 1b Satz 8 und Absatz 3 des Kreditwesengesetzes und die Anzeigen und Mitteilungen nach den §§ 7, 18 und 19 jeweils in einfacher Ausfertigung der Bundesanstalt für Finanzdienstleistungsaufsicht (Bundesanstalt) und der für das betroffene Kreditinstitut oder Finanzdienstleistungsinstitut zuständigen Hauptverwaltung der Deutschen Bundesbank einzureichen. Dies gilt für nachgeforderte Unterlagen und Erklärungen entsprechend.

(2) Ist das Zielunternehmen ein Versicherungsunternehmen, ein Pensionsfonds oder eine Versicherungs-Holdinggesellschaft, sind die Anzeigen nach § 104 Absatz 1, 1b Satz 7 und Absatz 3 des Versicherungsaufsichtsgesetzes und die Anzeigen und Mitteilungen nach den §§ 7, 18 und 19 jeweils in einfacher Ausfertigung der Bundesanstalt oder der zuständigen Landesaufsichtsbehörde einzureichen.

(3) Unterlagen und Erklärungen, die nicht in deutscher Sprache verfasst sind, hat der Anzeigepflichtige in amtlich beglaubigter Übersetzung einzureichen. Die Bundesanstalt oder die zuständige Landesaufsichtsbehörde kann im Einzelfall auf amtlich beglaubigte Übersetzungen verzichten.

§ 3 Angaben zum Empfangsbevollmächtigten im Inland

Anzeigepflichtige ohne Wohnsitz oder gewöhnlichen Aufenthalt, Sitz oder Geschäftsleitung im Inland müssen im Formular nach § 6 Absatz 1 Satz 1 und § 17 Absatz 1 Satz 1 den Namen und die Anschrift eines Empfangsbevollmächtigten im Inland angeben. Die Bevollmächtigung ist durch die Beifügung einer amtlich beglaubigten Kopie der entsprechenden Urkunde nachzuweisen.

§ 4 Angaben zu Personen, Personenhandelsgesellschaften, Gesellschaften anderer Rechtsform und Zweckvermögen

(1) Die nach dieser Verordnung und nach § 2c Absatz 1 Satz 2 letzter Halbsatz des Kreditwesengesetzes und § 104 Absatz 1 Satz 2 letzter Halbsatz des Versicherungsaufsichtsgesetzes vom Anzeigepflichtigen anzugebenden natürlichen Personen sind mit
1. vollständigem Namen,
2. Geburtsdatum,
3. Geburtsort und
4. Anschrift des ersten Wohnsitzes
zu benennen.

(2) Die nach dieser Verordnung und nach § 2c Absatz 1 Satz 2 letzter Halbsatz des Kreditwesengesetzes und § 104 Absatz 1 Satz 2 letzter Halbsatz des Versicherungsaufsichtsgesetzes vom Anzeigepflichtigen anzugebenden juristischen Personen, Personenhandelsgesellschaften und Gesellschaften anderer Rechtsform sowie Zweckvermögen sind mit
1. Firma,
2. Rechtsform,
3. Sitz,
4. Sitzstaat,
5. Anschrift des Hauptsitzes der Geschäftsleitung und
6. den Ordnungsmerkmalen der gewerberechtlichen Registereintragung, sofern eine Eintragung besteht,
zu benennen.

§ 5 Kapital- und Stimmrechtsanteile

(1) Bei der Berechnung der Kapital- oder Stimmrechtsanteile nach § 8 Nummer 5, § 11 Nummer 1 und 3 sowie § 12 Absatz 2 Nummer 3 und 4 und Absatz 4 Nummer 2 sind unmittelbar und mittelbar über ein oder mehrere Tochterunternehmen oder gleichartige Verhältnisse gehaltene Anteile zu berücksichtigen. Die mittelbar gehaltenen Kapital- oder Stimmrechtsanteile sind dem mittelbar Beteiligten in vollem Umfang zuzurechnen. Für die Berechnung der Stimmrechtsanteile gelten § 1 Absatz 9 Satz 2 und 3 des Kreditwesengesetzes und § 7a Absatz 2 Satz 4 und 5 des Versicherungsaufsichtsgesetzes entsprechend.

(2) Kommt es nach dieser Verordnung auf die Höhe gehaltener Kapital- oder Stimmrechtsanteile an, ist diese in Prozent anzugeben. Bei mittelbaren Anteilen sind zusätzlich die vermittelnden Tochterunternehmen oder gleichartigen Verhältnisse mit den von ihnen gehaltenen Kapital- oder Stimmrechtsanteilen in Prozent anzugeben. In den Fällen einer Stimmrechtszurechnung sind auch diejenigen, die die betreffenden Stimmrechte halten, sowie der Grund der Stimmrechtszurechnung anzugeben.

Abschnitt 2:
Anzeige der Absicht des Erwerbs oder der Erhöhung einer bedeutenden Beteiligung

§ 6 Anzeigeformulare, Vollständigkeit der Anzeige

(1) Die Absicht
1. des Erwerbs einer bedeutenden Beteiligung nach § 2c Absatz 1 Satz 1 des Kreditwesengesetzes,
2. des Erwerbs einer bedeutenden Beteiligung nach § 104 Absatz 1 Satz 1 des Versicherungsaufsichtsgesetzes,
3. der Erhöhung einer bedeutenden Beteiligung nach § 2c Absatz 1 Satz 6 des Kreditwesengesetzes oder
4. der Erhöhung einer bedeutenden Beteiligung nach § 104 Absatz 1 Satz 6 des Versicherungsaufsichtsgesetzes

ist mit dem Formular »Erwerb-Erhöhung« der Anlage dieser Verordnung anzuzeigen. Bei komplexen Beteiligungsstrukturen ist der Anzeige zusätzlich das Formular »Komplexe Beteiligungsstrukturen« der Anlage dieser Verordnung beizufügen. Komplexe Beteiligungsstrukturen liegen insbesondere vor bei Beteiligungen, die gleichzeitig unmittelbar und mittelbar über ein oder mehrere Tochterunternehmen oder ein gleichartiges Verhältnis, über mehrere Beteiligungsketten, im Zusammenwirken mit anderen, bei Treuhandverhältnissen oder in anderen Fällen der Zurechnung von Stimmrechtsanteilen nach § 1 Absatz 9 Satz 2 und 3 des Kreditwesengesetzes oder § 7a Absatz 2 Satz 4 und 5 des Versicherungsaufsichtsgesetzes, jeweils in Verbindung mit § 22 Absatz 1 Satz 1 Nummer 2 bis 6 und Absatz 2 des Wertpapierhandelsgesetzes gehalten werden.

(2) Die Absichtsanzeigen sind vollständig im Sinne des § 2c Absatz 1 Satz 7 in Verbindung mit Absatz 1a Satz 1 des Kreditwesengesetzes und des § 104 Absatz 1 Satz 7 in Verbindung mit Absatz 1a Satz 1 des Versicherungsaufsichtsgesetzes, wenn das Formular nach Absatz 1 Satz 1 vollständig ausgefüllt ist und alle erforderlichen Anlagen beigefügt sind. Können nicht alle erforderlichen Anlagen beigefügt werden, sind die Gründe hierfür anzugeben und die fehlenden Anlagen unverzüglich nachzureichen. Erst mit deren Eingang gelten die Absichtsanzeigen als vollständig.

(3) Eine Anzeige gilt für die Zwecke des § 2c Absatz 1 Satz 7 des Kreditwesengesetzes als vollständig eingegangen, wenn sie bei der Bundesanstalt vollständig eingegangen ist.

§ 7 Änderung der angezeigten Absicht und der angezeigten Angaben

(1) Gibt der Anzeigepflichtige die Absicht, eine bedeutende Beteiligung zu erwerben oder zu erhöhen, vor dem Erwerb oder der Erhöhung auf, hat er dies unverzüglich schriftlich mitzuteilen.

(2) Ändert der Anzeigepflichtige in einem laufenden Verfahren nach § 2c Absatz 1 Satz 1 oder Satz 6 des Kreditwesengesetzes oder nach § 104 Absatz 1 Satz 1 oder Satz 6 des Versicherungsaufsichtsgesetzes seine Absicht, eine bedeutende Beteiligung am Zielunternehmen zu erwerben oder zu erhöhen, hat er dies vorbehaltlich des Satzes 2 unverzüglich schriftlich mitzuteilen und die nach dieser Verordnung eingereichten Unterlagen und Erklärungen neu einzureichen, soweit darin einzelne Angaben anzupassen sind. Sofern nunmehr die Beteiligungsschwellen von 20 Prozent, 30 Prozent oder 50 Prozent überschritten werden sollen oder der Anzeigepflichtige durch den geplanten Erwerb oder die geplante Erhöhung Kontrolle über das Zielunternehmen erlangen würde, gilt die angezeigte Absicht als aufgegeben; der Anzeigepflichtige hat in

diesem Fall eine neue Anzeige nach § 2c Absatz 1 Satz 1 oder Satz 6 des Kreditwesengesetzes oder § 104 Absatz 1 Satz 1 oder Satz 6 des Versicherungsaufsichtsgesetzes einzureichen.

(3) Ändern sich nach Absendung einer Absichtsanzeige bis zum Ende des Beurteilungszeitraums nach § 2c Absatz 1a des Kreditwesengesetzes oder § 104 Absatz 1a des Versicherungsaufsichtsgesetzes Angaben in den eingereichten Unterlagen und Erklärungen, hat der Anzeigepflichtige die betroffenen Dokumente unverzüglich aktualisiert einzureichen, damit die Bundesanstalt oder die zuständige Landesaufsichtsbehörde diese in ihre Beurteilung einbeziehen kann. Unterlässt er dies oder geht die Aktualisierung der Angaben so spät ein, dass der Behörde für deren Prüfung innerhalb des Beurteilungszeitraums nicht mehr fünf Arbeitstage zur Verfügung stehen, gelten die Angaben in den eingereichten Unterlagen und Erklärungen als nicht richtig.

§ 8 Allgemeine Unterlagen und Erklärungen

Den Absichtsanzeigen sind folgende Unterlagen und Erklärungen beizufügen:
1. ein geeigneter aktueller Nachweis über die Identität oder die Existenz des Anzeigepflichtigen; geeignete Nachweise sind inbesondere:
   a) bei natürlichen Personen eine amtlich beglaubigte Kopie eines gültigen Ausweises, der ein Lichtbild enthält und mit dem die Pass- und Ausweispflicht im Inland erfüllt wird,
   b) bei sonstigen Anzeigepflichtigen amtlich beglaubigte Kopien der Gründungsdokumente oder gleichwertig beweiskräftiger Dokumente und, wenn nach dem Recht des Herkunftsstaates eine Eintragungspflicht in einem Register oder Verzeichnis besteht oder eine Eintragung freiwillig vorgenommen wurde, ein amtlich beglaubigter, aktueller Auszug aus dem Handels-, Vereins-, Genossenschafts-, Partnerschafts- oder Stiftungsregister oder einem vergleichbaren öffentlichen Register oder Verzeichnis,
2. sofern der Anzeigepflichtige keine natürliche Person ist, eine amtlich beglaubigte Kopie der aktuellen Satzung, des aktuellen Gesellschaftsvertrages oder einer gleichwertigen Vereinbarung,
3. sofern der Anzeigepflichtige keine natürliche Person ist, eine Liste mit den persönlich haftenden Gesellschaftern und mit den Personen, die zur Vertretung der Geschäfte des Anzeigepflichtigen auf Grund Gesetz, Satzung, Gesellschaftsvertrag oder einer gleichwertigen Vereinbarung befugt sind, unter Darlegung von Art und Umfang ihrer Befugnisse sowie der Geschäftsverteilung und, sofern der Anzeigepflichtige ein Zweckvermögen ist, ob und in welcher prozentualen Höhe diese Personen an der Verteilung dessen Gewinns teilnehmen,
4. eine aktuelle, vollständige und aussagekräftige Darstellung der geschäftlichen Aktivitäten des Anzeigepflichtigen,
5. sofern der Anzeigepflichtige keine natürliche Person ist, eine Liste mit den natürlichen Personen, juristischen Personen, Personenhandelsgesellschaften oder Gesellschaften anderer Rechtsform sowie Zweckvermögen, in deren Eigentum oder unter deren Kontrolle der Anzeigepflichtige steht oder auf deren Veranlassung der Erwerb oder die Erhöhung der bedeutenden Beteiligung durchgeführt wird; hierzu zählen insbesondere alle Inhaber von mehr als 25 Prozent der Kapital- oder Stimmrechtsanteile am Anzeigepflichtigen und, sofern der Anzeigepflichtige ein Zweckvermögen ist, diejenigen, die 25 Prozent oder mehr des Zweckvermögens kontrollieren oder in mindestens dieser Höhe an der Verteilung dessen Gewinns teilnehmen,
6. eine Erklärung, ob im Zusammenhang mit dem beabsichtigten Erwerb eine Behörde außerhalb der Finanzbranche eine Untersuchung durchführt oder durchgeführt hat; Anschrift und Bezeichnung der Behörde sowie der Verfahrensstand und bei einer abgeschlossenen Untersuchung deren Ergebnis, das durch amtliche Dokumente zu belegen ist, sind anzugeben, und

7. eine Erklärung, ob und durch welche Personen beabsichtigt ist, Geschäftsleiter des Zielunternehmens auszutauschen.

§ 9 Erklärungen und Unterlagen zur Zuverlässigkeit

(1) Der Anzeigepflichtige hat zu jeder Absichtsanzeige mit dem Formular »Angaben zur Zuverlässigkeit« der Anlage dieser Verordnung anzugeben, ob gegen ihn, gegen eine Person nach § 8 Nummer 3 oder Nummer 7 oder, sofern der Anzeigepflichtige eine natürliche Person ist, gegen ein von ihm jemals geleitetes Unternehmen, oder, sofern der Anzeigepflichtige keine natürliche Person ist, gegen ein Unternehmen, über das er Kontrolle hat,
1. ein Strafverfahren geführt wird oder zu einem früheren Zeitpunkt ein Strafverfahren wegen eines Verbrechens oder Vergehens geführt worden ist,
2. im Zusammenhang mit einer unternehmerischen Tätigkeit ein Ordnungswidrigkeitsverfahren oder vergleichbares Verfahren nach einer anderen Rechtsordnung geführt wird oder mit einer Verurteilung oder sonstigen Sanktion abgeschlossen worden ist,
3. ein Insolvenzverfahren, ein Verfahren zur Abgabe einer eidesstattlichen Versicherung oder ein vergleichbares Verfahren geführt wird oder zu einem früheren Zeitpunkt geführt worden ist,
4. eine Aufsichtsbehörde eine aufsichtliche Maßnahme eingeleitet hat oder ein solches Verfahren bereits mit einer Sanktion abgeschlossen worden ist und
5. eine Registereintragung, Erlaubnis, Mitgliedschaft oder Gewerbeerlaubnis durch eine Behörde versagt oder aufgehoben worden ist oder der Anzeigepflichtige oder eine Person nach § 8 Nummer 3 oder Nummer 7 in sonstiger Weise vom Betrieb eines Gewerbes oder der Vertretung und Führung dessen Geschäfte ausgeschlossen worden ist oder ein entsprechendes Verfahren geführt wird.

Für jede natürliche Person und für jedes Unternehmen ist jeweils ein gesondertes Formular zu verwenden. Alle in den Formularen angegebenen Verfahren und Sanktionen sind zu erläutern. Amtlich beglaubigte Kopien von Urteilen, Beschlüssen und anderen Sanktionen sind dem jeweiligen Formular beizufügen.

(2) Bei den Angaben nach Absatz 1 Satz 1 Nummer 1 können Strafverfahren unberücksichtigt bleiben, die mangels hinreichenden Tatverdachts oder wegen eines Verfahrenshindernisses eingestellt oder mit einem Freispruch beendet worden sind oder bei denen eine ergangene Eintragung im Bundeszentralregister entfernt oder getilgt wurde. Entsprechendes gilt für Strafverfahren, die nicht von einer deutschen Strafermittlungsbehörde oder von einem deutschen Gericht beendet worden sind. Bei den Angaben nach Absatz 1 Satz 1 Nummer 2, 4 und 5 können die Verfahren unberücksichtigt bleiben, die vor mehr als fünf Jahren vor dem Beginn des Jahres, in dem die Anzeige eingereicht wird, mit einer Verurteilung, Sanktion oder sonstigen Entscheidung abgeschlossen worden sind.

(3) Der Anzeigepflichtige hat in dem jeweiligen Formular nach Absatz 1 ferner zu erklären, ob seine Zuverlässigkeit oder die Zuverlässigkeit der Personen nach § 8 Nummer 3 oder Nummer 7 als Erwerber einer bedeutenden Beteiligung an einem Zielunternehmen oder als Geschäftsleiter eines Zielunternehmens durch eine andere Aufsichtsbehörde geprüft worden ist. Er hat auch zu erklären, ob eine vergleichbare Prüfung durch eine andere Behörde erfolgt ist. Amtliche Dokumente über das Ergebnis dieser Prüfung sind dem jeweiligen Formular beizufügen. Liegen dem Anzeigepflichtigen solche Dokumente nicht vor, hat er dies zu begründen. Bei den Angaben nach den Sätzen 1 und 2 können Prüfungen unberücksichtigt bleiben, die vor mehr als einem Jahr vor dem Beginn des Jahres, in dem die Anzeige eingereicht wird, abgeschlossen worden sind.

§ 10 Lebenslauf

(1) Den Absichtsanzeigen sind ein Lebenslauf des Anzeigepflichtigen, sofern dieser eine natürliche Person ist, und ein eigenhändig unterzeichneter Lebenslauf jeder natürlichen Person nach § 8 Nummer 3 oder Nummer 7 beizufügen.

(2) Der nach Absatz 1 einzureichende Lebenslauf muss die nachfolgenden Angaben enthalten:
1. den vollständigen Namen,
2. den Geburtsnamen,
3. das Geburtsdatum,
4. den Geburtsort,
5. das Geburtsland,
6. die Anschrift des ersten Wohnsitzes,
7. die Staatsangehörigkeit,
8. die berufliche Qualifikation einschließlich der erworbenen Abschlüsse,
9. Weiterbildungsmaßnahmen und
10. die Berufserfahrung, die in chronologischer Reihenfolge darzustellen ist und mit dem derzeit ausgeübten Beruf beginnen soll, wobei jeweils anzugeben sind:
    a) Name und Sitz des Unternehmens, für das die Person tätig ist oder war,
    b) Art und Dauer der Tätigkeit einschließlich Nebentätigkeiten, mit Ausnahme ehrenamtlicher Tätigkeiten,
    c) Vertretungsmacht dieser Person,
    d) ihre internen Entscheidungskompetenzen und
    e) die ihr unterstellen Geschäftsbereiche.

Alle Zeitangaben müssen monatsgenau erfolgen.

§ 11 Beteiligungsverhältnisse und Konzernzugehörigkeit sowie sonstige Einflussmöglichkeiten

Die Absichtsanzeigen müssen folgende Angaben zu den aktivischen und passivischen Beteiligungsverhältnissen, zur Konzernzugehörigkeit und sonstigen Einflussmöglichkeiten des Anzeigepflichtigen enthalten:
1. sofern der Anzeigepflichtige einem Konzern angehört:
    a) eine aussagekräftige Darstellung der Konzernstruktur mit einem Schaubild unter Angabe jedes Konzernunternehmens sowie der jeweils gehaltenen Kapitalanteile und Stimmrechtsanteile in Prozent,
    b) eine aussagekräftige Darstellung der Geschäftstätigkeit des Konzerns,
    c) eine Aufstellung der aufsichtspflichtigen Konzernunternehmen, die in der Finanzbranche im Sinne des § 1 Absatz 19 des Kreditwesengesetzes oder des § 2 Absatz 3 des Finanzkonglomerate-Aufsichtsgesetzes erlaubnispflichtige Geschäfte nach Maßgabe der Branchenvorschriften des § 1 Absatz 18 des Kreditwesengesetzes oder des § 2 Absatz 2 des Finanzkonglomerate-Aufsichtsgesetzes betreiben, unter Angabe der betreffenden Branchenvorschrift sowie der Bezeichnung und der Anschrift der zuständigen Aufsichtsbehörde; Entsprechendes gilt für Konzernunternehmen mit Hauptniederlassung außerhalb eines Mitgliedstaates, die nach den für sie maßgeblichen Vorschriften aufsichtspflichtig sind, und
    d) sofern der Anzeigepflichtige eine natürliche Person ist, zusätzlich,
        aa) bei welchen Konzernunternehmen und bei welchen weiteren Unternehmen er die Geschäfte führt und
        bb) über welche weiteren Unternehmen er Kontrolle hat, oder
    e) sofern der Anzeigepflichtige keine natürliche Person ist, zusätzlich eine Liste der nicht konzernangehörigen Personen und Unternehmen, die den in Num-

mer 3 genannten Kriterien entsprechen; bestehende Stimmrechtsvereinbarungen sind zu erläutern;
2. sofern der Anzeigepflichtige eine natürliche Person ist und keinem Konzern angehört, eine Liste der Unternehmen, deren Geschäfte er führt oder über die er Kontrolle hat; es ist jeweils auch anzugeben, ob der Anzeigepflichtige die Geschäfte des angegebenen Unternehmens führt oder über dieses Kontrolle hat;
3. sofern der Anzeigepflichtige keine natürliche Person ist und keinem Konzern angehört, eine Liste der natürlichen und juristischen Personen, Personenhandelsgesellschaften und Gesellschaften anderer Rechtsform sowie Zweckvermögen, die an dem Anzeigepflichtigen mindestens 10 Prozent der Kapital- oder Stimmrechtsanteile halten oder, unabhängig davon, ob Kapital- oder Stimmrechtsanteile gehalten werden, einen maßgeblichen Einfluss auf den Anzeigepflichtigen ausüben können oder die, sofern der Anzeigepflichtige ein Zweckvermögen ist, an der Verteilung dessen Gewinns in Höhe von mindestens 10 Prozent teilnehmen; bestehende Stimmrechtsvereinbarungen sind zu erläutern.

§ 12 Erwerbsinteressen

(1) Den Absichtsanzeigen ist eine ausführliche Darstellung der finanziellen und der sonstigen Interessen des Anzeigepflichtigen an der bedeutenden Beteiligung beizufügen.

(2) Diese Darstellung muss die Geschäftsbeziehungen beschreiben, die er oder ein von ihm geleitetes oder von ihm kontrolliertes Unternehmen zu
1. dem Zielunternehmen,
2. den vom Zielunternehmen kontrollierten Unternehmen,
3. Inhabern von mindestens 5 Prozent der Kapitalanteile am Zielunternehmen, wobei auch die Höhe der Kapitalanteile anzugeben ist,
4. Inhabern von mindestens 5 Prozent der Stimmrechtsanteile am Zielunternehmen, wobei auch die Höhe der Stimmrechtsanteile anzugeben ist,
5. Geschäftsleitern des Zielunternehmens und Personen, die die Geschäfte des Zielunternehmens tatsächlich führen und
6. Mitgliedern des Aufsichtsorgans des Zielunternehmens
unterhält.

(3) Ist der Anzeigepflichtige oder eine Person nach § 8 Nummer 3 Angehöriger einer Person im Sinne des Absatzes 2 Nummer 3, 4 oder 5, ist dies anzugeben. Angehörige im Sinne dieser Vorschrift sind die in § 20 Absatz 5 des Verwaltungsverfahrensgesetzes genannten Personen.

(4) Ferner ist anzugeben, ob und welche
1. Personen nach § 8 Nummer 3 zugleich aufgrund Gesetz, Satzung, Gesellschaftsvertrag oder einer gleichwertigen Vereinbarung befugt sind, die Geschäfte eines Inhabers nach Absatz 2 Nummer 3 und 4 oder des Zielunternehmens zu führen, oder die Geschäfte des Inhabers tatsächlich führen oder diesen vertreten, und
2. Inhaber von Kapital- oder Stimmrechtsanteilen am Anzeigepflichtigen zugleich Inhaber von mindestens 5 Prozent der Kapital- oder Stimmrechtsanteile am Zielunternehmen sind; die Höhe der Kapital- oder Stimmrechtsanteile ist jeweils anzugeben.

(5) Auf Interessen oder Tätigkeiten des Anzeigepflichtigen, die den Interessen des Zielunternehmens an einer soliden und umsichtigen Geschäftsführung entgegenstehen könnten, ist gesondert einzugehen und zu erklären, wie verhindert werden soll, dass sich diese Interessen negativ auf das Zielunternehmen auswirken.

§ 13 Finanzlage und Bonität des Anzeigepflichtigen

(1) Der Anzeigepflichtige hat seine wirtschaftlichen Verhältnisse darzustellen.

(2) Bei bilanzierenden Anzeigepflichtigen muss die Darstellung nach Absatz 1 folgende Unterlagen zum Anzeigepflichtigen enthalten:
1. Jahresabschlüsse und, sofern diese aufzustellen sind oder freiwillig aufgestellt wurden, Lageberichte jeweils der letzten drei Geschäftsjahre,
2. Berichte über die Jahresabschlussprüfung unabhängiger Abschlussprüfer der letzten drei Geschäftsjahre, sofern diese aufzustellen sind oder freiwillig aufgestellt wurden, und
3. Kapitalflussrechnungen und Segmentberichterstattungen der letzten drei Geschäftsjahre, sofern diese zu erstellen sind oder freiwillig erstellt wurden.

(3) Ist der Anzeigepflichtige eine natürliche Person, muss die Darstellung nach Absatz 1 folgende Angaben enthalten:
1. eine vollständige Aufzählung und Beschreibung seiner Einkommensquellen nebst Nachweisen,
2. seine aktuelle Vermögensaufstellung unter Angabe sämtlicher Verbindlichkeiten nebst Nachweisen,
3. Jahresabschlüsse und, sofern diese aufzustellen sind oder freiwillig aufgestellt wurden, Lageberichte jeweils der letzten drei Geschäftsjahre der vom Anzeigepflichtigen kontrollierten Unternehmen und der Unternehmen, deren Geschäfte er führt, und
4. Berichte über die Jahresabschlussprüfung unabhängiger Abschlussprüfer der letzten drei Geschäftsjahre der vom Anzeigepflichtigen kontrollierten Unternehmen und der Unternehmen, deren Geschäfte er führt, sofern diese aufzustellen sind oder freiwillig aufgestellt wurden.

(4) Gehört der Anzeigepflichtige einem Konzern an, muss die Darstellung nach Absatz 1 zusätzlich enthalten:
1. Konzernabschlüsse der letzten drei Geschäftsjahre, sofern diese zu erstellen sind oder freiwillig erstellt wurden, und
2. Berichte über die Konzernabschlussprüfung unabhängiger Abschlussprüfer der letzten drei Geschäftsjahre, sofern diese zu erstellen sind oder freiwillig erstellt wurden.

(5) Handelt es sich bei dem Zielunternehmen um ein Versicherungsunternehmen, einen Pensionsfonds oder eine Versicherungs-Holdinggesellschaft und sind die Unterlagen nach Absatz 2 Nummer 1 und 2 nicht schlüssig oder bestehen Anhaltspunkte, dass diese Unterlagen die geschäftlichen Verhältnisse des Anzeigepflichtigen nicht zutreffend darstellen, kann die Bundesanstalt oder die zuständige Landesaufsichtsbehörde verlangen, dass der Anzeigepflichtige diese Unterlagen auf seine Kosten durch einen von der Bundesanstalt oder der zuständigen Landesaufsichtsbehörde zu bestimmenden Wirtschaftsprüfer prüfen zu lassen hat. Entsprechendes gilt für die Unterlagen nach Absatz 4.

(6) Wurde die Bonität des Anzeigepflichtigen von einer oder mehreren Ratingagenturen beurteilt, hat der Anzeigepflichtige das jüngste Rating jeder Ratingagentur anzugeben und jeweils durch aussagekräftige Unterlagen der beurteilenden Ratingagentur zu belegen. Gleiches gilt in Bezug auf die Bonität des Konzerns, dem der Anzeigepflichtige angehört, sowie in Bezug auf die nicht konzernangehörigen Unternehmen, über die der Anzeigepflichtige, sofern dieser eine natürliche Person ist, Kontrolle hat oder deren Geschäfte er führt. Liegen dem Anzeigepflichtigen die Unterlagen nach Satz 1 nicht vor, hat er dies zu begründen.

§ 14 Finanzierung des Erwerbs, Offenlegung sämtlicher Vereinbarungen

Den Absichtsanzeigen sind eine aussagekräftige, lückenlose Darstellung und geeignete, lückenlose Nachweise über das Vorhandensein und die wirtschaftliche Herkunft der Eigen- und Fremdmittel, die für den Erwerb eingesetzt werden sollen, sowie sämtliche im Zusammenhang mit dem beabsichtigten Erwerb getroffenen Vereinbarungen und Verträge beizufügen.

§ 15 Geschäftsplan, Darstellung strategischer Ziele und Pläne

(1) Erlangt der Anzeigepflichtige durch den geplanten Erwerb oder die geplante Erhöhung der bedeutenden Beteiligung Kontrolle über das Zielunternehmen, ist der Anzeige ein Geschäftsplan beizufügen, der die mit dem Erwerb oder der Erhöhung verfolgten strategischen Ziele und Pläne des Anzeigepflichtigen nachvollziehbar beschreibt. Der Geschäftsplan hat insbesondere aussagekräftige Angaben zur geplanten strategischen Entwicklung, zur geplanten Entwicklung der Vermögens-, Finanz- und Ertragslage sowie zu Auswirkungen auf die Unternehmensstruktur und -organisation des Zielunternehmens zu enthalten. Die Angaben zur geplanten strategischen Entwicklung haben allgemeine Ausführungen zu den wesentlichen Zielen des Beteiligungserwerbs und den zur Zielerreichung geplanten Maßnahmen zu enthalten. Dies umfasst insbesondere:
1. Beweggründe für den Beteiligungserwerb,
2. mittelfristige Vermögens- und Ertragsziele,
3. angestrebte Synergieeffekte im Zielunternehmen,
4. eine mögliche Neuausrichtung der Geschäftsaktivitäten,
5. eine geplante Umverteilung von Kapital im Zielunternehmen und
6. allgemeine Vorgaben und Festlegung für die Einbeziehung und Integration des Zielunternehmens in die Konzern- und in die Gruppenstruktur des Erwerbers; dies beinhaltet eine Beschreibung der wesentlichen angestrebten Synergieeffekte mit anderen Unternehmen des Konzerns und der Gruppe sowie eine Beschreibung der Grundsätze und Verfahren zur Führung und Steuerung der Unternehmensbeziehungen innerhalb des Konzerns und der Gruppe.

Die Angaben zur geplanten Entwicklung der Vermögens-, Finanz- und Ertragslage umfassen die Planbilanzen und Plangewinn- und Planverlustrechnungen für die nächsten drei Geschäftsjahre nach dem Erwerb oder der geplanten Erhöhung der bedeutenden Beteiligung sowohl für das Zielunternehmen als auch für den Konzern. Darüber hinaus sind insbesondere für die nächsten drei Geschäftsjahre nach dem Erwerb oder der geplanten Erhöhung der bedeutenden Beteiligung sowohl für das Zielunternehmen als auch für den Konzern anzugeben:
1. die prognostizierten Kapitalkennziffern,
2. die Höhe der voraussichtlichen Risikopositionen,
3. ein Ausblick auf geplante gruppeninterne Geschäfte.

Die Angaben zu den Auswirkungen auf die Unternehmens- und Organisationsstruktur des Zielunternehmens haben insbesondere zu umfassen:
1. Auswirkungen auf die Zusammensetzung und Aufgabenbereiche der Unternehmensorgane und der von ihnen eingesetzten Ausschüsse,
2. Änderungen der Rechnungslegungsmethode und wesentliche Änderungen der Leitungs-, Steuerungs- und Kontrollprozesse; dies beinhaltet auch Angaben zu wesentlichen Änderungen hinsichtlich der Internen Revision und der Compliance-Funktion und zu einem Wechsel bei den leitenden Mitarbeitern mit Schlüsselfunktion,

3. wesentliche Änderungen der eingesetzten IT-Systeme und IT-Sicherheitssysteme und
4. Auswirkungen auf die Grundsätze für die Delegation und Auslagerung von Unternehmensaktivitäten und -prozessen auf andere Unternehmen oder Personen.

(2) Wenn durch den geplanten Erwerb oder durch die geplante Erhöhung der bedeutenden Beteiligung an dem Zielunternehmen Kapital- oder Stimmrechtsanteile im Umfang von 20 Prozent bis 50 Prozent vom Anzeigepflichtigen gehalten werden oder von diesem auf das Zielunternehmen ein maßgeblicher Einfluss ausgeübt werden kann und der Anzeigepflichtige nach dem geplanten Erwerb oder der geplanten Erhöhung der bedeutenden Beteiligung keine Kontrolle über das Zielunternehmen hat, sind der Anzeige Dokumente beizufügen, die folgende Informationen beinhalten:
1. aussagekräftige Angaben zur geplanten strategischen Entwicklung nach Absatz 1 Satz 3 und 4 und
2. aussagekräftige Angaben im Sinne des Absatzes 3, die jedoch zusätzlich detaillierte Aussagen über die Art der beabsichtigten zukünftigen Einflussnahme auf die finanzielle Ausstattung sowie die Kapitalallokation des Zielunternehmens beinhalten müssen.

(3) Wenn durch den geplanten Erwerb oder durch die geplante Erhöhung der bedeutenden Beteiligung an dem Zielunternehmen Kapital- oder Stimmrechtsanteile unter 20 Prozent vom Anzeigepflichtigen gehalten werden, von diesem auf das Zielunternehmen kein maßgeblicher Einfluss ausgeübt werden kann und der Anzeigepflichtige nach dem geplanten Erwerb oder der geplanten Erhöhung der Beteiligung auch keine Kontrolle über das Zielunternehmen hat, sind der Anzeige Dokumente beizufügen, die folgende Informationen beinhalten:
1. eine aussagekräftige Darstellung der allgemeinen strategischen Ziele, die mit dem Erwerb verfolgt werden; anzugeben ist hierbei unter anderem, wie lange die Anteile voraussichtlich gehalten werden und ob in einem absehbaren Zeitraum nach dem Erwerb die Anteilshöhe verändert werden soll,
2. die beabsichtigte zukünftige Einflussnahme auf das Zielunternehmen unter Angabe der Gründe hierfür und
3. Aussagen zur Bereitschaft und der wirtschaftlichen Fähigkeit, dem Zielunternehmen zukünftig weiteres Kapital, sofern dies notwendig wird, zur Verfügung zu stellen.

§ 16 Abweichende Vorlage- und Nachweispflichten

(1) Der Anzeigepflichtige muss Unterlagen und Erklärungen nicht erneut einreichen, die er bereits mit einer früheren Anzeige nach § 2c Absatz 1 Satz 1, 5 oder 6 des Kreditwesengesetzes in der ab dem 18. März 2009 geltenden Fassung oder § 104 Absatz 1 Satz 1, 5 oder 6 des Versicherungsaufsichtsgesetzes in der ab dem 18. März 2009 geltenden Fassung innerhalb des letzten Jahres vor der aktuellen Absichtsanzeige eingereicht hat, wenn sich die in den Unterlagen und Erklärungen enthaltenen Angaben nicht verändert haben. Die Bundesanstalt oder die zuständige Landesaufsichtsbehörde kann im Einzelfall einen längeren Zeitraum zulassen. Ist der Anzeigepflichtige bereits Inhaber einer bedeutenden Beteiligung, braucht er seine Identität oder Existenz nach § 8 Nummer 1 nicht erneut nachzuweisen. Die Bundesanstalt oder die zuständige Landesaufsichtsbehörde kann die in den Sätzen 1 und 3 genannten Unterlagen und Erklärungen jedoch im Rahmen des § 2c Absatz 1a Satz 3 bis 9 des Kreditwesengesetzes oder des § 104 Absatz 1a Satz 3 bis 9 des Versicherungsaufsichtsgesetzes anfordern.

(2) Den Absichtsanzeigen müssen folgende Unterlagen und Erklärungen nicht beigefügt werden, wenn der Anzeigepflichtige

1. der Bund, die Deutsche Bundesbank, ein rechtlich unselbständiges Sondervermögen des Bundes oder eines Landes, ein Land, eine Gemeinde oder ein Gemeindeverband ist: die Unterlagen und Erklärungen der §§ 8 bis 15,
2. ein zugelassenes Kreditinstitut oder Finanzdienstleistungsinstitut, Versicherungsunternehmen, Pensionsfonds oder Kapitalverwaltungsgesellschaft ist, die eine Erlaubnis nach § 7 oder § 97 Absatz 1 des Investmentgesetzes in der bis zum 21. Juli 2013 geltenden Fassung, die für den in § 345 Absatz 2 Satz 1, Absatz 3 Satz 2, in Verbindung mit Absatz 2 Satz 1, oder Absatz 4 Satz 1 des Kapitalanlagegesetzbuchs vorgesehenen Zeitraum noch fortbesteht oder eine Erlaubnis nach den §§ 20, 21 oder §§ 20, 22 des Kapitalanlagegesetzbuchs hat: die Unterlagen und Erklärungen nach § 8 Nummer 1 bis 5 und den §§ 9 bis 14,
3. eine Versicherungs-Holdinggesellschaft ist: die Unterlagen und Erklärungen nach § 8 Nummer 1, 3, 5 und 6 und den §§ 9 bis 14,
4. eine Finanzholding-Gesellschaft oder gemischte Finanzholding-Gesellschaft nach § 1 Absatz 3a Satz 1 oder Satz 2 des Kreditwesengesetzes ist und der Bundesanstalt die Unterlagen und Erklärungen nach § 16 Absatz 2 der Anzeigenverordnung vorliegen: die Unterlagen und Erklärungen nach den §§ 9 und 10,
5. eine Versicherungs-Holdinggesellschaft im Sinne des § 104a Absatz 2 Nummer 4 des Versicherungsaufsichtsgesetzes oder gemischte Finanzholding-Gesellschaft nach § 2 Absatz 10 des Finanzkonglomerate-Aufsichtsgesetzes ist und der Bundesanstalt oder der zuständigen Landesaufsichtsbehörde die Unterlagen und Erklärungen nach § 13e Absatz 1 Satz 1 Nummer 1 des Versicherungsaufsichtsgesetzes oder § 13e Absatz 1 Satz 2 in Verbindung mit Satz 1 Nummer 1 des Versicherungsaufsichtsgesetzes vorliegen: die Unterlagen und Erklärungen nach den §§ 9 und 10,
6. eine Zentralregierung, Zentralnotenbank, Regionalregierung oder örtliche Gebietskörperschaft eines Mitgliedstaates der Europäischen Union oder eines anderen Vertragsstaates des Abkommens über den Europäischen Wirtschaftsraum oder die Europäische Zentralbank ist: die Unterlagen und Erklärungen der §§ 8 bis 15,
7. ein in einem Mitgliedstaat der Europäischen Union oder einem anderen Vertragsstaat des Abkommens über den Europäischen Wirtschaftsraum zugelassenes Einlagenkreditinstitut, Wertpapierhandelsunternehmen, E-Geld-Institut, Versicherungsunternehmen oder Pensionsfonds ist: die Unterlagen und Erklärungen nach den §§ 9 und 10,
8. in einem anderen Mitgliedstaat der Europäischen Union oder einem anderen Vertragsstaat des Abkommens über den Europäischen Wirtschaftsraum nach Maßgabe der Richtlinie 85/611/EWR des Rates vom 20. Dezember 1985 zur Koordinierung der Rechts- und Verwaltungsvorschriften betreffend bestimmte Organismen für gemeinsame Anlagen in Wertpapieren (OGAW) (ABl. L 375 vom 31.12.1985, S. 3) in der jeweils geltenden Fassung beaufsichtigt wird: die Unterlagen und Erklärungen nach den §§ 9 und 10, oder
9. ein Konzernunternehmen eines Konzerns ist, dem mehrere Anzeigepflichtige angehören, und der Bundesanstalt eine vollständige Anzeige nach § 6 von einem dieser Anzeigepflichtigen fristgerecht vorgelegt worden ist: die Unterlagen und Erklärungen nach den §§ 9 und 10, soweit der andere konzernangehörige Anzeigepflichtige verpflichtet war, diese einzureichen, sowie die Unterlagen und Erklärungen nach § 11 Nummer 1 Buchstabe a bis d und § 13 Absatz 4 und 6 Satz 2.

Absatz 1 Satz 4 gilt entsprechend.

(3) Die Bundesanstalt oder die zuständige Landesaufsichtsbehörde kann auf Absichtsanzeigen nach § 6 Absatz 1 bei den Anzeigepflichtigen, die konzernangehörig sind, ganz oder teilweise verzichten, soweit sie am Zielunternehmen nur mittelbar beteiligt wären und nicht an der Spitze des Konzerns stehen. Die Bundesanstalt oder die zuständige Landesaufsichtsbehörde unterrichtet den Anzeigepflichtigen schriftlich über diese Entscheidung.

Abschnitt 3:
Weitere Anzeige- und Mitteilungspflichten; Übergangsvorschrift

§ 17 Anzeige der Absicht der Verringerung oder Aufgabe einer bedeutenden Beteiligung

(1) Die Absicht
1. der Verringerung einer bedeutenden Beteiligung nach § 2c Absatz 3 Satz 1 des Kreditwesengesetzes,
2. der Verringerung einer bedeutenden Beteiligung nach § 104 Absatz 3 Satz 1 des Versicherungsaufsichtsgesetzes,
3. der Aufgabe einer bedeutenden Beteiligung nach § 2c Absatz 3 Satz 1 des Kreditwesengesetzes oder
4. der Aufgabe einer bedeutenden Beteiligung nach § 104 Absatz 3 Satz 1 des Versicherungsaufsichtsgesetzes

ist mit dem Formular »Aufgabe-Verringerung« der Anlage dieser Verordnung anzuzeigen. Auf die Absichtsanzeigen nach Satz 1 Nummer 1 und 2 ist § 6 Absatz 1 Satz 2 entsprechend anzuwenden.

(2) Der Anzeigepflichtige hat in einer Anlage zu dem Formular nach Absatz 1 Satz 1 zu erklären, auf wen er die Kapital- oder Stimmrechtsanteile übertragen wird. Ist ihm diese Angabe nicht möglich, hat er dies in der Anlage zu begründen.

(3) Für alle Absichtsanzeigen nach Absatz 1 gilt § 16 Absatz 3 entsprechend.

§ 18 Anzeige von Änderungen beim Inhaber einer bedeutenden Beteiligung

Der Anzeige nach § 2c Absatz 1 Satz 5 des Kreditwesengesetzes oder § 104 Absatz 1 Satz 5 des Versicherungsaufsichtsgesetzes sind für jede neu bestellte Person nach § 8 Nummer 3 die Unterlagen und Erklärungen nach den §§ 9 und 10 beizufügen. Die Anzeige ist entbehrlich, wenn der Inhaber der bedeutenden Beteiligung
1. der Bund, die Deutsche Bundesbank, ein rechtlich unselbständiges Sondervermögen des Bundes oder eines Landes, ein Land, eine Gemeinde oder ein Gemeindeverband ist,
2. ein zugelassenes Kreditinstitut oder Finanzdienstleistungsinstitut, Versicherungsunternehmen oder Pensionsfonds, eine Versicherungs-Holdinggesellschaft oder Kapitalverwaltungsgesellschaft ist, die eine Erlaubnis nach § 7 oder § 97 Absatz 1 des Investmentgesetzes in der bis zum 21. Juli 2013 geltenden Fassung, die für den in § 345 Absatz 2 Satz 1, Absatz 3 Satz 2, in Verbindung mit Absatz 2 Satz 1, oder Absatz 4 Satz 1 des Kapitalanlagegesetzbuchs vorgesehenen Zeitraum noch fortbesteht oder eine Erlaubnis nach den §§ 20, 21 oder §§ 20, 22 des Kapitalanlagegesetzbuchs hat,
3. eine Finanzholding-Gesellschaft oder gemischte Finanzholding-Gesellschaft nach § 1 Absatz 3a Satz 1 oder Satz 2 des Kreditwesengesetzes ist und der Bundesanstalt die Unterlagen und Erklärungen nach § 16 Absatz 2 der Anzeigenverordnung vorliegen,
4. eine Versicherungs-Holdinggesellschaft im Sinne des § 104a Absatz 2 Nummer 4 des Versicherungsaufsichtsgesetzes oder gemischte Finanzholding- Gesellschaft im Sinne des § 2 Absatz 10 des Finanzkonglomerate-Aufsichtsgesetzes ist und der Bundesanstalt oder der zuständigen Landesaufsichtsbehörde die Unterlagen und Erklärungen nach § 13e Absatz 1 Satz 1 Nummer 1 des Versicherungsaufsichtsgesetzes oder § 13e Absatz 1 Satz 2 in Verbindung mit Satz 1 Nummer 1 des Versicherungsaufsichtsgesetzes vorliegen oder

5. eine Zentralregierung, Zentralnotenbank, Regionalregierung oder örtliche Gebietskörperschaft eines Mitgliedstaates der Europäischen Union oder eines anderen Vertragsstaates des Abkommens über den Europäischen Wirtschaftsraum oder die Europäische Zentralbank ist.

§ 19 Ergänzende Mitteilungen bei nachträglichen Änderungen beim Inhaber einer bedeutenden Beteiligung zur Sicherung der Zusammenarbeit mit den zuständigen Stellen im Europäischen Wirtschaftsraum

Ist der Inhaber einer bedeutenden Beteiligung kein Kreditinstitut oder Finanzdienstleistungsinstitut, Versicherungsunternehmen oder Pensionsfonds mit Sitz im Inland, hat er unverzüglich schriftlich unter Angabe des betreffenden Staates und der Bezeichnung der jeweils zuständigen Aufsichtsbehörde mitzuteilen, wenn er
1. in einem anderen Mitgliedstaat der Europäischen Union oder einem anderen Vertragsstaat des Abkommens über den Europäischen Wirtschaftsraum als Einlagenkreditinstitut, E-Geld-Institut, Wertpapierhandelsunternehmen, Erstversicherungsunternehmen oder Rückversicherungsunternehmen zugelassen wird, wobei die Identitätsnummer, unter der der Anzeigepflichtige bei der zuständigen Aufsichtsbehörde geführt wird, anzugeben ist;
2. Mutterunternehmen eines in einem anderen Mitgliedstaat der Europäischen Union oder einem anderen Vertragsstaat des Abkommens über den Europäischen Wirtschaftsraum zugelassenen Einlagenkreditinstituts, E-Geld-Instituts, Wertpapierhandelsunternehmens, Erstversicherungsunternehmens oder Rückversicherungsunternehmens wird oder
3. die Kontrolle über ein in einem anderen Mitgliedstaat der Europäischen Union oder einem anderen Vertragsstaat des Abkommens über den Europäischen Wirtschaftsraum zugelassenes Einlagenkreditinstitut, E-Geld-Institut, Wertpapierhandelsunternehmen, Erstversicherungsunternehmen oder Rückversicherungsunternehmen erlangt.

Das Einlagenkreditinstitut, E-Geld-Institut, Wertpapierhandelsunternehmen, Erstversicherungsunternehmen oder Rückversicherungsunternehmen nach Satz 1 Nummer 2 und 3 ist auch mit der Identitätsnummer, unter der es bei der zuständigen Aufsichtsbehörde geführt wird, anzugeben.

§ 20 Übergangsvorschrift

Auf Anzeigen nach § 2c des Kreditwesengesetzes in der bis zum 17. März 2009 geltenden Fassung und auf Anzeigen nach § 104 des Versicherungsaufsichtsgesetzes in der bis zum 17. März 2009 geltenden Fassung sind die Vorschriften dieser Verordnung nicht anzuwenden.

Anlage 1
(zu Artikel 1 Nummer 5 Buchstabe a)

Formular – Erwerb-Erhöhung   **FRISTSACHE**

Adressatenfeld[1])

Eingangsdatum:

Ident-Nr. Zielunternehmen

Ident-Nr. Anzeigepflichtiger

Wird von der Behörde ausgefüllt

Hiermit zeige ich die/Hiermit zeigen wir die

☐ **Absicht des Erwerbs einer bedeutenden Beteiligung**

☐ **Absicht der Erhöhung einer bedeutenden Beteiligung**

an dem folgenden

☐ Kreditinstitut oder Finanzdienstleistungsinstitut

☐ Erstversicherungs-, Rückversicherungsunternehmen, Pensionsfonds oder Versicherungs-Holdinggesellschaft im Sinne des § 1b VAG

an:

Firma (laut Registereintragung)	Firma Zeile 1
	Firma Zeile 2
Rechtsform	
Sitz mit Postleitzahl	
Anschrift der Hauptniederlassung	
Straße, Hausnummer	
Postleitzahl	
Ort	

Der Anzeigepflichtige hat nach dem Erwerb oder der Erhöhung Kontrolle über das Zielunternehmen:

☐ Ja.   ☐ Nein.

1. Angaben zur Identität des Anzeigepflichtigen

1.1 Bitte nur ausfüllen, wenn Anzeigepflichtiger eine natürliche Person ist.

Familienname	
Geburtsname	
Vornamen	
Geburtsdatum	
Geburtsort, Geburtsland	
Staatsangehörigkeit	
Anschrift des Hauptwohnsitzes	
Straße, Hausnummer	
Postleitzahl	
Ort	
Land	
Angaben zur Firma, sofern vorhanden	
Firma (laut Registereintragung)	Firma Zeile 1 Firma Zeile 2
Sitz mit Postleitzahl[2])	
Sitzstaat	
Wirtschaftszweig[3])	
Ordnungsmerkmale Registereintragung[4])	

1.2 Bitte nur ausfüllen, wenn der Anzeigepflichtige keine natürliche Person ist.

Firma (laut Registereintragung)	Firma Zeile 1 Firma Zeile 2
Rechtsform	
Sitz mit Postleitzahl[2])	
Sitzstaat	
Anschrift der Hauptniederlassung	
Straße, Hausnummer	
Postleitzahl	
Ort	
Land	
Wirtschaftszweig[3])	
Ordnungsmerkmale Registereintragung[4])	

Seite 2

2. **Angabe eines Empfangsbevollmächtigten im Inland, sofern der Anzeigepflichtige ohne Wohnsitz oder gewöhnlichen Aufenthalt, Sitz oder Geschäftsleitung im Inland ist:**

(Hinweis: Wird ein Empfangsbevollmächtigter im Inland nicht benannt, gelten an den Anzeigepflichtigen gerichtete Schriftstücke am siebenten Tag nach der Aufgabe zur Post und ein elektronisch übermitteltes Dokument am dritten Tag nach der Absendung als zugegangen, § 15 Satz 2 VwVfG.)

2.1 Bitte nur ausfüllen, wenn Empfangsbevollmächtigter eine natürliche Person ist.

Familienname	
Vornamen	
Geburtsdatum	
Anschrift	
	Straße, Hausnummer	
	Postleitzahl	
	Ort	

2.2 Bitte nur ausfüllen, wenn Empfangsbevollmächtigter keine natürliche Person ist.

| Firma (laut Registereintragung) | Firma Zeile 1 |
	Firma Zeile 2
Rechtsform	
Sitz mit Postleitzahl	
Anschrift	
	Straße, Hausnummer	
	Postleitzahl	
	Ort	
	Land	
Ordnungsmerkmale Registereintragung[4])	

3. Die geplanten Kapital- oder Stimmrechtsanteile würden ganz oder teilweise noch einem anderen als dem Mutterunternehmen zugerechnet werden:

☐ Nein.   ☐ Ja.   Wenn „ja" angekreuzt wurde, ist diesem Formular eine Anlage mit der Nr. _ _[5]) beizufügen, in der unter Berücksichtigung des § 4 InhKontrollV diejenigen, denen die Anteile zugerechnet werden würden, anzugeben sind. Der Grund der Zurechnung der Anteile ist ebenfalls anzugeben.

4. Weitere Angaben zum Anzeigepflichtigen

4.1 Der Anzeigepflichtige steht unter der Aufsicht der Bundesanstalt oder der zuständigen Landesaufsichtsbehörde:

☐ Nein, weiter mit 4.2
☐ Ja, nachfolgende Auswahl treffen und dann weiter mit 5.1

Der Anzeigepflichtige ist:
- ☐ Kreditinstitut
- ☐ E-Geld-Institut
- ☐ Investmentaktiengesellschaft
- ☐ Erstversicherungsunternehmen
- ☐ Versicherungs-Holdinggesellschaft
- ☐ Finanzholding-Gesellschaft
- ☐ Finanzdienstleistungsinstitut
- ☐ Kapitalanlagegesellschaft
- ☐ Versicherungs-Zweckgesellschaft
- ☐ Rückversicherungsunternehmen
- ☐ Pensionsfonds
- ☐ gemischte Finanzholding-Gesellschaft

4.2 Der Anzeigepflichtige ist ein im Europäischen Wirtschaftsraum zugelassenes Unternehmen der Finanzbranche:

☐ Nein, weiter mit 4.3
☐ Ja, nachfolgende Auswahl treffen und dann weiter mit 4.3

Der Anzeigepflichtige ist:
- ☐ Einlagenkreditinstitut
- ☐ Erstversicherungsunternehmen
- ☐ OGAW-Verwaltungsgesellschaft
- ☐ Wertpapierhandelsunternehmen
- ☐ Rückversicherungsunternehmen
- ☐ sonstiges beaufsichtigtes Unternehmen

Die zuständige Aufsichtsbehörde hat folgende Bezeichnung:

Die Aufsichtsbehörde führt den Anzeigepflichtigen unter folgender Identitätsnummer:

4.3 Der Anzeigepflichtige hat Kontrolle über ein im Europäischen Wirtschaftsraum zugelassenes Einlagenkreditinstitut, Wertpapierhandelsunternehmen, Erst- oder Rückversicherungsunternehmen oder eine OGAW-Verwaltungsgesellschaft:

☐ Nein, weiter mit 5.1

☐ Ja. Wenn „ja" angekreuzt wurde, ist diesem Formular eine Anlage mit der Nr. _ _[5]) beizufügen, in der die kontrollierten Unternehmen aufzuführen sind.

Neben den Angaben nach § 4 Abs. 2 InhKontrollV sind der Unternehmenstyp (Einlagenkreditinstitut, Wertpapierhandelsunternehmen, Erst- oder Rückversicherungsunternehmen oder OGAW-Verwaltungsgesellschaft), die Bezeichnung der zuständigen Aufsichtsbehörde jedes kontrollierten Unternehmens und die Identitätsnummer, unter der das Unternehmen bei der Aufsichtsbehörde geführt wird, anzugeben.

5. Angaben zur geplanten bedeutenden Beteiligung

5.1 Auf die Geschäftsleitung des Zielunternehmens könnte, obwohl weniger als 20 % oder keine Kapital- oder Stimmrechtsanteile gehalten werden sollen, ein maßgeblicher Einfluss ausgeübt werden.

☐ Nein. ☐ Ja. Wenn „ja" angekreuzt wurde, ist diesem Formular eine Anlage mit der Nr. _ _[5]) beizufügen, in der die Gründe dafür anzugeben sind.

5.2 Darstellung der geplanten Beteiligungshöhe am Zielunternehmen[6],[7])

wird durch die Behörde ausgefüllt Ident-Nr. des Beteiligungs-unternehmens	Firma[8]), Rechtsform und Sitz (lt. Registereintragung) mit PLZ[2]) und Sitzstaat; Ordnungsmerkmale Registereintragung[4]), Wirtschaftszweig[3]); Ident-Nr. (falls bekannt), bei natürlichen Personen neben Firma (falls vorhanden) vollständiger Name[8]) und Geburtsdatum	Kapitalanteil[9]),[10]) in Prozent	Kapitalanteil[9]),[10]) Tsd Euro	Kapital des Unternehmens[11]) Tsd Euro	Stimmrechts-anteil in Prozent [10]),[12])	Verhältnis zum Zielunter-nehmen [13])

6. Beizufügende Anlagen

6.1 Alle erforderlichen Anlagen liegen als fortlaufend nummerierte Anlage diesem Hauptformular bei:

☐ Ja. ☐ Nein. Wenn „nein" angekreuzt wurde, ist diesem Formular eine Anlage mit der Nr. _ _[5]) beizufügen, in der die betreffenden Anlagen aufzuzählen sind und die Gründe dafür anzugeben sind.

6.2 Auf die Einreichung von Anlagen kann der Anzeigepflichtige entsprechend § 16 Abs. 1 oder 2 InhKontrollV verzichten und reicht diese deshalb nicht ein:

☐ Nein. ☐ Ja. Wenn „ja" angekreuzt wurde, ist diesem Formular eine Anlage mit der Nr. _ _[5]) beizufügen, in der die betreffenden Anlagen aufzuzählen sind und jeweils anzugeben ist, welche Verzichtsregel in Anspruch genommen werden kann.

6.3 Liste der Anlagen

Kurzbezeichnung der Anlage	Anzahl	Anlage liegt bei
Aufzählung der nicht eingereichten Anlagen mit Angabe der Gründe nach Nummer 6.1 dieses Formulars		☐ nicht erforderlich ☐ ja ☐ wird nachgereicht
Aufzählung der nicht eingereichten, verzichtbaren Anlagen mit Angabe der Verzichtsregel nach Nummer 6.2 dieses Formulars		☐ nicht erforderlich ☐ ja ☐ wird nachgereicht
Erklärung nach § 2c Abs. 1 Satz 2 KWG oder § 104 Abs. 1 Satz 2 VAG, von welcher Person oder welchem Unternehmen die Kapital- oder Stimmrechtsanteile übernommen werden		☐ nicht erforderlich ☐ ja ☐ wird nachgereicht
Kopie der Bevollmächtigung des Empfangsbevollmächtigten im Inland nach § 3 Satz 2 InhKontrollV		☐ nicht erforderlich ☐ ja ☐ wird nachgereicht
Formular „Komplexe Beteiligungsstrukturen" nach § 6 Abs. 1 Satz 2 InhKontrollV oder nach Fußnote 6 dieses Formulars		☐ nicht erforderlich ☐ ja ☐ wird nachgereicht

Kurzbezeichnung der Anlage	Anzahl	Anlage liegt bei
Nachweis über die Identität oder Existenz des Anzeigepflichtigen nach § 8 Nr. 1 InhKontrollV		☐ nicht erforderlich ☐ ja ☐ wird nachgereicht
Amtlich beglaubigte Kopie der aktuellen Satzung, des aktuellen Gesellschaftsvertrages oder einer gleichwertigen Vereinbarung nach § 8 Nr. 2 InhKontrollV		☐ nicht erforderlich ☐ ja ☐ wird nachgereicht
Liste der persönlich haftenden Gesellschafter, Vertretungsberechtigten und der weiteren Personen nach § 8 Nr. 3 InhKontrollV		☐ nicht erforderlich ☐ ja ☐ wird nachgereicht
Darstellung der geschäftlichen Aktivitäten des Anzeigepflichtigen nach § 8 Nr. 4 InhKontrollV		☐ nicht erforderlich ☐ ja ☐ wird nachgereicht
Liste mit den wirtschaftlich Begünstigten des Anzeigepflichtigen nach § 8 Nr. 5 InhKontrollV		☐ nicht erforderlich ☐ ja ☐ wird nachgereicht
Erklärung über Untersuchungen anderer Behörden außerhalb der Finanzbranche im Zusammenhang mit dem beabsichtigten Erwerb nach § 8 Nr. 6 InhKontrollV		☐ nicht erforderlich ☐ ja ☐ wird nachgereicht
Erklärung zum beabsichtigten Austausch von Geschäftsleitern des Zielunternehmens nach § 8 Nr. 7 InhKontrollV		☐ nicht erforderlich ☐ ja ☐ wird nachgereicht
Formulare „Erklärungen und Unterlagen zur Zuverlässigkeit" nach § 9 InhKontrollV		☐ nicht erforderlich ☐ ja ☐ wird nachgereicht
Weitere Unterlagen und Erklärungen zu den Formularen nach § 9 InhKontrollV entsprechend § 9 Abs. 1 Satz 4 und Abs. 3 Satz 3 und 4 InhKontrollV		☐ nicht erforderlich ☐ ja ☐ wird nachgereicht
Lebensläufe nach § 10 InhKontrollV		☐ nicht erforderlich ☐ ja ☐ wird nachgereicht
Darstellung der Konzernstruktur nach § 11 Nr. 1 Buchstabe a InhKontrollV		☐ nicht erforderlich ☐ ja ☐ wird nachgereicht
Darstellung der Geschäftstätigkeit des Konzerns nach § 11 Nr. 1 Buchstabe b InhKontrollV		☐ nicht erforderlich ☐ ja ☐ wird nachgereicht
Aufstellung der Konzernunternehmen der Finanzbranche nach § 11 Nr. 1 Buchstabe c InhKontrollV		☐ nicht erforderlich ☐ ja ☐ wird nachgereicht
Angaben zur Führung von Geschäften nach § 11 Nr. 1 Buchstabe d Doppelbuchstabe aa InhKontrollV		☐ nicht erforderlich ☐ ja ☐ wird nachgereicht
Angaben zu weiteren Unternehmen nach § 11 Nr. 1 Buchstabe d Doppelbuchstabe bb InhKontrollV		☐ nicht erforderlich ☐ ja ☐ wird nachgereicht
Liste sonstiger Anteilseigner etc. nach § 11 Nr. 1 Buchstabe e InhKontrollV		☐ nicht erforderlich ☐ ja ☐ wird nachgereicht
Liste nach § 11 Nr. 2 InhKontrollV		☐ nicht erforderlich ☐ ja ☐ wird nachgereicht

Kurzbezeichnung der Anlage	Anzahl	Anlage liegt bei
Liste über Anteilseigner etc. am Anzeigepflichtigen nach § 11 Nr. 3 InhKontrollV		☐ nicht erforderlich ☐ ja ☐ wird nachgereicht
Darstellung der finanziellen und sonstigen Interessen nach § 12 InhKontrollV		☐ nicht erforderlich ☐ ja ☐ wird nachgereicht
Darstellung der wirtschaftlichen Verhältnisse mit		
den Jahresabschlüssen und Lageberichten der letzten drei Geschäftsjahre nach § 13 Abs. 2 Nr. 1 InhKontrollV		☐ nicht erforderlich ☐ ja ☐ wird nachgereicht
den Berichten über die Jahresabschlussprüfungen der letzten drei Geschäftsjahre nach § 13 Abs. 2 Nr. 2 InhKontrollV		☐ nicht erforderlich ☐ ja ☐ wird nachgereicht
den Kapitalflussrechnungen und Segmentberichterstattungen der letzten drei Geschäftsjahre nach § 13 Abs. 2 Nr. 3 InhKontrollV		☐ nicht erforderlich ☐ ja ☐ wird nachgereicht
einer Aufzählung und Beschreibung der Einkommensquellen des Anzeigepflichtigen nach § 13 Abs. 3 Nr. 1 InhKontrollV		☐ nicht erforderlich ☐ ja ☐ wird nachgereicht
Nachweisen nach § 13 Abs. 3 Nr. 1 InhKontrollV		☐ nicht erforderlich ☐ ja ☐ wird nachgereicht
einer Vermögensaufstellung nach § 13 Abs. 3 Nr. 2 InhKontrollV		☐ nicht erforderlich ☐ ja ☐ wird nachgereicht
Nachweisen nach § 13 Abs. 3 Nr. 2 InhKontrollV		☐ nicht erforderlich ☐ ja ☐ wird nachgereicht
den Jahresabschlüssen und Lageberichten der letzten drei Geschäftsjahre der vom Anzeigepflichtigen kontrollierten Unternehmen und der Unternehmen, deren Geschäfte der Anzeigepflichtige führt, nach § 13 Abs. 3 Nr. 3 InhKontrollV		☐ nicht erforderlich ☐ ja ☐ wird nachgereicht
den Berichten über die Jahresabschlussprüfungen der letzten drei Geschäftsjahre der vom Anzeigepflichtigen kontrollierten Unternehmen und der Unternehmen, deren Geschäfte der Anzeigepflichtige führt, nach § 13 Abs. 3 Nr. 4 InhKontrollV		☐ nicht erforderlich ☐ ja ☐ wird nachgereicht
den Konzernabschlüssen der letzten drei Geschäftsjahre nach § 13 Abs. 4 Nr. 1 InhKontrollV		☐ nicht erforderlich ☐ ja ☐ wird nachgereicht
den Berichten über die Konzernabschlüsse der letzten drei Geschäftsjahre nach § 13 Abs. 4 Nr. 2 InhKontrollV		☐ nicht erforderlich ☐ ja ☐ wird nachgereicht
den Ratings über die Bonität des Anzeigepflichtigen nach § 13 Abs. 6 Satz 1 InhKontrollV		☐ nicht erforderlich ☐ ja ☐ wird nachgereicht
den Ratings über die Bonität des Konzerns nach § 13 Abs. 6 Satz 2 InhKontrollV		☐ nicht erforderlich ☐ ja ☐ wird nachgereicht
den Ratings über die Bonität der einzelnen Konzernunternehmen nach § 13 Abs. 6 Satz 2 InhKontrollV		☐ nicht erforderlich ☐ ja ☐ wird nachgereicht

Kurzbezeichnung der Anlage	Anzahl	Anlage liegt bei
Darstellung der für den Erwerb erforderlichen Eigen- und Fremdmittel nach § 14 Halbsatz 1 InhKontrollV		☐ nicht erforderlich ☐ ja ☐ wird nachgereicht
Vereinbarungen und Verträge im Zusammenhang mit dem Erwerb nach § 14 Halbsatz 2 InhKontrollV		☐ nicht erforderlich ☐ ja ☐ wird nachgereicht
Geschäftsplan bzw. Darstellung strategischer Ziele und Pläne nach § 15 InhKontrollV		☐ nicht erforderlich ☐ ja ☐ wird nachgereicht
Anlage nach Nummer 3 dieses Formulars		☐ nicht erforderlich ☐ ja ☐ wird nachgereicht
Anlage nach Nummer 4.3 dieses Formulars		☐ nicht erforderlich ☐ ja ☐ wird nachgereicht
Anlage nach Nummer 5.1 dieses Formulars		☐ nicht erforderlich ☐ ja ☐ wird nachgereicht
ggf. weitere Anlagen: vom Anzeigepflichtigen auszufüllen		
ggf. weitere Anlagen: vom Anzeigepflichtigen auszufüllen		
ggf. weitere Anlagen: vom Anzeigepflichtigen auszufüllen		
ggf. weitere Anlagen: vom Anzeigepflichtigen auszufüllen		
ggf. weitere Anlagen: vom Anzeigepflichtigen auszufüllen		

7. **Bitte geben Sie eine Kontaktperson für Rückfragen an:**

Familienname	
Vorname	
Telefonnummer (mit Vorwahl)	
E-Mail-Adresse	

8. **Unterschrift(en)**

8.1 Mit der nachfolgenden Unterschrift/Mit den nachfolgenden Unterschriften wird bestätigt, dass
   - der Anzeigepflichtige den Hinweis in Nummer 2 zur Kenntnis genommen hat und
   - der Unterzeichnende, sofern er nicht der Anzeigepflichtige ist, bzw. die Unterzeichnenden entsprechend dem Umfang seiner/ihrer Vertretungsbefugnis berechtigt ist/sind, die Anzeige für den Anzeigepflichtigen abzugeben.

8.2 Der Anzeigepflichtige gibt die Anzeige selbst ab:

☐ Nein, bitte weiter mit 8.3

☐ Ja. Wenn „ja" angekreuzt wurde, bitte nachfolgend unterschreiben und die Anzeige einreichen.

Ort, Datum und Unterschrift des Anzeigepflichtigen

8.3 Personalien und Unterschriften der Person oder der Personen, die entsprechend ihrer Vertretungsbefugnis berechtigt sind, die Anzeige für den Anzeigepflichtigen abzugeben:[14]

Familienname	
Vornamen	
Geburtsdatum	

Ort, Datum und Unterschrift des Vertretungsberechtigten

Familienname	
Vornamen	
Geburtsdatum	

Ort, Datum und Unterschrift des Vertretungsberechtigten

Familienname	
Vornamen	
Geburtsdatum	

Ort, Datum und Unterschrift des Vertretungsberechtigten

Familienname	
Vornamen	
Geburtsdatum	

Ort, Datum und Unterschrift des Vertretungsberechtigten

Familienname	
Vornamen	
Geburtsdatum	

Ort, Datum und Unterschrift des Vertretungsberechtigten

Familienname	
Vornamen	
Geburtsdatum	

Ort, Datum und Unterschrift des Vertretungsberechtigten

Fußnoten

[1] Ist das Zielunternehmen ein Kredit- oder Finanzdienstleistungsinstitut, ist eine Ausfertigung an die Bundesanstalt und eine Ausfertigung an die für das Institut zuständige Hauptverwaltung der Deutschen Bundesbank zu adressieren.

Handelt es sich bei dem Zielunternehmen um ein Versicherungsunternehmen, eine Versicherungs-Holdinggesellschaft im Sinne des § 1b VAG oder einen Pensionsfonds, ist lediglich entweder eine Ausfertigung an die Bundesanstalt oder eine Ausfertigung an die zuständige Länderaufsichtsbehörde zu adressieren.

Die entsprechende Adresse ist in dem Adressatenfeld einzutragen.

[2] Die Postleitzahl ist nur von Inländern anzugeben.

[3] Es ist die dreistellige Schlüsselnummer entsprechend der „Kundensystematik für die Bankenstatistik" einzutragen.

[4] Nur anzugeben, sofern eine Eintragung vorliegt.

[5] Die vom Anzeigepflichtigen vergebene Nummer der betreffenden Anlage zur Anzeige ist einzutragen.

[6] Nummer 5.2 ist nicht auszufüllen
 - bei komplexen Beteiligungsstrukturen,
 - bei mittelbaren Beteiligungsverhältnissen über mehr als vier Ebenen und
 - wenn sich die Tochtereigenschaft eines zwischengeschalteten Beteiligungsunternehmens nicht aus der Höhe des Kapital- und/oder Stimmrechtsanteils herleiten lässt.

Stattdessen ist das Formular „Komplexe Beteiligungsstrukturen" der Inhaberkontrollverordnung auszufüllen und als Anlage beizufügen.

[7] Für beabsichtigte mittelbar gehaltene Beteiligungen gilt: Einzutragen ist die vollständige beabsichtigte Beteiligungskette mit den jeweiligen beabsichtigten unmittelbar gehaltenen Beteiligungsquoten zwischen den Beteiligungsunternehmen. Die Kette beginnt mit der beabsichtigten unmittelbar gehaltenen Beteiligung des Anzeigepflichtigen und endet mit dem Zielunternehmen.

[8] Zu dem unter Nummer 1.1 angegebenen Anzeigepflichtigen muss hier lediglich dessen vollständiger Name (Vorname und Familienname) wiederholt werden. Zu dem unter Nummer 1.2 angegebenen Anzeigepflichtigen bzw. dem auf der Seite 1 angezeigten Zielunternehmen muss lediglich die Firma eingetragen werden.

[9] Beteiligung am Nennwert (Nennkapital, Summe der Kapitalanteile); bei Personenhandelsgesellschaften und Gesellschaften des bürgerlichen Rechts ist auf das durch den Gesellschaftsvertrag festgelegte Beteiligungsverhältnis abzustellen. Angaben in Prozent mit einer Stelle nach dem Komma. Sofern der Nennwert nicht auf Euro lautet, ist zusätzlich der Nennwert in ausländischer Währung (in Tsd.) anzugeben. Der Nennwert ist zum Kurs des Meldestichtages umzurechnen. Sofern es sich bei dem Zielunternehmen um einen Versicherungsverein auf Gegenseitigkeit handelt, sind Prozentangaben in Bezug auf den Gründungsstock einzutragen.

[10] Beabsichtigter unmittelbarer Anteil des vorhergehenden (Tochter-)Unternehmens der Beteiligungskette an dem hier genannten Zielunternehmen (keine durchgerechneten Quoten).

[11] Sofern das Kapital des Unternehmens nicht auf Euro lautet, ist zusätzlich das Kapital in ausländischer Währung (in Tsd.) anzugeben. Das Kapital ist zum Kurs des Meldestichtages umzurechnen.

[12] Nur auszufüllen, soweit vom Kapitalanteil abweichend; Angaben in Prozent mit einer Stelle nach dem Komma.

[13] Ist der Anzeigepflichtige oder der die zukünftig gehaltenen Kapital- oder Stimmrechtsanteile Vermittelnde nach dem beabsichtigten Erwerb oder der beabsichtigten Erhöhung ein Mutterunternehmen des Zielunternehmens, ist „Mutter" einzutragen. Ist der die zukünftigen Kapital- oder Stimmrechtsanteile Vermittelnde ein Schwesterunternehmen des Zielunternehmens, ist „Schwester" einzutragen.

[14] Ist die in der ersten Tabelle genannte Person nur zusammen mit einer oder mehreren anderen Personen zur Vertretung des Anzeigepflichtigen berechtigt, hat diese bzw. haben diese weiteren Personen jeweils eine der nachfolgenden Tabellen auszufüllen. Fehlende Tabellen sind zu ergänzen; ggf. ist ein gesondertes Blatt dem Formular anzufügen, auf dem die Seitenzahlnummerierung des Formulars fortzusetzen ist.

Diese Seite ist nicht einzureichen.

Formular – Komplexe Beteiligungsstrukturen Anlage Nr. _ _ [1])

Darstellung komplexer Beteiligungsstrukturen [2])

Unternehmensliste [3])

wird durch die Behörde ausgefüllt Ident-Nr. des Unternehmen	Nr.	Firma[4]), Rechtsform und Sitz (lt. Registereintragung) mit PLZ[5]) und Sitzstaat; Ordnungsmerkmale Registereintragung[6]), Wirtschaftszweig[7]); Ident-Nr. (falls bekannt), bei natürlichen Personen neben Firma (falls vorhanden) vollständiger Name[4]) und Geburtsdatum	Kapital des Unternehmens[8])			Verhältnis zum zielunternehmen[9])
			Tsd Euro	Fremdwährung		
				Währung	Tsd	

Beteiligungsstruktur [10])

Beteiligtes Unternehmen	Beteiligungsunternehmen	besonderer Vermittler[11])	Art [11])	Kapitalanteil[12]), [13])		Stimmrechtsanteil in Prozent [12]), [14])	beherrschender Einfluss[15])
				in Prozent	Tsd Euro		

Seite 1

Fußnoten

¹) Die vom Anzeigepflichtigen vergebene Nummer der betreffenden Anlage zur Anzeige ist einzutragen.

²) Führt eine mittelbare Beteiligungsbeziehung über mehrere Beteiligungsketten vom Anzeigepflichtigen zum Zielunternehmen, so ist nur ein Formular „Komplexe Beteiligungsstrukturen" zu verwenden. In diesem sind alle vorhandenen Beteiligungsketten darzustellen.

³) In der „Unternehmensliste" ist in der ersten Zeile der Anzeigepflichtige und in der letzten Zeile das Zielunternehmen aufzuführen. Bei Stimmrechtszurechnung sind dazwischen in einer logischen Reihenfolge alle vermittelnden Tochterunternehmen, die vermittelnde Gegenpartei des gleichartigen Verhältnisses, alle sonstigen Vermittler von Kapital- oder Stimmrechtsanteilen nach § 1 Abs. 9 Satz 2 KWG und § 7a Abs. 2 Satz 4 VAG einschließlich der Personen, mit denen im Zusammenwirken in sonstiger Weise eine bedeutende Beteiligung gehalten werden soll oder gehalten wird, aufzuführen. Die Anzahl der Zeilen in der „Unternehmensliste" ist bei Bedarf beliebig erweiterbar.

⁴) Zu dem im Formular „Erwerb-Erhöhung" oder im Formular „Aufgabe-Verringerung" jeweils unter Nummer 1.1 angegebenen Anzeigepflichtigen muss hier lediglich dessen vollständiger Name (Vorname und Familienname) wiederholt werden. Zu dem im Formular „Erwerb-Erhöhung" oder im Formular „Aufgabe-Verringerung" jeweils unter Nummer 1.2 angegebenen Anzeigepflichtigen bzw. dem auf der jeweiligen Seite 1 angezeigten Zielunternehmen muss lediglich die Firma eingetragen werden.

⁵) Die Postleitzahl ist nur von Inländern anzugeben.

⁶) Nur anzugeben, sofern eine Eintragung vorliegt.

⁷) Es ist die dreistellige Schlüsselnummer entsprechend der „Kundensystematik für die Bankenstatistik" einzutragen.

⁸) Sofern das Kapital des Unternehmens nicht auf Euro lautet, ist zusätzlich das Kapital in ausländischer Währung (in Tsd.) anzugeben. Das Kapital ist zum Kurs des Meldestichtages umzurechnen.

⁹) Ist der Anzeigepflichtige oder der die zukünftig gehaltenen Kapital- oder Stimmrechtsanteile Vermittelnde ein Mutterunternehmen des Zielunternehmens, ist „Mutter" einzutragen. Ist der die zukünftig gehaltenen Kapital- oder Stimmrechtsanteile Vermittelnde ein Schwesterunternehmen des Zielunternehmens, ist „Schwester" einzutragen.

¹⁰) Alle Beteiligungsbeziehungen zur Darstellung des Beteiligungsgeflechtes, beginnend beim Anzeigepflichtigen über die Vermittler von Anteilen bis hin zum Zielunternehmen, sind in logischer Reihenfolge in der Beteiligungsstruktur darzustellen.

Dabei ist in einer Zeile der Beteiligungsstruktur jeweils nur eine Beteiligungsbeziehung zwischen zwei Parteien darzustellen. Die Anzahl der Zeilen in der „Beteiligungsstruktur" ist bei Bedarf beliebig erweiterbar.

In der ersten Zeile ist in der ersten Spalte „Beteiligtes Unternehmen" stets der Anzeigepflichtige und in der zweiten Spalte grundsätzlich das erste Beteiligungsunternehmen (Tochterunternehmen oder Gegenpartei im gleichartigen Verhältnis des Anzeigepflichtigen) einzutragen, das Anteile an dem ihm nachfolgenden zweiten Beteiligungsunternehmen dem Anzeigepflichtigen vermittelt. In der folgenden Zeile, in der die Beziehung (Verkettung) zwischen dem ersten und dem zweiten Beteiligungsunternehmen darzustellen ist, tritt grundsätzlich das erste Beteiligungsunternehmen an die Stelle des Anzeigepflichtigen (Spalte 1), und das zweite Beteiligungsunternehmen tritt grundsätzlich an die Stelle des ersten Beteiligungsunternehmens (Spalte 2). Entsprechendes gilt für die Darstellung der folgenden Beteiligungsbeziehungen bis hin zum Zielunternehmen, das stets in Spalte 2 einzutragen ist.

Eine Ausnahme gilt für den Fall, dass in einer oder mehreren Beteiligungsbeziehungen eine sonstige Stimmrechtszurechnung nach § 1 Abs. 9 Satz 2 KWG oder § 7a Abs. 2 Satz 4 VAG oder eine sonstige Zurechnung von Kapital- oder Stimmrechtsanteilen durch Zusammenwirken mit anderen erfolgt. Die Beteiligungsbeziehungen sind dann wie folgt darzustellen: Derjenige, der in der zu dem jeweils betrachteten Beteiligungsbeziehung die betreffenden Anteile unmittelbar hält, ist in der Spalte „besonderer Vermittler", und derjenige, dem die betreffenden Anteile zugerechnet werden, ist in der ersten Spalte „Beteiligtes Unternehmen" einzutragen. Diese Differenzierung ist aus technischen Gründen vorzunehmen und ermöglicht getrennte Auswertungen durch die Behörde.

¹¹) Liegt eines der folgenden besonderen Zurechnungsverhältnisse vor, ist in der Spalte „besonderer Vermittler" die Nummer der Person oder des Unternehmens laut Unternehmensliste einzutragen, die oder das die besondere Vermittlerposition gemäß der folgenden Übersicht einnimmt. In der Spalte „Art" ist der entsprechende Kennbuchstabe des besonderen Zurechnungsverhältnisses zu vermerken. Eine Mehrfachauswahl ist zulässig.

Verhältnis	besonderer Vermittler	Spalte Art
§ 22 Abs. 1 Satz 1 Nr. 2 WpHG	Dritter im Sinne des § 22 Abs. 1 Satz 1 Nr. 2 WpHG (insb. Treuhänder)	„T"
§ 22 Abs. 1 Satz 1 Nr. 3 WpHG	Sicherungsnehmer	„S"
§ 22 Abs. 1 Satz 1 Nr. 4 WpHG	Nießbrauchsgeber	„N"
§ 22 Abs. 1 Satz 1 Nr. 5 WpHG	Erklärungsempfänger	„E"
§ 22 Abs. 1 Satz 1 Nr. 6 WpHG	Vertretener im Sinne des § 22 Abs. 1 Satz 1 Nr. 6 WpHG	„V"
§ 22 Abs. 2 Satz 1 WpHG	Dritter im Sinne des § 22 Abs. 2 Satz 1 WpHG	„D"
Unterbeteiligungsverhältnis	Hauptbeteiligter	„H"
Zusammenwirken in sonstiger Weise	Vermittelnder	„Z"

¹²) Beteiligung am Nennwert (Nennkapital, Summe der Kapitalanteile); bei Personenhandelsgesellschaften und Gesellschaften des bürgerlichen Rechts ist auf das durch den Gesellschaftsvertrag festgelegte Beteiligungsverhältnis abzustellen. Angaben in Prozent mit einer Stelle nach dem Komma. Sofern der Nennwert nicht auf Euro lautet, ist zusätzlich der Nennwert in ausländischer Währung (in Tsd) anzugeben. Der Nennwert ist zum Kurs des Meldestichtages umzurechnen.

¹³) Beabsichtigter unmittelbarer Anteil des vorhergehenden (Tochter-)Unternehmens der Beteiligungskette an dem hier genannten Zielunternehmen (keine durchgerechneten Quoten).

¹⁴) Nur auszufüllen, soweit vom Kapitalanteil abweichend; Angaben in Prozent mit einer Stelle nach dem Komma.

¹⁵) Nur anzukreuzen, wenn sich die Tochtereigenschaft eines zwischengeschalteten Beteiligungsunternehmens nicht aus der Höhe des Kapital- und/oder Stimmrechtsanteils herleiten lässt. Angaben zu den Kapital- und ggf. abweichenden Stimmrechtsanteilen sind in jedem Fall zu machen.

Diese Seite ist nicht einzureichen.

Anlage 2
(zu Artikel 1 Nummer 5 Buchstabe b)

Formular – Angaben zur Zuverlässigkeit Anlage Nr. _ _ [1])

Angaben zur Zuverlässigkeit[2])

Angaben des Anzeigepflichtigen

☐ zum Anzeigepflichtigen selbst[3])

☐ zu einem vom Anzeigepflichtigen jemals geleiteten Unternehmen

☐ zu einem Unternehmen, über das der Anzeigepflichtige Kontrolle hat

☐ zu einem persönlich haftenden Gesellschafter[4])

☐ zu einer Person nach § 8 Nr. 3 InhKontrollV

☐ zu einer Person nach § 8 Nr. 7 InhKontrollV

(Bitte nachfolgend die Angaben zur Identität des vom Anzeigepflichtigen geleiteten Unternehmens, des Unternehmens, über das der Anzeigepflichtige Kontrolle hat, des persönlich haftenden Gesellschafters oder der Person nach § 8 Nr. 3 oder 7 InhKontrollV eintragen.)

Bei einer natürlichen Person sind anzugeben:	
Familienname	
Geburtsname	
Vornamen	
Geburtsdatum	
Geburtsort	
Staatsangehörigkeit(en)	

Anschrift des Hauptwohnsitzes		
	Straße, Hausnummer	
	Postleitzahl	
	Ort	
	Land	

Andernfalls sind anzugeben:	
Firma (laut Registereintragung)	Firma Zeile 1
	Firma Zeile 2
Rechtsform	
Sitz mit Postleitzahl[5])	
Sitzstaat	
Ordnungsmerkmale Registereintragung[6])	

1. **Angaben nach § 9 Abs. 1 InhKontrollV**

1.1 Wird gegen den auf Seite 1 Angegebenen ein Strafverfahren geführt oder wurde zu einem früheren Zeitpunkt gegen ihn ein Strafverfahren wegen eines Verbrechens oder Vergehens geführt?
☐ Nein.
☐ Ja.
Wenn „ja" angekreuzt wurde, sind die Verfahren und Sanktionen zu erläutern.[7])

1.	Siehe auch Anlage Nr. _ _[8]).
2.	Siehe auch Anlage Nr. _ _[8]).

1.2 Wird gegen den auf Seite 1 Angegebenen im Zusammenhang mit einer unternehmerischen Tätigkeit ein Ordnungswidrigkeitsverfahren oder vergleichbares Verfahren nach einer anderen Rechtsordnung geführt oder wurde ein solches Verfahren gegen ihn mit einer Verurteilung oder sonstigen Sanktion abgeschlossen?
☐ Nein.
☐ Ja.
Wenn „ja" angekreuzt wurde, sind die Verfahren und Sanktionen zu erläutern.[7])

1.	Siehe auch Anlage Nr. _ _[8]).
2.	Siehe auch Anlage Nr. _ _[8]).

1.3 Wird gegen den auf Seite 1 Angegebenen ein Insolvenzverfahren, ein Verfahren zur Abgabe einer eidesstattlichen Versicherung oder ein vergleichbares Verfahren geführt oder wurde ein solches Verfahren zu einem früheren Zeitpunkt geführt?
☐ Nein.
☐ Ja.
Wenn „ja" angekreuzt wurde, sind die Verfahren und Sanktionen zu erläutern.[7])

1.	Siehe auch Anlage Nr. _ _[8]).
2.	Siehe auch Anlage Nr. _ _[8]).

1.4 Hat gegen den auf Seite 1 Angegebenen eine Aufsichtsbehörde eine aufsichtliche Maßnahme eingeleitet oder wurde gegen ihn ein solches Verfahren bereits mit einer Sanktion abgeschlossen?
☐ Nein.
☐ Ja.
Wenn „ja" angekreuzt wurde, sind die Verfahren und Sanktionen zu erläutern.[7])

1.	Siehe auch Anlage Nr. _ _[8]).
2.	Siehe auch Anlage Nr. _ _[8]).

1.5 Wurde eine Registereintragung, Erlaubnis, Mitgliedschaft oder Gewerbeerlaubnis des auf Seite 1 Angegebenen durch eine Behörde versagt oder aufgehoben oder wurde er in sonstiger Weise vom Betrieb eines Gewerbes oder der Vertretung und Führung dessen Geschäfte ausgeschlossen oder wurde gegen ihn ein entsprechendes Verfahren geführt?

☐ Nein.
☐ Ja.

Wenn „ja" angekreuzt wurde, sind die Verfahren und Sanktionen zu erläutern.[7])

1.	Siehe auch Anlage Nr. _ _[8]).
2.	Siehe auch Anlage Nr. _ _[8]).

2. Angaben nach § 9 Abs. 3 InhKontrollV[9])

2.1 Wurde die Zuverlässigkeit des auf Seite 1 Angegebenen als Erwerber einer bedeutenden Beteiligung an einem Institut, Versicherungsunternehmen, Pensionsfonds oder einer Versicherungs-Holdinggesellschaft im Sinne des § 1b VAG oder als Geschäftsleiter eines Instituts, Versicherungsunternehmens, Pensionsfonds oder einer Versicherungs-Holdinggesellschaft im Sinne des § 1b VAG durch eine andere Aufsichtsbehörde geprüft?

☐ Nein.
☐ Ja.

Wenn „ja" angekreuzt wurde, sind nachfolgend zu dem Prüfungsverfahren die Bezeichnung der Aufsichtsbehörde, der Zeitpunkt der Prüfung (Monat/Jahr) sowie das Ergebnis der Prüfung anzugeben.[7])

1.	Siehe auch Anlage Nr. _ _[8]).
2.	Siehe auch Anlage Nr. _ _[8]).

2.2 Ist eine vergleichbare Prüfung zu Nummer 2.1 durch eine andere Behörde in Bezug auf den auf Seite 1 Angegebenen erfolgt?

☐ Nein.
☐ Ja.

Wenn „ja" angekreuzt wurde, sind nachfolgend zu dem Prüfungsverfahren die Bezeichnung der Behörde, der Zeitpunkt der Prüfung (Monat/Jahr) sowie das Ergebnis der Prüfung anzugeben.[7])

1.	Siehe auch Anlage Nr. _ _[8]).
2.	Siehe auch Anlage Nr. _ _[8]).

Bei natürlichen Personen

....
Ort   Datum

....
Eigenhändige Unterschrift der erklärenden Person

Fußnoten

[1] Die vom Anzeigepflichtigen vergebene Nummer der betreffenden Anlage zur Anzeige ist einzutragen.
[2] Für den Anzeigepflichtigen, für jede Person nach § 8 Nr. 3 und 7 InhKontrollV, für jedes jemals vom Anzeigepflichtigen geleitete Unternehmen und für jedes Unternehmen, über das der Anzeigepflichtige Kontrolle hat, ist ein gesondertes Formular zu verwenden.
[3] In diesem Fall sind keine Angaben zur Identität des Anzeigepflichtigen in die nachfolgende Tabelle einzutragen.
[4] Ist der persönlich haftende Gesellschafter keine natürliche Person, sind lediglich die Zeilen „Firma", „Rechtsform" und „Sitz mit Postleitzahl" auszufüllen.
[5] Die Postleitzahl ist nur von Inländern anzugeben.
[6] Nur anzugeben, sofern eine Eintragung vorliegt.
[7] Die Anzahl der Zeilen ist bei Bedarf beliebig erweiterbar.
[8] Die vom Anzeigepflichtigen vergebene Nummer der betreffenden Anlage (Unterlagen nach § 9 Abs. 1 Satz 4 und Abs. 3 Satz 3 InhKontrollV) zu einer in § 6 Abs. 1 InhKontrollV genannten Absichtsanzeige oder zur Anzeige nach § 2c Abs. 1 Satz 5 KWG oder § 104 Abs. 1 Satz 5 VAG ist einzutragen.
[9] Im Formular zur Zuverlässigkeit eines vom Anzeigepflichtigen jemals geleiteten Unternehmens ist diese Nummer nicht auszufüllen.

Diese Seite ist nicht einzureichen.

Formular – Aufgabe–Verringerung

Adressatenfeld ¹)	Eingangsdatum:
	Ident-Nr. Zielunternehmen
	Ident-Nr. Anzeigepflichtiger
	Wird von der Behörde ausgefüllt

Hiermit zeige ich die/Hiermit zeigen wir die

☐ Absicht der Aufgabe einer bedeutenden Beteiligung

☐ Absicht der Verringerung einer bedeutenden Beteiligung

an dem folgenden

☐ Kreditinstitut oder Finanzdienstleistungsinstitut

☐ Erstversicherungs-, Rückversicherungsunternehmen, Pensionsfonds oder Versicherungs-Holdinggesellschaft im Sinne des § 1b VAG

an:

Firma (laut Registereintragung)	Firma Zeile 1	
	Firma Zeile 2	
Rechtsform		
Sitz mit Postleitzahl		
Anschrift der Hauptniederlassung		
	Straße, Hausnummer	
	Postleitzahl	
	Ort	

Der Anzeigepflichtige hat nach der Verringerung Kontrolle über das Zielunternehmen:
(Bitte nur ausfüllen bei der Anzeige der Verringerung der bedeutenden Beteiligung.)

☐ Ja. ☐ Nein.

1. Angaben zur Identität des Anzeigepflichtigen

1.1 Bitte nur ausfüllen, wenn Anzeigepflichtiger eine natürliche Person ist.

Familienname	
Geburtsname	
Vornamen	
Staatsangehörigkeit	Kein Eintrag erforderlich, wenn sich die Angaben seit der letzten Anzeige nicht verändert haben.
Anschrift des Hauptwohnsitzes	Kein Eintrag erforderlich, wenn sich die Angaben seit der letzten Anzeige nicht verändert haben.
Straße, Hausnummer	
Postleitzahl	
Ort	
Land	
Angaben zur Firma, sofern vorhanden	Kein Eintrag erforderlich, wenn sich die Angaben seit der letzten Anzeige nicht verändert haben.
Firma (laut Registereintragung)	Firma Zeile 1
	Firma Zeile 2
Sitz mit Postleitzahl [2])	
Sitzstaat	
Wirtschaftszweig [3])	Kein Eintrag erforderlich, wenn sich die Angaben seit der letzten Anzeige nicht verändert haben.
Ordnungsmerkmale Registereintragung [4])	Kein Eintrag erforderlich, wenn sich die Angaben seit der letzten Anzeige nicht verändert haben.

1.2 Bitte nur ausfüllen, wenn der Anzeigepflichtige keine natürliche Person ist.

Firma (laut Registereintragung)	Firma Zeile 1
	Firma Zeile 2
Rechtsform	
Sitz mit Postleitzahl [2])	
Sitzstaat	
Anschrift der Hauptniederlassung	Kein Eintrag erforderlich, wenn sich die Angaben seit der letzten Anzeige nicht verändert haben.
Straße, Hausnummer	
Postleitzahl	
Ort	
Land	
Wirtschaftszweig [3])	Kein Eintrag erforderlich, wenn sich die Angaben seit der letzten Anzeige nicht verändert haben.
Ordnungsmerkmale Registereintragung [4])	Kein Eintrag erforderlich, wenn sich die Angaben seit der letzten Anzeige nicht verändert haben.

(**Hinweis:** Bei der Anzeige der Absicht der Aufgabe einer bedeutenden Beteiligung sind die Nummern 2 bis 4 nicht auszufüllen.)

2. **Angabe eines Empfangsbevollmächtigten im Inland, sofern der Anzeigepflichtige ohne Wohnsitz oder gewöhnlichen Aufenthalt, Sitz oder Geschäftsleitung im Inland ist:**
(Bitte nur ausfüllen bei der Anzeige der Verringerung der bedeutenden Beteiligung.)

Der mit der letzten Absichtsanzeige angegebene Empfangsbevollmächtigte ist weiterhin Empfangsbevollmächtigter des Anzeigepflichtigen und dessen Personalien, insbesondere dessen Anschrift, haben sich seitdem nicht verändert:

☐ Ja, weiter mit 3

☐ Nein, weiter mit 2.1 bzw. 2.2

(Hinweis: Wird ein Empfangsbevollmächtigter im Inland nicht benannt, gelten an den Anzeigepflichtigen gerichtete Schriftstücke am siebenten Tag nach der Aufgabe zur Post und ein elektronisch übermitteltes Dokument am dritten Tag nach der Absendung als zugegangen, § 15 Satz 2 VwVfG.)

2.1 Bitte nur ausfüllen, wenn Empfangsbevollmächtigter eine natürliche Person ist.

Familienname	
Vornamen	
Geburtsdatum	
Anschrift	
Straße, Hausnummer	
Postleitzahl	
Ort	

2.2 Bitte nur ausfüllen, wenn Empfangsbevollmächtigter keine natürliche Person ist.

Firma (laut Registereintragung)	Firma Zeile 1
	Firma Zeile 2
Rechtsform	
Sitz mit Postleitzahl	
Anschrift	
Straße, Hausnummer	
Postleitzahl	
Ort	
Land	
Ordnungsmerkmale Registereintragung [4])	

3. **Die geplanten Kapital- oder Stimmrechtsanteile würden ganz oder teilweise noch einem anderen als dem Mutterunternehmen zugerechnet werden:**
(Bitte nur ausfüllen bei der Anzeige der Verringerung der bedeutenden Beteiligung.)

☐ Nein, weiter mit 4

☐ Ja, nachfolgende Auswahl treffen.

Die Personalien desjenigen, dem Anteile zugerechnet werden würden, haben sich im Vergleich zur letzten Absichtsanzeige verändert oder es wären Anteile einem bisher nicht Angezeigten zuzurechnen:

☐ Nein, weiter mit 4

☐ Ja. Wenn „ja" angekreuzt wurde, ist diesem Formular eine Anlage mit der Nr. _ _ [5]) beizufügen, in der unter Berücksichtigung des § 4 InhKontrollV diejenigen, denen Anteile zugerechnet werden würden, anzugeben sind. Der Grund der Zurechnung der Anteile ist ebenfalls anzugeben.

4. Angaben zur geplanten bedeutenden Beteiligung
(Bitte nur ausfüllen bei der Anzeige der Verringerung der bedeutenden Beteiligung.)

4.1 Auf die Geschäftsleitung des Zielunternehmens könnte, obwohl weniger als 20 % oder keine Kapital- oder Stimmrechtsanteile gehalten werden sollen, ein maßgeblicher Einfluss ausgeübt werden.

☐ Nein, weiter mit 4.2

☐ Ja, nachfolgende Auswahl treffen.

Die Gründe haben sich im Vergleich zur letzten Absichtsanzeige verändert oder es besteht nunmehr die Möglichkeit, einen maßgeblichen Einfluss auszuüben:

☐ Nein, weiter mit 4.2

☐ Ja. Wenn „ja" angekreuzt wurde, ist diesem Formular eine Anlage mit der Nr. _ _ [5]) beizufügen, in der die Gründe dafür anzugeben sind.

4.2 Darstellung der geplanten Beteiligungshöhe am Zielunternehmen [6]), [7])

wird durch die Behörde ausgefüllt Ident-Nr. des Beteiligungs- unternehmens	Firma[8]), Rechtsform und Sitz (lt. Registereintragung) mit PLZ[2]) und Sitzstaat; Ordnungsmerkmale Registereintragung[4]), Wirtschaftszweig[3]); Ident-Nr. (falls bekannt), bei natürlichen Personen neben Firma (falls vorhanden) vollständiger Name[8]) und Geburtsdatum	Kapitalanteil[9]),[10])		Kapital des Unter- nehmens[1]) Tsd Euro	Stimm- rechts- anteil in Prozent [10]),[12])	Verhältnis zum Zielunter- nehmen [13])
		in Prozent	Tsd Euro			
☐☐☐☐						
☐☐☐☐						
☐☐☐☐						

5. Liste der Anlagen

Kurzbezeichnung der Anlage	Anlage liegt bei
Erklärung nach § 17 Abs. 2 InhKontrollV	☐ ja ☐ wird nachgereicht
Formular „Komplexe Beteiligungsstrukturen" nach § 17 Abs. 1 Satz 2 i. V. m. § 6 Abs. 1 Satz 2 InhKontrollV oder nach Fußnote 6 dieses Formulars	☐ nicht erforderlich ☐ ja ☐ wird nachgereicht
Anlage nach Nummer 3 dieses Formulars	☐ nicht erforderlich ☐ ja ☐ wird nachgereicht
Anlage nach Nummer 4.1 dieses Formulars	☐ nicht erforderlich ☐ ja ☐ wird nachgereicht
ggf. weitere Anlagen: vom Anzeigepflichtigen auszufüllen	
ggf. weitere Anlagen: vom Anzeigepflichtigen auszufüllen	
ggf. weitere Anlagen: vom Anzeigepflichtigen auszufüllen	

6. Bitte geben Sie eine Kontaktperson für Rückfragen an:

Familienname	
Vorname	
Telefonnummer (mit Vorwahl)	
E-Mail-Adresse	

7. Unterschrift(en)

7.1 Mit der nachfolgenden Unterschrift/Mit den nachfolgenden Unterschriften wird bestätigt, dass
- der Anzeigepflichtige den Hinweis in Nummer 2 zur Kenntnis genommen hat und
- der Unterzeichnende, sofern er nicht der Anzeigepflichtige ist, bzw. die Unterzeichnenden entsprechend dem Umfang seiner/ihrer Vertretungsbefugnis berechtigt ist/sind, die Anzeige für den Anzeigepflichtigen abzugeben.

7.2 Der Anzeigepflichtige gibt die Anzeige selbst ab:

☐ Nein, bitte weiter mit 7.3

☐ Ja. Wenn „ja" angekreuzt wurde, bitte nachfolgend unterschreiben und die Anzeige einreichen.

Ort, Datum und Unterschrift des Anzeigepflichtigen

7.3 Personalien und Unterschriften der Person oder der Personen, die entsprechend ihrer Vertretungsbefugnis berechtigt sind, die Anzeige für den Anzeigepflichtigen abzugeben: [14])

Familienname	
Vornamen	
Geburtsdatum	

Ort, Datum und Unterschrift des Vertretungsberechtigten

Familienname	
Vornamen	
Geburtsdatum	

Ort, Datum und Unterschrift des Vertretungsberechtigten

Familienname	
Vornamen	
Geburtsdatum	

Ort, Datum und Unterschrift des Vertretungsberechtigten

Familienname	
Vornamen	
Geburtsdatum	

Ort, Datum und Unterschrift des Vertretungsberechtigten

Familienname	
Vornamen	
Geburtsdatum	

Ort, Datum und Unterschrift des Vertretungsberechtigten

Familienname	
Vornamen	
Geburtsdatum	

Ort, Datum und Unterschrift des Vertretungsberechtigten

Fußnoten

[1]) Ist das Zielunternehmen ein Kredit- oder Finanzdienstleistungsinstitut, ist eine Ausfertigung an die Bundesanstalt und eine Ausfertigung an die für das Institut zuständige Hauptverwaltung der Deutschen Bundesbank zu adressieren.

Handelt es sich bei dem Zielunternehmen um ein Versicherungsunternehmen oder einen Pensionsfonds, ist lediglich entweder eine Ausfertigung an die Bundesanstalt oder eine Ausfertigung an die zuständige Landesaufsichtsbehörde zu adressieren.

Die entsprechende Adresse ist in dem Adressatenfeld einzutragen.

[2]) Die Postleitzahl ist nur von Inländern anzugeben.

[3]) Es ist die dreistellige Schlüsselnummer entsprechend der „Kundensystematik für die Bankenstatistik" einzutragen.

[4]) Nur anzugeben, sofern eine Eintragung vorliegt.

[5]) Die vom Anzeigepflichtigen vergebene Nummer der betreffenden Anlage zur Anzeige ist einzutragen.

[6]) Nummer 4.2 ist nicht auszufüllen
 – bei komplexen Beteiligungsstrukturen,
 – bei mittelbaren Beteiligungsverhältnissen über mehr als vier Ebenen und
 – wenn sich die Tochtereigenschaft eines zwischengeschalteten Beteiligungsunternehmens nicht aus der Höhe des Kapital- und/oder Stimmrechtsanteils herleiten lässt.

Stattdessen ist das Formular „Komplexe Beteiligungsstrukturen" der Inhaberkontrollverordnung auszufüllen und als Anlage beizufügen.

[7]) Für beabsichtigte mittelbar gehaltene Beteiligungen gilt: Einzutragen ist die vollständige beabsichtigte Beteiligungskette mit den jeweiligen beabsichtigten unmittelbar gehaltenen Beteiligungsquoten zwischen den Beteiligungsunternehmen. Die Kette beginnt mit der beabsichtigten unmittelbar gehaltenen Beteiligung des Anzeigepflichtigen und endet mit dem Zielunternehmen.

[8]) Zu dem unter Nummer 1.1 angegebenen Anzeigepflichtigen muss hier lediglich dessen vollständiger Name (Vorname und Familienname) wiederholt werden. Zu dem unter Nummer 1.2 angegebenen Anzeigepflichtigen bzw. dem auf der Seite 1 angezeigten Zielunternehmen muss lediglich die Firma eingetragen werden.

[9]) Beteiligung am Nennwert (Nennkapital, Summe der Kapitalanteile); bei Personenhandelsgesellschaften und Gesellschaften des bürgerlichen Rechts ist auf das durch den Gesellschaftsvertrag festgelegte Beteiligungsverhältnis abzustellen. Angaben in Prozent mit einer Stelle nach dem Komma. Sofern der Nennwert nicht auf Euro lautet, ist zusätzlich der Nennwert in ausländischer Währung (in Tsd.) anzugeben. Der Nennwert ist zum Kurs des Meldestichtages umzurechnen. Sofern es sich bei dem Zielunternehmen um einen Versicherungsverein auf Gegenseitigkeit handelt, sind Prozentangaben in Bezug auf den Gründungsstock zu machen.

[10]) Beabsichtigter unmittelbarer Anteil des vorhergehenden (Tochter-)Unternehmens der Beteiligungskette an dem hier genannten Zielunternehmen (keine durchgerechneten Quoten).

[11]) Sofern das Kapital des Unternehmens nicht auf Euro lautet, ist zusätzlich das Kapital in ausländischer Währung (in Tsd.) anzugeben. Das Kapital ist zum Kurs des Meldestichtages umzurechnen.

[12]) Nur auszufüllen, soweit vom Kapitalanteil abweichend; Angaben in Prozent mit einer Stelle nach dem Komma.

[13]) Ist der Anzeigepflichtige oder der die zukünftig noch gehaltenen Kapital- oder Stimmrechtsanteile Vermittelnde ein Mutterunternehmen des Zielunternehmens, ist „Mutter" einzutragen. Ist der der zukünftig noch gehaltenen Kapital- oder Stimmrechtsanteile Vermittelnde ein Schwesterunternehmen des Zielunternehmens, ist „Schwester" einzutragen.

[14]) Ist die in der ersten Tabelle genannte Person nur zusammen mit einer oder mehreren anderen Personen zur Vertretung des Anzeigepflichtigen berechtigt, hat diese bzw. haben diese weiteren Personen jeweils eine der nachfolgenden Tabellen auszufüllen. Fehlende Tabellen sind zu ergänzen, ggf. ist ein gesondertes Blatt dem Formular anzufügen, auf dem die Seitenzahlnummerierung des Formulars fortzusetzen ist.

Diese Seite ist nicht einzureichen.

Anhang 5.4
Verordnung über Angaben zu den Krediten an ausländische Kreditnehmer nach dem Kreditwesengesetz (Länderrisikoverordnung – LrV)

vom 19. Dezember 1985 (BGBl. I 2497), zuletzt geändert durch Artikel 2 der Verordnung vom 6. Dezember 2013 (BGBl. I S. 4211)

Auf Grund des § 25 Abs. 4 des Gesetzes über das Kreditwesen in der Fassung der Bekanntmachung vom 11. Juli 1985 (BGBl. I S. 1472) in Verbindung mit § 1 der Verordnung zur Übertragung der Befugnis zum Erlaß von Rechtsverordnungen auf das Bundesaufsichtsamt für das Kreditwesen vom 28. Juni 1985 (BGBl. I S. 1255) wird im Benehmen mit der Deutschen Bundesbank verordnet:

§ 1 Voraussetzungen und Umfang der Meldepflicht

(1) Kreditinstitute, die nicht Zweigniederlassungen im Sinne des § 53b Abs. 1 oder 7 des Kreditwesengesetzes sind und bei denen das Volumen der Kredite an Kreditnehmer mit Sitz außerhalb der Mitgliedstaaten der Europäischen Union, der anderen Vertragsstaaten des Abkommens über den Europäischen Wirtschaftsraum sowie außerhalb der Schweiz, der Vereinigten Staaten von Amerika, Kanadas, Japans, Australiens und Neuseelands insgesamt 10 Millionen Euro am 31. März, 30. Juni, 30. September oder 31. Dezember eines jeden Jahres übersteigt, haben nach diesem Stand der Deutschen Bundesbank Angaben über diese Geschäfte unter Verwendung des Vordrucks »Meldung zum Auslandskreditvolumen gemäß § 25 Abs. 3 KWG« (Anlage) einzureichen. Das Unterschreiten der Grenze für die Meldepflicht am darauffolgenden Meldestichtag ist vordrucklos anzuzeigen.

(2) Übergeordnete Unternehmen einer Institutsgruppe, einer Finanzholding-Gruppe oder einer gemischten Finanzholding-Gruppe im Sinne des § 10a Absatz 1 bis 3 des Kreditwesengesetzes haben, sofern das nach § 10a Absatz 4 und 5 des Kreditwesengesetzes zusammengefasste Volumen der Kredite aller Kreditinstitute innerhalb der Institutsgruppe oder Finanzholding-Gruppe an Kreditnehmer mit Sitz außerhalb der Mitgliedstaaten der Europäischen Union, der anderen Vertragsstaaten des Abkommens über den Europäischen Wirtschaftsraum sowie außerhalb der Schweiz, der Vereinigten Staaten von Amerika, Kanadas, Japans, Australiens und Neuseelands insgesamt 10 Millionen Euro am 31. März, 30. Juni, 30. September oder 31. Dezember eines jeden Jahres übersteigt, nach diesem Stand der Deutschen Bundesbank Angaben zu diesen Geschäften unter Verwendung des Vordrucks »Meldung zum Auslandskreditvolumen gemäß § 25 Abs. 3 KWG« (Anlage) einzureichen. Eine Finanzholding-Gesellschaft sowie nachgeordnete Kreditinstitute sind verpflichtet, dem übergeordneten Kreditinstitut die für die Meldung erforderlichen Angaben zu übermitteln. Das Unterschreiten der Grenze für die Meldepflicht am darauffolgenden Meldestichtag ist vordrucklos anzuzeigen.

(3) Bei der Ermittlung der Meldepflicht nach den Absätzen 1 und 2 sind alle Kredite im Sinne des § 19 Abs. 1 des Kreditwesengesetzes nach Maßgabe des § 9 Absatz 1 bis 3 der Großkredit- und Millionenkreditverordnung in der jeweils geltenden Fassung zu berücksichtigen. Angekaufte Forderungen sind mit ihrem Nominalwert auszuweisen, sofern der Unterschiedsbetrag zwischen Anschaffungs- und Nominalwert Zinscharakter hat. Werden Forderungen mit einem Bewertungsabschlag angekauft, sind sie mit ihrem Anschaffungswert zu erfassen.

(4) Besteht eine Meldepflicht nach Absatz 1 oder 2, sind die Angaben über Geschäfte auf solche Länder zu beschränken, in denen das Volumen der Kredite mindestens 1 Million Euro beträgt.

§ 2 Einreichungsweg und Einreichungstermin

(1) Die Meldungen sollen im papierlosen Verfahren der Deutschen Bundesbank jeweils nach dem Stand zum Meldestichtag bis spätestens zum letzten Geschäftstag des auf den Meldestichtag folgenden Monats eingereicht werden. Die Deutsche Bundesbank veröffentlicht auf ihrer Internetseite die für eine Dateneinreichung im Wege der Datenfernübertragung zu verwendenden Satzformate und den Einreichungsweg. Sie hat die bei ihr eingereichten Meldungen, gegebenenfalls mit ihrer Stellungnahme, an die Bundesanstalt für Finanzdienstleistungsaufsicht weiterzuleiten.

(2) Nimmt das Kreditinstitut oder das übergeordnete Kreditinstitut nicht am papierlosen Einreichungsverfahren teil, hat es die Meldung in einfacher Ausfertigung der für es zuständigen Hauptverwaltung der Deutschen Bundesbank unter Einhaltung der Frist des Absatzes 1 Satz 1 einzureichen.

§ 3 Rückmeldungen

Kreditinstitute und übergeordnete Kreditinstitute, die eine Meldung abgegeben haben, erhalten von der Deutschen Bundesbank eine Rückmeldung mit den für einzelne Angaben der Meldung festgestellten Gesamtergebnissen.

§ 4 Inkrafttreten

Diese Verordnung tritt am Tage nach der Verkündung in Kraft.

Anh. 5.4: Länderrisikoverordnung

Meldung zum Auslandskreditvolumen gemäß § 25 Abs. 3 KWG

Anlage zur Länderrisikoverordnung

An die Hauptverwaltung _____

Firma des meldenden Kreditinstituts _____

Blatt _____

zur Weiterleitung an die _____

bei nachgeordneten Kreditinstituten:
auch Firma des übergeordneten Kreditinstituts (gemäß § 10a Abs. 1 bis 3 KWG)

Kreditinstituts-/Finanzholding-Gruppe _____

Einzelinstitut _____

Deutsche Bundesbank - Zentrale -
Frankfurt am Main

☐ Einzelmeldung gemäß § 1 Abs. 1 der Länderrisikoverordnung (LrV)

Stand Ende: _____

☐ Übergeordnetes Kreditinstitut
☐ Nachgeordnetes Kreditinstitut
☐ Einzelkreditinstitut [2]
☐ Zusammengefasste Meldung gemäß § 1 Abs. 2 LrV

Beträge in Mio. Euro [1]

Land [3]	Länderschlüssel	Kredite [4]				Zusatzangaben					Einzelwertberichtigungen und Rückstellungen [9] bei Krediten (Kredite: Spalte (3) abzüglich Spalte (6))		Unterschiedsbetrag zwischen Anschaffungswert und Nominalwert bei Forderungen der Spalte (4) [10]	Unterschiedsbetrag zwischen Buchwert und höherem Nominalwert bei Wertpapieren der Spalte (6) [11]
		Insgesamt (ohne Lokalfinanzierung in einem anderen Staat [5])	darunter:			Unterschiedsbetrag zwischen tatsächlich zurechenbarem Kreditbetrag und dem Gesamtbetrag in Spalte (3) [7]	Lokalfinanzierungen in einem anderen Staat [5]	Sicherheiten [8]			für Adressenrisiko	darunter: für kurzfristige Handelskredite		
			Forderungen gemäß § 19 Abs.1 Satz 2 Nr.4 KWG ohne kurzfristige Handelskredite	kurzfristige Handelskredite [6]	Schuldverschreibungen und andere festverzinsliche Wertpapiere im Land (1) ansässiger Emittenten gemäß § 19 Abs.1 Satz 2 Nr. 5 KWG	noch nicht in Anspruch genommene Kreditzusagen gemäß § 19 Abs. 1 Satz 3 Nr.13 KWG			gemäß Art. 400 Abs. 1 Buchstabe g und h der Verordnung (EU) Nr. 575/2013	sonstige				
(1)	(2)	(3)	(4)	(5)	(6)	(7)	(8)	(9)	(10)	(11)	(12)	(13)	(14)	(15)	(16)
Summe/ Zwischensumme															

Für die Richtigkeit der Meldung
Firma, Unterschrift

Datum _____ Sachbearbeiter _____ Telefon _____

Anmerkungen siehe Rückseite

Rückseite

Fußnoten

1) Angabe ohne Kommastellen, Rundung nach kaufmännischer Rundungsregel (5/4).
   Umrechnung von Fremdwährungsbeträgen:
   – Fremdwährungsbeträge sind zum jeweiligen von der EZB am Meldestichtag festgestellten und von der Deutschen Bundesbank veröffentlichten Referenzkurs umzurechnen.
   – Bei der Umrechnung von Währungen, für die kein Referenzkurs veröffentlicht wird, sind die Mittelkurse aus feststellbaren An- und Verkaufskursen des Meldestichtages zugrunde zu legen.
2) Nur ankreuzen, wenn keine Gruppenzugehörigkeit gemäß § 10a Abs. 1 bis 3 KWG vorliegt.
3) Anzugeben sind sämtliche Länderengagements und Engagements gegenüber internationalen Organisationen außerhalb der Mitgliedstaaten der Europäischen Union, der anderen Vertragsstaaten des Abkommens über den Europäischen Wirtschaftsraum sowie außerhalb der Schweiz, der Vereinigten Staaten von Amerika, Kanadas, Japans, Australiens und Neuseelands, die mindestens 1 Mio. Euro (vor kaufmännischer Rundung) betragen. Reihenfolge nach Maßgabe der Schlüsselnummern des Verzeichnisses der Länder und des Verzeichnisses Internationaler Organisationen aus: Bankenstatistik, Richtlinien und Kundensystematik, Statistische Sonderveröffentlichung 1 der Deutschen Bundesbank.
4) Alle auf der Basis des § 9 Absatz 1 bis 3 GroMiKV ermittelten Kredite gemäß § 19 Absatz 1 KWG ohne Kompensation mit Verbindlichkeiten gegenüber dem betreffenden Land; Forderungen der Zweigniederlassungen von Unternehmen mit Sitz in einem anderen Staat an eigene Häuser außerhalb des Geltungsbereichs des KWG sind nicht zu berücksichtigen; gruppeninterne Forderungen sind in der zusammengefassten Meldung wegzulassen. Bei Einzelmeldungen von gruppenangehörigen Kreditinstituten sind gruppeninterne Forderungen zu berücksichtigen (Bruttoausweis). Ländermäßige Zuordnung der Kredite nach Schuldnerdomizil; bei Zweigstellen Zuordnung zu dem Land, in dem sie sich befinden. Kredite an internationale Organisationen sind nicht dem Sitzland zuzuordnen, sondern gesondert aufzuführen. Kredite sind vor Absetzung von Einzelwertberichtigungen und Rückstellungen zu melden. Angekaufte Forderungen sind mit ihrem Nominalwert auszuweisen, sofern der Unterschiedsbetrag zwischen Anschaffungswert und Nominalwert Zinscharakter hat. Werden Forderungen mit einem Bewertungsabschlag angekauft, sind sie mit ihrem Anschaffungswert zu erfassen. Wertpapiere sind mit ihrem Buchwert zu berücksichtigen.
   Bei Swap-Geschäften und anderen als Festgeschäfte oder Rechte ausgestalteten Termingeschäften sowie den für sie übernommenen Gewährleistungen ist der Kreditäquivalenzbetrag (§ 9 Absatz 2 und 3 GroMiKV) maßgebend.
5) Kredite an Kreditnehmer mit Sitz im Ausland, die dort in dessen Währung ausgereicht und refinanziert sind.
6) Kurzfristige Handelskredite sind Kredite mit einer Laufzeit von bis zu einem Jahr, die im unmittelbaren Zusammenhang mit dem Import- oder Exportgeschäft stehen und durch Einkünfte aus dem grenzüberschreitenden Warenverkehr getilgt werden sollen. Unter diesen Voraussetzungen zählen hierzu u.a. laufende Handelsakzepte, diskontierte Eigenakzepte und Akzepte anderer Banken im Bestand sowie Exportfinanzierungen im Falle verbindlicher Ausfuhraufträge.
7) Ist der tatsächlich zurechenbare Kreditbetrag kleiner als der Gesamtbetrag gemäß Spalte 3 (insbesondere bei Krediten mit Sitz in Offshore-Zentren, die von diesen nur durchgeleitet werden und damit nicht bei ihnen verbleiben), ist der entsprechende Unterschiedsbetrag mit negativem Vorzeichen anzugeben und mit positivem Vorzeichen dem Land zuzurechnen, bei dem das letztendliche Länderrisiko liegt. § 1 Abs. 4 gilt insoweit nicht. Sicherheiten, Wertberichtigungen und Rückstellungen für diese Kredite (Spalten 10 bis 13) sind auf das Land zu beziehen, bei dem das letztendliche Länderrisiko liegt, und bei diesem anzugeben.
8) Anzugeben sind neben den Sicherheiten gemäß Artikel 400 Absatz 1 Buchstabe g und h der Verordnung (EU) Nr. 575/2013 (Spalte 10) alle sonstigen verwertbaren, einzelkreditbezogenen Sicherheiten (Spalte 11), sofern sie nicht dem gleichen Länderrisiko unterliegen wie der Kredit.
9) Angaben grundsätzlich nach Maßgabe des letzten aufgestellten bzw. festgestellten Jahresabschlusses oder Zwischen- abschlusses; zur Ermittlung zusätzlicher Wertberichtigungen während des laufenden Geschäftsjahres sind plausible Schätzungen vorzunehmen. Stille Reserven gemäß § 340f HGB, die nicht bei den in Spalte 3 aufgeführten Krediten gebildet wurden, sind nicht aufzunehmen.
   Risikovorsorge für Länderrisiken, die schon durch die Risikovorsorge für Adressenrisiken abgedeckt wurde (»indirekte Länderrisiken«), ist in der Spalte 12 abzusetzen und in der Spalte 13 aufzuführen.
10) Ohne Unterschiedsbeträge mit Zinscharakter, deren zugrunde liegende Forderungen in Spalte 4 mit ihrem Nominalwert berücksichtigt wurden.
11) Aufzunehmen sind auch Rückstellungen, die im Zusammenhang mit einer gruppeninternen Haftungsübernahme gebildet wurden.

Anhang 5.5
Verordnung über die Form des Refinanzierungsregisters nach dem Kreditwesengesetz sowie die Art und Weise der Aufzeichnung (Refinanzierungsregisterverordnung – RefiRegV)

vom 18. Dezember 2006 (BGBl. I S. 3241)

Auf Grund des § 22 d Abs. 1 Satz 2 des Kreditwesengesetzes, der durch Artikel 4 a Nr. 4 des Gesetzes vom 22. September 2005 (BGBl. I S. 2809) eingefügt worden ist, in Verbindung mit § 1 Nr. 5 der Verordnung zur Übertragung von Befugnissen zum Erlass von Rechtsverordnungen auf die Bundesanstalt für Finanzdienstleistungsaufsicht vom 13. Dezember 2002 (BGBl. 2003 I S. 3), § 1 Nr. 5 zuletzt geändert durch Artikel 1 der Verordnung vom 17. November 2005 (BGBl. I S. 3187), verordnet die Bundesanstalt für Finanzdienstleistungsaufsicht:

Teil 1:
Anwendungsbereich; allgemeine Anforderungen

§ 1 Anwendungsbereich; Begriffsbestimmung

(1) Diese Verordnung regelt die Anforderungen an die Form des Refinanzierungsregisters nach den §§ 22 a bis 22 o des Kreditwesengesetzes sowie die Art und Weise der Aufzeichnung.
(2) Eintragungen im Sinne dieser Verordnung sind auch Löschungsvermerke.

§ 2 Form des Refinanzierungsregisters

(1) Das Refinanzierungsregister kann in Papierform oder nach Maßgabe des Teils 2 als elektronisches Register geführt werden.
(2) Stellt ein registerführendes Unternehmen die Registerführung von einem elektronischen Register auf ein Register in Papierform um, so sind die Registerdaten vollständig auszudrucken und das Register in Papierform weiterzuführen. Im Falle der Umstellung von einem in Papierform geführten Register auf ein elektronisches Register sind sämtliche Registerdaten in das elektronische Register zu übernehmen.

§ 3 Vollständigkeit und Richtigkeit des Refinanzierungsregisters

Eintragungen sind in der Weise dauerhaft aufzuzeichnen, dass etwaig vorgenommene spätere Änderungen und Löschungen jederzeit erkennbar sind. Durch technische und organisatorische Maßnahmen ist sicherzustellen, dass der ursprüngliche Inhalt weiterhin feststellbar bleibt.

§ 4 Bezeichnung des Refinanzierungsregisters sowie der Abteilungen und Unterabteilungen

(1) Das Refinanzierungsregister muss die Überschrift »Refinanzierungsregister«, die Bezeichnung des registerführenden Unternehmens und vorbehaltlich des Absatzes 3 die Bezeichnung des zur Übertragung Verpflichteten tragen.

(2) Soweit nach § 22a Abs. 1 Satz 2 des Kreditwesengesetzes innerhalb des Refinanzierungsregisters gesonderte Abteilungen zu bilden sind, haben diese neben der Bezeichnung »Abteilung Nr. ... des Refinanzierungsregisters« die Bezeichnung der Refinanzierungstransaktion zu tragen, für die die Abteilung gebildet wird.

(3) Soweit nach § 22b Abs. 1 Satz 2 des Kreditwesengesetzes für jeden zur Übertragung Verpflichteten innerhalb des Refinanzierungsregisters eine gesonderte Abteilung zu bilden ist, hat diese neben der Bezeichnung »Abteilung Nr. ... des Refinanzierungsregisters« die Bezeichnung des zur Übertragung Verpflichteten zu tragen, für den die Abteilung gebildet wird. Sind innerhalb einer Abteilung Unterabteilungen zu bilden, haben diese neben der Bezeichnung »Unterabteilung Nr. ... zu Abteilung Nr. ... des Refinanzierungsregisters« die Bezeichnung der Refinanzierungstransaktion zu tragen, für die die Unterabteilung gebildet wird.

(4) Im Refinanzierungsregister ist aufzulisten, welche Abteilungen in dem Register geführt werden. Soweit in einer Abteilung Unterabteilungen gebildet werden, ist über diese in der jeweiligen Abteilung eine Liste zu führen.

§ 5 Art und Weise der Aufzeichnung

(1) Jeder in das Refinanzierungsregister einzutragende Gegenstand ist mit einer innerhalb der einschlägigen Abteilung oder Unterabteilung fortlaufenden Nummer einzutragen. Die Nummer darf nach Löschung des Gegenstands nicht erneut vergeben werden. Rückdatierte Eintragungen sind nicht zulässig.

(2) Eintragungen sind vorbehaltlich der Regelung in § 22d Abs. 2 Satz 2 des Kreditwesengesetzes entsprechend des in Anlage 1 dargestellten Formulars RR in folgender Weise vorzunehmen:
1. Die Spalten 1 bis 5 sind mit »Bezeichnung des Vermögensgegenstands« zu überschreiben. In Spalte 1 sind unter Buchstabe a die laufende Nummer gemäß Absatz 1 und unter Buchstabe b das von dem Refinanzierungsunternehmen vergebene Aktenzeichen anzugeben.
2. Sofern sich das Refinanzierungsgeschäft auf eine Forderung bezieht, ist diese in Spalte 2 zu bezeichnen (§ 22d Abs. 2 Nr. 1 Alternative 1 des Kreditwesengesetzes). Grundsätzlich sind in Unterspalte a der Forderungsschuldner, in Unterspalte b die Währung, in Unterspalte c der anfängliche Nominalbetrag und, sofern abweichend vom Aktenzeichen in Spalte 1 Buchstabe b, in Unterspalte d die Darlehens-/Vorgangsnummer anzugeben.
3. Handelt es sich bei dem einzutragenden Gegenstand um ein Grundpfandrecht, ein Pfandrecht an einem Luftfahrzeug oder eine Schiffshypothek, sind diese in Spalte 3 zu bezeichnen (§ 22d Abs. 2 Nr. 1 Alternative 2, Nr. 4 des Kreditwesengesetzes).
    a) In Unterspalte a ist das beliehene Objekt einzutragen. Sofern es sich um ein Grundstück handelt, kann entweder die Bezeichnung im Bestandsverzeichnis des Grundbuchs (Gemarkung, Flur, Flurstück) übernommen oder auf das Grundbuchblatt verwiesen werden. In letzterem Fall ist zusätzlich die Anschrift anzugeben. Sofern es sich um ein Luftfahrzeug handelt, ist das einschlägige Luftfahrzeugregisterblatt einzutragen. Handelt es sich um ein Schiff, ist das einschlägige Schiffsregisterblatt anzugeben.
    b) In Unterspalte b ist die Abteilung des Registers anzugeben, in der das Pfandrecht eingetragen ist.

c) In Unterspalte c ist die laufende Nummer des eingetragenen Rechts in der in Unterspalte b eingetragenen Abteilung anzugeben.
d) In Unterspalte d ist die Währung des Pfandrechts anzugeben.
e) In Unterspalte e ist der Betrag des Pfandrechts zu benennen.
f) In Unterspalte f ist der Umfang einzutragen, in dem die Sicherheit als Refinanzierungsgegenstand dient.
g) In Unterspalte g ist der rechtliche Grund der Sicherheit zu benennen.
h) In Unterspalte h ist das Datum des Tages anzugeben, an dem der den rechtlichen Grund für die Absicherung enthaltende Vertrag geschlossen wurde.
4. In Spalte 4 ist der Übertragungsberechtigte mit Namen und Adresse einzutragen (§ 22d Abs. 2 Satz 1 Nr. 2 des Kreditwesengesetzes).
5. In Spalte 5 ist der Zeitpunkt (Datum und Uhrzeit) der Eintragung in das Refinanzierungsregister anzugeben (§ 22d Abs. 2 Satz 1 Nr. 3 des Kreditwesengesetzes).
6. Löschungsvermerke sind in Spalte 6 einzutragen. Anzugeben sind die Spaltennummer (Unterspalte a) und gegebenenfalls der Betrag der zu löschenden Eintragung (Unterspalte b) sowie das Datum einschließlich der Uhrzeit der Löschung (Unterspalte c). Sofern die Löschung an gesonderter Stelle im Register vermerkt wird, sind hierzu neben dem Löschungsvermerk in Spalte 6 zumindest auch die Angaben des zu löschenden Werts in den Spalten 1 und 2/3 zu wiederholen. Bei Löschung oder Korrektur einer fehlerhaften Eintragung muss die nach § 22d Abs. 5 Satz 2 und 3 des Kreditwesengesetzes erforderliche Zustimmung des Verwalters dem jeweiligen Löschungsvermerk des registerführenden Unternehmens eindeutig zugeordnet sein.
7. Spalte 7 ist für sonstige Bemerkungen vorzusehen, beispielsweise für Anmerkungen, die zur eindeutigen rechtlichen Zuordnung des Gegenstands neben den übrigen Angaben erforderlich sind oder die Zuordnung erleichtern. Bei Bedarf kann in Spalte 7 auch das Namenskürzel der eintragenden Person erfasst werden.

§ 6 Eintragung ausländischer Sicherungsrechte

Eintragungen ausländischer Sicherungsrechte sind entsprechend § 5 vorzunehmen. Soweit die Bezeichnung der ausländischen Sicherungsrechte oder der beliehenen Objekte in den jeweiligen öffentlichen Registern von den Vorgaben der Spalte 3 des Formulars RR abweicht, ist diese Bezeichnung zu verwenden. Die Unterspalten a bis c der Spalte 3 können gegebenenfalls angepasst werden. Sofern die Unterspalten a bis c der Spalte 3 für die nach Satz 2 erforderlichen Angaben nicht ausreichen, können Beiblätter hinzugefügt werden, die Teil des Refinanzierungsregisters werden. Die Beiblätter sind mit der laufenden Nummer der jeweiligen Eintragung aus Spalte 1 Buchstabe a des Formulars zu kennzeichnen. Im Ausland belegene Grundstücke, Luftfahrzeuge oder Schiffe, die nicht in öffentlichen Registern erfasst sind, sind mit den innerhalb der jeweiligen Rechtsordnung gebräuchlichen Angaben einzutragen, die eine eindeutige Identifizierung des jeweiligen Objekts ermöglichen.

§ 7 Schutz des Refinanzierungsregisters

Das Refinanzierungsregister ist vor unberechtigtem Zugriff sowie vor Beschädigung oder Zerstörung durch äußere Einwirkungen wie Feuer oder Wasser besonders zu schützen.

Teil 2:
Zusätzliche Anforderungen bei elektronischer Registerführung

§ 8 Begriff und allgemeine Anforderungen

(1) Der Inhalt des elektronisch geführten Refinanzierungsregisters muss auf Dauer unverändert in lesbarer Form wiedergabefähig sowie auf Dauer revisionssicher archiviert sein.

(2) Der Inhalt des elektronischen Refinanzierungsregisters muss auf dem Bildschirm und in Ausdrucken in einer Weise sichtbar gemacht werden können, die die Eintragungen nach Form und Inhalt vollständig abbildet. Das elektronische Refinanzierungsregister muss jederzeit vollständig ausgedruckt werden können.

§ 9 Technische und organisatorische Maßnahmen zur Gewährleistung von Datenschutz und Datensicherheit

(1) Die eingesetzten Datenverarbeitungssysteme müssen dem Stand der Technik und den Anforderungen der Anlage zu § 9 Satz 1 des Bundesdatenschutzgesetzes entsprechen. Insbesondere müssen sie gewährleisten, dass
1. ihre Funktionen nur genutzt werden können, wenn sich der Benutzer dem System gegenüber sicher ausweist (Identifikation und Authentisierung),
2. die eingeräumten Benutzungsrechte im System verwaltet werden (Berechtigungsverwaltung),
3. die eingeräumten Benutzungsrechte vom System geprüft werden (Berechtigungsprüfung),
4. sämtliche Zugriffe (Eingeben, Lesen, Kopieren, Ändern, Löschen, Sperren) revisionssicher protokolliert werden (Revisionsfähigkeit),
5. eingesetzte Systeme ohne Sicherheitsrisiken wiederhergestellt werden können (Wiederaufbereitung),
6. etwaige Verfälschungen der gespeicherten Daten durch technische Prüfmechanismen unverzüglich bemerkt werden können (Unverfälschtheit) und
7. auftretende Fehlfunktionen unverzüglich gemeldet werden (Verlässlichkeit).

(2) Das registerführende Unternehmen hat mindestens eine vollständige Sicherungskopie des elektronisch geführten Refinanzierungsregisters aufzubewahren. Die Sicherungskopie ist auf einem anderen Datenträger als das Refinanzierungsregister zu speichern und mindestens am Ende eines jeden Arbeitstages auf den Stand zu bringen, den das Refinanzierungsregister zu diesem Zeitpunkt hat.

Teil 3:
Schlussbestimmungen

§ 10 Übergangsbestimmung

Refinanzierungsregister, die auf Grund der §§ 22a bis 22o des Kreditwesengesetzes bereits vor Inkrafttreten dieser Verordnung eingerichtet worden sind, dürfen bis zum 30. Juni 2007 in der bisherigen Art und Weise fortgeführt werden.

§ 11 Inkrafttreten

Diese Verordnung tritt am Tag nach der Verkündung in Kraft.

Anlage (zu § 5)

Formular RR: Refinanzierungsregister

1	2 Persönliche Forderung(en)				3 Bezeichnung des Vermögensgegenstands — Grundpfandrecht/Pfandrecht an einem Luftfahrzeug/Schiffshypothek								4 Übertragungsberechtigter	5 Zeitpunkt der Eintragung	6 Löschungen — Löschungsvermerk			7 Sonstiges
	a Schuldner	b Währung	c Betrag	d ggf. Darl.-/ Vorgangs-Nr.	a Objektbezeichnung	b Abt. des GB/ LuftReg/ SchReg	c lfd. Nr.	d Währung	e Betrag	f Umfang	g Rechtlicher Grund	h Datum	Name Adresse	Datum Uhrzeit	a Nr. der Spalte	b Betrag	c Datum; Uhrzeit ggf. Unterschrift des Verwalters bei Korrektur	Bemerkungen zum Refinanzierungsgegenstand; ggf. Kürzel des Eintragenden
a) lfd. Nr. b) AZ																		

Anhang 5.6
Verordnung über die Erstanzeige von Finanzdienstleistungsinstituten und Wertpapierhandelsbanken nach dem Gesetz über das Kreditwesen (Erstanzeigenverordnung – ErstAnzV)

vom 29. Dezember 1997 (BGBl. I S. 3412)

Auf Grund des § 24 Abs. 4 des Gesetzes über das Kreditwesen, der durch Artikel 1 Nr. 36 des Gesetzes vom 22. Oktober 1997 (BGBl. I S. 2518) neu gefaßt worden ist, in Verbindung mit § 1 der Verordnung zur Übertragung der Befugnis zum Erlaß von Rechtsverordnungen auf das Bundesaufsichtsamt für das Kreditwesen vom 19. Dezember 1997 (BGBl. I S. 3156) verordnet das Bundesaufsichtsamt für das Kreditwesen im Einvernehmen mit der Deutschen Bundesbank nach Anhörung der Spitzenverbände der Institute:

§ 1

Anzeigen nach § 64e Abs. 2 Satz 1 des Gesetzes über das Kreditwesen (KWG) sind bis zum 1. April 1998 nach dem Stand vom 31. Dezember 1997 mit dem Vordruck »Anzeige nach § 64e Abs. 2 Satz 1 KWG (Finanzdienstleistungsinstitute/Wertpapierhandelsbanken)« (Anlage)[1] dem Bundesaufsichtsamt für das Kreditwesen in zweifacher Ausfertigung und der Hauptverwaltung der zuständigen Landeszentralbank in dreifacher Ausfertigung einzureichen. Der Anzeige sind Kopien der von den zuständigen Behörden erteilten Erlaubnisse und vorgenommenen Bestellungen sowie aktuelle Registerauszüge in den für die Anzeige vorgesehenen Ausfertigungen beizufügen.

§ 2

Diese Verordnung tritt am 1. Januar 1998 in Kraft.

---

[1] Die Anlage ist nicht abgedruckt.

Anhang 5.7
Verordnung über die Ergänzungsanzeige von Finanzdienstleistungsinstituten und Wertpapierhandelsbanken nach dem Gesetz über das Kreditwesen (Ergänzungsanzeigenverordnung – ErgAnzV)

vom 29. Dezember 1997 (BGBl. I S. 3415)

Auf Grund des § 24 Abs. 4 des Gesetzes über das Kreditwesen, der durch Artikel 1 Nr. 36 des Gesetzes vom 22. Oktober 1997 (BGBl. I S. 2518) neu gefaßt worden ist, in Verbindung mit § 1 der Verordnung zur Übertragung der Befugnis zum Erlaß von Rechtsverordnungen auf das Bundesaufsichtsamt für das Kreditwesen vom 19. Dezember 1997 (BGBl. I S. 3156) verordnet das Bundesaufsichtsamt für das Kreditwesen im Einvernehmen mit der Deutschen Bundesbank nach Anhörung der Spitzenverbände der Institute:

§ 1 Allgemeine Angaben

Ergänzungsanzeigen nach § 64e Abs. 2 Satz 4 des Gesetzes über das Kreditwesen (KWG) sind dem Bundesaufsichtsamt für das Kreditwesen (Bundesaufsichtsamt) schriftlich in zweifacher Ausfertigung und der Hauptverwaltung der zuständigen Landeszentralbank in dreifacher Ausfertigung einzureichen. Sie müssen folgende Angaben enthalten:
1. Firma, Rechtsform, Sitz unter Angabe der Postadresse, gegebenenfalls Verband, dem das Institut angehört, und Geschäftszweck des Instituts;
2. die Beschreibung der Geschäfte, die fortgeführt werden sollen;
3. die Geschäftsleiter unter Angabe ihrer Wohnadresse und die Zusammensetzung der sonstigen gesetzlichen Organe des Instituts;
4. die an dem Institut gehaltenen bedeutenden Beteiligungen (§ 1 Abs. 9 KWG) unter Angabe der Inhaber, der Höhe und der Struktur dieser Beteiligungen;
5. die von dem Institut gehaltenen unmittelbaren Beteiligungen im Sinne des § 24 Abs. 1 Nr. 3 KWG unter Verwendung des Vordrucks der Anlage 4 zur Anzeigenverordnung;
6. die engen Verbindungen im Sinne des § 1 Abs. 10 KWG unter Verwendung des Vordrucks der Anlage 6 zur Anzeigenverordnung;
7. die inländischen Zweigstellen unter Angabe der Postadresse;
8. die Zweigniederlassungen im Ausland unter Angabe der Postadresse und unter Beifügung einer Kopie der von der zuständigen Aufsichtsbehörde des Aufnahmestaates erteilten Zulassung;
9. den grenzüberschreitenden Dienstleistungsverkehr unter Angabe der betroffenen Staaten und Beschreibung der Dienstleistung; soweit die grenzüberschreitenden Dienstleistungen in einem Staat des Europäischen Wirtschaftsraums erbracht werden, ist die Zulässigkeit dieser Tätigkeiten nachzuweisen.

§ 2 Allgemeine Unterlagen

Der Ergänzungsanzeige nach § 1 sind in der ihr entsprechenden Zahl der Ausfertigungen folgende Unterlagen beizufügen:
1. ein Geschäftsplan, aus dem die Art der Geschäfte, der organisatorische Aufbau und die internen Kontrollverfahren hervorgehen, und ein Organigramm, das insbesondere die Zuständigkeiten der Geschäftsleiter erkennen läßt;

2. beglaubigte Ablichtungen des Gesellschaftsvertrags oder der Satzung, des Beschlusses über die Bestellung der Geschäftsleiter und der Geschäftsordnung für die Geschäftsleitung;
3. bei bereits bilanzierenden Instituten die Jahresabschlüsse der letzten drei vollen Geschäftsjahre (ist das Institut weniger als drei Jahre tätig, sind die fehlenden Unterlagen durch Planbilanzen und Plangewinn- und Planverlustrechnungen zu ersetzen); der Jahresabschluß für das Jahr 1997 ist mit dem Bestätigungsvermerk durch einen Wirtschaftsprüfer, eine Wirtschaftsprüfungsgesellschaft, einen vereidigten Buchprüfer oder eine Buchprüfungsgesellschaft zu versehen;
4. bei bisher nicht bilanzierenden Instituten die Einnahmenüberschußrechnungen der letzten drei vollen Geschäftsjahre (ist das Institut weniger als drei Jahre tätig, sind die fehlenden Unterlagen durch Planbilanzen und Plangewinn- und Planverlustrechnungen zu ersetzen) sowie eine durch einen Wirtschaftsprüfer, eine Wirtschaftsprüfungsgesellschaft, einen vereidigten Buchprüfer oder eine Buchprüfungsgesellschaft mit dem Bestätigungsvermerk versehene Eröffnungsbilanz für das Jahr 1998;
5. die verwendeten Allgemeinen Geschäftsbedingungen sowie Muster der verwendeten Kundenverträge und des Werbematerials;
6. wesentliche Verträge mit Vertriebs- oder sonstigen Kooperationspartnern.

Für die Ergänzungsanzeige gelten § 1 Abs. 1 Satz 2, 3 und 6 und § 8 Satz 2 Nr. 1 und 2 der Anzeigenverordnung entsprechend.

§ 3 Finanzkommissionsgeschäft

Anzeigepflichtige, die das Finanzkommissionsgeschäft (§ 1 Abs. 1 Satz 2 Nr. 4 KWG) betreiben, haben zusätzlich zu den Angaben und Unterlagen nach den §§ 1 und 2 einzureichen:
1. eine Aufzählung der im eigenen Namen und für fremde Rechnung gehandelten Finanzinstrumente im Sinne des § 1 Abs. 11 KWG nach Art und Gattung; verbriefte Finanzinstrumente sind gesondert zu kennzeichnen;
2. eine Beschreibung der angesprochenen Kundenkreise;
3. eine Beschreibung, auf welche Weise das Eigentum an den Finanzinstrumenten auf den Geschäftspartner/Kunden übergeht und ob Gelder (bar oder unbar) oder Wertpapiere des Kunden entgegengenommen werden.

§ 4 Emissionsgeschäft

Anzeigepflichtige, die das Emissionsgeschäft (§ 1 Abs. 1 Satz 2 Nr. 10 KWG) betreiben, haben zusätzlich zu den Angaben und Unterlagen nach den §§ 1 und 2 einzureichen:
1. eine Aufzählung der Finanzinstrumente im Sinne des § 1 Abs. 11 KWG nach Art und Gattung, die im eigenen Namen und für eigene Rechnung plaziert oder für die gleichartige Garantien übernommen werden;
2. eine Beschreibung der angewandten Plazierungsverfahren einschließlich der Angabe der Märkte (Börse, Neuer Markt, Freiverkehr, OTC);
3. eine Beschreibung, auf welche Weise das Eigentum an den emittierten Finanzinstrumenten auf den Geschäftspartner/Kunden übergeht und ob Gelder (bar oder unbar) oder Wertpapiere des Kunden entgegengenommen werden.

§ 5 Anlage- oder Abschlußvermittlung

Anzeigepflichtige, die die Anlage- oder Abschlußvermittlung (§ 1 Abs. 1a Satz 2 Nr. 1 oder 2 KWG) betreiben, haben zusätzlich zu den Angaben und Unterlagen nach den §§ 1 und 2 einzureichen:
1. eine Aufzählung der Finanzinstrumente im Sinne des § 1 Abs. 11 KWG nach Art und Gattung, die im fremden Namen für fremde Rechnung angeschafft oder veräußert werden oder deren Anschaffung oder Veräußerung vermittelt wird oder in denen Geschäfte nachgewiesen werden;
2. eine Beschreibung der angesprochenen Kundenkreise;
3. eine Beschreibung des Vermittlungsablaufes, insbesondere auf welche Weise die Kunden geworben werden oder ob im Zuge der Vermittlung Gelder (bar oder unbar) oder Finanzinstrumente des Kunden entgegengenommen werden und wie viele Vermittler in den Ablauf eingeschaltet sind;
4. Name und Sitz des kontoführenden Instituts.

Anlage- oder Abschlußvermittler, die auf eigene Rechnung handeln, haben außerdem die in § 7 Nr. 1 geforderten Angaben zu machen.

§ 6 Finanzportfolioverwaltung

Anzeigepflichtige, welche die Finanzportfolioverwaltung (§ 1 Abs. 1a Satz 2 Nr. 3 KWG) anbieten, haben zusätzlich zu den Angaben und Unterlagen nach den §§ 1 und 2 einzureichen:
1. eine Aufzählung der Finanzinstrumente im Sinne des § 1 Abs. 11 KWG nach Art und Gattung, die im Rahmen der Verwaltung angeschafft oder veräußert werden; Angaben darüber, ob Kundengelder bar oder unbar entgegengenommen werden;
2. eine Beschreibung der angesprochenen Kundenkreise, insbesondere die Angabe eventueller Mindestdepotgrenzen;
3. eine Aufzählung der Verwahrer der verwalteten Finanzinstrumente;
4. eine Beschreibung der Form der Verwahrung.

Finanzportfolioverwalter, die auf eigene Rechnung handeln, haben außerdem die in § 7 Nr. 1 geforderten Angaben zu machen.

§ 7 Eigenhandel

Anzeigepflichtige, die den Eigenhandel (§ 1 Abs. 1a Satz 2 Nr. 4 KWG) betreiben, haben zusätzlich zu den Angaben und Unterlagen nach den §§ 1 und 2 einzureichen:
1. eine Aufzählung der Finanzinstrumente im Sinne des § 1 Abs. 11 KWG nach Art und Gattung, die im Wege des Eigenhandels angeschafft und veräußert werden;
2. eine Beschreibung der angesprochenen Kundenkreise;
3. eine Beschreibung, auf welche Weise das Eigentum an den verkauften Finanzinstrumenten auf den Geschäftspartner/Kunden übergeht und ob Gelder (bar oder unbar) oder Wertpapiere des Kunden entgegengenommen werden.

§ 8 Drittstaateneinlagenvermittlung

Anzeigepflichtige, die Einlagen in Drittstaaten vermitteln (§ 1 Abs. 1a Satz 2 Nr. 5 KWG), haben zusätzlich zu den Angaben und Unterlagen nach den §§ 1 und 2 einzureichen:

1. eine Aufstellung der Unternehmen in Drittstaaten, an welche die Einlagen vermittelt werden mit Angaben darüber, ob diese Unternehmen in ihrem Sitzland einer Solvenzaufsicht unterliegen, welche Behörde diese Aufsicht wahrnimmt und ob, durch wen und in welcher Höhe die Einlagen gesichert sind;
2. eine Beschreibung des Vermittlungswegs mit Angaben darüber, wie die Unternehmen die Einlagen entgegennehmen und in den Besitz des Geldes kommen und ob der Vermittler selbst Bargeld entgegennimmt;
3. die Angabe der Währung, in der die Einlage erbracht wird.

§ 9 Finanztransfergeschäft

Anzeigepflichtige, die das Finanztransfergeschäft (§ 1 Abs. 1a Satz 2 Nr. 6 KWG) betreiben, haben zusätzlich zu den Angaben und Unterlagen nach den §§ 1 und 2 einzureichen:
1. eine Aufstellung der Unternehmen, für die Agenturtätigkeiten durchgeführt werden oder die im Rahmen der Durchführung des Finanztransfergeschäftes eingeschaltet werden, unter Angabe ihres Status (Einlagenkreditinstitut, Finanzinstitut, sonstiges Unternehmen) und ihrer Anschrift;
2. eine Beschreibung des regelmäßigen Ablaufs des Finanztransfers samt seiner technischen Durchführung unter Angabe des genauen Transferwegs, getrennt nach Empfänger-/Auftraggeberseite; Art und Weise der Durchführung des Clearings; bei körperlichem Transport von Bargeld die Vermögensschadenhaftpflichtdeckung und die verwendeten Kontroll- und Sicherheitsverfahren;
3. eine Beschreibung des angesprochenen Kundenkreises mit Angabe des Anteils der Dauerkunden im Verhältnis zu Gelegenheitskunden;
4. eine Aufstellung sonstiger Geschäftstätigkeiten außerhalb des Finanztransfergeschäftes mit Angabe ihres jeweiligen Umfangs.

§ 10 Sortenhandel

Anzeigepflichtige, die den Sortenhandel (§ 1 Abs. 1a Satz 2 Nr. 7 KWG) betreiben, haben zusätzlich zu den Angaben und Unterlagen nach den §§ 1 und 2 einzureichen:
1. eine Beschreibung des Kundenkreises mit Angabe des Anteils der Dauerkunden im Verhältnis zu Gelegenheitskunden;
2. eine Aufzählung der Unternehmen, die im Rahmen der Durchführung des Sortenhandels eingeschaltet werden;
3. eine Aufstellung sonstiger Geschäftstätigkeiten außerhalb des Sortenhandels mit Angabe ihres jeweiligen Umfangs.

§ 11 Inkrafttreten

Diese Verordnung tritt am 1. Januar 1998 in Kraft.

**Anhang 5.8
Erläuterungsblatt des Bundesaufsichtsamtes für das Kreditwesen zur Verordnung über die Ergänzungsanzeige von Finanzdienstleistungsinstituten und Wertpapierhandelsbanken nach § 64e Abs. 2 Satz 4 des Gesetzes über das Kreditwesen (Ergänzungsanzeigenverordnung – ErgAnzV) vom 29. Dezember 1997 (BGBl. I S. 3415)**

– Stand: 30. Januar 1998 –

Vorbemerkung zu den §§ 1 und 2 ErgAnzV

In der Ergänzungsanzeigenverordnung wird an mehreren Stellen auf die **Anzeigenverordnung** und deren Vordrucke Bezug genommen. Hierbei handelt es sich um die Verordnung über die Anzeigen und die Vorlage von Unterlagen nach dem Gesetz über das Kreditwesen (Anzeigenverordnung – AnzV –) vom 29. Dezember 1997 (BGBl. I S. 3372). Die Vordrucke für die jeweils zu erstattenden Anzeigen sind bei der Bank-Verlag GmbH, 50771 Köln, Postfach 300191, Tel.: 0221/54900, erhältlich. Diese Verordnung und Texte weiterer bankaufsichtlicher Verordnungen finden Sie im Internet unter der Adresse http://www.bakred.de (Homepage des Bundesaufsichtsamtes für das Kreditwesen).

Zu § 1 ErgAnzV:

Nr. 1: Hier ist auch das Gründungsdatum bzw. der Beginn der angezeigten Tätigkeiten anzugeben, soweit nicht aus dem übersandten Handelsregisterauszug/der Gewerbeanmeldung ersichtlich.

Nr. 2: Die fortgeführten Geschäfte sollen *ausführlich* beschrieben werden unter (ggf. beispielhafter) Darstellung der Art und Weise der Abwicklung.
Wurde in der Erstanzeige die Position 500 angekreuzt, ist ferner detailliert zu schildern, in welcher Weise die Befugnis besteht, sich bei der Erbringung von Finanzdienstleistungen Eigentum oder Besitz an Geldern oder Wertpapieren von Kunden zu verschaffen unter Beifügung sämtlicher (Muster-)Verträge.

Nr. 3: Neben den gesetzlichen Organen bitte hier auch freiwillige Organe wie z. B. ein Aufsichtsrat bei einer GmbH, Verwaltungsrat oder Beirat angeben unter Nennung der Mitglieder dieser Organe (Namen und Adressen).

Nr. 4: Hierzu kann der Vordruck gem. § 12 AnzV über Anzeigen nach § 24 Abs. 1 Nr. 11 KWG (Anlage 5 zur AnzV) verwendet werden.

Nr. 5: § 9 AnzV: Vordruck »Anzeige nach § 24 Abs. 1 Nr. 3 KWG« (Anlage 4 zur AnzV).

Nr. 6: § 13 AnzV: Vordruck »Anzeige nach § 24 Abs. 1 Nr. 13 KWG« (Anlage 6 zur AnzV)

Nr. 7: Als Zweigstelle ist hier jede örtliche dauerhafte Geschäftsstelle anzusehen bzw. jeder Ort, von dem aus Dienstleistungen dauerhaft erbracht werden, wobei nicht erforderlich ist, daß jeweils *alle* zur Durchführung der Geschäfte erforderlichen Handlungen vorgenommen werden.

Nr. 8: Gilt in erster Linie nur für Wertpapierhandelsunternehmen, d. h. Institute, die keine Einlagenkreditinstitute sind und die Bankgeschäfte im Sinne von § 1 Abs. 1 Satz 2 Nr. 4 oder 10 KWG (§§ 3 und 4 der ErgAnzV) betreiben oder Finanzdienstleistungen gemäß § 1 Abs. 1a Satz 2 Nrn. 1 bis 4 KWG (§§ 5 bis 7 der ErgAnzV) erbringen, es sei denn, die Bankgeschäfte oder Finanzdienstleistungen beschränken sich auf Devisen, Rechnungseinheiten oder Derivate im

Sinne von § 1 Abs. 11 Satz 4 Nr. 5 KWG.[1] Von allen anderen Unternehmen werden diese Angaben jedoch ebenfalls als Bestandsanzeige i. S. v. § 24 Abs. 1 a Satz 1 Nr. 3 KWG benötigt. Wenn keine Zulassung der Gastlandaufsicht vorliegt, sind hier auch die Gründe hierfür darzulegen.

Nr. 9: siehe Nr. 8.

Zu § 2 Satz 1 ErgAnzV:

Nr. 1: Bei Art der Geschäfte sollen auch die nicht anzeigepflichtigen, jedoch fortgeführten Geschäfte möglichst eingehend beschrieben werden. Die Beschreibung der internen Kontrollverfahren muß auch die Verfahren zur Sicherstellung der Verpflichtungen aus dem KWG und dem Wertpapierhandelsgesetz (WpHG) enthalten. Das Organigramm sollte auch die Personalstärke der einzelnen Organisationseinheiten angeben und aktuellen Datums sein.

Sofern Geschäfts- oder Funktionsbereiche, die für die Durchführung der Finanzdienstleistungen wesentlich sind, auf ein anderen Unternehmen ausgelagert worden sind bzw. die Absicht der Auslagerung in absehbarer Zeit besteht, ist dieser Umstand anzugeben und unter Beachtung von § 25 a Abs. 2 Satz 1 und 2 KWG zu schildern.

Nr. 3: Sollte der letzte Jahresabschluß oder die Eröffnungsbilanz nicht in bestätigter Form innerhalb der Drei-Monats-Frist gem. § 64 e Abs. 2 Satz 4 KWG beigebracht werden können, ist der Ergänzungsanzeige ein entsprechender untestierter Status beizufügen. Der testierte Abschluß bzw. die testierte Eröffnungsbilanz ist dann unverzüglich (bis spätestens 30. September 1998) nachzureichen. Bei den Plangewinn- und Verlustrechnungen sind insbesondere auch die erwarteten Kosten gem. § 10 Abs. 9 Satz 1 KWG anzugeben (siehe auch Hinweis unter Kapitalanforderungen Punkt 4).

Nr. 4: siehe Nr. 3.

Zu § 2 Satz 2 ErgAnzV:

In diesem Satz wird auf die Pflicht zur Vorlage der notwendigen Unterlagen (insbesondere Lebensläufe) zur Beurteilung der zur Leitung des Instituts erforderlichen *fachlichen Eignung* der Inhaber, der Geschäftsleiter und bei Wertpapierhandelsunternehmen in der Rechtsform eines Einzelkaufmannes des Vertreters (siehe Anmerkung unten) hingewiesen.

Mit § 8 Satz 2 Nr. 1 AnzV ist gemeint: ein lückenloser, unterzeichneter Lebenslauf, der sämtliche Vornamen, den Geburtsnamen, den Geburtstag, den Geburtsort, die Geburtsnamen der Eltern, die Privatanschrift und die Staatsangehörigkeit, eine eingehende Darlegung der fachlichen Vorbildung, die Namen aller Unternehmen, für die diese Person tätig gewesen ist, und Angaben zur Art der jeweiligen Tätigkeit, einschließlich Nebentätigkeiten, mit Ausnahme ehrenamtlicher, enthalten muß; bei der Art der jeweiligen Tätigkeit sind insbesondere die Vertretungsmacht dieser Person, ihre internen Entscheidungskompetenzen und die ihr innerhalb des Unternehmens unterstellten Geschäftsbereiche (einschließlich der darin tätigen Mitarbeiter) darzulegen. Der Lebenslauf sollte zumindest durch die Zeugnisse der in den letzten drei Jahren beendeten Beschäftigungsverhältnisse und ggf. Referenzen ergänzt werden.

Ferner wird auf die Einreichungspflichten der zur Beurteilung der *Zuverlässigkeit* des Anzeigepflichtigen und der Inhaber bedeutender Beteiligungen, der Geschäfts-

---

1 Als Festgeschäfte oder Optionsgeschäfte ausgestaltete Termingeschäfte, deren Preis unmittelbar oder mittelbar abhängt von dem Börsen- oder Marktpreis von Waren und Edelmetallen.

leiter und bei Wertpapierhandelsunternehmen in der Rechtsform eines Einzelkaufmannes des Vertreters (§ 2a Abs. 2 Satz 2 KWG) erforderlichen Erklärungen hingewiesen.

§ 8 Satz 2 Nr. 2 AnzV verlangt eine Erklärung dieser Personen, ob gegen sie ein Strafverfahren schwebt, ob ein Strafverfahren wegen eines Verbrechens oder Vergehens gegen sie anhängig gewesen ist oder ob sie oder ein von ihr geführtes Unternehmen als Schuldner in ein Insolvenzverfahren oder in ein Verfahren zur Abgabe einer eidesstattlichen Versicherung oder in vergleichbare Verfahren verwickelt war oder ist.

Geschäftsleiter haben ferner ihre Beteiligungen nach § 24 Abs. 3 KWG mit dem Vordruck »Anzeige nach § 24 Abs. 3 KWG« (Anlage 8 der AnzV) anzuzeigen.

ANMERKUNGEN Bei Wertpapierhandelsunternehmen in der Rechtsform eines Einzelkaufmannes hat der Inhaber angemessene Vorkehrungen zum Schutz der Kunden für den Fall zu treffen, dass aufgrund seines Todes, seiner Geschäftsunfähigkeit oder aus anderen Gründen das Institut seine Geschäftstätigkeit einstellt (§ 2a Abs. 2 Satz 2 KWG). Ein Nachweis über die getroffenen Vorkehrungen hat insbesondere die Einwilligung des darin genannten *Vertreters* zu enthalten; dieser muss *ebenfalls fachlich geeignet und zuverlässig* sein (vgl. § 34 Abs. 2 KWG).

Vorbemerkung zu §§ 3 bis 7 ErgAnzV

Hier werden jeweils *Art und Gattung* der Finanzinstrumente erfragt, in denen Wertpapierdienstleistungen erbracht werden. Unter Art ist hier die Grobspezifizierung (z.B. festverzinsliche Wertpapiere, Aktien, Optionen, Swaps etc.) und unter Gattung die Feinspezifizierung (z.B. Bundesanleihen mit 10jähriger Laufzeit, DAX-Werte, Zinsswaps etc.) zu verstehen.

Unter Beschreibung der Geschäftspartner und Kunden sind Angaben zur Kundenstruktur des Instituts zu verstehen: z.B. Unternehmen des Finanzdienstleistungssektors (Banken, Versicherungen etc.), Industrieunternehmen oder Privatkunden. Darüber hinaus sind zu diesen Gruppen existierende weitere Abgrenzungskriterien, wie z.B. Branche (bei Industrieunternehmen) oder Berufsgruppen (Ärzte, Makler etc.) und Mindestdepotvolumen anzugeben.

Zu § 3 ErgAnzV:

Nr. 1: Bei verbrieften Finanzinstrumenten sind auch Derivate anzuführen, die sich auf verbriefte Wertpapiere beziehen.
Nr. 3: Hier ist der Geldfluß auch dann zu erläutern, wenn die Wertpapierhandelsbank in den Geldfluß nicht unmittelbar eingeschaltet ist.

Zu § 5 Satz 2 ErgAnzV:

Betreibt das Finanzdienstleistungsinstitut den Handel mit Finanzinstrumenten auf eigene Rechnung (Position 600 angekreuzt), ist – neben den Angaben nach § 7 Nr. 1 ErgAnzV – ausführlich auf die Art und Weise dieser Tätigkeit einzugehen.

Zu § 6 Satz 1 Nr. 4 ErgAnzV:

Hier ist auch der jeweilige Vollmachtsumfang unter Beifügung der ggf. verwendeten Mustervollmachten anzugeben. Bei der Angabe der Verwahrer der Finanzinstrumente ist ferner mitzuteilen, ob diese Institute einem Einlagensicherungs- oder Anlegerentschädigungssystem angehören.

Zu § 6 Satz 2 ErgAnzV:

siehe Erläuterungen zu § 5 Satz 2

Zu § 10 Satz 1 Nr. 2 ErgAnzV:

Hier sind insbesondere diejenigen Unternehmen, von denen das Institut die Sorten bezieht bzw. an die es seine Bestände verkauft, anzugeben.

Kapitalanforderungen

- Die Vorschriften über das Anfangskapital (§ 33 Abs. 1 Satz 1 Nr. 1 Buchstaben a bis c KWG) sowie die Anzeigepflicht des Absinkens des Anfangskapitals unter die Mindestanforderungen (24 Abs. 1 Nr. 10 KWG) sind auf Institute, für die eine Erlaubnis nach § 64e Abs. 2 KWG als erteilt gilt, erst **ab dem 1. Januar 2003** anzuwenden (§ 64e Abs. 3 Satz 1 KWG). Solange das Anfangskapital geringer ist als in § 33 Abs. 1 KWG gefordert, darf es den Durchschnittswert der jeweils sechs vorangehenden Monate nicht überschreiten (§ 64 Abs. 3 Satz 2 KWG). Bei einem Unterschreiten kann das Bundesaufsichtsamt die Erlaubnis aufheben (§ 64e Abs. 3 Satz 3 KWG).
  Als Grundlage für die Berechnung des Anfangskapitals *(bis Ende 2002)* ist der durch einen Wirtschaftsprüfer, eine Wirtschaftsprüfungsgesellschaft, einen vereidigten Buchprüfer[1] oder eine Buchprüfungsgesellschaft (Prüfer) testierte Jahresabschluß 1997 einzureichen. Falls ein testierter Abschluß zum 31. Dezember 1997 nicht vorliegt, ist der Abschluß für 1996 und ein Status per 31. Dezember 1997 einzureichen, aus dem das Anfangskapital hervorgeht. Bei abweichenden Angaben wird das jeweils niedrigere Kapital herangezogen. Der testierte Jahresabschluß 1997 ist ggf. unverzüglich nachzureichen. Bei den bisher nicht bilanzierungspflichtigen Kaufleuten, die in der Vergangenheit lediglich Einnahmenüberschußrechnungen erstellt haben, ist zusätzlich eine *nach den Vorschriften der Verordnung über die Rechnungslegung der Kreditinstitute und Finanzdienstleistungsinstitute* gegliederte und von einem Prüfer testierte Eröffnungsbilanz für das Jahr 1998 vorzulegen (§ 2 Satz 1 Nr. 4 ErgAnzV).
- Bei Wertpapierhandelsunternehmen in der Rechtsform eines Einzelkaufmannes oder der Personenhandelsgesellschaft hat der Inhaber oder Gesellschafter sein Privatvermögen nach handelsrechtlichen Grundsätzen zu bilanzieren. Die in dieser Bilanz enthaltenen Risikoaktiva des Inhabers oder der persönlich haftenden Gesellschafter (z.B. Privatkredite an Dritte) sind in der Beurteilung der Solvenz des Instituts im Rahmen des Grundsatzes I ab 1. Januar 1999 einzubeziehen (§ 2a Abs. 2 KWG).
- Ein Wertpapierhandelsunternehmen muß jedoch bereits ab dem **1. Januar 1998** Eigenmittel aufweisen, die mindestens einem Viertel seiner Kosten entsprechen, die in der Gewinn- und Verlustrechnung des letzten Jahresabschlusses (in der Regel Jahresabschluß 1997, siehe oben) unter den Personalaufwendungen, den sonstigen

---

1 Gem. § 340k Abs. 4 in Verbindung mit § 319 Abs. 1 Satz 2 HGB können bei Finanzdienstleistungsinstituten, deren Bilanzsumme am Stichtag 300 Millionen Deutsche Mark nicht übersteigt, auch die vereidigten Buchprüfer und Buchprüfungsgesellschaften die Abschlußprüfung vornehmen.

betrieblichen Aufwendungen sowie den Abschreibungen und Wertberichtigungen auf immaterielle Anlagewerte und Sachanlagen ausgewiesen sind (§ 10 Abs. 9 KWG).

Mindestkapital (ab 1. Januar 2003)

- Für Finanzdienstleistungsinstitute, die lediglich Finanzdienstleistungen gem. § 1 Abs. 1a Satz 2 Nr. 5 bis 7 KWG, d.h. die Drittstaateneinlagenvermittlung, das Finanztransfergeschäft und das Sortengeschäft, erbringen, ist *kein* Anfangskapital im Sinne eines Mindestkapitals erforderlich.
- Finanzdienstleistungsinstitute, die lediglich Finanzdienstleistungen gem. § 1 Abs. 1a Satz 2 Nr. 1 bis 3 KWG, d.h. die Anlagevermittlung, die Abschlußvermittlung und die Finanzportfolioverwaltung, erbringen, die dabei nicht befugt sind, sich bei der Erbringung von Finanzdienstleistungen Eigentum oder Besitz an Geldern oder Wertpapieren von Kunden zu verschaffen, und die nicht auf eigene Rechnung mit Finanzinstrumenten handeln, haben ein Kapital im Sinne von § 10 Abs. 2a Satz 1 Nr. 1 bis 7 KWG im Gegenwert von mindestens 50 000 ECU nachzuweisen (§ 33 Abs. 1 Satz 1 Nr. 1a KWG).

HINWEIS Bei einem Anlagevermittler oder Abschlußvermittler, der nicht befugt ist, sich bei der Erbringung von Finanzdienstleistungen Eigentum oder Besitz an Geldern oder Wertpapieren von Kunden zu verschaffen, und der nicht auf eigene Rechnung mit Finanzinstrumenten handelt, sind die Vorschriften über das Anfangskapital nicht anzuwenden, wenn er den Abschluß einer geeigneten Versicherung zum Schutz der Kunden nachweist (§ 33 Abs. 1 Satz 2 KWG).

- Für Finanzdienstleistungsinstrumente, die Finanzdienstleistungen gem. § 1 Abs. 1a Satz 2 Nrn. 1 bis 3 KWG, d.h. die Anlagevermittlung, die Abschlußvermittlung und die Finanzportfoliovermittlung erbringen und dabei befugt sind, sich bei der Erbringung von Finanzdienstleistungen Eigentum oder Besitz an Geldern oder Wertpapieren von Kunden zu verschaffen und die nicht auf eigene Rechnung mit Finanzinstrumenten handeln, ist ein Kapital im Sinne von § 10 Abs. 2a Satz 1 Nrn. 1 bis 7 KWG von mindestens 125 000 ECU erforderlich (§ 33 Abs. 1 Satz 1 Nr. 1b KWG).
- Finanzdienstleistungsinstitute, die auf eigene Rechnung mit Finanzinstrumenten handeln, sowie Wertpapierhandelsbanken[1] haben ein Kapital im Sinne von § 10 Abs. 2a Satz 1 Nrn. 1 bis 7 KWG im Gegenwert von mindestens 730 000 ECU nachzuweisen (§ 33 Abs. 1 Satz 1 Nr. 1c KWG).
- Das Bundesaufsichtsamt wird jeweils von Fall zu Fall zu entscheiden haben, ob ein haftendes Eigenkapital in Höhe der genannten Beträge auch tatsächlich ausreichend ist und der konkreten Situation des neuen Instituts gerecht wird.

---

[1] Wertpapierhandelsbanken sind Kreditinstitute, die keine Einlagenkreditinstitute sind und die Bankgeschäfte im Sinne des § 1 Abs. 2 Satz 2 Nr. 4 oder 10 KWG betreiben oder Finanzdienstleistungen im Sinne des § 1 Abs. 1a Satz 2 Nr. 1 bis 4 KWG erbringen.

Anhang 5.9
Verordnung über die Rechnungslegung der Kreditinstitute und Finanzdienstleistungsinstitute (Kreditinstituts-Rechnungslegungsverordnung – RechKredV)[1]

vom 10. Februar 1992 (BGBl. I S. 203), in der Fassung der Bekanntmachung vom 11. Dezember 1998 (BGBl. I S. 3658), zuletzt geändert durch Artikel 6 Abs. 6 des Gesetzes vom 28. August 2013 (BGBl. I S. 3453)

Inhaltsübersicht

Abschnitt 1:
Anwendungsbereich

Anwendungsbereich . . . . § 1

Abschnitt 2:
Bilanz und Gewinn- und Verlustrechnung

Formblätter. . . . . § 2
Unterposten . . . . § 3
Nachrangige Vermögensgegenstände und Schulden . . . . § 4
Gemeinschaftsgeschäfte . . . . § 5
Treuhandgeschäfte. . . . . § 6
Wertpapiere . . . . § 7
Restlaufzeit. . . . . § 8
Fristengliederung. . . . . § 9
Verrechnung. . . . . § 10
Anteilige Zinsen . . . . § 11

Abschnitt 3:
Vorschriften zu einzelnen Posten der Bilanz
(Formblatt 1)

Unterabschnitt 1
Posten der Aktivseite

Barreserve (Nr. 1) . . . . § 12
Schuldtitel öffentlicher Stellen und Wechsel,
die zur Refinanzierung bei Zentralnotenbanken zugelassen sind (Nr. 2) . . . . . § 13
Forderungen an Kreditinstitute (Nr. 3) . . . . § 14

---

[1] Diese Verordnung dient der Umsetzung der Richtlinie 86/635/EWG des Rates vom 8. Dezember 1986 über den Jahresabschluß und den konsolidierten Abschluß von Banken und anderen Finanzinstituten (ABl. EG Nr. L 372 S. 1) und der Richtlinie 89/117/EWG des Rates vom 13. Februar 1989 über die Pflichten der in einem Mitgliedstaat eingerichteten Zweigniederlassungen von Kreditinstituten und Finanzinstituten mit Sitz außerhalb dieses Mitgliedstaats zur Offenlegung von Jahresabschlußunterlagen (ABl. EG Nr. L 44 S. 40).

Forderungen an Kunden (Nr. 4) .... § 15
Schuldverschreibungen und andere festverzinsliche Wertpapiere (Nr. 5) ..... § 16
Aktien und andere nicht festverzinsliche Wertpapiere (Nr. 6) .... § 17
Beteiligungen (Nr. 7) .... § 18
Ausgleichsforderungen gegen die öffentliche Hand einschließlich
Schuldverschreibungen aus deren Umtausch (Nr. 10) .... § 19
Sonstige Vermögensgegenstände (Nr. 14) .... § 20

Unterabschnitt 2
Posten der Passivseite

Verbindlichkeiten gegenüber Kreditinstituten (Nr. 1),
Verbindlichkeiten gegenüber Kunden (Nr. 2) .... § 21
Verbriefte Verbindlichkeiten (Nr. 3) .... § 22
Rechnungsabgrenzungsposten (Nr. 6) .... § 23
Rückstellungen (Nr. 7) .... § 24
Eigenkapital (Nr. 12) .... § 25
Eventualverbindlichkeiten (Nr. 1 unter dem Strich) .... § 26
Andere Verpflichtungen (Nr. 2 unter dem Strich) .... § 27

Abschnitt 4:
Vorschriften zu einzelnen Posten der Gewinn- und
Verlustrechnung (Formblätter 2 und 3)

Zinserträge (Formblatt 2 Spalte Erträge Nr. 1, Formblatt 3 Nr. 1) .... § 28
Zinsaufwendungen (Formblatt 2 Spalte Aufwendungen Nr. 1,
Formblatt 3 Nr. 2) .... § 29
Provisionserträge (Formblatt 2 Spalte Erträge Nr. 4, Formblatt 3 Nr. 5),
Provisionsaufwendungen (Formblatt 2 Spalte Aufwendungen Nr. 2,
Formblatt 3 Nr. 6) .... § 30
Allgemeine Verwaltungsaufwendungen (Formblatt 2 Spalte Aufwendungen
Nr. 4, Formblatt 3 Nr. 10) .... § 31
Abschreibungen und Wertberichtigungen auf Forderungen und
bestimmte Wertpapiere sowie Zuführungen zu Rückstellungen im
Kreditgeschäft (Formblatt 2 Spalte Aufwendungen Nr. 7, Formblatt 3
Nr. 13), Erträge aus Zuschreibungen zu Forderungen und bestimmten
Wertpapieren sowie aus der Auflösung von Rückstellungen im
Kreditgeschäft (Formblatt 2 Spalte Erträge Nr. 6, Formblatt 3 Nr. 14) .... § 32
Abschreibungen und Wertberichtigungen auf Beteiligungen, Anteile an
verbundenen Unternehmen und wie Anlagevermögen behandelte
Wertpapiere (Formblatt 2 Spalte Aufwendungen Nr. 8, Formblatt 3 Nr. 15),
Erträge aus Zuschreibungen zu Beteiligungen, Anteilen an verbundenen
Unternehmen und wie Anlagevermögen behandelten Wertpapiere
(Formblatt 2 Spalte Erträge Nr. 7, Formblatt 3 Nr. 16) .... § 33

Abschnitt 5:
Anhang

Zusätzliche Erläuterungen .... § 34
Zusätzliche Pflichtangaben .... § 35
Termingeschäfte .... § 36

Abschnitt 6:
Konzernrechnungslegung

Konzernrechnungslegung . . . . § 37

Abschnitt 7:
Ordnungswidrigkeiten

Ordnungswidrigkeiten . . . . § 38

Abschnitt 8:
Schlußvorschriften

Übergangsvorschriften . . . . § 39
(Inkrafttreten, Aufhebung von Rechtsvorschriften) . . . . § 40

Abschnitt 1:
Anwendungsbereich

§ 1 Anwendungsbereich

Diese Verordnung ist auf Institute (Kreditinstitute und Finanzdienstleistungsinstitute) sowie Zweigstellen anzuwenden, für die nach § 340 Abs. 1 Satz 1 und Abs. 4 Satz 1 des Handelsgesetzbuchs der Vierte Abschnitt des Dritten Buchs des Handelsgesetzbuchs anzuwenden ist. Diese Verordnung ist auf Wohnungsunternehmen mit Spareinrichtung nicht anzuwenden.

Abschnitt 2:
Bilanz und Gewinn- und Verlustrechnung

§ 2 Formblätter

(1) Institute haben an Stelle des § 266 des Handelsgesetzbuchs über die Gliederung der Bilanz das anliegende Formblatt 1 und an Stelle des § 275 des Handelsgesetzbuchs[1] über die Gliederung der Gewinn- und Verlustrechnung das anliegende Formblatt 2 (Kontoform) oder 3 (Staffelform) anzuwenden, soweit für bestimmte Arten von Instituten nachfolgend sowie in den Fußnoten zu den Formblättern nichts anderes vorgeschrieben ist. Kreditinstitute mit Bausparabteilung haben die für Bausparkassen vorgesehenen besonderen Posten in ihre Bilanz und in ihre Gewinn- und Verlustrechnung zu übernehmen.

(2) Die mit kleinen Buchstaben versehenen Posten der Bilanz und der Gewinn- und Verlustrechnung können zusammengefaßt ausgewiesen werden, wenn
1. sie einen Betrag enthalten, der für die Vermittlung eines den tatsächlichen Verhältnissen entsprechenden Bildes im Sinne des § 264 Abs. 2 des Handelsgesetzbuchs[1] nicht erheblich ist, oder
2. dadurch die Klarheit der Darstellung vergrößert wird; in diesem Falle müssen die zusammengefaßten Posten jedoch im Anhang gesondert ausgewiesen werden.

Satz 1 ist auf die der Deutschen Bundesbank und der Bundesanstalt für Finanzdienstleistungsaufsicht einzureichenden Bilanzen und Gewinn- und Verlustrechnungen nicht anzuwenden.

§ 3 Unterposten

Als Unterposten sind im Formblatt jeweils gesondert auszuweisen:
1. die verbrieften und unverbrieften Forderungen an verbundene Unternehmen zu den Posten »Forderungen an Kreditinstitute« (Aktivposten Nr. 3), »Forderungen an Kunden« (Aktivposten Nr. 4) und »Schuldverschreibungen und andere festverzinsliche Wertpapiere« (Aktivposten Nr. 5);
2. die verbrieften und unverbrieften Forderungen an Unternehmen, mit denen ein Beteiligungsverhältnis besteht, zu den Posten »Forderungen an Kreditinstitute« (Aktivposten Nr. 3), »Forderungen an Kunden« (Aktivposten Nr. 4) und »Schuldverschreibungen und andere festverzinsliche Wertpapiere« (Aktivposten Nr. 5);
3. die verbrieften und unverbrieften Verbindlichkeiten gegenüber verbundenen Unternehmen zu den Posten »Verbindlichkeiten gegenüber Kreditinstituten« (Pas-

sivposten Nr. 1), »Verbindlichkeiten gegenüber Kunden« (Passivposten Nr. 2), »Verbriefte Verbindlichkeiten« (Passivposten Nr. 3) und »Nachrangige Verbindlichkeiten« (Passivposten Nr. 9);
4. die verbrieften und unverbrieften Verbindlichkeiten gegenüber Unternehmen, mit denen ein Beteiligungsverhältnis besteht, zu den Posten »Verbindlichkeiten gegenüber Kreditinstituten« (Passivposten Nr. 1), »Verbindlichkeiten gegenüber Kunden« (Passivposten Nr. 2), »Verbriefte Verbindlichkeiten« (Passivposten Nr. 3) und »Nachrangige Verbindlichkeiten« (Passivposten Nr. 9).

Die Angaben nach Satz 1 können statt in der Bilanz im Anhang in der Reihenfolge der betroffenen Posten gemacht werden.

§ 4 Nachrangige Vermögensgegenstände und Schulden

(1) Vermögensgegenstände und Schulden sind als nachrangig auszuweisen, wenn sie als Forderungen oder Verbindlichkeiten im Falle der Liquidation oder der Insolvenz erst nach den Forderungen der anderen Gläubiger erfüllt werden dürfen.

(2) Nachrangige Vermögensgegenstände sind auf der Aktivseite bei dem jeweiligen Posten oder Unterposten gesondert auszuweisen. Die Angaben können statt in der Bilanz im Anhang in der Reihenfolge der betroffenen Posten gemacht werden.

§ 5 Gemeinschaftsgeschäfte

Wird ein Kredit von mehreren Kreditinstituten gemeinschaftlich gewährt (Gemeinschaftskredit), so hat jedes beteiligte oder unterbeteiligte Kreditinstitut nur seinen eigenen Anteil an dem Kredit in die Bilanz aufzunehmen, soweit es die Mittel für den Gemeinschaftskredit zur Verfügung gestellt hat. Übernimmt ein Kreditinstitut über seinen eigenen Anteil hinaus die Haftung für einen höheren Betrag, so ist der Unterschiedsbetrag als Eventualverbindlichkeit auf der Passivseite der Bilanz unter dem Strich zu vermerken. Wird von einem Kreditinstitut lediglich die Haftung für den Ausfall eines Teils der Forderung aus dem Gemeinschaftskredit übernommen, so hat das kreditgebende Kreditinstitut den vollen Kreditbetrag auszuweisen, das haftende Kreditinstitut seinen Haftungsbetrag in der Bilanz im Unterposten »Verbindlichkeiten aus Bürgschaften und Gewährleistungsverträgen« (Passivposten unter dem Strich Nr. 1 Buchstabe b) zu vermerken. Die Sätze 1 und 2 sind entsprechend anzuwenden, wenn Kreditinstitute Wertpapiere oder Beteiligungen gemeinschaftlich erwerben.

§ 6 Treuhandgeschäfte

(1) Vermögensgegenstände und Schulden, die ein Institut im eigenen Namen, aber für fremde Rechnung hält, sind in seine Bilanz aufzunehmen. Die Gesamtbeträge sind in der Bilanz unter den Posten »Treuhandvermögen« (Aktivposten Nr. 9) und »Treuhandverbindlichkeiten« (Passivposten Nr. 4) auszuweisen und im Anhang nach den Aktiv- und Passivposten des Formblatts aufzugliedern. Als Gläubiger gilt bei hereingenommenen Treuhandgeldern die Stelle, der das bilanzierende Kreditinstitut die Gelder unmittelbar schuldet. Als Schuldner gilt bei Treuhandkrediten die Stelle, an die das bilanzierende Kreditinstitut die Gelder unmittelbar ausreicht.

(2) Kredite sind unter den Voraussetzungen des Absatzes 1 in der Bilanz im Vermerk »darunter: Treuhandkredite« bei Aktivposten Nr. 9 und bei Passivposten Nr. 4 auszuweisen.

(3) Vermögensgegenstände und Schulden, die ein Institut im fremden Namen für fremde Rechnung hält, dürfen in seine Bilanz nicht aufgenommen werden.

(4) Kapitalverwaltungsgesellschaften haben die Summe der Inventarwerte und die Zahl der verwalteten Sondervermögen in der Bilanz auf der Passivseite unter dem Strich in einem Posten mit der Bezeichnung »Für Anteilinhaber verwaltete Investmentvermögen« auszuweisen.

§ 7 Wertpapiere

(1) Als Wertpapiere sind Aktien, Zwischenscheine, Anteile oder Aktien an Investmentvermögen, Optionsscheine, Zins- und Gewinnanteilscheine, börsenfähige Inhaber- und Ordergenußscheine, börsenfähige Inhaberschuldverschreibungen auszuweisen, auch wenn sie vinkuliert sind, unabhängig davon, ob sie in Wertpapierurkunden verbrieft oder als Wertrechte ausgestaltet sind, börsenfähige Orderschuldverschreibungen, soweit sie Teile einer Gesamtemission sind, ferner andere festverzinsliche Inhaberpapiere, soweit sie börsenfähig sind, und andere nicht festverzinsliche Wertpapiere, soweit sie börsennotiert sind. Hierzu rechnen auch ausländische Geldmarktpapiere, die zwar auf den Namen lauten, aber wie Inhaberpapiere gehandelt werden.
(2) Als börsenfähig gelten Wertpapiere, die die Voraussetzungen einer Börsenzulassung erfüllen; bei Schuldverschreibungen genügt es, daß alle Stücke einer Emission hinsichtlich Verzinsung, Laufzeitbeginn und Fälligkeit einheitlich ausgestattet sind.
(3) Als börsennotiert gelten Wertpapiere, die an einer deutschen Börse zum Handel im regulierten Markt zugelassen sind, außerdem Wertpapiere, die an ausländischen Börsen zugelassen sind oder gehandelt werden.

§ 8 Restlaufzeit

(1) Für die Gliederung nach Restlaufzeiten sind bei ungekündigten Kündigungsgeldern die Kündigungsfristen maßgebend. Sofern neben der Kündigungsfrist noch eine Kündigungssperrfrist vereinbart wird, ist diese ebenfalls zu berücksichtigen. Bei Forderungen sind vorzeitige Kündigungsmöglichkeiten nicht zu berücksichtigen.
(2) Bei Forderungen oder Verbindlichkeiten mit Rückzahlungen in regelmäßigen Raten gilt als Restlaufzeit der Zeitraum zwischen dem Bilanzstichtag und dem Fälligkeitstag jedes Teilbetrags.
(3) Als täglich fällig sind nur solche Forderungen und Verbindlichkeiten auszuweisen, über die jederzeit ohne vorherige Kündigung verfügt werden kann oder für die eine Laufzeit oder Kündigungsfrist von 24 Stunden oder von einem Geschäftstag vereinbart worden ist; hierzu rechnen auch die sogenannten Tagesgelder und Gelder mit täglicher Kündigung einschließlich der über geschäftsfreie Tage angelegten Gelder mit Fälligkeit oder Kündigungsmöglichkeit am nächsten Geschäftstag.

§ 9 Fristengliederung

(1) Im Anhang sind gesondert die Beträge der folgenden Posten oder Unterposten des Formblattes 1 (Bilanz) nach Restlaufzeiten aufzugliedern:
1. andere Forderungen an Kreditinstitute mit Ausnahme der darin enthaltenen Bausparguthaben aus abgeschlossenen Bausparverträgen (Aktivposten Nr. 3 Buchstabe b),
2. Forderungen an Kunden (Aktivposten Nr. 4),
3. Verbindlichkeiten gegenüber Kreditinstituten mit vereinbarter Laufzeit oder Kündigungsfrist (Passivposten Nr. 1 Buchstabe b),
4. Spareinlagen mit vereinbarter Kündigungsfrist von mehr als drei Monaten (Passivposten Nr. 2 Buchstabe a Doppelbuchstabe ab),

5. andere Verbindlichkeiten gegenüber Kunden mit vereinbarter Laufzeit oder Kündigungsfrist (Passivposten Nr. 2 Buchstabe b Doppelbuchstabe bb),
6. andere verbriefte Verbindlichkeiten (Passivposten Nr. 3 Buchstabe b).

Auf Pfandbriefbanken und Bausparkassen ist Satz 1 entsprechend anzuwenden; Bausparkassen brauchen die Bauspareinlagen nicht nach Restlaufzeiten aufzugliedern.

(2) Für die Aufgliederung nach Absatz 1 sind folgende Restlaufzeiten maßgebend:
1. bis drei Monate,
2. mehr als drei Monate bis ein Jahr,
3. mehr als ein Jahr bis fünf Jahre,
4. mehr als fünf Jahre.

(3) Im Anhang sind ferner zu folgenden Posten der Bilanz anzugeben:
1. die im Posten »Forderungen an Kunden« (Aktivposten Nr. 4) enthaltenen Forderungen mit unbestimmter Laufzeit;
2. die im Posten »Schuldverschreibungen und andere festverzinsliche Wertpapiere« (Aktivposten Nr. 5) und im Unterposten »begebene Schuldverschreibungen« (Passivposten Nr. 3 Buchstabe a) enthaltenen Beträge, die in dem Jahr, das auf den Bilanzstichtag folgt, fällig werden.

§ 10 Verrechnung

(1) Täglich fällige, keinerlei Bindungen unterliegende Verbindlichkeiten gegenüber einem Kontoinhaber müssen mit gegen denselben Kontoinhaber bestehenden täglich fälligen Forderungen und Forderungen, die auf einem Kreditsonderkonto belastet und gleichzeitig auf einem laufenden Konto erkannt sind, verrechnet werden, sofern für die Zins- und Provisionsberechnung vereinbart ist, daß der Kontoinhaber wie bei Verbuchung über ein einziges Konto gestellt wird.

(2) Eine Verrechnung von Forderungen und Verbindlichkeiten in verschiedenen Währungen ist nicht zulässig. Nicht verrechnet werden darf mit Sperrguthaben und Spareinlagen.

§ 11 Anteilige Zinsen

Anteilige Zinsen und ähnliche das Geschäftsjahr betreffende Beträge, die erst nach dem Bilanzstichtag fällig werden, aber bereits am Bilanzstichtag bei Kreditinstituten den Charakter von bankgeschäftlichen und bei Finanzdienstleistungsinstituten den Charakter von für diese Institute typischen Forderungen oder Verbindlichkeiten haben, sind demjenigen Posten der Aktiv- oder Passivseite der Bilanz zuzuordnen, dem sie zugehören. § 268 Abs. 4 Satz 2, Abs. 5 Satz 3 des Handelsgesetzbuchs bleibt unberührt. Die in Satz 1 genannten Beträge brauchen nicht nach Restlaufzeiten aufgegliedert zu werden.

Abschnitt 3:
Vorschriften zu einzelnen Posten der Bilanz (Formblatt 1)

Unterabschnitt 1 Posten der Aktivseite

§ 12 Barreserve (Nr. 1)

(1) Als Kassenbestand sind gesetzliche Zahlungsmittel einschließlich der ausländischen Noten und Münzen sowie Postwertzeichen und Gerichtsgebührenmarken auszuweisen. Zu einem höheren Betrag als dem Nennwert erworbene Gedenkmünzen sowie Goldmünzen, auch wenn es sich um gesetzliche Zahlungsmittel handelt, und Barrengold sind im Posten »Sonstige Vermögensgegenstände« (Aktivposten Nr. 15) zu erfassen.

(2) Als Guthaben dürfen nur täglich fällige Guthaben einschließlich der täglich fälligen Fremdwährungsguthaben bei Zentralnotenbanken und Postgiroämtern der Niederlassungsländer des Instituts ausgewiesen werden. Andere Guthaben wie Übernachtguthaben im Rahmen der Einlagefazilität der Deutschen Bundesbank sowie Forderungen an die Deutsche Bundesbank aus Devisenswapgeschäften, Wertpapierpensionsgeschäften und Termineinlagen sind im Posten »Forderungen an Kreditinstitute« (Aktivposten Nr. 3) auszuweisen. Bei Zentralnotenbanken in Anspruch genommene Kredite wie Übernachtkredite im Rahmen der Spitzenrefinanzierungsfazilität der Deutschen Bundesbank oder andere täglich fällige Darlehen sind nicht von den Guthaben abzusetzen, sondern im Posten »Verbindlichkeiten gegenüber Kreditinstituten« (Passivposten Nr. 1) als täglich fällige Verbindlichkeiten auszuweisen.

§ 13 Schuldtitel öffentlicher Stellen und Wechsel, die zur Refinanzierung bei Zentralnotenbanken zugelassen sind (Nr. 2)

(1) Im Posten Nr. 2 sind Schatzwechsel und unverzinsliche Schatzanweisungen sowie ähnliche Schuldtitel öffentlicher Stellen und Wechsel auszuweisen, die unter Diskontabzug hereingenommen wurden und zur Refinanzierung bei den Zentralnotenbanken der Niederlassungsländer zugelassen sind. Schuldtitel öffentlicher Stellen, die die bezeichneten Voraussetzungen nicht erfüllen, sind im Unterposten »Geldmarktpapiere von öffentlichen Emittenten« (Aktivposten Nr. 5 Buchstabe a Doppelbuchstabe aa), gegebenenfalls im Unterposten »Anleihen und Schuldverschreibungen von öffentlichen Emittenten« (Aktivposten Nr. 5 Buchstabe b Doppelbuchstabe ba), auszuweisen, sofern sie börsenfähig sind, andernfalls im Posten »Forderungen an Kunden« (Aktivposten Nr. 4). Öffentliche Stellen im Sinne dieser Vorschrift sind öffentliche Haushalte einschließlich ihrer Sondervermögen.

(2) Im Vermerk zum Unterposten Buchstabe a »bei der Deutschen Bundesbank refinanzierbar« sind alle im Bestand befindlichen Schatzwechsel und unverzinslichen Schatzanweisungen und ähnliche Schuldtitel öffentlicher Stellen auszuweisen, die bei der Deutschen Bundesbank refinanzierungsfähig sind.

(3) Der Bestand an eigenen Akzepten ist nicht auszuweisen. Den Kunden nicht abgerechnete Wechsel, Solawechsel und eigene Ziehungen, die beim bilanzierenden Institut hinterlegt sind (Depot- oder Kautionswechsel), sind nicht als Wechsel zu bilanzieren.

§ 14 Forderungen an Kreditinstitute (Nr. 3)

Im Posten »Forderungen an Kreditinstitute« sind alle Arten von Forderungen aus Bankgeschäften sowie alle Forderungen von Finanzdienstleistungsinstituten an in- und ausländische Kreditinstitute einschließlich der von Kreditinstituten eingereichten Wechsel auszuweisen, soweit es sich nicht um börsenfähige Schuldverschreibungen im Sinne des Postens »Schuldverschreibungen und andere festverzinsliche Wertpapiere« (Aktivposten Nr. 5) handelt. Von den à forfait eingereichten Wechseln sind diejenigen hier auszuweisen, die von Kreditinstituten akzeptiert sind, soweit sie nicht unter Aktivposten Nr. 2 Buchstabe b auszuweisen sind. Zu den Forderungen an Kreditinstitute gehören auch Namensschuldverschreibungen sowie nicht börsenfähige Inhaberschuldverschreibungen, Orderschuldverschreibungen, die nicht Teile einer Gesamtemission sind, sowie nicht börsenfähige Orderschuldverschreibungen, die Teile einer Gesamtemission sind, Namensgeldmarktpapiere und nicht börsenfähige Inhabergeldmarktpapiere, Namensgenußscheine, nicht börsenfähige Inhabergenußscheine und andere nicht in Wertpapieren verbriefte rückzahlbare Genußrechte. § 7 bleibt unberührt. Ferner gehören hierzu Bausparguthaben aus abgeschlossenen Bausparverträgen und Soll-Salden aus Effektengeschäften und Verrechnungskonten.

§ 15 Forderungen an Kunden (Nr. 4)

(1) Im Posten »Forderungen an Kunden« sind alle Arten von Vermögensgegenständen einschließlich der von Kunden eingereichten Wechsel auszuweisen, die Forderungen an in- und ausländische Nichtbanken (Kunden) darzustellen, soweit es sich nicht um börsenfähige Schuldverschreibungen im Sinne des Postens »Schuldverschreibungen und andere festverzinsliche Wertpapiere« (Aktivposten Nr. 5) handelt. § 7 bleibt unberührt. Von den à forfait eingereichten Wechseln sind diejenigen hier auszuweisen, die von Nichtbanken akzeptiert sind, soweit sie nicht unter Aktivposten Nr. 2 Buchstabe b auszuweisen sind. Zu den Forderungen an Kunden gehören auch Forderungen aus dem eigenen Warengeschäft und die in § 14 Satz 3 bezeichneten Papiere. Es darf nur die Summe der in Anspruch genommenen Kredite, nicht die Summe der Kreditzusagen, eingesetzt werden.

(2) Als durch Grundpfandrechte gesichert sind nur Forderungen zu vermerken, für die dem bilanzierenden Institut Grundpfandrechte bestellt, verpfändet oder abgetreten worden sind und die den Erfordernissen des § 14 Abs. 1 und des § 16 Abs. 1 und 2 des Pfandbriefgesetzes entsprechen, jedoch unabhängig davon, ob sie zur Deckung ausgegebener Schuldverschreibungen dienen oder nicht. Bausparkassen haben hier nur solche Baudarlehen zu vermerken, für die dem bilanzierenden Institut Grundpfandrechte bestellt, verpfändet oder abgetreten worden sind, die den Erfordernissen des § 7 Abs. 1 des Gesetzes über Bausparkassen entsprechen. Durch Grundpfandrechte gesicherte Forderungen, die in Höhe des die zulässige Beleihungsgrenze übersteigenden Betrages durch eine Bürgschaft oder Gewährleistung der öffentlichen Hand gesichert sind (Ib-Hypothekendarlehen), sind ebenfalls hier zu vermerken.

(3) Als Kommunalkredite sind alle Forderungen zu vermerken, die an inländische Körperschaften und Anstalten des öffentlichen Rechts gewährt wurden oder für die eine solche Körperschaft oder Anstalt die volle Gewährleistung übernommen hat, unabhängig davon, ob sie zur Deckung ausgegebener Schuldverschreibungen dienen oder nicht. Hier sind auch Kredite gemäß § 20 Abs. 1 Nr. 1 Buchstabe b bis e des Pfandbriefgesetzes auszuweisen.

(4) Schiffshypotheken dürfen unter der Bezeichnung »durch Schiffshypotheken gesichert« gesondert vermerkt werden, wenn sie den Erfordernissen des § 22 Abs. 1, 2 Satz 1 und Abs. 5 Satz 3, des § 23 Abs. 1 und 4 sowie des § 24 Abs. 2 in Verbindung mit Abs. 3 des Pfandbriefgesetzes entsprechen.

§ 16 Schuldverschreibungen und andere festverzinsliche Wertpapiere (Nr. 5)

(1) Als Schuldverschreibungen und andere festverzinsliche Wertpapiere sind die folgenden Rechte, wenn sie börsenfähig sind und nicht zu dem Unterposten »Schatzwechsel und unverzinsliche Schatzanweisungen sowie ähnliche Schuldtitel öffentlicher Stellen« (Aktivposten Nr. 2 Buchstabe a) gehören, auszuweisen: festverzinsliche Inhaberschuldverschreibungen, Orderschuldverschreibungen, die Teile einer Gesamtemission sind, Schatzwechsel, Schatzanweisungen und andere verbriefte Rechte (wie zum Beispiel commercial papers, euro-notes, certificates of deposit, bons de caisse), Kassenobligationen sowie Schuldbuchforderungen. Vor Fälligkeit hereingenommene Zinsscheine sind ebenfalls hier aufzunehmen.

(2) Als festverzinslich gelten auch Wertpapiere, die mit einem veränderlichen Zinssatz ausgestattet sind, sofern dieser an eine bestimmte Größe, zum Beispiel an einen Interbankzinssatz oder an einen Euro-Geldmarktsatz gebunden ist, sowie Null-Kupon-Anleihen, ferner Schuldverschreibungen, die einen anteiligen Anspruch auf Erlöse aus einem gepoolten Forderungsvermögen verbriefen.

(2a) Als Geldmarktpapiere gelten alle Schuldverschreibungen und anderen festverzinslichen Wertpapiere unabhängig von ihrer Bezeichnung, sofern ihre ursprüngliche Laufzeit ein Jahr nicht überschreitet.

(3) Als »beleihbar bei der Deutschen Bundesbank« sind nur solche Wertpapiere zu vermerken, die bei der Deutschen Bundesbank refinanzierungsfähig sind. Sie sind mit dem Bilanzwert zu vermerken.

(4) Im Unterposten Buchstabe c sind zurückgekaufte börsenfähige Schuldverschreibungen eigener Emissionen auszuweisen; der Bestand an nicht börsenfähigen eigenen Schuldverschreibungen ist vom Passivposten 3 Buchstabe a abzusetzen.

(5) Bezüglich der Absätze 1 bis 2a und 4 bleibt § 7 unberührt.

§ 17 Aktien und andere nicht festverzinsliche Wertpapiere (Nr. 6)

Im Posten »Aktien und andere nicht festverzinsliche Wertpapiere« sind Aktien auszuweisen, soweit sie nicht im Posten »Beteiligungen« (Aktivposten Nr. 7) oder im Posten »Anteile an verbundenen Unternehmen« (Aktivposten Nr. 8) auszuweisen sind, ferner Zwischenscheine, Anteile oder Aktien an Investmentvermögen, Optionsscheine, Gewinnanteilscheine, als Inhaber- oder Orderpapiere ausgestaltete börsenfähige Genußscheine sowie andere nicht festverzinsliche Wertpapiere, soweit sie börsennotiert sind. Vor Fälligkeit hereingenommene Gewinnanteilscheine sind ebenfalls hier aufzunehmen.

§ 18 Beteiligungen (Nr. 7)

Institute in der Rechtsform der eingetragenen Genossenschaft und genossenschaftliche Zentralbanken haben Geschäftsguthaben bei Genossenschaften unter dem Posten »Beteiligungen« (Aktivposten Nr. 7) auszuweisen. In diesem Falle ist die Postenbezeichnung entsprechend anzupassen.

§ 19 Ausgleichsforderungen gegen die öffentliche Hand einschließlich Schuldverschreibungen aus deren Umtausch (Nr. 10)

Im Posten Nr. 10 sind Ausgleichsforderungen aus der Währungsreform von 1948 sowie Ausgleichsforderungen gegenüber dem Ausgleichsfonds Währungsumstellung auszuweisen. Hierzu zählen auch Schuldverschreibungen des Ausgleichsfonds Währungsumstellung, die aus der Umwandlung gegen ihn gerichteter Ausgleichsforderungen entstanden sind, unabhängig davon, ob das bilanzierende Institut die Schuldverschreibungen aus dem Umtausch eigener Ausgleichsforderungen oder als Erwerber von einem anderen Institut oder einem Außenhandelsbetrieb erlangt hat.

§ 20 Sonstige Vermögensgegenstände (Nr. 14)

Im Posten »Sonstige Vermögensgegenstände« sind Forderungen und sonstige Vermögensgegenstände auszuweisen, die einem anderen Posten nicht zugeordnet werden können. Hierzu gehören auch Schecks, fällige Schuldverschreibungen, Zins- und Gewinnanteilscheine, Inkassowechsel und sonstige Inkassopapiere, soweit sie innerhalb von 30 Tagen ab Einreichung zur Vorlage bestimmt und dem Einreicher bereits gutgeschrieben worden sind. Dies gilt auch dann, wenn sie unter dem Vorbehalt des Eingangs gutgeschrieben worden sind. Hierzu zählen ferner nicht in Wertpapieren verbriefte Genußrechte, die nicht rückzahlbar sind. Zur Verhütung von Verlusten im Kreditgeschäft erworbene Grundstücke und Gebäude dürfen, soweit sie nicht im Posten Nr. 12 »Sachanlagen« ausgewiesen sind, im Posten Nr. 14 »Sonstige Vermögensgegenstände« nur ausgewiesen werden, wenn sie sich nicht länger als fünf Jahre im Bestand des bilanzierenden Instituts befinden.

Unterabschnitt 2   Posten der Passivseite

§ 21 Verbindlichkeiten gegenüber Kreditinstituten (Nr. 1), Verbindlichkeiten gegenüber Kunden (Nr. 2)

(1) Als Verbindlichkeiten gegenüber Kreditinstituten sind alle Arten von Verbindlichkeiten aus Bankgeschäften sowie alle Verbindlichkeiten von Finanzdienstleistungsinstituten gegenüber in- und ausländischen Kreditinstituten auszuweisen, sofern es sich nicht um verbriefte Verbindlichkeiten (Passivposten Nr. 3) handelt. Hierher gehören auch Verbindlichkeiten aus Namensschuldverschreibungen, Orderschuldverschreibungen, die nicht Teile einer Gesamtemission sind, Namensgeldmarktpapieren, Haben-Salden aus Effektengeschäften und aus Verrechnungskonten sowie Verbindlichkeiten aus verkauften Wechseln einschließlich eigener Ziehungen, die den Kreditnehmern nicht abgerechnet worden sind.

(2) Als Verbindlichkeiten gegenüber Kunden sind alle Arten von Verbindlichkeiten gegenüber in- und ausländischen Nichtbanken (Kunden) auszuweisen, sofern es sich nicht um verbriefte Verbindlichkeiten (Passivposten Nr. 3) handelt. Hierzu gehören auch Verbindlichkeiten aus Namensschuldverschreibungen, Orderschuldverschreibungen, die nicht Teile einer Gesamtemission sind, Namensgeldmarktpapieren, Sperrguthaben und Abrechnungsguthaben der Anschlußfirmen im Teilzahlungsfinanzierungsgeschäft, soweit der Ausweis nicht unter dem Posten »Verbindlichkeiten gegenüber Kreditinstituten« (Passivposten Nr. 1) vorzunehmen ist, sowie »Anweisungen im Umlauf«.

(3) Verbindlichkeiten, die einem Institut dadurch entstehen, daß ihm von einem anderen Institut Beträge zugunsten eines namentlich genannten Kunden mit der Maßgabe überwiesen werden, sie diesem erst auszuzahlen, nachdem er bestimmte Auflagen erfüllt hat (sogenannte Treuhandzahlungen), sind unter »Verbindlichkeiten gegenüber Kunden« (Passivposten Nr. 2) auszuweisen, auch wenn die Verfügungsbeschränkung noch besteht. Eine Ausnahme besteht nur dann, wenn nach dem Vertrag mit dem die Treuhandzahlung überweisenden Kreditinstitut nicht der Kunde, sondern das empfangende Institut der Schuldner ist.

(4) Als Spareinlagen sind nur unbefristete Gelder auszuweisen, die folgende vier Voraussetzungen erfüllen:

1. sie sind durch Ausfertigung einer Urkunde, insbesondere eines Sparbuchs, als Spareinlagen gekennzeichnet;
2. sie sind nicht für den Zahlungsverkehr bestimmt;
3. sie werden nicht von Kapitalgesellschaften, Genossenschaften, wirtschaftlichen Vereinen, Personenhandelsgesellschaften oder von Unternehmen mit Sitz im Ausland mit vergleichbarer Rechtsform angenommen, es sei denn, diese Unternehmen dienen gemeinnützigen, mildtätigen oder kirchlichen Zwecken oder es handelt sich bei den von diesen Unternehmen angenommenen Geldern um Sicherheiten gemäß § 551 des Bürgerlichen Gesetzbuchs oder § 14 Abs. 4 des Heimgesetzes;
4. sie weisen eine Kündigungsfrist von mindestens drei Monaten auf.

Sparbedingungen, die dem Kunden das Recht einräumen, über seine Einlagen mit einer Kündigungsfrist von drei Monaten bis zu einem bestimmten Betrag, der jedoch pro Sparkonto und Kalendermonat 2000 Euro nicht überschreiten darf, ohne Kündigung zu verfügen, schließen deren Einordnung als Spareinlagen im Sinne dieser Vorschrift nicht aus. Geldbeträge, die auf Grund von Vermögensbildungsgesetzen geleistet werden, gelten als Spareinlagen. Bauspareinlagen gelten nicht als Spareinlagen.

§ 22 Verbriefte Verbindlichkeiten (Nr. 3)

(1) Als verbriefte Verbindlichkeiten sind Schuldverschreibungen und diejenigen Verbindlichkeiten auszuweisen, für die nicht auf den Namen lautende übertragbare Urkunden ausgestellt sind.

(2) Als begebene Schuldverschreibungen sind auf den Inhaber lautende Schuldverschreibungen sowie Orderschuldverschreibungen, die Teile einer Gesamtemission sind, unabhängig von ihrer Börsenfähigkeit auszuweisen. Zurückgekaufte, nicht börsenfähige eigene Schuldverschreibungen sind abzusetzen. Null-Kupon-Anleihen sind einschließlich der anteiligen Zinsen auszuweisen.

(3) Als Geldmarktpapiere sind nur Inhaberpapiere oder Orderpapiere, die Teile einer Gesamtemission sind, unabhängig von ihrer Börsenfähigkeit zu vermerken.

(4) Als eigene Akzepte sind nur Akzepte zu vermerken, die vom Institut zu seiner eigenen Refinanzierung ausgestellt worden sind und bei denen es erster Zahlungspflichtiger (»Bezogener«) ist. Der eigene Bestand sowie verpfändete eigene Akzepte und eigene Solawechsel gelten nicht als im Umlauf befindlich.

(5) Bei Instituten, die einen unabhängigen Treuhänder haben, gehören Stücke, die vom Treuhänder ausgefertigt sind, auch dann zu den begebenen Schuldverschreibungen, wenn sie dem Erwerber noch nicht geliefert worden sind. Dem Treuhänder zurückgegebene Stücke dürfen nicht mehr ausgewiesen werden.

§ 23 Rechnungsabgrenzungsposten (Nr. 6)

Dem Kreditnehmer aus Teilzahlungsfinanzierungsgeschäften berechnete Zinsen, Provisionen und Gebühren, die künftigen Rechnungsperioden zuzurechnen sind, sind in diesem Posten auszuweisen, soweit sie nicht mit dem entsprechenden Aktivposten verrechnet werden. Bei Teilzahlungsfinanzierungsgeschäften ist auch die anfallende Zinsmarge aus der Weitergabe von Wechselabschnitten, soweit sie künftigen Rechnungsperioden zuzurechnen ist, hier auszuweisen; letzteres gilt entsprechend auch für andere Wechselrefinanzierungen.

§ 24 Rückstellungen (Nr. 7)

Wird im Unterposten Buchstabe c »andere Rückstellungen« eine Rückstellung für einen drohenden Verlust aus einer unter dem Strich vermerkten Eventualverbindlichkeit oder einem Kreditrisiko gebildet, so ist der Posten unter dem Strich in Höhe des zurückgestellten Betrags zu kürzen.

§ 25 Eigenkapital (Nr. 12)

(1) Im Unterposten Buchstabe a »Gezeichnetes Kapital« sind, ungeachtet ihrer genauen Bezeichnung im Einzelfall, alle Beträge auszuweisen, die entsprechend der Rechtsform des Instituts als von den Gesellschaftern oder anderen Eigentümern gezeichnete Eigenkapitalbeträge gelten; auch Einlagen stiller Gesellschafter, Dotationskapital sowie Geschäftsguthaben sind in diesen Posten einzubeziehen. Die genaue Bezeichnung im Einzelfall kann zusätzlich zu der Postenbezeichnung »Gezeichnetes Kapital« in das Bilanzformblatt eingetragen werden.

(2) Im Unterposten Buchstabe c »Gewinnrücklagen« sind auch die Sicherheitsrücklage der Sparkassen sowie die Ergebnisrücklagen der Kreditgenossenschaften auszuweisen. Die genaue Bezeichnung im Einzelfall kann zusätzlich zu der Postenbezeichnung »Gewinnrücklagen« in das Bilanzformblatt eingetragen werden.

§ 26 Eventualverbindlichkeiten (Nr. 1 unter dem Strich)

(1) Im Unterposten Buchstabe a »Eventualverbindlichkeiten aus weitergegebenen abgerechneten Wechseln« sind nur Indossamentsverbindlichkeiten und andere wechselrechtliche Eventualverbindlichkeiten aus abgerechneten und weiterverkauften Wechseln (einschließlich eigenen Ziehungen) bis zu ihrem Verfalltag zu vermerken. Verbindlichkeiten aus umlaufenden eigenen Akzepten, Eventualverbindlichkeiten aus Schatzwechseln sind nicht einzubeziehen.

(2) Im Unterposten Buchstabe b »Verbindlichkeiten aus Bürgschaften und Gewährleistungsverträgen« sind auch Ausbietungs- und andere Garantieverpflichtungen, verpflichtende Patronatserklärungen, unwiderrufliche Kreditbriefe einschließlich der dazugehörigen Nebenkosten zu vermerken, ferner Akkreditiveröffnungen und -bestätigungen. Die Verbindlichkeiten sind in voller Höhe zu vermerken, soweit für sie keine zweckgebundenen Deckungsguthaben unter dem Posten »Verbindlichkeiten gegenüber Kreditinstituten« (Passivposten Nr. 1) oder dem Posten »andere Verbindlichkeiten gegenüber Kunden« (Passivposten Nr. 2 Buchstabe b) ausgewiesen sind.

(3) Im Unterposten Buchstabe c »Haftung aus der Bestellung von Sicherheiten für fremde Verbindlichkeiten« sind die Beträge mit dem Buchwert der bestellten Sicherheiten zu vermerken. Hierzu gehören Sicherungsabtretungen, Sicherungsübereignungen und Kautionen für fremde Verbindlichkeiten sowie Haftungen aus der Bestellung von Pfandrechten an beweglichen Sachen und Rechten wie auch aus Grundpfandrechten für fremde Verbindlichkeiten. Besteht außerdem eine Verbindlichkeit aus einer Bürgschaft oder aus einem Gewährleistungsvertrag, so ist nur diese zu vermerken, und zwar im Unterposten Buchstabe b »Verbindlichkeiten aus Bürgschaften und Gewährleistungsverträgen«.

§ 27 Andere Verpflichtungen (Nr. 2 unter dem Strich)

(1) Im Unterposten Buchstabe b »Plazierungs- und Übernahmeverpflichtungen« sind Verbindlichkeiten aus der Übernahme einer Garantie für die Plazierung oder Übernahme von Finanzinstrumenten gegenüber Emittenten zu vermerken, die wäh-

rend eines vereinbarten Zeitraums Finanzinstrumente revolvierend am Geldmarkt begeben. Es sind nur Garantien zu erfassen, durch die ein Kreditinstitut sich verpflichtet, Finanzinstrumente zu übernehmen oder einen entsprechenden Kredit zu gewähren, wenn die Finanzinstrumente am Markt nicht plaziert werden können. Die Verbindlichkeiten sind gekürzt um die in Anspruch genommenen Beträge zu vermerken. Über die Inspruchnahme ist im Anhang zu berichten. Wird eine Garantie von mehreren Kreditinstituten gemeinschaftlich gewährt, so hat jedes beteiligte Kreditinstitut nur seinen eigenen Anteil an dem Kredit zu vermerken.

(2) Im Unterposten Buchstabe c »Unwiderrufliche Kreditzusagen« sind alle unwiderruflichen Verpflichtungen, die Anlaß zu einem Kreditrisiko geben können, zu vermerken. Der Abschluß eines Bausparvertrages gilt nicht als unwiderrufliche Kreditzusage.

Abschnitt 4:
Vorschriften zu einzelnen Posten der Gewinn- und Verlustrechnung (Formblätter 2 und 3)

§ 28 Zinserträge (Formblatt 2 Spalte Erträge Nr. 1, Formblatt 3 Nr. 1)

Im Posten »Zinserträge« sind Zinserträge und ähnliche Erträge aus dem Bankgeschäft einschließlich des Factoring-Geschäfts sowie alle Zinserträge und ähnliche Erträge der Finanzdienstleistungsinstitute auszuweisen, insbesondere alle Erträge aus den in den Posten der Bilanz »Barreserve« (Aktivposten Nr. 1), »Schuldtitel öffentlicher Stellen und Wechsel, die zur Refinanzierung bei Zentralnotenbanken zugelassen sind« (Aktivposten Nr. 2), »Forderungen an Kreditinstitute« (Aktivposten Nr. 3), »Forderungen an Kunden« (Aktivposten Nr. 4) und »Schuldverschreibungen und andere festverzinsliche Wertpapiere« (Aktivposten Nr. 5) bilanzierten Vermögensgegenständen ohne Rücksicht darauf, in welcher Form sie berechnet werden. Hierzu gehören auch Diskontabzüge, Ausschüttungen auf Genußrechte und Gewinnschuldverschreibungen im Bestand, Erträge mit Zinscharakter, die im Zusammenhang mit der zeitlichen Verteilung des Unterschiedsbetrages bei unter dem Rückzahlungsbetrag erworbenen Vermögensgegenständen entstehen, Zuschreibungen aufgelaufener Zinsen zu Null-Kupon-Anleihen im Bestand, die sich aus gedeckten Termingeschäften ergebenden, auf die tatsächliche Laufzeit des jeweiligen Geschäfts verteilten Erträge mit Zinscharakter sowie Gebühren und Provisionen mit Zinscharakter, die nach dem Zeitablauf oder nach der Höhe der Forderung berechnet werden.

§ 29 Zinsaufwendungen (Formblatt 2 Spalte Aufwendungen Nr. 1, Formblatt 3 Nr. 2)

Im Posten »Zinsaufwendungen« sind Zinsaufwendungen und ähnliche Aufwendungen aus dem Bankgeschäft einschließlich des Factoring-Geschäfts sowie alle Zinsaufwendungen und ähnliche Aufwendungen der Finanzdienstleistungsinstitute auszuweisen, insbesondere alle Aufwendungen für die in den Posten der Bilanz »Verbindlichkeiten gegenüber Kreditinstituten« (Passivposten Nr. 1), »Verbindlichkeiten gegenüber Kunden« (Passivposten Nr. 2), »Verbriefte Verbindlichkeiten« (Passivposten Nr. 3) und »Nachrangige Verbindlichkeiten« (Passivposten Nr. 9) bilanzierten Verbindlichkeiten ohne Rücksicht darauf, in welcher Form sie berechnet werden. Hierzu gehören auch Diskontabzüge, Ausschüttungen auf begebene Genußrechte und Gewinnschuldverschreibungen, Aufwendungen mit Zinscharakter, die im Zusammenhang mit der zeitlichen Verteilung des Unterschiedsbetrages bei unter dem Erfüllungsbetrag eingegangenen Verbindlichkeiten entstehen, Zuschreibungen aufgelaufener

Zinsen zu begebenen Null-Kupon-Anleihen, die sich aus gedeckten Termingeschäften ergebenden, auf die tatsächliche Laufzeit des jeweiligen Geschäfts verteilten Aufwendungen mit Zinscharakter sowie Gebühren und Provisionen mit Zinscharakter, die nach dem Zeitablauf oder nach der Höhe der Verbindlichkeiten berechnet werden.

§ 30 Provisionserträge (Formblatt 2 Spalte Erträge Nr. 4, Formblatt 3 Nr. 5), Provisionsaufwendungen (Formblatt 2 Spalte Aufwendungen Nr. 2, Formblatt 3 Nr. 6)

(1) Im Posten »Provisionserträge« sind Provisionen und ähnliche Erträge aus Dienstleistungsgeschäften wie dem Zahlungsverkehr, Außenhandelsgeschäft, Wertpapierkommissions- und Depotgeschäft, Erträge für Treuhandkredite und Verwaltungskredite, Provisionen im Zusammenhang mit Finanzdienstleistungen und der Veräußerung von Devisen, Sorten und Edelmetallen und aus der Vermittlertätigkeit bei Kredit-, Spar-, Bauspar- und Versicherungsverträgen auszuweisen. Zu den Erträgen gehören auch Bonifikationen aus der Plazierung von Wertpapieren, Bürgschaftsprovisionen und Kontoführungsgebühren.

(2) Im Posten »Provisionsaufwendungen« sind Provisionen und ähnliche Aufwendungen aus den in Absatz 1 bezeichneten Dienstleistungsgeschäften auszuweisen.

§ 31 Allgemeine Verwaltungsaufwendungen (Formblatt 2 Spalte Aufwendungen Nr. 4, Formblatt 3 Nr. 10)

(1) Im Unterposten Buchstabe a Doppelbuchstabe ab »Soziale Abgaben und Aufwendungen für Altersversorgung und für Unterstützung« sind gesetzliche Pflichtabgaben, Beihilfen und Unterstützungen, die das Institut zu erbringen hat, sowie Aufwendungen für die Altersversorgung, darunter auch die Zuführungen zu den Pensionsrückstellungen, auszuweisen. Der sonstige Personalaufwand (zum Beispiel freiwillige soziale Leistungen) ist dem Unterposten des Personalaufwands zuzurechnen, zu dem er seiner Art nach gehört.

(2) Im Unterposten Buchstabe b »andere Verwaltungsaufwendungen« sind die gesamten Aufwendungen sachlicher Art, wie Raumkosten, Bürobetriebskosten, Kraftfahrzeugbetriebskosten, Porto, Verbandsbeiträge einschließlich der Beiträge zur Sicherungseinrichtung eines Verbandes, Werbungskosten, Repräsentation, Aufsichtsratsvergütungen, Versicherungsprämien, Rechts-, Prüfungs- und Beratungskosten und dergleichen auszuweisen; Prämien für Kreditversicherungen sind nicht hier, sondern im Posten »Abschreibungen und Wertberichtigungen auf Forderungen und bestimmte Wertpapiere sowie Zuführungen zu Rückstellungen im Kreditgeschäft« (Formblatt 2 Spalte Aufwendungen Nr. 7, Formblatt 3 Nr. 13) zu erfassen.

§ 32 Abschreibungen und Wertberichtigungen auf Forderungen und bestimmte Wertpapiere sowie Zuführungen zu Rückstellungen im Kreditgeschäft (Formblatt 2 Spalte Aufwendungen Nr. 7, Formblatt 3 Nr. 13), Erträge aus Zuschreibungen zu Forderungen und bestimmten Wertpapieren sowie aus der Auflösung von Rückstellungen im Kreditgeschäft (Formblatt 2 Spalte Erträge Nr. 6, Formblatt 3 Nr. 14)

In diese Posten sind die in § 340f Abs. 3 des Handelsgesetzbuchs bezeichneten Aufwendungen und Erträge aufzunehmen. Die Posten dürfen verrechnet und in einem Aufwand- oder Ertragsposten ausgewiesen werden. Eine teilweise Verrechnung ist nicht zulässig.

§ 33 Abschreibungen und Wertberichtigungen auf Beteiligungen, Anteile an verbundenen Unternehmen und wie Anlagevermögen behandelte Wertpapiere (Formblatt 2 Spalte Aufwendungen Nr. 8, Formblatt 3 Nr. 15), Erträge aus Zuschreibungen zu Beteiligungen, Anteilen an verbundenen Unternehmen und wie Anlagevermögen behandelten Wertpapieren (Formblatt 2 Spalte Erträge Nr. 7, Formblatt 3 Nr. 16)

In diese Posten sind die in § 340c Abs. 2 des Handelsgesetzbuchs bezeichneten Aufwendungen und Erträge aufzunehmen. Die Posten dürfen verrechnet und in einem Aufwand- oder Ertragsposten ausgewiesen werden. Eine teilweise Verrechnung ist nicht zulässig.

Abschnitt 5:
Anhang

§ 34 Zusätzliche Erläuterungen

(1) In den Anhang sind neben den nach § 340a in Verbindung mit § 284 Abs. 1, 2 Nr. 1, 2, 3 und 5, § 285 Nr. 3, 3a, 6, 7, 9 Buchstabe a und b, Nr. 10, 11, 13, 14, 16 bis 26 und 29, § 340b Abs. 4 Satz 4, § 340e Abs. 2 des Handelsgesetzbuchs und den in dieser Verordnung zu den einzelnen Posten der Bilanz oder der Gewinn- und Verlustrechnung vorgeschriebenen Angaben die in diesem Abschnitt vorgeschriebenen Angaben aufzunehmen. § 285 Nr. 3a des Handelsgesetzbuchs braucht nicht angewendet zu werden, soweit diese Angaben in der Bilanz unter dem Strich gemacht werden.

(2) An Stelle der in § 285 Nr. 4, 9 Buchstabe c, Nr. 27 des Handelsgesetzbuchs vorgeschriebenen Angaben sind die folgenden Angaben zu machen:
1. Der Gesamtbetrag der folgenden Posten der Gewinn- und Verlustrechnung ist nach geographischen Märkten aufzugliedern, soweit diese Märkte sich vom Standpunkt der Organisation des Instituts wesentlich voneinander unterscheiden:
   a) Zinserträge (Formblatt 2 Spalte Erträge Nr. 1, Formblatt 3 Nr. 1),
   b) laufende Erträge aus Aktien und anderen nicht festverzinslichen Wertpapieren, Beteiligungen, Anteilen an verbundenen Unternehmen (Formblatt 2 Spalte Erträge Nr. 2, Formblatt 3 Nr. 3),
   c) Provisionserträge (Formblatt 2 Spalte Erträge Nr. 4, Formblatt 3 Nr. 5),
   d) Nettoertrag des Handelsbestands (Formblatt 2 Spalte Erträge Nr. 5, Formblatt 3 Nr. 7),
   e) sonstige betriebliche Erträge (Formblatt 2 Spalte Erträge Nr. 8, Formblatt 3 Nr. 8).
   Die Aufgliederung kann unterbleiben, soweit sie nach vernünftiger kaufmännischer Beurteilung geeignet ist, dem Institut oder einem Unternehmen, von dem das Institut mindestens den fünften Teil der Anteile besitzt, einen erheblichen Nachteil zuzufügen.
2. Der Gesamtbetrag der den Mitgliedern des Geschäftsführungsorgans, eines Aufsichtsrats, eines Beirats oder einer ähnlichen Einrichtung gewährten Vorschüsse und Kredite sowie der zugunsten dieser Personen eingegangenen Haftungsverhältnisse ist jeweils für jede Personengruppe anzugeben.
3. Institute in der Rechtsform der eingetragenen Genossenschaft haben die im Passivposten Nr. 12 Unterposten Buchstabe a ausgewiesenen Geschäftsguthaben wie folgt aufzugliedern:
   a) Geschäftsguthaben der verbleibenden Mitglieder,
   b) Geschäftsguthaben der ausscheidenden Mitglieder,
   c) Geschäftsguthaben aus gekündigten Geschäftsanteilen.

4. Die Gründe der Einschätzung des Risikos der Inanspruchnahme für gemäß der §§ 26 und 27 unter der Bilanz ausgewiesene Eventualverbindlichkeiten und andere Verpflichtungen.

(3) Die in § 268 Abs. 2 des Handelsgesetzbuchs verlangten Angaben sind für Vermögensgegenstände im Sinne des § 340 e Abs. 1 des Handelsgesetzbuchs zu machen. Die Zuschreibungen, Abschreibungen und Wertberichtigungen auf Beteiligungen, Anteile an verbundenen Unternehmen sowie auf andere Wertpapiere, die wie Anlagevermögen behandelt werden, können mit anderen Posten zusammengefaßt werden.

§ 35 Zusätzliche Pflichtangaben

(1) Zu den Posten der Bilanz und der Gewinn- und Verlustrechnung sind im Anhang anzugeben:
1. eine Aufgliederung der in den Bilanzposten »Schuldverschreibungen und andere festverzinsliche Wertpapiere« (Aktivposten Nr. 5), »Aktien und andere nicht festverzinsliche Wertpapiere« (Aktivposten Nr. 6), »Beteiligungen« (Aktivposten Nr. 7), »Anteile an verbundenen Unternehmen« (Aktivposten Nr. 8) enthaltenen börsenfähigen Wertpapiere nach börsennotierten und nicht börsennotierten Wertpapieren;
1 a. eine Aufgliederung des Bilanzpostens »Handelsbestand« (Aktivposten Nr. 6 a) in derivative Finanzinstrumente, Forderungen, Schuldverschreibungen und andere festverzinsliche Wertpapiere, Aktien und andere nicht festverzinsliche Wertpapiere sowie sonstige Vermögensgegenstände und eine Aufgliederung des Bilanzpostens »Handelsbestand« (Passivposten Nr. 3 a) in derivative Finanzinstrumente und Verbindlichkeiten;
2. der Betrag der nicht mit dem Niederstwert bewerteten börsenfähigen Wertpapiere jeweils zu folgenden Posten der Bilanz: »Schuldverschreibungen und andere festverzinsliche Wertpapiere« (Aktivposten Nr. 5) sowie »Aktien und andere nicht festverzinsliche Wertpapiere« (Aktivposten Nr. 6); es ist anzugeben, in welcher Weise die so bewerteten Wertpapiere von den mit dem Niederstwert bewerteten börsenfähigen Wertpapieren abgegrenzt worden sind;
3. der auf das Leasing-Geschäft entfallende Betrag zu jedem davon betroffenen Posten der Bilanz, ferner die im Posten »Abschreibungen und Wertberichtigungen auf immaterielle Anlagewerte und Sachanlagen« (Formblatt 2 Spalte Aufwendungen Nr. 5, Formblatt 3 Nr. 11) enthaltenen Abschreibungen und Wertberichtigungen auf Leasinggegenstände sowie die im Posten »Sonstige betriebliche Erträge« (Formblatt 2 Spalte Erträge Nr. 8, Formblatt 3 Nr. 8) enthaltenen Erträge aus Leasinggeschäften;
4. die in den folgenden Posten enthaltenen wichtigsten Einzelbeträge, sofern sie für die Beurteilung des Jahresabschlusses nicht unwesentlich sind: »Sonstige Vermögensgegenstände« (Formblatt 1, Aktivposten Nr. 14), »Sonstige Verbindlichkeiten« (Formblatt 1, Passivposten Nr. 5), »Sonstige betriebliche Aufwendungen« (Formblatt 2 Spalte Aufwendungen Nr. 6, Formblatt 3 Nr. 12), »Sonstige betriebliche Erträge« (Formblatt 2 Spalte Erträge Nr. 8, Formblatt 3 Nr. 8), »Außerordentliche Aufwendungen« (Formblatt 2 Spalte Aufwendungen Nr. 11, Formblatt 3 Nr. 21) und »Außerordentliche Erträge« (Formblatt 2 Spalte Erträge Nr. 10, Formblatt 3 Nr. 20). Die Beträge und ihre Art sind zu erläutern;
5. die Dritten erbrachten Dienstleistungen für Verwaltung und Vermittlung, sofern ihr Umfang in bezug auf die Gesamttätigkeit des Instituts von wesentlicher Bedeutung ist;

6. der Gesamtbetrag der Vermögensgegenstände und der Gesamtbetrag der Schulden, die auf Fremdwährung lauten, jeweils in Euro[1];
6a. bei Finanzinstrumenten des Handelsbestands die Methode der Ermittlung des Risikoabschlags nebst den wesentlichen Annahmen, insbesondere die Haltedauer, der Beobachtungszeitraum und das Konfidenzniveau sowie der absolute Betrag des Risikoabschlags;
6b. in den Fällen der Umgliederung deren Gründe, der Betrag der umgegliederten Finanzinstrumente des Handelsbestands und die Auswirkungen der Umgliederung auf den Jahresüberschuss/Jahresfehlbetrag sowie für den Fall der Umgliederung wegen Aufgabe der Handelsabsicht die außergewöhnlichen Umstände, die dies rechtfertigen;
6c. ob innerhalb des Geschäftsjahres für die institutsinternen festgelegten Kriterien für die Einbeziehung von Finanzinstrumenten in den Handelsbestand geändert worden sind und welche Auswirkungen sich daraus auf den Jahresüberschuss/ Jahresfehlbetrag ergeben;
7. von Pfandbriefbanken eine Deckungsrechnung getrennt nach Hypotheken-, Schiffshypotheken- und Kommunalkreditgeschäft nach Maßgabe des § 28 des Pfandbriefgesetzes, ferner zu den Posten der Aktivseite der Bilanz die zur Deckung begebener Schuldverschreibungen bestimmten Aktiva;
8. von Bausparkassen
   a) zu den Posten der Bilanz »Forderungen an Kreditinstitute« (Aktivposten Nr. 3) und »Forderungen an Kunden« (Aktivposten Nr. 4) rückständige Zins- und Tilgungsbeträge für Baudarlehen in einem Betrag sowie noch nicht ausgezahlte bereitgestellte Baudarlehen
      aa) aus Zuteilung,
      bb) zur Vor- und Zwischenfinanzierung und
      cc) sonstige;
   b) zu den Posten der Bilanz »Verbindlichkeiten gegenüber Kreditinstituten« (Passivposten Nr. 1) und »Verbindlichkeiten gegenüber Kunden« (Passivposten Nr. 2) die Bewegung des Bestandes an nicht zugeteilten und zugeteilten Bausparverträgen und vertraglichen Bausparsummen;
   c) zu den Posten der Bilanz »Verbindlichkeiten gegenüber Kreditinstituten« (Passivposten Nr. 1), »Verbindlichkeiten gegenüber Kunden« (Passivposten Nr. 2) und »Verbriefte Verbindlichkeiten« (Passivposten Nr. 3) die aufgenommenen Fremdgelder nach § 4 Abs. 1 Nr. 5 des Gesetzes über Bausparkassen und deren Verwendung;
   d) zu den Posten der Bilanz »Forderungen an Kreditinstitute« (Aktivposten Nr. 3), »Forderungen an Kunden« (Aktivposten Nr. 4), »Verbindlichkeiten gegenüber Kreditinstituten« (Passivposten Nr. 1) und »Verbindlichkeiten gegenüber Kunden« (Passivposten Nr. 2) die Bewegung der Zuteilungsmasse.
   Die Angaben zu den Buchstaben b und d können auch in einen statistischen Anhang zum Lagebericht aufgenommen werden, sofern der Lagebericht und der statistische Anhang im Geschäftsbericht der einzelnen Bausparkasse abgedruckt werden;
9. von Sparkassen
   a) zu dem Posten der Bilanz »Forderungen an Kreditinstitute« (Aktivposten Nr. 3) die im Gesamtbetrag enthaltenen Forderungen an die eigene Girozentrale,
   b) zu dem Posten der Bilanz »Verbindlichkeiten gegenüber Kreditinstituten« (Passivposten Nr. 1) die im Gesamtbetrag enthaltenen Verbindlichkeiten gegenüber der eigenen Girozentrale;
10. von Girozentralen

---

[1] Bis zum 31. Dezember 1998 gilt an Stelle der Währungsbezeichnung »Euro« die Währungsbezeichnung »Deutsche Mark«; vgl. aber ab 1. Januar 1999 Artikel 42 Abs. 1 Satz 2 des Einführungsgesetzes zum Handelsgesetzbuch.

a) zu dem Posten der Bilanz »Forderungen an Kreditinstitute« (Aktivposten Nr. 3) die im Gesamtbetrag enthaltenen Forderungen an angeschlossene Sparkassen,
b) zu dem Posten der Bilanz »Verbindlichkeiten gegenüber Kreditinstituten« (Passivposten Nr. 1) die im Gesamtbetrag enthaltenen Verbindlichkeiten gegenüber angeschlossenen Sparkassen;
11. von Kreditgenossenschaften
    a) zu dem Posten der Bilanz »Forderungen an Kreditinstitute« (Aktivposten Nr. 3) die im Gesamtbetrag enthaltenen Forderungen an die zuständige genossenschaftliche Zentralbank,
    b) zu dem Posten der Bilanz »Verbindlichkeiten gegenüber Kreditinstituten« (Passivposten Nr. 1) die im Gesamtbetrag enthaltenen Verbindlichkeiten gegenüber der zuständigen genossenschaftlichen Zentralbank;
12. von genossenschaftlichen Zentralbanken
    a) zu dem Posten der Bilanz »Forderungen an Kreditinstitute« (Aktivposten Nr. 3) die im Gesamtbetrag enthaltenen
       aa) Forderungen an die Deutsche Genossenschaftsbank,
       bb) Forderungen an angeschlossene Kreditgenossenschaften,
    b) zu dem Posten der Bilanz »Verbindlichkeiten gegenüber Kreditinstituten« (Passivposten Nr. 1) die im Gesamtbetrag enthaltenen
       aa) Verbindlichkeiten gegenüber der Deutschen Genossenschaftsbank,
       bb) Verbindlichkeiten gegenüber angeschlossenen Kreditgenossenschaften;
13. von der Deutschen Genossenschaftsbank
    a) zu dem Posten der Bilanz »Forderungen an Kreditinstitute« (Aktivposten Nr. 3) die im Gesamtbetrag enthaltenen Forderungen an angeschlossene Kreditinstitute sowie die darin enthaltenen Forderungen an regionale genossenschaftliche Zentralbanken,
    b) zu dem Posten der Bilanz »Verbindlichkeiten gegenüber Kreditinstituten« (Passivposten Nr. 1) die im Gesamtbetrag enthaltenen Verbindlichkeiten gegenüber angeschlossenen Kreditinstituten sowie die darin enthaltenen Verbindlichkeiten gegenüber regionalen genossenschaftlichen Zentralbanken.

(2) Zu dem Posten der Bilanz »Sachanlagen« (Aktivposten Nr. 12) sind im Anhang mit ihrem Gesamtbetrag anzugeben:
1. die vom Institut im Rahmen seiner eigenen Tätigkeit genutzten Grundstücke und Bauten,
2. die Betriebs- und Geschäftsausstattung.

(3) Zu dem Posten der Bilanz »Nachrangige Verbindlichkeiten« (Passivposten Nr. 9) sind im Anhang anzugeben:
1. der Betrag der für nachrangige Verbindlichkeiten angefallenen Aufwendungen,
2. zu jeder zehn vom Hundert des Gesamtbetrags der nachrangigen Verbindlichkeiten übersteigenden Mittelaufnahme:
   a) der Betrag, die Währung, auf die sie lautet, ihr Zinssatz und ihre Fälligkeit sowie, ob eine vorzeitige Rückzahlungsverpflichtung entstehen kann,
   b) die Bedingungen ihrer Nachrangigkeit und ihrer etwaigen Umwandlung in Kapital oder in eine andere Schuldform,
3. zu anderen Mittelaufnahmen die wesentlichen Bedingungen.

(4) Zu dem Posten der Bilanz »Eventualverbindlichkeiten« (Passivposten Nr. 1 unter dem Strich) sind im Anhang Art und Betrag jeder Eventualverbindlichkeit anzugeben, die in bezug auf die Gesamttätigkeit des Instituts von wesentlicher Bedeutung ist.

(5) Zu jedem Posten der in der Bilanz ausgewiesenen Verbindlichkeiten und der unter dem Strich vermerkten Eventualverbindlichkeiten ist im Anhang jeweils der Gesamtbetrag der als Sicherheit übertragenen Vermögensgegenstände anzugeben.

(6) Zu dem Posten der Bilanz »Andere Verpflichtungen« (Passivposten Nr. 2 unter dem Strich) sind im Anhang Art und Höhe jeder der in den Unterposten Buchstabe a bis c bezeichneten Verbindlichkeiten anzugeben, die in bezug auf die Gesamttätigkeit des Instituts von wesentlicher Bedeutung sind.

§ 36 Termingeschäfte

In den Anhang ist eine Aufstellung über die Arten von am Bilanzstichtag noch nicht abgewickelten fremdwährungs-, zinsabhängigen und sonstigen Termingeschäften, die lediglich ein Erfüllungsrisiko sowie Währungs-, Zins- und/oder sonstige Marktpreisänderungsrisiken aus offenen und im Falle eines Adressenausfalls auch aus geschlossenen Positionen beinhalten, aufzunehmen. Hierzu gehören:
1. Termingeschäfte in fremden Währungen, insbesondere Devisentermingeschäfte, Devisenterminkontrakte, Währungsswaps, Zins-/Währungsswaps, Stillhalterverpflichtungen aus Devisenoptionsgeschäften, Devisenoptionsrechte, Termingeschäfte in Gold und anderen Edelmetallen, Edelmetallterminkontrakte, Stillhalterverpflichtungen aus Goldoptionen, Goldoptionsrechte;
2. zinsbezogene Termingeschäfte, insbesondere Termingeschäfte mit festverzinslichen Wertpapieren, Zinsterminkontrakte, Forward Rate Agreements, Stillhalterverpflichtungen aus Zinsoptionen, Zinsoptionsrechte, Zinsswaps, Abnahme-verpflichtungen aus Forward Forward Deposits; Lieferverpflichtungen aus solchen Geschäften sind in dem Unterposten der Bilanz »Unwiderrufliche Kreditzusagen« (Passivposten Nr. 2 unter dem Strich Buchstabe c) zu vermerken;
3. Termingeschäfte mit sonstigen Preisrisiken, insbesondere aktienkursbezogene Termingeschäfte, Stillhalterverpflichtungen aus Aktienoptionen, Aktienoptionsrechte, Indexterminkontrakte, Stillhalterverpflichtungen aus Indexoptionen, Indexoptionsrechte.

Für jeden der drei Gliederungsposten der Termingeschäfte ist anzugeben, ob ein wesentlicher Teil davon zur Deckung von Zins-, Wechselkurs- oder Marktpreisschwankungen abgeschlossen wurde und ob ein wesentlicher Teil davon auf Handelsgeschäfte entfällt.

Abschnitt 6:
Konzernrechnungslegung

§ 37 Konzernrechnungslegung

Auf den Konzernabschluß sind, soweit seine Eigenart keine Abweichung bedingt, die §§ 1 bis 36 entsprechend anzuwenden.

Abschnitt 7:
Ordnungswidrigkeiten

§ 38 Ordnungswidrigkeiten

(1) Ordnungswidrig im Sinne des § 340n Abs. 1 Nr. 6 des Handelsgesetzbuchs handelt, wer als Geschäftsleiter im Sinne des § 1 Abs. 2 Satz 1 oder des § 53 Abs. 2 Nr. 1 des Gesetzes über das Kreditwesen oder als Inhaber eines in der Rechtsform des Einzelkaufmanns betriebenen Instituts oder als Mitglied des Aufsichtsrats bei der Aufstellung oder Feststellung des Jahresabschlusses
1. entgegen § 2 Abs. 1 Satz 1 nicht das vorgeschriebene Formblatt anwendet,
2. entgegen §§ 3 bis 5, 6 Abs. 1 Satz 1 oder 2, Abs. 2 oder 4 die dort genannten Posten nicht, nicht in der vorgeschriebenen Weise oder nicht mit dem vorgeschriebenen Inhalt ausweist,
3. entgegen § 6 Abs. 3 dort genannte Vermögensgegenstände oder Schulden in seine Bilanz aufnimmt,
4. einer Vorschrift des § 9 über die Fristengliederung zuwiderhandelt,
5. entgegen § 10 Abs. 1 dort genannte Verbindlichkeiten nicht verrechnet,
6. entgegen § 10 Abs. 2 Forderungen oder Verbindlichkeiten verrechnet,
7. einer Vorschrift der §§ 12 bis 33 über die in einzelne Posten der Bilanz oder der Gewinn- und Verlustrechnung aufzunehmenden Angaben zuwiderhandelt,
8. einer Vorschrift des § 34 oder 35 über zusätzliche Erläuterungen oder Pflichtangaben zuwiderhandelt oder
9. einer Vorschrift des § 36 über Termingeschäfte zuwiderhandelt.

(2) Die Bestimmungen des Absatzes 1 gelten auch für den Konzernabschluß im Sinne des § 37.

Abschnitt 8:
Schlußvorschriften

§ 39 Übergangsvorschriften

(1) bis (5) (weggefallen)
(6) Vor dem 1. Juli 1993 begründete Spareinlagen nach § 21 des Gesetzes über das Kreditwesen in der Fassung der Bekanntmachung vom 11. Juli 1985 (BGBl. I S. 1472) und dafür gutgeschriebene oder danach gutzuschreibende Zinsen gelten weiterhin als Spareinlagen, wenn für sie die Voraussetzungen des § 21 Abs. 4 Satz 1 Nr. 1 und 2, Satz 2 dieser Verordnung zutreffen und sie die Vorschriften des § 22 Abs. 1 Satz 1 und Abs. 2 des Gesetzes über das Kreditwesen in der Fassung der Bekanntmachung vom 11. Juli 1985 (BGBl. I S. 1472) erfüllt haben.
(7) Sofern für ein Geschäftsjahr, das nach dem 31. Dezember 1998 und spätestens im Jahre 2001 endet, der Jahresabschluß und der Konzernabschluß nach Artikel 42 Abs. 1 Satz 2 des Einführungsgesetzes zum Handelsgesetzbuch in Deutscher Mark aufgestellt werden, sind auch die in § 35 Abs. 1 Nr. 6 vorgeschriebenen und die in den Formblättern 1 bis 3 für die Bilanz und die Gewinn- und Verlustrechnung vorgesehenen Angaben in Deutscher Mark und unter der Bezeichnung »DM« zu machen. Für ein Geschäftsjahr, das spätestens am 31. Dezember 1998 endet, ist diese Verordnung in der an diesem Tage geltenden Fassung anzuwenden.

(8) Sofern Kreditinstitute einen gesonderten Passivposten in Anwendung von Artikel 43 Abs. 1 Satz 2, Abs. 2 des Einführungsgesetzes zum Handelsgesetzbuch bilden, haben sie diesen im Formblatt 1 als Passivposten 8a. nach dem Sonderposten mit Rücklageanteil auszuweisen. Sofern sie eine Bilanzierungshilfe in Anwendung von Artikel 44 Abs. 1 Satz 1 des Einführungsgesetzes zum Handelsgesetzbuch in ihre Bilanz aufnehmen, haben sie diese im Formblatt 1 als Aktivposten 11a. nach dem Posten Immaterielle Anlagewerte auszuweisen.

(9) Die Vorschriften dieser Verordnung in der Fassung der Zweiten Verordnung zur Änderung der Verordnung über die Rechnungslegung der Kreditinstitute sind erstmals auf den Jahresabschluß und den Lagebericht sowie den Konzernabschluß und den Konzernlagebericht für das nach dem 31. Dezember 1997 beginnende Geschäftsjahr anzuwenden. § 4 Abs. 1 Satz 1, § 12 Abs. 2, § 13 Abs. 2 und 3, § 16 Abs. 1 Satz 1, Abs. 3 Satz 1 und § 26 Abs. 1 Satz 2 in der Fassung der Zweiten Verordnung zur Änderung der Verordnung über die Rechnungslegung der Kreditinstitute sind erstmals auf den Jahresabschluß und den Lagebericht sowie den Konzernabschluß und den Konzernlagebericht für das nach dem 31. Dezember 1998 endende Geschäftsjahr anzuwenden.

(10) §§ 20, 29 Satz 2, § 34 Absatz 2 Satz 1 Nummer 1 Buchstabe d, Nummer 4, § 35 Absatz 1 Nummer 1a, 6a bis 6c und 7 in der Fassung des Bilanzrechtsmodernisierungsgesetzes vom 25. Mai 2009 (BGBl. I S. 1102) sowie die Formblätter 1 bis 3 mit den Änderungen, die durch das Bilanzrechtsmodernisierungsgesetz sowie durch Artikel 3 Nummer 2 bis 4 der Verordnung zur Änderung von Rechnungslegungsverordnungen vom 9. Juni 2011 (BGBl. I S. 1041) erfolgt sind, sind erstmals auf Jahres- und Konzernabschlüsse für das nach dem 31. Dezember 2009 beginnende Geschäftsjahr anzuwenden. Die Formblätter 1 bis 3 in der bis zum 28. Mai 2009 geltenden Fassung sind letztmals auf Jahres- und Konzernabschlüsse für das vor dem 1. Januar 2010 beginnende Geschäftsjahr anzuwenden. Soweit im Übrigen in dieser Verordnung auf Bestimmungen des Handelsgesetzbuchs in der Fassung des Bilanzrechtsmodernisierungsgesetzes verwiesen wird, gelten die in den Artikeln 66 und 67 des Einführungsgesetzes zum Handelsgesetzbuch enthaltenen Übergangsregelungen entsprechend. Artikel 66 Abs. 3 Satz 6 des Einführungsgesetzes zum Handelsgesetzbuch gilt entsprechend. Die von Finanzdienstleistungsinstituten geforderten Angaben nach der Fußnote 14 des Bilanzformblatts und den jeweiligen Fußnoten 8 und 9 der Formblätter für die Gewinn- und Verlustrechnung sind erstmals auf Jahresabschlüsse für Geschäftsjahre anzuwenden, die nach dem 31. Dezember 2010 beginnen.

(11) Auf die Formblätter 2 und 3 in der Fassung der Verordnung zur Änderung der Versicherungsunternehmens-Rechnungslegungsverordnung sowie zur Änderung weiterer Rechnungslegungsverordnungen vom 18. Dezember 2009 (BGBl. I S. 3934) ist Absatz 10 Satz 1, 2 und 4 entsprechend anzuwenden.

(12) Die §§ 6, 7 und 17 in der Fassung des AIFM-Umsetzungsgesetzes vom 4. Juli 2013 (BGBl. I S. 1981) sind erstmals auf Jahres- und Konzernabschlüsse für nach dem 21. Juli 2013 beginnende Geschäftsjahre anzuwenden.[1]

§ 40 (Inkrafttreten, Aufhebung von Rechtsvorschriften)

---

1 Die Formblätter sind nicht abgedruckt.

Anhang 5.10
Zuordnung der Bestände und Geschäfte der Institute zum Handelsbuch und zum Anlagebuch
(§ 1 Abs. 12 KWG, § 2 Abs. 11 KWG)

(Rundschreiben 17/99 des Bundesaufsichtsamtes für das Kreditwesen vom 8. Dezember 1999 – I 3–1119–3/98 –)

Notwendigkeit der Abgrenzung zwischen Handelsbuch und Anlagebuch

Nach der Systematik des Kreditwesengesetzes sind die Bestände und Geschäfte, die in den Anwendungsbereich des § 1 Abs. 12 KWG fallen, von den Instituten eindeutig entweder dem Handelsbuch oder dem Anlagebuch zuzuordnen. Diese Zweiteilung dient zwei Zielen:
- Der Klärung der Frage, ob ein Institut Handelsbuch- oder Nichthandelsbuchinstitut ist, und somit der Festlegung der anzuwendenden Vorschriften des Kreditwesengesetzes und des Grundsatz I (unter I.) sowie
- der Bestimmung des Umfangs der der Ermittlung der Handelsbuch-Risikopositionen zugrunde zu legenden Geschäfte (unter II.).

Alle Institute sind unabhängig vom Umfang ihrer Handelsbuchgeschäfte verpflichtet, ihre Geschäfte und Bestände eindeutig dem Handelsbuch bzw. dem Anlagebuch zuzuordnen. Nur so kann nachhaltig sichergestellt werden, daß ein Institut, das die Privilegierung als Nichthandelsbuchinstitut nach § 2 Abs. 11 KWG in Anspruch nehmen möchte, die Voraussetzungen hierfür einhält.

I. Einordnung des Instituts als Handelsbuch- oder Nichthandelsbuchinstitut

1. Jedes Institut ist entweder Handelsbuch- oder Nichthandelsbuchinstitut. Als Nichthandelsbuchinstitut kann sich ein Institut einordnen, das die Bagatellgrenzen nach § 2 Abs. 11 Satz 1 KWG (im folgenden: »Bagatellgrenzen«) einhält. Die Einhaltung der Bagatellgrenzen führt jedoch nicht zwangsläufig zur Einordnung als Nichthandelsbuchinstitut. Ein Institut muß sich entscheiden, ob es die Bagatellregelung des § 2 Abs. 11 Satz 1 KWG in Anspruch nehmen möchte. Es kann sich freiwillig als Handelsbuchinstitut einordnen, auch wenn es die Bagatellgrenzen ständig einhält.
Ein Nichthandelsbuchinstitut hat intern die erforderlichen organisatorischen Vorkehrungen zu schaffen, um die Einhaltung der Bagatellgrenzen zu überwachen; die organisatorischen Vorkehrungen müssen sicherstellen, daß auch nur kurzfristige Überschreitungen einer Bagatellgrenze unverzüglich festgestellt und für Zwecke der Revision nachprüfbar festgehalten werden. Eine Beschreibung der Verfahren, eine Aufstellung der Berechnungsergebnisse sowie eine Aufschlüsselung der Positionen sind für das Bundesaufsichtsamt für das Kreditwesen (Bundesaufsichtsamt) und die zuständige Landeszentralbank abrufbereit vorzuhalten (§ 24 GroMiKV).
Institute, die sich als Handelsbuchinstitute eingeordnet haben, brauchen diese organisatorischen Vorkehrungen nicht zu treffen.

Die Einstufung als Handels- bzw. Nichthandelsbuchinstitut ist durch Vorstandsbeschluß zu dokumentieren und dem Bundesaufsichtsamt sowie der zuständigen Landeszentralbank nach § 2 Abs. 11 Satz 4 KWG schriftlich anzuzeigen.

2. Ein Institut, das auch nur kurzfristig eine Grenze nach § 2 Abs. 11 Satz 1 Nr. 3 KWG überschreitet, wird mit dieser Überschreitung zum Handelsbuchinstitut, selbst wenn es die Überschreitung bis zum Geschäftsschluß wieder zurückführt. Die Einhaltung dieser Grenzen zu jeder Zeit ist durch geeignete organisatorische Maßnahmen sicherzustellen, beispielsweise mittels Limit-Systemen. Die Einhaltung der Grenzen ist spätestens durch Rückschau zum Geschäftsschluß festzustellen.

Überschreitungen der Grenzen nach § 2 Abs. 11 Satz 1 Nr. 1 oder Nr. 2 KWG führen dann zu einer Einordnung als Handelsbuchinstitut, wenn sich die Überschreitungen häufen. Eine solche Häufung ist anzunehmen, wenn das Institut per Geschäftsschluß an mindestens fünf aufeinander folgenden Geschäftstagen oder mindestens zehnmal während eines Kalendervierteljahres die Grenzen überschreitet; untertägige Überschreitungen der Grenzen nach § 2 Abs. 11 Satz 1 Nr. 1 oder Nr. 2 KWG brauchen nicht berücksichtigt zu werden. Kommt es zu einer solchen Häufung, hat das Institut sie unverzüglich dem Bundesaufsichtsamt und der für das Institut zuständigen Landeszentralbank schriftlich anzuzeigen; ein besonderer Anzeigenvordruck wird nicht vorgegeben. Sofern sich das Institut nicht aufgrund der Überschreitungen nunmehr selbst als Handelsbuchinstitut einordnet und dem Bundesaufsichtsamt und der zuständigen Landeszentralbank eine entsprechende Anzeige einreicht, bestehen zwei Möglichkeiten:

a) Das Bundesaufsichtsamt hält unter Berücksichtigung der Umstände des Einzelfalls die Überschreitungen für nicht schwerwiegend genug, um dem Institut gegen dessen Willen die Einordnung als Handelsbuchinstitut aufzuerlegen.

b) Das Bundesaufsichtsamt hält, auch nachdem es dem Institut Gelegenheit zur Stellungnahme gegeben hat, die Einordnung des Instituts als Handelsbuchinstitut für erforderlich.

Letzterenfalls wird das Bundesaufsichtsamt dem Institut die Gelegenheit geben, sich freiwillig als Handelsbuchinstitut einzuordnen und dem Bundesaufsichtsamt eine entsprechende Anzeige einzureichen. Kommt das Institut dieser Aufforderung in der vorgegebenen Frist nicht nach, wird das Bundesaufsichtsamt die Einordnung als Handelsbuchinstitut durch feststellenden Verwaltungsakt durchsetzen.

Für den Wechsel vom Nichthandelsbuchinstitut zum Handelsbuchinstitut wird das Bundesaufsichtsamt auf Antrag im Einzelfall eine angemessene Übergangsfrist festsetzen.

3. Ein Institut, das durch Verwaltungsakt des Bundesaufsichtsamtes als Handelsbuchinstitut eingestuft worden ist, kann dessen Aufhebung beim Bundesaufsichtsamt beantragen. Für die Aufhebung des Verwaltungsaktes gelten die allgemeinen Grundsätze. Eine Kopie dieses Antrags ist der zuständigen Landeszentralbank direkt einzureichen. Das Bundesaufsichtsamt wird dem Antrag im Regelfall stattgeben, wenn das Institut belegt, daß es mindestens für die letzten drei Monate die Bagatellgrenzen nach § 2 Abs. 11 Satz 1 KWG eingehalten hat.

4. Ein Institut, das sich als Handelsbuchinstitut eingeordnet hat, ohne nach dem Gesetz zu diesem Zeitpunkt oder in der Zeit danach dazu verpflichtet gewesen zu sein, kann sich jederzeit durch eine erneute Anzeige bei dem Bundesaufsichtsamt und der zuständigen Landeszentralbank von dieser Einordnung lösen und sich wieder als Nichthandelsbuchinstitut einstufen.

5. Auch ein Institut, das sich aufgrund der gesetzlichen Vorgaben als Handelsbuchinstitut eingeordnet hat, kann sich wieder von dieser Einordnung lösen, wenn es belegt, daß es mindestens für die letzten drei Monate die Bagatellgrenzen nach § 2 Abs. 11 Satz 1 KWG eingehalten hat. Das Institut sollte das Bundesaufsichtsamt jedoch vorher über die zuständige Landeszentralbank informieren.

II. Das Verrechnungsverbot nach § 2 Abs. 11 Satz 2 Halbsatz 2 KWG

1. Gemäß § 2 Abs. 11 Satz 2 Halbsatz 2 KWG sind bei der Berechnung der Auslastung der Bagatellgrenzen Kauf- und Verkaufspositionen ungeachtet ihres Vorzeichens zu addieren. Diese Regelung läuft zwar darauf hinaus, daß ein Institut, das sich im Rahmen von Termingeschäften durch den Abschluß eines Gegengeschäftes gegen Marktrisiken absichert, selbst im Falle eines vollkommenen Hedges die Bagatellgrenzen doppelt belastet; die gesetzlichen Vorgaben sind insoweit jedoch eindeutig. Termingeschäfte sind ungeachtet ihres wirtschaftlichen Risikos und ungeachtet ihres Vorzeichens bis zu dem Zeitpunkt, da sie weiterveräußert oder abgewickelt worden sind, bei der Berechnung der Auslastung der Bagatellgrenzen zu berücksichtigen.

Das Verrechnungsverbot in § 2 Abs. 11 Satz 2 Halbsatz 2 KWG gilt indessen nicht für das Novationsnetting, da bei diesen Geschäften an die Stelle der alten Geschäfte ein neues tritt. Insoweit sieht das Bundesaufsichtsamt keine zwingenden gegenteiligen EG-rechtlichen Vorgaben.

2. Während das Verrechnungsverbot nach § 2 Abs. 11 Satz 2 Halbsatz 2 KWG auf Termingeschäfte ohne Einschränkungen zur Anwendung kommt, ist es nach Sinn und Zweck der Regelung auf Kassageschäfte nur nach Maßgabe der folgenden Adaptionen anzuwenden: Wertpapierkassakäufe sind mit Abschluß des Kaufvertrages bei der Berechnung der Auslastung der Bagatellgrenzen zu berücksichtigen, also nicht erst ab dem Zeitpunkt, zu dem die Wertpapiere in den Bestand genommen werden; maßgeblich ist somit der Zeitpunkt des Zustandekommens des schuldrechtlichen Vertrages.

Wertpapiere, die das Institut im Bestand hat oder auf Kassa gekauft hat, sind ab dem Zeitpunkt, in dem das Institut sie per Kassa weiterveräußert, bei der Auslastung der Bagatellgrenzen nicht mehr zu berücksichtigen. Maßgeblich ist auch insoweit der Abschluß des Verkaufsvertrages, nicht erst der Zeitpunkt, zu dem dem Institut die Valuta zufließt und es die Wertpapiere aus dem Bestand bucht. Das Verrechnungsverbot wird insoweit durchbrochen.[1] Diese Erleichterung gilt ausdrücklich nicht für Kassaleerverkäufe; diese belasten die Bagatellgrenzen, bis sich das Institut die entsprechende Deckung am Markt verschafft hat.

III. Allgemeine Zuordnungskriterien nach § 1 Abs. 12 KWG

1 Handelsbuch

Das Handelsbuch wird in § 1 Abs. 12 Satz 1 KWG explizit definiert. Folgende Geschäfte sind dem Handelsbuch – soweit die weiteren Voraussetzungen erfüllt sind – nach § 1 Abs. 12 Sätze 1 bis 3 in Verbindung mit Abs. 11 KWG zuzuordnen:
1. Wertpapiere (§ 1 Abs. 11 Satz 2 KWG, Abs. 12 Satz 1 Nr. 1 Alt. 1),
2. Geldmarktinstrumente (§ 1 Abs. 11 Satz 3, Abs. 12 Satz 1 Nr. 1 Alt. 1),
3. handelbare Forderungen (§ 1 Abs. 12 Satz 1 Nr. 1 Alt. 2),
4. handelbare Anteile (Abs. 12 Satz 1 Nr. 1 Alt. 3),
5. Pensions-, Darlehens- und wirtschaftlich vergleichbare Geschäfte mit Finanzinstrumenten des Handelsbuches (§ 1 Abs. 12 Satz 2),

---

1 Hinsichtlich der Vorgaben des Artikel 4 Abs. 7 Satz 3 der Kapitaladäquanzrichtlinie, wonach ausdrücklich eine vorzeichenunabhängige Addition von Kauf- und Verkaufspositionen zu erfolgen hat, bleibt diese Erleichterung allerdings problematisch; sie läßt sich nur mit der begrifflichen Unschärfe der Richtlinie begründen. Die Institute müssen sich darauf einstellen, daß das Bundesaufsichtsamt die Erleichterung kurzfristig zurückziehen wird, falls die Europäische Kommission sie beanstanden sollte.

6. Devisentermin- und Devisenoptionsgeschäfte und Termin- und Optionsgeschäfte auf (vergleichbare) Rechnungseinheiten (§ 1 Abs. 11 Satz 1, Abs. 12 Satz 3),
7. Derivate, außer Rohwaren- und Edelmetall-Derivate (§ 1 Abs. 11 Satz 4, Abs. 12 Satz 3)[1],
8. Geschäfte zur Absicherung von Marktpreisrisiken des Handelsbuches und damit im Zusammenhang stehende Refinanzierungsgeschäfte (§ 1 Abs. 12 Satz 1 Nr. 2),
9. Aufgabegeschäfte (§ 1 Abs. 12 Satz 1 Nr. 3),
10. Forderungen im Zusammenhang mit dem Handelsbuch (§ 1 Abs. 12 Satz 1 Nr. 4).

Gesetzestechnisch greift die Vorschrift hinsichtlich der Begriffe »Finanzinstrumente«, »Devisen«, »Rechnungseinheiten« und »Derivate« auf die Definitionen in § 1 Abs. 11 KWG zurück. Wesentliche Merkmale der »Finanzinstrumente« gemäß § 1 Abs. 12 Satz 1 Nr. 1 in Verbindung mit § 1 Abs. 11 KWG sind ihre zumindest wertpapierähnliche Qualität und die Handelbarkeit an einem Markt. § 1 Abs. 12 Satz 1 Nr. 1 KWG geht durch die Einbeziehung von handelbaren Forderungen und Anteilen über den Definitionsbereich des § 1 Abs. 11 KWG noch hinaus. Wesentliches Tatbestandsmerkmal ist insoweit lediglich die Handelbarkeit dieser Instrumente. Die Handelbarkeit der Instrumente nach § 1 Abs. 12 Satz 1 Nr. 1 KWG ist wichtig, um eine Einbeziehung von Geschäften in das Handelsbuch zu verhindern, die am Markt nicht umgeschlagen werden können und so – mit gegenüber dem Anlagebuch relativ geringen Anrechnungs- und Unterlegungssätzen – zu einer Risikoverdichtung bei dem Institut führen können.

Das Anlagebuch ist gemäß § 1 Abs. 12 Satz 4 KWG eine Residualgröße. Ihm sind alle Geschäfte und Bestände zuzuordnen, die nicht dem Handelsbuch zuzuordnen sind.

2 Zuordnungskriterien

1. Gemäß § 1 Abs. 12 Satz 5 KWG hat die Einbeziehung von Geschäften in das Handelsbuch nach institutsinternen nachprüfbaren Kriterien zu erfolgen, die dem Bundesaufsichtsamt und der zuständigen Landeszentralbank mitzuteilen sind. Jedes Institut – gleichgültig ob Handelsbuchinstitut oder Nichthandelsbuchinstitut – ist verpflichtet, derartige interne Zuordnungskriterien aufzustellen. Auch Institute, die nach eigener Einschätzung lediglich ein Anlagebuch führen, haben Zuordnungskriterien aufzustellen, um der Bankenaufsicht eine Überprüfung der Zuordnung zu ermöglichen.

Die Festlegung institutsinterner Kriterien bedeutet, daß die Institute individuelle – ihrer geschäftspolitischen Ausrichtung und ihrer institutsspezifischen Handelstätigkeit entsprechende – Zuordnungskriterien im Rahmen der KWG-Vorschriften selbst zu entwickeln haben. Hinsichtlich der individuellen Ausgestaltung wird ihnen insoweit ein Regelungsermessen eingeräumt. Das Ermessen findet seine Grenzen in den ausdrücklichen Vorgaben des § 1 Abs. 12 KWG. Außer in den ausdrücklichen Vorgaben findet das Ermessen seine Grenzen in dem Konsistenzgebot sowie in dem allgemeinen Willkürverbot. Die Zuordnung zum Anlagebuch bzw. zum Handelsbuch darf nicht lediglich deshalb vorgenommen werden, um hierdurch Vorteile (Einordnung als Nichthandelsbuchinstitut bzw. Erreichung geringerer Anrechnungs- und Unterlegungssätze) zu erlangen.

2. Das den Instituten durch das Gesetz eingeräumte Regelungsermessen impliziert, daß die durch das Institut aufgestellten Kriterien bankaufsichtsrechtlich solange maßgeblich sind, bis das Bundesaufsichtsamt sie beanstandet.

3. Der Kriterienkatalog muß abschließend und eindeutig sein. Anhand der Kriterien muß sich jede Position objektiv eindeutig dem Anlagebuch oder Handelsbuch

---

[1] Die Einschränkung wird mit Umsetzung der Richtlinie 98/31/EG des Europäischen Parlaments und des Rates vom 22. Juni 1998 in deutsches Recht entfallen.

zuordnen lassen und auch tatsächlich zugeordnet werden. Zur zweifelsfreien Zuordnung einzelner Geschäfte zum Handelsbuch bzw. zum Anlagebuch ist es erforderlich, die jeweilige Zweckbestimmung des Geschäftes zum Zeitpunkt des Geschäftsabschlusses eindeutig zu dokumentieren. Nur auf diese Weise läßt sich nachträglich die Einhaltung der institutsintern festgelegten Kriterien überprüfen.

Das Handelsbuch und das Anlagebuch müssen sich jederzeit zweifelsfrei identifizieren lassen. Deshalb muß auch im Rechnungswesen die Kennzeichnung oder zumindest die jederzeitige Ermittelbarkeit der bilanziellen und außerbilanziellen Handelsbuchpositionen gewährleistet sein.

Bei strukturierten Finanzinstrumenten (z.B. Aktienoptionsanleihe) ist bei Zuordnung des Grundgeschäfts (hier Anleihe) zum Anlagebuch die Zuordnung des Zusatzgeschäftes (hier Aktienverkaufsoption) zum Handelsbuch nur dann zulässig, wenn das Institut nachvollziehbar darlegen kann, daß das Zusatzgeschäft geeignet ist, Handelsbuchpositionen abzusichern, und wie sich der Wert des Zusatzgeschäfts ermitteln läßt. Ein Institut, das von dieser Möglichkeit Gebrauch machen möchte, hat die entsprechenden Festlegungen in den Kriterien zu treffen.

4. Sofern die internen Zuordnungskriterien geändert werden, ist dies dem Bundesaufsichtsamt und der zuständigen Landeszentralbank unverzüglich unter Darlegung der Gründe anzuzeigen (§ 1 Abs. 12 Satz 5 zweiter Teilsatz KWG).

5. Umwidmungen von Positionen des Handelsbuches in das Anlagebuch bzw. umgekehrt sind bei Positionen im Sinne des § 1 Abs. 12 Satz 1 Nr. 1 KWG grundsätzlich *in begründeten Einzelfällen* möglich, wenn sich die interne Zweckbestimmung der Geschäfte ändert. Als Ausnahmetatbestand ist die Regelung des § 1 Abs. 12 Satz 6 KWG eng auszulegen. Umwidmungen müssen in den Unterlagen des Instituts nachvollziehbar dokumentiert und hinreichend begründet werden (§ 1 Abs. 12 Satz 6 KWG). Die Dokumentation kann z.B. durch einen Beschluß der Geschäftsleitung erfüllt werden. An die Begründung sind hohe Anforderungen zu stellen. Das Konsistenzgebot und das Willkürverbot gelten auch für Umwidmungen. Falls sich inkonsistente bzw. willkürliche Umwidmungen häufen, kann sich die Frage der Ordnungsmäßigkeit der Geschäftsorganisation stellen.

Dagegen ist die Zuordnung zum Handelsbuch in den Fällen des § 1 Abs. 12 Satz 1 Nr. 3 und Satz 2 KWG zwingend; eine Umwidmung kann hier nur erfolgen, soweit der Tatbestand durch Wegfall der Voraussetzungen nachträglich entfällt. Bei Positionen im Sinne des § 1 Abs. 12 Satz 1 Nr. 2 KWG folgt eine Umwidmung zwingend der Umwidmung der zugrundeliegenden Geschäfte nach § 1 Abs. 12 Satz 1 Nr. 1 KWG.

6. Da Handelsbuchgeschäfte als Teil der Handelsgeschäfte auch von den Mindestanforderungen an das Betreiben von Handelsgeschäften der Kreditinstitute (MaH) erfaßt werden, müssen bei der Entwicklung der internen nachprüfbaren Kriterien gemäß § 1 Abs. 12 Satz 5 KWG auch die Vorgaben der MaH berücksichtigt werden. Dies bedeutet nach Abschnitt 2.1 der MaH insbesondere, daß alle Geschäftsleiter sowohl für die ordnungsgemäße Organisation und Überwachung der Handelsgeschäfte als auch für die ordnungsgemäße Organisation und Überwachung der Handelsbuchgeschäfte im Sinne des § 1 Abs. 12 KWG verantwortlich sind.

Bei den von den Instituten eingereichten Anzeigen gemäß § 1 Abs. 12 Satz 5 KWG wurden die hier dargelegten Anforderungen in sehr vielen Fällen auch nicht annähernd erfüllt. Ich bitte die Institute, die von ihnen erstellten Zuordnungskriterien anhand der Erläuterungen dieses Rundschreibens zu überprüfen und die erforderlichen Änderungen und Ergänzungen dem Bundesaufsichtsamt und der zuständigen Landeszentralbank **spätestens bis zum 29. Februar 2000** mitzuteilen.

IV. Hinweise für die Zuordnung der einzelnen Geschäfte

1 Zuordnung von Geschäften nach § 1 Abs. 12 Satz 1 Nr. 1 KWG

1.1 Begriffsbestimmungen

Ausgangspunkt der Prüfung ist der Begriff »Finanzinstrument«, »handelbare Forderung« oder »handelbarer Anteil«. In der Praxis macht die Einordnung eines Instruments insbesondere unter den Begriff »Finanzinstrumente« häufig Schwierigkeiten. Die Erläuterung dieses in § 1 Abs. 11 KWG definierten Begriffs[1] erfolgt in einem **Anhang** zu diesem Rundschreiben.

1.2 Grundsätzlicher Gleichlauf der bankaufsichtsrechtlichen Abgrenzung des Handelsbuches gegen das Anlagebuch mit der handelsrechtlichen Abgrenzung des Handelsbestandes gegen Anlagevermögen und Liquiditätsreserve

Für die in § 1 Abs. 12 Satz 1 Nr. 1 in Verbindung mit Abs. 11 KWG aufgeführten Instrumente (Wertpapiere, Geldmarktinstrumente, handelbare Forderungen, handelbare Anteile, Devisen, Rechnungseinheiten und Derivate) ist gemäß § 1 Abs. 12 Satz 1 Nr. 1 KWG die **Absicht der kurzfristigen Erzielung eines Eigenhandelserfolges** mit diesen Geschäften das entscheidende Abgrenzungskriterium. Bei der Zwecksetzung als zentrales Zuordnungskriterium reicht es nicht aus, daß das Institut überhaupt einen Eigenhandelserfolg erzielen möchte; erforderlich ist zusätzlich, daß es die Unterschiede zwischen den Kauf- und Verkaufspreisen bzw. die Preisschwankungen kurzfristig nutzen möchte. Mit einem Wiederverkauf gleichzusetzen ist das partielle oder vollständige Schließen der Marktrisikoposition durch ein Absicherungsgeschäft (Gegengeschäft); der Eigenhandelserfolg wird hier durch die kurzfristige Erzielung einer Barwertdifferenz erzielt.

Die Institute müssen im Rahmen der Festlegung ihrer institutsinternen Zuordnungskriterien darlegen, welchen Zeitraum sie als kurzfristig ansehen. Sofern dem Handelsbuch zugeordnete Positionen nicht innerhalb des definierten Zeitraums weiterveräußert bzw. geschlossen werden, hat das Institut die Zwecksetzung und die künftige Zuordnung der betreffenden Bestände zum Handelsbuch oder Anlagebuch zu prüfen. Die getroffene Entscheidung ist nachvollziehbar zu begründen und zu dokumentieren.

»Eigenhandelserfolg« ist nach der Gesetzesbegründung zur 6. KWG-Novelle im Sinne von Nettoertrag bzw. -aufwand gemäß § 340c Abs. 1 HGB (Handelsbestand) zu verstehen.

Bereits die Entscheidung, welche Geschäfte das Institut dem Handelsbestand/Eigenhandelsportfolio zuordnet, trifft es im Wege einer *Ermessensentscheidung*. In der Praxis werden im Handelsbestand/Eigenhandelsportfolio nur solche Wertpapiere und Finanzinstrumente gehalten, die zu einer kurzfristigen Weiterveräußerung bestimmt sind. Damit kommt der Ausnutzung kurzfristiger Preisunterschiede zur Realisierung eines positiven Eigenhandelsergebnisses als Kriterium zur Abgrenzung der Handelsgeschäfte von den Nichthandelsgeschäften auch eine handelsrechtliche Bedeutung zu. Die Zuordnungsentscheidung ist im Erwerbszeitpunkt zu treffen.

Die handelsrechtlichen Kriterien, die für die Abgrenzung der Wertpapiere, handelbaren Forderungen und Anteile des Handelsbestandes gelten, sind den Kriterien für

---

1 Die Begriffsbestimmungen erfolgen nur für den Kontext des § 1 Abs. 12 KWG. Im Rahmen des § 1 Abs. 1 Satz 2 Nr. 10 und Abs. 1a Satz 2 Nr. 1 bis 4 KWG i.V.m. §§ 32, 54 KWG kann im Hinblick auf das strafrechtliche Analogieverbot (Art. 103 Abs. 2 GG) eine andere Abgrenzung geboten sein.

die Abgrenzung des Handelsbuches nach § 1 Abs. 12 Satz 1 Nr. 1 KWG ähnlich; die objektive Interessenlage ist bei beiden Regelungskreisen weitgehend identisch. Deshalb ist – nicht zuletzt auch aus Praktikabilitätsgründen (um die Institute nicht mit einer zusätzlichen Schattenbilanzierung zu belasten) – vorbehaltlich der Durchbrechungen, die im Anschluß unter 1.3 dargestellt werden, von einem Gleichlauf zwischen dem Handelsbestand im Sinne des HGB und dem Handelsbuch im Sinne des KWG auszugehen, auch wenn die Absicht der *kurzfristigen* Weiterveräußerung keine gesetzliche Voraussetzung für die Zuordnung zum Handelsbestand nach § 340c Abs. 1 HGB ist; in der Praxis ist die beabsichtigte Zeitspanne des Haltens auch bei der handelsrechtlichen Abgrenzung des Handelsbestandes ein wesentliches Kriterium.

Wertpapiere der handelsrechtlichen Liquiditätsreserve (§ 340f. Abs. 1 Satz 1 HGB) sind vorbehaltlich der Durchbrechungen, die im Anschluß unter 1.3 dargestellt werden, dem Anlagebuch zuzuordnen; Instrumente, die wie Anlagevermögen behandelt werden (§ 340c Abs. 2 HGB), sind immer dem Anlagebuch zuzuordnen.

1.3 Durchbrechung des Gleichlaufs

Der Gesetzgeber der 6. KWG-Novelle wollte den Anwendungsbereich des Tatbestands der Nr. 1 des § 1 Abs. 12 Satz 1 KWG zwar weitgehend an den handelsrechtlichen Vorgaben orientieren, eine vollständige Parallelität war jedoch nicht beabsichtigt.

Der Grundsatz des Gleichlaufs zwischen Handelsbestand im Sinne des HGB und Handelsbuch im Sinne des KWG kann in zwei Fällen durchbrochen werden:
a) Das Institut kann nach Ermessen – auch für die Wertpapiere der Liquiditätsreserve – eine von dem handelsrechtlichen Ansatz abweichende Zuordnung vornehmen, wenn es hierfür plausible, objektiv nachweisbare Gründe gibt. Das Bundesaufsichtsamt wird eine von dem handelsrechtlichen Ansatz abweichende Zuordnung jedoch nur dann akzeptieren, wenn das Institut dem Bundesaufsichtsamt die Durchbrechung vor dem Hintergrund seiner Geschäftspolitik im Rahmen der Grenzen, die Wortlaut und Ratio des § 1 Abs. 12 KWG objektiv setzen, begründet und in den institutsinternen Kriterien eindeutige Zuordnungskriterien für gleiche Fälle definiert hat.
b) Eine von dem handelsrechtlichen Ansatz abweichende Zuordnung nach dem KWG ist – ohne Ermessen des Instituts – geboten, wenn bankaufsichtliche Gründe im Einzelfall eine abweichende Wertung verlangen. Die von dem Institut getroffene Zuordnung ist jedoch solange maßgeblich, bis das Bundesaufsichtsamt sie im Einzelfall beanstandet oder eine anderweitige Entscheidung allgemein verlautbart.
  Dies betrifft insbesondere folgende Fälle:
– **Kundengeschäfte**
  Bei Geschäften mit Dritten, die durch den Auftrag eines Kunden ausgelöst werden (Kundengeschäfte), bei welchen der Dienstleistungsaspekt im Vordergrund steht und die daher dem Anlagebuch zugerechnet werden, sind die betreffenden Geschäfte in das Handelsbuch umzuwidmen, wenn sie nicht spätestens zum Geschäftsschluß weitergehandelt worden sind. Der Dienstleistungscharakter von Kundengeschäften ist allerdings grundsätzlich dann in Frage gestellt, wenn damit spekulative Zwecke zumindest mitverfolgt werden; gegebenenfalls kommt eine Zuordnung zum Anlagebuch *a priori* nicht in Betracht.
  Auf den Geschäftsschluß abzustellen, ist nicht unproblematisch. In der Zeit zwischen Abschluß des Kundengeschäftes und Geschäftsschluß können sich für das Institut Risiken entwickeln, die objektiv spekulativen Charakter annehmen. Nach Gesetzeswortlaut und -zweck könnte das Bundesaufsichtsamt mindestens ebenso gut vertreten, die Position sei unverzüglich (also nur mit technisch bedingten Verzögerungen) weiterzuhandeln, wenn die Zuordnung des Kundengeschäftes zum Handelsbuch vermieden werden solle. Die Erleichterung läßt

sich nur mit der Maßgabe vertreten, daß das Bundesaufsichtsamt bei bestimmten Geschäftsstrukturen, die zwar formal unter die Erleichterung fallen, nach dem Zweck der gesetzlichen Regelung jedoch die Zuordnung zum Handelsbuch verlangen, deren Zuordnung zum Handelsbuch vorgibt.
- **Rückkauf eigener Schuldverschreibungen**
  Der Rückkauf eigener Schuldverschreibungen kann nur dann als Zusatzdienstleistung zu einem Anlagebuchgeschäft angesehen werden (Einlagengeschäft i.w.S.), wenn damit keine spekulativen Nebenzwecke verfolgt werden.
- **Emissionsgeschäfte**
  Für die im Rahmen von Emissionsgeschäften (§ 1 Abs. 1 Satz 2 Nr. 10 KWG) begründeten Positionen ist die Zuordnung zum Handelsbuch zwingend, sofern das Institut die Wertpapiere nicht erklärtermaßen in sein Anlagevermögen nehmen möchte.

2 Zuordnung von Pensions-, Darlehens- und wirtschaftlich vergleichbaren Geschäften mit Finanzinstrumenten des Handelsbuches nach § 1 Abs. 12 Satz 2 KWG

Nach § 1 Abs. 12 Satz 2 KWG sind alle Pensions- und Darlehensgeschäfte, die Geschäfte mit Finanzinstrumenten des Handelsbuches zum Gegenstand haben, sowie den Pensions- und Darlehensgeschäften vergleichbare Geschäfte mit diesen Finanzinstrumenten dem Handelsbuch zuzuordnen.

Soweit der zugrunde liegende Geschäftsgegenstand dem Anlagebuch zugeordnet ist, ist das Pensionsgeschäft oder ein vergleichbares Geschäft hingegen nicht im Umkehrschluß zwangsläufig dem Anlagebuch zuzuordnen. Geldhändler gehen zunehmend dazu über, Geldmarktgeschäfte mit Wertpapieren des Anlagebestandes oder der Liquiditätsreserve zu besichern; diese Art von Geldmarktgeschäften kann gegebenenfalls nach § 1 Abs. 12 Satz 1 Nr. 1 KWG dem Handelsbuch zuzuordnen sein. Da die Institute insoweit erhebliche Gestaltungsspielräume besitzen, ist auch diesbezüglich eine exakte Zuordnung erforderlich.

Stillhalterverpflichtungen aus gedeckten Kaufoptionen sind analog der Regelung für Pensions-, Darlehens- und wirtschaftlich vergleichbare Geschäfte dem Handelsbuch oder Anlagebuch zuzuordnen. Institute, die solche Optionen schreiben, haben die entsprechenden Regelungen in den Kriterien zu treffen.

3 Zuordnung von derivativen Geschäften zur Absicherung von Marktpreisrisiken des Handelsbuchs und damit im Zusammenhang stehende Refinanzierungsgeschäfte gemäß § 1 Abs. 12 Satz 1 Nr. 2 KWG

Bestände und Geschäfte sind dem Handelsbuch gemäß § 1 Abs. 12 Satz 1 Nr. 2 KWG zuzuordnen, wenn sie zur Absicherung von Marktpreisrisiken aus dem Handelsbuch dienen.

Absicherungsgeschäfte sind solche Geschäfte, die abgeschlossen werden, um Marktrisikopositionen des Handelsbuches zu verringern bzw. zu eliminieren. In der Praxis dienen solche Geschäfte der Festschreibung von Gewinnen bzw. der Begrenzung von Verlusten aufgrund von Preisbewegungen. Es ist eine eindeutige und stetige Zuordnung dieser Geschäfte vorzunehmen. Die Absicherungsinstrumente müssen zu einer oder mehreren Positionen des Handelsbuches direkt oder wenigstens im Wege einer Portfoliobetrachtung zuordenbar sein.

Wird die durch ein derivatives Geschäft abgesicherte, dem Handelsbuch zugeordnete Position aufgelöst, ist der Tatbestand des § 1 Abs. 12 Satz 1 Nr. 2 KWG nicht länger erfüllt, so daß eine weitere Zuordnung zum Handelsbuch gegebenenfalls anderweitig zu begründen ist.

Absicherungsgeschäfte für Anlagebuchpositionen (bspw. Zinsswaps zur Absicherung von Zinsrisiken aus Krediten) sind dem Anlagebuch zuzuordnen. Sogenannte **Interne Geschäfte** zur Übertragung von Marktrisiken vom Anlagebuch in das Handelsbuch (z. B. zwischen Kreditabteilung und Eigenhandelsabteilung) sind zulässig, soweit sie konsistent und einheitlich eingesetzt werden, ohne das Verbot willkürlicher Umwidmungen zu umgehen. Diese internen Geschäfte sind in die Ermittlung der Teilanrechnungsbeträge für die Handelsbuch-Risikopositionen im Grundsatz I einzubeziehen.

Die Einbeziehung von derivativen Geschäften des Anlage- und des Handelsbuches in eine Netting-Vereinbarung ist prinzipiell zulässig. Der Saldo ist für Zwecke der Erfassung und Begrenzung des Adressenausfallrisikos entweder dem Anlagebuch oder Handelsbuch zuzurechnen. Die Entscheidung hat sich an einer Schwerpunktbetrachtung zu orientieren; die institutsinternen Kriterien nach § 1 Abs. 12 Satz 5 KWG müssen insoweit exakte Vorgaben enthalten, aus denen sich die Zuordnung im Einzelfall eindeutig ergibt.

4 Zuordnung von Aufgabegeschäften gemäß § 1 Abs. 12 Satz 1 Nr. 3 KWG

Aufgabegeschäfte im Sinne des § 1 Abs. 12 Satz 1 Nr. 3 KWG sind Geschäfte nach § 95 HGB und § 13 BörsG, bei welchen der Handelsmakler die Gegenseite bei Abschluß des Geschäftes noch nicht benennen kann, sich deren Bezeichnung vorbehält und sich zur Findung der endgültigen Ausführungsadresse selbst einsetzt (eigene Aufgabe). Der Auftraggeber besitzt das Recht, vom Makler selbst Erfüllung zu verlangen, falls dieser nicht oder nicht rechtzeitig einen geeigneten Geschäftspartner vermittelt (Garantiehaftung). Aufgabegeschäfte im Sinne des § 1 Abs. 12 Satz 1 Nr. 3 KWG sind beim Handelsmakler *stets* dem Handelsbuch zuzuordnen.

5 Zuordnung von Forderungen im unmittelbaren Zusammenhang mit dem Handelsbuch gemäß § 1 Abs. 12 Satz 1 Nr. 4 KWG

Forderungen im Sinne des § 1 Abs. 12 Satz 1 Nr. 4 KWG sind dem Handelsbuch *stets* zuzuordnen (Annexzuordnung). Unter die Regelung fallen folgende Arten von Forderungen:
- fällige Gebühren und Provisionen, die beim Kauf – im Auftrag des Kunden – entstehen (Anschaffungsnebenkosten)[1],
- fällige Zinsen, aus zinstragenden Handelsbuchpositionen, sofern sie nicht bereits als Bestandteil dieser Positionen berücksichtigt sind, z.B. fällige Zinsen und gegebenenfalls Stückzinsen aus Schuldverschreibungen,
- Dividenden auf die Aktienpositionen des Handelsbuches,
- Bareinschüsse (Margins) auf Positionen des Handelsbuches,

soweit sie nicht bereits auf dem Anlagebuch zugeordneten Kontokorrentkonten der Geschäftspartner verbucht worden sind.

---

[1] Beim Kauf für den Eigenbestand entstehen hingegen keine Gebühren und Provisionen.

Anhang zum Rundschreiben 17/99

1 Wertpapierbegriff gemäß § 1 Abs. 11 Satz 2 KWG[1]

1.1 Begriff allgemein

§ 1 Abs. 11 Satz 2 KWG definiert den Begriff »Wertpapiere« eigenständig unter Berücksichtigung seines spezifischen Regelungszwecks. Das bedeutet, daß die Auslegung des Begriffs sowie seiner einzelnen Begriffselemente gesetzesspezifisch erfolgen muß; auf den Wertpapierbegriff anderer Rechtsgebiete ist nur in dem Umfang zurückzugreifen, in dem die gesetzesspezifischen Regelungszwecke übereinstimmen.

Die gesetzliche Definition umschreibt den Wertpapierbegriff nicht mittels abstrakter Begriffsmerkmale, sondern kombiniert – aufbauend auf einer katalogartigen Auflistung erfaßter Instrumente – typologische und abstrahierende Begriffsbildungselemente. Diese Methode bedingt, daß sich der Anwendungsbereich einiger aufgezählter Begriffe teilweise überschneidet. »Genußscheine« sind prinzipiell ein Unterfall der »Schuldverschreibungen«[2]; die betreffenden Instrumente könnten bereits unter den umfassenden Begriff subsumiert werden.

Nach dem *allgemeinen* Wertpapierbegriff ist ein Wertpapier eine Urkunde, in der ein privates Recht in der Weise verbrieft ist, daß zur Geltendmachung des Rechts die Innehabung der Urkunde erforderlich ist, wobei unterschieden wird zwischen Wertpapieren im engeren Sinne (Wertpapiere öffentlichen Glaubens: das Recht wird durch die Urkunde dergestalt verkörpert, daß das Recht aus dem Papier dem Recht am Papier folgt; die Übertragung erfolgt nach sachenrechtlichen Grundsätzen; lediglich Inhaberpapiere – z. B. Inhaberschuldverschreibungen, Inhaberaktien- und Orderpapiere – z. B. Wechsel, Schecks) und Wertpapieren im weiteren Sinne (Rektapapiere oder Namenspapiere, bei welchen das Recht am Papier dem Recht aus dem Papier folgt und die Übertragung durch forderungsrechtliche Abtretung des in der Urkunde verbrieften Anspruchs erfolgt).

Dem KWG geht es nicht (unmittelbar) um Fragen der Begründung, Übertragung und Geltendmachung von Rechten aus Wertpapieren und die Verkehrsschutzfunktion von Wertpapieren, die für die allgemein wertpapierrechtliche Begriffsbestimmung wesentlich sind. Sein Regelungsgegenstand ist vielmehr die Beaufsichtigung von Finanzbeziehungen zwischen Investoren bzw. Einlegern und Kredit- und Finanzdienstleistungsinstituten. Maßgebliches Kriterium für alle in § 1 Abs. 11 Satz 2 KWG aufgeführten Anlageinstrumente ist, **daß sie ihrer Natur nach an einem Markt gehandelt werden können**. Damit kann der KWG-Wertpapierbegriff einerseits weiter als der allgemeine Wertpapierbegriff, andererseits aber auch enger sein. Es muß sich um sogenannte **handelbare Wertpapiere** handeln. »Markt« bedeutet Kapitalmarkt im Sinne des Artikel 1 Nr. 4 der Wertpapierdienstleistungsrichtlinie. Es ist unerheblich, ob dieser Markt staatlich reguliert (organisiert) ist oder nicht.

Für die Handelbarkeit ist – grundsätzlich – erforderlich, daß die Papiere vertretbar (austauschbar, fungibel) und zirkulationsfähig sind. Es handelt sich um zwei getrennt zu prüfende Unterkriterien der Handelbarkeit, wobei das Schwergewicht auf dem Unterkriterium der Zirkulationsfähigkeit liegt. Auf ausländischen Märkten werden jedoch auch Instrumente tatsächlich gehandelt, die nach herkömmlichem deutschem Verständnis nicht fungibel und/oder zirkulationsfähig sind. Die Regelung des § 1 Abs. 11 KWG wurde vom Gesetzgeber bewußt »dynamisch« gefaßt, um zukünftigen Entwicklungen flexibel Rechnung tragen zu können. In Einzelfällen ist deshalb von

---

1 Die Begriffsbestimmungen erfolgen nur für den Kontext des § 1 Abs. 12 KWG (vgl. Fn. 3 des Rundschreibens).
2 Es handelt sich wie bei Schuldverschreibungen um wertpapiermäßig verbriefte schuldrechtliche Forderungsrechte.

dem tatsächlichen Handel auf die Handelbarkeit zu schließen, denn dies stellt sogar ein »Mehr« gegenüber der bloßen theoretischen Möglichkeit eines Handels mit den betreffenden Instrumenten dar. In diesem Fall brauchen die Kriterien Fungibilität und Zirkulationsfähigkeit nicht geprüft zu werden.

a) **Vertretbar** sind Wertpapiere, wenn jedes einzelne von ihnen gleichartige Rechte verkörpert, d.h. wenn die Papiere identisch ausgestaltet sind und so untereinander ausgetauscht werden können. Nur unter dieser Voraussetzung sind sie im allgemeinen für den Handel auf den Kapitalmärkten geeignet, weil dort eine Prüfung von Art und Inhalt des verkörperten Rechts vor jeder Transaktion unpraktikabel wäre. Dies ist der Fall, wenn die Papiere beim Geschäftsabschluß üblicherweise nach Art, Zahl oder Stück bestimmt werden und deshalb innerhalb der Gattung vertretbar in entsprechender Anwendung des § 91 BGB sind. Nicht vertretbar sind in der Regel wegen ihrer individuellen Ausgestaltung beispielsweise Schecks und Wechsel, Grundschuldbriefe sowie die handelsrechtlichen Wertpapiere des § 363 Abs. 2 HGB. Letztendlich lassen sich aber auch diese Instrumente vertretbar ausgestalten.

b) **Für die Zirkulationsfähigkeit** (Umlauffähigkeit) eines Papiers ist die urkundliche Verbriefung des jeweiligen Rechts zwar hilfreich, da der Schutz gutgläubiger Erwerber wesentlich verstärkt wird, aber nicht zwingend. Nach § 1 Abs. 11 Satz 2 KWG ist es ausdrücklich nicht erforderlich, daß eine Urkunde über das Recht ausgestellt wird. Der Gesetzgeber hat damit der Tatsache Rechnung getragen, daß der moderne Effektenhandel von einer zunehmenden »Entmaterialisierung« von Kapitalwerten und damit einem allgemeinen Funktionsverlust des Wertpapiers geprägt ist. Die urkundliche Verkörperung ist bei den Kapitalmarktpapieren insbesondere aus Gründen der Rationalisierung des Depotgeschäfts zunehmend zurückgetreten; an die Stelle von Einzelurkunden trat das System der Girosammelverwahrung. Auch im Ausland wurden in den letzten Jahren Sammelverwahrsysteme nach deutschem Vorbild geschaffen. Dies betrifft Sammelurkunden, Dauer-Globalurkunden und Wertrechte. Sie sind als Wertpapiere einzustufen.

Unter **Sammelurkunde** ist ein Wertpapier zu verstehen, das mehrere Rechte verbrieft, die jedes für sich in vertretbaren Wertpapieren ein- und derselben Art verbrieft werden könnten (§ 9a Abs. 1 Satz 1 DepotG). Durch die zusammengefaßte Verbriefung mehrerer Urkunden in einer einzigen Urkunde entfällt nicht die rechtliche Selbständigkeit der Einzelurkunden[1]; die Einzelrechte werden lediglich in einer Urkunde zusammengefaßt. Sammelurkunden sind deshalb lediglich technische Erleichterungen bei der Urkundenherstellung und unterscheiden sich ansonsten nicht von den Wertpapieren, die gleichartige Einzelrechte verbriefen. In der Praxis werden hierfür unterschiedliche Bezeichnungen verwendet wie Sammelzertifikat, Globalaktie, Sammelaktie, Sammelschuldverschreibung, Globalschuldverschreibung.

Bei der **Dauer-Globalurkunde** werden zur technischen Vereinfachung eine Mehrzahl von Einzelurkunden in einer Sammelurkunde zusammengefaßt und die Auslieferung von Einzelstücken ausgeschlossen (§ 9a Abs. 3 Satz 2 DepotG).

Wertrechte sind unverbriefte, sammel*verwaltete* Rechte, die kraft gesetzlicher Anordnung sammelverwahrten Wertpapieren gleichgestellt sind. Im Gegensatz zu Sammelurkunden und Dauer-Globalurkunden findet hier eine Verbriefung überhaupt nicht statt; an die Stelle einer Sammel- oder Globalurkunde tritt die Eintragung der Rechte in ein besonderes Register (Schuldbuch). Deshalb wird auch der Begriff Sammelschuld*buch*forderungen verwendet. Es handelt sich gewissermaßen um Bucheffekte im Gegensatz zu den Briefeffekten (Wertpapiere im klassischen Sinne). Aufgrund der gesetzlichen Rechtsnormverweisung der Verordnung über

---

1 Der Aussteller der Urkunde ist nach § 9a Abs. 1 Satz 2 Nr. 1 DepotG berechtigt, jederzeit und ohne Zustimmung der übrigen Beteiligten die Sammelurkunde ganz oder teilweise durch einzelne Wertpapiere zu ersetzen.

die Verwaltung und Anschaffung von Reichsschuldbuchforderungen vom 5. Januar 1940[1] und der Verordnungen über die Behandlung von Anleihen des Deutschen Reichs im Bank- und Börsenrecht vom 31. Dezember 1940[2] und vom 8. April 1942[3] in Verbindung mit dem Anleihe-Gesetz vom 29. März 1951[4] finden die §§ 929 ff., 1205 ff. BGB, die §§ 857, 829, 835, 771 ZPO und § 43 KO Anwendung. Durch die Anwendung der Rechtssätze über bewegliche Sachen werden die Wertrechte kraft gesetzlicher Anordnung (Fiktion) sammelverwahrten Wertpapieren gleichgestellt.[5] Die für die Handelbarkeit erforderliche Fungibilität wird dadurch erreicht, daß die Wertrechte in die Girosammelverwahrung der Deutschen Börse Clearing AG (DBC) einbezogen sind und die DBC als Treuhänderin der Gläubiger eingetragen wird. Beispielsweise werden Bundesschatzbriefe, Bundesanleihen und Kassenobligationen der öffentlichen Hand seit den siebziger Jahren als Wertrechte ausgegeben.

Keine Wertrechte sind hingegen **Einzelschuldbuchforderungen**, die im Bundesschuldenbuch oder in den Landesschuldenbüchern auf den Namen eines bestimmten Anlegers eingetragen werden. Auf diese Einzelforderungen findet die Gleichstellungsfiktion der oben genannten Verordnungen sowie des Anleihe-Gesetzes keine Anwendung. Es handelt sich um normale Forderungen, auf die die Vorschriften der §§ 398 ff., 1273 ff. BGB anzuwenden sind. Eine Handelbarkeit dieser Buchforderungen besteht bisher nicht.

c) Die Zirkulationsfähigkeit ist nicht grundsätzlich dadurch ausgeschlossen, daß die Übertragung des in der Urkunde verbrieften Anspruchs durch **forderungsrechtliche Abtretung** erfolgt. Für die Handelbarkeit eines Rechts reicht grundsätzlich die freie Übertragbarkeit der Forderung bzw. des veräußerlichen Rechts (vgl. § 137 Satz 1 BGB, § 354a HGB). Eine Forderung ist deshalb nur dann von vornherein nicht zirkulationsfähig, wenn die Abtretung durch Vereinbarung mit dem Schuldner ausgeschlossen oder von der Zustimmung des Schuldners abhängig gemacht wurde oder ein gesetzliches Abtretungsverbot besteht.

d) **Forderungen, über die (lediglich) eine Beweisurkunde ausgestellt wird**, werden zwar nach den zessionsrechtlichen (§ 398 ff. BGB) – und nicht nach den sachenrechtlichen – Vorschriften übertragen, es besteht hier aber gemäß § 405 BGB ein gewisser Schutz gutgläubiger Erwerber insoweit, als der Urkundenaussteller (Schuldner) gegenüber gutgläubigen Erwerbern nicht den Einwand des Scheingeschäfts (§ 117 Abs. 1 BGB) oder eines Abtretungsverbots (§ 399 BGB) geltend machen kann und der Erwerber dieser Forderung praktisch gegenüber dem Schuldner so gestellt wird, als ob er eine Forderung erworben hätte. § 405 BGB wirkt hier rechtsbegründend; die Forderung kann praktisch in engen Grenzen kraft guten Glaubens erworben werden. Da hier eine Urkunde Grundlage des Rechtsscheins ist, tragen Beweisurkunden sogar mehr Charakterzüge eines Wertpapiers als Wertrechte, deren Behandlung als Wertpapiere auf einer bloßen Fiktion beruht. Um eine Beweisurkunde im Sinne des § 405 BGB handelt es sich dann, wenn die Urkunde dazu bestimmt ist, das Bestehen der Forderung zu beweisen. Die Urkunde muß vom Schuldner ausgestellt und mit seinem Willen in den Rechtsverkehr gebracht worden sein.

Einen wichtigen Anwendungsfall bilden **Schuldscheine**. Gemäß § 952 Abs. 1 BGB folgt bei ihnen das Recht am Papier dem Recht aus dem Papier. Für die

---

[1] RGBl. I, 30.
[2] BGBl. III, 1965, 17.
[3] BGBl. III, 1965, 18.
[4] BGBl. I, 218 – Darin wurde vorsorglich die Fortgeltung der drei Verordnungen ausgesprochen.
[5] Die Rechtsnatur der Wertrechte als Anteilsrechte an Sammelschuldbuchforderungen ist umstritten. Überwiegend wird den Wertrechten sachenrechtlicher Charakter beigemessen. Vgl. BGHZ 5, 27, wonach die Anteilsrechte im Wege der Fiktion zur beweglichen Sache geworden sind, und zwar mindestens soweit es sich um ihre verwahrungsrechtliche Behandlung handelt.

Behandlung von Schuldscheinen als Wertpapiere im weiteren Sinne spricht – außer der Anwendbarkeit des § 405 BGB –, daß die Rechtsform eines Schuldscheindarlehens bis 1990[1] insbesondere deshalb so häufig gewählt wurde, um die Genehmigungspflicht für Inhaber- und Orderschuldverschreibungen nach § 795 BGB zu umgehen. Es wurden Mechanismen konzipiert, um Schuldscheine auf dem Wertpapiermarkt genauso effektiv wie Schuldverschreibungen einsetzen zu können.

1.2 Wertpapierbegriff des § 1 Abs. 11 Satz 2 Nr. 1 KWG

Ohne weiteres unter den Wertpapierbegriff fallen Aktien, Zertifikate, die Aktien vertreten, Schuldverschreibungen, Genußscheine und Optionsscheine. Die Handelbarkeit auf einem Markt wird vom Gesetzgeber unterstellt und in § 1 Abs. 12 KWG vorausgesetzt. Sofern die Handelbarkeit auf einem Markt bei einem Investment aufgrund seiner konkreten Ausgestaltung *a priori* ausgeschlossen ist, kommt eine Zuordnung des Instruments zum Handelsbuch nicht in Betracht. Dies gilt beispielsweise – in der derzeit üblichen Ausgestaltung mangels Fungibilität – für Sparbriefe, Sparkassenbriefe sowie Hypotheken-, Grund- und Rentenschuldbriefe. Letztlich ließen sich aber auch diese Instrumente fungibel ausgestalten.

Unter den Begriff **Aktien** zu subsumieren sind sämtliche deutsche und ausländische Aktienarten (Stamm- und Vorzugsaktien; alte und junge Aktien; Inhaber- und Namensaktien) unabhängig von ihrer Vinkulation sowie erworbene Bezugsrechte auf Aktien. Auch vinkulierte Namensaktien (§ 68 Abs. 2 AktG) zählen hierzu, da sie als Orderpapiere fungibel sind. Mangels rechtlicher Selbständigkeit sind Nebenpapiere zu Aktien, beispielsweise Kuponbögen (nebst Erneuerungsschein) oder einzelne Kupons, hingegen nicht unter den Begriff Aktien zu subsumieren.

Zertifikate, die Aktien vertreten, sind Aktienersatzpapiere oder Papiere, die ausgestellt werden, um die Handelbarkeit von Aktien zu erleichtern. Hierzu zählen beispielsweise die auf dem US-Kapitalmarkt über deutsche Aktien ausgegebenen »Hinterlegungsscheine« über eine Vielzahl oder einen Bruchteil von Aktien (American Depositary Receipts – ADR). Zwischenscheine (oder Interimsscheine) gemäß § 8 Abs. 4 AktG »vertreten« hingegen nicht Aktien, da sie bis zur drucktechnischen Herstellung der Aktien an die Zeichner lediglich zur vorläufigen Verbriefung des Mitgliedschaftsrechts ausgegeben werden können; sie fallen als mitgliedschaftsverbriefende Wertpapiere unter den Begriff »Wertpapiere, die mit Aktien vergleichbar sind« nach Satz 2 Nr. 2 (siehe dazu unten).

Schuldverschreibungen sind Forderungswertpapiere, die ein Leistungsversprechen des Emittenten verbriefen. Sie werden auch als Anleihen, Rentenwerte, Obligationen oder Bonds bezeichnet. Zu den Schuldverschreibungen zählen insbesondere Anleihen des Bundes oder Sondervermögen des Bundes, der Bundesländer und der öffentlich-rechtlichen Körperschaften, öffentliche und Hypothekenpfandbriefe sowie die von Wirtschaftsunternehmen emittierten Schuldverschreibungen (Industrieobligationen). Auch die besonderen Formen von Schuldverschreibungen wie Wandel- und Gewinnschuldverschreibungen, Optionsanleihen, Asset-Backed Securities sowie Finanzinnovationen, die Schuldverschreibungen mit Tausch- oder Erwerbsrechten oder Leistungsmerkmalen anderer Wertpapiere und Finanzinstrumente kombinieren (beispielsweise Inhaberschuldverschreibungen mit abtrennbaren Zinsscheinen), sind unter den Begriff zu subsumieren.

Optionsscheine haben die unterschiedlichsten Vermögensrechte zum Gegenstand. Die Unterschiede resultieren teils aus der jeweiligen Ausgestaltung (insbesondere dem jeweiligen Optionsgegenstand) des Optionsrechts, teils aus der beim Emittenten vorhandenen (»covered warrants«) oder nicht vorhandenen (»naked warrants«) Deckung des Optionsrechts durch den Optionsgegenstand, teils aber auch daraus, daß Optionsscheine selbständig oder in Verbindung – aber abtrennbar und selbständig

---

[1] § 795 BGB wurde – ebenso wie § 808a BGB – mit Gesetz vom 17.12.1990 – BGBl. I, 2839 – aufgehoben.

handelbar – mit anderen Papieren (»issue linked warrants«) begeben werden können. Da sie einerseits derivative Rechte verkörpern, andererseits durch Verbriefung dieser Rechte zum Wertpapier werden, bilden sie eine Sondergruppe unter den Finanzinstrumenten. Je nach ihrer Ausgestaltung und dem mit ihnen verfolgten Zweck sind sie als Unterfall der Schuldverschreibungen als Wertpapiere gemäß § 1 Abs. 11 Satz 2 Nr. 1 oder als Unterfall der Gruppe »Derivate« gemäß § 1 Abs. 11 Satz 4 KWG einzustufen. Hiervon unberührt bleibt die Einstufung von Optionsscheinen stets als Derivate im Großkreditregime, im Grundsatz I und im Rahmen der Millionenkreditmeldungen.

Unter den Begriff der **Genußscheine** fallen Gewinnanteilsscheine, die aktionärstypische Vermögensrechte verbriefen. Hierzu zählen beispielsweise Gewinnschuldverschreibungen, aber auch spezielle Formen von Genußscheinen wie Optionsgenußscheine, Wandelgenußscheine und Optionsgenußscheine mit Beifügung von Optionsscheinen. Genußscheine sind prinzipiell ein Unterfall der Schuldverschreibungen (siehe oben unter 1.1.), weden aber wegen des Vorhandenseins von Mischformen (z.B. Wandelgenußschein, Optionsgenußschein) als besondere Untergruppe erfaßt.

1.3 Wertpapierbegriff nach § 1 Abs. 11 Satz 2 Nr. 2 KWG

Voraussetzung für die in dem Auffangtatbestand des Teilsatzes 1 der Nr. 2 aufgeführten Anlageinstrumente ist ausdrücklich, daß sie an einem Markt gehandelt werden können. Bei den im Teilsatz 2 der Nr. 2 benannten Anlageinstrumenten wird die Handelbarkeit vom Gesetzgeber hingegen wie bei Nr. 1 unterstellt.

Aktien vergleichbare Wertpapiere sind solche, die ein Mitgliedschaftsrecht verkörpern. Unerheblich ist es, welche Organisationsform das verbandsrechtliche Gebilde aufweist, auf das sich ein solches Mitgliedschaftsrecht bezieht. Mit Aktien vergleichbar sind z.B. Wertpapiere, die Mitgliedschaftsrechte einer nach ausländischem Recht vertalsten Gesellschaft verkörpern. Hierzu zählen aber auch Zwischenscheine (Interimsscheine) gemäß § 8 Abs. 4 AktG, die zur vorläufigen Verbriefung des Mitgliedschaftsrechts ausgegeben werden können. Obwohl sie den Berechtigten gemäß § 10 Abs. 3 AktG namentlich bezeichnen müssen, zählen sie zu den Orderpapieren und gelten als fungibel.

Schuldverschreibungen vergleichbare Wertpapiere sind Wertpapiere, die ein schuldrechtliches Forderungsrecht bzw. ein schuldrechtliches Leistungsversprechen zum Inhalt haben. Gegenstand der Leistungspflicht bzw. des Forderungsrechts können sowohl Geld- als auch Sachleistungen sein. Hierunter fallen beispielsweise Zinsscheine, die bei der Trennung von ihren Anleihemänteln als rechtlich selbständige Handelsgegenstände entstehen (»Bondstripping«).

Anteilscheine im Sinne des Satz 2 Nr. 2 Teilsatz 2 sind Investmentanteile, die von inländischen Kapitalanlagegesellschaften ausgegeben werden (§ 18 Abs. 1 und 2 KAGG – inländische Investmentanteile), die Rechte an einem Wertpapier-Sondervermögen verbriefen, sowie alle Anteile an ausländischen Organismen für gemeinsame Anlagen (OGA) im Sinne der Richtlinie 93/22/EWG des Rates vom 10. Mai 1993 (Wertpapierdienstleistungsrichtlinie – ausländische Investmentanteile). Zu letzterem zählen Anteile an allen ausländischen Fonds, ohne daß es darauf ankommt, ob die Anteile in der Bundesrepublik Deutschland öffentlich vertrieben werden dürfen oder nicht. Die Investmentanteile sind als Aktien und Schuldverschreibungen vergleichbare Wertpapiere *sui generis* anzusehen, da sie die Ansprüche des Anteilscheinhabers gegenüber der Kapitalanlagegesellschaft verbriefen und diese Ansprüche nicht nur schuldrechtlicher, sondern hinsichtlich des Rechts auf Miteigentum nach Bruchteilen am Sondervermögen auch dinglicher Art sind. Ihre Einzel-Kategorisierung beruht auf Artikel 1 Nr. 5 und Abschnitt B Nr. 1 b) des Anhangs der Wertpapierdienstleistungsrichtlinie. Ihre Handelbarkeit am Markt wird vom Gesetzgeber unterstellt.

2 Geldmarktinstrumente gemäß § 1 Abs. 11 Satz 3 KWG

Nach dem Auffangtatbestand des § 1 Abs. 11 Satz 3 KWG sind Geldmarktinstrumente alle üblicherweise auf dem Geldmarkt (Artikel 1 Nr. 5 der Wertpapierdienstleistungsrichtlinie) gehandelten Forderungen. Der Tatbestand hat eine eigenständige Bedeutung für Instrumente, die nicht bereits unter den Wertpapierbegriff des Satz 2 fallen. Wie bei den Wertpapieren ist ein Marktbezug (Handelbarkeit) erforderlich; abweichend hiervon werden jedoch nur solche Instrumente erfaßt, für die ein Markt bereits besteht; die bloße Handelbarkeit genügt nicht.

Als Beispiele für üblicherweise auf dem Geldmarkt gehandelte Forderungen sind anzuführen: Commercial Paper und kurzfristige Schuldscheindarlehen, Deposit Notes und Schatzwechsel.

Schatzanweisungen zählen hingegen nicht zu den Geldmarktinstrumenten, weil sie als Schuldverschreibungen bereits von Satz 2 erfaßt werden.

3 Handelbare Forderungen gemäß § 1 Abs. 12 Satz 1 Nr. 1 Alt. 2 KWG

Unter handelbaren Forderungen im Sinne des § 1 Abs. 12 Satz 1 Nr. 1 Alternative 2 KWG sind Instrumente zu verstehen, denen zwar ein zumindest wertpapierähnlicher Charakter im Sinne der Wertpapier-Definition des § 1 Abs. 11 Satz 2 KWG fehlt, die aber handelbar, d.h. fungibel und umlauffähig sind. Die praktische Relevanz ist derzeit immer noch gering.

4 Handelbare Anteile gemäß § 1 Abs. 12 Satz 1 Nr. 1 Alt. 3 KWG

Die Regelung dient als Auffangtatbestand für Anteilsrechte, die nicht wertpapiermäßig verbrieft sind. Unter die Regelung zu subsumieren sind beispielsweise GmbH-Anteile und Kommanditanteile.

5 Devisentermin- und Devisenoptionsgeschäfte und Termin- und Optionsgeschäfte auf (vergleichbare) Rechnungseinheiten gemäß § 1 Abs. 11 Satz 1 in Verbindung mit Abs. 12 Satz 3 KWG

Devisen sind auf fremde Währung lautende und im Ausland zahlbare Forderungen, die aus Sichtguthaben, Schecks und Wechseln bestehen können. Ausländische Barzahlungsmittel (Sorten) werden nicht erfaßt. Im Sinne der Ausnahmevorschrift fallen hierunter Bilanzposten und Devisenkassageschäfte, nicht jedoch Devisentermin- (einschließlich Devisenswap-) oder Devisenoptionsgeschäfte. Die Begrenzung des Begriffs folgt aus dem Gesamtzusammenhang dieser Vorschrift. Während der Begriff »Finanzinstrumente« in § 1 Abs. 12 Satz 1 Nr. 1 KWG grundsätzlich auf die gesamte Teilkategorie der »Derivate« im Rahmen der Definition »Finanzinstrumente« in § 1 Abs. 11 KWG verweist, werden in § 1 Abs. 12 Satz 3 KWG ausdrücklich nur Edelmetall- und Rohwaren-Derivate von der Zuordnung zum Handelsbuch ausgenommen. EG-rechtlich gründet sich die Einbeziehung in das Handelsbuch von Devisentermin- oder Devisenoptionsgeschäften auf Artikel 2 Nr. 6a) in Verbindung mit Nr. 5 der Kapitaladäquanzrichtlinie und Abschnitt B Nr. 5 und 6 des Anhangs zur Wertpapierdienstleistungsrichtlinie.

Unter **Rechnungseinheiten** sind den Devisen vergleichbare Rechnungseinheiten zu verstehen, die keine gesetzlichen Zahlungsmittel sind. Praktische Relevanz haben derzeit lediglich Sonderziehungsrechte[1]. Als Rechnungseinheiten kommen aber auch »Währungskörbe« supra-nationaler Organisationen – wie früher der ECU – und Verrechnungseinheiten im Rahmen von *Countertrade*-Geschäften[2], insbesondere des Barter Handels[3], wenn er gewerbsmäßig betrieben wird, in Betracht. Nichtkommerzielle (private) Tauschringe und Tauschbörsen werden nicht erfaßt.

6 Derivate (außer Rohwaren- und Edelmetall-Derivate) gemäß § 1 Abs. 11 Satz 4 in Verbindung mit Abs. 12 Satz 3 KWG

Der in § 1 Abs. 11 Satz 4 KWG definierte Begriff erfaßt beide Grundformen des Termingeschäfts, das Festgeschäft und das Optionsrecht bzw. die korrespondierende Stillhalterverpflichtung. Auf diese beiden Elemente oder auf ihre Kombination können alle derivativen Geschäfte zurückgeführt werden. Der Swap ist lediglich eine Sonderform des Termingeschäfts (mehrfacher statt einfacher Zahlungsaustausch). Eine abschließende Aufzählung ist aufgrund der Produktvielfalt nicht möglich. Unter die derivativen Geschäfte fallen insbesondere:
- Aktienindex-Futures,
- Aktienindex-Optionen,
- Aktienoptionen,
- Edelmetall-Futures,
- Edelmetall-Optionen,
- Finanzswaps (Währungs-, Zins- Warenpreisindex-, Aktienindex-Swaps),
- Warentermingeschäfte,
- Warenoptionen,
- Zinsoptionen und ihre Sonderformen *Caps, Collars, Floors, Swaptions*,
- Zinstermingeschäfte einschließlich hereingenommener *Forward forward deposits* und die börsenmäßigen Zinsfutures und zinsbezogener Indexfutures und *Forward rate agreements* (Terminsatz-Vereinbarungen).

Gemäß § 1 Abs. 12 Satz 3 KWG sind Rohwaren- und Edelmetall-Derivate *nicht*[4], auch nicht in Form von Optionsscheinen, dem Handelsbuch zuzuordnen. Für die Institute besteht insoweit auch dann kein Wahlrecht, wenn die Instrumente tatsächlich gehandelt werden.

---

1 Das Sonderziehungsrecht ist seit 1972 die Buchführungseinheit des IWF. Sonderziehungsrechte stellen im Internationalen Währungsfonds (IWF) eine multilaterale Kreditfazilität mit Reservecharakter dar. Da diese Sonderziehungsrechte von Teilnehmerländern des IWF mit Reservebedarf in Anspruch genommen werden, werden sie auch als »Bezugsscheine auf Währungsreserven« charakterisiert. Das Sonderziehungsrecht wird in zunehmendem Maße auch außerhalb des IWF als internationale Rechnungseinheit verwendet, mittlerweile im Geschäftsverkehr unter Kreditinstituten, vor allem an Stelle der seit 1968 unbrauchbar gewordenen Goldeinheiten.
2 = Tauschgeschäfte, Kompensationsgeschäfte. Oberbegriff für solche Geschäfte, die mehrere selbständige Lieferverträge miteinander verknüpfen. Sie dienen vorwiegend der Umgehung von Devisenkontrollen oder Handelsrestriktionen.
3 Der Barter Handel (= Tauschhandel) als direkter Austausch Güter gegen Güter ist eine besondere Form des Kompensationsgeschäfts (Countertrade), der vor allem im Rahmen der Außenhandelsfinanzierung angewandt wird. Im Inland wird Barter Handel von sog. Barter Clubs (Tauschringe, Tauschbörsen), betrieben.
4 Die Einschränkung wird mit Umsetzung der Richtlinie 98/31/EG des Europäischen Parlaments und des Rates vom 22. Juni 1998 in deutsches Recht entfallen.

Anhang 5.11
Die ergänzenden Rechnungslegungs- und Prüfungsvorschriften für Kreditinstitute und Finanzdienstleistungsinstitute im Vierten Abschnitt des Dritten Buches des Handelsgesetzbuches (§§ 340 bis 340o)[1]

Vierter Abschnitt:
Ergänzende Vorschriften für Unternehmen bestimmter Geschäftszweige

Erster Unterabschnitt Ergänzende Vorschriften für Kreditinstitute und Finanzdienstleistungsinstitute

Erster Titel Anwendungsbereich

§ 340

(1) Dieser Unterabschnitt ist auf Kreditinstitute im Sinne des § 1 Abs. 1 des Gesetzes über das Kreditwesen anzuwenden, soweit sie nach dessen § 2 Abs. 1, 4 oder 5 von der Anwendung nicht ausgenommen sind, sowie auf Zweigniederlassungen von Unternehmen mit Sitz in einem Staat, der nicht Mitglied der Europäischen Gemeinschaft und auch nicht Vertragsstaat des Abkommens über den Europäischen Wirtschaftsraum ist, sofern die Zweigniederlassung nach § 53 Abs. 1 des Gesetzes über das Kreditwesen als Kreditinstitut gilt. § 340l Abs. 2 und 3 ist außerdem auf Zweigniederlassungen im Sinne des § 53b Abs. 1 Satz 1 und Abs. 7 des Gesetzes über das Kreditwesen, auch in Verbindung mit einer Rechtsverordnung nach § 53c Nr. 1 dieses Gesetzes, anzuwenden, sofern diese Zweigniederlassungen Bankgeschäfte im Sinne des § 1 Abs. 1 Satz 2 Nr. 1 bis 5 und 7 bis 12 dieses Gesetzes betreiben. Zusätzliche Anforderungen auf Grund von Vorschriften, die wegen der Rechtsform oder für Zweigniederlassungen bestehen, bleiben unberührt.

---

[1] Hierbei handelt es sich im wesentlichen um die Vorschriften, die durch das Bankbilanzrichtlinie-Gesetz vom 30. November 1990 (BGBl. I S. 2570) eingefügt worden sind. Durch das Begleitgesetz zum Gesetz zur Umsetzung von EG-Richtlinien zur Harmonisierung bank- und wertpapieraufsichtsrechtlicher Vorschriften vom 22. Oktober 1997 (BGBl. I S. 2567) wurden die Regelungen auf die Finanzdienstleistungsinstitute erstreckt und weitere durch die 6. KWG-Novelle erforderlich gewordene Anpassungen vorgenommen. Weitere Änderungen (§ 340) erfolgten durch das Dritte Finanzmarktförderungsgesetz vom 24. März 1998 (BGBl. I S. 529), durch das Kapitalaufnahmeerleichterungsgesetz vom 20. April 1998 (BGBl. I S. 707), das Gesetz zur Kontrolle und Transparenz im Unternehmensbereich vom 27. April 1998 (BGBl. I S. 786), das Euro-Bilanzgesetz vom 10. Dezember 2001 (BGBl. I S. 3414), das Vierte Finanzmarktförderungsgesetz vom 21. Juni 2002 (BGBl. I S. 2010), durch das Bilanzreformgesetz vom 4. Dezember 2004 (BGBl. I S. 3166), dem Finanzmarktrichtliniegesetz vom 16. Juli 2007 (BGBl. I S. 1330), dem Bilanzrechtsmodernisierungsgesetz vom 25. Mai 2009 (BGBl. I S. 1102), das Zahlungsdiensteumsetzungsgesetz vom 25. Juni 2009 (BGBl. I S. 1506) sowie durch das Gesetz zur Umsetzung der Zweiten E-Geld-Richtlinie vom 1. März 2011 (BGBl. I S. 288).

(2) Dieser Unterabschnitt ist auf Unternehmen der in § 2 Abs. 1 Nr. 4 und 5 des Gesetzes über das Kreditwesen bezeichneten Art insoweit ergänzend anzuwenden, als sie Bankgeschäfte betreiben, die nicht zu den ihnen eigentümlichen Geschäften gehören.

(3) Dieser Unterabschnitt ist auf Wohnungsunternehmen mit Spareinrichtung nicht anzuwenden.

(4) Dieser Unterabschnitt ist auch auf Finanzdienstleistungsinstitute im Sinne des § 1 Abs. 1a des Gesetzes über das Kreditwesen anzuwenden, soweit sie nicht nach dessen § 2 Abs. 6 oder 10 von der Anwendung ausgenommen sind, sowie auf Zweigniederlassungen von Unternehmen mit Sitz in einem anderen Staat, der nicht Mitglied der Europäischen Gemeinschaft und auch nicht Vertragsstaat des Abkommens über den Europäischen Wirtschaftsraum ist, sofern die Zweigniederlassung nach § 53 Abs. 1 des Gesetzes über das Kreditwesen als Finanzdienstleistungsinstitut gilt. § 340c Abs. 1 ist nicht anzuwenden auf Finanzdienstleistungsinstitute und Kreditinstitute, soweit letztere Skontroführer im Sinne des § 27 Abs. 1 Satz 1 des Börsengesetzes und nicht CRR-Kreditinstitute im Sinne des § 1 Abs. 3d Satz 1 des Gesetzes über das Kreditwesen sind. § 340 l ist nur auf Finanzdienstleistungsinstitute anzuwenden, die Kapitalgesellschaften sind. Zusätzliche Anforderungen auf Grund von Vorschriften, die wegen der Rechtsform oder für Zweigniederlassungen bestehen, bleiben unberührt.

(5) Dieser Unterabschnitt ist auch auf Institute im Sinne des § 1 Absatz 2a des Zahlungsdiensteaufsichtsgesetzes anzuwenden. § 340 l ist nur auf Institute im Sinne des § 1 Absatz 2a des Zahlungsdiensteaufsichtsgesetzes anzuwenden, die Kapitalgesellschaften sind. Zusätzliche Anforderungen auf Grund von Vorschriften, die wegen der Rechtsform oder für Zweigniederlassungen bestehen, bleiben unberührt.

Zweiter Titel   Jahresabschluß, Lagebericht, Zwischenabschluß

§ 340a   Anzuwendende Vorschriften

(1) Kreditinstitute, auch wenn sie nicht in der Rechtsform einer Kapitalgesellschaft betrieben werden, haben auf ihren Jahresabschluß die für große Kapitalgesellschaften geltenden Vorschriften des Ersten Unterabschnitts des Zweiten Abschnitts anzuwenden, soweit in den Vorschriften dieses Unterabschnitts nichts anderes bestimmt ist; Kreditinstitute haben außerdem einen Lagebericht nach den für große Kapitalgesellschaften geltenden Bestimmungen des § 289 aufzustellen.

(2) § 265 Abs. 6 und 7, §§ 267, 268 Abs. 4 Satz 1, Abs. 5 Satz 1 und 2, §§ 276, 277 Abs. 1, 2, 3 Satz 1, § 284 Abs. 2 Nr. 4, § 285 Nr. 8 und 12, § 288 sind nicht anzuwenden. An Stelle von § 247 Abs. 1, §§ 251, 266, 268 Abs. 2 und 7, §§ 275, 285 Nr. 1, 2, 4 und 9 Buchstabe c sind die durch Rechtsverordnung erlassenen Formblätter und anderen Vorschriften anzuwenden. § 246 Abs. 2 ist nicht anzuwenden, soweit abweichende Vorschriften bestehen. § 264 Abs. 3 und § 264b sind mit der Maßgabe anzuwenden, daß das Kreditinstitut unter den genannten Voraussetzungen die Vorschriften des Vierten Unterabschnitts des Zweiten Abschnitts nicht anzuwenden braucht.

(3) Sofern Kreditinstitute einer prüferischen Durchsicht zu unterziehende Zwischenabschlüsse zur Ermittlung von Zwischenergebnissen im Sinne des Artikels 26 Absatz 2 der Verordnung (EU) Nr. 575/2013 des Europäischen Parlaments und des Rates vom 26. Juni 2013 über Aufsichtsanforderungen an Kreditinstitute und Wertpapierfirmen und zur Änderung der Verordnung (EU) Nr. 646/2012 (ABl. L 176 vom 27.6.2013, S. 1) aufstellen, sind auf diese die für den Jahresabschluss geltenden Rechnungslegungsgrundsätze anzuwenden. Die Vorschriften über die Bestellung des Abschlussprüfers sind auf die prüferische Durchsicht entsprechend anzuwenden. Die prüferische Durchsicht ist so anzulegen, dass bei gewissenhafter Berufsausübung ausgeschlossen werden kann, dass der Zwischenabschluss in wesentlichen Belangen

den anzuwendenden Rechnungslegungsgrundsätzen widerspricht. Der Abschlussprüfer hat das Ergebnis der prüferischen Durchsicht in einer Bescheinigung zusammenzufassen. § 320 und § 323 gelten entsprechend.

(4) Zusätzlich haben Kreditinstitute im Anhang zum Jahresabschluß anzugeben:
1. alle Mandate in gesetzlich zu bildenden Aufsichtsgremien von großen Kapitalgesellschaften (§ 267 Abs. 3), die von gesetzlichen Vertretern oder anderen Mitarbeitern wahrgenommen werden;
2. alle Beteiligungen an großen Kapitalgesellschaften, die fünf vom Hundert der Stimmrechte überschreiten.

§ 340 b Pensionsgeschäfte

(1) Pensionsgeschäfte sind Verträge, durch die ein Kreditinstitut oder der Kunde eines Kreditinstituts (Pensionsgeber) ihm gehörende Vermögensgegenstände einem anderen Kreditinstitut oder einem seiner Kunden (Pensionsnehmer) gegen Zahlung eines Betrags überträgt und in denen gleichzeitig vereinbart wird, daß die Vermögensgegenstände später gegen Entrichtung des empfangenen oder eines im voraus vereinbarten anderen Betrags an den Pensionsgeber zurückübertragen werden müssen oder können.

(2) Übernimmt der Pensionsnehmer die Verpflichtung, die Vermögensgegenstände zu einem bestimmten oder vom Pensionsgeber zu bestimmenden Zeitpunkt zurückzuübertragen, so handelt es sich um ein echtes Pensionsgeschäft.

(3) Ist der Pensionsnehmer lediglich berechtigt, die Vermögensgegenstände zu einem vorher bestimmten oder von ihm noch zu bestimmenden Zeitpunkt zurückzuübertragen, so handelt es sich um ein unechtes Pensionsgeschäft.

(4) Im Falle von echten Pensionsgeschäften sind die übertragenen Vermögensgegenstände in der Bilanz des Pensionsgebers weiterhin auszuweisen. Der Pensionsgeber hat in Höhe des für die Übertragung erhaltenen Betrags eine Verbindlichkeit gegenüber dem Pensionsnehmer auszuweisen. Ist für die Rückübertragung ein höherer oder ein niedrigerer Betrag vereinbart, so ist der Unterschiedsbetrag über die Laufzeit des Pensionsgeschäfts zu verteilen. Außerdem hat der Pensionsgeber den Buchwert der in Pension gegebenen Vermögensgegenstände im Anhang anzugeben. Der Pensionsnehmer darf die ihm in Pension gegebenen Vermögensgegenstände nicht in seiner Bilanz ausweisen; er hat in Höhe des für die Übertragung gezahlten Betrags eine Forderung an den Pensionsgeber in seiner Bilanz auszuweisen. Ist für die Rückübertragung ein höherer oder ein niedrigerer Betrag vereinbart, so ist der Unterschiedsbetrag über die Laufzeit des Pensionsgeschäfts zu verteilen.

(5) Im Falle von unechten Pensionsgeschäften sind die Vermögensgegenstände nicht in der Bilanz des Pensionsgebers, sondern in der Bilanz des Pensionsnehmers auszuweisen. Der Pensionsgeber hat unter der Bilanz den für den Fall der Rückübertragung vereinbarten Betrag anzugeben.

(6) Devisentermingeschäfte, Finanztermingeschäfte und ähnliche Geschäfte sowie die Ausgabe eigener Schuldverschreibungen auf abgekürzte Zeit gelten nicht als Pensionsgeschäfte im Sinne dieser Vorschrift.

§ 340 c Vorschriften zur Gewinn- und Verlustrechnung und zum Anhang

(1) Als Ertrag oder Aufwand des Handelsbestands ist der Unterschiedsbetrag aller Erträge und Aufwendungen aus Geschäften mit Finanzinstrumenten des Handelsbestands und dem Handel mit Edelmetallen sowie der zugehörigen Erträge aus Zuschreibungen und Aufwendungen aus Abschreibungen auszuweisen. In die Verrechnung sind außerdem die Aufwendungen für die Bildung von Rückstellungen für

drohende Verluste aus den in Satz 1 bezeichneten Geschäften und die Erträge aus der Auflösung dieser Rückstellungen einzubeziehen.

(2) Die Aufwendungen aus Abschreibungen auf Beteiligungen, Anteile an verbundenen Unternehmen und wie Anlagevermögen behandelte Wertpapiere dürfen mit den Erträgen aus Zuschreibungen zu solchen Vermögensgegenständen verrechnet und in einem Aufwand- oder Ertragsposten ausgewiesen werden. In die Verrechnung nach Satz 1 dürfen auch die Aufwendungen und Erträge aus Geschäften mit solchen Vermögensgegenständen einbezogen werden.

(3) Kreditinstitute, die dem haftenden Eigenkapital nicht realisierte Reserven nach § 10 Abs. 2b Satz 1 Nr. 6 oder 7 des Gesetzes über das Kreditwesen in der bis zum 31. Dezember 2013 geltenden Fassung zurechnen, haben den Betrag, mit dem diese Reserven dem haftenden Eigenkapital zugerechnet werden, im Anhang zur Bilanz und zur Gewinn- und Verlustrechnung anzugeben.

§ 340 d Fristengliederung

Die Forderungen und Verbindlichkeiten sind im Anhang nach der Fristigkeit zu gliedern. Für die Gliederung nach der Fristigkeit ist die Restlaufzeit am Bilanzstichtag maßgebend.

Dritter Titel   Bewertungsvorschriften

§ 340 e   Bewertung von Vermögensgegenständen

(1) Kreditinstitute haben Beteiligungen einschließlich der Anteile an verbundenen Unternehmen, Konzessionen, gewerbliche Schutzrechte und ähnliche Rechte und Werte sowie Lizenzen an solchen Rechten und Werten, Grundstücke, grundstücksgleiche Rechte und Bauten einschließlich der Bauten auf fremden Grundstücken, technische Anlagen und Maschinen, andere Anlagen, Betriebs- und Geschäftsausstattung sowie Anlagen im Bau nach den für das Anlagevermögen geltenden Vorschriften zu bewerten, es sei denn, daß sie nicht dazu bestimmt sind, dauernd dem Geschäftsbetrieb zu dienen; in diesem Falle sind sie nach Satz 2 zu bewerten. Andere Vermögensgegenstände, insbesondere Forderungen und Wertpapiere, sind nach den für das Umlaufvermögen geltenden Vorschriften zu bewerten, es sei denn, daß sie dazu bestimmt werden, dauernd dem Geschäftsbetrieb zu dienen; in diesem Falle sind sie nach Satz 1 zu bewerten. § 253 Abs. 3 Satz 4 ist nur auf Beteiligungen und Anteile an verbundenen Unternehmen im Sinn des Satzes 1 sowie Wertpapiere und Forderungen im Sinn des Satzes 2, die dauernd dem Geschäftsbetrieb zu dienen bestimmt sind, anzuwenden.

(2) Abweichend von § 253 Abs. 1 Satz 1 dürfen Hypothekendarlehen und andere Forderungen mit ihrem Nennbetrag angesetzt werden, soweit der Unterschiedsbetrag zwischen dem Nennbetrag und dem Auszahlungsbetrag oder den Anschaffungskosten Zinscharakter hat. Ist der Nennbetrag höher als der Auszahlungsbetrag oder die Anschaffungskosten, so ist der Unterschiedsbetrag in den Rechnungsabgrenzungsposten auf der Passivseite aufzunehmen; er ist planmäßig aufzulösen und in seiner jeweiligen Höhe in der Bilanz oder im Anhang gesondert anzugeben. Ist der Nennbetrag niedriger als der Auszahlungsbetrag oder die Anschaffungskosten, so darf der Unterschiedsbetrag in den Rechnungsabgrenzungsposten auf der Aktivseite aufgenommen werden; er ist planmäßig aufzulösen und in seiner jeweiligen Höhe in der Bilanz oder im Anhang gesondert anzugeben.

(3) Finanzinstrumente des Handelsbestands sind zum beizulegenden Zeitwert abzüglich eines Risikoabschlags zu bewerten. Eine Umgliederung in den Handelsbestand ist ausgeschlossen. Das Gleiche gilt für eine Umgliederung aus dem Handels-

bestand, es sei denn, außergewöhnliche Umstände, insbesondere schwerwiegende Beeinträchtigungen der Handelbarkeit der Finanzinstrumente, führen zu einer Aufgabe der Handelsabsicht durch das Kreditinstitut. Finanzinstrumente des Handelsbestands können nachträglich in eine Bewertungseinheit einbezogen werden; sie sind bei Beendigung der Bewertungseinheit wieder in den Handelsbestand umzugliedern.

(4) In der Bilanz ist dem Sonderposten »Fonds für allgemeine Bankrisiken« nach § 340 g in jedem Geschäftsjahr ein Betrag, der mindestens 10 vom Hundert der Nettoerträge des Handelsbestands entspricht, zuzuführen und dort gesondert auszuweisen. Dieser Posten darf nur aufgelöst werden
1. zum Ausgleich von Nettoaufwendungen des Handelsbestands oder
2. soweit er 50 vom Hundert des Durchschnitts der letzten fünf jährlichen Nettoerträge des Handelsbestands übersteigt.

§ 340 f Vorsorge für allgemeine Bankrisiken

(1) Kreditinstitute dürfen Forderungen an Kreditinstitute und Kunden, Schuldverschreibungen und andere festverzinsliche Wertpapiere sowie Aktien und andere nicht festverzinsliche Wertpapiere, die weder wie Anlagevermögen behandelt werden noch Teil des Handelsbestands sind, mit einem niedrigeren als dem nach § 253 Abs. 1 Satz 1, Abs. 4 vorgeschriebenen oder zugelassenen Wert ansetzen, soweit dies nach vernünftiger kaufmännischer Beurteilung zur Sicherung gegen die besonderen Risiken des Geschäftszweigs der Kreditinstitute notwendig ist. Der Betrag der auf diese Weise gebildeten Vorsorgereserven darf vier vom Hundert des Gesamtbetrags der in Satz 1 bezeichneten Vermögensgegenstände, der sich bei deren Bewertung nach § 253 Abs. 1 Satz 1, Abs. 4 ergibt, nicht übersteigen. Ein niedrigerer Wertansatz darf beibehalten werden.

(2) (weggefallen)

(3) Aufwendungen und Erträge aus der Anwendung von Absatz 1 und aus Geschäften mit in Absatz 1 bezeichneten Wertpapieren und Aufwendungen aus Abschreibungen sowie Erträge aus Zuschreibungen zu diesen Wertpapieren dürfen mit den Aufwendungen aus Abschreibungen auf Forderungen, Zuführungen zu Rückstellungen für Eventualverbindlichkeiten und für Kreditrisiken sowie mit den Erträgen aus Zuschreibungen zu Forderungen oder aus deren Eingang nach teilweiser oder vollständiger Abschreibung und aus Auflösungen von Rückstellungen für Eventualverbindlichkeiten und für Kreditrisiken verrechnet und in der Gewinn- und Verlustrechnung in einem Aufwand- oder Ertragsposten ausgewiesen werden.

(4) Angaben über die Bildung und Auflösung von Vorsorgereserven nach Absatz 1 sowie über vorgenommene Verrechnungen nach Absatz 3 brauchen im Jahresabschluß, Lagebericht, Konzernabschluß und Konzernlagebericht nicht gemacht zu werden.

§ 340 g Sonderposten für allgemeine Bankrisiken

(1) Kreditinstitute dürfen auf der Passivseite ihrer Bilanz zur Sicherung gegen allgemeine Bankrisiken einen Sonderposten »Fonds für allgemeine Bankrisiken« bilden, soweit dies nach vernünftiger kaufmännischer Beurteilung wegen der besonderen Risiken des Geschäftszweigs der Kreditinstitute notwendig ist.

(2) Die Zuführungen zum Sonderposten oder die Erträge aus der Auflösung des Sonderpostens sind in der Gewinn- und Verlustrechnung gesondert auszuweisen.

Vierter Titel Währungsumrechnung

§ 340h Währungsumrechnung

§ 256a gilt mit der Maßgabe, dass Erträge, die sich aus der Währungsumrechnung ergeben, in der Gewinn- und Verlustrechnung zu berücksichtigen sind, soweit die Vermögensgegenstände, Schulden oder Termingeschäfte durch Vermögensgegenstände, Schulden oder andere Termingeschäfte in derselben Währung besonders gedeckt sind.

Fünfter Titel Konzernabschluß, Konzernlagebericht, Konzernzwischenabschluß

§ 340i Pflicht zur Aufstellung

(1) Kreditinstitute, auch wenn sie nicht in der Rechtsform einer Kapitalgesellschaft betrieben werden, haben unabhängig von ihrer Größe einen Konzernabschluß und einen Konzernlagebericht nach den Vorschriften des Zweiten Unterabschnitts des Zweiten Abschnitts über den Konzernabschluß und Konzernlagebericht aufzustellen, soweit in den Vorschriften dieses Unterabschnitts nichts anderes bestimmt ist. Zusätzliche Anforderungen auf Grund von Vorschriften, die wegen der Rechtsform bestehen, bleiben unberührt.

(2) Auf den Konzernabschluß sind, soweit seine Eigenart keine Abweichung bedingt, die §§ 340a bis 340g über den Jahresabschluß und die für die Rechtsform und den Geschäftszweig der in den Konzernabschluß einbezogenen Unternehmen mit Sitz im Geltungsbereich dieses Gesetzes geltenden Vorschriften entsprechend anzuwenden, soweit sie für große Kapitalgesellschaften gelten. Die §§ 293, 298 Abs. 1 und 2, § 314 Abs. 1 Nr. 1, 3, 6 Buchstabe c sind nicht anzuwenden. In den Fällen des § 315a Abs. 1 finden von den in Absatz 1 genannten Vorschriften nur die §§ 290 bis 292, 315a Anwendung; die Sätze 1 und 2 dieses Absatzes sowie § 340j sind nicht anzuwenden. Soweit § 315a Abs. 1 auf die Bestimmung des § 314 Abs. 1 Nr. 6 Buchstabe c verweist, tritt an deren Stelle die Vorschrift des § 34 Abs. 2 Nr. 2 in Verbindung mit § 37 der Kreditinstituts-Rechnungslegungsverordnung in der Fassung der Bekanntmachung vom 11. Dezember 1998 (BGBl. I S. 3658), die zuletzt durch Artikel 8 Abs. 11 Nr. 1 des Gesetzes vom 4. Dezember 2004 (BGBl. I S. 3166) geändert worden ist. Im Übrigen findet die Kreditinstituts-Rechnungslegungsverordnung in den Fällen des § 315a Abs. 1 keine Anwendung.

(3) Als Kreditinstitute im Sinne dieses Titels gelten auch Mutterunternehmen, deren einziger Zweck darin besteht, Beteiligungen an Tochterunternehmen zu erwerben sowie die Verwaltung und Verwertung dieser Beteiligungen wahrzunehmen, sofern diese Tochterunternehmen ausschließlich oder überwiegend Kreditinstitute sind.

(4) Sofern Kreditinstitute einer prüferischen Durchsicht zu unterziehende Konzernzwischenabschlüsse zur Ermittlung von Konzernzwischenergebnissen im Sinne des Artikels 26 Absatz 2 in Verbindung mit Artikel 11 der Verordnung (EU) Nr. 575/2013 aufstellen, sind auf diese die für den Konzernabschluss geltenden Rechnungslegungsgrundsätze anzuwenden. Die Vorschriften über die Bestellung des Abschlussprüfers sind auf die prüferische Durchsicht entsprechend anzuwenden. Die prüferische Durchsicht ist so anzulegen, dass bei gewissenhafter Berufsausübung ausgeschlossen werden kann, dass der Zwischenabschluss in wesentlichen Belangen den anzuwendenden Rechnungslegungsgrundsätzen widerspricht. Der Abschlussprüfer hat das Ergebnis der prüferischen Durchsicht in einer Bescheinigung zusammenzufassen. § 320 und § 323 gelten entsprechend.

§ 340j Einzubeziehende Unternehmen

Bezieht ein Kreditinstitut ein Tochterunternehmen, das Kreditinstitut ist, nach § 296 Abs. 1 Nr. 3 in seinen Konzernabschluß nicht ein und ist der vorübergehende Besitz von Aktien oder Anteilen dieses Unternehmens auf eine finanzielle Stützungsaktion zur Sanierung oder Rettung des genannten Unternehmens zurückzuführen, so hat es den Jahresabschluß dieses Unternehmens seinem Konzernabschluß beizufügen und im Konzernanhang zusätzliche Angaben über die Art und die Bedingungen der finanziellen Stützungsaktion zu machen.

Sechster Titel   Prüfung

§ 340k

(1) Kreditinstitute haben unabhängig von ihrer Größe ihren Jahresabschluß und Lagebericht sowie ihren Konzernabschluß und Konzernlagebericht unbeschadet der Vorschriften der §§ 28 und 29 des Gesetzes über das Kreditwesen nach den Vorschriften des Dritten Unterabschnitts des Zweiten Abschnitts über die Prüfung prüfen zu lassen; § 319 Abs. 1 Satz 2 ist nicht anzuwenden. Die Prüfung ist spätestens vor Ablauf des fünften Monats des dem Abschlußstichtag nachfolgenden Geschäftsjahrs vorzunehmen. Der Jahresabschluß ist nach der Prüfung unverzüglich festzustellen.
(2) Ist das Kreditinstitut eine Genossenschaft oder ein rechtsfähiger wirtschaftlicher Verein, so ist die Prüfung abweichend von § 319 Abs. 1 Satz 1 von dem Prüfungsverband durchzuführen, dem das Kreditinstitut als Mitglied angehört, sofern mehr als die Hälfte der geschäftsführenden Mitglieder des Vorstands dieses Prüfungsverbands Wirtschaftsprüfer sind. Hat der Prüfungsverband nur zwei Vorstandsmitglieder, so muß einer von ihnen Wirtschaftsprüfer sein. § 319 Abs. 2 und 3 sowie § 319a Abs. 1 sind auf die gesetzlichen Vertreter des Prüfungsverbandes und auf alle vom Prüfungsverband beschäftigten Personen, die das Ergebnis der Prüfung beeinflussen können, entsprechend anzuwenden; § 319 Abs. 3 Satz 1 Nr. 2 ist auf Mitglieder des Aufsichtsorgans des Prüfungsverbandes nicht anzuwenden, sofern sichergestellt ist, dass der Abschlussprüfer die Prüfung unabhängig von den Weisungen durch das Aufsichtsorgan durchführen kann. Ist das Mutterunternehmen eine Genossenschaft, so ist der Prüfungsverband, dem die Genossenschaft angehört, unter den Voraussetzungen der Sätze 1 bis 3 auch Abschlußprüfer des Konzernabschlusses und des Konzernlageberichts.
(2a) Bei der Prüfung des Jahresabschlusses der in Absatz 2 bezeichneten Kreditinstitute durch einen Prüfungsverband darf der gesetzlich vorgeschriebene Bestätigungsvermerk nur von Wirtschaftsprüfern unterzeichnet werden. Die im Prüfungsverband tätigen Wirtschaftsprüfer haben ihre Prüfungstätigkeit unabhängig, gewissenhaft, verschwiegen und eigenverantwortlich auszuüben. Sie haben sich insbesondere bei der Erstattung von Prüfungsberichten unparteiisch zu verhalten. Weisungen dürfen ihnen hinsichtlich ihrer Prüfungstätigkeit von Personen, die nicht Wirtschaftsprüfer sind, nicht erteilt werden. Die Zahl der im Verband tätigen Wirtschaftsprüfer muss so bemessen sein, dass die den Bestätigungsvermerk unterschreibenden Wirtschaftsprüfer die Prüfung verantwortlich durchführen können.
(3) Ist das Kreditinstitut eine Sparkasse, so dürfen die nach Absatz 1 vorgeschriebenen Prüfungen abweichend von § 319 Abs. 1 Satz 1 von der Prüfungsstelle eines Sparkassen- und Giroverbands durchgeführt werden. Die Prüfung darf von der Prüfungsstelle jedoch nur durchgeführt werden, wenn der Leiter der Prüfungsstelle die Voraussetzungen des § 319 Abs. 1 Satz 1 und 2 erfüllt; § 319 Abs. 2, 3 und 5 sowie § 319a sind auf alle vom Sparkassen- und Giroverband beschäftigten Personen, die das Ergebnis der Prüfung beeinflussen können, entsprechend anzuwenden. Außerdem

muß sichergestellt sein, daß der Abschlußprüfer die Prüfung unabhängig von den Weisungen der Organe des Sparkassen- und Giroverbands durchführen kann. Soweit das Landesrecht nichts anderes vorsieht, findet § 319 Abs. 1 Satz 3 mit der Maßgabe Anwendung, dass die Bescheinigung der Prüfungsstelle erteilt worden sein muss.

(4) Finanzdienstleistungsinstitute und Institute im Sinne des § 1 Absatz 2a des Zahlungsdiensteaufsichtsgesetzes, deren Bilanzsumme am Stichtag 150 Millionen Euro nicht übersteigt, dürfen auch von den in § 319 Abs. 1 Satz 2 genannten Personen geprüft werden.

(5) Kreditinstitute, auch wenn sie nicht in der Rechtsform einer Kapitalgesellschaft betrieben werden, haben § 324 anzuwenden, wenn sie kapitalmarktorientiert im Sinn des § 264d sind und keinen Aufsichts- oder Verwaltungsrat haben, der die Voraussetzungen des § 100 Abs. 5 des Aktiengesetzes erfüllen muss. Dies gilt für Sparkassen im Sinn des Absatzes 3 sowie sonstige landesrechtliche öffentlich-rechtliche Kreditinstitute nur, soweit das Landesrecht nichts anderes vorsieht.

Siebenter Titel Offenlegung

§ 340 l

(1) Kreditinstitute haben den Jahresabschluß und den Lagebericht sowie den Konzernabschluß und den Konzernlagebericht und die anderen in § 325 bezeichneten Unterlagen nach § 325 Abs. 2 bis 5, §§ 328, 329 Abs. 1 und 4 offenzulegen. Kreditinstitute, die nicht Zweigniederlassungen sind, haben die in Satz 1 bezeichneten Unterlagen außerdem in jedem anderen Mitgliedstaat der Europäischen Gemeinschaft und in jedem anderen Vertragsstaat des Abkommens über den Europäischen Wirtschaftsraum offenzulegen, in dem sie eine Zweigniederlassung errichtet haben. Die Offenlegung richtet sich nach dem Recht des jeweiligen Mitgliedstaats oder Vertragsstaats.

(2) Zweigniederlassungen im Geltungsbereich dieses Gesetzes von Unternehmen mit Sitz in einem anderen Staat haben die in Absatz 1 Satz 1 bezeichneten Unterlagen ihrer Hauptniederlassung, die nach deren Recht aufgestellt und geprüft worden sind, nach § 325 Abs. 2 bis 5, §§ 328, 329 Abs. 1, 3 und 4 offenzulegen. Unternehmen mit Sitz in einem Drittstaat im Sinn des § 3 Abs. 1 Satz 1 der Wirtschaftsprüferordnung, deren Wertpapiere im Sinn des § 2 Abs. 1 Satz 1 des Wertpapierhandelsgesetzes an einer inländischen Börse zum Handel am regulierten Markt zugelassen sind, haben zudem eine Bescheinigung der Wirtschaftsprüferkammer gemäß § 134 Abs. 2a der Wirtschaftsprüferordnung über die Eintragung des Abschlussprüfers oder eine Bestätigung der Wirtschaftsprüferkammer gemäß § 134 Abs. 4 Satz 8 der Wirtschaftsprüferordnung über die Befreiung von der Eintragungsverpflichtung offenzulegen. Satz 2 ist nicht anzuwenden, soweit ausschließlich Schuldtitel im Sinn des § 2 Abs. 1 Satz 1 Nr. 3 des Wertpapierhandelsgesetzes mit einer Mindeststückelung von 50 000 Euro oder einem entsprechenden Betrag anderer Währung an einer inländischen Börse zum Handel am regulierten Markt zugelassen sind. Zweigniederlassungen im Geltungsbereich dieses Gesetzes von Unternehmen mit Sitz in einem Staat, der nicht Mitglied der Europäischen Gemeinschaft und auch nicht Vertragsstaat des Abkommens über den Europäischen Wirtschaftsraum ist, brauchen auf ihre eigene Geschäftstätigkeit bezogene gesonderte Rechnungslegungsunterlagen nach Absatz 1 Satz 1 nicht offenzulegen, sofern die nach den Sätzen 1 und 2 offenzulegenden Unterlagen nach einem an die Richtlinie 86/635/EWG angepaßten Recht aufgestellt und geprüft worden oder den nach einem dieser Rechte aufgestellten Unterlagen gleichwertig sind. Die Unterlagen sind in deutscher Sprache einzureichen. Soweit dies nicht die Amtssprache am Sitz der Hauptniederlassung ist, können die Unterlagen der Hauptniederlassung auch
1. in englischer Sprache oder

2. einer von dem Register der Hauptniederlassung beglaubigten Abschrift oder,
3. wenn eine dem Register vergleichbare Einrichtung nicht vorhanden oder diese nicht zur Beglaubigung befugt ist, in einer von einem Wirtschaftsprüfer bescheinigten Abschrift, verbunden mit der Erklärung, dass entweder eine dem Register vergleichbare Einrichtung nicht vorhanden oder diese nicht zur Beglaubigung befugt ist,

eingereicht werden; von der Beglaubigung des Registers ist eine beglaubigte Übersetzung in deutscher Sprache einzureichen.

(3) § 339 ist auf Kreditinstitute, die Genossenschaften sind, nicht anzuwenden.

(4) Soweit Absatz 1 Satz 1 auf § 325 Abs. 2a Satz 3 und 5 verweist, gelten die folgenden Maßgaben und ergänzenden Bestimmungen:
1. Die in § 325 Abs. 2a Satz 3 genannten Vorschriften des Ersten Unterabschnitts des Zweiten Abschnitts des Dritten Buchs sind auch auf Kreditinstitute anzuwenden, die nicht in der Rechtsform einer Kapitalgesellschaft betrieben werden.
2. § 285 Nr. 8 Buchstabe b findet keine Anwendung. Jedoch ist im Anhang zum Einzelabschluss nach § 325 Abs. 2a der Personalaufwand des Geschäftsjahrs in der Gliederung nach Formblatt 3 Posten 10 Buchstabe a der Kreditinstituts-Rechnungslegungsverordnung in der Fassung der Bekanntmachung vom 11. Dezember 1998 (BGBl. I S. 3658), die zuletzt durch Artikel 8 Abs. 11 Nr. 1 des Gesetzes vom 4. Dezember 2004 (BGBl. I S. 3166) geändert worden ist, anzugeben, sofern diese Angaben nicht gesondert in der Gewinn- und Verlustrechnung erscheinen.
3. An Stelle des § 285 Nr. 9 Buchstabe c gilt § 34 Abs. 2 Nr. 2 der Kreditinstituts-Rechnungslegungsverordnung in der Fassung der Bekanntmachung vom 11. Dezember 1998 (BGBl. I S. 3658), die zuletzt durch Artikel 8 Abs. 11 Nr. 1 des Gesetzes vom 4. Dezember 2004 (BGBl. I S. 3166) geändert worden ist.
4. Für den Anhang gilt zusätzlich die Vorschrift des § 340a Abs. 4.
5. Im Übrigen finden die Bestimmungen des Zweiten bis Vierten Titels dieses Unterabschnitts sowie der Kreditinstituts-Rechnungslegungsverordnung keine Anwendung.

Achter Titel   Straf- und Bußgeldvorschriften, Ordnungsgelder

§ 340m   Strafvorschriften

Die Strafvorschriften der §§ 331 bis 333 sind auch auf nicht in der Rechtsform einer Kapitalgesellschaft betriebene Kreditinstitute, auf Finanzdienstleistungsinstitute im Sinne des § 340 Absatz 4 sowie auf Institute im Sinne des § 340 Absatz 5 anzuwenden. § 331 ist darüber hinaus auch anzuwenden auf die Verletzung von Pflichten durch
1. den Geschäftsleiter (§ 1 Absatz 2 Satz 1 des Kreditwesengesetzes) eines nicht in der Rechtsform der Kapitalgesellschaft betriebenen Kreditinstituts oder Finanzdienstleistungsinstituts im Sinne des § 340 Absatz 4 Satz 1,
2. den Geschäftsleiter (§ 1 Absatz 8 Satz 1 und 2 des Zahlungsdiensteaufsichtsgesetzes) eines nicht in der Rechtsform der Kapitalgesellschaft betriebenen Instituts im Sinne des § 340 Absatz 5,
3. den Inhaber eines in der Rechtsform des Einzelkaufmanns betriebenen Kreditinstituts oder Finanzdienstleistungsinstituts im Sinne des § 340 Absatz 4 Satz 1 und
4. den Geschäftsleiter im Sinne des § 53 Absatz 2 Nummer 1 des Kreditwesengesetzes.

§ 340n   Bußgeldvorschriften

(1) Ordnungswidrig handelt, wer als Geschäftsleiter im Sinne des § 1 Abs. 2 Satz 1 oder des § 53 Abs. 2 Nr. 1 des Kreditwesengesetzes oder als Inhaber eines in der

Rechtsform des Einzelkaufmanns betriebenen Kreditinstituts oder Finanzdienstleistungsinstituts im Sinne des § 340 Abs. 4 Satz 1 oder als Geschäftsleiter im Sinne des § 1 Absatz 8 Satz 1 und 2 des Zahlungsdiensteaufsichtsgesetzes eines Instituts im Sinne des § 340 Absatz 5 oder als Mitglied des Aufsichtsrats eines der vorgenannten Unternehmen
1. bei der Aufstellung oder Feststellung des Jahresabschlusses oder bei der Aufstellung des Zwischenabschlusses gemäß § 340a Abs. 3 einer Vorschrift
   a) des § 243 Abs. 1 oder 2, der §§ 244, 245, 246 Abs. 1 oder 2, dieser in Verbindung mit § 340a Abs. 2 Satz 3, des § 246 Abs. 3 Satz 1, des § 247 Abs. 2 oder 3, der §§ 248, 249 Abs. 1 Satz 1 oder Abs. 2, des § 250 Abs. 1 oder Abs. 2, des § 264 Abs. 2, des § 340b Abs. 4 oder 5 oder des § 340c Abs. 1 über Form oder Inhalt,
   b) des § 253 Abs. 1 Satz 1, 2, 3 oder 4, Abs. 2 Satz 1, auch in Verbindung mit Satz 2, Abs. 3 Satz 1, 2 oder 3, Abs. 4 oder 5, der §§ 254, 256a, 340e Abs. 1 Satz 1 oder 2, Abs. 3 Satz 1, 2, 3 oder 4 Halbsatz 2, Abs. 4 Satz 1 oder 2, des § 340f Abs. 1 Satz 2 oder des § 340g Abs. 2 über die Bewertung,
   c) des § 265 Abs. 2, 3 oder 4, des § 268 Abs. 3 oder 6, der §§ 272, 274 oder des § 277 Abs. 3 Satz 2 oder Abs. 4 über die Gliederung,
   d) des § 284 Abs. 1, 2 Nr. 1, 3 oder Nr. 5 oder des § 285 Nr. 3, 6, 7, 9 Buchstabe a oder Buchstabe b, Nr. 10, 11, 13, 14, 17 bis 29 über die im Anhang zu machenden Angaben,
2. bei der Aufstellung des Konzernabschlusses oder des Konzernzwischenabschlusses gemäß § 340i Abs. 4 einer Vorschrift
   a) des § 294 Abs. 1 über den Konsolidierungskreis,
   b) des § 297 Abs. 2 oder 3 oder des § 340i Abs. 2 Satz 1 in Verbindung mit einer der in Nummer 1 Buchstabe a bezeichneten Vorschriften über Form oder Inhalt,
   c) des § 300 über die Konsolidierungsgrundsätze oder das Vollständigkeitsgebot,
   d) des § 308 Abs. 1 Satz 1 in Verbindung mit den in Nummer 1 Buchstabe b bezeichneten Vorschriften, des § 308 Abs. 2 oder des § 308a über die Bewertung,
   e) des § 311 Abs. 1 Satz 1 in Verbindung mit § 312 über die Behandlung assoziierter Unternehmen oder
   f) des § 308 Abs. 1 Satz 3, des § 313 oder des § 314 über die im Anhang zu machenden Angaben,
3. bei der Aufstellung des Lageberichts einer Vorschrift des § 289 Abs. 1, 4 oder Abs. 5 oder des § 289a über den Inhalt des Lageberichts,
4. bei der Aufstellung des Konzernlageberichts einer Vorschrift des § 315 Abs. 1 oder 4 über den Inhalt des Konzernlageberichts,
5. bei der Offenlegung, Veröffentlichung oder Vervielfältigung einer Vorschrift des § 328 über Form oder Inhalt oder
6. einer auf Grund des § 330 Abs. 2 in Verbindung mit Abs. 1 Satz 1 erlassenen Rechtsverordnung, soweit sie für einen bestimmten Tatbestand auf diese Bußgeldvorschrift verweist,
zuwiderhandelt.

(2) Ordnungswidrig handelt, wer zu einem Jahresabschluss, zu einem Einzelabschluss nach § 325 Abs. 2a oder zu einem Konzernabschluss, der aufgrund gesetzlicher Vorschriften zu prüfen ist, einen Vermerk nach § 322 Abs. 1 erteilt, obwohl nach § 319 Abs. 2, 3, 5, § 319a Abs. 1 Satz 1, Abs. 2, § 319b Abs. 1 er, nach § 319 Abs. 4, auch in Verbindung mit § 319a Abs. 1 Satz 2, oder § 319a Abs. 1 Satz 4, 5, § 319b Abs. 1 die Wirtschaftsprüfungsgesellschaft oder nach § 340k Abs. 2 oder Abs. 3 der Prüfungsverband oder die Prüfungsstelle, für die oder für den er tätig wird, nicht Abschlussprüfer sein darf.

(3) Die Ordnungswidrigkeit kann mit einer Geldbuße bis zu fünfzigtausend Euro geahndet werden.

(4) Verwaltungsbehörde im Sinn des § 36 Abs. 1 Nr. 1 des Gesetzes über Ordnungswidrigkeiten ist in den Fällen der Absätze 1 und 2 die Bundesanstalt für Finanzdienstleistungsaufsicht.

§ 340 o   Festsetzung von Ordnungsgeld

Personen, die
1. als Geschäftsleiter im Sinne des § 1 Absatz 2 Satz 1 des Kreditwesengesetzes eines Kreditinstituts oder Finanzdienstleistungsinstituts im Sinne des § 340 Absatz 4 Satz 1 oder als Geschäftsleiter im Sinne des § 1 Absatz 8 Satz 1 und 2 des Zahlungsdiensteaufsichtsgesetzes eines Instituts im Sinne des § 340 Absatz 5 oder als Inhaber eines in der Rechtsform des Einzelkaufmanns betriebenen Kreditinstituts oder Finanzdienstleistungsinstituts im Sinne des § 340 Absatz 4 Satz 1, den § 340 l Absatz 1 Satz 1 in Verbindung mit § 325 Absatz 2 bis 5, die §§ 328, 329 Absatz 1 über die Pflicht zur Offenlegung des Jahresabschlusses, des Lageberichts, des Konzernabschlusses, des Konzernlageberichts und anderer Unterlagen der Rechnungslegung oder
2. als Geschäftsleiter von Zweigniederlassungen im Sinn des § 53 Abs. 1 des Kreditwesengesetzes § 340 l Abs. 1 oder Abs. 2 über die Offenlegung der Rechnungslegungsunterlagen

nicht befolgen, sind hierzu vom Bundesamt für Justiz durch Festsetzung von Ordnungsgeld anzuhalten. Die §§ 335 bis 335 b sind entsprechend anzuwenden.

Anhang 5.12
Verordnung über die Prüfung der Jahresabschlüsse der Kreditinstitute und Finanzdienstleistungsinstitute sowie die darüber zu erstellenden Berichte (Prüfungsberichtsverordnung – PrüfbV)

vom 23. November 2009 (BGBl. I S. 3793), zuletzt geändert durch Artikel 4 der Verordnung vom 20. September 2013 (BGBl. I S. 3703)[1]

Auf Grund des § 29 Absatz 4 des Kreditwesengesetzes, der durch Artikel 2 Nummer 15c des Gesetzes vom 20. März 2009 (BGBl. I S. 607) neu gefasst worden ist, sowie auf Grund des § 20 Absatz 4 des Investmentgesetzes, der durch Artikel 1 Nummer 25 Buchstabe d des Gesetzes vom 21. Dezember 2007 (BGBl. I S. 3089) geändert worden ist, und in Verbindung mit § 1 Nummer 3 und 5 der Verordnung zur Übertragung von Befugnissen zum Erlass von Rechtsverordnungen auf die Bundesanstalt für Finanzdienstleistungsaufsicht, § 1 Nummer 3 neu gefasst durch Artikel 1 Nummer 2 der Verordnung vom 21. April 2008 (BGBl. I S. 748) und § 1 Nummer 5 zuletzt geändert durch Artikel 1 der Verordnung vom 21. November 2007 (BGBl. I S. 2605), verordnet die Bundesanstalt für Finanzdienstleistungsaufsicht im Einvernehmen mit dem Bundesministerium der Justiz und nach Anhörung der Deutschen Bundesbank:

Inhaltsübersicht

Abschnitt 1:
Allgemeine Vorschriften

Anwendungsbereich	§ 1
Risikoorientierung und Wesentlichkeit	§ 2
Art und Umfang der Berichterstattung	§ 3
Anlagen	§ 4
Berichtszeitraum	§ 5
Zusammenfassende Schlussbemerkung	§ 6
Berichtsturnus	§ 7

Abschnitt 2:
Angaben zum Institut

Darstellung der rechtlichen, wirtschaftlichen und organisatorischen Grundlagen	§ 8
Zweigniederlassungen	§ 9

---

[1] Red. Anm.: Die Anlagen sind hier nicht abgedruckt

Abschnitt 3:
Aufsichtliche Vorgaben

Unterabschnitt 1
Risikomanagement und Geschäftsorganisation

Angemessenheit des Risikomanagements und der Geschäftsorganisation . . . § 10
Zinsänderungsrisiken im Anlagebuch . . . . § 11

Unterabschnitt 2
Handels- und Anlagebuch

Zuordnung von Geschäften zum Handels- oder Anlagebuch . . . . § 12
Nichthandelsbuchinstitute . . . . § 13

Unterabschnitt 3
Eigenmittel, Solvenzanforderungen und Liquiditätslage

Ermittlung der Eigenmittel . . . . § 14
Eigenmittel . . . . § 15
Solvabilitätskennzahl . . . . § 16
Liquiditätslage . . . . § 17

Unterabschnitt 4
Offenlegung

Prüfung der Offenlegungsanforderungen nach der Solvabilitäts-
verordnung . . . . § 18

Unterabschnitt 5
Anzeigewesen

Anzeigewesen . . . . § 19

Unterabschnitt 6
Bargeldloser Zahlungsverkehr; Vorkehrungen zur Verhinderung von
Geldwäsche und Terrorismusfinanzierung sowie von sonstigen strafbaren
Handlungen zu Lasten des Instituts

Zeitpunkt der Prüfung und Berichtszeitraum . . . . § 20
Darstellung und Beurteilung der getroffenen Vorkehrungen zur
Verhinderung von Geldwäsche und Terrorismusfinanzierung
sowie von sonstigen strafbaren Handlungen . . . . § 21
Darstellung und Beurteilung der getroffenen Vorkehrungen zur
Einhaltung der Pflichten nach der Verordnung (EG) Nr. 924/2009 . . . . § 21 a
Darstellung und Beurteilung der getroffenen Vorkehrungen zur
Einhaltung der Pflichten nach der Verordnung (EU) Nr. 260/2012 . . . . § 21 b

Unterabschnitt 7
Gruppenangehörige Institute

Ausnahmen für gruppenangehörige Institute . . . . § 22

Abschnitt 4:
Angaben zum Kreditgeschäft

Berichterstattung über das Kreditgeschäft . . . . § 23
Länderrisiko . . . . § 24
Bemerkenswerte Kredite . . . . § 25
Beurteilung der Werthaltigkeit von Krediten . . . . § 26
Einhaltung der Offenlegungsvorschriften des § 18 des
Kreditwesengesetzes . . . . § 27

Abschnitt 5:
Abschlussorientierte Berichterstattung

Unterabschnitt 1
Lage des Instituts (einschließlich
geschäftliche Entwicklung sowie Ergebnisentwicklung)

Geschäftliche Entwicklung im Berichtsjahr . . . . § 28
Beurteilung der Vermögenslage . . . . § 29
Beurteilung der Ertragslage . . . . § 30
Risikolage und Risikovorsorge . . . . § 31

Unterabschnitt 2
Feststellungen, Erläuterungen zur Rechnungslegung

Erläuterungen . . . . § 32

Abschnitt 6:
Angaben zu Institutsgruppen, Finanzholding-Gruppen, Finanzkonglomeraten sowie Konzernprüfungsberichten

Regelungsbereich . . . . § 33
Ort der Berichterstattung . . . . § 34
In die aufsichtliche Zusammenfassung einzubeziehende Unternehmen . . . . . § 35
Berichterstattung bei aufsichtsrechtlichen Gruppen . . . . § 36
Zusammengefasste Eigenmittel . . . . § 37
Zusätzliche Angaben . . . . § 38
Mindestangaben im Konzernprüfungsbericht . . . . § 39
Ergänzende Vorschriften für Finanzkonglomeratsunternehmen
(§§ 17, 18 und 23 des Finanzkonglomerate-Aufsichtsgesetzes) . . . . § 40

Abschnitt 7:
Sondergeschäfte

Unterabschnitt 1
Pfandbriefgeschäft

Angaben zur Ertragslage im Pfandbriefgeschäft . . . . § 41
Angaben zu den Transparenzvorschriften nach § 28 des
Pfandbriefgesetzes . . . . § 42
Zusatzangaben bei Instituten, die das Pfandbriefgeschäft betreiben . . . . § 43

Unterabschnitt 2
Bausparkassen

Organisation und Auflagen .... § 44
Angaben zum Kreditgeschäft von Bausparkassen .... § 45
Angaben zur geschäftlichen Entwicklung von Bausparkassen ...... § 46
Angaben zur Liquiditätslage von Bausparkassen .... § 47
Einsatz von Derivaten .... § 48
Angaben zur Ertragslage von Bausparkassen .... § 49
Darstellung des Kollektivgeschäfts sowie der Vor- und
Zwischenfinanzierung von Bausparkassen .... § 50

Unterabschnitt 3
Finanzdienstleistungsinstitute

Relation gemäß § 10 Absatz 9 des Kreditwesengesetzes .... § 51
Vorschriften für einzelne Finanzdienstleistungsinstitute .... § 52
Ausnahmeregelung .... § 53

Unterabschnitt 4
Factoring

Angaben bei Instituten, die das Factoring-Geschäft betreiben ..... § 54

Unterabschnitt 5
Leasing

Angaben bei Instituten, die das Leasing-Geschäft betreiben .... § 55

Unterabschnitt 6
Depotprüfung

Prüfungsgegenstand .... § 56
Zeitpunkt der Prüfung und Berichtszeitraum .... § 57
Besondere Anforderungen an den Depotprüfungsbericht .... § 58
Prüfung von Verwahrstellen im Sinne des Kapitalanlagegesetzbuchs .... § 59

Abschnitt 8:
Datenübersichten

Datenübersichten .... § 60

Abschnitt 9:
Schlussvorschriften

Erstmalige Anwendung .... § 61
Inkrafttreten, Außerkrafttreten .... § 62

Abschnitt 1:
Allgemeine Vorschriften

§ 1 Anwendungsbereich

Diese Verordnung regelt Gegenstand und Zeitpunkt der Prüfung der Institute nach § 29 Absatz 1 und 2 des Kreditwesengesetzes, nach § 68 Absatz 7 des Kapitalanlagegesetzbuchs sowie den Inhalt der Prüfungsberichte.

§ 2 Risikoorientierung und Wesentlichkeit

Den Grundsätzen der risikoorientierten Prüfung und der Wesentlichkeit ist Rechnung zu tragen. Dabei sind insbesondere die Größe des Instituts, der Geschäftsumfang, die Komplexität der betriebenen Geschäfte sowie der Risikogehalt zu berücksichtigen.

§ 3 Art und Umfang der Berichterstattung

(1) Der Umfang der Berichterstattung hat, vorbehaltlich der nachfolgenden Bestimmungen, der Bedeutung und dem Risikogehalt der dargestellten Vorgänge zu entsprechen.

(2) Bei den im Prüfungsbericht vorgenommenen Beurteilungen sind die aufsichtlichen Vorgaben zu den einzelnen Bereichen zu beachten. Dabei sind auch bedeutsame Vorgänge, die nach dem Bilanzstichtag eingetreten und dem Prüfer bekannt geworden sind, zu berücksichtigen und im Prüfungsbericht darzulegen.

(3) Wurde im Berichtszeitraum eine Prüfung gemäß § 44 Absatz 1 Satz 2 des Kreditwesengesetzes durchgeführt, so hat der Abschlussprüfer die Prüfungsergebnisse bei der Prüfung der aufsichtlichen Sachverhalte zu verwerten. Bei Sachverhalten, die Gegenstand der Prüfung gemäß § 44 Absatz 1 Satz 2 des Kreditwesengesetzes waren, kann sich die aufsichtsrechtliche Berichterstattung auf Veränderungen bis zum Bilanzstichtag beschränken.

(4) Hat nach § 30 des Kreditwesengesetzes die Bundesanstalt für Finanzdienstleistungsaufsicht (Bundesanstalt) gegenüber dem Institut Bestimmungen über den Inhalt der Prüfung getroffen, die vom Prüfer im Rahmen der Jahresabschlussprüfung zu berücksichtigen sind, dann ist hierauf im Prüfungsbericht im Zusammenhang mit dem Prüfungsauftrag hinzuweisen.

(5) Die Berichterstattung über die Prüfung kann nach pflichtgemäßem Ermessen des Abschlussprüfers in einen Teilprüfungsbericht I und einen Teilprüfungsbericht II unterteilt werden. Die Aufteilung soll über mehrere Jahre hinweg stetig erfolgen. Über wesentliche Änderungen der Ergebnisse des Teilprüfungsberichts I bis zum Ende des Berichtszeitraums ist im Zuge des Teilprüfungsberichts II zu berichten. Jeder Teilprüfungsbericht ist unverzüglich nach Fertigstellung der Bundesanstalt sowie der Deutschen Bundesbank einzureichen.

§ 4 Anlagen

Soweit erläuternde Darstellungen zu den in dieser Verordnung geforderten Angaben erstellt werden, können diese zum Zwecke der Verbesserung der Lesbarkeit in Form von Anlagen zum Prüfungsbericht vorgelegt werden, wenn im Prüfungsbericht selbst eine hinreichende Beurteilung erfolgt und die Berichterstattung in Anlagen den Prüfungsbericht nicht unübersichtlich macht.

§ 5 Berichtszeitraum

(1) Der Zeitraum, auf den sich die Prüfung erstreckt (Berichtszeitraum), ist in der Regel das am Stichtag des Jahresabschlusses (Bilanzstichtag) endende Geschäftsjahr (Berichtsjahr). Bei vom Geschäftsjahr abweichenden Berichtszeiträumen muss der Prüfungsbericht mindestens das Geschäftsjahr umfassen, das am Bilanzstichtag endet. Wurde die Prüfung unterbrochen, ist in dem Bericht darauf hinzuweisen und die Dauer der Unterbrechung unter Darlegung der Gründe anzugeben.

(2) Bestandsbezogene Angaben im Prüfungsbericht haben sich, soweit sich aus dieser Verordnung nichts anderes ergibt, auf den Bilanzstichtag zu beziehen.

§ 6 Zusammenfassende Schlussbemerkung

(1) In einer zusammenfassenden Schlussbemerkung ist, soweit dies nicht bereits im Rahmen der dem Bericht vorangestellten Ausführungen nach § 321 Absatz 1 Satz 2 des Handelsgesetzbuchs erfolgt ist, zu allen wichtigen Fragen so Stellung zu nehmen, dass aus ihr selbst ein Gesamturteil über die wirtschaftliche Lage des Instituts, seine Risikotragfähigkeit, die Ordnungsmäßigkeit seiner Geschäftsorganisation, insbesondere die Einrichtung eines angemessenen Risikomanagements, und über die Einhaltung der weiteren aufsichtlichen Vorgaben gewonnen werden kann. Hinsichtlich der Lage des Instituts ist insbesondere auf die geschäftliche Entwicklung, die Vermögens-, Liquiditäts- und Ertragslage sowie Art und Umfang der nicht bilanzwirksamen Geschäfte einzugehen. Der Schlussbemerkung muss auch zu entnehmen sein, ob die Bilanzposten ordnungsgemäß bewertet, insbesondere ob die gebildeten Wertberichtigungen und Rückstellungen angemessen sind und ob die Vorschriften des Geldwäschegesetzes sowie die Anzeigevorschriften beachtet wurden. Zusammenfassend ist darzulegen, welche über die nach § 321 Absatz 1 Satz 3 des Handelsgesetzbuchs vorgeschriebenen Berichtsinhalte hinausgehenden wesentlichen Beanstandungen sich auf Grund der Prüfung ergeben haben.

(2) Der Prüfungsbericht ist unter Angabe von Ort und Datum zu unterzeichnen.

§ 7 Berichtsturnus

Soweit der Prüfer nach dieser Verordnung verpflichtet ist, nur über Änderungen zu berichten, hat der Prüfer in angemessenen Abständen über die Darstellung der Änderungen hinausgehend vollständig zu berichten.

Abschnitt 2:
Angaben zum Institut

§ 8 Darstellung der rechtlichen, wirtschaftlichen und organisatorischen Grundlagen

(1) Über die Ausschöpfung und Überschreitung der Erlaubnis zum Betreiben von Bankgeschäften oder der Erbringung von Finanzdienstleistungen sowie die Erfüllung damit verbundener Auflagen im Berichtszeitraum ist zu berichten.

(2) Die wesentlichen Änderungen der rechtlichen, wirtschaftlichen und organisatorischen Grundlagen des Instituts im Berichtszeitraum sind darzustellen, wobei insbesondere zu berichten ist über:
1. Änderungen der Rechtsform und der Satzung oder des Gesellschaftsvertrages,
2. Änderungen der Kapitalverhältnisse und Gesellschafterverhältnisse,

3. Änderungen der Geschäftsleitung sowie Änderungen ihrer personellen Zusammensetzung mit Angabe der jeweiligen Zuständigkeit der einzelnen Geschäftsleiter,
4. Änderungen der Struktur der Bankgeschäfte, der erbrachten Finanzdienstleistungen und der anderen Geschäfte, die im weiteren Sinne dem Finanzsektor zuzurechnen sind,
5. die bevorstehende Aufnahme neuer Geschäftszweige,
6. Änderungen der rechtlichen und geschäftlichen Beziehungen zu verbundenen Unternehmen sowie zu anderen Unternehmen, bei wirtschaftlich bedeutsamen Verträgen geschäftspolitischer Natur, die die zwischenbetriebliche Zusammenarbeit regeln, insbesondere über Art und Umfang der vereinbarten Leistungen; die Berichterstattung kann insoweit entfallen, wenn für den Berichtszeitraum ein Abhängigkeitsbericht nach § 312 des Aktiengesetzes erstellt und der Bundesanstalt und der Deutschen Bundesbank eingereicht worden ist,
7. Änderungen im organisatorischen Aufbau des Instituts sowie der unter Risikoaspekten bedeutsamen Ablauforganisation; das aktuelle Organigramm ist dem Prüfungsbericht als Anlage beizufügen,
8. Änderungen der Zugehörigkeit des Instituts zu einem Finanzkonglomerat nach § 1 Absatz 20 des Kreditwesengesetzes sowie Änderungen des übergeordneten Finanzkonglomeratsunternehmens nach § 12 des Finanzkonglomerate-Aufsichtsgesetzes.

(3) Der Abschlussprüfer hat über Auslagerungen von wesentlichen Aktivitäten und Prozessen unter Berücksichtigung der in § 25a Absatz 2 des Kreditwesengesetzes genannten Anforderungen gesondert zu berichten.

(4) Der Abschlussprüfer hat die Einbindung der vertraglich gebundenen Vermittler im Sinne des § 2 Absatz 10 Satz 1 des Kreditwesengesetzes in das Risikomanagement darzustellen und zu beurteilen. Über die Übereinstimmung der im öffentlichen Register gemachten Angaben mit den bei dem Institut vorliegenden Informationen ist zu berichten. Darzustellen ist auch, wie das Institut die fachliche Eignung und Zuverlässigkeit der vertraglich gebundenen Vermittler sicherstellt.

§ 9 Zweigniederlassungen

Der Abschlussprüfer hat über die wesentlichen ausländischen Zweigniederlassungen zu berichten. Dabei sind für diese Zweigniederlassungen deren Ergebniskomponenten, deren Einfluss auf das Risikoprofil sowie die Risikolage und die Risikovorsorge des Gesamtinstituts sowie deren Einbindung in das Risikomanagement des Gesamtinstituts zu beurteilen.

Abschnitt 3:
Aufsichtliche Vorgaben

Unterabschnitt 1 Risikomanagement und Geschäftsorganisation

§ 10 Angemessenheit des Risikomanagements und der Geschäftsorganisation

(1) Der Abschlussprüfer hat die Angemessenheit des Risikomanagements gemäß § 25a Absatz 1 Satz 3 des Kreditwesengesetzes sowie die weiteren Anforderungen an die Ordnungsmäßigkeit der Geschäftsorganisation gemäß § 25a Absatz 1 Satz 6 Nummer 1 des Kreditwesengesetzes unter Berücksichtigung der Komplexität und des Umfangs der von dem Institut eingegangenen Risiken zu beurteilen. Dabei ist ins-

besondere auf Adressenausfallrisiken, Marktpreisrisiken einschließlich der Zinsänderungsrisiken des Anlagebuchs, Liquiditäts- und operationelle Risiken gesondert einzugehen. Bei Pfandbriefbanken ist zusätzlich über die Einhaltung des § 27 des Pfandbriefgesetzes zu berichten.
(2) Die Angemessenheit der Internen Revision des Instituts ist zu beurteilen.

§ 11 Zinsänderungsrisiken im Anlagebuch

(1) Es ist zu beurteilen, ob die vom Institut getroffenen Vorkehrungen zur ordnungsgemäßen Ermittlung der Auswirkungen einer nach § 25a Absatz 1 Satz 7 des Kreditwesengesetzes vorgegebenen plötzlichen und unerwarteten Zinsänderung sowie zur Handhabung der Mitteilungspflicht gemäß § 24 Absatz 1 Nummer 14 des Kreditwesengesetzes angemessen sind. Dabei ist insbesondere auf Änderungen gegenüber dem letzten Berichtszeitraum einzugehen.
(2) Die Höhe des potentiellen Verlustes gemäß der vorgegebenen Zinsänderung nach § 25a Absatz 1 Satz 7 des Kreditwesengesetzes zum letzten Berechnungszeitpunkt sowie die angewandte Berechnungsmethodik sind darzustellen.
(3) Die Absätze 1 und 2 sind auf Wohnungsgenossenschaften mit Spareinrichtung nicht anzuwenden.

Unterabschnitt 2 Handels- und Anlagebuch

§ 12 Zuordnung von Geschäften zum Handels- oder Anlagebuch

Es ist festzustellen, ob das Verfahren für die Zuordnung und gegebenenfalls Umwidmung der Positionen zum Anlagebuch oder Handelsbuch während des Berichtszeitraums jeweils den gesetzlichen Vorgaben nach § 1a des Kreditwesengesetzes und den institutsintern festgelegten Kriterien entsprach.

§ 13 Nichthandelsbuchinstitute

Sofern sich das Institut im Berichtszeitraum als Nichthandelsbuchinstitut eingeordnet hat, ist zu beurteilen, ob die Aufbau- und Ablauforganisation des Instituts die Feststellung eventueller Überschreitungen der Grenzen nach § 2 Absatz 11 Satz 1 des Kreditwesengesetzes gewährleistet; Mängel sind aufzuzeigen. Auf die Einhaltung der Grenzen nach § 2 Absatz 11 Satz 1 des Kreditwesengesetzes ist einzugehen. Überschreitungen der Grenzen nach § 2 Absatz 11 Satz 1 Nummer 1 oder 2 des Kreditwesengesetzes sind in dem Bericht nach Höhe des Betrags und Prozentsatzes sowie der Dauer der Überschreitung festzuhalten.

Unterabschnitt 3 Eigenmittel, Solvenzanforderungen und Liquiditätslage

§ 14 Ermittlung der Eigenmittel

(1) Es ist zu beurteilen, ob die vom Institut getroffenen Vorkehrungen zur ordnungsgemäßen Ermittlung des haftenden Eigenkapitals, des modifizierten verfügbaren Eigenkapitals und der Drittrangmittel im Rahmen der bankaufsichtlichen Meldungen angemessen sind; wesentliche Verfahrensänderungen während des Berichtszeitraums sind darzustellen.

(2) Kredite im Sinne des § 10 Absatz 2a Satz 2 Nummer 4 und 5 des Kreditwesengesetzes sind auch danach zu beurteilen, ob sie zu marktmäßigen Bedingungen gewährt werden und banküblich besichert sind.

§ 15 Eigenmittel

(1) Darzustellen sind Höhe und Zusammensetzung der Eigenmittel des Instituts nach § 10 des Kreditwesengesetzes nach dem Stand bei Geschäftsschluss am Bilanzstichtag und unter der Annahme der Feststellung des geprüften Abschlusses, bei Zweigstellen im Sinne des § 53 Absatz 1 des Kreditwesengesetzes unter Berücksichtigung der Besonderheiten von dessen Absatz 2 Nummer 4. Die bei beziehungsweise von anderen Instituten, Finanzunternehmen, Erstversicherungsunternehmen und Rückversicherungsunternehmen aufgenommenen beziehungsweise gehaltenen Eigenkapitalbestandteile sind unter namentlicher Nennung dieser Unternehmen besonders zu kennzeichnen.

(2) Besonderheiten in der Entwicklung der Eigenmittel oder einzelner Eigenmittelbestandteile während des Berichtszeitraums, insbesondere wesentliche Eigenmittelbestandteile, die das Institut im Geschäftsjahr als Kern-, Ergänzungskapital oder als Drittrangmittel neu zurechnet, sind zu beurteilen. Entnahmen des Inhabers oder des persönlich haftenden Gesellschafters sind darzustellen. Werden Zwischenergebnisse nach § 10 Absatz 3 des Kreditwesengesetzes unterjährig zugerechnet, dann ist darüber zu berichten.

(3) Begebene Wertpapiere des Kernkapitals ohne eigene Emissionen in inländischen Aktien sowie Vermögenseinlagen stiller Gesellschafter, die neu oder weiterhin den Eigenmitteln zugerechnet werden, sind nach den einzelnen Tranchen mit ihren wesentlichen Merkmalen darzustellen; Besonderheiten sind hervorzuheben.

(4) Befristete oder von Seiten des Kapitalgebers kündbare Eigenkapitalbestandteile sind, sofern nicht bereits nach Absatz 3 erfasst, nach ihrer frühestmöglichen Kündbarkeit beziehungsweise nach ihrem frühestmöglichen Mittelabfluss in Jahresbändern darzustellen.

(5) Der Ansatz nicht realisierter Reserven im Sinne von § 10 Absatz 2b in Verbindung mit § 10 Absatz 4a des Kreditwesengesetzes ist darzustellen und auf seine Richtigkeit zu beurteilen. Die Darstellung hat anhand der Gliederung des § 3 Absatz 1 der Anzeigenverordnung in Verbindung mit deren Anlage 2 zu erfolgen. Werden dem haftenden Eigenkapital nicht realisierte Reserven in Immobilien zugerechnet, so ist zu prüfen, ob bei der Ermittlung dieser Reserven § 10 Absatz 4b des Kreditwesengesetzes beachtet worden ist.

(6) Freies Vermögen des Inhabers oder der persönlich haftenden Gesellschafter des Kreditinstituts, das nach § 64e Absatz 5 des Kreditwesengesetzes als haftendes Eigenkapital berücksichtigt wird oder dessen Berücksichtigung beantragt wird, ist im Einzelnen zu beurteilen und zu erläutern; über die in der Bilanz nicht erfassten Verbindlichkeiten und freien Vermögenswerte eines Inhabers oder persönlich haftenden Gesellschafters ist zu berichten.

§ 16 Solvabilitätskennzahl

(1) Es ist zu beurteilen, ob die vom Institut getroffenen Vorkehrungen zur ordnungsgemäßen Ermittlung der Solvabilitätskennzahl angemessen sind. Dabei ist insbesondere auf Änderungen gegenüber dem letzten Berichtszeitraum einzugehen.

(2) Die Ermittlung der Solvabilitätskennzahl zum Bilanzstichtag ist gegliedert nach den jeweiligen Anrechnungsbeträgen darzustellen. Die Entwicklung der Eigenkapitalquote ist darzustellen.

§ 17 Liquiditätslage

(1) Die Liquiditätslage und die Liquiditätssteuerung sind zu beurteilen. Über Maßnahmen zur Verbesserung der Liquiditätslage ist zu berichten.

(2) Es ist zu beurteilen, ob die vom Institut getroffenen Vorkehrungen zur ordnungsgemäßen Ermittlung der Liquiditätskennziffer angemessen sind. Dabei ist insbesondere auf Änderungen gegenüber dem letzten Berichtszeitraum einzugehen.

Unterabschnitt 4   Offenlegung

§ 18 Prüfung der Offenlegungsanforderungen nach der Solvabilitätsverordnung

Der Prüfer hat die Angemessenheit der Prozesse zur Ermittlung und Offenlegung der Informationen nach den §§ 319 bis 337 der Solvabilitätsverordnung zu beurteilen. Im Prüfungsbericht ist darauf einzugehen, ob die in den §§ 319 bis 337 der Solvabilitätsverordnung geforderten Offenlegungspflichten vom Institut eingehalten wurden.

Unterabschnitt 5   Anzeigewesen

§ 19   Anzeigewesen

Die Organisation des Anzeige- und Meldewesens ist zu beurteilen. Auf die Vollständigkeit und Richtigkeit der Anzeigen und Meldungen ist einzugehen, festgestellte wesentliche Verstöße sind aufzuführen.

Unterabschnitt 6   Bargeldloser Zahlungsverkehr; Vorkehrungen zur Verhinderung von Geldwäsche und Terrorismusfinanzierung sowie von sonstigen strafbaren Handlungen zu Lasten des Instituts

§ 20   Zeitpunkt der Prüfung und Berichtszeitraum

(1) Die Prüfung findet einmal jährlich statt. Der Prüfer legt den Beginn der Prüfung und den Berichtszeitraum vorbehaltlich der nachfolgenden Bestimmungen nach pflichtgemäßem Ermessen fest.

(2) Der Berichtszeitraum der Prüfung ist jeweils der Zeitraum zwischen dem Stichtag der letzten Prüfung und dem Stichtag der folgenden Prüfung.

(3) Die Prüfung muss spätestens 15 Monate nach dem Anfang des für sie maßgeblichen Berichtszeitraums begonnen worden sein.

(4) Die Einhaltung der Vorschriften des Geldwäschegesetzes, der §§ 24c und 25c bis 25h des Kreditwesengesetzes sowie der Verordnung (EG) Nr. 1781/2006 über die Übermittlung von Angaben zum Auftraggeber bei Geldtransfers sowie der §§ 25c bis 25h des Kreditwesengesetzes ist bei Kreditinstituten, deren Bilanzsumme 400 Millionen Euro zum Bilanzstichtag nicht überschreitet, nur in zweijährigem Turnus, beginnend mit dem ersten vollen Geschäftsjahr der Erbringung von Bankgeschäften oder Finanzdienstleistungen, zu prüfen, es sei denn, die Risikolage des Instituts erfordert ein kürzeres Prüfintervall. Gleiches gilt für Wertpapierhandelsunternehmen, die nicht befugt sind, sich Besitz oder Eigentum an Geldern oder Wertpapieren von Kunden zu verschaffen, und die nicht auf eigene Rechnung mit Finanzinstrumenten handeln.

§ 21 Darstellung und Beurteilung der getroffenen Vorkehrungen zur Verhinderung von Geldwäsche und Terrorismusfinanzierung sowie von sonstigen strafbaren Handlungen

(1) Der Prüfer hat zu beurteilen, ob die von dem Institut erstellte Gefährdungsanalyse der tatsächlichen Risikosituation des Instituts entspricht. Darüber hinaus hat er die vom Institut getroffenen internen Sicherungsmaßnahmen zur Verhinderung von Geldwäsche und Terrorismusfinanzierung sowie von sonstigen strafbaren Handlungen im Sinne von § 25c Absatz 1 des Kreditwesengesetzes darzustellen und deren Angemessenheit zu beurteilen. Dabei ist einzugehen
1. auf die vom Institut entwickelten und aktualisierten internen Grundsätze, die Angemessenheit geschäfts- und kundenbezogener Sicherungssysteme und Kontrollen zur Verhinderung von Geldwäsche und Terrorismusfinanzierung sowie von strafbaren Handlungen im Sinne von § 25c Absatz 1 des Kreditwesengesetzes,
2. auf die Stellung und Tätigkeit des Geldwäschebeauftragten und seines Stellvertreters einschließlich ihrer Kompetenzen sowie die für eine ordnungsgemäße Durchführung der Aufgaben notwendigen Mittel und Verfahren; für Institute, die selbst nicht Tochterunternehmen im Sinne des Kreditwesengesetzes eines Instituts oder eines nach dem Geldwäschegesetz verpflichteten Versicherungsunternehmens sind, gilt dies auch in Bezug auf ihre Tochterunternehmen sowie ihre ausländischen Zweigstellen und Zweigniederlassungen sowie darauf,
3. ob die mit der Durchführung von Transaktionen und mit der Anbahnung und Begründung von Geschäftsbeziehungen befassten Beschäftigten angemessen über die Methoden der Geldwäsche und Terrorismusfinanzierung sowie von strafbaren Handlungen im Sinne von § 25c Absatz 1 des Kreditwesengesetzes und die insofern bestehenden Pflichten unterrichtet werden.

Die Prüfung nach den Sätzen 2 und 3 hat unter Berücksichtigung der von dem Institut erstellten Gefährdungsanalyse sowie der von der Innenrevision im Berichtszeitraum durchgeführten Prüfung und deren Ergebnisses zu erfolgen.

(2) Des Weiteren hat der Prüfer darzustellen und zu beurteilen, inwieweit das Institut den kundenbezogenen Sorgfaltspflichten, insbesondere auch den verstärkten Sorgfaltspflichten in Fällen eines erhöhten Risikos, nachgekommen ist.

(3) Zu berichten ist ferner über die Erfüllung der Aufzeichnungs- und Aufbewahrungspflichten sowie die Pflicht zur institutsinternen Erfassung und Anzeige von Verdachtsfällen.

(4) Sofern die Durchführung von internen Sicherungsmaßnahmen oder die Wahrnehmung von kundenbezogenen Sorgfaltspflichten durch das Institut vertraglich auf eine dritte Person oder ein anderes Unternehmen ausgelagert worden ist, ist hierüber zu berichten.

(5) In Bezug auf ein Institut, das übergeordnetes Unternehmen im Sinne des § 25g des Kreditwesengesetzes ist, hat der Prüfer darzustellen und zu beurteilen, inwieweit dieses angemessene Maßnahmen getroffen hat, um in seinen nachgeordneten Unternehmen, Zweigstellen und Zweigniederlassungen die gruppeneinheitliche Schaffung der in § 25g des Kreditwesengesetzes genannten internen Sicherungsmaßnahmen sowie die Einhaltung der dort zusätzlich genannten Pflichten und gegebenenfalls die Erfüllung von am ausländischen Sitz geltenden strengeren Pflichten sicherzustellen. Absatz 1 Satz 4 sowie Absatz 4 gelten entsprechend. Soweit die nach Satz 1 zu treffenden Maßnahmen in einem Drittstaat nicht zulässig oder tatsächlich nicht durchführbar sind, hat der Prüfer ferner darzustellen und zu beurteilen, inwieweit das Institut angemessene Maßnahmen getroffen hat, um sicherzustellen, dass nachgeordnete Unternehmen, Zweigstellen und Zweigniederlassungen dort keine Geschäftsbeziehungen begründen oder fortsetzen, Transaktionen durchführen und bestehende Geschäftsbeziehungen beenden.

(6) Bei Kreditinstituten ist zu prüfen, inwieweit diese im bargeldlosen Zahlungsverkehr ihren Pflichten zur Feststellung, Überprüfung und Übermittlung von vollständigen Auftraggeberdaten nachgekommen sind. Gleiches gilt in Bezug auf die von den vorgenannten Instituten getroffenen Maßnahmen zur Erkennung und Behandlung von eingehenden Zahlungsaufträgen mit unvollständigen Auftraggeberdaten.

(7) Bei Kreditinstituten ist darzustellen, inwieweit diese ihre Verpflichtungen nach § 24c Absatz 1 des Kreditwesengesetzes erfüllt haben. Insbesondere ist zu prüfen, ob die hierzu eingesetzten Verfahren eine zutreffende Erfassung der aufgenommenen Identifizierungsdaten mit richtiger Zuordnung zum Konto oder Depot im Abrufsystem gewährleisten. Gegebenenfalls ist über die ordnungsgemäße Erfüllung der Anordnungen der Bundesanstalt gemäß § 6a des Kreditwesengesetzes zu berichten.

(8) Die wesentlichen Prüfungsergebnisse sind in einem Fragebogen nach Maßgabe der Anlage 6 zu dieser Verordnung aufzuzeichnen. Der vollständig beantwortete Fragebogen ist dem Prüfungsbericht beizufügen. Der Fragebogen ist auch dann bei der Bundesanstalt einzureichen, wenn bei verbandsgeprüften Kreditinstituten für das betreffende Jahr ein Prüfungsbericht nicht angeordnet wird. § 20 Absatz 4 bleibt unberührt.

§ 21a Darstellung und Beurteilung der getroffenen Vorkehrungen zur Einhaltung der Pflichten nach der Verordnung (EG) Nr. 924/2009

(1) Bei Kreditinstituten hat der Abschlussprüfer zu beurteilen, ob die von dem Kreditinstitut getroffenen internen Vorkehrungen den Anforderungen der Verordnung (EG) Nr. 924/2009 des Europäischen Parlaments und des Rates vom 16. September 2009 über grenzüberschreitende Zahlungen in der Gemeinschaft und zur Aufhebung der Verordnung (EG) Nr. 2560/2001 (ABl. L 266 vom 9.10.2009, S. 11), die durch die Verordnung (EU) Nr. 260/2012 (ABl. L 94 vom 30.3.2012, S. 22) geändert worden ist, entsprechen.
Die Beurteilung umfasst die Einhaltung der Bestimmungen zu
1. Entgelten für grenzüberschreitende Zahlungen nach Artikel 3 Absatz 1 der Verordnung,
2. Entgelten nach Artikel 4 Absatz 3 Satz 1 der Verordnung, die über das Entgelt gemäß Artikel 3 Absatz 1 der Verordnung hinausgehen, sowie
3. Interbankenentgelten für Inlandslastschriften nach Artikel 7 Absatz 1 der Verordnung.

(2) Der Abschlussprüfer hat darzustellen, welche Maßnahmen das Kreditinstitut ergriffen hat, um die in Absatz 1 genannten Anforderungen der Verordnung (EU) Nr. 924/2009 zu erfüllen.

(3) Sofern die Durchführung interner Vorkehrungen durch das Kreditinstitut vertraglich auf eine dritte Person oder ein anderes Unternehmen ausgelagert worden ist, hat der Abschlussprüfer hierüber zu berichten.

§ 21b Darstellung und Beurteilung der getroffenen Vorkehrungen zur Einhaltung der Pflichten nach der Verordnung (EU) Nr. 260/2012

(1) Bei Kreditinstituten hat der Abschlussprüfer zu beurteilen, ob die von dem Kreditinstitut getroffenen internen Vorkehrungen den Anforderungen der Verordnung (EU) Nr. 260/2012 des Europäischen Parlaments und des Rates vom 14. März 2012 zur Festlegung der technischen Vorschriften und der Geschäftsanforderungen für Überweisungen und Lastschriften in Euro und zur Änderung der Verordnung (EG) Nr. 924/2009 (ABl. L 94 vom 30.3.2012, S. 22) entsprechen. Die Beurteilung umfasst
1. die Erreichbarkeit für Überweisungen und Lastschriften innerhalb der Europäischen Union nach Artikel 3 der Verordnung,

2. die Einhaltung der technischen Anforderungen für Überweisungen und Lastschriften nach Artikel 5 Absatz 1 bis 3 sowie 7 und 8 der Verordnung sowie
3. die Einhaltung der Bestimmungen zu Interbankenentgelten für Lastschriften nach Artikel 8 der Verordnung.

(2) Der Abschlussprüfer hat darzustellen, welche Maßnahmen das Kreditinstitut ergriffen hat, um die in Absatz 1 genannten Anforderungen der Verordnung (EU) Nr. 260/2012 zu erfüllen.

(3) Sofern die Durchführung interner Vorkehrungen durch das Kreditinstitut vertraglich auf eine dritte Person oder ein anderes Unternehmen ausgelagert worden ist, hat der Abschlussprüfer hierüber zu berichten.

Unterabschnitt 7 Gruppenangehörige Institute

§ 22 Ausnahmen für gruppenangehörige Institute

(1) Auf gruppenangehörige Unternehmen von Institutsgruppen und Finanzholding-Gruppen, die von dem Wahlrecht gemäß § 2a Absatz 1, 5 oder 6 des Kreditwesengesetzes Gebrauch machen, sind nach Maßgabe der Ausübung des Wahlrechts die Vorschriften des § 10 betreffend des internen Kontrollverfahrens, des § 15 Absatz 1 Satz 2, Absatz 2 bis 5, des § 16 sowie des § 23 Absatz 1 Satz 3 und des § 25 Absatz 3 dieser Verordnung nicht anwendbar.
(2) § 17 findet bei Ausübung des Wahlrechts des § 10 Absatz 4 der Liquiditätsverordnung keine Anwendung.
(3) Der Abschlussprüfer hat über das Vorliegen der Voraussetzungen gemäß § 2a des Kreditwesengesetzes zu berichten.

Abschnitt 4:
Angaben zum Kreditgeschäft

§ 23 Berichterstattung über das Kreditgeschäft

(1) Es sind die wesentlichen strukturellen Merkmale und Risiken des Kreditgeschäfts nach § 19 des Kreditwesengesetzes darzustellen und zu beurteilen. Auf wesentliche Besonderheiten ist hinzuweisen. Diese Berichterstattung umfasst auch die Einhaltung der §§ 13 und 13a des Kreditwesengesetzes. Zudem ist über die Einhaltung des § 15 des Kreditwesengesetzes zu berichten.
(2) Die institutsspezifischen Verfahren zur Sicherstellung der Bildung von sachgerechten Kreditnehmereinheiten nach § 19 Absatz 2 des Kreditwesengesetzes sind zu beurteilen; auf Änderungen gegenüber dem letzten Prüfungsstichtag ist gesondert einzugehen.
(3) Das Auswahlverfahren, nach dem die zu prüfenden Kredite bestimmt wurden, ist darzustellen.
(4) Eine Risikogruppierung des gesamten Kreditvolumens des Kreditinstituts ist nach Maßgabe der institutsspezifischen Verfahren zur Messung und Bestimmung des Adressenausfallrisikos in die Datenübersicht aufzunehmen. Eine Darstellung in der Datenübersicht ist ausreichend.
(5) Auf Risikokonzentrationen und deren institutsinterne Behandlung einschließlich ihrer Einbindung in die Risikostrategie und das Risikomanagement ist einzugehen.

§ 24 Länderrisiko

Der Umfang der von dem Institut eingegangenen Länderrisiken insgesamt sowie die Methode zu ihrer Steuerung und Überwachung sind zu beurteilen. Insbesondere ist dazu Stellung zu nehmen, ob die Einschätzung der Länderrisiken auf der Grundlage von geeigneten Analysen erfolgt.

§ 25 Bemerkenswerte Kredite

(1) Bemerkenswerte Kredite sind nach Risikogruppen gegliedert einzeln zu besprechen und in einem Gesamtverzeichnis unter Angabe der Fundstelle aufzuführen. Die Werthaltigkeit dieser Kredite ist nach Maßgabe des § 26 zu beurteilen. Wenn Kreditnehmer nach § 19 Absatz 2 des Kreditwesengesetzes zusammenzufassen sind, so ist die Gesamtheit dieser Kredite zugrunde zu legen.

(2) Als bemerkenswert sind insbesondere die folgenden Kredite anzusehen:
1. Organkredite, die hinsichtlich ihrer Höhe oder ihrer Ausgestaltung von außergewöhnlicher Bedeutung sind,
2. Kredite, für die in erheblichem Umfang Risikovorsorge erforderlich ist beziehungsweise im abgelaufenen Geschäftsjahr war,
3. Kredite, bei denen die begründete Gefahr besteht, dass sie mit größeren, im Rahmen des gesamten Kreditgeschäfts bedeutenden Teilen notleidend werden,
4. Kredite, bei denen eine außergewöhnliche Art der Sicherheitenstellung vorliegt.

(3) Bemerkenswerte Kreditrahmenkontingente sind nach Risikogruppen gegliedert zu besprechen und in einem Gesamtverzeichnis unter Angabe der Fundstelle aufzuführen. Kreditrahmenkontingente sind bemerkenswert, wenn sie die Großkreditdefinitionsgrenze nach § 13 Absatz 1 Satz 1 des Kreditwesengesetzes erreichen oder überschreiten.

(4) Die Kredite und Kreditrahmenkontingente sind mit Limit, Inanspruchnahme, Sicherheiten sowie allen weiteren für die Beurteilung wichtigen Angaben darzustellen. Besonders risikorelevante Aspekte sind hervorzuheben.

§ 26 Beurteilung der Werthaltigkeit von Krediten

(1) Die Beurteilung der Werthaltigkeit der Kredite im Sinne des § 25 Absatz 2 Nummer 2 hat sich auf die Angemessenheit der gebildeten Risikovorsorge zu erstrecken.

(2) Soweit für die Beurteilung eines Kredits im Sinne des § 25 Absatz 2 Nummer 3 die Sicherheiten zugrunde gelegt werden, ist deren Verwertbarkeit zu beurteilen; nach Möglichkeit ist der voraussichtliche Realisationswert anzugeben.

(3) Bei bemerkenswerten Krediten an ausländische Schuldner ist auch das damit verbundene Länderrisiko zu beurteilen.

§ 27 Einhaltung der Offenlegungsvorschriften des § 18 des Kreditwesengesetzes

Bei Kreditinstituten ist zu prüfen, ob im Berichtszeitraum § 18 des Kreditwesengesetzes beachtet wurde. Der Abschlussprüfer hat die Angemessenheit der institutsspezifischen Verfahren zu beurteilen.

Abschnitt 5:
Abschlussorientierte Berichterstattung

Unterabschnitt 1 Lage des Instituts (einschließlich geschäftliche Entwicklung sowie Ergebnisentwicklung)

§ 28 Geschäftliche Entwicklung im Berichtsjahr

(1) Die geschäftliche Entwicklung ist unter Gegenüberstellung der für sie kennzeichnenden Zahlen des Berichtsjahres und des Vorjahres darzustellen und zu erläutern.

(2) Bei Instituten mit Geschäftsbereichen, für die nach deutschem Recht ein gesonderter Jahresabschluss erstellt wird (getrennt bilanzierende Bereiche), ist die geschäftliche Entwicklung der getrennt bilanzierenden Bereiche und des übrigen Geschäfts jeweils gesondert darzustellen und zu erläutern.

(3) Bei Kreditinstituten, die einem genossenschaftlichen oder einem wohnungswirtschaftlichen Prüfungsverband angeschlossen sind oder von der Prüfungsstelle eines Sparkassen- und Giroverbandes geprüft werden, sind bei der Darstellung und Beurteilung der Vermögens-, Liquiditäts- und Ertragslage zum Vergleich auch Kennziffern für die Gesamtheit der Kreditinstitute oder von Gruppen vergleichbarer Kreditinstitute des betreffenden Prüfungsverbandes oder des Bereiches der betreffenden Prüfungsstelle (Durchschnittskennziffern) heranzuziehen.

§ 29 Beurteilung der Vermögenslage

(1) Die Entwicklung der Vermögenslage ist zu beurteilen. Besonderheiten, die für die Beurteilung der Vermögenslage von Bedeutung sind, insbesondere Art und Umfang bilanzunwirksamer Ansprüche und Verpflichtungen, sind hervorzuheben.

(2) Die Berichterstattung hat sich auch zu erstrecken auf
1. Art und Umfang stiller Reserven und stiller Lasten,
2. bedeutende Verträge und schwebende Rechtsstreitigkeiten, soweit sich nachteilige Auswirkungen auf die Vermögenslage ergeben könnten, und die Bildung der notwendigen Rückstellungen,
3. alle abgegebenen Patronatserklärungen unter Darstellung des Inhalts und Beurteilung ihrer Rechtsverbindlichkeit.

§ 30 Beurteilung der Ertragslage

(1) Die Entwicklung der Ertragslage ist zu beurteilen.

(2) Zu berichten ist auf der Basis der Unterlagen des Instituts auch über die Ertragslage der wesentlichen Geschäftssparten; dabei sind jeweils die wichtigsten Erfolgsquellen und Erfolgsfaktoren gesondert darzustellen.

(3) Mögliche Auswirkungen von Risiken auf die Entwicklung der Ertragslage sind darzustellen; dies gilt insbesondere für Zinsänderungsrisiken.

§ 31 Risikolage und Risikovorsorge

(1) Die Risikolage des Instituts ist zu beurteilen.

(2) Das Verfahren zur Ermittlung der Risikovorsorge ist darzustellen und zu beurteilen. Art, Umfang und Entwicklung der Risikovorsorge sind zu erläutern und die Angemessenheit der Risikovorsorge ist zu beurteilen. Ist für den Zeitraum nach dem Bilanzstichtag neuer Risikovorsorgebedarf bekannt geworden, so ist hierüber zu berichten.

Unterabschnitt 2   Feststellungen, Erläuterungen zur Rechnungslegung

§ 32   Erläuterungen

(1) Die Bilanzposten, Angaben unter dem Bilanzstrich und Posten der Gewinn- und Verlustrechnung sind unter Berücksichtigung des Grundsatzes der Wesentlichkeit des jeweiligen Postens zu erläutern und mit den Vorjahreszahlen zu vergleichen.

(2) Eventualverbindlichkeiten und andere Verpflichtungen sind zu erläutern, wenn es die relative Bedeutung des Postens erfordert. Werden Angaben gemacht, ist Folgendes zu berücksichtigen:
1. Eventualverbindlichkeiten:
   Zu den Verbindlichkeiten aus Bürgschaften und Gewährleistungsverträgen ist die Angabe von Arten und Beträgen sowie die Aufgliederung nach Kreditnehmern (Kreditinstitute und Nichtkreditinstitute) erforderlich, bei Kreditgarantiegemeinschaften auch die Angabe der noch nicht valutierenden Beträge sowie der Nebenkosten, wobei die Beträge zu schätzen sind, falls genaue Zahlen nicht vorliegen. Es ist darzulegen, ob notwendige Rückstellungen gebildet sind.
2. Andere Verpflichtungen:
   Die Rücknahmeverpflichtungen aus unechten Pensionsgeschäften sind nach der Art der in Pension gegebenen Gegenstände und nach Fristen zu gliedern.

Abschnitt 6:
Angaben zu Institutsgruppen, Finanzholding-Gruppen, Finanzkonglomeraten sowie Konzernprüfungsberichten

§ 33   Regelungsbereich

(1) Dieser Abschnitt ist auf übergeordnete und nachgeordnete Unternehmen einer Institutsgruppe nach § 10a Absatz 1 Satz 1 und Absatz 2 Satz 1 des Kreditwesengesetzes oder einer Finanzholding-Gruppe mit Sitz im Inland nach § 1 Absatz 2 des Finanzkonglomerate-Aufsichtsgesetzes, auf Finanzkonglomerate nach § 10b des Kreditwesengesetzes sowie auf den Konzernprüfungsbericht anzuwenden.

(2) Dieser Abschnitt ist außerdem auf Institute nach § 10a Absatz 14 Satz 1 des Kreditwesengesetzes anzuwenden. Ist das Institut gruppenangehöriges Unternehmen einer Institutsgruppe oder Finanzholding-Gruppe, für deren Beaufsichtigung auf zusammengefasster Basis die Bundesanstalt zuständig ist, hat der Abschlussprüfer die Zusammenfassung lediglich im Prüfungsbericht des obersten inländischen übergeordneten Unternehmens zu beurteilen.

§ 34 Ort der Berichterstattung

Die Berichterstattung nach diesem Abschnitt kann statt im Prüfungsbericht des übergeordneten Unternehmens der Institutsgruppe beziehungsweise der Finanzholding-Gruppe im Konzernprüfungsbericht erfolgen, wenn beide Berichte im Berichtszeitraum von demselben Abschlussprüfer erstellt werden.

§ 35 In die aufsichtliche Zusammenfassung einzubeziehende Unternehmen

(1) Die in die Zusammenfassung nach § 10a des Kreditwesengesetzes einbezogenen Unternehmen sind unter Angabe der Unternehmensart und des Vorliegens einer Einbeziehungspflicht darzustellen.
(2) Der Abschlussprüfer hat zu beurteilen, ob die von dem übergeordneten Unternehmen umgesetzten Verfahren und Prozesse sicherstellen, dass alle in die Zusammenfassung nach § 10a des Kreditwesengesetzes einzubeziehenden Unternehmen berücksichtigt werden. Sofern von der Ausnahmeregelung des § 31 Absatz 3 des Kreditwesengesetzes Gebrauch gemacht worden ist, hat der Abschlussprüfer das Vorliegen der Voraussetzungen zu beurteilen.
(3) Sofern wesentliche Abweichungen zwischen dem Konsolidierungskreis für den Konzernabschluss und der Zusammenfassung nach § 10a des Kreditwesengesetzes bestehen, sind diese zu erläutern.

§ 36 Berichterstattung bei aufsichtsrechtlichen Gruppen

(1) Der Bericht über die Prüfung muss Ausführungen enthalten, die einen Überblick über die Lage der Gruppe und deren Risikostruktur vermitteln. § 10 ist nach Maßgabe des § 25a Absatz 1a des Kreditwesengesetzes entsprechend anzuwenden.
(2) Es ist darüber zu berichten, mit welchen Vorkehrungen die Gruppe die Anforderungen der §§ 13b und 13c des Kreditwesengesetzes einhält. Diese Berichterstattung umfasst auch die Einhaltung der Anzeigevorschriften gemäß § 13b Absatz 1 und § 13c Absatz 1 Satz 1 des Kreditwesengesetzes.

§ 37 Zusammengefasste Eigenmittel

(1) Bei übergeordneten Instituten sind die Eigenmittel der Gruppe nach § 10a des Kreditwesengesetzes nach dem Stand bei Geschäftsschluss am Bilanzstichtag des übergeordneten Instituts darzustellen. Die Besonderheiten der Bestandteile der Eigenmittel der wesentlichen nachgeordneten Unternehmen sind in der Höhe darzustellen, in der sie in die Zusammenfassung eingehen; dabei ist bei den Kapitalverhältnissen ausländischer Tochterunternehmen auf wesentliche Besonderheiten einzugehen, insbesondere auf Bestandteile, bei denen Zweifel darüber bestehen, ob sie den nach § 10 des Kreditwesengesetzes anerkannten Bestandteilen entsprechen. Die §§ 14 bis 17 gelten entsprechend.
(2) Soweit Konzernabschlüsse für die Ermittlung der zusammengefassten Eigenmittel nach § 10a Absatz 7 des Kreditwesengesetzes zugrunde gelegt werden, ist auch zu berichten:
1. über Besonderheiten bei der Zeitwertermittlung. Die Nutzung des Wahlrechts zur Bewertung von Finanzinstrumenten zum beizulegenden Zeitwert bei Konzernabschlüssen nach § 315a des Handelsgesetzbuchs ist zu beurteilen,
2. ob die Regelungen der Konzernabschlussüberleitungsverordnung vom 12. Februar 2007 (BGBl. I S. 150) in der jeweils geltenden Fassung beachtet worden sind. Ergänzend ist insbesondere auf die Höhe und die Struktur der Anpassungen ein-

zugehen und deren Auswirkungen auf die Eigenmittelausstattung sind zu beurteilen.

(3) § 19 gilt entsprechend für das Anzeige- und Meldewesen des übergeordneten Instituts auf Ebene der Institutsgruppe beziehungsweise Finanzholding-Gruppe.

§ 38 Zusätzliche Angaben

Vorbehaltlich der §§ 36 und 37 ist bei übergeordneten Unternehmen einer Institutsgruppe oder Finanzholding-Gruppe, die von der Ausnahme nach § 2a Absatz 6 des Kreditwesengesetzes Gebrauch machen, sowie bei nachgeordneten Unternehmen, die von der Ausnahme nach § 2a Absatz 1 des Kreditwesengesetzes Gebrauch machen, im Bericht über die Prüfung des übergeordneten Unternehmens zusätzlich einzugehen auf:
1. die Namen der gruppenangehörigen Unternehmen, die von der Ausnahme nach § 2a Absatz 1 oder 6 des Kreditwesengesetzes Gebrauch machen, sowie den Umfang, in dem sie von der Ausnahme Gebrauch machen,
2. Übertragungen von Eigenmitteln oder Rückzahlungen von Verbindlichkeiten durch das übergeordnete Unternehmen zu Gunsten von nachgeordneten Unternehmen, die von der Ausnahme nach § 2a Absatz 1 des Kreditwesengesetzes Gebrauch machen,
3. Übertragungen von Eigenmitteln oder Rückzahlungen von Verbindlichkeiten zu Gunsten des übergeordneten Unternehmens, sofern dieses von der Ausnahme nach § 2a Absatz 6 des Kreditwesengesetzes Gebrauch macht.

§ 39 Mindestangaben im Konzernprüfungsbericht

(1) Unabhängig von der Ausübung des Wahlrechts nach § 34 gelten für den Konzernprüfungsbericht die nachfolgenden Absätze sowie die §§ 2 bis 8, 35 Absatz 1 und 2 sowie § 38 Nummer 1 und 2 entsprechend.
(2) Die wirtschaftliche Lage des Konzerns ist nach Maßgabe des Abschnitts 5 dieser Verordnung darzustellen und zu erläutern.
(3) Die Überleitung einer an betriebswirtschaftlichen Kriterien orientierten Segmentberichterstattung auf die entsprechenden Berichtsgrößen der externen Rechnungslegung ist zu erläutern.
(4) Auf die Ausführungen im Prüfungsbericht eines einzelnen konzernangehörigen Instituts kann verwiesen werden, wenn die Lage des Konzerns durch dieses ganz überwiegend bestimmt wird und der Gegenstand des Verweises im Konzernprüfungsbericht selbst hinreichend dargestellt ist.

§ 40 Ergänzende Vorschriften für Finanzkonglomeratsunternehmen (§§ 17, 18 und 23 des Finanzkonglomerate-Aufsichtsgesetzes)

(1) Ist das Institut übergeordnetes Finanzkonglomeratsunternehmen im Sinne des § 12 des Finanzkonglomerate-Aufsichtsgesetzes, ist darzustellen, ob die Berechnung der Eigenmittel und Solvabilität des Finanzkonglomerats § 18 des Finanzkonglomerate-Aufsichtsgesetzes entsprechen, und darüber zu berichten, ob das Institut die Meldepflichten nach § 17 Absatz 2 des Finanzkonglomerate-Aufsichtsgesetzes eingehalten hat.
(2) Es ist darüber zu berichten, mit welchen Vorkehrungen das übergeordnete Institut die Anforderungen der §§ 23 und 25 des Finanzkonglomerate-Aufsichtsgesetzes einhält. Diese Berichterstattung umfasst auch die Einhaltung der Anzeigevorschriften gemäß § 23 Absatz 1 und 4 des Finanzkonglomerate-Aufsichtsgesetzes.

Abschnitt 7:
Sondergeschäfte

Unterabschnitt 1 Pfandbriefgeschäft

§ 41 Angaben zur Ertragslage im Pfandbriefgeschäft

(1) Bei Instituten, die das Pfandbriefgeschäft betreiben, sind die Barwerte aus den zur Deckung verwendeten Werten, untergliedert nach Hypothekenpfandbriefen, Öffentlichen Pfandbriefen, Schiffspfandbriefen und Flugzeugpfandbriefen, anzugeben.

(2) Die Untergliederung ist entbehrlich, soweit sich diese Angaben aus dem Anhang oder einer Anlage zum Prüfungsbericht ergeben.

§ 42 Angaben zu den Transparenzvorschriften nach § 28 des Pfandbriefgesetzes

Bei Instituten, die das Pfandbriefgeschäft betreiben, ist über die Einhaltung des § 28 des Pfandbriefgesetzes zu berichten, insbesondere über die Vollständigkeit und Richtigkeit der dort genannten Angaben.

§ 43 Zusatzangaben bei Instituten, die das Pfandbriefgeschäft betreiben

Bei Instituten, die das Pfandbriefgeschäft betreiben und die Hypothekenpfandbriefe, Schiffspfandbriefe oder Flugzeugpfandbriefe ausgeben, sind im Rahmen der Einzelkreditbesprechung (§§ 25, 26) bei den zur Deckung verwendeten Werten auch der von dem jeweiligen Kreditinstitut ermittelte Beleihungswert unter Angabe von Ertragswert (einschließlich des Rohertrages, der Bewirtschaftungskosten sowie des angewandten Kapitalisierungszinssatzes) und Sachwert beziehungsweise der Schiffsbeleihungswert oder der Flugzeugbeleihungswert anzugeben. Es ist anzugeben, ob der Beleihungswert entsprechend den gesetzlichen Vorschriften ermittelt wurde. Die Beurteilung einzelner Deckungskredite und ihre Darstellung kann sich auf die Ergebnisse der Deckungsprüfung durch die Bundesanstalt stützen. Satz 3 gilt nicht für
1. Darlehensaufstockungen (Nachbeleihungen),
2. notleidende Kredite,
3. Kredite im Sinne des § 25 Absatz 2,
4. Beleihungen gewerblich oder industriell genutzter Grundstücke, sofern sie im Einzelfall den Betrag von 4 Prozent des haftenden Eigenkapitals übersteigen,
5. Kredite an Bauunternehmen, Bauträgergesellschaften oder Wohnungsunternehmen zur Finanzierung von Wohnungsbauten, sofern sie insgesamt den Betrag von 6 Prozent des haftenden Eigenkapitals übersteigen. Bei der Berechnung der Kredite können Beleihungen von fertiggestellten Mietwohnungsbauten und Eigentumswohnungen, deren Ertrag im Wesentlichen sichergestellt ist, sowie von bereits verkauften Eigenheimen außer Ansatz bleiben.

Unterabschnitt 2   Bausparkassen

§ 44   Organisation und Auflagen

(1) Im Rahmen der Berichterstattung gemäß den §§ 8 und 10 sind die Besonderheiten des Bausparkassengeschäfts hervorzuheben. Dabei ist auch auf etwaige Auflagen, die Angemessenheit des Kreditgeschäfts unter besonderer Hervorhebung von Risikokonzentrationen und deren institutsinterne Behandlung einschließlich ihrer Einbindung in die Risikostrategie und das Risikomanagement sowie die Angemessenheit der Organisation, der Steuerung und Kontrolle des Vertriebes auch in Bezug auf Risiken aus Verträgen im Zusammenhang mit dem Vertrieb einzugehen.

(2) Zur Einhaltung der bausparspezifischen gesetzlichen und aufsichtsrechtlichen Vorschriften sowie zur Einhaltung der Allgemeinen Bedingungen für Bausparverträge und Allgemeinen Geschäftsgrundsätze ist Stellung zu nehmen. Wesentliche Verstöße sind darzustellen und zu beurteilen. Für die Kontingente, die durch die geltenden Geschäftsbeschränkungen vorgegeben sind, sind der Ausnutzungsgrad und die betragsmäßige Inanspruchnahme anzugeben.

(3) In die Berichterstattung gemäß § 18 sind die bausparkassenrechtlichen Meldungen und Anzeigen einzubeziehen.

§ 45   Angaben zum Kreditgeschäft von Bausparkassen

(1) Die Beurteilung gemäß § 44 umfasst auch die Sicherung der Darlehensforderungen und die Angemessenheit der Beleihungswertermittlung.

(2) Bei Bausparkassen sind die Baudarlehen nach ihrer Inanspruchnahme am Ende des Berichtsjahres nach der Aufgliederung in Anlage 2 Position 1 Nummer 7 zu gliedern. Dabei sind mehrere Baudarlehen an einen Kreditnehmer zusammenzufassen. Für jede Größenklasse sind die Anzahl der Darlehen, der Gesamtbetrag der Darlehen und deren prozentualer Anteil am Gesamtbestand der Baudarlehen anzugeben. Hierbei ist nach Bauspardarlehen, Vor- und Zwischenfinanzierungskrediten sowie nach sonstigen Baudarlehen zu gliedern.

§ 46   Angaben zur geschäftlichen Entwicklung von Bausparkassen

Im Rahmen der Berichterstattung nach § 28 ist auch die geschäftliche Entwicklung der Bausparkasse anhand geeigneter bausparspezifischer Kennzahlen zur Vermögens- und Ertragslage sowie zum Kollektivgeschäft darzustellen. Anzugeben und zu beurteilen
1. sind auch die Veränderung und die Struktur des Bauspar- und Kreditneugeschäfts. Insbesondere längerfristige Entwicklungen (z.B. Fünf-Jahres-Vergleich) sind aufzuzeigen. Dabei sind das eingelöste Neugeschäft und der nicht zugeteilte Vertragsbestand pro Tarif in aussagefähige Größenklassen einzuteilen und die jeweiligen Stückzahlen und der jeweilige Gesamtbetrag der Bausparsummen anzugeben,
2. sind für Neuabschlüsse von Bausparverträgen, die zur Veräußerung an Kunden bestimmt sind, außerdem die Vertragspartner getrennt nach den Gruppen Kreditinstitute, Versicherungsunternehmen, Kommunen, Bauträger und Sonstige unter Angabe, ob eine Aufteilung und Übertragung an Dritte zwingend vorgesehen ist,
3. ist das Verhältnis der Bausparsummen der Bausparverträge, die im Berichtsjahr vor der vollen Bezahlung der Abschlussgebühr aufgelöst wurden, zum abgeschlossenen Neugeschäft des Berichtsjahres (Stornoquote). Die Stornoquote ist mindestens auch für das Vorjahr anzugeben,
4. sind Anzahl und Bausparsumme der nicht oder nicht voll eingelösten und bisher nicht stornierten Verträge.

§ 47 Angaben zur Liquiditätslage von Bausparkassen

Das Volumen und die Verwendung der aufgenommenen Fremdmittel am Geld- und Kapitalmarkt sind darzustellen.

§ 48 Einsatz von Derivaten

(1) Werden derivative Sicherungsgeschäfte vorgenommen, so ist vom Prüfer zu erläutern und zu beurteilen, ob die Geschäfte ausschließlich der Begrenzung von Risiken aus zulässigen Geschäften dienen und ob sie geeignet sind, den jeweiligen Sicherungszweck zu erreichen.
(2) Werden vom Institut derivative Sicherungsinstrumente eingesetzt, ist vom Prüfer zu beurteilen, ob dies im Risikomanagement angemessen berücksichtigt ist.

§ 49 Angaben zur Ertragslage von Bausparkassen

Das Zinsergebnis ist jeweils im Vergleich zum Vorjahr wie folgt aufzugliedern:
1. kollektive Marge und kollektives Zinsergebnis (Gegenüberstellung der für die Refinanzierung von Bauspardarlehen entstandenen Zinsaufwendungen für Bauspareinlagen und der Zinserträge aus Bauspardarlehen),
2. Marge und Zinsergebnis aus der Zwischenanlage der freien Kollektivmittel,
3. Marge und Zinsergebnis aus dem über Fremdmittel (ohne Bauspareinlagen) refinanzierten Teil des Vor- und Zwischenfinanzierungsgeschäfts beziehungsweise aus den sonstigen Baudarlehen (bei nennenswertem Umfang),
4. verbleibendes Zinsergebnis aus Eigenmitteln und unverzinslichen Passiva (Residualgröße).

Die Berechnung ist vereinfachend auf der Basis durchschnittlicher Bestände und durchschnittlicher Zinssätze vorzunehmen. Über das Vorhandensein und die Handhabung von Zinsanpassungsklauseln bei den Vor- und Zwischenfinanzierungskrediten ist zu berichten.

§ 50 Darstellung des Kollektivgeschäfts sowie der Vor- und Zwischenfinanzierung von Bausparkassen

(1) Über das Zuteilungsverfahren und die Zuteilungssituation ist anhand geeigneter Kennzahlen zu berichten. Hierbei ist gegebenenfalls auf Veränderungen gegenüber den letzten Geschäftsjahren einzugehen. Es ist über den Umfang und den Grund der Einbeziehung außerkollektiver Mittel in die Zuteilungsmasse zu berichten. Wenn Tilgungsstreckungsdarlehen gewährt wurden, so sind insoweit gesonderte Angaben zur Einbeziehung außerkollektiver Mittel zu machen.
(2) Das System der bausparmathematischen Simulationsrechnung (Kollektivsimulation) ist darzustellen. Die künftige Zuteilungssituation ist auf Basis von bausparmathematischen Simulationsrechnungen darzustellen und zu beurteilen. Die Darstellung soll mindestens auf der Basis eines realistischen und eines für das spezifische Kollektiv pessimistischen Szenarios erfolgen. Die Qualität der Simulationsrechnungen ist anhand von Soll-Ist-Vergleichen der jeweiligen Vorjahresprognosen zu beurteilen. In die Beurteilung sollten möglichst auch die Ergebnisse solcher Qualitätssicherungsmaßnahmen einbezogen werden, die für die Offenlegung von Modellfehlern geeignet sind.
(3) Zu berichten ist auch über wesentliche Auswirkungen der Zuteilungsszenarien auf die kollektive Liquidität und die Ertragslage der Bausparkasse. Insbesondere ist auf die Auswirkungen aus im Vergleich zum jeweils aktuellen Marktzinsniveau niedrig-

verzinslichen Darlehensansprüchen und hochverzinslichen Renditeverträgen einzugehen. Auf besondere Risiken aus dem Zusammenspiel der verschiedenen Tarife und Tarifvarianten ist hinzuweisen.

(4) Ergänzend sind für jeden Tarif Angaben über die Sparer-Kassen-Leistungsverhältnisse im Sinne des § 8 Absatz 1 Nummer 1 des Gesetzes über Bausparkassen zu machen.

(5) Soweit eine Ausnahmegenehmigung nach § 1 Absatz 4 der Bausparkassen-Verordnung in Anspruch genommen wird, ist darüber zu berichten, ob das zugrunde liegende Simulationsmodell weiterhin als geeignet erachtet werden kann.

(6) Folgende Sachverhalte sind ferner darzustellen:
1. der Umfang von Vor- und Zwischenfinanzierungen durch Dritte, für die unbedingte Ablösezusagen gegeben wurden,
2. die Berechnung des Zuführungsbetrags zum Fonds zur bauspartechnischen Absicherung nach § 8 Absatz 1 der Bausparkassen-Verordnung, der Zinssätze nach § 8 Absatz 2 und 3 der Bausparkassen-Verordnung sowie der Einsatz des Fonds zur bauspartechnischen Absicherung nach § 9 der Bausparkassen-Verordnung,
3. die Berechnung der kollektiven Sparer-Kassen-Leistungsverhältnisse und die Werte der letzten fünf Jahre.

Es ist festzustellen, ob die tatsächliche Dauer der Kreditinanspruchnahme bei Darlehen nach § 1 Absatz 1 und 2 der Bausparkassen-Verordnung bei abgelösten sowie bei laufenden Darlehen die als voraussichtlich angenommenen Laufzeiten wesentlich überschritten hat (§ 1 Absatz 3 der Bausparkassen-Verordnung).

Unterabschnitt 3 Finanzdienstleistungsinstitute

§ 51 Relation gemäß § 10 Absatz 9 des Kreditwesengesetzes

Bei Finanzportfolioverwaltern, die nicht befugt sind, sich Eigentum oder Besitz an Kundengeldern oder -wertpapieren zu verschaffen, und die nicht auf eigene Rechnung mit Finanzinstrumenten handeln, ist darzustellen, ob § 10 Absatz 9 des Kreditwesengesetzes im Berichtszeitraum sowie am Bilanzstichtag eingehalten wurde. Über die Inanspruchnahme sowie Einhaltung der Voraussetzung des § 2 Absatz 8a in Verbindung mit § 64h Absatz 7 des Kreditwesengesetzes ist zu berichten.

§ 52 Vorschriften für einzelne Finanzdienstleistungsinstitute

(1) Bei Finanzdienstleistungsinstituten ohne Befugnis, sich Eigentum oder Besitz an Kundengeldern oder -wertpapieren zu verschaffen, ist zu beurteilen, ob nach den mit den Kunden bestehenden vertraglichen Vereinbarungen sowie den von den Kunden erteilten Vollmachten dem Finanzdienstleistungsinstitut nicht das Recht zusteht, sich Eigentum oder Besitz an Geldern oder Wertpapieren von Kunden zu verschaffen. Der Prüfer hat zu beurteilen, ob eine ausreichende Überwachung durch das Interne Kontrollsystem sicherstellt, dass das Institut seinen Kunden zuzuordnende Gelder oder Wertpapiere tatsächlich nicht in Eigentum oder Besitz nimmt.

(2) Die bestehenden Befugnisse eines Finanzdienstleistungsinstituts, sich Eigentum oder Besitz an Geldern oder Wertpapieren von Kunden zu verschaffen, sind zu kategorisieren und die einzelnen Kategorien nach ihrem Inhalt darzustellen. Ferner ist darauf einzugehen, dass das Betreiben des Einlagen- oder Depotgeschäfts damit nicht verbunden ist, und ob eine ausreichende Überwachung durch das Interne Kontrollsystem sichergestellt ist.

(3) Bei Finanzdienstleistungsinstituten, die nicht mit Finanzinstrumenten auf eigene Rechnung handeln, ist darüber zu berichten, ob das Institut im Berichtsjahr Finanzinstrumente im Eigenbestand gehalten hat. Gegebenenfalls ist darzulegen, dass diese zulässigerweise dem Anlagevermögen oder der Liquiditätsreserve zugerechnet wurden.

(4) Bei Anlagevermittlern, Abschlussvermittlern und Finanzportfolioverwaltern, Betreibern multilateraler Handelssysteme und Unternehmen, die das Platzierungsgeschäft betreiben, die nicht befugt sind, sich bei der Erbringung von Finanzdienstleistungen Eigentum oder Besitz an Geldern oder Wertpapieren von Kunden zu verschaffen, und die nicht auf eigene Rechnung mit Finanzinstrumenten handeln, ist zu bestätigen, dass die erforderlichen Mittel im Sinne des § 33 Absatz 1 Satz 1 Nummer 1 Buchstabe a und Satz 2 in Verbindung mit § 10 Absatz 2a Satz 1 Nummer 1 bis 7 des Kreditwesengesetzes zur Verfügung stehen.

(5) Bei Finanzdienstleistungsinstituten, die mit Finanzinstrumenten auf eigene Rechnung handeln, ist über die Struktur der im Eigenbestand gehaltenen Finanzinstrumente zu berichten. Dabei sind Umsatzvolumina und Anzahl der Geschäfte im Berichtszeitraum anzugeben.

§ 53 Ausnahmeregelung

(1) Die Vorschriften der §§ 15, 16 Absatz 2 und des § 18 sind nicht anzuwenden auf Finanzdienstleistungsinstitute, die nicht befugt sind, sich Eigentum oder Besitz an Kundengeldern oder -wertpapieren zu verschaffen, und die nicht auf eigene Rechnung mit Finanzinstrumenten handeln. Die §§ 23 bis 27 sind entsprechend anzuwenden mit der Maßgabe, dass über Art und Umfang der Kredite und die Einhaltung des Meldewesens zu berichten ist.

(2) Darüber hinaus sind die §§ 11, 13 bis 15, 16 Absatz 2, die §§ 18 und 23 bis 27 nicht anzuwenden auf Finanzdienstleistungsinstitute, die die Anlagevermittlung, die Anlageberatung, den Betrieb eines multilateralen Handelssystems, das Platzierungsgeschäft oder die Abschlussvermittlung nach § 1 Absatz 1a Satz 2 Nummer 1 bis 2 des Kreditwesengesetzes betreiben und die nicht befugt sind, sich Eigentum oder Besitz an Kundengeldern oder -wertpapieren zu verschaffen, und die nicht auf eigene Rechnung mit Finanzinstrumenten handeln.

Unterabschnitt 4 Factoring

§ 54 Angaben bei Instituten, die das Factoring-Geschäft betreiben

Bei Instituten, die das Factoring-Geschäft betreiben, ist über die Konzentration auf eine oder wenige Anschlussfirmen oder Branchen zu berichten.

Unterabschnitt 5 Leasing

§ 55 Angaben bei Instituten, die das Leasing-Geschäft betreiben

Bei Instituten, die das Leasing-Geschäft betreiben, sind die Zusammensetzung der Leasinggüter, Vertragstypen, Abschreibungsmethoden, Abgrenzung von Mietsonderzahlungen, Veräußerungsverluste und Vorsorgen anzugeben.

Unterabschnitt 6   Depotprüfung

§ 56   Prüfungsgegenstand

(1) Bei Kreditinstituten, die das Depotgeschäft betreiben, ohne Wertpapierdienstleistungsunternehmen im Sinne von § 2 Absatz 4 des Wertpapierhandelsgesetzes zu sein, hat der Prüfer die Einhaltung der Vorschriften des Depotgesetzes sowie der Bestimmungen der §§ 128 und 135 des Aktiengesetzes einmal jährlich zu überprüfen (Depotprüfung).

(2) Der Abschlussprüfer kann von einer Prüfung des Depotgeschäftes absehen, wenn sämtliche Depotverhältnisse beendet sind. Die Depotverhältnisse sind beendet, wenn die Wertpapiere an die Kunden zurückgegeben, in deren Auftrag an Dritte ausgeliefert oder die Depotverhältnisse mit Zustimmung der Kunden auf ein anderes Kreditinstitut übertragen worden sind.

§ 57   Zeitpunkt der Prüfung und Berichtszeitraum

(1) Die Prüfung findet einmal jährlich statt. Der Prüfer legt den Beginn der Prüfung und den Berichtszeitraum vorbehaltlich der nachfolgenden Bestimmungen nach pflichtgemäßem Ermessen fest.

(2) Berichtszeitraum der ersten Prüfung ist der Zeitraum zwischen der Aufnahme des Depotgeschäfts oder der Übernahme der Depotbankaufgaben und dem Stichtag der ersten Prüfung. Berichtszeitraum der folgenden Prüfung ist jeweils der Zeitraum zwischen dem Stichtag der letzten Prüfung und dem Stichtag der folgenden Prüfung.

(3) Die Prüfung muss spätestens 15 Monate nach dem Anfang des für sie maßgeblichen Berichtszeitraums begonnen worden sein.

§ 58   Besondere Anforderungen an den Depotprüfungsbericht

(1) Der Prüfungsbericht muss Angaben enthalten zur Ordnungsmäßigkeit der Verwahrung und Verwaltung von Wertpapieren für andere, des Verwahrungsbuchs, der Verfügungen über Kundenwertpapiere und Ermächtigungen sowie zur Beachtung der §§ 128 und 135 des Aktiengesetzes.

(2) Der Bericht über die Prüfung ist gesondert vom Bericht über die Jahresabschlussprüfung und unverzüglich nach Abschluss der Prüfung in je einer Ausfertigung der Bundesanstalt und der Deutschen Bundesbank zuzuleiten, sofern nicht auf seine Einreichung verzichtet wird. Bei den in § 26 Absatz 1 Satz 4 des Kreditwesengesetzes genannten Kreditinstituten ist der Bericht nur auf Anforderung der Bundesanstalt einzureichen.

(3) In einer Schlussbemerkung ist zusammenfassend zu den geprüften Geschäften sowie zur Einhaltung der Bestimmungen der §§ 128 und 135 des Aktiengesetzes Stellung zu nehmen und zu beurteilen, ob das geprüfte Geschäft ordnungsgemäß betrieben und die geprüften Aufgaben ordnungsgemäß erfüllt wurden. Zusammenfassend ist darzulegen, welche erwähnenswerten Beanstandungen sich auf Grund der Prüfung ergeben haben.

§ 59   Prüfung von Verwahrstellen im Sinne des Kapitalanlagegesetzbuchs

Ist ein Kreditinstitut oder eine Zweigniederlassung eines Kreditinstituts als Verwahrstelle nach § 68 Absatz 3 in Verbindung mit Absatz 2 des Kapitalanlagegesetzbuchs tätig, so ist über das Ergebnis der Prüfung dieser Tätigkeit in einem gesonderten

Abschnitt zu berichten. Die Prüfung hat sich darauf zu erstrecken, ob das Kreditinstitut oder die Zweigniederlassung die in den §§ 70 bis 79 des Kapitalanlagegesetzbuchs genannten Pflichten als Depotbank ordnungsgemäß erfüllt hat. Die für die Aufgaben nach Satz 2 vorgehaltene Organisation ist in Grundzügen zu beschreiben und auf ihre Angemessenheit zu beurteilen. Die beauftragenden Kapitalverwaltungsgesellschaften und extern verwalteten Investmentgesellschaften sowie die Anzahl der für diese verwalteten inländischen Investmentvermögen und das Netto-Fondsvermögen sind zu nennen. Über wesentliche Vorkommnisse, insbesondere bei der Ausgabe und Rücknahme von Anteilen eines Investmentvermögens, bei aufgetretenen Interessenkollisionen (§ 70 des Kapitalanlagegesetzbuchs), der Ausübung von Kontrollfunktionen (§ 76 des Kapitalanlagegesetzbuchs) und der Belastung der Investmentvermögen mit Vergütungen und Aufwendungsersatz (§ 79 des Kapitalanlagegesetzbuchs) ist zu berichten. Sofern durch Anleger gegenüber der Depotbank oder durch die Verwahrstelle gegenüber einer Kapitalverwaltungsgesellschaft Ansprüche nach § 78 des Kapitalanlagegesetzbuchs geltend gemacht wurden, ist auch hierüber zu berichten.

Abschnitt 8:
Datenübersichten

§ 60 Datenübersichten

Als Teil des Prüfungsberichts sind die auf das jeweilige Institut anwendbaren Formblätter in den Anlagen 1 bis 5 auszufüllen und beizufügen. Die Formblätter in den Anlagen 1 bis 4 sind um die Angabe entsprechender Vorjahresdaten zu ergänzen.

Abschnitt 9:
Schlussvorschriften

§ 61 Erstmalige Anwendung

(1) Die Bestimmungen dieser Verordnung sind erstmals auf die Prüfung anzuwenden, die das nach dem 31. Dezember 2008 beginnende Geschäftsjahr betrifft. Für vor dem 1. Januar 2009 beginnende Geschäftsjahre findet die Prüfungsberichtsverordnung vom 17. Dezember 1998 (BGBl. I S. 3690), die zuletzt durch Artikel 8 des Gesetzes vom 30. Juli 2009 (BGBl. I S. 2479) geändert worden ist, weiterhin Anwendung.

(2) Hinsichtlich der Prüfung für das erste nach dem 31. Dezember 2008 beginnende Geschäftsjahr treten in Anlage 1 Position 4 Nummer 4 jeweils an die Stelle der Wörter »des Handelsbestands« die Wörter »aus Finanzgeschäften«.

§ 62 Inkrafttreten, Außerkrafttreten

Diese Verordnung tritt am Tag nach der Verkündung in Kraft. Gleichzeitig tritt die Prüfungsberichtsverordnung vom 17. Dezember 1998 (BGBl. I S. 3690), die zuletzt durch Artikel 8 des Gesetzes vom 30. Juli 2009 (BGBl. I S. 2479) geändert worden ist, außer Kraft.

Anhang 5.13
Preisangabenverordnung[1] (PAngV)

in der Fassung der Bekanntmachung vom 18. Oktober 2002 (BGBl. I S. 4197), zuletzt geändert durch Art. 7 des Gesetzes vom 20. September 2013 (BGBl. I S. 3642)

(Auszug)

§ 6 Kredite

(1) Bei Krediten sind als Preis die Gesamtkosten als jährlicher Vomhundertsatz des Kredits anzugeben und als »effektiver Jahreszins« zu bezeichnen. Satz 1 gilt auch beim Angebot eines Sollzinses für die Vertragslaufzeit nach Ablauf einer Sollzinsbindung.

(2) Der anzugebende Vomhundertsatz gemäß Absatz 1 ist mit der in der Anlage angegebenen mathematischen Formel und nach den im Anhang zugrunde gelegten Vorgehensweisen zu berechnen. Er beziffert den Zinssatz, mit dem sich der Kredit bei regelmäßigem Kreditverlauf, ausgehend von den tatsächlichen Zahlungen des Kreditgebers und des Kreditnehmers, auf der Grundlage taggenauer Verrechnung aller Leistungen abrechnen lässt. Es gilt die exponentielle Verzinsung auch im unterjährigen Bereich. Ist im Vertrag eine Anpassung des Sollzinssatzes oder anderer preisbestimmender Faktoren vorbehalten (§ 1 Abs. 5), sind die zum Zeitpunkt des Angebots oder der Werbung geltenden preisbestimmenden Faktoren zugrunde zu legen. Der anzugebende Vomhundertsatz ist mit der im Kreditgewerbe üblichen Genauigkeit zu berechnen.

(3) In die Berechnung des anzugebenden Vomhundertsatzes sind als Gesamtkosten die vom Kreditnehmer zu entrichtenden Zinsen und alle sonstigen Kosten einschließlich etwaiger Vermittlungskosten, die der Kreditnehmer im Zusammenhang mit dem Kreditvertrag zu entrichten hat und die dem Kreditgeber bekannt sind, mit Ausnahme folgender Kosten einzubeziehen:
1. Kosten, die vom Kreditnehmer bei Nichterfüllung seiner Verpflichtungen aus dem Kreditvertrag zu tragen sind;
2. Kosten mit Ausnahme des Kaufpreises, die vom Kreditnehmer beim Erwerb von Waren oder Dienstleistungen unabhängig davon zu tragen sind, ob es sich um ein Bar- oder Kreditgeschäft handelt;
3. Kosten für die Führung eines Kontos, auf dem sowohl Zahlungen als auch in Anspruch genommene Kreditbeträge verbucht werden, Kosten für die Verwendung eines Zahlungsauthentifizierungsinstruments, mit dem sowohl Zahlungen getätigt als auch Kreditbeträge in Anspruch genommen werden können, sowie sonstige Kosten für Zahlungsgeschäfte, es sei denn, die Kontoeröffnung ist Voraussetzung für die Kreditvergabe oder die mit dem Konto verbundenen Kosten sind weder im Kreditvertrag noch in einem anderen mit dem Verbraucher geschlossenen Vertrag klar und getrennt ausgewiesen;
4. Kosten für solche Versicherungen und für solche anderen Zusatzleistungen, die keine Voraussetzungen für die Kreditvergabe oder für die Kreditvergabe zu den vorgesehenen Vertragsbedingungen sind;
5. Notarkosten;
6. Kosten für Sicherheiten bei Immobiliardarlehensverträgen im Sinne des § 503 des Bürgerlichen Gesetzbuchs.

---

1 des Bundesministers für Wirtschaft und Verkehr.

(4) Ist eine Änderung des Zinssatzes oder sonstiger in die Berechnung des anzugebenden Vomhundertsatzes einzubeziehender Kosten vorbehalten und ist ihre zahlenmäßige Bestimmung im Zeitpunkt der Berechnung des anzugebenden Vomhundertsatzes nicht möglich, so wird bei der Berechnung von der Annahme ausgegangen, dass der Sollzinssatz und die sonstigen Kosten gemessen an der ursprünglichen Höhe fest bleiben und bis zum Ende des Kreditvertrages gelten.
(5) Erforderlichenfalls ist bei der Berechnung des anzugebenden Vomhundertsatzes von den in der Anlage niedergelegten Annahmen auszugehen.
(6) Wird die Gewährung eines Kredits allgemein von einer Mitgliedschaft oder vom Abschluss einer Versicherung abhängig gemacht, so ist dies anzugeben.
(7) Bei Bauspardarlehen ist bei der Berechnung des anzugebenden Vomhundertsatzes davon auszugehen, dass im Zeitpunkt der Kreditauszahlung das vertragliche Mindestspargutthaben angespart ist. Von der Abschlussgebühr ist im Zweifel lediglich der Teil zu berücksichtigen, der auf den Darlehensanteil der Bausparsumme entfällt. Bei Krediten, die der Vor- oder Zwischenfinanzierung von Leistungen einer Bausparkasse aus Bausparverträgen dienen und deren preisbestimmende Faktoren bis zur Zuteilung unveränderbar sind, ist als Laufzeit von den Zuteilungsfristen auszugehen, die sich aus der Zielbewertungszahl für Bausparverträge gleicher Art ergeben.

§ 6 a Werbung für Kreditverträge

(1) Wer gegenüber Letztverbrauchern für den Abschluss eines Kreditvertrags mit Zinssätzen oder sonstigen Zahlen, die die Kosten betreffen, wirbt, muss in klarer, verständlicher und auffallender Weise angeben:
1. den Sollzinssatz,
2. den Nettodarlehensbetrag,
3. den effektiven Jahreszins.

Beim Sollzinssatz ist anzugeben, ob dieser gebunden oder veränderlich oder kombiniert ist und welche sonstigen Kosten der Beworbene im Falle eines Vertragsabschlusses im Einzelnen zusätzlich zu entrichten hätte.
(2) Die Werbung muss zusätzlich die folgenden Angaben enthalten, sofern diese vom Werbenden zur Voraussetzung für den Abschluss des beworbenen Vertrags gemacht werden:
1. die Vertragslaufzeit,
2. bei Teilzahlungsgeschäften die Sache oder Dienstleistung, den Barzahlungspreis sowie den Betrag der Anzahlung,
3. gegebenenfalls den Gesamtbetrag und den Betrag der Teilzahlungen.

(3) Die in den Absätzen 1 und 2 genannten Angaben sind mit einem Beispiel zu versehen. Bei der Auswahl des Beispiels muss der Werbende von einem effektiven Jahreszins ausgehen, von dem er erwarten darf, dass er mindestens zwei Drittel der auf Grund der Werbung zustande kommenden Verträge zu dem angegebenen oder einem niedrigeren effektiven Jahreszins abschließen wird.
(4) Verlangt der Werbende den Abschluss eines Versicherungsvertrags oder eines Vertrags über andere Zusatzleistungen und können die Kosten für diesen Vertrag nicht im Voraus bestimmt werden, ist auf die Verpflichtung zum Abschluss dieses Vertrags klar und verständlich an gestalterisch hervorgehobener Stelle zusammen mit dem effektiven Jahreszins hinzuweisen.

§ 6b Überziehungsmöglichkeiten

Bei Überziehungsmöglichkeiten im Sinne des § 504 Abs. 2 des Bürgerlichen Gesetzbuchs hat der Kreditgeber statt des effektiven Jahreszinses den Sollzinssatz pro Jahr und die Zinsbelastungsperiode anzugeben, wenn diese nicht kürzer als drei Monate ist und der Kreditgeber außer den Sollzinsen keine weiteren Kosten verlangt.

Anlage (zu § 6)
Berechnung des effektiven Jahreszinses

I. Grundgleichung zur Darstellung der Gleichheit zwischen Kredit-Auszahlungsbeträgen einerseits und Rückzahlungen (Tilgung, Zinsen und Kosten) andererseits. Die nachstehende Gleichung zur Ermittlung des effektiven Jahreszinses drückt auf jährlicher Basis die rechnerische Gleichheit zwischen der Summe der Gegenwartswerte der in Anspruch genommenen Kredit-Auszahlungsbeträge einerseits und der Summe der Gegenwartswerte der Rückzahlungen (Tilgung, Zinsen und Kosten) andererseits aus:

$$\sum_{k=1}^{m} C_k (1+X)^{-t_k} = \sum_{l=1}^{m'} D_l (1+X)^{-s_l}$$

Hierbei ist:
- X der effektive Jahreszins;
- m die laufende Nummer des letzten Kredit-Auszahlungsbetrags;
- k die laufende Nummer eines Kredit-Auszahlungsbetrags, wobei $1 \leq k \leq m$;
- C_k die Höhe des Kredit-Auszahlungsbetrags mit der Nummer k;
- t_k der in Jahren oder Jahresbruchteilen ausgedrückte Zeitraum zwischen der ersten Darlehensvergabe und dem Zeitpunkt der einzelnen nachfolgenden in Anspruch genommenen Kredit-Auszahlungsbeträge, wobei $t_1 = 0$;
- m' die laufende Nummer der letzten Tilgungs-, Zins- oder Kostenzahlung;
- l die laufende Nummer einer Tilgungs-, Zins- oder Kostenzahlung;
- D_l der Betrag einer Tilgungs-, Zins- oder Kostenzahlung;
- s_l der in Jahren oder Jahresbruchteilen ausgedrückte Zeitraum zwischen dem Zeitpunkt der Inanspruchnahme des ersten Kredit-Auszahlungsbetrags und dem Zeitpunkt jeder einzelnen Tilgungs-, Zins- oder Kostenzahlung.

Anmerkungen:
a) Die von beiden Seiten zu unterschiedlichen Zeitpunkten gezahlten Beträge sind nicht notwendigerweise gleich groß und werden nicht notwendigerweise in gleichen Zeitabständen entrichtet.
b) Anfangszeitpunkt ist der Tag der Auszahlung des ersten Kreditbetrags.
c) Der Zeitraum zwischen diesen Zeitpunkten wird in Jahren oder Jahresbruchteilen ausgedrückt. Zugrunde gelegt werden für ein Jahr 365 Tage (bzw. für ein Schaltjahr 366 Tage), 52 Wochen oder zwölf Standardmonate. Ein Standardmonat hat 30,41666 Tage (d. h. 365/12), unabhängig davon, ob es sich um ein Schaltjahr handelt oder nicht.
d) Das Rechenergebnis wird auf zwei Dezimalstellen genau angegeben. Ist die Ziffer der darauf folgenden Dezimalstelle größer als oder gleich 5, so erhöht sich die Ziffer der zweiten Dezimalstelle um den Wert 1.
e) Mathematisch darstellen lässt sich diese Gleichung durch eine einzige Summation unter Verwendung des Faktors »Ströme« (A_k), die entweder positiv oder negativ sind, je nachdem, ob sie für Auszahlungen oder für Rückzahlungen innerhalb der Perioden 1 bis k, ausgedrückt in Jahren, stehen:

$$S = \sum_{k=1}^{n} A_k (1+X)^{-t_k},$$

dabei ist S der Saldo der Gegenwartswerte aller Ströme, deren Wert gleich Null sein muss, damit die Gleichheit zwischen den Strömen gewahrt bleibt.

II. Es gelten die folgenden zusätzlichen Annahmen für die Berechnung des effektiven Jahreszinses:
a) Kann der Kreditnehmer bestimmen, zu welchem Zeitpunkt er den Kredit in Anspruch nehmen will, gilt der gesamte Kredit als sofort in voller Höhe in Anspruch genommen.
b) Ist dem Kreditnehmer nach dem Kreditvertrag generell freigestellt, wann er den Kredit in Anspruch nehmen will, sind jedoch je nach Art der Inanspruchnahme Beschränkungen in Bezug auf Kreditbetrag und Zeitraum vorgesehen, so gilt der gesamte Kredit als zu dem im Kreditvertrag vorgesehenen frühestmöglichen Zeitpunkt mit den entsprechenden Beschränkungen in Anspruch genommen.
c) Sieht der Kreditvertrag verschiedene Arten der Inanspruchnahme mit unterschiedlichen Kosten oder Sollzinssätzen vor, so gilt der gesamte Kredit als zu den höchsten Kosten und zum höchsten Sollzinssatz in Anspruch genommen, wie sie für die Kategorie von Geschäften gelten, die bei dieser Kreditvertragsart am häufigsten vorkommt.
d) Bei einer Überziehungsmöglichkeit gilt der gesamte Kreditbetrag als in voller Höhe und für die gesamte Laufzeit des Kreditvertrags in Anspruch genommen. Ist die Dauer der Überziehungsmöglichkeit nicht bekannt, so ist bei der Berechnung des effektiven Jahreszinses von der Annahme auszugehen, dass die Laufzeit des Kreditvertrags drei Monate beträgt.
e) Bei unbefristeten Kreditverträgen, die keine Überziehungsmöglichkeiten sind, ist anzunehmen, dass
  aa) der Kredit ab der ersten Inanspruchnahme für einen Zeitraum von einem Jahr gewährt wird und dass mit der letzten Zahlung des Kreditnehmers der Saldo, die Zinsen und etwaige sonstige Kosten ausgeglichen sind,
  bb) der Kreditbetrag in gleich hohen monatlichen Zahlungen, beginnend einen Monat nach dem Zeitpunkt der ersten Inanspruchnahme zurückgezahlt wird. Muss der Kreditbetrag jedoch vollständig, in Form einer einmaligen Zahlung, innerhalb jedes Zahlungszeitraums zurückgezahlt werden, so ist anzunehmen, dass spätere Inanspruchnahmen und Rückzahlungen des gesamten Kreditbetrags durch den Kreditnehmer innerhalb eines Jahres stattfinden; Zinsen und sonstige Kosten werden entsprechend diesen Inanspruchnahmen und Tilgungszahlungen und nach den Bestimmungen des Kreditvertrags festgelegt. Als unbefristete Kreditverträge gelten für die Zwecke dieses Punkts Kreditverträge ohne feste Laufzeit, einschließlich solcher Kredite, bei denen der Kreditbetrag innerhalb oder nach Ablauf eines Zeitraums vollständig zurückgezahlt werden muss, dann aber erneut in Anspruch genommen werden kann.
f) Bei anderen Kreditverträgen, die weder Überziehungsmöglichkeiten noch unbefristete Kredite sind (siehe die Annahmen unter d und e), gilt Folgendes:
  aa) Lassen sich der Zeitpunkt oder die Höhe einer vom Kreditnehmer zu leistenden Tilgungszahlung nicht feststellen, so ist anzunehmen, dass die Rückzahlung zu dem im Kreditvertrag genannten frühestmöglichen Zeitpunkt und in der darin festgelegten geringsten Höhe erfolgt.
  bb) Ist der Zeitpunkt des Abschlusses des Kreditvertrags nicht bekannt, so ist anzunehmen, dass der Kredit erstmals zu dem Zeitpunkt in Anspruch genommen wurde, der sich aus dem kürzesten zeitlichen Abstand zwischen diesem Zeitpunkt und der Fälligkeit der ersten vom Kreditnehmer zu leistenden Zahlung ergibt.

g) Lassen sich der Zeitpunkt oder die Höhe einer vom Kreditnehmer zu leistenden Tilgungszahlung nicht anhand des Kreditvertrags oder der Annahmen nach den Buchstaben d, e oder f feststellen, so ist anzunehmen, dass die Zahlung in Übereinstimmung mit den vom Kreditgeber bestimmten Fristen und Bedingungen erfolgt, und dass, falls diese nicht bekannt sind,
   aa) die Zinszahlungen zusammen mit den Tilgungszahlungen erfolgen,
   bb) Zahlungen für Kosten, die keine Zinsen sind und die als Einmalbetrag ausgedrückt sind, bei Abschluss des Kreditvertrags erfolgen,
   cc) Zahlungen für Kosten, die keine Zinsen sind und die als Mehrfachzahlungen ausgedrückt sind, beginnend mit der ersten Tilgungszahlung in regelmäßigen Abständen erfolgen, und es sich, falls die Höhe dieser Zahlungen nicht bekannt ist, um jeweils gleich hohe Beträge handelt,
   dd) mit der letzten Zahlung der Saldo, die Zinsen und etwaige sonstige Kosten ausgeglichen sind.
h) Ist keine Kreditobergrenze vereinbart, ist anzunehmen, dass der Betrag des gewährten Kredits 1500 Euro beträgt.
i) Werden für einen begrenzten Zeitraum oder Betrag verschiedene Sollzinssätze und Kosten angeboten, so sind während der gesamten Laufzeit des Kreditvertrags als Sollzinssatz der höchste Sollzinssatz und als Kosten die höchsten Kosten anzunehmen.
j) Bei Kreditverträgen, bei denen die Sollzinsbindung vor der für die Rückzahlung bestimmten Zeit endet und nach deren Ende ein neuer, veränderlicher Sollzinssatz vereinbart wird, der in regelmäßigen Abständen nach einem vereinbarten Index oder Referenzzinssatz angepasst wird, ist anzunehmen, dass der Sollzinssatz nach Ablauf der Sollzinsbindung dem Sollzinssatz entspricht, der sich aus dem Wert des vereinbarten Indexes oder Referenzzinssatzes zum Zeitpunkt der Berechnung des effektiven Jahreszinses ergibt.

Satz 1 Buchstabe j darf der Berechnung des effektiven Jahreszinses nur dann zugrunde gelegt werden, wenn feststeht, dass nach Ablauf der Sollzinsbindung ein variabler Sollzins zur Anwendung kommt.

Anhang 6
Zulassungs- und Erlaubnisfragen, Geldwäsche

Anhang 6.1
Merkblatt über die Erteilung einer Erlaubnis zum Betreiben von Bankgeschäften gemäß § 32 Abs. 1 KWG

(Stand: 31. Dezember 2007)

Hinweis

Die Ausführungen in diesem Merkblatt der Deutschen Bundesbank und der Bundesanstalt für Finanzdienstleistungsaufsicht zu den Erlaubnisvoraussetzungen und -formalitäten für Kreditinstitute geben Interessenten die notwendigen Erstinformationen.

Inhalt

1 Erlaubnispflichtige Bankgeschäfte
2 Ausnahmen
3 Voraussetzungen für die Erlaubniserteilung
4 Versagen der Erlaubnis
5 Inhalt des Erlaubnisantrags
6 Tochterunternehmen, Zweigstellen, Repräsentanzen und grenzüberschreitender Dienstleistungsverkehr von Unternehmen mit Sitz im Ausland
    6.1 Unternehmen mit Sitz im Ausland (in einem Staat außerhalb des europäischen Wirtschaftsraums)
    6.2 Unternehmen mit Sitz in einem anderen Staat des Europäischen Wirtschaftsraums (vgl. § 53b KWG)
7 Geldwäscheprävention
8 Gebühren/Umlage
9 Entschädigungseinrichtung
10 Anschriften

1 Erlaubnispflichtige Bankgeschäfte

Wer im Geltungsbereich des Gesetzes über das Kreditwesen (KWG) Bankgeschäfte in dem in § 1 Abs. 1 KWG bezeichneten Umfang betreiben will, bedarf grundsätzlich der **schriftlichen Erlaubnis** der Bundesanstalt für Finanzdienstleistungsaufsicht – im Folgenden Bundesanstalt genannt – gemäß § 32 Abs. 1 KWG. Dies gilt entsprechend für Unternehmen mit Sitz im Ausland, die gemäß § 53 KWG durch eine Zweigstelle im Inland Bankgeschäfte betreiben wollen, und auch für den Fall, dass entsprechende Dienstleistungen grenzüberschreitend vom Ausland aus angeboten werden (vgl. Abschnitt 6.1 dieses Merkblatts). Gemäß § 53b KWG dürfen Unternehmen mit Sitz in einem anderen Staat des Europäischen Wirtschaftsraums unter bestimmten Voraussetzungen ihre Dienstleistungen über eine Zweigstelle oder grenzüberschreitend auch ohne Erlaubnis der Bundesanstalt im Inland erbringen (vgl. Abschnitt 6.2 dieses Merkblatts).

Die Erlaubnis muss vor Aufnahme der Geschäftstätigkeit vorliegen; Eintragungen in öffentliche Register (z.B. Handels-, Genossenschaftsregister) dürfen nur vorgenommen werden, wenn dem Registergericht die Erlaubnis nachgewiesen ist (§ 43 Abs. 1 KWG). Die Bundesanstalt kann die Erlaubnis unter Auflagen erteilen, die sich im Rahmen des mit dem KWG verfolgten Zweckes halten müssen; die Erlaubnis kann darüber hinaus auf einzelne Bankgeschäfte beschränkt werden (§ 32 Abs. 2 KWG). Der Geltungsbereich des KWG ist die Bundesrepublik Deutschland. Je nach Rechtsform der zu gründenden Gesellschaft sind die entsprechenden gesellschaftsrechtlichen Vorschriften einzuhalten. Dabei ist zu berücksichtigen, dass Kreditinstitute nicht in der Rechtsform des Einzelkaufmanns betrieben werden dürfen (§ 2b Abs. 1 KWG).

Das Betreiben von Bankgeschäften ohne Erlaubnis ist strafbar (§ 54 KWG). Werden ohne die erforderliche Erlaubnis Bankgeschäfte getätigt oder verbotene Geschäfte betrieben, kann die Bundesanstalt nach § 37 KWG die sofortige Einstellung des Geschäftsbetriebs und die unverzügliche Abwicklung dieser Geschäfte gegenüber dem Unternehmen und den Mitgliedern seiner Organe anordnen. Diese Eingriffsbefugnisse bestehen auch gegenüber den Unternehmen und deren Organmitgliedern, die in die Anbahnung, den Abschluss oder die Abwicklung der unerlaubten Geschäfte einbezogen sind.

Kreditinstitute sind nach § 1 Abs. 1 Satz 1 KWG solche Unternehmen, die Bankgeschäfte gewerbsmäßig oder in einem Umfang betreiben, der einen in kaufmännischer Weise eingerichteten Geschäftsbetrieb erfordert. Die Geschäfte werden gewerbsmäßig betrieben, wenn der Betrieb auf eine gewisse Dauer angelegt ist und sie mit der Absicht der Gewinnerzielung verfolgt werden. Alternativ gilt das Kriterium des Erfordernisses eines in kaufmännischer Weise eingerichteten Geschäftsbetriebes. Entscheidend für das Vorliegen dieses Merkmals ist dabei nicht, dass ein in kaufmännischer Weise eingerichteter Geschäftsbetrieb tatsächlich vorhanden ist, sondern allein, ob die Geschäfte einen derartigen Umfang haben, dass objektiv eine kaufmännische Organisation erforderlich wäre. Dabei kann sich das Erfordernis des kaufmännischen Geschäftsbetriebes auch aus der Kombination des Betreibens verschiedener Bankgeschäfte in vergleichsweise kleinem Umfang ergeben.

Was als **Bankgeschäft** anzusehen ist, wird abschließend in § 1 Abs. 1 Satz 2 Nr. 1 bis 12 KWG normiert. Danach sind als Bankgeschäfte zu qualifizieren

1. die Annahme fremder Gelder als Einlagen oder anderer unbedingt rückzahlbarer Gelder des Publikums, sofern der Rückzahlungsanspruch nicht in Inhaber- oder Orderschuldverschreibungen verbrieft wird, ohne Rücksicht darauf, ob Zinsen vergütet werden (Einlagengeschäft),
1a. die in § 1 Abs. 1 Satz 2 des Pfandbriefgesetzes bezeichneten Geschäfte (Pfandbriefgeschäft),
2. die Gewährung von Gelddarlehen und Akzeptkrediten (Kreditgeschäft),
3. der Ankauf von Wechseln und Schecks (Diskontgeschäft),

4. die Anschaffung und die Veräußerung von Finanzinstrumenten im eigenen Namen für fremde Rechnung (Finanzkommissionsgeschäft),
5. die Verwahrung und die Verwaltung von Wertpapieren für andere (Depotgeschäft),
6. (aufgehoben)
7. die Eingehung der Verpflichtung, zuvor veräußerte Darlehensforderungen vor Fälligkeit zurückzuerwerben,
8. die Übernahme von Bürgschaften, Garantien und sonstigen Gewährleistungen für andere (Garantiegeschäft),
9. die Durchführung des bargeldlosen Zahlungsverkehrs und des Abrechnungsverkehrs (Girogeschäft),
10. die Übernahme von Finanzinstrumenten für eigenes Risiko zur Platzierung oder die Übernahme gleichwertiger Garantien (Emissionsgeschäft),
11. die Ausgabe und die Verwaltung von elektronischem Geld (E-Geld-Geschäft),
12. die Tätigkeit als zentraler Kontrahent im Sinne von § 1 Abs. 31 KWG.

2 Ausnahmen

Welche Unternehmen nicht als Kreditinstitute gelten und somit keiner Erlaubnis der Bundesanstalt bedürfen, ist in § 2 Abs. 1 KWG festgelegt; z.B.
- Kapitalanlagegesellschaften, selbst wenn sie Investmentanteile für andere nach Maßgabe des § 7 Abs. 2 Nr. 4 des Investmentgesetzes verwalten und verwahren sowie Investmentaktiengesellschaften (Nr. 3b),
- private und öffentlich-rechtliche Versicherungsunternehmen (Nr. 4),
- Unternehmen des Pfandleihgewerbes, soweit sie dieses durch die Gewährung von Darlehen gegen Faustpfand betreiben (Nr. 5),
- Unternehmen, die auf Grund des Gesetzes über Unternehmensbeteiligungsgesellschaften als Unternehmensbeteiligungsgesellschaften anerkannt sind (Nr. 6),
- Unternehmen, die Bankgeschäfte ausschließlich mit ihrem Mutterunternehmen oder ihren Tochter- oder Schwesterunternehmen betreiben (Nr. 7),
- Unternehmen, die ohne grenzüberschreitend tätig zu werden, als Bankgeschäft ausschließlich das Finanzkommissionsgeschäft an inländischen Börsen oder in inländischen multilateralen Handelssystemen im Sinne des § 1 Abs. 1a Satz 2 Nr. 1b KWG, an oder in denen Derivate gehandelt werden (Derivatemärkte), für andere Mitglieder dieser Märkte oder Handelssysteme betreiben, sofern für die Erfüllung der Verträge die diese Unternehmen an diesen Märkten oder in diesen Handelssystemen schließen, Clearingmitglieder derselben Märkte oder Handelssysteme haften (Nr. 8),
- Unternehmen, die Finanzkommissionsgeschäfte nur in Bezug auf Derivate im Sinne des § 1 Abs. 11 Satz 4 Nr. 2 und 5 KWG erbringen, sofern sie nicht Teil einer Unternehmensgruppe sind, deren Haupttätigkeit in der Erbringung von Finanzdienstleistungen im Sinne des § 1 Abs. 1a Satz 2 Nr. 1 bis 4 KWG oder Bankgeschäften im Sinne des § 1 Abs. 1 Satz 2 Nr. 1, 2, 8 oder 11 besteht, die erbrachten Finanzkommissionsgeschäfte, Finanzdienstleistungen im Sinne des § 1 Abs. 1a Satz 2 Nr. 1 bis 4 KWG in Bezug auf Derivate im Sinne des § 1 Abs. 11 Satz 4 Nr. 2 und 5 KWG und Eigengeschäfte in Finanzinstrumenten auf Ebene der Unternehmensgruppe von untergeordneter Bedeutung im Verhältnis zur Haupttätigkeit sind und die Finanzkommissionsgeschäfte nur für Kunden ihrer Haupttätigkeit im sachlichen Zusammenhang mit Geschäften der Haupttätigkeit erbracht werden (Nr. 9).

In Zweifelsfällen entscheidet die Bundesanstalt, ob ein Unternehmen den Vorschriften des KWG unterliegt (§ 4 KWG).

Im Einzelfall kann die Bundesanstalt unter gewissen Voraussetzungen ein Institut auf Antrag von der Beachtung bestimmter Vorschriften freistellen, insbesondere wenn das Unternehmen wegen der Art der von ihm betriebenen Geschäfte insoweit nicht der Aufsicht bedarf (vgl. § 2 Abs. 4 KWG).

Die Bundesanstalt kann ferner ein Unternehmen, das nur das E-Geld-Geschäft betreibt, auf Antrag unter gewissen Voraussetzungen im Benehmen mit der Bundesbank von der Beachtung bestimmter Vorschriften freistellen, solange das Unternehmen wegen der Art oder des Umfangs der von ihm betriebenen Geschäfte insoweit nicht der Aufsicht bedarf (vgl. § 2 Abs. 5 KWG)

Die in der Bundesrepublik Deutschland generell verbotenen Geschäfte (z. B. Werkssparkassen) sind in § 3 KWG aufgeführt.

3 Voraussetzungen für die Erlaubniserteilung

Wie sich aus § 33 Abs. 1 Satz 1 KWG ergibt, der die zwingende Erlaubnisversagung ohne Ermessen der Bundesanstalt regelt, darf die Erlaubnis nur erteilt werden, wenn die folgenden Voraussetzungen erfüllt sind:
- Es müssen die zum Geschäftsbetrieb erforderlichen Mittel, insbesondere ein ausreichendes Anfangskapital, im Inland zur Verfügung stehen.
  - Für Einlagenkreditinstitute, das sind Unternehmen, die beabsichtigen, Einlagen oder andere rückzahlbare Gelder des Publikums entgegenzunehmen und das Kreditgeschäft zu betreiben, sowie für zentrale Kontrahenten im Sinne des § 1 Abs. 31 KWG, ist ein Anfangskapital von mindestens 5 Mio. Euro erforderlich (§ 33 Abs. 1 Satz 1 Nr. 1 d KWG).
  - Für Wertpapierhandelsbanken beträgt das Anfangskapital mindestens 730 000 Euro (§ 33 Abs. 1 Satz 1 c i.V.m. § 1 Abs. 3 d Satz 3 KWG).
  - Für Unternehmen, die nur das E-Geld-Geschäft betreiben, beträgt das Anfangskapital mindestens 1 Mio. Euro (§ 33 Abs. 1 Satz 1 Nr. 1 e KWG).
  - Für die Erteilung einer Erlaubnis zum Betreiben des Pfandbriefgeschäfts wird regelmäßig ein Anfangskapital von mindestens 25 Mio. Euro verlangt (§ 2 Abs. 1 Satz 2 Nr. 1 Pfandbriefgesetz).
- Neben diesen gesetzlichen Mindestanforderungen haben sich aus der Verwaltungspraxis der Bundesanstalt folgende besondere Anforderungen an das Anfangskapital herausgebildet:
  - Für die Errichtung einer Bausparkasse wird regelmäßig ein Anfangskapital von mindestens 15 Mio. Euro verlangt.
  - Für die Erteilung einer Erlaubnis, die auf das Betreiben des Garantiegeschäftes beschränkt ist, wird ein Anfangskapital von mindestens 1,5 Mio. Euro verlangt. Wird das Garantiegeschäft ausschließlich mit Rückbürgschaften der öffentlichen Hand betrieben, ist ein haftendes Eigenkapital in Höhe von mindestens 500 000 Euro erforderlich.

Die Anforderungen, die an ein ausreichendes Anfangskapital zu stellen sind, beurteilen sich nach § 33 Abs. 1 Satz 1 KWG i.V.m. § 10 Abs. 2a Satz 1 Nr. 1 bis 6 KWG. Danach muss das Anfangskapital aus Kernkapital bestehen, das sich aus mehreren Eigenkapitalbestandteilen zusammensetzt, die je nach der gesellschaftsrechtlichen Eigenart des Kreditinstituts unterschiedlich definiert sind. Entscheidendes Merkmal für das Kernkapital ist, dass es frei und unbefristet verfügbar ist und nicht aus einer Kreditaufnahme herrührt. Im Wesentlichen setzt sich das Kernkapital aus eingezahltem Geschäftskapital und Rücklagen zusammen. Dabei sind bei Personengesellschaften Entnahmen des Inhabers oder persönlich haftender Gesellschafter sowie von diesen in Anspruch genommene Kredite abzuziehen. Bei Aktiengesellschaften sind die Vorzugsaktien mit Nachzahlungsverpflichtung als Abzugsposten zu berücksichtigen.
- Die Bundesanstalt behält sich vor, jeweils von Fall zu Fall zu entscheiden, ob ein Anfangskapital in Höhe der oben genannten Beträge auch tatsächlich ausreichend ist und der konkreten Situation des neuen Instituts gerecht wird. In diesem

Zusammenhang ist auch darauf hinzuweisen, dass nach der ständigen Verwaltungspraxis der Bundesanstalt in den ersten drei Jahren nach Aufnahme des Geschäftsbetriebes die Gesamtkennziffer nach § 2 Abs. 6 Satz 2 der Solvabilitätsverordnung 12 % nicht unterschreiten darf.
- Es müssen mindestens zwei fachlich geeignete und zuverlässige **Geschäftsleiter** (vgl. § 1 Abs. 2 Satz 1 KWG) vorhanden sein, die dem Institut nicht nur ehrenamtlich zur Verfügung stehen (vgl. §§ 32 Abs. 1, 33 Abs. 1 Satz 1 Nrn. 2, 4 und 5 KWG). Dabei dürfen keine Tatsachen vorliegen, aus denen sich Zweifel an der persönlichen Zuverlässigkeit des Antragstellers oder eines Geschäftsleiters ergeben (vgl. § 33 Abs. 1 Satz 1 Nr. 2 KWG). Tatsachen, aus denen sich solche Zweifel ergeben können, sind etwa die Begehung von Vermögensstraftaten (wie z. B. Untreue, Betrug), der Verstoß gegen gesetzliche Ordnungsvorschriften, insbesondere aus dem Bereich des Wirtschafts-, Gewerbe-, Wettbewerbs- oder Steuerrechts oder wenn der Antragsteller in seinem privaten oder geschäftlichen Verhalten gezeigt hat, dass von ihm eine solide Geschäftsführung nicht erwartet werden kann.

Die fachliche Eignung der Geschäftsleiter setzt nach § 33 Abs. 2 Satz 1 KWG voraus, dass sie in ausreichendem Maße theoretische und praktische Kenntnisse in den betreffenden Bankgeschäften sowie Leitungserfahrung haben. Die fachliche Eignung für die Leitung eines Kreditinstituts ist regelmäßig dann anzunehmen, wenn eine dreijährige leitende Tätigkeit bei einem Kreditinstitut von vergleichbarer Größe und Geschäftsart nachgewiesen wird (§ 33 Abs. 2 Satz 2 KWG). Als leitend tätig ist hierbei anzusehen, wer in der Geschäftsleitung eines Kreditinstituts oder zumindest unmittelbar unterhalb der Geschäftsleiterebene in verantwortlicher Position tätig war. Das Erfüllen der Regelvermutung ist aber weder zwingende Erlaubnisvoraussetzung noch Beweis der fachlichen Eignung, d. h., sie kann auch anderweitig erworben werden. Die fachliche Eignung ist daher Gegenstand einer alle Umstände des Einzelfalles erfassenden, die Besonderheiten des jeweiligen Kreditinstituts berücksichtigenden individuellen Prüfung.
- Der Inhaber oder gesetzliche oder satzungsmäßige Vertreter oder persönlich haftende Gesellschafter eines Unternehmens, das an dem Kreditinstitut eine **bedeutende Beteiligung** (§ 1 Abs. 9 KWG) hält, muss den im Interesse einer soliden und umsichtigen Führung des Kreditinstituts zu stellenden Ansprüchen genügen. Das setzt insbesondere voraus, dass der Inhaber der bedeutenden Beteiligung zuverlässig ist (§ 33 Abs. 1 Satz 1 Nr. 3 KWG). Unzuverlässigkeit ist im Zweifel auch anzunehmen, wenn Tatsachen die Annahme rechtfertigen, dass er die von ihm aufgebrachten Mittel für den Erwerb der bedeutenden Beteiligung durch eine Handlung erbracht hat, die objektiv einen Straftatbestand erfüllt (§ 33 Abs. 1 Satz 1 Nr. 3 i. V. m. § 2c Abs. 1a Satz 1 Nr. 1 Teilsatz 2 KWG).
- Die **Hauptverwaltung** des Kreditinstituts muss im Inland sein (§ 33 Abs. 1 Satz 1 Nr. 6 KWG).
- Das Institut muss bereit bzw. in der Lage sein, die notwendigen **organisatorischen Vorkehrungen** zum ordnungsgemäßen Betreiben der Geschäfte, für die es die Erlaubnis beantragt, zu schaffen (§ 33 Abs. 1 Satz 1 Nr. 7 KWG).

4 Versagen der Erlaubnis

Die Bundesanstalt kann darüber hinaus nach pflichtgemäßer Ermessensausübung gemäß § 33 Abs. 3 KWG die Erlaubnis versagen, wenn Tatsachen die Annahme rechtfertigen, dass eine wirksame Aufsicht über das Institut beeinträchtigt ist. Dies ist insbesondere dann der Fall, wenn
- das Institut mit anderen Personen oder Unternehmen in einem Unternehmensverbund eingebunden ist oder in einer engen Verbindung zu einem solchen steht, der durch die Struktur des Beteiligungsgeflechtes oder mangelhafte wirtschaftliche

Transparenz eine wirksame Aufsicht über das Institut beeinträchtigt (§ 33 Abs. 3 Satz 2 Nr. 1 KWG),
- eine wirksame Aufsicht über das Institut wegen der für solche Personen oder Unternehmen geltenden Rechts- oder Verwaltungsvorschriften eines Drittstaates beeinträchtigt wird (z.B. wenn nach dem Recht des Drittstaates die Weitergabe von Informationen an die Bundesanstalt untersagt ist; § 33 Abs. 3 Satz 2 Nr. 2 KWG),
- das Institut Tochterunternehmen eines Instituts mit Sitz in einem Drittstaat ist, das im Staat seines Sitzes oder seiner Hauptverwaltung nicht wirksam beaufsichtigt wird oder dessen zuständige Aufsichtsstelle zu einer befriedigenden Zusammenarbeit mit der Bundesanstalt nicht bereit ist (§ 33 Abs. 3 Satz 2 Nr. 3 KWG).

Die Bundesanstalt kann die Erlaubnis auch versagen, wenn der Erlaubnisantrag keine ausreichenden Angaben und Unterlagen enthält (§ 33 Abs. 3 Satz 3 KWG).

5 Inhalt des Erlaubnisantrags

Der Erlaubnisantrag ist vom zukünftigen Erlaubnisträger schriftlich zu stellen, d.h. bei Kapitalgesellschaften vom Vorstand oder der Geschäftsführung im Namen der Gesellschaft bzw. bei Personenhandelsgesellschaften von jedem persönlich haftenden Gesellschafter. Welche Angaben der Erlaubnisantrag enthalten muss und welche Unterlagen dem Antrag beizufügen sind, ergibt sich grundsätzlich aus § 32 KWG in Verbindung mit § 14 der Verordnung über die Anzeigen und die Vorlagen von Unterlagen nach dem Gesetz über das Kreditwesen (Anzeigenverordnung [AnzV]). Ein Antragsvordruck oder über die Schriftform hinausgehende formelle Anforderungen bestehen nicht.

Der Antrag ist an die Bundesanstalt für Finanzdienstleistungsaufsicht zu richten und mit allen erforderlichen Unterlagen in **dreifacher Ausfertigung** einzureichen.

Der Erlaubnisantrag muss folgende **Angaben** enthalten:
- die Firma,
- die Rechtsform des Unternehmens,
- den Sitz und die Anschrift, sowie – wenn möglich – die Telefon- und Telefax-Nummer des Unternehmens,
- den Gegenstand des Unternehmens,
- die Angabe, für welche der in § 1 Abs. 1 Satz 2 KWG genannten Bankgeschäfte die Erlaubnis beantragt wird,
- die Angabe mindestens zweier nicht nur ehrenamtlicher Geschäftsleiter (§ 32 Abs. Abs. 1 Nr. 2 i.V.m. 33 Abs. 1 Satz 1 Nr. 5 KWG),
- die Zusammensetzung der Organe,
- den voraussichtlichen Zeitpunkt der Geschäftsaufnahme.

Dem Antrag sind außerdem **folgende Unterlagen mit weiteren Angaben** beizufügen:
- Beglaubigte Ablichtungen der Gründungsunterlagen (Gründungsprotokoll, ggf. Gründungsbericht), der Satzung bzw. des Gesellschaftsvertrags und des erstmaligen Beschlusses über die Bestellung der Geschäftsleiter sowie deren vorgesehene Geschäftsordnung (§ 14 Abs. 2 Satz 2 AnzV).
- Einen geeigneten Nachweis der zum Geschäftsbetrieb erforderlichen Mittel (§ 32 Abs. 1 Satz 2 Nr. 1 KWG i.V.m. § 14 Abs. 3 AnzV). Als Nachweis bei Gründung eines Unternehmens ist eine Bestätigung eines Einlagenkreditinstituts (§ 1 Abs. 3d Satz 1 KWG) mit Sitz in einem Staat des Europäischen Wirtschaftsraums darüber vorzulegen, dass das Anfangskapital eingezahlt sowie frei von Rechten Dritter ist und zur freien Verfügung der Geschäftsleiter steht. Dem Anfangskapital dürfen keine Kredite, Pfandrechte oder andere Einschränkungen des Instituts oder Dritter entgegenstehen (Grundsatz der effektiven Kapitalaufbringung).

Bei bereits bestehenden Unternehmen, die erlaubnispflichtige Geschäfte aufnehmen wollen, kann der Nachweis über das vorhandene Eigenkapital – das mindestens die Höhe des erforderlichen Anfangskapitals betragen muss – mit Zustimmung der BaFin auch durch die schriftliche Bestätigung eines Wirtschaftsprüfers erbracht werden, wobei das Eigenkapital nach den für Kreditinstitute geltenden Grundsätzen ermittelt worden sein muss (vgl. § 14 Abs. 3 Satz 2 AnzV).
- Angaben, die für die Beurteilung der Zuverlässigkeit der Antragsteller und der Geschäftsleiter erforderlich sind (vgl. § 32 Abs. 1 Satz 2 Nr. 3 KWG, § 14 Abs. 4 i. V. m. § 5 Abs. 1 Satz 1 Nr. 2 und Satz 2 AnzV).

Hierzu dient eine Erklärung jedes Antragstellers bzw. Geschäftsleiters, ob gegen ihn ein Strafverfahren geführt wird, ob zu einem früheren Zeitpunkt ein Strafverfahren wegen eines Verbrechens oder Vergehens gegen ihn geführt worden ist oder ob er oder ein von ihm geleitetes Unternehmen als Schuldnerin in ein Insolvenzverfahren oder in ein Verfahren zur Abgabe einer eidesstattlichen Versicherung oder ein vergleichbares Verfahren verwickelt ist oder war; ein Beispieltext für eine derartige Erklärung ist auf der Internet-Seite der Bundesanstalt (http://www.bafin.de) einsehbar. Dabei können solche anhängig gewesenen Strafverfahren unberücksichtigt bleiben, die mangels hinreichenden Tatverdachts oder wegen eines Verfahrenshindernisses eingestellt oder mit einem Freispruch beendet worden sind oder bei denen eine ergangene Eintragung im Bundeszentralregister entfernt oder getilgt wurde.

Kann eine derartige Erklärung nicht abgegeben werden, ist der dem Straf-, Insolvenz- oder vergleichbaren Verfahren zugrunde liegende Sachverhalt, möglichst unter Beifügung aussagekräftiger Unterlagen, ausführlich darzustellen. Zur Klarstellung sei darauf hingewiesen, dass auch solche Verurteilungen anzugeben sind, die aus einem polizeilichen Führungszeugnis wegen Unterschreitung des insoweit relevanten Strafmaßes nicht ersichtlich wären.

- Angaben, die für die Beurteilung der fachlichen Eignung der Inhaber und der Geschäftsleiter erforderlich sind (vgl. § 32 Abs. 1 Satz 2 Nr. 4 KWG, § 14 Abs. 6 i. V. m. § 5 Abs. 1 Satz 1 Nr. 1 AnzV).

Jeder Inhaber bzw. Geschäftsleiter hat einen lückenlosen, unterzeichneten Lebenslauf einzureichen, der sämtliche Vornamen, den Geburtsnamen, den Geburtstag, den Geburtsort, die Privatanschrift und die Staatsangehörigkeit, eine eingehende Darlegung der fachlichen Vorbildung, die Namen aller Unternehmen, für die er tätig gewesen ist, und Angaben zur Art der jeweiligen Tätigkeit, einschließlich weiterer ausgeübter Nebentätigkeiten, mit Ausnahme ehrenamtlicher, enthalten muss. Bei der Art der jeweiligen Tätigkeit sind insbesondere seine Vertretungsmacht, seine internen Entscheidungskompetenzen und die ihm innerhalb des Unternehmens unterstellten Geschäftsbereiche darzulegen.

- Einen tragfähigen Geschäftsplan (vgl. § 32 Abs. 1 Satz 2 Nr. 5 KWG, i. V. m. § 14 Abs. 7 AnzV), der folgende Angaben zu enthalten hat:
  – die Art der geplanten Geschäfte unter begründeter Angabe ihrer künftigen Entwicklung, hierzu sind Planbilanzen und Plangewinn- und -verlustrechnungen (nach den Vorschriften der Verordnung über die Rechnungslegung der Kreditinstitute und Finanzdienstleistungsinstitute RechKredV) für die ersten drei vollen Geschäftsjahre nach Aufnahme des Geschäftsbetriebes vorzulegen,
  – die Darstellung des organisatorischen Aufbaus des Instituts unter Beifügung eines Organigramms, das insbesondere die Zuständigkeiten der Geschäftsleiter sowie die jeweilige geplante Personalausstattung erkennen lässt; es ist anzugeben, ob und wo Zweigstellen errichtet werden sollen und ob beabsichtigt ist, im Wege des grenzüberschreitenden Dienstleistungsverkehrs in einem anderen Staat des Europäischen Wirtschaftsraums Bankgeschäfte zu tätigen; ferner sollte erklärt werden, ob beabsichtigt ist, Auslagerungen von Bereichen auf ein anderes Unternehmen vorzunehmen (§ 25a Abs. 2 KWG),
  – eine Darstellung der geplanten internen Kontrollverfahren.

- Angabe, ob das Institut bei Geschäftsaufnahme voraussichtlich Handelsbuch- oder Nichthandelsbuchinstitut sein wird (§ 2 Abs. 11 KWG),
- Sofern an dem Kreditinstitut bedeutende Beteiligungen gehalten werden (vgl. § 32 Abs. 1 Satz 2 Nr. 6 KWG, i. V. m. § 14 Abs. 5 AnzV) sind dem Erlaubnisantrag ferner hinzuzufügen:
  – die Angabe aller Inhaber einer unmittelbaren oder mittelbaren bedeutenden Beteiligung,
  – die Angabe der Höhe dieser Beteiligung,
  – Angaben, die für die Beurteilung der Zuverlässigkeit dieser Inhaber oder gesetzlichen Vertreter oder persönlich haftenden Gesellschafter erforderlich sind,
  – sofern diese Inhaber Jahresabschlüsse aufzustellen haben: die Jahresabschlüsse der letzten drei Geschäftsjahre nebst Prüfungsberichten von unabhängigen Abschlussprüfern, sofern solche zu erstellen sind.
  – Sofern Antragsteller oder Inhaber bedeutender Beteiligungen an dem Kreditinstitut Konzernen angehören, ist die Konzernstruktur unter Beifügung eines Konzernspiegels darzustellen. Sofern solche Abschlüsse aufzustellen sind, sind die konsolidierten Konzernabschlüsse der letzten drei Geschäftsjahre einzureichen; entsprechendes gilt auch für Konzernprüfungsberichte von unabhängigen Abschlussprüfern.
- In dem Erlaubnisantrag sind ferner Tatsachen anzugeben, die auf eine enge Verbindung gem. § 1 Abs. 10 KWG zwischen dem Institut und anderen natürlichen Personen oder anderen Unternehmen hinweisen (vgl. § 32 Abs. 1 Satz 2 Nr. 7 KWG).

Nach Maßgabe des § 14 AnzV kann die Bundesanstalt weitere Unterlagen und Auskünfte verlangen. Oftmals werden insbesondere die folgenden Unterlagen einzureichen sein:
- Regelmäßig ist die Einreichung von Planzahlen für die Einhaltung der Kennziffern zur Solvabilitätsverordnung und Liquiditätsverordnung erforderlich.
- Sofern Bereiche, die für die Durchführung der Bankgeschäfte wesentlich sind, auf andere Unternehmen ausgelagert werden sollen, sind in diesem Zusammenhang die Anforderungen des § 25a Abs. 2 KWG und der MaRisk (Rundschreiben 5/2007 der Bundesanstalt) zu beachten; parallel hierzu gilt § 14 Abs. 3 Satz 2 GwG.

6 Tochterunternehmen, Zweigstellen, Repräsentanzen und grenzüberschreitender Dienstleistungsverkehr von Unternehmen mit Sitz im Ausland

Ein ausländisches Unternehmen, das über ein Tochterunternehmen, eine Niederlassung oder im Wege des grenzüberschreitenden Dienstleistungsverkehrs in Deutschland Bankgeschäfte oder Finanzdienstleistungen anbieten will, bedarf dafür grundsätzlich einer Erlaubnis der Bundesanstalt (siehe unten Abschnitt 6.1). Für Unternehmen mit Sitz in einem anderen Staat des europäischen Wirtschaftsraums, die in Deutschland Bankgeschäfte oder Finanzdienstleistungen anbieten wollen, gelten insoweit begünstigende Sonderregelungen, die auf der Harmonisierung des europäischen Aufsichtsrechts durch europäische Richtlinien beruhen (siehe unten Abschnitt 6.2).

Eine **Repräsentanz**, also eine Niederlassung, die selbst keinerlei Bankgeschäfte oder Finanzdienstleistungen, auch nicht in Teilakten, ausführt und nur beratende und beobachtende Funktionen wahrnimmt, darf von einem im Ausland ansässigen und dort zulässigerweise tätigen Kreditinstitut oder Finanzdienstleistungsunternehmen in Deutschland nach § 53a KWG errichtet werden, wenn das ausländische Institut die Absicht der Errichtung einer Repräsentanz der Bundesanstalt und der Deutschen Bundesbank zuvor angezeigt (vgl. § 15 AnzV) und die Bundesanstalt den Eingang der Anzeige bestätigt hat. Eine Erlaubnis gem. § 32 KWG ist insoweit nicht erforderlich.

6.1 Unternehmen mit Sitz im Ausland (in einem Staat außerhalb des europäischen Wirtschaftsraums)

Tochterunternehmen (§ 1 Abs. 7 KWG) eines ausländischen Unternehmens unterliegen uneingeschränkt dem zuvor in den Abschnitten 3 bis 5 beschriebenen Erlaubnisverfahren nach § 32 KWG. Ist das Mutterunternehmen (§ 1 Abs. 6 KWG) ein ausländisches Kreditinstitut, muss zusätzlich die für dieses Kreditinstitut zuständige ausländische Aufsichtsbehörde der Gründung des Tochterunternehmens zustimmen (vgl. § 33 Abs. 1 Satz 1 Nr. 8 KWG).

Für rechtlich unselbstständige **Zweigstellen** bzw. **Zweigniederlassungen** von Unternehmen mit Sitz im Ausland gelten die folgenden Regelungen und Ergänzungen (vgl. § 53 KWG):

Die Erlaubnispflicht und die vorgenannten Erlaubnisvoraussetzungen gelten entsprechend für ein Unternehmen mit Sitz in einem Staat außerhalb des Europäischen Wirtschaftsraums, das durch eine im Inland zu errichtende Zweigstelle Bankgeschäfte in dem in § 1 Abs. 1 Satz 1 KWG bezeichneten Umfang betreiben will. Die Zweigstelle gilt für die Anwendung des KWG als Kreditinstitut; mehrere inländische Zweigstellen desselben Unternehmens gelten als ein Kreditinstitut (§ 53 Abs. 1 KWG). Ergänzend zu den Erlaubnisvoraussetzungen nach den Abschnitten 3 bis 5 dieses Merkblatts ist auf Folgendes hinzuweisen:
- Die Zweigstelle benötigt für die Aufnahme ihrer Geschäftstätigkeit das Vorhandensein eines ausreichenden Betriebskapitals im Inland (auch Dotationskapital genannt), das der Zweigstelle von dem ausländischen Unternehmen zur Verfügung zu stellen ist. Das zur Erlaubniserteilung erforderliche Betriebskapital entspricht dem Anfangskapital rechtlich selbständiger Kreditinstitute, so dass sich dessen Höhe nach den Anforderungen gem. § 33 Abs. 1 Satz 1 Nr. 1 KWG richtet (siehe oben Abschnitt 3) und bei Einlagenkreditinstituten mindestens 5 Mio. Euro beträgt.
- Das ausländische Unternehmen hat mindestens zwei natürliche Personen mit Wohnsitz im Inland als Geschäftsleiter für die Zweigstelle zu bestellen (vgl. § 53 Abs. 2 Nr. 1 KWG). Die Geschäftsleiter müssen – wie in Ziffer 3 ausgeführt – fachlich geeignet und zuverlässig sein.

Bei Geschäftsleitern, die überwiegend außerhalb des Geltungsbereichs des KWG tätig waren, sieht die Bundesanstalt die fachliche Eignung regelmäßig als gegeben an, wenn sie eine zeitnahe mindestens dreijährige leitende Tätigkeit bei einem – auch in einem anderen Staat befindlichen – Kreditinstitut von vergleichbarer Größe und Geschäftsart nachweisen und eine einjährige bankbezogene Tätigkeit im Geltungsbereich des KWG ausgeübt haben. Mindestens ein Geschäftsleiter muss eine dreijährige leitende Tätigkeit bei Kreditinstituten im Geltungsbereich des KWG ausgeübt haben. Die Geschäftsleiter müssen die deutsche Sprache beherrschen oder zumindest über gute Englischkenntnisse verfügen. Die Kommunikation zwischen der BaFin und den Kreditinstituten erfolgt regelmäßig in deutscher Sprache. Unabhängig von seinen Sprachkenntnissen hat daher jeder Geschäftsleiter dafür Sorge zu tragen, dass er die gesamte schriftliche und mündliche Kommunikation in deutscher Sprache verstehen kann. Gegebenenfalls ist auf Kosten des Instituts ein Übersetzer einzuschalten.

Der schriftlich zu stellende Erlaubnisantrag des ausländischen Unternehmens muss – neben den in Ziffer 5 aufgeführten, nach § 32 KWG und § 14 AnzV geforderten Angaben – folgende Angaben enthalten:
- Firma, Rechtsform, Sitz und Anschrift des ausländischen Unternehmens;
- Anschrift der Hauptverwaltung des ausländischen Unternehmens;
- Mitglieder der Organe des ausländischen Unternehmens;
- satzungsmäßiger Gegenstand des ausländischen Unternehmens;
- Art der tatsächlich ausgeübten Geschäftstätigkeit des Unternehmens im Sitzstaat und, falls davon abweichend, im Staat der Hauptverwaltung;

- Name und Anschrift der Stelle, deren Aufsicht das ausländische Unternehmen unterliegt, im Sitzstaat und, falls davon abweichend, im Staat der Hauptverwaltung;
- vorgesehene Anschrift der Zweigstelle in der Bundesrepublik Deutschland;
- Zustellungsbevollmächtigter in der Bundesrepublik Deutschland für die Dauer des Erlaubnisverfahrens.

Dem Erlaubnisantrag sind in doppelter Ausfertigung in deutscher Sprache bzw. mit beigefügter deutscher Übersetzung folgende Unterlagen beizulegen:
- Satzung bzw. Gesellschaftsvertrag des ausländischen Unternehmens und die Bestätigung der Eintragung des Unternehmens in ein öffentliches Register;
- letzter Jahresabschluss (Jahresbilanz nebst Gewinn- und Verlustrechnung) und Lagebericht (Geschäftsbericht) des ausländischen Unternehmens;
- Nachweis, dass dem ausländischen Unternehmen die Erlaubnis zum Betreiben von Bankgeschäften von der für die Aufsicht über das Unternehmen in dem anderen Staat zuständigen Stelle vorliegt (vgl. § 53 Abs. 2 Nr. 5 Satz 2 KWG) und die Zustimmung dieser Stelle zur Errichtung der Zweigstelle erteilt ist;
- rechtsverbindlich unterzeichnete Erklärung des ausländischen Unternehmens, dass es die Errichtung der Zweigstelle und die Bestellung der im Erlaubnisantrag genannten Personen als Geschäftsleiter beschlossen hat;
- schriftliche Bestätigung entsprechend Ziffer 5 über das der Zweigstelle frei zur Verfügung stehende Betriebskapital;
- lückenloser unterzeichneter Lebenslauf jedes Geschäftsleiters entsprechend Ziffer 5;
- Erklärung jedes Geschäftsleiters etwaige Straf-, Insolvenz- oder vergleichbare Verfahren betreffend entsprechend Ziffer 5;
- Nachweis der Vertretungsbefugnis der den Antrag stellenden Person(en).

Im Rahmen des **grenzüberschreitenden Dienstleistungsverkehrs** werden Bankgeschäfte im Inland auch dann betrieben, wenn das Unternehmen, das die Dienstleistungen erbringt, seinen Sitz oder gewöhnlichen Aufenthalt im Ausland hat und sich im Inland zielgerichtet an den Markt wendet, um gegenüber Unternehmen und/oder Personen, die ihren Sitz oder gewöhnlichen Aufenthalt im Inland haben, wiederholt und geschäftsmäßig Bankgeschäfte anzubieten. Das ausländische Unternehmen, das Bankgeschäfte oder Finanzdienstleistungen in Deutschland erbringen will, muss daher zur Erlangung der erforderlichen Erlaubnis ein Tochterunternehmen oder eine Zweigstelle unter den oben genannten Voraussetzungen in Deutschland gründen. Es besteht jedoch unter bestimmten Voraussetzungen die Möglichkeit, Unternehmen nach § 2 Abs. 4 KWG für grenzüberschreitend betriebene Bankgeschäfte freizustellen. Diese gilt allerdings nur für begrenzte Geschäftsbereiche und nur dann, wenn bei einer effektiv bestehenden Herkunftsstaatsaufsicht kein zusätzliches Bedürfnis zur Aufsicht besteht (vgl. Merkblatt der Bundesanstalt »Hinweise zur Erlaubnispflicht nach § 32 Abs. 1 KWG in Verbindung mit § 1 Abs. 1 und Abs. 1a KWG von grenzüberschreitend betriebenen Bankgeschäften und/oder grenzüberschreitend erbrachten Finanzdienstleistungen« vom April 2005).

6.2 Unternehmen mit Sitz in einem anderen Staat des Europäischen Wirtschaftsraums (vgl. § 53 b KWG)

Ein Unternehmen, das **Tochter- oder Schwesterunternehmen** eines Einlagenkreditinstituts, eines E-Geld-Institutes, eines Erstversicherungsunternehmens oder eines Wertpapierhandelsunternehmens ist und dessen Mutterunternehmen in einem anderen Staat des Europäischen Wirtschaftsraums zugelassen ist, kann eine beantragte Erlaubnis für das Betreiben von Bankgeschäften nach § 1 Abs. 1 Satz 2 Nr. 1, 2, 4, 10 oder 11 KWG erst erteilt werden, wenn die Bundesanstalt nach § 33b KWG die zuständigen Stellen des Herkunftsstaats angehört hat. Gleiches gilt, falls das Unternehmen durch dieselben natürlichen Personen oder Unternehmen kontrolliert wird, die ein Einlagenkreditinstitut, ein E-Geld-Institut, ein Erstversicherungsunternehmen oder Wertpapierhandelsunternehmen mit Sitz in einem anderen Staat des Europäischen Wirtschaftsraums kontrollieren.

Über eine **Zweigniederlassung** oder im Wege des **grenzüberschreitenden Dienstleistungsverkehrs** darf ein Einlagenkreditinstitut, ein Wertpapierhandelsunternehmen oder ein E-Geld-Institut mit Sitz in einem anderen Staat des Europäischen Wirtschaftsraums ohne Erlaubnis der Bundesanstalt im Inland Bankgeschäfte betreiben, sofern folgende Voraussetzungen erfüllt sind (§ 53b Abs. 1 KWG):
- Das Unternehmen ist von den zuständigen Stellen des Herkunftsmitgliedstaats zugelassen worden und wird von den zuständigen Stellen beaufsichtigt.
- Die Geschäfte sind durch die Zulassung abgedeckt.
- Das Unternehmen unterliegt den Anforderungen der einschlägigen EG-Richtlinien.

Die zuständigen Stellen des Herkunftsstaates haben die Bundesanstalt über die beabsichtigte Errichtung der Zweigniederlassung zu unterrichten. Die Bundesanstalt weist die zu errichtende Zweigniederlassung auf die für seine Tätigkeit vorgeschriebenen Meldungen und die Bedingungen, die für die Ausübung der geplanten Tätigkeiten gelten, hin. Nach Eingang der Mitteilung der Bundesanstalt, spätestens aber nach Ablauf einer Frist von zwei Monaten, kann die Zweigniederlassung errichtet werden und ihre Tätigkeit aufnehmen (§ 53b Abs. 2 KWG).

Auch ein Unternehmen mit Sitz in einem anderen Staat des Europäischen Wirtschaftsraums, welches Tochterunternehmen eines oder mehrerer Einlagenkreditinstitute ist, und das Bankgeschäfte i.S.v. § 1 Abs. 1 Satz 2 Nr. 1 bis 3, 5, 7 bis 9 KWG betreibt, kann diese Tätigkeiten im Inland über eine Zweigniederlassung oder im Wege des grenzüberschreitenden Dienstleistungsverkehrs ohne Erlaubnis der Bundesanstalt ausüben, wenn die folgenden Voraussetzungen erfüllt sind (§ 53b Abs. 7 KWG):
- Die Satzung des Tochterunternehmens gestattet die Tätigkeiten.
- Das oder die Mutterunternehmen sind in dem Staat des Europäischen Wirtschaftsraums, in dem das Tochterunternehmen seinen Sitz hat, als Einlagenkreditinstitut zugelassen.
- Die Tätigkeiten, die das Tochterunternehmen ausübt, werden auch im Herkunftsmitgliedstaat betrieben.
- Das oder die Mutterunternehmen halten mindestens 90 v. H. der Stimmrechte des Tochterunternehmens.
- Das oder die Mutterunternehmen haben gegenüber den zuständigen Stellen des Herkunftsstaats des Tochterunternehmens die umsichtige Geschäftsführung des Tochterunternehmens glaubhaft gemacht und sich mit Zustimmung dieser Stellen gegebenenfalls gesamtschuldnerisch für die vom Tochterunternehmen eingegangenen Verpflichtungen verbürgt.
- Das Tochterunternehmen ist in die Beaufsichtigung des Mutterunternehmens auf konsolidierter Basis einbezogen.

7 Geldwäscheprävention

Kreditinstitute sind verpflichtet, die Vorschriften zur Bekämpfung der Geldwäsche, der Terrorismusfinanzierung sowie des Betruges zu Lasten der Institute nach dem Kreditwesengesetz sowie dem Geldwäschegesetz (GWG) einzuhalten (siehe hierzu auch die Verlautbarung der Bundesanstalt bzw. des ehemaligen Bundesaufsichtsamtes für das Kreditwesen [BAKred] über »Maßnahmen der Kreditinstitute zur Bekämpfung und Verhinderung der Geldwäsche« vom 30. März 1998). Insbesondere müssen die Institute als besondere organisatorische Verpflichtung gemäß § 25a Abs. 1 Satz 6 Nr. 3 KWG angemessene, geschäfts- und kundenbezogene Sicherungssysteme gegen Geldwäsche und gegen betrügerische Handlungen zu Lasten des Instituts einrichten sowie gemäß § 25b KWG besondere organisatorische Pflichten im grenzüberschreitenden bargeldlosen Zahlungsverkehr treffen.

Als interne Sicherungsmaßnahme hat jedes Kreditinstitut u. a. nach § 14 Abs. 2 Nr. 1 GWG einen Geldwäschebeauftragten zu bestellen. Darüber hinaus ist das Kreditinstitut ab dem Zeitpunkt der Geschäftsaufnahme verpflichtet, für den automatisierten Abruf von Kontoinformationen eine Datei nach § 24c KWG zu führen. Darin sind Daten über sämtliche Konten und Depots, die der Verpflichtung zur Legitimationsprüfung nach § 154 Abs. 2 Satz 1 Abgabenordnung (AO) unterliegen, und bestimmte Angaben zum Inhaber, Verfügungsberechtigten sowie abweichend wirtschaftlich Berechtigten (§ 8 Abs. 1 GwG) zu speichern.

Für die Beaufsichtigung in geldwäscherechtlicher Hinsicht ist allein die Bundesanstalt zuständig.

Das grenzüberschreitende Erbringen von Bankgeschäften ohne physische Präsenz in Deutschland unterfällt nicht den Regelungen des GwG.

8 Gebühren/Umlage

Das Verfahren zur Erteilung einer Erlaubnis zum Betreiben von Bankgeschäften ist gemäß § 14 des Gesetzes über die Bundesanstalt für Finanzdienstleistungsaufsicht (Fin-DAG) gebührenpflichtig. Die Höhe der Gebühr richtet sich nach § 2 Abs. 1 der Verordnung über die Erhebung von Gebühren und die Umlegung von Kosten nach dem Finanzdienstleistungsaufsichtsgesetz (FinDAGKostV) i. V. m. dem Gebührentatbeständen nach Nr. 1.1.13.2 der Anlage zu § 2 Abs. 1 FinDAGKostV (Gebührenverzeichnis). Eine Gebühr kann auch erhoben werden, wenn der Antrag auf Erteilung einer Erlaubnis vom Antragsteller zurückgezogen oder von der Bundesanstalt abschlägig beschieden wird (vgl. § 3 FinDAGKostV).

Ferner sind die Kosten der Bundesanstalt soweit sie nicht durch Gebühren, gesonderte Erstattung oder sonstige Einnahmen gedeckt werden gem. § 16 FinDAG nach Maßgabe eines geeigneten Verteilungsschlüssels u.a. von den Kreditinstituten zu tragen. Das Nähere über die Erhebung der Umlage und über ihre Beitreibung ist ebenfalls in der FinDAGKostV geregelt.

9 Entschädigungseinrichtung

Nach §§ 1f. des Einlagensicherungs- und Anlegerentschädigungsgesetzes (EAEG) sind
- Einlagenkreditinstitute und,
- Kreditinstitute, die das Finanzkommissionsgeschäft oder das Emissionsgeschäft, die Anlageberatung, die Anlagevermittlung, die Abschlussvermittlung, die Finanzportfolioverwaltung, den Eigenhandel, das Platzierungsgeschäft oder ein MTF betreiben

verpflichtet, ihre Einlagen und Verbindlichkeiten aus Wertpapiergeschäften durch Zugehörigkeit zu einer Entschädigungseinrichtung zu sichern.

Die Bundesanstalt hat gemäß § 32 Abs. 3 KWG vor der Erteilung der Erlaubnis die für das Institut in Betracht kommende Sicherungseinrichtung zu hören. Wir bitten, sich wegen Fragen zur Beitragsleistung und sonstiger Informationen direkt mit der zuständigen Einrichtung in Verbindung zu setzen.

10 Anschriften

Anträge auf Erteilung einer Erlaubnis zum Betreiben von Bankgeschäften sind zu richten an:

Bundesanstalt für Finanzdienstleistungsaufsicht
Graurheindorfer Str. 108
53117 Bonn
Telefon 0228 4108-0
Telefax 0228 4108-1550
E-Mail: poststelle@bafin.de
Internet: http://www.bafin.de

Sollten Sie eine Erlaubnis beantragen wollen, nehmen Sie bitte vorher Kontakt mit der Bundesanstalt und der für die spätere laufende Beaufsichtigung zuständigen Hauptverwaltung der Deutschen Bundesbank auf, da im Einzelfall zusätzliche Anforderungen notwendig sein können.

Falls Sie zu diesem Merkblatt weitere Fragen haben, nehmen Sie bitte ebenfalls Kontakt mit der zuständigen Hauptverwaltung der Deutschen Bundesbank auf; diese wird ggf. ihre Fragen mit einer Stellungnahme an die Bundesanstalt weiterleiten.

DEUTSCHE BUNDESBANK
Hauptverwaltung Berlin
Leibnitzstr. 10
10625 Berlin
Telefon 030 3475-0
Telefax 030 3475-1290
E-Mail: banken.hv-berlin@bundesbank.de

DEUTSCHE BUNDESBANK
Hauptverwaltung Düsseldorf
Berliner Allee 14
40212 Düsseldorf
Telefon 0211 874-0
Telefax 0211 874-2286
E-Mail: banken.hv-duesseldorf@bundesbank.de

DEUTSCHE BUNDESBANK
Hauptverwaltung Frankfurt
Taunusanlage 5
60329 Frankfurt am Main
Telefon 069 2388-0
Telefax 069 2388-1111
E-Mail: bankenaufsicht.hv-frankfurt@bundesbank.de

DEUTSCHE BUNDESBANK
Hauptverwaltung Hamburg
Willy-Brandt-Str. 73
20459 Hamburg
Telefon 040 3707-0
Telefax 040 3707-4172
E-Mail: bankenaufsicht.hv-hamburg@bundesbank.de

DEUTSCHE BUNDESBANK
Hauptverwaltung Hannover
Georgsplatz 5
30159 Hannover
Telefon 0511 3033-0
Telefax 0511 3033-2796
E-Mail: banken.hv-hannover@bundesbank.de

DEUTSCHE BUNDESBANK
Hauptverwaltung Leipzig
Straße des 18. Oktober Nr. 48
04103 Leipzig
Telefon 0341 860-0
Telefax 0341 860-2599
E-Mail: bankenaufsicht.hv-leipzig@bundesbank.de

DEUTSCHE BUNDESBANK
Hauptverwaltung Mainz
Hegelstr. 65
55122 Mainz
Telefon 06131 377-0
Telefax 06131 377-355
E-Mail: bankenaufsicht.hv-mainz@bundesbank.de

DEUTSCHE BUNDESBANK
Hauptverwaltung München
Ludwigstr. 13
80539 München
Telefon 089 2889-5
Telefax 089 2889-3630
E-Mail: institutsaufsicht.hv-muenchen@bundesbank.de

DEUTSCHE BUNDESBANK
Hauptverwaltung Stuttgart
Marstallstr. 3
70173 Stuttgart
Telefon 0711 944-0
Telefax 0711 944-1921
E-Mail: bankenabteilung.hv-stuttgart@bundesbank.de

Weitere Informationen erhalten Sie auch unter der Internet-Adresse der Deutschen Bundesbank: http://www.bundesbank.de/bankenaufsicht/bankenaufsicht.php

Anhang 6.2
Merkblatt über die Erteilung einer Erlaubnis zum Erbringen von Finanzdienstleistungen gemäß § 32 Abs. 1 KWG

(Stand: April 2013)

Inhalt

1 Erlaubnispflichtige Finanzdienstleistungen

2 Ausnahmen

3 Voraussetzungen für die Erlaubniserteilung

4 Versagen der Erlaubnis

5 Inhalte des Erlaubnisantrags

6 Zulassung von Unternehmen mit Sitz im Ausland

7 Gebühren/Umlage

8 Entschädigungseinrichtung der Wertpapierhandelsunternehmen (EdW)

9 Anschriften

1 Erlaubnispflichtige Finanzdienstleistungen

Wer im Inland, dem Geltungsbereich des Gesetzes über das Kreditwesen (KWG), gewerbsmäßig oder in einem Umfang, der einen in kaufmännischer Weise eingerichteten Geschäftsbetrieb erfordert, Finanzdienstleistungen erbringen will, bedarf grundsätzlich der **schriftlichen Erlaubnis** der Bundesanstalt für Finanzdienstleistungsaufsicht (§ 32 Abs. 1 KWG). Ausnahmen gelten für Unternehmen mit Sitz in einem anderen Staat des Europäischen Wirtschaftsraums (§ 53b KWG). Die Erlaubnis muss vor Aufnahme der Geschäftstätigkeit vorliegen; Eintragungen in öffentliche Register (z.B. Handelsregister) dürfen nur vorgenommen werden, wenn dem Registergericht die Erlaubnis nachgewiesen worden ist (§ 43 Abs. 1 KWG). Die Bundesanstalt für Finanzdienstleistungsaufsicht – im folgenden Bundesanstalt – kann die Erlaubnis unter Auflagen erteilen; die Erlaubnis kann darüber hinaus auf einzelne Finanzdienstleistungen beschränkt werden (§ 32 Abs. 2 KWG). Werden ohne die erforderliche Erlaubnis Finanzdienstleistungen erbracht, kann die Bundesanstalt nach § 37 KWG die sofortige Einstellung des Geschäftsbetriebs und die unverzügliche Abwicklung dieser Geschäfte gegenüber dem Unternehmen und den Mitgliedern seiner Organe anordnen. Zwangsmaßnahmen können auch gegen Unternehmen und deren Organmitglieder erlassen werden, die in die Anbahnung, den Abschluss oder die Abwicklung der unerlaubten Geschäfte einbezogen sind. Das Erbringen von Finanzdienstleistungen ohne Erlaubnis ist strafbar (§ 54 KWG).

1.1

Finanzdienstleistungsinstitute sind nach § 1 Abs. 1 a Satz 1 KWG solche Unternehmen, die Finanzdienstleistungen für andere **gewerbsmäßig** oder in einem Umfang erbringen, der einen **in kaufmännischer Weise eingerichteten Geschäftsbetrieb** erforderlich macht.

Die Geschäfte werden gewerbsmäßig betrieben, wenn der Betrieb auf eine **gewisse Dauer** angelegt ist und sie mit der **Absicht der Gewinnerzielung** verfolgt werden. Alternativ gilt das Kriterium des Erfordernisses eines in kaufmännischer Weise eingerichteten Geschäftsbetriebes. Entscheidend für das Vorliegen dieses Merkmals dabei nicht, dass ein in kaufmännischer Weise eingerichteter Geschäftsbetrieb vorhanden ist, sondern allein, ob die Geschäfte einen derartigen Umfang haben, dass **objektiv** eine **kaufmännische Organisation erforderlich** ist.

1.2

Was als **Finanzdienstleistung** anzusehen ist, wird abschließend in § 1 Abs. 1 a Satz 2 Nrn. 1 bis 11 KWG festgelegt. Danach sind als Finanzdienstleistung zu qualifizieren

1. die Vermittlung von Geschäften über die Anschaffung und die Veräußerung von Finanzinstrumenten (**Anlagevermittlung**),
1 a. die Abgabe von persönlichen Empfehlungen an Kunden oder deren Vertreter, die sich auf Geschäfte mit bestimmten Finanzinstrumenten beziehen, sofern die Empfehlung auf eine Prüfung der persönlichen Umstände des Anlegers gestützt oder als für ihn geeignet dargestellt wird und nicht ausschließlich über Informationsverbreitungskanäle oder für die Öffentlichkeit bekannt gegeben wird (**Anlageberatung**),
1 b. der Betrieb eines multilateralen Systems, das die Interessen einer Vielzahl von Personen am Kauf und Verkauf von Finanzinstrumenten innerhalb des Systems und nach festgelegten Bestimmungen in einer Weise zusammenbringt, die zu einem Vertrag über den Kauf dieser Finanzinstrumente führt (**Betrieb eines multilateralen Handelssystems**),
1 c. das Platzieren von Finanzinstrumenten ohne feste Übernahmeverpflichtung (**Platzierungsgeschäft**),
2. die Anschaffung und die Veräußerung von Finanzinstrumenten im fremden Namen für fremde Rechnung (**Abschlussvermittlung**),
3. die Verwaltung einzelner in Finanzinstrumenten angelegter Vermögen für andere mit Entscheidungsspielraum (**Finanzportfolioverwaltung**),
4. die Anschaffung und die Veräußerung von Finanzinstrumenten für eigene Rechnung als Dienstleistung für andere (**Eigenhandel**),
5. die Vermittlung von Einlagengeschäften mit Unternehmen mit Sitz außerhalb des Europäischen Wirtschaftsraums (**Drittstaateneinlagenvermittlung**),
7. der Handel mit Sorten (**Sortengeschäft**),
9. der laufende Ankauf von Forderungen auf der Grundlage von Rahmenverträgen mit oder ohne Rückgriff (**Factoring**),
10. der Abschluss von Finanzierungsleasingverträgen als Leasinggeber und die Verwaltung von Objektgesellschaften im Sinne von § 2 Absatz 6 Satz 1 Nr. 17 (**Finanzierungsleasing**),
11. die Anschaffung und die Veräußerung von Finanzinstrumenten als Form gemeinsamer Vermögensanlage (**Anlageverwaltung**).

Wer neben dem Betreiben von Bankgeschäften oder der Erbringung von Finanzdienstleistungen im Sinne des § 1 Abs. 1 a Satz 2 Nummer 1 bis 5 und 11 KWG auch Finanzinstrumente für eigene Rechnung anschaffen oder veräußern will, ohne die

Voraussetzungen für den Eigenhandel zu erfüllen (Eigengeschäft), bedarf auch hierfür der schriftlichen Erlaubnis der Bundesanstalt für Finanzdienstleistungsaufsicht. Im Folgenden werden die oben genannten Finanzdienstleistungen näher erläutert.

Anlagevermittlung (Nr. 1)

Die Tätigkeit des Anlagevermittlers besteht in der Entgegennahme und Übermittlung von Aufträgen von Anlegern, soweit sie sich auf Finanzinstrumente gemäß § 1 Abs. 11 KWG[1] bezieht.

Anlageberatung (Nr. 1 a)[2]

Um Anlageberatung handelt es sich, wenn dem Anleger zu einer bestimmten Handlung als in seinem Interesse liegend geraten wird, nicht aber bei einer bloßen Information des Kunden. Es muss sich bei der Empfehlung um eine auf den Kunden zugeschnittene Beratung bezüglich eines konkreten Finanzinstruments handeln bzw. die Beratung muss zumindest den Anschein erwecken, die persönlichen Umstände des Kunden zu berücksichtigen. Eine bloße Empfehlung an einen nicht individuell bestimmbaren Personenkreis, beispielsweise über eine Zeitung oder Ähnliches, reicht nicht aus.

Betreiben eines multilateralen Handelssystems (Nr. 1 b)

Ein multilaterales Handelssystem liegt vor, wenn die Interessen einzelner Personen am Kauf bzw. Verkauf von Finanzinstrumenten gem. § 1 Abs. 11 KWG zusammengeführt werden, ohne dass dabei ein Entscheidungsspielraum bezüglich des endgültigen Geschäftsabschlusses mit einem bestimmten Vertragspartner verbleibt. Es bedarf eines festen Regelwerkes, eine Plattform im technischen Sinne ist nicht erforderlich. Nicht als multilaterale Handelssysteme gelten bilaterale Systeme, bei dem das Gegenüber des Kaufs bzw. Verkaufs immer der gleiche Anbieter ist. Auch nicht erfasst sind Inseratsysteme, die wie ein elektronisches schwarzes Brett funktionieren, auf dem Interessenten ihre Handelswünsche öffentlich abgeben können.

Platzierungsgeschäft (Nr. 1 c)

Das Platzierungsgeschäft ist ein Sonderfall der Abschlussvermittlung, bei dem das Institut im Rahmen einer Platzierung von Finanzinstrumenten in offener Stellvertretung des Kunden gegenüber den Anlegern auftritt.

Abschlussvermittlung (Nr. 2)

Die Anschaffung und Veräußerung von Finanzinstrumenten erfolgt in offener Stellvertretung, d. h. im Namen und für Rechnung des Kunden. Sie entspricht der Tätigkeit eines Abschlussmaklers (§ 34c Gewerbeordnung), sofern er eine Partei bei Abschluss des Geschäfts vertritt.

Finanzportfolioverwaltung (Nr. 3)

Wesentliches Kriterium für eine Einstufung als Finanzportfolioverwalter ist das Vorhandensein von Entscheidungsspielraum bei den zu treffenden Anlageentschei-

---

1 Vgl. Ziffer 1.3.
2 Vgl. auch Gemeinsames Informationsblatt der BaFin und der Deutschen Bundesbank zum neuen Tatbestand der Anlageberatung, abrufbar unter: http://www.bundesbank.de/download/bankenaufsicht/pdf/070724_anlageberatung.pdf.

dungen. Ein Entscheidungsspielraum ist gegeben, wenn die konkreten Anlageentscheidungen im eigenen Ermessen des Verwalters liegen.

Wertpapiere hat der Portfolioverwalter in einem Wertpapierdepot des Kunden bei einem Kreditinstitut verwahren zu lassen; andernfalls bedarf er einer Erlaubnis zum Betreiben des Depotgeschäfts und wäre damit selbst Kreditinstitut.

Eigenhandel (Nr. 4)

Beim Handel im Auftrag eines Dritten als Eigenhändler tritt das Institut seinem Kunden nicht als Kommissionär, sondern als Käufer und Verkäufer gegenüber. Auch wenn es sich zivilrechtlich um einen reinen Kaufvertrag handelt, ist das Geschäft Dienstleistung im Sinne der Finanzmarktrichtlinie.

Der Handel in Finanzinstrumenten ist immer jeweils einer der vier folgenden Kategorien zuzuordnen:
- Der Handel im fremden Namen für fremde Rechnung (offene Stellvertretung) ist Finanzdienstleistung im Sinne des § 1 Abs. 1a Satz 2 Nr. 2 KWG (Abschlussvermittlung).
- Der Handel im fremden Namen für fremde Rechnung (offene Stellvertretung) im Rahmen eines Platzierungsgeschäftes ist Finanzdienstleistung im Sinne des § 1 Abs. 1a Satz 2 Nr. 1c KWG (Platzierungsgeschäft).
- Der Handel im eigenen Namen für fremde Rechnung (verdeckte Stellvertretung) ist Bankgeschäft im Sinne des § 1 Abs. 1 Satz 2 Nr. 4 KWG (Finanzkommissionsgeschäft).[1]
- Der Handel im eigenen Namen für eigene Rechnung, ist – sofern er eine Dienstleistung für andere darstellt – Finanzdienstleistung im Sinne des § 1 Abs. 1a Satz 2 Nr. 4 KWG (Eigenhandel).

Drittstaateneinlagenvermittlung (Nr. 5)

Unter diese Vorschrift fällt die Vermittlung des Abschlusses von Verträgen über Einlagen an Adressen in Staaten außerhalb des Europäischen Wirtschaftsraumes sowie die Entgegennahme von Einlagen im Inland und das unverzügliche Weiterleiten an solche Adressen. Sofern ein »Treuhänder« offiziell auf Weisung einer ausländischen Firma Gelder einsammelt, liegt ein nach § 53 KWG erlaubnispflichtiges Betreiben einer Zweigstelle dieses ausländischen Unternehmens vor.

Sortengeschäft (Nr. 7)

Zum Sortengeschäft zählen der Austausch von Banknoten oder Münzen, die gesetzliche Zahlungsmittel darstellen, sowie der An- und Verkauf von Reiseschecks. Wechselstuben sind somit Finanzdienstleistungsinstitute.

Factoring (Nr. 9)

Aufgrund der Finanzierungsfunktion des Factoring wird dieses unabhängig davon, ob auch die Delkrederefunktion übernommen wird (»echtes Factoring«) oder nicht (»unechtes Factoring«) als Finanzdienstleistung abschließend erfasst. Auch die zivilrechtliche Einordnung des unechten Factoring als Darlehen im Sinne des § 488 BGB verändert diese Einstufung nicht. Forderungskäufe durch Zweckgesellschaften im Rahmen revolvierender ABS-Transaktionen fallen nicht unter die Regelung des § 1 Abs. 1a Satz 2 Nr. 9 KWG. Ebenso wird das Fälligkeitsfactoring bei vollständigem Wegfall der Finanzierungsfunktion nicht als Finanzdienstleistung erfasst.

---

1 Vgl. Ziffer 1.4.

Finanzierungsleasing (Nr. 10)

Das Finanzierungsleasing umfasst den Abschluss von Finanzierungsleasingverträgen als Leasinggeber sowie die Verwaltung von Objektgesellschaften. Dabei ist das Finanzierungsleasing von nicht erlaubnispflichtigen Tätigkeiten abzugrenzen, bei denen schwerpunktmäßig, wenngleich nicht ausschließlich, die entgeltliche befristete Gebrauchsüberlassungen charakteristisch ist (sog. »Operating Leasing«/atypische Mietverträge). Die Erlaubnispflicht gilt nur für solche Verträge, bei denen die Finanzierungsfunktion im Vordergrund steht.

Anlageverwaltung (Nr. 11)[1]

Die Tätigkeit des Anlageverwalters besteht in der Anschaffung und der Veräußerung von Finanzinstrumenten für eine Gemeinschaft von Anlegern, die natürliche Personen sind, mit Entscheidungsspielraum bei der Auswahl der Finanzinstrumente, sofern dies ein Schwerpunkt des angebotenen Produkts ist und zu dem Zweck erfolgt, dass die Anleger an der Wertentwicklung der erworbenen Finanzinstrumente teilnehmen.

1.3

Unter dem Begriff **Finanzinstrumente** werden in § 1 Abs. 11 KWG fünf Gattungen von Finanzprodukten zusammengefasst:
- Handelbare **Wertpapiere**,
- **Vermögensanlagen im Sinne des § 1 Abs. 2 des Vermögensanlagegesetzes** mit Ausnahme von Anteilen an einer Genossenschaft im Sinne des § 1 des Genossenschaftsgesetzes,
- **Geldmarktinstrumente**,
- **Devisen oder Rechnungseinheiten** sowie
- **Derivate**.

Die folgenden Legaldefinitionen der Begriffe Wertpapiere, Geldmarktinstrumente und Derivate gibt § 1 Abs. 11 Satz 2 bis 4 KWG:

Wertpapiere sind, auch wenn keine Urkunden über sie ausgestellt sind, alle Gattungen von übertragbaren Wertpapieren mit Ausnahme von Zahlungsinstrumenten, die ihrer Art nach auf den Kapitalmärkten handelbar sind, insbesondere
1. Aktien und andere Anteile an in- oder ausländischen juristischen Personen, Personengesellschaften und sonstigen Unternehmen soweit sie Aktien vergleichbar sind, sowie Zertifikate, die Aktien vertreten,
2. Schuldtitel insbesondere Genussscheine, Inhaberschuldverschreibungen, Orderschuldverschreibungen und Zertifikate, die diese Schuldtitel vertreten,
3. sonstige Wertpapiere die zum Erwerb oder zu Veräußerung von Wertpapieren nach den Nummern 1 und 2 berechtigen oder zu einer Barzahlung führen, die in Abhängigkeit von Wertpapieren, von Währungen, Zinssätzen oder anderen Erträgen, von Waren Indices oder Messgrößen bestimmt wird,
4. Anteile an Investmentvermögen, die von einer Kapitalanlagegesellschaft oder einer ausländischen Investmentgesellschaft ausgegeben werden.

Geldmarktinstrumente sind Forderungen, die üblicherweise auf dem Geldmarkt gehandelt werden, wie z.B. kurzfristige Schuldscheindarlehen, Deposit Notes oder Finanz-Swaps. Ausgenommen hiervon sind Zahlungsinstrumente.

---

[1] Vgl. Rundschreiben 7/2009 (WA) der BaFin.

Derivate sind als Kauf, Tausch oder anderweitig ausgestaltete Festgeschäfte oder Optionsgeschäfte, die zeitlich verzögert zu erfüllen sind und deren Wert sich unmittelbar oder mittelbar vom Preis oder Maß eines Basiswertes ableitet. Basiswerte sind hierbei Wertpapiere, Geldmarktinstrumente, Devisen, Rechnungseinheiten, Zinssätze oder andere Erträge, Indices der vorgenannten Basiswerte sowie andere Indices oder Finanzmessgrößen und Derivate. Derivate sind auch Termingeschäfte mit Bezug auf Waren, Frachtsätze, Emissionsberechtigungen, Klima- oder andere physikalische Variablen, Inflationsraten oder andere volkswirtschaftliche Variablen oder sonstige Vermögenswerte, Indices oder Messwerte als Basiswerte, sofern sie entweder durch Barausgleich zu erfüllen sind oder einer Vertragspartei das Recht geben, einen Barausgleich zu verlangen, ohne dass dieses Recht durch Ausfall oder ein anderes Beendigungsereignis begründet ist. Auch wenn diese Termingeschäfte auf einem organisierten Markt oder in einem multilateralen Handelssystem geschlossen werden, oder nach Maßgabe des Artikels 38 Abs. I der Verordnung (EG) Nr. 1287/2006 der Kommission vom 10. August 2006 zur Durchführung der Richtlinie 2004/39/EG des Europäischen Parlamentes und des Rates betreffend die Aufzeichnungspflichten für Wertpapierfirmen, die Meldung von Geschäften, die Markttransparenz, die Zulassung von Finanzinstrumenten zum Handel und bestimmte Begriffe im Sinne dieser Richtlinie Merkmale anderer Derivate aufweisen und nicht kommerziellen Zwecken dienen und nicht die Voraussetzungen des Artikels 38 Abs. 4 dieser Verordnung gegeben sind und sofern sie keine Kassageschäfte im Sinne des Artikels 38 Abs. 2 der Verordnung (EG) Nr. 1287/2006 sind, handelt es sich um Derivate. Ebenfalls Derivate sind finanzielle Differenzgeschäfte und als Kauf, Tausch oder anderweitig ausgestaltete Festgeschäfte oder Optionsgeschäfte, die zeitlich verzögert zu erfüllen sind und dem Transfer von Kreditrisiken dienen, sowie Termingeschäfte mit Bezug auf die in Artikel 39 der Verordnung (EG) Nr. 1287/2006 genannten Basiswerte, sofern sie die Bedingungen des § 1 Abs. 11 Satz 4 Nr. 2 KWG erfüllen.

1.4

Finanzdienstleistungsinstitute können auch die in § 1 Abs. 3 d Satz 2 KWG definierten **Wertpapierhandelsunternehmen** (Synonym für den Begriff »Wertpapierfirma« der Finanzmarktrichtlinie) sein, die unter bestimmten Voraussetzungen mit dem sog. Europäischen Pass in einem vereinfachten Verfahren und unter der Aufsicht der Heimatlandbehörden Zweigstellen in anderen Ländern des Europäischen Wirtschaftsraumes errichten oder dort grenzüberschreitende Finanzdienstleistungen erbringen können.

Wertpapierhandelsunternehmen sind Institute, die keine Einlagenkreditinstitute sind und die das Finanzkommissions- oder das Emissionsgeschäft betreiben (Bankgeschäfte im Sinne von § 1 Abs. 1 Satz 2 Nr. 4 bzw. 10 KWG) oder eine Finanzdienstleistung im Sinne des § 1 Abs. 1a Satz 2 Nr. 1 bis 4 KWG anbieten, d.h. die als Anlageberater, als Anlage- oder Abschlussvermittler, als Betreiber eines multilateralen Handelssystems, im Platzierungsgeschäft, als Finanzportfolioverwalter oder als Eigenhändler für andere tätig sind. **Dies gilt nicht**, wenn sich die vorgenannten Geschäfte auf Devisen oder Rechnungseinheiten beschränken.

Unter dem **Finanzkommissionsgeschäft** gemäß § 1 Abs. 1 Satz 2 Nr. 4 KWG versteht man die Anschaffung und Veräußerung von Finanzinstrumenten im eigenen Namen für fremde Rechnung.

Das **Emissionsgeschäft** nach § 1 Abs. 1 Satz 2 Nr. 10 KWG hat die Übernahme von Finanzinstrumenten für eigenes Risiko zur Platzierung (»Übernahmekonsortium«) oder die Übernahme gleichwertiger Garantien zum Gegenstand.

Wertpapierhandelsunternehmen können somit je nach Erlaubnisumfang sowohl Finanzdienstleistungsinstitute als auch Kreditinstitute sein. Wertpapierhandelsunternehmen haben neben dem KWG auch das Gesetz über den Wertpapierhandel (WpHG) zu beachten. Die Erlaubnisvoraussetzungen für Kreditinstitute sind gesondert zu erfragen.

2 Ausnahmen

Welche Unternehmen nicht als Finanzdienstleistungsinstitute anzusehen sind und somit keiner Erlaubnis der Bundesanstalt bedürfen, ist in § 2 Abs. 6 Satz 1 Nrn. 1 bis 18 und Abs. 10 KWG festgelegt[1].
Zu nennen sind aus § 2 Abs. 6 Satz 1 KWG insbesondere
- Unternehmen, die Finanzdienstleistungen ausschließlich innerhalb der Unternehmensgruppe erbringen (**Nr. 5**);
- Unternehmen, deren Finanzdienstleistung ausschließlich in der Verwaltung eines Systems von Arbeitnehmerbeteiligungen an den eigenen oder an mit ihnen verbundenen Unternehmen besteht (**Nr. 6**);
- Unternehmen, die als Finanzdienstleistungen ausschließlich die Anlageberatung und die Anlage- und Abschlussvermittlung zwischen Kunden und
  - einem Kredit- oder Finanzdienstleistungsinstitut,
  - einem nach § 53b Abs. 1 Satz 1 oder Abs. 7 KWG tätigen Unternehmen,
  - einem Unternehmen, das auf Grund einer Rechtsverordnung nach § 53c KWG gleichgestellt oder freigestellt ist, oder
  - einer ausländischen Investmentgesellschaft,

  betreiben, sofern sich diese Finanzdienstleistungen auf Anteile an Investmentvermögen, die von einer Kapitalanlagegesellschaft oder Investmentaktiengesellschaft im Sinne der §§ 96 bis 111 des Investmentgesetzes ausgegeben werden, oder auf ausländische Investmentanteile, die nach dem Investmentgesetz öffentlich vertrieben werden dürfen, beschränken und die Unternehmen **nicht befugt** sind, sich bei der Erbringung dieser Finanzdienstleistungen Eigentum oder Besitz an Geldern oder Anteilen von Kunden zu verschaffen. (**Nr. 8**). Ausgenommen sind Anteile an Sondervermögen mit zusätzlichen Risiken nach § 112 des Investmentgesetzes.
  Diese Ausnahme gilt auch bei Vermittlung an mehrere der oben genannten Anbieter.
- Unternehmen, die ohne grenzüberschreitend tätig zu werden, Eigengeschäfte an Derivatemärkten betreiben und an Kassamärkten nur zur Absicherung dieser Positionen handeln, Eigenhandel oder Abschlussvermittlung nur für andere Mitglieder dieser Derivatemärkte erbringen oder als Market Maker im Sinne des WpHG im Wege des Eigenhandels Preise für andere Mitglieder dieser Derivatemärkte stellen, sofern für die Erfüllung der Verträge, die diese Unternehmen schließen, Clearingmitglieder derselben Märkte oder Handelssysteme haften (**Nr. 9**);
- Angehörige freier Berufe, die Finanzdienstleistungen nur gelegentlich im Rahmen eines Mandatsverhältnisses als Freiberufler erbringen und einer Berufskammer in der Form der Körperschaft des öffentlichen Rechts angehören, deren Berufsrecht das Erbringen von Finanzdienstleistungen nicht ausschließt (**Nr. 10**);
- Unternehmen, die Eigengeschäfte betreiben oder Finanzdienstleistungen im Sinne des § 1 Abs. 1a Nr. 1 bis 4 KWG nur in Bezug auf Derivate erbringen, sofern sie nicht Teil einer Unternehmensgruppe sind, deren Haupttätigkeit in der Anlageberatung, der Anlage- und Abschlussvermittlung, dem Betrieb eines multilateralen Handelssystems, dem Platzierungsgeschäft, dem Eigenhandel für andere, oder im Einlagengeschäft, im Kreditgeschäft, dem Garantiegeschäft oder dem E-Geld-Geschäft besteht, und die vom Unternehmen erbrachten Finanzdienstleistungen auf Ebene der Unternehmensgruppe von untergeordneter Bedeutung im Verhältnis zur Haupt-

---

[1] § 34 c Gewerbeordnung wird durch die Ausnahmeregelungen nicht berührt.

tätigkeit sind. Des Weiteren müssen die Finanzdienstleistungen nur für Kunden der Haupttätigkeit der Unternehmensgruppe und in sachlichem Zusammenhang mit Geschäften der Haupttätigkeit erbracht werden. **(Nr. 11)**;
- Unternehmen, deren einzige Finanzdienstleistung der Handel mit Sorten ist, sofern ihre Haupttätigkeit nicht im Sortengeschäft besteht **(Nr. 12)**;
  Darunter fallen Hotels, Reisebüros, Kaufhäuser und andere Unternehmen, die das Sortengeschäft lediglich als Nebentätigkeit betreiben.
- Unternehmen, soweit sie als Haupttätigkeit Eigengeschäfte und Eigenhandel mit Waren oder Derivaten im Bezug auf Waren betreiben, sofern sie nicht einer Unternehmensgruppe angehören, deren Haupttätigkeit in der Anlageberatung, der Anlage- und Abschlussvermittlung, dem Betrieb eines multilateralen Handelssystems, dem Platzierungsgeschäft, dem Eigenhandel für andere, oder im Einlagengeschäft, im Kreditgeschäft, dem Garantiegeschäft oder dem E-Geld-Geschäft besteht **(Nr. 13)**;
- Unternehmen, die als Finanzdienstleistung ausschließlich die Anlageberatung im Rahmen einer anderen beruflichen Tätigkeit erbringen, ohne sich die Anlageberatung besonders vergüten zu lassen **(Nr. 15)**;
- Betreiber organisierter Märkte, die neben dem Betrieb eines multilateralen Handelssystems keine anderen Finanzdienstleistungen erbringen **(Nr. 16)**;
  Hierunter fallen beispielsweise Börsen, die keine andere Finanzdienstleistung anbieten.
- Unternehmen, die als einzige Finanzdienstleistung im Sinne des § 1 Abs. 1a Satz 2 KWG das Finanzierungsleasing betreiben, falls sie nur als Leasing-Objektgesellschaft für ein einzelnes Leasingobjekt tätig werden, keine eigenen geschäftspolitischen Entscheidungen treffen und von einem Institut mit Sitz im Europäischen Wirtschaftsraum verwaltet werden, das nach dem Recht des Herkunftsstaates zum Betrieb des Finanzierungsleasing zugelassen ist **(Nr. 17)**;
- Unternehmen, die als Finanzdienstleistung nur die Anlageverwaltung betreiben und deren Mutterunternehmen die Kreditanstalt für Wiederaufbau oder ein Institut im Sinne des Satzes 2 ist. Institut im Sinne des Satzes 1 ist ein Finanzdienstleistungsinstitut, das die Erlaubnis für die Anlageverwaltung hat, oder ein Einlagenkreditinstitut oder Wertpapierhandelsunternehmen mit Sitz in einem anderen Staat des Europäischen Wirtschaftsraums im Sinne des § 53b Abs. 1 Satz 1, das in seinem Herkunftsstaat über eine Erlaubnis für mit § 1 Abs. 1a Satz 2 Nr. 11 vergleichbare Geschäfte verfügt, oder ein Institut mit Sitz in einem Drittstaat, das für die in § 1 Abs. 1a Satz 2 Nr. 11 genannten Geschäfte nach Absatz 4 von der Erlaubnispflicht nach § 32 freigestellt ist **(Nr. 18)**;
- Unternehmen, die das Platzierungsgeschäft ausschließlich für Anbieter oder für Emittenten von Vermögensanlagen im Sinne des § 1 Absatz 2 des Vermögensanlagengesetzes erbringen **(Nr. 19)**, und
- Unternehmen, die außer der Finanzportfolioverwaltung und der Anlageverwaltung keine Finanzdienstleistungen erbringen, sofern die Finanzportfolioverwaltung und Anlageverwaltung nur auf Vermögensanlagen im Sinne des § 1 Absatz 2 des Vermögensanlagengesetzes beschränkt erbracht werden **(Nr. 20)**.

Eine weitere **Ausnahme** von der Erlaubnispflicht sieht § 2 Abs. 10 Satz 1 KWG vor:
- Unternehmen gelten auch dann **nicht** als Finanzdienstleistungsinstitute, wenn
  - sie die Anlage- oder Abschlussvermittlung, das Platzierungsgeschäft oder die Anlageberatung ausschließlich für Rechnung und unter der Haftung eines Einlagenkreditinstituts (§ 1 Abs. 3d Satz 1 KWG) oder Wertpapierhandelsunternehmens (§ 1 Abs. 3d Satz 2 KWG) mit Sitz im Inland oder eines nach § 53b Abs. 1 Satz 1 oder Abs. 7 KWG tätigen Unternehmens ausüben, ohne andere Finanzdienstleistungen zu erbringen,
  - dies der Bundesanstalt vom haftenden Institut oder Unternehmen angezeigt wird.

3 Voraussetzungen für die Erlaubniserteilung

Wie sich aus § 33 Abs. 1 Satz 1 KWG, der auf die Erlaubnisversagung abstellt, ergibt, darf die Bundesanstalt die Erlaubnis nur erteilen, wenn die folgenden zwingenden **Voraussetzungen** erfüllt sind:
- Es müssen die zum Geschäftsbetrieb **erforderlichen Mittel**, insbesondere ein ausreichendes **Anfangskapital** im Inland, zur Verfügung stehen (§ 33 Abs. 1 Satz 1 Nr. 1 KWG).
  - Für Unternehmen, die beabsichtigen, die Anlageberatung, die Anlagevermittlung, die Abschlussvermittlung, die Finanzportfolioverwaltung, den Betrieb eines multilateralen Handelssystems, das Platzierungsgeschäft oder die Anlageverwaltung auszuüben, und die **nicht befugt** sind, sich bei der Erbringung von Finanzdienstleistungen **Eigentum oder Besitz** an Geldern oder Wertpapieren von Kunden zu verschaffen, und die nicht auf eigene Rechnung mit Finanzinstrumenten handeln, ist dies ein Betrag im Gegenwert von mindestens **50 000 Euro**.
  - Für Unternehmen, die die Anlageberatung, die Anlage- sowie Abschlussvermittlung betreiben, und nicht befugt sind, sich bei der Erbringung von Finanzdienstleistungen Eigentum oder Besitz an Geldern oder Wertpapieren von Kunden zu verschaffen und nicht auf eigene Rechnung mit Finanzinstrumenten handeln, ein Betrag von **25 000 Euro**, wenn sie zusätzlich als Versicherungsvermittler nach der Richtlinie 2002/92/EG des Europäischen Parlaments und des Rates vom 9. Dezember 2002 über Versicherungsvermittler in ein Register eingetragen sind und die Anforderungen des Artikels 4 Abs. 3 der Richtlinie 2002/92/ EG erfüllen.
    Nach § 33 Abs. 1 Satz 2 KWG können Anlageberater und Anlage- oder Abschlussvermittler, die nicht befugt sind, sich bei der Erbringung von Finanzdienstleistungen Eigentum oder Besitz an Kundengeldern oder Wertpapieren von Kunden zu verschaffen und die nicht auf eigene Rechnung handeln, an Stelle des Anfangskapitals den Abschluss einer geeigneten Versicherung zum Schutz des Kunden nachweisen. Diese Versicherung muss eine Versicherungssumme von 1 000 000 Euro für jeden Versicherungsfall und eine Versicherungssumme von mindestens 1 500 000 Euro für alle Versicherungsfälle eines Versicherungsjahres vorsehen.
    Für Anlageberater und Anlagevermittler, die zusätzlich als Versicherungsvermittler nach der Richtlinie 2002/92/EG in ein Register eingetragen sind und die Anforderungen des Artikel 4 Abs. 3 dieser Richtlinie erfüllen, gelten die Summen auf 500 000 Euro für jeden Versicherungsfall und eine Versicherungssumme von mindestens 750 000 Euro für alle Fälle eines Versicherungsjahres herabgesetzt. Eine geeignete Versicherung muss insbesondere Schäden abdecken, die durch Falschberatung entstehen. Grundsätzlich ist in jedem Einzelfall zu prüfen, ob der von einem Anlage oder Abschlussvermittler vorgelegte Versicherungsvertrag den Anforderungen des § 33 Abs. 1 Satz 2 KWG entspricht.
  - Für Unternehmen, die Eigengeschäfte auch an ausländischen Derivatemärkten und an Kassamärkten nur zur Absicherung dieser Positionen betreiben, die Anlagevermittlung nur für andere Mitglieder dieser Märkte erbringen oder im Wege des Eigenhandels als Market Maker im Sinne des WpHG Preise für anderes Mitglieder dieser Märkte stellen, ein Betrag von **25 000 Euro**, sofern für die Erfüllung der Verträge, die diese Unternehmen an diesen Märken oder in diesen Handelssystemen schließen, Clearingmitglieder derselben Märkte oder Handelssysteme haften.
  - Finanzdienstleistungsinstitute, die nicht auf eigene Rechnung handeln, aber nicht unter die zuvor genannten Kategorien fallen, haben einen Betrag im Gegenwert von mindestens **125 000 Euro** nachzuweisen.

– Bei Finanzdienstleistungsinstituten, die auf eigene Rechnung mit Finanzinstrumenten handeln, ist ein Betrag im Gegenwert von mindestens **730 000 Euro** vorgeschrieben.

Das Anfangskapital bemisst sich nach § 10 Abs. 2a Satz 1 Nr. 1 bis 6 KWG (im Wesentlichen eingezahltes Kapital und Rücklagen, ggf. abzüglich von Entnahmen und Gesellschafterdarlehen bzw. abzüglich des Gesamtnennbetrages der Aktien, die mit einem nachzuzahlenden Vorzug bei der Verteilung des Gewinns ausgestattet sind).

Das Kapital muss frei verfügbar sein und darf nicht aus einer Kreditaufnahme herrühren. Allerdings behält sich die Bundesanstalt vor, jeweils von Fall zu Fall zu entscheiden, ob ein Anfangskapital in Höhe der oben genannten Beträge auch tatsächlich ausreichend ist und der konkreten Situation des neuen Instituts gerecht wird. Dies kann insbesondere zum Tragen kommen, wenn und soweit das Institut der Bundesanstalt die Übernahme einer Haftung gemäß § 2 Abs. 10 KWG anzeigt.

Ausnahme
Auf Finanzdienstleistungsinstitute, die außer der Drittstaateneinlagenvermittlung, dem Sortengeschäft, dem Factoring und dem Finanzierungsleasing keine weitere Finanzdienstleistung erbringen, sind die Regelungen über das Anfangskapital nicht anzuwenden (§ 2 Abs. 7 KWG).

Zu beachten ist ferner:
*Ein **Finanzportfolioverwalter**[1] muss Eigenmittel aufweisen, die mindestens einem Viertel seiner Kosten entsprechen, die in der Gewinn- und Verlustrechnung des letzten Jahresabschlusses unter den allgemeinen Verwaltungsaufwendungen, den Abschreibungen und Wertberichtigungen auf immaterielle Anlagewerte und Sachanlagen ausgewiesen sind. Bei Fehlen eines Jahresabschlusses für das erste volle Geschäftsjahr sind die im Geschäftsplan für das laufende Jahr für die entsprechenden Posten vorgesehenen Aufwendungen auszuweisen. Die Bundesanstalt behält sich vor, die Eigenmittelanforderungen heraufzusetzen, wenn dies aufgrund einer Ausweitung der Geschäftstätigkeit angezeigt ist (§ 10 Abs. 9 KWG).*
Bei Wertpapierhandelsunternehmen *in der Rechtsform eines Einzelkaufmannes oder einer Personenhandelsgesellschaft sind die Risikoaktiva des Inhabers oder der persönlich haftenden Gesellschafter in die Beurteilung der Solvenz des Instituts einzubeziehen; das freie Vermögen des Inhabers oder der Gesellschafter bleibt bei der Berechnung der Eigenmittel unberücksichtigt (§ 2b Abs. 2 Satz 1 KWG).*

– Es müssen zuverlässige und fachlich geeignete **Geschäftsleiter** vorhanden sein, die dem Institut nicht nur ehrenamtlich zur Verfügung stehen (§ 33 Abs. 1 Satz 1 Nrn. 2, 4 und 5 KWG).

Ein Finanzdienstleistungsinstitut, das **befugt** ist, sich bei der Erbringung von Finanzdienstleistungen **Eigentum oder Besitz** an Geldern oder Wertpapieren von Kunden **zu verschaffen**, muss mindestens **zwei** Geschäftsleiter haben (§ 33 Abs. 1 Satz 1 Nr. 5 KWG). In allen übrigen Fällen ist **ein** Geschäftsleiter ausreichend.

Es dürfen keinerlei Tatsachen vorliegen, aus denen sich Zweifel an der persönlichen **Zuverlässigkeit** der Geschäftsleiter ergeben (§ 33 Abs. 1 Satz 1 Nr. 2 KWG). Nicht zuverlässig ist z.B., wer Vermögensdelikte begangen hat, gegen gesetzliche Ordnungsvorschriften für den Betrieb eines Unternehmens verstoßen oder in seinem privaten oder geschäftlichen Verhalten gezeigt hat, dass von ihm eine solide Geschäftsführung nicht erwartet werden kann.

Die **fachliche Eignung** der Geschäftsleiter setzt nach § 33 Abs. 2 Satz 1 KWG voraus, dass sie in ausreichendem Maße theoretische und praktische Kenntnisse in den betreffenden Geschäften sowie Leitungserfahrung haben. Die fachliche Eig-

---

[1] Finanzportfolioverwalter, die nicht auf eigene Rechnung mit Finanzinstrumenten handeln und die nicht befugt sind, sich Eigentum und Besitz an Geldern oder Wertpapieren von Kunden zu verschaffen

nung für die Leitung eines Finanzdienstleistungsinstituts ist regelmäßig dann anzunehmen, wenn eine dreijährige leitende Tätigkeit bei einem Institut von vergleichbarer Größe und Geschäftsart nachgewiesen wird (§ 33 Abs. 2 Satz 2 KWG). Als leitend tätig ist hierbei anzusehen, wer in der Geschäftsleitung eines Instituts oder unmittelbar unterhalb der Geschäftsleiterebene tätig war. Die fachliche Eignung ist im übrigen Gegenstand einer alle Umstände des Einzelfalles erfassenden, die Besonderheiten des jeweiligen Instituts berücksichtigenden Würdigung.
- Die Inhaber oder gesetzlichen Vertreter oder persönlich haftenden Gesellschafter eines Unternehmens, das an dem Finanzdienstleistungsinstitut eine **bedeutende Beteiligung** (§ 1 Abs. 9 KWG) hält, müssen den im Interesse einer soliden und umsichtigen Führung des Instituts zu stellenden Ansprüchen genügen. Das setzt insbesondere voraus, dass sie zuverlässig sind (§ 33 Abs. 1 Satz 1 Nr. 3 KWG).
- Die **Hauptverwaltung** des Finanzdienstleistungsinstituts muss im Inland sein (§ 33 Abs. 1 Satz 1 Nr. 6 KWG).
- Das Institut muss bereit bzw. in der Lage sein, die erforderlichen **organisatorischen Vorkehrungen** zum ordnungsmäßigen Betreiben der Geschäfte, für die es die Erlaubnis beantragt, zu schaffen (§ 33 Abs. 1 Satz 1 Nr. 7, siehe auch § 25a KWG).

4 Versagen der Erlaubnis

Die Bundesanstalt kann u. a. gemäß § 33 Abs. 3 KWG die Erlaubnis **versagen**, wenn
- das Finanzdienstleistungsinstitut mit dem Inhaber einer **bedeutenden Beteiligung** verbunden ist und diese Unternehmensverbindung oder die Struktur der Unternehmensverbindung des Inhabers der bedeutenden Beteiligung mit anderen Unternehmen geeignet ist, eine wirksame Aufsicht über das Institut zu verhindern (§ 33 Abs. 3 Satz 2 Nr. 1 KWG),
- das Institut Tochterunternehmen eines anderen Unternehmens mit **Sitz im Ausland** ist, das im Staat seines Sitzes oder seiner Hauptverwaltung nicht wirksam beaufsichtigt wird oder dessen zuständige Aufsichtsstelle zu einer befriedigenden Zusammenarbeit mit der Bundesanstalt nicht bereit ist (§ 33 Abs. 3 Satz 2 Nr. 3 KWG) sowie
- der Erlaubnisantrag keine ausreichenden **Angaben und Unterlagen** enthält (§ 33 Abs. 3 Satz 3 KWG).

5 Inhalte des Erlaubnisantrags

Der Erlaubnisantrag[1] ist vom zukünftigen Erlaubnisträger formlos schriftlich zu stellen, d. h. bei Kapitalgesellschaften vom Vorstand oder der Geschäftsführung im Namen der Gesellschaft, bei Personenhandelsgesellschaften von jedem persönlich haftenden Gesellschafter und bei Instituten in der Rechtsform des Einzelkaufmanns vom Inhaber. Der Antrag ist an die Bundesanstalt für Finanzdienstleistungsaufsicht zu richten und mit allen erforderlichen Unterlagen in <u>dreifacher</u> Ausfertigung einzureichen.

Im Antrag sind die Firmenbezeichnung, die Rechtsform, der Sitz, der Geschäftszweck, die Organe und deren Zusammensetzung sowie der voraussichtliche Zeitpunkt der Geschäftsaufnahme zu nennen. Ferner ist anzugeben, für welche der in § 1 Abs. 1a Satz 2 KWG genannten Finanzdienstleistungen die Erlaubnis beantragt wird. Außerdem ist ausdrücklich zu erklären, ob die Befugnis bestehen wird, sich Eigentum oder

---

1 Zu den mit dem Antrag einzureichenden Anzeigen und vorzulegenden Unterlagen vgl. insbesondere § 14 der Verordnung über die Anzeigen und die Vorlage von Unterlagen nach dem Gesetz über das Kreditwesen (Anz) vom 20. März 2009.

Besitz an Geldern oder Wertpapieren von Kunden zu verschaffen und ob auf eigene Rechnung mit Finanzinstrumenten gehandelt werden soll.

Eine beglaubigte Ablichtung der Gründungsunterlagen, des Gesellschaftsvertrages oder der Satzung sowie die vorgesehene Geschäftsordnung für die Geschäftsleitung sind beizufügen.

Der Antrag muss außerdem folgende Angaben und Unterlagen enthalten:
- Einen geeigneten Nachweis der zum Geschäftsbetrieb **erforderlichen Mittel** (§ 32 Abs. 1 Satz 2 Nr. 1 KWG i.V.m. § 14 Abs. 3 AnzV).

  Als Nachweis bei Gründung eines Unternehmens ist eine Bestätigung eines Einlagenkreditinstituts (§ 1 Abs. 3d Satz 1 KWG) mit Sitz in einem Staat des Europäischen Wirtschaftsraums darüber vorzulegen, dass das Anfangskapital eingezahlt sowie frei von Rechten Dritter ist und zur freien Verfügung der Geschäftsleiter steht. Bei bestehenden Unternehmen, die erlaubnispflichtige Geschäfte aufnehmen wollen, ist stattdessen eine zeitnahe Bestätigung eines Wirtschaftsprüfers oder vereidigten Buchprüfers über das Vorhandensein des erforderlichen Anfangskapitals vorzulegen.

- Die Angabe der **Geschäftsleiter** (§ 32 Abs. 1 Satz 2 Nr. 2 KWG i.V.m. § 14 Abs. 2 AnzV).
- Angaben, die für die Beurteilung der **Zuverlässigkeit** der Antragsteller und der Geschäftsleiter (§ 1 Abs. 2 Satz 1 KWG) erforderlich sind (§ 32 Abs. 1 Satz 2 Nr. 3 KWG).

  Hierzu dienen ein von jedem Antragsteller bzw. Geschäftsleiter
  - vorzulegendes Formular »Angaben zur Zuverlässigkeit der designierten Geschäftsleiter«,
  - vorzulegender Auszug aus dem Gewerbezentralregister, wenn diese selbständig tätig waren oder sind oder im Rahmen Ihrer beruflichen Tätigkeit Vertretungsberechtigte eines Gewerbetreibenden oder mit der Leitung eines Gewerbebetriebes beauftragt oder Leiter einer sonstigen wirtschaftlichen Unternehmung waren oder sind,
  - zu beantragendes »Führungszeugnis zur Vorlage bei einer Behörde« oder »Europäisches Führungszeugnis zur Vorlage bei einer Behörde« oder entsprechende Unterlagen aus dem Ausland.

  Das Formular sowie eine Checkliste für die einzureichenden Unterlagen liegen dem »Merkblatt für die Prüfung der fachlichen Eignung und Zuverlässigkeit von Geschäftsleitern gemäß VAG, KWG, ZAG und InvG« bei, die auf der Internet-Seite der Bundesanstalt (http://www.bafin.de) abgerufen werden können.

- Angaben, die für die Beurteilung der **fachlichen Eignung** der Inhaber und Geschäftsleiter erforderlich sind (§ 32 Abs. 1 Satz 2 Nr. 4 KWG).

  Jeder Inhaber bzw. Geschäftsleiter hat einen lückenlosen, unterzeichneten Lebenslauf (ergänzt zumindest um die Zeugnisse der in den letzten drei Jahren beendeten Beschäftigungsverhältnisse) einzureichen, der sämtliche Vornamen, den Geburtsnamen, den Geburtstag, den Geburtsort, die Geburtsnamen der Eltern, die Privatanschrift und die Staatsangehörigkeit, eine eingehende Darlegung der fachlichen Vorbildung, die Namen aller Unternehmen, für die er tätig gewesen ist, und Angaben zur Art und Dauer (Monats- und Jahresangaben) der jeweiligen Tätigkeit, vor allem hinsichtlich der beantragten Geschäfte, einschließlich weiter ausgeübter Nebentätigkeiten, mit Ausnahme ehrenamtlicher, enthalten muss. Bei der Art der jeweiligen Tätigkeit sind insbesondere seine Vertretungsmacht, seine internen Entscheidungskompetenzen und die ihm innerhalb des Unternehmens unterstellten Geschäftsbereiche darzulegen.

- Einen tragfähigen **Geschäftsplan** (§ 32 Abs. 1 Satz 2 Nr. 5 KWG), der folgende Angaben zu enthalten hat:
  - Die Art der geplanten Geschäfte unter begründeter Angabe ihrer künftigen Entwicklung; hierzu sind Planbilanzen und Plangewinn- und -verlustrechnungen für die ersten drei vollen Geschäftsjahre nach Aufnahme des Geschäftsbetriebs vorzulegen;

- eine nähere Beschreibung der beabsichtigten Geschäftsabwicklung;
- Muster der vorgesehenen Kundenverträge, Verwaltungsverträge, Konto-/Depotvollmachten und allgemeinen Geschäftsbedingungen – soweit sie schon entworfen sind;
- eine Darstellung des organisatorischen Aufbaus des Instituts unter Beifügung eines Organigramms, das insbesondere die Zuständigkeiten der Geschäftsleiter erkennen lässt; es ist anzugeben, ob und wo Zweigstellen errichtet werden sollen und ob beabsichtigt ist, im Wege des grenzüberschreitenden Dienstleistungsverkehrs in einem anderen Staat des Europäischen Wirtschaftsraums Finanzdienstleistungen zu erbringen; ferner sollte erklärt werden, ob beabsichtigt ist, Auslagerungen von Bereichen auf ein anderes Unternehmen vorzunehmen;
- eine Darstellung der geplanten internen Kontrollverfahren; hierbei ist insbesondere detailliert darzulegen, wie die Einhaltung der Verpflichtungen aus dem KWG sowie dem WpHG (Gesetz über den Wertpapierhandel) sichergestellt werden soll.
- Sofern an dem Institut **bedeutende Beteiligungen** gehalten werden (§ 32 Abs. 1 Satz 2 Nr. 6 KWG), sind dem Erlaubnisantrag ferner hinzuzufügen:
  - Die Angabe der Inhaber bedeutender Beteiligungen;
  - die Angabe der Höhe dieser Beteiligungen;
  - Angaben, die für die Beurteilung der Zuverlässigkeit der Inhaber oder gesetzlichen Vertreter oder persönlich haftenden Gesellschafter notwendig sind.[1]
- Sofern Antragsteller oder Inhaber bedeutender Beteiligungen Konzernen angehören, ist die Konzernstruktur unter Beifügung eines Konzernspiegels darzustellen.
- Die Angabe von Tatsachen, die auf eine **enge Verbindung** (§ 1 Abs. 10 KWG) zwischen dem Finanzdienstleistungsinstitut und anderen natürlichen Personen oder anderen Unternehmen hinweisen (§ 32 Abs. 1 Satz 2 Nr. 7 KWG).
- Anzeigen und Unterlagen nach § 2c KWG i.V.m. der Inhaberkontrollverordnung (InhKontrollV).
- Bei **Wertpapierhandelsunternehmen** in der Rechtsform eines Einzelkaufmannes, hat der Inhaber darzulegen, inwieweit er angemessene Vorkehrungen zum Schutz der Kunden für den Fall getroffen hat, dass auf Grund seines Todes, seiner Geschäftsunfähigkeit oder aus anderen Gründen das Institut seine Geschäftstätigkeit einstellt (§ 2b Abs. 2 Satz 2 KWG). Ein Nachweis über die getroffenen Vorkehrungen hat insbesondere die Einwilligung des darin genannten Vertreters zu enthalten; wenn es sich um eine natürliche Person handelt, ist eine Erklärung des Vertreters zur Beurteilung seiner Zuverlässigkeit beizufügen.[2]

6 Zulassung von Unternehmen mit Sitz im Ausland

6.1

Die Erlaubnispflicht und die vorgenannten Erlaubnisvoraussetzungen gelten entsprechend für ein Unternehmen mit Sitz in einem **anderen Staat außerhalb des Europäischen Wirtschaftsraumes**, das durch eine im Inland zu errichtende Zweigstelle Finanzdienstleistungen erbringen will; die Zweigstelle gilt insoweit als Finanzdienstleistungsinstitut (§ 53 Abs. 1 KWG).

---

1 Vgl. Erklärung laut Seite 12.
2 Siehe Fußnote zuvor.

Ergänzend zu den Erlaubnisvoraussetzungen in Ziffer 3 des Merkblattes ist auf Folgendes **hinzuweisen**:
- Die Zweigstelle benötigt für die Aufnahme ihrer Geschäftstätigkeit ein ausreichendes **Anfangskapital**. Dieses Betriebskapital ist der Zweigstelle von dem Unternehmen, das diese Zweigstelle unterhält, zur freien Verfügung zu stellen.

  Die Vorschriften über das Anfangskapital gelten nicht für Institute, die ausschließlich die Drittstaateneinlagenvermittlung, das Sortengeschäft, das Factoring oder das Finanzierungsleasing betreiben (§ 2 Abs. 7 KWG).
- Das Unternehmen hat mindestens zwei natürliche Personen mit Wohnsitz im Inland als **Geschäftsleiter** zu bestellen, sofern das Institut befugt ist, sich bei der Erbringung von Finanzdienstleistungen Eigentum oder Besitz an Geldern oder Wertpapieren von Kunden zu verschaffen (§ 53 Abs. 2 Nr. 1 KWG). Ansonsten genügt die Bestellung eines Geschäftsleiters. Die Geschäftsleiter müssen – wie in Ziffer 3 näher ausgeführt – fachlich geeignet und zuverlässig sein.

  Bei Geschäftsleitern, die bisher überwiegend außerhalb des Geltungsbereichs des KWG tätig waren, sieht die Bundesanstalt die fachliche Eignung regelmäßig als gegeben an, wenn sie eine dreijährige leitende Tätigkeit bei einem – auch in einem anderen Staat befindlichen – Institut von vergleichbarer Größe und Geschäftsart nachweisen, die deutsche Sprache oder eine international geläufige Sprache (Englisch) den Erfordernissen ihrer Stellung als Geschäftsleiter entsprechend beherrschen sowie eine einjährige praxisbezogene Tätigkeit im Geltungsbereich des KWG ausgeübt haben und zumindest einer der Geschäftsleiter eine dreijährige leitende Tätigkeit bei Instituten im Inland ausgeübt hat. Bei zwei Geschäftsleitern muss zumindest einer die deutsche Sprache beherrschen.
- Im Erlaubnisantrag des Unternehmens sind – neben den in § 32 Abs. 1 Satz 2 KWG geforderten Angaben – mindestens zu nennen:
  - Name, Rechtsform, Sitz bzw. Anschrift des Unternehmens und der vorgesehenen Zweigstelle sowie Organe und satzungsmäßiger Geschäftsgegenstand;
  - die Art der tatsächlich ausgeübten Geschäftstätigkeit des Unternehmens im Sitzstaat und, falls davon abweichend, im Staat der Hauptverwaltung;
  - Name und Anschrift der Behörde, deren Aufsicht das Unternehmen unterliegt, im Sitzstaat und, falls davon abweichend, im Staat der Hauptverwaltung;
  - der voraussichtliche Zeitpunkt der Geschäftsaufnahme und
  - ein Zustellungsbevollmächtigter in Deutschland für die Dauer des Erlaubnisverfahrens.

Außerdem ist anzugeben, für welche der in § 1 Abs. 1a KWG angeführten Finanzdienstleistungen die Erlaubnis beantragt wird.

Beizufügen ist die Satzung bzw. der Gesellschaftsvertrag des Unternehmens, die Bestätigung der Eintragung des Unternehmens in ein öffentliches Register sowie der letzte Jahresabschluss (Jahresbilanz mit Gewinn- und Verlustrechnung) und Lagebericht (Geschäftsbericht).

Der Antrag muss folgende weitere Angaben und Unterlagen enthalten:
- Eine schriftliche Bestätigung entsprechend Ziffer 5 des Merkblattes über das der Zweigstelle frei zur Verfügung stehende Eigenkapital (außer bei den in § 2 Abs. 7 KWG angeführten Finanzdienstleistungsinstituten);
- eine Erklärung jedes Geschäftsleiters, wie in Ziffer 5 beschrieben;
- einen lückenlosen, unterzeichneten Lebenslauf jedes Geschäftsleiters gemäß Ziffer 5;
- einen Nachweis, dass dem Unternehmen die Erlaubnis zum Betreiben von Finanzdienstleistungen von der für die Aufsicht über das Unternehmen im Ausland zuständigen Stelle vorliegt (§ 53 Abs. 2 Nr. 5 KWG);
- eine rechtsverbindlich unterzeichnete Erklärung des Unternehmens, dass es die Errichtung der Zweigstelle beschlossen und die im Erlaubnisantrag genannten Personen als Geschäftsleiter bestellt hat;
- einen Nachweis der Vertretungsbefugnis der den Antrag stellenden Person(en).

Die Unterlagen sind jeweils in deutscher Sprache bzw. mit beigefügter deutscher Übersetzung der Bundesanstalt zu übersenden.

6.2

Ein **Wertpapierhandelsunternehmen** mit Sitz in einem anderen Staat des **Europäischen Wirtschaftsraums** kann im Inland über eine Zweigstelle oder durch Erbringung von grenzüberschreitenden Dienstleistungen ohne Erlaubnis das Finanzkommissions- oder Emissionsgeschäft betreiben oder sich als Anlageberater, als Anlage- oder Abschlussvermittler, als Finanzportfolioverwalter bzw. als Eigenhändler betätigen, oder das Platzierungsgeschäft, ein multilaterales Handelssystem oder das Eigengeschäft betreiben, wenn folgende **Voraussetzungen** erfüllt sind (§ 53b Abs. 1 KWG):
– Das Unternehmen ist von den zuständigen Stellen des Herkunftsstaates zugelassen worden und wird von ihnen nach den Vorgaben der Richtlinien der Europäischen Gemeinschaften beaufsichtigt.
– Die Geschäfte sind durch die Zulassung abgedeckt.

6.3

Ein Unternehmen mit Sitz in einem anderen Staat des **Europäischen Wirtschaftsraums**, welches das **Sortengeschäft**, das **Factoring** oder das **Finanzierungsleasing** betreibt (Finanzdienstleistungen im Sinne von § 1 Abs. 1a Satz 2 Nr. 7, 9 und 10 KWG), kann diese Tätigkeit im Inland über eine Zweigstelle oder im Wege des grenzüberschreitenden Dienstleistungsverkehrs **ohne Erlaubnis** ausüben, wenn die folgenden **Voraussetzungen** erfüllt sind (§ 53b Abs. 7 KWG):
– Das Unternehmen ist Tochterunternehmen eines oder mehrerer Einlagenkreditinstitute (§ 1 Abs. 3d Satz 1 KWG).
– Das (oder die) Mutterunternehmen ist (sind) in dem Staat, in dem das Unternehmen seinen Sitz hat, als Einlagenkreditinstitut(e) zugelassen.
– Die Tätigkeiten, die das Unternehmen ausübt, werden satzungsgemäß auch im Herkunftsmitgliedstaat betrieben.
– Das (oder die) Mutterunternehmen hält (halten) mindestens 90 v.H. der Stimmrechte des Tochterunternehmens.
– Das (oder die) Mutterunternehmen hat (haben) gegenüber den zuständigen Stellen des Herkunftsmitgliedstaats die umsichtige Geschäftsführung des Tochterunternehmens glaubhaft gemacht und sich mit Zustimmung dieser Stellen des Herkunftsmitgliedstaats gegebenenfalls gesamtschuldnerisch für die vom Tochterunternehmen eingegangenen Verpflichtungen verbürgt.
– Das Tochterunternehmen ist in die Beaufsichtigung des Mutterunternehmens auf konsolidierter Basis einbezogen.

7 Gebühren/Umlage

Das Erlaubnisverfahren ist gemäß § 14 des Gesetzes über die Bundesanstalt für Finanzdienstleistungsaufsicht (Finanzdienstleistungsaufsichtsgesetz – FinDAG) gebührenpflichtig. Die Höhe der Gebühr richtet sich im Einzelfall nach dem erforderlichen Arbeitsaufwand und nach dem Geschäftsumfang des betroffenen Unternehmens. Sie beträgt in der Regel mindestens 2000 Euro. Eine Gebühr kann auch erhoben werden, wenn der Antrag auf Erteilung einer Erlaubnis vom Antragsteller zurückgezogen oder von der Bundesanstalt abschlägig beschieden wird.

Ferner sind die Kosten der Bundesanstalt für die laufende Aufsicht gemäß § 13 FinDAG von den Instituten zu erstatten; sie werden anteilig auf die einzelnen Institute umgelegt. Das Nähere über die Erhebung der Umlage und über die Beitreibung wird durch Rechtsverordnung bestimmt.

8 Entschädigungseinrichtung der Wertpapierhandelsunternehmen (EdW)

Alle Wertpapierhandelsunternehmen (s. Ziffer 1.4) sind verpflichtet, ihre Verbindlichkeiten aus Wertpapiergeschäften durch die Zugehörigkeit zur EdW zu sichern. Die Beitragsleistung richtet sich nach dem Umfang der Geschäftstätigkeit; das Nähere wird durch Rechtsverordnung bestimmt. Informationen hierzu sowie über die der EdW einzureichenden Unterlagen erhalten Sie unter:

Entschädigungseinrichtung der Wertpapierhandelsunternehmen
Postfach 04 03 47,   Telefon: (030) 20 36 99 0
10062 Berlin   Telefax: (030) 20 36 99 56 30
                                Email: mail@e-d-w.de
                                Internet: http://www.e-d-w.de

9 Anschriften

Anträge auf Erteilung einer Erlaubnis zum Erbringen von Finanzdienstleistungen sind zu richten an:

Bundesanstalt für Finanzdienstleistungsaufsicht
Marie-Curie-Str. 24–28   Telefon: (02 28) 41 08-0
60439 Frankfurt   Telefax: (02 28) 41 08-15 50
oder   Email: poststelle@bafin.de
Graurheindorfer Str. 108   Internet: http://www.bafin.de
53117 Bonn

Sollten Sie eine Erlaubnis beantragen wollen, nehmen Sie bitte vorher Kontakt mit der für Ihren Sitz zuständigen **Hauptverwaltung der Deutschen Bundesbank** auf. Dies gilt auch, falls Sie zu diesem Merkblatt weitere Fragen haben. Die betreffende Hauptverwaltung wird ggf. Ihre Fragen mit einer Stellungnahme an die Bundesanstalt weiterleiten.[1]

Weitere Informationen erhalten Sie auch unter der Internet-Adresse der Deutschen Bundesbank »**http://www.bundesbank.de**«.

---

1   *Adressen nicht abgedruckt*

Anhang 6.3
Merkblatt Hinweise zur Erlaubnispflicht nach § 32 Abs. 1 KWG in Verbindung mit § 1 Abs. 1 und Abs. 1a KWG von grenzüberschreitend betriebenen Bankgeschäften und/oder grenzüberschreitend erbrachten Finanzdienstleistungen

(Stand: 1. April 2005)

Präzisierung der Verwaltungspraxis zu § 32 Abs. 1 Satz 1 KWG

Nach § 32 Abs. 1 Satz 1 des Gesetzes über das Kreditwesen – KWG – bedarf einer schriftlichen Erlaubnis, wer im Inland gewerbsmäßig oder in einem Umfang, der einen in kaufmännischer Weise eingerichteten Geschäftsbetrieb erfordert, Bankgeschäfte betreiben oder Finanzdienstleistungen erbringen will. Von einem »Betreiben von Bankgeschäften oder Erbringen von Finanzdienstleistungen im Inland« gehe ich dabei nicht nur dann aus, wenn der Erbringer der Dienstleistung seinen Sitz oder gewöhnlichen Aufenthalt im Inland hat, sondern auch dann, wenn der Erbringer der Dienstleistung seinen Sitz oder gewöhnlichen Aufenthalt im Ausland hat und sich im Inland zielgerichtet an den Markt wendet, um gegenüber Unternehmen und/oder Personen, die ihren Sitz oder gewöhnlichen Aufenthalt im Inland haben, wiederholt und geschäftsmäßig Bankgeschäfte oder Finanzdienstleistungen anzubieten.

Anbieter aus Nicht-EWR-Staaten, die Bank- und Finanzdienstleistungsprodukte in Deutschland zielgerichtet vertreiben wollen, müssen deshalb zur Erlangung der hierzu erforderlichen Erlaubnis ein Tochterunternehmen (§ 32 Abs. 1 in Verbindung mit § 33 Abs. 1 Satz 1 Nr. 6 KWG) oder eine Zweigstelle (§ 32 Abs. 1 in Verbindung mit § 53 KWG) in Deutschland gründen. Dies gilt grundsätzlich ebenfalls für Anbieter aus EWR-Staaten, die für ihre in Deutschland angebotenen Bank- und/oder Finanzdienstleistungen nicht den sog. Europäischen Pass in Anspruch nehmen können. Die unter Erlaubnis betriebenen Geschäfte sind in der deutschen Geschäftseinheit zu verbuchen; die im Rahmen der Geschäftsbeziehung eröffneten Konten und Depots sind bei dieser Einheit zu führen.

Für Unternehmen aus den EWR-Staaten besteht – unter den Voraussetzungen des § 53b KWG (sog. Notifizierungsverfahren/Europäischer Pass) – dagegen neben der Möglichkeit der Errichtung einer Zweigniederlassung (§ 53b Abs. 2 KWG) auch die Möglichkeit des Betreibens erlaubnispflichtiger Geschäfte im Wege des grenzüberschreitenden Dienstleistungsverkehrs – ohne entsprechende inländische Präsenz – (§ 53b Abs. 2a KWG).

Keine Einschränkung besteht für die sog. passive Dienstleistungsfreiheit[1], d.h. das Recht der im Inland ansässigen Personen und Unternehmen, aus eigener Initiative Dienstleistungen eines ausländischen Anbieters nachzufragen. Geschäfte, die aufgrund der Initiative des Kunden zustande gekommen sind, führen damit nicht zur Erlaubnispflicht nach § 32 Abs. 1 KWG.

Die Erfassung der grenzüberschreitenden Bankgeschäfte und Finanzdienstleistungen betrifft vornehmlich den Privatkundenbereich sowie den (Massen-)Geschäftskundenbereich, da hier regelmäßig ausländische Unternehmen aus Drittstaaten durch

---

1 Damit sind solche Fälle gemeint, in denen die Dienstleistung vom Dienstleistungsempfänger nachgefragt, d.h. aufgrund seiner Initiative hin vom Dienstleistungserbringer erbracht wird. Die passive Dienstleistungsfreiheit ist Ausfluss der allgemeinen Handlungsfreiheit aus Art. 2 Abs. 1 Grundgesetz, die im Hinblick auf den Empfänger der Dienstleistung – anders als beim Dienstleistungserbringer – nicht durch Regelungen der Wirtschaftsaufsicht (z.B. KWG) eingeschränkt wird.

gezielte Maßnahmen in Deutschland neue Kundenkreise erschließen wollen. Zu beachten ist insbesondere, dass sich für die betroffenen ausländischen Institute im Zusammenhang mit der Regelung des § 25a Abs. 2 KWG und der Anerkennung der Zulässigkeit der Auslagerung beim Vertrieb und der Abwicklung von Bankgeschäften und Finanzdienstleistungen ein weiter Rahmen zur Ausgestaltung der Geschäftstätigkeiten eröffnet. So können die Bankgeschäfte auf Grundlage eines mit dem inländischen Mutter-/Tochter-/Schwesterunternehmen abgeschlossenen Geschäftsbesorgungsvertrages weiterhin von dem ausländischen Tochter-/Schwester-/Mutterunternehmen erbracht werden, das die Geschäfte dann im Namen und für Rechnung des inländischen Mutter-/Tochter-/Schwesterunternehmens gegenüber den Kunden erbringt.

Keine weitergehenden Auswirkungen hat die hier erläuterte Auslegung auf die Tätigkeiten, die von Repräsentanzen im Sinne des § 53a KWG zulässigerweise vorgenommen werden dürfen. Die Repräsentanzen durften auch nach der bisherigen Rechtslage – mangels Erlaubnis durch die BaFin – keine erlaubnispflichtigen Bank- und/oder Finanzdienstleistungen erbringen, insbesondere auch nicht in die Anbahnung, in den Abschluss oder in die Abwicklung von Bankgeschäften und Finanzdienstleistungen einbezogen werden. Solche physischen Niederlassungen in Deutschland müssen sich auf repräsentative Funktionen beschränken.

Im Übrigen weiß der ausländische Anbieter, ob er beabsichtigt, sich auf einen fremden Markt zu begeben, um in Deutschland gezielt Bank- und Finanzdienstleistungsprodukte anzubieten. Er muss daher mit der Anwendung des deutschen Aufsichtsrechts rechnen. Die in der Vergangenheit entwickelten Anknüpfungsmerkmale bleiben für den Nachweis einer entsprechenden Absicht weiter von Bedeutung. In diesem Zusammenhang sind die von der Europäischen Kommission zu Auslegungsfragen über den freien Dienstleistungsverkehr genannten Kriterien genauso zu beachten wie die Maßstäbe, die die vor Schaffung der BaFin zuständigen Aufsichtsämter für den Internet-Vertrieb von ausländischen Investmentanteilen und für Angebote von Wertpapieren über Internet entwickelt haben (Schreiben des BAKred vom 2.6.1998 sowie Bekanntmachung des BAWe zum Wertpapier-Verkaufsprospektgesetz vom 6.9.1999, jeweils im Internet unter www.bafin.de abrufbar).

Um dem Bedürfnis nach Rechtssicherheit Rechnung zu tragen, stelle ich im Folgenden beispielhaft typische Fallkonstellationen des grenzüberschreitenden Erbringens von Bank- und Finanzdienstleistungen dar, bei denen ich von einer Erlaubnispflicht nach § 32 Abs. 1 KWG ausgehe. Anschließend benenne ich im Einzelnen die Regelvoraussetzungen, unter denen ich eine Einzel-Freistellung nach § 2 Abs. 4 KWG für bestimmte Geschäftsbereiche gewähren kann.

Die hier näher aufgeführten Kriterien geben die grundsätzlich von mir anzuwendenden Maßstäbe wieder und können auf vergleichbare Sachverhalte entsprechend angewandt werden. Angesichts der Mannigfaltigkeit der vertraglichen und tatsächlichen Ausgestaltungen behalte ich mir aber eine jeweilige Einzelfallprüfung vor, in der ich im Rahmen einer Gesamtbetrachtung die Frage der Erlaubnispflicht beurteilen werde.

1. Relevante Fallkonstellationen, die eine Erlaubnispflicht nach § 32 Abs. 1 KWG begründen

Grundsätzlich ist von einer Erlaubnispflicht nach § 32 Abs. 1 KWG immer dann auszugehen, wenn ein ausländisches Unternehmen beabsichtigt, sich in Deutschland zielgerichtet an den Markt zu wenden, um gegenüber Unternehmen und/oder Personen, die ihren Sitz oder gewöhnlichen Aufenthalt im Inland haben, wiederholt und geschäftsmäßig die in § 1 Abs. 1 Satz 2 aufgeführten Bankgeschäfte und/oder die in § 1 Abs. 1a Satz 2 KWG aufgeführten Finanzdienstleistungen anzubieten.

- **Kreditgeschäft/Kreditkonsortium**
  Maßgebend für die Beurteilung der Erlaubnispflicht nach § 32 Abs. 1 KWG ist regelmäßig die Art und Weise, wie die Verhandlungen über die Kreditaufnahme zustande gekommen sind.
  Falls sich das ausländische Institut in Deutschland zielgerichtet an den Markt wendet, um gegenüber Unternehmen und/oder Personen, die ihren Sitz oder gewöhnlichen Aufenthalt im Inland haben, wiederholt und geschäftsmäßig Darlehensverträge anzubieten, gehe ich grundsätzlich von dem erlaubnispflichtigen **Betreiben des Kreditgeschäfts** (§ 1 Abs. 1 Satz 2 Nr. 1 KWG) aus.
  Sofern dagegen nur bereits bestehende Kundenbeziehungen weitergeführt werden oder die Initiative zum Abschluss der Kreditverträge von vornherein von dem Kunden ausgeht, wie dies bei den großen Geschäftskunden bzw. institutionellen Anlegern regelmäßig der Fall ist, führt dies nicht zu einer Erlaubnispflicht (**passive Dienstleistungsfreiheit**).
  Diese Maßstäbe gelten grundsätzlich ebenfalls für die Übernahme von Krediten im Rahmen von Kreditkonsortien. In der Praxis geht der Begründung eines Konsortiums jedoch häufig ein vom Kreditnehmer initiierter sog. »Beauty-Contest« voraus, in dessen Rahmen sich mehrere Banken mit ihren auf den Kreditnehmer zugeschnittenen Konzepten um das Mandat bewerben. Ein Konsortium bildet sich regelmäßig erst, wenn die Bedingungen des Kreditnehmers näher spezifiziert sind. Auf seine individuellen Bedürfnisse hin wird dann ein Kreditkonsortium gebildet, welches einen auf diesen Kreditnehmer zugeschnittenen Kredit gewährt. Eine solche Vorgehensweise fällt unter die **passive Dienstleistungsfreiheit**, die von meiner Verwaltungspraxis nicht berührt wird.
- **Underwriting**
  Auch für die Geschäfte, denen ein Underwriting-Vertrag zugrunde liegt, kommt es entscheidend darauf an, auf welche Art und Weise der Underwriting-Vertrag zustande gekommen ist, d.h. ob sich das ausländische Institut zuvor zielgerichtet an den deutschen Markt gewandt hat, um hier seine Dienstleistungen anzubieten. Maßgebend ist dabei, ob die Initiative von dem ausländischen Institut oder dem deutschen Emittenten ausgeht. Sollte sich – was im Hinblick auf den Bereich der institutionellen Anleger und Großkunden nicht üblich ist – das ausländische Unternehmen mit seinem Dienstleistungsangebot zielgerichtet an den deutschen Markt wenden, so wäre die Übernahme von Finanzinstrumenten auf eigenes Risiko als **erlaubnispflichtiges Emissionsgeschäft** (§ 1 Abs. 1 Satz 2 Nr. 10 KWG), das sog. Begebungskonsortium als **erlaubnispflichtiges Finanzkommissionsgeschäft** (§ 1 Abs. 1 Satz 2 Nr. 4 KWG) oder das »best efforts underwriting«/sog. Geschäftsbesorgungskonsortium als **erlaubnispflichtige Abschlussvermittlung** (§ 1 Abs. 1a Satz 2 Nr. 2 KWG) anzusehen.
- **Kundenbesuche von (freien) Mitarbeitern eines ausländischen Instituts**
  In Fällen, in denen ein ausländisches Institut durch zielgerichtete Besuche potenzieller Kunden neue Kunden in Deutschland für die von ihm angebotenen Bank- und/oder Finanzdienstleistungen gewinnt, gehe ich von einer **Erlaubnispflicht** des ausländischen Unternehmens aus.
  Geht dagegen die Nachfrage im Hinblick auf solche Besuche vom Kunden aus, wie dies insbesondere bei institutionellen Anlegern oft der Praxis entspricht, unterfällt eine solche Fallkonstellation dagegen der **passiven Dienstleistungsfreiheit**.
- **Vermittlung durch inländische Institute/(freie) Mitarbeiter**
  Sofern ein ausländisches Institut durch Aufbau und Nutzung einer Vertriebsorganisation über inländische Institute/(freie) Mitarbeiter neue Kunden in Deutschland gewinnt, ist von einer **Erlaubnispflicht** des ausländischen Unternehmens für die dem Kunden angebotene Bank- und/oder Finanzdienstleistung auszugehen. Dies gilt auch dann, wenn das im Inland tätige Institut oder der im Inland tätige (freie) Mitarbeiter selbst über eine Erlaubnis für die vermittelnde Tätigkeit verfügt.

Ein zielgerichtetes an den deutschen Markt »Wenden« liegt dabei dann vor, wenn die vertraglichen Bindungen (z.B. durch Rahmen- oder Kooperationsvereinbarungen) oder die tatsächliche Ausgestaltung der Geschäftsbeziehungen zwischen dem ausländischen Institut und den inländischen Instituten (z.B. Kreditinstitute, Finanzportfolioverwalter oder Anlage-/Abschlussvermittler) bzw. den (freien) Mitarbeitern darauf schließen lassen, dass das ausländische Institut die inländischen Institute/(freien) Mitarbeiter als Vertriebsnetz für die angebotenen Dienstleistungen nutzt. Davon ist regelmäßig auszugehen, wenn eine Vielzahl von Vermittlern ausschließlich für das Drittstaatunternehmen tätig ist. Auch kann das der Fall sein, wenn eine Provision für die Zuführung von Kunden gewährt oder die Bank- und/oder Finanzdienstleistungen des im Ausland ansässigen Instituts bei den Kunden beworben werden.

- **Drittstaateneinlagenvermittlung**
Sofern sich der Kunde im Wege der **passiven Dienstleistungsfreiheit** an den (Drittstaateneinlagen-)Vermittler wendet und dieser nicht durch Rahmen- oder Kooperationsvereinbarungen etc. an bestimmte Drittstaaten-Einlagenkreditinstitute gebunden ist, sehe ich keinen Raum für die Annahme einer Erlaubnispflicht des ausländischen Instituts; der inländische Vermittler erbringt jedoch die erlaubnispflichtige Drittstaateneinlagenvermittlung (§ 1 Abs. 1a Satz 2 Nr. 5 KWG).
Lassen jedoch die vertraglichen Bindungen (z.B. Rahmen- oder Kooperationsvereinbarungen) oder die tatsächliche Ausgestaltung der Geschäftsbeziehungen zwischen dem ausländischen Institut und dem inländischen Vermittler darauf schließen, dass das ausländische Institut den inländischen Vermittler als Vertriebsnetz nutzt, ist von einer **Erlaubnispflicht** des ausländischen (Drittstaaten-)Einlagenkreditinstituts auszugehen.

- **Finanztransfergeschäft**
Ausländische Unternehmen, die das Finanztransfergeschäft betreiben, errichten häufig Konten bei inländischen Kreditinstituten, um über diese Konten das Finanztransfergeschäft mit inländischen Kunden abzuwickeln. Entscheidend für die Erlaubnispflicht ist, dass den inländischen Auftraggebern und Endbegünstigten durch die Nutzung des inländischen Kontos die Möglichkeit geboten wird, Zahlungsaufträge für das Finanztransfergeschäft zu erteilen bzw. solche zu empfangen. Die Auftragserteilung bzw. die Mitteilung über den Zahlungseingang an den Endbegünstigten erfolgt telefonisch, per Fax, E-Mail oder Brief. Aus der Sicht der Beteiligten ist in der Regel unwesentlich, ob die Verfügungen über das Konto vom Inland oder vom Ausland aus erfolgen. Vor diesem Hintergrund wird diese Fallgestaltung als nach § 32 Abs. 1 KWG **erlaubnispflichtiges Betreiben des Finanztransfergeschäfts** im Inland angesehen.

- **Post/Telefax/E-Mail**
Werden potenzielle in Deutschland ansässige Kunden von ausländischen Unternehmen direkt über den Postweg oder mittels Telefax/E-Mail angesprochen, um ihnen Bank- und/oder Finanzdienstleistungen anzubieten, gehe ich von einer **Erlaubnispflicht** des ausländischen Instituts aus.
Sofern dagegen ein ausländisches Unternehmen im Rahmen von bereits bestehenden Geschäftsbeziehungen seine Kunden weiterhin mit Informationen über seine Produktpalette versorgt (dies wird regelmäßig mit dem Grundvertrag vereinbart sein), fällt eine solche Fallkonstellation regelmäßig unter die **passive Dienstleistungsfreiheit** und führt nicht zu einer Erlaubnispflicht. Dies gilt ebenfalls für solche Fallkonstellationen, in denen sich Kunden eigeninitiativ an das ausländische Unternehmen wenden und sich die unterschiedlichsten Angebote zur Prüfung einholen, wie dies oft bei den institutionellen Anlegern die Praxis ist.

- **Internetangebote**
Im Hinblick auf Angebote über Internet, die Bank- und/oder Finanzdienstleistungsprodukte betreffen, ist maßgeblich, ob die über Internet angebotenen Dienstleistungen nach dem inhaltlichen Zuschnitt der Website auf den deutschen Markt

ausgerichtet sind. Erschließt sich ein Unternehmen durch spezielle Angaben bzw. aktive Werbemaßnahmen im Internet zielgerichtet den deutschen Markt, um seine Bank- und/oder Finanzdienstleistungen anzubieten, ist von einer Erlaubnispflicht auszugehen.

Die Ausrichtung einer Website ist nicht anhand der technischen Verbreitung im Internet, sondern auf Grundlage des Inhalts der Homepage bzw. der Online-Aktivitäten im Rahmen einer Gesamtbetrachtung zu ermitteln. Hierbei können grundsätzlich die bereits entwickelten Kriterien für den Vertrieb von ausländischen Investmentanteilen im Internet bzw. für Angebote von Wertpapieren über das Internet herangezogen werden (Schreiben des BAKred vom 2.6.1998 sowie Bekanntmachung des BAWe zum Wertpapier-Verkaufsprospektgesetz vom 6.9.1999, jeweils im Internet unter www.bafin.de eingestellt).

Ein sog. Disclaimer bildet dabei nur einen von vielen unterschiedlichen Indikatoren. Weitere Indizien für die Beurteilung, ob Internetangebote auf Gebietsansässige ausgerichtet sind, sind u.a. die Domainkennzeichnung, Sprache, Produktbeschreibung, Finanz- oder sonstige länderspezifische Kundeninformationen und rechtliche Rahmenbedingungen, Preisangaben und Zahlungsmodalitäten sowie die Nennung deutscher Ansprechpartner. Insbesondere die Tatsache des tatsächlichen Absatzes der angebotenen Bank- und/oder Finanzdienstleistungen gegenüber in Deutschland ansässigen Kunden spricht für ein zielgerichtetes Anbieten auf dem deutschen Markt.

- **Werbung**

  Entscheidend für die Beurteilung, ob mit bestimmten Werbemaßnahmen eine Erlaubnispflicht einhergeht, ist – unabhängig von der Art und Form der Verbreitung – die inhaltliche Ausgestaltung. Anzeigen, die bereits Aussagen über die jeweilige Dienstleistung enthalten, sollten nicht mehr ohne eine Erlaubnis zum Betreiben entsprechender Geschäfte nach § 32 Abs. 1 KWG geschaltet werden. Anders jedoch bei Anzeigen, die lediglich allgemein werbenden Charakter haben.

So gehe ich bei einer allgemein gehaltenen Bewerbung eines Instituts, die z.B. lediglich eine Namens-/Sympathiewerbung, wie »XY-Bank beste Bank«, enthält, nicht bereits davon aus, dass sich dieses Institut zielgerichtet an den Markt wendet, um potenziellen Kunden konkrete Bank- und Finanzdienstleistungen anzubieten. Bezieht sich dagegen eine Werbeanzeige bereits auf den Abschluss von Verträgen über bestimmte Produkte oder benennt die Anzeige einzelne von dem ausländischen Institut angebotene Dienstleistungen, wie z.B. »XY-Bank Spitzen Konditionen für Termingelder«, gehe ich von einem erlaubnispflichtigen Betreiben im Inland aus.

Die Abgrenzung im Einzelfall ist ggf. nicht immer eindeutig zu vollziehen, jedoch folgen regelmäßig nach der Bewerbung weitere Schritte des ausländischen Instituts, um gegenüber den durch die Werbung »herangelockten« potenziellen Kunden tatsächlich die entsprechenden Dienstleistungen durchführen zu können. Insoweit ist von mir für die Beurteilung der Erlaubnispflicht eine Gesamtbetrachtung dahingehend anzustellen, ob noch davon ausgegangen werden kann, dass die Kunden aus eigener Initiative, d.h. im Rahmen der passiven Dienstleistungsfreiheit an das ausländische Institut herangetreten sind.

2. Freistellungsmöglichkeit nach § 2 Abs. 4 KWG

Nach § 2 Abs. 4 KWG besteht die Möglichkeit, ausländische Institute für bestimmte Geschäftsbereiche von der Erlaubnispflicht nach § 32 Abs. 1 KWG und weiteren Vorschriften des KWG freizustellen.

a) Voraussetzungen für eine Freistellung nach § 2 Abs. 4 KWG

Gesetzliche Voraussetzung für eine Freistellung ist, dass »das Unternehmen wegen der Art der von ihm betriebenen Geschäfte insoweit nicht der Aufsicht bedarf«.

Daher kommt eine Freistellung nach § 2 Abs. 4 KWG nur in Betracht, wenn die BaFin das im Zusammenhang mit dem Betreiben von Bank- und Finanzdienstleistungsgeschäften grundsätzlich bestehende Aufsichtsbedürfnis verneinen kann.

Dies ist regelmäßig nur dann der Fall, wenn das Unternehmen in seinem Herkunftsstaat von der/den dort zuständigen Behörde(n) **effektiv nach den internationalen Standardsbeaufsichtigt** wird und die zuständige(n) Behörde(n) des Herkunftsstaates mit der BaFin **befriedigend zusammenarbeitet/zusammenarbeiten.**

Zudem hat das antragstellende Unternehmen eine **Bescheinigung der zuständigen Herkunftsstaatbehörde(n)** vorzulegen, in der diese der BaFin bestätigt/ bestätigen,
- dass dem betreffenden ausländischen Unternehmen eine Erlaubnis für die Bankgeschäfte und/oder Finanzdienstleistungen erteilt wurde, die es grenzüberschreitend in Deutschland zu erbringen beabsichtigt,
- dass gegen die Aufnahme der beabsichtigten grenzüberschreitenden Dienstleistungen in Deutschland keine aufsichtlichen Bedenken bestehen und
- für den Fall, dass solche Bedenken später bestehen, dies der BaFin mitgeteilt wird.

Sofern ein Drittstaatunternehmen auch über **Zweigstellen**, die in weiteren Drittstaaten belegen sind, in Deutschland grenzüberschreitend tätig werden will, **erweitert sich** die Bestätigung der Herkunftsstaataufsichtsbehörde dahingehend,
- dass bislang keine Probleme bei der Zusammenarbeit mit den jeweiligen Aufsichtsbehörden der Länder, in denen die Zweigstellen belegen sind, aufgetreten sind, keine aufsichtsrechtlichen Beanstandungen im Hinblick auf die Geschäftstätigkeiten der Zweigstellen (Einzelbenennung erforderlich) bestehen und später auftretende Probleme oder Beanstandungen der BaFin mitgeteilt werden. Zudem ist darzulegen, inwieweit eine hinreichende Aufsicht insbesondere im Hinblick auf die Unternehmensinsolvenz und die Geldwäscheprävention in den Staaten, in denen die Zweigstellen belegen sind, gegeben ist.

Als weitere Voraussetzung wird gefordert, dass das antragstellende Unternehmen einen Empfangsbevollmächtigten im Inland benennt.

b) **Reichweite der nach § 2 Abs. 4 KWG freistellungsfähigen grenzüberschreitenden Bankgeschäfte und Finanzdienstleistungen**

Unter Berücksichtigung der oben benannten Voraussetzungen werden im Folgenden die Bereiche näher konkretisiert, die die BaFin im Rahmen von § 2 Abs. 4 KWG für freistellungsfähig hält. Es handelt sich jedoch bei der Freistellung um eine Einzelfallentscheidung, bei der die jeweiligen Umstände der Geschäftsabwicklung zu berücksichtigen sind. Angesichts der verschiedenen vertraglichen und tatsächlichen Ausgestaltungen der Geschäftsabwicklung ist in jedem Einzelfall zu prüfen, unter welchen Voraussetzungen eine Freistellung nach § 2 Abs. 4 KWG erteilt werden kann. Neben den hier dargestellten Voraussetzungen können sich im Einzelfall zusätzliche Anforderungen aus aufsichtlichen, insbesondere auch aus geldwäschepräventiven Gesichtspunkten ergeben.
- **Institutionelle Anleger/Interbankengeschäfte**

    Gegenüber institutionellen Anlegern und zwischen Banken sind (mit Ausnahme des Finanztransfergeschäftes) grundsätzlich alle nach §§ 32, 1 Abs. 1 und Abs. 1a KWG erlaubnispflichtigen Bankgeschäfte und Finanzdienstleistungen freistellungsfähig.

    Als institutionelle Anleger gelten dabei nach Auffassung der BaFin:
    - Bund, Länder, kommunale Gebietskörperschaften und deren Einrichtungen,
    - Kredit- und Finanzdienstleistungsinstitute im Sinne des § 1 Abs. 1 und Abs. 1a KWG, einschließlich der Kapitalanlagegesellschaften im Sinne des § 2 Abs. 6 des Investmentgesetzes (InvG),
    - private und öffentliche Versicherungsunternehmen und

- Kapitalgesellschaften im Sinne des § 267 Abs. 2 und Abs. 3 des Handelsgesetzbuches.
- **Privatkunden**
  Gegenüber Privatkunden sind (mit Ausnahme des Finanztransfergeschäftes) grundsätzlich **alle** nach §§ 32, 1 Abs. 1 und Abs. 1a KWG erlaubnispflichtigen Bankgeschäfte und Finanzdienstleistungen freistellungsfähig, wenn die Geschäfte über die **Vermittlung eines inländischen Kreditinstituts** zustande kommen. Darüber hinaus grundsätzlich auch dann, wenn die Geschäfte über die **Vermittlung eines EWR-Instituts** zustande kommen, sofern der Erlaubnisumfang dem eines inländischen Kreditinstituts entspricht und die Tätigkeiten des EWR-Instituts vom sog. Europäischen Pass (§ 53b KWG) gedeckt sind.
  Nach erfolgter Anbahnung der Kundenbeziehung über ein inländisches Kreditinstitut oder ein EWR-Institut kann sich das grenzüberschreitend tätige Unternehmen dann im Rahmen der bestehenden Geschäftsbeziehung für zukünftige (Einzel-)Geschäfte direkt an den Kunden wenden.

c) **Freistellungsverfahren nach § 2 Abs. 4 KWG**
Der Freistellungsantrag nach § 2 Abs. 4 KWG ist vom Unternehmen schriftlich bei der BaFin zu stellen. Dem Antrag sind – soweit nicht etwas anderes mit einzelnen ausländischen Aufsichtsbehörden vereinbart ist[1] – regelmäßig folgende Unterlagen beizufügen:
- Kopie des Gesellschaftsvertrages bzw. der Satzung;
- Nachweis der Registereintragung der Gesellschaft, soweit eine solche erforderlich ist;
- die letzten Jahresabschlussunterlagen inklusive aller damit im Zusammenhang stehenden Unterlagen (wie Lagebericht, Prüfungsbericht), soweit diese zu erstellen waren;
- Angaben zur Person des Antragstellers bzw. jedes Geschäftsleiters des antragstellenden Unternehmens (Vorstandsmitglied/Geschäftsführer): Name, sämtliche Vornamen, Geburtsname, Geburtsdatum und Ort, Wohnanschrift, Staatsangehörigkeit, Geburtsnamen der Eltern
sowie
- eine Erklärung des Antragstellers bzw. jedes Geschäftsleiters des antragstellenden Unternehmens (Vorstandsmitglied/Geschäftsführer), ob gegen ihn ein Strafverfahren schwebt, ob ein Strafverfahren wegen eines Verbrechens oder Vergehens gegen ihn anhängig gewesen ist oder ob er oder ein von ihm geleitetes Unternehmen als Schuldner in ein Insolvenzverfahren oder ein Verfahren zur Abgabe einer eidesstattlichen Versicherung oder in vergleichbare Verfahren verwickelt war oder ist (»Straffreiheitserklärung«);
- ein Formular für eine solche Erklärung kann auf der Internet-Seite http://www.bafin.de abgerufen werden;
- ausführliche Darlegung der beabsichtigten Geschäftstätigkeit, die insbesondere auch die Schilderung der konkreten Geschäftsabwicklung sowie des geplanten Marktauftritts in Deutschland und die Benennung der Kundenkreise, die angesprochen werden sollen, zu enthalten hat; zudem ist – soweit dies aufgrund der beabsichtigten Geschäftstätigkeit relevant ist – darzulegen, wie der Geld- und der Wertpapiertransfer abgewickelt wird;
- (Muster-)Vertragsformulare und (Muster-)Vereinbarungen, die bei der geplanten Geschäftstätigkeit im Inland Verwendung finden sollen;

---

1 Mit der Eidgenössischen Bankenkommission – EBK – wurde im Rahmen der bestehenden Zusammenarbeit vereinbart, dass bei Schweizer Unternehmen, die der Aufsicht der EBK unterliegen, auf die Einreichung der unternehmensbezogenen Unterlagen (Kopie des Gesellschaftsvertrags, Nachweis der Registereintragung, Jahresabschlussunterlagen und Straffreiheitserklärungen) verzichtet wird.

- Benennung eines Empfangsbevollmächtigten im Inland;
- Bescheinigung der zuständigen Herkunftsstaatbehörde(n), die den unter Ziffer 2.a. dieses Merkblattes dargestellten Anforderungen entspricht.

3. Auflagen und Gebührenpflicht

Die Freistellung nach § 2 Abs. 4 KWG kann mit Auflagen verbunden werden und ist gemäß § 14 des Gesetzes über die Bundesanstalt für Finanzdienstleistungsaufsicht (Finanzdienstleistungsaufsichtsgesetz – FinDAG) in Verbindung mit § 2 Abs. 1 Nr. 1 der Verordnung über die Erhebung von Gebühren und die Umlegung von Kosten nach dem Finanzdienstleistungsaufsichtsgesetz – FinDAGKostV – gebührenpflichtig. In der Regel beträgt die Gebühr für die Freistellung gemäß § 2 Abs. 2 Nr. 1a FinDAGKostV und für die Ablehnung einer Freistellung gemäß § 3 Abs. 2 Satz 1 FinDAGKostV 5000,–. Ebenfalls ist die Rücknahme eines Freistellungsantrages nach § 2 Abs. 4 KWG nach Beginn der sachlichen Bearbeitung gemäß § 14 FinDAG in Verbindung mit § 3 Abs. 1 FinDAGKostV gebührenpflichtig; hierfür ist in der Regel ein Gebührenrahmen von 50,– bis zu 2500,– vorgesehen (§ 3 Abs. 2 Satz 2 und Abs. 4 FinDAGKostV).

4. Sonstiges

Auf die Regelungen des Geldwäschegesetzes (GwG), wonach alle Kredit- und Finanzdienstleistungsinstitute – auch diejenigen, auf die gemäß § 2 Abs. 4 KWG bestimmte Vorschriften des KWG nicht anzuwenden sind – spezifische Sorgfaltspflichten gegen Geldwäsche und die Finanzierung des Terrorismus erfüllen müssen (Identifizierungs-, Aufzeichnungs-, Aufbewahrungspflichten, Pflicht zur Anzeige von Verdachtsfällen und zur Schaffung adäquater Sicherungsmaßnahmen gegen Geldwäsche und die Finanzierung des Terrorismus), wird hingewiesen. Zu den weiteren Einzelheiten wird auf die diesbezüglichen Veröffentlichungen auf der Internet-Seite http://www.bafin.de verwiesen.

Anhang 6.4
Gemeinsames Informationsblatt der Bundesanstalt für Finanzdienstleistungsaufsicht und der Deutschen Bundesbank zum neuen Tatbestand der Anlageberatung

(Stand: 15. Mai 2011)

Mit Wirkung zum 1. November 2007 werden die im Gesetz über das Kreditwesen (Kreditwesengesetz – KWG) definierten Finanzdienstleistungen um den Tatbestand der Anlageberatung erweitert. Wer diese Tätigkeit zukünftig ausüben will, benötigt dann in der Regel eine Erlaubnis der Bundesanstalt für Finanzdienstleistungsaufsicht. Vorliegendes Informationsblatt soll erläutern, unter welchen Voraussetzungen sich eine Tätigkeit zukünftig als erlaubnispflichtige Anlageberatung darstellt. Es ist nicht Gegenstand dieses Informationsblattes, welche Wohlverhaltenspflichten Anlageberater nach dem Wertpapierhandelsgesetz (WpHG) zu beachten haben.

1. Die gesetzliche Definition der Anlageberatung

§ 1 Abs. 1a Satz 2 Nr. 1a des Gesetzes über das Kreditwesen (Kreditwesengesetz – KWG) definiert die Anlageberatung als die

»Abgabe von persönlichen Empfehlungen an Kunden oder deren Vertreter, die sich auf Geschäfte mit bestimmten Finanzinstrumenten beziehen, sofern die Empfehlung auf eine Prüfung der persönlichen Umstände des Anlegers gestützt oder als für ihn geeignet dargestellt wird und nicht ausschließlich über Informationsverbreitungskanäle oder für die Öffentlichkeit bekannt gegeben wird (Anlageberatung)«.

Um eine Anlageberatung handelt es sich demnach, wenn
- eine persönliche Empfehlung abgegeben wird, die sich auf Geschäfte mit bestimmten Finanzinstrumenten bezieht,
- die Empfehlung gegenüber Kunden oder deren Vertretern erfolgt,
- die Empfehlung auf eine Prüfung der persönlichen Umstände des Anlegers gestützt oder als für ihn geeignet dargestellt wird und
- die Empfehlung nicht ausschließlich über Informationsverbreitungskanäle oder für die Öffentlichkeit bekannt gegeben wird.

2. Die Abgabe von persönlichen Empfehlungen, die sich auf Geschäfte mit bestimmten Finanzinstrumenten beziehen

Um eine *»Empfehlung«* handelt es sich, wenn dem Anleger zu einer bestimmten Handlung als in seinem Interesse liegend geraten wird. Es kommt nicht darauf an, ob diese Empfehlung tatsächlich umgesetzt wird. An einer Empfehlung fehlt es bei bloßen Informationen, z.B. wenn der Dienstleister dem Kunden lediglich Erläuterungen über dessen in Finanzinstrumenten angelegtes Vermögen gibt, ohne dabei konkrete Vorschläge zur Änderung der Zusammensetzung dieses Vermögens zu unterbreiten.

Die Empfehlung muss sich auf *»Geschäfte mit bestimmten Finanzinstrumenten«* beziehen. *»Geschäfte«* im Sinne der Vorschrift sind alle Rechtsgeschäfte, die die Anschaffung oder die Veräußerung von Finanzinstrumenten im Sinne des § 1 Abs. 11 KWG zum Gegenstand haben. Hierzu zählen insbesondere der Kauf, der Verkauf, die Zeichnung, der Tausch, der Rückkauf oder die Übernahme eines bestimmten Finanzinstruments. Darüber hinaus wird auch das Halten eines bestimmten Finanzinstruments sowie die Ausübung bzw. Nichtausübung eines mit einem bestimmten Finanzinstrument einher-gehenden Rechts betreffend den Kauf, den Verkauf, die Zeichnung, den Tausch oder den Rückkauf eines Finanzinstruments erfasst.

Die Empfehlung muss sich auf »*bestimmte*« Finanzinstrumente beziehen. Demnach handelt es sich nur dann um eine Anlageberatung, wenn der Dienstleister ein Finanzinstrument konkret benennt. Es genügt, dass der Berater dem Kunden eine Reihe konkreter Anlagevorschläge unterbreitet, die Auswahl jedoch dem Kunden überlässt. Soweit sich die Empfehlung aber nur auf eine bestimmte Art von Finanzinstrumenten bezieht, dem Kunden etwa nur allgemein der Erwerb von Zertifikaten oder von festverzinslichen Wertpapieren empfohlen wird, stellt dies keine Anlageberatung dar. Auch die Nennung von Papieren einer bestimmten Branche (z. B. »Technologieaktien«) wird nicht erfasst.

Wird kein bestimmtes Finanzinstrument, sondern allein ein zugelassenes Institut empfohlen, bei dem Finanzinstrumente erworben werden oder sonstige Geschäfte über Finanzinstrumente abgeschlossen werden können, stellt dies keine Anlageberatung dar. Das Gleiche gilt für die Empfehlung, sich an einen bestimmten zugelassenen Vermögensverwalter zu wenden, der Vermögen von Kunden in Finanzinstrumenten anlegt. Bei einer solchen Empfehlung kann aber der Tatbestand der Anlagevermittlung, § 1 Abs. 1a Satz 2 Nr. 1 KWG, verwirklicht sein, wenn die Empfehlung eine »Vermittlung« des Vertrages mit dem Finanzportfolioverwalter darstellt. Die in der Vorversion dieses Informationsblattes vertretene Rechtsansicht, wonach eine solche Tätigkeit in jedem Fall erlaubnisfrei sei, beruhte auf einer engeren Auslegung des Begriffs »Vermittlung« in § 1 Abs. 1a Satz 2 Nr. 1 KWG. Nur diese engere Auslegung war mit der seinerzeitigen Rechtsprechung des Hessischen Verwaltungsgerichtshofes zu § 1 Abs. 1a Satz 2 Nr. 1 KWG (Beschluss vom 06.01.2006 – 6 TG 985/05 und Beschluss vom 03.03.2006 – 6 TG 2789/05) vereinbar. Mit der Aufgabe dieser Rechtsprechung durch den Hessischen Verwaltungsgerichtshof (Urteil vom 26.5.2010 – 6 A 1676/08) sind auch die BaFin und die Bundesbank zu einer weiteren Auslegung des Tatbestandsmerkmals »Vermittlung« übergegangen (vgl. hierzu das von der BaFin veröffentlichte Merkblatt – Hinweise zum Tatbestand der Anlagevermittlung, abrufbar unter »www.bafin.de«).

3. Die Empfehlung muss gegenüber Kunden oder deren Vertretern erfolgen

»*Kunden*« im Sinne dieser Norm sind alle natürlichen und juristischen Personen sowie Personengesellschaften. Auch so genannte »professionelle Kunden« oder »institutionelle Kunden« sind durch diesen Begriff erfasst. Das Gesetz unterscheidet hier nicht danach, ob der Kunde selbst über entsprechende Spezialkenntnisse verfügt.

Bei dem Empfehlungsempfänger handelt es sich um einen *Kunden* des Dienstleisters, wenn zwischen den beiden Parteien ein Beratungsvertrag geschlossen wird.

Die Empfehlung kann auch gegenüber einem Kunden abgegeben werden und sich nicht auf dessen Vermögen, sondern auf das Vermögen eines Dritten beziehen, der durch den Kunden vertreten wird. Bei dieser Konstellation besteht ein Vertragsverhältnis zwischen dem Dienstleister und dem Vertreter des Dritten, aufgrund dessen der Vertreter als Kunde des Dienstleisters anzusehen ist. Kunde und Anleger sind bei dieser Konstellation personenverschieden, was der Anwendbarkeit des Anlageberatungstatbestandes aber nicht entgegensteht.

Hiervon zu unterscheiden ist eine weitere Konstellation, die von der Tatbestandsalternative »oder deren Vertreter« erfasst wird. Diese Tatbestandsalternative ist erfüllt, wenn der Dienstleister die Empfehlung gegenüber dem Vertreter seines Kunden abgibt. Hier gibt der Dienstleister die Anlageempfehlung gegenüber dem Vertreter desjenigen ab, mit dem der Beratungsvertrag zustande gekommen ist und bei dem es sich daher um seinen Kunden handelt. Der Vertreter kann dann die ihm gegenüber abgegebene Empfehlung mit Wirkung für den Vertretenen umsetzen.

Zusammenfassend ergibt sich hieraus: Der Beratungsvertrag kann entweder zwischen Dienstleister und Vertreter oder zwischen Dienstleister und Vertretenem zustande kommen. In beiden Fällen erbringt der Dienstleister die Anlageberatung, wenn er dem Vertreter gegenüber eine Empfehlung abgibt, die sich auf das Vermögen des Vertretenen bezieht, soweit auch die weiteren, unter 4. und 5. besprochenen Tatbestandsmerkmale erfüllt sind.

Es kann also auch derjenige die Anlageberatung erbringen, der gegenüber einem *Finanzportfolioverwalter* in Bezug auf das von diesem verwaltete Vermögen Empfehlungen abgibt, obwohl zwischen dem Berater des Finanzportfolioverwalters und dem Anleger, für den der Finanzportfolioverwalter tätig wird, selbst keine Vertragsbeziehungen bestehen.

Auch *Kapitalanlage- oder Investmentaktiengesellschaften* können Kunden i.S. der Vorschrift sein, so dass deren Berater die Anlageberatung erbringen können.

4. Die Empfehlung muss auf eine Prüfung der persönlichen Umstände des Anlegers gestützt sein oder als für ihn geeignet dargestellt werden

Die betreffende Empfehlung muss eine »persönliche« sein. Dieses Merkmal wird dadurch konkretisiert, dass die Empfehlung entweder auf einer Prüfung der persönlichen Umstände des Anlegers beruhen oder zumindest als für den Anleger geeignet dargestellt werden muss.

Eine »*Prüfung der persönlichen Umstände des Anlegers*« ist bereits dann zu bejahen, wenn der Kunde den betreffenden Dienstleister lediglich in allgemeiner Form über seine finanzielle Situation unterrichtet und der Dienstleister daraufhin Geschäfte mit bestimmten Finanzinstrumenten empfiehlt. Die Empfehlung wird dann auf eine Prüfung der persönlichen Umstände des Anlegers gestützt, wenn der Dienstleister die erhaltene Information bei der seiner Empfehlung berücksichtigt hat.

Alternativ genügt es auch, dass die Empfehlung vom Dienstleister lediglich »*als für den Anleger geeignet dargestellt*« wird. Dies ist der Fall, wenn ein Kunde davon ausgehen muss, dass die abgegebene Empfehlung auf einer Berücksichtigung seiner persönlichen Umstände beruht – auch wenn dies tatsächlich nicht so ist. Es genügt, dass der Dienstleister zurechenbar den Anschein setzt, bei der Abgabe der Empfehlung die persönlichen Umstände des Anlegers berücksichtigt zu haben.

Keine »*persönliche*« Empfehlung liegt vor, wenn die Empfehlung weder auf einer Prüfung der persönlichen Umstände beruht, noch als für ihn geeignet dargestellt erscheint.

5. Bekanntgabe der Empfehlung über Informationsverbreitungskanäle oder für die Öffentlichkeit erfüllt nicht den Tatbestand der Anlageberatung

Um eine Anlageberatung handelt es sich nicht, wenn die Empfehlung ausschließlich über so genannte Informationsverbreitungskanäle oder für die Öffentlichkeit bekannt gegeben wird. Diese Formen der Bekanntgabe liegen vor, wenn sie geeignet und bestimmt sind, die Allgemeinheit, also einen individuell nicht bestimmbaren Personenkreis, zu erreichen. Erfasst werden durch die Ausnahme insbesondere Ratschläge, die in der Presse, im Rundfunk (Hörfunk und Fernsehen), im Internet, oder in öffentlichen Veranstaltungen erteilt werden. Diese Ausnahme wird regelmäßig bei Werbemaßnahmen vorliegen.

Nicht derart bekannt gegeben sind hingegen Empfehlungen – auch wenn es sich hierbei um mehrere gleich lautende Mitteilungen handelt –, die nur an Einzelne oder an einen bestimmten, zuvor festgelegten Personenkreis adressiert sind, z.B. Postsendungen.

Auch die Finanzanalyse im Sinne von § 34b Abs. 1 Satz 1 WpHG stellt keine Anlageberatung dar, da bei einer Finanzanalyse die betreffende Information einem unbestimmten Personenkreis zugänglich gemacht werden soll.

6. Erlaubnispflicht

Eine Erlaubnis ist erforderlich, wenn die Anlageberatung gewerbsmäßig oder in einem Umfang erbracht wird, der objektiv einen in kaufmännischer Weise eingerichteten Geschäftsbetrieb erfordert (§ 32 Abs. 1 in Verbindung mit § 1 Abs. 1a Satz 1 KWG). Gewerbsmäßigkeit setzt voraus, dass der Betrieb der betreffenden Geschäfte auf gewisse Dauer angelegt ist und der Betreiber mit Gewinnerzielungsabsicht handelt. Für das Merkmal der »Gewinnerzielungsabsicht« kommt es nicht darauf an, ob tatsächlich ein Gewinn erzielt wird. Auch die Absicht, mittelbar über die Anlageberatung Gewinn zu erzielen, genügt, um eine Tätigkeit als gewerbsmäßig zu qualifizieren, z. B. wenn die Beratung lediglich um ihres Werbeeffektes willen unentgeltlich durchgeführt wird, indirekt aber den Vertrieb entgeltlicher Leistungen fördern soll.

7. Besonderheiten bei Beratung in Bezug auf Investmentanteile

Nach § 2 Abs. 6 Satz 1 Nr. 8 KWG gelten »Unternehmen« nicht als Finanzdienstleistungsinstitute,

»die als Finanzdienstleistungen für andere ausschließlich die Anlageberatung und die Anlage- und Abschlussvermittlung zwischen Kunden und
a) *inländischen Instituten,*
b) *Instituten oder Finanzunternehmen mit Sitz in einem anderen Staat des Europäischen Wirtschaftsraums, die die Voraussetzungen nach § 53b Abs. 1 Satz 1 oder Absatz 7 erfüllen,*
c) *Unternehmen, die auf Grund einer Rechtsverordnung nach § 53c gleichgestellt oder freigestellt sind, oder*
d) *ausländischen Investmentgesellschaften*
betreiben, sofern sich diese Finanzdienstleistungen auf Anteile an Investmentvermögen, die von einer inländischen Kapitalanlagegesellschaft oder Investmentaktiengesellschaft im Sinne der §§ 96 bis 111 des Investmentgesetzes ausgegeben werden, oder auf ausländische Investmentanteile, die nach dem Investmentgesetz öffentlich vertrieben werden dürfen, beschränken und die Unternehmen nicht befugt sind, sich bei der Erbringung dieser Finanzdienstleistungen Eigentum oder Besitz an Geldern oder Anteilen von Kunden zu verschaffen, es sei denn, das Unternehmen beantragt und erhält eine entsprechende Erlaubnis nach § 32 Abs. 1; Anteile an Sondervermögen mit zusätzlichen Risiken nach § 112 des Investmentgesetzes gelten nicht als Anteile an Investmentvermögen im Sinne dieser Vorschrift«.

Diese Ausnahmeregelung ist dadurch begründet, dass Investmentanteile stärker als andere Wertpapiere standardisiert sind und die Institute oder Unternehmen, für die die Vermittlung erfolgt, selbst der Aufsicht unterliegen.

Die Anlageberatung darf demnach ohne Erlaubnis erbracht werden, wenn der Berater seinem Kunden persönliche Empfehlungen in Bezug auf Geschäfte über Investmentanteile gibt, sofern es sich bei dem potenziellen Vertragspartner des empfohlenen Geschäftes um eines der in der Vorschrift genannten Unternehmen handelt.

In der Regel wird es sich um die Empfehlung handeln, bestimmte Investmentanteile zu erwerben oder zu veräußern. Dabei darf der Berater den Kunden oder dessen Beauftragten im Rahmen des Gespräches auch ausführlich über die konkrete Zusammensetzung des Sondervermögens unter Nennung und Erläuterung der darin befindlichen Finanzinstrumente informieren.

Oftmals verschaffen sich Fondsvermittler zunächst einen Überblick über das vorhandene Vermögen des Kunden. Befinden sich in seinem Depot Finanzinstrumente, bei denen es sich nicht um Investmentanteile handelt, darf der Fondsvermittler dem Kunden nicht zum Verkauf einzelner oder sämtlicher Finanzinstrumente raten. Eine solche Empfehlung würde eine Anlageberatung darstellen, für die die Ausnahmeregelung nicht eingreift. Dies gilt auch dann, wenn die Verkaufsempfehlung nur dazu dienen soll, Erlöse zu erzielen, mit denen der Kunde dann die vom Fondsvermittler empfohlenen Investmentanteile erwerben könnte. Nicht darunter fallen würde jedoch etwa die Empfehlung, den Aktienanteil am Depot um 50 % zu senken. Weitere Erläuterungen sind dem Merkblatt der BaFin »Hinweise zur Bereichsausnahme für die Vermittlung von Investmentanteilen«, abrufbar unter »www.bafin.de«, zu entnehmen.

Unternehmen, die im Rahmen der Bereichsausnahme des § 2 Abs. 6 Satz 1 Nr. 8 KWG erlaubnisfrei tätig sein dürfen, steht es nunmehr frei, eine entsprechende Erlaubnis nach § 32 KWG zu beantragen. Mit einer solchen Erlaubnis unterliegen sie grundsätzlich den Vorschriften des KWG und des WpHG und können als Wertpapierhandelsunternehmen im Rahmen der Regelung des sog. »Europäischen Passes« gemäß § 53b KWG Dienstleistungen unter den dort genannten Voraussetzungen grenzüberschreitend in andere Staaten des Europäischen Wirtschaftsraums erbringen.

8. Anlageberatung im Rahmen einer anderen beruflichen Tätigkeit

Nach § 2 Abs. 6 Satz 1 Nr. 15 KWG gelten Unternehmen nicht als Finanzdienstleistungsinstitute, die als Finanzdienstleistung im Sinne des § 1 Abs. 1a Satz 2 ausschließlich die Anlageberatung im Rahmen einer anderen beruflichen Tätigkeit erbringen, ohne sich die Anlageberatung besonders vergüten zu lassen. Nähere Erläuterungen sind dem Merkblatt der BaFin »Hinweise zur Bereichsausnahme für die Anlageberatung im Rahmen einer anderen beruflichen Tätigkeit«, abrufbar unter »www.bafin.de«, zu entnehmen.

9. Hinweise und Anschriften

Dieses Merkblatt enthält grundlegende Informationen zum Tatbestand der Anlageberatung. Es erhebt keinen Anspruch auf eine erschöpfende Darstellung aller den Tatbestand betreffenden Fragen und ersetzt insbesondere nicht die einzelfallbezogene Erlaubnisanfrage an die BaFin oder zuständige Hauptverwaltung der Deutschen Bundesbank.

Für eine abschließende Beurteilung möglicher Erlaubnispflichten im Einzelfall wird eine vollständige Dokumentation der vertraglichen Vereinbarungen, die dem möglichen Betreiben von Bank- oder Finanzdienstleistungsgeschäften zugrunde liegen, benötigt.

Hinsichtlich aller Angaben sind die Bediensteten der BaFin und der Deutschen Bundesbank zur Verschwiegenheit verpflichtet (§ 9 KWG).

Ob ein Unternehmen der Erlaubnispflicht nach § 32 Abs. 1 KWG unterliegt, entscheidet in Zweifelsfällen die

Bundesanstalt für Finanzdienstleistungsaufsicht
Abteilung Q 3
Graurheindorfer Straße 108
53117 Bonn
Telefon: (0228)/4108-0
Fax: (0228) 4108-1550
E-Mail: poststelle@bafin.de

Falls Sie zu diesem Merkblatt weitere Fragen haben, können Sie vorab auch Kontakt mit der regional zuständigen Hauptverwaltung der Deutschen Bundesbank aufnehmen; diese wird Ihre Fragen mit einer Stellungnahme gegebenenfalls an die Bundesanstalt weiterleiten:

DEUTSCHE BUNDESBANK
Hauptverwaltung Berlin
Steinplatz 2
10623 Berlin
(zuständig für Anfragen aus den Bundesländern Berlin und Brandenburg)

DEUTSCHE BUNDESBANK
Hauptverwaltung Düsseldorf
Berliner Allee 14
40212 Düsseldorf
(zuständig für Anfragen aus dem Bundesland Nordrhein-Westfalen)

DEUTSCHE BUNDESBANK
Hauptverwaltung Frankfurt
Taunusanlage 5
60329 Frankfurt am Main
(zuständig für Anfragen aus dem Bundesland Hessen)

DEUTSCHE BUNDESBANK
Hauptverwaltung Hamburg
Willy-Brandt-Str. 73
20459 Hamburg
(zuständig für Anfragen aus den Bundesländern Freie und Hansestadt Hamburg, Mecklenburg-Vorpommern und Schleswig-Holstein)

DEUTSCHE BUNDESBANK
Hauptverwaltung Hannover
Georgsplatz 5
30159 Hannover
(zuständig für Anfragen aus den Bundesländern Freie Hansestadt Bremen, Niedersachsen und Sachsen-Anhalt)

DEUTSCHE BUNDESBANK
Hauptverwaltung Leipzig
Straße des 18. Oktober 48
04103 Leipzig
(zuständig für Anfragen aus den Bundesländern Freistaat Thüringen und Freistaat Sachsen)

DEUTSCHE BUNDESBANK
Hauptverwaltung Mainz
Hegelstr. 65
55122 Mainz
(zuständig für Anfragen aus den Bundesländern Rheinland-Pfalz und Saarland)

DEUTSCHE BUNDESBANK
Hauptverwaltung München
Ludwigstr. 13
80539 München
(zuständig für Anfragen aus dem Bundesland Freistaat Bayern)

DEUTSCHE BUNDESBANK
Hauptverwaltung Stuttgart
Marstallstr. 3
70173 Stuttgart
(zuständig für Anfragen aus dem Bundesland Baden-Württemberg)

Die Hauptverwaltung der Deutschen Bundesbank bietet Ihnen den Vorteil, dass Sie einen Ansprechpartner in Ihrer Region haben.

Anh. 6.4: Tatbestand der Anlageberatung

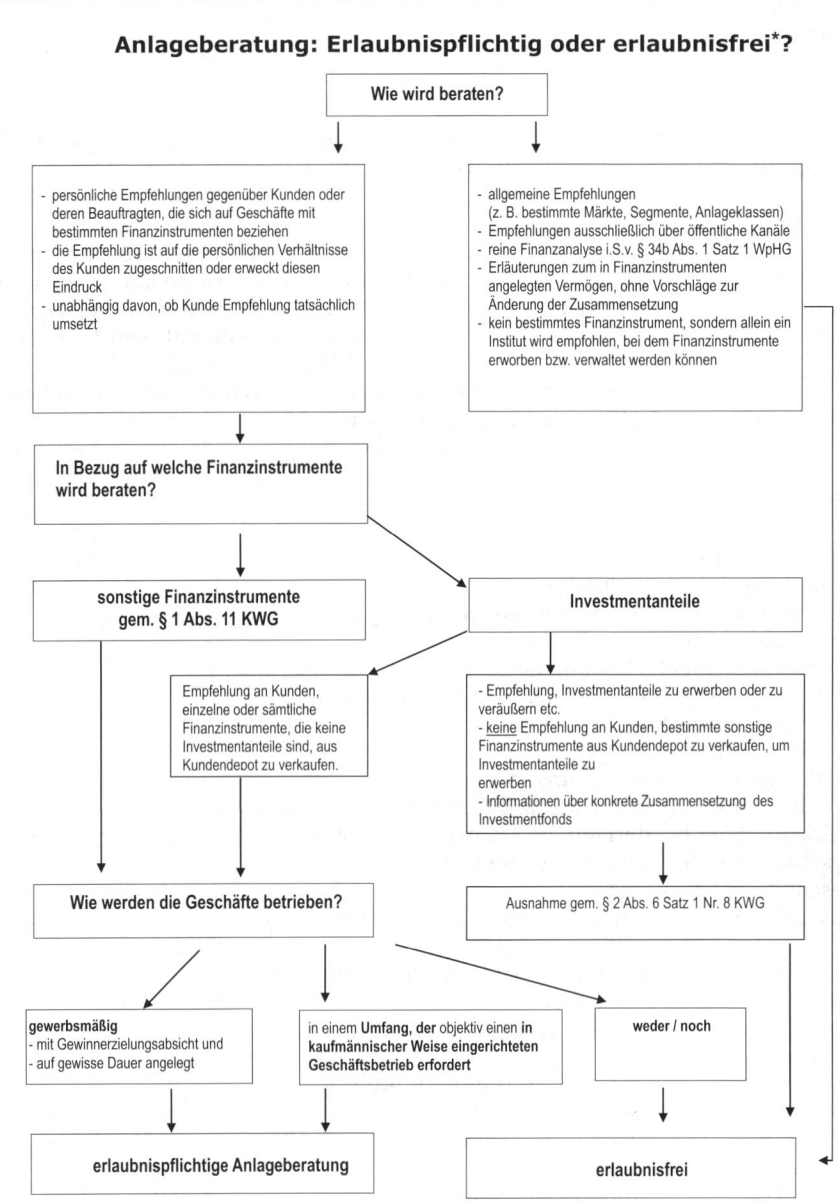

* Als Ausnahmevorschrift wird in dieser Übersicht allein § 2 Abs. 6 Satz 1 Nr. 8 KWG berücksichtigt, nicht die seltener zur Anwendung kommenden sonstigen Ausnahmevorschriften des § 2 KWG.

Anhang 6.5
Umsetzung der MiFID

Rundschreiben 12/2007 (WA) der Bundesanstalt für Finanzdienstleistungsaufsicht vom 21. Dezember 2007 – WA 14 – Wp 2001–2007/0110

Sehr geehrte Damen und Herren,
zum 1.1.2008 treten die durch das Finanzmarktrichtlinie-Umsetzungsgesetz (FRUG) vorgesehenen Änderungen des § 9 WpHG[1] in Kraft sowie unmittelbar im Anschluss daran die überarbeitete Fassung der Wertpapierhandel-Meldeverordnung (WpHMV[2]), die mittlerweile im Bundesgesetzblatt veröffentlicht wurde (BGBl. I, S. 3014). Mit diesem Rundschreiben möchte Sie die BaFin darüber informieren, welche Änderungen Sie im Zuge der Umsetzung der MiFID in deutsches Recht bei nach dem 1.1.2008 erfolgenden Meldungen beachten müssen.

I. Einleitung

II. Änderungen in § 9 WpHG n. F.:
1. Gruppe der Meldepflichtigen
2. Geschäfte an einem organisierten Markt
3. Geschäftsbegriff
   a) europarechtliche Grundlage
   b) Eigengeschäft, Eigenhandel, Finanzkommissionsgeschäft
   c) Anlagevermittlung
   d) Abschlussvermittlung
   e) Finanzportfolioverwaltung
   f) Ausnahmen nach Art. 5 Satz 2 MiFID-Durchführungs-VO
4. Meldepflichten bei derivativen Finanzinstrumenten
5. Geschäfte bei Übernahmeangeboten/Squeeze Outs
6. Geschäfte mit Auslandsbezug
7. Ausschließliche Zulassung an einer inländischen Börse

III. Änderungen an der WpHMV n. F. und der Anlage zur WpHMV n. F.:
1. Identifizierung von Derivaten
2. Identifizierung des Geschäftspartners
3. Angabe der Handelszeit
4. Keine Meldung von Geschäften zum Nettopreis
5. Art des Wertpapiers (CFI-Code)
6. Bezüge zu WM-Tabellen
7. Angabe des Handelssegments
8. Wegfall einzelner Felder im Meldesatz

IV. Allgemeines:
1. Meldungen durch geeignete Dritte/als geeigneter Dritter
2. give-up-/take-up-Geschäfte an der Eurex
3. Änderungen der Kunden-/Depotstruktur

---

1 Im Folgenden wird die bis zum 31.12.2007 geltende Fassung als WpHG a. F. und die ab dem 1.1.2008 geltende Fassung als WpHG n. F. bezeichnet.
2 Im Folgenden wird die bis zum 31.12.2007 geltende Fassung als WpHMV a. F. und die ab dem 1.1.2008 geltende Fassung als WpHMV n. F. bezeichnet.

4. Kennzeichen Börsenpreis nach § 24 BörsG
5. Übergangsfristen nach dem 1.1.2008
6. Trennung der Datenlieferungen ab 1.1.2008

I. Einleitung

Die Vorgaben des »transaction reporting« nach Art. 25 Abs. 3 MiFID sollen zwar europaweit bereits zum 1.11.2007 wirksam umgesetzt sein, jedoch ist eine Umsetzung in deutsches Recht erst zum 1.1.2008 vorgesehen. Als Begründung hierfür ist der Gesetzesbegründung zu Art. 13 Finanzmarktrichtlinie-Umsetzungsgesetz (FRUG) zu entnehmen:
Würden die neuen Regelungen bereits im Geschäftsjahr 2007 der Aufsicht durch die Bundesanstalt unterworfen, würde die in der Fristverlängerungsrichtlinie der Wirtschaft ausdrücklich eingeräumte Vorbereitungszeit auf die neuen Vorgaben ungerechtfertigterweise verkürzt.
Zum 1.1.2008 wird daher die Neufassung des § 9 WpHG in Kraft treten und unmittelbar danach auch die Neufassung der WpHMV.
Die MiFID sieht einen neuen Ansatz vor, nach dem die Meldepflicht in Europa einheitlich zu erfüllen ist. Es findet ein Systemwechsel statt, weg vom »Aufnahmelandprinzip« hin zum »Herkunftslandprinzip«. Dies bedeutet, dass Transaktionsmeldungen meldepflichtiger Institute grundsätzlich an die Aufsicht desjenigen Staates abzugeben sind, in dem das Institut seinen Sitz hat. Die bisher geltende Regelung des § 9 Abs. 3 Nr. 5 WpHG a. F. i. V. m. § 17 Abs. 2 WpHMV a. F. (sog. »Waiver«-Regelung), nach der ein Institut seine Meldungen dort abgeben musste, wo es im Rahmen seiner Börsenzulassung ein Geschäft tätigte (sofern es dort einer gleichartigen Meldepflicht unterfiel), entfällt. Hintergrund hierfür ist eine beabsichtigte Abkehr von dem Schwerpunkt der »Marktaufsicht« hin zu einer stärkeren »Institutsaufsicht«. Da den Aufsichtsbehörden auf diese Weise nicht mehr sämtliche in deren Aufsichtsbereich abgeschlossenen Geschäfte direkt von den am Geschäft Beteiligten mitgeteilt werden, wird durch die MiFID ein neues System zum Austausch der Meldedaten unter den Aufsichtsbehörden geschaffen. Dieser Austausch findet allerdings nur im sog. minimum content statt, einer reduzierten Form der nach nationalem Recht abzugebenden Meldungen. Der damit verbundene Systemwechsel ist für sämtliche Geschäfte mit Auslandsbezug sowie für alle deutschen Meldepflichtigen mit Zweigniederlassungen im EU-Ausland sowie für alle EU-Ausländer mit Zweigniederlassungen im Inland von entscheidender Bedeutung. Auf die genauen Auswirkungen, die sich durch diesen Systemwechsel ergeben, wird nachfolgend detailliert eingegangen.

II. Änderungen in § 9 WpHG n. F.:

1 Gruppe der Meldepflichtigen

Durch die Formulierung des § 9 Abs. 1 WpHG n. F. verändert sich die Gruppe der Meldepflichtigen.
Waren in § 9 Abs. 1 WpHG a. F. die Gruppen der in Betracht kommenden Meldepflichtigen abschließend aufgeführt, so z.B. Kreditinstitute, Finanzdienstleistungsinstitute mit der Erlaubnis zum Betreiben des Eigenhandels und Unternehmen nach § 53 Abs. 1 Satz 1 KWG (Zweigstellen von nicht EU-Ausländern), so werden diese nun unter dem Begriff des Wertpapierdienstleistungsunternehmens im Sinne des § 2 Abs. 4 WpHG n. F. zusammengefasst.
Der entscheidende Unterschied, der sich daraus ergibt, ist, dass bei den Finanzdienstleistungsinstituten keine Einschränkung mehr auf diejenigen vorgesehen ist, die

eine Erlaubnis zum Betreiben des Eigenhandels nach § 1a Nr. 5 KWG bzw. § 2 Abs. 3 Nr. 2 WpHG a. F. haben. Somit steigt die Gruppe der Finanzdienstleistungsinstitute ohne Erlaubnis zum Betreiben des Eigenhandels in den Status des grundsätzlich Meldepflichtigen auf[1].

2 Geschäfte an einem organisierten Markt

Meldepflichtige sind derzeit nach § 9 Abs. 1 WpHG a. F. verpflichtet, jedes Geschäft in Wertpapieren oder Derivaten, die an organisierten Märkten in der EU zugelassen oder in den Freiverkehr einbezogen waren, zu melden, wenn das Geschäft im Rahmen einer Wertpapierdienstleistung oder als Eigengeschäft geschlossen wurde.

§ 9 WpHG n. F. fasst die Begriffe »Wertpapier« und »Derivat« zukünftig unter dem Begriff »Finanzinstrument« zusammen und bezieht sich nur noch auf Instrumente, die an einem organisierten Markt (§ 2 Abs. 5 WpHG n. F.) zugelassen oder in den regulierten Markt einer inländischen Börse einbezogen sind. Jeder Mitgliedstaat meldet die Liste seiner organisierten Märkte an CESR, wo diese Listen dann zusammengeführt und auf der Internetseite http://mifiddatabase.cesr.eu veröffentlicht werden.

Entscheidende Neuerung hier ist, dass Instrumente, die ausschließlich im inländischen Freiverkehr, also an keinem regulierten Markt innerhalb des EWR notiert sind, nicht mehr unter die Meldepflicht nach § 9 WpHG n. F. fallen.

3 Geschäftsbegriff

Die wichtigste Neuerung besteht jedoch in der Änderung des Geschäftsbegriffs. Wie schon in der Fassung des WpHG a. F., ist auch in der ab dem 1.1.2008 geltenden Fassung der Geschäftsbegriff nicht definiert. Hinzu kommt, dass für eine Meldepflicht das Geschäft zukünftig nicht mehr im Rahmen einer Wertpapierdienstleistung oder als Eigengeschäft geschlossen sein muss. § 9 WpHG n. F. legt nur noch generell fest, dass Meldepflichtige ihre »Geschäfte« zu melden haben. Da eine Regelung, was unter einem solchen Geschäft zu verstehen ist, im deutschen Recht nicht vorgesehen ist und die europarechtlichen Regelungen hierzu nur bedingt eine Auslegungshilfe bieten, ist die Definition des meldepflichtigen Geschäfts von der BaFin vorzunehmen.

a) europarechtliche Grundlage

Art. 5 der MiFID-Durchführungs-VO als **unmittelbar geltendes Recht** definiert den **Geschäftsbegriff** als den **An- und Verkauf von Finanzinstrumenten**. Der Empfang und die Weiterleitung hingegen sind keine meldepflichtigen Geschäftsvorfälle. Diese Annahme bestätigen auch Ziffern a) und b) auf S. 6 der CESR Level3 Guidelines on MiFID Transaction reporting (CESR/07–301). Diese europarechtlichen Vorgaben führen zu Folgendem hinsichtlich der Meldepflicht einzelner Geschäftsvorfälle:

b) Eigengeschäft, Eigenhandel, Finanzkommissionsgeschäft

Sämtliche Geschäfte in an einem regulierten Markt zugelassenen Finanzinstrumenten, die als An- oder Verkauf abgeschlossen werden, sind nach der Definition in Art. 5 der MiFID-Durchführungs-VO meldepflichtig. Dies umfasst Eigengeschäfte der Institute (sowohl börslich als auch außerbörslich) und den Eigenhandel für andere nach § 2 Abs. 3 Nr. 2 WpHG n. F. Auch das Finanzkommissionsgeschäft nach § 2 Abs. 3

---

1 Inwieweit sich hieraus Meldepflichten für einzelne konkrete Geschäftsvorfälle ergeben, wird unter Punkt 3.) dieses Schreibens behandelt.

Nr. 1 WpHG n. F. fällt in sämtlichen denkbaren Ausprägungen unter diesen Geschäftsbegriff.

c) Anlagevermittlung

Die Anlagevermittlung nach § 2 Abs. 3 Nr. 4 WpHG n. F. fällt nicht unter die Definition des Ankaufs bzw. Verkaufs, da hierbei lediglich der Kauf- und Verkaufswunsch zwischen zwei anderen Parteien vermittelt wird, der Vermittler aber nicht selbst als Käufer oder Verkäufer auftritt bzw. Partei des schuldrechtlichen Geschäfts wird. Aufgrund des insoweit entgegenstehenden Wortlauts der MiFID-Durchführungs-VO wird daher auf Meldungen dieser Dienstleistung generell verzichtet. Die Anlagevermittlung stellt daher kein nach § 9 WpHG n. F. meldepflichtiges Geschäft dar.

Auch die bloße Weiterleitung von Aufträgen von der Zweigniederlassung zur Hauptniederlassung unterfällt daher nicht der Meldepflicht[1].

d) Abschlussvermittlung

Der Abschlussvermittler tätigt einen Kauf und Verkauf von Finanzinstrumenten in fremdem Namen und für fremde Rechnung (§ 2 Abs. 3 Satz 1 Nr. 3 WpHG n. F.). Insoweit lässt sich dessen Tätigkeit unter den Begriff des »Ankaufs oder Verkaufs« (bzw. in der englischen Original-Fassung der MiFID unter den Begriff der »execution of transactions«) subsumieren, sodass in diesen Fällen ein meldepflichtiges Geschäft im Sinne des Art. 5 MiFID-Durchführungs-VO vorliegt.

Sowohl die an organisierten Märkten und MTFs tätigen Makler und Skontroführer als auch die an den jeweiligen Geschäften beteiligten Zentralen Kontrahenten (Central Counterparties – CCPs) sind damit weiterhin generell meldepflichtig, unabhängig davon, ob sie Geschäfte im Wege der Abschlussvermittlung oder als Eigengeschäfte abschließen.

Darüber hinaus werden jedoch von der Abschlussvermittlung auch Geschäfte erfasst, an deren Meldungen die BaFin kein den Makler- und CCP-Geschäftsbeteiligungen vergleichbares Aufsichtsinteresse hat. **Verzichtbar** nach Art. 13 Abs. 1 Satz 2 der MiFID-Durchführungs-VO sind insoweit Meldungen **außerbörslich getätigter Abschlussvermittlungen**, da diese Geschäfte entweder zwischen selbst meldepflichtigen Instituten oder selbst nicht meldepflichtigen Instituten vermittelt werden. In dem ersten Fall erhält die BaFin ohnehin eine Meldung über das Geschäft von der selbst meldepflichtigen Partei des Geschäfts und hat hier aufsichtsrechtlich keinen Bedarf an einer weiteren Meldung des Vermittlers ohne inhaltlichen Mehrwert. In dem zweiten Fall erhält die BaFin ohnehin keine Information über das getätigte Geschäft, sodass eine Meldung über die Vermittlung dieses Geschäfts auch nicht sinnvoll wäre.

e) Finanzportfolioverwaltung

Wie eingangs bereits erwähnt, fallen mit Inkrafttreten des § 9 WpHG n. F. sämtliche Finanzdienstleistungsinstitute unter die Meldepflicht, ohne hierbei das Fehlen einer Erlaubnis zum Betreiben des Eigenhandels geltend machen zu können. Insbesondere für diese Institute stellt sich daher die Frage, ob die Tätigkeit der Finanzportfolioverwaltung gem. § 2 Abs. 3 Nr. 7 WpHG n. F. als Ankauf oder Verkauf bzw. »execution of transactions« und damit als meldepflichtiges Geschäft im Sinne des Art. 5 MiFID-Durchführungs-VO einzustufen ist.

Hier muss differenziert werden zwischen der Entscheidung des Portfolioverwalters, ein bestimmtes Geschäft für seinen Kunden vorzunehmen, und der eigentlichen Vornahme des Geschäfts. Zunächst wird der Portfolioverwalter im Rahmen der

---

1 Vgl. II.6.) (Geschäfte mit Auslandsbezug).

Finanzportfolioverwaltung nach § 2 Abs. 3 Nr. 7 WpHG n. F. eine Entscheidung darüber treffen, welches Geschäft er für seinen Kunden abschließen will. Diese Entscheidung ist jedoch für das Entstehen einer Meldepflicht zunächst nicht relevant, da die Meldepflicht grundsätzlich nur an der tatsächlichen Vornahme des Geschäfts anknüpfen kann, nicht jedoch an der bloßen Entscheidung, ein solches Geschäft auszuführen.

Dieser Grundsatz führt zwingend dazu, dass sämtliche Geschäfte, die ein Portfolioverwalter (nach der jeweils im Sinne des § 2 Abs. 3 Nr. 7 WpHG n. F. getroffenen Entscheidung) selbst für seinen Kunden im Wege des Finanzkommissionsgeschäfts gem. § 2 Abs. 3 Nr. 1 WpHG n. F. oder im Wege des Eigenhandels gem. § 2 Abs. 3 Nr. 2 WpHG n. F. abschließt, zu einer Meldepflicht des Portfolioverwalters führen.

Führt der Portfolioverwalter allerdings das Geschäft nicht selbst aus, sondern schaltet zur Auftragsausführung stattdessen ein meldepflichtiges Drittinstitut ein, ist melderechtlich zu differenzieren: Hat der Portfolioverwalter mangels entsprechender Erlaubnisarten von vornherein keine Möglichkeit, das Geschäft selbst im Wege eines Kommissions- oder Eigenhandelsgeschäfts abzuschließen und stellt die Weiterleitung der Aufträge damit die einzige für ihn mögliche Art der Geschäftsausführung dar, so besteht für diese Weiterleitungen keine Meldepflicht des Portfolioverwalters.

Hat der Portfolioverwalter dagegen die Möglichkeit, frei darüber zu entscheiden, ob er das Geschäft selbst ausführt oder hiermit einen Dritten beauftragt, so besteht eine Meldepflicht sowohl, wenn er den Auftrag selbst ausführt, als auch, wenn er den Auftrag an einen Dritten zur Ausführung abgibt.

Dies erleichtert die technische Abbildung der Geschäfte, insbesondere für die Gegenpartei. Anderenfalls müsste bei jedem Geschäft überprüft werden, ob der Finanzportfolioverwalter als Meldepflichtiger oder als im Einzelfall nicht Meldepflichtiger handelt. Die betroffenen Institute haben hier auch schon im Arbeitskreis Meldewesen signalisiert, dass sie diese Lösung für praktikabel halten und damit einverstanden sind.

Zudem wird hier auch nur die bisherige Rechtslage beibehalten und insbesondere die für die Aufsicht nicht unbedeutende Tätigkeit großer Institute mit eigener Börsenzulassung überwacht, bei der die BaFin auch zur Qualitätskontrolle Wert auf die Aufrechterhaltung der Meldeketten legt.

Überwachungslücken können zwar entstehen, wenn ein Institut, das über keine Erlaubnis zum Eigenhandel verfügt und daher nicht meldepflichtig ist, sein Geschäft über einen ebenfalls nicht Meldepflichtigen ausführt, etwa über ein Unternehmen in einem Drittstaat. Hier könnte es zu einer vollständigen »Nicht-Meldung« von Geschäften kommen, die grundsätzlich zu vermeiden ist. Allerdings ist zu berücksichtigen, dass dies nur einen Teil der Geschäfte ausmacht, der in vielen Fällen, etwa der Weiterleitung an US-Broker, nicht meldepflichtige Finanzinstrumente betreffen wird. Es wäre für die oft kleinen Institute ohne Erlaubnis zum Eigenhandel auch eine überproportional starke Belastung, wenn sie für den Ausschnitt der Geschäfte, die sie über selbst nicht meldepflichtige Drittstaatsinstitute ausführen, ein gesondertes Meldewesen aufbauen müssten, sodass in diesen Fällen auf eine Meldepflicht verzichtet wird.

f) Ausnahmen nach Art. 5 Satz 2 MiFID-Durchführungs-VO

Generell nicht unter den Geschäftsbegriff fallen nach Art. 5 Satz 2 MiFID-Durchführungs-VO sämtliche Wertpapierfinanzierungsgeschäfte, eine Differenzierung nach echten und unechten Pensionsgeschäften ist insoweit nicht vorgesehen. Auch die Ausübung von Optionen oder Optionsscheinen und sämtliche Formen von Primärmarktgeschäften mit Finanzinstrumenten (sowie ihre Emission, Zuteilung oder Zeichnung) fallen nicht unter den Geschäftsbegriff.

4 Meldepflichten bei derivativen Finanzinstrumenten

Die Gruppe der meldepflichtigen Derivate wird durch die MiFID erheblich erweitert. Galt bisher der Grundsatz, dass Derivate ohne zumindest mittelbaren Wertpapierbezug nicht der Meldepflicht unterliegen, so ist dieser Grundsatz jetzt nicht mehr gültig. Somit unterliegen Derivate aller Art der Meldepflicht des § 9 WpHG n.F., wovon zum einen sämtliche Derivate, die an der Eurex gehandelt werden, betroffen sind (also auch Kreditderivate und Derivate auf Geldmarktsätze). Zum anderen unterliegen nach § 2 Abs. 2c WpHG n.F. auch Strom- und Warenderivate der Meldepflicht. Bezüglich dieser Strom- und Warenderivate, die an der EEX in Leipzig bzw. der RMX in Hannover notiert sind, ist jedoch eine Sonderregelung vorgesehen. Auch hier gilt zwar grundsätzlich, dass ein Teil der an den Börsen zugelassenen Unternehmen den Status eines Meldepflichtigen haben wird, die Geschäfte werden jedoch voraussichtlich in einer anderen Form gemeldet werden. Hierzu wird die BaFin mit den Märkten direkt abstimmen, in welcher Form die Meldungen zu erfolgen haben und ob es ausreicht, die jeweiligen Meldungen direkt von den Börsen zu beziehen, sodass auf zusätzliche Teilnehmermeldungen an die BaFin verzichtet werden kann.

5 Geschäfte bei Übernahmeangeboten/Squeeze Outs

Die Meldepflicht von Geschäften im Bereich von Übernahmeangeboten und Squeeze Outs war immer umstritten, da in Abhängigkeit der gewählten Abwicklungsart in einigen Fällen eine Wertpapierdienstleistung erbracht wurde, in anderen Fällen aber reine Lieferinstruktionen ausgeführt wurden. Nach Art. 5 MiFID-Durchführungs-VO ist nunmehr nur noch das eigentliche Kauf-/Verkaufsgeschäft von Bedeutung für die Meldepflicht. **Findet das Geschäft im Rahmen der Übernahme bzw. des Squeeze Outs unter Beteiligung zumindest eines selbst meldepflichtigen Wertpapierdienstleistungsunternehmens statt, besteht** für dieses Geschäft **eine Meldepflicht** des jeweiligen Instituts, und zwar unabhängig davon, ob es sich bei dem Geschäft um ein Barabfindungsangebot oder ein aktienumtauschendes Angebot handelt.

In der Regel wird das Geschäft jedoch zwischen Parteien stattfinden, die selbst nicht meldepflichtig sind (Bieter und Privatkunden), sodass für diese eine Meldepflicht ausscheiden wird und allenfalls im Hinblick auf die mit der Abwicklung beauftragten grundsätzlich meldepflichtigen Kreditinstitute (Depot- und Abwicklungsbanken) in Betracht kommt. Für eine solche Meldepflicht wäre jedoch erforderlich, dass von den jeweils beauftragten Instituten ein meldepflichtiges Geschäft abgeschlossen wird. Die beauftragten Institute treten jedoch in der Regel nicht selbst in das Geschäft ein, es findet allenfalls eine Anlagevermittlung nach § 2 Abs. 3 Nr. 4 WpHG n.F. durch die Institute statt. Da die Anlagevermittlung, wie bereits dargestellt, nach den Vorgaben des Art. 5 MiFID-Durchführungs-VO kein meldepflichtiges Geschäft darstellt, kommt eine Meldepflicht auch insoweit nicht in Betracht.

Nochmals klargestellt werden soll hier zudem, dass in allen übrigen Fällen der (grundsätzlich nach Art. 5 MiFID-Durchführungs-VO meldepflichtigen) Barabfindungsangebote, die über den Bereich des Wertpapierübernahmerechts hinausgehen, ebenfalls eine Meldepflicht nach § 9 WpHG n.F. besteht, falls es sich bei den an dem Geschäft Beteiligten um Meldepflichtige nach § 9 Abs. 1 WpHG n.F. handelt.

6 Geschäfte mit Auslandsbezug

Das Herkunftsstaatsprinzip der MiFID konsequent anwendend sieht Art. 25 MiFID vor, dass Geschäfte nach diesem Prinzip immer an die Aufsicht desjenigen Staates zu melden sind, in dem der Meldepflichtige seinen Sitz hat.

Gleichzeitig schafft Art. 32 Abs. 7 MiFID für Zweigniederlassungen von Unternehmen eine Ausnahme, indem diese melderechtlich einen eigenständigen Status erhalten, obwohl sie ansonsten rechtlich lediglich einen unselbstständigen Teil der Hauptniederlassung darstellen. Zweigniederlassungen melden dementsprechend gerade nicht dort, wo die Hauptniederlassung ihren Sitz hat, sondern in dem Mitgliedsstaat, in dem sie lokal ansässig sind. Waren Zweigniederlassungen nach § 53b KWG bisher also nur für die Geschäfte meldepflichtig, die sie im Rahmen einer eigenen Börsenzulassung an inländischen Märkten getätigt haben, so kommen jetzt auch alle sonstigen meldepflichtigen Transaktionen hinzu. Im Umkehrschluss bedeutet dies, dass Geschäfte einer EU-Zweigniederlassung eines deutschen Meldepflichtigen immer dort gemeldet werden, wo die Zweigniederlassung örtlich ansässig ist. Eine Rückausnahme sieht Art. 32 Abs. 7 MiFID jedoch insoweit vor, als dass eine Meldung der Zweigniederlassung an die Aufsicht des Aufnahmemitgliedsstaats nur dann zu erfolgen hat, wenn sie das betreffende Geschäft im Hoheitsgebiet dieses Staates abgeschlossen hat. Für alle anderen Transaktionen ist die Aufsicht des Heimatstaates der Hauptniederlassung zuständige Behörde.

Konkret würde das bedeuten, dass eine deutsche Zweigniederlassung nur diejenigen Geschäfte an die BaFin melden muss, die sie an einem deutschen Markt (z.B. Xetra) oder außerbörslich mit einem inländischen Vertragspartner abschließt. Schließt sie jedoch ein Geschäft an einem ausländischen Markt (z.B. Euronext) ab, so ist die entsprechende Meldung an die Aufsicht des Heimatstaates ihrer Hauptniederlassung abzugeben.

Da hierdurch aber möglicherweise verschiedene Meldewege aufzubauen wären, sehen die CESR Level 3 Guidelines ein Wahlrecht der Zweigniederlassung vor, **sämtliche** Geschäfte an die Aufsicht des Aufnahmestaates melden zu dürfen.

Ein sehr wichtiger Grundsatz bleibt jedoch bestehen. Zweigniederlassungen von deutschen Meldepflichtigen im Nicht-EU-Ausland gelten weiterhin als rechtlich unselbstständige Einheiten der Hauptniederlassung und haben daher ihre getätigten meldepflichtigen Transaktionen an die BaFin zu melden. Möglicherweise hat zusätzlich eine Meldung an die Aufsicht des Drittstaates zu erfolgen, je nach Ausgestaltung der dortigen melderechtlichen Vorschriften.

Die Zweigniederlassung ist, wie die Hauptniederlassung auch, allerdings nur insoweit meldepflichtig, als sie eigene melderechtlich relevante Geschäfte abschließt. Wie bereits dargestellt, unterfallen Weiterleitungen von Aufträgen von der Zweigniederlassung an die Hauptniederlassung als Anlagevermittlung nicht der Meldepflicht. Ist dagegen ein prinzipiell meldepflichtiges Geschäft erfolgt, wird sich oft die Frage stellen, was als Geschäft der Zweigniederlassung und was als Geschäft der Hauptniederlassung zu werten ist.

Sofern das Institut hier eine eindeutige Abgrenzung treffen kann, hat die entsprechende Meldung unter den oben genannten Grundsätzen zu erfolgen. Kann dagegen nicht eindeutig zwischen Geschäften der Haupt- und der Zweigniederlassungen abgegrenzt werden, so kann an dieser Stelle auch keine exakte Aussage darüber getroffen werden, wer im konkreten Fall wohin eine Meldung abzugeben hat. Den Meldepflichtigen wird daher empfohlen, eine für den jeweiligen Fall vertretbare und rechtlich begründbare Lösung zu erarbeiten und den jeweils betroffenen Aufsichtsbehörden zur Stellungnahme vorzulegen.

7 Ausschließliche Zulassung an einer inländischen Börse

Da die Fassung des § 9 WpHG n.F. für die Meldepflicht nur noch an den Status des Instituts als Wertpapierdienstleistungsunternehmen anknüpft, verlieren die inländischen Unternehmen, die nach § 9 Abs. 1 WpHG a.F. lediglich aufgrund ihrer Zulassung an einer inländischen Börse den Status eines Meldepflichtigen erlangt hatten, diesen Status zum 1.1.2008. Hiervon betroffen sind Unternehmen, die ausschließlich Eigengeschäfte tätigen, da alle anderen Unternehmen sofort den Status eines Wertpapierdienstleistungsunternehmens erlangen. Zwar gilt auch ein Eigengeschäft nach § 2 Abs. 3 letzter Satz WpHG n. F. als Wertpapierdienstleistung, jedoch zählt ein Unternehmen, das allein Eigengeschäfte tätigt, gemäß § 2a Abs. 1 Nr. 10a) WpHG n. F. nicht zu den Wertpapierdienstleistungsunternehmen und ist damit kein Meldepflichtiger mehr. Die BaFin stellt es meldepflichtigen Geschäftspartnern frei, diese Gruppe von Unternehmen neutral mittels Kunden- oder Depotidentifikation zu identifizieren oder eine für das Institut bestehende Referenzierungsart wie Kassenvereinsnummer oder Membercode zu verwenden. Ob diese Gruppe auch in den anderen Mitgliedsstaaten von der Meldepflicht befreit ist, ist den jeweiligen nationalen Vorschriften zu entnehmen.

III. Änderungen an der WpHMV n. F. und der Anlage zur WpHMV n. F.:

Die BaFin ist bemüht, Änderungen an der Systematik des Meldewesens möglichst zu vermeiden und nur dort, wo es aufgrund der MiFID unbedingt nötig ist, Feldänderungen vorzunehmen. Diesem Grundsatz folgend, ergeben sich zukünftig folgende Veränderungen.

1 Identifizierung von Derivaten

Die wichtigste Änderung ist dabei die Identifikation von Derivaten. War es bisher so, dass Derivate auf Aktien mittels der Wertpapierkennnummer (WKN) des Underlyings gemeldet wurden und andere Derivate mittels kontraktspezifischer ISIN, so ist die Art der Identifizierung künftig davon abhängig, an welchem Markt in welchem Land die Derivate gehandelt werden[1].

Abhängig von der Identifizierungsart am jeweiligen Handelsplatz sind Derivate entweder mittels ISIN oder aber neu mittels Produktcode zu identifizieren. Welcher regulierte Markt welche Schlüsselung vorsieht, ergibt sich aus den CESR-Veröffentlichungen unter http://mifiddatabase.cesr.eu. Wird ein meldepflichtiges Derivat außerbörslich gehandelt, so hat der Meldepflichtige ein Wahlrecht, welche Art der Identifizierung er verwenden will. Geschäfte an Märkten, die Derivate mittels ISIN identifizieren, sind in Feld 31 mit der ISIN zu identifizieren. Derivate, die mittels Produktcode gehandelt werden (z. B. alle Geschäfte an der Eurex), sind in Feld 32 mit »XP« für Produktcode und in Feld 33 mit dem entsprechenden Produktcode (z. B. FDAX) zu identifizieren.

2 Identifizierung des Geschäftspartners

Als zusätzliche Möglichkeit, seine Geschäftspartner zu identifizieren, kommt die Referenzierungsart »F« für den BIC (Swiftcode) und »I« für den IBEI hinzu. Alle Referenzierungsarten für Meldepflichtige sind gleichwertig zu behandeln, da zentrale Stammnummer für jeden Meldepflichtigen die BaFin-ID bleibt und alle Referenzen BaFin-intern auf diese Identifizierungsart umgeschlüsselt werden.

In diesem Zusammenhang sei darauf hingewiesen, dass jeder Meldepflichtige dafür Sorge zu tragen hat, einen BIC zu erhalten[2], um diesen dann unverzüglich der BaFin per Email unter p9wphg@bafin.de mitzuteilen, weil die BaFin diesen Code für den internationalen Datenaustausch mit anderen Aufsichtsbehörden benötigt. Um datenschutzrechtliche Probleme zu vermeiden, sollte der BaFin gleichzeitig das Einverständnis erteilt werden, diesen Code anderen Marktteilnehmern öffentlich zur Verfügung

---

1 Als Orientierungshilfe dazu dient Anlage 1.
2 Die Vergabe eines BIC kann kostenfrei bei SWIFT beantragt werden.

stellen zu dürfen, damit Geschäftspartner in der Lage sind, den Meldepflichtigen anhand seines Codes zu identifizieren. Dies ist vor allem wichtig, um ausländischen Geschäftspartnern eine zentrale Anlaufstelle zu geben, an der sie diese Information erhalten können. Im Gegenzug erhofft sich die BaFin, von den anderen europäischen Aufsichtsbehörden Codelisten deren Meldepflichtiger zu erhalten, um diese dann wiederum den in Deutschland Meldepflichtigen zur Verfügung stellen zu können.

3 Angabe der Handelszeit

Die Handelszeit ist künftig sekundengenau anzugeben. Sonderfälle ergeben sich bei Fällen des § 16 WpHMV n.F. (zusammengefasste Mitteilungen) oder bei systemgenerierten automatischen Zeiten, wie sie z.B. bei der nächtlichen Zubuchung aus Aktiensparplänen generiert werden.

Gerade im außerbörslichen Bereich sollte eine konkrete Abschlusszeit zwischen den Handelspartnern vereinbart und festgehalten werden, damit es nicht zu Abweichungen im Minutenbereich kommen kann. Im Zweifel ist bei OTC-Geschäften die Sekundenangabe mit »00« aufzufüllen. Besonderes Augenmerk wird die BaFin im börslichen Bereich auf Abweichungen legen, da hier die Abschlusszeiten im Handelssystem für alle Teilnehmer vorhanden und ersichtlich sind.

4 Keine Meldung von Geschäften zum Nettopreis

Ab dem 1.1.2008 ist eine Kennzeichnung von Geschäften zum Nettopreis nicht mehr vorgesehen. Alle Preise sind entweder als Bruttopreis, als Aggregationen oder als interessewahrend zu kennzeichnen.

5 Art des Wertpapiers (CFI-Code)

Die Angabe der Art des Wertpapiers in Feld 30 wird durch den CFI Code ersetzt. Dieser ist in den Fällen, in denen er nicht ermittelt werden kann, zumindest mit den ersten beiden Buchstaben zu melden, aufgefüllt mit dem Buchstaben »X«.

6 Bezüge zu WM-Tabellen

Bezüge zu WM-Tabellen werden durch Bezüge zu ISO-Standardcodetabellen ersetzt.

7 Angabe des Handelssegments

Das Handelssegment wird nicht mehr mittels WM G32 gefüllt, sondern mittels MIC, ISO Standard 10383. Dies führt dazu, dass zwischen börslichen Parkettgeschäften und nicht börslichen Geschäften in diesem Feld nicht mehr unterschieden wird. Beides sind z.B. Geschäfte am Börsenplatz Frankfurt.

Die BaFin hatte für einige Segmente spezielle Schlüssel vergeben. So war z.B. Quotrix mit »124«, Xetra-Best mit »242«, Xetra-OTC mit »AB2«, PIP mit »069«, Eurex-OTC mit »187« und Eurex-Bonds mit »139« zu schlüsseln. Grundsätzlich gilt zukünftig, dass die von CESR veröffentlichten MICs Anwendung finden müssen; andere Schlüssel sind nicht zulässig. Dies gilt sowohl für regulierte Märkte und MTFs als auch für systematische Internalisierer.

8 Wegfall einzelner Felder im Meldesatz

Einzelne Felder im Meldesatz werden ab dem 1.1.2008 nicht mehr gefüllt. Welche Felder hiervon betroffen sind, entnehmen Sie bitte dem Meldebogen in der Anlage zur WpHMV n.F. Das gleiche gilt für die entsprechenden Feldlängenänderungen.

IV. Allgemeines:

1 Meldungen durch geeignete Dritte/als geeigneter Dritter

Da an der grundsätzlichen Meldesystematik keine Änderungen vorgenommen werden, können Meldepflichtige, die ihre Meldungen nach § 14 WpHMV n.F. von geeigneten Dritten vornehmen lassen oder die selbst für andere Meldepflichtige als geeignete Dritte auftreten, weiterhin frei wählen, ob sie Kommissionsketten mittels einstufigen oder mehrstufigen Meldesatzaufbaus darstellen wollen. Auch wird es weiterhin meldetechnisch keinen Unterschied machen, ob ein Geschäft nach der Systematik eines Kommissionsgeschäftes oder eines Eigenhandels für andere dargestellt wird. Dies ist vor allem im Bereich der IW-Geschäfte wichtig.

2 give-up-/take-up-Geschäfte an der Eurex

Nicht in direktem Bezug zur MiFID steht die korrekte Meldung im Zusammenhang mit give-up/take-up-Geschäften an der Eurex, an die hier anlässlich häufig auftretender Fehler dennoch erinnert werden soll. Es spielt in diesen Fällen keine Rolle, mittels welcher Funktionalitäten ein Eurexgeschäft abgewickelt wird. Für das Meldewesen allein entscheidend ist der schuldrechtliche Verlauf, der schließlich zum Geschäftsabschluss an der Eurex führt.

Daraus ergibt sich ebenfalls, dass alle meldepflichtigen Parteien, die in den Orderprozess als Kommissionäre eingebunden sind, der Meldepflicht unterliegen, auch wenn gerade diese Informationen nicht aus dem Backoffice-File der Eurex erkennbar sind. Hier besteht kein Unterschied zu Geschäftsvorfällen an anderen Börsen, wo es selbstverständlich ist, dass der Initiator eines Geschäftes ohne eigene Zulassung an der Börse dies auch so meldet, obwohl der Geschäftsabschluss an der Börse dann von seinem Kommissionär vollzogen wird. Es ist daher unerheblich, ob der Auftraggeber gleichzeitig der spätere »Take-upper« ist oder gar nicht in den Abwicklungsprozess der Eurex eingebunden ist, entscheidend für seine Meldepflicht bleibt die Einbindung in den Orderverlauf und das Erbringen des Kommissionsgeschäfts, den Eigenhandel oder das Tätigen eines Eigengeschäfts.

3 Änderungen der Kunden-/Depotstruktur

Ebenfalls nicht in direktem Zusammenhang mit den Änderungen der MiFID steht eine Problematik, die hier ebenfalls angesprochen werden soll.

In letzter Zeit treten vermehrt Fälle auf, in denen Institute ihre Kunden-/Depotstruktur verändern und diese Änderung auch auf ihre Meldung nach § 9 WpHG n.F. übertragen.

Eine einmal vergebene Identifikationsnummer im Bereich der Kunden-/Depotverschlüsselung ist jedoch durchgängig beizubehalten. Lediglich in begründeten Fällen kann in Absprache mit der BaFin die Identifizierung dann verändert werden, wenn interne Umstrukturierungen dies notwendig machen (solche Fälle sind z.B. Fusionen von Instituten mit unterschiedlichen Strukturen oder ein Wechsel des geeigneten

Dritten). Immer dann, wenn eine Kunden-/Depotstruktur nicht einheitlich beibehalten werden kann, ist es jedoch unerlässlich, der BaFin eine Mapping-Tabelle zur Verfügung zu stellen, um alte und neue Kunden-/Depot-ID zusammenführen zu können. In welcher Form dies zu erfolgen hat, ist mit der BaFin abzustimmen.

4 Kennzeichen Börsenpreis nach § 24 BörsG

Mit Inkrafttreten der WpHMV n.F. wird die BaFin verstärkt auf eine exaktere Belegung des Feldes 21, Kennzeichen Börsenpreis nach § 24 BörsG, achten. In der Vergangenheit wurde dieses Kennzeichen eher dazu benutzt, zu verdeutlichen, ob es sich um ein Geschäft an einer Börse gehandelt hat und weniger, ob das Geschäft tatsächlich zu einem Börsenpreis nach § 24 BörsG stattgefunden hat. In der Praxis sah dies so aus, dass Geschäfte an ausländischen Börsen fast immer in Feld 21 mit »J« gekennzeichnet wurden, obwohl dort keine Börsenpreise nach § 24 BörsG ermittelt wurden.

Da Börsenpreise nur von inländischen Skontroführern oder im Rahmen eines inländischen elektronischen Handelssystems (Xetra/Eurex) festgestellt werden, sind auch nur diese Geschäfte in Feld 21 mit »J« zu kennzeichnen.

5 Übergangsfristen nach dem 1.1.2008

Eine gesetzliche Übergangsfrist zur Umsetzung der Vorgaben, die sich aus WpHG n.F. und WpHMV n.F. ergeben, ist nicht vorgesehen, da mit Wirksamwerden des WpHG n.F. und der WpHMV n.F. die entsprechenden Anforderungen unmittelbar gültig sind. Dennoch ist der BaFin bewusst, dass eine fristgerechte Umsetzung aufgrund des erheblichen technischen Anpassungsbedarfs gerade im Bereich des grenzüberschreitenden Geschäfts (home/host) oder im Bereich der Stammdaten schwer möglich sein wird.

Aus diesem Grund legt die BaFin folgende dreistufige Umsetzungsfrist fest:
Die erste Stufe betrifft die rechtlichen Auswirkungen der neuen Vorschriften. Die Neuregelungen bezüglich der jeweils zuständigen Behörde, an die die betreffende Meldung abgegeben werden muss, sind mangels gesetzlicher Übergangsfristen zum Stichtag **1.1.2008** umzusetzen. Ebenso ist bereits zum Stichtag anzupassen, welche Gattungen meldepflichtig sind, wobei hier der Bezug zu den WM-Stammdaten am Stichtag gewährleistet sein wird. Auch Primärmarktgeschäfte oder Geschäfte im Rahmen der Vermittlung sollten zum Stichtag nicht mehr gemeldet werden.

Eine zweite Stufe betrifft die technischen Anpassungen an der Feldlänge und den korrekten Inhalt auf Feldebene. Da die Deutsche Börse AG als Betreiber des Systems »TRICE« weiterhin ein Melden nach altem Format zulässt und entsprechende Änderungen selbst umschlüsselt, ist die Umsetzung hier zunächst zeitlich unkritisch. Da aus Kompatibilitätsgründen verschiedene Plausibilitätsprüfungen jedoch deaktiviert sind und damit die Meldequalität automatisch tendenziell sinkt, hat die BaFin ein Interesse daran, dass alle Meldepflichtigen möglichst schnell die neuen Formate und Inhalte laut Anhang zur WpHMV n.F. füllen, um zum **1.4.2008** Altmeldungen nach Möglichkeit nicht mehr zuzulassen. Da der Großteil der Meldungen über den File-Transfer der DBAG zur BaFin geleitet wird, liegt der Zeitdruck eher bei den Teilnehmern, die direkt über die Melde- und Veröffentlichungsplattform (MVP) an die BaFin angebunden sind. Alle diese Direktmelder sollten daher so schnell wie möglich Formatlängen und Feldinhalte aktualisieren, damit möglichen Verarbeitungsproblemen seitens der BaFin vorgebeugt werden kann. Die Frist für die Direktmelder zur Umstellung ihrer Meldesystematik liegt daher bei **lediglich 4 Wochen, gerechnet ab dem 1.1.2008**.

Die dritte Stufe betrifft den organisatorisch schwierigsten Prozess der Stammdatenanpassungen. Da durch die MiFID verlangt wird, dass alle Geschäftspartner zu melden sind, muss für alle in Europa meldepflichtigen Institute eine Stammdatenanpassung erfolgen, sodass diese im Meldesatz identifiziert werden können. Da gerade größere Institute hier erheblich höhere Aufwände zu verzeichnen haben werden, ist eine Umsetzungsfrist bis zum **1.7.2008** vorgesehen, bis zu der die Stammdaten angepasst sein sollen.

Sollten diese Fristen in einzelnen Fällen zu kurz bemessen sein, so sind die Meldepflichtigen angehalten, sich bilateral mit der BaFin zu verständigen, ob ggf. ein weiterer Aufschub gewährt werden kann. Bis zur Umsetzung sind die Geschäftspartner, für die keine Identifizierung vorhanden ist, nicht zu identifizieren. Generell gilt für jeden Meldepflichtigen, dass er sich bei Problemen in der Umsetzung der Anforderungen möglichst frühzeitig mit der BaFin in Verbindung setzen sollte.

6 Trennung der Datenlieferungen ab 1.1.2008

Da die technischen Anpassungen auf Feldebene es notwendig machen, unterschiedliche Verarbeitungsprozesse zu implementieren, ist es für alle Melder, die eigene Meldedaten an die BaFin senden oder als geeigneter Dritter für Meldepflichtige agieren, wichtig, zwischen Meldedaten nach altem Format und Meldedaten nach neuem Format zu trennen.

So ist es nicht möglich, innerhalb eines Meldefiles sowohl Altdaten als auch Neudaten zu senden. Da die Deutsche Börse AG mittels TRICE generell in neuem Format senden wird, betrifft dies vor allem alle anderen Direktmelder über die MVP der BaFin.

Ein Meldefile, das Meldesätze nach neuem Muster enthält, ist im MVP-Dateinamen mit dem Präfix »P9WPHG_« zu ergänzen.

Meldefiles, die bis zur Umstellung nach altem Muster erstellt werden, sind ohne dieses Präfix wie bisher üblich zu senden.

Nach Ablauf der entsprechenden Umsetzungsfristen sollte der Dateiname des Meldefiles, das an die BaFin gesendet wird, also grundsätzlich das Präfix »P9WPHG_« enthalten.

Die neuesten Fassungen der rechtlichen Grundlagen können Sie über die Homepage der BaFin erhalten. Dies betrifft vor allem die Neufassung des WpHG, der WpHMV und der Anlage zur WpHMV.

Sollten sich Rückfragen zu einzelnen Themen ergeben, so senden Sie Ihre Fragen bitte an das Postfach p9wphg@bafin.de.

Anhang 6.6
Gesetz über das Aufspüren von Gewinnen aus schweren Straftaten (Geldwäschegesetz – GwG)[1, 2]

vom 13. August 2008 (BGBl. I S. 1690), zuletzt geändert durch Artikel 9 des Gesetzes vom 18. Dezember 2013 (BGBl. I S. 4318)

Inhaltsübersicht

Abschnitt 1:
Begriffsbestimmungen und Verpflichtete

Begriffsbestimmungen	§ 1
Verpflichtete	§ 2

Abschnitt 2:
Sorgfaltspflichten und interne Sicherungsmaßnahmen

Allgemeine Sorgfaltspflichten	§ 3
Durchführung der Identifizierung	§ 4
Vereinfachte Sorgfaltspflichten	§ 5
Verstärkte Sorgfaltspflichten	§ 6
Ausführung durch Dritte	§ 7
Aufzeichnungs- und Aufbewahrungspflicht	§ 8
Interne Sicherungsmaßnahmen	§ 9

Abschnitt 2a:
Vorschriften für das Glücksspiel im Internet

Interne Sicherungsmaßnahmen der Verpflichteten nach § 2 Absatz 1 Nummer 12	§ 9a
Spieleridentifizierung	§ 9b

---

1 Artikel 2 des Gesetzes zur Ergänzung der Bekämpfung der Geldwäsche und der Terrorismusfinanzierung (Geldwäschebekämpfungsergänzungsgesetz – GwBekErgG) (BGBl. I S. 1690)
2 Dieses Gesetz dient der Umsetzung der Richtlinien:
 – Richtlinie 2005/60/EG des Europäischen Parlaments und des Rates vom 26. Oktober 2005 zur Verhinderung der Nutzung des Finanzsystems zum Zwecke der Geldwäsche und der Terrorismus-Finanzierung (ABl. EU Nr. L 309 S. 15), die zuletzt durch Richtlinie 2007/64/EG des Europäischen Parlaments und des Rates vom 13. November 2007 (ABl. EU Nr. L 319 S. 1) geändert worden ist, und
 – Richtlinie 2006/70/EG der Kommission vom 1. August 2006 mit Durchführungsbestimmungen für die Richtlinie 2005/60/EG des Europäischen Parlaments und des Rates hinsichtlich der Begriffsbestimmung von »politisch exponierten Personen« und der Festlegung der technischen Kriterien für vereinbarte Sorgfaltspflichten sowie für die Befreiung in Fällen, in denen nur gelegentlich oder in sehr eingeschränktem Umfang Finanzgeschäfte getätigt werden (ABl. EU Nr. L 214 S. 29).

Spielerkonto und Transparenz der Zahlungsströme . . . . § 9c
Besondere Sorgfaltspflichten für Verpflichtete nach § 2 Absatz 1
Nummer 1 und 2a . . . . § 9d

Abschnitt 3:
Zentralstelle für Verdachtsmeldungen, Meldepflichten und
Datenverwendung

Zentralstelle für Verdachtsmeldungen . . . . § 10
Meldung von Verdachtsfällen. . . . . § 11
Verbot der Informationsweitergabe . . . . § 12
Freistellung von der Verantwortlichkeit . . . . § 13
Meldepflicht von Behörden . . . . § 14
Heranziehung und Verwendung von Aufzeichnungen. . . . . § 15

Abschnitt 4:
Aufsicht, Zusammenarbeit und Bußgeldvorschriften

Aufsicht. . . . . § 16
Zusammenarbeit mit der Europäischen Bankenaufsichtsbehörde,
der Europäischen Aufsichtsbehörde für das Versicherungswesen
und die betriebliche Altersversorgung sowie mit der Europäischen
Wertpapier- und Marktaufsichtsbehörde. . . . . § 16a
Bußgeldvorschriften. . . . . § 17

Abschnitt 1:
Begriffsbestimmungen und Verpflichtete

§ 1 Begriffsbestimmungen

(1) Identifizieren im Sinne dieses Gesetzes besteht aus
1. der Feststellung der Identität durch Erheben von Angaben und
2. der Überprüfung der Identität.

(2) Terrorismusfinanzierung im Sinne dieses Gesetzes ist
1. die Bereitstellung oder Sammlung finanzieller Mittel in Kenntnis dessen, dass sie ganz oder teilweise dazu verwendet werden oder verwendet werden sollen,
   a) eine Tat nach § 129a, auch in Verbindung mit § 129b des Strafgesetzbuchs, oder
   b) eine andere der in Artikel 1 bis 3 des Rahmenbeschlusses 2002/475/JI des Rates vom 13. Juni 2002 zur Terrorismusbekämpfung (ABl. EG Nr. L 164 S.3) umschriebenen Straftaten
   zu begehen oder zu einer solchen Tat anzustiften oder Beihilfe zu leisten sowie
2. die Begehung einer Tat nach § 89a Abs.1 in den Fällen des Abs.2 Nr.4 des Strafgesetzbuchs oder die Teilnahme an einer solchen Tat.

(3) Geschäftsbeziehung im Sinne dieses Gesetzes ist jede geschäftliche oder berufliche Beziehung, die unmittelbar in Verbindung mit den geschäftlichen oder beruflichen Aktivitäten der Verpflichteten unterhalten wird, und bei der beim Zustandekommen des Kontakts davon ausgegangen wird, dass sie von gewisser Dauer sein wird.

(4) Transaktion im Sinne dieses Gesetzes ist jede Handlung, die eine Geldbewegung oder eine sonstige Vermögensverschiebung bezweckt oder bewirkt.

(5) Glücksspiele im Internet im Sinne dieses Gesetzes sind Glücksspiele, die mittels Telemedien im Sinne des § 1 Absatz 1 Satz 1 des Telemediengesetzes veranstaltet oder vermittelt werden.

(6) Wirtschaftlich Berechtigter im Sinne dieses Gesetzes ist die natürliche Person, in deren Eigentum oder unter deren Kontrolle der Vertragspartner letztlich steht, oder die natürliche Person, auf deren Veranlassung eine Transaktion letztlich durchgeführt oder eine Geschäftsbeziehung letztlich begründet wird. Hierzu zählen insbesondere:
1. bei Gesellschaften, die nicht an einem organisierten Markt im Sinne des § 2 Abs.5 des Wertpapierhandelsgesetzes notiert sind und keinen dem Gemeinschaftsrecht entsprechenden Transparenzanforderungen im Hinblick auf Stimmrechtsanteile oder gleichwertigen internationalen Standards unterliegen, jede natürliche Person, welche unmittelbar oder mittelbar mehr als 25 Prozent der Kapitalanteile hält oder mehr als 25 Prozent der Stimmrechte kontrolliert,
2. bei rechtsfähigen Stiftungen und Rechtsgestaltungen, mit denen treuhänderisch Vermögen verwaltet oder verteilt oder die Verwaltung oder Verteilung durch Dritte beauftragt wird, oder diesen vergleichbaren Rechtsformen,
   a) jede natürliche Person, die als Treugeber handelt oder auf sonstige Weise 25 Prozent oder mehr des Vermögens kontrolliert,
   b) jede natürliche Person, die als Begünstigte von 25 Prozent oder mehr des verwalteten Vermögens bestimmt worden ist,
   c) die Gruppe von natürlichen Personen, zu deren Gunsten das Vermögen hauptsächlich verwaltet oder verteilt werden soll, sofern die natürliche Person, die Begünstigte des verwalteten Vermögens werden soll, noch nicht bestimmt ist,
   d) jede natürliche Person, die auf sonstige Weise unmittelbar oder mittelbar beherrschenden Einfluss auf die Vermögensverwaltung oder Ertragsverteilung ausübt,

3. bei Handeln auf Veranlassung derjenige, auf dessen Veranlassung gehandelt wird. Soweit der Vertragspartner als Treuhänder handelt, handelt er ebenfalls auf Veranlassung.

(6a) Gleichwertiger Drittstaat im Sinne dieses Gesetzes ist jeder Staat, in dem mit den Anforderungen dieses Gesetzes gleichwertige Anforderungen gelten und in dem die Verpflichteten einer gleichwertigen Aufsicht in Bezug auf deren Einhaltung unterliegen und in dem für diese gleichwertige Marktzulassungsvoraussetzungen bestehen.

(7) Das Bundesministerium der Finanzen kann im Einvernehmen mit dem Bundesministerium des Innern, dem Bundesministerium der Justiz und dem Bundesministerium für Wirtschaft und Technologie durch Rechtsverordnung ohne Zustimmung des Bundesrates unter Beachtung der von der Europäischen Kommission auf Grundlage des Artikels 40 Abs. 1 Buchstabe a der Richtlinie 2005/60/EG des Europäischen Parlaments und des Rates vom 26. Oktober 2005 zur Verhinderung der Nutzung des Finanzsystems zum Zwecke der Geldwäsche und der Terrorismusfinanzierung (ABl EU Nr. L 309 S. 15) getroffenen Maßnahmen Konkretisierungen zu den vorstehenden Begriffsbestimmungen festlegen.

§ 2 Verpflichtete

(1) Verpflichtete im Sinne dieses Gesetzes sind, soweit sie in Ausübung ihres Geschäfts oder Berufs handeln,
1. Kreditinstitute im Sinne des § 1 Abs. 1 des Kreditwesengesetzes, mit Ausnahme der in § 2 Abs. 1 Nr. 3 bis 8 des Kreditwesengesetzes genannten Unternehmen, und im Inland gelegene Zweigstellen und Zweigniederlassungen von Kreditinstituten mit Sitz im Ausland,
2. Finanzdienstleistungsinstitute im Sinne des § 1 Abs. 1a des Kreditwesengesetzes, mit Ausnahme der in § 2 Absatz 6 Satz 1 Nummer 3 bis 10 und 12 und Abs. 10 des Kreditwesengesetzes genannten Unternehmen, und im Inland gelegene Zweigstellen und Zweigniederlassungen von Finanzdienstleistungsinstituten mit Sitz im Ausland,
2a. Institute im Sinne des § 1 Absatz 2a des Zahlungsdiensteaufsichtsgesetzes und im Inland gelegene Zweigstellen und Zweigniederlassungen von Instituten im Sinne des § 1 Absatz 2a des Zahlungsdiensteaufsichtsgesetzes mit Sitz im Ausland,
2b. Agenten im Sinne des § 1 Absatz 7 des Zahlungsdiensteaufsichtsgesetzes und E-Geld-Agenten im Sinne des § 1a Absatz 6 des Zahlungsdiensteaufsichtsgesetzes,
2c. Unternehmen und Personen, die E-Geld im Sinne des § 1a Absatz 3 des Zahlungsdiensteaufsichtsgesetzes eines Kreditinstituts im Sinne des § 1a Absatz 1 Nummer 1 des Zahlungsdiensteaufsichtsgesetzes vertreiben oder rücktauschen,
3. Finanzunternehmen im Sinne des § 1 Abs. 3 des Kreditwesengesetzes, die nicht unter Nummer 1 oder Nummer 4 fallen und deren Haupttätigkeit einer der in § 1 Abs. 3 Satz 1 des Kreditwesengesetzes genannten Haupttätigkeiten oder einer Haupttätigkeit eines durch Rechtsverordnung nach § 1 Abs. 3 Satz 2 des Kreditwesengesetzes bezeichneten Unternehmens entspricht, und im Inland gelegene Zweigstellen und Zweigniederlassungen solcher Unternehmen mit Sitz im Ausland,
4. Versicherungsunternehmen, soweit sie Geschäfte betreiben, die unter die Richtlinie 2002/83/EG des Europäischen Parlaments und des Rates vom 5. November 2002 über Lebensversicherungen (ABl. EG Nr. L 345 S. 1) fallen, oder soweit sie Unfallversicherungsverträge mit Prämienrückgewähr anbieten, und im Inland gelegene Niederlassungen solcher Unternehmen mit Sitz im Ausland,
4a. die Bundesrepublik Deutschland – Finanzagentur GmbH,
5. Versicherungsvermittler im Sinne des § 59 des Versicherungsvertragsgesetzes, soweit sie Lebensversicherungen oder Dienstleistungen mit Anlagezweck vermit-

teln, mit Ausnahme der gemäß § 34d Abs. 3 oder Abs. 4 der Gewerbeordnung tätigen Versicherungsvermittler, und im Inland gelegene Niederlassungen entsprechender Versicherungsvermittler mit Sitz im Ausland,

6. Kapitalanlagegesellschaften im Sinne des § 17 Absatz 1 des Kapitalanlagegesetzbuchs, im Inland gelegene Zweigniederlassungen von EU-Verwaltungsgesellschaften und ausländischen AIF-Verwaltungsgesellschaften sowie ausländische AIF-Verwaltungsgesellschaften, für die die Bundesrepublik Deutschland Referenzmitgliedstaat ist und die der Aufsicht der Bundesanstalt gemäß § 57 Absatz 1 Satz 3 des Kapitalanlagegesetzbuchs unterliegen,

7. Rechtsanwälte, Kammerrechtsbeistände und Patentanwälte sowie Notare, wenn sie für ihren Mandanten an der Planung oder Durchführung von folgenden Geschäften mitwirken:
   a) Kauf und Verkauf von Immobilien oder Gewerbebetrieben,
   b) Verwaltung von Geld, Wertpapieren oder sonstigen Vermögenswerten,
   c) Eröffnung oder Verwaltung von Bank-, Spar- oder Wertpapierkonten,
   d) Beschaffung der zur Gründung, zum Betrieb oder zur Verwaltung von Gesellschaften erforderlichen Mittel,
   e) Gründung, Betrieb oder Verwaltung von Treuhandgesellschaften, Gesellschaften oder ähnlichen Strukturen,

   oder wenn sie im Namen und auf Rechnung des Mandanten Finanz- oder Immobilientransaktionen durchführen,

7a. nicht verkammerte Rechtsbeistände und registrierte Personen im Sinne des § 10 des Rechtsdienstleistungsgesetzes, wenn sie für ihren Mandanten an der Planung oder Durchführung von folgenden Geschäften mitwirken:
   a) Kauf und Verkauf von Immobilien oder Gewerbebetrieben,
   b) Verwaltung von Geld, Wertpapieren oder sonstigen Vermögenswerten,
   c) Eröffnung oder Verwaltung von Bank-, Spar- oder Wertpapierkonten,
   d) Beschaffung der zur Gründung, zum Betrieb oder zur Verwaltung von Gesellschaften erforderlichen Mittel,
   e) Gründung, Betrieb oder Verwaltung von Treuhandgesellschaften, Gesellschaften oder ähnlichen Strukturen

   oder wenn sie im Namen und auf Rechnung des Mandanten Finanz- oder Immobilientransaktionen durchführen,

8. Wirtschaftsprüfer, vereidigte Buchprüfer, Steuerberater und Steuerbevollmächtigte,

9. Dienstleister für Gesellschaften und Treuhandvermögen oder Treuhänder, die nicht den unter Nummer 7 oder Nummer 8 genannten Berufen angehören, wenn sie für Dritte eine der folgenden Dienstleistungen erbringen:
   a) Gründung einer juristischen Person oder Personengesellschaft,
   b) Ausübung der Leitungs- oder Geschäftsführungsfunktion einer juristischen Person oder einer Personengesellschaft, der Funktion eines Gesellschafters einer Personengesellschaft oder einer vergleichbaren Funktion,
   c) Bereitstellung eines Sitzes, einer Geschäfts-, Verwaltungs- oder Postadresse und anderer damit zusammenhängender Dienstleistungen für eine juristische Person, eine Personengesellschaft oder einer Rechtsgestaltung im Sinne von § 1 Abs. 6 Satz 2 Nr. 2,
   d) Ausübung der Funktion eines Treuhänders für eine Rechtsgestaltung im Sinne von § 1 Abs. 6 Satz 2 Nr. 2,
   e) Ausübung der Funktion eines nominellen Anteilseigners für eine andere Person, bei der es sich nicht um eine auf einem organisierten Markt notierte Gesellschaft im Sinne des § 2 Abs. 5 des Wertpapierhandelsgesetzes handelt, die dem Gemeinschaftsrecht entsprechenden Transparenzanforderungen im Hinblick auf Stimmrechtsanteile oder gleichwertigen internationalen Standards unterliegt,

f) Schaffung der Möglichkeit für eine andere Person, die in den Buchstaben b, d und e genannten Funktionen auszuüben,
10. Immobilienmakler,
11. Spielbanken,
12. Veranstalter und Vermittler von Glücksspielen im Internet,
13. Personen, die gewerblich mit Gütern handeln.

(2) Das Bundesministerium der Finanzen kann unter Beachtung der von der Europäischen Kommission gemäß Artikel 40 Abs. 1 Buchstabe d der Richtlinie 2005/60/EG getroffenen Maßnahmen für Verpflichtete im Sinne des Absatzes 1 Nummer 1 bis 13 durch Rechtsverordnung ohne Zustimmung des Bundesrates im Rahmen seiner Zuständigkeit für Verpflichtete im Sinne von Absatz 1 Nr. 1 bis 6, die eine Finanztätigkeit nur gelegentlich oder in sehr begrenztem Umfang ausüben und bei denen ein geringes Risiko der Geldwäsche oder der Terrorismusfinanzierung besteht, Ausnahmen von gesetzlichen Pflichten zur Verhinderung der Geldwäsche oder der Terrorismusfinanzierung vorsehen. Das Bundesministerium der Finanzen kann die ihm erteilte Ermächtigung durch Rechtsverordnung ohne Zustimmung des Bundesrates auf die Bundesanstalt für Finanzdienstleistungsaufsicht übertragen.

Abschnitt 2:
Sorgfaltspflichten und interne Sicherungsmaßnahmen

§ 3 Allgemeine Sorgfaltspflichten

(1) Verpflichtete im Sinne von § 2 Abs. 1 haben in den in Absatz 2 genannten Fällen die nachfolgenden allgemeinen Sorgfaltspflichten zu erfüllen:
1. die Identifizierung des Vertragspartners nach Maßgabe des § 4 Abs. 3 und 4,
2. die Einholung von Informationen über den Zweck und die angestrebte Art der Geschäftsbeziehung, soweit sich diese im Einzelfall nicht bereits zweifelsfrei aus der Geschäftsbeziehung ergeben,
3. die Abklärung, ob der Vertragspartner für einen wirtschaftlich Berechtigten handelt, und, soweit dies der Fall ist, dessen Identifizierung nach Maßgabe des § 4 Abs. 5; dies schließt in Fällen, in denen der Vertragspartner keine natürliche Person ist, die Pflicht mit ein, die Eigentums- und Kontrollstruktur des Vertragspartners mit angemessenen Mitteln in Erfahrung zu bringen,
4. die kontinuierliche Überwachung der Geschäftsbeziehung, einschließlich der in ihrem Verlauf durchgeführten Transaktionen, um sicherzustellen, dass diese mit den beim Verpflichteten vorhandenen Informationen über den Vertragspartner und gegebenenfalls über den wirtschaftlich Berechtigten, deren Geschäftstätigkeit und Kundenprofil und soweit erforderlich mit den vorhandenen Informationen über die Herkunft ihrer Vermögenswerte übereinstimmen; die Verpflichteten haben im Rahmen der kontinuierlichen Überwachung sicherzustellen, dass die jeweiligen Dokumente, Daten oder Informationen in angemessenem zeitlichen Abstand aktualisiert werden.

(2) Die Sorgfaltspflichten nach Absatz 1 sind zu erfüllen:
1. im Falle der Begründung einer Geschäftsbeziehung,
2. im Falle der Durchführung einer außerhalb einer bestehenden Geschäftsbeziehung anfallenden Transaktion im Wert von 15 000 Euro oder mehr; dies gilt auch, wenn mehrere Transaktionen durchgeführt werden, die zusammen einen Betrag im Wert von 15 000 Euro oder mehr ausmachen, sofern Anhaltspunkte dafür vorliegen, dass

zwischen ihnen eine Verbindung besteht. Die Sorgfaltspflichten nach Absatz 1 gelten auch für einen Geldtransfer im Sinne des Artikels 2 Nummer 7 der Verordnung (EG) Nr. 1781/2006 des Europäischen Parlaments und des Rates vom 15. November 2006 über die Übermittlung von Angaben zum Auftraggeber bei Geldtransfers (ABl. L 345 vom 8.12.2006, S. 1), soweit dieser außerhalb einer bestehenden Geschäftsbeziehung einen Betrag im Wert von 1000 Euro oder mehr ausmacht,

3. im Falle des Vorliegens von Tatsachen, die darauf hindeuten, dass es sich bei Vermögenswerten, die mit einer Transaktion oder Geschäftsbeziehung im Zusammenhang stehen, um den Gegenstand einer Straftat nach § 261 des Strafgesetzbuchs handelt oder die Vermögenswerte im Zusammenhang mit Terrorismusfinanzierung stehen, ungeachtet etwaiger in diesem Gesetz genannter Ausnahmeregelungen, Befreiungen und Schwellenbeträge,

4. im Falle von Zweifeln, ob die auf Grund von Bestimmungen dieses Gesetzes erhobenen Angaben zu der Identität des Vertragspartners oder des wirtschaftlich Berechtigten zutreffend sind.

Satz 1 Nr. 1 und 2 gilt nicht für Verpflichtete nach § 2 Abs. 1 Nummer 13. Für Verpflichtete im Sinne des § 2 Absatz 1 Nummer 2b und 2c gelten die Pflichten nach Absatz 1 Nummer 1 und 4, § 7 Absatz 1 und 2 und § 8 bei der Ausgabe von E-Geld im Sinne des Zahlungsdiensteaufsichtsgesetzes ungeachtet der Schwellenwerte des Satzes 1 Nummer 2. § 25m Absatz 2, 4 und 5 des Kreditwesengesetzes gilt entsprechend. Unbeschadet des Satzes 1 Nr. 3 und 4 haben Verpflichtete nach § 2 Abs. 1 Nummer 13 bei der Annahme von Bargeld im Wert von 15 000 Euro oder mehr die Sorgfaltspflichten nach Absatz 1 zu erfüllen; Satz 1 Nummer 2 zweiter Halbsatz gilt entsprechend.

(3) Unbeschadet des Absatzes 2 besteht für Verpflichtete im Sinne von § 2 Abs. 1 Nr. 11 die Pflicht zur Identifizierung von Kunden, die Spielmarken im Wert von 2000 Euro oder mehr kaufen oder verkaufen. Der Identifizierungspflicht kann auch dadurch nachgekommen werden, dass die Kunden bereits beim Betreten der Spielbank identifiziert werden, sofern vom Verpflichteten zusätzlich sichergestellt wird, dass jede Transaktion im Wert von 2000 Euro oder mehr im Zusammenhang mit dem Kauf, Verkauf oder Tausch von Spielmarken dem jeweiligen Kunden zugeordnet werden kann.

(4) Bei Erfüllung der Sorgfaltspflichten nach Absatz 1 haben die Verpflichteten den konkreten Umfang ihrer Maßnahmen entsprechend dem Risiko des jeweiligen Vertragspartners, der jeweiligen Geschäftsbeziehung oder der jeweiligen Transaktion zu bestimmen. Verpflichtete müssen gegenüber den nach § 16 Abs. 2 zuständigen Behörden auf Verlangen darlegen können, dass der Umfang der von ihnen getroffenen Maßnahmen im Hinblick auf die Risiken der Geldwäsche und der Terrorismusfinanzierung als angemessen anzusehen ist.

(5) Versicherungsvermittler im Sinne von § 2 Abs. 1 Nr. 5, die für ein Versicherungsunternehmen im Sinne von § 2 Abs. 1 Nr. 4 Prämien einziehen, haben diesem Versicherungsunternehmen mitzuteilen, wenn Prämienzahlungen in bar erfolgen und den Betrag von 15 000 Euro innerhalb eines Kalenderjahres übersteigen.

(6) Kann der Verpflichtete die Sorgfaltspflichten nach Absatz 1 Nr. 1 bis 3 nicht erfüllen, darf die Geschäftsbeziehung nicht begründet oder fortgesetzt und keine Transaktion durchgeführt werden. Soweit eine Geschäftsbeziehung bereits besteht, ist diese vom Verpflichteten ungeachtet anderer gesetzlicher oder vertraglicher Bestimmungen durch Kündigung oder auf andere Weise zu beenden. Die Sätze 1 und 2 gelten nicht für Verpflichtete im Sinne des § 2 Absatz 1 Nummer 7 und 8, wenn der Vertragspartner eine Rechtsberatung oder Prozessvertretung erstrebt, es sei denn, der Verpflichtete weiß, dass der Vertragspartner die Rechtsberatung bewusst für den Zweck der Geldwäsche oder der Terrorismusfinanzierung in Anspruch nimmt.

§ 4 Durchführung der Identifizierung

(1) Verpflichtete haben Vertragspartner und soweit vorhanden wirtschaftlich Berechtigte bereits vor Begründung der Geschäftsbeziehung oder Durchführung der Transaktion zu identifizieren. Die Identifizierung kann noch während der Begründung der Geschäftsbeziehung abgeschlossen werden, wenn dies erforderlich ist, um den normalen Geschäftsablauf nicht zu unterbrechen, und ein geringes Risiko der Geldwäsche oder der Terrorismusfinanzierung besteht.

(2) Von einer Identifizierung kann abgesehen werden, wenn der Verpflichtete den zu Identifizierenden bereits bei früherer Gelegenheit identifiziert und die dabei erhobenen Angaben aufgezeichnet hat, es sei denn, der Verpflichtete muss auf Grund der äußeren Umstände Zweifel hegen, dass die bei der früheren Identifizierung erhobenen Angaben weiterhin zutreffend sind.

(3) Zur Feststellung der Identität des Vertragspartners hat der Verpflichtete folgende Angaben zu erheben:
1. bei einer natürlichen Person: Name, Geburtsort, Geburtsdatum, Staatsangehörigkeit und Anschrift,
2. bei einer juristischen Person oder einer Personengesellschaft: Firma, Name oder Bezeichnung, Rechtsform, Registernummer soweit vorhanden, Anschrift des Sitzes oder der Hauptniederlassung und Namen der Mitglieder des Vertretungsorgans oder der gesetzlichen Vertreter; ist ein Mitglied des Vertretungsorgans oder der gesetzliche Vertreter eine juristische Person, so sind deren Firma, Name oder Bezeichnung, Rechtsform, Registernummer soweit vorhanden und Anschrift des Sitzes oder der Hauptniederlassung zu erheben.

(4) Zur Überprüfung der Identität des Vertragspartners hat sich der Verpflichtete anhand der nachfolgenden Dokumente zu vergewissern, dass die nach Absatz 3 erhobenen Angaben zutreffend sind, soweit sie in den Dokumenten enthalten sind:
1. bei natürlichen Personen vorbehaltlich der Regelung in § 6 Abs. 2 Nr. 2 anhand eines gültigen amtlichen Ausweises, der ein Lichtbild des Inhabers enthält und mit dem die Pass- und Ausweispflicht im Inland erfüllt wird, insbesondere anhand eines inländischen oder nach ausländerrechtlichen Bestimmungen anerkannten oder zugelassenen Passes, Personalausweises oder Pass- oder Ausweisersatzes,
2. bei juristischen Personen oder Personengesellschaften anhand eines Auszugs aus dem Handels- oder Genossenschaftsregister oder einem vergleichbaren amtlichen Register oder Verzeichnis, der Gründungsdokumente oder gleichwertiger beweiskräftiger Dokumente oder durch Einsichtnahme in die Register- oder Verzeichnisdaten.

Das Bundesministerium des Innern kann im Einvernehmen mit dem Bundesministerium der Finanzen durch Rechtsverordnung ohne Zustimmung des Bundesrates weitere Dokumente bestimmen, die zur Überprüfung der Identität geeignet sind.

(5) Bei einem wirtschaftlich Berechtigten hat der Verpflichtete stets zur Feststellung der Identität zumindest dessen Name und, soweit dies in Ansehung des im Einzelfall bestehenden Risikos der Geldwäsche oder der Terrorismusfinanzierung angemessen ist, weitere Identifizierungsmerkmale zu erheben. Geburtsdatum, Geburtsort und Anschrift des wirtschaftlich Berechtigten dürfen unabhängig vom festgestellten Risiko erhoben werden. Zur Überprüfung der Identität des wirtschaftlich Berechtigten hat sich der Verpflichtete durch risikoangemessene Maßnahmen zu vergewissern, dass die nach Satz 1 erhobenen Angaben zutreffend sind.

(6) Der Vertragspartner hat dem Verpflichteten die zur Erfüllung der Pflichten gemäß den vorstehenden Absätzen notwendigen Informationen und Unterlagen zur Verfügung zu stellen und sich im Laufe der Geschäftsbeziehung ergebende Änderungen unverzüglich anzuzeigen. Der Vertragspartner hat gegenüber dem Verpflichteten offenzulegen, ob er die Geschäftsbeziehung oder die Transaktion für einen wirtschaft-

lich Berechtigten begründen, fortsetzen oder durchführen will. Mit der Offenlegung hat er dem Verpflichteten auch die Identität des wirtschaftlich Berechtigten nachzuweisen.

§ 5 Vereinfachte Sorgfaltspflichten

(1) Soweit die Voraussetzungen des § 6 nicht vorliegen, können Verpflichtete in den Fällen des Absatzes 2 Nummer 1 bis 4 vorbehaltlich einer Risikobewertung des Verpflichteten auf Grund besonderer Umstände des Einzelfalls vereinfachte Sorgfaltspflichten anwenden. Diese umfassen die Identifizierungspflicht im Sinne des § 3 Absatz 1 Nummer 1 und im Falle einer Geschäftsbeziehung eine kontinuierliche Überwachungspflicht im Sinne des § 3 Absatz 1 Nummer 4; der Umfang der Überprüfung der Identität im Sinne des § 4 Absatz 4 und der Überwachung kann angemessen reduziert werden. § 3 Absatz 4 Satz 2 gilt entsprechend.

(2) Ein geringes Risiko kann vorbehaltlich von § 25h des Kreditwesengesetzes, auch in Verbindung mit § 18 Absatz 6 des Kapitalanlagegesetzbuchs, und § 80e des Versicherungsaufsichtsgesetzes ausschließlich in folgenden Fällen vorliegen:
1. bei Transaktionen von oder zugunsten von und bei Begründung von Geschäftsbeziehungen mit Verpflichteten im Sinne von § 2 Abs. 1 Nr. 1 bis 6; dies gilt auch, soweit es sich um ein Kredit- oder Finanzinstitut im Sinne der Richtlinie 2005/60/EG mit Sitz in einem Mitgliedstaat der Europäischen Union oder mit Sitz in einem gleichwertigen Drittstaat handelt;
2. bei Transaktionen von oder zugunsten von und bei Begründung von Geschäftsbeziehungen mit börsennotierten Gesellschaften, deren Wertpapiere zum Handel auf einem organisierten Markt im Sinne des § 2 Abs. 5 des Wertpapierhandelsgesetzes in einem oder mehreren Mitgliedstaaten der Europäischen Union zugelassen sind, und mit börsennotierten Gesellschaften aus Drittstaaten, die Transparenzanforderungen im Hinblick auf Stimmrechtsanteile unterliegen, die denjenigen des Gemeinschaftsrechts gleichwertig sind;
3. bei der Feststellung der Identität des wirtschaftlich Berechtigten bei Anderkonten von Verpflichteten im Sinne von § 2 Abs. 1 Nr. 7, sofern das kontoführende Institut vom Inhaber des Anderkontos die Angaben über die Identität des wirtschaftlich Berechtigten auf Anfrage erhalten kann; dies gilt auch für Anderkonten von Notaren oder anderen selbständigen Angehörigen von Rechtsberufen, die in Mitgliedstaaten der Europäischen Union ansässig sind, und für Anderkonten von Notaren oder anderen selbständigen Angehörigen von Rechtsberufen mit Sitz in gleichwertigen Drittstaaten;
4. bei Transaktionen von oder zugunsten von inländischen Behörden im Sinne des § 1 Abs. 4 des Verwaltungsverfahrensgesetzes und der entsprechenden Regelungen der Verwaltungsverfahrensgesetze der Länder und bei Begründung von Geschäftsbeziehungen mit diesen; Entsprechendes gilt in Bezug auf ausländische Behörden oder ausländische öffentliche Einrichtungen, die auf der Grundlage des Vertrags über die Europäische Union, der Verträge zur Gründung der Europäischen Gemeinschaften oder des Sekundärrechts der Gemeinschaften mit öffentlichen Angaben betraut sind, sofern deren Identität öffentlich nachprüfbar und transparent ist und zweifelsfrei feststeht, ihre Tätigkeiten und Rechnungslegung transparent sind und eine Rechenschaftspflicht gegenüber einem Organ der Gemeinschaft oder gegenüber den Behörden eines Mitgliedstaats der Europäischen Union oder anderweitige Kontroll- und Überwachungsmaßnahmen zur Überprüfung der Tätigkeit bestehen.

Für Verpflichtete im Sinne des § 2 Abs. 1 Nr. 3 gilt § 25h des Kreditwesengesetzes entsprechend.

(3) Die Absätze 1 und 2 finden keine Anwendung, wenn dem Verpflichteten im Hinblick auf eine konkrete Transaktion oder Geschäftsbeziehung Informationen vor-

liegen, die darauf schließen lassen, dass das Risiko der Geldwäsche oder der Terrorismusfinanzierung nicht gering ist.

(4) Das Bundesministerium der Finanzen kann im Einvernehmen mit dem Bundesministerium des Innern, dem Bundesministerium der Justiz und dem Bundesministerium für Wirtschaft und Technologie durch Rechtsverordnung ohne Zustimmung des Bundesrates
1. zur Umsetzung der von der Europäischen Kommission gemäß Artikel 40 Abs. 1 Buchstabe b der Richtlinie 2005/60/EG getroffenen Maßnahmen weitere Kriterien bestimmen, bei denen ein geringes Risiko der Geldwäsche oder der Terrorismusfinanzierung besteht,
2. eine Entscheidung der Europäischen Kommission gemäß Artikel 40 Abs. 4 der Richtlinie 2005/60/EG in Bezug auf die in Artikel 12 dieser Richtlinie genannten Fälle umsetzen.

§ 6 Verstärkte Sorgfaltspflichten

(1) Soweit erhöhte Risiken bezüglich der Geldwäsche oder der Terrorismusfinanzierung bestehen können, haben Verpflichtete zusätzliche, dem erhöhten Risiko angemessene verstärkte Sorgfaltspflichten zu erfüllen. § 3 Abs. 4 Satz 2 und Abs. 6 findet entsprechende Anwendung.

(2) Insbesondere in folgenden Fällen ist von einem erhöhten Risiko auszugehen und sind die nachstehend jeweils aufgeführten verstärkten Sorgfaltspflichten zu erfüllen:
1. Ein Verpflichteter hat angemessene, risikoorientierte Verfahren anzuwenden, mit denen bestimmt werden kann, ob es sich bei dem Vertragspartner und, soweit vorhanden, dem wirtschaftlich Berechtigten um eine natürliche Person handelt, die ein wichtiges öffentliches Amt ausübt oder ausgeübt hat, oder um ein unmittelbares Familienmitglied dieser Person oder eine ihr bekanntermaßen nahestehende Person im Sinne des Artikels 2 der Richtlinie 2006/70/EG der Kommission vom 1. August 2006 mit Durchführungsbestimmungen für die Richtlinie 2005/60/EG des Europäischen Parlaments und des Rates hinsichtlich der Begriffsbestimmung von ›politisch exponierte Personen‹ und der Festlegung der technischen Kriterien für vereinfachte Sorgfaltspflichten sowie für die Befreiung in Fällen, in denen nur gelegentlich oder in sehr eingeschränktem Umfang Finanzgeschäfte getätigt werden (ABl. L 214 vom 4.8.2006, S. 29). Hierbei gelten öffentliche Ämter unterhalb der nationalen Ebene in der Regel nur dann als wichtig, wenn deren politische Bedeutung mit der ähnlicher Positionen auf nationaler Ebene vergleichbar ist. Soweit ein Verpflichteter abklären muss, ob der Vertragspartner oder der wirtschaftlich Berechtigte einer Person, die wichtige öffentliche Ämter ausübt, nahesteht, ist er hierzu nur insoweit verpflichtet, als diese Beziehung öffentlich bekannt ist oder der Verpflichtete Grund zu der Annahme hat, dass eine derartige Beziehung besteht; er ist jedoch nicht verpflichtet, hierzu Nachforschungen anzustellen. Handelt es sich bei dem Vertragspartner oder dem wirtschaftlich Berechtigten um eine politisch exponierte Person in diesem Sinne, so gilt Folgendes:
   a) Die Begründung einer Geschäftsbeziehung durch einen für den Verpflichteten Handelnden ist von der Zustimmung eines diesem vorgesetzten Mitarbeiters abhängig zu machen,
   b) es sind angemessene Maßnahmen zu ergreifen, mit denen die Herkunft der Vermögenswerte bestimmt werden kann, die im Rahmen der Geschäftsbeziehung oder der Transaktion eingesetzt werden, und
   c) die Geschäftsbeziehung ist einer verstärkten kontinuierlichen Überwachung zu unterziehen.

   Für den Fall, dass der Vertragspartner oder der wirtschaftlich Berechtigte erst im Laufe der Geschäftsbeziehung ein wichtiges öffentliches Amt ausübt oder der

Verpflichtete erst nach Begründung der Geschäftsbeziehung von der Ausübung eines wichtigen öffentlichen Amts durch den Vertragspartner oder dem wirtschaftlich Berechtigten Kenntnis erlangt, tritt an die Stelle der Zustimmung des für den Verpflichteten handelnden vorgesetzten Mitarbeiters dessen Genehmigung zur Fortführung der Geschäftsbeziehung. Der Vertragspartner hat dem Verpflichteten die für die Abklärung notwendigen Informationen zur Verfügung zu stellen und die sich im Laufe der Geschäftsbeziehung ergebenden Änderungen unverzüglich anzuzeigen. Soweit es sich bei dem Vertragspartner oder dem wirtschaftlich Berechtigten um eine politisch exponierte Person handelt, die ihr wichtiges öffentliches Amt im Inland oder als im Inland gewählte Abgeordnete des Europäischen Parlaments ausübt, oder soweit der Vertragspartner oder der wirtschaftlich Berechtigte seit mindestens einem Jahr kein wichtiges öffentliches Amt mehr ausgeübt hat, gelten vorbehaltlich einer Risikobewertung im Einzelfall die allgemeinen Sorgfaltspflichten nach § 3.
2. Ist der Vertragspartner eine natürliche Person und zur Feststellung der Identität nicht persönlich anwesend, hat der Verpflichtete die Identität des Vertragspartners zu überprüfen anhand
   a) eines Dokuments im Sinne des § 4 Absatz 4 Satz 1 Nummer 1,
   b) einer beglaubigten Kopie eines Dokuments im Sinne des § 4 Absatz 4 Satz 1 Nummer 1,
   c) des elektronischen Identitätsnachweises nach § 18 des Personalausweisgesetzes oder
   d) einer qualifizierten elektronischen Signatur im Sinne des § 2 Nummer 3 des Signaturgesetzes.
   In den Fällen des Satzes 1 Buchstabe a, b und d hat der Verpflichtete sicherzustellen, dass eine Transaktion unmittelbar von einem Zahlungskonto im Sinne des § 1 Absatz 3 des Zahlungsdiensteaufsichtsgesetzes erfolgt, das auf den Namen des Vertragspartners bei einem Verpflichteten nach § 2 Absatz 1 Nummer 1 oder Nummer 2a oder bei einem in einem gleichwertigen Drittstaat ansässigen Kreditinstitut lautet. Im Falle der Überprüfung der Identität des Vertragspartners anhand einer qualifizierten elektronischen Signatur hat der Verpflichtete die Gültigkeit des Zertifikats, die Anzeige des Zertifizierungsdiensteanbieters gemäß § 4 Absatz 3 des Signaturgesetzes, die Unversehrtheit des Zertifikats und den Bezug des Zertifikats zu den signierten Daten zu prüfen.
3. Jeder Sachverhalt, der als zweifelhaft oder ungewöhnlich anzusehen ist, ist von den Verpflichteten zu untersuchen, um das Risiko der jeweiligen Geschäftsbeziehung oder Transaktionen überwachen, einschätzen und gegebenenfalls das Vorliegen einer Pflicht zur Meldung nach § 11 Absatz 1 prüfen zu können. Die Ergebnisse dieser Untersuchung sind nach Maßgabe des § 8 Absatz 1 bis 5 aufzuzeichnen und aufzubewahren.
4. Liegen Tatsachen oder Bewertungen nationaler oder internationaler Stellen zur Bekämpfung der Geldwäsche und der Terrorismusfinanzierung vor, die die Annahme rechtfertigen, dass in weiteren Fällen, insbesondere im Zusammenhang mit der Einhaltung von Sorgfaltspflichten in einem Staat, ein erhöhtes Risiko besteht, kann die jeweils zuständige Behörde nach § 16 Absatz 2 Nummer 2 Buchstabe h bis Nummer 9 anordnen, dass die Verpflichteten eine Transaktion oder eine Geschäftsbeziehung, insbesondere die Herkunft der eingebrachten Vermögenswerte eines Kunden mit Sitz in einem solchen Staat, die im Rahmen der Geschäftsbeziehung oder der Transaktion eingesetzt werden, einer verstärkten Überwachung zu unterziehen sind und zusätzliche, dem Risiko angemessene Sorgfaltspflichten und Organisationspflichten zu erfüllen haben. Abweichend von Satz 1 treffen diese Anordnungen die Bundesrechtsanwaltskammer für Rechtsanwälte und Kammerrechtsbeistände, die Bundessteuerberaterkammer für Steuerberater und Steuerbevollmächtigte, die Bundesnotarkammer für Notare, die Mitglied einer Notarkam-

mer sind, und die zuständige oberste Landesbehörde in den Fällen des § 11 Absatz 4 Satz 4.

(3) Das Bundesministerium der Finanzen kann im Einvernehmen mit dem Bundesministerium des Innern, dem Bundesministerium der Justiz und dem Bundesministerium für Wirtschaft und Technologie ohne Zustimmung des Bundesrates durch Rechtsverordnung
1. in den in Absatz 2 genannten Fällen zusätzliche Maßnahmen bestimmen, die die Verpflichteten zu ergreifen haben, um dem erhöhten Risiko zu begegnen,
2. unter Beachtung der von der Europäischen Kommission gemäß Artikel 40 Abs. 1 Buchstabe c der Richtlinie 2005/60/EG getroffenen Maßnahmen und des Artikels 13 Abs. 6 dieser Richtlinie weitere Fälle benennen, in denen ein erhöhtes Risiko der Geldwäsche oder der Terrorismusfinanzierung besteht, und Maßnahmen festlegen, die die Verpflichteten zu ergreifen haben, um dem erhöhten Risiko zu begegnen.

§ 7 Ausführung durch Dritte

(1) Ein Verpflichteter kann zur Erfüllung der Sorgfaltspflichten nach § 3 Abs. 1 Nr. 1 bis 3 auf Dritte zurückgreifen. Die Verantwortung für die Erfüllung der Sorgfaltspflichten verbleibt bei dem Verpflichteten. Als Dritte im Sinne dieser Vorschrift gelten in den Mitgliedstaaten der Europäischen Union ansässige Verpflichtete im Sinne des § 2 Absatz 1 Nummer 1, 2a, 4, 5, 6, 7 und 8 sowie des § 2 Absatz 1 Nummer 2, soweit es sich um Finanzdienstleistungsinstitute im Sinne des § 1 Absatz 1a Satz 2 Nummer 1, 2 bis 5 und 8 des Kreditwesengesetzes handelt. Soweit sie einer gesetzlichen Registrierungs- oder Zulassungspflicht hinsichtlich ihrer Geschäfts- oder Berufstätigkeit unterliegen, gelten als Dritte auch in einem gleichwertigen Drittstaat ansässige Kreditinstitute, Rechtsanwälte, Notare, Wirtschaftsprüfer und Steuerberater sowie Versicherungsunternehmen, soweit sie Geschäfte betreiben, die unter die Richtlinie 2002/83/EG fallen, oder soweit sie Unfallversicherungsverträge mit Prämienrückgewähr anbieten. Wenn Sorgfaltspflichten, die denen des § 3 Abs. 1 Nr. 1 bis 3 entsprechen, von einem Dritten in einem anderen Mitgliedstaat der Europäischen Union erfüllt werden, genügt es, die Vorschriften dieses Staates zu den Anforderungen an die erhobenen Angaben und Informationen und überprüften Dokumente zu erfüllen. Dritte übermitteln dem Verpflichteten in den Fällen dieses Absatzes unverzüglich und unmittelbar die bei Durchführung von Maßnahmen, die denen nach § 3 Abs. 1 Nr. 1 bis 3 entsprechen, erlangten Angaben und Informationen sowie auf Anfrage von ihnen aufbewahrte Kopien und Unterlagen zur Identifizierung eines Vertragspartners und eines etwaigen wirtschaftlich Berechtigten.

(2) Ein Verpflichteter kann die Durchführung der zur Erfüllung der Sorgfaltspflichten nach § 3 Abs. 1 Nr. 1 bis 3 erforderlichen Maßnahmen auf Grundlage einer vertraglichen Vereinbarung auf eine andere Person übertragen. Dies darf weder die ordnungsgemäße Erfüllung der dem Verpflichteten nach diesem Gesetz auferlegten Pflichten noch die Steuerungs- oder Kontrollmöglichkeiten seiner Geschäftsleitung oder die Prüfungsrechte und Kontrollmöglichkeiten der nach § 16 Abs. 2 zuständigen Behörde gegenüber dem Verpflichteten beeinträchtigen. Der Verpflichtete hat sich vor Beginn der Zusammenarbeit von der Zuverlässigkeit der anderen Person und während der Zusammenarbeit durch Stichproben über die Angemessenheit und Ordnungsmäßigkeit der von der anderen Person getroffenen Maßnahmen zu überzeugen. Die Maßnahmen der anderen Person werden dem Verpflichteten als eigene zugerechnet. § 25b des Kreditwesengesetzes bleibt unberührt. Soweit eine vertragliche Vereinbarung nach Satz 1 mit deutschen Botschaften, Außenhandelskammern oder Konsulaten geschlossen wird, gelten diese kraft Vereinbarung als geeignete Personen. Satz 3 findet insoweit keine Anwendung.

(3) Das Bundesministerium der Finanzen kann im Einvernehmen mit dem Bundesministerium des Innern, dem Bundesministerium der Justiz und dem Bundesministerium für Wirtschaft und Technologie durch Rechtsverordnung ohne Zustimmung des Bundesrates zur Umsetzung einer Entscheidung der Europäischen Kommission gemäß Artikel 40 Abs. 4 der Richtlinie 2005/60/EG Ausnahmen von den Fällen, in denen Verpflichtete gemäß Absatz 1 zur Erfüllung ihrer Sorgfaltspflichten auf außerhalb der Europäischen Union ansässige Dritte zurückgreifen dürfen, bestimmen.

§ 8 Aufzeichnungs- und Aufbewahrungspflicht

(1) Soweit nach diesem Gesetz Sorgfaltspflichten bestehen, sind die erhobenen Angaben und eingeholten Informationen über Vertragspartner, wirtschaftlich Berechtigte, Geschäftsbeziehungen und Transaktionen aufzuzeichnen. In den Fällen des § 4 Abs. 4 Satz 1 Nr. 1 sind auch die Art, die Nummer und die ausstellende Behörde des zur Überprüfung der Identität vorgelegten Dokuments aufzuzeichnen. Die Anfertigung einer Kopie des zur Überprüfung der Identität vorgelegten Dokuments nach § 4 Abs. 4 Satz 1 Nr. 1 und die Anfertigung einer Kopie der zur Überprüfung der Identität vorgelegten oder herangezogenen Unterlagen nach § 4 Abs. 4 Satz 1 Nr. 2 gelten als Aufzeichnung der darin enthaltenen Angaben; im Falle einer Einsichtnahme auf elektronisch geführte Register- oder Verzeichnisdaten gilt die Anfertigung eines Ausdrucks als Aufzeichnung der darin enthaltenen Angaben. Wird nach § 4 Abs. 2 von einer erneuten Identifizierung abgesehen, so sind der Name des zu Identifizierenden und der Umstand, dass er bei früherer Gelegenheit identifiziert worden ist, aufzuzeichnen. Sofern im Falle des § 6 Abs. 2 Nr. 2 die Identifizierung einer natürlichen Person anhand einer qualifizierten elektronischen Signatur und die entsprechende Prüfung der Signatur durchgeführt wurden, ist auch der Umstand dieser Prüfung aufzuzeichnen. Sofern im Falle des § 6 Abs. 2 Nr. 2 die Identifizierung einer natürlichen Person anhand eines elektronischen Identitätsnachweises nach § 18 des Personalausweisgesetzes erfolgt, ist anstelle der Art, der Nummer und der ausstellenden Behörde des zur Überprüfung der Identität vorgelegten Dokuments das dienste- und kartenspezifische Kennzeichen und die Tatsache, dass die Prüfung anhand eines elektronischen Identitätsnachweises erfolgt ist, aufzuzeichnen.

(2) Die Aufzeichnungen können auch als Wiedergaben auf einem Bildträger oder auf anderen Datenträgern gespeichert werden. Es muss sichergestellt sein, dass die gespeicherten Daten mit den festgestellten Angaben übereinstimmen, während der Dauer der Aufbewahrungsfrist verfügbar sind und jederzeit innerhalb angemessener Frist lesbar gemacht werden können.

(3) Die Aufzeichnungen nach Absatz 1 und sonstige Belege über Geschäftsbeziehungen und Transaktionen sind unbeschadet anderer gesetzlicher Bestimmungen mindestens fünf Jahre aufzubewahren. Die Aufbewahrungsfrist im Falle des § 3 Abs. 2 Satz 1 Nr. 1 beginnt mit dem Schluss des Kalenderjahres, in dem die Geschäftsbeziehung endet. In den übrigen Fällen beginnt sie mit dem Schluss des Kalenderjahres, in dem die jeweilige Angabe festgestellt worden ist.

(4) Soweit aufzubewahrende Unterlagen einer öffentlichen Stelle vorzulegen sind, gilt § 147 Abs. 5 der Abgabenordnung entsprechend.

§ 9 Interne Sicherungsmaßnahmen

(1) Verpflichtete im Sinne von § 2 Abs. 1 müssen angemessene interne Sicherungsmaßnahmen dagegen treffen, dass sie zur Geldwäsche und zur Terrorismusfinanzierung missbraucht werden können. Für Verpflichtete im Sinne von § 2 Abs. 1 Nr. 7 und 7a gilt dies nur, soweit sie die dort genannten Geschäfte regelmäßig ausführen.

(2) Interne Sicherungsmaßnahmen im Sinne des Absatzes 1 sind

1. für Verpflichtete im Sinne des § 2 Absatz 1 Nummer 3, 11 und 12 die Bestellung eines der Geschäftsleitung unmittelbar nachgeordneten Geldwäschebeauftragten, der Ansprechpartner für die Strafverfolgungsbehörden, das Bundeskriminalamt – Zentralstelle für Verdachtsmeldungen – und die nach § 16 Absatz 2 zuständige Behörde ist. Für den Fall seiner Verhinderung ist dem Geldwäschebeauftragten ein Stellvertreter zuzuordnen. Seine Bestellung und Entpflichtung sind der nach § 16 Absatz 2 zuständigen Behörde mitzuteilen. Dem Geldwäschebeauftragten ist ungehinderter Zugang zu sämtlichen Informationen, Daten, Aufzeichnungen und Systemen zu verschaffen, die im Rahmen der Erfüllung seiner Aufgaben von Bedeutung sein können. Die Verwendung der Daten und Informationen ist dem Geldwäschebeauftragten ausschließlich zur Erfüllung seiner Aufgaben gestattet. Ihm sind ausreichende Befugnisse zur Erfüllung seiner Funktion einzuräumen;
2. für Verpflichtete im Sinne des § 2 Absatz 1 Nummer 2b bis 3, 5, 7 bis 11 und 13 die Entwicklung und Aktualisierung angemessener geschäfts- und kundenbezogener Sicherungssysteme und Kontrollen, die der Verhinderung der Geldwäsche und der Terrorismusfinanzierung dienen. Hierzu gehört auch die Verhinderung des Missbrauchs von neuen Technologien für Zwecke der Geldwäsche und der Terrorismusfinanzierung oder für die Begünstigung der Anonymität von Geschäftsbeziehungen oder Transaktionen;
3. Verfahren und Informationen zur Unterrichtung der Beschäftigten über Typologien und aktuelle Methoden der Geldwäsche und der Terrorismusfinanzierung und die zur Verhinderung von Geldwäsche und Terrorismusfinanzierung bestehenden Pflichten durch geeignete Maßnahmen;
4. geeignete risikoorientierte Maßnahmen zur Prüfung der Zuverlässigkeit der Beschäftigten. Zuverlässig ist, wer die Gewähr dafür bietet, dass die Pflichten nach diesem Gesetz, sonstige geldwäscherechtliche Pflichten und die beim Verpflichteten eingeführten Grundsätze, Verfahren, Kontrollen und Verhaltensrichtlinien zur Verhinderung der Geldwäsche und Terrorismusfinanzierung sorgfältig beachtet, Tatsachen im Sinne des § 11 Absatz 1 dem Vorgesetzten oder Geldwäschebeauftragten, soweit ein solcher bestellt ist, meldet und sich nicht selbst an zweifelhaften Transaktionen oder Geschäften aktiv oder passiv beteiligt. Die Personalkontroll- und Beurteilungssysteme des Verpflichteten sollen grundsätzlich eine regelmäßige, die Zuverlässigkeit betreffende Überprüfung der Beschäftigten gewährleisten.

(3) Falls ein Verpflichteter im Sinne von § 2 Absatz 1 Nummer 7 bis 10 oder Nummer 13 seine berufliche Tätigkeit als Angestellter eines Unternehmens ausübt, obliegt die Verpflichtung nach Absatz 1 diesem Unternehmen. Die nach Absatz 1 Verpflichteten dürfen interne Sicherungsmaßnahmen nach Absatz 2, Aufzeichnungen und Aufbewahrungen nach § 8 mit vorheriger Zustimmung der nach § 16 Abs. 2 zuständigen Behörde im Rahmen von vertraglichen Vereinbarungen durch einen Dritten durchführen lassen. Die Zustimmung darf nur erteilt werden, wenn der Dritte die Gewähr dafür bietet, dass die Maßnahmen ordnungsgemäß durchgeführt und die Steuerungsmöglichkeiten der Verpflichteten und die Kontrollmöglichkeiten der nach § 16 Abs. 2 zuständigen Behörde nicht beeinträchtigt werden.

(4) Die nach § 16 Absatz 2 zuständige Behörde kann anordnen, dass Verpflichtete gemäß § 2 Absatz 1 Nummer 2b, 2c, 5, 7 bis 10 und 13 einen Geldwäschebeauftragten zu bestellen haben, wenn sie dies für angemessen erachtet. Abweichend von Satz 1 treffen diese Anordnung die Bundesrechtsanwaltskammer für Rechtsanwälte und Kammerrechtsbeistände, die Bundessteuerberaterkammer für Steuerberater und Steuerbevollmächtigte, die Bundesnotarkammer für Notare, die Mitglied einer Notarkammer sind, und die zuständige oberste Landesbehörde nach § 11 Absatz 4 Satz 4 für Notare, die nicht Mitglied einer Notarkammer sind. Die in Satz 1 genannte Behörde soll für Verpflichtete gemäß § 2 Absatz 1 Nummer 13 die Bestellung eines Geldwäschebeauftragten anordnen, wenn deren Haupttätigkeit im Handel mit hochwertigen Gütern besteht. Hochwertige Güter im Sinne von Satz 3 sind Gegenstände, die sich auf Grund

ihrer Beschaffenheit, ihres Verkehrswertes oder ihres bestimmungsgemäßen Gebrauchs von Gebrauchsgegenständen des Alltags abheben oder auf Grund ihres Preises keine Alltagsanschaffung darstellen. Hierzu zählen in der Regel Edelmetalle wie Gold, Silber und Platin, Edelsteine, Schmuck und Uhren, Kunstgegenstände und Antiquitäten, Kraftfahrzeuge, Schiffe und Motorboote sowie Luftfahrzeuge.

(5) Die nach § 16 Absatz 2 zuständige Behörde kann im Einzelfall Anordnungen treffen, die geeignet und erforderlich sind, um interne Sicherungsmaßnahmen im Sinne des Absatzes 2 Nummer 2 zu schaffen. Sie kann bestimmen, dass auf einzelne oder auf Gruppen der Verpflichteten im Sinne von § 2 Absatz 1 wegen der Art der von diesen betriebenen Geschäfte und der Größe des Geschäftsbetriebs unter Berücksichtigung der Anfälligkeit der Geschäfte oder des Geschäftsbetriebs für einen Missbrauch zur Geldwäsche oder Terrorismusfinanzierung die Vorschriften der Absätze 1 und 2 risikoangemessen anzuwenden sind. Die zuständige Behörde nach § 16 Absatz 2 Nummer 9 kann bestimmen, dass Verpflichtete von der Bestellung eines Geldwäschebeauftragten nach Absatz 2 Nummer 1 Satz 1 bis 6 absehen können, wenn sichergestellt ist, dass die Gefahr von Informationsverlusten und -defiziten auf Grund arbeitsteiliger Unternehmensstruktur nicht besteht und nach risikobasierter Bewertung anderweitige Vorkehrungen getroffen werden, um Geschäftsbeziehungen und Transaktionen, die mit Geldwäsche oder Terrorismusfinanzierung zusammenhängen, zu verhindern.

Abschnitt 2 a:
Vorschriften für das Glücksspiel im Internet

§ 9 a Interne Sicherungsmaßnahmen der Verpflichteten nach § 2 Absatz 1 Nummer 12

(1) Verpflichtete nach § 2 Absatz 1 Nummer 12 müssen unbeschadet der in diesem Gesetz aufgeführten Pflichten im Rahmen ihrer Geschäftsorganisation über ein angemessenes Risikomanagement sowie über Verfahren und Grundsätze verfügen, die der Verhinderung von Geldwäsche, Terrorismusfinanzierung oder sonstigen strafbaren Handlungen, die zu einer Gefährdung des Vermögens des Verpflichteten führen können, dienen.

(2) Das Risikomanagement muss auf aufbau- und ablaufbezogenen Regelungen sowie Prozessen zur Steuerung dieser Risiken beruhen und eine interne Revision einschließen. Hierzu gehört auch die fortlaufende Entwicklung geeigneter Strategien und Sicherungsmaßnahmen zur Verhinderung des Missbrauchs von neuen Technologien bei Glücksspielen im Internet für Zwecke der Geldwäsche, Terrorismusfinanzierung oder der Begünstigung der Anonymität von Geschäftsbeziehungen und Transaktionen.

(3) Verpflichtete nach § 2 Absatz 1 Nummer 12 haben angemessene Datenverarbeitungssysteme zu betreiben und zu aktualisieren, mittels derer sie in der Lage sind, sowohl Geschäftsbeziehungen sowie einzelne Transaktionen im Spielbetrieb oder über ein Spielerkonto im Sinne des § 9c als auch Fälle des unerlaubten Zusammenwirkens von Spielern zum Nachteil eines Dritten zu erkennen, die auf Grund des öffentlich oder im Unternehmen verfügbaren Erfahrungswissens über die Methoden der Geldwäsche, der Terrorismusfinanzierung und sonstigen strafbaren Handlungen im Sinne des Absatzes 1 als zweifelhaft oder ungewöhnlich anzusehen sind. Die Verpflichteten dürfen personenbezogene Daten erheben, verarbeiten und nutzen, soweit dies zur Erfüllung dieser Pflicht erforderlich ist. Bei der Verarbeitung und Nutzung der spieler- und transaktionsbezogenen Daten hat der Verpflichtete spezifische technische und organisatorische Maßnahmen nach § 9 Satz 1 des Bundesdatenschutzgesetzes zu treffen, die den Anforderungen des Satzes 2 Nummer 1 bis 5 und 7 der Anlage zu

§ 9 Satz 1 des Bundesdatenschutzgesetzes entsprechen. Die Daten über Geschäftsbeziehungen und Transaktionen sind fünf Jahre nach Beendigung der Geschäftsbeziehung mit einem Spieler, beginnend mit dem Schluss des Kalenderjahres, in dem die Geschäftsbeziehung endet, zu löschen. Die zuständige Behörde kann Kriterien bestimmen, bei deren Vorliegen Verpflichtete gemäß § 2 Absatz 1 Nummer 12 vom Einsatz von Systemen nach Satz 1 absehen können.

(4) Jeder Sachverhalt, der nach Absatz 3 Satz 1 als zweifelhaft oder ungewöhnlich anzusehen ist, ist vom Verpflichteten zu untersuchen, um das Risiko der jeweiligen Geschäftsbeziehungen oder Transaktionen im Spiel überwachen, einschätzen und gegebenenfalls das Vorliegen eines nach § 11 Absatz 1 dieses Gesetzes meldepflichtigen Sachverhalts oder die Erstattung einer Strafanzeige gemäß § 158 der Strafprozessordnung prüfen zu können. Über diese Sachverhalte hat der Verpflichtete Informationen nach Maßgabe des § 8 aufzuzeichnen und aufzubewahren, die für die Darlegung gegenüber der zuständigen Behörde erforderlich sind, dass eine Tat nach § 261 des Strafgesetzbuchs oder eine Terrorismusfinanzierung begangen oder versucht wurde oder wird. Absatz 3 Satz 2 gilt entsprechend.

(5) Verpflichtete nach § 2 Absatz 1 Nummer 12 dürfen interne Sicherungsmaßnahmen nach dieser Vorschrift sowie Aktivitäten und Prozesse, die für die unternehmenstypischen Dienstleistungen des Verpflichteten und deren Dokumentation wesentlich sind, nur mit vorheriger Zustimmung der zuständigen Behörde im Rahmen von vertraglichen Vereinbarungen durch einen Dritten durchführen lassen. Die Zustimmung kann erteilt werden, wenn der Dritte die Gewähr dafür bietet, dass die Sicherungsmaßnahmen oder Prozesse ordnungsgemäß durchgeführt werden und die Steuerungsmöglichkeiten der Verpflichteten und die Kontrollmöglichkeiten der zuständigen Behörde nicht beeinträchtigt werden. § 11 des Bundesdatenschutzgesetzes bleibt unberührt.

(6) Die zuständige Behörde kann gegenüber einem Verpflichteten im Einzelfall Anordnungen treffen, die geeignet und erforderlich sind, die in den Absätzen 1 bis 4 genannten Vorkehrungen zu schaffen. Widerspruch und Anfechtungsklage gegen diese Anordnungen haben keine aufschiebende Wirkung.

(7) Die zuständige Behörde darf zur Erfüllung ihrer Aufgaben im Einzelfall Auskünfte einholen bei einem Verpflichteten nach § 2 Absatz 1 Nummer 1 oder Nummer 2a
1. zu Zahlungskonten im Sinne des § 1 Absatz 3 des Zahlungsdiensteaufsichtsgesetzes und Zahlungsvorgängen
    a) eines Veranstalters oder Vermittlers von Glücksspielen im Internet, der im Besitz einer glücksspielrechtlichen Erlaubnis ist,
    b) eines Spielers und dessen wirtschaftlich Berechtigten sowie
2. zu einem Unternehmen, bei dem Tatsachen die Annahme rechtfertigen, dass es Glücksspiele im Internet ohne glücksspielrechtliche Erlaubnis veranstaltet oder vermittelt.

§ 9b Spieleridentifizierung

(1) Vor der Teilnahme an Glücksspielen im Internet und der Errichtung eines beim Verpflichteten nach § 2 Absatz 1 Nummer 12 geführten Spielerkontos hat dieser einen Spieler nach Maßgabe des § 3 Absatz 1 Nummer 1, des § 4 Absatz 3 und 4 und des § 6 Absatz 2 Nummer 2 Satz 1 zu identifizieren; soweit ein wirtschaftlich Berechtigter bei der Errichtung und beim Bestehen eines Spielerkontos vorhanden ist, ist auch dieser zu identifizieren. Der Verpflichtete hat die zuständige Behörde unbeschadet der Pflicht nach § 11 Absatz 1 unverzüglich zu informieren, wenn der Spieler für einen wirtschaftlich Berechtigten handelt.

(2) Ist der Spieler zur Feststellung der Identität nicht persönlich anwesend, kann der Verpflichtete anstelle von § 6 Absatz 2 Nummer 2 Satz 1 die Identität des Spielers

auch anhand einer elektronisch oder in Schriftform übersandten Kopie eines Dokuments im Sinne des § 4 Absatz 4 Satz 1 Nummer 1 überprüfen. § 6 Absatz 2 Nummer 2 Satz 2 gilt entsprechend. Der Verpflichtete hat unverzüglich nach Begründung der Geschäftsbeziehung die Überprüfung der Identität des Spielers
1. nach Maßgabe des § 6 Absatz 2 Nummer 2 Satz 1 Buchstabe a, b, c oder Buchstabe d zu wiederholen und dabei im Falle des Satzes 1 Buchstabe d die Vorgaben des § 6 Absatz 2 Nummer 2 Satz 3 einzuhalten oder
2. auf der Grundlage von zusätzlichen Dokumenten, Daten oder Informationen zu ergänzen, die von einer glaubwürdigen und unabhängigen Quelle stammen und für die Überprüfung geeignet sind.

Der Verpflichtete dokumentiert die gemäß Satz 3 ergriffenen Maßnahmen und deren Ergebnis. § 3 Absatz 6 gilt entsprechend. Die nach § 16 Absatz 2 zuständige Behörde bestimmt Kriterien, bei deren Vorliegen Dokumente, Daten oder Informationen für die Überprüfung geeignet sind.

(3) Der Verpflichtete hat die zuständige Behörde über die Eröffnung und Schließung eines bei einem Verpflichteten nach § 2 Absatz 1 Nummer 1 oder Nummer 2a auf seinen Namen errichteten Zahlungskontos im Sinne des § 1 Absatz 3 des Zahlungsdiensteaufsichtsgesetzes, auf dem Gelder eines Spielers zur Teilnahme an Glücksspielen im Internet entgegengenommen werden, unverzüglich zu informieren.

§ 9c Spielerkonto und Transparenz der Zahlungsströme

(1) Vor der Teilnahme an Glücksspielen im Internet hat der Verpflichtete für den Spieler auf dessen Namen ein Spielerkonto zu errichten.

(2) Der Verpflichtete darf keine Einlagen oder andere rückzahlbare Gelder vom Spieler auf dem Spielerkonto entgegennehmen. § 2 Absatz 2 Satz 2 und 3 des Zahlungsdiensteaufsichtsgesetzes gilt für das Spielerkonto entsprechend.

(3) Der Verpflichtete muss sicherstellen, dass Transaktionen des Spielers an den Verpflichteten nur erfolgen
1. durch die Ausführung eines Zahlungsvorgangs
   a) mittels einer Lastschrift nach § 1 Absatz 2 Nummer 2a des Zahlungsdiensteaufsichtsgesetzes,
   b) mittels einer Überweisung nach § 1 Absatz 2 Nummer 2b des Zahlungsdiensteaufsichtsgesetzes oder
   c) mittels einer auf den Namen des Spielers ausgegebenen Zahlungskarte nach § 1 Absatz 2 Nummer 2c oder Nummer 3 des Zahlungsdiensteaufsichtsgesetzes und
2. von einem Zahlungskonto im Sinne des § 1 Absatz 3 des Zahlungsdiensteaufsichtsgesetzes, das auf den Namen des Spielers bei einem Verpflichteten nach § 2 Absatz 1 Nummer 1 oder Nummer 2a errichtet worden ist.

(4) Soweit ein Verpflichteter nach § 2 Absatz 1 Nummer 1 oder Nummer 2a,
1. der ein Zahlungskonto im Sinne des § 1 Absatz 3 des Zahlungsdiensteaufsichtsgesetzes führt, das auf den Namen eines Spielers bei ihm errichtet worden ist, oder
2. der eine von einem Spieler für einen Zahlungsvorgang verwendete Zahlungskarte ausgegeben hat,

seinen Sitz nicht im Geltungsbereich dieses Gesetzes hat, hat der Verpflichtete sicherzustellen, dass die Identität des Spielers vom Verpflichteten nach § 2 Absatz 1 Nummer 1 oder Nummer 2a anhand von Maßnahmen geprüft worden ist, die den Maßnahmen gleichwertig sind, die nach § 4 Absatz 3 und 4 und § 6 Absatz 2 Nummer 2 Satz 1 zu treffen sind. Kann der Verpflichtete diese Pflicht nicht erfüllen, darf die

Geschäftsbeziehung mit dem Spieler nicht begründet oder fortgesetzt und keine Transaktion durchgeführt werden.

(5) Soweit der Verpflichtete oder ein anderer Emittent monetäre Werte ausstellt, die auf Instrumenten im Sinne des § 1 Absatz 10 Nummer 10 des Zahlungsdiensteaufsichtsgesetzes gespeichert sind und für Transaktionen auf ein Spielerkonto genutzt werden sollen, hat der Verpflichtete gegenüber der zuständigen Behörde sicherzustellen, dass der Inhaber des monetären Werts mit dem Inhaber des Spielerkontos identisch ist.

(6) Transaktionen des Verpflichteten an den Spieler dürfen nur durch die Ausführung eines Zahlungsvorgangs nach Absatz 3 auf ein Zahlungskonto vorgenommen werden, das auf den Namen des Spielers bei einem Verpflichteten nach § 2 Absatz 1 Nummer 1 oder Nummer 2a errichtet worden ist.

§ 9d Besondere Sorgfaltspflichten für Verpflichtete nach § 2 Absatz 1 Nummer 1 und 2a

(1) Verpflichtete nach § 2 Absatz 1 Nummer 1 und 2a haben angemessene geschäfts- und kundenbezogene Systeme zu schaffen und zu aktualisieren. Ferner haben sie regelmäßig Kontrollen durchzuführen, die sicherstellen, dass bei der Ausführung eines Zahlungsvorgangs eines Spielers mittels einer Zahlungskarte an einen Veranstalter oder Vermittler von Glücksspielen im Internet dieser Zahlungsvorgang eine in Abstimmung mit der zuständigen Behörde nach § 16 Absatz 2 Nummer 2a bis 2c festzulegende Händler-Kennzeichnung aufweist, die die Zuordnung des Zahlungsempfängers als Anbieter von Glücksspielen im Internet ermöglicht.

(2) Die nach § 16 Absatz 2 Nummer 2a bis 2c zuständige Behörde kann gegenüber einem Verpflichteten nach § 2 Absatz 1 Nummer 1 oder Nummer 2a im Einzelfall Anordnungen treffen, die geeignet und erforderlich sind, die in Absatz 1 genannten Vorkehrungen zu treffen. Widerspruch und Anfechtungsklage gegen diese Anordnungen haben keine aufschiebende Wirkung.

Abschnitt 3:
Zentralstelle für Verdachtsmeldungen, Meldepflichten und Datenverwendung

§ 10 Zentralstelle für Verdachtsmeldungen

(1) Das Bundeskriminalamt – Zentralstelle für Verdachtsmeldungen – unterstützt als Zentralstelle im Sinne des § 2 Abs. 1 des Bundeskriminalamtgesetzes die Polizeien des Bundes und der Länder bei der Verhütung und Verfolgung der Geldwäsche und der Terrorismusfinanzierung. Das Bundeskriminalamt – Zentralstelle für Verdachtsmeldungen – hat
1. die nach den §§ 11 und 14 übermittelten Meldungen zu sammeln und auszuwerten, insbesondere Abgleiche mit bei anderen Stellen gespeicherten Daten zu veranlassen,
2. die Strafverfolgungsbehörden des Bundes und der Länder unverzüglich über die sie betreffenden Informationen und die in Erfahrung gebrachten Zusammenhänge von Straftaten zu unterrichten,
3. Statistiken zu den in Artikel 33 Abs. 2 der Richtlinie 2005/60/EG genannten Zahlen und Angaben zu führen,

4. einen Jahresbericht zu veröffentlichen, der die Meldungen nach Nummer 1 analysiert und
5. die nach diesem Gesetz Meldepflichtigen regelmäßig über Typologien und Methoden der Geldwäsche und der Terrorismusfinanzierung zu informieren.

(2) Das Bundeskriminalamt – Zentralstelle für Verdachtsmeldungen – arbeitet mit den für die Verhütung und Verfolgung der Geldwäsche und der Terrorismusfinanzierung zuständigen Zentralstellen anderer Staaten zusammen. Es ist zentrale Meldestelle im Sinne des Artikels 2 Abs. 3 des Beschlusses des Rates der Europäischen Union (2000/642/JI) über Vereinbarungen für eine Zusammenarbeit zwischen den zentralen Meldestellen der Mitgliedstaaten beim Austausch von Informationen vom 17. Oktober 2000 (ABl. EG Nr. L 271 S. 4).

(3) Soweit es zur Erfüllung seiner Aufgaben nach den Absätzen 1 und 2 erforderlich ist, kann das Bundeskriminalamt – Zentralstelle für Verdachtsmeldungen – personenbezogene Daten nach Maßgabe der §§ 7 bis 14 und 27 bis 37 des Bundeskriminalamtgesetzes erheben, verarbeiten und nutzen. In § 7 Abs. 2 des Bundeskriminalamtgesetzes treten an die Stelle der Aufgabe als Zentralstelle nach § 2 Abs. 2 Nr. 1 des Bundeskriminalamtgesetzes die Aufgaben nach den Absätzen 1 und 2. § 14 Abs. 1 des Bundeskriminalamtgesetzes findet mit der Maßgabe Anwendung, dass auch eine Übermittlung an Zentralstellen anderer Staaten zulässig ist. Das Bundeskriminalamt – Zentralstelle für Verdachtsmeldungen – kann die Bundesanstalt für Finanzdienstleistungsaufsicht um Auskünfte nach § 24c Abs. 3 Satz 1 Nr. 2 des Kreditwesengesetzes ersuchen, soweit dies zur Erfüllung seiner Aufgaben nach den Absätzen 1 und 2 erforderlich ist.

(4) Das Bundeskriminalamt – Zentralstelle für Verdachtsmeldungen – darf die von einer Zentralstelle eines anderen Staates übermittelten Daten nur zu den durch die übermittelnde Zentralstelle vorgegebenen Bedingungen verwenden. Es kann seinerseits bei der Übermittlung von Daten an eine Zentralstelle eines anderen Staates Einschränkungen und Auflagen für die Verwendung der übermittelten Daten festlegen.

§ 11 Meldung von Verdachtsfällen

(1) Liegen Tatsachen vor, die darauf hindeuten, dass es sich bei Vermögenswerten, die mit einer Transaktion oder Geschäftsbeziehung im Zusammenhang stehen, um den Gegenstand einer Straftat nach § 261 des Strafgesetzbuchs handelt oder die Vermögenswerte im Zusammenhang mit Terrorismusfinanzierung stehen, hat der Verpflichtete diese Transaktion unabhängig von ihrer Höhe oder diese Geschäftsbeziehung unverzüglich mündlich, telefonisch, fernschriftlich oder durch elektronische Datenübermittlung dem Bundeskriminalamt – Zentralstelle für Verdachtsmeldungen – und der zuständigen Strafverfolgungsbehörde zu melden. Die Pflicht zur Meldung nach Satz 1 besteht auch, wenn Tatsachen darauf schließen lassen, dass der Vertragspartner seiner Offenlegungspflicht gemäß § 4 Absatz 6 Satz 2 zuwidergehandelt hat.

(1a) Eine angetragene Transaktion darf frühestens durchgeführt werden, wenn dem Verpflichteten die Zustimmung der Staatsanwaltschaft übermittelt wurde oder wenn der zweite Werktag nach dem Abgangstag der Meldung verstrichen ist, ohne dass die Durchführung der Transaktion durch die Staatsanwaltschaft untersagt worden ist; hierbei gilt der Sonnabend nicht als Werktag. Ist ein Aufschub der Transaktion nicht möglich oder könnte dadurch die Verfolgung der Nutznießer einer mutmaßlichen strafbaren Handlung behindert werden, so darf die Transaktion durchgeführt werden; die Meldung ist unverzüglich nachzuholen.

(2) Eine mündlich oder telefonisch gestellte Meldung nach Absatz 1 ist schriftlich, fernschriftlich oder durch elektronische Datenübermittlung zu wiederholen. Das Bundesministerium des Innern kann im Einvernehmen mit dem Bundesministerium

der Finanzen und dem Bundesministerium für Wirtschaft und Technologie durch Rechtsverordnung ohne Zustimmung des Bundesrates nähere Bestimmungen über die Form der Meldung nach Absatz 1 oder § 14 Absatz 1 und über die zulässigen Datenträger, Übertragungswege und Datenformate erlassen, soweit dies zur Erfüllung der Aufgaben des Bundeskriminalamtes – Zentralstelle für Verdachtsmeldungen – erforderlich ist.

(3) Abweichend von Absatz 1 sind Verpflichtete im Sinne des § 2 Absatz 1 Nummer 7 und 8 nicht zur Meldung verpflichtet, wenn sich der meldepflichtige Sachverhalt auf Informationen bezieht, die sie im Rahmen der Rechtsberatung oder der Prozessvertretung des Vertragspartners erhalten haben. Die Meldepflicht bleibt bestehen, wenn der Verpflichtete weiß, dass der Vertragspartner die Rechtsberatung für den Zweck der Geldwäsche oder der Terrorismusfinanzierung in Anspruch genommen hat oder nimmt.

(4) Abweichend von Absatz 1 Satz 1 haben Verpflichtete im Sinne des § 2 Abs. 1 Nr. 7 und 8, die Mitglied einer Berufskammer sind, die Meldung nach Absatz 1 an die für sie zuständige Bundesberufskammer zu übermitteln. Die Kammer kann zur Meldung nach Absatz 1 Stellung nehmen. Sie hat die Meldung nach Absatz 1 mit ihrer Stellungnahme entsprechend Absatz 1 Satz 1 unverzüglich an das Bundeskriminalamt – Zentralstelle für Verdachtsmeldungen – und an die zuständige Strafverfolgungsbehörde weiterzuleiten. Dies gilt entsprechend für Notare, die nicht Mitglied einer Notarkammer sind, mit der Maßgabe, dass an die Stelle der Berufskammer die für die Berufsaufsicht zuständige oberste Landesbehörde tritt.

(5) Die Pflicht zur Meldung nach den Absätzen 1 und 2 schließt die Freiwilligkeit einer Meldung im Sinne des § 261 Abs. 9 des Strafgesetzbuches nicht aus.

(6) Der Inhalt einer Meldung nach Absatz 1 darf nur für die in § 15 Abs. 1 und 2 Satz 3 bezeichneten Strafverfahren, für Strafverfahren wegen einer Straftat, die im Höchstmaß mit einer Freiheitsstrafe von mehr als drei Jahren bedroht ist, für Besteuerungsverfahren und für die Aufsichtsaufgaben der zuständigen Behörden nach § 16 Abs. 2 sowie zum Zweck der Gefahrenabwehr verwendet werden.

(7) Das Bundesministerium des Innern und das Bundesministerium der Finanzen können zur Bekämpfung der Geldwäsche oder der Terrorismusfinanzierung durch Rechtsverordnung mit Zustimmung des Bundesrates einzelne typisierte Transaktionen bestimmen, die stets nach Absatz 1 Satz 1 von den Verpflichteten zu melden sind. Die Rechtsverordnung soll befristet werden.

(8) In Strafverfahren, zu denen eine Meldung nach Absatz 1 oder § 14 erstattet wurde, und in sonstigen Strafverfahren wegen einer Tat nach § 261 des Strafgesetzbuches oder in denen wegen des Verdachts von Handlungen im Sinne des § 1 Abs. 2 ermittelt wurde, teilt die zuständige Staatsanwaltschaft dem Bundeskriminalamt – Zentralstelle für Verdachtsmeldungen – die Erhebung der öffentlichen Klage und den Ausgang des Verfahrens einschließlich aller Einstellungsentscheidungen mit. Die Mitteilung erfolgt durch Übersendung einer Abschrift der Anklageschrift, der begründeten Einstellungsentscheidung oder des Urteils. Einem Verpflichteten, der eine Meldung nach Absatz 1 erstattet hat, können auf Antrag nach § 475 der Strafprozessordnung Auskünfte aus den Akten erteilt werden, soweit dies zur Überprüfung seines Meldeverhaltens erforderlich ist; § 477 Abs. 3 der Strafprozessordnung findet insoweit keine Anwendung. Der Verpflichtete darf durch Auskünfte nach Satz 3 erlangte personenbezogene Daten nur zur Überprüfung seines Meldeverhaltens nutzen und hat diese zu löschen, wenn sie für diesen Zweck nicht mehr erforderlich sind.

§ 12 Verbot der Informationsweitergabe

(1) Ein Verpflichteter darf den Auftraggeber der Transaktion und sonstige Dritte nicht von einer beabsichtigten oder erstatteten Meldung nach § 11 Abs. 1 oder von

einem daraufhin eingeleiteten Ermittlungsverfahren in Kenntnis setzen. Dies gilt nicht für eine Informationsweitergabe
1. an staatliche Stellen und an die nach § 16 Abs. 2 zuständigen Behörden,
2. zwischen den derselben Institutsgruppe im Sinne des § 10a des Kreditwesengesetzes, derselben Finanzholding-Gruppe im Sinne des § 10a des Kreditwesengesetzes, demselben Finanzkonglomerat im Sinne des § 1 Absatz 20 des Finanzkonglomerate-Aufsichtsgesetzes oder zwischen den derselben Versicherungs-Holdinggesellschaft im Sinne des § 104a Abs. 2 Nr. 4 des Versicherungsaufsichtsgesetzes, derselben gemischten Versicherungs-Holdinggesellschaft im Sinne des § 104a Abs. 2 Nr. 5 des Versicherungsaufsichtsgesetzes oder derselben gemischten Finanzholding-Gesellschaft im Sinne des § 2 Absatz 10 des Finanzkonglomerate-Aufsichtsgesetzes oder demselben Finanzkonglomerat im Sinne des § 1 Absatz 2 des Finanzkonglomerate-Aufsichtsgesetzes angehörenden Instituten und Unternehmen aus Mitgliedstaaten der Europäischen Union oder aus gleichwertigen Drittstaaten,
3. zwischen Verpflichteten im Sinne von § 2 Absatz 1 Nummer 7 bis 8 aus Mitgliedstaaten der Europäischen Union oder aus gleichwertigen Drittstaaten, sofern die betreffenden Personen ihre berufliche Tätigkeit selbständig oder angestellt in derselben juristischen Person oder in einer Struktur, die einen gemeinsamen Eigentümer oder eine gemeinsame Leitung hat oder über eine gemeinsame Kontrolle in Bezug auf die Einhaltung der Vorschriften zur Verhinderung der Geldwäsche oder der Terrorismusfinanzierung verfügt, ausüben,
4. zwischen den in § 2 Absatz 1 Nummer 1 bis 2a, 3, 4 und 6 genannten Verpflichteten in Fällen, die sich auf denselben Vertragspartner und dieselbe Transaktion beziehen und an der zwei oder mehr Verpflichtete beteiligt sind, sofern sie ihren Sitz in einem Mitgliedstaat der Europäischen Union oder in einem gleichwertigen Drittstaat haben, sie derselben Berufskategorie angehören und für sie gleichwertige Verpflichtungen in Bezug auf das Berufsgeheimnis und den Schutz personenbezogener Daten gelten.

Nach Satz 2 weitergegebene Informationen dürfen ausschließlich zum Zweck der Verhinderung der Geldwäsche oder der Terrorismusfinanzierung verwendet werden.

(2) Wenn sich Verpflichtete im Sinne von § 2 Absatz 1 Nummer 7 bis 8 bemühen, einen Mandanten davon abzuhalten, eine rechtswidrige Handlung zu begehen, so gilt dies nicht als Informationsweitergabe.

(3) Verpflichtete im Sinne von § 2 Absatz 1 Nummer 1 bis 6 dürfen im Einzelfall einander andere als die in Absatz 1 Satz 1 genannten Informationen im Rahmen der Erfüllung ihrer Sorgfaltspflichten nach den §§ 3, 5 und 6, den §§ 25g, 25h und 25j des Kreditwesengesetzes und §§ 80d bis 80f des Versicherungsaufsichtsgesetzes übermitteln, wenn es sich um einen in Bezug auf Geldwäsche oder Terrorismusfinanzierung auffälligen oder ungewöhnlichen Sachverhalt handelt und tatsächliche Anhaltspunkte dafür vorliegen, dass der Empfänger die Informationen für die Beurteilung der Frage benötigt, ob der Sachverhalt nach § 11 Absatz 1 zu melden oder eine Strafanzeige gemäß § 158 der Strafprozessordnung zu erstatten ist. Der Empfänger darf die Informationen ausschließlich zum Zweck der Verhinderung der Geldwäsche oder der Terrorismusfinanzierung und nur unter den durch den übermittelnden Verpflichteten vorgegebenen Bedingungen verwenden.

(4) Das Bundesministerium der Finanzen kann im Einvernehmen mit dem Bundesministerium des Innern, dem Bundesministerium der Justiz und dem Bundesministerium für Wirtschaft und Technologie durch Rechtsverordnung ohne Zustimmung des Bundesrates zur Umsetzung einer Entscheidung der Europäischen Kommission gemäß Artikel 40 Abs. 4 der Richtlinie 2005/60/EG weitere Regelungen treffen, nach denen eine Informationsweitergabe untersagt ist, und bestimmen, in Bezug auf welche Verpflichteten aus Drittstaaten keine Informationen weitergegeben werden dürfen.

§ 13 Freistellung von der Verantwortlichkeit

(1) Wer Sachverhalte im Sinne des § 11 Absatz 1 meldet oder eine Strafanzeige gemäß § 158 der Strafprozessordnung erstattet, kann wegen dieser Meldung oder Strafanzeige nicht verantwortlich gemacht werden, es sei denn, die Meldung oder Strafanzeige ist vorsätzlich oder grob fahrlässig unwahr erstattet worden.

(2) Gleiches gilt, wenn ein Beschäftigter einen Sachverhalt seinem Vorgesetzten oder einer unternehmensintern für die Entgegennahme einer solchen Meldung zuständigen Stelle mitteilt.

§ 14 Meldepflicht von Behörden

(1) Liegen Tatsachen vor, die darauf hindeuten, dass es sich bei Vermögenswerten, die mit einer Transaktion oder Geschäftsbeziehung im Zusammenhang stehen, um den Gegenstand einer Straftat nach § 261 des Strafgesetzbuchs handelt oder die Vermögenswerte im Zusammenhang mit Terrorismusfinanzierung stehen, hat die nach § 16 Absatz 2 zuständige Behörde diese Tatsachen unverzüglich dem Bundeskriminalamt – Zentralstelle für Verdachtsmeldungen – und der zuständigen Strafverfolgungsbehörde zu melden. Für die Behörden gemäß § 16 Absatz 2 Nummer 4 bis 8 findet § 11 Absatz 3 entsprechende Anwendung.

(2) Absatz 1 gilt für die mit der Kontrolle des grenzüberschreitenden Verkehrs betrauten Behörden und die für die Überwachung der Aktien-, Devisen- und Finanzderivatemärkte zuständigen Behörden entsprechend.

§ 15 Heranziehung und Verwendung von Aufzeichnungen

(1) Die nach § 8 Abs. 1 gefertigten Aufzeichnungen dürfen nur zur Verfolgung von Straftaten nach § 261 des Strafgesetzbuches oder der in § 129a Abs. 2 oder § 261 Abs. 1 des Strafgesetzbuches genannten Straftaten herangezogen oder verwendet werden.

(2) Soweit ein Strafverfahren wegen einer in Absatz 1 bezeichneten Straftat eingeleitet wird, ist dieser Umstand zusammen mit den zugrunde liegenden Tatsachen der Finanzbehörde mitzuteilen, sobald eine Transaktion festgestellt wird, die für die Finanzverwaltung für die Einleitung oder Durchführung von Besteuerungs- oder Steuerstrafverfahren Bedeutung haben könnte. Zieht die Strafverfolgungsbehörde im Strafverfahren Aufzeichnungen nach § 8 Abs. 1 heran, dürfen auch diese der Finanzbehörde übermittelt werden. Die Mitteilungen und Aufzeichnungen dürfen für Besteuerungsverfahren und für Strafverfahren wegen Steuerstraftaten verwendet werden.

Abschnitt 4:
Aufsicht, Zusammenarbeit und Bußgeldvorschriften

§ 16 Aufsicht

(1) Die nach Absatz 2 zuständigen Behörden üben die Aufsicht über die Verpflichteten nach § 2 Abs. 1 aus. Die zuständigen Behörden können im Rahmen der ihnen gesetzlich zugewiesenen Aufgaben die geeigneten und erforderlichen Maßnahmen und Anordnungen treffen, um die Einhaltung der in diesem Gesetz und in Artikel 55 Absatz 1 der Verordnung (EU) Nr. 1031/2010 der Kommission vom 12. November 2010 über den zeitlichen und administrativen Ablauf sowie sonstige Aspekte der Versteigerung von Treibhausgasemissionszertifikaten gemäß der Richtlinie 2003/87/EG des Europäischen Parlaments und des Rates über ein System für den Handel mit Treibhausgasemissionszertifikaten in der Gemeinschaft (ABl. L 302 vom 18.11.2010, S. 1) festgelegten Anforderungen sicherzustellen. Sie können hierzu auch die ihnen für sonstige Aufsichtsaufgaben eingeräumten Befugnisse ausüben. Für Maßnahmen und Anordnungen nach dieser Vorschrift kann die zuständige Behörde nach Absatz 2 Nummer 8a und 9 zur Deckung des Verwaltungsaufwands Kosten (Gebühren und Auslagen) erheben. Die zuständige Behörde nach Absatz 2 Nummer 2 Buchstabe g und h, Nummer 8a und 9 kann die Ausübung des Geschäfts oder Berufs untersagen, wenn der Verpflichtete im Sinne des § 2 Absatz 1 Nummer 2b bis 3, 5 und 8a bis 12 oder die mit der Leitung des Geschäfts oder Berufs beauftragte Person vorsätzlich oder leichtfertig gegen die Bestimmungen dieses Gesetzes, gegen die zur Durchführung dieses Gesetzes erlassenen Verordnungen oder gegen Anordnungen der zuständigen Behörde verstoßen hat, trotz Verwarnung durch die zuständige Behörde dieses Verhalten fortsetzt und der Verstoß nachhaltig ist.

(2) Zuständige Behörde für die Durchführung dieses Gesetzes ist
1. für die Bundesrepublik Deutschland – Finanzagentur GmbH das Bundesministerium der Finanzen,
2. die Bundesanstalt für Finanzdienstleistungsaufsicht für
   a) die übrigen Kreditinstitute mit Ausnahme der Deutschen Bundesbank,
   b) Finanzdienstleistungsinstitute und Institute im Sinne des § 1 Absatz 2a des Zahlungsdiensteaufsichtsgesetzes,
   c) im Inland gelegene Zweigstellen und Zweigniederlassungen von Kreditinstituten, Finanzdienstleistungsinstituten und Zahlungsinstituten mit Sitz im Ausland,
   d) Kapitalverwaltungsgesellschaften im Sinne des § 17 Absatz 1 des Kapitalanlagegesetzbuchs,
   e) im Inland gelegene Zweigniederlassungen von EU-Verwaltungsgesellschaften im Sinne des § 1 Absatz 17 des Kapitalanlagegesetzbuchs sowie von ausländischen AIF-Verwaltungsgesellschaften im Sinne des § 1 Absatz 18 des Kapitalanlagegesetzbuchs,
   f) ausländische AIF-Verwaltungsgesellschaften, für die die Bundesrepublik Deutschland Referenzmitgliedstaat ist und die der Aufsicht der Bundesanstalt gemäß § 57 Absatz 1 Satz 3 des Kapitalanlagegesetzbuchs unterliegen,
   g) die Agenten und E-Geld-Agenten im Sinne des § 2 Absatz 1 Nummer 2b und
   h) die Unternehmen und Personen im Sinne des § 2 Absatz 1 Nummer 2c,
   i) die Kreditanstalt für Wiederaufbau,
3. für Versicherungsunternehmen und die im Inland gelegenen Niederlassungen solcher Unternehmen die jeweils zuständige Aufsichtsbehörde für das Versicherungswesen,
4. für Rechtsanwälte und Kammerrechtsbeistände die jeweils örtlich zuständige Rechtsanwaltskammer (§§ 60, 61 der Bundesrechtsanwaltsordnung),
5. für Patentanwälte die Patentanwaltskammer (§ 53 der Patentanwaltsordnung),
6. für Notare der jeweilige Präsident des Landgerichts, in dessen Bezirk der Notar seinen Sitz hat (§ 92 Nr. 1 der Bundesnotarordnung),
7. für Wirtschaftsprüfer und vereidigte Buchprüfer die Wirtschaftsprüferkammer (§ 57 Abs. 2 Nr. 17 der Wirtschaftsprüferordnung),
8. für Steuerberater und Steuerbevollmächtigte die jeweils örtlich zuständige Steuerberaterkammer (§ 76 des Steuerberatungsgesetzes),
8a. für Verpflichtete nach § 2 Absatz 1 Nummer 12, soweit das Landesrecht nichts anderes bestimmt, die für die Erteilung der glücksspielrechtlichen Erlaubnis zuständige Behörde,
9. im Übrigen die jeweils nach Bundes- oder Landesrecht zuständige Stelle.

(3) Ein Verpflichteter, die Mitglieder seiner Organe und dessen Beschäftigte haben der zuständigen Behörde im Sinne des Absatzes 2 Nummer 2, soweit sich die Aufsichtstätigkeit auf die in dortigen Buchstaben g und h genannten Verpflichteten bezieht, und Nummer 8a und 9 sowie den Personen und Einrichtungen, derer sich die zuständige Behörde zur Durchführung ihrer Aufgaben bedient, auf Verlangen unentgeltlich Auskünfte über alle Geschäftsangelegenheiten zu erteilen und Unterlagen vorzulegen, die für die Einhaltung der in diesem Gesetz festgelegten Anforderungen von Bedeutung sind. Die zuständige Behörde kann, auch ohne besonderen Anlass, bei den Verpflichteten Prüfungen zur Einhaltung der in diesem Gesetz festgelegten Anforderungen vornehmen und die Durchführung der Prüfungen auf Dritte übertragen. Die Bediensteten der zuständigen Behörde sowie die sonstigen Personen, derer sich die zuständige Behörde bei der Durchführung der Prüfungen bedient, können hierzu die Geschäftsräume des Verpflichteten innerhalb der üblichen Betriebs- und Geschäftszeiten betreten und besichtigen. Die Betroffenen haben Maßnahmen nach den Sätzen 2 und 3 zu dulden.

(4) Der zur Erteilung einer Auskunft Verpflichtete kann die Auskunft auf solche Fragen verweigern, deren Beantwortung ihn selbst oder einen der in § 383 Absatz 1 Nummer 1 bis 3 der Zivilprozessordnung bezeichneten Angehörigen der Gefahr strafrechtlicher Verfolgung oder eines Verfahrens nach dem Gesetz über Ordnungswidrigkeiten aussetzen würde. Verpflichtete im Sinne des § 2 Absatz 1 Nummer 7 und 8 können die Auskunft auch auf solche Fragen verweigern, wenn sich diese auf Informationen beziehen, die sie im Rahmen der Rechtsberatung oder der Prozessvertretung des Vertragspartners erhalten haben. Die Pflicht zur Auskunft bleibt bestehen, wenn der Verpflichtete weiß, dass der Vertragspartner seine Rechtsberatung für den Zweck der Geldwäsche oder der Terrorismusfinanzierung in Anspruch genommen hat oder nimmt.

(5) Die zuständige Behörde nach Absatz 2 stellt den Verpflichteten regelmäßig aktualisierte Auslegungs- und Anwendungshinweise für die Umsetzung der Sorgfaltspflichten und internen Sicherungsmaßnahmen dieses Gesetzes zur Verfügung.

(6) Die zuständige Behörde nach Absatz 2 informiert die Verpflichteten nach Information des Bundesministeriums der Finanzen über diejenigen Staaten, die von ihr als gleichwertige Drittstaaten im Sinne dieses Gesetzes anerkannt werden. Abweichend von Satz 1 erfolgt diese Information durch die Bundesrechtsanwaltskammer für Rechtsanwälte und Kammerrechtsbeistände, die Bundessteuerberaterkammer für Steuerberater und Steuerbevollmächtigte, die Bundesnotarkammer für Notare, die Mitglied einer Notarkammer sind, und die zuständige oberste Landesbehörde nach § 11 Absatz 4 Satz 4 für Notare, die nicht Mitglied einer Notarkammer sind. Die Information über die Gleichwertigkeit eines Drittstaates entbindet die Verpflichteten nicht von einer eigenen Risikobewertung im Einzelfall.

(7) Die zuständige Behörde kann im Einzelfall bestimmen, dass auf einen Verpflichteten gemäß § 2 Absatz 1 Nummer 12 die §§ 9a bis 9c dieses Gesetzes insgesamt oder teilweise nicht anzuwenden sind, wenn das Risiko der Geldwäsche oder der Terrorismusfinanzierung gering ist und die glücksspielrechtlichen Anforderungen erfüllt sind.

§ 16a   Zusammenarbeit mit der Europäischen Bankenaufsichtsbehörde, der Europäischen Aufsichtsbehörde für das Versicherungswesen und die betriebliche Altersversorgung sowie mit der Europäischen Wertpapier- und Marktaufsichtsbehörde

(1) Soweit die nach § 16 Absatz 2 zuständigen Behörden die Aufsicht über die Verpflichteten nach § 2 Absatz 1 Nummer 1 bis 6 ausüben, arbeiten sie für die Zwecke der Richtlinie 2005/60/EG mit der Europäischen Bankenaufsichtsbehörde, der Europäischen Aufsichtsbehörde für das Versicherungswesen und die betriebliche Alters-

versorgung sowie mit der Europäischen Wertpapier- und Marktaufsichtsbehörde nach Maßgabe der folgenden Vorschriften zusammen:
1. der Verordnung (EU) Nr. 1093/2010 des Europäischen Parlaments und des Rates vom 24. November 2010 zur Errichtung einer Europäischen Aufsichtsbehörde (Europäische Bankenaufsichtsbehörde), zur Änderung des Beschlusses Nr. 716/2009/EG und zur Aufhebung des Beschlusses 2009/78/EG der Kommission (ABl. L 331 vom 15.12.2010, S. 12),
2. der Verordnung (EU) Nr. 1094/2010 des Europäischen Parlaments und des Rates vom 24. November 2010 zur Errichtung einer Europäischen Aufsichtsbehörde (Europäische Aufsichtsbehörde für das Versicherungswesen und die betriebliche Altersversorgung), zur Änderung des Beschlusses Nr. 716/2009/EG und zur Aufhebung des Beschlusses 2009/79/EG der Kommission (ABl. L 331 vom 15.12.2010, S. 48) und
3. der Verordnung (EU) Nr. 1095/2010 des Europäischen Parlaments und des Rates vom 24. November 2010 zur Errichtung einer Europäischen Aufsichtsbehörde (Europäische Wertpapier- und Marktaufsichtsbehörde), zur Änderung des Beschlusses Nr. 716/2009/EG und zur Aufhebung des Beschlusses 2009/77/EG der Kommission (ABl. L 331 vom 15.12.2010, S. 84).

(2) Soweit die nach § 16 Absatz 2 zuständigen Behörden die Aufsicht über die Verpflichteten nach § 2 Absatz 1 Nummer 1 bis 6 ausüben, stellen sie der Europäischen Bankenaufsichtsbehörde, der Europäischen Aufsichtsbehörde für das Versicherungswesen und die betriebliche Altersversorgung sowie der Europäischen Wertpapier- und Marktaufsichtsbehörde nach Maßgabe des Artikels 35 der Verordnungen (EU) Nr. 1093/2010, Nr. 1094/2010 und Nr. 1095/2010 auf Verlangen alle Informationen zur Verfügung, die zur Durchführung von deren Aufgaben auf Grund der Richtlinie 2005/60/EG sowie der Verordnungen (EU) Nr. 1093/2010, Nr. 1094/2010 und Nr. 1095/2010 erforderlich sind.

§ 17 Bußgeldvorschriften

(1) Ordnungswidrig handelt, wer vorsätzlich oder leichtfertig
1. entgegen § 3 Absatz 1 Nummer 1 eine Identifizierung des Vertragspartners oder entgegen § 3 Absatz 2 Satz 3 und 4 eine Identifizierung des Kunden bei der Annahme und Abgabe von Bargeld nicht, nicht richtig, nicht vollständig, nicht in der vorgeschriebenen Weise oder nicht rechtzeitig vornimmt,
2. entgegen § 3 Absatz 1 Nummer 3 das Vorhandensein eines wirtschaftlich Berechtigten nicht, nicht richtig, nicht vollständig oder nicht rechtzeitig abklärt,
3. entgegen § 4 Absatz 5 Satz 1 den Namen des wirtschaftlich Berechtigten nicht erhebt,
4. entgegen § 6 Absatz 2 Nummer 2 Satz 1 die Identität des Vertragspartners nicht, nicht richtig oder nicht vollständig überprüft oder nicht sicherstellt, dass die erste Transaktion von einem auf den Namen des Vertragspartners eröffneten Konto erfolgt,
5. entgegen § 8 Absatz 1 Satz 1, 2, 4 oder Satz 5 eine Angabe oder eine Information nicht, nicht richtig oder nicht vollständig aufzeichnet,
6. entgegen § 8 Absatz 3 eine Aufzeichnung oder einen sonstigen Beleg nicht oder nicht mindestens fünf Jahre aufbewahrt,
7. entgegen § 9b Absatz 1 Satz 1 oder Absatz 2 Satz 1 einen Spieler oder einen wirtschaftlich Berechtigten nicht, nicht richtig, nicht vollständig, nicht in der vorgeschriebenen Weise oder nicht rechtzeitig identifiziert,
8. entgegen § 9b Absatz 1 Satz 2 die zuständige Behörde nicht, nicht richtig, nicht vollständig oder nicht rechtzeitig informiert,

9. entgegen § 9b Absatz 2 Satz 2 nicht sicherstellt, dass die erste Transaktion von einem auf den Namen des Vertragspartners eröffneten Zahlungskonto erfolgt,
10. entgegen § 9b Absatz 2 Satz 3 die Überprüfung der Identität des Spielers nicht, nicht richtig oder nicht vollständig wiederholt oder ergänzt,
11. entgegen § 9b Absatz 2 Satz 4 eine ergriffene Maßnahme oder deren Ergebnis nicht, nicht richtig oder nicht vollständig aufzeichnet,
12. entgegen § 9c Absatz 2 Satz 1 eine Einlage oder andere rückzahlbare Gelder entgegennimmt,
13. entgegen § 9c Absatz 6 eine Transaktion vornimmt,
14. entgegen § 11 Absatz 1 eine Meldung nicht, nicht richtig, nicht vollständig oder nicht rechtzeitig macht,
15. entgegen § 12 Absatz 1 Satz 1 den Auftraggeber oder einen Dritten in Kenntnis setzt,
16. entgegen § 16 Absatz 3 Satz 1 eine Auskunft nicht, nicht richtig oder nicht vollständig erteilt oder eine Unterlage nicht, nicht richtig, nicht vollständig oder nicht rechtzeitig vorlegt oder
17. entgegen § 16 Absatz 3 Satz 4 eine dort genannte Maßnahme nicht duldet.

(2) Die Ordnungswidrigkeit kann mit einer Geldbuße bis zu einhunderttausend Euro geahndet werden.

(3) Die jeweils in § 16 Abs. 2 Nr. 2 und 3 bezeichnete Behörde ist auch Verwaltungsbehörde im Sinne des § 36 Abs. 1 Nr. 1 des Gesetzes über Ordnungswidrigkeiten. Für Steuerberater und Steuerbevollmächtigte ist Verwaltungsbehörde im Sinne des § 36 Abs. 1 Nr. 1 des Gesetzes über Ordnungswidrigkeiten das Finanzamt. Soweit nach § 16 Abs. 2 Nr. 9 die jeweils nach Bundes- oder Landesrecht zuständige Stelle zuständig ist, ist sie auch Verwaltungsbehörde im Sinne des § 36 Abs. 1 Nr. 1 des Gesetzes über Ordnungswidrigkeiten.

(4) Soweit nach Absatz 3 Satz 2 das Finanzamt Verwaltungsbehörde ist, gelten § 387 Abs. 2, § 410 Abs. 1 Nr. 1, 2, 6 bis 11, Abs. 2 und § 412 der Abgabenordnung sinngemäß.

Anhang 6.7
Geldwäsche-Typologienpapier des Bundesaufsichtsamtes für das Kreditwesen
Stand: 1. Oktober 1998

(Rundschreiben 19/98 des Bundesaufsichtsamtes für das Kreditwesen vom 2. November 1998 – Z 5 – B 214 –)

Inhalt

I. Bedeutung des Typologienpapiers

II. Allgemeine Problem-Indikatoren

III. Spezielle Problem-Indikatoren
  1. Kontoeröffnung/Aufnahme einer Geschäftsbeziehung
  2. Kontoführung im allgemeinen
  3. Zahlungsverkehr einschließlich elektronischer Zahlungsverkehr
  4. Kreditgeschäft
  5. Scheckverkehr
  6. Akkreditivgeschäft
  7. Bartransaktionen
  8. Sortengeschäft
  9. Finanztransfergeschäft
  10. Wertpapierhandel
  11. Edelmetallhandel
  12. Anlageberatung und Vermögensverwaltung

I. Bedeutung des Typologienpapiers

Für Kredit- und Finanzdienstleistungsinstitute wird es im Zeitalter zunehmender Arbeitsteilung, Anonymisierung und Automatisierung in der Abwicklung der Geschäfte immer schwieriger, auf geldwäscherelevante Sachverhalte in ihren Instituten aufmerksam zu werden und sich aufgrund dessen – wie dies von der EU-Geldwäscherichtlinie und dem Geldwäschegesetz verlangt wird – gegen Geldwäschehandlungen zu schützen.

Die nachfolgend geschilderten Anhaltspunkte für mögliche Geldwäscheaktivitäten, die aufgrund der vom Bundesaufsichtsamt für das Kreditwesen festgestellten verdachtsrelevanten Konstellationen und insbesondere auf der Grundlage nationaler und internationaler Typologienpapiere vom Bundesaufsichtsamt für das Kreditwesen erarbeitet wurden, soll den Kredit- und Finanzdienstleistungsinstituten bei der Sensibilisierung ihrer Mitarbeiter vor allem im Bereich geschäftsspezifischer Schulungen (§ 14 Abs. 2 Nr. 4 GwG) und auch bei der Erstellung von (EDV-gestützten) Systemen zur Sichtbarmachung geldwäscherelevanter Sachverhalte (vgl. Ziffer 34d der Verlautbarung über »Maßnahmen der Kreditinstitute zur Bekämpfung und Verhinderung der Geldwäsche« vom 30. März 1998 bzw. Ziffer 35d der Verlautbarung über »Maßnahmen der Finanzdienstleistungsinstitute zur Bekämpfung und Verhinderung der Geldwäsche« vom 30. Dezember 1997) behilflich sein. Sie sind keinesfalls abschließend und bedürfen überdies einer fortlaufenden Anpassung an veränderte Methoden und Techniken der Geldwäsche.

Dieses Typologienpapier, das lediglich ein Hilfsmittel im Rahmen des bankinternen Sicherungssystems gegen Geldwäsche darstellt, enthebt die Institute nicht von ihrer Verpflichtung, im jeweiligen Einzelfall weitergehende Überlegungen anzustellen. Sachverhalte, die lediglich anhand dieser Typologien als auffällig anerkannt werden, bedürfen anhand im Institut vorhandener und anderweitig verfügbarer Informationen einer weiteren Überprüfung auf ihre Geldwäscherelevanz. Erklärungen der Kunden über die Hintergründe solcher auffälligen bzw. verdächtigen Transaktionen sind auf deren Schlüssigkeit zu überprüfen. Nicht jede Erklärung, die in diesem Zusammenhang vom Kunden hinsichtlich des Hintergrunds der Transaktion abgegeben wird und z.B. mit Motiven der Steueroptimierung begründet wird, darf ohne genaue Prüfung akzeptiert werden.

II. Allgemeine Problem-Indikatoren

Als allgemeine Problem-Indikatoren, die Anlaß zu besonderer Aufmerksamkeit geben, weil sie auf eine Geldwäsche hindeuten können, sind dabei gemäß Ziffer 24 der Verlautbarungen über »Maßnahmen der Kreditinstitute zur Bekämpfung und Verhinderung der Geldwäsche« vom 30. März 1998 sowie über »Maßnahmen der Finanzdienstleistungsinstitute zur Bekämpfung und Verhinderung der Geldwäsche« vom 30. Dezember 1997 insbesondere die folgenden Transaktionen anzusehen:
- Transaktionen, die keinen wirtschaftlichen Hintergrund erkennen lassen und deren Umstände undurchsichtig sind; letzteres betrifft insbesondere die Identität der an der Transaktion beteiligten Personen und den Zweck der Transaktion;
- Transaktionen, bei denen die Art und Höhe bzw. die Herkunft der Vermögenswerte bzw. der Empfänger der Transaktion im übrigen nicht zu den dem Institut bekannten Lebensumständen bzw. zu der Geschäftstätigkeit des Auftraggebers passen;
- die Transaktion über Umwege abgewickelt werden soll bzw. Wege (Einschaltung von Drittinstituten) gewählt werden, die kostenintensiv sind und wirtschaftlich sinnlos erscheinen.

III. Spezielle Problem-Indikatoren

Bezogen auf die jeweiligen Geschäftsarten lassen sich insbesondere die folgenden speziellen Problem-Indikatoren feststellen:

1 Kontoeröffnung/Aufnahme einer Geschäftsbeziehung

- Die eingebrachten oder in Aussicht gestellten Vermögenswerte sind mit den finanziellen Verhältnissen des Kunden nicht vereinbar.
- Zweifel an den Angaben des Kunden bzw. der wirtschaftlichen Berechtigung an den Vermögenswerten
- Kunde verweigert (weitergehende) Auskünfte zur Herkunft der Mittel.
- Der berufliche und/oder wirtschaftliche Hintergrund des Kunden oder eines neuen Eigentümers/Anteilseigners stimmt mit der Art der Geschäftstätigkeit oder den jeweiligen Aktivitäten nicht überein.
- Ankündigung aus dem Rahmen fallender Geschäfte, die ggf. vom eigentlichen Geschäftszweck ablenken sollen.

- Nicht plausible Wahl der betreffenden Filiale für die Kontoeröffnung/den Abschluß der Geschäfte durch den Kunden; kein Zusammenhang mit Wohnort, Arbeitsort, Sitz des Kunden bzw. der Verfügungsberechtigten über ein Konto.
- Gewählte Kontoart steht in keinem Zusammenhang mit den vom Institut beanspruchten Dienstleistungen.
- Wirtschaftlich nicht nachvollziehbare Entscheidungen des Kunden, insbesondere kein Interesse des Kunden an günstigeren Kontoführungsgebühren und Abwicklungsmodalitäten.
- Benennung einer anderen Person als Verfügungsberechtigter, die nicht in erklärbarer Beziehung zum Kunden steht.
- Eröffnung einer Vielzahl gleichartiger Konten bei demselben Institut ohne ersichtlichen Grund, insbesondere Verlangen der Einrichtung mehrerer Konten mit unterschiedlichen Stammnummern ohne plausiblen Grund.
- Angaben des Kunden, die für das Institut nur schwer oder kostenintensiv zu verifizieren oder nicht plausibel sind.
- Allgemein widersprüchliche Angaben bezüglich der Tätigkeit, Wohnort, Firmensitz etc.
- Verwendung von Ausweisdokumenten zweifelhaften Ursprungs zur Identifikation.
- Kunde ist bereits durch ein früheres Verdachtsanzeige- bzw. Ermittlungsverfahren auffällig geworden oder es bestehen – u.a. aufgrund von Hinweisen der Ermittlungsbehörden oder einschlägigen Presseveröffentlichungen – anderweitige Anhaltspunkte für einen deliktischen Hintergrund.

2 Kontoführung im allgemeinen

- Über das Konto werden Umsätze getätigt, die zu den bekannten geschäftlichen Aktivitäten/finanziellen Verhältnissen des Kunden im Widerspruch stehen, insbesondere:
  – die Anzahl der Umsätze ist mit den bekannten geschäftlichen Aktivitäten/finanziellen Verhältnissen unvereinbar,
  – die Höhe der Transaktionsbeträge steht mit den bekannten geschäftlichen Aktivitäten/finanziellen Verhältnissen nicht im Einklang,
  – die Art der Nutzung des Kontos stimmt mit den bekannten geschäftlichen Aktivitäten/finanziellen Verhältnissen des Kunden nicht überein,
  – der durchschnittliche monatliche Habenumsatz auf einem Gehaltskonto beträgt ein Vielfaches des Gehaltseingangs.
- Nutzung des Kontos, die mit der gewählten Kontoart nicht im Einklang steht, insbesondere auffällig hohe Anzahl von Umsätzen, die für ein derartiges Konto unüblich ist (beispielsweise: auffällig viele Umsätze auf einem Sparkonto oder auf einem Konto eines Minderjährigen).
- Nutzung des Kontos als Durchlaufkonto, insbesondere, wenn das Konto keine geschäftsbezogenen Aktivitäten zeigt, sondern hauptsächlich für kurzzeitige Einlagen benutzt wird, die dann anschließend gleich weiter auf Drittkonten transferiert werden.
- Sprunghafte Umsatzsteigerungen ohne ersichtlichen Grund.
- Plötzlich rege Benutzung eines bisher (nahezu) inaktiven Kontos.
- Nutzung eines Kontos hauptsächlich für Barein- und -auszahlungen, obgleich die (angeblichen) Geschäftsaktivitäten des Kontoinhabers in der Regel unbar abgewickelt werden.
- Intensive Nutzung eines Kontos für Auslandszahlungen in geschäftsunüblicher Weise (z.B. keine Nutzung von Akkreditiven im Auslandszahlungsverkehr, obwohl dies in dem betreffenden Geschäftsbereich üblich ist).
- Keine Nutzung von anderen Bank- bzw. Finanzdienstleistungen, die gewinnbringender wären, z.B. von Anlagen mit hohen Zinsgewinnen.

- Auffällige Vermeidung von persönlichen Kontakten zum Institut, z.B. besonders intensive Nutzung von Telekommunikationsmitteln oder Selbstbedienungseinrichtungen, die unüblich ist.
- Große Anzahl von Personen, die auf ein Konto unbar bzw. bar einzahlen, wobei diese Gelder ins Ausland überwiesen werden und eine Erlaubnis des BAKred zum Betreiben des Finanztransfergeschäfts oder der Drittstaateneinlagenvermittlung nicht vorhanden ist (sog. institutionalisiertes Sammelkonto).
- Große Anzahl von Personen, die auf ein privates Konto oder Geschäftskonto unbar bzw. bar vorwiegend aus dem Ausland einzahlen und diese Beträge an Dritte weitergeleitet werden, wobei das genutzte Konto für diesen Zweck nicht eröffnet worden ist (verdecktes Sammelkonto).
- Nicht standesübliche Verwendung eines Rechtsanwaltssammelanderkontos für einzelne Mandanten bzw. zur Verwaltung größerer Beträge für einzelne Mandanten über einen längeren Zeitraum.

3 Zahlungsverkehr einschließlich elektronischer Zahlungsverkehr

- Überweisungseingänge, die zu den bekannten wirtschaftlichen Verhältnissen des Kunden nicht passen.
- Zahlungsverkehr über das Kundenkonto im erkennbaren Interesse Dritter.
- Generell häufige Überweisungen ins bzw. aus dem Ausland ohne erkennbaren Grund (z.B. ohne daß dies durch die Geschäftstätigkeit des Kontoinhabers begründet ist).
- Hohe bzw. wiederholte Überweisungseingänge bzw. -ausgänge von einem Auftraggeber bzw. an einen Empfänger, der außerhalb des Wirtschaftsbereiches des Kunden tätig ist, ohne ersichtlichen Grund.
- Wiederholte Überweisung großer Geldbeträge in oder aus dem Ausland mit der Anweisung zur Barauszahlung.
- Größere bzw. wiederholte Überweisungen in oder aus »Problemländern« (Rauschgiftproduktionsländer, Geldwäschezentren).
- Häufige Zahlungseingänge von vielen verschiedenen Personen ohne plausible Begründung (Geschäftstätigkeit etc.).
- Häufige Verschiebung von Beträgen zwischen verschiedenen Konten derselben Person bei demselben kontoführenden Institut ohne ersichtlichen Grund.
- Größere bzw. wiederholte Überweisungen auf bzw. von Nummernkonten im Ausland.
- Überweisungen ohne ersichtlichen wirtschaftlichen Hintergrund mit anschließendem Retransfer.
- Nicht nachvollziehbarer Transaktionszweck.
- Verwendungszweck, der mit den geschäftlichen bzw. finanziellen Aktivitäten des Kunden nicht im Einklang steht.
- Begehren von Kunden, daß gewisse Zahlungen nicht über ihre Konten, sondern über Nostro-Konten der Bank bzw. CpD-Konten gebucht werden.
- Begehren von Kunden, daß ihr Name als Auftraggeber insbesondere im Rahmen von elektronischen Überweisungen nicht genannt wird, ohne nachvollziehbaren Grund.
- Häufig eingehende Überweisungen (aus dem Ausland), bei denen der Auftraggeber nicht namentlich genannt ist.
- Auslandszahlungsverkehr durch Nichtkunden durch Bareinzahlung/-auszahlung.

4 Kreditgeschäft

- Unangekündigte, vorfristige Kreditrückführung.
- Rückführung des Kredits durch Bargeld.
- Im Verhältnis zum Kreditbetrag ungewöhnlich kurze Amortisationsdauer.
- Unplausibler oder unüberprüfbarer Kreditzweck.
- Stellung von Sicherheiten durch unbekannte Dritte, für die (da der Dritte in keiner erkennbar engen Beziehung zum Kunden steht) kein plausibler Grund ersichtlich ist.
- Unplausible oder zweifelhafte Herkunft der Sicherheiten, insbesondere Verpfändung eines Bankguthabens bei einem Institut in einem Offshore-Staat als Sicherheit für einen Kredit.
- Wunsch des Kunden, Kredite durch Hinterlegung von Bargeld zu erhalten.
- Wunsch des Kunden, daß die Bank einen Kredit an eine dritte Person vergibt, die in keiner plausiblen Beziehung zum Kunden steht, und der durch ihn abgesichert wird.

5 Scheckverkehr

- Häufige hohe Vermögensabdispositionen mittels Schecks, die sich mit der Geschäftstätigkeit des Kunden nicht vereinbaren lassen.
- Häufige Einreichung von Schecks, welche mit der Geschäftstätigkeit des Kunden nicht im Einklang stehen.
- Kauf von bestätigten LZB-Schecks in großem Umfang ohne ersichtlichen Grund, insbesondere Wunsch des Kunden, diese Schecks ohne Einschaltung seines Kontos zu erwerben.

6 Akkreditivgeschäft

- (Häufige) Verwendung von Akkreditiven zur Finanzierung von Geschäften, die mit der Geschäftstätigkeit bzw. der üblicherweise importierten Ware des Importeurs nicht im Zusammenhang stehen.
- Das dem Akkreditiv zugrundeliegende Geschäft ist vom Umfang und der Art der gelieferten Ware/Dienstleistung her ungewöhnlich, insbesondere steht die zugrundeliegende Ware/Dienstleistung in keinem Zusammenhang mit dem Exportland.
- Der Umsatz aus dem dem Akkreditiv zugrundeliegenden Geschäft steht in keinem Verhältnis zu dem bei der Bonitätsprüfung festgestellten Umsatz.
- Verwendung eines Dokumentarinkassos für Importe aus Ländern, deren politische und wirtschaftliche Verhältnisse eine sicherere Form der Zahlungsabwicklung zulassen würden.

7 Bartransaktionen

- Barumsätze, die nicht in das wirtschaftliche Umfeld des Kunden passen.
- Regelmäßig wiederkehrende Bareinzahlungen – zum Teil mehrmals täglich – auf ein Konto durch den Verfügungsberechtigten oder Dritte in nicht unbeträchtlicher Gesamthöhe, insbesondere, wenn die Einzeleinzahlungen unterhalb der Identifizierungsschwelle liegen, ohne daß sich aus der Geschäftstätigkeit des Kunden ein plausibler Grund hierfür finden ließe.
- Ungewöhnlich hohe Bargeldtransaktionen in erkennbarem Drittinteresse (z.B. Einzahlung von hohen Bargeldsummen durch Gelegenheitskunden auf Drittkonten ohne plausiblen Grund).

- Ungewöhnlich hohe Bareinzahlungen durch Personen/Unternehmen, deren (angebliche) Geschäftsaktivitäten in der Regel unbar abgewickelt werden.
- Beträchtliche Zuwächse an Bareinzahlungen von Einzelpersonen oder Gesellschaften, insbesondere, wenn die entsprechenden Beträge innerhalb eines kurzen Zeitraums wieder abverfügt werden (insbesondere durch Auslandsüberweisungen, Kauf von Reiseschecks und begebbare Inhaberwertpapiere).
- Bareinzahlungen einer großen Anzahl verschiedener Personen auf ein einzelnes Konto bzw. mehrmalige Bareinzahlungen einer Person auf ein einzelnes Konto in verschiedenen Filialen bzw. an verschiedenen Schaltern, insbesondere wenn die Einzahlungen knapp unterhalb des Identifikationslimits liegen.
- Auffällige Barabhebungen in erheblicher Höhe von einem (häufig zuvor ruhenden/inaktiven) Konto, auf das eine unerwartet hohe Gutschrift aus dem Ausland eingegangen ist.
- Eintauschen großer Mengen von Banknoten niedrigen Nennwertes gegen solche höheren Nennwertes.
- Einschalten von Personen, die erkennbar oder vermutlich in fremdem Auftrag handeln. Indiz: Kunde wird bei Geschäft von einem anwesenden Dritten überwacht.
- Auffällige Geldtransporte unbekannter Einzahler, z.B. Großbeträge in kleinen Scheinen, in ungewöhnlichen Transportbehältnissen etc. bzw. auffälliges Verhalten der Einzahler.
- Bareinzahlungen wiederholt knapp unterhalb der Identifizierungsschwelle.
- Beträchtliche Nachttresoreinzahlungen, die mit der Geschäftstätigkeit des Kunden nicht vereinbar sind.
- Regelmäßig wiederkehrende Bareinzahlungen mittels Bareinzahlungsautomaten unterhalb der Identifizierungsschwelle oder Bareinzahlungen in beträchtlicher Höhe mittels Bareinzahlungsautomaten, die mit den finanziellen Verhältnissen des Kunden unvereinbar sind.
- Ungewöhnlich hohe Barauszahlungen an Geldautomaten durch die Nutzung von Kreditkarten.

8 Sortengeschäft

- Häufige Transaktionen (Austausch von Banknoten oder Münzen, An- und Verkauf von Reiseschecks) unterhalb der Identifikationsschwelle ohne plausiblen Grund.
- Auffällige Stückelung der einzuwechselnden Beträge, beispielsweise auffällig viele Banknoten mit kleinem Nennwert, Wechseln ungezählter Sorten, gleichzeitiges Wechseln verschiedener Währungen.
- Wechseln einer Fremdwährung in eine andere Fremdwährung, die in Deutschland wenig verbreitet ist, ohne ersichtlichen Grund.
- Einschalten von Kurieren, d.h. von Personen, die erkennbar oder vermutlich in fremdem Auftrag handeln. Indiz: Kunde wird bei Geschäft von einem anwesenden Dritten überwacht.
- Sortengeschäfte in einer Höhe, die außer Verhältnis zur wirtschaftlichen und beruflichen Situation des Kunden stehen.
- Ungewöhnliche Transaktionen, zu deren Hintergrund der Kunde keine Erklärung abgeben kann oder will.
- Sortengeschäfte (Austausch von Banknoten oder Münzen, An- und Verkauf von Reiseschecks) in wesentlichem Umfang, bei denen der Kunde keine Einschaltung seines Kontos wünscht.
- An- und Verkauf von Reiseschecks in ungewöhnlichem Umfang ohne ersichtlichen Grund.
- Auffälliges Verhalten des Kunden, insbesondere kein Interesse an den Wechselkursen oder Gebühren, obwohl es sich um höhere Beträge handelt.

9 Finanztransfergeschäft

- Häufige Zahlungsaufträge unterhalb der Identifikationsschwelle.
- Wiederholte Finanztransfers an denselben Empfänger.
- Finanztransfers in hohen Beträgen oder mehrfache Transfers ohne ersichtlichen Grund in sog. »Problemländer« (insbesondere Länder, die als Drogenproduktionsländer oder Geldwäschezentren bekannt sind).
- Finanztransfers, bei denen die Ermittlung der Empfängerdaten nicht oder nur schwer möglich ist.
- Einschalten von Kurieren, d.h. von Personen, die erkennbar oder vermutlich in fremdem Auftrag handeln. Indiz: Kunde wird bei Geschäft von einem anwesenden Dritten überwacht.
- Finanztransfers in einer Höhe, die außer Verhältnis zur wirtschaftlichen und beruflichen Situation des Kunden stehen.
- Ungewöhnliche Transaktionen, zu deren Hintergrund der Kunde keine Erklärung abgeben kann oder will.
- Finanztransfers in wesentlichem Umfang, bezüglich derer der Kunde keine Einschaltung seines Kontos wünscht.
- Auffälliges Kundenverhalten, insbesondere kein Interesse an den Gebühren, obwohl es sich um höhere Beträge handelt oder es im Hinblick auf den konkreten Finanztransfer kostengünstigere Übermittlungsmethoden gäbe.

10 Wertpapierhandel

- Wertpapiertransaktionen, die zum Vermögen des Kunden bzw. dessen Geschäftstätigkeit außer Verhältnis stehen.
- Häufiger Kauf von Wertpapieren gegen Barzahlung ohne Einschaltung des Kundenkontos.
- Wertpapiertransaktionen mit dem Wunsch der physischen Auslieferung ins Ausland.
- Physischer Bezug der Wertpapiere ohne ersichtlichen Grund.
- Verkauf von Wertpapieren, deren Herkunft angesichts der finanziellen Verhältnisse des Kunden, dessen Geschäftstätigkeit etc. nicht erklärbar ist.
- Veräußerung von Wertpapieren zu einem unter Renditegesichtspunkten ungünstigen Zeitpunkt ohne ersichtlichen Grund.

11 Edelmetallhandel

- Kauf oder Verkauf von größeren Mengen Edelmetallen durch Kunden mit dem Wunsch, keine Konten zu erkennen.
- Kauf bzw. Verkauf von größeren Mengen Edelmetallen durch Gelegenheitskunden.
- Physischer Kauf von Edelmetallen in großem Maße ohne plausiblen Grund für die Weiterverwendung.
- Im Vergleich zur angegebenen Geschäftstätigkeit übermäßiger Umsatz in Edelmetallen.

12 Anlageberatung und Vermögensverwaltung

- Auffälliges Verhalten des Kunden, insbesondere
  - widersprüchliche Angaben bezüglich der Geschäftstätigkeit, der persönlichen Verhältnisse etc.
  - kein großes Interesse an der Rendite der Anlagen.

- Regelmäßiger großer Zuwachs des Vermögens ohne plausible Erklärung.
- Plötzlicher Abzug großer Vermögensteile ohne erklärbaren Grund.
- Fristigkeit der angelegten Gelder widerspricht der Angabe der Herkunft (Flucht- oder Steuerhinterziehungsgelder).
- Benutzung der Konten, die für Anlagezwecke bestimmt sind, für den Zahlungsverkehr, insbesondere Abzug der Gelder von dem Konto bereits wieder nach kurzer Zeit, was sich nicht mit den Anlagezwecken deckt, ohne ersichtlichen Grund.

Anhang 6.8
Verlautbarung des Bundesaufsichtsamtes für das Kreditwesen über Maßnahmen der Finanzdienstleistungsinstitute zur Bekämpfung und Verhinderung der Geldwäsche vom 30. Dezember 1997

(Rundschreiben 1/98 vom 15. Januar 1998 – I 5 – E 102 –)

I. Bedeutung der Maßnahmen zur Bekämpfung der Geldwäsche

1. Am 22. September 1992 ist § 261 StGB in Kraft getreten, der die Geldwäsche unter Strafe stellt. Das in Folge am 29. November 1993 in Kraft getretene Geldwäschegesetz (GwG) formuliert für die Normadressaten, darunter auch die Finanzdienstleistungsinstitute, gewerberechtliche Pflichten, deren Erfüllung neben dem Aufspüren von Gewinnen aus schweren Straftaten durch die Ermittlungsbehörden eine effektive Geldwäscheprävention ermöglichen und die Einführung illegaler Gelder in den legalen Finanzkreislauf verhindern soll.

Mit diesem Gesetz wird die EG-Richtlinie des Rates vom 10. Juni 1991 zur Verhinderung der Nutzung des Finanzsystems zum Zwecke der Geldwäsche (91/308/EWG) umgesetzt. Zu Recht wird in den Erwägungsgründen betont, daß Geldwäscheaktivitäten nicht nur die Solidität und Stabilität eines zu diesem Zweck mißbrauchten Instituts, sondern das ganze Finanzsystem und das Image eines Finanzplatzes bedrohen können.

Gleichzeitig soll das Geldwäschegesetz den »40 Empfehlungen« vom 7. Februar 1990 Rechnung tragen, die aufgrund einer Initiative der Regierungschefs der G 7-Staaten von einer internationalen Arbeitsgruppe, der »Financial Action Task Force on Money Laundering«, mit Beteiligung Deutschlands zur Erschwerung und Aufdeckung von Geldwäscheoperationen erarbeitet und im Jahre 1996 aktualisiert worden sind. Die Empfehlung Nr. 8 legt den einzelnen Staaten nahe, die »40 Empfehlungen« nicht nur auf Kreditinstitute, sondern auch auf Finanzdienstleistungsinstitute anzuwenden und für eine effektive Umsetzung der Regelungen in diesem Bereich zu sorgen.

2. Durch das Begleitgesetz zur Umsetzung von EG-Richtlinien zur Harmonisierung bank- und wertpapieraufsichtsrechtlicher Vorschriften (BGBl. I Nr. 71 vom 22. Oktober 1997 Seite 2567) wird das GwG an die Änderungen des Gesetzes über das Kreditwesen (KWG) angepaßt. Durch eine dynamische Verweisung auf das KWG übernimmt das GwG nunmehr dessen Institutsdefinitionen. Die bisher in § 1 Abs. 2 Ziffer 1 GwG als Finanzinstitute bezeichneten Unternehmen werden größtenteils entweder als sog. Finanzdienstleistungsinstitute oder als sog. Finanzunternehmen definiert. Gleichzeitig wird die Aufsicht über die Finanzdienstleistungsinstitute nach dem GwG dem Bundesaufsichtsamt für das Kreditwesen übertragen.

3. Es gehört zur ordnungsgemäßen Geschäftspolitik eines Finanzdienstleistungsinstituts, sich von Transaktionen mit kriminellem Hintergrund, und dabei insbesondere von Geldwäschevorgängen, fernzuhalten, aktiv zu ihrer Aufdeckung und Bekämpfung beizutragen und im Institut adäquate Sicherungssysteme zum Schutz vor Geldwäscheaktivitäten zu schaffen.

Diese Verlautbarung des Bundesaufsichtsamtes für das Kreditwesen verdeutlicht vor diesem Hintergrund die wesentlichen gewerberechtlichen Pflichten, die den Finanzdienstleistungsinstituten durch das Geldwäschegesetz auferlegt werden. Sie gilt bis zum Erlaß einer neuen Verlautbarung. Die enthaltenen Hinweise sind als Mindestanforderungen zu verstehen; die Finanzdienstleistungsinstitute sind aufgerufen, darüber hinausgehende organisatorische und administrative Regelungen zu treffen.

Für Kreditinstitute gelten die Vorgaben der Verlautbarung des Bundesaufsichtsamts für das Kreditwesen über »Maßnahmen der Kreditinstitute zur Bekämpfung und

Verhinderung der Geldwäsche« auch soweit sie Finanzdienstleistungen im Sinne des § 1 Abs. 1a Satz 2 KWG erbringen.

Weitere Schreiben des Bundesaufsichtsamtes für das Kreditwesen zur Auslegung des Geldwäschegesetzes sind in der Textsammlung Consbruch/Möller/Bähre/Schneider, Gesetz über das Kreditwesen mit verwandten Gesetzen und anderen Vorschriften, unter Nr. 11 zu finden.

II. Geltungsbereich des Geldwäschegesetzes

4. Die Pflichten des Geldwäschegesetzes sind nicht nur von allen dem KWG unterliegenden inländischen Finanzdienstleistungsinstituten mit ihren inländischen Zweigstellen zu erfüllen; nach § 15 GwG hat ein inländisches Finanzdienstleistungsinstitut auch dafür zu sorgen, daß die gesetzlichen Verpflichtungen aus den in dieser Bestimmung aufgeführten Vorschriften gleichermaßen von seinen Zweigstellen im Ausland und den von ihm abhängigen ausländischen Unternehmen eingehalten werden, wenn und soweit diese Unternehmen mit ihm unter einheitlicher Leitung zusammengefaßt sind.

5. Dem Geldwäschegesetz unterliegen auch die im Inland gelegenen Zweigstellen ausländischer Finanzdienstleistungsinstitute (§ 1 Abs. 3 GwG); dabei wird nicht zwischen Instituten mit Sitz in einem anderen Mitgliedstaat der Europäischen Union und Instituten mit Sitz in einem Drittland unterschieden.

Im Einklang mit dem Recht der Europäischen Union obliegt die Aufsicht über die Einhaltung der Pflichten aus dem deutschen Geldwäschegesetz nicht der Heimatlandaufsicht des jeweiligen Herkunftslandes, sondern der Gastlandaufsicht des Bundesaufsichtsamtes für das Kreditwesen.

III. Pflichten der Finanzdienstleistungsinstitute bei Anknüpfung der Geschäftsbeziehung

»Know Your Customer«-Prinzip

6. Einer der tragenden Pfeiler der Geldwäscheprävention ist das sog. »Know Your Customer«-Prinzip. Es beinhaltet für die Institute die Verpflichtung, sich bei Anknüpfung der Geschäftsbeziehung über die Identität des Kunden zu vergewissern. Darüber hinaus soll sich das einzelne Institut ein möglichst umfassendes Bild über den Kunden machen, insbesondere insoweit als diese Informationen auf den Inhalt und Zweck der Geschäftsbeziehung Einfluß haben können. Dies gilt u.a. dann, wenn Vermögen des Kunden verwaltet oder transferiert wird. Vor allem im Bereich der Drittstaateneinlagenvermittlung und der Finanzportfolioverwaltung sollte sich das pflichtige Institut darüber hinaus im Rahmen des Zumutbaren auch Kenntnis über die Herkunft der Vermögenswerte verschaffen (»Know the source of money«).

Identifizierungs- und Legitimationspflichten

7. Die Pflicht zur ordnungsgemäßen und dokumentenmäßigen Identifizierung des Kunden bei Anknüpfung der Geschäftsbeziehung ergibt sich in der Bundesrepublik Deutschland bereits aus der steuerrechtlichen Vorschrift des § 154 Abgabenordnung (AO) in Verbindung mit dem dazugehörigen Anwendungserlaß zur Abgabenordnung (AEAO) (BStBl. I S. 664), zuletzt geändert durch Schreiben des Bundesministers der Finanzen vom 8. Oktober 1991 (BStBl. I S. 932). Nach § 154 Abs. 2 Satz 1 AO hat u.a. jeder, der ein Konto führt, sich zuvor Gewißheit über die Person und Anschrift des Verfügungsberechtigten zu verschaffen.

Die Geltung des § 154 AO ist nicht auf Kreditinstitute beschränkt. Der Begriff des »Kontos« umfaßt die buch- und rechnungsmäßige Darstellung einer Geschäftsbeziehung. Eine Kontoeröffnung liegt somit immer dann vor, wenn jemand zu einer anderen Person in eine laufende Geschäftsverbindung tritt, deren jeweiliger Stand (Forderungen und Guthaben) buch- und rechnungsmäßig festgehalten wird.

Verfügungsberechtigter im Sinne des § 154 Abs. 2 Satz 1 AO ist
- derjenige, der aus dem zugrundeliegenden Vertragsverhältnis mit dem Finanzdienstleistungsinstitut selbst berechtigt bzw. verpflichtet ist sowie ggf.
- dessen gesetzliche(r) Vertreter
- sowie Bevollmächtige(r).

8. Eine eigenständige Pflicht zur Kundenidentifizierung bei Anknüpfung der Geschäftsbeziehung obliegt dem einzelnen Finanzdienstleistungsinstitut auch dann, wenn in den Geschäftsablauf ein weiteres Institut, z. B. eine Depotbank, eingebunden ist, das selbst ebenfalls nach Maßgabe des § 154 AO zur Kundenidentifizierung verpflichtet ist.

Identifizierung natürlicher Personen

9. Ebenso wie das Geldwäschegesetz geht die Abgabenordnung grundsätzlich vom Gebot der persönlichen und dokumentenmäßigen Identifizierung aus.

Die Abgabenordnung selbst enthält im Gegensatz zum neueren Geldwäschegesetz jedoch keine genaue Handlungsanweisung, auf welche Weise das pflichtige Institut die Identifizierung einer natürlichen Person vorzunehmen hat.

Dem unter Geldwäscheaspekten maßgeblichen »Know Your Customer«- Prinzip wird jedoch nur eine Kundenidentifizierung gerecht, die sich an den Vorgaben des § 1 Abs. 5 GwG orientiert. Gewißheit über die Identität einer natürlichen Person besteht deshalb nur, wenn der vollständige Name anhand eines gültigen Personalausweises oder Reisepasses festgestellt wird. Außerdem sind Geburtsdatum, Anschrift (soweit sie darin enthalten sind) sowie Art, Nummer und ausstellende Behörde des Personalausweises oder Reisepasses zu notieren. Dies gilt auch dann, wenn der Antragsteller dem Finanzdienstleistungsinstitut persönlich bekannt ist.

Im Falle der Neueröffnung von Konten durch natürliche Personen nach Inkrafttreten des Geldwäschegesetzes sollen die nach § 154 AO erforderlichen Legitimationsprüfungen der Kontoinhaber und Verfügungsberechtigten daher ausschließlich in der in § 1 Abs. 5 GwG formulierten Art und Weise vorgenommen werden. Ist der Kunde bereits bei der Eröffnung eines Kontos in der Art und Weise des § 1 Abs. 5 GwG identifiziert worden, kann bei jeder sich anschließenden Kontoeröffnung bezüglich dieses Kunden auf diese förmliche Identifizierung zurückgegriffen werden.

10. Als geeignetes Legitimations- und Identifikationspapier gem. § 1 Abs. 5 GwG können neben Personalausweis und Reisepaß alle befristeten, die ausstellende Behörde verzeichnenden Ausweise anerkannt werden, die den Anforderungen an Personalausweise gem. § 1 Abs. 2 des Gesetzes über Personalausweise bzw. den Anforderungen an Reisepässe gem. § 4 Abs. 1 Paßgesetz entsprechen.

Zur Identifizierung von Staatsangehörigen eines Drittstaats können grundsätzlich jeweils gültige nationale Reisepässe bzw. Personalausweise eines Drittstaats, die den Anforderungen des § 1 Abs. 2 des Gesetzes über Personalausweise entsprechen, verwendet werden.

Physische Präsenz des Kunden bei der Identifizierung

11. Das »Know Your Customer«-Prinzip und das Gebot der persönlichen und dokumentenmäßigen Identifizierung des Kunden verlangen bei der Konto- und Depoteröffnung regelmäßig eine persönliche Anwesenheit der zu identifizierenden natürlichen Person, weil nur so die Übereinstimmung zwischen äußeren Merkmalen der

Person und ihrem Bild bzw. den Angaben im Personalausweis oder Reisepaß geprüft werden kann.

Eine briefliche Legitimationsprüfung von natürlichen Personen darf bei Konto- oder Depoteröffnungen grundsätzlich nicht vorgenommen werden. Dies gilt sowohl für Personen mit Wohnsitz im Inland als auch für Personen mit Wohnsitz im Ausland.

Identifizierung durch zuverlässige Dritte

12. Sofern ein Finanzdienstleistungsinstitut aus wichtigem Anlaß die Identifizierung nicht selbst durch seine Beschäftigten vornehmen kann, kann diese in seinem Auftrag über zuverlässige Dritte, insbesondere
a) über andere Finanzdienstleistungsinstitute, Kreditinstitute, Versicherungsunternehmen, die Lebensversicherungen anbieten, Notare, die Deutsche Post AG (Post-Ident Service) oder durch eine Botschaft bzw. ein Konsulat der EU-Staaten
oder
b) über sonstige zuverlässige Dritte
nach Maßgabe des § 1 Abs. 5 GwG erfolgen. Diese sind lediglich als Erfüllungsgehilfen des weiterhin pflichtigen Instituts tätig. Die Verantwortung für die ordnungsgemäße und in bezug auf die Anforderungen des § 1 Abs. 5 GwG vollständige Durchführung der Identifizierung obliegt daher dem pflichtigen Finanzdienstleistungsinstitut.

Sofern sonstige Dritte im Sinne des Buchstaben b) für die Identifizierung des Kunden herangezogen werden, hat sich das Finanzdienstleistungsinstitut grundsätzlich bei Beginn der Zusammenarbeit von der Zuverlässigkeit dieses Dritten und des von ihm geschaffenen Systems der Mitarbeiterinformation bzw. der Überprüfung der Mitarbeiterzuverlässigkeit für die interne und externe Revision nachvollziehbar zu überzeugen.

Das Finanzdienstleistungsinstitut hat auch dafür Sorge zu tragen, daß die zur Identifizierung eingesetzten Personen über die Anforderungen, die an die Durchführung der Identifizierung zu stellen sind, unterrichtet werden. Darüber hinaus ist sicherzustellen, daß die Aufzeichnungen über die erfolgte Identifizierung dem Finanzdienstleistungsinstitut unmittelbar übermittelt werden.

Anhand der übermittelten Unterlagen hat das Finanzdienstleistungsinstitut zu kontrollieren, ob eine ordnungsgemäße Identifizierung vorgenommen worden ist. Insbesondere die nicht ordnungsgemäße Vornahme von Kundenidentifizierungen kann Zweifel an der Zuverlässigkeit des Dritten begründen.

Identifizierung von juristischen Personen

13. Bei der Konto- bzw. Depoteröffnung für eine juristische Person ist die Legitimationsprüfung der juristischen Person sowie ihrer Verfügungsberechtigten gem. § 154 Abs. 2 AO in Verbindung mit dem oben genannten Erlaß zur Abgabenordnung in seiner jeweils aktuellen Fassung durchzuführen.

Bei juristischen Personen des privaten oder öffentlichen Rechts ist danach die Bezugnahme auf ein amtliches Register oder eine amtliche Veröffentlichung ausreichend. Das Finanzdienstleistungsinstitut hat sich die Existenz von juristischen Personen somit durch Vorlage von Auszügen aus dem Handelsregister, dem Vereinsregister etc. nachweisen zu lassen. Die Identifizierung der für die juristische Person handelnden natürlichen Personen muß hingegen nach Maßgabe der Ziffer 9 ff. dieser Verlautbarung erfolgen.

Nr. 7 des derzeit geltenden Anwendungserlasses zur AO enthält eine Aufzählung von Fällen, bei denen nach dem Grundsatz der Verhältnismäßigkeit eine Legitimationsprüfung bzw. Identifizierung des Verfügungsberechtigten ausnahmsweise nicht erforderlich ist.

Die in Ziffer 7 Buchstaben i, j und k des Anwendungserlasses zur Abgabenordnung vorgesehenen Erleichterungen,

- bei Vertretung von Kreditinstituten und Versicherungsunternehmen (Nr. 7 i),
- bei den als Vertretern eingetragenen Personen, die in öffentlichen Registern (Handelsregister, Vereinsregister) eingetragene Firmen oder Personen vertreten (Nr. 7 j),
- bei Vertretung von Unternehmen, sofern schon mindestens fünf Personen, die in öffentliche Register eingetragen sind bzw. bei denen eine Legitimationsprüfung stattgefunden hat, Verfügungsbefugnis haben (Nr. 7 k),

gelten dabei nur für diejenigen juristischen Personen bzw. Verfügungsberechtigten, die in deutschen Registern eingetragen sind. Für Verfügungsberechtigte, die nicht unter die Identifizierungserleichterungen des Anwendungserlasses zur AO fallen, gelten wiederum die Ausführungen zur Identifizierung natürlicher Personen entsprechend.

Feststellung des wirtschaftlich Berechtigten

14. Insbesondere bei Anknüpfung der Geschäftsbeziehung, d.h. bei Kontoeröffnung, sind die Finanzdienstleistungsinstitute gem. § 8 Abs. 1 GwG zur Feststellung des sog. wirtschaftlich Berechtigten verpflichtet.

Das Finanzdienstleistungsinstitut hat sich demnach zu erkundigen, ob der Kunde für eigene oder fremde Rechnung, d.h. für einen Dritten etwa als Treuhänder etc., handelt. Maßgeblich für die Beantwortung dieser Frage ist der Umstand, wem die zukünftigen Forderungen und Guthaben aus der Geschäftsbeziehung wirtschaftlich zuzuordnen sind.

Die Vorschrift des § 8 GwG soll in Umsetzung des Art. 3 Abs. 5 der EG-Richtlinie Strohmanngeschäften entgegenwirken und den wirtschaftlich Berechtigten sichtbar machen, d.h. denjenigen, in dessen »Auftrag« die Durchführung der Geschäftsbeziehung bzw. der Transaktion erfolgt bzw. der an dieser als Treuhänder beteiligt ist.

Eine rein formale Erfüllung der Verpflichtung in Form einer bloßen Frage nach dem wirtschaftlich Berechtigten wird der Bedeutung der Vorschrift allerdings nicht gerecht, da ein Geldwäscher auf die bloße Frage hin naturgemäß ein potentielles Strohmannverhältnis nicht offenbaren und damit die Identität seines Hintermannes preisgeben würde.

Gemäß Art. 3 Abs. 5 EG-Richtlinie müssen die Institute daher in den Fällen, in denen sie Zweifel hegen oder in denen sie die Gewißheit haben, daß der zu Identifizierende nicht für eigene Rechnung handelt, angemessene Maßnahmen ergreifen, um Informationen über die tatsächliche Identität der Person einzuholen, für deren Rechnung der Kunde handelt. Besteht ein solcher Zweifel an der Identität des wirtschaftlich Berechtigten, sollen die Finanzdienstleistungsinstitute über die Angaben des Kunden hinaus weitere Nachfragen anstellen und sich ggf. die Identität des wirtschaftlich Berechtigten nachweisen lassen.

Für den Fall, daß sich diese Zweifel nicht ausräumen lassen, soll das Finanzdienstleistungsinstitut die Durchführung der Transaktion bzw. die Eröffnung des Kontos ablehnen. Dies gilt auch, wenn sich der Kunde weigert, die Frage nach dem wirtschaftlich Berechtigten zu beantworten.

Eine Feststellung des wirtschaftlich Berechtigten ist nicht erforderlich, wenn der Kunde seinerseits ein Institut im Sinne des § 1 Abs. 4 GwG ist, d.h. ein anderes Finanzdienstleistungsinstitut, ein Kreditinstitut, ein Finanzunternehmen oder ein Versicherungsunternehmen, das Lebensversicherungen anbietet (§ 8 Abs. 2 GwG), und daher selbst dem vollumfänglichen Pflichtinhalt des GwG unterliegt. Sofern das betreffende Institut allerdings keiner qualitativen Aufsicht unterliegt, die derjenigen im Sinne des § 16 Nr. 2 GwG vergleichbar ist, gilt die Pflicht zur Feststellung des wirtschaftlich Berechtigten uneingeschränkt.

Die Pflicht zur Feststellung des wirtschaftlich Berechtigten gilt auch in den Fällen, in denen sog. Berufsgeheimnisträger (Rechtsanwälte, Notare, Wirtschaftsprüfer, Steuerberater etc.) gegenüber dem Finanzdienstleistungsinstitut auftreten.

Aufzeichnung der Identifizierungs- und Legitimationsdaten sowie der Daten zum wirtschaftlich Berechtigten

15. Die vollständigen Angaben zu Kontoinhabern und Verfügungsberechtigten ebenso wie zum wirtschaftlich Berechtigten sind in geeigneter Form festzuhalten. In Betracht kommt dabei die Fertigung von Kopien der zur Feststellung der Identität vorgelegten Dokumente oder die Aufzeichnung mittels EDV.

Eine Aufzeichnung mittels EDV ist nur zulässig bei Kunden, die über einen in der Europäischen Union ausgestellten Personalausweis oder Reisepaß verfügen.

Aus der betreffenden EDV-Aufzeichnung muß auch ersichtlich sein, welcher Mitarbeiter des Instituts die Identifizierung vorgenommen hat.

Zur Gewährung der Datensicherheit bedarf es zudem eines Zugriffsschutzes auf das EDV-Programm zur Erfassung dieser Daten. Es ist sicherzustellen, daß nur besonders bevollmächtigte und mit entsprechender »security« versehene Mitarbeiter die Daten bei Vorliegen bestimmter Voraussetzungen ändern bzw. löschen können.

Insgesamt hat das Finanzdienstleistungsinstitut sicherzustellen, daß es innerhalb angemessener Frist Auskunft darüber erteilen kann, über welche beim Finanzdienstleistungsinstitut geführten Konten eine Person verfügungsbefugt und für welche sie wirtschaftlich berechtigt ist.

IV. Pflichten der Finanzdienstleistungsinstitute bei Durchführung von Bartransaktionen

Identifizierungspflichten

Sinn und Zweck der Identifizierungspflichten des GwG ist die Schaffung einer sog. Papierspur, die die Rekonstruktion von komplexen Finanztransaktionen auch bei Auftreten von Gelegenheitskunden ermöglichen soll.

Identifizierungspflicht gemäß § 2 Abs. 1 GwG

16. Unabhängig von der Pflicht zur Identifizierung natürlicher und juristischer Personen bei Anknüpfung der Geschäftsbeziehung hat ein Finanzdienstleistungsinstitut
  bei Annahme
  oder
  bei Abgabe
von Bargeld, Wertpapieren oder Edelmetallen im Wert von 15 000 Euro oder mehr diejenige Person nach Maßgabe des § 1 Abs. 5 GwG zu identifizieren, die ihr gegenüber auftritt (§ 2 Abs. 1 GwG).

Für das typischerweise bargeldorientierte Finanztransfer- und Sortengeschäft gelten die besonderen Vorgaben unter Ziffer 45 ff. dieser Verlautbarung.

Um Umgehungen der Identifizierungspflicht zu verhindern, muß sich das Finanzdienstleistungsinstitut auch Klarheit über die Identität des Auftraggebers verschaffen, wenn ihm ohne einen persönlichen Kontakt zum Kunden – beispielsweise per Post oder anderweitig – Bargeld, Wertpapiere oder Edelmetalle, übermittelt werden. Wie die Abklärung der Kundenidentität in diesen Fällen im einzelnen geschieht, ist den Instituten freigestellt. Die gewünschte Transaktion soll erst nach erfolgter Abklärung der Kundenidentität ausgeführt werden. Eine nicht plausible Vermeidung des persönlichen Kontakts durch den Kunden sollte bei dem Finanzdienstleistungsinstitut immer gesteigerte Aufmerksamkeit auslösen (vgl. auch Ziffer 24 dieser Verlautbarung).

17. Im Verhältnis von Instituten untereinander besteht gem. § 2 Abs. 3 GwG keine Identifizierungspflicht. Diese Ausnahmevorschrift gilt nicht für § 6 GwG.

Sofern es sich hierbei um ein Institut handelt, das zwar dem Privileg des § 2 Abs. 3 GwG unterfällt, aber keiner qualitativen Aufsicht unterliegt, die der des § 16 Nr. 2 GwG entspricht, ist es im Einzelfall angezeigt, dieses wie einen gewöhnlichen Kunden zu behandeln.

Die Einschaltung eines gewerblichen Geldbeförderungsunternehmens bei Bargeld-, Wertpapier- und Edelmetalltransporten zwischen Filialen verschiedener Finanzdienstleistungsinstitute bzw. Kreditinstituten und Finanzdienstleistungsinstituten führt nicht zur Identifizierungspflicht nach dem Geldwäschegesetz.

Sofern die Gelder jedoch nicht in verschlossenen Behältnissen transportiert werden, sollte bei der Einschaltung von gewerblichen Geldbeförderungsunternehmen im Institutsverkehr wegen der damit verbundenen Geldwäscherisiken die erforderliche Vorsicht angewandt werden, da diese Unternehmen sich entgegen den ursprünglichen gesetzgeberischen Vorstellungen nicht nur auf den reinen Transport von Wertgegenständen beschränken, sondern auch die Geldverarbeitung übernehmen.

Identifizierungspflicht gemäß § 2 Abs. 2 GwG: Smurfing

18. Führt ein Finanzdienstleistungsinstitut mehrere Finanztransaktionen im Sinne von § 2 Abs. 1 GwG durch, die zusammen einen Betrag im Wert von 15 000 Euro oder mehr ausmachen, ist es zur Identifizierung der auftretenden Person gemäß § 2 Abs. 2 GwG verpflichtet, wenn tatsächliche Anhaltspunkte dafür vorliegen, daß zwischen den Transaktionen eine Verbindung besteht (sog. Smurfing) und deshalb von einer künstlichen Aufsplittung einer einheitlichen Finanztransaktion ausgegangen werden muß.

Das Bestehen einer Verbindung zwischen Finanztransaktionen ist im Wege einer Gesamtschau aller Einzelfallumstände vom Finanzdienstleistungsinstitut festzustellen und zu beurteilen. Bei der Bewertung dieser Umstände steht dem Institut ein Beurteilungsspielraum zu.

Identifizierung bei Verdacht der Geldwäsche

19. Nach § 6 GwG muß eine Identifizierung des auftretenden Kunden auch dann erfolgen, wenn sich der Verdacht ergibt, daß eine vereinbarte Finanztransaktion einer Geldwäsche nach § 261 StGB dient oder im Falle ihrer Durchführung dienen würde. Der Begriff der Finanztransaktion ist weit auszulegen und umfaßt nach der Definition in § 1 Abs. 6 GwG jede Handlung, die eine Geldbewegung oder sonstige Vermögensverschiebungen bezweckt oder bewirkt, d. h. sowohl bare als auch unbare Transaktionen. Auch bereits bloße Vertragsabschlüsse erfüllen den Begriff der Finanztransaktion, wenn diese bereits unmittelbar eine Geldbewegung bezwecken.

Zur Frage, wann ein Verdachtsfall vorliegt, vgl. die Ausführungen unter Ziffer 23 ff.

Feststellung des wirtschaftlich Berechtigten bei Bartransaktionen

20. In allen Fällen, in denen für sie eine Identifizierungspflicht nach den Vorschriften des GwG besteht, sind die Finanzdienstleistungsinstitute nach § 8 Abs. 1 GwG auch zur Feststellung des wirtschaftlich Berechtigten verpflichtet. Hierzu gelten die Ausführungen unter Ziffer 14 zur Feststellung des wirtschaftlich Berechtigten bei Kontoeröffnung.

Aufzeichnungs- und Aufbewahrungspflichten

21. Ebenso wie die Feststellungen zur Identität des Kunden bei Anknüpfung der Geschäftsbeziehung sind sämtliche zum Zweck der Identifizierung gem. § 2 Abs. 1 i. V. m. Abs. 2, § 6 Satz 1, § 8 Abs. 1 GwG festgestellten Angaben aufzuzeichnen.

Die Finanzdienstleistungsinstitute sollen in diesem Zusammenhang gem. § 9 Abs. 1 Satz 2 GwG »soweit möglich« eine Kopie der zur Feststellung der Identität vorgelegten

Dokumente erstellen. Sie haben zu diesem Zweck technische und organisatorische Vorkehrungen zu treffen, daß diese Kopien bei allen identifizierungspflichtigen Geschäften erstellt werden können.

Bei Dauerkunden, die über einen in der Europäischen Union ausgestellten Personalausweis oder Reisepaß verfügen, reicht es aus, wenn die bei der erstmaligen Identifizierung nach Maßgabe des § 1 Abs. 5 GwG festgestellten Angaben bei Anknüpfen der Geschäftsbeziehung entweder durch Kopie der zur Feststellung der Identität vorgelegten Dokumente oder insbesondere mittels EDV aufgezeichnet wurden.

Die Art der Aufbewahrung der Aufzeichnungen (ob im Original oder durch sonstige Arten der Datenspeicherung) ist den Finanzdienstleistungsinstituten grundsätzlich freigestellt. Es muß jedoch gewährleistet sein, daß die gespeicherten Daten mit den festgestellten Angaben übereinstimmen. Die Daten sind derart zu ordnen, daß sie während der Dauer der Aufbewahrungsfrist jederzeit verfügbar sind, indem das Finanzdienstleistungsinstitut auf Anforderung unverzüglich ihre Lesbarkeit herstellen kann, damit die Strafverfolgungsbehörden bei der Verfolgung von Verdachtsfällen schnell auf sie zugreifen und über das Finanzdienstleistungsinstitut abgewickelte Transaktionen rekonstruieren können.

Da sich die Auskunftsersuchen der Ermittlungsbehörden auf Namen beziehen, sollen zur Gewährleistung einer eindeutigen Zuordnung die Aufzeichnungsformulare einschließlich erstellter Ausweiskopien regelmäßig in alphabetischer Ordnung jahrweise abgelegt werden. Bei einer EDV-mäßigen Aufzeichnung der Daten reicht es aus, wenn eine alphabetische Auffindbarkeit gewährleistet ist. Das Institut hat insgesamt sicherzustellen, daß es innerhalb angemessener Frist Auskunft darüber erteilen kann, ob und ggf. welche Bartransaktionen in relevanter Höhe von einer bestimmten Person getätigt wurde.

22. An die Lesbarkeit der nach dem Geldwäschegesetz aufzubewahrenden Unterlagen sind hohe Anforderungen zu stellen, da sie auch der Innenrevision, der »leitenden Person« nach § 14 Abs. 2 Ziffer 1 GwG, dem Prüfer des Jahresabschlusses und dem mit einer Prüfung nach § 44 Abs. 1 KWG beauftragten Prüfer ungehindert verfügbar sein müssen.

V. Verhalten in Verdachtsfällen

Verdachtsanzeigepflicht gemäß § 11 GwG

23. Die Anzeige von Fällen, bei denen der Verdacht einer Geldwäschetransaktion i.S.d. § 261 StGB besteht (§ 11 GwG), ist eine der Hauptpflichten der Finanzdienstleistungsinstitute. Anzuzeigen sind alle Tatsachen, die darauf schließen lassen, daß eine bare oder unbare Finanztransaktion einer Geldwäsche dient oder im Falle ihrer Durchführung dienen würde. Derartige Verdachtsmomente können bei jeder Finanztransaktion, unabhängig davon, ob sie den Identifizierungspflichten nach dem Geldwäschegesetz unterliegt, auftreten. (Zum Begriff der Finanztransaktion vgl. Ziffer 19.)

Eine Verdachtslage kann daher bereits bei erstmaligem Auftreten des Kunden im Rahmen der Anbahnung der Geschäftsbeziehung bzw. zum Zeitpunkt des Vertragsabschlusses entstehen.

Die Pflicht zur Erstattung einer Anzeige gem. § 11 GwG im Verdachtsfall besteht auch dann, wenn dem Institut bekannt ist, daß ein drittes Institut wegen desselben Sachverhalts bereits Anzeige erstattet hat oder das pflichtige Institut davon ausgehen muß, daß die Ermittlungsbehörden schon anderweitig Kenntnis vom Sachverhalt erlangt haben.

Die Methoden der »Geldwäscher« ändern sich nicht zuletzt als Reaktion auf die von den Kredit- und Finanzdienstleistungsinstituten getroffenen Sicherungsmaßnahmen ständig. Die für das Finanzdienstleistungsinstitut unerläßliche Einzelfallprüfung, ob ein Verdachtsfall vorliegt, wird erleichtert, wenn die vom Zentralen Kreditausschuß erarbeiteten »Anhaltspunkte, die auf verdächtige Finanztransaktionen hindeuten« in ihrer jeweils geltenden Fassung herangezogen werden, soweit sie auf die Geschäftstätigkeit des einzelnen Instituts anwendbar sind. Diese Anhaltspunkte sind nicht abschließend. Darüber hinaus kommen neben internen Hinweisen aus dem Institut auch externe Hinweise, wie beispielsweise Presseveröffentlichungen, Hinweise des Bundesaufsichtsamtes für das Kreditwesen oder Hinweise von Strafverfolgungsbehörden als aktuelle Erkenntnisquellen in Betracht.

24. Werden Tatsachen festgestellt, die darauf schließen lassen, daß eine Finanztransaktion einer Geldwäsche i.S.d. § 261 StGB dienen könnte, muß sich das Finanzdienstleistungsinstitut bei seiner Entscheidung, ob eine Verdachtsanzeige gem. § 11 Abs. 1 GwG zu erstatten ist, Klarheit darüber verschaffen, ob der Finanztransaktion aus seiner Sicht Auffälligkeiten oder Ungewöhnlichkeiten anhaften.

Das Finanzdienstleistungsinstitut soll in diesem Zusammenhang die gesamte aus einer Geschäftsbeziehung vorhandenen Informationen heranziehen, um zu beurteilen, ob ein Verdachtsfall vorliegt. Von Bedeutung sind in diesem Zusammenhang Besonderheiten in der Person des Kunden, dessen finanzielle und geschäftliche Verhältnisse und die Herkunft der einzubringenden Vermögenswerte sowie ggf. Zweck und Art der Transaktion.

Gesteigerte Aufmerksamkeit des Finanzdienstleistungsinstituts wird insbesondere erforderlich sein, wenn
- eine Transaktion keinen wirtschaftlichen Hintergrund erkennen läßt und deren Umstände undurchsichtig sind; letzteres betrifft insbesondere die Identität der an der Transaktion beteiligten Person und den Zweck der Transaktion;
- die Art und Höhe bzw. die Herkunft der Vermögenswerte bzw. ggf. der Empfänger der Transaktion im übrigen nicht zu den dem Finanzdienstleister bekannten Lebensumständen bzw. zu der Geschäftstätigkeit des Auftraggebers passen;
- die Transaktion über Umwege abgewickelt werden soll bzw. Wege (Einschaltung von weiteren Instituten bzw. Personen) gewählt werden, die kostenintensiv sind und wirtschaftlich sinnlos erscheinen.

25. Für das Vorliegen eines meldepflichtigen Verdachts ist es jedoch ausreichend, daß objektiv erkennbare Anhaltspunkte für das Vorliegen einer Transaktion sprechen, mit der illegale Gelder dem Zugriff der Strafverfolgungsbehörden entzogen werden sollen oder die Herkunft illegaler Vermögenswerte verdeckt werden soll, und ein krimineller Hintergrund im Sinne des § 261 StGB nicht ausgeschlossen werden kann. Das Institut besitzt bei der Frage, ob die festgestellten transaktionsbezogenen und personenbezogenen Tatsachen i.S.d. § 11 GwG verdächtig sind, einen Beurteilungsspielraum.

Das Ergebnis der Beurteilung ist von der internen und externen Revision auf seine Nachvollziehbarkeit zu überprüfen. Der Gesetzgeber hat darauf verzichtet, daß der gem. § 11 GwG zur Verdachtsmeldung Verpflichtete das Vorliegen sämtlicher Tatbestandsmerkmale des § 261 StGB einschließlich der der Geldwäsche zugrundeliegenden Vortat prüft: Hinsichtlich des Vortatenkataloges des § 261 StGB reicht der Verdacht auf die illegale Herkunft der Gelder schlechthin aus (ein sog. »doppelter Anfangsverdacht« im strafprozessualen Sinne ist nicht erforderlich).

Eine Pflicht zur Anzeige i.S.d. § 11 Abs. 1 GwG besteht auch dann, wenn eine Transaktion, die nach der Beurteilung des Finanzdienstleistungsinstituts im Falle ihrer Durchführung einen Verdacht i.S.d. § 261 StGB begründen würde, abgelehnt und nicht durchgeführt wird.

Die Aufzeichnungs- und Aufbewahrungspflichten gelten auch für diesen Fall (vgl. §§ 6, 9 Abs. 1 GwG).

Organisation des Verdachtsmeldeverfahrens und Behandlung eines internen Verdachtsfalls

26. Das Finanzdienstleistungsinstitut hat festzulegen, welche Stelle bzw. welcher Mitarbeiter institutsintern für die Erstattung von Verdachtsanzeigen nach § 11 GwG zuständig ist. Mit dieser Aufgabe soll in der Regel die »leitende Person« im Sinne des § 14 Abs. 2 Nr. 1 GwG, im folgenden »Geldwäschebeauftragter« genannt, betraut werden. Bei Instituten mit kleiner Betriebsgröße, die keinen Geldwäschebeauftragten bestellen müssen, vgl. Ziffer 35 dieser Verlautbarung, wird dies regelmäßig ein Mitglied der Geschäftsleitung sein.

Das Institut hat sicherzustellen, daß alle internen Verdachtsfälle (auch die angetragenen, aber abgelehnten Finanztransaktionen bzw. alle unter Geldwäscheaspekten ungewöhnlichen Transaktionen) von den Mitarbeitern an die für die Erstattung von Verdachtsanzeigen gem. § 11 GwG vorgesehene Stelle in schriftlicher Form zur weiteren Verdachtsprüfung und Entscheidung vorgelegt und dort auch dokumentiert werden.

27. Ein Verfahren, wonach Mitarbeiter einen hausinternen Verdachtsfall zunächst dem Vorgesetzten oder einer zwischengeschalteten Stelle zu melden haben und diese Stelle die Verdachtsmeldung an die für die Anzeige gem. § 11 GwG zuständige Stelle nur dann weitergibt, wenn sie den Verdacht des Mitarbeiters teilt (Filterfunktion), ist mit diesen Grundsätzen unvereinbar.

Für die Darstellung der einen Verdacht stützenden Tatsachen und Anhaltspunkte sollen sich die Mitarbeiter eines Formblatts bedienen können.

Das Institut hat durch innerorganisatorische Maßnahmen dafür Sorge zu tragen, daß eine unverzügliche Übermittlung der Verdachtsanzeige im Sinne des § 11 Abs. 1 GwG an die zuständigen Strafverfolgungsbehörden gewährleistet ist. Die einfache briefliche Übersendung einer Verdachtsanzeige stellt regelmäßig keine unverzügliche Übermittlung dar.

Soweit das Finanzdienstleistungsinstitut von einer Verdachtsanzeige gem. § 11 GwG absieht, sollen die Gründe hierfür ebenfalls schriftlich niedergelegt werden.

Die Gründe sollen auch dem meldenden Mitarbeiter des Finanzdienstleistungsinstituts bekanntgegeben werden. Um dem einzelnen Mitarbeiter ggf. die Erstattung einer Strafanzeige wegen § 261 StGB zu ermöglichen, ist es erforderlich, diesem eine Rückmeldung darüber zu geben, ob eine von ihm institutsintern erstattete Meldung über einen Verdachtsfall zu einer Verdachtsanzeige des Finanzdienstleistungsinstituts gem. § 11 Abs. 1 GwG geführt hat.

Die internen Verdachtsmeldungen der Mitarbeiter sind sechs Jahre lang aufzubewahren, damit sie für die Innenrevision, den Geldwäschebeauftragten und den mit der Jahresabschlußprüfung bzw. mit einer Prüfung gem. § 44 Abs. 1 KWG beauftragten Prüfer ungehindert verfügbar sind.

Formelle Anforderungen an Verdachtsanzeigen nach § 11 GwG

28. Die Verdachtsanzeige gem. § 11 Abs. 1 GwG beruht auf der Erfüllung einer gewerberechtlichen Pflicht. Im Gegensatz zur Strafanzeige gem. § 158 StPO unterliegt sie einem bestimmten Formzwang und hat inhaltliche Mindestangaben aufzuweisen:

Neben dem Namen, der Anschrift, der Fax- und Telefonnummer desjenigen Finanzdienstleistungsinstituts, das die Verdachtsanzeige übermittelt, sollte im Rahmen jeder Verdachtsanzeige gegenüber den Ermittlungsbehörden ein konkreter Ansprechpartner im Finanzdienstleistungsinstitut, d.h. im Regelfall der Geldwäschebeauftragte, einschließlich dessen Durchwahlnummer für eventuelle Rückfragen benannt werden, sofern dieser Ansprechpartner den Ermittlungsbehörden nicht bereits auf anderem Wege namentlich bekanntgegeben worden ist. Diese schriftliche Mitteilung muß weiter eine Unterschrift erkennen lassen.

Jede Verdachtsanzeige muß die Mitteilung enthalten, ob die verdächtige Finanztransaktion noch nicht bzw. bereits durchgeführt oder abgelehnt wurde. Aus der Verdachtsanzeige soll klar hervorgehen, ob es sich um eine Erstanzeige oder um eine Wiederholung i. S. d. § 11 Abs. 2 GwG bzw. Ergänzung einer bereits zu einem früheren Zeitpunkt erstatteten Anzeige handelt, der derselbe Sachverhalt zugrunde liegt. Im letzteren Fall sollte ausgeführt werden, wann, in welcher Form und bei welcher Strafverfolgungsbehörde eine Anzeige bereits erfolgt ist.

Bei den Angaben über die beteiligten Personen sollte zwischen Kunden, Nichtkunden (auftretenden Personen), wirtschaftlich Berechtigten und sonstigen Beteiligten differenziert werden.

Name (Firmenname), Vorname des Kunden sowie dessen Anschrift, Geburtsdatum, Ausweisnummer, Art des Ausweises, ausstellende Behörde sowie, sofern bekannt, Geburtsname, Geburtsort und Nationalität des Kunden und alle beim Finanzdienstleistungsinstitut geführten Konten, sofern sie mit der Verdachtsanzeige im Zusammenhang stehen, sollen immer angegeben werden, bei Nichtkunden und sonstigen Beteiligten immer dann, wenn diese Daten dem Finanzdienstleistungsinstitut bekannt sind.

Die Angaben zur verdächtigen Finanztransaktion sollen Angaben zu Art, Betrag, Datum, Filiale, der die Finanztransaktion angetragen wurde, und Begünstigtem der Finanztransaktion enthalten.

Darüber hinaus sind die konkreten Tatsachen, die bezüglich einer Finanztransaktion aus der Sicht des Finanzdienstleistungsinstituts auf Geldwäsche schließen lassen, anzugeben. Soweit auf eine bestimmte Entwicklung der Geschäftsbeziehung Bezug genommen wird, ist diese in geeigneter Weise, etwa durch Verweis auf beigefügte Unterlagen, schlüssig darzustellen.

29. Lösen mehrere einzelne Transaktionen für sich allein oder die Gesamtbetrachtung mehrerer – unter Umständen bereits durchgeführter – Transaktionen den Verdacht einer Geldwäsche i. S. d. § 261 StGB beim Finanzdienstleistungsinstitut aus, so sind die geforderten Angaben für jede einzelne dieser Transaktionen zu machen, sofern im konkreten Fall nichts anderweitiges mit der zuständigen Behörde i. S. d. § 11 GwG vereinbart worden ist.

30. Eine angetragene aus der Sicht des Instituts verdachtsbehaftete Finanztransaktion darf von dem Finanzdienstleistungsinstitut frühestens ausgeführt werden, wenn diesem die Zustimmung der Staatsanwaltschaft übermittelt ist oder wenn der zweite Werktag nach dem Abgangstag der Anzeige verstrichen ist, ohne daß die Durchführung der Finanztransaktion strafprozessual untersagt worden ist (§ 11 Abs. 1 Satz 2 GwG).

Ist ein Aufschub der Finanztransaktion jedoch nicht möglich, so darf diese durchgeführt werden (sog. »Eilfallregelung« des § 11 Abs. 1 Satz 3 GwG). Die Verdachtsanzeige ist dann unverzüglich nachzuholen. Wenn sich im konkreten Fall für die Mitarbeiter des Instituts ein Verdacht für eine Geldwäschehandlung jedoch geradezu aufdrängen muß, soll eine Finanztransaktion nicht nach der Eilfallregelung ausgeführt werden.

31. Eine Kopie jeder den Strafverfolgungsbehörden erstatteten Verdachtsanzeige ist dem Bundesaufsichtsamt für das Kreditwesen unverzüglich vom Institut zu übermitteln.

Abbruch der Geschäftsbeziehung

32. Auch bei Transaktionen, die nach der Beurteilung des Finanzdienstleistungsinstituts die Schwelle zu einem gemäß § 11 GwG anzeigepflichtigen Sachverhalt mangels eines hinreichenden Verdachts noch nicht überschritten haben, sollten die Finanzdienstleistungsinstitute äußerste Vorsicht walten lassen.

Da die einzelne Transaktion regelmäßig noch keinen Verdacht auslöst, sondern sich – insbesondere beim Dauerkunden – nur durch weitere kundenbezogene Tatsachen zu einem Verdacht i. S. d. § 11 GwG verdichtet werden kann, ist die Geschäftsbeziehung bis zur Ausräumung der im Institut entstandenen Zweifel einer – ggf. auch längerfristigen – Überwachung zu unterwerfen (sog. Monitoring).

Verbleiben unter Berücksichtigung der Transaktion, der Person des Kunden oder der Herkunft seiner Vermögenswerte trotz intensiver Aufklärung und Überwachung der Geschäftsbeziehung begründete Zweifel, ob eine Geldwäschehandlung vorliegt, so sollte das Finanzdienstleistungsinstitut dieses Geschäft unterlassen und eine Entscheidung darüber treffen, ob die Geschäftsbeziehung abzulehnen oder abzubrechen ist. Die Gründe hierfür sind zu dokumentieren. Dies gilt auch in den Fällen, in denen zuvor eine Verdachtsanzeige gemäß § 11 GwG erstattet wurde.

Eine Weiterführung verdächtiger Konten allein zum Zwecke der Strafermittlung gehört nicht zu den Aufgaben der Finanzdienstleistungsinstitute im Rahmen der vom Geldwäschegesetz normierten Kooperation von Ermittlungsbehörden und Privaten. Um die Ermittlungen der Strafverfolgungsbehörden allerdings nicht zu beeinträchtigen, empfiehlt es sich für die Finanzdienstleistungsinstitute in einzelnen Fällen, in denen sie zuvor eine Verdachtsanzeige i. S. d. § 11 GwG erstattet haben, vor dem Abbruch der Geschäftsbeziehung die zuständigen Strafverfolgungsbehörden über die geplante Maßnahme zu unterrichten.

Die Entscheidung, ob die Kundenbeziehung abgebrochen wird oder nicht, wird jedoch allein vom betroffenen Finanzdienstleistungsinstitut getroffen.

Die Fälle, in denen eine Geschäftsbeziehung aufgrund der oben genannten Grundsätze abgebrochen wird, sind zur Überprüfung durch die interne und externe Revision zu dokumentieren.

33. Nach § 11 Abs. 3 GwG darf ein Institut den Auftraggeber der Finanztransaktion oder einen anderen als staatliche Stelle nicht von einer Anzeige nach § 11 Abs. 1 oder Abs. 2 GwG oder von einem daraufhin eingeleiteten Ermittlungsverfahren in Kenntnis setzen. Dieses Unterrichtungsverbot sollte auch auf die Fälle ausgedehnt werden, in denen das Finanzdienstleistungsinstitut Kenntnis von einer Anzeige hat, die ein Dritter erstattet hat, bzw., in denen eine Anzeige bzw. Verdachtsmeldung bei einer Behörde im Ausland erstattet wird.

VI. Gesamtverantwortung der Geschäftsleitung für die organisatorischen und administrativen Vorkehrungen des § 14 Abs. 2 GwG

34. Nach § 14 GwG müssen die Finanzdienstleistungsinstitute Vorkehrungen dagegen treffen, zur Geldwäsche mißbraucht zu werden. Diese Vorschrift gehört zu den zentralen Regelungen des Geldwäschegesetzes. Die Verantwortung für die Funktionsfähigkeit und Wirksamkeit der erforderlichen internen Vorkehrungen nach § 14 Abs. 2 Nrn. 1 bis 4 GwG und deren Weiterentwicklung obliegt ggf. sämtlichen Geschäftsleitern eines Finanzdienstleistungsinstituts gemeinsam, und zwar auch dann, wenn einzelnen Geschäftsleitern nach dem Ressortprinzip bestimmte Aufgabenbereiche zugewiesen sind.

VII. Bestellung eines Geldwäschebeauftragten als Ansprechpartner

35. Gem. § 14 Abs. 2 Nr. 1 GwG hat grundsätzlich jedes Finanzdienstleistungsinstitut als Ansprechpartner für die Strafverfolgungsbehörden bei der Verfolgung der Geldwäsche nach § 261 StGB eine »leitende Person« zu bestellen, der für den Fall der Verhinderung ein Stellvertreter zuzuordnen ist.

Eine Ausnahme gilt nur bei Finanzdienstleistungsinstituten mit kleiner Betriebsgröße, d. h. in der Regel mit weniger als zehn Mitarbeitern, wenn sichergestellt ist, daß die Gefahr von Informationsverlusten und -defiziten aufgrund arbeitsteiliger Unternehmensstruktur, die der Gesetzgeber mit dem Erfordernis der Bestellung eines

Geldwäschebeauftragten zu kompensieren sucht, nicht besteht. Weitere Ausnahmen können vom Bundesaufsichtsamt für das Kreditwesen aufgrund eines begründeten Antrages des Finanzdienstleistungsinstituts zugelassen werden.

Die Verpflichtung zur Schaffung der weiteren Vorkehrungen zur Verhinderung des Mißbrauchs zu Geldwäschezwecken nach § 14 Abs. 2 Ziffern 2 bis 4 GwG bleibt hiervon unberührt (vgl. dazu im einzelnen die Ausführungen unter Ziffer 40 ff. dieser Verlautbarung).

Der Geldwäschebeauftragte soll auch für den Kontakt zum Bundesaufsichtsamt für das Kreditwesen, der nach § 16 Nr. 2 GwG zuständigen Aufsichtsbehörde, zuständig sein. Die Bestellung und Entpflichtung von Geldwäschebeauftragten müssen die Finanzdienstleistungsinstitute dem Bundesaufsichtsamt mitteilen. Die Mitteilung hat Angaben über die Namen (Vor- und Zunamen), Funktion und Stellung in der Aufbauorganisation und über das Datum der Bestellung zu enthalten.

Die Ansprechbarkeit des Geldwäschebeauftragten oder seines Stellvertreters für Mitarbeiter des Finanzdienstleistungsinstituts, für Ermittlungsbehörden und für das Bundesaufsichtsamt für das Kreditwesen muß zu den üblichen Geschäftszeiten gewährleistet sein.

Aufgabe des Geldwäschebeauftragten ist es, als zentrale Stelle im Institut die Durchführung des Geldwäschegesetzes sowie der zu seiner Umsetzung ergangenen Verwaltungsvorschriften des Bundesaufsichtsamtes für das Kreditwesen vorzunehmen.

Der Geldwäschebeauftragte muß zu diesem Zweck mit sämtlichen Angelegenheiten zur Einhaltung des Geldwäschegesetzes innerhalb des Finanzdienstleistungsinstituts befaßt sein.

Er hat insbesondere die folgenden Aufgaben zu erfüllen:
a) die Bearbeitung der internen Verdachtsmeldungen und Entscheidung über die Weiterleitung dieser Meldungen gemäß § 11 GwG an die zuständigen Ermittlungsbehörden,
b) die Zuständigkeit für die Entwicklung, Aktualisierung und Durchführung interner Grundsätze, Verfahren und Kontrollen zur Verhinderung der Geldwäsche,
c) die Schulung und zeitnahe Unterrichtung der Beschäftigten über Methoden der Geldwäsche und den Pflichtenkatalog des Geldwäschegesetzes,
d) die Schaffung schriftlicher interner Organisationsanweisungen und technischer Systeme, die gewährleisten, daß diejenigen unbaren/baren Transaktionen, Geschäftsarten und Dienstleistungen, die aus Sicht des einzelnen Finanzdienstleistungsinstituts als besonders geeignet anzusehen sind, mit Geldwäsche verbunden zu sein, mit besonderer Aufmerksamkeit behandelt und auf ihre Geldwäscherelevanz untersucht werden. Dabei reicht es aus, wenn derartige Anti-Geldwäsche-Systeme mit bereits institutsintern für andere Zwecke bestehenden technischen Systemen (z. B. zum Risk Management, Kundenakquisition, Minimierung von Betrugsfällen) verbunden werden. Um der Innenrevision sowie dem mit einer Jahresabschlußprüfung bzw. mit einer Prüfung gem. § 44 Abs. 1 KWG beauftragten Prüfer die Ergebnisse dieser Researcharbeit nachvollziehbar zu machen, sind diese zu dokumentieren,
e) die Überwachung einer auffälligen Geschäftsbeziehung i. S. d. Ziffer 32 dieser Verlautbarung. Die Ergebnisse dieser Überwachung sind zu dokumentieren,
f) die laufende Kontrolle der Einhaltung des Geldwäschegesetzes und der internen Grundsätze zur Verhinderung der Geldwäsche. Diese Kontrollpflicht besteht unabhängig von den retrospektiven Prüfungspflichten der Innenrevision bzw. der mit den Funktionen der Innenrevision beauftragten externen Stelle.

Zur Wahrnehmung seiner Aufgaben kann sich der Geldwäschebeauftragte auch der Mithilfe weiterer Mitarbeiter des Instituts bedienen, die ihn über den Ablauf und die Ergebnisse ihrer Tätigkeit zu informieren haben.

36. Eine vollumfängliche Auslagerung der Funktion des Geldwäschebeauftragten ist nur dann zulässig, wenn das Finanzdienstleistungsinstitut darlegt, daß im Institut selbst hierfür kein geeigneter Mitarbeiter vorhanden ist. Finanzdienstleistungsinstitute, die bereits in der Vergangenheit Externe mit der Funktion des Geldwäschebeauftragten betraut haben, müssen darlegen, daß diese die Funktion ordnungsgemäß ausgeübt haben.

Die Erfüllung der dem Geldwäschebeauftragten obliegenden Pflichten erfordert es, daß er bzw. ein von ihm beauftragter Mitarbeiter jederzeit ungehinderten Zugang zu den relevanten Dateien (Zentrale, Zweigstellen und ausgelagerte Betriebsteile) und Unterlagen hat.

37. Geldwäschebeauftragte müssen zur Wahrnehmung ihrer Tätigkeit berechtigt sein, für alle Angelegenheiten im Zusammenhang mit der Verhinderung der Geldwäsche, insbesondere mit der Kündigung einer Geschäftsbeziehung gem. Ziffer 32 dieser Verlautbarung, unternehmensintern Weisungen zu erteilen. Sie müssen auch im Hinblick auf die Bearbeitung von institutsinternen Verdachtsmeldungen und der Entscheidung über die Weiterleitung dieser Meldungen gem. § 11 GwG an die zuständigen Ermittlungsbehörden uneingeschränkt weisungsbefugt sein. Weiter müssen sie befugt sein, das Finanzdienstleistungsinstitut in Angelegenheiten der Geldwäschebekämpfung und -prävention nach außen zu vertreten und für das Finanzdienstleistungsinstitut verbindliche Erklärungen abzugeben. Neben der Erteilung von Einzel- oder Gesamtprokura kann die Bevollmächtigung auch anderweitig erfolgen.

38. Der Geldwäschebeauftragte und sein Stellvertreter müssen die zur Erfüllung ihrer Funktion erforderliche Sachkompetenz besitzen. Welcher Mitarbeiter mit den Aufgaben betraut wird, hat das Finanzdienstleistungsinstitut selbst zu entscheiden, wobei seine Größe und strukturelle Gliederung zu berücksichtigen sind. Seine sonstigen innerbetrieblichen Aufgaben und Funktionen dürfen die Wahrnehmung der Tätigkeit als Geldwäschebeauftragter i.S.d. Geldwäschegesetzes nicht beeinträchtigen.

39. Von der Möglichkeit der Bestellung eines Mitglieds der Geschäftsleitung zum Geldwäschebeauftragten oder dessen Stellvertreter soll nur bei Finanzdienstleistungsinstituten Gebrauch gemacht werden, die für diese Funktion keine geeigneten Mitarbeiter unterhalb der Geschäftsleitung besitzen. Mit zunehmender Größe des Finanzdienstleistungsinstituts schließen sich die Geschäftsleitertätigkeit und die Wahrnehmung der Tätigkeit als Geldwäschebeauftragter grundsätzlich aus.

Mit der Funktion des Geldwäschebeauftragten dürfen nicht Mitarbeiter der Innenrevision bzw. die mit diesem Aufgabenbereich beauftragte externe Stelle betraut werden, da dem Geldwäschebeauftragten vor allem bei der Erstattung von Verdachtsanzeigen nach § 11 GwG Handlungspflichten zugewiesen sind und die Innenrevision grundsätzlich nicht ihre eigene Tätigkeit überprüfen soll. Bei Finanzdienstleistungsinstituten, bei denen die Funktionen des Innenrevisors und des Geldwäschebeauftragten von der Geschäftsleitung wahrgenommen werden, ist ggf. auf die personale Trennung dieser Funktionen zu achten.

VIII. Organisation und Schulung

40. Weitere von den Finanzdienstleistungsinstituten selbst zu entwickelnde Vorkehrungen gegen Geldwäschetransaktionen betreffen die gem. § 14 Abs. 2 GwG durchzuführenden internen Abwehrmaßnahmen. Nach Sinn und Zweck dieser Norm soll es den Finanzdienstleistungsinstituten ausdrücklich überlassen bleiben, ihrer spezifischen Geschäfts- und Kundenstruktur angepaßte interne Grundsätze, Verfahren und Kontrollen zur Verhinderung der Geldwäsche zu entwickeln. Die interne Regelung des Sicherungssystems ist schriftlich niederzulegen.

Die internen Sicherungsmaßnahmen müssen sich an Größe, Organisation und Gefährdungssituation des einzelnen Finanzdienstleistungsinstituts, insbesondere dessen Geschäftsschwerpunkten und Kundenstruktur, ausrichten. Zur Verhinderung der Geldwäsche werden in der Regel zumindest folgende Maßnahmen zu treffen sein:

Organisatorische Maßnahmen

41. Das Finanzdienstleistungsinstitut hat konkrete Arbeitsablaufbeschreibungen und Verhaltensrichtlinien zu den nach dem GwG und den betriebsinternen Leitsätzen einzuhaltenden Pflichten in schriftlicher Form für Mitarbeiter zu schaffen bzw. bereits vorhandene entsprechend zu ergänzen. Dabei ist den Besonderheiten der verschiedenen Geschäftsarten bzw. Betriebsbereiche Rechnung zu tragen. Die Arbeitsablaufbeschreibungen und Verhaltensrichtlinien sollen an die Mitarbeiter ausgegeben werden.

Der Geldwäschebeauftragte bzw. eine von ihm hiermit beauftragte Person hat die Einhaltung, Umsetzung und Aktualisierung dieser Grundsätze sicherzustellen und sich hiervon zu überzeugen.

Schulungswesen

42. Das Finanzdienstleistungsinstitut hat nach Art und Anzahl hinreichende Schulungen der Mitarbeiter hinsichtlich der nach dem Geldwäschegesetz und den internen Sicherungsmaßnahmen einzuhaltenden Pflichten sicherzustellen. Die Erstschulung soll im Gegensatz zur Auffrischungsschulung in der Regel als Präsenzschulung durchgeführt werden. Schulungsablauf und Teilnahme sind zu dokumentieren.

Die Mitarbeiter, insbesondere diejenigen mit Kundenkontakt, sind daneben regelmäßig und zeitnah über die neu bekannt gewordenen Erscheinungsformen (Methoden und Techniken) der Geldwäsche zu unterrichten.

Zum Zweck der Unterrichtung über neue aktuelle Methoden und Techniken der Geldwäsche sollen den Mitarbeitern auch schriftliche Informationen ausgehändigt werden.

Dabei kann neben eigenen Erkenntnissen auch auf Informationen der Strafverfolgungsbehörden, der Verbände der Finanzdienstleister bzw. des Bundesaufsichtsamtes für das Kreditwesen über neue Erscheinungsformen der Geldwäsche zurückgegriffen werden (vgl. Ziffer 23 dieser Verlautbarung).

Zuverlässigkeit der Mitarbeiter

43. Die Zuverlässigkeit der Mitarbeiter gemäß § 14 Abs. 2 Nr. 3 GwG ist eine wesentliche Voraussetzung für die Wirksamkeit des institutsinternen Präventionssystems.

Zuverlässig in diesem Sinne ist, wer die Gewähr dafür bietet, daß er/sie die Pflichten nach dem GwG und die im Institut eingeführten Grundsätze, Verfahren, Kontrollen und Verhaltensrichtlinien zur Verhinderung der Geldwäsche sorgfältig beachtet, Sachverhalte, die auf Geldwäsche hindeuten, der zuständigen Stelle meldet und sich selbst nicht an zweifelhaften Transaktionen aktiv oder passiv beteiligt.

Sofern in einem Institut bereits adäquate Personalkontroll- und Beurteilungssysteme bestehen, kann hierauf zur Erfüllung des § 14 Abs. 2 Nr. 3 GwG zurückgegriffen werden. Ob eine Person bei Begründung bzw. während des Dienst- und Arbeitsverhältnisses als zuverlässig angesehen werden kann, ist darüber hinaus unter Berücksichtigung des Schutzzweckes des Geldwäschegesetzes zu beurteilen. Die im Finanzdienstleistungsinstitut für das Personalwesen zuständige Stelle muß Vorkehrungen für eine solche regelmäßige Überprüfung, deren Ergebnis auch in Form eines Negativtestats festgehalten werden kann, treffen.

Die Zuverlässigkeitsprüfung kann bei Begründung des Dienst- und Arbeitsverhältnisses beispielsweise durch Heranziehung des Lebenslaufes, der Zeugnisse und/oder Referenzen erfolgen. Während des Dienst- und Arbeitsverhältnisses läßt sich die

Zuverlässigkeit der Mitarbeiter einerseits laufend durch die Beurteilung des Vorgesetzten, andererseits durch Arbeitszeugnisse und sonstige Kontrollinstrumente überprüfen. Die Ergebnisse der Zuverlässigkeitsprüfung sind zu dokumentieren und müssen sowohl für die Innenrevision als auch für den Geldwäschebeauftragten, den Prüfer des Jahresabschlusses und den mit einer Prüfung nach § 44 Abs. 1 KWG beauftragten Prüfer ungehindert verfügbar sein.

IX. Interne Prüfung

44. Die Innenrevision eines jeden Finanzdienstleistungsinstituts bzw. – im Falle einer Auslagerung dieser Funktion – die mit der Durchführung der Innenrevision beauftragte externe Stelle hat die Einhaltung aller Pflichten aus dem Geldwäschegesetz sowie von § 154 Abs. 2 AO zu überprüfen, deren Adressat das Finanzdienstleistungsinstitut ist.

Hierüber sind mindestens einmal im Jahr schriftliche Berichte zu erstellen und der Geschäftsleitung sowie dem Geldwäschebeauftragten des Instituts vorzulegen.

Die Berichte müssen u.a. Ausführungen über das betriebsinterne Verdachtsmeldesystem (Ziffer 26 ff. dieser Verlautbarung) enthalten und detailliert über Art, Zahl und örtliches Vorkommen von Verdachtsanzeigen, die gem. § 11 GwG gegenüber den zuständigen Strafverfolgungsbehörden erstattet worden sind, sowie über den Abbruch von Geschäftsbeziehungen gemäß Ziffer 32 dieser Verlautbarung informieren. Zu schildern ist außerdem auch, in welcher Art und Weise die Beschäftigten über die Verhinderung der Geldwäsche informiert worden sind und welche Schulungsmaßnahmen stattgefunden haben.

In den Berichten ist insbesondere auch zu beurteilen, ob die zur Bekämpfung der Geldwäsche im Finanzdienstleistungsinstitut getroffenen Sicherungsmaßnahmen zweckmäßig und ausreichend sind und der Geldwäschebeauftragte den ihm zugewiesenen Aufgaben nachgekommen ist.

Diese Beurteilung hat sich auf eine den gesamten Pflichtenkatalog des Geldwäschegesetzes umfassende Prüfung zu stützen, die sich nach dem Ermessen des Innenrevisors auf eine Prüfung einer Stichprobe beschränken kann. Die verwendeten Stichproben müssen in einem angemessenen Verhältnis zur Gesamtzahl derjenigen Geschäftsvorfälle stehen, die der jeweils geprüften Pflicht aus dem Geldwäschegesetz unterliegen und die gem. § 9 GwG aufgezeichnet worden sind. Das Verhältnis des Stichprobenumfangs zur Grundgesamtheit der geprüften Geschäftsvorfälle ist im Prüfungsbericht (ggf. näherungsweise) anzugeben.

In Anlehnung an § 9 Abs. 3 GwG sind die Berichte sechs Jahre aufzubewahren. Die Geschäftsleitung eines Finanzdienstleistungsinstituts hat die Funktionsfähigkeit und Wirksamkeit ihrer Innenrevision auch für diesen Bereich sicherzustellen.

X. Besondere Vorschriften für das Finanztransfer- und das Sortengeschäft gem. § 1 Abs. 1a Satz 2 Ziffer 6 bzw. 7 KWG

45. Nach nationalen wie internationalen Erkenntnissen müssen sowohl das Finanztransfer- als auch das Sortengeschäft als besonders geldwäscheanfällig angesehen werden. Im Gegensatz zu den übrigen Finanzdienstleistungen, bei denen Bartransaktionen nur eine untergeordnete Rolle spielen, handelt es sich hier um Bereiche, in denen typischerweise Bartransaktionen stattfinden. Hinzu kommt, daß diese Geschäftsbereiche in hohem Maße geprägt sind durch Gelegenheitskunden, über die das einzelne Institut keine näheren Kenntnisse besitzt.

Kredit- und Finanzdienstleistungsinstitute, die das Finanztransfergeschäft bzw. das Sortengeschäft betreiben, sollten daher bereits ab einem Transaktionsbetrag von 2500 Euro den auftretenden Kunden nach Maßgabe des § 1 Abs. 5 GwG bzw. des § 7 GwG identifizieren und die Feststellungen gemäß § 9 GwG aufzeichnen. In diesem Zusammenhang sollte auch die Frage nach dem wirtschaftlich Berechtigten gestellt und diese Angaben dokumentiert werden.

Dies gilt nicht, sofern der Transferauftrag oder der Sortenverkauf/-ankauf über ein beim Institut geführtes Konto des Kunden abgewickelt wird.

Die Verpflichtung zur Kundenidentifizierung nach § 154 Abs. 2 AO bleibt hiervon unberührt. Kunden, die in einer laufenden Geschäftsbeziehung mit dem Institut stehen, deren Stand buch- und rechnungsmäßig festgehalten wird, sind daher nach Maßgabe der Ziffer 7 ff. bei Anknüpfung der Geschäftsbeziehung zu identifizieren.

46. Im Bereich des Finanztransfer- und des Sortengeschäfts kommt dem sog. Smurfing (s. o. Ziffer 18) unter Geldwäscheaspekten besondere Bedeutung zu. Bei der Durchführung des Finanztransfergeschäfts sind dabei etwa Fälle denkbar, bei denen von verschiedenen Einzahlern Gelder an dieselbe Empfängeradresse übermittelt werden.

Da Fälle des Smurfing in der Regel nur schwer zu erkennen sind, sollen die Institute, sofern die Geschäftsstruktur es gebietet, spezielle Kontrollsysteme entwickeln, die es aus ihrer Sicht ermöglichen, die künstliche Aufsplittung eines einheitlichen Betrages sichtbar zu machen. Die Ergebnisse der Smurfing-Kontrolle sind zu dokumentieren.

47. In Fällen, in denen sich derartige Anhaltspunkte ergeben, soll das Institut ebenfalls prüfen, ob die Voraussetzungen für die Erstattung einer Verdachtsanzeige gemäß § 11 GwG gegeben sind bzw. die Geschäftsbeziehung gemäß Ziffer 32 dieser Verlautbarung einer längerfristigen Überwachung zu unterwerfen ist.

Anhang 7
Vorschriften über besondere Bankgeschäfte, insbesondere Zahlungsdienste

Anhang 7.1
Gesetz über die Beaufsichtigung von Zahlungsdiensten (Zahlungsdiensteaufsichtsgesetz – ZAG)

vom 25. Juni 2009 (BGBl. I S. 1506), zuletzt geändert durch Artikel 6 Abs. 10 des Gesetzes vom 28. August 2013 (BGBl. I S. 3453)

Inhaltsübersicht

Abschnitt 1:
Begriffsbestimmungen, Anwendungsbereich, Aufsicht, Zahlungssysteme

Begriffsbestimmungen; Ausnahmen für bestimmte Zahlungsinstitute	§ 1
Zusätzliche Begriffsbestimmungen für das E-Geld-Geschäft; Ausnahmen für bestimmte E-Geld-Institute	§ 1a
Für Institute zugelassene Tätigkeiten und verbotene Geschäfte	§ 2
Aufsicht; Entscheidung in Zweifelsfällen	§ 3
Einschreiten gegen unerlaubte Zahlungsdienste sowie das unerlaubte Betreiben des E-Geld-Geschäfts	§ 4
Verfolgung unerlaubter Zahlungsdienste sowie des unerlaubten Betreibens des E-Geld-Geschäfts	§ 5
Verschwiegenheitspflicht	§ 6
Zugang zu Zahlungssystemen	§ 7
Ausnahmen für neue Zahlverfahren im Massenzahlungsverkehr; Verordnungsermächtigung	§ 7a
Konvertierungsdienstleistungen	§ 7b
Nutzung des Elektronischen Lastschriftverfahrens; Verordnungsermächtigung	§ 7c

Abschnitt 2:
Erlaubnis, Inhaber bedeutender Beteiligungen

Erlaubnis für Zahlungsinstitute	§ 8
Erlaubnis für E-Geld-Institute	§ 8a
Versagung der Erlaubnis für Zahlungsinstitute	§ 9
Versagung der Erlaubnis für E-Geld-Institute	§ 9a
Erlöschen und Aufhebung der Erlaubnis	§ 10
Inhaber bedeutender Beteiligungen	§ 11

Abschnitt 3:
Eigenkapital

Eigenkapital bei Zahlungsinstituten .... § 12
Eigenkapital bei E-Geld-Instituten .... § 12a

Abschnitt 4:
Vorschriften über die Beaufsichtigung von Instituten, sofortige Vollziehbarkeit

Sicherungsanforderungen für die Entgegennahme von Geldbeträgen
im Rahmen der Erbringung von Zahlungsdiensten................... § 13
Sicherungsanforderungen für die Entgegennahme von
Geldbeträgen für die Ausgabe von E-Geld....................... § 13a
Auskünfte und Prüfungen...................................... § 14
Abberufung von Geschäftsleitern, Übertragung von Organbefugnissen
auf Sonderbeauftragte.. § 15
Maßnahmen in besonderen Fällen und Insolvenzantrag .... § 16
Vorlage von Jahresabschluss, Lagebericht und Prüfungsberichten .... § 17
Anzeigepflicht bei Bestellung des Abschlussprüfers; Bestellung in
besonderen Fällen... § 17a
Besondere Pflichten des Prüfers .... § 18
Inanspruchnahme von Agenten .... § 19
Auslagerung.. § 20
Aufbewahrung von Unterlagen................................. § 21
Bargeldloser Zahlungsverkehr; besondere organisatorische Pflichten
von Zahlungsinstituten und E-Geld-Instituten sowie Sicherungs-
maßnahmengegen Geldwäsche und Terrorismusfinanzierung .... § 22
Sofortige Vollziehbarkeit...................................... § 23

Abschnitt 4 a:
Sondervorschriften für das E-Geld-Geschäft und den Vertrieb und die Rücktauschbarkeit von E-Geld

Verbot der Ausgabe von E-Geld über andere Personen .... § 23a
Verpflichtungen des E-Geld-Emittenten bei der Ausgabe und dem
Rücktausch von E-Geld....................................... § 23b
Vertrieb und Rücktausch von E-Geld durch E-Geld-Agenten .... § 23c

Abschnitt 5:
Zusammenarbeit mit anderen Behörden, Zweigniederlassung, grenzüberschreitender Dienstleistungsverkehr

Zusammenarbeit mit anderen Behörden .... § 24
Errichten einer Zweigniederlassung, grenzüberschreitender
Dienstleistungsverkehr....................................... § 25
Unternehmen mit Sitz in einem anderen Staat des Europäischen
Wirtschaftsraums.. § 26
Zweigstellen von Unternehmen mit Sitz außerhalb des Europäischen
Wirtschaftsraums.. § 27

Abschnitt 6:
Außergerichtliches Beschwerdeverfahren

Beschwerden über Zahlungsdienstleister . . . . § 28
Beschwerden über E-Geld-Emittenten. . . . . § 28a

Abschnitt 7:
Anzeigen, Zahlungsinstituts-Register, E-Geld-Instituts-Register, Strafbestimmungen, Bußgeldvorschriften und Übergangsvorschriften

Anzeigen . . . . § 29
Monatsausweise und weitere Angaben . . . . § 29a
Zahlungsinstituts-Register . . . . § 30
E-Geld-Instituts-Register . . . . § 30a
Werbung . . . . § 30b
Strafvorschriften . . . . § 31
Bußgeldvorschriften . . . . § 32
Zuständige Verwaltungsbehörde . . . . § 33
Mitteilung in Strafsachen . . . . § 34
Übergangsvorschriften . . . . § 35
Übergangsvorschriften für E-Geld-Institute . . . . § 36

Abschnitt 1:
Begriffsbestimmungen, Anwendungsbereich, Aufsicht, Zahlungssysteme

§ 1 Begriffsbestimmungen; Ausnahmen für bestimmte Zahlungsinstitute

(1) Zahlungsdienstleister sind:
1. die Kreditinstitute im Sinne des Artikels 4 Nr. 1 der Verordnung (EU) Nr. 575/2013 des Europäischen Parlaments und des Rates vom 26. Juni 2013 über Aufsichtsanforderungen an Kreditinstitute und Wertpapierfirmen und zur Änderung der Verordnung (EU) Nr. 646/2012 (ABl. L 176 vom 27.6.2013, S. 1), die im Inland zum Geschäftsbetrieb berechtigt sind,
2. die E-Geld-Institute im Sinne des Artikels 1 Absatz 1 Buchstabe b und des Artikels 2 Nummer 1 der Richtlinie 2009/110/EG des Europäischen Parlaments und des Rates vom 16. September 2009 über die Aufnahme, Ausübung und Beaufsichtigung der Tätigkeit von E-Geld-Instituten (ABl. L 267 vom 10.10.2009, S. 7),
3. der Bund, die Länder, die Gemeinden und Gemeindeverbände sowie die Träger bundes- oder landesmittelbarer Verwaltung, soweit sie nicht hoheitlich handeln,
4. die Europäische Zentralbank, die Deutsche Bundesbank sowie andere Zentralbanken in der Europäischen Union oder den anderen Staaten des Abkommens über den Europäischen Wirtschaftsraum, wenn sie nicht in ihrer Eigenschaft als Währungsbehörde oder andere Behörde handeln und
5. Unternehmen, die gewerbsmäßig oder in einem Umfang, der einen in kaufmännischer Weise eingerichteten Geschäftsbetrieb erfordert, Zahlungsdienste erbringen, ohne unter die Nummern 1 bis 4 zu fallen (Zahlungsinstitute).

(2) Zahlungsdienste sind:
1. die Dienste, mit denen Bareinzahlungen auf ein Zahlungskonto oder Barauszahlungen von einem Zahlungskonto ermöglicht werden, sowie alle für die Führung eines Zahlungskontos erforderlichen Vorgänge (Ein- oder Auszahlungsgeschäft),
2. die Ausführung von Zahlungsvorgängen einschließlich der Übermittlung von Geldbeträgen auf ein Zahlungskonto beim Zahlungsdienstleister des Zahlungsdienstnutzers oder bei einem anderen Zahlungsdienstleister durch
   a) die Ausführung von Lastschriften einschließlich einmaliger Lastschriften (Lastschriftgeschäft),
   b) die Ausführung von Überweisungen einschließlich Daueraufträgen (Überweisungsgeschäft),
   c) die Ausführung von Zahlungsvorgängen mittels einer Zahlungskarte oder eines ähnlichen Zahlungsinstruments (Zahlungskartengeschäft),
   ohne Kreditgewährung (Zahlungsgeschäft),
3. die Ausführung der in Nummer 2 genannten Zahlungsvorgänge mit Kreditgewährung im Sinne des § 2 Abs. 3 (Zahlungsgeschäft mit Kreditgewährung),
4. die Ausgabe von Zahlungsauthentifizierungsinstrumenten oder die Annahme und Abrechnung von mit Zahlungsauthentifizierungsinstrumenten ausgelösten Zahlungsvorgängen (Zahlungsauthentifizierungsgeschäft),
5. die Ausführung von Zahlungsvorgängen, bei denen die Zustimmung des Zahlers zur Ausführung eines Zahlungsvorgangs über ein Telekommunikations-, Digital- oder IT-Gerät übermittelt wird und die Zahlung an den Betreiber des Telekommunikations- oder IT-Systems oder IT-Netzes erfolgt, sofern der Betreiber ausschließlich als zwischengeschaltete Stelle zwischen dem Zahlungsdienstnutzer und dem Lieferanten der Waren oder Dienstleistungen tätig ist (digitalisiertes Zahlungsgeschäft) und

6. die Dienste, bei denen ohne Einrichtung eines Zahlungskontos auf den Namen eines Zahlers oder eines Zahlungsempfängers ein Geldbetrag des Zahlers ausschließlich zur Übermittlung eines entsprechenden Betrags an den Zahlungsempfänger oder an einen anderen, im Namen des Zahlungsempfängers handelnden Zahlungsdienstleister entgegengenommen wird oder bei dem der Geldbetrag im Namen des Zahlungsempfängers entgegengenommen und diesem verfügbar gemacht wird (Finanztransfergeschäft).

(2a) Institute im Sinne dieses Gesetzes sind die Zahlungsinstitute im Sinne des Absatzes 1 Nummer 5 und die E-Geld-Institute im Sinne des § 1a Absatz 1 Nummer 5.
(3) Ein Zahlungskonto ist ein auf den Namen eines oder mehrerer Zahlungsdienstnutzer lautendes und der Ausführung von Zahlungsvorgängen dienendes Konto, das die Forderungen und Verbindlichkeiten zwischen dem Zahlungsdienstnutzer und dem Zahlungsdienstleister innerhalb der Geschäftsbeziehung buch- und rechnungsmäßig darstellt und für den Zahlungsdienstnutzer dessen jeweilige Forderung gegenüber dem Zahlungsdienstleister bestimmt.
(4) Eine Lastschrift ist ein vom Zahlungsempfänger ausgelöster Zahlungsvorgang zur Belastung des Zahlungskontos des Zahlers, dem dieser gegenüber dem Zahlungsempfänger, dessen Zahlungsdienstleister oder seinem eigenen Zahlungsdienstleister zustimmt.
(5) Ein Zahlungsauthentifizierungsinstrument ist jedes personalisierte Instrument oder Verfahren, das zwischen dem Zahlungsdienstnutzer und dem Zahlungsdienstleister für die Erteilung von Zahlungsaufträgen vereinbart wird und das vom Zahlungsdienstnutzer eingesetzt wird, um einen Zahlungsauftrag zu erteilen.
(6) Ein Zahlungssystem im Sinne dieses Gesetzes ist ein System zum Zwecke von Verarbeitung, Clearing, Verrechnung und Abwicklung von Zahlungsvorgängen auf Basis einer förmlichen Vereinbarung mit gemeinsamen Regeln, die zwischen einer Partei, die das System betreibt (Betreiber) und mindestens drei Teilnehmern zur Übermittlung von Geldbeträgen getroffen wurde; dabei wird eine etwaige von dem Betreiber verselbständigte Ver- und Abrechnungsstelle, zentrale Vertragspartei oder Clearingstelle nicht mitgerechnet. Teilnehmer können nur Zahlungsdienstleister sein.
(7) Ein Agent im Sinne dieses Gesetzes ist jede juristische oder natürliche Person, die als selbständiger Gewerbetreibender im Namen eines Zahlungsinstituts oder E-Geld-Instituts Zahlungsdienste ausführt. Die Handlungen des Agenten werden dem Zahlungsinstitut oder E-Geld-Institut zugerechnet.
(8) Geschäftsleiter im Sinne dieses Gesetzes sind diejenigen natürlichen Personen, die nach Gesetz, Satzung oder Gesellschaftsvertrag zur Führung der Geschäfte und zur Vertretung eines Zahlungsinstituts oder E-Geld-Instituts in der Rechtsform einer juristischen Person oder einer Personenhandelsgesellschaft berufen sind. In Ausnahmefällen kann die Bundesanstalt für Finanzdienstleistungsaufsicht (Bundesanstalt) auch eine andere mit der Führung der Geschäfte betraute und zur Vertretung ermächtigte Person widerruflich als Geschäftsleiter bezeichnen, wenn sie zuverlässig ist und die erforderliche fachliche Eignung hat. Beruht die Bezeichnung einer Person als Geschäftsleiter auf einem Antrag des Zahlungsinstituts oder E-Geld-Instituts, so ist sie auf Antrag des Zahlungsinstituts oder E-Geld-Instituts oder des Geschäftsleiters zu widerrufen.
(9) Eine bedeutende Beteiligung im Sinne dieses Gesetzes besteht, wenn unmittelbar oder mittelbar über ein oder mehrere Tochterunternehmen oder ein gleichartiges Verhältnis oder im Zusammenwirken mit anderen Personen oder Unternehmen mindestens 10 Prozent des Kapitals oder der Stimmrechte eines dritten Unternehmens im Eigen- oder Fremdinteresse gehalten werden oder wenn auf die Geschäftsführung eines anderen Unternehmens ein maßgeblicher Einfluss ausgeübt werden kann. Für die Berechnung des Anteils der Stimmrechte gelten § 21 Absatz 1 in Verbindung mit einer Rechtsverordnung nach Absatz 3, § 22 Absatz 1 bis 3a in Verbindung mit einer Rechtsverordnung nach Absatz 5 und § 23 des Wertpapierhandelsgesetzes sowie § 32

Absatz 2 und 3 in Verbindung mit einer Rechtsverordnung nach Absatz 5 Nummer 1 des Investmentgesetzes entsprechend. Unberücksichtigt bleiben die Stimmrechte oder Kapitalanteile, die Institute im Rahmen des Emissionsgeschäfts nach § 1 Absatz 1 Satz 2 Nummer 10 des Kreditwesengesetzes halten, vorausgesetzt, diese Rechte werden nicht ausgeübt oder anderweitig benutzt, um in die Geschäftsführung des Emittenten einzugreifen, und sie werden innerhalb eines Jahres nach dem Zeitpunkt des Erwerbs veräußert. Die mittelbar gehaltenen Beteiligungen sind den mittelbar beteiligten Personen und Unternehmen im vollen Umfang zuzurechnen.

(9 a) Anfangskapital im Sinne dieses Gesetzes ist das Kernkapital im Sinne des § 10 Absatz 2a Satz 1 Nummer 1, 2, 3 oder 6 des Kreditwesengesetzes in der bis zum 31. Dezember 2013 geltenden Fassung.

(9 b) Sichere Aktiva mit niedrigem Risiko im Sinne dieses Gesetzes sind Aktiva, die unter eine Kategorie gemäß Anhang I Nummer 14 Tabelle 1 der Richtlinie 2006/49/EG vom 14. Juni 2006 über die angemessene Eigenkapitalausstattung von Wertpapierfirmen und Kreditinstituten in der Fassung des Artikels 1 Nummer 1 Buchstabe b der Richtlinie 2009/27/EG der Kommission vom 7. April 2009 zur Änderung bestimmter Anhänge der Richtlinie 2006/49/EG des Europäischen Parlaments und des Rates hinsichtlich technischer Vorschriften für das Risikomanagement (ABl. L 94 vom 8.4.2009, S. 97) fallen, für die die Eigenkapitalanforderung für das spezifische Risiko nicht höher als 1,6 Prozent ist, wobei jedoch andere qualifizierte Positionen gemäß Nummer 15 jenes Anhangs ausgeschlossen sind. Sichere Aktiva mit niedrigem Risiko im Sinne dieses Gesetzes sind auch Anteile an einem Organismus für gemeinsame Anlagen in Wertpapieren, der ausschließlich in die in Satz 1 genannten Aktiva investiert.

(10) Keine Zahlungsdienste sind:
1. Zahlungsvorgänge, die ohne zwischengeschaltete Stellen ausschließlich als unmittelbare Bargeldzahlung vom Zahler an den Zahlungsempfänger erfolgen,
2. Zahlungsvorgänge zwischen Zahler und Zahlungsempfänger über einen Handelsvertreter oder Zentralregulierer, der befugt ist, den Verkauf oder Kauf von Waren oder Dienstleistungen im Namen des Zahlers oder des Zahlungsempfängers auszuhandeln oder abzuschließen,
3. der gewerbsmäßige Transport von Banknoten und Münzen einschließlich ihrer Entgegennahme, Bearbeitung und Übergabe,
4. Dienste, bei denen der Zahlungsempfänger dem Zahler Bargeld im Rahmen eines Zahlungsvorgangs aushändigt, nachdem ihn der Zahlungsdienstnutzer kurz vor der Ausführung eines Zahlungsvorgangs zum Erwerb von Waren oder Dienstleistungen ausdrücklich hierum gebeten hat,
5. Geldwechselgeschäfte, die bar abgewickelt werden,
6. Zahlungsvorgänge, denen eines der folgenden Dokumente zugrunde liegt, das auf den Zahlungsdienstleister gezogen ist und die Bereitstellung eines Geldbetrags an einen Zahlungsempfänger vorsieht:
   a) ein Scheck in Papierform im Sinne des Scheckgesetzes oder ein vergleichbarer Scheck in Papierform nach dem Recht eines anderen Mitgliedstaates der Europäischen Union oder eines anderen Vertragsstaates des Abkommens über den Europäischen Wirtschaftsraum,
   b) ein Wechsel in Papierform im Sinne des Wechselgesetzes oder ein vergleichbarer Wechsel in Papierform nach dem Recht eines anderen Mitgliedstaates der Europäischen Union oder eines anderen Vertragsstaates des Abkommens über den Europäischen Wirtschaftsraum,
   c) ein Gutschein in Papierform,
   d) ein Reisescheck in Papierform oder
   e) eine Postanweisung in Papierform im Sinne der Definition des Weltpostvereins,
7. Zahlungsvorgänge, die innerhalb eines Zahlungs- oder Wertpapierabwicklungssystems zwischen Zahlungsausgleichsagenten, zentralen Gegenparteien, Clearing-

stellen oder Zentralbanken und anderen Teilnehmern des Systems und Zahlungsdienstleistern abgewickelt werden,
8. Zahlungsvorgänge im Zusammenhang mit der Bedienung von Wertpapieranlagen, die von den unter Nummer 7 fallenden Unternehmen oder von Kreditinstituten, Finanzdienstleistungsinstituten oder Kapitalverwaltungsgesellschaften im Rahmen ihrer Erlaubnis nach dem Kreditwesengesetz oder dem Investmentgesetz oder dem Kapitalanlagegesetzbuch durchgeführt werden,
9. Dienste, die von technischen Dienstleistern erbracht werden, die zwar zur Erbringung der Zahlungsdienste beitragen, jedoch zu keiner Zeit in den Besitz der zu übermittelnden Geldbeträge gelangen, wie beispielsweise die Verarbeitung und Speicherung von Daten, vertrauensbildende Maßnahmen und Dienste zum Schutz der Privatsphäre, Nachrichten- und Instanzenauthentisierung, Bereitstellung von IT- und Kommunikationsnetzen sowie die Bereitstellung und Wartung der für Zahlungsdienste genutzten Endgeräte und Einrichtungen,
10. Dienste, die auf Instrumenten beruhen, die für den Erwerb von Waren oder Dienstleistungen nur in den Geschäftsräumen des Ausstellers oder im Rahmen einer Geschäftsvereinbarung mit dem Aussteller entweder für den Erwerb innerhalb eines begrenzten Netzes von Dienstleistern oder für den Erwerb einer begrenzten Auswahl von Waren oder Dienstleistungen verwendet werden können,
11. Zahlungsvorgänge, die über ein Telekommunikations-, ein Digital- oder IT-Gerät ausgeführt werden, wenn die Waren oder Dienstleistungen an ein Telekommunikations-, ein Digital- oder ein IT-Gerät geliefert werden und mittels eines solchen genutzt werden sollen, sofern der Betreiber des Telekommunikations-, Digital- oder IT-Systems oder IT-Netzes nicht ausschließlich als zwischengeschaltete Stelle zwischen dem Zahlungsdienstnutzer und dem Lieferanten der Waren und Dienstleistungen tätig ist,
12. Zahlungsvorgänge, die von Zahlungsdienstleistern untereinander auf eigene Rechnung oder von ihren Agenten oder Zweigniederlassungen untereinander auf eigene Rechnung ausgeführt werden,
13. Zahlungsvorgänge innerhalb eines Konzerns oder zwischen Mitgliedern einer kreditwirtschaftlichen Verbundgruppe,
14. Dienste von Dienstleistern, die keinen Rahmenvertrag mit Kunden geschlossen haben, bei denen Geld für einen oder mehrere Kartenemittenten an multifunktionalen Bankautomaten abgehoben wird, vorausgesetzt, dass diese Dienstleister keine anderen Zahlungsdienste erbringen und
15. die nicht gewerbsmäßige Entgegennahme und Übergabe von Bargeld im Rahmen einer gemeinnützigen Tätigkeit oder einer Tätigkeit ohne Erwerbszweck.

(11) Auf Zahlungsinstitute, die eine Erlaubnis im Sinne des § 32 Abs. 1 Satz 1 des Kreditwesengesetzes haben, sind die §§ 11, 14, 15, 17, 17a, 20, 21, 29 und 29a nicht anzuwenden, soweit das Kreditwesengesetz eine inhaltsgleiche Regelung enthält.

(12) Die Zahlungsdienstleistungen der Kreditanstalt für Wiederaufbau gelten nicht als Zahlungsdienste im Sinne dieses Gesetzes.

§ 1a Zusätzliche Begriffsbestimmungen für das E-Geld-Geschäft; Ausnahmen für bestimmte E-Geld-Institute

(1) E-Geld-Emittenten sind:
1. die in § 1 Absatz 1 Nummer 1 genannten Kreditinstitute im Sinne des Artikels 4 Nummer 1 der Richtlinie 2006/48/EG des Europäischen Parlaments und des Rates vom 14. Juni 2006 über die Aufnahme und Ausübung der Tätigkeit der Kreditinstitute (ABl. L 177 vom 30.6.2006, S.1), die im Inland zum Geschäftsbetrieb berechtigt sind,

2. der Bund, die Länder, die Gemeinden und Gemeindeverbände sowie die Träger bundes- oder landesmittelbarer Verwaltung, soweit sie als Behörde handeln,
3. die Europäische Zentralbank, die Deutsche Bundesbank sowie andere Zentralbanken in der Europäischen Union oder den anderen Staaten des Abkommens über den Europäischen Wirtschaftsraum, wenn sie nicht in ihrer Eigenschaft als Währungsbehörde oder andere Behörde handeln,
4. die Kreditanstalt für Wiederaufbau,
5. Unternehmen, die das E-Geld-Geschäft betreiben, ohne unter die Nummern 1 bis 4 zu fallen (E-Geld-Institute).

(2) E-Geld-Geschäft ist die Ausgabe von E-Geld.

(3) E-Geld ist jeder elektronisch, darunter auch magnetisch, gespeicherte monetäre Wert in Form einer Forderung gegenüber dem Emittenten, der gegen Zahlung eines Geldbetrages ausgestellt wird, um damit Zahlungsvorgänge im Sinne des § 675f Absatz 3 Satz 1 des Bürgerlichen Gesetzbuchs durchzuführen, und der auch von anderen natürlichen oder juristischen Personen als dem Emittenten angenommen wird.

(4) Durchschnittlicher E-Geld-Umlauf ist der durchschnittliche Gesamtbetrag der am Ende jedes Kalendertages über die vergangenen sechs Kalendermonate bestehenden, aus E-Geld erwachsenden finanziellen Verbindlichkeiten, der am ersten Kalendertag jedes Kalendermonats berechnet wird und für diesen Kalendermonat gilt.

(5) Kein E-Geld im Sinne dieses Gesetzes ist ein monetärer Wert
1. der auf Instrumenten im Sinne des § 1 Absatz 10 Nummer 10 gespeichert ist oder
2. der für Zahlungsvorgänge nach § 1 Absatz 10 Nummer 11 eingesetzt wird.

(6) E-Geld-Agent im Sinne dieses Gesetzes ist jede natürliche oder juristische Person, die als selbständiger Gewerbetreibender im Namen eines E-Geld-Instituts beim Vertrieb und Rücktausch von E-Geld tätig ist.

§ 2 Für Institute zugelassene Tätigkeiten und verbotene Geschäfte

(1) Ein Institut darf außerhalb der Grenzen der Absätze 1a und 2 und seiner Erlaubnis nach § 8 Abs. 1 Satz 1 oder § 8a Absatz 1 Satz 1 nicht gewerbsmäßig oder in einem Umfang, der einen in kaufmännischer Weise eingerichteten Geschäftsbetrieb erfordert, Einlagen oder andere rückzahlbare Gelder des Publikums entgegennehmen.

(1a) Gelder, die ein E-Geld-Institut zum Zwecke der Ausgabe von E-Geld entgegengenommen hat, hat es unverzüglich in E-Geld umzutauschen. Solche Gelder gelten nicht als Einlagen oder andere rückzahlbare Gelder des Publikums im Sinne des § 1 Absatz 1 Satz 2 Nummer 1 des Kreditwesengesetzes, wenn die Ausgabe des E-Geldes gleichzeitig oder unverzüglich nach der Entgegennahme des im Austausch gegen die Ausgabe des E-Geldes einzuzahlenden Geldbetrages erfolgt. E-Geld und das Guthaben, das durch die Ausgabe des E-Geldes entsteht, dürfen nicht verzinst und sonstige Vorteile, die mit der Länge der Haltedauer in Zusammenhang stehen, dürfen nicht gewährt werden.

(2) Soweit ein Institut im Rahmen der Erlaubnis nach § 8 Abs. 1 Satz 1 oder § 8a Absatz 1 Satz 1 Zahlungskonten für Zahlungsdienstnutzer führt, darf das Institut über diese Zahlungskonten ausschließlich die Abwicklung von Zahlungsvorgängen vornehmen. Guthaben auf Zahlungskonten, die bei dem Institut geführt werden, dürfen nicht verzinst werden. Die Geldbeträge, die ein Institut von den Zahlungsdienstnutzern für die Durchführung von Zahlungsvorgängen entgegennimmt, gelten nicht als Einlagen oder andere unbedingt rückzahlbare Gelder des Publikums im Sinne des § 1 Abs. 1 Satz 2 Nr. 1 des Kreditwesengesetzes oder als E-Geld.

(3) Ein Institut darf im Rahmen seiner Erlaubnis nach § 8 Abs. 1 Satz 1 oder § 8a Absatz 1 Satz 1 Zahlungsdienstnutzern nur im Zusammenhang mit Zahlungsdiensten

im Sinne des § 1 Abs. 2 Nr. 3 bis 5 Kredite gemäß § 19 des Kreditwesengesetzes gewähren, sofern
1. die Gewährung des Kredits als Nebentätigkeit und ausschließlich im Zusammenhang mit der Ausführung eines Zahlungsvorgangs erfolgt,
2. im Kreditvertrag eine Laufzeit von mehr als 12 Monaten nicht vereinbart und das Darlehen innerhalb von 12 Monaten vollständig zurückzuzahlen ist und
3. der Kredit nicht aus den für den Zweck der Ausführung eines Zahlungsvorgangs entgegengenommenen oder gehaltenen Geldbeträgen gewährt wird.

Satz 1 gilt für E-Geld-Institute mit der Maßgabe entsprechend, dass der Kredit auch nicht aus den für die Ausgabe von E-Geld entgegengenommenen und gehaltenen Geldbeträgen gewährt werden darf. Eine Kreditgewährung, die die Voraussetzungen des Satzes 1 und 2 erfüllt, gilt nicht als Kreditgeschäft im Sinne des § 1 Abs. 1 Satz 2 Nr. 2 des Kreditwesengesetzes, wenn sie durch ein Institut erfolgt, das als Kreditinstitut keine Erlaubnis zum Betreiben des Kreditgeschäfts hat. In diesem Fall prüft das Zahlungsinstitut vor Abschluss eines Verbraucherdarlehensvertrags oder eines Vertrags über eine entgeltliche Finanzierungshilfe die Kreditwürdigkeit des Verbrauchers. Grundlage können Auskünfte des Verbrauchers und erforderlichenfalls Auskünfte von Stellen sein, die geschäftsmäßig personenbezogene Daten, die zur Bewertung der Kreditwürdigkeit von Verbrauchern genutzt werden dürfen, zum Zweck der Übermittlung erheben, speichern oder verändern. Bei Änderung des Nettodarlehensbetrags sind die Auskünfte auf den neuesten Stand zu bringen. Bei einer erheblichen Erhöhung des Nettodarlehensbetrags ist die Kreditwürdigkeit neu zu bewerten. Die Bestimmungen zum Schutz personenbezogener Daten bleiben unberührt.

§ 3 Aufsicht; Entscheidung in Zweifelsfällen

(1) Die Bundesanstalt übt die Aufsicht über die Institute nach den Vorschriften dieses Gesetzes aus.
(2) Die Bundesanstalt kann im Rahmen der ihr gesetzlich zugewiesenen Aufgaben gegenüber den Instituten und ihren Geschäftsleitern Anordnungen treffen, die geeignet und erforderlich sind, um Verstöße gegen aufsichtsrechtliche Bestimmungen zu verhindern oder zu unterbinden oder um Missstände in einem Institut zu verhindern oder zu beseitigen, welche die Sicherheit der dem Institut anvertrauten Vermögenswerte gefährden können oder die ordnungsgemäße Durchführung der Zahlungsdienste oder das ordnungsgemäße Betreiben des E-Geld-Geschäfts beeinträchtigen.
(3) Die Bundesanstalt und die Deutsche Bundesbank arbeiten nach Maßgabe dieses Gesetzes zusammen; § 7 des Kreditwesengesetzes gilt entsprechend.
(4) Die Bundesanstalt entscheidet in Zweifelsfällen, ob ein Unternehmen den Vorschriften dieses Gesetzes unterliegt. Ihre Entscheidungen binden die sonstigen Verwaltungsbehörden.

§ 4 Einschreiten gegen unerlaubte Zahlungsdienste sowie das unerlaubte Betreiben des E-Geld-Geschäfts

(1) Werden ohne die nach § 8 Abs. 1 erforderliche Erlaubnis Zahlungsdienste erbracht (unerlaubte Zahlungsdienste) oder wird ohne die nach § 8a Absatz 1 erforderliche Erlaubnis das E-Geld-Geschäft betrieben (unerlaubtes Betreiben des E-Geld-Geschäfts), kann die Bundesanstalt die sofortige Einstellung des Geschäftsbetriebs und die unverzügliche Abwicklung dieser Geschäfte gegenüber dem Unternehmen sowie gegenüber seinen Gesellschaftern und den Mitgliedern seiner Organe anordnen. Sie kann für die Abwicklung Weisungen erlassen und eine geeignete Person als Abwickler bestellen. Sie kann ihre Maßnahmen nach den Sätzen 1 und 2 und nach § 23a bekannt

machen; personenbezogene Daten dürfen nur veröffentlicht werden, soweit dies zur Gefahrenabwehr erforderlich ist. Die Befugnisse der Bundesanstalt nach den Sätzen 1 bis 3 bestehen auch gegenüber dem Unternehmen, das in die Anbahnung, den Abschluss oder die Abwicklung dieser Geschäfte einbezogen ist, sowie gegenüber seinen Gesellschaftern und den Mitgliedern seiner Organe.

(2) Der Abwickler ist zum Antrag auf Eröffnung eines Insolvenzverfahrens über das Vermögen des Unternehmens berechtigt. § 37 Absatz 3 des Kreditwesengesetzes gilt entsprechend.

(3) Der Abwickler erhält von der Bundesanstalt eine angemessene Vergütung und Ersatz seiner Aufwendungen. Die gezahlten Beträge sind der Bundesanstalt von dem betroffenen Unternehmen gesondert zu erstatten und auf Verlangen der Bundesanstalt vorzuschießen. Die Bundesanstalt kann das betroffene Unternehmen anweisen, den von der Bundesanstalt festgesetzten Betrag in Namen der Bundesanstalt unmittelbar an den Abwickler zu leisten, wenn dadurch keine Beeinflussung der Unabhängigkeit des Abwicklers zu besorgen ist.

§ 5 Verfolgung unerlaubter Zahlungsdienste sowie des unerlaubten Betreibens des E-Geld-Geschäfts

(1) Ein Unternehmen, bei dem feststeht oder Tatsachen die Annahme rechtfertigen, dass es unerlaubte Zahlungsdienste erbringt, unerlaubt das E-Geld-Geschäft betreibt oder dass es in die Anbahnung, den Abschluss oder die Abwicklung unerlaubter Zahlungsdienste oder des unerlaubten Betreibens des E-Geld-Geschäfts einbezogen ist oder war, sowie die Mitglieder der Organe, die Gesellschafter und die Beschäftigten eines solchen Unternehmens haben der Bundesanstalt sowie der Deutschen Bundesbank auf Verlangen Auskünfte über alle Geschäftsangelegenheiten zu erteilen und Unterlagen vorzulegen. Ein Mitglied eines Organs, ein Gesellschafter oder ein Beschäftigter hat auf Verlangen auch nach seinem Ausscheiden aus dem Organ oder dem Unternehmen Auskunft zu erteilen und Unterlagen vorzulegen.

(2) Soweit dies zur Feststellung der Art oder des Umfangs der Geschäfte oder Tätigkeiten erforderlich ist, kann die Bundesanstalt Prüfungen in Räumen des Unternehmens sowie in den Räumen der nach Absatz 1 auskunfts- und vorlegungspflichtigen Personen und Unternehmen vornehmen; sie kann die Durchführung der Prüfungen der Deutschen Bundesbank übertragen. Die Bediensteten der Bundesanstalt und der Deutschen Bundesbank dürfen hierzu diese Räume innerhalb der üblichen Betriebs- und Geschäftszeiten betreten und besichtigen. Zur Verhütung dringender Gefahren für die öffentliche Ordnung und Sicherheit sind sie befugt, diese Räume auch außerhalb der üblichen Betriebs- und Geschäftszeiten sowie Räume, die auch als Wohnung dienen, zu betreten und zu besichtigen; das Grundrecht des Artikels 13 des Grundgesetzes wird insoweit eingeschränkt.

(3) Die Bediensteten der Bundesanstalt und der Deutschen Bundesbank dürfen die Räume des Unternehmens sowie der nach Absatz 1 auskunfts- und vorlegungspflichtigen Personen und Unternehmen durchsuchen. Im Rahmen der Durchsuchung dürfen die Bediensteten auch die auskunfts- und vorlegungspflichtigen Personen zum Zwecke der Sicherstellung von Gegenständen im Sinne des Absatzes 4 durchsuchen. Das Grundrecht des Artikels 13 des Grundgesetzes wird insoweit eingeschränkt. Durchsuchungen von Geschäftsräumen und Personen sind, außer bei Gefahr im Verzug, durch das Gericht anzuordnen. Durchsuchungen von Räumen, die als Wohnung dienen, sind durch das Gericht anzuordnen. Zuständig ist das Amtsgericht, in dessen Bezirk sich die Räume befinden. Gegen die gerichtliche Entscheidung ist die Beschwerde zulässig; die §§ 306 bis 310 und 311a der Strafprozessordnung gelten entsprechend. Über die Durchsuchung ist eine Niederschrift zu fertigen. Sie muss die verantwortliche Dienststelle, Grund, Zeit und Ort der Durchsuchung und ihr Ergebnis und, falls keine

gerichtliche Anordnung ergangen ist, auch Tatsachen, welche die Annahme einer Gefahr im Verzuge begründet haben, enthalten.

(4) Die Bediensteten der Bundesanstalt und der Deutschen Bundesbank können Gegenstände sicherstellen, die als Beweismittel für die Ermittlung des Sachverhaltes von Bedeutung sein können.

(5) Die Betroffenen haben Maßnahmen nach den Absätzen 2 und 3 Satz 1 sowie Absatz 4 zu dulden. Der zur Erteilung einer Auskunft Verpflichtete kann die Auskunft auf solche Fragen verweigern, deren Beantwortung ihn selbst oder einen der in § 383 Abs. 1 Nr. 1 bis 3 der Zivilprozessordnung bezeichneten Angehörigen der Gefahr strafgerichtlicher Verfolgung oder eines Verfahrens nach dem Gesetz über Ordnungswidrigkeiten aussetzen würde.

(6) Die Absätze 1 bis 5 gelten entsprechend für andere Unternehmen und Personen, sofern
1. Tatsachen die Annahme rechtfertigen, dass sie in die Anbahnung, den Abschluss oder die Abwicklung von Zahlungsdiensten oder des E-Geld-Geschäfts einbezogen sind, die in einem anderen Staat entgegen einem dort bestehenden Verbot erbracht werden, und
2. die zuständige Behörde des anderen Staates ein entsprechendes Ersuchen an die Bundesanstalt stellt.

§ 6 Verschwiegenheitspflicht

Die bei der Bundesanstalt Beschäftigten und die nach § 4 Abs. 3 des Finanzdienstleistungsaufsichtsgesetzes beauftragten Personen, die nach § 16 Abs. 2 Satz 2 Nr. 3 bestellten Aufsichtspersonen, die nach § 4 Abs. 1 Satz 2 bestellten Abwickler sowie die im Dienst der Deutschen Bundesbank stehenden Personen, soweit sie zur Durchführung dieses Gesetzes tätig werden, dürfen die ihnen bei ihrer Tätigkeit bekannt gewordenen Tatsachen, deren Geheimhaltung im Interesse des Instituts oder eines Dritten liegt, insbesondere Geschäfts- und Betriebsgeheimnisse, nicht unbefugt offenbaren oder verwerten, auch wenn sie nicht mehr im Dienst sind oder ihre Tätigkeit beendet ist. § 9 Absatz 1 Satz 2 bis 8 und Absatz 2 bis 4 des Kreditwesengesetzes gilt entsprechend.

§ 7 Zugang zu Zahlungssystemen

(1) Der Betreiber eines Zahlungssystems darf Zahlungsdienstleister, Zahlungsdienstnutzer und gleichartige Zahlungssysteme weder unmittelbar noch mittelbar
1. bei dem Zugang zum Zahlungssystem mit restriktiven Bedingungen oder sonstigen unverhältnismäßigen Mitteln behindern,
2. in Bezug auf ihre Rechte und Pflichten als Teilnehmer des Zahlungssystems ohne sachlich gerechtfertigten Grund unterschiedlich behandeln und
3. im Hinblick auf den institutionellen Status des Zahlungsdienstleisters beschränken.

(2) Der Betreiber eines Zahlungssystems darf objektive Bedingungen für eine Teilnahme an einem Zahlungssystem festlegen, soweit diese für einen wirksamen Schutz der finanziellen und operativen Stabilität des Zahlungssystems und zur Verhinderung der mit der Teilnahme an einem Zahlungssystem verbundenen Risiken erforderlich sind. Zu diesen Risiken gehören das operationelle Risiko, das Erfüllungsrisiko und das unternehmerische Risiko.

(3) Jeder Zahlungsdienstleister und jedes andere Zahlungssystem muss vor dem Beitritt und während seiner Teilnahme an einem Zahlungssystem gegenüber dem Betreiber und den anderen Teilnehmern des Zahlungssystems darlegen, dass seine

eigenen Vorkehrungen die objektiven Bedingungen des Betreibers des Zahlungssystems im Sinne von Absatz 2 für die Teilnahme an dem System erfüllen.

(4) Absatz 1 gilt nicht für
1. die in § 1 Abs. 16 des Kreditwesengesetzes bezeichneten Systeme,
2. Zahlungssysteme, die ausschließlich zwischen den einer einzigen Unternehmensgruppe angehörenden Zahlungsdienstleistern bestehen, sofern zwischen diesen Einzelunternehmen Kapitalverbindungen vorhanden sind und eines der verbundenen Unternehmen die tatsächliche Kontrolle über die anderen ausübt, sowie Zahlungssysteme, die innerhalb einer kreditwirtschaftlichen Verbundgruppe bestehen,
3. Zahlungssysteme, bei denen ein einziger Zahlungsdienstleister als einzelne rechtliche Einheit oder als Gruppe
   a) als Zahlungsdienstleister für den Zahler und den Zahlungsempfänger handelt oder als solcher handeln kann und ausschließlich allein für die Verwaltung des Systems zuständig ist und
   b) den anderen Zahlungsdienstleistern das Recht einräumt, an dem System teilzunehmen, sofern die anderen Zahlungsdienstleister nicht berechtigt sind, Entgelte in Bezug auf das Zahlungssystem unter sich auszuhandeln, jedoch ihre eigene Preisgestaltung in Bezug auf Zahler und Zahlungsempfänger festlegen dürfen.

(5) Wer gegen Absatz 1 verstößt, ist dem Betroffenen zur Beseitigung und bei Wiederholungsgefahr zur Unterlassung verpflichtet. Wer einen Verstoß nach Satz 1 vorsätzlich oder fahrlässig begeht, ist dem Betroffenen zum Ersatz des daraus entstehenden Schadens verpflichtet. Für diese Ansprüche ist der ordentliche Rechtsweg gegeben.

(6) Die Aufgaben und Zuständigkeiten der Kartellbehörden nach dem Gesetz gegen Wettbewerbsbeschränkungen bleiben unberührt. Die Kartellbehörden wirken auf eine einheitliche und den Zusammenhang mit dem Gesetz gegen Wettbewerbsbeschränkungen wahrende Auslegung dieses Gesetzes hin.

§ 7 a Ausnahmen für neue Zahlverfahren im Massenzahlungsverkehr; Verordnungsermächtigung

(1) Anträge nach Artikel 4 Absatz 4 der Verordnung (EU) Nr. 260/2012 zur Festlegung der technischen Vorschriften und der Geschäftsanforderungen für Überweisungen und Lastschriften in Euro und zur Änderung der Verordnung (EG) Nr. 924/2009 (ABl. L 94 vom 30.3.2012, S. 22) sind bei der Bundesanstalt zu stellen, wenn der Antragsteller seinen Sitz im Inland hat.

(2) Das Bundesministerium der Finanzen wird ermächtigt, durch Rechtsverordnung, die nicht der Zustimmung des Bundesrates bedarf, im Benehmen mit der Deutschen Bundesbank nähere Bestimmungen über Inhalt, Art und Umfang der Angaben, Nachweise und Unterlagen zu treffen, die ein Antrag nach Artikel 4 Absatz 4 der Verordnung (EU) Nr. 260/2012 enthalten muss. Das Bundesministerium der Finanzen kann die Ermächtigung durch Rechtsverordnung auf die Bundesanstalt mit der Maßgabe übertragen, dass die Rechtsverordnung im Einvernehmen mit der Deutschen Bundesbank ergeht. Vor Erlass der Rechtsverordnung sind die Verbände der Institute zu hören.

§ 7 b Konvertierungsdienstleistungen

Ein Zahlungsdienstleister darf bis zum 1. Februar 2016 einem Zahlungsdienstnutzer, der Verbraucher ist, nach Maßgabe der Sätze 3 bis 5 Konvertierungsdienstleistungen für Inlandszahlungen anbieten. Konvertierungsdienstleistungen für Inlandszahlungen sind Dienstleistungen, durch die Zahlungsdienstnutzer nach Satz 1 weiterhin die inländische Kontokennung BBAN statt des unter Nummer 1 Buchstabe a des Anhangs der Verordnung (EU) Nr. 260/2012 genannten Identifikators für Zahlungskonten verwenden können. Konvertierungsdienstleistungen dürfen nur unter der Bedingung erbracht werden, dass die Interoperabilität sichergestellt wird, indem die inländische Kontokennung BBAN des Zahlers und des Zahlungsempfängers technisch und sicher auf den unter Nummer 1 Buchstabe a des Anhangs der Verordnung (EU) Nr. 260/2012 genannten Identifikator für Zahlungskonten konvertiert wird. Diese Zahlungskontonummer wird dem den Auftrag erteilenden Zahlungsdienstnutzer mitgeteilt, sofern zweckmäßig, bevor die Zahlung ausgeführt wird. Ein Zahlungsdienstleister darf vom Zahlungsdienstnutzer keine direkt oder indirekt mit der Konvertierungsdienstleistung verknüpften zusätzlichen Entgelte oder sonstige Entgelte erheben.

§ 7 c Nutzung des Elektronischen Lastschriftverfahrens; Verordnungsermächtigung

(1) Die Anforderungen des Artikels 6 Absatz 1 und 2 der Verordnung (EU) Nr. 260/2012 werden bis zum 1. Februar 2016 für Zahlungen ausgesetzt, die an einer Verkaufsstelle mit Hilfe einer Zahlungskarte generiert werden und zu einer Lastschrift auf ein oder von einem durch eine inländische Kontokennung BBAN oder internationale Kontokennung IBAN identifiziertes Zahlungskonto führen (Elektronisches Lastschriftverfahren).

(2) Das Bundesministerium der Finanzen kann durch Rechtsverordnung, die nicht der Zustimmung des Bundesrates bedarf, nähere Bestimmungen zur technischen Durchführung des Elektronischen Lastschriftverfahrens erlassen, soweit dies für die Zwecke des Absatzes 1 zur Erfüllung der Aufgaben der Bundesanstalt erforderlich ist. Das Bundesministerium der Finanzen kann insbesondere die Kennzeichnung des vom Zahlungsempfänger an den Zahlungsdienstleister im Elektronischen Lastschriftverfahren weiterzuleitenden Datensatzes bestimmen.

Abschnitt 2:
Erlaubnis, Inhaber bedeutender Beteiligungen

§ 8 Erlaubnis für Zahlungsinstitute

(1) Wer im Inland gewerbsmäßig oder in einem Umfang, der einen in kaufmännischer Weise eingerichteten Geschäftsbetrieb erfordert, Zahlungsdienste als Zahlungsinstitut erbringen will, bedarf der schriftlichen Erlaubnis der Bundesanstalt. § 37 Abs. 4 des Verwaltungsverfahrensgesetzes ist anzuwenden.

(2) Über die Erbringung von Zahlungsdiensten hinaus sind von der Erlaubnis umfasst:
1. die Erbringung betrieblicher und eng verbundener Nebendienstleistungen; Nebendienstleistungen sind die Sicherstellung der Ausführung von Zahlungsvorgängen, Devisengeschäfte, Dienstleistungen für die Sicherstellung des Datenschutzes sowie die Datenspeicherung und -verarbeitung und Verwahrungsleistungen, soweit es sich nicht um die Entgegennahme von Einlagen handelt,
2. der Betrieb von Zahlungssystemen nach Maßgabe des § 7 und
3. Geschäftstätigkeiten, die nicht in der Erbringung von Zahlungsdiensten bestehen, wobei das geltende Gemeinschaftsrecht und das jeweils maßgebende einzelstaatliche Recht zu berücksichtigen sind.

(3) Der Erlaubnisantrag muss folgende Angaben und Nachweise enthalten:
1. das Geschäftsmodell, aus dem insbesondere die Art der beabsichtigten Zahlungsdienste hervorgeht,
2. den Geschäftsplan mit einer Budgetplanung für die ersten drei Geschäftsjahre, aus dem hervorgeht, dass der Antragsteller über geeignete und verhältnismäßige Systeme, Ressourcen und Verfahren verfügt, um seine Tätigkeit ordnungsgemäß auszuführen,
3. den Nachweis, dass das Zahlungsinstitut über das Anfangskapital nach § 9 Nr. 3 verfügt,
4. eine Beschreibung der Maßnahmen zur Erfüllung der Sicherungsanforderungen des § 13,
5. eine Beschreibung der Unternehmenssteuerung und der internen Kontrollmechanismen des Antragstellers einschließlich der Verwaltungs-, Risikomanagement- und Rechnungslegungsverfahren, aus der hervorgeht, dass diese Unternehmenssteuerung, Kontrollmechanismen und Verfahren verhältnismäßig, angemessen, zuverlässig und ausreichend sind,
6. eine Beschreibung der internen Kontrollmechanismen, die der Antragsteller eingeführt hat, um die Anforderungen des § 22 Absatz 1 Satz 3 Nummer 1 bis 3 und 4, Absatz 2 und 3 zu erfüllen,
7. eine Darstellung des organisatorischen Aufbaus des Antragstellers, gegebenenfalls einschließlich einer Beschreibung der geplanten Inanspruchnahme von Agenten und Zweigniederlassungen sowie einer Darstellung der Auslagerungsvereinbarungen, und eine Beschreibung der Art und Weise seiner Teilnahme an einem einzelstaatlichen oder internationalen Zahlungssystem,
8. die Namen der Inhaber einer bedeutenden Beteiligung, die Höhe ihrer Beteiligung sowie der Nachweis, dass sie den im Interesse der Gewährleistung einer soliden und umsichtigen Führung des Zahlungsinstituts zu stellenden Ansprüchen genügen; § 2c Absatz 1 Satz 4 des Kreditwesengesetzes gilt entsprechend,
9. die Namen der Geschäftsleiter, der für die Geschäftsleitung des Zahlungsinstituts verantwortlichen Personen und soweit es sich um Unternehmen handelt, die neben der Erbringung von Zahlungsdiensten anderen Geschäftsaktivitäten nachgehen, der für die Führung der Zahlungsdienstgeschäfte des Zahlungsinstituts verantwortlichen Personen. Der Antrag muss den Nachweis enthalten, dass die vorgenannten Personen zuverlässig sind und über angemessene theoretische und praktische Kenntnisse und Fähigkeiten zur Erbringung von Zahlungsdiensten verfügen. Der Antragsteller hat mindestens zwei Geschäftsleiter zu bestellen; bei Zahlungsinstituten mit geringer Größe genügt ein Geschäftsleiter,
10. gegebenenfalls die Namen der Abschlussprüfer des Jahresabschlusses und des Konzernabschlusses,
11. die Rechtsform und die Satzung oder den Gesellschaftsvertrag des Antragstellers und
12. die Anschrift der Hauptverwaltung oder des Sitzes des Antragstellers.

(4) Die Bundesanstalt teilt dem Antragsteller binnen drei Monaten nach Eingang des vollständigen Antrags mit, ob die Erlaubnis erteilt oder abgelehnt wurde.

(5) Die Bundesanstalt kann die Erlaubnis unter Auflagen erteilen, die sich im Rahmen des mit diesem Gesetz verfolgten Zweckes halten müssen. Sie kann im Rahmen dieses Zweckes auch die Erlaubnis auf einzelne Zahlungsdienste beschränken. Geht das Zahlungsinstitut zugleich anderen Geschäftstätigkeiten nach, kann die Bundesanstalt ihm auferlegen, dass es diese Geschäfte abzuspalten hat oder ein eigenes Unternehmen für das Zahlungsdienstgeschäft zu gründen hat, wenn diese Geschäfte die finanzielle Solidität des Zahlungsinstituts oder die Prüfungsmöglichkeiten beeinträchtigen oder beeinträchtigen könnten.

(6) Das Zahlungsinstitut hat der Bundesanstalt unverzüglich jede materiell und strukturell wesentliche Änderung der tatsächlichen oder rechtlichen Verhältnisse mitzuteilen, soweit sie die Richtigkeit der nach Absatz 3 vorgelegten Angaben und Nachweise betreffen.

(7) Die Bundesanstalt hat die Erteilung der Erlaubnis im Bundesanzeiger bekannt zu machen.

(8) Soweit für das Erbringen von Zahlungsdiensten eine Erlaubnis nach Absatz 1 erforderlich ist, dürfen Eintragungen in öffentliche Register nur vorgenommen werden, wenn dem Registergericht die Erlaubnis nachgewiesen ist.

§ 8a Erlaubnis für E-Geld-Institute

(1) Wer im Inland das E-Geld-Geschäft als E-Geld-Institut betreiben will, bedarf der schriftlichen Erlaubnis der Bundesanstalt. § 37 Absatz 4 des Verwaltungsverfahrensgesetzes ist anzuwenden.

(2) Über die Erbringung des E-Geld-Geschäfts hinaus sind von der Erlaubnis nach Absatz 1 umfasst:
1. die Erbringung von Zahlungsdiensten im Sinne des § 1 Absatz 2,
2. die Gewährung von Krediten nach Maßgabe des § 2 Absatz 3 und des § 12a Absatz 1 Satz 2,
3. die Erbringung von betrieblichen Dienstleistungen und damit eng verbundenen Nebendienstleistungen, die mit der Ausgabe von E-Geld oder mit der Erbringung von Zahlungsdiensten im Sinne des § 1 Absatz 2 in Zusammenhang stehen,
4. der Betrieb von Zahlungssystemen im Sinne des § 1 Absatz 6, unbeschadet des § 7,
5. andere Geschäftstätigkeiten als die Ausgabe von E-Geld im Rahmen der geltenden gemeinschaftlichen und nationalen Rechtsvorschriften.

(3) Auf den Inhalt des Erlaubnisantrags ist § 8 Absatz 3 Nummer 2, 5, 6, 8 und 10 bis 12 entsprechend anzuwenden. Der Erlaubnisantrag muss zusätzlich folgende Angaben und Nachweise enthalten:
1. das Geschäftsmodell, aus dem insbesondere die beabsichtigte Ausgabe von E-Geld sowie die Art der beabsichtigten Zahlungsdienste hervorgeht,
2. den Nachweis, dass das E-Geld-Institut über das Anfangskapital nach § 9a Nummer 1 verfügt,
3. eine Beschreibung der Maßnahmen zur Erfüllung der Sicherungsanforderungen des § 13a und, soweit Zahlungsdienste erbracht werden, auch der Sicherungsanforderungen des § 13,
4. eine Darstellung des organisatorischen Aufbaus des Antragstellers, gegebenenfalls einschließlich einer Beschreibung der geplanten Inanspruchnahme von E-Geld-Agenten, Zweigniederlassungen und, soweit Zahlungsdienste erbracht werden, Agenten sowie eine Darstellung der Auslagerungsvereinbarungen und eine Beschreibung der Art und Weise seiner Teilnahme an einem einzelstaatlichen oder internationalen Zahlungssystem sowie
5. die Namen der Geschäftsleiter, der für die Geschäftsleitung des E-Geld-Instituts verantwortlichen Personen und, soweit es sich um Unternehmen handelt, die neben der Ausgabe von E-Geld und der Erbringung von Zahlungsdiensten anderen Geschäftsaktivitäten nachgehen, der für die Ausgabe von E-Geld und Erbringung von Zahlungsdiensten des E-Geld-Instituts verantwortlichen Personen. Der Antrag muss den Nachweis enthalten, dass die vorgenannten Personen zuverlässig sind und über angemessene theoretische und praktische Kenntnisse und Fähigkeiten zur Ausgabe von E-Geld und die Erbringung von Zahlungsdiensten verfügen. Der Antragsteller hat mindestens zwei Geschäftsleiter zu bestellen; bei E-Geld-Instituten mit geringer Größe genügt ein Geschäftsleiter.

Für das weitere Verfahren gilt § 8 Absatz 4 und 7 entsprechend.

(4) Die Bundesanstalt kann die Erlaubnis unter Auflagen erteilen, die sich im Rahmen des mit diesem Gesetz verfolgten Zweckes halten müssen. Erbringt das E-Geld-Institut zugleich Zahlungsdienste oder geht anderen Geschäftätigkeiten nach, kann die Bundesanstalt ihm auferlegen, dass es die Erbringung von Zahlungsdiensten oder die anderen Geschäfte abzuspalten hat oder ein eigenes Unternehmen für das E-Geld-Geschäft zu gründen hat, wenn diese die finanzielle Solidität des E-Geld-Instituts oder die Prüfungsmöglichkeiten beeinträchtigen oder beeinträchtigen könnten.

(5) Das E-Geld-Institut hat der Bundesanstalt unverzüglich jede materiell und strukturell wesentliche Änderung der tatsächlichen und rechtlichen Verhältnisse mitzuteilen, soweit sie die Richtigkeit der nach Absatz 3 Satz 1 und 2 vorgelegten Angaben und Nachweise betreffen.

(6) Soweit für das Betreiben des E-Geld-Geschäfts eine Erlaubnis nach Absatz 1 erforderlich ist, dürfen Eintragungen in öffentliche Register nur vorgenommen werden, wenn dem Registergericht die Erlaubnis nachgewiesen ist.

§ 9 Versagung der Erlaubnis für Zahlungsinstitute

Die Erlaubnis zur Erbringung von Zahlungsdiensten ist zu versagen, wenn
1. der Antragsteller keine juristische Person oder Personenhandelsgesellschaft ist;
2. der Antrag entgegen § 8 Abs. 3 keine ausreichenden Angaben oder Unterlagen enthält;
3. die zum Geschäftsbetrieb erforderlichen Mittel, insbesondere ein ausreichendes Anfangskapital im Sinne des § 1 Absatz 9a, im Inland nicht zur Verfügung stehen; als Anfangskapital muss zur Verfügung stehen:
   a) bei Zahlungsinstituten, die nur die in § 1 Abs. 2 Nr. 6 genannten Zahlungsdienste erbringen, einen Betrag im Gegenwert von mindestens 20 000 Euro,
   b) bei Zahlungsinstituten, die nur die in § 1 Abs. 2 Nr. 5 genannten Zahlungsdienste erbringen, einen Betrag im Gegenwert von mindestens 50 000 Euro,
   c) bei Zahlungsinstituten, die die in § 1 Abs. 2 Nr. 1 bis 4 genannten Zahlungsdienste erbringen, einen Betrag im Gegenwert von mindestens 125 000 Euro.
   Soweit ein Zahlungsinstitut eine Erlaubnis im Sinne des § 32 Abs. 1 Satz 1 des Kreditwesengesetzes hat, gilt für die Berechnung der erforderlichen Mittel der nach dieser Vorschrift und § 33 Abs. 1 des Kreditwesengesetzes festgelegte höhere Wert;
4. Tatsachen die Annahme rechtfertigen, dass der Antragsteller oder der Inhaber einer bedeutenden Beteiligung oder, wenn dieser eine juristische Person ist, auch ein gesetzlicher oder satzungsmäßiger Vertreter, oder, wenn er eine Personenhandelsgesellschaft ist, auch ein Gesellschafter, nicht zuverlässig ist oder aus anderen Gründen nicht den im Interesse einer soliden und umsichtigen Führung des Zahlungsinstituts zu stellenden Ansprüchen genügt;
5. Tatsachen vorliegen, aus denen sich ergibt, dass ein Geschäftsleiter nicht zuverlässig ist oder nicht die zur Leitung des Zahlungsinstituts erforderliche fachliche Eignung hat und auch nicht eine andere Person nach § 8 Abs. 3 Nr. 9 als Geschäftsleiter bezeichnet wird; die fachliche Eignung setzt voraus, dass in ausreichendem Maß theoretische und praktische Kenntnisse in den betreffenden Geschäften und Leitungserfahrung vorhanden sind;
6. das Zahlungsinstitut über keine wirksamen Verfahren zur Ermittlung, Steuerung, Überwachung und Meldung von Risiken sowie angemessene interne Kontrollverfahren nach § 22 einschließlich solider Verwaltungs- und Rechnungslegungsverfahren verfügt oder die Sicherungsanforderungen nach § 13 nicht erfüllt;
7. Tatsachen die Annahme rechtfertigen, dass eine wirksame Aufsicht über das Zahlungsinstitut beeinträchtigt wird; dies ist insbesondere der Fall, wenn
   a) das Zahlungsinstitut mit anderen Personen oder Unternehmen in einen Unternehmensverbund eingebunden ist oder in einer engen Verbindung im Sinne des Artikels 4 Absatz 1 Nummer 38 der Verordnung (EU) Nr. 575/2013 zu einem

solchen steht, der durch die Struktur des Beteiligungsgeflechtes oder mangelhafte wirtschaftliche Transparenz eine wirksame Aufsicht über das Zahlungsinstitut beeinträchtigt,
b) eine wirksame Aufsicht über das Zahlungsinstitut wegen der für solche Personen oder Unternehmen geltenden Rechts- oder Verwaltungsvorschriften eines Drittstaates beeinträchtigt wird oder
c) das Zahlungsinstitut Tochterunternehmen eines Instituts mit Sitz in einem Drittstaat ist, das im Staat seines Sitzes oder seiner Hauptverwaltung nicht wirksam beaufsichtigt wird oder dessen zuständige Aufsichtsstelle zu einer befriedigenden Zusammenarbeit mit der Bundesanstalt nicht bereit ist;
8. das Zahlungsinstitut seine Hauptverwaltung nicht im Inland hat.

§ 9a Versagung der Erlaubnis für E-Geld-Institute

Die Erlaubnis zum Betreiben des E-Geld-Geschäfts ist zu versagen, wenn
1. die zum Geschäftsbetrieb erforderlichen Mittel, insbesondere ein ausreichendes Anfangskapital im Sinne des § 1 Absatz 9a mit einem Betrag im Gegenwert von mindestens 350 000 Euro im Inland nicht zur Verfügung stehen. Soweit ein E-Geld-Institut eine Erlaubnis im Sinne des § 32 Absatz 1 Satz 1 des Kreditwesengesetzes hat, gilt für die Berechnung der erforderlichen Mittel der nach dieser Vorschrift und § 33 Absatz 1 des Kreditwesengesetzes festgelegte höhere Wert,
2. der Antrag entgegen § 8a Absatz 3 keine ausreichenden Angaben oder Unterlagen enthält,
3. ein Versagungsgrund nach § 9 Nummer 1 oder 4 bis 8 entsprechend erfüllt ist oder
4. die Sicherungsanforderungen nach § 13a nicht erfüllt sind oder gegen das Verbot des § 23a verstoßen wird.

§ 10 Erlöschen und Aufhebung der Erlaubnis

(1) Die Erlaubnis erlischt, wenn von ihr nicht innerhalb eines Jahres seit ihrer Erteilung Gebrauch gemacht wird oder wenn ausdrücklich auf sie verzichtet wurde.

(2) Die Bundesanstalt kann die Erlaubnis außer nach den Vorschriften des Verwaltungsverfahrensgesetzes aufheben, wenn
1. der Geschäftsbetrieb, auf den sich die Erlaubnis bezieht, seit mehr als sechs Monaten nicht mehr ausgeübt worden ist,
2. die Erlaubnis auf Grund falscher Angaben oder auf andere Weise unrechtmäßig erlangt wurde,
3. Tatsachen bekannt werden, die die Versagung der Erlaubnis nach § 9 oder nach § 9a rechtfertigen würden oder
4. die Fortsetzung der Erbringung von Zahlungsdiensten oder des Betreibens des E-Geld-Geschäfts die Stabilität des betriebenen Zahlungssystems gefährden würde.

(3) § 38 des Kreditwesengesetzes gilt entsprechend. § 48 Abs. 4 Satz 1 und § 49 Abs. 2 Satz 2 des Verwaltungsverfahrensgesetzes über die Jahresfrist sind nicht anzuwenden.

(4) Die Bundesanstalt macht die Aufhebung oder das Erlöschen der Erlaubnis im Bundesanzeiger bekannt.

§ 11 Inhaber bedeutender Beteiligungen

(1) Der Inhaber einer bedeutenden Beteiligung an einem Institut muss den im Interesse einer soliden und umsichtigen Führung des Instituts zu stellenden Ansprüchen genügen. § 2c Abs. 1 Satz 1 bis 7, Abs. 1a und 1b Satz 2 bis 7, Abs. 2 und 3 des

Kreditwesengesetzes ist entsprechend anzuwenden. § 2c Abs. 1b Satz 1 des Kreditwesengesetzes ist mit der Maßgabe anzuwenden, dass der beabsichtigte Erwerb der bedeutenden Beteiligung oder ihre Erhöhung nur auf Grund der dortigen Nummern 1 und 3 bis 5 sowie im Falle des § 9 Nr. 6 untersagt werden kann.

(2) Das Bundesministerium der Finanzen wird ermächtigt, durch Rechtsverordnung ohne Zustimmung des Bundesrates im Benehmen mit der Deutschen Bundesbank nähere Bestimmungen über die wesentlichen Unterlagen und Tatsachen zu treffen, die der interessierte Erwerber einer bedeutenden Beteiligung gemäß Absatz 1 Satz 2 in Verbindung mit § 2c Absatz 1 Satz 2 des Kreditwesengesetzes in der Anzeige anzugeben hat, soweit diese Angaben zur Erfüllung der Aufgaben der Bundesanstalt erforderlich sind. Das Bundesministerium der Finanzen kann die Ermächtigung durch Rechtsverordnung ohne Zustimmung des Bundesrates auf die Bundesanstalt mit der Maßgabe übertragen, dass die Rechtsverordnung im Einvernehmen mit der Deutschen Bundesbank ergeht. Vor Erlass der Rechtsverordnung sind die Verbände der Institute zu hören.

Abschnitt 3:
Eigenkapital

§ 12 Eigenkapital bei Zahlungsinstituten

(1) Zahlungsinstitute müssen im Interesse der Erfüllung ihrer Verpflichtungen über angemessenes Eigenkapital gemäß § 10 Absatz 2 Satz 2 bis 7, Absatz 2a und 2b des Kreditwesengesetzes in der bis zum 31. Dezember 2013 geltenden Fassung verfügen.
Das Eigenkapital muss in den Fällen des § 2 Abs. 3 nach Auffassung der Bundesanstalt jederzeit in einem angemessenen Verhältnis zum Gesamtbetrag der gewährten Kredite stehen.

(2) Die Bundesanstalt trifft Maßnahmen, die erforderlich sind, um in Fällen, in denen ein Zahlungsinstitut zu derselben Gruppe gehört wie ein anderes Zahlungsinstitut, ein Kreditinstitut, ein Finanzdienstleistungsinstitut, eine Vermögensverwaltungsgesellschaft oder ein Versicherungsunternehmen, zu verhindern, dass Bestandteile, die für die Berechnung des haftenden Eigenkapitals in Frage kommen, mehrfach genutzt werden. Dies gilt auch dann, wenn ein Zahlungsinstitut neben der Erbringung von Zahlungsdiensten anderen Geschäftsaktivitäten nachgeht.

(3) Sofern die Voraussetzungen für eine Freistellung nach § 2a des Kreditwesengesetzes in Verbindung mit Artikel 7 Absatz 1 und 2 der Verordnung (EU) Nr. 575/2013 gegeben sind, kann die Bundesanstalt davon absehen, die Absätze 1, 2, 4 und 5 auf Zahlungsinstitute anzuwenden, die in die konsolidierte Beaufsichtigung des übergeordneten Instituts einbezogen sind.

(4) Zahlungsinstitute haben der Bundesanstalt und der Deutschen Bundesbank vierteljährlich die für die Überprüfung der angemessenen Eigenkapitalausstattung erforderlichen Angaben einzureichen. Die Rechtsverordnung nach Absatz 6 kann in besonderen Fällen einen längeren Meldezeitraum vorsehen. Die Bundesanstalt kann bei der Beurteilung der Angemessenheit des Eigenkapitals auf der Grundlage einer Bewertung der Geschäftsorganisation, des Risikomanagements, der Verlustdatenbank, der internen Kontrollmechanismen sowie der tatsächlichen Risiken des Zahlungsinstituts vorschreiben, dass die Eigenkapitalunterlegung des Zahlungsinstituts einem Betrag entsprechen muss, der um bis zu 20 Prozent von den Solvabilitätsgrundsätzen abweicht.

(5) Zahlungsinstitute, die eine Erlaubnis gemäß § 32 Absatz 1 des Kreditwesengesetzes haben, müssen neben den Eigenkapitalanforderungen nach diesem Gesetz

auch die Eigenmittelanforderungen nach den Artikeln 24 bis 386 der Verordnung (EU) Nr. 575/2013 oder nach § 1a des Kreditwesengesetzes in Verbindung mit den Artikeln 24 bis 386 der Verordnung (EU) Nr. 575/2013 ermitteln, sofern sie nicht von der Anwendung dieser Artikel ausgenommen sind. Sofern die Anforderungen nach diesem Gesetz höher sind, sind diese mit Eigenkapital nach Absatz 1 abzudecken.

(6) Das Bundesministerium der Finanzen wird ermächtigt, durch Rechtsverordnung ohne Zustimmung des Bundesrates im Benehmen mit der Deutschen Bundesbank nähere Bestimmungen über die angemessene Eigenkapitalausstattung (Solvabilität) der Zahlungsinstitute, insbesondere über
1. die Berechnungsmethoden,
2. Inhalt, Art, Umfang und Form der nach Absatz 4 erforderlichen Angaben,
3. Meldepflichten bei Nichteinhaltung von Eigenkapitalanforderungen und
4. die für die Datenübermittlung zulässigen Datenträger, Übertragungswege und Datenformate

zu erlassen. Das Bundesministerium der Finanzen kann die Ermächtigung durch Rechtsverordnung ohne Zustimmung des Bundesrates auf die Bundesanstalt mit der Maßgabe übertragen, dass die Rechtsverordnung im Einvernehmen mit der Deutschen Bundesbank ergeht. Vor Erlass der Rechtsverordnung sind die Verbände der Zahlungsinstitute zu hören.

§ 12a Eigenkapital bei E-Geld-Instituten

(1) E-Geld-Institute müssen im Interesse der Erfüllung ihrer Verpflichtungen über angemessenes Eigenkapital entsprechend § 10 Absatz 2 Satz 2 bis 7, Absatz 2a und 2b des Kreditwesengesetzes in der bis zum 31. Dezember 2013 geltenden Fassung verfügen. Das Eigenkapital muss in den Fällen des § 2 Absatz 3 nach Auffassung der Bundesanstalt jederzeit in einem angemessenen Verhältnis zum Gesamtbetrag der gewährten Kredite stehen.

(2) Die Bundesanstalt trifft Maßnahmen, die erforderlich sind, um in Fällen, in denen ein E-Geld-Institut zu derselben Gruppe gehört wie ein anderes E-Geld-Institut, ein Zahlungsinstitut, ein Kreditinstitut, ein Finanzdienstleistungsinstitut, eine Vermögensverwaltungsgesellschaft oder ein Versicherungsunternehmen, zu verhindern, dass Bestandteile, die für die Berechnung des haftenden Eigenkapitals in Frage kommen, mehrfach genutzt werden. Dies gilt auch dann, wenn ein E-Geld-Institut neben dem Betreiben des E-Geld-Geschäfts anderen Geschäftsaktivitäten nachgeht.

(3) § 12 Absatz 3 bis 5 ist entsprechend anzuwenden.

(4) Das Bundesministerium der Finanzen wird ermächtigt, durch Rechtsverordnung ohne Zustimmung des Bundesrates im Benehmen mit der Deutschen Bundesbank nähere Bestimmungen über die angemessene Eigenkapitalausstattung (Solvabilität) der E-Geld-Institute zu erlassen, insbesondere
1. die Berechnungsmethoden,
2. Inhalt, Art, Umfang und Form der nach Absatz 3 in Verbindung mit § 12 Absatz 4 erforderlichen Angaben,
3. Meldepflichten bei Nichteinhaltung von Eigenkapitalanforderungen und
4. die für die Datenübermittlung zulässigen Datenträger, Übertragungswege und Datenformate.

Das Bundesministerium der Finanzen kann die Ermächtigung durch Rechtsverordnung ohne Zustimmung des Bundesrates auf die Bundesanstalt mit der Maßgabe übertragen, dass die Rechtsverordnung im Einvernehmen mit der Deutschen Bundesbank ergeht. Vor Erlass der Rechtsverordnung sind die Verbände der Zahlungsinstitute zu hören.

Abschnitt 4:
Vorschriften über die Beaufsichtigung von Instituten, sofortige Vollziehbarkeit

§ 13 Sicherungsanforderungen für die Entgegennahme von Geldbeträgen im Rahmen der Erbringung von Zahlungsdiensten

(1) Institute haben die Geldbeträge, die sie von den Zahlungsdienstnutzern oder über einen anderen Zahlungsdienstleister für die Ausführung von Zahlungsvorgängen entgegengenommen haben, nach einer der in Satz 2 beschriebenen Methoden zu sichern. Die Geldbeträge
1. a) dürfen zu keinem Zeitpunkt mit den Geldbeträgen anderer natürlicher oder juristischer Personen als der Zahlungsdienstnutzer, für die sie gehalten werden, vermischt werden,
    a) müssen, wenn sie sich am Ende des auf den Tag ihres Eingangs folgenden Geschäftstags noch in Händen des Instituts befinden und noch nicht dem Zahlungsempfänger übergeben oder an einen anderen Zahlungsdienstleister übermittelt worden sind, auf einem offenen Treuhandkonto bei einem Kreditinstitut hinterlegt oder in sichere liquide Aktiva mit niedrigem Risiko, wie von der Bundesanstalt definiert, investiert werden und
    b) sind so von den übrigen Vermögenswerten des Instituts zu trennen, dass sie im Insolvenzfall nicht in die Insolvenzmasse des Instituts fallen und dessen Gläubiger auf sie auch nicht im Wege der Einzelvollstreckung Zugriff haben, oder
2. müssen durch eine Versicherung oder eine andere vergleichbare Garantie bei einem im Geltungsbereich dieses Gesetzes zum Geschäftsbetrieb befugten Versicherungsunternehmen oder Kreditinstitut, das nicht zur selben Gruppe gehört wie das Institut selbst, über einen Betrag abgesichert werden, der demjenigen entspricht, der ohne die Versicherung oder die andere vergleichbare Garantie getrennt geführt werden müsste, und der im Falle der Zahlungsunfähigkeit des Zahlungsinstituts auszuzahlen ist.

(2) Muss ein Institut Geldbeträge nach Absatz 1 absichern und ist ein Teil dieser Geldbeträge für zukünftige Zahlungsvorgänge zu verwenden, während der verbleibende Teil für Dienste, die keine Zahlungsdienste sind, verwendet werden muss, gilt Absatz 1 auch für den Anteil der Geldbeträge, der für zukünftige Zahlungsvorgänge zu verwenden ist.

(3) Das Institut hat der Bundesanstalt während des laufenden Geschäftsbetriebes auf Anforderung darzulegen und nachzuweisen, dass es ausreichende Maßnahmen ergriffen hat, um die in den Absätzen 1 und 2 genannten Anforderungen zu erfüllen. Wird der Nachweis nicht erbracht oder sind die Maßnahmen nicht ausreichend, kann die Bundesanstalt das Institut auffordern, die erforderlichen Nachweise vorzulegen oder Vorkehrungen zu treffen, die geeignet und erforderlich sind, die bestehenden Mängel zu beseitigen; die Bundesanstalt kann dafür eine angemessene Frist bestimmen. Werden die Nachweise oder Vorkehrungen nicht oder nicht fristgerecht vorgelegt oder ausgeführt, kann die Bundesanstalt Maßnahmen nach § 16 Abs. 2 treffen.

§ 13a Sicherungsanforderungen für die Entgegennahme von Geldbeträgen für die Ausgabe von E-Geld

(1) E-Geld-Institute haben die Geldbeträge, die sie für die Ausgabe von E-Geld oder im Rahmen der Erbringung von Zahlungsdiensten für die Ausführung von Zahlungs-

vorgängen entgegengenommen haben, nach Maßgabe des § 13 Absatz 1 Satz 2 Nummer 1 Buchstabe a bis c oder Nummer 2 zu sichern. § 13 Absatz 1 Satz 2 Nummer 1 Buchstabe b findet mit der Maßgabe Anwendung, dass sich die sicheren Aktiva mit niedrigem Risiko nach § 1 Absatz 9b bestimmen. Die Bundesanstalt kann in Ausnahmefällen von § 1 Absatz 9b erfasste Aktiva ausschließen, wenn diese auf Grund der Bewertung der Sicherheit, des Fälligkeitstermins, des Wertes oder anderer Risikofaktoren nicht als sichere Aktiva mit niedrigem Risiko einzuordnen sind.

(2) Sofern Geldbeträge zum Zweck der Ausgabe von E-Geld durch Zahlung mittels eines Zahlungsauthentifizierungsinstruments entgegengenommen werden, sind diese Geldbeträge, sobald sie dem Zahlungskonto des E-Geld-Instituts gutgeschrieben oder dem E-Geld-Institut nach Maßgabe des § 675s des Bürgerlichen Gesetzbuchs zur Verfügung gestellt worden sind, spätestens jedoch fünf Geschäftstage im Sinne des § 675n Absatz 1 Satz 4 des Bürgerlichen Gesetzbuchs nach Ausgabe des E-Geldes zu sichern.

(3) § 13 Absatz 2 und 3 gilt entsprechend.

(4) Die Bundesanstalt kann bestimmen, nach welcher der in § 13 Absatz 1 Satz 2 beschriebenen Methode das E-Geld-Institut die entgegengenommenen Geldbeträge zu sichern hat.

§ 14 Auskünfte und Prüfungen

(1) Ein Institut, die Mitglieder seiner Organe sowie seine Beschäftigten und die für das Institut tätigen Agenten sowie E-Geld-Agenten, seine Zweigniederlassungen und Auslagerungsunternehmen haben der Bundesanstalt, den Personen und Einrichtungen, derer sich die Bundesanstalt bei der Durchführung ihrer Aufgaben bedient, sowie der Deutschen Bundesbank auf Verlangen Auskünfte über alle Geschäftsangelegenheiten zu erteilen und Unterlagen vorzulegen. Die Bundesanstalt kann, auch ohne besonderen Anlass, bei den Instituten, ihren Zweigniederlassungen, Agenten sowie E-Geld-Agenten und Auslagerungsunternehmen Prüfungen vornehmen und die Durchführung der Prüfungen der Deutschen Bundesbank übertragen. Die Bediensteten der Bundesanstalt, der Deutschen Bundesbank sowie die sonstigen Personen, derer sich die Bundesanstalt bei der Durchführung der Prüfungen bedient, können hierzu die Geschäftsräume des Instituts, der Zweigniederlassung, des Agenten sowie E-Geld-Agenten oder des Auslagerungsunternehmens innerhalb der üblichen Betriebs- und Geschäftszeiten betreten und besichtigen. Die Betroffenen haben Maßnahmen nach den Sätzen 2 und 3 zu dulden.

(2) Die Bundesanstalt und die Deutsche Bundesbank können zu den Hauptversammlungen, Generalversammlungen oder Gesellschafterversammlungen sowie zu den Sitzungen der Aufsichtsorgane Vertreter entsenden. Diese können in der Versammlung oder Sitzung das Wort ergreifen. Die Betroffenen haben Maßnahmen nach den Sätzen 1 und 2 zu dulden.

(3) Institute haben auf Verlangen der Bundesanstalt die Einberufung der in Absatz 2 Satz 1 bezeichneten Versammlungen, die Anberaumung von Sitzungen der Verwaltungs- und Aufsichtsorgane sowie die Ankündigung von Gegenständen zur Beschlussfassung vorzunehmen. Die Bundesanstalt kann zu einer nach Satz 1 anberaumten Sitzung Vertreter entsenden. Diese können in der Sitzung das Wort ergreifen. Die Betroffenen haben Maßnahmen nach den Sätzen 2 und 3 zu dulden. Absatz 2 bleibt unberührt.

(4) Wer zur Auskunft verpflichtet ist, kann die Auskunft auf solche Fragen verweigern, deren Beantwortung ihn selbst oder einen der in § 383 Abs. 1 Nr. 1 bis 3 der Zivilprozessordnung bezeichneten Angehörigen der Gefahr strafgerichtlicher Verfolgung oder eines Verfahrens nach dem Gesetz über Ordnungswidrigkeiten aussetzen würde.

§ 15 Abberufung von Geschäftsleitern, Übertragung von Organbefugnissen auf Sonderbeauftragte

(1) In den Fällen des § 10 Abs. 2 Nr. 3 und 4 kann die Bundesanstalt, statt die Erlaubnis aufzuheben, die Abberufung der verantwortlichen Geschäftsleiter verlangen und diesen Geschäftsleitern auch die Ausübung ihrer Tätigkeit bei Instituten untersagen.

(2) Die Bundesanstalt kann unter den Voraussetzungen des Absatzes 1 Befugnisse, die Organen des Instituts zustehen, ganz oder teilweise auf einen Sonderbeauftragten übertragen, der zur Wahrung der Befugnisse geeignet erscheint; § 45c Absatz 6 und 7 des Kreditwesengesetzes gilt entsprechend.

(3) Die Bundesanstalt kann die Abberufung eines Geschäftsleiters auch verlangen und diesem Geschäftsleiter auch die Ausübung seiner Tätigkeit bei Zahlungsinstituten untersagen, wenn dieser vorsätzlich oder leichtfertig gegen die Bestimmungen dieses Gesetzes, des Geldwäschegesetzes sowie gegen die zur Durchführung dieser Gesetze erlassenen Verordnungen oder gegen Anordnungen der Bundesanstalt verstoßen hat und trotz Verwarnung durch die Bundesanstalt dieses Verhalten fortsetzt.

§ 16 Maßnahmen in besonderen Fällen und Insolvenzantrag

(1) Sinkt das Eigenkapital unter den höheren der bei Zahlungsinstituten nach § 9 Nr. 3 und § 12 zu ermittelnden Beträge und bei E-Geld-Instituten unter den nach § 9a Nummer 1 und 12a zu ermittelnden Beträge, kann die Bundesanstalt
1. Entnahmen durch die Inhaber oder Gesellschafter sowie die Ausschüttung von Gewinnen untersagen oder beschränken oder
2. anordnen, dass das Institut Maßnahmen zur Verringerung von Risiken ergreift, soweit sich diese aus bestimmten Arten von Geschäften und Produkten, insbesondere aus der Vergabe von Krediten, oder der Nutzung bestimmter Zahlungssysteme ergeben.

(2) Ist die Erfüllung der Verpflichtungen eines Instituts gegenüber seinen Gläubigern gefährdet, insbesondere die Sicherheit der ihm anvertrauten Vermögenswerte, oder besteht der begründete Verdacht, dass eine wirksame Aufsicht über das Institut nicht möglich ist, kann die Bundesanstalt zur Abwendung dieser Gefahr einstweilige Maßnahmen treffen. Sie kann insbesondere
1. Anweisungen für die Geschäftsführung des Instituts erlassen,
2. Inhabern und Geschäftsleitern die Ausübung ihrer Tätigkeit untersagen oder beschränken und
3. Aufsichtspersonen bestellen.

(3) Liegen die Voraussetzungen des Absatzes 2 Satz 1 vor, kann die Bundesanstalt zur Vermeidung des Insolvenzverfahrens vorübergehend
1. die Annahme von Geldern und die Gewährung von Darlehen verbieten,
2. ein Veräußerungs- und Zahlungsverbot an das Institut erlassen,
3. die Schließung des Instituts für den Verkehr mit der Kundschaft anordnen und
4. die Entgegennahme von Zahlungen, die nicht zur Tilgung von Schulden gegenüber dem Institut bestimmt sind, verbieten.

§ 45c Absatz 2 Nummer 8, Absatz 6 und 7, § 46 Absatz 1 Satz 3 bis 6 sowie § 46c des Kreditwesengesetzes gelten entsprechend.

(4) Wird ein Institut zahlungsunfähig oder tritt Überschuldung ein, so haben die Geschäftsleiter dies der Bundesanstalt unter Beifügung aussagefähiger Unterlagen unverzüglich anzuzeigen; die Geschäftsleiter haben eine solche Anzeige unter Beifügung entsprechender Unterlagen auch dann vorzunehmen, wenn das Institut voraus-

sichtlich nicht in der Lage sein wird, die bestehenden Zahlungspflichten zum Zeitpunkt der Fälligkeit zu erfüllen (drohende Zahlungsunfähigkeit). Soweit diese Personen nach anderen Rechtsvorschriften verpflichtet sind, bei Zahlungsunfähigkeit oder Überschuldung die Eröffnung des Insolvenzverfahrens zu beantragen, tritt an die Stelle der Antragspflicht die Anzeigepflicht nach Satz 1. Das Insolvenzverfahren über das Vermögen eines Instituts findet im Falle der Zahlungsunfähigkeit, der Überschuldung oder unter den Voraussetzungen des Satzes 5 auch im Falle der drohenden Zahlungsunfähigkeit statt. Der Antrag auf Eröffnung des Insolvenzverfahrens über das Vermögen des Instituts, das eine Erlaubnis nach § 8 Absatz 1 oder § 8a Absatz 1 hat, kann nur von der Bundesanstalt gestellt werden. Im Falle der drohenden Zahlungsunfähigkeit darf die Bundesanstalt den Antrag jedoch nur mit Zustimmung des Instituts und nur dann stellen, wenn Maßnahmen nach Absatz 3 nicht erfolgversprechend erscheinen. Vor der Bestellung des Insolvenzverwalters hat das Insolvenzgericht die Bundesanstalt zu hören. Der Bundesanstalt ist der Eröffnungsbeschluss gesondert zuzustellen.

§ 17 Vorlage von Jahresabschluss, Lagebericht und Prüfungsberichten

(1) Ein Institut hat den Jahresabschluss in den ersten drei Monaten des Geschäftsjahres für das vergangene Geschäftsjahr aufzustellen und den aufgestellten sowie später den festgestellten Jahresabschluss und den Lagebericht der Bundesanstalt und der Deutschen Bundesbank jeweils unverzüglich einzureichen. Der Jahresabschluss muss mit dem Bestätigungsvermerk oder einem Vermerk über die Versagung der Bestätigung versehen sein. Der Abschlussprüfer hat den Bericht über die Prüfung des Jahresabschlusses (Prüfungsbericht) unverzüglich nach Beendigung der Prüfung der Bundesanstalt und der Deutschen Bundesbank einzureichen.

(2) Ein Institut, das einen Konzernabschluss oder einen Konzernlagebericht aufstellt, hat diese Unterlagen der Bundesanstalt und der Deutschen Bundesbank unverzüglich einzureichen. Wird ein Prüfungsbericht von einem Konzernabschlussprüfer erstellt, hat dieser den Prüfungsbericht unverzüglich nach Beendigung der Prüfung der Bundesanstalt und der Deutschen Bundesbank einzureichen. Die Bestimmungen dieses Absatzes gelten entsprechend für einen Einzelabschluss nach § 325 Abs. 2a des Handelsgesetzbuchs.

§ 17a Anzeigepflicht bei Bestellung des Abschlussprüfers; Bestellung in besonderen Fällen

(1) Das Institut hat einen Abschlussprüfer oder Konzernabschlussprüfer unverzüglich nach dessen Bestellung der Bundesanstalt und der Deutschen Bundesbank anzuzeigen. Die Bundesanstalt kann innerhalb eines Monats nach Zugang der Anzeige die Bestellung eines anderen Prüfers verlangen, wenn dies zur Erreichung des Prüfungszweckes geboten ist.

(2) Das Registergericht des Sitzes des Instituts hat auf Antrag der Bundesanstalt einen Prüfer zu bestellen, wenn
1. die Bestellung nach Absatz 1 Satz 1 nicht unverzüglich nach Ablauf des Geschäftsjahres angezeigt worden ist;
2. das Institut dem Verlangen auf Bestellung eines anderen Prüfers nach Absatz 1 Satz 2 nicht unverzüglich nachkommt;
3. der gewählte Prüfer die Annahme des Prüfungsauftrags abgelehnt hat, weggefallen ist oder am rechtzeitigen Abschluss der Prüfung gehindert ist und das Institut nicht unverzüglich einen anderen Prüfer bestellt hat.

Die Bestellung durch das Gericht ist endgültig. § 318 Absatz 5 des Handelsgesetzbuchs gilt entsprechend. Das Registergericht kann auf Antrag der Bundesanstalt einen nach Satz 1 bestellten Prüfer abberufen.

§ 18 Besondere Pflichten des Prüfers

(1) Bei der Prüfung des Jahresabschlusses sowie eines Zwischenabschlusses hat der Prüfer auch die wirtschaftlichen Verhältnisse des Instituts zu prüfen. Bei der Prüfung des Jahresabschlusses hat er insbesondere festzustellen, ob das Institut die Anzeigepflichten nach § 29, auch in Verbindung mit einer Rechtsverordnung nach § 29 Abs. 2, erfüllt hat. Der Prüfer hat auch zu prüfen, ob das Institut
1. seinen Verpflichtungen nach dem Geldwäschegesetz und der Verordnung (EG) Nr. 1781/2006 nachgekommen ist,
2. seinen Verpflichtungen nach § 2 Abs. 3, nach § 12 auch in Verbindung mit der Rechtsverordnung nach dessen Absatz 6, nach § 12a, nach den §§ 13, 13a, 19 bis 22 sowie nach § 30 auch in Verbindung mit der Rechtsverordnung nach dessen Absatz 3 nachgekommen ist und
3. seinen Verpflichtungen nach der Verordnung (EG) Nr. 924/2009 des Europäischen Parlaments und des Rates vom 16. September 2009 über grenzüberschreitende Zahlungen in der Gemeinschaft und zur Aufhebung der Verordnung (EG) Nr. 2560/2001 (ABl. L 266 vom 9.10.2009, S. 11), die durch die Verordnung (EU) Nr. 260/2012 (ABl. L 94 vom 30.3.2012, S. 22) geändert worden ist, und der Verordnung (EU) Nr. 260/2012 nachgekommen ist.

(2) Der Prüfer hat unverzüglich der Bundesanstalt und der Deutschen Bundesbank anzuzeigen, wenn ihm bei der Prüfung Tatsachen bekannt werden, welche die Einschränkung oder Versagung des Bestätigungsvermerkes rechtfertigen, die den Bestand des Instituts gefährden oder seine Entwicklung wesentlich beeinträchtigen können, die einen erheblichen Verstoß gegen die Vorschriften über die Zulassungsvoraussetzungen des Instituts oder die Ausübung einer Tätigkeit nach diesem Gesetz darstellen oder die schwerwiegende Verstöße der Geschäftsleiter gegen Gesetz, Satzung oder Gesellschaftsvertrag erkennen lassen. Auf Verlangen der Bundesanstalt oder der Deutschen Bundesbank hat der Prüfer ihnen den Prüfungsbericht zu erläutern und sonstige bei der Prüfung bekannt gewordene Tatsachen mitzuteilen, die gegen eine ordnungsmäßige Durchführung der Geschäfte des Instituts sprechen. Die Anzeige-, Erläuterungs- und Mitteilungspflichten nach den Sätzen 1 und 2 bestehen auch in Bezug auf ein Unternehmen, das mit dem Institut in enger Verbindung steht, sofern dem Prüfer die Tatsachen im Rahmen der Prüfung des Instituts bekannt werden. Der Prüfer haftet nicht für die Richtigkeit von Tatsachen, die er nach diesem Absatz in gutem Glauben anzeigt.

(3) Das Bundesministerium der Finanzen kann im Einvernehmen mit dem Bundesministerium der Justiz und nach Anhörung der Deutschen Bundesbank durch Rechtsverordnung ohne Zustimmung des Bundesrates nähere Bestimmungen über den Gegenstand der Prüfung, den Zeitpunkt ihrer Durchführung und den Inhalt der Prüfungsberichte erlassen, soweit dies zur Erfüllung der Aufgaben der Bundesanstalt erforderlich ist, insbesondere um Missstände, welche die Sicherheit der dem Institut anvertrauten Vermögenswerte gefährden oder die ordnungsmäßige Durchführung der Zahlungsdienste oder das ordnungsgemäße Betreiben des E-Geld-Geschäfts beeinträchtigen können, zu erkennen sowie einheitliche Unterlagen zur Beurteilung der von den Instituten durchgeführten Geschäfte zu erhalten. Es kann diese Ermächtigung durch Rechtsverordnung ohne Zustimmung des Bundesrates auf die Bundesanstalt übertragen.

(4) § 29 des Kreditwesengesetzes bleibt unberührt. Unbeschadet der Absätze 1 bis 3 kann die Bundesanstalt gegenüber dem Institut auch Bestimmungen über den Inhalt

der Prüfung treffen, die vom Prüfer im Rahmen der Jahresabschlussprüfung zu berücksichtigen sind. Sie kann insbesondere Schwerpunkte für die Prüfungen festlegen.

§ 19 Inanspruchnahme von Agenten

(1) Beabsichtigt ein Institut, Zahlungsdienste über einen Agenten zu erbringen, hat es der Bundesanstalt und der Deutschen Bundesbank folgende Angaben zu übermitteln:
1. Name und Anschrift des Agenten,
2. eine Beschreibung der internen Kontrollmechanismen, die der Agent anwendet, um die Anforderungen des Geldwäschegesetzes zu erfüllen, und
3. die Namen der Geschäftsleiter und der für die Geschäftsleitung eines Agenten verantwortlichen Personen, die zur Erbringung von Zahlungsdiensten eingesetzt werden sollen, und den Nachweis, dass sie zuverlässig und fachlich geeignet sind.

(2) Bedient sich ein Institut eines Agenten, hat es sicherzustellen, dass dieser zuverlässig und fachlich geeignet ist, bei der Erbringung der Zahlungsdienste die gesetzlichen Vorgaben erfüllt, den Zahlungsdienstnutzer vor oder während der Aufnahme der Geschäftsbeziehung über seinen Status informiert und unverzüglich von der Beendigung dieses Status in Kenntnis setzt. Die erforderlichen Nachweise für die Erfüllung seiner Pflichten nach Satz 1 muss das Institut mindestens bis fünf Jahre nach dem Ende des Status des Agenten aufbewahren.
(3) Die Bundesanstalt kann einem Institut, das die Auswahl oder Überwachung seiner Agenten nicht ordnungsgemäß durchgeführt hat oder die ihm im Zusammenhang mit der Führung des Zahlungsinstituts-Registers nach § 30 Abs. 1 oder des E-Geld-Instituts-Registers nach § 30a übertragenen Pflichten verletzt hat, untersagen, Agenten im Sinne der Absätze 1 und 2 in das Institut einzubinden. Die Untersagung kann sich auf die Ausführung von Zahlungsdiensten durch einzelne Agenten oder auf die Einbindung von Agenten insgesamt beziehen.
(4) Beabsichtigt ein Institut durch Beauftragung eines Agenten in einem anderen Mitgliedstaat der Europäischen Union oder einem anderen Vertragsstaat des Abkommens über den Europäischen Wirtschaftsraum Zahlungsdienste zu erbringen, so muss es das Verfahren nach § 25 befolgen. Die Bundesanstalt setzt die zuständigen Behörden des anderen Staates von ihrer Absicht, den Agenten in das Zahlungsinstituts-Register nach § 30 Abs. 1 Nr. 3 oder in das E-Geld-Instituts-Register nach § 30a Absatz 2 in Verbindung mit § 30 Absatz 1 Nummer 3 einzutragen, in Kenntnis und berücksichtigt die Stellungnahme des anderen Staates, bevor die Eintragung vorgenommen wird.
(4a) Ändern sich die Verhältnisse, die nach Absatz 1 angezeigt wurden, hat das Institut der Bundesanstalt und der Deutschen Bundesbank diese Änderungen spätestens einen Monat vor Wirksamwerden der Änderungen schriftlich anzuzeigen.
(5) Das Bundesministerium der Finanzen kann im Benehmen mit der Deutschen Bundesbank durch Rechtsverordnung ohne Zustimmung des Bundesrates nähere Bestimmungen über Art, Umfang und Form der Nachweise im Sinne des Absatzes 2 Satz 2 erlassen, soweit dies zur Erfüllung der Aufgaben der Bundesanstalt erforderlich ist. Es kann diese Ermächtigung durch Rechtsverordnung ohne Zustimmung des Bundesrates auf die Bundesanstalt mit der Maßgabe übertragen, dass Rechtsverordnungen der Bundesanstalt im Einvernehmen mit der Deutschen Bundesbank ergehen. Vor Erlass der Rechtsverordnung sind die Verbände der Institute anzuhören.

§ 20 Auslagerung

(1) Ein Institut muss abhängig von Art, Umfang, Komplexität und Risikogehalt einer Auslagerung von Aktivitäten und Prozessen auf ein anderes Unternehmen, die für die Durchführung von Zahlungsdiensten, E-Geld-Geschäften oder sonstigen nach diesem Gesetz institutstypischen Dienstleistungen wesentlich sind, angemessene Vorkehrungen treffen, um übermäßige zusätzliche Risiken zu vermeiden. Eine Auslagerung darf weder die Ordnungsmäßigkeit dieser Geschäfte und Dienstleistungen noch die Geschäftsorganisation beeinträchtigen. Insbesondere muss ein angemessenes und wirksames Risikomanagement durch das Institut gewährleistet bleiben, welches die ausgelagerten Aktivitäten und Prozesse einbezieht. Die Auslagerung darf nicht zu einer Delegation der Verantwortung der in § 8 Abs. 3 Nr. 9 bezeichneten Personen an das Auslagerungsunternehmen führen. Das Institut bleibt bei einer Auslagerung für die Einhaltung der von ihm zu beachtenden gesetzlichen Bestimmungen verantwortlich. Durch die Auslagerung darf die Bundesanstalt an der Wahrnehmung ihrer Aufgaben nicht gehindert werden; ihre Auskunfts- und Prüfungsrechte sowie Kontrollmöglichkeiten müssen in Bezug auf die ausgelagerten Aktivitäten und Prozesse auch bei einer Auslagerung auf ein Unternehmen mit Sitz im Ausland durch geeignete Vorkehrungen gewährleistet werden. Entsprechendes gilt für die Wahrnehmung der Aufgaben der Prüfer des Instituts. Eine Auslagerung bedarf einer schriftlichen Vereinbarung, welche die zur Einhaltung der vorstehenden Voraussetzungen erforderlichen Rechte des Instituts, einschließlich Weisungs- und Kündigungsrechten, sowie die korrespondierenden Pflichten des Auslagerungsunternehmens festschreibt.

(2) Beabsichtigt ein Institut, wesentliche betriebliche Aufgaben von Zahlungsdiensten oder des E-Geld-Geschäfts auszulagern, hat es die Bundesanstalt und die Deutsche Bundesbank hiervon in Kenntnis zu setzen. Eine betriebliche Aufgabe ist dann wesentlich, wenn deren unzureichende oder unterlassene Wahrnehmung die dauerhafte Einhaltung der Zulassungsanforderungen oder der anderen Verpflichtungen des Instituts nach diesem Gesetz, seine finanzielle Leistungsfähigkeit oder die Solidität oder die Kontinuität seiner Zahlungsdienste oder des E-Geld-Geschäfts wesentlich beeinträchtigen würde.

(3) Sind bei Auslagerungen nach Absatz 1 die Prüfungsrechte und Kontrollmöglichkeiten der Bundesanstalt beeinträchtigt, kann die Bundesanstalt im Einzelfall Anordnungen treffen, die geeignet und erforderlich sind, diese Beeinträchtigungen zu beseitigen. Die Befugnisse der Bundesanstalt nach § 22 Absatz 4 bleiben unberührt.

§ 21 Aufbewahrung von Unterlagen

Institute haben für aufsichtsrechtliche Zwecke alle Unterlagen unbeschadet anderer gesetzlicher Bestimmungen mindestens fünf Jahre aufzubewahren. § 257 Abs. 3 und 5 des Handelsgesetzbuchs sowie § 147 Abs. 5 und 6 der Abgabenordnung gelten entsprechend. § 257 Abs. 4 des Handelsgesetzbuchs bleibt unberührt.

§ 22 Bargeldloser Zahlungsverkehr; besondere organisatorische Pflichten von Zahlungsinstituten und E-Geld-Instituten sowie Sicherungsmaßnahmen gegen Geldwäsche und Terrorismusfinanzierung

(1) Ein Institut muss über eine ordnungsgemäße Geschäftsorganisation verfügen. Die in § 8 Abs. 3 Nr. 9 bezeichneten Personen sind für die ordnungsgemäße Geschäftsorganisation des Instituts verantwortlich. Eine ordnungsgemäße Geschäftsorganisation umfasst insbesondere
1. angemessene Maßnahmen der Unternehmenssteuerung, Kontrollmechanismen und Verfahren, die gewährleisten, dass das Institut seine Verpflichtungen erfüllt,

2. das Führen und Pflegen einer Verlustdatenbank sowie eine vollständige Dokumentation der Geschäftstätigkeit, die eine lückenlose Überwachung durch die Bundesanstalt für ihren Zuständigkeitsbereich gewährleistet,
3. ein angemessenes Notfallkonzept für IT-Systeme,
3a. interne Verfahren und Kontrollsysteme, die die Einhaltung der Verordnung (EG) Nr. 924/2009 und der Verordnung (EU) Nr. 260/2012 gewährleisten, und
4. unbeschadet der Pflichten des § 9 Abs. 1 und 2 des Geldwäschegesetzes ein angemessenes Risikomanagement und angemessene Kontrollmechanismen sowie Verfahren und Datenverarbeitungssysteme, die die Einhaltung der Anforderungen des Geldwäschegesetzes und der Verordnung (EG) Nr. 1781/2006 gewährleisten. Bei Sachverhalten, die auf Grund des Erfahrungswissens über die Methoden der Geldwäsche und der Terrorismusfinanzierung zweifelhaft oder ungewöhnlich sind, hat das Institut diesen vor dem Hintergrund der laufenden Geschäftsbeziehung und einzelner Transaktionen nachzugehen. Ein Institut darf personenbezogene Daten erheben und verwenden, soweit dies zur Erfüllung dieser Pflicht erforderlich ist. Über die Sachverhalte im Sinne des Satzes 2 hat das Institut angemessene Informationen nach Maßgabe des § 8 des Geldwäschegesetzes aufzuzeichnen und aufzubewahren. Der Bundesanstalt gegenüber ist darzulegen, warum sich die Annahmen nicht bestätigt haben.

(2) Die §§ 6a, 24c, 25g Absatz 1 Satz 3, Absatz 4 und 5, § 25h Absatz 1 und 2, §§ 25j, 25l und 25m des Kreditwesengesetzes sowie § 93 Abs. 7 und 8 in Verbindung mit § 93b der Abgabenordnung gelten für Institute im Sinne dieses Gesetzes entsprechend.

(3) Abweichend von § 3 Abs. 2 Satz 1 Nr. 2 des Geldwäschegesetzes bestehen die Sorgfaltspflichten nach § 3 Abs. 1 Nr. 1 und 3 sowie § 8 Absatz 1 bis 3 des Geldwäschegesetzes für Institute im Sinne dieses Gesetzes bei Annahme von Bargeld im Rahmen der Erbringung von Zahlungsdiensten nach § 1 Abs. 2 ungeachtet etwaiger im Geldwäschegesetz oder in diesem Gesetz genannter Schwellenbeträge.

(3a) Auf Agenten im Sinne des § 1 Absatz 7 ist Absatz 3 entsprechend anzuwenden.

(4) Die Bundesanstalt kann gegenüber einem Institut im Einzelfall Anordnungen treffen, die geeignet und erforderlich sind, die in Absatz 1 Satz 3 Nr. 1 bis 4 genannten Vorkehrungen zu treffen. Die Bundesanstalt kann Kriterien bestimmen, bei deren Vorliegen Institute vom Einsatz von Datenverarbeitungssystemen nach Absatz 1 Satz 3 Nr. 4 absehen können.

(5) Die Bundesanstalt überwacht die Einhaltung der in der Verordnung (EG) Nr. 1781/2006, in der Verordnung (EG) Nr. 924/2009 und in der Verordnung (EU) Nr. 260/2012 enthaltenden Pflichten durch die Institute. Die Bundesanstalt kann gegenüber einem Institut und seinen Geschäftsleitern Anordnungen treffen, die geeignet und erforderlich sind, um Verstöße gegen die Pflichten nach den Verordnungen nach Satz 1 zu verhindern oder zu unterbinden.

§ 23 Sofortige Vollziehbarkeit

Widerspruch und Anfechtungsklage gegen Maßnahmen der Bundesanstalt einschließlich der Androhung und Festsetzung von Zwangsmitteln auf der Grundlage der §§ 4, 5, 10 Abs. 2 Nr. 2 bis 4, § 14 Abs. 1, §§ 15, 16, 17a Absatz 1 Satz 2, § 19 Abs. 3 und § 30 Abs. 2, dieser auch in Verbindung mit § 30a Absatz 2, jeweils auch in Verbindung mit § 26 Abs. 3 und 4, haben keine aufschiebende Wirkung.

Abschnitt 4a:
Sondervorschriften für das E-Geld-Geschäft und den Vertrieb und die Rücktauschbarkeit von E-Geld

§ 23a Verbot der Ausgabe von E-Geld über andere Personen

E-Geld-Institute dürfen E-Geld nicht über natürliche oder juristische Personen ausgeben, die im Namen des E-Geld-Instituts tätig werden.

§ 23b Verpflichtungen des E-Geld-Emittenten bei der Ausgabe und dem Rücktausch von E-Geld

(1) Der E-Geld-Emittent hat Geld stets zum Nennwert des entgegengenommenen Geldbetrages auszugeben. Er ist verpflichtet, E-Geld auf Verlangen des E-Geld-Inhabers jederzeit zum Nennwert in gesetzliche Zahlungsmittel zurückzutauschen. Das Rücktauschverlangen des E-Geld-Inhabers kann sich vor Beendigung des Vertrags auch auf einen Teil des E-Geldes beziehen.

(2) Der E-Geld-Emittent ist verpflichtet, den E-Geld-Inhaber über die Bedingungen für den Rücktausch von E-Geld einschließlich insoweit etwaig zu vereinbarender Entgelte zu unterrichten, bevor dieser durch einen Vertrag oder ein Angebot gebunden wird. Die Bedingungen sind im Vertrag zwischen dem E-Geld-Emittenten und dem E-Geld-Inhaber eindeutig und deutlich erkennbar anzugeben.

(3) Der E-Geld-Emittent darf vom E-Geld-Inhaber für den Rücktausch von E-Geld nur dann ein Entgelt verlangen, wenn dies vertraglich vereinbart wurde. Eine solche Vereinbarung ist nur für den Fall zulässig, dass
1. der E-Geld-Inhaber den Rücktausch vor Beendigung des Vertrags verlangt,
2. der Vertrag für einen bestimmten Zeitraum geschlossen wurde und durch eine Kündigung des E-Geld-Inhabers vor Ablauf dieses Zeitraums beendet wird oder
3. der E-Geld-Inhaber den Rücktausch nach mehr als einem Jahr nach Beendigung des Vertrags verlangt.

Das Entgelt muss in einem angemessenen Verhältnis zu den tatsächlich entstandenen Kosten des E-Geld-Emittenten stehen.

(4) Abweichend von Absatz 1 Satz 3 ist im Falle eines Rücktauschverlangens mit Beendigung des Vertrags oder bis zu einem Jahr nach Vertragsbeendigung der gesamte Betrag des vom E-Geld-Emittenten gehaltenen E-Geldes zurückzutauschen. Übt ein E-Geld-Institut eine oder mehrere Tätigkeiten nach § 8a Absatz 2 Nummer 5 aus und fordert der E-Geld-Inhaber nach Beendigung des E-Geld-Vertrags einen Gesamtbetrag, so ist dieser in gesetzliche Zahlungsmittel zurückzutauschen, wenn im Voraus nicht bekannt ist, welcher Anteil der Geldbeträge als E-Geld verwendet werden soll.

(5) Von den Regelungen des Absatzes 1 Satz 3 und der Absätze 3 und 4 darf zum Nachteil des E-Geld-Inhabers nur abgewichen werden, wenn es sich bei diesem nicht um einen Verbraucher handelt.

§ 23c Vertrieb und Rücktausch von E-Geld durch E-Geld-Agenten

(1) E-Geld-Institute können sich für den Vertrieb oder den Rücktausch von E-Geld eines E-Geld-Agenten im Sinne des § 1a Absatz 6 bedienen. § 19 Absatz 1 gilt entsprechend mit der Maßgabe, dass Nachweise über die Zuverlässigkeit und die fachliche Eignung nicht einzureichen sind; § 19 Absatz 4a gilt ebenfalls entsprechend.

(2) Die Bundesanstalt kann einem E-Geld-Institut, das die Auswahl oder Überwachung seiner E-Geld-Agenten nicht ordnungsgemäß durchgeführt hat, untersagen, E-Geld-Agenten in das E-Geld-Institut einzubinden. Die Untersagung kann sich auf den Vertrieb oder Rücktausch von E-Geld oder auf die Einbindung von E-Geld-Agenten insgesamt beziehen.

(3) Sofern ein E-Geld-Institut beabsichtigt, E-Geld über E-Geld-Agenten in einem Mitgliedstaat der Europäischen Union oder einem anderen Vertragsstaat des Abkommens über den Europäischen Wirtschaftsraum zu vertreiben oder zurückzutauschen, ist § 19 Absatz 4 in Verbindung mit § 25 entsprechend anzuwenden.

Abschnitt 5:
Zusammenarbeit mit anderen Behörden, Zweigniederlassung, grenzüberschreitender Dienstleistungsverkehr

§ 24 Zusammenarbeit mit anderen Behörden

Die Bundesanstalt und, soweit sie im Rahmen dieses Gesetzes tätig wird, die Deutsche Bundesbank arbeiten bei der Aufsicht über Institute, die in einem anderen Mitgliedstaat der Europäischen Union oder einem anderen Vertragsstaat des Abkommens über den Europäischen Wirtschaftsraum Zahlungsdienste erbringen oder das E-Geld-Geschäft, mit den zuständigen Behörden dieser Staaten zusammen; die §§ 8 und 9 des Kreditwesengesetzes gelten entsprechend.

§ 25 Errichten einer Zweigniederlassung, grenzüberschreitender Dienstleistungsverkehr

(1) Ein nach § 8 Absatz 1 oder § 8a Absatz 1 zugelassenes Institut, das die Absicht hat, eine Zweigniederlassung in einem anderen Mitgliedstaat der Europäischen Union oder einem anderen Vertragsstaat des Abkommens über den Europäischen Wirtschaftsraum zu errichten, hat dies der Bundesanstalt und der Deutschen Bundesbank unverzüglich nach Maßgabe des Satzes 2 anzuzeigen. Die Anzeige muss enthalten
1. die Angabe des Staates, in dem die Zweigniederlassung errichtet werden soll,
2. einen Geschäftsplan, aus dem die Art der geplanten Geschäfte, der organisatorische Aufbau der Zweigniederlassung und eine Absicht zur Heranziehung von Agenten hervorgehen,
3. die Anschrift, unter der Unterlagen des Instituts im Staat, in dem es eine Zweigniederlassung unterhält, angefordert und Schriftstücke zugestellt werden können, und
4. die Angabe der Leiter der Zweigniederlassung.

(2) Absatz 1 Satz 1 gilt entsprechend für die Absicht, im Wege des grenzüberschreitenden Dienstleistungsverkehrs in einem anderen Mitgliedstaat der Europäischen Union oder einem anderen Vertragsstaat des Abkommens über den Europäischen Wirtschaftsraum Zahlungsdienste zu erbringen oder das E-Geld-Geschäft zu betreiben. Die Anzeige hat die Angabe des Staates, in dem die grenzüberschreitende Dienstleistung erbracht werden soll, einen Geschäftsplan mit Angabe der beabsichtigten Tätigkeiten und die Angabe, ob in diesem Staat Agenten oder E-Geld-Agenten herangezogen werden sollen, zu enthalten.

(3) Die Bundesanstalt teilt den zuständigen Behörden des Staates, in dem das Institut eine Zweigniederlassung unterhält oder grenzüberschreitende Dienstleistun-

gen erbringt, innerhalb eines Monats nach Erhalt der Anzeigen nach Absatz 1 oder Absatz 2 die entsprechenden Angaben nach Absatz 1 Satz 2 oder Absatz 2 Satz 2 mit.

(4) Die Rechte nach § 14 stehen der Bundesanstalt und der Deutschen Bundesbank auch direkt gegenüber der ausländischen Zweigniederlassung sowie gegenüber Agenten, E-Geld-Agenten und Auslagerungsunternehmen zu, deren sich ein inländisches Institut in anderen Staaten des Europäischen Wirtschaftsraums bedient. Bei Vor-Ort-Prüfungen hat die Bundesanstalt oder die Deutsche Bundesbank über die Bundesanstalt vorab die Zustimmung der zuständigen Behörden des Aufnahmemitgliedstaates einzuholen.

(5) Ändern sich die Verhältnisse, die nach Absatz 1 Satz 2 oder Absatz 2 Satz 2 angezeigt wurden, hat das Institut der Bundesanstalt, der Deutschen Bundesbank und den zuständigen Stellen des Aufnahmestaates diese Änderungen mindestens einen Monat vor dem Wirksamwerden der Änderungen schriftlich anzuzeigen.

§ 26 Unternehmen mit Sitz in einem anderen Staat des Europäischen Wirtschaftsraums

(1) Ein Institut mit Sitz in einem anderen Mitgliedstaat der Europäischen Union oder einem anderen Vertragsstaat des Abkommens über den Europäischen Wirtschaftsraum darf ohne Erlaubnis durch die Bundesanstalt über eine Zweigniederlassung oder im Wege des grenzüberschreitenden Dienstleistungsverkehrs im Inland Zahlungsdienste erbringen, wenn das Unternehmen von den zuständigen Behörden des anderen Staates zugelassen worden ist, die Geschäfte durch die Zulassung abgedeckt sind und das Unternehmen von den zuständigen Behörden nach Vorschriften, die denen der Richtlinie 2007/64/EG des Europäischen Parlaments und des Rates vom 13. November 2007 über Zahlungsdienste im Binnenmarkt, zur Änderung der Richtlinien 97/7/EG, 2002/65/EG, 2005/60/EG und 2006/48/EG sowie zur Aufhebung der Richtlinie 97/5/EG (ABl. EU Nr. L 319 S. 1) oder der Richtlinie 2009/110/EG des Europäischen Parlaments und des Rates vom 16. September 2009 über die Aufnahme, Ausübung und Beaufsichtigung der Tätigkeit von E-Geld-Instituten, zur Änderung der Richtlinien 2005/60/EG und 2006/48/EG sowie zur Aufhebung der Richtlinie 2000/46/EG (ABl. L 267 vom 10.10.2009, S. 7) entsprechen, beaufsichtigt wird. § 14 der Gewerbeordnung bleibt unberührt.

(2) Hat die Bundesanstalt im Fall des Absatzes 1 tatsächliche Anhaltspunkte dafür, dass im Zusammenhang mit der geplanten Beauftragung eines Agenten oder der Gründung einer Zweigniederlassung Geldwäsche im Sinne des § 261 des Strafgesetzbuchs oder Terrorismusfinanzierung im Sinne des § 1 Abs. 2 des Geldwäschegesetzes stattfinden, stattgefunden haben oder versucht wurden, oder dass die Beauftragung des Agenten oder die Gründung der Zweigniederlassung das Risiko erhöht, dass Geldwäsche oder Terrorismusfinanzierung stattfinden, so unterrichtet die Bundesanstalt die zuständige Behörde des Herkunftsstaates. Zuständige Behörde des Herkunftsstaates ist die Behörde, die die Eintragung des Agenten oder der Zweigniederlassung in das dortige Zahlungsinstituts-Register oder E-Geld-Instituts-Register ablehnen oder, falls bereits eine Eintragung erfolgt ist, diese löschen kann.

(3) Auf Zweigniederlassungen im Sinne des Absatzes 1 Satz 1 sind § 17 des Finanzdienstleistungsaufsichtsgesetzes sowie die §§ 4, 5, 14 Abs. 1 und 4, § 22 Abs. 1 Nr. 4, Abs. 2 und 3, § 28 sowie § 29 Absatz 1 Nummer 6 und 7 mit der Maßgabe anzuwenden, dass eine oder mehrere Zweigniederlassungen desselben Unternehmens als ein Institut gelten. Änderungen des Geschäftsplans, insbesondere der Art der geplanten Geschäfte und des organisatorischen Aufbaus der Zweigniederlassung, der Anschrift und der Leiter, sind der Bundesanstalt und der Deutschen Bundesbank mindestens einen Monat vor dem Wirksamwerden der Änderungen schriftlich anzuzeigen. Für die Tätigkeiten im Wege des grenzüberschreitenden Dienstleistungsverkehrs nach Absatz

1 Satz 1 gelten § 17 des Finanzdienstleistungsaufsichtsgesetzes sowie die §§ 4, 5 und 14 Abs. 1 und 4 entsprechend.

(4) Auf Agenten oder E-Geld-Agenten eines Instituts im Sinne des Absatzes 1 Satz 1 sind § 17 des Finanzdienstleistungsaufsichtsgesetzes sowie die §§ 4, 5 und 14 Abs. 1 und 4 entsprechend anzuwenden.

(5) Stellt die Bundesanstalt fest, dass ein Unternehmen im Sinne des Absatzes 1 Satz 1 seinen aufsichtsrechtlichen Verpflichtungen nicht nachkommt, fordert sie es auf, den Mangel innerhalb einer bestimmten Frist zu beheben. Kommt es der Aufforderung nicht nach, unterrichtet sie die zuständigen Behörden des anderen Staates. Ergreift der andere Staat keine Maßnahmen oder erweisen sich die Maßnahmen als unzureichend, kann sie nach Unterrichtung der zuständigen Behörden des anderen Staates die erforderlichen Maßnahmen ergreifen; erforderlichenfalls kann sie die Durchführung neuer Geschäfte im Inland untersagen. In dringenden Fällen kann die Bundesanstalt vor Einleitung des Verfahrens die erforderlichen Maßnahmen ergreifen.

(6) Die zuständigen Behörden des anderen Staates können nach vorheriger Unterrichtung der Bundesanstalt selbst oder durch ihre Beauftragten die für die aufsichtsrechtliche Überwachung der Zweigniederlassung erforderlichen Informationen bei der Zweigniederlassung prüfen. Auf Ersuchen der zuständigen Behörden des anderen Staates dürfen die Bediensteten der Bundesanstalt und der Deutschen Bundesbank diese bei der Prüfung nach Satz 1 unterstützen oder die Prüfung in deren Auftrag durchführen; der Bundesanstalt und der Deutschen Bundesbank stehen dabei die Rechte nach § 14 oder, falls Tatsachen die Annahme rechtfertigen oder feststeht, dass das ausländische Unternehmen unerlaubte Zahlungsdienste erbringt oder unerlaubt das E-Geld-Geschäft betreibt, oder dass dieses unerlaubte Geschäfte nach dem Kreditwesengesetz, nach dem Versicherungsaufsichtsgesetz oder nach dem Kapitalanlagegesetzbuch betreibt oder gegen vergleichbare Bestimmungen des Herkunftsstaates verstößt, auch nach § 5 zu.

§ 27 Zweigstellen von Unternehmen mit Sitz außerhalb des Europäischen Wirtschaftsraums

(1) Unterhält ein Unternehmen mit Sitz außerhalb der Mitgliedstaaten der Europäischen Union oder der anderen Vertragsstaaten des Abkommens über den Europäischen Wirtschaftsraum eine Zweigstelle im Inland, die Zahlungsdienste erbringt oder das E-Geld-Geschäft betreibt, gilt die Zweigstelle als Institut im Sinne dieses Gesetzes. Unterhält das Unternehmen mehrere Zweigstellen im Inland, gelten diese als ein Institut.

(2) Auf die in Absatz 1 bezeichneten Institute ist dieses Gesetz mit folgender Maßgabe anzuwenden:
1. Das Unternehmen hat mindestens zwei natürliche Personen mit Wohnsitz im Inland zu bestellen, die für den Geschäftsbereich des Instituts zur Geschäftsführung und zur Vertretung des Unternehmens befugt sind. Solche Personen gelten als Geschäftsleiter. Sie sind zur Eintragung in das Handelsregister anzumelden. Bei Instituten mit geringer Größe mit geringem Geschäftsvolumen genügt ein Geschäftsleiter.
2. Das Institut ist verpflichtet, über die von ihm betriebenen Geschäfte und über das seinem Geschäftsbetrieb dienende Vermögen des Unternehmens gesondert Buch zu führen und gegenüber der Bundesanstalt und der Deutschen Bundesbank Rechnung zu legen. Die Vorschriften des Handelsgesetzbuchs über Handelsbücher für Kreditinstitute und Finanzdienstleistungsinstitute gelten insoweit entsprechend. Auf der Passivseite der jährlichen Vermögensübersicht ist der Betrag des dem Zahlungsinstitut von dem Unternehmen zur Verfügung gestellten Betriebskapitals und der Betrag der dem Zahlungsinstitut zur Verstärkung der eigenen

Mittel belassenen Betriebsüberschüsse gesondert auszuweisen. Der Überschuss der Passivposten über die Aktivposten oder der Überschuss der Aktivposten über die Passivposten ist am Schluss der Vermögensübersicht ungeteilt und gesondert auszuweisen.

3. Die nach Nummer 2 für den Schluss eines jeden Geschäftsjahres aufzustellende Vermögensübersicht mit einer Aufwands- und Ertragsrechnung und einem Anhang gilt als Jahresabschluss (§ 17). Für die Prüfung des Jahresabschlusses gilt der § 340k des Handelsgesetzbuchs entsprechend mit der Maßgabe, dass der Prüfer von den Geschäftsleitern gewählt und bestellt wird. Mit dem Jahresabschluss des Instituts ist der Jahresabschluss des Unternehmens für das gleiche Geschäftsjahr einzureichen.

4. Als Eigenkapital des Instituts gilt die Summe der Beträge, die der vierteljährlichen Meldung nach § 12 Abs. 4 als dem Institut von dem Unternehmen zur Verfügung gestelltes Betriebskapital und ihm zur Verstärkung der eigenen Mittel belassene Betriebsüberschüsse ausgewiesen wird, abzüglich des Betrags eines etwaigen aktiven Verrechnungssaldos.

Abschnitt 6:
Außergerichtliches Beschwerdeverfahren

§ 28 Beschwerden über Zahlungsdienstleister

(1) Zahlungsdienstnutzer und die Stellen nach Satz 2 können jederzeit wegen behaupteter Verstöße eines Zahlungsdienstleisters im Sinne des § 1 Abs. 1 Nr. 1 bis 5 gegen dieses Gesetz und die §§ 675c bis 676c des Bürgerlichen Gesetzbuchs und Artikel 248 des Einführungsgesetzes zum Bürgerlichen Gesetzbuche Beschwerde bei der Bundesanstalt einlegen. Beschwerdebefugte Stellen sind
1. qualifizierte Einrichtungen nach § 3 Abs. 1 Nr. 1 des Unterlassungsklagengesetzes,
2. rechtsfähige Verbände zur Förderung gewerblicher Interessen,
   a) die insbesondere nach ihrer persönlichen, sachlichen und finanziellen Ausstattung imstande sind, ihre satzungsgemäßen Aufgaben der Verfolgung gewerblicher Interessen tatsächlich wahrzunehmen und
   b) denen eine erhebliche Zahl von Unternehmen angehört, die Zahlungsdienste auf demselben Markt anbieten, wenn der Verstoß die Interessen der Mitglieder berührt und geeignet ist, den Wettbewerb nicht unerheblich zu verfälschen oder
3. die Industrie- und Handelskammern.

(2) Beschwerden sind schriftlich oder zur Niederschrift bei der Bundesanstalt einzulegen und sollen den Sachverhalt sowie den Beschwerdegrund angeben. Bei Beschwerden von Zahlungsdienstnutzern wegen behaupteter Verstöße von Zahlungsdienstleistern gegen die §§ 675c bis 676c des Bürgerlichen Gesetzbuchs und Artikel 248 des Einführungsgesetzes zum Bürgerlichen Gesetzbuche weist die Bundesanstalt in ihrer Antwort auch auf das Verfahren zur außergerichtlichen Streitbeilegung nach § 14 des Unterlassungsklagengesetzes hin.

(3) Soweit die behaupteten Verstöße einen grenzüberschreitenden Sachverhalt betreffen, gilt § 24 entsprechend.

§ 28a Beschwerden über E-Geld-Emittenten

(1) Inhaber von E-Geld und die Stellen nach Satz 2 können jederzeit wegen behaupteter Verstöße eines E-Geld-Emittenten im Sinne des § 1a Absatz 1 Nummer 1 bis 5 gegen dieses Gesetz und die §§ 675c bis § 676c des Bürgerlichen Gesetzbuchs und Artikel 248 des Einführungsgesetzes zum Bürgerlichen Gesetzbuche Beschwerde bei der Bundesanstalt einlegen. Beschwerdebefugte Stellen sind die in § 28 Absatz 1 Satz 2 genannten Einrichtungen, Verbände und Kammern.

(2) Beschwerden sind schriftlich oder zur Niederschrift bei der Bundesanstalt einzulegen und sollen den Sachverhalt und den Beschwerdegrund angeben. § 28 Absatz 2 Satz 2 und Absatz 3 gilt entsprechend.

Abschnitt 7:
Anzeigen, Zahlungsinstituts-Register, E-Geld-Instituts-Register, Strafbestimmungen, Bußgeldvorschriften und Übergangsvorschriften

§ 29 Anzeigen

(1) Ein Institut hat der Bundesanstalt und der Deutschen Bundesbank unverzüglich anzuzeigen
1. die Absicht der Bestellung eines Geschäftsleiters und der Ermächtigung einer Person zur Einzelvertretung des Instituts in dessen gesamten Geschäftsbereich unter Angabe der Tatsachen, die für die Beurteilung der Zuverlässigkeit und der fachlichen Eignung wesentlich sind, und den Vollzug einer solchen Absicht,
2. das Ausscheiden eines Geschäftsleiters sowie die Entziehung der Befugnis zur Einzelvertretung des Instituts in dessen gesamten Geschäftsbereich,
3. die Änderung der Rechtsform, soweit nicht bereits eine Erlaubnis nach § 8 oder § 8a erforderlich ist, und die Änderung der Firma,
4. den Erwerb oder die Aufgabe einer bedeutenden Beteiligung an dem eigenen Zahlungsinstitut, das Erreichen, das Über- oder das Unterschreiten der Beteiligungsschwellen von 20 Prozent, 30 Prozent und 50 Prozent der Stimmrechte oder des Kapitals sowie die Tatsache, dass das Institut Tochterunternehmen eines anderen Unternehmens wird oder nicht mehr ist, sobald das Institut von der bevorstehenden Änderung dieser Beteiligungsverhältnisse Kenntnis erlangt,
5. einen Verlust in Höhe von 25 Prozent des haftenden Eigenkapitals,
6. die Verlegung der Niederlassung oder des Sitzes,
7. die Einstellung des Geschäftsbetriebs,
8. das Entstehen, die Änderung oder die Beendigung einer engen Verbindung im Sinne des Artikels 4 Absatz 1 Nummer 38 der Verordnung (EU) Nr. 575/2013 zu einer anderen natürlichen Person oder einem anderen Unternehmen,
9. die Absicht, sich mit einem anderen Institut im Sinne dieses Gesetzes oder des Kreditwesengesetzes zu vereinigen und
10. die Absicht der Auslagerung sowie den Vollzug der Auslagerung.

(1a) Ein E-Geld-Institut hat der Bundesanstalt und der Deutschen Bundesbank im Voraus jede wesentliche Änderung der zur Sicherung von Geldbeträgen nach § 13a Absatz 1 und 2 getroffenen Maßnahmen anzuzeigen.

(1b) Geschäftsleiter, die für die Geschäftsleitung des Instituts verantwortlichen Personen und soweit es sich um Institute handelt, die neben der Erbringung von

Zahlungsdiensten und der Ausgabe von E-Geld anderen Geschäftsaktivitäten nachgehen, die für die Führung der Zahlungsdienstgeschäfte und des E-Geld-Geschäfts des Instituts verantwortlichen Personen haben der Bundesanstalt und der Deutschen Bundesbank unverzüglich anzuzeigen:
1. die Aufnahme und die Beendigung einer Tätigkeit als Geschäftsleiter oder als Aufsichtsrats- oder Verwaltungsratsmitglied eines anderen Unternehmens und
2. die Übernahme und die Aufgabe einer unmittelbaren Beteiligung an einem Unternehmen sowie Veränderungen in der Höhe der Beteiligung.

(2) Das Bundesministerium der Finanzen kann im Benehmen mit der Deutschen Bundesbank durch Rechtsverordnung ohne Zustimmung des Bundesrates nähere Bestimmungen über Art, Umfang, Zeitpunkt und Form der nach diesem Gesetz vorgesehenen Anzeigen und Vorlagen von Unterlagen und über die zulässigen Datenträger, Übertragungswege und Datenformate erlassen und die bestehenden Anzeigepflichten durch die Verpflichtung zur Erstattung von Sammelanzeigen und die Einreichung von Sammelaufstellungen ergänzen, soweit dies zur Erfüllung der Aufgaben der Bundesanstalt erforderlich ist. Es kann diese Ermächtigung durch Rechtsverordnung ohne Zustimmung des Bundesrates auf die Bundesanstalt mit der Maßgabe übertragen, dass Rechtsverordnungen der Bundesanstalt im Einvernehmen mit der Deutschen Bundesbank ergehen. Vor Erlass der Rechtsverordnung sind die Verbände der Institute anzuhören.

§ 29a Monatsausweise und weitere Angaben

(1) Ein Institut hat unverzüglich nach Ablauf eines jeden Monats der Deutschen Bundesbank einen Monatsausweis einzureichen. Die Deutsche Bundesbank leitet diese Meldungen an die Bundesanstalt mit ihrer Stellungnahme weiter; diese kann auf die Weiterleitung bestimmter Meldungen verzichten.

(2) In den Fällen des § 12 Abs. 2 und § 12a Absatz 2 kann die Bundesanstalt festlegen, ob und wie ein Institut unverzüglich nach Ablauf eines jeden Monats der Deutschen Bundesbank einen zusammengefassten Monatsausweis einzureichen hat.

(3) Das Bundesministerium der Finanzen kann durch Rechtsverordnung ohne Zustimmung des Bundesrates im Benehmen mit der Deutschen Bundesbank nähere Bestimmungen über Inhalt, Art, Umfang und Zeitpunkt sowie über die zulässigen Datenträger, Übertragungswege und Datenformate der Monatsausweise erlassen, insbesondere um Einblick in die Entwicklung der Vermögens- und Ertragslage der Institute zu erhalten, sowie über weitere Angaben, soweit dies zur Erfüllung der Aufgaben der Bundesanstalt erforderlich ist. Das Bundesministerium der Finanzen kann die Ermächtigung durch Rechtsverordnung auf die Bundesanstalt mit der Maßgabe übertragen, dass die Rechtsverordnung im Einvernehmen mit der Deutschen Bundesbank ergeht.

§ 30 Zahlungsinstituts-Register

(1) Die Bundesanstalt führt auf ihrer Internetseite ein laufend zu aktualisierendes Zahlungsinstituts-Register, in das sie einträgt
1. jedes inländische Zahlungsinstitut, dem sie eine Erlaubnis nach § 8 Abs. 1 erteilt hat, mit dem Datum der Erteilung und dem Umfang der Erlaubnis und gegebenenfalls dem Datum des Erlöschens oder der Aufhebung der Erlaubnis,
2. die von inländischen Zahlungsinstituten errichteten Zweigniederlassungen unter Angabe des Staates, in dem die Zweigniederlassung errichtet ist, des Umfangs sowie des Zeitpunkts der Aufnahme der Geschäftstätigkeit und

3. die Agenten, die für ein Zahlungsinstitut nach § 19 Abs. 2 tätig sind sowie das Datum des Beginns und des Endes der Tätigkeit des jeweiligen Agenten.

(2) Liegen Tatsachen vor, die darauf schließen lassen, dass die der Bundesanstalt nach § 19 Abs. 1 von einem Zahlungsinstitut übermittelten Angaben über einen Agenten nicht zutreffend sind, kann die Bundesanstalt die Eintragung des Agenten in das Zahlungsinstituts-Register ablehnen.

(3) Das Bundesministerium der Finanzen kann durch Rechtsverordnung ohne Zustimmung des Bundesrates nähere Bestimmungen zum Inhalt und zur Führung des Zahlungsinstituts-Registers sowie den Mitwirkungspflichten der Zahlungsinstitute, deren Zweigniederlassungen und Agenten bei der Führung des Zahlungsinstituts-Registers erlassen. Es kann insbesondere dem Zahlungsinstitut einen schreibenden Zugriff auf die für das Zahlungsinstitut einzurichtende Seite des Zahlungsinstituts-Registers einräumen und ihm die Verantwortlichkeit für die Richtigkeit und Aktualität dieser Seite übertragen. Das Bundesministerium der Finanzen kann diese Ermächtigung durch Rechtsverordnung ohne Zustimmung des Bundesrates auf die Bundesanstalt übertragen.

§ 30a E-Geld-Instituts-Register

(1) Die Bundesanstalt führt auf ihrer Internetseite ein gesondertes, laufend zu aktualisierendes E-Geld-Instituts-Register, in das sie jedes inländische E-Geld-Institut, dem sie eine Erlaubnis nach § 8a Absatz 1 erteilt hat, mit dem Datum der Erteilung und dem Umfang der Erlaubnis und gegebenenfalls dem Datum des Erlöschens oder der Aufhebung der Erlaubnis einträgt.

(2) Zweigniederlassungen und Agenten des E-Geld-Instituts werden entsprechend § 30 Absatz 1 Nummer 2 und 3 sowie Absatz 2 eingetragen.

(3) Das Bundesministerium der Finanzen kann durch Rechtsverordnung ohne Zustimmung des Bundesrates nähere Bestimmungen zum Inhalt und zur Führung des E-Geld-Instituts-Registers sowie den Mitwirkungspflichten der E-Geld-Institute, deren Zweigniederlassungen und Agenten bei der Führung des E-Geld-Instituts-Registers erlassen. Es kann insbesondere dem E-Geld-Institut einen schreibenden Zugriff auf die für das E-Geld-Institut einzurichtende Seite des Registers einräumen und ihm die Verantwortlichkeit für die Richtigkeit und Aktualität dieser Seite übertragen. Das Bundesministerium der Finanzen kann diese Ermächtigung durch Rechtsverordnung ohne Zustimmung des Bundesrates auf die Bundesanstalt übertragen.

§ 30b Werbung

(1) Um Missständen bei der Werbung der Institute zu begegnen, kann die Bundesanstalt bestimmte Arten der Werbung untersagen.

(2) Vor allgemeinen Maßnahmen nach Absatz 1 sind die Verbände der Institute und des Verbraucherschutzes zu hören.

§ 31 Strafvorschriften

(1) Wer
1. entgegen § 2 Abs. 1 oder Abs. 3 Satz 1 Einlagen oder andere rückzahlbare Gelder entgegennimmt oder Kredit gewährt,
2. ohne Erlaubnis nach § 8 Abs. 1 Satz 1 Zahlungsdienste erbringt,
2a. ohne Erlaubnis nach § 8a Absatz 1 Satz 1 das E-Geld-Geschäft betreibt,

3. entgegen § 16 Abs. 4 Satz 1 Halbsatz 1 eine Anzeige nicht, nicht richtig oder nicht rechtzeitig erstattet oder
4. entgegen § 23a E-Geld ausgibt,

wird in den Fällen der Nummern 3 und 4 mit Freiheitsstrafe bis zu drei Jahren oder mit Geldstrafe und in den Fällen der Nummern 1, 2 und 2a mit Freiheitsstrafe bis zu fünf Jahren oder Geldstrafe bestraft.

(2) Handelt der Täter fahrlässig, so ist die Strafe in den Fällen der Nummern 3 und 4 Freiheitsstrafe bis zu einem Jahr oder Geldstrafe und in den Fällen der Nummern 1, 2 und 2a Freiheitsstrafe bis zu drei Jahren oder Geldstrafe.

§ 32 Bußgeldvorschriften

(1) Ordnungswidrig handelt, wer einer vollziehbaren Anordnung nach § 4 Absatz 1 Satz 2, auch in Verbindung mit Satz 4, über eine Weisung für die Abwicklung oder einer vollziehbaren Anordnung nach § 15 Absatz 1 oder Absatz 3 zuwiderhandelt.

(2) Ordnungswidrig handelt, wer vorsätzlich oder leichtfertig
1. entgegen § 17 Abs. 1 Satz 1 oder 3, Abs. 2 Satz 1 oder 2 oder § 29a Abs. 1 Satz 1, dieser auch in Verbindung mit Abs. 2 sowie einer Rechtsverordnung nach Abs. 3 Satz 1 einen Jahresabschluss, einen Lagebericht, einen Prüfungsbericht, einen Konzernabschluss, einen Konzernlagebericht oder einen Monatsausweis nicht, nicht richtig, nicht vollständig oder nicht rechtzeitig einreicht oder
2. entgegen § 25 Abs. 1 Satz 1 oder § 29 Abs. 1 Nr. 4 bis 9 oder Nr. 10 eine Anzeige nicht, nicht richtig, nicht vollständig oder nicht rechtzeitig erstattet.

(3) Ordnungswidrig handelt, wer vorsätzlich oder fahrlässig
1. entgegen § 5 Absatz 1 eine Auskunft nicht, nicht richtig, nicht vollständig oder nicht rechtzeitig erteilt oder eine Unterlage nicht, nicht richtig, nicht vollständig oder nicht rechtzeitig vorlegt,
2. entgegen § 5 Absatz 5 Satz 1, auch in Verbindung mit Absatz 6, eine Maßnahme nicht duldet,
3. einer vollziehbaren Auflage nach § 8 Absatz 5 Satz 1 zuwiderhandelt,
4. entgegen § 14 Abs. 1 Satz 1 eine Auskunft nicht, nicht richtig, nicht vollständig oder nicht rechtzeitig erteilt oder eine Unterlage nicht, nicht richtig, nicht vollständig oder nicht rechtzeitig vorlegt,
5. entgegen § 14 Abs. 1 Satz 4 eine Maßnahme nicht duldet,
6. entgegen § 14 Abs. 3 Satz 1 eine dort genannte Maßnahme nicht oder nicht rechtzeitig vornimmt,
7. einer vollziehbaren Anordnung nach § 16 Abs. 3 Satz 1 oder § 22 Abs. 4 Satz 1 zuwiderhandelt,
8. einer vollziehbaren Anordnung nach § 22 Absatz 2 in Verbindung mit § 6a Absatz 1 des Kreditwesengesetzes zuwiderhandelt,
9. entgegen § 22 Absatz 2 in Verbindung mit § 24c Absatz 1 Satz 1 des Kreditwesengesetzes eine Datei nicht, nicht rechtzeitig oder nicht vollständig führt,
10. entgegen § 22 Absatz 2 in Verbindung mit § 24c Absatz 1 Satz 5 des Kreditwesengesetzes nicht gewährleistet, dass die Bundesanstalt Daten jederzeit automatisch abrufen kann,
10a. einer vollziehbaren Anordnung nach § 22 Absatz 2 in Verbindung mit § 25m Absatz 4 des Kreditwesengesetzes zuwiderhandelt,
11. entgegen § 22 Absatz 3 in Verbindung mit § 3 Absatz 1 Nummer 1, auch in Verbindung mit § 4 Absatz 3 oder 4 Satz 1, des Geldwäschegesetzes eine Identifizierung des Vertragspartners nicht oder nicht vollständig vornimmt,
12. entgegen § 22 Absatz 3 in Verbindung mit § 3 Absatz 1 Nummer 3 des Geldwäschegesetzes das Vorhandensein eines wirtschaftlich Berechtigten nicht abklärt oder

13. entgegen § 22 Absatz 3 in Verbindung mit § 8 Absatz 1 des Geldwäschegesetzes erhobene Angaben oder eingeholte Informationen nicht, nicht richtig oder nicht vollständig aufzeichnet.

(4) Die Ordnungswidrigkeit kann in Fällen des Absatzes 1 mit einer Geldbuße bis zu fünfhunderttausend Euro, in Fällen des Absatzes 3 Nummer 1 und 2 mit einer Geldbuße bis zu hundertfünfzigtausend Euro und in den übrigen Fällen mit einer Geldbuße bis zu fünfzigtausend Euro geahndet werden.

§ 33 Zuständige Verwaltungsbehörde

Verwaltungsbehörde im Sinne des § 36 Abs. 1 Nr. 1 des Gesetzes über Ordnungswidrigkeiten ist die Bundesanstalt.

§ 34 Mitteilung in Strafsachen

Das Gericht, die Strafverfolgungs- oder die Strafvollstreckungsbehörde hat in Strafverfahren gegen Inhaber oder Geschäftsleiter von Instituten sowie gegen Inhaber bedeutender Beteiligungen an Instituten oder deren gesetzliche Vertreter wegen Verletzung ihrer Berufspflichten oder anderer Straftaten bei oder im Zusammenhang mit der Ausübung eines Gewerbes oder dem Betrieb einer sonstigen wirtschaftlichen Unternehmung, im Fall der Erhebung der öffentlichen Klage der Bundesanstalt
1. die Anklageschrift oder eine an ihre Stelle tretende Antragsschrift,
2. den Antrag auf Erlass eines Strafbefehls und
3. die das Verfahren abschließende Entscheidung mit Begründung
zu übermitteln; ist gegen die Entscheidung ein Rechtsmittel eingelegt worden, ist die Entscheidung unter Hinweis auf das eingelegte Rechtsmittel zu übermitteln. § 60 a Abs. 1 a bis 3 des Kreditwesengesetzes gilt entsprechend.

§ 35 Übergangsvorschriften

(1) Für Kreditinstitute, die am 31. Oktober 2009 eine Erlaubnis nach § 32 Abs. 1 des Kreditwesengesetzes für das Girogeschäft im Sinne des § 1 Abs. 1 Satz 2 Nr. 9 des Kreditwesengesetzes in der vor dem 31. Oktober 2009 geltenden Fassung haben, gilt die Erlaubnis nach § 8 Abs. 1 für alle Zahlungsdienste im Sinne des § 1 Abs. 2 zum Zeitpunkt des Inkrafttretens dieses Gesetzes als erteilt. Wenn das Kreditinstitut binnen zwei Monaten nach dem 31. Oktober 2009 durch schriftliche Erklärung an die Bundesanstalt mit Bezug auf diese Bestimmung hierauf verzichtet, gilt die Erlaubnis von Anfang an als nicht erteilt.
(2) Unternehmen, die mit einer Erlaubnis nach § 32 Abs. 1 des Kreditwesengesetzes vor dem 25. Dezember 2007
1. die Besorgung von Zahlungsaufträgen nach § 1 Abs. 1a Satz 2 Nr. 6 des Kreditwesengesetzes in der vor dem 31. Oktober 2009 geltenden Fassung oder
2. die Ausgabe oder Verwaltung von Kreditkarten, es sei denn, der Kartenemittent war auch der Erbringer der dem Zahlungsvorgang zugrunde liegenden Leistung, nach § 1 Abs. 1a Satz 2 Nr. 8 des Kreditwesengesetzes in der vor dem 31. Oktober 2009 geltenden Fassung
aufgenommen haben, dürfen ihre Tätigkeit bis zum 30. April 2011 ohne eine Erlaubnis nach § 8 fortsetzen. Bis zu dem Zeitpunkt des Wirksamwerdens der Erlaubnis nach § 8 sind für Unternehmen, die Geschäfte nach Satz 1 Nr. 1 oder Nr. 2 betreiben, die Vorschriften des Kreditwesengesetzes weiter anzuwenden mit Ausnahme des § 2b Abs. 2, der §§ 10, 11 bis 18, 24 Abs. 1 Nr. 9, der §§ 24a, 33 Abs. 1 Satz 1 Nr. 1, des § 35 Abs. 2

Nr. 5 und der §§ 46 a bis 46 c des Kreditwesengesetzes. Für Unternehmen nach Satz 1, die nach § 2 Abs. 4 des Kreditwesengesetzes freigestellt sind, sind die Vorschriften des Kreditwesengesetzes mit Ausnahme der §§ 2 c, 10 bis 18, 24, 24 a, 25 bis 38, 45, 46 bis 46 c und 51 Abs. 1 des Kreditwesengesetzes weiter anzuwenden.

(3) Tätigkeiten, die ohne Verstoß gegen den Erlaubnisvorbehalt nach § 32 Abs. 1 des Kreditwesengesetzes vor dem 25. Dezember 2007 aufgenommen worden sind, dürfen ohne eine Erlaubnis nach § 8 bis zum 30. April 2011 fortgesetzt werden. §§ 14 und 22 Abs. 1 Satz 3 Nr. 4, soweit sie zur Sicherstellung der Einhaltung der Pflichten aus dem Geldwäschegesetz erforderlich sind, sowie die Erfüllung der Pflichten des Unternehmens aus dem Geldwäschegesetz bleiben hiervon unberührt.

(4) Unternehmen im Sinne des § 53 b Abs. 7 des Kreditwesengesetzes, die im Einklang mit einzelstaatlichem Recht vor dem 25. Dezember 2007 die in Anhang I Nr. 4 der Richtlinie 2006/48/EG genannten Tätigkeiten aufgenommen haben und die die Anforderungen des § 53 b Abs. 7 Satz 1 Nr. 7 des Kreditwesengesetzes erfüllen, können diese Tätigkeiten im Inland abweichend von § 8 ohne Erlaubnis der Bundesanstalt ausüben, wenn sie den zuständigen Behörden des Herkunftsstaates diese Tätigkeiten bis zum 25. Dezember 2009 anzeigen.

(5) §§ 7 und 28 bleiben in den Fällen der Absätze 1 bis 4 unberührt.

§ 36 Übergangsvorschriften für E-Geld-Institute

(1) Für E-Geld-Institute, die am 30. April 2011 eine Erlaubnis nach § 32 Absatz 1 des Kreditwesengesetzes für das E-Geld-Geschäft haben, gilt die Erlaubnis nach § 8 a Absatz 1 in dem Umfang, in dem die Erlaubnis nach § 32 Absatz 1 des Kreditwesengesetzes erteilt worden ist, ab dem 30. April 2011 als erteilt. Zugleich werden diese E-Geld-Institute in das E-Geld-Instituts-Register nach § 30 a eingetragen. Wenn das E-Geld-Institut binnen zwei Monaten nach dem 30. April 2011 durch schriftliche Erklärung an die Bundesanstalt mit Bezug auf diese Bestimmung hierauf verzichtet, gilt die Erlaubnis von Anfang an als nicht erteilt.

(2) E-Geld-Institute, die am 30. April 2011 eine Freistellung nach § 2 Absatz 5 des Kreditwesengesetzes in der bis zum 29. April 2011 geltenden Fassung für das E-Geld-Geschäft haben, dürfen die Ausgabe von E-Geld noch bis zum 30. April 2012 ohne eine Erlaubnis nach § 8 a fortsetzen.

Anhang 7.2
Verordnung zur Einreichung von Monatsausweisen nach dem Zahlungsdiensteaufsichtsgesetz (ZAG-Monatsausweisverordnung – ZAGMonAwV)

vom 15. Oktober 2009 (BGBl. I S. 3591), geändert durch Artikel 3 der Verordnung vom 6. Dezember 2013 (BGBl. I S. 4209)

Auf Grund des § 29a Absatz 3 Satz 1 des Zahlungsdiensteaufsichtsgesetzes vom 25. Juni 2009 (BGBl. I S. 1506) verordnet das Bundesministerium der Finanzen im Benehmen mit der Deutschen Bundesbank:

§ 1 Anwendungsbereich; Befugnisse der Bundesanstalt

(1) Monatsausweise sowie die weiteren Angaben nach dieser Verordnung sind von allen Zahlungsinstituten einzureichen.
(2) Die Bundesanstalt für Finanzdienstleistungsaufsicht (Bundesanstalt) kann, soweit dies zur Erfüllung ihrer Aufgaben erforderlich ist, gegenüber den Zahlungsinstituten Anordnungen über die Aufstellung und den Inhalt der Monatsausweise sowie über die weiteren Angaben nach § 3 dieser Verordnung erlassen.

§ 2 Art und Umfang des Monatsausweises

Der Monatsausweis besteht aus einem Vermögensstatus bezogen auf das Ende des jeweiligen Berichtszeitraums und einer Gewinn- und Verlustrechnung, die den Zeitraum seit dem Ende des letzten Geschäftsjahres umfasst.

§ 3 Zahlungsvolumen

Die Zahlungsinstitute haben zusätzlich zum Monatsausweis ihr Zahlungsvolumen, die Anzahl der Zahlungsvorgänge und die Anzahl der ausgegebenen Zahlungsauthentifizierungsinstrumente anzugeben. Soweit die Angaben das Finanztransfergeschäft im Sinne des § 1 Absatz 2 Nummer 6 des Zahlungsdiensteaufsichtsgesetzes betreffen, sind sie zusätzlich, bezogen auf den Zahlungsempfänger, in die verschiedenen Zahlungsrichtungen zu untergliedern.

§ 4 Berichtszeitraum

Berichtszeitraum ist das Kalendervierteljahr. Die Bundesanstalt kann durch Entscheidung im Einzelfall den Berichtszeitraum auf einen Kalendermonat verkürzen, soweit dies zur Erfüllung der Aufgaben der Bundesanstalt erforderlich ist.

§ 5 Einreichungsverfahren und Einreichungstermin

(1) Die Monatsausweise und die weiteren Angaben nach § 3 sind von den Zahlungsinstituten mit den folgenden Formularen einzureichen:
1. Monatsausweis gemäß § 29a Absatz 1 Satz 1 ZAG – Vermögensstatus –: STZAG (Anlage 1 dieser Verordnung),

2. Monatsausweis gemäß § 29a Absatz 1 Satz 1 ZAG
– Gewinn- und Verlustrechnung –:
GVZAG (Anlage 2 dieser Verordnung,
3. weitere Angaben gemäß § 3 ZAGMonAwV
– Zahlungsvolumen –:
ZVZAG (Anlage 3 dieser Verordnung).

Zahlungsinstitute, die zugleich Kreditinstitut im Sinne des § 1 Absatz 1 Satz 1 des Kreditwesengesetzes sind und Finanzinformationen nach Maßgabe des § 25 des Kreditwesengesetzes in Verbindung mit der Finanzinformationenverordnung einzureichen haben, haben anstelle der in Satz 1 Nummer 1 und 2 genannten Formulare die Formulare aus den Anlagen 4 und 5 (ESTZAG und EGVZAG) zu verwenden; die Pflicht zur Verwendung des Formulars aus der Anlage 3 (ZVZAG) bleibt daneben bestehen.

(2) Die Monatsausweise sowie die weiteren Angaben nach § 3 sind der Deutschen Bundesbank jeweils nach dem Stand zum Ende des Berichtszeitraums bis zum 15. Geschäftstag des Folgemonats einzureichen.

(3) Die Monatsausweise sowie die weiteren Angaben nach § 3 sind im papierlosen Verfahren der Deutschen Bundesbank einzureichen. Die Deutsche Bundesbank veröffentlicht auf ihrer Internetseite die für eine Dateneinreichung im Wege der Datenfernübertragung zu verwendenden Satzformate und den Einreichungsweg.

§ 6 Inkrafttreten

Diese Verordnung tritt am 31. Oktober 2009 in Kraft.

Anlagen

Anlage 1 (zu § 5 Absatz 1 Satz 1)
STZAG

Monatsausweis gemäß § 29a Absatz 1 Satz 1 ZAG
– Vermögensstatus –

Institutsnummer _____ Prüfziffer _____ Name _____ Stand Ende _____ Ort _____

Die angegebenen Beträge lauten auf Tsd. Euro[1])

Aktiva			Passiva		
0100	**Barreserve**		**1800**	**Verbindlichkeiten gegenüber Kreditinstituten**	
0110	aus Zahlungsdiensten	0110 _____	1810	aus Zahlungsdiensten	1810 _____
0120	aus sonstigen Tätigkeiten	0120 _____		davon:	
	Summe: (0110 + 0120)	**0100** _____	1811	täglich fällig	1811 _____
0200	**Forderungen an Kreditinstitute**		1812	mit vereinbarter Laufzeit oder Kündigungsfrist	1812 _____
0210	aus Zahlungsdiensten	0210 _____	1820	aus sonstigen Tätigkeiten	1820 _____
	darunter:			davon:	
0211	auf Treuhandkonten	0211 _____	1821	täglich fällig	1821 _____
0220	aus sonstigen Tätigkeiten		1822	mit vereinbarter Laufzeit oder Kündigungsfrist	1822 _____
0221	täglich fällig	0221 _____		Summe: (1810 + 1820)	**1800** _____
0222	andere Forderungen	0222 _____	**1900**	**Verbindlichkeiten gegenüber Kunden**	
	Summe: (0221 + 0222)	0220 _____	1910	aus Zahlungsdiensten	1910 _____
	Summe: (0210 + 0220)	**0200** _____		davon:	
0300	**Forderungen an Kunden**		1911	Verbindlichkeiten zur Ausführung von Zahlungsvorgängen	1911 _____
0310	aus Zahlungsdiensten	0310 _____		darunter:	
0311	aus Provisionen	0311 _____	1912	auf Zahlungskonten	1912 _____
0312	aus Krediten	0312 _____	1920	aus sonstigen Tätigkeiten	1920 _____
	darunter:			Summe: (1910 + 1920)	**1900** _____
0313	aus Kreditkartengeschäften	0313 _____	**2000**	**Verbindlichkeiten gegenüber Zahlungsinstituten**	
0320	aus sonstigen Tätigkeiten	0320 _____	2010	aus Zahlungsdiensten	2010 _____
	Summe: (0310 + 0320)	**0300** _____	2020	aus sonstigen Tätigkeiten	2020 _____
0400	**Forderungen an Zahlungsinstitute**			Summe: (2010 + 2020)	**2000** _____
0410	aus Zahlungsdiensten	0410 _____	**2100**	**Sonstige Verbindlichkeiten**	
0420	aus sonstigen Tätigkeiten	0420 _____	2110	aus Zahlungsdiensten	2110 _____
	Summe: (0410 + 0420)	**0400** _____	2120	aus sonstigen Tätigkeiten	2120 _____
0500	**Schuldverschreibungen und andere festverzinsliche Wertpapiere**			Summe: (2110 + 2120)	**2100** _____
0510	Geldmarktpapiere		**2200**	**Rechnungsabgrenzungsposten**	
0511	aus Zahlungsdiensten	0511 _____	2210	aus Zahlungsdiensten	2210 _____
0512	aus sonstigen Tätigkeiten	0512 _____	2220	aus sonstigen Tätigkeiten	2220 _____
	Summe: (0511+0512)	0510 _____		Summe: (2210 + 2220)	**2200** _____
0520	Anleihen und Schuldverschreibungen		**2300**	**Rückstellungen**	
0521	aus Zahlungsdiensten	0521 _____	2310	aus Zahlungsdiensten	2310 _____
0522	aus sonstigen Tätigkeiten	0522 _____			
	Summe: (0521+0522)	0520 _____			
	Summe: (0510+0520)	**0500** _____			

Die angegebenen Beträge lauten auf Tsd. Euro[1])

Aktiva			Passiva		
0600	**Aktien und andere nicht festverzinsliche Wertpapiere**		2320	aus sonstigen Tätigkeiten	2320 ____
0610	aus Zahlungsdiensten	0610 ____		**Summe: (2310 + 2320)**	**2300** ____
0620	aus sonstigen Tätigkeiten	0620 ____	**2400**	**Passive latente Steuern**	**2400** ____
	Summe: (0610 + 0620)	**0600** ____	**2500**	**Nachrangige Verbindlichkeiten**	
0700	**Beteiligungen**		2510	aus Zahlungsdiensten	2510 ____
0710	aus Zahlungsdiensten	0710 ____	2520	aus sonstigen Tätigkeiten	2520 ____
	darunter:			**Summe: (2510 + 2520)**	**2500** ____
0711	an Kreditinstituten	0711 ____	**2600**	**Genussrechtskapital**	**2600** ____
0712	an Finanzdienstleistungsinstituten	0712 ____		darunter:	
			2610	vor Ablauf von zwei Jahren fällig	2610 ____
0713	an Zahlungsinstituten	0713 ____	**2700**	**Fonds für allgemeine Bankrisiken**	**2700** ____
0720	aus sonstigen Tätigkeiten	0720 ____	**2800**	**Eigenkapital**	
	darunter:		2810	gezeichnetes Kapital	2810 ____
0721	an Kreditinstituten	0721 ____		darunter:	
0722	an Finanzdienstleistungsinstituten	0722 ____	2811	stille Einlagen	2811 ____
0723	an Zahlungsinstituten	0723 ____	2812	Abzugsposten: Ausstehende Einlagen auf das gezeichnete Kapital	2812 ./. ____
	Summe: (0710 + 0720)	**0700** ____			
0800	**Anteile an verbundenen Unternehmen**		2820	Gewinnrücklagen	2820 ____
0810	aus Zahlungsdiensten	0810 ____	2830	Gewinnvortrag/Verlustvortrag[2])	2830 ____
	darunter:		2840	Bilanzgewinn/Bilanzverlust[2])	2840 ____
0811	an Kreditinstituten	0811 ____			
0812	an Finanzdienstleistungsinstituten	0812 ____		**Summe: (2810 + 2820 +(./.) 2830 +(./.) 2840)**	**2800** ____
0813	an Zahlungsinstituten	0813 ____	**2900**	**Summe der Passiva (1800 + 1900 + 2500 + 2600 + 2700 + 2800)**	**2900** ____
0820	aus sonstigen Tätigkeiten	0820 ____			
	darunter:		**3000**	**Unwiderrufliche Kreditzusagen**	
0821	an Kreditinstituten	0821 ____	3010	aus Zahlungsdiensten	3010 ____
0822	an Finanzdienstleistungsinstituten	0822 ____	3020	aus sonstigen Tätigkeiten	3020 ____
				Summe: (3010 + 3020)	**3000** ____
0823	an Zahlungsinstituten	0823 ____	**3100**	**Eventualverbindlichkeiten**	
	Summe: (0810 + 0820)	**0800** ____	3110	aus Zahlungsdiensten	3110 ____
0900	**Immaterielle Anlagewerte**		3120	aus sonstigen Tätigkeiten	3120 ____
0910	aus Zahlungsdiensten	0910 ____		**Summe: (3110 + 3120)**	**3100** ____
0920	aus sonstigen Tätigkeiten	0920 ____	**Kontrollsumme:**		
	Summe: (0910 + 0920)	**0900** ____	(1700 + 2900 + 3000 + 3100)		**9010** ____
1000	**Sachanlagen**				
1010	aus Zahlungsdiensten	1010 ____			
1020	aus sonstigen Tätigkeiten	1020 ____			
	Summe: (1010 + 1020)	**1000** ____			
1100	**Eigene Aktien oder Anteile**	**1100** ____			
1200	**Sonstige Vermögensgegenstände**				
1210	aus Zahlungsdiensten	1210 ____			
1220	aus sonstigen Tätigkeiten	1220 ____			
	Summe: (1210 + 1220)	**1200** ____			
1300	**Rechnungsabgrenzungsposten**				
1310	aus Zahlungsdiensten	1310 ____			
1320	aus sonstigen Tätigkeiten	1320 ____			
	Summe: (1310 + 1320)	**1300** ____			

[1]) Angaben bitte ohne Kommastellen, Rundung nach kaufmännischer Rundungsregel (5/4).
Umrechnung von nicht auf Euro lautenden Aktiv- und Passivpositionen (Fremdwährungspositionen): Fremdwährungspositionen sind zu dem jeweils von der EZB am Meldestichtag festgestellten und von der Bundesbank veröffentlichten Referenzkurs („ESZB-Referenzkurs") in Euro umzurechnen. Bei der Umrechnung von Währungen, für die kein ESZB-Referenzkurs veröffentlicht wird, sind die Mittelkurse aus feststellbaren An- und Verkaufskursen des Stichtags zugrunde zu legen. Vermögensgegenstände, die nicht als Bestandteil der Fremdwährungsposition behandelt werden, dürfen zu dem bei der Erstverbuchung verwendeten Devisenkurs umgerechnet werden. In den Meldungen für die Zweigstellen im Ausland sind Fremdwährungsbeträge direkt, das heißt ohne Zwischenumrechnung in die Währung des Sitzlandes, in die Währung umzurechnen, in der die Meldung erstellt wird.

[2]) Vorzeichen angeben.

Aktiva			Passiva	
		Die angegebenen Beträge lauten auf Tsd. Euro[1])		
1400	Aktive latente Steuern	1400		
1500	Aktiver Unterschiedsbetrag aus der Vermögensverrechnung	1500		
1600	Nicht durch Eigenkapital gedeckter Fehlbetrag	1600		
1700	Summe der Aktiva (0100 + 0200 + 0300 + 0400 + 0500 + 0600 + 0700 + 0800 + 0900 + 1000 + 1100 + 1200 + 1300 + 1400 + 1500 + 1600)	1700		

Anlage 2 (zu § 5 Absatz 1 Satz 1)
GVZAG

Monatsausweis gemäß § 29a Absatz 1 Satz 1 ZAG
– Gewinn- und Verlustrechnung –

Institutsnummer _____ Prüfziffer _____ Name _____ Stand Ende _____ Ort _____

Die angegebenen Beträge lauten auf Tsd. Euro[1])

Übersicht Gewinn- und Verlustrechnung

0100 Zinserträge
    0110 aus Zahlungsdiensten
        0111 aus Kredit- und Geldmarktgeschäften   0111 _____
        0112 aus festverzinslichen Wertpapieren und Schuldbuchforderungen   0112 _____
        Summe: (0111 + 0112)   0110 _____
    0120 aus sonstigen Tätigkeiten
        0121 aus Kredit- und Geldmarktgeschäften   0121 _____
        0122 aus festverzinslichen Wertpapieren und Schuldbuchforderungen   0122 _____
        Summe: (0121 + 0122)   0120 _____
    Summe: (0110 + 0120) 0100 _____

0200 Zinsaufwendungen
    0210 aus Zahlungsdiensten   0210 _____
    0220 aus sonstigen Tätigkeiten   0220 _____
    Summe: (0210 + 0220) 0200 _____

0300 Laufende Erträge
    0310 aus Zahlungsdiensten
        0311 aus Aktien und anderen nicht festverzinslichen Wertpapieren   0311 _____
        0312 aus Beteiligungen   0312 _____
        0313 aus Anteilen an verbundenen Unternehmen   0313 _____
        Summe: (0311 + 0312 + 0313)   0310 _____
    0320 aus sonstigen Tätigkeiten
        0321 aus Aktien und anderen nicht festverzinslichen Wertpapieren   0321 _____
        0322 aus Beteiligungen   0322 _____
        0323 aus Anteilen an verbundenen Unternehmen   0323 _____
        Summe: (0321 + 0322 + 0323)   0320 _____
    Summe: (0310 + 0320) 0300 _____

0400 Erträge aus Gewinngemeinschaften, Gewinnabführungs- oder Teilgewinnabführungsverträgen
    0410 aus Zahlungsdiensten   0410 _____
    0420 aus sonstigen Tätigkeiten   0420 _____
    Summe: (0410 + 0420) 0400 _____

noch Gewinn- und Verlustrechnung

1000 Sonstige betriebliche Aufwendungen
    1010 aus Zahlungsdiensten   1010 _____
    1020 aus sonstigen Tätigkeiten   1020 _____
    Summe: (1010 + 1020) 1000 _____

1100 Abschreibungen und Wertberichtigungen auf Forderungen und bestimmte Wertpapiere sowie Zuführungen zu Rückstellungen im Kreditgeschäft
    1110 aus Zahlungsdiensten   1110 _____
    1120 aus sonstigen Tätigkeiten   1120 _____
    Summe: (1110 + 1120) 1100 _____

1200 Erträge aus Zuschreibungen zu Forderungen und bestimmten Wertpapieren sowie aus der Auflösung von Rückstellungen im Kreditgeschäft
    1210 aus Zahlungsdiensten   1210 _____
    1220 aus sonstigen Tätigkeiten   1220 _____
    Summe: (1210 + 1220) 1200 _____

1300 Abschreibungen und Wertberichtigungen auf Beteiligungen, Anteile an verbundenen Unternehmen und wie Anlagevermögen behandelte Wertpapiere
    1310 aus Zahlungsdiensten   1310 _____
    1320 aus sonstigen Tätigkeiten   1320 _____
    Summe: (1310 + 1320) 1300 _____

1400 Erträge aus Zuschreibungen zu Beteiligungen, Anteilen an verbundenen Unternehmen und wie Anlagevermögen behandelten Wertpapieren
    1410 aus Zahlungsdiensten   1410 _____
    1420 aus sonstigen Tätigkeiten   1420 _____
    Summe: (1410 + 1420) 1400 _____

1500 Aufwendungen aus Verlustübernahme
    1510 aus Zahlungsdiensten   1510 _____
    1520 aus sonstigen Tätigkeiten   1520 _____
    Summe: (1510 + 1520) 1500 _____

1600 Ergebnis der normalen Geschäftstätigkeit[2])
    1610 aus Zahlungsdiensten   1610 _____
    1620 aus sonstigen Tätigkeiten   1620 _____
    Summe: (1610 + 1620) 1600 _____

Die angegebenen Beträge lauten auf Tsd. Euro[1])

Übersicht Gewinn- und Verlustrechnung

0500	**Provisionserträge**		
	0510 aus Zahlungsdiensten	0510	_____
	0520 aus sonstigen Tätigkeiten	0520	_____
	Summe: (0510 + 0520)	**0500**	_____
0600	**Provisionsaufwendungen**		
	0610 aus Zahlungsdiensten	0610	_____
	0620 aus sonstigen Tätigkeiten	0620	_____
	Summe: (0610 + 0620)	**0600**	_____
0700	**Sonstige betriebliche Erträge**		
	0710 aus Zahlungsdiensten	0710	_____
	0720 aus sonstigen Tätigkeiten	0720	_____
	Summe: (0710 + 0720)	**0700**	_____
0800	**Allgemeine Verwaltungsaufwendungen**		
	0810 aus Zahlungsdiensten		
	0811 Personalaufwand	0811	_____
	darunter:		
	0812 Löhne und Gehälter	0812	_____
	0813 Soziale Abgaben und Aufwendungen für Altersvorsorgung und für Unterstützung	0813	_____
	darunter:		
	0814 für Altersvorsorgung	0814	_____
	0815 andere Verwaltungsaufwendungen	0815	_____
	Summe: (0811 + 0815)	**0810**	_____
	0820 aus sonstigen Tätigkeiten		
	0821 Personalaufwand	0821	_____
	darunter:		
	0822 Löhne und Gehälter	0822	_____
	0823 Soziale Abgaben und Aufwendungen für Altersvorsorgung und für Unterstützung	0823	_____
	darunter:		
	0824 für Altersvorsorgung	0824	_____
	0825 andere Verwaltungsaufwendungen	0825	_____
	Summe: (0821 + 0825)	**0820**	_____
	Summe: (0810 + 0820)	**0800**	_____
0900	**Abschreibungen und Wertberichtigungen auf immaterielle Anlagewerte und Sachanlagen**		
	0910 aus Zahlungsdiensten	0910	_____
	0920 aus sonstigen Tätigkeiten	0920	_____
	Summe: (0910 + 0920)	**0900**	_____

Kontrollsumme:
(0100 + 0200 + 0300 + 0400 + 0500 + 0600
+ 0700 + 0800 + 0900)   **9010** _____

noch Gewinn- und Verlustrechnung

1700	**Außerordentliches Ergebnis[2])**		
	1710 aus Zahlungsdiensten		
	1711 Außerordentliche Erträge	1711	_____
	1712 Außerordentliche Aufwendungen	1712	_____
	Summe: (1711 + 1712)	**1710**	_____
	1720 aus sonstigen Tätigkeiten		
	1721 Außerordentliche Erträge	1721	_____
	1722 Außerordentliche Aufwendungen	1722	_____
	Summe: (1721 + 1722)	**1720**	_____
	Summe: (1710 + 1720)	**1700**	_____
1800	**Steuern vom Einkommen und vom Ertrag**		
	1810 aus Zahlungsdiensten	1810	_____
	1820 aus sonstigen Tätigkeiten	1820	_____
	Summe: (1810 + 1820)	**1800**	_____
1900	**Sonstige Steuern, soweit nicht unter Position 1000 ausgewiesen**		
	1910 aus Zahlungsdiensten	1910	_____
	1920 aus sonstigen Tätigkeiten	1920	_____
	Summe: (1910 + 1920)	**1900**	_____
2000	**Erträge aus Verlustübernahme**		
	2010 aus Zahlungsdiensten	2010	_____
	2020 aus sonstigen Tätigkeiten	2020	_____
	Summe: (2010 + 2020)	**2000**	_____
2100	**Auf Grund einer Gewinngemeinschaft, eines Gewinnabführungs- oder eines Teilgewinnabführungsvertrags abgeführte Gewinne**		
	2110 aus Zahlungsdiensten	2110	_____
	2120 aus sonstigen Tätigkeiten	2120	_____
	Summe: (2110 + 2120)	**2100**	_____
2200	**Periodengewinn/Periodenverlust[2])**		
	2210 aus Zahlungsdiensten	2210	_____
	2220 aus sonstigen Tätigkeiten	2220	_____
	Summe: (2210 + 2220)	**2200**	_____

Kontrollsumme:
(9010 + 1000 + 1100 + 1200 + 1300 +
1400 + 1500 + 1600 + 1700 + 1800 +
1900 + 2000 + 2100 + 2200)   **9020** _____

---

[1]) Angaben bitte ohne Kommastellen, Rundung nach kaufmännischer Rundungsregel (5/4).
Umrechnung von nicht auf Euro lautenden Aktiv- und Passivpositionen (Fremdwährungspositionen): Fremdwährungspositionen sind zu dem jeweils von der EZB am Meldestichtag festgestellten und von der Bundesbank veröffentlichten Referenzkurs („ESZB-Referenzkurs") in Euro umzurechnen. Bei der Umrechnung von Währungen, für die kein ESZB-Referenzkurs veröffentlicht wird, sind die Mittelkurse aus feststellbaren An- und Verkaufskursen des Stichtags zugrunde zu legen. Vermögensgegenstände, die nicht als Bestandteil der Fremdwährungsposition behandelt werden, dürfen zu dem bei der Erstverbuchung verwendeten Devisenkurs umgerechnet werden. In den Meldungen für die Zweigstellen im Ausland sind Fremdwährungsbeträge direkt, das heißt ohne Zwischenumrechnung in die Währung des Sitzlandes, in die Währung umzurechnen, in der die Meldung erstellt wird.

[2]) Vorzeichen angeben.

Anlage 3 (zu § 5 Absatz 1 Satz 1)
ZVZAG

Weitere Angaben gemäß § 3 ZAGMonAwV
– Zahlungsvolumen –

Institutsnummer _____ Prüfziffer _____ Name _____ Stand Ende _____
Ort _____

Zahlungsvolumen[1])

- **0100 Zahlungsvolumen als Betrag**
  (Beträge lauten auf Tsd. Euro[2])) **0100** _____
  davon:
  - 0110 aus Einzahlungs- oder Auszahlungsgeschäft
    - 0111 aus Einzahlungsgeschäft **0111** _____
    - 0112 aus Auszahlungsgeschäft **0112** _____
    - Summe: (0111 + 0112) **0110** _____
  - 0120 aus Zahlungsgeschäft ohne/mit Kreditgewährung **0120** _____
    darunter:
    - 0121 aus Lastschriftgeschäft **0121** _____
    - 0122 aus Überweisungsgeschäft **0122** _____
    - 0123 aus Zahlungskartengeschäft **0123** _____
  - 0130 aus Annahme und Abrechnung von mit Zahlungsauthentifizierungsgeschäft ausgelösten Zahlungsvorgängen **0130** _____
  - 0140 aus digitalisiertem Zahlungsgeschäft **0140** _____
  - 0150 aus Finanztransfergeschäft
    - 0151 nach Deutschland eingehende Transfers **0151** _____
    - 0152 von Deutschland ausgehende Transfers **0152** _____
    - 0153 innerhalb Deutschlands abgewickelte Transfers **0153** _____
    - 0154 außerhalb Deutschlands abgewickelte Transfers **0154** _____
    - Summe: (0151 + 0152 + 0153 + 0154) **0150** _____
- **0200 Anzahl der Zahlungsvorgänge 0200** _____
  davon:
  - 0210 aus Einzahlungs- oder Auszahlungsgeschäft
    - 0211 aus Einzahlungsgeschäft **0211** _____
    - 0212 aus Auszahlungsgeschäft **0212** _____
    - Summe: (0211 + 0212) **0210** _____

Zahlungsvolumen[1])

0220	aus Zahlungsgeschäft ohne/mit Kreditgewährung	0220	_____
	darunter:		
	0221 aus Lastschriftgeschäft	0221	_____
	0222 aus Überweisungsgeschäft	0222	_____
	0223 aus Zahlungskartengeschäft	0223	_____
0230	aus Annahme und Abrechnung von mit Zahlungsauthentifizierungsgeschäft ausgelösten Zahlungsvorgängen	0230	_____
0240	aus digitalisiertem Zahlungsgeschäft	0240	_____
0250	aus Finanztransfergeschäft		
	0251 nach Deutschland eingehende Transfers	0251	_____
	0252 von Deutschland ausgehende Transfers	0252	_____
	0253 innerhalb Deutschlands abgewickelte Transfers	0253	_____
	0254 außerhalb Deutschlands abgewickelte Transfers	0254	_____
	Summe: (0251 + 0252 + 0253 + 0254)	0250	_____
0300	**Anzahl der ausgegebenen Zahlungsauthentifizierungsinstrumente**	0300	_____

---

[1]) Es sind jeweils die Beträge bzw. Stückzahlen der einzelnen Berichtsmonate als Summen zu melden.

[2]) Angaben bitte ohne Kommastellen, Rundung nach kaufmännischer Rundungsregel (5/4).
Umrechnung von nicht auf Euro lautenden Positionen (Fremdwährungspositionen): Fremdwährungspositionen sind zu dem jeweils von der EZB am Meldestichtag festgestellten und von der Bundesbank veröffentlichten Referenzkurs („ESZB-Referenzkurs") in Euro umzurechnen. Bei der Umrechnung von Währungen, für die kein ESZB-Referenzkurs veröffentlicht wird, sind die Mittelkurse aus feststellbaren An- und Verkaufskursen des Stichtags zugrunde zu legen. Vermögensgegenstände, die nicht als Bestandteil der Fremdwährungsposition behandelt werden, dürfen zu dem bei der Erstverbuchung verwendeten Devisenkurs umgerechnet werden. In den Meldungen für die Zweigstellen im Ausland sind Fremdwährungsbeträge direkt, das heißt ohne Zwischenumrechnung in die Währung des Sitzlandes, in die Währung umzurechnen, in der die Meldung erstellt wird.

Anlage 4 (zu § 5 Absatz 1 Satz 2)
ESTZAG

Monatsausweis gemäß § 29a Absatz 1 Satz 1 ZAG
– Vermögensstatus –

Institutsnummer _____ Prüfziffer _____ Name _____ Stand Ende _____ Ort _____

Die angegebenen Beträge lauten auf Tsd. Euro[1])

Aktiva			Passiva		
Barreserve			**Verbindlichkeiten gegenüber Kreditinstituten**		
0110 aus Zahlungsdiensten	0110	_____	1810 aus Zahlungsdiensten	1810	_____
Forderungen an Kreditinstitute			davon:		
0210 aus Zahlungsdiensten	0210	_____	1811 täglich fällig	1811	_____
darunter:			1812 mit vereinbarter Laufzeit oder Kündigungsfrist	1812	_____
0211 auf Treuhandkonten	0211	_____	aus sonstigen Tätigkeiten		
aus sonstigen Tätigkeiten			davon:		
0221 täglich fällig	0221	_____	1821 täglich fällig	1821	_____
0222 andere Forderungen	0222	_____	1822 mit vereinbarter Laufzeit oder Kündigungsfrist	1822	_____
Forderungen an Kunden			**Verbindlichkeiten gegenüber Kunden**		
0310 aus Zahlungsdiensten	0310	_____	1910 aus Zahlungsdiensten	1910	_____
darunter:			davon:		
0311 aus Provisionen	0311	_____	1911 Verbindlichkeiten zur Ausführung von Zahlungsvorgängen	1911	_____
0312 aus Krediten	0312	_____	darunter:		
darunter:			1912 auf Zahlungskonten	1912	_____
0313 aus Kreditkartengeschäften	0313	_____	**Verbindlichkeiten gegenüber Zahlungsinstituten**		
Forderungen an Zahlungsinstitute			2010 aus Zahlungsdiensten	2010	_____
0410 aus Zahlungsdiensten	0410	_____	2020 aus sonstigen Tätigkeiten	2020	_____
0420 aus sonstigen Tätigkeiten	0420	_____	Summe: (2010 + 2020) **2000**		_____
Summe: (0410 + 0420) **0400**		_____	**Sonstige Verbindlichkeiten**		
Schuldverschreibungen und andere festverzinsliche Wertpapiere			2110 aus Zahlungsdiensten	2110	_____
Geldmarktpapiere			**Rechnungsabgrenzungsposten**		
0511 aus Zahlungsdiensten	0511	_____	2210 aus Zahlungsdiensten	2210	_____
Anleihen und Schuldverschreibungen			**Rückstellungen**		
0521 aus Zahlungsdiensten	0521	_____	2310 aus Zahlungsdiensten	2310	_____
Aktien und andere nicht festverzinsliche Wertpapiere			**Passive latente Steuern**	**2400**	_____
0610 aus Zahlungsdiensten	0610	_____	**Nachrangige Verbindlichkeiten**		
Beteiligungen			2510 aus Zahlungsdiensten	2510	_____
0710 aus Zahlungsdiensten	0710	_____	**Unwiderrufliche Kreditzusagen**		
darunter:			3010 aus Zahlungsdiensten	3010	_____
0711 an Kreditinstituten	0711	_____	**Eventualverbindlichkeiten**		
0712 an Finanzdienstleistungsinstituten	0712	_____	3110 aus Zahlungsdiensten	3110	_____
0713 an Zahlungsinstituten	0713	_____			

Die angegebenen Beträge lauten auf Tsd. Euro[1])

Aktiva			Passiva	
aus sonstigen Tätigkeiten			**Kontrollsumme:**	
darunter:			(0110 + 0210 + 0221 + 0222 + 0310 +	
0723 an Zahlungsinstituten	0723	_____	0400 + 0511 + 0521 + 0610 + 0710 +	
Anteile an verbundenen Unternehmen			0723 + 0810 + 0823 + 0910 + 1010 +	
0810 aus Zahlungsdiensten	0810	_____	1210 + 1310 + 1400 + 1600 + 1810 +	
darunter:			1821 + 1822 + 1910 + 2000 + 2110 +	
0811 an Kreditinstituten	0811	_____	2210 + 2310 + 2400 + 2510 + 3010 +	
0812 an Finanzdienst-			3110)	9010 _____
leistungsinstituten	0812	_____		
0813 an Zahlungsinstituten	0813	_____		
aus sonstigen Tätigkeiten				
darunter:				
0823 an Zahlungsinstituten	0823	_____		
Immaterielle Anlagewerte				
0910 aus Zahlungsdiensten	0910	_____		
Sachanlagen				
1010 aus Zahlungsdiensten	1010	_____		
Sonstige Vermögensgegenstände				
1210 aus Zahlungsdiensten	1210	_____		
Rechnungsabgrenzungsposten				
1310 aus Zahlungsdiensten	1310	_____		
Aktive latente Steuern	1400	_____		
Aktiver Unterschiedsbetrag aus der Vermögensverrechnung	1600	_____		

[1]) Angaben bitte ohne Kommastellen, Rundung nach kaufmännischer Rundungsregel (5/4).

Umrechnung von nicht auf Euro lautenden Aktiv- und Passivpositionen (Fremdwährungspositionen): Fremdwährungspositionen sind zu dem jeweils von der EZB am Meldestichtag festgestellten und von der Bundesbank veröffentlichten Referenzkurs („ESZB-Referenzkurs") in Euro umzurechnen. Bei der Umrechnung von Währungen, für die kein ESZB-Referenzkurs veröffentlicht wird, sind die Mittelkurse aus feststellbaren An- und Verkaufskursen des Stichtags zugrunde zu legen. Vermögensgegenstände, die nicht als Bestandteil der Fremdwährungsposition behandelt werden, dürfen zu dem bei der Erstverbuchung verwendeten Devisenkurs umgerechnet werden.

In den Meldungen für die Zweigstellen im Ausland sind Fremdwährungsbeträge direkt, das heißt ohne Zwischenumrechnung in die Währung des Sitzlandes, in die Währung umzurechnen, in der die Meldung erstellt wird.

Anlage 5 (zu § 5 Absatz 1 Satz 2)
EGVZAG

Monatsausweis gemäß § 29a Absatz 1 Satz 1 ZAG
– Gewinn- und Verlustrechnung –

Institutsnummer _____ Prüfziffer _____ Name _____

Stand Ende _____
Ort _____

Die angegebenen Beträge lauten auf Tsd. Euro[1])

Übersicht Gewinn- und Verlustrechnung / noch Gewinn- und Verlustrechnung

Zinserträge
- 0110 aus Zahlungsdiensten
  - 0111 aus Kredit- und Geldmarktgeschäften 0111 _____
  - 0112 aus festverzinslichen Wertpapieren und Schuldbuchforderungen 0112 _____
  - Summe: (0111 + 0112) 0110 _____

Zinsaufwendungen
- 0210 aus Zahlungsdiensten 0210 _____

Laufende Erträge
- 0310 aus Zahlungsdiensten
  - 0311 aus Aktien und anderen nicht festverzinslichen Wertpapieren 0311 _____
  - 0312 aus Beteiligungen 0312 _____
  - 0313 aus Anteilen an verbundenen Unternehmen 0313 _____
  - Summe: (0311 + 0312 + 0313) 0310 _____

Erträge aus Gewinngemeinschaften, Gewinnabführungs- oder Teilgewinnabführungsverträgen
- 0410 aus Zahlungsdiensten 0410 _____

Provisionserträge
- 0510 aus Zahlungsdiensten 0510 _____

Provisionsaufwendungen
- 0610 aus Zahlungsdiensten 0610 _____

Sonstige betriebliche Erträge
- 0710 aus Zahlungsdiensten 0710 _____

Allgemeine Verwaltungsaufwendungen
- 0810 aus Zahlungsdiensten
  - 0811 Personalaufwand 0811 _____
  - darunter:
    - 0812 Löhne und Gehälter 0812 _____
    - 0813 Soziale Abgaben und Aufwendungen für Altersvorsorgung und für Unterstützung 0813 _____

Sonstige betriebliche Aufwendungen
- 1010 aus Zahlungsdiensten 1010 _____

Abschreibungen und Wertberichtigungen auf Forderungen und bestimmte Wertpapiere sowie Zuführungen zu Rückstellungen im Kreditgeschäft
- 1110 aus Zahlungsdiensten 1110 _____

Erträge aus Zuschreibungen zu Forderungen und bestimmten Wertpapieren sowie aus der Auflösung von Rückstellungen im Kreditgeschäft
- 1210 aus Zahlungsdiensten 1210 _____

Abschreibungen und Wertberichtigungen auf Beteiligungen, Anteile an verbundenen Unternehmen und wie Anlagevermögen behandelte Wertpapiere
- 1310 aus Zahlungsdiensten 1310 _____

Erträge aus Zuschreibungen zu Beteiligungen, Anteilen an verbundenen Unternehmen und wie Anlagevermögen behandelten Wertpapieren
- 1410 aus Zahlungsdiensten 1410 _____

Aufwendungen aus Verlustübernahme
- 1510 aus Zahlungsdiensten 1510 _____

Ergebnis der normalen Geschäftstätigkeit[2])
- 1610 aus Zahlungsdiensten 1610 _____
- 1620 aus sonstigen Tätigkeiten 1620 _____

Außerordentliches Ergebnis[2])
- 1710 aus Zahlungsdiensten
  - 1711 Außerordentliche Erträge 1711 _____
  - 1712 Außerordentliche Aufwendungen 1712 _____
  - Summe: (1711 + 1712) 1710 _____

Steuern vom Einkommen und vom Ertrag
- 1810 aus Zahlungsdiensten 1810 _____

Sonstige Steuern, soweit nicht unter Position 1010 ausgewiesen
- 1910 aus Zahlungsdiensten 1910 _____

Erträge aus Verlustübernahme
- 2010 aus Zahlungsdiensten 2010 _____

Die angegebenen Beträge lauten auf Tsd. Euro[1])

Übersicht Gewinn- und Verlustrechnung

noch Gewinn- und Verlustrechung

darunter:
0814 für Altersvorsorgung   0814 _____
0815 andere Verwaltungs-
       aufwendungen   0815 _____
Summe: (0811 + 0815)   0810 _____
aus sonstigen Tätigkeiten
Personalaufwand
darunter:
Soziale Abgaben und Auf-
wendungen für Altersvorsorgung und für Unterstützung

darunter:
0824 für Altersvorsorgung   0824 _____

Abschreibungen und Wertberichtigungen auf immaterielle Anlagewerte und Sachanlagen

0910 aus Zahlungsdiensten   0910 _____

Kontrollsumme:
(0110 + 0210 + 0310 + 0410 + 0510 +
0610 + 0710 + 0810 + 0824 + 0910)   **9010** _____

Auf Grund einer Gewinngemeinschaft, eines Gewinnabführungs- oder eines Teilgewinnabführungsvertrags abgeführte Gewinne

2110 aus Zahlungsdiensten   2110 _____

Periodengewinn/Periodenverlust[2])

2210 aus Zahlungsdiensten   2210 _____

Kontrollsumme:
(9010 + 1010 + 1110 + 1210 + 1310 +
1410 + 1510 + 1610 + 1620 + 1710 +
1810 + 1910 + 2010 + 2110 + 2210)   **9020** _____

---

[1]) Angaben bitte ohne Kommastellen, Rundung nach kaufmännischer Rundungsregel (5/4).
Umrechnung von nicht auf Euro lautenden Aktiv- und Passivpositionen (Fremdwährungspositionen): Fremdwährungspositionen sind zu dem jeweils von der EZB am Meldestichtag festgestellten und von der Bundesbank veröffentlichten Referenzkurs („ESZB-Referenzkurs") in Euro umzurechnen. Bei der Umrechnung von Währungen, für die kein ESZB-Referenzkurs veröffentlicht wird, sind die Mittelkurse aus feststellbaren An- und Verkaufskursen des Stichtags zugrunde zu legen. Vermögensgegenstände, die nicht als Bestandteil der Fremdwährungsposition behandelt werden, dürfen zu dem bei der Erstverbuchung verwendeten Devisenkurs umgerechnet werden. In den Meldungen für die Zweigstellen im Ausland sind Fremdwährungsbeträge direkt, das heißt ohne Zwischenumrechnung in die Währung des Sitzlandes, in die Währung umzurechnen, in der die Meldung erstellt wird.

[2]) Vorzeichen angeben.

Anhang 7.3
Verordnung über die Anzeigen und die Vorlage von Unterlagen nach dem Zahlungsdiensteaufsichtsgesetz (ZAG-Anzeigenverordnung – ZAGAnzV)[1]

vom 15. Oktober 2009 (BGBl. I S. 3603), geändert durch Artikel 7 der Verordnung vom 30. Januar 2014 (BGBl. I S. 324)

Auf Grund des § 11 Absatz 2 Satz 1 und 3 sowie des § 29 Absatz 2 Satz 1 und 3 des Zahlungsdiensteaufsichtsgesetzes vom 25. Juni 2009 (BGBl. I S. 1506) verordnet das Bundesministerium der Finanzen im Benehmen mit der Deutschen Bundesbank nach Anhörung der Verbände der Zahlungsinstitute:

§ 1 Einreichungsverfahren

(1) Die Anzeigen und die Unterlagen, die nach dem Zahlungsdiensteaufsichtsgesetz zu erstatten oder vorzulegen sind, sind vorbehaltlich abweichender Bestimmungen jeweils in einfacher Ausfertigung der Bundesanstalt für Finanzdienstleistungsaufsicht (Bundesanstalt) und der für das Zahlungsinstitut zuständigen Hauptverwaltung der Deutschen Bundesbank einzureichen.

(2) Unterlagen und Erklärungen, die nicht in deutscher Sprache verfasst sind, sind in amtlich beglaubigter Übersetzung einzureichen. Die Bundesanstalt kann im Einzelfall auf amtlich beglaubigte Übersetzungen verzichten.

§ 2 Unterlagen nach § 8 Absatz 3 des Zahlungsdiensteaufsichtsgesetzes (Anträge auf Erlaubnis)

(1) Erlaubnisanträge einschließlich der nach § 8 Absatz 3 des Zahlungsdiensteaufsichtsgesetzes erforderlichen Angaben und Nachweise sind der Bundesanstalt in zweifacher Ausfertigung einzureichen.

(2) Im Erlaubnisantrag ist anzugeben, für welche der in § 1 Absatz 2 des Zahlungsdiensteaufsichtsgesetzes genannten Zahlungsdienste die Erlaubnis beantragt wird. Darüber hinaus ist anzugeben, ob und welche Tätigkeiten im Sinne des § 8 Absatz 2 des Zahlungsdiensteaufsichtsgesetzes erbracht werden sollen.

(3) Das Geschäftsmodell gemäß § 8 Absatz 3 Nummer 1 des Zahlungsdiensteaufsichtsgesetzes hat eine Beschreibung der beabsichtigten Zahlungsdienste und sonstigen Tätigkeiten im Sinne des § 8 Absatz 2 des Zahlungsdiensteaufsichtsgesetzes zu enthalten und jeweils deren Abwicklung zu erläutern. Beizufügen sind Muster der vorgesehenen Kundenverträge und allgemeinen Geschäftsbedingungen.

(4) Als Budgetplanung gemäß § 8 Absatz 3 Nummer 2 des Zahlungsdiensteaufsichtsgesetzes sind Planbilanzen und Plangewinn- und -verlustrechnungen nach den für Zahlungsinstitute geltenden Rechnungslegungsvorschriften und die Berech-

---

1 Diese Verordnung dient der weiteren Umsetzung der aufsichtsrechtlichen Vorschriften der Richtlinie 2007/64/EG des Europäischen Parlaments und des Rates vom 13. November 2007 über Zahlungsdienste im Binnenmarkt, zur Änderung der Richtlinien 97/7/EG, 2002/65/EG, 2005/60/EG und 2006/48/EG sowie zur Aufhebung der Richtlinie 97/5/EG (ABl. L 319 vom 5.12.2007, S. 1, L 187 vom 18.7.2009, S. 5).

nung der Eigenkapitalanforderungen mit dem vorgesehenen Meldebogen nach allen drei Methoden der Zahlungsinstituts-Eigenkapitalverordnung für die ersten drei vollen Geschäftsjahre nach Aufnahme des Geschäftsbetriebes vorzulegen. Die Annahmen für die geschäftliche Entwicklung sind zu begründen.

(5) Zum Nachweis gemäß § 8 Absatz 3 Nummer 3 des Zahlungsdiensteaufsichtsgesetzes über das erforderliche Anfangskapital bei Gründung eines Unternehmens ist eine Bestätigung eines Einlagenkreditinstituts mit Sitz in einem Mitgliedstaat der Europäischen Union oder einem anderen Vertragsstaat des Abkommens über den Europäischen Wirtschaftsraum darüber vorzulegen, dass das Anfangskapital eingezahlt sowie frei von Rechten Dritter ist und zur freien Verfügung der Geschäftsleiter steht. Mit Zustimmung der Bundesanstalt kann der Nachweis auch erbracht werden durch eine schriftliche Bestätigung eines Prüfers, der im Falle der Erlaubniserteilung zur Prüfung des Jahresabschlusses des Zahlungsinstituts berechtigt wäre, über das vorhandene Eigenkapital, das nach den für Zahlungsinstitute geltenden Grundsätzen ermittelt worden sein muss.

(6) In der Beschreibung gemäß § 8 Absatz 3 Nummer 4 des Zahlungsdiensteaufsichtsgesetzes ist anzugeben, mit welchen Kreditinstituten oder Versicherungsunternehmen zur Erfüllung der Sicherungsanforderungen des § 13 des Zahlungsdiensteaufsichtsgesetzes Vereinbarungen geschlossen werden.

(7) In der Beschreibung gemäß § 8 Absatz 3 Nummer 5 des Zahlungsdiensteaufsichtsgesetzes ist anzugeben, dass die Unternehmenssteuerung, Kontrollmechanismen und Verfahren verhältnismäßig, angemessen, zuverlässig und ausreichend sind.

(8) Der Beschreibung gemäß § 8 Absatz 3 Nummer 6 des Zahlungsdiensteaufsichtsgesetzes sind die Arbeitsanweisungen für die Mitarbeiter und Agenten beizufügen.

(9) Die Darstellung des organisatorischen Aufbaus gemäß § 8 Absatz 3 Nummer 7 des Zahlungsdiensteaufsichtsgesetzes muss insbesondere auch die Zuständigkeiten der Geschäftsleiter enthalten. Beizufügen sind
1. die Geschäftsordnungen der Organe der Gesellschaft,
2. Muster der Agenturverträge,
3. eine Beschreibung der beabsichtigten Vorkehrungen gemäß § 20 Absatz 1 Satz 1 des Zahlungsdiensteaufsichtsgesetzes und
4. Entwürfe der Auslagerungsverträge gemäß § 20 Absatz 1 Satz 8 des Zahlungsdiensteaufsichtsgesetzes.

(10) Für die Angaben und den Nachweis gemäß § 8 Absatz 3 Nummer 8 des Zahlungsdiensteaufsichtsgesetzes sind die in § 8 Nummer 1 bis 5 und den §§ 9 bis 11 und 14 der Inhaberkontrollverordnung genannten Erklärungen und Unterlagen beizufügen und auf Verlangen der Bundesanstalt Auskünfte zu erteilen; jeder Lebenslauf ist eigenhändig zu unterzeichnen. Die §§ 4, 5 und 16 der Inhaberkontrollverordnung sind entsprechend anzuwenden.

(11) Für den Nachweis der Zuverlässigkeit und angemessener theoretischer und praktischer Kenntnisse und Fähigkeiten zur Erbringung von Zahlungsdiensten der in § 8 Absatz 3 Nummer 9 des Zahlungsdiensteaufsichtsgesetzes genannten Personen gilt § 10 entsprechend.

(12) Die Satzung oder der Gesellschaftsvertrag sind in beglaubigter Kopie beizufügen.

(13) Auf Verlangen der Bundesanstalt sind weitere Auskünfte zu erteilen und Unterlagen vorzulegen, soweit dies für die Beurteilung erforderlich ist, dass keine Gründe für die Versagung der beantragten Erlaubnis bestehen.

§ 3 Mitteilungen nach § 8 Absatz 6 des Zahlungsdiensteaufsichtsgesetzes (Änderung der tatsächlichen oder rechtlichen Verhältnisse)

(1) Den Mitteilungen nach § 8 Absatz 6 des Zahlungsdiensteaufsichtsgesetzes sind im Fall der Änderung von gemäß § 8 Absatz 3 des Zahlungsdiensteaufsichtsgesetzes eingereichten Unterlagen die geänderten Unterlagen beizufügen.

(2) Für das Einreichungsverfahren gilt § 1 Absatz 1.

§ 4 Anzeigen nach § 11 Absatz 1 Satz 2 des Zahlungsdiensteaufsichtsgesetzes (Erwerb oder Erhöhung einer bedeutenden Beteiligung)

(1) Auf die Anzeigen nach § 11 Absatz 1 Satz 2 des Zahlungsdiensteaufsichtsgesetzes sind § 2 Absatz 1 und 3, §§ 3 bis 5, 7 bis 11, 14, 15 und 16 der Inhaberkontrollverordnung mit der Maßgabe entsprechend anzuwenden, dass an die Stelle der dort genannten Zielunternehmen das Zahlungsinstitut tritt.

(2) Die Absicht
1. des Erwerbs einer bedeutenden Beteiligung nach § 11 Absatz 1 Satz 2 des Zahlungsdiensteaufsichtsgesetzes in Verbindung mit § 2c Absatz 1 Satz 1 des Kreditwesengesetzes oder
2. der Erhöhung einer bedeutenden Beteiligung nach § 11 Absatz 1 Satz 2 des Zahlungsdiensteaufsichtsgesetzes in Verbindung mit § 2c Absatz 1 Satz 6 des Kreditwesengesetzes

ist mit dem Formular »Erwerb-Erhöhung« der Anlage 1 dieser Verordnung anzuzeigen. Bei komplexen Beteiligungsstrukturen ist der Anzeige zusätzlich das Formular »Komplexe Beteiligungsstrukturen« der Anlage 2 dieser Verordnung beizufügen. Komplexe Beteiligungsstrukturen liegen insbesondere vor bei Beteiligungen, die gleichzeitig unmittelbar und mittelbar über ein oder mehrere Tochterunternehmen oder ein gleichartiges Verhältnis, über mehrere Beteiligungsketten, im Zusammenwirken mit anderen, bei Treuhandverhältnissen oder in anderen Fällen der Zurechnung von Stimmrechtsanteilen nach § 1 Absatz 9 Satz 2 und 3 des Zahlungsdiensteaufsichtsgesetzes in Verbindung mit § 22 Absatz 1 bis 3a des Wertpapierhandelsgesetzes gehalten werden. Die Absichtsanzeigen sind vollständig im Sinne des § 11 Absatz 1 Satz 2 des Zahlungsdiensteaufsichtsgesetzes in Verbindung mit § 2c Absatz 1 Satz 7 und Absatz 1a Satz 1 des Kreditwesengesetzes, wenn das Formular nach Satz 1 vollständig ausgefüllt ist und alle erforderlichen Anlagen beigefügt sind. Können nicht alle erforderlichen Anlagen beigefügt werden, sind die Gründe hierfür anzugeben und die fehlenden Anlagen unverzüglich nachzureichen. Erst mit deren Eingang gelten die Absichtsanzeigen als vollständig. Eine Anzeige gilt für die Zwecke des § 11 Absatz 1 des Zahlungsdiensteaufsichtsgesetzes in Verbindung mit § 2c Absatz 1 Satz 7 des Kreditwesengesetzes als vollständig eingegangen, wenn sie bei der Bundesanstalt vollständig eingegangen ist.

(3) Ist der Anzeigepflichtige ein Zahlungsinstitut mit Sitz im Inland, sind den Absichtsanzeigen keine Unterlagen und Erklärungen entsprechend § 8 Nummer 1 bis 6 und §§ 9 bis 11 und 14 der Inhaberkontrollverordnung beizufügen. Ist der Anzeigepflichtige ein in einem Mitgliedstaat der Europäischen Union oder einem anderen Vertragsstaat des Abkommens über den Europäischen Wirtschaftsraum zugelassenes Zahlungsinstitut, sind den Absichtsanzeigen keine Unterlagen und Erklärungen entsprechend den §§ 9 und 10 der Inhaberkontrollverordnung beizufügen.

(4) Der Inhaber einer bedeutenden Beteiligung hat jeden neu bestellten gesetzlichen oder satzungsmäßigen Vertreter oder neuen persönlich haftenden Gesellschafter mit den für die Beurteilung von dessen Zuverlässigkeit wesentlichen Tatsachen entsprechend des § 18 der Inhaberkontrollverordnung anzuzeigen. Das Ausscheiden eines gesetzlichen oder satzungsmäßigen Vertreters oder eines persönlich haftenden Gesellschafters ist ebenfalls anzuzeigen.

§ 5 Anzeigen nach § 11 Absatz 1 Satz 2 des Zahlungsdiensteaufsichtsgesetzes (Verringerung oder Aufgabe einer bedeutenden Beteiligung)

(1) Die Absicht
1. der Verringerung einer bedeutenden Beteiligung nach § 11 Absatz 1 Satz 2 des Zahlungsdiensteaufsichtsgesetzes in Verbindung mit § 2c Absatz 3 Satz 1 des Kreditwesengesetzes oder
2. der Aufgabe einer bedeutenden Beteiligung nach § 11 Absatz 1 Satz 2 des Zahlungsdiensteaufsichtsgesetzes in Verbindung mit § 2c Absatz 3 Satz 1 des Kreditwesengesetzes

ist mit dem Formular »Aufgabe-Verringerung« der Anlage 3 dieser Verordnung anzuzeigen. Bei komplexen Beteiligungsstrukturen ist der Anzeige zusätzlich das Formular »Komplexe Beteiligungsstrukturen« der Anlage 2 dieser Verordnung beizufügen.

(2) Der Anzeigepflichtige hat in einer Anlage zu dem Formular nach Absatz 1 Satz 1 zu erklären, auf wen er die Kapital- oder Stimmrechtsanteile übertragen wird. Ist ihm diese Angabe nicht möglich, hat er dies in der Anlage zu begründen.

(3) Für alle Absichtsanzeigen nach Absatz 1 gilt § 16 Absatz 3 der Inhaberkontrollverordnung entsprechend.

§ 6 Vorlage von Unterlagen nach § 17 des Zahlungsdiensteaufsichtsgesetzes (Jahresabschluss, Lagebericht, Prüfungsbericht)

Wird der Jahresabschluss ohne Änderungen festgestellt, so genügt die Mitteilung hierüber mit dem Datum des Tages der Feststellung; die Einreichung des festgestellten Jahresabschlusses ist in diesem Fall nicht erforderlich.

§ 7 Angaben nach § 19 Absatz 1 des Zahlungsdiensteaufsichtsgesetzes (Inanspruchnahme von Agenten)

(1) Der Absichtsanzeige nach § 19 Absatz 1 des Zahlungsdiensteaufsichtsgesetzes hat das Zahlungsinstitut als Nachweise der Zuverlässigkeit und fachlichen Eignung im Sinne des § 19 Absatz 1 Nummer 3 des Zahlungsdiensteaufsichtsgesetzes die Nachweise gemäß § 1 Absatz 1 Satz 1 Nummer 1, 2, 4, 6, 7, 9 und 10 der Agentennachweisverordnung und die Vereinbarung gemäß § 2 Absatz 1 der Agentennachweisverordnung beizufügen. Das Zahlungsinstitut hat schriftlich zu versichern, dass es die gemäß § 1 der Agentennachweisverordnung erforderlichen Nachweise über die Zuverlässigkeit und fachliche Eignung der Geschäftsleiter und der für die Geschäftsleitung verantwortlichen Personen vollständig eingeholt hat und von der Zuverlässigkeit und fachlichen Eignung dieser Personen überzeugt ist. Die Bundesanstalt kann die Einreichung weiterer Nachweise verlangen.

(2) Änderungen der nach § 19 Absatz 1 des Zahlungsdiensteaufsichtsgesetzes angezeigten Verhältnisse hat das Zahlungsinstitut spätestens einen Monat vor Wirksamwerden der Änderungen anzuzeigen.

§ 8 Anzeigen nach § 20 Absatz 2 und § 29 Absatz 1 Nummer 10 des Zahlungsdiensteaufsichtsgesetzes (Auslagerung)

In einer Anzeige nach § 20 Absatz 2 Satz 1 oder § 29 Absatz 1 Nummer 10 des Zahlungsdiensteaufsichtsgesetzes sind die beabsichtigten Vorkehrungen gemäß § 20 Absatz 1 Satz 1 des Zahlungsdiensteaufsichtsgesetzes zu beschreiben und Entwürfe der Auslagerungsverträge gemäß § 20 Absatz 1 Satz 8 des Zahlungsdiensteaufsichtsgesetzes einzureichen. Die Namen und Anschriften der Auslagerungsunternehmen sind anzugeben. Mit der Vollzugsanzeige nach § 29 Absatz 1 Nummer 10 des Zahlungsdiensteaufsichtsgesetzes ist der geschlossene Vertrag in Kopie einzureichen.

§ 9 Anzeigen nach § 25 Absatz 1 und 2 sowie § 19 Absatz 4 des Zahlungsdiensteaufsichtsgesetzes (Errichten einer Zweigniederlassung, grenzüberschreitender Dienstleistungsverkehr, Inanspruchnahme von Agenten)

(1) Anzeigen nach § 25 Absatz 1 und 2 sowie § 19 Absatz 4 des Zahlungsdiensteaufsichtsgesetzes sind für jeden Mitgliedstaat der Europäischen Union und jeden anderen Vertragsstaat des Abkommens über den Europäischen Wirtschaftsraum gesondert einzureichen. Den Anzeigen nach Satz 1 an die Bundesanstalt sind im Fall der Aufnahmestaaten Österreich, Liechtenstein und Luxemburg eine zweite Ausfertigung und im Fall der übrigen Aufnahmestaaten eine Übersetzung in eine Amtssprache des Aufnahmestaates beizufügen. Die Sätze 1 und 2 gelten auch im Fall der Änderung der nach § 25 Absatz 1 und 2 sowie § 19 Absatz 4 des Zahlungsdiensteaufsichtsgesetzes angezeigten Verhältnisse.

(2) Im Geschäftsplan gemäß § 25 Absatz 1 Satz 2 Nummer 2 oder Absatz 2 Satz 2 des Zahlungsdiensteaufsichtsgesetzes sind die beabsichtigten geschäftlichen Aktivitäten entsprechend dem Anhang der Richtlinie 2007/64/EG des Europäischen Parlaments und des Rates vom 13. November 2007 über Zahlungsdienste im Binnenmarkt, zur Änderung der Richtlinien 97/7/EG, 2002/65/EG, 2005/60/EG und 2006/48/EG sowie zur Aufhebung der Richtlinie 97/5/EG (ABl. L 319 vom 5.12.2007, S. 1, L 187 vom 18.7.2009, S. 5) darzustellen.

(3) Für Anzeigen nach § 25 Absatz 1 des Zahlungsdiensteaufsichtsgesetzes gelten zudem folgende Bestimmungen:
1. Es sind die Namen der Leiter der Zweigniederlassung anzugeben und die Lebensläufe unter besonderer Darstellung des beruflichen Werdegangs beizufügen.
2. Sämtliche in Aussicht genommenen Geschäfte, die in der Zweigniederlassung ausgeführt werden sollen, sind im Einzelnen zu erläutern; die Entwicklung deren Volumens und die hierfür erforderliche Personalausstattung sind für die ersten drei Jahre zu schätzen.
3. Ist die Errichtung mehrerer Betriebsstellen im Aufnahmestaat geplant, sind hierzu nähere Angaben zu machen.
4. Der Geschäftsplan muss bezüglich des organisatorischen Aufbaus der Zweigniederlassung auch die internen Entscheidungskompetenzen, die Vertretungsmacht und die Art der Einbindung der Zweigniederlassung in das interne Kontrollverfahren des Zahlungsinstituts beschreiben.

(4) Änderungen der nach § 25 Absatz 1 und 2 des Zahlungsdiensteaufsichtsgesetzes angezeigten Verhältnisse hat das Zahlungsinstitut spätestens einen Monat vor Wirksamwerden der Änderungen anzuzeigen.

§ 10 Anzeigen nach § 29 Absatz 1 Nummer 1 des Zahlungsdiensteaufsichtsgesetzes (Bestellung eines Geschäftsleiters)

(1) Der Absichtsanzeige nach § 29 Absatz 1 Nummer 1 des Zahlungsdiensteaufsichtsgesetzes ist eine eigenhändig unterzeichnete Erklärung der in § 29 Absatz 1 Nummer 1 des Zahlungsdiensteaufsichtsgesetzes genannten Person gemäß dem Formular der Anlage 4 dieser Verordnung beizufügen, in der die Person anzugeben hat, ob

1. ein Strafverfahren geführt wird oder zu einem früheren Zeitpunkt ein Strafverfahren wegen eines Verbrechens oder Vergehens gegen sie geführt worden ist;
2. im Zusammenhang mit einer unternehmerischen Tätigkeit ein Ordnungswidrigkeitenverfahren oder vergleichbares Verfahren nach einer anderen Rechtsordnung gegen sie geführt wird oder mit einer Verurteilung oder sonstigen Sanktion abgeschlossen worden ist;
3. ein Insolvenzverfahren, ein Verfahren zur Abgabe einer eidesstattlichen Versicherung oder ein vergleichbares Verfahren gegen sie oder gegen ein von ihr geleitetes Unternehmen geführt wird oder zu einem früheren Zeitpunkt geführt worden ist;
4. eine Aufsichtsbehörde eine aufsichtliche Maßnahme gegen sie oder ein von ihr geleitetes Unternehmen eingeleitet hat oder ein solches Verfahren bereits mit einer Sanktion abgeschlossen worden ist;
5. eine Registereintragung, Erlaubnis, Mitgliedschaft oder Gewerbeerlaubnis durch eine Behörde versagt oder aufgehoben worden ist oder die Person in sonstiger Weise vom Betrieb eines Gewerbes oder der Vertretung und Führung dessen Geschäfte ausgeschlossen worden ist oder ein entsprechendes Verfahren geführt wird.

Die angegebenen Verfahren und Sanktionen sind zu erläutern. Amtlich beglaubigte Kopien der Urteile, Beschlüsse oder anderer Sanktionen sind beizufügen. Bei den Angaben nach Satz 1 Nummer 1 können Strafverfahren unberücksichtigt bleiben, die mangels hinreichenden Tatverdachts oder wegen eines Verfahrenshindernisses eingestellt oder mit einem Freispruch beendet worden sind oder bei denen eine ergangene Eintragung im Bundeszentralregister entfernt oder getilgt wurde. Entsprechendes gilt für Strafverfahren, die nicht von einer deutschen Strafermittlungsbehörde oder von einem deutschen Gericht beendet worden sind. Bei den Angaben nach Satz 1 Nummer 2, 4 und 5 können Verfahren unberücksichtigt bleiben, die vor mehr als fünf Jahren vor dem Beginn des Jahres, in dem die Anzeige eingereicht wird, mit einer Verurteilung, Sanktion oder sonstigen Entscheidung abgeschlossen worden sind. Hatte die Person ihren Wohnsitz zuvor im Ausland, sind Auskünfte von den Behörden am bisherigen Wohnsitz vorzulegen, die den Auskünften aus dem Bundeszentralregister und dem Gewerbezentralregister vergleichbar sind.

(2) Zum weiteren Nachweis der Zuverlässigkeit und zum Nachweis angemessener theoretischer und praktischer Kenntnisse und Fähigkeiten zur Erbringung von Zahlungsdiensten ist der Absichtsanzeige nach § 29 Absatz 1 Nummer 1 des Zahlungsdiensteaufsichtsgesetzes ein lückenloser, eigenhändig unterzeichneter Lebenslauf der jeweiligen Person beizufügen, der den vollständigen Namen samt allen Vornamen, den Geburtsnamen, das Geburtsdatum, den Geburtsort, das Geburtsland, den Hauptwohnsitz, die Staatsangehörigkeit, die berufliche Qualifikation einschließlich der erworbenen Abschlüsse, Weiterbildungsmaßnahmen und die Berufserfahrung, welche in chronologischer Reihenfolge beginnend mit dem derzeit ausgeübten Beruf darzustellen ist, enthalten muss. Bei der Berufserfahrung ist der Name und Sitz aller Unternehmen, für die diese Person tätig ist oder war, die Art und Dauer der Tätigkeit, einschließlich Nebentätigkeiten, mit Ausnahme ehrenamtlicher Tätigkeiten, die Vertretungsmacht dieser Person, ihre internen Entscheidungskompetenzen und die ihr innerhalb des Unternehmens unterstellten Geschäftsbereiche anzugeben. Für die Angabe der Nebentätigkeiten ist das Formular gemäß Anlage 5 dieser Verordnung zu verwenden. Das Halten einer unmittelbaren Beteiligung von mindestens 25 Prozent der Anteile am Kapital eines Unternehmens ist anzugeben. Für die Angaben der unmittelbaren Beteiligungen ist das Formular gemäß Anlage 6 dieser Verordnung zu verwenden.

(3) Auf Verlangen der Bundesanstalt sind weitere Auskünfte zu erteilen und Unterlagen, insbesondere Arbeitszeugnisse, die die im Lebenslauf angegebenen Tätigkeiten belegen, vorzulegen.

§ 11 Anzeigen nach § 29 Absatz 1 Nummer 4 und 8 des Zahlungsdiensteaufsichtsgesetzes (Bedeutende Beteiligung am eigenen Zahlungsinstitut und passivische enge Verbindungen)

(1) Einzelanzeigen über passivische Beteiligungsverhältnisse nach § 29 Absatz 1 Nummer 4 und 8 des Zahlungsdiensteaufsichtsgesetzes sind mit dem Formular »Passivische Beteiligungsanzeige« der Anlage 7 dieser Verordnung einzureichen. Bei Änderungen des Beteiligungsverhältnisses sind Einzelanzeigen einzureichen, wenn
1. durch die Änderung 20 Prozent, 30 Prozent oder 50 Prozent des Kapitals oder der Stimmrechte an dem Institut erreicht, über- oder unterschritten werden,
2. das Institut ein Tochter- oder Schwesterunternehmen eines anderen Unternehmens wird oder nicht mehr ist,
3. unmittelbar gehaltene Anteile ganz oder teilweise auf ein zwischengeschaltetes Unternehmen übertragen werden oder
4. sich bei ganz oder teilweise mittelbar gehaltenen Anteilen die Anzahl oder die Identität der zwischengeschalteten Unternehmen verändert oder die Anteile nunmehr ganz oder teilweise vom Anteilseigner selbst gehalten werden.

(2) Sammelanzeigen über passivische Beteiligungsverhältnisse nach § 29 Absatz 1 Nummer 4 und 8 des Zahlungsdiensteaufsichtsgesetzes sind nach dem Stand vom 31. Dezember des Vorjahres bis zum 15. Juni des Folgejahres mit dem Formular »Passivische Beteiligungsanzeige« der Anlage 7 dieser Verordnung einzureichen.

(3) Die mittelbar gehaltenen Kapitalanteile oder Stimmrechtsanteile sind den mittelbar beteiligten Unternehmen jeweils in vollem Umfang zuzurechnen.

(4) Erfüllt ein Beteiligungsverhältnis mehrere Anzeigetatbestände, ist nur ein Formular zu verwenden. Für jedes weitere anzeigepflichtige Beteiligungsverhältnis ist unter Berücksichtigung der Regelung des Satzes 1 ein gesondertes Formular zu verwenden. Bei komplexen Beteiligungsstrukturen ist der Anzeige zusätzlich das Formular »Anlage für komplexe Beteiligungsstrukturen« der Anlage 2 dieser Verordnung beizufügen. Komplexe Beteiligungsstrukturen liegen insbesondere vor bei Treuhandverhältnissen sowie bei Beteiligungen, die gleichzeitig unmittelbar und mittelbar über ein oder mehrere Tochterunternehmen oder ein gleichartiges Verhältnis oder über mehrere Beteiligungsketten gehalten werden. Auch die Unternehmensbeziehung des Instituts zu einem Schwesterunternehmen stellt eine komplexe Beteiligungsstruktur im Sinne des Satzes 3 dar.

(5) Die Einzelanzeigen und Sammelanzeigen sollen im papierlosen Verfahren der Deutschen Bundesbank eingereicht werden. Die Deutsche Bundesbank veröffentlicht auf ihrer Internetseite die für eine Dateneinreichung im Wege der Datenfernübertragung zu verwendenden Satzformate und den Einreichungsweg. Sie hat die bei ihr eingereichten Anzeigen an die Bundesanstalt weiterzuleiten. Bei papiergebundener Einreichung gilt § 1.

§ 12 Anzeigen nach § 29 Absatz 1 Nummer 8 des Zahlungsdiensteaufsichtsgesetzes (aktivische enge Verbindungen)

(1) Einzelanzeigen von Instituten über aktivische enge Verbindungen nach § 29 Absatz 1 Nummer 8 des Zahlungsdiensteaufsichtsgesetzes sind mit dem Formular »Aktivische Beteiligungsanzeige« der Anlage 8 dieser Verordnung einzureichen. Bei Änderungen des Beteiligungsverhältnisses sind Einzelanzeigen einzureichen, wenn
1. durch die Änderung 30 Prozent oder 50 Prozent des Kapitals oder der Stimmrechte des Unternehmens erreicht, über- oder unterschritten werden,
2. das Unternehmen ein Tochterunternehmen wird oder nicht mehr ist,
3. die gehaltenen Anteile ganz oder teilweise auf ein Tochterunternehmen übertragen werden oder

4. sich bei ganz oder teilweise mittelbar gehaltenen Anteilen die Anzahl oder die Identität der zwischengeschalteten Unternehmen verändert oder die Anteile nunmehr ganz oder teilweise vom Institut selbst gehalten oder unter den Beteiligten umverteilt werden.

(2) Sammelanzeigen von Instituten über aktivische enge Verbindungen nach § 29 Absatz 1 Nummer 8 des Zahlungsdiensteaufsichtsgesetzes sind nach dem Stand vom 31. Dezember des Vorjahres bis zum 15. Juni des Folgejahres als Sammlung fortlaufend nummerierter Teilanzeigen mit dem Formular »Aktivische Beteiligungsanzeige« der Anlage 8 dieser Verordnung einzureichen.

(3) Für jedes weitere anzeigepflichtige Beteiligungsverhältnis ist ein gesondertes Formular zu verwenden. Bei komplexen Beteiligungsstrukturen ist der Anzeige zusätzlich das Formular »Anlage für komplexe Beteiligungsstrukturen« der Anlage 2 dieser Verordnung beizufügen. Komplexe Beteiligungsstrukturen liegen insbesondere vor bei Treuhandverhältnissen sowie bei Beteiligungen, die gleichzeitig unmittelbar und mittelbar über ein oder mehrere Tochterunternehmen oder ein gleichartiges Verhältnis oder über mehrere Beteiligungsketten gehalten werden.

(4) Auf Verlangen der Bundesanstalt oder der zuständigen Hauptverwaltung der Deutschen Bundesbank sind weitere Angaben, insbesondere zu Buchwert, Übernahmepreis und Veräußerungserlös, einzureichen.

(5) § 11 Absatz 3 und 5 gilt entsprechend.

§ 13 Anzeigen nach § 29 Absatz 1 Nummer 9 des Zahlungsdiensteaufsichtsgesetzes (Vereinigung von Instituten)

Die Absicht von Zahlungsinstituten, sich zu vereinigen, ist von den beteiligten Instituten nach § 29 Absatz 1 Nummer 9 des Zahlungsdiensteaufsichtsgesetzes anzuzeigen, sobald auf Grund der geführten Verhandlungen anzunehmen ist, dass die Vereinigung zustande kommen wird. Das Scheitern der Fusionsverhandlungen ist unverzüglich mitzuteilen. Gleiches gilt bei erfolgreichen Fusionsverhandlungen für den rechtlichen Vollzug der Vereinigung.

§ 14 Inkrafttreten

Diese Verordnung tritt am 31. Oktober 2009 in Kraft.

Anlagen

Anlage 1 (zu § 4 Absatz 2 Satz 1)

Formular – Erwerb-Erhöhung	**F R I S T S A C H E**

Adressatenfeld [1]	Eingangsdatum:
	Ident-Nr. Zahlungsinstitut
	Ident-Nr. Anzeigepflichtiger
	Wird von der Behörde ausgefüllt

Hiermit zeige ich die/Hiermit zeigen wir die

☐ **Absicht des Erwerbs einer bedeutenden Beteiligung**

☐ **Absicht der Erhöhung einer bedeutenden Beteiligung**

an dem folgenden Zahlungsinstitut an:

Firma (laut Registereintragung)	Firma Zeile 1
	Firma Zeile 2
Rechtsform	
Sitz mit Postleitzahl	
Anschrift der Hauptniederlassung	
Straße, Hausnummer	
Postleitzahl	
Ort	

Der Anzeigepflichtige hat nach dem Erwerb oder der Erhöhung Kontrolle über das Zahlungsinstitut:

☐ Ja.   ☐ Nein.

Seite 1

1. Angaben zur Identität des Anzeigepflichtigen

1.1 Bitte nur ausfüllen, wenn Anzeigepflichtiger eine natürliche Person ist.

Familienname	
Geburtsname	
Vornamen	
Geburtsdatum	
Geburtsort, Geburtsland	
Staatsangehörigkeit	
Anschrift (Hauptwohnsitz)	
Straße, Hausnummer	
Postleitzahl	
Ort	
Land	
Angaben zur Firma, sofern vorhanden	
Firma (laut Registereintragung)	Firma Zeile 1 Firma Zeile 2
Sitz mit Postleitzahl [2]	
Sitzstaat	
Wirtschaftszweig [3]	
Ordnungsmerkmale Registereintragung [4]	

1.2 Bitte nur ausfüllen, wenn Anzeigepflichtiger keine natürliche Person ist.

Firma (laut Registereintragung)	Firma Zeile 1 Firma Zeile 2
Rechtsform	
Sitz mit Postleitzahl [2]	
Sitzstaat	
Anschrift der Hauptniederlassung	
Straße, Hausnummer	
Postleitzahl	
Ort	
Land	
Wirtschaftszweig [3]	
Ordnungsmerkmale Registereintragung [4]	

2. Angabe eines Empfangsbevollmächtigten im Inland, sofern der Anzeigepflichtige ohne Wohnsitz oder gewöhnlichen Aufenthalt, Sitz oder Geschäftsleitung im Inland ist:

(Hinweis: Wird ein Empfangsbevollmächtigter im Inland nicht benannt, gelten an den Anzeigepflichtigen gerichtete Schriftstücke am siebenten Tag nach der Aufgabe zur Post und ein elektronisch übermitteltes Dokument am dritten Tag nach der Absendung als zugegangen, § 15 Satz 2 VwVfG.)

2.1 Bitte nur ausfüllen, wenn Empfangsbevollmächtigter eine natürliche Person ist.

Familienname	
Vornamen	
Geburtsdatum	
Anschrift	
Straße, Hausnummer	
Postleitzahl	
Ort	

2.2 Bitte nur ausfüllen, wenn Empfangsbevollmächtigter keine natürliche Person ist.

Firma (laut Registereintragung)	Firma Zeile 1 Firma Zeile 2
Rechtsform	
Sitz mit Postleitzahl	
Anschrift	
Straße, Hausnummer	
Postleitzahl	
Ort	
Ordnungsmerkmale Registereintragung [4)]	

3. Die geplanten Kapital- oder Stimmrechtsanteile würden ganz oder teilweise noch einem anderen als dem Mutterunternehmen zugerechnet werden:

☐ Nein.   ☐ Ja.   Wenn „ja" angekreuzt wurde, ist diesem Formular eine Anlage mit der Nr. ▭ [5)] beizufügen, in der unter Berücksichtigung des § 4 InhKontrollV diejenigen, denen die Anteile zugerechnet werden würden, anzugeben sind. Der Grund der Zurechnung der Anteile ist ebenfalls anzugeben.

4. Weitere Angaben zum Anzeigepflichtigen

4.1 Der Anzeigepflichtige steht unter der Aufsicht der Bundesanstalt oder der zuständigen Landesaufsichtsbehörde:

☐ Nein, weiter mit 4.2

☐ Ja, nachfolgende Auswahl treffen und dann weiter mit 5.1

    Der Anzeigepflichtige ist:

- ☐ Kreditinstitut
- ☐ E-Geld-Institut
- ☐ Investmentaktiengesellschaft
- ☐ Erstversicherungsunternehmen
- ☐ Versicherungs-Holdinggesellschaft
- ☐ Finanzholding-Gesellschaft
- ☐ Zahlungsinstitut
- ☐ Finanzdienstleistungsinstitut
- ☐ Kapitalanlagegesellschaft
- ☐ Versicherungs-Zweckgesellschaft
- ☐ Rückversicherungsunternehmen
- ☐ Pensionsfonds
- ☐ gemischte Finanzholding-Gesellschaft

4.2 Der Anzeigepflichtige ist ein im Europäischen Wirtschaftsraum zugelassenes Unternehmen der Finanzbranche:

☐ Nein, weiter mit 4.3

☐ Ja, nachfolgende Auswahl treffen und dann weiter mit 4.3

    Der Anzeigepflichtige ist:

- ☐ Einlagenkreditinstitut
- ☐ Erstversicherungsunternehmen
- ☐ OGAW-Verwaltungsgesellschaft
- ☐ Wertpapierhandelsunternehmen
- ☐ Rückversicherungsunternehmen
- ☐ sonstiges beaufsichtigtes Unternehmen

Die zuständige Aufsichtsbehörde hat folgende Bezeichnung:
Die Aufsichtsbehörde führt den Anzeigepflichtigen unter folgender Identitätsnummer:

4.3 Der Anzeigepflichtige hat Kontrolle über ein im Europäischen Wirtschaftsraum zugelassenes Einlagenkreditinstitut, Wertpapierhandelsunternehmen, Erst- o. Rückversicherungsunternehmen oder eine OGAW-Verwaltungsgesellschaft:

☐ Nein, weiter mit 5.1

☐ Ja. Wenn „ja" angekreuzt wurde, ist diesem Formular eine Anlage mit der Nr. ___ 5) beizufügen, in der die kontrollierten Unternehmen aufzuführen sind.

    Neben den Angaben nach § 4 Abs. 2 InhKontrollV sind der Unternehmenstyp (Einlagenkreditinstitut, Wertpapierhandelsunternehmen, Erst- oder Rückversicherungsunternehmen oder OGAW-Verwaltungsgesellschaft), die Bezeichnung der zuständigen Aufsichtsbehörde jedes kontrollierten Unternehmens und die Identitätsnummer, unter der das Unternehmen bei der Aufsichtsbehörde geführt wird, anzugeben.

5. Angaben zur geplanten bedeutenden Beteiligung

5.1 Auf die Geschäftsleitung des Zahlungsinstituts könnte, obwohl weniger als 20% oder keine Kapital- oder Stimmrechtsanteile gehalten werden sollen, ein maßgeblicher Einfluss ausgeübt werden:

☐ Nein   ☐ Ja   Wenn „ja" angekreuzt wurde, ist diesem Formular eine Anlage mit der Nr. ___ [5)] beizufügen, in der die Gründe dafür anzugeben sind.

5.2 Darstellung der geplanten Beteiligungshöhe am Zahlungsinstitut [6), 7)]

wird durch die Behörde ausgefüllt Ident-Nr. des Beteiligungs-unternehmens	Firma[8)], Rechtsform und Sitz (lt. Registereintragung) mit PLZ[2)] und Sitzstaat; Ordnungsmerkmale Registereintragung[4)], Wirtschaftszweig[3)]; Ident-Nr. (falls bekannt), bei natürlichen Personen neben Firma (falls vorhanden) vollständiger Name[8)] und Geburtsdatum	Kapitalanteil[9),10)]		Kapital des Unter-nehmens[11)] Tsd. Euro	Stimm-rechts-anteil in Prozent [10),12)]	Verhältnis zum Zahlungs-institut [13)]
		in Prozent	Tsd. Euro			

6. Beizufügende Anlagen

6.1 Alle erforderlichen Anlagen liegen als fortlaufend nummerierte Anlage diesem Hauptformular bei:

☐ Ja   ☐ Nein   Wenn „nein" angekreuzt wurde, ist diesem Formular eine Anlage mit der Nr. ___ [5)] beizufügen, in der die betreffenden Anlagen aufzuzählen sind und die Gründe dafür anzugeben sind.

6.2 Auf die Einreichung von Anlagen kann der Anzeigepflichtige entsprechend § 4 Abs. 3 ZAGAnzV bzw. § 4 Abs. 1 ZAGAnzV i. V. m. § 16 Abs. 2 InhKontrollV verzichten und reicht diese deshalb nicht ein:

☐ Nein   ☐ Ja   Wenn „ja" angekreuzt wurde, ist diesem Formular eine Anlage mit der Nr. ___ [5)] beizufügen, in der die betreffenden Anlagen aufzuzählen sind und jeweils anzugeben ist, welche Verzichtsregel in Anspruch genommen werden kann.

6.3 Liste der Anlagen

Kurzbezeichnung der Anlage	Anzahl	Anlage liegt bei
Aufzählung der nicht eingereichten Anlagen mit Angabe der Gründe nach Nummer 6.1 dieses Formulars		☐ nicht erforderlich ☐ ja ☐ wird nachgereicht
Aufzählung der nicht eingereichten, verzichtbaren Anlagen mit Angabe der Verzichtsregel nach Nummer 6.2 dieses Formulars		☐ nicht erforderlich ☐ ja ☐ wird nachgereicht
Erklärung nach § 11 Abs. 1 Satz 2 ZAG i.V.m. § 2c Abs. 1 Satz 2 KWG, von welcher Person oder welchem Unternehmen die Kapital- oder Stimmrechtsanteile übernommen werden		☐ nicht erforderlich ☐ ja ☐ wird nachgereicht
Kopie der Bevollmächtigung des Empfangsbevollmächtigten im Inland nach § 4 Abs. 1 ZAGAnzV i.V.m. § 3 Satz 2 InhKontrollV		☐ nicht erforderlich ☐ ja ☐ wird nachgereicht
Formular „Komplexe Beteiligungsstrukturen" nach § 4 Abs. 2 Satz 2 ZAGAnzV		☐ nicht erforderlich ☐ ja ☐ wird nachgereicht
Nachweis über die Identität oder Existenz des Anzeigepflichtigen nach § 4 Abs. 1 ZAGAnzV i.V.m. § 8 Nr. 1 InhKontrollV		☐ nicht erforderlich ☐ ja ☐ wird nachgereicht
Amtlich beglaubigte Kopie der aktuellen Satzung, des aktuellen Gesellschaftsvertrages oder einer gleichwertigen Vereinbarung nach § 4 Abs. 1 ZAGAnzV i.V.m. § 8 Nr. 2 InhKontrollV		☐ nicht erforderlich ☐ ja ☐ wird nachgereicht
Liste der persönlich haftenden Gesellschafter, Vertretungsberechtigten und der weiteren Personen nach § 4 Abs. 1 ZAGAnzV i.V.m. § 8 Nr. 3 InhKontrollV		☐ nicht erforderlich ☐ ja ☐ wird nachgereicht
Darstellung der geschäftlichen Aktivitäten des Anzeigepflichtigen nach § 4 Abs. 1 ZAGAnzV i.V.m. § 8 Nr. 4 InhKontrollV		☐ nicht erforderlich ☐ ja ☐ wird nachgereicht
Liste mit den wirtschaftlich Begünstigten des Anzeigepflichtigen nach § 4 Abs. 1 ZAGAnzV i.V.m. § 8 Nr. 5 InhKontrollV		☐ nicht erforderlich ☐ ja ☐ wird nachgereicht
Erklärung über Untersuchungen anderer Behörden außerhalb der Finanzbranche im Zusammenhang mit dem beabsichtigten Erwerb nach § 4 Abs. 1 ZAGAnzV i.V.m. § 8 Nr. 6 InhKontrollV		☐ nicht erforderlich ☐ ja ☐ wird nachgereicht
Erklärung zum beabsichtigten Austausch von Geschäftsleitern des Zahlungsinstituts nach § 4 Abs. 1 ZAGAnzV i.V.m. § 8 Nr. 7 InhKontrollV		☐ nicht erforderlich ☐ ja ☐ wird nachgereicht
Formulare „Erklärungen und Unterlagen zur Zuverlässigkeit" nach § 4 Abs. 1 ZAGAnzV i.V.m. § 9 InhKontrollV		☐ nicht erforderlich ☐ ja ☐ wird nachgereicht
Weitere Unterlagen und Erklärungen zu den Formularen nach § 4 Abs. 1 ZAGAnzV i.V.m. § 9 InhKontrollV entsprechend § 9 Abs. 1 Satz 4 und Abs. 3 Satz 3 und 4 InhKontrollV		☐ nicht erforderlich ☐ ja ☐ wird nachgereicht

Lebensläufe nach § 4 Abs. 1 ZAGAnzV i.V.m. § 10 InhKontrollV		☐ nicht erforderlich ☐ ja ☐ wird nachgereicht
Darstellung der Konzernstruktur nach § 4 Abs. 1 ZAGAnzV i.V.m. § 11 Nr. 1 Buchstabe a InhKontrollV		☐ nicht erforderlich ☐ ja ☐ wird nachgereicht
Darstellung der Geschäftätigkeit des Konzerns nach § 4 Abs. 1 ZAGAnzV i.V.m. § 11 Nr. 1 Buchstabe b InhKontrollV		☐ nicht erforderlich ☐ ja ☐ wird nachgereicht
Aufstellung der Konzernunternehmen der Finanzbranche nach § 4 Abs. 1 ZAGAnzV i.V.m. § 11 Nr. 1 Buchstabe c InhKontrollV		☐ nicht erforderlich ☐ ja ☐ wird nachgereicht
Angaben zur Führung von Geschäften nach § 4 Abs. 1 ZAGAnzV i.V.m. § 11 Nr. 1 Buchstabe d Doppelbuchstabe aa InhKontrollV		☐ nicht erforderlich ☐ ja ☐ wird nachgereicht
Angaben zu weiteren Unternehmen nach § 4 Abs. 1 ZAGAnzV i.V.m. § 11 Nr. 1 Buchstabe d Doppelbuchstabe bb InhKontrollV		☐ nicht erforderlich ☐ ja ☐ wird nachgereicht
Liste sonstiger Anteilseigner etc. nach § 4 Abs. 1 ZAGAnzV i.V.m. § 11 Nr. 1 Buchstabe e InhKontrollV		☐ nicht erforderlich ☐ ja ☐ wird nachgereicht
Liste nach § 4 Abs. 1 ZAGAnzV i.V.m. § 11 Nr. 2 InhKontrollV		☐ nicht erforderlich ☐ ja ☐ wird nachgereicht
Liste über Anteilseigner etc. am Anzeigepflichtigen nach § 4 Abs. 1 ZAGAnzV i.V.m. § 11 Nr. 3 InhKontrollV		☐ nicht erforderlich ☐ ja ☐ wird nachgereicht
Darstellung der für den Erwerb erforderlichen Eigen- und Fremdmittel nach § 4 Abs. 1 ZAGAnzV i.V.m. § 14 Halbsatz 1 InhKontrollV		☐ nicht erforderlich ☐ ja ☐ wird nachgereicht
Vereinbarungen und Verträge im Zusammenhang mit dem Erwerb nach § 4 Abs. 1 ZAGAnzV i.V.m. § 14 Halbsatz 2 InhKontrollV		☐ nicht erforderlich ☐ ja ☐ wird nachgereicht
Geschäftsplan bzw. Darstellung strategischer Ziele und Pläne nach § 4 Abs. 1 ZAGAnzV i.V.m. § 15 InhKontrollV		☐ nicht erforderlich ☐ ja ☐ wird nachgereicht
Anlage nach Nummer 3 dieses Formulars		☐ ja ☐ wird nachgereicht
Anlage nach Nummer 4.3 dieses Formulars		☐ ja ☐ wird nachgereicht
Anlage nach Nummer 5.1 dieses Formulars		☐ ja ☐ wird nachgereicht
ggf. weitere Anlagen: vom Anzeigepflichtigen auszufüllen		
ggf. weitere Anlagen: vom Anzeigepflichtigen auszufüllen		

ggf. weitere Anlagen: vom Anzeigepflichtigen auszufüllen		
ggf. weitere Anlagen: vom Anzeigepflichtigen auszufüllen		
ggf. weitere Anlagen: vom Anzeigepflichtigen auszufüllen		

7. Bitte geben Sie eine Kontaktperson für Rückfragen an:

Familienname	
Vorname	
Telefonnummer (mit Vorwahl)	
E-Mail-Adresse	

8. Unterschrift(en)

8.1 Mit der nachfolgenden Unterschrift/Mit den nachfolgenden Unterschriften wird bestätigt, dass

- der Anzeigepflichtige den Hinweis in Nummer 2 zur Kenntnis genommen hat und
- der Unterzeichnende, sofern er nicht der Anzeigepflichtige ist, bzw. die Unterzeichnenden entsprechend dem Umfang seiner/ihrer Vertretungsbefugnis berechtigt ist/sind, die Anzeige für den Anzeigepflichtigen abzugeben.

8.2 Der Anzeigepflichtige gibt die Anzeige selbst ab:

☐ Nein, bitte weiter mit 8.3

☐ Ja. Wenn „ja" angekreuzt wurde, bitte nachfolgend unterschreiben und die Anzeige einreichen.

Ort, Datum und Unterschrift des Anzeigepflichtigen

8.3 Personalien und Unterschriften der Person oder der Personen, die entsprechend ihrer Vertretungsbefugnis berechtigt sind, die Anzeige für den Anzeigepflichtigen abzugeben: [14)]

Familienname	
Vornamen	
Geburtsdatum	

Ort, Datum und Unterschrift des Vertretungsberechtigten

Familienname	
Vornamen	
Geburtsdatum	

Ort, Datum und Unterschrift des Vertretungsberechtigten

Familienname	
Vornamen	
Geburtsdatum	

Ort, Datum und Unterschrift des Vertretungsberechtigten

Familienname	
Vornamen	
Geburtsdatum	

Ort, Datum und Unterschrift des Vertretungsberechtigten

Familienname	
Vornamen	
Geburtsdatum	
Ort, Datum und Unterschrift des Vertretungsberechtigten	

Familienname	
Vornamen	
Geburtsdatum	
Ort, Datum und Unterschrift des Vertretungsberechtigten	

Fußnoten

1) Es ist eine Ausfertigung an die Bundesanstalt und eine Ausfertigung an die für das Institut zuständige Hauptverwaltung der Deutschen Bundesbank zu adressieren.
   Die entsprechende Adresse ist in das Adressatenfeld einzutragen.
2) Die Postleitzahl ist nur von Inländern anzugeben.
3) Es ist die dreistellige Schlüsselnummer entsprechend der „Kundensystematik für die Bankenstatistik" einzutragen.
4) Nur anzugeben, sofern eine Eintragung vorliegt.
5) Die vom Anzeigepflichtigen vergebene Nummer der betreffenden Anlage zur Anzeige ist einzutragen.
6) Nummer 5.2 ist nicht auszufüllen
   – bei komplexen Beteiligungsstrukturen,
   – bei mittelbaren Beteiligungsverhältnissen über mehr als vier Ebenen und
   – wenn sich die Tochtereigenschaft eines zwischengeschalteten Beteiligungsunternehmens nicht aus der Höhe des Kapital- und/oder Stimmrechtsanteils herleiten lässt.
   Stattdessen ist das Formular „Komplexe Beteiligungsstrukturen" der ZAG-Anzeigenverordnung auszufüllen und als Anlage beizufügen.
7) Für beabsichtigte mittelbar gehaltene Beteiligungen gilt: Einzutragen ist die vollständige beabsichtigte Beteiligungskette mit den jeweiligen beabsichtigten unmittelbar gehaltenen Beteiligungsquoten zwischen den Beteiligungsunternehmen. Die Kette beginnt mit der beabsichtigten unmittelbar gehaltenen Beteiligung des Anzeigepflichtigen und endet mit dem Zahlungsinstitut.
8) Zu dem unter Nummer 1.1 angegebenen Anzeigepflichtigen muss hier lediglich dessen vollständiger Name (Vorname und Familienname) wiederholt werden. Zu dem unter Nummer 1.2 angegebenen Anzeigepflichtigen bzw. dem auf der Seite 1 angezeigten Zahlungsinstitut muss lediglich die Firma eingetragen werden.
9) Beteiligung am Nennwert (Nennkapital, Summe der Kapitalanteile); bei Personenhandelsgesellschaften und Gesellschaften des bürgerlichen Rechts ist auf das durch den Gesellschaftsvertrag festgelegte Beteiligungsverhältnis abzustellen. Angaben in Prozent mit einer Stelle nach dem Komma. Sofern der Nennwert nicht auf Euro lautet, ist zusätzlich der Nennwert in ausländischer Währung (in Tsd.) anzugeben. Der Nennwert ist zum Kurs des Meldestichtages umzurechnen. Sofern es sich bei dem Zahlungsinstitut um einen Versicherungsverein auf Gegenseitigkeit handelt, sind Prozentangaben in Bezug auf den Gründungsstock einzutragen.
10) Beabsichtigter unmittelbarer Anteil des vorhergehenden (Tochter-)Unternehmens der Beteiligungskette an dem hier genannten Zahlungsinstitut (keine durchgerechneten Quoten).
11) Sofern das Kapital des Unternehmens nicht auf Euro lautet, ist zusätzlich das Kapital in ausländischer Währung (in Tsd.) anzugeben. Das Kapital ist zum Kurs des Meldestichtages umzurechnen.
12) Nur auszufüllen, soweit vom Kapitalanteil abweichend; Angaben in Prozent mit einer Stelle nach dem Komma.
13) Ist der Anzeigepflichtige oder der die zukünftig gehaltenen Kapital- oder Stimmrechtsanteile Vermittelnde nach dem beabsichtigten Erwerb oder der beabsichtigten Erhöhung ein Mutterunternehmen des Zahlungsinstituts, ist „Mutter" einzutragen. Ist der die zukünftigen Kapital- oder Stimmrechtsanteile Vermittelnde ein Schwesterunternehmen des Zahlungsinstituts, ist „Schwester" einzutragen.
14) Ist die in der ersten Tabelle genannte Person nur zusammen mit einer oder mehreren anderen Personen zur Vertretung des Anzeigepflichtigen berechtigt, hat diese bzw. haben diese weiteren Personen jeweils eine der nachfolgenden Tabellen auszufüllen. Fehlende Tabellen sind zu ergänzen; ggf. ist dem Formular ein gesondertes Blatt anzufügen, auf dem die Seitenzahlnummerierung des Formulars fortzusetzen ist.

Anh. 7.3: ZAG-Anzeigenverordnung

Anlage 2
(zu § 4 Absatz 2 Satz 2, § 5 Absatz 1 Satz 2, § 11 Absatz 4 Satz 3 und § 12 Absatz 3 Satz 2)

Anlage für komplexe Beteiligungsstrukturen[A),B)]

Unternehmensliste[C)]

wird durch die Dt. Bundesbank ausgefüllt Ident-Nr. des Unternehmens	Nr.	Firma, Rechtsform, Sitz (lt. Registereintragung) mit PLZ[2)] und Land; Register-Nr./Amtsgericht[2)], Wirtschaftszweig[3)]; bei natürlichen Personen zusätzlich Angabe des Geburtsdatums; Identnummer (falls bekannt); Servicenummer[6)]	Kapital des Unternehmens[10)]			Verhältnis zum Zahlungs-institut[D)]
			Tsd. Euro	Fremdwährung		
				Währung	Tsd.	

Beteiligungsstruktur[C)]

Beteiligtes Unternehmen	Beteiligungsunternehmen	besonderer Vermittler[E)]	Art [E)]	Kapitalanteil[8),9)]		Stimm-rechts-anteil[9),11)] in Prozent	beherr-schender Einfluss[F)]
				in Prozent	in Tsd. Euro		

Seite 1

Fußnoten

A) Sofern die Anlage für komplexe Beteiligungsstrukturen beigefügt ist, sind in Nummer 4 des Hauptvordrucks der aktivischen Beteiligung bzw. in Nummer 5 des Hauptvordrucks der passivischen Beteiligung keine Angaben zu machen.

B) Führt eine mittelbare Beteiligungsbeziehung über mehrere Beteiligungsketten vom Zahlungsinstitut zum Beteiligungsunternehmen (bei aktivischer Beteiligung) bzw. vom Anteilseigner zum Zahlungsinstitut oder vom gemeinsamen Mutterunternehmen zum Schwesterunternehmen (bei passivischer Beteiligungsanzeige), so ist nur eine Anzeige mit einer Anlage für komplexe Beteiligungsstrukturen einzureichen, die alle vorhandenen Beteiligungsketten darstellt.

C) Die Unternehmensliste enthält alle Unternehmen, die in der Beteiligungsstruktur vorkommen.

Das anzeigepflichtige Zahlungsinstitut steht bei aktivischen Beteiligungen immer an erster Stelle, bei passivischen an letzter Stelle. Bei der Anzeige von Schwesterunternehmen steht das gemeinsame Mutterunternehmen an erster und das Schwesterunternehmen an letzter Stelle.

Die Anzahl der Zeilen in der Unternehmensliste und der Beteiligungsstruktur ist bei Bedarf beliebig erweiterbar.

D) Ist das Beteiligungsunternehmen ein Tochterunternehmen des anzeigepflichtigen Zahlungsinstituts, ist „Tochter" einzutragen. Ist das Beteiligungsunternehmen ein Mutterunternehmen, ist „Mutter" einzutragen; bei Unternehmensbeziehungen zu Schwesterunternehmen ist „Schwester" einzutragen.

E) Liegt eines der folgenden besonderen Zurechnungsverhältnisse vor, ist in der Spalte „besonderer Vermittler" die Nummer der Person oder des Unternehmens laut Unternehmensliste einzutragen, die oder das die besondere Vermittlerposition gemäß der folgenden Übersicht einnimmt. In der Spalte „Art" ist der entsprechende Kennbuchstabe des besonderen Zurechnungsverhältnisses zu vermerken. Eine Mehrfachauswahl ist zulässig.

Verhältnis	besondere Position	Spalte Art
§ 22 Abs. 1 Satz 1 Nr. 2 WpHG	Dritter im Sinne des § 22 Abs. 1 Satz 1 Nr. 2 WpHG (insb. Treuhänder)	„T"
§ 22 Abs. 1 Satz 1 Nr. 3 WpHG	Sicherungsnehmer	„S"
§ 22 Abs. 1 Satz 1 Nr. 4 WpHG	Nießbrauchsgeber	„N"
§ 22 Abs. 1 Satz 1 Nr. 5 WpHG	Erklärungsempfänger	„E"
§ 22 Abs. 1 Satz 1 Nr. 6 WpHG	Vertretener im Sinne des § 22 Abs. 1 Satz 1 Nr. 6 WpHG	„V"
§ 22 Abs. 2 Satz 1 WpHG	Dritter im Sinne des § 22 Abs. 2 Satz 1 WpHG	„D"
Unterbeteiligungsverhältnis	Hauptbeteiligter	„H"
Zusammenwirken in sonstiger Weise	Vermittelnder	„Z"

F) Nur anzukreuzen, wenn sich die Tochtereigenschaft eines zwischengeschalteten Beteiligungsunternehmens nicht aus der Höhe des Kapital- und/oder Stimmrechtsanteils herleiten lässt. Angaben zu den Kapital- und ggf. abweichenden Stimmrechtsanteilen sind in jedem Fall zu machen.

Die Fußnoten 2 bis 11 entsprechen den Fußnoten auf Anlage 7 (passivische Beteiligungsanzeige) und Anlage 8 (aktivische Beteiligungsanzeige).

Seite 2
(Diese Seite ist nicht mit einzureichen.)

Anlage 3
(zu § 5 Absatz 1 Satz 1)

Formular – Aufgabe-Verringerung

Adressatenfeld [1)]

Eingangsdatum:

Ident-Nr. Zahlungsinstitut

Ident-Nr. Anzeigepflichtiger

Wird von der Behörde ausgefüllt

Hiermit zeige ich die/Hiermit zeigen wir die

☐ **Absicht der Aufgabe einer bedeutenden Beteiligung**

☐ **Absicht der Verringerung einer bedeutenden Beteiligung**

an dem folgenden Zahlungsinstitut an:

Firma (laut Registereintragung)	Firma Zeile 1
	Firma Zeile 2
Rechtsform	
Sitz mit Postleitzahl	
Anschrift der Hauptniederlassung	
Straße, Hausnummer	
Postleitzahl	
Ort	

Der Anzeigepflichtige hat nach der Verringerung Kontrolle über das Zahlungsinstitut:
(Bitte nur ausfüllen bei der Anzeige der Verringerung der bedeutenden Beteiligung.)

☐ Ja.   ☐ Nein.

1. Angaben zur Identität des Anzeigepflichtigen

1.1 Bitte nur ausfüllen, wenn Anzeigepflichtiger eine natürliche Person ist.

Familienname		
Geburtsname		
Vornamen		
Staatsangehörigkeit		Kein Eintrag erforderlich, wenn sich die Angaben seit der letzten Anzeige nicht verändert haben.
Anschrift (Hauptwohnsitz)		Kein Eintrag erforderlich, wenn sich die Angaben seit der letzten Anzeige nicht verändert haben.
	Straße, Hausnummer	
	Postleitzahl	
	Ort	
	Land	
Angaben zur Firma, sofern vorhanden		Kein Eintrag erforderlich, wenn sich die Angaben seit der letzten Anzeige nicht verändert haben.
	Firma (laut Registereintragung)	Firma Zeile 1
		Firma Zeile 2
	Sitz mit Postleitzahl [2]	
	Sitzstaat	
Wirtschaftszweig [3]		Kein Eintrag erforderlich, wenn sich die Angaben seit der letzten Anzeige nicht verändert haben.
Ordnungsmerkmale Registereintragung [4]		Kein Eintrag erforderlich, wenn sich die Angaben seit der letzten Anzeige nicht verändert haben.

1.2 Bitte nur ausfüllen, wenn Anzeigepflichtiger keine natürliche Person ist.

Firma (laut Registereintragung)	Firma Zeile 1	
	Firma Zeile 2	
Rechtsform		
Sitz mit Postleitzahl [2]		
Sitzstaat		
Anschrift der Hauptniederlassung		Kein Eintrag erforderlich, wenn sich die Angaben seit der letzten Anzeige nicht verändert haben.
	Straße, Hausnummer	
	Postleitzahl	
	Ort	
	Land	
Wirtschaftszweig [3]		Kein Eintrag erforderlich, wenn sich die Angaben seit der letzten Anzeige nicht verändert haben.
Ordnungsmerkmale Registereintragung [4]		Kein Eintrag erforderlich, wenn sich die Angaben seit der letzten Anzeige nicht verändert haben.

(**Hinweis:** Bei der Anzeige der Absicht der Aufgabe einer bedeutenden Beteiligung sind die Nummern 2 bis 4 nicht auszufüllen.)

2. Angabe eines Empfangsbevollmächtigten im Inland, sofern der Anzeigepflichtige ohne Wohnsitz oder gewöhnlichen Aufenthalt, Sitz oder Geschäftsleitung im Inland ist:
(Bitte nur ausfüllen bei der Anzeige der Verringerung der bedeutenden Beteiligung.)

Der mit der letzten Absichtsanzeige angegebene Empfangsbevollmächtigte ist weiterhin Empfangsbevollmächtigter des Anzeigepflichtigen, und dessen Personalien, insbesondere dessen Anschrift, haben sich seitdem nicht verändert:

☐ Ja, weiter mit 3.

☐ Nein, weiter mit 2.1 bzw. 2.2

(**Hinweis:** Wird ein Empfangsbevollmächtigter im Inland nicht benannt, gelten an den Anzeigepflichtigen gerichtete Schriftstücke am siebenten Tag nach der Aufgabe zur Post und ein elektronisch übermitteltes Dokument am dritten Tag nach der Absendung als zugegangen, § 15 Satz 2 VwVfG.)

2.1 Bitte nur ausfüllen, wenn Empfangsbevollmächtigter eine natürliche Person ist.

Familienname	
Vornamen	
Geburtsdatum	
Anschrift	
Straße, Hausnummer	
Postleitzahl	
Ort	

2.2 Bitte nur ausfüllen, wenn Empfangsbevollmächtigter keine natürliche Person ist.

Firma	Firma Zeile 1
(laut Registereintragung)	Firma Zeile 2
Rechtsform	
Sitz mit Postleitzahl	
Anschrift	
Straße, Hausnummer	
Postleitzahl	
Ort	
Ordnungsmerkmale Registereintragung [4]	

3. **Die geplanten Kapital- oder Stimmrechtsanteile würden ganz oder teilweise noch einem anderen als dem Mutterunternehmen zugerechnet werden:**
   (Bitte nur ausfüllen bei der Anzeige der Verringerung der bedeutenden Beteiligung.)

   ☐ Nein, weiter mit 4.

   ☐ Ja, nachfolgende Auswahl treffen.

   Die Personalien desjenigen, dem Anteile zugerechnet werden würden, haben sich im Vergleich zur letzten Absichtsanzeige verändert oder es wären Anteile einem bisher nicht Angezeigten zuzurechnen:

   ☐ Nein, weiter mit 4.

   ☐ Ja. Wenn „ja" angekreuzt wurde, ist diesem Formular eine Anlage mit der Nr. ___ [5] beizufügen, in der unter Berücksichtigung des § 4 InhKontrollV diejenigen, denen Anteile zugerechnet werden würden, anzugeben sind. Der Grund der Zurechnung der Anteile ist ebenfalls anzugeben.

4. **Angaben zur geplanten bedeutenden Beteiligung**
   (Bitte nur ausfüllen bei der Anzeige der Verringerung der bedeutenden Beteiligung.)

4.1 Auf die Geschäftsleitung des Zahlungsinstituts könnte, obwohl weniger als 20 % oder keine Kapital- oder Stimmrechtsanteile gehalten werden sollen, ein maßgeblicher Einfluss ausgeübt werden.

   ☐ Nein, weiter mit 4.2

   ☐ Ja, nachfolgende Auswahl treffen.

   Die Gründe haben sich im Vergleich zur letzten Absichtsanzeige verändert oder es besteht nunmehr die Möglichkeit, einen maßgeblichen Einfluss auszuüben:

   ☐ Nein, weiter mit 4.2

   ☐ Ja. Wenn „ja" angekreuzt wurde, ist diesem Formular eine Anlage mit der Nr. ___ [5] beizufügen, in der die Gründe dafür anzugeben sind.

4.2 Darstellung der geplanten Beteiligungshöhe am Zahlungsinstitut [6), 7)]

wird durch die Behörde ausgefüllt Ident-Nr. des Beteiligungsunternehmens	Firma[8)], Rechtsform und Sitz (lt. Registereintragung) mit PLZ[2)] und Sitzstaat; Ordnungsmerkmale Registereintragung[4)], Wirtschaftszweig[3)]; Ident-Nr. (falls bekannt), bei natürlichen Personen neben Firma (falls vorhanden) vollständiger Name[8)] und Geburtsdatum	Kapitalanteil[9),10)]		Kapital des Unternehmens[11)] Tsd. Euro	Stimmrechtsanteil in Prozent[10),12)]	Verhältnis zum Zahlungsinstitut[13)]
		in Prozent	Tsd. Euro			

5. Liste der Anlagen

Kurzbezeichnung der Anlage	Anlage liegt bei
Erklärung nach § 5 Abs. 2 ZAGAnzV	☐ ja ☐ wird nachgereicht
Formular „Komplexe Beteiligungsstrukturen" nach § 5 Abs. 1 Satz 2 ZAGAnzV oder nach Fußnote 6 dieses Formulars	☐ nicht erforderlich ☐ ja ☐ wird nachgereicht
Anlage nach Nummer 3 dieses Formulars	☐ nicht erforderlich ☐ ja ☐ wird nachgereicht
Anlage nach Nummer 4.1 dieses Formulars	☐ nicht erforderlich ☐ ja ☐ wird nachgereicht
ggf. weitere Anlagen: vom Anzeigepflichtigen auszufüllen	
ggf. weitere Anlagen: vom Anzeigepflichtigen auszufüllen	
ggf. weitere Anlagen: vom Anzeigepflichtigen auszufüllen	

6. Bitte geben Sie eine Kontaktperson für Rückfragen an:

Familienname	
Vorname	
Telefonnummer (mit Vorwahl)	
E-Mail-Adresse	

7. Unterschrift(en)

7.1 Mit der nachfolgenden Unterschrift/Mit den nachfolgenden Unterschriften wird bestätigt, dass

- der Anzeigepflichtige den Hinweis in Nummer 2 zur Kenntnis genommen hat und
- der Unterzeichnende, sofern er nicht der Anzeigepflichtige ist, bzw. die Unterzeichnenden entsprechend dem Umfang seiner/ihrer Vertretungsbefugnis berechtigt ist/sind, die Anzeige für den Anzeigepflichtigen abzugeben.

7.2 Der Anzeigepflichtige gibt die Anzeige selbst ab:

☐ Nein, bitte weiter mit 7.3

☐ Ja. Wenn „ja" angekreuzt wurde, bitte nachfolgend unterschreiben und die Anzeige einreichen.

Ort, Datum und Unterschrift des Anzeigepflichtigen

7.3 Personalien und Unterschriften der Person oder der Personen, die entsprechend ihrer Vertretungsbefugnis berechtigt sind, die Anzeige für den Anzeigepflichtigen abzugeben: [14]

Familienname	
Vornamen	
Geburtsdatum	

Ort, Datum und Unterschrift des Vertretungsberechtigten

Familienname	
Vornamen	
Geburtsdatum	

Ort, Datum und Unterschrift des Vertretungsberechtigten

Familienname	
Vornamen	
Geburtsdatum	
Ort, Datum und Unterschrift des Vertretungsberechtigten	

Familienname	
Vornamen	
Geburtsdatum	
Ort, Datum und Unterschrift des Vertretungsberechtigten	

Familienname	
Vornamen	
Geburtsdatum	
Ort, Datum und Unterschrift des Vertretungsberechtigten	

Familienname	
Vornamen	
Geburtsdatum	
Ort, Datum und Unterschrift des Vertretungsberechtigten	

Fußnoten

1) Es ist eine Ausfertigung an die Bundesanstalt und eine Ausfertigung an die für das Institut zuständige Hauptverwaltung der Deutschen Bundesbank zu adressieren.

   Die entsprechende Adresse ist in das Adressatenfeld einzutragen.

2) Die Postleitzahl ist nur von Inländern anzugeben.

3) Es ist die dreistellige Schlüsselnummer entsprechend der „Kundensystematik für die Bankenstatistik" einzutragen.

4) Nur anzugeben, sofern eine Eintragung vorliegt.

5) Die vom Anzeigepflichtigen vergebene Nummer der betreffenden Anlage zur Anzeige ist einzutragen.

6) Nummer 4.2 ist nicht auszufüllen
   - bei komplexen Beteiligungsstrukturen,
   - bei mittelbaren Beteiligungsverhältnissen über mehr als vier Ebenen und
   - wenn sich die Tochtereigenschaft eines zwischengeschalteten Beteiligungsunternehmens nicht aus der Höhe des Kapital- und/oder Stimmrechtsanteils herleiten lässt.

   Stattdessen ist das Formular „Komplexe Beteiligungsstrukturen" der ZAG-Anzeigenverordnung auszufüllen und als Anlage beizufügen.

7) Für beabsichtigte mittelbar gehaltene Beteiligungen gilt: Einzutragen ist die vollständige beabsichtigte Beteiligungskette mit den jeweiligen beabsichtigten unmittelbar gehaltenen Beteiligungsquoten zwischen den Beteiligungsunternehmen. Die Kette beginnt mit der beabsichtigten unmittelbar gehaltenen Beteiligung des Anzeigepflichtigen und endet mit dem Zahlungsinstitut.

8) Zu dem unter Nummer 1.1 angegebenen Anzeigepflichtigen muss hier lediglich dessen vollständiger Name (Vorname und Familienname) wiederholt werden. Zu dem unter Nummer 1.2 angegebenen Anzeigepflichtigen bzw. dem auf der Seite 1 angezeigten Zahlungsinstitut muss lediglich die Firma eingetragen werden.

9) Beteiligung am Nennwert (Nennkapital, Summe der Kapitalanteile); bei Personenhandelsgesellschaften und Gesellschaften des bürgerlichen Rechts ist auf das durch den Gesellschaftsvertrag festgelegte Beteiligungsverhältnis abzustellen. Angaben in Prozent mit einer Stelle nach dem Komma. Sofern der Nennwert nicht auf Euro lautet, ist zusätzlich der Nennwert in ausländischer Währung (in Tsd.) anzugeben. Der Nennwert ist zum Kurs des Meldestichtages umzurechnen. Sofern es sich bei dem Zahlungsinstitut um einen Versicherungsverein auf Gegenseitigkeit handelt, sind Prozentangaben in Bezug auf den Gründungsstock zu machen.

10) Beabsichtigter unmittelbarer Anteil des vorhergehenden (Tochter-)Unternehmens der Beteiligungskette an dem hier genannten Zahlungsinstitut (keine durchgerechneten Quoten).

11) Sofern das Kapital des Unternehmens nicht auf Euro lautet, ist zusätzlich das Kapital in ausländischer Währung (in Tsd.) anzugeben. Das Kapital ist zum Kurs des Meldestichtages umzurechnen.

12) Nur auszufüllen, soweit vom Kapitalanteil abweichend; Angaben in Prozent mit einer Stelle nach dem Komma.

13) Ist der Anzeigepflichtige oder der die zukünftig noch gehaltenen Kapital- oder Stimmrechtsanteile Vermittelnde ein Mutterunternehmen des Zahlungsinstituts, ist „Mutter" einzutragen. Ist der die zukünftig noch gehaltenen Kapital- oder Stimmrechtsanteile Vermittelnde ein Schwesterunternehmen des Zahlungsinstituts, ist „Schwester" einzutragen.

14) Ist die in der ersten Tabelle genannte Person nur zusammen mit einer oder mehreren anderen Personen zur Vertretung des Anzeigepflichtigen berechtigt, hat diese bzw. haben diese weiteren Personen jeweils eine der nachfolgenden Tabellen auszufüllen. Fehlende Tabellen sind zu ergänzen; ggf. ist ein gesondertes Blatt dem Formular anzufügen, auf dem die Seitenzahlnummerierung des Formulars fortzusetzen ist.

Anlage 4
(zu § 10 Absatz 1 Satz 1)

Formular – Angaben zur Zuverlässigkeit

Angaben zur Zuverlässigkeit [1]

Familienname	
Geburtsname	
Vornamen	
Geburtsdatum	
Geburtsort	
Andere Staatsangehörigkeiten	
Anschrift (Hauptwohnsitz)	
Straße, Hausnummer	
Postleitzahl	
Ort	
Land	

1. Angaben nach § 10 Abs. 1 ZAGAnzV

1.1 Gegen mich wird ein Strafverfahren geführt oder wurde zu einem früheren Zeitpunkt ein Strafverfahren wegen eines Verbrechens oder Vergehens geführt:

☐ Nein.

☐ Ja.

    Wenn „ja" angekreuzt wurde, sind die Verfahren und Sanktionen zu erläutern.[2]

1.		Siehe auch Anlage Nr. ▓.
2.		Siehe auch Anlage Nr. ▓.

Seite 1

1.2 Gegen mich wird im Zusammenhang mit einer unternehmerischen Tätigkeit ein Ordnungswidrigkeitenverfahren oder vergleichbares Verfahren nach einer anderen Rechtsordnung geführt oder wurde ein solches Verfahren gegen mich mit einer Verurteilung oder sonstigen Sanktion abgeschlossen:

☐ Nein.

☐ Ja.

Wenn „ja" angekreuzt wurde, sind die Verfahren und Sanktionen zu erläutern.[2)]

1.	Siehe auch Anlage Nr. ___.
2.	Siehe auch Anlage Nr. ___.

1.3 Gegen mich oder ein von mir geleitetes Unternehmen wird ein Insolvenzverfahren, ein Verfahren zur Abgabe einer eidesstattlichen Versicherung oder ein vergleichbares Verfahren geführt oder wurde ein solches Verfahren zu einem früheren Zeitpunkt geführt:

☐ Nein.

☐ Ja.

Wenn „ja" angekreuzt wurde, sind die Verfahren und Sanktionen zu erläutern.[2)]

1.	Siehe auch Anlage Nr. ___.
2.	Siehe auch Anlage Nr. ___.

1.4 Gegen mich hat eine Aufsichtsbehörde eine aufsichtliche Maßnahme eingeleitet oder ein solches Verfahren mit einer Sanktion abgeschlossen:

☐ Nein.

☐ Ja.

Wenn „ja" angekreuzt wurde, sind die Verfahren und Sanktionen zu erläutern.[2)]

1.	Siehe auch Anlage Nr. ___.
2.	Siehe auch Anlage Nr. ___.

1.5 Mir wurde eine Registereintragung, Erlaubnis, Mitgliedschaft oder Gewerbeerlaubnis durch eine Behörde versagt oder aufgehoben oder ich wurde in sonstiger Weise vom Betrieb eines Gewerbes oder der Vertretung und Führung dessen Geschäfte ausgeschlossen oder es wurde gegen mich ein entsprechendes Verfahren geführt:

☐ Nein.

☐ Ja.

Wenn „ja" angekreuzt wurde, sind die Verfahren und Sanktionen zu erläutern.[2)]

1.		Siehe auch Anlage Nr. ▩ .
2.		Siehe auch Anlage Nr. ▩ .

_____   _____

Ort   Datum

_____

Eigenhändige Unterschrift der erklärenden Person

Seite 3

Fußnoten

1) Für jede Person, die nach § 10 Absatz 1 ZAGAnwV oder nach § 2 Absatz 10 in Verbindung mit § 10 Absatz 1 ZAGAnwV eine entsprechende Erklärung abgeben muss, ist ein gesondertes Formular zu verwenden.
2) Die Anzahl der Zeilen ist bei Bedarf beliebig erweiterbar.

Anlage 5
(zu § 10 Absatz 2 Satz 3)

**Nebentätigkeiten von Geschäftsleitern,
den für die Geschäftsleitung des Zahlungsinstituts
verantwortlichen Personen und soweit es sich um Unternehmen handelt,
die neben der Erbringung von Zahlungsdiensten anderen Geschäftsaktivitäten nachgehen,
den für die Führung der Zahlungsdienstgeschäfte des Zahlungsinstituts verantwortlichen Personen**

Bundesanstalt für
Finanzdienstleistungsaufsicht

Deutsche Bundesbank
Hauptverwaltung

wird durch die Dt. Bundesbank ausgefüllt
Identnummer Geschäftsleiter/in[1]
| | | | | |

Identnummer des Zahlungsinstituts
| | | | | |

Familien- und Vorname   Identnummer (falls bekannt)

als Geschäftsleiter/in[1] tätig bei (Firma, Rechtsform und Sitz des Instituts [lt. Registereintragung] mit PLZ)   Identnummer (falls bekannt)

Tätigkeitsangaben

☐ Bei einem anderen Institut (Kreditinstitut gem. § 1 Abs. 1 KWG, Finanzdienstleistungsinstitut gem. § 1 Abs. 1a KWG oder Zahlungsinstitut gemäß § 1 Abs. 1 Nr. 5 ZAG)

☐ sonstigen Unternehmen

☐ Beginn der zusätzlichen Tätigkeit

☐ Beendigung der zusätzlichen Tätigkeit

mit Wirkung vom: _____

als
☐ Geschäftsleiter/in   ☐ Aufsichtsratsmitglied   ☐ Verwaltungsratsmitglied

Firma, Rechtsform und Sitz (lt. Registereintragung) mit PLZ und Land;
Register-Nr./Amtsgericht, Wirtschaftszweig; Identnummer (falls bekannt)

wird durch die Dt. Bundesbank ausgefüllt
Kreditnehmereinheit-Nr. des Unternehmens
| | | | | |

Identnummer des Unternehmens
| | | | | |

Sachbearbeiter/in   Telefon-Nr.   E-Mail

Ort/Datum   Unterschrift Geschäftsleiter/in[1]

---

[1] oder als für die Geschäftsleitung des Zahlungsinstituts verantwortliche Person oder soweit es sich um ein Unternehmen handelt, das neben der Erbringung von Zahlungsdiensten anderen Geschäftsaktivitäten nachgeht, als für die Führung der Zahlungsdienstgeschäfte des Zahlungsinstituts verantwortliche Person

Anlage 6
(zu § 10 Absatz 2 Satz 5)

Beteiligungen von Geschäftsleitern, den für die Geschäftsleitung des Zahlungsinstituts verantwortlichen Personen und soweit es sich um Unternehmen handelt, die neben der Erbringung von Zahlungsdiensten anderen Geschäftsaktivitäten nachgehen, den für die Führung der Zahlungsdienstgeschäfte des Zahlungsinstituts verantwortlichen Personen

Bundesanstalt für Finanzdienstleistungsaufsicht	Deutsche Bundesbank Hauptverwaltung	Identnummer Geschäftsleiter/in[1]
		Identnummer des Zahlungsinstituts

Familien- und Vorname _____ Identnummer (falls bekannt) _____

PLZ _____ Wohnsitz _____ Land _____

Geburtsdatum _____ Servicenummer[2] _____

als Geschäftsleiter/in[1] tätig bei (Firma, Rechtsform und Sitz des Instituts [lt. Registereintragung] mit PLZ) _____ Identnummer (falls bekannt) _____

1. Anlass der Anzeige
☐ Übernahme ☐ Veränderung ☐ Aufgabe mit Wirkung vom: _____

2. Beteiligungsunternehmen[3]
☐ CRR-Kreditinstitut (§ 1 Abs. 3d Satz 1 KWG)
☐ Wertpapierhandelsunternehmen (§ 1 Abs. 3d Satz 4 KWG)
☐ E-Geld-Institut (§ 1 Abs. 3d Satz 6 KWG)
☐ Kreditinstitut (§ 1 Abs. 1 KWG)
☐ Finanzdienstleistungsinstitut (§ 1 Abs. 1a KWG)
☐ Kapitalanlagegesellschaft (§ 2 Abs. 6 InvG)
☐ Finanzunternehmen (§ 1 Abs. 3 KWG)
☐ Anbieter von Nebendienstleistungen (Artikel 4 Absatz 1 Nummer 18 der Verordnung (EU) Nr. 575/2013 des Europäischen Parlaments und des Rates vom 26. Juni 2013 über Aufsichtsanforderungen an Kreditinstitute und Wertpapierfirmen und zur Änderung der Verordnung (EU) Nr. 646/2012 (ABl. L 176 vom 27.6.2013, S. 1))
☐ Finanzholding-Gesellschaft (§ 1 Abs. 3a Satz 1 KWG)
☐ gemischte Finanzholding-Gesellschaft (§ 1 Abs. 3a Satz 2 KWG) (§ 104a Abs. 2 Nr. 3 VAG)
☐ Erstversicherungsunternehmen (§ 2 Absatz 3 Nummer 2 Buchstabe a des Finanzkonglomerate-Aufsichtsgesetzes)
☐ Rückversicherungsunternehmen
☐ Versicherungs-Holdinggesellschaft (§ 104a Abs. 2 Nr. 4 VAG)
☐ Zahlungsinstitut (§ 1 Abs. 1 Nr. 5 ZAG)
☐ sonstiges Unternehmen

Firma und Rechtsform des Beteiligungsunternehmens (lt. Registereintragung) _____ Identnummer (falls bekannt) _____

PLZ[4] _____ Sitz _____ Land _____

Register-Nr./Amtsgericht[4] _____ Wirtschaftszweig[5] _____ Servicenummer[2] _____

3. Angaben zu den Beteiligungsquoten[6]

wird durch die BBk ausgefüllt Ident-Nr. des Beteiligungsunternehmens	Kapitalanteil[7]		Kapital des Unternehmens[8] in Tsd. Euro	Stimmrechtsanteil[9] in Prozent
	in Prozent	in Tsd. Euro		

Besondere Bemerkungen[10] _____

Sachbearbeiter/in _____ Telefon-Nr. _____ E-Mail _____

Ort/Datum _____ Unterschrift Geschäftsleiter/in[1] _____

Fußnoten:

1) oder als für die Geschäftsleitung des Zahlungsinstituts verantwortliche Person oder, soweit es sich um ein Unternehmen handelt, das neben der Erbringung von Zahlungsdiensten anderen Geschäftsaktivitäten nachgeht, als für die Führung der Zahlungsdienstgeschäfte des Zahlungsinstituts verantwortliche Person.

2) Servicefeld für die elektronische Einreichung.

3) Mehrfachauswahl ist nicht zulässig. Treffen gleichzeitig mehrere Varianten zu, ist die speziellere anzukreuzen. Ist eine speziellere Auswahl nicht festlegbar, ist diejenige auszuwählen, die dem größten Anteil am Geschäft des Unternehmens entspricht.

4) Nur bei inländischen Unternehmen anzugeben.

5) Dreistellige Schlüsselnummer entsprechend „Kundensystematik für die Bankenstatistik".

6) Für Beteiligungsstrukturen, in denen Treuhandverhältnisse vorkommen, ist neben dem Hauptvordruck die Anlage für komplexe Beteiligungsstrukturen einzureichen. In diesem Fall ist Nummer 3 des Hauptvordrucks nicht auszufüllen.

7) Beteiligung am Nennwert (Nennkapital, Summe der Kapitalanteile); bei Personenhandelsgesellschaften und Gesellschaften des bürgerlichen Rechts ist auf das durch den Gesellschaftsvertrag festgelegte Beteiligungsverhältnis abzustellen. Angaben in Prozent mit einer Stelle nach dem Komma. Sofern der Nennwert nicht auf Euro lautet, ist zusätzlich der Nennwert in ausländischer Währung (in Tsd) anzugeben. Der Nennwert ist zum Kurs des Meldestichtages umzurechnen.

8) Sofern das Kapital des Unternehmens nicht auf Euro lautet, ist zusätzlich das Kapital in ausländischer Währung (in Tsd) anzugeben. Das Kapital ist zum Kurs des Meldestichtages umzurechnen.

9) Nur auszufüllen, soweit vom Kapitalanteil abweichend; Angaben in Prozent mit einer Stelle nach dem Komma.

10) Namensaktien, Vinkulierte Namensaktien, ohne Nennkapital, Komplementär, Kommanditist, Anteil nicht voll einbezahlt, Kapitalveränderung, Fusion, Stammdatenänderung, abweichende Stimmrechtsanteile, Beteiligung resultiert ganz oder teilweise aus einem stillen Beteiligungsverhältnis.

Diese Seite ist nicht mit einzureichen.

Anlage 7
(zu § 11 Absatz 1 und 2)

Passivische Beteiligungsanzeige

Bundesanstalt für Finanzdienstleistungsaufsicht	Deutsche Bundesbank Hauptverwaltung	wird durch die Dt. Bundesbank ausgefüllt
	_____	Identnummer des Zahlungsinstituts
	Zahlungsinstitut	| | | | | |

☐ Einzelanzeige ☐ Sammelanzeige
Dies ist Teilanzeige Nr. _____ von insgesamt _____ Teilanzeigen mit Wirkung vom: _____

1. Art der Anzeige[14)]
☐ Bedeutende Beteiligung (§ 29 Abs. 1 Nr. 4 ZAG)   ☐ Enge Verbindung (§ 29 Abs. 1 Nr. 8 ZAG)

2. Anlass der Anzeige (Nur auszufüllen bei Abgabe einer Einzelanzeige)
☐ Erwerb   ☐ Veränderung   ☐ Aufgabe

3. Anteilseigner[1),15)]

☐ CRR-Kreditinstitut (§ 1 Abs. 3d Satz 1 KWG)
☐ Kreditinstitut (§ 1 Abs. 1 KWG)
☐ Finanzunternehmen (§ 1 Abs. 3 KWG)

☐ Wertpapierhandelsunternehmen (§ 1 Abs. 3d Satz 4 KWG)
☐ Finanzdienstleistungsinstitut (§ 1 Abs. 1a KWG)
☐ Anbieter von Nebendienstleistungen (Artikel 4 Absatz 1 Nummer 18 der Verordnung (EU) Nr. 575/2013 des Europäischen Parlaments und des Rates vom 26. Juni 2013 über Aufsichtsanforderungen an Kreditinstitute und Wertpapierfirmen und zur Änderung der Verordnung (EU) Nr. 646/2012 (ABl. L 176 vom 27.6.2013, S. 1))

☐ E-Geld-Institut (§ 1 Abs. 3d Satz 6 KWG)
☐ Kapitalanlagegesellschaft (§ 2 Abs. 6 InvG)
☐ Finanzholding-Gesellschaft (§ 1 Abs. 3a Satz 1 KWG)

☐ gemischte Finanzholding-Gesellschaft (§ 1 Abs. 3a Satz 2 KWG) (§ 104a Abs. 2 Nr. 3 VAG)
☐ Versicherungs-Holdinggesellschaft (§ 104a Abs. 2 Nr. 4 VAG)
☐ sonstiger Anteilseigner

☐ Erstversicherungsunternehmen (§ 2 Absatz 3 Nummer 2 Buchstabe a des Finanzkonglomerate-Aufsichtsgesetzes)
☐ Zahlungsinstitut (§ 1 Abs. 1 Nr. 5 ZAG)

☐ Rückversicherungsunternehmen
☐ sonstiges Unternehmen

Name/Firma und Rechtsform des Anteilseigners (lt. Registereintragung)/Geburtsdatum bei natürlichen Personen   Identnummer (falls bekannt)

PLZ[2)]   Sitz   Land

Register-Nr./Amtsgericht[2)]   Wirtschaftszweig[3)]   Servicenummer[4)]

4. Nur auszufüllen bei der Anzeige eines Schwesterunternehmens (§ 29 Abs. 1 Nr. 8 ZAG)

Firma u. Rechtsform des Schwesterunternehmens (lt. Registereintragung)   Identnummer (falls bekannt)

PLZ[2)]   Sitz   Land

Register-Nr./Amtsgericht[2)]   Wirtschaftszweig[3)]   Servicenummer[4)]

5. Angaben zu den Beteiligungsquoten[5),6)]

wird durch die BBk ausgefüllt Ident-Nr. des Anteilseigners/Beteiligungsunternehmens	Firma[7)], Rechtsform und Sitz (lt. Registereintragung) mit PLZ[2)] und Land; Register-Nr./Amtsgericht[2)], Wirtschaftszweig[3)]; bei natürlichen Personen zusätzlich Angabe des Geburtsdatums; Identnummer (falls bekannt); Servicenummer[4)]	Kapitalanteil[8),9)]		Kapital des Instituts/ Unternehmens[10)] in Tsd. Euro	Stimmrechtsanteil[9),11)] in Prozent	Verhältnis zum Zahlungsinstitut[12)]
		in Prozent	in Tsd. Euro			
| | | | | |						
| | | | | |						
| | | | | |						

Seite 1

6. Weitere Angaben
Nur auszufüllen bei der Anzeige bedeutender Beteiligungen

Die Beteiligung an dem Zahlungsinstitut wird von dem Anteilseigner im Zusammenwirken mit anderen Personen oder Unternehmen gehalten
☐ ja

Falls „ja" angekreuzt wurde, sind in der Unternehmensliste der Anlage für komplexe Beteiligungsstrukturen nähere Angaben zu den anderen Personen oder Unternehmen zu machen.

Nur auszufüllen, wenn keine oder weniger als 10 % der Kapital- oder Stimmrechtsanteile gehalten werden

☐ Auf die Geschäftsführung kann ein maßgeblicher Einfluss ausgeübt werden:

Besondere Bemerkungen[13]) _____

Sachbearbeiter/in   Telefon-Nr.   E-Mail

Ort/Datum   Firma/Unterschrift

Fußnoten:

1) Mehrfachauswahl ist nicht zulässig. Treffen gleichzeitig mehrere Varianten zu, ist die speziellere anzukreuzen. Ist eine speziellere Auswahl nicht festlegbar, ist diejenige auszuwählen, die dem größten Anteil am Geschäft des Unternehmens entspricht. Die Auswahl „sonstiger Anteilseigner" ist nur für Anteilseigner ohne Unternehmenseigenschaft zu treffen.

2) Nur bei inländischen Anteilseignern anzugeben.

3) Dreistellige Schlüsselnummer entsprechend „Kundensystematik für die Bankenstatistik".

4) Servicefeld für die elektronische Einreichung.

5) Einzutragen ist die vollständige Beteiligungskette mit den jeweiligen unmittelbaren Beteiligungsquoten zwischen den Beteiligungsunternehmen. Die Kette beginnt in der ersten Zeile mit dem anzuzeigenden Anteilseigner laut Nummer 3 und endet mit dem anzeigepflichtigen Zahlungsinstitut. In der ersten Zeile ist neben der Firma des Anteilseigners lediglich dessen Verhältnis zum Zahlungsinstitut anzugeben. Ab der zweiten Zeile sind auch die Angaben zu den Anteilen auszufüllen.

6) Angaben zu den Beteiligungsquoten sind immer zu machen. Der Hauptvordruck ist dabei nur geeignet für einfache mittelbare Beteiligungsverhältnisse bis zu maximal drei Hierarchieebenen. Für komplexe Beteiligungsstrukturen oder mittelbare Beteiligungsverhältnisse über mehr als drei Ebenen sind die Angaben zu den Beteiligungsquoten in der Anlage für komplexe Beteiligungsstrukturen zu machen. In diesem Fall ist Nummer 5 des Hauptvordrucks nicht auszufüllen. Ggf. ist zusätzlich ein Organigramm beizufügen.

Die Anlage für komplexe Beteiligungsstrukturen ist in jedem Fall einzureichen, wenn
- in den Beteiligungsstrukturen Treuhandverhältnisse vorkommen,
- die Beteiligung von einem Anteilseigner gleichzeitig unmittelbar und mittelbar oder über mehrere Beteiligungsketten gehalten wird,
- sich die Tochtereigenschaft eines zwischengeschalteten Beteiligungsunternehmens nicht aus der Höhe des Kapital- und/oder Stimmrechtsanteils herleiten lässt,
- enge Verbindungen zu Schwesterunternehmen nach § 1 Abs. 10 Nr. 2 dritte Alternative KWG angezeigt werden. In der Anlage für komplexe Beteiligungsstrukturen ist dabei lediglich die vollständige Beteiligungskette vom gemeinsamen Mutterunternehmen zum Schwesterunternehmen anzugeben.

7) Zu dem unter Nummer 3 angezeigten Anteilseigner müssen die Angaben zum Unternehmen [Firma, Rechtsform und Sitz (lt. Registereintragung) mit PLZ und Land; Register-Nr./Amtsgericht, Wirtschaftszweig; Identnummer (falls bekannt); Servicenummer], die schon unter Nummer 3 gemacht wurden, in den Angaben zu den Beteiligungsquoten nicht wiederholt werden. Lediglich die Firma des Anteilseigners muss eingetragen werden.

8) Beteiligung am Nennwert (Nennkapital, Summe der Kapitalanteile); bei Personenhandelsgesellschaften und Gesellschaften des bürgerlichen Rechts ist auf das durch den Gesellschaftsvertrag festgelegte Beteiligungsverhältnis abzustellen. Angaben in Prozent mit einer Stelle nach dem Komma. Fremdwährungsbeträge sind in Euro umzurechnen. Sofern der Nennwert nicht auf Euro lautet, ist zusätzlich der Nennwert in ausländischer Währung (in Tsd) anzugeben. Der Nennwert ist zum Kurs des Meldestichtages umzurechnen.

9) Unmittelbarer Anteil des vorhergehenden Anteilseigners der Beteiligungskette an dem hier genannten Beteiligungsunternehmen (keine durchgerechneten Quoten).

10) Sofern das Kapital des Unternehmens nicht auf Euro lautet, ist zusätzlich das Kapital in ausländischer Währung (in Tsd) anzugeben. Das Kapital ist zum Kurs des Meldestichtages umzurechnen.

11) Nur auszufüllen, soweit vom Kapitalanteil abweichend; Angaben in Prozent mit einer Stelle nach dem Komma.

12) Ist das Beteiligungsunternehmen ein Mutterunternehmen des anzeigepflichtigen Zahlungsinstituts, ist „Mutter" einzutragen. Ansonsten ist das Feld nicht auszufüllen.

13) Namensaktien, Vinkulierte Namensaktien, ohne Nennkapital, Komplementär, Kommanditist, Anteil nicht voll einbezahlt, Kapitalveränderung, Fusion, Stammdatenänderung, abweichende Stimmrechtsanteile, Beteiligung resultiert ganz oder teilweise aus einem stillen Beteiligungsverhältnis, Unterbeteiligung

14) Mehrfachauswahl ist zulässig.

15) Bei der Anzeige eines Schwesterunternehmens sind die Angaben zum gemeinsamen Mutterunternehmen unter Nummer 3 zu machen.

Diese Seite ist nicht mit einzureichen.

Anlage 8
(zu § 12 Absatz 1 und 2)

Aktivische Beteiligungsanzeige

Bundesanstalt für
Finanzdienstleistungsaufsicht

Deutsche Bundesbank
Hauptverwaltung

_____

_____
Zahlungsinstitut

wird durch die Dt. Bundesbank ausgefüllt

Identnummer des
Zahlungsinstituts

☐ Einzelanzeige ☐ Sammelanzeige
Dies ist Teilanzeige Nr. _____ von insgesamt _____ Teilanzeigen

mit Wirkung vom: _____

1. Art der Anzeige: Enge Verbindung (§ 29 Abs. 1 Nr. 8 ZAG)

2. Anlass der Anzeige (Nur auszufüllen bei Abgabe einer Einzelanzeige)
☐ Entstehen ☐ Veränderung ☐ Beendigung

3. Beteiligungsunternehmen[1]

☐ CRR-Kreditinstitut
(§ 1 Abs. 3d Satz 1 KWG)
☐ Kreditinstitut
(§ 1 Abs. 1 KWG)
☐ Finanzunternehmen
(§ 1 Abs. 3 KWG)

☐ Wertpapierhandelsunternehmen
(§ 1 Abs. 3d Satz 4 KWG)
☐ Finanzdienstleistungsinstitut
(§ 1 Abs. 1a KWG)
☐ Anbieter von Nebendienstleistungen
(Artikel 4 Absatz 1 Nummer 18 der
Verordnung (EU) Nr. 575/2013 des
Europäischen Parlaments und des
Rates vom 26. Juni 2013 über Auf-
sichtsanforderungen an Kreditinstitute
und Wertpapierfirmen und zur Ände-
rung der Verordnung (EU) Nr. 646/2012
(ABl. L 176 vom 27.6.2013, S. 1))

☐ E-Geld-Institut
(§ 1 Abs. 3d Satz 6 KWG)
☐ Kapitalanlagegesellschaft
(§ 2 Abs. 6 InvG)
☐ Finanzholding-Gesellschaft
(§ 1 Abs. 3a Satz 1 KWG)

☐ gemischte Finanzholding-Gesellschaft
(§ 1 Abs. 3a Satz 2 KWG)
(§ 104a Abs. 2 Nr. 3 VAG)
☐ Versicherungs-Holdinggesellschaft
(§ 104a Abs. 2 Nr. 4 VAG)

☐ Erstversicherungsunternehmen
(§ 2 Absatz 3 Nummer 2 Buchstabe a
des Finanzkonglomerate-Aufsichtsgesetzes)
☐ Zahlungsinstitut
(§ 1 Abs. 1 Nr. 5 ZAG)

☐ Rückversicherungsunternehmen

☐ sonstiges Unternehmen

Firma und Rechtsform des Beteiligungsunternehmens (lt. Registereintragung) — Identnummer (falls bekannt)

PLZ[2] — Sitz — Land

Register-Nr./Amtsgericht[2] — Wirtschaftszweig[3] — Servicenummer[4]

4. Angaben zu den Beteiligungsquoten[5),6)]

wird durch die BBk ausgefüllt Ident-Nr. des Beteiligungs-unternehmens	Firma[7], Rechtsform und Sitz (lt. Registereintragung) mit PLZ[2] und Land; Register-Nr./Amtsgericht[2], Wirtschaftszweig[3]; Identnummer (falls bekannt); Servicenummer[4]	Kapitalanteil[8),9)] in Prozent	Kapital des Unternehmens[10] Tsd Euro	Stimm-rechts-anteil[9),11)] in Prozent	Verhältnis zum Zahlungs-institut[12]

Besondere Bemerkungen[13] _____

Sachbearbeiter/in   Telefon-Nr.   E-Mail

Ort/Datum   Firma/Unterschrift

Fußnoten:

1) Mehrfachauswahl ist nicht zulässig. Treffen gleichzeitig mehrere Varianten zu, ist die speziellere anzukreuzen. Ist eine speziellere Auswahl nicht festlegbar, ist diejenige Variante zu wählen, die dem größten Anteil am Geschäft des Unternehmens entspricht.

2) Nur bei inländischen Unternehmen anzugeben.

3) Dreistellige Schlüsselnummer entsprechend „Kundensystematik für die Bankenstatistik".

4) Servicefeld für die elektronische Einreichung.

5) Für mittelbar gehaltene Beteiligungen gilt: Einzutragen ist die vollständige Beteiligungskette mit den jeweiligen unmittelbar gehaltenen Beteiligungsquoten zwischen den Beteiligungsunternehmen. Die Kette beginnt mit der unmittelbar gehaltenen Beteiligung des anzeigepflichtigen Zahlungsinstituts und endet mit dem anzuzeigenden mittelbar gehaltenen Beteiligungsunternehmen unter Nummer 3.

6) Angaben zu den Beteiligungsquoten sind immer zu machen. Der Hauptvordruck ist dabei nur geeignet für einfache mittelbare Beteiligungsverhältnisse bis zu maximal vier Hierarchieebenen. Für komplexe Beteiligungsstrukturen oder mittelbare Beteiligungsverhältnisse über mehr als vier Ebenen sind die Angaben zu den Beteiligungsquoten in der Anlage für komplexe Beteiligungsstrukturen zu machen. In diesem Fall ist Nummer 4 des Hauptvordrucks nicht auszufüllen. Ggf. ist zusätzlich ein Organigramm beizufügen.

Die Anlage für komplexe Beteiligungsstrukturen ist in jedem Fall einzureichen, wenn
- in den Beteiligungsstrukturen Treuhandverhältnisse vorkommen,
- Beteiligungen gleichzeitig unmittelbar und mittelbar oder über mehrere Beteiligungsketten gehalten werden,
- sich die Tochtereigenschaft eines zwischengeschalteten Beteiligungsunternehmens nicht aus der Höhe des Kapital- und/oder Stimmrechtsanteils herleiten lässt.

7) Zu dem unter Nummer 3 angegebenen Unternehmen müssen die weiteren Angaben [Rechtsform und Sitz (lt. Registereintragung) mit PLZ und Land; Register-Nr./Amtsgericht, Wirtschaftszweig; Identnummer (falls bekannt); Servicenummer], die schon unter Nummer 3 gemacht wurden, in den Angaben zu den Beteiligungsquoten nicht wiederholt werden. Lediglich die Firma des Unternehmens muss eingetragen werden.

8) Beteiligung am Nennwert (Nennkapital, Summe der Kapitalanteile); bei Personenhandelsgesellschaften und Gesellschaften des bürgerlichen Rechts ist auf das durch den Gesellschaftsvertrag festgelegte Beteiligungsverhältnis abzustellen. Angaben in Prozent mit einer Stelle nach dem Komma. Sofern der Nennwert nicht auf Euro lautet, ist zusätzlich der Nennwert in ausländischer Währung (in Tsd) anzugeben. Der Nennwert ist zum Kurs des Meldestichtages umzurechnen.

9) Unmittelbarer Anteil des vorhergehenden (Tochter-)Unternehmens der Beteiligungskette an dem hier genannten Beteiligungsunternehmen (keine durchgerechneten Quoten).

10) Sofern das Kapital des Unternehmens nicht auf Euro lautet, ist zusätzlich das Kapital in ausländischer Währung (in Tsd) anzugeben. Das Kapital ist zum Kurs des Meldestichtages umzurechnen.

11) Nur auszufüllen, soweit vom Kapitalanteil abweichend; Angaben in Prozent mit einer Stelle nach dem Komma.

12) Ist das Beteiligungsunternehmen ein Tochterunternehmen des anzeigepflichtigen Zahlungsinstituts, ist „Tochter" einzutragen. Ansonsten ist das Feld nicht auszufüllen.

13) Namensaktien, Vinkulierte Namensaktien, ohne Nennkapital, Komplementär, Kommanditist, Anteil nicht voll einbezahlt, Kapitalveränderung, Fusion, Stammdatenänderung, abweichende Stimmrechtsanteile, Beteiligung resultiert ganz oder teilweise aus einem stillen Beteiligungsverhältnis, Unterbeteiligung

Diese Seite ist nicht mit einzureichen.

Anhang 7.4
Verordnung über die angemessene Eigenkapitalausstattung von Zahlungsinstituten und E-Geld-Instituten nach dem Zahlungsdiensteaufsichtsgesetz (ZAG-Instituts-Eigenkapitalverordnung – ZIEV)

vom 15. Oktober 2009 (BGBl. I S. 3643), zuletzt geändert durch Artikel 8 der Verordnung vom 30. Januar 2014 (BGBl. I S. 324)

Auf Grund des § 12 Absatz 6 Satz 1 und 3, auch in Verbindung mit Absatz 4 Satz 2, des Zahlungsdiensteaufsichtsgesetzes vom 25. Juni 2009 (BGBl. I S. 1506) verordnet das Bundesministerium der Finanzen im Benehmen mit der Deutschen Bundesbank nach Anhörung der Verbände der Zahlungsinstitute:

Abschnitt 1 Angemessenheit

§ 1 Angemessenheit des Eigenkapitals

Ungeachtet des Anfangskapitals nach § 9 Nummer 3 oder § 9a Nummer 1 des Zahlungsdiensteaufsichtsgesetzes hat ein Institut im Sinne des Zahlungsdiensteaufsichtsgesetzes jederzeit ein angemessenes Eigenkapital vorzuhalten. Ein Institut verfügt über angemessenes Eigenkapital, wenn es jederzeit Eigenkapital in einer Höhe hält, die den Vorgaben der nach dieser Verordnung anzuwendenden Berechnungsmethode entspricht.

Abschnitt 2 Regelungen für die Eigenkapitalberechnung von Zahlungsinstituten

§ 2 Berechnung der Eigenkapitalanforderungen

(1) Das Zahlungsinstitut hat der Berechnung der Eigenkapitalanforderungen die in § 4 dargestellte Methode B zugrunde zu legen, sofern nicht nach § 6 eine andere Methode festgelegt worden ist.

(2) Der bei der Berechnung nach den §§ 4 und 5 anzuwendende Skalierungsfaktor k entspricht
1. 0,5, wenn das Zahlungsinstitut nur die in § 1 Absatz 2 Nummer 6 des Zahlungsdiensteaufsichtsgesetzes genannten Zahlungsdienste erbringt;
2. 0,8, wenn das Zahlungsinstitut den in § 1 Absatz 2 Nummer 5 des Zahlungsdiensteaufsichtsgesetzes genannten Zahlungsdienst erbringt;
3. 1,0, wenn das Zahlungsinstitut einen oder mehrere der in § 1 Absatz 2 Nummer 1 bis 4 des Zahlungsdiensteaufsichtsgesetzes genannten Zahlungsdienste erbringt.

§ 3 Berechnung nach Methode A

(1) Zahlungsinstitute müssen eine Eigenkapitalunterlegung aufweisen, die mindestens 10 Prozent ihrer fixen Gemeinkosten des Vorjahrs entspricht. Als fixe Gemeinkosten sind allgemeine Verwaltungsaufwendungen, die Abschreibungen und Wertberichtigungen auf immaterielle Anlagewerte und Sachanlagen und die sonstigen betrieblichen Aufwendungen anzusetzen, die das Zahlungsinstitut in der Gewinn- und

Verlustrechnung des letzten Jahresabschlusses ausgewiesen hat. Die Bundesanstalt für Finanzdienstleistungsaufsicht (Bundesanstalt) kann die Eigenkapitalanforderung des Satzes 1 bei einer gegenüber dem Vorjahr erheblich veränderten Geschäftstätigkeit des Zahlungsinstituts an die aktuelle Geschäftstätigkeit anpassen.

(2) Zahlungsinstitute, die ihre Geschäftstätigkeit zum Zeitpunkt der Berechnung seit weniger als einem Jahr ausüben, müssen eine Eigenkapitalanforderung in Höhe von 10 Prozent der im Geschäftsplan vorgesehenen fixen Gemeinkosten im Sinne des Absatzes 1 Satz 2 erfüllen. Die Bundesanstalt kann für die Zwecke dieser Berechnung eine Anpassung des Geschäftsplans verlangen.

§ 4 Berechnung nach Methode B

(1) Zahlungsinstitute müssen eine Eigenkapitalunterlegung aufweisen, die mindestens der Summe der folgenden Tranchenwerte multipliziert mit dem in § 2 Absatz 2 festgelegten Skalierungsfaktor k entspricht, wobei Zahlungsvolumen im Sinne dieser Vorschrift ein Zwölftel der Gesamtsumme der von dem Zahlungsinstitut im Vorjahr ausgeführten Zahlungsvorgänge ist:
1. 4,0 Prozent der Tranche des Zahlungsvolumens bis 5 Millionen Euro
   plus
2. 2,5 Prozent der Tranche des Zahlungsvolumens von über 5 Millionen Euro bis 10 Millionen Euro
   plus
3. 1 Prozent der Tranche des Zahlungsvolumens von über 10 Millionen Euro bis 100 Millionen Euro
   plus
4. 0,5 Prozent der Tranche des Zahlungsvolumens von über 100 Millionen Euro bis 250 Millionen Euro
   plus
5. 0,25 Prozent der Tranche des Zahlungsvolumens über 250 Millionen Euro.

§ 5 Berechnung nach Methode C

(1) Zahlungsinstitute müssen eine Eigenkapitalunterlegung aufweisen, die mindestens dem maßgeblichen Indikator nach Absatz 2 entspricht, multipliziert mit dem in Absatz 3 definierten Multiplikationsfaktor und mit dem in § 2 Absatz 2 festgelegten Skalierungsfaktor k.

(2) Der maßgebliche Indikator ist die Summe der folgenden Bestandteile:
1. Zinserträge,
2. Zinsaufwand,
3. Einnahmen aus Provisionen und Entgelten sowie
4. sonstige betriebliche Erträge.

In die Summe geht jeder Wert mit seinem positiven oder negativen Vorzeichen ein. Außerordentliche oder unregelmäßige Erträge dürfen nicht in die Berechnung des maßgeblichen Indikators einfließen. Aufwendungen für die Auslagerung von Dienstleistungen, die durch Dritte erbracht werden, dürfen den maßgeblichen Indikator dann mindern, wenn die Aufwendungen von einem Unternehmen getragen werden, das nach dem Zahlungsdiensteaufsichtsgesetz oder entsprechenden ausländischen Vorschriften, die zur Umsetzung der Richtlinie 2007/64/EG des Europäischen Parlaments und des Rates vom 13. November 2007 über Zahlungsdienste im Binnenmarkt, zur Änderung der Richtlinien 97/7/EG, 2002/65/EG, 2005/60/EG und 2006/48/EG sowie zur Aufhebung der Richtlinie 97/5/EG (ABl. L 319 vom 5.12.2007, S. 1, L 187 vom 18.7.2009, S. 5) erlassen worden sind, beaufsichtigt wird. Der maßgebliche Indikator wird auf der

Grundlage der letzten Zwölfmonatsbeobachtung, die am Ende des vorausgegangenen Geschäftsjahres erfolgt, für dieses vorausgegangene Geschäftsjahr errechnet. Die ermittelten Eigenkapitalanforderungen dürfen jedoch nicht weniger als 80 Prozent des Betrags ausmachen, der sich bei Berechnung der Eigenkapitalanforderungen nach Methode C ergeben würde, wenn bei der Berechnung der Durchschnittswert des maßgeblichen Indikators für die vorausgegangenen drei Geschäftsjahre zugrunde gelegt würde. Wenn keine geprüften Zahlen vorliegen, können Schätzungen verwendet werden.

(3) Der Multiplikationsfaktor entspricht
1. 10 Prozent der Tranche des maßgeblichen Indikators bis 2,5 Millionen Euro,
2. 8 Prozent der Tranche des maßgeblichen Indikators von über 2,5 Millionen Euro bis 5 Millionen Euro,
3. 6 Prozent der Tranche des maßgeblichen Indikators von über 5 Millionen Euro bis 25 Millionen Euro,
4. 3 Prozent der Tranche des maßgeblichen Indikators von über 25 Millionen Euro bis 50 Millionen Euro,
5. 1,5 Prozent der Tranche des maßgeblichen Indikators über 50 Millionen Euro.

§ 6 Festlegung der Methode

(1) Im Einzelfall kann die Bundesanstalt unbeschadet der Befugnisse nach § 12 Absatz 4 Satz 3 des Zahlungsdiensteaufsichtsgesetzes und § 3 Absatz 1 Satz 3 dieser Verordnung jederzeit bestimmen, dass die Berechnung nach einer anderen in den §§ 3 bis 5 genannten Methode zu erfolgen hat, wenn die angewendete Methode die tatsächlichen Risiken des Geschäfts nicht angemessen wiedergibt.

(2) Das Zahlungsinstitut kann im Erlaubnisantrag nach § 8 des Zahlungsdiensteaufsichtsgesetzes oder später die Anwendung einer bestimmten Berechnungsmethode beantragen, wenn es der Auffassung ist, dass die anzuwendende Methode die tatsächlichen Risiken des Geschäfts nicht angemessen wiedergibt. Im Antrag hat das Zahlungsinstitut seine Auffassung schriftlich zu begründen. Ein solcher Antrag darf unbeschadet der Möglichkeit der Antragstellung im Erlaubnisantrag jedoch nur einmal pro Geschäftsjahr gestellt werden.

Abschnitt 3   Regelungen für die Eigenkapitalberechnung von E-Geld-Instituten

§ 6a Berechnung der Eigenkapitalanforderungen

E-Geld-Institute haben stets über einen Bestand an Eigenkapital zu verfügen, der mindestens genau so hoch wie die Summe der in §§ 6b und § 6c genannten Erfordernisse ist.

§ 6b Berechnung bei Erbringung von Zahlungsdiensten

Erbringt ein E-Geld-Institut Zahlungsdienste im Sinne des § 1 Absatz 2 des Zahlungsdiensteaufsichtsgesetzes, die nicht mit der Ausgabe von E-Geld in Verbindung stehen, finden die §§ 2 bis 6 entsprechende Anwendung.

§ 6c Berechnung nach Methode D für die Ausgabe von E-Geld

(1) Das Eigenkapital muss sich für die Ausgabe von E-Geld mindestens auf 2 Prozent des durch durchschnittlichen E-Geld-Umlaufs im Sinne des § 1a Absatz 4 des Zahlungsdiensteaufsichtsgesetzes belaufen.

(2) Erbringt ein E-Geld-Institut Zahlungsdienste im Sinne des § 1 Absatz 2 des Zahlungsdiensteaufsichtsgesetzes, die nicht mit der Ausgabe von E-Geld oder mit einer der in § 8a Absatz 2 Nummer 2 bis 5 des Zahlungsdiensteaufsichtsgesetzes genannten Tätigkeiten in Verbindung stehen, und ist die Höhe des E-Geld-Umlaufs im Voraus nicht bekannt, gestattet die Bundesanstalt die Berechnung der Eigenkapitalanforderungen unter Zugrundelegung eines repräsentativen Anteils, der typischerweise für die Ausgabe von E-Geld verwendet wird. Voraussetzung hierfür ist, dass dieser repräsentative Anteil auf der Grundlage historischer Daten nach Überzeugung der Bundesanstalt mit hinreichender Wahrscheinlichkeit geschätzt werden kann. Sofern eine ausreichend lange Geschäftstätigkeit des E-Geld-Instituts nicht vorliegt, bestimmt sich die Berechnung der Eigenkapitalanforderungen auf der Grundlage des aus dem Geschäftsplan hervorgehenden erwarteten E-Geld-Umlaufs. Die Bundesanstalt kann jederzeit eine Anpassung des Geschäftsplans verlangen.

Abschnitt 4 Melde- und Anzeigepflichten

§ 7 Meldungen zur Eigenkapitalausstattung

(1) Das Institut im Sinne des Zahlungsdiensteaufsichtsgesetzes hat die für die Überprüfung der angemessenen Eigenkapitalausstattung nach § 12 Absatz 4 Satz 1 beziehungsweise nach § 12a Absatz 3 in Verbindung mit § 12 Absatz 4 Satz 1 des Zahlungsdiensteaufsichtsgesetzes erforderlichen Angaben jeweils nach dem Stand zum Meldestichtag am Ende eines Kalendervierteljahres mit dem Formular nach der Anlage zu dieser Verordnung bis zum 15. Geschäftstag des auf den Meldestichtag folgenden Kalendermonats einzureichen; auf Antrag des Instituts kann die Bundesanstalt die Frist verlängern.

(2) Die Meldungen nach Absatz 1 sind der Deutschen Bundesbank im papierlosen Verfahren einzureichen; die Deutsche Bundesbank leitet die Meldungen an die Bundesanstalt weiter. Auf Anforderung der Bundesanstalt sind zu Vergleichszwecken zusätzlich Berechnungen nach den anderen Methoden für Zahlungsinstitute einzureichen. Die Deutsche Bundesbank veröffentlicht im Internet die für die elektronische Dateneinreichung zu verwendenden Satzformate und den Einreichungsweg.

§ 8 Anzeigen bei Nichteinhaltung der Eigenkapitalanforderungen

Institute im Sinne des Zahlungsdiensteaufsichtsgesetzes müssen die Nichteinhaltung der Eigenkapitalanforderungen zwischen den Meldestichtagen der Bundesanstalt und der Deutschen Bundesbank unverzüglich schriftlich anzeigen. In der Anzeige nach Satz 1 ist jeweils der Betrag anzugeben, um den die Eigenkapitalanforderung nicht eingehalten wird.

§ 9 Inkrafttreten

Diese Verordnung tritt am 31. Oktober 2009 in Kraft.

Anlage

Anlage (zu § 7 Absatz 1)
ZEK

Meldebogen zur Berechnung der Eigenkapitalanforderungen nach § 12 ZAG

Institutsnummer: Prüfziffer:

Name: Ort:

Stand Ende: Sachbearbeiter/-in:

Telefon:

1. Berechnung des Eigenkapitals

	ID	Bezeichnung	Betrag[1] (in Tsd. Euro) 01	Kommentare 02
0010	1	Eigenkapital insgesamt		1.1 + 1.2
0020	1.1	Kernkapital		1.1.1 + 1.1.2 + 1.1.3 + 1.1.4 + 1.1.5 +1.1.6 + 1.1.7
0030	1.1.1	Eingezahltes Kapital (Geschäfts-, Grund-, Stammkapital) ohne kumulative Vorzugsaktien		
0040	1.1.2	(–) Eigene Anteile oder Geschäftsanteile		
0050	1.1.3	Offene Rücklagen		
0060	1.1.4	Sonderposten für allgemeine Bankrisiken nach § 340g HGB		
0070	1.1.5	Vermögenseinlagen stiller Gesellschafter		
0080	1.1.6	Bilanzgewinn/Zwischenbilanzgewinn/Gewinnvortrag		Soweit nicht für vsl. Gewinnausschüttungen oder Steueraufwendungen gebunden
0090	1.1.7	(–) Abzugsposition vom Kernkapital gemäß § 10 Abs. 2a Satz 2 Nr. 1 bis 5 KWG in der bis zum 31. Dezember 2013 geltenden Fassung		1.1.7.1 + 1.1.7.2 + 1.1.7.3
0100	1.1.7.1	(–) Bilanzverlust		
0110	1.1.7.2	(–) Immaterielle Vermögensgegenstände		
0120	1.1.7.3	(–) Kredite an Gesellschafter		
0130	1.2	Anrechenbares Ergänzungskapital[2] gemäß § 10 Abs. 2b KWG in der bis zum 31. Dezember 2013 geltenden Fassung		
0140	1.3	(–) Abzugspositionen von Kern- und Ergänzungskapital gemäß § 12 Abs. 1 Satz 2 ZAG		

[1] Jeder Betrag, der das Eigenkapital erhöht, hat ein positives Vorzeichen. Jeder Betrag, der das Eigenkapital reduziert, hat ein negatives Vorzeichen.
[2] Bei der Berechnung des Eigenkapitals kann Ergänzungskapital nur bis zur Höhe des Kernkapitals berücksichtigt werden. Dabei darf das berücksichtigte Ergänzungskapital nur bis zu 50 vom Hundert des Kernkapitals aus längerfristigen nachrangigen Verbindlichkeiten bestehen.

Hinweis: Die dargestellte Tabelle deckt nicht sämtliche Positionen zur Berechnung des Eigenkapitals ab, hierzu wird ausdrücklich auf § 12 ZAG verwiesen.

2. Berechnung der Eigenkapitalanforderungen[3]

0150	Skalierungsfaktor	gemäß § 2 Abs. 2 ZIEV

	ID	Bezeichnung	Betrag[1] (in Tsd. Euro) 01	Kommentare 02
0160	1	Eigenkapitalanforderungen insgesamt		Endergebnis der gerechneten Methode[4]

ID		Bezeichnung	Betrag[1]) (in Tsd. Euro) 01	Kommentare 02
0170	2	Eigenkapitalanforderungen nach Methode A		Eigenkapitalanforderungen nach § 3 ZIEV (2.1 + 2.2 + 2.3) x 0,1
0180	2.1	Allgemeine Verwaltungsaufwendungen		
0190	2.2	Abschreibungen und Wertberichtigungen auf immaterielle Anlagewerte und Sachanlagen		
0200	2.3	Sonstige betriebliche Aufwendungen		
0210	3	Eigenkapitalanforderungen nach Methode B		Eigenkapitalanforderungen nach § 4 ZIEV (3.1.1 + 3.1.2 + 3.1.3 + 3.1.4 + 3.1.5) x Zeile 0150
0220	3.1	Zahlungsvolumen		Betrag nach der Definition in § 4 ZIEV
0230	3.1.1	Tranche bis 5 Mio Euro		Betrag nach § 4 Nr. 1 ZIEV
0240	3.1.2	Tranche von über 5 Mio bis 10 Mio Euro		Betrag nach § 4 Nr. 2 ZIEV
0250	3.1.3.	Tranche von über 10 Mio bis 100 Mio Euro		Betrag nach § 4 Nr. 3 ZIEV
0260	3.1.4	Tranche von über 100 Mio bis 250 Mio Euro		Betrag nach § 4 Nr. 4 ZIEV
0270	3.1.5	Tranche über 250 Mio Euro		Betrag nach § 4 Nr. 5 ZIEV
0280	4	Eigenkapitalanforderungen nach Methode C		Eigenkapitalanforderungen nach § 5 ZIEV (4.5.1 + 4.5.2 + 4.5.3 + 4.5.4 + 4.5.5) x Zeile 0150; mindestens 0,8 x Betrag in Zeile 0390
0290	4.1	Zinserträge		
0300	4.2	(–) Zinsaufwand		
0310	4.3	Einnahmen aus Provisionen und Entgelten		
0320	4.4	Sonstige betriebliche Erträge		
0330	4.5	Maßgeblicher Indikator		4.1 + 4.2 + 4.3 + 4.4
0340	4.5.1	Tranche bis 2,5 Mio Euro		Betrag nach § 5 Abs. 3 Nr. 1 ZIEV
0350	4.5.2	Tranche von über 2,5 Mio bis 5 Mio Euro		Betrag nach § 5 Abs. 3 Nr. 2 ZIEV
0360	4.5.3	Tranche von über 5 Mio bis 25 Mio Euro		Betrag nach § 5 Abs. 3 Nr. 3 ZIEV
0370	4.5.4	Tranche von über 25 Mio bis 50 Mio Euro		Betrag nach § 5 Abs. 3 Nr. 4 ZIEV
0380	4.5.5	Tranche über 50 Mio Euro		Betrag nach § 5 Abs. 3 Nr. 5 ZIEV
0390	4.6	Eigenkapitalanforderungen nach Methode C unter Verwendung des Durchschnittswerts des maßgeblichen Indikators für vorausgegangene drei Geschäftsjahre		

[3]) Die in § 2 Absatz 1 ZIEV vorgegebene Methode B ist anzuwenden, sofern nicht nach § 6 ZIEV eine andere Methode festgelegt worden ist. Die Anforderungen sind für die jeweils angewendete Methode vollständig zu melden.
[4]) Das jeweilige Endergebnis für die gerechnete Methode (Zeile 0170, 0210 oder 0280) ist in diese Zeile zu übertragen.

3. Überschuss/Defizit des Eigenkapitals

0400	Überschuss/Defizit		0010 – 0160

4. Eigenmittelunterlegung nach der Verordnung (EU) Nr. 575/2013 des Europäischen Parlaments und des Rates vom 26. Juni 2013 über Aufsichtsanforderungen an Kreditinstitute und Wertpapierfirmen und zur Änderung der Verordnung (EU) Nr. 646/2012 (ABl. L 176 vom 27.6.2013, S. 1)[5]

0410	Eigenmittelunterlegung erfolgt nach KWG	[6]

[5] Nur auszufüllen von Instituten, welche eine Erlaubnis gemäß § 32 Abs. 1 des Kreditwesengesetzes haben.
[6] 1. wenn die Eigenkapitalanforderungen nach ZIEV kleiner oder gleich den Eigenmittelanforderungen nach Verordnung (EU) Nr. 575/2013;
   2. wenn die Eigenkapitalanforderungen nach ZIEV größer den Eigenmittelanforderungen nach Verordnung (EU) Nr. 575/2013.

Anhang 7.5
Verordnung über die Prüfung der Jahresabschlüsse der Zahlungsinstitute sowie die darüber zu erstellenden Berichte (Zahlungsinstituts-Prüfungsberichtsverordnung – ZahlPrüfbV)

vom 15. Oktober 2009 (BGBl. I S. 3648), zuletzt geändert durch Artikel 9 der Verordnung vom 30. Januar 2014 (BGBl. I S. 325)

Auf Grund des § 18 Absatz 3 Satz 1 des Zahlungsdiensteaufsichtsgesetzes vom 25. Juni 2009 (BGBl. I S. 1506) verordnet das Bundesministerium der Finanzen im Einvernehmen mit dem Bundesministerium der Justiz nach Anhörung der Deutschen Bundesbank:

Inhaltsübersicht

Abschnitt 1:
Allgemeine Vorschriften

Anwendungsbereich . . . . § 1
Risikoorientierung und Wesentlichkeit . . . . § 2
Art und Umfang der Berichterstattung . . . . § 3
Anlagen . . . . § 4
Berichtszeitraum . . . . § 5
Zusammenfassende Schlussbemerkung . . . . § 6
Berichtsturnus . . . . § 7

Abschnitt 2:
Angaben zum Zahlungsinstitut

Darstellung der rechtlichen, wirtschaftlichen und organisatorischen
Grundlagen . . . . § 8
Zweigniederlassungen . . . . § 9

Abschnitt 3:
Aufsichtliche Vorgaben

Unterabschnitt 1
Risikomanagement und Geschäftsorganisation

Angemessenheit des Risikomanagements und der Geschäftsorganisation . . . . § 10

Unterabschnitt 2
Eigenkapital und Solvenzanforderungen

Ermittlung des Eigenkapitals . . . . § 11
Eigenkapital . . . . § 12
Solvabilitätskennzahl . . . . § 13

Unterabschnitt 3
Anzeigewesen
Anzeigewesen .... § 14

Unterabschnitt 4
Bargeldloser Zahlungsverkehr; Vorkehrungen zur Verhinderung von Geldwäsche und Terrorismusfinanzierung sowie von sonstigen strafbaren Handlungen zu Lasten des Instituts

Zeitpunkt der Prüfung und Berichtszeitraum .... § 15
Darstellung und Beurteilung der getroffenen Vorkehrungen zur
Verhinderung von Geldwäsche und Terrorismusfinanzierung ..... § 16
Darstellung und Beurteilung der getroffenen Vorkehrungen zur
Einhaltung der Pflichten nach der Verordnung (EG) Nr. 924/2009 .... § 16a
Darstellung und Beurteilung der getroffenen Vorkehrungen zur Einhaltung
der Pflichten nach der Verordnung (EU) Nr. 260/2012 .... § 16b

Abschnitt 4:
Besondere Angaben zu Zahlungsdiensten

Berichterstattung über Zahlungsdienste .... § 17

Abschnitt 5:
Abschlussorientierte Berichterstattung

Unterabschnitt 1
Lage des Zahlungsinstituts (einschließlich geschäftliche Entwicklung sowie Ergebnisentwicklung)

Geschäftliche Entwicklung im Berichtsjahr .... § 18
Beurteilung der Vermögenslage .... § 19
Beurteilung der Ertragslage .... § 20
Risikolage und Risikovorsorge .... § 21

Unterabschnitt 2
Feststellungen, Erläuterungen zur Rechnungslegung

Erläuterungen .... § 22

Abschnitt 6:
Datenübersicht

Datenübersicht .... § 23

Abschnitt 7:
Schlussvorschriften

Erstmalige Anwendung .... § 24
Inkrafttreten .... § 25

Abschnitt 1:
Allgemeine Vorschriften

§ 1 Anwendungsbereich

Diese Verordnung regelt Gegenstand und Zeitpunkt der Prüfung der Zahlungsinstitute nach § 18 Absatz 1 des Zahlungsdiensteaufsichtsgesetzes sowie den Inhalt der Prüfungsberichte; sie ist anzuwenden auf Zahlungsinstitute mit einer Erlaubnis nach § 8 Absatz 1 des Zahlungsdiensteaufsichtsgesetzes. Auf Zahlungsinstitute, die auch Kreditinstitut im Sinne des § 1 Absatz 1 Satz 1 des Kreditwesengesetzes sind, ist diese Verordnung nur insoweit anzuwenden, als sie Anforderungen enthält, die über die Prüfungsberichtsverordnung hinausgehen; über das Ergebnis der Prüfung ist ein einheitlicher Prüfungsbericht zu erstellen.

§ 2 Risikoorientierung und Wesentlichkeit

Den Grundsätzen der risikoorientierten Prüfung und der Wesentlichkeit ist Rechnung zu tragen. Dabei sind insbesondere die Größe des Zahlungsinstituts, der Geschäftsumfang, die Komplexität der betriebenen Geschäfte sowie der Risikogehalt zu berücksichtigen.

§ 3 Art und Umfang der Berichterstattung

(1) Der Umfang der Berichterstattung hat, vorbehaltlich der nachfolgenden Bestimmungen, der Bedeutung und dem Risikogehalt der dargestellten Vorgänge zu entsprechen.
(2) Bei den im Prüfungsbericht vorgenommenen Beurteilungen sind die aufsichtlichen Vorgaben zu den einzelnen Bereichen zu beachten. Dabei sind auch bedeutsame Vorgänge, die nach dem Bilanzstichtag eingetreten und dem Abschlussprüfer bekannt geworden sind, zu berücksichtigen und im Prüfungsbericht darzulegen.
(3) Wurde im Berichtszeitraum eine Prüfung nach § 14 Absatz 1 Satz 2 des Zahlungsdiensteaufsichtsgesetzes durchgeführt, hat der Abschlussprüfer die Prüfungsergebnisse bei der Prüfung der aufsichtlichen Sachverhalte zu verwerten. Bei Sachverhalten, die Gegenstand der Prüfung nach § 14 Absatz 1 Satz 2 des Zahlungsdiensteaufsichtsgesetzes waren, kann sich die aufsichtsrechtliche Berichterstattung auf Veränderungen bis zum Bilanzstichtag beschränken.

§ 4 Anlagen

Soweit erläuternde Darstellungen zu den in dieser Verordnung geforderten Angaben erstellt werden, können diese zum Zwecke der besseren Lesbarkeit als Anlagen zum Prüfungsbericht vorgelegt werden, wenn im Prüfungsbericht selbst eine hinreichende Beurteilung erfolgt und die Berichterstattung in Anlagen den Prüfungsbericht nicht unübersichtlich macht.

§ 5 Berichtszeitraum

Der Zeitraum, auf den sich die Prüfung erstreckt (Berichtszeitraum), ist in der Regel das am Stichtag des Jahresabschlusses (Bilanzstichtag) endende Geschäftsjahr (Berichtsjahr). Bei vom Geschäftsjahr abweichenden Berichtszeiträumen muss der Prüfungsbericht mindestens das Geschäftsjahr umfassen, das am Bilanzstichtag endet. Wurde die Prüfung unterbrochen, ist in dem Bericht darauf hinzuweisen und die Dauer der Unterbrechung unter Darlegung der Gründe anzugeben.

§ 6 Zusammenfassende Schlussbemerkung

(1) In einer zusammenfassenden Schlussbemerkung ist, soweit dies nicht bereits im Rahmen der dem Bericht vorangestellten Ausführungen nach § 321 Absatz 1 Satz 2 des Handelsgesetzbuchs erfolgt ist, zu allen wichtigen Fragen so Stellung zu nehmen, dass aus ihr selbst ein Gesamturteil über die wirtschaftliche Lage des Zahlungsinstituts und die Ordnungsmäßigkeit seiner Geschäftsorganisation, insbesondere die Einrichtung eines angemessenen Risikomanagements, sowie über die Einhaltung der weiteren aufsichtlichen Vorgaben gewonnen werden kann. Hinsichtlich der wirtschaftlichen Lage des Zahlungsinstituts ist insbesondere auf die geschäftliche Entwicklung, die Vermögens-, Liquiditäts- und Ertragslage sowie Art und Umfang der nicht bilanzwirksamen Geschäfte einzugehen. Der Schlussbemerkung muss auch zu entnehmen sein, ob die Bilanzposten ordnungsgemäß bewertet, insbesondere ob die gebildeten Wertberichtigungen und Rückstellungen angemessen sind und ob die geldwäscherechtlichen Vorschriften sowie die Anzeigevorschriften beachtet wurden. Zusammenfassend ist darzulegen, welche über die nach § 321 Absatz 1 Satz 3 des Handelsgesetzbuchs vorgeschriebenen Berichtsinhalte hinausgehenden wesentlichen Beanstandungen sich bei der Prüfung ergeben haben.
(2) Der Prüfungsbericht ist unter Angabe von Ort und Datum zu unterzeichnen.

§ 7 Berichtsturnus

Soweit der Abschlussprüfer nach dieser Verordnung verpflichtet ist, nur über Änderungen zu berichten, hat er in angemessenen Abständen über die Darstellung der Änderungen hinausgehend vollständig zu berichten.

Abschnitt 2:
Angaben zum Zahlungsinstitut

§ 8 Darstellung der rechtlichen, wirtschaftlichen und organisatorischen Grundlagen

(1) Der Anschlussprüfer hat über die Ausschöpfung und Überschreitung der Erlaubnis zum Betreiben von Zahlungsdiensten sowie die Erfüllung damit verbundener Auflagen im Berichtszeitraum zu berichten.
(2) Die wesentlichen Änderungen der rechtlichen, wirtschaftlichen und organisatorischen Grundlagen des Zahlungsinstituts im Berichtszeitraum sind darzustellen, wobei insbesondere zu berichten ist über:
1. Änderungen der Rechtsform und der Satzung oder des Gesellschaftsvertrages,
2. Änderungen der Kapitalverhältnisse und Gesellschafterverhältnisse,
3. Änderungen der Geschäftsleitung sowie Änderungen ihrer personellen Zusammensetzung mit Angabe der jeweiligen Zuständigkeit der einzelnen Geschäftsleiter,
4. Änderungen der Struktur der Zahlungsdienste und der anderen Geschäfte,
5. die bevorstehende Aufnahme neuer Geschäftszweige,

6. Änderungen der rechtlichen und geschäftlichen Beziehungen zu verbundenen Unternehmen sowie zu anderen Unternehmen und über wirtschaftlich bedeutsame Verträge geschäftspolitischer Natur, die die zwischenbetriebliche Zusammenarbeit regeln, wobei insbesondere Angaben über Art und Umfang der vereinbarten Leistungen zu machen sind; die Berichterstattung kann entfallen, wenn für den Berichtszeitraum ein Abhängigkeitsbericht nach § 312 des Aktiengesetzes erstellt und der Bundesanstalt für Finanzdienstleistungsaufsicht und der Deutschen Bundesbank eingereicht worden ist,
7. Änderungen im organisatorischen Aufbau des Zahlungsinstituts sowie der unter Risikoaspekten bedeutsamen Ablauforganisation; das aktuelle Organigramm ist dem Prüfungsbericht als Anlage beizufügen,
8. Änderungen der Zugehörigkeit des Zahlungsinstituts zu einem Finanzkonglomerat im Sinne des § 1 Absatz 20 des Kreditwesengesetzes sowie Änderungen des übergeordneten Finanzkonglomeratsunternehmens nach § 12 des Finanzkonglomerate-Aufsichtsgesetzes.

(3) Über Auslagerungen von wesentlichen Aktivitäten und Prozessen unter Berücksichtigung der in § 20 Absatz 1 des Zahlungsdiensteaufsichtsgesetzes genannten Anforderungen hat der Abschlussprüfer gesondert zu berichten.

(4) Der Abschlussprüfer hat die Einbindung von Agenten im Sinne des § 19 des Zahlungsdiensteaufsichtsgesetzes in das Risikomanagement darzustellen und zu beurteilen. Über die Übereinstimmung der in den Anzeigen gemachten Angaben mit den bei dem Zahlungsinstitut vorliegenden Informationen ist zu berichten. Darzustellen ist auch, wie das Zahlungsinstitut die fachliche Eignung und Zuverlässigkeit der Agenten sicherstellt.

§ 9 Zweigniederlassungen

Der Abschlussprüfer hat über ausländische Zweigniederlassungen zu berichten. Dabei sind die Ergebniskomponenten dieser Zweigniederlassungen, deren Einfluss auf die Risikolage und die Risikovorsorge des Gesamtinstituts sowie deren Einbindung in das Risikomanagement des Gesamtinstituts zu beurteilen.

Abschnitt 3:
Aufsichtliche Vorgaben

Unterabschnitt 1   Risikomanagement und Geschäftsorganisation

§ 10   Angemessenheit des Risikomanagements und der Geschäftsorganisation

(1) Der Abschlussprüfer hat die Angemessenheit des Risikomanagements nach § 22 Absatz 1 Satz 3 Nummer 4 des Zahlungsdiensteaufsichtsgesetzes sowie die weiteren Anforderungen an die Ordnungsmäßigkeit der Geschäftsorganisation unter Berücksichtigung der Komplexität und des Umfangs der von dem Zahlungsinstitut eingegangenen Risiken zu beurteilen. Dabei ist insbesondere auf Adressenausfallrisiken und Marktpreisrisiken, einschließlich der Zinsänderungsrisiken, sowie auf Liquiditäts- und operationelle Risiken gesondert einzugehen.

(2) Die Angemessenheit der Internen Revision des Zahlungsinstituts ist zu beurteilen.

Unterabschnitt 2   Eigenkapital und Solvenzanforderungen

§ 11   Ermittlung des Eigenkapitals

(1) Es ist zu beurteilen, ob die vom Zahlungsinstitut getroffenen Vorkehrungen zur ordnungsgemäßen Ermittlung des haftenden Eigenkapitals angemessen sind; wesentliche Verfahrensänderungen während des Berichtszeitraums sind darzustellen.
(2) Das Eigenkapital ist im Verhältnis zum Gesamtbetrag der gewährten Kredite darzustellen.
(3) Kredite im Sinne des § 10 Absatz 2a Satz 2 Nummer 4 und 5 des Kreditwesengesetzes in der bis zum 31. Dezember 2013 geltenden Fassung sind auch danach zu beurteilen, ob sie zu marktüblichen Bedingungen gewährt werden und banküblich besichert sind.

§ 12   Eigenkapital

(1) Darzustellen sind Höhe und Zusammensetzung des Eigenkapitals des Zahlungsinstituts nach § 12 Absatz 1 Satz 1 und 2 des Zahlungsdiensteaufsichtsgesetzes in Verbindung mit § 10 Absatz 2 Satz 2 bis 7 und Absatz 2a und 2b des Kreditwesengesetzes in der bis zum 31. Dezember 2013 geltenden Fassung nach dem Stand bei Geschäftsschluss am Bilanzstichtag und unter der Annahme der Feststellung des geprüften Abschlusses. Die bei beziehungsweise von anderen Zahlungsinstituten, Instituten, Finanzunternehmen, Erstversicherungsunternehmen und Rückversicherungsunternehmen aufgenommenen beziehungsweise gehaltenen Eigenkapitalbestandteile sind unter namentlicher Nennung dieser Unternehmen besonders zu kennzeichnen.
(2) Besonderheiten bei der Entwicklung des Eigenkapitals oder einzelner Eigenkapitalbestandteile während des Berichtszeitraums sind zu beurteilen. Entnahmen des Inhabers oder des persönlich haftenden Gesellschafters sind darzustellen.
(3) Begebene Wertpapiere des Kernkapitals ohne eigene Emissionen in inländischen Aktien sowie Vermögenseinlagen stiller Gesellschafter, die erstmalig oder weiterhin dem Eigenkapital zugerechnet werden, sind nach den einzelnen Tranchen mit ihren wesentlichen Merkmalen darzustellen; Besonderheiten sind hervorzuheben.
(4) Befristete oder von Seiten des Kapitalgebers kündbare Eigenkapitalbestandteile sind, sofern nicht bereits nach Absatz 3 erfasst, nach ihrer frühestmöglichen Kündbarkeit beziehungsweise nach ihrem frühestmöglichen Mittelabfluss in Jahresbändern darzustellen.
(5) Der Ansatz nicht realisierter Reserven im Sinne des § 10 Absatz 2b Satz 1 Nummer 6 und 7 in Verbindung mit Absatz 4a des Kreditwesengesetzes in der bis zum 31. Dezember 2013 geltenden Fassung ist darzustellen und seine Richtigkeit ist zu beurteilen. Werden dem haftenden Eigenkapital nicht realisierte Reserven in Immobilien zugerechnet, so ist zu prüfen, ob bei der Ermittlung dieser Reserven § 10 Absatz 4b des Kreditwesengesetzes in der bis zum 31. Dezember 2013 geltenden Fassung beachtet worden ist.

§ 13   Solvabilitätskennzahl

Es ist zu beurteilen, ob die vom Zahlungsinstitut getroffenen Vorkehrungen zur ordnungsgemäßen Ermittlung der Solvabilitätskennzahl nach der Zahlungsinstituts-Eigenkapitalverordnung angemessen sind. Dabei ist insbesondere auf Änderungen gegenüber dem letzten Berichtszeitraum einzugehen. Die Entwicklung der Eigenkapitalquote ist darzustellen.

Unterabschnitt 3 Anzeigewesen

§ 14 Anzeigewesen

Die Organisation des Anzeige- und Meldewesens ist zu beurteilen. Auf die Vollständigkeit und Richtigkeit der Anzeigen und Meldungen ist einzugehen, festgestellte wesentliche Verstöße sind aufzuführen.

Unterabschnitt 4 Bargeldloser Zahlungsverkehr; Vorkehrungen zur Verhinderung von Geldwäsche und Terrorismusfinanzierung sowie von sonstigen strafbaren Handlungen zu Lasten des Instituts

§ 15 Zeitpunkt der Prüfung und Berichtszeitraum

(1) Die Prüfung findet einmal jährlich statt. Der Abschlussprüfer legt den Beginn der Prüfung und den Berichtszeitraum vorbehaltlich der nachfolgenden Bestimmungen nach pflichtgemäßem Ermessen fest.
(2) Der Berichtszeitraum der Prüfung ist jeweils der Zeitraum zwischen dem Stichtag der letzten Prüfung und dem Stichtag der folgenden Prüfung.
(3) Die Prüfung muss spätestens 15 Monate nach dem Anfang des für sie maßgeblichen Berichtszeitraums begonnen worden sein.

§ 16 Darstellung und Beurteilung der getroffenen Vorkehrungen zur Verhinderung von Geldwäsche und Terrorismusfinanzierung

(1) Der Abschlussprüfer hat zu beurteilen, ob die von dem Zahlungsinstitut erstellte Gefährdungsanalyse der tatsächlichen Risikosituation des Zahlungsinstituts entspricht. Die Beurteilungen nach den nachfolgenden Absätzen haben unter Berücksichtigung der Gefährdungsanalyse sowie der von der Innenrevision im Berichtszeitraum durchgeführten Prüfungen und deren Ergebnis zu erfolgen.
(2) Darüber hinaus hat der Abschlussprüfer die internen Sicherungsmaßnahmen des Zahlungsinstituts zur Verhinderung von Geldwäsche und Terrorismusfinanzierung darzustellen und deren Angemessenheit zu beurteilen. Dies enthält
1. die vom Zahlungsinstitut entwickelten und aktualisierten internen Grundsätze, geschäfts- und kundenbezogenen Sicherungssysteme und Kontrollen zur Verhinderung von Geldwäsche und Terrorismusfinanzierung, einschließlich der Kundenakzeptanzpolitik und Monitoringmaßnahmen nach § 22 Absatz 1 Satz 3 Nummer 4 des Zahlungsdiensteaufsichtsgesetzes,
2. die Stellung und Tätigkeit des (Gruppen-)Geldwäschebeauftragten und seines Stellvertreters einschließlich ihrer Kompetenzen sowie die für eine ordnungsgemäße Durchführung ihrer Aufgaben notwendigen Mittel und Verfahren nach § 9 Absatz 2 Nummer 1 des Geldwäschegesetzes,
3. die Unterrichtung der mit der Durchführung von Transaktionen und mit der Anbahnung und Begründung von Geschäftsbeziehungen befassten Beschäftigten über die Methoden bei Geldwäsche und Terrorismusfinanzierung, die insofern bestehenden Pflichten zu ihrer Verhinderung sowie die entsprechenden Verfahren und Vorgaben.

(3) Des Weiteren hat der Abschlussprüfer darzustellen und zu beurteilen, inwieweit das Zahlungsinstitut den kundenbezogenen Sorgfaltspflichten, insbesondere auch den verstärkten kundenbezogenen Sorgfaltspflichten in Fällen eines erhöhten

Risikos und den Kundensorgfaltspflichten bei der Bargeldannahme, angemessen nachgekommen ist.

(4) Zu berichten ist ferner über die Erfüllung der Aufzeichnungs- und Aufbewahrungspflichten sowie der Pflicht zur institutsinternen Behandlung und Anzeige von Verdachtsfällen.

(5) Der Abschlussprüfer hat darzustellen und zu beurteilen, inwieweit das Zahlungsinstitut nach § 22 Absatz 1 Nummer 1 bis 3 und 4 sowie Absatz 2 und 3 des Zahlungsdiensteaufsichtsgesetzes angemessene Maßnahmen getroffen hat, um eine einheitliche Schaffung von internen Sicherungsmaßnahmen und die Einhaltung der kundenbezogenen Sorgfalts-, Aufzeichnungs- und Aufbewahrungspflichten in der Gruppe sicherzustellen. Dies schließt auch die Angemessenheit vom Zahlungsinstitut ergriffener anderweitiger zusätzlicher Maßnahmen ein, soweit die nach Satz 1 zu treffenden Maßnahmen in einem Drittstaat nicht zulässig sind.

(6) Sofern die Durchführung von internen Sicherungsmaßnahmen oder die Erfüllung von kundenbezogenen Sorgfaltspflichten durch das Zahlungsinstitut vertraglich auf eine dritte Person oder ein anderes Unternehmen ausgelagert worden ist, ist hierüber ebenfalls zu berichten.

(7) Es ist darzustellen, wie das Zahlungsinstitut seinen Pflichten zur Feststellung, Überprüfung und Übermittlung der Auftraggeberdaten nachgekommen ist und welche Maßnahmen es zur Erkennung und Zurückweisung unvollständiger Auftraggeberdatensätze getroffen hat.

(8) Es ist darzustellen, wie das Zahlungsinstitut den in § 22 Absatz 2 des Zahlungsdiensteaufsichtsgesetzes genannten Pflichten nachgekommen ist.

§ 16a Darstellung und Beurteilung der getroffenen Vorkehrungen zur Einhaltung der Pflichten nach der Verordnung (EG) Nr. 924/2009

(1) Der Abschlussprüfer hat zu beurteilen, ob die von dem Institut getroffenen internen Vorkehrungen den Anforderungen der Verordnung (EG) Nr. 924/2009 des Europäischen Parlaments und des Rates vom 16. September 2009 über grenzüberschreitende Zahlungen in der Gemeinschaft und zur Aufhebung der Verordnung (EG) Nr. 2560/2001 (ABl. L 266 vom 9.10.2009, S. 11), die durch die Verordnung (EU) Nr. 260/2012 (ABl. L 94 vom 30.3.2012, S. 22) geändert worden ist, entsprechen. Die Beurteilung umfasst die Einhaltung der Bestimmungen zu
1. Entgelten für grenzüberschreitende Zahlungen nach Artikel 3 Absatz 1 der Verordnung,
2. Entgelten nach Artikel 4 Absatz 3 Satz 1 der Verordnung, die über das Entgelt gemäß Artikel 3 Absatz 1 der Verordnung hinausgehen, sowie
3. Interbankenentgelten für Inlandslastschriften nach Artikel 7 Absatz 1 der Verordnung.

(2) Des Weiteren hat der Abschlussprüfer darzustellen, welche Maßnahmen das Institut ergriffen hat, um die in Absatz 1 genannten Anforderungen der Verordnung (EU) Nr. 924/2009 zu erfüllen.

(3) Sofern die Durchführung interner Vorkehrungen durch das Institut vertraglich auf eine dritte Person oder ein anderes Unternehmen ausgelagert worden ist, hat der Abschlussprüfer hierüber zu berichten.

§ 16b Darstellung und Beurteilung der getroffenen Vorkehrungen zur Einhaltung der Pflichten nach der Verordnung (EU) Nr. 260/2012

(1) Der Abschlussprüfer hat zu beurteilen, ob die von dem Zahlungsinstitut getroffenen internen Vorkehrungen den Anforderungen der Verordnung (EU)

Nr. 260/2012 des Europäischen Parlaments und des Rates vom 14. März 2012 zur Festlegung der technischen Vorschriften und der Geschäftsanforderungen für Überweisungen und Lastschriften in Euro und zur Änderung der Verordnung (EG) Nr. 924/2009 (ABl. L 94 vom 30. 3. 2012, S. 22) entsprechen. Die Beurteilung umfasst
1. die Erreichbarkeit für Überweisungen und Lastschriften innerhalb der Europäischen Union nach Artikel 3 der Verordnung,
2. die Einhaltung der Anforderungen für Überweisungen und Lastschriften nach Artikel 5 Absatz 1 bis 3 sowie 7 und 8 der Verordnung sowie
3. die Einhaltung der Bestimmungen zu Interbankenentgelten für Lastschriften nach Artikel 8 der Verordnung.

(2) Des Weiteren hat der Abschlussprüfer darzustellen, welche Maßnahmen das Institut ergriffen hat, um die in Absatz 1 genannten Anforderungen der Verordnung (EU) Nr. 260/2012 zu erfüllen.

(3) Sofern die Durchführung interner Vorkehrungen durch das Institut vertraglich auf eine dritte Person oder ein anderes Unternehmen ausgelagert worden ist, hat der Abschlussprüfer hierüber zu berichten.

Abschnitt 4:
Besondere Angaben zu Zahlungsdiensten

§ 17 Berichterstattung über Zahlungsdienste

(1) Die Institute, über die die Zahlungsdienste abgewickelt werden, sind unter Angabe der Kontoverbindung aufzuführen. Die Teilnahme an Zahlungssystemen ist darzustellen.

(2) Die Absicherung der Kundengelder ist darzustellen und ihre Wirksamkeit zu beurteilen.

(3) Die Herkunft der Mittel für die Kreditvergabe ist darzustellen. Die Laufzeit der Kredite ist anzugeben. Dabei ist auch darauf einzugehen, ob Prolongationen stattgefunden haben.

Abschnitt 5:
Abschlussorientierte Berichterstattung

Unterabschnitt 1   Lage des Zahlungsinstituts (einschließlich geschäftliche Entwicklung sowie Ergebnisentwicklung)

§ 18 Geschäftliche Entwicklung im Berichtsjahr

Die geschäftliche Entwicklung ist unter Gegenüberstellung der sie kennzeichnenden Zahlen des Berichtsjahres und des Vorjahres darzustellen und zu erläutern.

§ 19 Beurteilung der Vermögenslage

(1) Die Entwicklung der Vermögenslage ist zu beurteilen. Besonderheiten, die für die Beurteilung der Vermögenslage von Bedeutung sind, insbesondere Art und Umfang bilanzunwirksamer Ansprüche und Verpflichtungen, sind hervorzuheben.
(2) Die Berichterstattung hat sich auch zu erstrecken auf
1. Art und Umfang stiller Reserven und stiller Lasten,
2. bedeutende Verträge und schwebende Rechtsstreitigkeiten, soweit sich nachteilige Auswirkungen auf die Vermögenslage ergeben könnten, und die Bildung der notwendigen Rückstellungen,
3. alle abgegebenen Patronatserklärungen unter Darstellung des Inhalts und Beurteilung ihrer Rechtsverbindlichkeit.

§ 20 Beurteilung der Ertragslage

(1) Die Entwicklung der Ertragslage ist zu beurteilen.
(2) Zu berichten ist auf der Basis der Unterlagen des Zahlungsinstituts auch über die Ertragslage der wesentlichen Geschäftssparten; dabei sind jeweils die wichtigsten Erfolgsquellen und Erfolgsfaktoren gesondert darzustellen.
(3) Mögliche Auswirkungen von Risiken auf die Entwicklung der Ertragslage sind darzustellen.

§ 21 Risikolage und Risikovorsorge

(1) Die Risikolage des Zahlungsinstituts ist zu beurteilen.
(2) Das Verfahren zur Ermittlung der Risikovorsorge ist darzustellen und zu beurteilen. Art, Umfang und Entwicklung der Risikovorsorge sind zu erläutern und die Angemessenheit der Risikovorsorge ist zu beurteilen. Ist für den Zeitraum nach dem Bilanzstichtag neuer Risikovorsorgebedarf bekannt geworden, so ist hierüber zu berichten.

Unterabschnitt 2 Feststellungen, Erläuterungen zur Rechnungslegung

§ 22 Erläuterungen

(1) Die Bilanzposten, Angaben unter dem Bilanzstrich und Posten der Gewinn- und Verlustrechnung sind unter Berücksichtigung des Grundsatzes der Wesentlichkeit des jeweiligen Postens zu erläutern und mit den Vorjahreszahlen zu vergleichen.
(2) Eventualverpflichtungen und andere Verpflichtungen sind zu erläutern, wenn es die relative Bedeutung des Postens erfordert. Werden Angaben gemacht, ist Folgendes zu berücksichtigen:
1. Eventualverbindlichkeiten:
Zu den Verbindlichkeiten aus Bürgschaften und Gewährleistungsverträgen ist die Angabe von Arten und Beträgen sowie die Aufgliederung nach Kreditnehmern (Kreditinstitute und Nichtkreditinstitute) erforderlich, bei Kreditgarantiegemeinschaften auch die Angabe der noch nicht valutierenden Beträge sowie der Nebenkosten, wobei die Beträge zu schätzen sind, falls genaue Zahlen nicht vorliegen. Es ist darzulegen, ob notwendige Rückstellungen gebildet sind.
2. Andere Verpflichtungen:
Die Rücknahmeverpflichtungen aus unechten Pensionsgeschäften sind nach der Art der in Pension gegebenen Gegenstände und nach Fristen zu gliedern.

Abschnitt 6:
Datenübersichten

§ 23 Datenübersicht

Der Abschlussprüfer hat das Formblatt aus der Anlage zu dieser Verordnung auf der Grundlage der Daten des Prüfungsberichts und unter Angabe der entsprechenden Vorjahresdaten auszufüllen und dem Prüfungsbericht beizufügen.

Abschnitt 7:
Schlussvorschriften

§ 24 Erstmalige Anwendung

Die Bestimmungen dieser Verordnung sind erstmals auf die Prüfung anzuwenden, die das nach dem 31. Oktober 2008 beginnende Geschäftsjahr betrifft.

§ 25 Inkrafttreten

Diese Verordnung tritt am 31. Oktober 2009 in Kraft.

Anlage

Anlage (zu § 23)

Datenübersicht für Zahlungsinstitute

Die angegebenen Beträge (kaufmännische Rundung) lauten auf Tsd. Euro (EUR); Prozentangaben sind mit einer Nachkommastelle anzugeben.

Position		Berichtsjahr (1)	Vorjahr (2)
(1) Daten zu den organisatorischen Grundlagen			
1. Personalbestand gemäß § 267 Abs. 5 HGB			
(2) Daten zur Vermögenslage	001		
1. Bestand Reserven nach § 340f HGB			
a) nicht als haftendes Eigenkapital berücksichtigte stille Reserven nach § 340f HGB	002		
2. Kursreserven bei Schuldverschreibungen und anderen festverzinslichen Wertpapieren			
a) Bruttobetrag der Kursreserven	301		
b) Nettobetrag der Kursreserven[1])	302		
3. Kursreserven bei Aktien und anderen nicht festverzinslichen Wertpapieren sowie Beteiligungen und Anteilen an verbundenen Unternehmen			
a) Bruttobetrag der Kursreserven	303		
b) Nettobetrag der Kursreserven[1])	304		
4. Vermiedene Abschreibungen auf Schuldverschreibungen und andere festverzinsliche Wertpapiere durch Übernahme in das Anlagevermögen	305		
5. Vermiedene Abschreibungen auf Aktien und andere nicht festverzinsliche Wertpapiere durch Übernahme in das Anlagevermögen	306		
6. Nicht realisierte Reserven in Grundstücken, grundstücksgleichen Rechten und Gebäuden (soweit sie als haftendes Eigenkapital nach § 10 Abs. 2b Satz 1 Nr. 6 KWG in der bis zum 31. Dezember 2013 geltenden Fassung berücksichtigt werden)	005		
7. Beteiligungen gemäß § 10 Abs. 6 Satz 1 Nr. 5 KWG in der bis zum 31. Dezember 2013 geltenden Fassung	402		
(3) Daten zur Liquidität und zur Refinanzierung			
1. Verbindlichkeiten gegenüber Kreditinstituten, die 10 Prozent der „Verbindlichkeiten gegenüber Kreditinstituten" überschreiten	022		
	250	Stk.	Stk.
2. Verbindlichkeiten gegenüber Kunden, die 10 Prozent der „Verbindlichkeiten gegenüber Kunden" überschreiten	023		
	251	Stk.	Stk.
3. Dem Zahlungsinstitut zugesagte Refinanzierungsmöglichkeiten			
a) Zusagen	024		
b) Inanspruchnahme	025		
(4) Daten zur Ertragslage			
1. Zinsergebnis			
a) Zinserträge[2])	029		
b) Zinsaufwendungen	030		
c) darunter: für stille Einlagen, für Genussrechte und für nachrangige Verbindlichkeiten	031		
d) Zinsergebnis	032		
2. Vereinnahmte Zinsen aus notleidenden Forderungen	403		
3. Provisionsergebnis[3])			
a) Provisionserträge	313		
b) Provisionsaufwendungen	314		
c) Provisionsergebnis	033		

Position		Berichtsjahr (1)	Vorjahr (2)
4. Nettoergebnis nach § 340c Abs. 1 HGB			
a) aus Geschäften mit Wertpapieren des Handelsbestands	034		
b) aus Geschäften mit Devisen und Edelmetallen[4]	035		
c) aus Geschäften mit Derivaten	036		
5. Ergebnis aus dem sonstigen nichtzinsabhängigen Geschäft[5]	037		
6. Bewertungsergebnis nach dem strengen Niederstwertprinzip	405		
7. Allgemeiner Verwaltungsaufwand			
a) Personalaufwand[6]	038		
b) andere Verwaltungsaufwendungen[7]	039		
8. Sonstige und außerordentliche Erträge und Aufwendungen			
a) Erträge aus Zuschreibungen bei Finanzanlagen, Sachanlagen und immateriellen Anlagewerten sowie aus Geschäften mit diesen Gegenständen	044		
b) andere sonstige und außerordentliche Erträge[8]	045		
c) Abschreibungen und Wertberichtigungen auf Finanzanlagen, Sachanlagen und immaterielle Anlagewerte sowie Aufwendungen aus Geschäften mit diesen Gegenständen	046		
d) andere sonstige und außerordentliche Aufwendungen[9]	047		
9. Steuern vom Einkommen und vom Ertrag	048		
10. Erträge aus Verlustübernahmen und baren bilanzunwirksamen Ansprüchen	049		
11. Aufwendungen aus der Bildung von Vorsorgereserven nach den §§ 340f und 340g HGB	050		
12. Erträge aus der Auflösung von Vorsorgereserven nach den §§ 340f und 340g HGB	051		
13. Aufgrund einer Gewinngemeinschaft, eines Gewinnabführungs- oder eines Teilgewinnabführungsvertrages abgeführte Gewinne	052		
14. Gewinnvortrag aus dem Vorjahr	053		
15. Verlustvortrag aus dem Vorjahr	054		
16. Entnahmen aus Kapital- und Gewinnrücklagen	055		
17. Einstellungen in Kapital- und Gewinnrücklagen	056		
18. Entnahmen aus Genussrechtskapital	057		
19. Wiederauffüllung des Genussrechtskapitals	058		
(5) Daten zum Kreditgeschäft[10]			
1. Höhe des Kreditvolumens	073		
a) Höhe der pauschalierten Einzelwertberichtigungen	420		
2. Geprüftes Bruttokreditvolumen[10]	421		
3. Unversteuerte Pauschalwertberichtigungen[11]	080		
4. Einzelwertberichtigungen			
a) Bestand in der Vorjahresbilanz	332		
b) Verbrauch	333		
c) Auflösung	334		
d) Bildung	335		
e) neuer Stand	336		
5. Rückstellungen im Kreditgeschäft[12]			
a) Bestand in der Vorjahresbilanz	337		
b) Verbrauch	338		
c) Auflösung	339		
d) Bildung	340		
e) neuer Stand	341		
6. Abschreibungen auf Forderungen zu Lasten der Gewinn- und Verlustrechnung	086		

Position		Berichtsjahr (1)	Vorjahr (2)
(6) Bilanzunwirksame Ansprüche			
1. Bare bilanzunwirksame Ansprüche			
a) im Berichtsjahr[13])	091		
b) Bestand am Jahresende	092		
2. Unbare bilanzunwirksame Ansprüche			
a) im Berichtsjahr[13])	093		
b) Bestand am Jahresende	094		
(7) Ergänzende Angaben			
1. Abweichungen im Sinne des § 284 Abs. 2 Nr. 3 HGB			
a) von Bilanzierungsmethoden ja (= 0) / nein (= 1)	095		
b) von Bewertungsmethoden ja (= 0) / nein (= 1)	096		
2. Buchwert der in Pension gegebenen Vermögensgegenstände bei echten Pensionsgeschäften (§ 340b Abs. 4 Satz 4 HGB)	106		
3. Betrag der nicht mit dem Niederstwert bewerteten börsenfähigen Wertpapiere bei den folgenden Posten (§ 29 Abs. 1 Nr. 2 RechZahlV)			
a) Schuldverschreibungen und andere festverzinsliche Wertpapiere (Aktivposten Nr. 5)	107		
b) Aktien und andere nicht festverzinsliche Wertpapiere (Aktivposten Nr. 6)	108		
4. Nachrangige Vermögensgegenstände			
a) nachrangige Forderungen an Kreditinstitute	112		
b) nachrangige Forderungen an Kunden	113		
c) sonstige nachrangige Vermögensgegenstände	114		
5. Fristengliederung der Forderungen und Verbindlichkeiten nach § 340d HGB in Verbindung mit § 7 RechZahlV			
a) Forderungen an Kreditinstitute aus Zahlungsdiensten (Aktivposten Nr. 2 a) mit einer Restlaufzeit			
aa) bis drei Monate	650		
bb) mehr als drei Monate bis sechs Monate	651		
cc) mehr als sechs Monate bis zwölf Monate	652		
dd) mehr als zwölf Monate	653		
b) Forderungen an Kreditinstitute aus sonstigen Tätigkeiten (Aktivposten Nr. 2 b) mit einer Restlaufzeit			
aa) bis drei Monate	654		
bb) mehr als drei Monate bis sechs Monate	655		
cc) mehr als sechs Monate bis zwölf Monate	656		
dd) mehr als zwölf Monate	657		
c) Forderungen an Kunden aus Zahlungsdiensten (Aktivposten Nr. 3 a) mit einer Restlaufzeit			
aa) bis drei Monate	658		
bb) mehr als drei Monate bis sechs Monate	659		
cc) mehr als sechs Monate bis zwölf Monate	660		
dd) mehr als zwölf Monate	661		
d) Forderungen an Kunden aus sonstigen Tätigkeiten (Aktivposten Nr. 3 b) mit einer Restlaufzeit			
aa) bis drei Monate	662		
bb) mehr als drei Monate bis sechs Monate	663		
cc) mehr als sechs Monate bis zwölf Monate	664		
dd) mehr als zwölf Monate	665		

Position	Berichtsjahr (1)	Vorjahr (2)
e) Verbindlichkeiten gegenüber Kreditinstituten aus Zahlungsdiensten mit vereinbarter Laufzeit oder Kündigungsfrist (Passivposten Nr. 1 a) mit einer Restlaufzeit		
aa) bis drei Monate	666	
bb) mehr als drei Monate bis sechs Monate	667	
cc) mehr als sechs Monate bis zwölf Monate	668	
dd) mehr als zwölf Monate	669	
f) Verbindlichkeiten gegenüber Kreditinstituten aus sonstigen Tätigkeiten mit vereinbarter Laufzeit oder Kündigungsfrist (Passivposten Nr. 1 b) mit einer Restlaufzeit		
aa) bis drei Monate	670	
bb) mehr als drei Monate bis sechs Monate	671	
cc) mehr als sechs Monate bis zwölf Monate	672	
dd) mehr als zwölf Monate	673	
g) Verbindlichkeiten gegenüber Zahlungsinstituten aus Zahlungsdiensten mit vereinbarter Laufzeit oder Kündigungsfrist (Passivposten Nr. 3 a) mit einer Restlaufzeit		
aa) bis drei Monate	674	
bb) mehr als drei Monate bis sechs Monate	675	
cc) mehr als sechs Monate bis zwölf Monate	676	
dd) mehr als zwölf Monate	677	
h) im Posten „Forderungen an Kunden" (Aktivposten Nr. 3) enthaltene Forderungen mit unbestimmter Laufzeit	378	
i) im Posten „Schuldverschreibungen und andere festverzinsliche Wertpapiere" (Aktivposten Nr. 5) enthaltene Beträge, die in dem Jahr, das auf den Bilanzstichtag folgt, fällig werden	379	

[1] Hier sind negative Ergebnisbeiträge aus den Sicherungsgeschäften mit den Kursreserven der gesicherten Aktiva zu verrechnen.

[2] Einschließlich laufender Erträge aus Beteiligungen, Erträgen aus Ergebnisabführungsverträgen und Leasingqebühren.

[3] Hier sind auch die Erträge und Aufwendungen für durchlaufende Kredite zu erfassen.

[4] Einschließlich der Gewinne und Verluste aus Devisentermingeschäften unabhängig davon, ob es sich um zins- oder kursbedingte Aufwendungen oder Erträge handelt.

[5] Hier sind die Ergebnisse aus Warenverkehr und Nebenbetrieben sowie alle anderen ordentlichen Ergebnisse aus dem nichtzinsabhängigen Geschäft einzuordnen, die nicht unter Position (4) Nummer 3 oder 4 fallen.

[6] Einschließlich Aufwendungen für vertraglich vereinbarte feste Tätigkeitsvergütungen an die persönlich haftenden Gesellschafter. Aufwendungen für von fremden Arbeitgebern angemietete Arbeitskräfte sind dem anderen Verwaltungsaufwand zuzurechnen.

[7] Hierunter fallen unter anderem Abschreibungen und Wertberichtigungen auf Sachanlagen und immaterielle Anlagewerte, ausgenommen außerordentliche Abschreibungen. Zu erfassen sind hier auch alle Steuern mit Ausnahme der Steuern vom Einkommen und vom Ertrag.

[8] Hier sind alle Erträge anzugeben, die nicht dem ordentlichen Geschäft zuzuordnen sind und daher nicht in das Betriebsergebnis eingehen, nicht jedoch Erträge aus Verlustübernahmen und aus baren bilanzunwirksamen Ansprüchen.

[9] Hier sind alle Aufwendungen anzugeben, die nicht dem ordentlichen Geschäft zuzuordnen sind und daher nicht in das Betriebsergebnis eingehen, nicht jedoch Aufwendungen aus Gewinnabführungen.

[10] Bei den Angaben zum Kreditgeschäft ist grundsätzlich der Kreditbegriff des § 19 KWG zugrunde zu legen. Derivate sind mit ihrem Kreditäquivalenzbetrag anzugeben, und zwar nach der jeweils von den Instituten angewandten Berechnungsmethode (vgl. §§ 9 bis 14 GroMiKV). Dabei ist von den Beträgen nach Abzug von Wertberichtigungen auszugehen.

[11] Einschließlich der unter den Rückstellungen ausgewiesenen Beträge.

[12] Soweit Pauschalwertberichtigungen als Rückstellungen ausgewiesen werden, sind sie unter Position (5) Nummer 8 anzugeben.

[13] Nettoposition (erhaltene ./. zurückgezahlte).

Anhang 7.6
Bekanntmachung[1] über die Anforderungen an die Ordnungsmäßigkeit des Depotgeschäfts und der Erfüllung von Wertpapierlieferungsverpflichtungen[2]

vom 21. Dezember 1998 (BAnz. S. 17906)

Inhalt

1. Sammelverwahrung
2. Sonderverwahrung
3. Drittverwahrung
4. Unregelmäßige Verwahrung und Wertpapierdarlehen
5. Verwaltung der Kundenwertpapiere
6. Verpfändung
7. Ermächtigung zur Verfügung über das Eigentum
8. Eigentumsverschaffung aus Kaufgeschäften
9. Erfüllung der Lieferungsverpflichtungen aus Verkaufsgeschäften und Weiterleitung von Kundenaufträgen
10. Buchführung
11. Depotabstimmung
12. Mitteilungspflicht nach § 128 des Aktiengesetzes (AktG)
13. Ausübung des Stimmrechts
14. Zweigstellen im Ausland
15. Behandlung von Kundenbeschwerden

1. Sammelverwahrung

(1) Zu einem Sammelbestand dürfen nur vertretbare Wertpapiere derselben Art vereinigt werden. Bei in Gruppen auslosbaren Wertpapieren ist jede Gruppe als eine Wertpapierart zu behandeln, sobald den einzelnen Gruppen besondere Wertpapier-Kenn-Nummern zugeteilt worden sind. Einzeln auslosbare Wertpapiere sind girosammelverwahrfähig, solange von der Auslosung kein Gebrauch gemacht wird und

---

[1] des Bundesaufsichtsamtes für das Kreditwesen.
[2] Die Richtlinien für die Depotprüfung vom 16. Dezember 1970 wurden mit der Prüfungsberichtsverordnung vom 17. Dezember 1998 (vgl. Anhang 15) außer Kraft gesetzt. Die Bestimmungen zur Depotprüfung sind jetzt in Abschnitt 6 der Prüfungsberichtsverordnung enthalten. An die Stelle der Anlage zu den Depotprüfungsrichtlinien von 1970, der »Hinweise über die materiellen Prüfungserfordernisse«, ist die nachstehend abgedruckte Bekanntmachung vom 21. Dezember 1998 getreten.

sichergestellt ist, daß die beabsichtigte Auslosung rechtzeitig bekannt gemacht wird, damit die betreffenden Wertpapiere vor der Verlosung aus der Sammelverwahrung herausgenommen werden können. Vinkulierte Namensaktien dürfen in Girosammelverwahrung genommen werden, soweit eine zügige und ordnungsgemäße Umschreibung im Aktienbuch durch den Verwahrer ermöglicht wird. Dies gilt auch für nicht voll eingezahlte Namensaktien, wobei der Sammelverwahrer nicht als Treuhänder im Aktienbuch eingetragen sein darf. Schuldbuchforderungen, die im Bundesschuldbuch, dem Schuldbuch eines Sondervermögens des Bundes oder in Schuldbüchern der Länder auf den Namen einer Wertpapiersammelbank eingetragen sind, gelten gemäß § 2 der Verordnung über die Behandlung von Anleihen des Deutschen Reiches im Bank- und Börsenverkehr vom 31. Dezember 1940 (Reichsgesetzblatt 1941 I S. 21) als Teil des Sammelbestandes der Wertpapiersammelbank. Auf sie finden die Grundsätze der Sammelverwahrung Anwendung.

(2) Die effektiv eingelieferten oder bereits in Sonderverwahrung befindlichen Kundenwertpapiere dürfen von dem Verwahrer nur aufgrund einer ausdrücklichen und schriftlichen Ermächtigung des Hinterlegers in die Haussammelverwahrung bei sich oder einem Dritten genommen werden. Die Ermächtigung darf weder in Geschäftsbedingungen des Verwahrers enthalten sein noch auf andere Urkunden verweisen.

(3) Die Ermächtigung zur Haussammelverwahrung muß für jedes Verwahrungsgeschäft besonders erteilt werden und sowohl den Nennbetrag bzw. die Stückzahl als auch die Nummern der für die Sammelverwahrung bestimmten Wertpapiere enthalten. Eine Ermächtigung zur Haussammelverwahrung ist auch dann erforderlich, wenn zu den bereits in Haussammelverwahrung befindlichen Wertpapieren Stücke derselben Art hinzugefügt werden sollen.

(4) Wertpapiere, die bei einem Kreditinstitut mit der Bestimmung zur Sammelverwahrung bei einer Wertpapiersammelbank eingeliefert werden, müssen von dem Kreditinstitut sobald als möglich in das Girosammeldepot überführt werden. Hat sich das Kreditinstitut aufgrund eines Auslieferungsverlangens des Kunden Wertpapiere aus dem Sammelbestand einer Wertpapiersammelbank ausliefern lassen, so sind die ausgelieferten Wertpapiere sobald als möglich an den Kunden weiterzugeben. Eine etwaige längere vorläufige Verwahrung ist nach den Vorschriften über die Sonderverwahrung durchzuführen.

(5) Will der Verwahrer gemäß § 5 Abs. 2 des Depotgesetzes (DepotG) dem Hinterleger – anstatt das eingelieferte Stück in Sammelverwahrung zu geben – einen entsprechenden Sammelbestandanteil übertragen, so muß dies sobald als möglich geschehen. Solange ein solcher Sammelbestandanteil nicht übertragen worden ist, muß das von dem Hinterleger eingelieferte Stück in Sonderverwahrung gehalten werden.

(6) Haussammeldepotbestände sowie Vor- und Nachgirobestände sind im Tresor getrennt voneinander aufzubewahren und als solche zu kennzeichnen.

(7) Ohne ausdrücklichen Auftrag oder Ermächtigung des Depotinhabers ist das Kreditinstitut nicht befugt, über die im Eigentum des Kunden stehenden Wertpapiere zu verfügen. Dies gilt auch für Wertpapiere von Angehörigen oder Verwandten des Inhabers oder des Geschäftsleiters des Kreditinstituts.

2. Sonderverwahrung

(1) Der Verwahrer ist verpflichtet, die Wertpapiere des Hinterlegers gesondert von seinen eigenen Beständen und von denen Dritter in geeigneter Form aufzubewahren.

(2) Nummer 1 Abs. 7 gilt sinngemäß.

(3) Verloste oder gekündigte Wertpapiere sind von den nicht fälligen Wertpapieren derselben Art zu trennen und für jeden Hinterleger gesondert zu verwahren.

(4) Mäntel und Bögen sind grundsätzlich getrennt aufzubewahren. Mit der Verwahrung der Mäntel und Bögen ist je ein Sachbearbeiter zu beauftragen. Die Sachbearbeiter dürfen sich nicht gegenseitig vertreten und auch nicht das Depotbuch führen. Wird ein Wertpapier in der Form einer einzigen Urkunde verwahrt, so ist dieses Wertpapier von zwei Sachbearbeitern unter Doppelverschluß zu nehmen.

3. Drittverwahrung

(1) Die einem Kreditinstitut zur Verwahrung übergebenen Kundenwertpapiere können einem anderen Kreditinstitut zur Sammel- oder Sonderverwahrung anvertraut werden. Zweigstellen eines Kreditinstituts gelten untereinander und in ihrem Verhältnis zur Hauptstelle auch dann als verschiedene Verwahrer, wenn die Zweigstellen und die Hauptstelle an demselben Ort tätig sind und die Kundenwertpapiere unter der Bezeichnung der Zweigstelle oder deren Kennziffer verwahrt werden.

(2) Der Verwahrer darf Ermächtigungen gemäß § 5 DepotG zur Haussammelverwahrung, gemäß § 12 und 12a DepotG zur Verpfändung und gemäß § 13 DepotG zur Verfügung über das Eigentum nur dann erteilen, wenn er selbst vom Hinterleger die erforderlichen Ermächtigungen erhalten hat.

(3) Werden Wertpapiere von einem Kreditinstitut einem anderen Kreditinstitut zur Verwahrung anvertraut, so sind die Wertpapiere dem Depot B (Fremddepot) zuzuführen. Hat das Kreditinstitut sein Eigentum an den Wertpapieren nach § 4 Abs. 2 DepotG angezeigt, so sind die Wertpapiere in das Depot A (Eigendepot) aufzunehmen.

(4) Abgesehen von einer Sammelverwahrung im Sinne von § 5 Abs. 4 DepotG dürfen im Ausland ansässigen Dritten Kundenwertpapiere nur anvertraut werden, wenn sichergestellt ist, daß der Dritte Pfand-, Zurückbehaltungs- oder ähnliche Rechte an den auf Fremddepots zu verbuchenden Wertpapieren nur wegen solcher Forderungen geltend machen kann, die mit Bezug auf diese Wertpapiere entstanden sind oder für die diese Wertpapiere nach dem einzelnen über sie mit Ermächtigung des Hinterlegers zwischen dem Verwahrer und dem Dritten vorgenommenen Geschäft haften sollen. Ohne Zustimmung des hinterlegenden Instituts dürfen die Wertpapiere einem Dritten nicht anvertraut oder in ein anderes Lagerland verbracht werden. Wird das Recht des Hinterlegers im Ausland durch Pfändungen oder andere Eingriffe beeinträchtigt, so hat der Verwahrer den Hinterleger hierüber unbeschadet etwaiger weiterer Verpflichtungen unverzüglich zu benachrichtigen.

4. Unregelmäßige Verwahrung und Wertpapierdarlehen

Eine Vereinbarung des Inhalts, daß die Wertpapiere oder Sammelbestandanteile sofort in das Eigentum des verwahrenden Kreditinstituts oder eines Dritten übergehen und das Kreditinstitut nur verpflichtet ist, Wertpapiere oder Sammelbestandanteile derselben Art zurückzugewähren, muß vorher ausdrücklich und schriftlich und für jedes einzelne Geschäft getroffen werden, soweit nicht § 16 DepotG davon befreit. Das gleiche gilt, wenn Wertpapiere oder Sammelbestandanteile einem Kreditinstitut als Darlehen gewährt werden. Die Erklärung darf weder auf andere Urkunden verweisen noch mit anderen Erklärungen des Hinterlegers verbunden sein.

5. Verwaltung der Kundenwertpapiere

Zur Verwaltung der Kundenwertpapiere gehört es, auch ohne besonderen Einzelauftrag, folgende Maßnahmen durchzuführen:
a) Rechtzeitige Einlösung von Zins-, Gewinnanteil- und Ertragscheinen sowie von fälligen, verlosten und gekündigten Wertpapieren und unverzügliche Gutschrift oder Bereitstellung der Gegenwerte; ferner Erhebung neuer Bögen nach Ablauf der Zins-, Gewinnanteil- und Ertragscheine.

b) Überwachung oder Auftrag zur Überwachung beim Drittverwahrer von Verlosungen und Kündigungen von Wertpapieren anhand der Wertpapier-Mitteilungen oder der Bekanntmachungen der Emittenten sowie die unverzügliche Unterrichtung der Hinterleger über die Verlosung oder Kündigung eines Wertpapiers.

c) Prüfung der Wertpapiere zumindest bei Einlieferung darauf hin, ob sie von Angeboten, Zahlungssperren und dergleichen betroffen sind; ferner laufende Überwachung oder Auftrag zur Überwachung beim Drittverwahrer zur Feststellung, ob Bezugsrechte, Umtauschangebote oder Aufforderungen zu Einzahlungen bestehen und Konvertierungen, Zusammenlegungen, Fusionen, Umstellungen usw. bekanntgegeben werden; rechtzeitige Unterrichtung der Hinterleger über die vorgenannten Feststellungen.

Will der Verwahrer sich nicht verpflichten, eine dieser Maßnahmen durchzuführen, so hat er den Hinterleger bei Abschluß des Depotvertrages darauf hinzuweisen.

6. Verpfändung

(1) Der Verwahrer darf die ihm anvertrauten Wertpapiere oder Sammelbestandanteile nur gemäß den Anforderungen der §§ 12, 12a DepotG verpfänden. Die Kreditzusage muß aus den Kreditunterlagen ersichtlich sein. Eine Inanspruchnahme des Kredits ist nicht erforderlich.

(2) Die verpfändeten Wertpapiere sind bei einer Verpfändung nach § 12 Abs. 2 DepotG dem Pfanddepot C und bei einer Verpfändung nach § 12 Abs. 3 DepotG dem Sonderpfanddepot D zuzuführen. Bei einer Verpfändung nach § 12a DepotG sind die Wertpapiere einem Sonderpfanddepot zuzuführen. Der Verwahrer hat dem Pfandnehmer mitzuteilen, für welches Depot die Wertpapiere oder Sammelbestandanteile bestimmt sind oder in welchem Umfang er zur Verpfändung ermächtigt worden ist. Bei der Verpfändung nach § 12 Abs. 3 DepotG hat der Verwahrer dem Pfandnehmer die Kundennummer des Hinterlegers bekanntzugeben.

(3) Die aufgrund einer Ermächtigung nach § 12 Abs. 4 DepotG unbeschränkt verpfändeten Wertpapiere oder Sammelbestandanteile sind dem Depot A zuzuführen. Der Verwahrer hat dem Pfandnehmer mitzuteilen, für welches Depot die Wertpapiere oder Sammelbestandanteile bestimmt sind und daß er zur unbeschränkten Verpfändung nach § 12 Abs. 4 DepotG ermächtigt ist.

7. Ermächtigung zur Verfügung über das Eigentum

(1) Eine Erklärung gemäß § 13 DepotG muß für jedes einzelne Verwahrungsgeschäft ausdrücklich und schriftlich abgegeben werden.

(2) Eine Ermächtigung des Verwahrers zur Aneignung der Wertpapiere oder Sammelbestandanteile berechtigt zur unbeschränkten Verfügung. Sie schließt die Ermächtigung zur Verpfändung nach § 12 Abs. 2 bis 4 und § 12a DepotG ein. Die Verpfändung ist auch ohne eine Krediteinräumung für den Hinterleger bzw. eine Verbindlichkeit des Hinterlegers aus Börsengeschäften mit dem Verwahrer zulässig. Den Zeitpunkt, an dem der Verwahrer sich die Wertpapiere oder Sammelbestandanteile des Hinterlegers aneignen will, bestimmt er nach eigenem Ermessen.

(3) Endet die Verwahrung der in der Ermächtigung genannten Wertpapiere durch Aneignung oder Übertragung des Eigentums auf einen Dritten oder in anderer Weise, so ist dies auf der Ermächtigungsurkunde zu vermerken. Der Hinterleger ist hiervon zu unterrichten.

Wird für dieselben Wertpapiere oder andere Wertpapiere derselben Art bei demselben Verwahrer ein neues Verwahrungsverhältnis begründet, so bedarf es zur

Verfügung über das Eigentum einer neuen ausdrücklichen und schriftlichen Erklärung des Hinterlegers.
Entsprechendes gilt für Sammelbestandanteile.

8. Eigentumsverschaffung aus Kaufgeschäften

(1) Der Kommissionär kann sich dadurch von seiner Verpflichtung, dem Kommittenten Eigentum an bestimmten Stücken zu verschaffen, befreien, daß er ihm das Miteigentum an den zum Sammelbestand einer Wertpapiersammelbank gehörenden Wertpapieren verschafft. Das Miteigentum muß unverzüglich verschafft werden. Durch Verschaffung von Miteigentum an den zum Sammelbestand eines anderen Verwahrers als einer Wertpapiersammelbank gehörenden Wertpapieren (Haussammelbestand) kann er sich nur befreien, wenn der Kommittent im einzelnen Falle ausdrücklich und schriftlich zustimmt. Das Miteigentum wird dem Kommittenten durch die Gutschrift des Sammeldepotanteils im Verwahrungsbuch übertragen und durch die Anzeige der Gutschrift in der Kommissionsabrechnung zur Kenntnis gebracht.

(2) Erwirbt der Kommissionär für einen Kommittenten Anleihen des Bundes oder eines Sondervermögens, die im Bundesschuldbuch, im Schuldbuch eines Sondervermögens oder im Schuldbuch eines Landes auf den Namen einer Wertpapiersammelbank eingetragen sind, so hat er dem Kommittenten unverzüglich einen entsprechenden Anteil an der Schuldbuchforderung einer Wertpapiersammelbank zu verschaffen. Der Kommissionär hat dem Kommittenten die Verschaffung des Anteils unverzüglich mitzuteilen.

(3) Im Falle der Eigentumsverschaffung durch Übersendung eines Stückeverzeichnisses erfolgt diese gemäß § 18 DepotG. Ein Verzicht des Kunden auf die Übersendung des Stückeverzeichnisses ist, soweit es sich nicht um ein Kreditinstitut handelt, unbeachtlich. Gemäß § 19 DepotG kann in bestimmten Fällen die Übersendung des Stückeverzeichnisses ausgesetzt werden.

(4) Führt ein Kreditinstitut Aufträge zum Kauf von Wertpapieren oder Zeichnungsaufträge bei Neuemissionen aus, die noch nicht ausgedruckt sind, so ist dem Kommittenten nach Eingang der Stücke beim Kreditinstitut das Eigentum nach Abs. 3 zu übertragen.

(5) Der Kommissionär hat unverzüglich nach der Erstattung der Ausführungsanzeige bzw. der Abrechnung des Dritten dafür Sorge zu tragen, daß er die Wertpapiere bzw. das Stückeverzeichnis von dem Dritten innerhalb einer angemessenen Frist, die für die Übersendung der Wertpapiere bzw. für die Übersendung des Stückeverzeichnisses bei ordnungsmäßigem Geschäftsgang erforderlich und ausreichend ist, erhält und gegebenenfalls von seinem Recht der Zwangsregelung Gebrauch zu machen.

(6) Die Absätze 1 bis 5 gelten entsprechend für Eigenhändlergeschäfte (§ 31 DepotG).

9. Erfüllung der Lieferungsverpflichtungen aus Verkaufsgeschäften und Weiterleitung von Kundenaufträgen

(1) Will ein Kreditinstitut seiner Lieferverpflichtung aus einem Verkaufsgeschäft durch Übertragung eines Miteigentumsanteils an einem Sammelbestand einer Wertpapiersammelbank nachkommen, so darf es nur auf solche Anteile zurückgreifen, die ihm selbst oder dem Hinterleger, für den es den Verkauf ausführt, gehören. Soll in effektiven Stücken geliefert werden, so darf das Kreditinstitut dem Sammelbestand nur die Wertpapiere bis zur Höhe des Anteils entnehmen, der ihm selbst oder dem Hinterleger, für den es den Verkauf ausführt, zusteht. Anteile und Stücke anderer Eigentümer dürfen auch dann nicht in Anspruch genommen werden, wenn es sich um

Anteile oder Stücke von Angehörigen oder Verwandten des Inhabers oder des Geschäftsleiters des Kreditinstituts handelt oder wenn das Kreditinstitut gegen ein anderes Kreditinstitut einen Anspruch auf Lieferung von Wertpapieren der gleichen Art und Menge hat.

(2) Werden Kundenaufträge zur Verwahrung von Wertpapieren von Kreditinstituten lediglich an andere Kreditinstitute weitergeleitet, so ist klarzustellen, daß und für wen das weiterleitende Kreditinstitut tätig wird. Ferner ist darauf hinzuweisen, daß das Depotgeschäft von dem anderen Kreditinstitut abgewickelt wird und dessen Geschäftsbedingungen zugrunde gelegt werden. Das weiterleitende Kreditinstitut hat die Ordnungsmäßigkeit der Unterschrift und die Verfügungsberechtigung des Auftraggebers zu prüfen.

(3) Die Bestimmungen der Absätze 1 und 2 gelten entsprechend für Eigenhändlergeschäfte.

10. Buchführung

(1) Ordnungsmäßigkeits- und Dokumentationsanforderungen

Unabhängig vom technischen Stand des Buchführungssystems sind die Depotbücher nach den Grundsätzen ordnungsmäßiger Buchführung (GoB) zu führen und ständig auf dem laufenden zu halten. Die Vollständigkeit, Richtigkeit, Aussagefähigkeit und Prüfbarkeit der Depotbuchführung muß jederzeit gewährleistet sein. Bei DV-gestützter Buchführung müssen die Handelsbücher nach den Grundsätzen ordnungsgemäßer DV-gestützter Buchführungssysteme (GoBS) auf Anforderung ausgedruckt bzw. lesbar abgerufen werden können. Während der Dauer der gesetzlichen Aufbewahrungsfrist muß für jeden Zeitpunkt ein prüfbarer Nachweis bestehen, welche Depots geführt werden bzw. wurden.

(2) Handelsbuch und Verwahrungsbuch
a) Nach § 14 DepotG ist jedes Kreditinstitut, das Wertpapiere verwahrt oder nach § 3 Abs. 2 DepotG von einem anderen Verwahrer verwahren läßt, verpflichtet, ein Verwahrungsbuch als Handelsbuch zu führen. Dieses muß angemessene Auswertungsmöglichkeiten, zumindest nach Hinterlegern geordnet, bieten.
b) Bei Sonderverwahrung ist die Verwahrungsart auch dann einzutragen, wenn die Stückenummern der Wertpapiere nicht im Verwahrungsbuch, sondern in einem gesondert geführten Verzeichnis ausgewiesen werden.
c) In dem Verwahrungsbuch ist ferner jede Ermächtigung zur Tauschverwahrung, zur Verfügung über das Eigentum und zur Verpfändung anzugeben, ohne Rücksicht darauf, ob der Verwahrer von einer derartigen Ermächtigung Gebrauch gemacht hat. Es muß erkennbar sein, auf welche Wertpapiere sich die Ermächtigung bezieht und in welchem Umfang von ihr Gebrauch gemacht worden ist. Bei der Ermächtigung zur Verpfändung ist auch die Art der Ermächtigung anzugeben.
d) Verloste oder gekündigte Wertpapiere sind im Verwahrungsbuch als solche zu kennzeichnen oder getrennt von den nicht fälligen Wertpapieren auszuweisen. Das gilt auch für Mängelstücke.
e) Der Ort der Niederlassung des Dritten und dessen Name müssen sich aus dem Verwahrungsbuch oder aus sonstigen Verzeichnissen ergeben.
f) Verfügungsbeschränkungen (z.B. nach dem Gesetz über die Beaufsichtigung der Versicherungsunternehmen, nach dem Vermögensbildungsgesetz, aufgrund einer vertraglichen Pfandabrede oder nach devisenrechtlichen Vorschriften) sind im Verwahrungsbuch einzutragen.

(3) Internes Kontrollsystem
a) Allgemeines
Die von dem Kreditinstitut gemäß § 25a Abs. 1 KWG getroffenen organisatorischen Maßnahmen sind in einer Arbeitsanweisung/in Arbeitsanweisungen über die

Depotbuchführung niederzulegen, die dem Depotprüfer vorzulegen ist/sind. In arbeitsordnenden Unterlagen müssen auch der Buchungsablauf, die Führung des Verwahrungsbuches sowie die vom Kreditinstitut festgelegten manuellen Kontrollen, insbesondere auch die Maßnahmen zur personellen Funktionstrennung dokumentiert werden. Die in den DV–Verfahren enthaltenen maschinellen und organisatorischen Kontrollen sind in der Verfahrensdokumentation darzustellen. Inwieweit diese auch in den zuvor genannten Unterlagen darzustellen sind, hängt von den jeweiligen Zielen dieser Maßnahmen ab. Unberührt bleibt aber die Befugnis der internen und externen Revision, Auskunft über diese Maßnahmen zu verlangen, um deren Angemessenheit und Wirksamkeit zu untersuchen. Das interne Kontrollsystem ist regelmäßig auf seine Zuverlässigkeit und Schlüssigkeit zu überwachen (Risikoanalyse) und gegebenenfalls den aktuellen Anforderungen anzupassen. Sowohl die manuell durchgeführten Kontrollen als auch die Ergebnisse maschineller Kontrollen/Abstimmungen sind zu dokumentieren und wie Handelsbücher aufzubewahren.

Die Durchführung der Bearbeitungsfunktion und der Kontrollfunktion (Funktionstrennung) ist jeweils so zu dokumentieren, daß die Verantwortlichkeiten nachvollzogen werden können. Abweichungen von diesen Grundsätzen sind nur zulässig, wenn andere wirksame Kontrollen bestehen.

b) Besonders kontrollbedürftige Sachverhalte
Kontrollbedürftige Sachverhalte sind insbesondere
- Buchungen auf CpD- und Zwischenkonten,
- entstehende Soll-Bestände,
- von den Stammdaten abweichende Kontonummern für Ertrags- oder Gegenwertbuchung,
- Ausschaltung von Sperren,
- Lagerstellenabstimmung,
- Funktionstrennung (Zugriffsberechtigung).

(4) Bezeichnung der Depots
Im Interesse einer einheitlichen Handhabung der Depots im Verkehr zwischen Kreditinstituten untereinander sind folgende Bezeichnungen für die verschiedenen Depots, die nach dem Depotgesetz geführt werden müssen, zu verwenden:

a) Eigendepot: Depot A:
Das Depot A dient der Aufnahme der eigenen Wertpapiere des hinterlegenden Kreditinstituts sowie derjenigen Wertpapiere seiner Kunden, die für alle Forderungen des Drittverwahrers gegen ihn unbeschränkt als Pfand haften (§ 12 Abs. 4 und § 13 DepotG) und der Wertpapiere, die nach §§ 19 bis 21 DepotG im Eigentum des Zwischenverwahrers stehen.

b) Fremddepot: Depot B:
In dieses Depot gelangen sämtliche Wertpapiere, die von einem Kreditinstitut eingeliefert werden oder die für dieses angeschafft und unbelastet für den Kunden des Zwischenverwahrers beim Drittverwahrer aufbewahrt werden.

c) Pfanddepot: Depot C:
Diesem Depot sind diejenigen Wertpapiere beizufügen, die der Zwischenverwahrer entsprechend einer Ermächtigung zur Verpfändung nach § 12 Abs. 2 DepotG dem Drittverwahrer verpfändet hat.

d) Sonderpfanddepot: Depot D:
Der Drittverwahrer hat in diesem Depot die Wertpapiere zu verwahren, die ihm von einem Zwischenverwahrer nach § 12 Abs. 3 DepotG unter Angabe der betreffenden Kundennummer verpfändet worden sind. Für jeden einzelnen dieser Kunden ist ein besonderes Depot D zu führen.

(5) Führung von Nummernverzeichnissen

Aus dem Nummernverzeichnis muß ohne Zuhilfenahme anderer Unterlagen das für den einzelnen Hinterleger verwahrte Wertpapier ersichtlich sein. Für die Anlage eines neben dem Depotbuch geführten Nummernverzeichnisses genügt es, wenn die Durchschriften, Kopien usw. der den Hinterlegern übersandten Nummernaufgaben systematisch entweder nach dem Namen der Hinterleger, nach der Depotnummer oder in sachlicher Ordnung nach der Wertpapierart zusammengefaßt werden. Bei elektronisch geführten Nummernverzeichnissen muß der Stand der Stückenummern jederzeit innerhalb angemessener Frist elektronisch ausgedruckt bzw. lesbar abgerufen werden können.

(6) Verbuchung von Lieferansprüchen

Werden Wertpapiere nach § 15 DepotG in Verwahrung gegeben, so ist die Verpflichtung zur Lieferung von Wertpapieren derselben Art auf einem unter der Bezeichnung »Wertpapierrechnung nach § 15 DepotG« einzurichtenden Konto zu verbuchen. Soweit es sich nicht aus den Geschäftsunterlagen ergibt, gegenüber welchen Kunden und in welchem Umfang Lieferungsverpflichtungen aus unregelmäßiger Verwahrung bzw. Wertpapier-Darlehen bestehen, ist dieser Sachverhalt im Depot zu vermerken. Hat sich der Verwahrer die ihm anvertrauten Wertpapiere aufgrund einer Ermächtigung nach § 13 Abs. 1 DepotG angeeignet oder das Eigentum an ihnen auf einen Dritten übertragen, so muß er die Wertpapiere als in Wertpapierrechnung befindlich kennzeichnen. Führt ein Kreditinstitut Aufträge zum Kauf von Wertpapieren oder Zeichnungsaufträge bei Neuemissionen aus, die noch nicht ausgedruckt sind, so sind die Lieferungsansprüche für die einzelnen Kommittenten mit dem Zusatz »per Erscheinen« oder mit einem anderen kennzeichnenden Zusatz zu verbuchen. Bei Übertragung ist sicherzustellen, daß die mit »Jungschein« gekennzeichneten Lieferansprüche bei der Weitergabe diese Information enthalten.

(7) Führung von Pfanddepots
a) Geldkonten

Sind Wertpapiere nach § 12 Abs. 2, Abs. 3 oder § 12a DepotG verpfändet, so sind neben den Pfanddepots entsprechende Geldkonten zu führen, aus denen sich die Höhe des von dem Verwahrer in Anspruch genommenen Rückkredits bzw. der Verbindlichkeit des Verwahrers aus Geschäften gegenüber einer Börse ergeben muß. Auf diesen Konten sind neben den Schuldzinsen und Kontospesen die Kapitalerlöse zu verbuchen, während Erträge aus Wertpapieren, die auf den Pfanddepots verbucht sind, der laufenden Rechnung gutzuschreiben sind.

b) Aktenführung

Der Zwischenverwahrer hat Akten zu führen, aus denen die Höhe des für jeden einzelnen Hinterleger eingeräumten Kredits bzw. dessen in § 12a DepotG genannte Verbindlichkeit und der Wert der verpfändeten Wertpapiere ersichtlich sein müssen.

11. Depotabstimmung

(1) Die Depots sind mindestens einmal jährlich mit den Depotkunden durch Übersendung von Depotauszügen abzustimmen. Depotauszüge, die nicht versandt werden konnten bzw. deren Versendung im Interesse der Depotinhaber unterlassen worden ist, können, sofern der Depotbestand unverändert geblieben ist, bei der folgenden Depotabstimmung durch einen entsprechenden Vermerk als für diesen Abstimmungstag ebenfalls gültig ergänzt werden. Die Ausfertigung neuer Depotauszüge ist in diesem Falle nicht erforderlich.

(2) Aus den Depotauszügen muß der Bestand des Depots zum Abstimmungstag einwandfrei zu entnehmen sein. In den Depotauszügen sind die dem Kreditinstitut anvertrauten Wertpapiere einzeln mit ihrem Nennbetrag oder der Stückzahl, der genauen Bezeichnung der Wertpapierart einschließlich der Angabe ihrer Merkmale

(Serie, Gruppe, Reihe usw.) und der Verwahrungsart aufzuführen. Bei der Sammelverwahrung ist nach Haussammeldepot und Girosammeldepot zu unterscheiden. Aus der Angabe der Verwahrungsart im Depotauszug muß für den Hinterleger eindeutig erkennbar sein, in welcher Weise er Eigentum an den Wertpapieren besitzt. Schuldrechtliche Ansprüche auf Lieferung von Wertpapieren, die im Verwahrungsbuch des Kreditinstituts verbucht sind, müssen in den Depotauszügen aufgeführt und als solche gekennzeichnet werden. Aus den Depotauszügen müssen alle wesentlichen Einzelheiten über die Art der Stücke, wie z.B. nur Mäntel, nur Bögen, Namensaktien mit prozentualer Einzahlung und plus bzw. minus Zession, verloste Stücke usw. ersichtlich sein. Unterliegen die Wertpapiere besonderen Sperren, z.B. nach devisenrechtlichen oder anderen Vorschriften, so muß dies aus den Depotauszügen ersichtlich sein. In den Depotauszügen des Drittverwahrers ist ferner anzugeben, ob die Wertpapiere im Eigendepot A, im Pfanddepot C oder in einem mit der betreffenden Kundennummer näher zu bezeichnenden Sonderpfanddepot ruhen. Sind die Wertpapiere inländischen Kreditinstituten zur Drittverwahrung anvertraut, so ist die Angabe des Lagerortes nur dann erforderlich, wenn die Wertpapiere auf Weisung des Hinterlegers einem bestimmten dritten Kreditinstitut übergeben worden sind. Im Ausland angeschaffte und dort verwahrte Wertpapiere sind in den Depotauszügen wie in den Verwahrungsbüchern als Posten der Wertpapierrechnung unter Angabe des Lagerlandes auszuweisen.

(3) Die Erstellung und der Versand der Depotauszüge muß durch die Innenrevision oder andere neutrale Mitarbeiter überwacht werden. Der Versand der Depotauszüge ist prüfbar nachzuweisen. Es muß sichergestellt sein, daß die Durchschriften der beim Kreditinstitut verbleibenden Depotauszüge nur den mit der Kontrolle und dem Versand bzw. der Aushändigung der Depotauszüge beauftragten Personen zugänglich sind. Nicht zustellbare Depotauszüge und Depotauszüge, die im Interesse des Depotinhabers wegen des damit verbundenen Risikos tunlichst nicht zu versenden sind, müssen unter besonderem Verschluß gehalten werden. Schriftliche Reklamationen der Depotinhaber und als unzustellbar zurückkommende Depotauszüge müssen den für ihre Kontrolle und Aufbewahrung verantwortlichen Mitarbeitern unmittelbar nach Eingang übergeben werden. Die zur Benachrichtigung der Depotinhaber bestimmten Vordrucke müssen einen Hinweis enthalten, an wen (neutrale Kontrollstelle) schriftliche Reklamationen zu richten sind.

(4) Bei der Depotabstimmung kann auf ein Depotanerkenntnis unter den folgenden Voraussetzungen verzichtet werden:

Die Verwahrung und Verwaltung der Wertpapiere, die Depotbuchhaltung und die Abwicklung von Aufträgen zum Kauf und Verkauf von Wertpapieren müssen funktionell getrennt sein. Es muß ferner sichergestellt sein, daß die den Anforderungen dieser Bekanntmachung unterliegenden Geschäfte unbeschadet der sich aus dem Arbeitsablauf ergebenden Kontrollen internen Prüfungen durch Personen unterzogen werden, die nicht für die betreffenden Geschäfte verantwortlich sind. Aus den Unterlagen müssen Art und Umfang der Revisionshandlungen ersichtlich sein. Die Depotauszüge sind durch die Innenrevision oder andere Mitarbeiter, die nicht für das Wertpapiergeschäft verantwortlich sind, anhand der Depots auf ihre Richtigkeit und Vollständigkeit hin zu prüfen. Werden die Depotauszüge mittels computergestützter Verfahren erstellt, so muß durch Kontrollmaßnahmen gewährleistet sein, daß für sämtliche Depots Depotauszüge ausgefertigt werden und daß in ihnen die Depotbestände richtig und vollständig angegeben sind. Die Depotauszüge sind von Mitarbeitern, die nicht für das Wertpapiergeschäft verantwortlich sind, grundsätzlich durch die Post versenden zu lassen. Werden in Ausnahmefällen Depotauszüge dem Hinterleger oder dessen zum Empfang Bevollmächtigten in anderer Weise übermittelt, so muß die ordnungsgemäße Zustellung durch besonders strenge Maßnahmen (z.B. Übergabe gegen Quittung) gewährleistet sein. Mitarbeiter des Kreditinstitutes dürfen nicht Postzustellungsbevollmächtigte für von dem Kreditinstitut verwaltete Kundendepots sein.

Liegen die vorgenannten Voraussetzungen nicht vor, sind von den Hinterlegern Depotanerkenntnisse einzufordern. Von der für die Versandüberwachung zuständigen Stelle ist anhand der Unterschriftenproben zu prüfen, ob die Anerkenntnisse von den hierzu berechtigten Personen abgegeben worden sind. Fehlende Depotanerkenntnisse sind zumindest einmal schriftlich anzumahnen.

12. Mitteilungspflicht nach § 128 des Aktiengesetzes (AktG)

(1) Die Mitteilungen einer Gesellschaft sind den Depotkunden eines Kreditinstituts, für die es Aktien dieser Gesellschaft verwahrt, unverzüglich zuzuleiten, wenn sie dem Kreditinstitut aufgrund von § 125 Abs. 1 AktG übersandt worden sind. Die Pflicht zur Weitergabe besteht unabhängig davon, ob die Mitteilungen dem Kreditinstitut unmittelbar durch die Gesellschaft oder durch ein anderes Kreditinstitut übersandt worden sind. Gehen die Mitteilungen dem Kreditinstitut erst nach Ablauf der in § 125 Abs. 1 AktG vorgeschriebenen Frist von zwölf Tagen zu, so sind sie den Depotkunden zuzuleiten, wenn dies im Hinblick auf ihre rechtzeitige Unterrichtung mit Rücksicht auf den bevorstehenden Termin der Hauptversammlung noch sinnvoll erscheint.

(2) Die Kreditinstitute müssen dafür Sorge tragen, daß sie die Mitteilungen von der Gesellschaft erhalten, und zwar auch für die Kreditinstitute, deren Depotkunden sie aufgrund übertragener Vollmachten gemäß § 135 Abs. 3 AktG vertreten haben bzw. künftig vertreten werden. Dies gilt auch für den Fall, daß das bevollmächtigte und das Stimmrecht ausübende Kreditinstitut nicht durch Drittverwahrung verbunden sind.

(3) Beabsichtigt das Kreditinstitut, das Stimmrecht für seine Depotkunden in der Hauptversammlung auszuüben oder ausüben zu lassen, so hat es sämtliche Depotkunden, für die Aktien der Gesellschaft verwahrt werden, zusätzlich zu den Mitteilungen nach § 125 Abs. 1 AktG eigene Vorschläge für die Ausübung des Stimmrechts zu den einzelnen Punkten der Tagesordnung mitzuteilen. Das Kreditinstitut hat die Aktionäre ferner um die Erteilung von Weisungen für die Ausübung des Stimmrechts zu bitten und ein Formblatt beizufügen, durch dessen Ausfüllung die Aktionäre Weisungen für die Ausübung des Stimmrechts zu den einzelnen Gegenständen der Tagesordnung erteilen können. Bei der Einholung von Weisungen ist der Aktionär darauf hinzuweisen, daß seinen Weisungen nur dann entsprochen werden kann, wenn sie dem Kreditinstitut bis zu einem bestimmten Termin zugehen, andernfalls das Stimmrecht gemäß den übermittelten Vorschlägen ausgeübt werde. Gehört ein Vorstandsmitglied oder ein Mitglied des Kreditinstituts dem Aufsichtsrat der Gesellschaft oder ein Vorstandsmitglied oder ein Mitarbeiter der Gesellschaft dem Aufsichtsrat des Kreditinstituts an, so hat das Kreditinstitut auch dies mitzuteilen. Die Kreditinstitute haben über die personelle Verflechtung mit den Gesellschaften eine Liste zu führen, die den Depotprüfern vorzulegen ist. Bezüglich der Weiterleitung der Mitteilungen ist Absatz 1 Satz 3 sinngemäß anzuwenden.

(4) Bei der Ausarbeitung von Vorschlägen gemäß § 128 Abs. 2 AktG hat sich das Kreditinstitut von den Interessen der Aktionäre leiten zu lassen und organisatorische Vorkehrungen dafür zu treffen, daß Eigeninteressen aus anderen Geschäftsbereichen nicht einfließen. Es hat alle für eine sachgerechte Beurteilung und Meinungsbildung erforderlichen Unterlagen, insbesondere den Geschäftsbericht, heranzuziehen und die Erwägungen, die zu den den Aktionären unterbreiteten Vorschlägen geführt haben, aktenkundig zu machen. Hat ein Aktionär nach der Einberufung der Hauptversammlung dem Kreditinstitut zu sämtlichen Punkten der Tagesordnung bereits eindeutige Weisungen für die Ausübung des Stimmrechts erteilt, so ist das Kreditinstitut nicht verpflichtet, Vorschläge zu unterbreiten und um Weisungen zu bitten. Sind dem Kreditinstitut lediglich zu einzelnen Gegenständen der Tagesordnung Weisungen vom Aktionär zugegangen, so muß es für die weiteren Tagesordnungspunkte Vorschläge unterbreiten und hierzu Weisungen erbitten, wenn es im übrigen beabsichtigt,

in der Hauptversammlung das Stimmrecht für Aktionäre auszuüben oder ausüben zu lassen.

(5) Die Kreditinstitute haben die ihnen nach § 125 Abs. 1 AktG zugegangenen Mitteilungen auf ihre Vollständigkeit zu überprüfen. Zur Kontrolle der Einhaltung ihrer sich aus § 128 AktG ergebenden Pflichten haben die Kreditinstitute je ein Exemplar von allen Mitteilungen nach § 125 Abs. 1 AktG und Vorschlägen oder sonstigen den Aktionären nach § 128 Abs. 2 AktG zu übersendenden Unterlagen zu den Geschäftsakten zu nehmen sowie prüfbare Nachweise zu führen, aus denen folgendes ersichtlich sein muß:
a) Name oder Depotnummer der Aktionäre der betreffenden Gesellschaft unter Angabe der für sie jeweils verwahrten Bestände,
b) Daten über den Eingang der Mitteilungen nach § 125 Abs. 1 AktG und über die fristgerechte Weiterleitung der Mitteilungen bzw. der Vorschläge und der sonstigen Unterlagen nach § 128 Abs. 2 AktG an die Aktionäre.

Die Nachweise sind laufend bis zu dem Tage, an dem im Einzelfalle eine Unterrichtung des betreffenden Aktionärs noch sinnvoll erscheint, zu ergänzen.

(6) Ein Mitglied der Geschäftsleitung hat die Einhaltung der in den Abs. 1 bis 5 genannten Pflichten zu überwachen.

13. Ausübung des Stimmrechts

(1) Das Stimmrecht für Inhaberaktien, die dem Kreditinstitut nicht gehören, darf ein Kreditinstitut nur ausüben oder ausüben lassen, wenn es von dem Aktionär hierzu schriftlich bevollmächtigt worden ist. Bei einer Eigenbeteiligung des Kreditinstituts von mehr als 5 % hat es das Verbot der Stimmrechtsausübung nach § 135 Abs. 1 Satz 3 AktG zu beachten. In der eigenen Hauptversammlung darf das bevollmächtigte Kreditinstitut das Stimmrecht aufgrund der Vollmacht nur ausüben, soweit der Aktionär eine ausdrückliche Weisung zu den einzelnen Gegenständen der Tagesordnung erteilt hat. Mit der Stimmrechtsvertretung darf nur ein bestimmtes Kreditinstitut bevollmächtigt werden. Die Vollmacht kann von dem Aktionär für die Vertretung in einer bestimmten Hauptversammlung oder spätestens vom Tage ihrer Ausstellung generell für längstens fünfzehn Monate erteilt werden. Sie ist jederzeit widerruflich. Die Vollmachtsurkunde muß vollständig ausgefüllt sein und soll das Datum ihrer Ausstellung enthalten. Aus ihr muß sich ergeben, welchem Kreditinstitut die Vollmacht erteilt wird. Die Vollmacht darf keine anderen als die gesetzlich zulässigen Erklärungen enthalten. Die Vollmachten sind zu den Depotakten oder zu den für die betreffenden Hauptversammlungen geführten Akten zu nehmen, soweit sie nicht in der Hauptversammlung zu übergeben sind.

(2) Eine Unterbevollmächtigung bzw. eine Übertragung der Vollmacht muß aus den Depotakten des vom Aktionär bevollmächtigten Kreditinstituts ersichtlich sein.

(3) Übt das Kreditinstitut das Stimmrecht unter Benennung des Aktionärs in dessen Namen aus, so ist die Vollmachtsurkunde der Gesellschaft zu übergeben. In diesem Falle ist es erforderlich, für jede Hauptversammlung eine neue Vollmacht vom Aktionär einzuholen. Übt es das Stimmrecht, sofern es die Vollmacht bestimmt, im Namen dessen, den es angeht, aus, so genügt zum Nachweis seiner Stimmberechtigung gegenüber der Gesellschaft die Erfüllung der in der Satzung für die Ausübung des Stimmrechts vorgesehenen Erfordernisse; enthält die Satzung hierüber keine Bestimmungen, genügt die Vorlegung der Aktien oder eine Bescheinigung über die Hinterlegung der Aktien bei einem Notar oder einer Wertpapiersammelbank.

(4) Das Stimmrecht für Namensaktien eines Depotinhabers, die auf den Namen des Kreditinstituts im Aktienbuch der Gesellschaft eingetragen sind, kann nur aufgrund einer schriftlichen Ermächtigung des Depotinhabers ausgeübt werden. Sind die Aktien im Aktienbuch auf den Namen des Depotinhabers eingetragen, so bedarf es zur

Ausübung des Stimmrechts einer schriftlichen Vollmacht des Depotinhabers, die unter Bekanntgabe seines Namens der Gesellschaft zu übergeben ist.

(5) Die Kreditinstitute sind im Rahmen des § 135 AktG verpflichtet, das Stimmrecht für sämtliche in Verwahrung befindlichen Aktien des Vollmachtgebers und den ihnen erteilten Weisungen bzw. bei fehlenden Weisungen den eigenen Vorschlägen entsprechend auszuüben, es sei denn, daß das Kreditinstitut den Umständen nach annehmen darf, daß der Aktionär bei Kenntnis der Sachlage die von den eigenen Vorschlägen abweichende Ausübung des Stimmrechts billigen würde. Wird Personen, die nicht Angestellte des bevollmächtigten Kreditinstituts sind, Vollmacht übertragen oder Untervollmacht erteilt, so müssen diese schriftlich unterrichtet werden, in welcher Weise das Stimmrecht auszuüben ist. Weicht das an der Hauptversammlung teilnehmende Kreditinstitut von den dem Aktionär unterbreiteten Vorschlägen ab, weil es annehmen darf, daß der Aktionär bei Kenntnis der Sachlage die abweichende Ausübung des Stimmrechts billigen würde, oder weicht das Kreditinstitut von ihm erteilten Weisungen ab, so ist dem Aktionär hiervon unter Angabe der Gründe Kenntnis zu geben.

(6) Es sind Vorkehrungen dafür zu treffen, daß das Stimmrecht für den bisherigen Aktionär nicht ausgeübt wird, falls er seine Aktien bis zur Hauptversammlung veräußert hat.

(7) Das Vorliegen von 15-Monats-Vollmachten und ihre Gültigkeitsdauer sind zu dokumentieren. Die Kreditinstitute haben die Dauer der Vollmacht zu überwachen.

(8) Die Kreditinstitute haben durch organisatorische Maßnahmen sicherzustellen, daß sämtliche von den Aktionären für die Ausübung des Stimmrechts eingehenden Weisungen zu den einzelnen Gegenständen der Tagesordnung bei der Stimmrechtsausübung beachtet werden. Nach Ablauf des von den Kreditinstituten festgelegten Termins, bis zu dem eingehenden Weisungen entsprochen werden kann, ist anhand einer Übersicht zusammenzustellen, mit welchen Nennbeträgen oder – wenn die Satzung dies vorschreibt – mit welcher Stückzahl der zu vertretenden Aktien das Stimmrecht im Sinne der Vorschläge der Verwaltung, im Sinne der Gegenanträge bzw. Wahlvorschläge der Opponenten oder sonstigen Weisungen gemäß auszuüben und zu welchen Punkten der Tagesordnung gegen die Verwaltungsvorschläge zu stimmen oder Stimmenthaltung zu üben ist. Die Zusammenstellung ist auf ihre Richtigkeit und Vollständigkeit zu kontrollieren und abzuzeichnen. Die Kreditinstitute haben schriftlich festzuhalten, daß das Stimmrecht für sämtliche in Verwahrung befindlichen Aktien der Vollmachtgeber ausgeübt und den Pflichten bei der Ausübung des Stimmrechts entsprochen worden ist. Sofern unter besonderen Umständen bei der Ausübung des Stimmrechts von der Weisung des Aktionärs oder, wenn dieser keine Weisung erteilt hat, von den eigenen Vorschlägen abgewichen worden ist, ist dies ausdrücklich unter Angabe der Gründe, die hierfür maßgebend waren, zu erwähnen. Die Durchschläge der Mitteilungen nach § 135 Abs. 8 AktG sind mit einem Versendungsvermerk zu versehen und geordnet abzulegen.

(9) Ein Mitglied der Geschäftsleitung hat zu überwachen, ob die Ausübung des Stimmrechts und deren Dokumentation ordnungsgemäß sind.

14. Zweigstellen im Ausland

Im Ausland tätige Zweigstellen inländischer Kreditinstitute sind verpflichtet, das Wertpapiereigentum oder eigentumsähnliche Rechtspositionen der Kunden unter Abgrenzung von eigenen Rechten, insbesondere für den Fall der Insolvenz, zu wahren; Verfügungen über Kundenrechte dürfen nur mit Zustimmung der Rechtsinhaber erfolgen. Sie haben in diesem Geschäftsbereich über eine ordnungsgemäße Verwaltung und Buchhaltung und über angemessene interne Kontrollverfahren zu verfügen.

15. Behandlung von Kundenbeschwerden

Die Kreditinstitute haben nachprüfbare organisatorische Vorkehrungen für die Bearbeitung von Kundenbeschwerden zu treffen.

**Anhang 7.7
Übergangsvorschrift des § 64i Abs. 5 KWG zur Erbringung des Platzierungsgeschäfts**

Schreiben der Bundesanstalt für Finanzdienstleistungsaufsicht vom 29. Januar 2008 – BA 37-FR 2432–2008/0001 –

Sehr geehrte Damen und Herren,
die Bundesanstalt für Finanzdienstleistungsaufsicht hat mit Datum vom 27. Dezember 2007 ein Merkblatt zum neuen Tatbestand des Platzierungsgeschäfts veröffentlicht. Das Merkblatt enthält unter Ziffer 7 Hinweise zur Übergangsvorschrift nach § 64i Abs. 5 KWG für Finanzdienstleistungsinstitute. Es hat sich herausgestellt, dass in der Praxis Unklarheiten bestehen, welche Regelungen für Kreditinstitute gelten, die bislang Geschäfte erbracht haben, die dem neuen Tatbestand des Platzierungsgeschäfts entsprechen. Mit diesem Schreiben setze ich Sie daher über die Auslegungspraxis der BaFin zu § 64i Abs. 5 KWG in Kenntnis.

Nach § 64i Abs. 5 KWG gilt § 64i Abs. 1 Satz 2 KWG für die Erlaubniserteilung für das Erbringen des Platzierungsgeschäfts entsprechend. Danach gilt die Erlaubnis für das Erbringen des Platzierungsgeschäfts für ein Unternehmen ab dem 1. November 2007 als vorläufig erteilt, wenn das Unternehmen ein Erlaubnisverfahren durchläuft.

Nach Auffassung der BaFin gilt diese Regelung nur für Finanzdienstleistungsinstitute, nicht jedoch für Kreditinstitute, die über eine Vollbanklizenz verfügen, und nicht für Wertpapierhandelsbanken mit einer Erlaubnis nach § 1 Abs. 1 Satz 2 Nr. 10 KWG zur Erbringung des Emissionsgeschäfts. Das folgt bereits aus der Verweisung des § 64i Abs. 5 KWG auf Absatz 1 Satz 2 der Vorschrift, der eine Regelung für Finanzdienstleistungsinstitute trifft. Ungeachtet des Umstands, dass Absatz 5 der Vorschrift den weiteren Begriff »Unternehmen« verwendet, sprechen die überwiegenden Gründe dafür, die Verweisung so zu verstehen, dass sie nur für Finanzdienstleistungsinstitute gelten soll.

Denn die oben genannten Kreditinstitute sind bereits zum Betrieb des Emissionsgeschäfts zugelassen, das im Vergleich zum Platzierungsgeschäft mit höheren Risiken verbunden ist und daher in der Vergangenheit bereits einem strengeren Aufsichtsregime unterlag. Wenn Kreditinstitute bislang erlaubterweise diese risikoreichere Tätigkeit ausführen durften, ist die Verweisung des § 64i Abs. 5 KWG auf Absatz 1 Satz 2 der Vorschrift aber sinnvollerweise so auszulegen, dass sie entsprechend ihrem engen Wortlaut nur auf die dort genannten Finanzdienstleistungsinstitute beschränkt ist. Die Verweisung des § 64i Abs. 5 KWG auf Absatz 1 Satz 2 schließt daher auch den subjektiven Anwendungsbereich des Absatz 1 Satz 2 mit ein. Das führt zu der im Merkblatt vom 27. Dezember 2007 verlautbarten Geltung der Übergangsbestimmung nur für Finanzdienstleistungsinstitute.

Somit dürfen Kreditinstitute, die bereits erlaubterweise das Emissionsgeschäft betrieben haben, das Platzierungsgeschäft ohne neue Erlaubnis weiterführen. Auch wenn eine hierauf zugeschnittene Regelung für Kreditinstitute wie der § 64e Abs. 1 KWG im Rahmen des sechsten Änderungsgesetzes zum Kreditwesengesetz nicht ausdrücklich vorgesehen ist, kommt in dieser aus dem Jahr 1998 stammenden Regelung ein allgemeiner Rechtsgedanke zum Ausdruck. Dieser Rechtsgedanke wird für Kreditinstitute auch nicht durch die spezifischere Übergangsvorschrift des § 64i Abs. 5 KWG überlagert und findet deswegen hier Anwendung.

Bitte setzen Sie Ihre Mitgliedsunternehmen über die dargelegte Praxis in Kenntnis.

Anhang 7.8
Verlautbarung des Bundesaufsichtsamtes für das Kreditwesen zum Thema Bankgeschäfte mit Minderjährigen

vom 22. März 1995 – I 1–3.1.3/I 2–72–2/93 –

Das Heranführen von Minderjährigen an die Inanspruchnahme von Bankdienstleistungen ist grundsätzlich positiv zu werten. Um junge Erwachsene vor den Folgen einer Kreditaufnahme zu bewahren, die ihre Finanzkraft übersteigt, sollten bereits Minderjährige zu einem verantwortungsvollen Umgang mit Geld angehalten werden. Diese Vorbereitung der Minderjährigen auf ihre spätere Rolle im Wirtschaftsleben erfolgt im Rahmen der gesetzlichen Vorgaben des deutschen Zivilrechts.

In letzter Zeit habe ich festgestellt, daß sich verschiedene Kreditinstitute bei Bankgeschäften mit Minderjährigen Verfahrensweisen bedienen, die unter Berücksichtigung von Sinn und Zweck der Bestimmungen des deutschen Zivilrechts bedenklich und im Einzelfall mit einer ordnungsgemäßen Geschäftsführung nicht vereinbar sind. Solange die eindeutige Wertentscheidung des Bürgerlichen Gesetzbuches für einen umfassenden Minderjährigenschutz fortbesteht, sind die Kreditinstitute aufgerufen, die gesetzlichen Vorgaben des § 104 ff. BGB zu beachten. Sie sollten außerdem die Minderjährigen und deren Eltern über die rechtlichen Rahmenbedingungen der angestrebten Geschäftsbeziehung in verständlicher Weise informieren. Im folgenden werden die wesentlichen Grundsätze zusammengefaßt, die von den Kreditinstituten bei Bankgeschäften mit Minderjährigen zu beachten sind. Diese Verlautbarung wurde nach Anhörung der im Zentralen Kreditausschuß zusammengeschlossenen Verbände, des Verbandes der Privaten Bausparkassen e.V., der Bundesgeschäftsstelle Landesbausparkassen sowie der Arbeitsgemeinschaft der Verbraucherverbände e.V. erarbeitet.

I. Anbahnung der Geschäftsbeziehung

1. Werbung

Seriöse Werbung ist statthaft. Bei den Werbeaussagen ist jedoch Zurückhaltung zu üben, aggressive Werbeformen sind zu unterlassen. Insbesondere ist darauf zu achten, daß die Werbung nicht zu einem sorglosen Umgang mit Geld (z.B. Spontankäufen) ermuntert. Außerdem darf nicht für einzelne Produkte in einer Weise geworben werden, die den Eindruck erzeugt, es bedürfe für genehmigungsbedürftige Bankgeschäfte weder der Zustimmung der Eltern noch der Genehmigung des Vormundschaftsgerichts; dies gilt insbesondere für Kontoüberziehungen oder Kreditaufnahmen.

2. Alter des Minderjährigen

Bei der Aufnahme einer Geschäftsbeziehung ist das Alter des Geschäftspartners festzustellen, das der Bank im Rahmen der Legitimationsprüfung nach § 154 Abgabenordnung zwangsläufig bekannt wird. Damit weiß die Bank, ob die besonderen Schutzvorschriften des Minderjährigenrechts Anwendung finden.

II. Rechtliche Rahmenbedingungen

Die Kreditinstitute haben die folgenden rechtlichen Rahmenbedingungen zu beachten.

1. Zustimmung der gesetzlichen Vertreter

a) Grundsätze

aa) Einwilligung beider Elternteile

Gemäß §§ 107, 108 BGB kann ein Minderjähriger einen Vertrag, der ihm nicht »lediglich einen rechtlichen Vorteil bringt«, wirksam nur mit Einwilligung seines gesetzlichen Vertreters abschließen. Damit stellt die vorherige Zustimmung der gesetzlichen Vertreter den Regelfall dar. Wegen dieser Betrachtungsweise sollten die Banken grundsätzlich darauf bestehen, daß die gesetzlichen Vertreter rechtzeitig vor dem Geschäftsabschluß einbezogen werden. Fehlt die erforderliche Zustimmung der gesetzlichen Vertreter bei Vertragsabschluß, so ist das Rechtsgeschäft bis zur nachträglichen Genehmigung schwebend unwirksam.

Für die Zustimmung der gesetzlichen Vertreter reicht die Alleinvertretung nur eines Elternteiles in der Regel nicht aus. Das Bürgerliche Gesetzbuch fordert in § 1629 BGB die gemeinschaftliche Vertretung. Sofern nicht ein Elternteil den anderen ausdrücklich oder stillschweigend zur Alleinvertretung ermächtigt, fehlt es bei einer lediglich durch einen Elternteil vorgenommenen Zustimmung zu einem Bankgeschäft an einem entscheidenden Wirksamkeitserfordernis.

Die bloße Behauptung der Übertragung der Alleinvertretung durch den anderen Elternteil ist unzureichend. Die Bank sollte sich aus Rechtssicherheitsgründen zumindest eine schriftliche Erklärung des anderen Elternteils vorlegen lassen. Von der Bank formularmäßig vorbereitete Erklärungen, nach denen der bei der Bank erschienene Elternteil erklärt, gleichzeitig auch im Namen des anderen zu handeln, reichen nicht aus.

Bei tatsächlicher Verhinderung oder Tod eines Elternteiles steht die gesetzliche Vertretung dem anderen Teil allein zu (§§ 1678, 1681 BGB). Nach einer Ehescheidung oder bei dauerndem Getrenntleben wird durch das Familiengericht bestimmt, welchem Elternteil die elterliche Sorge für das gemeinschaftliche Kind zustehen soll (§§ 1671, 1672 BGB). Wird behauptet, daß – abweichend vom Grundsatz des § 1629 Abs. 1 Satz 2 BGB – ein Elternteil alleinvertretungsberechtigt ist, so empfiehlt es sich, einen entsprechenden Nachweis zu verlangen (z. B. Sterbeurkunde), da der gute Glaube an die Vertretungsmacht nicht geschützt wird. Gesetzlicher Vertreter eines nichtehelichen Kindes ist die Mutter (vgl. § 1705 BGB).

bb) »Generalermächtigungen«

»Generalermächtigungen« der Eltern für vergangene oder künftige Bankgeschäfte ihrer minderjährigen Kinder bedürfen einer eindeutigen, inhaltlich genau bestimmten Konkretisierung. In Kontoeröffnungsanträgen dürfen keine pauschalen Formulierungen verwendet werden, die wegen der unüberschaubaren und uneingeschränkten Genehmigung von im einzelnen unbekannten bzw. nicht bestimmbaren Verfügungen der gesetzlichen Wertentscheidung widersprechen. Nicht ausreichend sind deshalb Formulierungen wie »Der Minderjährige soll verfügungsberechtigt sein für sämtliche Verfügungen über Kontoguthaben und Depotwerte« oder »Wir genehmigen im voraus sämtliche Geschäfte«. Umfassende Generaleinwilligungen der Eltern würden der privatrechtlichen Vereinbarung einer vollen Geschäftsfähigkeit des Minderjährigen in der Bankverbindung gleichkommen und die Systematik des Bürgerlichen Gesetzbuches, das von einer Einwilligung für jede einzelne Willenserklärung ausgeht, weitgehend außer Kraft setzen. Unproblematisch ist hingegen eine allgemeine Einwilligung zur Vornahme bestimmter Kontoverfügungen (z.B. Barzahlungen, Überweisungen, Daueraufträge), die, sofern es technisch möglich ist, auch betragsmäßig begrenzt werden können.

Das Recht der gesetzlichen Vertreter zur Entscheidung darüber, auf welche Geschäfte sich die Einwilligung erstrecken soll, darf nicht beeinträchtigt werden. Vordrucke, in denen für Kontoverfügungen und Vertragsmodalitäten Alternativen in Form von vorformulierten und anzukreuzenden Möglichkeiten aufgeführt sind, können deshalb nur als Entscheidungshilfe Verwendung finden. Sie dürfen nicht in einer Weise eingesetzt werden, die auf seiten der gesetzlichen Vertreter zu dem Mißverständnis führen, es handele sich um eine strikte Vorgabe, die keine anderweitige Gestaltungsmöglichkeit zuläßt. Das verwendete Formular sollte auch die Möglichkeit vorsehen, daß der Minderjährige ohne Einwilligung der gesetzlichen Vertreter nicht selbständig verfügen darf und daß die gesetzlichen Vertreter die Möglichkeit haben, die Gestaltung des Verfügungsrechts des Minderjährigen jederzeit zu ändern oder ihre Einwilligung insgesamt zu widerrufen.

Bei der eindeutigen inhaltlichen Ausgestaltung eines Bankvertrages mit Minderjährigen sollte den gesetzlichen Vertretern insbesondere die Wahlmöglichkeit darüber eingeräumt werden, ob der Minderjährige Kontoverfügungen (z.B. Barzahlungen, Überweisungen, Daueraufträge) allein oder nur mit der jeweiligen Zustimmung der Eltern vornehmen darf. Des weiteren sollte eindeutig geklärt werden, ob dem Minderjährigen eine Kundenkarte zur Bedienung von Geldautomaten, Kontoauszugsdruckern und sonstigen Selbstbedienungseinrichtungen ausgehändigt wird. Außerdem sollte eine Bestimmung darüber getroffen werden, ob bei Vereinbarung der Zusendung der Kontoauszüge diese an den Minderjährigen oder an die gesetzlichen Vertreter geschickt werden sollen.

cc) Volljährigkeit des ehemals Minderjährigen

In Fällen, in denen das Kreditinstitut die Zustimmung der gesetzlichen Vertreter entgegen der gesetzlichen Konzeption nicht eingeholt hat, ist der Vertrag mit dem Minderjährigen schwebend unwirksam. Wird der Minderjährige während der schwebenden Unwirksamkeit des Vertrages volljährig, so kann er nach § 108 Abs. 3 BGB die Genehmigung eines von ihm geschlossenen Vertrages selbst vornehmen. Dieser wird aber nicht automatisch mit der Volljährigkeit wirksam; erforderlich ist stets eine Genehmigungserklärung, die ausdrücklich oder auch stillschweigend abgegeben werden kann.

b) Ausnahmen vom Erfordernis der Einwilligung der gesetzlichen Vertreter

Die gesetzlichen Ausnahmen vom Zustimmungserfordernis sind aufgrund der eindeutigen gesetzlichen Wertentscheidung restriktiv zu handhaben und insbesondere keiner analogen Anwendung zugänglich.

aa) Rechtlicher Vorteil im Sinne des § 107 BGB

In der täglichen Bankpraxis gibt es faktisch keine Geschäfte, die für den Minderjährigen lediglich rechtlich vorteilhaft und deshalb ohne Zustimmung des gesetzlichen Vertreters wirksam sind. Bereits die *Kontoeröffnung* (Giro-, Einlagen-, Depotkonto) bedarf der Zustimmung des gesetzlichen Vertreters, da hiermit Verpflichtungen der unterschiedlichsten Art verbunden sind (z.B. Vereinbarung der Geltung Allgemeiner Geschäftsbedingungen, Einhaltung von Kündigungsfristen). Bei *Bareinzahlungen* auf ein Spar- und Girokonto ohne Zustimmung der gesetzlichen Vertreter begibt sich der Minderjährige des Eigentums an dem Bargeld. Als rechtlich nachteilig erweist sich im Rahmen von Kontoverfügungen auch die *Barabhebung*, da der Minderjährige durch die Auszahlung seine Forderung aus dem Giro- bzw. Spareinlagenvertrag verliert. Auch im Rahmen von *Überweisungsaufträgen* würde ohne Zustimmung des gesetzlichen Vertreters der Minderjährige seine Forderung aus dem Girovertrag verlieren. Ebenso bedarf die *Kündigung eines Sparguthabens* der Zustimmung des gesetzlichen Vertreters, da der Minderjährige durch die Kündigung, durch die die Einlage fälliggestellt wird, über diese verfügt. Des weiteren bedarf jedes einzelne Wertpapiergeschäft (Übergabe von Wertpapieren zur Girosammelverwahrung, An- und Verkauf von Wertpapieren im Auftrag und für Rechnung des Minderjährigen) der Zustimmung des gesetzlichen Vertreters. Durch die Verfügung über die Wertpapiere bzw. durch die Verpflichtung zur Zahlung des vereinbarten Kaufpreises entsteht dem Minderjährigen ein rechtlicher Nachteil.

Einen Sonderfall bildet die Auszahlung von einem Sparkonto unter *Vorlage des Sparbuches* wegen dessen Legitimationswirkung. In diesem Zusammenhang wird die Meinung vertreten, daß die Abhebung in diesem Fall gemäß § 808 Abs. 1 BGB auch ohne Zustimmung des gesetzlichen Vertreters wirksam sei, wenn die Bank nicht unredlich handele. Selbst wenn sich die Auffassung weiter durchsetzen sollte, daß eine Unredlichkeit der Bank nur bei Kenntnis des Nichteinverständnisses der gesetzlichen Vertreter mit der Rückzahlung gegeben ist, sollte sich das betreffende Kreditinstitut aus Rechtssicherheitsgründen gegen Verfügungen ohne Zustimmung des gesetzlichen Vertreters schützen (z.B. durch einschränkende Vermerke im Sparbuch, auf der Kontokarte bzw. in der EDV).

bb) Lohn- und Gehaltskonten

Bei der Eröffnung eines Lohn- oder Gehaltskontos durch einen Minderjährigen ist die Vorschrift des § 113 BGB zu beachten. Nach dieser Bestimmung bewirkt die Ermächtigung des Minderjährigen durch die gesetzlichen Vertreter, in Dienst oder in Arbeit zu treten, daß der Minderjährige für solche Rechtsgeschäfte unbeschränkt geschäftsfähig ist, die die Eingehung oder Aufhebung eines Dienst- oder Arbeitsverhältnisses der gestatteten Art oder die Erfüllung der sich aus einem solchen Verhältnis ergebenden Verpflichtungen betreffen. § 113 BGB ist im Rahmen eines Beamtenverhältnisses oder Wehrdienstverhältnisses entsprechend anwendbar, falls die einschlägigen Normen des Dienstrechts nichts Abweichendes bestimmen. Hingegen findet die Vorschrift auf Ausbildungsverträge keine Anwendung. Das betreffende Kreditinstitut muß sich deshalb bei der Eröffnung eines Lohn- oder Gehaltskontos ohne Zustimmung der Eltern z.B. durch Vorlage des Arbeitsvertrages Klarheit darüber verschaffen, ob ein Arbeitsverhältnis besteht. Bei Ausbildungsverhältnissen sollte sich das Institut den Ausbildungsvertrag vorlegen lassen, um prüfen zu können, ob die Eltern dort eine entsprechende Ermächtigung gegeben haben, wobei die gebräuchlichen Vertragsvordrucke in der Regel eine solche vorsehen.

Nach § 113 BGB sind ohne Zustimmung des gesetzlichen Vertreters Kontoeröffnungen wirksam, die zur Entgegennahme von Lohn- und Gehaltszahlungen erfolgen. Barabhebungen sind von § 113 BGB nur bezüglich des Arbeitslohnes, nicht jedoch bezüglich sonstiger Guthaben auf dem Konto gedeckt. Bei Überweisungen kann es bereits an dem für die Anwendung des § 113 BGB erforderlichen engen Sachzusammenhang mit dem Arbeitsverhältnis fehlen. Zur Vornahme von Überweisungen sollte deshalb auch im Falle der Abwicklung über derartige Konten aus Rechtssicherheitsgründen grundsätzlich die Zustimmung der gesetzlichen Vertreter eingeholt werden. In Zweifelsfällen sollte sich die betreffende Bank eine ausdrückliche Zustimmungserklärung der gesetzlichen Vertreter vorlegen lassen; diese kann gemäß § 113 Abs. 2 BGB später wieder zurückgenommen oder eingeschränkt werden.

cc) »Taschengeldparagraph«

Die oftmals als »Taschengeldparagraph« bezeichnete Vorschrift des § 110 BGB ist in der Regel nicht geeignet, in der täglichen Bankpraxis die Einwilligung der gesetzlichen Vertreter für eine Kontoeröffnung und für Kontoverfügungen zu ersetzen. Nach § 110 BGB bedarf es keiner ausdrücklichen Zustimmung der gesetzlichen Vertreter, wenn der Minderjährige die vertragsgemäße Leistung mit Mitteln bewirkt, die ihm zu diesem

Zweck oder zu freier Verfügung von den gesetzlichen Vertretern oder mit deren Zustimmung von Dritten überlassen worden sind. In der täglichen Praxis wird der Bank regelmäßig die Kenntnis darüber fehlen, ob die Mittel auf dem zu eröffnenden Konto zur freien Verfügung des Minderjährigen stehen. Aus den äußeren Umständen bei einer Kontoeröffnung oder Kontoverfügung kann nicht ohne weiteres auf eine freie Mittelüberlassung geschlossen werden. Die Banken können deshalb nur in eindeutigen Fällen auf der Grundlage des § 110 BGB von einer ausdrücklichen Zustimmung der gesetzlichen Vertreter sowohl zur Kontoeröffnung als auch zur Verfügung über das Konto absehen. Die Verfügung über das Konto ohne weitere Zustimmung ist unproblematisch, wenn es auf Veranlassung der gesetzlichen Vertreter, z.B. als »Taschengeldkonto«, geführt wird und die gesetzlichen Vertreter ausdrücklich ihre Zustimmung zur uneingeschränkten Verfügungsberechtigung des Minderjährigen gegeben haben.

2. Erfordernis der vormundschaftsgerichtlichen Genehmigung

a) Genehmigungsmodalitäten

Die nachfolgend unter Punkt II. 2. b) aufgeführten Geschäfte im Bereich von Scheckverfügungen, Kreditgeschäften sowie bei Kapitalanlagen mit der Verpflichtung zu wiederkehrenden Leistungen bedürfen neben der Zustimmung der gesetzlichen Vertreter zusätzlich der vormundschaftsgerichtlichen Genehmigung. Ohne diese Genehmigung ist das Geschäft schwebend unwirksam. Es kann dann nur durch nachträgliche Genehmigung des Vormundschaftsgerichts (§ 1829 Abs. 1 BGB) oder durch Genehmigung des volljährig Gewordenen (§ 1829 Abs. 3 BGB) wirksam werden. Die Genehmigung durch den nunmehr Volljährigen kann ausdrücklich oder stillschweigend erklärt werden. Voraussetzung für eine wirksame stillschweigende Genehmigung ist grundsätzlich die Kenntnis der Genehmigungsbedürftigkeit. Abgesehen von Bagatellfällen ist es deshalb erforderlich, daß ein volljährig Gewordener, der die Genehmigungsbedürftigkeit nicht kennt, ausreichend unterrichtet wird. Deshalb sollte ihn die Bank durch ein entsprechend gefaßtes Anschreiben auf die schwebende Unwirksamkeit des Vertrages hinweisen und zur Genehmigung auffordern. Erfolgt eine Genehmigung des Vertrages nicht, so macht die nunmehr volljährige Person hiermit von ihrem gesetzlichen Recht Gebrauch. Eine Schufa-Meldung wegen der damit verbundenen Ablehnung erfolgt nicht; es darf auch nicht mit der Androhung einer solchen Meldung auf die Entschlußfreiheit des volljährig Gewordenen Einfluß genommen werden.

b) Einzelfälle

aa) Scheckverfügungen

Bei der Ausstellung eines Schecks ist die Zustimmung der gesetzlichen Vertreter erforderlich, da der Minderjährige durch die Scheckbegebung eine eigenständige Rechtsverpflichtung gegenüber dem Schecknehmer begründet. Darüber hinaus ist nach derzeit herrschender Meinung gemäß §§ 1643, 1822 Nr. 9 BGB zur Wirksamkeit der Ausstellung eines Inhaberschecks durch einen Minderjährigen auch die Genehmigung des Vormundschaftsgerichts einzuholen; der Schutz des Minderjährigen vor den Gefahren aus der Eingehung abstrakter Verpflichtungen ist im BGB besonders stark ausgeprägt. Wird die Einholung der vormundschaftsgerichtlichen Genehmigung nicht angestrebt, dürfen dem Minderjährigen deshalb keine Scheckformulare ausgehändigt werden. Als Ausnahme sind Schecks zu nennen, die bei Barabhebungen vom Girokonto verwendet werden (sogenannte Quittungsschecks).

bb) Kreditgeschäft

Zur Gewährung von Kredit in jeglicher Form (Darlehen, Ratenkredit, Kontokorrentkredit, Gestattung oder Duldung der Kontoüberziehung, finanzierter Abzahlungskauf, aufgeschobene Zahlungsverpflichtung des Minderjährigen durch Kreditkarte) an einen Minderjährigen reicht die Zustimmung der gesetzlichen Vertreter nicht aus. Vielmehr bedarf es auch hier einer Genehmigung durch das Vormundschaftsgericht (§§ 1643 Abs. 1, 1822 Nr. 8 BGB). Deshalb müssen die Banken bei sämtlichen finanziellen Transaktionen von Minderjährigen, die ein Kreditgeschäft beinhalten könnten, besondere Aufmerksamkeit walten lassen.

(1) Vertraglich eingeräumter Kredit

Soll zwischen der Bank und dem Minderjährigen ein Kreditvertrag bzw. eines der anderen genannten Geschäfte abgeschlossen werden oder ein Überziehungskredit im Rahmen eines Girokontos eingeräumt werden, ist das Vormundschaftsgericht – grundsätzlich bereits während der Vertragsverhandlungen – einzuschalten und um eine Genehmigung nachzusuchen. Alle Beteiligten haben ein elementares Interesse zu erfahren, ob das Vormundschaftsgericht die erforderliche Genehmigung erteilen wird oder ob nach der Gerichtspraxis von einer Versagung auszugehen ist.

(2) Stillschweigend geduldeter Überziehungskredit

Alle Konten von Minderjährigen sind auf Guthabenbasis zu führen. Wegen der Gefahr einer unkontrollierten Kreditaufnahme ohne Zustimmung der gesetzlichen Vertreter und ohne Genehmigung des Vormundschaftsgerichts sind stillschweigend geduldete Überziehungskredite – unabhängig von der betragsmäßigen Höhe und der Dauer der Überziehung – zu vermeiden. Auch eine von der Bank geduldete Überziehung stellt eine Kreditvergabe im Sinne der §§ 1643 Abs. 1, 1822 Nr. 8 BGB dar. Selbst bei vorliegender Zustimmung der gesetzlichen Vertreter ist diese Kreditvereinbarung ohne vormundschaftsgerichtliche Genehmigung schwebend unwirksam (§ 1829 Abs. 1 Satz 1 BGB). Dies gilt, unabhängig vom Verwendungszweck, für jede – betragsmäßig noch so geringe – Überziehung eines Kontos. Auch durch eine das Minus ausgleichende Einzahlung tritt keine Heilung der Unwirksamkeit ein. Aufgrund dieser klaren Rechtslage müssen die Banken auch im eigenen Interesse grundsätzlich alle erforderlichen Vorkehrungen treffen, damit jede Art der Kontoüberziehung bei Minderjährigen bereits im Ansatz verhindert wird.

In Ausnahmefällen wie den folgenden halte ich die Duldung von zeitlich und betraglich limitierten Überziehungen zur Wahrung der Interessen der Minderjährigen für vertretbar:

a) Minderjährigen, die einen eigenen Hausstand führen und in diesem Zusammenhang Einzugsermächtigungen (z.B. zur Begleichung von Miete, Wasser-, Gas-, Stromrechnungen, Versicherungsprämien) erteilt haben, könnten bei Rückgabe der Lastschriften wegen nicht ausreichenden Kontoguthabens neben den Kosten für die Rücklastschrift erhebliche Nachteile entstehen (z.B. Wegfall des Versicherungsschutzes wegen nicht gezahlter Versicherungsprämie); entsprechendes gilt für Daueraufträge. Ist durch die Einlösung einer Lastschrift eine kurzfristige Überziehung erfolgt, sollte die Bank schon im eigenen Interesse – unter Einbeziehung der gesetzlichen Vertreter – eine umgehende Klärung herbeiführen, und dabei darauf hinweisen, daß sie eine Wiederholung dieses Zustandes nicht dulden wird. Erfolgt gleichwohl eine weitere Überziehung innerhalb eines engen zeitlichen Zusammenhangs mit der ersten nicht vertraglich vereinbarten Überziehung, so hat das betreffende Kreditinstitut durch entsprechende Maßnahmen (z.B. Sperrvermerk in der EDV) sicherzustellen, daß weitere Überziehungen nicht mehr zugelassen werden.

Die gleichen Grundsätze gelten auch für individuelle Überweisungen, die der Minderjährige im Zusammenhang mit seinen Grundbedürfnissen tätigen will.

b) Aus technischen Gründen kann es zu einer vorübergehenden Überziehung bei ursprünglich vorhandenem Guthaben kommen, wenn der Minderjährige zunächst eine Barabhebung vornimmt oder eine Überweisung tätigt und unmittelbar daran anschließend am Geldausgabeautomaten mit seiner Kundenkarte Bargeld entnimmt. Obwohl diese Fälle von Überziehungen auf einem unbedachten oder arglistigen Verhalten des Minderjährigen beruhen und gegen den Willen der Bank eintreten, für die das herbeigeführte Debet erst später sichtbar wird, sind die Banken im Hinblick auf die entstehenden Kredit- bzw. Rückzahlungsverpflichtungen aufgerufen, diese Überziehungen im Rahmen der Möglichkeiten durch verbesserte Buchungsmethoden zu unterbinden (z.B. »realtime-Buchung«).

(3) Ausgabe von ec-, Kunden- und Kreditkarten

Es kann technisch nicht sichergestellt werden, daß Minderjährige ec-Karten nicht zu Kontoüberziehungen verwenden. So könnten ec-Karten von Minderjährigen z.B. im POZ-Verfahren eingesetzt werden und zu einer Kontoüberziehung führen. Von der Aushändigung einer ec-Karte an Minderjährige ist deshalb grundsätzlich abzusehen.

Die Überlassung einer Kundenkarte, die für Abhebungen an Geldausgabeautomaten oder Verfügungen an POS-Kassen eingesetzt werden kann, ist dann durch das Vormundschaftsgericht genehmigungspflichtig, wenn durch Verwendung der Karte eine Kontoüberziehung herbeigeführt werden kann. Die Zulassung dieser Möglichkeit kann zu einer Kreditierung führen, die ebenfalls unter die §§ 1643 Abs. 1, 1822 Nr. 8 BGB fällt. Die Bank ist deshalb aufgerufen, durch technische Vorkehrungen eine nicht genehmigte Kreditinanspruchnahme durch die Benutzung von Geldausgabeautomaten oder POS-Kassen zu verhindern.

Keinen Bedenken begegnet grundsätzlich die Aushändigung einer Kundenkarte an den Minderjährigen, wenn eine Online-Autorisierung von Abhebungen an Geldausgabeautomaten oder Verfügungen an POS-Kassen durch die ausgebende Bank gewährleistet ist und nicht genehmigte Kreditinanspruchnahmen ausgeschlossen sind.

Die Ausgabe einer Kreditkarte an Minderjährige muß wegen der dadurch eröffneten Möglichkeit der nicht genehmigten Kreditbeschaffung grundsätzlich unterbleiben. Sofern die gesetzlichen Vertreter dennoch auf die Aushändigung einer Kreditkarte an den Minderjährigen bestehen, etwa weil er sich beispielsweise als Austauschschüler für längere Zeit im Ausland aufhalten wird, sollten sie darauf hingewiesen werden, daß eine entsprechende Kreditkarte (sogenannte Zusatzkreditkarte) ohne Eigenhaftung des Minderjährigen auch über ihr Konto ausgestellt werden kann. Nur in begründeten Ausnahmefällen sollte eine Kreditkarte auf das Konto eines Minderjährigen bezogen werden; hierzu ist die Genehmigung des Vormundschaftsgerichts erforderlich.

cc) Kapitalanlagen mit der Verpflichtung zu wiederkehrenden Leistungen

Bei Kapitalanlagen mit der Verpflichtung zu wiederkehrenden Leistungen, z.B. bei Kombinationsangeboten (gleichzeitiger Abschluß von Anspar-, Bausparverträgen und z.B. Versicherungen), ist § 1822 Nr. 5 BGB zu beachten, sofern diese Vertragsverhältnisse länger als ein Jahr nach Eintritt der Volljährigkeit fortdauern sollen. Zur Wirksamkeit können mithin auch diese Verträge der vormundschaftsgerichtlichen Genehmigung bedürfen, insbesondere wenn eine Rechtspflicht zu regelmäßigen Einzahlungen begründet wird.

War eine vormundschaftsgerichtliche Genehmigung im Einzelfall erforderlich und ist diese nicht eingeholt worden, so kann der volljährig Gewordene die fehlende Genehmigung ersetzen, wodurch der Vertrag von Anfang an wirksam wird (§ 1829 Abs. 3 BGB).

Da jedoch in der Praxis durch Sparpläne und Bausparverträge keine Rechtspflicht für den Minderjährigen begründet wird, regelmäßige Beträge einzuzahlen, ist für diese Verträge eine vormundschaftsgerichtliche Genehmigung nicht erforderlich. Eine Zahlungseinstellung hat daher für den Minderjährigen allenfalls die Konsequenz, einen Prämienanspruch zu verlieren.

III. Verhaltensweise bei feststehender Unwirksamkeit des Vertrages

Solange die Banken die eindeutigen Bestimmungen des BGB und die in dieser Verlautbarung aufgestellten Grundsätze beachten, werden schwebend unwirksame Rechtsgeschäfte mit Minderjährigen die Ausnahme bilden. Sollte es in Einzelfällen trotzdem zu einem schwebend unwirksamen Vertrag gekommen sein, der wegen einer verweigerten Zustimmung oder Genehmigung rückabzuwickeln ist, so hat die Bank bei der Beendigung des Geschäftsverhältnisses maßvoll vorzugehen und nach Lösungen zu suchen, bei denen auch die schutzwürdigen Interessen des Minderjährigen voll zur Geltung gebracht werden. Die Abwicklung kann deshalb nur nach den Vorschriften des Bereicherungsrechts (§ 812 ff. BGB) erfolgen, wobei das Recht des Minderjährigen zu beachten ist, bei Vorliegen der entsprechenden Voraussetzungen die Entreicherungseinrede des § 818 Abs. 3 BGB zu erheben.

Die Ausübung sozialen Drucks – sowohl auf den Minderjährigen als auch auf die Eltern – oder gar die Drohung mit einer Meldung an die Schufa sind unzulässig und laufen einer ordnungsgemäßen Geschäftsführung zuwider. Auch die Ankündigung einer Strafanzeige, z.B. wegen Betrugs, und das Betreiben von Zwangsvollstreckungsmaßnahmen im Falle des Nichtausgleichs einer entstandenen Überziehung sind, sofern der Bank nicht besondere Rechtfertigungsgründe zur Seite stehen, unverhältnismäßig, da die Bank bei Mißachtung der gesetzlichen Konzeption des im BGB verankerten Minderjährigenschutzes im Rahmen einer Mitverantwortung zu der eingetretenen Situation selbst beigetragen hat. Sie kann sich insbesondere nicht darauf berufen, in gutgläubiger Weise von der Volljährigkeit des Kunden ausgegangen zu sein, denn die Unkenntnis der Minderjährigkeit wird im Regelfall auf einer mangelhaften Altersprüfung beruhen.

Eine Forderung gegen die Eltern des minderjährigen Kunden steht der Bank nicht zu; eine allgemeine Haftung der Eltern für die Schulden ihrer Kinder besteht nach deutschem Recht nicht.

Anhang 7.9
Veräußerung von Kundenforderungen im Rahmen von *Asset-Backed Securities*-Transaktionen durch deutsche Kreditinstitute

Rundschreiben 4/97 des Bundesaufsichtsamtes für das Kreditwesen vom 19. März 1997
– I 3–21–3/95 –

Unter dem Begriff *Asset-Backed Securities (ABS)* sind Wertpapiere oder Schuldscheine zu verstehen, die Zahlungsansprüche gegen eine ausschließlich dem Zweck der ABS-Transaktion dienende Zweckgesellschaft[1] zum Gegenstand haben. Die Zahlungsansprüche werden durch einen Bestand unverbriefter Forderungen (»*assets*«) gedeckt (»*backed*«), die auf die Zweckgesellschaft übertragen werden und im wesentlichen den Inhabern der *Asset-Backed Securities* (Investoren) als Haftungsgrundlage zur Verfügung stehen.

I.

Kreditinstitute, die eigene Forderungen im Rahmen von ABS-Transaktionen veräußern, müssen die veräußerten Forderungen den bankaufsichtlichen Kreditbegrenzungsnormen – insbesondere dem Grundsatz I – nicht mehr unterwerfen, wenn ihnen aus diesen Forderungen keinerlei Adressenausfallrisiko mehr erwächst. Wenn und soweit Marktpreis- oder Liquiditätsrisiken verbleiben, sind diese gesondert zu berücksichtigen.

Diese Bedingungen sind insbesondere dann erfüllt, wenn
1. ein rechtswirksamer Forderungsübergang vorliegt;
2. Regreßansprüche gegen den Veräußerer der Forderungen, die auf anderen Gründen als auf der Haftung für den rechtlichen Bestand und die Einhaltung der Auswahlkriterien beruhen, ausgeschlossen sind;
3. ein Austausch von Forderungen zwischen dem Erwerber und dem Veräußerer abgesehen von einem Forderungsaustausch wegen Nichteinhaltung der vertraglich vereinbarten Auswahlkriterien nach dem Übertragungsvorgang nicht erfolgt;
4. sich bei gegebenenfalls vereinbarter Rückkaufmöglichkeit für den Veräußerer diese Vereinbarung nur auf ein Restportfolio von weniger als 10 % der übertragenen Forderungen erstreckt und der Rückkauf zum Abschluß der Transaktion (vollständige Bedienung der Investoren) und nur zum aktuellen Wert erfolgt;
5. weder der Veräußerer der Forderung noch ein gruppenangehöriges Unternehmen im Sinne des § 10a KWG zur Finanzierung der Zweckgesellschaft während der Transaktion beiträgt; eine etwaige Kreditvergabe an die Zweckgesellschaft darf deshalb nur bis zum Zeitpunkt der Forderungsübertragung unter folgenden Bedingungen erfolgen:
   a) in Form eines nachrangigen Darlehens, das erst nach Abschluß der Transaktion zurückgewährt wird,
   b) Offenlegung im Verkaufsprojekt und
   c) Abzug des Darlehens vom haftenden Eigenkapital des Veräußerers bzw. des gruppenangehörigen Unternehmens in voller Höhe;

---

1 Zwecks Vereinfachung der Darstellung wird auf die im Ausland häufig anzutreffende Unterscheidung zwischen einer Gesellschaftskonstruktion und einer Trust-Konstruktion nicht eingegangen und nur von der »Zweckgesellschaft« gesprochen. Die Entscheidung für die eine oder andere rechtliche Konstruktion ist für die bankaufsichtliche Behandlung dieses Gegenstandes ohne Relevanz.

in die Struktur der ABS-Transaktion von vornherein integrierte Sicherungskonstruktionen – üblich sind Übersicherung[1], Kaufpreisabschläge[2], Nachordnung[3] und Reservekonto[4] – werden hiervon nicht berührt;
6. der Veräußerer der Forderungen bei einer Plazierung der ABS
   a) nicht das Absatzrisiko als *Underwriter* trägt und
   b) keine bei der Transaktion emittierten ABS aus dem Primärmarkt (Direktkauf) in den eigenen Bestand nimmt;
   ein etwaiger Ankauf solcher Papiere am Sekundärmarkt darf nur zum aktuellen Marktpreis erfolgen und keine Kreditgewährung gegenüber der Zweckgesellschaft oder den Investoren beinhalten; angekaufte Papiere sind im Grundsatz I zu berücksichtigen;
7. gegen die Möglichkeit einer zukünftigen faktischen Einstandsverpflichtung des forderungsveräußernden Kreditinstitutes bei Zahlungsschwierigkeiten der Zweckgesellschaft angemessene Vorkehrungen bestehen:
   a) das veräußernde Kreditinstitut darf nicht mit der Zweckgesellschaft oder dem Treuhänder konzernrechtlich, gesellschaftsrechtlich, kapitalmäßig oder personell verbunden sein;
   b) es darf keine Namensidentität oder -ähnlichkeit zwischen dem veräußernden Kreditinstitut und der Zweckgesellschaft bestehen;
   c) der Verkaufsprospekt muß einen deutlich hervorgehobenen Hinweis enthalten, daß für die Ansprüche der Investoren nur die Zweckgesellschaft haftet und eine Einstandspflicht des Forderungsveräußerers nur insoweit besteht, als er sie ausdrücklich übernommen hat.

II.

Die Auswahl der zu veräußernden Forderungen sollte innerhalb der vertraglich vereinbarten Auswahlkriterien nach dem Zufallsprinzip erfolgen. Kommt es trotz eines zufallsabhängigen Auswahlverfahrens zu einer wesentlichen Verschlechterung des Portfolios, wird das Bundesaufsichtsamt das Bestehen von Sonderverhältnissen im Sinne des Abs. 2 Satz 3 der Präambel des Grundsatzes I prüfen.

III.

ABS-Transaktionen dürfen nicht die ordnungsgemäße Durchführung der Bankgeschäfte beeinträchtigen; insbesondere dürfen sie nicht dazu geeignet sein, zu einer Beeinträchtigung des Vertrauensverhältnisses zwischen Kreditinstitut und Kunden zu führen oder die Kunden dem Risiko einer der Bankverbindung unangemessenen Abwicklung des Kreditverhältnisses auszuliefern. Eine besondere Ausprägung findet das Vertrauensverhältnis zwischen Kreditinstitut und Kunden im Bankgeheimnis.

---

1 Das der Zweckgesellschaft übertragene Forderungsvolumen übersteigt den Nominalwert der von diesem emittierten Wertpapiere.
2 Der von der Zweckgesellschaft zu entrichtende Ankaufpreis der Forderungen liegt unter ihrem Buchwert (Discount-Lösung).
3 Es werden (zumindest) zwei verschiedene Tranchen – eine vorrangig zu bedienende (»Senior«-)Tranche und eine nachrangig zu bedienende (»Junior«-)Tranche – von ABS ausgegeben. Die nachrangige Emission dient als »Verlustpuffer« für die vorrangige Emission.
4 Auf dieses Konto fließt die Differenz zwischen den auf die Forderungen eingehenden Zinsen (und eventuell auch Tilgungsleistungen) und den zur Bedienung der ABS erforderlichen Cash Flows. Aus dem Guthaben kann ein eventuelles Defizit an bestimmten Auszahlungsterminen gedeckt werden.

Zur Wahrung des Bankgeheimnisses ist grundsätzlich erforderlich, daß der Forderungsschuldner in die Weitergabe seiner persönlichen Daten für den Fall einer Forderungsabtretung ausdrücklich einwilligt. Hierbei ist dem Kunden das Geschäft, die Art der weiterzugebenden Daten und ihre Zweckbestimmung sowie der potentielle Empfängerkreis der Daten transparent zu machen.

Einer Einwilligung bedarf es hingegen nicht, wenn das zedierende Kreditinstitut die Kreditabwicklung einschließlich des Inkassos aufgrund einer Einziehungsermächtigung als *Service agent* selbst wahrnimmt, da in diesem Fall eine Weitergabe von schuldnerbezogenen Daten an den Forderungserwerber entbehrlich ist.

Wird das zedierende Kreditinstitut im Falle seiner Insolvenz oder wegen grober Verletzung seiner Vertragspflichten aus dem Verwaltungsvertrag durch einen neuen *Service agent* ersetzt, muß dieser ein inländisches Kreditinstitut oder ein nach Maßgabe der EG-Bankenrichtlinien beaufsichtigtes Kreditinstitut mit Sitz in einem anderen Mitgliedstaat der Europäischen Gemeinschaften oder in einem anderen Vertragsstaat des Abkommens über den Europäischen Wirtschaftsraum sein.

Unabhängig davon, ob das zedierende Kreditinstitut die Funktion des *Service agent* wahrnimmt oder nicht, ist die Weitergabe solcher Daten ohne Einwilligung des Forderungsschuldners zulässig, die zur Einhaltung des sachenrechtlichen Bestimmtheitsgrundsatzes bei der Forderungsübertragung und für eine eventuell erforderlich werdende sachgerechte Rechtsverfolgung durch den Forderungserwerber in der Abtretungserklärung lediglich verschlüsselt angegeben werden und deren Entschlüsselung bei einer neutralen Stelle (Notar, inländisches Kreditinstitut oder nach Maßgabe der EG-Bankenrichtlinien beaufsichtigtes Kreditinstitut mit Sitz in einem anderen Mitgliedstaat der Europäischen Gemeinschaften oder in einem anderen Vertragsstaat des Abkommens über den Europäischen Wirtschaftsraum) verschlossen hinterlegt wird, oder deren Weitergabe an einen Dritten (Rating-Agentur, Wirtschaftsprüfer, Treuhänder) im Rahmen der ABS-Transaktion aus technischen Gründen unbedingt erforderlich ist (Identität des Kunden wird nicht aufgedeckt). Die Dritten sind ihrerseits zur Wahrung der Vertraulichkeit zu verpflichten.

IV.

Bis auf weiteres haben die Kreditinstitute mir und der Deutschen Bundesbank den Abschluß von Verträgen über die Veräußerung von Forderungen im Rahmen einer ABS-Transaktion anzuzeigen und die wesentlichen Vertragsunterlagen, insbesondere die Emissionsbedingungen und das Informationsmemorandum, vorzulegen. Der Abschlußprüfer hat im Rahmen seines Berichtes über die Prüfung des Jahresabschlusses des Kreditinstitutes zu einer eventuellen durch eine ABS-Transaktion bedingten wesentlichen Verschlechterung des Portfolios Stellung zu nehmen.

Stichwortverzeichnis

Die erste Ziffer verweist auf Paragraphen. Ihr folgende römische Ziffern bedeuten Absätze. Arabische Ziffern, die (mit Komma) einer Paragraphennummer oder (ohne Komma) einem mit römischen Ziffern bezeichneten Absatz folgen, bezeichnen Sätze oder Nummern (z. B. 4, 2 = § 4 Satz 2; 1 I 7 = § 1 Absatz 1 Nr. 7). A bedeutet Anmerkung, B Begründung.

Abberufung von Geschäftsleitern 36
Abrufbereitschaft Anhang 3.3
Abschlußvermittlung 1 I a 2; 1 B; 5; Anhang 5.8
Abschreibung Anhang 5.9
Abwicklung 37; 38
AIF (Alternative Investments Funds)
– EU- und ausländische 3 II 2 b
Anhörung 33 b
Anlageberatung 1I a 1 a, Anhang 6.4
Anlagebuch 2 VI 15; Anhang 6.4
Anlagevermittlung 1 I a 1; 1 B; 33 I 1 g
Anlageverwalter 2 VIII b
Anlageverwaltung 1 I a 11
Anzeigen 24; 24 a
Anzeigenverordnung Anhang 5.1
Asset-Backed Securities-Transaktionen Anhang 7.9
Aufgaben, Besondere 6, 6 a
Aufhebung der Erlaubnis 35; 38
Aufsichtskollegien 8 e, 53 f
Aufsichtsorgan
– Auskünfte 44 ff.
– Kredite an Mitglieder des Aufsichtsorgans 15 I 3
– Zustimmung zu Organkrediten 15 I
Aufsichtsrichtlinie; Anhang 1.3
Ausgleichsverbindlichkeit 48 d
Ausgliederung 48 ff.
Auskünfte und Prüfungen 44 a bis 44 c
Ausländische Bankaufsichtsbehörden 8
Ausländische Unternehmen 32 A 2; 53 bis 53 d
Auslagerung 25 a II; Anhang 4.1
Ausnahmen 2; 20; 41
Außerbilanzielle Geschäfte 19
Automatisierter Abruf 24 c

Bank, Bankier (Bezeichnung) 39; 41
Banken- und Wertpapierdienstleistungsbranche 1 IXX
Bankgeschäfte 1; Anhang 6.1; Anhang 6.2
Bankgeschäfte mit Minderjährigen Anhang 7.8
Bargeldloser Zahlungsverkehr 1 I 9; 25 b
Barreserve Anhang 5.9

Bausparkassen 40 II; Anhang 5.12
Befreiungen 2 IV; 31
Beleihungswert 10
Beteiligung
– Bedeutende Beteiligung 1 IX; 2 c; 44 b; 53 e
Betriebsrentengesetz 1 XXIV 5
Beurteilungszeitraum 2 c I a; 2 c B
Bilanzaktiva 1 XXX, 19 I
Bilanzsumme 10 a II; III
Bilanzvorlage 26
BIZ (Bank für internationalen Zahlungsausgleich) 9 B
Börsenverkehr (Einstellung) 46 g 3
Branchenvorschriften 1 XVIII
Bürgschaft 1 I 8
Bundesagentur für Arbeit 2 I 3; II
Bundesanstalt 1 II; 2 IV; 6; 6 B; 7 a ff.; 8 ff.; 24, 33 b; 60 a
Bußgeldvorschriften 56; 56 b; Anhang 6.6

Clearingstellen 1 III e 2
CRR 1 III d; 2; 7 b II; 8 III; 13 c; 24 I; 24 a; 25 f; 33 b; 53 b ff.

DDR Einleitung; 63 a
Depotgeschäft 1 I 5; Anhang 7.6
Depotprüfung Anhang 5.12
Derivate 1 XI 8; 19 I a; Anhang 6.2
Deutsche Bundesbank 2 I 1; 7
Devisen 1 XI 7
Diskontgeschäft 1 I 3
Drittstaateneinlagenvermittlung 1 I a 5; 1 B
Durchsuchungen 44 c III

EBA (Europäische Bankenaufsichtsbehörde) 48 t II
EdW (Entschädigungseinrichtung der Wertpapierhandelsunternehmen) Anhang 6.2
E-Geld-Institut 1 III d; 1 IXX 1; 24 II; 1 B; 24 II
Eigengeschäft 1 I a; 3 II; 32 I a
Eigenhandel 1 I a 4; 1 B
Eigenkapital 51 a; Anhang 5.9

Eigenmittel 10 I; 10 II; 10a; 33 I 1
- aufsichtsrechtlichen 10 IV; 10 B
- -ausstattung 45
- unzureichende 45
- von Institutsgruppen und Finanzholding-Gruppen 10 III; 10a
- von Zweigniederlassungen ausländischer Unternehmen 53 II

Eigenmittelrichtlinie Einleitung 3.2
Eignung, fachliche 1 II; 33 I 4; 34 II
Einlagengeschäft 1 I 1; 1 B
Einlagensicherung 23a
Einschreiten gegen ungesetzliche Geschäfte 37
Einzelkaufmann 2b; 46b I
Emissionsgeschäft 1 I 10; 1 B
Enge Verbindung (Begriff) 1 B
Entschädigung 48s; Anhang 6.1
Entschädigungseinrichtung Anhang 6.1
Entscheidung der Bundesanstalt 42
Ergänzungsanzeigenverordnung Anhang 5.7; 5.8
Ergänzungskapital 10 B
Erlaubnis 32ff.; 61 ff.
- Antrag 32; 64s I
- Aufhebung 35; 38
- Aussetzung oder Beschränkung 33a
- Erlöschen 35 I; 38
- für bestehende Finanzdienstleistungsinstitute und Wertpapierhandelsbanken 64e
- für bestehende Institute 61; 63a; 64e
- Handeln ohne Erlaubnis 54
- Merkblätter Anhang 6.1; 6.2; 6.3
- Versagung 33

Erstanzeigenverordnung Anhang 5.6
Erträge Anhang 5.9
ESRB (Europäischer Ausschuss für Systemrisiken) 48t II
Europäischer Wirtschaftsraum 1 V a; 1 B
Evidenzzentrale 14 B

Factoring 1 Ia 9; 1 B; 2 B; Anhang 5.12
Finanzbranche (Begriff) 1 IXX
Finanzdienstleistungen 1 I a; Anhang 7.9
Finanzdienstleistungsaufsichtsgesetz Anhang 1.2
Finanzdienstleistungsinstitute Anhang 5.12
- Begriff 1 I a; 2 VI
- Erlaubnis 32 bis 35; Anhang 5.6, 5.7, 6.2, 6.3
Finanzhandelsinstitut 25f
Finanzholding 10a; 45a

Finanzholding-Gesellschaft, Mutter-, EU- 2d; 8 II; 10a; 44; 45a
Finanzholding-Gruppe 8 VII; 8c; 10ff.; 25f; 48p
Finanzinformationen 25 I
Finanzinstrumente 1 XI; 1 B; Anhang 6.2
Finanzierungskomponenten Anhang 2.1
Finanzierungsleasing siehe Leasing
Finanzkommissionsgeschäft (Begriff) 1 I 4; 1 B
Finanzkonglomerate 1 XX; 25f; 48q; Anhang 2.2
Finanzkonglomerate-Solvabilitäts-Verordnung (FkSolV) Anhang 2.2
Finanzportfolioverwaltung, -verwalter 1 I a 3; 1 B; 2 VIII b; 2 B
Finanzsicherheiten 1 XVII; 1B
Finanztransfergeschäft 1 B
Finanzunternehmen 1 III; 1 B
Forderung Anhang 5.9
Freies Vermögen 64e V
Freistellung 2 IV; 2a

Garantiegeschäft 1 I 8
Gebühren/Umlage Anhang 6.1; Anhang 6.2
Gebühren- und Umlage-Verordnung Anhang 1.5
Gefahr 46
Gegenleistung 48d
Gegenpartei
- zentrale 1 I 12; 1 XXXI; 2 IX a, 37; 53 e ff.; 64 o

Gegenstände 48i
Geheimhaltung 9
Geldbußen 59
Geldkartengeschäft 1; B
Geldmaklergeschäft 1 III 8
Geldmarktinstrumente 1 XI 2; 6
Geldwäsche Anhang 6.8, 5.13, 3.4
Genußrechte 10 B
Gericht 28 II; 43
Geschäft
- außerbilanziell 19
Geschäftsleiter Anhang 3.3
- Abberufung 36
- Anzeige 24 III
- Begriff 1 II; 25c
- Beschluß sämtlicher Geschäftsleiter 13 II; 15 I; Anhang 4.3
- Kredit 15 I 1
- Pflichten 25a I
- Verhinderung Anhang 4.3

Geschäftstag eines Systems (Begriff) 1 XVIb
Gesetz gegen Wettbewerbsbeschränkungen 23 A 5
Grenzüberschreitende
- Tätigkeit 24a
- Prüfungen 44a
Großkredite 13
Großkreditobergrenze 13; 45b II; Anhang 3.3
Großkredit- und Millionenkreditverordnung Anhang 3.3
Grundsätze 10 I; 11
Gruppenangehörige Unternehmen 10a II
Gruppeninterne Transaktionen 13c

Haftendes Eigenkapital 10 III; 51a IV; VI
Haftungsbestimmungen, -fragen 17; 46c
Handeln ohne Erlaubnis 54 I
Handelsbuch-Risikopositionen Anhang 2.1
Handelsregister 45c IV
Herkunftsstaat 1 IV; 1 B

Identifizierung 25i
Inhaberkontrollverordnung Anhang 5.3
Insolvenz 46 II; 46b; 46c
Insolvenzantrag 22 I; 46b
Institute 1 I b
Institute
- CRR- 1 IIId; 3
- E-Geld- 1 IIId; 6; Anhang 7.1
- gruppenangehörige 2a
Institutsgruppe 2a I; 10a; 48
Institutsvergütungsverordnung Anhang 4.4
Investmentgeschäft Anhang 6.1
IRBA Anhang 2.1

Jahresabschluss 10 VII; 18 I; 26; 53 II

Kapitalanlagegesellschaften 1 IXX; 2
- Kapitalerhaltungspuffer 10c
- Kapitalpuffer 10d ff.
Kernkapital 1 XXVIII; 10 II a; 10 B; 10c
Kommission
- Europäische 7a, 7a B; 24 IIIa
Kommunalkredit 21 II, III
Kontoinformation 24c
Kontrahent XXXI
Konzernabschluss 10a V bis VII
Kosten 51
- Umlegung auf die Kreditinstitute Anhang 1.5

Kreditanstalt für Wiederaufbau 2 I 2; 2 II
- Begriff 19 I; 21; Anhang 5.12; Anhang 5.13; Anhang 6.1
Kreditderivate 1 XI, 2 4; 19 I; Anhang 2.1; Anhang 3.4; Anhang 7.1
Kreditgeschäft 1 I 2; 13 ff.
Kreditinstitut 1 I; 1 IIId; 1 B; 2 IXa f.; 2b; 48 l; 52a; 61
Kreditinstitute-Reorganisationsgesetz Anhang 1.6
Kreditnehmer (Begriff) 19 II; 19 B
Kreditrahmenkontingent Anhang 3.3
Kreditunterlagen 18
Kreditvermittler 1 Ia; Anhang 6.4
KSA Anhang 2.1
KSA-Position 10c B

Länderrisikoverordnung Anhang 5.4
Lagebericht 26
Leasing, Finanzierungsleasing 1 Ia 10; 1 III 3; 2 B; 19 I, 2 15; 25h I; Anhang 5.12
Lenkungsausschuss 10 IV
Liquidität 11; 45; 51b I; 53h, 53n
Liquiditätsverordnung (LiqV) Anhang 3.1; Anhang 3.2

Market-Marketing-Tätigkeiten 3 II 3
Maßnahmen bei Gefahr 46
MiFID Anhang 6.5
Millionenkredite 14; 55a; 55b
Mindestanforderungen an das Risikomanagement – MaRisk Anhang 4.1
Mißstände im Kredit- und Finanzdienstleistungswesen 6 II
Mitarbeitergeschäfte – Leitsätze Anhang 7.7
Monatsausweise 25
Multilaterales Handelssystem 1 Ia
Mutterunternehmen 10a III; 25c IV b; 47e IV 7; 53b VIII–X; 53d

Nachfolgeunternehmen, Deutsche Bundespost 64
Nachgeordnete Unternehmen 10a
Nettopositionen Anhang 2.1
Netzgeldgeschäft 1 B
Null-Anrechnung Anhang 3.3

OECD 1 B
Offenlegung 8a I 2; 10 I 10; 18 I; 26a; Anhang 2.1; Anhang 5.12
OGAW-Verwaltungsgesellschaft 8 III 1
Ordnungswidrigkeiten 56 ff.

Organisatorische
- Pflichten 25 a
- Mängel 45 b
Organ-
- kredit 15
- mitglieder 52 a
Outsourcing 25 b; Anhang 4.1

Pfandbriefgeschäft 1 I 1 a; Anhang 5.12
Pfandleiher 2 I 5
Platzierungsgeschäft 1I a 1 c; Anhang 7.7
Postbank 64
Preisangaben Anhang 6.5
Preisangabenverordnung (PAngV) Anhang 5.13
Private Placement 2 B
Prüfer 28 bis 30
Prüfungen (durch das Aufsichtsamt) 44 bis 44 c
Prüfungsbericht 26
Prüfungsberichtsverordnung Anhang 5.12

Rechnungslegungsverordnung Anhang 5.9
Rechtsform 2 b
Rechtsschutz 48 r; 48 r B; 47 j
Rechtsträger, übernehmender 48 m
Rechtsverordnungen (Ermächtigung der BaFin) 1; 1 B; 22; Anhang 1.4
Refinanzierungsmittler 1 XXV; 22 a II
Refinanzierungsregister 22 a bis 22 o
Refinanzierungsunternehmen 1 XXIV; 22 a
Registergericht 43
Registervorschriften 43
Reisescheckgeschäft 1 I a
Repräsentanzen ausländischer Unternehmen 53 a
Restrukturierungsfondsgesetz Anhang 1.7
Restrukturierungsfondsverordnung Anhang 1.8
Revolvinggeschäfte 1 B; 1 I 7
Risikoanalyse 3 III
Rücklagen 10 B; 51 a VI
Rückübertragung, partielle 48 j

Sachwalter 22 d II; 22 l – 22 o
Sammelwertberichtigungen 26 A 2
Sanierungs-
- hindernisse 47 b IV
- maßnahmen 46 d
- plan 47 a ff.

- verfahren 25 a IV
- ziel 48 m I
Schließung eines Instituts 35; 37
Schweigepflicht 9
Schwellenwerte 3 II; III; 25 h I; 51 a
Sicherungseinrichtung 23 a; 26 II
Sicherungsmaßnahmen, interne 25 d
Solvalibität 10 I; 51 a I
Sonderaufsicht 52
Sonderbeauftragter 45 c
Sondervorschriften 63 a
Sorgfaltspflichten
- vereinfachte 25 h
- verstärkte 25 j
- gruppenweite Einhaltung 25 k
Sortengeschäft 1 I a 7; 1 B
Sozialversicherungsträger 2 I 3; II
Sparkassen 26 II; 28 III; 40; 41
Spar- und Darlehnskassen 40 II
Squeeze Outs Anhang 6.5
Stellvertretende Vorstandsmitglieder 1 A 1; Anhang 4.3
Stellvertretung und Fortführung bei Todesfall 34
Steuerstrafverfahren 8 II
Strafvorschriften 54 ff.; 60 a
System 1 XVI; 1 B; 24 b
Systembetreiber 1 XVIa
Systemgefährdung 48 b

Termin-
- börsen 1 III e; 1 B
- geschäfte 1 XI 2; 1 XI 5
Terrorismusfinanzierung (Begriff) 1 XXXII; 25 h II
Tod des Erlaubnisträgers 34 II
Typologienpapier Anhang 6.7

Übergangsregelungen 64 bis 64 r
Übergeordnete Kreditinstitute 10 a
Überleitungsbestimmungen 62
Überschuldung 55
Übertragung, partielle 48 k
Übertragungsanordnung 48 a; 48 c; 48 e
Umlage 51
Umlageverordnung Anhang 1.5
Umstellungsgesetz 62 III
Unerlaubte Bankgeschäfte und Finanzdienstleistungen 44 c
Unterkonsolidierung 10 a X; 25 II

Unternehmen(s)
- beteiligungsgesellschaften 2 I 6
- beziehungen 12a
- gemischte 1 III b; 13 c
- Hilfs- 1 B
- mit bankbezogenen Hilfsdiensten 1 III c
- Mutter- 1 VII; 1 B; 10a III; 21 IV; 33 b
- nachgeordnetes 2a; 2b B; 10 VI, 4; 10a
- registerführendes 22a
- Sitz im Drittstaat 53 c–53 d
- Schwester- 1 VII, 1 B; 33 b
- Tochter- 1 VII; 1 B; 10a; 13c; 21 IV; 25a II; 33b; 47e IV; 51a V; 53b VII; 60a
- übergeordnetes 2a IV; 10a; 12 II; 48o
Unterrichtung 48n

Verbindlichkeit 10 B; 19 I; V; 21 I Anhang 5.9
Verbotene Geschäfte 3; 25l; 54
Verbriefung, -position, -transaktion, -tranche, Wieder- 1b B
Vereinigung von Instituten 24 II
Verjährung 52a
Vermögenseinlagen stiller Gesellschafter 10 B
Verordnungsermächtigung 25a; 25f; 53j
Verschwiegenheitspflicht 9
Versicherungsbranche 1 IXX
Versicherungsunternehmen 2 I 4, II
Verwahrgeschäft, eingeschränktes 1 I a 12
Verwalter
- Aufgaben 22 g
- Bestellung 22 e
- Vergütung 22 i
- Verhältnis registerführende Unternehmen 22 h
- Verhältnis Bundesanstalt 22 f
Verwaltungsakt 7 II
Verwaltungsgesellschaft, OGAW- 8 III 1
Volksbank (Bezeichnung) 39 II

Vollziehbarkeit, sofortige 49
Vollzugsfolgenbeseitigung 48 s

Wechsel 1 I 3
Wechseleinzugsgeschäft 1 I 9
Werbung, Untersagung von Mißständen 23
Werksparkassen 3,1
Wertpapierbörsen 1 III e; 1 B
Wertpapiere (Begriff) 1 XI; Anhang 5.9
Wertpapierhandelsunternehmen
- Begriff 1 III d; 2b II; 24a I
Wettbewerbsbeschränkungen, Gesetz gegen 23 A 5
Widerspruch gegen Verfügungen 49
Wohnungs-
- genossenschaft Anhang 3.3
- unternehmen 1 XXIX

Zahlungsdiensteaufsichtsgesetz (ZAG) Anhang 7.1
ZAG-Anzeigenverordnung Anhang 7.3
ZAG-Instituts-Eigenkapitalverordnung Anhang 7.4
ZAG-Monatsausweisverordnung Anhang 7.2
Zahlungsinstituts-Prüfberichtsverordnung Anhang 7.5
Zahlungsunfähigkeit 46b; 55
Zinsänderungsrisiken Anhang 4.2
Zulassungsantrag 53m
Zuständigkeit 8c; 8d
Zuverlässigkeit 33 I 2; 34 II
Zweckgesellschaften 1 XXVI
Zwecksparunternehmen 3, 2
Zweigniederlassungen, ausländischer Unternehmen 24a; 53 bis 53 d
Zweigstellen – Errichtung, Verlegung, Schließung 24 I 7; 24 I a 4